萧山赋

浙东首邑，扼宁绍之咽喉；於越名邦，荟人文之渊薮。山水揽潇湘美景；莼鲈起季鹰归欤。沃野膏田，连阡陌至海涂；棹歌菱唱，叠回旋于渔浦。控三江合汇，为天堑要津；立伍相潮头，展宏图壮举。卧薪尝胆，城山纪句践之雄心；雪耻沼吴，浣溪流西施之美誉。人间天堂在望，仙境天台有路。古运河过境通波，直达海陬；铁道线纵横交亘，九州无阻。空港不夜，畅天下之物流；银鹰远来，载环球之商旅。融入大杭州，为长三角东南健翼；开发潜优势，成新一方经济热土。

美哉萧山！集湖山之胜概，挹江海之回澜。锁罗刹鼍波，飞桥跨九；拥翠峦屏障，峙鼎呈三。赏花四季，听潮朝夕；气象万千，俊彩斑斓。进化十里梅海，气压邓尉；杜家万树珍果，名重江南。乘改革之东风，焕萧然以新颜。错落层楼林立，高摩星月；多处八景锦簇，胜出尘寰。开天然图画，湘湖水光潋滟；抒逸趣豪情，诗篇流韵阑干。桃源本非世外，灵妃慕降此间。画舫悠游，听帝子之清瑟；云屐登眺，赏美人之烟鬟。近年建设飞进，着意打造。与西子争比秀姿，拓烟波更见浩渺。建蓬山之瑶台；移瀛海之仙岛。平添诗情画意，彰显清域佳妙。纳万国之名区，集一园之堂奥。成世界休闲博览会之圣地，膺国际旅游风情园之雅号。目眩神迷，观列国衣冠济济；心诚谊切，迎往来嘉宾扰扰。花径柳堤，佳人拾翠相问；藕汀荷港，仙侣同舟回棹。美哉湘湖，实天地菁华之所萃；盛矣萧山，洵河岳英灵之感召。

萧山之胜也，天地山川而外，更在人文。溯历史之悠长，识蕴积之雄浑。跨湖桥遗址惊现，考古界引为珍闻。独木舟骇然乎出土，八千载文明史存真。更有茅湾印纹陶窑，证中国瓷业之策源；蜀山史前遗址，与良渚文化相引伸。由石器而彩陶弓镞，念勤劳而智慧先民。洎现代承前继武，百万儿女围海造田，不辞艰辛。广袤荒滩变成良田，奇迹惊新。

肇西汉置县以降，曰余暨曰永兴，沿易三名；或宁绍或省垣，隶属数更。而历代俊贤辈出，豪杰迭兴。越王生聚教训，赞古人强邦复国之壮志；士女敢为人先，多当代乘风破浪之精英。奇谋救越，大夫访倾国于苎萝；临水祖道，夫人发乌鸢之浩歌。岳元帅饮战马于欢潭，芳留胜迹；钱武肃戮董昌于西江，血溅沧波。名医楼英，折肱精技，仁术口碑传久；贤守杨时，筑湖治水，树德立功何多！至近现代更英雄峰起，人物星罗。守土保疆，葛云飞浴血抗英，显名将殉国之壮烈；维权革命，李成虎揭竿陇亩，开中国农运之先河。都督汤公，运筹谋划，办铁路金融，作浙江经济首领；衙前志士，擎旗鼎革，试东乡自治，向专制政治倒戈。凡此济济

印象萧山

萧山，有八千年的文明史／是西施故里／贺知章的故乡／浙东唐诗之路的起点

萧山，连续五年名列全国县域社会经济指数第七位／是全国十大财神县（市）之一／中国纺织基地／中国羽绒之都／中国钢结构之乡／中国伞乡／中国花木之乡／中国制造业十佳投资城市之一／亚洲制造业示范基地／全国环境综合整治优秀城市／国家卫生城市／杭州萧山国际机场名列全国十大机场

『奔竞不息　勇立潮头』是萧山精神的集中体现

萧山市志

第二册

杭州市萧山区人民政府地方志办公室 编著

浙江人民出版社

谨以此书献给

脚下这片可爱的土地——萧山，和“奔竞不息　勇立潮头”的萧山人！

总 目

|萧山市志|第二册

目　录

第十三编　工　业

第十四编 萧山经济技术开发区

第十五编 建筑业 房地产业

第十六编　国内贸易

第十七编 对外和对港澳台经济贸易

第十八编 金 融

第二十编　经济管理

第二十二编　中国共产党

第二十四编　人民政府

第二十五编　人民政协

第二十六编　民主党派　工商联

第二十七编　社会团体

第二十八编　公安　司法行政

第三十一编　人事　劳动

第三十二编　民　政

第三十三编　社会保障

第十三编

工　业

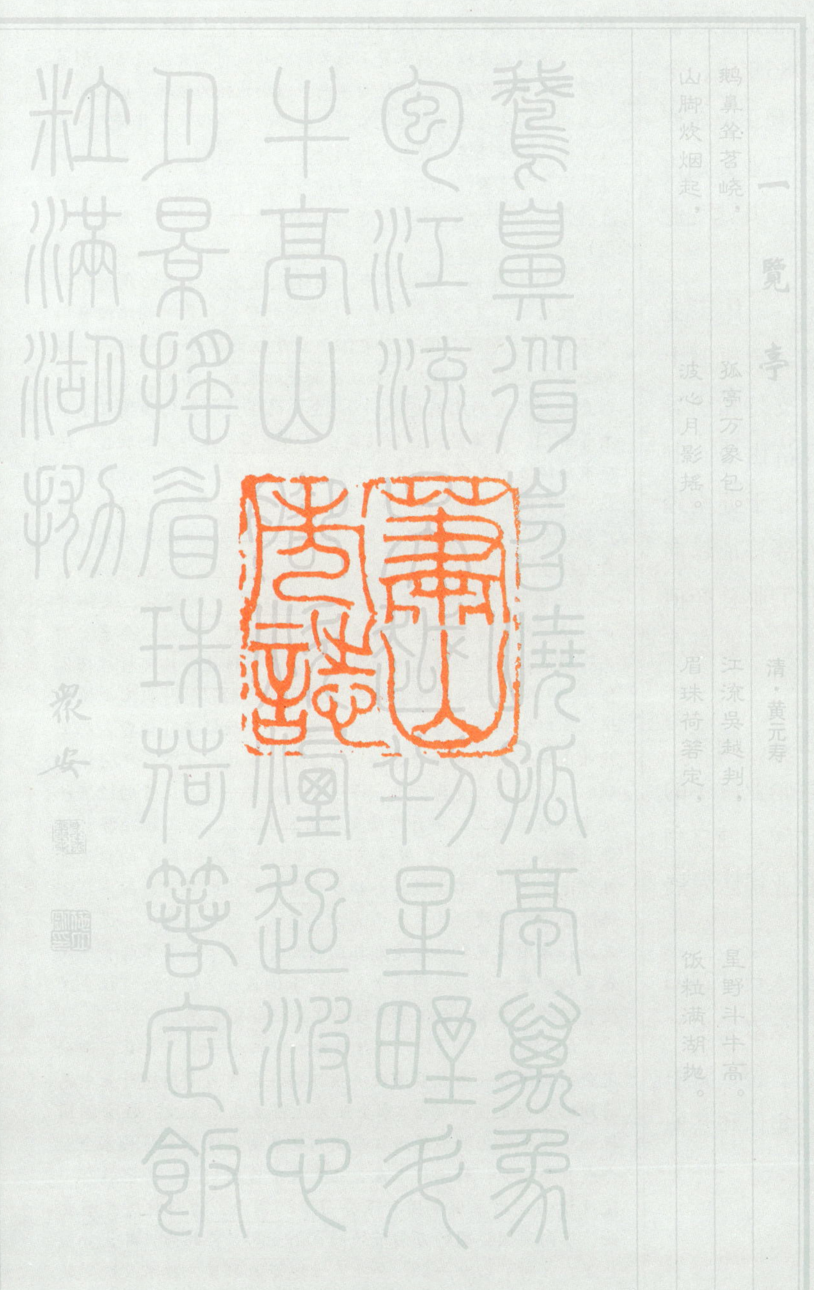

萧山历史上传统的工业，主要是农村家庭手工业和集镇手工作坊（工场）。清光绪年间，出现用机器生产的民族资本主义工业。民国时期，陆续创办机械、半机械工厂，手工业也有所发展。日本侵略军入侵萧山时，工业、手工业受到摧残，抗日战争胜利后恢复缓慢。中华人民共和国成立后，发展工业、手工业，完成私营工业、手工业社会主义改造，工业经济由私有制为主逐步向公有制为主发展。1958年，大办工业，出现社队工业。“文化大革命”期间，部分工厂停产、半停产。

1978年12月中共十一届三中全会召开后，改革和发展成了萧山工业经济的主题，扩大全民、集体工业企业经营自主权，兴办社队工业；培育区域行业。至1985年末，全县工业企业3094家，职工[①]212670人。是年，实现工业总产值（90不变价）245066万元，其中全民、集体工业分别占全县工业总产值的14.85%、84.02%；私有工业、其他工业分别占0.46%、0.66%。

1992年邓小平南方谈话发表后，国有、集体工业企业改革转到以明晰产权为核心内容的转换经营机制上来，组建股份制、股份合作制企业，鼓励、支持和引导个体私营等非公有制经济发展，萧山工业经济由公有制为主逐步向非公有制为主的转变，经济格局介于苏南经济模式[②]与温州经济模式[③]之间，工业经济内部特征趋向“温州化”的变异[④]。1985～1994年，萧山工业总产值连续10年位居全省各县（市）第一。1995年，工业总产值居全省各县（市）的位次开始后移。

1998年后，从搞好整个萧山工业经济出发，对国有、集体工业企业进行战略性改组，参照萧山商贸企业改革的做法，全面推行“两个置换”[⑤]为主要内容的改革，建立和完善现代企业制度。2000年，开始实施工业企业梯队发展战略，推出“四个一批”企业。[⑥]

至2000年末，全市工业企业10066家、从业人员292393人，注册商标2606件，名牌产品68只。是年，全市实现工业总产值6014966万元，又跃居全省各县（市）首位，其中私有工业占全市工业总产值的67.64%；国有、集体和其他工业分别占0.16%、17.26%和14.93%。

①职工人数为全部职工年平均人数，不包括企业返聘的离休和退休人员、外方和港澳台人员。1996年后，改为从业人员，从业人员人数为全部从业人员年平均人数，包括企业返聘的离休和退休人员、外方和港澳台人员。

②“苏南经济模式”是指80年代初长江三角洲毗邻上海的苏州、无锡、常州一带地区创造的工业化模式，学术界称之为“苏南模式”。该模式是对计划经济时期创建的社队企业进行利用、改造及制度创新的基础上发展起来的工业模式。其特点在于乡镇集体企业的迅速崛起和无所不为。（史晋川、金祥荣、赵伟、罗卫东等著：《制度变迁与发展：温州模式研究》，浙江大学出版社，2007年7月，第43页）

③“温州经济模式”指80年代初浙江省温州地区在发展农村经济中形成的一种新型的经济模式，学术界称之为“温州模式”。该模式是以农村家庭工业为特点的农村工业化道路，形成以家庭经营为基础、以市场为导向、以小城镇为依托，以农村能人为骨干的从自然经济转化为商品经济的发展模式。其特点是发展个体与私营经济、股份合作制经济。（史晋川、黄燕君、何嗣江、严谷军等著：《中小金融机构与中小企业发展研究——以浙江温州、台州地区为例》，浙江大学出版社2003年5月版，第57页）

④1992年后，萧山国有、集体工业企业组建的股份合作制、股份制，其企业内部特征与温州的股份合作制相比较有两点不同：一是萧山国有、集体企业改组的股份合作制、股份制企业，绝大部分留有计划经济管理的痕迹，国有、集体股金占企业总股金的比例超过50%，企业的生产经营仍由国有企业主管部门、集体经济组织决定；温州是家庭工业户的联合，适应市场经济的要求。二是萧山绝大部分股份合作制、股份制企业，只有国有（集体）、职工两个投资主体，受国有（集体）资产管理者的约束；温州的股份合作制一般由几户家庭共同出资，自主经营。

⑤国有、集体工业企业“两个置换”，即国有、集体资产置换、职工身份置换。资产置换，即按照“公开、公平、公正”原则，转让企业国有（集体）资产，转让价格可按评估价值下浮10%，一次性付款再优惠转让价格的10%。职工身份置换，即解除职工原有劳动合同，发给一次性经济补偿费，职工就业市场化。经济补偿费按企业正常经营情况下前一年全体在职职工月平均工资为标准，每一年工龄发一个月工资的经济补偿费，每个职工经济补偿费最高为20000元，年工龄经济补偿费最低不少于400元。男年满55周岁、女年满45周岁的职工可办理退养手续，不发经济补偿费。退养期间的待遇，按市社会保险管理局的规定享受。已离休、退休、退职的职工和退养职工及符合国家规定享受定期补助的人员，按市社会保险管理局规定的缴费标准，连同养老、医疗等待遇一并移交给市社会保险管理局，由市社会保险管理局实行社会化管理。

⑥2000年11月3日，市政府推出“四个一批”企业，即确定企业规模及经济效益等经济指标均在全市或全国同行业中属前列的万向集团公司等8家企业为规模龙头型企业；在全国同行业中优势较为明显的浙江东南网架集团有限公司等20家企业为成长型企业；科学技术在企业发展中作用明显，并已具有一定规模的杭州永磁集团有限公司等20家企业为科技进步型企业；万向集团公司的万向节等19家企业20只产品为产品优势型企业。并对“四个一批”企业在土地资源配置、技术改造贷款贴息、科技经费使用等方面予以重点扶持。

第一章 工业经济体制改革

1953年起，实行高度集中的工业计划经济体制，[①]以部门管理、直接管理为主，兼有行业管理的工业管理体制。1979年，开始改革工业计划经济体制，扩大企业自主权，全民、集体工业企业实行经济责任制、厂长负责制。1987年后，围绕增强企业活力这个中心环节，全民、集体工业企业全面推行承包经营责任制，对小型、微利、亏损企业实行租赁经营、兼并、解散、转让等方法。1992年，国有、城镇集体工业企业开始由点到面实施劳动用工制度、工资分配制度和社会保险制度“三项制度”的综合配套改革，推动企业走向市场。

1993年，全民、集体工业企业基本完成两轮承包经营责任制。全民、集体工业企业改革开始转向以产权制度为重点，以推行股份制、股份合作制为突破口，以转换经营机制为主要内容的全面改革，推动企业逐步进入市场，工业管理体制逐步向间接管理、行业自律方向发展。至1997年末，国有、集体工业企业转换经营机制工作基本完成，全员劳动合同制度基本建立。

1998年后，全面推进国有、集体工业企业以建立和完善现代企业制度为重点，以“两个置换”为主要内容，实施规范的公司制改革，职工就业市场化，退休、离休等人员实行社会化管理。至2000年，部分国有、城镇集体企业实施“两个置换”，政府及部门不再直接干预“两个置换”企业的生产经营活动，使企业真正成为适应市场的法人实体和竞争主体，纺织业等主要工业行业实现行业自律。

第一节 工业管理体制改革

部门管理

萧山解放后，先后由县政府实业科、工商科、企业科、工业科负责工业企业管理。1955年开始，逐步建立与完善工业管理机构。[②]至1991年7月，全市30个主要行业的工业体系，实行的是条块结合，以块为主的管理体制。[③]全市工业企业按所有制性质不同分别属于10余个主管部门，使主管部门所管理的行业较多，市国营工业总公司和二轻工业总公司所属工业企业中有机械工业等8个行业，乡镇工业部门所属工业企业有水泥制造业等18个行业；各行业的企业又分别隶属于多个部门管理，汽车零部件及配件制造业企业分别隶属于国营工业总公司等10个主管部门，食品加工业企业分别隶属于商业局等6个主管部门，水泥制造业企业分别隶属于二轻工业总公司等5个主管部门。[④]

1993年后，随着企业改革的深化，工业企业投资主体多元化，萧山工业管理部门职能分解，逐步建立新的工业管理体制，行政管理职能和国有（集

①1953年起，全民工业企业以完成国家指令性指标为经营目的，其生产要素的获得和生产经营环节的运转，都由国家用行政手段加以规定，企业无自主权，盈亏由国家统一负责。城镇集体工业企业参照全民企业的做法。

②1955年6月，建立手工业管理科。1956年9月，建立萧山县手工业生产合作社联合社，与手工业管理科合署办公。1958年4月，县工业科、交通科、手工业管理科合并建立萧山县工业交通手工业局，后分设萧山县重工业局、萧山县轻工业局。1959年7月，撤销重工业局、轻工业局，合并改建萧山县工业交通局。1960年5月，萧山县工业交通局改名萧山县工业局。1962年4月，县手工业生产合作社联合社更名县手工业合作社联合社。1963年，县工业局复称萧山县工业交通局。1965年12月，手工业管理局、工业交通局合并，改称萧山县工业手工业局，1966年改名萧山县工交手工业局。1968年6月，建立萧山县工交手工业局革命委员会，取代萧山县工交手工业局。1970年10月，恢复工业交通局。

1977年5月16日，建立萧山县工业交通办公室，列入县革命委员会行政机构序列，负责管理全县工业、交通的综合职能部门。1978年3月，手工业管理从萧山县工业交通局析出，建立手工业管理局。1979年12月，手工业管理局改名萧山县二轻工业局。

1981年3月21日，县工业交通办公室更名萧山县经济委员会，下辖县工业交通局、二轻工业局、社队企业管理局（后称乡镇工业管理局）等工业行政管理部门。县商业局、粮食局、供销合作社联合社等行政管理局（社）负责对所属工业企业的管理。1984年，政府机构改革，撤销萧山县工业交通局，建立萧山县国营工业总公司，将萧山县社队企业局、二轻工业局分别更名为萧山县乡镇工业管理局、二轻工业总公司。萧山县国营工业总公司和萧山县二轻工业总公司属行政性公司，分别为所属工业企业的主管部门。

③条块结合，以块为主的管理体制，即以行政局或行政性公司的块块管理和部分行业的行业管理相结合，以行政局或行政性公司管理为主，兼以部分行业的行业管理为辅的管理体制。

④萧山市经济体制改革办公室：《萧山体改简报》（第十二期），1991年8月19日。

体）资产管理职能分别向综合职能部门、行业管理组织和国有（集体）资产经营管理机构转移，建立萧山市国有资产经营总公司，作为全市国有资产的经营机构、投资主体；商业局、粮食局分别建立萧山市国营商业总公司、萧山市粮食国有资产经营公司，由市国有资产经营总公司代表政府委托经营商业局、粮食局所属企业的国有资产。1996年12月26日，市委办公室、市政府办公室印发《〈关于市专业经济部门成建制转为经济实体若干问题的意见〉的通知》（市委办〔1996〕176号），决定市专业经济部门转为经济实体，原则上不再承担政府行政管理职能，原行政职能移交给相关综合部门，建立自主经营、自负盈亏、自我发展、自我约束的法人实体和市场竞争主体。[①]至2000年末，全市31个镇乡和15个工业主管部门[②]建有资产经营管理机构，分别承担所属企业的资产经营管理职能。

行业管理

政府指导　1980年起，萧山县社队企业管理局对社队企业主要行业设置专业公司，为政府管理社队企业的行业管理机构。[③]1987年2月，为贯彻实施《浙江省乡镇集体矿山企业和个体采矿管理条例》，建立萧山县矿产资源管理领导小组及办公室，负责全县矿产资源管理的组织、协调、监督、指导；并确定由县地方矿产建材工业公司具体负责矿产资源管理工作。是年，完成全县矿产企业的定点划界、核定矿区、发放采矿许可证等工作。

1987～1989年，萧山县科学技术委员会先后对电子、化工、机械、纺织、食品和建筑材料6个工业行业开展调查研究，并编纂成《萧山县六大行业调研报告集》，制订《萧山县电子行业“七五”期间发展规划》等行业发展规划。

1991年5月7日，建立萧山市汽车工业办公室，对汽车零部件及配件制造企业实行行业管理，加强规划、协调与扶持，发展与省内外同行业之间的协作与联合。6月1日，建立萧山市国营工业总公司归口企业管理办公室，对市二轻工业总公司和乡镇工业管理局所属的轻纺、机械、化工行业中具有一定规模的26家工业企业实行行业管理，并为企业提供业务指导和服务。7月18日市乡镇工业管理局印发《关于实行分类指导，加强行业管理的意见》（萧乡工〔1991〕96号）后，对全市乡镇工业中的织造、棉纺、麻纺、毛纺、针织、印染、服装、羽绒、汽车零部件及配件、电线电缆、食品、机械、化工、造纸、纸箱、水泥和砖瓦等17个行业分别进行调查，研究发展趋势与战略，总结经验教训，并开展产品质量评比和业务培训等。

1994年，市科学技术协会组织市机械工程学会铸造学组会员企业，听取赴美国考察铸造工艺情况的报告后，对萧山制动器厂铸工车间改建方案进行论证，使该厂放弃了原计划投资1200万元、建设期2年以上的方案，采用美国铸造工艺经验，利用原车间进行局部改造配套的方法，只投入120万元，建成一条比较实用的机械化铸造流水线，当年投产收效，铸件生产能力从100吨提高到500吨，为全市机械行业浇铸生产线的改造提供了经验。

①2001年10月26日，杭州市萧山区政府办公室印发《关于国营工业总公司等四个转体单位若干问题处理意见的通知》（萧政办发〔2001〕111号），“按照政企分开的要求，转体单位不再承担政府行政管理职能，国营工业总公司、二轻工业总公司的行政职能移交给新组建的经济发展局；商业局、物资局的行政职能移交给贸易局”。并规定，“转体后，转体单位不再保留原有行政级别和局牌子”。所建的经济实体“按《中华人民共和国公司法》规定办理法定手续”。

②建立资产经营管理机构的15家主管部门，其中管理国有资产的经营机构10家、城乡集体的经营机构5家。（详见《财政　税务》编《财政管理》章）

③县社队企业管理局设置的行业专业公司为政府部门加强社队企业行业管理的机构，负责对行业的指导，同时也为企业提供行业信息交流、原材料供应和产品销售等服务。至1984年9月，建立的专业公司有萧山县地方矿产建材工业公司（后改名地方工业材料公司）、萧山县机械五金公司、萧山县纺织服装公司（后改名萧山县纺织丝绸公司）和萧山县地方食品开发公司等。

1996年，市乡镇企业管理局直属的各行业专业公司先后实施产权制度改革，企业在职工分流安置后终止。

1997年5月、7月，市政府先后印发《关于印染行业结构调整的若干意见》（萧政〔1997〕8号）、《关于水泥行业结构调整的若干意见》（萧政〔1997〕11号），决定建立萧山市印染行业结构调整领导小组、水泥行业结构调整领导小组，指导企业优化结构、加强污染治理、提高产品质量、在调整中求发展。是年，市委政策研究室、市计划委员会、市经济委员会、市农村经济委员会、市贸易局、市统计局联合调查全市工业经济结构状况，提出萧山工业结构调整的战略思路，即加强纺织业、汽车零部件及配件制造业，改造造纸及纸制品业等传统工业，发展精细化工、电子信息产业。翌年3月16日，市委、市政府印发《关于加快强队工程建设，推进工业结构调整的若干意见》（市委〔1998〕15号），指导企业联合兼并，加快工业结构调整，实现经济增长方式的根本性转变。2000年9月14日，市政府印发《关于加快我市工业结构调整的实施意见》（萧政〔2000〕3号），建立萧山市工业经济结构调整联席会议制度，由分管工业经济的副市长担任召集人，每年召开会议，研究部署萧山工业结构调整工作，并按部门职能分工，具体负责工业结构调整任务的实施。是年，市科委组织调查全市传统产业现状，针对萧山传统产业发展中存在的问题，提出运用高新技术改造机械、电气、医药、化工、建筑材料、纺织印染、羽绒服装等传统行业。

2000年末，尚有萧山市矿产资源管理办公室和萧山市汽车工业办公室两个政府的行业管理组织。

行业自律　1986年，水泥、丝绸、汽车配件、麻纺、印染、电子6个行业先后开展行业自律的初步尝试，分别进行业内的协作交流活动。是年6月，建立萧山县水泥行业协会、萧山县丝绸行业协会（1997年并入纺织化纤〈印染〉行业），分别有会员企业16家、24家，萧山水泥厂、杭州江南丝织厂分别成为水泥行业协会、丝绸行业协会首任会长企业，由会长厂负责行业管理工作，定期交流行业内部经济技术指标，开展技术协作，为会员企业排忧解难。翌年10月，连降暴雨，湘湖周围近10家砖瓦厂的泥塘面临湘湖水倒灌的危险，由于独家企业难以承担排水的费用，因此没有砖瓦生产厂家带头排水。刚建立不久的萧山县砖瓦行业协会决定，按会员企业受益程度分担排水费用，并组织排除水患，避免了可能出现的损失。1989年，建立萧山县沙石行业协会和萧山市副食品同业公会。1990年6月，杭州市有关部门以加强酒类管理为由，把浙江钱江啤酒厂在杭州市区的70个营销点撤销了67个，导致该厂啤酒在杭州市区内的销售量急剧下降，从5月的3430吨下降到7月的2480吨。萧山市副食品同业公会提出《关于要求解决当前商品流通环节中出现的不正常现象的建议》，并得到了省政府的支持，使浙江钱江啤酒厂在杭州市区内不仅被撤销的销售点得到恢复，而且有所增加。翌年7月，该厂设在杭州市区内的营销点增至134个，销售量3811吨，比1990年同期增加1331吨，增长53.67%。至1991年7月，水泥、砖瓦、食品行业协会和副食品同业公会4个行业共有团体会员单位174家。各行业组织均设理事会，聘请市级党政部门负责人担任顾问或名誉职务。理事会均下设秘书组，为常设办事机构，负责办理日常事务。

1992～1995年，工业行业协会组织建设发展缓慢。1996年，市政府办公室、经济委员会、经济体制改革委员会（前身是萧山市经济体制改革办公室）联合调查萧山市工业行业管理现状，提出建立和完善行业管理中介组织，逐步向中介组织行业自律和政府部门行业管理相结合的综合型行业管理发展的建议。翌年，市政府办公室印发《〈关于规范工业行业协会工作的若干意见〉的通知》（萧政办发〔1997〕148号），明确行业协会编制近期行业发展规划和年度行业发展计划；制订或修订行业技术标准、经济标准和管理标准；组织举办各种展销会、博览会、订货会、帮助企业开拓市场等工作职责。

至2000年末，全市建立食品、砖瓦、水泥、纺织化纤（印染）、纸业包装、服装羽绒、电气信息、化工、新型建筑材料、南阳制伞、党山镇纺织印染等工业行业协会和汽车维修行业联合会等自律性行业组织12家，其中市级10家、镇级2家。

第二节　企业经营机制转换

扩大自主权

1979年12月12日，县革命委员会下发《关于同意萧山花边厂、萧山金属钣厂进行扩大企业自主权试点的批复》（萧革〔79〕147号），决定从1979年10月1日起，对萧山花边厂、萧山金属钣厂进行扩大企业自主权试点，实行企业利润留成。[①]翌年8月11日，县政府印发《关于同意工交、二轻两局所属十五个企业实行扩大企业自主权和利润留成的批复》（萧政〔80〕29号），确定第二批扩大企业自主权试点单位，其中萧山印刷厂等6家全民所有制工业企业、萧山水泥厂等8家集体所有制工业企业分别从1980年1月1日、7月1日起实行利润留成制度。利润留成以1979年调整后的企业上缴利润为基数，确定全民所有制工业企业基数利润的留成比例为4.14%～30.74%、集体所有制企业为4%；全民所有制工业企业增加利润的留成比例为20%、集体所有制企业分别为30%、40%。萧山化肥厂（1980～1982年）实行盈亏包干，盈利不上缴、亏损不补贴。同时，县政府赋予扩大企业自主权企业享有计划外产品销售、扩大再生产、多提固定资产折旧、人事调配和奖惩等七项权利。1980～1982年，全县全民所有制工业企业实现利润5822.30万元，其中企业留利1299.60万元。

1985年，全面推行扩大工业企业自主权，在确保完成国家指令性计划后，企业有权自由选购各种物资，自定销价和销售方式；自主使用自有资金，自主转让或出租闲置的固定资产；在核定的工资总额内，自主选择和实行不同的工资分配形式；允许企业从销售收入总额中提取1%作技术开发基金。

1987年，改革的重点开始转向实行承包经营责任制。是年，各企业主管部门检查所属工业企业自主权落实情况。县国营工业总公司所属企业自产自销的产品46只，比企业扩大自主权前增加33只；招收新职工，需报经主管部门批准，按企业自定的招工简章录用；决定每年职工定级、晋级面为3%；自行支配企业留利，自主选择工资、奖金分配形式和办法；自主决定用自有资金进行技术改造。工业企业扩大自主权后，其固定资产折旧基金的50%还须上缴给县财政，没有遵照省政府规定的全部留给企业使用。

经济责任制

1979年起，全民、集体工业企业在扩大自主权和利润留成的同时，实行多种形式的经济责任制。[②]1984年，开始完善经济责任制，[③]企业自主决定内部分配。1985年，县商业局所属10家商办工业企业实行经济责任制3年期限已满，实现利润526.35万元，超额完成利润基数的224.11%。是年，二轻系统工业企业和国营系统的杭州柴油机总厂、萧山汽车齿轮箱厂实行工资总额与上缴税利挂钩浮动。1986年，二轻工业总公司所属企业改为工资总额与实现利润挂钩的经济责任制。是年11月，二轻工业总公司检查验收实行经济责任制的24家工业企业内部岗位责任制落实情况，其中已建立岗位责任制，并严格考核、奖

①萧山花边厂利润增长部分按30%提取利润留成、萧山金属钣厂按40%提取利润留成，留成利润用于企业发展生产。

②1981年，县工业交通局所属萧山动力机厂（后称杭州柴油机总厂）等6家企业实行经济责任制，其中萧山动力机厂、萧山无线电厂、萧山锅厂、萧山炼铁厂实行联产计酬，即超产计件工资制，以考核产品产量为主，并考核品种、质量、费用等指标，超产有奖、欠产则罚；萧山印刷厂、萧山瓷厂实行联利计酬，即核定全年利润基数，超额利润提奖。

1981年12月，县商业局设立经营责任制办公室，加强对工业企业经营责任制工作的领导。年末，县商业局商办工业实行经营责任制的企业占全部商办工业企业的20%。1983年，县商业局所属10家商办工业企业实行“利润定额、基数包干、超额分成、工资浮动、缺额赔补”形式的经营责任制，为期3年（1983～1985年）滚动承包，核定利润基数162.40万元。

③1984年，农场工业、乡镇工业等企业实行联利计酬经济责任制。

商业局商办工业企业改为“定额承包、按比例分成、缺额赔补、超分不封顶、赔补不保底”的经济责任制形式。是年，商业局所属10家商办工业企业按照“国家得大头、企业得中头、职工得小头”的分配原则，职工奖金控制在规定的奖励基金数额内，国家得59.05%、企业36.86%、职工4.09%。

二轻工业企业由超额计件奖励制或计件工资制改为工资总额与实现税利挂钩的经济责任制，即以1983年企业实际完成的税利总额和应付工资为基数，分别核定企业工资税利率，按企业税利每增长1%，工资总额可增长0.30%～1%，利税下降，工资总额相应减少。

罚分明、分配合理的有萧山水泥厂等6家企业，占检查验收企业的25%；岗位责任制和考核办法不完善的有萧山石英砂厂等10家企业，占41.67%；已有设想而尚未建立的有萧山工程塑料厂等8家企业，占33.33%。翌年，校办工业企业将1985年开始实行的厂长为代表的集体经济责任制改为企业领导班子集体经济责任制，制定从厂长、车间（科室）负责人、仓库保管员、门卫到销售员的岗位责任制，定期考核评分，并与奖惩挂钩，其中生产一线职工实行定额超产奖、按件计酬，即定产量、定质量、定消耗、定报酬“四定”责任制；销售员实行联销售、联费用、联收款、联报酬“四联”责任制。

1987年后，为给经营者以充分的经营自主权，根据企业所有权与经营权分离的原则，全市全民、城镇集体所有制工业企业改革重点转向以实行承包经营责任制为重点的转换经营机制上来，经济责任制成为企业内部制定职工岗位责任制和工资分配制度的常规性工作。

厂长负责制

50年代后，萧山工业企业管理体制多次变革。[①]1985年3月15日，县政府确定杭州柴油机总厂、萧山汽车齿轮箱厂、萧山印刷厂、浙江钱江啤酒厂和萧山绸厂5家全民、城镇集体工业企业为全县第一批推行厂长负责制试点单位。试点以搞活企业，提高企业经济效益为目标，从企业实际出发，进行思想发动、民主评价干部、调整机构设置、厂长组建行政班子和明确划分党、政、工三方面的职责权限等一系列工作。是年，5家试点企业的工业总产值、利润总额分别比1984年增长25.50%、63.30%。

1986年6月，县政府确定萧山纺织实验厂、浙江工艺鞋厂等11家工业企业为全县第二批推行厂长负责制试点单位。是年，乡镇工业企业开始推行厂长任期目标管理责任制。[②]翌年，县二轻工业总公司和乡镇工业管理局等所属工业企业全面推行厂长负责制、厂长任期目标管理责任制和厂长任期终结审计制。年末，二轻系统实行厂长（经理）负责制的工业企业24家、厂长（经理）任期目标责任制的企业22家；乡镇工业企业实行厂长负责制、厂长任期目标管理责任制和厂长任期终结审计制的工业企业175家，其中厂长进行公开招标的企业有7家。至1988年末，全市工业企业均实行厂长负责制。

承包经营责任制

乡镇集体工业企业承包经营责任制　1981年，受农业联产承包责任制试点的启发，社队开始在工业企业中进行个人承包经济责任制试点。[③]翌年，全面推行多种形式的承包经济责任制。1983年，全县社队工业企业已基本实行承包经营责任制（1985年改称经营承包责任制）。[④]是年，承包者有以厂长为代表的职工集体承包、厂长个人承包、合伙承包和其他个人承包。1985年，贯彻县政府《关于乡（镇）村集体企业经营承包责任制若干规定（试行）》（萧政〔85〕122号），推行以厂长为代表的职工集体承包，承包期限一般为3年。允许规模较小、微利和亏损企业实行利润包干[⑤]，其他企业承包形式不变。

1986年后，贯彻县政府《〈关于乡（镇）村集体企业经营承包责任制

①50年代初，全民所有制工业企业实行以行政为主的厂长负责制，即“一长制”，厂长有权决定一切生产活动、经营决策和其他重大问题。1953年后，先后实行“厂长负责制和民主管理相结合”、“党委领导下的厂长负责制”和“党委领导下的厂长分工负责制”等。

1956年，手工业社会主义改造后，手工业社（组）实行社员大会制度；1962年2月，手工业系统的瓜沥造船厂等9家合作工厂实行党委（支部）领导下的厂长负责制，1964年后瓜沥造船厂等合作工厂还建立了企业管理委员会，1978年8月开始实行党委（支部）领导下的厂长分工负责制；1979年，工业企业建立职工代表大会制度。

②乡镇工业企业推行的厂长任期目标管理责任制，是按照“干当前，看本届，想长远”的要求，对厂长实行企业管理、人才素质、技术和新产品开发、经济效益等方面的任期考核，成绩显著者，可连任。

③1981年，欢潭公社欢联大队纸厂、城山公社下坂底大队五金厂、桃源公社山前坞纸厂、径游公社胶木电器厂和浦南公社后倪大队五金厂等社队工业企业率先试行个人承包经济责任制。

④1983年，社队工业企业承包经济责任制中，包定基数超奖亏赔占45.40%、大包干（又称“一脚踢”、“清水包”）占22.40%、联利计酬占18.70%、先提成后分配占6.40%、其他（按件计酬、按产量提成、按利润提成等）占7.10%。包定基数超奖亏赔是核定全年承包利润，年终结算时，超出承包利润，按规定比例给予奖励，完不成的按规定比例赔补，承包者往往难以做到赔补。大包干是承包人按规定缴足承包款后的盈利全部由承包人支配，但当企业亏损金额较多时，承包人也往往无力缴足赔补承包款。先提成后分配是先在企业纯收入中提取一定比例的集体资金外，其余部分全部分配。联利计酬，即核定利润总额、工资总额，每月预发职工70%～80%报酬，年终兑现结算。1984年，承包经济责任制企业中，联利计酬占44.30%、先提成后分配占16.90%、大包干占12.20%、包定基数超奖亏赔5.90%、其他20.70%。

⑤利润包干是指税后利润定额上缴，超额比例分成，减少照赔，或超减全奖全赔。税后利润基数一年一定。

若干规定（试行）〉的补充规定》（萧政〔86〕78号），逐步推行厂长任期目标管理责任制，厂长任期与承包期相一致。1987年，实行经营承包责任制（1988年改称承包经营责任制）的集体企业（含商业等，下同）2786家。按承包形式分：联利计酬的1317家，占承包企业的47.27%；超利分成的741家，占26.60%；先提成后分配的305家，占10.95%；其他423家，占15.18%。按承包期限分：承包1年的1810家，占承包企业的64.97%；2年的85家，占3.05%；3年的354家，占12.71%；4年的537家，占19.27%。

1988年，执行市政府《关于乡镇企业深化改革的若干规定〈试行〉》（萧政〔1988〕204号），完善承包经营责任制，推行风险抵押承包。是年，实行承包经营责任制的集体企业2476家，占全市乡镇集体企业的79.64%。其中职工全员风险抵押和承包者风险抵押的企业1159家，占实行承包经营责任制企业的46.81%，上缴风险抵押金共计891.91万元。

图13—1—458　1990年3月，城北区举行镇乡政府与企业签订“三个机制”和承包经营合同签字仪式。市委常委、宣传部部长赵纪来（主席台前排右五）出席签字仪式并讲话（吕耀明摄）

1990年，为解决实行承包经营责任制的乡镇集体企业负盈不负亏和明盈实亏的问题，根据市委、市政府《关于进一步完善乡（镇）村集体企业承包经营责任制的若干规定（试行）》（市委〔1989〕33号），在实行承包经营责任制企业中引入风险机制、流动资产责任制、自有资产增值责任制“三个机制”。①是年，实行承包经营责任制的集体企业3261家，占全市乡镇集体企业的99.15%。其中实行流动资产责任制的企业有1562家、自有资产增值承包的1610家、其他89家。

1992年12月16日，根据中共十四大精神，市政府召开完善乡镇企业承包经营责任制、试行股份制工作会议。会后，乡镇集体工业企业改革重点转向产权制度改革。

国有、城镇集体工业企业承包经营责任制　1987～1993年，国有、城镇集体工业企业实行两轮承包经营责任制。

第一轮承包经营责任制　1987年8月19日，县政府印发《关于国营工业企业全面推行承包经营责任制的通知》（萧政〔1987〕98号）。9月21日、10月26日，萧山县国营工业总公司总经理代表企业资产所有者先后与所属17家国营工业企业承包者（厂长）签订为期4年（1987年1月1日～1990年12月31日）的承包经营合同，承包指标主要是利润和上缴税利，每年上缴税利不足部分由企业自有资金补足，确保资产增值。是年，商业、物资、农机水利、经济技术协作4个系统所属的国营、城镇集体企业也实行承包经营责任制。至1989年，全市11个系统160家（含商业等，以下同）国营、城镇集体企业实行第一轮承包经营责任制，占11个系统企业的 86.49%。第一轮承包经营责任制的基本原则是“包定基数，确保上缴，超收多留，欠收自补”。承包经营责任制形式：多数企业采用上缴利润递增包干，超收分成；少数小型企业和亏损企业实行上缴利润定额包干，超收全留；未实行利改税的企业实现利润扣除留利后全部还

①1990年，乡镇集体工业企业实行承包经营责任制中引入的“三制”：

1.风险机制，即厂长个人承包的企业，厂长一般须全额缴纳承包利润基数的抵押金，最少不得低于承包利润基数的50%；以厂长为代表的职工集体承包的企业，厂长须缴纳按其本人从优奖金50%的抵押金。在承包期内，当年完不成利润指标的，用抵押金赔补，翌年补足缺额的抵押金。

2.流动资产责任制，即企业承包前，核定企业的原材料、生产经营费、产成品、发出商品和应收款五项流动资金占用额（以下同）作为承包基数。承包期末，五项流动资金占用额超过核定基数时，除紧缺原材料外，超过基数部分资金按银行利息冲减当年利润，报废产品、原材料、呆滞商品和应收款，全额冲减当年结算利润。

3.自有资产增值责任制，即承包前，发包方通过对企业资产的清理、审计和评估，确定承包期内每年应增加的自有资产（包括企业留利、各种基金提留和国家减免税金）。承包期末，不足部分，冲减当年结算利润。承包期在2年以上的企业，每年度年终分配时结清。

贷。其中农业和农场两个系统实行财务大包干，承包利润5598.95万元；国营、二轻等9个系统承包利润32431.14万元、上缴税利12322.41万元。

1990年，实行承包经营责任制的企业全部到期，农业和农场两个系统完成利润6505.10万元，完成承包利润的116.18%；其他9个系统完成利润33962.78万元、上缴税利11779.80万元，分别完成承包利润、上缴税利的104.72%、95.60%。

图13－1－459　1987年9月21日，萧山县国营工业总公司召开首批企业承包经营合同签订大会。县委书记王良仟（左一）、县长马友梓（左二）出席会议。总经理施念曾（右一）主持会议，副总经理俞德煌（右二）宣读首批承包经营企业名单（萧山区档案馆提供）

第二轮承包经营责任制　1990年7月24日，针对第一轮承包经营责任制中出现的企业短期行为、包盈不包亏等问题，市政府印发《关于在全市国营、城镇集体工商企业中继续推行和完善承包经营责任制的通知》（萧政〔1990〕66号），确定第二轮承包经营责任制为3年（1991年1月1日～1993年12月31日），第二轮承包经营责任制的承包原则为“三保一挂”，即保上缴国家税利（国营企业的所得税、调节税、承包费、集体企业的所得税），保企业发展后劲，保社会效益，实行工资总额与经济效益挂钩。承包经营责任制形式：盈利企业一般以“确定基数，递增包干，超收分成，歉收自补”；少数微利小企业实行“基数包干、超收分成、歉收自补”；经营性亏损企业实行“亏损递减或扭亏为盈包干”；政策性亏损企业实行“计划亏损，定额留成，开拓发展其他业务的利润比例分成”。同时，规定承包经营责任制企业必须建立企业风险基金和经营者风险基金，实行工效挂钩的国营工业企业必须按规定提足工资后备基金，集体工业企业提足奖励基金，用于职工工资的“以丰补歉”。至1991年，全市11个系统186家国营、城镇集体企业实行第二轮承包经营责任制，占11个系统企业家数的98.94%。其中物资、农场和供销3个系统采取二级承包，即各企业主管部门分别代表所属企业与市政府签订承包经营合同，各主管部门又与所属企业签订承包经营合同。农场和农业两个系统继续实行财务大包干，承包利润8510.30万元。国营、二轻等9个系统承包利润27167.24万元，上缴税利10537.23万元。

1993年，除农场系统的9家企业（承包期至1995年止）外，其余10个系统实行承包经营责任制的企业均已到期。第二轮承包经营责任制期间，粮食、物资、供销和二轻等系统部分企业因实施其他转制形式而中止承包。是年，市审计局年终审计实行第二轮承包经营责任制的30家国有工业企业，未完成承包利润（账面）的企业有4家，亏损企业4家。

1993年6月，就第二轮承包经营责任制到期后怎么办的问题，市经济体制改革办公室调查承包经营责任制企业。调查显示，通过实行承包经营责任制，使企业自主权进一步扩大，企业和职工得到了实惠。据第一轮实行承包经营责任制的160家企业统计，上缴税利超过承包基数而返还企业金额2500万元。国营系统的其中6家工业企业在两轮承包中，职工人均年收入增长85%，萧山化工总厂增长131.66%。但实行承包经营责任制存在“三难”：合理确定承包基数难，存在“鞭打快牛”的问题；企业负盈容易负亏难，存在负盈不负亏的问题；政企分开难，存在企业主管部门行政干预企业生产经营的问题。为此，市经济体制改革办公室（简称市体改办，下同）向市政府提出《关于我市企业第二轮承包到期后，经营机制运作形式的选择和设想》。9月19日，市政府印发《关于国有、城镇集体企业深化经营机制改革实施意见的通知》（萧政〔1993〕79号），对第二轮承包到期后的企业，可根据自身实际，自主选择延长承包经营期，实行股份制、股份合作制、资产保值增值责任制，也可采取租赁经营，实行兼并、拍卖、破产等各种形式。翌年，除国营等少数系统中的部分国有、城镇集体工业企业选择资产保值增值承包经营责任制外，[①]绝大部分系统的国有、城镇集体工业企业改革的重点转向产权制度改革。

“三项制度”改革

为进一步转换企业经营机制，解决企业内部存在的“铁交椅”、“铁饭碗”、“铁工资”问题，市政府于1992年3月10日下发《批转市劳动局等八单位〈关于进行深化企业劳动工资社会保险制度改革试点的意见〉的通知》（萧政〔1992〕35号），决定在部分全民和集体企业中实施劳动用工制度、企业工资制度和社会保险制度“三项制度”的综合配套改革试点，实行全员劳动合同制、管理人员聘任制、固定职工内部待业制和多种分配方式及完善职工社会保险。[②]3月18日，建立市深化企业改革领导小组及“三制”改革办公室。“三制”改革办公室，负责全市劳动用工、工资分配、社会保险等制度改革的方案设计工作。3月21日，经企业申请、企业主管部门审核，市政府办公室公布了浙江植绒印花厂、萧山印刷厂、杭州之江船厂、萧山活塞厂、杭州钱江味精厂、萧山商业机械厂、萧山市供销社棉纺织厂和萧山自来水公司8家工业企业为萧山首批“三项制度”改革试点单位。5月1日，萧山印刷厂召开职工代表会议，50名代表一致通过企业“三制”改革方案。5月22日，该厂举行全员劳动合同签约大会，率先在全市工业企业中拉开劳动用工制度改革的序幕。至8月10日止，萧山印刷厂通过平等竞争、定岗定员，精简科室人员17人，其中精简中层负责人6人；全厂244名职工，除外借、病假、准备外调和待岗职工28人外，其余216名职工都与企业签订了劳动合同。10月19日，为进一步推进“三项制度”改革，借全市贯彻《全民所有制工业企业转换经营机制条例》之际，市深化企业改革领导小组转换经营机制办公室组织“雄鸡杯”转换企业经营机制演讲会。这次演讲会上，企业介绍了转换经营机制、实行“三项制度”的成功经验和体会。年末，全市三项制度改革试点企业增至16家。

1993年5月4日，市政府《批转市劳动局〈关于贯彻企业转换经营机制条例、深化劳动制度改革的若干意见〉和〈萧山市劳务市场管理办法〉的通知》（萧政发〔1993〕20号），决定城镇职工调动不需要再经市劳动局审批，允许不同所有制企业职工相互流动，企业招工的计划、时间、条件自主决定，临时工工资计划不再单独审批，企业在规定范围内自主决定工资奖金分配。至9月末，实施“三项制度”改革试点的企业有85家，职工近1.80万人。其中16家企业在职工优化劳动组合的基础上，实行了全员劳动合同制或合同化管理，全部职工参加了社会保险。萧山自来水公司还建立了企业补充养老保险和职工个人储蓄性养老保险。10月21日，市政府《批转市劳动局等单位〈关于全面推行我

①1994年11月9日，市国营工业总公司与杭州柴油机总厂等11家工业企业签订为期6年（1994～1999）的国有资产保值增值承包经营合同，承包经营国有资产（剔除职工家属宿舍）9674.50万元。并根据企业盈利情况，除杭州瓷厂实行减少亏损的资产保值增值承包外，其余10家企业分别确定每年国有资产增值率2%～10%；企业经营者缴纳承包风险押金共计183.70万元，分两次交清，合同签订时缴风险押金总额的40%。

1995年，浙江安亿纺织实业公司等3家企业因经营不佳中止资产保值增值承包合同。1996年，浙江植绒印花厂停产，浙江冶金特种水泥厂、杭州柴油机总厂经营不佳中止资产保值增值承包合同，萧山第二酒厂等2家企业亏损不结算；浙江萧山化工总厂、杭州油泵油嘴厂和杭州瓷厂进行资产保值增值承包经营结算，分别获得奖金50万元、20万元、3万元。是年12月，其中8家工业企业的国有资产按规定进行剥离（从生产经营资产中剥离用于已离休、退休等人员的保险、医疗等费用，土地和非经营性资产不作价入股）后，均作价入股，分别组建有限责任公司，实行股份合作制。

1997年，市国营工业总公司所属工业企业全部中止资产保值增值承包合同。

②职工社会保险，详见《社会保障》编《社会保险》章。“三项制度”改革试点中，社会保险以改革完善养老保险和待业保险制度为主要内容。同时积极进行工伤医疗保险改革。

深化养老保险制度改革，建立健全国家基本养老保险、企业补充养老保险和职工个人储蓄养老保险相结合，国家、企业和个人三方面共同负担，待遇与缴费相联系的社会化的企业职工养老保险制度。

同时，着手企业医疗保险制度改革，实行国家和企业负担为主，个人负担少量医疗费的办法。

市企业三项制度改革指导意见〉的通知》(萧政发〔1993〕90号),要求市政府确定的首批“三项制度”改革试点企业在年内基本结束。

1995年,市政府办公室先后下发《关于萧山市全面实行劳动合同制实施意见的通知》(萧政办发〔1995〕10号)、《关于萧山市乡镇(村)企业劳动合同制实施意见的通知》(萧政办发〔1995〕44号)。年末,国有、城镇集体企业职工基本完成“三项制度”改革工作。1997年,乡镇集体工业建立职工劳动合同制度的企业数占全市乡镇工业企业的95%。

第三节　企业产权制度改革

1993年后,全民、集体工业企业转换经营机制(简称转制,下同)的工作逐步转向以产权制度改革为重点上来,由点到面推行股份合作制、股份制。1993年末,全市经批准组建的股份合作制和股份制企业(包括商业等企业,下同)133家。按部门分:镇乡118家、二轻工业总公司5家、商业局3家、国营工业总公司2家、供销合作社联合社2家、粮食局1家、物资局1家、其他1家。按转制企业组织形式分:股份合作制127家、股份有限公司4家、有限责任公司2家。此外,还有企业破产2家、被兼并48家、整体出租15家、整体出售33家、动产出售不动产出租26家。

1995年,贯彻市政府《批转市体改办等单位〈关于国有企业产权制度改革实施办法(试行)〉的通知》(萧政发〔1994〕131号)、《关于推进城镇集体工业企业产权制度改革的若干意见》(萧政〔1995〕9号)和《关于推进乡(镇)村产权制度改革的若干意见》(萧政〔1995〕8号),国有、集体工业企业全面推进产权制度改革。

1996年5月14日,针对企业转制后离退休人员多、富余职工多、企业负债多,影响企业发展的实际,市政府下发《批转国营工业总公司〈关于萧山市国营工业系统国有企业转制与解困实施意见的请示〉的通知》(萧政发〔1996〕68号),允许国营工业总公司所属企业转制时,从生产经营资产中划出一部分资产,用于已离休、退休等人员的保险和医疗等费用,土地和非经营性资产不作价入股。(后在全市国有、城镇集体转制企业中推行国营系统国有转制企业资产处置的方法)。是年,国营系统10家转制的工业企业划出资产9764.61万元,占总资产的29.83%。其中不作价入股的土地面积286242.80平方米,金额3200.95万元;非经营性资产、递延资产和闲置资产2504.17万元;用于884名已离休、退休等人员保险、医疗等费用的资产4059.49万元。10月9日,市委办公室、市政府办公室印发《关于今年第四季度集中时间、集中精力整体推进企业转制的工作意见》(市委办〔1996〕138号),明确各镇乡政府和企业主管部门是企业转制的责任主体,要求市级各经济综合部门切实加强对企业转制的指导和服务。11月,市委、市政府从市体改办等10余个市级综合部门抽调人员组成17个工作组,帮助市国营工业总公司、二轻工业总公司所属企业转制;从市级13个企业主管部门和28个镇乡中抽调261名人员,帮助所属210余家企业转制。同时,市委、市人大、市政府、市政协的领导实行分工联络,加强对重点系统、重点乡镇企业转制的督查。至年末,累计已转制的国有、城镇集体企业246家,占国有、城镇集体企业数的64.74%;已转制的乡镇集体企业2878家,占乡镇集体企业数的97.36%。

1997年3月11日,全市企业转制工作会议要求,力争上半年基本完成企业转制工作。8月,市委常委扩大会议确定国营等7个系统的浙江安亿纺织实业公司等13家特困企业作为重点帮助转制单位,并从市级综合部门抽调人员给予帮助。至年末,全市国有、集体工业企业基本完成转制,累计完成转制3278家,占国有、集体企业的98.14%。其中有限责任公司344家、股份合作制企业173家、股份有限公司8家、动产出售不动产出租1130家、整体出售1027家、整体出租123家、资产增值承包97家、解散219家、企业破产3家、其他154家。是年，执行市委办公室、市政府办公室下发的《转发市乡镇企业局〈关于进行乡镇企业转制情况检查验收的意见〉的通知》（市委办〔1997〕125号）和市政府办公室下发的《关于开展国有、城镇集体企业转制工作检查的通知》（萧政办发〔1997〕170号），检查国有、集体企业转制情况。检查显示：企业实行股份合作制、股份制后，明晰了国家（集体）与企业的产权，企业也有了生产经营自主权，能够按照市场需求组织生产经营。但是，企业职工的思想观念并未发生根本性转变，职工还认为自己是国有（集体）企业职工身份，难以在企业间流动，甚至有的企业内部换岗都十分困难；未能从根本上解决企业负担过重问题，部分企业支付富余职工、退休、离休、遗属和精简职工等人员的费用已超过企业自身承受能力。国营系统10家工业企业转制后，分流职工172名，其中内退93名、终止合同79名，只占企业转制前3270名职工的5.26%；萧山印刷厂、萧山特种水泥厂和萧山锅厂3家企业（占该系统转制企业数的30%）已资不抵债，使离休、退休等人员的养老和医疗得不到保障。

1998年5月11日，市委、市政府主要领导听取国营工业总公司、二轻工业总公司转制情况汇报后，决定在萧山第一酒厂等企业先行深化改革试点，同时，从市体改办、市财政局等部门抽调人员，组成工作指导组帮助企业开展试点。后粮食、农场等系统也相继确定萧山市粮食机械有限公司、萧山桥南织造有限公司等企业为本系统深化改革的试点单位。萧山第一酒厂参照市政府印发的《关于加快商贸企业改革与发展的若干意见》（萧政〔1998〕6号）文件精神，进行深化改革，实施“两个置换”。该厂原是由国有企业改组的股份合作制企业，按国有股股本76万元底价转让，通过企业内部招标，由原企业董事兼经理中标，出资购买全部国有股本，并与原企业其他职工股东共同组建有限责任公司；除土地以外的其余国有资产以212.44万元为底价转让给新组建的有限责任公司，转让价款以现资一次性上缴市国有资产管理部门，一次性付清转让款给予20%优惠；①原企业106名职工全部解除劳动合同，按规定发给经济补偿金，并采取“双向选择、择优上岗”的办法，与其中100名职工重新签订劳动合同；将46名退休人员、3名精简职工和11名遗属供养人员移交市社会保险局（以下简称社保局）实行社会化管理。发给职工的经济补偿金和移交社保局的人员所需费用均在国有资产转让价款中支付。萧山第一酒厂经“两个置换”后，消除了职工对国家的依赖思想，职工就业市场化；改革了内部管理机构，完善了企业管理制度。是年，企业扭亏为盈，实现利润36万元，职工年平均工资9777元，比萧山国有工业企业职工年平均工资多3060元。

至2000年末，市国营工业总公司、二轻工业总公司、民政局、商业局、粮食局和教育局6个部门所属工业实施“两个置换”的企业58家，置换职工12737人，支付职工经济补偿金20379.28万元；移交社保局10084人，向社保局一次性缴纳医疗、养老费用21354.57万元。（2002年12月，全市基本完成国有、城镇集体工业企业“两个置换”工作。②）

①萧山市国有资产管理局：《关于同意萧山第一酒厂国有资产转让的批复》（萧国资综（1998）13号），1998年6月23日。

②萧山区经济体制改革委员会办公室统计，至2002年12月，国营工业总公司等12个部门已实施“两个置换”的国有、城镇集体企业278家，完成率为93.92%；资产转让价款124274.46万元；分流安置职工34121人，移交社保局人员22451人，其中退休和离休人员18815人、办理退养的职工3636人；支付职工经济补偿金42311.21万元，支付社保局养老和医疗等费用49817.52万元。尚有8个系统中的18家企业未实施“两个置换”。

农场等9个系统中的63家企业“两个置换”后的土地权证、房产权证、车辆证，专利、商标等有形和无形资产尚有一项或多项未办理变更过户手续，或尚有债权、债务、抵押物、信用担保等尚未处理完毕，使存在这些问题的企业资产具有不完整性，不能按照市场经济的要求做到规范运行。

粮食等7个系统企业职工身份置换后，需要终止清算的关停企业有64家。尚有较多军转干部、伤残革命军人未分流安置；集体户口、集体宿舍没有与转制后企业分离，有的已发生纠纷，浙江双飞汽车齿轮箱集团有限公司的家属宿舍在企业转制时已抵给银行，家属宿舍内16家住户多次集体上访，要求解决住房；还有党团组织关系没有随职工迁移，尚有文件资料未立案归档等。

图13－1－460　1999年5月7日，中国银行萧山支行委托萧山市拍卖行，对浙江安亿纺织实业公司抵押贷款的设备进行公开拍卖。图为拍卖会现场（吴春峰摄）

第二章　工业综情

萧山解放后，县政府接管和筹建国营工业企业。经三年国民经济恢复时期（1950～1952年），全民、集体所有制工业和个体私营工业都有较大发展。私营工业和手工业社会主义改造后，全民、集体所有制工业企业增加，个体私营企业单位减少。1958年，“大炼钢铁”和“大跃进”，新建社办工业等大批工厂，但因盲目发展，后许多工厂不得不下马。三年调整时期（1963～1965年），逐渐恢复发展。“文化大革命”期间，萧山工业企业发展缓慢。

1979年后，工业发展迅速，设备更新加快。同时，开始改革劳动就业制度、工资分配制度，培训专业技术人员，职工素质逐渐提高。1986年起，对工业企业先后实施考评升级[①]、命名等级企业[②]和申报认定大中型企业类型[③]，培育骨干企业发展，组建企业集团，增加先进技术和关键设备的引进。

1989年后，萧山受国家宏观控制、抑制消费需求影响，部分工业企业出现产品市场疲软、增长速度放慢、经济效益下降的状况，市政府制定行业结构调整方向，开展扭亏增盈工作。至1994年，经济效益回升。翌年，开始实施强队工程，评定强工业企业。

1996年后，工业企业进一步调整产品结构，加快设备更新改造。1998年，开始实行工资指导线制度[④]，职工工资分配由政府直接管理开始向间接管理转变。2000年，工业企业工资分配试行集体协商制度，并加强劳动定额、工时定额标准等管理。

2000年末，萧山有工业企业10066家，从业人员292393人。其中规模以上工业企业[⑤]648家（工业企业集团15家）、从业人员144307人，分别占全市工业的6.44%、49.35%。是年，规模以上企业实现工业总产值3796516万元、利润155438万元，分别占全市工业的63.12%、94.09%。其中75强工业企业拥有所有者权益1048424万元，占全市工业企业所有者权益的59.97%；实现工业销售产值、利润总额、税金总额、工业增加值分别为2428334万元、136876万元、87954万元、516810万元，占全市工业的41.42%、82.85%、41.25%、49.62%。

第一节　工业规模

萧山解放前夕，全县有手工业作坊881家，稍有规模的工业企业（10人以上、50人以下）36家。萧山解放后，各级政府及部门鼓励发展工业、手工业生产。1985年，第二次全国工业普查显示：浙江钱江啤酒厂企业规模为中型。[⑥]

1986年7月，为推动工业经济发展，县委、县政府首次召开骨干企业建设研

①1986年，根据国务院发布的《关于加强工业企业管理若干问题的决定》（国发〔1986〕71号）精神，萧山对工业企业开始实施考评升级。考评升级是指国家、省、杭州市政府的企业管理部门分别评定的国家一级企业、国家二级企业、浙江省级先进企业、杭州市级先进企业。1992年，国家、省、杭州市停止企业考评升级。

②1987年，根据县政府《关于印发〈萧山县一级工业企业标准（试行）〉和〈支持“县一级工业企业”发展的若干规定（试行）〉的通知》（萧政〔1987〕114号）精神，县政府下发《关于命名一九八六年度“萧山县一级工业企业”的决定》（萧政〔1987〕115号），公布1986年度萧山县一级工业企业名单。1989年，市政府增加命名萧山市二级工业企业。1992年，又增加命名萧山市特级工业企业，并先后修订萧山市一级工业企业标准和萧山市二级工业企业标准。1997年萧山市政府停止命名等级工业企业。

③1992年3月21日市政府印发《关于建立萧山市企业划型协调小组的通知》（萧政发〔1992〕11号）后，萧山工业企业开始申报划分大中型企业类型。划分工业企业大中型类型是指全国划分企业类型协调小组、浙江省划分企业类型协调小组每年分别认定大型（一档）和大型（二档）工业企业、中型（一档）和中型（二档）工业企业。1997年，国家和省停止划分工业企业类型。

④工资指导线制度，即生产正常发展，经济效益增长的企业，职工平均年工资增长基准线为8%，工资增长最高可达12%，如企业经济效益不佳，企业职工平均工资增长可为零，甚至负增长，但支付给正常劳动的职工工资不得低于最低工资标准。后适时调整工资指导线。

⑤规模以上工业企业是指全部国有及年销售收入500万元以上非国有企业。

⑥萧山县工业普查领导小组办公室编：《第二次全国工业普查萧山县工业企业概况》，1986年12月，第126页。

讨会。会议提出“建设一批有较强经济实力与竞争力”的企业，带动全县工业企业的发展。是年，杭州万向节厂被评定为国家二级企业，杭州柴油机总厂等7家工业企业被评定为浙江省级先进企业，杭州油泵油嘴厂等12家工业企业被评定为杭州市级先进企业。翌年，萧山县政府命名1986年度县一级工业企业59家。

图13-2-461 1990年，杭州万向节厂被国务院企业管理指导委员会、国务院生产委员会命名为国家一级企业，为萧山首家。图为该厂于1990年获得的国家一级企业证书（万向集团公司提供）

1988年9月后，优势工业企业开始兼并产品市场疲软的企业，扩大自身规模。1988年11月至1989年8月，杭州万向节厂先后兼并了3家乡办企业、2家村办企业，使企业的场地、厂房增加近一倍，利用被兼并企业的水、电等设施和设备，企业规模迅速扩大，年生产万向节能力从150万套增加到350万套。1990年，杭州万向节厂组建了企业集团，并晋升为国家一级企业。1992年，被市政府命名的1991年度萧山市特级工业企业有30家、萧山市一级工业企业120家、萧山市二级工业企业140家。

1992年，萧山开始申报认定大型、中型工业企业。年末，全市5268家工业企业中，被认定的大型工业（一档）企业有浙江钱江啤酒厂1家、大型（二档）工业企业有萧山花边总厂等3家；中型（一档）工业企业有杭州钱江味精厂等4家、中型（二档）工业企业有杭州油泵油嘴厂等21家。是年，全市工业总产值（90不变价）1273273万元，其中大型、中型、小型工业企业分别实现工业总产值（90不变价）52857万元、162709万元、1057707万元，占全市工业总产值的4.15%、12.78%、83.07%。

1995年3月17日，市委、市政府印发《关于实施强队工程的若干意见（试行）》（市委〔1995〕15号），分别确定1995、1996、1997年强工业企业考核指标，要求到1997年的强工业企业产品销售收入（不含税）1.50亿元、利税总额2000万元以上、出口交货值4000万元、所有者权益4000万元。1996年，被市政府命名1995年度特级工业企业86家、一级工业企业85家、二级工业企业265家。

1996年2月28日，市委、市政府印发《关于鼓励工业企业上规模增效益建强队的若干政策》（市委〔1996〕46号）后，对公布的强工业企业实行优胜劣汰，统计局按月公布强队企业主要经济指标，市经济委员会负责年度考核。1996年末，全市10052家工业企业中，被认定的大型（一档）工业企业2家、大型（二档）工业企业12家，中型（一档）工业企业6家、中型（二档）工业企业31家。是年，实现工业总产值（现行价）2625298万元，其中大型、中型、小型工业企业分别实现工业总产值（现行价）327575万元、197391万元、2100332万元，占全市工业总产值的12.48%、7.52%、80.00%。

1998年3月16日，市委办公室、市政府办公室《关于开展“镇乡场经济发展竞赛、百强企业和红旗村、标兵村”考评活动的意见》（市委办〔1998〕64号），调整强工业企业考核指标：工业销售产值40000万元、增加值15000万元、利润总额3500万元、税金总额2500万元、所有者权益13000万元、工业产品销售率96%、资金利润率20%、资产负债率≤60%。

1995～1998年，萧山市“百强企业”所得税超过上年一定比例部分全额返回企业，有偿无息使用3年，共计1376万元；调度财政周转金近4000万元，支持了骨干企业的重点技术改造项目；落实3000万元资金用于骨干企业的技术改造；通过“先征后返”的方式，返还骨干企业技术改造资金2500万元，落实重点技术改造项目资金1500万元。

2000年末，全市10066家工业企业中，大型（一档）工业企业2家、大型（二档）7家；中型（一档）工业企业7家、中型（二档）14家、小型10036家。是年，实现工业总产值6014966万元，其中大型、中型、小型工业企业分别实现工业总产值（现行价）888228万元、229653万元、4897085万元，占全市工业总产值的14.77%、3.82%、81.42%。

表13-2-259　1985～2000年萧山工业企业主要指标

年份	年末企业（家）	年末资产		经营实绩（万元）						
		固定资产原值（万元）	所有者权益（万元）	工业总产值（90不变价）	工业总产值（现行价）	工业增加值（现行价）	占国内生产总值（%）	产品销售收入	利润总额	税金总额
1985	3094	57414	—	245066	190990	—	—	145505	16411	9011
1986	3199	78475	—	350409	288980	92800	54.01	177864	18079	9379
1987	3320	115121	—	493610	407768	109752	53.21	276467	24133	13796
1988	5304	154202	—	633457	556141	148276	55.56	410937	29780	20954
1989	6054	188413	—	688240	652190	161689	55.89	468508	24868	24898
1990	5952	220601	—	780704	730593	166601	53.72	495316	22004	25303
1991	5263	272592	—	956310	896850	195422	54.93	663755	20620	32290
1992	5268	345794	—	1273273	1173821	255303	56.74	854655	35791	39662
1993	7216	515761	388298	1821299	1770979	376533	56.68	1361869	55170	66203
1994	8808	713374	512998	2552475	2614883	547227	54.57	1481613	57198	78439
1995	8843	931391	655556	3035440	3211403	651355	52.77	1843918	53838	97917
1996	10052	1083212	781318	2570423	2625298	678956	50.97	1808094	61007	100862
1997	9262	1379960	992591	3203777	3126965	811198	52.17	1823273	74335	110181
1998	8637	1728575	1274592		3654328	914150	52.62	2031406	90976	128793
1999	9248		1448419		4413943	1024166	52.96	2343352	113448	154944
2000	10066		1748226		6014966	1180174	51.78	5377117	165210	213223

注：①资料来源：萧山市统计局编《萧山统计资料·1949－1990》、1991～1994年《萧山市国民经济统计资料》、1995～2000年《萧山市统计年鉴》，中共萧山市委宣传部、萧山市统计局编《萧山五十年巨变——新中国成立以来萧山经济与社会发展统计文献》。

②1985～1989年，萧山工业总产值（80不变价）分别为193759万元、280411万元、399413万元、514925万元、562032万元。

表13-2-260　2000年萧山市工业规模以上企业主要指标

企业类型	年末企业（家）	从业人员（人）	年末资产（万元）		经营实绩（万元）					
			固定资产原值	所有者权益	工业总产值（现行价）	工业增加值（现行价）	产品销售收入	产品出口交货值	税金总额	利润总额
总　计	648	144307	1766852	1499195	3796516	711121	3622591	891357	140560	155438
大型企业	9	20221	340516	494424	888228	158515	875428	155477	28473	59742
大一档企业	2	3370	49141	30011	85348	29708	81399	7405	11465	-790
大二档企业	7	16851	291375	464413	802880	128807	794029	148072	17008	60532
中型企业	21	9868	165768	120389	229653	55296	206771	24410	13472	6752
中一档企业	7	2975	77860	50399	44820	14394	43919	3952	3871	1653
中二档企业	14	6893	87908	69990	184833	40902	162852	20458	9601	5099
小型企业	618	114218	1260568	884382	2678635	497310	2540392	711470	98615	88944

注：①资料来源：萧山市统计局编制的2000年度《全部国有及年销售收入500万元以上非国有工业企业主要经济指标》报表。

②“税金总额”栏是产品销售税金及附加与应缴增值税之和。

第二节　企业集团

1988年，萧山开始组建企业集团。是年3月29日，浙江省机械工业厅批复，同意建立浙江双鸟集团公司。集团公司挂靠萧山市国营工业总公司，以杭州柴油机总厂为主体，有省内外54家单位组成；主营柴油机，兼营与柴油机有关的配套机具及变型产品、零配件、原辅材料、技术咨询和技术服务；实行董事会领导下的总经理负责制，董事长由参加集团公司的各成员单位民主选举产生，总经理由董事会聘任，总经理为集团公司法定代表人，向各成员单位聘用工作人员。翌年，经浙江省机械工业厅批准，登记注册浙江双飞汽车齿轮箱集团公司。该集团公司实有资金2590万元，以萧山汽车齿轮箱厂为核心，以双飞牌汽车变速箱为主导产品，联合全民、集体企业17家，实行资产经营一体化，产、供、销、人、财、物“六统一”，实行董事会领导下的总经理负责制。

1990年10月6日，浙江省政府办公厅批复，同意建立浙江万向（机电）集团公司（第二名称：杭州万向节总厂，后称万向集团公司）。该集团公司以镇集体所有制性质不变、隶属关系不变、财政税收上缴渠道不变的“三不变”为前提，挂靠省乡镇企业局，行业归口省机械工业厅，在基本建设、技术改造立项和投资计划方面试行省计划单列。1991年，浙江万达工具集团公司经省政府办公厅批准建立，技术改造的立项亦试行省计划单列。是年，市委、市政府印发《关于进一步加强重点工业企业建设的意见》（市委〔1991〕43号）后，企业集团技术改造与新产品开发实行市计划单列。为鼓励科研单位加入企业集团，科研单位加入集团后所获得的技术转让收入在30万元以下的，免征所得税。

1992年，杭州万向节总厂开始试行税收目标管理办法，即投入产出目标责任制，对企业工业总产值、利润、上缴财政收入、出口创汇、新增投入、固定资产和自有资金等指标进行考核；上缴财政收入基数按1991年企业应缴税金减去当年减免税后的金额，年递增比率20%，如兼并企业，则根据被兼并企业原上缴财政收入相应递增基数。后浙江万达工具集团公司、萧山汽车制动器厂等企业也相继试行税收目标管理办法。浙江双鸟集团公司和浙江双飞汽车齿轮箱集团公司经过几年的发展壮大，并规范完善。1993年6月25日，杭州市经济体制改革委员会、杭州市计划委员会、杭州市经济委员会联合批复，同意浙江双鸟集团为杭州市规范企业集团。6月30日，省计划经济委员会、省经济体制改革委员会联合批复，同意浙江双飞汽车齿轮箱集团公司更名为浙江双飞集团并列入省批企业集团。

图13－2－462　1992年6月，市税务局局长蔡妙友（左一）与杭州万向节总厂厂长鲁冠球（右一）签订为期三年的投入产出目标责任书，市委常委、常务副市长朱寅传（右二）代表市政府为目标责任书鉴证（杭州市萧山地方税务局提供）

1994年10月10日，省计划经济委员会、省经济体制改革委员会批复，同意建立浙江恒逸企业集团，这是《中华人民共和国公司法》实施后，萧山按《公司法》规定组建的首家企业集团。该集团核心企业是浙江恒逸集团有限公司，由杭州恒逸实业总公司、北京隆兴经贸公司、宁波经济技术开发区江南能源物资公司共同出资组建，注册资本5180万元，所有者权益5608.90万元，拥有全资和控股企业4家、参股企业3家。后相继建立浙江萧山胜达包装集团有限公司、杭州新宝水泥集团有限公司、浙江东南网架集团有限公司、杭州东冠通信集团有限公司、浙江萧山花边集团有限公司、杭州钱江电器集团有限公司、杭州江南丝绸集团有限公司、浙江传化化学集团有限公司、浙江永翔电缆集团有限公司、浙江美时年电缆集团有限公司、杭州永磁集团有限公司、浙江富可达皮业集团有限公司等企业集团。1996年，萧山行政区域调整时划出杭州东冠通信集团有限公司等企业集团5家。

1998年12月，建立企业集团由审批制改为直接到工商行政管理部门核准登记。1998年12月1日至2001年3月25日无新的企业集团登记。至2000年末，因经营不佳等原因歇业的企业集团有7家，全市尚有工业企业集团15家，其中省批企业集团6家（万向集团公司被国务院列入国家120家试点企业集团之一，并升格为国家级企业集团）、杭州市批企业集团8家、萧山市批企业集团1家。列入萧山市强工业企业的14家集团有限公司，拥有所有者权益659639万元，占全市工业企业所有者权益的37.73%；实现工业销售产值1302422万元、工业增加值253761万元、利润总额76619万元、税金总额43890万元，分别占全市工业的22.22%、21.50%、46.38%、20.58%。

第三节　从业人员

50年代起，萧山的国营、城镇集体工业企业招工、补员实行计划管理，统一招工、统一分配。1980年，开始改革劳动就业制度，培训职工文化、技术，评定工程技术人员职称。①

1985年，萧山工业职工学校（后改称萧山经济管理干部学校，2000年撤销）的培训重点开始转向职业资格和等级技术等各种技术培训，先后举办经济管理大专班、自考大专班、机电大专班、经济管理大专专业证书班、财会中专班、财会大专班等。年末，全县工业企业职工212670人。按职工所在企业的经济类型分：国营、集体、其他经济企业分别占6.64%、93.19%和0.16%，按文化程度分：大专以上、高中（含中专、技校、职高，以下同）、初中及以下职工分别占1.70%、21.06%、77.25%。具有职称的职工3169人，占全县工业企业职工人数的1.49%。杭州市萧山区个体劳动者协会、私营（民营）企业协会调查②（合称个私协会调查，下同）显示：被调查的52家工业企业的5272名职工中，来自农村劳动力、城镇失业人员、大中专院校毕业生、退休退职人员分别占96.43%、2.31%、0.68%、0.57%，其中外来务工人员③占1.48%；25家个体工业户的99名职工中，外来务工人员占3.03%。

1988年5月18日，企业开始通过萧山市劳动力市场招用职工。1989年，国家宏观调控，消除经济过热，亏损企业及亏损金额增多，工业企业职工相应减少。是年，全市工业企业职工219687人，比1988年减少65807人，减少23.05%。

①1980年起，少数社队工业企业通过考试，择优录用农村的初中、高中毕业生。同时，萧山开始对工业企业的工程技术人员进行职称评定。1983年，开始向社队工业企业输送大中专院校毕业生及其他技术人员，企业开始通过送出去、请进来、与大中专院校联合办学等途径，培训职工。1984年，乡镇集体工业企业送大学培训的在职职工有180人，送外地工厂培训的管理人员297人、生产技术人员1254人。是年，向乡镇工业企业输送大学毕业生4名、技术人员14名，其中有工程师1人、助理工程师3人；乡镇工业企业聘请各种技术人员800余人，其中有助理工程师以上的119人。通过公开招考，杭州万向节厂择优录用高中生43人，浙江萧山汽车制动器厂择优录用高中生10人。翌年，分配到工业企业的大中专毕业生15人。

②杭州市萧山区个体劳动者协会、私营（民营）企业协会于2005年8～10月联合对全区个体工业户和工业企业（1985～2000年）从业人员抽样调查，发放给个体工业户和工业企业调查表的共568家、568份，除强工业企业6家未上交外，收取表格562份，占发放表格数的98.94%。其中调查个体工业户269家、工业企业293家（其中强工业企业69家）。

③外来务工人员是指萧山境外人员到萧山工业企业就业的人员。

图13－2－463　1998年12月28日，在城厢镇萧绍路516号开设的萧山市劳动力市场（萧山区私营（民营）企业协会提供）

1993年后，随着国有、集体工业企业“三项制度”改革和产权制度改革的全面推进，国有、集体工业企业可自主决定招工的计划、时间和条件及辞退企业中的富余职工，职工队伍相比改革前不稳定。1995年，政府及部门鼓励国有、城镇集体工业企业失业职工自谋职业，组织生产自救，兴办工业企业以及到乡镇企业和私有企业就业。至年末，全市工业企业职工304428人，按职工所在企业经济类型分：国有、集体工业企业分别占4.17%、79.31%，比1985年减少2.47个百分点、13.88个百分点；其他经济企业占3.16%，增加3个百分点；私有工业企业占13.36%，比1988年增加8.47个百分点。按文化程度分：大专以上、高中人数分别占3.09%、26.54%，比1985年增加1.39个百分点、5.48个百分点；初中及以下占70.37%，比1985年减少6.88个百分点。具有职称的职工12886人，占全市工业企业职工人数的4.23%。个私协会调查显示：被调查的130家工业企业的24064名职工中，来自农村劳动力、城镇失业人员、大中专院校毕业生、退休退职人员分别占85.71%、7.48%、0.66%、6.14%，其中外来务工人员占16.56%；115家个体工业户的705名职工中，外来务工人员占4.54%。

1996年3月，萧山市乡镇企业培训中心开始培训初级和中级职称人员及企业管理、安全生产、会计统计、全面质量管理等人员。是年，全市工业企业引进大中专毕业生951名，其中90%以上的大中专毕业生进入骨干企业就业。

1998年后，国有、集体工业企业开始实施“两个置换”，从业人员就业逐渐面向市场，国有、集体工业企业从业人数明显减少，私有工业和其他经济企业从业人数相应增加。至2000年末，全市工业企业从业人员292393人，按从业人员所在企业经济类型分：国有、集体、私有、其他经济企业分别占0.14%、11.08%、78.93%、9.85%，国有、集体工业分别比1996年减少4.39个百分点、61.84个百分点；私有、其他经济工业增加60.22个百分点、6.01个百分点。按文化程度分：大专以上、高中、初中及以下人数分别占5.11%、37.64%、57.25%，大专以上、高中人数分别比1996年增加1.61个百分点、5.74个百分点；初中及以下减少7.35个百分点。具有职称的从业人员16231人，占全市工业企业从业人数的5.55%。个私协会调查显示：被调查的293家工业企业的57472名从业人员中，来自农村劳动力、城镇失业人员、大中专院校毕业生、退休退职人员分别占80.48%、10.16%、8.35%、1.00%，其中外来务工人员占27.34%；269家个体工业户的2045名从业人员中，外来务工人员占30.76%。

表13-2-261 1985～2000年萧山工业企业从业人员职称情况

单位：人

年份	总数	高级	中级	初级	年份	总数	高级	中级	初级
1985	3169	27	237	2905	1993	11473	417	2320	8736
1986	3482	35	258	3189	1994	12084	523	2547	9014
1987	4737	63	334	4340	1995	12886	576	2675	9635
1988	5905	98	455	5352	1996	13686	675	2891	10120
1989	7266	186	679	6401	1997	14258	784	2934	10540
1990	8537	247	1243	7047	1998	15326	853	3041	11432
1991	10142	335	1770	8037	1999	15861	809	3503	11549
1992	10786	387	2041	8358	2000	16231	870	3649	11712

注：①资料来源：萧山区经济发展局。
②含外聘人员。

表13-2-262　1985～2000年萧山工业企业从业人员情况

单位：人

年份	数量	按性别分		按年龄分				按文化程度分		
		男性	女性	16～20岁	21～35岁	36～50岁	51岁以上	大专以上	高中	初中以下
1985	212670	106001	106669	11696	114118	80814	6042	3612	44779	164279
1986	232067	116498	115569	12694	121046	83544	14783	3914	45909	182244
1987	252355	128449	123906	14384	129205	95082	13684	4237	47025	201093
1988	285494	143119	142375	15987	148742	107901	12864	4526	48311	232657
1989	219687	114238	105449	12741	114237	80649	12060	4761	49610	165316
1990	278101	140163	137938	15537	144612	106060	11892	5236	50443	222422
1991	276081	138317	137764	16012	160126	88966	10977	5735	51364	218982
1992	297691	151823	145868	16670	157776	113229	10016	6171	51885	239635
1993	329348	165663	163685	19431	177518	122398	10001	7011	58239	264098
1994	323207	162961	160246	19392	181965	112056	9794	8023	70285	244899
1995	304428	153430	150998	17139	167435	108071	11783	9416	80786	214226
1996	274217	138069	136148	15438	148077	96250	14452	9597	87488	177132
1997	264247	133868	130379	14639	138201	96529	14878	9777	85736	168734
1998	263637	141227	122410	13181	134243	97492	18721	10809	105438	147390
1999	278084	145840	132244	15208	145029	101150	16697	12928	108807	156349
2000	292393	161612	130781	18740	163244	97581	12828	14934	110061	167398

注：①资料来源：萧山区经济发展局。
②“高中”栏含中等专业学校、中等技术学校、职业高中毕业生。

表13-2-263　1985～2000年萧山工业企业从业人员调查情况

年份	调查企业（家）	年末人数（人）	按来源分				按地域分		人员流动（人）	
			农村劳力	城镇失业人员	退休退职人员	大中专院校毕业生	外来务工人员	萧山人员	辞职离厂	外单位辞职进厂
1985	52	5272	5084	122	30	36	78	5194	66	28
1986	58	5952	5661	192	37	62	118	5834	103	65
1987	62	6610	6206	258	46	100	152	6458	144	97
1988	68	7240	6737	302	51	150	214	7026	182	125
1989	80	8394	7810	316	58	210	260	8134	225	168
1990	84	9268	8620	330	67	251	315	8953	300	210
1991	90	10836	10099	361	92	284	410	10426	429	239
1992	100	12684	11759	455	118	352	820	11864	498	290
1993	106	14132	12933	538	135	526	1242	12890	596	369
1994	122	22140	19454	1402	160	1124	3630	18510	753	433
1995	130	24064	20626	1800	160	1478	3984	20080	1544	526
1996	144	27614	23466	1920	188	2040	4668	22946	1286	603
1997	200	34632	29762	2144	237	2489	7106	27526	1699	743
1998	233	41066	34084	3486	306	3190	9020	32046	1408	1049
1999	279	48856	40452	3912	400	4092	12263	36593	2430	1417
2000	293	57472	46256	5842	575	4799	15714	41758	3410	1721

续 表

年 份	工程技术人员（人）					企业培训	
	总 数	企业培养	自 学	外 聘	招 工	人数（人）	经费（元）
1985	366	213	32	63	58	114	5338
1986	424	245	38	73	68	144	8518
1987	478	268	53	87	70	161	9788
1988	556	284	60	113	99	188	13087
1989	672	318	73	125	156	266	20438
1990	806	359	94	137	216	416	35376
1991	874	376	104	152	242	466	50721
1992	1048	458	122	185	283	500	104679
1993	1148	494	130	200	324	756	200027
1994	1652	744	195	238	475	1037	332969
1995	1936	914	222	272	528	1250	428313
1996	2144	1000	269	300	575	1467	595292
1997	2528	1169	295	318	746	2215	961431
1998	3070	1358	308	405	999	3628	1835912
1999	4032	1660	366	471	1535	4692	2624897
2000	4616	1803	453	545	1815	6348	3719057

注：① 资料来源：2005年8～10月萧山区个体劳动者协会、萧山区私营（民营）企业协会联合调查资料整理。
② “调查企业”栏，为2000年末的293家工业企业中的开业企业。

表13-2-264 1985～2000年萧山个体工业户从业人员调查情况

年 份	调查企业（家）	年末人数（人）	按来源分（人）				按地域分（人）		人员流动（人）	
			农村劳力	城镇失业人员	退休退职人员	大中专院校毕业生	外来务工人员	萧山人员	辞职离厂	外单位辞职进厂
1985	25	99	99	0	0	0	3	96	2	0
1986	30	135	135	0	0	0	5	130	3	1
1987	35	170	170	0	0	0	8	162	5	1
1988	40	201	201	0	0	0	11	190	8	1
1989	45	240	240	0	0	0	13	227	12	1
1990	50	270	270	0	0	0	15	255	18	2
1991	55	301	301	0	0	0	18	283	23	2
1992	65	360	359	0	1	0	21	339	30	3
1993	80	455	452	1	1	1	24	431	36	5
1994	95	565	559	3	2	1	27	538	42	6
1995	115	705	695	6	2	2	32	673	47	11
1996	140	901	885	11	3	2	48	853	53	17
1997	165	1105	1077	21	4	3	159	946	59	21
1998	195	1360	1316	33	7	4	321	1039	64	31
1999	235	1675	1599	62	9	5	464	1211	72	36
2000	269	2045	1921	105	12	7	629	1416	79	48

注：① 资料来源：2005年8～10月萧山区个体劳动者协会、萧山区私营（民营）企业协会联合调查资料。
② “调查企业”栏，为2000年末的269家个体工业户中的开业企业。

第四节 劳动报酬

国有、城镇集体工业企业职工劳动报酬

萧山解放后，工业企业先后实行多种工资制。[1]1978年，职工劳动报酬开始与劳动成果挂钩。

1985年，改革企业职工工资[2]制，企业职工工资标准与国家行政机关事业单位工资制脱钩，实行新等级工资标准。并在杭州柴油机总厂等企业内，进行工资总额与上缴税利挂钩浮动试点，后在国营、集体企业中推行。是年，全县全民所有制工业企业职工年平均工资1101元，为1984年的111.66%，比全县全民所有制单位[3]职工的年平均工资高15元；县属大集体工业企业1085元，为1984年的89.23%，为全县集体所有制单位[4]职工年平均工资的103.04%。

1986年，实行工资总额与上缴税利挂钩的企业，在保证上缴税利的前提下，按照“划小核算单位，增加分配中活的因素”的原则，有企业将职工工资全部并入奖金，上不封顶，下不保底，上下浮动；也有将职工工资中的一部分作为浮动，浮动比例视企业情况而定，另一部分随同奖金合并使用。国营工业企业将实行工资总额与上缴税利挂钩浮动办法和基本工资加奖金办法改为固定工资浮动办法，把基本工资的15%～20%纳入奖励基金，并与生产奖金、加班工资一起实行按劳分配。翌年，县国营工业总公司所属工业企业月加班工资和超核定的奖金之和不足70元的按70元计算，超70元的按企业实际发放。

1988年，在实行承包经营责任制的全民、城镇集体工业企业中，开始实行工资总额与经济效益挂钩浮动（简称工效总挂，下同）的办法[5]，并下达职工晋级、升级指标。尚未实行工效挂钩的企业均实行工资总额包干，企业内部实行多种形式的经济责任制，作为职工的分配制度。是年，杭州瓷厂内部实行吨（万件）工资含量包干责任制、净产值效益工资制、利润承包责任制等。杭州柴油机总厂内部实行生产目标责任承包、生产服务责任承包、管理目标责任承包和专项工程（课题）责任承包，责任承包办法解决了企业生产经营中的难题。是年8月，印度尼西亚客商要求杭州柴油机总厂在10月中旬提供1000台柴油机散装零件，需用25只铁制集装箱包装。当时集装箱只有上海能制造，每只价格3000元，而且在两个月后才能交货。该厂经车间公开招标，钣金车间中标，不但按时交货，而且节约加工费3万余元。1992年，国营工业总公司在全系统工业企业中推行计件工资制、划小核算单位、分线承包责任制，使产品的能耗和单位产品成本明显降低。是年，杭州柴油机总厂R175柴油机单机成本每台710.34元，比1991年下降52.96元；浙江安亿纺织实业公司用麻系数为100.56%，比1991年减少2.75个百分点。

1993年，贯彻市政府《转发杭州市政府〈关于完善企业工资总额宏观调控办法，落实企业工资分配自主权〉的通知》（萧政发〔1993〕56号）精神，对有条件的企业试行“两个低于”办法，即企业职工工资总额增长幅度低于

①萧山解放初期，企业内有计日、计月、计件等多种工资形式。1952年，统一以“工资分”为工资计算单位，并统一工资所含实物的品种的数量。1954年10月起，逐步改为直接按货币计算工资的货币工资制，实行“八级工资制”。（萧山县志编纂委员会：《萧山县志》，浙江人民出版社，1987年，第747页。）

②企业职工工资改革，详见《人事 劳动》编《人事劳动制度改革》章《工资分配制度改革》节。

③全民所有制单位是指国民经济各部门中的全民所有制单位，包括农林牧渔、水利、工业、建筑业、交通运输、邮电、商业、饮食业、物资、供销、房地产管理、公用事业居民服务业、卫生、体育、社会福利、文化、教育、广播电视、科研综合服务业、金融业、保险业和国家机关和人民团体。

④集体所有制单位是指国民经济各部门中的集体所有制单位，包括的部门同全民所有制单位。

⑤全民、城镇集体工业企业工资总额与经济效益挂钩浮动办法，详见《人事 劳动》编《人事劳动制度改革》章《工资分配制度改革》节。

企业劳动生产率增长幅度、低于企业利税增长幅度，取消下达职工晋级、升级指标，企业自定职工晋级增薪、降级减薪；企业领导的工资由职工代表大会主席团依据企业经营情况及个人工作实绩确定工资分配，并按管理权限报批；专项课题或项目包干，按产生的效益计提工资和奖金。是年，经市体改办批准，浙江双飞汽车齿轮箱集团公司在“两个低于”的前提下，自主决定职工工资、奖金分配办法。

2000年，确定工业企业工资总额的方式有工效总挂、工资总额包干、“两个低于”和计划控制4种，从业人员工资分配主要是计件工资制。是年，国有、城镇集体工业企业职工年平均工资分别为11526元、8978元，比1996年增长72.03%、43.10%，比全市同经济类型单位职工的年平均工资低4538元、3940元。

表13-2-265 1985～1992年萧山国营、城镇集体工业企业职工工资

年份	国营						城镇集体			
	工资总额（万元）	奖金	计件超额工资	加班工资	津贴	平均工资（元）	工资总额（万元）	奖金	计件超额工资	平均工资（元）
1985	1222.05	190.67	18.30	67.45	123.39	1101	1812.32	475.70	31.60	1085
1986	1545.02	309.10	5.25	97.71	152.01	1268	2261.64	443.93	43.59	1215
1987	1910.12	510.17	8.63	100.47	186.66	1420	2709.38	636.42	51.04	1297
1988	2901.74	877.90	7.57	92.44	367.60	2037	4725.36	1056.83	35.72	1672
1989	3014.12	814.50	12.66	80.31	690.89	2084	5331.10	1323.68	132.88	1850
1990	3213.59	861.72	14.38	74.22	701.61	2269	5520.58	1186.16	54.19	2016
1991	3534.29	855.88	441.37	70.82	749.95	2249	5851.42	1244.98	109.40	2150
1992	4086.06	1233.06	43.30	69.75	910.42	2823	6519.85	1537.84	3.54	2524

注：①资料来源：1985～1987年《萧山县国民经济统计资料》、1988～1992年《萧山市国民经济统计资料》。
②“城镇集体”栏，1985～1987年为集体所有制中的县属大集体职工工资。

表13-2-266 1993～2000年萧山国有、城镇集体工业企业职工工资

年份	国有				城镇集体		
	工资总额（万元）	奖金计件超额工资	津贴补贴	平均工资（元）	工资总额（万元）	奖金计件超额工资	平均工资（元）
1993	6846.58	2045.74	1855.38	3605	12392.99	2679.08	3478
1994	9571.90	3336.70	2311.30	5145	14997.20	4061.30	5156
1995	7852.20	2088.30	1927.70	6230	16388.10	3658.00	6383
1996	8468.00	2926.20	1823.40	6700	15834.30	4088.90	6274
1997	6607.90	1785.30	1253.20	6020	16698.60	5017.80	7109
1998	3630.70			6717	5123.90		6403
1999	14209.50			10542	3751.30		7823
2000	6554.90			11526	2846.80		8978

资料来源：1993～1994年《萧山市国民经济统计资料》、1995～2000年《萧山市统计年鉴》。

乡镇集体工业企业职工劳动报酬

社队企业（1984年5月后改称乡镇企业）职工劳动报酬最初分配形式为职工“劳动在厂，分配在队，厂队结算，适当补贴”，对企业职工采取回生产队评工记分方法。1979年，社队企业职工劳动报酬改由企业直接发放给职工工资，再由职工回生产队买工分，参加年终分配；也有工资归已，职工每月缴管理费给生产队，只享受生产队基本口粮，不参加年终分配。各社队对企业职工与队的分配关系，虽形式多样，但社队企业职工的收入一般均高于务农社员。1983年后，实行家庭联产承包责任制，职工收入归已，一般不再存在与生产队的分配关系。1984年，乡镇工业企业改基本工资制为浮动工资制，对职工试行基本工资加考核奖的办法。1985年，县政府印发《关于乡（镇）村集体企业经营承包责任制若干规定〈试行〉》（萧政〔85〕122号），规定职工人均月工资（基本工资+浮动工资）最高不超过65元。是年，职工年平均工资723元，比全民、县属大集体工业企业职工分别少378元、362元。翌年后，乡镇集体工业企业职工年平均工资连续11年低于全民、城镇集体工业企业职工年平均工资。

1986年，对乡镇集体工业企业实行百分考核，其中产品质量60分、主要原材料消耗20分、设备完好率和安全文明生产各10分。经考核，每下降1分，扣减工资总额的0.10%～0.20%。同时，建立职工岗位责任制，推行供销人员联购、联销、联收款、联报酬的“四联”责任制。

1988年，为确保风险抵押承包目标的完成，职工分配由过去的基本工资加考核奖励改为全额计件或等级工资等多种形式。1991年，在有条件的工业企业实行工效挂钩（即工资与税收、提留、利润挂钩），职工工资按实列支，厂长等经营者工资一般不超过职工年平均工资的2倍。为此，厂长等经营者月工资采取预付70%，其余部分在年终审计后结算时兑现。

1993年7月1日起，施行财政部制定的《企业财务通则》和《企业会计准则》（简称《两则》，下同），给当年实行股份合作制的企业分配增加了难度。为此，市委提出《关于做好乡镇企业今年分配兑现完善明年经营承包责任制的意见》（市委〔1993〕78号），实施《两则》后的增利、减利，通过承包经营责任制合同双方协商，适当调整承包利润基数，并对股份合作制企业实行分段结算，即实行股份合作制前，仍按原承包经营责任制合同结算兑现；实行股份合作制后，按劳分配与按资分红分配兑现，具体由企业董事会研究决定。

1997年，乡镇集体工业企业基本建立职工劳动合同制度，多数企业采取技术创新、扩大生产能力、减员增效等措施提高劳动生产率。是年，全市乡镇集体工业企业职工年平均工资7188元，比1996年增长36.68%，首次超过国有、城镇集体工业企业职工年平均工资，分别比国有、城镇集体工业企业职工增加19.40%、1.11%。

2000年，乡镇集体工业企业职工工资分配主要有计件工资制、计时工资制两种。是年，河上镇、宁围镇、坎山镇和党山镇职工年平均工资均在1万元以上，其中职工年平均工资最高是万向集团公司，为18774元，比全市乡镇集体工业企业职工年平均工资高53.43%。许贤乡的1家乡镇集体工业企业职工年平均工资最低，只有5333元，为全市乡镇集体工业企业职工年平均工资的43.58%。乡镇集体工业企业职工最高年平均工资为最低的3.52倍。

表13-2-267　1985～2000年萧山乡镇集体工业企业职工工资

年份	工资总额（万元）	平均工资（元）
1985	15221	723
1986	12715	829
1987	18204	969
1988	24516	1245
1989	28330	1472
1990	29455	1506
1991	36547	1717
1992	51202	2194
1993	77289	3179
1994	101318	4283
1995	113678	5337
1996	103377	5183
1997	87877	7188
1998	89978	7823
1999	45537	9834
2000	36761	12236

资料来源：1985～1987年《萧山县国民经济统计资料》、1988～1994年《萧山市国民经济统计资料》、1995～2000年《萧山市统计年鉴》。

私营工业企业职工劳动报酬

萧山的私营工业发展初期，企业职工工资分配制度由业主确定，职工工资分配的形式主要有计时工资制和计件工资制两种。

1985年后，随着经济体制改革的深入，不断改革职工工资分配制度，逐渐形成多层次、多形式的工资分配形式。1988年7月1日，开始贯彻《中华人民共和国私营企业暂行条例》。《条例》规定私营企业厂长（经理或董事长）的工资在本企业职工平均工资10倍以内确定。是年，萧山市密封件厂业主工资2400元，为职工平均工资的1.56倍，1位"星期日"工程师（不列入职工名单）3600元，为职工平均工资的2.34 倍。1992年，杭州传化化学制品有限公司（浙江传化化学集团有限公司的前身）制定有比较详尽的职工工资分配制度，公司董事长、总经理、副总经理、总经理秘书、各部门负责人等管理人员都分别制定有岗位考核细则，经考核后确定每位人员的工资；车间实行集体承包、分组包干，职工工资采用工时工资的分配形式；部门职工工资分配以车间职工工资为基数，其中食堂人员和汽车驾驶员工资按车间职工平均工资计、汽车修理工为车间职工平均工资的110%，食堂人员、汽车驾驶员和汽车修理工都制定有考核办法，经考核后的得分确定每一职工工资数额；其他后勤部门职工工资也参照车间职工平均工资，由职工所在部门考核评定工资一、二、三、四等级；中层负责人工资是职务补贴加浮动工资，浮动工资按车间职工平均工资的110%，经民主评定工资一、二、三、四等级。是年，该公司职工年平均工资3237元，其中董事长6000元。

1993年4月，市政府印发的《关于鼓励引导个体私营经济健康发展的若干意见》（萧政发〔1993〕23号）提出，私营企业职工工资参照同行工业企业工资类别，取消工资限额，允许拉开职工分配档次。翌年7月1日《中华人民共和国公司法》实施后，组建的私营有限责任公司基本是按《公司法》规定程序，制定工资分配制度，决定工资分配方案，确定公司董事、经理、副经理、监事、财务负责人及其他职工的工资分配形式。

2000年，全市私营工业企业一线职工工资分配形式以计件工资、工时工资为主，二线、三线职工以固定工资为多。浙江东南网架集团有限公司职工劳动报酬由工资、奖金和补贴三部分组成。工资有固定工资和计件工资两种形式。行政管理人员、勤杂工及其他非一线职工实行固定工资，固定工资由基本工资和工龄工资构成。计件工资根据加工的不同产品，分别有工时计件制（网架构件生产）、面积计件制（板材生产）和吨位计件制（钢结构制造）三种分配形式。奖金由月度奖、半年奖和年终奖三部分组成。月度奖根据职工不同学历、职务确定，半年奖和年终奖根据企业经济效益、职工工作能力和学历、工作表现等综合评定，公司决策层决定。补贴有职称补贴、供销补贴、旅差补贴三种。此外，该公司的行政管理人员在国家法定节假日加班的，加班费每天10元。是年，全市私营工业企业职工年平均工资9865元，其中职工平均工资不足7000元的镇乡有3个、7000元～10000元的有19个、超10000元的有9个。党湾镇私营工业企业职工平均工资最高，为15913.87元；来苏乡最低，为6648.43元。浙江传化化学集团有限公司职工年平均工资18191元，其中董事长工资90000元。浙江东南网架集团有限公司职工年平均工资11113.54元。

表13－2－268　1993～2000年萧山市私营工业企业职工工资

年份	工资总额（万元）	年平均工资（元）
1993	4703	2394
1994	9512	3018
1995	19425	4906
1996	31638	6167
1997	88056	9267
1998	80773	7975
1999	165954	8215
2000	211221	9865

资料来源：1993～1994年《萧山市国民经济统计资料》、1995～2000年《萧山市统计年鉴》。

表13-2-269　1985～2000年萧山密封件厂职工工资

年份	工资总额（万元）	计时工资（元）	津贴补贴（元）	全部职工年平均人数（人）	职工年平均工资（元）	最高月工资（元）	最低月工资（元）
1985	0.45	4260	240	7	642.86	70	30
1986	0.76	7120	480	9	844.44	90	40
1987	1.42	13240	960	12	1183.33	150	60
1988	2.46	22080	2520	16	1537.50	200	80
1989	4.18	37240	4560	22	1900.00	250	100
1990	6.82	60040	8160	30	2273.33	300	120
1991	10.07	87740	12960	38	2650.00	350	140
1992	19.69	169540	27360	63	3125.40	450	150
1993	33.72	284334	52866	92	3665.22	550	160
1994	40.79	344586	63314	93	4386.02	800	200
1995	49.34	416834	76566	95	5193.68	1180	250
1996	55.38	470960	82840	96	5768.75	1350	300
1997	58.66	495678	90922	96	6110.42	1400	350
1998	60.93	514860	94440	97	6281.44	1500	370
1999	69.71	589043	108057	97	7186.60	1500	390
2000	105.74	893508	163892	101	10469.31	1600	420

注：①资料来源：浙江国泰密封材料股份有限公司。
②“最高月工资”栏为企业业主。

外商和港澳台商投资工业企业职工劳动报酬

1984年，二轻系统的萧山布厂吸收国内经济组织和港商投资创办的杭丰纺织有限公司职工工资由计件工资和奖金、津贴三部分组成，并将职工原来的等级工资，作为档案工资。翌年，该公司经县劳动行政管理部门会同财政行政管理部门、企业主管部门核定工资总额19.30万元，职工年平均工资1440.30元，其中固定职工年平均工资1860.36元，比合同制职工多618.60元。

1988年7月，杭丰纺织有限公司董事会按照企业生产经营情况，确定中方职工实得工资水平，高级管理人员工资报市二轻工业总公司备案。是年，该公司职工年平均工资2481元，为全市全民所有制工业企业职工年平均工资的121.80%，为城镇集体工业企业职工年平均工资的148.39%。1990年，二轻系统开工投产的外商和港澳台商投资工业企业（合称外商投资工业企业，下同）3家，均实行计件工资制。是年，二轻系统3家外商投资工业企业职工年平均工资2076元，为全市全民工业企业职工年平均工资的91.49%，为城镇集体工业企业职工年平均工资的102.98%。

1993年，根据劳动部《关于外商投资企业职工在法定工作时间内的最低劳动报酬不得低于所在地国营企业的平均工资水平》（劳部发〔1993〕45号）规定，中外合资经营企业、中外合作经营企业的中方职工工资总额的增长不超过本企业经济效益的增长，实际平均工资的增长不超过本企业劳动生产率的增长的原则下，自主确定；外商独资企业根据生产经营情况，由企业自主决定。是年，全市开工的77家外商投资企业，中方职工年平均工资5441元，为全民工业企业职工年平均工资的150.93%；外籍职工年平均工资7393元，为中方职工的135.88%。外籍职工最高工资为34200元，外籍职工最低工资与中方职工平均工资持平。

1995年，外商投资工业企业高级管理人员开始实行月薪制和年薪制。月薪制，以中外合资经营企业、合作经营企业为主，中方或中外双方聘用的高级管理人员月基本工资水平大体相同，补贴收入以不同岗位和技能确定；企业正职、副职收入差额在10%～20%之间，一般为职工平均工资的5～8倍。年薪制，以外商独资经营企业为主，根据不同人员，采用不同办法。[①]是年7月14日劳动部办公厅印发《关于贯彻〈外商投资企业劳动管理规定〉有关问题的复函》（劳办发〔1995〕163号）后，职工工资低于萧山企业最低工资标准[②]的企业，经查获，按照劳动部制定的《违反〈中华人民共和国劳动法〉行政处罚办法》（劳部发〔1994〕532号）的规定给予补偿。是年，萧山经济技术开发区（简称开发区，下同）内的外商投资工业企业外籍职工年平均工资10291元，中方职工年平均8506元；其他外商投资工业企业外籍职工年平均工资18523元，中方职工年平均7536元。

2000年，贯彻劳动和社会保障部部长第9号令发布的《工资集体协商试行办法》（劳部发〔1994〕532号），中日合资萧山特发弹簧垫圈有限公司等企业职工工资试行集体协商制度。是年，全市293家投产的外商投资工业企业中方职工年平均工资12148.32元，其中开发区中方职工年平均工资12430元、其他地方中方职工11688元。外籍职工（不含开发区）年平均工资77174元。

①1995年，外商独资经营企业中的高级管理人员年薪制：1.中外双方聘用的高级管理人员，年薪基数一般按职工年平均工资的1.50倍确定，其中80%分月预付、20%年终考核结算；2.中外双方高级管理人才，除年薪外，另支付外方人员异地劳动保险费和境外工作津贴；3.既是投资者又是经营者的外方人员，有的不从企业领取报酬，有的则按中方人员实发的最低工资领取报酬。

②1995年，萧山市企业最低工资标准为每人每月245元。

第五节 轻重工业

萧山素以轻工业为主。萧山解放后，轻重工业几经调整。[③]至1983年，轻重工业之比为69.00∶31.00。1984年后，随着居民生活水平的提高，对轻工业产品的需求增加，使得萧山的轻工业发展加快，轻工业总产值占全县工业的比重逐年上升，重工业的比重逐年下降。至1987年，轻工业总产值占全县工业的比重比1984年上升9.43个百分点、重工业所占比重下降9.43个百分点。

1988年后，萧山的外商和港澳台商投资工业企业发展，1990年杭州钱江外商台商投资区建立，全市工业结构逐渐向多层次、多样化方向发展，工业结构的布局趋向规模化、集约化。1991～1995年，萧山的加工工业发展速度快于其他工业，加工工业又在重工业中占相当大的比重，因此重工业总产值年均增长速度高于轻工业，轻工业总产值占全市工业的比重下降，重工业所占比重上升。至1995年，轻工业总产值占全市工业的比重比1987年下降5.28个百分点、重工业所占比重上升5.28个百分点。

1996年，萧山行政区划调整后，轻工业总产值占全市工业的比重下降。[④]为此，市委、市政府提出优先发展机械汽配、纺织印染、精细化工、造纸及纸制品、建筑材料、食品工业的发展思路。至2000年，全市轻工业总产值（现行价）3916263万元，其中以农产品为原料的工业总产值3042524万元、以非农产品为原料的873739万元，分别占轻工业的77.69%、22.31%；重工业产值2098703万元，其中采掘工业总产值15448万元、原料工业396501万元、加工工业1686754万元，分别占重工业的0.74%、18.89%、80.37%。是年，轻工业总产值占全市工业的比重比1996年下降0.32个百分点，重工业所占比重上升0.32个百分点。

③萧山解放初期，以发展农产品加工业为主。1949年，轻工业总产值（90不变价）2401万元、重工业73万元，轻重工业之比为97.05:2.95。农业合作化时期（1951～1957年），发展小农具等生产。至1957年，轻重工业比重为97.99:2.01。

1958年后“大炼钢铁”、“大办工业”。至1960年，轻重工业之比为77.00:23.00。1961年后，调整国民经济。至1965年，轻重工业之比为92.99:7.01。

“文化大革命”前期，轻工业占全县工业总产值的比重都在90%上下，后期下降到80%上下。1976年，粉碎“江青反革命集团”后，全县工业生产恢复正常。1978年，全县实现工业总产值（90不变价）30401万元，比1975年增长69.88%，轻重工业之比为65.00:35.00。

1979年后，发展纺织、服装制造，轻工业比重又开始上升。

④萧山行政区划调整前的1995年，浦沿、长河、西兴3镇工业总产值（90不变价）940722万元，其中轻工业885345万元、重工业55377万元，轻重工业比重为94.11:5.89。

表13-2-270 1985～2000年萧山轻重工业总产值情况

单位：万元

年份	轻工业	以农产品为原料	以非农产品为原料	重工业	采掘工业	原材料工业	加工工业
1985	138636	99672	38964	55123	2198	9642	43283
1986	211986	159039	52947	68425	2988	10342	55095
1987	307729	252875	54854	91684	2980	15209	73495
1988	389876	303696	86180	125049	3721	16305	105023
1989	419492	332565	86927	142540	4705	24155	113680
1990	592778	488645	104133	187926	4327	45194	138405
1991	712112	578197	133915	244198	3746	58966	181486
1992	941970	763387	178583	331303	3978	75280	252045
1993	1320173	1079050	241123	501126	6049	101974	393103
1994	1836105	1484981	351124	716370	8626	160463	547281
1995	2178437	1747443	430994	857003	10331	117901	728771
1996	1681745	1302381	379364	888678	13359	136899	738420
1997	2016137	1569303	446834	1110828	6154	137277	967397
1998	2459292	1818686	640606	1195036	7443	170824	1016769
1999	2902310	2272775	629535	1511633	22839	322933	1165861
2000	3916263	3042524	873739	2098703	15448	396501	1686754

注：①资料来源：1985～1987年《萧山县国民经济统计资料》、1988～1989年《萧山市国民经济统计资料》、1995～2000年《萧山市统计年鉴》。
②1985～1989年工业总产值为80不变价，1990～1996年为90不变价，1997～2000年为现行价。
③“加工工业”栏1985～1995年为制造及修理工业。

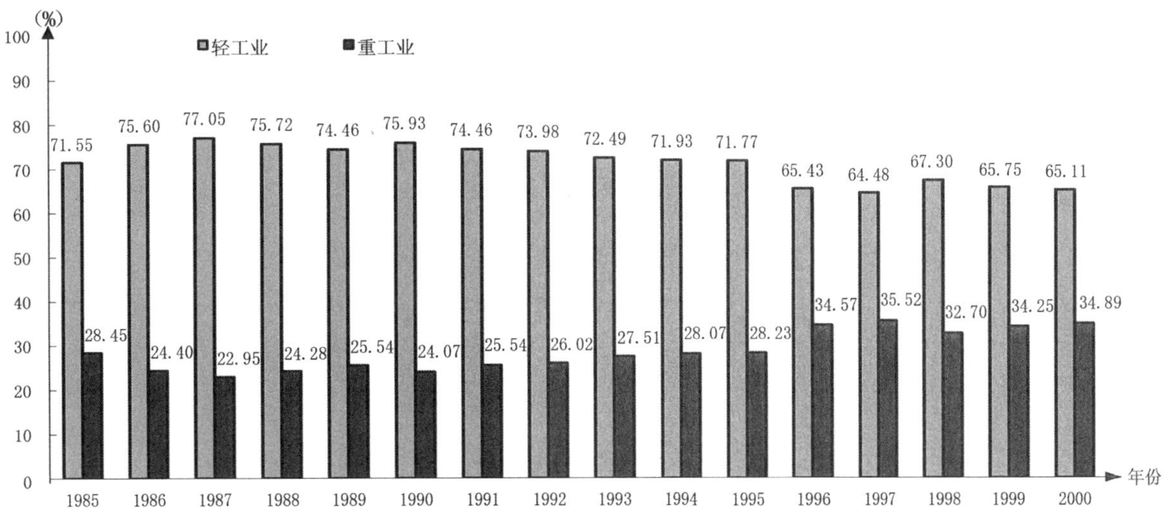

图13-2-464 1985～2000年萧山轻重工业总产值（90不变价）比重

注：①1985～1990年，根据萧山市统计局编：《萧山统计资料·1949～1990》；1991～2000年，根据1991～1994年的《萧山市国民经济统计资料》、1995～2000年《萧山市统计年鉴》整理。
②1997～2000年工业总产值为现行价。

表13-2-271 2000年萧山轻重工业规模以上企业主要指标

项 目	年末企业（家）	从业人员（人）	年末资产（万元）		经营实绩（万元）			
			固定资产原值	所有者权益	工业总产值	工业增加值	税金总额	利润总额
轻工业	434	91591	1053621	733305	2227517	409390	83791	69848
以农产品为原料	335	70474	827311	557205	1636921	313516	64430	52397
以非农产品为原料	99	21117	226310	176100	590596	95874	19361	17451
重工业	214	52716	713231	765889	1568999	301731	56769	85590
采掘工业	2	652	2654	871	5034	1434	195	68
原料工业	39	11349	205464	117615	279899	61287	16389	9802
加工工业	173	40715	505113	647403	1284066	239010	40185	75720

注：①资料来源：萧山市统计局编制的2000年度《全部国有及年销售收入500万元以上非国有企业》报表。
②“工业总产值”栏为现行价。“税金总额”栏是产品销售税金及附加、应缴增值税之和。

第六节 技术改造

萧山解放后，工业企业技术改造[①]多为企业内部的挖潜、革新、改造。全民所有制工业企业利用政府拨款进行挖潜、革新、改造[②]，集体所有制工业企业自筹资金进行挖潜、革新、改造[③]。1979年，全民所有制工业企业技术改造设备资金开始由政府无偿拨款逐步改为有偿；1982年，工业企业技术改造项目纳入计划管理。[④]1985年，全县计划内技术改造竣工项目41个，其中投资50万元以上的项目11个。是年，引进境外设备的项目有4个。

第二次全国工业普查显示：1985年末，萧山境内全部工业企业（含在萧的中央、省、杭州市工业企业）已安装的设备原值36548万元，按设备出厂的年代分：80年代出厂的设备22479万元、70年代出厂的9382万元、60年代前4687万元。其中进口设备2732万元，占全部工业企业已安装设备的7.48%。进口设备按年代分：80年代进口的设备1571万元、70年代进口的534万元、60年代前627万元。动力机械总能力317373千瓦。

1986年后，县政府重视重点工业企业技术改造。1988年，国家控制信贷规模，辖内银行业金融机构从紧发放贷款，萧山减少技术改造计划项目和总投资，采取保证重点、压缩一般加工工业，支持重点企业的系列化配套改造项目和投资省、见效快的“短、平、快”技术改造项目。1989年，技术改造竣工项目84个、竣工项目总投资0.92亿元，分别比1987年下降44.0%、37.84%。

1986～1990年期间，萧山计划工业企业技术改造项目共计1052个（含结转上年未完成计划技术改造项目数量，下同），计划总投资12.97亿元（含结转上年未完成计划总投资金额，下同）。其中竣工计划项目747个、总投资6.58亿元。1990年，全市优质产品数量132只，其中国家优质产品4只、省优和部优产品128只，优质产品工业总产值（80不变价）4.20亿元，占全市工业总产值的6.52%。

①此节技术改造资料由萧山区经济发展局提供。

②1970～1978年县财政资金用于企业挖潜、革新、改造资金781.10万元、“科技三项费用”支出458.90万元，主要用于全县13家国营工业企业的挖潜革新项目。

③1970～1978年，二轻系统75家工业企业利用自有资金共完成39万元以下的技术革新改造项目342个，投资总额949万元。1979～1984年，63家二轻工业企业完成10万元以上的技术改造项目83个，总投资2995.17万元，其中50万元以上的项目有13个。

④1979～1984年，县财政资金用于技术改造资金共计2751.90万元，其中18家国营工业企业完成的技术改造项目61个，总投资2700万元。银行业金融机构共计发放中短期设备贷款2987万元，其中1981～1984年国营工业和二轻工业两个系统进行设备更新改造投资10万元以上的项目有23个，总投资额1560万元，用汇129万美元。投资规模较大的项目有杭州柴油机总厂的S165、R175型柴油机机体挺柱孔专机、萧山衬衫总厂引进的日本衬衫流水线专用设备、萧山塑料薄膜厂引进的无毒聚氯乙烯弹性薄膜设备、萧山服装厂引进的日本蒸气整烫机10台和黏胶机1台。

1991年，萧山工业企业开展“质量、品种、效益”年活动，改善投资结构，重点开发新产品、提高产品质量和档次、扩大适销对路产品生产能力，增加出口创汇，重视节能降耗。是年8月4日，市委、市政府印发《关于进一步加强重点工业企业建设的意见》（市委〔1991〕43号），要求市重点工业企业到“八五”计划期末，新增技术改造设备达到国内80年代末水平，市特级企业新增的关键设备达到国际80年代水平。是年，计划通过技术改造开发新产品和提高产品质量的项目156个、计划投资1.59亿元，分别占全市技术改造计划的46.57%、45.82%。1992年初，全市计划技术改造项目100个。贯彻邓小平南方谈话精神后，萧山下放技术改造项目审批权限，简化审批手续，全市计划技术改造项目增加到310个，计划总投资8.11亿元。

图13-2-465　1992年9月23日，浙江钱江啤酒集团公司从德国引进的无菌纯生啤酒灌装线正在灌装啤酒（吕耀明摄）

1995年，市政府首次确定市级重点工业企业技术改造项目50个，占全市计划工业企业技术改造项目的41.67%。是年，市级重点工业企业技术改造竣工的项目33个，结转下年实施的10个，因资金难以到位等原因，处于项目前期阶段停建、缓建的有7个。

1991～1995年期间，全市计划工业企业技术改造项目共计1052个，计划总投资46.70亿元。其中竣工项目853个、总投资25.81亿元。引进先进技术和关键设备项目61个，实际用汇5024万美元。全市企业完成开发新产品投资总额11.50亿元，占全市竣工项目总投资的44.56%；新技术、新工艺、新设备、新材料“四新”产品产值率达10%以上，开发省级以上新产品850只，其中被列为国家级新产品30只。其间，通过工业企业技术改造，淘汰了水泥制造业企业5万吨以下的机窑，发展回转窑水泥生产，先后建成了浙江农垦水泥厂和浙江华源水泥有限公司2条18.50万吨级带余热发电回转窑水泥生产线；纺织业贯彻国家压锭改造政策，相继建成浙江之江棉纺厂的筒子纱染色、萧山化纤实验厂和萧山供销社棉纺厂的涤纶短纤、萧山来苏棉纺厂的维纶纱等短、平、快项目；基本淘汰了1511、1515等有梭织机，引进先进的无梭织机。1995年末，萧山工业企业纱锭总数17万锭，比1990年末减少34万锭；无梭织机总量2.53万台，占全市织机总量的4.83%，比1990年末增加了3.02个百分点。其中喷水织机、剑杆织机等无梭织机1200余台，前道配套了纺丝、加弹、倍捻等设备。化纤纺丝生产线有12条，化纤纺丝年生产能力2.37万吨。加弹年生产能力4万吨、印染布年生产能力10亿米、服装年生产能力5000万件。是年，全市新技术、新工艺、新设备和新材料的“四新”产品工业总产值（90不变价）303350万元，占全市工业总产值的9.99%。

第三次全国工业普查显示：1995年末，全部乡及乡以上独立核算工业企业（含在萧的中央、省、杭州市属工业企业）设备净值率74.87%。在1000余种主要工业生产设备中，进口设备占14.30%，比1985年上升9.16个百分点；境内生产设备占85.70%，比1985年下降9.16个百分点。按设备出厂年代分：90年代出厂的设备占71.83%，其中进口设备占12.11%、境内生产设备占59.72%；80年代出厂的占25.63%，其中进口占1.61%、境内生产占24.02%；70年代前出厂的占2.54%，其中进口占0.58%、境内生产占1.96%。动力机械总能力914243千瓦，其中原动机388509千瓦、电动机427134千瓦、电气器械98600千瓦；发电机设备能力381588千瓦。

表13—2—272 1995年萧山市乡及乡以上独立核算工业企业主要设备拥有量

设 备	境内生产设备出厂年代			进口设备出厂年代			
	90年代	80年代	合计	90年代	80年代	70年代前	合计
电子计算机（台）	280	49	329	165	10	0	175
小型电子计算机（台）	0	0	0	1	2	0	3
微型电子计算机（台）	280	49	329	164	8	0	172
自动化生产线（条）	6	0	6	4	2	0	6
机电控制自动化生产线（条）	5	0	5	2	2	0	4
电子计算机控制自动化生产线（条）	1	0	1	2	0	0	2
半自动化（机电控制）生产线（条）	41	21	62	18	17	2	37
机械手（台）	8	3	11	4	6	4	14
气动机械手（台）	4	0	4	4	2	4	10
液压机械手（台）	2	3	5	0	0	0	0
电工机械手（台）	2	0	2	0	4	0	4

注：①资料来源：萧山市人民政府第三次工业普查领导小组办公室编制的《萧山市第三次工业普查资料汇编》，1997年11月。
②包括在萧的中央、省、杭州市属工业企业。

表13—2—273 1995年萧山市独立核算工业企业主要生产设备拥有量

设 备	境内生产设备出厂年代				进口设备出厂年代			
	90年代	80年代	70年代前	合计	90年代	80年代	70年代前	合计
工业锅炉（台）	246	199	12	457	1	1	0	2
金属切削机床（台）	4671	5051	2202	11924	51	44	56	151
锻压设备（台）	1275	1544	359	3178	10	93	1	104
起重设备（台）	733	598	161	1492	0	0	1	1
输送及给料设备								
输送设备（台）	536	651	55	1242	24	1	0	25
给料设备（台）	175	151	3	329	2	0	0	2
铸造设备								
化铁炉（台）	36	30	7	73	0	0	0	0
有色金属熔铸炉（台）	18	10	0	28	0	0	0	0
造型机（台）	63	28	1	92	0	0	0	0
抛砂机（台）	29	19	19	67	0	0	0	0
金属压铸机（台）	24	6	3	33	1	1	0	2
压塑机（台）	2	6	0	8	4	0	0	4
热处理设备								
加热炉（台）	105	33	19	157	3	0	0	3
热处理炉（台）	229	203	39	471	4	0	1	5
焊接及切割设备								
焊接设备（台）	711	702	127	1540	17	45	0	62
切割设备（台）	159	105	14	278	2	0	0	2
金属表面处理设备								
滚镀设备（台）	4	11	3	18	0	0	0	0
电镀槽（台）	77	70	0	147	32	0	0	32
涂镀设备（套）	4	7	0	11	0	0	0	0
油漆设备（套）	15	10	0	25	1	1	0	2

续表一

设　　备	境内生产设备出厂年代				进口设备出厂年代			
	90年代	80年代	70年代前	合计	90年代	80年代	70年代前	合计
汽车（辆）	1035	452	14	1501	32	35	0	67
船舶（艘）	51	86	0	137	0	0	0	0
环境保护设备								
除尘设备（台）	253	284	4	541	10	1	0	11
有害气体处理设备（台）	23	15	0	38	0	0	0	0
污水处理设备（台）	84	83	0	167	1	0	0	1
噪声与震动控制设备（台）	25	0	0	25	0	0	0	0
合成纤维专用设备								
熔融纺长丝纺丝机（台）	7	0	0	7	1	0	0	1
熔融纺弹力丝倍捻机（台）	55	0	0	55	8	2	9	19
棉纺织设备								
轧花机（套）	0	17	23	40	0	0	0	0
轧花机（台）	1	32	12	45	0	0	0	0
粗纱机（锭）	842	7146	3811	11799	0	0	0	0
细纱机（锭）	39722	60476	118172	218370	0	0	400	400
气流纺锭（头）	0	10	0	10	0	2120	0	2120
捻线锭（锭）	259501	28833	19800	308134	0	0	0	0
络筒机（台）	506	183	29	718	9	0	0	9
棉布织机（台）	3665	2326	174	6165	170	0	0	170
毛巾织机（台）	0	40	0	40	0	0	0	0
漂白机（台）	2	4	0	6	0	0	0	0
染缸（不包括土染缸）（只）	57	48	0	105	0	0	0	0
印花机（台）	7	1	0	8	0	2	0	2
丝光机（台）	2	8	0	10	0	0	0	0
毛纺织设备								
毛纺锭（锭）	3300	7688	0	10988	0	0	0	0
毛纺自捻纺锭（锭）	1	0	0	1	0	0	0	0
毛织机（台）	122	113	0	235	0	0	0	0
麻纺织设备								
黄、洋、青麻纺锭（锭）	0	8832	900	9732	0	0	0	0
聚烯烃编织袋织机（台）	32	2	0	34	0	0	0	0
丝绢纺织设备								
缫丝机（台）	190	180	0	370	0	0	0	0
缫丝机（绪）	2400	2400	0	4800	0	0	0	0
绸丝精纺锭（锭）	5140	0	0	5140	0	0	0	0
倍捻机（台）	429	14	4	447	12	0	0	12
丝织机（台）	10998	2560	195	13753	216	228	0	444
针织品生产设备								
台车（台）	118	74	22	214	0	0	0	0
棉毛车（台）	150	86	20	256	0	0	0	0
经编机（台）	3	12	2	17	5	1	0	6
电动袜机（包括半自动）（台）	42	145	0	187	0	0	0	0
毛针织圆机（台）	37	9	0	46	0	0	0	0
毛针织横机（台）	384	84	70	538	16	20	0	36

续表二

设备	境内生产设备出厂年代				进口设备出厂年代			
	90年代	80年代	70年代前	合计	90年代	80年代	70年代前	合计
服装加工设备								
包缝机（台）	826	216	97	1139	264	42	0	306
平缝机（台）	6158	1171	109	7438	3358	287	0	3645
锁眼机（台）	148	17	0	165	116	14	1	131
整烫设备（台）	210	25	0	235	415	14	0	429
纸浆、造纸专用设备								
蒸球（台）	0	1	0	1	0	0	0	0
洗浆机（台）	6	10	0	16	0	0	0	0
打浆机（台）	21	16	0	37	0	0	0	0
造纸机（台）	13	15	7	35	0	0	0	0
无机化学产品生产专用设备								
盐酸生产设备（套）	2	1	0	3	0	0	0	0
烧碱生产设备（套）	1	2	0	3	0	0	0	0
纯碱生产专用设备（套）	0	1	1	2	0	0	0	0
无机盐生产专用设备（套）	70	1	0	71	435	0	0	435
空气分离专用设备（套）	1	1	1	3	0	0	0	0
染料生产设备（套）	30	13	0	43	0	0	0	0
合成材料生产设备								
合成树脂生产设备（装置）	2	2	0	4	0	0	0	0
合成纤维单位及聚合物生产设备（装置）	2	0	0	2	0	0	0	0
塑料加工设备								
注射成型机（台）	97	91	1	189	5	9	0	14
挤出成型机（台）	42	73	8	123	2	3	0	5
吹塑中空成型机（套）	8	19	0	27	1	3	0	4
水泥及制品生产专用设备								
煅烧设备（台）	15	16	2	33	0	0	0	0
冷却设备（台）	2	2	0	4	0	0	0	0
粉磨设备（台）	28	36	5	69	0	0	0	0
烘干设备（台）	15	19	1	35	0	0	0	0
选粉设备（台）	33	24	1	58	0	0	0	0
水泥包装设备（台）	50	23	0	73	0	0	0	0
制品模具（套）	147	98	0	245	0	0	0	0
日用陶瓷加工球磨机（台）	9	17	10	36	0	0	0	0
通用零部件加工专用设备								
弹簧生产线设备（条）	2	3	0	5	0	0	0	0
链条生产线设备（条）	15	1	0	16	0	0	0	0
轴承生产线设备（条）	2	2	0	4	0	0	0	0
紧固件生产线设备（条）	0	0	0	0	6	0	0	6
自行车装配生产线（条）	4	1	0	5	0	0	0	0
船厂船台（座）	3	0	0	3	0	0	0	0

注：①资料来源：萧山市人民政府第三次工业普查领导小组办公室编制的《萧山市第三次工业普查资料汇编》，1997年11月。
②1995年萧山市独立核算工业企业主要生产设备拥有量是指乡及乡以上和年销售收入100万元以上独立核算工业企业主要生产设备拥有量，包括在萧的中央、省、杭州市属工业企业。

1996年后，萧山财政、省财政和中央财政先后贴息扶持萧山工业企业技术改造项目，工业企业进一步加快设备更新改造，项目投资规模扩大、档次提高，引进设备增多。1996年，万向集团公司引进轿车轮毂轴承加工关键设备、浙江东南网架集团有限公司引进超轻隔热隔声防火板材生产线、浙江北天鹅集团公司引进西裤生产线、萧山市粮油食品厂引进面粉加工生产线、萧山市航民实业公司引进圆网印花生产线及印染设备碱减量机、萧山市校办涤纶厂引进33H加弹机等。

图13-2-466　1997年3月，萧山富丽达纺织有限公司从日本引进的尼桑505喷水织机（富丽达集团控股有限公司提供）

1998年，受亚洲金融危机的影响，多数行业特别是纺织行业的产品销售额大幅回落，全市计划技术改造项目470个，为1997年的88.68%。1999年1月，市政府印发的《关于进一步加强企业技术改造工作的通知》（萧政〔1999〕1号）提出，力争“九五”计划时期后两年全市完成技术改造投资60亿元，并采取提高设备折旧率等扶持政策。是年，全年引进设备项目有89个，占全市计划投资项目的10.95%；投资总额83300万元，占全市计划投资的29.74%。浙江爱迪尔包装股份有限公司投入资金1.60亿元，引进西欧环保型真空镀铝生产线2条、全自动凹印生产线1条。万向集团公司、浙江恒逸集团有限公司、浙江爱迪尔包装集团有限公司、浙江传化化学集团有限公司等企业的技术改造项目投资金额亦均超过1亿元，万向集团公司投资1.75亿元，新增年产万向节1000万套生产线、传动轴40万根生产线技术改造项目；浙江恒逸集团有限公司投资1.57亿元的新合纤高档纺织面料项目，均被国家经贸委列入第3批专项规划。全市14个技术改造项目列入国家经贸委的“双高一优”（高新技术产业化、用高新技术改造传统产业、优化结构）专项规划。

图13-2-467　1997年5月，万向钱潮股份有限公司利用政府给予的技术改造贴息资金引进日本的冷机压设备。图为该公司工人在操作冷机压设备（周惠新摄）

2000年，市级重点技术改造项目111个（含上年结转的26个），其中投资额度超5000万元的技术改造项目11个。浙江恒逸集团有限公司的15万吨熔

表13-2-274　1985～2000年萧山工业企业计划技术改造情况

年份	计划		竣工		年份	计划		竣工	
	项目（个）	总投资（亿元）	项目（个）	总投资（亿元）		项目（个）	总投资（亿元）	项目（个）	总投资（亿元）
1985	117	1.95	41	0.17	1993	159	11.73	105	7.92
1986	192	2.79	136	1.23	1994	128	10.38	86	4.25
1987	226	3.81	150	1.48	1995	120	13.01	94	7.46
1988	192	2.44	128	1.35	1996	290	13.24	249	12.97
1989	142	2.11	84	0.92	1997	530	16.25	470	23.18
1990	300	1.82	249	1.60	1998	470	21.68	360	16.02
1991	335	3.47	294	2.43	1999	813	28.01	565	19.68
1992	310	8.11	274	3.75	2000	750	36.30	620	35.90

注：①资料来源：萧山区经济发展局。
②“计划项目”栏和“计划总投资”栏分别含结转上年未完成的计划项目、计划总投资。

体纺项目，计划总投资3.50亿元，为萧山工业发展史上单个企业投资金额最大的项目，也是境内化纤纺织业中科技含量较高的项目之一。是年，开发“四新”产品3000只，列入省级以上新产品179只，其中列入国家级新产品8只。至年末，萧山工业企业技术改造项目累计享有各级财政贴息7015.27万元，其中萧山财政3874.27万元、省财政1077万元、中央财政2064万元。

1996～2000年，全市计划工业企业技术改造项目共计2853个，计划总投资115.48亿元。其中竣工项目2264个、总投资107.75亿元。引进先进技术和关键设备的项目344个，为1991～1995年引进先进技术和关键设备数量的5.64倍，用汇34887万美元。市级重点技术改造项目288个，其中当年竣工项目196个。其间，完成的技术改造竣工项目年平均投资额475.93万元，比1991～1995年增加173.35万元。

第七节 经济效益

1963年，处于国民经济调整时期，根据中共中央、国务院关于坚决扭转工商企业亏损、增加盈利的要求，萧山开展第一次扭亏增盈工作，并建立扭亏增盈领导小组及办公室，县委、县人民委员会下达各系统1963年扭转亏损、增加盈利170.85万元。是年1～6月，实现盈利124.73万元，为下达的全年增加盈利指标的75.01%。1977年，有亏损企业19家，亏损额413万元。

1978年，结合清仓查库开展第二次扭亏增盈工作。年末，亏损企业12家，亏损额278万元。1980年亏损1家，亏损额1.80万元。1979～1987年，实现利润总额年均增长25.05%。

1988年9月，为消除经济过热，缓解社会总需求超过社会总供给的矛盾，萧山开始采取控制信贷规模、抑制消费基金过快增长等措施。1989年后，萧山工业经济效益进入波谷之中，增长速度回落、资金使用率下降、定额流动资金占用增加、亏损企业及亏损额增多。1989年4月，市委常委会会议两次专题讨论“工业结构调整”问题，提出“集中精力、财力，调整工业结构；加强管理，提高效益；深化改革，共渡难关”的要求。1991年10月21日，市委、市政府印发《关于促进特困企业转化的意见》（市委〔1991〕51号），确定杭州柴油机总厂等24家工业企业为特困企业，并决定建立萧山市促进特困企业转化工作领导小组及办公室。是年，村及村以上独立核算工业企业亏损总额7463万元，比1987年增长9.21倍。

1992年3月20日，召开全市工业企业扭亏增盈工作会议，亏损10万元以上的130家企业厂长参加，并以广播形式转播会议现场实况。会议提倡多并转、少关停，鼓励兼并，进行生产要素优化组合。会后建立萧山市工业企业扭亏增盈领导小组及办公室，由市委书记任组长，分管工业的副市长任副组长，市经济综合部门主要负责人为成员，各地、各部门也相继建立组织，确定人员，制定规划，落实措施；围绕扭亏增盈目标任务，建立扭亏报告制度，要求各地、各部门每月8日向市工业企业扭亏增盈领导小组办公室上报、公布扭亏进度，每季检查扭亏情况。是年，扭亏工业企业314家，完成目标任务的84.40%；扭亏金额2740.10万元，完成计划的69.49%。市二轻工业总公司与27家企业签订减亏目标责任书，全系统亏损企业亏损总额473万元，比1991年减少60.68%，实现利润总额3553万元，增加90%。商业局所属集体工业企业实现利润358.47万元，为商业局集体工业实现利润最多年份。

1994年，贯彻市委、市政府《关于搞活小微亏企业的试行意见》（市委〔1993〕81号）精神，对亏损100万元以上的重点亏损企业，由各级主要领导定点包户；以积极主动、稳妥、可行、有效为前提，采取转让、兼并、租赁经营等方式，搞活小型、微利、亏损企业，加快结构调整，优化生产要素配置，促进产权流动重组，加速转换企业经营机制。是年，经济效益有所好转，村及村以上独立核算工业亏损企业、亏损额均比1993年减少，实现利润比1993年增长。供销社所属工业实现利润803.60万元，创历史新高。1997年7月7日，市政府办公室《关于下达一九九七年国有、城镇集体工业企业扭亏为盈工作目标的通知》（萧政办发〔1997〕118号），对国营等11个系统下达了扭亏增盈目标，要求11个系统的212家企业中，亏损企业不超过54家、亏损金额不超过5735万元。

2000年，工业生产和产品销售呈现快速增长态势，产销衔接合理、生产与销售同步增长，全市村及村以上独立核算工业企业亏损177家，亏损面为1.76%，亏损面比1999年减少0.63个百分点。其中规模以上企业亏损75家，占全市村及村以上独立核算工业企业亏损企业的42.37%。

表13–2–275　1985～1991年萧山村及村以上独立核算工业企业经济效益主要指标

年份	亏损企业亏损总额（万元）	利润总额（万元）	百元固定资产原值提供产值（元）	百元资金提供产值（元）	百元资金提供利税（元）	百元产值实现利润（元）	百元产值实现利税（元）	百元产值占定额流动资金（元）	定额流动资金周转次数（次）	全员劳动生产率（元/人）
1985	513	16411	328	228	31	9	14	21	4	9271
1986	767	18079	322	225	24	7	11	20	4	11993
1987	731	24133	337	237	23	6	10	19	4	16131
1988	1634	29002	372	245	24	6	10	20	4	19317
1989	3631	24136	318	209	19	4	9	24	4	21931
1990	4090	21161	284	180	13	3	7	30	3	23896
1991	7463	19775	344	242	13	2	5	21	3	34448

注：①资料来源：1985～1987年的《萧山县国民经济统计资料》、1988～1991年的《萧山市国民经济统计资料》。
②工业总产值，1985～1990年为80不变价，1991年为90不变价。

表13–2–276　1992～2000年萧山市村及村以上独立核算工业企业经济效益主要指标

年份	亏损企业（家）	亏损企业亏损总额（万元）	利润总额（万元）	流动资产平均余额（万元）	工业产品销售率（%）	工业销售利润率（%）	百元固定资产净值提供利润（元）	工业资金利润率（%）	流动资产周转天数（天）	全员劳动生产率（元/人）
1992	483	5647	34838	232708	94.40	4.07	14.50	5.55	164	42761
1993	391	9332	53040	574742	95.30	3.89	17.16	6.00	152	57804
1994	214	7876	54403	724527	93.60	3.67	11.60	4.55	157	77980
1995	360	16087	45988	796052	96.15	2.80	8.05	3.36	174	18733
1996	268	14486	55024	923496	96.22	3.04	7.91	3.40	184	21185
1997	194	12303	62431	900502	96.60	3.42	7.72	3.65	178	26636
1998	190	11445	72754	1113426	95.84	3.58	7.20	3.43	197	31134
1999	168	9552	85653	1278084	96.63	3.66	7.48	3.53	196	36880
2000	177	12891	79899	1008828	97.46	3.07	9.26	4.27	224	35624

注：①资料来源：萧山区经济发展局。
②1995年不含浦沿、长河、西兴3镇。2000年，经济成分调整。
③“流动资产平均余额”栏，1992年为定额流动资产平均余额。“工业产品销售率”栏1996～1999年包括村以下工业企业。1994～2000年产品销售收入不含销项税。

第三章　支柱行业

萧山历史上传统的农村家庭工业，主要有制造土纸、土布和土丝等业；集镇手工作坊（工场）主要有制造铁器、竹器、服装等业。中华人民共和国成立后，萧山工业按部门分类。①1979年起，各级政府及部门引导和扶持工业企业发展，逐步形成具有萧山地方特色的支柱行业，引领萧山工业的持续发展。同时，萧山的电力生产业兴起，逐渐成为支撑萧山经济发展的支柱行业。至1984年，萧山主要工业部门11个，工业总产值（90不变价）超1亿元的工业部门有5个。②1985年，萧山工业统计改按国民经济行业分类。是年，萧山主要工业行业30个，工业总产值（90不变价）超1亿元的行业6个，其中超2亿元的有2个。③

1988年起，萧山发展私有工业和外商及港澳台商投资工业，整顿国家明令淘汰和禁止发展的产品，关停并转国家限制生产的产品，淘汰劣势企业，发展行业企业集团。1989年，为扶持支柱行业的快速发展，市政府提出“加快发展机械五金行业，稳定改善纺织印染业，巩固提高建筑材料工业，振兴电子和化工行业，促进其他行业发展”的工业发展思路。至1990年，萧山主要工业行业30个，工业总产值（90不变价）超2亿元的行业有10个，其中超3亿元的有4个。④

1992年后，随着全民、集体工业企业改革的深入，一批微利、亏损企业关停并转，资金、技术、人才等生产要素向优势企业集中，为发展萧山支柱行业注入强大的原动力。至1995年，主要工业行业35个，工业总产值（90不变价）超3亿元的行业有14个，其中超10亿元的有6个。⑤

1997年后，进一步发挥纺织业、汽车零部件及配件制造业、造纸及纸制品业等行业优势，增强生产要素聚集能力，营造专业化的行业强势。至1998年，基本形成具有萧山地方特色的支柱行业，萧山主要工业行业33个，其中工业总产值（现行价）超20亿元的行业7个。⑥

2000年，开始加快发展羽绒工业园区、纸包装工业园区，改造提升纺织、机械、化学、羽绒服装等行业，使已形成的支柱行业规模进一步扩大，同时，进一步限制和淘汰小炼钢、小造纸、小印染和小化工的生产。

至2000年末，全市有纺织、手工具制造、汽车配件制造、化学制品、皮革制品、绒毛（绒）制品和水泥制造等行业集团15家。是年，萧山工业行业32个，工业总产值（现行价）超27亿元的行业有8个，8个行业实现工业总产值（现行价）4801466万元，占全市工业总产值的79.83%。其中8个行业规模以上工业企业457家，实现工业总产值（现行价）2893695万元，分别占全市规模以上工业企业数、工业总产值的70.52%、76.22%。

①1949年，萧山主要工业部门11个，其中工业总产值（90不变价）超100万元的有食品、纺织和造纸工业3个部门，3个部门实现工业总产值（90不变价）2250万元，占全县工业总产值的90.95%。后政府及部门创办企业，又经历私营工业和手工业社会主义改造、“大跃进”、国民经济调整，调整了工业行业。“文化大革命”时期，冶金工业、建材工业、纺织工业发展较快。至1978年，萧山主要工业部门11个，其中工业总产值（90不变价）超3000万元的有机械、食品、建材、文教艺术用品和纺织工业5个部门，5个部门实现工业总产值23509万元，占全县工业总产值的77.33%。

②1984年，工业总产值（90不变价）超1亿元的5个部门是纺织、机械、食品、建材、化学工业，5个部门实现工业总产值125219万元，占全县工业总产值的82.08%。

③1985年，工业总产值（90不变价）超1亿元的6个行业是机械工业、建筑材料及其非金属矿物制品业、纺织工业、食品制造业、饮料制造业和交通运输设备制造业，6个行业实现工业总产值161419万元，占全县工业总产值的65.87%。其中超2亿元的2个行业是机械工业和建筑材料及其他非金属矿物制品业，2个行业实现工业总产值47520万元，占全县工业总产值的19.39%。

④1990年，工业总产值（90不变价）超2亿元的10个行业是机械工业、建筑材料及其他非金属矿物制品业、纺织工业、食品制造业、金属制品业、化学工业、电气机械及器材制造业、缝纫工业、交通运输设备制造业、塑料制品工业，10个行业实现工业总产值633975万元，占全市工业总产值的81.21%。其中工业总产值（90不变价）超3亿元的4个行业是机械工业、建筑材料及其他非金属矿物制品业、纺织工业、食品制造业，4个行业实现工业总产值484981万元，占全市工业总产值62.12%。

⑤1995年，工业总产值（90不变价）超3亿元的14个行业是纺织业、交通运输设备制造业、皮革毛皮羽毛（绒）及其制品业、普通机械制造业、金属制品业、化学原料及化学制品、非金属矿物制品业、服装及其他纤维品制造业、塑料制品业、电气机械及器材制造业、造纸及纸制品业、电子及通信设备制造业、饮料制品业和食品加工业。14个行业实现工业总产值2403326万元，占全市工业总产值的79.18%。其中工业总产值（90不变价）超10亿元的6个行业是纺织业、交通运输制造业、皮革毛皮羽毛（绒）及其制品业、普通机械制造业、金属制品业和化学原料及化学制品业，6个行业实现工业总产值1825214万元，占全市工业总产值的60.13%。

⑥1998年，工业总产值（现行价）超20亿元的7个行业是纺织业、金属制品业、化学原料及化学制品制造业、交通运输设备制造业、普通机械制造业、服装及其他纤维制品制造业和皮革、毛皮、羽绒及其制品业，7个行业实现工业总产值（现行价）2578706万元，占全市工业总产值（现行价）的70.57%。

第一节 纺织业

清乾隆年间，萧山的土布织造已颇兴盛，产品销往杭州市场，杭州人称为“过江布”；手工缫丝稍逊于土布业，主要有肥丝、细丝两种产品。清光绪年间，萧山出现全省著名大厂。[①]后又有所发展。[②]民国29年（1940）后几经战乱，至萧山解放前夕，纺织业濒于绝境，只剩有“前店后坊”的印染小作坊。萧山解放后，纺织业发展不快。[③]1978年，随着棉花、络麻作为原料的纺织业开始兴起，印染业相继发展。是年，创办萧山首家印染企业萧山县党湾公社印染厂，经营棉布加工印染。后，创办有萧山漂染厂、萧山钱江染整厂、国营浙江印染整理总厂等具有一定规模的印染企业。至1985年末，全县纺织业工业企业531家，其中乡及乡以上独立核算工业企业164家（纤维原料初步加工5家、纺织140家、印染19家）、职工29212人。是年，全县纺织业实现工业总产值（80不变价）64068万元，占全市工业总产值的33.07%，居各工业行业之首。其中乡及乡以上独立核算企业实现工业总产值（80不变价）30437万元，占全县乡及乡以上独立核算企业工业总产值的26.97%。[④]

纺 织

1985年末，全县纺织企业拥有棉纺布机1060台、纱锭32400枚、气流纺纱2400头，丝绸织机4205台，麻纺设备3套。萧山乡及乡以上独立核算纺织企业140家，其中棉纺织企业77家、毛纺织6家、麻纺织7家、丝绢纺织24家、针织25家、其他纺织1家，职工26039人。是年，乡及乡以上独立核算企业实现工业总产值（80不变价）22539万元，占全县乡及乡以上独立核算企业工业总产值（80不变价）的19.98%。产品有棉纱、纯化纤纱、棉混纺纱、棉布、棉混纺布、涤纶布、纯化纤布、呢绒、麻纱线、麻布、白厂丝、纯毛织品、麻袋、丝织品、被面等。

1986年后，萧山县盛兴纺织厂等粗具规模的私营纺织企业开工。1989年，纺织品市场销路看好，义蓬、瓜沥两区登记在册的个体纺织户有599家，至1990年6月发展到1356家。1993年末，全市乡及乡以上独立核算的纺织企业179家，其中棉纺织78家、毛纺织6家、麻纺织10家、丝绢纺织62家、针织19家、其他纺织4家，职工44446人。是年，乡及乡以上独立核算企业完成工业总产值（90不变价）225152.7万元，占全市乡及乡以上独立核算企业工业总产值的12.36%。

1994年后，随着棉花、络麻产量减少，以棉花、络麻为原料的部分纺织企业开始关停并转。1995年，纺织品市场供大于求，而且萧山产品色样过时、档次低，而位于浙江省绍兴县的中国轻纺城有日本、韩国、中国台湾、中国香港乃至西欧的大批化纤产品，使萧山纺织企业关停并转的增多。1996年末，全市乡及乡以上独立核算的纺织企业151家，职工32794人，分别为1993年的84.36%、73.78%。

①清光绪二十一年（1895），陈光頫、楼景晖等集股创办合义和丝厂，为萧山最早使用现代机器的民族工厂。光绪二十五年，陈、楼等又集股创办通惠公纱厂，为萧山县解放前规模最大的民族资本主义工业。此两厂系当时全省著名的大厂。（萧山县志编纂委员会：《萧山县志》，浙江人民出版社，1987年，第325页）

②20年代，县城内办有通华织造厂、恒丰袜厂等企业。民国19年（1930），坎山创设东乡蚕丝合作社，时为萧山第三大厂。

③萧山解放初，全县新开棉纺织作坊4家，规模最大的仅7人。1958年，建有地方国营针织厂和镇、公社纺织厂。1960年，全县棉纺织企业8家，职工645人。1961年后，实施了“调整、巩固、充实、提高”的经济工作“八字方针”，萧山针织厂等企业撤销。至1965年末，全县棉纺织企业6家，职工256人。

④该章各节1985年乡及乡以上独立核算工业企业的各项指标，均根据萧山县工业普查领导小组办公室于1986年12月编印的《第二次全国工业普查萧山县工业企业概况》整理；1986～1997年乡及乡以上独立核算企业各项指标均来自萧山统计局编制的各年度报表《全部乡及乡以上独立核算工业企业主要经济指标》。

1998～2000年，规模以上工业企业各项指标，除2000年工业企业家数由区经济发展局提供、工业总产值来自《萧山市统计年鉴》外，其他数据均来自萧山市统计局编制的各年度报表《全部国有及年销售收入500万元以上工业企业主要指标》。

1997年，受东南亚金融危机的影响，纺织产品销售困难、价格下跌，境内市场竞争进一步加剧，促使企业加强技术改造，调整产品结构，浙江恒逸集团有限公司、萧山富丽达纺织有限公司、杭州翔盛纺织有限公司和萧山市荣盛纺织有限公司等市级骨干企业先后引进意大利天马剑杆织机、比利时必佳乐喷气织机、日本丰田喷水织机等国际先进设备，利用中国轻纺城的辐射优势，发展以化学纤维为主要原料的其他纺织品生产。

图13—3—468　1997年，浙江恒逸集团有限公司投资8000万元，引进意大利剑杆织机120台，在市内纺织业中率先淘汰有梭织机。图为该公司的纺织车间（吕耀明提供）

1998年后，国有纺织企业压缩纱锭，衙前、瓜沥、靖江、党山、益农等镇以化学纤维为原料的纺织企业增加。至2000年末，全市纺织企业拥有各类织机35002台，其中无梭织机26945台、有梭织机5645台、经编及其他织机2412台，纱锭201966枚。主要产品年生产能力：棉纺44801万吨、毛纺810万吨、织造246387万米、经编及其他46793万米。萧山规模以上纺织企业140家，其中棉纺织29家、毛纺织3家、丝绢纺织83家、针织14家、其他纺织11家，从业人员25895人。是年，规模以上纺织企业实现工业总产值（现行价）517409万元，占全市规模以上企业工业总产值的13.63%。产品有棉纱、混纺纱、化纤面料、针织品和经编织物等。产品销往广东、江苏、湖北、上海等省市，出口美国、日本、韩国等10余个国家和中国香港地区。

印　染

1985年末，萧山拥有印染整理能力3000万米。全县乡及乡以上独立核算的印染企业19家，职工2535人。是年，乡及乡以上独立核算的印染企业实现工业总产值（80不变价）7424万元。主要印染整理棉布、涤纶丝绸、化纤布。

1986年后，随着纺织企业的日益增多，印染业发展加快。至1990年，全市印染整理能力50900万米，工业总产值12.32亿元，其中工业总产值超1亿元的企业有萧山漂染厂等4家。1991年，萧山印染三厂（前身是萧山县党湾公社印染厂）投资200多万元，新增自动电脑控制的J型染缸2台，为萧山首家开发碱减量新产品和纺真丝染整产品的企业，年染整生产能力3000万米，比1990年提高50%。1993年后，先后建成杭州澳美印染有限公司、郑州澳德染织有限公司等企业。至1995年末，全市印染企业207家，印染整理能力55461万米，其中印染布21977万米、丝织品33484万米。是年，实现工业总产值超1亿元的印染企业17家，其中萧山漂染厂工业总产值超3亿元，萧山印花染整二厂、萧山印染三厂和杭州江南印染厂超2亿元。

萧山印染业崛起的同时，新的危机已经存在。①1997年5月27日，市政府印发《关于印染行业结构调整的若干意见》（萧政〔1997〕8号），淘汰布局不合理、污染严重、效益差的印染企业，扶持印染骨干企业、控制一般印染企业的发展。是年，萧山印染三厂新建印染车间2个，购进中国台湾产印染设备碱减量机，其中1个印染车间的资产与台商合资组建成杭州新生印染有限

①萧山市印染业的崛起，除了依附中国轻纺城外，主要得益于绍兴县近年来对本地印染行业的“封缸限产”。1995年，绍兴县开始限制发展印染厂，印染厂被“封缸限产”，但自1996年底绍兴县治污外排工程完成后，对印染行业进行解封，印染扩量十分惊人，1997年上半年绍兴县新增染缸为前几年总量的60%以上，并且普遍引进高档定型设备；同时，织造大省江苏省过去印染设备档次普遍较低，许多坯布需运到萧山印染，但经过一年时间的技术改造，该省不少企业已具备了高档面料的染整能力，运往萧山印染的坯布数量明显减少；周边县（市）亦不甘心失去印染市场，时刻觊觎着萧山的印染业务，使萧绍两地的印染业务竞争加剧，进入白热化程度。正如浙江航民实业公司总经理朱重庆所看到的那样，印染行业目前已是最高的高峰，新的危机已经存在。在危机面前，萧山市绝大多数印染企业仍停留在盲目扩量上，而生产装备只属中档以下，引进先进设备进行技术改造的力度远比绍兴低，进口染缸、减量机、定型机分别占全市印染企业总量的3.10%、21.20%和33.30%；不少企业不仅规模偏小，而且分散自立，难以发挥整体优势，并且在处理废水方面滞后，对环境的污染依然严重。长此以往，萧山市印染行业的优势地位就会失去。（萧山日报记者夏杰：《危机四伏话印染——关于我市印染行业结构调整的思考（一）》，1997年8月5日，《萧山日报》头版头条）

图13-3-469　1991年，萧山印染三厂通过技术改造、设备更新，成为萧山首家开发碱减量新产品和纺真丝染整产品的企业。图为该厂印染车间在生产纺真丝的染整产品（1991年12月，董光中摄）

公司。杭州新生印染有限公司采用计算机网络信息化管理方式，印染产品质量稳定，在中国轻纺城内供不应求，列国家印染行业协会统计利税排名前10名。

1997～2000年，印染企业被市政府责令关停、停业治理和限期治理的有59家。2000年末，全市印染企业56家，从业人员19172人，拥有染缸1670只、卷染机98台、定型机174台、印花机20台、轧染线8条，年印染整理能力123617万米（2000年，实际印染布107428万米）。其中规模以上印染企业36家（棉印染31家、丝印染5家），从业人员15839人。是年，规模以上印染企业实现工业总产值（现行价）242157万元，占全市规模以上企业工业总产值的6.38%。主要产品有涤纶染色、印花和棉、涤棉、化纤布、混棉、丝绸的加工印染等。主要销往中国轻纺城。

纤维原料初步加工

1985年末，全县纤维原料初步加工业乡及乡以上独立核算企业5家，其中轧花3家、洗毛和其他纤维原料初步加工各1家，职工638人。是年，该业乡及乡以上独立核算企业实现工业总产值（80不变价）474万元。主要产品有棉短绒、皮棉、被胎、蜡线。1986年后，随着农业产业结构调整，该业发展缓慢。1988年末，该业乡及乡以上独立核算工业企业6家，职工498人。是年，该业乡及乡以上独立核算企业实现工业总产值（80不变价）981万元。

90年代，随着产品市场需求的变化，纤维原料初步加工企业因产品单一、加工成本高、附加值低、经济效益差而逐渐衰退。2000年末，纤维原料初步加工业规模以上企业2家，从业人员148人。是年，该业规模以上企业实现工业总产值（现行价）3486万元。主要生产拼线、制线。

2000年末，全市纺织业企业3100余家。是年，纺织业企业实现工业总产值（现行价）1843041万元，占全市工业总产值的30.64%。其中规模以上企业178家、从业人员41882人，实现工业总产值763052万元，占全市规模以上企业工业总产值的20.10%。

第二节　交通运输设备制造业

汽车零部件及配件制造

1964年，闻堰机械修配社生产汽车冷却器。70年代，汽车零部件及配件制造业发展加快。[①]1985年，萧山五金工具厂建立萧山汽车方向机厂，生产汽车转向机。年末，该业乡及乡以上独立核算企业11家，职工3603人。是年，该业乡及乡以上独立核算企业实现工业总产值（80不变价）6524万元，占全县交通运输设备制造业乡及乡以上独立核算企业的87.74%。产品有汽车滤清器、万向节十字轴总成、汽车制动总泵分泵、汽车变速箱、汽车油箱和水箱、灯

①1970年，建立城厢汽车配件社，主要生产汽车轮胎螺丝、制动软管和活塞销铜套等产品。翌年，建立萧山农用齿轮厂。1975年，宁围公社农机厂更名萧山宁围公社万向节厂，小批量生产汽车万向节。临浦汽车配件玻璃厂试产汽车挡风玻璃成功。浦沿农机厂生产汽车曲轴，1977年被省交通厅定为2吨汽车一条龙生产曲轴配套厂。1979年12月，建立萧山石岩汽车制动器厂，翌年试制大道奇制动总泵成功。义盛铁器挂浆机厂与新湾农机厂等合并建立萧山汽车活塞厂，生产汽车活塞和船用挂桨机。萧山活塞销厂投产，生产汽车活塞销。至1984年，汽车零部件及配件制造业乡及乡以上独立核算企业10家，职工3580人，全年实现工业总产值（80不变价）6522.4万元。

玻、挡风玻璃、汽车活塞销等数十种产品。1989年，萧山汽车方向机厂研制成功汽车转向器，并用于中国第一汽车制造厂CA141等中型、重型载重汽车和杭州汽车制造厂T型等大客车。

1990年后，受国家控制社会需求的影响，产品销售量下降，促使企业实施技术改造、调整营销策略，逐渐从生产轻型车配件向轿车配件转变，零件、配件向总成部件转变，部分汽车零部件及配件制造企业与境内大型汽车工业企业建立长期配套协作关系。浙江亚太制动元件制造公司两次技术改造，投入资金7250万元，扩大制动器生产线，技术改造铸造、装配线，引进汽车制动器滚突焊机组合机床、多功能自动五行磨机、轿车前盘式制动器和后制动器生产线，建立制动元件研究所和产品测试中心，出厂产品合格率100%。1990年，杭州万向节总厂组建浙江万向（机电）集团公司后，提出"国内疲软国外补"的经营方针，先后组织10个产品推销团，赴北美、西欧、东南亚推销万向节产品。1994年，浙江远翅塑料有限公司为汽车制造厂配套生产仪表板、方向盘、保险杠和座椅等。萧山汽车方向机厂改组设立浙江万达方向机股份有限公司后，与广西柳州微型汽车厂联营，创办杭州五菱汽车厂，开发生产五菱汽车。年末，该业乡及乡以上独立核算企业20家、职工11588人，企业比1990年增加1家，职工增加4663人。是年，该业乡及乡以上独立核算企业实现工业总产值（90不变价）93492.80万元，比1990年增长3.94倍。

1996年后，随着境内主机厂生产的汽车滞销、积压，汽车零部件及配件销售市场竞争日益激烈，同时针对汽车工业更新换代的特点，等速万向节、轿毂轴承、制动器、仪表板等产品由轻型、中型零部件销售向轿车主机厂配套发展。浙江亚太机电集团有限公司生产的轻型载货汽车、微型载货汽车、轻型客车、微型客车、四轮农用车的零部件及配件产品在境内的综合市场占有率在30%以上。1999年，万向集团公司（前身是浙江万向〈机电〉集团公司）、浙江亚太机电集团有限公司（前身是浙江亚太制动元件制造公司）等企业成为全国300家汽车关键零部件重要生产基地。2000年末，该业规模以上企业17家，从业人员14345人。是年，该业规模以上企业实现工业总产值（现行价）743127万元，占全市交通运输设备制造业规模以上企业工业总产值的94.40%，占全市规模以上企业工业总产值的25.28%。主要产品有万向节、等速万向节、传动轴、轴承、制动泵、制动器、方向机、仪表板、保险杠、活塞、微型车等。

船舶、自行车、摩托车制造

清光绪年间，萧山建有船厂。①民国时期，船舶制造业有所发展。②中华人民共和国成立后，船舶制造发展加快。③70年代，开始发展自行车和摩托车制造业，但发展缓慢。④至1985年末，船舶、摩托车、自行车制造业乡及乡以上独立核算企业7家，其中船舶和摩托车各1家、自行车⑤5家，职工1498人。是年，船舶、自行车、摩托车制造业乡及乡以上独立核算企业实现工业总产值（80不变价）2325万元。1988年12月，杭州之江船厂建造了一艘排水量为950

①清光绪二十五年（1899），瓜沥钱芝品船厂创建，由流动修船转为固定造船，职工10余人。

②民国10年（1921），党山建有章吉生船厂。是年，全县固定船厂增加到4家。日本侵略军进驻萧山期间，强行"征船"，船舶制造业空前萧条。抗日战争胜利后，各船厂逐渐恢复。至萧山解放初，全县有私营船厂16家。

③1956年，经手工业社会主义改造，组建义桥木帆船社（后改义桥船厂）、瓜沥船业小组、闻堰和所前农船修造社，共计职工191人。"大跃进"中，新建东蜀乡农船修造社（后改东风船厂）等一批船厂（社）。1961年末，共有船厂（社）13家，职工429人。后因木材渐趋紧缺，企业逐步撤并。至1966年末，全县造船单位8家，职工219人。翌年后，东风船厂和义桥船厂改产水泥船、铁驳船等，生产始有生机。

④1970～1973年，先后建立萧山自行车前叉厂、萧山自行车零件厂、萧山县义桥自行车零件厂。1976年2月，红垦农场与浙江邮政车辆厂联营，创办杭州市江南交通机械厂（后改称萧山红垦交通机具厂），组装邮政专用三轮摩托车。1979年，钱江农场农机厂与浙江省汽配公司联营，生产摩托车配件，并更名萧山摩托车配件厂。1981、1984年，先后创办杭州自行车零件七厂、萧山县动力车辆配件厂。1984年末，乡及乡以上独立核算的摩托车制造企业和船舶制造企业各1家、自行车制造企业5家，职工1498人。是年，船舶、自行车、摩托车制造业实现工业总产值（80不变价）2324.90万元。

⑤1985年，自行车制造业归类在机械工业中，为客观反映该业全貌，此处将其统计在内。1993年后，国民经济行业分类，才归入交通运输设备制造业。

图13-3-470 1994年12月，浙江中泽摩托车有限公司生产的摩托车。图为该公司为首批生产的摩托车披红挂彩（寿健摄）

吨的杂货驳船，销往中国香港地区。

1991年后，自行车、摩托车制造发展较快，萧山红垦交通机具厂开发XHD21三轮摩托车。1992年，萧山钱江轻型三轮车厂更名萧山安曼莉自行车厂（1995年改名萧山市钱鸿交通器材实业公司），主要生产自行车、童车。萧山自行车配件厂与香港信达实业公司合资建立杭州信山车料有限公司，注册资本70万美元，年生产各类自行车配件能力300万套。1994年12月，浙江中南集团摩托车有限公司与香港晖永科技股份有限公司合资组建的浙江中泽摩托车有限公司开工。该公司注册资本1080万美元，年产摩托车能力30万辆。1995年，杭州钱江链条厂投资1000万元，引进日本年产200万米的摩托车链条生产线1条。年末，船舶、自行车、摩托车制造的乡及乡以上独立核算企业26家，其中船舶3家、自行车18家、摩托车5家，职工3338人。是年，船舶、自行车、摩托车制造业乡及乡以上独立核算企业实现工业总产值（90不变价）42385.90万元，占全市乡及乡以上独立核算企业工业总产值的2.21%。

1996年，随萧山行政区划调整，浦沿、长河、西兴3镇所属的浙江万轮车业集团公司、萧山自行车零件厂等10余家自行车制造业企业划出萧山。年末，萧山尚有乡及乡以上独立核算的摩托车制造企业3家、自行车制造企业9家、船舶制造业1家。1997年后，萧山自行车配件厂、萧山红垦交通机具厂等企业先后歇业。至2000年末，船舶、自行车、摩托车制造业规模以上企业13家，其中船舶制造1家、自行车11家、摩托车1家，从业人员2469人。是年，规模以上企业实现工业总产值（现行价）42537万元。

交通运输设备修理

萧山船舶修理业起步早，发展慢。[①]50年代后，船舶修理业发展加快，[②]并出现汽车修理业。[③]至1985年末，该业乡及乡以上独立核算企业5家，其中船舶修理1家、汽车修理4家，职工320人。是年，该业乡及乡以上独立核算企业实现工业总产值（80不变价）249万元。

1986～1994年，宁围乡、靖江镇、临浦镇、红山农场等先后创办萧山万里汽车修理厂、萧山宁围汽车修理厂、萧山振通汽车修理厂、萧山红山汽车修理厂、萧山宏源汽车修理厂等汽车修理专业企业。1994年末，该业乡及乡以上独立核算企业10家，职工314人，实现工业总产值748万元。

1995年后，随着企业改革的深入，交通运输设备修理业中的国有和集体资产逐步从企业中退出。至2000年末，该业规模以上企业（汽车修理）2家，从业人员132人。是年，该业规模以上企业实现工业总产值（现行价）1574万元。

2000年末，全市交通运输设备制造业企业700余家，其中规模以上企业32家、从业人员16946人。是年，交通运输设备制造业规模以上企业实现工业总产值（现行价）787238万元[④]，占全市规模以上工业总产值的20.74%。

①清光绪二十年（1894），瓜沥一带有人从事船舶修理。1921年，全县约有流动船匠近百人。萧山解放初，有船匠120余人。

②1958年，东蜀乡（今城东办事处）建立农船修造社。1966年，全县有船舶修造企业8家，职工219人，多以承接修理业务为主。1976年，建立萧山县永兴人民公社船舶修造厂，主营船舶修理。

③1953年1月，萧山汽车站设立修理厂，修理汽车站内车辆。1973、1975年，先后建立萧山县红垦交通机械修配厂、萧山进口汽车修理厂。1980、1982年，先后建立浙江萧山汽车修理厂、萧山县城南汽车改装修理厂。

④市统计局编制的2000年度统计报表中的交通运输设备制造业规模以上企业工业总产值与2000年《萧山统计年鉴》中该行业全部工业总产值相同。

第三节　金属制品业

清道光元年（1821）后，萧山的金属制品业发展。[①]发展初期，主要是铁制小农具和日用制品。萧山解放后，金属制品业稍有发展。[②]70年代，随着社队工业的崛起，金属制品业发展加快，[③]80年代初，电镀加工企业兴起。[④]1984年，金属结构制造业起步，杭州东南网架厂开始制造金属网架。1985年，新增萧山县新湾五金厂、闻堰电镀五金厂和戴村五中冲件厂3家。年末，全县该业工业企业99家。是年，该业实现工业总产值（80不变价）7344万元，占全市工业总产值的3.79%。乡及乡以上独立核算企业38家（金属表面及处理9家、建筑小五金制造5家、其他日用金属制品和金属丝绳及其制造各4家、水暖管道零件制造和手工具制造各3家、切削工具制造和金属门窗制造各2家和金属结构制造、铝制品、厨房及炊事用具制造、铁制小农具、其他农业用金属制品、其他金属制品各1家），职工4418人。乡及乡以上独立核算企业实现工业总产值（80不变价）3504万元，占全县乡及乡以上独立核算企业的3.11%。主要产品有索具螺旋扣、钢丝绳轧头、螺绞刀具、切削刀具、花色钳、钢锯架、管子扳牙、铰扳、圆板牙铰手、铁丝、铜管拉丝、再生铜棒、钢锹、插销、线锤、不锈钢直尺、金属门窗、管道配件、铁锅、瓶盖、文具盒、油脂盒、铝制扫帚夹、棉毛织针、保险箱等百余种。

1986年后，闻堰、长河、浦沿、西兴、义桥、戴村等镇先后创办萧山金属容器厂、闻堰电镀喷烘化厂、闻堰金属包装厂、萧山金属餐具厂、萧山管件厂、萧山锁具配件厂、杭州张小泉剪刀厂萧山分厂、戴村工具厂等。至1989年末，该业乡及乡以上独立核算企业61家，其中日用金属制品业15家、金属表面处理及热处理13家、建筑用金属制品业11家、工具制造业9家、金属丝绳及其制品业8家、集装箱和金属包装物品制造业3家、金属结构制造业和其他金属制品业各1家，职工1396人。是年，该业乡及乡以上独立核算企业实现工业总产值（80不变价）3799万元。

1991年，各级政府及部门开始重视环境保护，电镀加工等污染企业减少，其他部分金属制品业企业生产经营规模扩大。是年，萧山五金工具厂组建浙江万达集团公司。该集团公司拥有控股企业4家、参股企业5家，生产的万达牌花色钳销往五大洲70余个国家和地区。1994年，杭州之江工具有限公司生产的木工钻、高速钢直柄麻花钻、水泥钻及组合五金工具、钢锯条等产品销往美国、日本、德国、荷兰等几十个国家和中国香港地区。杭州美时达五金工具有限公司生产活动式、固定式镀铬、发黑、木柄等各种规格的钢锯架300万把。杭州大地网架制造有限公司创办，总投资90万美元，注册资本70万美元，以设计、制作、安装各类建筑网架，年生产网架能力6000吨、屋面墙面压型彩钢板23万平方米。年末，该业乡及乡以上独立核算企业44家，比1990年末减少22家，职工9987人。是年，该业乡及乡以上独立核算企业实现工业总产值（90

①清道光元年（1821）后，萧山先后出现党山倪晋和、临浦三和、坎山王小狗、瓜沥郁金芳、闻堰陈长兴、头蓬卢奎记等铁作铺和城厢傅瑞源铜锡店等一批工场。至民国25年（1936），全县有铁作铺37家，职工120人左右。解放前夕，有铁作铺67家，职工120人。

②1956年，经手工业社会主义改造，全县组建有铁器生产合作社15家，主要修造日用金属制品。60年代，公社创办萧山钢锯架厂、萧山县云石农机厂等，县手工业联社创办瓜沥电镀厂。

③1971～1979年，党湾、光明、长沙、靖江、来苏、西兴、长河、浦沿、光明、所前、大桥、河庄、义盛、楼塔、河上等公社先后创办萧山刀具厂、萧山管道工具厂、萧山县水暖零件厂、靖江农机塑料厂、萧山县来苏公社电镀厂、萧山保险箱厂、萧山县长河金属拉丝厂、萧山县西兴五金厂、萧山钢窗二厂、萧山制针厂10家企业。

④80年代初，为解决金属制品产品的表面处理，电镀加工企业兴起，部分需金属表面处理的萧山索具厂等企业也设有电镀分厂或车间，并对外承接电镀加工业务。1980～1982年，先后新增义桥、楼塔、螺山、盈丰、新围等公社电镀厂5家。

图13—3—471　1991年4月，浙江万达集团公司生产的各种出口花色钳有13个品种48个规格，产品销往五大洲的80余个国家和地区。图为该公司生产的部分出口花色钳产品（浙江万达集团公司提供）

图13-3-472 2001年1月，杭州大地网架制造有限公司承接制作安装的宁波机场航站楼钢结构。该工程于6月6日竣工（杭州大地网架制造有限公司提供）

不变价）54610.90万元，比1990年增长2.70倍，占全市工业总产值的2.14%。

1995年起，市政府责令关停废水污染环境的电镀加工企业。1996年，萧山行政区域调整，浦沿、长河、西兴3镇所属的杭州之江工具有限公司、杭州钱江金属制品有限公司、萧山金属餐具厂、萧山铝制品厂、萧山日用五金厂、萧山西兴五金厂等38家金属制品企业划出萧山。1995～2000年，该业被市政府责令关停和限期治理的企业有43家，占全市同期关停和限期治理等企业数量的14.05%。

2000年，该业工业总产值（现行价）551597万元，占全市工业总产值的9.17%。年末，该业规模以上企业33家，其中工具制造业7家、集装箱和金属包装物品制造业6家、金属表面处理及热处理业5家、日用金属制品业和金属结构制造业各4家、金属丝绳及其制品业3家、建筑用金属制品业和铸铁管制造业各2家，从业人员8578人。是年，该业规模以上企业实现工业总产值（现行价）186217万元，占全市规模以上工业总产值的4.90%。产品有手工工具，金属内外包装容器，铁丝、铜丝、铜棒，金属管道、水暖配件，厨房用具和金属结构等8大类上千只产品。

1985～2000年期间，全市金属结构制造企业自行设计、制造、安装的网架、钢结构项目9000余个，其中获建设部和中国建筑业协会联合颁发的中国建筑工程鲁班奖（国家优质工程奖）1个、中国建筑业协会颁发的第三届中国土木工程詹天佑大奖1个、中国钢结构协会空间结构分会颁发的优秀工程奖9个、上海市钢结构协会颁发的钢结构工程金钢奖8个。①

第四节　化学原料及化学制品制造业

民国10年（1921）创办“庄华皂厂”，生产肥皂，销往临浦、义桥，还销往浙江省富阳县。萧山解放前夕，该厂停业。萧山解放后，该业发展。②1985年，新增杭州农药厂萧山分厂、萧山化学试剂厂等。年末，全县化学工业③企业251家，其中乡及乡以上独立核算企业20家、职工2423人。是年，化学工业实现工业总产值（80不变价）5228万元，占全市工业总产值的2.70%。其中乡及乡以上独立核算企业实现工业总产值（80不变价）3448万元，占全县乡及乡以上独立核算企业工业总产值的3.06%。

1986年后，随着该行业企业的增加，环境污染面相应扩大。至1989年，具有一定规模的污染源企业有29家。1997年市环境保护局登记在册的污染企业达64家。1995～2000年，萧山染料化工厂等6家企业被市政府责令关停，萧山第五化工厂等41家企业限期治理，萧山塑料化工总厂等10家企业停业治理，杭州吉华化工有限公司、杭州帝凯化工有限公司2家企业限产调试。

①2004年，萧山钢结构构件制造业加工钢结构达110余万吨，占全国钢结构总加工量的八分之一左右，涌现了一批像东南钢构、杭萧钢构、大地网架等全国知名企业，制造了一批国内精品钢结构工程。2005年7月15日萧山被中国建筑金属结构协会授予“中国钢结构产业基地”称号。（2005年7月15日，中国建筑金属结构协会下发的《关于同意授予杭州市萧山区“中国钢结构产业基地”称号的复函》〈中建金协〔2005〕12号〉）

②1951年，许宝荣等合伙开设卤冰肥料厂，以生产卤冰结晶肥料为主，产品由供销社组织销往浙江省的诸暨、嵊县、浦江和富阳等地。1953年，戴杏琪等在临浦创办康福化工厂，土法蒸馏柏木油、橘子、紫苏等芳香油，1955年停办。1958年，兴办萧山化工厂、西山化工厂、萧山颗粒肥料厂、萧山酒精厂、萧山石英砂厂等化工企业。

1961年实施“调整、巩固、充实、提高”的经济工作“八字方针”时，萧山化工厂等企业大多撤销。

1969年后，先后建立萧山磷肥厂（浙江萧山化工总厂的前身）、萧山树脂厂、坎山木器化工厂、长河化工厂、城山日用化工厂等一批较具规模的企业。1976年末，全县化学工业企业21家，职工1350人，全年工业总产值348.19万元。

1977年后，又陆续建立萧山县第三化工厂、萧山化肥厂、浙江萧山颜料化工厂等企业。1984年末，全县化学工业乡及乡以上独立核算企业17家，职工2192人。是年，化学工业企业实现工业总产值（80不变价）3168万元。

③化学工业在1993年调整国民经济行业分类中，改为化学原料及制品制造业。

化学制品制造

有机化学产品制造　1985年末，该业乡及乡以上独立核算企业3家，其中涂料及颜料制造2家、其他有机化学产品制造1家，职工232人。浙江萧山颜料化工厂年生产颜料能力300吨。（翌年，该厂扩建并投产，被浙江省石化厅认定为颜料生产发展基地。）是年，该业乡及乡以上独立核算企业实现工业总产值（80不变价）383万元。主要产品有印花涂料、纺织染料。

1987年后，萧山颜料化工二厂建成，生产有机、无机、油溶系列颜料等60余个品种，年生产能力3万余吨。萧山市江南颜料化工厂开发生产221紫红粉、F210钼铬红和A220耐光大红粉等“红”字系列产品，其中耐光钼铬红被列为国家重点新产品，年产有机颜料能力15000吨，产品用于油墨、油漆、塑料、皮革、美术颜料、印花色浆等，销往亚洲等30余个国家和地区。吉化萧山联营染料厂投产，生产分散蓝H—GL（液化）和分散艳蓝H—2BLN（粒状）产品。萧山市环保化工厂引进技术设备，生产铬黄系列颜料。至1993年末，该业乡及乡以上独立核算企业18家（有机化工原料制造1家、涂料制造5家、颜料制造2家、染料制造6家、其他有机化学产品制造4家），职工1358人。是年，该业乡及乡以上独立核算企业实现工业总产值（90不变价）13147.10万元，占全市化学原料及化学制品制造业乡及乡以上独立核算企业工业总产值的44.98%。

1994年后，陆续创办萧山江南涂料厂、萧山三鹰化工有限公司、杭州富时特化工有限公司（专业生产ODS〈氟利昂〉替代品）、杭州之江有机硅化工有限公司（生产硅酮中性密封胶、结构胶、硅酮酸性玻璃胶等产品，是国家经济贸易委员会首批认定的全国3家生产硅酮结构胶企业之一）等具有规模的企业。随着颜料生产企业的增加，出现同行压价，造成经济效益下降，有的企业亏损，甚至难以为继，萧山宏伟颜料化工厂、萧山市染料化工厂等企业先后被兼并、转让。至1996年，该业乡及乡以上独立核算企业14家，职工1526人。是年，该业乡及乡以上独立核算企业实现工业总产值（90不变价）36460.80万元，占全市化学原料及化学制品制造业乡及乡以上独立核算企业工业总产值的55.03%。

图13—3—473　1998年6月，杭州百合化工有限公司技术中心技术人员在开发供人民币印刷的专用颜料（浙江百合化工控股集团有限公司提供）

1998年，杭州吉华化工有限公司专业生产化工染料、染料中间体、助剂及聚氨酯软泡等产品，产品销往欧洲、亚洲、美洲、非洲的100余个国家和地区。翌年，杭州百合化工有限公司（前身是萧山市江南颜料化工厂）生产的百合牌颜料被选定为人民币印刷专用颜料。萧山艳阳颜料化工有限公司形成无机颜料、有机颜料、涂料油墨特用颜料、化工中间体——H酸4大类60余个品种，生产能力6000余吨，其中艳阳牌颜料被国家技术监督局、中国质量检验协会命名为中国知名品牌。2000年，先后建立浙江胜达集团萧山胜达颜料化工有限公司、萧山市灯塔涂料玻璃有限公司等，分别生产高档有机颜料及中间体和防火涂料系列产品。年末，该业规模以上企业17家，其中颜料制造10家、涂料制造1家、染料制造和其他有机化学产品制造各3家，从业人员3936人。是年，该业规模以上企业实现工业总产值（现行价）176839万元，占全市化学原料及化学制品制造业规模以上企业的56.48%，占全市规模以上企业工业总产值的4.66%。产品销往境内各省、市、自治区并出口亚洲、欧洲、非洲、美洲的100余个国家和中国香港地区。

化学肥料制造　1985年，萧山化肥厂因重油原料不足而转产。年末，该业乡及乡以上独立核算企业4家，职工416人。是年，该业乡及乡以上独立核算企业实现工业总产值（80不变价）668万元。主要产品有磷肥、复合肥料、过磷酸钙。

图13－3－474　1981年，位于城厢镇北干山南路的萧山化肥厂生产合成氨7906吨、碳酸氢铵26067吨，获化工部授予的“全国小氮肥战线红旗单位”称号。图为该厂职工在堆放化肥（萧山区档案馆提供）

90年代，随着农业生产的发展，化肥的需求量增加，兴建浙江天马实业股份有限公司、杭州萧山钱江化肥厂、杭州萧山磷肥厂、杭州天成化工有限公司等企业；原有肥料制造企业通过技术改造，扩大企业规模，增加新品种，增加产量，萧山第二化肥厂等企业进行技术改造，增加复合肥生产；浙江萧山化工总厂通过技术改造，复合肥、磷肥年产量从各3万吨分别增加到5万吨、10万吨。至2000年末，该业规模以上企业3家，从业人员626人。是年，该业规模以上企业完成工业总产值（现行价）15211万元。主要产品有磷肥、过磷酸钙、复合肥，产品销往安徽、江苏、江西等省。

化学农药制造　1985年，杭州农药厂萧山分厂投产，生产50%乐果乳剂，为萧山首家农药生产企业。年末，该业企业1家、职工160人。是年，该业实现工业总产值（80不变价）164万元。

1996年3月，杭州南阳农药化工有限公司投产，主要生产50%甲胺磷乳油、70%甲胺磷原油、50%甲基对硫磷乳油、70%甲基对硫磷原油、90%精酰胺和三氯硫磷、三氯化硫等。翌年，该公司生产庆丰牌系列农药10000吨，其中50%甲胺磷乳油6000吨，成为全国农药生产的骨干企业。2000年末，该业规模以上企业2家，从业人员507人。是年，该业规模以上企业实现工业总产值7866万元。产品主要销往安徽、江苏、江西、山东等省。

其他化学产品制造　1985年末，该业乡及乡以上独立核算企业4家，其中化妆品制造企业2家、化学制剂制造和黏合剂制造企业各1家，职工189人。是年，该业乡及乡以上独立核算企业实现工业总产值（80不变价）368万元。主要生产纺织黏合剂、肥皂和防晒霜、雪花膏、滋肤油等化妆品及宝石制作加工。

1986年后，先后建立萧山县宁围宁新村合作净洗剂厂（1992年6月，改组设立杭州传化化学制品有限公司）、萧山新街精细化工厂、萧山南阳化工助剂厂、杭州传化日用化工有限公司等企业，增加液化皂、印染乳化剂、印花黏合剂和纺织印染助剂等产品。至1993年末，该业乡及乡以上独立核算企业11家，其中合成材料制造3家、专用化学产品制造5家、日用化学产品制造3家，职工1803人。是年，该业乡及乡以上独立核算企业实现工业总产值（90不变价）43412万元。

1995年，杭州天伦化工有限公司投产，产品有氯化锌、活性炭和醇苯。中轻物产浙江化工有限公司投产，生产有脂肪醇聚氯乙烯醚硫酸钠（铵）、脂肪醇硫酸钠（铵）、一烯基磺酸钠（AOS）、烷基苯磺酸（LABSA）等系列磺化产品以及其他阳离子、非离子和两性表面活性剂产品，为全国洗涤行业和化妆品行业提供多种优质的首选表面活性剂。1997年，萧山江城化工有限公司投产，生产氯化锌。2000年末，该业规模以上企业10家，其中专用化学产品制造8家、合成材料制造和日用化学产品制造各1家，从业人员2069人。是年，该业规模以上企业实现工业总产值（现行价）92893万元。主要产品有洗衣粉、洗洁精、印染助剂、印花黏合剂、氯化锌、活性炭。产品销往江苏、福建、江西、广东、上海、天津等20余个省市，出口日本、韩国等国家。

基本化学原料制造

1985年末，该业乡及乡以上独立核算企业8家，其中无机盐制造6家、有机化工原料制造和塑料原料制造企业各1家，职工1426人。是年，该业乡及乡以上独立核算企业完成工业总产值（80不变价）1865万元。产品主要有树脂、烧碱、盐酸、液氯、石英砂、泡化碱。

1986年后，由于产品销售市场疲软等因素，发展缓慢。1988年末，该业乡及乡以上独立核算企业9家，职工3306人。是年，该业乡及乡以上独立核算企业实现工业总产值（80不变价）1200万元，为1985年的64.34%。1991年，萧山石英化工总厂因生产原料的矿床需要生态保护而调整产品结构，投资2995万元，引进日本生产的塑料薄膜压延机等设备，生产BOPP薄膜，原生产的石英砂、泡化碱、白炭黑等产品相继停产。翌年后，萧山树脂厂连年亏损，难以为继。1994年6月，该厂被萧山人民法院宣告破产，破产后资产转让，定名萧山电化总厂。翌年，该厂同中国香港客商合资，更名萧山联发电化有限公司。1996年，萧山石岩泡化碱厂等企业因湘湖开发而先后转业。1999年，萧山联发电化有限公司生产PVC树脂、烧碱、合成盐酸、液氯、偏二氯乙烯。杭州科利化工有限公司建立，生产氯化聚乙烯。2000年末，该业规模以上企业3家，其中无机酸制造、烧碱制造、无机盐制造各1家，从业人员738人。是年，该业规模以上企业实现工业总产值（现行价）20279万元。主要生产树脂、盐酸、硫酸。产品销往省内的嘉兴、湖州、丽水、台州、温州等地。

2000年末，全市化学原料及化学制品制造企业600余家。是年，化学原料及化学制品制造业企业实现工业总产值（现行价）387310万元，占全市工业总产值的6.44%。其中规模以上企业35家、从业人员7876人，实现工业总产值313088万元，占全市规模以上企业工业总产值的8.25%。

第五节 皮革、毛皮、羽毛（绒）及其制品制造业

皮革、毛皮及其制品

20年代初，萧山有一批鞋店（庄），解放前夕衰落。①萧山解放后，制鞋恢复生产。②70年代后，该业发展加快。③1985年，新建萧山皮革皮件厂等企业。年末，全县皮革、毛皮及其制品业工业企业23家。是年，该业实现工业总产值（80不变价）2092万元，占全县工业总产值的1.08%。其中乡及乡以上独立核算企业14家（制革企业2家、皮鞋制造企业11家、皮箱皮包制造企业1家）、职工1860人，实现工业总产值（80不变价）980万元。产品有制革、皮鞋、皮衣、皮箱、皮包等。

1987年后，皮革资源缺乏，生产成本上升、效益下降，陆续淘汰小型、微利、亏损企业。至1989年末，该业乡及乡以上独立核算工业企业16家，比1987年减少30.43%；职工184人，减少87.37%。是年，乡及乡以上独立核算企业实现工业总产值（80不变价）1257万元，比1987年增长28.27%；亏损7万元。

①20年代初，以生产皮鞋和皮鞋翻新的城厢镇郭茂昌、坎山葛世荣等一批鞋店（庄）先后兴起。其中以郭茂昌鞋庄最为兴盛，时有职工20余人。后发展缓慢。日本侵略军侵入萧山期间，郭茂昌鞋庄每况愈下，后期仅二三人留守。至萧山解放前夕，大多鞋革作坊相继停业或倒闭。

②1956年1月，城厢制鞋生产合作社建立，开始试制皮鞋。翌年后，批量生产皮鞋。1958年11月改为地方国营城厢皮鞋厂。

③70年代后，皮革、毛皮及其制品业发展加快。1973～1984年，先后开工的有萧山县党山联营皮革制品厂、萧山县城北鞋厂、萧山县径游鞋革厂、萧山欢潭皮鞋厂、萧山第三皮件厂、萧山县戴村皮件厂、萧山皮件厂、萧山第二鞋厂、萧山县浦南皮鞋厂、萧山县皮革制品二厂、萧山县城南裘制品厂等一批具有规模的企业。1984年6月，萧山鞋厂的皮鞋车间析出，另建萧山皮鞋厂。年末，该业有乡及乡以上独立核算企业12家，职工1646人。是年，实现工业总产值（80不变价）1973万元。

1992年后，该业企业开始吸收港澳台商资金，创办合资企业，萧山制革厂与香港丰和投资有限公司合资建立杭州丰和皮革有限公司，注册资本140万美元，生产制鞋用皮革及制品。杭州之江皮服厂与香港信达实业公司合资建立杭州中信皮革有限公司，生产皮件服装、皮件制品。萧山西兴地毯布厂与香港华鑫企业有限公司共同出资139万美元，建立杭州华鑫皮制品有限公司，生产印花猪皮及皮制品。萧山义桥皮件厂与台商张火炼合资设立浙江富可达皮业有限公司，注册资本200万港币，制造皮革制品。至1994年末，该业乡及乡以上独立核算企业12家，其中制革（轻革）4家、皮革制品制造8家，职工1103人。该业乡及乡以上独立核算企业比1990年减少4家，职工增加213人。是年，实现工业总产值（90不变价）8730.90万元，比1990年增长3.77倍。

1996年12月，以浙江富可达皮业有限公司组建浙江富可达皮业集团股份有限公司，注册资本3600万元，制造皮革制品，产品出口日本等10余个国家。2000年末，该业规模以上企业7家，其中制革1家、皮革制品制造5家、毛皮鞣制及制品1家，从业人员1968人。是年，该业规模以上企业实现工业总产值66449万元，占全市规模以上企业工业总产值的1.75%。主要产品有牛皮、羊皮、猪皮制革和皮鞋、皮箱、皮包、皮衣、裘皮鞣制等。

羽毛（绒）及其制品

明末清初，萧山已有收购红鸡毛，并有制作鸡毛掸帚。[①]民国时期，发展到收购鹅毛、鸭毛；建有毛行，专事羽毛的收购、加工，[②]并加工有红鸡毛出口。中华人民共和国成立后，县供销合作总社从事收购红鸡毛，经加工、整理后销往省外；农村组建集体羽毛加工场[③]。1958年，加工后的羽毛开始由浙江省畜产品公司统一收购出口。1966年后，萧山发展羽毛（绒）制品企业，建立新塘羽毛厂、裘江羽毛厂、萧山裘皮羽绒服装厂、萧山县羽绒厂、萧山县羽绒二厂和萧山红羽时装厂等。[④]1985年，萧山县第二羽绒厂（前身是萧山红羽时装厂）与浙江省畜产品进出口公司联营生产羽绒服出口，并更名为萧山绒毛厂。后羽毛（绒）制品逐渐形成羽绒服装和寝具两大系列。至年末，该业乡及乡以上独立核算企业6家，其中羽绒服装制造业3家[⑤]、生活用其他产品工业3家，职工1700人。是年，该业乡及乡以上独立核算企业实现工业总产值（80不变价）844万元。生产有羽绒服、羽绒、羽毛和羽毛串条等产品。

1986年起，该业发展加快，羽毛（绒）及其制品企业均建立羽毛（绒）收购机构，有的企业到外地设立羽毛、羽绒收购点（门市部），满足生产需要。1989年，萧山绒毛厂在四川省、江西省内设点采购鸡毛，加工后的鸡毛出口6吨。1988～1994年，建立萧山万翔羽绒有限公司、萧山东亚羽绒厂、萧山华隆羽绒制品有限公司、萧山嘉丰羽绒公司、萧山柳桥羽毛加工厂、杭州浙港制衣有限公司、浙江飞鸿羽绒制品有限公司、杭州中羽制衣有限公司、浙江三弘国际羽毛有限公司等企业。其间，建立浙江北天鹅集团公司[⑥]。1994年末，该业乡及乡以上独立核算企业11家，其中羽毛（绒）加工企业7家、羽毛（绒）制品企业4家。是年，该业乡及乡以上独立核算企业实现工业总产

①明末清初，城东、裘江、新塘等地有村民收购红鸡毛，并制成鸡毛掸帚，肩挑叫卖。

②民国初年，建有王和兴、毛裕兴和周松大等毛行4家。萧山解放前夕，登记在册的毛行有18家，尚未登记的毛行百余家。

③1954年后，建立前塘羽毛加工场、浙东羽毛加工厂、浙东紫霞联合羽毛加工场等集体羽毛加工场。1958年，随着撤乡建社，前塘羽毛加工场、浙东羽毛加工场和浙东紫霞联合羽毛加工场合并建立城东公社羽毛厂。1961～1966年，建立裘江公社羽毛加工场、东许公社羽毛加工场、新塘公社羽毛加工场等。

④萧山县工业普查领导小组办公室编：《第二次全国工业普查萧山县工业企业概况》，1986年12月。

⑤1985年，羽毛（绒）及其制品业中的羽绒服装制造业归类在缝纫工业（服装制造）中，为客观反映羽毛（绒）及其制品制造业全貌，此处将其统计在内。1993年后，国民经济行业分类，羽绒服装制造业归入羽毛（绒）及其制品制造业。

⑥建立浙江北天鹅集团公司资料，详见本编《乡镇工业》章《区域行业》节。

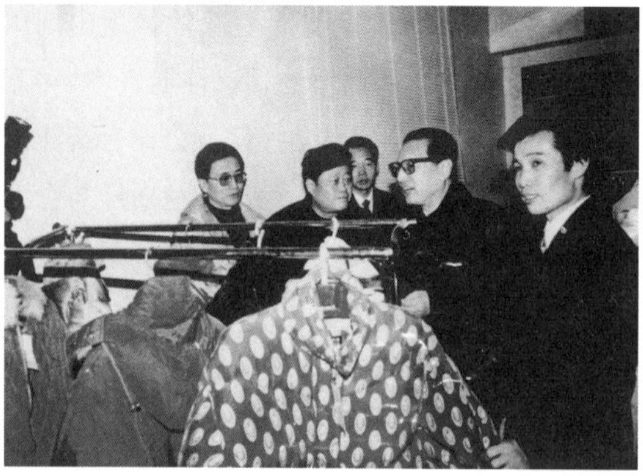

值（90不变价）38830.50万元，比1993年增长64.64%。

1998年，出口生产企业调整市场营销策略，立足欧美市场，全市羽毛（绒）出口量10010吨，比1997年增长53.39%。[①]

图13—3—475 1993年1月19日，在浙江省萧山羽绒总厂的产品陈列室内，中共中央政治局常委、全国人大常务委员会委员长乔石（右二）在杭州市市长王永明（中）、中共萧山市委书记杨仲彦（左二）陪同下，察看该厂生产的羽绒制品（吕耀明摄）

1999年11月，省计划与经济委员会批准建立萧山市羽绒及制品加工园区。2000年10月，该园区经省发展计划委员会批准，改名“萧山·中国羽绒工业园”[②]。是年，萧山柳桥羽绒有限公司（前身是萧山柳桥羽毛加工厂）开始筹资，在萧山·中国羽绒工业园投资1.20亿元，建立生产、管理、检验、销售为一体的综合性现代化工厂。年末，全市羽毛（绒）及其制品自营出口企业近40家，羽毛（绒）及其制品业规模以上企业39家、从业人员5000人。全年自营出口17779万美元，占全市自营出口总额的19.58%，占全国羽毛（绒）及其制品出口总额的18.45%。其中羽绒出口企业30家、出口羽绒12290吨，占全国羽绒出口总量的33.32%。该业规模以上企业实现工业总产值（现行价）282395万元，占全市规模以上企业工业总产值的7.44%。规模以上工业企业实现产品销售收入275891万元、产品出口交货值209077万元，产品出口交货值占产品销售收入的75.78%，占全市规模以上工业企业产品出口交货值的23.46%。

图13—3—476 中国羽绒工业园园徽。中国羽绒工业园于1999年11月由浙江省计划与经济委员会批准建立。后园徽经国家工商行政管理总局商标局注册，核定服务项目为第42类：技术研究、技术项目研究、科研项目研究、工程、研究与开发（替他人）、质量控制、质量检测（杭州市工商行政管理局萧山分局提供）

2000年末，全市皮革、毛皮、羽毛（绒）及其制品业企业134家，其中规模以上企业46家、从业人员6968人。是年，规模以上企业实现工业总产值（现行价）348844万元[③]，占全市规模以上企业工业总产值的9.19%。主要生产羽毛（绒）、床上用品、服装，产品销往北京、上海、哈尔滨、杭州、郑州等大中城市，出口美国、日本、法国、意大利、加拿大等50余个国家和中国香港地区。

①《萧山日报》记者王立加：《我市羽绒出口量首次突破万吨大关占全国出口市场的半壁江山》，《萧山日报》，1999年1月18日，头版。

②2001年12月，萧山·中国羽绒工业园被农业部命名为全国乡镇企业科技园区，被浙江省经济贸易委员会等单位联合授予“浙江省羽绒工业专业区”称号。

③市统计局2000年度统计报表中的皮革、毛皮、羽毛（绒）及其制品业规模以上企业工业总产值与该业全部工业总产值相同。

第六节 服装及其他纤维制品制造业

服装制造

萧山的服装制造业[1]始于清咸丰元年（1851）。[2]萧山解放后，发展服装制造业。[3]1983年，萧山服装厂获得对外经济贸易部授予“出口服装品质优良”荣誉证书。1985年，基层供销社、镇乡和教育局创办萧山河上时装厂、萧山第三西装厂和萧山多灵西服厂等服装制造企业11家。浙江凯星西装厂（前身是萧山服装厂）投资20万美元，引进缝纫设备，建成西装生产线，全年生产服装51.74万件，生产的凯星牌全毛男西装成为中央领导的出国礼服。年末，全县该业乡及乡以上独立核算企业41家，职工4894人。是年，该业乡及乡以上独立核算企业完成工业总产值（80不变价）4032万元，生产产品有针织服装、衬衫、普通男装、普通童装、风衣、男女大衣等。

1986年6月18日，河上镇镇办集体企业的第一批管理人员、技术骨干和熟练工26人到深圳，与深圳江南绣品制衣公司建立劳务合作关系。翌年3月，河上镇镇办企业杭州之江西服厂投资深圳江南绣品制衣公司10%股份，创办首家深圳江南绣品制衣公司第二分厂。后，该镇私营业主也相继到深圳经济特区蛇口工业区内创办服装出口企业。至1993年末，河上镇集体企业在深圳经济特区蛇口工业区内创办的服装制造出口企业11家，个体、合作企业30余家，职工近5000人，全年实现工业总产值逾4亿元港币、利润总额4000万元人民币，[4]被深圳经济特区蛇口工业区誉为“服装之乡”。

1993年，萧山经济技术开发区建立后，市政府希望在外地的萧山企业回家乡创业，且能安置萧山劳动力，萧山在深圳经济特区内的部分服装制造企业开始陆续迁至萧山经济技术开发区。是年10月，河上镇俞二民创办的深圳新艺服装有限公司迁至萧山经济技术开发区，并定名杭州新艺服装有限公司。至1994年，萧山经济技术开发区内有杭州明成制衣有限公司、杭州华强服装有限公司、杭州汇丽绣花制衣有限公司、杭州广明亚服装有限公司等服装制造企业18家。年末，全市服装制造业乡及乡以上独立核算企业37家、职工6485人。是年，乡及乡以上独立核算企业实现工业总产值（90不变价）55602.90万元。

1995年起，随着工业企业改革的深化，国有、集体资产陆续退出服装制造业企业，私营服装制造业企业发展，骨干企业加快技术改造、优化产品结构、扩大企业规模，服装产品由传统服装开始逐步向现代服装、女装为主转变。先后新增杭州宝怡时装有限公司、杭州恒富制衣有限公司、杭州富荣华服装有限公司、杭州恒成制衣有限公司等企业。至1998年末，杭州富利莱制衣有限公司、杭州星怡制衣有限公司等企业解散，二轻系统的服装制造企业中的集体资产全部退出。翌年，杭州江宁丝绸制衣有限公司、杭州汇丽绣花制衣有限公司两家企业产品销售收入分别居全国服装制造业百强企业的第49位、第90位。2000年，全市制造服装6630万件，其中杭州汇丽绣花制衣有限公司生产各类梭

①服装制造业指采用纺织品、针织品为面料，经裁剪、缝纫制作的各种服装。不包括革皮服装、羽绒服装、毛皮服装的制造。

②清咸丰元年（1851），汪阿桂缝衣铺在临浦开业，时为萧山最早的服装店。后相继新增坎山宋盈富缝纫店、城厢严坤记制服店、临浦华昌服装店等具有一定规模的制衣作坊。抗日战争前夕，全县服装制造业有职工近百人，并出现缝纫机替代手工缝制。日本侵略军侵萧期间，汪阿桂等较大的缝纫店相继倒闭。萧山解放前夕，全县有缝纫作坊44家，职工100余人。

③1953年，县手工业联社建立萧山首家城厢镇服装生产合作社（1969年改名萧山服装厂）。1956年个体手工业社会主义改造结束时，全县缝纫社（组）27家，职工408人。1960年，职工人数增至738人，工业总产值306.50万元。1963年起，多数服装制造企业开始批量生产商品服装，改变了原来单一来料加工的状况。70年代，公社创办萧山西装厂等11家。80年代初期，镇、公社、学校和基层供销社兴办服装厂13家。

④萧山市地方志编纂委员会：《萧山年鉴·1994》，浙江大学出版社，第241页。

织时装、女装652万件，产品销往美国等10余个国家，实现产品销售收入37940万元、利润6660万元。是年，该公司产品销售收入和利润分别居全国服装制造业百强企业第43位、第8位。至年末，该业规模以上工业企业44家，从业人员10428人。是年，该业规模以上企业实现工业总产值（现行价）169495万元，占全市规模以上企业工业总产值的4.46%。规模以上工业企业产品出口交货值155940万元，占全市规模以上工业企业产品出口交货值的17.49%。主要产品有各类梭织时装、女装和PVC、棉麻、呢绒等各种男女服饰。产品销往美国、日本、中国香港等50余个国家和地区。

制　鞋

萧山制鞋业[①]历史悠久。[②]1984年6月，萧山工艺鞋总厂与轻工部工艺美术总公司、省工艺美术进出口联合公司联营，定名浙江工艺鞋厂。是年，生产的“生风”牌工艺鞋，在全国工艺美术“百花奖”评比中获“希望杯”奖，翌年获国家银杯奖。1985年末，制鞋业乡及乡以上独立核算企业2家，职工250人。是年，该业乡及乡以上独立核算企业实现工业总产值（80不变价）251万元。

1986年后，制鞋企业生产经营困难，全行业经济效益逐年下降。1987年，该业乡及乡以上独立核算企业3家，其中盈利2家，实现利润总额2万元；亏损1家，亏损总额23万元。

1993年，制鞋业有所发展。是年，城厢镇办的萧山市鞋厂与中国香港金昕公司合资，创办杭州金城鞋业有限公司。该公司注册资本35万美元，其中鞋厂出资21万美元、中国香港金昕公司出资14万美元，年产各类工艺鞋150万双。年末，乡及乡以上独立核算企业8家，职工1842人。是年，乡及乡以上独立核算企业实现工业总产值（90不变价）4720万元，亏损总额724万元。

1996年12月，浙江工艺鞋厂等企业资不抵债，实施解体。2000年末，该业规模以上企业5家（其中亏损企业1家），从业人员533人。是年，该业规模以上企业实现工业总产值（现行价）4675万元，实现利润总额68.40万元。主要生产工艺地毯鞋、麻底工艺鞋、工艺春秋鞋、童鞋、布鞋等。

其他纤维制品

1985年，萧山县螺山供销合作社创办的萧山县供销工艺帽厂，主要生产各类礼帽。年末，其他纤维制品业[③]乡及乡以上独立核算企业1家，职工39人。是年，该业乡及乡以上独立核算企业实现工业总产值（80不变价）0.32万元。后因产品单一，又缺乏市场需求，该厂歇业。1998年12月，萧山博亚汽车座垫有限公司开工，生产汽车座垫。至2000年末，该业规模以上企业1家，从业人员135人。是年，该业规模以上企业实现工业总产值（现行价）2058万元。

2000年末，全市服装及其他纤维制品制造企业316家。是年，该业实现工业总产值338517万元，占全市工业总产值的5.63%。其中规模以上企业50家、从业人员11096人，规模以上企业实现工业总产值（现行价）176228万元，占全市规模以上企业工业总产值的4.64%。

①制鞋业指全部或大部分用纺织品为面料制作的各种呢绒鞋、绸缎鞋和布鞋，不包括皮鞋、胶鞋和塑料鞋的制造。

②清咸丰十一年（1861）临浦镇的华亨鞋店和城厢镇的劳步云钉鞋店相继开业，均有职工10余人。民国初期，雨鞋逐渐上市，城厢劳步云、祥泰丰等五六家钉鞋店和马成裕艺术鞋店先后倒闭，其他鞋店也时开时闭。抗日战争胜利后，该业得到恢复发展。至萧山解放前夕，全县鞋店有40余家，职工100余人，主要是来料加工及修补布鞋。1956年，制鞋行业作坊有150名职工先后组织城厢镇制鞋生产合作社（后称萧山鞋厂）等社、组15家。60年代，该业调整。1969年，全县制鞋企业9家，职工180人。1972年起，该行业逐步进行撤并。至1974年，全县仅存萧山鞋厂1家。1980年6月，萧山鞋厂（后称萧山工艺鞋总厂）开始批量生产麻编工艺鞋。1981、1982年，萧山县长城制鞋厂、萧山工艺旅游鞋厂先后开工，生产布鞋。

③其他纤维制品业是指除本节的服装制造、制鞋外，采用纺织品为原料，经裁剪、缝纫制作的各种帽子等制品制造业。

第七节　造纸及纸制品业

造　纸

手工纸制造　萧山历史上，以青竹为原料的手工纸（土纸）制造曾风靡一时。①萧山解放后，手工纸生产随社会、经济形势的变化而变化。②

1985年，出现废纸等为原料代替青竹生产四六屏纸。年末，全县以青竹为原料生产手工纸的村有12个、槽产15家，主要生产四六屏纸。是年，全县生产四六屏纸0.23万件，每件价格27.80元。翌年，全县生产手工纸的村4个、槽产5家，只有云石乡尖山下村姜金云和许贤乡北坞村金兴根的槽户仍用青竹为原料生产手工纸（四六屏纸）。1987年，楼塔镇水阁村俞培桥采用四川省的青竹浆料、河南省的龙须草、美国等地进口的木浆为原料生产宣纸。③

1988年后，只有云石乡尖山下村姜金云家的1家槽产每年以青竹为原料生产手工纸。2000年，全市主要采用废纸为原料生产四六屏纸的槽产有近30家，其中以云石乡为多。姜金云家的槽产仍以青竹为原料生产四六屏纸，全年生产四六屏纸250件，产品供不应求，每件价格100元以上。④

【附】

手工纸制造工序

青竹是制造手工纸的最佳原料。每到农历小满，是采办制纸原料的最佳季节。从青竹到纸成品的工序主要有五道：

备料（第一道工序）。办料场地由8人组成，其中上山斫青竹3人、断青（把青竹断成2米左右的竹段）1人、削竹（用刀削光青竹表皮。青竹表皮称皮青，削去皮的竹段称白坯）1人、拷白（白坯在斜放的木头上或石板上拷成碎竹爿）1人、拷竹梢（竹梢拷成碎片）1人、什场（马场杂工）1人。

晒干白坯、皮青、竹梢并分别斩成50厘米长短料，捆成小捆。白坯，称白料；皮青和竹梢称黄料，做黄纸用。黄料、白料在水中浸泡13天左右，捞起来，洗干净，送到浆料塘，称浆料。浆料塘内放有生石灰，将黄料、白料在塘中反复滚动，使其里外上浆。将上浆后的黄料、白料堆成蓬（称石灰料蓬），蓬堆好后盖上通篌。

堆蓬7天后，把黄料、白料整齐地立入镬头（有的地方称皮镬。一般镬头直径2.50米、深2.30米）。镬头容纳黄料、白料0.65万千克，最大的镬头可容纳0.75万千克。把水放满镬头后，用猛火烧4昼夜，烧到料发香，再在镬头里焖上2昼夜（经煮烧后的料称为熟料。80年代后出现用柴灶烧）后，一次性将熟料放到漂滩池中翻洗，翻洗7天，把料上的石灰全部洗干净，然后把熟料整

①萧山在南宋已有手工纸制造。明洪武初年，生产日历纸9300张，为贡品。清代续有发展，清末全县有槽户（制作手工纸的家庭户）约千家。手工纸产于南片山区，分白料纸、黄料纸两类。白料纸用于书写，有元书、京方（又名海方）、连史、白笺等；黄料纸为四六屏纸（本色黄料作卫生纸，用酱黄染色的供迷信用纸），品种有鹿鸣、表芯、黄尖等。

民国初期，河上、进化、戴村等地以手工纸制造为生者达数万人。后因机制纸输入等因素，手工纸生产渐次衰落。民国19年（1930），全县有槽户510家，槽产（制作手工纸的作坊）695家，从业人员2971人。后因纸价下跌，槽户亏损。民国28年仅存槽产382家。日本侵略军侵入萧山期间，槽产大多停产。抗日战争胜利后，相继恢复生产。国民党发动内战期间，全县造纸业复陷困境。民国37年，全县产纸5万件（25千克/件）。

②萧山解放后，各级政府扶持槽户恢复生产，手工纸产量逐步回升。1950年，建立萧山土纸改进委员会，改进土纸生产方式；供销社设站收购，解决土纸销售问题。翌年，全县有槽产107家。

1953年后，手工纸由集体生产经营。1955年，全县产纸20余万件。至1961年，全县槽产211家。

1958年后，手工纸产量剧降。1975年，开始稍有好转，并改产卫生纸为主。1980年，全县有楼塔、大同、河上、大桥、云石、许贤、进化和欢潭8个公社的54个大队有槽产280家。是年，进化公社（今进化镇）华家垫村有1家槽产生产包装贵重中药材的乌金纸（1983年因滞销而停产）。后全县兴建、扩建机制纸厂，槽产逐年减少。

1983年，随着家庭联产承包责任制的推行，手工纸生产又有农户家庭经营。

至1984年末，全县生产手工纸的村32个、槽产41家。（金关木调查）

③④萧山县统计局没有统计手工纸（土纸）生产的经济指标。手工纸制造的资料是委派金关木专题调查所得。

理后捆紧，经套尿（即清尿浸泡），再堆蓬（称套尿蓬）。这次堆蓬比前次堆石灰料蓬严格，四周得用干草盖密封，保存其自身蒸发的温湿度。套尿蓬堆到第8天，可把料放入烂料塘，在烂料塘中25天左右。

原料脱水（第二道工序）。把原料运到槽产，用大榨（使原料脱水的工具）进行脱水。80年代后，出现使用千斤顶脱水。

舂料（第三道工序）。南宋时期，用石臼舂料。后用竹臼。农业生产合作社时期，也有用水碓舂料的。70年代，出现电碓、碾球、电动粉碎机碎料。

抄纸（第四道工序）。抄纸用槽桶、耙、箔和簾。槽桶是用石板箍起来的，宽160厘米，长220厘米，高120厘米。箔和簾均为竹丝编制的筛网状帘子。把舂好的料放入槽桶内，用耙搅拌半小时后，将箔（用于过滤原料）竖直在槽桶中间，即可用簾抄纸。纸抄到1000张左右，经小榨初步脱水，再送到大榨上脱水。

晒纸（第五道工序）。抄好的纸需经焙弄晒干。一般焙弄长12米、宽5米，内中建有一道夹墙弄，夹墙弄是黏土砖砌成的两面单壁。夹墙弄一端烧火处叫火门，另一端有通风洞。焙弄内的温度须保持38℃以上，夹墙弄单壁的温度须达到80℃。把抄好的湿纸贴在单壁上，片刻烘干。将烘干的纸捆成件（每件大京方纸为2000张）。80年代，出现铁焙（用铁板制成单壁）晒纸。

（金关木）

断青竹

削竹

拷白

拷竹梢

断料

捆料

浆料

大榨脱水

碾球碎料

抄纸

铁焙上晒纸

纸捆成件往外运

图13-3-477　戴村镇尖山下村姜金云槽户手工纸制造工序（2007年6月6日，韩利明摄）

机制纸及纸板制造　机制纸及纸板制造始于60年代。[①]至1985年末，该业乡及乡以上独立核算企业2家，职工335人。是年，该业乡及乡以上独立核算企业实现工业总产值（80不变价）372万元。主要生产有包装用纸、包装纸板。

图13-3-478　1997年9月4日，萧山大桥造纸厂生产的牛皮纸正在入库（董光中摄）

1986年后，建立萧山义桥造纸厂、萧山箱板纸厂、萧山高都造纸厂、萧山凤凰造纸厂、萧山大桥造纸厂、萧山新河卫生纸厂等造纸企业。1990～1994年，新增萧山造纸纸品实业公司、萧山市新丰造纸厂、萧山市泰丰纸业有限公司、萧山市萧富包装联营厂和萧山市日用纸厂等企业。1993年，在北京举行的中国首届科学技术博览会上，萧山之江造纸厂送展的全废纸脱墨浆制新闻纸荣获银奖。该厂采用废纸作原料生产新闻纸，既节约木材，又为纸业发展开辟了新路。

1995年，为保护环境，关停萧山市岩山岩上造纸厂、萧山市岩山岩下造纸厂、萧山市岩山五岭造纸厂、萧山市楼塔镇雪湾造纸厂、萧山市益农二围造纸厂、萧山市岩山围垦造纸厂、萧山市河上镇高都造纸厂等企业7家。年末，该业乡及乡以上独立核算企业6家，是年实现工业总产值（90不变价）6589.60万元。

1997～1999年，萧山大桥造纸厂等23家企业被市政府责令限期治理。其间，随着造纸企业治理污水成本的增加，机制纸及纸板制造企业逐步转产纸制品，机制纸品种逐步向多样化发展。至2000年，该业规模以上企业5家，从业人员674人。是年，该业规模以上企业实现工业总产值（现行价）15444万元。主要产品有高档白板纸、瓦楞纸、包装纸、牛皮纸、卫生纸等。

纸制品

70年代初，萧山出现纸制品生产企业。[②]至1985年末，该业乡及乡以上独立核算企业14家，职工1212人。是年，乡及乡以上独立核算企业实现工业总产值（80不变价）1381万元。产品有包装用纸箱、纸盒和纺织用的花本底板及纸管和装潢用的墙纸、包装纸等。

1986年后，纸制品业企业数量发展缓慢，但部分纸制品企业迅速发展壮大，成为萧山骨干企业，其中萧山包装材料厂被市政府命名为1988年度市二级工业企业；1992年4月该厂组建中外合资浙江胜达包装材料有限公司，被市政府命名为1992年度市特级工业企业。至1993年末，纸制品业乡及乡以上独立核算企业19家，职工2344人。是年，该业乡及乡以上独立核算企业实现工业总产值（90不变价）19916万元，其中工业总产值超300万元的企业有10家。

1994年，成立浙江萧山胜达包装集团有限公司[③]。该集团有限公司拥有总资产7468万元，全资企业、控股企业和参股企业5家。2000年，该集团公司成为“中国纸包装开发生产基地”。年末，该业规模以上企业21家，从业人员4168人。是年，该业规模以上企业实现工业总产值（现行价）179137万元，占全市规模以上企业工业总产值的2.98%。主要产品有服装纸箱、食品包装纸箱、电器包装纸箱。

此外，造纸及纸制品业尚有规模以上企业杭州中南造纸纸箱厂的机制纸浆制造。

图13-3-479　1999年3月，浙江胜达集团有限公司从美国引进美国PS-300水性印刷开槽磨切机。图为该公司工人正在用美国引进的设备生产纸板箱（胜达集团有限公司提供）

①1967年，创办云石公社胜利大队造纸厂，以稻草为原料，生产粗板纸。1971年，创办河上公社联合大队造纸厂，以稻草为原料，采用半自动生产粗板纸。1973年后，随着纸制品业的发展，新建的大桥公社大桥造纸厂、河上公社桥头黄造纸厂等，采用半自动生产较高档的纸包装（纸盒）用白纸；原有造纸厂扩大厂房，增添和更新设备，增加新品种。1978年，创办萧山版纸厂，采用全自动化生产，主要生产包装纸、包装纸板。翌年，建立大桥公社下门造纸纸制品厂，生产瓦楞纸。

②1972年，闸堰纸箱厂投产，主要生产各种纸制包装用品。1973～1976年，相继建立萧山县党山纸盒工艺厂、萧山县靖江纸制品厂、萧山县湘湖农场纸箱厂等纸制品生产企业。1980年，建立萧山县长山镇塑料制品厂、萧山丝绸提花花本厂，分别生产纸制品等。

③浙江萧山胜达包装集团有限公司的创建及发展情况，详见本编《企业 产品 商标》章《企业》节。

2000年末，萧山的造纸及纸制品业工业企业280家。是年，实现总产值（现行价）273280万元，占全市工业总产值的4.54%。其中规模以上企业27家、从业人员4912人；规模以上企业实现工业总产值196016万元，占全市规模以上企业工业总产值的5.16%。

第八节　普通机械制造业

清光绪年间，萧山已有机械修理。①民国时期，机械修理没有大的发展。②中华人民共和国成立后，普通机械制造业开始新的起步。③1985年，新建萧山县义桥五金机械厂等乡及乡以上独立核算企业5家。年末，该业乡及乡以上独立核算企业84家，职工11789人。是年，乡及乡以上独立核算企业实现工业总产值（80不变价）11289万元，占全县乡及乡以上独立核算企业工业总产值的10.01%。主要产品有柴油机及配件、齿轮箱零件、精密导柱模架、精密压力机、电泵、水泵、泥浆泵、减速机、塑料破碎机、铁铸件、有色金属铸件、五金紧固件、弹簧垫圈等。

1986～1990年，该业企业有70余家。其间，部分企业重视技术改造和新产品开发，杭州钱江水泵厂投资60万元，开发成功IB型离心式节能泵，被国家经委、机械工业部列为节能泵专业生产定点厂。萧山金属钣厂开发生产专为杭州武林机器厂、杭州叉车总厂等企业配套ZL40、ZL50装载机前车架、后车架和动臂、铲斗、摇臂、拉杆等工作装置和2.50吨～5吨叉车金属结构件、各种非标龙门吊车。杭州钱江水泵厂开发生产老K牌单吸清水离心泵。1990年末，该业乡及乡以上独立核算企业72家，职工10383人。是年，该业乡及乡以上独立核算企业实现工业总产值（80不变价）20075万元。

1992年后，该行业的微利、亏损企业开始关停并转，部分企业引进外资及港澳台资和技术，新增杭州友佳机械有限公司、杭州精密阀门有限公司、杭州特发弹簧垫圈有限公司、杭州钱江铸造机械有限公司等外商及港澳台商投资企业13家，其中杭州减速机厂与新加坡双龙有限公司合资组建杭州福成机械有限公司，注册资本100万美元，年产各类减速机2万台（套）；萧山工业链条厂与香港益康发展公司合资设立杭州益南链条制造有限公司，注册资本50万美元，年产各种工业链条2000吨。至1997年，二轻、教育、农场、粮食、商业等系统的多数普通机械制造业企业关停并转。年末，该业乡及乡以上独立核算企业21家，从业人员4330人。是年，该业乡及乡以上独立核算企业实现工业总产值（90不变价）29727万元，比1990年增长10.46%。

2000年末，该业企业454家，实现工业总产值（现行价）271639万元，占全市工业总产值的4.52%。其中规模以上企业56家、从业人员8584人，实现工业总产值（现行价）123012万元，占全市规模以上企业工业总产值的3.24%。主要产品有喷油泵柱塞偶件、活塞销、曲轴、普通冲床、减速机、水泵、电泵、泥浆泵、弹簧垫圈、金属铸件等。

①清光绪二十七年（1901），西仓乡（今属南阳镇）三村开设有荣茂泉号机械修理店，置有手摇脚踏车床1台，专门制造和修理轧花机。

②民国期间，瓜沥镇陶田荣、庞炳记相继设立修理铺，各置有手摇车床。临浦镇楼章生置有车床1台，为碾米行修理米车。

③1958年，各镇、公社相继创办农机厂，主要是生产和修理农机具。是年4月，萧山城厢铁器生产合作社和先锋木作生产合作社合并，组建萧山农具合作工厂，以生产锄头、茅刀等产品为主。1962年，萧山机械修配厂（杭州柴油机总厂前身）试制成功2125型立式双缸四冲程30马力柴油机，首开萧山内燃机制造之先河。1969年，萧山油嘴油泵厂建成，成为全省最早生产柴油机“三对偶件”的专业厂家。靖江农机修配社（萧山水泵厂前身）试制农用水泵，成为全县最早生产农用泵的专业厂。

70年代，镇、公社及主管部门先后创办浙江萧山精密压力机厂、杭州弹簧垫圈厂等23家。1974年，三马力165型水冷柴油机首批出口试销200台，萧山农机产品进入国际市场。1980～1984年，新建杭州减速机厂、萧山电梯厂等18家。

至1984年末，该业乡及乡以上独立核算企业77家，职工10416人。是年，该业乡及乡以上独立核算企业实现工业总产值（80不变价）11154万元。

图13－3－480　1999年，浙江萧山金龟机械有限公司生产的金龟牌冷冲模架（浙江萧山金龟机械有限公司提供）

第九节　电力生产业

萧山自备油机发电始于清光绪二十三年（1897）。[①]民国时期，出现小火力发电。[②]中华人民共和国成立后，小火力发电增多。[③]1958年10月杭州电力输入萧山后，各发电厂相继停业，尚存少量自备油机发电。1959年，萧山南片半山区开始建立小水电站。1963年后，电力供不应求，工业企业相继自备油机发电。“文化大革命”期间，部分工业企业停产，自备油机减少。1979年后，工业发展，全县用电实行管理、统一调度，实施计划用电、调荷节电，工业企业又陆续购置油机发电设备。1985年末，县境内有并网自备油机发电站2座，与县供电局签订自备发电合同的企业有554家（台），总装机容量27562千瓦，其中500千瓦柴油机组有9家，共11台。1986年起，萧山工业企业自备电厂发电。1993年，公用电厂并网发电，萧山发电厂建成并发电。[④]至2000年末，萧山拥有公用电厂（不包括萧山发电厂）5座、自备电厂6座、自备油机发电562台、小水电站3座，发电装置总容量163243千瓦，年总发电量53068.77万千瓦时。成为支撑萧山经济发展的支柱行业、增加萧山经济实力的先行官。

火力发电

自备油机发电　1985年，全县工业企业有自备发电机组554台，发电装机总容量27562千瓦。1991年后，自备油机发电的企事业单位增加。至1997年，全市自备发电机组966台，发电装机总容量181237千瓦，年发电量15400万千瓦时。1998年后，随着电网建设加快及供电量增加，电力供应趋于平衡，自备油机发电的单位数量逐年减少。至2000年，全市企事业单位自备发电机组562台，发电装机总容量40403千瓦，年发电量364.25万千瓦时。

自备电厂发电　1986年7月1日，城东版纸厂建成城东热电厂发电、供热。[⑤]该热电厂总投资320万元，拥有10吨锅炉1台、750千瓦背压式发电机1台，年发电量30万千瓦时。90年代，先后有浙江萧山农垦水泥厂、萧山印染三厂、浙江达利凯地丝绸有限公司、萧山凤凰印染厂、杭州钱江印染化工有限公司等工业企业建成自备电厂（站）。至2000年，工业企业建成自备电厂（站）8座，其中发电的6座，发电装机总容量36000千瓦，年发电量19030.03千瓦时。

公用电厂发电　1993年7月，由红山集团公司、香港鹏霸有限公司、杭州华源实业有限公司和1名自然人出资组建的杭州红山热电有限公司[⑥]一期并网发电。该公司投资2.20亿元，拥有6000千瓦汽轮发电机1台，年发电量13200万千瓦时。9月24日，由萧山经济建设发展公司与浙江省电力开发公司共同出资组建的萧山发电厂第一台机组投产发电。1994年2月，杭州红山热电有限公司二期建成发电，增6000千瓦汽轮发电机1台。1994、1995年，先后设立浙江金马热电股份有限公司（杭州萧山经济技术开发区热电有限公司的前身）、杭州阳城热电有限公司2家公用热电厂。1995年1月，萧山新兴发电有限公司并网发电。该公司拥有8台柴油机组，装机总容量1万千瓦，年发电量3360万千瓦

①清光绪二十三年（1897），合义和丝厂自备油机发电，供厂区照明。民国时期，少数粮棉加工企业自备有油机发电。

②民国4年（1915），临浦镇乾元电气公司为萧山最早的小火力发电厂，白天碾米，晚上照明。民国7年、民国12年、民国15年，先后建立光明电灯公司、光明裕记电厂、明德电气公司等小火力发电厂，多数均在日本侵略军侵华期间停业。抗日战争胜利后，在临浦镇续办复兴电厂。明明电厂（前身是复兴电厂）营业直至萧山解放。

③1949年10月8日，萧山电厂发电。1956年，有地方国营萧山第一发电厂（前身是萧山发电厂）、萧山第二发电厂、萧山第三发电厂，各电厂形成各自电网。

④1993年9月24日，由萧山经济建设发展公司与浙江省电力开发公司共同组建的萧山发电厂第一台机组投产发电。翌年4月7日，萧山发电厂第二台机组投产发电，日发电量600千瓦时。

⑤城东热电厂为浙江省乡镇工业企业首家自备热电厂。

⑥杭州红山热电有限公司为萧山首家公司电厂。

时。11月，萧山新光发电厂一期工程并网发电，年发电量3360万千瓦时。该发电厂注册资本3250万元，其中萧山供电局、萧山化纤实业公司、香港美时年集团有限公司分别出资1300万元、1137.50万元、812.50万元，分别占公司注册资本的40%、35%、25%，采用2台德国道依茨BV16M640大功率柴油机带2台6400千瓦燃重油发动机组和德国成套主机、辅机及控制设备。至2000年，公用电厂（不包括萧山发电厂）有煤电3座、油电2座，发电装机总容量86600千瓦（煤电51000千瓦、油电35600千瓦），年发电量33624.58万千瓦时（煤电29742.61万千瓦时、油电3881.97万千瓦时）。

水力发电

1985年末，萧山建成水力发电站12座，其中9座水库蓄水量少，可供发电水量不足，已弃之不用；河上苍坞水库新联水电站75千瓦发电机组、云石响天岭水库水电站125千瓦发电机组均并网发电，由萧山电力公司调度供电；楼塔田村水电站40千瓦发电机组，丰水期自发自用不并网，枯水期向电网购电。2000年，运行发电的小水电站3座，发电设备装机容量240千瓦，年发电量49.91万千瓦时。

表13-3-277 1985～2000年萧山8大行业实现工业总产值情况

单位：万元

年份	纺织业	交通运输设备制造业	金属制品业	化学原料及化学制品业	皮革、毛皮羽毛(绒)及其制品业	服装及其他纤维制品制造业	造纸及纸制品业	普通机械制造业	合计
1985	75456	10155	8512	8041	1856	9056	5760	24158	142994
1986	139323	7189	9933	12595	2094	8451	8316	39358	227259
1987	211373	13362	15248	12928	2548	14011	1104	43481	314055
1988	246177	21776	22915	19835	3426	17128	15528	54538	401323
1989	275851	22704	24726	24702	3336	22989	19159	61076	454543
1990	356249	22764	27535	26992	5010	25511	19073	55437	538571
1991	423508	33493	38107	32988	7129	26065	27163	70127	658580
1992	567020	59632	57945	37039	8666	38189	33391	98925	900807
1993	764191	111725	76786	53909	47953	69570	47926	84634	1256694
1994	990185	167107	108310	72713	100024	85309	58462	115794	1697904
1995	1065093	209106	136817	124874	146098	94721	73179	143226	1993114
1996	581166	200859	114253	115376	149767	57670	90041	142009	1451141
1997	642427	55756	129270	154859	150563	97001	112648	207535	1550059
1998	1172688	232647	294957	240153	204961	210253	194630	223041	2773330
1999	1375626	266341	440807	312866	355540	261575	219687	236353	3468795
2000	1843041	787238	551597	387310	348844	338517	273280	271639	4801466

注：①资料来源：萧山市统计局编《萧山统计资料·1949～1990》、1991～1994年《萧山市国民经济统计资料》、1995～2000年《萧山市统计年鉴》。

②1985～1996年工业总产值为90不变价，1997～2000年为现行价。

③1997年8大行业工业总产值不含个体、私营工业。

④"化学原料及化学制造业"栏、"皮革、毛皮、羽（毛）绒及其制品业"栏和"服装及其他纤维制品业"栏，1992年前分别为"化学工业"、"皮革、毛皮及其制品业"和"缝纫工业"。"普通机械制造业"栏，1992年前为机械工业，1993年后，普通机械制造业从机械工业中析出。

表13-3-278　2000年萧山市8大支柱行业规模以上工业企业主要指标

行　业	年末企业(家)	从业人员(人)	年末资产(万元)		经营实绩(万元)					
			固定资产原值	所有者权益	工业总产值(现行价)	工业增加值(现行价)	产品销售收入	产品出口交货值	税金总额	利润总额
纺织业	178	41882	597842	360152	763052	147744	725621	61532	33401	23466
纺织	140	25895	304926	210299	517409	91083	236676	44591	23095	13728
印染	36	15839	291983	149792	242157	56306	219499	16941	10197	9710
纤维原料初步加工	2	148	933	61	3486	354	3447	0	109	29
交通运输设备制造业	32	16946	273461	436522	787238	121852	776026	130084	16458	55233
汽车零部件及配件制造	17	14345	262329	425997	743127	115097	735147	115359	14769	54868
船舶 自行车 摩托车制造	13	2469	10441	10080	42537	6358	29228	14725	1582	312
交通运输设备维修	2	132	691	445	1574	397	11651	0	107	53
金属制品业	33	8578	67586	56255	186217	34919	179239	33426	6529	6030
化学原料及化学制品制造业	35	7876	110612	91861	313088	55804	291834	62719	11759	9637
化学制品制造	32	7138	101102	86355	292809	49933	272087	60127	10684	8823
基本化学原料制造	3	738	9510	5506	20279	5871	19747	2592	1075	814
皮革、毛皮、羽毛(绒)及其制品业	46	6968	25388	28553	348844	38244	338666	266717	9904	3506
皮革、毛皮及其制品	7	1968	5236	5752	66449	9728	62775	57640	1161	1061
羽毛(绒)及其制品	39	5000	20152	22801	282395	28516	275891	209077	8743	2445
服装及其他纤维制品制造业	50	11096	42927	39237	176228	45583	162234	128182	7824	11233
服装制造	44	10428	41922	38688	169495	44242	155940	124447	7497	11162
制鞋	5	533	846	488	4675	1097	4539	3735	254	68
其他纤维制品制造	1	135	159	61	2058	244	1755	0	73	3
造纸及纸制品业	27	4912	59159	47608	196016	35798	193228	4222	6950	6090
机制纸及纸板制造	5	674	8563	6240	15444	2718	14880	0	1115	815
纸制品	21	4168	49673	40889	179137	33001	176944	4222	5768	5324
纸浆制造	1	70	923	479	1435	79	1404	0	67	−49
普通机械制造业	56	8584	69333	73000	123012	30979	114473	43999	6441	5238
合　计	457	106842	1246308	1133188	2893695	510923	2781321	730881	99266	120433

注：①资料来源：萧山市统计局编制的2000年度《全部国有及销售收入500万元以上非国有企业主要指标》报表。

②“税金总额”栏是产品销售税金及附加与应缴增值税之和。

第四章　经济成分

萧山解放前，工业以农村家庭手工业、集镇作坊（工场）为主。萧山解放后，县政府发展国营工业。1956年，私营工业、手工业社会主义改造后，发展了城镇集体工业，形成了以公有制为主的工业格局。是年，全县实现工业总产值（90不变价）6052万元，其中国营、集体、个体工业分别占全县工业的63.07%、17.78%、19.15%。

1958年，发展国营、城镇集体和社队工业。“文化大革命”期间，私有工业被遏制、取缔。1978年，全县实现工业总产值（90不变价）30401万元，其中国营、集体工业分别占全县工业的26.61%、73.39%。

1979年后，私有工业恢复，社队工业崛起，部门工业发展，联营工业和外商及港澳台商投资工业企业相继产生。至1985年，全县工业企业3094家，其中国营、集体、其他经济分别占3.14%、96.80%、0.06%；实现工业总产值（90不变价）245066万元，其中国营、集体、私有、其他经济分别占14.85%、84.03%、0.46%、0.66%。

1986年后，联营工业发展加快。至1989年，集体工业总产值（90不变价）占全市工业总产值的88.23%，为历史最高点。1992年后，随着市场经济的逐步建立与完善，联营工业企业逐年减少，私有工业、股份制工业和外商及港澳台商投资工业发展加快，国有、集体工业企业掀起组建股份合作制热潮。

1998年，开始全面推行国有、集体资产从企业中退出的改革，私有工业发展进一步加快。至2000年，全市工业企业10066家，其中国有、集体、私有、其他经济分别占0.06%、1.61%、96.12%、2.22%；实现工业总产值（现行价）6014966万元，其中国有、集体、私有、其他经济分别占0.16%、17.26%、67.64%、14.93%。全市规模以上工业企业648家，其中国有、集体、私有、联营、外商及港澳台商投资工业分别占0.93%、14.66%、0.46%、65.12%、18.83%；规模以上企业实现工业总产值（现行价）3796516万元，其中国有、集体、私有、联营、外商及港澳台商投资工业分别占0.25%、27.27%、49.36%、0.40%、22.71%。

第一节　国有工业

萧山解放后，县政府接管官僚资本工业，创办国营工业企业。①1985年，全县兴办的国营工业企业有农场管理局的浙江萧山速冻厂、萧山农垦麻纺织厂、杭州钱江毛纺织厂、杭州丝绒印染厂、萧山县钱江化纤纺织厂、萧山湘湖化纤丝织厂、萧山丝绸色织化纤厂，粮食局的萧山县配合饲料厂，农业局的萧山县林场机械厂和萧山县特种制茶厂等。年末，国营工业企业97家，比1984年增加20家。是

①萧山解放后，县政府接管国民党政府在义盛建立的南沙蚕棉生产合作联社和城厢镇西门外建立的塘北棉麻生产合作联社附设的湘湖练麻场两家官僚资本工业，着手筹建萧山电厂。1949年末，国营工业企业3家、职工57人。1950年后，相继建立麻场等企业。至1952年，国营工业企业16家。后发展较快。至1960年，国营工业企业62家、职工5843人。

1961年起，贯彻中央“调整、巩固、充实、提高”的经济工作“八字方针”，停撤一批工业企业。至1965年，国营工业企业27家、职工1599人。

“文化大革命”期间，部分工厂一度停工，但企业数量仍有增加。至1976年末，国营工业企业37家。是年，实现工业总产值（90不变价）5132万元，占全县工业总产值的25.55%。

1978年后，贯彻中央“调整、改革、整顿、提高”的经济工作“八字方针”，调整产品结构、技术结构，改进经营管理，提高经济效益，国营工业逐年发展。至1984年末，国营工业企业77家。是年，实现工业总产值（90不变价）27435万元，占全县总产值的17.98%。

图13-4-481　1987年4月，萧山县国营工业总公司所属的杭州柴油机总厂检验人员正在总装检验车间抽检柴油机产品质量（董光中摄）

年，实现工业总产值（90不变价）36402万元，比1984年增长32.68%，占全县工业总产值的14.85%。主要行业有机械、纺织印染、食品饮料、医药化工、电子电器和印刷包装等。

1986年后，国营工业企业经营机制渐渐不能适应生产力发展的需要，经济效益下降。1990年10月，国家停止平价供应行业用粮，产品销售转向市场，商业局所属的萧山、瓜沥、临浦、河上4家酿造厂产品雷同，产品销售市场又局限在萧山及周边地区，竞争十分激烈，各企业均采用降价销售，严重影响企业经济效益，经商业局多次协商未果。这种“窝里斗”的情况还发生在萧山的食品、饮料等制造业中。1986～1990年，实现工业总产值(90不变价)年均增长19.74%、利润下降26.86%。

1991年，部分系统的国营工业企业缺乏市场竞争能力，经营机制存在的弊端开始日益显现，总体上看，发展速度减缓、结构性问题突出。是年，全市国营企业实现工业总产值（90不变价）102038万元，比1990年增长13.89%，占全市工业总产值的11.67%。国营工业总公司所属的19家企业实现工业总产值（90不变价）32817万元，比1990年增长8.99%；亏损企业6家，亏损额1306万元，亏损额比1990年增加507万元；利润总额110万元，减少80.46%。但该公司所属的杭州瓷厂实现利润123万元，比1990年增长48.19%，经济效益列全省陶瓷行业企业榜首。1993年，商业局所属国有企业实现工业总产值（90不变价）10751万元、产品销售收入2095.63万元、利税总额261.67万元，其中利润108万元，各项经济指标创历史新高。但该局所属的萧山酿造厂实行转产，部分土地出让。1991～1993年，工业总产值（90不变价）年均增长16.94%，亏损企业亏损总额年均增长15.03%，利润总额年均增长51.49%。

1994年，已有较多国有工业企业缺乏市场竞争能力，经营日益困难，为摆脱困境，开始采用多种形式的改革。是年，国营工业总公司所属的11家工业企业开始实行为期6年的国有资产保值增值承包经营责任制，后有8家企业因经营不佳或亏损而中止承包；浙江双飞汽车齿轮箱集团公司受市政府委托，实行为期5年的国有资产授权经营，只实行了一年，第二年因企业亏损而不了了之；萧山锅厂、萧山第一酒厂实行股份合作制而中止承包。商业局所属的杭州老大昌酿造总公司和杭州国泰饮料厂实行股份合作制。二轻工业总公司所属的萧山树脂厂依法破产。1995年3月，萧山酿造厂再次出让余下的土地。至此，这家创建于清道光二十二年（1842）、萧山最早的民族资本主义工业企业注销。1994～1995年，工业总产值(90不变价)年均增长4.58%，亏损企业亏损总额年均增长19.26%，利润总额年均下降22.25%。

1996年，全市国有工业亏损企业亏损额6294万元，为国有工业企业发展以来的最高点；利润总额负2573万元，为历史最低点。经济效益较好的国有工业企业开始组建有限责任公司，扭亏无望企业实施关停并转。是年，萧山林场机械厂、萧山市粮食机械厂、萧山油脂化工厂、杭州油泵油嘴厂等11家国有工业企业组建有限责任公司。1997年，浙江双飞汽车齿轮箱集团公司一分为四，即保留集团公司，承担历史遗留下来的债务等；由职工共同出资分别建立萧山汽车齿轮箱有限公司、萧山双飞汽车齿轮箱有限公司和杭州天元齿轮有限公司。杭州之江药厂、浙江植绒印花厂、临浦印刷厂等实施解散，杭州华东无线电厂、萧山第二酒厂分别被浙江飞龙电声实业公司、浙江永翔电缆集团有限公司兼并，开创了校办工业企业、乡镇集体工业企业兼并国有工业企业之先河。是年，国有工业企业33家，比1996年减少61.63%；实现工业总产值（90不变价）33159万元，减少67.91%；亏损企业亏损总额1712万元，减少72.80%。

国有工业企业组建有限责任公司后，因历史遗留下来的债务等负担没有减轻，已离退休等人员费用承担和富余职工等问题没有从根本上得到解决，随着企业退休职工的逐年增多，又增加新的负担，使企业越来越难以承受。1998年，国有工业开始实施战略性改组。是年，萧山丰盛饲料有限公司（前身是萧山市配合饲料厂）被中国牧工商集团全资收购，成为萧山首家“借壳上市”的工业企业；浙江安亿纺织实业公司实施解散。翌年，萧山印刷有限责任公司、萧山镀铝材料有限公司、萧山百灵特种水泥有限公司和萧山锅厂等企业实施解散，萧山市煤制品燃料设备有限公司等企业退出国有资本。2000年6月，有40余年历史的杭州双鸟柴油机有限公司（前身是萧山机械修配厂）解散。

2000年末，全市尚有市政府办公室所属的萧山市机关文印中心、建设局所属的萧山市自来水公司、农业局所属场办的萧山市华达电工器材厂和萧山市火鸡良种场专用配合饲料厂、民政局的萧山市钱江树脂油化厂和粮食局的杭州萧山粮油食品厂6家。主要行业有普通机械制造、食品加工、专用化学产品制造、印刷、自来水生产和供应业。是年，全市国有企业实现工业总产值（现行价）9616万元，占全市工业总产值的0.16%。

第二节　集体工业

萧山的集体工业始于1950年，发展于手工业社会主义改造时期。①1958年后，开始发展社队集体工业，手工业社（组）体制三经变革。②1961年，又开始调整集体工业。③“文化大革命”期间，社队工业企业逐年增加，城镇集体工业企业逐年减少。至1978年，社办工业企业332家，城镇集体工业企业105家。

1979年后，集体工业发展较快。④1985年，新增乡及乡以上独立核算的集体工业企业39家，其中供销系统31家、教育系统3家、农机水利系统2家、民政和农业系统各1家、其他1家。年末，全县集体工业企业2995家，其中乡镇工业企业2636家、城镇集体工业企业359家。是年，实现工业总产值（90不变价）205916万元，比1984年增长64.81%，占全县工业总产值的84.02%。主要行业有纺织、机械、建筑材料、食品、化学、缝纫、文教艺术品7个。

1986年后，集体工业继续持续发展，所占全市工业经济总量的比重逐年上升，二轻系统开始在全省各县（市）二轻系统中夺“五连三冠”⑤。1986～1988年，实现工业总产值（90不变价）、利润总额年均增长分别为39.18%、19.29%。

1989年后，国家控制社会需求，实行从紧的财政、信贷政策，集体工业企业生产所需原材料、能源涨价，生产成本增加，经济效益连续三年下降。至1991年，集体企业实现工业总产值（90不变价）814052万元，占全市工业总产值的85.12%，比1988年减少2.52个百分点；利润总额17630万元，比1988年减少92.94%；亏损企业亏损金额4966万元，比1988年增长2.42倍。

1992年，各集体工业企业主管部门建立扭亏增盈机构，采用各种改革方式，极力“挽救”亏损企业，希望亏损企业能“起死回生”。翌年，萧山钱江印铁制罐厂、萧山罐头食品厂两家镇办工业企业依法

①1950年，县供销合作总社接收县政府接管的国民党萧山县政府以民营名义在义盛建立的南沙蚕棉生产合作联社（经营棉花加工）和城厢镇西门外建立的塘北棉麻生产合作联社附设的湘湖练麻场两家官僚资本主义工业企业，1951年后，设立衙前油脂加工厂等企业，至1952年增至10家。1956年，经手工业社会主义改造，全县集体工业企业202家。

②1958年，县手工业生产合作社联合社所属206家企业中，有29家社（组）拼为10家地方国营工厂、177家社（组）转入公社工业。翌年，对“升级不当、撤点过多”进行整顿改组，大部分企业回归县手工业生产合作社联合社。1960年除转地方国营外，其余企业又复转公社工业。

③1961年6月，萧山手工业开始实施中央提出的“调整、巩固、充实、提高”的经济工作“八字方针”，城镇集体工业逐步恢复，社办工业企业大多停办。至1965年，城镇集体工业基本恢复到1959年（城镇集体工业企业265家）的水平，企业266家；社办工业企业2家。

④1980年，二轻系统工业总产值（80不变价）首次超过1亿元，为1.17亿元；利润首次超1000万元，为1211万元。1984年，全县集体工业企业2501家，实现工业总产值（90不变价）124944万元，占全县工业总产值的81.90%。其中乡镇工业企业2364家（乡办671家、村办1693家），实现工业总值（90不变价）91215万元，占全县工业总产值的59.79%。

⑤1986年，全省二轻工作会议上发出省二轻“在省内超一轻，全省赶江苏，夺冠军”的号召后，萧山县二轻工业总公司提出“鼓实劲，上素质，超两余（余姚县、余杭县）争双冠（工业总产值、利润名列全省各县（市）二轻系统第一）”的口号。是年，二轻系统实现工业总产值30115万元、利润总额2468万元，工业总产值和利润总额均首次位居全省各县（市）二轻系统之首。

1987年1月，总公司又提出“深化改革，搞活企业，狠抓‘双争’，再夺‘三冠’（工业总产值、出口交货值、利润）”的奋斗目标。是年，二轻系统实现工业总产值37217万元、利润总额3062万元、产品出口交货值8612万元，连续两年在全省县（市）二轻系统中保持了工业总产值、利润、产品出口交货值的“三冠”地位。

1988年，二轻系统又取得了“四突破、四同步、三连冠”的成绩，即工业总产值突破4亿元（实现45814万元）、出口交货值突破1亿元（实现11558万元）、利润突破4000万元（实现4533万元）、产品销售收入突破5亿元（实现52100万元），四项经济指标同步增长，其中工业总产值、产品出口交货值和利润总额三项主要指标在全省各县（市）二轻系统中名列第一。

1990年，二轻系统完成工业总产值55112万元、出口交货值22716万元、利润总额3314万元，保持了连续5年工业总产值、产品出口交货值、利润总额三项指标在全省各县（市）二轻系统中“五连三冠”的地位。

图13-4-482　1995年10月，二轻集体工业企业浙江华源水泥有限公司的国内最先进的五级旋风窑外分解新型干法回转窑水泥生产线投产（董光中摄）

破产，这是萧山历史上首次企业破产。1995年，亏损企业亏损总额8506万元，为历史最高点。二轻系统亏损企业21家，亏损面38.89%，亏损企业亏损总额3009万元，亏损总额为1994年的2.43倍；利润总额34万元，为1994年的1.42%。商业局所属的5家集体工业企业全部亏损。是年，市供销社在党山供销社的党山金属软管厂内实行“动产转让不动产租赁、足额缴纳租赁费”的转制试点后，在全系统工业企业实施多种形式的转制。翌年，供销社所属工业已实施各种形式转制的企业22家，占全系统工业企业数的81.48%。其中企业动产转让不动产租赁的7家、整体租赁的6家、整体转让的2家、组建有限责任公司的1家、其他形式的6家。1997年末，二轻、供销、镇乡三个系统集体工业已转制的企业（含商业等行业）累计有3032家，占3个系统企业数的98.70%。其中组建有限责任公司和股份合作制企业398家。因为改制后企业仍需要继续负担历史遗留下来的债务和已离退休人员费用等支出，所以转制后企业的经营状况没有多大的改善。

1998年后，集体工业实施将集体资产退出企业的改革。至2000年末，全市尚有集体工业企业162家，其中二轻工业总公司所属工业企业9家、商业局7家、供销社19家、教育局8家、民政局1家、农场局1家、农机水利局9家、乡镇企业局108家。是年，全市集体企业实现工业总产值（现行价）1038473万元，占全市工业总产值的17.26%。其中集体工业规模以上企业95家，占全市规模以上企业的14.66%；规模以上企业实现工业总产值（现行价）1035487万元，占全市工业规模以上企业的27.27%。集体工业主要行业有纺织业、交通运输设备制造业、金属制品业、皮革毛皮羽绒及其制品业、服装及其他纤维制品制造业、造纸及纸制品业、化学原料及化学制品制造业、普通机械制造业。

第三节　股份合作制工业

1987年，为恢复集体所有制经济属性，探索政企分开的路子，萧山县二轻工业总公司在萧山缝纫机零件厂和萧山水泵厂内以“资金共投、收益共享、风险共担”为原则，进行股份合作制试点。试点，从企业实际出发，不搞资产评估，只对企业的固定资产、在建工程、生产资金（在产品）、原辅材料、低值易耗品、存款、现金、应收款、应付款等资产进行全面清理，并由县审计局对企业资产进行审计确认。萧山缝纫机零件厂审计确认有效资产为300.27万元。根据资金来源，划分产权，明确归属。①同时鼓励职工个人投资入股②，吸收职工个人现金入股7.04万元。该厂总股本307.31万元，其中萧山县手工业生产合作社联合社股132.41万元，占企业总股本的43.09%；企业集体股167.86万元，占54.62%；职工个人股7.04万元，占2.29%。萧山缝纫机零件厂实行股份合作制后，采取保息与分红等相结合的方式分配股利。③

①萧山缝纫机零件厂有效资产300.27万元，其中萧山县手工业生产合作社联合社投入的联社固定基金和流动资金132.41万元，属联社所有；企业集体积累（企业自有固定资金、流动资金、更新改造基金、大修理基金和新产品技术开发基金）167.86万元，属企业集体所有。

②为鼓励职工个人投资入股，企业职工个人股份分为优惠股和定期浮动股两种，职工都有认购优惠股1股（200元）的权利和义务，但个人优惠股不得超过联社股、企业集体股之和的5%。职工优惠股不得退股，直至退休、死亡或调离企业时才能退股。定期浮动股暂定一年内不得退股，到期还本付息，如遇企业亏损，承担赔偿风险。定期浮动股由职工自愿认购，最多为20股（4000元）。

③在企业税后利润中，提留2%的经营者权益，用于厂长奖励企业职工；再在可分配利润中，分别按10%的比例提留企业奖励基金（主要用于劳动分红）和公益金后，按股份分配红利。联社股和企业集体股的红利按10%的比例提留风险金，用于弥补企业亏损；按10%的比例提留职工基金用于职工记账分红，即分别按职工工龄（1978年12月31日前，每2年作1年工龄；1979年1月1日后，每年作1年工龄）分配并记入职工名下，职工基金所有权归企业所有。职工个人优惠股年息为9.60%，定期浮动股年息为7.20%，年息计入生产成本。定期浮动股分红时按对折（50%）计算，不到规定期限退股时，按银行活期存款利率计息。

1988年8月24日，为深化乡镇集体工业企业改革，市委、市政府组成调研组，开始筹划杭州万向节厂股份合作制试点。[①]12月，各区上报市政府已组建和正在组建的股份合作制试点企业30家，其中乡镇集体工业企业17家、村办集体工业企业13家。1989年，国家宏观控制、银根紧缩，已组建的股份合作制企业经济效益下降，有的已经亏损，试行股份合作制又缺乏群众自愿的基础，绝大部分企业停止组建和实行股份合作制。年末，乡镇工业实行股份合作制试点的企业9家。至1990年末，全市实行股份合作制的企业3家，其中二轻系统2家、镇乡系统1家。

1992年，邓小平南方谈话发表后，萧山工业企业实行股份合作制由“冷”转“热”。是年，市乡镇工业管理局开始在浦沿镇镇办企业杭州曲轴厂内进行股份合作制试点。该厂建立股份合作制试点领导小组、资产评估小组，对企业资产进行全面清理，并对“存货”按现行市价法进行评估，核实企业资产902.90万元。并根据市委办公室、市政府办公室《转发市委政策研究室等单位关于〈萧山市乡镇企业股份合作制试行办法〉的通知》（市委办〔1992〕97号）精神，界定企业资产。[②]同时，吸收职工入股，并享受影子股（影子股所有权属集体，按股份分红给职工），影子股根据企业青年职工多的特点进行分配。[③]杭州曲轴厂组建的股份合作制总股本766.90万元，其中镇集体股37.00万元、企业集体股674.50万元（影子股41.06万元[④]）、职工个人股55.40万元，设立股东代表大会，由股东代表大会选举产生董事，组成董事会，董事会任免厂长，由董事会负责企业的经营承包责任制。该厂实行股份合作制后，为不减少企业实现利润中上缴浦沿镇的社会性开支和补农资金，依据1992年上缴镇的40万元为基数，在此后3年内，以年递增10%的比例计算，1993年为44万元（1994年为48.40万元，1995年为53.24万元）。按季预交，年终结算。

1993年6月8日，市委、市政府制定《积极推进企业股份制工作的若干意见》（市委〔1993〕47号），要求各镇乡、企业主管部门在年内进行2～5家，至少搞好1～2家股份合作制试点。并规定当年组建的股份合作制试点企业，所得税率超过15%的部分，报批减免。同时明确乡镇企业组建股份合作制由市乡镇工业管理局负责审批，其他企业均由市经济体制改革办公室审批。8月20日，市政府召开推进企业股份制工作会议，推广杭州曲轴厂股份合作制试点经验。会后，建立萧山市推进股份制试点指导小组，由市长任组长、分管工业的副市长任副组长，各镇乡也相继成立相应组织；抽调市级机关干部113名，分赴各镇乡及试点企业，帮助组建股份合作制。9月，召开萧山市推进企业股份制工作情况交流会。会后，国有、城镇集体工业企业主管部门组织人员到本系统企业进行股份合作制试点。11月26日，市委、市政府印发《关于完善企业股份制有关政策的补充意见》（市委〔1993〕77号），鼓励经营者和企业业务骨干参大股，入股份额可高于职工股份5～10倍。是年，全市工业企业经批准组建的股份合作制企业127家。1994年3月，市委、市政府再次组织市级机关干部帮助企业进行股份合作制试点。至此，全市3次组织327名机关干部，帮助179

①杭州万向节总厂的股份合作制试点，对企业资产的界定：宁围乡政府投入的资金归乡政府持有，历年的企业积累和国家扶持基金由企业与乡政府各持有50%、提取的生产发展基金和技术开发基金及企业对外投资收益归企业持有，并吸收职工入股。组建的股份合作制企业股金总额1673.58万元，其中企业741.53万元、乡政府669.45万元、职工131.57万元（现金42.62万元、历年工资积累88.95万元）、外单位531.03万元（其中400万元为优先股）。

②杭州曲轴厂902.90万元资产中：浦沿镇投资基金37.00万元，界定为属全镇农民所有；企业历年积累（包括各项生产性专用基金结余）674.50万元，归全镇农民和实行股份制前的职工集体共同所有，其中划出41.06万元为影子股，给予职工分红，不计息；国家扶持基金（历年国家给企业的减免税）191.40万元，不界定产权，留给企业使用，不计息、不分红，也不计资金占用费。

③根据杭州曲轴厂年轻职工多的特点，对影子股按7：2：1的比例分配，即70%按职工人数平均分摊、20%按实际在厂工龄分摊、10%作为厂长奖励给有突出贡献者。影子股与现金配套，必须认购2股（每股为1000元）方能享受分配的影子股；现金股最高不得超过4股，影子股以分配数为限。考虑到退休职工也是企业积累的创造者，退休职工也同样享受影子股，但不配售现金股。

④影子股41.06万元，其中在职职工268人，影子股23.62万元；退休职工70人，影子股7.61万元；其他影子股9.83万元，年底影子股分配的红利作为企业奖励资金。

家企业进行股份合作制试点。至年末，市体改办、财贸办和乡镇工业管理局等部门先后举办股份合作制培训班6期，培训人员364名。1993、1994年，全市经批准组建的股份合作制企业265家。

图13-4-483　1993年9月，萧山第一塑料厂进行股份合作制试点。图为该厂的配件车间（浙江远翅控股集团有限公司提供）

1995年，开始规范股份合作制企业。市政府要求，符合《中华人民共和国公司法》规定条件的股份合作制企业改组为有限责任公司；同时，允许市特级企业从镇乡、村集体资产中划出50%、市一级企业40%、市二级企业30%，设立职工集体股。是年，全市新批准组建的股份合作制企业38家。1993～1995年，经批准组建的股份合作制企业共计303家。

至2000年末，全市规模以上的股份合作制企业27家。是年，规模以上的股份合作制企业实现工业总产值（现行价）47662万元，占全市规模以上企业工业总产值的1.26%。

第四节　联营工业

70年代后期，为满足工业发展需要，解决生产要素不足的问题，出现联营工业，其联营形式有补偿贸易联营、产销联营、有偿技术联营和产品生产配套联营等。[①]1984年，全县联营企业实现工业总产值（80不变价）132万元，[②]占全县工业总产值的0.11%。1985年，萧山在工业企业中提倡与城市大中型企业、科研单位和大专院校挂钩联合。是年，全县工业企业间横向经济联合企业246家，参与联合的企业近千家。镇乡系统联营的63家，其中乡镇企业与全民企业联营21家、乡镇企业与城乡集体所有制企业联营19家、乡村合营16家、乡镇工业管理局所属公司与乡村联营5家、其他合营2家。

1986年6月，县政府印发《关于进一步发展横向经济联合的若干规定》（萧政〔86〕77号），给予联营企业以优惠政策。是年，萧山县工业出现多种经济类型组合、多种协作形式联合、多种行业介入的联合体，一些有规模的企业，以主导产品为龙头，与中央部属公司、各口岸公司、省市专业公司联营，与系统内、系统外进行松散性协作和半成品扩散加工，自成体系，基本形成万向节、工艺鞋、花边、丝绸印染、蔬菜加工、粮食制品等专业联合体。尚不具备龙头产品的企业，想方设法跻身于规模企业中去。至年末，全县跨行业、跨地区、多层次、多形式的联营企业共有743家，引进资金、设备1.25亿元，参与联营的企业2000余家，遍及境内省、市、自治区20余个，其中403家企业与50余个大专院校、科研单位、大中型工厂建立技术上的横向联合，引进科技人员329人。全年联营企业实现工业总产值均占全县工业总产值的21%，上缴税收约占全县税收总额的20%，成为萧山经济的有生力量。[③]

1988年5月，市政府印发《关于进一步推动横向经济联合的若干规定》（萧政〔1988〕91号），对1986年印发的（萧政〔86〕77号）文件作了补充完善，给予联营企业更优惠的条件。是年，经浙江省机械厅批准，杭州柴油机总厂以双鸟牌柴油机为龙头产品，组成浙江双鸟集团公司。这是萧山市首家

①1978年，萧山第二造船厂与浙江省造船工业公司联营，被列为第六机械工业部船舶制造专业定点企业，定向供应造船材料，并被列入国家指导性计划。翌年11月22日，戴村区大桥乡沙河村与上海文教用品工业公司订立补偿联营协议，创办沙河厚板纸厂，联营期限10年，对方投资28.40万元，每年借给该厂原料收购款15万元～18万元，采用2200克特厚纸板产品偿还。1984年，萧山工艺鞋总厂与轻工部工艺美术总公司、浙江省工艺品进出口公司联营，生产工艺鞋出口。

②萧山县志编纂委员会：《萧山县志》，浙江人民出版社，1987年，第337页。

③萧山市地方志办公室：《萧山年鉴·1987》，1989年4月，第153～154页。

经批准设立的联合体企业。该集团公司联合9个省市的54家企业单位，集全民企业、集体企业、科研单位和金融机构为一体，其中资金入股的成员企业有50家，入股资金301万元。至年末，该集团公司为成员企业提供钢材、生铁、有色金属和燃料等紧缺原材料的短期贷款240万元。萧山化工厂、岩山乡工业办公室、浙江省石油化工公司联营创办的萧山石油化工厂投产，实行乡镇企业经营机制，主要生产苯、甲苯、二甲苯和各种溶剂油。

1989年8月，市政府印发《关于进一步促进横向经济联合的若干规定》（萧政〔1989〕118号），鼓励市外企事业单位来萧联合创办企业。是年，国营、二轻等6个系统与市外企事业单位进行联营的企业有326家，引进资金1.66亿元，引进设备投资3948.50万元、技术项目71个，输出资金4118.84万元、技术项目18个；全年联营企业实现工业总产值12.46亿元、利润总额8344.8万元，分别占全市工业总产值的22.17%、工业利润总额的34.57%。[①]浙江凯星制衣公司发挥重点企业的“龙头”作用，扶携10余家乡镇服装企业生产出口服装，提高了萧山服装制造业的群体素质和出口创汇能力。1～10月，该厂完成出口交货值1445.08万元，其中联营企业876.75万元，占60.67%。1991年，萧山与市外企事业单位联营的企业有356家，引进资金1.96亿元、设备3998.50万元、技术项目84个；输出资金4518.80万元、技术项目22个。

1992年后，生产要素逐渐市场化，联营工业企业逐年减少。至2000年，全市经地方税务登记在册的联营工业企业10家（集体与集体联营2家，国有与集体联营7家，其他联营1家），其中9家联营工业企业实现产品销售收入35397.57万元、利润总额879.76万元，亏损企业亏损额19.75万元。年末，这9家联营工业企业总资产26761.84万元、固定资产原值8132.04万元、所有者权益5079.81万元、从业人员775人。规模以上联营工业企业3家，实现工业总产值（现行价）15278万元，占全市规模以上企业工业总产值的0.40%。

第五节　私有工业

萧山的私有工业始于农村传统家庭手工业和集镇手工业作坊（工场）。清道光二十二年（1842），有私营资本主义工场。[②]民国前期，手工业有所发展。日本侵略军侵占萧山期间，许多手工业作坊（工场）倒闭，抗日战争胜利后逐渐恢复。至萧山解放前夕，全县手工作坊881家。萧山解放后，私有工业由发展到衰落。[③]至1978年，萧山私有工业荡然无存。

恢复阶段（1979～1988年）　1979年后，为摆脱贫困，萧山的个体工商户逐步恢复、发展。[④]1985年末，登记在册的手工业户1487家。是年，个体工业户实现总产值（90不变价）1123万元，占全县工业总产值的0.46%。

1988年6月16日，萧山工商行政管理部门登记首批私营工业企业20家。至年末，私有工业企业1692家。是年，实现工业总产值（现行价）13800万元，占全市工业总产值（现行价）的2.48%。

①浙江省萧山市地方志编纂办公室：《萧山年鉴·1990》，上海社会科学院出版社，1992年9月，第163页。

②清道光二十二年（1942）创立萧山大昌酱园。该酱园职工数十人，资金2100银圆，为当时县内最大的资本主义工场。（萧山县志编纂委员会：《萧山县志》，浙江人民出版社，1987年，第325页）

③1949年末，全县私有工业3488家。翌年，开始办理个体工商户登记。1953年，私有工业3811家。私营工业、个体手工业社会主义改造期间，私营工业企业实行公私合营，手工业户组织合作社（组）。至1956年，私有工业企业512家。（中共萧山市委宣传部、萧山市统计局：《萧山五十年巨变——新中国成立以来萧山经济与社会发展统计文献》，第161页）

“文化大革命”时期，私有工业被视为“资本主义尾巴”受到批判、取缔。

④1980年9月3日，个体工商户恢复登记发证。是年，经登记的个体工业户3家。1981年后，随着农村家庭联产承包责任制的逐步推行，部分剩余劳动力开始从事个体工业。1983年，县政府提出“国家、集体、个体一齐上”的工业发展方针，全年登记的个体工业户330家，比1982年增加250家。1984年，萧山开始支持有能力和有技术专长的农民进入集镇创办工业企业，取消个体工商户申请登记的烦琐手续，除特殊的行业外，只要本人申请，经当地居委会（村）证明即可登记。是年，登记的个体工业户996家，基本恢复到1963年（1003家）水平。

整顿阶段（1989～1991年）　1989年6月24日，为贯彻中央提出的“治理经济环境、整顿经济秩序”的指导方针，市政府《批转市乡镇工业管理局、市工商局、市财税局〈关于加强私营企业、个体工商户管理的若干意见〉的通知》（萧政〔1989〕100号），对国营和城乡集体企业的技术人员、供销人员、管理骨干及其家庭成员办厂的不批，私自招用国营和城乡集体企业在职职工的不批，能耗高、占地多和长线产品的项目不批，严重污染环境又没有配套处理设施的项目不批。鼓励生产出口创汇产品企业、劳动密集型企业、为农业生产提供服务企业、能增加有效供给和满足人民日常生活所需的工业和手工业发展，允许农村村民、城镇待业人员、辞职人员、退职人员和离退休人员申办个体、私营企业，但需经村级组织同意，报乡（镇）政府签署意见，再经市级职能部门（电力、防疫、环保、土地、城建、公安）审查同意后，由工商行政管理部门审核登记发照。

1990年，清理整顿个体化纤织造户。是年7月，市委政策研究室、市税务局、市工商局和市乡镇工业管理局联合调查全市化纤织造企业发展情况。调查显示：至1990年6月底，全市登记在册的个体化纤织造户1356家，比1989年增加1.26倍。发现有未经工商行政管理部门登记，擅自开工生产和购入绍兴等地淘汰织机生产的个体化纤织造户；靖江镇567台个体化纤织机的1750余名机修工和挡车工，大部分来自乡镇集体工业企业的职工。9月24日，市政府《批转市工商局、市税务局等单位〈关于加强个体、私营织机户管理的暂行办法〉的通知》（萧政发〔1990〕32号），制止个体、私营化纤织造企业低水平重复发展，不允许国营和集体工业企业职工、村“两委”成员、乡（镇）村企业行政管理人员和市、区、镇乡机关工作人员及其亲属经营和参与个体私营化纤织造的经营活动。是年，市工商行政管理部门清理义蓬、瓜沥两区的化纤织造户，对个体化纤织造户中招有乡镇集体企业的业务骨干、技术人员及机修工和挡车工的须重新办理登记。同时，引导义蓬、瓜沥两区个体、私营化纤织造企业转行或歇业的有260家，甘露乡重新登记的个体、私营化纤织造企业有196家。

1989～1991年，分别转办私营企业或个体工业户登记的“假集体”企业1027家。1991年末，全市私有工业企业1568家，比1989年减少872家，减少35.74%。是年，实现工业总产值（现行价）17377万元，占全市工业总产值（现行价）的1.94%。

推进阶段（1992～2000年）　1992年，邓小平南方谈话发表后，市政府把个体私营经济作为萧山经济发展新的增长点，并将个体私营经济的发展纳入市委、市政府对各镇乡党委、政府年度目标责任制考核。1993～1994年，市政府连续印发鼓励、促进、加快私有工业发展的3个文件，允许机关、企事业单位编余和富余人员以及企业待业、留职停薪、辞职、除名、解除劳动合同、离退休、保养人员凭单位证明申办个体私营企业，经企业同意，可发给国营、集体企业富余人员有期限的营业执照。除国家明令禁止外，个体工商户、私营企业均可经营，不限制个体、私营经济发展比例、发展规模和经营方式。1995年末，私有工业企业5471家，比1991年增加3128家，增长2.49倍。是年，实现工业总产值（现行价）397616万元，占全市工业总产值（现行价）的12.38%。

1996年8月26日，市委、市政府专门为个体、私营工业发展制定《关于进一步加快个体、私营工业健康发展的若干意见》（市委〔1996〕78号），决定建立萧山市个体私营工业领导小组，由分管工业的副市长任领导小组组长，各镇乡也相继建立组织。各级党委、政府还建立主要领导联系制度，及时解决私有工业发展中出现的问题，确保私有工业快速健康发展。同时，开始组建私营工业企业强队，每年评定私营工业企业20强，并给予优惠政策；税务行政管理部门会同镇乡个体私营工业领导小组对镇乡私有工业企业（小规模纳税人）实行“民主联评，确定基数，逐年递增，三年不变”的税费征管方式。1997年，私有工业企业7754家，比1996年增加451家，增长6.18%；实现工业总产值（现行价）963397万元，增长109.13%，占全市工业总产值（现行价）的30.81%。

1998年起，随着国有、集体工业企业实施战略性改组工作的逐步深入，国有、集体企业转为私营的增多，使私营工业进一步发展壮大。1999年5月22日，市委办公室、市政府办公室印发《关于鼓励、引导、促进个体和私营经济发展的若干意见》（市委办〔1999〕75号），鼓励下岗和城镇失业人员、专业技术人员和大中专毕业生从事个体私营经济，支持党政机关、企事业单位的干部和工人及具有专业技术职称任职资格的专业人员申办个体私营企业或到个体私营企业单位就业。同时，规定新办个体私营企业安置下岗、城镇失业人员达到本企业从业人员60%的，经税务行政管理部门审查批准，免征所得税3年；私营企业当年新安置下岗、城镇失业人员占企业从业人员30%以上的，经税务行政管理部门审核批准，减半征收企业所得税2年；不足30%的按每安置1人，每年减免所得税额1500元。

至2000年末，私有工业企业9675家、从业人员214113人、全部资产2064109万元、所有者权益814946万元，分别占全市工业的96.12%、73.23%、50.98%、46.62%。是年，私有企业实现工业总产值（现行价）4068763万元、利润总额85311万元、税金总额134459万元，分别占全市工业的67.64%、51.64%、63.06%。其中工业总产值（现行价）超1亿元的32家，实现工业总产值（现行价）1037852万元，分别占全市私有工业的7.55%、55.02%。

表13-4-279　1996～2000年萧山市私有工业企业主要指标

年份	数量（家）	从业人员（人）	年末资产（万元）		经营实绩（万元）			
			全部资产	所有者权益	工业总产值（现行价）	占全市工业（%）	利润总额	税金总额
1995	5471	40679	67782	30665	397616	12.38	2861	10945
1996	7303	51303	118922	64427	460659	17.55	5983	16200
1997	7754	95041	343573	169406	963397	30.81	11904	26420
1998	7228	98634	449668	229463	1297406	35.50	18222	35197
1999	7983	121828	569426	308927	1759642	39.87	27795	47993
2000	9675	214113	2064109	814946	4068763	67.64	85311	134459

注：①资料来源：1995～1998年，“数量”栏、“从业人员”栏和“工业总产值”栏数据来自中共萧山市委宣传部、萧山市统计局所编《萧山五十年巨变——新中国成立以来萧山经济与社会发展统计文献》，其他指标数据均来自《萧山统计年鉴》。
②税金总额是产品税金附加与应缴增值税之和。

表13-4-280　2000年萧山市私营工业规模以上企业主要指标

项目	数量（家）	从业人员（人）	年末资产（万元）		经营实绩（万元）				
			固定资产原值	所有者权益	工业总产值（现行价）	工业增加值（现行价）	产品销售收入	利润总额	税金总额
总计	422	81619	904168	632052	1874039	370460	1762871	57720	80345
总计中： 国有、集体转私营企业	56	16752	214139	118628	471213	76727	299230	295	21711
工业总产值超1亿元企业	32	29372	477242	364658	1037852	212593	997463	40396	44460

注：① 资料来源：萧山市统计局编制的2000年度统计报表。
② “税金总额”栏是产品销售税金及附加和应缴增值税之和。

综观萧山私有工业总体规模扩大、总量增加，主要是依靠其企业数量的增加支撑起来的，企业规模普遍偏小。2000年，私有工业企业所有者权益等主要经济指标占全市工业的比重，均低于私有工业企业数量占全市工业企业数量的比重。私营工业规模以上企业的各项主要指标平均数值，也均低于全市规模以上工业企业。

表13-4-281　2000年萧山市私有工业企业与全市工业企业主要指标比较

指　　标	全市私有工业企业	占全市工业比重（%）	规模以上私有工业企业占全市规模以上工业企业（%）	全市规模以上工业企业平均数值	私营工业规模以上企业平均数值
数量（家）	9675	96.12	65.12	—	—
年末所有者权益（万元）	814946	46.62	57.08	2313.57	1497.75
从业人员（人）	214113	73.23	57.18	222.70	193.41
工业总产值（现行价　万元）	4068763	67.64	49.30	5858.82	4440.85
工业增加值（现行价　万元）	373579	52.34	52.34	1097.41	877.87
产品销售收入（万元）	3758781	69.90	48.86	5590.42	4177.42
税金总额（万元）	134459	63.06	57.42	216.91	190.39
利润总额（万元）	85311	51.64	37.20	239.87	136.78

资料来源：萧山市统计局编制的2000年度统计报表。

同时，有相当数量的个体工业户、私营工业企业法制意识淡薄。1995年，萧山市查处有各种违法违章行为的个体工商户302家次、私营企业6家次；2000年，查处有各种违法违章行为的个体工商户568家次、私营企业866家次。是年，吊销个体工商户、私营企业营业执照578家，平均每100家个体工商户、私营企业被吊销营业执照近2家。

表13-4-282　部分年份萧山市私有企业单位违法违章情况

年份	违法违章行为（家次）							处罚情况		
	数量	申请登记弄虚作假	擅自改变主要登记事项	违反营业执照管理	侵害消费者权益	制造假冒伪劣商品	其他	罚款金额（万元）	停业整顿（家）	吊销营业执照（家）
1995	308	0	0	65	83	2	158	1.90	0	0
1997	751	0	0	0	0	352	399	35.92	0	0
1998	975	21	201	67	58	314	314	28.20	21	8
2000	1434	0	127	171	286	20	830	25.90	21	578

注：①资料来源：杭州市工商行政管理局萧山分局。
②“其他”栏包括违反《反不正当竞争法》、投机倒把和非法经营重要生产资料等。
③“违反营业执照管理”栏、“侵害消费者权益”栏，2000年分别指不按规定验照、超范围经营。

还有部分个体工业户、私营工业企业管理制度不健全。1997年，萧山市私营企业协会抽样调查200家私营企业。抽查显示：有70%以上的私营工业企业不同程度地存在劳动工资、财务会计、产品质量、安全生产等管理制度的不健全问题，尤其是没有建立健全的劳动用工制度，造成私营业主与雇工的纠纷、争议较多。1998、1999、2000年，市劳动局受理私营企业劳动争议案分别有28件、16件、23件，分别占该局受理劳动争议案的40.00%、55.17%、51.11%。

【附一】

萧山私营工业企业抽样调查

——39家私营制造业企业的调查情况

2002年4月，杭州市萧山区工商业联合会在全区7568家私营企业中，随机抽取26个镇（办事处）76家企业（农林渔牧业1家、制造业43家、建筑业2家、交通运输业1家、商业餐饮业27家、社会服务业2家）进行问卷调查，占同期全区私营企业数的1%。发出《私营企业调查表》76份（每份调查表有41个问题），回收76份，回收率100%。其中制造业企业43家：2000年前设立的39家，2001年后设立的4家。

2000年前设立的39家私营制造业企业：创办时属私营企业的8家，受让集体资产后转为私营的31家（原属城镇集体企业6家、乡镇集体企业25家）。受让集体资产后转为私营的31家企业中：集体资产转让给原企业负责人的22家、转让给本企业一般职工的5家、转让给企业外自然人的4家。

39家私营制造业企业，按企业设立时期分："六五"计划时期（1981～1985年）和"七五"计划时期（1986～1990后）登记的各3家、"八五"计划时期（1991～1995年）登记的12家、"九五"时期（1996～2000年）登记的21家；按2000年的其中37家企业的组织形式分：有限责任公司22家、个人合伙企业8家、个人独资企业7家。

该调查汇总的是2000年前设立的39家私营制造业企业的2001年情况。

业　主

基本情况　私营业主男性37人、女性2人。平均年龄45岁，最大年龄60周岁，2人；最小32周岁，1人。高中（含中专）以上文化程度19人，占业主人数的48.72%。其中有大学学历3人、研究生（硕士）1人。

业主是中国共产党党员的23人，占业主人数的58.97%；已向中共党组织递交入党申请书的2人。

当选镇级以上人大代表18人，占业主人数的46.15%。其中萧山区人大代表3人，萧山区政协委员2人，区工商业联合会执委2人、副会长1人。

有34位业主家庭全年教育费用合计44.13万元，其中21人含有个人学习费用，共计6.57万元，人均3128元。用于个人学习费用最多的1位业主7000元，最少的1位500元。21位业主通过自学提高学历，占业主人数的53.85%。有业主已考虑把子女培养成优秀人才，成为自己的接班人，3位业主家庭子女在境外读中学、小学，2位业主家庭子女在境外读大学。

创业动机　私营企业发展初期，业主创办家庭作坊（工场）主要是为了脱贫致富。当私营业主及家庭实现温饱后，较多的业主创业是为实现人生价值。其中37位私营业主中，创业是为了实现人生价值的有19人，占51.35%；既是为实现人生价值，又为增加收入等9人，占24.32%；为增加收入的6人，占16.22%；其他原因的3人，占8.11%。

资金来源　1980年起，萧山农村由点到面，逐步推行联产承包责任制，农村部分剩余劳动力开始利用农闲时间从事家庭工业、经营小本生意，或转向其他第三产业，增加家庭收入，积累资金。这次被调查的39位业主，用家庭人员工资收入、农业生产、家庭工业积累资金创办私营企业的有13人，占业主人数的33.33%；用家庭积累资金又少许借款的有18人，占46.15%；全部靠借款的8人，占20.51%。

年薪收入　39位业主的年薪收入合计153.73万元，人均年薪3.94万元，是39家企业员工人均年收入的3.55倍。其中高于员工平均年收入的有17人，占业主人数43.59%。业主年薪最高的1人15万元，最低2人均9600元。年薪最低的2人中，1人与本企业职工人均年收入相同、1人不足本企业员工的人均收入。

企 业

注册资本 39家私营企业创办时的注册资本共计9615.20万元，平均每家企业为246.54万元，注册资本最高的1家企业为3000万元，最少的1家为2万元。其中业主个人出资金额5901.95万元，占全部注册资本的61.38%；境内其他个人1871.20万元，占19.46%；国营企业和集体经营企业等法人1239.70万元，占12.89%；外商及港澳台商331.55万元，占3.45%；其他资本270.80万元，占2.82%。

生产资金 私营企业开业时，生产资金除企业创立时的注册资本外，主要是向银行、信用社贷款。有借款的企业21家，占39家企业的53.85%；借款总额6153.20万元，平均每家企业借款293.01万元。其中向银行和信用社贷款的企业有16家，贷款总额5303万元；向其他企事业单位借款的2家，借款245万元；既向银行、信用社贷款又向其他企事业单位借款的3家，借（贷）款605.20万元。

生产经营 39家制造业企业实现产品销售收入168160.81万元、税后利润7809.40万元，分别比1999年增长1.17倍、1.08倍；缴纳各种费用727.12万元，比1999年增长4.25%；税金总额8451.71万元，比1994年增长1.13倍。

发展原因 35家企业中，开拓新的销售市场、开发新产品的有20家，占35家企业的57.14%；得到政府支持、获得生产急需场地、批准进入新行业领域的10家，占28.57%；没有特殊机遇、全靠企业点滴积累发展起来的5家，占14.29%。

最大挫折 企业发展过程中曾遭受重大挫折的有7家，占39家企业的17.95%，损失金额1370万元。其中客户欠款拖垮的企业有4家，损失资金724万元，最多的1家损失450万元；产品销售市场发生变化而使企业受损的2家，损失资金46万元；遭受自然灾害的1家，损失资金600万元。

主要困难 主要是资金短缺和人才缺乏，影响企业的发展。调查显示，需要解决资金问题的企业有31家，占39家企业的79.49%，需要资金144671.30万元，其中维持正常生产流动资金27911.30万元、扩大再生产需要的资金116760万元。31家企业贷款余额20172万元，已解决需求资金量的13.94%；缺少资金124499.30万元，占86.06%。37家企业技术人员551人，占37家企业员工人数的5.63%。

员 工

人数 39家企业从业人员由开业时的3800人增加到9786人，其中有3家企业（占39家企业的7.69%）减少员工27人；4家企业（占10.26%）仍保持开工时的人数；32家企业（占82.05%）增加6013人。企业管理人员和技术人员分别占员工人数的6.96%、5.63%。

私营企业为解决社会就业作出了贡献。39家企业安置下岗职工就业的有15家，占39家企业的38.46%；安置下岗职工510人，占员工人数的5.21%。

工资福利 企业员工人均年收入11099元，比萧山全部职工（包括国有经济、集体经济和其他经济中的企业、事业、机关职工）同期年平均工资13054元低14.98%。员工人均年收入最多的1家企业为15000元，最低的1家企业为7980元。34家企业中发给员工劳动保护用品的有31家，全年支付劳动保护费用307.98万元，平均每家企业9.93万元。

社会保险 参加社会保险的企业32家，占39家企业的82.05%；参加人员3195人，占32家企业员工8409人的38.00%；支付金额345.02万元,平均每家企业10.78万元。其中全部员工参加养老保险的企业有4家（占39家企业的10.26%），参加人员1056人，缴纳金额35.12万元；全部员工参加医疗保险的企业4家（占39家企业的10.26%），参加人员888人，支付金额16.95万元；员工既参加养老保险又参加医疗保险的企业12

家，占39家企业的30.77%；参加员工1488人，占39家企业员工的15.21%，支付金额49.96万元。

参加医疗保险的同时又支付医疗费用的企业2家（占39家企业的5.13%），支付金额2.90万元。

不参加医疗保险、支付医疗费用的企业6家，占39家企业的15.38%。

参加养老保险、医疗保险和失业保险的企业1家（占39家企业的2.56%），缴纳失业保险金额0.75万元。

（《萧山市志》编辑部根据杭州市萧山区工商业联合会分别于2002年7月6日、8日撰写的《萧山区私营企业抽样调查情况汇报》和《萧山区私营企业情况调查及思考》整理）

【附二】

萧山私营工业企业经营者访谈录

2004年7月，《萧山市志》编辑部就私营工业企业的建立与发展等问题，采访了4家企业的董事长。这4家企业的创办时间、企业规模、从事行业，创始人的年龄、文化程度均不同。被访者有浙江翔盛纺织集团有限公司董事长兼总经理沈柏祥①、浙江国泰密封材料股份有限公司董事长孙子仁②、浙江传化化学集团有限公司董事长兼总裁徐冠巨③和萧山市华艺实业有限公司董事长兼总经理杨善林④。访谈前，《萧山市志》编辑部设计访谈问答题15个，并在访谈前用传真的方式将访谈问答题送达被访者。孙子仁和杨善林是在企业内分别进行个别访谈，由金雄波为主提问，金雄波、任国辉和陈培坤3人记录；沈柏祥和徐冠巨按访谈问答题进行开放式答题。每份“访谈录”都由被访者当着两位《萧山市志》编辑部人员的面当场审阅、签名。

浙江翔盛纺织集团有限公司董事长兼总经理沈柏祥访谈录

问：您创办企业是在哪一年？创办企业的目的是什么？您是怎么创办起来的？

答：1981年，我高中毕业就到东桥化纤厂参加工作，做的是机修保养工。在东桥化纤厂近3年时间，通过不断学习和摸索，我渐渐掌握了全厂织机的修理保养技术，甚至对每一个零件都了如指掌。也正是在东桥化纤厂的3年，让我渐渐熟悉了纺织这一行，有了做纺织的想法。

1984年，为了改善家庭生活，凭借自己对纺织业的了解，我觉得买织机自己办厂肯定能挣钱，于是我放弃了当时这一很多人可望而不可求的机修保养工作，从亲戚朋友处东拼西凑4000元钱，购买了1台有梭织机，干起了个体户。

刚开始特别艰苦，家里的老房子就是车间，母亲、一个妹妹、我女朋友就是纺织工，我在家是机修工，在外是采购员和销售员，爸爸负责船运，回到

①沈柏祥，1963年出生，大专学历。1984年开始创办家庭作坊，从事化纤纺织业。1997年组建有限责任公司。2000年末，企业从业人员1300人，所有者权益4927万元，是年实现工业销售产值14545万元。

②孙子仁，1933年出生，江西共产主义劳动大学毕业。1985年创办私营工业，从事其他制造业。2000年末，企业从业人员299人、总资产2692万元、所有者权益1278万元，是年实现工业总产值2107万元。

③徐冠巨，1961年出生，硕士学历，1986年创办家庭作坊，从事化学工业，1992年组建设立有限责任公司，2000年末，企业从业人员1266人、所有者权益18559万元，是年工业销售产值62141万元。

④杨善林，1955年出生，高中学历。1995年买下集体企业资产后更改公司名称，从事纸制品业。2000年末，总资产1850万元，所有者权益1320万元，企业从业人员108人，是年实现工业总产值3700万元。

家也来帮忙，奶奶做家务。在随后的3年时间里，我造了房子、添置了织机，在全家人的共同努力下，到1986年，已经有织机4台，积累30余万元。

因为产品都是家里人在做，质量比较靠得牢，当时产品一直供不应求。到了1989年，我越来越感觉到自己的生产能力不够，但当时自己的资金也比较缺乏，再购买织机、建造厂房比较困难，于是通过朋友介绍，承包了绍兴光明纺织厂，利用这家厂原有的8台织机，再把自己的4台也搬过去。当时不愁销路，12台织机，当年就产生了100万元的利润。赚了钱，别人就眼红，本来两年的承包合同，承包不到一年就被中止。

没有办法啦，这个时候总不能退却吧，我狠了狠心，卖掉了原有的4台老织机，加上这些年办厂的积蓄，1990年初，我一口气购置了16台GA615型有梭织机，到土地、厂房相对便宜的围垦滩涂创建萧山长沙围垦化纤织布厂。这一年，工厂效益相当好。1991年，我又购置20台GK274型有梭织机，虽然这一年我的工厂效益仍然很好，但交通闭塞严重制约企业进一步发展，为了企业的更加壮大，我只能考虑换地方了。

1992年，我辗转来到了交通相对便利的长沙乡长南桥，36台织机随之也在这里安家。长沙乡是我事业的一个转折，这一年4月，我从长沙信用社贷了一笔资金，又添置了24台GK274型双梭箱有梭织机。当时的产品销售形势相当好，产品供不应求。我又没有足够的资金再购买大批量织机，于是我就到处寻找织机出租的信息，结果租用了长沙四联化纤纺织厂16台织机和靖江东桥化纤织布厂48台织机。利用这些设备和厂房，为企业的拓展打下了坚实的基础。

1993年下半年，尽管事业如日中天，但终归是"游击战"，于是我想到了要建立根据地，集中生产，集约经营，打造自己的营盘。这一年，我向绍兴县租用了15亩土地，规划建设厂房和办公楼。至1994年初，厂房和办公楼竣工，才真正算是有了自己的产业。

问：请您介绍家族人员工资是怎样支付的？

答：家里只有一台织机的时候，谈不上什么工资的，都是一家人，一家人一起干活，有收入全家享受。

现在在企业中，家族人员的工资是和其他家族外人员一样，都是按照不同的岗位拿相应的岗位工资的。

问：影响您企业发展的最大问题是什么？

答：企业到了现在这种规模，应该说影响企业发展的最大问题是人才。近年来我们企业发展很快，各种各样的人才缺口也更多，能否培养或引进忠诚于企业，与企业同呼吸、共命运的优秀人才，是企业健康发展，不断前进的关键所在。

问：当时您招聘家族外人才，家族内部是否统一？

答：应该说是相当统一的。企业发展壮大，不可能永远依靠家族人员的力量，引进家族外人才是必然的趋势。

问：您是什么情况（包括当时的企业规模情况）下，哪一年引进管理人才和技术人员的？

答：真正意义上的引进人才应该是在1999年。1998年前，我们用的织机都是剑杆织机，包括1994年购置的第一批28台国产无梭剑杆织机和1995年购置的96台毕佳乐剑杆织机。这种织机的生产、维修我都比较熟悉，管理方面也不用引进家族外的人才；即使是1997年9月，企业引进50台比利时原装喷气织机，也没有引进外来人才，因为家族人员完全有精力、有能力管理企业，50台喷气织机的机修工作，我只是临时请当地其他厂的机修工承担。直到1999年，企业已经在党山镇信源村新建厂房，引进可生产弹力布的比利时原装230型喷气织机96台，才首次引进管理人才和技术人员，从绍兴县引进2名管理人员，分别担任2个车间的车间主任。

问：您具体介绍一下引进人才的方法和现在他们的情况，如何？

答：一般来说，我们企业引进人才靠的是朋友的介绍和自己对人的了解。1999年以前，我只做纺织，业内我还是比较了解的，大都是自己找的，那时候人才需求不是太大，也就需要一两个或者几个生产管理、设备技术方面的人才。

2000年刚做化纤产品时，开始是朋友介绍，后来是自己招一些人或者别人推荐一些人才。等到化纤业务渐渐做大了，外来人才也就越来越多了。现在化纤方面有很多外来人才，他们大都是大学毕业10年以上，有的在国营企业工作过，有的在外资企业里做过，他们都具有丰富的经验，在企业里发挥了相当大的作用。比如说，我们现在的一位纺丝厂的厂长，大学毕业后在河南开封银河公司工作了10多年，后来在台资企业厦门翔鹭纺纤有限公司工作，我通过别人介绍认识了他，经过几次接触，双方都觉得比较合适，于是他在2000年公司新上纺丝项目时来到了公司，现在他已经成功地开发出了很多新产品，为企业创造了较大的价值。

问：家族内管理人员之间与家族外管理人员之间产生矛盾怎么办？

答：在企业发展和管理过程中，不管是家族内管理人员之间还是与家族外管理人员之间肯定会有各种各样的矛盾产生，产生矛盾才能更好地促进企业的发展。在翔盛，基本上所有的矛盾都在企业利益为重的基础上得到了比较合理的解决。

问：您为什么要组建公司制企业？

答：我是1997年组建公司制企业的。一方面，企业做大了需要规范，要规范就要努力向现代企业制度迈进。另一方面，1997年企业发展的势头非常好，7、8、9三个月就实现了利润1000万元。在企业这么多年的发展过程中，家族人员的无私帮助起了非常重要的作用，设立公司制企业，明确他们的股份，对于提高企业的管理，增强企业的凝聚力都是很有帮助的。于是在和家人进行充分沟通之后，1997年6月企业改制，我将一半资金界定给弟弟和内弟（妻弟），设立杭州翔盛纺织有限公司，我占50%股份，弟弟和内弟各占25%的股份。

问：您对企业引入的人才跳槽是怎么看的？您认为是否有必要吸收家族外人员入股？

答：跳槽的情况应该说每个企业都会有的，也就是多与少的问题，但目前我企业的这种情况并不多。

对于引入的人才跳槽的这种情况，我认为：留住人才，贵在诚心与真心。只有真正把人才当作企业最宝贵的资源和事业发展的合作伙伴，从心里认识到人才对于企业的价值，像对待股东一样善待人才，把人才的事情当作自己的事情，为人才考虑得更多、更好、更周全，以心换心，并有切实可行的举措，人才才有可能尽职尽责，忠诚到底。人才的忠诚，是企业用“心”换来的，只有用“心”，人才才会安“心”。对我们私营企业来说，赢得人才忠诚，不仅是管理行为的创新，更是经营理念的创新。

更重要的，企业为职工搭建了广阔的创业平台，人才能够最大限度地发挥自己的才干，他们有很强的事业心，有成就感，能够在这里实现自己的职业生涯，这一点无论对企业还是对人才都是弥足珍贵的。

吸收家族外人员入股是一件双赢的好事，一方面对企业来说，可以集思广益，借助更多的经验和思想，避免企业走错路、弯路；另一方面对稳定员工队伍，提高员工的积极性和主观能动性能起到十分重要的作用。所以在时机成熟的时候，我想我的企业会吸收家族外人员入股的。

问：您的企业重大决策是如何出台的？您是怎样看待家族制与现代企业制度两种截然不同的管理模式的？

答：我们企业的重大决策一般都是由我拍板的。想法可能是我或者其他人提出的，根据想法我会进行调查了解，在征求核心管理层的意见后，进行拍板。应该说企业的重大决策的出台和执行都是比较迅速的，取得的效果也是好的。

家族制与现代企业制度是两种不同的管理模式，但是并不是说这两种管理模式就不能共存。家族制在目前国内甚至今后很长的一段时间里都有存在的合理性，但家族制需要改革，需要与现代企业制度有机地结合在一起，我比较赞同这样一句话："所有权家族化，经营层社会化，股权逐步公众化。"我想这是很多私营企业发展的一个方向。

问：您企业中已经做出的决策，是否有家族因素原因而推翻？您的企业是否按现代企业制度的要求进行管理？

答：这种情况在我们企业没有发生过，一旦做出决策就不会因为家族的原因而被推翻。

至于企业中现在是否按现代企业制度的要求进行管理，前面我已经说过了，我比较赞同现代企业制度与家族制度的有机结合，目前我的企业管理制度也正在向这个方向努力。

问：您企业吸纳了多少技术人才和管理人员？他们的收入情况如何？

答：到2000年底为止，翔盛公司的外来人员参与管理和外来技术人员并不多，只有五六个人吧。2001年1月，德国巴马格加弹机投入生产，才引进几位技术方面的人才。我相信，今后外来人员参与管理和外来技术人才会越来越多的。

要说收入情况，简单地说，他们的收入水平在萧山同类企业中应该是比较高的，也要高于他们在以前曾经工作过的企业的收入。

问：请您谈谈家族内管理人员与家族外管理人员管理企业有否不同，不同点在哪里？

答：其实不管是家族内管理人员还是家族外管理人员，在进行管理企业的时候，出发点都是好的，他们采取的管理方式可能不一样，但他们都是为了企业能够更好的发展，两者并没有本质上的差别。要说区别的话，可能在管理过程中，有的时候家族内管理人员的效果要更好一点，而家族外管理人员可能会有一个适应的过程。其实目前在翔盛，有车间、分厂，甚至一个很大的项目的管理者也是家族外人员，他们做得也很好。

图13-4-484　2001年1月，杭州翔盛纺织有限公司引进的德国纺丝设备正在生产（浙江翔盛集团有限公司提供）

问：您对企业发展有何打算？

答：2000年新上的纺丝项目投产以来，企业就已经由单一纺织产业转向纺织、化纤织造并重发展了。2001年1月，12台德国巴马格加弹机已经投入生产，已经初步形成纺丝—加弹—织造的产业链。在未来几年里，我们将产业链向上游延伸，形成聚酯—纺丝—加弹—织造一条龙的产业链。同时，计划建设热电项目，为熔体直纺等项目的顺利实施保驾护航。

问：企业的工会工作开展得如何？

答：企业工会在保障员工合法权益，订立劳动合同、维护女工利益等方面都起到了积极的作用。应该说，我们工会工作开展得相当好。我们不仅成立了工会，还成立了团委、妇女协会、计划生育协会等一系列组织。工会不仅每年组织一次育龄女性的体检，还定期开展诸如“欢度盛夏”，“喜迎金秋”等一系列企业文化活动，对开展企业文化建设，提高员工的积极性方面都起到了一定的作用。

浙江国泰密封材料股份有限公司董事长孙子仁访谈录

问：您的企业是怎么创办起来的？

答：我是江西共产主义劳动大学毕业。毕业后分配到安徽合肥化工厂。1962年6月，响应“支援农业第一线”回家。那时慈溪县有位厂长聘请我推销劳保用品。第二年，村里正办防腐设备厂，少一只空压机，要用2吨钢材去换。村里5个村支委都找我，要我想办法解决。我提出要肥皂。村里的副书记到供销社开后门批了一箱10条肥皂给我。我带着肥皂找到了当时在江西省上饶市手工业管理局的朋友，他是领导，我把肥皂给了他老婆。他感到很为难，想了个办法，与我签订了一份加工合同。这样我就拿到了钢材，换回了空压机。我帮助村里解决了空压机，村里要我回来，如不回来，要每天交10元钱给队里买工分，我只好回来。我回来后在防腐设备厂跑供销。跑供销使我开拓了视野，获得了社会信息。那时，农村很穷，钱很少，只能用自己养的鸡去市场上卖，换回家里需要的东西。为了攒些钱，改善家庭生活，我要自己办厂生产密封件，主要是看到国家工业一定要发展，密封件一定有销路。那时，个人还不能明目张胆办企业，办私营企业只能戴“红帽子”。1985年5月，村里同意我以村办企业名义申请开办萧山密封件厂。向亲友借3000元，买了榔头、石棉板，在家族人员中挑选3个人，还有我和大儿子，5名职工，用手划，剪刀剪，在自己家里开始生产石棉橡胶垫圈，这是我生产的第一只产品。

问：企业办起来了，是如何发展的？

答：有一天，我在尖山供销社生产资料部看到有台钻，无钱，提出赊用，他们同意了。这是我企业第一次有了动力设备。我在台钻上安装了自己做的划刀，可以做方、做圆。后来我在产品销售中认识上海梅陇密封件厂技术科长陆有信。1987年，我请陆有信做企业的“星期日工程师”，到厂里解决生产技术问题。星期天早晨在浦阳火车站用自行车接他，晚上用自行车送他到浦阳火车站，回上海。1988年我在杭州麻纺厂用2000元钱买了一台旧车床。这是我第一次大设备进家。随后，产品品种多起来了，想开拓杭州市场。1989年，我租用浙江省水文站内的一间房子，设立企业第一个办事处。正好省水文站有几台铣床、刨床要出租。我们以每年5000元向他们租赁3年，在家门口搭了个棚屋作为工场。三年后，我还了设备，买进全套新设备，开始开发新产品。

1990年，我家附近的尖湖小学要拆迁，我向乡里的书记、乡长提出不要拆，卖给我做厂房。商量后以1.2万元卖给我，分两期付款，我这才有了厂房，这时职工增加到十余人。1991年，我与南京化工大学密封材料研究站合作开发盘根，同时将生产石棉橡胶垫圈改为柔性石墨。1992年，经朋友帮助，我在北京（国际）防腐化工展览会上设立一个摊位，挂出企业牌子。1993年，北京的一家新材料进出口公司陪同美国切斯顿公司客商到我厂考察，与他建立了贸易关系。1994年在上海市设立办事处。从此，企业外销渠道增加，出口量增加。到2000年，产品出口美国、日本、西班牙等48个国家和中国香港地区，工

图13-4-485　2000年12月，萧山市密封件厂工人在新建的编织盘根车间生产（浙江国泰密封材料股份有限公司提供）

业总产值2107万元，出口交货值1475万元，出口交货值占工业总产值的三分之二以上。工业总产值、产品销售收入、产品出口数量和产品质量已连续4年在全国填料静密封行业企业中名列第一。

问：创业之初，您家里有几个人，请您介绍家人各自的情况。家族人员工资是怎样支付的？

答：创办企业之初，我家里5口人。我负责厂里的供销、生产和一切管理工作，还兼任出纳；大儿子孙锦龙有时在厂里做工，有时在田地里种庄稼；老伴烧饭；小儿子孙锦伟在读初中；女儿孙锦美料理杂务。5名职工每人每月34元工资，三四个月发一次工资，到年终都结清。亲家公李云伟在厂外工作，兼任厂里会计。

问：企业引进家族外人才，家族人员的意见是否一致？

答：当然意见是一致的。企业创建时，家族人员不约而同地出钱出力，处处关心企业，为企业发展起到重要作用。当企业发展到一定规模时，需要更多的技术人才和管理人员，如再不引进人才，不但不能使企业持续发展，还会导致“一代创，二代衰，三代终”的局面。引进人才也有个认识过程。到1987年，企业已亏损了3万元。请来的“星期日工程师”陆有信对我说：“您这样是弄不下去的，您的大儿子聪明，我辞职帮您办厂教他技术。”当时，我没有答应，因为我的厂还只是个工场， 12名员工，业务不到4万元，还背上债，怕养不起他。后来，我认识到，企业要发展，光有“星期日工程师”是远远不够的。家族人员也十分清楚光靠自己的管理水平和技术是肯定不行的，需要引进技术人才和管理人员搞管理、搞技术，这样才能使企业发展。

问：刚才您说企业发展到一定规模时，需要引进人才，这是为什么？

答：以血缘为纽带，同甘共苦，共渡难关，创业初期是可以的。家族人员知识、技能有局限性，当企业发展到一定规模，家族人员难以承担管理和技术的时候，就必须引进人才。人才是企业第一的生产要素，在社会主义市场经济条件下更是如此。人才与企业的资金、设备、原材料等相比，更具有至高无上的价值。如有充裕的资金，只有在精于运筹的人才手中才能产生出经济效益；先进的设备，也只有在具有能操作先进设备技能的人手中，才能发挥更好的功能；漂亮的厂房，优质的原材料，有利的发展环境等，也只有在善于管理的人才手中，才能够发挥应有的作用。所以，人才在一个企业的生产管理、技术革新、产品开发、市场营销等方面都具有决定性的作用。当企业发展到一定的规模时，我首先想到的是需要引进人才。现在，企业人才还是缺乏，尤其是缺少管理和技术两个方面的人才，管理还是不能适应企业的发展需要，但至今我还没有找到一个能全面担负起企业管理的专职人才。

问：您是通过什么方法、措施引进高级管理人员的？

答：一是创业的艰辛和决心使人同情；二是高薪，用经济手段引进人才。我引进的第一位技术人才陆有信，就是我的背水一战“搞不好企业，儿子不结婚，6间房子卖掉再办”的决心，感动了陆有信的。他扔掉“铁饭碗”，辞职到我厂担任生产科长，负责生产和技术。1998年，聘请两位高级工程师，自制、模仿设计密封件专用设备，年薪7万元～9万元。2000年，引进的一位高级工程师从事新材料工作，给他在城厢镇内一套115平方米的住宅，年薪6万元～8万元。

问：为什么这么迟组建公司制企业？

答：1998年，我曾考虑将厂改为公司，因为家族人员思想不统一而不能如愿。依靠家族人员管理企业，员工间互相了解，对我忠诚，大家利益一致，都想把企业办好，这是事实。但家族人员“官不做进士在身”，怕组建公司后失权。2002年，我下定决心要将企业改组为公司。因为我办的企业是私营独资，属非法人企业，我要对企业债务负无限责任，万一企业办不好，会连累自己的子女。何况，我扮演的是自己决策、自己执行、自己裁判和自己监督的角色，难以保证企业发展过程中不失误。为了使我办的企业能持续发展，必须改组为公司。公司可以吸收家族外人员入股，这对稳定管理、技术人员队伍是很有好处的。为了统一大家的思想，我请来了萧山市体改办的同志，结合企业实际情况，给企业管理层人员讲组建公司的目的、意义等，统一大家的思想。企业改组为公司制，设立杭州萧山国泰密封材料有限公司，吸收4名高级管理人员股金1256.38万元，占公司注册资本的28%。

问：您已70多岁了，对您的接班人有何打算？

答：现在我的接班人还比较难定。我们第一代私营企业主绝大多数是农民，第二代应该是具有大学学历和德才兼备的人才，第三代应具有国际知识结构的人才来领导、管理企业了。我的两个儿子，都已具有“将才”的素质，还必须进一步培养成为“帅才”。所以决定选送大儿子孙锦龙去浙江大学读MBA，小儿子去南京工业大学深造高分子材料学。这还远远不够，我要求他们去大企业、大集团考察、取经，学会善于总结经验教训，在实践中磨练提高。我要把他们培养成为具有博采天下之所长，有超前意识，有敏锐和长远的眼光，更要具备吃苦耐劳精神，诚实勤恳的人。只有德才兼备的人，才是我理想中的接班人。目前我对两个儿子正在培养和考察之中。

浙江传化化学集团有限公司董事长兼总裁徐冠巨访谈录

问：您与父亲是哪一年创办企业的？创办企业的目的是什么？是怎么创办起来的？

答：我与父亲创办企业是在1986年10月。当时办厂的目的是为了改变家庭的困境。因为我生病，已为我花去了家里所有的积蓄，还欠2万多元债。也就在这一年，在磷肥厂当销售员的父亲因企业效益不好，回家务农。治病需要钱，吃饭需要钱，日子怎么过？债怎么还？一系列问题摆在我们全家人面前。我们父子俩人经过商量，认为只有办厂才能扭转家庭困境。父亲了解到液体皂在农村紧俏，市场大，赚得来钱，准备生产液体皂。当时一无资金、二无技术、三无厂房，办厂确实是很困难的。父亲向来是有“决定了的事一定要办好”的这股劲。他向村租用集体仓库做厂房，通过多方求借，借到2000元钱，买来1只铁锅和几口大缸，买来原材料，从杭州聘请了一位“星期日工程师”作为技术指导，生产液体皂的家庭作坊就这样办起来了。

问：您当时家里有几个人，请您介绍家人各自的情况。在企业中的家族人员工资是怎样支付的？

答：当时家里有7个人，我和父亲、母亲、哥哥、阿嫂、阿妹、爱人。除哥哥在中学当教师外，其他6个家人都在厂里工作。因为厂小，谈不上明确分工。名义上父亲是厂长，我们两人以购买原材料、销售产品为主，其余家人以生产为主，爱人兼任会计，阿妹兼任出纳。一家人都没有拿工资。后来哥哥回家来帮助我们管理企业。赚来的钱用于全家人基本生活外，首先是用于购买原材料，进行再生产；其次是归还债务。后来企业扩大了，职工也增加了，开始实行工资制度。我和父亲、哥哥，按照企业管理人员级别、档次拿工资。嫂嫂、阿妹和爱人，拿一般管理人员的工资。

问：企业办起来了，企业发展中碰到的最大问题是什么？

答：影响企业发展的最大问题是人才问题。一是领导人才，二是管理和技术人才。企业上一个项目容易，但上一个项目，必须有人去领导、去管理。因此，培养和造就一支高素质的、能与企业共同发展的员工队伍是企业发展的根本保证。

问：请您具体说说，缺乏技术怎么影响了企业的发展？

答：有一件事，我们全家人都是刻骨铭心的。这件事发生在1988年上半年，我们生产的液体皂由于质优价廉，受到了当地农民的欢迎，销路很好，每天生产量已经增加到三四吨。由于我们请的工程师只有星期日才来指导生产，而我们的销售量已发展到每天生产才能满足用户需求的程度。因此，我们只好在工程师不在的情况下也自己组织生产。可是我们自己生产出来的液体皂没有浓度，虽然洗涤效果一样，但用户认为质量差了，就卖不出去。星期天工程师来了，生产的液体皂又有浓度了。这到底是什么原因？我们细心观察，工程师在液体皂中加入“白色粉末”。这包“白色粉末”是什么？他不肯告诉我们。液体皂的浓度解决不了，我们自己生产的液体皂就卖不出去。父亲十分着急，每天到萧山、杭州请教解决的办法。一天，父亲向杭州一个厂里的老师傅讲了这个问题，这位老师傅说可以帮我们解决，但提出要给他5000元钱。我父亲再三恳求，要求少一点。经讨价还价，2000元钱和请吃一餐饭的条件谈成。在吃饭时，这位老师傅告诉我父亲，你回去在做好的液体皂中加2%的盐就好了。我父亲回来，赶快在卖不出去的液体皂中加上盐，几经搅拌，液体皂果然浓了起来。2000元钱，目前对我们来说，不管是个人，还是企业都算不了什么。可是在当时，父亲是以倾囊而出的代价买回了一个“盐”字。2000元钱只买回了一个“盐”字，而解决问题的方法又那么简单，父亲感到花这钱有点冤枉。我劝父亲说，这钱花得值，它不仅帮我们解决生产上的难题，还买回一个真理，那就是办企业光靠吃苦耐劳不行，还得靠科学技术。通过这件事，使我们对邓小平同志“科学技术是第一生产力”的论述有了更深刻的认识，萌发了要引进科技人才的想法。

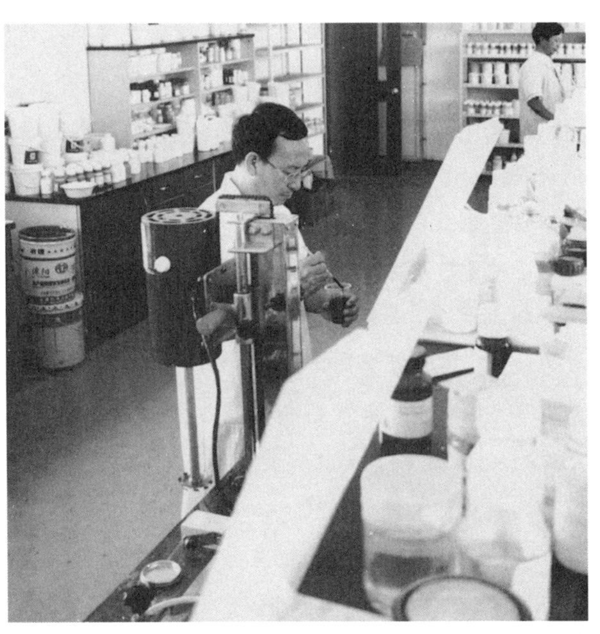

图13—4—486　2000年3月，浙江传化化学集团有限公司由德国设计的传化涂料生产线投产。图为该涂料产品的实验室。(传化集团有限公司提供)

问：家族人员对招聘家族外人才的意见是统一的吗？

答：是统一的。因为2000元买一个“盐”字的事情，大家都知道。企业要发展，光靠家族内部几个人是远远不够的。家族内人员的领导才能、管理水平和技术不能适应企业发展的需要，只有引进家族外人才，才能使企业发展。

问：您是什么情况下，哪一年引进管理人才和技术人员的？

答：我们的企业用人经历了家族式、裙带式到社会化的发展过程。创业初期，职工只是几个家庭成员。随着业务的扩大，人手不够了，就把亲戚、朋友招进厂来工作，这段时间基本上是家族式的。后来随着企业的发展，需要更多的职工，那个时候一般人还不肯到私营企业里来工作，只好通过亲戚朋友的介绍，把亲戚的亲戚、朋友的朋友招进到厂里来，这个时期是裙带式的。1989年，向镇政府租地3亩，盖起厂房，安装锅炉，开始向生产印染助剂产品发展，企业工业产品销售收入203万元。1990年，研制成功“901”特效去油灵，企业规模扩大，经营项目增多，技术要求高，管理也复杂了，靠亲戚朋友的裙带式招工已经满足不了企业人才的需要，这一年，向社会招聘管理人员4个、技术人员3个。

问：你们引进人才采取了哪些方法？

答：引进人才的方法，是随着企业的发展和我们认识的提高而不断完善的。起初，引进人才主要是采用比较好的待遇吸引人才，如高薪酬、高待遇等。后来我们认识到，不但要引进人，而且还要留住人，光靠优厚的物质待遇是不够的。因此，我们提出企业形象凝人、工作氛围凝人、激励机制凝人、事业发展凝人和理念共鸣凝人的方针，使社会各界的仁人志士向往传化，到传化工作以后能感到心舒气顺，英雄有用武之地。

我们引进的人才来自境内26个省、市、自治区，有专家、教授，有博士生、研究生，他们已分别在企业的领导岗位、科技管理和管理岗位上发挥着重要作用，成为支撑传化事业发展的中坚力量。到2000年底，引进的各类人员中，中层副职以上的管理人员有76人，技术岗位450多人。

问：请您谈谈家族内管理人员与家族外管理人员管理企业有什么不同？

答：这是企业家族化管理与社会化管理的问题。要说两者有什么不同，首先应该历史地看问题。创业初期，家族化管理发挥了一定的积极作用，它能通过血缘关系起到凝聚作用，有利于应对各种风险。企业发展到一定规模，家族化管理的弊端就显示出来了，一是家族人员人才有限，知识面狭窄，不能适应企业发展的需要；二是碍于情面，企业规章制度难以在家族人员中执行，不利调动广大员工的积极性；三是家族人员占着重要岗位，不利于有真才实学的人才脱颖而出，影响企业决策的科学性和可行性。家族外管理人员在企业中没有错综复杂的人情网，行使管理职权比家族内管理人员更能够公正、公平，可以大大增强企业的执行能力。

问：家族内管理人员之间和家族内管理人员与家族外管理人员之间产生矛盾怎么办？请您用具体事例说明。

答：创业以来，家族内管理人员之间、家族内管理人员与家族外管理人员之间基本上没有发生大的矛盾。小的矛盾是有一些，但大家都能在有利于企业发展的前提下，通过相互沟通、谅解得到解决，有的还须交职工讨论。如集团董事会根据部分职工的要求，决定给全体员工发放每天4元的交通补贴，乘坐班车改为收费。在征求意见时，家族外的管理人员持反对态度，认为这项改革对他们没有好处（因为他们原来乘班车不收费）。后来，一方面讲道理，这个决定使乘班车的员工与骑车上班的员工一视同仁；另一方面把这个决定经过集团职工代表大会审议通过。这样统一了大家的思想，使这个决定顺利实施。

问：你们为什么要组建公司制企业？

答：总的目的是为了把企业进一步做大做强，促进企业向更高的目标发展，能按公司制的要求，进一步规范企业行为；适应市场经济的要求，提高企业市场竞争力；有利于加强企业管理，建立现代企业制度，促使企业发展。1992年登记注册有限责任公司，公司刚登记时的总资产只有120万元，到2000年已发展到8000万元。

问：企业引入的人才是否有跳槽的情况？这种情况您是怎么看的？

答：从总体上来讲，我们企业引进的人才是比较稳定的。1995、1996年两年引进的近百名应届大学毕业生，目前都已是企业的中层领导，他们在企业结婚，在萧山城里买了房子。引进人员中，跳槽情况也是有的，不多。我认为这是正常的，国家允许人才流动嘛。如果跳槽的人多了，那就不正常了，就应该反思企业的用人机制了。

问：听说你们的几家企业都没有吸收员工入股，这是为什么？

答：我们企业发展到目前为止，除了与国内外大企业合资、联营外，尚未要求员工入股。我们认为：私营企业资本社会化不能太急，要慎重看待“股权激励”的问题。有人认为，只要吸收员工入股，必定能增强企业员工的凝聚力，这个观点不一定正确。吸收员工入股确实是能实现投资结构多元化，如果纯粹是为了不让员工出走，用股权去套牢员工，那就不对了，反而会制约企业的良性发展。实施“股权激励”的前提条件是企业要有一个好的运行机制，必须在员工与企业文化相融、事业追求相同、理想信念一致的基础上，再吸收企业员工入股，才能真正建立起利益共同体。

问：您是怎样看待家族制与现代企业制度两种截然不同的管理模式的？您的企业重大决策是如何出台的？

答：家族制在创业之初确实发挥了重大作用，这一点我在前面已经讲了，因为家族制管理模式通过血缘关系把大家凝聚起来，容易团结一致，共患难。“上阵父子兵，打虎亲兄弟”就是这个道理。但是企业发展到一定规模时，或者说企业已经完成原始积累时，家族制管理模式的优势会逐步失去，而且会成为企业继续发展的“拦路虎”。我们1995年成立企业集团，目的是为了使企业向建立现代企业制度的方向发展，建立起母子公司管理体制，确保重大决策的正确性。成立企业集团后，企业每一个重大决策的出台，一般都要经过这么几个程序：一是由集团公司董事会提出决策方案，提交集团管委会集体讨论并提出决策意见；二是请有关专家对方案进行论证，听取意见、建议；三是征求企业广大职工意见，如通过党员民主听证会征求广大党员意见，提交企业职工代表大会讨论审议等；四是集团公司股东会形成决议。提出重大决策后，分别由各组织机构付诸实施。

问：集团公司董事会提出的决策设想，是否因家族人员反对而被推翻？企业是否按现代企业制度的要求进行管理？

答：集团董事会提出重大决策的设想，采取我上面所说的几个必要程序后决定，因此不会出现由于某个家族人员的不同意见而推翻的现象，这包括家族内人员和家族外人员都一样。我认为，我们企业目前已经初步建立起一整套比较规范的现代管理制度，企业的一切生产、经营活动都按既定的制度在正常运行，在向建立现代企业制度的方向发展。

问：企业吸纳了多少技术人才与管理人员？他们的收入情况如何？

答：2000年底，我们企业吸纳的各类人才共有550余名，他们大部分是企业技术、管理骨干，有11位人员已进入企业最高管理层。按照我们企业绩效优先的薪酬制度，尤其是技术岗位，我们企业制定一系列的激励政策和措施，实现分配方式多样化，他们的收入都比普通员工要高。

问：请您具体谈谈，企业到2000年职工的养老、医疗保险待遇是怎样的？

答：1999年以前，企业有个内部积累式养老金制度。2000年，传化作为全省乡镇企业社会养老金试点单位，这一年有60%以上的员工参加社会养老保险，2001年实现社会养老保险全覆盖。

问：您是哪一年开始担任总裁的？担任总裁后生产经营思路是否有调整？企业有哪些变化？

答：我是1995年2月企业集团成立时担任集团公司总裁的。担任总裁以后，企业生产经营思路基本上还是按照我原来的思路进行运作的。因为我不担任总裁的时候，企业生产经营的一切重大问题，父亲也都是交给我处理的。所以我担任总裁后，企业生产经营思路没有什么大的变化。要说这几年企业发展更快了，也是按照我们集团管委会集体制订的战略规划在企业生产经营中得以实施的结果。

问：企业的工会工作开展得如何？

答：企业自1994年6月建立工会组织以来，在团结教育职工、协调企业劳动关系、维护职工合法权益、稳定职工队伍、促进企业发展等方面都起到较好作用。工会围绕企业发展，组织职工开展合理化建议、劳动竞赛、技术创新等各种活动，有力推动企业生产经营目标的实现。工会还通过建立职工代表大会制度，组织职工参与企业民主管理，推行厂务公开、民主监督评议企业干部等工作，促进了企业各项管理工作的有序开展。集团经营组织与工会组织已形成了“目标同向、作用互补、互相支持、共谋发展”的工作机制。

萧山市华艺实业有限公司董事长、总经理杨善林访谈录

问：听说您现在的企业原来是集体经营的，您为什么要把集体企业买下？

答：这家企业原来是大同坞公社集体企业，1981年创建。1987年末，总资产10万元，贷款有19万元，企业资不抵债9万元。主要原因是“大锅饭”阻碍企业发展。1993年12月，为了解决企业的“大锅

饭”问题，企业改组为股份合作制，设有集体股、职工股，还有影子股，职工又是人人入股。实行股份合作制后，职工的思想观念，尤其是“大锅饭”思想没有彻底转变。1995年6月，我以341万元的价款，买下了企业中的所有集体资产，更名为萧山市华达包装实业有限公司（2001年4月更名萧山市华艺实业有限公司），公司注册资本80万元，其中我个人的资本占公司注册资本的51%、儿子占25%、女儿占24%。我对自己办好企业是有把握的。1987年前，我在这家企业里跑销售，1988年后担任副厂长主管业务。所以，我掌握企业的产品销售渠道，又熟悉业务。再说，我一个人买下后，“大锅饭”端掉了，自己决定搞投入，再不受本地政府制约，可以完全按照自己的理念、凭自己的能力发展企业。

问：您买下企业后，企业发展得好吗？

答：1995年，我买下企业后，企业发展很好。第二年投资700万元购置设备。虽然设备并不先进，但已能满足生产。1999年，企业与上海光明牛奶集团有限公司共同投资设立申杭包装有限公司，投资额各占50%。申杭包装有限公司的管理和技术由我企业派去。这家公司主要为上海的光明牌牛奶生产配套，提供牛奶包装箱，年生产牛奶包装箱能力1000万平方米。2000年，华达包装实业有限公司开发陶瓷新产品，全年实现工业总产值3700万元、利润280万元、税金180万元。年末，拥有固定资产净值980万元、所有者权益1320万元，分别比1994年增加2.98倍、3.12倍；职工增加到108人，比1994年增加38人。

问：企业吸收了多少管理人员和技术人员，您对他们放心吗？他们的收入情况如何？

答：到2000年底，企业副科长以上管理人员有20人，其中从楼塔镇外引进的有8人；引进技术人员5人，其中印刷技术人员有3人。引进的人员比家族人员听话，对企业发展有利。现在技术人才在社会上很多，可以随时聘请，但企业的产品营销一定要由我及子女掌握。我从外地引进的技术人才，都是通过社会公开招聘的，年薪5万元，同时，根据多劳多得，实行年终奖励。

问：您为什么说，产品营销一定要你和子女掌握？

答：我买下企业后，搞企业产品营销的有我和姨夫、大舅佬（妻兄）3人。1999年，他们“跳槽”了，都去办纸箱厂。现在他们的企业都办得好。2000年的工业总产值分别达到3500万元、2000万元。他们跳槽办厂，对整个社会来讲是有好处的，增加了社会财富。而对我来讲，增加了竞争对手，抢占了我原来的产品营销渠道，是我一大损失。所以，我一定要将产品营销由我和子女掌握，即使子女去办生产相同产品的厂，得到的利益也是我家庭的，我不想被家庭外人员享受我辛辛苦苦创造出来的成果。

图13-4-487 1998年5月，萧山市华艺实业有限公司购入的首条全自动纸板生产流水线正在生产纸板（杭州华艺实业有限公司提供）

问：您现在企业发展中最缺的是什么？今后企业发展有何打算？

答：有不少企业老总说企业最缺的是资金，我不缺资金。只要企业进入良性循环，需要的资金，银行、信用社都是会给贷款的。我企业发展中最缺的是信息，是科技含量高的产品。所以，我设想利用现有厂房、电力设备，与东阳金天实业集团有限公司共同出资3000万元，引进气雾管系列产品。该项目可每年增加工业总产值8000万元、利润450万元。我的观点是企业应稳步发展，但一旦看准的项目一定要快上。

【附三】

萧山私营工业企业管理模式

家长式管理

萧山私营工业发展初期，以家庭业主及其子女、配偶组成的家庭作坊(工场)为主要形式，其产品以小商品为主，工艺简单，容易模仿和替代，有的雇请少数员工，也有因解决产品的生产技术问题而外聘技术人员。此类家庭作坊（工场）实行家长式管理，其特点是以家长为中心，凭借家长个人权威和经验实施。业主既是生产经营的决策者，又是执行者。宁围乡（今宁围镇）徐传化于1986年10月创办萧山县宁围宁新村合作净洗剂厂（今名浙江传化化学集团有限公司），办厂初期，实行的是家长式管理。[①]

家族式管理

随着萧山私营工业的发展，原先的私营工业企业经营规模逐渐扩大、产品产量和职工数量增加；同时，也出现创立时已粗具规模的私有工业企业，由于家庭人员有限，企业生产经营各个环节难以顾及，技术和管理均难以适应生产经营的需要，聘请家庭以外有姻缘、亲缘的人员参与企业管理活动，实行家族式管理。家族式管理的特点，是以家族为中心，以血缘、姻缘为基础的管理，把有血缘、姻缘和亲缘关系的人安排到企业的管理岗位及关键岗位。桃源乡（今浦阳镇）的萧山密封件厂实现从家长式管理向家族式管理的转变。[②]经对党山镇私有工业企业的调查[③]，党山镇56家私营工业企业创建时共有正副总经理76名，其中全部由业主家庭人员担任的企业48家、68人，分别占调查企业家数、正副总经理人数的85.71%、89.47%；由亲属担任副总经理的有3家、3人，分别占5.36%、3.95%；聘请家族外人员担任的有5家、5人，分别占8.93%、6.58%。企业创建时95名科室（车间）中层负责人中，全部由业主家庭人员担任的企业有30家、44人，分别占企业家数、科室（车间）中层负责人数的53.57%、46.32%；亲属担任的有9家、12人，分别占16.07%、12.63%；聘请家族外人员担任的17家、39人，分别占30.36%、41.05%。2000年，被调查的党山镇56家私营工业企业有正副总经理90名，其中都由业主家庭人员担任的企业有43家、74人，分别占调查企业家数、正副总经理人数的76.79%、82.22%；由亲属担任副总经理的6家、8人，分别占10.71%、8.89%；聘请家族外人员担任的7家、8人，分别占12.50%、8.89%。174名科室（车间）中层负责人中，全部由业主家庭担任的19家、58人，分别占企业家数、科室（车间）中层负责人数的33.93%、33.33%；亲属担任的有16家、27人，分别占28.57%、15.52%；聘请家族外人员担任的21家、89人，分别占37.50%、51.15%。

国有、集体工业企业转为私营企业初期，由于经营管理班子原来已形成等因素，因此家族式管理并不突出。但随着时间的推移，这些企业的管理岗位及关键岗位也逐渐被与大股东有血缘、亲缘关系的人所替代。

①萧山县宁围宁新村合作净洗剂厂创办初期，除聘请“星期日”工程师外，无家庭外人员担任企业管理工作，业主和其小儿子负责购买原材料、销售产品为主，其余5名家人除大儿子在宁围初中教书外，均以参加企业生产为主，业主的大媳妇兼任企业内勤、小媳妇兼任会计、女儿兼任出纳。

②萧山密封件厂创建于1985年，创建初期为家庭作坊，实行的是家长式管理。1994年4月，企业发展到一定规模，该厂建立供销科和组织生产科，业主的大儿子任供销科科长，家族外人员任组织生产科科长。1997年5月5日，大儿子和小媳妇分别担任经营管理副厂长和质量管理副厂长。同时，业主的女婿、任儿分别担任综合车间主任和设备外协组组长，大儿媳任会计。

③2005年10～12月，为了解萧山私营工业企业管理模式的发展演变情况，《萧山市志》编辑部选择了工业较发达的党山镇，采用表格式问卷调查。调查表格内设有“企业正副经理”人数等5栏总指标和15栏分指标。向党山镇的众安村、群益村、长联村、车路湾村、党山村和张潭村6个村的52家私营工业企业发放调查表格各1份，占6个村的私有工业企业数的48.59%；向其他规模较大的4家私营工业企业发放调查表各1份，共计发放了调查表56家（份），占全镇私营工业企业的15.91%。收回调查表格56份，收回率100%。被调查企业，按设立时间分：1984年前设立的有3家、1985～1990年的13家、1991～1995年15家、1996～2000年25家。

现代企业制度

随着私营工业企业的进一步发展、壮大，部分企业的家族式管理渐显弊端，家族人员在企业中的特殊身份使有的企业管理制度难以在家族人员中贯彻实施，影响家族外职工的劳动生产积极性。同时，为企业发展需要，向社会公开招聘管理人员、技术人才。也有少量私营企业依照《中华人民共和国公司法》规定，明晰资产，将股权划分给共同创业、对企业发展有较大贡献的家族人员，设立有限责任公司。1997年6月，党山镇的萧山县盛兴纺织厂业主沈柏祥将企业资产的50%界定给共同创业的弟弟和妻弟，共同出资设立杭州翔盛纺织有限公司。

私营工业企业改为公司制后，均设立股东（大）会、董事会（执行董事）、监事会（监事）等组织机构。为集思广益，确保企业决策的正确性，在企业作出重大决策前，召开职工代表大会或职工大会，广泛听取职工的意见；有的私营企业集团建有家族外人员参加的决策机构，协助企业重大决策。1998年6月，浙江传化化学集团有限公司成立企业集团管理委员会。该集团管理委员会由7人组成，其中家族外成员3人，占集团管理委员会成员的42.86%；同时，建立人力资源部，向社会公开招聘管理人员、技术人才。2000年末，该集团管理委员会组成人员增加到8人，其中家族外人员5人，占该集团管理委员会成员的62.50%。但是，还留有家族制的痕迹，集团有限公司是父子3人出资，董事会成员也是父子3人；经营班子5人，总裁、副总裁是业主的两个儿子；业主的女儿、儿媳、女婿、妻弟等家族人员占据企业重要岗位。

至2000年3月25日，萧山除家庭作坊（工场）和较小规模的私营工业企业采取家长式管理外，比较普遍地采用家族制产权结构与非家族经营管理相结合的模式，但在一定程度上扬弃了家长式管理、家族式管理的一些弊端，管理方式发生了根本性变化，逐步向现代企业制度、现代管理方式转变。

第六节　外商和港澳台商投资工业

1984年，萧山开始发展外商和港澳台商投资工业。9月，香港信丰发展有限公司与萧山布厂、浙江省国际信托投资公司和杭州市纺织工业公司共同投资设立的杭丰纺织有限公司投产。

1988年3月12日，市政府制定的《萧山市发展外向型经济规划（1988～1990年）》提出，争取当年兴办外商和港澳台商投资的合资企业、合作企业和独资企业（合称“三资”企业，下同）5家，1990年达到20家。至1990年，累计批准“三资”企业18家，居杭州市各县（市）首位。

图13-4-488　杭丰纺织有限公司是与港商的合资企业，总投资220万美元，其中萧山布厂的厂房及公用设施作价94.60万美元出资，浙江省国际信托投资公司和杭州市纺织工业公司分别以22万美元现金出资，港方以12台气流机和前纺设备及附属设备等作价81.40万美元出资（萧山县志编纂委员会：《萧山县志》，浙江人民出版社，1987年，第336页）图为杭丰纺织有限公司1985年的气流纺纱车间（照片来源：《萧山年鉴·1986》）

1992年5月28日，市委、市政府印发《关于加快发展外向型经济若干问题的暂行规定》（市委〔1992〕39号），决定建立项目引荐奖、项目办成奖。是年，萧山市工商行政管理局受杭州市工商行政管理局委托，取得了“三资”企业登记管理初审权。是年，新批准“三资”企业100家，为1991年的5.56倍。翌年，全市新批准“三资”企业149家，其中合资经营企业118家、合作企业4家、独资企业27家。投资者来自日本、美国等23个国家和中国香港、台湾地区。

1994年起，新批准“三资”企业减少，开业企业增多，经济总量增加。1995年，新开业的“三资”企业247家，实现产品销售收入65.33亿元、利润总额14500万元、缴纳税金总额9845万元，分别比1994年增长80.97%、51.98%、47.07%。

1998年5月，市政府连续印发《关于鼓励到萧山经济技术开发区投资的若干政策意见》（萧政〔1998〕3号）和《关于鼓励扩大外贸出口的若干意见》（萧政〔1998〕4号）及《关于鼓励外商直接投资若干政策的通知》（萧政〔1998〕5号）3个文件，简化审批手续、降低收费标准，鼓励外商和港澳台商投资萧山，支持企业与外商和港澳台商合资、合作。翌年，产品销售收入超1亿元、出口创汇500万美元以上的“三资”企业各有22家，利润总额和税金总额超500万元的分别有19家、12家。

2000年，新批“三资”企业开始增加，新批“三资”工业企业65家，比1999年增加32家。至年末，累计批准“三资”工业企业606家，投资者来自亚洲、欧洲、美洲、非洲和大洋洲的33个国家和中国香港、中国澳门、中国台湾地区。是年，已开工的“三资”企业293家，实现工业总产值1091880万元、利润总额52175万元、税金总额46284万元，分别占全市工业的18.15%、31.58%、21.71%。萧山市“三资”工业企业家数、生产规模、经济效益均列浙江省各县（市）首位，列境内沿海经济开放地区发达县（市）第3位。

表13-4-283　1985～2000年萧山批准“三资”工业企业情况

年份	新批准企业				累计批准企业					当年增资企业（家）
	年末企业（家）	投资总额（万美元）	注册资本（万美元）	协议利用外资（万美元）	年末企业（家）	投资总额（万美元）	注册资本（万美元）	协议利用外资（万美元）	实际利用外资（万美元）	
1985	1	300	300	84	1	300	300	84		1
1988	4	433	292	213	5	733	592	297		0
1989	2	81	57	29	7	814	649	326		0
1990	11	2087	1526	930	18	2901	2175	1256		0
1991	18	1920	1482	721	36	4821	3657	1977	9201	0
1992	100	21844	15160	8358	136	26665	18817	10335	9784	0
1993	149	57577	31187	33077	285	84242	50004	43412	10828	9
1994	59	14725	9969	10846	344	98967	59973	54258	14631	9
1995	58	16783	10175	10993	402	115750	70148	65251	16246	11
1996	39	22942	16324	17152	441	138692	86472	82403	16480	13
1997	34	7037	5089	6306	475	145729	91561	88709	25486	20
1998	33	12612	7285	9279	508	158341	98846	97988	29670	14
1999	33	18089	11580	11197	541	176430	110426	109185	36536	39
2000	65	16977	9763	13937	606	193407	120189	123122	45970	21

注：①资料来源：1988～1991年来自萧山市对外经济贸易委员会编制的《萧山市对外经济贸易统计资料》；1992～2000年由萧山区对外贸易经济合作局提供。

②“实际利用外资”栏的9201万美元是1991年前的合计数。

③1986～1987年没有新批准“三资”企业。

表13-4-284　1988～2000年萧山市累计批准的“三资”工业企业分类

单位：家

年份	按形式分			按行业分								
	合资经营	合作经营	独资经营	纺织印染	服装	机械五金	电子电器	日用轻工	化工皮革	原材料建材	医药食品	基础能源
1988	5	0	0	1	0	0	1	1	0	0	2	0
1989	7	0	0	1	0	0	2	1	0	1	2	0
1990	18	0	0	4	1	1	4	4	0	2	2	0
1991	35	1	0	11	3	1	5	9	1	3	3	0
1992	128	3	5	28	21	17	13	29	7	7	14	0
1993	246	7	32	53	61	44	23	44	17	21	21	1
1994	289	8	47	63	70	53	27	49	27	23	29	3
1995	333	9	60	70	78	61	30	63	30	30	35	5
1996	362	10	69	76	79	69	32	66	37	35	41	6
1997	383	12	80	79	84	75	33	73	41	41	43	6
1998	398	12	98	85	94	80	37	76	41	44	45	6
1999	417	12	112	90	100	87	37	84	44	45	48	6
2000	455	13	138	98	116	101	41	96	46	49	53	6

资料来源：萧山区对外贸易经济合作局。

第七节　股份制工业

图13-4-489　1994年7月，萧山市副市长赵福庆（左三）、乡镇工业管理局局长倪荣富（左二）为浙江万达方向机股份有限公司授牌，市委书记杨仲彦（右五）、政协副主席董学毛（右一）出席授牌仪式（傅宇飞摄）

股份有限公司

1992年，萧山工业企业开始组建股份有限公司。是年6月5日，浙江省股份制试点工作协调小组同意浙江万向（机电）集团公司依照国家经济体制改革委员会等部门印发的《股份有限公司规范意见》的规定条件，建立杭州万向股份有限公司[①]，这是全省乡镇企业中首家股份制试点企业。该公司注册资本13210万元，其中发起人4家，股金7210.23万元；其他法人股东股金2500万元；职工股金3500万元。

1993、1994年，经浙江省股份制试点工作协调小组同意，按《股份有限公司规范意见》的规定，采用定向募集方式，先后建立浙江天马工贸实业股份有限公司、浙江金马热电股份有限公司和浙江万达方向机股份有限公司。这3家股份有限公司股本总额14318.39万元。其中法人股东351个，股金14018.39万元；职工股金300万元。法人股东中发起人14个，股金9218.39万元。1996年，依照《中华人民共和国公司法》的规定条件，对这3家定向募集公司进行规范完善[②]，重新登记。

①1993年11月7日，中国证券监督委员会同意杭州万向股份有限公司向社会公开发行面值为3000万元普通股（其中职工300万元），1元为1股，股票发行价格为每股3.80元。该次募集资金11000万元。杭州万向股份有限公司募集股份后，总股本10900.09万元，其中发起人股金7900.09万元，占该公司总股本的72.48%；社会公众股3000万元（含职工个人股300万元），占27.52%。1994年1月8日，杭州万向股份有限公司更名万向钱潮股份有限公司。1月10日，万向钱潮股份有限公司“万向钱潮”股票在深圳证券交易所上市。这是浙江省乡镇企业首家上市公司。

②定向募集的浙江天马工贸实业股份有限公司、浙江金马热电股份有限公司和浙江万达方向机股份有限公司规范完善后，3家股份有限公司股本总额均不变，股本总额合计仍为14318.39万元，均为法人股金，法人股东减少到337个。职工股东股金全部转让给发起人，14个发起人股东股金增加到9518.39万元。

1996～1999年，浙江省人民政府证券委员会同意，依照《中华人民共和国公司法》，采取发起方式，先后设立浙江钱江啤酒集团股份有限公司、浙江富可达皮业集团股份有限公司、浙江航民股份有限公司、浙江爱迪尔包装股份有限公司、中服浙江北天鹅服饰股份有限公司、杭州钱江电气集团股份有限公司、浙江新八达包装股份有限公司。

2000年5月12日，市政府印发《关于进一步加强企业上市指导工作的通知》（萧政发〔2000〕68号），首次提出把企业上市列入镇乡及企业主管部门的目标责任制，规定镇乡、企业主管部门所属企业每上市1家企业，附加目标考核分10分。12月25日，市政府《关于加大组建股份公司培育企业上市工作力度若干意见》（萧政发〔2000〕211号），明确培育上市企业对象的基本条件，[①]并对列入上市培育对象的企业实施政策扶持。是年，浙江省人民政府企业上市工作领导小组同意浙江亚太机电集团有限公司、浙江杭萧钢构有限公司分别整体变更为浙江亚太机电股份有限公司、浙江杭萧钢构股份有限公司，同意发起设立浙江恒逸新合纤面料开发股份有限公司。

①企业上市培育对象的基本条件：所有者权益在2000万元以上；企业属于高科技企业或是产品具有较高科技含量；企业具有高成长性；企业属国内或省内行业龙头企业，销售收入及实现利润稳定增长；企业发展前景看好；企业经营者群体素质高且有上市的长期或近期的打算安排。

2000年末，全市累计建立的股份有限公司14家，注册资本10.58亿元，其中注册资本在1亿元以上的有4家。浙江金马热电股份有限公司和浙江新八达包装股份有限公司因故歇业。尚有股份有限公司12家，其中10家股份有限公司进行企业上市前期的筹备工作，按上市公司要求进行规范运行。

2001年3月23日，浙江杭萧钢构股份有限公司[②]股票发行申请前的辅导机构向中国证监会杭州特派办提交申请发行股票有关文件。

②2003年10月24日，浙江杭萧钢构股份有限公司采用向二级市场投资者定价配售的方式，公开发行A股2500万股，股票发行价格11.24元。11月10日“杭萧钢构”股票在上海证券交易所上市。

有限责任公司

1993年，萧山工业企业开始组建有限责任公司。是年11月25日，经市经济体制改革办公室同意，依据国家经济体制改革委员会等部门印发的《有限责任公司规范意见》，新建杭州金达新型建材有限公司。该公司注册资本800万元，其中浙江金峰有限公司出资340万元、杭州汇达企业总公司出资340万元、萧山市城厢镇犁头金村经济合作社出资120万元。

1994年7月1日开始，按照《中华人民共和国公司法》规定条件登记有限责任公司。至年末，经批准建立的有限责任公司16家。

图13-4-490　1994年12月，萧山市工商行政管理局举行萧山市首批颁发公司法人营业执照仪式。市委书记杨仲彦（主席台左三）出席颁发仪式（单策摄）

1995年，市政府要求有条件的企业应根据《中华人民共和国公司法》的规定条件，改组设立有限责任公司。是年4月17日，市经济体制改革委员会同意杭州民生药厂萧山分厂改组设立杭州民生江南制药有限公司。杭州民生药厂萧山分厂资产（不含土地使用权价值）经评估并报市财政局确认，总资产为1552.34万元、负债总额686.59万元，所有者权益865.75万元。所有者权益全额出资，吸收职工出资入股，并组成职工持股协会。该公司注册资本915.56万元，其中萧山市钱江实业总公司432.88万元、杭州民生药厂432.88万元、职工持股协会49.80万元。

2000年末，规模以上有限责任公司（不含外商和港澳台商投资公司）311家。是年，实现工业总产值（现行价）1480360万元，占全市规模以上企业工业总产值的38.99%。

表13-4-285　2000年萧山市工业规模以上股份制企业主要指标

组织形式	年末企业（家）	从业人员（人）	年末资产（万元）		经营实绩（万元）				
			总资产	所有者权益	工业总产值（现行价）	工业增加值（现行价）	产品销售收入	利润总额	税金总额
股份有限公司	12	17112	483772	195802	437832	140751	425520	38683	28290
有限责任公司	311	64260	1278344	540001	1480360	239654	1394348	52409	58198
私营有限公司	160	21615	348875	139241	484929	81336	455211	12203	17091
其他有限公司	151	42645	929469	400760	995431	208318	939137	40206	41107
合　计	323	81372	1762116	735803	1918192	380405	1819868	91092	86488

注：①“股份有限公司”项的数据为企业填报的合计数。“有限责任公司”项的数据根据市统计局编制的2000年度《全部国有及年销售收入500万元以上工业企业主要经济指标》报表整理。
②不含外商及港澳台商投资工业企业。

表13-4-286　1985～2000年萧山工业各经济成分企业主要指标

年份	年末企业（家）				从业人员（人）				工业总产值（90不变价）（万元）			
	国有工业	集体工业	私有工业	其他工业	国有工业	集体工业	私有工业	其他工业	国有工业	集体工业	私有工业	其他工业
1985	97	2995		2	14126	198194		350	36402	205916	1123	1625
1986	104	3093		2	16781	214915		371	46571	299653	1580	2605
1987	101	3218		1	18130	234045		180	58600	430434	1694	2882
1988	109	3502	1692	1	19869	251473	13972	180	70042	555189	5563	2663
1989	108	3504	2440	2	19318	233054	16002	813	68766	607215	7481	4778
1990	106	3500	2343	3	19401	241914	15873	913	89596	677752	7111	6245
1991	97	3584	1568	14	14324	249189	11192	1376	102038	814052	18487	21733
1992	97	3475	1678	18	14394	273085	8311	1901	129200	1082209	26753	35111
1993	97	3506	3581	32	19127	285199	19645	5377	143283	1487511	78361	112144
1994	104	3341	5309	54	18497	267945	31521	5244	164894	1988914	222575	176092
1995	90	3141	5471	141	12700	241428	40679	9621	156708	2082601	397616	398515
1996	86	2567	7303	96	12418	199961	51303	10535	103338	1588543	460659	417883
1997	33	1387	7754	88	10423	151709	95041	7074	33159	1885980	963397	321241
1998	8	1292	7228	109	4661	127262	98634	33080	13127	1772568	1297406	571227
1999	8	1067	7983	190	736	118473	121828	37047	6335	1704602	1759642	943364
2000	6	162	9675	223	411	36289	214113	41580	9616	1038473	4068763	898114

续 表

年份	税金总额(万元)				利润总额(万元)				亏损企业亏损总额(万元)		
	国有工业	集体工业	私有工业	其他工业	国有工业	集体工业	私有工业	其他工业	国有工业	集体工业	其他工业
1985	1522	7478		11	2718	13570		123	78	435	
1986	1607	7750		22	2843	14990		246	0	767	
1987	2526	11255		15	4085	19647		401	15	716	
1988	3946	16487	493	28	5415	23036	778	551	182	1452	
1989	5174	18978	740	6	4348	19687	732	101	287	3344	
1990	4972	19272	1045	14	1988	18673	843	500	1352	2738	
1991	5922	25032	976	360	2181	17630	847	−38	1651	4966	846
1992	5828	32680	761	393	5096	28897	953	845	960	4276	411
1993	7584	52826	2743	3050	6911	38300	2130	7829	2058	7210	64
1994	7222	60476	6826	3915	7845	36834	2795	9724	1402	5485	989
1995	11477	62243	10945	13252	4178	35214	2861	11585	2927	8506	5909
1996	3819	58888	16200	21955	−2573	33840	5983	23757	6294	6376	1816
1997	906	63903	26420	18952	−1080	57838	11904	5673	1712	5442	5149
1998	309	66761	35197	26526	245	58566	18222	13943	15	6195	5235
1999	92	65686	47993	41173	68	45896	27795	39689	1	3495	6056
2000	777	28283	134459	49704	919	32369	85311	46611	70	608	12213

注：①资料来源：萧山区统计局。

②“私有工业”栏，工业总产值1985～1990年为城乡个体工业，1991～1997年为城乡合作及个体工业，1998～2000年为个体工业、私营工业。

③“工业总产值”栏1998～2000年为现行价。

④“税金总额”栏1985～1993年为产品销售税金，1994～2000年为产品销售税金及附加、应缴增值税之和。

⑤“亏损企业亏损总额”栏中的“其他工业”，2000年含私有工业1942万元。

⑥2000年，经济类型分组统计口径调整，原统计在集体工业、其他工业中的部分企业划入私有工业。

表13–4–287　2000年萧山市各经济成分规模以上工业企业主要指标

经济类型	年末企业(家)	从业人员(人)	年末资产（万元）		经营实绩（万元）				
			固定资产原值	所有者权益	工业总产值(现行价)	工业增加值(现行价)	产品销售收入	税金总额	利润总额
国有工业	6	411	37954	28757	9616	5263	9718	777	919
集体工业	95	32293	408998	505814	1035487	172777	1012002	28114	62292
股份合作制	27	3672	16822	10160	47662	8841	44146	2407	1186
联营工业	3	1052	4108	3917	15278	3532	15214	811	452
私营工业	422	81619	904168	632052	1874039	370460	1762871	80345	57720
港澳台商投资工业	83	20046	289223	194642	528475	99290	498410	21055	19659
外商投资工业	39	8886	122401	134013	333621	59799	324376	9458	14396
合　计	648	144307	1766852	1499195	3796516	711121	3622591	140560	155438

注：①资料来源：萧山区统计局。

②“集体工业”、“私营工业”项分别有联营工业1家、2家，统计在“联营工业”项内。

③“税金总额”栏是产品销售税金及附加与应缴增值税之和。

第五章　乡镇工业

萧山乡镇工业始于50年代，时称社队工业。[①]队办工业发展初期，以副业的形式附属于农业。1958年兴办公社工业。[②]1961年后，社队工业发展艰难曲折。[③]1969年，随着社队工业的发展，开始逐步形成县、区、社三级社队工业管理体制。[④]1976年，队办工业从农业中析出，成为农村经济中的一个综合性产业。

1979年后，萧山把发展社队工业作为振兴农村经济，建设繁荣富庶新农村的一项重要工作，列入各级党委、政府的议事日程。为此，逐步扩大社队工业企业经营自主权，推行承包经济责任制，加强集体资产管理，采用多种形式开展横向经济联合，发展私有工业，培育区域行业，社队工业进入全面发展阶段。至1982年，社队企业工业总产值（90不变价）40848万元，占全市工业总产值的50.31%，成为萧山国民经济的一支重要力量。

1984年后，贯彻中共中央《关于1984年农村工作的通知》（中发〔1984〕1号）精神，各级政府把发展乡办工业、村办工业、联合办工业、个体办工业作为振兴农村经济的战略重点。至1985年，乡镇企业实现工业总产值（90不变价）153528万元，占全县工业总产值的62.65%。

1986年，开始推行厂长负责制、厂长任期目标管理责任制和厂长任期终审制。[⑤]翌年开始，创办“三资”企业。同时受国家治理整顿经济秩序的影响，乡镇工业增长速度回落，经济效益下降。1989～1991年期间，乡镇集体工业总产值（90不变价）年均增长14.78%，利润下降21.35%。

1992年起，乡镇集体工业实施以产权制度改革为重点的转换企业经营机制，采取股份合作制、股份制、租赁、转让、兼并、解散等改革形式，乡镇工业发展加快。至1995年，乡镇工业总产值（90不变价）2466729万元，比1994年增长20.05%,占全市工业总产值（90不变价）的81.26%。

1997年，开始贯彻《中华人民共和国乡镇企业法》和中共中央、国务院《转发农业部〈关于我国乡镇企业情况和今后改革与发展意见的报告〉》（中发〔1997〕8号）精神，萧山提出改革、改组、改造、改善管理，提高经济效益的“四改一提高”要求，加快了企业转制步伐。年末，乡镇集体工业企业基本完成转制工作。

2000年末，乡镇工业企业9783家（含“三资”企业113家，其中合资109家、合作4家），占全市工业企业数的97.19%。其中乡镇集体工业企业108家、私有工业企业9675家。是年，乡镇企业实现工业总产值（现行价）4942887万元，占全市工业总产值的82.18%。其中乡镇集体企业、私有企业工业总产值分别为874124万元、4068763万元，占全市乡镇工业总产值的17.68%、82.32%。

①1984年5月，萧山改变“政社合一”的人民公社体制，设立乡人民政府，乡以下为村，遂社队企业改称为乡镇企业。

②1958年，掀起“大办公社工业”高潮，兴建小化肥、小农具等公社办企业。同时，在农村人民公社化运动中，出现“共产”风，集镇的177个手工业合作社（组）转为公社工业。是年，公社工业企业240家，工业总产值（90不变价）3577万元，占全县工业总产值的32.01%。

③1961年，纠正农村人民公社化运动中的“共产”风，将1958年手工业合作社（组）转为公社工业的其中165家企业又转为手工业合作社（组）。

1964、1965年，萧山开展“四清运动”，怕冲击“以粮为纲”、“犯方向路线错误”，没有人敢抓社队企业，社队企业衰退，这两年全县社办工业企业只有2家。

“文化大革命”期间，在城镇知识青年上山下乡工作中，推行“厂社挂钩”，部分基础较好的社队又开始创办工业企业。其间，为加速实现农业机械化，要求农机具“大修不出县，中修不出社，小修不出队”，各地农村开始兴建农机具修造为主的工业企业。1976年，社办工业企业249家，实现工业总产值（90不变价）4809万元，占全县工业总产值（90不变价）的23.94%。

④1969年起，陆续建立公社工业办公室。1972年在工业交通局内设立社办工业组。1976年1月15日，建立萧山县公社工业办公室（萧山市乡镇企业局的前身），后各区亦相继建立工业办公室。至1984年，萧山形成县、区、社三级管理体制。

⑤乡镇工业企业推行厂长负责制、厂长任期目标管理责任制和厂长任期终审制，详见本编《工业经济体制改革》章《企业经营机制转换》节。

第一节　企业经营机制

50年代开始，农村依靠在农副产品生产经营中积累的资金创办企业，并对企业进行直接管理，由社队任命工厂正副厂长、负责设置内部机构及任命负责人、确定招工名额及人员；社队与企业共同制订生产计划、采购生产设备和原辅材料、聘请技术人员、组织生产、推销产品。社队工业企业与国营工业企业相比，生产经营更具有灵活性，显示经营机制上的优势。为了发展社队企业，想方设法利用老同学、老朋友、老同乡等一切可以利用的关系，获取企业所需的生产要素，推销企业生产的产品。

1981年，社队管理企业开始由直接管理向控权管理转变，即控制企业的人财物管理权，放开产供销经营权。是年，少数队办工业企业学习家庭联产承包责任制的做法，试行承包经济责任制，即按照所有权与经营权分离的原则，以承包经济合同的形式，确定队与企业的责权利关系。翌年后，在全县社队企业中，全面推行承包经济责任制，企业经营权扩大。1983年，全县社队工业企业全部实行承包经济责任制。1988年7月9日，杭州万向节厂厂长鲁冠球在全国企业承包经济责任制座谈会上发言："1983年全面承包后，我们就像孙悟空大闹天宫，活跃在僵化体制的'紧箍咒'之外。"但多数乡镇企业仍不能真正做到像杭州万向节厂那样自主经营，尤其是实力薄弱的企业不能做到自负盈亏，却还在学习国营工业企业改革前的管理方式，使其逐渐成为"二国营"，企业的机构增多、冗员增加、借债增多，乡镇企业经营机制的优势渐渐失去，镇乡、村对所属工业企业经营风险的压力逐渐增大。

1992年7月，《全民所有制企业转换经营机制条例》（国务院令103号）施行后，为使企业成为依法自主经营、自负盈亏、自我发展、自我约束的商品生产和经营单位，成为独立享有民事权利和承担民事义务的企业法人，改变乡镇企业厂长一直由镇乡、村任命，招收职工由镇乡、村批准，工资分配由镇乡、村决定的做法。从解决企业集体资产"人人有份、人人无份"的问题入手，改革产权制度，组建股份制、股份合作制，设想建立企业"联股联利联心"的经营机制，即职工的劳动联合与资金联合的一致性，使职工既是企业的劳动者，又是企业资产的所有者，成为企业真正的主人。乡镇集体工业企业组建股份制、股份合作制后，镇乡、村经济组织作为企业的股东，选择经营者、参与决策和收益分配。有的把镇乡、村集体股作为企业优先股，镇乡、村不参与企业管理，只对企业进行协调、监督和管理，为企业提供服务。由于组建的绝大部分股份制、股份合作制企业中，镇乡、村集体股和企业集体股占绝对控股地位，职工股金总额不足企业股股金的20%；职工人人入股，股金较少，股金分配又较均衡，企业经营者入股金额一般也不超过职工股份的5～10倍，经营者所具有的责权利与其所持有的股权不相一致。因此，出现企业的资产"人人有份、人人又不问"的问题，"联股联利联心"的经营机制在股份制、股份合作制企业中并未真正实现，但为政企分开奠定了基础。

1994年，开始对乡镇集体工业企业实行分权管理，即镇乡（办事处）、村集体资产管理权与经营权分开，进一步扩大乡镇集体工业企业的经营权。是年，各镇乡（办事处）开始建立集体资产经营机构，作为镇乡集体资产的出资人。翌年，市级重点骨干企业从集体资产中划出一定比例（市特级企业为50%，市一级企业为40%，市二级企业为30%）的资产划归企业职工集体所有（以不低于1∶1的现金配股），作为企业的职工劳动积累，并设立职工集体股。职工集体股由企业职工（代表）大会建立的企业职工持股会持股，并作为社会团体法人成为企业股东，行使职工集体股所有权。但职工集体股概念模糊，产权归属不清，职工并没有因设有职工集体股而提高对企业发展的关切度，经营机制并没有多大转变，传统体制下政府干预企业生产经营活动的现象仍然不同程度地存在，反映出乡镇企业产权制度改革的不彻底性。

1999年后，随着市场经济的建立与完善，成长壮大起来的乡镇集体工业企业不再希望镇乡（办事处）、村干预企业生产经营活动，期望获得完全的独立，个别企业开始试行职工集体股终极产权制度改革，取消企业中的职工集体股，俗称“彻底转制”。2000年，全市设立职工持股协会的工业企业有33家、注册资本51676.76万元，其中职工集体资本20077.32万元、职工个人股本（现金）31599.44万元。

2001年3月20日，市政府办公室下发的《转发市乡镇企业局〈关于进一步深化企业职工集体产权改革的若干意见〉的通知》（萧政办发〔2001〕17号）规定，企业设有的职工集体股中的影子股（不含由镇乡、村集体资产配股的影子股部分），其所有权归职工个人所有；国家和地方的减免税不得量化分配，用于企业生产发展；职工集体股先按股权比例承担弥补亏损（或潜亏），支付职工的经济性补偿和购买养老保险；再在职工集体股权益增加部分中提取一定的资金，根据贡献大小的原则，以股权的形式，奖励给企业经营层人员。经上述处理后的职工集体股权益剩余部分，其中一半左右按有偿转让的原则，依据贡献大小和职务高低，折价转让（折价转让的折率根据资产质量状况确定）给经营层人员和主要骨干；其余部分按工龄、贡献，量化给职工持股会成员。是年，在乡镇企业中全面推进职工集体股终极产权制度改革，明确职工集体股的终极产权归属。经职工集体股终极产权制度改革的企业，真正实现了政企分开，使企业真正成为自主经营、自负盈亏、自我发展、自我约束的法人实体，形成激励和约束相结合的经营机制。

【附】

萧山乡镇集体工业企业经营者谈企业生存与发展

在计划经济体制向社会主义市场经济体制的转变中，有的乡镇企业经营者在市场竞争中，尤其在面临国家宏观调控、银根紧缩、产品市场销售疲软中，能高瞻远瞩，机智果断，凭借自己的睿智和魄力，及时采取措施，调整发展战略，改革管理制度，广纳人才，提高职工积极性，立足国内市场，面向国际市场，使企业持续发展；有的则无可适从，举步维艰，缺乏应变能力，使企业由兴到衰，最后歇业、转让。鲁冠球等四位工业企业经营者所经营的企业，是萧山乡镇集体工业企业兴衰的一个缩影，为萧山工业的发展提供了宝贵的经验与教训。

鲁冠球谈〝万向〞发展

我搞企业，已经有几十个年头了。1969年，挂靠宁围公社，办起了宁围人民公社农机修理厂，主要为本公社加工小农具和简易农机维修件，当时只有7个人，4000元钱，只能算是一个小“铁匠铺”。

1988年明晰产权，企业资产一半属宁围镇政府所有，一半归企业集体所有。后来，企业发展，镇政府没有再投资，其资产所占比例在企业中越来越小。

到2000年，我们的工业销售产值为68.15亿元，利润总额为5.05亿元，企业增加值9.67亿元，出口创汇1.34亿美元，总资产已有80多亿元，所有者权益40.63亿元，员工1万多名。

万向集团公司32年持续稳步发展，靠的是党的改革开放好政策，靠的是各级政府、社会各界的大力支持，当然也靠企业自身的艰苦努力。我们主要是做了三个方面工作：

实事求是地制定发展战略。70年代，我们的战略方针是“求实、图新”，不停产闹革命，招本乡人，用国营厂退役的设备，拾遗补缺，产品供当地使用，企业生存下来。

80年代，我们的战略方针是“立足国内创业，面向国际创汇，扎根企业内部，脚踏实地工作”。我们在全县招人，用的是国内先进设备，产品销往全国。

90年代，我们的战略方针是“大集团战略、小核算体系、资本式运作、国际化市场”，员工在全国范围内招聘，用上了国际先进设备，产品销往了国际市场。1997年，我们进入国务院120家试点企业集团行列，1999年成为国家520户重点企业之一。无论在120家，还是520户中，我们都是唯一的汽车零部件企业。

30多年来，我们从零件到部件，到系统模块化供货，已有汽车零部件专业生产企业几十家。2000年，我们收购广州轴承厂。这个厂80年代的时候是国家万向节定点专业生产厂家，当时定点的有3家，老大是青岛万向节厂，老二是广州轴承厂，老三就是我们。后来，老大停产，老二被我们收购，我们这家老三成了行业老大。

图13－5－491　2000年，位于萧山经济技术开发区内的万向集团公司二号生产基地，主要生产汽车制动器、传动轴、减震器等汽车零部件（万向集团公司提供）

大胆“走出去”，利用国内外两个市场、两种资源。1984年，我们的产品销往美国，成为首家进入美国市场的中国汽车零部件企业，在国内外引起轰动。新华社、美联社、法新社等国内外新闻媒体，都报道了此事。1985年，召开全国计划经济工作会议，我在会上发言，谈到我们的产品已经出口，但国内还列不进计划。当时，姚依林副总理主持会议，他在会上讲，国外都在用的产品，国内为什么不用。从那以后，国内主机厂才开始要我们的产品。

1992年，我们把人员派往美国，提出“以赚外国人的钱为荣，使万家致富为乐”。1993年，我们创办万向集团美国公司，这是我们首家海外公司。万向集团美国公司采用本土化的方式规范运作，先后在美国、英国、德国、加拿大等7个国家设立了11家公司（编者注：含境外公司子公司）。并以“股权换市场”、“设备换市场”、“让利换市场”等灵活的方式，获得了大量的产品定单。媒体称赞我们是“在洋人的地方，用洋人的资源，做洋人的老板，赚洋人的钞票”。

1997年，通过国内外企业的共同努力，我们的产品进入美国通用汽车装配线，成为大陆首家进入该装配线产品的生产企业。为国际主机厂配套的成功，不仅为我们赢得了大量稳定的产品定单，而且，还促进了我们整体素质的提高。同时，为鼓励我们发展，国家还给我们外经权、外贸权、外事权，外经贸部批准万向美国公司为境外带料加工装配企业，为我们建立国际生产基地创造了条件。

2000年，我们收购了首家购买我们产品的美国舍勒公司。该公司创建于1923年，是世界上万向节专利最多的企业，1984年开始经销我们的万向节，1987年，他们专程赶到万向，提出独家代理我们的产品，我们没有同意。美国舍勒公司的老板一气之下，决定和我们断交。送他们走时，我说，我们随时欢迎你们回来。不到1年，他们真的就回来了。因为他们走了一圈，没有找到同我们一样价廉物美的万向节，他们不赌气，一切以利益最大化为标准。美国舍勒公司又与我们重新签订合同，还送来一只鹰雕，向我们表示敬意。这些年，我们企业蒸蒸日上，对美国舍勒公司形成了冲击，他们每况愈下。2000年4月，我们谈成了美国舍勒公司的收购项目，当年送“鹰雕”的人又来到万向，向我们做技术移交。当我再一次和他握手的时候，他说，你是胜利者。我说，我们再次合作。

充分调动员工的积极性，发展企业生产力。在调动员工积极性方面，我们主要做了五项工作：

1. 以制度引导员工上进。我理解，制度的作用不仅在于约束人，更在于引导人、激励人。比如我们的用工制度，采取“阶梯式用工，动态式管理”。就是终身员工、固定工、合同工、试用合同工、临时工等多种用工形式同时并存，实行阶梯式排列，一级比一级收入高、福利好，员工看到低的，也看到高的，通过比较产生压力，激发动力。同时，五种用工形式之间，实行流动式管理，可上可下，一切取决于员工的个人表现。好的得到晋升，差的降级。例如，评上集团劳动模范、自学获得大学文凭、科技成果获奖等，都可得到晋升。没有人可以一劳永逸，每个人都必须不断超越自我，这样，企业的整体素质也就越来越高。

我们的其他制度，如企业内部补充养老保险制度、医疗制度、晋升制度等等，都是作为一种理想、一种目标来引导大家，而不是作为一种“法律”来制约和处罚大家。

2. 以收入挂钩突出员工主人翁地位。我们分配的基本原则，就是体现差异性和灵活性，“因人而异”、“因岗而异”、“因事而异”、“因时而异”，并与企业效益紧紧挂钩。70年代，我们的企业日均创利润1万元，员工的最高年收入达到了1万元，第一个1万元，由操作工获得。80年代，我们的企业日均创利润10万元，员工的最高年收入超过了10万元，第一个10万元由销售人员获得。90年代，我们的企业日均创利润100万元，员工的最高年收入超过了100万元，第一个100万元由经营者获得。2000年，我们企业日均创利润200万元，员工的最高年收入也超过了200万元，这个200万元的获得者仍然是经营者。到2009年，企业力争实现日均创利润1000万元，员工的最高年收入也要突破1000万元，这第一个1000万元，我想应该是科技人员获得。

不同的岗位有不同的分配政策。我们的高级经理实行的是年薪制，科技人员实行项目工资制，销售人员实行销售提成制，管理人员是级分制，操作工是计件制，等等，一切以调动员工的积极性为前提和标准。

3. 以奖罚引导员工价值观念。作为一个领导者，你奖励什么，惩罚什么，无疑是在告诉员工个人的价值标准，而员工会努力去做受到奖励的事。可以说，奖励就是一种方向。比如，我们奖励一名驾驶员1000元，就是因为他在一次出车时，客人问他说：“我上次来万向走的不是这条路吗？”他回答说：“条条大路通万向。”既给客人留下了很好的印象，又表现了他的机智，为集团树立了良好的形象。一句话1000元，表示了我们对外树企业形象的重视。

2000年，我们下属一家企业，奖励一名法律事务人员10万元，因为他通过法律的手段，讨回了一笔客户拖欠款。这是我们对“内育职业忠诚”的重视。我们还奖励一名项目负责人38万元。在我们集团受奖励的员工很多，只要你做了对企业发展有利的事，你就有可能获奖。搞企业，奖罚一定要分明，有奖无罚必乱，有罚无奖必怨，无奖无罚既乱且怨，必须奖罚分明，公平合理，方能治也！

4. 以“分家”促进员工成长。分家的目的就是调动更多人的积极性，把事业做大。当年，我就是搞了分家制，把一个个项目分出去，独立运作，原来的车间主任当了总经理，班组长当了车间主任，职位变了，工作积极性也就大不一样了。比如我们原来的轴承车间主任去搞轴承公司，现在搞得很好。

我们从一家企业、一只产品，发展到现在30多家企业，每家企业都是独立的经济实体，专业生产一类产品。变千斤重担一人挑为千斤重担大家挑。大胆放手，让他们去实践、去提高。千万不要以为凡事只有自己才干得最好，更不要以为给别人机会，自己会被取代。

5. 以文化推进经济发展。一种文化，决定一种劳动态度。万向30余年持续稳定发展，员工结构从本乡人、本市人、本省人到全国各地，甚至外籍的员工也有很多；员工素质从初中生、高中生、大学生、硕士生，到博士、博士后，五湖四海的人，走到一起来。正是这些不同经历、不同语言、不同风俗习惯的人，以不同的观念、不同的视角，在企业里相互碰撞、相互启发、相互融合、相互提高，形成了万向特有的“追求卓越”文化，形成企业的利益共同体。

下一步，我们的发展目标是进一步做强、做大现有产业、产品，建设先进汽车零部件基地，同时，加大“走出去”、“引进来”力度，实现“三接轨”，就是接轨国际大公司运作，与其建立战略同盟，实现同步发展；接轨国际先进技术，资源互补，实现技术的同步开发；接轨国际主流市场，与时俱进，与世界俱进。

（万向集团公司提供）

黄来兴谈“亚太”发展

我是1979年12月被石岩乡政府任命担任厂长的。当时企业固定资产原值6万元，职工7名，只生产2个车型3个品种的汽车制动总泵分泵，产品合格率只有12%，企业亏损。至2000年，已形成了5个系列500余个品种的产品，实现工业总产值33410万元，利润3559万元，年末拥有固定资产原值18404万元，职工1583名。回顾企业20余年的发展经历，我们的体会有六个方面：

产品必须要有市场。我担任厂长后的第一件事“找市场”。我们走访全国各地的汽车生产企业，掌握市场行情。根据市场需求，调整产品结构，停止生产58—1等老产品。重点生产汽车维修企业需要的格斯—69分泵、大道奇总泵。第二年企业扭亏为盈，获利7.50万元。同时，成立市场情报研究室，派销售人员到各地厂家上门推销产品，每年还到全国展销会展销产品。当时，乡镇小企业没有资格参加全国性展销会，我和销售人员在展览会门口广场上摆地摊，向全国的客户展销产品。1985年，我厂生产的产品已发展到23个车型70多个品种，产品市场拓展到全国29个省、市、自治区。

经营者要提高驾驭市场的能力。1986年，国家加强宏观控制，汽车制造业紧急刹车，国家只保留几家主机厂，迫使相当数量的汽车零部件及配套制造企业歇业或转产。我厂也不例外，产品积压，企业亏损。但我对企业发展充满信心。我们采取紧跟主机厂产品换代步伐开发新产品的做法，成功开发“111”微型车系列和“212”、“130”两个轻型车的双管路制动总泵，其中“130”系列双管路制动总泵通过省级新产品鉴定；拓展工程机械和农用车制动器市场，以薄利维持企业的运行；投入80余万元进行企业技术改造，趁生产淡季，对职工进行岗位技术培训，提高职工操作技能；加强成本管理，创办厂内银行。1987年，企业成本比1986年降低了11.27%，原材料利用率提高15.30%，在制品占用资金降低8.98%，资金周转加快63天，这一年实现利润37万元。

发展企业必须要有一支高素质的职工队伍。企业创业初期，职工中存在社队干部子女多、照顾关系多、困难户家庭多的“三多”问题，职工队伍整体素质较差，制约着企业的发展。1984年，我们改革招工制度，实行“开科取士”，要求进厂职工必须具有高中学历，并经文化考试后录用。当时有的人议论“办厂办不像，招工耍花样”、“黄来兴真‘头大’，做工要高中，自己是个啥”。首次招考的有10名职工，有7名职工先后担任了中层以上领导职务，其中1名担任公司总经理、6名在企业重要技术部门担任技术骨干。同时，采取“内培外引”，成立培训中心，自办专业培训班，并把素质较好的青年职工送到吉林大学、浙江大学、杭州商学院（后改称浙江工商大学）等大专院校定向深造。还与萧山乡镇工业学校、职业技术学校等联姻办学，招收专业技术人员。2000年末，我们企业具有大专学历以上的职工320名（大学本科学历的职工160名），占企业职工人数1583名的20%以上，其中具有高级职称10名、博士生1名、硕士生4名。

企业用诚信留人。努力提高职工的福利待遇，解决职工的后顾之忧，使职工安心工作。我们的职工都参加养老保险，每年支付养老保险费在300万元以上；对在科技岗位上的职工给予安置补贴、回家探亲补贴、购房补贴、结婚补贴，对受聘中层以上的有购车补贴。我们厂还不拘一格用人才，按照职工的技能“高职低聘、低职高聘、无职也聘”，形成企业内“能者上、平者让、庸者下”的用人制度，不仅留住了真正有用之人，而且做到人尽其才。

开辟企业更宽广的发展空间。1999年开始，我们厂按照“主业求精，外延拓展、做大做强”的发展思路，向外拓展，成功地收购了萧山双弧齿轮有限公司（主要生产车用齿轮箱）；分别投资500万元和800万元，在安徽省芜湖市和广西壮族自治区柳州市设立汽车底盘部件生产企业，生产汽车底盘等零部件；投资1500万元，在云南省昆明市内设立云南尊王工程钢品公司，从事钢结构生产和钢结构的施工；组建金鹰交通设施有限公司，该公司于2000年已形成年销售收入1.50亿元的生产施工能力，利润达1000万元，并获得了建设部交通安全设施施工一级资质。

增强企业核心竞争能力。1991～2000年，投入共计2亿元，对企业的设备进行技术改造，从日本、意大利、英国、美国等国家引进制动盘加工等生产流水线20余条，使企业生产技术达到国内先进水平；建立省级技术中心，配备了具有国际先进水平的设计检测设备。1996～2000年，企业加大新产品开发力度。其间，完成了轿车、轻型客车、微型车等车型的盘式制动器、鼓式制动器、真空助力器、制动泵等新产品120只。其中ZQ6450后制动器、ZQ6480N前后制动器、奥拓SC7080钳盘式制动器总成、捷达王14寸制动器总成等5种产品被评为国家级新产品；捷达轿车后制动器、丰田海狮等5个系列40余个产品分别获国家、省、杭州市新产品科技成果奖。至2000年，我们企业进入全国民营企业500强行列，成为国家级高新技术企业、浙江省“五个一批”重点骨干企业和国家级汽车零部件行业重点发展企业。

（亚太机电集团有限公司提供）

邵伟成谈“浪潮”兴衰

50年代、60年代，我们尖山下大队以及各生产队曾组织土纸生产。1969年，创办竹制品厂（1976年停办）。1975年9月，大队创办的萧山滤油纸厂投产，固定资产净值1.05万元，当年实现工业总产值1.98万元。

1978年12月中共十一届三中全会后，县委提出“无农不稳，无工不富，无商不活”的发展战略，我们大队开始注重工业经济的发展，扩大萧山滤油纸厂的生产规模，并更名萧山滤纸厂。1981、1983年，依托萧山滤纸厂，先后办起萧山造纸厂和纸箱车间，两家厂是“两块牌子，一套班子”，主要生产瓦楞纸、箱板纸和各种高档纸箱。

图13－5－492　1989年杭州江南电热蚊香厂从日本引进的全自动电热蚊香片生产流水线。图为该车间工人在生产灭蚊药片（邵伟成提供）

1988年3月，村集体投资200万元，引进日本佳友化学株式会社的制造电热蚊香技术，创办占地面积7200平方米、建筑面积1872平方米的杭州江南电热蚊香厂。10月建成投产，电热灭蚊原纸由萧山滤纸厂提供。第二年，引进日本产的两条全自动生产流水线，形成年生产灭蚊药片400万盒、电热灭蚊器100万只的规模。灭蚊药片采用日本佳友化学株式会社的强力毕那命40原液精制而成，具有无烟、无灰、无毒、气味芬芳、灭蚊高效等特点，投放市场后，受到国内外广大用户的赞誉和信赖，产品销往全国20余个省（市）。1990年，杭州江南电热蚊香厂生产的电热灭蚊纸片获省新产品骏马奖。翌年5月，电热灭蚊药片经国家工商行政管理局商标局核准注册“浪潮”商标。

1991年6月，杭州浪潮实业公司成立，注册资金50万元，下属萧山滤纸厂、萧山造纸厂、杭州江南电热蚊香厂和农业车间、村山林队，已初步形成集团型的企业联合体，主要产品有电热灭蚊香、工业用纸和各种高档纸箱。

1992年，杭州浪潮实业公司被市政府命名为1991年度市一级工业企业。这年的10月23日，注册中外合资杭州浪潮迪诺卫生用品有限公司。该公司注册资本110万美元，其中村集体出资77万美元，占公司注册资本的70%；意大利长迪罗莱公司出资33万美元，占30%。该公司主营医用卫生床垫生产，年产3000万条生产能力，50%产品销往意大利。这一年，每家企业均实行内部经济责任制，实施原料、工资、费用与生产、销售双挂钩的考核办法。杭州浪潮实业公司全面质量管理工作经杭州市经委、市质量管理协会验收合格，企业标准化经浙江省标准计量局验收合格，基础管理工作经浙江省乡镇企业局验收合格，并被列为杭州市重点骨干乡镇企业，“浪潮”商标获浙江省满意商标。年末，拥有固定资产552万元，职工650名，职工人数占全村劳动力的67.98%，其中各类专业技术人员51名。这一年，职工年均收入2415.40元；村民年人均收入1812元，村民从村办企业得到的收入占全部收入的62.70%。

1993、1994年，总共投资1000余万元，征地100亩，扩大蚊香生产规模。1994年6月，杭州浪潮实业公司生产的“浪潮”牌盘式蚊香荣获第五届亚洲及太平洋国际贸易博览会金奖，浪潮商标被认定为浙江省著名商标。这一年，企业发展达到历史最好水平，杭州浪潮实业公司完成工业总产值8000万元、产品销售收入6400万元、税金总额250万元、利润总额380万元。年末，公司占地面积扩大到10.80万平方米、建筑面积增至2.80万平方米，总资产达到9000万元，固定资产原值2000万元。第二年，杭州浪潮实业公司第三次被市政府命名为“市一级工业企业”。

1995年5月，根据市委、市政府1994年8月召开的全市重点乡镇企业转制研讨会议精神，杭州浪潮实业公司实施第一次转制工作。对1991年创办杭州浪潮实业公司时的50万元注册资金界定为：村集体为45%，我个人为55%，并按《中华人民共和国公司法》的规定，组建有限责任公司，企业定名杭州浪潮实业有限公司。这是云石乡首家较大规模的村办集体企业转为个人的控股公司。当时职工受“转制不等于转私”的思想影响，对这样大的规模企业转为个人控股，思想一时转不过弯来，领导班子内部存在生产经营决策意见不一、企业管理失控的问题。这一年正值毗邻诸暨的“李字”、“黑猫神”等生产电热灭蚊香的规模型企业兴起，我们企业产品出现了市场销售疲软，应收账款难以收回，企业潜亏数额逐渐增加；加上投资较多，又逢银行信贷紧缩，企业资金周转困难，使企业的竞争能力大大削弱。

1997年3月，企业进行第二次转制，对所属的4家企业进行清产核资、资产评估，评估资产总值为9000万元，资不抵债1900万元，企业存在难以收回的应收款2000余万元，债务中有银行贷款和村民集资款等5000余万元。第二次转制，我和我的大儿子邵锦春各出资50%，组成全部注册资本由自然人出资的私营企业。这转制，事实上是村集体没有按照股权比例承担资不抵债部分的45%债务，债务均由我和大儿子承担，难以收回的应收款又全部由我和大儿子承担。为使企业重振旗鼓，我外聘总经理，加强企业管理，增收节支，提高产品质量，但终因负债过重而无济于事。1998年，公司难以为继、回天乏术。1999年3月，被迫停业，公司以全部资产偿还债务，解除职工劳动合同，后向萧山工商行政管理部门申请注销。

（邵伟成口述和审定，任国辉整理）

俞柏明谈“三江”兴衰

杭州市萧山电视机厂创建于1984年12月底，是桃源乡办集体工业企业。创办这家厂是通过在杭州工作的老乡沈忠贵介绍，与杭州电视机二厂厂长金德庆认识后谈妥的。金德庆辞去了杭州电视机二厂厂长职务，带领竺万华、项桦、沈忠贵、冯志健、吴子中、寿小卫、华美石、卫其昌、俞炳法9位工程技术人员，到桃源乡创办电视机厂，金德庆任厂长，并创建萧山电子实业公司。公司与厂是“两块牌子，一副班子”，由乡工业办公室负责人任公司董事长。杭州市萧山电视机厂成立后，杭州师傅吃住在厂，加班加点，春节不回家，正月初一加班，同时严格培训职工。建厂后10天，厂房突遭火灾，7天修好厂房，20多天时间生产出第一批三江牌14英寸黑白电视机。“桃源速度”轰动全县，也惊动了杭州市有关领导。

图13－5－493　1985年5月，杭州市萧山电视机厂生产的三江牌14英寸双喇叭双天线黑白电视机。图为该厂职工在调试电视机（董光中摄）

1985年，杭州市有领导提出要关闭电视机厂，要求时任桃源乡党委书记俞保林每天汇报关闭厂的情况。同时，派时任杭州市工商行政管理局副局长施秀珍成立调查组，立案调查。调查后，施局长认为桃源乡办厂依法登记没有错，既不污染环境，又能安排农村劳动力，帮助农民致富是件大好事，从而说服了杭州市领导，并得到时任中共浙江省顾问委员会主任铁瑛、副主任崔健等领导的大力支持。当时，杭州市政府规定，凡是离职到农村办企业的，劝阻无效者吊销城市户口。但是，金德庆等10位师傅仍坚持留在桃源办厂。3月，电视机厂成立了党支部，由我担任党支部书记，负责对外的协调工作。也就在这一年整党期间，杭州电视机二厂不予金德庆党员登记。5月27日，生产了三江牌35JDA－1型14英寸全频道双喇叭双天线黑白电视机。当时产地试销零售价以省定价为标准，核定为每台420元。国产显像管（除H管）装机比进口低30元，12频道比全频道低30元。后三江牌黑白电视机产品经浙江省电子产品监测站（杭州市天目山路18号）抽验合格。同时，在浙江省电子产品监测站内设立厂经营部，产品供不应求。当时，黑白电视显像管紧缺，考虑到供应黑白显像管的上海电子管二厂尚无小汽车，就购买了一辆昌河牌面包车，委派驾驶员常驻上海电子管二厂，为其服务并联系采购电视显像管事宜。这一年产品销售收入650万元。

1986年6月3日，生产了三江牌5.5英寸全频道AM二波段DSL－8510电视、收音、录音便携式三用机和4×JDA型17英寸全频道黑白电视机。8月7日，电视机厂与电子工业部36研究所签订“科技生产联合体”联营协议。

1988年，随着黑白电视机产品销售市场竞争的激烈，杭州师傅相继回城，乡党委、政府任命我为厂长和公司经理。这一年，电视机产品获得电子工业部颁发的电子产品生产许可证，聘请航天部101厂两位高级工程师作为技术顾问，从上海电子管二厂获得6000只显像管，而且每只低于市场价格154元，保证了产品产销两旺，全年实现工业总产值1100万元。

1989年，电视机厂创办桃源精细化工厂和桃源扬声器厂。1990年，14英寸黑白电视机开始出口，全年出口交货值1000余万元。

1994年起，电子产品日新月异，黑白电视机逐渐被市场所淘汰，市场竞争日益激烈。1996年，企业集体资产转让给了个人经营。个人经营后，资金有限，技术力量薄弱，生产的产品跟不上市场的需求，又无力更新换代，企业日益衰落。至2000年歇业。

（俞柏明）

第二节　区域行业

1979年后，为谋求一条致富之路，萧山发展社队工业。80年代，各地从培育"一地一业"的特色行业起步，由血缘、姻缘和亲缘的相互帮带，到同村、同乡的帮带，发展具有比较优势的区域性特色行业，并在当地工业经济总量中的比重逐年上升。

1990年杭州钱江外商台商投资区江南区块管委会建立后，市北、之江、桥南三区块联动开发，推动乡镇工业区域行业的建设，萧山工业由松散布局向区域布局发展。至1995年，全市已基本形成以衙前、瓜沥、党山等地为主的纺织业，城北、宁围等地为主的汽车零部件及配件制造业，南阳、河庄等地为主的化学原料及化学制品制造业，河上、楼塔等地为主的造纸及纸制品业，城东、新塘等地为主的羽毛（绒）及其制品业，新街、头蓬、新湾、义盛等地为主的蔬菜食品加工制造业，义桥、闻堰等地为主的电子电器、五金工具制造业和城区的服装制造业等八大区域工业经济，呈现萧山工业行业的区域特色。

1996年，萧山行政区域调整，适时调整工业布局。市政府提出，培育区域工业经济，以增强萧山工业发展后劲。要求南片地区以发展造纸及纸制品为重点，实行优化改造，集中扶持，使之集约化、规模化发展；东片以充分利用中国轻纺城的区位优势和纺织业基础，培育和发展上规模、上档次的轻纺龙头企业；中片以发挥萧山经济技术开发区的区位优势，加大招商引资力度，兴办外商和港澳台商投资工业企业，发展高新技术产业。至2000年末，楼塔镇纱艺制造业、河上镇造纸及纸箱包装制品业、衙前镇轻纺工业、南阳镇制伞业和新塘乡的羽毛（绒）及其制品业的私有工业企业共计890家。是年，实现工业总产值62.80亿元，占所在地5个镇乡工业总产值的64.64%。

衙前镇轻纺工业

衙前镇轻纺工业历史悠久，素有男耕女织的传统。[①]萧山解放后，仍有不少妇女纺织土布。[②]"文化大革命"期间，土纺土织几乎绝迹。1976年始，集体轻纺工业、个体和私营轻纺工业均发展很快，[③]购置设备、设计产品。[④]至1985年，全镇村村都有织机。1991年，开始新增高速倍捻设备，织机改装为双梭箱，使纺织化纤原料多样化。

1992年6月，螺山乡并入衙前镇。为发展私有纺织工业，镇政府提出："村里造房子，个人买机子，集体挂牌子。"即由各村分别建立厂房，并设立纺织实业公司，将农户织机集中到村建立的厂房内，视农户经营规模安排厂房面积，统一供水、供电和交通运输，各自核算、自负盈亏，按农户织机数量上缴村纺织实业公司利润（包括厂房租金、电力设施配套费、管理费、村公共积累和按台机数上缴国家的税金）。这就是衙前镇个体家庭纺织户的所谓村办集体"红帽子"经营体制。年末，全镇有各类织机1400台。是年，主要产品有"麻纱王"、"卡丹王"、"万事达"、"太子呢"等。至1995年，铁木机全部淘汰，普遍改

①衙前镇早先以织葛布、麻布著名。南宋后，随着棉花种植业的日益发展，衙前镇家庭土纺土织业兴起，土布用于家庭人员穿着外，还出售。当时的纺织机用竹木制成，操作时手摇脚踏。纺织品是经纬平织或斜纹织，织成的布印染成颜色或花色。明末清初，开始使用脚踏手拉木机绳索织绸。清末，采用境外引进的提花龙头机织布。

②1954年9月开始凭布票供应棉布后，有城镇居民向亲友调剂絮棉票，购买絮棉到农村委托加工纺织成土布。

③1976年，随着乡镇工业的发展，衙前镇开始兴办集体纺织厂，土纺土织逐步向半机械、机械织布发展。是年，衙前综合厂引进铁木机（俗称绸机）2台，用绦纶丝织被面，后改织涤卡。至1982年，衙前镇镇办轻纺工业企业有衙前综合厂、衙前化纤绸厂、衙前布厂和衙前色织厂等。

80年代初，翔凤村邱阿根也购进旧铁木机4台，用有色棉纱织沙发布。1982年后，随着农村全面推行家庭联产承包责任制，四村、项甬、卫家、交通、明华、同富和山南等村剩余劳动力开始兴办家庭纺织厂。

④为适应销售市场出现的"西装热"状况，先后购置K74、K84、GA—615等自动织机，专织化纤产品，设计生产"小精纺"、"大精纺"、"金秋呢"、"中华呢"等品种。这些纺织品质地与毛织品相差无几，而价格只有毛织品的三分之一。

用 K74、K84、GA-615 等自动织机。山南村购置的剑杆织机，使用微电脑程控，自动化程度高，织物门幅可达 2.30 米，车速达每分钟 400 余转。1996 年，浙江恒逸集团有限公司、萧山金洲纺织有限公司和杭州兴惠化纤有限公司等企业开始引进意大利剑杆织机，引进大专以上学历的知识型人才，增加“白纹麻”、“方格麻”、“时装麻”等新产品。这些新产品细致爽滑透气，织纺新颖清晰，有的挺如绫罗、有的薄如蝉翼，可与天然麻葛纤维媲美。年末，村村都设立纺织实业公司，个体纺织户拥有织机、网络丝车、粘丝车等 4800 余台，外地人员（外地妹为多）进入“红帽子”企业最多时有 12000 余人。

1997年初始，轻纺产品市场变化，有梭织机产品滞销，村集体“红帽子”经营体制的弊端凸现。当时流传这样一句话：“产品对（堆）路，出口日（蚀）本。”部分个体纺织户出现亏损、停产，向村纺织实业公司上缴利润有困难，职工工资拖欠，村纺织实业公司给个体纺织户担保的贷款难以归还；另一部分个体纺织户已把有梭织机换成剑杆织机，新产品畅销市场，利润丰厚，想再发展却无土地，打产品品牌又不是法人。1998年2月，开始改革村集体“红帽子”经营体制，将个体纺织户与村纺织实业公司脱钩，摘掉“红帽子”，即将原租赁给个体户的织机转让给承租者，使用集体厂房的将厂房转让给使用者，占用厂房而停机歇业的促其归还厂房转让给新发展户，欠集体贷款的将其织机收归集体抵债并出售，尚欠贷款限期归还，个体纺织户自办营业执照，直接向国家缴纳税费。至5月，除韩戴村的1家经编企业外，其余个体户均各自办理了工商登记，与集体脱钩。其间，四村集体资产转让时，有的个体纺织户用织机抵欠款，使村集体资金损失500万元。6月，四村个体纺织户投入资金共2500万元，增加剑杆织机230台。

1998年起，杭州兴惠化纤有限公司等企业开始引进境外喷气织机、喷水织机，增加“印尼麻”、“双色麻”等新产品。2000年末，全镇轻纺私有工业企业259家，拥有无梭织机5578台，占私有企业全部自动织机数量的91%；有梭织机552台，占织机的9%。主要产品有棉织物、化学纤维织物。是年，轻纺私有工业企业实现工业总产值308900万元，占全镇工业总产值的80.94%。

图13-5-494 1998年起，浙江恒逸集团有限公司开始从意大利进口全自动喷气织机。至2000年，共进口喷气织机24台。图为1998年6月该公司喷织车间的喷气织机正在织宽幅涤棉混合呢面料（何邦阳摄）

表13-5-288 1998～2000年衙前镇轻纺私有工业主要设备

单位：台

年份	织机					经编机	圆机	加弹机
	无梭织机			有梭织机	合计			
	高档	中档	低档					
1998	332	192	976	2514	4014	144		23
1999	332	214	1830	1175	3551	406	53	26
2000	762	586	4230	552	6130	510	126	92

注：有梭织机与无梭织机的生产效能之比约1：4。使用无梭织机使生产能力提高，职工人数减少，产品档次提高，生产成本降低，产品质量优、产量高。

图13－5－495　2000年8月，河上镇的萧山凤凰造纸厂工人正在装运机制纸出厂（吕耀明摄）

河上镇造纸及纸箱包装制品业

南宋时期，河上镇已有青竹为原料生产手工纸（土纸）。清末，土纸生产发展。[①]民国前期，手工纸生产有所发展；日本侵略军侵入萧山期间，面临崩溃；抗日战争胜利后，有所恢复；国民党发动内战期间，再次陷入困境。萧山解放后，手工纸生产经历了由发展到衰落的过程。[②]

70年代，河上镇农村开始创办造纸厂和包装纸箱厂[③]，造纸以稻草为原料，造纸和纸箱生产均采用半自动机械设备。80年代，村办的沙河、联合造纸厂等企业扩大厂房，增添和更新设备。其中大桥、桥头黄、下门等村办造纸企业引进半自动机械设备，生产包装纸及白纸。同时，创办大桥纸箱厂等较具规模的纸箱包装厂。

1992年开始，该镇以合资的方式兴办萧山市蔡伦纸业有限公司和萧山市新丰造纸厂等企业，引进全自动生产流水线，生产各类高档的白板纸、瓦楞纸、包装纸、牛皮纸、卫生纸等。1994年，中外合资浙江胜达包装材料有限公司组建浙江萧山胜达包装集团有限公司[④]。

1995年，河上镇乡镇集体工业的造纸及纸箱包装业企业开始产权制度改革。是年，村办集体造纸厂转为私营的企业有7家。至2000年末，河上镇私有造纸及纸箱包装业工业企业131家。其中私有造纸企业10家，拥有白板纸生产线4条、瓦楞纸生产线12条、板纸生产线1条、牛皮纸生产线1条、包装纸生产线1条、卫生纸和面巾纸生产线2条；纸箱包装生产企业121家（半自动化纸箱厂110家、全自动化纸箱生产企业11家），拥有德国全电脑HBS公司自动生产线1条、纸箱自动流水线13条。主要生产电视机、电冰箱、洗衣机、食品等包装纸箱。是年，全镇造纸及纸箱包装业私有工业实现总产值168500万元，分别占全镇工业总产值的73.95%。

此外，河上镇为解决纸箱生产企业彩印的需要，创办有萧山沈飞包装有限公司等彩印企业4家，拥有彩印生产流水线4条。

新塘乡羽毛（绒）及其制品业

羽毛收购、加工是新塘乡的传统副业。[⑤]1954年，建立集体羽毛加工场。至1961年，共建有集体羽毛加工场8家。1966年，开始发展集体羽毛（绒）制品企业。是年，建立新塘羽毛厂，生产羽毛串条。1982年3月，创办萧山县羽绒厂，购进1台（套）水洗机，生产羽绒服装。

1986年，开始发展私营羽毛（绒）制品企业。是年10月，新塘乡紫霞村村民韩宝洪在该乡的东河村以村集体的名义创办萧山飞龙羽绒厂，生产羽绒。随着新塘羽毛（绒）制品工业的发展，羽毛（绒）需求量增加，农户开始购置分毛机，从事收购羽毛、羽绒的队伍逐渐扩大，老人和妇女就近收购羽毛，中青年采取集中收购、委托收购、承包杀禽场等方式批量收购，有的前往四川、天津、内蒙古、黑龙江、吉林、辽宁、广东、广西等地，有的在中俄、中缅、中越、中老、中柬等边界设点收购羽毛、羽绒。农户收购的羽毛，除自己用于制作鸡毛掸帚外，其余的卖给羽毛（绒）制品企业。

①清末，全镇个体槽户数十家，槽产上百家。河上镇槽户、槽产主要分布在该镇半山区的金坞、鲍坞、桥头黄、凤坞、泉水坞、甑山坞、张毛坞等村。全镇依靠造纸做工维持家庭生活者数千人。主要生产白纸（京方纸、元书纸）和黄纸。造纸原料以就地出产的嫩毛竹为主。每年农历小满后，各村槽户收购嫩毛竹作为当年造纸原料。

②萧山解放后，河上供销社设站收购土纸。农业生产合作化运动期间，个体槽户参加村生产合作社，土纸由集体生产经营，各村生产合作社扩大槽产，手工纸收入成为河上镇半山区农村村级集体经济的主要来源。

60年代后，实行封山育林，造纸原料紧缺，手工纸生产下降。

1981年，随着家庭联产承包责任制的逐步推行，手工纸生产又开始由农户家庭经营。翌年，金坞、鲍坞、凤坞、桥头黄、里谢和高都等村共有槽产23家，1983年，高都村槽产停业，其余6个村有13家槽产生产。翌年，全部槽产停业。

③1971年，河上镇联合村创办联合造纸厂。翌年，创办萧山大桥张毛纸箱包装厂。后溪头、桥头黄、凤坞、里谢、高都、塘口、上山头、金坞、鲍坞和强农等村也相继创办板纸厂和包装纸箱厂。

④浙江萧山胜达包装集团有限公司的创建及发展情况详见本编第六章《企业 产品 商标》第一节《企业》。

⑤明末清初，新塘乡的一都孙、一都吴等村农民利用农闲时间，到县城、杭州等地，串街走巷吆喝收购羽毛。（《新塘羽绒志》编纂委员会：《新塘羽绒志》，方志出版社，2003年8月，第37页、38页）

将收购的羽毛经翻晒、拣毛、分毛、配毛、卡毛、穿毛，扎成鸡毛掸帚销售。至清末民初，萧山出现毛行后，才将收购的部分羽毛卖给毛行加工。抗日战争胜利后，收购羽毛的农民，每到农历年底，挑着竹箩或背着麻袋到上海、嘉兴、宁波、台州、海宁和余杭等地收购羽毛，有用现金交易，也有用毛纸和火柴等物品交易。

1990年，新塘乡羽毛（绒）及其制品企业开始与外商和港澳台商合资。是年10月，浙江省萧山羽绒总厂（前身是萧山县羽绒厂）部分资产与澳大利亚双A国际金融（财务）股份有限公司合资，组建浙江北天鹅羽绒制品有限公司。1993年，浙江北天鹅实业公司和浙江省萧山羽绒总厂的资产全额投入组建浙江北天鹅集团公司。该集团公司拥有生产性实有资金3088万元，成员企业38家，其中紧密层企业8家、半紧密层企业5家、松散层企业25家。①1994，该集团公司在萧山同行业中首家获得自营进出口权，是年出口创汇1238万美元；同时，在第五届亚洲及太平洋国际贸易博览会上，北天鹅羽绒服装、羽绒均获金奖。

图13—5—496　1988年4月，浙江省萧山羽绒总厂的分毛车间工人正在操作电器控制台（董光中摄）

1997年，乡、村集体资金开始从该行业企业中退出。是年3月，陈招贤、曹目毅和陈亮3人购买浙江北天鹅集团公司企业中的乡集体资产，分别创办羽毛(绒)及其制品企业,其中陈招贤联合陈海明和陈东灿共同出资创办杭州北天鹅服饰有限公司。

1998年10月，浙江省政府命名新塘为“羽绒之乡”。是年，新塘乡从事羽毛（绒）及其制品业的人数超5000名。2000年末，新塘乡有私有羽毛（绒）及其制品生产企业54家，与外商和港澳台商合资的羽毛（绒）及其制品生产企业4家；拥有分毛机128台、水洗机25台（套），羽毛（绒）加工能力8805.50吨。主要生产服装、寝具两大系列。是年，羽毛（绒）及其制品业实现工业总产值78047万元、出口交货值23876万元，分别占全乡工业的68.50%、59.31%。4家私营羽毛（绒）生产企业被省对外贸易经济合作厅和省工商行政管理局评为浙江省百强出口创汇企业，其中中服北天鹅服饰股份有限公司（前身是杭州北天鹅服饰有限公司）被农业部和对外贸易经济合作部联合授予“2000年度全国出口创汇先进乡镇企业”称号。②

图13—5—497　1998年4月，新塘乡政府在塘里陈村建立新塘羽绒羽毛交易市场（占地面积3500平方米）。图为该交易市场门口收毛个体户在卸货等待出售的情景（萧山区新塘街道办事处提供）

南阳镇制伞业

南阳镇制伞业始于50年代末。③1984年4月15日，高振芳四兄弟每人出资1万元，家庭人员10人，招收农村女青年20人，注册登记萧山南阳伞厂，注册资金4万元，其中固定资产1.50万元、流动资金2.50万元。高振芳兄弟4人以各自家庭为单位制作，主要设备有家用缝纫机、台钻、裁剪板等，产品销往杭州、绍兴、宁波、嘉兴等地。是年，生产尼龙伞和花折伞4.50万余把，实现工业总产值31万元。后家庭制伞工场由横蓬村、南丰村向新安村、赭东村等扩展，雨伞花色品种不断更新④，伞杆、伞骨子从镀锌逐步向镀铬为主转变，伞面由尼龙布、涤丝布向变色绸、提花色织布为主转变。随着制伞业的发展，促进了南阳镇农村家庭制伞工业的发展，制伞企业将伞面和伞骨架等发放到农户家庭缝合、加工，富裕了一方百姓；同时，促进了伞面布纺织、伞面绸印染、伞面印花、伞骨架制造、伞配件制造等制伞配套生产企业的发展。

1989年，萧山市私营企业协会义蓬分会成立时，南阳镇制伞业会员企业15家，占南阳镇会员企业的60%。是年，全镇生产各种晴雨伞100万把，销往南京、武汉、宁波等大中城市10余个。90年代，制作雨伞的部分个体私营业主从制伞的实践中取得工业生产经营经验，并在完成原始资本积累后，向其他行

①萧山市经济体制改革办公室：《关于建立浙江北天鹅企业集团的请示》（萧体改〔1993〕18号），1993年7月19日。

②2001年，私营业主开始聘请技术人员，制造分毛机、除尘机，还制造充绒机、打扣机等。至年末，全乡制造羽绒机器设备的个体私营工业企业单位有28家。同时，带动了该乡钣金业的发展。

③50年代末，横蓬大队社员高渭泳等制作黄油布雨伞。60年代初，南阳镇也有人以修理黄油布雨伞为主，兼营制作黄油布伞。60年代中期，以制作黄油布伞为主，兼营修理。70年代，横蓬大队高振芳等村民开始创办家庭作坊（工场）制作雨伞。

④1984年后，油布雨伞逐步更新为晴雨伞、广告伞、旅游伞等系列。每一系列有长柄伞、二折伞、三折伞等品种。

业发展，分别创办有纺织厂、车篮厂、印染厂、美容镜厂、淋浴房厂、旅游用品厂等，成为南阳镇经济发展的新增长点。

1991年，南阳镇制伞企业开始注册商标。是年12月20日，萧山市南阳第一伞厂的尼龙折伞注册“天丽”商标。1995年9月7日，该厂改组为杭州天华伞业有限公司，为南阳镇制伞业首家有限责任公司。1997年末，产品注册商标有“天丽”、“天宝”、“TH”（“天华”汉语拼音第一个字母）和“雨宝”4只。1998年8月18日，萧山南阳制伞行业协会成立，共有会员企业27家。年末，南阳镇制伞企业62家，其中有限责任公司5家。

2000年末，私有制伞企业73家，占全镇工业企业的17.10%；拥有高速缝纫机1200台，注册商标7件；制伞配套生产企业12家，伞面布纺织、伞面绸印染、伞骨架制造、伞配件制作、伞面印花等制伞材料不出南阳镇就可全部采购；专业运输企业3家，将伞运往各地。是年，生产各种晴雨伞4000万把，品种100余个，市外直接营销网点600余个，产品销往上海、宁波等数十个大中城市和东南亚、欧美的10余个国家和中国香港地区，实现工业总产值28000万元、出口交货值870万元，分别占全镇工业的18.52%、4.85%；农户家庭常年缝合伞面和加工伞骨架的人员6000余人，占全镇农村女劳动力人数（包括半劳动力）的 65%以上，加工费收入1200余万元。制伞配套生产企业实现工业生产总产值12000万元。从制伞业转向其他行业的私营业主创办的企业实现工业总产值29100万元。

【附】

油布雨伞制作工序

制作油布雨伞的主要材料有毛竹、木材、白布和桐油。制作工具主要是砍刀、手扶钻、圆锯、方凿、缝纫机。制作油布雨伞工序有六道：

备伞骨子（第一道工序）。把毛竹按尺寸断好，并劈成厚约1.2厘米的毛坯伞骨子。伞骨子有两种：一种是长骨子，长60厘米；另一种是短骨子，长28厘米。再把毛坯长骨子削成中间宽两头细，上扁下圆；短骨子削成两头扁，并用手工刨将伞骨刨光滑。然后用手扶钻在长骨子的侧面上、中、下打3个小洞，并在中间洞的正面处用圆锯进行铣槽；在短骨子的侧面两头各打一个洞。

制伞盘头（第二道工序）。盘头需用硬木制作。每把雨伞有两个盘头，顶部一个，叫上盘；中间一个，叫下盘。两个盘头大小棚，高为8厘米，直径6厘米。毛坯盘头，在圆锯中进行剥盘，将盘头上半部分剥成馒头状，下半部分剥成圆形，再用锯子锯出8条槽，并用方凿修光。然后在盘头中心铣一个小孔，上盘小孔直径1.5厘米、深1.5厘米；下盘小孔直径1.4厘米，上下通。

配伞面布（第三道工序）。伞面采用32支纱纺的龙头细布。把20×20支纱白布按样架（标准）裁剪好后，在缝纫机上进行缝合、拷边，制成伞面。

制作伞杆（第四道工序）。伞杆用月月竹为原料。月月竹笔直、上下一样粗，直径1.4厘米左右，将其断成80厘米长，刨光两头，刨平竹节。顶部处用手扶钻打洞、割槽，把自制的14号铁丝弹簧嵌入槽中；下部（伞柄）处打一个洞、穿一根绳，作挂伞之用。

组装雨伞（第五道工序）。每把雨伞需长伞骨子、短骨子各8根。先把长骨子与上盘用铁丝串牢，后把短骨子与下盘用铁丝串牢，再分别将伞杆与伞的上盘、下盘串牢，即将伞盘、伞骨、伞杆串成伞架。再在伞架上绷上伞面，并用针线缝好伞脚。

挷桐油（第六道工序）。先在伞面上用淀粉上浆（如漆匠批石膏样），待干燥后挷上颜色（颜色可根据需要而定，一般都是金黄色），最后挷上熟桐油，一般要挷2次～3次。

（高元法）

楼塔镇纱艺制造业

80年代初期，楼塔镇开始发展室内装饰用品的原料制造、加工、织造（统称纱艺制造业，下同）。1981年，楼公明创办家庭工场，为杭州客户来样加工窗帘边穗产品，因不符合客户要求而遭退货，楼公明把该产品运到浙江省义乌市场试销，获得成功。是年，楼宝根、楼善涛等4人受楼公明影响，也开始加工窗帘边穗产品。

80年代中期，4家镇、村集体绸厂和针织厂先后关、停，为私营业主生产纱艺产品提供了机遇，使生产纱艺产品的个体工业户、私营工业企业增加，品种增多，机械化水平提高；产品以低档排纱花边为主。排纱花边的前道工序采用花边机生产，后道为手工操作。这种现代与传统相结合的生产方法适合楼塔镇半山区农村，因此农民户带户、亲帮亲，纱艺制造业很快从林场村向楼一、楼二、楼三、楼四等村扩展。1990年末，全镇工业企业生产的纱艺产品品种有10余个。是年，纱艺制造业私有企业实现工业总产值500余万元。

1992年5月，大同坞乡和岩山乡并入楼塔镇。是年，镇、村工业企业实行联产联利计酬承包经营责任制，部分离厂的富余人员亦开始从事纱艺产品的生产经营、开拓市场，促使纱艺制造业的发展。1993年，私有工业企业从业人员800余人，纱艺产品增加到尼龙粘扣、挂球两大类200余个品种，产品销售从绍兴县柯桥轻纺市场向全国大中城市延伸，全年纱艺制造业私有企业实现工业总产值2000余万元。

图13—5—498　2000年8月28日，楼塔镇个体户在加工生产窗帘边穗（傅展学摄）

1994年，镇、村集体企业开始采取转让、租赁等多种形式的改革，资产、技术和人才等生产要素向生产纱艺产品的私营企业集聚。是年，楼塔镇设立了萧山市私营经济区，楼善涛等私营业主入户该区。

2000年，纱艺制造业从单一窗帘边穗发展到装饰花边带、窗帘衬带、窗帘装饰品等系列产品。门类齐全，有挂球、尼龙粘扣、轻纺和排纱4个大类，近1000个品种，集原料加工、生产、销售于一体，市场覆盖面占境内室内装饰用品市场份额的3/4，产品开始销往国际市场。年末，全镇从事纱艺制造业的私有工业企业320家，占楼塔镇工业企业家数的59.30%。是年，实现工业总产值4.50亿元，占楼塔镇工业总产值的46.44%。

2001年1月20日，在萧山楼塔私营经济区内设立萧山纱艺工业园区。至3月25日，萧山纱艺工业园区内的私营工业企业有12家。

第三节　企业集体资产管理

萧山乡镇集体工业企业以改革为中心，围绕集体资产的保值增值为核心内容进行资产管理。1981年，为确保集体资产的保值增值，欢潭公社欢联大队纸厂等工业企业试行承包经济责任制。1982年，全面推行联利计酬等形式的承包经济责任制。

1985年起，每年组织县级机关干部帮助乡镇集体企业开展清物资、清资金的“两清”工作，核实企业资产，收回应收账款。1986年，县委、县政府抽调县级机关干部1828人到各镇乡配合帮助769家乡镇集体企业开展“两清”工作。是年，共处理积压物资1394万元，收回应收款3303.56万元。

1988年后，乡镇集体工业企业在实施租赁经营、兼并、转让等改革时，均先对企业资产进行清理，核实企业资产价值量，在此基础上确定租金和转让费，有的企业还采取招投标的方式，确定租金和转让费，以确保集体资产的保值增值。1989年6月，市经济体制改革办公室调查显示：至4月，乡镇集体工业企业租赁经营、被兼并和转让的39家企业统计，其中20家企业在1988年亏损，亏损金额22.15万元，1989年4月已扭亏为盈14家，盈利12.84万元；16家微利企业的资产总额比1987年同期增长18.18%，利润增长26.97%。是年，针对完不成承包利润的企业中，存在职工工资超发、企业留利减少的问题，从“两清”入手，核实企业利润，杜绝虚利分配，以确保集体资产不流失。

1992年12月，在股份合作制试点之初，市委办公室、市政府办公室制定《萧山市乡镇企业股份合作制试行办法》(市委办〔1992〕97号)，明确产权界定原则，凡镇乡、村合作经济组织直接投入的资金，其产权归镇乡、村农民集体所有；企业历年积累基金（包括各项生产专用基金结余）以及企业的技术、商标等无形资产归镇乡、村农民集体及原企业职工集体共同所有。翌年，组建的乡镇集体企业股份合作制114家，经资产清理、评估和确认，界定镇乡集体资产1871.89万元、村集体资产1439.60万元、企业集体资产7312.48万元，并分别设立镇乡集体股、村集体股和企业集体股。

1994年，为加强集体资产管理，解决集体资产责任主体缺位的问题，镇乡（办事处）开始组建资产经营公司（中心），作为本级集体资产的投资主体。是年9月2日，市政府制定《关于企业转制工作中资产评估管理的暂行办法》（萧政发〔1994〕142号）规定，乡镇企业资产转让和租赁前，由镇工办、财办、信用社（农行办事处）、财税所、企业或村组成的资产评估小组，对企业资产进行评估、确认；具有一定规模的企业，须委托具有资质的资产评估机构评估，并报经市财政局确认；实行股份合作制的，由镇乡资产评估小组评估，报经市财政局确认。1995年，市政府要求各镇乡建立资产管理委员会，行使集体资产所有权，村经济合作社行使村办集体企业资产管理权，负责资产保值增值；进一步明确乡镇企业集体资产的产权归属，凡镇乡、村集体企业投资主体清晰的，其投资和投资收益形成的资产归投资方所有；投资主体不明确的，其产权属创办该企业的镇乡、村范围内的全体农民集体所有。是年后，随着乡镇集体企业实行股份合作制、股份制，市政府不再组织机关干部帮助企业开展“两清”工作。1996年8月，市经济体制改革办公室、市乡镇工业管理局联合调查全市镇乡集体资产经营公司（中心）资产情况。调查显示：除新街镇、欢潭乡外，其余26个镇乡（办事处）均建立资产经营公司（中心），入账资产总额14274万元，所有者权益5184.70万元。组建时资不抵债的资产经营公司（中心）有6家，资不抵债金额合计3877.11万元，其中资不抵债数额最多的是靖江镇资产经营公司，资不抵债1443万元。

1998年，市政府对镇乡（办事处）集体资产经营公司（中心）的经营管理工作开始列入年度目标责任制考核。至年末，全市28个镇乡都建立资产经营公司（中心）。

至2000年末，全市镇乡（办事处）集体资产经营公司（中心）的账面总资产47860万元、所有者权益18694.40万元。是年，实现经营收入4235.89万元、利润总额2830.51万元。（2001年，随镇乡行政区域调整，集体资产经营机构合并为26家。经审计，至是年7月31日，集体资产经营机构账面总资产48935.95万元、所有者权益22861.55万元，1～7月经营收入2391.35万元，利润总额1073.43万元。）

1990～2000年期间，乡镇集体工业企业注重社会效益，支援农业和发展社会事业，共计上缴利润73770万元，其中用于农田基本建设15657万元、集镇建设9877万元、教育事业17952万元、集体福利3882万元、扩大再生产21428万元、其他4974万元。同时，为确保集体资产保值增值，将集体资金投向经济效益好的企业用于扩大再生产，用于扩大再生产资金共计21428万元。

表13-5-289　1990～2000年萧山市乡镇集体企业上缴利润及资金使用情况

单位：万元

年份	总 计	支援农业	集镇建设	教育事业	集体福利	扩大再生产	其 他
1990	2749	790	380	520	222	478	359
1991	3318	1003	315	600	353	733	314
1992	4767	1573	454	746	474	798	722
1993	5854	1420	1175	890	479	1570	320
1994	7818	1529	497	1120	432	3665	575
1995	14061	2346	467	2369	399	7867	613
1996	8857	2358	438	1703	531	3374	453
1997	5741	1423	514	1508	431	1341	524
1998	8442	1610	3096	2419	295	589	433
1999	2981	530	422	1700	84	164	81
2000	9182	1075	2119	4377	182	849	580

资料来源：萧山区经济发展局。

第四节　企业文化

萧山乡镇工业企业文化的产生与发展，自始至终具有“敢为人先”的人文特征，反映“奔竞不息，勇立潮头”的萧山精神，企业文化的内涵伴随企业的发展而不断积淀和升华。至20世纪末，绝大多数企业重视企业文化建设，部分企业正在形成比较完整的个性企业文化，个别企业已基本形成具有自身特质的企业文化体系，并凝聚文化生产力。萧山乡镇企业文化的沿革与发展，大致可分为三个阶段。

第一阶段：以发扬“战天斗地”精神为特征的创业文化阶段（1958～1978年）。50年代后期，社队工业起步，社队响应中央提出的“大办钢铁”、“大办工业”的号召，以发展农业生产的态度、习惯和风格，发扬“战天斗地”的精神，创办社队工业。“文化大革命”期间，部分国营和城镇集体企业停产，市场商品紧缺，社队开始拾遗补缺，兴办社队工业。其间，萧山闻堰公社黄山土钉社利用炉灶、榔头、铁钻、墩头等制作锄头、铁锹等手工农具。宁围人民公社农机修理厂（今万向集团公司）采用火炉、榔头等生产设备和手工工具，加工和修理农机具。萧山县光明变压器厂（今杭州钱江电气集团股份有限公司）利用冲床、电焊机，手工制作电力变压器。萧山县党山塑料制品厂（今浙江爱迪尔包装集团公司）利用旧机器和从城乡收购来的废塑料，生产再生料。至1978年，萧山创办社队工业企业有

1054家。[①]

第二阶段：以围绕"质量第一"为内涵的管理文化阶段（1979～1991年）。1979年改革开放后，广大农民为改变农村贫困、落后面貌，发扬走尽千山万水、说尽千言万语、想尽千方百计、历尽千辛万苦的"四千"精神，寻求城市工业闲置和更新下来的设备，多余和可调剂的原辅材料以及需要扩散加工的零部件、配件产品，创办社队企业。航民村从上海的国营漂染厂购置更换下来的锅炉、炼筒、整理机、脱水机和染缸，创办航民漂染厂（今浙江航民实业集团有限公司）。宏伟农机修造厂为上海柴油机厂生产农机配套件。至1991年，萧山有乡镇工业企业3174家，村以下工业1402家，居民委员会及城镇个体工业166家。[②]

1979～1991年期间，随着多种所有制工业企业的产生与发展，企业间的产品竞争日益激烈，社队工业企业以围绕"质量第一"为核心，建设企业管理文化，学习国营工业企业生产技术、管理经验，寻找国营工业企业已退休的技术人员和管理人才，逐步建立和健全企业管理制度，激发广大职工的潜能，做好产品的设计、生产和售后服务三个环节的工作，从产品的造型、外观、质量到包装和商标等各个方面提升企业产品形象，努力使企业生产合格产品、优质产品和适销对路产品。1980年，萧山万向节厂（前身是宁围人民公社农机修理厂）以"用户至上，信誉第一"、"求实，图新"为宗旨，组织职工走访用户，换回用户中的不合格万向节产品3万余套（时价值43万元）。同时，修订产品开发管理制度、产品质量管理制度、劳动用工和工资分配制度等，把全面质量管理落实到各部门（车间）和工序，并实施"两袋投入"[③]。是年12月，该厂生产的汽车万向节注册"钱潮"商标，在机械工业部对全国56家万向节生产厂产品质量考核中，以99.40分的成绩居全国同行之首，成为全国3家万向节定点生产厂之一。至1983年，萧山社队工业企业产品获农牧渔业部"优质产品"称号的有钱潮牌汽车万向节和杭州牌花色钳2只。[④]1985年，萧山乡镇企业工业总产值超1000万元的企业有11家。[⑤]1986年，杭州万向节厂（前身是萧山万向节厂）被国务院机电产品出口办公室批准为万向节出口基地，时为国内唯一的万向节出口基地。翌年，杭州万向节厂的钱潮牌万向节十字轴总成获国家质量奖银质奖。至1990年，全市乡镇工业企业获优质产品31只，其中国家质量奖银质奖1只、部优质产品和省优质产品30只。[⑥]是年，杭州万向节总厂组建浙江万向（机电）集团公司，为浙江省乡镇工业企业首家企业集团。

图13－5－499　1984年3月，杭州万向节厂厂长鲁冠球（右二）在万向节生产车间检测产品质量（杭州市萧山区私营〈民营〉企业协会提供）

①萧山乡镇企业志编纂组：《萧山乡镇企业志（1958～1985）》，1989年4月，第11页。

②萧山市统计局：《萧山市国民经济统计资料·一九九一年度》，第46页、47页。

③"两袋投入"是指"脑袋投入"和"口袋投入"。"脑袋投入"是教育职工爱祖国、爱集体，组织职工学习新技术、新知识，从而提高员工文化知识、生产技术。"口袋投入"是指尊重职工的劳动价值，按照员工的劳动业绩、企业效益决定员工收入。

④1983年，全国乡镇工业产品获农牧渔业部优质产品称号的产品113只。（《中国乡镇企业管理百科全书》编辑委员会：《中国乡镇企业管理百科全书》，农业出版社，1987年11月第1版，第695页）

⑤1985年，浙江省乡镇企业工业总产值超1000万元的118家。（《中国乡镇企业管理百科全书》编辑委员会：《中国乡镇企业管理百科全书》，农业出版社，1987年11月第1版，第677～680页）

⑥浙江省萧山市地方志编纂办公室编：《萧山年鉴·1991》，浙江大学出版社，1993年10月，第201页。

第三阶段：以产权制度改革为重点的制度文化阶段（1992～2000年）。1992年初，邓小平视察南方重要谈话发表后，解放了萧山干部群众的思想，以有利于发展生产力的标准，建立企业制度文化，向股份化、集团化和国际化发展成为企业文化的时代特征。是年，杭州万向股份有限公司建立，时为全国10家国家级股份制试点企业中唯一的乡镇企业。萧山市化学助剂厂改组为杭州传化化学制品有限公司，成为全省首家私营工业的有限责任公司。同时，具有一定规模的企业开始陆续建立企业形象识别系统（CIS）[①]，以提升企业整体形象，增强企业实力。私营企业开始打破家族制，逐步改变家族血缘关系的文化特征，逐渐实现用人社会化。杭州传化化学制品有限公司建立后，注册“传化”企业标志。传化企业标志主要应用于产品包装，成为传化的产品品牌标志，并提出“开拓进取、永不满足”的企业精神，“爱党爱国、遵纪守法、共同富裕、稳健发展”的经营宗旨，“唯贤不避亲”的用人理念，“打破家族化，实现用人社会化”的管理主张，逐步改变企业家族血缘关系，引进第一位教授和10余名科技、管理人才，创办化学研究所。

①企业形象识别系统（CIS）由理念系统（MI）、行为识别系统（BI）、视觉识别系统（VI）三部分组成。

图13—5—500　1992年杭州传化化学制品有限公司注册的第一代企业标志（传化集团有限公司提供）

1993年后，在全市乡镇集体工业企业中，全面推进组建股份合作制、有限责任公司，并相继建立万成、万利、万新、万轮等企业集团。1995年8月22日，万向集团公司、浙江传化化学集团有限公司（以下简称传化集团）和杭州东冠通信集团有限公司等乡镇企业被农业部列入全国乡镇企业现代企业制度试点单位。股份有限公司、有限责任公司和股份合作制企业的建立，使乡镇工业企业由“工厂制”转为股份合作制或股份制，企业“产权多元化、管理民主化”，完善了企业领导制度和组织管理制度。

1997年，传化集团创业10周年之际，全面导入企业形象识别系统（CIS），成为境内最早导入CIS的私营工业企业，并成立形象管理部，专门负责企业CIS管理及品牌策划。是年，传化集团设计第二代企业标志。同时，建立企业基础系统、办公用品系统、公关系统、运输系统、指示系统、广告系统和环境系统在内的一整套较完整的企业视觉识别系统。翌年，杭州德意电气实业有限公司导入企业视觉识别系统（VI），对企业商标释义、用法，企业商标与企业名称、企业地址组合，企业标准色彩、图案、旗帜、信封、便签、传真纸、档案袋、卷宗、请柬、办公用品，员工服装、名片、证件等统一采用企业标志、企业色彩、标准字体等，使与其他企业有鲜明差异。

图13—5—501　1997年浙江传化化学集团有限公司注册的第二代企业标志（传化集团有限公司提供）

至2000年，乡镇工业组建企业集团15家，绝大部分乡镇工业企业组成了股份制、股份合作制，其中组建股份有限公司11家。除创业时间不长、规模较小的私营企业还处于家庭、家族血缘关系为特征的企业文化外，其他企业的企业文化大致有三种情况：

图13—5—502　1998年，杭州德意电气实业有限公司注册的企业标志（德意控股集团有限公司提供）

第一种：绝大多数企业已提出经营理念、企业精神。杭州恒达钢结构实业有限公司本着“不求最大，但求最佳”和“成功之路，永无止境”的经营理念。杭州翔盛纺织有限公司坚持“以人为本”的管理理念，尊重人才，激励人才，把人才当作最宝贵资源和事业发展的合作伙伴，使企业各种人才真正能有

“当家做主”的责任感，从此留住人才。浙江三弘国际羽毛有限公司坚持“团结、诚信、求实、创新”的企业精神，为企业创造发展环境、生存条件。杭州华利服装实业有限公司提出“生产管理制度追求效益第一、质量管理制度让产品完美无瑕、企业文化管理让企业更具凝聚力”的企业目标。浙江富可达皮业集团股份有限公司提出“加强内部流程管理，实现‘零缺陷’目标”，并制定产品工艺流程标准，规范员工操作规程。萧山富丽达纺织有限公司实施品牌战略，把品牌作为企业重要资产精心运作，同时进行技术创新、质量创新、服务创新、文化创新，使企业品牌不断增值。①

第二种：杭州德意电气有限公司（前身是杭州德意电气实业有限公司）、浙江亚太机电集团公司（简称亚太集团，下同）、浙江恒逸集团有限公司和浙江东南网架集团有限公司等较大规模企业正在逐步形成团队文化、诚信文化、人本文化等个性企业文化。亚太集团早在1979年就提出“企业诚信”为立业之本的经营理念，并成为后来企业发展的永恒主题。亚太集团的“企业诚信”理念是：对顾客和协作者诚信，“宁可企业吃亏，也让顾客放心”，确立良好市场信誉；对国家、社会诚信，企业及员工遵纪守法、保护环境、照章纳税，树立良好企业形象；企业对员工、员工对企业诚信，营造和谐劳资关系，众志成城，增强企业凝聚力、竞争力。为使企业形成“诚信立业”的企业文化体系，对员工进行“诚信立业”的理念教育（富有的生活来自勤奋的工作等内容），培育员工的精品意识；企业内悬挂、张贴“制造精品部件、服务名优主机”、“质量无小事，件件关人命”、“责任心就是金钱”等大幅标语；实行单只产品项目经理制，并与“用户满意工程”②相配套。同时，树立为用户而开发产品的经营理念。1997年12月，亚太集团提出“建百年老厂，创世界名牌”的宏伟目标。

第三种：万向集团公司（前身是浙江万向〈机电〉集团公司）、传化集团等企业已基本形成追求卓越文化、社会责任文化等独特的企业文化。传化集团企业文化：传化集团企业价值观——社会责任感，做有社会责任的企业，做有社会责任的传化人；企业使命——创造生机勃勃的、可持续发展的企业，即创造优秀企业，促进社会发展；企业精神——开拓进取、永不满足；经营理念——“一个中心，两个基本点”，即以市场为中心，实现质量最高点、成本最低点；传化人素质——人格、品德、智慧、意志；人才观——事业以人为本，发展以人为先。传化企业文化造就员工对企业的忠诚，形成了凝聚力。2000年，传化集团③被农业部确定为全国乡镇企业创名牌重点企业，传化商标被认定为中国驰名商标。

进入21世纪后，萧山乡镇工业企业实施二次创业，以“敢与强的比、敢同勇的争、敢向高的攀、敢跟快的赛”的“四敢”精神，加快企业新一轮发展，企业文化日渐成为企业管理创新的潮流，以企业精神为核心的企业文化全面发展，并向万向集团公司和传化集团那样的比较完整的企业文化体系发展。

①2003年，萧山富丽达纺织有限公司“富丽达”面料荣获上海国际流行面料推荐委员会颁发的2003年度“中国面料大奖”评选十大时尚面料品牌称号。

②浙江亚太机电集团的“用户满意工程”是：产品开发与用户同步、产品质量满足用户要求、服务快速反应并满足用户要求等。

图13—5—503　2000年9月11日，浙江传化化学集团有限公司创始人徐传化在为公司青年员工讲述创业初期的艰苦奋斗精神（陈贤根摄）

③2002年，浙江传化化学集团有限公司被评为浙江省首批诚信企业，2004年被中国企业联合会评为中国企业文化建设先进单位。

【附】

万向集团公司：追求卓越文化

万向集团公司（简称万向，下同）创建于1969年。创立初期，资金4000元，厂房面积84平方米，实际是家“铁匠铺”。万向经30余年的发展，至2000年，已成为拥有从业人员超1万人、资产超80亿元、境内专业制造企业32家和境外公司18家（编者注：含境外公司子公司）的企业集团，是国务院120家试点企业集团之一、国家520家重点企业中唯一的汽车零部件制造企业。万向的成功，既有传统文化的底蕴，又有自己独特的企业文化。万向以“追求卓越”为核心，将员工个人和企业目标真正结合在一起的价值观，造就了员工对企业忠诚，形成凝聚力、竞争力。

70年代，万向提出“求实、图新”口号。80年代，提出“‘两袋’投入”，即“口袋投入”与“脑袋投入”。“口袋投入”，即尊重员工的劳动价值，按照员工的劳动业绩、企业效益决定员工收入。“脑袋投入”，即教育员工爱祖国、爱集体，组织员工学习新技术、新知识，从而提高员工文化知识、生产技术。“两袋”相互交融，循环往复，精神、物质的辩证统一，员工身心、物质双受益。90年代，企业文化逐步提炼、完善、升华，形成万向独特的企业文化。

企业宗旨：为顾客创造价值，为股东创造效益，为员工创造前途，为社会创造繁荣。企业战略目标：成长为拥有核心竞争能力和核心价值的现代公司。1994年，万向创业25年之际提出长期经营目标，实现两个“三级跳”：省级集团—国家级集团—跨国集团；综合实力跻身于省内10强—国家100强—世界1000强。1999年7月8日，万向董事局主席鲁冠球在庆祝万向创业30周年大会上提出添个“零”的近期奋斗目标，即2010年前，实现日创利润1000万元，员工中最高年收入超过1000万元。同时，提出“以人为本”的经营理念，人尽其才、物尽其用、钱尽其值、各尽其能的企业管理目标；一天做一件实事，一月做一件新事，一年做一件大事，一生做一件有意义的事的岗位目标。

图13—5—504　1999年10月，万向集团公司举行高级经济顾问聘任仪式。图为鲁冠球在万向集团公司向普雷斯科特·布什先生（美国前总统布什之兄）颁发高级经济顾问聘书（万向集团公司提供）

企业经营哲学——财（指一切可用资源，包括利润）散则人聚（对资源进行合理配置）、财（已开发整合资源或已形成的价值）聚则人散（将赚取的利润、资源投入到再发展中去）、取之而有道、用之而同乐；经营理念——大集团战略、小核算体系、资本式经营、国际化运作；经营原则——利他共生，共创共享；管理原则——人人头上一方天，个个争当一把手；奖罚原则——奖罚分明，多奖少罚；人本原则——“两袋”（即口袋与脑袋）投入，使员工身心与物质受益。

体现的企业精神——讲真话、干实事。万向道德观——外树诚信形象，内育职业忠诚。用人观——有德有才者，大胆聘用，可三顾茅庐，高薪礼聘；有德无才者，委以小用，可培训提高，促其发展；无德无才者，自食其力；无德有才者，坚决不用，如伪装混入，后患无穷。万向公私观——舍己为公，大公无私，公而忘私，是先进的；先公后私，公私兼顾，是允许的；先私后公，私字当头，是要教育批评的；假公济私，损公肥私，是要制止与打击的；表面为公，暗中为私，乃伪君子，是要防止的。

万向的企业信条——务实、创新、卓越；不赶时髦，不搞形式，不讲假话，走自己的路，圆自己的梦；思路决定出路，作为决定地位，一切都是人为，时间检验行为；天上不会掉下馅饼，地上没有免费午餐，从来就没有救世主，一切都靠自己创造；做事，进一步海阔天空，退半步前功尽弃；做人，忍一时风平浪静，退半步海阔天空。

员工操守——做好“四管”（即把上级管好，对上级负责，做好上级布置的工作，不阳奉阴违，拖而不办；把下级管好，对下级的错误敢于负责；把亲戚、朋友和子女管好，与其他员工一视同仁；把自己管好，以身作则，不贪财、贪色、贪玩、贪权，先管好自己，才能管好别人），严字当头，多看则清，多听则明；多思则聪，多干则成；读万卷书，行万里路，交万人友，创万年业；以勤励志，以俭养德；想主人事，干主人活，尽主人责，享主人乐。

万向投资——到任何地方去投资，不是去掠夺，而是去播下一颗种子。尊重当地政府，尊重合作企业，尊重项目规律，坚持诚信为本，以平等的心态对待合作者。投资合作的前提在“谨慎”，基础在“多赢”，核心在“服务”，回报在“增值”。

2000年后，万向规划：按照“管理信息化，服务网络化，发展品牌化，合作全球化，资本市场化”的方针，联合一切可以联合的力量，利用一切可以利用的资源，调动一切可以调动的积极因素，通过市场、管理、资源的创新整合，构建顾客忠诚的万向制造品牌与市场网络体系，实现利润回报、顾客忠诚、管理潜能、创新学习的同步提升（目标）。万向文化充分体现出独特性和唯一性，是全体万向人30余年实践的积累，揭示了万向企业成功的奥秘，更是万向未来发展的依托。

（万向集团公司）

表13-5-290　1985～2000年萧山乡镇工业企业主要经济指标

年份	年末企业（家）	从业人员（人）	年末资产（万元）		经营实绩（万元）				
			固定资产原值	所有者权益	工业总产值（90不变价）	工业增加值（现行价）	产品销售收入	税金总额	利润总额
1985	2636	164934	32630	—	153528	23825	90443	5676	9800
1986	2720	178463	48235	—	229395	29314	113224	5656	11495
1987	2845	196375	70325	—	334430	38021	172647	8420	13973
1988	3109	210129	93916	—	433789	47128	260736	12687	15542
1989	3162	194145	116000	—	472031	50418	597928	14767	12472
1990	3166	201201	131631	—	511053	50984	313883	15029	12696
1991	3174	220840	160658	—	655943	114485	433674	20057	12224
1992	3306	244610	208707	—	898612	148954	567983	26814	21195
1993	3335	245663	308401	246143	1317777	252219	971674	46088	36460
1994	8291	270946	433469	336980	2054745	348297	1069542	53999	39686
1995	8512	256083	554189	420166	2466729	356618	1331480	61698	44350
1996	9659	226385	610744	465583	2049390	353503	1291306	57782	48764
1997	8861	223260	962215	522840	2629012	333405	1299941	55802	55411
1998	8379	217755	1204225	652105	2982563	370121	1430102	62460	58039
1999	8991	233243	1448460	697460	3665510	622562	1692637	72041	65945
2000	9783	244157	1759769	1201010	4942887	811708	4405889	166155	137080

注：①资料来源：萧山市统计局编《萧山统计资料·1949－1990》、1993～1994年《萧山市国民经济统计资料》、1995～2000年《萧山市统计年鉴》。市乡镇工业管理局或乡镇企业局编1993～2000年《乡镇工业企业主要经济指标统计月报》。市乡镇企业局编1997～2000年《工业统计财务年报》。

②1985～1993年为乡镇集体工业企业，1992～2000年含镇（乡）所属初中、小学校办工业，1994～2000年含城厢、瓜沥、临浦3镇和村以下工业。

③“工业增加值”栏，1985～1991年为工业净产值，1985～1990年不含村及村以下工业，1991～1998年含村办工业，1999～2000年含村及村以下工业。“工业总产值”栏1998～2000年为现行价。

第六章　企业 产品 商标

清光绪三十二年（1906），经农工部核准注册的通惠公纱厂及“双鱼吉庆”棉纱商标为萧山工业企业注册和产品商标注册之开端。民国时期，义桥泥锹、临浦屠宰工具、萧山花边[①]、瑞字钩刀和河上山锄、元宝牌茅刀、雄鸡牌铁锅等产品在长期发展中逐步成为名牌产品。手工业社会主义改造时期，生产名牌产品的作坊（工场）和企业分别参加合作经济组织和公私合营。[②]“文化大革命”时期，企业登记和商标注册处于混乱状态。1978年恢复企业登记和商标注册，企业开始申报评定优质产品。80年代后，随着农业和工业机械化程度的提高，传统农用产品需求量减少，义兴泥锹（前身是义桥泥锹）、临浦屠宰工具、瑞字钩刀和河上山锄、元宝牌茅刀产品相继停产，雄鸡牌铁锅生产经历了发展到衰落的过程[③]，玫瑰牌萧山花边继续生产[④]。随着萧山工业的发展，涌现出一批新兴的优质产品。1985年，全县有3094家工业企业，其中有128家的产品有注册商标154件，22家工业企业的27只产品分别获浙江省和农牧渔业部、机械工业部、轻工业部优质产品称号。

1989年，萧山工业企业争创著名商标，优质产品数量增加。至1991年，全市5263家工业企业中有96家企业生产的160只产品获省、部优质产品称号。1992年，停止评定优质产品工作。

1994年起，浙江省实施名牌战略，浙江省、杭州市、萧山市政府每年命名名牌产品。至2000年末，全市10066家工业企业中有注册商标2606件，其中中国驰名商标、浙江省著名商标和杭州市著名商标共41件。是年，67家工业企业的67只产品被命名为萧山市名牌产品、杭州市名牌产品、浙江省名牌产品。

第一节　企　业

萧山解放后，以发展国营、集体经营企业为主。1979年，改革开放后，对国营、集体工业企业的改革，除资产转让、企业解散和歇业外，均无涉及产权制度，企业组织形式并没有多大变化，以工厂制为主，国营、集体经营。直至1992年，国营、集体工业企业开始产权制度改革，企业投资结构趋向多元化，企业组织形式发生根本性变化，逐步从工厂制向股份制转变，国有、集体工业企业通过改制，设立有限责任公司或股份有限公司。至1997年末，萧山树脂厂破产，杭州华东无线电厂（萧山无线电厂[⑤]）、萧山第二酒厂被兼并，浙江双飞汽车齿轮箱集团公司（萧山汽车齿轮箱厂）、浙江工艺鞋厂、浙江凯星制衣公司（浙江凯星西装厂）、萧山第二麻纺厂等企业先后解散、歇业，浙江印染整理总厂等企业因行政区划调整而划出萧山。

①萧山花边是出口产品，是萧山独具特色的工艺美术品，起源于意大利威尼斯。民国8年（1919）农历八月六日，沪商徐方卿辗转传入萧山龛山乡（今坎山镇），首批习艺者24人。民国12年，该乡的沪越花边厂开业。民国19年，萧山的花边厂有30余家，但因海外销路阻滞，故较多花边厂倒闭，至民国22年，仅存6家。抗日战争胜利后，逐渐恢复生产。民国35年至民国37年间，萧山的花边厂百余家。1954年5月手工业社会主义改造后，萧山建立花边专业社7家。1970年12月，专业社等合并建立萧山花边厂。1979年10月，萧山花边玫瑰牌商标注册。

②1956年，经手工业社会主义改造，生产义桥泥锹、临浦屠宰工具、瑞字钩刀和河上山锄、元宝牌茅刀和萧山花边等传统名牌产品的手工作坊（工场）相继参加合作经济组织；生产铁锅的私营企业组建为公私合营临浦万和冶铸锅犁厂。翌年，公私合营临浦万和冶铸锅犁厂（1980年改名萧山锅厂）铁锅产品注册“雄鸡”商标，成为萧山解放后首件注册商标。

③1982年开始，雄鸡牌铁锅采用气压模机械压铸新工艺。1988年，雄鸡牌民用铁锅获省优质产品。1992年，生产雄鸡牌铁锅168.70万只，居全省同行企业首位，全国同行企业第3位。实现工业总产值952万元、税利136万元，居全国同行业企业第2位。1999年12月31日，萧山万和炊具有限公司（前身是萧山锅厂）因退休人员等费用负担过重等，导致资不抵债而解散、注销，停止生产雄鸡牌铁锅。

④80年代后，玫瑰牌萧山花边的生产企业名称经多次变更：1984年6月，萧山花边厂更名萧山花边总厂。1995年1月，由浙江萧山花边集团有限公司生产；1999年，浙江萧山花边集团有限公司解散重组，定名浙江萧山抽纱花边有限公司，承接生产玫瑰牌萧山花边，全年生产万缕丝花边8.35万码、镶绣0.01万套；2001年10月，更名杭州萧山美艺花边有限公司。

⑤为与前志中的《工厂选介》承接，在此节小序中括注的企业名称，均为《萧山县志》的《工厂选介》中的企业名称。（萧山县志编纂委员会：《萧山县志》，浙江人民出版社，1987年，第353～363页）

1998年起，深化国有、集体企业产权制度改革，逐步将国有、集体资产从竞争行业企业中退出。至2000年，浙江安亿纺织实业公司（萧山麻纺织厂）、杭州双鸟柴油机有限公司（杭州柴油机总厂）、萧山印刷有限公司（萧山印刷厂）、萧山石英砂厂、萧山油脂化工厂、萧山钱江染整厂等企业相继解散、歇业；杭州天宇油泵油嘴有限公司（杭州油泵油嘴厂）、杭州民生陶瓷有限公司（杭州瓷厂）、浙江萧山花边集团有限公司（萧山花边总厂）、萧山塑料总厂、萧山市赤龙建材有限公司（围垦水泥厂）等企业分别将国有（集体）资产退出后有所发展；浙江华源水泥有限公司（萧山水泥厂）、万向集团公司（杭州万向节厂）、浙江亚太机电集团有限公司（萧山制动器厂）、中服浙江北天鹅服饰股份有限公司（萧山羽绒厂）、浙江航民实业集团有限公司（萧山漂染厂）、浙江钱江啤酒集团股份有限公司（浙江钱江啤酒厂）等企业在改革中发展壮大，综合指标评价均列萧山同行前3位。是年，工业企业组织形式以公司制为主，其中最多的是私营企业，其次是港澳台商和外商投资经营企业。2001年2月15日，市委办公室、市政府办公室公布2000年度强工业企业75家，本节选择的选介企业是强工业企业中主要行业的首位企业，杭州汇丽绣花制衣有限公司选介在《经济技术开发区》编内、浙江钱啤集团股份有限公司选介在《垦区开发》编内。

浙江东南网架集团有限公司

前身为萧山螺山农机修造厂，系螺山公社（今属衙前镇）社办企业，创办于1964年6月。1975年，更名萧山涡轮箱厂，转产涡轮减速器。1984年1月，该厂创办杭州东南网架厂，与浙江大学合作研制成功并生产新式钢管大屋顶螺栓球节点网架，年产能力500吨。1990年，又与北京、上海、广州等地的100余家高等院校和科研设计单位建立项目技术合作关系，使建筑工程所需全部网架零件达到自产。翌年5月，螺栓球节点网架被国家科学技术委员会评为全国“七五”星火成果博览会银奖。1992年末，年网架生产能力突破2万吨，全年完成工业总产值2300万元。

1993年，建立中外合资杭州东南网架有限公司，投资2000万元，改造网架生产线，引进锻加工、金加工、检测等先进设备及配套设施100余台（套），网架产品从设计、加工、检测到储存、出厂实现全自动化控制。3月，公司完成焊接空心球网架开发，并通过省级鉴定。年底，公司被中国钢协空间结构协会列入中国建筑钢结构工程制作、安装定点企业，并当选为中国钢协空间结构协会副理事长单位。翌年，公司完成工业总产值1.40亿元，创税利1006万元，被省计划经济委员会、经济体制改革委员会、统计局和中国企业评价中心浙江分中心评为浙江省行业最大工业企业、浙江省最佳经济效益工业企业。

1995年1月，改组杭州东南网架厂，建立浙江东南网架集团有限公司（以下简称集团公司），注册资本2780万元，其中萧山涡轮箱厂出资1980万元、萧山衙前水泥厂出资800万元，拥有全资和控股企业6家、参股企业1家。（1998年11月23日，调整集团公司注册资本及股权结构，注册资本3000万元，其中衙前镇资产经营公司出资232.56万元、集团公司职工持股协会1640.72万元、自然人郭明明1126.72万元，分别占集团公司注册资本的7.75%、54.69%、37.56%。）是年，集团公司投资500万美元，引进意大利梅泰克诺公司的当年专利产品——聚氨酯/岩棉复合夹芯板连续式生产线，同时与冶金工业部研究总院协作，开发彩钢EPS复合板第三代板材产品。集团公司研发的焊接空心球节点网架、螺栓球节点网架获国家科学技术委员会评的全国科技成果金奖，被浙江省政府命名为浙江省“八五”时期规模效益先进企业。

1996～2000年，集团公司先后投入资金36100万元，其中投入9000万元，引进意大利梅泰克诺公司聚氨酯／岩棉复合夹芯板生产线1条，采用全电脑自动化控制与管理；投资2000余万元进行技术改造，使网架杆件、支托等零部件全面采用喷丸去锈、自动电焊新工艺，钢板切割、型钢焊接到型钢矫正等轻钢结构整套生产工艺全部实现自动化，使钢结构网架及配套板材从原材料进厂到加工、储存、出厂

图13-6-505　1996年7月，浙江东南网架集团有限公司从意大利引进的梅泰克诺公司聚氨酯/岩棉复合夹芯板生产线（董光中摄）

实现全程质量控制；投资6000万元，引进日本大东公司和美国潘邦公司气保焊20台，三维钻床、数控平面钻床、带锯床、抛丸除锈机等先进钢结构设备；投资9000万元，改造网架杆件切割和零部件锻加工工艺；投资5100万元，引进美国HMI公司全自动、连续式H型钢生产线，引进日本国际超一流的相贯剖口机、钢板剖口机、矫正机等高新钢结构网架加工设备；投资5000余万元，引进日本数控钢管相贯剖口机等设备，开发异型钢结构。其间，集团公司获钢结构、网架工程施工一级资质，被农业部确认为国家大（二）型企业，被浙江省人民政府列入浙江省“五个一批”重点骨干企业，网架、钢结构及各类板材年生产能力分别达到10.50万吨和300万平方米，先后承接长江三峡左岸电站等国家级特大型重点建设项目的钢结构、网架工程。

2000年末，集团公司拥有总资产5.79亿元、固定资产原值16639.30万元、所有者权益12892万元，从业人员1241人，其中高级工程师、国家一级注册结构工程师、国家一级建筑师、高级经济师等各类工程技术人员200余人，有资质的项目经理80余人。是年，完成工业总产值39168万元、产品销售收入39045万元、税金总额1802万元、利润总额2013万元。集团公司生产的钢结构、网架、板材销往包括台湾地区在内的全国各省、市、自治区。

万向集团公司

前身为宁围人民公社农机修理厂，系宁围公社社办企业，创建于1969年7月8日。创办初期，仅有一只火炉、几把榔头，职工7名，主要为农机具加工、修理。翌年，实现工业总产值5.80万元、产品销售收入4.06万元、利润总额0.87万元，职工23人。1973年，改名宁围公社农机厂，并建立宁围轴承厂、宁围失蜡铸钢厂，职工103人，开始生产轴承、失蜡铸钢、喷油嘴、农用拖拉机配件等产品。1975年，更名萧山宁围公社万向节厂，小批量生产汽车万向节。1978年，更名宁围万向节厂。1979年，调整产品结构，从多样化生产转为专业生产汽车万向节，从此企业走上专业化发展道路。翌年，企业被机械工业部列入全国生产万向节的3家定点厂之一，并更名萧山万向节厂。1983年，厂长鲁冠球以家庭2万元花木作抵押，实行风险承包。1984年，更名杭州万向节厂。是年，把通过考试录用的43名高中生送到5所大专院校培养，并花钱“买来”（有偿分配）大学毕业生4人。与美国派莱克斯公司签订3万套万向节购销合同，产品开始走向国际市场。1988年，企业更名杭州万向节总厂。是年，农业部、对外经济贸易部授予1987年度全国乡镇企业出口创汇金龙奖。

图13-6-506　1969年7月，宁围人民公社农机修理厂厂房（吕耀明提供）

1989年4月，经萧山市经济体制改革办公室批准，该厂进行股份合作制试点。翌年，建立浙江万向（机电）集团公司，基本建设、技术改造立项和投资计划实行省计划单列，拥有紧密层企业12家、参股企业30余家。1993年1月，被国务院发展研究中心、国家统计局评为全国500家最佳经济效益工业企业、中国行业50家最佳经济效益工业企业。

1994年，更名万向集团公司后，下属企业进行公司制改造，并创建万向集团董事局，对下属企业行使发展、控制、组织三大职能。同时，依托万向节形成的行业优势，先后开发等速驱动轴、传动轴、轴承、轿车减震器等汽车零部件系列产品。是年，万向集团公司控股企业万向钱潮股份有限公司的万向钱潮股票在深圳证券交易所上市，万向美国公司在美国芝加哥成立。翌年，建立财务结算中心，统筹企业集团融资业务。实现工业总产值86236万元、产品销售收入73170万元、上缴税金1666万元、利润10081万元、出口创汇1837万美元。

1996年3月，万向钱潮股份有限公司收购万向集团公司所属的机械公司、传动轴公司等7家汽车零部件企业60%股权，扩大万向节生产能力。是年，建立万向集团国家级技术中心，通过“1357”的技术创新体系，系列产品达到生产一代、开发一代、储备一代的良性循环。翌年，万向节等产品为美国通用汽车公司等国际大汽车制造公司提供配套，万向集团公司成为国务院120家试点企业集团之一。1998年，被农业部、对外贸易经济合作部授予“全国乡镇企业出口创汇十强企业”称号。

图13－6－507　1999年，万向集团公司下属企业万向系统公司的金工车间，主要生产汽车制动器前卡钳支架等产品（万向集团公司提供）

1999年，围绕建设集团化管理运作体系，以“控制、组织、发展”为核心，整理和完善控股公司管理制度体系。是年，获准派遣临时出境人员和邀请境外经贸人员来华事项的审批权、向驻外使馆和领事馆及拟被邀请来华的外国人发通知签证函电权、批准建立博士后科研工作站，聘请美国前总统布什之兄普雷斯科特·布什为万向集团公司高级经济顾问。是年，收购美国QAI公司股权，实现股权换市场。

2000年，开始围绕“有市场的地方建工厂”的营销战略，加快系统零部件主机配套步伐，先后与美国旦纳公司（DANA）等10余家境内外主机厂实现系统模块化技术供货，收购世界上万向节专利最多的美国企业舍勒公司的市场、专利、技术、设备，实现从零件、部件到系统部件的模块化配套，传动轴产品进入美国福特汽车公司的配套生产线。是年，博士后科研工作站引进博士生6名，聘请2名中国工程院院士为集团公司高级技术顾问，引进12名国外专家到企业短期工作。年末，万向集团公司总资产805020万元、所有者权益406336万元、固定资产原值226210万元，从业人员12439人，其中中专学历以上技术人员1427人（具有高级职称的50人）。全年完成工业总产值686765万元、产品销售收入677501万元、税金总额11124万元、利润总额50527万元、出口创汇13400万美元。

2001年1月，在全国工商业联合会公布的全国民营企业500强中列第2位。

浙江爱迪尔包装集团公司

前身为萧山县党山塑料制品厂，系党山公社梅林大队队办企业，创建于1976年。创建时，党山公社梅林大队出资4000元、粮仓屋3间、旧机器2台，职工13人，主要收购废塑料，生产再生料。1980年，生产文具盒、日用小塑料和什锦包装盒等产品，相继开发磁性塑料盒等新产品20余种。翌年，更名萧山出口商品包装厂，开始生产卷烟商标等产品。1984年，分别与上海烟草工业印刷厂、上海照相制板厂等

图13-6-508 1996年，浙江爱迪尔包装集团公司从德国引进的“罗兰”全自动四色印刷机（浙江爱迪尔包装集团有限公司提供）

国营厂联营，创办上海烟草工业印刷厂萧山分厂、上海照相制版厂萧山分厂，生产卷烟商标等产品。年末，拥有固定资产原值579万元，职工256人，其中各类专业技术人员12人。

1990年6月30日，萧山出口商品包装厂整体改组，设立杭州出口商品包装有限公司，注册资金395.98万元，主营出口商品包装制造、加工。1992、1993年，先后与台湾好朋友彩色印刷有限公司合资组建浙江爱迪尔包装有限公司，与台湾巨雅企业有限公司合资组建杭州爱迪尔文具礼品有限公司。

1994年7月，杭州出口商品包装有限公司整体改组设立浙江爱迪尔包装集团公司（简称爱迪尔集团公司，下同），注册资金3505万元，拥有全资和控股企业5家、参股企业2家。1996年，投入6500万元，引进德国“罗兰”全自动四色印刷机和“海德堡”全自动双色印刷机3台、全自动全电脑模切机和烫金机6台，主要生产“利群”、“西湖”、“新安江”等卷烟商标。是年，实现工业总产值首次超过1亿元，为11000万元，上缴税金610万元、利润1970万元，被省计经委、体改委、统计局和中国企业评价中心浙江分中心评为浙江省行业最大工业企业、浙江省最佳经济效益工业企业。

1998年6月，爱迪尔集团公司等采用发起设立方式设立浙江爱迪尔包装股份有限公司。该公司注册资本15000万元，其中爱迪尔集团公司出资8480.20万元、浙江省烟草工会工作委员会出资870万元、杭州卷烟厂工会出资1459.50万元、宁波卷烟厂工会出资295万元、职工持股协会出资1104.80万元、谭慧秋等33位自然人出资2790.50万元。1999年8月，投入资金16000万元，引进环保型真空镀铝生产线2条、全自动凹印生产线1条。是年，主要产品有各类卷烟商标印刷、彩印纸箱纸盒、环保型全息防伪真空镀铝纸和啤酒标贴纸、卷烟内衬纸、食品包装纸、礼品包装纸、镀铝卡纸等。爱迪尔集团公司被中国印刷包装技术协会评为中国印刷包装行业龙头企业，被对外贸易经济合作部、中国印刷包装技术协会认定为中国镀铝环保包装材料生产基地。

2000年末，爱迪尔集团公司总资产32036万元、固定资产原值12909万元、所有者权益23894万元，从业人员455人，其中大专以上学历118人。拥有德国产全自动七色凹印生产线2条，英国、意大利真空镀铝及涂布生产线各1条，德国产“罗兰”700系列全电脑全自动双色、四色、五色印刷机5台（套），日本三菱公司的无导爪全自动五层纸箱A浪生产线1条，中国台湾产全自动B浪和四色柔印开槽印刷生产线各1条，瑞士产博斯特全电脑全自动模切烫金机7台（套），中国台湾UV上光、丝网生产线3条，成为专业生产各类出口商品包装、卷烟商标印刷、彩印纸箱和纸盒、真空镀铝纸、文具礼品等产品的全能包装企业。是年，生产卷烟商标能力40万大箱、真空镀铝纸能力5万吨，被国家经济贸易委员会、中国企业评价中心认定为世界包装印刷业500强中国入选登记企业产销综合值首位，完成工业总产值18451万元、产品销售收入18069万元、税金总额1587万元、利润总额6086万元。产品销往美国、英国、澳大利亚、新加坡、日本等国家和中国香港地区。

浙江航民实业集团有限公司

前身为航民漂染厂（后更名萧山漂染厂），系瓜沥公社航民大队队办企业，创建于1979年12月5日。创建时，只有上海国营漂染厂更换下来的半吨锅炉1只、炼筒1只、整理机1台、脱水机1台和宜兴缸12

只，职工57名。1982年，实现产品销售收入255万元、上缴税金36.23万元、利润100.10万元，航民大队成为萧山首个“百万富翁”村。

1985年，萧山漂染厂开始采用“母鸡下蛋孵小鸡”的办法，把税后利润的85%用于建厂和扩大再生产。是年10月，萧山漂染厂用设备与钱江乡（今属河庄镇）联合创办钱江染织厂，总投资359.59万元，其中航民村投资252万元。1986年，萧山漂染厂建立织布车间，有织布机18台。翌年，织布车间从漂染厂析出，建立萧山县航民织布厂，织布机50台，职工200余人。1988年，萧山漂染厂建成萧山市染料化工厂。航民村与广东省顺德市桂洲镇海尾村联办的广东顺德珠江印染厂投产，总投资822.80万元，其中航民村投资302万元。是年，完成工业总产值4146.52万元、上缴税金324.63万元、利润547.01万元。萧山漂染厂被杭州市人民政府授予杭州市明星企业称号。

1989年1月，建立萧山市航民实业公司（简称实业公司，下同）。1991、1992年，兼并瓜沥建材厂，相继建立萧山市钱江化工厂、萧山市色织整理厂、辽宁省海城市染整厂、萧山市纺丝实验厂。1993年，杭州澳美印染有限公司投产，年印染整理能力2000万米。是年8月8日，投资1500万元的萧山市航民热电厂第一期工程发电、供汽，装机容量6000千瓦，供汽35万吨。翌年，萧山航民热电厂第二期发电、供汽，装机容量增加到12000千瓦，供汽70万吨。郑州澳德染织有限公司投产，年产化纤布300万米，印染化纤布1500万米。实业公司（航民村）被杭州市政府外事办公室定为重点涉外参观单位。

1997年8月，建立浙江航民实业集团有限公司（简称航民集团公司，下同），注册资本32518万元，其中航民村资产经营中心（实业公司所属企业净资产）30603万元、职工持股会1915万元，拥有全资和控股企业16家、参股企业2家、协作企业3家，形成由纺丝、织布、印染等业组成的经济联合体。1998年，航民集团公司进一步明晰产权，从航民村资产经营中心划出股权1.50亿元，量化给村民及村籍职工，奖励给企业的主要技术人员、管理人员及经营业务骨干，使他们成为企业的股东，开创了一条企业发展、共同富裕的新路子。是年1月，航民集团公司划出萧山漂染厂等6家企业整体改组，联合万向集团公司、杭州钢铁集团公司、上海第二纺织机械股份有限公司、湖南邵阳第二纺织机械厂、顺德市珠江金纺集团公司，发起组建浙江航民股份有限公司，总股本2亿元，其中航民集团公司出资1.02亿元，占总股本的51%。翌年，航民集团公司被省计划与经济委员会、省体制改革委员会、省统计局和中国企业评价中心浙江分中心评为浙江省行业最大工业企业、浙江省最佳经济效益工业企业。

图13—6—509　1997年8月，位于瓜沥镇航民村的浙江航民实业集团有限公司的工业区（浙江航民实业集团有限公司提供）

2000年，航民集团公司经变更登记，注册资本32518万元，其中浙江航民实业集团有限公司职工持股会14321.30万元，占集团公司总股本金的44.04%；萧山市航民村资产经营中心18196.70万元，占55.96%。年末，航民集团公司已形成以纺织、印染为主，兼营热电、染料、建材、冶炼、饰品等行业的多门类工业体系；以集约化经营、机械化生产相配套的现代农业；还设有宾馆、商场，从事房地产经营开发。拥有总资产121225万元、固定资产原值97906.70万元、所有者权益60987万元，从业人员5717人，其中大中专文化程度的有471人。是年，实现工业总产值（现行价）103832.70万元、产品销售收入88925.80万元、税金总额4767万元、利润总额5933万元。

浙江胜达集团有限公司

前身为萧山大桥包装材料厂，系大桥公社社办企业，创建于1983年1月28日。创建时，租用7间平房和350平方米场地，职工14名，有小榔头14把，生产木制包装（木箱）品。是年，实现工业总产值21.35万元、利润3.50万元。

1986年5月，建成纸包装生产线，更名工贸合营萧山包装材料总厂。翌年1月，停止木制包装品生产，扩大纸包装（纸箱）产品生产。1988年4月25日，开发的RSR－28L软塑桶项目投产。1992年8月28日，中外合资浙江胜达包装材料有限公司投产，总投资488万美元，注册资本366万美元，其中由工贸合营萧山包装材料总厂出资164.70万美元、香港富春粮油食品有限公司出资186.66万美元、浙江省粮油食品进出口公司出资14.64万美元。是年，投资1800万元，引进全自动瓦楞纸板生产流水线。

1994年12月，建立浙江萧山胜达包装集团有限公司，注册资本6500万元，其中浙江胜达包装材料有限公司出资3315万元、浙江萧山八达纸业总厂（系民政福利企业，1994年9月建成，生产纸制品）出资3185万元，拥有全资和控股企业3家、参股企业2家。

1995年8月28日，创办的第二个纸箱包装生产基地——浙江萧山八达纸箱总厂投产，首期投资2600余万元，其中投资1800万元进口造纸生产线和彩印机。1997年4月，集团公司更名浙江胜达包装集团有限公司。6月5日，调整股权结构，集团公司注册资本6500万元，其中浙江胜达包装材料有限公司出资3185万元、浙江萧山八达纸业总厂出资3315万元（2000年6月10日转让给浙江新八达包装股份有限公司），并更名浙江胜达集团有限公司。1999年8月，浙江萧山八达纸箱总厂整体改组，发起设立浙江八达包装股份有限公司，注册资本1008万元，其中浙江萧山八达纸箱总厂职工持股会出资705万元（职工现金入股427.92万元、集体资产折价277.08万元）、方吾校等3人出资303万元。

2000年10月15日，投资19000万元创办的第三个包装纸生产基地——浙江新胜达包装有限公司开业，引进德国BHS2800瓦楞纸板生产线1条、美国LANGSTON全自动彩印横切机3台。同时，创办第四个纸包装生产基地，组建苏州胜达纸业有限公司。

图13－6－510　2000年10月，浙江胜达包装集团有限公司生产工人正在对从德国引进的BHS2800瓦楞纸生产流水线进行安全生产检测（胜达集团有限公司提供）

2000年末，集团公司总资产31171万元、固定资产原值23079万元、所有者权益16513万元，从业人员1096人，其中各类专业技术人员500余人，中专学历以上386人。是年，完成工业总产值71138万元、税金总额2023万元、利润总额2002万元。集团公司被国家经济贸易委员会、中国包装技术协会授予“中国纸包装开发生产基地”称号。

浙江永翔电缆集团有限公司

前身为萧山电视电缆电线厂，系浦南公社社办企业（1985年7月批准为民政福利企业），创建于1983年12月。创建时，浦南公社投资7800元，固定资产原值4680元，职工17名，主要生产RVFB系列电线。是年，完成工业总产值35.20万元、上缴税金7.10万元、利润5.40万元。

1985年，转产HYYV、HJVV电缆。1988年，生产HYA系列电缆。1988年，与上海电缆研究所共同开发生产HYA系列电缆。1990年，建立萧山电视电缆电线研究所。是年，完成工业总产值1850万元，产品销售收入1572.50万元，上缴税金101万元，利润226万元。被市政府命名为萧山市“七五”期间标兵企业。

1992年3月，更名萧山市特种电线电缆厂，注册资金1023.70万元。1993年，引进价值1.1亿日元的日本神户制钢所串联线1条，美国DCM全自动检测设备1套，可生产2400对大规格电缆，其中钢绞线、钢丝与通信电缆关联配套，年生产能力为3500吨。与香港伟丰公司合资设立杭州永丰通信电缆有限公司，注册资本128万美元，其中萧山市特种电线电缆厂出资96万美元、港方出资32万美元。与广东省潮州市邮电通信发展公司、广东省饶平县邮电通信发展公司共同出资组建广东潮州永翔邮电电缆厂，注册资本580万元，其中萧山市特种电线电缆厂出资232万元、其他两方各出资174万元。是年，完成工业总产值10100万元、上缴税金870万元、利润总额1059万元。企业被农业部评为最佳经济效益乡镇企业、在民政部公布的全国最佳经济效益福利企业500家中列第163名。

1995年3月，建立浙江永翔电缆集团有限公司，注册资本5180万元，其中企业职工持股协会出资4117.37万元、浦南乡资产经营公司出资762.63万元（1998年10月转让给临浦镇资产经营公司，1999年5月又转让给浙江永翔电缆集团有限公司职工持股协会）、萧山市邮电器材公司出资300万元（1998年10月转让给萧山市通信发展有限责任公司，1999年3月转让给傅华东）；拥有全资、控股企业5家，参股企业2家，协作企业18家；职工510人，其中各类专业技术人员73名。5月，HYA市内通信电缆（2400对及以下系列）通过浙江省邮电管理局鉴定验收。是年，集团公司被浙江省政府命名为浙江省“八五”时期规模效益先进企业。

1997年6月，投资3000万元，建造现代化生产光缆车间，开发生产通信光缆，主要生产4芯~144芯层绞式、中心式光缆，生产能力20万芯·千米。其中层绞式、中心式光缆通过浙江省邮电管理局鉴定验收，获得电信设备进网证。7月，兼并萧山第二酒厂。兼并后与杭州华和食品有限公司联合投资500万元，创建浙江永翔集团酒业有限公司，其中集团公司投资300万元，生产青梅果酒等系列产品，具有年产果酒2万吨的生产能力。是年，HYA市内通信电缆（2400对及以下系列）被评为省优秀高新产品。集团公司完成工业总产值10300万元、税金总额425万元、利润总额475万元，在农业部公布的中国最高利税总额乡镇企业1000家中列第800位、中国电线电缆协会公布的中国电线电缆制造行业最大经营规模乡镇企业100家中列第39位，被省计划与经济委员会评为全省行业最大工业企业。

图13-6-511　1997年6月，浙江永翔电缆集团有限公司生产工人在各自岗位上通过手感等方式查看全自动电缆生产流水线的电缆质量（傅展学、俞永良摄）

1999年，集团公司投资2000万元，引进奥地利带状光缆套塑生产线和高速着色机、美国OTDR光时域反射仪、英国光纤色散应变测试仪、瑞士光纤带高精度对准仪和高性能带状光纤融接机，开发生产带状光缆，生产规格扩大到288芯，增加光缆生产能力15万芯·千米。投资300万元，引进国际一流的美国生产设备，开发生产数据缆，年生产能力10万箱（305米/箱）。是年，带状光缆获得了电信设备进网证，镀锌钢绞线产品通过国家金属制品质量监督检验中心鉴定，力学及工艺性能指标达到国际标准。

2000年，集团公司生产能力为通信光缆35万芯·千米、电缆320万线对千米、数据缆10万箱（305米/箱），生产能力居浙江省同行业第3位，是中国邮电器材总公司通信产品选型定点单位之一，产品销售给网通、移动、吉通、铁通、公安及军用通信等电信运营商，有客户200余家，产品销往25个省、市、自治区，奠定了通信系列产品的主业地位。年末，总资产为32090万元、固定资产原值8350万元、所有者权益13840万元，职工370人，其中专业技术人员170人。是年，完成工业总产值27818万元、税金总额1758万元、利润总额2193万元。

浙江传化化学集团有限公司

前身为萧山县宁围宁新村合作净洗剂厂，系私营企业，创建于1986年10月。翌年，产品销售收入33万元、上缴税金1.60万元、利润3万余元。

图13－6－512　1986年10月，浙江传化化学集团有限公司创业初期生产液化皂的家庭作坊（吕耀明提供）

1988年6月16日，更名为萧山市宁围化学助剂厂，注册资金40万元，主营净洗剂，兼营液化皂、印染助剂。翌年，向宁围镇政府租地3亩（约2000平方米），盖厂房，安装锅炉。1990年4月，研制成功“901特效去油灵”，并更名为萧山市化学助剂厂，改善工艺，增添设备，购买第一辆汽车。翌年，工业总产值1016万元、利税总额97万元。

1992年6月，改组设立杭州传化化学制品有限公司，注册资金1500万元。是年，引进第一位教授和10余名科技、管理人才，创办化学研究所，从事纺织印染助剂和日用化工产品的研发、推广和应用。翌年8月，建立杭州传化日用化工有限公司，日用洗涤产品投入批量生产。投资350万元，建立洗衣粉和洗洁精专业生产线。翌年，洗衣粉年产能力2万余吨。传化牌超洁洗衣粉在“全国发明与专利新技术、新产品博览会”上，获优秀新产品金杯奖。

1995年2月，徐传化父子3人界定杭州传化化学制品有限公司产权，共同出资组建浙江传化化学集团有限公司（以下简称传化集团公司），所有者权益3604.06万元，注册资本3435万元，其中徐传化占注册资本的34%、两个儿子各占33%。拥有全资企业2家、控股企业1家、参股企业6家、协作企业10家。是年，传化牌超洁洗衣粉、超能洗衣粉和“901特效去油灵”，在北京国际精品展览暨经贸洽谈会上分别获金奖和银奖。传化集团公司在国家工商行政管理局个体私营经济监督管理司、中国企业评价中心联合发起的“中国500家最大私营企业评价”中，名列第88位，被农业部列入全国乡镇百家现代企业制度试点单位。

图13－6－513　1999年1月，杭州传化日用化工有限公司从意大利引进的两条液体皂灌装生产线投入生产。图为工人正在检查其中一条生产线生产（董光中摄）

1997年，从意大利引进的具有国际领先水平的两条液体皂灌装生产线投产，形成年产液体皂8万吨，洗洁精生产能力居国内三强之一。是年12月，7万吨洗衣粉项目建成投产，传化集团公司的洗衣粉生产能力跻身境内五强行列。翌年，占地340亩（约22.67万平方米）的传化科技工业园动工兴建。1999年，传化集团公司与沈阳化工研究院在传化科技工业园内合资建立杭州华洋化工有限公司，专业生产荧光增白剂。至此，传化集团公司形成日用化工、印染助剂两大支柱行业，产品销售市场覆盖境内20余个省、市、自治区，产品开始进入国际市场。

2000年2月，传化集团公司与市政府联合兴建浙江省农业高科技示范园区，由传化集团公司负责建设和运营，由此进入农业生物技术产业。3月，在传化科技工业园内兴建德国设计的年产万吨涂料专业生产线，系高新技术产业。年末，传化集团公司拥有总资产56861万元、固定资产原值21580万元、所有者权益18559万元，从业人员1266人，其中中专以上技术人员有510人（具有高级职称的19人）。是年，实现工业总产值（现行价）63049万元、产品销售收入62458万元、税金总额2796万元、利润总额2752万元。

1998～2000年期间，企业先后投入技术改造和技术创新的资金1亿余元，开发新产品140余个，其中属于国家和省、杭州市级的新产品16个；应用新技术、改进新工艺项目上百个，其中属于高新技术项目40余个，每年高新技术产业工业总产值占企业工业总产值的30%以上。企业创业以来上缴税金共计17801.80万元，用于公益性事业资金1068万元。

萧山柳桥羽绒有限公司

前身为萧山柳桥羽毛加工厂，系城北办事处柳桥村村办企业，创建于1993年初，由傅妙奎、傅妙兴承包，加工羽毛。年底，傅妙奎、傅妙兴两兄弟以11万元购买该厂全部资产，转为私营企业，定名萧山市柳桥羽绒厂，经营羽毛、羽绒及其制品。是年，完成工业总产值2200万元、出口创汇240万美元、利润18.50万元。

1995年12月，萧山市柳桥羽绒厂与香港鸿俊国际有限公司合资组建萧山柳桥羽绒有限公司，注册资本为138万美元（傅氏兄弟自然人占公司注册资本的51%、香港方占49%）。后香港方股份转让给傅氏兄弟，设立萧山市傅氏羽绒制品有限公司。1996年，萧山柳桥羽绒有限公司实现工业总产值1.20亿元、出口创汇1268万美元。产品主要出口东南亚地区和北美、欧洲。是年，萧山柳桥羽绒有限公司被农业部、对外贸易经济合作部评为出口创汇先进乡镇企业。1999年，在省对外贸易经济合作厅、省工商行政管理局公布的浙江省百强出口创汇私营企业中，萧山柳桥羽绒有限公司名列首位。

2000年8月起，萧山柳桥羽绒有限公司先后筹资12000万元，在萧山·中国羽绒工业园内征地53288平方米，建成羽毛车间和羽绒制品大楼，羽毛车间拥有分毛机25台、水洗机10台、拼堆机6台、除尘机3台，年羽毛（绒）加工能力1.2万吨；羽绒制品大楼拥有进口高速缝纫机1500台，羽绒制品年加工能力950万件，主要产品有羽毛、羽绒及羽绒制品。2000年9月，公司又投资700万元，建成污水处理系统，日处理污水7200吨，回收利用污水85%，污水排放达到国家一级标准。9月30日，萧山市傅氏羽绒制品有限公司与美国羽毛世界有限公司共同出资380万美元（中方占51%、美方49%），筹建浙江柳桥羽毛有限公司。年末，萧山柳桥羽绒有限公司总资产28020万元，固定资产原值813万元，所有者权益1742万元。该公司从业人员2200人，其中初级职称以上技术人员350人。是年，产品销往北京、上海、哈尔滨、杭州、郑州等大中城市，出口美国、德国、意大利等40余个国家和中国香港地区，实现工业总产值63442万元、出口创汇6500万美元、利润总额308万元、税金总额2820万元。

图13—6—514　1999年6月10～12日，国际羽绒羽毛局第46届年会在萧山举行。6月11日，国际羽绒羽毛局主席高利斯·来多调研萧山柳桥羽绒有限公司，公司总经理傅妙奎（左二）陪同。图为高利斯·来多（中）接受萧山电视台等媒体采访的情景（柳桥集团有限公司提供）

【附录】

萧山市2000年度强工业企业主要经济指标

强工业企业考核指标　2000年8月8日，市委办公室、市政府办公室印发《关于2000年度经济发展考核优胜镇乡、百强企业和现代化建设标兵村考评活动的通知》（市委办〔2000〕124号），规定2000年度强工业企业考核指标。

表13-6-291　2000年萧山市强工业企业考核指标

项　目	工业销售产值	企业利润总额	企业税金总额	企业增加值	企业所有者权益	工业产品销售率	工业资金利润率
参照值(万元)	40000	3500	2500	15000	13000	96%	20%
权数（分）	13	15	25	15	12	10	10

强工业企业名单　2001年2月15日，市委办公室、市政府办公室《关于公布2000年度镇乡经济发展考核结果和经济发展优胜镇乡、百强企业和现代化标兵村名单》（市委办〔2001〕13号），公布萧山市2000年度75强工业企业名单。

表13-6-292　2000年度萧山市75强工业企业主要经济指标

单位：万元

序号	企　　业	工业销售产值	企业利润总额	企业税金总额	企业增加值	企业所有者权益	企业产品销售率(%)	企业资金利润率(%)
1	万向集团公司	681450	50527	11124	96721	406336	99.23	12.24
2	浙江航民实业集团有限公司	102531	5932	4766	23565	60986	98.75	6.18
3	浙江钱啤集团股份有限公司	45341	-2638	9034	23100	12500	99.17	-3.40
4	杭州汇丽绣花制衣有限公司	40128	6660	2281	15776	10273	100.00	29.86
5	杭州娃哈哈永盛饮料有限公司	36142	5314	1365	15317	24768	101.86	21.26
6	浙江传化化学集团有限公司	62141	2752	2796	15138	18559	98.56	7.29
7	浙江爱迪尔包装集团公司	18189	6086	1587	10102	23894	98.58	29.17
8	浙江胜达包装集团有限公司	68318	2002	2023	18385	16513	96.04	6.68
9	萧山市荣盛纺织有限公司	76053	3412	1598	8483	15781	97.98	11.09
10	浙江恒逸集团有限公司	47241	1408	583	5113	41948	98.39	4.60
11	浙江亚太机电集团有限公司	32131	3559	2285	11538	8889	97.83	9.80
12	萧山印染三厂	29885	2480	1927	10283	21794	97.58	4.69
13	浙江永翔电缆集团有限公司	28028	2194	1757	10096	13839	100.75	11.79
14	浙江东南网架集团有限公司	42107	2012	1834	10007	12891	95.34	3.62
15	浙江华越家具工业有限公司	55015	2090	986	7438	12947	100.00	10.15
16	杭州钱江电气集团股份有限公司	34171	1535	1873	6234	13918	97.03	5.64
17	萧山市道道塑化有限公司	50332	1996	1241	4659	7904	98.57	15.48
18	萧山柳桥羽绒有限公司	61539	308	2820	4516	1741	97.00	1.27
19	浙江万达集团公司	48532	305	1340	6506	16189	93.68	1.29
20	杭州永磁集团有限公司	37238	100	2289	8751	7900	93.97	0.39
21	萧山雅马哈乐器有限公司	12349	1137	1258	11614	14389	106.93	7.02
22	恩希爱（杭州）化工有限公司	17247	1300	1230	5159	22000	94.85	4.24
23	杭州吉华化工有限公司	44490	687	1478	6030	8913	85.96	2.35
24	浙江开氏实业有限公司	38004	817	754	5055	17061	99.56	2.78
25	浙江富可达皮业集团股份有限公司	55004	845	599	8505	5277	97.00	6.31
26	杭州引春机械有限公司	23494	2407	346	5051	3935	98.92	25.58
27	金元陶瓷（中国）有限公司	9428	2657	706	4938	13286	72.61	13.31
28	萧山富丽达纺织有限公司	22116	1500	627	5106	15453	90.98	5.98
29	杭州帝凯化工有限公司	28308	938	1152	3978	3958	93.46	18.67

续 表

序号	企　　业	工业销售产值	企业利润总额	企业税金总额	企业增加值	企业所有者权益	企业产品销售率(%)	企业资金利润率(%)
30	杭州杭萧机械结构发展有限公司	27046	1598	794	4023	6000	100.00	14.65
31	杭州鼎明体育用品有限公司	5384	1332	250	4152	1999	78.78	50.72
32	杭州欣美成套电器制造有限公司	10515	705	473	19921	2596	85.47	9.28
33	杭州红山化纤有限公司	33008	774	1164	5688	2863	92.88	4.96
34	浙江金首水泥有限公司	11958	283	1438	4254	11326	99.85	1.75
35	杭州钱江印染化工有限公司	15128	1504	545	3753	7324	100.57	11.58
36	杭州百合化工有限公司	15748	825	987	4594	5793	93.96	8.10
37	浙江化邦家具工业有限公司	23503	1186	390	4670	3631	99.14	12.94
38	萧山市华东轻钢建材有限公司	6120	325	1829	1167	2219	97.98	10.88
39	浙江庆丰纺织印染有限公司	16896	262	41	5699	18083	100.00	0.67
40	杭州大地网架制造有限公司	23101	712	618	5109	5078	100.00	6.18
41	浙江华源水泥有限公司	10791	386	843	2490	11439	102.37	2.45
42	杭州伟成印刷有限公司	14111	1153	473	2869	7027	99.84	7.13
43	杭州江南黏合剂制造有限公司	17883	957	397	2218	2203	97.52	15.31
44	浙江益南链条有限公司	5161	958	384	3095	6081	86.07	16.30
45	萧山市联发电化有限公司	14284	429	871	3867	4021	99.33	4.40
46	杭州红申电器有限公司	16966	251	889	4249	3652	100.31	3.50
47	萧山市宏发布业有限公司	11867	603	480	2383	9531	98.42	5.06
48	杭州三星绢纺制品有限公司	6430	550	168	1171	1516	96.49	31.66
49	浙江中新集团萧山电力承装公司	9736	1213	321	2310	4398	100.00	11.42
50	杭州明华纺织有限公司	13605	455	331	2397	0	99.97	21.85
51	萧山市城北水泥厂	9635	297	1156	2266	2910	99.60	2.35
52	杭州雪峰链条有限公司	5433	631	374	1859	1889	95.65	20.94
53	浙江华欣家具工业有限公司	17071	376	348	7301	2514	100.00	2.26
54	萧山市大自然轻纺有限公司	12009	932	350	2347	4833	96.00	6.88
55	萧山市道道化纤有限公司	23700	245	647	2616	1722	100.00	3.12
56	杭州兴惠化纤有限公司	15383	447	252	2652	8411	95.87	2.99
57	萧山市长山丝织厂	6780	614	252	1220	2174	99.27	20.76
58	中服浙江北天鹅服饰股份有限公司	18620	429	310	2820	4003	99.04	6.58
59	杭州维美羽绒制品有限公司	12536	408	334	1577	1271	100.00	17.09
60	杭州翔盛纺织有限公司	14545	551	369	1873	4927	100.00	4.98
91	杭州江宁丝绸制衣有限公司	12129	279	478	3802	1272	98.86	9.27
92	杭州宏顺服装有限公司	11021	704	317	1791	2734	88.49	12.18
93	杭州恒达环保机械有限公司	8228	689	250	1258	2027	100.00	15.43
94	萧山市包装工贸实业总公司	11331	318	739	4204	1134	91.94	2.76
95	浙江盛达送变电铁塔有限公司	6969	483	235	1910	1494	100.00	15.60
66	萧山市凤凰纺织实业公司	11478	316	211	2409	2412	98.29	11.74
67	浙江红山协和陶瓷有限公司	9137	−11	609	2323	6538	93.71	−0.10
68	萧山市万盛纺织工艺有限公司	9169	249	441	2113	1734	101.26	8.42
69	萧山红山热电有限公司	8775	138	486	2591	5747	94.35	1.29
70	萧山市经济技术开发区热电公司	6822	358	783	2573	1805	91.51	2.16
71	杭州华达包装实业有限公司	5192	364	287	1090	1695	98.52	14.73
72	杭州东南毛纺织染整有限公司	12737	331	405	2792	1242	100.00	4.67
73	萧山市振亚布厂	7574	252	256	2528	2040	97.99	11.03
74	萧山市潘山实业有限公司	10772	284	400	929	5830	94.79	2.37
75	杭州和合美容镜有限公司	5095	391	166	723	5340	95.93	10.76

资料来源：2000年《萧山市统计年鉴》。

第二节 产 品

图13—6—515 1979年，萧山花边厂生产的萧山花边获中华人民共和国经济委员会颁发的国家质量奖金质奖。图为该厂获得国家质量奖金质奖的证书、奖杯（杭州萧山美艺花边有限公司提供）

1978年起，萧山开展产品创优活动。1979年玫瑰牌萧山花边获中华人民共和国经济委员会颁发的国家质量奖金质奖。1982年双鸟牌柴油机获机械工业部优质产品称号。1985年，生风牌麻编工艺鞋获中国工艺美术百花奖银杯奖。至年末，全县工业企业优质产品27只，其中国家优质产品2只、部优质产品9只、省优质产品16只。是年，全县企业优质产品工业总产值8468万元，比1984年增长35.70%，优质产品率4.37%。

1986年后，继续开展产品创优活动。至1991年，全市工业企业优质产品160只，其中国家优质产品4只、部优质产品50只、省优质产品106只。是年，企业优质产品实现工业总产值（90不变价）89300万元，优质产品率9.34%。

1992年后，国家停止产品创优活动。1994年2月7日，根据省政府提出的“创名牌工程，实施名牌战略”的要求，市政府《批转市经委创萧山名牌产品实施办法（试行）的通知》(萧政发〔1994〕25号)，公布萧山名牌产品基本条件[①]，并建立萧山名牌产品管理办公室，负责创名牌产品的实施管理工作。1995年2月28日，市政府命名1994年度金首牌425#、525#普通硅酸盐水泥等32只萧山名牌产品。是年，浙江农垦水泥厂生产的金首牌425#水泥被省政府命名为1994年度浙江省名牌产品。万向钱潮股份有限公司生产的钱潮牌万向节十字轴总成、浙江万达集团公司的杭州牌花色钳被农业部评为首批中国乡镇企业名牌产品。

1999年，市政府下发《批转市经委关于〈萧山市名牌产品认定和管理办法（试行）的通知〉》（萧政发〔1999〕48号），修改了萧山名牌产品必须具备的条件[②]，同时，规定被命名的萧山名牌产品，可使用“萧山名牌”标记，明确萧山市名牌产品的有效期为三年，到期必须重新申请、认定，到期不申请认定，不再享受名牌产品待遇。

至2000年，萧山工业企业经命名的名牌产品68只，其中省名牌产品11只、杭州市名牌产品20只、萧山市名牌产品37只。是年，名牌产品实现工业总产值（现行价）61.70亿元，占全市工业总产值的10.26%；产品销售收入795288万元、利润总额52932万元、上缴税金44390万元，分别占全市工业的14.79%、32.08%、20.82%。

①1994年，萧山名牌产品的基本条件：1. 产品有注册商标，具有继续发展和延伸的前景，能成为萧山的拳头产品；2. 产品技术含量较高，质量过硬，市场销势良好，用户评价满意，在近两年内，国家、省和杭州市、萧山市级质量监督检验中无质量问题；出口产品的商检合格率近两年平均达99%以上，无退货和索赔等质量事故发生；3. 质量管理严格，能积极推行质量体系国家标准或国际标准，并已编制了符合企业实际的《质量手册》，实施运行正常；4. 企业具有国内先进的生产技术和技术装备，检测手段完备，主要原材料、成品的项目检测率达100%；生产现场整洁、物流有序、作业文明；5. 创名牌系列产品已形成规模经济，经济效益良好并符合下列条件的其中之一：（1）产品销售收入在2000万元以上或出口产品交货值1000万元以上；（2）产品在全国市场占有率达40%以上，同时年销售收入达1500万元以上；（3）产品年销售收入在1500万元以上并取得采用国际标准合格证书的产品；（4）产品年销售收入在1500万元以上并取得省级以上著名商标称号的产品。

②1999年，修改后的萧山名牌产品必须具备下列条件：1. 企业具有法人资格、产品有注册登记商标；2. 产品符合产业发展方向，有广阔的市场前景；3. 产品质量在国内、省内同类产品中处于先进水平；4. 具有较强的市场竞争能力，市场占有率高、售后服务好、用户（消费者）满意；5. 批量生产已满三年，年销售额达3000万元人民币以上，或者出口产品交货值在2000万元人民币以上，具有萧山地方传统特色产品销售额在1000万元人民币以上；6. 企业已建立了质量体系，并按《浙江省工业企业质量体系评价管理办法》执行。

表13-6-293 1985年萧山县工业企业优质产品情况

序号	优质产品	优质产品等级	生产企业
1	玫瑰牌萧山花边	国家质量奖金质奖 省优质产品	萧山花边总厂
2	生风牌麻编工艺鞋	国家银杯奖 省优质产品	浙江工艺鞋厂
3	双鸟牌R175柴油机	部优质产品	杭州柴油机总厂
4	钱潮牌万向节十字轴总成	部优质产品 省优质产品	杭州万向节厂
5	杭州牌花色钳	部优质产品 省优质产品	萧山五金工具厂
6	钱江牌GJB-2W管螺纹铰板及板牙	部优质产品 省优质产品	萧山管道工具厂
7	萧山牌HWJ25和面机	部优质产品 省优质产品	萧山商业机械厂
8	萧山牌HWJ50和面机	部优质产品 省优质产品	萧山商业机械厂
9	12° 淡色钱江啤酒	部优质产品	钱江啤酒厂
10	丰乐牌甜萝卜干	部优质产品 省优质产品	靖江供销社菜厂
11	丰乐牌萧山萝卜干	部优质产品 省优质产品	萧山县土产果品公司
12	双飞牌汽车变速箱齿轮	省优质产品	萧山汽车齿轮箱厂
13	双飞牌EQ-140同步器总成	省优质产品	萧山汽车齿轮箱厂
14	萧山牌XZ6A、XZ8I、XZ8·5Ⅱ喷油泵柱塞偶件	省优质产品	杭州油泵油嘴厂
15	萧山牌ZS4S1A喷油器针阀偶件	省优质产品	杭州油泵油嘴厂
16	双鸟牌R170柴油机	省优质产品	杭州柴油机总厂
17	固陵牌汽车制动软管	省优质产品	萧山汽车配件厂
18	固陵牌汽车轮胎螺丝总成（CA-10、EQ-140、BJ-130）	省优质产品	萧山汽车配件厂
19	大雁牌2BPZcz-45型喷灌自吸泵	省优质产品	萧山水泵厂
20	金龟牌JB04-0.5型台式压力机	省优质产品	萧山精密压力机厂
21	金龟牌JB04-1型台式压力机	省优质产品	萧山精密压力机厂
22	钱江牌氟硅酸钠	省优质产品	萧山化工厂
23	佳乐牌塑料热水瓶壳	省优质产品	萧山塑料总厂
24	凯星牌全毛男西装（套）	省优质产品	浙江凯星西装厂
25	玉皇牌仿南宋官窑瓷（陈设瓷）	省优质产品	杭州瓷厂
26	航洲牌56头中式餐具	省优质产品	杭州瓷厂
27	钱江牌清泉啤酒	省优质产品	钱江啤酒厂

资料来源：《萧山年鉴·1986》。

表13-6-294 2000年萧山市名牌产品生产企业及经济效益情况

名牌产品	生产企业	产量	经济效益		
			产品销售收入（万元）	利润总额（万元）	上缴税金（万元）
浙江省名牌产品	—	—	264219	23279	18237
雅妮娜牌卫生巾	杭州雅妮娜卫生用品有限公司	12.80亿片	17910	651	401
钱江牌中华啤酒	钱江啤酒集团有限公司	13.50万吨	23781	3336	5677
钱潮牌万向节十字轴总成	万向钱潮股份有限公司	1779.91万套	39077	9572	2928
钱潮牌油浸式、干式电力变压器	杭州钱江电气集团股份有限公司	202.53万千伏安	19214	1124	1178

续表一

名牌产品	生产企业	产量	经济效益		
			产品销售收入（万元）	利润总额（万元）	上缴税金（万元）
百合牌颜料	杭州百合化工有限公司	5420.00吨	16745	1360	1150
金首牌425#水泥	浙江金首水泥有限公司	54.84万吨	12148	283	1255
东南牌钢结构网架	浙江东南网架集团有限公司	38201.40吨	33364	1972	1799
东南牌聚氨酯/岩棉复合夹芯板	浙江东南网架集团有限公司	99.96万平方米			
富可达牌皮革服装	浙江富可达皮业集团有限公司	120.00万件	40290	743	490
湘湖牌汽车制动元器件	浙江亚太机电集团公司	32250套	29163	3123	1995
传化牌洗衣粉	浙江传化化学集团有限公司	63053.00吨	32527	1115	1364
杭州市名牌产品	—	—	267764	15573	12097
永翔牌HYA市话电缆	浙江永翔电缆集团有限公司	150.88万对	15218	2194	1021
品字牌酱菜	杭州红景酱品有限公司	4356.00吨	1452	28	44
北天鹅牌羽绒服、羽绒被	中服浙江北天鹅服饰股份有限公司	253.00万件	20508	429	297
XSH速冻蔬菜	浙江银河食品有限公司	8921.00吨	5284	5	232
恒逸牌涤纶丝	浙江恒逸集团有限公司	29299.70吨	35160	1409	589
富丽达牌仿真面料坯布	萧山富丽达纺织有限公司	2100.00万米	19800	1400	590
杭萧钢结构建筑	杭州杭萧钢结构有限公司	19869.00吨	21859	1598	794
湘湖牌弹簧垫圈	杭州弹簧垫圈有限公司	5200.00吨	3616	38	230
杭申牌高低压电器开关	杭州红申电器有限公司	12.00万只	22512	1244	1012
金龟牌冷冲模架	浙江萧山金龟机械有限公司	17.00万套	7010	248	255
传化牌纺织印染助剂	浙江传化化学集团有限公司	37195.00吨	21004	1318	1736
乐园牌颜料	杭州颜料化工厂	3000.00吨	9520	191	552
金鼠牌硅酮密封胶	杭州之江有机硅化工有限公司	1612.00吨	5139	314	451
红协牌玻化抛光砖	浙江红山协和陶瓷有限公司	128.00万平方米	15800	1575	948
大地牌钢结构网架	杭州大地网架制造有限公司		23101	712	618
杰牌涡轮减速机	杭州成杰减速机有限公司	17.40万台	5400	560	302
和合牌居室镜钢化玻璃	杭州和合美容镜有限公司	86.20万平方米	6210	697	599
德意牌燃气灶	杭州德意电气实业有限公司	30.50万台	10707	832	890
金龙牌普通硅酸盐水泥	浙江华源水泥有限公司	47.79万吨	10541	386	854
珍琪牌工程灯	杭州珍琪电器有限公司	21.40万套	7923	395	83
萧山名牌产品	—	—	263305	14080	14056
钱潮牌等速万向节	浙江万向机械有限公司	18985.50套	18596	2613	1732
大雁牌喷灌泵	萧山水泵总厂	39880台	5221	78	257
杭州牌花色钳	浙江万达工具有限公司	355.00万把	1669	83	170
钱江牌铸造镍钴永磁合金	杭州永磁集团有限公司	2282.00吨	37704	687	2087
飞龙牌扬声器	浙江飞龙电声实业有限公司	914.50万只	2268	25	175

续表二

名牌产品	生产企业	产量	经济效益		
			产品销售收入（万元）	利润总额（万元）	上缴税金（万元）
万盛牌纯腈纶针织纱	萧山万盛纺织工艺有限公司	5151.00吨	9095	249	306
白梅牌PVC树脂	萧山电化总厂	14828.00吨	10000	320	600
钱江牌复混肥料	萧山化工总厂有限公司	38844.25吨	1908	33	17
钱江牌萝卜干系列	萧山钱江蔬菜食品总厂	6000.00吨	1700	90	90
恒天牌面粉	杭州恒天面粉有限公司	37856.71吨	5512	101	104
佳力牌425#普通硅酸盐水泥	萧山城北水泥厂	47.55万吨	9670	297	1156
恒星牌涡轮减速机	杭州减速机厂	75.60万台	5060	832	269
蝉牌纯棉T恤文化衫	杭州东方针织有限公司	159.53万件	3435	31	163
南宋官窑瓷器	杭州民生陶瓷有限公司	8.85万件	398	53	28
维纳斯牌自行车	萧山潇江维纳斯自行车有限公司	46.13万辆	6949	32	286
晶磊牌蜂王浆冻干粉	杭州天福医药保健品有限公司	40.00万盒	300	20	25
桑梅牌涤纶纱系列	萧山市汇利棉纺织厂	1957.00吨	3131	82	200
WL牌电动切管套丝机	杭州威力机械有限公司	13080台	3200	158	162
佳力牌管道油泵	浙江佳力科技开发有限公司	5415台	4085	476	385
禹神牌喷灌泵	萧山喷灌机总厂	5.80万台	5200	216	210
远翅牌汽车仪表板	浙江远翅塑料有限公司	18.00万套	4530	208	232
老K牌泵业产品	杭州大路实业有限公司	5130台套	3015	281	279
XINMEI牌高低压开关柜	杭州欣美成套电器制造有限公司	5453台	10506	738	461
振华牌电力电缆	浙江新兴辐照交联电缆有限公司	3980对	3570	135	120
其门堂牌胡瓜	杭州其门堂蔬菜食品有限公司	5000.00吨	890	115	22
虎跑牌味精	杭州钱江味精厂（停产）	—	—	—	—
重峰牌西裤、休闲裤系列	杭州重峰制衣有限公司	48.00万条	5050	158	328
飞利弘牌羽绒及制品	浙江三弘国际羽毛有限公司	1500.00吨	15600	220	410
鹤舞牌夹克衫	萧山蓝天制衣有限公司	82.00万件	3760	187	201
诚意牌彩色平瓦	萧山中意彩瓦有限公司	390.00万片	760	70	129
金元牌瓷砖	金元陶瓷中国有限公司	296.30万平方米	9428	2657	706
富时特牌HCFC-148	杭州富时特化工有限公司				
可丽思牌居家镜	港隆镜艺有限公司	81.00万平方米	3105	691	428
金迪牌浮雕复合门	杭州金迪装饰有限公司	22.00万平方米	5500	220	245
胜达牌瓦楞纸箱	浙江胜达包装集团有限公司		60252	1599	1700
TL牌混凝土水管	萧山腾龙管业有限公司	2268根	2238	325	373
合计	—	—	795288	52932	44390

注：①资料来源：《萧山年鉴·2001》。

②“东南牌钢结构网架”项的“经济效益”栏含“东南牌聚氨酯/岩棉复合夹芯板”。

③玫瑰牌万缕丝花边是2000年萧山名牌产品，尚未统计在内。

钱潮牌万向节十字轴总成

该产品由萧山万向节厂生产，采用优质合金结构钢制成，表面渗碳层深度为0.8毫米～1.4毫米，表面硬度为HRC59～64，轴颈渗面硬度不低于HRC55，心部硬度为HRC28～45。1982年，钱潮牌万向节被省机械工业厅认定为省优质产品。1985年，杭州万向节厂（前身是萧山万向节厂）生产的钱潮牌万向节十字轴总成被机械工业部认定为优质产品。翌年机电产品获取采用国际标准验收合格证书。1987年，钱潮牌万向节十字轴总成获中华人民共和国经济委员会颁发的国家质量奖银质奖。1993年12月，改由下属企业万向钱潮股份有限公司生产。1995年，被省政府命名为浙江省名牌产品。1997年，被国家技术监督局列入国家重点保护的名优产品，并被机械工业部评为中国机械工业名牌产品。1998年，再次被省政府命名为浙江省名牌产品。

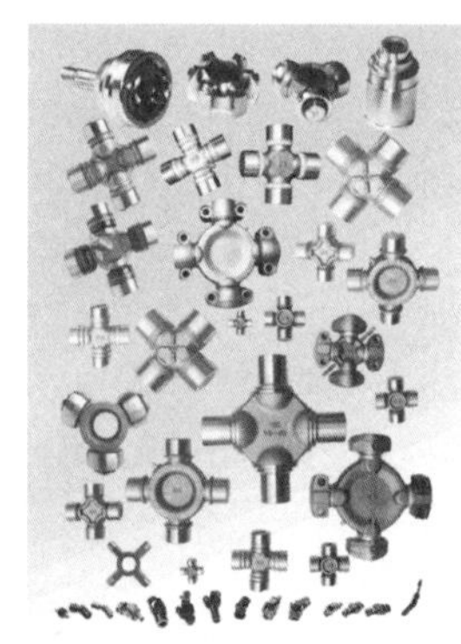

图13—6—516　1987年，杭州万向节厂生产的钱潮牌万向节十字轴总成（万向集团公司提供）

湘湖牌汽车制动元器件

该产品由浙江萧山汽车制动器厂生产，主导产品有轿车、轻型车、微型车系列产品的盘式制动器、鼓式制动器、真空助力器、制动总分泵、离合器总分泵，并逐步形成独立悬挂系统、制动操纵系统及制动防抱系统（ABS）。产品具有体积小、重量轻、耐摩擦、制动性能好等优点。1986 年，BJ—212、130 型汽车制动器分泵总成和湘湖牌 EQ—140、JN—15 型前后制动室总成被省机械工业厅认定为省优质产品。翌年，湘湖牌 EQ—140、JN—150 型前后制动室总成被机械工业部认定为部优质产品。1989 年，湘湖牌 130 管路制动器总成、BJ—130 制动器被认定为省优质产品。翌年，湘湖牌 BJ—212、130 型汽车制动总分泵被省计划经济委员会认定为浙江省优质产品。2000 年，浙江亚太机电股份有限公司（前身是萧山汽车制动器厂）生产的湘湖牌汽车制动元器件被省政府命名为浙江省名牌产品。

图13—6—517　2000年，浙江新亚太机电集团有限公司生产的湘湖牌汽车制动元器件部分产品（2006年11月28日，韩利明摄）

金首牌425#水泥

该产品由浙江萧山农垦水泥厂（1997年6月组建浙江金首水泥有限公司）生产，具有早期强度高、凝结硬化快、质量稳定等特点，适用于工业、民用建筑和公路、桥梁、机场、码头、堤坝等建设，是各种混凝土制品和高层建筑的理想材料。1989年12月，被农业部认定为优质产品。1994、1999年，金首牌425#水泥两次被省政府命名为浙江省名牌产品。

图13—6—518　浙江金首水泥有限公司生产的425#普通硅酸盐水泥。包装日期：2009年12月3日（韩利明摄）

钱江牌中华啤酒

该产品由浙江钱江啤酒厂（1991年11月建立浙江钱江啤酒集团公司，1996年4月组建浙江钱啤集团股份有限公司）生产，是以澳大利亚麦芽为主要原料和配以优质泉水、添加新疆的颗粒酒花、采用德国的啤酒酵母菌种和独特酿造工艺及纯生化管理技术生产的淡爽型啤酒。中华啤酒色泽淡雅，泡沫细腻，口味纯净、爽口。1989年，被省计划经济委员会认定为浙江省优质产品。1992年，钱江牌中华啤酒在法国巴黎举行的国际名酒展评会上获特别金奖，被人民大会堂确定为国宴用酒。1995、2000年，钱江牌中华啤酒两次被省政府命名为浙江省名牌产品。

图13—6—519　2000年，浙江钱江啤酒集团股份有限公司生产的钱江牌中华啤酒，原麦汁浓度12°P，净含量335ml（华润雪花啤酒（浙江）股份有限公司提供）

图13－6－520　1997年12月，浙江东南网架集团有限公司生产的浙江黄龙体育中心主场馆螺栓球节点网架（浙江东南网架集团有限公司提供）

东南牌钢结构网架

该产品由杭州东南网架厂（今浙江东南网架集团有限公司）生产，具有耐压、防腐锈、抗震性能好等特点。1990年，螺栓球节点网架被省计划经济委员会认定为浙江省优质产品，翌年获国家科学技术委员会评定的全国星火成果博览会银奖。1995年，东南牌螺栓球节点网架获国家科学技术委员会评定的全国科技成果金奖。1998年3月，东南牌钢结构网架通过省级鉴定，被国家科学技术委员会批准为国家重点新产品。1999年9月，东南牌钢结构网架被省政府命名为浙江省名牌产品。

图13－6－521　1997年10月，浙江传化化学集团有限公司生产的传化牌洗衣粉、洗洁净系列产品（董光中摄）

传化牌洗衣粉

该产品由杭州传化日用化工有限公司生产，具有超强的去污能力，无污染、无腐蚀、健康环保，保持持久的清香。1994年，先后开发超能、超浓、手洗、加酶、无磷、抗菌等洗衣粉新品种。1997、2000年，浙江传化化学集团有限公司（前身是杭州传化化学制品有限公司）生产的传化牌洗衣粉两次被省政府命名为浙江省名牌产品。

图13－6－522　1999年，杭州雅妮娜卫生用品有限公司生产的雅妮娜牌卫生巾（杭州雅妮娜卫生用品有限公司提供）

雅妮娜牌卫生巾

该产品由萧山潘山实业有限公司（后称杭州潘山集团有限公司）生产，质地柔软、透气性好、吸水性强、使用方便。1998年8月，雅妮娜牌卫生巾被省政府命名为浙江省名牌产品。1999年7月14日改由控股企业杭州雅妮娜卫生用品有限公司生产。2000年，生产的产品有普通型、保健型、护翼型、护垫、立体护围、丝薄卫生巾六大系列30余个品种。

图13－6－523　2006年11月28日，杭州百合化工有限公司生产的永固红等系列颜料产品（韩利明摄）

百合牌颜料

该产品由萧山市江南颜料化工厂生产，用于油漆、油墨、印花等行业。1991年，开发成功F210耐光钼铬红颜料。1995年10月，杭州百合化工有限公司（前身是萧山市江南颜料化工厂）生产的百合牌颜料红色、橙色、黄色等5个品种经中国造币总公司检测鉴定，成为人民币印刷油墨的专用颜料。1999年，百合牌颜料被省政府命名为省名牌产品。2000年，开发胶印墨、水性墨、溶剂墨3大系列产品所适用的颜料，使产品形成4大色系150余个品种。其中永固红F5RK、永固紫RL、酞菁系列、喹吖啶酮类等中高档颜料成为公司的主导产品。

图13－6－524　1992年10月，杭州钱江变压器厂生产的部分变压器产品（萧山日报社提供）

钱潮牌油浸式、干式电力变压器

该产品由杭州钱江变压器厂生产，具有结构合理、运行安全的特点。钱潮牌电力变压器系列主导产品有：110～220kV级及以下S9、SZ9、SFZ9、S9－M系列油浸式电力变压器，35kV级以下SC9、SC10、SCB9环氧树脂绝缘及非包封H级系列干式变压器，ZGS11－Z · D系列地埋式变压器，SB10－M系列箱式变压器，SH系列非晶合金铁心变压器，S11－MR卷铁心变压器，S9－MS系列石化专用变压器。1989年，钱潮牌S7－30－500/10低损耗电力变压器被省计划经济委员会认定为浙江省优质产品。1999年9月，杭州钱江电气集团股份有限公司（前身是杭州钱江变压器厂）生产的钱潮牌油浸式、干式电力变压器产品被省政府命名为浙江省名牌产品。

东南牌聚氨酯/岩棉复合夹芯板

该产品于1995年由浙江东南网架集团有限公司全资企业杭州东南轻质建筑板材公司开发生产，为新型建筑材料，填补了省内、国内空白。产品具有防火、隔音、防漏、隔热、可锯、可钉等性能特点。1996年，投入9000万元，引进意大利梅泰克诺公司聚氨酯/岩棉复合夹芯板生产线1条（时为全世界只有2条），采用电脑控制和管理。翌年该产品通过浙江省消防局和省科学技术委员会联合组织的鉴定，达到国际先进水平。1999年9月，东南牌聚氨酯/岩棉复合夹芯板被省政府命名为浙江省名牌产品。

图13－6－525　2000年7月，浙江东南网架集团有限公司生产的聚氨酯/岩棉复合夹芯板（浙江东南网架集团有限公司提供）

富可达牌皮革服装

该产品由浙江富可达皮业集团股份有限公司生产，采用各种优质皮革面料，服装里料舒适柔软，服饰款式新颖，具有做工精细、保暖性强、穿着美观大方等优点。2000年，富可达牌皮革服装被省政府命名为浙江省名牌产品。

第三节　商　标

图13－6－527　1980年，萧山花边厂生产的萧山花边玫瑰牌商标（杭州萧山美艺花边有限公司提供）

1957年，公私合营临浦万和冶铸锅犁厂（1980年改称萧山锅厂）的铁锅“雄鸡”商标[①]核准注册，为萧山解放后首件注册商标。1964年5月1日，萧山印刷厂的扑克猎狗商标[②]核准注册。至此，萧山经工商注册的产品商标有2只。

1966年开始的“文化大革命”期间，商标及图样，被视作“封、资、修”产物而取缔，1978年，恢复商标注册。是年12月，县工商行政管理部门清理全县的使用商标。经清理，全县在使用的商标有31件。清理后，停止使用商标3件，不发证、临时使用的10件，上报国家工商行政管理总局申请注册的18件。翌年10月31日申请注册的商标全部核准注册。1980年4月1日，萧山花边厂的萧山花边玫瑰牌商标被国家工商行政管理总局授予国家著名商标称号。至1985年末，全县有注册商标154件，比1984年增长87.12%。

图13－6－526　2000年，浙江富可达皮业集团股份有限公司生产的皮革服装系列产品（浙江富可达皮业集团股份有限公司提供）

1989年，开始鼓励企业争创著名商标。是年，杭州万向节厂的钱潮商标等14件商标被认定杭州市著名商标。1992年，浙江钱江啤酒集团公司的钱江商标等商标被认定为浙江省著名商标。

1997年后，浙江省著名商标自公告之日起有效期三年，有效期满可申请延续。1997年，对浙江省著名商标进行重新认定。2000年9月，浙江传化化学集团有限公司的“传化”商标被认定为中国驰名商标。至年末，工业企业有注册商标2606件（含在萧的中央、省、杭州市属企业），其中中国驰名商标[③]1件、省著名商标[④]14件、杭州市著名商标[⑤]26件、其他商标2565件。

①1999年12月31日后，“雄鸡”商标随着萧山锅厂的注销而消失。

②“猎狗”商标扑克在“文化大革命”期间停止生产，注册商标保留。1999年，“猎狗”商标随萧山印刷厂终止而终止。

③④⑤中国驰名商标、省著名商标、杭州市著名商标分别由国家、省、杭州市工商行政管理部门认定。

表13-6-295 2000年萧山市工业企业产品著名商标

注册商标	生产企业	使用商品
中国驰名商标		
传　化	浙江传化化学集团有限公司	洗涤剂，洗衣粉
浙江省著名商标		
钱　潮	万向集团公司	汽车配件
钱江中华	浙江钱啤集团股份有限公司	啤　酒
钱　江	浙江钱啤集团股份有限公司	啤　酒
浪　潮	杭州浪潮实业公司	电热灭蚊药片
北天鹅	中服浙江北天鹅服饰股份有限公司	羽绒服装制品等
前　进	杭州前进齿轮箱集团有限公司	船用齿轮箱
雅妮娜	杭州潘山集团有限公司	卫生巾、卫生裤、失禁用尿布、卫生垫、浸药液的卫生纸
金　首	浙江金首水泥有限公司	425#、525#、425#R普通硅酸盐水泥
钱　江	萧山市钱江蔬菜食品总厂	酱菜、萝卜干、大头菜、小黄瓜
东　南	浙江东南网架集团有限公司	金属建筑结构等
杰	杭州万杰减速机有限公司	减速机
山　水	杭州山水实业有限公司	链　条
万　達	浙江万达集团公司	非动力手工具
德　意	杭州德意电气实业有限公司	烹调及民用电器加热设备
杭州市著名商标		
大　雁	萧山水泵总厂	喷灌机水泵
金　龟	浙江精密压力机厂	精密压力机模架
老大昌	杭州老大昌酿造有限公司	酱油、醋、酱
如　宝	杭州如宝电器实业有限公司	家用电器
钱　潮	杭州钱江电器集团有限公司	变压器开关
百　合	杭州百合化工有限公司	化工产品、颜料
晶　磊	杭州天福医药保健品有限公司	蜂王浆、蜂蜜
赤　龙	萧山赤龙建材有限公司	建　材
杭　申	杭州红申电器有限公司	高、低压开关电器
杭　萧	杭州杭萧钢结构有限公司	金属钢结构
珍　琪	萧山市富源玻璃器皿厂	灯、灯具
恒　星	杭州减速机厂	减速机
佳　力	浙江佳力管道油泵制造有限公司	管道油泵
品	杭州红景酱品有限公司	酱菜、酱油
江　南	萧山市华凌寝具有限公司	毛巾被、浴巾、枕巾
锦　红	萧山市锦红建材有限公司	瓦
金　鹭	杭州金鹭家私制造有限公司	沙发、茶几
重　峰	杭州重峰制衣有限公司	服装
禹　神	杭州市喷灌机总厂	泵、自吸泵
和　合	杭州和合美容镜有限公司	美容镜
美　施	萧山第三服装厂	服　装
湘　湖	杭州弹簧垫圈有限公司	标准紧固件
恒　逸	浙江恒逸集团有限公司	化纤丝
湘　湖	浙江亚太集团有限公司	汽车配件
欣　美	杭州欣美电器有限公司	固定式高压开关柜
永　翔	杭州永翔电缆集团有限公司	电线、电缆

资料来源：杭州市工商行政管理局萧山分局。

浙江传化化学集团有限公司“传化”商标

“传化”商标是萧山化学助剂厂（前身是萧山宁围化学助剂厂）于1990年1月经国家工商行政管理局商标局核准注册，注册后使用，注册证：第509062号，核定使用商品为洗衣粉、洗涤剂。“传化”商标图样分别由中文、英文名称构成，突出企业和产品品牌。商标图样整体色调由黑色与红色构成，黑色字体稳重、大方、实在，喻示着传化集团的成熟与实力，以及一步一个脚印、在稳健中实现快速发展、以消费者为重的企业经营理念；红色代表激情、自信、健康，象征着传化“开拓进取、永不满足”的企业创新精神和“社会责任感”思想理念，喻示着走多元化、国际化发展之路的传化必将有着无比美好的发展前景。1993年4月，杭州传化化学制品有限公司（前身是萧山化学助剂厂）第二次经国家工商行政管理局商标局核准注册，注册证：第638271号，核定使用商品为洗衣粉、洗涤剂、化妆品、洗发剂、护发素。1997年10月，浙江传化化学集团有限公司（前身是杭州传化化学制品有限公司）“传化”商标变更注册，中文“传化”商标注册证：第1118327号；英文“传化”商标注册证：第1118326号。是月，“传化”商标被认定为浙江省著名商标，2000年9月被国家工商行政管理局商标局认定为中国驰名商标。

图13－6－528 1997年10月变更注册的浙江传化化学集团有限公司“传化”商标（传化集团有限公司提供）

万向集团公司“钱潮”商标

“钱潮”商标是萧山万向节厂（1994年7月企业名称为浙江万向集团公司）于1981年11月15日经国家工商行政管理总局商标局核准注册，注册后使用，注册证：第151925号，核定使用商品为汽车配件。“钱潮”商标图样由主图并配以汉字、汉语拼音组成。主图由塔、山、水（喻指六和塔、玉皇山、钱塘江水）写意，外加菱形框组合而成；汉字“钱潮”及汉语拼音“QIAN CHAO”排列于主图菱形框的下面。“钱潮”商标的特定涵义是：使万向节产品像“钱塘江大潮”一样享誉全世界。让人看到钱潮牌商标图样，就可以想起钱塘江大潮，想起“六和塔”，想起位于杭州地处钱塘江南岸的万向企业，从而使消费者更容易将钱潮牌汽车配件商品与其生产企业联系起来，相对于其他品牌来说，钱潮品牌具有更强的显著性。1993年12月，“钱潮”商标转由下属企业万向钱潮股份有限公司使用。翌年9月，经国家工商行政管理局商标局核定使用商品为传动轴等41只和第11类车灯等5只及第12类的汽车零部件等37只。1997年，“钱潮”商标被认定为浙江省著名商标。2001年3月，再次被认定为浙江省著名商标。

图13－6－529 1994年9月核准注册的浙江万向集团公司“钱潮”商标（万向集团公司提供）

浙江钱啤集团股份有限公司“钱江”商标

“钱江”商标是浙江萧山啤酒厂于1982年5月30日经国家工商行政管理局商标局核准注册，注册后使用，注册证：第157616号，核定使用商品为啤酒。“钱江”商标有文字“钱江”和环形图形（飘带、麦穗、六和塔、钱塘江和钱塘江大桥）组成，会让人想起位于钱塘江南岸的啤酒厂。商标寓意着钱啤人的团结、求强和超越，标志着钱啤永立钱江潮头之上，如钱

图13－6－530 1992年5月续展的浙江钱江啤酒集团公司“钱江”商标（华润雪花啤酒〈浙江〉股份有限公司提供）

江大潮奔竞不息、永远向前。1992年5月，浙江钱江啤酒集团公司（前身是浙江萧山啤酒厂）的“钱江”商标续展，核定使用商品不变。8月“钱江”商标被认定为浙江省著名商标。1996年2月浙江钱啤集团股份有限公司（前身是浙江钱江啤酒集团公司）的“钱江”商标经浙江省产权交易所评估，其无形资产价值7579万元。1997年10月、2001年3月（2000年度），两次被认定为浙江省著名商标。

图13－6－531　1993年5月续展的杭州齿轮箱厂“前进”商标（杭州前进齿轮箱集团有限公司提供）

杭州前进齿轮箱集团有限公司“前进”商标

“前进”商标是杭州齿轮箱厂（1994年12月组建杭州齿轮箱集团有限公司）于1983年5月15日经国家工商行政管理局商标局核准注册，注册后使用，注册证：第176505号，核定使用商品为船用齿轮箱。“前进”商标是企业产品品质的象征，其涵义是：企业及产品犹如一艘巨轮在浩瀚的大海中勇往直前。1992年3月起，“前进”商标先后在马来西亚、越南、比利时、卢森堡、西班牙、荷兰、土耳其等国家注册。1993年5月，通过商标续展，核定使用商品不变。1994、1997年，“前进”商标又两次被认定为浙江省著名商标。2001年3月再次被认定为浙江省著名商标。

图13－6－532　1996年8月变更注册的浙江北天鹅集团公司“北天鹅”商标（中服浙江北天鹅服饰股份有限公司提供）

中服浙江北天鹅服饰股份有限公司“北天鹅”商标

“北天鹅”商标是浙江萧山羽绒总厂于1984年2月经国家工商行政管理局商标局核准注册，注册后使用，注册证：第204560号，核定使用商品为羽绒服装制品等。1991年，“北天鹅”商标在法国、意大利、西班牙、瑞士等国家注册。1994、1997年，两次被认定为浙江省著名商标。1995年7月，浙江北天鹅集团公司（前身是浙江萧山羽绒总厂）“北天鹅”商标经浙江省产权交易所评估，其无形资产价值5300万元。翌年8月，“北天鹅”商标转让给中服浙江北天鹅服饰股份有限公司。“北天鹅”商标变更注册，注册证：第865685号，核定使用商品：羽绒服装制品等。“北天鹅”商标图样由一只展翅飞翔的天鹅形象和汉语拼音“BEITIANE”组成，品质高雅。其中文徽标体现羽绒制品的内涵与特色：洁白亮丽、温暖人间。2001年3月，中服浙江北天鹅服饰股份有限公司的“北天鹅”商标再次被认定为2000年度浙江省著名商标。

图13－6－533　1997年3月续展的浙江金首水泥有限公司“金首”商标（浙江金首水泥有限公司提供）

浙江金首水泥有限公司“金首”商标

“金首”商标是浙江红山水泥厂于1987年3月经国家工商行政管理局商标局核准注册，注册后使用，注册证号：第281716号，核定使用商品为425#、525#、425#R普通硅酸盐水泥。“金首”商标的寓意为：金首牌产品有金一般的品质，秉承了“励精图治，争创一流”的企业精神。“金”字呈等边三角形，“首”字呈正方形，两字叠加，外形稳固；且“金”字突破外圆向上，使整个图样静中有动，表明企业不断创新，不断健康稳定向上发展。1996年，“金首”商标经浙江省产权交易所评估，其无形资产价值达到11000万元。1997年3月，商标续展，使用商品不变。1999年，浙江金首水泥有限公司（前身是浙江红山水泥厂）的“金首”商标被认定为浙江省著名商标。

萧山钱江蔬菜食品总厂“钱江”商标

“钱江”商标是萧山靖江供销社蔬菜食品厂于1988年6月30日经国家工商行政管理局商标局核准注册，注册后使用，注册证：第317400号，核定使用商品榨菜、大头菜、小黄瓜、萝卜干等。“钱江”商标由“钱塘江”图形和“钱江”文字组成，融入了企业的地理位置和钱江人急流勇进、永立潮头、奋发向上的创业精神。1998年6月30日，萧山钱江蔬菜食品总厂（前身是萧山靖江供销社蔬菜食品厂）的“钱江”商标续展，核定使用商品不变。1999年12月，“钱江”商标被认定为浙江省著名商标。

图13－6－534　1998年6月续展的萧山市钱江蔬菜食品总厂“钱江”商标（杭州萧山钱江蔬菜食品有限公司提供）

杭州浪潮实业公司“浪潮”商标

“浪潮”商标是杭州江南电热蚊香厂经国家工商行政管理局商标局于1991年5月10日核准注册，注册后使用，注册证：第551160号，核定使用商品电热灭蚊药片。“浪潮”商标的图样由一个圆形中的大浪和风帆组成，其寓意是钱江大潮奇观闻名世界，帆船乘风破浪，不断前进，后浪推前浪，一浪更比一浪高。1991年6月杭州浪潮实业公司设立后，“浪潮”商标的所有权人变更为该公司。1995年10月，“浪潮”商标经浙江省产权交易所评估，其无形资产价值870万元。1994年6月、1997年10月，“浪潮”商标两次被认定为浙江省著名商标。2000年3月，随着杭州浪潮实业公司歇业，“浪潮”商标转让。

图13－6－535　1991年5月10日核准注册的杭州江南电热蚊香厂“浪潮”商标（戴村镇尖山下村村民委员会提供）

浙江东南网架集团有限公司“东南”商标

1992年1月，杭州东南网架厂申请并使用“东南”商标。3月30日，经国家工商行政管理局商标局核准注册，注册证：第589078号，核定使用商品为金属窗、金属门、金属门板、金属建筑材料、金属建筑结构、建筑用金属板、建筑用金属附件、钢结构建筑、建筑用金属盖板等。“东南”商标图样注明“东南”两字，取用“东南”两字汉语拼音的第一个字母，并融入企业主导产品——网架的形状，三重结合，象征着坚定、刚强、忠诚、团结。取蓝色，代表着头顶蓝天，脚踏实地，充分显示了“东南网架”企业立足诚信、追求卓越的企业形象。1996年3月，浙江东南网架集团有限公司（前身是杭州东南网架厂）“东南”商标，经浙江省产权交易所评估，其无形资产价值8789万元。1999年12月，使用在金属建筑结构上的“东南”商标被认定为浙江省著名商标。

图13－6－536　1992年3月30日核准注册的杭州东南网架厂“东南”商标（浙江东南网架集团有限公司提供）

浙江万达集团公司“萬達”商标

“萬達”商标是萧山五金工具厂于1992年10月30日经国家工商行政管理局商标局核准注册，注册后使用，注册证：600636号，核定使用商品为钳类、切削工具、刨刀、车刀等非动力手工具。“萬達”商标寓意为万事通达，象征着万达企业万众一心、奋发向上、勇达目的的创业精神。图样设计时尚、现代，充分展示企业围绕中心、团结拼搏、永无止境、充满朝气的团队形象。1995年，浙江万达集团公司（前身是萧山五金工具厂）经国家工商行政管理局商标局核准，对第42类商品进行全方位注册。2000年3月，“萬達”商标被认定为浙江省著名商标。

萬達

图13－6－537　1995年核准注册的浙江万达集团公司“萬達”商标（浙江万达集团公司提供）

图13－6－538　1995年5月7日核准注册的萧山市甘露减速机厂“杰”商标（杰牌控股集团有限公司提供）

图13－6－539　1994年10月核准注册的浙江钱江啤酒集团公司“钱江中华”商标（华润雪花啤酒〈浙江〉股份有限公司提供）

图13－6－540　1994年核准注册的萧山潘山实业有限公司“雅妮娜”商标（杭州潘山集团有限公司提供）

图13－6－541　1997年1月21日核准注册的杭州山水实业有限公司“山水”商标（杭州山水实业有限公司提供）

图13－6－542　2000年8月21日核准注册的杭州德意电气实业有限公司“德意”商标（德意控股集团有限公司提供）

杭州万杰减速机有限公司“杰”商标

1993年，萧山市甘露减速机厂开始申请并使用“杰”商标。“杰”商标图样为汉字“杰”的拼音“JIE”的变体，又似一轮冉冉升起的太阳，寓意“聚万物之灵气，创天地之杰作”，象征着企业朝气蓬勃、奋发向上、开拓进取。1995年5月7日，经国家工商行政管理局商标局核准注册，注册证：第743801号，核定使用商品第7类减速机。1999年，杭州万杰减速机有限公司（前身是萧山市甘露减速机厂）使用的“杰”商标被认定为浙江省著名商标。

浙江钱啤集团股份有限公司“钱江中华”商标

“钱江中华”商标是浙江钱江啤酒集团公司于1994年10月经国家工商行政管理局商标局核准注册，注册后使用，注册证：第712771号，核定使用商品是啤酒。“钱江中华”商标由汉语拼音“ZHONG HUA”、天安门和华表图样组成。“钱江中华”商标意寓钱啤人用中华民族之智慧，汇世界酿酒之精华，创中华啤酒之名牌，立世界啤酒之林，圆世界品牌之梦。1996年2月，“钱江中华”商标经浙江省产权交易所评估，其无形资产价值19706万元。1997年10月、2001年3月（2000年度），浙江钱啤集团股份有限公司（前身是浙江钱江啤酒集团公司）“钱江中华”商标两次被认定为浙江省著名商标。

杭州潘山集团有限公司“雅妮娜”商标

“雅妮娜”商标是萧山潘山实业有限公司（后称杭州潘山集团有限公司）于1994年经国家工商行政管理局商标局核准注册，注册后使用，注册证：第1292747号，核定使用商品为卫生巾、卫生裤、失禁用尿布、卫生垫等。“雅妮娜”商标图样为黑色长方底纹，上印“雅妮娜”三个汉字——“雅妮娜”商标图样显示产品形态，黑底白字寓意产品高雅、大方、优美、实用的品质，使人们产生亲切感。1998年8月，“雅妮娜”商标被认定为浙江省著名商标。1999年7月14日，“雅妮娜”商标转由控股企业杭州雅妮娜卫生用品有限公司使用。

杭州山水实业有限公司“山水”商标

1996年，杭州山水实业有限公司开始申请并使用“山水”商标。“山水”商标寓意为：追求人、产品、大自然的和谐统一。1997年1月21日，经国家工商行政管理局商标局核准注册，注册证：第9352227号，核定使用商品第12类：链条。2001年3月6日，使用在链条上的“山水”商标被认定为2000年度浙江省著名商标。

杭州德意电气实业有限公司“德意”商标

1995年，萧山康达燃气用具厂申请并使用“德意”商标。“德意”商标寓意为高尚品德与坚强意志的完美结合，象征着企业是一个高尚坚定、奋发向上、开拓进取的创业团队。黑色的专用字体稳重、大气，又具现代时尚感，充分展示了德意成熟稳健、朝气蓬勃的企业形象。2000年8月21日，经国家工商行政管理局商标局核准注册，注册证：第1436568号，核定使用商品为燃气灶等。2001年3月6日，杭州德意电气实业有限公司（前身是萧山康达燃气用具厂）使用在燃气具产品上的“德意”商标被认定为2000年度浙江省著名商标。

第七章　在萧中央、省、杭州市属工业企业

1949年5月，萧山解放后，浙江省、杭州市有关部门在萧接管和陆续创办工业企业。[①]至1985年末，在萧的中央、省、杭州市属工业企业有19家（国营12家、集体经营7家）[②]，拥有固定资产原值25195万元、职工24387人。是年，完成工业总产值（90不变价）81736万元，占萧山境内全部工业总产值的25.01%，产品销售税金3094万元、利润总额4997万元，亏损企业亏损总额4万元。主要产品有纯碱、烧碱、电石、合成氨、100%氮肥、水轮发电机组、交流电动机、汽轮发电机、水轮发电机、船用齿轮箱、棉纱、棉布、白厂丝、红砖、平瓦。

1986～1995年，新增萧山发电厂等企业12家，因产品滞销等原因而终止的企业有浙江钱江工艺印花厂等5家。1995年末，在萧的中央、省、杭州市属工业企业26家、职工2.65万人。是年，实现工业总产值（90不变价）154762万元，占萧山境内全部工业总产值的4.85%。

1996～2000年，新增杭州发电集团机电设备维修服务中心等企业15家，行政区域调整划出萧山的企业有杭州龙山化工总厂等4家，工业结构调整等原因注销的企业有杭州东升丝厂、浙江包装材料实业总公司等14家。2000年末，在萧的省、杭州市属工业企业23家（国有13家、集体1家、外商及港澳台商投资企业等9家）[③]，拥有总资产352067万元、固定资产原值254760万元、所有者权益257885万元，从业人员0.86万人。是年，完成工业总产值（现行价）151123万元，占萧山境内全部工业总产值的2.45%，实现税金总额11816万元、利润总额1694万元，亏损企业亏损总额2367万元。主要产品有水轮发电机组、汽轮发电机、船用齿轮箱、电。其间，主要工业企业6家。

①萧山解放后，接管华光蚕丝公司第一丝厂（后称杭州东升丝厂）。1952年，浙江省重工业厅创办国营浙江砖瓦二厂（今称浙江建筑材料总厂）。1954年后，省、杭州市有关部门先后创办浙江钱航船舶修造厂、杭州发电设备厂、杭州砖瓦厂（今称杭州市公用工贸公司）、杭州第二棉纺织厂（今称杭州中汇棉纺织有限公司）、杭州龙山化工厂（后称杭州龙山化工总厂）、上海铁路局浦阳采石场（后，采石场移址白鹿塘，今称杭州铁路分局白鹿塘采石场）、杭州电化厂（后称杭州电化集团有限公司）、杭州齿轮箱厂（今名杭州前进齿轮箱集团有限公司）、浙江省重工业局修配厂（后称浙江省地质矿产厅机械厂）、杭州油脂化工厂和浙江包装材料厂（后称浙江包装材料实业总公司）等企业。

②1985年，在萧中央、省、杭州市属工业企业分布在城厢、浦沿、长河、坎山等镇乡。

③2000年，在萧中央、省、杭州市属工业企业分布在城厢镇、临浦镇、义桥镇、闻堰镇和萧山经济技术开发区等地。

第一节　中央、省属工业企业

浙江包装材料实业总公司

系国营企业。位于城厢镇北干山南麓。前身是萧山化肥厂，1973年筹建，1978年11月投产。建厂初期，隶属于萧山县国营工业总公司，主要生产合成氨、碳铵、氨水等产品，设计能力为年产200气压合成氨5000吨。1980年，被省石油化学工业厅评为浙江省先进集体企业。1981年，生产合成氨7370吨，碳酸氢铵25010吨。是年，化工部授予企业全国小氮肥战线红旗单位称号。1984年12月，重油原料不再列入国家计划，重油原料不足，以160万元价格转让给中国包

图13－7－543　1987年11月，浙江包装材料厂工人在操作从台湾引进的夹链自封袋设备，生产塑料包装薄膜袋（董光中摄）

装总公司。年末，固定资产原值714万元，职工394人，其中助理工程师以上技术人员8人。是年，完成工业总产值512万元、利润113万元。

1985年4月，定名为浙江包装材料厂，隶属于中国包装总公司浙江省分公司，用国拨外汇15万美元，引进台湾夹链自封袋生产线、背心袋生产线、聚丙烯片材生产线和国内小型中空塑料制品成型设备，开始加工生产塑料包装产品。主要产品有聚乙烯塑料中空容器、塑料包装薄膜凹凸袋等。9月，进行首次技术改造，贷款1300万元，用国拨外汇指标引进当时德国最先进的中空塑料成型设备2台（套）和流延薄膜生产线1条。1988年，是经济效益最好的一年，完成工业总产值1284万元、利润380余万元，成为中国包装总公司的先进企业，国家二级企业。

1989年后，境内包装行业兴起，同类产品销售市场竞争加剧，企业经济效益逐年下降。1993年10月，改名浙江包装材料实业总公司。1995年，实现工业总产值3043.80万元，亏损总额143.90万元。翌年10月，为摆脱困境，进行第二次技术改造，投资1300万元，引进意大利五层共挤流延膜成型生产线，并由该厂（出资37.50%）与意大利籍华人李欣（出资25%）、萧山电力实业总公司（出资37.50%）合资组建杭州新裕塑化有限公司，1998年4月更名浙江中包制膜有限公司，与浙江包装材料实业总公司实行“两块牌子，一套班子”。2000年8月15日，中国包装总公司同意浙江包装材料实业总公司变卖资产、安置职工后，公司注销。年底停业。是年，实现工业总产值80.10万元，亏损514万元。

浙江建筑材料总厂

位于城厢镇西，湘湖北端，城厢镇萧西路184号。前身是地方国营浙江砖瓦二厂，始建于1952年，隶属于浙江省重工业厅。1953年，采用半机械化生产砖瓦，年产红砖1025.45万块、平瓦110.24万张。1956年，曾一度下放到萧山，并改称萧山砖瓦厂，业务归属于浙江省建筑工业厅。1978年末，拥有制砖机和平瓦挤出机共5台。是年，砖瓦产量9008万块（张）。1980年1月，易名浙江建筑材料厂，隶属于浙江省建筑材料工业局。

1984年开始，由于泥塘资源渐趋枯竭，逐步转产，建立钢窗分厂、水泥制品车间。1988年，砖瓦产量5162万块（张）、空心砌块49万块、水泥构件3948立方米、钢门窗63265平方米、砖瓦机械11台（套）、机械零配件140吨、铆铰机32台。1992年，改名浙江建筑材料总厂，隶属于浙江省建筑材料工业总公司（后改名浙江省建材集团公司）。至1993年末，总厂拥有砖瓦一分厂、砖瓦二分厂、水泥制品车间、砖瓦机械制造厂、金属门窗厂、运输公司、建材物资公司、装潢工程公司、工贸实业公司、羊毛衫厂等，职工1330人，其中各类专业技术人员102名（高级职称5人）。

1995年，泥塘资源枯竭和离退休职工逐年增加等原因，经济效益下降。年末，固定资产原值1180万元，职工827名。是年，生产红砖2244万块、平瓦171万张，完成工业总产值（现行价）1855.40万元、产品销售收入1537.40万元、亏损178万元。1998年3月，泥塘严重塌方，企业难以为继。2000年6月15日，浙江省政府决定该厂歇业。

萧山发电厂

位于临浦镇谭家埭村。始建于1992年7月，系国营企业，隶属于浙江省电力工业局。该厂为省“八五”期间的重点建设工程，总投资6.85亿

图13－7－544　1999年5月，萧山发电厂技术人员在电气集中控制室监控生产过程（萧山发电厂提供）

元，由浙江省电力开发公司（出资2/3）与萧山市经济建设发展公司（出资1/3）合资兴办。一期工程建设规模为2台12.50万千瓦国产燃煤机组，实行机、炉、电集中控制方式，分别于1993年9月24日和1994年4月7日发电，日发电量600万千瓦时。1994年末，职工864人，其中各类专业技术人员215人（高级职称4人）。

1998年1月，该厂由浙江东南发电股份有限公司全资收购。2000年1月1日，电力体制改革，实现发电与电网分离。年末，总资产70534万元、固定资产原值101051万元、所有者权益89872万元，职工958人，其中各类专业技术人员314人（高级职称6人）。是年，实现发电量17.58亿千瓦时，工业总产值（现行价）50221万元，销售收入50221万元，利润8888万元。至2000年12月31日止，累计发电量120.08亿千瓦时。

第二节 杭州市属工业企业

杭州发电设备厂

系国营企业。位于城厢镇市心中路128号。前身是浙江电机厂和浙江农业机械厂，均创建于1956年7月， 1957年4月两厂合并，定名浙江电机厂，1958年12月改名浙江萧山电机厂，隶属于浙江省工业厅。1968年4月，改称杭州发电设备厂，隶属于杭州市机械工业局（1997年5月，隶属于杭州机械电子控股〈集团〉公司）。1984年，成为境内制造中小型水力发电设备的7家骨干企业之一。年末，固定资产原值3097万元，职工2587名，其中工程师以上技术人员76人。是年，主要生产成套水轮发电机组、汽轮发电机、交流电动机等，年生产能力为30万千瓦，实现工业总产值2000万元、实现利润329万元。

图13—7—545 1994年2月，杭州发电设备厂工人在修检加工生产的5万千瓦水轮发电机产品（董光中摄）

1985年后，扩建24米跨厂房，新建30米跨厂房，配置100吨行车、10米立车、14米卧车、∮200数控落地镗铣床、1.60×6龙门铣床等大型设备，使生产水轮发电机组的单机容量从5万千瓦提高到10万千瓦，年产量超过50万千瓦。1994年2月，5万千瓦水轮发电机组、1500千瓦汽轮发电机获机械工业部优质产品称号，630千瓦水轮发电机、1250千瓦水轮发电机被省计划经济委员会评为省优质产品。1995年末，总资产31489万元、固定资产原值15535万元、所有者权益8203万元,职工2746人，其中各类工程技术人员360余名。主要产品有水力发电成套设备、汽轮发电机、同步异步电动机3大类。

1996年4月，杭州杭发集团公司建立，与杭州发电设备厂实行“两块牌子,一套班子”，注册资本10700万元。集团公司拥有全资企业19家、控股企业3家、参股企业6家。5月，该集团公司部分资产（资产折价出资7990万元）与挪威克瓦纳能源公司（出资12500万元）共同组建克瓦纳（杭州）发电设备有限公司。企业部分资产用于合资后，杭州杭发集团公司仍以生产中小型水轮发电机组、汽轮发电机为主，同时增加电站增容改造和电机维修业务。

至2000年，累计为新安江发电厂等10余座电厂实施技术改造。年末，总资产19825.70万元、固定资产原值6298.50万元、所有者权益10537.30万元，从业人员792人，其中工程技术人员78人。是年，实现工业总产值4238万元、产品销售收入4148.90万元、利润738万元。

杭州中汇棉纺织有限公司

位于城厢镇工人路59号。前身是萧山棉纺织厂，始建于1958年4月11日，系国营企业，隶属于宁波专员公署工业局。1959～1965年，建成第一期西纺车间（5万枚纱锭）、第二期东纺车间（5.80万枚纱锭）、第三期西织车间（1584台布机）。1968年8月8日，更名为杭州第二棉纺织厂（简称杭二棉，下同），隶属于杭州市纺织工业局（后改名杭州市纺织化纤工业公司）。

1982年1月5日，720台阔幅布机的南织车间投产，形成两纺两织的生产布局，成为浙江省主要纺织品生产基地。1984年，产品品种从原来的纯棉、白坯、狭幅扩大到化纤混纺交织、色纺、色织和阔幅等近40种，其中18.50×2/18.50（32S/2×32S/2）中长涤粘华达呢获中华人民共和国经济委员会颁发的国家质量奖银质奖。1986年末，有纱锭108000枚、线锭24320枚、棉织机2224台，年生产纱线能力22700吨、布6815万米。是年，完成工业总产值16624.34万元、产品销售收入16627.33万元、利润总额1536.45万元。

图13-7-546　1986年5月，杭州第二棉纺织厂南纺车间工人正在开展质量QC小组活动（董光中摄）

1991年，由于历史形成的企业退休人员和富余人员多、负担重等原因，首次出现亏损，亏损额555.26万元。至1997年末，总资产34289.17万元，资产负债率105.92%。

1998年7月，杭州市中级人民法院裁定杭二棉破产。10月，杭州市纺织化纤工业公司收购杭二棉资产，设立杭州中兴纺织厂。该厂职工2340人，年生产纱线能力8000吨、棉布1000万米，并负责托管杭二棉5200名离退休人员、368名离岗退养职工和840名下岗职工。2000年6月，杭州市纺织化纤工业公司公开拍卖杭州中兴纺织厂，出让资产拍卖标的为12300万元。通过杭州市产权交易中心公开竞卖，由浙江国信控股集团有限公司以12345万元竞得。1999～2000年，实现工业总产值25288万元、产品销售收入32194万元、实现利润总额1061万元、上缴税金2877万元。

2001年1月5日，杭州市纺织化纤工业公司受杭州市政府委托，与浙江国信控股集团有限公司签订《竞卖招商成交确认书》，2340名在职职工和840名下岗职工进行分流安置，并分别建立杭州中兴物业管理中心和杭二棉离退休人员服务中心。两家中心均隶属于杭州市工业资产经营有限公司，分别管理企业非经营性资产（含职工医院）和5200名离退休人员和368名离岗退养人员。2月15日，浙江国信控股集团有限公司与香港伟量发展有限公司共同投资2000万美元，设立杭州中汇棉纺织有限公司，注册资本1000万美元，招聘职工1500人。

杭州前进齿轮箱集团有限公司

位于城厢镇萧金路45号。前身是杭州齿轮箱厂，始建于1960年8月11日，系国营企业，隶属于农业机械部（后改属第八机械工业部、杭州市重工业局、杭州市机械工业局、杭州机械电子控股〈集团〉

有限公司）。1961年12月22日，完成第一台仿制德国仑克公司3HC100型船用齿轮箱装配，翌年5月实船航行试验成功，1965年12月26日，经第八机械工业部验收合格投产，成为中国首家船用齿轮箱生产企业。1971年，首台自行设计生产的120型船用齿轮箱通过第八机械工业部（后称机械工业部）产品技术鉴定，首批50台120型船用齿轮箱出口东南亚国家，创汇3.80万美元。是年，生产120型船用齿轮箱7636台，占年产量的95%，基本替代了仿制产品。1973年3月，第2代40型船用齿轮箱开发成功。1980年10月，40型船用齿轮箱获中华人民共和国经济委员会颁发的国家质量奖银质奖。1982年，06型和120B型船用齿轮箱均被机械工业部评为优质产品。8月，按德国引进的GWC、GUS系列生产齿轮箱样机，经全面技术考核试验和拆机检查鉴定，获德国劳氏、英国劳氏船级社的认可证书，从此改变了该厂只能生产中、小功率船用齿轮箱的历史。至1984年末，属于自行设计生产的齿轮箱有品种20余个、速比50种，使产品的最大配套功率从原来的750匹马力提高到10000匹马力。1985年，ZF40和ZF120型铜基摩擦片被机械工业部评为优质产品。

1986年，获中华人民共和国船舶检验局颁发的工厂认可证书，成为机电产品出口基地企业。是年，国家计划委员会批准杭齿“七五”技术改造项目，投资11346万元，新建汽车变速箱车间、铸铝车间和热处理车间，购置各类设备仪器731台（套），其中进口美国的热处理生产线、瑞士的1250吨压铸机、日本马扎克加工中心、意大利三坐标测量仪等高精尖设备32台（套）。翌年，引进国际著名的德国ZF公司WG180/181系列工程机械液力变速箱制造技术。1993年8月，前进牌船用齿轮箱被省计划经济委员会等7家主管部门推荐为浙江名牌产品。是年，被机械工业部评为境内100家最大机械工业企业，被国家对外经济贸易委员会评为全国机电产品出口先进单位。

1994年6月，企业全部资产投入组建杭州前进齿轮箱集团公司。12月，组建杭州前进齿轮箱集团有限公司（系国有独资企业），注册资本27134万元，拥有全资企业5家、控股企业9家、参股企业2家。1996年11月，该厂与意大利依维柯汽车公司、南京跃进汽车集团公司共同出资建立杭州依维柯汽车变速器有限公司。该公司注册资本20001万元，其中各企业出资6667万元（杭州齿轮箱集团有限公司以资产折价出资）。1997～1999年，企业被机械工业部评为全国“八五”机械工业工艺工作先进企业和全国机械工业管理基础规范化企业，前进牌船用齿轮箱被中国齿轮专业协会评为中国齿轮行业名牌产品。

图13-7-547 2000年5月，杭州前进齿轮箱集团有限公司的加工中心工人在加工生产产品（杭州前进齿轮箱集团股份有限公司提供）

2000年末，企业总资产65342万元、固定资产原值32929万元、所有者权益24580万元，从业人员3820人，其中具有高级职称的53人。是年，主要产品有船用齿轮箱、工程机械变速箱、汽车变速器、工业调速离合器、风力发电增速箱、工业传动装置、农业机械变速箱、大型重载精密齿轮、粉末冶金制品9大类，各类产品规格型号400余种，其中船用齿轮箱东南亚国际市场占有率70%、境内市场占有率80%，工程机械变速箱国内市场占有率20%。实现工业总产值（现行价）39725万元、产品销售收入40249万元、税金总额2861万元、利润总额1853万元，出口创汇1028万美元。

第十四编
萧山经济技术开发区

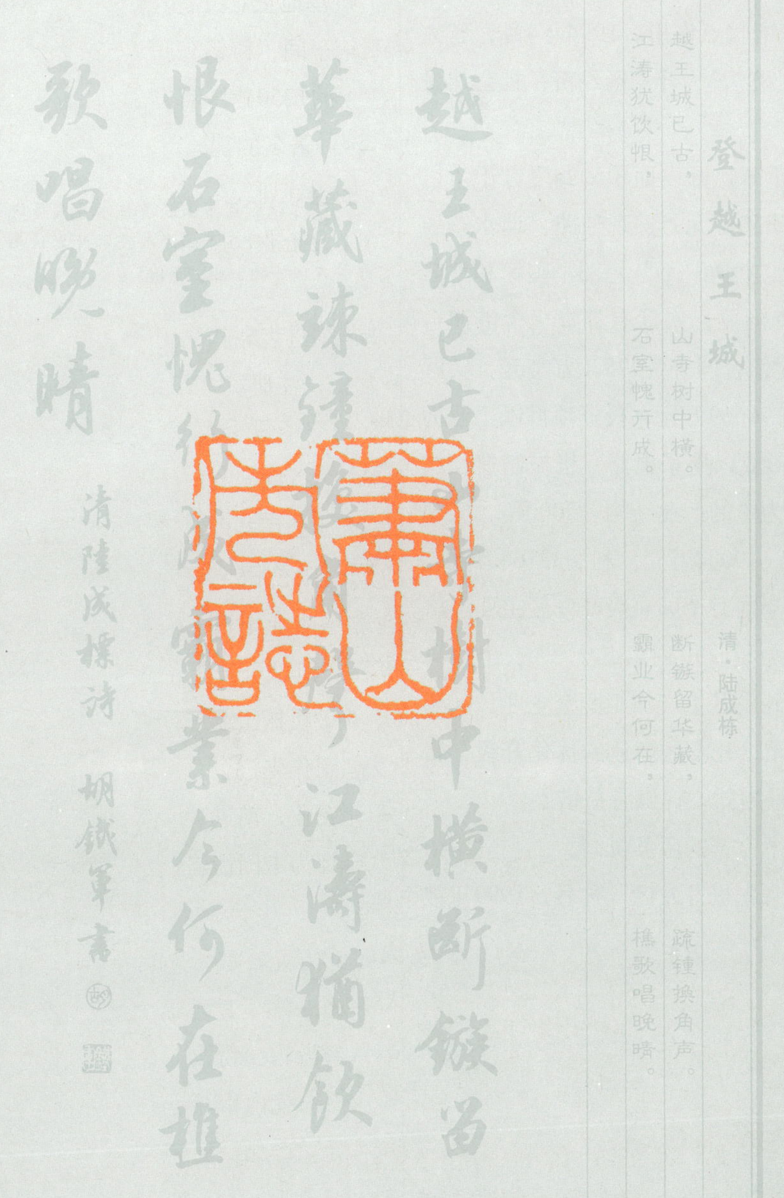

萧山经济技术开发区(简称开发区)，前身是杭州钱江外商台商投资区江南区块（简称投资区江南区块）市北区块，1993年5月12日，经国务院批准设立，是浙江省唯一县级所辖的国家级经济技术开发区，也是全国4个县级所辖的国家级开发区之一。

开发区按照“总体规划、统筹安排，分期实施、滚动开发”的建区方针，突出招商引资重点，加大基础设施投入，优化综合投资环境，发挥对外开放的窗口、外向型经济的龙头和新的经济增长点作用。1994年4月，省人大常委会批准颁布《萧山经济技术开发区条例》，为开发区经济、社会建设提供法律保障。

至2000年底,开发区辖区面积18.8平方千米，开发面积5.24平方千米，基础设施累计投资（开发区管委会投入）33850万元，实现通路、通水、通电、通信、排水、排污、供热、土地平整等“七通一平”；23个国家和地区的外商（含港澳台商，下同）到开发区投资创业，累计有外资（含港澳台资，下同）项目170个，总投资104212万美元，合同外资77530万美元，实际投资34890万美元；内资项目123个，总投资196669万元。投资项目以工业为主、出口创汇为主，致力于发展高新技术,形成以电子电器、机械制造、精细化工、医药食品、纺织服装、建材家具等为主的产业结构。2000年，实现工业总产值635839万元[①]、工业企业销售收入619004万元、利润32166万元、税金25126万元、自营出口37341万美元，在全国32个国家级开发区主要经济指标排位中，工业总产值位列第二十位,上缴税收位列第二十一位,出口总额位列第九位，综合排名第十七位。全市为开发区生产加工配套企业1200余家，从业人员2.5万余人，年创产值30多亿元。开发区产业的优化升级，带动全市的技术进步，为萧山工业化发展探索新模式，提供有益借鉴。

开发区内形成了完整的服务体系，建立了完善的服务机制。

1998年、1999年，开发区被授予“浙江省先进开发区”称号，1999年被列为浙江省首批重点开发区。

①本编引用萧山经济技术开发区统计数（含注册在萧山经济技术开发区而经营在域外的企业，下同）。

第一章　开发区建立

1990年6月，浙江省政府批准设立杭州钱江外商台商投资区江南区块，其规划范围为钱塘江南岸钱塘江大桥与钱江二桥之间的沿江地带，总面积108平方千米，分之江、市北、桥南3个区块。1993年5月12日，国务院批准设立萧山经济技术开发区，其范围为杭州钱江外商台商投资区江南区块中的市北区块。此后，萧山经济技术开发区管委会和杭州钱江外商台商投资区江南管委会“两块牌子，一套班子”，履行统一领导和管理的职能。

第一节　建　区

改革开放以来，萧山经济得到较快发展。1988年3月，萧山被列为沿海经济开放区。1989年，萧山市工农业总产值达60.25亿元，居全省县（市）第二位；财政收入3.64亿元，在全国县（市）中居第四位；人均年收入、外贸出口交货值等综合经济指标名列前茅。但是，萧山市的工业结构以加工业为主，能源、原材料缺乏，产品科技含量较低，种植业在农业中占主导地位。建立一个以外向型经济为主的经济开发区域，扩大与海外的经济贸易往来，特别是吸引台商、港商及其他外商来萧山投资办企业，以充分利用外资和先进技术，促进萧山产业结构的调整，推动技术进步，扩大出口创汇，对萧山的发展极为有利。

萧山具备比较完善的基础设施。水、电、交通、通信等基础和生活、文娱等服务设施均可充分利用市区的现有条件解决。市内第一、第二自来水厂日供水能力13万吨，供水满足有余；电源取自华东电网，随着北仑电厂、秦山核电厂及萧山电厂的建成和投产，可保证正常供电；7万门程控电话投入运行；市区建立雨污分流、清浊分流的排污体系；乡村工业的发展，培养了一大批熟练工人，人力资源较为充足。在台湾的萧山籍人士较多，绝大部分从事工商业。在萧山设立一个主要面向台商的投资区域，不仅有利于吸收台资，促进外向型经济发展，而且有利于密切与台胞的联系。

萧山地理位置优越，交通发达。浙赣、杭甬铁路通过萧山，钱江二桥、杭金一级公路以及沪杭甬高速公路在萧山会集，贯通江河湖海的水运网络在萧山形成，钱塘江南岸又是一片开阔的平原，有利于成片开发建设。

1988年8月10日，市委八届三次全会（扩大）会议提出在钱塘江南岸建立“钱江南岸经济规划区”的设想，即建立发展以科教、旅游和电子工业为主的之江开发区，北塘河以北、钱江二桥以西的外贸加工工业小区，赭山镇北的化工工业小区；在新围五万二千亩围垦开辟以创汇农业为主的农业经济开发区，在钱塘江南岸一线形成4个经济开发点。是年，市政府组织有关部门就建立经济规划区的可行性、规划设计、组织实施等问题开展调研、论证，形成《萧山市钱塘江南岸经济开发区规划设想》。1989年11月5日，副省长王钟麓与省有关部门领导来萧视察后，对钱江出口工业区提出“控制好、规划好、建设好、管理好”的要求，同时省政府拨专款25万元，委托省经济建设规划院设计。12月6日，省经济建设规划院专门组织省级有关专家、学者、领导干部评估，将钱塘江大桥和钱江二桥间划为经济开发区，并暂定名为杭州钱江南岸经济技术开发区，总规划地域面积为90平方千米。

1990年4月15日，市政府向省政府提交要求在钱江出口工业区内的市北区建立台商投资区的报告，并请省政府转报国务院批准。5月4～6日，由浙江省经济建设规划厅规划设计院主持的“杭州钱江外商台商投资区江南区块专家论证会”在萧山举行。来自上海、天津、宁波、杭州等地的专家，踏勘江南区块现场，论证通过萧山市《杭州钱江外商台商投资区块总体规划方案》和《投资区用地第一期详细规划方案》。6月8日，省委常委听取杭州市委、市政府关于建立杭州钱江外商台商投资区的汇报，同意建立杭州钱江外商台商投资区。投资区建设方针是“总体规划、统筹安排、分期实施、滚动开发”。投资区控制面积为140平方千米，以钱塘江为轴线，分江南、江北2个区块，其中江南又分之江、市北、桥南3个区块（简称之江、市北、桥南区）。开发的主要形式：“筑巢引鸟”，土地批租，吸引外商、台商成片开发。投资区建立两级领导管理体制。6月17日，经浙江省政府批准，杭州市政府宣布建立杭州钱江外商台商投资区（以下简称投资区）。6月26日，杭州市委、市政府就建立杭州钱江外商台商投资区召开新闻发布会。6月27日，经省委同意，杭州市委决定建立投资区领导小组和投资区江北、江南管理委员会，下发《关于建立杭州钱江外商台商投资区领导小组及组成人员和两个管理委员会的通知》(杭州市委干〔1990〕107号)。7月5日，杭州市政府任命投资区江南管理委员会正副主任。10月3日，杭州市委决定建立中共杭州钱江外商台商投资区江南管理委员会工作委员会。

图14－1－548　1991年6月30日，投资区市北区一期工程举行奠基仪式（萧山经济技术开发区管委会提供）

1991年3月2日，市委印发《关于钱江外商台商投资区江南区块开发建设工作若干问题的通知》（市委〔1991〕13号），对投资区领导管理体制、管委会职权、投资区机构设置、干部管理权限等问题作了规定。6月30日，投资区江南管委会在市北区举行首期3幢标准厂房的奠基仪式，从此拉开了0.588平方千米启动区的开发建设序幕。

1992年4月25日，投资区领导小组召开会议并通过纪要，江南管委会委托萧山市政府管理。5月28日，市委下发《关于加快杭州钱江投资区江南区块开发建设的若干规定》（市委〔1992〕40号），明确了投资区在投资、开发建设中的若干政策规定。

1993年4月12日，市政府向省政府提交《关于要求建立萧山经济技术开发区的请示》(萧政〔1993〕23号)，要求在江南区块市北区建立萧山经济技术开发区。4月14日，省政府向国务院行文《关于要求批准建立萧山经济技术开发区的请示》(浙政发〔1993〕87号)。5月12日，国务院印发《国务院关于设立萧山经济技术开发区的批复》(国函〔1993〕64号)，同意设立萧山经济技术开发区。实行沿海开放城市经济技术开发区关于生产性外商投资企业所得税减按15%的税率征收的政策。萧山经济技术开发区位于萧山市城区北侧，东至新浙赣铁路，南至北塘河，西至城厢镇兴议村（1992年6月撤区、扩

图14－1－549　1993年6月23日，萧山市委、市政府和开发区管委会在杭州香格里拉饭店举行设立国家级经济技术开发区新闻发布会（萧山经济技术开发区管委会提供）

镇、并乡时为城厢镇城北办事处兴议村，2001年7月区域调整时为北干街道办事处兴议村），北至解放河，面积9.2平方千米。批复要求开发区贯彻统筹规划、分期实施、稳步发展的方针，首期开发面积为3平方千米。投资区江南区块市北区遂升格为国家级经济技术开发区。6月，中共中央政治局常委、全国人大常委会委员长乔石，全国人大常委会副委员长田纪云、陈慕华，分别为萧山经济技术开发区题词。乔石题写“办好开发区，建设新萧山”，田纪云题写“萧山经济技术开发区”，陈慕华题写“加速开发建设，发展萧山经济”。6月16日，萧山市委、市政府、开发区管委会联合在萧山体育馆召开加快萧山经济技术开发区建设动员大会。6月23日，萧山市委、市政府和开发区管委会在杭州香格里拉饭店举行设立国家级经济技术开发区新闻发布会。会后举行总投资1.60亿多美元和6458万元人民币的杭州钱江城等12个项目奠基、开工和投产仪式。

1996年7月，根据杭州市政府《关于同意将钱江投资区之江区块由杭州高新技术产业开发区接受和管理的批复》（杭政〔1996〕100号）之江区块整体划归杭州高新技术产业开发区管委会管理。

第二节　规　划

投资区江南区块总体规划

投资区江南区块规划范围，南至原浙赣铁路和北塘河，东至九号坝直河，西、北到钱塘江边。总面积约108平方千米。建设性质为具有技术层次较高的加工工业为主的外向型综合性出口工业区。适合建设层次较高的技术、劳动密集的出口创汇企业和科技、旅游等事业，不宜建设对环境有污染的工业。根据“总体规划，统筹安排，分期实施，滚动开发”的要求，将先期开发市北、之江、桥南3个区的局部地段（面积共约29.3平方千米）。市北区安排综合性工业项目；之江区安排科研、教育、文化、旅游和高级住宅设施以及电子等技术密集型工业为主的高科技工业项目；桥南区安排技术、劳动密集型或运输量大的机电、汽车、原材料工业，以及外贸仓库等为高速公路配套的项目。

萧山经济技术开发区（市北区）规划

1992年5月9日，市政府根据投资区江南区块总体规划，印发《关于钱江投资区市北区规划的批复》（萧政批〔1992〕15号）。钱江投资区市北区东以新浙赣铁路、南以北塘河、西以城北乡兴议村十三组南北向机耕路、北以解放河为界，其面积为9.12平方千米。根据“依托老城、开发新区”的原则，市北区为以轻纺、机电零部件加工为主，其他工业一起发展的技术、劳动密集型的外向型综合工业区，是杭州钱江外商台商投资区江南区块的行政和经济管理中心。区内规划人口为农村人口1万人，城市居民5万人。市北区的规划结构为东部、中部主要布置一、二类工业用地，西部、北部布置城市和乡村居住用地，中间穿插布置公共建筑、仓储及交通用地。

1993年5月，市北区块升格为国家级经济技术开发区和外部大环境的改善（如钱江三桥的拟建，杭州民用机场在萧山的预选等），原市北区总体规划在许多方面不能适应发展的需要。开发区管委会本着国家级开发区高档次、高标准的要求，对规划作了较大的调整，建设四路由原路址南移100米，使民居点布局更为集中合理；原市心北路东移66米，宽度由36米调整为58米，以同市区、钱江三桥、杭州民用机场接轨；宁税路北伸段宽度由24米调整为36米，通惠路北伸至钱江二桥接线公路。

1997年1月3日，鉴于之江区块划归杭州高新技术产业开发区，对开发区总体规划作了重新调整并通过评审。路网结构：拓宽的市心北路与机场专线公路贯通；北塘河公路拓宽至19米，作为钱江三桥接线公路并与通惠路相接。用地性质：五七直河以东70米宽范围用地调整为乡村居住用地；原规划的居住用地调整为二类工业非标准厂房用地,居住功能依托城市新区；公建配套用地集中设置于市心北路两侧，原规划公建用地改为工业用地，绿化用地适当调整。

之江区规划

1992年11月6日，萧山市政府印发《关于同意杭州钱江外商台商投资区之江区总体规划的批复》（萧政批〔1992〕60号）。之江区规划范围为:东以长河镇内的长江路为界，南以浙赣铁路及钱塘江站至七甲小路为界，西、北均以钱塘江岸线为界。规划用地规模为10.5平方千米，规划总人口为10.5万人。规划性质定为以居住、商业、科研、旅游度假、无污染高科技工业为主的技术层次较高的外向型综合投资区。

1993年，之江区块规划重新编制，解决了开发区与其他各区块之间的规划衔接问题。1995年，之江区1号地块作了调整，以利土地出让。

桥南区规划

1994年1月21日，萧山市政府印发《关于同意杭州钱江外商台商投资区桥南区块总体规划的批复》（萧政发〔1994〕11号）。桥南区块规划范围为:南以五段河为界，北以杭甬高速公路为界，西以萧山至高速公路连接线为界，东以九号坝直河为界。规划用地规模为9.55平方千米（编者按：杭州钱江外商投资区江南管委会称桥南区块为9.60平方千米），规划人口为8.9万人。规划性质定为以仓储和机电、汽配、材料等大、中型工业为主的外向型综合工业区。

第三节　设施建设

土地征用

预征　1991年7月1日，根据投资区江南管委会关于预征市北土地的要求和前期准备工作基本就绪的情况，省土地管理局建议省政府预批征地391.60亩（约26.11万平方米），23日，省政府批复同意，预征范围内的建设用地在安排具体项目时，凭外商台商立项批文、出让合同等文件，按审批权限报批。1992年10月31日，省政府根据省土地管理局上报的投资区江南管委会要求预征土地的请示，同意预征土地5170亩(约344.67万平方米)。预征期间，原有的土地使用关系不变（如村组建制、农业生产、户口等)，财政税收政策不变，暂不收取耕地占用税、菜地建设费和选址费，暂不支付其余的土地补偿费等费用。待落实土地开发使用单位后，按规定向使用单位补偿上述税费。土地预征由市政府统一实行，按当时的征地费标准，以预征的耕地面积计算，付给10%的土地补偿费。

征用　1991年，一期征迁工程开始，征用土地148.72亩（约9.91万平方米）。1993年，征用土地10189亩(约679.27万平方米，含之江区块），拆迁工厂3家，民房362幢，计661户，建筑面积10.06万平方米。

1994年8月30日，二期征迁工程开始。在市北区首期3平方千米基础上，继续向西北推进2平方千米，确定对市心路以西、金一村与金二村直河以东、北塘河以北、建设三路以南地块内的宁围镇土地及农户开展新的征迁工作。是年，共征地3926.88亩(约261.79万平方米)，拆迁民房561幢，计814户，拆迁总面积12.19万平方米；搬迁工厂8家，学校1所，合计总建筑面积17.25万平方米。

1999年9月，实施第三期征迁工程，也是萧山市重点工程，涉及宁围镇金一、宁东、宁税、宁安4个村。征迁工程至2000年上半年完成，共拆除民房302幢，面积7.5万平方米，耗资3700万元，新增工业用地面积1800亩（约120万平方米）。

2000年末，累计征用土地12995.55亩（约866.37万平方米,不含之江区）。

表14-1-296　1992～1999年萧山经济技术开发区征用村、场土地情况

单位:亩

年份	征地面积	征用土地所在村、场
1992	3243.69	金一村14.50　宁东村787.00　宁税村883.76　新华村342.43　宁北村160.89　塘湾村276.36　城北村305.05　荣庄村140.17　茬山村 4.48　明星村21.85　长山村3.70　富星村3.19　墩里吴村300.31
1993	1890.60	金二村12.56　金一村236.86　宁安村952.95　宁东村455.01　宁税村72.33　宁北村160.89
1994	3926.88	金二村734.26　宁安村716.45　宁东村258.08　宁新村3.63　金一村1646.16　宁税村312.33　新安村85.33　宁牧村2.91　新中村6.83　宁北村160.90
1995	160.90	宁北村160.90
1997	864.98	钱江农场864.98
1998	2008.50	钱江农场700.00　盛乐村180.00　金二村780.00　宁安村348.50
1999	900.00	钱江农场900.00

注：①1992年前含1990～1992年征地数。
②不含之江区征地面积。
③此表由开发区国土规划建设局提供。

拆迁补偿　1993年10月22日，市政府颁发《关于杭州钱江投资区之江、市北、桥南三区块民房拆迁补偿办法的通知》（萧政发〔1993〕88号），规定投资区民房拆迁以自拆自建、合理补偿为原则。补偿标准为楼房每平方米90元～160元（阁楼沿口高度在2.2米以上的计算建筑面积）、砖木结构平房50元～100元、砖混结构平房80元～150元、披房30元～60元，此补偿标准包括所拆迁房屋的拆迁费和建造费。拆迁建设期统一按6个月计算，每人每月30元，在规定时间内完成拆迁的，按所签协议补偿总额的10%奖励。

1994年7月12日，市政府办公室印发《关于调整杭州钱江投资区江南三区块民房拆迁补偿标准的通知》（萧政办〔1994〕92号），对三区块民房拆迁补偿标准进行调整，每平方米楼房150元～250元、砖木结构平房100元～155元、砖混结构平房125元～190元、披房75元～115元、草房60元～80元。9月23日，管委会考虑到近期部分建筑材料及人工费上涨幅度较大，为照顾拆迁户的利益，下发《关于补足投资区1994年度民房拆迁差价的通知》，对主房补偿价格再提高9.36%。

1995年11月30日，市政府办公室下发《关于明确萧山经济技术开发区及杭州钱江外商台商投资区之江、桥南区块民房拆迁有关问题的通知》（萧政办〔1995〕155号），规定民房拆迁仍以自拆自建、合理补偿为原则，补偿标准按所拆迁房屋建筑面积的重置价格计算。重置价格标准以市物价委员会与市城乡建设局制定的标准为依据，具体拆迁补偿价格由房屋价格评估事务所评估确定。

1996年4月17日，管委会下发《关于开发区、投资区民房拆迁补偿标准的通知》(萧开发管字〔1996〕36号、江南管字〔1996〕20号），拆迁补偿标准为每平方米楼房185元～273元、平房（砖混结构）137元～207元、披房（有人住）82元～136元、草舍（有人住）65元～97元，同时规定附房及附属物、装潢标准、过渡费、运输费的补偿标准。

土地出让　1991年，市政府在江南区块进行土地有偿出让试点，共有偿出让土地142.20亩（约9.48万平方米）。1992年6月18日，投资区江南区块之江区土地成片出让合同签字仪式在萧山体育馆举行，投资区江南管委会与澳门贺田工业有限公司分别在出让协议上签字。此次出让地块位于钱塘江大桥桥西沿江地带，与六和塔、九溪、玉皇山等风景区点隔江相望，总面积1932亩（约128.8万平方米）。澳门贺田工业有限公司计划在该地块投资100亿港币，兴建高级别墅、公寓、宾馆及各种旅游娱乐服务设施为一体的“杭州钱江城”。《人民日报》、中央电视台及港澳报刊等新闻界为此进行报道。至12月底，江南管委会先后与香港、澳门等7家外资企业签署土地成片出让协议，共出让土地使用权面积5700亩（约380.00万平方米，含之江区块，1996年前同）。

1993年，随着开发区投资环境的不断改善，管委会与港澳台商、外商签订土地出让合同也逐渐增多，全年共签订《国有土地使用权出让合同》26份，计2218.63亩（约147.91万平方米），出让总金额21509.60万元和370.41万美元。

2000年，签订土地出让合同45份，出让面积1500亩（约100万平方米），土地费收入15760万元，35个项目计1093.86亩（约72.92万平方米）建设用地获得批准并核发了《国有土地使用权证》，完成35个项目的规划定点。

至2000年，开发区累计出让土地（项目建设用地）5745.65亩（约383.05万平方米，办理土地出让登记数），工业用地占全部出让土地的87.62%，收回土地出让金60965.79万元。

表14－1－297　1991～2000年萧山经济技术开发区出让土地（项目建设用地）情况

单位：亩

年份	合计	用地性质									
		工业	市政	房地产	综合	邮电	商业	教育	娱乐	金融	行政
1991	148.72	66.79	81.93	0	0	0	0	0	0	0	0
1992	194.00	101.48	92.52	0	0	0	0	0	0	0	0
1993	854.60	756.83	0.84	84.46	12.47	0	0	0	0	0	0
1994	641.30	641.30	0	0	0	0	0	0	0	0	0
1995	984.00	833.57	0	137.99	0	8.21	4.23	0	0	0	0
1996	634.00	578.10	0	20.07	5.40	0	0	30.43	0	0	0
1997	285.67	211.70	0	0	0	0	0	0	73.97	0	0
1998	852.00	778.28	7.40	19.57	18.89	0	0	0	0	3.32	24.54
1999	57.50	53.15	0	0	0	0	4.35	0	0	0	0
2000	1093.86	1013.10	0	0	42.15	0	34.88	0	0	3.73	0
合计	5745.65	5034.30	182.69	262.09	78.91	8.21	43.46	30.43	73.97	7.05	24.54

注：①不含之江区块出让数。
②此表为办理土地出让手续登记数，由开发区国土规划局提供。

建设基础设施

1990年始，管委会注重道路、桥梁、河道整治、排水排污、绿化美化等基础设施建设。至2000年，开发区内道路纵横，雨水污水排放畅通，河道驳磡整齐，环境绿化美化，供水、供热、供电、通信等设施齐全，累计投资（开发区投入）33850万元。

道路　1992年10月，通惠路（开发区段）、建设一路、建设二路、宁税路动工；12月，横贯桥南区、全长6480米的鸿达路动工兴建（1993年12月竣工5521米；2002年9月动工，2003年1月竣工959

米）；1994年，佳农路、大江路、天得路、欣美路、大地路、友成路及E地块和3A地块路网工程动工；1997年，金一路动工；2000年，建设四路、宁安路、加贸路、金二路动工。至2000年，开发区共建成主干道10条，次干道29条（含两块路网），总长48.57千米（不含之江区）[①]。其中市北区块主干道9条、长19.73千米，次干道19条（含两地块路网）、长12.36千米；桥南区块主干道1条、长6.50千米，次干道10条、长9.98千米。

桥梁　1992年，始建通惠（北塘河）立交桥、北塘河（市心路）桥，后续建鸿达桥、鸿南桥和开发区高架桥。至2000年，建桥梁5座（不含之江区块）[②]，其中市北区块2座、桥南区块3座。

河（江）道整治　1993年5月，市北区块杭万河南至北塘河公路、北至浙赣铁路长970米段实施砌石护岸；10月，宁安河南至北塘河公路、北至解放河长1940米段实施砌石护岸。1999年2月，桥南区块红旗河砌石护岸长2.24千米，完成石方30709立方米，投资837万元。至2000年，开发区共砌石护岸长9.12千米，完成石方78609立方米，共投资4037万元（不含之江区块）[③]。

①之江区：1992年底，投资7000万元的之江1号路、2号路、北环路、西环路南伸、新浦河桥、飞机场涵洞、新浦河倒虹管等工程动工兴建；1993年，之江西环路开通；1994年12月30日全部完工；1995年6月13日，之江区新浦河桥、飞机场涵洞、西环路、北环路竣工验收；11月29日，1号路通过验收并交给区块公司。至1996年6月底，共建成主干道3条，次干道6条，全长7千米。

②1993年8月，之江公铁立交桥动工，12月竣工。至1996年6月，之江区块建桥梁5座。

③1995年12月底，之江区长3700米、堤塘宽6米、堤坡比为1:3的钱塘江之江段一线防洪堤修复，投资783万元。

表14－1－298　1993～2000年萧山经济技术开发区砌石护岸工程情况

区块	河道名称	起讫地点	长度（千米）	工程量（立方米）	投资（万元）	开工、竣工年月
市北区块	杭万河	南：北塘河公路 北：浙赣铁路	0.97×2（岸）	5900	750	1993－05～1996－10
	宁安河	南：北塘河公路 北：解放河	1.94×2（岸）	13500	850	1993－10～2000－12
	宁东河	南：北塘河公路 北：解放河	2.07×2（岸）	15200	800	1996－05～2000－12
	金一河	南：北塘河公路 北：建设四路	1.90×2（岸）	13300	800	1996－10～1999－12
桥南区块	红旗河	东：九号坝直河 西：城北闸直河	2.24×2（岸）	30709	837	1999－02～2000－12
合计				78609	4037	

注：不含之江区块砌石护岸工程。

排水　排污　1990年3月，上海市政规划设计院设计的市北区污水治理工程项目通过省、市有关部门评审，批准立项，日处理规模6万吨。1991年4月，塘湾萧山联络线、通惠路道口地下水道、北塘河以北铁路交叉地下管网、高速公路接线口下穿管道等工程完工。1993年，污水治理一期工程正式投产。1994年，市北区块投产企业的污水网并入总网。至2000年，开发区共埋设雨水管52.09千米，污水管40.64千米（不含之江区）。其中市北区块埋设雨水管39.99千米，污水管28.65千米；桥南区块埋设雨水管12.10千米，污水管11.99千米。全区排水、排污管网实行“雨污分流，清浊分流”；地下管道一次性统一埋设到位；待建地块预留接口。管网通畅、完备，管道按25年一遇洪涝灾害的要求设计，可适应50年一遇洪涝灾害的要求。横向的北塘河、解放河，纵向的杭万河、宁东河、宁安河、金一河、五七河、明星河等互相贯通，形成一个良好的排水、排污系统。1996年6月底至7月初的连续暴雨，全市受淹面积21万亩，但开发区地下管网排水、排污良好，区内公路无积水，厂区无浸水，企业生产正常。

园林绿化　1999年1月8日，省园林绿化工程公司为开发区提供的绿化设计方案通过评审，其范围包括通惠路与建设一路交叉的两块三角绿地，市心北路与建设二路交叉口大转盘，建设一路、建设二路、市心北路、通惠路边缘绿地，以及宁东河河滨绿地。2月14日，开发区绿化工程进行招投标。3月1日，第一期以北塘河南侧规划绿带为重点的绿化工程开始，由宁围金二花木场、萧山市振大园林绿化有限公司、杭州市园林绿化工程公司萧山分公司实施，绿化面积15.40万平方米；3月15日，第二期分布在宁东河两侧、市心路北伸及大转盘一带和建设一路、建设二路、金一路、通惠路等地段的绿化工程开始，由萧山市政园林建设总公司园林绿化分公司、萧山市园林绿化工程公司、萧山宁围苗场三单位实施。两期绿化工程于5月全面完工，总面积20.50万平方米，总投资逾1000万元。

2000年，建设一路、建设二路、建设三路（金一路至五七支路）、金一路（建设二路至建设三路）、通惠路、宁东界河、青年路南、宁税路两侧、原金二路（建设一路至建设三路）等路段和钱江三桥萧山收费处东侧三角地实施绿化，新增绿地23163平方米。

区内各企业重视企业范围内的绿化、美化。1996年起，萧山市绿化委员会授予杭州东岱珠宝饰品有限公司、杭州大地网架制造有限公司、杭州欣美成套电器制造有限公司、杭州万向传动轴有限公司、恩希爱（杭州）化工有限公司、萧山市笑笑幼儿园市级“花园式示范单位”称号；杭州伟成印刷有限公司、杭州华谊服装有限公司、伊都锦时装有限公司被命名为市绿化先进单位。

至2000年，开发区绿化总面积36.73万平方米，总投资1336.80万元。

亮灯照明　1993年11月28日，通惠路（南至北塘河、北至通惠公铁立交桥）、建设一路148盏路灯开通。1994年，鸿达路装置路灯。1996年，建设一路、二路至宁东路的路灯和市心北路路灯开通。1999年7～9月，开发区实施“亮灯工程”，安装草坪灯、庭院灯、投光灯、区间道路灯。至2000年，全区共装置路灯1533盏（不含之江区），其中市北区885盏，桥南区648盏。

道路保洁　杭州兴达市政公用服务公司、杭州鸿达市政公用事业服务公司组织专门的保洁队伍，对105万平方米道路实行全天候保洁，同时负责开发区内企业和民居点的垃圾清运，使区内常年保持洁净。

完善配套设施

供热　1995年12月，浙江金马热电厂（开发区热电有限公司前身）服务半径为4千米的供热系统建成。2000年底，有3台每小时75吨中温中压循环流化床锅炉，2台12兆瓦抽凝式发电机组，年发电能力1.56亿千瓦时，供热能力200万吉焦，架设热网主干线22千米，热用户65家，平均供热量42吨/小时，瞬间最高流量65吨/小时，年供热33.50万吨。

1999年，萧山红山热电有限公司桥南区供热管网工程动工建设。2000年6月1日建成并投入使用。沿杭甬高速公路4号路至12号路架设热网主干线4.50千米，热用户6家，年供热7.90万吨。

至2000年底，开发区累计架设热网主干线26.50千米，热用户71家，供热41.40万吨。

供水　1990年9月，萧山第二水厂通往市北区和桥南区的水管埋设工程竣工，并正式通水，共埋设管径400毫米～600毫米管线22.40千米，日供水量6万吨；1992年12月，埋设通惠路南至通惠桥、北至铁路桥的自来水管，管径400毫米，长800米；1994年12月，埋设鸿达路东起浦十四线、西至钱江二桥接线公路的自来水管，管径600毫米，长5521米。至2000年底，开发区共埋设自来水管67.54千米（不含之江区块），其中水厂至开发区为42.30千米，开发区内25.24千米（市北区18.81千米、桥南区6.43千米）。

供电　1991年，位于市北区北侧的钱江变电所建成营运，容量8万千瓦级数累加，市北区起步区从湘湖变电所和电力部门规划的新街变电所引线，形成双路供电。1993年11月，管委会、供电局投资1000万元，在宁税路西、建设二路南动工兴建开发区35千伏市北变电所，1994年6月建成投入使用，主变压器容量为2×0.8万千伏安。设置K1、K2、K3、K4、K5共5个开关站，放置华信613线、乐荣615线、太子617线、金元614线、庆二618线等专线。1997年，主变压器容量更换为2×1.25万千伏安。1999年6月8日，在市北区动工建造110千伏万安输变电工程和110千伏综合自动化无人值班变电所1座，占地8.87亩（约5913平方米），安装110千伏变压器2台，2000年3月2日通电投运。设有中天、圣奥、科雷、合华、德意、海月6个开关站，放置娃哈哈882线、轴承883线、塑钢885线等专线，架设传动874线、川崎895线、恒天876线、吉达893线、万丰891线等架空线路。同年9月9日，110千伏桥南变电所通电投运，放置华洋926线、恩希爱924线、东霖915线、石化913线、钱东909线、凯地911线，设大卫开关站1个。至2000年，开发区建有变电所3座（不含之江区块），其中市北区2座、桥南区1座。下埋输电线27千米。

公交　1994年9月18日，南起城厢镇人民路东端的东门菜场、北至开发区建设银行办事处的3路公交车开通，线路全长8.60千米。1995年9月，3路公交车在市区延长线路和增设停靠站。1997年，城区发车改在高桥西站（南市花园北门）；1998年后，线路延经力武机电、庆丰永田、市北派出所、乐荣公司、大地网架，终点国际俱乐部。1996年8月8日，城区长途汽车站到开发区恩希爱（杭州）化工有限公司的8路公交车开通；后终点延伸至省农业高科技示范园区。1998年12月，从城区潘水南苑途经开发区到盈丰的5路公交车开通。至2000年底，市内开往开发区的公交线路共3条，即3路、8路、5路。

图14－1－550　1996年开通的位于建设二路的8路车候车站（2006年，杨贤兴摄）

信息传媒　邮政　1992年，萧山市邮政局开发区支局开办，分设投递与营业两大部分，有员工14人，主要经营邮政特色业务：特快专递（EMS）、邮政汇票开发、公用电话（代售各类电话卡）、承揽邮资广告明信片等业务；2000年4月1日起，新增业务种类，包括办理邮政汇票兑付、国际包裹收寄和包裹领取、国际给据邮件、国际特快专递业务、邮政储蓄和代办太平洋保险业务等。此外，支局还推出了特殊服务项目，其中有DHL、UPS、中国速递（TNT）、国内和国际航空业务，以及包裹、印刷品等大宗邮件上门揽收和送货到户服务。

电信　1993年3月5日，由市邮电局承担的之江区邮电规划设计完成。1994年7月10日，市北区邮电规划设计完成。1995年12月25日，之江一期邮电管线工程完工并移交。是年，开发区通信纳入萧山12万门程控电话等自动网络，埋设通信线路21.55千米。至2000年，增至40千米。区内有公共电话亭13个。

网络　1997年，开发区投资50万元，实现与国务院特区办及因特网联网，增强了信息分析、搜集、传递的快捷性和有效性。开发区网站于1999年建立。

有线电视　2000年5月，开发区有线电视系统网络工程建设动工，由管委会协调管理，市广电局提供电视信号源，市电信局负责安装、维护。网络以管委会大楼为中心，设9个光缆交接区，每个光缆交接区到中心交接处有24芯以上光缆互联，交接处由8芯光缆互联，其中总网络中有2芯光缆专用于有线电视传送业务。11月，开发区有线电视网络建成，共投资440万元。是年底，接入用户200家。

医疗卫生　1994年9月18日，设在市北开发公司内的市第一人民医院开发区门诊部开诊营业。医生和医疗设备均由市第一人民医院选调、提供。门诊部的服务对象主要是进区企业职工和开发区附近地区的村民。1995年10月，中国人民解放军一一七医院萧山分院成立，位于城厢镇通惠北路1号萧山汽车驾驶学校临街屋内，建筑面积800平方米。1998年1月22日，更名为萧山经济技术开发区医院。10月28日，坐落在开发区宁税路68号的医院新大楼落成，拥有医疗用房3500平方米，医务人员68人，有内科、外科、妇科、中医科、骨伤科、口腔科、五官科、放射科、检验科、手术室、医教科、护理部、办公室、院长室、网络办公室、药剂科等20个科室。医疗设施有G诊断仪、200MA和500MA电视显示X线机、彩色B超机、黑白B超机、心电图机、全自动生化分析仪、血球计数仪、全身麻醉机、自动呼吸机、心电监护仪等，医院由单一门诊发展为一所综合性的中心医院。2000年，医院列为萧山城镇企业职工大病统筹定点医院。

教育娱乐　1996年2月，笑笑幼儿园建立，位于开发区宁税路117号，总投资600多万元，占地面积10.90亩（约7266.7平方米）。园内设有笑笑电视台、多媒体操作系统、阅览室、电脑房等。1999年1月8日，由萧山电影公司投资800余万元建造的世纪影城开业，位于开发区建设一路52号，总面积4100平方米，内有450个座位的影剧院，250个座位300英寸投影设备的录像厅，150平方米的台球室以及舞厅、歌厅、游戏机房、溜冰场等娱乐设施。至2000年，开发区有棋牌室4家，台球、乒乓球室4家，溜冰场1家，网吧6家，游戏房1家，歌舞厅4家，录像厅4家，演出单位2家。

商贸服务　1993年8月，杭州台华服务有限公司作为第一家服务性的台湾独资企业被批准落户开发区市北区块，总投资171万美元，注册资金120万美元，主要为台湾机械工业区台商提供咨询住宿、健身服务等。1995年1月8日，位于开发区通惠北路15号的萧山国际俱乐部开业，占地4.98亩（约3320平方米），建筑面积4600平方米。1996年5月24日，位于通惠中路218号、由浙江金马集团有限公司和美国纯美国际有限公司联合投资的浙江金马饭店有限公司开业，总投资3.50亿元，占地面积40.50亩（约27000.10平方米），总建筑面积5.20万平方米，楼高27层，1998年2月被命名为四星级涉外旅游饭店。1997年9月15日，位于开发区宁税路夜市一条街开业，有小商品、服装、水果、蔬菜等摊位。2000年12月，位于宁税路和建设一路交会处的小商品综合市场竣工，占地面积19.54亩（约13026.70平方米），建筑面积10941平方米，总投资745万元。

房屋建筑　标准厂房　1991年6月30日，在市北区3A地块举行一期厂房的奠基仪式。1993年，市北二期、三期12万平方米标准厂房全面竣工。至2000年底，开发区建成标准厂房135053平方米。

投资项目建筑　进区项目批准后，即着手房屋建筑。1997～2000年批准定点项目99个，批准建筑面积149万平方米，竣工建筑面积79.46万平方米。

公寓　1994年，在市北区建设一路建造集体公寓3幢，建筑面积22000平方米；1995年，在建设一路、二路建造集体公寓5幢，建筑面积32400平方米。至2000年，共建造集体公寓8幢，建筑面积54400平方米，总投资5890万元。

综合大楼　杭州钱江投资区江南管委会初建时，借用位于人民路180号的萧山建筑设计院一、二层楼办公。1994年3月18日，管委会机关迁入位于城河街88号的新大楼办公，楼高9层。1999年8月8日，位于市心北路与开发区建设二路交叉口的开发区综合服务大楼奠基（2001年8月15日竣工，9月28日迁入新大楼办公，占地19.95亩，建筑面积22126平方米，地上14层，局部2～4层，半地下车库，楼高60.20米，投资9000万元）。

民居点　根据靠近集镇、配套设施完善，相对集中，环境优雅、交通方便的原则，分别在市北区的西侧、北侧和东侧设立金一、金二、宁安、宁东、宁税村5个民居点。民居点大部分为单家独院，小部分两户联建。1999年新建的宁安村民居点，为开发区规模最大的民居点。

表14—1—299　2000年萧山经济技术开发区民居点规划实施情况

名　称	规　划　范　围	实　施　情　况
金一村	建设四路以北，面积约320亩	基本属于新建，单家独院，大中小户型结构
金二村	五七直河以东，五七支路以西，北塘河以北，解放河以南，呈长条型布置，面积约350亩	属保留区，部分插建、扩建，单家独院，大中小户型结构
宁安村	一处：建设四路以南，属保留区，面积约100亩	基本属于新建，大部分为单家独院，大中小户型结构；小部分为两户联建，按新农村小区方式建造，大中小户型结构
	二处：建设四路以北，市心北路东、西两区块，面积约210亩	
宁东村	一处：宁东、宁税隔河以西，建设一路至四路，呈带状布置，约120亩	属于保留区，大中小户型结构
	二处：建设三路以北，面积约30亩	按新农村二户联建方式，大中小户型结构
	三处：建设四路以北，宁东河以东，面积约140亩	基本属于新建，大部分为单家独院，大中小户型结构；小部分为两户联建，按新农村小区方式建造，大中小户型结构
宁税村	一处：宁东、宁税隔河以东，呈带状分布，面积约100亩	属保留区，大中小户型结构
	二处：建设三路以北，面积约20亩	按新农村方式两户联建，大中小户型结构
	三处：铁路以北，面积约150亩	基本属于新建，单家独院，大中小户型结构

注：之江区联庄村、江三村民居点于1996年7月移交给杭州高新技术产业开发区。

第四节　区　标

①

图14—1—551　波浪形区标。它象征着开发区发展一浪高过一浪，显示开发区蓬勃的生命力和进取的开拓精神。图形是萧山开头字母“X”、“S”的有机结合，增加了标志的识别力。区标以蓝色烘托了开发区稳重、团结、进取的精神。标志整体由“一”字演变而来的，寓意着开发区力争第一（萧山经济技术开发区管委会提供）

1994年2月7日，中国美术学院教授孙晴义、高级美术师邵建明、讲师周刚受开发区管委会委托，设计了开发区峰型区标（2001年8月，开发区管委会根据开发区的地域环境特点、管委会的职能特征等整体考虑，委托浙江精锐广告有限公司设计了波浪形区标①，2002年正式使用）。

图14—1—552　峰形区标（萧山经济技术开发区管委会提供）

峰形区标整体是一座山峰的造型，山脚呈波浪形弧线，点出了依傍在钱塘江边的萧山地理环境，同时也反映了萧山在经济改革大浪中崛起的精神风貌。蓝、绿、红三色（底部为蓝色，中间一条为绿色，最上面一条为红色），由小而大向上递进和拓展，喻示着萧山稳健开发、蓬勃向上和不断扩大的必然趋势；随着绿色和红色的呈现，向人们展示了一个灿烂的未来。三色塑造的构架互为关联，层层拓展，给人们一个区块带动两个区块，三区联动发展的意象联想，揭示了萧山经济技术开发区的特点；构架结构强劲严谨，富有工业感，点出了以工业为主导的经济技术开发的实质涵义。

第二章　招商引资

1990年始，投资区江南管委会（开发区管委会）内设商务部，负责商务接待，组织项目洽谈，办理审批、报批手续。1998年8月机构改革后由开发区经济发展局承担招商任务。1999～2000年，分别在杭州、上海设招商办事处。为吸引外资、鼓励内资到开发区投资，市委、市政府和开发区管委会制订系列投资优惠政策，采取灵活的招商方式，运用招商会、登门招商、委托招商、以商引商、媒体招商、产业链招商等举措，提高在谈项目成功率、已批项目开工率、建成项目产出率。

第一节　招商方式

会议招商

开发区建立后，市委书记、市长、开发区管委会领导带领招商人员，多次到日本、新加坡、美国、德国、法国、意大利、比利时、澳大利亚等国和中国台湾、香港、澳门地区及北京、上海、深圳等地，举办洽谈会、投资说明会、恳谈会、推介会、贸易展览会、经贸博览会、合作交流会等，向国内外客商介绍和宣传开发区建设情况和投资政策，招引客商来开发区投资创业。

洽谈会　1992年，投资区江南管委会先后赴厦门、杭州、香港参加杭州对外经贸发布洽谈会、’92浙江外商投资洽谈会、浙江对外经贸项目洽谈会等，签订合作项目意向和合资项目合同4个，总投资7820万美元，协议利用外资3500万美元。洽谈会引发外商投资热情，美国、日本、巴西、新加坡等国家和中国澳门、香港、台湾地区客商150余批、450人次到投资区考察。是年，新批准外资企业21家，总投资14526万美元，协议利用外资6961.60万美元，实际利用外资4048.29万美元。

1996年6月15日，市政府组团赴法国参加省政府在巴黎举行的’96法国经贸洽谈会。6月16日，法国《欧洲时报》以整版篇幅刊登专题报道《人杰地灵萧山市，欢迎贵客萧山来》。17日晚，《欧洲时报》记者专访副市长赵申行，并于23日刊出专访稿，宣传萧山市和开发区。是一次在国外影响较大的洽谈会。

2000年6月8日，在宁波召开的’2000浙江投资贸易洽谈会上，开发区3个大型项目签约，台湾东帝士集团大型化纤基地项目总投资9920万美元，首期征地300亩；杭州娃哈哈集团在开发区投资设立饮料、医疗保健品、印刷包装等企业，总投资4亿元人民币，一期娃哈哈非常可乐项目投资2900万美元；杭州东霖染整机械有限公司扩大在开发区的投资规模，增加投资1000万美元，新建高精度染整机械制造生产线。是一次单个项目投资额较大的洽谈会。

至2000年，开发区累计参加或举办较大规模的洽谈会16次。

投资说明会　1998年12月3日，在比利时举办萧山投资环境说明会，20余家比利时企业参加会议。比利时经济部经贸关系署主任冯汉姆累克，中国驻欧共体使团、驻比利时大使馆商务官员冉从福应邀出席。会上，市长林振国介绍萧山及萧山经济技术开发区投资环境，播放萧山开发区录像片；已批准进区的比利时投资企业——欧亚投资公司代表介绍了自己的体会。2000年7月，欧亚投资公司独资的杭州思堤娜纺织品有限公司在开发区建成投产，生产经营纺织品、丝织品、服装、工艺品、轻工业品以及乐器。总投资35万美元，注册资本24万美元。

至2000年，开发区先后在日本东京都、静冈县、大阪市，比利时和国内上海、北京、杭州、广东东莞等地举办和参加投资说明会9次。

恳谈会　1994年1月10日，市政府和开发区在深圳举行'94深圳投资恳谈会，参加恳谈会的有深圳市人大、政协和珠海市政府领导，港澳台客商及《深圳特区报》、《深圳商报》、深圳电台、深圳电视台、香港《文汇报》、香港《大公报》记者等共250余人。市委书记、开发区党工委书记杨仲彦全面介绍萧山及开发区投资环境，与客商们就开发区工业项目、土地成片开发项目、房地产项目进行洽谈。

1994年5月30日至6月10日，由萧山市政府和萧山经济技术开发区管委会组成的经贸考察团赴日本东京、静冈、大阪等地召开投资恳谈会。这是萧山市首次在境外举办的投资恳谈活动。参加恳谈会的165名代表，大部分是日本财团、公司、商会的主要决策者。考察团走访了日商岩井株式会社、索尼公司、发条公司、川崎精工、友成机工等较为知名的企业，与蝶理株式会社、长久保电器株式会社签订了土地使用权出让合同及兴办独资企业协议，还就合资组建娱乐中心、高尔夫球场等项目达成了投资意向。12月，日本国株式会社丝金总本社和蝶理株式会社与浙江丝绸进出口公司、杭州富强丝织厂联合投资的杭州伊都锦时装有限公司被批准落户开发区，总投资400万美元，注册资本200万美元。

至2000年，开发区先后在日本和国内北京、深圳特区等地召开较大规模恳谈会3次。

推介会　1998年7月29日，开发区派员赴北京中国大饭店参加'98浙江省投资环境暨企业招商项目推介会，用图片和文字资料向参加会议的美洲、欧洲、亚洲、大洋洲等近30个国家和地区的300多位客商展示并介绍开发区的投资环境，与美国卡特皮勒公司、挪威克瓦纳能源公司、西班牙依莎集团等部分客商进行交流。

1998～2000年，开发区在北京等地召开推介会3次。

贸易展览会　1997年6月，开发区派员赴日本大阪参加'97中国贸易展览会。其间，参展人员宣传萧山经济技术开发区投资环境，先后接待客商近300人次。开发区还与日本横山面包株式会社横山弘会长签订浙江盼多乐面包有限公司项目进区协议书（2002年10月22日，盼多乐〈杭州〉食品有限公司4550平方米新厂房落成）。与此同时，还与日本播磨化成株式会社就在桥南区合资设立化工项目的一期审批和二期规划进行洽谈。1999年5月27日，该社和日本丸红株式会社、杭州市化工研究所、浙江省和信租赁有限公司合资建设的杭州杭化播磨造纸化学品有限公司第一期工程正式建成投产。

1997～2000年，开发区先后在日本等地召开较大规模的贸易展览会3次。

经贸博览会　1999年9月26～28日，开发区邀请200余位客人参加在萧山召开的'99中国国际（萧山）钱江观潮节暨经贸博览会，参加人数为历年商事活动最多；邀请的客人来自日本、美国、韩国、德国、意大利、瑞士、荷兰等国家和香港、台湾地区，有跨国公司代表、外国政府驻华外交官员、外国公司驻沪商务代表处的经贸官员，也有外国公司在华投资设立的大型企业的经理。签约的项目有：浙江汉欣家具工业有限公司投资1200万美元，新建室内外钢塑家具生产项目；杭州乐荣电线电器有限公司增资990万美元项目；浙江松冈电器有限公司投资700万美元，新建全自动棋牌桌生产项目；杭州星翔特种织物有限公司投资1000万美元，新建羽绒制品织物面料生产项目；杭州诚真包装材料有限公司投资100万美元，新建高新技术包装材料生产项目；意华丝绸绣花时装（杭州）有限公司投资200万美元，新建世界名牌服装生产项目；莱茵达（香港）国际有限公司投资750万美元，新建宾馆及服务设施配套项目。

至2000年，开发区先后召开经贸博览会3次。

登门招商

开发区登门招商，在主攻日本、东南亚各国和中国台湾、香港地区的同时，向美国、西欧各国扩展。

赴日本招商　1990年10月21～30日，市政府、投资区江南管委会领导随浙江省杭州零部件加工区项目协调委员会考察组赴日本考察招商，与日中经济协会专务理事佐久间、东芝本社副社长佐藤就加快建设零部件加工区和合作原则、合作主体、合作步骤等重大问题进行磋商，取得一致意见。双方商定以日本特大经济企业集团东芝公司为主体开发建设杭州工业团地。同时，还与日本国际科学文化交流株式会社商谈合作生产大理石、花岗岩项目，与日商岩井总公司特殊发条兴业株式会社商谈由其联络中小企业赴投资区市北区块进行考察投资事宜。

1991年10月，投资区江南管委会首次自行组团赴日本招商，考察索尼电子集团和索尼萧山工业团地投资成员公司，参观日本横滨金泽工业团地的建设模式，双方就投资区内建立索尼萧山工业团地的合作方式、成片开发程序、土地使用权转让、建立综合性服务公司等事项，与日中经济协会及有意参加萧山工业团地的日本企业界人士进行会谈，双方在达成合作意向的基础上又签署会谈纪要，同意以土地成片开发的方式，建立萧山部品工业团地，安排索尼及其他日本大电子厂家的协作企业兴建零部件企业，成片开发总面积为70万平方米，第一期开发面积为20万平方米。

1990～2000年，市委、市政府和开发区管委会（投资区江南管委会）主要领导先后赴日本举行大型招商活动7次。

赴德国、意大利招商　1994年6月7～12日，市政府、开发区管委会组团前往意大利和德国调查考察，与意大利密劳莱纺织集团公司商讨在萧建立合资企业事宜。1999年3月，德国赛德克化工（杭州）有限公司在开发区创立。先期在市北区租用厂房进行生产（2001年7月，位于桥南区块鸿达路北侧的新厂房落成），总投资28万美元，注册资本20万美元，是首家进入开发区的德国企业。2000年6月10日，开发区组团前往意大利米兰梅泰克诺公司，就合资公司设立及设备选型等事宜进行洽谈。

赴韩国招商　1995年1月19日，韩国高合株式会社与开发区管委会签订兴建高档羽绒品独资企业项目意向书；8月18日，韩国独资的杭州高合羽绒制品有限公司批准落户开发区，28日，经杭州市工商局批准登记、注册正式成立。9月28日，签署土地出让合同。第一期投资230万美元，受让土地14006平方米。11月17日，举行奠基仪式。

1996年7月，市长、开发区管委会主任林振国率团赴韩国考察招商。其间，拜会了高合物产株式会社社长朴永根，考察该社的唐津工场。

赴澳大利亚招商　2000年10月25日至11月7日，市政府组团赴澳大利亚考察保利纺织品有限公司等澳洲企业，同时参观考察澳大利亚悉尼市、墨尔本市的城市规划和部分工业区规划。推动杭州保利太平洋纺织有限公司、杭州美胜包装制品有限公司两澳洲项目建设。

赴香港招商　香港是到开发区投资项目最多的一个地区，开发区充分利用港商到国内投资的意愿，积极予以引导。1993年11月15日，副市长率队去香港招商，项目洽谈与商品展览相结合，与外商签订合同5个，总投资2.9亿美元，协议利用外资1.9亿美元。1994年4月20日，开发区管委会与香港庆业集团香港庆丰印染有限公司签署土地使用权出让合同，5月21日，项目获得批准；8月28日，浙江庆丰纺织印染有限公司等4家外资企业举行集体开工仪式，正式动工建设，1997年4月投产。1998年10月，开发区组团在香港与埃索（中国）石油有限公司就加快液化气项目建设问题与公司高层人士进行洽谈，形成共识；与香港庆业集团就在开发区增资2000万美元扩建工厂的相关问题进行洽谈。

赴台湾招商　1996年1月24日至2月2日，应台湾“中国生产力中心”邀请，市政府组团赴台湾考察招商，是浙江省第一个赴台经贸考察团组。在台期间，先后考察宏碁电脑股份有限公司、瑞利企业股份有限公司、光阳工业股份有限公司、三阳股份有限公司、车王电子股份有限公司、中华汽车股份有限公司等10余家工业企业；走访了台湾工业技术研究院、工业总会、台湾“中国生产力中心”。拜访太子窑业股份有限公司、力山集团有限公司、中华化纤股份有限公司、台湾机器同业公会等一批已在开发区投资的企业，并就如何加快已批项目的建设进程进行磋商。同时还与中华化纤股份有限公司就在开发区建设一个总投资为2000万美元、占地面积100亩的化纤项目达成意向。

2000年12月，开发区派员参加浙江省经贸交流团到台湾访问、招商，与准备到开发区投资的台湾慧国工业股份有限公司的家用缝纫机项目、台湾优立科技公司的电子项目、盛余钢铁股份有限公司的彩包镀锌板项目、萧台东机械有限公司的纺织机械项目、台湾统一集团参股开发区热电项目等相关企业进行深入洽谈，形成共识。

赴北京、上海等地招商　1996年，开发区管委会抓住外商投资企业进口设备免税的优惠政策调整前的有利时机，先后到北京、上海、深圳及杭州走访有关企业，动员有意在中国境内投资的外商落户萧山开发区，招商引资取得了较好的成效，在新批的12个项目中，总投资在1000万美元以上的有5个项目，其中恩希爱（杭州）化工有限公司增资4460万美元，杭州川崎精工机有限公司增资2972万美元，进区企业档次明显提高。1998年5月20～26日，开发区管委会组团参加’98中国福州国际招商月活动，广泛地接触客人，介绍开发区投资环境；重点客商跟踪联系，到其住处登门拜访。2000年11月1日，浙江华创天元实业发展有限公司的钢骨架塑料复合管道项目几经选址、谈判后，向管委会递交项目委托书、项目建议书，并签订土地出让合同。该高科技项目总投资5亿元，首期投资1.30亿元。

至2000年，开发区先后赴上海、北京、成都、厦门、宁波等地招商10余次。

委托招商

1994年以来，市委、市政府和开发区管委会领导多次走访全国人大常委会办公厅、国家计划委员会、国家经济体制改革办公室、全国纺织总会、中国轻工总会、国家对外贸易经济合作部、国务院特区办公室、海关总署、中信集团等国家机关、部门和直属大公司，请这些部门牵线搭桥、推荐引导。1994年12月，日本电石工业集团公司经中国轻工总会推荐，在桥南区创建反光膜生产基地，为桥南区的开发建设奠定了良好的基础。1999年7月9日，国家对外贸易经济合作部邀请前来参加第三届中国援外方式改革国家研究会的塔吉克斯坦、吉尔吉斯斯坦、哈萨克斯坦、乌兹别克斯坦、土库曼斯坦、亚美尼亚、阿塞拜疆、格鲁吉亚、乌克兰、白俄罗斯、蒙古11个国家政府部门的官员考察开发区。9月13日，对外贸易经济合作部邀请前来参加第三届“中国—非洲经济管理官员研修班”的南非、坦桑尼亚等12个非洲、南太平洋国家的政府经济贸易官员前来考察开发区。

1997年，管委会商务部委托台湾工商时报社、日本静冈县日中友好协议会、日本上海华钟咨询服务有限公司等设立招商机构。这些机构在宣传萧山投资环境的同时，带领外商到开发区考察并洽谈项目。2000年10月，在上海华钟咨询服务有限公司的引荐下，日本旭化成株式会社、东丽株式会社、钟纺株式会社等8家知名企业组成的日本化学纤维调查团，到开发区参观考察。

其他形式招商

以商招商　开发区在招商引资时注重以商引商，让外商现身说法，介绍开发区优越的投资环境，吸引外商前来投资。1999年6月7日，台湾工商界代表团到开发区考察，台资企业杭州东岱珠宝饰品有限公司总经理陈金水以自己1993年进区办厂以来的亲身经历，向他们介绍了开发区的优惠政策、优质服务、优良环境以及萧山人民对台湾同胞的关怀之情。台湾引春机械有限公司董事长黄勇男介绍台湾永利公司到开发区内创办杭州永利机器公司，投资600万美元（经黄勇男介绍，先后落户开发区的台资达5000万美元）。2000年，经外商引荐、推动，先后有杭州新丽纤维制品有限公司、杭州保登电子科技有限公司等项目落户开发区，项目总投资2160万美元，占全年引进外资总额的16.6%。

产业链招商　开发区利用家具业、机械业的规模优势，采取产业链上下延伸的办法招商，引导和鼓励国外及中国香港、澳门、台湾地区相关配套企业来开发区投资。1998年，香港独资杭州晶绿织造印染有限公司为区内服装业配套落户开发区；2000年，与西萨摩亚合资的杭州新丽纤维有限公司、台湾独资的杭州信义铝材有限公司、与香港合资的杭州欣源铝业有限公司等为家具业提供配件落户开发区；台湾独资杭州乔友精密机械有限公司为英国独资的杭州引春机械有限公司提供纺织机械配件同时落户开发区。

静冈工业团地招商　1995年1月12日，开发区管委会与日本国静冈县友好协议会在日本静冈县签署《关于建设静冈工业团地协议书》。6月28日，开发区管委会和日本静冈工业团地研究会（萧山）会长、静冈县日中友好协议会事务局长签署了150亩土地使用权出让合同。10月13日，日本静冈永田株式会社独资的浙江永田汽车配件有限公司批准落户开发区。1999年10月，日本静冈县企业家、日本株式会社三共制作社社长小川广海为投资15亿日元的项目前来考察。至是年底，来自静冈县的萧山雅马哈乐器有限公司、浙江友成塑料模具有限公司等4家落户开发区，总投资4400万美元。

台湾机械工业城招商　1992年底，台湾机器工业同业公会卢基盛率团考察浙江投资环境时，初步选中投资区江南区块。1993年8月，一期7个台商独资项目被批准落户开发区，总投资1303万美元；1994年初，签署二期用地出让合同，两期总用地623.39亩（约41.56万平方米）。1995年5月，杭州佳德机电有限公司率先动工建设。随后，杭州台华服务有限公司、杭州瑞鹏机电有限公司和杭州友佳精密机械有限公司亦陆续动工建设。1996年6月，杭州佳德机电有限公司正式开业投产。1998年7月23日，开发区第一个成片开发工业项目、由台湾企业独资建设的开发区“台湾机械工业城”首期7家企业联合开幕，标志台湾机器同业公会萧山园地第一期项目正式完成并进入正常运行轨道。

第二节　招商成果

1991年，钱江投资区建立第一年，江南管委会批准进区外资项目5个，总投资1027万美元,合同利用外资486万美元,实际利用外资345万美元；内资项目1个，总投资500万元。

1993年，萧山经济技术开发区建立，批准进区外资项目39个，投资总额增加到29053万美元，合同利用外资增加到17278万美元，实际利用外资增加到8563万美元；内资项目9个，总投资21633万元。

2000年，全年新批外资项目25个（含统计在2001年度的2个项目），办理增资项目12个，总投资13646万美元，合同利用外资11224万美元，是杭州市6城区总和的1.2倍；实际到位外资7234万美元，是杭州市6城区总和的1.25倍；新批内资项目43个、增资项目10个，总投资61242万元，比上年增长21.18%。新批外资项目中，属高新技术和先进技术项目有7个。

至2000年底，累计批准进区的项目293个，按其产业性质分,工业项目229个(外资项目164个、内资项目65个),商贸服务项目64个（外资项目6个、内资项目58个）。按投资方式分，外资企业170个，其中合资企业91个、独资企业79个；内资企业123个。外资企业按投资国家和地区分，累计有23个国家和地区，其中日本21个，美国10个，意大利、英国各7个，新加坡、英属维尔京群岛各5个，德国、韩国各2个，瑞士、加拿大、西萨摩亚、菲律宾、塞舌尔、巴拿马、比利时、澳大利亚、挪威、泰国、波兰各1个，法国在之江区1个项目划归杭州高新技术产业园区后为零，中国香港83个，中国台湾16个，中国澳门1个。

批准进区外资项目按投资规模分，投资（含增资）千万美元以上项目25个，其中2000万美元以上15个。

表14–2–300　1991～2000年萧山经济技术开发区招商引资情况

年份	项目总数(个)		外资项目(个)		内资项目(个)		内资企业投资额(万元)		外资企业投资额（万美元）			合同利用外资（万美元）			实际利用外资（万美元）		
	当年	累计	当年	累计	当年	累计	当年	累计	当年	累计	累计占全市(%)	当年	累计	累计占全市(%)	当年	累计	累计占全市(%)
1991	6	6	5	5	1	1	500	500	1027	1027	21.72	486	486		345	345	
1992	23	29	21	26	2	3	220	720	14188	15215	50.14	6962	7448		4048	4393	
1993	48	77	39	65	9	12	21633	22353	29053	44268	40.29	17278	24726		8563	12956	
1994	34	111	19	84	15	27	22397	44750	10899	55167	42.94	9648	34374	48.23	2000	14956	
1995	29	140	21	105	8	35	27882	72632	10028	65195	42.19	8677	43051	49.23	2429	17385	
1996	27	167	15	120	12	47	66750	139382	17249	82444	52.73	14189	57240	64.94	2606	19991	
☆1996	−28	139	−11	109	−17	30	−95203	44179	−17116	65328	41.78	−8972	48268	54.77	−10203	9788	83.59
1997	14	153	9	118	5	35	15783	59962	6258	71586	44.12	5436	53704	57.29	8759	18547	60.25
1998	34	187	16	134	18	53	24927	84889	7315	78901	45.08	3590	57294	55.44	4089	22636	70.80
1999	40	227	13	147	27	80	50538	135427	11665	90566	46.80	9012	66306	57.73	5020	27656	70.32
2000	66	293	23	170	43	123	61242	196669	13646	104212	49.31	11224	77530	60.10	7234	34890	72.43

注：①1993年前，内资项目无统计数据；“☆1996”为划出之江区块数及调整后的数字，1997年后不含之江区。

②1996年（含1996年）前实际利用外资为实际到位外资；1997年（含1997年）前的合同利用外资为协议利用外资。

③2000年12月批准设立的2个外资项目、6个内资项目统计在2001年度(下表同)。

表14-2-301　1991～2000年萧山经济技术开发区批准进区项目按性质分类

年份	工业（个）						商业、服务业（个）						总计（个）						投产企业（家）		
	外资企业			内资企业	合计	累计	外资企业			内资企业	合计	累计	外资企业			内资企业	总计	累计	外资企业	内资企业	总计
	独资	合资	小计				独资	合资	小计				独资	合资	小计						
1991	0	5	5	0	5	5	0	0	0	1	1	1	0	5	5	1	6	6			
1992	5	12	17	2	19	24	1	3	4	0	4	5	6	15	21	2	23	29			
1993	14	19	33	5	38	62	3	3	6	4	10	15	17	22	39	9	48	77	13	0	13
1994	8	10	18	7	25	87	0	1	1	8	9	24	8	11	19	15	34	111	31	0	31
1995	10	9	19	0	19	106	0	2	2	8	10	34	10	11	21	8	29	140	44	1	45
1996	7	8	15	5	20	126	0	0	0	7	7	41	7	8	15	12	27	167	54	7	61
☆1996	−3	−1	−4	−2	−6	120	−2	−5	−7	−15	−22	19	−5	−6	−11	−17	−28	139			
1997	3	6	9	1	10	130	0	0	0	4	4	23	3	6	9	5	14	153	67	5	72
1998	13	3	16	13	29	159	0	0	0	5	5	28	13	3	16	18	34	187	83	10	93
1999	7	6	13	15	28	187	0	0	0	12	12	40	7	6	13	27	40	227	91	18	109
2000	13	10	23	19	42	229	0	0	0	24	24	64	13	10	23	43	66	293	102	40	142
合计	77	87	164	65	229	–	2	4	6	58	64	–	79	91	170	123	293	–	–	–	–

注：①☆1996年为减去之江区块划归杭州高新技术产业园区项目数。
②投产企业含工业企业和商贸服务业企业（不包括开发区直属、联营商贸企业）。

表14－2－302　2000年萧山经济技术开发区外商投资千万美元以上企业

单位：万美元

企业名称	国家或地区	投资方式	总投资	注册资本	投资比例(%)	协议利用外资	合同利用外资	批准时间	增资到千万美元时间
浙江万向机械有限公司	中国香港	合资	2400	1360	25	600	340	1992－06－25	1992－06－25
杭州汇丽绣花制衣有限公司	中国香港	独资	1400	700	100	1400	700	1993－06	2000－05－18
杭州太子陶瓷有限公司	中国香港	独资	3000	1200	100	3000	1200	1993－06－10	1993－06－10
杭州华信合纤织造有限公司	中国香港	独资	2990	2050	100	2990	2050	1993－06－12	1995
浙江金马饭店有限公司	中国香港	合资	2480	1200	47	1166	564	1993－06	1993－06
杭州友佳精密机械有限公司	中国台湾	独资	1450	800	100	1450	800	1993－08－03	2000－06－18
杭州力武机电有限公司	中国香港	独资	1000	800	100	1000	800	1993－08－05	1999－10－21
浙江庆丰纺织印染有限公司	中国香港	独资	5000	2000	100	5000	2000	1994－05－21	1994－05－21
恩希爱（杭州）化工有限公司	日本	独资	7460	6200	100	7460	6200	1994－12－19	1994－12－19
杭州伟成印刷有限公司	中国香港	合资	1000	750	80	800	600	1995－12－27	1995－12－27
杭州川崎精工机有限公司	日本	独资	2965	2334	100	2965	2334	1995－12	1995－12
杭州华信化纤织造有限公司	中国香港	独资	2990	1400	100	2990	1400	1996－03－18	1996－03－18
杭州恒天面粉有限公司	中国香港	合资	1100	600	80	880	480	1996－03－21	1999－06－07
杭州乐荣电线电器有限公司	中国台湾	独资	1990	1100	100	1990	1100	1996－03－26	1998－07
杭州鸿达塑胶有限公司	意大利	合资	2500	1800	90	2250	1620	1996－03－29	1996－03－29
杭州大江饲料有限公司	泰国	合资	1200	600	51	612	306	1996－07－10	1996－07－10
萧山雅马哈乐器有限公司	日本	独资	2600	1600	100	2600	1900	1997－03－20	1997－03－20
杭州东霖染整机械有限公司	中国台湾	独资	2000	1000	100	2000	1000	1998－03－09	1998－03－09
浙江华越家具工业有限公司	英属维尔京群岛	独资	2770	1500	100	2770	1500	1998－05－07	1999－06－05
杭州乐利塑胶金属有限公司	巴拿马	独资	1000	500	100	1000	500	1998－05－12	1998－05－12
萧山太阳机械有限公司	日本	独资	2993	1564	100	2993	1564	1998－11－18	2000－02－28
杭州娃哈哈永盛饮料有限公司	新加坡	合资	2900	2350	51	1479	1199	1999－05－25	1999－05－25
浙江汉欣家具工业有限公司	中国香港	独资	2000	1000	100	2000	1000	1999－08－05	1999－08－05
杭州星翔特种织物有限公司	中国香港	合资	1000	500	60	600	300	1999－08－11	1999－08－11
浙江圣奥家具制造有限公司	中国香港	合资	1200	500	60	720	300	2000－09－28	2000－09－28
合计	－	－	59388	35408	－	52715	31757	－	－

注：以上项目含增资。

第三章　园区工业

工业是开发区的主导产业，随着招商力度的加大和投资环境的日臻完善，进区项目逐年增加，建立起与萧山经济相协调、起引领作用的稳固的企业群，形成了以电子电器、机械制造、精细化工、医药食品、轻纺服装、建材家具等为主的行业结构。2000年，实现工业总产值635839万元，占全市工业总产值的10.57%；同时注重培育出口型企业，出口创汇逐年增加，是年自营出口37341万美元，占全市自营出口总额的41.12%。

第一节　项目构成

投资构成

外资项目　自1990年起，外商陆续到开发区创办企业，1991年底，批准进区的外资工业项目5个。1993年底，累计55个。2000年底，累计164个，累计实现工业总产值1649185万元，占开发区工业累计总产值的86.58%；利润63585万元，占开发区工业累计总利润的90.32%；上缴税金51443万元，占开发区工业累计上缴税金总额的83.44%。

中外合资项目　1991年底，投资区批准进区的合资项目5个，全系工业项目。第一家落户的是1990年11月30日批准的中外合资杭州祥贺包袋制造有限公司，投资100万美元。1992年批准进区的17个外资工业项目中，中外合资项目12个，占当年批准外资工业项目的70.59%；总投资10526万美元，占投资区外资企业总投资额的74.19%。1993年批准进区的33个外资工业项目中，中外合资项目19个，占开发区外资工业项目的57.58%；总投资20865万美元，占开发区外资企业总投资额的71.82%。至2000年，开发区累计有合资工业项目87个，占开发区累计外资工业项目的53.05%；投产的合资项目42个。是年，实现工业总产值170370万元，占开发区工业总产值的26.79%；利润13762万元，占开发区总利润的42.78%；税金7442万元，占开发区税金总额的29.62%。总投资在1000万美元以上的中外合资项目有9个。

外商独资项目　1992年6月9日，杭州雅利电气五金实业有限公司是落户投资区的第一家台商独资企业。在投资区基础设施尚未完善，还是一片庄稼地时，台商卢进益决定投资办厂。公司成立后，产品质量不断提高，覆盖面不断扩大，公司OA系列现代办公组合家具在1995年第二届全国家具产品展销会上，被中国家具协会评为全国参展优秀产品奖。1992年，引进独资工业项目5个，占投资区外资工业项目的29.41%。1993年，开发区建立，外商投资踊跃，批准进区的独资工业项目有14个，占开发区外资工业项目的42.42%。2000年底，开发区累计有独资工业项目77个，占开发区累计外资工业项目的46.95%；投产的独资项目57个。是年，实现工业总产值337173万元，占开发区工业总产值的53.03%；利润13669万元，占开发区利润的42.50%；缴纳税金13048万元，占开发区税金总额的51.93%。总投资在1000万美元以上的外商独资项目16个。

内资项目　1992年11月，萧山长河新型建筑建材厂、萧山市橡胶厂作为内资工业项目首次进入投资区，总投资220万元。2000年底，进区的内资工业累计项目65个，正式投产34个。是年，实现工业总产值128296万元，占开发区工业总产值的20.18%；利润4735万元，占开发区总利润的14.72%；税金4636

万元，占开发区税金总额的18.45%。

规模构成

随着进区工业项目的增加，规模以上工业企业逐年增加。1994年7家，占总投产工业企业的23.33%；1998年43家，占总投产工业企业的48.86%；2000年增至53家，占总投产工业企业39.85%，其中电子电器业规模企业4家，均为外资企业。机械制造业规模企业9家，其中外资企业8家，内资企业1家。精细化工业规模企业3家，均为外资企业。医药食品业规模企业3家，均为外资企业。纺织服装业规模企业26家，其中外资企业25家，内资企业1家。建材家具业规模企业5家，其中外资企业4家，内资企业1家。其他行业规模企业3家，其中外资企业2家，内资企业1家。

表14—3—303　1994～2000年萧山经济技术开发区工业规模企业情况

单位：家

年份	总计				外资企业			内资企业		
	投产工业企业家数	规模企业家数	规模企业占进区工业企业(%)	规模企业占投产工业企业(%)	投产工业企业家数	规模企业家数	规模企业占投产工业企业(%)	投产工业企业家数	规模企业家数	规模企业占投产工业企业(%)
1994	30	7	8.04	23.33	30	7	23.33	—	—	—
1995	42	17	16.04	40.48	42	17	40.48	—	—	—
1996	61	25	19.84	40.98	54	25	46.30	7	—	—
1997	72	36	27.69	50.00	66	36	54.55	6	—	—
1998	88	43	27.04	48.86	81	43	53.09	7	—	—
1999	105	49	26.20	46.67	88	47	53.41	17	2	11.76
2000	133	53	23.14	39.85	99	49	49.49	34	4	11.76

第二节　行业类别

开发区工业按行业可分为电子电器业、机械制造业、精细化工业、医药食品业、纺织服装业、建材家具业和其他行业。各业在开发区工业中所占比重随着市场行情变化而变化。

电子电器业

1992年6月9日，杭州雅利电气五金实业有限公司被批准在投资区落户，是开发区电子电器行业第一家台商独资企业，初期总投资140万美元，注册资本100万美元。1996年11月15日，总投资增至180万美元，注册资本增至130万美元。主要经营电器设备、电子器材、五金工具及金属制品等。1994年，该行业只有2个项目投产，实现工业总产值285万元，占开发区工业总产值的0.45%；销售收入348万元，占开发区工业产品销售总收入的0.83%；亏损84万元；税金1.3万元，占开发区税金总额的0.07%；职工107人，占开发区工业企业职工总人数的2.12%。1996年3月26日，杭州乐荣电线电器有限公司在开发区落户，初期总投资380万美元，注册资本330万美元，至2000年，总投资增至1990万美元，注册资本增至1100万美元，为该行业投资规模最大的台商独资企业，是美国著名的AMP公司OEM生产厂商，年产线缆2.5亿米，线缆组合件7500万件。

电子信息产业是开发区建设的一个新的产业和亮点。1996年8月进区的杭州新伟业计算机网络有限公司被市财政局指定为会计电算化服务单位、市地税局电子纳税软件推广技术支持单位，成为市政府、卫生局、城乡建设局、教育局、工商局信息系统建设合作单位。公司聘请浙江大学、清华大学、武汉大学等院校专家教授为顾问，指导计算机应用开发，同时邀请相关领域一批具有实践经验人员直接参与项目的开发和设计。

该行业主要有日本和中国台湾、香港地区企业投资；生产的产品有新型电子元器件、电力电子元器件、电线、电缆、线缆组合件、通信及电脑元件、电器接插件、硅片、单晶硅、单晶炉、半导体材料等；产品出口日本、美国等国家和中国台湾、香港地区。

至2000年，该行业投产企业16家，拥有固定资产13962万元，实现工业总产值20562万元，占开发区工业总产值的3.23%；销售收入18670万元，占开发区工业产品销售总收入的3.02%；亏损158万元；税金758万元，占开发区税金总额的3.02%；职工964人，占开发区工业企业职工总人数的3.59%。

机械制造业

1992年6月，中美合资的杭州万向传动轴有限公司落户开发区，是投资区该行业第一家外资企业，初期总投资800万美元，注册资本400万美元，主要产品为系列传动轴。1994年，该行业投产项目3个，实现总产值4520万元，占开发区工业总产值的7.09%；销售收入4108万元，占开发区工业产品销售总收入的9.81%；利润307万元，占开发区工业总利润的45.21%；税金234万元，占开发区税金总额的12.73%；职工504人，占开发区工业企业职工总人数的9.98%。该行业规模最大的为日商独资的杭州川崎精工机有限公司，1995年迁入，初期总投资为2334万美元，注册资本1167万美元，1995年12月，总投资增至2965万美元，注册资本增至2334万美元，主要产品为高档全自动洗衣机离合器和飞机、汽车输送零件，年产500万只。

该行业主要有日本、德国、美国和中国台湾、香港地区企业投资。著名企业有：日商独资企业萧山太阳机械有限公司，总投资2993万美元，注册资本1564万美元，生产模具标准件、电子专用设备、新型电子元器件、新型仪表元器件和材料、高性能焊接机器人零部件；台商独资企业杭州友佳精密机械有限公司，初期总投资200万美元，注册资本150万美元，1997年4月，总投资增至350万美元，注册资本增至250万美元，2000年6月，总投资增至1450万美元，注册资本800万美元。其主要产品有精冲模、模具标准件、汽车与摩托车模具、三轴以上联动的电脑数控机床及元件、机械动力元件、堆高机、射出成型机、气动工具、立体停车设备；台商独资企业浙江荣德机械有限公司，生产销售精密机床、数控机床、电火花机床、线切割机床、模具、精密冲件、塑料射出成型件、机床零配件及五金工具；台商投资的杭州东霖染整机械有限公司，生产新型高温高压染整机械、超高速高温高压染布机、高温高压经轴（BEAM）染布机、快速筒子烘干机、快速常温常压染布机。内资企业杭州减速机厂，生产涡轮减速机、硬齿面齿轮减速机、圆弧圆柱涡杆减速机、平面二次包络环面杆减速机、摆线针轮减速机、自动开门机、丝杆升降机、联轴器、阀门启动器9大产品系列，6万余只规格，70%产品出口欧美、东南亚等38

图14—3—553　2000年萧山太阳机械有限公司生产车间（萧山经济技术开发区管委会提供）

个国家和地区。该厂是联合国TIPS成员单位、国家机电产品出口重点企业。

该行业生产的产品还有台钻、电机设备、木工机械、砂轮机、喷水纺机、食品机械、印花机、缝纫机、自行车、山地车、童车、室内跑步机、紧固件、法兰盘、轴承座等。产品出口新加坡、日本、欧盟、美国和中国台湾、香港地区。

2000年，该行业投产企业28家，拥有固定资产68174万元，实现工业总产值77047万元，占开发区工业总产值的12.12%；销售收入77235万元，占开发区工业产品销售总收入的12.48%；利润5821万元，占开发区工业总利润的18.10%；税金3457万元，占开发区税金总额的13.76%；职工2374人，占开发区工业企业职工总人数的8.86%。

精细化工业

1994年12月19日落户的日本独资企业恩希爱（杭州）化工有限公司，是开发区该行业规模最大的企业，初期总投资3000万美元，注册资本2500万美元，1995年12月，总投资增至7460万美元，注册资本增至6200万美元，由反光膜生产工厂和加工技术服务中心组成，是中国最大的反光膜生产厂家之一，也是国内唯一从原料生产到最终产品的反光膜生产厂家，拥有世界先进的生产设备和完善的反光材料各类性能测试手段以及相关的检测设备，制造各种高品质（水晶级、高强级、工程级、车牌级、广告级）的反光膜，同时生产作为反光膜主要材料之一的各类树脂和高折射率玻璃微珠。1994年，该行业投产企业1家,实现工业总产值1009万元，占开发区工业总产值的1.58%；亏损231万元；职工78人，占开发区工业企业职工总人数的1.55%。

图14—3—554 2000年科利化工有限公司生产车间（萧山经济技术开发区管委会提供）

该行业主要由日本、德国和中国台湾、香港地区企业投资。主要产品有反光膜、造纸用化学品、纺丝助剂、纺织印染助剂、化工中间体、纺织工业处理浆料、电泳涂料等。

2000年，该行业投产企业8家，拥有固定资产36672万元。实现工业总产值57824万元，占开发区工业总产值的9.09%；销售收入55951万元，占开发区工业产品销售总收入的9.04%；利润3193万元，占开发区工业总利润的9.93%；税金1468万元，占开发区税金总额的5.84%；职工1122人，占开发区工业企业职工总人数的4.19%。

医药食品业

1992年1月21日，中新（新加坡）合资杭州天福医药保健品有限公司，作为医药食品行业第一家被批准落户开发区的企业，总投资160万美元，注册资本123万美元。主要生产晶磊牌蜂产品。1994年，该行业投产企业4家，实现工业总产值2443万元，占开发区工业总产值的3.83%；销售收入2143万元，占开发区工业产品销售总收入的5.12%；利润351万元，占开发区工业总利润的51.69%；税金93.5万元，占开发区税金总额的5.09%；职工802人，占开发区工业企业职工总人数的15.89%。此后，日本、挪威等国及中国台湾、香港地区的其他食品企业陆续到开发区投资落户。规模最大的是1999年进区的杭州娃哈哈集团公司和新加坡金加投资有限公司合资的杭州娃哈哈永盛饮料有限公司，总投资2900万美元，注册资本2350万美元。台商合资杭州易舒特药业有限公司，在全国外用药生产企业中首批通过GMP认证，其主导产品国家中药三类新药甘霖洗剂，1995年5月取得国家药品监督管理局生产批件，全国独家生产。

该行业是开发区自动化程度最高的一个行业，主要的产品有蜂王浆冻干粉、针片剂、胶囊剂、冲剂、口服液、滴鼻剂、软膏剂、医疗器械、化妆品、消毒产品、保健产品、果蔬饮料、专用面粉、粮油、食品及其副产品、冷冻面团、面制食品、海产品、水产品、农副粮油制品及水产品养殖。产品出口挪威、日本等国家。

图14-3-555　2000年杭州娃哈哈永盛饮料有限公司饮料生产车间（萧山经济技术开发区管委会提供）

2000年，该行业投产企业有8家，拥有固定资产31480万元，实现总产值44640万元，占开发区工业总产值的7.02%；销售收入37270万元，占开发区工业产品销售总收入的6.02%；利润5535万元，占开发区工业总利润的17.21%；税金1767万元，占开发区税金总额的7.03%；职工378人，占开发区工业企业职工总人数的1.41%。

轻纺服装业

1990年11月30日，市二轻企业集团公司和香港祥声发展有限公司合资的杭州祥贺包袋制造有限公司，作为该行业第一家落户投资区，总投资100万美元，生产各类包袋。随后进区的是1993年6月批准的萧山汇丽制衣厂与港商合资的杭州汇丽绣花制衣有限公司，总投资52万美元，注册资本40万美元。1995年1月，转为港商独资公司，1997年总投资增至200万美元，注册资本增至180万美元；至2000年，经过3次增资，总投资增到1400万美元，注册资本增到700万美元。主要生产经营工艺服装、针织服装、丝绸工业绣品、床上用品、日用工艺绣品制造，针织原料及服装面料加工，并从事非配额许可证管理、非专营商品的收购出口业务，是开发区内规模最大的服装企业。1994年，该行业投产项目14个，实现工业总产值45011万元，占开发区工业总产值的70.55%；销售收入27129万元，占开发区工业产品销售总收入的64.76%；利润69万元，占开发区工业总利润的10.16%；税金1420.7万元，占开发区税金总额的77.30%；职工2902人，占开发区工业企业职工总人数的57.49%，是区内劳动力最密集的行业。

图14-3-556　2000年杭州华谊服装有限公司生产车间（萧山经济技术开发区管委会提供）

1994年后，日本、韩国、意大利、美国、澳大利亚、塞浦路斯等国和中国台湾、香港地区其他纺织服装企业前来开发区投资。著名的企业有浙江庆丰纺织印染有限公司，总投资5000万美元，注册资本2000万美元，年生产能力为织布2286万米，印染5486万米，是中国进出口500强企业之一。

该行业产品出口日本、阿拉伯联合酋长国、意大利、比利时、德国、荷兰、瑞典、法国、美国等国家和中国香港地区。

2000年，该行业投产企业42家，拥有固定资产150471万元，实现工业总产值203604万元，占开发区工业总产值的32.02%；销售收入192333万元，占开发区工业产品销售总收入的31.07%；利润10640万元，占开发区工业总利润的33.08%；税金7375万元，占开发区税金总额的29.35%；职工人数10253人，占开发区工业企业职工总人数的38.25%。

建材家具业

1989年8月、1990年5月，与台商合资的浙江台艺天然石料有限公司、与港商合资的浙江华欣家具工业有限公司先后落户市北区。钱江投资区建立后，维尔京群岛（英属）、英国、意大利等国家和中国香港、台湾地区的客商前来投资落户。规模较大的企业有1993年6月10日批准落户的港商独资杭州太子陶瓷有限公司，1999年底更名为金元陶瓷（中国）有限公司，总投资3000万美元，注册资本1200万美元。经营陶器、瓷器、卫生陶瓷制造及原料土的开采加工，生产各种地砖、壁砖、外墙砖等。1994年，该行业投产企业3家，实现总产值7552万元，占开发区工业总产值的11.84%；销售收入5809万元，占开发区工业产品销售总收入的13.87%；利润360万元，占开发区工业总利润的53.02%；税金45万元，占开发区税金总额的2.45%；职工384人，占开发区工业企业职工总人数的7.61%。

该行业规模较大的还有1998年5月25日批准落户的港商独资浙江华越家具工业有限公司，初期投资600万美元，注册资本300万美元，经过4次增资，总投资增至2770万美元，注册资本增至1500万美元，生产销售各类室内外钢塑、钢木家具及配套阳伞，年产家具550万件，名列浙江省家具行业前茅；公司还从事非配额许可证管理、非专营商品的收购出口业务。

该行业生产的产品还有各类网架、钢结构、玻璃采光顶、屋面、墙面彩钢板材、三折床垫、塑钢门窗、安全玻璃等，行销日本、菲律宾、美国和中国台湾、香港、澳门地区。

2000年，该行业投产企业15家，拥有固定资产34550万元，实现工业总产值100780万元，占开发区工业总产值的15.85%；销售收入97227万元，占开发区工业产品销售总收入的15.71%；利润5845万元，占开发区工业总利润的18.17%；税金3283万元，占开发区税金总额的13.07%；职工4631人，占开发区工业企业职工总人数的17.28%。

其他行业

1992年9月7日，杭州敦煌装饰工程有限公司批准落户投资区，是其他类行业中最早进入开发区的一家中新（新加坡）合资企业，总投资56万美元，注册资本56万美元，承接合资企业、宾馆、商住楼等各类中、高级建筑设计，装饰工程的设计和施工，水、电、冷气设备的设计与安装（后转内资企业）。此后陆续进区投资其他行业的有韩国、泰国、日本、比利时等国家和中国台湾、香港地区的企业。1994年，该行业投产企业3家，实现工业总产值2976万元，占开发区工业总产值的4.66%；销售收入1788万元，占开发区工业产品销售总收入的4.27%；亏损93万元；税金23.6万元，占开发区税金总额的1.28%；职工271人，占开发区工业企业职工总人数的5.37%。

图14-3-557　2000年浙江新胜达包装有限公司瓦楞纸板生产线（萧山经济技术开发区管委会提供）

其他行业规模较大的外资企业是1996年7月10日批准落户的杭州大江饲料有限公司，总投资1200万美元，注册资本600万美元，合资外方是泰国正大集团。其次是1993年5月24日批准落户的香港独资企业杭州东岱珠宝饰品有限公司，初期总投资500万美元，注册资本250万美元，1995年11月和1997年7月两次增资，总投资增至700万美元，注册资本增至400万美元，年产人造珠宝400万颗、人造珍珠1000万颗。

规模较大的内资企业是1999年4月落户开发区的浙江新胜达包装有限公司，总投资12000万元，注册资本1051.8万元，是中国主要的纸箱生产基地之一。

2000年，其他行业投产项目16个，拥有固定资产27231万元，实现工业总产值131382万元，占开发区工业总产值的20.66%，销售收入140318万元，占开发区工业产品销售总收入的22.67%；利润1290万元，占开发区工业总利润的4.01%；税金7018万元，占开发区税金总额的27.93%；职工7085人，占开发区工业企业职工总人数的26.43%。

表14-3-304　1994～2000年萧山经济技术开发区各行业产值、利润、职工人数情况

年度	项　目	电子电器	机械制造	精细化工	医药食品	纺织服装	建材家具	其他	合计
1994	产值（万元）	285	4520	1009	2443	45011	7552	2976	63796
	利润（万元）	-84	307	-231	351	69	360	-93	679
	职工数（人）	107	504	78	802	2902	384	271	5048
1995	产值（万元）	680	11482	1071	6770	59109	13540	12522	105174
	利润（万元）	23	642	-239	891	1014	115	-387	2059
	职工数（人）	63	671	50	326	3972	490	767	6339
1996	产值（万元）	1481	21898	2130	4593	56271	19370	41146	146889
	利润（万元）	-57	1974	-40	241	997	483	522	4120
	职工数（人）	185	1183	60	351	4621	373	2855	9628
1997	产值（万元）	3495	23766	5857	12470	67900	23535	71634	208657
	利润（万元）	-21	1020	-43	2427	583	654	2124	6744
	职工数（人）	658	2212	358	704	8701	940	3940	17513
1998	产值（万元）	6091	29587	10559	22422	90823	31616	114034	305132
	利润（万元）	725	-59	227	4317	99	745	2487	8541
	职工数（人）	756	1977	452	655	7810	970	2728	15348
1999	产值（万元）	14808	74045	51609	13586	164894	75512	24443	418897
	利润（万元）	612	3873	1176	862	2790	4470	950	14733
	职工数（人）	737	3010	964	245	10832	3446	1716	20950
2000	产值（万元）	20562	77047	57824	44640	203604	100780	131382	635839
	利润（万元）	-158	5821	3193	5535	10640	5845	1290	32166
	职工数（人）	964	2374	1122	378	10253	4631	7085	26807

表14-3-305　1993～2000年萧山经济技术开发区工业主要经济指标情况

单位：万元

年度	工业总产值				销售收入				利润				税金			
	合计	占全市比例(%)	其中		合计	占全市比例(%)	其中		合计	占全市比例(%)	其中		合计	占全市财政收入比例(%)	其中	
			外资企业	内资企业			外资企业	内资企业			外资企业	内资企业			外资企业	内资企业
1993	20469	1.16	20469	—	19931	0.14	19931	—	1358	2.46	1358		391	0.63	391	
1994	63796	2.44	63796	—	41890	2.60	41890	—	679	2.70	679		1838	2.54	1838	
1995	105174	5.02	100127	5047	76797	4.09	74442	2355	2059	2.46	2059		2547	3.66	2547	
1996	146889	5.60	123547	23342	130374	5.90	107898	22476	4120	6.75	3866	254	3270	4.84	2870	400
1997	208657	6.67	195204	13453	190787	7.28	177627	13160	6744	9.07	6717	27	4953	4.96	4847	106
1998	305132	8.34	274152	30980	266116	8.57	239330	26786	8541	11.74	7937	604	9326	8.75	6914	2412
1999	418897	9.49	364347	54550	396682	12.29	346380	50302	14733	16.96	13538	1195	14202	10.54	11546	2656
2000	635839	10.57	507543	128296	619004	11.51	502187	116817	32166	19.47	27431	4735	25126	14.46	20490	4636
合计	1904853	—	1649185	255668	1741581	—	1509685	231896	70400	—	63585	6815	61653	—	51443	10210

注：①1993～1994年内资企业总产值、销售收入、利润、税金无资料反映。
②2000年工业总产值在全国32个国家级开发区中列第20位，税金列第21位。

第三节　出口创汇

随着进区企业增加，开发区对外贸易呈逐年增长的趋势，产品出口企业从1993年的6家增加到2000年的52家；并以自营出口为主；出口交货值从1993年的17978万元增加到2000年的382313万元；多家企业进入省、杭州市和萧山市产品出口强企业的行列。

出口产品

1993年，出口的产品有家具、汽车零件、大理石、真丝服装、中成药、麻涤纶服装及蜂王浆7种产品，出口日本、朝鲜、西班牙、瑞士、德国、意大利、美国、加拿大、法国、罗马尼亚、丹麦、荷兰、委内瑞拉、澳大利亚14个国家和中国香港、台湾地区。随着开发区产品出口型企业的增加，出口产品及出口国家和地区逐年增加。2000年，出口产品增加电子元器件、精工机械、塑料模具、传动轴、电脑排线7个产品系列，出口国家和地区增加新加坡、俄罗斯、瑞典、挪威、比利时5个国家和中国澳门地区。

出口实绩

1993年，出口交货值17978万元，占萧山市出口总额的8.53%，其中自营出口1688万美元，占萧山市自营出口总额的23.90%；外贸收购额3967万元，占萧山市外贸收购额的13.85%。

1996年，浙江华欣家具工业有限公司、杭州新艺服装有限公司分别获杭州市外贸自营出口20强第9位和第12位。浙江华欣家具工业有限公司、杭州新艺服装有限公司、杭州能迪丝绸发展有限公司、杭州泰莱时装有限公司获萧山市外向型经济增长速度奖。

1999年，产品出口企业36家，出口交货值250696万元，占萧山市出口总额的27.67%，其中自营出口22840万美元，占萧山市自营出口总额36.48%，占杭州市自营出口的24%。浙江华越家具工业有限公司、浙江华欣家具工业有限公司、浙江庆丰纺织印染有限公司、杭州汇丽绣花制衣有限公司、萧山雅马哈乐器有限公司5家企业出口额超过1000万美元。浙江庆丰纺织印染有限公司进入中国出口500强行列，居第243位；4家企业被省外经贸厅列入浙江省外资企业出口20强；浙江庆丰纺织印染有限公司、杭州汇丽绣花制衣有限公司、浙江华越家具工业有限公司、浙江华欣家具工业有限公司、恩希爱（杭州）化工有限公司等17家企业获萧山市外贸出口增长速度奖。

2000年，产品出口企业增至52家，占开发区投产工业企业总数的39.10%，比1993年增长7.67倍，完成出口交货值382313万元，占全市出口交货值的31.24%，其中企业自营出口37341万美元，占全市自营出口总额的41.12%，占杭州地

表14–3–306　1993～2000年萧山经济技术开发区出口贸易情况

年份	出口交货值（万元）	占全市出口额（%）	其中自营出口		
			企业数（家）	出口额（万美元）	占全市（%）
1993	17978	8.53	6	1688	23.90
1994	33001	9.45	13	2815	24.43
1995	39657	8.79	12	3099	19.03
1996	53460	10.64	12	4337	19.11
1997	101335	16.76	25	7314	22.88
1998	128827	17.84	31	10702	26.06
1999	250696	27.67	36	22840	36.48
2000	382313	31.24	52	37341	41.12
合计	1007267	—	—	90136	—

区的18.63%，占杭州市4个国家级开发区总和的49.65%；外贸收购额72383万元，占全市外贸收购额的15.13%；出口交货值超亿元的有11家，比1999年增加3家。浙江华欣家具工业有限公司、浙江庆丰纺织印染有限公司、杭州汇丽绣花制衣有限公司分别被评为浙江省出口创汇先进单位和浙江省出口先进企业。浙江庆丰纺织印染有限公司出口交货值71045万元，分别居浙江省、杭州地区外商投资出口交货值的第2位和第1位。杭州新艺服装有限公司位列杭州市外商投资企业自营出口前30位。浙江华欣家具工业有限公司、杭州新艺服装有限公司、恩希爱（杭州）化工有限公司、杭州宏顺服装有限公司、萧山雅马哈乐器有限公司、浙江庆丰纺织印染有限公司、杭州明成制衣有限公司、浙江华越家具工业有限公司、杭州汇丽绣花制衣有限公司9家企业获杭州市出口创汇先进企业“金龙奖”；浙江庆丰纺织印染有限公司、浙江华越家具工业有限公司、杭州汇丽绣花制衣有限公司、浙江华欣家具工业有限公司4家企业位列萧山市外贸出口十强。

第四节　名优产品

1995年，浙江万向特种轴承有限公司生产的钱潮牌圆锥滚子轴承、杭州天福医药保健品有限公司生产的晶磊牌蜂王浆冻干粉（胶囊）被认定为萧山市名牌产品。至2000年底，开发区有各类名牌产品13只，其中省级名牌产品3只、杭州市名牌产品2只、萧山市名牌产品8只（其中2只被评为浙江省地方工业名牌产品），还有伊都锦牌时装、YAMAHA牌钢琴、恩希丽牌反光膜、引春牌无梭喷水织机、建德（KENT）牌精密平面磨床等一批知名度较高的和在各级博览会上获得各种荣誉的产品。

浙江省级名牌产品

娃哈哈牌非常可乐碳酸饮料　杭州娃哈哈永盛饮料有限公司生产的娃哈哈牌非常可乐碳酸饮料，于2000年被国家经济贸易委员会认定为国家级新产品，被浙江省名牌产品认定委员会认定为浙江省名牌产品。获浙江省技术创新优秀新产品奖、杭州市科技进步一等奖。

钱潮牌LZ110B传动轴　杭州万向传动轴有限公司生产的钱潮牌LZ110B传动轴，由两只焊接叉、一只滑动叉、一只凸缘叉、两套万向节装配而成，为全国六大微型车厂配套。1995年被评为萧山市名牌产品，1996年被浙江省技术监督局、浙江省工商行政管理局、浙江省乡镇企业局评为浙江省地方工业名牌产品。

恒星牌涡轮减速机　杭州减速机厂生产的恒星牌涡轮减速机有9大系列，6万余种规格，1996年被省技术监督局、省乡镇企业局、省工商行政管理局评为浙江省地方工业名牌产品。1999年9月，被萧山市政府认定为萧山市名牌产品。

杭州市级名牌产品

大地牌钢结构、网架　杭州大地网架制造有限公司生产的大地牌钢结构、网架，用于机场、会展中心、体育场馆、收费站、高层建筑等大型建筑。2000年被杭州市政府认定为杭州市名牌产品。

德意牌燃气灶具　杭州德意电气有限公司生产的德意牌燃气具，有80余种规格。1996年德意牌燃具系列获第三届中国科技新产品、名优产品博览会金奖。2000年12月，德意牌燃气灶被杭州市名牌产品推荐委员会评为杭州市名牌产品。2001年2月，被中国国际贸易促进委员会宣传出版部、法国科技质量监督评价委员会列为“向欧盟市场推荐产品”。

第五节　企业选介

随着进区企业的投产，开发区建设的经济效益和社会效益日益显现，一批企业进入萧山市强工业企业行列。

杭州汇丽绣花制衣有限公司

1993年6月批准进入开发区，位于开发区北塘路6号。由萧山国营工业总公司与香港客商吴自硅共同出资创办，总投资52万美元，注册资本40万美元。1995年1月，资产转让给香港伟量发展有限公司，成为港商独资企业。2000年5月，总投资增至1400万美元，注册资本增至700万美元。

公司专业生产出口高档女装，1997年，增加和更新缝纫设备500余台（套）。1998年，新建标准厂房14000平方米，添置吊挂生产线、全自动裁床、自动整烫设备800余台（套）。1999年，建成30条标准服装生产流水线，年服装生产能力达到1000万件（套），款式3000多种。

2000年，公司投资建立现代化的纺织服装理化测试中心。是年，实现工业总产值39562万元，销售收入37940万元，利润6660万元，税金2899万元，拥有总资产30446万元，所有者权益10273万元，占地5.60万平方米，生产厂房5万平方米。员工850人，其中中专以上学历250多人。

公司先后被授予“全国外商投资双优企业”、“省出口创汇先进企业”、“杭州市先进外商企业”、“萧山外向型经济双优企业”称号，开发区创利、纳税、创汇、产值“十佳企业”。

金元陶瓷（中国）有限公司

前身为杭州太子陶瓷有限公司，1993年6月由香港太子陶瓷有限公司投资创办，总投资额3000万美元，注册资本1200万美元。1999年，更名为金元陶瓷（中国）有限公司。位于开发区建设一路6号，占地面积72867平方米，建筑面积37745平方米。

1995年7月，公司第一条生产线正式投产。当年实现工业总产值1487万元。1997年6月，第二条生产线投产。1999年，生产瓷砖232万平方米，实现工业总产值6167万元，利润4055.40万元，税金1237.30万元，获开发区“创利第一”、“纳税第一”荣誉，列全省陶瓷制品经济效益第二位。是年，公司通过ISO9002－1994质量管理和质量保证体系的审核认证，产品的良品率及一次检验合格率达95%和98%以上，产品质量客户满意度在95% 以上。

2000年，公司引进全自动快速窑和超细微粉技术抛光砖生产线及加工设备3套，实现从墙地砖系列产品向高附加值的抛光砖、立体浮雕砖、施釉釉面砖等多产品组合的跨越，生产各种地砖、壁砖、外墙砖等460万平方米。是年，实现工业总产值12981万元，销售收入9428.80万元，利润2657.30万元，缴纳税金735.10万元，拥有总资产22785万元，所有者权益13286.30万元，员工300人，其中外籍员工7人。公司先后被评为开发区创利、纳税“十佳企业”。

杭州大地网架制造有限公司

1994年3月成立，由萧山兴达工贸（集团）公司和香港倍港国际有限公司联合投资创建，总投资90万美元，注册资本70万美元。位于开发区建设二路27～28号。2000年，总投资增至220万美元，注册资本增至200万美元。

公司先后实施5次技术改造：1996年，投资2000多万元，扩建厂房，添置设备，培训技术员工，建立轻钢结构生产线，实现工业总产值3950万元，利润122万元，税金9.90万元，员工100人。1997年，投资1200万元，扩建屋面和墙面压型彩钢板生产线，实现工业总产值3492.98万元，利润201.31万元，税金41.05万元，员工160人。1998年，投资6000万元，新建厂房2万平方米，添置20多台进口大型精密数控设备，建成高层建筑钢结构生产线，实现工业总产值7000多万元，利润182万元，税金148万元，员工461人。2000年，投入5400万元，建成异型钢结构生产线，实现工业总产值21050万元，利润607万元，税金895万元，拥有总资产28676万元，所有者权益9910万元。员工635名，其中有大学教授、国家一级注册结构师、高级专业技术人才近80人。

公司长期与浙江大学、上海同济大学等建筑科研院所等单位密切合作，共同研究开发新结构、新工艺；招聘人才成立技术中心、设计院、工艺部。到2000年，公司集设计、制作、安装于一体，具有钢结构、网架施工一级资质，钢结构、网架工程专项设计甲级资质。公司先后承建国内外工业厂房、展厅、超市、体育馆、机场航站楼、库房、车站等单层和多层钢结构、钢桁架、网架（壳）等工程1500余项，获得市级以上建筑奖16项，其中杭州萧山机场航站楼钢结构工程，2001年2月2日获中国建筑工程“鲁班奖”。公司为中国建筑金属结构协会钢结构产品制作、安装首批定点企业。

2000年5月11日上午10时50分，中共中央总书记、国家主席、中央军委主席江泽民在中共中央候补委员、书记处书记、中央组织部部长曾庆红，浙江省委书记张德江等中央和省市领导的陪同下亲临公司视察，并为公司挥毫题字。公司先后被评为全国钢结构行业“文明企业”；萧山市“强工业企业”，开发区创利、纳税、产值“十佳企业”。

浙江庆丰纺织印染有限公司

创建于1994年5月，是香港庆业集团投资的港商独资企业。位于开发区宁东路17号，占地130409平方米。

1996年，公司投资3000万美元建设第一期工程，注册资本1200万美元。1997年4月投产。1998年，投资2000万美元建设第二期工程，总投资增加到5000万美元，注册资本增加到2000万美元，总建筑面积增加到77153平方米，主营纯棉、麻、化纤等中、高档面料的织造、印染，年生产能力织布2286万米，印染5486万米，产品100%出口欧美国家。1999年，出口交货值65958.50万元，进入全国进出口500强企业行列，居第243位。

2000年，出口产量为4207.20万米，销往世界各大制衣供应商，进出口量居浙江省外商投资企业前5位。是年，实现工业总产值（现行价）16758万元，产品销售收入17041.20万元，出口交货值71045万元，利润262.80万元，缴纳税金145.90万元，年末拥有总资产42922.90万元，所有者权益16611.20万元，员工958人，其中有专业技术人员38人,大专以上学历140人。外籍员工8人。

公司先后被授予浙江省“出口先进企业”，杭州市“外商投资双优企业”，杭州市“模范集体”，萧山市“强工业企业”，开发区产值、创汇、创利、纳税“十佳企业”等称号。

杭州娃哈哈永盛饮料有限公司

公司前身为与港商合资的杭州娃哈哈旅游食品有限公司，位于开发区金一路17号。1994年10月，由杭州娃哈哈集团公司与萧山市营养食品厂、香港辉润国际有限公司、香港汇兴贸易行共同投资组建。总投资330万美元，注册资本230万美元，浙方出资55%，港方出资45%。1999年5月，杭州娃哈哈集团公司与新加坡金加投资有限公司合资将杭州娃哈哈旅游食品有限公司重组为杭州娃哈哈永盛饮料有限公司，总投资2900万美元，注册资本2350万美元，中方出资49%，新方出资51%。占地46188平方米，建筑面积30786平方米。

1999年，公司从德国、意大利引进2条碳酸饮料生产流水线，半年内完成主导产品的转换，由果奶、消闲食品转换到碳酸饮料系列，形成“非常可乐”、“非常柠檬”、“非常甜橙”、“非常苹果”4大类17种规格的“非常系列”产品。

2000年，产销量超60万吨，占全国碳酸饮料市场12%的份额，实现工业总产值35000万元，销售收入27697万元，净利润5313.90万元，税金1401.50万元，拥有总资产25800.90万元，所有者权益24768.10万元，员工154人。公司被评为萧山市“强工业企业”、开发区产值、纳税、创利“十佳企业”。

恩希爱（杭州）化工有限公司

1994年12月成立，由日本电石工业株式会社（NCI）独资兴建，位于开发区桥南区鸿达路99号，总投资7460万美元，注册资本6200万美元，占地面积16万平方米，建筑面积 29570平方米。

公司拥有世界先进的生产设备和完善的反光材料各类性能测试手段以及相关的检测设备，制造各种反光膜、各类树脂和高折射率的玻璃微珠。1999年6月1日，反光膜产品作为样卡被录入中华人民共和国交通标志和标线GB5768—1999新标准，2000年3月，通过了ISO9000质量体系认证。公司加工技术服务中心，是日本NCI集团在海外投资兴建的第二家加工服务中心，为标牌厂、汽车摩托车厂、广告企业等客户提供反光膜和加工服务，并提供车身装饰贴花设计、制版、印刷等。

2000年，实现工业总产值18300万元，产品销售收入17247万元，出口交货值10718万元，利润960.60万元，税金965.40万元，拥有总资产37370.20万元，所有者权益23082万元。员工334人，其中大中专学历和专业技术人才占50%以上，30岁以下员工占80%。外籍员工4人。

公司先后被评为“浙江省外商投资先进技术企业”，萧山市“强工业企业”，开发区产值、创利、纳税“十佳企业”，获杭州市出口创汇先进企业“金龙奖”、萧山市“外贸出口增长速度奖”。公司是交通部标准化委员会委员和公安部标准化委员会成员单位。

杭州伟成印刷有限公司

1995年12月27日批准落户开发区，由萧山市医药实业公司和香港大利参茸行有限公司联合投资创建，总投资1000万美元，注册资本750万美元。位于开发区建设一路28号，占地面积14000平方米，建筑面积9375平方米。

公司建有6000多平方米现代化中央空调生产厂房，配有美国苹果电脑设计系统、日本三菱六色和四色胶印机（美国MMT连线上光机、三菱人工IPC智能系统与颜色控制系统）、德国罗兰双色和六色胶印机、日本樱井全自动高速丝网印刷机、瑞士BOBST全自动模切机和全息定位烫金机等先进的彩印包装设备20余台套。公司利用现代科技信息，注重工艺技术的先进性、适用性与可发展性，独家引进UV印刷技术，既提高印刷品的防伪性、表面耐磨性和清晰度，又解决传统上光工艺中的环境污染问题。公司引进瑞士BOBST烫金机，采用全息激光定位烫印。公司拥有全自动丝网印刷机生产线，并加装干燥与冷却系统，可同时进行UV丝网印刷连红外干燥。公司开发出多种激光底纹产品，成为专业从事各类中高档铝箔卡纸盒印刷的企业。1999年，公司生产的“大红鹰经典品小盒”、“银绿杭州小盒”、“老版雄狮条盒”、“普陀山小盒”、“金佛手王烟小盒”等香烟包装获浙江省包装印刷行业“优秀产品奖”。2000年12月，通过法国BVQI国际认证公司的ISO9001质量保证体系认证。

2000年，公司实现工业总产值14255万元，销售收入15702万元，利润1153.70万元，税金533.00万元，拥有总资产16208.30万元，所有者权益7026.50万元。员工205人，其中大中专以上学历和专业技术人才80余人。占地面积14000平方米，建筑面积9375平方米。公司自1999年以来，多次被评为萧山市“强工业企业”，开发区产值、创利、纳税“十佳企业”。

萧山雅马哈乐器有限公司

1997年3月成立，由日本雅马哈公司所属的雅马哈乐器音响（中国）投资有限公司独资创建，总投资2600万美元，注册资本1600万美元，占地面积4.30万平方米，建筑面积2万平方米。位于开发区建设二路31号。

公司是生产和经营钢琴零部件、整机及管乐器的综合乐器厂家，初建时主要生产键盘、击弦机、弦槌、制音等钢琴心脏零部件，产品主要销往日本雅马哈公司及英国、美国、印度尼西亚和中国广州、台湾等地。1999年6月，增资100万美元，投产管乐器生产项目，生产长笛、单簧管、萨克斯、小号、长号等产品。

2000年，实现工业总产值11663万元，产品销售收入12348.80万元，出口交货值10199万元，利润1136.80万元，税金982.80万元。员工410人，有大专以上学历70人。

1998年以来，公司先后被评为“全国外商投资双优企业”，萧山市“外贸出口先进企业”、“三资企业双优企业”，开发区创利、纳税、创汇“十佳企业”，获杭州市“创汇创利双优企业奖”、杭州市出口创汇“金龙奖”，萧山市出口创汇“增长速度奖”、外向型经济“标兵奖”。

浙江华越家具工业有限公司

1998年5月成立，由维尔京群岛（英属）莱士蒙国际有限公司独资兴建。位于开发区建设一路88号。创立之初，总投资600万美元，注册资本300万美元。

1998年9月份，租房投入试生产。11月，进入新建厂区正常生产。是年，实现销售收入8121万元，出口创汇981万美元，被开发区管委会评为1998年度“十佳创汇企业”，获杭州市政府1998年度出口创汇“金龙奖”。公司看准国际市场需求，抓住发展机遇，4次增资，扩大经营范围和生产规模。至2000年，总投资增为2770万美元，注册资本1500万美元。公司占地面积11.23万平方米，建筑面积14万平方米，有员工1300余人。公司分设成型、氩弧焊、二氧化碳气体保护焊、涂装、针车、包装、编藤、新产品开发八大车间。生产销售室内外钢塑、钢木家具及配套阳伞。3条钢塑家具生产线，年产家具550万件，产品销往美国、加拿大、澳大利亚等国。2000年，公司实现工业总产值54779万元，工业销售收入55014.80万元，出口创汇6625.10万美元，利润2089.80万元，税金1246.40万元，拥有总资产34395.50万元，所有者权益12977万元，员工1786人，其中外籍员工1人。

公司先后被评为“全国外商投资双优企业”，萧山市“强工业企业”，开发区创利、纳税、创汇、产值“十佳企业”。获杭州市出口创汇“金龙奖”、萧山市外商投资“标兵奖”、外贸出口“增长速度奖”、“创汇创利双优企业奖”。董事长陈俊镛（中国台湾籍）被授予萧山市“荣誉市民”称号。

第四章　科技创新

开发区致力于高新技术的发展，以招商引资为重点，引进高新技术和先进技术项目，实施技术改造和技术创新，在高新技术产业园区设立创业中心，建成孵化基地，初步形成一批精细化工、机电一体化、生物医药、电子信息高新技术企业群。至2000年底，全区建有创业中心、企业技术中心9家，各级高新技术、先进技术企业10家（不重复计），开发新产品54只，承担省级以上科技项目4项，完成高新技术成果转化项目1个，发明专利13项，获取各级科技进步奖、星火项目奖、“火炬”项目奖、新产品新技术奖36项。

第一节　创新体系

萧山高新技术产业园区

1998年，桥南区块以高强级反光膜、荧光增白剂、氯化聚乙烯为主的精细化工产业，以机电自动装置和集光机电于一体的纺织、印染机械为主的机电一体化产业，以采用现代制药技术制取新型中药及制剂的生物医药产业和电子信息、新材料等高新技术产业崛起。区内企业先后与上海交通大学、浙江大学、同济大学、中国科学院等大专院校、科研单位建立长期的科技协作关系，建有厂办科研所6家，有助理级职称或大专以上学历的科技人员450余人。是年底，区内高新技术企业及高新技术项目生产性投入累计4.70亿元，实现高新技术产业产值3.20亿元。

1999年2月25日，开发区管委会向市政府提交《关于上报〈萧山高新技术产业园区可行性研究报告〉的请示》；3月3日，萧山市政府向杭州市政府提交了《关于要求申报省级高新技术产业园区的请示》，8月7日，杭州市人民政府组织省内专家对高新技术产业园区可行性报告进行了评审论证。9月22日，浙江省科学技术委员会下发《关于同意创建萧山高新技术产业园区的批复》(浙科工发〔1999〕299号)，同意创建萧山高新技术产业园区。

萧山高新技术产业园区位于开发区桥南区块，总体规划面积3.60平方千米，东至桥南区12号路，南至2号路（今鸿兴路），西至4号路（今未动工），北至北环路（今鸿发路）。园区分工业区块和综合区块两部分，工业区块规划面积3平方千米，东至桥南12号路，南临2号路，西靠4号路，北傍北环路，以安排成熟的工业项目为主。综合区块规划面积0.60平方千米，东至4号路，南临南环路（今未动工），西靠2号路，北傍北环路，主要用于建设创业服务中心（孵化器）和信息中心，安排以科研开发为主的技工贸一体化项目和配套的生活设施。

2000年5月8日，成立萧山高新技术产业园区创业中心和萧山高新技术产业园区项目中心。6月，市政府调拨原“三电（计划用电、节约用电、安全用电）”办公室所属的一幢约7500平方米的标准厂房，供创业中心作为孵化大楼。其后，开发区管委会又投资近800万元，按照创业中心应有功能和服务的要求，对大楼进行改造装修。中心拥有提供全套服务的设施，配有计算机网络通信系统、安全监控系统，2001年7月正式投入运行。

高新技术企业

1996年，浙江万向汽车轴承有限公司被萧山市科教兴市领导小组认定为萧山市高新技术企业。1997年，浙江万向机械有限公司被省区外高新技术认定委员会认定为省区外高新技术企业，恩希爱（杭州）化工有限公司被省对外贸易经济合作厅、省科学技术委员会、省石油化学工业厅认定为浙江省外商投资先进技术企业。至2000年底，开发区有各级各部门认定的高新技术企业、先进技术企业15家，其中国家级高新技术企业1家，省级高新技术企业2家，省区外高新技术企业4家，省外商投资先进技术企业4家，萧山市级4家（剔除重复因素后为10家），占开发区投产工业企业总数的7.52%。按行业分，属机械制造业4家、精细化工业2家、电子电器业2家、医药食品业2家。按投资构成分，属外商独资3家、合资5家、内资2家。

表14—4—307　1996年1月至2001年3月萧山经济技术开发区省级以上高新技术企业情况

级　别	企　业　名　称	认　定　机　关	认定年份
国家级重点高新技术企业	浙江万向汽车轴承有限公司	科学技术部火炬高新技术产业开发中心	2001
省级高新技术企业	杭州欣美成套电器制造有限公司	浙江省科学技术厅	2000
	浙江吉利达化工有限公司	浙江省科学技术厅	2000
省区外高新技术企业	浙江万向机械有限公司	浙江省区外高新技术认定委员会	1997
	浙江万向汽车轴承有限公司	浙江省区外高新技术认定委员会	1999
	浙江吉利达化工有限公司	浙江省区外高新技术认定委员会	1999
	杭州欣美成套电器制造有限公司	浙江省科学技术委员会、浙江省计划与经济委员会	2000
省外商投资先进技术企业	恩希爱（杭州）化工有限公司	浙江省对外贸易经济合作厅、浙江省科学技术委员会、浙江省石油化学工业厅	1997
	浙江万向机械有限公司	浙江省对外贸易经济合作厅、浙江省科学技术委员会、浙江省石油化学工业厅	1998
	杭州川崎精工机有限公司	浙江省对外贸易经济合作厅、浙江省科学技术委员会、浙江省石油化学工业厅	1998
	浙江友成塑料模具有限公司	浙江省对外贸易经济合作厅、浙江省科学技术委员会、浙江省石油化学工业厅	1998

企业技术中心

杭州欣美成套电器制造有限公司企业技术中心　1995年5月建立，2000年6月28日被市政府认定为萧山市企业技术中心。中心共有15人，其中专业产品开发人员8人、工艺开发人员3人。中心拥有直流电源绝缘分路检测装置，工业用超大容量蓄电池充电装置，配套于高压开关柜的熔断器避雷器手车，可实施机械特性试验、温升试验、绝缘试验。开发的新产品有CGM－12KV型模块式SF6绝缘开关设备、GXM低压抽屉式成套开关设备。中心获得实用新型专利3项。

杭州德意电气有限公司企业技术中心　1997年底建立，2000年7月11日被萧山市政府认定为萧山市企业技术中心。中心下设产品设计课、燃气实燃室、电器实验室、模具中心。拥有工程技术人员30人，聘请相关大专院校老师和行业内专家组成技术中心专家组。产品开发采用投产一代、试制一代、开发一代、构思一代“四代同堂”模式。1998年以来，先后成功开发安全型嵌入式玻璃燃气灶、全塑面板和全玻璃面板吸油烟机、彩钢蚀刻嵌入式灶具。

杭州大地网架制造有限公司企业技术中心　1998年建立，2000年6月被萧山市政府认定为萧山市企业技术中心。有工程技术人员105人，下设钢结构设计研究工艺开发部、理化试验室、制作安装部。中心与浙江大学、上海同济大学、浙江省建筑设计研究院共同研究开发建筑钢结构领域重大技术攻关项目；为浙江大学空间结构实验基地；接受香港理工大学、南京大学研究生到中心培训。承担结构复杂、技术难度大的钢结构网架结构和钢管大跨度桁架结构的设计、开发、制作、安装任务，成功开发大面积网架、网壳的自动分片设计、绘图程序、确定螺旋钢楼梯各部件空间坐标位置建模程序、高层H型钢结构节点设计程序和工程预埋件设计绘图程序。

杭州易舒特药业有限公司企业技术中心　1999年8月建立，2000年6月28日被萧山市政府认定为萧山市企业技术中心。中心有各类科技人员9人，其中高级工程师3人。中心开发的甘霖洗剂被国家药品监督管理局列入《2000年国家基本药物制剂品种目录》，被杭州市经委、科技局、财政局授予“杭州市2000年优秀新产品新技术三等奖”。

杭州手心医药化学品有限公司企业技术中心　2000年1月建立，6月被萧山市政府认定为萧山市企业技术中心。中心共有11人，其中博士2人，硕士1人。参与抗高血压药L—甲基多巴、消炎镇痛药乙托多酸和抗癫痫药加巴喷丁及其系列中间体改造与开发，降低原料消耗和“三废”排放，提高产品质量。中心独立开发完成由中间体到加巴喷丁的生产工艺，使加巴喷丁原料药达到美国药典要求。

杭州恒天面粉有限公司企业技术中心　2000年初建立，6月28日被萧山市政府认定为萧山市企业技术中心。有工程技术人员15人，其中高级工程师2人。下设检测室、试制室、工艺室、品质室、信息室5个研究室和产学研联合机构。中心利用生物技术、微生物技术、乳化剂与酶制剂技术、营养强化技术改造和开发馒头专用粉、面条专用粉、面包专用粉、糕点专用粉、油条专用粉、饼干专用粉、拉面专用粉、营养强化专用粉等20多个品种，先后获国家免检产品、全国放心粮油称号和中国国际农博会金奖、浙江省优质农产品金奖。

杭州减速机厂企业技术中心　2000年4月建立，2001年8月被萧山市政府认定为萧山区级企业技术中心。有专业技术人员30人，其中高级技术职称人员7人。下设技术开发一部、技术开发二部、技术开发三部、总工程师办公室、技术信息室、产品检测室。中心拥有德国三坐标测量机、齿形齿向检测仪、啮合检查仪、粗糙度测量仪和减速机动态性能检测平台等计量检测装备。中心开发新产品10余只。

杭州科利化工有限公司企业技术中心　2001年1月建立，下设氯化聚合物改性研究室、氯化高聚物应用技术开发研究室、信息收集室和产学研联合机构。有专业技术人员12人，其中高级技术职称人员3人。中心开发新产品CPE135C、CPE352C和CPE新型材料；氯化聚乙烯橡胶（CM352）产品的设计、生产通过省科学技术厅鉴定。

第二节　科研开发

科技项目

至2000年，开发区有省级以上科技项目4项，其中国家火炬计划2项，省级火炬计划、科技项目2项。高新技术成果转化项目1顶。

表14-4-308　1998～2000年萧山经济技术开发区国家火炬计划项目

项 目 名 称	承 担 单 位	承担年份
低光衰稀土三基色荧光粉	杭州大明荧光材料有限公司	1998
轿车轮毂轴承单元	浙江万向汽车轴承有限公司	2000

新产品开发

1994年，杭州欣美成套电器制造有限公司生产的GGD低压固定式成套开关设备被认定为省级新产品。1996年，浙江万向汽车轴承有限公司生产的DAC3870DW夏利轿车前轮毂轴承被认定为国家级新产品。至2000年底，开发区企业开发新产品52只，其中国家级新产品12只、省级新产品24只、杭州市级新产品8只、萧山市级新产品8只。

表14-4-309　1996～2000年萧山经济技术开发区开发国家级新产品

产品名称	生产单位	认定机关	认定年份
DAC3870DW夏利轿车前轮毂轴承	浙江万向汽车轴承有限公司	国家科学技术委员会等5个部门	1996
奥拓7080微型轿车等速驱动轴总成	浙江万向机械有限公司	国家科学技术委员会等5个部门	1997
高耐磨性链条	杭州钱江链传动有限公司	国家经济科技委员会	1997
精密双列圆锥滚子轴承E97106E	浙江万向特种轴承有限公司	科学技术部等5个部门	1998
汽车轮毂轴承单元513016	浙江万向特种轴承有限公司	国家经济贸易委员会	1998
轿车精密异形自动调心离合器分离轴承（国家级“星火”项目开发）	浙江万向汽车轴承有限公司	国家经济贸易委员会	1998
低光衰稀土三基色荧光粉	杭州大明荧光材料有限公司	国家经济贸易委员会	1998
ZZ型肛肠综合治疗仪	杭州大力神医疗器械有限公司	科学技术部等5个部门	1998
捷达轿车左、右等速驱动轴	浙江万向机械有限公司	国家经济贸易委员会	1999
非常可乐碳酸饮料	杭州娃哈哈永盛饮料有限公司	国家经济贸易委员会	2000
超精密级（P4级）高速磨头轴承	浙江万向特种轴承有限公司	国家经济贸易委员会	2000
涤纶荧光增白剂	杭州华洋化工有限公司	科学技术部等5个部门	2000

表14-4-310　1994～2000年萧山经济技术开发区开发省级新产品（高新技术产品）

产品名称	生产单位	认定机关	认定年份
GGD低压固定式成套开关设备	杭州欣美成套电器制造有限公司	浙江省电力工业局	1994
中小型英制圆锥滚子轴承	浙江万向特种轴承有限公司	浙江省乡镇企业局	1995
LZ110系列传动轴总成	杭州万向传动轴有限公司	浙江省计划与经济委员会	1996
GCK低压抽出式成套开关设备	杭州欣美成套电器制造有限公司	浙江省电力工业局	1996
GG1A高压开关柜	杭州欣美成套电器制造有限公司	浙江省机械工业厅、浙江省电力工业局	1996
GN2-12箱型固定式金属封闭开关设备	杭州欣美成套电器制造有限公司	浙江省机械工业厅、浙江省电力工业局	1996
精密（P6）单列圆锥滚子轴承	浙江万向特种轴承有限公司	浙江省科学技术委员会	1996
轿车前轮毂用精密双锥滚子轴承	浙江万向特种轴承有限公司	浙江省科学技术委员会	1996
精密双列圆锥滚子轴承E97106E研制	浙江万向特种轴承有限公司	浙江省科学技术委员会	1996
GCS低压抽出式成套开关设备	杭州欣美成套电器制造有限公司	浙江省机械工业厅、浙江省电力工业局	1997

续 表

产品名称	生产单位	认定机关	认定年份
汽车轮毂轴承单元513016	浙江万向特种轴承有限公司	浙江省科学技术委员会	1997
KYN28A-12铠装移开式交流金属封闭开关设备	杭州欣美成套电器制造有限公司	浙江省机械工业厅、浙江省电力工业局	1998
ZN28A-12户内交流高压真空断路器	杭州欣美成套电器制造有限公司	浙江省机械工业厅、浙江省电力工业局	1998
KYN1-2铠装移开式交流金属封闭开关设备	杭州欣美成套电器制造有限公司	浙江省机械工业厅、浙江省电力工业局	1998
ZN63A-12户内交流真空断路器	杭州欣美成套电器制造有限公司	浙江省机械工业厅、浙江省电力工业局	1998
DAC3870DW夏利前轮毂轴承	浙江万向汽车轴承有限公司	浙江省计划委员会	1998
氯化聚乙烯橡胶CM352	杭州科利化工有限公司	浙江省科学技术厅	2000
GBC-405手车式高压开关柜	杭州欣美成套电器制造有限公司	浙江省机械工业厅、浙江省电力工业局	2000
HXGN19-12箱型固定式交流金属封闭开关设备	杭州欣美成套电器制造有限公司	浙江省经济贸易委员会、浙江省电力工业局	2000
FZN22-12户内交流高压负荷开关	杭州欣美成套电器制造有限公司	浙江省经济贸易委员会、浙江省电力工业局	2000
FZRN22-12交流高压开关—熔断器组合电器	杭州欣美成套电器制造有限公司	浙江省经济贸易委员会、浙江省电力工业局	2000
FZ1022SA传动轴	杭州万向传动轴有限公司	浙江省科学技术委员会	2000
QA1半轴	杭州万向传动轴有限公司	浙江省经济贸易委员会	2000
非常柠檬碳酸饮料	杭州娃哈哈永盛饮料有限公司	浙江省科学技术委员会	2000

专利技术

1998年9月23日，浙江万向特种轴承有限公司双列圆锥滚子轴承轴向游隙测量方法获国家技术专利证书。至2001年3月，开发区企业获国家专利技术13项。

表14-4-311　1998年1月至2001年3月萧山经济技术开发区获专利技术情况

专利名称	专利权人	专利号	认定时间
双列圆锥滚子轴承轴向游隙测量方法	浙江万向特种轴承有限公司	CN98107125.2	1998-09-23
散装水泥现场计量出料装置	宁税村李来友	CN98213062.7	1999-04-22
货车锁扣（一）	浙江永田汽车配件有限公司	CN98332769.6	1999-06-05
货车锁扣（三）	浙江永田汽车配件有限公司	CN98332771.8	1999-08-14
货车锁扣（二）	浙江永田汽车配件有限公司	CN98332770.X	1999-09-25
轴承	浙江万向特种轴承有限公司	CN99307015.9	1999-11-27
货车车厢专用锁扣	浙江永田汽车配件有限公司	CN98247081.9	1999-12-03
工业用超大容量蓄电池充电装置	杭州欣美成套电器制造有限公司	CN98246634.X	1999-12-10
液压磨加工夹具	浙江万向机械有限公司	CN98246418.5	1999-12-24
货车侧箱板开闭辅助装置	浙江永田汽车配件有限公司	CN00301781.8	2000-08-12
货车侧箱板开闭辅助装置	浙江永田汽车配件有限公司	CN00202265.6	2000-10-21
妇女卫生巾制造设备	杭州可月卫生用品有限公司	CN00236545.6	2001-03-08
直流电源绝缘分路检测装置	杭州欣美成套电器制造有限公司	CN00237348.3	2001-03-22

科技成果

1993年以来，开发区企业获各级科技进步奖、“星火”项目奖、“火炬”项目奖、新产品新技术奖36项，其中省级7项、杭州市级9项、萧山市级20项。

表14-4-312　1993～2000年萧山经济技术开发区获省级科技成果

获　奖　项　目	项目完成单位及主要完成者	获奖类别及等级	授予机关	授予年份
蜜蜂定地饲养技术及蜂产品综合开发利用	萧山市蜂产品研究所张建人、陈仰定、洪德兴、虞樟敏、漏立根	浙江省科技“星火”先进集体三等奖	浙江省人民政府	1993
L75、R75左右等速驱动轴总成	浙江万向机械有限公司	浙江省科技进步三等奖	浙江省人民政府	1997
轿车前轮毂用精密双(单)列圆锥滚子轴承系列	浙江万向特种轴承有限公司	浙江省科技进步优秀奖	浙江省人民政府	1997
GHK7060云雀微型轿车左、右等速驱动轴	浙江万向机械有限公司	浙江省科技进步三等奖	浙江省人民政府	1998
日本养鳖技术引进示范	萧山市蜂产品研究所	浙江省科技“星火”三等奖	浙江省人民政府	1998
PT513075、E51307、L513011汽车轮毂轴承单元	浙江万向汽车轴承有限公司	浙江省科技进步三等奖	浙江省人民政府	1999
汽车水泵轴连轴承W6B102A	浙江万向特种轴承有限公司	浙江省科技进步优秀奖	浙江省人民政府	1999

表14-4-313　1993～2000年萧山经济技术开发区获杭州市级科技成果

获奖项目	项目完成单位及主要完成者	获奖类别及等级	授予机关	授予年份
蜜蜂定地饲养养蜂技术及蜂产品综合开发利用	萧山市蜂产品研究所	杭州科技“星火”先进集体二等奖	杭州市人民政府	1993
奥拓7080微型轿车等速驱动轴总成	浙江万向机械有限公司沈仁泉、张维恒、陆建春、陈新、章建华	杭州市科学技术进步二等奖	杭州市人民政府	1995
奥拓7080后制动器总成及CA130型前后制动器总成	浙江万向机械有限公司沈仁泉、张维恒、陆建春、陈新、章建华	杭州市科学技术进步三等奖	杭州市人民政府	1995
蜂王浆冻干粉、蜂王胎冻干粉（胎宝丸）开发	萧山市蜂产品研究所张建人、陈仰定、谢华珠、方志炼、宣立萍	杭州市科技“星火”项目二等奖	杭州市人民政府	1995
涤纶荧光增白剂	杭州华洋化工有限公司	杭州市新产品新技术三等奖	杭州市科学技术委员会	1999
粉状分散涤纶荧光增白剂	杭州华洋化工有限公司	杭州市新产品新技术三等奖	杭州市科学技术委员会	1999
荧光增白剂OB-1	杭州华洋化工有限公司	杭州市新产品新技术三等奖	杭州市科学技术委员会	2000
造纸专用荧光增白剂	杭州华洋化工有限公司	杭州市新产品新技术三等奖	杭州市科学技术委员会	2000
甘霖洗剂	杭州易舒特药业有限公司	杭州市新产品新技术三等奖	杭州市科学技术委员会	2000

第三节　技术改造

开发区部分工业企业进区后，就着手增加投资。1996年底前，增加投资的外资企业17家（次），增资12998万美元；2000年底，累计增加投资的外资企业58家（次），增资28493万美元，占进区外资企业总投资额的27.34%；内资13家，增资35459万元，占进区内资企业总投资额的18.03%。

企业增资主要用于技术改造。2000年，开发区企业列入萧山市技术改造项目53项，投入技术改造资金77616万元，全部是50万元以上的项目，其中用于机械行业技术改造12688万元，纺织行业16466万元，食品行业4948万元，电子行业5750万元，建材行业3246万元，其他行业34518万元。

随着增资项目的增加，区内企业固定资产投资总额逐年递增，1997～2000年固定资产投资额289216万元。

2000年，开发区列入国家级科技型中小企业创新基金3项，浙江省新材料技术创新项目1项。

表14—4—314　1996～2000年萧山经济技术开发区企业增资情况

年　份	企业增资家（次）数	外资企业		内资企业	
		增资家（次）数	增资金额（万美元）	增资家（次）数	增资金额（万元）
1996	17	17	12998		
1997	13	11	2395	2	15353
1998	6	5	3088	1	300
1999	13	13	5087		
2000	22	12	4925	10	19806
合计	71	58	28493	13	35459

注：1996年数为1996年前（含1996年）的累计数。

表14—4—315　2000年萧山经济技术开发区列入国家级科技型中小企业创新基金项目

项　目　名　称	承　担　单　位	承担年份
新型轿车轮毂单元产业化项目	浙江万向汽车传动轴有限公司	2000
无磷洗涤剂用新型表面活性剂a烯基磺酸盐（AOS）	浙江吉利达化工有限公司	2000
高性能轿车等速驱动轴产业化	浙江万向机械有限公司	2000

表14—4—316　2000年萧山经济技术开发区列入浙江省新材料技术创新项目

项　目　名　称	承　担　单　位	承担年份
加巴喷丁中间体CDA、CD1治疗癫痫病药	杭州手心医药化学品有限公司	2000～2001

第五章　管理与服务

1994年5月，省人大常委会发布《萧山经济技术开发区条例》后，管委会以《条例》为依据，制定一系列政策、规章，加强人口管理、土地管理、国有资产管理、工程管理、企业管理、安全生产管理、人事管理、劳动管理、环境保护管理、社会治安综合治理、档案管理、信息管理等，使开发区逐步走上依法治区的道路。在此同时,逐步建立和完善一系列为外商和企业配套服务的机制。

第一节　管理机构及体制

管理机构

党组织　1990年11月，建立中共杭州钱江外商台商投资区江南管理委员会工作委员会（简称江南管委会党工委）。萧山经济技术开发区建立后，中共萧山经济技术开发区工作委员会（简称开发区党工委）与江南管委会党工委实行“两块牌子，一套班子”。党工委下设党工委办公室、直属党委、直属纪委。1998年8月，建立中共投资区江南管委会纪律检查工作委员会。2000年底，开发区有基层党组织56个，其中党委2个、总支部2个、支部52个；企业建立党支部36个，其中外资企业建党支部23个；有党员514名，其中正式党员498名、预备党员16名。

表14–5–317　萧山经济技术开发区党工委历任书记、副书记情况

职　务	姓　名	籍　贯	文化程度	任职时间
书　记	王良仟	浙江临安	研究生	1990–10–03～1993–05–24
	杨仲彦	浙江诸暨	大学	1993–05–24～1995–10–24 1990–10–03～1993–05–24为副书记
	林振国	福建福州	大学	1996–05–13～2001–03–25
副书记	莫妙荣	浙江萧山	初中	1993–05–24～1995–06–25
	沈国灿	浙江萧山	大学	1998–08–10～2001–04–05
	金志桥	浙江萧山	大专	1998–08–10～2003–04–01

行政机构　1990年6月27日，经省委同意，杭州市委决定建立杭州钱江外商台商投资区江南管理委员会。9月10日，杭州市编制委员会同意杭州钱江外商台商投资区江南管委会内设办公室、商务部，并核定机关编制60名。1991年3月2日，同意增设规划工程部和综合管理部。萧山经济技术开发区建立后，开发区管委会与投资区江南管委会实行“两块牌子，一套班子”。

1998年7月5日，经市机构编制委员会审核，市委、市政府批准中共萧山经济技术开发区工作委员会、萧山经济技术开发区管理委员会（简称开发区党工委、开发区管委会）职能配置内设机构和人员编制方案。开发区党工委、开发区管委会行政编制60名。开发区管委会下设办公室（与党工委办公室合署）、经济发展局、国土建设局、人事劳动局、社会事业发展局5个工作部门。

表14-5-318 1990～2000年萧山经济技术开发区管委会主任、副主任情况

职　务	姓　名	籍　贯	文化程度	任　职　时　间
主　任	杨仲彦	浙江诸暨	大学	1990-07-05～1993-06-05
	莫妙荣	浙江萧山	初中	1993-06-05～1995-06-25
	林振国	福建福州	大学	1996-05-23～2002-03-04
副主任	魏金海	浙江萧山	中专	1990-07-05～1994-09
	陈福根	浙江萧山	初中	1990-07-05～1992-06-18
	陆炎明	浙江萧山	大专	1990-07-05～1994-11
	徐庆华	浙江萧山	大学	1993-06-05～1995-07
	何　群	辽宁沈阳	大学	1993-06-05～1996-02-17
	丁张凤	浙江绍兴	大学	1995-03-31～1998-08-10
	沈国灿	浙江萧山	大学	1995-04-27～2001-04-05
	许迈永	浙江萧山	大专	1996-05-23～1997-07
	周茂昌	浙江绍兴	研究生	1998-08-10～

管理体制

领导体制　1991年7月19日，省政府办公厅印发《关于杭州钱江投资区机构设置、职权范围和若干政策措施的通知》(浙政办发〔1991〕112号)，规定杭州钱江外商台商投资区江南管委会在杭州钱江外商台商投资区领导小组领导下行使制定投资区发展规划、年度计划，报请上级组织批准后组织实施等10个方面职权，协调处理日常工作。江南管委会委托萧山市政府管理。

1994年4月28日浙江省第八届人民代表大会常务委员会第十次会议通过的《萧山经济技术开发区条例》第七条规定："开发区设立萧山经济技术开发区管理委员会，代表萧山市人民政府对开发区的工作实行统一领导和管理。"

行政管理体制　1991年3月，市委在《关于钱江外商台商投资区江南区块开发建设工作若干问题的通知》（市委〔1991〕13号）中规定："江南区块由党工委和管委会实行统一领导和管理，行使投资区开发建设的全部职能。"管委会据此实施"一个口子"对企业的"封闭式"管理制度，在一幢楼内提供全程服务。

1997年4月25日，市委、市政府印发《关于进一步加快萧山经济技术开发区发展的若干意见》（市委〔1997〕20号），规定开发区管委会代表市人民政府对开发区工作实行统一领导和管理；市建设局、土地管理局、劳动局、工商行政管理局等职能部门的管理职权，授权开发区管委会相应的工作部门行使；有关职能部门向开发区派驻工作机构，须商请开发区管委会同意，进区工作机构接受主管部门和开发区管委会的双重领导；供电、供水、电信、金融等部门应在开发区设立业务机构，并与开发区有关部门加强联系；建立进区企业服务联席会议制度，由市政府召集，协调和解决有关开发建设中的重大问题。

1999年2月12日，市政府印发《关于进一步明确萧山经济技术开发区管委会有关管理职能的通知》（萧政发〔1999〕15号），规定开发区内所有建设项目的规划管理，由开发区国土规划建设局负责，并核发"一书两证"（建设项目选址意见书、建设规划许可证、建设工程规划许可证）；开发区城管监察中队行使开发区内规划、建设等独立监察执法主体的职权；开发区土地出让金除上缴国家和省的税费之外，全部留作开发区滚动开发；开发区内的通信、供电、供水收费，按市区同一标准执行；开发区内企事业单位招收大中专毕业生及各类专业人才，由开发区人事劳动局直接办理聘用以及定级手续，开发区内企事业单位的劳动合同鉴证和集体合同的审核，由开发区人事劳动局负责办理；开发区社会事业发展

局负责开发区文化市场及经营活动的管理以及卫生防疫工作的管理；市各有关部门需要到开发区内企事业单位监察、检查、参观的均需事先与开发区相关职能部门联系。

财政体制　1995年12月28日，市政府批复同意建立开发区一级财政。财政部原则同意开发区近5年内新增的财政收入全部自留，用于区内基础设施建设。是年，财政部返回1994年上缴国家财政税款179万元。

1997年4月25日，市委、市政府在《关于进一步加快萧山经济技术开发区发展的若干意见》（市委〔1997〕20号）中规定，建立开发区财政体制，实行“确定范围、统一征管，核定基数、增长留成”的办法。5月27日，市政府办公室印发《萧山经济技术开发区试行分税制财政体制的实施细则》(萧政办发〔1997〕78号)，确定实行分税制财政体制。开发区财政实行地域性管理，具体区域包括：萧山经济技术开发区9.20平方千米和杭州钱江外商台商投资区桥南区块9.55平方千米。财政收入的范围是上述区域内企业和个体私营经济缴纳的税收，以及有关应纳入体制分成的财政性收入；财政支出的范围是开发区管委会及所属行政事业机构的经费、上述行政区域范围内应由地方政府承担的基础设施建设和各项社会事业支出。开发区财政收入增长实行分成，比照镇乡财政体制，即地方财政收入比基数增长部分，开发区财政分成60%，市财政分成20%，上缴省财政20%。上缴市财政部分通过调整支出基数的形式，全额返还开发区财政。中央财政收入增长返还，比照镇乡财政体制执行。中央和省对开发区有专项补助或专项返还的，市财政相应补助或返还给开发区。开发区土地出让收入，按市政府明确的级差地租上缴市财政，并由市财政返还用于开发区基础设施建设，应上缴中央和省的土地出让收入由开发区财政承担。其他财政预算外和政府性基金收入，按各单项政策规定，比照镇乡财政处理。开发区财政参照镇乡财政管理办法，建立完整的预决算制度和财政总会计核算制度。属于开发区财政的预算内外收入，包括管理费、开发净收益等，都纳入开发区财政统一管理，并按规定使用。

1999年3月17日，财政部下发《关于调整开发区财政收入分配办法的通知》(财预字〔1999〕74号)，同意开发区比照杭州经济技术开发区享受沿海开放城市开发区的优惠政策。2000年8月8日，市政府根据财政部和省政府文件精神，对开发区财政管理体制作了适当调整。新体制从1999年1月1日起，地方财政

表14—5—319　1992～2000年萧山经济技术开发区财政基本情况

金额：万元

年份	财政结算收入	市财政实际拨款	土地出让收入	征迁支出	基础设施建设支出	行政经费支出
1992		200.00	12984.83	4008.19	2639.09	167.09
1993		200.00	25248.77	9691.11	13255.76	438.55
1994		212.00	12199.63	10896.34	6005.11	740.86
1995		391.00	4508.85	4964.74	6838.84	498.12
1996		933.00	−25236.55	−939.22	−10044.94	495.35
1997	1528.00	1082.00	991.83	−15868.99	1200.37	550.25
1998	4075.12	3186.00	6461.14	4478.01	3007.88	714.17
1999	8899.00	6600.00	8281.29	5822.43	5541.11	1031.64
2000	10039.00	9020.00	15526.00	9427.91	5909.81	1000.91
合计	24541.12	21824.00	60965.79	32480.52	34353.03	5636.94

注：①1996年、1997年土地出让收入、征迁支出和基础设施建设支出因之江区划归杭州高新技术开发区，故出现负数。
②1992～1996年因财政体制尚未建立，故没有财政结算收入。

收入以1998年为基数，增长部分，开发区财政分成80%，市级分成20%（上缴省）。中央、省安排的专项补助金全额返还开发区。同时，根据省财政对全省各开发区的政策，从1999年起的4年内，原体制分成可用资金以1998年开发区分成实绩为基数，分别按100%、75%、50%、25%的比例递减返还开发区。开发区内的行政事业性支出、建设支出和优惠性支出由开发区承担。

配套设施投资体制　建区初期，区内供水、供电、通信等基础设施建设由管委会组织实施。

1997年8月7日，实施新的邮电设施投资体制，开发区已建成的邮电管线设施全部移交给市邮电局，由邮电局负责使用、维修和管理；原开发区内邮电工程尚欠施工单位工程款，由市邮电局和开发区管委会各承担50%；新建邮电工程投资，开发区管委会承担20%，市邮电局承担80%；工程的设计、施工及建成后的使用、维修、管理均由邮电局负责，施工中碰到的问题由开发区管委会规划工程部与市邮电局工程公司共同协商解决。

1998年9月11日，实施新的供电设施投资体制，双方共同出资建设区内电力基础工程和配电网（变电所的出线端至开关站的出线端），开发区管委会出资额为工程总投资的18%，供电局出资为82%；开关站至各用户之间（至用户围墙）的电力设施建设资金出资比例，开发区管委会为工程总投资的35%，供电局为65%。新建的110千伏万安输变电工程，开发区管委会出资450万元，工程建成后，产权归供电局所有，日后设备的维护抢修由供电局负责。

1999年2月12日，实施新的给排水设施投资体制。市政府规定开发区内今后新建给水工程、排污工程应由市政府投资的，开发区管委会承担50%，市自来水公司、市排水管理处承担50%。工程建成后，其产权分别归属市自来水公司、市排水管理处所有，市自来水公司、市排水管理处负责管理、维修。原由开发区投资建设的给水、排污工程设施，其产权无偿移交上述两单位。

开发区内医院、学校、幼儿园、农贸市场等吸收社会个人资本投资，电影院、国际俱乐部等吸收社会法人资本投资，开发区为其提供场地。对担负着一方平安任务和改善投资环境起着重要作用的派出所和消防队由开发区无偿提供场所。

第二节　开发区条例的颁布与实施

颁　布

1994年4月28日，省第八届人大常委会第十次会议通过《萧山经济技术开发区条例》（以下简称《条例》），5月5日公布实施。

《条例》共5章、42条，主要包括萧山经济技术开发区的设立总旨、发展方向、区域范围（包括外围控制区）；投资者的权利、义务；开发区的管理机构及赋予行政的职权；投资经营方式、投资管理；鼓励投资者投资的15条优惠措施等方面内容。

《条例》赋予开发区管委会依法行使以下职权：制订投资区的发展规划、年度计划，报请上级组织批准后组织实施；统筹安排和审批投资区内的引进建设项目，报请上级审批；办理投资区内的土地核配，收取土地使用费和场地开发费；对投资区企业进行管理和监督；受政府委托，按照财政体制负责管理投资区的财政收支；为投资区企业提供职工来源，依法保护职工的权益；兴办投资区内的公益事业；协调省、杭州市各有关部门在投资区内分支机构的工作，并进行检查、监督；根据杭州市人民政府的委托，代表杭州市人民政府处理投资区涉外事务和内部管理问题；杭州市人民政府在职权范围内授予的其他职权。

实 施

《条例》颁布后，开发区管委会依据《条例》赋予的职权强化管理，优化服务，营造良好的投资环境。对原有的一些管理性规定进行修改和补充，使之与《条例》精神一致；同时制定了一系列新的行政规章。1994年10月5日，建立开发区计划生育协调小组，加强人口管理，落实管理责任，建立管理网络。1995年3月30日，建立开发区社会治安综合治理委员会，加强社会治安管理，创建安全文明企业。是年始，开发区严把项目审批前置审批关，引进国家鼓励、科技含量较高、没有环境污染和国家允许、包含一定科技含量、有轻微污染的一、二类企业，不引进国家限制的有一定污染的工业企业，严格禁止重污染企业进入。1996年8月21日，建立开发区安全生产委员会，建立安全生产管理台账，健全开发区和企业三级安全员网络。1998年10月13日，建立开发区工程项目招投标领导小组，实施建设工程招投标制度，建立公开、公正、公平的投资环境。另外还相继完善了土地管理、国有资产管理、劳动管理、人事管理、企业管理、规划建设管理、财务管理、机关行政管理、机关廉政建设等的规章。

《条例》的实施，规范了开发区的管理服务和法制环境。2000年，台湾电机电子工业同业公会（简称台湾电电公会）公布大陆投资环境与风险调查，萧山在全国33个城市中，投资环境为极力推荐的第二名，投资风险最低，社会治安最好。《调查报告》对开发区内“台湾机械工业城”作出满意评价，萧山被台商们认为是社会和经济运行最稳定、守法最彻底的地区之一。

土地管理　1994年12月23日，开发区管委会会同市城乡建设局、公安局、人民检察院、人民法院发布《关于制止开发区投资区内违章建筑的通告》，规定在开发区规划范围内的一切单位和个人的建设活动都必须服从统一规划管理，严禁擅自新建、翻建、扩建、改建一切建筑物；未经批准擅自新建、翻建、扩建、改建建筑物，限期拆除；拒绝拆除者强制拆除。是年，在市城管监察大队配合下，查处违章建房85起，计1400平方米，收取拆迁保证金5万元。1995年3月，成立开发区城管监察中队，对开发区内建设用地、建设行为进行监察。至2000年末，累计拆除违章建筑240处，面积12978平方米。

1994年，开发区土地管理部门清理出让土地，终止接受土地但长期不开发的华能、贺田、钱江国际等公司的土地出让合同，重新出让给意大利、日本等国客商。1996年，对未落实开工建设的万向集团行政中心50亩土地及广汉物业的60亩土地落实复耕；1997年，对取得土地使用权后抛荒两年及以上，且该地块近期还无力开发的，在督促复耕的同时，依法收取抛荒费。

国有资产管理　1995年5月26日，市政府批复同意组建开发区国有资产经营公司（简称国资公司，下同）。市政府授权国资公司经营开发区管委会直属9家公司的生产经营性净资产，负责该资产的投资、开发、管理、监督，确保资产增值；非经营性国有资产由国资公司代管。此后，开发区国资公司履行直属、联营公司的资产清理、处置和经营机制的转换。

1996年11月15日，管委会制定《管委会系统企业对外投资管理办法》《管委会系统企业固定资产管理办法》《管委会系统企业内部审计暂行规定》（萧开发管字〔1996〕76号、江南管字〔1996〕36号），对企业对外投资额度、管理，固定资产管理、使用、租赁、购置和管委会系统企业内部审计作了详尽的规定。

企业管理　1995年，对1994年底前已批准进区的84个外商投资项目的合同、章程履约情况进行全面检查，44个合格，准予更换新的批准证书；22个发放整改通知书；18个未履行合同、章程，作撤销处理。至2000年底，累计撤销外资企业项目38个，撤销合同外资6373万美元。

1995年始，对开发区内企业实施工商年检制度，实施年检企业57家，占应检企业数的93.4%；合格48家，占实检数的84.2%。同时做好产品出口型企业和先进技术企业评审。1996年始，对出口加工贸易进行审核汇总、高新技术企业审报和“三资”企业配额许可证商品计划申报。

1998年，开展治理企业“无标”（指企业产品无合法标准或不按标准组织生产、检验等6种情况）生产工作，对已有产品标准的企业核发《浙江省产品执行标准登记证》，对界定为“无标”生产的企业，帮助建立企业标准体系。至2000年末，开发区内有30家企业通过质量体系认证。

劳动管理　1994年9月22日，开发区印发《关于加强区内企业外来劳动力管理若干问题的意见》(萧开发管字〔1994〕90号)，规定企业招用外来劳动力要按规定办理务工许可证、暂住户口证和缴纳外来劳动力管理费。1995年，实施全员劳动合同制，鉴证劳动合同2400份。1998年鉴证劳动合同7231份；2000年为10618份。

1996年1月8日，开发区劳动管理服务处成立，调控和管理外来用工。5月6日，开发区印发《萧山经济技术开发区劳动管理暂行规定》(萧开发管字〔1996〕38号)，企业所有用工一律实行合同制。是年，开发区城镇合同制职工保险一体化达到100%。1999年，开发区企业100%参加失业保险和养老保险一体化。2000年3月，开发区人事劳动局印发《关于进一步加强区内企业劳动用工管理工作的通知》(萧开发人字〔2000〕9号)，规定企业招工必须坚持“先城镇、后农村”、“先市内、后市外”的原则，招用前须经开发区劳动服务处审批，并与市就业管理服务处相衔接；发布招工信息，进入劳动力市场。是年，开发区人事劳动局下属的萧山凯发职业介绍所开始运作，为685名劳动者实施职业介绍，提供就业岗位1056个，新办就业证3541本，新增就业5000余人。

1997年，开发区劳动关系协调委员会成立，受理劳动争议案件28件。至2000年，累计受理劳动争议案件142件，结案137件，占受理总数的96.5%。

至2000年，开发区为土地被征用的农户累计办理“农转非”8144人（不含之江区9218人），通过采取办理养老金、自谋职业、招工、一次性货币安置等措施，共安置征地劳力5955人，占应安置人员总数的73.12%；发放征地劳力生活补助费1488.60万元。

【附】

浙江华越家具工业有限公司招用外地员工调查

浙江华越家具工业有限公司成立于1998年5月，由维尔京群岛（英属）莱士蒙国际有限公司独资兴建，位于萧山经济技术开发区建设一路88号，是萧山经济技术开发区十大功勋企业之一。据1998～2005年公司用工情况调查，来自全国各地的外地员工成为公司经济发展的重要力量。

数　量

1998年9月开始试生产，年末员工306人，其中外地员工216人，占员工总数的70.6%；2000年，外地员工占总员工90.1%，比1999年增加50.3%；2005年比2000年增加65.4%。在外地员工

表14－5－320　1998～2005年
浙江华越家具工业有限公司招用外地员工情况

单位：人

年份	公司年末员工总数	外地员工数	占员工总数(%)	其中女员工数	占外地员工(%)
1998	306	216	70.6	124	57.4
1999	671	588	87.6	267	45.4
2000	981	884	90.1	372	42.1
2001	1242	1130	91.0	472	41.8
2002	1284	1175	91.5	428	36.4
2003	1335	1221	91.5	586	48.0
2004	1514	1354	89.4	537	39.7
2005	1623	1462	90.1	792	54.2

中，女性员工也逐年增加,2005年，女性员工占外地员工总数的54.2%。

年龄结构

公司招用的外地员工中，21～45岁年龄段占94.0%～95.8%，18～20岁和46岁以上的比例较小。

表14-5-321　1998～2005年浙江华越家具工业有限公司招用外地员工年龄结构情况

单位：人

年份	外地员工	18～20岁		21～45岁		46岁以上	
		人数	占(%)	人数	占(%)	人数	占(%)
1998	216	11	5.1	203	94.0	2	0.9
1999	588	21	3.6	563	95.7	4	0.7
2000	884	34	3.8	847	95.8	3	0.4
2001	1130	45	4.0	1080	95.6	5	0.4
2002	1175	47	4.0	1121	95.4	7	0.6
2003	1221	61	5.0	1151	94.3	9	0.7
2004	1354	66	4.9	1277	94.3	11	0.8
2005	1462	72	4.9	1377	94.2	13	0.9

文化程度

1998年，公司招用的外地员工文化程度在初中及以下的占53.7%，中专学历占6.9%，职业高中、普通高中占24.1%，大专学历占13.9%，大学本科学历占1.4%。2005年，公司招用的外地员工文化程度在初中及以下的占91.7%，中专学历占3.4%，职业高中、普通高中占2.3%，大专学历占1.8%，大学本科学历占0.8%。

表14-5-322　1998～2005年浙江华越家具工业有限公司招用外地员工文化程度情况

单位：人

年份	外地员工数	大学本科		大专		中专		职高、高中		初中及以下	
		人数	占(%)	人数	占(%)	人数	占(%)	人数	占(%)	人数	占(%)
1998	216	3	1.4	30	13.9	15	6.9	52	24.1	116	53.7
1999	588	4	0.7	14	2.4	22	3.7	43	7.3	505	85.9
2000	884	6	0.7	19	2.1	42	4.8	58	6.6	759	85.8
2001	1130	6	0.5	17	1.5	33	2.9	42	3.7	1032	91.3
2002	1175	6	0.5	23	2.0	38	3.2	45	3.8	1063	90.5
2003	1221	9	0.7	20	1.6	44	3.6	30	2.5	1118	91.6
2004	1354	10	0.7	22	1.6	48	3.5	31	2.3	1243	91.8
2005	1462	12	0.8	26	1.8	49	3.4	34	2.3	1341	91.7

来　源

公司招用的外地员工来自四川、安徽、江西、湖南、河南、湖北、甘肃、福建、云南、贵州、广东、江苏及本省各县市。尤以四川、安徽、江西、湖南、河南5省为主（详见下表）。外地员工绝大多数是汉族，也有土家族、苗族、侗族、瑶族、羌族等。

表14-5-323　1998～2005年浙江华越家具工业有限公司招用外地员工情况

单位：人

年份	外地员工数	四川籍		安徽籍		江西籍		湖南籍		河南籍		其他籍	
		人数	占(%)	人数	占(%)	人数	占(%)	人数	占(%)	人数	占(%)	人数	占(%)
1998	216	128	59.3	38	17.6	22	10.2	20	9.3	2	0.9	6	2.8
1999	588	346	58.8	106	18.0	56	9.5	59	10.0	4	0.7	17	2.9
2000	884	475	53.7	133	15.0	86	9.7	161	18.2	9	1.0	20	2.3
2001	1130	565	50.0	138	12.2	88	7.8	179	15.8	32	2.8	128	11.3
2002	1175	552	47.0	129	11.0	93	7.9	216	18.4	52	4.4	133	11.3
2003	1221	523	42.8	122	10.0	93	7.6	278	22.8	60	4.9	145	11.9
2004	1354	561	41.4	141	10.4	99	7.3	308	22.7	72	5.3	173	12.8
2005	1462	575	39.3	148	10.1	97	6.6	329	22.5	83	5.7	230	15.7

员工收入和社会保障

随着生产的不断发展，公司外地员工劳动报酬和其他员工报酬一样稳定增长。公司产品虽然全部出口欧美各国，但生产有淡、旺季之分。淡季时，部分员工回老家务农；旺季时到公司务工。一般年份月人均收入1500元左右，最高的3000多元，较低的1000多元。2005年人均年收入15715元。

公司员工自1998年起就参加社会保险（基本养老保险、失业保险、大病医疗保险、工伤保险、生育保险）和工伤保险，参保人数逐年增加，为员工提供了社会保障。

表14-5-324　1998～2005年浙江华越家具工业有限公司外地员工收入和社会保障情况

年份	年末职工人数（人）	劳动报酬总额（元）	年职工平均人数（人）	年职工平均报酬（元）	参加社会保险人数（人）	参加雇主责任险人数（人）
1998	306	559100			20	154
1999	671	4959066	552	8984	118	519
2000	981	5982720	656	9120	200	491
2001	1242	7635816	949	8046	315	756
2002	1284	9709294	963	10082	344	722
2003	1335	10294318	1108	9291	420	689
2004	1514	13072446	1007	12982	420	324
2005	1623	17020000	1083	15715	460	360

注：①雇主责任险实为工伤保险，参加社会保险员工不再参加雇主责任险。
②1998年因从9月开始试生产，故年职工平均人数和年职工平均报酬无统计。

员工生活

公司办有3个食堂，建筑面积2796平方米，可容纳3000多名员工就餐，专供工作（生产）期间的外地员工伙食。食堂建有公司行政部门、工会、办公室、车间员工共同组成的膳食管理委员会。食堂核算以保本为原则，饭菜品种搭配齐全，适合外来员工口味，员工每餐伙食费2元～5元。

为丰富职工的业余文化生活，公司建有面积达500多平方米的篮球场，组建了业余篮球队，配有球衣、球鞋，并与兄弟企业进行比赛。

公司有100多对夫妻双职工，有100多名子女在萧山经济技术开发区就近学校读书；有的夫妻在萧山打工已达10多年时间，平时生活省吃俭用，积蓄资金购买商品房，安居乐业在萧山。

公司下辖行政财务、生产核算、业务、船务、采购、工程部和一厂、二厂8个部门，设置8个经理、厂长（中层领导）职位，其中5个职位由外地员工担任。公司分设成型一、成型二、焊接一、焊接二、涂装、针车、包装、编藤、工务、开发等14个课（车间），设置14个课长职位，其中11个课长职位由外地员工担任。他们在组织生产、联系业务、发展公司经济、构建和谐企业劳动关系等方面起着十分重要的作用。课（车间）内200余名班组长骨干，外地员工占95%左右。

（浙江华越家具工业有限公司供稿）

第三节　服务体系

为加强对进区企业的服务，管委会着力创新服务理念，提高服务素质，不断完善服务机制，有效提高服务效率，受到区内企业好评。

服务机制

随着区域拓展、企业增加，开发区管委会机关不断完善服务机制，提高服务质量。为“引得进外商，留得住企业”，管委会确立“小政府、大服务”的运作思路和方式，强化服务理念，倡导服务创新，努力做到“工作衔接零距离，办事环节零障碍，服务质量零缺陷”，提高服务质量、办事效率和协调处理问题的能力。同时，先后建立首问责任制、服务承诺制、服务登记制、服务跟踪制、服务联系制和警示制，使服务质量不断优化。

“一幢楼办公，一条龙、全程式服务” 1994年，管委会在商务部设立外商投资咨询服务中心，在项目审批、工商登记、土地使用、工程建设等方面实行“一幢楼办公、一条龙服务”，遵循“特事特办，新事新办，方法全新，立场不变”的原则，减少中间环节，简化办事程序，提高办事效率，为企业和外商在开发区审办项目提供方便。投资之江区块的“钱江城”项目，从洽谈意向到正式签约，前后共用了18天时间。1994年12月5日，日本电石公司来萧办理反光膜项目恩希爱（杭州）化工有限公司的申请、报批、领取营业执照等一系列手续，前后只用了18天时间。1996年9月5日，萧山市政府又专门为恩希爱（杭州）化工有限公司的投产典礼召开了协调会，10月21日正式投产。

项目服务三中心 1999年，管委会为强化开发区服务功能，改善投资环境，促进招商引资，加快开发建设，建立了项目推进中心、项目建设中心和企业投诉中心，其职能是为投资者提供项目审批、项目建设和企业生产经营的全方位服务。管委会领导按其职责分工，分别兼任“三中心”主任。出台7项管理规定，设立公开电话，提供24小时全天候服务，不论节假日，企业有困难，做到随叫随到。

领导联系企业制度 开发区建立以来，市委、市政府、管委会领导经常深入外资企业，听取外商对开发区的意见和要求，了解生产经营状况，共同分析和帮助解决存在的问题，努力为企业解决急难之事。1998年11月，管委会获悉恩希爱（杭州）化工有限公司价值168万元的反光膜下落不明，联系该企业的两名副局级领导配合公安部门查破此案，抓获了犯罪嫌疑人，追回了100多万元货款和价值80万元的反光膜。2000年3月，管委会下发《关于建立开发区管委会委、局（室）领导干部联系区内重点外资企业制度的通知》（萧开发管字〔2000〕14号），由19位委、局（室）领导干部联系区内57家重点外资企业，并规定和明确了联系企业的责任和要求。是年，管委会为企业办理进出口设备免退税、贴息手续550多批次；规范收费行为，实行“一个口子”收费，使开发区企业的负担明显降低；减少有关部门的多头检查，保证企业安心创业。

驻外办事处 1999年和2000年，分别在杭州和上海设立开发区杭州办事处和上海办事处，旨在建立和健全招商网络，加强投资项目的招引、联络和跟踪服务。办事处建立后，主动上门与所在城市的经济贸易部门、科研单位、大型国营企业、市区周边且渐成气候有意扩张的中小型企业和中外中介机构联络，主攻外向型、科技型、实业型和已上市的大企业，尤其是对驻沪的外国领事馆、在沪投资的跨国公司，上门了解投资信息，洽谈引进项目和推介宣传萧山开发区。驻沪、驻杭办事处的设立，不仅扩大了萧山开发区的知名度，而且引进了一批中外投资企业落户开发区。杭州办事处仅成立1年，成功引进项目2个，合计总投资1700万美元，合同外资750万美元和人民币1600万元，并储备了一批在谈项目。

直属服务公司

1990年9月，根据杭州市编委《关于杭州钱江外商台商投资区江南管委会工作机构设置及人员编制的批复》（杭编〔1990〕136号），建立杭州钱江投资区江南经济发展总公司。该公司为全民所有制事业单位，主要从事投资区内各项经济开发业务和服务事业。1993年，管委会加强市北、桥南、之江区块的管理服务，先后建立投资区之江开发总公司、市北开发总公司（2002年1月5日改制为杭州兴达市政公用服务有限公司）、浙江鸿达开发总公司（1997年7月资产重组后改名为浙江鸿达开发有限公司、2002年2月改组为杭州鸿达市政公用事业服务有限公司）和金马热电股份有限公司（2000年重组为萧山经济技术开发区热电有限公司），除金马热电股份有限公司负责市北、桥南区块企业供热外，其他3个公司分别履行之江、市北、桥南区块市政公用、基础设施的开发建设和维护管理；负责进区企业和项目的配套服务（通水、通电、通信、排污和平整土地等四通一平小配套）；按照分区规划要求负责引进项目；配合管委会有关部门做好区内土地征用、地面建筑物和附着物的拆迁及农居点建设工作；参与区内项目投资，兴办工业企业和第三产业；承担管委会交办的其他有关工作。

1996年，之江开发总公司划归杭州高新技术产业开发区时，先后实施了之江区1号路、2号路、北环路、西环路、新浦河桥、飞机场涵洞、新浦河倒虹管等工程，埋设区内自来水、雨水、污水、通信等管线，加固之江防洪大堤，完成5000千伏安临变项目和110千伏变电所建设。

至2000年，市北开发总公司，先后参与市北区建设一路、二路、三路、四路，市心路北伸，宁东路，金一路等道路的建设及杭万河、宁东河、宁安河、金一河等河道的砌石护岸。承担市北区块市政工程，维修沥青路面、人行道、窨井盖、路灯、管网等，全天候及立体化保洁道路55.81万平方米；四季养护绿化23.61万平方米；清运60余家企业和民居点垃圾。浙江鸿达开发有限公司实施鸿达路和通惠路相连的3号路（高新三路）与鸿南桥工程建设，埋设桥南区块自来水管、污水管、雨水管道及电缆简易管道、通信管道，投资建设100千伏安临时变压器和5号、8号泵站，架设3500千伏安临时变线路，定期组织道路维修、窨井更新补缺、河道疏浚砌grant，绿化四季养护，主次干道全天候保洁，区内企业生活垃圾清运等。萧山经济技术开发区热电有限公司供热用户65家，年供热33.5万吨。

图14—5—558　1994年5月创办的浙江金马热电股份有限公司，2000年更名为萧山经济技术开发区热电有限公司（杨贤兴摄）

进区服务机构

1993年始，市财政、税务、公安、工商管理、土地管理、海关、出入境检验检疫、金融、保险等部门相继进入开发区，设立萧山市财政局、地方税务局经济技术开发区分局，萧山市土地管理局经济技术开发区分局，萧山市公安局市北派出所，萧山市工商行政管理局经济技术开发区工商所，萧山市国家税务局经济技术开发区征管分局，中华人民共和国杭州海关驻萧山办事处，中华人民共和国萧山出入境检验检疫局、中国银行杭州市萧山支行开发区分理处，中国工商银行杭州市分行萧山支行开发区分理处，中国建设银行萧山支行开发区分理处，中国农业银行萧山支行开发区分理处，中国人寿保险公司杭州市萧山支公司开发区办事处，中国人民保险公司杭州市萧山支公司开发区办事处等分支机构，为开发区企业提供税收征管、土地征用、进出口报关审结、维护社会稳定、保护企业经营者合法权益、办理本外币存贷款和结算等服务。

第十五编
建筑业　房地产业

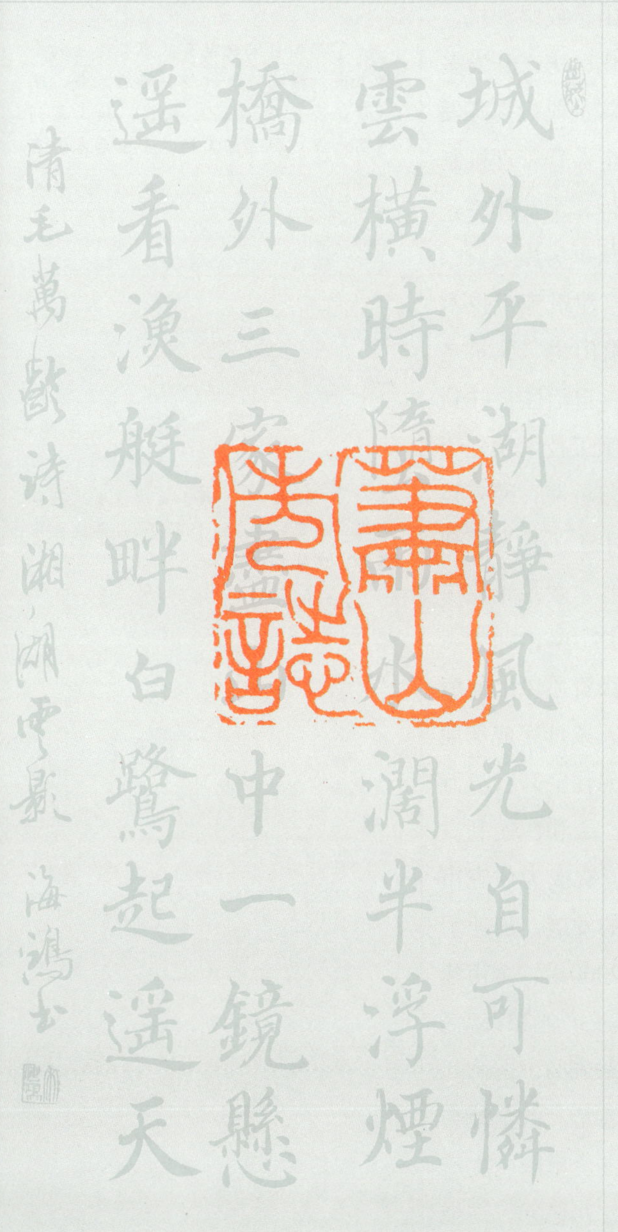

建筑业是萧山传统的营造产业。[①]50年代起，房地产业由民间自由交易转入计划经济模式运行。80年代初，县政府提出“大力发展建材工业和建筑业”，试行住宅商品化、市场化，重视建材建筑业、房地产业人才培养和建筑规划、勘察、设计。建筑施工技术创新和建筑材料革新及房政管理、房产经营、房地产开发等工作有序推进。钢结构网架工程，多层、高层建筑桩基施工，设备安装施工等新型施工技术进入建筑业和房地产业领域，建筑业和房地产业进入发展期。90年代，市政府实施建筑业“立足萧山，放眼沪杭，面向全国，走向世界”和土地资源资本化、房地产投资多元化、房产开发多样化、房地产业市场化的方针，进行住房制度改革；一批民营企业投资开发建筑业和房地产业；建筑招标投标竞争机制、质量监理和安全监督管理机制逐步完善。萧山建筑业和房地产业在市场经济轨道上快速运行。至2000年，萧山市有资质建筑企业106家，年职工平均人数58434人，能从事房屋建筑、钢结构网架、市政、水利、园林绿化等22个专业工程施工，建筑施工技术已由低层建筑、多层建筑跨入高层建筑。省政府首批命名萧山为“建筑之乡”[②]，建筑施工市场由市内转向全国除西藏外的各省、市、自治区，并到越南、新加坡、马里、多米尼克等国承接工程。钢结构网架施工技术领先于全国，其中杭州萧山机场航站楼建设获中国钢结构建筑工程鲁班奖；网壳整体提升施工技术达到国际先进水平。建筑施工机具由传统的手工工具发展到现代化的施工机械，2000年全市有各种建筑机械8490台（套），建筑企业生产性固定资产10.80亿元。城镇新型墙体材料的应用比例已达70%，耗土占地量大的实心黏土砖瓦建筑逐步成为历史。是年，全市有五级资质以上的房地产开发企业55家，自房地产业实施改革至2000年的20年中，累计完成房地产投资548492万元，房屋竣工面积441.21万平方米，其中商品住宅378.83万平方米，非住宅面积62.38万平方米。居住区建设趋向自然、亲和、便利、舒适，市场化全方位的物业管理机制开始建立。个人住房消费成为住宅市场的主体，城镇居民住宅市场化率98%。建筑业和房地产业的发展，加速了萧山城市（镇）化进程，并成为萧山经济的两大主导产业。2000年，全市建筑企业总产值60.23亿元，施工产值56.24亿元，其中市外施工产值33.57亿元；完成建筑业增加值85048万元，占全市国内生产总值的3.73%，占第二产业增加值的6.72%。是年，全市房地产投资完成额12.13亿元，占全社会固定资产投资的11.92%；完成房地产业增加值92098万元，占全市国内生产总值4.40%，占第三产业增加值的11.59%；实现房地产税收1.74亿元，占全市地方财政税收的21.28%。

①萧山自宋代就有从事营造业的个体工匠。据明万历《绍兴府志》载，明代萧山有匠户285户。清代，坎山葛钊（葛六五）营造包工场，李金寿木作店产生。

②1994年7月，萧山首次被省政府命名为“建筑之乡”，1997年5月再次被命名为“建筑之乡”。

第一章　建筑队伍

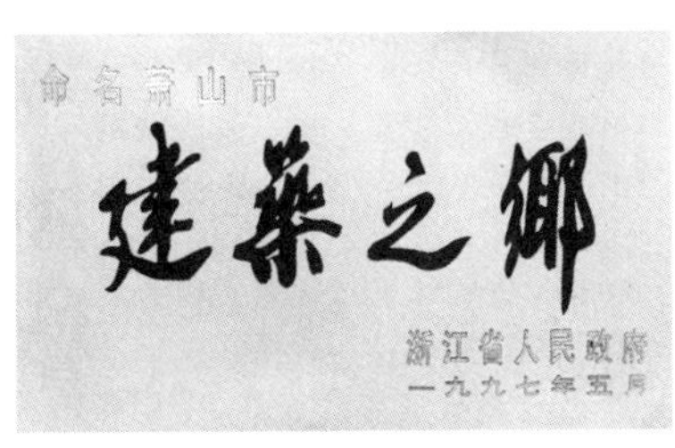

图15－1－559　1997年5月，萧山市再次被浙江省人民政府命名为“建筑之乡”（萧山区建设局提供）

1960年，萧山建筑工程公司等建筑施工单位逐步设置设计机构和配备专业设计人员，全县初步形成一支设计专业队伍。1968年，对全县建筑队伍进行全面整顿，将集镇泥木作社和农村个体工匠组建为各建筑工程公司（队）。80年代初，萧山建筑设计单位增加，设计队伍和工程施工范围及规模扩大，设计和施工领域拓展。至2000年，全市建立起种类齐全、专业配套的建筑勘察设计体系和能从事22个专业工程施工的建筑施工队伍，设计和施工市场由市内向全国和国外拓展。

第一节　设计队伍

工民建设计队伍①

1985年，萧山第二建筑设计室、萧山瓜沥建筑设计室、临浦建筑设计室相继建立。1992年，萧山建设系统建立萧山规划设计所。1999年12月，杭州齿轮箱集团公司建筑设计室转制，建立杭州萧山城市建筑设计有限公司。2000年，临浦建筑设计室并入萧山建筑设计事务所。至2000年底，全市有工民建设计单位6家（乙级设计资质1家、丙级4家、丁级1家），配备人员208人。

①中华人民共和国成立初，城厢镇始有一家胜利建筑社，一并承包勘察设计和安装，设计力量较弱。当时，县内粮食、黄麻仓库等建筑设计，均靠外地设计单位设计。1958年成立的萧山建筑工程公司和随后相继建立的瓜沥、临浦建筑工程公司及公社建筑工程队，因建筑实际需要，配有少量土建专业设计人员。1960年，萧山建筑工程公司设置设计室，后名萧山建筑设计事务所。1980年5月，建立萧山建筑设计处。1984年12月，萧山县建筑设计处更名为萧山建筑设计院。

表15－1－325　2000年萧山市工民建设计单位情况

单　位　名　称	建立年份	资质等级	配备人员（人）	地　址
萧山建筑设计院	1980	乙	70	城厢镇人民路180号
萧山建筑设计事务所	1960	丙	36	城厢镇萧西路68号
萧山第二建筑设计室	1985	丙	18	城厢镇回澜路57号
萧山规划设计所	1992	丙		城厢镇市心南路206号
杭州萧山城市建筑设计有限公司	2000	丙	49	城厢镇市心广场D座1001号
萧山瓜沥建筑设计室	1985	丁	35	瓜沥镇方迁溇

注：萧山规划设计所人员以建设局规划科人员为主，于2001年自动歇业。

钢结构网架设计队伍

1984年，杭州东南网架厂设计所建立，1999年获钢结构、网架工程设计乙级资质。2001年1月，杭州大地网架制造有限公司设立设计所，获钢结构、网架工程设计乙级资质。两家设计单位均与浙江大学、同济大学等高等院校、技术协会联合，聘请中国科学院院士、著名专家教授为顾问，应用计算机及相关钢结构设计软件。并逐渐扩大到建筑、建筑结构（大跨度空间钢结构、轻钢结构、高层钢结构及其他钢结构、配套建筑板材）、水、电等项目。至2000

年，两家设计所有工作人员101人，其中工程技术人员62人。

市政园林工程设计队伍

1980年5月，萧山市政园林设计室成立，隶属于萧山市政园林公司；1985年6月，更名为萧山市政园林建筑设计所，具有市政园林设计丙级资质。至2000年，该设计所有正式人员30人，其中工程技术人员27人。

建筑装饰工程设计队伍

1994年，浙江省江南建筑装饰工程公司设有江南建筑装饰设计所，拥有高级工程师、建筑师、美术师等专业人员（1996年，该公司划入杭州市滨江区）。1995年3月，萧山建筑设计院经省建设厅批准，除工民建设计外，可承接室内外装修业务。是年，萧山市建筑装饰实业公司设立建筑装饰工程设计所，具有丙级设计资质。萧山市现代装饰实业公司、杭州华尔达装饰工程有限公司等企业配备专职设计人员。至2000年，萧山有建筑装饰工程专业设计所1家，丙级设计资质，专职设计人员12人。

工程地质勘察队伍

1980年5月，萧山县建筑设计处兼营工程地质勘察。1985年，萧山第二建筑设计室、萧山瓜沥建筑设计室、临浦建筑设计室兼营工程地质勘察。是年，浙江省地矿勘察二处（后更名为浙江国土工程勘察有限公司）从事建筑业市场的工程勘察设计。1989年，萧山建筑设计院设立专业地质勘察队，核准为工程地质勘察丙级资质。是年，该地质勘察队完成双桥静力触探4013米，钻探进尺2575米。至2000年，全市有工程地质勘察专业单位1家，资质乙级；兼营单位4家，其中乙级资质1家、丙级资质1家、丁级资质2家。

第二节 施工队伍

1984年，萧山有萧山县建筑工程公司、萧山县第二建筑工程公司为骨干的土木建筑施工企业之后，不断向市政工程、安装装饰工程、园林绿化工程等方面拓展。1985年，钢结构工程施工企业初起。90年代始，注重提高技术素质，采取多种形式培养建筑业人才。至2000年，全市有资质的建筑施工企业106家，建筑业年职工平均人数58434人，其中各类技术人员18504人。

土木建筑队伍

萧山建筑业始自土木建筑[①]。至1985年底，萧山有资质建筑企业76家，从业人员12098人。1987年，萧山县建筑工程总公司歇业。原隶属于萧山市第二建筑工程公司的闻堰、义桥等27个乡镇建筑工程队析出，分别为独立法人企业。1989年9月，萧山第二建筑工程公司调整经营体制，许贤、永兴、所前、新街、乐园5个工程处（队）析出，直属的头蓬、党湾、梅西、新湾、城东、大园、宏图、靖江8个工程队与所在乡镇脱钩，建立实体。是年底，全市建筑施工企业

表15－1－326 1985～2000年萧山四级资质以上建筑施工企业情况

年份	一至四级资质企业(家)	平均人数(人)		
			技工	外来民工
1985	76	12098	4564	1552
1986	88	14514	5036	1767
1987	62	15626	5735	1830
1988	86	18609	6933	2196
1989	90	19920	7879	2844
1990	82	21352	8040	3362
1991	78	20663	7440	3579
1992	83	22578	8046	4142
1993	92	26888	8377	6421
1994	91	31959	9131	8409
1995	105	37072	11278	12310
1996	87	36882	11181	13167
1997	92	40083	12203	16003
1998	99	43294	13026	17413
1999	99	56001	16439	25083
2000	106	58434	18504	29514

注："平均人数"栏为全部职工年平均人数，下同。

①50年代前，全县有一家私人营造公司，其余多由民间泥木工匠以师带徒为人建房，因需而聚，时离时合，亦工亦农，能承建两层砖木结构瓦房，草房则由住户自聚亲朋搭建。中华人民共和国成立初，全县登记入册的泥木工匠30余人。1955年，城厢、瓜沥、临浦等13个集镇成立泥木合作社，归属县手工业联社，当时从事土木为主的建筑业在册人员约3400人。"人民公社化"后，一些公社相继成立建筑队。1968年，全面整顿建筑队伍，成立萧山第二建筑工程公司（1976年撤销），全县从业人员9000余人。1979年，42个公社建筑工程队又联合组成萧山第二建筑工程公司。1984年，萧山县建筑工程总公司成立，负责全县建筑施工企业的业务协调。是年，萧山农垦建筑公司（1986年3月停业，1989年10月重新组建）、临浦建筑工程公司、瓜沥建筑工程公司、萧山县城乡建筑工程公司、萧山县第二建筑工程公司（辖42个乡镇建筑工程队）和26个乡的专业建筑队共有建筑职工33037人。

90家。90年代，建筑企业经营体制改革启动，市第三建筑工程公司率先改制为有限责任公司。一些有实力、有管理经验的人员从原企业中脱离，重新组建施工企业。市政府加大对建筑业的扶持，一些从事建筑业人员较多的乡镇，在巩固原有建筑施工企业的同时，集聚个体泥木工新建建筑施工企业。1995年，全市土木建筑施工企业比上年新增14家。2000年，全市四级施工资质以上土木建筑施工企业42家，其中一级资质4家、二级资质11家、三级资质20家、四级资质7家，年职工平均人数44198人，施工产值354725万元。

表15—1—327　2000年萧山市四级资质以上土木建筑施工企业情况

企业名称	资质等级	平均人数（人）	施工产值（万元）	企业名称	资质等级	平均人数（人）	施工产值（万元）
杭州萧山第二建筑工程有限公司	一级	5819	54007	萧山瓜沥建筑工程有限公司	三级	496	2002
浙江中强建工集团有限公司	一级	5800	52606	萧山三江建筑工程有限公司	三级	218	1762
浙江华成建设实业有限公司	一级	5826	50851	萧山南方建筑工程有限公司	三级	186	1552
浙江萧山建工集团有限公司	一级	3850	38536	萧山南阳建筑工程有限公司	三级	273	805
浙江汇宇营建集团建筑营造有限公司	二级	1668	17038	萧山党山建筑工程有限公司	三级	255	1505
萧山第五建筑工程有限公司	二级	1893	16243	萧山港升建筑工程有限公司	三级	501	1206
萧山新街建筑工程有限公司	二级	1550	12088	杭州宝灵建筑工程有限公司	三级	280	1505
萧山闻堰建筑工程有限公司	二级	1350	12000	萧山乐园建筑工程有限公司	三级	250	523
浙江萧峰建筑工程有限公司	二级	2018	9260	萧山大桥建筑工程有限公司	三级	100	760
萧山地方建筑工程有限公司	二级	1245	8291	萧山临浦建筑工程有限公司	三级	105	1022
萧山第四建筑工程有限公司	二级	1247	7233	萧山农垦建筑工程有限公司	三级	280	1526
萧山振兴建筑工程有限公司	二级	920	12898	萧山石岩建筑工程有限公司	三级	255	1515
杭州党湾建筑工程有限公司	二级	1185	6160	萧山城市建筑工程有限公司	三级	318	1337
萧山永翔建筑安装工程有限公司	二级	1213	6511	萧山联谊建筑工程有限公司	三级	297	1536
萧山城乡建筑工程有限公司	二级	992	6080	萧山城东建筑工程有限公司	四级	280	1450
杭州光华建筑工程有限公司	三级	1006	7299	萧山楮山建筑工程有限公司	四级	57	402
萧山头蓬建筑工程有限公司	三级	587	3036	萧山河上建筑工程有限公司	四级	126	505
萧山进化建筑工程有限公司	三级	350	2600	萧山大立建筑工程有限公司	四级	82	533
萧山金成建筑工程有限公司	三级	183	5236	萧山振业建筑工程有限公司	四级	96	345
萧山第六建筑工程有限公司	三级	393	2535	萧山鑫鑫建筑工程有限公司	四级	60	220
萧山许贤建筑工程有限公司	三级	500	2086	萧山河庄建筑工程有限公司	四级	88	120

钢结构施工队伍

1984年，萧山始发展钢结构金属网架产业，至2000年，全市有钢结构企业12家，其中一级施工资质2家、二级施工资质6家、三级施工资质4家，年职工平均人数4581人，实现施工产值101266万元。

表15—1—328　2000年萧山市三级资质以上钢结构施工企业情况

企业名称	资质等级	平均人数（人）	施工产值（万元）	企业名称	资质等级	平均人数（人）	施工产值（万元）
浙江东南网架集团有限公司	一级	1250	35223	浙江华东钢结构工程有限公司	二级	248	7883
杭州大地网架制造有限公司	一级	635	23101	浙江华成钢结构工程有限公司	二级	375	2099
浙江杭萧钢构制造有限公司	二级	650	13048	浙江潮峰钢结构有限公司	二级	350	8870
杭州天生钢房制造有限公司	二级	480	3697	杭州胜达钢结构制造有限公司	三级	125	2051
杭州恒达钢结构实业有限公司	二级	165	2838	杭州业新钢结构有限公司	三级	20	400
浙江同济钢结构工程有限公司	三级	179	1556	杭州新鑫钢结构有限公司	三级	104	500

建筑装饰工程队伍

1984年1月，位于萧山西兴镇襄七房村的浙江省电力建筑装饰工程公司建立。1987年后，钱江装潢玻璃制镜厂（后更名萧山建筑装饰实业公司）、省江南建筑装饰工程公司、西兴建筑装潢队相继建立。1993年后，市供销装潢实业公司、杭州华尔达装饰工程有限公司（港澳合资）、萧山深港广告装饰有限公司、杭州振大装饰公司、萧山现代装饰实业公司等企业建立。至2000年，全市有建筑装饰企业18家，其中二级（含暂二级）施工资质3家、三级（含暂三级）施工资质10家、四级施工资质5家，年职工平均人数2531人，施工产值23906万元。

表15－1－329 2000年萧山市四级资质以上建筑装饰施工企业情况

企业名称	资质等级	平均人数（人）	施工产值（万元）	企业名称	资质等级	平均人数（人）	施工产值（万元）
萧山建筑装饰实业公司	二级	491	9300	萧山现代建筑装饰工程有限公司	三级	135	816
浙江恒逸集团建筑装饰工程有限公司	二级	196	2117	萧山开元装饰工程有限公司	暂三级	498	1638
杭州浙东建筑装饰工程有限公司	暂二级	178	2378	杭州华尔达装饰工程有限公司	暂三级	85	1019
萧山钱江建筑装饰有限公司	三级	86	549	萧山深港广告装饰有限公司	暂三级	22	125
杭州敦煌装饰工程有限公司	三级			萧山鸿雁建筑装饰工程有限公司	四级	88	622
杭州振大装饰有限公司	三级	68	216	萧山华通装饰工程有限公司	四级	40	210
萧山明新建筑装饰有限公司	三级	136	1079	萧山中宇装饰有限公司	四级	30	53
萧山新隆装饰工程有限公司	三级	206	2130	萧山闻堰建筑装潢工程有限公司	四级	45	206
杭州中威建筑装饰工程有限公司	三级	202	1080	萧山金鹭塑钢装饰有限公司	四级	25	368

注：杭州敦煌装饰工程有限公司无数据。

预制构件施工队伍

预制构件　60年代末，萧山建筑公司建立首家预制构件厂。80年代，萧山冷拔丝预应力混凝土构件技术日臻完善和成熟，应用遍及城乡，预制构件企业增多。1984年，全县有混凝土构件厂（场）133家。1987年，预应力大型屋面板进入批量生产，混凝土构件企业增至207家。1991年5月，全市生产大型预应力屋面板和混凝土空心板企业63家。1993年1月，经技术质量方面综合检查，20家企业产品质量不合格，停产整顿；9家企业因不具备构件生产条件被取缔。1994年，混凝土构件企业减至162家。1998年7月，全市有60家无营业执照、无生产资质和62家有营业执照而无生产资质的混凝土构件企业被取缔；并从防震角度出发，在多层建筑中禁止使用预应力圆孔板。

随着高层建筑增加，预制水泥管桩需求趋旺。1999年11月，杭州宏图管桩有限公司、杭州钱宏水泥制品有限公司建立，生产预制水泥管桩。至2000年，全市有预制混凝土构件生产企业129家。其中生产预制水泥管桩企业2家，允许生产预应力圆孔板企业27家。

商品砼　1996年，为减少城市噪音和粉尘污染，预拌混凝土（商品砼）在杭州钱宏水泥制品有限公司试产，并分设杭州建江混凝土有限公司。1998年1月，浙江萧山建宏商品混凝土有限责任公司建立。至2000年，全市生产商品混凝土企业2家。

市政工程施工队伍

70年代前，萧山疏河修路、园林绿化等市政工程，均由城厢镇及附近土石方工程队承建。1971年后，随着基本建设投资增加，市政工程规模扩大，萧山梅西建桥队（1985年5月更名梅西市政工程队）、杭州萧宏市政工程公司（前身为杭州市地方建筑工程公司城北分公司）、萧山宝灵建设工程公司相继建立。1990年，宁围、梅西、盈丰、临浦、浦沿、新湾、头蓬、进化8个乡镇建立市政队。1999年，萧山建筑工程公司、浙江萧峰建筑工程有限公司、萧山市管道承装公司增项市政施工资质；萧山市政园林建设公司获市政桥梁工程施工资格。至2000年，全市有专业市政施工企业11家，其中一级资质1家、二级资质2家、三级资质2家、四级资质6家，年职工平均人数5725人，施工产值33640万元。

表15-1-330　2000年萧山市四级资质以上市政施工企业

企业名称	资质等级	平均人数（人）	施工产值（万元）
浙江伟达建设工程有限公司	一级	2068	12500
浙江顺泰工程建设有限公司	二级	589	4786
萧山市政园林建设总公司	二级	2114	10535
萧山宝灵建设工程公司	三级	185	1025
萧山钱江市政工程有限公司	三级	228	1131
萧山宁鸿市政工程有限公司	四级	21	156
萧山路桥市政建筑工程有限公司	四级	24	178
萧山华海市政工程有限公司	四级	23	53
杭州新宝市政工程有限公司	四级	63	532
萧山排水工程公司	四级	270	2094
杭州通宁路桥工程有限公司	四级	140	650

园林绿化工程施工队伍[①]

1984年12月，萧山市政园林工程公司建立。1987年，萧山建筑园林工程公司建立，并于1988年2月，在海南海口市设立分公司——亚龙建筑园林实业有限公司，为萧山绿化市场在省外建立的首个基地。90年代，萧山花卉苗木闻名全国，新街镇、宁围镇和城厢镇湖山村等一些花木种植较早、品种较多的乡镇先后建立园林绿化工程企业，承包经营园林绿化工程项目，并经营公共绿地和宾馆、酒店、办公楼宇内花园景点的养护项目。1994年后，萧山园林绿化工程公司、杭州萧山凌飞环境绿化有限公司相继建立。至2000年，全市园林绿化企业7家，其中二级施工资质2家、三级施工资质1家、四级施工资质4家，年职工平均人数3091人，施工产值23059万元。

表15-1-331　2000年萧山市四级资质以上园林绿化施工企业情况

企业名称	资质等级	平均人数（人）	施工产值（万元）
萧山市政园林建设总公司	二级	2114	10535
杭州萧山凌飞环境绿化有限公司	二级	432	9138
萧山园林绿化工程公司	三级	234	1681
萧山振大园林绿化有限公司	四级	87	634
萧山三江园林绿化工程有限公司	四级	166	535
萧山湘湖园林有限公司	四级	38	158
萧山中地园林绿化工程有限公司	四级	20	378

①据1930年《萧山政治汇编》记载：萧山园林绿化曾有“拟以商场租金及各种游艺收入作抵向殷富息借一万元”扩建中山公园和整理北干山北面苗圃。日本侵华战争一爆发，萧山生灵涂炭，县城一片废墟。

中华人民共和国成立后，人民政府重视园林绿化事业。1959年10月成立城厢绿化队，在主要街道两侧和体育场四周，有计划地种植行道树等。1960年2月，县政府在《萧山县1960年工业发展规划》第18条中要求：“逐步建设湘湖风景区和环城公园，绿化城镇周围。各工矿企业在厂房周围、宅旁、路旁、水旁植树木花草，绿化、美化、香花工厂。”1981年，城区结合旧城改造，加强绿化队伍建设和绿化管理。1984年12月，相继建立市政园林工程公司和市政园林建设设计所。

机桩施工队伍

80年代，萧山出现多层、高层建筑，始有桩基施工企业。1982年后，西兴打桩队、萧山第二建筑公司压（打）桩队、萧山县基础工程公司先后建立。1988年，萧山有专业打桩队5家，1989年撤并为3家。1990年，萧山有三级资质机桩企业2家。1992年8月，萧山第二建筑工程公司机械打桩队与台商合资经营，建立杭州江南地基工程有限公司（1996年划归杭州市西湖区）。至2000年，全市有专业机桩企业4家（均为三级施工资质），年职工平均人数618人，施工产值4375万元。

表15－1－332　2000年萧山市三级资质以上专业机桩施工企业情况

企业名称	资质等级	平均人数（人）	施工产值（万元）
萧山城北基础工程有限公司	三级	50	299
杭州大力基础工程有限公司	三级	180	1524
萧山之江基础工程有限公司	三级	110	551
萧山宝灵建设工程公司	三级	278	2001

设备安装队伍

80年代初，萧山有城南区水电安装队、岩山乡（后并入楼塔镇）水电安装队2家设备安装施工企业。1985年，裘江乡（后称裘江办事处）水电安装队、所前水电安装队、南门水电安装队先后建立。至1988年，5家水电安装企业有职工263人，其中固定职工118人，年创产值150.80万元。1989年，临浦、义蓬、戴村区水电安装队、浦南化工安装队成立。1990年初，临浦区水电安装队和所前水电安装队被核定为设备安装非等级（甲）资质企业；城南、戴村两区水电安装队联营成立萧山市工业设备安装公司，施工资质核定为设备安装暂三级；其余设备安装队均被取消工程承包资格。1995年，杭州珍琪电器有限公司（后更名为浙江珍琪电器工程有限公司）建立，为萧山首家灯具装饰安装企业。至2000年，全市有资质设备安装企业7家，其中三级施工资质3家、四级施工资质4家，年职工平均人数428人，施工产值16004万元。

表15－1－333　2000年萧山市四级资质以上设备安装施工企业情况

企业名称	资质等级	平均人数（人）	施工产值（万元）
萧山工业设备安装公司			
萧山国鑫冷气工程有限公司	三级	60	4350
杭州珍琪电器有限公司	三级	25	7610
杭州顺达设备安装有限公司	三级	133	720
萧山凌达水电安装工程公司	四级	41	310
萧山锅炉压力容器设备承装有限公司	四级	54	1046
萧山凯利设备安装有限公司	四级	90	368
萧山中企实业有限公司	四级	25	1600

第三节　企业选介

浙江萧山建工集团有限公司

前身为1958年7月建立的萧山建筑工程公司，为国营企业。1989年5月，为工民建二级企业。1992年3月兼并原萧山建筑安装公司、临浦建筑工程公司，1995年10月组建成浙江萧山建工集团有限公司，2000年9月改制，实行资产重组。为房屋建筑施工一级资质企业，省建筑业重点骨干企业，是一家集工业与民用建筑、勘察设计、地基基础、装饰装潢、设备安装、市政工程、园林古建、房地产开发于一体的综合性集团公司。是年末，拥有总资产2.60亿多元，施工机械1400台(套)，装备总功率16380千瓦。

年职工平均人数3850人，其中工程、经济类专业技术人员390多人，中高级职称148人。完成施工产值38536万元。年施工面积58.30万平方米，具备勘察设计、工程施工、交钥匙工程的总承包和专业承包施工能力。下属有地基基础、预制构件、装饰装潢、设备安装、市政工程、园林古建、房地产开发、建筑设计事务所等全资专业公司。在集团总部还设有计算机中心、中心试验室、投资咨询公司、机具材料周转站。

杭州萧山第二建筑工程有限公司

前身为1979年建立的萧山第二建筑工程公司，为城镇集体企业。1996年，获工民建施工一级资质。1997年7月实行体制改革、资产重组，更名为萧山第二建筑工程有限公司。是以工业与民用、安装、装饰、防水、市政和地基基础等建设工程为主的大型施工企业。2000年末，拥有总资产2.50亿元，施工机械1000台（套），装备总功率9770千瓦。年职工平均人数5819人，其中工程经济类专业技术人员398人，中、高级职称84人。完成施工产值54007万元，年施工面积107.80万平方米。

浙江中强建工集团有限公司

前身为1967年5月成立的萧山义桥街道修建队，1979年10月变更为萧山第二建筑工程公司义桥建筑工程队。1986年8月，变更为浙江萧山第三建筑工程公司，1988年12月改称萧山市第三建筑工程公司。1994年改为股份制。1995年10月组建为浙江省中强建工集团。1997年，获工民建施工一级资质。拥有钢结构、装饰装修、古建筑、地基与基础、房地产开发等子公司，还拥有大型旅游控股开发项目——东方文化园。在杭州、宁波、丽水和上海、安徽等地设立办事处，开拓外部建筑市场。2000年末，拥有总资产1.50亿元，施工机械800台（套），装备总功率9500千瓦。年职工平均人数5800人，其中各类工程技术人员380余人。施工面积74.62万平方米，完成施工产值52606万元。

浙江华成建设实业有限公司

前身为1970年10月成立的所前公社建筑队。1980年更名为萧山第二建筑工程公司所前建筑队。1989年5月更名为萧山所前建筑工程公司，获工民建施工三级资质。1994年2月，更名为萧山市建筑实业公司，获二级施工资质。1998年10月，经建设部批准为建筑总施工一级资质企业。2000年3月改为现名。是集工业与民用建筑、地基基础、装饰装潢、市政建设、设备安装、古建筑、建筑幕墙于一体的建筑施工企业。2000年末，拥有总资产1.5亿元，施工机械500台（套），装备总功率9680千瓦。职工平均人数5826人，其中各类技术人员400多人。完成施工产值50851万元，施工面积31.57万平方米。

浙江伟达建设工程有限公司

前身为1978年成立的浙江伟达建设工程有限公司，1990年改名为萧山市市政工程公司，2000年6月企业改制，更为现名。是集市政公用工程、房屋建筑工程、园林绿化建设、工程质量检测、房地产开发建设、地基基础建设于一体的综合性股份制施工企业。具有市政总承包一级资质，房屋建筑、园林绿化总承包二级资质，工程质量检测二级资质。2000年末，有各类大中型施工机械862台（套），装备总动力17358千瓦。固定资产原值4918万元，完成施工产值12500万元。年职工平均人数2068人，其中技术人员200余人。

浙江东南网架集团有限公司

创建于1984年1月。是一家集设计、制作、安装于一体的钢结构、网架工程施工大型专业承包企业，钢结构、网架工程施工资质一级企业（详见《工业》编）。

杭州大地网架制造有限公司

创建于1994年3月。是从事建筑钢结构、网架结构和压型彩钢板材专业设计、施工企业，具备钢结构、网架工程施工一级资质（详见《萧山经济技术开发区》编）。

第四节　人员培训

70年代前，萧山建筑施工企业技术人才，除萧山建筑工程公司接收少量浙江大学等院校土木工程系毕业的大中专学生外，其余施工企业均延续传统拜师学艺方式进行传承或更新。80年代初，随着建筑施工技术、质量要求提高和施工队伍扩大，萧山建筑施工企业采取岗位培训、举办各类业余和专业学校培养方式，提高施工人员技术素质，更新和扩充技术、管理队伍。至2000年，全市建筑施工企业有各类专业技术人才5494人，其中高级职称213人、工程师1164人、助理工程师1728人。

岗位培训

80年代初，萧山建筑工程公司和萧山第二建筑工程公司利用工余时间，采取能者为师，分期分批对职工进行技术培训。1985年，萧山建筑业协会成立，承担建筑施工企业职工的岗位培训任务。至2000年，共为建筑施工企业培训施工员、质检安全员、预算员、材料员、资料员（简称五大员）2300人次；培训钢筋工、机械操作工、架子工、木工、油漆工等九大工种职工9000余人次，还培训安全知识、规范操作等专业技术人员3000余人次。

业余培训

1985年，开设学制4年的城乡建设电视函授中专班，至1989年，共招4期学生，有143名学员取得国家承认的中专学历。1991年1月，萧山市城乡建设部门建立城乡建设培训中心，开办建筑泥、木工中级培训班，有36名泥、木工获得中级工人技术证书。1993年，举办建筑电工、建筑工程专业技术职务培训班10余期，受训1331人，考核合格1079人。1994年9月，省电视中专萧山教育站建立，开设学制4年的工民建专业班，有学员46人。1997～1998年，萧山城乡建设电视函授中专班转为工民建大专班，有学员143人。

学校培养

80年代初，萧山上规模的建筑施工企业为培养施工技术和管理人才，选送具有初、高中学历的优秀青年职工脱产到浙江大学、同济大学等高等院校进行定向培养和委托培训。1983年，萧山长山中学与县乡镇工业局率先联办建筑施工专业班，招收本地初中毕业生进行专业培养。1984年6月，由省乡镇工业局、萧山县政府和县乡镇工业局联合投资创办浙江乡镇工业学校，开设工民建专业，招收萧山及省内其他县市初中毕业生，培养建筑设计、管理人员。1995年8月，市第三建筑工程公司支持义桥成人文化技术学校开设工业与民用建筑专业班，招收义桥镇及附近乡镇初中毕业生进行专业培养。是年，萧山建工集团以萧山民盟职业高级中学为基地，采取企业与学校联营形式，招收和培养建筑方面专业人才。至2000年，上述4所专业学校共培养建筑方面专业人才1640余人。

第二章 建筑设计

1984年12月，萧山建筑设计处具有承担设计20层高层住宅、建筑高度50米以下公共建筑能力。1985年，萧山建筑设计单位增加到5家，均兼营工程地质勘察。90年代，土木建筑设计初步形成规模，规划、总图、建筑、结构、电气、给排水、暖通、电算、概预算等专业配套；并建立起市政园林建筑设计、建筑装饰工程设计和钢结构、网架设计队伍。至2000年，有持证勘察设计单位9家，建立起地质勘察、规划设计、建筑设计、市政园林设计等种类齐全的勘察设计体系。

第一节 建筑结构设计

萧山建筑工程的整体结构，经历了由砖木结构、砖混结构向钢筋混凝土框架结构和钢结构、钢砼结构的演变，各种结构之间互相穿插，逐步替代和成熟。

钢筋混凝土结构始于60年代，投入应用与萧山多层、高层建筑的发展相适应。1985年9月动工兴建的萧山商业大厦（后名开元城市酒店），主楼高21层、67.50米，是萧山首幢钢筋混凝土框架结构建筑。后，萧山宾馆、二轻大厦、浙江金马饭店均采用钢筋混凝土框架结构。1993年动工兴建的杭州萧山国际酒店，时为杭州地区最高楼，则采用内筒外框结构。1994年8月动工兴建的萧山第三建筑工程公司办公楼，建筑面积3538平方米，高4层，系框架结构，集办公、餐饮、娱乐、住宿于一体，欧式风格建筑。1995年，萧山建筑设计院设计的萧山第一人民医院病房大楼，底层是空间较大的医疗监护中心，其设计为框支剪刀墙结构，作为荷载传递层，将上面11层的荷载承支在底下168个柱桩上，既解决建筑结构复杂性，又利于防震功能发挥。是年，该院设计的龙发大厦，建筑面积14670平方米，高6层、19.20米，在采用框架结构的同时，外墙采用毛面花岗石及斩假石，卷帘式门窗，具有欧陆式风格，为萧山城区增添建筑新色彩，1998年获省建设厅颁发的优秀设计三等奖。90年代中期始，将多层住宅建筑砖混结构改为钢筋混凝土框架结构，并禁止使用预应力圆孔板。1998年8月开工建设的环城东路住宅楼，建筑面积3764.70平方米，是萧山第一幢现浇钢筋混凝土楼板住宅楼。

钢结构建筑设计始于80年代。1986年5月动工兴建的萧山体育馆，馆顶设置气楼，采用螺栓球节点网架和铝合金吸声吊顶，是萧山第一座网架结构建筑。1993年，在萧山经济技术开发区设计建起一批钢结构无梁盖标准厂房。1999年，浙江东南网架集团设计所参与设计的河南体育中心体育场看台罩篷采用钢结构网架，既符合建筑结构需要，又富有艺术性。是年，杭州大地网架制造有限公司设计的上海新海关大楼高层屋顶，创中国单层球面不锈钢网壳先例。2000年，杭州萧山机场航站楼建设设计采用网架钢结构。是年6月，由杭萧钢构股份有限公司投资并承建的杭州瑞丰国际商务大厦（位于杭州庆春路与中河路交会处），由东楼（15层，高58.50米）、西楼（24层，高88.20米）和裙房（5层）组成，是国内第一幢采用矩形钢管混凝土结构的高层建筑，获得中国钢结构工程金奖。

第二节 建筑设备设计

建筑设备设计包括建筑电器照明、给排水、采暖通风设备等设计。70年代前，萧山建筑的设备设计较为简单，一般仅有给排水、照明、动力设计等。1975年竣工的萧山百货大楼拥有中央空调、上下自动扶梯，为萧山建筑设备设计之首。80年代始，萧山宾馆、商场兴建增多，规模扩大，并向高层发展，建筑设备日趋现代化。1981年底竣工的8层萧山贸易大楼，高32.80米，配有递升电梯。后，钱江饭店、农垦大楼配装电梯。1985年12月竣工的6层萧山乡镇企业大楼，高35米，配有中央空调，设有彩色闭路电视系统。1987年后竣工的萧山商业大厦、萧山宾馆，除有空调、闭路电视、程控电话系统外，还安装自动电源控制柜，实行双路供电。是年12月竣工的萧山机关幼儿园，西侧一幢2层楼顶上设有游泳池（100多平方米），既解决二层音乐教室的防晒隔热，又为幼儿增添活动内容。1988年8月建成的萧山体育馆内声控系统，时为省内市县级领先。

90年代，萧山的多层、高层建筑始进入智能化，使用微型电子计算机管理技术。1992年8月建成的萧山长途汽车站候车厅装有空调、风幕机。1993年竣工的萧山华联商厦主楼高8层，配置了中央消防控制系统和中央电子监控系统。是年建成的蓝天宾馆还设有境外卫星接收装置。1994年竣工的萧山二轻大厦，高12层，商场内设有法国冰蓄冷中央空调、6条日本“三菱”自动扶梯、3条客梯以及消防监控系统、红外线防盗系统、电脑管理网络系统等，时为萧山营业场内现代化设施最完备的商场。1995年建成的萧山中学，为适应远程教学，建有集网络、音响、播放、实物投影于一体的多媒体教学系统，时为浙江首例。1996年1月投入使用的萧山第一人民医院病房大楼，除配备中央空调、电梯、电脑信息管理系统外，还设有中心供氧、吸引、传呼系统，ICU净化手术室、手术示教室等。嗣后建造的萧山中医院、萧山妇幼保健院、萧山第二人民医院、萧山第三人民医院均设有相同的设备系统。是年竣工的杭州萧山国际酒店配有屋顶花园、观光电梯及旋转观光餐厅，为一座综合性智能型建筑。2000年9月使用的萧山第一中等职业学校设有广播、闭路电视网，配有一卡通系统。

第三节 市政园林设计

1981年建成的西山公园，是萧山市政园林设计所首个设计项目，也是中华人民共和国成立后萧山首个大型园林建设项目。1984年后设计建成西河公园、梦笔公园。

1997年初，北山公园设计建成，以植物造景为主，融登山、眺望市景为一体。1998年5月，萧山人民路东伸、拆屋还绿，沿城河南岸建起城河公园，设置3座造型优美的不锈钢雕塑《舞蹈者》《岁月》《城市透视》，并配有声与光，使城河公园具有较强的时代感。1999年6月竣工的萧山西入口绿地工程，位于金城路与杭萧公路交叉口，以终年常青、四季有花为铺垫，设计以《雄鹰展翅》雕塑为主体，背靠市区景观大画面。是年10月1日前建成的萧山人民广场，位于金城路西段，南北主轴与市政府中心重合，是集庆典、活动、游憩、观赏于一体的广场。广场以八字形下沉式、直径20米的中心旱喷泉为主体，设3个层次：中心球状下沉式旱喷泉设有4组喷水口；外部由4组台阶及台阶中部4组花坛草坪组成，中间为集散广场；东西两侧为3层错落式水幕廊柱及广场，向内以阶梯式步行道沟通广场，行道两侧配置排列式圆弧榉木扶手休闲座，四周配置锻铜纪念柱和仿铜碑基座及其他小品，通过自然式园路与广场有机联系。配植以大面积草皮为主，几何色块花草树木多达20余种，以各种不同形状的花岗岩砌筑花坛栽植花卉，色彩鲜艳、层次分明，还配置桂花、香樟、银杏、白玉兰、雪松、五针松等高档名贵树种，富有空间变化，观赏性强。设有高架灯、柱式灯、庭院灯、地埋灯、音响、活动厕所、电话亭、果壳箱、亭廊，所有广场建筑均设立残疾人斜道、盲人道等无障碍设施。2000年3月，该工程被评为杭州市市政公用工程“西湖杯”优质工程，4月被评为浙江省市政公用工程金奖，6月被评为“钱江杯”优质工程和中国市政工程金奖。

2000年7月，萧山市政园林设计所在设计南江公园时，以集现代化布局为基调，融江南园林古色古香的建筑风格于一体。园中有小湘湖水池、人工跌瀑、水上舞台、小桥流水、反光灯等衬托出现代化气息。同时，设有“吴越广场”、“北干茅亭”、“鸟语花香馆”、“妆亭古迹”等，将萧山的吴越文化表现得淋漓尽致，使南江公园成为现代化休闲、娱乐与古典式江南园林风格完美结合的城市滨河综合公园。

第四节　建筑装饰设计

80年代始，注重建筑装饰设计，设计风格初以简洁实用为主。1982年10月竣工的农垦大楼（后更名为东方宾馆）采用花岗岩地面和花岗石门面，立面使用马赛克、涂料，居室饰以红漆地坪、油漆墙面、墙纸、席纹小木地板、三夹板墙裙。1987年12月落成的萧山机关幼儿园，从适合幼儿特性出发，对其装饰设计为琉璃瓦屋顶，外墙马赛克贴面，园内水磨石地坪，室内油漆地板，内墙油漆又以小班、中班、大班不同年龄段分为米黄、粉红、果绿3种色彩，增添幼儿的新奇感。1989年竣工的中国农业银行萧山支行大楼，整个建筑设计以绿色为基调，代表传统的中国农村、农业，采用传统江南风格的琉璃瓦大屋面，大楼底层用花岗石贴面，体现出农业银行为农服务的理念和雄厚的实力。1995年建成的萧山保险大楼，主体12层、高46.80米。建筑墙体以白色为基调，与蓝色的玻璃相结合，使大楼总体感觉简洁明快；条窗墙面与幕墙玻璃的大面积使用，虚实对比强，红色的构架与顶部铁塔相呼应，体现了人民保险实力之雄厚。由萧山建筑设计院设计的萧山行政管理中心（1999年5月竣工），把其外观形象设计为方形平台托起一个环形柱廊，寓意天圆地方，四翼向大平台集中，体现萧山市四套班子（市委、市人大、市政府、市政协）围绕一个中心，同心协力共创萧山美好未来。装饰设计上，四翼中庭上方采用玻璃天篷，方形高塔及广场上空由3层环廊托起的弧形网架，使高耸的塔楼与长方形主楼形成高低结合、竖横对比，显得庄重、稳健、挺拔，并以淡雅色彩为基调，力求清雅大方，体现宏伟的民族风格与时代风韵。

第三章　建筑施工

1980年，萧山贸易大楼建成，时为杭州地区县城最高建筑物，是萧山建筑施工技术由低层建筑、多层建筑跨入高层建筑的起点。钢筋混凝土基础逐渐取代砖基础与块石基础，工程地质勘察技术被应用，施工机械增多。90年代始，萧山建筑向高层发展，深基础工程增加，各种挡土技术逐渐应用和提高，出现深坑基础土钉墙支护、套筒连接粗钢筋新技术和使用预拌混凝土（商品砼），并使用高速提升钢井架、混凝土泵等现代化机械施工。至2000年，萧山钢结构网架结构工程施工技术亦渐趋成熟。

第一节　地基（基础）施工

50年代，萧山建造粮仓采用三合土（又名“三和土”。一种用于地基、基础的传统建筑材料）基础；60年代，始采用块石基础，均是人工挖土、手工砌筑。70年代后期，钢筋混凝土基础取代块石基础。1977年，萧山建筑工程公司建造萧山电影院（屋面跨度24米）时，由于地基承载力超过萧山钱塘江南软黏土每平方米7吨～8吨的限度，因此在地基施工时率先进行地质勘察，后选用长5.5米、直径366毫米的预制砼桩作基础。1989年，萧山建筑工程公司在建造杭州发电设备厂出口机组厂房时，基础施工应用锤击预制砼方桩，以保证其跨度30米的厂房能安全使用双层45吨/平方米、60吨/平方米汽车吊、路轨吊等机械设备。是年，萧山市第三建筑工程公司承建中国工商银行萧山支行办公楼，在基础施工中应用建筑防水工程技术，使用混凝土膨胀防水剂，防水渗漏效果明显，属萧山首例。1991年，萧山建筑工程公司承建萧山西门农贸市场，工程西边临河，属软土地基，采用生石灰桩基础，达到预期效果，工程造价比采用其他桩基础节省三分之一左右。1993年，萧山建筑工程公司建造萧山二轻大厦、杭州萧山国际酒店，萧山第二建筑工程公司建造浙江金马饭店等高层建筑时，均采用钻孔灌注桩基础，钢筋连接使用闪光对焊机、电渣压力焊、套筒连接粗钢筋等新技术。1995年建造新世纪广场，基础施工采用大吨位静压预制桩，减少闹市区噪音。至2000年，萧山建筑工程基础施工主要使用两种不同直径（直径377毫米、426毫米）的钻孔灌注桩，桩机动力以柴油机为主。还有钢筋砼预制桩（直径450毫米×450毫米、桩长43米），采用反循环钻机成孔的钻孔灌注桩（桩径最大1000毫米、桩长53米）。随着建筑工程难度增大和高度增加，钢筋砼预制桩和钻孔桩的桩径逐渐变大，桩长逐渐增加。

图15-3-560　1993年开发区市北区块建筑工程基础施工（萧山经济技术开发区提供）

90年代，萧山深基础工程增加，地基施工中逐渐应用重力式悬挑挡土墙、水泥搅拌桩、钻孔灌注混凝土桩支护等挡土技术。1991年，建萧山二轻大厦，地下深度6.50米，采用水泥搅拌桩组成重力式悬挑挡土方式。1993年，建浙江金马饭店地下室，地下深度6米～7米，采用水泥搅拌桩和钻孔灌注钢筋砼桩挡土。

是年建造的杭州萧山国际酒店，2层地下室，地下深度10.40米，采用钻孔灌注桩支护，加上角撑桩后6米～8米范围内加水泥搅拌桩。1995年后，萧山高层建筑工程地基施工始用土钉墙支护方式，即深基坑面层喷射混凝土，一般厚度10厘米，挡土止水。萧山市第三建筑工程公司（后名为浙江中强建工集团有限公司）承建浙江省证券交易中心（楼高28层），3层地下室基础施工采用喷锚网支护技术，使用喷射混凝土，止水防水。工程开挖面随挖随支，有效地利用土体强度，与传统的深基坑支护相比，工期短、稳定可靠，基础工程造价也能降低40%左右。1999年，浙江宝盛建设集团有限公司建造杭州萧山宝盛宾馆（地上19层、地下1层，建筑总高70米），地基施工时采用800毫米和1000毫米大直径钻孔灌注砼桩，并采取桩底注浆技术，使10米厚的卵石层固化为持力层，提高单桩承载力，既使复杂工艺简单化，又使基础工程造价节约18%。

图15—3—561　萧山传统手工砌筑墙体（2004年，杨贤兴摄）

第二节　墙体砌筑　屋面工程

墙体砌筑

萧山墙体砌筑一直沿用手工砌筑。[①]80年代始在砌筑填充墙体时采用煤渣砖加砼块。90年代墙体改革，推广建筑节能与粉煤灰综合利用技术，控制实心黏土砖生产，改用黏土多孔砖。1996年后，萧山始生产GRC复合板，在厂房建筑中作外墙，降低墙体自重、减少基础荷载。至2000年，传统墙体砌筑方式未变，只是新型墙体材料如黏土多孔砖、GRC复合板等应用广泛。

屋面工程

50年代，萧山建筑以砖木结构居多，人字形屋顶，采用檐木小瓦。少数豪宅、庙宇大挑檐采用筒瓦，屋脊置瓦饰。东片民居大多是草房、木竹檐盖茅草或稻草。70年代始，为减少檐木，厂房、仓库等屋面小瓦改为平瓦；为防渗漏，在檐木上铺层竹垫或油毛毡。80年代，部分民居屋面由坡顶改为平顶，称做钢筋混凝土屋面。1984年，萧山始生产大型水泥预制屋面板（规格为6米×1.5米），主要用于厂房建筑。为防屋面板拼合缝漏雨，屋面板装配好后浇一层4厘米～6厘米厚的钢筋细石混凝土，兼有隔热作用；有的用“麻布沥青”或细石混凝土填塞板缝，再铺设“两毡三油”，即涂上3遍热沥青，夹铺2层沥青油毡。时，萧山生产波纹石棉水泥瓦和波纹玻璃纤维瓦，宽0.5米、长1米，多用于工棚、仓库等临时性建筑，成本较低，但使用时间不长，易受风霜侵蚀和损坏。

90年代始，浙江东南网架集团公司开发生产EPS轻质复合板，萧山出现金属结构屋面的厂房，后扩展到体育馆、机场航站楼等。这种屋面板由两层金属薄板中间夹一层微孔状塑料，隔声、保温，称金属夹心板，用机械吊装、螺栓紧固；也有单层金属板挤轧成波纹状作屋面板，主要用于小型厂房或工棚之类的建筑。1996年，杭州萧山锦红建材有限公司始生产以混凝土为原料的各色平瓦等系列屋面彩瓦。1997年，萧山琉璃瓦有限公司生产琉璃瓦。

①中华人民共和国成立初，墙体砌筑是沿用传统的泥刀、灰匙砌筑。地面临时砖砌拌和砂浆。砖块有青砖（也称八五砖）、红砖（也称九五砖）。砂浆多为石灰砂浆、水泥混合砂浆，配合比随意性较大。用泥桶装砂浆砌砖筑墙：有五斗一盖、三斗一盖、一斗一盖，全空斗和实砌墙等；砖柱有1砖方墩、1.5砖方墩、2砖方墩式、1砖×1.5砖长方柱等。50年代前后砌筑的清水墙柱，在砌筑前，砖块经过挑选并进行切割、打磨，使砖块方正平直，灰缝横平竖直，竖缝间隔垂直，灰缝厚度均匀。50年代末，青砖等逐渐淘汰，九五红砖外形尺寸定为长240毫米×宽115毫米×厚53毫米，统称标准砖。60年代，墙柱面多采用抹灰，砌墙称混水墙，多采用八五、九五砖。后来砖尺寸误差不大、并趋于一致，切割、打磨等砌筑程序也随之消失。

60年代曾使用太空砖（主要是双孔），因泥工砌筑有难度，应用时间较短，后淘汰。砖墙还有半砖墙、0.75砖墙、1砖墙、1.5砖墙，根据墙体的承重程度选定。在70年代广泛采用空斗墙，当时萧山树脂厂4层高的集体宿舍采用全空斗砌筑到屋顶。

至2000年，一些园林建筑、仿古建筑及古建筑修复工程采用瓦屋面，大部分住宅、公共建筑等采用钢筋混凝土屋面再加盖锦红彩瓦或琉璃瓦，既提高防漏、防潮、防腐、防虫效果，又增添屋面美观程度；工业厂房流行屋面盖金属夹心板，也有使用大型预制砼屋面板的；一些临时性建筑仍多使用波纹石棉水泥瓦、琉璃纤维瓦。

第三节　混凝土及构件制作

混凝土浇灌[①]

90年代中期用商品混凝土，采用缓凝减水剂、泵送剂和掺和料，减少水泥用量，混凝土设计强度取90天（一般28天是混凝土设计强度），以延长混凝土凝结时间。萧山建筑工程公司在杭州萧山国际酒店基础施工中，该酒店基础底板厚2.6米，采用塑料薄膜上加麻袋覆盖，使混凝土表面温度控制在25℃以下，减少混凝土内部与表面的温度差，防止出现裂缝，并将此做法定名为减少水化热混凝土养护。1995年，萧山市第三建筑工程公司承建浙江省证券交易中心工程时，率先应用巡回温度测试仪，攻克了总量达0.50万立方米、最厚处6米的大体积混凝土一次性浇注的难题。至2000年，现浇混凝土、预拌混凝土仍被广泛应用。

混凝土构件

萧山建筑施工使用混凝土构件始于50年代[②]，至1984年已发展成9个品种。生产预应力混凝土构件的专业设备相应问世，如低碳钢筋冷拔机、多种张拉机、锚具、墩头机、应力测定仪、液压张拉机等。适应各类建筑的构件品种增加。1986年，萧山建筑构件厂试生产预应力大型屋面板。1989年，萧山市政园林工程公司制成彩色混凝土方块。1991年，全市有63家预制构件厂(场)生产大型屋面板和预制混凝土空心板。1996年，全市生产水泥预制构件962万平方米；1998年为1217万平方米。后，预制构件生产量下降，1999年，全市预制构件生产量112万平方米。时，萧山欧式建筑增多，制作罗马式水泥柱、门窗套趋旺。2000年，杭州钱宏水泥制品有限公司、杭州宏图管桩有限公司始生产水泥预制管桩，年生产量40万立方米左右。其他预制构件逐渐停止生产。

第四节　结构(装配)施工

60年代后，房屋结构由砖木趋向砖混、钢筋混凝土框架结构，萧山装配式施工技术有新的发展和提高。1985年，闻堰建筑工程队承建杭州龙山化工厂盐库（跨度30米，折线形屋架预制砼柱排架结构），采用先张法施工获得成功，属省内首例。

80年代中期始，金属网架、钢结构装配施工技术在萧山兴起。1985年，杭州东南网架厂（后改名为浙江东南网架集团有限公司）首次承接宁波大学

①50年代末，萧山在工业厂房中采用混凝土现浇砼，砼拌和是在施工现场采用手工拌和、人工振捣。60年代中期，混凝土砼拌和开始使用拌和机，砼浇捣使用插入式振动器和平板振动器。机械搅拌和机械振捣使混凝土砼质量提高。使用科学的测试手段检测砼质量，有关生产单位建立了检测试验室。70年代，萧山磷肥厂、萧山树脂厂、萧山动力机厂、萧山化肥厂等施工工地采用搅拌机拌砼，浇捣梁用插入式振动器，楼板用平板振动器。80年代始，早强剂、减水剂的应用，使砼施工水平有了质的提高。

②50年代，萧山建筑施工始利用现场空余场地预制小的混凝土构件。1966年，萧山建筑公司建有专门的预制混凝土构件场地，预制混凝土构件在建筑施工中被广泛采用。时有预制楼板、楼梯、踏级等预制混凝土构件，后有预制门窗框、槽形板、门窗过梁等混凝土构件。1984年，萧山制作的混凝土预制构件品种有多孔板、桁条、搁栅、小梁、尾梁、梯段、薄板、Y形梁、折线桁架式吊车梁等。年产量6万平方米。

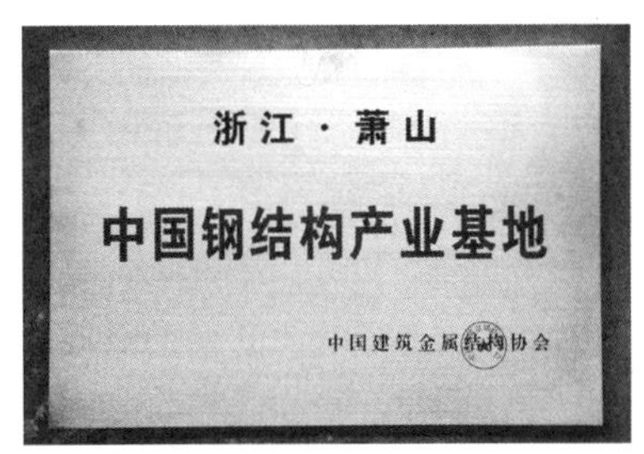

图15-3-562 2005年7月15日，萧山被中国建筑金属结构协会命名为“中国钢结构产业基地”

餐厅网架制作和安装。1990年，浙江东南网架集团有限公司承建深圳国际机场航站楼网架结构工程，时为国内最有影响的国家重点工程项目。1993年，萧山经济技术开发区建成0.78万平方米钢结构无梁盖标准厂房，采用普通吊装设备和螺栓紧固。1998年，萧山钢结构企业由国内市场进入国际市场，先后到越南、新加坡、马里、多米尼克等国承接钢结构工程。1999年，杭州大地网架制作有限公司在承建浙江传化化学集团液洗工程厂房时，采用整体吊装方法安装完成重314吨、面积10690平方米的螺栓球网架屋盖，节省工时和费用，获杭州市吊装技术革新奖。是年，该企业承建杭州萧山机场航站楼4700平方米钢结构层面，创造小设备吊装大构件的先例。是年9月，浙江东南网架集团有限公司承建浙江黄龙体育中心主体育场钢结构工程，首次将斜拉桥的结构概念用于体育场挑篷结构，使其成为国内超大型综合类无视觉障碍的体育场。2000年，浙江东南网架集团有限公司在承建河南南阳鸭河口电厂干煤棚时，采用部分活动铰节点地面拼装、整体提升的施工方法，被全国空间结构学术委员会与全国升板建筑和提升技术学术委员会定名为“网壳整体提升”施工技术，达到国际先进水平。浙江杭萧钢构有限公司承建24层的杭州瑞丰国际商务大厦，采用钢砼结构，被建设部列入“高层建筑钢——砼组合结构开发产业化项目”。至2000年，萧山钢结构网架企业与全国26个省、市的200余所高等院校、科研设计单位建立多种形式的协作关系，具备了大跨度门式钢架结构、多（高）层钢结构、桁（管）架结构、网架和网壳结构、悬索和斜拉结构、张拉索膜结构、塔桅结构、桥梁钢结构、特种钢结构、水工等非标钢结构等各类钢结构的设计、制作、施工安装能力，设计、制造、施工安装国内外网架、钢结构重点工程9000余项，在11个省市设立生产基地。

第五节　建筑装饰

萧山自古以来以简洁的粉墙黛瓦作为外部建筑装饰。清末至民国时期，外墙采用水泥砂浆饰面。50年代，外立面为红、青砖清水墙，屋面使用不同颜色的土瓦，地面使用长条杉木地板为主，木门玻璃窗。60年代，住宅外墙始用本黄色涂料。70年代，房屋逐步向砖混结构发展，外墙以水泥砂浆抹面，门框、窗台始用斩假石，地面多以水泥地坪为主，也有磨石子地面。80年代，独门独户的砖混结构住宅出现，商店扩大，一些店面普遍采用大理石贴面。1985年后，市心路两侧的农垦大楼、副食品商场等相继采用花岗石地面、门面，立面使用马赛克、涂料，萧山种子公司采用水刷石立面。家庭居室大都采用红漆地坪、油漆墙面、墙纸、席纹小木地板、三夹板墙裙。

图15-3-563　1994年3月竣工、高为15层的萧山二建大厦（后更名为国泰大厦），首次采用玻璃幕墙装饰（2009年，杨贤兴摄）

90年代初，玻璃幕墙被采用，结构形式由框架式发展到隐框式，二建大厦（后更名为国泰大厦）北立面为萧山首次采用玻璃幕墙装饰。1995年，萧山第三建筑工程公司承建浙江省证券交易中心工程，外墙装饰花岗石采用整体干挂技术，内墙面装修改传统的刷浆为大量使用壁纸和内墙乳胶漆。杭州萧山国际酒店、浙江金马饭店内墙装饰使用高级胶合板（如榉木、枫木、橡木、影木、树根木、雀眼木等）及进口石材饰面。地面装修材料有地板、地毯、地胶板、天然石材、人造石材等。每类材料又有国产及进口的不同品种，不同规格、型号、质感、色泽。顶篷材料，U形和C形轻钢龙骨因其合格的防火性能被广泛使用。天花面板用量最大的是纸面石膏板，还有矿棉吸音天花板、玻璃棉保温吸音天花板、PVC塑料天花条板、铝合金或金属方形、条形及榈栅天花板。各种灯具富有装饰情趣，使天花板和整个室内空间流光溢彩。1998年，以有机合成树脂和合成树脂乳液为原料的涂料广泛应用，其表面硬度、耐久性、手感和光亮柔和程度均胜于油漆，使建筑物更增添艺术美。2000年，宝盛宾馆内部装修融合古朴典雅的明清传统风格，杭州东方文化园太虚湖度假酒店大堂装修仿照北京故宫太和殿的风格。

第六节　施工机具

萧山建筑施工曾长期沿用传统手工工具。[①]1959年，萧山建筑公司的泥木工始使用带锯、平板刨、拌灰机等机动工具。80年代始，机械施工工具数量增加，自动化程度逐渐提高。90年代初，市政工程施工使用超级大型摊铺机、全移动沥青搅拌机等国外先进设备。至2000年，全市建筑企业生产性固定资产达10.80亿元，各种建筑施工机械8490台（套）。其中钢结构行业拥有各类机械设备1827台（套），生产性固定资产3.29亿元。

①50年代中期前，泥工仅有泥刀、泥夹、泥桶之类；木工用斧、刨、锯、凿等简易工具。工场施工设备为杠、锹、竹木脚手架。1959年，萧山建筑工程公司建立后，逐步引进并使用机动工具。木工首先引进带锯、圆盘锯、轧刨、平板刨、凿孔机、刨边机等，初步形成机动流水线；泥工也先后使用打夯机、筛砂机、拌灰机、磨石子机、拌和机、平板振动机、插入振动机等。是年萧山陶瓷厂砌筑82米高的烟囱，使用的脚手架是杉木毛竹，人工架搭，垂直运输采用手摇或电动卷扬机。

土石方机械

60年代前，建筑施工靠人挑、肩抬，使用锄、铲、扁担、箩筐、畚箕、铁木夯具、手推车等工具。后，逐步由机械工具进行地基、基础施工。70年代后期，挖掘机代替人工挖土等。80年代至90年代，推土机械、压实机械不断增加。至2000年，全市建筑施工企业有土石方施工机械293台，其中挖掘机93台，推土机79台，压实机械121台。

桩　机

1980年动工兴建的萧山贸易大楼，是萧山最早使用桩机进行基础施工的工程，时使用的是柴油打桩机，噪声较大。1995年建造萧山国际酒店时，始使用振动打桩机；建造新世纪广场，使用静压打桩机。至2000年，萧山机桩企业有桩机83台，灌注桩机械59台。

混凝土搅拌机

1970年，萧山县建筑工程公司利用废旧材料自制5台混凝土拌和机，开萧山机械搅拌混凝土之先例。80年代初，混凝土由拌和机搅拌，插入式振动器振实。90年代始，高层建筑施工采用泵送混凝土机械和搅拌车。至2000年，萧山建筑施工企业共有混凝土搅拌振捣机械2936台（套），其中搅拌机2588台、振捣机348台；搅拌运输车4辆，砼送车2辆。

图15-3-564　90年代萧山建筑工程队普遍使用的混凝土搅拌机（2010年，杨贤兴摄）

钢筋加工机械

60年代，萧山建筑工程公司自行设计制作张拉机、墩头机、钢筋调直机、弯曲机，钢筋连接采用搭接电焊。70年代始使用闪光对接机。90年代使用电渣压力焊，大直径钢筋连接采用套筒焊接。至2000年，萧山建筑施工企业普遍采用钢筋弯曲机、钢筋调直切断机、钢筋对焊机。

图15－3－565　90年代末萧山建筑工程队使用的灌浆机（2010年，杨贤兴摄）

起重机械

80年代前，萧山建筑施工起重设备主要是辘轳、独立摆杆、龙门吊、卷扬机等。1980年6月，萧山建筑工程公司购入液压汽车起重机。90年代使用塔式起重机。至2000年末，萧山建筑施工企业有各种起重机械2837台，其中卷扬机2632台，汽车式起重机41台，塔式起重机121台，轮胎式起重机18台，履带式起重机25台。

图15－3－566　90年代末萧山建筑工程队使用的挖土机（2009年，杨贤兴摄）

脚手架

60年代前，萧山建筑施工均采用竹木脚手架。70年代始，使用钢管、木、竹搭设无撑脚手架和悬臂式平桥托脚手架，其宽度由120厘米改为60厘米～80厘米。80年代始，高层建筑增多，建筑施工中应用拉吊式悬挑高层钢脚手架。内墙脚手架采用既可作支顶也可作脚手架的H形和门式钢管支架。90年代使用组合钢上落架，并配上绦化阻燃密目网。至2000年，全市规模较大的钢管租赁单位19家，脚手架钢管3.80万吨。

模　板

应用模板、支撑技术始于50年代后期。60年代始，模板支撑椁木先在车间制成半成品，再在施工现场安装。80年代初，模板多使用7毫米～9毫米夹板，浇梁采用钢模。80年代后期由小钢模拼成大钢模，钢模固定采用对穿螺栓连接，支撑使用型钢；大跨度梁采用钢桁架两端支承形式支撑模板。90年代始，萧山市第五建筑工程公司在承建水泥厂时采用钢制滑模，属省内领先。

装饰工程机械

80年代，铺设水磨石地面用磨石机；铺贴墙砖、面砖、地砖、花岗岩板材，用小型切割机（器）；木地板用电钻打洞，栽膨胀螺丝固定木龙筋。90年代，用枪式射钉器（配空压机）替代榔头钉木地板、胶合板面层和木装饰线，并始用磨光机精刨木地板表面。内外墙喷刷油漆、涂料使用喷枪，既均匀，又快速。2000年始，用手提电锯、电刨等机械锻锯木料、金属材料。

第四章　建筑材料

萧山的建筑材料，随时代的变迁和社会的发展而逐步更新变化[①]。80年代，钢结构建筑兴起，钢材作为建筑材料成分大幅上升。90年代中期，萧山出现钢材专营市场。建设工程推广应用冷轧扭钢筋新技术。室内装饰兴起，建筑陶瓷、石材、玻璃、油漆涂料、竹木地板等建筑材料应用渐多。实施建材节能综合工程，墙体材料革新，开发生产黏土多孔砖、混凝土彩瓦、彩钢夹心板等新型建筑材料，控制实心黏土砖生产规模。至2000年，萧山城镇新型墙体材料应用比例达70%。

①30年代前，萧山建筑以砖木结构为主，木材靠浙南山区运入。萧山湘湖沿岸村落自明代始"填湖置窑"，烧制砖瓦。30年代后，砖混结构、钢筋混凝土结构建筑渐多，传统建筑的木柱、木梁渐被钢筋水泥柱、梁代替。60年代，开发制作建筑预制构件，广泛应用于城乡建设工程。煤渣砖、炭化砖、内燃黏土空心砖等墙体材料开发应用。北部、东部地区农村住宅仍以竹、木、草作为建筑材料搭建草房。

第一节　主体材料

金属材料

80年代前，萧山建筑用金属材料主要是钢材，由国家计划调拨。1982年，萧山自产圆钢4270吨，远不能满足建筑需求。后，大型商贸建筑磨石子地面镶嵌铜条。80年代后期使用铝合金。90年代初，钢材进入市场调节。1993年，萧山市生产资料市场一期开出钢材市场。铝合金窗代替钢窗、钢门后，城区通惠路与萧绍路交叉口成为广东铝材的集散地。2000年，建筑用金属材料有钢、铸铁、铜、铝、塑钢以及钛合金等，施工资质四级以上房屋建筑企业耗用钢材23.94万吨，其中有资质钢结构企业耗用钢材127138吨。萧山自产钢材4.86万吨、铝材2101吨、铜材3875吨，钢材市场批发钢材10876吨。不足部分从市外调入。萧山以钢材为主的金属材料，大部分用于制作混凝土预制构件和钢结构金属网架。是年，全市生产建筑用金属结构制品64760吨。

砖瓦（实心黏土）

萧山砖瓦生产历史悠久[②]。70年代中后期始，供需矛盾突出[③]。1985年，萧山全县有砖瓦企业19家，年产砖瓦35751万块(张)（不包括省、市砖瓦生产企业，下同）。1987年始，受市场利益驱动，许多村，甚至农民个体自发利用杂地及承包田，建办小轮窑或小方窑生产砖瓦。至1989年，全市有大小砖瓦生产企业141家，其中村办68家，个体60家。是年，全市砖瓦产量45210万块(张)。90年代始，为保护耕地，控制环境污染，对砖瓦生产企业进行整顿，关闭无证生产企业。1995年，西兴(原为东方红)砖瓦厂因规划建杭州乐园停产。1996年，西兴、长河两镇4家砖瓦企业划归杭州市西湖区。是年底，萧山砖瓦生产企业减少到15家，年产砖瓦39805万块(张)。2000年，全市尚存乡镇砖瓦企业18家，年产砖瓦50797万块（张），约占全市需用量三分之一，不足部分主要来自嘉善、桐乡等地。实心黏土砖以九五红砖为主，瓦以平瓦为多，土瓦已停产。

②"至清末，砖瓦成为萧山县的大宗名产。"民国17年(1928)，铁道路财务司《京粤线浙江段经济调查总报告》载："砖瓦业以萧山出产数量最大，年产砖约1250万块。"（资料来源：《浙江省建筑业志》，方志出版社，2004年，第572页）

③60年代及以前，萧山农村建房仍多用土瓦（小瓦）土砖（薄型砖）或旧城拆迁的旧砖旧瓦，需求量不大。70年代后期始，萧山掀起第一次建房热潮，对砖瓦厂生产的红砖、平瓦需求量大。住户到砖瓦厂付款开票，很难当年提货。

表15-4-334　1985～1991年萧山市（县）境内砖瓦生产情况

年份	砖（万块）						瓦（万张）					
	合计	省市企业	萧山企业				合计	省市企业	萧山企业			
			小计	市(县)企业	乡镇企业	村办企业			小计	市(县)企业	乡镇企业	村办企业
1985	40987	6262	34725	3867	17310	13548	1742	716	1026	298	611	117
1986	44196	5804	38392	4054	17989	16349	1929	568	1361	299	658	404
1987	44734	6333	38401	4254	21280	12867	1687	673	1014	298	596	120
1988	58994	6290	52704	4678	25506	22520	1542	660	882	308	533	41
1989	50168	5934	44234	4179	22937	17118	1589	613	976	302	641	33
1990	48745	6181	42564	3791	22135	16638	1504	688	816	406	353	57
1991	52522	6039	46483	3800	25778	16905	2199	642	1557	469	647	441

注：自1992年起，砖、瓦生产无县（市）、乡镇、村企业明细统计。

表15-4-335　1992～2000年萧山市境内砖瓦生产情况

年份	砖（万块）			瓦（万张）			年份	砖（万块）			瓦（万张）		
	合计	萧山企业	省市企业	合计	萧山企业	省市企业		合计	萧山企业	省市企业	合计	萧山企业	省市企业
1992	57519	50611	6908	1671	917	754	1997	35019	34000	1019	1402	1217	185
1993	53755	49100	4655	1391	700	691	1998	33259	32900	359	1770	1650	120
1994	56236	53949	2287	1539	1109	430	1999	31839	31800	39	921	904	17
1995	54381	52136	2245	1243	1071	172	2000	50200	50200		597	597	
1996	40085	38200	1885	1709	1605	104							

注：“省市企业”栏为浙江省属及杭州市属企业。

【附】

湘湖砖瓦简史

“茆屋濒湖三百家，抟泥弄瓦作生涯。窑中火候炉中诀，细看浓烟几缕斜。”这是清代文人汪继培《湘湖竹枝词》中的一首诗。1992年，省考古研究所、市文物管理委员会派员对越王城城垣遗址进行试掘，出土了春秋战国时期的大板瓦、筒瓦、杉树纹瓦等。据现有史料记载，到明嘉靖年间，沿湖从事砖瓦业的已有数百家，湘湖砖瓦因而成名，地坪砖尤为突出。民国16年（1927）《萧山湘湖志》中述“沿湖各村大半以陶为业，故砖瓦为湖中大宗出口”。其品名有“尺八方、尺六方、尺四方、太堂、主富、灶面、双堂、老

图15－4－567　1984年6月湘湖砖瓦厂砖瓦生产场地（董光中摄）

大延陵、大延陵、中延陵、五斤头、四斤头、棒槌砖、双开、砖璜、洋砖、汆瓦、板瓦、筒瓦、定瓦、时瓦、长梢、尺筒、半升筒、止水筒、狗头瓦、钉套、龙腰、筷竹筒、墙扎、菊花盒、狮子、瓦将军、花边滴水”，共34种。记述的窑所有63座，分布在上孙、中孙、下孙、荷花池头、定山、汪家堰、山前吴、跨湖桥、王家里、小窑里吴、大窑里吴等沿湖11个村落。据民国19年（1930）《萧山政治汇编》载湘湖窑业调查，从事制砖（瓦）人数达5200人，年产砖1250万块、瓦560万张。日本侵华战争爆发，湘湖沿岸山头被日寇侵占，并筑堡肆虐，砖瓦无法生产，日趋凋敝，至1949年5月，湘湖生火之窑已不满40座，砖瓦产量只占民国25年（1936）的36.4%。1952年，湘湖砖瓦基本恢复正常，砖瓦产量已达835万块，比1949年增加近1倍。是年，省工业厅在湘湖建立浙江砖瓦二厂，时为湘湖沿岸首家使用机械生产砖瓦的企业。1953年，私营窑户开始组织起来，建立湘湖、跨湖两个砖瓦生产合作社。1958年，湘湖北岸的上孙、中孙、下孙3个自然村的集体砖瓦企业合并为东湖砖瓦厂（后改名为杭州砖瓦厂）。1959年，该厂有职工2650人，年产砖2593万块。1963年，浙江砖瓦二厂从提高砖瓦抗压强度和利用工业废渣出发，将煤渣碾成粉末掺入泥坯，既缩短了砖的煅烧时间，又提高了砖的质量，同时提高了湘湖土的出砖率，此法取名为“内燃烧砖法”，在湘湖沿岸各砖瓦生产企业推广。1969年1月，湘湖、跨湖两个砖瓦生产合作社合并为湘湖砖瓦厂，时有职工563人。70年代，湘湖沿岸各公社将砖瓦制造作为大宗工业发展，城厢镇和东方红（后称西兴）、长河、石岩、闻堰、义桥等公社先后在湘湖自辖地段办起6家砖瓦厂，建有22门、36门大轮窑9座，小方窑10余座，至1979年底，产湘湖砖26473.96万块、各种瓦1751.25万张。除满足本地建筑需求外，还供应杭州、绍兴等地。80年代，砖瓦成了紧缺商品。湘湖沿岸砖瓦业快速发展，除原有砖瓦企业扩建扩产外，西兴镇湖头陈村、长河镇塘子堰村、闻堰镇定山村、义桥镇戚家山下村等也先后建起砖瓦厂。1982年，湘湖沿岸砖瓦企业增至15家，年产砖28862.21万块、平瓦1670.92万块、湘湖砖瓦质量在全省名列前茅。1990年，浙江建筑材料厂（原为浙江砖瓦二厂）的平瓦和萧山砖瓦厂（原为湘湖砖瓦厂）的“九五”红砖在全省烧结砖瓦产品质量评比中分别获得“优胜产品”企业奖杯。闻堰、城厢等砖瓦厂被省乡镇企业局评为“优良企业”。1995年，湘湖沿岸15家砖瓦企业共生产砖34631万块、平瓦980万张。是年后，为保护耕地，湘湖沿岸不许新建砖瓦企业，原有砖瓦企业由于所辖地段砖泥逐渐减少，砖瓦生产量也随之降低，浙江建材厂已开始转产；是年，西兴砖瓦厂地段因开发旅游业而停产。至2000年，萧山砖瓦厂、闻堰砖瓦厂等4家砖瓦厂停产，湘湖沿岸砖瓦产量已降至11996万块，是历史上最高年（1995）产量的三分之一（2003年，湘湖沿岸只剩定山砖瓦厂，年产砖量2000万块。2006年下半年停产）。

（根据裴浩明撰写的调查报告整理）

水 泥

1958年4月，筹建地方国营萧山水泥厂（即萧山白水泥厂）；1976～1980年，又先后建设城北、浦沿、临浦、义蓬水泥厂。至1985年，全县有水泥生产企业15家，年产水泥62.28万吨，品种有325号普通硅酸盐水泥、高标号水泥、矾土水泥等。1987年，全市水泥产量110.41万吨。1995年，水泥产量280.90万吨，其中散装水泥61.58万吨，占总量的21.92%。2000年，萧山水泥生产企业14家，分属二轻、乡镇、农场、农水4个系统，年产水泥319.87万吨，品种有普通硅酸盐水泥、矿渣硅酸盐水泥、硅酸盐水泥、高铝水泥、快硬低碱度硫铝酸水泥、特快硬微膨胀硫铝酸盐水泥、双快硫铝酸水泥、水玻璃型耐酸水泥、自应力水泥、道路水泥、超采用窑生产早强水泥、地质勘察水泥、AEA膨胀剂、FEA抗裂防渗增强剂、脱硫剂、冶金石灰粉剂等20余种。萧山水泥年用量100万吨左右，余运销宁波、台州地区。少量出口韩国、新加坡和中国香港、台湾地区。

表15-4-336　1985～2000年萧山水泥生产销售情况

年份	企业数量（家）	生产能力（万吨）	水泥产量（万吨）	销售数量（万吨）	
					散装水泥
1985	15	89.50	62.28		
1986	15	96.50	87.05		
1987	15	115.20	110.41		0.98
1988	16	123.70	118.88		1.12
1989	16	129.60	128.53	127.24	2.24
1990	16	140.30	139.62	141.27	6.37
1991	16	142.50	158.49	159.62	16.08
1992	16	142.60	172.40	172.96	25.24
1993	16	162.10	190.93	190.93	36.37
1994	16	227.60	244.16	240.47	47.52
1995	16	250.80	280.90	272.10	61.58
1996	14	267.90	274.48	268.47	53.11
1997	14	297.90	302.73	303.73	50.05
1998	14	306.40	284.31	285.36	57.09
1999	14	304.90	303.42	302.71	85.31
2000	14	308.00	319.87	317.28	115.22

图15－4－568　1993年建成的浙江金首水泥有限公司干法回转窑高标号水泥生产线（浙江金首水泥有限公司提供）

砂　石

黄砂　萧山建筑用黄砂主要采挖于富春江，中、粗砂不足，购于上虞县。60年代，为治理疏浚永兴河，曾于1962年办起永兴河捞砂队。70年代后期，基本建设和民房建筑规模扩大，砂石用量日增，为统一安排采购运销，1977年11月，萧山建立砂石管理站。1980年4月，改名为萧山县地方建材矿产公司。1978～1981年，全县建筑工地每年从上虞调入各类中、粗砂12万吨左右。80年代初，闻堰镇利用紧靠钱塘江、富春江和浦阳江三江口的优势，开设黄砂场，先是肩挑车拉，至1993年始使用输送带、铲车、自卸车等机械工具和设备。闻堰三江口黄砂除供给萧山建筑工地外，运销绍兴等地。临浦、义桥等沿江乡镇也开设黄砂场，但规模均不及闻堰镇。2000年，闻堰镇有黄砂场11个，其中地处该镇东汪村8个。年销黄砂约1100万吨，占全市黄砂销量的一半左右。

图15－4－569　2000年闻堰十里江塘砂场（萧山区建设局提供）

石料①　1985年，全市有石料开采企业82家，其中村办58家，主要分布在东片的方迁溇、大和山、鱼青山一带和所前、通济、进化、大庄、义桥、城山、径游、许贤等乡镇，年产块石及石子355万吨。其中：河上镇西山的工艺石料、高洪尖附近的伊利石，太平山、尖山的建筑石料品质上乘。1991年，东部地区的航坞山、青龙山、白虎山、狮子山等开设山宕石料厂49处，并采用增氧泵风钻采石，年产块石、石子305.82万吨。是年，杭州铁路白鹿塘采石场采用机械化作业，1996年采用微差爆破新工艺。1998年，杭州萧山机场开工建设，石料大部分由坎山百丈山采石场提供；7月9日，该场委托福建省高能爆破公司采用国际先进的峒室爆破，一次性采土石料50余万吨，在浙北地区尚属首次。2000

①萧山石料资源丰富，南阳镇的雷山、青龙山早在民国33年（1944）和民国35年就开设山宕采石。1956年，为治理浦阳江及为水利建设提供石料，浦阳石料厂建立。60年代，因萧山大规模围涂造田筑堤等需要，航坞山、蜀山、青龙山、白虎山、红山、狮子山等均开设山宕，最多时仅东部地区就有123处。1967年，许贤石门石料厂建立，后改名为萧山地方建筑矿产公司建材一厂，拥有凿岩机4台、400轧石机4台、瓜子片轧机1台，年产块石、石子300万吨。1973年，萧山有石料生产企业22家，生产的石料除本县建筑所需外，1978～1981年每年向沪、杭等地出运21万多吨。

年底，萧山境内开采建筑石料企业132家，年产块石、石子900万吨，其中自用650万吨，销往杭州等地250万吨。

第二节　辅助材料

80年代始，建筑物在注重内在结构质量的同时，讲究外形气派、美观，水磨地板、地砖、大理石、花岗岩、玻璃、建筑陶瓷等材料应用广泛。初，上述材料从广东等地购入，后转为以本地加工生产为多。1996年12月，萧山商业城开设建筑装饰市场，日均摊位455个，年交易额20.63亿元。2000年8月，萧山通惠路南段西侧姚江岸村建起石材市场，日均摊位160个，经营石材、陶瓷，是年交易额132万元。装饰材料主要有石质板材、竹木板材、建筑陶瓷、玻璃等。

石质板材

1982年，萧山水磨地砖厂、闻堰东汪地砖厂、城北马赛克厂、朱村桥恒祥马赛克厂、河庄蜀南马赛克厂、萧山建筑装饰制品厂生产水磨石、水磨地砖。1983年初，萧山水磨地砖厂改为生产加工大理石板材，更名为红山大理石厂。1984年，西兴镇湖头陈大理石厂（后更名天然大理石厂）建立，切割大理石板材。1989年10月，萧山宁围建筑工程公司与台湾豪真实业股份有限公司、浙江省物资协作开发公司合资建立浙江台艺天然石料有限公司，生产天然大理石、花岗石板材。1990年，萧山天然大理石厂以补偿贸易方式，引进意大利产花岗石切割机和液压切断机设备，生产的大理石板材作为中国乡镇企业产品赴新西兰参加“1990新西兰世界农业博览会”。1991年，该厂生产的“杭艺”牌规格为305毫米×305毫米×10毫米的杭灰大理石板材被评为农业部优质产品。是年6月，萧山红山农场水磨地砖厂与香港合晶实业有限公司合资建立杭州红港石材有限公司，引进意大利设备，专业生产营销大理石、花岗石板材，停产水磨地砖、花砖。90年代后期始，加工水磨地砖和切割大理石、花岗石的小型企业遍及萧山城乡。2000年，萧山生产花岗石板材21.17万平方米，大理石板材11.57万平方米，水磨石0.12万平方米。

表15-4-337　1992～2000年萧山市石质板材生产情况

单位:万平方米

石材名称	1992年	1993年	1994年	1995年	1996年	1997年	1998年	1999年	2000年
大理石板材	9.15	6.36	9.70	9.70	9.52	8.93	8.52	11.63	11.57
花岗石板材	7.19	7.21	10.79	14.32	15.12	14.05	12.83	12.33	21.17
水磨石	9.19	12.84	4.43	4.91	3.59	3.49	1.42	0.79	0.12

竹木板材

1984年建成投产的萧山纤维板厂，原以络麻干为原料、以湿法生产硬质纤维板，亦有采用木枝、木片为原料压制而成。80年代后期，建筑装饰装潢盛行，胶合板、三合板需求量大增。萧山建筑装饰用的胶合板、三合板除从印度尼西亚进口和自广东购入外，新塘、长山、党山等乡镇从外地购入原木开始加工制作。1992年，杭州金迪家俬装饰有限公司生产高密度板和异型凹凸贴皮豪华墙面装饰板，年产量1万平方米。1993年，浙南山区庆元县林海等人在大庄办事处创建杭州大庄地板有限公司，开发生产竹木地板。1996年，萧山市振兴建筑工程公司与美国海洋国际企业公司合资兴建杭州振兴人造板有限公司，生产高密度人造板。1998年，杭州大庄地板有限公司生产的“大庄”牌竹木地板系列产品获浙江省政府颁发的“浙江省优质农产品博览会金奖”，翌年又获中国竹文化节、国际竹业博览会金奖。2000年，该公司产品60%出口欧、美、亚、澳四大洲8个国家（美国、德国、荷兰、意大利、俄罗斯、日本、澳大利亚、韩国），年产竹地板、竹装饰板材60万平方米。年末，萧山生产竹木地板的企业20余家，从业人员636人，工业总产值1.94亿元。

建筑陶瓷

1993年3月，红山纺织厂与台商合资兴办浙江协和陶瓷有限公司，生产高级瓷质地砖，除本地需用外，约30%产品销往境外。是年6月，台商独资企业杭州太子陶瓷有限公司（后更名为金元陶瓷〈中国〉有限公司）建于萧山经济技术开发区，生产各种地砖、壁砖、外墙砖等抛光砖及腰带、单花等6大类20多个规格。2000年，萧山生产建筑陶瓷的规模企业2家，从业人员575人，生产各种地砖、壁砖、外墙砖等建筑陶瓷制品600余万平方米，产值2.32亿元。

金属制品

萧山建筑门窗从传统的木材制作到60年代出现预制混凝土门窗。1978年，浙江建材总厂开发钢门窗。1984年，钢结构、金属网架始生产。萧山第三钢窗厂生产钢门钢窗4万平方米。1988年，浙江建筑材料厂生产钢门窗6.32万平方米。90年代始，钢门窗逐渐被铝合金、塑钢门窗和不锈钢所替代，萧山出现专业制作塑钢门窗生产企业。其时，钢结构、金属网架被广泛应用于各项建筑工程。1996年，全市生产金属门窗302吨；1997年为311吨。2000年，萧山建筑用金属制品主要有钢结构网架制品、金属屋面板、墙板和门窗。

玻　璃

70年代，萧山建筑用玻璃一直从杭州、上海、天津等地购入。80年代起，萧山始有用玻璃废料生产玻璃钢瓦、玻璃马赛克等的企业。90年代中期，幕墙玻璃、刻花玻璃装饰兴起，萧山玻璃加工企业增多。至2000年，萧山生产建筑用玻璃制品的规模企业1家，从业人员145人，年产值4619万元。

石　灰

中华人民共和国成立前，萧山建筑所需石灰从诸暨、富阳两地购入。1958年5月，闻堰乡利用黄山有较丰富石灰石蕴藏量建起石灰厂。1985年，进化、云石两乡始烧制石灰。是年，全县烧制石灰的企业4家，年产石灰598吨。1987年，开办临浦石灰专业市场，将运入萧山的诸暨石灰集中，由水路转运萧山东片地区及绍兴等地，年交易量5.76万吨。1995年，全市消耗石灰281万吨。2000年，全市生产石灰企业仅存闻堰石灰厂1家，年产量1000余吨。萧山建筑所需石灰靠从诸暨运入。一些乡镇个体户建办石灰经营点，以供小型房屋建修之用。

油漆、涂料

80年代，萧山始生产油漆、涂料。1981年，萧山颜料化工厂建立，除生产纺织印染颜料外，也生产油漆涂料。随着油漆涂料需用量增加，戴村、云石、来苏、裘江、所前、新塘、浦沿、闻堰、长河等镇乡陆续兴办油漆、涂料生产企业，均以手工操作为主，规模小，生产量不大。品种有烘漆、防锈漆、墙涂料。1990年，萧山江南颜料化工厂开发出“耐晒钼铬红”、“1225耐光大红”两种油漆新产品，质量达到国际先进水平。其中“耐晒钼铬红”油漆被选用于国家重点工程上海南浦大桥桥缆上。1995年，萧山江南涂料厂开发出925型烘干油漆。1998年，杭州三鹰化工有限公司开发生产“三鹰”牌合成树脂乳汁内外墙涂料、内外墙装修漆。1999年，萧山迅达特种玻璃涂料有限公司与天津灯塔涂料股份有限公司合作，建起3万吨级涂料油漆生产流水线，生产钢结构防锈防腐系列漆、轻工机械漆、木器家具漆、建筑涂料、乳胶漆、树脂等系列产品，年生产量超万吨。2000年，美国威士伯（香港）化工有限公司在萧山经济技术开发区设立杭州威士伯涂料有限公司，研制出环保型涂料。是年，建起杭州传化涂料有限公司，生产建筑内外墙乳胶漆、特种涂料、家具木器漆、功能涂料四大系列产品，年生产能力10万吨。2000年底，全市生产油漆、涂料的企业50余家，年生产能力100万吨。

第三节　新型墙体和覆盖材料

1964年，萧山东湖砖瓦厂始研制内燃黏土空心砖和异形挂钩砖。70年代，萧山生产新型墙体材料的企业有浦沿煤渣制品厂、瓜沥煤球炭化砖厂、大园预制砌块厂等。1984年4月，浙江建筑材料厂（原萧山砖瓦厂）设立空心砌块生产点，当年生产空心砌块52万块，为浙江省全部援藏项目提供墙体材料。1985年，进化乡开发生产高岭土机制免烧砖，为萧山建材开辟新途径。

1995年9月，萧山建立墙体材料革新和建筑节能领导小组。1996年4月，市政府出台《关于加快发展新型墙体材料的若干政策意见》（萧政发〔1996〕49号），建立发展新型墙体材料专项基金，严格限制实心黏土砖生产和应用。是年，闻堰镇定山砖瓦厂、萧山楼塔红砖厂、临浦大庄砖瓦厂等始生产黏土多孔砖。10月，杭州萧山锦红建材有限公司投资1000多万元，建成以水泥混凝土为原料的各色平瓦、屋脊、封脊、平行脊等系列屋面彩瓦自动化生产线，年产量500万张，为浙江省首家生产屋面新型覆盖材料企业。1997年，杭州卫士实业公司和萧山建威新型建材有限公司用抗碱玻璃纤维和低碱度水泥复合成轻质板材GRC复合板，杭州东南新颖建材公司等生产彩钢夹心板，杭州中意彩瓦有限公司生产混凝土彩瓦，萧山琉璃瓦有限公司等生产琉璃瓦，萧山建威新型建材有限公司生产憎水膨胀珍珠岩板。杭州萧都新型建材公司从意大利引进全省第一条砌块生产线，生产混凝土多孔砖和混凝土砌块，年生产能力30万立方米。是年，全市生产各类新型墙体材料企业16家，产品有混凝土小型砌块、彩钢夹心板、多孔砖、混凝土彩瓦、GRC复合板五大类30多个品种，除满足本市建设需要外，还外销杭州、宁波、上海等地。2000年，萧山大园预制砌块厂新开发粉煤灰砖；杭州连新建材有限公司引进台湾生产线，利用钱塘江淤泥生产多孔黏土砖。是年底，全市生产新型墙体材料企业35家，砖、块、板、瓦等各类品种齐全，年产能力3亿块标准砖，实际年产量1.20亿块标准砖。是年205个单位申报开工的建筑项目中有80万平方米建筑面积采用新型墙体材料，应用比例达70%。

图15－4－570　1997年，萧山琉璃瓦有限公司生产的新型覆盖材料（萧山区建设局提供）

表15—4—338　1996～2000年萧山市新型墙材生产情况

年　份	新型墙材生产情况		新型墙体推广应用	
	企业数量（家）	生产量（万块标砖）	应用面积（万平方米）	应用比例（%）
1996	6	3000		
1997	16	6400	3.70	10
1998	25	7500	20.40	20
1999	30	9000	48.00	50
2000	35	12000	80.00	70

第五章　建筑业管理

1960年2月，县设置基本建设管理部门，对建筑业实施管理。1984年2月，县城乡建设管理部门拓展到建筑勘察、设计和施工企业管理。1985年，全县建筑安装企业体制有县属大集体、乡镇集体、村办集体和联合体4种，分别由县城乡建设、乡镇工业、农场和县农机水利部门归口领导和管理。萧山县建筑工程总公司主要负责开拓、协调全县建筑业务，也承担部分行业管理职能。1995年，批准建立萧山市建筑业管理处，负责对全市建筑业的管理、监督、指导和服务。

90年代后，市城乡建设管理部门依法实施监督管理职能，突出工程质量与安全两个重点，规范建设市场，确保工程质量和施工安全，使萧山建筑业管理不断趋向规范化、法制化、现代化。

第一节　建筑市场管理

市场准入管理

80年代，建筑市场放开。1986年9月，县城乡建设管理部门制定萧山县建筑施工市场管理实施细则，规定凡在萧山施工的各类建筑安装企业，均由县城乡建设局实行专业管理，颁发建设许可证和施工许可证。1988年9月，规定外地建筑施工（含桩基）、勘察、设计单位进入萧山建筑市场均须办理验证手续。1989年5月1日起，进入城厢、临浦、瓜沥三大镇承接建筑安装工程采取限额管理，实行人数、面积双控制（按年人均50平方米核定），以限制工程转包，确保工程质量。

1991年3月，市城乡建设管理部门制定《关于建筑装饰工程管理的规定》，规定承包建筑装饰工程必须具有营业执照，符合相应资质级别。1992年4月1日起实行建设工程开工施工许可证制度，进城厢、临浦、瓜沥三大镇规划区范围内施工，须带“进城施工许可证”。1995年9月，市城乡建设管理部门制定《萧山市工程建设项目报建管理办法》，规定本市行政区域内的建设项目，业主应当在立项文件被批准后30天内向城乡建设管理部门报建。1997年4月，市城乡建设管理部门制定《关于进一步加强建筑市场管理的若干规定》，7月1日起，凡萧山境内的工业与民用建筑，建筑面积在500平方米以上；市政、园林、室内外装饰、设备安装、打桩工程以及构筑物，造价在30万元以上的，均应办理《建设工程施工许可证》。1999年5月，市城乡建设管理部门下发《1999年萧山市整顿和规范建设市场实施意见》。并为控制建设队伍的总体规模，不再审批新成立具有独立承包工程资格的企业（企业改制、改组除外），以缓解工程承包市场过度竞争。2000年2月，市城乡建设管理部门印发《关于加强许可证发放监督管理的规定》，以杜绝许可证发放中的不规范行为。4月，市城乡建设管理部门制定出台《外地施工企业进萧施工导则》，遏制外地施工企业进萧施工过多，以确保进萧施工的企业素质和质量；禁止在建设工程交易中心外私自进行工程承发包，维护建筑市场正常秩序。

招标投标管理

中华人民共和国成立后，萧山城乡建筑工程施工曾长期实行指定承包方式，在经营方式上由县计划管理部门指定。1985年7月1日，萧山建立和完善招投标机制。是年，萧山有教育、综合设施等5个工程项目（总施工面积13753平方米）试行招、投标。1988年4月，制定《萧山市建筑业招标投标实施办法》

（萧政〔1998〕57号）。凡在市行政区域内国有、集体所有制投资或参与投资的，建筑面积在500平方米以上或总造价在50万元以上的建设工程施工（除国家和省另有规定外），必须实行招投标；招标方式为公开招标和邀请招标两种。6月，建立萧山市建设工程招标管理办公室，负责全市建设工程招标投标管理工作。是年底止，全市有22个建设工程纳入招标管理，其中11个中标，建筑面积37863平方米；中标造价1382.70万元，比标底降价45.80万元，降低率3.30%。1990年，市城乡建设管理部门印发《萧山市建设工程施工招标、评标、决标实施细则》。是年起，萧山市政工程纳入招标范围。1997年，建立由20人组成的施工方案专业评委成员库，成员来自市建设银行、质检、监理、设计部门和二级以上资质施工企业等。每个招标建设工程在评方案前一天，由建设单位从评委成员库中随机抽签确定3～5名评委为施工方案打分，以准确反映施工方案的合理性和科学性。1998年6月，市城乡建设管理部门制定《萧山市建设工程施工招标评标办法》；是年11月，建立萧山市建设工程交易中心。12月，对建设工程施行公开招标、邀请招标、议标管理作出修正和补充：建设面积小于2000平方米、大于500平方米的建设工程可实行议标；属国有单位投资或控股的建筑面积在3000平方米以上或总造价在200万元以上的工程，必须进行公开招标；限额以下的工程及其他工程可以采用邀请招标。1999年10月，对招标投标的标的范围作了调整：国有企业单位的工程必须实行招标的建筑面积由原来3000平方米以上改为1000平方米以上，造价由原来200万元以上改为50万元以上；私人资本、民营资本、外商独资企业投资的工业生产性固定资产投资工程可以实行直接发包。集体所有制、股份所有制企业投资的工程及商品住宅、公共建筑面积1000平方米以上、造价50万元以上的工程，也可采用邀请招标。是年，施工方案专业评委成员库中新增市水利、交通、市政等部门的技术人员，评委人数由上年的52人增至93人，并对评委库人员的基本条件、职责、评委产生办法等作出明确规定。2000年1月，萧山招标投标管理范围由房屋建筑、市政工程扩大到绿化、消防、装饰、安装、金属结构、建筑装潢等专业工程。4月，萧山注册成立招标代理公司，实施招标代理制。市招标投标办公室的职能由招标投标评标活动实体参与者转为监督检查者。至是年底止，萧山共有招标建设工程1048个，议标工程679个，招标率100%。

资质管理

设计单位资质管理　1985年前，萧山建筑设计院等设计单位承担萧山范围内的建设工程设计。1986年始，设计业务向杭州、绍兴、金华等地拓展。1988年后，市城乡建设管理部门为取缔无证设计，制止违章用地和违章建设，规定凡在城厢、临浦、瓜沥3镇规划内的建设工程，设计单位必须凭“用地许可证”及规定的面积、层数、层高和其他要求以及盖有“规划建设专用章”的红线图方可设计。1990年7月，市城乡建设管理部门对全市勘察设计单位资质进行清查，对违反建筑设计市场规定，为个人无证设计项目提供鉴证的作停业整顿。1991年8月31日，萧山建筑设计市场放开，允许省内外设计水平较高、符合资质要求的持证设计单位到萧山进行工程设计；建设单位亦可选择多个设计单位参加方案设计竞赛；允许低等级设计单位和高等级设计单位合作等。1998年后，市城乡建设管理部门加强对建设工程勘察设计合同的审查，规范勘察设计单位的市场行为，促进勘察设计质量的提高。2000年，着重抓好勘察设计单位的市场准入制和勘察设计项目的合同备案制以及勘察设计单位和设计人员的注册执业制。

施工企业资质管理　1985年，萧山有20家建筑安装企业通过资质审查。其中萧山建筑工程总公司为经营二级企业，萧山建筑工程公司、萧山第二建筑工程公司等5家为施工三级资质企业，萧山县围垦建筑工程公司、萧山县水利建筑安装公司等14家为施工四级资质企业；尚有56家建筑安装企业为等外级企业。1989年，对全市建筑施工企业资质按标准进行审查。经批准从是年3月24日起，萧山建筑工程公司、萧山第二建筑工程公司的施工资质由三级晋升为二级；8家四级资质企业晋升为三级；5家等外级企业晋升为施工四级；有1家水电安装企业被取消施工资格。1997年8月，建设部公告，浙江省萧山第三建筑工程公司晋升工民建一级资质，杭州大地网架制造有限公司、浙江东南网架集团有限公司晋升钢结构、网架一级资质。1998年，市城乡建设管理部门对全市1000多名个体建筑工匠进行资质年检，核发《浙江省村镇建筑工匠（资质等级证书）》。1999年，对萧山建筑工程公司等6家省重点骨干建筑企业资质增项14个（其中增市政项目3家、装饰项目4家、安装项目2家、地基项目3家、网架项目1家、古建筑项目1家），在原有施工项目基础上可对市政、装饰等专业工程进行投标承包。

预制构件企业资质管理　萧山自60年代中期出现预制构件企业，实行生产许可证发放制度。1986年，对全市预制构件企业的生产条件、人员素质、产品质量进行审核后，发放生产许可证的157家。1987年，对全市预制构件企业进行技术资质审定，被定级的207家企业中，萧山建筑构件厂等35家审定为三级资质企业；闻堰、长河、湘湖预制场等134家批准为四级资质企业，其余为等外级资质企业。1998年1～5月，对全市三、四级资质的预制构件生产企业资质进行审核复验，13家企业核定为三级，56家核定为四级，1家企业由三级降为四级；新增四级企业19家；注销17家无资质的生产厂（场），停止生产和销售预制构件。1999年，对64家无证预制构件企业进行执法检查，共查扣48家企业的生产工具，罚款5万余元，并在媒体上曝光。

建筑工程检测试验室资质管理　1988年，建立萧山市建筑工程质量监督站建筑试验室。1990年9月，萧山有资质建筑工程检测试验室10家，其中二级资质1家、三级及暂定三级资质6家、四级资质3家。1998年6月市城乡建设管理部门发文规定，本市范围内的所有建设工程检测试验室，必须按资质标准取得相应的等级证书；无等级证书的检测（试验）室不得从事检测工作，其提供的检测报告不得作为工程质量评定的依据；检测（试验）室资质一年审批一次，并实行定期复检制度。1999年，有6家单位试验室分别予以整改。2000年，全市有建设工程检测试验室17家，其中市检测中心、萧山建筑工程公司、萧山第二建筑工程公司3家单位试验室可对外承接全市范围内的工程检测（试验）工作，其余只承担本公司内部检测。

项目经理资质管理　1997年10月，市城乡建设管理部门制订《萧山市建筑施工企业项目经理管理规定（适用于四级以上建筑企业）》。项目经理资质分一至四级，需进行考核注册和发证。一、二级资质由国家和省城乡建设管理部门核发，三、四级由市城乡建设管理部门核发，1998年5月、11月，分别审核批准全市218名项目经理的资质（三级176名，四级42名）。2000年，全市有资质项目经理367名（三级305名，四级62名）。申报一级资质项目经理24名、二级资质项目经理93名。萧山市建筑工程公司钱永明等29名项目经理被评为1999年度萧山市建筑施工企业优秀项目经理。

建筑市场拓展

1979年，萧山第二建筑工程公司始进驻杭州市区承接建设工程施工业务。1984年，该公司进驻上海承接建设工程施工业务，在上海建立办事处。萧山建筑企业施工业务向绍兴、富阳、余杭等邻近市县拓展。1989年，萧山全市建筑企业施工产值3.23亿元，其中市外产值占40%。

1992年，萧山建筑工程公司、浙江江南装饰公司、萧山城山建筑公司进入宁波、太原市施工。1993年，萧山在上海、杭州、绍兴三市有69支施工队，从业人员20256人，年创施工产值4.23亿元。1996年，萧山土木建筑施工市场向江西、江苏、贵州等省市拓展；浙江东南网架集团有限公司承接广东珠海第三届国际航空博览会展馆工程。是年底，全市创市外施工产值18.62亿元，占全市施工总产值的56.10%。2000年，萧山建筑施工企业施工市场已遍布除西藏外的全国各省、市、自治区。市第五建筑工程公司在承建水泥工业建筑中采用先进的滑模工艺，使施工市场在省内新型干法水泥工业建筑中占到90%左右，并进入安徽、山东、江西、江苏、福建、四川、重庆、湖北、湖南、陕西、广东、云南等省、市施工。2000年，萧山全市创市外施工产值33.57亿元，占全市建筑施工总产值的55.74%，其中出省产值10.05亿元。

第二节　建筑质量管理

设计质量管理

1987年4月1日，萧山建筑设计院根据《浙江省城乡建设建筑工程设计质量检查评定办法（试行）》，建立设计质量评分制度，对202个设计项目（其中土建137项，水、电65项）抽样自查，全部合格，并有60%以上项目达到优良设计标准。是年10月，该院在完善以室（队）为主的经营承包责任制基础上，制订“技术管理制度”和“生产技术岗位责任制”。1988年7月，市城乡建设管理部门组织工程技术人员对全市5个工民建设计院（室）10个竣工项目的设计质量进行抽查，对存在问题提出批评和意见。同时确定从8月份起，所有临街建筑和重点建设工程均采取由设计单位提供两个以上设计方案进行会审批准的办法，以改变城厢镇临街建筑单调无特色的现状。1989年11月，市政府制定萧山城区住宅设计标准的若干暂行规定，对住宅建筑间距、层数、层高、进深、住宅环境、住宅空间、住宅设施等作具体规定和要求。是年，萧山建筑设计院与中国建筑科学研究院、浙江大学建筑设计研究院等科研机构合作，实施CAD技术，配备PKPM系列建筑、结构设计软件。1990年9月22日，萧山市计划、建设管理部门要求所有新建工程设计应进行抗震设计，尚未开工的新建工程项目，原设计单位应增做抗震设计。1991年12月14日，市城乡建设管理部门举办90年代住宅设计、建设研讨会，提出住宅建设要求达到“标准不高水平高、面积不大功能全、占地不多环境美”。1994年10月1日起，实行勘察设计成果报告和图纸专用章制度。1996年6月，市城乡建设管理部门制定城市建设若干技术规范，对城市道路（包括城市主、次干道）两侧的建筑物后退、建筑间距、住宅建设的公共服务配套设施等作了详细规定。是年起，市城乡建设管理部门逐步对萧山境内所有建设工程施工图、设计文件实施审查制度。1997年7月，市城乡建设管理部门规定，所有新建住宅工程统一使用厨房排放系统，设计单位做好设计选型工作。1999年6月，市城乡建设管理部门转发省建设厅、省计划与经济委员会批准实施的《浙江省城市住宅建筑设计标准》，规定普通住宅套型面积标准。

表15—5—339　1999年普通住宅套型面积标准

单位：平方米/套

类　别	使用面积	建筑面积
一　类	41～49	55～65
二　类	49～56	65～75
三　类	56～63	75～85
四　类	71～82	95～110

材料质量管理

1966年，萧山建筑公司始创成功低碳冷拔丝预应力混凝土中小预制构件之后，混凝土中小构件应用日益普及。至1986年，萧山预制构件有多孔板、桁条等11个品种。1998年，全市生产水泥预制构件1200余万立方米。为保障建筑工程的质量，市城乡建设管理部门对使用冷拔丝预应力混凝土构件等建筑材料进行严格管理。是年7月，决定在多层建筑中禁止使用混凝土圆孔板。1999年起，在萧山建设工程中实行“预应力圆孔板使用认证”和“建筑门窗、建筑幕墙生产许可证”制度，禁止使用落后工艺生产的各种建筑构件材料。

施工质量管理

管理体系　50年代，建筑工程质量管理沿用传统的方式，由“把作师傅”负责掌管。60年代后，靠设计单位和施工单位合作把关。80年代始，萧山建筑工程质量管理渐趋规范。90年代始，萧山全市四级以上施工资质建筑企业均建立“纵到底、横到边”的质量管理网络：上至公司、中至工程处、下到班组和每个单位工程都建立质量管理组织，制定具体质量管理目标，对施工阶段、竣工验收、回访保修各个环节质量进行控制；并在建筑施工企业中开展争创“全优”工程活动。1995年，改为争创“湘湖杯”优质工程。1999年3月，对创优工程由原先的事后评审转为从基础施工开始的跟踪检查，以确保优质工程内在质量。

管理制度　1985年2月，萧山县建筑工程总公司对进杭施工企业制定《创全优工程奖惩暂行办法》，创全优工程或优质工程项目，按竣工建筑面积给予不同程度的奖励。奖励基金从进杭建筑企业承接的包工包料工程中收取，每平方米0.30元。1986年10月，县城乡建设管理部门颁发《萧山县建筑安装工程质量检验、评定和奖励办法实施细则》。1992年初，制定《萧山市防治建筑安装工程质量通病的若干规定》，使萧山建筑工程质量管理由事后评审转到事前防微杜渐。1995年5月，市政府出台得奖创优政策：创出市级（萧山市和地市级）优质工程的建筑企业奖励1万元；创出省级优质工程的奖励2万元；创出部级优质工程、优质样板工程的奖励5万元～10万元；创出国家“鲁班奖”优质工程的奖励50万元。1998年4月，市城乡建设管理部门制定《萧山市建筑工程结构优质奖评选办法（试行）》，鼓励建筑施工企业树立名牌意识，争创优质结构工程。1999年，萧山建设工程实行“预应力圆孔板使用认证”和“建筑门窗、建筑幕墙生产许可证”制度，禁止使用落后工艺生产的水泥、平板玻璃和无证生产的建筑材料。2000年，市城乡建设管理部门制定开工建设工程实行竣工验收备案管理制度，建设工程完成，未经验收实行备案，建设单位不得投入使用；从制度上明确建设、设计、监理、施工四方主体对工程质量的终身责任。

第三节　建筑安全管理

1978年，全县各建筑施工企业均按规定建立和完善安全专职机构。1982年始，建立和健全安全生产责任制。四级施工资质以上建筑企业配备专职安全人员。1989年，市城建局、劳动局、检察院、二轻总公司、乡镇工业局共同组成安全检查组。1997年8月，建立萧山市建筑工程安全监督站，萧山建筑安全工作纳入专业管理轨道。市城乡建设管理部门专职抓安全生产。各建筑施工企业均建立以经理为主的安全生产领导小组，配备专职安全人员；各工地有兼职安全员，形成一个横向到边、纵向到底的安全生产管理网络。

管理规章

1989年，萧山建设工程施工单位开展“争创全面安全合格班组”活动。1990年初，市城乡建设管理部门制定建筑施工安全检查对照表和建筑工地安全检查验收评分表，建筑施工安全检查有统一标准和方法。1992年，市城乡建设管理部门制定萧山建筑安全生产监督管理办法，并编写《建筑业安全生产标准化管理培训教材》。1995年，市城乡建设管理部门编印《萧山市外来建筑施工人员安全教育培训教材》。1998年4月，全市建筑企业开展“文明施工、安全生产标准化样板工地”（简称“双达标”）活动。8月，市建筑工程安全监督站对建筑工地文明施工实行动态监督、分类挂牌制管理，文明施工、安全生产好的工地挂红色优胜牌，不合格的挂黄色警告牌。9月，市城乡建设管理部门出台《萧山市市政公用工程文明施工安全标准化现场管理规定（试行）》。全市建筑工地文明施工实行分类分级管理，城市规划区和经济技术开发区列为一类地区，实施A级标准管理，其余地区实施二类地区B级标准管理。

1999年，市城乡建设管理部门制定《萧山市建筑工程安全生产等级评定办法》。2000年，萧山建筑工程工地全面推广使用型钢井字架、龙门架和钢管脚手架，淘汰钢管扣件井字架和毛竹脚手架。

标准化工地

1988年9月，市城乡建设管理部门在宁围建筑公司承建的省水电二处施工工地召开安全生产现场会并观摩井字架吊篮防坠装置操作表演。1989年10月，宁围建筑公司承建的杭州万向节厂施工工地安全设施齐全、现场整洁文明，第四次被评为省“百日安全生产活动”先进单位。1990年10月，袁江建筑公司承建的回澜住宅小区3号楼工地被评为杭州市百日安全生产活动先进工地。1991年，萧山市第二建筑工程公司、萧山市城南建筑工程公司被评为杭州市“百日安全生产活动”先进企业。是年，萧山市第二建筑工程公司承建的杭州丝绸炼染厂染丝大楼工地、萧山市城北建筑工程公司承建的萧山市建设银行工地、萧山市人民医院综合楼工地被评为杭州市“百日安全生产活动”先进工地。至2000年，创建文明施工安全生产标准化工地319个。

第四节 工程监理管理

1993年10月，浙江大学建设监理公司承接萧山银河公寓工程的监理业务。1994年12月，市城乡建设管理部门同意萧山境内桩基工程可由业主委托杭州市城乡建委核准的社会监理机构或萧山市建筑工程质量监督站进行监理。1995年7月，组建萧山市工程建设监理事务所。9月，市城乡建设管理部门作出《关于推行建设监理工作的暂行规定》，萧山建筑工程质量管理与国际接轨，正式开始推行工程监理制度。

1997年7月，对进一步规范工程建设监理作出若干规定：凡市重点工程、政府投资200万元以上的市政公用工程，单位建筑面积5000平方米以上，新建（含旧城改造）工程2万平方米以上的住宅小区，“三资”建设项目，桩基和地下室基础工程（含人民防空工程），必须推行监理；监理合同应采用《浙江省工程建设监理合同》标准文本；并明确监理是施工阶段的全过程，不能只搞主体或结构工程的阶段性监理；反对合作监理和形象监理；从事监理工作的人员实行挂牌上岗，未经过监理培训的技术人员不能上岗；监理单位应按照“公正、独立、自主、诚信”的原则开展监理工作，及时积累监理资料，定期向建设单位报告监理情况；市质量监督站应加强对监理工程的监督管理。1999年8月，市城乡建设管理部门行文要求严格按监理单位资质等级承接监理业务，并实行总监负责制；为强化质量监测手段，施工现场配备常规必备的监测设备、仪器，禁止转包监理业务；监理人员不得参与经营工程建筑材料和设备，不得接受施工单位的贿赂；在工程建设监理中建立起奖优罚劣、争创先进的良好行业风范。同时，颁发《工程建设监理人员工作守则》。

2000年5月，市城乡建设管理部门就监理工作质量随机突击抽查16个工程的监理单位，对3个监理单位的4个监理项目予以通报表扬；对2个监理单位通报批评。2000年，有建设工程监理单位15家，其中批准允许进萧承接监理业务的市外监理单位14家。是年，受监理工程16个，建筑面积20万平方米。

第五节 优质建筑工程

1983年，萧山建筑工程公司先后建成8个全优工程，建筑面积2万余平方米。至1985年，全县共创全优工程118个，建筑面积20.43万平方米。1988年11月，萧山城北建筑分公司（萧宏市政工程公司前身）

参与施工的杭州西湖引水工程被浙江省计划经济委员会评为省优质工程。1989年，城北建筑工程公司承建的萧山农资公司综合楼等18个工程被评为萧山市优质工程，建筑面积4.69万平方米。

1990年，萧山市第二建筑工程有限公司承建的杭州钢铁厂87—1型住宅第129幢工程2253平方米建筑面积被评为杭州市首届“西湖杯”优质工程，为萧山市首创。是年，全市有29家建筑施工企业创建优良工程120项，建筑面积27.51万平方米。1993～1994年，萧山市第二建筑工程有限公司在上海文教及住宅工程施工中，先后两次获得上海市建筑质量最高奖——“白玉兰杯”优质工程。1994年，萧山市政工程公司承建的杭州祥符水厂水源保护二期工程，被评为浙江省“钱江杯”优质工程，为萧山首次获得。同年，甘露建筑公司承建的绍兴浙纸一条街获首届绍兴市十大优秀建筑称号。1995年，义盛建筑工程公司承建的义盛中学办公综合楼和城南建筑工程公司承建的杭州钱江外商台商投资区江南管委会办公楼，为萧山首批“湘湖杯”优质工程。至2001年3月，萧山建筑施工企业共创优良工程990个，建筑面积435.13万平方米，创优率44%。

表15—5—340　1994～2000年萧山市建筑施工企业获浙江省“钱江杯”优质工程

工程名称	创建年份	创建单位
杭州祥符水厂水源保护二期工程	1994	萧山市政工程公司
浙江经济专科学校图书馆	1996	萧山建筑工程公司
嘉兴冶金高等专业学校图书馆	1996	萧山建筑工程公司
杭州市左家公建回迁房4号楼	1997	萧山建筑工程公司
浙江金马饭店	1997	萧山市第二建筑工程有限公司
杭州市财税大楼	1997	萧山市建筑实业公司
浙江中丽大厦	1997	萧山市建筑实业公司
杭州市御跸弄B组3号楼住宅	1998	萧山市建筑工程公司
萧山市火车站邮政大楼	1998	萧山市第二建筑工程有限公司
杭州市卖鱼桥小区M18号住宅	1998	萧山市新街建筑工程有限公司
杭州市红石板小区12号楼住宅	1998	萧山市新街建筑工程有限公司
杭州市电力调度综合楼	1999	萧山市建筑实业公司
杭州市拱北小区R3组团1～9号楼	1999	萧山市新街建筑工程有限公司
萧山市人民广场	2000	萧山市市政园林建设总公司
萧山市供电局瓜沥供电所综合楼	2000	浙江萧山建工集团有限公司
杭州汽车北站	2000	浙江华成建设实业有限公司
拱北小区R2组团10号楼住宅	2000	萧山市新街建筑工程有限公司
社区学院图书馆	2000	浙江宝盛建筑工程有限公司

表15—5—341　1990年1月至2001年3月萧山市建筑施工企业获杭州市“西湖杯”优质工程

工程名称	创建年份	创建单位
杭州钢铁厂129幢	1990	萧山市第二建筑工程有限公司
杭州电化总厂资料档案楼	1992	萧山市第二建筑工程有限公司
杭州长庆小区三期26号住宅工程	1992	萧山市新街建筑工程公司
东岱珠宝商行	1995	萧山建筑工程公司
杭州下沙5号渠	1996	萧宏市政工程公司
杭州“八五”供水应急工程	1996	萧宏市政工程公司
杭州大关污水处理厂	1996	萧宏市政工程公司

续表

工程名称	创建年份	创建单位
杭州市红石板11号住宅楼	1996	萧山市新街建筑工程有限公司
杭州市财税大楼	1996	浙江萧山建筑实业公司
杭州米市巷14号住宅楼	1997	萧山市第二建筑工程有限公司
杭州市竹竿巷25号楼	1997	萧山市闻堰建筑工程公司
杭州市复兴路改建工程	1997	萧山市市政工程公司
杭州市邮政局3号住宅楼	1998	萧山市第二建筑工程有限公司
杭州安居工程R6组团J组1号楼	1998	浙江中强建工集团有限公司
杭州市电力调度综合楼	1998	浙江萧山建筑实业公司
杭州市红石板小区一期19号楼	1999	萧山市新街建筑工程有限公司
杭州中河中学教学办公楼	1999	萧山第五建筑工程有限公司
浙江大学求是村住宅1号楼	1999	萧山市闻堰建筑工程公司
萧山市第三水厂	1999	浙江萧峰建筑工程有限公司
萧山中医院病房大楼	1999	萧山市第二建筑工程有限公司
萧山地税局城厢办税楼	1999	萧山市第二建筑工程有限公司
杭州竹竿巷小区13号住宅	1999	萧山市建筑工程公司
杭州三塘村居住小区R6组团丁组1号楼	1999	浙江中强建工集团有限公司
杭州汽车北站	1999	浙江萧山建筑实业公司
萧山市人民检察院办公大楼	2000	萧山市第二建筑工程有限公司
杭州市人民中学教学楼	2000	萧山市第五建筑工程有限公司
临安天目高级中学实验楼	2000	萧山市第五建筑工程有限公司
浙江省证券交易市场	2000	浙江中强建工集团有限公司
杭州下城房产公司竹竿巷13号楼	2000	浙江萧山建工集团有限公司
古荡小区R3—8号住宅	2000	萧山闻堰建筑工程公司
定安苑5号住宅	2000	萧山闻堰建筑工程公司
杭州市红石板小区二期3号住宅	2000	萧山市新街建筑工程有限公司
叶青苑R5组团4号住宅	2000	萧山市新街建筑工程有限公司
杭州清江会议服务中心	2000	浙江华成建设实业有限公司
杭州炮台小区4号楼	2000	萧山市第二建筑工程有限公司
杭州城市花园酒店室内装饰工程	2000	萧山市建筑装饰实业公司
萧山市人民检察院办公楼装饰工程	2000	萧山市建筑装饰实业公司
浙江大学华家池2号楼	2001	浙江闻堰建筑工程有限公司
浙江大学华家池3号楼	2001	浙江闻堰建筑工程有限公司
杭州望江山老年公寓	2001	浙江萧山建工集团有限公司

表15—5—342 1992年1月至2001年3月萧山市建筑施工企业获外省、市优质工程

工程名称	优质杯名称	创建年份	创建单位
上海第六毛纺厂染整车间	杨浦杯	1992	萧山市第二建筑工程有限公司
绍兴望花畈37号住宅工程	兰花杯	1992	萧山县前进乡建筑工程公司
上海南洋中学教育楼	白玉兰杯	1993	萧山市第二建筑工程有限公司
绍兴东风酒厂万吨灌酒车间	轻纺城杯	1994	萧山第五建筑工程公司
绍兴邮电局城东分局电信综合楼	兰花杯	1994	萧山市第二建筑工程有限公司
上海清涧新村六坊街（住宅街坊）	白玉兰杯	1994	萧山市第二建筑工程有限公司
上海汇众汽车技工教学楼	东方杯	1995	浙江萧山建工集团有限公司

续 表

工 程 名 称	优质杯名称	创建年份	创 建 单 位
上海苏艺绣品厂	白玉兰杯	1996	萧山市第二建筑工程有限公司
绍兴、上海集成房产公司谢家宅高层住宅	东方杯	1996	萧山市第二建筑工程有限公司
绍兴中国轻纺城大酒店室内装饰工程	兰花杯	1996	萧山建筑装饰实业公司
上海市杨浦区住宅办固定45号层	杨浦杯	1996	萧山市农垦建筑工程公司
轻纺城黄酒城19号仓库	轻纺城杯	1996	萧山第五建筑工程有限公司
嘉善二中科技综合楼	南湖杯	1997	杭州萧山党山建筑工程有限公司
嘉善县邮政局邮政大楼	泗洲杯	1997	杭州萧山党山建筑工程有限公司
上海市清涧小区三街坊3号楼	白玉兰杯	1998	萧山市第二建筑工程有限公司
上海市清涧小区三街坊4号楼	浦江杯	1998	萧山市第二建筑工程有限公司
上海市中科院技物所综合楼	浦江杯	1998	萧山市第二建筑工程有限公司
上海市同济大学城市污染治理研究中心	浦江杯	1998	萧山市第二建筑工程有限公司
同济大学西南8楼A幢	浦江杯	1999	萧山市第二建筑工程有限公司
嘉善县政府机关大楼	南湖杯	1999	萧山市第二建筑工程有限公司
德清邮电局大楼装饰工程	飞英杯	1999	萧山市建筑装饰实业公司
上海大众三期冲压车间钢结构工程	金钢奖	1999	浙江东南网架集团有限公司
上海市建青实验学校综合楼	浦江杯	1999	杭州党湾建筑工程有限公司
上海金天房产公司金鸿苑3号房	虹口杯	1999	浙江萧山建工集团有限公司
上海广电房地产公司金星苑12号高层住宅	白玉兰杯	1999	萧山市第二建筑工程有限公司
上海广电房地产公司金星苑3号高层住宅	浦江杯	1999	萧山市第二建筑工程有限公司
富阳市人民医院综合楼装饰工程	富春杯	2000	萧山市建筑装饰实业公司
上海华阳路小学教学楼	浦江杯	2000	杭州党湾建筑工程有限公司
上海欧特电器有限公司厂房钢构工程	金钢奖	2000	浙江东南网架集团有限公司
上海虹康花苑12号地块群体	白玉兰杯	2000	浙江萧山建工集团有限公司
上海公成建设龙柏西郊公寓	浦江杯	2000	萧山市第二建筑工程有限公司
上海普衡房产曹杨新路2号楼	白玉兰杯	2000	萧山市第二建筑工程有限公司
上海松江县邮电大楼	白玉兰杯	2000	萧山市第二建筑工程有限公司
上海金星苑1号、2号住宅	白玉兰杯	2000	萧山市第二建筑工程有限公司
上海金星苑小高层住宅3号楼	浦江杯	2000	萧山市第二建筑工程有限公司
上海同济大学西南8楼学生公寓B号、C号房	杨浦杯	2000	萧山市第二建筑工程有限公司
秦山第三核电生活区84、85、86幢	秦山杯	2000	浙江华成建筑实业有限公司
如意花园二期一号楼	富春杯	2000	浙江汇宇营建集团建筑营造有限公司
松阳国税局办公办税综合楼	九龙杯	2000	浙江中强建工集团有限公司
宁海第一医院门诊楼室内外装饰工程	甬江杯	2001	萧山市建筑装饰实业公司
秦山核电南苑18号楼	秦山杯	2001	浙江华成建筑实业有限公司
海盐交警大队综合楼装饰工程	南湖杯	2001	萧山市建筑装饰实业公司
海盐市第一人民医院门诊楼装饰工程	南湖杯	2001	萧山市建筑装饰实业有限公司
桐乡银元大酒店室内装饰工程	南湖杯	2001	萧山市建筑装饰实业有限公司
上海武宁南路1号	静安杯	2001	浙江萧山建工集团有限公司
上海武宁南路2号	静安杯	2001	浙江萧山建工集团有限公司
如意大厦（富阳）	富春杯	2001	浙江汇宇营建集团建筑营造有限公司

第六章 房地产开发

清末民初，房地产业在萧山萌生。中华人民共和国成立后，房地产业按计划由国家、单位开发建设。1980年试行住宅商品化，组建县住宅经营公司，专业从事住宅房开发建设。1984年住宅建设实行“综合开发，配套建设”方针后，房地产开发兴起。1992年6月，市政府制订《萧山市城镇国有土地使用权出让和转让实施办法》(萧政〔1992〕59号)，房地产业循入市场化运行轨道。1998年，市政府出台促进房地产业发展诸多政策，一批实力雄厚的民营企业加盟房地产业，萧山房地产业进入快速发展时期，成为萧山经济的一大支柱产业。2000年，房地产增加值92098万元，占全市国内生产总值的4.40%；实现房地产税收1.74亿元，占当年全市地方财政收入的21.28%。

第一节 开发队伍

1980年11月，组建萧山县住宅经营公司，专业从事住宅房开发建设。1984年，全县房地产开发企业4家。后，镇村房地产开发兴起。1988年，房地产开发企业增至9家，注册资金共计1474万元。1992年，萧山市商业房地产综合开发公司（后更名杭州泰和房地产开发有限公司）、萧山市城建房产开发有限公司、萧山市湘湖房地产开发有限公司等企业建立。全市房地产开发企业增至14家。1994年12月，杭州钱江综合开发总公司组建浙江华通物业开发集团有限公司，成为浙江省首家从事房地产开发的国有独资集团公司。是年底，萧山市级房地产开发资质企业17家。同时，先后组建杭州爱迪尔实业发展公司、杭州太平洋房地产建设有限公司、萧山丽都房地产开发有限公司、通惠房地产开发公司、龙发大厦房地产公司和万事达房地产开发公司6家项目公司。1995年，与港商合资的杭州明华置业有限公司开发明华花园；港商独资的杭州美时年房地产开发有限公司开发新世纪广场。1998年，实力较强的民营企业加盟房地产开发，先后组建浙江众安房地产开发有限公司、浙江绿都房地产开发有限公司、杭州开元房地产有限公司、浙江中强建工集团房地产开发有限公司等。2001年3月，全市具备开发资质的房地产公司41家（不含注册地未在萧山的房产企业），其中二级3家、三级14家、四级5家、五级14家、暂定级1家、项目级4家，注册资金51820.60万元。

表15—6—343 2001年3月萧山市四级资质以上房地产开发企业

公司名称	资质等级	成立时间	注册资本（万元）	有技术职称人员总数（人）	高级	中级	初级
浙江汇宇营建集团有限公司	二级	1984—10	3360	28	0	13	15
浙江萧峰实业集团有限公司	二级	1984—12	4733	176	6	68	102
萧山城建房产开发有限公司	二级	1992—08	2000	18	1	9	8
萧山房地产开发有限公司	三级	1984—12	1000	13	0	6	7
杭州泰和房地产开发有限公司	三级	1992—05	800	25	0	8	17
萧山湘湖房地产开发有限公司	三级	1992—12	500	15	0	5	10
杭州万国房地产公司	三级	1993—01	518	13	0	4	9

续 表

公 司 名 称	资质等级	成立时间	注册资本（万元）	有技术职称人员总数（人）			
					高级	中级	初级
萧山银河房地产开发有限公司	三级	1993–03	1000	16	1	10	5
浙江江南房地产开发有限公司	三级	1993–09	1000	19	0	10	9
萧山振亚房地产有限公司	三级	1994–01	1000	12	0	8	4
萧山房地产实业总公司	三级	1994–04	1000	15	0	6	9
萧山丽都房地产开发有限公司	三级	1994–12	1000	17	2	7	8
杭州钱江综合开发有限公司	三级	1994–12	1000	9	0	2	7
萧山之江房地产有限公司	三级	1995–07	1000	10	0	6	4
萧山交通房地产开发有限公司	三级	1998–11	518	10	0	5	5
萧山金城房地产有限公司	三级	1999–01	500	18	0	7	11
万向集团房地产开发公司	三级	2000–12	1000	10	0	9	1
浙江金马集团房地产开发有限公司	四级	1992–11	638	6	0	3	3
萧山临浦城乡建设综合开发有限公司	四级	1998–07	2060	11	0	4	7
萧山瓜沥房地产开发有限公司	四级	1998–07	510	9	1	4	4
浙江中强建工集团房地产开发有限公司	四级	1998–11	500	17	0	6	11
萧山永翔房地产开发有限公司	四级	1999–12	500	6	0	3	3

注：本表按级别、建立时间排列，不包括未在萧山注册的企业。

第二节　开发管理

1980年，萧山房地产开发兴起后，萧山城乡建设管理部门根据国家及省市有关政策精神，制定并实施了一系列规章制度，加强对房地产开发资质、市场、售房经营行为等的管理与监督。至2000年，萧山房地产开发规范、有序进行。

资质管理

1989年，市城乡建设管理部门首次对全市的商品房开发公司进行资质审查，确认资质等级的7家（其中二级2家、三级2家、四级3家），暂定级2家。1990年，全市房地产开发经营公司清理整顿，保留萧山市城市建设综合开发公司和袭江综合开发公司为二级资质，城南综合开发公司为三级资质，市房地产开发公司为四级资质，取消资质5家。1996年1月，镇乡房地产开发经营公司资质挂靠市房地产开发公司，定为四级。1997年5月起，对房地产企业的升级、降级、撤销、合并，一、二级房地产企业由萧山市城乡建设管理部门初审，提出意见，报省建设厅审批；三、四级房地产企业由萧山市城乡建设管理部门审批。三级以下（含三级）房地产企业资质由萧山市城乡建设管理部门年检，二级以上（含二级）房地产企业由萧山市城乡建设管理部门初审，报省建设厅审批。是年8月，市城乡建设管理部门对四级以上（含四级）房地产开发企业资质进行年检，合格、基本合格13家，基本合格项目公司3家。1998年7月1日，原挂靠资质停用。是年，临浦、瓜沥镇房地产开发企业被批准为四级开发资质，义盛、闻堰、坎山、头蓬、河庄5家镇乡房地产开发企业为五级开发资质。市城乡建设管理部门公布房地产开发企业资质年检结果：浙江萧峰实业集团有限公司、浙江汇宇营建集团有限公司、萧山市城建房产开发有限公司（原名萧山市城乡建设综合开发公司）3家为二级开发资质，市商业房地产综合开发公司等8家为三级开发资质，尚有7家三级开发资质的房地产开发企业增资后待定；浙江中强建工集团房地产开发有限公司等6家开发企业为四级（暂四级）开发资质，萧山市钱塘房地产开发有限责任公司等4家为项目资质公司。

市场管理

1992年，浙江中润房地产总公司、浙江莱茵达房地产有限公司、杭州时代房地产开发有限公司、浙江新钱塘实业发展有限公司和浙江联华房地产开发有限公司萧山分公司等10多家省、杭州市属开发企业进军萧山房产市场，浙江众安房地产开发有限公司、杭州万国房地产开发公司等赴江西、安徽等地开拓市场。1994年，中国房地产开发北京公司在萧山建立分公司，开发南江公寓。1999年5月，贯彻落实国务院《城市房地产开发经营管理条例》，所有房地产开发企业和在萧山进行房地产开发的非萧山市辖房地产开发企业（包括专营企业、兼营企业、项目公司），到市城乡建设管理部门领取《房地产开发项目手册》，由市城乡建设管理部门审验并统一编号、备案后发回各企业专人保管。新成立的房地产企业、非萧山市辖房地产开发企业经许可在萧从事房地产项目开发，于签订土地使用权出让合同或取得土地使用权批准文件后15天内，到萧山市城乡建设管理部门领取《手册》，填明开发企业基本情况、开发项目概况（包括立项、结转及目前在建进展情况等）。房地产开发企业在资质年检、申请资质升级、申请项目综合竣工验收、申请商品房预售许可证时，将《手册》送有关部门审查或核验。房地产开发企业在房地产开发项目综合验收合格后，将《手册》送市城乡建设管理部门统一存档。是年9月，市城乡建设管理部门根据国家、省市房地产开发有关规定和开发项目属地管理原则，对外地房地产开发企业实行项目备案登记：外省房地产开发企业进萧经省建设厅审核批准，并到市城乡建设管理部门办理开发项目备案登记；在萧进行房地产项目开发，要有固定办公地点和项目开发相应技术、管理人员；要严格执行国家、省有关房地产开发、经营的法律、法规，遵守萧山市的有关规定和接受管理。制止无开发资质、失效资质、超越项目开发资质的开发企业及借用他人开发资质进行房地产开发经营的行为。是年，浙江绿都房地产开发有限公司、杭州钱塘房地产开发有限公司、浙江省建发房地产公司、浙江明日房地产开发有限公司、浙江莱茵达房地产有限公司先后进萧备案登记开发房地产。2000年，浙江工信房地产开发有限公司、浙江中冠房地产公司、浙江六合盛房地产开发有限公司等进萧开发金城大世界、站前路房地产等项目；义乌市雪峰房地产开发有限公司在萧山建立萧山南洋分公司。是年底，进萧进行房地产项目开发的外地房地产开发企业19家。

项目管理

1996年5月，市计划、城乡建设、土地管理部门联合发文规定，房地产开发建设项目必须按基本建设管理权限审批，没有按规定报批的项目，银行不得发放贷款，土地管理部门不得办理用地手续，城建管理部门不得发放建设用地规划许可证和施工许可证。房地产开发公司在取得地块开发意向后，编制项目建议书，按隶属关系经主管部门初审后报市计划部门立项。项目立项后，房地产开发公司可据此办理规划选址、方案设计等前期工作，初步设计须报市计划管理部门组织市级有关部门论证、批复。初步设计未批准前，不能进行拆迁。初步设计批准后，房地产开发公司须向市计划部门申请年度建设计划。市城乡建设、土地管理部门将根据计划管理部门批复的年度建设计划予以办理规划定点、建设许可证和土地出让等手续。房地产项目不得结转，隔年作废。1997年12月，市城乡建设管理部门制定萧山市城市住宅小区（组团）竣工综合验收办法（试行），规定房地产开发企业对其所开发的住宅工程竣工后，需向市城乡建设管理部门申请综合验收。综合验收由市城乡建设管理部门组织规划、房地产、建工、市政园林、供电、给水、排水、环卫、消防、质量监督等相关管理部门进行。凡综合验收不合格的住宅小区

（组团）不得交付使用，房地产管理部门不得办理房产证。规定2万平方米以下的住宅小区（组团）一次性综合验收；2万平方米以上的经申请批准可分组团验收。开发单位如有未经综合验收或综合验收不合格的住宅小区（组团），或综合验收不合格后又超过期限未达到合格要求的，市城乡建设管理部门根据有关规定及程序给予处罚，情节严重的吊销资质证书。综合验收合格的住宅小区（组团）必须按批准的规划及设计要求全部建成并满足使用要求，住宅及各项公共配套及基础设施、消防、市政、绿化、环卫等单项工程全部验收合格，资料齐全；小区内没有违章建筑和应拆除的临时设施；施工机具和剩余构件等全部拆除并清运完毕，达到“场清路平”，各楼幢编号标志清楚；拆迁的居民已全部合理安置；住宅小区（组团）落实好物业管理单位。1999年5月，市城乡建设管理部门对综合验收管理办法作了修订。是年12月，萧山市建设、土管、财政部门联合发文鼓励开发建设高层住宅，规定高层住宅主体建筑占地面积部分免缴土地出让金（以招标、拍卖方式出让的土地除外），高层住宅建筑面积免缴城市基础设施配套费。

售房管理

1996年1月，萧山市城乡建设管理部门为规范商品房预（销）售行为，保障商品房买卖双方合法权益，根据《中华人民共和国城市房地产管理法》《浙江省房地产开发管理条例》，规定自3月1日起商品房预（销）售统一使用规定的规范文本，原商品房销售合同包括各开发公司自制合同均停止使用。个人购买商品房的，应填写《萧山市市区购买商品房申请表》，并注明商品房预售证号码，经市房地产管理部门审批同意，按规定缴纳税费后，方可签订商品房售房合同；未经审批自行出售商品房，由售房开发公司承担责任，并由市房地产管理部门会同有关部门依法查处。是年7月，市物价、城乡建设管理部门联合发文规定，凡有资格在本市境内从事开发经营商品房的单位，其开发建设商品房的基本价格必须报经市物价委员会会同市城乡建设局、市建设银行审核，并按规定申领商品房销售许可证后，方能上市向社会销售。同时规定开发经营单位为推销商品房而将房价任意压低，却将已计入商品房成本价格的费用从房价中拉出来另收，属违规行为。对房地产开发经营单位向购房者收取装潢押金也作了统一规定：装潢押金每户1000元；水、电费押金每户500元。收取押金的利息用于开发经营单位初次抄录水电表，结算水、电费及规范装潢物业管理等费用。装潢押金待住户装修完毕，经验收没有造成整体结构破坏者即予以全额退还；水、电费押金抵扣实用水、电费后多退少补。其余各类名目的押金一律不得收取费用。因装潢住房产生的废土、废砖等建筑垃圾，如由开发经营单位代为处理清运的，另行向购房者收取费用。2000年12月，市物价、城乡建设、工商管理部门联合印发加强政府价和政府指导价销售商品住宅价格管理的通知，规定凡实行政府定价或政府指导价形式管理的商品住宅，一律按市物价管理部门文件批复规定执行。层次差价、朝向差价报经市物价管理部门核准。商品住宅委托中介机构代理代售，不得以任何名义加价销售。没有批准领取商品房预售许可证的，不得上市预售；不符合预售条件，与有购房意向的购房者签订协议，不得收取订金、定金、预售房价款。在规定售价范围内，允许开发经营单位自行采取一次性买断形式或预售价形式作价销售，采取一次性买断价形式销售的商品住宅，用书面协议（合同）约定条件固定商品住宅买卖关系；商品房竣工交付的实际结算价格与预售价格相一致，确因结构变更或政策性税费标准调整而执行原定价格有困难的，可以在预售价的10%内进行调整，但需报有关部门审核批准后执行；反之，商品住宅价格则应相应调低，多收房价款应退还给购房者。凡属政府定价管理的安居工程、解困房和经济适用房售价，须待房屋竣工验收合格后，报有关部门审核批准后执行。如属拍卖形式取得土地使用权开发建设的，实行市场调节价，开发经营单位可按一次性买断价形式自行作价销售；列入商品住宅成本范围的建设区内配套设施项目不得减少或降低标准。区内配套设施建设费用必须单独建账，专款专用，不得转为经营性收入。价格执行情况实行追踪检查，自行提价销售、擅自在价外立项收费及超规定标准收费，随意减少区内配套项目、降低配套标准的，必须在规定期限内清退给购房者；不清退的，一律收缴财政；违价情节严重的，予以罚款处理。

第三节　开发建设

住宅建设

中华人民共和国成立前，萧山城镇民居一般为一、二层建筑，大多结构简陋，且有少部分草舍。1949年，萧山城镇居民人均居住面积6.10平方米。

中华人民共和国成立后，重视住宅建设，70年代始，地方财政和企业事业单位逐年增加对住宅建设的投资。1978年，实行统一规划、统一投资、统一设计、统一施工、统一分配、统一管理（简称“六统一”，下同）建设城镇住宅。1984年始，结合市政建设和旧城改造，采用“统一规划、统一征地、成片建设、综合开发”形式建设公共设施配套的住宅区。1993年住宅建设商品化后，先后推出经济适用房、廉租住房等，不断改善城镇居民居住条件和居住环境，提高人民生活质量。2000年末，萧山城镇居民住宅面积378.83万平方米，人均居住面积17.80平方米。

常规建设　50～70年代，萧山城厢镇居民住房为安置性质，由房管部门和单位负责分配、管护，住宅面积小，有的几代同堂。1958～1984年，由地方财政拨款和房管部门自筹资金新建居民住宅面积11.40万平方米，分配给无房户、不方便户、拥挤户等。其中，1978～1979年，实行“六统一”建设城镇住宅，省市属、县属全民和集体单位及侨眷28家，集资116万元，新建住宅面积2.11余万平方米，解决住房困难户400余户。至1985年，城区成功改造周家河头、包家弄、里横河3个旧居民点，新建高桥、崇化等新居民区。全国第一次城镇房屋普查资料显示（1985年6月30日为普查标准时间），城厢、临浦、瓜沥、坎山、西兴、长河、闻堰、义桥8镇和浦沿化学工业区的住宅面积163.51万平方米，其中成套住宅26019套，建筑面积32.01万平方米，占总住宅面积的19.58%；人均居住面积7.32平方米，其中人均居住面积8平方米以上的住户占50%。1987年，为解决大龄青年结婚用房，房管部门首次建造“鸳鸯楼”1000平方米，使33对新婚夫妇住进新房。同时，国家、集体和个人多渠道集资建设住宅，1993年，市政府投资1.95亿元，开建北干一苑、二苑两个安居房住宅区。杭州民生陶瓷厂职工集资联建住宅小区等。1998年，竣工住宅3054套，平均每套面积98.86平方米；兴建全市第一个高层住宅小区——万向城市花园，户型面积130平方米～200平方米。城镇居民住房由安置型转向舒适小康型，不少居民住上豪华型小康住宅。2000年，全市城镇居民住宅自有率达98%，基本实现户均一套房的目标。

住宅区建设　1984年，萧山首个上规模的商品房住宅小区——高桥住宅区建成，竣工面积2.33万平方米。后，陆续兴建崇化、金家桥等住宅小区。1990年后，新桥、回澜、育才、北干、潘水、银河、南市等住宅小区先后建成。1995年2月，萧山第一个经济适用房项目——北干二苑新安公寓动工兴建。是年12月，省级住宅示范小区——银河小区一期动工。该小区依河而建，江南水乡式住宅，高低错落，进展有序；坡顶、粉墙等江南民居符号，组成丰富的建筑外貌；6000平方米的中心绿地，品位典雅的园林设计，以及60平方米～180平方米几十种户型安排，满足明厅、明卫、明卧及采光通风等现代化居室人性化要求。1998年，萧山居民住宅建设向高层发展。1999年开建的泰和花园，体现人、环境、建筑的和谐相融。被称为萧山第三代居住小区的城中花园、时代广场和绿都世贸广场及国泰花园、开元名都等高档楼盘，集商贸、居住、办公于一体，其设计、环境、建筑风格品质广受市民称赞，提升了萧山的城市品位。至2000年，萧山建筑面积2万平方米以上的已建、在建住宅楼盘有62个，面积4050930平方米。1985～2000年，累计完成住宅建筑面积3765021平方米。

表15–6–344　2000年萧山市建筑面积2万平方米以上住宅小区情况

项目名称	项目所在地	占地面积（亩）	建筑面积(平方米)	开工时间	交付时间
高桥住宅区	道源路北	238.00	293148	1984–01	1996–12
高桥住宅区	道源路北	20.23	22078	1984–08	1996–12
崇化住宅区	仙家里村	333.93	361500	1985–02	1994–11
东灵苑	瓜沥镇东灵路旁	29.46	31905	1988–10	1990–02
新桥园	拱秀路北	78.20	75000	1989–01	1993–12
回澜小区	回澜路两侧	82.50	90000	1991–02	1999–03
新桥园	拱秀路北	19.80	21880	1991–08	1993–05
潘水苑	南门村	175.50	186500	1992–07	2000–10
东藩苑一期	临浦镇东藩路东	20.00	35097	1992–11	1993–12
商城西村	商业城内	29.00	40000	1992–12	1996–02
金城花园	萧然东路392号	27.10	43618	1993–01	2001–01
回澜北园	文化路北	168.30	218000	1993–03	2001–05
育才东苑一组团	徐家河村	31.95	31225	1993–05	2003–10
北干一苑	北干一苑居住区	107.00	105000	1993–09	1995–06
余家弄小区	余家弄	9.98	20717	1993–09	1995–09
市北集体公寓	建设一路	52.30	59680	1993–12	1995–12
回澜南园	育才路东	24.68	27000	1994–01	1995–11
绿茵园	原弹簧厂地块	30.00	31600	1994–01	1996–07
联华新村	北干一苑居住区	35.25	33000	1994–01	1996–09
南江公寓	南门江西侧	31.08	46000	1994–01	1997–12
学士桥公寓	育才路东侧	12.25	32519	1994–06	1999–01
北干二苑山阴小区	山阴路北	20.00	23000	1994–12	1996–03
北干二苑新安寓	山阴路两侧	45.58	62000	1995–02	1995–12
汇达小区	山阴路两侧	62.00	65000	1995–02	1997–01
商贸公寓	瓜沥镇	105.18	83888	1995–05	2000–10
银河小区	金惠路南	250.12	183345	1995–12	2002–12
南市花园	麻纺厂旧址	104.40	100150	1996–01	2000–01
丽都公寓	金家桥路北	12.76	24106	1996–01	2001–01
北干华苑	北干一苑居住区	15.00	22230	1996–07	1998–01
星都花园	星都居住区	25.00	59000	1996–07	1999–10
明华花园	宁围镇宁税村	46.61	37600	1996–05	1997–07
北干二苑新安园	北干二苑居住区	33.15	53530	1996–12	1997–08
金马公寓	通惠中路西徐家河村	28.50	26614	1996–12	2000–01
景苑公寓	原萧山酿造厂址	10.50	27000	1997–01	1998–12
商城花园	商业城南	74.00	33400	1997–01	2000–01
龙发综合楼	人民路	10.80	22190	1997–08	1999–04
东门公寓	原远翅公司旧址	27.15	41799	1997–08	2000–08
龙发花园	环城西路居住区	20.98	26800	1998–01	2000–02
万向城市花园	江寺路75号	13.10	32000	1998–01	2000–01
山北新苑	北干二苑居住区	33.20	32000	1998–03	1999–09

续　表

项目名称	项目所在地	占地面积（亩）	建筑面积(平方米)	开工时间	交付时间
众安花园	萧然东路东	26.70	51934	1998—06	2000—07
凯悦花园	山阴路南	28.35	21950	1999—01	2000—09
城建公寓	永久路东	32.17	27820	1999—01	2000—01
沁茵园	市心中路东	43.20	30800	1999—02	2000—11
育才东苑二组团	徐家河村	38.30	35672	1999—02	2001—06
育才西苑	梅花楼村	15.00	20000	1999—04	2001—01
星都花园	市心中路325号	6.00	23200	1999—04	2001—05
西山公寓	湘湖路18号	18.40	22900	1999—05	2000—10
时代广场	山阴路498号	34.25	59666	1999—05	2001—12
东藩苑二期	临浦镇东藩路东	41.10	47459	1999—06	2003—12
潘水南苑	联丰村	165.50	145600	1999—07	2002—12
老年颐乐园	南江公园南侧	50.00	28000	1999—10	2000—06
城中花园	市心中路645号	33.06	31108	1999—12	2001—07
泰和花园	南江公园南	185.52	212700	1999—12	2003—11
育秀园	原自行车配件厂	31.90	42000	1999—12	2003—03
西江塘小区	临浦镇西江塘	13.00	24466	2000—01	2000—08
城北新村	杭二棉北	8.50	23133	2000—01	2000—12
城中花园高层住宅	市心中路	11.60	23000	2000—06	2001—09
怡佳公寓	工人路东	22.02	21706	2000—06	2001—10
国泰花园	金惠路南	150.00	181697	2000—08	2005—12
金苑大厦	金城路南	22.14	30000	2000—10	2003—06
绿都世贸广场	市心中路	65.00	185000	2000—10	2003—10

注：本表以开工时间为序排列；“项目所在地”栏没有填镇名的，均为城区住宅小区。

非住宅建设

1984年后，房地产开发向非住宅建设拓展。一些房地产开发公司根据城市(镇)建设规划和住宅小区配套服务需要，经批准开发建设临街、临路商贸用房和写字楼等非住宅用房。1988年，全市竣工非住宅用房28900平方米。1992年后，政府支持第三产业发展，鼓励建设商业服务用房。1993年，全市新建非住宅用房54210平方米。1995年后，港商合资、独资的房地产开发企业和实力较强的市外房地产开发企业进入萧山房地产开发市场，房地产开发建设加快。港商独资的杭州美时年房地产开发有限公司动工开发新世纪广场，1998年6月竣工，总建筑面积38万平方米，其中大型商场、高级写字楼、地下停车库等10万余平方米。至2000年，全市竣工非住宅用房623809平方米。其中：1985～1994年竣工营业办公用房200769平方米；1995～2000年竣工营业办公用房364487平方米，其他非住宅用房58553平方米。

第四节　企业选介

浙江汇宇营建集团有限公司

二级开发资质，创建于1984年10月，前身为萧山县袁江住宅经营公司，是萧山最早成立的房地产开发企业之一，1996年组建浙江汇宇营建集团有限公司。至2000年，先后开发的商品楼盘有高桥住宅区、新桥园和回澜北园等，总建筑面积81.23万平方米。承建电信大楼、萧山商业城、萧山中学、萧山广播电视中心和萧山革命烈士陵园等重点工程。

浙江萧峰实业集团有限公司

二级开发资质，创建于1984年12月，前身为萧山县城南房屋建设开发经营公司，是萧山最早以房地产开发为主的企业之一。1988年1月改称萧山市城南建筑营造公司，1992年9月更名为萧山市城南综合开发公司，1996年10月成立浙江萧峰实业集团有限公司。下辖有房产开发公司、建筑公司、市政道路建设分公司、宁波房产开发分公司、天台房产开发分公司、水泥有限公司、锅炉制造公司、燃气有限公司等。先后开发崇化住宅区和潘水苑等楼盘，至2000年，共开发建设住宅建筑80.02万平方米。

杭州萧山城建房产开发有限公司

二级开发资质，创建于1992年8月，前身为萧山市城乡建设综合开发总公司，2000年4月转制，改名杭州萧山城建房产开发有限公司。至2000年，先后建设了苏家潭、育才东苑、南市花园和永久公寓等住宅小区，累计完成开发建筑面积27.26万平方米。

杭州泰和房地产开发有限公司

三级开发资质，1992年5月成立，前身为萧山市商业房地产综合开发有限公司，2000年12月转制，更名为杭州泰和房地产开发有限公司。先后开发建设商城西村、北干一苑、市心广场、城河公寓、泰和花园和萧山经济技术开发区厂房、老年颐乐园等工业、商场、住宅等项目。1993年11月建成的商城西村一期，为全市首次在商品住宅采用外墙面砖、铝合金外窗和户型面积超过100平方米的小区。至2000年，累计开发完成建筑面积42万平方米。

萧山银河房地产开发有限公司

三级开发资质，成立于1993年3月。先后开发了城北新村、银河小区、西仓弄小区、银河商务中心等住宅、写字楼项目。1995年开工的银河小区，是全省首批城市住宅示范试点之一。至2000年，共完成房地产开发建筑面积20余万平方米。

浙江莱茵达房地产开发有限公司

二级开发资质，创建于1994年，是进入萧山房地产市场的省级房地产专营企业（省级房地产专营企业注册地不在萧山），先后开发了山阴小区、永达小区、绿茵园、沁茵园、世纪名家家居广场等项目，总建筑面积16.55万平方米。其中建筑面积2.50万平方米的世纪名家家居广场是有专业特色的家居商场，为城市新区首个集商业、文化、娱乐、健身于一体的购物中心。

浙江众安房地产开发有限公司

三级开发资质，创建于1997年12月，是进入萧山开发房地产的省级专业公司。先后开发了心怡花园、国贸大厦和众安花园3个楼盘。2000年5月，国泰花园立项建设，是年11月被建设部列为国家首批康居示范工程。至2000年，累计开发建筑面积6.38万平方米。

浙江绿都房地产开发有限公司

二级开发资质，组建于1998年7月，系开发房地产的省级专业公司。开发城区玫瑰苑和绿都世贸广场等楼盘，成为萧山城市的标志性建筑。

第七章 房产市场

中华人民共和国成立前，萧山的房地产多系民间自由交易，有市无场，亦有一部分由经纪人中介经营，从中牟利。中华人民共和国成立初至70年代末，土地退出市场，房产开发减少，房地产市场一度萎缩。90年代初始，实施土地资源资本化，房地产开发多元化，健全房地产交易中心功能，制订房地产市场管理法规，加强房地产市场管理，逐步建立房地产产业体系、市场机制体系和政府调控体系，房改房开始上市，市民住房梯级消费和投资性购房兴起，推动萧山房地产市场较快发育、成长，实现了房地产二、三级市场联动发展。房地产中介市场和金融市场的形成，房屋租赁市场的活跃，又促使房地产市场更加兴旺。1985～2000年，共成交房产交易33358件，成交额441321.44万元，成交面积487.04万平方米，契税10651.99万元。

第一节 产权转让

民国时期，境内房屋产权转移已立有契税制度。中华人民共和国成立后，对民国时期的契税制度进行改革，简化税种。[①]1979～1986年，城区办理契税过户的旧私有房产交易171宗，建筑面积8850平方米，均价每平方米24.85元，契税1.32万元。城乡私房交易私下成交的亦不少。

1981～1986年，萧山城区出售商品住宅10.23万平方米，办理契税登记手续的只有0.10万平方米。1987年5月，萧山县房地产交易所开业，时为浙江省最早建立的县级房地产交易所之一。颁布《萧山县城镇房产交易暂行规定》，确定在全县建制镇和独立工矿区内均须按此《暂行规定》进行房产交易；房屋买卖、典当、赠与、交易等产权转移契税，委托房地产交易所代征。房产交易的价格，以县政府颁布的城镇私有房屋征购补偿标准为基价，再由交易双方协商确定。超过基价部分需征收超价费，并由卖方负担。

进入90年代后，房地产交易价格放开，成交价由买卖双方商定后，不再征收超价费。房地产交易所开办初期，经办的大多数是交易所成立之前原民间旧房屋买卖。1988年1月至1991年8月，房地产交易所共补办房产交易过户1333宗，占其间房产交易总数的68%。1992年后，全市商业网点建设加快，商业城和城区闹市区的营业用房出售较多。是年，个人办理房产交易手续1332宗，成交额4045.23万元。1993年，全市商品房开发升温，全年房产交易骤增至3484宗，成交额13788.05万元，收取契税487.70万元。

1994年，对房产交易契税实行税额补贴优惠政策，即按成交价6%的税率计征，向纳税人实征3%，另外3%由地方财政贴补。是年，办理房产交易3188

①1956年4月，县人民委员会规定：凡颁发房产证后转移产权者，须办理契证，由承受人缴纳买价的6%税款，须经房管部门查验证明，再行向财政科办理过户。从1957年起，房产交易办理过户，仅办理契证，未发放《房地产所有权证》等。后房产交易甚少，如有旧房交易，成交价每平方米在15元以下。“文化大革命”期间，房产交易基本停止。1978年始，全县各集镇统筹建房兴起，对一些在“统建”中被迁除的私房进行征购。1980年，县政府出台私有房屋征购价格，最高价每平方米32元，最低价每平方米12元。是年，县房管部门向供销社出售公房2.57万平方米，收回资金64.33万元，均价每平方米25元。1950～1984年，全县收取房地产交易金额164.33万元，契税9.86万元。1978年后，萧山城区的房产交易率先复苏和活跃。

宗，面积30.99万平方米，成交金额2.40亿元。1995年4月，市政府下发《关于放开市区成套商品房住宅销售的通知》，允许市区以外个人和单位在市区购买成套商品住宅。1996年元旦起，允许房改房上市，减免一系列税费，让居民卖旧房买新房享受政策优惠，刺激了房地产二、三级市场的互动发展。是年8月，萧山市房地产交易中心成立，集房产买卖、调换、房地产价格评估及房产抵押等多项业务于一身。全年办理房产交易3747宗，成交金额41580万元，成交面积40.68万平方米。1998年7月，放开市区住房二级市场，个人住房消费成为市场的主体。是年，办理房产交易2225宗，成交面积60.39万平方米，成交金额4.12亿元，收取契税2101.92万元。为促进房产交易，1999年8月1日始，买卖普通住宅实行营业税、契税政策优惠：个人购买并居住超过一年的普通住宅，销售时免征营业税；个人购买并居住不足一年的普通住宅，销售时营业税按销售价减去购入原价后的差额计征；购买自用普通住宅，契税率暂按1.5%执行；房地产开发企业销售1999年8月1日至2000年12月31日期间积压的空置商品房，可免征营业税，购房单位或个人可免征契税。

2000年，房产交易量大增，全年办理房产交易7973宗（其中二手房交易2201宗），成交面积143万平方米，成交额18.48亿元，收取契税2786.13万元。

表15－7－345　1985～2000年萧山市（县）房产交易情况

年　份	交易数（件）	成交金额（万元）	成交建筑面积（万平方米）	契税（万元）	住宅成交均价（元/平方米）
1985	105	20.00	0.42	1.20	47.80
1986	113	26.60	0.45	1.60	58.90
1987	111	38.33	0.56	2.30	68.28
1988	328	67.13	1.03	4.10	65.20
1989	656	243.30	2.64	13.72	92.30
1990	517	450.00	3.09	18.67	145.63
1991	690	962.80	4.22	54.02	228.15
1992	1332	4045.23	10.96	164.58	369.22
1993	3484	13788.05	20.63	487.70	668.40
1994	3188	24000.00	30.99	471.20	774.44
1995	2310	22000.00	17.33	629.06	860.75
1996	3747	41580.00	40.68	835.16	847.16
1997	3384	41600.00	49.75	976.29	1033.37
1998	2225	41200.00	60.39	2101.92	1119.68
1999	3195	66500.00	100.90	2104.34	1206.00
2000	7973	184800.00	143.00	2786.13	1292.31
合计	33358	441321.44	487.04	10651.99	906.13

注：1987～1991年期间的房产交易，68%交易件数为以前民间交易，属补办房产交易手续。

第二节　房屋租赁

民国时期，公产多为机关、社团、学校自行管理，免租使用。私房除出租和典租外，亦有包租、转租、分租、共租等形式。

中华人民共和国成立后，私房租赁一般通过经纪人介绍和双方商定。1965年，列入私房改造的住宅、非住宅租金，沿用原房主出租时标准，每平方米0.30元～0.60元，最低每平方米0.05元；不纳入改造的私人出租房，不准高价出租和收取“押租”。后，房屋租赁市场发生根本性变化，由私房为主转为公房为主。

1990年，全市60个行政事业单位的自管住宅统一移交房管部门管理，统一维修和收取租金。翌年，凡租用直管公房的住户实行租赁合同制。至年底，共有10060户住户签订租赁合同，占应签订户总数的95.67%。

1991年7月，制定萧山市城镇非住宅房屋租赁管理暂行办法，由市房地产管理部门负责对各建制镇规划区内各种所有制非住宅租赁的登记、监督和具体管理工作。《暂行办法》规定，承租双方必须持有效证件到房管部门共同协商订立《非住宅房屋租赁协议》，由承租人领取《房屋租赁证》，缴纳租金3%的租赁管理费。并确定，全额预算单位（包括行政机关、社会团体、部队）和直管公房出租的非住宅，按不同结构规定每平方米建筑面积月基本租金；差额预算单位及全民企业出租的非住宅，每平方米建筑面积月基本租金限定最高价为12元。另外，三级以外的加收地段差价，一级地段加收100%，二级地段加收50%；集体企业和个人出租的非住宅租金，由租赁双方议定，报市物价、房管部门备案。出租人必须按国家规定申报缴纳出租房产税和营业税，除按协议规定向承租人收取租金外，不得再收取押金或其他额外费用。是年，市房地产管理处依据《暂行办法》试行非住宅租金管理，城厢、城东、城北、临浦和瓜沥5个房管所分区块行使管理，全年共发放《房屋租赁证》621份。

1993年始，对非住宅租赁征收土地收益金，全年城区发放租赁证750份，收取土地收益金17.21万元。90年代后期，国有、城镇集体企业事业单位经营体制转换步伐加快，非住宅房屋租赁量剧增。1997年，城区发放房屋租赁证1246份，收取土地收益金30.20万元。1999年，成立房屋租赁管理办公室，办理房屋租赁证3877份，房屋租赁面积27.46万平方米。2000年，将临浦、瓜沥、义盛等23个镇和市林场、良种场、棉麻试验场、湘湖农场、红山农场、钱江农场、红垦农场、第一农垦场和第二农垦场出租的非住宅房屋全部纳入管理，实行协议租金。是年，城区非住宅房屋租赁证发放率80%，镇、场70%；发放萧山商业城、萧山鞋城、临浦经贸区、义盛农民城、城区河浜路小商品市场、通惠路棉纱市场、石材市场、萧山家私市场和东江水产市场等专业市场房屋租赁证9078份，发放率98%。

第三节 抵押与典当

房产典当

中华人民共和国成立初期，萧山无典当。1953年，民间进行房产典当，县政府出具《他项权利证明书》。时，城区一间平屋出典5年，典米为1.5石（112.5千克）～3石（225千克），折合人民币31.05元～62.10元。是年，全县城区共有典权房屋317.5间。1988年，萧山恢复典当业务。是年10月，萧山典当商行设立于城厢镇市心南路245号。1997年，改名为萧山钱江典当行。自1998年起，萧山钱江典当行为杭州恒丰典当行和浙江国兴典当拍卖行代办房产抵押典当贷款业务，以吸收外单位办理抵押贷款业务的资金，扩展抵押典当业务。2001年，该典当更名为杭州市萧山钱江典当有限责任公司。

房产抵押

萧山民间的房产抵押久已有之。民国15年（1926），通惠公纱厂以房地产作抵，向浙江地方银行抵押借款10万元。中华人民共和国成立初，对城厢、临浦、瓜沥3镇的房地产抵押权典权进行清理，经县房管部门核验后，发给《他项权利证明书》。对后来新发生的抵押关系，由财政部门颁发《他项权利证明书》。

“文化大革命”期间，此项业务停办。1992年10月，萧山市城乡建设局和中国银行萧山支行等6家银行共同制定《关于办理房地产抵押贷款的若干规定》。1993年，开展房产抵押工作试点，是年成交3件。1994年抵押10件，建筑面积4.52万平方米，金额0.26亿元。1995年，房地产抵押271件，建筑面积58.60万平方米，金额4.24亿元。

1995年后，萧山抵押贷款业务大幅度上升。其中1996年抵押617件，面积112.60万平方米，金额7.01亿元。2000年抵押3806件，面积529.85万平方米，金额42.20亿元。

表15—7—346　1993～2000年萧山市房地产抵押贷款情况

年份	数量（件）	面积（万平方米）	金额（亿元）
1993	3	0.19	0.02
1994	10	4.52	0.26
1995	271	58.60	4.24
1996	617	112.60	7.01
1997	1288	389.61	20.65
1998	2113	661.98	36.74
1999	2627	651.46	41.20
2000	3806	529.85	42.20

第四节　房产服务

房产中介

民国时期，民间有从事房地产经营的经纪人（俗称“掮客”、“中人”），接受当事人委托，介绍房屋典当租赁、买卖和调换，从中收取一定费用。

中华人民共和国成立后，民间仍有从事房地产中介经营服务和代办房地产交易等有关手续的经纪人。60年代中期后，房地产经纪人消失。80年代始，萧山房地产中介服务悄然兴起。进入90年代，随着房地产市场的发育壮大，从事中介服务的单位和个人逐渐增多，1992年，萧山市房地产价格评估事务所成立，与市房地产交易所一同开展评估服务。1993～2000年的8年中，该所共承办各类评估业务7331件，评估面积3712738平方米，评估价格245318万元。

1995年起，中介服务还增加代办房产权证等业务。1999年，萧山市经纪人事务所、市房地产交易中心、省建设厅和省工商行政管理局联合主办首期萧山市房地产经纪人培训班，发放经纪人合格证书67份。翌年，又发放经纪人合格证书87份。

2000年底，萧山有房产中介服务单位55家。规模较大有杭州万邦信息咨询有限公司、萧山市房地产价格评估事务所、萧山市广厦置业有限公司、萧山市大众房屋置换有限公司、萧山市方正房屋置换有限公司、萧山市世纪中介咨询服务有限公司、萧山城厢镇万利信息服务部、萧山市广宇房产中介有限公司、萧山市家庭事务所和萧山市临浦镇金秋中介服务社、萧山市城厢时代家政服务部等。2001年始，房产中介服务机构办理二手房按揭业务。

表15—7—347　1993～2000年萧山市房地产价格评估情况

年份	数量（件）	面积（平方米）	评估价格（万元）	年份	数量（件）	面积（平方米）	评估价格（万元）
1993	126	178335	2948	1998	1062	491455	37300
1994	194	300613	8479	1999	1468	962200	78200
1995	375	166402	13800	2000	2642	971394	81000
1996	618	125734	8691	合计	7331	3712738	245318
1997	846	516605	14900				

物业管理

1995年，市房管处下属城厢、临浦等5家房管所成立5个物业管理公司，负责城区高桥和崇化等住宅小区的主要物业管理。1997年，市政府出台《萧山市住宅小区物业管理暂行办法》(萧政发〔1997〕139号)，物业管理改变为建筑物、使用物、区域环境的全方位、多层次的服务管理。1998年，市房管部门成立物业管理领导小组。2001年3月，时代广场的物业管理首次实行公开招投标，杭州卓盛物业有限公司中了“萧山市物业管理市场第一标”。

管理用房 物业管理用房是建设项目中的一个组成部分，开发企业在小区综合验收后、办理房屋产权证前，须无偿提供总建筑面积3‰的物业管理办公用房、公共活动用房，以及总建筑面积4‰的商业用房，由市房管部门（或镇、街道）代为接收，产权属国家所有。小区业主委员会成立后，全部提供给物业管理企业使用和经营。建设单位未按规定面积标准配套物业管理用房的，由市物业管理行政主管部门按照国务院《物业管理条例》的有关规定进行处罚。

管理队伍 1995年后，各住宅小区物业管理公司先后建立。至2001年3月，全市有物业管理公司40余家，经济性质分别为全民、集体、合资、个体等，组建模式为转轨型、自开自管型、自管型、行政区域型、专业化经营型5大类；实施物业管理建筑面积196万平方米，物业管理覆盖率34%。

物业维修基金 1993年5月，市政府《萧山市城镇公有住房出售后维修管理试行办法》〈萧政发〔1993〕22号〉规定，公房出售时由售房单位向物业维修基金管理中心缴纳物业维修基金，由市住房资金管理中心负责管理。物业维修基金的利息，用于物业共用部位和共用设施设备的维修。1997年起，购买经济适用房的个人和单位同样须向物业维修基金管理中心缴纳物业维修基金。

物业维修基金由个人缴纳和单位缴纳两部分构成。公有房屋个人部分1993年为购房款的1%，1995～2000年为房改成本价的1%；单位部分1993年为购房款的10%，1995年为15%，1997～2000年为20%。经济适用房个人部分1997～2000年均为优惠价基价的1%，单位部分均为每平方米60元。

1997年，根据《萧山市住宅小区物业管理暂行办法》，住宅小区始建立物业维修基金，规定住宅小区开发建设单位在领取建设工程规划许可证时按建筑面积每平方米15元标准向物业维修基金管理中心缴纳物业维修基金；商品房购买人按房价款1%在办理房产交易登记手续时缴纳物业维修基金，由房地产管理处代收。多层商品房最高不得超过建筑面积每平方米15元。物业维修基金的使用，由各住宅区物业管理单位和业主委员会，根据住宅区域内物业共用部位、共用设施设备实际情况，向住房维修基金管理部门申领。1995～2000年，杭州齿轮箱厂、杭州发电设备厂、杭州第二棉纺织厂、浙江建材总厂等单位及市房管处下属各房管所申请物业维修费1754.06万元。2001年3月始，物业维修基金转至市房地产管理处管理，单独建账。

第八章　房产经营

中华人民共和国成立初，县人民政府先后没收、接管一批房地产，设立房地产管理机构，办理房地产经营。1958年始，城镇和农村宅基地一律不准出租和买卖。1966年，县城镇私有出租房屋完成社会主义改造，房屋租赁市场始由私房出租为主转为由公房出租为主；部分经租房成为社会福利，无偿调拨给单位使用和职工居住。1968年8月起，财税部门一度停办房地产交易契税。1979年始，按照国家新的政策，原属地主、资本家的私房允许买卖，公房亦改变不能出售的规定，租售并举。80年代起，房产经营由单一的租赁向出租、买卖、转让等多渠道经营发展。1993年，全市实施公有房提租补贴、住房公积金制度和首次优惠出售公有住宅，城镇住房产权私有率逐年提高，2000年末上升到98%，私房交易重新成为房产经营的主体。

第一节　公房经营

房　源

直管公房　1953年末，城区和乡镇接收、接（代）管房屋4283间，建筑面积12.85万平方米。1955年底，没收城厢、临浦和瓜沥3镇185户地主的多余房产1156间、面积3.93万平方米。是年末，城厢、临浦和瓜沥3镇的直管公房有4073间，面积114044平方米。

表15–8–348　1955年城厢、临浦、瓜沥镇直管公房来源情况

类　别	来　　源	数量（间）	建筑面积（平方米）
接收	民国时期地方公有房产与反革命分子房屋	2065.5	46264
	地主在3镇的多余房产	1156	39304
	钱庄、商号抵债抵税房产	7.5	338
	私人献送房产	27	1195
接管	社会福利事业房产	202	9710
	寺庙、庵观、祠堂、教堂房产	375	10513
代管	无主登记房产	240	6720
合　计		4073	114044

1965年底始，房管部门接管无人管理之寺庙、庵、观、祠堂、教堂房屋10.67万平方米。同时，私房社会主义改造731户、面积11.74万平方米被改为国家经租房屋。1958～1984年，房管部门新建2层～6层住宅11.40万平方米，1985～1991年，新建房屋8.87万平方米（其中住宅6.25万平方米，营业房2.62万平方米）；购置解困房80套，面积3960平方米。1990年，市政府决定，全市行政事业单位的公有住宅，9月底前全部移交给市房管部门管理。至年底，市房地产管理处共接管60个单位（其中产权全部移交的43个单位，保留产权的17个单位）的公有住宅，计1848户，建筑面积10.52万平方米。至1991年，全市直管公房面积59.60万平方米。后因旧城改造拆除及6次优惠出售，市房管部门购置、调换和新建营业用房等因素，至2001年初，直管公房仅剩9.95万平方米，其中营业用房3.50万平方米。

自管公房　包括全民所有制和城镇集体所有制单位依法自管的房屋，可分为拨用自管公房和单位自建公房两类。

拨用自管公房。1985年，行政机关、事业单位和社会团体的办公用房列为全民单位自管产的办公用房，部队用房列为军产，学校用房又依据不同性质的所有制而划分。1990年末，全市60个行政事业单位公房住宅移交给房管部门统管。

单位自建公房。50年代，浙江砖瓦二厂、浙江萧山电机厂、萧山棉纺织厂和粮食系统单位均自建职工宿舍。1993年始，全市推行城镇住房制度改革，单位公有住房大多出售给职工。

公房调配

单位拨用　中华人民共和国成立初，凡机关、部队、学校团体使用公房，只需办理申请手续，无偿分配住房。接收拨用单位享受住房使用权，负责公房的管理和养护。1953年，全县拨用公房1554间，占公房总数的40%。之后，公房拨用一度处于停止状态。80年代后期，公房管理制度逐步完善。1991～1992年，原作为市级机关干部宿舍的10余万平方米公房，通过市政府行政管理部门划拨给市房产管理部门，调剂给住房困难户。

1998年6月，市房管处根据国务院办公厅《关于调整城镇国有粮油零售网点房产经营权的通知》，将瓜沥、临浦和义桥三处经租房424平方米营业房无偿划拨给市粮食局。2000年后，机关、部门新建办公用房增多，原有公房调拨给其他单位使用。

住房分配　50年代始，企事业单位和个人使用公房须办理申请租用手续，无偿分配住房。为缓解供需矛盾，1980年7月，确定公房分配对象：无房户；人均居住面积在5平方米以下的拥挤户；三代同堂或父母同成年子女同室或成年兄妹、姐弟同室的不方便户。房管部门建造的房屋，主要分配给无建房单位干部、居民和职工；由本人申请，所在单位和街道评审，房管部门核实，分期分批分配。退休干部、现役军人家属、晚婚青年等在同等条件下优先解决，1971～1987年不完全统计，全县共安排住户2343户。

1991年末，为解决城镇住房困难户，试行公房有偿分配办法。是年，房管部门分配72套“解困”住宅，面积3960平方米。1991年，杭州齿轮箱厂分配解困房192套、1万余平方米。

公房经租

1953年7月后，县政府和城厢、临浦、瓜沥等镇相继建立公有房地产管理部门，负责公房租金收缴和房屋修缮。1959年，公房下放给公社（镇）经营。1962年1月，仍收归县房产管理部门管理。1965年7月和1966年6月，分两批再度下放给城厢、瓜沥、临浦、坎山、西兴、长河、闻堰、义桥8个镇经营，县房产管理部门与镇实行公房租金分成。1968年7月1日，又改由县统一管理。各镇由财税部门派人管理。1980年4月，县房产管理部门下设城厢、瓜沥、临浦、城北4个房产管理站，负责公房经营和管理。

1990年12月1日起，按照成本租金（由折旧费、修缮费、管理费、投资利息和税金5项因素）标准，调整直管公房的非住宅用房租金。1991年，对租用建制镇规划区范围内的非住宅实行租赁许可证制度，签订租赁协议621份。

90年代初，房管部门新购置的非住宅实行协议租金。至2000年，直管公房非住宅全部推行协议租金。是年，直管公房租金收入765.65万元，租金回收率100%。

公房住宅租金

直管公房租金　中华人民共和国成立初，直管公房租金与同等条件的私房租金基本相同。1953年，县房管部门在临浦和城厢两镇率先评定房屋等级，调整房租，以公房租金略低于私房租金为原则，按间出租，以杭州地区折实单位计算，按地段及房屋结构成色和内部设备分设等级。新评定的民用住宅租金，每平方米0.05元～0.09元之间。

1954年后，多次修改租金标准。1959年7月，全县公房租金统一标准分5个等级。1963年10月，调整公房租金，仍分5个等级，每平方米为0.04元、0.06元、0.08元、0.10元、015元。1966年1月起，调低公房租金价格，划定3等9级租金标准，分别为0.03元～0.12元。1980年6月1日起，规定1979年以后新建公有住房实行《新建住宅房租标准》，按4档价格计租，每平方米使用面积为0.11元、0.12元、0.13元、0.14元。1979年1月前建的民用公房仍按照1966年定的租金标准，并沿用到1993年6月底。1993年7月1日始，对住房实行提租发贴（提高租金后给困难户等发补贴）。经过5次提租，1997年7月1日全市成套公有住房每平方米平均月租金1.50元，各类公有住房平均月租金1.20元。

表15-8-349 1953年临浦镇公房租金标准情况

计算单位：杭州折实单位

等级	建筑物每间月租价（元）		租地造屋每间月租价（元）
	楼房	平房	
一等	8.0	8.0	2.0
二等	6.5	4.5	1.8
三等	5.0	3.5	1.6
四等	4.0	3.0	1.4

注：①一等地段：庆春照相馆起经合兴肉店、泰生碗店、元隆德、张春记到祥泰、盛泰口。二等地段：乾源旅馆起到万和锅厂，老顺泰起至王源和止，包括扇面街及小菜场、福音堂。三等地段：中沙潭、万兴豆腐店至环洞门外孔渭生菜店到石塔庄，劳动路漆店起到区公所，包括宣家弄、西江塘。四等地段：宣家池、陈家墙门、大池头、西市街。
②折实单位以分为单位，1953年度杭州折实单位每分平均值约折新人民币0.50元。当时，出现物价上涨情况，为稳定币值，政府对职工工资发放采用折实计算。折实单位每分由大米、白布、食油、食盐、燃料等生活必需品组成。
③租地造屋地皮每间以3.3厘计，无论建造何种性质均一律以造屋计算。使用余地（满1分以上者，每1分按1个单位计，不满1分者不计）。

1997年4月，全市停止无偿分配住房后，对房改中调整出来的住房，以协议价出租。是年底，市房管部门从商业城购置5441平方米住房，均实行协议租金，月租金每平方米3.10元～4.60元。

机关宿舍租金　50年代初，行政机关干部、职工住用机关宿舍免缴租金。实行薪金制后，机关宿舍只收取民用公房四分之一租金。1963年10月，规定机关宿舍租金为每平方米0.03元、0.04元、0.05元3级。时，机关宿舍租金相当于同等条件民用公房租金的25%。1990年末，全市机关宿舍统一由房管部门管理，执行全市民用公房租金标准。后，全市60个机关、事业单位的住房取消优惠租金。

非住宅租金　中华人民共和国成立初，萧山非住宅租金比住宅租金高1～3倍。1954年，城厢、临浦和瓜沥镇的非住宅租金在每平方米0.12元～0.27元之间。1972年2月起，非住宅租金单独列为“三等九级”，租金0.06元～0.26元。1985年8月，再次调整非住宅租金标准，即每平方米一类一级提高为0.72元～0.80元，二类一级提高为0.58元～0.64元，三类一级提高为0.41元～0.51元。凡营业性用房坐落在市中心或闹市地段，另加10%的地段差。

1990年12月始，全市非住宅租金按照成本租金构成因素核定，钢混结构非住宅每平方米建筑面积2.58元，砖混结构2.09元，砖木结构1.57元。调整租金后，全市每年可增收租金80万元左右。1991年，全市直管公房非住宅租金133.76万元，平均每平方米建筑面积租金1.31元。1992年始，直管公房非住宅试行协议租金。

1996年8月1日起，对城厢、瓜沥、临浦3镇的商业繁华地段的直管非住宅房租金标准作调整，分别不同街（路）段确定租金基价，加收地段差价，租金单价提高。1999年4月1日起，萧山市城镇商业繁华地段直管非住宅房屋租金又作调整（附租金标准）。

2000年，全市3.50万平方米直管公房非住宅全部实行协议租金。是年，平均每平方米使用面积月租金15.48元。

表15-8-350　1999年萧山市城镇商业繁华地段直管非住宅房屋租金标准情况

单位：元/月·平方米

镇　名	街（路）名	街（路）段起止	租金基价	加价地段差价率（%）	租金单价
城厢镇	市心路	萧绍路口—人民路口	20	200	60
		人民路口—环城南路	20	150	50
	人民路	萧金路口—通惠路口	20	150	50
	体育路	河浜路—市心路口 市心路口—竹林桥	20	150	50
	西河路	凌家桥—人民路口	20	125	45
	城河街	凌家桥—仓桥	20	125	45
	萧绍路	西河路口—市心路口	20	125	45
	江寺路	萧绍路口—人民路口	20	125	45
	文化路	国际酒店—通惠路口	20	125	45
临浦镇	山阴直街、山阴横街、劳动路、萧山直街、中街旧里河	临街底层房屋	10	100	20
瓜沥镇	殿下路、人民路、航坞路、塘头中街	钢混结构商场	10	200	30
		旧木结构商场	10	100	20

企事业单位宿舍租金　50年代，萧山棉纺织厂建造住宅2800多套，按民用公房租金标准90%收取租费；杭州齿轮箱厂参照机关宿舍租金标准，一层每平方米收0.04元，二层以上楼房每平方米收0.07元。直至80年代，仍参照机关和民用公房的租金标准收取。1990年，统一执行全市公房住宅租金标准。1993年实施住房制度改革，自管房出售给住户，停止收取租金。

公房转让

1979～1980年，除八大建制镇外，农村供销社向房管部门租用的非住宅统一按每平方米25元折价转让，总面积25730平方米，为萧山直管公房首次出售。1985年，边远地区24处破旧公房出售给居民、单位，销售额17万余元。至80年代末，全县出售直管公房约4万平方米。1993～2000年，全市先后6次优惠转让公有住房。至2000年末，累计转让直管公房46.44万平方米，其中优惠转让直管公房15351户；尚有累计直管公房170.60万平方米。

公房维修

直管公房　50～60年代，公房维修均自备材料，向社会临时雇用泥木工匠进行修缮，以工计酬。1971年9月，河上建筑社和戴村建筑社更名为县房管所附属修建队，负责公房修建。1980年，对危房抢修、保养性维修和改善性维修作出规定，全年完成公房成片维修83396平方米；抢修危房485间，建筑面积2万余平方米。至1988年，全市危房基本消除。1991年，全市59.60万平方米直管公房的完好率升至86%。1993年公房出售后，房管部门负责出售房共用部分的维修。至2000年，全市累计直管公房大、中、小修（含一般维修）面积249.54万平方米，受益户数21万户次。

单位自管房　50年代初，单位自管房修缮，修缮费来源于房屋租金和单位补贴。80年代，自管房单位多制订房屋管理制度，建立修建队和清洁班，由企业行政管理部门负责管理。90年代初，自管公房出售后，自管房单位负责房屋共用部位和共用设施设备的维修。自管房单位下设物业部门和物业公司，维修费来源为房改时缴纳的物业维修基金利息，或加上单位补贴的维修费。

第二节 私房经营

1955年，萧山城镇私房面积约占总面积的80%。后经私房社会主义改造等，私房比例下降，至1985年，城厢等8个镇的私房面积减至60.75万平方米，占总面积的15.1%。1993年公房出售118.50万平方米，住房私有率由31%上升为86%，房产出租经营又呈现私房租赁为主的格局。

租赁经营

中华人民共和国成立后，政府规定房屋业主有出租、合法经营的自由，对无主或有主不管、典赎未清之房屋，先后由房管部门代管出租。1957年，县委发出无主房屋租息和产权问题的通知，规范了代管房的管理。60年代，全县有代管房4554平方米。80年代始，代管的私房陆续归还业主自管。

1965～1966年，房管部门规定城厢、临浦、瓜沥等8个镇不纳入改造的出租私房，不能高价出租，不准收取“押金”，并及时搞好房屋修缮，改善租赁关系。

1983年起，对纳入社会主义改造的私房进行复查，按政策退还的私房，原出租户由业主与租户重新订立租约。90年代初，萧山市城镇非住宅房屋租赁管理暂行规定和萧山市城镇房屋租赁管理实施办法先后制定实施，对出租人与承租人的权利、义务及租赁期限等作了规定，并明确私有房屋的出租、安全、维修均应接受市房地产管理部门的监督、管理，并由房产管理部门核发房屋租赁证。1991年始，房管部门对非住宅私人房屋出租按规定收取租赁管理费和土地收益金。1994～2000年，房产管理部门核发房屋租赁证15878份（户）。

私房租金

80年代，私房租金[①]每平方米为0.30元，最高2元，街面营业房5元。80年代后期，成套私人住房始出租，50多平方米的套房月租200多元。90年代中期，成套私人住宅出租增多，价格上升，城区中套250元～300元；90年代后期，中套500元左右。90年代末，馨星大厦和万商汇商住楼等单身公寓楼落成，房地产投资者将公寓装修后出租，35平方米～45平方米的公寓，月租金1500元左右；100平方米左右的2500元～3000元。城区育秀园、文澜苑、众安花园及拱秀路两侧私人营业房出租活跃，一般月租金每平方米35元～40元。2000年之后，城郊出现私房出租年收入上万元，甚至几十万元的农户。

私房管理

私房改造[②] 1982年7月，县政府发布处理城镇私房改造遗留问题的若干政策规定。至1989年6月底，全市除对483户纳改户予以坚持改造、补发、补足固

①中华人民共和国成立初，私人出租商铺用房和民用住房租金略低于中华人民共和国成立前夕，一度以食米计租，以间计算。1956年，各集镇完成工商业社会主义改造，商铺锐减，铺房租金骤降，一般只比住房租金增加50%～100%。1958年后，人口骤增，城镇公有住房供不应求，出租私房租金涨至同等条件下公房租金的2倍。60年代，城厢、临浦、瓜沥3镇一般私人出租住房月租金为每平方米0.05元～0.25元。1965年，月租金为0.05元～0.30元之间，城区最高达1.50元，全县出租私房面积24.10万平方米。

②1965年，萧山开展出租私房社会主义改造工作。改造形式为国家经租、依租定租，按经租房月租的20%～40%付给业主。改造范围为县内城厢、临浦、瓜沥、坎山、义桥、闻堰、西兴、长河8个镇。1966年10月，全县私房改造工作结束，纳入私房改造737户，占出租私房总户数的29.97%；经租房屋3537间，建筑面积11.89万平方米，占出租私房总面积的48.71%。改造户中，属地主、富农、工商地主和资本家的385户，占总纳改户的52.24%；上述四种人员纳改面积5.68万平方米。后，对漏改户补改13户、1358平方米。1971年，城厢镇对私改房进行复查。

定租金14.55万元外，退还房产281户，面积1.85万平方米；作价征购处理150.5户，面积0.95万平方米。同时，各系统单位解决腾退246户，占应腾退户数的91.1%；地方财政先后拨款170万元建造腾退房，安置腾退户204户。

落实房产政策　市政拆迁私房。1983年10月，县政府批转城厢镇处理市政拆迁私房办公室关于处理1959年前后市政拆迁私房遗留问题的意见，给175户拆迁户按不同标准补偿处理；属违章建筑或无合法产权的35户不予补偿；少数因拆迁而住房困难的，作适当解决，共发放拆迁补偿费24.99万元。

"文化大革命"期间接管和挤占私房处理。1989年6月底，调查属"文化大革命"期间接管、挤占的私房87户，面积8319平方米。处理结果：符合政策改造或接管的22户，面积2465平方米；退还房产权65户，面积5854平方米，其中44户原房屋退还，面积3942平方米；原房屋属非住宅或已拆除按作价征购21户，面积1912平方米。至1991年底，全市还处理其他历史遗留问题私房33户，面积3341平方米。

代管房产。中华人民共和国成立初期，城厢、临浦和瓜沥3镇代管私人房屋2836间，建筑面积6.35万平方米。1957年，县人委发出无主房屋租息和产权问题的通知，规范了代管房的管理工作。1981年11月后，在落实房产政策过程中，调查处理了一批应予退还的代管房。至1995年末，全市共退还代管房产50余户，面积0.46万平方米。

宗教团体房产。"文化大革命"后，多数教会房产由房管部门代管，部分被挤占。1981年11月，对城厢镇张家弄原拆掉的基督教教堂等予折价补偿，恢复重建。1986年4月，全县给11处教堂发放补偿费8万余元，均重建后开放。对25处被拆除的教堂、6处被占用的教堂，县政府分别落实"谁占谁退"、折价付款、归还产权等政策。

第三节　商品房经营

1980年，组建县住宅经营公司，为全省最早经营商品房的专业公司。翌年，住宅经营公司位于高桥南侧的4幢住宅竣工，向城区的单位和户籍在城区的居民出售，每平方米建筑面积售价130元，首批认购0.90万平方米。

1981～1987年，萧山城区出售商品房17.94万平方米（含预售，下同）。1988年起，临浦、瓜沥、西兴、浦沿等地亦开发房地产。至1992年，全市共销售商品房46.04万平方米，平均年售房9.21万平方米。时，第三产业兴起，商业和办公房产销售活跃。1993～1997年总售房98.97万平方米，年均销房19.79万平方米，其中商品住宅销售85.09万平方米，占销售总数的85.98%。1998～2000年，全市售房数量逐年大幅上升，分别为34.27万平方米、35.54万平方米和51.31万平方米。至2000年末，萧山市累计销售商品房284.07万平方米，其中商品住宅255.57万平方米，占总数的89.97%。

购房对象

1981～1987年，商品房以住宅为主，省、杭州市和本市属事业、工矿企业单位购房占80%以上；乡镇企业和户籍不在城区的个人仅限购营业房，购买住宅房须有城区常住户口。1988～1992年，农民进城经商悄然兴起，个人购房逐年增加。1997年4月始，全市停止住房实物分配，单位只准购置营业和办公用房等，促进了个人购房。是年，明华花园建成，率先出现涉外销售楼盘。1981～2000年，全市共内销个人商品房204.43万平方米、集体商品房71.84万平方米；向外商和外籍专家出售高档住宅7.23万平方米、写字楼0.10万平方米、营业房0.47万平方米，共外销商品房7.80万平方米。

表15-8-351　1984～2000年萧山商品房销售情况

年份	总面积（万平方米）	销售面积（万平方米）				销售额（万元）	销售对象（万平方米）		住宅平均销售价格（元/平方米）
		住宅	办公楼	商业用房	其他		内销	外销	
1984	2.33	2.05	—	—	0.28	351	2.05	—	170
1985	2.34	2.34	—	—	—	555		—	190
1986	5.84	5.84	—	—	—	1390	0.55	—	231
1987	7.43	7.43	—	—	—	1718	1.80	—	256
1988	10.32	8.88	—	0.73	0.71	3130	3.27	—	380
1989	17.00	15.94	—	1.06	—	7288	15.49	—	456
1990	6.60	6.50	—	—	0.10	2982		—	486
1991	5.86	5.86	—	—	—	3151	1.51	—	534
1992	6.26	4.86	—	—	1.40	3678	6.49	—	616
1993	10.17	6.23	2.85	0.76	0.33	18689	8.95	—	840
1994	25.99	23.69	0.84	0.69	0.77	22600	17.63	—	1164
1995	19.02	18.05	0.22	0.70	0.05	23103	11.63	2.10	1328
1996	22.98	18.92	1.60	2.26	0.20	34103	17.77	0.39	1399
1997	20.81	18.20	—	1.21	1.40	37179	16.65	—	1410
1998	34.27	31.34	0.34	2.29	0.30	52545	27.97	1.48	1466
1999	35.54	32.28	0.06	2.71	0.49	56006	26.17	0.98	1633
2000	51.31	47.16	0.05	2.33	1.77	97422	46.50	2.85	1887
合计	284.07	255.57	5.96	14.74	7.80	365890	204.43	7.80	

注：①1984年栏数据为1981～1984年合计数。
②销售面积均为建筑面积。

经营形式

1981年起，萧山商品房经营进入试行阶段。之后10余年，商品房开发用地无偿划拨，征用土地的劳力安置由政府统筹解决。新区开发建设与旧区改建相结合，多为住房开发，以销定产，统一按计划定购，单套户型最大为70平方米～75平方米，以出售为唯一经营形式。凡出售房屋，属单位购买的，须由县计划部门批准额定总面积和户型面积、套数；无批文的单位，开发企业一律不得出售。售价按基本造价、征地费用或拆迁补偿费、工商税费、加按销售成本10%的利润为基价，分层计价销售。1992年始，市东新区、城市新区建房用地改划拨为有偿出让。1993年始，实行商品房预售管理，销售价格由定价改为市场调节价，商品房生产由以销定产转向市场调节。住宅户型面积由开发商按市场需求自行设定；个人购房比例显著增加。是年，个人购商品住宅8.95万平方米，首次超过单位购买住宅数量。

1993年7月，杭州钱江外商台商投资区江南房地产开发公司在萧山经济技术开发区建设一路、建设二路建设的市北集体公寓，大部分为开发商自营出租，由其属下的生生物业管理公司经营管理，开创了自营出租的先例。后，萧山金城房地产有限公司在城东征地建设金都综合楼，竣工后亦由其自营出租。

1994年始，建房用地全面由无偿划拨改为有偿出让（除经济适用房、拆迁安置房用地等外），商品房出租成为商品房经营的一种重要形式。

1995年4月始，允许市区以外人员和单位在市区购买商品住宅。至2000年，仍执行此政策。

预售管理

1981年，县住宅经营公司始预售商品房。1993年，实行新建商品房预售许可证制度，商品房交易由萧山市房地产管理处统一管理。1995年7月起，以幢为单位发放预售许可证。后，商品房预售使用统一购销合同文本，对售房与购房方的权利和义务、预售价格、面积差异处理、交付时间、付款方式、售后保修等都作相应规定，全市的商品房预售管理步入规范化轨道。1997年4月1日起，商品房购销使用建设部、国家工商行政管理总局规定的示范文本，房地产开发商无《商品房预售证》，不准预售及作广告宣传。未经验收合格以及未测绘的房屋，不得进行销售。2001年1月1日起，推广使用《商品房买卖合同示范文本（浙江省2000年修改版）》。向境外预售商品房的，提交允许向境外销售的批准文件，并在《商品房预售许可证》上注明外销比例。1993～2000年，萧山市累计发放预售许可证661份，建筑面积2790594平方米。

表15—8—352　1993～2000年萧山市发放商品房预售许可证情况

单位：份、平方米

年　份	预售证发放份数	预售证发放总面积	住宅	商贸	商住	写字楼	别墅	其他
1993	7	74161	72681	1480	—	—	—	—
1994	14	129550	119551	1559	2866	5463	—	111
1995	60	450672	426132	15165	—	7607	—	1768
1996	73	422496	288100	76225	—	58171	—	—
1997	74	196737	196737		—	—	—	—
1998	38	198112	141817	19964	—	11913	24418	—
1999	200	645523	591876	53147	—	500	—	—
2000	195	673343	585075	81022	2136	5110	—	—
合计	661	2790594	2421969	248562	5002	88764	24418	1879

价格走势

1981年，新区商品住宅价格为建筑面积每平方米130元。1983年，旧城新建的商品住房为建筑面积每平方米197元。1985年，售价略有上升，新区为每平方米180元；旧城为每平方米200元。1986年起，商品房销售火爆，加上开发成本中增加旧城改造费和配套设施建设费，价格逐年上升，至1989年，商品房售价最低为每平方米430元，最高每平方米500元左右，平均为456元左右。1993年，平均售价上升至840元。1994年，平均售价1164元，2000年1887元（高层房最高价格接近3000元）。

第九章　房政管理

50年代初，县政府建立萧山历史上首个房地产管理机构，清理房地产产籍，登记房地产权，审核发放第一批房地产所有权证。80年代，房地产管理机构逐步健全，白蚁防治面积扩大，产籍、产权和产业管理进一步加强；90年代，房地产业逐步纳入社会主义市场经济轨道，房产仲裁与监察有序进行，房地产管理法规进一步完善。

第一节　房屋普查

1953年始，开展首次房屋普查。[①]1985年，按照全国第一次城镇房屋普查有关规定，县成立城镇房屋普查办公室，抽调普查人员400余名，在城厢、临浦、瓜沥、义桥、坎山、闻堰、西兴、长河8个镇建立79个房屋普查小组，进行房屋普查，于翌年2月结束。8个镇房屋总面积402.35万平方米，其中房管部门直管公房37.71万平方米，占总面积的9.37%；全民单位自管房产210.92万平方米，占52.42%；集体单位自管房产92.86万平方米，占23.08%；私有房产60.75万平方米，占15.10%；其他房产0.11万平方米，占0.03%。萧山县城镇共15637户，人均居住面积（按实际使用面积）7.32平方米。其中人均2平方米以下652户，占4.17%；2平方米～4平方米119户，占0.76%；4平方米～6平方米876户，占5.60%；6平方米～8平方米3525户，占22.54%；8平方米～10平方米3525户，占22.54%；10平方米以上6940户，占44.38%。

①1953年房屋普查，全县共有直管公房5250余间，建筑面积13万余平方米，其中出租公房4000余间，经租住户2200余户；拨用公房1250间，面积3万余平方米。1967年4月，全面清查县内直管公有房地产，并进行详实测绘、编号、造册、钉牌等工作。全县直管公房9895间，面积34.64万平方米，其中经租房3543间，面积11.66万平方米；直管公房6352间，面积22.98万平方米；公地面积4.61万平方米。1980年2月，全面清查房管部门直管公房、单位自管公房、私人房屋等的建筑面积、分布情况。全县城镇住宅面积68.09万平方米，其中直管公房28.62万平方米，占42.03%；自管公房17.84万平方米，占26.20%；私房21.63万平方米，占31.77%。

第二节　产籍管理

登记发证

集中登记发证[②]　1987年10月，根据建设部和省政府有关城镇房产权登记发证指示，全县开展城镇房屋所有权总登记。1988年初，试点工作在瓜沥镇开展。是年9月28日，杭州市7县（市）房屋所有权发证工作会议在该镇举行，瓜沥镇的87位私房业主首批领到新颁房产证。11月，义桥、西兴和坎山被列为全市第一批推广总登记发证工作单位，其余城镇自1989年起，分两批进行。此次城镇房屋所有权总登记工作历时4年，至1992年7月底基本结束，全市25个建制镇和1个独立工矿区共登记私房面积128.12万平方米，登记率99.07%；直管公房登记面积56.03万平方米，登记率100%；单位自管公房（包括军产和路产）登记面积437.14万平方米，占应登记面积的98.95%。发放房产权证13532本，发证建筑面积589.62万平方米。其中，全市城镇和工矿区私房确权发证面积

②1950年11月，萧山农村进行土地、房产换证登记，至1951年，全县125个乡、镇《土地房产所有证》颁发基本结束，为中华人民共和国成立后首次登记发证。1953年6月，进行城厢、临浦、瓜沥3镇的房地产登记确权、换发证工作。至1954年，3镇共核发房地产所有权证5375份。

124.80万平方米，发证率96.5%；直管公房确权发证面积56.03万平方米，发证率100%。单位自管公房（包括军产和路产）确权发证面积408.79万平方米，发证率92.53%。

由于萧山城区行政区划变化，城厢镇所辖的城东、城北、裘江、石岩、新塘、城南、来苏7个办事处和市北新区房屋在全国城镇房屋所有权总登记时未进行登记发证，1995年9月始进行补登记；补办房产登记的还有划入城厢镇管辖的原西兴镇杜湖、东湘和湖头陈三村；至1996年末，补办登记4159件，发放房产证1719件。益农、宁围、进化和河庄4个新建制镇也办理了房产集中登记发证工作；市土地与房管部门一起现场办公，为1300家企业发放房产证和土地使用证。至1998年，萧山全市共发放房产所有权证72040本，发证率97.60%；累计房屋建筑面积1340.80万平方米。

2000年10月，市政府根据建设部《关于制作颁发全国统一房屋权属证书的通知》，对市区和各建制镇规划区范围的房屋产权进行验换证，1998年6月30日前颁发的《房屋所有权证》《房屋共有权保持证》，调换成具有防伪标记的新证。11月，城厢街道花园井居委会新桥园先行试点（至2002年底，全市26个镇、街道换发具有防伪标记的房屋权属证书工作基本结束，共验证、换证6万余本，验证、换证率超90%）。

日常登记发证　1954年，全县城乡颁发《土地房产所有证》和《房地产所有权证》工作基本结束后，房地产登记、发证列为日常工作。从1958年起，房地产交易过户仅办理契证，停止发放《房地产所有权证》和《共有权保持证》。新建房屋和房产赠与、继承等也停发房地产权证。90年代初，恢复办理日常性的房产登记发证工作。1995年4月起，放开市区成套住房销售。翌年1月始，允许房改房上市交易；其间，一手房和二手房市场活跃，每年日常发证为6230多件。1997年发证增加至8124件。1999年，房屋产权登记量增加，至2000年末，累计发放房产证84361本，建筑面积1525.22万平方米。

房地产测绘

房地产测绘始于房地产权属登记。民国36年（1947），萧山土地登记处绘制实测户地图。中华人民共和国成立后，房地产测绘曾一度中止。1988年始，全县进行城镇房屋所有权登记换发证工作，恢复测绘房地产平面图。1997年，萧山市房地产测绘分队成立，后更名为萧山市房屋面积计量测绘所，负责本区域内各类房屋面积测算工作。1998年5月，市城乡建设管理部门规定，各开发企业及新建房屋未经测绘部门面积认定的，均不予办理房屋权属登记，遏制了商品房销售中面积短缺和房屋面积核定界限等问题的产生，为房产权属登记提供面积依据。

档案管理

1949年5月萧山解放时，接管国民党地方政府机关的房地产档案、土地权状图纸和土地清册等（包括户地原图、旧乡段原图、公布图和户地印图等图表，接收清丈图3187张、分乡行政区域图232张、图照2280张）。

中华人民共和国成立后，房屋产权经过4次集中登记换发权证，房地产档案数量增加，按产权性质划分，有公产档案、私产档案、代管产档案、宗教档案、外产档案、征地拆迁档案六大类。1995年，建立房管综合档案管理小组，制定《缮证配图工作规程》《档案资料传递工作规程》《档案资料整理、裱糊、装帧、组卷工作规程》《档案利用管理规定》等。至1998年底，累计组卷（属永久性和长期性）入库档案资料73067卷，经过陆续整理后，编成图、档、卡、册资料体系，产权产籍实现计算机管理。至2000年末，全市房产档案90000余卷。

第三节　房地产仲裁与监察

中华人民共和国成立后，房地产纠纷由当地政府和房管部门合力调解处理，调解无效的交法院处理。

1990年4月，市房产纠纷仲裁委员会成立，受理有关房屋所有权、征地拆迁补偿、土地使用权、房屋买卖等房地产纠纷。是年，调解房地产纠纷13件，其中公房4件、私房3件、产权2件、其他4件，属杭州地区先例。至1993年末，属房地产纠纷立案64件，结案53件，结案率为82.81%，其中调解撤诉8件。1994年，市房产纠纷仲裁委员会停办，房地产纠纷均由司法部门处理。

1996年3月，萧山市城建监察大队增设房地产监察中队，隶属市房地产管理处。1998年，市建设管理部门依据《浙江省建筑装饰装修管理办法》，制定萧山市城镇房屋装修管理办法，房地产监察人员依法行政，遏制了破坏性装修等违章行为。至2000年末，共查处违章装修400余起。

第四节　房屋安全鉴定

1991年，萧山市建立房屋安全鉴定所，对结构已严重损坏或承重构件已属危险构件的房屋进行鉴定，属危险房屋的采取立即拆除、限期拆除、停止使用、部分拆除、加固使用、观察使用、变更使用和维修使用等处理方法。地下管线施工、桩基施工、附设4米以上地下室深基坑、爆破及剧烈震动和降低地下水位的建设项目，在施工期间或施工结束后必须对施工区周边房屋进行安全鉴定。是年底，房屋安全鉴定所共接受7次房屋安全鉴定，建筑面积3770平方米。至2000年，共出具鉴定报告273份，鉴定房屋面积170613平方米。2001年3月始，施行《杭州市危险房屋安全管理办法》。

第五节　白蚁防治

中华人民共和国成立前，萧山仅有少数个体治蚁人员，无白蚁防治机构，因受白蚁蛀蚀，塌房、伤人事件时有发生。1959年5月，萧山县消灭白蚁指挥部成立，专司负责白蚁的防治和预防，控制蚁害。1967年3月，成立县白蚁防治站。1979年1月，更名为萧山县白蚁防治所。1988年，更名为萧山市白蚁防治研究所，全年签订新建房屋白蚁预防合同66份，实施144个工程，面积23万余平方米；加上年接转工程，至年底共完成工程170个、面积26.86万平方米，居杭州市各县(市)、区之首。是年，还对全市蚁害较重的12个单位、11户直管公房、23户城乡私房进行重点灭治，面积1.26万平方米；为31户农户新建房屋白蚁预防提供药物和技术指导。1989年，白蚁防治研究所对萧山航坞山、峙山和凤凰山白蚁区进行考察，采集标本105件，首次发现萧山有肖若散白蚁和小散白蚁危害，为研究白蚁生活习性、地区分布和科学防治提供可靠依据。是年，对1987年和1988年进行预防的工程进行发函调查和重点抽查（调查和抽查工地218处，计36万平方米），均未发现蚁害。1990年，新建房屋白蚁防治

图15—9—571　1984年6月，衙江五星大队挖出的蚁巢（陈永儿摄）

范围从城厢、临浦、瓜沥镇扩大到坎山、义桥、西兴、闻堰、长河镇；同时，采取毒土灌浆办法防治戴村镇盛家、凌山两座水库大堤蚁害。1991年，白蚁预防面积18万平方米；共处理城乡蚁害户(单位)蚁害房屋面积8880平方米，其中钢筋混凝土结构房屋面积4758平方米；挖出蚁巢65个；山林治蚁250亩。1995年，除新建房屋白蚁预防外，园林果树灭蚁100亩，水库堤坝灭蚁1座，灭治率和彻底灭治率分别达100%。1997年后，白蚁预防面积增至81.20万平方米，比前10年的总和还多。截至2000年，全市白蚁灭治面积2000多万平方米、房屋50多万间、果树3.8万余株、山林10453亩、木船249艘、纺织品99件、家具306件、木电线杆14267支、桥梁259座，挖掘蚁巢3781只。

【附】

萧山白蚁分布与危害现状

萧山市地处钱塘江南岸，属亚热带季风型气候，四季分明，光热充足，雨量充沛，年平均气温16.6℃～17.7℃，年平均降水量1360毫米，植物生长茂盛，十分适宜白蚁生存繁衍。目前，我市共发现8种白蚁，主要白蚁危害种类有家白蚁Coptotermes formosanus(Shiraki)、黑翅土白蚁Odontotermes formosanus(Shiraki)、黄胸散白蚁Reticulitermes speratus(Kolbe)、黑胸散白蚁Reticulitermes chinensis(Snyder)。

一、白蚁分布情况

全市南高北低，南片多山区丘陵，北部多河道平原，白蚁种类危害各有不同，南片包括临浦、戴村、楼塔、许贤等11个乡镇，主要危害白蚁种类有家白蚁、黑翅土白蚁、黑胸散白蚁，危害重点区域是临浦、楼塔、河上3镇；北片包括城厢镇、瓜沥镇等18个乡镇及农场和围垦地区，蚁害突出的城厢镇、瓜沥镇、南阳镇、坎山镇，主要危害蚁种：家白蚁、黄胸散白蚁，原先蚁害只局限于城厢镇、瓜沥镇等地，现在已扩大至整个东部地区。

二、白蚁危害情况

家白蚁：主要入室危害，在室内或室外树中建巢，危害房屋结构和地板家具。进化镇华姓居民建房2年，某日开窗，窗门应手跌落，经检查是家白蚁危害，不但灶头间门窗毁坏，客厅、厢房和楼上卧室的门窗框均已不同程度受到白蚁侵害。经查，距该房50米左右有100年老樟树，家白蚁在树中做巢。楼塔镇有多处百年以上的木结构老房，几乎都有家白蚁为害，破坏横梁、椽檩、柱子，在檐口处、衣柜甚至米箱内筑巢。

黑翅土白蚁：主要危害山林水库、堤坝。1997年，钱塘江发大水，其支流浦阳江流经浦阳镇段一线堤塘内发现管漏就是黑翅土白蚁在堤内营巢引起的。1998年，楼塔兴修山塘水库，挖出不少蚁巢。临浦、云石、楼塔等乡镇在山上种植的经济林木也常遭受黑翅土白蚁危害。

黑胸散白蚁：主要在河上、所前等乡镇危害，黑胸散白蚁能上楼危害。河上朱姓居民家中黑胸散白蚁从底层柱子开始一直危害到房屋檐口，有小型巢，危害不亚于家白蚁。

黄胸散白蚁：有危害不上楼之说，但由于群体小而分散，哪里为害，哪里就有小群体，危害面广。在本市分布范围大，南、北两片都有，一般在3～4月份分飞，近年提前的也有，如萧山宾馆1999年1月25日就发现分飞。多危害门框和室内踢脚线（墙裙）。

三、城市建设和居民生活水平提高对白蚁的影响

萧山优越的地理、气候环境十分适宜白蚁生存繁殖，虽然由于城市建设中房屋结构的变化，在一定程度上改变白蚁原有的生活环境，但白蚁的适应性十分强，给防治带来困难。城市绿化的发展，也为白蚁提供丰富的食源。近年来，居民生活水平提高，对居住条件要求也提高，居室装修采用大量木材、三夹板等含纤维质的材料，暖气、空调保持了温度平衡，更使白蚁有一个适宜、隐蔽、水分充足、食料丰富的良好环境。

四、北片沙地区块白蚁危害呈上升趋势

萧山北片的东部，靠近钱塘江和杭州湾，一些土地是江水冲积而成的，也有人为围垦而成和大片的自然海涂，土壤偏碱性，俗称沙地。以前除长山、凤凰山、航坞山、赭山等山地有白蚁，一直以来，当地人民不知白蚁为何物。居民家中从来没有发现过白蚁危害，但是近年来白蚁危害却有扩大上升趋势。据调查，1993年蚁害登记8户，1994年15户，1995年17户，1996年20户。沙地出现白蚁原因：（1）发现的多为黄胸散白蚁，因散白蚁群体小，易成活，便于携带危害，流动性大，危害到哪，哪儿有小巢，沙地土壤偏碱性，不适宜建大型巢，而散白蚁的生活习性正好适合；（2）近年来小城镇建设发展迅速，房屋相对集中，易于散白蚁蔓延扩散；（3）广大农村地区建造房屋时缺乏对白蚁的了解，带入有白蚁的材料或在地基上倒入混有蚁群的回填土（从山上挖来或从有白蚁孳生的地方运来垃圾废土）；（4）多年来的建设开发，一些土地经过改良发生变化，酸碱度降低，适宜白蚁生存，白蚁经过分飞蔓延，逐渐扩大危害范围。

（摘自吴关尧、陈永儿：《萧山白蚁分布与危害现状》，原载《白蚁科技》，萧山市白蚁防治研究所编，16卷第2期，1999年6月）

第六节　房屋拆迁

1959年，城厢镇实施方格形布局建设街区，拆北街弄、衙后弄两侧旧房，拓宽市心路，开挖新西河等，拆迁私房548间。70年代，城厢镇实施城镇建设规划，共拆房屋3.30万余平方米。80年代初始，实施城镇总体规划，加大旧城改造力度，完成绣衣坊、明月坊和人民路东伸等新建项目，至1991年末，城区约拆迁房屋16.85万平方米。1992年，萧山经济技术开发区和城市新区相继建设，至2000年末共拆迁农房、厂房等50.50万余平方米。同时，城区和各城镇的市政、道路、住宅建设加快，拆建规模随之增大，拆迁管理部门推行规范化拆迁。1992～2000年，旧城区拆迁房屋66.63万平方米。建设杭州萧山机场拆迁房屋76.80万平方米。1980～2000年末，萧山累计拆迁房屋214.44万余平方米。

拆迁政策

1980年7月16日，县政府规定私房征购或自行拆除后，城镇居民私房户需要购买新建住宅，按有关规定提出申请，向房管部门办理购房手续。翌年6月24日，县政府对拆除公房和《私有房屋征购拆迁补偿标准》作了修改。公房拆迁由原用新建房屋“拆一还一”改为征购后由被拆迁单位自行复建；征购拆迁标准适当提高。1985年2月15日，县政府发布县第八届人大常委会第二次会议通过的《萧山县城镇建设拆迁房屋实施办法》，原颁发的有关规定同时停止执行。这是萧山第一个较为规范的拆迁管理法规。规定私房拆迁可用新建公房调换产权，不强求统一征购。1989年9月11日，市政府发布《萧山市城镇房屋拆迁管理实施办法》(萧政〔1989〕128号)，对拆迁房屋的补偿由征购改为按重置完全价结合成新计算。原房屋所有人要求归还产权的，拆迁者用新建房屋归还产权，新建房屋按成本核算造价，被拆房屋

按重置完全价结合成新计算。1992年9月18日，市政府发布《萧山市城市房屋拆迁管理实施办法》(萧政〔1992〕96号)，对拆迁补偿实行产权调换、作价补偿或者产权调换和作价补偿相结合的形式。作价补偿按所拆房屋的重置价格（房屋重置价格是指按照上一年度的建筑技术、工艺水平、建筑材料价格、人工费用等条件，重新建造与现有同类结构、式样、质量标准及使用功能相同房屋的平均价格）结合成新计算，偿还建筑面积超过所拆建筑面积的部分，按商品房价格结算。该《办法》还首次提出发放拆迁许可证的规定。1995年10月28日，市政府发布《萧山市城市房屋拆迁管理实施办法》(萧政〔1995〕18号)，对拆除的农民房屋不再允许单家独院建造新住宅，只准拆迁者按当地镇村统一规划建设公寓式住宅。如是农转非居民及农居混住家庭的住宅，由拆迁者按原建筑面积结合人口状况以商品房住宅安置。1996年11月，市城乡建设管理部门根据省物价局、省建设厅《关于房屋拆迁安置补偿价格管理等问题的通知》精神，规定被拆迁房屋由评估机构进行评估，评估标准经市人民政府批准后执行。

拆迁许可证制度

1992年9月18日，市政府为规范房屋拆迁行为，发布萧山市城市房屋拆迁管理实施办法，明确规定拆迁人领取许可证后，方可自行拆除或委托拆除。

拆迁人领取拆迁许可证要核定下列材料：核定的拆迁范围，市计委的项目批准文件、建设用地批准文件、规划许可证，拆迁总体方案，拆迁安置补偿协议及房屋产权注销、转移、租赁、变更、新增等手续，核发的暂停办理拆迁范围内居民户口迁入、分户、工商营业执照、房屋翻（扩）建、买卖、赠与、分家析产和租赁等手续。同时，要求开发建设单位对原地回迁的建设项目提供临时过渡房源，对易地安置的建设项目提供一次性安置房源。安置过渡方案不落实、补偿资金不到位的，不发给《房屋拆迁许可证》。凡未按协议规定时间回迁的开发建设单位，必须对拆迁户履行必要的经济补偿。1986～2000年，城区共拆除旧房7142户、建筑面积818778平方米，其中，1992～2000年共批准核定城区金城花园、南市花园、市心广场、人民路东伸、万向城市花园等房屋拆迁项目180个，拆除旧房4637户、建筑面积666261平方米。

表15－9－353 1986～2000年萧山旧城改造拆迁情况统计

年份	发放许可证（份）	拆迁面积（平方米）	拆迁户数（户）	年份	发放许可证（份）	拆迁面积（平方米）	拆迁户数（户）
1986	—	8541	161	1994	25	77370	842
1987	—	33134	704	1995	18	36571	605
1988	—	36655	595	1996	12	21164	103
1989	—	16824	326	1997	23	46697	243
1990	—	41380	422	1998	15	47986	453
1991	—	15983	297	1999	31	160629	442
1992	7	33000		2000	21	141564	320
1993	28	101280	1629				

注：1993年拆迁户数栏含1992年户数，1994年、1995年拆迁户数为签订合同数。

拆迁补偿安置

萧山的房屋拆迁补偿，各个时期的标准不一。1958～1961年，市政建设拆迁经济补偿标准偏低。1979年12月，县革命委员会规定征用土地需要拆迁城镇居民私有房屋者，应按质论价。城镇居民的砖木结构披房每平方米不低于8元，钢筋混凝土结构房由现场评议酌定。农民的砖木结构房屋每平方米15元～22元，披屋每平方米不低于6元。对水井、围墙、炉灶、粪缸、树木、青苗及搬家等补偿与安置也作出具体规定。1980年7月16日，县政府对拆除公房、私房、违章建筑、征购私房、拆迁户搬家等问题作出具体规定。1983年10月，县政府批转城厢镇处理市政拆迁私房办公室关于处理1959年前后市政拆迁私房遗留问题的意见，给175户拆迁户按不同标准补偿处理，发放拆迁补偿费24.99万元。

1985年2月15日，县政府公布萧山县城镇建设拆迁房屋实施办法，对拆迁后的住房安置、搬家及拆迁户自行解决住房等均作了规定。1989年，市政府发布《萧山市城镇房屋拆迁管理办法》（萧政〔1989〕128号），住宅安置面积确定为人均居住面积（指扣除厨房、厕所、走廊、阳台及壁柜等辅助用房面积后的居室和坐起间净面积的总和）7平方米；搬家补助费常住人口每人从4元增至10元；搬家公假由2天调整至3天；自行过渡补贴费两年内每人每月10元。安置人口凡具下列情况之一的可增加一个人口的安置面积：原使用人系独生子女户的；原使用人有符合晚婚条件已领取结婚证的；双方确无结婚用房的；原使用人有2个以上（含2个）未婚子女年龄都大于16周岁的；原使用人夫妻户粮不在同一城镇，而配偶又系非农业人口的。1992年9月18日，《萧山市城市房屋拆迁管理实施办法》（萧政〔1992〕96号）公布，对住房面积、搬家费、临时过渡费等作了调整：搬家费从每人10元增至15元；临时过渡费两年内由每人每月10元调至15元，超过两年的，每人每月再增加10元；安置面积由原人均居住面积7平方米改为人均使用面积8平方米，原使用人从区位好的城区迁入区位差的新开发区的，人均可增加安置标准1平方米使用面积；拆除在国有土地上农业人口的住宅房屋，按农民建房标准由当地镇村易地建房，由拆迁人按原建筑面积的重置价格结合成新予以补偿，并支付建房的用地费。1995年10月28日，市政府发布《萧山市城市房屋拆迁管理实施办法》（萧政〔1995〕18号），私房安置原则上按建筑面积拆一还一保留产权进行产权调换，由原每户总安置使用面积不得少于21平方米改为不得少于30平方米。原使用人以产权调换安置的，住宅安置面积改为人均建筑面积12平方米。建筑面积超过原建筑面积的，在安置标准以内部分按房屋单方建筑造价进行资金结算；原使用人被迁往市郊新开发区安置的，人均安置标准由原增加1平方米改为增加2平方米，拆迁人对增加部分免收房价款。因自然间不可分割而使总安置建筑面积增加在4平方米以内的，按单方建筑造价结算，超过部分按商品房价格结算。该《办法》还对搬家费、临时过渡费作出调整：搬家费从每人15元增至30元，一户人口为一人的，一次性发给50元；使用临时周转房的，在迁往正式安置房再次搬家时，再按上述标准发给补助费。临时过渡费由两年内每人每月15元调至30元，一户人口为一人的，每月50元；超过两年的，加倍发给补助费。上述两项补助费1～2年作一次调整。1996年12月，市城乡建设管理部门报经市政府同意，印发关于房屋拆迁安置补偿价格等问题的通知，根据新建安置房的结构、设施条件和为便于结算，经测算，决定新建安置房的成本价格由建筑面积每平方米550元调整为780元。2001年初，城区江寺公园拆建项目调整搬家费为原使用人每人补贴60元，临时过渡费调整为每人每月60元，以24个月计发。

拆迁纠纷处理

1989年9月11日，市政府发文规定“拆迁纠纷由拆迁主管机关负责调解和作出处理”。1995年10月28日，市政府颁发《萧山市城市房屋拆迁管理实施办法》（萧政〔1995〕18号），规定拆迁人与被拆迁人经协商达不成协议的，由批准拆迁的房屋拆迁主管部门裁决，被拆迁人是批准拆迁的房屋拆迁主管部门的，由市人民政府裁决；当事人对裁决不服的，可以在接到裁决书之日起15日内向人民法院起诉。在房屋拆迁公告规定的或者裁决作出的拆迁期限内，被拆迁人无正当理由拒绝拆迁的，可责成有关部门强制拆迁，或由房屋拆迁主管部门向人民法院申请强制拆迁。

第十章　住房制度改革

50年代，萧山城镇居民实行福利型住房制度，由国家或单位无偿分配住房，租房实行低租金。60年代至90年代初，城镇居民家庭住房消费支出占家庭收入的2%～3%。1993年4月，市政府颁布以“卖房起步、分步提租、相应发贴、新房新制度”为主要内容的《萧山市城镇住房制度改革实施方案》（萧政发〔1993〕13号），居民住房消费渐成住宅市场的主体，城镇住宅市场化率由1993年的38%提高到2000年的98%。初步形成以普通商品房为主的住房供应体系和以经济适用房、廉租住房及住房公积金为主要内容的住房保障体系，并向住房分配货币化推进。

第一节　住房保障体系改革

1988年6月17日，萧山市住房制度改革领导小组成立。7月22日，市区74家单位建立住房制度改革（简称房改，下同）工作网络；8月22～23日，举办第一期房改调查测算培训班，中央、省、杭州市属在萧单位、驻萧部队及房改工作机构负责人和有关房改单位工作人员120余人参加培训。后，市区房改进行2个月的调查培训，共调查市区325个单位67913人，其中在职职工56158人，离退休职工11755人；市区共有住房使用面积85.11万平方米，其中砖混成套61.43万平方米，砖混非成套12.89万平方米，砖木结构10.37万平方米，简易结构0.42万平方米。市区职工平均住房使用面积18平方米，公房平均每平方米使用面积月租金0.09元，职工平均自行负担月房租1.62元，如职工平均月工资以80元计，住房支出占工资收入的2.03%。

1990年10月11日，全市统一公有住宅租金标准，行政事业单位的公有住宅由市房地产管理部门统一管理；1991年8月27日，市政府决定对长期“空闲”的公有住房和住户私自转租、转让的公房，进行一次清理，将收回的房屋安排给居住困难户使用。1992年8月21日，城镇住房制度改革方案提交市民讨论，共收到63个部门和单位及个人220条意见建议。11月28日，市人大常委会审议通过《萧山市城镇住房制度改革实施方案》。1993年4月12日，市政府正式颁布《萧山市城镇住房制度改革实施方案》（萧政发〔1993〕13号）；5月6日，市政府印发住房制度改革办法。1995年12月26日，市政府转发市房改办、市城建局、市物委《关于公有住房优惠出售后房产交易暂行规定》，从1996年1月1日起，凡优惠购买房改公有住房，并已领取《房屋所有权证》的，均可持证按房地产交易有关规定，合法进入房地产市场。1995～1996年，市政府相继颁发《萧山市一九九五年向住房困难户出售经济适用房实施办法》（萧政〔1995〕14号）、《萧山市一九九五年城镇出售公有住房管理办法》（萧政办〔1996〕21号）、《萧山市深化城镇住房制度改革实施意见》（萧政〔1996〕5号）。

1997年4月14日，市委办公室印发《关于停止公有住房无偿分配的通知》（市委办〔1997〕73号）；5月6日，市政府印发《萧山市购买经济适用住房暂行办法》（萧政〔1997〕3号）；5月7日，市委办公室、市政府办公室印发《萧山市国家公务员购买经济适用住房实施细则》（市委办〔1997〕94号）。上述文件规定停止公有住房无偿分配。未按房改政策购买过公有住房或集资建房、批地建房的干部职工可购买经济适用房，经济适用房出售价格由市房改办会同市物价局测定，报市政府批准执行，每年公布一次；住房面积按不同对象分别为55平方米～65平方米、65平方米～75平方米、75平方米～85平方米、95平方米～110平方米。购买经济适用住房，在规定面积标准以内，按市政府批准公布出售价格购买；超过规定以上部分，按市场价购买；凡购买经济适用住房的，免缴房产税和一次性契税。6月13日，市政府批转市房改办、市物价局关于要求审批萧山市1997年经济适用住房出售价格的请示，规定面积标准内每平方米建筑面积售价为875元，超过规定标准以上部分按市场价出售；城厢地区以外的建制镇出售经济适用住房的价格下浮10%（每平方米建筑面积787.50元）；单位向房地产开发商购买商品住宅出售给职工个人的最高限价为每平方米建筑面积1450元，购买的商品房房价与最高限额的差额部分由个人承担。

1999年9月30日，市政府公布《萧山市进一步深化城镇住房制度改革实施意见》（萧政发〔1999〕168号），1999年1月1日以后参加工作的职工由单位按月给予住房公积金补贴；1998年12月31日前参加工作的无房和住房面积未达到规定标准的职工（包括离退休职工），由单位按规定发给一次性住房补贴；1993年12月31日前参加工作的无房和住房面积未达到规定标准的职工（包括离退休职工），由单位按规定给予工龄住房补贴。住房公积金补贴标准按职工本人上年月工资总额的11%计算；一次性住房补贴标准按每人每平方米建筑面积200元计算（1998年经济适用住房平均价为每平方米建筑面积1112元，住房补贴比例为36%）；工龄住房补贴额为1998年出售公有住房成本价的0.6%与该职工可享受的住房补贴面积和1993年底前工龄的乘积。住房补贴面积控制标准按不同对象，分别控制在65平方米、75平方米、85平方米、110平方米以内。申请一次性住房补贴，应满20年工龄；工龄未满20年的，按实际工作年限计发，差额部分作为职工向单位的借支，由职工在以后工作年限内抵扣。工龄不满20年的职工离开原单位的，其未抵扣的借支由职工本人一次性偿还。

第二节　公房出售

1993年5月6日，市政府对公有住房出售等事项作了规定：1993年底前出售的新建砖混二等成套住房，每平方米建筑面积360元；已租住的成套旧公房（1992年1月1日以前投入使用的）以新房基价的95折为重置价，再打成新折扣后作为售房基价；旧成套公有住房成新折扣的评估标准，1980年（含）后竣工投入使用的按每年2%比例折旧，1980年以前投入使用的住房根据实际情况评定；职工以优惠价购买现住公有住房，用自有资金一次性付清购房款的给予总房价25%优惠；购买现已租住的公房（1993年12月31日前竣工已分配租住的住房）给予房价10%现住房优惠；实行工龄优惠，中华人民共和国成立前参加工作的，每年工龄优惠房价0.8%，中华人民共和国成立后参加工作的，每年工龄（教师工龄以教龄1年按1.2年计算）优惠房价0.6%；优惠出售的公有住房的实际售价每平方米建筑面积低于140元的，均以140元计价；离休干部优惠购房最低限价放宽至每平方米120元；新旧公有住房出售，都要在基价的基础上按房屋坐落地段、朝向、楼层、设施等因素增减后计价。为鼓励职工居民早买房、早付款，给予购房者以利息补贴。凡1993年12月31日前申请购房，经批准后在10天内一次性付清购房款的，给予3个月利息补贴；1994年1月申请购房，经批准在10天内一次性付清房款的，给予2个月利息补贴；1994年2月申请购房，经批准在10天内一次性付清房款的，给予1个月利息补贴；1994年3月后申请购房的，不予利息补贴。购买公有住房建筑面积控制标准按不同对象，分别为55平方米、75平方米、90平方米，或按人均12平方米控制（独生子女按2人计算）。超过上述面积规定标准的，新建住房在5平方米以上的部分按市场价计价；旧公房在10平方米以上部分，按市场价打成新折扣后计价，并免缴房产税、城镇土地使用税及一次性契税。

1993年12月4日，市政府召开全市优惠出售公有住房新闻发布会，向全市职工居民出售公有住房。1994年度（1994年7月1日至1995年6月30日），新建住房每平方米建筑面积成本价580元。旧房的成本价按新房的成本价成新折扣计算，折旧年限50年，年折旧率2%。凡1979年12月31日之前建造的住房及经过大修或设备更新的住房，其成新按有关规定评估确定。成新低于40%的按40%计算。对购房人夫妻二人建立住房公积金制度前的工龄之和，每一年工龄给予成本价0.6%的折扣。购买现租用的公有住房，1994年度给予5%的现住房折扣。按成本价购买公有住房，经过折旧并扣除工龄折扣、现住房折扣和各项调节因素后，成套住房每平方米建筑面积的最低限价为160元；职工购房实行一次性付款，一次性付清购房款给予20%的折扣。公有住房出售后建立共用部位和共用设施的维修基金，分别从售房单位（售房款中提取10%）和购房人（按购房成本价的1%）中提取，存入维修基金专户，本金不动，利息支付维修费用。

1995年7月1日至1996年6月30日，萧山房改售房成本价为每平方米640元，1994年底前竣工的市场价为每平方米1000元，再结合成新、地段、层次，1995年1月1日以后竣工的市场价按实计算，低于每平方米1000元的按1000元计算。成套住房最低限价为每平方米160元，设备、装修另计，现住房折扣率为4%。公房出售后，售房单位从售房款中提取15%、购房人交付成本价的1%，作为共用部位和共用设施维修基金。

1997年，成套公房出售成本价每平方米为675元，最低限价每平方米180元；非成套公房出售成本价每平方米615元，最低限价每平方米160元。1994年底前竣工的市场价为每平方米1080元，并结合成新、地段、层次、朝向；1995年1月1日以后竣工的市场价按实计算，低于每平方米1080元的按1080元计算。1998年成套公房成本价为每平方米705元，最低限价每平方米190元，非成套公房出售成本价分别为每平方米640元，现住房折扣率3%，最低限价每平方米170元，其余政策与上年相同。1999年成套公房出售成本价为每平方米725元，非成套公房出售成本价每平方米658元，现住房折扣率2%，一次性付款折扣为15%。2000年成套公房出售成本价每平方米为735元，非成套公房出售成本价每平方米为668元，超面积市场价由评估确定，现住房折扣率为1%，一次性付款折扣为5%。至2000年末，全市共出售公有住房29624户，总建筑面积166.60万平方米，回收售房款3.95亿元。

表15—10—354　1993～2000年萧山市房改优惠出售公房情况

项　目		1993年	1995年	1997年	1998年	1999年	2000年
房改成本价（元/平方米）	成套	360	640	675	705	725	735
	非成套	—	—	615	640	658	668
售房数量（户）		20860	4355	1500	844	1675	390
售房面积（万平方米）		118.50	25.17	8.28	4.52	8.16	1.97
售房款（万元）		22500.00	8660.36	2873.30	1611.07	2705.00	1170.58

第三节　住房公积金与按揭贷款

公积金制度

1993年5月6日，市政府印发《关于住房制度改革十个配套（办法）的通知》（萧政发〔1993〕22号），规定职工个人按月缴交一定数额的公积金，其单位也按月为职工缴交一定数额的公积金，两者均归个人所有。住房公积金由市住房资金管理中心负责归集、管理与使用。实施范围为全市党政机关、群众团体、事业单位、全民和集体所有制企业单位在职固定职工、合同制职工、计划内临时工。离退休干部（职工）、驻萧部队、计划外临时工和外资企业的外籍职工不实行公积金制度。6月1日，全市住房公积金制度全面实施。新参加工作的职工，其公积金在参加工作的下一月起缴交；职工工作单位调动时，其公积金本息转入新单位名下的账户内；职工调离本市，其公积金本息转入新工作地住房资金管理中心；职工因故脱离工作单位、中断工资关系时，结余的公积金本息仍保留在其公积金户名内。公积金定向用于支付职工家庭购买自住住房、集资建设自住住房、私房翻建和大修理等。职工离退休、出国定居等时，可提取结余的公积金本息。

公积金归集

1993年6月1日始，单位和个人月住房公积金缴交额均为5元；1995年2月1日至1996年6月30日，单位和个人月住房公积金缴交额增至各10元；1996年7月1日至1997年6月30日，单位和个人月住房公积金缴交额增至各15元；1997年7月1日至1998年6月30日，单位和个人月住房公积金缴交额增至各20元；1998年7月1日至1999年6月30日，单位和个人住房公积金增至各30元。1999年7月1日起，单位和个人住房公积金缴交改为按职工本人月工资总额各6%缴交；从2001年1月1日起，增为各8%。

至2000年末，萧山市累计归集住房公积金2.49亿元。还归集城市住房基金、单位住房基金4.23亿元。

公积金使用与管理

公积金贷款管理　1999年12月18日，市政府印发《萧山市住房公积金个人购房贷款管理办法》（萧政发〔1999〕218号）。缴交住房公积金的职工以所购住房为抵押，可向住房公积金管理部门申请政策性贷款，用来支付所购住房房款。贷用住房公积金最高限额为10万元，贷款年限加上借款人年龄不得超过规定的退休年龄。至2000年12月31日止，全市累计发放住房公积金贷款1.18亿元。

公积金支取管理　公积金制度规定，职工家庭购买自住住房、集资建设自住住房、私房翻建和大修理，以及职工离退休、出国定居等时，可提取结余的公积金本息。1993～2000年，累计支取住房公积金3520.38万元。

按揭贷款

1999年，萧山各金融机构始办理个人住房按揭贷款业务，共办理671户、金额8522万元。2000年，发展个人消费信贷业务，建设银行萧山支行率先推出住房装修贷款业务。是年，7家金融机构共办理个人住房按揭贷款4287户、45327万元。其中，工商银行萧山支行334户、6861万元；农业银行萧山支行1835户、17924万元；中国银行萧山支行70户、1181万元；建设银行萧山支行495户、8736万元；交通银行萧山支行37户、679万元；中信银行萧山支行58户、964万元；信用联社1458户、8982万元。是年末，全市个人住房按揭贷款余额为4051户、47290万元。

第四节　租金改革

1990年10月11日起，全市执行统一的公有住宅租金标准，取消60年代始实行的行政事业机关干部职工租用公有住宅租金减半缴纳的规定，取消企事业单位对职工租用公有住房的租金补贴或变相租金补贴（困难职工的正常房租减免除外），由住户按应交租金额缴纳。

1993年5月6日，市政府公布《萧山市公有住房租金标准计算及租金收缴办法》（简称《办法》，下同），规定公有住房其使用面积的平均月租金为每平方米0.35元，并对租住公房的职工由所在单位发给住房补贴，住房补贴标准按1992年3月末职工月基本工资额的3%计算；职工月基本工资额在100元以内的，按3元补贴；居住集体宿舍和自有私房的职工，暂不发给住房补贴。对租住在本市城镇公有住房的离休干部、烈士家属、特等和一等伤残军人、社会救济户和最低收入户的净增租金实行减免政策，减免公有住房租金的时间一般不超过3年。

表15—10—355 萧山市公有住房租金标准情况

单位：元/平方米

时　间	平均租金	住房租金
1993－06－01前	0.09	0.12
1993-06-01～1995-03-31	0.35	0.39
1995-04-01～1996-06-30	0.50	0.62
1996-07-01～1997-06-30	0.80	1.00
1997-07-01～1998-06-30	1.00	1.25
1998－07－01～	1.20	1.50

为抑制不合理的住房需求，克服住房领域中的分配不公，市政府同时公布《萧山市住房超过标准面积加收租金暂行办法》（萧政发〔1993〕22号），对超过规定标准11平方米～20平方米的，超标部分按标准租金加收2倍租金；超过规定标准21平方米以上的，超标准部分按标准租金加收3倍租金。1995年2月28日，市住房制度改革办公室根据市政府《关于城镇住房制度改革中若干规定的通知》（萧政发〔1995〕6号）精神，公布《萧山市公有住房租金标准》，并于1995年4月1日起实施，成套公有住房租金标准调整至每平方米0.50元～0.70元，非成套公有住房租金标准调整至每平方米0.30元～0.45元。公有住房承租人已购买该住房的，从实际交付购房款的次月起终止租赁关系，停止收交房租。

1996年7月1日起，全市公有住房每平方米使用面积平均月租金标准调整为0.80元；1997年7月1日起，每平方米使用面积平均月租金标准调整为1.00元；1998年7月1日，住房租金标准再次作调整，成套公房每平方米使用面积平均月租金标准调整至1.20元。

第五节　住房解困

1991年，为解决城镇居住困难户住房问题，市政府批转市住房制度改革领导小组、建设局、总工会联合制定的《关于解决城镇居住困难户住房问题的意见》（萧政发〔1991〕55号），采取多种渠道多形式筹集资金，广辟房源，分期解决。1992年1月31日，市政府召开特困户住房有偿分配会议，首次有50户住房困难户领到了新房钥匙。杭州齿轮箱厂购买解困房192套，解决本厂住房特困户。1993年5月6日，市政府印发文件，决定采取个人投资为主、单位适当负担、政府给予税费优惠的方式，集资统建和联建住房，解决无购买商品房能力的中低收入无房户、住房困难户以及危旧房改造区的居民户住房。1995年10月16日，市政府出台向住房困难户出售经济适用房实施办法，再次采用优惠购房价和超面积微利价方式解决住房困难户。住房优惠价以市物价部门核定的微利价1176元作为基价，在60平方米以内，政府减免各种配套费后以每平方米850元出售给住房困难户，并且其夫妻双方单位可各给予每平方米建筑面积100元的补助；超出60平方米以上部分，个人按微利价每平方米建筑面积1176元购买，并从层次上作适当调节。个人购买经济适用房后，产权归个人所有；如购入的经济适用房进房产市场，必须补缴土地使用权出让金或所含土地收益金及按规定缴纳有关税费。是年，市政府加大经济适用房建设力度，在新区分3期开发建设经济适用房，一期工程投入资金7760万元，建造24幢945套；二期工程投入资金6700万元，建造13幢500套；三期工程投入资金2600万元，建造13幢378套。至2000年12月31日，全市1370户家庭购买经济适用房，1823户家庭通过集资建房解决自住住房。

第十六编 国内贸易

徑游買舟歸漁浦

清·韩羹卿

飘飘凉上芰荷衣，两岸看山翠欲飞。不住蝉声三十里，南风送我片颿归。

萧山水陆交通便捷，商业[①]素称发达。19世纪中叶，萧山的米业、盐业、酿造业、土纸业等均具有一定规模。20世纪初，棉花、蚕丝、绸布、竹木等业相继兴起，并先后出现临浦米市、坎山茧市等专业集市。日本侵略军入侵中国期间，商业萧条。抗日战争胜利后，通货膨胀，商业仍不景气。萧山解放前夕，不少商店濒临倒闭。萧山解放后，实行高度集中的商业计划经济体制，商业的发展，随经济、社会的变化而变化[②]。

1978年12月召开中共十一届三中全会后，改革商业计划经济体制，梳理流通渠道，减少流通环节，重视市场建设，推进国营、集体商业企业改革，以增强企业活力为中心环节，扩大经营自主权，实行经营责任制，推动商业经济发展。至1984年末，全县商业网点（机构）10585家，其中国营203家、供销社587家、集体所有制1983家、有证个体7812家。是年，实现社会消费品零售总额41210万元、商品市场成交总额7147万元。1980～1984年，社会消费品零售总额、商品市场成交总额年均递增分别为20.43%、26.05%。

1985年后，扩大商业流通渠道，新建和改造商业网点，改革商品经营体制和经营方式，开展文明经商活动，有计划的商品经济稳定发展。至1991年，实现社会消费品零售总额123753万元、商品市场成交总额44792万元。1985～1991年，实现社会消费品零售总额、商品市场成交总额年均递增分别为17.01%、29.98%。

1992年10月中共十四大召开后，逐步向社会主义市场经济体制转变，以“改革、建设、发展”为主题，逐步放开商品市场，深化国有、集体商业企业改革，鼓励个体、私营商业发展，注重基础设施建设，建设高起点、高规格、高档次的经营场所，打击不法行为，商业经济快速发展。至1995年，实现社会消费品零售总额324328万元、商品市场成交总额614350万元。1992～1995年，社会消费品零售总额、商品市场成交总额年均递增分别为27.24%、92.44%。

1996年后，商业经济体制改革向纵深发展，商业所有制结构调整，全社会对商业的投入持续增加，商业经济持续稳定健康发展。至2000年，全市形成商业企业投资主体多元化、商品流通多渠道、多种经济成分共同发展的商品流通体制新格局，建立起大商业、大市场、大流通的商品市场体系，商品经济转为买方市场。年末，工商登记在册的商业网点25198家，其中国有和集体企业1972家、个体和私营23226家。是年，实现社会消费品零售总额540705万元、商品市场成交总额1235997万元[③]，分别居浙江省各县（市）第2位、第7位。[④]1996～2000年，社会消费品零售总额、商品市场成交总额同口径计算，年均递增分别为12.15%、15.23%。

①本编记述的商业是国内贸易，即国内商业。1995年12月，国内贸易部制定的《城市商业网点建设管理规定》（内贸市字〔1995〕第200号）中，明确的城市商业网点，系指城市行政规划区域内从事商品流通、为生产和生活服务的固定经营场所，包括商品的批发、零售、饮食、服务、仓储及各类商品交易市场。（1994年，国家制定的《国民经济行业分类》〈GB/T4754－94〉中的居民服务业包括住宿业。）

本编按照统计行政管理部门统计口径，所记述1992年前的国内贸易包括商业、饮食业、服务业，1993年后的国内贸易包括贸易业、餐饮业和服务业。为记述方便，该编文字记述中，按习惯统称商业。

②萧山解放后，建立商业管理部门，发展国营商业，扶持集体商业，调整私营商业。1949年，实现社会消费品零售总额2063万元。1955年11月，开始对私营商业进行社会主义改造。翌年9月，小商贩全部组织为各种形式的合作小组，商业日趋繁荣。1957年，实现社会消费品零售总额4955万元。1950～1957年，全县社会消费品零售总额年均递增11.58%。

1958年后，经济建设急于求成，又逢1960～1962年连续三年自然灾害，商业发展缓慢。1965年，实现社会消费品零售总额7325万元。1958～1965年，社会消费品零售总额年均递增5.01%。

“文化大革命”期间，管理混乱，集市取消，商品匮乏，商业发展停滞。1977年，实现社会消费品零售总额11734万元。1966～1976年，全社会消费品零售总额年均递增4%，增幅为萧山解放后最低。

③2000年，商品市场成交总额含未经工商登记的以农副产品交易为主的农村集市交易额555万元，萧山商业城货运市场运输货物价值7687万元和萧山联托中心市场运输货物价值1742万元。

④萧山市统计局：《2000年·萧山市统计年鉴》，第294、295页。

第一章　商业经济体制改革

1953年实行国民经济第一个五年计划后，在生产资料公有制基础上，萧山的主要商品购销活动逐步纳入国家统一计划。至1956年，商业社会主义改造结束，确立了公有制商业占绝对主导地位，政府直接管理企业经营行为的商业计划经济体制。1978年12月，召开中共十一届三中全会后，改革商业计划经济体制，逐步实行指令性计划和指导性计划相结合的商品分配体制，改变政府直接管理企业经营行为的商业计划管理体制，扩大企业经营权，国营、集体商业企业实行经营责任制。至1985年，除粮食和少数指令性计划商品外，其他商品供应不再下达指令性计划，实行指导性计划管理，扩大了市场调节范围。

1987年开始，以增强国营、集体商业企业活力为中心环节，全面实行承包经营责任制，并改变"千店一面"的传统商业经营方式，涌现出各种新型经营业态。1992年，国有、城镇集体商业企业开始由点到面实施经营权、价格权、分配权、用工权的"四放开"综合配套改革，推动企业进入市场。

1993年，除粮食局等部门所属的商业企业外，其他国有、集体商业企业基本完成了两轮承包经营责任制，改革的重点始转向以实行股份合作制和股份制为主要内容的产权制度改革上来。翌年起，全面推进商业企业产权制度改革，个体、私营和混合所有制等多种所有制商业企业迅速发展。

1998年起，全面推进国有、集体商业企业以"两个置换"[①]为主要内容，实施规范的公司制改革。至2000年，萧山绝大多数国有、集体商业企业完成"两个置换"的工作，形成以个体、私营、混合所有制为主体的商业经济体制，政府从直接管理企业向间接管理转变。

第一节　商业管理体制改革

萧山解放后，实行高度集中的商业管理体制，设立管理机构及专业公司（专业商店）。[②]1956年7月，建立萧山县商业局，后商业局与供销社等部门几经并分。[③]1978年12月召开中共十一届三中全会后，实行以计划经济为主、市场调节为辅的商业管理体制，扩大企业自主权，鼓励非公有制商业的发展，但商业管理体制仍沿袭计划经济的管理模式。[④]1977年5月16日，建立县财贸办公室（1984年2月撤销），列入政府机构序列。1983年，萧山县供销合作社退出政府机构序列，恢复合作商业性质。翌年，全市商业经营机构基本完善。[⑤]

1985年后，改革商业管理体制，进一步扩大企业自主权，国营、

①"两个置换"，详见《工业》编无题小序中的"国有、集体工业企业'两个置换'"注释。

②萧山解放后，先后由县政府实业科、工商科、商业科管理商业，并建立盐业、土产、专卖等国营商业经营机构和建立县供销合作社及基层供销合作社，国营商业经营机构分别经营食盐、食糖、烟酒、畜禽蛋业务；水产仍以私商经营为主，鲜蔬菜由供销社和私商交错经营，干蔬菜由供销社经营。

经商业社会主义改造（1955～1956年）后，个体、私营商业分别组成公私合营、合作商店、合作小组，少部分直接过渡为国营，尚有少量个体商业。经营业务由国营专业公司和供销社分工归口管理，基本形成高度集中的商业计划经济管理体制，百货、纺织、医药、文化用品等商品业务均由省公司垂直管理，县级公司为三级批发站，商业局设立百货等专业公司7家；全县基层供销社设立有棉百、副食品、土产收购、生产资料、综合性中心商店76家。

③1958年4月，供销社并入商业局。1961年10月，分出供销社。1965年12月，商业局、粮食局、物资局、工商行政管理局和供销社合并设立商业局。1969年2月，撤销商业局，建立萧山县社会主义商业服务站。1970年10月，分出粮食局、物资局，设立商业局。1974年7月，分出工商行政管理局。1978年4月，分出供销社。

④商业计划经济管理模式，即县政府办公室协调各商业职能部门，各商业职能部门分别管理本部门所属企业的人、财、物。按商业职能部门分工，商业局主管生活资料和部分生产资料经营，粮食局主管粮油购销，物资局主管工业生产资料经营，供销合作社主管农村商业和农业生产资料经营。

⑤1984年，萧山县商业局下设的县副食品公司有批发部3家、零售商店6家；县百货公司在城厢镇设有纺织、百货、小商品、地方产品、劳保用品批发部5家，临浦、瓜沥各设批发站；县食品公司有畜禽蛋购销站6家、购销组24家、供应点449家；县五金交电化工公司有商品批发站（部）4家、零售商店4家；县水产公司在城厢、临浦、瓜沥3镇设有批发部和零售商店。还设有煤炭石油公司、中西药公司、饮食服务公司和蔬菜公司。

供销社有基层供销社25家、下设供销站56家，购销网点650家，供销社成为农村商品流通主渠道。

集体商业企业先后实行经营责任制、承包经营责任制。26家国营商业小型零售商业、饮食服务企业实行“改、转、租”，分别改为国家所有集体经营、合伙租赁和集体所有。（1991年26家国营商业小型零售商业、饮食服务企业又恢复国营）。1990年4月1日，卷烟批发经营业务从商业局析出，建立浙江省烟草公司萧山市公司（简称萧山市烟草公司，下同），专营卷烟。8月28日，增设浙江省萧山市烟草专卖局（简称萧山市烟草专卖局，下同），作为政府管理萧山行政区域内烟草专卖的职能部门，与萧山市烟草公司合署办公。1991年8月，复设萧山市财贸办公室，作为政府管理全市财贸工作的职能部门，主要承担全市推行商业经济体制改革、加强商业网点建设和管理、搞好社会商业协调发展、梳理农副产品流通渠道和“菜篮子”工程建设等职能。是年，市政府《转发市供销社〈关于集体商业管理体制改革意见〉的通知》（萧政〔1991〕41号）后，逐步将供销集体商业从市供销合作社联合社直属公司和基层供销社归口管理中分离出来，在供销系统内建立自成体系、相对独立的萧山市供销集体商业总公司。翌年完成供销集体商业管理体制改革。

1992年后，继续改革商业管理体制，探索宏观管理方式，开展“四放开”综合配套改革，商业企业逐步趋向政企分开。1992年7月1日，建立萧山市物资总公司，同时建立萧山市物资局生产资料管理办公室，行使行业管理职能。12月20日，建立萧山市国营商业总公司，与商业局实行“两块牌子，一套班子”。1997年11月，经政府机关机构改革，萧山市财贸办公室改称萧山市贸易局，与机构改革前相比，强化调控职能、协调职能、监督职能和执法职能，弱化属于企业行为的管理职能；商业局和物资局退出政府序列，但仍保留原有主管部门的行政职能。建立萧山市盐业有限公司负责食盐专营，受浙江省盐务管理局和萧山市商业局双重领导。12月，随着政企逐步分开，为加强政府对商业经济的宏观管理，建立萧山市商业网点市场建设领导小组及办公室。由萧山市商业网点市场建设领导小组负责审核萧山城市总体规划和土地总体规划中的重要商业网点（建筑规模1000平方米以上的商业、餐饮服务业网点）及商品交易市场（含新建、改建、扩建）的建设。翌年6月，萧山市石油有限责任公司从商业局划出，由中国石油化工股份有限公司垂直管理。1999年3月，萧山市盐务管理局建立，与萧山市盐业有限公司实行“两块牌子，一套班子”。

2000年，随着国有、集体商业企业产权制度改革的基本完成，政府对商业的管理从微观管理转向宏观管理。是年6月，建立萧山市物资行业管理办公室，受市政府委托，行使行业管理职能。至年末，萧山建立燃气协会、商业交易市场协会等行业自律组织。（2001年10月26日后，商业局和物资局的行政管理职能均移交给萧山区贸易局。）

第二节　供销社管理体制改革

1949年11月始，逐步建立与完善供销合作社管理体制。1949年11月5日，萧山县供销商店建立，经营商业购销业务和指导、扶持发展基层供销社。11月24日，长河区农民集资700股（每股米5升），创办萧山解放以来首家基层供销社——长河区供销合作社。至年末，全县建有基层供销社6家。

1950年1月，萧山县供销商店改建为萧山县供销合作总社，政企合一，管理全县基层供销社。至1951年，全县建有基层供销社36家，基本形成全县基层供销社网络。1953年1月，萧山县供销合作总社更名萧山县合作总社，翌年10月1日更名萧山县供销合作社。

1955年9月1日，萧山县供销合作社政企分设，成为政府管理全县供销商业的职能部门，其业务经营机构即为以后成立的各专业经营公司。供销合作社一身二任，一方面承担国家计划产品的购销任务，一方面为农民推销产品，供应生产和生活资料，提供生产前和生产后的服务。

1958年4月1日，供销合作社与商业局合并（对外保留萧山县供销合作社牌子），取消供销合作社的民主管理机构，停止供销合作社股金分红，成为国营商业的组成部分；10月，基层供销社改建为人民公社供销部，成为国营商业的基层机构。

1961年10月1日，复建萧山县供销合作社，恢复集体所有制性质。1964年1月，供销合作社召开首届社员代表大会，选举理事和监事，实行理事会、监事会管理体制。

1965年12月30日，供销合作社再次并入商业局。1969年11月起，各基层供销社先后建立贫下中农管理农村商业委员会，实行贫下中农管理基层供销社的体制，1977年终止。

1978年4月20日，再次复建萧山县供销合作社。1983年8月28日，经县供销合作社召开第二届社员代表大会通过，改建为萧山县供销合作社联合社（简称供销社，下同），退出政府机构序列，确立集体所有制性质，恢复供销社组织上的群众性、管理上的民主性、经营上的灵活性，恢复社员代表大会制度、理事会和监事会管理体制。

1986年10月，随着经济体制改革的深入，供销社的理事会、监事会和党支部（统称“三驾马车”）的集体领导、集体监督的方式已不适应供销社发展的需要，在党山供销社内进行社务委员会管理体制试点。后，基层供销社换届工作全面展开，相继设立社务委员会，取代了原来的理事会、监事会，形成了县供销社、基层供销社两级社务委员会的领导管理体制，行使对全县供销社的管理、监督职能。年末，除东江供销社外，全县24个基层供销社召开了社员代表大会，选举产生社务委员会，社务委员共有335人，其中有农民194人，占社务委员人数的57.91%。全县进入供销社工作的农民社员2479人（担任基层供销社领导职务的有6人），吸收有带资劳动合同工351人，吸收资金35.80万元；聘请兼职技术员和农民技术员24人。翌年9月，供销社召开第三届社员代表大会，换届选举产生供销社社务委员会。两级供销社社务委员会委员363人，其中农民委员215人，占两级供销社社务委员会委员人数的59.23%。

1992年6月，撤区扩镇并乡后，全市原有的25家基层供销社合并为22家，并召开社员代表大会，选举产生新一届社务委员会。是年，全市除东江供销社外，21家基层供销社共选出社务委员会委员283人，其中农民委员158人，占全部社务委员会委员的55.83%；基层供销社职工委员125人，占44.17%。1993年7月15日，以供销社为主体联合供销社所属企业，成立浙江万丰企业集团，其核心企业浙江万丰集团公司实行董事会领导下的总经理负责制，与供销社合署办公，实行“两块牌子，一套班子”。

2000年8月，供销社召开第四届社员代表大会，选举产生新一届社务委员会，后供销社一直沿用供销社、基层供销社两级社务委员会的领导管理体制。10月，全市基层供销社撤并，分别建立城厢、临浦、河上、瓜沥和义盛中心供销社5家、中心供销社有限公司5家，实行“两块牌子，一套班子”。

第三节　商品流通体制改革

1953年后，粮棉油、烟酒等主要商品的购销活动纳入国家计划。国营、供销合作商业企业按计划组织收购和调拨，并按计划进行分配和供应。1956年，对金属材料、机电设备、化工原料等生产资料及建筑材料实行由国家统一分配、统一价格，不进入商品流通领域。60年代后，萧山物资紧缺，群众生活所需的日用工业品和副食品等生活资料，凭票、凭券、凭证限量供应的商品上百种。至1979年，萧山的生产资料进入商品流通领域，生活资料除粮油、棉布、絮棉仍凭票供应外，其余商品均敞开供应；开始逐步改变国营商业、供销合作商业（合称“国合商业”，下同）独家经营，流通渠道单一的商品流通体制。1983年，允许农民个人和合伙进行长途贩运。是年12月1日，取消布票和絮棉票。

至1985年，国合商业企业依然承担商品的批发业务，商品流通领域仍由国合商业占据着主导地位。90年代初，主要商品仍在单一的国合商业渠道中流通，国合商业仍担负着平抑物价、满足市场需求的主渠道作用。

图16—1—572　1990年10月，萧山市商业局组织10余家商业公司和商办工厂在萧山体育场（今新世纪广场）举行广场商品展销会，展销经营商品和生产的产品。图为展销会一角（王忠孝摄）

1993年1月1日起，取消粮油票证，粮油敞开供应。随着萧山的国有、集体商业企业改革的不断深化，商品流通体制的改革，逐步改变国合商业企业独家经营、流通渠道单一的商品流通体制，形成多种经济形式、多种流通渠道、多种经营方式的商品流通体制；商品经营企业不再受计划分配、进货渠道的限制，流通领域中非公有制经济迅速崛起，上海、杭州等大中城市颇具实力的商贸企业在市内开设商场和连锁超市，占领萧山商品零售市场，市场竞争加剧。

至2000年底，杭州解百集团、上海华联集团、浙江中大集团和杭州华商集团等商贸企业在萧山开设商场或连锁超市，形成结构合理、种类齐全、运转快速的市场网络；商业企业投资主体的多元化，彻底改变了商品的国有、集体商业单一渠道流通的格局，除卷烟专卖和报废汽车、烟花爆竹、食盐等商品专营外，其他商品和物资全面放开经营，进入了多渠道流通；商品流通形成了全方位、多渠道、多品种、多种经营业态的营销体制。

第四节　企业经营机制转换

经营责任制

1980年，为扩大商业企业经营自主权，实行经营责任制试点。①1983年，商业企业全面实行经营责任制。②1984年，商业企业开始完善经营责任制。③1985年，供销社对所属56家企业推行“基数包干、利奖挂钩、工资浮动、三级考核、计分算酬”的经营责任制。粮食局对平价粮油食品经营企业采用百分评分计奖制，议价粮油和食品经营企业采取“联利计奖、基数包干、超利润分成”的办法，麻袋整修组实行超定额计件奖，车队实行“单车核算、联利计奖”，同时下放经营、人事、工资福利、奖惩等管理权。是年，粮食系统按计划价

①1980年，县革命委员会印发的《关于转发省人民政府颁发的〈扩大商业、供销、粮食企业经营管理自主权试点暂行办法〉的通知》（萧革〔80〕66号），确定萧山县食品公司、党山供销社、戴村粮食管理所进行扩大经营管理自主权的试点，实行以经营责任与经营利益相结合的经营责任制。试点主要内容有基金提取、利润留成、增收分成、亏损包干等，并相应改进职工奖金分配办法，奖金控制在全年不超过两个月标准工资。

1981年8月，商业局、供销社等商业主管部门开始在所属企业中进行经营责任制试点，至11月，全县有133家核算单位试行各种形式的经营责任制。12月，县商业局设立经济责任制办公室，以加强对该项工作的领导。供销社印发《关于在全县供销社系统实行经营责任制的意见》（萧合基〔1981〕231号），在供销系统内的纯商业企业实行经营利润包干、工资浮动、超利分档分成、减利违章赔罚；饮食服务企业实行部门核算、工资浮动、盈利分成、亏损负赔；边远小店实行利润包干、自负盈亏。是年，供销社实行经营责任制的有20个基层供销社（公司）的56个部门，商业局实行经营责任制的有34%的商品零售核算单位。

②商业局所属商业企业实行“利润定额、基数包干、超额分成、工资浮动、缺额赔补”的经营责任制。

县供销社所属的基层供销社和商业企业实行“基数承包、超利分成、缺额赔补”的经营责任制。

③商业局对小型企业实行“照章纳税、定额承包、按比例分成、缺额赔补、超分不封顶、赔补不保底”的经营责任制，企业分成最高为40%，缺额部分由职工分成部分资金赔补，直至工资赔补；公司批发部和大型零售商店实行利润奖金挂钩，即确定奖金提成比例，奖金最高为2.5个月平均工资加1个月加班工资，亏损则以职工浮动工资的20%赔补；政策性亏损企业，完成计划得基本奖2.5个月平均工资，减亏分成，超亏不补。

物资局对所属13家经营公司实行定员、定额、定岗位，并分别下达《财务计划》《物资流转计划》，作为各公司的全年经营管理目标。同时，该局制定考核方案，按财务指标占60%、物资流转指标占40%的比例，将各项指标细化、量化到各公司，形成百分考核制，超额完成指标任务按比例加分。根据物资局下达的计划，所属各公司分解各项指标，制定与经济利益挂钩的岗位责任制，年终考核，不满100分的不得奖，超过100分的按得分核定奖金，最高奖金不超过当年2个月的标准工资。

粮食局实行“定额补贴、定任务、定人员、定费用”等多种形式的联利、联责经营责任制。

供销社对所属企业采取“确定基数、超额分成、缺额补足”的经营责任制，做到“奖金不封顶、工资不保底”，允许职工离店承包、留职停薪。

经营的平价粮油食品企业亏损366.60万元，议价粮油、食品、饲料等实现利润388.85万元。翌年，粮食系统按计划价经营的平价粮油食品亏损529.85万元，议价经营的粮油、食品、饲料等实现利润609.47万元。县商业局所属各企业按不同岗位分别推行工资浮动、计分算酬、墩头（柜台）承包、定额提成和超额分成等多种形式的经营责任制。县供销社先后在靖江、西兴等基层供销社进行“利润承包、工资浮动、计分考核、超利分成”经营责任制试点，并采取“四定”百分制，即定商品购销额60分、定服务质量15分、定扶持发展商品生产15分、定安全保卫10分；对县供销社直属企业则分别定为50分、20分、15分、15分。

1987年，商业企业改革的重点（除少数部门外）由经营责任制转向承包经营责任制，经营责任制成为分解落实承包经营责任制的配套改革措施。承包经营责任制结束后，经营责任制成为企业职工报酬分配的主要方式。1992年10月，西兴供销社作为县供销社“社有个营”经营责任制试点，在所属20个部门（柜组）实行“社有个营”经营责任制，即为第二层次经营责任制，从原来的集体经营责任制改为个人承包经营，分次抽回商品铺底资金或一次性抽资等形式的经营责任制。是年，落实承包款35.50万元（一年后全部收缴，并抽回铺底资金21万元）。年末，全市基层供销社在生活资料经营部门（柜组）推行“社有个营”经营责任制的有666家。1995年，基层供销社全面推行“抽资承包”经营责任制，即招标时先抽回全部商品铺底资金。

承包经营责任制

1987年，根据县政府《批转县协作办、县商业局、县物资局、县财税局〈关于国营流通企业实行承包经营责任制的请示〉的通知》（萧政〔1987〕123号）精神，县商业局、物资局、协作办等部门所属商业企业实行为期4年（1987年1月1日～1990年12月31日）的第一轮承包经营责任制。第一轮承包经营责任制均采取二级承包，即企业主管部门与财政税务局签订承包经营合同后，企业主管部门再将承包指标分解落实到所属企业。是年，商业局、物资局和协作办所属商业企业实行承包经营责任制的33家，其中商业局、协作办分别为13家、3家，承包形式为“确定基数、逐年递增、超收多留、歉收自补”；物资局为17家，承包形式为“确定上缴税利基数、超缴部分按比例返回”。翌年，根据市政府《关于在供销社所属企业中实行承包经营责任制的通知》（萧政〔1988〕179号）精神，供销社所属的基层供销社、直属公司和瓜沥联营商场等40家商业企业实行为期3年（1988年1月1日～1990年12月31日）的承包经营责任制，承包形式为“包定基数、确保上缴、超收分成返还、歉收自补”，即核定利润和上缴所得税基数，递增包干，上缴所得税超过当年基数部分按规定比例返还；微利、小企业上缴所得税超过基数部分全额返还；亏损企业，核定亏损基数，实行亏损递减、包干或扭亏增盈包干，应缴所得税按规定比例返还。至此，全市商业企业基本落实第一轮承包经营责任制，实行第一轮承包经营责任制的商业局、物资局、协作办、供销社所属商业企业73家，承包面100%，承包标的为利润8786.11万元、上缴税利6145.94万元、上缴所得税969万元。

1990年，全市商业企业第一轮承包经营责任制期满，商业局、物资局、供销社、协作办实行承包经营责任制的73家商业企业完成利润10671.91万元、上缴利税6810.60万元、上缴所得税2013万元，分别为承包标的的121.46%、110.81%和207.74%。

1991年，商业企业开始实行为期3年（1991年1月1日～1993年12月31日）的第二轮承包经营责任制。商业局、物资局、粮食局、供销社4个部门实行承包经营责任制的商业企业193家，其中商业局所属商业企业13家、物资局16家、供销社162家、粮食局（利改税企业）2家。承包形式为“确定基数、递增包干、超收分成、歉收自补”，仍采取二级承包，承包标的为利润10546.85万元。另外，商业局还承包上缴利税2402.38万元、供销社承包上缴所得税1552万元、物资局承包商品销售额128325万元。

1993年，全市商业企业第二轮承包经营责任制期满，商业局、物资局、粮食局和供销社实现利润12963.08万元，为承包标的的123.91%；商业局实现上缴税利4630.17万元，完成192.73%；供销社上缴所得税1219万元，完成78.54%；物资局实现商品销售额383312万元，完成298.70%。是年，商业局实现商品销售额153300万元、利税总额5541.94万元、利润总额2713.28万元，三项经济指标均居全省各县（市）国营商业系统首位。供销社实现商品销售收入159119万元，比1990年增长63.00%。年末，供销社总资产76888万元、所有者权益25156万元，分别比1990年增长80.20%、34.20%。

随着萧山市粮油购销和价格的全面放开，粮食局对所属的粮管所直属粮库、萧山市粮油贸易公司等10家（非利改税）商业企业开始实行为期3年（1993年1月1日～1995年12月31日）的承包经营责任制，承包形式为“确定利润基数、递增包干、超收分成、歉收自补”，承包利润1434.39万元。

1994年，商业企业改革的重点转到产权制度改革上来，除供销社、粮食局所属部分企业继续实行承包经营责任制外，其他部门所属商业企业不再实行承包经营责任制，改由企业主管部门按年初下达的商品销售额和利润等经济指标对企业进行考核，年终对经营者施以奖罚。是年，供销社所属21家基层供销社和11家直属公司实行为期3年（1994年1月1日～1996年12月31日）的资产保值增值承包经营责任制，承包形式为“确保资本增值、考核综合效益、企业自主分配”。承包指标有资本增值基数、综合经济效益（包括账面利润和所得税前的各项提留）基数、消化历史遗留的亏损额和账面利润等。同时，承包者向市供销社上缴1994年初资本总额0.1%的风险抵押金，并在签订承包合同后1个月内缴清；实行规模效益工资制，按完成综合经济效益，承包人月工资为700元～1200元，副经理8折，当企业亏损时，每月发200元生活费；实行年度综合经济效益奖，超过核定综合经济效益基数以上部分，对市公司承包人按6%、基层供销社按12%的比例实行奖励，完不成承包基数的，其缺额部分按同比例赔补；开发新产品、技术改造或新办外商及港澳台商投资企业等资本增值的，按核定综合经济效益基数以上部分的3%奖励。

粮食局所属的萧山市肉食禽蛋公司和杭州萧粮粮油食品公司2家商业企业实行为期两年（1994年1月1日～1995年12月31日）承包经营责任制，承包形式为“确定利润基数、递增包干、超收分成、歉收自补”，承包利润52.50万元。

1995年，粮食局所属的12家商业企业承包期满，实现利润1518.47万元，完成承包标的的102.12%。1996年，供销社21家基层供销社和11家直属公司资产保值增值承包经营期满，年末，资本总额19308万元，比1993年末增加4356万元。

1998年后，商业企业的改革重点转为实施“两个置换”的产权制度改革，承包经营责任制作为一种确保企业内部经济效益和社会效益的经营形式，被广泛应用于商业企业管理，涌现出门店承包、柜组承包、项目承包等多种形式。

“四放开”改革试点

1992年1月30日，为改善外部环境与深化企业内部改革结合起来，实现企业经营机制的转换，市政府印发《关于对萧山市国合商业企业进行“四放开”改革试点的通知》（萧政〔1992〕19号），决定在国有、集体商业企业中进行经营放开、价格放开、分配放开和用工放开的“四放开”综合配套改革试点。3月21日，市政府办公室公布萧山宾馆、萧山市饲料畜禽总公司、萧山市五金交电化工公司、萧山市百货公司、萧山市江南大厦、纺织服装大厦、萧山市物资总公司、头蓬供销社和城南供销社9家企业为国合商业“四放开”综合配套改革试点企业。试点企业除专营、专卖和国家指定归口统一经营的商品外，可以经营相关、相近商品，经营社会服务项目，允许企业批发、零售、加工、服务结合经营，采取适合业务活动需要的多种结算方式；除执行国家定价、国家指导价外，其余商品价格全部放开，自主定价；在工资总额控制的前提下，采取适应企业特点的多种分配方式，拉开职工分配差距，上不封顶，下保基本生活费，批零企业可以实行联销联利计酬，其中利润挂钩比例不低于50%，企业工资总额的增长低于劳动生产率和实现利润、上缴税利的增长幅度；企业编报用工计划，经劳动局审核，在指定的区域内面向社会公开招考，择优录用；企业内部建立全员劳动合同制、干部聘任制、内部待业制。为加强对“四放开”改革试点的领导，建立萧山市协调会议制度，由分管商业的副市长挂帅，市体改办、市财贸办牵头，市工商局、财政局、税务局、劳动局、物价委员会各指定一位负责人参加。“四放开”改革试点日常工作分别由市体改办、市财贸办负责，各商业企业主管部门确定一名局领导，具体负责所属企业的改革试点，正确处理好放开搞活与管理调控的关系。

5月27日，拥有600余名职工的萧山市百货公司召开全员劳动合同暨中层干部聘任签约大会，率先在全市商业企业中拉开劳动用工制度改革的序幕。该公司总经理和11位职工代表在劳动合同上签字，新聘任的9位中层干部签订风险抵押承包责任书，并每人当场缴纳风险抵押金3000元。至6月末，其中7家“四放开”改革试点企业签订劳动合同的有2126人，占7家试点企业职工总人数2581人的82.37%。同时，进行职工优化组合和聘任中层干部。1～6月，9家“四放开”改革试点企业实现销售额29397万元、利润总额673万元，分别比1991年同期增长13.15%和14.50%，其中销售额和利润增长10%以上的企业有8家。萧山市百货公司实现销售额5644万元、利税总额246.70万元，分别比1991年增长40%和1.30倍。

10月9日，市政府召开全市商业流通工作会议，推广商业局、萧山市百货公司、萧山市江南大厦和头蓬供销社实施“四放开”改革试点的经验。会议提出争取年内在大多数企业中推行“四放开”的要求。12月4日，萧山市深化企业改革领导小组同意城厢供销社、萧山市棉麻公司等34家基层供销社和供销社直属公司为“四放开”改革试点企业。

1993年，全市商业企业全面推行“四放开”改革。

第五节　企业产权制度改革

1979年起，国有、集体商业企业先后实行经营责任制、承包经营责任制、“四放开”等一系列改革，企业活力增强，但还不能完全自主经营、自负盈亏。1993年6月8日，根据市委、市政府印发的《关于积极推进企业股份制工作的若干意见》（市委〔1993〕47号）的精神，国有、集体商业企业开始实行以股份合作制、股份制为主要内容的产权制度改革，对经营不善的企业实施解散、转让和重组。是年，省股份制试点工作协调小组同意萧山市物资总公司等7家单位发起人，共同设立杭州南方物业股份有限公司（后改称浙江华洋股份有限公司。1999年3月12日工商年检后无经营业绩）。该公司采取定向募集方式设立，总股本5388万元，其中7家发起人入股金额3184.44万元、201家社会法人入股2003.56万元、职工个人股200万元。供销系统的萧山市物资回收公司为系统商贸企业股份合作制试点单位。该公司资产经审计和股权设置，实收资本464万元，其中1987年12月31日实收资本196万元，不折价入股；1988年1月1日～1993年8月31日的增量资本268万元，其所有权属萧山市万丰企业集团公司；同时，吸收职工入股，职工个人股按1993年8月末在册职工（包括合同制职工）的本单位工龄、职务、贡献分配，现金入股1元享受1元劳动积累股（影子股），60名职工全部现金入股。该公司组建的股份合作制总股本328万元，其中集体共有股268万元(集体共有股中划出60万元作为影子股)、社员（企业职工）个人股(现金)60万元。粮食局所属的萧山油脂公司与萧山油脂化工厂合并组建股份合作制，设立萧山油脂有限公司，总股本873万元，其中国家股750万元、职工股（现金）123万元。商业局所属的萧山市石油公司及职工与大连经济技术开发区石化服务总公司共同出资建立连萧石油化工有限公司。该公司注册资本200万元，其中萧山市石油公司和大连经济技术开发区石化服务总公司各出资50万元，均占公司注册资本的25%，连萧石油化工有限公司职工合股基金会（后改称职工持股协会）出资100万元，占50%。

1994年7月14日，市政府印发《批转市体改办等单位关于商业系统地方国有资产委托经营体系的通知》（萧政发〔1994〕119号），决定委托萧山市国营商业总公司作为商业局所属国有资产所有者代表，经营管理全系统国有资产。是年，经浙江省股份制试点工作协调小组批准，设立萧山宾馆股份有限公司。该公司采取定向募集方式设立，总股本10257.17万元（3家发起人认股7097.17万元，占总股本的69.19%；110家社会法人认股3160万元，占30.81%），其中萧山宾馆经评估后的净资产5257.17万元全部折价入股，占总股本的51.25%；其他法人5000万元，占48.75%，均为货币资金入股。1995年8月17日，市政府下发《批转市体改委等单位关于粮食系统国有资产委托经营请示的通知》（萧政发〔1995〕92号），决定建立萧山市粮食国有资产经营公司，受市政府委托经营系统内国有资产。

1995年起，在商业企业中全面推行产权制度改革。1995年，萧山市商业局所属的萧山市医药公司、萧山市百货公司、萧山市五金交电化工公司、萧山市石油公司、萧山商业大厦等国有商业企业先后改组为有限责任公司。至1997年末，商业局、粮食局、物资局和供销社4个主要商业部门所属商业企业组建的股份合作制企业有15家、有限责任公司16家、股份有限公司2家、解散终止企业8家。国有、集体商业企业组建的股份合作制企业和有限责任公司职工人人入股，入股股金均等，职工并没有因出资入股而增加对企业的关切度，尚不能从根本上解决企业的自主经营、自负盈亏，成为一种“换汤不换药”的企业改革形式。

1998年5月15日，市政府印发《关于加快商贸企业改革与发展的若干意见》（萧政〔1998〕6号）后，国有、集体商业企业开始实施以资产置换和职工身份置换的“两个置换”为主要内容的新一轮产权制度改革。6月11日，萧山商业大厦国有资产以3560万元的价款转让给浙江萧山开元旅业总公司，解除175名职工原有劳动合同，一次性支付职工经济补偿金181.23万元；7名退休职工、8名退养职工和1名职工遗属抚恤人员移交萧山市社会保险管理局（简称市社保局,下同）管理，并向社保局一次性支付养老和医疗费用共计31万元。在解除劳动合同的职工中，浙江萧山开元旅业总公司接纳150人。9月，粮食局所属的萧山市粮油贸易有限公司先行在系统内实施“两个置换”试点。该公司资产评估价值294.56万元，比账面净资产189.83万元增加55.17%。其中将位于萧山商业城内的店面房产实行公开拍卖；公司办公楼一至三层采用协议的方式转让，即转让价格按资产评估价值下浮10%，一次性付款再优惠转让价格的10%。两处国有资产转让均由萧山市公证处公证，成交价共计338万元，比评估价值增加14.75%；解除49名职工劳动合同，按1997年全体在职职工月平均工资为标准，每一年工龄发一个月的一次性经济补偿金，若在该企业继续就业的，再就业补贴的资金暂交企业作为流动资金，所有权属职工个人，离岗则退还职工，不计息；对距法定退休年龄不足5年的5名职工、8名已退休职工和1名遗属供养人员，向社保局一次性支付养老和医疗费用后，由社保局实行社会化管理，并为2名土地征用工参加社会保险。

1999年后，全面推行国有、集体商业企业“两个置换”改革，至2000年末基本完成。商业局、粮食局、物资局和供销社所属企业实施“两个置换”的企业有91家（含尚未注销的企业1家），占这四个部门所属国有、集体企业110家的82.73%，转让国有、集体资产价款40343.45万元，置换身份的职工10119人，一次性支付职工经济补偿金12438.50万元，向市社保局移交离休、退休、退养等人员6588人（其中退养1083人），一次性向市社保局支付养老和医疗等费用16261.79万元。另外，供销系统商业退保人员托管中心管理供销集体商业退保人员1280人（2001年10月9日，全部移交区社保局，统一实行社会化管理）。

第二章　商业网点

萧山解放前夕，商业网点以居民日常生活用品零售店铺和为居民服务的洗染、理发、照相、茶馆、酒楼、客栈等为主。萧山解放后，建立国营商业与供销合作商业机构，发展商业网点，扶持集市贸易。1954年末，全县有商业网点（机构）5796家，比1950年增长33.52%。1956年，个体、私营商业社会主义改造后，部分商业网点撤并、改行。至1958年，商业网点（机构）1336家。

1961年后，商业网点（机构）几经调整，商业网点（机构）减少。“文化大革命”期间，限制集市贸易及个体商业户经营，市场萧条。1979年起，恢复、发展商业网点，重视建设集贸市场。至1985年末，商业网点（不含机构）10826家，比1979年增长7.18倍。

1986年始，萧山重点发展与人民群众生活密切相关的副食品综合市场、饮食店等商业网点。1989年，市政府开始从组建机构、制订规划、筹集资金等方面采取措施，加强对商业网点的管理并发展商业网点。

1991年后，萧山商品市场建设进入快速发展时期，增加营业面积，更新服务设施，开发城区沿街商业网点。1996年，社会各界开始投资兴建大型商业网点，外地商团进驻萧山，建立超市、连锁企业。1998年起，旧城改造中不再新建大型商场，商业网点向新城区发展。至2000年末，全市经工商登记在册的商业网点25198家，其中登记在册的各类商品市场117家。

第一节　建设规划

萧山解放后，萧山商业网点改造、建设滞后，行业发展不平衡。1988年8月，市政府成立商业网点调查组，调查城区商业网点近十年来的变化及现状。调查显示：城区商业网点建设存在数量不足、行业结构比例失调、布局不合理等问题，与1978年相比，城区社会商品零售额增长3.80倍，商业网点面积仅增长61.70%；城区人口增长1.23倍，从事商业人员仅增长29.30%；城区每千人拥有商业网点5.18家、网点面积287.42平方米、商业从业人员38.67人，都低于商业部制定的规划要求（商业部规划要求在“七五”计划期间，每千人拥有网点13家、网点面积700平方米～800平方米、商业从业人员80人）；行业结构比例失调，服装、家用电器、五金等商品经营网点发展较快，一般日用生活品和小商品网点稀少，与人民生活密切相关的修理、菜场、理发、早点等网点较少；商业网点布局过多集中在城区西门狭小地段内，主要街道和人口稠密地段商业网点稀少，且新建住宅区网点设施不配套。

1989年3月，市政府印发《关于加强商业服务业网点建设的若干规定》（萧政〔1989〕26号），决定建立萧山市商业网点建设管理办公室（简称市网点办，下同），由市政府办公室副主任兼任市网点办主任，市网点办与市政府办公室财贸科合署办公。后城厢、瓜沥、临浦、河上、义桥等镇相继建立商业网点建设管理办公室（简称镇网点办，下同）。4月，市政府办公室印发《批转市网点办公室〈关于新建居民住宅代建商业服务网点的实施办法〉的通知》（萧政办〔1989〕33号），提出“新建临街建筑物的底层，原则上都应建成商业网点”、“优先设置人民群众日常生活所需商业网点”。是年，城厢镇网点办调查城区商业网点布局现状，并绘制城区商业网点布局图，对城区新设商业网点进行工商登记前的审批工作。同时，开始规划新建和修缮部分关系人民生活的商业网点，重点解决人民群众买菜难、吃早点难、洗澡难、理发难的比较突出的问题。

1991年起，市网点办参与新建住宅小区规划的修改、评审。1993年，开始由市网点办审批房屋开发和经营单位出售商业网点，购房人需持市网点办批准文件及资料办理房产证。同时，对建筑面积1000平方米以上的商业、餐饮业、服务业网点及市场建设实施管理。1995年后，新建、改建、扩建、转业的饮食、娱乐、服务业选址必须符合城市规划和环境保护法规，并办理环境影响申报登记。1997年12月，对重要商业网点和商品交易市场开始实施建设前置审批。

2000年，根据萧山市城市建设的总体布局，统筹全市商业网点结构，开始发展商业小区网点，规划“十五”计划期间在新城区新建10000平方米宾馆1家、3000平方米零售商场2家；并建成与新城区住宅小区配套的连锁、便民商业服务网络。同时，按照城市化、现代化的要求，确立以城区为商业中心，以临浦镇、瓜沥镇、义蓬镇为商业副中心的商业网络，鼓励和引导有实力的商家向商业副中心连锁延伸，新建商业网点向新区和商业副中心发展。

第二节　建设基金

1989年4月，市政府办公室下发《批转市网点办〈关于新建居民住宅代建商业服务网点的实施办法〉的通知》（萧政办〔1989〕33号），决定建立萧山市城镇商业网点建设基金，并全面征收城厢镇规划区内网点建设基金，凡在市城镇规划区范围内新建、拆迁、复建的居民住宅区，均按住宅总面积的7%代建商业服务网点，所需的资金和材料由房地产开发企业负担；对不宜代建商业服务网点的住宅楼，可拨缴7%住宅面积，用于腾退居民占用的街面住宅；对拨缴面积确有困难的，按规定面积拨缴相应的材料费（新建每平方米住宅缴纳20元）。后瓜沥、临浦、河上、义桥等镇亦相继征收商业网点建设基金。网点建设基金用于建设商业网点低息贷款和投资。1992年，投资34万元，在新火车站周围建临时营业用房。至年末，市网点办发放贷款3次，共计126.70万元。

1993年，市政府办公室印发《关于进一步完善新建住宅收取商业服务网点基金实施办法的通知》（萧政办〔1993〕21号），改按新建住宅面积每平方米50元征收网点建设基金，征收的网点建设基金金额逐年增多，用于建设商业网点贷款和投资额也相应增加，特别是用于城区国有、集体商业网点的蔬菜店、点心店和修理服务等营业用房改造资金增多，并在居民密集区域投资新建农贸市场。至1995年末，全市收取商业网点建设基金共计4740万元，其中城区4277万元；瓜沥、临浦、河上、义桥等镇463万元。

1997年7月，市政府下发《转发浙江省人民政府〈关于清理整顿建设项目收费〉的通知》（萧政发〔1997〕94号），停止征收商业网点建设基金。年末，全市商业网点建设基金（含固定资产净值）6227.50万元，其中市商业网点建设基金5589万元，临浦、瓜沥、河上、义桥4镇商业网点建设基金638.50万元。市商业网点建设基金用于城厢镇商业网点改造发放贷款累计95笔，贷款总额4640.50万元，新建商业网点投资共计2000万元。

1998年后，市网点办、镇网点办由征收商业网点建设基金转为资金运作，增加投资，在继续扶持商业网点改造的同时，达到原有商业网点建设基金的保值增值。至2000年末，市网点建设基金（含固定资产净值）有5800余万元（不包括当年移交给市财政的固定资产440余万元）。市商业网点建设基金用于城区商业网点改造发放贷款累计153笔，发放贷款总额6372.10万元，新建商业网点投资共计4095万元。

第三节　网点建设

1979年起，商业网点恢复发展，各级政府开始采取拨款和集资相结合的办法，进行市场建设，逐步将马路市场（露天市场）改为棚屋市场。至1984年，投入市场建设资金129.70万元，新建、扩建、改造市场40家，面积38329平方米，其中建有棚屋市场13836平方米。

1985年后，集镇市场建设列入萧山县集镇建设规划，作为社会公益事业列入各级政府办实事之一，商品经营和餐饮服务设施建设发展加快。1987年10月1日，萧山商业大厦建成。翌年1月1日，萧山宾馆开业。

图16-2-573　1984年，位于钱塘江南岸江边码头的棚屋市场萧山钱江苗禽市场，市场专用场地600平方米，经营方式为中转批发。图为该市场一角（董光中摄）

1989年3月，市政府决定，商业网点建设分别由市网点办、镇网点办会同政府职能部门平衡、统一安排；对规定拨缴住宅面积以外的营业用房的出售或出租，须经市网点办（镇网点办）会同市计划委员会、城乡建设局批准，由市计划委员会下达文件。9月1日，营业面积10400余平方米的萧山江南大厦建成，时为萧山市最大的零售商场和工业品销售中心。

1990年后，开始改建、新建钢筋混凝土结构的永久性室内市场。1991年，投资133万元，改建的萧山市靖江消费品综合市场营业，成为萧山市首家采用混凝土结构的永久性室内市场；投资345万元，建筑面积为15000平方米的城区绣衣坊商业网点群开业；投资400万元，新增营业面积2364平方米，并安装有自动扶梯和中央空调等设施的萧山百货大楼重新营业。

图16-2-574　1984年6月1日，时为萧山县最大的棚屋市场瓜沥镇农副产品市场建成开业，市场专用场地4674平方米，经营方式为批零兼营。图为该市场一角（杭州市工商行政管理局萧山分局提供）

1992年，执行市政府印发的《关于开发城厢镇主要街道临街非营业性用房作为商业服务网点的意见》（萧政〔1992〕4号），城厢镇的人民路、体育路、市心路、西河路“四条街”的沿街底层非营业用房全部改造成商业网点，新增商业网点34家、营业面积2455平方米。同时，“四条街”的沿街原有商业网点经改造新增营业面积1670平方米。1995年，城区萧绍路、通惠路、育才路、回澜路、拱秀路等路段改造后，沿街底层房基本建成商业网点，不少住宅区底层住户或底层车库设立便民小店。是年，二轻工业总公司投资6000余万元建设的萧山二轻大厦竣工，营业面积7000余平方米的商场营业。

1996年后，高起点、高规格、高档次的龙发大厦、金马大厦、萧然大厦、国贸大厦、市心广场、新世纪广场、浙江金马饭店、萧山国际酒店等先后竣工，杭州解百萧山商厦、萧山（上海）联华超市、浙江中大集团在城区设立的商场等相继开业。1999年5月，杭州华商集团开设的杭州家友超市萧山百大连锁店开业。2000年，经营面积3700平方米的汇德隆家电超市开业，时为萧山家电销售中的最大商场。城厢镇西河路五金机电商品特色街基本建成。

2000年末，经工商登记在册的批发零售贸易业19376家、住宿业和餐饮业1441家、服务业4381家。建成各类商品市场102家，建筑面积525678平方米。其中永久性室内市场建筑面积472332平方米，占各类商品市场建筑面积的89.85%。

表16-2-356　1985～1992年萧山商业、饮食业、服务业网点

单位：家

年份	总计	商业						饮食业	服务业
		农副产品采购	工业品批发	商品零售	其他经营	仓储运输	合计		
1985	10826	176	35	7744	96	11	8062	881	1883
1986	12624	185	75	9027	99	29	9415	846	2363
1987	12356	180	84	9345	106	22	9737	851	1768
1988	14427	168	101	11301	98	23	11691	946	1790
1989	15591	152	60	11881	131	18	12242	1094	2255
1990	18234	146	65	13503	109	20	13843	1250	3141
1991	18423	146	67	13590	142	22	13967	1343	3113
1992	20317	151	105	14915	100	23	15294	1481	3542

注：①资料来源：1985～1987年《萧山县国民经济统计资料》、1988～1992年《萧山市国民经济统计资料》。
②不含机构。

表16-2-357　1985～1992年萧山商业、饮食业、服务业网点人员

单位：人

年份	总计	商业						饮食业	服务业
		农副产品采购	工业品批发	商品零售	其他经营	仓储运输	合计		
1985	32814	1743	673	20512	707	93	23728	4266	4820
1986	31163	1691	1048	20348	876	202	24165	3002	3996
1987	30924	1749	1207	21435	589	201	25181	2874	2869
1988	35682	1807	1153	25010	741	230	28941	3327	3414
1989	39750	1819	926	27997	878	201	31821	4154	3775
1990	44243	1765	967	30948	851	181	34712	4361	5170
1991	44386	1658	1024	30898	1191	240	35011	4299	5076
1992	43712	1652	1236	30197	733	312	34130	4046	5536

注：①资料来源：1986～1987年《萧山县国民经济统计资料》、1988～1992年《萧山市国民经济统计资料》。
②不含机构。

表16-2-358　1993～1997年萧山贸易业、餐饮业网点情况

年份	总计		贸易业						餐饮业	
	网点（家）	人员（人）	商品批发		商品零售		合计		网点（家）	人员（人）
			网点（家）	人员（人）	网点（家）	人员（人）	网点（家）	人员（人）		
1993	19223	45154	1211	9020	16309	31714	17520	40734	1703	4420
1994	20233	50905	1887	14842	16485	31514	18372	46356	1861	4549
1995	18077	45667	2027	12707	14767	29690	16794	42397	1283	3270
1996	18600	46290	1466	9297	15732	33484	17198	42781	1402	3509
1997	20354	51975	1338	8179	17436	39175	18774	47354	1580	4621

注：①资料来源：1993～1994年《萧山市国民经济统计资料》、1995～1997年《萧山统计年鉴》。
②“网点”栏，不含机构；“人员”栏，含机构。

第四节　经营业态

80年代起，随着商品市场的逐渐放开，萧山商业企业开始改革传统的商品经营方式[①]，打破商品批发与零售的界限，专业批发企业亦开设零售商场和零售点，扩大商品经营范围，商店开始设立特约经销专柜。萧山市百货公司、萧山市糖业烟酒副食品公司和萧山市食品公司分别投资建造购物中心、华联商厦和舒乐门浴室。同时，各类商业网点逐步从商品进货、商品价格、购物服务和售后服务等方面建立和完善经营体制，实行开架销售及站立服务；商品零售业逐渐打破“千店一面”的传统经营方式格局，改变单一的综合商场的营销方式，逐步涌现自选商场、超级市场[②]、连锁店[③]、专营店、专卖店、总代理[④]等新型经营业态，形成专卖、代理等多种经营业态的特色商业区和商业街。

1994年8月1日，萧山市供销贸易中心在衙前镇开设萧山市贸易大楼商场，开萧山市流通领域连锁经营业态之先河。1997年，上海联华超市有限公司创办萧山首家市外商品零售企业萧山（上海）联华超市。浙江中义集团创办的连锁企业萧山中义摩托车有限公司营业，经营有轻骑、摩托车及配件等80余个品种。萧山市心广场商贸群竣工开业，内有个体商业户250余家、有限责任公司35家、集体企业25家，实施“名品、名店、名牌”为主要内容的经营业态。至1999年1月，萧山市心广场已经营有鳄鱼、卡尔丹顿、琼·麦劳特、迪莱、莱尔斯丹和杉杉、培罗成、报喜鸟、罗蒙、雅戈尔、鄂尔多斯、李宁等50余个境内外品牌服装，开设有各类精品店、专卖店近40家，为萧山品牌服装品种最齐、专卖店最多、经营档次最高的服饰品牌专营区。萧山商业城经营有茅台、五粮液、剑南春、郎酒、古井贡等境内的品牌名酒100余种，并都设有专营店，各类高、中、低档系列酒的总经销、总代理有近百家。

2000年，城区西河路基本形成五金机电商品街，时为萧山市最大的五金机电商品集散地。五金机电商品街在北起陶唐弄口、南至人民路口的西河路路段内，有商家数十家，经营8大类上万种规格的五金机电商品，商品成交额1.03亿元。上海国际三星电器等国内著名机电产品生产厂家都与该五金机电商品街有关商家建立代理关系。萧山（上海）联华超市在城厢、瓜沥、临浦集镇内开设有连锁（便民）超市30余家，经营商品2万余种。二轻大厦在瓜沥、靖江、义盛、义桥等地开设二轻超市8家。城区的汇德隆家电超市经营面积3700平方米，经营彩电、冰箱、空调、洗衣机、音响、影碟机、厨具、照相机、摄像机等各类家电商品品牌数百个、规格上千种。

2000年末，全市营业面积在3000平方米以上的超级市场有13家。

图16－2－575　2000年，城厢镇西河路的五金机电经营户有数十家，基本形成了五金机电商品一条街。图为该街的街景（萧山日报社提供）

①传统的商品经营方式是商品零售点为单一综合性百货商店或杂货商店，经营商品由批发企业统一进货。

②超级市场（开架销货）是现代化大规模零售商店发展的产物，经营面积一般在2000平方米以上，商品进行包装后标明分量和价格，一般不设或少设售货员，让顾客自行选取所需的商品，到市场出口处的结算柜付款。

③连锁店指某商号在不同区域内设立的分店。总店和各分店经营的商品实行统一进货、统一配送、统一核算、统一管理；对商品质量实行统一规范、统一标准、统一监督、统一考核。

④总代理指某生产企业产品在某地区的销售事务代理商。该代理商可以在某地区代理某生产企业的全部或部分产品销售事务。代理商确定后，生产企业不得在该地区向其他商家推销同类产品（商品），该地区其他商家销售的同类商品，须从该代理商进货。

第三章　商品市场

宋代，西兴、渔浦两地已有集市。明代后，集市发展加快，并已形成专业市场。[①]萧山解放前，一般为露天市场，形式多样。[②]萧山解放后，集市有新发展，1965年45家，1975年52家。

1979年后，各级政府建设棚屋市场，并由农副产品交易为主逐步向既有农副产品，又有手工业品和工业品的综合市场发展。至1984年，全县共有集市79家，有专用场地39076平方米，搭盖的棚屋16970平方米，日平均商品交易摊位11647个，各类商品市场成交总额7147万元。

1985年，开始放宽长途贩运政策，促进商品市场的发展与繁荣。年末，各类商品市场83家、建筑面积14636平方米。是年市场成交总额12653万元。1987年，萧山出现各种商品的贩运专业村。[③]

1990年，基本实现商品市场棚屋化，并开始建设永久性室内市场。年末，全市有各类棚屋市场87家，占全市各类商品市场数的92.55%。1992年后，确定市场发展思路、规划布局，鼓励各种经济成分开办市场，市场建设发展加快。

1985～2000年，全市新建、改建和扩建市场130家（次），累计投资62667万元。2000年末，建成各类商品市场102家[④]，建筑面积525678平方米，其中室内建筑面积472332平方米、棚屋面积53346平方米，日平均商品交易摊位15891个；市场内有经营户16309家、从业人员4.10万人。是年，全市各类商品市场商品成交总额1226013万元。[⑤]

第一节　综合市场

萧山历史上集市交易的主要商品是农副产品，交易人员主要是农民。1956年后，集贸市场发展几经变故，直至1979年后，开始稳定发展。[⑥]

1985年，益农、钱江、宏图、螺山（杨汛桥）、城北（俞家潭）、六里桥、大庄（柏山陈）、大同、欢潭、新江岭、桃源、云石（沈村）等地及离集镇较远的村和杭州第二棉纺织厂、萧山县红山农场等开办集市，但规模较小。有些集市有固定场地和简易钢棚设施，多为半日集，也有上午集、下午集。集市交易商品从销售地方产品为主向以贩运商品为主转变，经营方式从零售发

①明嘉靖《萧山县志》载有三市（县市、临浦市、长山市）、3镇（西兴镇、临浦镇、钱清镇）。后陆续增加。清末民初，全县形成大小集市30个，并形成了蚕茧、棉花、烟叶、大米、土纸、竹木等常年性和季节性专业市场。萧山解放前夕，全县大小集市34家。

②集市有3种形式：一是日常市集，四乡农民上市出售和购买物品，一般是凌晨集市，近午散集；较大集镇则为整天集；二是专业市集，如临浦、戴村、河上、闻堰、长河、瓜沥、坎山等集镇，按地域、物产等条件，形成米市、牛市、柴草市、土布市、棉花市、烟市等常年性或季节性专业市集；三是庙会市集，楼塔、河上、戴村、闻堰、义盛、党山等集镇，历有庙会（财神会、龙华会、张老相公会等），每逢香汛会期，农工百作，四方走贩，携货赶会，相聚成市。

③1987年，出现城山乡（今属进化镇）郑唐孔、下畈底的化纤布贩运专业村，新塘乡东河、塘里陈、紫霞的水产贩运专业村，城南乡（今城厢镇城南办事处）安桥的家禽贩运专业村，夹灶乡转塘头的霉干菜贩运专业村。是年，形成规模较大的海水鱼、淡水鱼、肉猪、家禽等贩运队伍，全县有贩运户5830家、贩运者8466人。苗禽贩运具有资本省、周转快、经营活、效益好等特点，比较适合小本经营的农民，因此苗禽贩运队伍发展很快，从最初的100余人发展到3000余人，将苗禽销往宁波、温州、台州等市和本地农村。据萧山县西门农副产品综合市场调查：上市商品中，贩运商品占成交额的77%。是年12月，新塘乡东河村15户贩运户从湖州、苏州等地贩运蟹、鳗、虾、鱼，返回途中轮船因故耽误两个小时，使该市场鲜鱼价格上涨了20%。

④1991年9月25日浙江省工商行政管理局印发《浙江省城乡市场登记管理试行办法》（浙工商市〔1991〕54号）后，市场统计不包括规模较小的粮油、仔猪等专业市场和商品交易摊位不足30个的农副产品综合市场。随着改建、扩建和易地新建专业市场和综合市场，这些市场被逐步淘汰。

⑤2000年，全市各类商品市场商品成交额不包括未经工商登记的以农副产品交易为主的农村集市交易额555万元，萧山商业城货运市场运输货物价值7687万元、萧山联托中心市场运输货物价值1742万元。

⑥1956年商业社会主义改造后，限制以个人商品交换为主的集贸市场发展，并限制上市商品品种，主要农副产品购销均由国营商业和供销合作商业统一经营。翌年4月，开放农村自由市场，集市贸易一度活跃。

1958年人民公社化，取消社员自留地和家庭副业后，集市贸易冷落。

1961年，商业调整，全县恢复32家集贸市场。“文化大革命”期间，集市被视为资本主义滋生地又加以种种限制，再度冷落。

1979年后，逐步开放城乡市场，放宽商品上市交易品种，农民可以经商及贩运，允许个体私营业主进入集市，集市迅速恢复并发展。至1984年，全县综合市场商品成交额4804万元。

展到零售、批发兼营。年末，全县综合市场56家。是年，市场商品成交总额10899万元。

90年代，随着城镇建设加快，新建室内综合市场，并对原有的棚屋市场进行改建、扩建或易地新建，交易范围扩大到农产品、食品、副食品、服装、日用品、工业消费品和文化娱乐用品等综合性商品，集市商品成交额逐年增加。其间，进入市场的交易人员，由农民为主逐步转向个体商业户为主，国营、集体企业和个体商业户共同参与的格局。

1995年后，随着城区的扩大和居民住宅区的逐渐增多，城区新建综合市场相应增多。1997年1月，新区建成萧山市市北农副产品综合市场，成为新区首家规模较大、设施较全的农副产品综合市场。

1985～2000年，投入综合市场建设资金共计13280万元。2000年末，有综合市场55家（不包括未经工商登记的以农副产品交易为主的农村小型集市），建筑面积181449平方米，其中室内建筑面积140756平方米、棚屋面积40693平方米，市场经营户10851家，从业人员1.10万余人，日均摊位10815个。是年，综合市场商品成交总额132463万元（不包括未经工商登记的以农副产品交易为主的农村小型集市的商品成交总额555万元），其中成交额超5000万元的综合市场有4家。

图16－3－576　1984年，城厢镇西河路的棚屋市场萧山西门农副产品市场专用场地4479平方米，经营方式为零售。图为该市场管理员利用公平秤为顾客服务（杭州市工商行政管理局萧山分局提供）

表16－3－359　2000年萧山综合市场情况

市场	建成年月	投资金额（万元）	建筑面积（平方米）			日均摊位（个）	商品成交额（万元）
			室内	棚屋	合计		
萧山市龙山农副产品综合市场	1986－04	4	0	750	750	84	679
南阳龙虎农副产品综合市场	1986－10	5	0	400	400	50	123
萧山市红山农副产品综合市场	1987－01	235	1700	1500	3200	175	1783
萧山市进化农副产品综合市场	1987－01	5	0	600	600	58	688
萧山市径游农副产品综合市场	1987－06	5	380	420	800	65	861
萧山市坎山下街农产品综合市场	1987－07	29	288	2366	2654	140	2302
萧山市大园消费品综合市场	1988－02	3	256	671	927	70	839
萧山市尖山农副产品综合市场	1988－03	15	0	1700	1700	50	517
萧山市江寺桥农副产品综合市场	1988－06	25	1450	0	1450	90	887
萧山市楮山消费品综合市场	1989－10	27	0	1580	1580	174	1013
萧山市长山消费品综合市场	1989－12	35	540	1225	1765	264	1485
萧山市大桥农副产品综合市场	1990－04	9	0	522	522	35	283
萧山市杨汛桥消费品综合市场	1990－07	17	0	1182	1182	132	1612
萧山市高桥农副产品综合市场	1990－10	80	487	1130	1617	79	1054
萧山市欢潭农副产品综合市场	1990－12	6	0	540	540	35	627

续表

市场	建成年月	投资金额（万元）	建筑面积（平方米）			日均摊位（个）	商品成交额（万元）
			室内	棚屋	合计		
萧山市沈村农副产品综合市场	1991—06	6	78	356	434	31	71
萧山市曹家桥农副产品综合市场	1991—08	4	0	300	300	73	453
萧山市靖江消费品综合市场	1991—09	133	12000	0	12000	340	1723
萧山市昭东消费品综合市场	1991—12	13	120	963	1083	78	878
萧山市西门农副产品综合市场	1992—03	3700	23500	0	23500	1332	46737
萧山市所前消费品综合市场	1992—04	253	5360	0	5360	190	1823
萧山市六里桥农副产品综合市场	1992—04	3	0	300	300	36	364
萧山市党湾消费品综合市场	1992—08	40	200	1100	1300	270	1220
萧山市义盛农副产品综合市场	1992—10	220	4750	0	4750	460	1936
萧山市新围消费品综合市场	1992—10	15	400	1670	2070	180	1011
萧山市盈丰消费品综合市场	1992—11	55	1034	2400	3434	358	2016
萧山市梅西消费品综合市场	1993—01	13	200	1600	1800	171	1043
萧山市甘露农副产品综合市场	1993—03	12	0	900	900	40	116
萧山市党山四桥消费品综合市场	1993—04	50	0	1856	1856	150	2283
萧山市光明消费品综合市场	1993—06	25	567	260	827	40	330
萧山市头蓬农副产品综合市场	1993—08	208	3503	0	3503	317	2266
萧山市瓜沥农副产品综合市场	1993—11	470	7200	0	7200	400	7776
萧山市楼塔消费品综合市场	1993—11	76	1400	0	1400	94	1065
萧山市戴村消费品综合市场	1993—12	131	3800	0	3800	83	1067
萧山市宁围农副产品综合市场	1994—01	380	6386	0	6386	354	2232
萧山市新街农副产品综合市场	1994—01	400	2800	0	2800	449	2431
萧山市坎山消费品综合市场	1994—01	250	5200	0	5200	330	2685
萧山市赵家湾农副产品综合市场	1994—06	50	1200	2330	3530	106	1031
萧山市新湾农副产品综合市场	1994—10	150	1774	0	1774	245	1717
萧山市崇化农副产品综合市场	1995—01	100	1409	0	1409	186	1459
萧山市党山农副产品综合市场	1995—01	133	2728	0	2728	241	2466
萧山市闻堰消费品综合市场	1995—01	510	5650	0	5650	147	2460
萧山市城北消费品综合市场	1995—06	250	3180	500	3680	42	331
萧山市临浦消费品综合市场	1995—08	803	7100	0	7100	825	9401
萧山市东门农副产品综合市场	1995—10	1600	10576	0	10576	320	7446
萧山市河庄消费品综合市场	1995—11	70	2700	0	2700	165	1183
萧山市前进消费品综合市场	1996—01	77	1804	0	1804	85	592
萧山市杭二棉农副产品综合市场	1996—02	120	2200	0	2200	80	871
萧山市河上农副产品综合市场	1996—10	24	475	1622	2097	90	1057
萧山市市北农副产品综合市场	1997—01	1000	6610	0	6610	105	762
萧山市衙前消费品综合市场	1997—10	600	0	6900	6900	340	2517
萧山市南阳农副产品综合市场	1997—10	280	4000	0	4000	310	1352
萧山市坎山新凉亭消费品市场	1998—06	380	3521	2250	5771	100	337
萧山市潘水农贸市场	1998—08	100	1230	0	1230	31	272
萧山市瓜沥镇第二农副产品市场	1998—12	76	1000	800	1800	120	930
合计	—	13280	140756	40693	181449	10815	132463

资料来源：杭州市工商行政管理局萧山分局。

第二节　专业市场

萧山解放后，专业市场趋向衰落。[①]1979年，随着农业生产迅速发展，专业市场开始恢复发展。[②]1985年3月，中共中央、国务院下达《关于进一步活跃农村经济的十项政策》（中发〔1985〕1号），放宽长途贩运政策，疏通流通渠道，并根据市场需求，组织贩运队伍，兴办农产品等专业市场。年末，全县有专业市场27家，其中粮油贸易市场7家、仔猪市场10家、其他专业市场10家。是年，市场成交总额1754万元。创办的闻堰木材市场有江西等地的数十支贩运队伍，成为跨地区的木材集散地，全年成交木材1810立方米。1986年，该木材市场成交木材5019立方米，成交额238万元；地处杭金公路旁的通济乡（今属临浦镇）鲁家坞村开办的白鹿塘石灰市场，登记入场的交易者100余家，诸暨、富阳等地农民装运的石灰到此交易，并通过内河将石灰运销绍兴等地，全年成交石灰576000吨；钱江苗禽市场成交苗禽500余万羽，形成华东地区最大的苗禽集散地。

1988年，随着萧山化纤织造业的发展，城厢镇萧西路火车站附近逐步自发形成化纤布交易区，工商行政管理部门将100余家经营者组织起来，建立萧山市第一个工业品批发市场——萧山纺织品市场[③]，并通过登记发证，规范经营行为，全年成交化纤布245万米。

1989～1991年，创办萧山水果批发市场、航民轻纺市场和瓜沥、义盛、头蓬、党山、城南小商品市场。1991年，在城厢镇创办蔬菜批发夜市，交易时间从每日23时至翌日6时，出售者主要为宁围、盈丰和城北等地种植蔬菜的农户及贩运者；采购者主要有临浦、戴村、河上、楼塔的蔬菜返运者和杭州、诸暨、富阳、绍兴、余杭等地经营户，每日交易人数超过1000人。

1992年，萧山商业城轻纺市场（一期）、综合市场开业。萧山市粮食局在城厢、瓜沥、临浦创办3家粮油交易市场，宁围镇丰北村创办蔬菜批发市场。是年，全市专业批发市场商品成交额2.47亿元，比1991年增长2.72倍。其中萧山商业城轻纺市场（一期）、综合市场开业3个月商品成交额达1.63亿元。

1993年后，全市先后创办的萧山市车辆配件市场、萧山市生产资料市场、萧山商业城汽车市场、浙江明华轻纺原料市场、浙江萧山家电市场、萧山蔬菜批发市场、新街蔬菜批发市场、萧山市东江水产品市场、萧山供销旧货市场、萧山市家私市场、萧山鞋城、萧山市轻纺坯布市场、萧山市花鸟市场、萧山姚江石材市场、商业城工艺美术收藏品市场等特色市场相继开业。

1985～2000年，投入专业市场建设资金49387万元。2000年末，各类专业市场47家，建筑面积344229平方米，其中室内面积331576平方米、棚屋面积12653平方米，市场经营户5458家，从业人员3万余人。是年，各类专业市场商品成交额1093550万元[④]，其中商品成交额超1亿元的有11家。

①萧山解放后，米市、棉花市、烟市、土布市等专业市场逐步淘汰，米市被国营粮食市场所替代。1957年，开放农村自由市场，专业市场恢复。1958年后专业市场时停时开，尤其是“文化大革命”期间，限制农民自产自销，粮食市场全部关闭，其他专业市场受到冷落。

②1979年后，先后建成党山、义盛、临浦等仔猪市场和瓜沥、临浦、闻堰等粮油市场。1984年，开始兴办专业市场。是年，创办有城厢小商品市场、钱江苗禽市场、新街花木市场等专业市场，全县专业市场商品成交额2343万元。

③1991年后，萧山火车站东迁，萧山纺织品市场逐渐冷落萧条，市政府采取优惠政策，动员该市场经营户到萧山商业城经营。

④2000年，各类专业市场商品成交额不含萧山商业城货运市场运输货物价值7687万元、萧山联托中心市场运输货物价值1742万元。

表16—3—360　2000年萧山专业市场情况

市　　场	建成年月	投资金额（万元）	建筑面积（平方米）			日均摊位（个）	商品成交额（万元）
			室内	棚屋	合计		
萧山市闻堰木材市场	1986—12	40	440	60	500	30	370
萧山市蔬菜果品批发市场	1987—09	80	2500	0	2500	60	3273
萧山市临浦仔猪市场	1987—09	6	160	0	160	6	172
萧山市党山工业品综合市场	1988—02	62	1407	0	1407	66	778
萧山市头蓬工业品综合市场	1991—01	70	0	2019	2019	80	483
萧山市赵家湾工业品综合市场	1991—12	35	1743	594	2337	50	569
萧山市瓜沥粮油市场	1992—04	9	350	0	350	4	352
萧山市果品市场	1992—06	160	6000	500	6500	36	1266
萧山市商业城百货五金市场	1992—09	5000	26730	0	26730	540	235064
萧山市新湾工业品综合市场	1993—07	300	7500	0	7500	78	459
萧山市商业城华东副食品市场	1993—09	3000	30000	0	30000	378	262400
浙江省东南粮食市场	1993—10	1800	14500	0	14500	78	26930
萧山市义桥工业品综合市场	1994—01	150	1596	0	1596	65	674
萧山市丰北蔬菜批发市场	1994—05	116	400	2500	2900	28	1524
萧山市车辆配件市场	1994—11	400	4000	0	4000	18	395
萧山生产资料市场	1995—04	800	2031	0	2031	42	17949
萧山市商业城汽车市场	1995—05	200	7500	0	7500	16	8549
浙江明华轻纺原料市场	1995—12	1059	4000	0	4000	185	95771
浙江萧山家电市场	1996—10	600	2544	0	2544	14	424
萧山市义盛工业品综合市场	1996—10	320	4750	0	4750	120	177
萧山市回澜果品蔬菜批发市场	1996—12	100	1500	0	1500	40	693
萧山蔬菜批发市场	1996—12	250	250	1220	1470	56	3990
萧山市商业城建筑装饰市场	1996—12	770	16517	0	16517	455	206277
萧山市新街蔬菜批发市场	1997—06	30	0	560	560	8	1356
萧山市家私市场	1997—06	500	4500	0	4500	62	1510
萧山市河滨路综合市场	1997—07	180	2400	0	2400	287	5264
萧山市市心广场	1997—08	17000	58000	0	58000	254	16740
萧山鞋城	1997—08	800	2500	0	2500	120	1245
萧山供销旧货市场	1997—08	50	1768	0	1768	21	157
萧山市商业城旧货市场	1997—10	60	862	0	862	29	1010
萧山市轻纺坯布市场	1997—10	500	5600	0	5600	332	590
萧山市花鸟市场	1997—11	100	1400	100	1500	12	99
萧山市商业城摩托车市场	1997—11	90	2000	0	2000	60	380
萧山市东江水产品市场	1997—12	30	0	500	500	22	841
萧山市南阳工业品综合市场	1998—12	265	3578	0	3578	63	118
萧山市西河路五金机电市场	1999—01	75	2080	0	2080	40	10300
萧山市商业城服装皮革市场	1999—01	6000	26000	0	26000	633	42892
萧山市羽绒交易市场	1999—04	350	4500	0	4500	9	458
萧山市苗禽市场	1999—05	150	4000	2800	6800	11	430
浙江汇宇棉纱市场	1999—06	500	7000	0	7000	43	53475
萧山市江南百货市场	1999—10	700	9700	0	9700	175	67941
萧山商业城太平洋食品广场	1999—10	4000	28870	0	28870	78	19365
萧山市少儿用品市场	1999—12	100	3000	0	3000	22	117
开发区小商品综合市场	2000—02	300	10400	0	10400	70	350
萧山姚江石材市场	2000—08	50	0	1800	1800	160	132
萧山塑钢型材城	2000—08	2000	15000	0	15000	30	239
商业城工艺美术收藏品市场	2000—09	200	2000	0	2000	90	2
合　　计	—	49357	331576	12653	344229	5076	1093550

资料来源：杭州市工商行政管理局萧山分局。

第三节　文明市场

1985年4月，根据浙江省工商行政管理局（简称省工商局，下同）的统一部署，全县开始开展执行政策好、管理好、服务好、卫生好、秩序好的“五好”市场竞赛活动。是年，城厢镇的西门农副产品市场、城南乡集市和瓜沥镇、临浦镇、闻堰镇农副产品市场被评为萧山县“五好”市场，其中瓜沥镇农副产品市场、西门农副产品市场还分别被评为浙江省“五好”市场、杭州市“五好”市场。翌年后，县工商行政管理部门提出当年竞赛活动的市场名单，每月检查，每季抽查，半年初评，年终总评。1986～1988年，评定县（市）“五好”市场67家次，其中1988年瓜沥镇农副产品市场被评为全国文明集贸市场。

图16－3－577　1992年12月，全国文明集贸市场萧山市西门农副产品综合市场一楼蔬菜交易区场景（丁力摄）

1989年后，改为创建“管理工作好、经营作风好、食品卫生和场容场貌好、市场效益好”的文明集贸市场。1990、1992年，瓜沥镇农副产品市场（后改称萧山市瓜沥农副产品综合市场）和萧山市西门农副产品综合市场先后被评为全国文明集贸市场。至1993年，全市被评为萧山市文明集贸市场的有71家次、被评为杭州市文明集贸市场3家、被评为浙江省文明集贸市场2家、被评为全国文明集贸市场2家。

1994年，根据省工商局提出的“管理工作、经营行为、环境卫生、市场设施”规范内容和建立与健全基本制度为目标，在萧山市瓜沥农副产品综合市场内先行创建规范化市场试点。试点期间，健全行业管理小组，修订完善行业自律规定，考核固定摊位文明经营；落实定人、定岗、定职、定奖罚的岗位责任制。试点后在全市推广，并按市场规模、市场设施、管理基础、交易情况进行分类，确定分步达标。是年，萧山市瓜沥农副产品综合市场、萧山市西门农副产品综合市场被评为浙江省规范化市场。1995年，为深化规范化市场创建活动，萧山工商行政管理部门在闻堰消费品综合市场进行试点，突出人员、职责、工作“三到位”管理，重点做好亮证经营、明码标价、车辆停放、卫生保洁等事项。是年，萧山市西门农副产品综合市场被国家工商行政管理局评定为1993～1995年全国文明集贸市场，并列为全国文明集贸市场验收考核免检单位。

图16－3－578　1997年2月7日，全国文明集贸市场萧山市西门农副产品综合市场吸引了外国人（吕耀明摄）

1997年，开始改为创建星级文明规范市场。根据省工商局提出的创建星级文明市场的要求，确定萧山市西门农副产品综合市场为创建星级文明市场试点单位。萧山市西门农副产品综合市场投入50万元，对市场的摊位牌、宣传牌、货柜、下水道进行改造，设置大型电子显示屏，被省工商局评定为首批三星级文明规范市场，萧山市宁围农副产品综合市场、萧山市东门农副产品综合市场被评为一星级文明规范市场。翌年，萧山家私市场制作市场导购图、摊位分布图，设立顾客休息室、消费者投诉台，建立完善市场消防、治安、巡查、经营者守则等规章制度，改善购物环境，被省工商局评为二星级文明规范市场，萧山市临浦消费品综合市场、萧山市崇化农副产品综合市场被评为一星级文明规范市场。1999年，萧山市市心广场把创星级市场与争创文明经营示范街相结合，改善市场设施，统一广告管理、车辆停放实行门前三包，被省工商局评为三星级文明规范市场，萧山市瓜沥农副产品综合市场被评为一星级文明规范市场。

图16—3—579　1997年5月，一星级文明规范市场的萧山市宁围农副产品综合市场管理人员在接受萧山电视台的采访（萧山区物价局提供）

2000年，按照省工商局印发《浙江省星级文明规范市场考核评分细则（修订稿）》（浙工商字〔2000〕51号）规定的考核标准，萧山改善市场设施、完善市场档案、搞好市场卫生、建立健全消防制度。是年，浙江明华轻纺原料市场等3家市场被评为二星级文明规范市场。

至2000年末，萧山有星级文明规范市场11家，其中三星级文明规范市场2家、二星级文明规范市场4家、一星级文明规范市场5家。

第四节　市场交易

萧山解放后，商品市场交易几经起落，集市商品成交额少。[①]1985年取消农副产品统派购制度后，上市商品增多，商品市场逐渐成为萧山商品流通的重要渠道。是年，全县83家集贸市场统计，全年上市猪肉5745.60吨、家禽2169吨、禽蛋1215吨、水产品7429吨，分别比1984年增长223%、52.50%、57.70%和52.70%。集贸市场价格总指数比1984年增长28.20%，其中肉蛋禽类、水产类、新鲜蔬菜分别增长21.50%、46%、29.50%。[②]市场商品成交额12653万元，比1984年增长77.04%。

1989年后，受银根紧缩影响，市场商品交易额增长幅度下降。1991年，市场商品总成交额44792万元，比1990年增长14.45%，比1988年的增长幅度下降22.78个百分点。

1992年后，随着市场建设加快，工业品市场迅速发展。1992年9月8日，萧山商业城内轻纺市场（一期）和综合市场试营业。翌年，全市工业品成交额199729万元，比1992年增长8.29倍，工业品成交额首次超过农副产品。

1997年，商品价格下降，尤其是关系居民日常生活的“米袋子”、“菜篮子”商品价格下降幅度较大，其中大米、鸡蛋、高档水产品等商品价格降幅在20.20%～50.40%之间。是年，市场商品成交额809511万元，比1996年减少3.64%。1999年，甲鱼、河蟹、虾、鳗等高档水产品产量增加，价格平均降幅超过30%，市场交易活跃，市场商品成交额超过1亿元的市场有9家。

2000年，市场商品成交额1235997万元，比1999年增长24.43%。其中萧山商业城商品成交额90.20亿元，占全市市场商品成交总额的72.98%。

①萧山解放初期，集市开放，交易活跃。1953年后，国家先后对粮食、油料、棉花等商品实行统购统销和计划收购，禁止粮食、棉花等商品的自由买卖及私商收购，上市商品和交易额减少。

1961年1月，放宽对一般农副产品的经营，允许生产队自行采购小农具、耕畜、种畜、种苗等。1962年，上市商品210种，集市商品成交额1561万元。

“文化大革命”期间，集市受种种限制，市场交易量回落。1979年，开始恢复发展集市。是年，集市商品成交额2246万元。后集市贸易成交额逐年上升。至1984年，集市商品成交总额7147万元。

②1985年，全县83家集贸市场统计的商品，包括规模较小的粮油、仔猪等专业市场和商品交易摊位不足30个的农副产品综合市场。

表16-3-361　1985～2000年萧山各类商品市场商品成交额

单位：万元

年份	总 计	粮 食	油脂油料	棉烟麻	肉食禽蛋	水产品	干鲜果	干鲜菜
1985	12653	69	19	6	3054	1912	1087	1818
1986	14975	74	66	11	4589	2947	1422	2020
1987	19701	52	42	10	7033	3971	1775	2521
1988	27036	68	52	2	9720	6398	2236	3521
1989	34099	82	71	4	13244	8243	2807	4299
1990	39099	76	98	1	13985	9059	3196	5062
1991	44792	157	132	2	14053	9956	3951	5326
1992	73729	1298	484	16	17533	14704	5123	7858
1993	271226	4619	746	0	19430	18760	5949	10555
1994	438236	11158	1108	0	31716	20813	7468	15092
1995	614350	26906	4551	9	35564	23062	11245	21744
1996	840081	56929	12636	35	44543	28851	13829	32663
1997	809511	34992	10748	128	50421	42532	9214	32011
1998	875935	24826	7262	67	45399	33614	12202	27167
1999	993293	21636	8395	74	47917	36232	12222	27032
2000	1235997	25927	8276	191	52698	40659	15292	27231

续　表

年份	日用杂品	柴 草	饲料农具	牲 畜	畜 禽	工业产品	旧货品	其 他
1985	296	32	301	4	1021	1081	28	1925
1986	298	30	284	2	1098	1223	15	896
1987	332	22	251	3	954	1500	21	1214
1988	214	15	270	3	1327	1876	21	1313
1989	160	16	242	1	1307	2031	73	1519
1990	131	20	200	0	1260	4797	15	1199
1991	124	11	170	0	1389	7183	65	2273
1992	153	35	484	0	1976	21502	46	2517
1993	114	4	308	0	2173	199729	19	8820
1994	105	2	164	0	2348	344799	8	3455
1995	156	11	171	5	2863	477275	7	10781
1996	250	51	483	242	2741	640564	1024	5240
1997	452	105	253	563	1332	620622	1617	4521
1998	338	82	170	125	926	714858	1007	7892
1999	279	117	237	25	1509	822602	1252	13764
2000	577	196	342	25	2038	1030510	2102	29933

注：①资料来源：杭州市工商行政管理局萧山分局。

②商品成交额包括未登记的以农副产品交易为主的农村集市的商品成交额555万元、萧山商业城货运市场运输货物价值7687万元、萧山联托中心市场运输货物价值1742万元。

③1995年，不含浦沿、长河、西兴3镇的商品市场商品成交额为608464万元。

表16-3-362　1985～2000年萧山市场主要农副产品成交量

单位：吨

年份	粮　食	油脂油料	肉食禽蛋	水产品	干鲜菜	干鲜果
1985	329	107	10172	7430	34806	17949
1986	1176	248	14581	9093	40867	19306
1987	605	277	16284	8796	32199	17453
1988	626	228	16579	9596	33771	16103
1989	649	213	19191	10465	36796	15596
1990	577	319	20920	12630	47179	17769
1991	1327	378	21749	11375	52142	22377
1992	14435	1267	26316	14001	49636	34025
1993	37706	1771	25348	13504	69962	30785
1994	58115	1558	31165	11875	89256	36223
1995	76953	5725	32875	12170	99505	43737
1996	101420	16291	37633	13132	115711	44870
1997	147645	23308	36883	13966	93166	24620
1998	118722	8729	36694	13644	65604	34909
1999	111837	44718	41367	16128	69216	32779
2000	147608	13475	48046	16754	69765	78177

资料来源：杭州市工商行政管理局萧山分局。

第五节　萧山商业城

萧山商业城位于城厢镇东部，北靠萧山火车站，南邻萧绍路，东起新河，西至裘江乡（今裘江办事处）井头王村，占地约30万平方米。1992年1月4日，动工建设，2000年，基本建成。萧山商业城中心以商城中路南北贯通，南至萧绍路，北至站前路，长1100米；城内建有道路7条，总长4605米，面积108430平方米，绿化5000余平方米，桥梁3座，形成了城中之城。成为萧山市的新兴商业区，并有较为完善的管理服务体系，总投资4.50亿元，建筑面积35万平方米，商品市场有12家[①]。管理服务机构有银行、邮政、医院、餐饮和货物托运近50家，形成较为完整的服务体系。至年末，累计商品成交额448.90亿元、征收税款2.60亿元。

①萧山商业城12家商品市场是：萧山商业城建筑装饰市场、萧山市商业城摩托车市场、萧山市车辆配件市场、萧山市商业城百货五金市场、萧山市江南百货市场、萧山市商业城华东副食品市场、萧山商业城服装皮革市场、萧山商业城太平洋食品市场、浙江萧山家电市场、萧山商业城汽车市场、萧山市商业城旧货市场、浙江省东南粮食市场。

工程建设

1991年11月21日，萧山商业城筹建领导小组按“高低错落，主体三层，局部二至四层”的总体布局和“一次规划、分期实施、由南到北、逐步推进”的建设原则，通过萧山建筑设计院提交的萧山商业城总体设计方案并于10时50分为萧山商业城建设奠基。

图16－3－580　萧山商业城城徽。1996年4月14日，经国家工商行政管理局商标局核准，为萧山商业城服务商标，服务项目为第35类：商业询价、商业信息、张贴广告、组织商业或广告展览、商业行情代理、商业信息代理等（萧山商业城管理委员会提供）

第一期工程　建设轻纺市场（一期）和综合市场。市工商行政管理局（简称市工商局，下同）为承建单位。1992年1月4日土建工程动工，萧山建筑营造公司等9家建筑企业的16家工程队施工，7月27日竣工。两家市场总投资7000万元，占地面积62267平方米，轻纺市场建筑面积45311平方米、综合市场

26730平方米，停车场两处，面积6722平方米。9月8日，两家市场试营业。

第二期工程　建设轻纺市场（二期）、副食品市场和浙江省东南粮食市场。1992年11月动工。轻纺市场（二期）由市工商局为建设单位，萧山市城乡建筑公司等8家建筑企业分块承建，1993年9月竣工，总投资7570万元，占地30733平方米，建筑面积68322平方米，有1至2层营业房928间计42555平方米，2幢高35.80米的主楼9层，2幢6层副楼有写字间950间、商住房48套。副食品市场由萧山市供销合作社联合社为建设单位，萧山市建筑营造公司等6家建筑企业分块承建，1993年10月竣工，总投资4575万元，占地22000平方米，建筑面积41665平方米，主楼6层，其中1至2层营业房650间计19794平方米，3层以上写字间114间计9635平方米，商住房132套计12236平方米。浙江省东南粮食市场由萧山市粮食局为建设单位，由萧山市义盛建筑工程公司等3家建筑企业施工。1993年10月竣工，总投资1700万元，占地面积9067平方米，建筑面积16300平方米，有营业房78间、写字楼70间和1000吨库容仓库4座。10月8日，3家市场同时开业。

另外，1996年5月，浙江省石化公司投资600万元，在商业城城西路北侧建成浙江萧山家电市场，建筑面积2542平方米，营业用房234间。9月8日开业。1999年，中国台湾客商斯子林投资4000万元，建成太平洋食品广场，建筑面积33380平方米，其中商住房181套28870平方米，一楼经营，二楼、三楼办公，独立楼梯，专业街布局。2000年10月1日开业。

配套建设　1993年，萧山市商业房地产综合开发公司在商城西路西侧开发建成住宅房5幢，建成商品房34000平方米，有大、中、小住宅房390套，销售价为每平方米1080元。1996年，该公司又在商聚街和商乐街之间西段建成两幢住宅房110套9790平方米，销售价为每平方米1280元；临街营业房40间计1400平方米，销售价平均每间6.50万元。9月8日，浙江省石化公司投资600万元，建成商城西路裙边房2542平方米、营业房234间。翌年，萧山市商业房地产综合开发公司投资1380万元，在新河以东建成仓储房14000平方米，租赁给商业城经营户存储商品，设保安24小时值班，封闭式管理。

改建工程　1996年1月，萧山商业城筹建办公室投资770万元，改建一期轻纺市场营业房一楼621间14265平方米，轻纺市场改称萧山市商业城建筑装饰市场，12月27日开业。1999年7月，萧山商业城开发总公司对副食品市场二楼进行改建，建立萧山市江南百货市场，同时，将妇女用品一条街经营户迁入。12月12日开业。原妇女用品一条街改设通信器材一条街。翌年，投入1350万元，改造原轻纺市场二楼营业房结构，设立窗帘灯具市场。

经　营

为方便经营户和加快兴城隆市，采取“先进场，后登记”方法，鼓励经营者入城。1992年9月8日，萧山商业城轻纺市场（一期）和综合市场试营业，10月12日正式营业。至年末，进入萧山商业城的经营户700多家，商品成交额1.63亿元。

图16－3－581　1992年10月12日，萧山市第七届商品交易会暨萧山商业城一期开业典礼。图中“萧山商业城”五个大字由国务院副总理田纪云题写（傅宇飞摄）

1993年1月13日，市政府印发《关于加快萧山商业城兴城隆市的若干规定》（萧政〔1993〕1号），凡进商业城经营的，不分所有制性质，不分经营行业和经营方式，不分固定营业和临时营业，都享受税收“两免三减半”优惠（企业设立后，前两年全免税收，后三年减半征收）；在商业城内购买营业房并开业经营的，允许购买城区商品住宅房，申报城厢镇“蓝印户口”并减半收取城市建设基础设施费。是年，商品成交额20.30亿元，列浙江省10大专业市场第3位、全国百强（工业品）市场第12位。

1994年5月，商业城工商分局发布《关于鼓励经营者组织引进名优商品的决定》（萧商城工商〔1994〕5号），采取扶持、奖励等方式，鼓励名优商品进入商业城。至年末，进入商业城的名优商品有280种，与名优商品生产企业建立特约经销和代理商的经营户共有53家。

1997年，商业城商乐街分别设置妇女用品一条街和非机动车一条街，引进经营户近100家。服装市场开设海宁皮革服装交易区，从海宁引进皮革服装经营户74家。年末，商业城经营的名优商品有400余种，大部分经营户都与名优商品生产企业挂钩，成为企业的代理商、特约经销商。是年，商业城商品成交额60.80亿元。

2000年，开通了萧山商业城网站。是年，萧山商业城有经营户2868家，其中录入浙江省商品市场信息库的经营户有1490家。商品成交额90.20亿元，列全国百强（工业品）市场第4位。

管　理

1992年9月11日，建立萧山商业城管理委员会，负责萧山商业城行政管理和监督协调工作。建立市工商行政管理局商业城管理处，负责萧山商业城的工商行政管理事宜。1994年2月，商业城管理处改称商业城工商分局，1999年6月更名商业城工商所。2001年3月25日，仍为商业城工商所。

登记注册　1992年9月，开始为经营户办理登记注册。至翌年末，办理经营户登记注册2210家，其中国营和集体企业933家、个体和私营企业1277家，从业人员5000余人。商品销往辽宁、山东、江苏、福建、安徽、江西、上海等31个省市和浙江省各地。1996年，通过实地调查经营户，建立档案。年末，萧山商业城有经营户2289家，其中五金百货468家、轻纺567家、服装725家、副食品352家、粮油91家、汽车16家、车辆配件28家、家用电器42家。2000年，办理个体商业户开业登记852家（临时户213家）。年末，萧山商业城登记在册的经营户2722家，其中企业623家（含有限责任公司527家）、个体商业户2099家。

市场监管　1994年，工商行政管理部门与其他职能部门和生产企业联合打假，共组织打假活动82次，查处了假冒“西湖味精”、“西湖肥皂”等，案值30余万元。翌年，商业城工商分局与486家经营户签订《打假治劣责任书》，建立举报网络、推行商业信誉卡、实行明码标价等措施，规范经营户经营行为。1996年，对建筑装饰、五金百货、副食品、服装皮革4个重点专业市场实行工商干部驻场巡查制。1996～2000年，查获处理各类违法违章案2103件，处罚没款147.70万元。受理消费者投诉263件，为消费者挽回经济损失68万元。鉴证经济合同1476份，金额7231万元。检查经济合同482份，合同金额11107万元。查处利用合同进行违法行为案5件，为受害者追回经济损失11.50万元。立案查处非法广告10件，侵犯商标专用权案15件。其间，批准设立户外广告128块，撤除民墙广告12处、店堂广告匾35块，取缔非法张贴广告2600余张。

物业管理　1992年，萧山商业城筹建领导小组办公室负责管理物业，翌年1月建立萧山商业城工商劳动服务公司。1994年被列为“杭州市十大火险隐患单位”后，投资85余万元，添置远程控制自动泵、公用灭火机，建立专业消防队（专职消防员12人），购置消防车。1996年，撤销萧山商业城工商劳动服务公司，建立萧山商业城物业管理处，成立保安大队（专职保安员53人）和清洁卫生队；投资210万元，对轻纺市场（一期）的消防设施进行改造，摘掉了“杭州市十大火险隐患单位”的帽子。2000年，投资198万元，灯具窗帘市场设置烟感报警系统。2001年1月，萧山商业城物业管理处与杭州市工商行政管理局萧山分局脱钩，独立运作，实现了市场的“管办分离”。

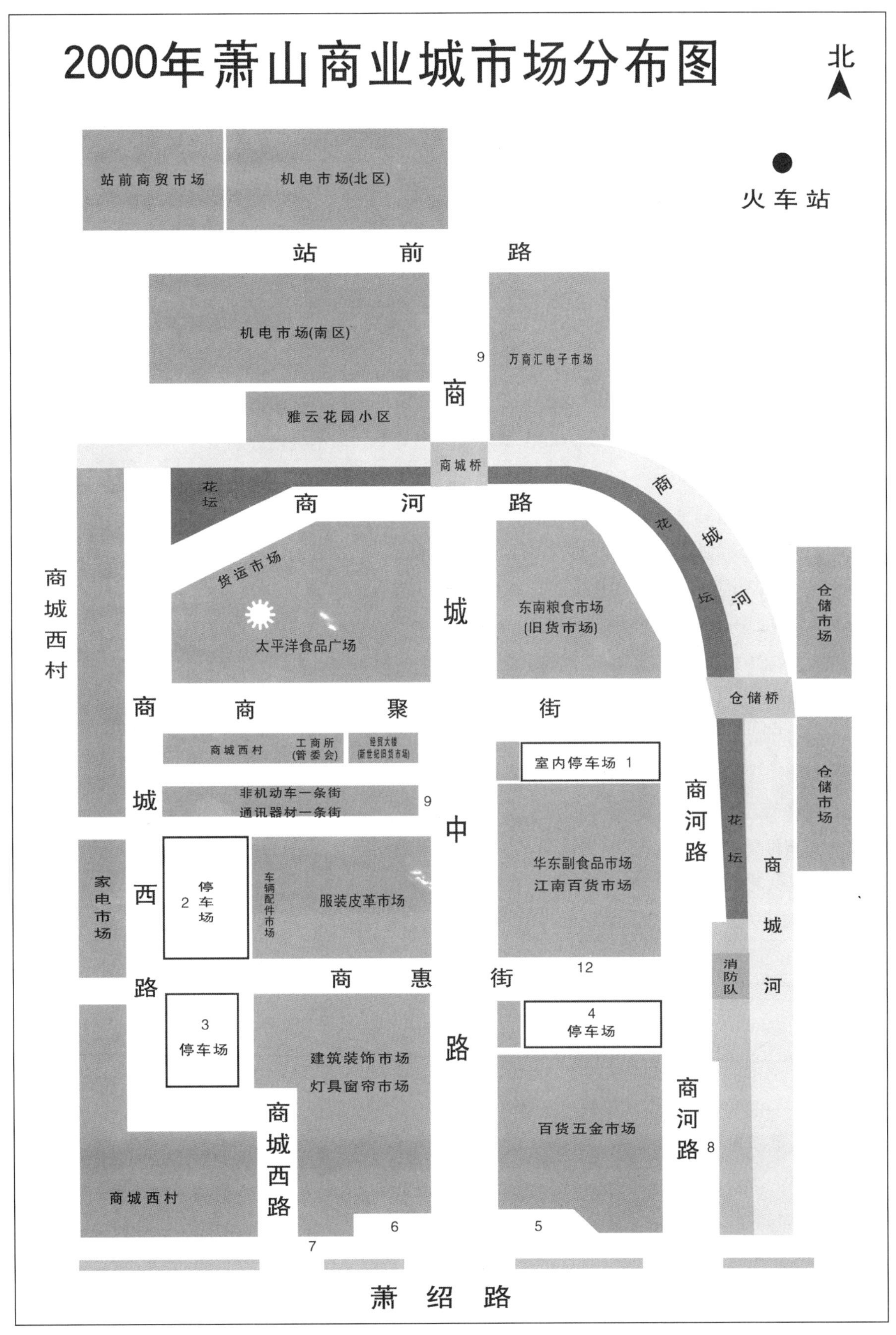

图16—3—582　萧山商业城按照1991年11月21日筹建领导小组通过的总体设计方案建设。图为2000年萧山商业城的市场分布情况（萧山商业城管理委员会提供）

第四章　经济成分

萧山解放后，发展国营、集体商业，扶助处于困境的私营商业，商业经济以非公有制经济为主。[①]1952年，商业经济开始从非公有制为主向公有制为主转变。[②]1979年后，随着商品经营逐步放开，个体经济逐年发展。至1985年末，全县商业网点（含机构）10888家，其中国营、集体、个体商业网点（机构）分别占2.28%、24.28%、73.44%。萧山的国营商业主要分属商业局、物资局、粮食局3个部门，集体商业主要分属商业局、供销社两个部门，供销社又有供销合作商业和供销集体商业。是年，实现社会消费品零售总额51879万元，比1984年增长25.89%。其中国营、集体、个体、其他经济分别占26.02%、54.10%、12.03%、7.85%。

1986年起，随着生产资料的逐步放开，非公有制经济所占比重增加。1988年，集体经济的社会消费品零售额占全县社会消费品零售总额的比重开始逐年下降，1993年国有经济所占比重亦开始下降。1994年后，国有、集体商业企业先后实施股份合作制、股份制和"两个置换"等改革，国有、集体资产逐渐从商业企业中退出，商业经营从国有、集体经济为主逐步向以个体、私营经济为主转变。至1997年末，全市商业网点（机构）20593家，其中国有、集体、个体和私营、其他分别占2.24%、5.86%、90.66%、1.24%。

2000年，萧山的国有商业主要分属商业局、粮食局、物资局、烟草专卖局和盐务管理局5个部门，集体商业主要分属商业局、供销社两个部门，供销社又有供销合作商业和供销集体商业。是年，实现社会消费品零售总额540705万元，其中国有、集体、个体私营、其他经济分别占10.39%、5.96%、58.16%、25.49%。

①1950年，实现社会消费品零售额2412万元，其中个体经济、国有经济、集体经济分别占90.92%、4.77%、4.31%。

②1952年，实现社会消费品零售总额3377万元，其中国有和集体经济占56.03%、个体和私营经济占43.97%。

1956年，完成私营商业社会主义改造后，商业批发经营、农副产品收购、农业生产资料供应以及较大的零售商场均由国营和集体经营。是年，实现社会消费品零售额4849万元，其中国有经济、集体经济、个体经济分别占38.71%、占49.43%、11.86%。

1958年后，商业网点几经撤并，个体经济所占比重下降。"文化大革命"期间，个体、私营商业户几乎消亡。至1979年，国有、集体经济占绝对主导地位。是年，实现社会消费品零售总额16270万元，其中国有经济、集体经济、个体经济分别占33.39%、66.46%、0.15%。

第一节　国有商业

国营商业是萧山解放后发展起来的。[③]1979年后，随着生产资料进入流通领域，对外贸易出现新的发展势头，国营商业在做好主要物资采购供应的同时，开始发展横向经济联系，开辟货源、加强收购、帮助工业企业解决原材料和产品销路。1984年11月24日，市政府印发《批转县商业局〈关于小型国营零售商业、饮食服务企业改革试行办法〉的通知》（萧政〔84〕154号），将商业局所属的26家国营小型零售商业、饮食服务企业实行"改、转、租"，其中3家改为国家所有、集体经营；22家转为集体所有；1家为合伙租赁。

1985年，物资系统国有商业掌管钢材、生铁、木材、水泥、煤炭、机床、汽车等国家统一分配的商品，全年主要物资的计划供应量占全县主要物资消耗

③萧山解放后，陆续建立国营商业专业公司。1949年，省盐业公司建临浦支公司，省棉业公司建瓜沥收花处。翌年，增建省土产支公司、省百货支公司。后百货支公司在城厢、临浦、瓜沥3镇各建批发机构和百货零售商店。1953年后，国营商业先后统一经营粮棉、烟酒专卖与棉布经销，使主要商品的购销活动纳入国家计划之中。1956年，个体、私营商业社会主义改造后，54家私营商业户直接过渡为国营企业，275家私营商业户建立公私合营商店，形成国有商业基本框架，并掌管全县计划商品的购销业务。是年，国营商业共设专业公司10家，下设有批发、零售网点34家，组织分配货源。

量的19.10%。同时，组织和供应计划外物资，以满足全县日益增长的物资需求，发挥物资流通主渠道作用。商业系统国营商业承担全县棉布百货、文化用品、五金交电、化工原料、中西药品、畜禽蛋、食糖烟酒、水产品、蔬菜等商品的批发业务及城厢、临浦、瓜沥3镇的零售业务和饮食服务业务。年末，国营商业网点（机构）248家，比1984年增长22.17%。是年，国营商业实现社会消费品零售额13497万元，比1984年增加6.59%。

1986年后，国营商业扩大经营范围，增设商品经营网点。至1990年，先后建立萧山县物资贸易中心、萧山商业大厦、萧山市物资协作开发公司、萧山市煤气公司、浙江省烟草公司萧山市公司，萧山市化工轻工建筑材料公司分设化工轻工和建材物资2家公司。翌年，萧山市体改办等4部门从尊重广大职工意愿出发，同意1984年实行“改、转、租”的26家国营小型零售商业、饮食服务企业均恢复为国营。

1994年后，国有商业企业在计划经济时期形成的经营机制弊端日渐显现，经济效益下降，开始终止经营管理不善和资不抵债的商品经营企业。1998年，国有商业企业开始实施“两个置换”，萧山市石油公司划归中国石油化工股份有限公司垂直管理。至2000年，国有商业企业“两个置换”工作基本完成。其中商业局（含集体商业）、粮食局和物资局所属国有商业企业完成“两个置换”45家，占这3个部门所属国有商业企业（商业局含集体商业企业）总家数60家的75%。是年，国有商业实现社会消费品零售额56163万元，占全市社会消费品零售总额的比重10.39%，比1996年减少6.80个百分点。

表16—4—363　1985～2000年萧山主要国有商业部门国有企业经营情况

单位：万元

年份	商品销售总额						利润总额					
	商业局	粮食局	物资局	烟草专卖局	盐务管理局	合计	商业局	粮食局	物资局	烟草专卖局	盐务管理局	合计
1985	28465	11396	9014	—	—	48875	940	81	266	—	—	1287
1986	31911	13161	15033	—	—	60105	909	−241	319	—	—	987
1987	42657	11454	25872	—	—	79983	1222	−25	457	—	—	1654
1988	63218	14617	55630	—	—	133465	1924	−842	834	—	—	1916
1989	50481	20119	42232	—	—	112832	1147	−1244	835	—	—	738
1990	58266	18332	43771	7575	—	127944	1090	−1644	195	150	—	−209
1991	68361	23193	70278	8386	—	170218	1289	−1489	633	164	—	597
1992	103094	37472	131205	11329	—	283100	1751	−2369	1022	579	—	983
1993	143132	45649	181812	14449	—	385042	1972	707	2114	649	—	5442
1994	111097	68399	87016	14268	—	280780	1696	905	335	830	—	3766
1995	111693	94122	83811	15554	—	305180	1744	1539	−3105	670	—	848
1996	109278	75872	69776	22234	—	277160	1406	−1313	−2162	2602	—	533
1997	101201	62742	67896	29183		261022	1152	−3564	−857	2670		−599
1998	50408	46358	37608	31626		166000	80	−3769	−483	2487		−1685
1999	33944	27676	37559	31824	3071	134074	−147	483	513	3009	−52	3806
2000	32693	19383	56282	41261	3708	153327	220	−159	371	6017	5	6454

注：萧山市烟草专卖局建立于1990年。1997、1998年萧山市盐业有限公司隶属于市商业局，商品销售总额和利润总额不单列。1999年萧山市盐务管理局建立后，商品销售总额和利润总额独立核算。

第二节　集体商业

萧山集体商业发展初期，只有供销合作商业。1956年，私营商业社会主义改造后，发展了供销社集体商业和商业局集体商业。[①]1958年后，合作商店和合作小组几经调整。[②]1979年，开始重视和扶持集体商业发展，镇乡等部门开始创办集体商业。1983～1986年，商业局在城厢、瓜沥两镇内的合作商店组建3家联营公司。[③]1985年3月，萧山县供销社以萧山县特产公司、萧山县废旧畜产品公司、萧山县日用杂品公司管理的6家合作商店为基础，建立萧山县供销商业总公司。该公司系供销社直属企业。年末，全县集体商业网点（机构）2644家，从业人员20180人。其中有镇乡商业网点178家（商业131家、饮食业29家、服务业18家），比1984年增长2.92%。是年，萧山集体商业实现社会消费品零售额28070万元，比1984年增长37.11%。

1990年，出现供销集体商业、商业局集体商业的全系统亏损。1991年6月15日，市政府《转发市供销联社〈关于集体商业管理体制改革意见〉的通知》(萧政〔1991〕41号)，决定供销集体商业自主管理，逐渐形成萧山市供销商业总公司——基层供销商业公司——商店的供销集体商业管理体制。是年，临浦供销商业公司建立，管辖临浦、浦阳、义桥、所前供销社所属供销集体商业，独立核算单位16家、从业人员337人，退休人员和保养人员192人。翌年，供销集体商业管理体制改革基本完成，萧山市供销商业总公司下属有基层供销商业公司9家、纺织服装大厦1家，独立核算单位132家。

1993年，商业局集体商业、供销集体商业均扭转连续3年亏损的局面，分别实现利润57.72万元、310.95万元。是年，萧山市供销商业总公司被中华集体商业企业联合会评为“全国集体商业优秀企业”，萧山商业第三联营公司被商业部授予“全国集体商业先进单位”称号。[④]

1994年后，随着个体、私营商业的兴起和集体商业企业退休人员的增多，面临困境的集体商业企业增加。1994年5月，供销集体商业有独立核算单位129家，从业人员2576人，退休人员1509人，有近90家独立核算单位经营亏损。8月，在临浦供销商业公司所前商业分公司、西兴综合商店等进行“资产转让、人员分流”为主要内容的转制工作试点。翌年，供销集体商业企业“资产转让、人员分流”的转制工作全面展开。

1997年后，随着商品市场竞争的日益激烈，全市多数集体商业企业陷入困境。1998年，集体商业企业开始全面推进“两个置换”的改革。杭州萧山商业第三联营公司（前身是萧山商业第三联营公司）、闻堰供销商业公司等企业先后解散，职工身份置换。至2000年，全市集体商业企业“两个置换”的改革工作基本完成。其中供销集体商业企业完成“两个置换”46家，占供销社所属集体商业企业50家的92%。是年，集体商业实现社会消费品零售额32231万元，占全社会消费品零售总额的5.96%，比1996年减少9.87个百分点。

①1956年完成私营商业社会主义改造时，建立合作商店94家、合作小组1226家。其中城厢、瓜沥、临浦镇的合作商店、合作小组归口商业局管理，形成商业局集体商业；镇乡的合作商店、合作小组归口基层供销社管理，形成供销集体商业。至此，萧山集体商业主要有商业局所属集体商业、供销社合作商业和供销集体商业。

②1958年人民公社化高潮中，合作商店、合作小组全部“过渡”到国营商业和基层供销社。

1961年调整商业，恢复合作商店、合作小组。1964年4月末，全县有合作商店216家、合作小组232家。

1969年，“砸烂复辟资本主义的前沿阵地”，城镇的合作商店、合作小组再次“过渡”到国营商业，农村则并入基层供销社。至1974年，全县有代购、代销、代营的“三代店” 22家、合作商店151家、合作小组361家。

③1983年6月，县商业局将位于城厢镇西门农副产品市场二楼的百货、五金、副食品、医药4家合作商店组建为萧山西门联合商场开业（翌年更名萧山商业联营公司）。

1985年6月，县商业局将位于城厢镇江寺路的中心农副产品市场二楼的副食品合作商店组建为萧山商业第二联营公司。

1986年7月，县商业局所属的瓜沥镇集体商业和原国营企业改集体经营的零售门市部联合组建萧山商业第三联营公司。

④“全国集体商业先进单位”每两年评定一次。1995年，萧山商业第三联营公司再次被商业部授予“全国集体商业先进单位”称号。

表16–4–364　1985～2000年萧山主要商业部门集体商业经营情况

单位：万元

年份	商品销售总额				利润总额			
	供销合作商业	供销集体商业	商业局集体商业	合计	供销合作商业	供销集体商业	商业局集体商业	合计
1985	32992	7460	1685	42137	1037	146.40	40.25	1223.65
1986	36521	9726	1786	48033	935	123.10	44.24	1102.34
1987	49091	14244	8788	72123	935	145.00	158.16	1238.16
1988	64657	21720	11681	98058	1290	200.70	225.87	1716.57
1989	61968	23500	3365	88833	1140	156.90	123.27	1420.17
1990	72700	24700	6854	104254	781	−7.23	−2.46	771.31
1991	68105	26200	6645	100950	784	−32.60	−96.39	655.01
1992	75619	35630	12974	124223	583	−104.20	−127.24	351.56
1993	152607	37876	10533	201016	941	310.95	57.72	1309.67
1994	156580	44886	4321	205787	1072	466.40	61.01	1599.41
1995	182863	31880	3814	218557	1411	−302.70	44.65	1152.95
1996	170486	12673	1181	184340	1159	−269.90	100.91	990.01
1997	101396	6536	1245	109177	546	−132.00	64.12	478.12
1998	70264	4524	1040	75828	−66	−107.70	−30.80	−204.50
1999	57421	2068	673	60162	−1157	−99.80	−84.07	−1340.87
2000	62353	1013	375	63741	345	−134.90	−2.20	207.90

资料来源：萧山区贸易局。

第三节　供销合作商业

萧山的供销合作商业发展较早。[①]1949年11月，建立萧山县供销商店和长河区等基层供销社6家。1953年后，逐步形成供销合作商业体系。[②]1984年9月，萧山县供销贸易中心建立，时为萧山县供销合作商业从农村走进城区开办的首家商场。1985年，供销合作商业设有萧山县特产公司等直属公司8家、供销贸易中心1家、26家基层供销社的商业网点650家。主要从事百货、副食品、针织、日用杂货、五金交电等商品经营。是年，供销合作商业实现商品销售总额32992万元，比1984年增长22.42%。

1986年后，计划商品分配逐年越少，通过横向经济联合，采办适销商品，开拓地方产品市场。至1988年末，设有省外经营服务机构和产品销售点66家、业务人员540余人。是年，供销合作商业自行组织各种商品的销售额43400万元，占全市供销合作商业商品销售总额的67.12%。其中为乡镇企业采办的棉纱、钢材、柴油、机油、煤炭、涤纶丝、染料、塑料原料等总值13000万元，占全市供销合作社商业国内纯购进总额39638万元的32.80%。翌年，供销合作商业企业自行收购、生产的日本胡瓜、茄子、萝卜干、辣椒干、眉茶、羽绒、金属软管、汽车弹簧、棉布袋、针织网套、服装、木螺丝、虫草菌粉等16种产品销往境外，出口商品交货值2242万元，占萧山社会出口商品交货值的4.27%。同时扩大城厢水果交易市场、瓜沥联合商场等5家集镇商场经营场地。

①民国19年（1930），萧山有浦罗农产品贩卖合作社。民国27年，有从事供销蚕茧、棉花等各类合作社（主要从事供销业务）276家，为全省供销合作事业发达县之一。日本侵略军占领萧山期间，合作社被摧毁殆尽。抗日战争胜利后，先后建立萧山城厢合作社等60余家，萧山解放前夕先后解体。

②1953年，供销合作商业既承担日用工业品和国家计划产品的购销任务，又为农民收购、加工、推销农副产品和供应生活资料、农业生产资料。翌年，县供销合作社建有基层供销社22家。至此，萧山供销合作商业体系基本形成。

1958年4月、1965年12月，县供销合作社曾两次并入国营商业长达16年之久。1978年4月，县供销合作社恢复独立建制。1983年8月，改建为萧山县供销合作社联合社，系合作商业经济性质。

1990年后，随着商品市场逐渐放开，竞争日益激烈，经济效益回落，调整供销合作商业经营策略，实行从大购大销、经营大件商品向注重经营人民生活必需品转变，从批发为主向批零兼营与代销、联销、系列经销相结合转变。1992年，萧山江南大厦等11家企业开拓边境贸易，在广东等地设立经营公司（经营部）13家；12家出口企业的工业产品和农副产品销往境外。是年，出口商品交货值9224万元，占萧山市社会出口商品交货值的7.28%，居全省各县（市）供销合作商业之首位。

1996年后，随着非公有制商业经济的发展壮大，又出现供销社社员退股风波，供销合作商业商品购销额下降，1998年首次出现亏损，亏损总额66万元。1999年，经济效益跌至历史最低点，亏损1157万元。是年8月，供销合作商业企业开始推进以转让集体资产、分流安置职工为重点的改革。10月，供销合作商业整合供销合作社商业资源，调整经营方式，开展石油、医药、农业生产资料等商品的联合连锁经营。

2000年，通过企业资产转让，盘活房屋存量资产100余处、建筑面积共计96825平方米，回笼资金12008万元；同时，企业资产经托管、出租等方式，增加经济效益400余万元。是年，供销合作商业购销额上升，扭转连续两年亏损的局面，商品销售额62353万元，比1999年增长8.59%；出口商品交货值6639万元，占萧山市社会出口商品交货总值的0.54%；自营出口2182万美元，占全市自营出口总额的2.40%；实现利润345万元。

【附】

萧山市供销合作社联合社社员退股风波始末

1949年11月，萧山建立农村供销合作社。农村供销合作社按照“入股自愿、退股自由”的原则吸收社员股金，用农民的钱，为农民办事。农村供销合作社发展之初，社员股金金额较少。1983年起，社员股金逐年增加，特别是1995年中共中央、国务院发出《关于深化供销合作社改革的决定》（中发〔1995〕5号）后，加入供销社的社员股金增多，并逐渐形成一定的规模。至1996年末，全市社员股金有2.91亿元，其中记入会计报表“社员股金”科目中的社员股金余额1.15亿元，账外的社员股金1.76亿元。这些社员股金不但有违规吸收的，而且还拆借给企业和个体、私营业主，向外拆借资金最多时超2亿元，造成大量资金难以收回，使基层供销社资金储备不足。1992年10月至1998年12月，萧山市坎山供销商业公司法定代表人明知公司无吸收社员股金的资格，也未经人民银行批准，以该公司集体的名义，指使公司出纳负责存兑、登记，以高于银行同期利率的方法非法向社会公众吸取存款7958.21万元，并出借给其他单位和个人资金10089万元，案发时尚有489万元本金及相应利息未能兑付。（萧山市坎山供销商业公司违规情况，资料来源于浙江省萧山市人民法院刑事判决书〈2000〉萧刑初字第403号）

1997年上半年，市物资局所属的头蓬物资供应站遭受集资款退款风波，引起毗邻的头蓬供销社和义盛供销社社员的误解，纷纷要求退还股金。头蓬供销社资金殷实，在社员中又有较高信誉，加上处置得当，很快平息退股风波，而义盛供销社退股风波愈演愈烈。10月24日，市供销社主要领导到现场处理问题时，被持有股金的社员围困达20余小时之久。后退股风波迅速蔓延到周边其他基层供销社，持有股金的社员大规模集体上访、越级上访、重复上访，并出现过激言辞和行为，成为当时萧山社会不稳定的因素之一。

社员股金退股风波出现后，市委、市政府主要领导亲自过问，全力帮助基层供销社解决困难；落实市供销社领导包干责任制，主要领导分别负责包干兑现社员股金难度最大的基层供销社；明确基层供销社党政一把手是社员股金兑付工作的第一责任人。同时，建立专门机构，负责盘活存量资产、催讨应收款、筹措资金。1998年9月11日，市委、市政府专题召开涉及股金风波的18个镇乡的党委书记和镇乡长会议，统一思想，同意供销社制定的社员股金分5年兑付方案，即每年上半年和下半年各兑付一次，每次兑付社员股金的10%。同时，取消高利息率，按银行一年期基准利率兑付。1999年8月，市委、市政府调整供销合作社领导班子。9月末，全市基层供销社社员股金余额下降到1.21亿元，比1996年末减少了1.70亿元，减少58.42%。

至2000年末，才平息社员股金退股风波。社员退股风波期间，转让供销社集体房屋建筑面积202227平方米，回笼资金32492万元；对一时难以转让变现的商业城副食品市场、萧山贸易大楼、城区小南门土地、萧山花茶厂、萧山回收公司办公大楼等资产由市财政局及其他部门收购，收购价款10677万元，转让资产时，给予出让费、土地级差地租、基础设施配套费等减免数百万元；清收应收款共计4600万元。(2001年6月，基层供销社最后一批社员股金兑付完毕)

(孙卫根)

第四节　个体、私营商业

萧山个体、私营商业兴起较早。[①]萧山解放后，各级政府扶持个体、私营商业发展。[②]1953年后，经济政策几经调整，个体、私营商业户减少。[③]“文化大革命”期间，停止商业户登记，个体、私营商业户荡然无存。1980年，恢复个体商业户登记。1985年，优先发展人民生活急需的饮食业、服务业等，允许农村富余人员到集镇经商，全县农户在集镇内开店设摊的有1114家、从业人员1426人。年末，全县个体商业户7996家，比1984年增长2.36%。是年，实现社会消费品零售额6239万元，比1984年增长2.73%。

1987年10月7日，浙江省工商行政管理局发布《关于加强市场管理暂定限制私人经营的商品品种范围的通告》后，不允许私人经营生铁等商品43种。

1988年，恢复私营商业登记。1993年4月28日，市政府印发《关于鼓励引导个体、私营经济健康发展的若干意见》（萧政发〔1993〕23号），放宽从业资格、经营范围、经营方式、审批办照等方面政策，使个体、私营商业发展加快。1998年后，随着国有、集体商业陆续退出商品经营，个体、私营商业发展更快。至2000年末，全市从事商业贸易、餐饮业的个体商业户有16762家、私营商业企业2346家，从业人员54265人。个体、私营网点占全社会网点总数的97%，从业人员占全市商业从业人员75%左右，并呈现个体向私营发展、经营商品向高档次发展的趋势，而且服务水平和档次也在不断提高。[④]是年，个体、私营商业消费品零售额314455万元，占全市社会消费品零售总额的比重为58.16%，比1996年增加19.04个百分点。

①宋代，萧山有肩贩行商从事土布、土纸、大米和其他农副产品的贩卖。

民国26年（1937）登记发证私商2982家，从商人员14704人。其中资本在1万元以上的商店（行栈）30余家，经营蔬菜的地货行有40余家。

日本侵略军侵入萧山期间，商店纷纷关闭。抗日战争胜利后，有所复苏。至萧山解放前夕，萧山有私营商户3606家，但多半是小本经营，而且有的已呈半闭歇状态。

②萧山解放初，贯彻“公私兼顾、劳资两利、城乡互动、内外交流”的方针，扶持处于困境的私营商业户。1950年9月，萧山开始调整私营商业，将较大的米摊、百货摊和棉花摊等进行组合，其他行业仍分散经营，并发给营业许可证。1951年3月，萧山县登记发证的小商小贩3008家。

③1953年后，国家先后对粮食、棉布实行统购统销，分别引导粮商、棉布零售商转业或代销、歇业。

1956年，个体、私营商业社会主义改造结束，成立公私合营商店275家、合作商店94家、合作小组1226家、个体商业户427家。

1958年，个体、私营商业分别“过渡”到国营商业、供销合作商业。

1961年调整商业，核准个体商贩722家。

④章宗华：《扬长避短，发挥优势，再创萧山商业辉煌》，《萧山财贸经济》，2001年第1期，第13页。

表16—4—365　1985～1997年萧山商业网点（机构）情况

年　份	总　计		国有经济		集体经济		个体、私营经济		其他经济	
	网点（机构）（家）	从业人员（人）	网点（机构）（家）	从业人员（人）	网点（机构）（家）	从业人员（人）	网点（机构）（家）	从业人员（人）	网点（机构）（家）	从业人员（人）
1985	10888	34954	248	4068	2644	20180	7996	10706		
1986	12688	32900	271	4243	2582	16756	9835	11901		
1987	12438	32968	280	4274	2310	14992	9848	13702		
1988	14528	37785	295	4721	2189	16400	12044	16664		
1989	15692	41650	281	4572	2145	16249	13266	20829		
1990	18335	46204	281	4600	2112	15868	15942	25736		
1991	18502	46814	320	5927	2030	14571	16152	26316		
1992	20403	45634	342	5764	1804	13544	18257	26326		
1993	19914	45154	659	5451	2173	10460	17069	29160	13	83
1994	20913	50905	733	7055	2156	12038	18010	31744	14	68
1995	18455	45675	684	6102	1859	9244	15869	29770	43	559
1996	18815	46462	635	5572	1208	6752	16800	31928	172	2210
1997	20593	51975	462	4411	1207	6910	18669	37475	255	3179

注：①资料来源：1985～1987年《萧山县国民经济统计资料》、1988～1994年《萧山市国民经济统计资料》、1995～1997年《萧山市统计年鉴》。

②1985～1992年为商业、饮食业、服务业。1993～1997年为贸易业、餐饮业。“个体、私营经济”栏，1985～1992年为有证个体经济。“集体经济”栏，包括供销系统转制后的企业。

表16—4—366　1985～2000年萧山各经济成分社会消费品零售额情况

年　份	总　计	国有经济		集体经济		个体、私营经济		其他经济	
		零售额（万元）	比重（%）	零售额（万元）	比重（%）	零售额（万元）	比重（%）	零售额（万元）	比重（%）
1985	51879	13497	26.02	28070	54.11	6239	12.03	4073	7.85
1986	61421	16171	26.33	30966	50.42	8859	14.42	5425	8.83
1987	73159	18222	24.91	37214	50.87	10511	14.37	7212	9.86
1988	101227	25260	24.95	50374	49.76	16066	15.87	9527	9.41
1989	103419	28094	27.17	45306	43.81	18325	17.72	11694	11.31
1990	111757	29163	26.10	45248	40.49	21796	19.50	15550	13.91
1991	123753	32261	26.07	48147	38.91	24287	19.63	19058	15.40
1992	153254	51187	33.40	50424	32.90	25938	16.92	25705	16.77
1993	194330	55909	28.77	53059	27.30	53998	27.79	31364	16.14
1994	262343	71852	27.39	69037	26.32	79438	30.28	42016	16.02
1995	324328	79146	24.40	80011	24.67	96492	29.75	68679	21.18
1996	350385	60248	17.19	55476	15.83	137068	39.12	97593	27.85
1997	387650	51924	13.39	46416	11.97	164764	42.50	124546	32.13
1998	422548	48080	11.38	48596	11.50	203724	48.21	122148	28.91
1999	467342	55303	11.83	43805	9.37	245047	52.43	123187	26.36
2000	540705	56163	10.39	32231	5.96	314455	58.16	137856	25.49

注：①资料来源：1985～1998年为中共萧山市委宣传部，萧山市统计局编印的《萧山五十年巨变——新中国成立以来萧山经济与社会发展统计文献》；1999～2000年《萧山市统计年鉴》。

②“集体经济”栏包括供销系统转制后的企业。“个体、私营经济”栏1985～1992年为有证个体经济。“其他经济”栏，1995～2000年包含股份制经济，1995年股份制经济社会消费品零售额5873万元、1996年13698万元、1997年24903万元、1998年30841万元、1999年33050万元、2000年35226万元。

③1995年，按不含浦沿、长河、西兴3镇计算的社会消费品零售总额为304665万元。

第五节　企业选介

1949年萧山解放后，开始发展国营商业和供销合作商业。1956年，经私营商业社会主义改造，发展了集体商业。1978年中共十一届三中全会后，打破公有制商业主体一统天下的局面，逐步形成以国营商业、集体商业、个体商业、私营商业等所组成的市场主体格局。1994年，部分国有、集体商业企业开始产权主体多元化，实行股份合作制、股份制。1998年，国有、集体商业企业开始实施战略性改组。至2000年，除专营、专卖的商品属国有、集体经营外，大部分商品由个体商业户、私营企业经营。2001年2月15日，市委办公室、市政府办公室公布2000年度强流通企业15家，其中房地产开发企业2家、旅游业及其他产业投资公司2家、商场2家、商品经营企业8家、宾馆1家。本节企业选介选择旅游业及其他产业行业首位企业1家、商场首位企业1家、商品经营企业行业前2位企业。房地产开发企业详见《建筑业 房地产业》编《房地产开发》章《企业选介》节，宾馆详见本编《住宿业 餐饮业》章《宾馆选介》节。

中国石油化工股份有限公司浙江杭州萧山石油分公司

位于萧山城厢镇金家桥路17号，前身为萧山县石油公司，系国营企业，建于1985年7月，隶属于萧山县商业局，专营汽油、煤油、柴油、润滑油、石油制品。后，公司体制、机构几经变革。

1995年6月，改组设立萧山市石油有限责任公司。1998年6月18日，市政府印发的《萧山市石油有限责任公司国有资产上划有关问题协商会议纪要》（萧政纪〔1998〕36号）规定，公司由中国石油化工股份有限公司接收并变更今名，实行职业经理授权经营，收支两条线，批发、零售分线垂直的管理体制。

2000年末，公司拥有总资产8379万元、固定资产总值4299万元、所有者权益844万元，占地面积81500平方米、建筑面积45500平方米、经营面积36500平方米，从业人员315人。商品经营集批发、配送、零售为一体，设有城厢、城西、临浦和瓜沥批发部4家、经营润滑油企业1家、专业运输车队（总运力130吨）1家，拥有万吨级油库2座、连锁油站36座。连锁油站分布于城厢镇镇郊及萧山市境内国道、省道、县乡道沿线，24小时提供油料供应服务。是年，销售汽油39416吨、煤油1329吨、柴油89506吨、润滑油11725吨，实现销售收入47142万元、利润总额538万元、税金总额524万元。

浙江省烟草公司萧山市公司

位于城厢镇金家桥路2号，建于1990年4月1日，系全民所有制企业，专卖卷烟。公司成立之初，设有城厢、临浦、瓜沥卷烟批发站3家，委托代批点10家。1990年，批发卷烟（还未设有零售点）37647箱，实现销售总额7575.15万元、利润总额150.23万元、税金总额37.41万元。

1992年，公司增设醇味商店（后改名昆烟专卖商店）和综合服务公司两个零售网点。1994年，在萧山商业城内建立萧山市烟草公司第二卷烟批发站、建立驻杭州经营部和深远烟草经贸总公司。在滇、黔设立办事处2家，采购滇、黔产的卷烟。1997年，建立南阳烟草经营部、义桥烟草经营部、义盛烟草经营部3家，作为批发部下伸零售网点。

1999年，公司开始兼营资本经营。是年，公司与省烟草公司湖州分公司、省工商信托投资公司等单位共同出资设立上海博大投资发展有限公司，注册资本3000万元，其中公司出资950万元。

2000年，全市批发点12家、经营部7家、其他经营零售网点4家。公司批发业务采取“两级配送”方式，即由公司将卷烟送至批发（经营）部，再通过33条送货线路配送到各卷烟零售点，并实行定人、定车、定时、定线、定面、定量的“六定”送货制度，形成全市卷烟草批发配送体系。是年，批发卷烟38387箱、零售106箱，实现销售收入41261万元、利润总额6017万元、税金总额1341万元。年末，公司拥有所有者权益12572万元、固定资产总值2926万元、从业人员146人。对外投资累计2654.34万元，其中投资烟草专卖系统内1950万元、投资系统外704.34万元，投资收益累计416.60万元。

浙江萧山开元旅业集团有限公司

位于城厢镇市心路66号（1998年，城厢镇市心路分段，改为市心南路136号），前身是浙江萧山旅业总公司，建于1993年12月23日，为市政府直属集体所有制企业。1993年12月26日，改名浙江萧山开元旅业总公司，注册资金1950万元，主营住宿、饮食、文化娱乐服务，兼营旅游服务、投资融资等。年末，总资产12680.29万元、固定资产总值6783.82万元、所有者权益6140.59万元，从业人员720余名。是年，实现营业总额6467.41万元、上缴税金275.27万元、利润总额1104.26万元。

图16—4—583 1993年，浙江萧山旅业总公司所属的萧山宾馆获“三星级旅游饭店”。图为“三星级旅游饭店”挂牌时的场景（开元旅业集团有限公司提供）

1994年起，总公司先后承接萧山宾馆持有的之江度假村31.25%的股权，掌握其实际经营权；作为浙江萧山宾馆股份有限公司3家发起人之一，认购股金5257.17万元，占该股份有限公司总股本的51.25%；与中国工商银行浙江省信托投资股份有限公司共同出资收购杭州红宝石休闲山庄资产，设立杭州阳光休闲山庄有限公司，其中总公司出资172.80万元，占杭州阳光休闲山庄有限公司注册资本的11.52%，全权经营管理；以3560万元的价款受让萧山商业大厦，设立萧山开元城市酒店有限公司；投资1800万元创办开元保龄球馆（2001年3月停业，房产出租）；出资1450万元收购浙江凯星制衣公司厂房，经改造设立浙江萧山开元美食娱乐城有限公司；出资900万元，持有宁波大酒店20%的股份，更名为宁波开元大酒店，全权负责经营管理。1999年底，宁波开元大酒店被国家旅游局评定为四星级涉外旅游饭店，成为总公司首家跨地区、连锁经营的涉外旅游饭店。

2000年3月，调整经营范围，主营投资、旅游业、饭店业，兼营住宿、饮食、文化娱乐服务等。11月，总公司实施企业资产与职工身份“两个置换”。12月，改组建立浙江萧山开元旅业集团有限公司，注册资本5000万元，由该集团有限公司总经理陈妙林等4个自然人共同出资认购（陈妙林出资3853.50万元，占浙江萧山开元旅业集团有限公司注册资本的77.07%），拥有全资、控股、参股企业11家，其中有四星级涉外旅游饭店2家、三星级涉外旅游饭店2家。年末，集团有限公司总资产99802.85万元、固定资产总值63238.38万元、所有者权益41958万元、从业人员4200余名。是年，实现营业收入33412万元、利润总额2816万元、税金总额1768万元。

浙江中大集团萧山商贸有限公司

位于城厢镇市心南路139号新世纪广场D座，系浙江中大集团控股有限公司（上市公司）投资组建的国有独资公司。1997年6月，浙江中大集团控股有限公司出资3750万元，向杭州美时年有限公司购进新世纪广场D座一、二、四楼房产，租用三楼房产，开设商场，12月19日开业。主营商品零售，兼营批发。设萧山中大购物中心，主要经营主副食品、名酒名烟、营养滋补品、男女服装、针纺织品、床上用品、运动休闲服饰、美容化妆品、钟表相机、鞋类箱包、文化用品、家用电器、日用百货等2万余个品种，其中90%以上商品实行开架销售；批发“金利来”品牌系列商品，配送食品类商品。年末，公司总投资6000余万元，注册资本金1000万元，建筑面积13000平方米。翌年，实现销售额11022万元，居萧山市各大型商场之首，实现利润总额400万元、税金总额87万元。

1999年7月，四楼开设餐饮服务。是年，投资500万元在杭州乐园内开设营业面积5000平方米，集零售、餐饮和娱乐于一体的连锁店。

2000年末，公司拥有总资产5661万元、固定资产总值4047万元、所有者权益1417万元，占地2500平方米、建筑面积9000平方米、经营面积6500平方米、从业人员198人。是年，实现营业收入9939万元、利润总额338万元、税金总额57万元。

【附录】

2000年度萧山市强流通企业主要经济指标

强流通企业考核指标 2000年8月8日，根据市委十一届六次全体（扩大）会议提出的奋斗目标和发展战略，市委办公室、市政府办公室下发《关于2000年度"经济发展优胜镇乡、百强企业和现代化标兵村"考评活动的通知》（市委办〔2000〕124号），明确强流通企业考核标准。

强流通企业名单 2001年2月15日，市委办公室、市政府办公室《关于公布2000年度镇乡经济发展考核结果和经济发展优胜镇乡、百强企业和现代化标兵村名单》（市委办〔2001〕13号），公布萧山市2000年度15强流通企业名单。

表16-4-367 2000年萧山市强流通企业考核标准

考核指标	参照值（万元）	权数（分）
商品销售收入（营业收入）	批发25000 零售10000	25
企业利润总额	500	15
企业税金总额	300	25
企业所有者权益	5500	20
企业净资产收益率	10%	15

表16-4-368 2000年萧山市15强流通企业主要经济指标

单位：万元

企业	销售营业收入	利润总额	税金总额	年末所有者权益	净资产收益率(%)
浙江萧山开元旅业总公司	33412	2816	1768	41958	8.5
萧山市烟草公司	41261	6017	1341	12572	37.1
中国石油化工有限公司浙江萧山石油分公司	47142	538	524	844	46.0
萧山市商业房地产有限公司	4153	215	1372	2328	7.1
萧山市医药有限责任公司	33127	425	593	1878	16.0
浙江穗丰粮油集团有限公司	17715	281	292	18100	1.6
萧山市城建房产开发有限公司	10664	148	681	2989	4.0
萧山市轻纺工贸有限公司	31223	707	158	3239	17.5
浙江金马饭店有限公司	7626	124	494	8847	1.4
浙江华瑞化纤有限公司	21720	382	162	2686	12.6
杭州钱江投资区萧然工贸有限公司	3691	587	141	3812	18.9
浙江中大集团萧山商贸有限公司	9939	338	57	1417	17.1
萧山二轻购物中心	11310	219	148	3201	6.8
萧山市电子化工有限公司	30368	108	234	534	9.0
萧山市机电设备有限公司	13615	250	214	898	17.1

注：①资料来源：2000年《萧山市统计年鉴》。

②浙江萧山开元旅业总公司于2000年12月组建浙江萧山开元旅业集团有限公司。

第五章　商品经营

萧山解放前，除食盐由官府专卖或官督商卖[①]外，大多商品均为私商经营。萧山解放初，部分商品仍由私商经营为主。1953年实行第一个国民经济五年计划开始，国营商业和供销合作商业（统称国合商业）在商品流通领域中处于主渠道地位。萧山商品流通由国营、集体商业专业公司按商品分配计划逐级进行调拨、分配和供应。是年11月，实行粮油统购统销。翌年9月，实行棉花统购和络麻计划收购。60年代，商品计划管理，猪肉、禽蛋、食糖、烟酒、食盐等农副产品和棉布、百货等生活用品及自行车、缝纫机等日用工业品曾一度凭票凭证限量供应，凭票凭证限量供应商品有上百种。

图16－5－584　民国12年(1923)，两浙盐运使司发给萧山县河上徐同泰酱园的用盐许可证（萧山区工商业联合会提供）

1979年后，改革商品经营体制，计划商品范围和数量逐年缩减，计划外货源增加，部分凭票凭证供应的商品取消票证，敞开供应，商品销量上升。至1983年12月，除粮油外，肉食禽蛋、水产品等农副产品和棉布、百货等生活资料的供应放开，生产资料多渠道采购。

1985年起，粮油实行合同定购、络麻订购，并分别奖售给农户平价化肥、柴油等紧缺物资。1988年，出现商品“抢购风”，棉布百货、五金交电等商品供求矛盾突出，经营量增加。是年,社会商品零售总额114879万元,比1987年增长39.77%。

1992年，金属材料、化工原料、建筑材料、燃料等生产资料购销全面放开，但主要商品供应仍以国合商业专业公司经营为主。1993年后，商品经营全面开放，实行粮食合同订购，个体、私营经营户增加，工业企业等单位所需原辅材料逐步转向从生产企业直接购入；商品流通领域竞争加剧，品牌服装和品牌家用电器等高档生活消费品购买力向上海、杭州等城市分流，国有商业、物资、供销系统的专业经营企业商品经营量减少。1995年，萧山市商品购销总额1714287万元，比1993年减少7.01%。其中商品购进总额、商品销售总额分别为839036万元、875251万元，减少5.98%和7.97%。

1998年后，商品经营网络日趋完善，商品种类日益丰富，商品经营逐渐由卖方市场转为买方市场。至2000年，除烟草专卖、食盐和烟花爆竹等商品专营外，其余商品均可自由经营。是年，萧山市商品购销总额2119585万元，比1995年[②]增长25.39%。其中商品购进总额、商品销售总额分别为956836万元、1162749万元，增长15.63%和34.76%。

①萧山县商业局：《萧山县商业志》1987年印刷，第31页。

②1995年商品购销总额不含浦沿、长河、西兴3镇。

第一节　农副产品　副食品

农副产品

棉麻　民国初期，农民所产籽棉卖给“花米行”。民国9年（1920）后，棉花、络麻（统称棉麻，下同）由花米行收购。日本侵略军入侵萧山期间，曾对棉花实行“统配统买”。民国37年，塘北棉麻生产联合社开始收购络麻。

萧山解放后，棉麻由国家收购，按省计划调拨供应。1949年秋，浙江省棉业公司、省制麻公司分别设立收花处、收麻处，收购棉花、络麻。1952年改由供销社统一收购。1954年，推行棉麻预购合同制，发放定金，并用布票、大米奖励棉麻投售。是年9月，实行棉花统购和络麻计划收购，取消棉麻自由买卖。1959年，棉麻开始推行集中分级、集中成件、集中交售的“集产交售”。1960年，棉花改为自收购、自加工、自剥绒、自榨油、自成件和向国家交售皮棉的“五自一交”。是年，收购皮棉5000余吨、络麻63000吨。1965年，收购皮棉、络麻分别为7220吨、67690吨。1966～1977年，棉麻产量下降，收购量相应减少，最低的1974年收购皮棉4000余吨、络麻58000余吨。1978年后，提高棉麻收购价格，生产好转，收购量上升。1981年，确定棉麻统派购基数和奖粮基数，超产加价加粮，基数四年不变。至1984年，收购皮棉增至12635吨、络麻96055吨。1981～1984年，县供销社调出络麻共计172080吨，其中调给浙江麻纺织厂数量占全县调出络麻的70.60%、省内外其他厂占12.90%、县内厂占16.50%。

棉花　1985年，萧山取消棉花统购，实行合同定购制度，定购棉花按“正四六”（六成按统购价，四成按超购加价）比例价收购，每担皮棉奖售标准氮肥35千克。棉花销售继续实行计划管理，由县供销社经营。棉花供应计划由浙江省计划委员会、浙江省轻工业厅、浙江省供销合作社联合社联合下达，供应价格由浙江省物价委员会制定。供销社收购的棉花，供应省内的棉纺企业，以杭州第一、第二棉纺织厂为主，少数安排民用絮棉。是年，采购皮棉4739吨，比1984年减少62.49%。

1993年后，萧山的棉花购销逐步进入多渠道流通，棉花收购量和销售量锐减。1994年，全市皮棉采购量1944吨，比1992年减少68.11%；专业经营企业皮棉销售量5078吨，减少54.64%。

1995年，浙江省政府提出“棉花继续实行指令性计划管理，不开放市场，不搞价格‘双轨制’，计划和奖励政策保持不变”。是年，市政府与各镇、乡、场签订棉花收购责任状。

1999年，取消棉花购销指令性计划。2000年后，计划行政管理部门不再下达棉花种植计划。

络麻　1985年，萧山取消络麻计划收购制度，实行有指标的议购（合同订购制）及收购指导价，允许价格上下浮动20%，每担生麻换购平价化肥10千克。络麻销售继续实行计划管理，萧山络麻供应计划由

表16–5–369　1985～2000年萧山棉麻采购量、销售量

单位：吨

年份	采购		销售	
	皮棉	络麻（折生麻）	皮棉	络麻
1985	4739	112114	6687	43887
1986	5531	105289	6261	44618
1987	4435	80993	10831	42576
1988	4673	61476	10229	39380
1989	2566	58039	4408	35511
1990	5294	74410	4735	32504
1991	5379	71697	6706	31832
1992	6095	44393	11194	36706
1993	3945	28323	8720	19531
1994	1944	5888	5078	16419
1995	4272	2308	5965	4517
1996	3382	1760	6238	4058
1997	1873	4023	4750	2239
1998	2860	166	3440	859
1999	52	10	467	1030
2000	669	－	1849	1815

注：“采购”栏资料来源于1985～1987年《萧山县国民经济统计资料》、1988～1992年《萧山市国民经济统计资料》、1994～1998年《萧山年鉴》、区供销合作社联合社。“销售”栏资料由棉麻专业经营企业提供。

浙江省计划委员会、浙江省供销合作社联合社联合下达，供应价格由省物价委员会制定。是年3月，萧山县特产公司与络麻产区20家基层供销社联合组建萧山县络麻联营公司，实行“县基联合、分购联销、利益共享、风险共担”的经营方式，收购的络麻，主要供应浙江省第一麻纺织厂和萧山第一、第二、第三麻纺织厂，少量供应温州、绍兴等地的麻纺织厂。是年，采购黄麻（折生麻）112114吨，比1984年增长16.72%。

1988年3月，以萧山县络麻联营公司为基础，建立产供销一体化的萧山市黄红麻合作社联合社。该社下设黄红麻专业社18家、专业分社（村级黄红麻集中生产收购站）236家，吸收络麻产区12.69万户络麻种植农户入社。是年，与13.86万家农户签订黄红麻订购合同7.68万吨，为农户供应络麻良种34.50万千克，供应议价转平价尿素1000吨，并将经营利润的20%（50万元）返回给络麻种植户。

1993年起，随着农村产业结构调整和多种经营、效益农业的发展，调整种植结构，络麻种植面积锐减，购销量下降。

1995年，萧山放开络麻价格，实行合同订购，由供销社按所签合同负责收购和经营，在全市未完成合同订购任务前，其他单位和个人不得收购与经营。

2000年，计划行政管理部门不再下达络麻种植计划。供销社停止收购络麻，络麻由个体、私营商贩购销和种麻农户自产自销。

肉猪　1954年开始，萧山实行生猪派养派购，肉猪类商品的购销业务由国营商业部门经营。①

1985年3月，取消生猪统购、派购，实行定购。企业和个体户均可经营生猪，经营渠道分散，有肉猪流向集市。是年，生猪收购量大幅度减少，猪肉价格上涨，集市猪肉价格每千克4.20元。收购生猪24万头，比1984年下降36.84%；全市肉猪销售量7750吨，比1984年减少41.44%。为不降低居民生活水平，平抑市场价格，对城市居民每人每月补贴2元，国营商业部门通过议购议销，以每千克1.60元～1.70元收购价收购生猪，每千克2.30元收购价收购肉猪；从外地收购的冻肉，以平均每千克3.00元的零售价投售市场。

1987年，随着农村新建住宅增多，农村养猪户开始下降，猪肉供应偏紧，城厢镇居民实行临时凭票定量供应。是年，县政府拨专项资金30万元，建立25000头商品猪基地；实行“定点屠宰、集中检验、统一纳税、分散经营”，取缔屠宰无照经营户500余家，重新核发屠工屠商营业执照936家。翌年1月，为鼓励农民家庭养猪，促进肉猪补栏，肉猪收购价调至每千克7.50元，零售价调至每千克8.30元，每头补贴平价饲料票75千克。1989年，为确保肉票供应，猪肉开始实行平价议价分设销售点，并对养猪大户提供无息贷款。是年，提供养猪大户无息贷款210万元，采购生猪46.96万头，采购生猪比1988年增长40.05%；全市零售肉猪13429吨，增长10.98%。

图16－5－585　1987年，萧山县食品公司在城厢镇小南门设立城关分公司生猪收购点。图为1989年春节前夕，养猪户在萧山市食品公司城关分公司生猪收购点马路边排队，等候生猪收购的情景（王忠孝摄）

①1954年，国营商业部门收购生猪3.80万头，销售鲜肉1350吨，分别比1950年增长117.70%、67.80%。

1956年，实行集体养猪，肉猪上市减少，是年，仅收购1.60万头，比1954年减少2.20万头。

1961年后，提倡农民家庭养猪，肉猪饲养量回升。1962年收购生猪2.70万头。

1975年，推行“三级办场、队队办场”，养猪户减少，肉猪凭票供应。

1978年，农村停办集体牧场，落实农户养猪政策，提高收购价，肉猪上市激增。是年，零售猪肉4230吨，比1977年增加1055.80吨。1979年，收购生猪35.80万头，比1978年增加1.24倍，出现肉猪仓库拥塞、冷藏饱和的状况。为此，取消肉票，增点供应。

1981年后，农村养猪专业户兴起，县食品公司为专业户提供资金、饲料、良种，通过合同和适当奖励，促进投售。

1990年6月，萧山部分地区出现卖猪难，国有商业部门增加生猪收购、增设零售网点、加工火腿和咸肉、扩大外销。是年，采购生猪59.64万头，比1989年增加27.00%；全市零售肉猪13161吨，比1989年减少2.00%。肉猪价格每千克9.86元。

1992年，国家调整粮食购销价格，养猪成本增加、养猪户收益减少，加之乡镇工业发展，务工人员增加，住房条件改善，农民不再把养猪作为主要副业，国有商业部门转向生猪养殖基地合同收购，为生猪养殖户提供资金、建筑材料、运输和防疫服务等。是年，与养猪专业户（场）签订合同691份，订购商品猪5.35万头，猪肉供应趋于平稳，集市猪肉价格每千克11.60元。是年6月1日，停止鲜猪肉凭票供应。

1994年后，国有商业部门供应肉猪数量逐年减少，肉猪供不应求，集市价格上涨，集市肉猪价格每千克12.75元。市政府建立"菜篮子"商品市场风险调节基金①，增加商品猪基地的建设。1994年9月1日，国营猪肉店开始按不同品种和规格，实行肉猪零售价最高限价。翌年，饲料价格上涨，养猪成本增加，生猪饲养量继续减少，集市肉猪价继续上涨，集市肉猪价格每千克14.30元。1996年9月起，每头生猪补贴40元不变，再调高生猪养殖基地生猪收购价格。1997年，国有商业部门销售肉猪3738吨，比1993年减少51.55%。

1998年，制止私屠滥宰、非法交易和逃税漏税，撤销和取缔非法屠宰场83家，重新布设屠宰场32家，其中萧山市食品公司投资480万元，新建定点屠宰场15家。是年，国有商业部门定点屠宰场屠宰生猪23万头，比1997年增加16万头，增长2.29倍。市场肉价稳步回落，集市肉猪价格每千克13.90元。

2000年末，全市肉猪经营户有1114家，其中个体私营户1104家、其他10家。是年，国有商业部门定点屠宰场屠宰生猪38.60万头，比1999年增加1.19万头。国有商业部门销售猪肉361吨，比1998年减少86.52%。

禽蛋 萧山解放后，禽蛋购销业务主要由国营商业部门经营，购销量随国家对禽蛋购销政策的变化而增减。②

1985年3月，鲜蛋价格放开。是年，全县养鸭和养鸡专业户685家，国营商业部门与专业户签订产销合同，全年采购家禽166万羽，比1984年增长36.06%；鲜蛋2969吨，比1984年下降16.53%；零售家禽18万羽、鲜蛋734吨，分别比1984年下降18.92%、20.70%。

1986年，市场饲料价格上升，部分地区发生家禽疫病，专业户减至169家。翌年后，鸡、鸭存栏减少，市场供应不

图16－5－586　80年代初，位于城东人民公社的萧山食品公司养鸡场一角（王忠孝摄）

①"菜篮子"商品市场风险调节基金是由市政府通过征集的形式，多渠道征收的专项基金，从城厢镇规划区建设用地27平方千米范围内的工商企业中收取，其中批发商业企业按年销售额1‰收取；零售商业企业、工业企业、交通运输企业和进入城区范围的建筑施工单位均按年销售额或营业额的2‰收取；房地产业、宾馆、饭店、旅馆、饮食服务业、经营性娱乐场所和个体工商户、私营企业按营业额的5‰收取。在该区域内征用土地，每亩征收该项基金3000元。市场风险调节基金的资金专门用于"菜篮子"商品基地建设及调控市场价格项目建设，由市政府调控，专款专用。

②萧山解放后，农村养禽增加。1953年，收购家禽1.80万羽、鲜蛋465.50吨；1955年增至13.50万羽、548吨。1958年人民公社化，生产大队集体养禽，农村养禽户很少，且禽蛋还要上调，县内禽蛋供应紧缺。是年，采购家禽7.80万只、鲜蛋206.95吨，分别比1955年减少42.22%、60.59%。

1961年后，对农村养禽户实行奖售，农村养禽户开始增加。1962～1965年，年收购家禽5万羽～9万羽、鲜蛋400吨～1000吨。

"文化大革命"期间（1966～1976年），限制农户养家禽，禽蛋量下降，1967～1976年，年收购家禽下降到2万羽～4万羽、鲜蛋100吨～225吨，实行凭票限量供应。

1978年后，增加饲料和化肥等奖售，农村养禽户增加。1981年，开始出现养鸭和养鸡专业户，除节假日凭优惠券供应外，已取消票证。1984年，采购家禽43.49万羽、鲜蛋3557吨；零售家禽111万羽、鲜蛋1942吨。

足，从外省采购活禽、冻禽和鲜蛋，分别加工成酱鸭、酱鸡和咸蛋、彩蛋等再制蛋投放市场；供应养殖户以每千克2.10元（比市场价低15%）的优质饲料和优质苗禽等。1990年，供应养禽专业户的苗禽100万羽。是年，蛋源丰富，除供应本地市场外，加工成咸蛋和彩蛋等再制蛋552万只销往外地。

1995年后，禽蛋经营户增加，多数禽蛋集中在市场内交易，国有商业部门销售鲜蛋量逐年减少。至2000年，全市禽蛋经营户234家，其中个体、私营户201家。国有商业部门销售鲜蛋30吨，无经营家禽。

水产品　淡水鱼　萧山解放前，上市鲜鱼以野生为多。萧山解放后，政府扶持渔业，生产发展。①1956年，萧山县水产公司建立，负责淡水鱼的购销和鱼苗、渔需物资的供应。1958年后，淡水鱼收购从交售制到计划收购的变革。②1979年，为促进投售，开始对渔需物资实行鱼物挂钩。是年收购淡水鱼380.15吨。1982年起，开始联办精养鱼塘。③

1985年起，淡水鱼由计划收购开始逐步转向市场调节，从事淡水鱼经营的商户增多，淡水鱼的上市量和品种增多。1988年，萧山市水产公司开始分别与萧山围垦渔场、萧山湘湖渔场、萧山市第一农垦场渔场等单位签订节日供应收购合同，每逢春节、元旦、国庆等节日，城厢、瓜沥、临浦3镇居民和离休干部及军烈属家庭等人员采取凭票定量或敞开限量购买方式或以低于市场价30%～40%的价格供应。是年，采购量6427吨，为萧山解放以来最多年份。

1992年，水产品市场放开，淡水鱼的购销和价格由市场调节。是年，淡水鱼采购量3436吨，比1988年减少46.54%。全市农贸市场淡水鱼价格上升幅度较大，鲫鱼为每千克10.80元，比1991年上涨11.00%，比1985年上涨94.95%；甲鱼为每千克110.00元，比1991年上涨43.23%，比1985年上涨565.05%。1995年，甲鱼价格每千克426.11元，为萧山解放以来最高。翌年，鲫鱼价格每千克19.45元，为萧山解放以来最高。

1997年12月，为解决围垦地区水产品投售交易难的问题，市水产公司投资30万元，在十七工段建造500平方米的萧山市东江水产品交易市场。

2000年，随着淡水鱼产量的增加，淡水鱼价格下降。是年，鲫鱼市场价格每千克12.25元、甲鱼每千克82.78元，分别比历史最高价下降37.02%和80.57%。

海水鱼　萧山解放前，海水鱼鲞多由南货店经营。④萧山解放初期，由县土产公司、基层供销社、私商交错经营，供应以鳓鲞、瓜鲞、带鱼等干咸品为主。1956年，海水鱼鲞开始由县水产公司统一经营。⑤

1979年后，海水鱼鲞逐步由计划调拨转向市场调节，多渠道经营，价格随行就市，销量增加⑥，但萧山县的海水鱼购销业务仍以县水产公司为主。

1985年，海水鱼市场供求紧缺。翌年，为活跃水产品市

①萧山解放后，鳙、鲢、青、草等淡水鱼放养量逐年增加。1955年，上市淡水鱼100.50吨，比1949年增长9.30倍。

②1958年，收购实行交售制，购量增加。1960年，收购淡水鱼850吨。1961年后淡水鱼产量下降，改行计划收购。1960～1977年期间，平均每年收购300吨左右，市场供应偏紧。

③1982年，县水产公司先后投资60万元，与萧山县第一农垦场渔场和城南乡朝阳渔场联办精养鱼塘，放养淡水鱼品种增加到16种，新增品种有团头鲂、杂交鲤、白鲫、罗非鱼等。1980～1984年，平均年上市淡水鱼500吨左右。

④萧山解放前，全县南货店兼营海水鱼的有230余家，临浦、闻堰等沿江集镇的南货店，将海水鱼批售运至金华、衢州等地。

⑤1956年，县水产公司海水鱼开始从产地直调，鲜货增加。是年，海水鱼销量247.61吨。1959年，海水鱼销量超4000吨。1960年后，海水鱼货源减少，实行计划分配和凭券供应。1964年有所好转。1967、1968年，产地大肆捕捞海水鱼，供应量虽一时猛增，但鱼资源遭到破坏。70年代，黄鱼、鳓鱼等数量减少，乃开拓青鲇、黄鲇、马面鱼等品种。1978年，海水鱼销量3617.75吨。

⑥1980～1982年，平均年销海水鱼鲞5000吨。

图16-5-587　1998年1月，萧山市水产公司组织的各类鲜鱼在城厢镇西河路供应市民（丁志伟摄）

场，平抑市场鱼价，满足消费需要，县水产公司增设城厢镇批发、零售网点2家。1988年起，每逢元旦、春节、端午、国庆等节日，为城厢镇、瓜沥镇、临浦镇居民和离休干部及军烈属家庭等人员定量供应小黄鱼、带鱼等，每年供应250吨以上。

1990年，为解决水产品交易中的“脏、乱、差”问题，建立萧山市水产品批发市场，经营品种以冻带鱼、小黄鱼和干咸品为主。是年，海水鱼销量650吨。1991年，为满足市场需求，部分海水鱼开始从省外进货。是年，从云南省瑞丽市采购的无头鲞、咸鳓鱼等干咸品占萧山海水鱼总经营量的一半以上，其中采购无头鲞500吨以上。翌年，萧山市水产公司与缅甸金海有限公司联营，海水鱼的销售量1300吨。1993年后，从事水产品经营的个体商贩增加，终止与缅甸金海有限公司联营，市水产公司海水鱼年销量500吨左右。

1998年，萧山市水产公司转变职能，以经营为主逐步转向以服务和管理市场为主，为平抑节日市场物价，仍坚持每年节假日以低于市场30%左右的价格向市民供应水产品。2000年，全市水产品经营户有510家，其中个体私营户492家、其他18家。全市市场各类水产品（含海水鱼、淡水鱼）成交量16754吨，成交额（含海水鱼、淡水鱼）40659万元。

蔬菜　萧山历来出产冬笋、霉干菜、萝卜干等鲜干咸蔬菜。萧山解放前，蔬菜除当地消费外，大都由地货土产行运销外地。[①]萧山解放初，蔬菜由供销社和土产商经营，干蔬菜大都由供销社归口经营，[②]新鲜蔬菜除春笋、青豆等少数品种外，仍由土产行运销。1956年私营商业社会主义改造后，蔬菜由国营商业和供销合作商业经营。[③]1961年后，政府扶持发展蔬菜经营。[④]1979年后，鲜蔬菜产销逐步放开，蔬菜生产主体趋向多样化。1979～1984年，平均每年批发零售鲜蔬菜4500吨。

1985年，鲜蔬菜产销放开，取消计划价收购，为稳定市场，满足消费，建立蔬菜基地。是年，全县集贸市场成交干鲜蔬菜34806吨，成交额1818万元。翌年，建立萧山县靖江供销社蔬菜食品厂，生产甜、酸、咸、辣各类风味的胡瓜、萝卜、榨菜、茄子、鲜大葱等小包装腌制蔬菜。产品主要销往粤、沪、闽、赣、京等25个省市，还销往日本、韩国等国家和中国香港地区。1988年，萧山的干蔬菜产销50000余吨，形成了咸、甜、香、辣四大系列产品。

1996年，为实现蔬菜市场规模化、管理规范化，市政府建造萧山蔬菜交易市场，隶属于萧山市蔬菜公司。该市场吸引了福建、江西、湖南、河北、山东、内蒙古等地和省内各县（市）的客户前来交易，交易品种有冬笋、茭白、辣椒、大白菜、胡萝卜、蒜类等。是年，全市集贸市场成交干鲜蔬菜115711吨（其中萧山蔬菜交易市场成交量3.60万吨），成交额32663万元。翌年6月18日，萧山市蔬菜批发市场营业。

1998年后，为满足全市人民冬季腌制白菜的传统习惯需求，萧山市蔬菜公司每年以购销倒挂价供应长梗白菜750吨～1000吨。

2000年，全市集贸市场成交干鲜蔬菜69765吨，成交额27231万元。

①萧山解放前，上市鲜菜以农民肩挑摆卖为主，蔬菜店只经营稍可存储的茭白、芋艿、大蒜、生姜等。全县经营干咸蔬菜的地货土产行有40余家，收购春笋、冬笋、青豆、青瓜、萝卜等鲜蔬菜和冬菜、萝卜干、霉干菜等干蔬菜，运销杭州、上海等地。

②1950年，农村干咸蔬菜积压，供销社收购3500余吨。1954年，供销社组织公私联购，推销8500余吨。

③1956年，对私商土产行进行社会主义改造后，干鲜蔬菜由国营商业和供销合作商业经营，除自给外，运销沈阳和上海等地。

1960年，建立萧山县国营蔬菜商店（1970年改称蔬菜批发部，1983年设萧山县蔬菜公司），经营鲜蔬菜购销业务，干蔬菜基本上由县土产公司经营。

④1961年后，通过政府政策扶持，增加种植面积，市场蔬菜丰富，价格下降。“文化大革命”期间，城镇蔬菜供应复趋紧张，价格上涨。

1977年起，为稳定市场价格，解决城镇居民蔬菜供应，采取“高收低售”的办法，实行计划价收购，由地方财政对蔬菜经营部门实行价格补贴（1981年起改为季节性补贴）。1977～1984年，地方财政价格补贴共计89.10万元。

【附】

萧山“菜篮子”工程

1985年，萧山县政府开始建设“菜篮子”商品工程。是年，全县投入30万元，建立蔬菜基地1417亩，种植的蔬菜有青菜、萝卜、南瓜、大白菜、葫芦、包心菜、菠菜、芹菜、茄子、番茄等品种50余个，销售鲜蔬菜3435吨。

1986～1991年，共计投资338万元，新建蔬菜基地3765亩、商品猪基地3万头。1991年，各生产基地向市场提供商品猪78000头、新鲜蔬菜9412吨。

1994年起，建设“菜篮子”工程列入市政府工作的重要内容，同时建立“菜篮子”商品市场风险调节基金。“菜篮子”商品市场风险调节基金是由市政府通过征集的形式，多渠道征收的专项基金，从城厢镇规划区建设用地27平方千米范围内的工商企业中收取，其中批发商业企业按年销售额1‰收取；零售商业企业、工业企业、交通运输企业和进入城区范围的建筑施工单位均按年销售额或营业额的2‰收取；房地产业、宾馆、饭店、旅馆、饮食服务业、经营性娱乐场所和个体工商户、私营企业按营业额的5‰收取。在该区域内征用土地，每亩征收该项基金3000元。市场风险调节基金的资金专门用于“菜篮子”商品基地建设及调控市场价格项目建设，由市政府调控，专款专用。1995～1997年期间，用于发展“菜篮子”商品基地生产、节日优惠供应和建设集贸市场投入等的资金共计3588万元。1995年末，全市建有蔬菜基地5886亩、商品猪基地4万头、水产品基地1800亩。翌年新增蔬菜基地1000亩。1997年，蔬菜基地上市蔬菜总量4万吨。

1998年，市政府提出实施“放心菜”、“放心肉”工程，建立萧山市生猪定点屠宰管理工作领导小组，印发《萧山市生猪屠宰管理实施意见》（萧政〔1998〕9号），全面推行生猪“定点屠宰，集中检疫，统一纳税，分散经营”的制度，要求每个镇乡设立一个定点屠宰场，让人民群众拎“菜篮子”放心。是年，清理整顿屠宰场（点），确定定点屠宰场（点）32家。至年末，全市收缴“菜篮子”商品市场风险调节基金93万元，市拨“菜篮子”基金中的资金1467.97万元。翌年停止征收“菜篮子”商品市场风险调节基金。

1999年，市政府把“放心菜”工程纳入为民办实事的十件大事之一，并印发《关于“放心菜”工程的实施意见》（萧政〔1999〕3号），决定建立萧山市“放心菜”工程领导小组，发展无公害蔬菜生产，全面禁止销售和使用甲胺磷等高毒农药5种，应用生物农药、高效低毒低残留农药，要求市级蔬菜基地所有蔬菜农药残留检测合格率为100%、集贸市场上市蔬菜农药残留检测合格率要达到90%以上、生猪定点屠宰率达到98.50%。至10月末止，全市各镇乡均实行生猪定点屠宰。是年，新建宁围镇丰二村、城北办事处明星村两个“放心菜”示范园区。

至2000年，全市建有蔬菜基地32.02万亩、商品猪基地111.65万头、水产品基地10.09万亩。其中城厢镇建有“放心菜”示范园区200亩，萧山市西门农副产品综合市场、萧山市东门农副产品综合市场和萧山育才农贸市场各设立“放心菜”专柜1个；全市定点屠宰场屠宰生猪38.6万头，上市生猪定点屠宰率为98.50%。全年抽样检测上市蔬菜和留地待上市蔬菜的农药残留12次，抽样检测蔬菜204批次，合格率为100%；检出病猪501头，检出病变猪内脏4597千克。是年，瓜沥、临浦、义桥等镇开始建立蔬菜基地示范园区。

（徐成友）

副食品

图16—5—588　1985年12月，位于城厢镇西河路的萧山县副食品公司糖酒批发商场一角（王忠孝摄）

食糖　萧山所需食糖历来从外地购入。萧山解放后，食糖由国营商业部门统一经营。[①]1985年，全县销售食糖13712吨，比1984年增加32.65%。

1987年，计划内食糖减少，货源偏紧，国营商业部门从省副食品公司争取计划内食糖2510吨，从广东、福建、云南等地采购计划外食糖2324吨，从外省调入冰糖420吨。翌年，从省外调入计划外食糖2910吨、冰糖350吨。

1991年后，食糖放开经营，国营商业部门与市内外100余家食糖生产厂家和经营单位建立联购联销和代销等业务联系。1993年，食糖经营户增加，经营渠道增多，国有商业部门食糖销售量剧减。是年，国有商业部门销售食糖864吨，比1992年减少85.57%。

1998年后，国有商业部门逐步退出食糖经营领域。2000年，国有商业部门销售食糖10吨，比1999年减少99.23%。

黄白酒　黄酒和白酒（合称黄白酒，下同）是萧山传统产品，萧山解放初，萧山有酒商106家，黄白酒仍由私商经营。1952年8月起，由国营商业部门对酒类实行统购专卖，60年代、70年代曾凭票供应。[②]1985年，为满足低度酒需求，县副食品公司收购萧山本地产白酒1300吨、黄酒5100吨，黄白酒销量为收购量的93.24%。是年，全县零售黄酒8424吨，为1984年的60.29%。1986年，县副食品公司与萧山之江酒厂、南阳酒厂、新街酒厂联合建立黄白酒生产基地。是年，黄白酒生产基地提供白酒8700吨。

1988年，国家放开名酒价格，国有商业部门与四川、山西、江西、福建等省10家单位建立业务联系，组织蔡山老窖、四特酒、汾酒等名优酒9800瓶，并在城厢镇4家商店设立名优酒特约经销点专柜供应。1987～1993年，萧山市副食品公司与外地17家名优酒厂建立经济协作关系，其中投资50万元取得中国贵州茅台酒厂出品的35°贵州醇(“飞天”商标)浙江总经销的经营权。其间，该公司销售葡萄酒、曲酒305781箱、茅台酒和五粮液酒69658箱。1994、1995年，又组织茅台、五粮液、洋河、剑南春等名酒41643箱供应市场。

1996年后，各类经济成分的商业网点增加，特别是萧山商业城副食品市场已形成经销全国各地的黄白酒集散地。2000年，全市酒类经营户有2099家，其中个体私营户2071家、其他28家。是年，国有商业部门销售黄白酒2吨，比1999年减少98.65%。

①1953～1957年，国营商业部门食糖供应充裕，年平均销售食糖800余吨。

1958年后，货源不足，食糖供应紧张，多按生产大队、公共食堂分配。1960年，供应食糖450吨。

1961年10月，食糖凭票供应。1963年，供应逐步缓和。

1965年，取消食糖凭票供应。“文化大革命”期间，供应紧缺，再次实行凭票供应。

1979年，再次取消食糖凭票供应，计划内的食糖由县副食品公司经营批发。1980年后，国营商业部门坚持批发为零售服务，增设城南等5个食糖代批点，还在头蓬、河上设立副食品批发部。1984年，销售食糖10337吨。

②1961年10月，黄酒开始凭票供应。1965年，货源增加，一度取消凭票供应。1966年后，酒类商品消费面不断扩大，货源受到限制，继续凭票供应。直至1978年，酒类商品流通渠道扩大，计划外货源增加，取消凭票供应，供应敞开，销量增加。是年，销售黄白酒6864吨，比1975年增加18.96%。1984年，全县零售黄酒13973吨。

表16—5—370　1985～1992年萧山主要农副产品、副食品经营情况

年份	采购量				零售量					
	生猪（万头）	家禽（万羽）	鲜蛋（吨）	淡水鱼（吨）	猪肉（吨）	鲜蛋（吨）	水产品（吨）	食盐（吨）	食糖（吨）	饮料酒（吨）
1985	24.00	166.00	2969	5413	7750	1540	5808	18823	13712	46884
1986	34.90	180.65	2659	6021	10241	1483	6123	19917	12023	56893
1987	34.25	205.51	2342	6381	10825	1478	6749	23534	10621	36870
1988	33.53	379.76	3249	6427	12100	1524	6521	31370	11058	32504
1989	46.96	269.13	2443	6210	13429	1236	5904	13876	7815	25665
1990	59.64	243.80	2353	2776	13161	1128	6958	12783	6900	18531
1991	42.01	126.26	1843	3231	16396	1091	6421	7831	5187	17439
1992	41.92	127.41	1603	3436	17461	1234	7461	8656	2726	17834

资料来源：1985～1987年《萧山县国民经济统计资料》、1988～1992年《萧山市国民经济统计资料》。

表16—5—371　1985～2000年萧山国有商业部门主要农副产品、副食品销售量

年份	鲜猪肉（吨）	家禽（万羽）	鲜蛋（吨）	水产品（吨）	食盐（吨）	食糖（吨）	黄白酒（吨）
1985	4072	18	734	1464	19491	10819	6754
1986	5742	7	888	1946	19757	12285	5925
1987	5243	15	736	2497	25267	11732	4515
1988	6818	9	716	1661	31717	13985	3124
1989	7664	17	623	1321	27512	9498	2098
1990	8235	6	420	800	31191	8938	2159
1991	7800	5	380	788	37882	7846	2088
1992	4202	6	366	1439	37484	5987	2047
1993	7715	7	244	984	46276	864	3077
1994	7588	8	196	877	30576	811	2011
1995	6662	3	296	689	39291	591	1790
1996	4610	8	283	562	37852	3268	1889
1997	3738	3	253	626	32210	1405	882
1998	2678	2	138	239	35301	1200	652
1999	632	1	64	261	28692	1298	148
2000	361	0	30	182	36029	10	2

注：①数据来源：国营商品专业经营企业。
②农副产品、副食品销售量包括批发量和零售量。

第二节　生产资料

工业生产资料

化工商品　萧山最早经营的化工商品主要是油漆、颜料。[①]1957年，国营五金交电化工公司专营化工商品。60年代后，县物资局创办的专业经营企业也经营化工商品，全县经营品种增多、销售量增加。[②]1985年，化工商品经营单位主要供应有烧碱283吨、纯碱1086吨、橡胶333吨、塑料299吨。

1987年，化工商品受国家扩大出口影响，货源奇缺，国营商业部门组织力量采购货源，调购化工商品1693万元，其中直接从工厂购进染料277吨、硬脂酸8吨、氯化钙20吨、油漆336吨、松香水和氯片磷酸钠20吨，供应橡胶1557吨、塑料732吨。翌年，从江苏、江西等地组织石蜡179吨、纯碱122吨、油漆1672吨，供应橡胶2301吨、塑料1970吨。

1993年，化工商品放开，各种经济成分的化工商品经营户增多。是年，国有商业部门主要供应有硫酸2068吨、烧碱1200吨、纯碱166吨。

1997年后，化工商品消费者直接从生产厂家进货的增多，化工商品经营户的销售量逐年下降。至2000年末，全市化工商品经营户有687家，其中个体商业户和私营企业635家、其他52家。是年，全市限额以上批发零售贸易业企业[③]化工材料及制品销售额6849万元，比1998年减少76.56%。

机电商品　萧山解放初，国营商业部门开始经营少量碾米、轧花、发电所需的机电商品，同时经营排灌所需的内燃机、水泵、水管等。

1958年后，机床、电动机、发电机、变压器、裸铝线等机电商品实行计划分配供应。1964年，随着工业、农业的机械化程度的提高，计划分配机电商品的数量已不能满足需求。1980年，允许自行采购计划外机电商品。是年，建立萧山县机电设备公司。1984年，仅供应电动机8081台、19146千瓦；变压器114台、11456千伏安；载重汽车116辆。[④]1985年，机电商品的购销主要由萧山县机电设备公司及瓜沥、临浦、头蓬3个分公司统一经营，经营机电商品品种有337个，其中计划分配的一、二类机电商品品种157个，自行采购的品种有180个。是年，主要购进有汽车160辆、摩托车44辆、发电机组201千瓦、电动机6774台、变压器177台和裸铝线51.87吨。主要销售有汽车163辆、摩托车43辆、发动机组194千瓦、电动机7218台、变压器204台、裸铝线58.36吨。

1986年后，计划分配的机电商品品种及数量逐年缩减，计划外采购量不断扩大。1987年，主要购进汽车529辆、电动机11722台、机床224台、导线127.80吨。主要销售汽车519辆、电动机11832台、机床218台、导线140吨。

1993年起，萧山取消机电设备的计划分配，机电商品购销面向市场，机电商品经营户逐年增多。至2000年末，全市机电商品经营户有229家，其中个体私营户193家、其他36家。是年，全市限额以上批发零售贸易业企业机电商品销售额184101万元，为1998年的5.19倍。

①民国时期，萧山仅有油漆、颜料等化工商品经营，由杂货店和茶叶店兼营。

中华人民共和国成立初期，化工商品由私商和百货公司经营，化工商品主要是油漆、颜料。

②1966年，供应硫酸7吨、烧碱10吨、纯碱7吨。70年代后，化工商品有硫酸、硝酸、盐酸、烧碱、纯碱、硝铵等88种，主要销售对象为机械、纺织、印染、化工、电镀、采石等行业。1978年，供应硫酸137吨、烧碱75吨、纯碱278吨。1984年，供应硫酸305吨、烧碱238吨、纯碱308吨、硝酸42吨。（萧山县志编纂委员会：《萧山县志》，浙江人民出版社，1987年，第453页）

③限额以上批发零售贸易业企业标准：批发业务收入2000万元以上、从业人员20人；商品零售500万元以上、从业人员60人；商品批发零售收入4000万元以上。

④萧山县志编纂委员会：《萧山县志》，浙江人民出版社，1987年，第451页。

金属材料　萧山经营金属材料起步较晚。①1957年，建立萧山县五金机械公司，统一供应全县的铁、铜、锌、铝等金属材料。翌年后，萧山所需金属材料增加。②

60年代，萧山县所需金属材料开始由国家计划分配。1979年起，随着生产资料的逐步放开，开始多渠道组织金属材料，③但萧山县金属材料的购销主要由物资局所属的萧山县金属材料公司和各综合性公司（统称国营物资部门，下同）供应。1985年，国营物资部门购进生铁10535吨、钢材21204吨、铜389吨、铝138吨、锌387吨；供应生铁8405吨、钢材21096吨、铜420吨、铝129吨、锌417吨。

1990年，全市所需金属材料单位与生产企业挂钩直供的金属材料占需求量的20%左右，翌年后物资直供比例呈上升态势。

图16-5-589　1995年4月，位于城厢镇萧绍公路城东立交桥旁的萧山市生产资料市场大门前场景（杭州市工商行政管理局萧山分局提供）

1993年12月，取消金属材料计划分配，国有物资部门经营面向市场，金属材料经营户逐年增多。是年，国营物资部门销售生铁14938吨、钢材221164吨，分别占全市工业消费量的15.17%和70.46%。

至2000年末，全市金属材料经营户有485家，其中个体私营户398家、其他87家。是年，全市限额以上批发零售贸易业企业金属材料销售额3448万元，为1998年的18.60%。

建筑材料　萧山经营的建筑材料主要是水泥、砖瓦。萧山解放初，水泥还依靠外地调入；砖瓦自产自销，或由竹木行、泥作铺兼营。

1953、1956年，水泥、砖瓦先后纳入县计划。④1968年后，县计划行政管理部门向水泥、砖瓦生产厂家下达指令性计划，计划分配数量增加。⑤上调水泥、砖瓦均由国营物资部门按计划经营。1981年，县物资局建立萧山县化工轻工建筑材料公司。

1982年后，县计划供应的砖瓦、水泥数量逐年减少。1985年，萧山生产的水泥和砖瓦产品由指令性计划改为“有偿上调、协商定价”。⑥1989年2月，萧山市建材物资公司从萧山县化工轻工建筑材料公司析出，成为萧山的建筑材料经营主渠道。

1993年，建筑材料经营放开，停止生产企业的水泥、砖瓦上调，个体、私营经营户增加，建设工程项目所需的建筑材料，逐步转向从建筑材料生产企业直接采购。1997年，建筑材料销售额14153万元，比1993年减少94.27%。

2000年，全市建筑材料经营户有937家，其中个体、私营户778家。

①民国时期，萧山无专门经营金属材料的企业，仅有铜、铁、锡等作坊；抗日战争结束后，全县67家作坊所需的金属材料大多购自沪杭或回收利用的废金属。

②1958年大办工业，金属材料供应量增加。60年代发展电灌建设和70年代围垦江涂，钢材的需求量更是有增无减。1966年，供应钢材764.50吨、生铁198吨、有色金属15.9吨。1970年，供应钢材1585吨。

③1979年起，金属材料计划分配数量逐年减少，而工业生产的发展和建设项目的增加，使钢材供应日益紧缺，萧山采取横向经济协作、调剂串换和废金属回收加工等多种形式组织货源，供应生产、建设的需要，也有需金属材料单位与生产企业挂钩直供。1984年，全县供应钢材13733吨、生铁2472吨、有色金属249吨，分别比1978年增长2.71倍、0.76倍、3.45倍。

④1953年，水泥供应纳入国家计划。1956年后，水泥、砖瓦需求量增加，砖瓦紧缺，萧山的砖瓦生产和销售亦纳入县计划平衡。1959年10月萧山白水泥厂开始生产白水泥（1961年停产），1965年建立萧山水泥厂，产销纳入县计划。

萧山上调砖瓦、水泥的生产企业及数量，详见《经济管理》编《计划》章《物资分配计划》节。

⑤1968年后，随着水利设施建设和城乡基本建设等事业的发展，水泥需求量猛增，部分公社及主管部门相继创办水泥厂。1972年后，随着砖瓦生产厂家逐渐增多，生产量增加，计划分配量增加。

⑥水泥和砖瓦的“有偿上调、协商定价”是指根据全县需求量和生产的可能性，每年下达水泥和砖瓦上调计划，并与生产企业商量价格，给予电、煤及维修材料补贴。

水泥　1985～1990年，萧山向水泥生产企业年均上调水泥4万吨。其间，萧山水泥消费量共计1326756吨，年均消费量221126吨。消费量最少的1985年为42302吨；最多的1987年有353835吨。

1991年，除满足市内建设需要和用水泥换取燃煤外，其余水泥均外调和外销。是年，全市水泥消费量270402吨，占全市水泥生产量的16.81%。

1993年后，水泥流通从生产环节直接进入消费环节，水泥消费者开始直接从生产厂家进货，导致水泥经营企业销售量逐年大幅度下降。是年，萧山市大中型商业企业销售水泥29173吨，1994年下降到938吨，1995年61吨。2000年，水泥经销商以零售为主。

砖瓦　1985～1990年，年均上调红砖4000万块、平瓦150万张，主要用于对重点骨干企业和出口创汇企业的扩建项目、技术改造项目。1993年，除满足市内需要外，销往市外。

1994年后，砖瓦消费单位所需的砖瓦开始直接从生产企业购入。至2000年，基本上无砖瓦经销商。

农业生产资料

化学肥料　1952年4月起，化学肥料（简称化肥，下同）由供销社专营。1954年，化肥供应按粮食、棉花、络麻等主要农作物面积进行分配。1958～1960年，平均每年从外地调入5000吨左右。

1970年，萧山县化工厂开始生产磷肥并供应市场。1978年11月，萧山县化肥厂投产，生产合成氨、碳酸氢铵供应市场。1978～1984年，全市供应化肥共计755850吨，平均每年供应107978.57吨。

图16–5–590　1989年，党山供销社为农民备足冬种用的化肥（吕耀明摄）

1985年，萧山化肥实行计划调拨，仍按主要农作物种植计划面积进行分配，由县供销社所属的萧山县农业生产资料公司经营。是年，供应化肥108624吨，比1984年减少4.46%。1986年后，化肥供应量逐年增加。1988年，化肥供应量122665吨，比1985年增长12.93%。

1989年，改为供销社及基层供销社两级统一进货、统一调拨、统一价格的经营体制。供销社和基层供销社通过“多渠道采购、单渠道供应”的方式，有效地保证农业用化肥。1991年，全市供应化肥138435吨，为历史之最。

1992年起，个体商业户开始参与化肥经营。1993年，供销社及基层供销社供应化肥106347吨，比1992年减少22.64%。

1995年，取消化肥专营，化肥市场放开。是年，为确保全市化肥的稳定供应、满足农业生产需要，市政府委托市农业生产资料公司承担全市化肥“确保总量、确保质量”的供应任务，要求每年淡季储备尿素1万吨、碳铵1.20万吨，并制定化肥平议差价滚动结算补贴、淡季储备贴息等扶持政策，确保化肥供应储备总量。

1996年后，为适应发展生态农业、效益农业的需要，调整化肥供应品种，氨水、碳酸氢铵、硫酸铵逐步被尿素为主的大宗化肥所替代；以氮、磷、钾配比的复合肥广泛使用，并出现有机无机复合肥、叶面肥（含微量元素）；境外化肥和与外商及港澳台商合资企业生产的化肥增多。1996～2000年，供销社供应化肥299529吨，年均供应59905.80吨。

2000年末，全市农业生产资料经营户有307家，其中个体私营户177家、其他130家。

化学农药 化学农药（简称农药，下同）自萧山解放以来一直由供销社经营。[①]1985年，供销社供应农药924吨，比1984年减少33.24%。农药主要供应品种有敌百虫、乐果、甲铵磷、井冈霉素。

1995年，农药经营放开，为抗灾救灾、确保农业丰收的需要，市政府委托市农业生产资料公司每年储备救灾农药200吨。

图16－5－591 1997年8月，萧山市质量技术监督局专项检查农药经营户。图为25日检查人员在检查城厢镇“五七”路口的农药专营店（郑岚摄）

1997年后，农药逐步向效果好、低毒性、低残留方向发展，并开始应用促进农作物生长的植物生长调节剂。2000年，供应农药1172吨，比1996年减少6.61%。[②]

农用薄膜 1969年，萧山的农用塑料薄膜（简称农用薄膜，下同）由供销社所属的农业生产资料公司专营后，开始推广农作物薄膜覆盖育秧，以防春寒烂秧，保证实现早插。是年，供应农用薄膜47.56吨。后广泛应用于蔬菜、棉花等农作物的育苗。1982年，供应各种农用薄膜266.80吨。1985年，供应农用薄膜500.70吨，比1984年减少30.47%。1989年，临浦供销社在农业生产资料专营自查中，发现一起倒卖农用薄膜案件。[③]1985～1994年期间，年平均供应量406吨。

1995年，随着农业生产资料专营的取消，农用薄膜供应市场化，并开始广泛应用于大棚种植。至2000年，农用薄膜供应146吨，比1996年减少55.89%，占全市农用薄膜使用量987.10吨的14.79%。

①萧山解放初，按农户传统治虫的方法，供销社供应治螟虫的烟梗、茶籽饼和棉籽浸种所需的苦卤，“六六六”粉等。1955年，产棉区试用剧毒农药“1059”“1605”。60年代，先后增加敌百虫、乐果、马拉松、西力生、西维因、稻瘟净、稻脚青、井冈霉素等农药；年均供应农药增加到833吨，比50年代增加1.49倍。70年代，年均供应农药增加到2186吨。1980～1983年，供应农药9239吨，年均供应量2310吨。1984年后，农村实行联产承包责任制的农民重视安全节约用药，不再使用高毒高残留的西力生、“1059”、“1605”、“223”乳剂、“六六六”粉等农药，增加供应井冈霉素、托布津等防病农药和除草剂。1984年，供应农药1384吨。

②2001年7月，杭州市政府发布《关于全面禁止销售和使用甲胺磷等高毒农药的通告》后，甲胺磷、氧化乐果、甲基—1605、呋喃丹、甲拌磷等高毒农药被禁止生产、销售和使用，农药的使用逐步向绿色、环保型发展。

③1989年3月，临浦农具部以每吨平均4250元的计划零售价调给通济乡农技站农用薄膜2301千克，委托经销。后来，通济乡农技站又退还给临浦农具部薄膜1345千克。临浦农具部负责人吕某在处理这批退货时，伙同其妹夫傅某等人，用代开假发票等手段，以每吨7200元的价格收进，在临浦农具部入账。除支付运费、税金外，获取非法收入3051元，其中吕某得1287元、傅某得419元、通济乡农技站得1345元。是年，供销社追回吕某等非法收入，并给予吕某行政处分。

表16－5－372 1993～2000年萧山批发零售贸易业主要生产资料销售情况

年份	化工原料及制品（万元）	机电商品（万元）	金属材料		建筑材料（万元）	煤炭（吨）	石油及制品（万元）	化学肥料（吨）	化学农药（吨）	农用薄膜（吨）
			黑色金属（万元）	有色金属（万元）						
1993	54004	65331	210540	24179	14153	514765	92987	106347	1413	476
1994	55884	66388	80347	15021	5551	436635	54364	91861	1427	317
1995	134934	100636	53399	7241	6139	430000	52991	93073	1063	563
1996	84672	39764	49251	4427	5089	400000	69563	71586	1255	331
1997	74515	24263	20489	14553	811	380000	52896	66440	1329	197
1998	29221	35505	9504	9032	264	250000	37025	58862	1302	206
1999	9474	151384	3130	185		246943	38429	56916	1261	243
2000	6849	184101	3448			223272	54500	45725	1172	146

注：①资料来源：1993～1994年《萧山市国民经济统计资料》、1995～2000年《萧山市统计年鉴》。

②“黑色金属”栏2000年含有色金属。

③1998～2000年，除“化学肥料”、“化学农药”、“农用薄膜”栏为供应量外，其他生产资料均为限额以上批发零售贸易业企业商品销售量、销售金额。

第三节　生活资料

棉布百货

清末民初，萧山的棉布百货经营已粗具规模。[①]萧山解放初期，全县的棉布百货由国营商业、供销社商业和私营商业交错经营。[②]1954年，部分商品开始凭票凭证限量供应。[③]1977年后，逐步取消凭票、凭证供应商品。至1983年12月1日全部棉布百货敞开供应。[④]

1985年，棉布百货商品改为多种渠道进货，由统一进货改为允许临浦、瓜沥批发站和各零售店自主进货。是年，经营品种1700余个，商业部门从上海、兰州等地购入工矿高靴、农田靴、胶制雨衣、工作服等劳保用品400余万元，商品销往杭州、绍兴、余姚、兰溪等市、县28个。衣着类和日用品类商品零售额14430万元，占全县消费品零售总额的27.81%。翌年，棉布百货商品经营品种增加到2400余种，直接从工厂购进棉布、呢绒、绸缎、毛巾、毛线、胶鞋、手表、床单、棉丝袜等商品3467万元，占全县棉布百货购销总额的45.50%。

1988年，商业部门开辟新的进货渠道，南下福州、广州，北上江苏常熟、沈阳等地，采购名、特、优、新产品，充实市场，组织肥皂82368箱、火柴18777件、洗衣粉564吨、棉毛衫裤104.70万件、牙膏243.97万支、铝锅18万只等。全年从外地调入商品6085万元，其中省外调入1195万元、省内调入4890万元。是年，衣着类和日用品类商品零售额27858万元，比1987年增长41.76%，占全市消费品零售总额的27.52%。

1993年后，随着非公有制商业崛起，棉布百货经营户增多，成为商品市场竞争最激烈的领域。1997年，全国城乡各地纺织品市场、服装市场和各类小商品市场开始兴旺，棉布百货销售向商品市场分流，部分棉布百货向杭州市区市场分流。

图16—5—592　1997年7月，萧山市河滨路综合市场内的棉布百货商品市场一角（杭州市工商行政管理局萧山分局提供）

至2000年末，全市棉布百货商品经营户有3557家，其中个体私营户3487家、其他70家。是年，全市限额以上批发零售贸易企业经营的纺织品、日用品、化妆品和首饰4类商品销售额为80538万元，占全市限额以上批发零售贸易业销售额的14.03%。

①清末民初，全县经营棉布、绸缎、文具等商店超百家。

民国29年（1940）后，日本侵略军占领萧山，规模稍大的商店多数歇业。民国34年，抗日战争胜利后，棉布百货商店逐步恢复。至解放前夕，全县有340余家。

②棉花、棉纱、布匹等有关国计民生的商品，则以国营商业和供销社经营为主。

③1954年9月，实行棉布统销，凭票供应，萧山县百货公司成为全县棉布百货商品的三级批发站，全县123家棉布商店有79家改为经销，其余转业或歇业。1956年，对棉布百货私营商业进行社会主义改造后，城厢、临浦、瓜沥3镇的棉布百货经营归属国营商业，农村归属供销社。翌年，全县销售棉布380.40万米、卫生衫裤5.40万件、棉毛衫裤2.24万件、胶鞋8.06万双。

1960年10月，毛线、胶鞋等商品实行凭证限量供应。1961年凭票凭证限量供应的棉布百货商品扩大到100种以上。翌年8月，凭票证凭券的棉布百货商品减少到30余种。“文化大革命”期间，凭票证、凭券供应的棉布百货范围有所扩大。

④1977年后，凭票证、凭券供应的种类逐渐减少。至1979年，除棉布、絮棉外，其余棉布百货商品均敞开供应。1983年12月1日，取消布票、絮棉票，全部棉布百货敞开供应。

表16-5-373 1985～1992年萧山主要棉百商品零售量

年份	棉布(万米)	混纺布(万米)	化纤布(万米)	呢绒(万米)	绸缎(万米)	胶鞋(万双)	毛线(百千克)
1985	558.68	454.10	510.02	85.13	275.40	100.83	1759
1986	574.43	286.21	211.91	69.70	257.54	92.65	2341
1987	627.51	303.58	204.82	70.39	247.38	92.23	3905
1988	829.53	335.45	465.46	46.87	248.77	129.05	5998
1989	1219.17	268.75	538.06	53.14	219.22	107.01	2416
1990	1811.36	188.81	561.00	37.86	106.45	99.13	1373
1991	1725.86	274.90	851.25	44.73	75.65	70.25	1035
1992	1778.09	313.84	1300.02	27.16	51.69	89.24	1486

续表

年份	卫生衫裤(万件)	棉毛衫裤(万件)	火柴(百件)	肥皂(百箱)	热水瓶(万只)	缝纫机(台)	手表(百只)
1985	3.46	101.57	246	718	26.80	15442	748
1986	2.82	70.05	202	803	24.31	13019	495
1987	1.59	76.32	172	671	24.21	11615	484
1988	1.38	74.67	251	558	49.70	12839	484
1989	1.17	56.94	272	531	22.39	7407	405
1990	0.79	42.85	227	319	19.45	5932	359
1991	0.67	56.29	78	177	14.90	6853	399
1992	0.25	54.27	123	160	23.35	8318	499

资料来源：1985～1987年《萧山县国民经济统计资料》、1988～1992年《萧山市国民经济统计资料》。

文化用品

1949年，文化用品仍由私商经营。翌年，开始由国营商业部门经营。①1978年后，文化用品经营放开，网点增加。②1985年，全县文化用品（包括文娱用品、书报杂志）零售额1107万元，占全县消费品零售总额的2.13%。

1988年后，集体、私营、个体商店经营文化用品的增多，国营商业部门组织市场需求的货源，开展送货、送书下乡等活动扩大销售。1993年，萧山市百货公司文化用品销售额963万元，为历史最高。

1994年后，除各类超市设有文化体育用品和图书专柜外，还开设文具和文教用品商店、运动器械专营店、书店等文化用品商店。

1998年，国有、集体企业开始陆续退出文化用品经营。2000年9月，萧山市新华书店整体改制设立国有独资的浙江萧山新华书店有限公司。该公司隶属于浙江新华发行集团，在城

图16-5-593 1996年7月，位于城厢镇市心桥旁的萧山市新华书店中心店一楼营业场一角（萧山区新华书店有限公司提供）

①1950年6月，中国百货公司浙江省公司在萧山设立支公司（萧山县百货公司的前身），经营纸张、文具、办公用品、运动器具等文化体育用品零售业务的品种有数十个，货源由中国百货公司浙江省公司（以下简称省公司）直拨。7月，建立新华书店萧山支店，由省公司统管，经营各类书籍及发行学生课本。1953年，萧山县百货公司设立文化用品批发部，经营品种扩大到200余个。1956年，新华书店萧山支店的管理下放到县。是年，商业社会主义改造结束后，萧山建立文化用品公司，由省对口公司直接管理。1970年，全县文体用品经营发展到纸张、乐器、体育用品、照相器材、办公用品、文教仪器6大类近1000个品种，由文化用品批发部采购供应。

②1978年后，文化用品经营放开，规模稍大的百货商店都设有文化用品零售专柜。1984年，主要销售商品有机制薄纸552吨、机制版纸450吨、钢笔75150支、铅笔219万支、晒图纸1665卷、油墨4741千克、打字蜡纸1665卷、乒乓球161万只。全县文化用品零售额为577万元、书报杂志零售额297万元。

区、瓜沥、临浦、义盛等地设门市部6个。至年末，全市共有体育、娱乐用品和文化、办公用品经营户128家，其中个体私营户105家、其他23家。是年，限额以上批发零售贸易企业经营的体育、娱乐用品、文化、办公用品销售额1750万元，比1998年减少3.26%；书报杂志销售额4298万元，比1998年增长17.08%。

五金交电

萧山解放前夕，城厢、临浦、瓜沥、义桥、坎山、西兴、赭山等地设有五金商店。萧山解放初，五金商品以私商和手工业铺坊经营为主，国营商业、供销合作商业仅兼经营圆钉、铅丝等少数品种。

1950年后，五金交电商品列入国家计划，由国营商业部门经营。[①]1985年，萧山县五金交电化工公司销售自行车40280辆、收音机11449台、电视机7110台。是年，实现五金类商品销售额741万元、交通工具类1567.70万元、家电类1213.30万元。

①1950年4月起，萧山国营商业部门所需货源由省公司计划分配调入。1957年，建立萧山县五金专营商店（1983年改称萧山县五金交电化工公司）。1961年后，国营商业增设批发站，供销社（站）普设供应点。1984年，全县供应元钉483吨、铅丝541吨、电灯泡1173600只、自行车64773辆、电视机9839台、收音机9980台、电风扇9484台、洗衣机873台。萧山县五金交电化工公司经营品种4200余个，主要销售自行车41628辆、收音机7899台、电视机4467台，年销售额4163万元。

图16—5—594　80年代初，浙江省百货公司批发部有计划内彩色电视机分配给萧山百货公司。图为萧山百货公司所属的萧山百货商店电器专柜在凭票供应彩色电视机（王忠孝摄）

1986年，五金交电商品计划分配减少。为采购计划外五金交电商品，国营商业部门保持省内外业务部门联系与交往的同时，参与各类商品供货会，从上海、南京等地采购沪产花色自行车864辆、其他品牌自行车2万余辆，与杭州萧山电视机厂、杭州鱼跃电扇厂等厂家建立经销关系。是年，经销本地生产的五金交电商品2000余万元，供应五金交电生产的原辅材料1500余万元。

1987年，五金交电商品分配计划取消。翌年，萧山先后出现3次商品抢购风，自行车、电风扇、录音机、电视机、洗衣机和电冰箱等高档耐用消费品零售量增加，洗衣机、电冰箱分别零售8941台、18271台，比1987年增长1.49倍、2.12倍。1989年，国有商业五金交电商品销量回落，电冰箱和洗衣机的销量分别比1988年下降62.59%、65.97%；自行车销量比1988年下降35.56%；电视机销量下降31.41%。1991年后，五金交电商品销量普遍回升。

表16—5—374　1985～1992年萧山主要交电商品零售量

年份	自行车（辆）	电风扇（台）	录音机（台）	电视机（台）	洗衣机（台）	电冰箱（台）
1985	72690	37142	6502	16553	1589	694
1986	75690	51178	8392	19331	2142	2013
1987	73697	49881	14840	27685	3590	5857
1988	83757	61555	16128	29100	8941	18271
1989	53978	45280	14844	19960	3043	6835
1990	40783	52144	11654	18642	2890	5730
1991	54047	63334	14025	22506	4341	6730
1992	74731	79516	18567	26594	9280	10951

资料来源：1985～1987年《萧山县国民经济统计资料》、1988～1992年《萧山市国民经济统计资料》。

1993年，萧山市房地产业开始兴起，建筑五金类商品销量大增。国有商业部门组织钢材，委托制钉厂、拉丝厂加工圆钉、铁丝，既降低售价，又保证货源的正常供应。同时，随着城乡居民生活水平日渐提高，家用电器需求量增加、商品档次提高。

1997年后，随着商品交易市场的发展，各种经济类型的五金交电经营企业增多，商品经营分散，商品行业细分，逐步细分为五金电料、交通工具、家用电器等类行业，大中型商业企业五金交电商品经营量减少。至2000年末，五金交电商品经营户有2563家（含家用电器经营户482家），其中个体私营户2372家、其他191家。是年，限额以上批发零售贸易企业经营的五金电料销售额127万元、家用电器及音像器材类销售额39825万元。

表16-5-375 1993～2000年萧山市限额以上批发、零售贸易业企业主要交电商品零售量

年份	自行车（辆）	电风扇（台）	录音机（台）	录像机（台）	电视机（台）	洗衣机（台）	电冰箱（台）	空调器（台）	影碟机（台）	微波炉（台）
1993	91050	126386	13895	18710	193029	20158	19630	1056		
1994	72920	142459	10009	15398	192681	27167	26296	3242		
1995	71274	90572	10981	8689	195851	28119	23630	7483		
1996	30682	32004	12884	6084	169876	17096	15059	4751		
1997	18669	19151	8059	934	87216	21910	16132	2682		
1998	8701	15273	4352	143	115824	29104	15388	2364	5069	1323
1999					90958	16700	17506	6442	4077	1610
2000					131979	18159	18375	6548	5772	2330

注：①资料来源：1993～1994年《萧山市国民经济统计资料》、1995～2000年《萧山市统计年鉴》。
②1993～1997年为大中型批发零售贸易企业商品销售量。

中西药品

明洪武年间（1368～1398）萧山有中药品经营①，西药经营始于民国7年(1918)②。萧山解放初，中西药品仍以私商经营为主。③1955年，供销社开始收购中药材。私营商业社会主义改造后，中西药经营分别归口国营商业、供销社。④

1956年6月，中西药品实行计划分配，由中国医药公司浙江省萧山县公司（简称萧山县医药公司，下同）专营中西药业务。⑤

1985年，中西药品由计划分配、紧缺平衡、固定扣率的经营体制开始向自由选购、灵活作价的多渠道开放式转变，药品经营企业开始跨地区采购和直接向生产厂家采购药品，医疗单位直接向厂家订购药品。是年，萧山县医药公司收购药材品种有鸡内金、鳖甲、天龙、紫河车、蟾酥等120余种，经营中药材有根（基）、果实、全草、花叶、藤木、动物、矿物、菌藻等10大类882种，中成药有丸、散、膏、丹、片、糖浆、针剂等9大类400余种；西药有抗生素、磺胺、激素、维生素、营养补剂、解热镇痛、麻醉等20个大类900余品种。

图16-5-595 2000年9月，位于城厢镇市心桥旁的萧山市医药有限责任公司西门药店中药柜的药剂人员在为患者撮中药（杭州萧山西门药店有限公司提供）

1993年后，虽然经营中西药品经营户增多，但萧山市医药公司在全市药品经营中仍占主要份额。1993年，全市中西药品销售额11966万元，其中萧山市医药公司（1994年改制设立萧山市医药有限责任公司）销售10558万元，占全市中西药品销售额的88.23%。

①明洪武十七年（1384），在县城惠民桥西南（今萧山双弧齿轮有限公司所在地）创设惠民药局，施医施药，万历年间废。清康熙五十九年（1720），县城开设有公济药号。清道光年间，萧山开设有赭山卫生堂、县城天生堂等药店。清末，全县有中药店19家。民国时期药业渐盛。民国28年（1939）发展到85家。翌年，县城遭日本侵略军侵入，药店减至51家。抗日战争胜利后，陆续恢复发展。民国34年9月，恢复到77家。

②民国7年（1918），县城设立美华药店。至1949年末，全县有西药店6家，分布于城厢、临浦、瓜沥3镇。经营药品50余种。

③解放初期，萧山县百货公司兼营西药业务，中药由私商经营，中药材收购以药店为主。1955年，全县有中药店101家、西药店12家，职工282人。

④1956年，经私营商业社会主义改造，97家中西药品私商公私合营，其余组织合作商店，根据城乡分工，城厢、瓜沥、临浦3镇药业归口国营商业，农村集镇归口供销社。

⑤1956年6月，中国医药公司浙江省萧山县公司建立，为国营商业企业，专营中西药业务，包括经营浙江省医药公司计划分配、调拨的货源。1972年，萧山县医药公司经营西药计划商品20种。1984年，全年收购野生和种植中药材535吨，采购计划外药品124.40万元。

2000年末，全市中西药经营户145家，其中有个体私营户28家、其他117家。是年，百年老店——市医药公司西门药店（前身是清道光年间县城开设的天生堂药店）被国家药品监督管理局命名为“医药商品质量管理全国示范店”称号，成为浙江省唯一一家获得这一称号的单位（全国仅有28家）。萧山市医药有限责任公司收购药材品种有哈士蟆、山药、菊花、鱼腥草、垂盆草、人参、桑叶、野山藤、瓜娄皮、瓜娄子等11种，经营中药材有根（基）、果实、全草、花叶、藤木、动物、矿物、菌藻等10大类900余种，中成药有丸、散、膏、丹、片、糖浆、针剂等9大类1000余种；西药有抗生素、磺胺、激素、维生素、营养补剂、解热镇痛、麻精等20大类3000余种。是年，全市限额以上批发零售贸易业企业中西药品销售额为34620万元，其中萧山市医药有限责任公司销售32004万元，占全市限额以上批发零售贸易业中西药品销售额的92.44%。1994～2000年，全市中西药品销售额年均增长16.39%。

表16–5–376　1985～1992年萧山主要生活资料销售额

单位：万元

年份	衣着	日用品	文娱用品	书报杂志	中西药医疗用品	年份	衣着	日用品	文娱用品	书报杂志	中西药医疗用品
1985	5839	8591	547	560	566	1989	10104	12938	4175	1634	2668
1986	7647	10432	2492	650	720	1990	9634	12517	4547	1520	2829
1987	8260	11391	2795	973	761	1991	10259	13860	4826	1473	3205
1988	11631	16227	4758	1205	1508	1992	12613	15739	6084	1946	4613

注：①资料来源于1986～1987年《萧山县国民经济统计资料》、1988～1992年《萧山市国民经济统计资料》。
②包括农民对非农业居民的零售额。

表16–5–377　1993～2000年萧山市批发、零售贸易业主要生活资料销售额

单位：万元

年份	棉布百货					文化用品		五金交电	中西药品
	纺织品	服装鞋帽	日用品	化妆品	首饰	文娱用品	书报杂志		
1993	98627	13068	15432	1519	3233	2531	3404	55542	11966
1994	110996	37571	17892	2359	2632	2193	2242	50532	13478
1995	150700	21642	16672	2620	2287	3570	2177	59464	17752
1996	88871	27566	14646	2969	1519	2915	3086	66091	20443
1997	73740	66149	25431	2686	1573	3246	3810	79526	23884
1998	42867	33754	6111	2589	735	1809	3671	37434	25242
1999	30402	27403	5131	1615	400	810	3766	29014	30586
2000	63126		15352	1521	539	1750	4298	39952	34620

注：①资料来源：1993～1994年《萧山市国民经济统计资料》、1995～2000年《萧山市统计年鉴》。
②1993～1996年不包括个体、私营。1997年包括个体、私营。1998～2000年为限额以上批发零售贸易企业。
③“纺织品”栏2000年含服装鞋帽。“文娱用品”栏1993～1996年为文化体育用品，1997～2000年含体育、娱乐用品和文化、办公用品。“五金交电”栏1993～1996为家用电器，1997～2000 年包括五金、电料、家用电器、音像器材。

第四节　专营 专卖

食盐专营

萧山解放后，国营商业部门对食盐实行专营。[①]1985年，盐源不足，从河北沧州、安徽淮北等地调入食盐18832吨，其中计划外调入6353吨。是年，零售食盐18823吨，比1984年减少11.61%。

1987年3月，萧山建立碘盐加工厂，生产加工碘盐。是年，供应全县24个甲状腺发病区碘盐1189吨。翌年，为满足120家蔬菜加工厂生产需要，调入食盐25574吨，生产加工碘盐2480吨。1989～1992年期间，平均每年供应碘盐2000吨。1995年，赭山美女坝新建碘盐加工厂，月生产量500吨。是年，调入食盐28000吨，销售39291吨。1993～1996年期间，查扣违法购销食盐1470吨。

1997年5月，根据市政府《关于萧山市盐业公司组建会议纪要》（萧政纪〔1997〕87号）规定，商业局所属的副食品公司盐业管理站从萧山市副食品公司析出，建立萧山市盐业有限公司，专营食盐。2000年，销售食盐36029吨，比1997年增长11.86%。

烟花爆竹专营

萧山解放初，烟花爆竹由私营杂货商店分散经营。1955年9月1日，烟花爆竹经营归口供销社，由萧山县日用杂品批发管理站经营。1978年7月，改由萧山县日用杂品公司实行归口管理和专营批发。1985年，该公司分设在城厢、瓜沥、临浦的批发部批发和零售烟花爆竹销售额10余万元。

1987年8月，萧山市日用杂品公司建立萧山市日用工业品公司，专营烟花爆竹。1991年，市政府确定萧山市日用工业品公司为烟花爆竹批发业务的专营单位。1992年12月，该公司在义盛、头蓬、闻堰、长河、新街、河上、戴村、浦阳、义桥、靖江、党山11个镇和新街镇长山设立烟花爆竹批发点12家。是年，销售额135万余元。

1999年11月26日，公司改制，吸收职工个人资本组建萧山市烟花爆竹专营有限公司。2000年末，经营网点有20余家。是年，烟花爆竹销售额170余万元。

烟草专卖

批发零售　萧山解放初期，卷烟仍由私商经营，卷烟零售逐年增加。[②]1953年，卷烟列入专卖，由商业局经营，并增设卷烟批发经营点。[③]1959年，改由商业局所属的副食品经理部经营。60年代、70年代，卷烟曾凭证、凭票供应。[④]

1985年，商业局所属的萧山县副食品公司（前身为副食品经理部）经营有卷烟批发、零售业务的批发站和其他国营、集体商业、基层供销社所属的商场（店）等200余家。是年，零售卷烟50345箱，比1984年增长17.32%。1985～1989年，全社会卷烟零售量292617箱，平均每年58523.40箱。

1990年4月1日，根据市政府《关于建立市烟草公司的通知》（萧政〔1990〕

①1949年5月萧山解放后，省盐业公司设临浦支公司，统一经营管理食盐。1950年，该公司改为办事处，专营萧山区域内食盐。1956年，设盐业管理站。1958年，盐业管理站划归萧山商业局。1959～1961年，平均年销食盐8750吨，调运紧张，库存空虚，食盐一度凭证限量供应。1962年，食盐销量下降，全年销量5800吨。后食盐销量增加。1980年为13150吨。1963～1980年，平均年销食盐8300吨。80年代中期，农村蔬菜加工业兴起，食盐用量增加。1984年，食盐零售21295吨。

②1950、1951、1952年分别零售卷烟6225箱、7500箱、8621箱。

③1953年，卷烟列入专卖，增设临浦、瓜沥营业部，支持供销社扩展卷烟零售业务；并对私营烟商全面整顿，发给承销手册，采用联购分销。是年，零售卷烟10339箱。

1955年，实行挂牌经销或代销。翌年，按照“村村有烟卖”的要求，建立河上等4个批发点并增设农村供应点。1958年，零售卷烟11707箱。

④1960年9月，卷烟凭证供应，1962年1月改凭票供应。1965年，随着卷烟货源增加，烟票一度取消。翌年，又凭票供应。直至1979年，除个别品种卷烟凭票供应外，其余卷烟均敞开供应。

11号）精神，商业局所属的萧山县副食品公司的城厢、临浦、瓜沥3个卷烟批发站经营的卷烟批发业务改为隶属于萧山市烟草公司。6月12日，萧山市烟草公司建立卷烟定价小组，对“杭州”、“西湖”、“金猴”等16只品牌卷烟批发实行10%～15%浮动价。后其他品牌卷烟也曾实行批发浮动价。10月14日，市政府发布《关于加强卷烟市场管理的通告》（萧政〔1990〕94号）后，全面整顿卷烟批发经营单位，将原200余家批发零售的卷烟经营单位调整为13家，其余一律改为零售经营。是年，卷烟零售量39895箱。

图16－5－596　1993年3月18日，市烟草专卖局专卖管理科人员为城厢卷烟零售经营户提供识别真假卷烟的技术服务（萧山日报社提供）

1991年，卷烟开始由浙江省烟草公司计划调拨供货，不足部分由省烟草公司授权组织采购，或由省烟草公司在省内余缺统一调剂。翌年1月1日起，贯彻《中华人民共和国烟草专卖法》，陆续取消卷烟浮动价。1994年3月19日，在萧山商业城设立城厢镇第二家卷烟批发站。

表16－5－378　1993～2000年萧山市卷烟批发零售量

单位：箱

年　份	批　发	零　售
1993	56625	4285
1994	51020	1032
1995	43530	1352
1996	38604	52
1997	38025	61
1998	37346	42
1999	33720	79
2000	38387	106

注：1994～1995年为大中型批发零售贸易企业经营量，1996～2000年为萧山烟草公司经营量。每箱卷烟250条。

1995年，开始采取多渠道组织货源，批发、零售的卷烟品牌，除上海产的“中华”、“双喜”、“牡丹”、“前门”、“凤凰”等卷烟外，主要有杭州产的“金猴”、“杭州”、“西湖”、“新安江”、“利群”、“大红花”、“雄狮”，宁波产的“宁波”、“五一”、“大红鹰”，云南产的“玉溪”、“云烟”、“红塔山”、“红山茶”、“山花”、“茶花”，贵州产的“贵烟”、“黄果树”，安徽产的“黄山”、“迎客松”，湖南产的“白沙”，天津产的“恒大”和江苏产的“南京”等卷烟品种40余个。

1996年后，省烟草公司计划调拨给萧山的卷烟数量逐年增加，萧山则以批发零售省产烟为主，选择省外名优、畅销品牌卷烟作补充，省外卷烟由生产厂家直接供货。1999年5月1日，对杭州产卷烟实行统一批发价，逐步统一每一品牌上市卷烟的批发价格。是年，货源结构调整，虽批发量比前9年少，但名优品牌多、市场销势好，实现销售额、利润分别为31823.84万元和3008.88万元，开创了历史新纪录。

至2000年，全市卷烟批发点12家，批发零售卷烟品牌28只，其中省产烟有“利群”、“新安江”、“大红花”、“杭州”、“西湖”、“雄狮”、“大红鹰”、“宁波”、“五一”等，省外名优烟有“中华”、“双喜”、“牡丹”、“玉溪”、“云烟”、“红塔山”、“茶花”、“贵烟”、“前门”、“白沙”、“南京”等。1994～2000年，零售外烟1156箱。

专卖管理机构　1990年5月，萧山市烟草公司内设专卖办公室，作为烟草专卖管理机构。8月28日，萧山市烟草专卖局成立后，成为萧山市烟草专卖局内设机构。1992年12月，萧山市烟草专卖局专卖办公室改名为专卖管理科。1994年8月，萧山商业城烟草批发站和城厢、临浦、瓜沥等批发站分别增挂专卖管理站牌子，实行“两块牌子，站站合一”体制。1999年5月，为规范专卖管理工作的需要，取消“站站合一”体制，撤销城厢、临浦、瓜沥和萧山商业城4个专卖管理站，组建专卖管理所。2000年8月，建立萧山市烟草专卖检查大队。至此，市烟草专卖局设有专卖管理科、专卖检查大队和城厢、临浦、瓜沥、南阳、河上专卖管理所5家。

图16—5—597 1995年9月15日，萧山市烟草专卖局在城厢镇大操场（今新世纪广场）公开销毁假冒卷烟的情景（郑海龙、吴乐飞摄）

违法违规卷烟查处 1990年，开始公开销毁假烟。是年5月，市烟草公司专卖办公室等4个单位组成萧山市打击假冒伪劣商品联合办公室。10月12日，市烟草专卖局等单位在河上镇当众销毁假冒“红梅”卷烟1206条。

1992年1月1日开始，实施《中华人民共和国烟草专卖法》，萧山市烟草专卖局组织专卖管理人员单独或与有关部门联合进行常年路检路查和卷烟交易市场检查。1994年6月，萧山市烟草专卖局向萧山市职工物价监督总站授予专卖管理委托授权书，向8名烟草专卖协管员颁发烟草专卖管理检查证。

1990～2000年，公开销毁假烟53次，共计924584条，涉及假冒卷烟品牌30余个。

许可证发放 1990年11月13日，萧山市烟草专卖局、工商行政管理局联合召开萧山市烟草专卖零售许可证发放大会，城厢镇的56家集体经营户和168家个体零售户的业主到会，并领取《烟草专卖零售许可证》《烟草专卖管理手册》。12月1日，全面实行专卖零售许可证制度。至1992年末，领发《烟草专卖零售许可证》工作结束，全市持有烟草专卖零售许可证的经营户5039家，其中集体经营875家、个体经营4164家。

1993年起，全面查验换发和领发《烟草专卖零售许可证》，对一贯守法的卷烟经营户换发新证；对有违法违规行为的，情节较轻的，限期改正后仍给予换发新证；对绝少数违法违规且情节严重的，不予换发新证，逾期若继续营销卷烟，按无证经营查处。至1997年末，全市领发和换发新证的经营户共有7209家，其中集体经营户968家、个体经营户6241家。

1998年始，再次查验换发、领发《烟草专卖零售许可证》。至2000年末，全市持有《烟草专卖零售许可证》的经营户为6998家，其中集体经营户184家、个体经营户6814家。

图16—5—598 1993年4月，市工商局、市烟草专卖局、市公安局联合查获长河镇江边卷烟市场的走私烟、假冒烟现场（杭州市工商行政管理局萧山分局提供）

卷烟交易市场整顿 1991年3月，针对长河镇（今杭州市滨江区）江边卷烟市场交易假冒烟、走私烟以及摊位多、数量多的实际情况，市政府决定清理整顿、取缔该市场的非法卷烟交易。4月5日，萧山市烟草专卖局和城北工商行政管理所召开由江边卷烟市场及卷烟经营业主参加的“关于取缔非法卷烟交易动员会”。此次会议作出规定：4月15日前，该市场内67家卷烟零售经营户必须申请领取《烟草专卖零售许可证》，4家外地经营户一律迁回原地经营，否则，依据市政府颁布的《关于加强卷烟市场管理的通告》查处。4月16日，市烟草专卖局、公安局、工商行政管理局等联合检查江边卷烟市场，未发现无证经营卷烟户。1993年4月21日下午有群众举报，在长河镇江边卷烟市场附近有人偷运大批量走私烟，市烟草专卖局、公安局等执法人员赶往事发地点，在长河镇江边码头闸口东侧杨某某家内查获贩私外烟1625条，品种有“大哥大”、“健牌”、“三五”、“多好”、“沙龙”等，价值共计20万元。正当执法人员将查获的外烟装上货车准备押回处理时，杨某某等人竟纠集不明真相者围住车辆，强行拖下2名执法人员作人质。杨某某一伙用榔头、钳子等把缉私卷烟货车的车门砸开，车内卷烟被哄抢一空。案发后，为首肇事的杨某某畏罪潜逃。7月27日，杨某某被公安机关收容审查。杨某某在拘押期间，对其违法行为能如实交代，有认罪悔改表现，于11月解除拘押。

1999年8月，根据浙江省、杭州市烟草专卖局的统一部署，萧山市烟草专卖局组织人员逐户调查萧山商业城的36家卷烟零售户，除暂时保留10家卷烟经营户外，其余26家被清退出萧山商业城。

至2000年末，累计查处卷烟交易市场违法违规卷烟案共计51起，捣毁藏假窝点11处，查缴假烟4.70万余条，有2名假烟窝藏人员投案自首，1名被公安机关收容审查。

专卖户籍管理　2000年7月，为规范和加强烟草专卖监督管理，对5157家持有《烟草专卖零售许可证》的经营户开始实行专卖户籍管理，要求做到管理到户、宣传到户、检查到户、服务到户。根据城厢、临浦、瓜沥、南阳、河上5家专卖管理所的人员配备情况，明确管辖区域，按区域建立专卖户籍档案，将每家卷烟经营户的户主姓名、经营地址、营业执照和《烟草专卖零售许可证》编号、联系电话等录入档案，并编排顺序号，按序号登记入册，便于检索；把守法经营事迹、违法违规行为纪录及违法违规案件处理结果等也录入档案。同时，市烟草专卖局设立监督举报中心，开通96177举报电话，建立卷烟真伪检验机构，为卷烟零售经营户和广大消费群众提供无偿服务。

表16-5-379　1990～2000年萧山市卷烟经营监督管理情况

年份	执法检查						销毁假冒卷烟		案值（万元）	罚没款（万元）
	检查次数（次）	查处烟案（起）	查扣卷烟（条）	假冒卷烟	走私卷烟	其他违法违规卷烟	次数（次）	数量（条）		
1990	74	135	116338	2307	10280	103751	1	1206	126.96	28.90
1991	288	575	245919	13650	22583	209686	3	8889	317.49	74.58
1992	286	511	281836	6791	44739	230306	3	6127	529.92	138.76
1993	330	524	353224	7483	16722	329019	2	7075	696.66	252.17
1994	325	402	274141	24033	13965	236143	3	15514	718.70	226.60
1995	348	751	161877	45936	8708	107233	4	25604	750.10	136.11
1996	363	999	500814	407649	12269	80896	11	381453	462.00	160.00
1997	393	799	253668	205240	16556	31872	10	199477	353.25	135.00
1998	316	801	174602	116934	22410	35258	9	96448	445.29	170.68
1999	651	1218	272200	178000	18300	75900	6	150672	553.15	162.70
2000	1211	2421	114322	46661	3491	64170	1	32119	406.00	138.90

资料来源：萧山区烟草专卖局。

表16-5-380　1993～2000年萧山市批发、零售贸易业商品经营情况

单位：万元

年份	商品购进总额	商品销售总额	批发	零售	库存	年份	商品购进总额	商品销售总额	批发	零售	库存
1993	892430	951081	859431	91650	80536	1997	763734	929298	699354	229944	96802
1994	718746	774420	667852	106568	79869	1998	630927	857726	621120	236606	92607
1995	839036	875251	754479	120772	112953	1999	677428	989556	712872	276684	82467
1996	668506	703720	596447	107273	104253	2000	956836	1162749	856326	306423	94806

注：①资料来源：1994年《萧山市国民经济统计资料》、1995～2000年《萧山市统计年鉴》。
②1995年，不含浦沿、长河、西兴3镇的商品购进总额827496万元、商品销售总额862856万元。

第六章　粮油经营

1949年5月5日萧山解放，县政府接管国民党政府田粮处货栈。萧山解放初，粮油自由买卖，销售不限量，均为私商经营。1950年，萧山国营粮食公司开始委托供销社代购代销粮食。1953年11月17日萧山粮油实行统购统销[①]后，粮油销售凭票证计划供应，粮食由县粮食局所属的业务部门及经营部门（统称国营粮食部门，下同）按计划实施收购、运输、供应和储存，城镇粮食由国营粮食经营企业直接供应，农村粮食仍由供销社代购代销；油脂（即为食用植物成品油）由供销社附营。翌年3月，城厢镇建立萧山第一家粮食交易市场。后新建粮食交易市场，粮食交易市场几经关闭。[②]1955年3月11日，粮食局收回供销社的粮食代购供销业务。10月，萧山县油脂公司建立，专营油脂，食油定量供应。翌年，油脂公司隶属于县粮食局。至此，萧山形成粮食部门统一经营粮油的购销、调运和储存的格局。1958年6月，城乡一度取消食油定量，凭证不限量。1962年不再供应农村食油。1964年4月城镇恢复食油定量供应。1979年起，逐步恢复粮食集贸市场，[③]允许农民完成统购任务后的余粮进入集贸市场交易。

1984年起，改革油脂、粮食收购体制，取消油脂统购，先后实行按比例价敞开收购、合同定购。1985年4月1日后，取消粮食统购，先后实行合同定购、国家定购。定购以外粮食可以自由上市。粮食除县内定购粮外，由计划拨入，仍由国营粮食部门组织购销和储运。

图16－6－599　1993年10月，萧山市粮食局所属的浙江省东南粮食市场建成营业，市场建筑面积14500平方米（萧山区粮食局提供）

1993年1月1日起，萧山粮油购销及价格全面放开，取消粮油凭证，粮食收购由国家定购改为合同订购，油脂收购改为食用油料收购。1994年10月1日，开始每年法定节假日发放大米优惠券，以优惠价供应非农人员（包括蓝印户口人员）大米（1995年5月1日取消优惠券）。

1996年后，国有粮食部门逐步实行经营性业务与政策性业务分离，至2000年，基本完成分离工作，并加强对政策性业务的管理，其他各种经济类型的粮油经营企业均按市场需求运作。是年，购入粮食293466吨[④]，销售321240吨。其中浙江省东南粮食市场内的粮食经营户从省内外购入141866吨，销售137551吨；国有粮食部门购入38449吨[⑤]，销售66982吨；其他粮食经营企业购入113151吨，销售116707吨。

①1953年11月17日，萧山宣布粮食和油脂（食用植物成品油）实行统购统销，全县私营粮行、粮店一律停止营业，其存粮14万千克（折原粮）由国营粮食经营机构折价收购，严禁私营粮商自由买卖粮食。

②1954年3月1日，建立城厢镇粮食交易所，后全县相继建立粮食交易所25家，允许群众生活用粮和经批准的用粮行业企业进场交易，严禁私营商贩进场交易。1957年8月，关闭全县粮油交易市场。1961年9～10月，又开放城厢等粮油交易市场22家。1963年9月起，粮油议购议销由国营粮食部门统一经营。1966年下半年，“文化大革命”开始，全县粮食交易市场再次关闭。1973年11月，城厢镇粮食交易所重新开业；1975年再次关闭。

③1979年1月，城厢粮油交易所恢复营业，后临浦等9家粮食交易所相继开业。至1984年，登记在册的粮油专业市场7家。

④2000年，购入的粮食数量不包括饲料加工企业从外地购入的饲料用粮和制酒、制药、浆纱、制革、造纸、印刷辅助等工业企业从外地购入的工业用粮。

⑤2000年，国有粮食部门购入的粮食中，有市内合同订购23076吨、合同外收购11291吨，市外购入4082吨。

第一节　粮食流通体制改革

粮食管理体制

萧山解放后，即建立粮食管理机构。[①]1950年，开始建立粮食经营机构。[②]1980年，开始建立粮食贸易企业。[③]1984年，萧山县粮食局设有城厢、瓜沥、临浦、城北、义蓬、戴村粮管所6家，承担全县粮油的统购统销业务。

1985年，粮食购销实行合同定购和统销后，县粮食局及所属粮管所承担粮食合同定购和统销职能与业务，同时，开始改革粮食流通企业，先后实行经营责任制、承包经营责任制、"四放开"改革、产权制度改革，使企业逐步走向市场。1992年，萧山市粮油总公司建立，与市粮食局实行"两块牌子，一套班子"，管理粮食局原所属粮油经营单位，实行独立核算、自负盈亏。1993年1月1日后，取消平价供应粮食，粮食经营和价格放开。

1996年，按照中央提出的"将粮食政策性业务和经营性业务分开"的要求，建立"两线运行"机制，对政策性业务和经营性业务分别实行统一领导、明确职责、独立核算。对城厢、瓜沥、临浦、戴村、城北、义蓬6家粮管所和萧山粮油储运有限公司，按照定购粮油和储备粮油实行收购、供应、储备、调运代理和费用包干的"四代一包干"政策，逐步建立和完善粮食政策性业务在收购、供应、储备、调运、信贷、财务、核算等方面完整的管理制度，并实行封闭运行，以确保政策性业务资金的专款专用。是年，以萧山市粮油总公司为主体，联合萧山粮油贸易公司等7家控股企业、萧山市中心粮行等4家参股企业和广东省珠海粮油集团公司等10家协作企业组建浙江穗丰粮油集团，并将萧山市粮油总公司改组为浙江穗丰粮油集团有限公司。

1998年8月，按照国务院印发的《当前推进粮食流通体制改革的意见》（国发〔1998〕5号）提出的政企分开、储备和经营分开、中央和地方责任分开、新老挂账分开和完善粮食价格机制的"四分开一完善"精神，建立萧山市粮食收储有限责任公司，主营粮食收储政策性业务。同时，城厢、城北两家粮管所实施政策性业务与经营性业务的分离，建立萧山市粮食收储有限责任公司城厢、城北两个分公司。1999年9月后，先后完成戴村、临浦、瓜沥、义蓬4家粮管所在编人员的身份置换，重组粮食政策性购销企业。至2000年3月止，萧山市全面完成粮管所政策性业务与经营性业务的分离工作。

2000年8月，根据市政府《关于完善政策性粮食购销企业机制的批复》（萧政发〔2000〕39号）精神，萧山市粮食收储有限责任公司更名为杭州萧山粮食购销有限责任公司，将原城厢、城北的粮食收购企业合并为该公司业务二部；撤销戴村的粮食收购企业，戴村粮食收储站并入临浦分公司；将原瓜沥、义蓬、临浦的粮食收购企业重组为杭州萧山粮食购销有限责任公司分公司。至年末，基本完成政策性粮食购销企业机制的完善工作。[④]

①1949年6月县政府设立财粮科，建立财粮科直属供应站，建立城区、长河区等9个区的粮库。(1954年7月区粮库改建为粮管所，后粮管所几经调整）。8月，萧山县粮食局建立，行使政府管理粮食购销的行政职能，实行政企合一的管理体制。

②1950年，萧山建立国营粮食公司，并委托供销社代购代销粮食。1955年3月，县粮食局接管供销社的粮食代购代销业务，实行粮食流通"四统一"(即统一收购、统一销售、统一调运、统一储存)，形成统一的粮食市场。

③1980年1月26日，建立萧山县粮油贸易公司，通过设在城厢、瓜沥、党山、头蓬、义盛、坎山、闻堰、西兴、临浦、河上等地的粮食交易所开展粮油议购议销业务。1983年4月25日，萧山县粮油贸易公司改名萧山县议购议销中心。1984年，萧山县议购议销中心通过在城厢、河上、瓜沥、党山、头蓬、义盛、坎山、临浦、闻堰、西兴等地的粮食交易所，开展粮油议购议销业务。是年12月11日，萧山县粮油贸易中心建立，下设议购议销经理部等内设机构。

④2001年12月，杭州市萧山区粮食局与浙江穗丰粮油集团有限公司实行政企分离。区粮食局主要行使全社会粮食行业管理职能，组织实施粮食的宏观调控，稳定粮油市场，确保萧山区粮食的供求平衡；杭州萧山粮食购销有限责任公司主管从事粮油政策性业务。政企分离后的区粮食局与区贸易局合署办公，实行"两块牌子一套班子"。

粮食收购体制

1949～1984年，国家对粮食先后实行了征收、征购两种收购体制。[①]1985年4月1日起，执行中共中央《关于进一步活跃农村经济的十项政策》（中发〔1985〕1号），实施粮食收购体制的重大改革，取消长达30余年的粮食统购，实行合同定购[②]，按浙江省、杭州市下达的定购计划，与农户签订粮食收购合同。合同定购的粮食品种为小麦、稻谷、玉米，其他品种粮食和合同定购以外粮食由生产者自行购销，当市场粮价低于原统购价时，凡粮食质量符合国家规定标准的，由国有粮食部门按原统购价敞开收购，以保护粮农经济利益。

1989年11月，为稳定粮食收购，萧山从秋粮收购开始，将粮食合同定购改为国家定购，并强调缴售国家定购粮是农民应尽的义务，必须保证完成。在全市完成国家定购任务后，各用粮单位需要采购国家定购粮食品种时，必须事先向当地工商管理部门申请登记后，按物价、粮食行政管理部门规定的指导价格到指定地点采购，但不得转手倒卖，不允许个人经营收购、批发业务。

1993年1月1日萧山粮食购销及价格全面放开后，粮食收购改为合同订购，由国有粮食部门制定合同订购计划，将订购计划分解到镇乡，再由镇乡分解到村，直至分解到农户。订购计划以外的粮食，由国有粮食部门自行采购。5月市政府印发《关于做好粮食购销工作的通知》（萧政〔1993〕27号）后，国有粮食部门在做好粮食合同订购的同时，从市外采购粮食，并逐步建立稳定的粮源基地；粮食经营企业利润全部用于发展经营和弥补平价、议价粮食经营的亏损；由国有国营粮食部门代管的粮油储备，其轮换品种差价由市财政补贴；属粮油储备、粮油收购及向市外采购所需的资金，银行按贷款基准利率予以保证，以确保萧山粮食供求平衡。

图16－6－600　2000年8月，种粮农户在向市粮食局南门粮库投售粮食（丁力摄）

2001年1月1日后，国有粮食部门与售粮5吨以上的种粮大户签订粮食收购合同，粮食收购趋向市场化。

粮食供应体制

城镇粮食供应体制　1953年11月粮食实行统购统销后，城镇居民实行粮食计划供应体制。[③]1955年12月1日起，城厢等7个镇的居民用粮实行以人定量，按劳动差别、年龄大小分等核定用粮标准，按户计算，凭票证供应，后推行至全县各集镇。萧山制定主要工种及各类人员的粮食供应标准。[④]同时，对工业用粮、行业用粮实行按户按计划

①萧山解放初期，粮食收购是征收，即农民和国营农场以粮食向国家缴纳农业税（又称公粮）。

1953年11月17日，粮食实行统购统销后，实行粮食征购（征收和统购），以农户为单位进行粮食征购，起征点为每人平均预留消费粮255千克，并将统购任务分配到镇乡，再由镇乡确定每家农户统购粮任务。1955年7月，在来苏等5个乡内进行定产、定购、定销的“三定”试点，8月在农村全面展开，10月“三定”工作基本结束。1956年，粮食征购改以生产队为单位交售。1958～1964年，粮食征购任务包干，实行增产不增购、减产不减免的政策。1965、1971、1979年3次调减征购任务，以减轻农户负担。1982年农村落实生产责任制后，粮食征购又以农户为单位交售，并实行“征购、销售、调拨包干，一定三年”的政策。

②合同定购的粮食中心价格：早籼谷按“倒三五、六五”比例（35%按原统购价，65%按原超购价）计价；晚粳谷、晚糯谷、晚籼谷、杂交谷按“倒二八”比例（20%按原统购价，80%按原超购价）计价；小麦、玉米、籼糯谷、早粳谷、早糯谷按“倒三七”比例（30%按原统购价，70%按原超购价）计价。同时，按实际交售粮食的质量等级定价，并全额支付金额，除农业税外，不代扣其他款项；新粮收获以前，允许粮农以上年存粮来顶抵合同定购粮；各种粮票（证）不得顶抵合同定购的粮食。

③由镇政府调查了解各户的缺粮情况，经居民小组或选民小组为单位进行民主评议，评定缺粮户及缺粮数量，由镇政府批准公布。

④生产工人每人每月供应标准：从事特种体力劳动的，一级为25千克，二级为22.50千克；从事重体力劳动的，一级为21.50千克，二级为19.50千克，三级为17.50千克；从事轻体力劳动的，一级为16.50千克，二级为15千克，三级为14千克。

国家机关工作人员、企事业单位职员等脑力劳动者每人每月供应标准：一级为14.50千克，二级为14千克。

中学生每人每月供应标准：一级为15.50千克，二级为14千克。

居民每人每月供应标准，按年龄大小划分：14周岁以上12.50千克，10周岁以上不满14周岁12千克，8周岁以上不满10周岁10千克，6周岁以上不满8周岁9.50千克，5周岁以上不满6周岁7.50千克，4周岁以上不满5周岁6.50千克，3周岁以上不满4周岁5.50千克，2周岁以上不满3周岁4.50千克，1周岁以上不满2周岁3.50千克，不满1周岁2.50千克。

1959、1960、1972、1981年对上述供应标准中的个别工种和年龄段的划分均有微调。

凭证定量供应。[①]食品业、副食品业出售的粮食制成品免票供应，1957年改为顶票[②]供应。

1985年4月1日萧山粮食统购改为合同定购后，粮食供应继续实行统销体制，对城镇居民、回萧定居并在农村落户的归国华侨和港澳台同胞、国营农林渔牧场中由国家供应口粮的职工及其在场家属等人员口粮，以及计划内民办教师任教期间的口粮，亦发给粮票，并按原统销价供应；工业用粮一律按议价供应，食品业、副食品业、酿造业等行业用粮，原按统销价供应的部分仍按统销价供应。1988年，除酿造业保留平价计划供应外，其他行业用粮均议价供应。1990年10月，随着市场供应的议价粮越来越多，工业用粮、行业用粮计划供应停止。

1993年1月1日放开粮食购销及价格后，取消定额定量供应办法，废除统一的票证。为保护消费者利益、稳定市场粮价、使粮食放开平稳过渡，对城厢、临浦、瓜沥3镇供应的早籼米、晚粳米、上白粉等主要粮食品种的零售实行挂牌价，按照购得进、销得出、随行就市的原则，一月一定（粮价起落大时临时议定）。[③]

农村粮食供应体制　1953年11月起，萧山农村实行粮食凭票供应的计划体制。[④]1955年9月，开始实行定产、定购、定销的“三定”政策。农村销粮以“三定”指标为基准实施粮食供应，后对农村统销指标和统销对象的口粮做了多次调整。至1957年，农村销粮，除种子、补助粮、奖售粮供应等形式外，主要还是统销。农村粮食统销主要对象是棉麻区农户，其次是山区农户、专业蔬菜队农民和不产粮农村农户。1985年，对国家供应农村缺粮人口的口粮和农田水利补助粮、种子粮、饲料粮、救灾粮、农村高中住宿生和户粮关系在农村的集体所有制单位职工的差额补贴粮，发给粮票。

1993年1月1日，随着粮食购销及价格放开，停止农村用粮计划供应办法，参照城镇居民供应的办法，对主要粮食品种的零售实行挂牌价，批量供应价格由购销双方自行商定。

第二节　粮油购销

粮油收购

粮食收购　1953年11月实行粮食统购起，至1955年的粮食征购均以农户为单位缴售。1956～1981年以生产队为单位。1982年起，农村实行家庭联产承包责任制的生产队，以户为单位缴售。

1985年4月1日粮食年度起，萧山取消粮食统购，小麦、稻谷、玉米改为合同定购，并按定购的粮食数量对农户奖售平价化肥[⑤]；大麦等其他品种粮食自由购销，按市场价随行就市收购。翌年，粮食供不应求，为促进合同定购粮食的完成，对缴售定购粮农户增加供应平价柴油[⑥]。

1989年11月，由合同定购改为国家定购，为确保完成省、杭州市下达的

①1955年12月1日起，对工业用粮（制酒、制药、浆纱、制革、造纸、印刷辅助用粮等）和食品业（年糕、面条、饮食、糕点等）、副食品业（豆制品、豆芽、粉丝等）、酿造业（酱油、醋、腐乳等）的行业用粮，根据生产计划和耗粮定额，企业按月（季）编制用粮计划，由国营粮食部门核定后，发给用粮供应证，凭证供应。

②顶票是指粮票购买粮食制成品，国营粮食部门按收回的粮票数量供应粮食。

③2001年5月1日始，根据国家粮食局《关于取消〈市镇居民粮食供应转移证明〉的通知》（国粮调〔2001〕38号）精神，对城镇居民户口在全国范围内迁移以及农业户口转为非农业户口时，取消粮食关系转移证明。

④1953年11月起，农村粮食供应采取自上而下层层分配粮食供应控制数的办法，由乡政府根据缺粮户缺粮情况确定供应数量，并开具介绍信到指定供应点购粮。1954年7月1日，改发购粮证购粮。

⑤合同定购以内的粮食，每百千克奖售平价尿素0.25千克、碳铵10千克。

⑥每百千克定购粮增加供应平价柴油1千克。

表16-6-381 1985～1992年萧山境内粮食收购及奖售情况

年份	合同定购 计划（吨）	合同定购 完成（吨）	合同外收购（吨）	收购共计（吨）	合同定购奖售 尿素碳铵（吨）	合同定购奖售 柴油（吨）	合同定购奖售 发放预购定金（万元）
1985	35000	33530	38057	71587	7937	—	20
1986	35000	41967	35689	77656	1477	263	0
1987	35000	35089	38764	73853	1799	720	137
1988	35080	35105	62380	97485	4702	701	24
1989	35080	35143	65336	100479	9033	726	42
1990	35630	35663	60771	96434	5791	734	65
1991	35660	35692	50581	86273	9550	753	200
1992	35650	35707	81375	117082	9559	765	390

注：①资料来源：萧山区粮食局。
②粮食是指原粮。
③“收购粮食”栏1990年含代购国家专项储备粮食27520吨。

粮食定购任务，对国家定购和顶抵定购任务的粮油品种，在全市没有完成国家定购任务前，除国营粮食部门外，其他任何单位和个人不得收购。

1993年，全省放开粮食购销及价格，浙江省和杭州市不再下达粮食收购计划，市内粮食收购改为合同订购，将订购粮食计划落实到农户。国有粮食部门可自行采购计划外粮食。是年，粮食合同订购工作，除农业税缴现粮外，落实粮食合同订购数3650万吨，其中直接订购到农户的有30个镇乡590个村144855家。

2001年1月1日，国有粮食部门改为向年售粮5吨以上的种粮大户合同订购方式收购粮食，建立产销关系。是年，国有粮食部门与890家种粮大户签订15150吨粮食收购合同，实际收购粮食27767吨，其中订单内15159吨、订单外12608吨。

表16-6-382 1993～2000年萧山国有粮食部门市内粮食收购量

单位：吨

年份	合同订购	合同外收购	合计
1993	34811	59331	94142
1994	41801	29428	71229
1995	41000	22605	63605
1996	40049	44240	84289
1997	39325	79490	118815
1998	30332	26468	56800
1999	30317	41173	71490
2000	23076	11291	34367

注：①资料来源：萧山区粮食局。
②粮食是指原粮。

油脂收购　1953年11月，油脂统购统销与粮食统购统销同时实行。在油脂的收购过程中，食用植物成品油和菜籽、棉籽等油料均有收购，其中收购的油料按出油率折算成成品油。1956年，油脂收购开始实行按比例统购，即油菜籽按实际产量的70%统购，棉籽除每亩（约666.67平方米，下同）留种10千克外全部统购。1957年，实行全部统购、按比例留油返饼，即按规定比例，以分期发放油票和油饼票的形式留人口油、返油饼。后几次调整留油返饼比例。1962年6月1日，留油包干、余油统购，即以生产队为单位，核定产量，留起种子。留种子：菜籽每亩0.50千克、棉籽每亩10千克和人口油每人每年1千克，其余全部统购。后几次调整留种留油标准。1971年起，实行超购加价（农民留油有余部分交售，按一定比例提高收购价，提高比例为10%～30%）。1984年，取消统购，油菜籽、棉籽实行按比例价敞开收购，油菜籽按“倒四六”（40%按统购价，60%按加价）比例价收购；棉籽按“顺四六”（40%按加价，60%按统购价）比例价收购。

1985年，食用油料改为合同定购。国营粮食部门对油菜籽收购实行退饼政策，退饼比例为55%，即按交售油菜籽量的55%平价供应油饼。1992年，停止实行退饼政策，对油菜籽收购仍采用合同定购。翌年1月1日，随着粮食购销和价格的全面放开，放开油脂收购及价格，油脂收购改为食用油料收购，并改为议价收购。

1994年，调整农业种植结构，油菜种植面积减少，国有粮食部门的食用油料收购量锐减。1996年后，随着各种经济类型的粮油经营单位增加，国有粮食部门的食用油料收购量逐年减少。至2001年，国有粮食部门不再收购食用油料。

表16-6-383　1985～1992年萧山油脂收购量

单位：吨

年份	平价收购量	菜籽	议价收购量	合计
1985	5730.8	6444.0	512.8	6243.6
1986	3072.5	1587.4	582.8	3655.3
1987	2561.3	2696.0	1225.6	3786.9
1988	1881.6	2924.2	864.1	2745.7
1989	2174.2	4687.6	991.4	3165.6
1990	5146.0	7458.5	983.3	6129.3
1991	5826.0	15564.0	696.0	6522.0
1992	3100.0	8611.0	1802.0	4902.0

资料来源：萧山区粮食局。

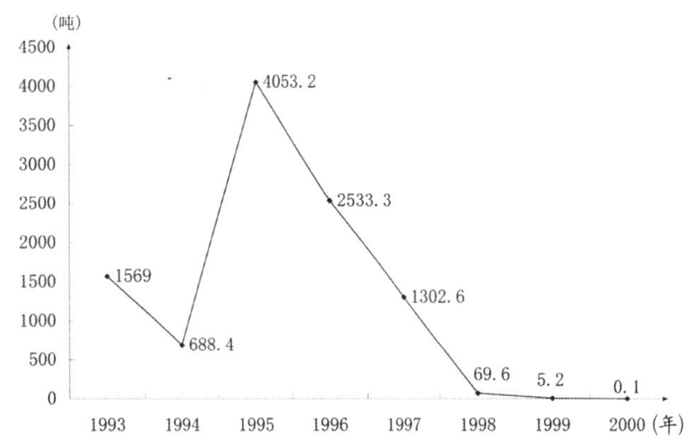

图16-6-601　1993～2000年萧山市国有粮食部门食用油料议价收购量（资料来源：萧山区粮食局）

粮油销售

粮食销售　1953年11月粮食实行统购统销后，粮食实行计划销售，凭票凭证销售。1955年12月1日，除生产粮食制成品的食品、副食品企业用粮实行免票外，其他行业用粮凭证定量销售。1957年，食品业和副食品业的行业用粮顶票供应。直至1990年10月，工业用粮、行业用粮停止计划销售。

表16-6-384　1985～1992年萧山粮食销售情况

单位：吨

年份	总计	平价销售量	城乡	农村	行业	饲料	事业单位	其他	议价销售量	总计中：零售
1985	171814	135228	23361	78914	12390	3393	153	17017	36586	121308
1986	136793	104539	29222	52875	11413	1798	277	8954	32254	156558
1987	140273	98629	30162	56300	9647	2007	275	238	41644	130445
1988	167455	95431	39272	44440	7044	2700	256	1719	72024	104888
1989	141241	89260	34493	44762	7121	2396	278	210	51981	101637
1990	145092	80993	27658	43269	6349	2956	300	461	64099	87657
1991	164205	88867	35191	43944	303	9105	324	—	75338	88280
1992	203897	76697	26745	46560	—	2940	452	—	127200	124536

注：①资料来源：萧山区粮食局；粮食销售量是指原粮销售量。

②“城乡”栏为城乡定量人口口粮。

表16-6-385　1993～2000年萧山市限额以上企业粮食销售情况

单位：吨

年份	批发	零售	合计
1993	118460	23052	141512
1994	104350	33583	137933
1995	202240	34624	236864
1996	113502	15987	129489
1997	139066	18995	158061
1998	45230	2454	47684
1999	39809	2535	42344
2000	92169	340	92509

资料来源：1993～1994年《萧山市国民经济统计资料》、1995～2000年《萧山市统计年鉴》。

1993年1月1日起，取消粮食计划销售，同时取消城镇居民购买粮食票证，主要粮食品种挂牌价零售。从事粮食经营的专业户、加工户和销售点应运而生，逐步形成粮食流通多渠道，国有粮食部门粮食销售量下降。

1994年6月10日，全市各国营粮店开始统一提高标一早籼米、标一晚籼米、标一晚粳米、上白面粉价格。9月8日，东北大米等粮食零售价按最高限价销售。为不使限价粮食断档，一次性从外地以每千克2.08元的高价购入东北大米5万千克，然后以每千克1.94元的低价出售。10月1日始，凡国庆节、元旦、春节、劳动节等法定节假日，发放给全市包括蓝印户口在内的非农人员临时票证，优惠供应大米每人5千克。1997年5月1日，停止销售优惠大米，粮食全部按市场价格销售。2000年，国有粮食部门的粮食销售量66982吨，比1993年的155823吨下降57.01%。2001年3月25日，城乡居民用粮和工业用粮、行业用粮仍按市场价销售。

油脂销售　1953年11月起，油脂由供销社附营，计划（平价）供应，计划销售。1956年，改由国有粮食部门统一经营。1993年后，放开粮食购销及价格的同时取消食用油脂计划（平价）供应，开始按市场价销售。

人口用油　1955年10月1日始，萧山城镇居民食用油实行凭证限量供应。[①]至1993年1月1日，取消食油定量凭票证供应，放开销售和价格。

行业用油　1954年10月，行业用油[②]按核定计划供应，由用油单位制定年度计划，并申请，经当地粮管所核定，按季凭证（卡）定点供应。计划供应量原则上按各集镇人口平均每人每季2两（100克）的范围内核定。

1989年7月，计划内行业用油，由统销价改按优惠价供应，每50千克菜油200元、棉油（精炼）150元。1991年5月，改按购销同价加费用供应。1993年，取消行业用油计划，行业用油面向市场采购。

①1955年10月，城镇居民和农村人口用油控制在每人每月6小两（16两制，约187.50克）以内，凭证购油。1957年4月，城乡人口全部改用油票购油。后，根据年景丰歉和库存松紧，定量几经调整。1958年6月，农村人口一度取消定量，凭证不限量。1960年4月，农村人口用油恢复定量，分别按产粮人口和不产粮人口确定供应标准。后，每年调整供应标准。1962年6月1日，农村种粮农户实行留油包干，除每人每年留油1千克外，其余全部统购，不再供应食油；不种粮农户人口仍按规定定量供应。1964年4月城镇恢复定量。1965年10月，城镇居民供应食油量为每人每月200克，萧山境内的中央、省、杭州市属工厂人员为250克。是年，除定量供应的平价食油外，也有议价食油供应。同时，也有一定数量的平价食油补助，主要是节日补助、特殊用油补助（如会议、招待所、医院病号补助和少数工种的保健补助）和一次性补助（油脂库存量多时，一次性增发油票）。

②行业用油是指食油为主要原料或辅助材料的食品复制业、餐饮业、糕点业和油炸食品业的用油。

表16－6－386　1985～1992年萧山油脂销售量

单位：吨

年份	总计	平价销售						议价销售
			定量人口	统销人口	行业	工业	其他	
1985	3467	2754	591	1350	702	96	15	713
1986	3060	2146	1281	6	812	36	11	914
1987	2981	1430	656	11	740	11	12	1551
1988	2992	1370	573	6	650	8	133	1622
1989	2624	1396	611	5	650	4	126	1228
1990	2894	1409	404	3	556	3	443	1485
1991	4371	1753	515	—	101	—	1137	2618
1992	9844	4288	4278	3	26	—	－19	5556

资料来源：萧山区粮食局。

表16－6－387　1993～2000年萧山市粮油经营企业食用植物油销售量

单位：吨

年份	批发	零售	合计
1993	3129	3501	6630
1994	5623	3546	9169
1995	7112	3290	10402
1996	9584	1553	11137
1997	4262	1770	6032
1998	1678	224	1902
1999	3227	383	3610
2000	890	195	1085

注：①资料来源：1993～1994年《萧山市国民经济统计资料》、1995～2000年《萧山市统计年鉴》。
②1993～1997年是大中型贸易企业销售量，1998～2000年为限额以上批发零售贸易企业销售量。

【附录】

1953～1992年萧山使用的粮油票证

1953年12月20日开始，为了切实贯彻粮食统购统销政策，萧山先后在城厢、临浦、瓜沥等集镇，由居民委员会开具介绍信到指定供应点购粮，流动人口凭派出所证明购粮，机关、部队、团体、学校由各单位写介绍信到指定供应点购粮。这是萧山解放以来，最早的购粮凭证。1954年1月3日，萧山改用购粮券，7月改用购粮证。1955年2月，萧山印发《干部下乡搭伙证明》，面额为半市斤（250克），在《干部下乡搭伙证明》背面加盖用膳人员印章后，连同搭伙费交给农民，农民凭《干部下乡搭伙证明》到粮食供应站购粮。11月1日起，使用购粮购油统一票证。至1992年，萧山发放的主要粮油票证，除专供部队、在编职工粮油票证和临时性票券及行业粮票结算凭证外，共有23种。翌年1月1日，随着平价粮油供应取消，取消全部粮油票证。

一、票证种类

（一）粮票、油票种类

全国通用粮票。1955年11月1日开始发放，全国通用，专供城乡人民临时性出省流动时使用。1980年10月1日起，停止使用。

浙江省粮票。1955年9月开始发放，1958年发放浙江省临时流动粮票，全省通用，专供城乡人民在浙江省内临时流动使用。

浙江省定额粮票。1962年开始发放，发给城乡居民定量人口和国家统销供应的单位和农业人员的口粮粮票，1963年发放浙江农村粮票。1984、1985年先后发放两次新版，每5张为一联，每张都有存根，离根后无效。其中壹市斤票面的定额粮票全省通用，其余均为萧山内使用。

浙江省周转粮票。1961年7月开始发放，专供农村的社、队或农户需要，将一部分口粮出售给国家后，作为今后买回粮食的凭证；或将某一品种的粮食卖给国家，后陆续买回另一种粮食（或熟食）品种的兑换使用粮票。1966、1967、1969、1972和1979年先后发放5次新版。其中贰拾市斤（10千克）票面的浙江省周转粮票只限于在萧山的粮站购买粮食，外出萧山使用需办理搭伙转移手续。1985年停止使用。

浙江省奖售粮票。1962年开始发行，1979年版又增加票面品种，专供收购农副产品奖售粮食时发放的粮票。只能在萧山内使用，不能搭伙转移到外地使用。

浙江省品种交换粮票。1960年开始发放，是农村社队为调节口粮主杂搭配，以麦类、豆类、薯类出售给国家，然后买回其他粮食品种所使用的粮票。1966年后不再发放，并入浙江省周转粮票，主要原因是为了简化票种，对当场兑换者发给“现粮兑换凭证”，不再发放粮票。

浙江省侨汇粮票。1961年开始发放，是根据侨胞汇入的人民币数量发给的特殊供应的专用粮票，在萧山通用（规定只在发放县通用）。使用期限为一年（1982年1月1日起，限期改为两年），离根单张无效。

浙江省侨汇商品供应券（食油）。萧山最早使用的是1959年发放的浙江省华侨特殊供应食油票。此券是根据侨胞汇入的人民币数量发给的专用油票，使用办法和范围与浙江省侨汇粮票相同。

浙江省饲料票。1956年开始发放，用于省规定的生猪、鲜鱼等收购和其他特殊需要的饲料供应。以原粮为计算单位，加盖发放粮管所（站）印章，凭票定点供应饲料粮。

浙江省流动人口食油票。1960年发放，发给有流动人口购粮证的单位和个人的食油供应票证。每人每月一小张，无票面额，装订在流动人口购粮证内随证使用，按到达地标准供应食油，全省全年通用，隔年作废。

萧山县退糠票。1962年开始发放，是农村社队向国家缴售征购超购任务的稻谷和粮种周转兑换，储备粮提取大米、借粮归还稻谷等国家按规定比例返还其米糠的凭证。加盖发放粮管所（站）印章后，凭票在发放区内供应米糠或其他混合糠。

萧山县居民食油票。1956年10月开始发放，发给城镇人口购买定量食油和各项补助用油的凭证。萧山内使用，隔年作废。

萧山县棉籽退油票。1968年开始发放，发给农村社队或社员在完成国家统购任务以后，把多余的棉花（籽）卖给国家（包括随棉花统购的退油），按国家规定的退油折率供应食油的凭证。该票只限于购买棉油，定点发放，在发放区范围内使用。

萧山县菜籽周转油票。1956年开始发放，其性质与棉籽退油票同。使用日期从当年6月起到翌年5月止。1979年后，对社员留油部分的菜籽，粮食部门只开展以菜籽换油业务，不搞周转，因此菜籽周转油票不再发放。

行业粮票结算凭证。1980年10月，为方便产销单位，活跃市场，对全县行业用粮进行改革，凡生产、销售粮食复制品的工厂和饮食商店，采取粮食、粮票铺底办法，同时发放行业粮票结算凭证（通称大额专用粮票）。副食业、饮食店可将销售收回的粮票缴当地粮管所（站）换取行业大额专用粮票后，凭票向全国各食品单位进货，或向粮食部门购买粮食。

此外，根据各个时期的粮油库存状况，萧山印发临时性的票券有：1961年10月～1964年底印发的儿童和成人糕点券；1963～1964年印发的月饼票；1963年发放超售稻谷奖售化肥票，柏籽奖售油票；1964～1965年发放“社教”豆制品票；1964年12月为优待购买带鱼，按每购买带鱼壹市斤（500克），发给优待油票半两（16两制，15.625克）的带鱼油票；以及法定节假日的油票、黄豆票、花生果票等。

（二）购粮证、购油证种类

购粮证和购油证有9种：居民购粮证、流动人口购粮证、工商用粮企业购粮证（顶票供应）、工商企业用粮供应证（不顶票供应）、饲料粮供应证、农村代储备粮证、粮票储蓄证和军用粮、油、豆制品供应证。

二、票证管理

粮票清理。为搞清社会积存粮票数、适当减少粮票流动量，打击经济犯罪活动，清理粮票。1983年5月1日～7月15日，限期清理1969、1976、1979、1982年度版浙江省定额粮票，1969、1972、1979年度版周转粮票，1979年度版奖售粮票，1969、1972、1979年度版饲料票。按节约归己原则，实行一年一换办法。通过清理，全县粮食（饲料）票储存计11955万斤（5977.50万千克），每存户平均751斤（375.50千克），最多的一户有6279斤（3139.50千克）。1984年4月1日～6月30日，清理1983年版浙江省定额粮票、周转粮票、奖售粮票和饲料票，全县换证收回粮食（饲料）票1637万斤（818.50万千克），每存户平均248斤（124千克）。

粮票油票销毁。供应收回的各种粮票油票和抵票凭证，每半年或一年经粮食局局长批准，查对核实，派人监督销毁。损坏而需调换的全国粮票，送交省粮食厅指定地点进行销毁。粮票废止、调换，事先均发布公告，取信于民，以免城乡人民蒙受损失。

严禁买卖、伪造粮油票证。粮油票（证）是城乡人民、用粮单位购买粮油和粮食部门供应粮油的凭证，属无价证券，严禁买卖、伪造。萧山自发放粮油票证后，曾发生多起粮油票证买卖、伪造案件，性质严重的有两件：长河公社（今杭州市滨江区长河镇）投机倒把集团，自1966年开始，乘“文化大革命”混乱之机，贩卖粮票达55万斤（27.50万千克），其中首犯来某某贩卖粮票46万斤（23万千克），牟取暴利6000余元。东方红公社（今杭州市滨江区西兴镇）投机倒把犯孔某某（女），1972年，贩卖全国通用粮票17万余斤（8.50万余千克），牟取暴利8800元。两犯分别于1969年6月24日和1976年7月26日被判处死刑。

另外，1976年3月，在义桥公社（今义桥镇）发现伪造壹拾市斤票面的《浙江省定额粮票》一张。1977年6月，在临浦镇和大庄公社（今属临浦镇），分别发现伪造5市斤（2.50千克）票面的《萧山县菜籽周转油票》案。1982年9月24日，梅东（今属党湾镇）粮站发现伪造1979年版壹市斤（0.50千克）票面的《浙江省定额粮票》案。对于上述伪造票证的案件，公安部门立案侦查，县粮食局通报各地。

（《萧山市志》编辑部根据浙江省萧山县粮食局于1985年12月编印的《萧山县粮食志〈1912～1984年〉》第二章《粮油购销》第五节《粮油票证》整理）

第三节　粮油储运

调运储存

1953年粮油统销后，萧山用粮油由中央统筹调度[①]，粮油调运由国营粮食部门负责。[②]1961年8月，建立粮油专业运输（船）队。1983年11月1日，建立萧山县粮食局粮油转运站。80年代，国营粮食部门开始组织研究储粮技术，并在农村家庭推广应用储粮技术。[③]1993年后，随着粮油购销及价格的放开，粮油经营走向市场，供应的主粮不再调拨，萧山主要承担政策性粮油（各级储备粮油、政策性收购粮油）和本级经营性粮油的储运工作，储备粮食调入数量逐渐减少。为了防范可能出现的粮食市场风险，保障城市和缺粮地区基本口粮的供应，中央、省、杭州市粮食行政管理部门安排萧山从市外调入部分储备粮[④]充实库存。1993年，从沈阳调入萧山有中央专项储备晚粳谷9811吨。翌年，又从吉林省舒兰市、山东省临沂市和宁波港调入中央专项储备粮食（指原粮，下同）15178吨，从金华、富阳等地调入特种储备粮食10750吨，从绍兴、德清、诸暨、湖州等地调入省级储备粮食11000吨。同时，萧山加工出口国家专项储备早籼米15600吨。1995年11月，撤销市粮食局粮食转运站和粮油运输企业，建立萧山市粮油储运有限责任公司。

1996年8月，萧山市粮油储运有限责任公司和浙江中穗实业有限公司分别接收国家专项储备美国“矮化腥黑穗病疫”小麦7254吨和10028吨。为此，萧山市粮食局成立“矮化腥黑穗病疫”小麦接收和封存管理领导小组，负责该项工作。（2001年3月起，美国“矮化腥黑穗病疫”小麦解疫陆续出库。）

2000年全面完成政策性业务与经营性业务分离后，国有粮食部门只负责政策性粮油的储运。2001年3月25日，萧山储存的中央专项储备粮食5727吨、油脂400吨、特种储备粮食1000吨。

粮食仓库

地面粮库　萧山解放初期，利用祠庙和民房作为粮库。1950年，开始新建房式粮仓等多种粮库。1984年，结合城市建设规划，开始按照“相对集中、合理布局”的原则，拆建、扩建粮食仓库。是年，萧山有国营粮站和粮库87家，库容量102685吨。1985年，县粮食局直属粮库建成，库容量6000吨，翌年开始储粮。后，随着城厢镇工人路和西河路连接工程的南北贯通及萧绍公路的拓宽，陆续拆除建于1956年的南北散仓（时为萧山最大粮食仓库），新建瓜沥粮库，扩建县粮食局直属粮库和丁坝等粮库15个，增加库容量共计52525吨。1993年8月25日，市粮食局直属粮库被省粮食局命名为浙江萧山省级粮食储备库，时有仓库容量23900吨。1995年，国有粮库容量为159900吨。

1996年9月，浙江省粮食集团公司和萧山市粮油总公司共同投资建设的萧山市粮油储备库建成，库容量28200吨。10月28日至11月22日，临时开通该库内全长988米的铁路专用线，卸粮车皮68个，粮食4080吨。12月19日，中穗实

①中央统筹调度粮油是指遵循“统筹兼顾、合理安排、稳妥可靠、流向合理、运输安全”的原则，按审核权限，逐级上报年度、季度、月度调运计划，经核准后下达各级粮油供需量，萧山按计划每年从县外调入的粮食在50000吨～100000吨之间，同时按计划调向外地的主要有大麦、小麦和食用油。

②国营粮食部门负责粮油调运，从江苏、安徽和上海等地粮食进入萧山一般通过水路运输，其他省（市）基本上通过铁路运输；省内金华方向一般采用铁路运输，嘉兴、湖州、绍兴方向一般采用水路运输，其他地方则以汽车运输为主。90年代，随着公路运输的发展，公路运输逐渐替代了部分水路运输和铁路运输。

③1981年，萧山国营粮食部门研究科学储粮技术，先后开发成功并在农村家庭推广应用防虫磷砻糠药等多种杀灭虫害的药剂。1986年12月6日，醋酸法杀虫保粮科研技术通过县科学技术委员会等部门组织的技术评审，并获省粮食局1986年度科技进步四等奖。1992年11月30日，农村储粮应用的“杀虫净”杀虫技术通过萧山市科学技术委员会技术鉴定。1982～1994年，推广应用防虫磷砻糠药29.80万包，防护粮食14.90万吨；应用醋酸法杀虫技术的农户13000余家，防护粮食7463吨。1995年11月，《农村储粮熏蒸剂“杀虫净”推广应用项目》通过萧山市“金桥工程”项目验收，并获萧山市政府首批“金桥工程”项目一等奖。是年，面向全省农村推广“杀虫净”30万包，可保粮15万吨。1996年，开始推广应用农村储粮新器具铁皮圆套囤储粮柜。1998年3月该项目经验收成为萧山市政府第二届“金桥工程”项目。

④储备粮为中央专项储备粮和省、杭州市、萧山市的地方储备粮。储备粮除按每年有计划的轮换外，平时不得任意挪用，只接受粮权同级政府指令调拨。

业有限公司（前身是萧山市粮油储备库）隶属浙江省粮食局，更名浙江中穗省级粮食储备库。是年，城北粮管所粮食仓库划入杭州市西湖区（今杭州市滨江区），萧山国有粮库容量减少到139500吨。

1999年10月15日，浙江萧山省级粮食储备库被国家粮食储备局命名为浙江萧山国家粮食储备库。2000年4月，萧山市粮食收储有限公司更名杭州萧山粮食购销有限责任公司，萧山政策性粮食仓储管理业务由杭州萧山粮食购销有限责任公司承担，年末，全市粮库容量134950吨。

地下粮库　1981年，萧山开始在城厢镇西山地下粮库进行储粮试验。是年，储粮100吨。1985年，萧山粮食局租用的城厢镇北干山人防工程（防空洞）开始规模储粮。是年，储粮2000吨。1993年9月，由市粮食局负责扩建的城厢镇北干山地下粮库一期工程使用，粮库容量5400吨，并接收储存从沈阳市调入的国家专项储备粮晚粳谷。1997年，由萧山市人防办公室负责建成的北干山地下粮库二期工程投入使用，粮库容量5000吨。2000年末，萧山地下粮库容量11600吨（含西山地下粮库容量1200吨），常年储粮10000吨左右。

仓储管理

仓储安全　1984年12月27日萧山县粮油储藏协会成立后，进一步研究推广使用科学保粮新技术。1987年12月26日，“储粮应用集气箱机械通风降温技术”通过萧山县科委技术鉴定，并获省粮食局1987年度科技进步四等奖。翌年，在全县粮食部门的粮库中推广使用该项技术。

1988年1月1日，根据省粮食局印发的《商业部“四无粮仓”“四无油库”活动的若干规定的补充意见（试行）的通知》（浙粮〔1987〕185号）精神，开始将原无害虫、无发热霉变、无鼠雀、无事故的“四无标准”和新“四无基础工作”[①]相结合，开展新“四无粮仓”评定办法[②]。是年，粮食仓库受台风袭击，损失严重。[③]翌年12月15日，“磷化铝高粮堆仓底横管熏蒸杀虫技术”通过萧山市科委技术鉴定，并获市政府1989年科技进步三等奖。此项技术进一步提高了粮食熏蒸杀虫效果，90年代，被全县粮食部门的粮库广泛采用。1990年，受台风影响，粮食仓库遭受损失。[④]

1992年11月30日，“散装粮食仓底叠包风道结合排风扇负压通风降温技术”通过萧山市科委技术鉴定，并获萧山市政府1992年科技进步四等奖。后，萧山粮食部门粮库中逐步将该项技术替代储粮应用集气箱机械通风降温技术。至1994年，萧山连续10年实现“四无粮仓”。

1995年4月1日起，市粮食局印发《萧山市粮食局国家储备粮油“四无一符”粮仓、“四无一符”油库鉴定试行办法》的通知（萧粮〔1995〕39号），提出新增“一符”（即账实相符）的要求。是年，丁坝粮库2号仓晚粳谷储存出现上层粮食发热而导致部分稻谷变黄，没有实现“四无一符”粮仓市。1996年起，连续7年实现“四无一符”粮仓市（区）。

2000年，根据省粮食局部署，开展“仓储建设年”活动，筹资291万元，维修仓储设施，首次配置汽车地磅，新建油库容量1000吨；组织180名粮食保

①新“四无基础工作”是指粮食库区环境整洁、严格入库管理、执行各项粮油保管制度、加强仓库维修保养和积极开展科学保粮工作。

②新“四无粮仓”评定办法，是将原以“无害虫、无发热霉变、无鼠雀、无事故”为标准的“四无粮仓”百分率考核办法修改为以“无害虫、无发热霉变、无鼠雀、无事故”的“四无标准”和新“四无基础工作”相结合的“四无粮仓”百分计分考核办法。

③1988年8月8日凌晨，7号台风袭击萧山，全市国有粮库受潮粮食2550吨、淋湿粮食860吨，损失金额158.50万元。灾后，对受潮粮食进行翻仓日晒，对霉变发芽粮食作非食用粮处理，对受损建筑物进行维修。

④1990年8月31日，15号台风突袭萧山，全市进水的粮食仓库有2座、棚仓1座，浸水粮食965吨；漏雨仓库181座，受潮粮食208吨；霉变发芽粮食25.98吨，损失金额约91万元。灾后，对受潮、霉变粮食进行日晒处理，对部分不符合食用质量标准的粮食作饲料处理，并修复受损建筑物。

管员上岗培训，应知考试合格180人，应会考核合格172人。2001年1月10日，《高水分粮食“谷保”防霉技术研究》项目通过浙江省粮食局、萧山市科委组织的技术鉴定，获萧山市政府2000年科技进步三等奖。虽然此项技术在防止高水分粮食生霉变质等方面具有较好的效果，但处理后的粮食仍需要翻晒或烘干及“谷保”自身成本等方面的原因，因此没有得到广泛的推广应用。至2001年3月25日止，萧山可用机械通风的粮库容量102375吨，占地面粮库总容量129550吨的79.02%。

库存清查　1989年6月，根据商业部和浙江省粮食局统一部署，萧山市粮食局全面清查全市国营粮食企业6月1日零时的粮油库存数量及质量，清查粮食59641吨、食用油脂2347吨、食用油料222吨。经清查，实际粮食数量比账面多81吨、食油多9吨、食用油料少2吨。后经杭州市粮食局复查，与萧山市粮食局自查结果一致。

图16－6－602　1998年11月15日，萧山市粮食收储有限公司职工在公司内袋装烘干晚稻谷（丁志伟摄）

1995年4月，萧山市粮食局再次清查全市国有粮食企业4月1日零时的国家粮油库存，清查粮食123469吨、油脂5866吨。经清查，各级储备粮油账实相符，经营性粮食损耗85吨、油脂损耗1吨。

1996年4月，萧山市粮食局第3次清查全市国有粮食企业4月1日零时的国家粮油库存，清查粮食127118吨、油脂6303吨，同时清查萧山代浙江省粮食总公司储存的小麦9751吨。经清查，各级储备粮油库存账实相符，经营性粮食损耗75吨、油脂损耗1.80吨。至此，3次清查粮油库，清查粮食310228吨、食用油脂14516吨、食用油料222吨。清查显示：粮食数量比账面多81吨、食油多9吨、食用油料少2吨，损耗经营性粮食160吨、油脂2.80吨。

2001年3月，萧山市粮食局全面自查国有粮食企业库点49个，粮食80850吨（含萧山地方储备粮食25000吨）。经查，账实相符，账、表、卡一致。

地方储备

1992年11月2日，省政府首次下达萧山市地方储备原粮计划23500吨、食油250吨，并在年底前全部由国家平价库存粮油转入。翌年1月，市政府分别确定地方储备粮食（原粮）计划30000吨、地方储备食油计划500吨，比省政府下达的计划增加地方储备原粮6500吨、食油250吨。后，萧山的地方储备粮油计划多次调整。1995年8月2日，省政府下达萧山市新增地方储备食油150吨。1996年4月30日，省政府下达萧山地方配套储备食油收购计划90吨。11月5日，省政府确定萧山市新增地方储备粮食计划原粮5000吨，后又从吉林省舒兰市调入省际调剂玉米2500吨转入地方储备。年末，地方储备粮油计划和实物数均为37500吨、菜油740吨。

1999年4月14日，结合萧山粮食供求实际情况，萧山市地方储备粮食计划调整为25000吨、菜油490吨。7月26日，为进一步加强萧山地方储备粮油管理，萧山市粮食局、萧山市财政局、中国农业发展银行萧山市支行印发《萧山市市级储备粮油轮换管理办法（试行）》（萧粮〔1999〕97号）（萧财企〔1999〕160号）（萧农发〔1999〕9号），明确规定萧山市级储备粮油轮换的原则、程序和方式、价格和资金结算、费用补贴和其他相关事项。2001年3月25日，萧山市地方储备粮食计划和实物均为25000吨；油脂计划为490吨，实物已轮换支出。

第七章　住宿和餐饮业

萧山地处水陆交通要道，不少集镇是水陆中转码头，住宿业[①]和餐饮业[②]网点兴起较早。[③]萧山解放后，住宿和餐饮业有较大发展。[④]1984年，全县住宿业74家、餐饮业714家。1985年，全县住宿业和餐饮业网点1062家、从业人员5165人。

1993年起，鼓励、支持、扶持个体和私营住宿和餐饮网点发展。至1994年，全市住宿业和餐饮业网点2092家，比1985年增长96.96%。其中国有和集体170家、个体和私营1921家、其他1家。

1998年起，国有、集体商业企业实施产权制度改革，逐步退出住宿业和餐饮业。2000年，全市登记在册的住宿和餐饮业网点1441家，其中国有和集体85家、个体1108家、私营248家。

第一节　住宿业

1985年，全县住宿业网点181家，比1984年增加107家。1987年后，随着社会消费水平的提高，高档饭店、宾馆、酒店等不断增加，新建的萧山商业大厦、萧山宾馆分别拥有套房和标准客房144间和353间。

1989年，经治理整顿，全市住宿网点96家，比1988年减少134家，减少58.26%。1994年末，全市国有和集体住宿网点112家、个体119家。1996年，萧山金马饭店、萧山国际酒店分别拥有各式客房410间（套）、366间（套）。

1998年后，出现私营的萧山美福宾馆、白云宾馆、商业城饭店等中、高档住宿网点，国有和集体住宿业网点逐年减少。至2000年末，全市登记在册的住宿业网点157家，其中国有和集体36家、个体户105家、私营16家。

表16－7－388　1985～1992年萧山旅店业情况

年　份	网点（家）	从业人员（人）	年份	网点（家）	从业人员（人）
1985	181	899	1989	96	910
1986	34	421	1990	110	822
1987	181	640	1991	122	911
1988	230	846	1992	109	770

资料来源：1985～1987年《萧山县国民经济统计资料》、1988～1992年《萧山市国民经济统计资料》。

①住宿业是指有偿为顾客提供临时住宿的服务活动，包括旅游饭店，一般旅馆等，不包括长期住宿场所的活动，如出租房屋、公寓等。(2002年，国家统计局修订的国民经济行业分类〈GB/T 4754－2002〉注释)

②餐饮业是指在一定场所对食物进行现场烹饪、调制，并出售给顾客，主要供现场消费的服务活动，包括宾馆、饭店、酒店内独立（或相对独立）的酒楼、餐厅等。(2002年，国家统计局修订的国民经济行业分类〈GB/T 4754－2002〉注释)

③城厢、临浦、瓜沥、西兴、闻堰、头蓬等集镇历来住宿业和餐饮业较为兴旺。清同治元年（1862），开设临浦张春记点心店，其“临浦馄饨”远近闻名。清末，开设城厢镇朱万和菜馆、泰山酒店等。民国初年，开设城厢镇鸿运楼、李春记菜馆、宁绍旅馆和浙东第一旅馆等。民国11年（1922）临浦镇开设有临江旅馆，三层楼房，设施较好。抗日战争前夕，西兴镇有饭店26家、客栈19家，瓜沥、坎山、义桥、闻堰等地的菜馆亦具一定规模。萧山被日本侵略军占领期间，萧山的旅馆和饮食店大多关闭。抗日战争胜利后，逐渐恢复。至萧山解放前夕，城厢镇的浙东第一旅馆、宁绍旅馆规模较大。

④萧山解放后，旅馆业和饮食业有较大发展。至1955年，全县有旅栈96家、饮食业498家。

1956年，经私营社会主义改造后，萧山有饮食店33家、合作商店21家、合作小组214家，设网点663家。

1959年，新建萧山旅馆，时为全县设施最好的住宿场所。1972年，萧山旅馆与火车站饭店合并后更名萧山饭店，成为全县首家设施较为齐全的国营住宿场所。

1978年后，随着萧山对外经济技术协作与交流日益增多，商旅流动量增加，住宿业和餐饮业发展加快，网点增多，先后新建钱江饭店、贸易大楼旅馆部和农垦大楼旅馆部，扩建萧山饭店等。

第二节　餐饮业

1985年，饮食网点881家，比1984年增加167家；实现商品零售总额1525万元，占全市社会商品零售总额的2.94%，比1984年减少1.13个百分点。1987、1988年，先后开业的萧山商业大厦和萧山宾馆配备有餐厅、包厢，餐厅内配有大屏幕彩电和卡拉OK音响设施，除接待散客外，还可提供各种会议的就餐服务和举办节庆婚宴；菜肴品种既保留萧山的传统炒肉丝、糖醋排骨、汤三鲜、霉干菜烧肉、油炸臭豆腐干等地方菜、特色菜，还供应红烧蹄髈、西湖醋鱼、生爆鳝脊、兰花春笋、莼菜黄鱼汤等既有杭帮名菜风味又有绍帮口味的创新菜肴。

1994年10月，市工商行政管理部门突击检查个体、私营餐饮网点713家，占同期个体、私营餐饮业网点的56.10%。查处违章违法案件93件，占检查网点数的13.04%。其中转借营业执照13家、无照经营55家、擅自雇佣外来人员23家、其他2家。

1998年后，随着国有、集体网点逐步退出餐饮业，个体、私营餐饮业发展，菜肴品种增多。至2000年，形成高中低配套、各具特色的餐饮网络，除传统的杭帮名菜外，广州、四川等各地和中国香港地区的风味点心、菜肴已引入萧山，从农家菜肴到鲍鱼、鱼翅海鲜大餐，从中式快餐到洋快餐在萧山境内均可品尝到。但餐饮业竞争日益激烈，“僧多粥少”，大街小巷“快餐”3元～5元、一荤二素“十元四炒”、“家常菜平价，平价家常菜”的广告随处可见。年末，全市餐饮业法人单位和产业活动单位1549家，比1999年增长38.06%。是年，餐饮业营业总收入46146万元，比1999年增长23.10%。其中商品零售总额43814万元，占全市社会商品零售总额的8.10%。

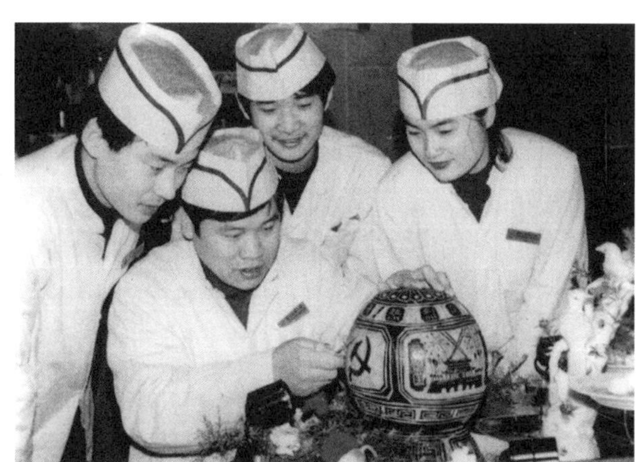

图16—7—603　1998年1月，萧山商业大厦餐饮部年轻厨师在欣赏自己为庆祝元旦献艺而创作的作品（吉光辉摄）

表16—7—389　1985～1992年萧山餐饮业情况

年份	总计		国有经济		集体经济		个体私营经济		社会消费品零售总额（万元）
	网点（家）	从业人员（人）	网点（家）	从业人员（人）	网点（家）	从业人员（人）	网点（家）	从业人员（人）	
1985	881	2740	5	162	232	1538	644	1040	1525
1986	846	3002	9	184	229	1812	608	1006	1863
1987	851	2874	16	38	153	1585	682	1251	1904
1988	946	3327	8	37	167	1734	771	1556	2081
1989	1094	4154	4	25	200	1978	890	2151	2689
1990	1250	4361	6	30	195	1775	1049	2556	3606
1991	1343	4299	17	198	185	1298	1141	2803	3475
1992	1481	4046	15	220	157	1107	1309	2719	4194

注：①资料来源：1985～1987年《萧山县国民经济统计资料》、1988～1992年《萧山市国民经济统计资料》。
②“集体经济”栏包括供销合作经济。1987年，集体经济中的有一部分城乡合作经营组织转为个体经营户。

表16–7–390 1993～1997年萧山餐饮业情况

年份	总计		国有经济		集体经济		个体私营经济		其他经济		社会消费品零售总额（万元）
	网点（家）	从业人员（人）	网点（家）	从业人员（人）	网点（家）	从业人员（人）	网点（家）	从业人员（人）	网点（家）	从业人员（人）	
1993	1703	4420	5	107	108	718	1589	3587	1	8	6777
1994	1861	4549	3	93	55	472	1802	3964	1	20	10861
1995	1285	3278	4	78	38	441	1243	2759			16960
1996	1402	3509	22	239	23	316	1356	2942	1	12	22024
1997	1580	4621	14	347	27	300	1529	3294	10	680	32965

注：①资料来源：1993、1994年《萧山市国民经济统计资料》、1995～1997年《萧山市统计年鉴》。
②“集体经济”栏包括供销合作经济。

第三节 宾馆选介

1989年，萧山宾馆被浙江省旅游局评定为二星级涉外旅游饭店，成为萧山首家星级涉外旅游饭店。1996年萧山金马饭店、萧山国际酒店等开业后，萧山涉外旅游饭店增加。2000年末，全市有涉外旅游饭店11家、从业人员3444人。其中四星级有杭州萧山国际酒店、浙江金马饭店2家，从业人员1271人；三星级有浙江萧山宾馆、杭州阳光休闲山庄2家，从业人员917人；二星级有浙江萧山开元城市酒店、航民宾馆、萧山市新世纪邮电宾馆、萧山二建宾馆4家，从业人员749人；其他涉外旅游饭店有萧山市东方宾馆、萧山蓝天宾馆、杭州萧山钱江观潮度假村3家，从业人员507人。

图16–7–604 1996年8月17日，面积达2000平方米的金马饭店大堂，气势恢弘、风格独特，为华东之最。翌年，被国家旅游局评为“金奖大堂”。图为金马饭店大堂一角（浙江金马饭店有限公司提供）

浙江金马饭店

位于城厢镇通惠中路218号。建立于1993年6月，系中美合资企业。1998年2月，被国家旅游局评定为四星级涉外旅游饭店。2000年12月，通过ISO9000/14000国际质量体系和环境管理体系认证。

1993年，浙江金马饭店由浙江金马集团有限公司与美国纯美国际有限公司共同出资组建，注册资本1200万美元，其中浙江金马集团有限公司出资636万美元、美国纯美国际有限公司出资564万美元。是年7月动工。1996年5月24日营业，总投资2480万美元，占地面积26400平方米，建筑面积52000平方米，主楼25层（不含地下2层），高98.80米。内设标准房215间、套房33间、总统套房1间、大床间161间；大型宴会厅3个，中西餐厅、咖啡酒廊和商务餐厅等6个，各具特色的风味包厢35个，能同时容纳2000人用餐；另有KTV包厢、棋牌室、音乐酒吧、桑拿、足浴、美容美发、泳池、健身房、足球室、室外网球场、乒乓球室等娱乐设施及品种齐全的“购物天地”，并专设商务楼层；大小会议室10个。是年，实现营业收入1089万元。1998年，营业收入7256万元。

至2000年，饭店成功地举行第11届国际激光光谱会议、国际羽绒协会年会、全国水利计划工作会议等国际性会议和重大国事活动；顺利地接待了赤道几内亚总统、17个国家的驻华大使、25个国家的驻华领事和中央、省政府要员。饭店先后获得浙江省十佳休闲度假宾馆、浙江省优秀涉外旅游饭店、浙江省假日旅游服务优秀单位、浙江省首批“绿色饭店”等荣誉称号。

杭州萧山国际酒店

位于城厢镇文化路1号。前身为浙江萧山国际酒店有限公司，1993年10月22日注册，系与港商合资企业。1997年8月，更名为杭州萧山国际酒店。1999年5月，被国家旅游局评定为四星级涉外旅游饭店。2000年5月，通过ISO9000／14000国际质量体系和环境管理体系认证。

1993年3月，酒店由萧山市粮油总公司（今浙江穗丰粮油集团有限公司）、萧山市地方建设发展公司（1998年5月转为萧山市国有资产经营公司投资）和香港民生信封制造厂有限公司共同出资组建。酒店注册资本880万美元，其中萧山市粮油总公司出资563.20万美元、萧山市地方建设发展公司出资96.80万美元、香港民生信封制造厂有限公司出资220万美元。3月24日动工。1995年8月28日封顶。酒店总投资3500万美元，占地面积5950平方米，建筑面积43400平方米，主楼31层（含技术层2层、顶层旋转餐厅，不含地下2层），高109米，时为萧山最高标志性建筑，萧山首家拥有观光电梯和顶层旋转观光餐厅的综合性酒店。从酒店大堂乘观光电梯可直达顶层以星月阁命名的旋转餐厅，饱览萧山城市新貌。

图16-7-605　1995年8月，萧山国际酒店建设工程封顶前的顶层旋转观光餐厅（纪传义摄）

1996年6月9日，酒店住宿、餐饮等主要经营区域试营业，委托香港新思达酒店管理公司全权管理，时有客房366间（套），床位650个；各式餐厅6个，餐位1200个。翌年10月5日，酒店会议中心、康乐中心、桑拿中心、美容中心、购物中心等配套服务设施全面投入营业，委托香港中旅集团酒店管理公司全权经营管理。

1998年4月，酒店实行自主管理。翌年6月，酒店被浙江省旅游局命名为省内首批“绿色饭店”。2000年，酒店设有总统套房、商务客房、豪华客房和标准客房408间（套），宴会厅可一次宴请宾客400余人，以工薪阶层消费为主、具有江南水乡风情的雅园食街；各式中餐厅、西餐厅和咖啡厅供应正宗西餐、西点和闽、浙、川、粤等各大菜系的菜肴，以各国国花命名的豪华包厢充满异国情调，酒店设有大小会议室，既有可容纳400～500人的大会议室，又有20～40人使用的中小型会议室和豪华会议室。豪华会议室配备有6种语言的同声传译系统，可供召开国际国内各种会议。另有室内游泳池、桑拿、美容、KTV包厢、棋牌、健身等活动中心。

酒店试营业至2000年，接待境内外宾客近140万人次，有数十名省（部）级以上领导和国内外知名人士下榻酒店。

第八章　居民服务和其他服务业

萧山历史上传统服务项目较多。①中华人民共和国成立后，服务业有新发展。至1955年，全县有各类服务业机构372家、从业人员596人。

1956年，私营服务网点经社会主义改造后，又几经撤并，数量锐减。至1979年，尚剩79家，其中有国营理发室2家、集体理发店8家、集体照相馆3家、国营浴室1家、其他65家，从业人员482人。

1984年后，随着社会进步、经济发展，人民生活水平提高，贸易经纪及代理和旅游中介、房地产中介、职业中介、广告服务等服务业相继兴起，以满足人民群众日益增长的物质文化需求；传统服务业引入新内容，车辆清洗、彩照扩印、美发美容、电子游戏和资料复印、名片制作等服务业先后发展。1985年，理发业、沐浴业、照相业等服务网点1702家、从业人员3921人，分别比1984年增加501家、907人。翌年，居民服务业增加值2859万元，占全县国民生产总值的1.66%。

1993年后，发展沐浴、按摩、足浴等保健服务和保龄球、棋牌等休闲健身、因特网等娱乐服务和婚姻服务、家庭服务等。至2000年末，全市登记在册的居民服务、娱乐服务和咨询服务等服务网点4381家、从业人员13443人。是年，社会服务业增加值110958万元，占全市国内生产总值的4.87%。

①萧山历史上的传统服务业有理发业、照相业、沐浴业、洗染业和修理业，还有中介、刻字、刻牌等业。民国时期，城厢、临浦、瓜沥等较大集镇都设有私营理发店、照相馆、浴室和洗染坊。

②民国时期，在城厢镇内雇工设店，拆账分成的理发店有2家，各设座位4～5个；临浦、瓜沥等较大集镇均有1～2家拼股拆账理发店；其余均为个体理发或流动理发担。（萧山县志编纂委员会：《萧山县志》，浙江人民出版社，1987年，第484页）

第一节　居民服务业

理发及美容保健服务

理发　理发是萧山传统服务业中比较普通的一种服务项目。传统理发，一般是理、剪、洗、修脸、吹风为多，老师傅还会提供挠耳、点眼等服务。民国时期，萧山较大集镇均有理发店。②中华人民共和国成立后，理发业有所发展。③1985年，有国营饮食服务公司所属的萧山理发室、瓜沥美发室2家，从业人员23人，集体经营有明月坊理发室、新新美发厅、美容理发室、杭二棉理发店、市心理发店、东门理发店、瓜沥东街合作理发店和临浦工农理发店8家，从业人员25人；其他镇乡都有1家供销社所属的合作经营理发店，更多的是散布于农村和集镇未经登记的个体理发户和流动理发担。

1986年后，随着城市改造，设在城区的萧山理发室、明月坊理发室、美容理发室、市心理发店、东门理发店等因拆迁而先后歇业；新新美发厅、瓜沥美发室等转行。至1992年，国营、集体及合作理发店全部歇业，除少数单位开设的理发室外，均为个体理发户。2000年，少数单位设有理发室，城区住宅区、集镇和农村尚有个体理发户，理发室较多经营美发或美容美发服务。

③1951年为161家，1955年增加至400家。1956年，私营商业社会主义改造后，理发店均成为合作店与合作小组。1961年统计，全县有理发业合作店（组）47家、从业人员384人。“文化大革命”期间减少，到1980年，比较巩固的合作店（组）26家、从业人员156人。1982年，理发业实行体制改革后，发展较快。至1984年，全县登记在册的理发业有284家、从业人员382人。散居在农村和小集镇未登记的个体理发户，则为数更多。此外，不少企业、学校和机关也设有理发室。（萧山县志编纂委员会：《萧山县志》，浙江人民出版社，1987年，第484～485页）

①美容在历史上有女子面部开容（又称开颜，即用线将脸上汗毛捻去）。美发是根据个人喜好，进行吹、烫、染。30年代，萧山有烫发（火烫）、染发（白发染黑）。

1956年出现电热烫发。1981年，国营萧山理发室开始使用化学药剂烫发和吹风，较为流行的烫发发型有波浪式、流云式、菊花式等，少数女子烫发有爆炸式、粉丝式、长波浪等，后相继出现削烫、辫梢烫（长烫 、短烫）、一把头、青年式、刘海单烫、辫子单烫等烫发种类。吹风有包头式、波浪式、飞机式、自由式、螺旋式等。

美容美发　萧山美容美发历史悠久。[①]1988年，萧山的美发开始与美容合为一体。是年，创办萧山琴美美容美发屋（后称萧山琴美美发美容城），主营新娘化妆。后个体美容美发陆续增加，但规模较小，以家庭经营为主，少数业主带有徒弟。90年代，随着人民生活水平的提高、社会潮流的变化，为适应市场需求，美容美发经营单位从广州、上海等地陆续引进面部皮肤护理技术，使用水果、果胶、膜粉等做面膜，并配以按摩，达到清洁皮肤、促进皮肤新陈代谢、美容的目的。同时，引进彩色染发技术，但色彩单一，以黄色为主。美容美发逐渐成为专业的服务项目，化妆从新娘化妆发展到演出化妆、儿童化妆、学生化妆等；护理部位从面发展到颈、手，并使用专门护理仪器。

1993年11月8日，萧山市情人岛美容院开业，注册资金21万元，主营美容、美发、理疗按摩、减肥等，兼营美容美发技术培训，从业人员5人，其中技术人员4人。1995年后，萧山的宾馆、饭店、娱乐场所陆续增设美容美发业务项目。1996年4月，自然人陈强和萧山城镇工业供销公司共同出资建立萧山市阳光形象设计有限公司，注册资本为50万元，经营美容美发、新娘化妆、艺术摄影、形象设计等业务。是年，美发项目有发型设计、焗油等；发式有自由式、内包式、外翘式、三角式、扭转式、休闲式、一边倒等。染发色彩开始多样化。

图16-8-606　1996年8月，位于城厢镇市心广场的萧山琴美美发美容城职工在为顾客美发美容（杭州萧山琴美美发美容有限公司提供）

1998年，工商行政管理部门检查美容美发经营户72家，发现有14家不同程度地存在色情、赌博等违法活动。1999年，吊销组织容留、介绍卖淫行为的8家美容美发经营户的营业执照。翌年，吊销违法情节严重的5家美容美发经营户的营业执照。

2000年，出现身体护理（包括泡澡、健胸、减肥等），采用水疗、仪器等护理方法。年末，全市从事美容美发的经营户有277家，从业人员1000余人，以女性为多。经营单位按类型分：企业29家、个体户248家；按镇乡分：城厢镇161家、瓜沥镇28家、临浦镇17家、其他镇乡71家。美发服务项目：烫发有离子烫、空气烫、陶瓷烫、三度空间烫、链健烫、扭转烫、辫子烫、三角烫、浪板烫、锡纸烫、水疗SPA烫等30余种；剪发有碎发、空气灵感剪、三度空间立体发雕剪等10余种；染发有黑油、颜色油、挑染等。

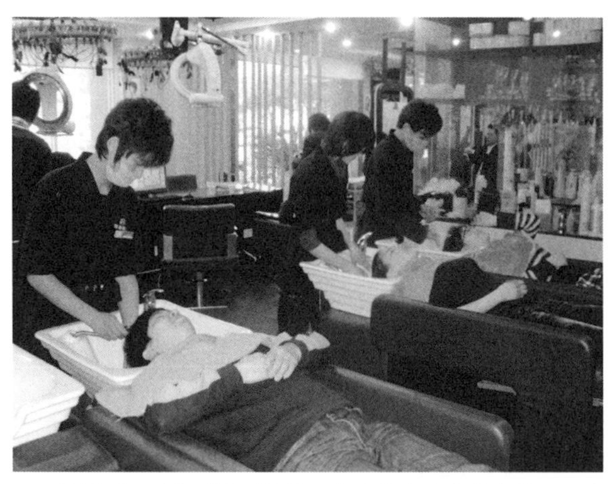
图16-8-607　1996年8月，萧山琴美美发美容城职工在为顾客湿洗头发（杭州萧山琴美美发美容有限公司提供）

洗头　原先是理发操作工序之一。90年代，洗头已成为理发业中的一个专门服务项目，既附属于理发服务，又独立成为服务行业，与传统的洗头相比，更具有休闲性，其服务内容更具体，有干洗和湿洗之分。洗头服务技术要求低、投资成本少，散布于萧山城乡各地。2000年末，有洗头经营户513家（个体户509家，其他经济类型4家）、从业人员1500余人，以外来人员为主，居多的是省内温州人和省外广东人。

按摩　1993年，保健按摩开始从萧山的医疗单位走向社会。是年3月22日，萧山市医药公司所属的江南贸易公司延春堂药店登记注册有兼营推拿按摩。

1999年起，根据杭州市残疾人联合劳动就业委员会印发的《杭州市盲人保健按摩行业管理实施细则》（杭残联劳就〔1999〕81号）规定，规范按摩服务的准入和管理，经营推拿按摩业务须经公安、卫生行政管理部门前置审批，分别获得治安许可证和卫生许可证，方可办理工商登记。2000年，新开业登记9家。年末，全市登记在册的从事推拿按摩服务企业4家、个体户8家。

足浴　90年代中期，萧山出现宾馆、饭店、娱乐场所增设足浴保健服务，服务项目有中草药泡脚、足底按摩、修脚。1997年6月，萧山市机械物资总公司投资15万元设立的萧康足浴服务中心开业，专业从事足浴经营服务。1999年1月11日，建立私营独资的萧山良子足浴健康中心，注册资本15万元。2000年末，从事足浴经营户26家，其中集体企业14家、个体户12家；从业人员200余人，女性占90%以上。后有发展趋势。（2002年，从事足浴经营户94家。）

沐浴服务

萧山沐浴业素不发达。[①]1990年11月1日，萧山宾馆职工浴室对外开放。1992年，开业的瓜沥东方大厦提供沐浴服务。1993年，临浦大酒店添置临浦浴室，从业人员10余人。翌年12月，萧山市食品公司投资2000余万元建造的杭州萧山舒乐门休闲中心开业，以沐浴服务为主，提供桑拿浴、家庭浴室[②]等，兼营推拿服务，一次可供300余人洗澡，时为萧山档次最高、规模最大的沐浴经营场所。后，随着燃料价格的放开，从事沐浴服务的浴室逐年增多。1996年，义盛镇（今义蓬镇）新建浴室2家，萧山湘湖浴室、瓜沥东方大厦浴室先后关闭。2000年末，全市专业经营洗沐服务的经营单位有44家，其中城厢镇16家、临浦镇7家、瓜沥镇6家、其他镇乡15家。

洗烫服务

洗烫服务由洗染业发展而来。民国时期，洗染业较少。[③]中华人民共和国成立后，随着土布逐步淘汰，多数染坊转为服装洗染。至1984年末，全县有洗染服务网点10家、从业人员174人。1985年，全县洗染业12家、从业人员175人。后网点逐年增多，洗染向洗烫发展。

1993年10月，萧山开元投资置业有限公司与香港艺康实业有限公司合资设立萧山之江清洗有限公司，总投资30万美元，其中香港艺康实业有限公司出资7.50万美元、萧山开元投资置业有限公司出资22.50万美元；主要设备有从美国、英国和丹麦进口的15KG干洗机1台、100KG水洗机4台、70KG水洗机1台、23KG水洗机1台、烫平机1台；从业人员30人。1995年末，全市服装洗烫经营单位有61家，除服装清洗外，还承接有床单、被套、枕套等床上用品和桌布、台布等饭店棉织品洗烫

图16－8－608　2000年8月，位于城厢镇小南门的萧山之江清洗有限公司的清洗车间，采用的清洗设备从境外进口（杭州之江清洗有限公司提供）

①民国时期，仅城厢镇、临浦镇各有1家浴室。中华人民共和国成立后，县政府机关和较大规模工厂陆续自办浴室。至1979年，全县经营性浴室仅有萧山湘湖浴室1家，从业人员约20人，内设大池、淋浴、擦背、修脚等业务，躺椅近百把，还供冷热毛巾和茶水。1980年，建成的临浦旅馆建有洗浴室，但规模较小，1986年关闭。

②家庭浴室是指为一个家庭人员提供沐浴的浴室，一般供三口之家用。

③民国初年，洗染业主要经营白土布、旧衣服的染色或印花，全县染坊不下50家。日本侵略军侵萧期间，洗染业衰落，抗日战争胜利后有所恢复。

业务；部分服装洗烫经营单位增加有皮衣的清洗、上色、上光业务和地毯清洗保养业务。随着洗烫服务范围扩大和业务量增加，规模较大的清洗公司开始设门市部。2000年，萧山之江清洗有限公司有6个门市部，萧山求是清洗公司（2003年歇业）有10个门市部，萧山通发清洗公司有4个门市部。

2000年末，全市洗烫服务经营单位107家，其中城厢镇28家、其他镇乡和场79家。

摄影扩印服务

萧山的摄影起步较早、发展较慢。[①]萧山解放后，照相业有所发展。[②]1985年，照相业经营单位没有增减，照相业务仍以黑白证件照、结婚照和团体照为主，胶卷为135型、120型。1986年，萧山照相馆请上海师傅来萧，手工操作彩色照片扩印，谓之彩色精放。翌年，萧山照相馆投资13万元，购置萧山首台国产彩色扩印机，经营彩色照相、冲片、扩印等全套业务，从一般的黑白照发展到艺术照、彩色照、商品广告照等。后城厢照相馆（后分设萧山人艺照相馆和萧山彩扩部）、瓜沥照相馆、临浦照相馆相继添置彩色扩印机。

90年代，城乡居民拥有的照相机迅速增加，推动了彩照扩印业的发展，彩色照片扩印服务逐渐普及到各集镇。婚纱摄影逐步兴起，“黑天鹅”、“中港”、“金百合”、“雨丝”等婚纱摄影影楼相继开业。1996年，萧山照相馆投资55万元，购置进口彩色扩印机1台（套）。2000年末，全市摄影扩印服务经营单位156家、从业人员400余人，主要从事证件照、会议照、摄影摄像、艺术摄影、婚纱摄影、婚庆摄影、商品广告、彩照扩印等服务。

家庭服务

萧山历史上，只有为数不多的城镇居民家庭雇有保姆，以看护老、幼、病、残人员为主，兼打扫卫生和做饭菜。保姆多为女性，非本地人员一般由雇主提供食宿。保姆多由亲朋好友推荐介绍，双方约定报酬后由雇主按月付酬。90年代，随着城市化的发展，家庭服务业逐渐兴起，并开始创办家政服务机构。大多数家政服务机构为居民家庭提供服务工，并向服务工收取一定的介绍费，雇主直接向服务工支付劳动报酬。1992年3月，富吾水创办萧山市三替服务社[③]。翌年后，家庭服务范围逐渐扩大，居民家庭服务从代灌煤气、疏通管道、逐步发展到提供保姆和卫生保洁、水电安装、空调拆装、汽车搬家、病床护工、教学辅导等。病床护工多由医院推荐介绍。家庭教师多为退休或在职教师，也有在校大学生，主要为将参加中考、高考的学生进行业余文化辅导，或进行绘画、音乐、器乐等兴趣辅导。随着家庭购买冰箱、洗衣机等大宗家电商品的增多和住房的更新，大件、重件和大数量商品一般由商家送达用户家庭。1995年，出现钟点工[④]和专业工[⑤]服务。1996年后，随着家庭服务需求量逐年增加，尤其是钟点工服务，每逢节假日，特别是临近春节期间，出现供不应求的局面，家政服务机构逐年增多。至2000年末，全市有家政服务机构18家。按所在地分：城区17家、镇乡1家。按经济类型分：个体私营12家、国有和集体单位附属经营6家。全市受家庭雇佣的各类服务逾6万人次。

①清宣统三年（1911），城厢镇开设有观和轩照相馆。民国11年（1922），又有兄弟照相馆开业。民国15年，较大集镇均有照相馆。

②1955年，全县有照相馆23家。1956年，经私营商业社会主义改造，照相馆大多与镶牙、钟表修理等组合为合作商店或合作小组。“文化大革命”期间，照相馆营业清淡，只能勉强维持。1978年后，照相业陆续发展。至1984年，全县照相业有94家、从业人员198人。

图16—8—609　1999年3月8日，著名相声演员马季作为萧山赈济长江、松花江5000万福利彩票专项活动的嘉宾，在“雨丝”拍摄形象照后，与工作人员的合影（杭州萧山城厢雨丝摄影室提供）

③萧山市三替服务社的服务宗旨是替您解忧、替您排难、替您受过。2002年1月，该社改为杭州三全家政服务有限公司，设备齐全、技术全面、服务更周全。被评为2002年度“浙江省诚信企业”。

④钟点工多为城镇和城郊无固定职业的中年女性，服务以打扫卫生为主，有临时钟点工，服务报酬以小时计价，做完一次就结账；也有长期钟点工，双方约定每周服务次数和服务时间，按月结算。

⑤专业工主要有木工、泥工、管道工、电工，以维修门窗和家具、打孔补洞、墙面刷白、疏通管道、电路检修等为主要服务内容，报酬在服务前由双方约定。

婚姻服务

1981年，萧山开始建立婚姻服务机构。12月，建立萧山县城厢镇婚姻介绍所，为择偶者提供婚姻服务。1982、1983年，该所为56对男女牵线搭桥，其中结婚20对。1984年为67对男女牵线搭桥，其中结婚14对。

1987年5月4日，共产主义青年团县委、县总工会、县妇女联合会联合举办全县“五四”集体婚礼，有17对新婚夫妇参加。

1993年，萧山市家庭事务服务所建立，兼营婚姻介绍服务项目。该所聘请有专职“红娘”2名，为择偶的未婚青年和离异、丧偶者提供婚姻服务，建有择偶者档案。档案登记有择偶者的姓名、性别、出生年月、工作单位、婚姻状况、居住地址、联系方式、征婚要求等事项。至1995年，在该所登记的择偶者有300余人，年龄大多在23～59岁，身份有工人、干部、教师等。

1996年5月，萧山市家庭事务服务所创办“大家沙龙”，组织单身男女联谊，开辟婚姻服务专场舞会，撮合单身男女交往，参加人员有干部、医生、教师、农民、工人等；“大家沙龙”还设有“缘缘角”，专为残疾单身男女择偶提供服务。 6月8日，该所组织联谊会，近200名单身男女会员参加，当晚有3对男女牵上了线，全年结婚60余对。1997年，“大家沙龙”开始通过每月组织一次交谊舞会和举办“茶友会”等方式，为单身男女牵线搭桥，全年结婚近70对。翌年6月14日，萧山市家庭事务服务所、二轻大厦团支部联合、组织90余位未婚青年游湘湖越王城。

1999年，婚姻中介机构服务开始逐步规范，登记择偶者的档案更加齐全，并进行分类造册，方便求偶者查询。登记的择偶者档案增加学历、身份证明、业余爱好、职务职称、经济收入、家庭主要成员等事项，并须签订婚姻中介服务协议书。是年8月，萧山城厢金点子婚姻介绍所建立，这是萧山首家专业从事婚姻服务的私营机构（至年末，牵线搭桥结婚的有32对）。12月20日，共产主义青年团市委等单位举办’99世纪婚典，有50对新婚夫妇参加。这是萧山历史上规模最大的集体婚礼。

2000年末，全市登记在册的婚姻服务机构5家。是年，婚姻联谊活动方式由舞厅、茶室转向出游，婚姻服务组织登记的会员由在萧山境内郊游、野炊，发展到去杭州、绍兴、淳安、桐庐等地旅游，参与活动最多时近百人。通过婚姻服务机构牵线搭桥结婚的有320余对。

2001年后，共产主义青年团市委每年举办一次名称为“青春有约”的青年联谊活动，利用郊外活动为择偶者牵线搭桥。2001年，参加的男女有近50对。

上网服务

1994年后，随着计算机网络技术的发展和因特网的广泛使用，通过计算机与公众信息网络联网，向消费者提供学习、查询和交流等服务的经营场所应运而生，一些电子游戏经营业主和电脑维修服务业主也申请经营上网服务，居民家庭开始接入因特网，上网冲浪、收发邮件、玩电脑游戏、网上聊天等逐渐成为时尚的休闲娱乐方式。1998年7月3日，萧山市信息有限公司、萧山市电信集体资产经营中心共同投资设立萧山新世纪电信服务有限责任公司，兼营因特网服务。这是萧山首家注册有计算机上网经营（网吧）业务的企业。该公司注册资本50万元，其中萧山市信息有限公司出资45万元、萧山市电信集体资产经营中心出资5万元。年末，全市有登记在册的上网服务经营场所95家。翌年后，出现有单位网上发布人员招聘和考试等各种信息。2000年8月，萧山广播电视局（台）利用全市有线电视网，在第10频道上进行逆程股票实时行情传送。12月，利用有线电视网络进行炒股的用户有1000余户。是年，杭州市工商行政管理局萧山分局、萧山市公安局、文化体育局、电信局等部门专项清理网吧经营场所两次，核对前置审批条件，重新核发营业执照。年末，全市有登记在册的上网服务营业场所33家，计算机1600余台。

娱乐服务

萧山历史上，娱乐服务仅局限于戏剧、曲艺、电影等。1987年，全县国营和集体企业电影院和剧院营业额数百万元。1988年后，为满足人民群众文化生活需求，歌舞、电子游戏、休闲健身等娱乐服务业逐渐发展。至1994年，全市有娱乐服务经营场所229家。2000年，杭州市工商行政管理局萧山分局、公安局和文化局等部门联合专项检查电子游戏经营户和其他娱乐服务经营户，变更经营范围和注销登记的有413家。年末全市从事娱乐服务的经营场所有390家，营业额超过5亿元。

歌舞娱乐　1988年2月，萧山市文化馆在萧山宾馆2楼内开设舞厅，面积240平方米，举办群众性舞会，可同时容纳50对舞伴。萧山市青少年宫开设面积225平方米、可同时容纳45对舞伴的舞厅。两家歌舞厅同时开业，这是萧山解放后最早设立的娱乐服务经营场所。后，萧山的歌舞服务迅速发展，以提供自娱自乐演唱和跳舞服务为主的卡拉OK厅、舞厅等娱乐经营场所遍及城乡各地。1996年末，登记在册的有263家，是歌舞娱乐场所最多的一年。

1999年7月1日起，规范歌舞娱乐场所的市场准入。2000年，除允许涉外旅游饭店配套设立的歌舞娱乐场所外，停止审批其他单位和个人新设歌舞娱乐场所。同时，取缔无证照或证照不全的非法经营场所。年末，全市登记在册的歌舞娱乐场所173家，其中企业89家、个体户84家。（2001年8月开始，根据国务院办公厅《关于进一步整顿和规范文化市场秩序的通知》〈国办发〔2001〕59号〉精神，萧山停批歌舞娱乐场所。）

电子游戏　1990年，萧山出现电子游戏机，因吸引力大、博彩性强、收费低廉、操作方便而吸引广大青少年。1991年末，全市有电子游戏经营场所37家，电子游戏机110台。是年，消费者40万人次，不少青少年沉湎于电子游戏不能自拔，荒废学业、损害健康。

1994年，全面整治经营性电子游戏场所。至是年7月19日，全市166家电子游戏经营场所都挂上“未成年人禁入”标志，城厢镇9家离中小学校200米内的电子游戏经营场所也正另觅地方搬迁。7月20日，对城厢镇50家电子游戏经营场所进行突击检查，发现有2家电子游戏经营场所仍接纳中小学生，当场处罚款200元。2000年6月末，全市有电子游戏经营场所295家、电子游戏机近6000台。7月开始，清理整顿电子游戏经营场所，对规模小、环境差、管理不善的电子游戏经营场所实行关闭。年末，全市有电子游戏经营户116家，游戏机3914台。（2002年末，电子游戏经营场所减少到5家，游戏机540台）

休闲健身

保龄球　1994年，萧山首家从事保龄球娱乐的经营服务场所萧山宾馆保龄球馆开业。该保龄球馆共有4条球道，每打一局30元～40元，另外还需支付专用鞋子的租金和茶水费。年末，全市有保龄球经营场所9家，球道96条。1996年，全市保龄球经营场所发展到20余家。1998年7月28日，浙江萧山旅业总公司投资1800万元创办的开元保龄球馆开业。1999年后，参加保龄球运动的人员越来越少，价格一降再降，每打一局2元～3元。至2000年末，全市保龄球经营场所3家。2001年3月，开元保龄球馆停业。

棋牌　1996年6月，萧山国际酒店设立具有自动洗牌功能麻将桌的4间包厢营业，价格每小时40元或50元，外加茶水费。后，棋牌经营场所迅速发展，茶室、酒吧服务场所亦相继开设棋牌经营，价格开始逐渐下降。至2000年末，全市经批准的棋牌经营场所51家，电子棋牌桌692张，价格降到每小时10元或15元；也有以80元甚至50元不限时的方式吸引消费者，并免费提供水果、饮料、点心等食品。

健身　1999年9月20日，葛惠萍创办的杭州萧山香山健身有限公司开业，以教练健身操为主。该公司注册资本50万元，经营场地面积180平方米。健身经营场所面积和健身器材投资数额均要求较高，故发展缓慢。是年，健身服务企业2家。2000年，健身服务的形式从健美操、简单的健身器材锻炼向引进品牌健身器材、综合性机械健身方向发展。年末，从事休闲健身服务的企业5家。

第二节　中介服务业

清代嘉庆年间（1796～1820），萧山已有典当中介服务[①]。民国21年（1932），全县有米行、木行等领帖牙行[②]89家。萧山解放后，中介服务业有所发展。[③]1985年，随着农副产品市场逐步放开，经纪人[④]开始活跃，但重要生产资料、紧俏耐用消费品和生产要素市场经纪活动仍受一定限制。1987年后，先后建立的中介服务机构有萧山县房地产交易管理所，为房产交易双方提供中介服务；萧山人民广播站的广告业务转向以商业广告、产品广告为主；萧山劳动力市场（后更名萧山市职业介绍中心），为劳动力供需双方服务；萧山市人才智力市场，为供需双方提供人才、智力信息，组织人才智力交流、招聘、培训，代管不具备档案保管条件的企业单位和专业技术人员的人事档案；萧山市外商投资贸易服务中心，为外商及港澳台商与萧山洽谈合资、合作项目和编写项目建议书、可行性研究报告以及提供企业登记、土地征用等服务；萧山市房地产价格评估事务所，为交易房产进行价格评估；萧山科技咨询服务公司，为企事业单位引进、转让技术中介服务；浙江金马期货经纪有限公司和交通银行杭州分行萧山证券交易营业部等证券交易机构，分别为客户代理境内商品期货、股票委托买卖业务；萧山市劳务市场，设有综合信息、招工就业、临时用工、合同鉴证、社会保险等服务部；萧山市产权交易所[⑤]，为国内外各种经济性质的单位和个人产权交易提供中介服务。

1995年，萧山市拍卖行建立，是市政府指定的公物拍卖单位，拍卖有形和无形资产，包括国有资产、罚没公物和艺术品拍卖。建立萧山市技术市场，设有计算机网络系统，与国家信息中心“天宇”网络和浙江省科技信息中心的科技网络连接。翌年3月1日，浙江省人民代表大会常务委员会颁布的《浙江省经纪人管理条例》正式实施，确立了经纪人的法律地位，使经纪活动和管理有法可依。1997年8月28日，建立萧山市经纪人事务所，加强经纪行业自律管理、规范经纪市场秩序、进行经纪人培训考核、协助工商行政管理部门监管经纪市场。1999年9月13日，萧山人才信息网站投入运行，为大中专毕业生、就业用人单位招聘人才提供服务。

2000年末，全市有从事市场交易中介服务机构538家，其中贸易经纪及代理236家、房地产中介55家、职业中介58家、广告服务65家、旅行中介11家、科技中介113家；全市各类经纪人524名，其中有房地产经纪人168名、技术经纪人60名、其他经纪人296名。1985～2000年，全市通过经济技术协作，引进项目336个，资金和设备115亿元；签订技术贸易合同8317份，合同成交金额29275.79万元；房产交易33358件，成交建筑面积487.04万平方米，成交金额441321.44万元；评估房产7331件，评估房屋面积371.27万平方米，评估价值245318万元；拍卖88次，拍卖成交额18925万元；登记各类求职人员76053人，招用求职人员33764人；广告营业额21583万元。

①本节所记述的中介服务业是指为市场交易中介服务业，包括贸易经纪与代理、房地产中介服务、广告服务、职业中介服务、旅行服务、科技中介服务等。

②领帖牙行是指经登记的牙行。牙行是萧山解放前提供场所、协助买卖双方成交而从中取得佣金的商号或个人。

③1951年2月，全县居间商行有93家。1953年实行计划经济后，对经纪人采取限制政策。至60年代中期，经纪人消失。1979年后，中介服务逐渐复苏，中介服务范围从生活资料、生产资料的贸易纪经及代理逐步扩展到旅行中介、职业中介、房产中介和科技中介、广告服务等，商品交易由现货发展到期货。1984年，开始建立旅行服务、广告服务机构。是年，先后成立萧山县职工旅游服务中心、萧山县广告装潢公司，分别提供旅游、广告及装潢服务。萧山人民广播站配备专职广告员，为听众提供经济信息等服务。

④经纪人是为买卖双方介绍交易并收取佣金的中间商人，萧山解放前称为“掮客”，接受当事人委托，介绍房屋典当、租赁、买卖和调换。

⑤萧山市产权交易所是经市政府于1994年3月22日批复同意建立的为国内外各种经济性质的单位和个人提供各种产权（包括股权）买卖服务的中介机构，是自收自支、自负盈亏的全民所有制事业单位，实行交易所管理委员会领导下的所长负责制。（萧山市人民政府：《关于同意建立萧山市产权交易所的批复》〈萧政发〔1994〕43号〉）

第三节　其他服务业

刻　字

萧山传统的刻字为手工刻字，以刻私人印章和单位公章为主，多以木质、石质、牛角、橡皮、塑料为材料。1989年末，全市有刻字店45家、从业人员62人。

1990年后，刻字经营单位逐年增加，印章材料逐步扩大到大理石、花岗岩、不锈钢，并采用机械刻字和电脑刻字。1994年，萧山建立有原子印章厂，出现原子印章[①]。1995年末，全市有刻字店90家、从业人员171人，以个体经营者居多。1996年后，刻字店减少。至2000年，有各类刻字店（含服务部、工艺社）43家，其中城厢镇16家、其他镇乡27家。

打　字

萧山经营性打字服务始于1984年。[②]至1989年末，全市打字经营单位23家、从业人员39人，主要服务有打字、复印和名片制作。

1990年后，随着电脑及汉字输入法逐步普及，电脑打字逐渐取代了机械打字，打字、复印经营单位增加。至2000年末，全市有打字、复印经营单位176家。按所在地分：城厢镇89家、其他镇乡87家。按经济类型分：国有和集体单位附属店8家、个体和私营店168家。按经营项目分：专业打字、复印和名片制作服务的47家，兼有文化、办公用品、工艺品零售业和图文设计、软件设计、电脑和打印机维修等服务的129家。

清　洁

萧山清洁服务最早为环境卫生服务，作为一种管理型事业，主要从事城市生活垃圾的清运服务和集镇街道、公厕的保洁服务。1985年，中国蓝星化学清洗集团萧山化学清洗公司（2000年更名为杭州萧山洁灵化学清洗有限公司）建立，采用化学清洗企业单位的制冷设备、锅炉、压力容器、化工设备、中央空调、换热器、空压机等设备和管道等。

1990年，随着萧山车辆和过境车辆的逐年增加，车辆清洗服务单位开始逐渐增多。1995年后，清洁服务项目扩大，车辆清洗服务从高压水枪喷射清洗扩大到车辆打蜡、上光和装潢等美容养护业务，有的车辆清洗服务单位还兼有停车收费和零售汽车配件、辅助材料业务；环境清洗从道路清扫、垃圾清运发展到楼宇等建筑物室内外清洗服务，水塔、水箱、水池清洗，阴沟疏通、卫生填埋、卫生消杀等服务。1996年建立的萧山诚信清洗有限公司，从事建筑物室内外清洗服务。1998年建立的萧山环卫清洁有限公司，从事道路清扫、垃圾搬运、卫生消杀和“门前三包”[③]委托管理及车辆清洗、高层建筑清洗等。翌年建立的萧山绿之源清洗有限公司，从事高档写字楼的日常保洁、外墙清洗、专业石材处理、木地板保养等业务。2000年，该公司从业人员从10名发展到100余名，经营办公场地从20平方米增加到150平方米，拥有多功能擦地机、抛光

①原子印章是由电脑排版、激光雕刻、加注印油的一种印章。原子印章没有普通印章的凹凸面，油墨在印章内，最大的特点是只需加一次油墨，可以印上万次，故亦称万次印章。

②1984年，县政府办公室干部施瑞兴家庭置有机械打字机，其高中毕业的大女儿为县政府办公室打印文字资料，收取劳务费。翌年，城厢镇居民汤长芳设立市心打印服务商店。1987年4月，城厢镇人民路的萧山打字机商店开业，服务项目有打字、复印。

③“门前三包”是指包绿化、包卫生、包秩序。

机、全自动洗涤机等专业清洗工具70余套。

至2000年末，全市有各类清洁服务单位（不含洗烫服务经营单位和家政服务单位）44家。按经营内容分：车辆清洗26家、设备清洗5家、环境清洗13家。按所在地分：城厢镇28家、其他镇乡和场16家。

修　理

萧山历史上的修理项目较多。[①]1984年，全县有各类修理摊（点）812家、从业人员2244人。1985年，全县各类修理摊（点）1342家、从业人员1848人。1988年始，补鞋、修伞、补锅（包括铝锅、铝壶换底）等专业修理摊（点）明显减少，钟表、收音机等家用电器修理服务逐渐增多。至1992年，全市各种修理户有2151家，其中集体33家、私营10家、个体2108家；从业人员2971人。个体户中从事家用电器修理178家、钟表修理213家、自行车修理972家、其他日用品等修理的745家。

①萧山历史上的修理项目，主要有磨剪刀、锵菜刀、修缸、补甏、锔碗（包括凿字）、修皮鞋等。随着社会进步，逐渐增加雨伞、铁桶、钟表、自行车等修理项目。萧山的修理服务多为个人经营，有的有固定经营场所，有的只是临时设摊或走街串巷。

1993年后，摩托车、助动车、手机等新兴修理服务项目增多，高档家用电器的生产企业、经销企业在规定期限内对用户实行包修；修伞、补瓷碗（包括凿字）、修缸、补甏等逐渐减少。至1995年，全市个体、私营日用工业品修理摊（点）有1117家、从业人员1367人。其中私营11家、142人；个体1106家、1225人。个体户中从事家用电子产品修理282家、289人；非机动车修理291家、352人；钟表、衡器修理87家、87人；其他修理446家、497人。是年，营业额8114万元。

2000年末，全市日用工业品修理经营单位1985家（其中个体户1812家）、从业人员4716人，注册资金6179万元。是年，营业额74915万元。

图16—8—610　1994年3月15日，萧山市个体劳动者协会组织各类个体户在城厢镇开展为民服务（萧山区个体劳动者协会提供）

表16—8—391　1984～1992年萧山服务业情况

年份	总计		理发业		沐浴业		照相业		其他服务业	
	网点（家）	从业人员（人）	网点（家）	从业人员（人）	网点（家）	从业人员（人）	网点（家）	从业人员（人）	网点（家）	从业人员（人）
1984	1201	3014	284	382	1	16	94	198	812	2244
1985	1702	3921	162	212	1	17	99	171	1428	3346
1986	2329	3575	12	45	1	17	12	67	2304	3446
1988	1560	2568	362	381	1	20	61	140	1136	2027
1989	2159	2865	487	559	1	22	60	151	1611	2133
1990	3031	4348	542	595	2	29	62	156	2425	3568
1991	2991	4165	725	767	1	24	58	135	2188	3209
1992	3433	4766	702	734	1	25	70	140	2630	3830

注：①资料来源：1985～1987年《萧山县国民经济统计资料》、1988～1992年《萧山市国民经济统计资料》。1987年缺省。

②包括有证个体服务业，1986年，有证个体服务业在“其他服务业”栏中。“其他服务业”栏不含旅店业。

③“总计”栏中还包含：1984年，洗染业10家、从业人员174人；1985年，洗染业12家、175人；1991年，19家、30人；1992年，30家、37人。

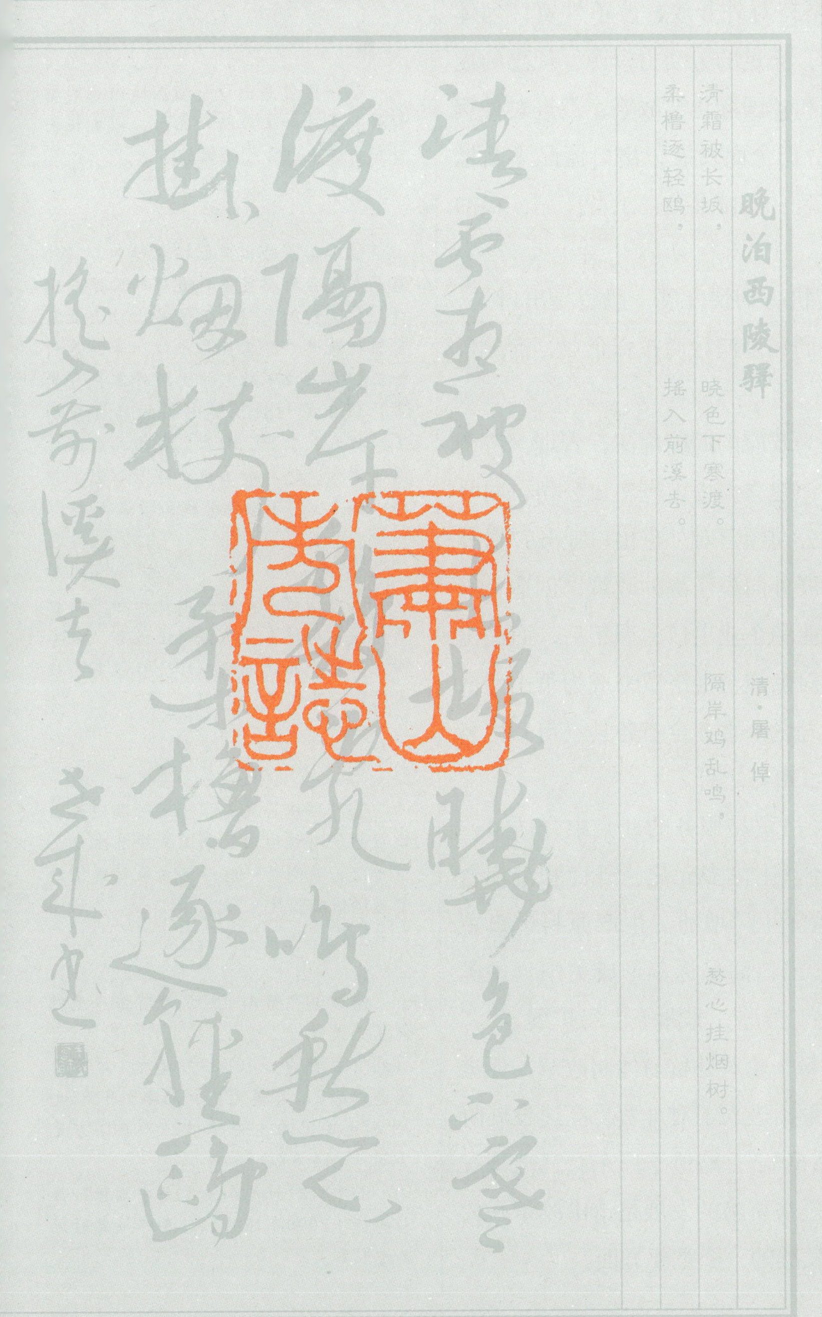

第十七编

对外和对港澳台经济贸易

民国时期，萧山出口商品多由私商收购，转卖给上海洋行，亦有上海洋行就地设庄收购。中华人民共和国成立后，出口商品由国家统一计划、统一管理、统一经营，并归口于国营商业部门。直至1973年11月14日，萧山县对外贸易局[①]和萧山县对外贸易公司建立，实行“两块牌子，一套班子”，承担出口商品的采购与调拨职能。

1978年中共十一届三中全会后，萧山坚持对外开放，改革外贸计划体制，抢抓机遇，加快步伐，凭借广阔的市场、充足的劳动力资源、优惠的税收政策，发挥区位优势，实施“对外带动”和“国际化”战略，促进对外贸易、利用外商和港澳台商资金及对外经济合作全面发展，出口商品不断增加，从农副产品及其加工产品扩大到纺织服装、机械五金、土畜产品、粮油品和工艺美术等，出口市场不断扩大。

80年代后，萧山以列入开放地区[②]为契机，加快发展一般贸易出口[③]、加工贸易[④]、补偿贸易[⑤]和进口贸易，建立外商和港澳台商投资企业，商品自营出口。

1988年，建立市对外经济贸易委员会，为政府的职能部门，管理、协调与促进对外进出口贸易和对外经济技术合作；建立萧山市进出口公司，同时撤销萧山市对外贸易公司，由萧山市进出口公司经营对外进出口业务；对外贸易开始实行两轮承包经营责任制；制订发展外向型经济的政策，创造良好投资环境，鼓励发展外商与港澳台商投资企业和企业出口。翌年后，商品出口从收购出口逐步向自营出口发展，对外和对港澳台经济贸易成为萧山经济发展新的增长点，实际利用外资和港澳台资总量一直在全省各县（市）中名列前茅，全社会出口商品交货值居全省各县（市）之首。

1990年后，建立为对外和对港澳台商经济贸易服务的社会中介体系，拓宽对外交流领域，逐步形成进出口贸易经营主体多元化、外商和港澳台商投资产业多样化的格局，萧山经济外贸依存度[⑥]增加。生产原料进口主要来自日本、美国、德国、意大利等国家。出口商品逐步形成美国、中国香港为主体市场，并向东南亚和大洋洲、拉丁美洲、非洲等市场扩展。

1994年，开始以汇率并轨为核心内容的新一轮对外贸易体制改革，促进对外和对港澳台经济贸易事业的蓬勃发展，萧山进入了对外贸易高速发展阶段。至2000年末，萧山经济外贸依存度为44.60%[⑦]，略逊于广东、江苏等省的沿海经济发达县（市）。对外和对港澳台经济贸易的发展是萧山改革开放的标志和成果之一，也是今后支持萧山经济发展的一个重要方面。

①萧山县对外贸易局于1984年2月撤销。

②1984年7月，萧山被国务院列入甲类开放地区，1988年3月被列为沿海经济开放地区。

③一般贸易出口是指在境内采购原材料并生产加工成新产品后，以委托出口和自营出口方式的贸易活动。

④加工贸易出口包括来料加工（外商及港澳台商指定原料进口加工产品出口）、进料加工（加工贸易出口企业自定原材料进口加工产品出口）等。来料加工贸易出口不收汇，由境外客户（卖方）提供原材料，境内买方只负责加工，收取加工费，加工完成产品后，再返回卖方。进料加工出口可以收汇。另外，加工贸易不缴纳关税和增值税。

⑤补偿贸易是指引进外商和港澳台商的设备与技术，然后以该设备、技术所生产的产品，分期抵付进口设备与技术的价款及利息。

⑥外贸依存度是指一定时期内进出口贸易值与该地同时期国民经济生产总值之比，是衡量一地经济发展对进出口贸易的依赖程度。

⑦2000年萧山市经济外贸依存度的计算公式为：
（外贸自营出口90809万美元+外贸自营进口31973万美元）×汇率8.2783元/1美元÷国内生产总值2279099万元×100%=44.60%。

汇率8.2783元/1美元是中国银行萧山支行于2000年12月31日年终结算时的美元汇率。

第一章　进出口贸易

民国时期，萧山出口的花边[①]、红鸡毛、萝卜干等商品多由私商收购后，转卖给上海洋行出口，亦有洋行在萧设庄收购。其间，花边主销美国、意大利等欧美国家。中华人民共和国成立后，进出口商品实行指令性计划，组织出口的商品由国营商业部门统一收购，萧山的出口商品陆续增多、出口市场逐渐扩大。[②]70年代后，出口商品改由县对外贸易公司委托有关国营商业专业公司或基层供销社代为收购，出口企业增加。[③]80年代，商品出口形成多渠道的格局，先后出现加工贸易、补偿贸易、工贸联营和外商及港澳台商投资企业出口贸易。同时，出口企业规模扩大，出口商品质量提高，进口贸易相应发展。

1988年后，萧山以对外贸易体制改革为契机，加快发展对外贸易，成立市进出口经营机构、制订鼓励企业出口创汇政策、扩大企业进出口经营自主权，使出口企业数量增多、规模扩大，出口商品品种增多、数量增加，国际市场拓展，内资企业出口商品逐渐向自营出口为主发展，进口设备和技术增加。

至2000年末，全市有出口企业531家。是年，社会出口商品交货值1223895万元，其中中外合资经营企业、中外合作经营企业、外商独资企业（简称“三资”企业，下同）和内资自营出口企业及其他内资企业分别为654676万元、379511万元、189708万元，占全市出口商品交货值的53.49%、31.01%、15.50%。自营出口90809万美元，其中一般贸易出口、加工贸易出口分别为61198万美元、29611万美元，占全市自营出口的67.39%、32.61%。出口商品有纺织服装等7大类，销往五大洲80余个国家和地区。其中销往美国、日本等10个国家和中国香港地区自营出口75148万元，占全市自营出口额的82.75%。进口设备累计超7亿美元，直接进口生产用原材料等近4亿美元，进口国家主要是日本、德国、美国、意大利。

①民国12年（1923），坎山沪越花边厂开业，生产花边出口。

②出口商品，50年代，增加萧山鸡、青梅等；60年代，增加中猪、活大猪等；70年代，增加服装、珍珠、榨菜、鳗鱼、R165柴油机、胡瓜、花色钳、索具、杨梅、麻网袋等。

出口市场，50年代，萧山鸡出口苏联；60年代，中猪、活大猪和青梅等商品进入港澳市场；70年代，出口市场逐渐发展到美国、英国、法国、波兰、日本等国家和中国香港地区。

③70年代后，先后有河上金属拉丝厂、萧山动力机厂、闻堰五金工具厂、萧山径游麻编织厂、萧山索具厂、萧山鞋厂、杭州瓷厂等出口企业。

第一节　对外贸易体制改革

中华人民共和国成立后，实行指令性计划和统负盈亏的高度集中的对外贸易体制。1974年3月1日，萧山县对外贸易公司开始负责经营和结算萧山的出口商品业务[④]，对商品出口企业以人民币结算，其留成外汇亦由县政府统一管理。

1979年后，改革对外贸易体制，实行外汇留成制度，留成外汇用汇实行指标控制；同时，逐步缩小对进出口商品的指令性计划管理范围，实行指令性计划、指导性计划和市场调节相结合的对外贸易体制。1984年，改变了萧山的对外贸易一直以国家统一经营、统负盈亏的体制，萧山县对外贸易公司开始实

④萧山县对外贸易公司经营和结算的出口商品业务，除商业系统供应出口的畜产品、茶叶和工业系统供应的厂丝等商品仍维持原来结算关系外，其余出口商品均由萧山县对外贸易公司经营和结算，并采取“商品直接运输，货款就地结算”的方式经营。（萧山县革命委员会生产指挥组：《关于萧山县对外贸易公司开始经营业务的通知》〈萧革生〔74〕25号〉，1974年2月21日）

行企业化经营，开展横向经济联系，以工贸结合的方式发展商品生产出口基地，增加商品出口；同时，为鼓励外贸出口，实行外贸减亏、增盈分成制度，推进对外贸易的发展。1986年，杭州万向节厂成为万向节产品出口生产基地，萧山县五金工具厂和杭州弹簧垫圈厂成为外贸扩权企业[①]。

1987年，国家取消出口商品收购与调拨计划，鼓励企业发展对外贸易。1988年1月1日，取消留成外汇用汇指标控制，允许通过浙江省外汇调剂中心按浮动汇率自由调剂。6月3日，萧山市对外贸易公司的全部人、财、物与浙江省对外贸易公司脱钩，下放给市政府管理。是年，萧山市进出口公司等4家企业被批准为萧山首批自营进出口权的企业[②]，杭州万向节厂被指定为外贸代理企业[③]，出口企业可以自营进口原材料，开展加工贸易和直接向境外出口商品。萧山市进出口公司经营对外贸易开始实行两轮承包经营责任制。[④]

图17—1—611 1987年5月，萧山羽绒总厂（浙江北天鹅集团公司前身）发展对外贸易。图为该厂出口产品羽毛绒的分毛车间（董光中摄）

1991年1月1日，取消对出口的财政补贴，建立外贸出口企业自负盈亏新体制，实行全国统一的外汇留成比例办法，允许企业自行决定使用留成外汇。

1994年1月1日起，实行以市场供求为基础的、单一的、有管理的人民币浮动汇率制，取消出口企业外汇留成及上缴和额度管理制度；转换外贸企业经营机制，获自营进出口权的企业开始建立进出口公司；完善对外贸易的管理机构和协调服务机构，先后建立中华人民共和国杭州海关驻萧山办事处、中华人民共和国萧山进出口商品检验检疫局、萧山市外商投资企业协会、中国国际商会萧山市商会、萧山市翻译协会等。1997年，取消外汇调剂，放开外汇市场，通过金融市场进行外汇交易和兑换。至2000年，萧山基本建成适应市场经济要求，并适应国际通行规则的对外贸易体制。

图17—1—612 1994年10月10日，美国通用汽车公司副总裁艾伦·道瓦斯（左二）在浙江亚太机电集团公司与总经理黄来兴（左一）洽谈合作生产汽车制动器项目。图为翻译在向艾伦·道瓦斯介绍浙江亚太机电集团公司情况（亚太机电集团有限公司提供）

①外贸扩权企业是指经国家对外经济贸易委员会批准，取得出口自产产品和进口自用原材料与设备经营权的企业。

②1988～2000年，要求申请自营进出口权的企业必须达到注册资本850万美元、连续两年出口创汇100万美元、产品销售额5000万元。

③外贸代理企业是指具有自营进出口权，可在其经营范围内为其他企业代理进出口业务的企业。

④1988～1990年，萧山市进出口公司对外贸易实行第一轮经营承包责任制，1988年，根据浙江省对外经济贸易厅代表省政府下达的承包指标，市政府下达给该公司3年的承包指标：出口商品交货值1.90亿元，利润224.87万元（利润指标一定3年不变）；1989年出口商品交货值2.20亿元，1990年为2.80亿元。该公司将指标分解，落实到各科室、部门，实行固定工资加奖金的考核办法。完成实绩为：1988年，实现出口商品采购值19344.55万元，利润248.17万元；1989年，出口商品采购值28140.60万元，利润257.72万元；1990年，出口商品采购值33561万元，利润232.89万元。

1991～1993年，实行第二轮经营承包责任制，改由市政府直接下达出口商品采购值和自营出口额承包指标。承包指标以上年实绩为基数，承包以自营出口创汇为主，在分配上采取工资福利与创汇实绩挂钩，职工实行浮动工资加奖励，收入上不封顶、下不保底，企业自主经营、自负盈亏的考核办法。完成实绩为：1991年实现出口商品采购值36450万元，自营出口488万美元（1990年自营出口95.28万美元）；1992年，出口商品采购值42560万元，自营出口836万美元；1993年，出口商品采购值52624万元，自营出口1012万美元，自营出口创汇居全市第一位。(任国辉调查整理)

第二节　鼓励政策

1988年3月25日，为贯彻落实国务院关于沿海地区必须有领导、有计划、有步骤地发展外向型经济的战略部署，市政府《关于印发〈萧山市发展外向型经济规划〉的通知》（萧政〔1988〕33号）提出，争取1990年实现社会出口商品交货值8亿元，创汇企业180家。同时，市政府印发《关于鼓励企业出口创汇的若干规定（试行）》（萧政〔1988〕34号），给予出口创汇企业所需流动资金、设备贷款优先安排，利率优惠；生产出口产品所用的加工电电费八折优惠，出口产品交货值占企业全部产品销售额50%以上的企业三班运转的，用电可以不避“三峰”（用电不避每日上午9～11时、下午14～16时、晚上19～21时3次用电高峰期）；并设企业出口增长速度奖和出口创汇先进奖。是年，市三电（计划用电、节约用电、安全用电）办公室（简称三电办，下同）核定85家出口企业优惠用电共有3418.60万千瓦，优惠金额为150万元。

1989年，开始免征萧山加工贸易企业进料加工和来料加工进口关税。是年8月，市政府印发《关于鼓励出口企业创汇的若干规定》（萧政〔1989〕130号），出口交货值占企业销售额30%以上或年出口交货值超100万元的出口企业，享有税收优惠政策。

1991年3月，市政府下发《关于对鼓励企业出口创汇的若干规定的补充意见》（萧政〔1991〕15号），决定增设新出口创汇企业奖、开发新出口产品奖、先进“三资”企业奖和企业主管部门完成出口计划奖、超出口计划奖和新办“三资”企业奖。奖金从市长奖励基金中列支。翌年5月，市委、市政府印发《关于加快发展外向型经济若干问题的暂行规定》（市委〔1992〕39号），决定建立市、镇乡和企业3个外向型经济发展基金。市外向型经济发展基金由当年全市加工电量每度提取1分（由市“三电办”划拨）、市级外贸企业按当年出口交货值的1‰统筹和省下拨市长奖励基金三方面筹集；各镇乡外向型经济发展基金按所属企业产品销售收入的1.50‰统筹，各系统的出口创汇企业按销售收入的1.50‰提取，用于出口企业开发新产品、出口补亏和奖励先进；市级外贸企业出口创汇发展基金按出口商品销售额的2.50‰提取，其中1.50‰留给外贸企业专款专用、1‰交由市统筹。同时，完善激励机制，对引进对外贸易和对外经济技术合作项目设立引荐奖；对镇乡设立外向型经济“金龙杯”奖；出口创汇企业“标兵奖”；对有出口创汇的主管局、镇乡和企业设立增长速度奖；对机关设立外向型经济服务奖。

1995年4月，市政府印发的《关于鼓励发展外向型经济的若干意见》（萧政〔1995〕3号）提出，应保持出口贸易增长幅度与信贷规模扩大同步，重点支持当年出口交货值达5000万元的出口生产企业和自营进出口企业的技术改造项目。翌年3月，市政府颁发《关于鼓励发展外向型经济的若干规定》（萧政〔1996〕6号），调整外向型经济发展基金资金来源，由市三电办每年划拨250万元、市财政管理部门年末返还给市级外贸公司和自营进出口生产企业（财务单独核算）当年自营出口的所得税中的40%及由市财政划出一块专项基金三部分组成。

1998年5月，面对东南亚金融危机对萧山出口贸易的影响，市政府印发《关于鼓励扩大外贸出口的若干意见》（萧政〔1998〕4号），允许出口企业按销售额的1.50‰提取出口风险基金，列入企业成本，用于弥补企业产品外销风险和开拓国际市场；自营出口企业按自营出口1美元提取3分人民币，列入企业成本作为出口奖金；出口交货值在5000万元以上的重点骨干企业和自营出口企业自营出口的菜篮子基金、财政风险金、贴农金、工业用水排灌等规费均减半征收。10月，中华人民共和国杭州海关驻萧山办事处开始办理外商和港澳台商投资企业进口货物减免税。

1999年3月，市政府印发《关于鼓励发展外向型经济的若干补充意见》（萧政发〔1999〕29号），进一步鼓励企业出口创汇，生产化纤面料产品的出口企业每收汇1美元贴息0.05元，年贴息总额不超过100万元；萧山市进出口公司上缴的所得税全额返还，生产企业建立的进出口公司和有进出口经营权的商业流通企业，当年自营出口超过1000万美元的，其上缴财政的所得税比上年增长10%以上部分全额返还；将自营出口超过1000万美元的出口企业列入市地方税征收的“一厂一策”扶持对象，实行重点扶持；当年出口交货值超5000万元人民币或自营出口达200万美元以上的出口企业，其出口产品的技术改造项目免缴城市基础设施配套费，当年使用土地的级差地租中的地方留成部分减半缴纳；市财政每年安排资金100万元，用于参加境内外展览活动、拓展新兴市场的补贴。

1998年10月至2000年12月31日，中华人民共和国杭州海关驻萧山办事处共审批货物减免税49872万元。

表17－1－392　1988～2000年萧山市实现出口商品交货值情况

单位：万元

年份	国营工业公司	二轻工业总公司	农场局	乡镇局	教育局	商业局	供销社	粮食局	民政局	其他	合计
1988	1113	11558	981	16507	437	200	1778	197	0	2977	35748
1989	1810	18588	1578	23426	699	274	4587	0	0	1547	52509
1990	1433	22716	2227	32854	1808	326	4046	40	0	4009	69459
1991	1888	22912	3092	46070	2381	321	5350	133	65	2066	84278
1992	4974	23435	5162	70480	2654	438	9224	325	242	9815	126749
1993	13402	32162	13966	123573	3980	375	5875	513	242	16701	210789
1994	21137	41275	19048	205093	3675	200	9095	2036	0	47606	349165
1995	20551	37104	22978	278396	4683	289	7930	1632	0	77500	451063
1996	15277	35559	24384	292811	4623	435	5059	1747	0	122612	502507
1997	19480	34558	32281	366658	5864	510	4032	2733	0	138536	604652
1998	22946	28280	33166	419669	3129	526	3105	1904	0	209462	722187
1999	31293	25306	36805	566207	4843		5307	2059	0	234158	905978
2000	2841	21223	43883	789770	5395	627	6639	876	0	352641	1223895

注：①资料来源：萧山区对外贸易经济合作局。
②1985～1987年出口商品交货值为外贸商品采购总值。

第三节　出口贸易

出口企业

1984年，出口企业开始与外贸专业经营机构实行工贸联营。是年10月，萧山湘湖印染厂与萧山县对外贸易公司、浙江省纺织品进出口分公司签订出口商品联营协议，进行工贸联营。

1985年，“三资”企业生产的产品开始出口。是年，杭丰纺织有限公司生产的棉纱销往中国香港等地，商品出口交货值522万元。翌年，为外贸出口提供产品的生产企业146家，其中出口商品交货值在1000万元以上的有杭州万向节厂和萧山花边总厂2家，500万元以上的4家，100万元以上的11家。1988年，出口商品交货值在1000万元以上的企业增加到11家，出口商品出口交货值17500万元，占全市商品出口交货值的48.95%。杭州弹簧垫圈厂出口创汇314.52万美元，居全省乡镇企业出口创汇之首。杭州万向节厂出口万向节67万套，创汇302万美元，比1987年增长2倍，居全国汽车零部件及配件制造业企业创汇第一位。

1989年，具有自营进出口权的萧山市进出口公司、萧山五金工具厂、杭州弹簧垫圈厂和浙江钱江啤酒厂4家企业开始自营出口。是年，出口商品交货值超1000万元的企业有17家，萧山花边总厂、浙江工艺鞋厂、萧山五金工具厂、杭州弹簧垫圈厂和萧山羽绒总厂获杭州市出口创汇企业“金杯奖”；杭州万向节总厂和萧山羽绒总厂被省政府评为浙江省乡镇企业出口创汇先进集体，并分别获对外经济贸易部、农业部授予的全国乡镇企业出口创汇“金龙奖”、“飞龙奖”。

1990年，出口企业面对西方一些国家的经济制裁和境内产品市场疲软，萧山天然大理石厂以补偿贸易的方式出口，杭州王星记萧山运西联营扇厂采用来料加工出口。1993年，萧山花边总厂、浙江凯星制衣公司、浙江工艺鞋厂、杭州柴油机总厂和杭州减速机厂5家企业获自营进出口权。年末，全市累计获自营进出口权的内资企业有9家。

1997年，受东南亚金融危机的影响，出口企业一度出现外商及港澳台商压价和转移订单的情况。面对困难，出口企业向国家申请自营进出口权增多，引进设备和技术增加，加快技术更新和产品升级换代步伐，扩大出口商品生产规模，调整产品结构，形成一批出口产品交货值超1亿元的企业。是年，浙江富可达皮业集团有限公司生产的皮制品价格下降15%左右，实现出口产品交货值16036万元。翌年，该公司调整产品结构，由生产猪皮为主的中低档产品转向以羊皮、小牛皮等皮质为主的中高档皮装，使“富可达”皮革服装顺利销往英国、意大利市场，全年出口交货值17628万元。1999年，萧山市进出口公司等14家企业出口商品交货值居全省外贸公司、自营进出口生产企业、外商和港澳台商投资企业“三类出口企业”的前50位，其中被评为浙江省出口先进企业的有9家，占全省100家出口先进企业的近1/10。

图17—1—613　2000年8月，出口企业杭州民生陶瓷有限公司（前身杭州瓷厂）技术人员在检验仿南宋官窑出口瓷器质量（丁力摄）

2000年，萧山昕发染整有限公司等2家私营企业获得自营进出口权。

2000年末，累计批准“三资”企业647家，其中享受进出口权的内资企业92家；出口企业531家，其中“三资”企业117家、内资企业414家。是年，出口商品交货值1223895万元，占全市国内生产总值的53.70%。其中超1亿元的企业有28家，比1999年增加10家；4000万元以上的55家。被评为杭州市外贸出口创汇、创利“双优”的“三资”企业26家，比1999年增加6家；被评为全国创汇、创利“双优”的“三资”企业20家。

表17-1-393　1988～2000年萧山市企业出口情况

年份	总计			“三资”企业		内资自营出口企业		其他内资企业	
	数量（家）	品种（种）	商品交货值（万元）	数量（家）	商品交货值（万元）	数量（家）	商品交货值（万元）	数量（家）	商品交货值（万元）
1988	117	116	35748	1	1514	4	5393	112	28841
1989	132	183	52509	2	3571	4	5616	126	43322
1990	186	201	69459	5	6787	4	9276	177	53396
1991	212	233	84278	11	13183	4	8884	197	62211
1992	219	252	126749	12	21745	4	15400	203	89604
1993	276	285	210789	41	59380	9	42570	226	108839
1994	324	326	349165	70	91235	12	67372	242	190558
1995	340	335	451063	81	116894	16	97911	243	236258
1996	326	342	502507	80	152850	12	93524	234	256133
1997	323	348	604652	78	207600	15	125405	230	271647
1998	375	353	722187	74	274459	29	163120	272	284608
1999	438	327	905978	92	476345	44	215197	302	214436
2000	531	207	1223895	117	654676	56	379511	358	189708

注：①资料来源：萧山区对外贸易经济合作局。
②1985～1987年出口商品交货值为外贸商品采购总值。

图17-1-614　1986年5月，萧山花边总厂两位职工在挑万缕丝花边。万缕丝花边通过上海抽纱品进出口公司等进出口公司收购出口（董光中摄）

出口方式

收购出口（间接出口）　中华人民共和国成立后，萧山出口商品归口国营商业部门统一收购，并通过国家专业进出口公司出口。1973年11月，县对外贸易公司建立后，除部分土特产等出口商品继续由国营商业部门经营外，大部分出口商品由萧山县对外贸易公司按照国家进出口公司出口商品要求，委托有关国营商业专业公司或基层供销社收购或与企业商定收购价格和奖售标准，并督促完成出口商品生产；也有国家专业进出口公司直接收购商品出口。

1984年，萧山县对外贸易公司开始与商品出口企业、国家专业进出口公司联营。1985年，萧山县对外贸易公司分别与萧山径游工艺鞋厂和上海工艺进出口分公司、与萧山衬衫总厂和浙江省纺织品进出口分公司签订协议。是年，通过签订联营协议，萧山湘湖印染厂、萧山径游工艺鞋厂和萧山衬衫总厂共提供出口商品257万元。全县出口商品采购总额5331万元，比1984年增长31.46%。

1989年后，随着享有自营进出口权的内资企业自营出口，外贸商品采购总值占全市出口商品交货值的比重逐年降低，1991年为43.25%，翌年为33.58%。1993年后，商品采购总值不再单独统计，直接计入全市外贸商品出口交货值内。

表17-1-394　1985～1992年萧山出口商品采购情况

单位：万元

年份	总 值	纯购进价 值	粮 油食 品	工艺品	纺 织服装类	土 畜产品类	机 械五 金	轻工业产 品	针 棉织 品	化 学医 药	其 他
1985	5331	5015	766	2160	371	1068	568	0	0	398	0
1986	11336	10827	1789	4098	1781	1765	1213	194	0	496	0
1987	14359	13816	2113	4832	2095	2151	2351	427	0	390	0
1988	19345	16794	3600	5899	1714	3081	3287	549	840	362	13
1989	28141	25060	3991	7541	5022	4024	5219	1338	551	169	286
1990	33561	31319	4244	7237	6095	6429	4881	2944	743	242	746
1991	36450	32854	5414	5640	6385	4932	6507	3608	1365	777	1822
1992	42560	39784	7080	5297	7895	4222	6656	3685	2869	1515	3341

资料来源：1985～1987年《萧山县国民经济统计资料》、1988～1992年《萧山市国民经济统计资料》。

自营出口（直接出口）　萧山自营出口始于加工贸易。1982年，萧山仪表标准件厂来料加工美制螺丝出口。1985年，“三资”企业杭丰纺织有限公司纺织品出口，创汇170万美元。①

1989年，萧山市进出口公司等4家首批享有进出口自营权的内资企业开始自营出口。是年，内资企业自营出口188万美元。后随着自营进出口权的内资企业和“三资”企业增多，自营出口业务逐年增加，商品出口逐渐向自营出口为主转变。

1996年起，加工贸易出口发展加快。1997年，加工贸易总额6000万美元，占全市自营出口总额的18.77%。

至2000年末，全市有自营出口企业173家，其中“三资”企业117家、内资企业56家；自营出口总额90809万美元，居全省各县（市）首位。自营出口额按企业组织形式分：“三资”企业55538万美元、外贸进出口公司21718万美元、其他生产企业13553万美元。按出口方式分：一般贸易出口61198万美元、加工贸易总额29611万美元。是年，出口额超1000万美元以上的企业有25家。萧山市进出口公司自营出口12556.90万美元、浙江庆丰纺织印染有限公司8063.52万美元，分别居全市自营出口企业的第一、第二位。

①1985年，第二次全国工业普查《二轻企业工业普查主要资料》：杭丰纺织有限公司（企业概况）。

图17-1-615　1989年5月，杭州弹簧垫圈厂自营出口的部分弹簧垫圈产品（杭州弹簧垫圈有限公司提供）

表17-1-395　1989～2000年萧山市自营出口情况

年 份	企 业（家）	总 额（万美元）	“三资”企业（万美元）	内资企业（万美元）
1989	4	188	0	188
1990	9	629	286	343
1991	15	1311	401	910
1992	16	3431	1991	1440
1993	50	7062	5200	1862
1994	82	11521	7256	4265
1995	97	16285	8192	8093
1996	92	22699	11431	11268
1997	93	31961	16852	15109
1998	103	41059	21406	19653
1999	136	62611	38351	24260
2000	173	90809	55538	35271

资料来源：萧山区对外贸易经济合作局。

出口商品

80年代初，萧山新增的出口商品有工艺鞋、美术瓷、汽车万向节十字轴总成、氟硅酸钠和氯化锌等。1985年，新增出口商品有菜籽饼、鲜冬笋、速冻蔬菜等17种，计划外采购麻纱、绣衣等出口商品21种，增加出口收购额953万元，占全县外贸商品采购总值的17.88%。是年，全县出口商品有纺织服装等6

大类67种，主要有花边483.02万码、镶绣7.61万套、柴油机371台、活猪1.47万头、鳗鱼1138千克、萝卜干356.82吨。1990年，出口商品交货值超1000万元的有18种，其中羽绒、抽纱品、棉纱、节日灯、花色钳、工艺鞋、咸黄瓜、棉布服装、弹簧垫圈和万向节10种商品的出口交货值在1500万元以上。

1992年，新增出口商品31种，新增出口商品交货值95000万元，占全市商品交货值的74.95%，比1991年增加11.83个百分点。新增商品出口交货值超1000万元的有9种，其中羽绒、丝绸服装的出口交货值均超1亿元。

1994年，新增出口商品41种，新增出口商品数为历年之最。是年，出口商品交货值超1000万元的有64种。翌年，全市出口商品交货值超1亿元的商品有真丝服装、全棉坯布、羽绒、化纤服装、汽车配件、包装箱、分散染料、速冻蔬菜和羽绒制品9种；超5000万元的有文化衫、工艺鞋、节日灯、棉布服装、花色钳、扬声器、万向节、咸黄瓜、工艺首饰品、弹簧垫圈、钢家具、羽绒服装、抽纱品、防滑链和皮衣15种。

1996年，浦沿、长河、西兴3镇划出萧山，全市出口商品交货值超1亿元的商品有羽绒及制品、服装、汽车配件、速冻蔬菜、皮革制品和棉布6种；超5000万元的商品有文化衫、工艺鞋、防滑链、花色钳、扬声器和节日灯6种。

2000年，出口商品有7大类207种（与1988～1999年同口径计算是350种），出口商品交货值1223895万元。其中纺织服装、机械五金、土畜产品和工艺美术4类出口商品179种，占全市出口商品品种数的86.47%；出口商品交货值943295万元，占全市出口商品交货值的77.07%。

表17-1-396　1988～2000年萧山市各类商品出口情况

年份	纺织服装类		机械五金类		土畜产品类		电子产品类		工艺美术产品类		粮油食品类		化工医药类	
	品种（种）	商品交货值（万元）	品种（种）	商品交货值（万元）	品种（种）	商品交货值（万元）	品种（种）	商品交货值（万元）	品种（种）	商品交货值（万元）	品种（种）	商品交货值（万元）	品种（种）	商品交货值（万元）
1988	33	9299	42	10023	12	4793	0	0	3	8820	23	2469	3	344
1989	47	9972	57	14573	19	9454	2	2550	36	10723	18	4487	4	750
1990	58	17657	57	16916	21	10200	3	7466	39	10327	19	6085	4	808
1991	71	22805	69	18824	25	13977	5	10164	37	9894	21	6338	5	2276
1992	78	43209	76	26959	28	22733	7	8101	33	13004	24	9830	6	2913
1993	89	78204	85	55541	33	27128	10	14653	34	17494	27	12414	7	5355
1994	117	136374	89	76248	35	51563	14	25143	37	29516	22	20470	12	9851
1995	119	199407	91	95471	36	55445	16	26866	38	32663	21	19825	14	21366
1996	112	157711	115	168598	40	91326	10	19816	29	26048	22	19243	14	19765
1997	115	207800	119	214963	41	102795	10	14085	27	10012	21	23020	15	31977
1998	116	276037	124	253028	38	115041	12	15019	24	6038	21	16016	18	41008
1999	110	292041	125	232009	26	163731	14	22568	23	23031	15	15641	12	61447
2000	81	412909	62	371143	17	132226	10	14038	19	27017	11	2217	5	61314

注：①资料来源：1988～1992年，萧山市对外经济贸易委员会：《萧山市对外经济贸易统计资料》，1995年3月；1993～2000年，萧山区对外贸易经济合作局提供。

②商品出口品种、商品交货值还有：1999年，家具类商品出口2种，商品交货值95510万元；2000年，家具类商品出口2种，商品交货值203031万元。

出口市场

1985年，花边、镶绣、柴油机、活猪、鳗鱼、萝卜干等产品销往日本、美国、英国、法国等50余个国家和中国香港地区。1988年，萧山开始举行和参加境内外举办的产品展销会，使商品出口市场扩大。是年，出口市场增加荷兰、意大利、丹麦、挪威等国家。1989年后，内资企业自营出口，国际市场进一步开拓。至1995年，全市出口产品销往70余个国家和地区。

1997年，萧山出口速冻蔬菜11872.38吨，其中销往日本6757.30吨、美国2843.46吨、中国香港1546.00吨，销往英国、德国、比利时、韩国、中国台湾等国家和地区725.62吨；出口青梅制品和胡瓜1007.22吨，全部销往日本；鹅鸭绒毛1876.58吨，主要销往欧美和东南亚地区；羽绒被76958条，其中销往中国台湾66495条、西欧10463条；羽绒枕126358只，主要销往日本、德国、克罗地亚、中国台湾；皮革制品950.17万美元，销往荷兰、英国、丹麦、挪威；钢制桌椅1618.90万美元，其中销往美国1562万美元、其他国家56.90万美元；弹簧垫圈、铁链条和防滑链条等机械五金产品主要销往美国和欧洲；花岗石主要销往美国、日本、中国香港；分散染料等化工产品销往境外1506吨，其中韩国、中国香港等市场占销量的2/3，美国市场占1/3；节日灯销往中国香港170.09万美元，并都通过在中国香港的再加工和装配，销往世界各地。是年，外商及港澳台商投资企业生产的商品出口到28个国家和地区。其中美国3539.82万美元、日本2156.25万美元；100万美元～1000万美元的有英国、德国、丹麦、荷兰、泰国、韩国、中国香港、中国台湾8个国家和地区；10万美元～100万美元的有加拿大、希腊、克罗地亚、澳大利亚、挪威、爱尔兰、意大利、法国、捷克等9个国家；1万美元～10万美元的有新西兰、比利时、保加利亚、以色列、新加坡、智利、西班牙7个国家；不足1万美元的有菲律宾和瑞典2个国家。

1998年，出口市场从中国香港、日本、东南亚为主转向欧美国家，同时，开拓了俄罗斯、东欧、南美等市场。2000年，出口商品销往80余个国家和地区，已形成美国和中国香港地区等主体市场，向东南亚、大洋洲、拉丁美洲、非洲等市场拓展的发展格局。

表17－1－397　2000年萧山市商品自营出口主体市场

国家　地区	自营出口		占全市自营出口(%)
	总　额(万美元)	为上年(%)	
美　国	36946.9	156.33	40.69
中国香港	10390.6	101.03	11.44
日　本	7279.6	140.67	8.02
韩　国	3437.5	129.57	3.79
德　国	3289.5	136.36	3.62
英　国	3242.7	137.98	3.57
中国台湾	2597.3	130.11	2.86
意大利	2319.8	178.78	2.55
印度尼西亚	2163.6	203.58	2.38
荷　兰	1907.2	137.39	2.10
加拿大	1574.2	211.00	1.73

资料来源：《萧山年鉴·2001》。

【附】

中国首例以乡镇企业胜诉的反倾销案件

——杭州弹簧垫圈厂应诉美国I.T.W公司反倾销案始末

1992年9月，美国最大的弹簧垫圈生产商伊利诺伊工具公司防震工业品分公司（Shakeproof Industrial Products Division of Illinois Tool Works Inc.，简称I.T.W公司，下同）向美国商务部和美国国际贸易委员会起诉，控告中国境内11家外贸公司和企业“以低于公平合理的价格在美国倾销，给美国工业造成了实质性损害”，要求征收高达128.63%的反倾销税。是月，美国国际贸易委员会以6：0的票数表决通过I.T.W公司的起诉，并将此案提交美国商务部裁决。在境内10家国有贸易公司不愿应诉的情况下，杭州弹簧垫圈厂独家奋起应诉。当时的《萧山报》记者洪佳士第一个跟踪采访并连续报道了这起中国乡镇企业首桩涉外反倾销案。相关报道在《杭州日报》《中国商报》《法制日报》上发表后，引起国内法律、外贸部门的强烈反响。1993年10月，第一轮诉讼美国商务部最终裁定，“反倾销”税率从128.63%降低到69.88%。（《中国记者》编辑部：《反倾销报道回顾与展望》，《中国记者》2002年第2期）

坚决应诉

杭州弹簧垫圈厂主要生产标准紧固件——机械防松件弹簧垫圈。1981年开始，该厂70%以上产品通过外贸进出口公司出口，其中70%销往美国。年出口创汇均超1000万美元。1988年，该厂成为省内首批拥有自营进出口权企业之一。1992年9月8日，I.T.W公司通过市场调查，发现美国十大进口商均从中国购入弹簧垫圈，使得该公司弹簧垫圈销量大幅度下降，于是，向美国商务部和美国国际贸易委员会起诉，状告中国11家外贸公司和企业“以低于公平合理的价格在美国倾销，给美国工业造成了实质性损害”，要求征收128.63%的反倾销税。9月15日，中国机电产品进出口商会紧固件分会在广州召集杭州弹簧垫圈厂等11家企业开会，专题研究是否应诉。杭州弹簧垫圈厂厂长项维清正在国外，未能参加这次会议。当该商会分会秘书长用电话征求项维清意见，项维清果断地表示：坚决应诉！然而，其余10家企业却表示退出应诉。后美国国际贸易委员会以6：0的票数通过I.T.W公司的上诉。9月20日，美国商务部决定立案调查。9月27日，杭州弹簧垫圈厂委托美国律师马修·马格莱斯（Matthew T. McGrath）和罗纳德·奥林尼克（Ronald A. Oleynik）应诉。10月，该厂开始提供应诉所需的证据并配合美国商务部的调查。

图17－1－616　1992年9月27日，杭州弹簧垫圈厂厂长项维清（中）与美国律师马修·马格莱斯（女）和罗纳德·奥林尼克（右二）在厂区的合影（杭州弹簧垫圈有限公司提供）

两国大使馆介入

美国企业状告中国“倾销”已有多个案子，而美国商务部审理与中国乡镇企业打官司的案件，还是头一宗。案件结局如何，不仅取决于双方的意志、毅力、谈判技巧，也受中美双边贸易关系状况的影响。

1992年，中国政府贸易代表团与美国政府贸易代表团前8轮谈判都没有达成协议，眼看中美间有可能爆发一场贸易战。美国声称，要对中国输美的价值39亿美元的商品，征收包括反倾销税在内的惩罚性关税。中国针锋相对：如果美方坚持这样做，那么中国将对从美国进口的价值40亿美元的商品增收关税，或者不从美国进口，转向其他国家进口商品。是年10月10日，以经贸部副部长佟志广为团长的中国政府贸易代表团与美国政府贸易代表团在第九轮谈判中，终于取得共识，双方在谈判协议上签了字，从而缓解了中美贸易关系。但是，中美双方仍密切注视着贸易的发展情况。该案牵动了两国大使馆。美国驻华大使馆经济处特致电杭州弹簧垫圈厂询问案件详情。项维清到美国后，受到中国驻美大使馆经济参赞王士斌的热情接待，大使馆在项维清所需的旁证材料上盖了章，还提供了《中华人民共和国乡村集体所有制企业条例》的英文译本。

万页答卷电传稿

该案原定1993年2月15日审理，美国商务部初步听取原告方、被告方情况后，认为需作进一步调查，美国商务部依据相关法律，决定推迟50天。1992年12月至1993年4月，I.T.W公司多方活动，加紧收集证据，力图证明中国“倾销”成立。美国商务部则根据原告提供的数据和疑点，频频向杭州弹簧垫圈厂发出调查问卷，并限定时间答复。美国法律规定：被告有举证的责任；但是，如果在规定时限内，被告没有提供充分的证据，或超过规定时限，即使证据再充分也不会被采纳。为了准确迅速完成问卷解答，杭州弹簧垫圈厂汇集了生产管理的全部资料，通过律师一丝不苟地解答了美国商务部的所有问卷。

美国商务部在调查中，不仅调查输美产品，还调查了中国销往日本、加拿大、墨西哥等国家的产品；不仅调查生产过程，还调查质量控制过程；不仅调查产品销售，还调查售后服务情况。如其中一份问卷问：“你们执行的是什么质量管理制度？使用了哪些质量检验设备？质量检验人员是否全是熟练工？”回电答：“我厂实行全面质量管理，实行自检、检验人员抽检、出厂完工检验三级检验制度。检验设备有：电子分析天平、分光光度计、金相显微镜……”另一问卷问：“如果客户收到货物并检查货物之后，发现产品不合格，你们如何处理？”回电答：“至今我厂还没有出现质量事故。”

美国商务部的问卷不厌其详，杭州弹簧垫圈厂逐项仔细解答，并力保不出纰漏。4个月时间，仅答卷电传稿达1万页，最多的一天，发出了400页解答问题的电传。对杭州弹簧垫圈厂积极配合调查的态度，美国商务部表示感谢。

初裁败诉

1993年4月6日开始，这场世人瞩目的越洋官司由美国商务部着手审理。杭州弹簧垫圈厂厂长项维清专程赴华盛顿应诉。当听到美方指责中国“倾销”时，他发言申辩：“I.T.W公司状告中国‘倾销’，其实质是力图维护该公司的垄断地位。原先在贵国有若干家弹簧垫圈生产厂，I.T.W公司先后买下了这些厂，造成了该公司在美国一统天下的局面。这次又状告中国大陆倾销。如果本案成立，不但中国大陆产品将进不了美国市场，其他国家的产品也会因成本高而难以进入美国。这样，就造成了I.T.W公司独家垄断美国市场的局面。这种做法，与美国政府历来倡导的平等竞争的原则背道而驰，也违反了美国的有关法律条款。”

对于杭州弹簧垫圈厂产品为什么价格大大低于I.T.W产品的问题，项维清说：“我们用的钢材，是从英国、韩国等国家直接进口，自己拉丝，自己加工。I.T.W公司是从美国市场上购买已经拉丝、加工的材料，买价中包含了原材料的加工费和加工利润。我厂在国际市场购入钢材，到厂钢材平均价格为每吨386美元，而美国市场成品钢丝价高达每吨850美元。仅此一项，美国I.T.W公司的成本就比我们高出130%左右。”项维清指出：最近美国正向英国、日本、韩国、巴西、意大利等19个国家提出钢材反倾销的问题，正说明了中美两国在弹簧垫圈上的价差恰恰是美国市场钢材价与国际市场钢材价的差异，把这种差异作为反倾销理由，显然是不成立的。项维清的话赢得了在场的美国进口商代表及其他美国朋友的认同和支持。

4月26日，美国商务部公布了本案的初裁通告。该通告完全无视中国驻美大使馆已向美方阐明的中国“中央政府对弹簧垫圈的生产不施以控制和影响，每个生产者对生产和销售的决定负有全部责任，对弹簧垫圈的生产自负盈亏”的情况。初裁不仅单方面采用“来自中国的弹簧垫圈的倾销幅度，原告以92.30%到128.63%提出”，而且确定“以128.63%的最高幅度作为最佳的有效资料”。也就是说，如果本裁决成立，今后所有中国大陆进入美国的弹簧垫圈都要增收128.63%的反倾销税。

4月27日深夜，项维清收到初裁电传，顿觉义愤填膺。在美国期间，他曾向美方反复阐明有关情况，美方也明确表示："基于杭州弹簧垫圈厂的呈词，我们相信他们是独立的。"而在初裁中，美方竟称，"原告认为杭州（编者注：指杭州弹簧垫圈厂）不具有独立地位……正如原告指出的那样，中国明显地对国家贸易公司（编者注：与美国打官司的并不是国家贸易公司，而是杭州弹簧垫圈厂）有一定程度的控制"，所以"我们拒绝了杭州的辩论"。4月28日，杭州弹簧垫圈厂发出一份电传："我们感到震惊！"这"简直开了一个贵国法律尊严的玩笑"，并希望美国商务部作进一步调查，"不要将政治因素掺杂到纯粹的商务活动中"，以寻求本案公正、合理的解决。

美国商务部调查组抵萧

1993年5月19日晨，美国商务部调查组抵达杭州弹簧垫圈厂。在杭州弹簧垫圈厂内，美国商务部调查组核查厂方对美国商务部问卷解答中所使用的所有有关资料和报表；工厂每天的经营管理记录；全厂的生产要素、生产线、生产设备、操作程序、生产过程是如何与厂方答卷中的原材料、能源、劳务、管理等项目联系起来的；厂方是否已向美国商务部报告了本案所涉及的所有销售形式，等等。在查完文件、数据后，调查组查看了车间生产流程和仓库，并随时询问工人。在盘绕车间，一位女工回答调查人员："我叫鲁玉珍，在这家厂已干了18年，上班当工人，下班回家要种地。"调查组官员进一步问："有多少地？种什么？"她答："我家有3亩地，种水稻，也种棉花。"调查组官员听了这一番话，不禁对这家乡镇企业刮目相看。

5月25日，调查组在工厂召开现场调查座谈会，以进一步了解中国政府对乡镇企业的政策。外经贸部条法司、中国机电产品进出口商会紧固件分会、中国五金矿产进出口公司浙江省分公司、浙江省对外经济贸易厅、杭州弹簧垫圈厂所在地的新街镇政府等均派员参加了调查座谈会。座谈会的一个焦点问题是：杭州弹簧垫圈厂的厂长是如何任命的？美国商务部误认为厂长是由人民代表大会任命的，因此该厂是受政府控制的。厂方当场出示1989年选举厂长时的原始资料，证明了该厂厂长是由企业职工代表大会选举产生的，因此该厂是完全独立的，且拥有独立的法人地位。

5月27日，全部调查结束。经美国商务部调查组调查，没有发现与项维清在美应诉答辩时证据不一致的地方。美国商务部调查组回美国后，立即写出调查报告，向美国商务部报告，如实反映杭州弹簧垫圈厂的情况。7月16日，美国商务部举行听证会，美国商务部调查组客观公正地阐述了杭州弹簧垫圈厂的现状。同时指出："这是一家乡镇企业，不同于国家贸易公司。"

再审胜诉

1993年9月20日，美国商务部再次审理I.T.W公司状告中国倾销弹簧垫圈案。在杭州弹簧垫圈厂律师代言据理力争之下，美国商务部改变初衷，决定对该厂实施单独制税，并将该厂生产的弹簧垫圈输美"反倾销"税率由初裁时的128.63%降至69.88%，但是，这一决定只适用于杭州弹簧垫圈厂，对中国大陆其余10家不应诉企业仍维持原判税率128.63%。

10月8日，美国国际贸易委员会进行了终裁，以5：1的多数票通过了中华人民共和国对美国销售的弹簧垫圈有损害威胁。是月，美国商务部终裁决定，对除杭州（编者注：指杭州弹簧垫圈厂）之外的所有输美弹簧垫圈产品征收128.63%的倾销税；对杭州弹簧垫圈厂及其通过境外7家公司转口美国的弹簧垫圈产品征收69.88%的倾销税。至此，历时13个月的中国首例乡镇企业反倾销案，以杭州弹簧垫圈厂胜诉而告终。

（洪佳士）

第四节 进口贸易

①1981年7月，批准萧山花边厂引进日本梭式自动绣花机1台，用汇25万美元。

②1984年，农场管理局以补偿贸易方式从日本引进速冻蔬菜冷柜等设备，萧山五金工具厂用出口留存外汇从美国等国家进口高精尖机械加工设备，萧山县人民医院用换汇进口核磁共振仪器等医疗设备和药品，杭丰纺织有限公司的港方采用设备投资引进气流纺机等设备。

图17-1-617 1990年9月，萧山花边总厂从日本引进的24台电脑绣花机全部投入生产。图为该厂工人在操作电脑绣花机制作衣片绣（董光中摄）

图17-1-618 1993年，杭州钱江变压器厂工人在利用进口的德国交叉叠装设备组装变压器（董光中摄）

图17-1-619 1996年5月，浙江恒逸集团有限公司从日本进口的村田33H-1200自动落筒高速加弹机（董光中摄）

1981年起，随着企业经营自主权的逐步扩大，出口企业开始通过进口设备，实现产业升级和产品更新换代。①

80年代中期，国家仍实施进口限制，萧山主要采用换汇、留成外汇、补偿贸易等方式进口设备，进口设备不多。②1985年，钱江啤酒厂、萧山纺织实验厂分别从联邦德国进口啤酒灌装生产线、涤丝加捻设备，浙江印染整理总厂、萧山花边总厂分别进口MK5-140染色机2台、自动梭式绣花机1台等。

1988年后，随着自营进出口权企业增多、技术改造项目增多和外商及港澳台商利用设备来萧山投资创办“三资”企业增多，进口设备逐年增加。1990年，全年进口设备总价值3896万元，用汇623万美元。引进的设备主要有浙江钱江啤酒厂从德国引进的小瓶包装生产线和丹麦引进的废水处理设备、杭州工程塑料厂引进意大利塑料制瓶机、萧山红山实验厂从德国引进POY丝加弹机、萧山花边总厂从日本进口超大型多头刺绣机。

1992年10月召开中共十四大后，为更多利用国外资源和引进先进技术，国家陆续放宽进口限制，取消部分商品进口许可证和进口配额等进口限制，部分进口商品配额的分配转向公开招标，机械制造和建筑建材制造等行业进口设备增多。1993年，全市进口设备总投资6570万元，用汇1005万美元，分别比1992年增长73.25%和61.26%。主要有杭州钱江变压器厂从德国进口交叉叠装生产线一条，提高了矽钢片精密度和导磁率；杭州曲轴总厂从意大利进口年产能力3万支五十铃汽车发动机曲轴的关键设备后，曲轴被江西五十铃汽车制造有限公司采用；萧山磁钢厂进口英国ALNICO公司（艾尔尼可公司）的稀土铁氧体高性能磁体生产设备，开发成功稀土永磁，使企业生产从传统的仪表永磁体发展为体积小、性能好的高性能永磁产品；萧山汽车制动器厂从意大利和美国引进盘式制动器技术后，产品覆盖卡车、轿车等车型。

1996年起，纺织、印染企业运用外国银行商业贷款方式，从境外进口高速喷气织机和高清晰度逼真型印染机械设备。1996～2000年，浙江恒逸集团有限公司进口织机共268台，总价值9733万元。其中进口意大利范美德剑杆织机120台，价值3850万元；韩国大远倍捻机48台，价值1050万元；日本丰田喷水织机72台，价值2120万元；意大利舒美特喷气织机24台，价值745万元；日本33H加弹机4台，价值1968万元。

2000年，全市进口设备和技术总值31973万美元，其中“三资”企业进口20687万美元、内资企业11286万美元（生产企业进口7124万美元、外贸公司进口4162万美元）。其中技术改造引进项目160项，价值12000万美元。进口纺织、印染机械设备总值1.70亿美元，占全市进口总值的53.13%。是年，进口国家主要有：日本、德国的纺织机械设备，韩国、日本的印染机械设备，德国、美国的五金机械，意大利、德国的建筑材料制造设备。

第二章　利用外资和港澳台资

1984年起，萧山开始利用外资和港澳台资（合称外资，下同），利用外资的主要方式是吸收外商、港澳台商（合称外商，下同）直接投资，创办“三资”企业；进行加工贸易、补偿贸易和对外借款等间接投资。1988年，各级政府开始制订发展外向型经济政策，吸引外商前来投资、鼓励企业吸收外资，创办“三资”企业；建立社会中介服务机构，为利用外资提供各种配套服务。1992年贯彻邓小平南方谈话精神后，利用外资工作推向高潮。

1994年后，萧山有产品出口意向的企业已基本实现与外商合资或合作，使新批准外商投资企业减少，但新批外商投资企业规模扩大、增资的“三资”企业数量增加。1999年9月1日，“萧山对外经济信息网”开通，利用因特网招商引资。是年，是1993年以来“三资”企业增资最多的年份，为39家。

2000年，随着萧山工业企业的发展，新批外商投资企业数量开始回升。至年末，累计批准的外商投资企业647家，注册资本129288万美元，其中外方（指外商和港澳台商投资者，下同）资本、中方（指境内企业及经济组织，下同）资本分别为78195万美元、51093万美元，占全市外资投资企业注册资本总数的60.48%、39.52%。利用对外借款项目9个，贷款1810万余美元。是年，外商投资者主要来自五大洲33个国家和地区。“三资”企业自营出口金额55538万美元，占全市自营出口总额的61.16%。加工贸易金额29611万美元，占全市自营出口总额的32.61%。

第一节　招商引资

1985年，县领导开始率团出访境外考察经济贸易，介绍萧山投资环境、洽谈投资项目，吸引外商前来投资。翌年后，每年以举行商品交易会的形式邀请外商来萧洽谈投资事宜。1988年，市政府开始制定招商引资鼓励政策，鼓励外商前来萧山投资创办企业，鼓励主管部门及企业利用外资创办与外商合资、合作企业。是年3月11日，市政府印发《关于鼓励企业出口创汇的若干规定（试行）》（萧政〔1988〕34号），决定建立利用外资鼓励奖，即对帮助萧山利用外资的有功人员实行奖励，办成“三资”企业和补偿贸易项目，按利用外资数额的1‰发奖；办成来料、来件加工装配项目，按工缴费的1%给奖。

1989年，市政府开始组织企业参加外地外商投资贸易洽谈会，扩大萧山产品的影响。是年9月，市政府组织10家出口创汇企业的30余只产品和20个对外经济技术合作项目参加福建省外商投资贸易洽谈会。

1990年12月18日，建立萧山市外商投资贸易服务中心，开展招商引资对外联络，为外商提供合资和合作项目、编写项目建议书和可行性研究报告、帮助注册登记和土地征用等事务性服务。1992年5月28日，市委、市政府印发《关于加快发展外向型经济若干问题的暂行规定》（市委〔1992〕39号），对引进外资和来料加工（进料加工）、来件装配、来样加工和补偿贸易“三来一补”项目设立引荐奖。1994年5月，外商投资企业和市政府台湾事务办公室联合建立萧山市外商投资企业协会，为会员企业服务，维护会员企业的合法权益，增进会员企业之间的了解、友谊和合作。建立萧山市翻译协会，吸纳本地会员和外地会员近100人，负责提供英、日、德、法、意、韩等多个语种的笔译和口译服务。

1995年，开始每年由市政府组织招商团赴欧洲、北美洲等地的发达国家开展考察和招商活动。同时，市对外经济贸易委员会每年组织小分队到美国、加拿大、德国、日本、韩国等国家和中国台湾、中国香港地区上门招商，与这些国家和地区的大型跨国企业或者有投资意向企业进行投资洽谈。上门招商引资具有主动性和针对性，双方信息交流充分，招商效果非常明显。是年，引来了世界500强知名企业进驻萧山。是年12月，批准浙江亚太机电集团公司与世界500强之一美国通用汽车中国（零部件）公司合资，建立浙江德尔福亚太制动器有限公司，总投资2650.60万美元，协议利用外资1590.30万美元。翌年3月5日，市政府印发《关于鼓励发展外向型经济的若干规定》（萧政〔1996〕6号），增加对利用外资项目引荐奖，凡引荐办成外资项目，给予以实际利用外资金额的5‰奖励。1998年5月12日，市政府印发《关于鼓励外商直接投资若干政策的通知》（萧政〔1998〕5号），分别规定经营期在10年以上的外商投资工业项目、15年以上的外商投资农业项目的优惠政策。翌年3月22日市政府印发《关于鼓励发展外向型经济的若干补充意见》（萧政发〔1999〕29号）后，市外经贸委建立招商办公室，负责全市招商引资工作的组织协调和业务指导，浙江南阳经济开发区、湘湖旅游度假区、现代农业开发区、各工业主管局和镇乡亦建立相应机构；各工业主管局和镇乡每年均向市对外经济贸易委员会上报3～5个招商项目。同时，对办成外商投资项目的单位给予奖励，每到位外资1万美元奖励人民币30元；对利用外资项目服务的单位给予奖励，外商实际出资在100万美元以下的，奖励1000元，100万美元以上的奖励2000元，资金由市外向型经济发展基金支付。

至2000年末，市政府先后赴日本、韩国、意大利、澳大利亚等国家和中国香港、中国台湾地区招商引资和参加境内外经贸洽谈会、恳谈会、推介会、经贸展览会和经济博览会等招商会共计30次以上。此外，还通过委托境内外机构和台湾机械工业城特色园区等方法招商引资。市委、市政府先后印发鼓励招商引资的文件共有9个；市外商投资服务中心为351家企业、市外商投资企业协会为135家会员企业提供各种服务；市翻译协会为全市包括“三资”企业在内的各类企业开展口译、笔译等服务5000余次，翻译各类文稿6300余份。

第二节　直接投资

吸收外商直接投资创办“三资”企业是萧山利用外资的主要方式。1984年，萧山开始吸收外商直接投资创办“三资”企业。是年3月10日，香港信丰发展有限公司与萧山布厂、浙江省国际信托投资公司、杭州市纺织工业公司合资设立的杭丰纺织有限公司工商登记注册。该公司总投资300万美元，其中港方出资84万美元，占总投资的28%；中国境内企业和经济组织出资216万美元，占72%。该公司年产棉纱能力1.90万吨、色织布300万米，合资经营期限15年。1985～1987年，萧山没有新设“三资”企业。

1988年后，外商投资进入发展阶段，新批的“三资”企业增加，并利用外资嫁接原有企业。嫁接企业具有投资省、见效快的独特优势，一般都是当年批准、当年投产、当年见效，是外商投资的首选形式。1990年末，全市累计批准“三资”企业18家，均为合资经营企业，其中利用外资嫁接原企业的有11家，占全市累计批准“三资”企业数的61.11%。

1991年，外商直接投资形式开始多样化。是年4月，创办首家合作经营企业，由台湾敦宏贸易有限公司与萧山市红垦农场、中国出口商品基地公司浙江分公司合作设立杭州宏华种子有限公司，总投资7.39万美元，注册资本5.27万元，协议利用外资3.62万美元；生产瓜类及蔬菜种子，种植面积5.50公顷，合作经营年限12年。1992年6月，批准首家独资企业，台湾雅利实业有限公司香港国伟开发有限公司独资设立杭州雅利电气五金有限公司，总投资140万美元，注册资本100万美元，年产各类电器8万台，经营期限50年。是年，新批准“三资”企业106家。新批准的“三资”企业有4个明显特点：①投资规模明显增大，平均每家“三资”企业总投资比1991年增加134万美元，特别是大中型的项目明显增多，总投资在200万美元以上的项目有23个，其中1000万美元以上的有7个；②投资形式多样，有合资经营企业98家、合作经营企业3家、独资企业5家，其中嫁接企业78家，占新批“三资”企业数量的73.58%；③投资国家增多，新增日本、新加坡、约旦、菲律宾、加拿大、乌拉圭、德国、美国、意大利9个国家的外商前来投资；④外商投资产业增多，设立杭州万国置业有限公司，开发房地产。该公司总投资为1500万美元，注册资本1000万元，其中港商出资460万元。

1993年，利用外资掀起高潮，新批“三资”企业168家（萧山经济技术开发区39家），平均每两天批准1家“三资”企业，新批“三资”企业为历史之最，平均每家企业总投资、注册资本、协议利用外资分别为473.35万美元、222.13万美元、271.55万美元，均创历史新高。同时，出现已投产的“三资”企业追加投资，即“增资”现象。是年，增资的“三资”企业9家，增加投资2.33亿美元、合同利用外资1.60亿美元。1994年，出现规模大、档次高的“三资”企业。是年8月，首次引进世界500强之一的日本伊藤忠商事株式会社投资，该社与浙江省丝绸进出口公司杭州富强丝织厂合资设立杭州藤富丝绸服装有限公司，总投资210万美元，注册资本170万美元，其中日商投资136万美元，占注册资本的80%，年产能力服装20万件（套），合资经营年限50年。12月，日本电石工业株式会社独资创办恩希爱（杭州）化工有限公司，总投资3000万美元，注册资本2500万美元，协议利用外资3000万美元，分别占全市新批“三资”企业的16.13%、23.38%和22.35%；年生产能力藏型反光膜500万平方米、外露型反光膜70万平方米，经营年限50年。是年，外商首次投资能源基础设施建设，香港美时年国际（集团）有限公司与杭州阳城经济发展总公司等4家内资企业合资设立杭州阳城热电有限公司；同时又与萧山市化纤实业公司、萧山市电力发展总公司合资设立萧山新光发电有限公司。1996年，新批“三资”企业平均投资额再创新高，新批准“三资”企业平均每家总投资、注册资本分别为588.26万美元、418.56万美元，比1993年增加114.91万美元、255.95万美元，增长24.28%和54.14%。

1997年，外商投资开始进入新的发展阶段，增资的“三资”企业增多，使萧山利用外资增加。是年，新批“三资”企业实际利用外资10021万美元，创历史之最，居省内各县（市）之首；增资的“三资”企业有20家，增加总投资2692万美元、合同利用外资2552.10万美元，分别占全市新批“三资”企业的38.25%、40.47%。1999年，增资“三资”企业数量再创新高，全年增资的“三资”企业有39家，比新批准“三资”企业还多5家。其中13家新投产的外商独资企业产品适销对路，当年全部增资，实际增资到位资金3326.90万美元，占全市新批“三资”企业实际利用外资的53.93%。

2000年，新批“三资”企业数回升。是年，新批准“三资”企业67家，比1999年增加33家，外商投资领域扩大到旅游业、农业。引资主体多元化迈出了新的步伐，有3家私营独资企业、2家自然人出资的有限责任公司嫁接为“三资”企业。外商投资者来自亚洲、欧洲、大洋洲、非洲、美洲五大洲33个国家和地区，引资规模进一步提高，总投资500万美元以上的“三资”企业有11家。

至2000年末，萧山市已批准“三资”企业647家，其中合资经营491家、独资经营142家、合作经营14家。利用外资嫁接的内资企业378家，占全市已批准“三资”企业数的58.42%。已开工投产的“三资”企业293家，占已批准“三资”企业数的45.29%。

表17-2-398 1988～2000年萧山市“三资”企业外商投资者分布情况

单位：家

年份	亚洲											美洲			
	中国香港	中国澳门	中国台湾	泰国	日本	新加坡	约旦	菲律宾	马来西亚	印度尼西亚	韩国	美国	加拿大	乌拉圭	洪都拉斯
1988	4	0	0	1	0	0	0	0	0	0	0	0	0	0	0
1989	5	0	1	1	0	0	0	0	0	0	0	0	0	0	0
1990	14	0	1	1	0	0	0	0	0	0	0	1	0	0	0
1991	29	0	3	1	0	0	0	0	0	0	0	2	0	0	0
1992	92	0	21	3	1	4	1	1	0	0	0	11	3	1	0
1993	200	5	39	5	9	6	1	1	1	1	0	23	3	1	1
1994	235	5	48	5	13	8	1	1	1	1	1	30	3	1	1
1995	267	5	55	6	19	12	1	1	4	1	2	37	3	1	1
1996	282	5	57	8	23	12	1	1	4	1	4	46	3	1	1
1997	299	5	63	9	25	13	1	1	4	1	5	47	3	1	1
1998	314	5	68	9	27	13	1	1	4	1	5	50	4	1	1
1999	329	5	74	9	29	14	1	1	5	1	6	55	4	1	1
2000	345	7	77	9	36	15	1	1	5	1	7	69	5	1	1

续 表

年份	大洋洲		非洲	欧洲														
	澳大利亚	西萨摩亚	乌干达	德国	英国	意大利	西班牙	瑞士	列支敦士登	瑞典	保加利亚	波兰	比利时	芬兰	挪威	俄罗斯	荷兰	匈牙利
1988	0	0	0	0	0	0	0	0	0	0	0	0	0	0	0	0	0	0
1989	0	0	0	0	0	0	0	0	0	0	0	0	0	0	0	0	0	0
1990	1	0	0	0	0	0	0	0	0	0	0	0	0	0	0	0	0	0
1991	1	0	0	0	0	0	0	0	0	0	0	0	0	0	0	0	0	0
1992	1	0	0	1	1	2	0	0	0	0	0	0	0	0	0	0	0	0
1993	2	0	0	2	1	5	1	0	1	1	1	1	0	0	0	0	0	0
1994	3	0	0	3	2	6	2	1	1	1	1	1	0	0	0	0	0	0
1995	3	0	0	4	2	8	2	1	1	1	1	1	0	0	0	0	0	0
1996	4	0	0	4	2	10	3	1	1	1	1	1	0	0	0	0	0	0
1997	5	0	0	4	4	11	3	2	1	1	1	1	0	0	0	0	0	0
1998	5	2	0	5	10	11	3	2	1	1	1	1	1	1	1	2	0	0
1999	5	2	0	6	11	12	3	2	1	1	1	1	1	1	1	2	1	1
2000	6	2	1	6	21	13	3	2	2	1	1	1	1	1	1	2	1	1

资料来源：1988～1994年，萧山市对外经济贸易委员会：《萧山市对外经济贸易统计资料》，1995年3月；1995～2000年，萧山市对外经济贸易委员会档案资料。

表17-2-399 1988～2000年萧山市当年批准“三资”企业情况

年份	数量（家）	总投资（万美元）	注册资本（万美元）	中方	外方	协议利用外资（万美元）	实际利用外资（万美元）	嫁接企业（家）	增资企业（家）
1988	4	433	292	148	144	213		1	0
1989	2	81	57	37	20	29		1	0
1990	11	2087	1526	843	683	930		9	0
1991	18	1920	1482	934	548	721		16	0
1992	106	25526	17332	10315	7017	10241	1272	78	0
1993	168	79523	37318	17845	19473	45620	1436	109	9
1994	64	18598	10694	2786	7908	13422	3918	32	9
1995	64	20964	13807	5095	8712	12890	1813	35	18
1996	39	22942	16324	4240	12084	17152	6875	20	10
1997	34	7037	5090	609	4481	6306	10021	18	20
1998	35	12847	7423	1833	5590	9479	5623	13	14
1999	34	18465	11840	4668	7172	11497	6169	15	39
2000	67	17854	10204	2152	8052	14160	8837	31	21

资料来源：“实际利用外资”、“嫁接企业”、“增资企业”栏由萧山区对外贸易经济合作局提供。其他栏，1988～1994年，萧山市对外经济贸易委员会：《萧山市对外经济贸易统计资料》，1995年3月；1995～2000年，《萧山市统计年鉴》。

表17-2-400 1988～2000年萧山市各行业当年批准“三资”企业情况

单位：家

年份	电子电器	日用轻工	医药食品	原料建材	纺织印染	服装	机械五金	化工皮革	宾馆房产	修理服务	基础能源	其他
1988	1	1	2	0	0	0	0	0	0	0	0	0
1989	1	0	0	1	0	0	0	0	0	0	0	0
1990	2	3	0	1	3	1	1	0	0	0	0	0
1991	1	5	1	1	7	2	0	1	0	0	0	0
1992	8	20	11	4	17	18	16	6	2	4	0	0
1993	10	15	7	14	25	40	27	10	14	3	1	2
1994	4	5	8	2	10	9	9	10	2	3	2	0
1995	3	14	6	7	7	8	8	3	4	2	2	0
1996	2	3	6	5	6	1	8	7	0	0	1	0
1997	1	7	2	6	3	5	6	4	0	0	0	0
1998	4	3	2	3	6	10	5	0	1	1	0	0
1999	0	8	3	1	5	6	7	3	0	1	0	0
2000	4	12	5	4	8	16	14	2	1	1	0	0

资料来源：1988～1994年，萧山市对外经济贸易委员会：《萧山市对外经济贸易统计资料》，1995年3月；1995～2000年，萧山市对外经济贸易委员会档案资料。

表17-2-401　1988～2000年萧山市累计批准“三资”企业情况

年份	数量（家）	总投资（万美元）	注册资本（万美元）	中方	外方	协议利用外资（万美元）	实际利用外资（万美元）
1988	5	733	592	364	228	297	
1989	7	814	649	401	248	326	
1990	18	2901	2175	1244	931	1256	
1991	36	4821	3657	2178	1479	1977	9201
1992	142	30347	20989	12493	8496	12218	10473
1993	310	109870	58307	30337	27970	57838	11909
1994	374	128468	69001	33123	35878	71260	15827
1995	438	154527	86403	39637	46766	87442	17640
1996	477	156344	95481	42146	53335	88133	17975
1997	511	162246	100170	42734	57436	93745	27996
1998	546	175039	107521	44372	63149	103347	31974
1999	580	193504	119084	48941	70143	114846	39328
2000	647	211358	129288	51093	78195	129006	48172

注：①资料来源：“实际利用外资”栏由萧山区对外贸易经济合作局提供。其他栏资料来源为1988～1994年，萧山市对外经济贸易委员会：《萧山市对外经济贸易统计资料》，1995年3月；1995～2000年，《萧山市统计年鉴》。

②“实际利用外资”栏，1991年数据，为1991年前的累计数。

③部分年份在累计统计中有数据调整。

表17-2-402　1987～2000年萧山市批准的“三资”企业按经营形式分情况

单位：家

年份	合资经营		合作经营		独资经营		年份	合资经营		合作经营		独资经营	
	当年	累计	当年	累计	当年	累计		当年	累计	当年	累计	当年	累计
1987	0	1	0	0	0	0	1994	48	318	1	9	15	47
1988	4	5	0	0	0	0	1995	49	367	1	10	14	61
1989	2	7	0	0	0	0	1996	29	396	1	11	9	70
1990	11	18	0	0	0	0	1997	21	417	2	13	11	81
1991	17	35	1	1	0	0	1998	15	432	0	13	20	101
1992	98	133	3	4	5	5	1999	20	452	0	13	14	115
1993	137	270	4	8	27	32	2000	39	491	1	14	27	142

资料来源：1987～1994年，萧山市对外经济贸易委员会：《萧山市对外经济贸易统计资料》，1995年3月；1995～2000年，萧山市对外经济贸易委员会档案资料。

第三节　间接投资

加工贸易

80年代初，萧山有加工贸易。1982年，萧山仪表标准件厂开始来料加工美制螺丝业务。后加工贸易发展缓慢。1989年，杭州万向节厂与美国舍勒公司签订加工贸易合同，为其长期加工汽车万向节等汽车零部件，并免征进料加工和来料加工进口关税。1990年，杭州王星记萧山运西联营扇厂承接香港龙光公司弹簧纸扇的来料加工业务，合同加工费收入46.40万美元。1993年，萧山市进出口公司承接日本关荣产业株式会社、中国香港佳锦公司和中国台湾台北祥跃产业有限公司的童装、登山鞋、羽绒披肩、裙等来料加工业务，合同加工费收入共计15.97万美元。

1996年后，加工贸易发展加快，业务量增加，占萧山外贸出口的比重逐渐上升。至2000年，开展加工贸易的企业有305家。是年，批准加工贸易近150批次，加工贸易总额29611万美元。其中进料加工18890万美元、来料加工10660万美元、其他加工贸易61万美元，分别占加工贸易总额的63.79%、36.00%、0.21%。

补偿贸易

萧山只有少数企业在创业初期采用补偿贸易方式。1984年10月，农场管理局以产品偿付日本客商冷冻设备投资的方式，建成年生产能力为2250吨的萧山速冻厂。翌年，该厂生产速冻毛豆、芋艿、藕片、蘑菇、蒜苗、小青豆、大青豆、青刀豆8个速冻蔬菜品种，总产量1275.16吨，出口756.13吨，其中补偿贸易出口215.97吨、通过县对外贸易公司出口540.16吨。

图17-2-620　1985年，萧山速冻厂以补偿贸易方式出口日本的部分速冻产品（浙江银河食品有限公司提供）

1986年，浙江钱江啤酒厂因缺乏包装设备，不能满足外商对包装质量的要求，为了使啤酒能畅销国际市场，从联邦德国克朗斯公司进口贴标机和铝箔包头机，用汇30.20万美元，引进设备款由美国德辉国际贸易公司支付，浙江钱江啤酒厂以啤酒出口偿还美国德辉国际贸易公司支付的设备款。

1990年，萧山天然大理石厂同日本静冈县铃与建设株式会社以补偿贸易方式引进意大利花岗岩石切割机和液压切断机设备，价值43万美元，用生产的花岗岩石、大理石产品出口作补偿。

图17-2-621　1990年，萧山天然大理石厂以补偿贸易方式从意大利引进的花岗岩石切割机和液压切断机（浙江萧山天然大理石有限公司提供）

1992年，浙江友成塑料模具有限公司采用补偿贸易方式进口日本国内正在使用的CAM电脑设计和CAM系统，确保塑料模具精度。

1993年后，采用补偿贸易方式的企业更少。2000年，没有新批企业采用补偿贸易的方式利用外资。

对外借款

1986年起，萧山以向国际金融组织贷款、外国银行商业贷款和外国政府贷款的方式从境外筹措资金。至2000年，萧山的企业单位对外借款的项目主要有9个，贷款1810万余美元。其中利用国际金融组织贷款和外国银行商业贷款项目7个，贷款1100万余美元；外国政府贷款项目2个，贷款710万美元。

淡水养鱼项目　1986年2月，萧山县水产项目办公室组织经营的世界银行贷款淡水养鱼项目启动。该项目总投资2907万元，其中利用国际开发协会贷款180万个SDR（特别提款权），折合人民币869.70万元，年息4.50%，偿还期20年。1992年末，贷款资金全部到位，境内配套资金2299.80万元。该项目新开鱼塘8000亩（约533.34万平方米），改造老鱼塘2000亩（约133.33万平方米），砌鱼塘护坡6.10万平方米，受益鱼塘61个，筑简易公路48千米，架电线91千米，修建水渠54205米、涵洞167个、泵站76个，建年产3000吨饲料厂1座，建房17894平方米、畜禽舍18515平方米。能按时足额还本付息（费），至

1995年9月，9次还本付息（费）累计总额7338255.35元，尚欠未到期贷款3715073.52元，合45.86万个SDR。至2000年，建有商品鱼生产基地22926亩（约1528.41万平方米），商品鱼产量15329吨。

美制螺丝项目　1987年4月，萧山仪器标准件厂与浙江省五金矿产进出口分公司联营开发美制螺丝引进设备，经中国投资银行转贷的亚洲开发银行项目贷款50万美元和50万元，年息8.50%，偿还期4年。其中50万美元用于引进台湾春日机械股份有限公司生产的CH、SM系列自动双击冷墩机25台（另附带联邦德国产AS_2磨刀机1台），其还本付息由浙江省五金矿产进出口公司承担；50万元用于购买境内的配套设备，由萧山仪器标准件厂负责偿还。至年末，设备全部到齐。预计年生产螺丝能力可达10亿件，新增利润120万元，翌年投产，浙江省五金矿产进出口分公司还贷20万美元。1989年春夏之交，北京发生政治风波后，生产订单减少，产量下降。至1990年，有5台设备闲置，产量只有生产能力的三分之一。是年，该项目亏损15.50万元。1991年，亏损57.06万元。是年12月，贷款偿还到期，萧山仪器标准件厂偿还贷款37.80万元。

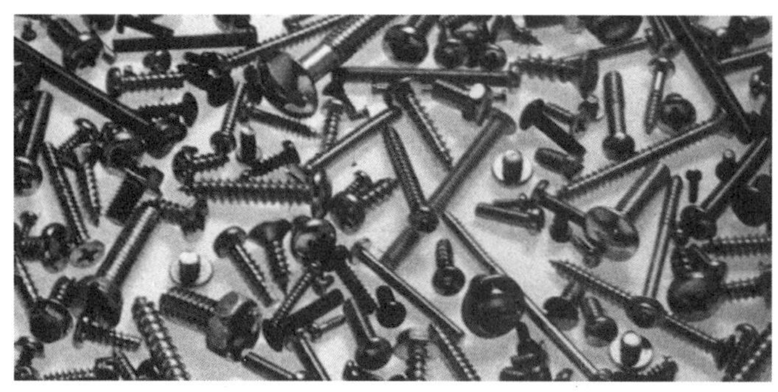
图17-2-622　1987年12月，萧山仪器标准件厂利用引进设备生产的美制螺丝（萧山区经济发展局提供）

养鳗场项目　1987年5月，由省水产养殖公司和杭州万向节厂联合建立的杭州万向节厂联合养鳗场项目动工。该项目利用世界银行贷款100万美元（折合人民币570万元），联营限期为15年，占地面积246亩（约16.40万平方米），总投资概算532.91万元，双方以2∶8比例共同承担（省水产养殖公司20%，杭州万向节厂80%），财务独立核算，盈亏按投资比例分担。该项目动工后，坚持边建造边生产，1988年10月基本竣工。实际投资608.37万元，其中建筑安装工程516.82万元、设备91.55万元，建造鳗池153.14亩（约10.21万平方米）、附属用房2430.46平方米。1991年12月通过竣工验收。至年末，累计投放白仔鳗苗710千克、黑仔鳗种50余万尾；出售鳗种180余万尾、商品鳗180余吨，创产值1000余万元。1997年，归还所有贷款。翌年，该养鳗场地改作他用。

图17-2-623　1987年5月建于垦区的万向鳗鱼养殖基地（1997年10月摄，万向集团公司提供）

农村供水项目　1990年，市政府为改善农村饮水条件，根据中华人民共和国与国际开发协会签订的《CHA—1578号农村供水项目开发信贷协定》，通过浙江省政府和国家爱国卫生运动委员会，经浙江区域世界银行农村改水项目贷款转贷萧山市农村改水增益贷款149.98万个SDR，折人民币867万元。该贷款项目利用萧山第二水厂的富余供水能力，建造管道延伸工程，7月动工，翌年6月30日完工。项目总投资2168万元，其中境内配套资金1301万元（财政贷款500万元，受益镇乡集体投资201万元，个人集资600万元）。贷款偿还期7年（含宽限期2年）。1992～1996年，市政府于每年2月25日前偿还贷款总额的

图17-2-624 1990年7月，萧山农村改水项目管道延伸。图为施工安装管道现场（萧山区建设局提供）

五分之一。管道延伸工程完工后，西兴、城北、盈丰、宁围、长山、新街6个镇乡59个村的35061户家庭112192人口饮用上自来水，并为后期进一步解决义蓬和瓜沥等镇乡农村人口饮水问题，实施“西水东调”工程打下良好基础。

酒糟颗粒饲料制造项目 1991年，浙江钱江啤酒厂经轻工部转贷法国政府贷款240万美元，引进制造酒糟颗粒饲料设备项目，是年建成。该设备是以榨甘蔗设备改造而成的，不能达到预期效果而停止使用。1999年起，开始归还法国政府贷款。

杭金线萧山至诸暨市次坞段改建工程 1992年2月，杭金线萧山至诸暨市次坞段改建工程为世界银行贷款项目，全长32.24千米，路基宽15米，路面宽12米，为沥青路面，其中改道新建17千米、老路拓宽15.24千米，新建改建桥梁26座。该工程总投资1.10亿元，由浙江省公路管理局和萧山市政府各出资50%共同建造，其中世界银行贷款5555万元，公路建成后以收费方式还贷。1994年10月28日通车。11月10日通过省市有关部门验收，被评为优良工程。

杭甬高速公路萧山段建设工程 为世界银行贷款项目，全长25.388千米。1992年7月，建立杭甬高速公路萧山段建设指挥部。整个工程由市政府以承包方式组织实施。总投资概算4.21亿元，由省高速公路指挥部统一拨款。1995年12月，杭甬高速公路萧山段通车。1996年起，转入建设排水系统及附属配套工程，至1997年末，全部工程完工，决算资金3.53亿元，节省资金6777.55万元。其中世界银行贷款8466.11万元。世界银行贷款统一由省高速公路指挥部在杭甬高速公路通车后以收费方式偿还。

城市污水处理改造工程 1996年1月，市政府为进一步改善城市污水处理设施，计划投资1.50亿元，用于污水综合治理工程二级污水处理厂项目和城区排放污水的处理设施建设。其中利用挪威政府贷款470万美元，设计建造规模3万吨/日的污水处理厂1座，铺设城区市心、回澜、潘水等区域的排污管网，建立排污泵站。该项目为省级重点工程，分4期建设，由市排水管理处具体负责实施。2000年12月，该工程如期完成，日污水处理能力12万吨，全市排污管网113.37千米，城区污水并网率达68%，城市污水管网普及率87%，日容纳污水量为10万吨。该项目工程属市政府公益事业，挪威政府贷款由市财政局按照借款协定书按时还款。

图17-2-625 1997年，萧山市排水管理处负责实施利用挪威政府贷款建造的污水处理生化系统HCR反应塔。该反应塔建成后，由萧山市城市污水处理有限公司管理使用。图为该反应塔全景（萧山区排水管理处提供）

集装箱多式联运系统项目 1999年12月1日，由财政部与国际复兴开发银行签订的集装箱多式联运系统项目贷款协定（贷款号4444—CHA）生效。项目执行期为1999～2004年，提款截止日为2005年6月30日。1999年

12月24日，财政部与浙江省政府签订转贷协议，转贷1081万美元，其中235万美元（折人民币1950.50万元）用于萧山国际货运有限公司萧山中转站改造项目，偿还期20年。该项目总概算5720.10万元（世界银行贷款1950.50万元，境内配套资金3769.60万元），由萧山国际货运有限公司组织实施。2000年3月，该项目由萧山市政府（签字代表：萧山市经济委员会）、浙江省政府（签字代表：浙江省计划与经济委员会）和萧山国际货运有限公司代表田陆华签字。4月动工。[①]（2003年4月，该公司正式投入运营。）

①至2001年12月31日，到位资金3504.66万元，其中世界银行贷款提款62.31万美元（折人民币515.74万元），境内配套资金2988.92万元。已投入项目资金3490.87万元（包括土地征用等各项费用917.14万元），其中工程费用2973.09万元、其他费用201.34万元、建设期贷款利息支出75.90万元、预备费用（用于支付建设期贷款利息）240.54万元。2003年4月正式投入运营，使用资金6437.96万元，其中世界银行贷款1634.57万元（197.50万美元），境内配套自筹资金4803.39万元。至2004年6月23日，共已支付世行贷款利息和承诺费140600.61美元，支付省项目办管理费人民币198593.00元。项目完工后，形成以杭州萧山国际货运有限公司为主体，下辖集装箱运输车队、国际货物运输代理部两个独立核算部门和杭州萧山国际物流有限公司为具体运作单位，以杭州萧山陆路口岸为平台的营运服务网络，开了萧山的国际货物运输之先河。

图17—2—626　2001年3月，位于城厢镇通惠中路的萧山国际货运有限公司由世界银行贷款提供的集装箱运输车车辆（杭州萧山国际货运有限公司提供）

【附录】

萧山市在利用外资中存在的问题（摘要）

萧山市在利用外资中，主要问题有四方面：1.急于求成。部分主管部门及企业出于尽早创办“三资”企业的目的，放松对外方资金等情况的信誉调查，合资企业批准后，外商资金不能到位，企业难以建立。如某钢铁有限公司于1993年3月批准，至今未建立。2.欠出资多。至1996年9月底，全市欠出资的合资企业有80家，欠资9972万美元，占应出资额的20%。[②]3.逃避税收。以外商负责经营的企业为多，尤其是“两头在外”[③]的企业，为隐瞒利润，逃避税收，原料高进，产品低出。如某有限公司连续6年上报亏损，而其出口销售额却由1990年的4747.73万元，增到1995年的7282.89万元。4. 倾斜政策不落实。尤其是支持“三资”企业的银行贷款不落实。如市政府曾明确规定：每年从各银行中专拨3000万元支持“三资”企业，但资金不能到位。[④]

②欠资的80家合资企业中：出资者全部未出资的有42家、欠资金额6034万美元，分别占欠出资企业数、欠资金额的52.50%、60.51%。

③“两头在外”的企业是指原辅材料从境外进口、产品销往境外的企业。

④市政府办公室、对外经济贸易委员会：《关于我市三资企业发展的现状、问题及对策》，《萧山市调研报告选编〈1996年度〉》，1997年3月。

第三章　对外和对港澳台经济技术合作

1978年起，萧山开始向境外输出劳务，但输出劳务不多。1992年，开始建立境外企业。1995年起，企业承包境外工程。至2000年末，全市累计外派劳务人员535人，完成对境外承包工程项目共计7个，主要分布于东南亚和非洲国家，工程造价共计1433.03万元。经批准创办的境外企业（包括境外办事处，不包括境外企业的子企业）14家（其中尚在正常运行的6家），主要分布于美国、日本、英国、德国、加拿大、墨西哥、乌拉圭等国家和中国香港地区。

第一节　对外劳务合作

萧山对外劳务合作不多，且以技术人员为主。1978年12月至1982年2月，萧山湘湖砖瓦厂徐亦庆在乌干达指导砖瓦生产。

1993年4月，设立萧山国际交流公司。该公司主要为浙江省对外友协国际经济交流公司、省轻工业进出口公司和省技术进出口公司的境外业务办理输出劳务中介，1993～1996年间，为杭州华东无线电厂等10余家企业向日本输出各类技术工人10余批，共计160人，劳务期限1～3年不等，劳务工种有电子电器制造、建筑安装、搬运装卸、制衣等，主要分布于日本的静冈、福井、仙台等地。

1997年，杭州第五针织厂分别向日本和美国塞班岛输出缝纫技术工人18名。1998年，全市向日本、美国输出从事缝纫加工和建筑施工的劳务人员88名。翌年8月，全市输出劳务78名，其中以研修方式派到日本武生市的技术人员9名（钣金工和电子技术工人6名，服装技术工人3名），期限为3年。2000年，全市派往日本、新加坡从事建筑施工和服装制造的劳务人员共81名，其中以研修方式派往日本武生市的服装技术人员5名，劳务输出期限为3年。

2000年8月10日，《萧山日报》第2版刊登该报记者林鲁伊撰写的《对外劳务输出：为何热不起来》分析：萧山是东部沿海发达县（市），自改革开放后发展较快，城乡居民生活水平逐年提高。萧山人不愿意出境务工的一个主要原因，是境外务工的收入并不高，萧山在美国塞班岛、日本、马来西亚等地的劳务人员的月薪只相当于人民币4000元～6000元，与萧山相比并没有太多的差距；其二，符合高技术工种要求的人员不多，限制了萧山劳务输出；其三，劳务输出渠道不畅、信息不灵也是一个重要原因。

第二节　对外承包工程

萧山境外承包工程起步较晚，发展也不快，对外承包工程的企业不多。1992年12月，杭州东南网架厂承接马里议会大厦的议会大厅的网架钢结构制作与安装业务，为中国政府援助马里的重点工程。议会大厅屋盖平面投影1377.06平方米，采用螺栓球节点斜放四角锥网壳结构，工程造价为126万元，1993年1月完工。议会大厅建成后，被马里国家领导人称为“西非最美的建筑”。1996年10月，浙江东南网架集团有限公司（前身是杭州东南网架厂）承接越南福协电厂厂房网架钢结构制作与安装业务。该工程建筑面积为3.40万平方米，造价为668万元，1997年11月完工。1998年6月，浙江东南网架集团有限公司

图17－3－627　马里议会大厦建成后的全景。该大厦议会大厅的网架钢结构由杭州东南网架厂制作与安装（1993年1月摄，浙江东南网架集团有限公司提供）

承接越南胡志明市电厂厂房网架钢结构工程，施工面积2万平方米，工程造价256万元，1998年10月完工。1999年2月，浙江东南网架集团有限公司承接越南河内机场候机楼网架钢结构工程业务，施工面积5万平方米，造价为159.81万元；2000年1月完工，成为越南河内市的标志性建筑。

1997年11月，杭州大地网架股份有限公司经多米尼加联邦耀联国际贸易公司中介，承接多米尼加共和国联邦钢结构厂厂房工程的制作与安装业务。该工程造价64.51万元，1998年1月完工。1998年1月，杭州大地网架股份有限公司又承接多米尼加共和国罗索港钢结构厂厂房工程的制作与安装业务。该工程建筑面程1980平方米，造价103.75万元，6月工程完工。2000年4月，杭州大地网架股份有限公司承接新加坡国家建设发展局中心(Housing Development Board Center)地铁站大厅的屋盖网架工程的加工制造业务。该工程按英国建筑用钢结构设计规范标准，施工面积2494平方米，制作使用网架钢结构总吨位73.624吨，总造价54.96万元，是年6月完成。

第三节　境外企业

图17－3－628　1998年10月8日，万向集团公司总裁鲁冠球（前左一）在上海第二届中英国际研讨会上受到英国首相布莱尔（右一）的接见（万向集团公司提供）

1992年，萧山开始设立境外企业。1992年1月，萧山市经济建设发展公司、中信集团中国西南资源联合开发总公司、上海国际科学技术公司在乌拉圭蒙得维的亚市合资创办萧山乌拉圭联合发展公司，注册资本6.99万美元，三方各出资2.33万美元，主要经营农牧渔业和矿产资源开发及其农产品加工与销售，合资期限10年。翌年4月，萧山台布厂与加拿大中华企业有限公司在加拿大温哥华市合资设立中加华新台布有限公司，注册资金40万加元，双方各出资50%（2000年底，中方股份出让给外方），主要经营各类餐布、台布和床单等清洗服务。1994年3月，浙江万达集团公司在美国洛杉矶设立万达集团公司美国办事处，注册资本20万美元，主营五金工具、汽车零部件等进出口贸易和承接“三来一补”业务。10月，万向集团公司在美国芝加哥内设立万向集团美国公司，注册资金50万美元，主营汽车零部件的装配、维修和销售。后萧山之江工具厂和萧山市物资总公司在中国香港分别设立美国明华工具有限公司和中港物资实业有限公司；浙江钱啤集团股份有限公司设立驻美国洛杉矶办事处，萧山速冻厂设立驻日本大阪办事处，萧山市雪峰链条有限公司设立驻美国芝加哥办事处，浙江富可达皮业集团股份有限公司设立驻日本大阪办事处。

至2000年末，设立境外企业（含办事处，不含境外企业的子企业）共计14家，其中万向集团美国公司、万向集团墨西哥公司、万向集团欧洲（英国）公司、万达集团公司美国办事处、前进齿轮（香港）开发公司和前进齿轮（马来西亚）开发有限公司6家境外企业尚在正常运行。

【附】

万向集团美国公司

万向集团美国公司是万向集团公司创办。1994年10月，经国家对外经济贸易委员会批准，在美国芝加哥设立万向集团美国公司。翌年，万向集团美国公司实现销售额350万美元。

1996年，万向集团美国公司继续向欧洲及南美市场拓展，先后成立万向欧洲公司和万向南美公司。是年2月美国总统日，万向集团美国公司总裁倪频作为美亚裔杰出代表在白宫受到美国总统克林顿等政要的接见。5月，万向集团美国公司投资80万美元承揽加州房地产项目，两年后收回全部投资。是年，万向集团美国公司实现销售额为1210万美元。

图17－3－629 1994年，浙江万向（机电）集团公司设在美国芝加哥的万向美国公司外景（万向集团公司提供）

1997年7月，万向集团美国公司收购美国AS舍勒公司60%的股份，首开中国企业收购美国上市公司之先河，设立万向欧洲轴承公司。翌月，取得美国通用汽车公司的生产订单。11月，收购美国密歇根（密执安）州占地面积130英亩（约合780亩，52万平方米）的高尔夫球场75%的股份，设立万向草原河高尔夫球场公司。是年，万向美国公司实现销售额2256万美元。

图17－3－630 1997年7月，万向美国公司收购美国AS舍勒公司60%股份。图为双方代表在万向美国公司内举行股份转让签字仪式后的合影（吕耀明提供）

1998年，万向集团美国公司先后通过以美国克莱斯勒汽车公司、福特汽车公司和通用汽车公司的质量要求制订的QS9000质量体系认证，取得了万向集团公司产品进入美国市场的准入证。是年，万向集团美国公司在美国、墨西哥、英国和巴西等地设立了用于存放保税货物的专用仓库，并在美国芝加哥和洛杉矶投资承揽公寓楼、办公楼等房地产业。是年，实现销售额3189万美元。

1999年8月，万向集团美国公司成为境外带料加工企业，在美国、英国等7个国家设立有10余家中资公司，并吸收为中美总商会主席委员会委员。10月，万向集团美国公司总裁倪频当选为芝加哥领区（辖9个州）的中资企业联谊会会长。是年，万向集团美国公司实现产品销售额5000万美元，位居美国中西部中资企业第一。2000年，万向集团美国公司实现销售额6000万美元。

（万向集团公司提供）

第四章　货物通关监管

1994年1月27日，经中华人民共和国杭州海关批准，建立萧山海关机构筹备处。翌年4月18日，开办货物通关等部分业务。1998年2月6日，经中华人民共和国海关总署批准，建立中华人民共和国杭州海关驻萧山办事处（简称杭州海关萧山办事处，下同），2月22日开关，正式对外办理萧山市行政区域范围内的海关业务，开始管理进出口企业、加工贸易和审批关税减免业务等。至2000年末，累计年审企业728家次、审结进出口报关单5133份、监管进出口货物69954吨、代征关税和进口环节税7507万元、审批企业关税减免49872万元、受理备案加工贸易合同3946份（备案料件金额53881万美元）。

第一节　货物通关

通关作业

1995年4月18日，开始办理货物进出口报关单审批业务，采用货到报关的通关作业方式。[①]是年，审结进出口报关单12份。后逐年增加。

1998年9月21日，杭州海关审单中心建立并投入运作后，杭州海关萧山办事处的审单等报关环节集中到杭州海关审单中心，实行集中审单[②]。是年，审核进出口报关单705份，为1997年的5.78倍。

2000年，杭州海关萧山办事处先后实施电子口岸执法系统、节假日预约通关、快速转关系统、便捷通关、无纸通关和一站式服务等措施，提高了企业的通关效率，现场申报、查验、放行只需2小时，进口货物转关时间从开办业务初期的5天缩减到1～2天，出口货物可在5～7天内签发退税证明联。是年，审结进出口报关单2178份。

至2000年末，累计审结进出口报关单5133份。

转关运输监管

1995年，所辖企业申报办理的进出口货物，多数采用转关运输方式出入境，转关货物集中于上海、宁波和深圳等口岸海关，对转关运输车辆实施监管。2000年，监管运输企业7家、转关运输车辆60辆，监管进出口货物39653吨。至年末，累计监管进出口货物69954吨。

2001年1月1日开始，转关运输监管由对运输车辆的管理转向对运输企业的管理和对转关运输货物的监控，尤其对一般贸易应税货物进口，实行逐级审批后签发转关联系单的方式转关，不符合转关条件的不予办理；减免税货物及化纤类纺织品等重点商品的查验率达到100%，以防止不法分子利用转关运输环节走私。

①货到报关的通关作业方式的特点是审单、征税等报关环节都分散在货主所在地海关（现场海关）独立操作。

②集中审单，即货主可在各自的现场海关报关，报关数据通过计算机网络传输汇集到杭州海关审单中心，杭州海关审单中心根据审核情况将指令发回到杭州海关萧山办事处的现场海关，杭州海关萧山办事处现场海关根据指令进行查验、放行，查验结果反馈给杭州海关审单中心。

图17-4-631　2000年8月，杭州海关萧山办事处关员在监管转关运输车辆（杭州海关驻萧山办事处提供）

第二节 税收征管

关税和进口环节税代征

1997年，萧山海关机构筹备处开始代征关税（货物进口税）和进口环节税（包括进口环节的增值税和消费税）。2000年，加强加工贸易核销补税[①]工作，核销补税445.60万元；通过常规检查和专项稽查，补税5.30万元。至年末，累计代征关税2517万元、进口环节税4990万元。

①加工贸易核销补税是指加工贸易管理部门对保税料件未及时返销境外部分补征关税和进口环节税。

关税减免审批

1998年10月开始，先后办理外商及港澳台商投资企业进口货物减免税、技术改造及基本建设进口货物减免税和科教用品进口免税等特定减免[②]。至2000年，累计审批关税减免49872万元。

②特定减免是指依据国家规定，对特定地区、特定企业、特定用途以及特定产业的进出口货物给予关税减免。

外商及港澳台商投资项目进口货物减免税　1998年10月，开始审批外商及港澳台商投资项目进口货物减免税。至2000年末，累计审批减免税24471万元。

技术改造及基本建设进口货物减免税　1999年，开始审批企业技术改造及基本建设项目引进设备的减免税。至2000年末，累计审批技术改造及基本建设进口设备减免税25401万元。

科教用品进口免税　2000年12月31日前，由杭州海关审批科教用品进口免税。2001年1月1日后，改由杭州海关萧山办事处审批。2001年3月，首票办理万向集团公司申报的科教用品减免税项目，减免税额101万元。

图17—4—632　1999年11月，杭州海关萧山办事处关员在杭州乐荣电线电器有限公司内了解出口产品关税情况（杭州海关驻萧山办事处提供）

第三节 加工贸易管理

1998年4月16日，杭州海关萧山办事处开始受理加工贸易备案合同审批。是年，备案加工贸易合同966份，合同备案料件金额12492万美元。1999年，为进一步完善异地加工、转厂深加工、税款追缴、加工贸易内销等加工贸易管理制度，杭州海关萧山办事处实施前期验厂制度、分级审批制度和钢铁制品与化纤纺织原料等商品重点管理制度，同时，对验厂率、核销率、结案率等都作出详细的量化规定，并加强中期检查和对后期核销的管理，特别强调对深加工结转保税货物的管理。是年8月31日，顺利实施加工贸易异地报关备案资料的计算机传输，保证对加工贸易的全程监管。2000年，完成业务资料收集的加工贸易企业101家，其中完成建档的企业52家。受理备案加工贸易合同1593份，备案料件金额22476万美元。至年末，累计受理备案加工贸易合同3946份，备案料件金额53881万美元。

图17—4—633　1999年3月，浙江胜达包装集团有限公司技术改造引进的减免税项目德国产HH—C200—18D5层瓦楞纸版生产线（胜达集团有限公司提供）

第四节　企业管理

1998年2月22日，杭州海关萧山办事处开关时，报关注册登记的进出口企业251家。是年，年审211家。1999年开始，对注册登记的企业进行分类评定，分别评定为A类、AA类、B类。[①]对从事加工贸易的企业不实行银行保证金台账制[②]。对按规定允许担保的货物，凭企业提交的保函验收，免收保证金。是年，被评定为AA类企业的3家、A类的10家、B类的269家。2000年，被评定为AA类企业的4家、A类的11家、B类的305家。是年，年审企业284家，发现有违规行为的A类企业2家，并将其调整为B类。年末，经杭州海关萧山办事处注册登记的专业报关企业2家、代理报关企业1家、自理报关企业317家。

①进出口额达100万美元以上、无走私违规情况、符合海关监管要求的企业评定为A类，加工贸易出口额在1000万美元以上或进出口总额在2000万美元以上的企业评定为AA类，其他企业评定为B类。

对A类、AA类企业优先办理货物申报、查验和放行手续，优先实行"门对门"验货。

第五节　缉私稽查

2000年8月，杭州海关萧山办事处（不是独立法人）开始承接萧山区域内走私、违规案件的调查工作，案件的审理和最终的处罚均交由杭州海关调查局办理。2001年2月，专项稽查萧山进口免税设备企业，查获某染整有限公司、某印染有限公司擅自将德国自动印网机、自动圆网印花机各1台，交由某印花厂使用，案值分别为300万元和600万元，分别对当事人处罚款30万元和60万元。3月，查获某广告公司擅自将免税进口喷绘印刷机1台，交由某广告喷绘有限公司使用，案值120万元；又核查某车业有限公司进料加工保税进口的208740只自行车飞轮，经查去向不明，案值43万元，分别对当事人处罚款6万元和3.50万元。

②银行保证金台账制可称为"空运转"，通俗解释为：加工贸易企业进口料件，由海关审价并开单据，在中国银行设立保证金账户，进口原料企业并不需要缴纳资金，由开立账户的银行开出单据，原料加工成产品出口后，再用海关报关单到银行核销这笔保证金台账。如果企业不核销这笔保证金台账，就说明这批原料加工后没有出口，银行就将会同工商行政管理部门、税务管理部门到企业，了解产品被销往何方。（中共杭州市委办公厅：《加工贸易保证金台账制是怎么回事？》，《杭州信息》（经社内参），1996年2月8日，总第18期，第9页）

表17—4—403　1995～2000年杭州海关萧山办事处办理业务情况

业务项目	1995年	1996年	1997年	1998年	1999年	2000年
审结进出口报关单（份）	12	16	122	705	2100	2178
监管转关运输货物（吨）	180	312	1780	12383	15646	39653
代征关税、进口环节税（万元）	—	—	93	667	1738	5009
关　税	—	—	37	246	637	1597
进口环节税	—	—	56	421	1101	3412
审批关税减免（万元）	—	—	—	3346	17926	28600
受理备案加工贸易合同（份）	—	—	—	966	1386	1593
备案加工贸易合同金额(万美元)	—	—	—	12492	18913	22476
年审企业（家）	—	—	—	211	233	284

资料来源：杭州海关驻萧山办事处。

第五章 商品出入境检验

1993年2月22日，国家进出口商品检验局（简称国家商检局，下同）批准，筹建萧山进出口商品检验局（简称萧山商检局〈筹〉，下同）。1994年12月20日开始，萧山商检局（筹）受理萧山市辖区内部分业务。

1998年1月9日，国家商检局批准建立中华人民共和国萧山进出口商品检验局（简称萧山商检局，下同）。萧山商检局承担杭州市辖区内进出口畜产品和萧山市辖区内进出口棉布等物品的报检受理、签验、签证、放行及日常监管，负责萧山市辖区内进口机动车辆的登检和一般原产地证的注册、登记和原产地调查，受理一般原产地证的申请、签发，受理出口企业出口商品质量许可证和出口食品卫生的注册登记，参与考核、复查、发证等。2月11日，建立浙江进出口商品检验局畜产品检测所，委托萧山商检局代管。

1999年11月12日，经浙江出入境检验检疫局批准，在萧山商检局基础上建立中华人民共和国萧山出入境检验检疫局（简称萧山出入境检验检疫局，下同），为浙江出入境检验检疫局设在萧山的直属机构。萧山出入境检验检疫局负责萧山辖区内的出入境卫生检疫、动植物检疫（因业务尚未移交，除出口羽毛〈绒〉及其制品、皮革服装、兔毛和进口皮革外，其他动植物检疫仍由浙江出入境检验检疫局负责）和进出口商品检验等工作。2000年3月9日，浙江出入境检验检疫局将萧山辖区内进出口纺织品和部分轻工产品（布绒玩具、工艺品、体育用品）的检验工作移交给萧山出入境检验检疫局。

至2000年末，累计检验出口羽毛（绒）及其制品14337批次、皮革服装1287批次、兔毛127批次、健身器材60批次、玩具5批次、棉布1190批次，进口皮革12批次、纺织品23批次、汽车961辆、摩托车19653辆，出入境集装箱货物报检17503批次。

第一节 商品检验

出口商品检验

1995年，萧山商检局（筹）开始检验萧山辖区内的出口羽毛（绒）及其制品、皮革服装、兔毛商品和集装箱货物。是年，检验出口商品企业12家，其中检验出口羽毛（绒）及其制品企业9家、皮革服装企业2家、兔毛1家。出口的羽绒以原料羽绒为主，少有水洗羽绒出口。1998年1月1日，杭州市辖内的出口羽毛（绒）及其制品检验、监管业务划归萧山商检局。1999年后，出口水洗羽绒逐年增多。（2001年出口羽毛〈绒〉基本是水洗羽绒。）

图17-5-634 1997年11月，萧山商检局（筹）检验员在检验出口鹅绒（萧山出入境检验检疫局提供）

2000年4月1日，萧山出入境检验检疫局开始检验出口纺织品。6月1日，受理出口健身器材和布绒玩具的报检、检验、签证、放行工作。是年，检验出口羽毛（绒）及其制品企业43家、4362批次；检验出口棉布1190批次、5053万米，金额6658万美元。至年末，累计检验出口羽毛（绒）4770批次、羽毛（绒）制品9567批次、皮革服装1287批次、兔毛127批次、布绒玩具5批次、健身器材60批次、出境集装箱货物17370批次，其中不合格出境货物76批次。羽毛（绒）及其制品主要出口美国、日本、德国、英国、意大利，其次是荷兰、丹麦、澳大利亚、新西兰、韩国、泰国等国家和中国台湾、中国香港地区。皮革服装主要出口欧盟，少量出口日本、美国；布绒玩具出口美国、英国；健身器材主要出口美国、英国、法国、德国、日本等国家。棉布出口欧盟、中东、东南亚、美国等国家和中国香港地区。

2001年1月1日，鉴于出口健身器材企业已拥有合格的检验人员，改由出口企业自验与组织检验相结合。2月26日，开始对出境集装箱货物的品质、规格、数量、安全、卫生等项目进行检验。

表17－5－404　1995～2000年萧山市出入境集装箱货物报检情况

年份	出境		出境不合格货物	
	次数（批次）	金额（亿元）	批次（批次）	金额（万元）
1995	1039	8.69	2	40
1996	1268	6.95	15	748
1997	1754	8.66	10	573
1998	3066	11.71	10	370
1999	4301	19.63	11	409
2000	5942	24.46	28	994

资料来源：萧山出入境检验检疫局。

表17－5－405　1995～2000年萧山市检验出口商品情况

年份	羽毛（绒）		羽毛（绒）制品		皮革服装		兔毛	
	次数（批次）	金额（万美元）	次数（批次）	金额（万美元）	次数（批次）	金额（万美元）	次数（批次）	金额（万美元）
1995	350	7480	549	2167	126	677	14	143
1996	427	4820	599	2120	198	1022	44	368
1997	548	5166	807	2752	242	1737	24	428
1998	1017	6672	1801	5975	231	1304	17	192
1999	1218	7166	2659	8084	177	562	16	173
2000	1210	9887	3152	11243	313	1364	12	143

资料来源：萧山出入境检验检疫局。

进口商品检验

汽车　摩托车　1994年12月20日，萧山商检局（筹）开始开展进口机动车辆检验业务。是年，检验进口汽车2辆、摩托车330辆。1995年后，进口汽车、摩托车逐年增加。1997年，登检进口汽车122辆、摩托车7071辆。1998年，进口摩托车开始减少。是年，摩托车减少到1610辆。至年末，累计登检的摩托车19653辆。翌年后，无登检进口摩托车。2000年，登检的进口汽车256辆。至年末，累计登检的进口汽车961辆。

图17－5－635　2000年8月9日，萧山出入境检验检疫局人员在现场监装集装箱货物（萧山出入境检验检疫局提供）

皮革　1995年始，萧山商检局（筹）受理进口皮革报验。至2000年，除1999年进口12批、80

吨、32万美元外，其余年份均无报验进口皮革。皮革均由巴基斯坦和印度进口，大部分为正面革，少数为二层革。进口皮革的检验合格率为100%。

集装箱货物 1999年，萧山商检局开始报检入境集装箱货物。至2000年末，累计报检的入境集装箱货物133批次，全部合格，金额4677万元。2001年2月26日起，开始对出入境集装箱货物的品质、规格、数量、安全、卫生等项目进行检验检疫。

纺织品 2000年4月1日，萧山出入境检验检疫局开始开展辖区内进口纺织品的检验。是年，检验进口纺织品23批、62万米，金额109万美元。

第二节 监督管理

1994年12月8日，浙江商检局授权萧山商检局（筹）管理出口企业出口商品质量许可证的申请，参与考核、复查、发证等。同时，具体监管出口畜产品、健身器材、玩具和进出口棉布商品质量及质量许可证考核，管理出口企业认可检验员，行政处罚出口企业违法行为。12月20日，出口畜产品生产加工企业开始实行质量许可制度和认可检验员制度。1995年，由于出口畜产品羽绒羽毛的质量许可证有效期为5年，因此萧山商检局（筹）配合浙江商检局对持有出口畜产品质量许可证的30家企业进行考核，并开始查处违法企业。翌年后，停止对出口羽绒制品及皮革制品企业的质量许可证的考核。

1998年5月，萧山商检局举办首期认可检验员培训班，61人参加培训。2000年，77人参加认可检验员培训班。是年，开始陆续申请换发企业质量许可证。萧山出入境检验检疫局配合浙江出入境检验检疫局完成了7家出口企业的质量许可证考核，监督审核3家。

至2000年末，累计处以罚款的企业有3家，罚金6500元，对其中1家企业进行行政通报。

第三节 实验室建设

1991年开始，浙江进出口商品检验检疫局羽毛绒实验室（简称实验室，下同）参加国际羽绒羽毛局的盲样循环测试。1996年，实验室通过了IDFB（国际羽绒羽毛局）认可检测机构的考核，成为IDFB认可检测实验室。翌年12月18日，实验室迁至萧山商检局（筹）。1998年1月9日萧山商检局成立后，更名为浙江进出口商品检验局畜产品检测所（简称实验室，下同），委托萧山商检局代管。是年，实验室专职人员4人，检验样品2660个。翌年12月20日，实验室更名为浙江出入境检验检疫局羽毛绒检测实验室（简称实验室，下同）。

2000年1月，实验室与国际羽绒羽毛检测实验室（IDFL）签署合作检测样品协议。10月，实验室与萧山市技术监督局合作，以实验室为主体，成立了萧山羽绒检测中心，承担技术监督部门国内市场羽绒制品质量抽查产品的品质检测工作。11月，孟加拉国的ANAMICA（阿纳米卡）羽毛公司总裁Haider(海德）和总经理Asif（阿赛夫）来实验室参加为期一个月的检测技术培训。是年，检测样品3612个，其中实验室与国际羽绒羽毛检测实验室共同检测样品300余个。

至2001年3月25日，实验室专职人员6人，拥有恒温恒湿操作间，进口日本和欧洲国际蓬松度测试设备、样品除灰设备、电子天平、酸度计、浊度计、微量滴定仪以及用于羽绒制品纺织面料的透气量、防钻绒性能、绒支数等测试设备。实验室检测检验客户来自境内19个省、自治区和直辖市，境外客户有美国、法国、韩国和中国台湾、中国香港地区。

第十八编
金　融

吴越两山亭

明·杨基

两山之间江水清，中有巍然孤草亭。吴王越王不可见，东山西山相对青。

千古封疆归混一，十年尘土叹飘零。春风吹破英雄梦，卧看芙蓉几翠屏。

萧山典当最早建于清嘉庆年间（1796～1820）。[①]钱庄始建于清光绪二十四年（1898）。[②]信用合作社、银行和保险机构均始建于民国时期。[③]1949年5月5日萧山解放后，接管官僚资本的行库，[④]逐步建立社会主义金融体系，实行社会主义信贷。1979年后，萧山改革金融体制，发展金融机构，扩大吸储和放贷范围，支持各种类型经济的发展。至1985年末，辖内县级银行业金融机构4家和非银行业金融机构1家、农村信用社66家、信用分社7家、办事处16家、分理处1家、储蓄所16家、其他2家，共计金融机构113家，从业人员1149人。

1986年后，逐步形成资金拆借市场，恢复邮政储蓄业务，新建合作金融机构。同时，进行电子化建设，采用计算机办理金融业务等，以适应经济、社会的发展。采取有效措施，应对国际、国内经济形势的变化，确保萧山社会稳定、经济持续发展。1989年4月20日，国家外汇管理局萧山支局建立，与中国人民银行萧山市支行合署办公。1993年，开始建立证券交易公司、期货经纪公司。

1994年后，金融体制实行重大改革，人民银行职能转换，国有专业银行转轨，政策性业务分离；改革外汇管理体制，改进金融管理手段；保险业财产险与人寿险分业经营，分设机构；外地的股份制商业银行和股份制保险公司在萧建立分支机构。同时，清理整顿期货交易市场。至1998年，辖内国有专业银行向商业银行转轨，均可自主吸收存款和发放贷款。证券业与银行业分离、分别监管。[⑤]2000年，保险业、典当与银行业分离、分别监管。[⑥]

2000年末，辖内金融网点遍布全市城乡，经营业务基本实现电子化，金融事业呈现金融体系健全、金融秩序良好、金融服务便捷的崭新局面，拥有中国人民银行萧山市支行1家，从业人员49名；市级银行业金融机构9家，分理处（农村信用社）138家、储蓄所160家，共计307家，从业人员2404名；市级非银行业金融机构8家，从业人员600人。萧山金融业的发展，为改革开放的顺利进行和经济、社会的发展，发挥了坚强的支撑保障作用。

①萧山县志编纂委员会：《萧山县志》，浙江人民出版社，1987年，第548页。

②清光绪二十四年（1898），绍兴人姚佩萸创办萧山最早的临浦泰孚钱庄。民国时期，辖内先后建有钱庄62家，均于1950年前先后停业。

③民国13年（1924）后，东乡地区先后建立衙前村信用合作社、瓜沥村信用合作社和南阳村信用合作社3家（民国24年前均停止）。民国21年4月，湘湖地区先后建立东汪、定山、青山头、青山张4家，民国26年解散。民国36年，建立城厢、临浦、长河和闻堰4家，民国37年至民国38年5月间先后倒闭。

民国22年（1933），建立中国银行临浦兑换处（民国26年停业），附设通源钱庄内。设立浙江地方银行萧山分理处，并代理公库；民国25年7月升格为办事处（民国36年3月改称浙江省银行萧山办事处）。民国26年6月2日，开设浙江建业银行（私营）萧山办事处，经营活期储蓄、零存整取、买卖公债和棉纱4种业务，11月停业，后撤销。民国28年10月，建立萧山县合作金库。民国35年7月，建立浙江地方银行临浦分理处。民国36年8月25日，建立萧山县银行（民国38年4月29日停业），按钱庄模式，存、放、汇全面经营。民国38年4月16日，建立中国农民银行萧山农仓，是以农产品为抵押之金融机构。

民国24年（1935），创办先施保险公司萧山代理处和临浦代理处，民国29年前停业。抗日战争胜利后，萧山无专业保险机构，由浙江省银行萧山办事处、临浦分理处代理浙江产物保险公司经营贷款质押物品的保险业务，1949年5月萧山解放前夕停业。

④萧山解放后，县政府接管中国农民银行萧山农仓、浙江省银行萧山办事处、浙江省银行临浦分理处、萧山县合作金库、萧山县银行5家属于官僚资本的行库，造册封存。

⑤1998年7月3日后，中国人民银行萧山市支行将辖内证券机构的监管职责移交给中国证券监督管理委员会杭州证券监督管理办公室。

⑥2000年，保险机构和典当机构的监管职责分别移交给中国保险监督管理委员会浙江保险监督局和杭州市经济委员会。

第一章　金融体制改革

1949～1978年，辖内实行“大一统”的金融体系，实行高度集中、以行政手段管理为主的金融体制，中国人民银行萧山县支行既管理金融事业，又办理金融业务，一切业务均以计划为指导。

1979年起，为适应经济发展的需要，逐步改革金融体制，恢复和新建金融机构，培育金融市场，改革信贷资金管理体制。1994年后，辖内金融体制改革进入新阶段，中国人民银行萧山市支行职能转换，政策性业务与商业性业务分离，国有专业银行向商业银行转轨，实行汇率并轨，采取结汇、售汇制，取消1979年开始的外汇留成和上缴，试行资产负债比例管理和风险管理。至1995年，辖内基本形成由中国人民银行萧山市支行调控和监督，以商业银行为主体、政策性业务与商业性业务分工，多种金融机构并存、功能互补的社会主义金融体系。

图18—1—636　2000年12月12日，国务院总理朱镕基（前排右一）视察宁围信用社，陪同朱镕基视察的有中共浙江省委书记张德江（前排左二）、萧山市市长林振国（前排右二）等。图为朱总理向宁围信用社主任戴德高（左一）询问工作情况（吕耀明摄）

1996年后，金融机构向企业化经营转变，萧山市信用合作社联合社统一管理农村信用社；保险机构分业经营，分设机构。1998年，取消对商业银行的贷款规模限制，全面推行资产负债比例和风险管理。

2000年，辖内证券、保险和典当等非银行业金融机构不再由中国人民银行萧山市支行行使管理和监督。至年末，辖内已基本形成以中国人民银行萧山市支行为核心的银行业金融体系、保险业金融体系、证券业金融体系和邮政储蓄体系，金融体系门类齐全、功能完备。

第一节　辖内金融机构沿革

1949～1978年，辖内建有中国人民银行萧山办事处、中国人民保险公司萧山县支公司、交通银行萧山代理处、中国农业银行萧山县支行、农村信用社。其间，金融机构几经撤并。1978年末，尚有中国人民银行萧山县支行1家、农村信用社59家。

1979年后，先后复建中国农业银行萧山县支行、中国人民保险公司萧山县支公司，新建中国建设银行萧山县支行、中国工商银行萧山县支行，先后按公社、镇乡建立农村信用社。至1985年末，辖内有县级金融机构5家、农村信用社66家。

图18—1—637　1954年6月25日开业的萧山解放后全县第一家农村信用社义蓬区永新乡信用合作社旧址（浙江萧山农村合作银行提供）

1986～1991年，复建邮政储蓄所，先后新建萧山县城厢城市信用合作社、萧山县信用合作社联合社、中国银行萧山支行、交通银行杭州分行萧山办事处（系股份制商业银行）；恢复典当，建立萧山市典当拍卖商行。1993年，新建中国农业银行浙江省分行信托投资公司萧山证券交易营业部、交通银行杭州分行萧山证券交易营业部，登记注册浙江金马期货经纪有限公司。翌年，新建萧山市银发城市信用合作社。1995年8月28日、9月6日先后新建中信实业银行杭州分行萧山办事处（系股份制商业银行，1998年7月6日升格为支行）、上海浦东发展银行杭州分行萧山办事处（系股份制商业银行，1998年6月19日升格为支行）。翌年，新建中国农业发展银行萧山市支行、中国太平洋保险公司杭州分公司萧山办事处，中国人民保险公司萧山市支公司财产保险、人寿保险分设为两家公司。

1996、1997年，辖内两家证券交易机构先后改制、转让。1997年，登记注册的期货经营机构开始停业整顿。翌年，新建中国平安保险公司萧山支公司。2000年，中国太平洋保险公司萧山支公司分设财产险、人寿险两家公司。

2000年末，辖内有市级金融机构18家，其中人民银行萧山支行1家、政策性银行1家、国有商业银行4家、股份制商业银行3家、合作金融机构1家、证券交易公司2家、保险公司5家、典当商行1家。主要市级金融机构8家。

中国人民银行萧山市支行

前身系中国人民银行萧山办事处，创建于1949年6月15日，1951年1月升格为中国人民银行萧山县支行。1950～1951年，按区设立临浦、瓜沥、龛山（今坎山）、义蓬、戴村、长山、长河、河上、进化（1961年撤销）、西蜀10家营业所（办事处）。1954～1970年，又在党山、闻堰、义桥、靖江、新湾设立5家办事处（分理处）。1955年8月，分设中国农业银行萧山县支行。1957年后又经与中国农业银行萧山县支行合、分、合。1980年1月1日，中国人民银行萧山县支行再次分设中国农业银行萧山县支行，将其中12家营业所（办事处）划归中国农业银行萧山县支行。1984年1月1日，增挂中国工商银行萧山县支行牌子，将尚有的瓜沥、临浦2家办事处和11家储蓄所划归中国工商银行萧山县支行，实行“一套班子，两套业务”，内设机构合而不分。1985年9月18日，析出中国工商银行萧山县支行。12月23日，金融业务交由中国工商银行萧山县支行办理，开始专门行使中央银行职能。2000年，不再对非银行业金融机构进行监督管理，只对银行业金融机构实施监管职能。年末，从业人员49名。

中国建设银行萧山市支行

前身是交通银行萧山代理处，建于1952年10月，翌年7月改为办事处，1954年10月更名为建设银行杭州支行萧山办事处，1956年并入宁波支行，是年6月派驻萧山工作组，1958年10月并入县财政局。1979年3月，中国人民建设银行萧山县支行建立，履行银行和财政双重职能，办理基本建设拨款、贷款和结算，管理基本建设支出预算和财务监督；存款、贷款、外汇业务通过中国人民银行萧山县支行办理，1984年改由中国工商银行萧山县支行办理，翌年起自办。1987年12月10日设瓜沥办事处。翌年9月5日设江寺桥储蓄所。1992年3月设立房地产信贷部。1995年，委托行使的财政职能交还市财政局。是年6月18日，国际业务部开业。1996年4月1日，更名为中国建设银行萧山市支行。翌年5月，房地产信贷部更名城建分理处。1998年4月，临浦等4家办事处改为分理处。2000年末，拥有下属机构20家，从业人员150名。

中国农业银行萧山市支行

1955年8月，从中国人民银行萧山县支行析出。1957年3月，并入中国人民银行萧山县支行，1964年1月后，又经分合，1980年1月1日，再次与中国人民银行萧山县支行分设，主要管理支农资金，办理农村信贷，并对农村信用社实行业务领导，并接收中国人民银行萧山县支行的其中12家营业所（办事处）。8月，建立信托公司。是年，建有戴村、临浦、城南、城北、瓜沥、义蓬区营业所6家和义桥、闻堰、长山、坎山、靖江、党山、新湾、河上集镇营业所8家。翌年，设钱江农场储蓄所和东升丝厂储蓄所。1984年9月，设红山农场办事处、钱江农场储蓄所升格为分理处。

1987年12月1日，管理农村信用社的工作划归萧山县信用合作社联合社。1988年1月，营业所均改为办事处。4月25日，设立新街、头蓬办事处。1992年6月28日设立浙江省农行国际业务代理处。1993年4月27日，首家开办保管箱业务，共设户主保管箱5309只，营业场所100平方米。1994年7月1日全面代理中国农业发展银行在辖内的政策性业务。（1996年12月23日，终止代理政策性业务。）9月2日建立国际业务部，12月12日建立信用卡部，翌年3月建立房地产信贷部。1996年10月30日，与农村信用社完全脱钩，业务交由萧山市信用合作社联合社管理。1997年5月，撤销房地产信贷部，国际业务部更名城西分理处，信用卡部并入营业部。1998年4月，河上等16家办事处改为分理处。2000年末，拥有下属机构42家，从业人员417名。

中国工商银行萧山市支行

1984年1月1日，中国工商银行萧山县支行建立，从中国人民银行萧山县支行接办瓜沥、临浦2家办事处和11家储蓄所，主要职能是办理城市工商信贷业务。1985年9月18日，从中国人民银行萧山县支行独立出来。12月23日，承接中国人民银行萧山县支行的存款、贷款和信托等金融业务。

1986年开始，与乡镇企业联办储蓄所。1987年10月20日，浦沿办事处开业。翌年6月27日，设立证券交易柜，经营国库券和债券转让交易业务。1989年12月12日，开办有价证券代保管业务。1992年9月24日，代理国际金融业务。11月，设立房地产信贷部。1993年7月1日，率先实行储蓄柜员制，改变了传统的双人收付、双人复核的做法，储蓄员独立完成收款、记账、付款、复核等多道工序。城厢镇体育路储蓄所原4个柜口15个人，实行柜员制后，柜口增加到5个，人员减少1人；试行1个月，人均业务量比施行储蓄柜员制前增加15%，每笔储蓄存款办理时间由之前的15分钟缩短到8分钟。是年，设立开发区、商业城办事处。翌年，设立南阳办事处和信用卡业务部。1995年11月，设国际业务部。1997年5月，房地产信贷部更名城厢镇体育路分理处。1998年2月15日，开始运行信贷管理信息系统（即南天仿真系统），是辖内首家使用计算机与上级行联网管理的系统工程。7月，撤销国际业务部。是年，将所有办事处改为分理处，撤销与企业联办的储蓄所8家。2000年末，拥有下属机构23家，从业人员281名。

中国银行萧山支行

建于1988年8月1日，作为国家外汇指定银行，办理存款、贷款、结算等业务。1988年12月1日，设立凤堰桥储蓄所和大成兴储蓄所。1993年7月，设立瓜沥办事处。1994年10月14日，开始办理港澳联行及海外国际结算出口业务。12月16日，办理国际结算。1998年4月，瓜沥等3家办事处改为分理处。2000年10月18日，开办保管箱业务。年末，中国银行萧山支行有下属机构16家，从业人员166名。

交通银行杭州分行萧山支行

前身是交通银行杭州分行萧山办事处，为中华人民共和国成立以来，萧山首家股份制商业银行，建于1991年11月11日，主要办理存款、贷款和清算等业务。1992年7月，在城厢镇人民路设储蓄所。1994年3月，设储蓄证券科。1995年8月，设立商业城分理处。1996年6月17日，办事处升格并改名为交通银行杭州分行萧山支行。撤销储蓄证券科。1998年3月18日，自营外汇业务。9月，中心储蓄所更名分理处。1999年11月11日，设立活体指纹电脑保管箱业务，共设户主保管箱1506只。2000年8月，新星储蓄所改为分理处。2000年末，拥有下属机构5家，从业人员62名。

中国农业发展银行萧山市支行

1996年12月23日，中国农业发展银行萧山市支行建立，成为独立经营的政策性业务的金融机构，隶属于中国农业发展银行浙江省分行营业部。2000年末，从业人员18名。

萧山市农村信用合作社联合社

1987年12月1日，萧山县信用合作社联合社挂牌成立。该社系独立运行的合作金融机构、经营与管理相结合的经济实体，是辖内农村信用社的主管部门、业务指导部门，其行政隶属于县政府，业务隶属于中国农业银行萧山县支行。萧山县信用合作社联合社建立时，实收资金268万元，其中66家农村信用社250万元，10家乡镇企业18万元；下设营业部1家、农村信用社66家、信用分社15家、储蓄所72家、服务站549家、代办所195家。1992年6月撤区扩镇并乡后，原66家农村信用社更名为中心社的有32家、仍为信用社的34家。

1996年10月30日，萧山完成农村信用社与中国农业银行萧山市支行的资金清算划转工作后，辖内农村信用社与中国农业银行萧山市支行完全脱钩，由萧山市信用合作社联合社管理农村信用社业务。1999年4月，改名萧山市农村信用合作社联合社（简称萧山信用联社，下同）。

2000年3月1日，萧山市城厢城市信用合作社[①]和萧山市银发城市信用合作社[②]纳入萧山信用联社管理。年末，萧山信用联社拥有所有者权益38613.70万元，其中实收资本28498.60万元、股本金945.80万元、资本公积2137.20万元、盈余公积7032.10万元。萧山信用联社下设机构141家，其中农村信用社33家、信用分社60家、储蓄所48家，从业人员1117名。

①萧山县城厢城市信用合作社于1987年1月21日开业，系城镇股份制金融机构，有股东8个，股金10.20万元，主要办理城厢集体企业和个体工商户的存贷、结算业务和城镇居民储蓄业务。1991年9月，在城厢镇内设立崇化服务点（1992年11月撤销）。1992年3月，在城厢镇内设立西门服务点，8月设商业城分社。翌年5月，设立社保储蓄所。1994年8月，设立环东储蓄所。1997年，设立通惠储蓄所。2000年11月18日，更名萧山市城厢农村信用合作社。年末，下设储蓄点（服务点）4家、分社1家。

②萧山市银发城市信用合作社于1994年10月26日开业，系城镇股份制金融机构，有股东32个，股金300万元。1995年12月28日，设立育才东苑储蓄所。翌年8月，设立丽都储蓄所。1997年9月，托管杭州市信托公司萧山办事处。翌年4月，该办事处经营业务并入萧山市银发城市信用合作社。2000年11月18日，更名萧山市银发农村信用合作社。年末，下设储蓄所2家。

表18–1–406　2000年末萧山辖内银行业金融机构基本情况

机　构	银　行（信用联社）		分理处（农村信用社）		储 蓄 所		总资产（万元）	存　款余　额（万元）	贷　款余　额（万元）	当年实现利润（万元）
	机构（家）	人员（人）	机构（家）	人员（人）	机构（家）	人员（人）				
中国农业发展银行萧山市支行	1	18	0	0	0	0	24462	2934	23432	387
中国工商银行萧山市支行	1	148	7	78	16	55	343818	262356	152168	1631
中国农业银行萧山市支行	1	143	20	214	22	83	994600	425451	353803	6502
中国银行萧山支行	1	104	4	38	12	24	220204	106070	82687	1251
中国建设银行萧山市支行	1	86	7	49	13	15	269559	244841	135833	3455
交通银行杭州分行萧山支行	1	38	3	21	1	3	93062	62725	36293	71
中信实业银行杭州分行萧山支行	1	26	2	10	0	0	115230	101632	67880	2377
上海浦东发展银行杭州分行萧山支行	1	26	2	12	0	0	184347	98870	76970	1861
萧山信用联社	1	64	93	909	48	144	1067703	745051	507994	5085
邮政储蓄	—	—	—	—	48	96		43303	—	
合　计	9	653	138	1331	160	420	3312985	2093233	1437060	22620

注：①资料来源：中国人民银行萧山支行。
②"人员"栏，不包括临时聘用人员。
③"存款余额"栏，不含中国人民银行萧山支行存款（财政性存款）余额8004万元。
④"邮政储蓄"项的总资产和利润与萧山市邮政局的其他经营业务不分别核算。

第二节　中国人民银行萧山市支行职能转换

1949年6月15日中国人民银行萧山办事处建立后，既行使对辖内金融事业的管理职能，又办理信贷和储蓄业务。1950年，中国人民银行萧山办事处（翌年1月升格为支行）开始代理国库和管理现金等。

1980年1月1日、1984年1月1日，中国人民银行萧山县支行先后将营业所（办事处）分别划归中国农业银行萧山县支行、中国工商银行萧山县支行。1985年7月5日，中国人民银行萧山县支行开始履行对辖内各金融机构业务的稽查职责。12月23日，中国人民银行萧山县支行将原办理的存款、贷款、信托等金融业务交由中国工商银行萧山县支行承接，开始专门行使中央银行职能，工作重点转向贯彻执行国家制定的金融工作方针、政策，掌管货币发行，调节市场货币流通，管理人民币存贷利率和汇价，编制信贷计划，管理信贷规模、国家外汇、黄金储备和金融市场，经理国库，审批金融机构的设置和撤并，协调和稽核金融机构业务。

1994年后，中国人民银行萧山市支行不再发放企业的专项贷款和由专业银行转贷的指定投向贷款，只保留再贴现贷款，工作重点从过去侧重于分资金、分信贷规模转到组织实施货币政策上来，行使对辖内金融机构监督管理、调查统计分析、横向头寸调剂、经理国库、现金调拨、外汇管理和联行清算等职能。1995年，根据《中华人民共和国中国人民银行法》，中国人民银行萧山市支行行使执行货币政策、金融监管、金融服务等职能。

1999年，中国人民银行萧山市支行开始以监管为中心，把加强金融监督、整顿金融秩序、防范化解金融风险放在各项工作之首，贯彻落实国家的金融方针、政策和国家货币信贷计划指导，监督与管理银行业金融机构和非银行业金融机构的市场准入、退出及高级管理人员的任职资格管理、考核，发行和管理人民币流通，经理国库，维护支付清算系统的正常运行，负责金融业的统计、调查、分析和预测，管理外汇等。取消总稽核建制，将专业行使监管职能改为统一行使大监管职能的管理体制。至年末，辖内金融机构累计开展现场稽查270家次，处以没收和罚款148.24万元。

2000年，根据金融机构分业经营、分业监管的金融体制改革要求，中国人民银行萧山市支行完成保险、证券和典当机构的移交工作，不再承担对萧山辖内保险、证券和典当等非银行业金融机构的监管，只对银行业金融机构行使监管。

第三节　政策性业务与商业性业务分离

1994年6月30日，为推进国有专业银行向商业银行转轨，中国农业发展银行承接从中国工商银行萧山市支行和中国农业银行萧山市支行划出的政策性业务贷款7004万元和6029万元，使萧山的政策性业务与商业性业务分离。7月1日开始，中国农业发展银行在辖内的政策性业务交由中国农业银行萧山市支行全面代理，单独核算。至年末，各种政策性业务贷款余额18470万元。

1996年12月23日，终止中国农业银行萧山市支行代理中国农业发展银行在辖内的政策性业务，由中国农业发展银行萧山市支行专事辖内政策性业务，开始办理粮食、棉花、油料、猪肉、食糖等主要农副产品的国家专项储备贷款和财政支农资金的代理拨付等。年末，各种政策性业务贷款余额42880万元。

2000年末，中国农业发展银行萧山市支行为辖内唯一的政策性银行，各种政策性业务贷款余额23432万元。

第四节　国有专业银行向商业银行转轨

1985年末，辖内国有专业银行有中国人民建设银行萧山县支行、中国农业银行萧山县支行、中国工商银行萧山县支行等3家，其中中国建设银行萧山县支行办理中长期投资信贷业务，中国农业银行萧山县支行承办农村信贷业务，中国工商银行萧山县支行负责城市工商信贷业务。1988年8月1日，中国银行萧山支行开业，经营外汇业务。至年末，辖内建有国有专业银行4家。

1994年始，按照国务院做出的国有专业银行向商业银行转轨的决定，辖内各专业银行开始逐步向商业银行转轨，政策性业务与商业性业务分离。1994年6月30日后，中国工商银行萧山市支行、中国农业银行萧山市支行析出政策性业务贷款，由中国农业发展银行承接、中国农业银行萧山市支行代理。1996年12月23日，中国农业发展银行萧山市支行接办辖内政策性业务。

图18－1－638　1988年8月1日，位于城厢镇市心路101号的中国银行萧山支行开业。图为该行开业典礼（董光中摄）

1998年，不再对辖内银行实行信贷规模控制，而是实行资产负债比例管理和风险管理的要求，辖内的商业银行自主吸收存款和发放贷款。至此，辖内的中国农业银行萧山市支行、中国工商银行萧山市支行、中国建设银行萧山支行和中国银行萧山支行等国有专业银行均转为商业银行。

第五节　外汇管理体制改革

1979年后，改革外汇“收入都上缴、支出按计划”的统收统支的外汇管理体制，全面实行外汇额度留成管理制度。1980年，中国人民银行萧山县支行代理中国银行浙江省分行外汇业务，并按国家规定的外汇比率发行外汇兑换券。1985年开始，开展留成外汇有偿调剂业务。1988年1月1日，取消留成外汇用汇指标控制，并允许通过外汇调剂中心按浮动汇率自由调剂。

1989年4月20日，国家外汇管理局萧山支局（简称萧山外汇管理局，下同）建立，专使辖内外汇管理职能，并开展外汇业务合规性等检查。

1991年，为适应外贸体制改革，辖内实行出口收汇核销制度，萧山外汇管理局等部门对出口报关核销单的报关、收汇和核销进行全过程的跟踪检测，防止逃汇和出口逾期不收汇的情况发生。

1994年1月1日，外汇管理体制进行重大改革，实现汇率并轨，取消原有的国家定价与市场价的差异；取消外汇留成和上缴，外汇收支结算实行银行结汇、售汇制；取消外汇收支的指令性计划，建立银行间的外汇交易市场，禁止外汇在境内计价、结算与流通，停止发行外汇兑换券。8月1日，实施进口付汇核销管理。翌年1月1日，停止外汇兑换券流通。1996年，实行国际收支申报制度。

1997年，放开外汇市场，辖内银行业金融机构实施境外资产负债申报、损益申报、直接投资统计申报、证券投资统计申报和以现金形式为主的汇兑业务统计申报。

至2000年末，累计检查涉及外汇企业150家，处罚没款合计8.50万元。辖内出口收汇核销81023笔、核销金额213369.27万美元。

留成外汇调剂管理体制

1985年始，中国人民银行萧山县支行在辖内有领导、有计划地开展企业单位间的外汇有偿调剂业务，通过召开调剂会，将分散的、小额的外汇集中起来，解决企业单位的外汇短缺问题，发挥外汇资金的整体功能。1988年1月1日，开放外汇调剂价格，由买卖双方议定。翌年，萧山外汇管理局组织辖内外汇额度调剂，全年调剂外汇额度290万美元。

1990年，外汇实行统收统支，收支两条线。为解决出口创汇与使用外汇不挂钩的问题，萧山外汇管理局参与浙江省外汇调剂中心进行外汇调剂，为辖内的外商和港澳台商投资企业进行调剂外汇，全年完成外汇调剂153笔、金额1615.50万美元。其中成交外汇额度138笔、金额1396.50万元；成交现汇15笔、金额219万美元。1991年后，随着外商和港澳台商投资企业的发展，全市用汇资金增多。

1994年1月1日，建立银行间的外汇市场，辖内外商和港澳台商投资企业外汇买卖继续在外汇调剂中心内办理，其他企业退出外汇调剂中心。1996年，办理外汇调剂现汇买入605笔、金额5466万美元。

1997年，停止外汇调剂业务。

外汇额度留成制度

1979年实行外汇额度留成制度后，创汇企业可在浙江省外汇管理局开立外汇额度留成账户。1989年4月20日，辖内创汇企业可在萧山外汇管理局开立外汇额度留成账户，办理留成外汇和其他各种外汇收付和调拨。是年，在萧山外汇管理局开立外汇额度留成账户153家，留成外汇收入763.19万美元，支出401.91万美元。年末结余361.28万美元。1990年末，萧山外汇管理局开立的外汇额度留成账户余额456.88万美元。

1994年，随着外汇管理体制改革，取消外汇额度留成制度，不再实行外汇收支的指令性计划，境内中资企业的外汇收入全部售给外汇指定银行，经批准的用汇由外汇指定银行售给，原有外汇额度留成账户于3月底前结清；外商和港澳台商投资企业单位和个人可开设现汇账户，对合理用汇的缺额可经审批后购买。是年，全市外贸企业实行承包上缴中央外汇责任制，萧山外汇管理局分别核定外贸企业上缴中央外汇基数，超核定外汇基数部分，按比例分成。

2000年末，外商和港澳台商投资企业外汇账户余额5062万美元，其中经常项目4438万美元、资本项目207万美元、其他外汇项目417万美元。

第六节　信贷资金管理体制改革

1953年起，萧山编制年度信贷计划，一切存款、贷款业务均以信贷计划为指导，以促进企业有计划地发展生产和扩大商品流通。1979年后，辖内银行业金融机构经历了信贷管理体制的几次重大改革。

1979年，萧山作为浙江省试点单位，改革“统收统支”、“统存统贷”的信贷计划管理体制，实行“统一计划、分级管理、存贷挂钩、差额控制”的信贷管理体制。中国人民银行浙江省分行核定萧山1984年借差（贷大于存）为10230万元。

1984年，改为实行“统一计划、分级管理、存贷挂钩、差额包干”的信贷管理体制。吸收存款与发放贷款挂钩，多吸收存款可多发放贷款。年末，实现借差（贷款多于存款）9887.30万元，在中国人民银行浙江省分行核定萧山的借差计划指标10230万元的范围之内。

1985年开始，实行“统一计划、划分资金、实贷实存、互相融通”的信贷资金管理体制，严格控制贷款规模，国家专业银行在国家计划范围内自主运用，资金互相拆借，利率自行商定。1990年末，贷款总余额185078万元，比1989年增长23.46%，比存款总余额增幅低20.17个百分点，出现综合信贷收支存差（存款多于贷款）632万元（剔除信用社转存款）。

1994年2月，开始逐步实行"总量控制，比例管理，分类指导，市场融通"的信贷资金管理体制。7月1日，萧山市城厢城市信用社开始施行信贷规模资产负债比例管理和风险管理方式的试点，确定存贷比例为65%。1996年8月1日中国人民银行颁布的《贷款通则》施行后，国有专业银行按市场原则运行。

1998年1月1日起，改为实行"计划指导，自求平衡，比例管理，间接调控"的信贷资金管理体制，由过去下达指令性计划改为按年（季）下达指导性计划，全面推行资产负债比例管理和风险管理，取消商业银行贷款限额控制，商业银行筹集的资金，可以自主使用，按照信贷原则和国家政策发放贷款。至2000年末，辖内银行业金融机构存贷余额比例为68.39%。(2001年，为使存贷比例达到规定要求，增加信贷投入，中国人民银行萧山支行首次采用金融监管意见书。是年，对存贷比例不足60%的6家银行业金融机构下发金融监管意见书，要求存贷比例达到65%，以督促增加信贷投入。)

第七节　存款准备金制度建立

商业银行存款准备金

1984年，为适应宏观调控需要，建立存款准备金制度，辖内专业银行吸收的企业存款、储蓄等一般存款按每月末的余额，按照中国人民银行总行规定的比例留足存款准备金。是年，各专业银行分别按企业存款的20%、农村存款的25%、储蓄存款的40%留足存款准备金。1985年1月起，不分存款种类，统一按上月末存款总余额的10%缴存中国人民银行萧山县支行专户存储，如专业银行发生欠缴，按欠缴额每日加收0.2‰的利息。1985年，各专业银行缴存中国人民银行萧山县支行存款准备金3294万元。

1987年10月，存款准备金缴存比例调至12%，并对其欠缴的存款准备金按每日0.3‰加收利息。翌年8月，存款准备金缴存比例调至13%。

1998年3月14日起，将商业银行设立在中国人民银行萧山市支行的"缴来一般存款"和"备付金存款"两个账户合并为"准备金存款账户"。3月，存款准备金缴存比例下调至8%。翌年11月起，存款准备金缴存比例下调至6%。2000年，各商业银行缴存中国人民银行萧山市支行存款准备金43474万元。

2001年3月，存款准备金仍缴入中国人民银行萧山市支行"准备金存款账户"，缴存比例为6%。

农村信用社存款准备金

1984年，农村信用社按1983年存款日平均余额的30%（纯水稻种植地区和围垦地区的农村信用社为20%）留存存款准备金。1985年，统一按上月末存款余额的30%向中国农业银行萧山县支行缴存存款准备金。是年，缴存4869万元。翌年3月，缴存比例调整为29.50%。

1987年3月，改按1986年末的存款总余额的26.50%上缴，对当年新增存款按15%上缴（贫困地区信用社10%上缴）。10月，按1986年末的存款总余额的29.50%上缴，对当年新增存款按12%上缴。

1989年3月，农村信用社存款准备金一律按上月末存款余额的13%上缴，对原多缴中国农业银行萧山市支行部分存款准备金均于1990年分两次退还给农村信用社。

1996年10月，农村信用社与中国农业银行萧山市支行脱离隶属关系后，农村信用社存款准备金按商业银行的规定比例向中国人民银行萧山市支行缴存。2000年，农村信用社、城厢农村信用社、银发农村信用社缴存中国人民银行萧山市支行存款准备金51433万元。

第八节　中央银行贷款发放

1986年开始，中国人民银行萧山县支行行使中央银行职能，为解决专业银行因各种原因而引起的资金不足问题，对专业银行发放再贷款，先后发放承兑汇票再贴现、季节性贷款、日拆性贷款、年度性贷款4种。此外，还代理中国人民银行浙江省分行发放中央银行政策性贷款。1994年1月1日，中国人民银行萧山市支行转换职能后，停止发放季节性贷款、年度性贷款和政策性贷款。至2001年3月25日，辖内向商业银行发放再贷款尚剩承兑汇票再贴现和日拆性贷款两种。

承兑汇票再贴现

1986年起，为解决专业银行因办理票据贴现引起的暂时资金不足问题，开始办理承兑汇票再贴现。1986年12月，中国人民银行萧山县支行办理中国工商银行萧山县支行承兑汇票再贴现862.40万元。这是中国人民银行萧山县支行在辖内首次办理承兑汇票再贴现。1987年，中国人民银行萧山县支行办理中国农业银行萧山县支行承兑汇票再贴现360万元，翌年，又为其办理承兑汇票再贴现428万元。1991年，办理辖内承兑汇票再贴现844万元。1995年后，办理承兑汇票再贴现增多。2000年，中国人民银行萧山市支行办理辖内银行业金融机构承兑汇票再贴现3377万元，比1999年增加1012万元。至年末，累计办理承兑汇票再贴现34152万元。

季节性贷款

1987年，为解决专业银行因先支后收或存款季节性下降等引起的暂时资金不足，开始发放季节性贷款。季节性贷款期限一般不超过四个月。是年，发放为期三个月的季节性贷款共计7000万元。1993年末，季节性贷款余额22700万元。1994年，停止发放季节性贷款。

日拆性贷款

1987年，为解决专业银行因款项汇划未达等临时性资金短缺而发放的贷款，开始发放日拆性贷款。日拆性贷款期限一般为10天，不超过20天。1993年后，随着专业银行资金的逐步宽松，日拆性贷款需求减少。2000年，发放日拆性贷款550万元。

年度性贷款

1988年，为解决专业银行因经济增长而引起对信贷资金的年度性需求，开始发放年度性贷款。年度性贷款一般期限在一年以上，实行一年一转期的办法。是年，向中国工商银行萧山市支行、中国农业银行萧山市支行、中国银行萧山支行3家银行共发放年度性贷款9628.50万元。1990年末，年度性贷款余额11218.5万元。1993年末，全部收回。翌年，停止发放年度性贷款。

政策性贷款

1988年，为发展地方经济开办的一种专项贷款。是年，向10家企业发放10个项目贷款1919.70万元。其中为开发地方经济贷款项目6个，贷款559.70万元；外商投资企业专项贷款项目3个，贷款550万元；购买外汇人民币贷款项目1个，贷款810万元。1994年5月，停止发放政策性贷款，并将尚未收回的7个项目1395万元贷款，分别划转给中国工商银行萧山市支行、中国农业银行萧山市支行和中国银行萧山支行。

第二章 银行业

辖内获得银行贷款始于民国17年（1928）。[①]辖内银行可查考的办理存款业务始于民国22年、贷款始于民国34年，但存款、贷款数量极少。[②]1949年6月15日，中国人民银行萧山办事处办理存款等金融业务，9月开始办理贷款业务，存款、贷款数量增加。[③]1954年起，随着国民经济的恢复发展，新建银行业金融机构，参与经营的银行业金融机构陆续增多，中国人民银行萧山县支行成为辖内银行业金融机构的结算中心。1979年后，存贷范围扩大，[④]资金流通加快，结算方式改进。1984年，银行间开始横向资金的无形拆借。1985年，辖内县级银行有4家。

1986年，为搞好资金融通，支持横向经济联合，辖内建立县级银行资金拆借市场和信用合作社资金市场，进行商业汇票融资，把企业间的商业信用逐步纳入银行信用轨道。

1988年起，辖内银行业金融机构面对国家宏观调控所带来的负面影响和东南亚金融危机的波及影响，采取增加居民储蓄存款、控制信贷总量、调整信贷结构等措施，确保政策性业务、重点企业和重点项目的资金需求，实现社会稳定、助推萧山经济持续发展。1990年末，辖内综合信贷收支存款余额自1956年以来首次出现“存差”632万元。后，“存差”逐年扩大。

1995年，外地股份制商业银行在辖内建立分支机构。1996年，银行业金融机构开始向企业化经营转变，实行“信托并大账”，将原来信托类和委托类以“存差”代替存款、贷款实际数的核算模式改为存贷分别核算的统一模式，使存款、贷款数完全符合实际，有利于改善银行业金融机构的内部管理。是年，实行“信托并大账”后，中国工商银行萧山市支行等5家银行存款比“信托并大账”前增加42670万元、贷款增加74846万元。

1998年，改革商业银行经营机制，指令性信贷计划改为指导性计划。翌年，向居民推行个人消费贷款业务。2000年末，辖内有中国人民银行萧山市支行1家、市级政策性银行1家、商业银行7家、信用联社1家，7家商业银行办理结汇、售汇业务，人民银行萧山支行为现金出纳中心和转账结算中心，各银行业金融机构分别进行核算，综合信贷收支“存差”664177万元。

①民国17年（1928），杭州的浙江省农民银行筹备处，对萧山辖内农村信用合作社等贷款3万元，为辖内获得银行贷款之始。民国17年至民国28年，辖内有据可查获得的贷款总额760228元（约值米7万石），其中农业贷款618928元、政府机关贷款141300元。

②民国36年（1947）末，浙江省银行萧山办事处、浙江省银行临浦分理处和萧山县银行3家银行的存款总余额为法币83574万元，折值米950石（71250千克）；浙江省银行临浦分理处和萧山县银行2家银行可查考的贷款总余额为法币135529万元，折值米1540.10石（115507.54千克）。

③1949年，辖内有企业性存款、居民储蓄存款和财政性存款（民国初年，财政款项待用或备上解的存在安仁当。民国22年（1933）财政存汇业务由浙江省地方银行萧山分理处办理。民国36年萧山县银行接办。）3种。居民储蓄性存款有定期、活期、保本保值、定活两便、零存整取、有奖贴花6种。贷款有公营贸易、私营商业和合作事业3种。年末，存款余额8.60万元，其中企业存款1.90万元，居民储蓄存款0.10万元、财政性存款6.60万元；贷款余额0.10万元（均为短期贷款）。翌年，工商贷款分为工业、商业、公营企业和合作事业4种。1951年2月，辖内通过增加商业贷款、合作贷款、农业贷款，促进经济恢复、发展。1953年末，存款余额、贷款余额分别为245万元、234万元。

1954年末，存款余额、贷款余额分别为464万元、644万元。1959年，国营企业所需的流动资金由财政拨款逐步改为银行贷款。1965年，辖内存款余额、贷款余额分别为3100万元、4930万元。“文化大革命”期间（1966～1976年），存款余额、贷款余额年均增长分别为8.02%、7.41%。1976年末，存款余额、贷款余额分别为7244万元、10820万元。

④1979年，辖内银行业金融机构开始发放固定资产贷款。翌年起，企事业单位的基本建设拨款逐步改为贷款。1982年1月，中国人民银行萧山县支行和中国农业银行萧山县支行实行贴花储蓄兑付，开办实物有奖储蓄。1984年，居民储蓄存款有定期、活期、零存整取、有奖贴花、有奖贴息、华侨定期6种。工商贷款分工业、商业、信托3类。工业类有定额、超定额、结算、大修理、中短期设备、物资供销和集体工业7种；商业类有商品流转、农副产品预购定金、集体商业和个体工商业4种。农业贷款主要有肥料、种子、农药和水利等项目的一般性生产贷款，电灌、支援穷村、农机和小水电项目的专项贷款，建房贷款等个人贷款，国营农场多种经营和创办工商企业的国营农业贷款，支持乡镇企业发展的乡镇企业贷款和农村信用社所需资金贷款6类。还有基本建设贷款。1979～1984年，存款余额、贷款余额年均增长分别为28.39%、29.42%。1984年末，存款余额38034万元，其中企业存款14016万元、居民储蓄存款15871万元、财政性存款1832万元、其他存款6315万元；贷款余额60825万元，其中中长期贷款2776万元、短期贷款58049万元。

第一节 存 款

萧山解放后，辖内先后建立中国人民银行萧山县支行、中国建设银行萧山县支行、中国农业银行萧山县支行、中国工商银行萧山县支行和农村信用社等银行业金融机构，办理存款业务。后随着萧山经济的发展，银行业金融机构的增多，辖内存款数量增多。至1985年末，辖内存款总余额44667万元，比1984年增长17.44%。其中企业性存款、居民储蓄存款、财政性存款、其他存款分别占辖内存款总余额的32.50%、50.17%、5.97%和11.36%。

1988年，经济增长过快，社会需求增加，存款增幅下降。年末，存款总余额90391万元，比1987年增长4.35%，下降24.50个百分点。

1990年，为保持金融稳定，银行业金融机构增加存款，使存款增加超历史。年末，辖内存款总余额185710万元，比1989年增长43.63%，存款增幅高于贷款增幅20.17个百分点。

1993年，纠正了银行业金融机构违规拆借资金的行为，使存款增幅下降。年末，辖内存款总余额409500万元，比1992年增长19.38%，下降17.84个百分点。

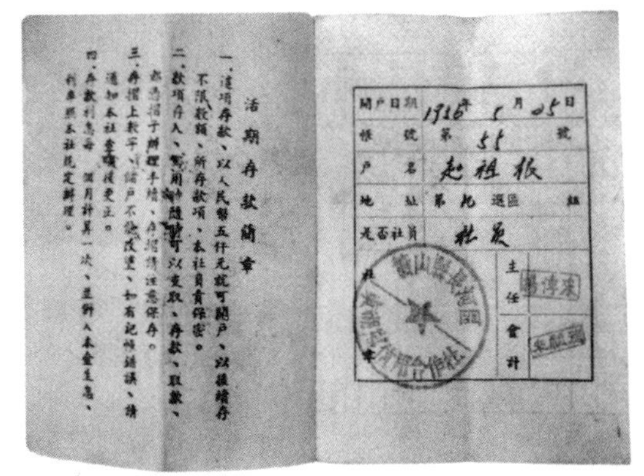

图18—2—639 1956年5月25日，信用社社员赵祖根在长河区东湖乡信用社办理的活期存折（萧山日报社提供）

1995年，贯彻中央“适度从紧”的财政货币政策，抑制通货膨胀，加强对银行业金融机构的金融监管和金融服务，年末，辖内存款总余额784817万元，比1994年增长39.36%，其中企业存款增长63.23%、居民储蓄存款增长36.22%、财政性存款下降15.96%、其他存款下降96.04%。

1997年后，受东南亚金融危机的影响，萧山经济发展受阻，存款增势趋缓。至2000年末，辖内存款总余额2101237万元，比1999年增长11.73%，增幅比1997年下降13.44个百分点。其中企业性存款、居民储蓄存款、财政性存款、其他存款分别占辖内存款总余额的35.98%、60.06%、1.21%、2.75%。

企业性存款

1985年末，企业存款余额14516万元，比1984年增长3.57%，占辖内存款总余额的32.50%。1988年，投资需求和消费需求增加，市场物价上升。年末，企业性存款余额28105万元，比1987年增长16.07%，增加0.63个百分点。

1992年初，邓小平南方谈话发表后，各种经济成分的企业共同发展，使企业性存款增多。年末，企业性存款108657万元，比1991年增长55.96%，增幅增加15个百分点。

1995年起，贯彻中央“适度从紧”的财政货币政策，企业性存款增幅下降。1998年，企业性存款494135万元，比1997年增长22.60%，比1995年下降40.63个百分点。

1999年，国家实行扩张的财政政策。是年11月，采取下调商业银行存款准备金缴存比例等调控手段，扩大内需。年末，企业性存款余额644946万元，比1998年增长30.52%，增加7.92个百分点。

2000年，受证券市场的影响，部分企业的资金转入股市。是年，企业进入股市的资金在银行业金融机构与证券交易机构间来回周转，造成企业性存款数额波动较大，影响辖内存款总量的稳定。6月28～30日，企业从证券交易机构回流银行业金融机构中的资金有6.20亿元。年末，企业性存款余额756115万元，比1999年增长17.24%，下降13.28个百分点。

居民储蓄存款

1985年末，全县居民储蓄存款22409万元，比1984年增长41.19%，占辖内存款总余额的50.17%。1986年，贯彻执行浙江省政府提出“储蓄年”的指示精神，辖内银行业金融机构把增加居民储蓄作为金融体制改革的主要任务之一。是年，辖内增设储蓄所61家、储蓄代办所41家，新增有奖贴花购买点近200个；举行“储蓄周”活动，各银行开办黄金、彩电、冰箱等实物有奖储蓄。1987年，为吸收社会闲散资金，以适应经济发展的需要，中国工商银行萧山县支行在城厢镇的体育路、市北、南门3个储蓄所开始实行居民储蓄承包制；银行业金融机构举办以黄金饰品、彩电、冰箱、自行车等为奖品的有奖储蓄14期，新增城乡居民储蓄1899万元；辖内新增储蓄网点219家，其中中国工商银行萧山县支行34家、中国农业银行萧山县支行14家、中国建设银行萧山县支行2家、邮政储蓄1家、农村信用社168家。年末，中国工商银行萧山县支行的居民储蓄存款余额10317万元，在全省各县（市）工商银行中首家超过1亿元。翌年1月1日，萧山信用联社开始自办发行零存整取贴花有奖储蓄业务。

图18－2－640　1987年10月，中国工商银行萧山县支行举行体育路、市北、南门储蓄所承包合同签字仪式（中国工商银行股份有限公司杭州萧山支行提供）

1988年4、6、9月，萧山先后发生3次商品抢购风。9月，居民储蓄余额下降，其中中国工商银行萧山市支行、中国农业银行萧山市支行和31家农村信用社的居民储蓄余额均低于年初，这是萧山18年以来所未有的严重局面，导致存贷比例失调。9月10日起，开办3年以上居民定期储蓄存款实行保值贴补，并按季公布保值贴补率，居民储蓄回升，第四季度增加城乡居民储蓄4780万元。年末，城乡居民储蓄存款余额54279万元，比1987年增长13.40%，增幅下降20.99个百分点。其中活期储蓄存款6644万元、其他储蓄存款47635万元。

1989年2月，调高储蓄存款利率。春夏之交，北京发生“政治风波”，6月6～8日3天，辖内居民储蓄余额减少3018万元。6月9日起，居民储蓄逐渐增加。年末，在企事业单位中设有储蓄代办所2043家，比1988年增加956家。辖内居民储蓄存款余额84841万元，比1988年增加56.31%。

1993年3～6月，受民间集资影响，月末居民储蓄存款余额连续4个月低于2月末。5月15日和7月11日，两次调高储蓄存款利率。7～12月，平均每月增加居民储蓄1亿余元。年末，居民储蓄存款余额273519万元，比1992年增长26.13%。

图18－2－641　1993年5月16日，中国农业银行萧山市支行商业城营业部员工利用星期日上街开展储蓄优良服务宣传月活动（汤水林摄）

1996年1月1日，辖内银行业金融机构停办零存整取贴花有奖储蓄。1998年，3次下调储蓄利率，但因不少个体工商户经营状况欠佳，资金转向储蓄存款；企业转制下岗职工增多，收入下降，预期收入期望降低，“惜用”心理增强，消费支出减少，将有限的资金转为储蓄存款；企业集资停止，部分企业集资款退还职工，城乡居民储蓄存款分流因素减少，促使居民储蓄呈现同比高增状态。是年7月13日，根据中国人民银行印发的关于停止有奖储蓄的通知精神，停止审批新的有奖储蓄；已批准开办的整存整取有奖储蓄，限发售至7月31日止。年末，城乡居民储蓄存款余额1070016万元，比1997年增长27.26%，增加2.82个百分点。翌年，不再开办所有有奖储蓄业务。

2000年，辖内居民储蓄主要有整存整取、零存整取（整存零取、存本取息）、活期储蓄、定活两便和通知存款5种。是年3月后，随着股票市场牛市、国债发行、消费增加，居民储蓄存款分流。年末，居民储蓄存款余额1261898万元，比1999年增长5.12%，占全市存款余额的60.06%。其中活期储蓄存款256662万元、其他储蓄存款1005236万元。

财政性存款

1985年末，财政性存款余额2668万元，比1984年增长45.63%，占辖内存款总余额的5.97%。其中机关团体存款1301万元、地方财政存款1151万元、建设银行财政存款155万元、部队存款61万元，分别占财政性存款余额的48.76%、43.14%、5.81%、2.29%。

1989年，增加中央财政存款和财政性定期存款。年末，财政性存款余额3910万元，占辖内存款总余额的3.02%。其中机关团体部队存款2646.10万元、地方财政存款1247.30万元、财政性定期存款12.50万元、中央财政存款3.90万元、建设银行财政存款0.20万元。1989～1991年，财政性存款年末余额年均增长21.95%。

1992年，增加财政预算外存款。年末，财政性存款余额5257万元，占辖内存款总余额的1.53%。其中机关团体部队存款3596.20万元、地方财政存款1574.40万元、财政预算外存款97.30万元、财政性定期存款14.50万元、建设银行财政存款3万元、中央财政存款-28.40万元。1992～1993年，财政性存款年末余额年均增长44.63%。

1994年后，财政性存款调整为财政存款和机关团体部队存款两个项目。2000年末，辖内财政性存款余额25336万元，占辖内存款总余额的1.21%。其中财政存款11249万元、机关团体部队存款14087万元，分别占财政性存款的44.40%、55.60%。1997～2000年，财政性存款余额年均增长27.98%。

表18—2—407　1985～2000年萧山辖内银行业金融机构年末存款余额

单位：万元

年份	总计	企业性存款	居民储蓄存款	财政性存款	其他存款
1985	44667	14516	22409	2668	5074
1986	67228	20975	35614	2778	7861
1987	86626	24213	47863	2805	11745
1988	90391	28105	54279	2481	5526
1989	129293	33658	84841	3910	6884
1990	185710	49427	123079	4190	9014
1991	249985	69672	164158	4500	11655
1992	343020	108657	216852	5257	12254
1993	409500	114198	273519	9413	12370
1994	563147	143156	399674	7383	12934
1995	784817	233668	544432	6205	512
1996	1018592	328378	675699	9443	5072
1997	1275022	403061	840842	8756	22363
1998	1599267	494135	1070016	19603	15513
1999	1880652	644946	1200408	13940	21358
2000	2101237	756115	1261898	25336	57888

注：1985～1998年期间，年末存款总余额来源于中共萧山市委宣传部、萧山市统计局编印的《萧山五十年巨变——新中国成立以来萧山经济与社会发展统计文献》第207页；1999、2000年年末存款总余额来源于1999、2000年《萧山统计年鉴》。其他指标资料来源于1985～1987年《萧山县金融统计年报》和1988～2000年《萧山市金融统计年报》。

第二节　贷　款

萧山解放后，建立银行业金融机构，并办理贷款业务。1954年初，萧山曾试办供销合作社信用部，发放贷款。1955年10月至1956年12月，供销合作社信用部先后并入当地信用合作社。随着社会、经济的发展，辖内银行业金融机构贷款范围扩大，贷款数量增多。1979年后，发放贷款从主要投向国营、集体企业逐步扩大到各种经济成分企业，从面向工商企业逐步扩大到科技、文教、卫生等各项事业。1980年，开始办理农户建房等个人消费贷款业务。至1985年末，辖内贷款总余额65370万元，比1984年增长7.47%。其中短期贷款、中长期贷款分别占年末贷款总余额的95.27%、4.73%。

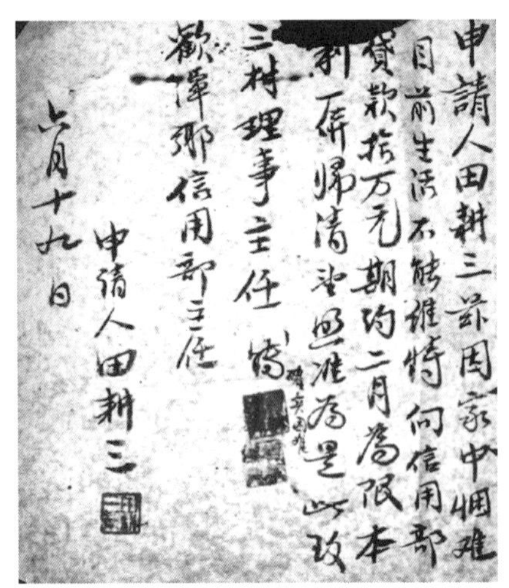
申請人田耕三茲因家中困难
目前生活不能維持向信用部
貸款拾万元期約二月為限本
利併歸清望照准為是此致
三村理事主任
歡潭鄉信用部主任
申請人田耕三
六月十九日

图18—2—642　1954年6月19日，欢潭乡农民田耕三向欢潭乡供销合作社信用部贷款10万元（旧币）的申请书（浙江萧山农村合作银行提供）

1988年，为贯彻中央提出的“治理经营环境、整顿经济秩序”的方针，开始控制贷款总量，调整信贷结构。是年，在全市范围内开展信贷大检查。检查企业3427家、贷款101068万元，清收不合理贷款508.50万元、逾期和呆滞贷款2337万元。年末，辖内银行业金融机构不良贷款8873万元，占年末贷款总余额的6.74%。1985～1995年，辖内贷款总余额年均增长23.66%。

1996年8月1日起，中国人民银行萧山市支行建立全市信贷企业信誉等级通报制度。1998年，辖内银行业金融机构可自主发放贷款。是年，应对东南亚金融危机，开展贷款管理大检查、落实信贷管理责任制、完善授权授信制度、建立信贷资产流失责任制、制定信贷指导意见和实行封闭贷款等措施，确保重点企业、重点项目资金的需求。年末，辖内银行业金融机构不良贷款余额148060万元，占年末贷款总余额的13.79%。1997～1998年，辖内贷款总余额年均增长17.09%。

1999年，开始对信用不良企业实行制裁措施。辖内各银行业金融机构推行购置住房和汽车贷款等个人消费信贷业务。年末，辖内个人消费贷款余额26937万元，占辖内贷款总余额的2.09%。其中个人住房按揭贷款671户，金额8522万元；汽车消费贷款158户，金额1015万元；住房抵押贷款23户，金额207万元；旅游贷款和购物消费贴息贷款等127户，金额1112万元；小额抵押贷款16081万元。2000年末，辖内贷款总余额1437060万元，其中短期贷款、中长期贷款分别占辖内年末贷款总余额的91.67%、8.33%。消费贷款余额80062万元，占辖内贷款总余额的5.57%。其中有个人按揭住房贷款户4051户，余额47290万元；汽车消费贷款430户，余额2697万元；旅游贷款等1263户，余额11966万元；小额抵押贷款18109万元。辖内银行业金融机构不良贷款137300万元，比1999年减少51000万元，占辖内年末贷款总余额的9.55%。1999～2000年，辖内贷款总余额年均增长15.69%。

图18—2—643　2000年3月21日，上海浦东发展银行杭州分行萧山支行信贷员在为客户办理个人消费贷款（王益昌摄）

短期贷款

1949年，中国人民银行萧山办事处对国营工商企业发放临时性、季节性的超定期流动资金贷款。年末，短期贷款总余额0.09万元。1959年3月起，逐步将国营企业流动资金由财政拨款方式转为银行贷款。1980年4月，增加个体工商户贷款。1985年，减少各类劳动服务公司和农村物资站等贷款，增加出口创汇、适销产品生产、农副产品收购和节日供应等方面贷款。年末，辖内短期贷款总余额62279万元，比1984年增长7.29%，占萧山辖内贷款总余额的95.27%。

1988 年，对贷款规模实行“有保有压”。是年 4 ~ 5 月，发放农副产品收购贷款 2400 万元。10 月，支持农副产品和人民生活必需品采购贷款 3889 万元。12 月，支持重点企业贷款 6855 万元。

1990 年后，增加农产品采购等农业贷款、经济效益好的工业企业贷款、采购和储备重要生产和生活资料的商业企业贷款。1994 年，新增贷款集中支持市级重点工业企业、创汇大户、商业企业的流动资金需求。2000 年，增加市重点企业、外贸出口企业和支援农业贷款，推动萧山市经济快速发展和经济结构的调整。年末，辖内短期贷款余额 1317327 万元，比 1999 年增长 10.56%，占辖内贷款总余额的 91.67%。

中长期贷款

1979年，为支持经济发展，辖内银行业金融机构改变原来只发放国营工商企业生产流通过程中所需要的流动资金贷款，新增固定资产投资和科技开发中所需的中长期设备贷款，为工业企业的挖潜、革新、改造、扩建和改建项目提供资金。1980年后，对有偿还能力的企事业单位的基本建设拨款逐步改为银行贷款。

1985年，辖内银行业金融机构开始改善贷款结构，压缩非生产性贷款，支持生产企业进行技术改造。年末，中长期贷款余额3091万元，比1984年增长11.34%，占辖内贷款总余额的4.73%。

1988年后，随着萧山经济的进一步发展，企业技术改造、基本建设的投资增加，辖内银行业金融机构确保市级重点工业企业技术改造和重点建设项目的资金需求，使中长期贷款业务发展。1995年末，中长期贷款余额57995万元，占辖内贷款总余额的9.22%。其中技术改造贷款余额36155万元、基本建设贷款余额12075万元、地方经济开发贷款余额60万元、其他中长期贷款余额9705万元，分别占中长期贷款余额的62.34%、20.82%、0.10%、16.73%。1988～1995年，中长期贷款年末余额年均增长29.79%。

图18—2—644　浙江航民实业集团有限公司利用信用联社中长期技改贷款资金建成的纺丝车间（1998年9月26日，傅展学摄）

1997年后，辖内各项事业发展加快，基本建设贷款逐年增加。2000年末，中长期贷款余额119733万元，占辖内贷款总余额的8.33%。其中基本建设贷款余额48898万元、技术改造贷款余额25300万元、其他中长期贷款余额45535万元，分别占中长期贷款余额的40.84%、21.13%、38.03%。1997～2000年，中长期贷款年末余额年均增长21.66%。

承兑汇票贴现

1986年，辖内开始采用商业汇票融资。承兑汇票既方便又不必支息，还可异地结算，风险责任与信用贷款相同，因此控制较严。是年11月，中国工商银行萧山县支行开办承兑汇票承兑及贴现业务。至年末，中国工商银行萧山县支行办理承兑汇票承兑72笔，金额1822万元，办理承兑汇票贴现51笔、金额1265万元。1987年后，中国人民建设银行萧山县支行、中国农业银行萧山县支行和中国银行萧山支行相继开办承兑汇票业务。1989年，辖内银行签发承兑汇票3.04亿元。年末，未到期的银行承兑汇票余额7111万元。1990年，辖内银行签发承兑汇票2.05亿元，比1989年减少0.99亿元。年末，未到期的银行承兑汇票余额6371万元。

1991年，国内多次发生盗窃、假冒银行承兑汇票案。是年12月，辖内各银行先后暂停办理承兑汇票。翌年6月1日，根据中国人民银行浙江省分行印发的《浙江省商业汇票管理办法》（浙银发〔1992〕233号）精神，中国工商银行萧山市支行、中国农业银行萧山市支行、中国人民建设银行萧山市支行、中国银行萧山支行恢复银行承兑汇票业务。年末，银行承兑汇票余额3906万元。

1995年，增加交通银行杭州分行萧山办事处、中信实业银行杭州分行萧山办事处、上海浦东发展银行杭州分行萧山办事处开办银行承兑汇票业务。2000年，农村信用社开始办理承兑汇票贴现业务。是年，辖内签发银行承兑汇票22.09亿元，办理承兑汇票贴现1.18亿元。

2000年末，银行承兑汇票余额10.22亿元，承兑汇票贴现余额0.13亿元。

表18－2－408 1985～1993年萧山辖内银行业金融机构年末贷款余额

单位：万元

年份	总计	工业	商业	农业	乡镇企业	固定资产	信托	其他	总计中	
									短期贷款	中长期贷款
1985	65370	13457	22387	5549	13971	3091	6479	436	62279	3091
1986	92079	19498	23716	7902	26592	6395	5144	2832	85684	6395
1987	112555	23926	27722	8986	35522	7200	4672	4527	105355	7200
1988	131605	30149	37081	12049	38381	9131	2500	2314	122474	9131
1989	149911	34961	43046	13569	43350	10030	2221	2734	139881	10030
1990	185078	44736	49205	15620	58548	10790	2037	4142	174288	10790
1991	230906	56117	58562	18671	76477	14089	1086	5904	216817	14089
1992	323327	68304	72773	18692	119477	27603	1062	15416	295724	27603
1993	407393	91207	80974	20165	156108	36121	1044	21774	371272	36121

注：1985～1993年期间，年末贷款总余额来源于中共萧山市委宣传部、萧山市统计局编印的《萧山五十年巨变——新中国成立以来萧山经济与社会发展统计文献》第207页。其他指标资料来源于1985～1987年《萧山县金融统计年报》和1988～1993年《萧山市金融统计年报》。

表18－2－409 1994～2000年萧山辖内银行业金融机构年末贷款余额

单位：万元

年份	总计	短期贷款	工业	商业	农业	乡镇企业	其他	中长期贷款	固定资产	其他
1994	511319	460881	94574	88103	16463	208628	53113	50438	38154	12284
1995	629113	571118	122031	106573	33924	227725	80865	57995	48230	9765
1996	783156	728501	195047	125156	48152	237067	123079	54655	46749	7906
1997	902133	835431	168864	139519	66836	298289	161923	66702	47664	19038
1998	1073673	1013246	182076	144343	69840	363983	253004	60427	36864	23563
1999	1287343	1191538	197767	148334	106000	397479	341958	95805	51907	43898
2000	1437060	1317327	166151	145934	129312	439182	436748	119733	74198	45535

注：1994～1998年期间，年末贷款总余额来源于中共萧山市委宣传部、萧山市统计局编印的《萧山五十年巨变——新中国成立以来萧山经济与社会发展统计文献》第207页；1999、2000年末贷款总余额来源于1999、2000年《萧山市统计年鉴》。其他指标资料来源于 1994～2000年《萧山市金融统计年报》。

第三节 结 算

结算方式

1949年，辖内结算业务有汇兑、委托收款、托收承付、商业汇票、县辖和省辖限额结算。结算方式有现金和转账，转账有同城结算、异地结算。1953年3月起，开办托收承付方式结算。1955年9月，取消银行汇票结算。1975年11月15日开办县辖联行限额结算方式。1984年3月，恢复银行汇票结算。1985年，辖内结算业务为1980年11月1日以来一直使用的支票、汇兑、委托收款、托收承付、商业汇票、省内限额结算和华东三省一市（江苏省、浙江省、安徽省和上海市）限额结算。结算方式仍为萧山解放初期的现金和转账，转账也是同城结算、异地结算。是年11月21日，中国人民银行萧山县支行开始负责组织、协调辖内银行业金融机构的结算业务，各专业银行出入的交换票据资金差额均通过中国人民银行萧山县支行账户当场结算。

1987年9月1日，执行中国人民银行、中国农业银行印发的《华东三省一市票汇结算试行办法》（银发〔1987〕186号），辖内银行业金融机构停止使用省内限额结算和华东三省一市银行限额结算，改用华东三省一市票汇结算。1989年3月底，辖内结算业务有支票、汇兑、托收承付、委托收款、信用证和限额结算6种。8月1日，辖内结算业务调整为汇票、商业汇票、支票、汇兑和委托收款5大类。11月1日，华东三省一市票汇结算改为华东三省一市银行汇票，辖内银行业金融机构实施本票、支票、汇票和信用卡的“三票一卡”结算制度，扩大银行汇票、商业汇票、支票、汇兑和委托收款5种结算方式的转账结算范围，减少现金使用，加速企业资金周转。1990年4月1日，恢复异地托收承付结算业务。7月，开始使用银行信用卡结算。翌年8月1日，中国人民银行萧山市支行将市内限额结算凭证改为萧山市内汇票。

1994年起，随着萧山电信技术的发展，辖内各银行业金融机构先后使用电信部门的分组交换网与中国人民银行连接，实行全国自动授权。1999年，中国建设银行萧山市支行经中国建设银行验收并使用中国建设银行国际结算系统和外汇会计系统，实现与上级行国际结算系统的连接，使国际结算业务处理全程自动化。中国农业银行萧山市支行开通各省际间实时汇兑系统和实时汇兑系统补充的特约传真汇款业务，形成计算机汇兑一体化的格局。辖内其他银行业金融机构也开始建设支付清算系统。

2000年，辖内经营存贷的结算业务有现金支票、转账支票、信汇、电汇、全国银行汇票、华东“三省一市”汇票、商业承兑汇票、银行承兑汇票、委托收款、托收承付和银行卡结算，并全部实行跨行（社）联网交易。结算方式有现金、转账、银行卡，转账仍为同城结算和异地结算两类。中国工商银行萧山市支行、中国农业银行萧山市支行、中国银行萧山支行、中国建设银行萧山市支行、交通银行杭州分行萧山支行、中信实业银行杭州分行萧山支行、上海浦东发展银行杭州分行萧山支行和萧山信用联社8家行（社）都能签发系统内全国银行汇票。

资金汇划

按使用对象不同和范围不同，资金汇划可分为金融机构资金汇划和央行资金汇划两种。

金融机构资金汇划　1955年8月至1985年11月20日，中国人民银行萧山县支行、中国农业银行萧山县支行、中国人民建设银行萧山县支行跨行间通过自行组织的票据交换，实现对企事业单位资金的清算。1985年11月21日后，跨行间的企事业单位资金汇划则开始通过中国人民银行萧山县支行票据交换，交换的差额由中国人民银行萧山县支行转账和资金清算。

1990年，随着计算机在金融业的广泛应用，辖内银行业金融机构间资金汇划逐步采用计算机联网取代传统电汇、信汇方式。是年，中国工商银行萧山市支行实现与中国工商银行杭州市分行及下辖各储蓄网点联网通存通兑。1993年，中国工商银行萧山市支行使用联行制单系统、汇票开票系统和牡丹卡联网转账等软件。翌年，该行实现电子汇兑系统的分行、支行间的汇款24小时到达。1998年，中国工商银行萧山市支行顺利实现全省大机延伸的对公处理，使工商银行系统客户可以在省内实时汇划资金。

2000年，辖内中国工商银行萧山市支行、中国农业银行萧山市支行、中国银行萧山支行、中国建设银行萧山市支行、交通银行杭州分行萧山支行、中信实业银行杭州分行萧山支行、上海浦东发展银行杭州分行萧山支行、萧山信用联社和邮政储蓄均运用计算机技术处理对公业务和储蓄业务。

央行资金汇划　1986年，中国人民银行萧山县支行承担辖内银行业金融机构异地跨系统资金汇划和同城票据清算的职责。1989年4月1日施行中国人民银行颁布的《银行结算办法》（银发〔1988〕391号）后取消，但各银行业金融机构跨行汇划款项和行内50万元以上汇划款项仍通过中国人民银行萧山市支行清算资金转汇。是年起，辖内银行业金融机构使用中国人民银行建设的以卫星通信为传输手段的全国电子联行系统，处理专业银行跨行之间和行内的异地大额贷记支付业务，支付业务随发随放、实时核对，并通过中国人民银行萧山市支行实时清算资金。

1993年，中国工商银行萧山市支行、中国农业银行萧山市支行、中国银行萧山支行的上级行占用大量汇差资金，使辖内银行业金融机构出现不能正常支付和资金清算的状况。为此，是年9月16日，中国人民银行萧山市支行发挥现金出纳中心和结算中心的作用，重申辖内各商业银行签发的50万元以上银行汇票必须通过中国人民银行萧山市支行清算的规定，较好解决各商业银行上级行占用汇差资金问题。

1994年6月27日，中国人民银行萧山市支行作为中国人民银行第六批电子计算机联行运行，正式受理电子计算机联行业务，承担辖内各银行业金融机构异地跨行资金的电子计算机汇划。电子计算机汇划业务开办后，替代原用电报方式的汇兑。

至2000年末，中国人民银行萧山市支行转发往款累计514亿元、收款714亿元。

票据交换

1955年8月至1985年11月20日，中国人民银行萧山县支行、中国工商银行萧山县支行、中国农业银行萧山县支行、中国人民建设银行萧山县支行自行组织票据交换。1985年11月21日后，中国人民银行萧山县支行组织辖内银行业金融机构进行同城票据交换。

1986年12月10日，中国人民银行萧山县支行建立萧山票据交换所。该所是由各专业票据交换银行和农村信用社共12家单位参加的票据结算中心，每天定时交换2次，提入票据当天进账抵用。1989年11月，中国人民银行萧山市支行使用TOWER机处理票据清算业务，每次票据结算时间由使用前的30分钟加快到10分钟～15分钟，同城票据当日抵用率由40.0%提高到48.44%，平均加速资金周转2天。1993年，参加同城票据交换的行（社）覆盖城厢、临浦、瓜沥、浦沿、西兴、宁围镇和萧山经济技术开发区等地。

表18－2－410　1986～1998年萧山辖内票据交换情况

年份	参加单位（家）	交换票据（笔）	交换金额（万元）
1986	12	970	490
1987	15	571509	364927
1988	19	647384	692041
1989	19	649066	831910
1990	21	716528	1030803
1991	22	809363	1409818
1992	22	874570	2392928
1993	28	1554172	6134203
1994	32	900713	4620547
1995	40	1323970	5659851
1996	45	1127639	6318335
1997	55	911323	4822361
1998	55	430068	4234212

注：①资料来源：1987～1999年《萧山年鉴》。
②“1998年”项是1998年1～6月的数据。

1995年，新增中信实业银行杭州分行萧山办事处、上海浦东发展银行杭州分行萧山办事处、中国银行萧山支行、中国人民建设银行萧山市支行、交通银行杭州分行萧山办事处设立的分理处（办事处）参加同城票据交换。是年5月，辖内同城票据交换资金实时清算系统试运行，翌年3月20日正式运行，实现数据实时传送，资金实时进账抵用。

1998年6月30日，辖内同城票据交换停止。7月1日后，辖内票据交换纳入杭州市票据交换中心。

表18-2-411　1986～1990年萧山辖内银行业金融机构结算业务情况

单位：亿元

年份	汇兑		托收承付		委托收款		限额结算		票汇	
	萧山境外	萧山境内	发出	代收	发出	代收	发出	余额	发出	余额
1986	64.32	36.47	21.13	18.56	8.68	7.91	18.29	0.38	—	—
1987	148.20	63.57	6.64	7.25	11.12	8.70	23.87	0.38	—	—
1988	163.64	146.58	9.01	7.58	12.21	11.07	42.57	1.02	26.45	0.91
1989	102.99	108.50	3.28	2.91	13.46	9.19	58.48	1.02	27.84	0.67
1990	234.20	203.68	8.25	6.32	12.63	10.03	41.55	0.72	61.59	1.27

注：①资料来源：1987～1991年《萧山年鉴》。
②1985年，辖内银行业金融机构办理托收承付93697万元、委托收款138242万元、限额结算195971万元。

表18-2-412　1991～2000年萧山辖内银行业金融机构结算业务情况

单位：亿元

年份	银行承兑汇票		异地结算							
			汇兑		托收承付		委托收款		票汇	
	签发	余额	萧山境外	萧山境内	发出	代收	发出	代收	发出	余额
1991	2.92	0.72	40.19	15.21	4.60	5.99	16.33	7.98	74.60	2.06
1992	1.88	0.39	121.69	105.86	11.40	11.22	18.76	12.46	292.28	4.41
1993	1.67	0.62	190.10	350.89	11.44	11.87	21.32	11.89	392.43	6.64
1994	5.12	1.26	183.88	561.11	10.57	11.66	17.32	11.78	231.19	3.82
1995	7.23	2.60	318.54	160.26	5.68	11.36	3.69	2.29	457.95	6.36
1996	10.38	2.16	810.63	535.91	4.21	5.53	1.92	1.24	428.53	16.61
1997	8.55	2.07	1264.64	641.38	4.67	4.19	1.86	3.98	480.01	8.39
1998	7.55	2.56	1151.37	848.15	2.19	3.51	4.69	7.09	610.29	8.38
1999	11.96	3.72	996.09	927.57	3.58	2.22	4.39	8.37	776.81	9.88
2000	22.09	10.22	796.62	1307.71	3.05	2.30	5.25	12.98	1126.55	9.05

注：①资料来源：中国人民银行萧山支行。
②异地结算的“汇兑”栏，1993～2000年为“汇划”，“托收承付”栏，1996～2000年为“托收业务”。

第四节　银行卡发行使用

1990年，辖内开始发行银行卡。是年7月1日，中国银行萧山支行代发长城信用卡。10月，中国工商银行萧山市支行在辖内发行牡丹信用卡。是年，辖内发行的银行卡仅限于借记卡、准贷记卡。翌年末，长城信用卡的单位用卡70张、个人用卡200张；牡丹信用卡的单位用卡144张、个人用卡343张。

1993年，随着银行卡结算业务的发展，辖内其他银行业金融机构也陆续发行各自的银行卡。1994年6月28日，中国银行萧山支行开始办理自发长城卡①业务。11月，中国农业银行萧山市支行率先在辖内使用自动柜员机（ATM），设立自动柜员机5台。1995年3月8日，中国农业银行萧山市支行开办自发金穗卡业务。4月1日，中国人民建设银行萧山市支行在萧山宾馆安装消费刷卡机（POS）。5月，中国工商银行萧山市支行安装辖内首家自动取款机（CDM）。8月15日，中国工商银行萧山市支行电脑储蓄业务与中国工商银行杭州分行联网后，牡丹灵通卡②在萧山使用。

①自发长城卡比代发长城信用卡业务，更具有发卡方便、进账快和对账及时、授权快的特点，并具有直接消费、取现、异地大额转账、异地存款和储蓄5种功能。

②牡丹灵通卡属借记卡，是一种实时扣账的借记卡，具有转账结算、存取现金和消费功能。

1999年8月23日，中国银行萧山支行首家发行贷记信用卡，持卡客户只要在发卡银行给予的授信额度内，凭卡就可在特约商户直接消费或去指定网点存款、取款，然后定期向银行偿还消费金额本金。是年，中国农业银行萧山市支行与萧山二轻大厦合作，联合发行二轻联名卡，实现银企的首次合作。

图18—2—645 1994年6月28日，中国银行萧山市支行在城厢镇东方宾馆举行自办发行信用卡的新闻发布会，与会部门领导和企业代表共100余人参加新闻发布会。图为新闻发布会现场（吴宇峰摄）

2000年，中国银行萧山支行发行长城卡，为辖内首家经营外汇信用卡业务。长城卡为全球通用的外汇信用卡，可在全球256个国家和地区使用，能为持卡人提供全球24小时紧急支援服务和享受旅游交通高额意外保险。是年，中国银行萧山支行与萧山市第一人民医院合作，长城卡可在该院住院部支付医疗费，并可用长城卡在消费刷卡机上刷卡结算住院费。中信实业银行杭州分行萧山支行与家友萧山百大超市合作发行中信家友联名卡，同时发行融存款、取款、转账、消费于一体的多功能中信借记卡。

2000年末，辖内中国工商银行萧山市支行、中国农业银行萧山市支行、中国银行萧山支行、中国建设银行萧山市支行、交通银行杭州分行萧山支行、中信实业银行杭州分行萧山支行、上海浦东发展银行杭州分行萧山支行、萧山信用联社8家银行业金融机构发行的银行卡有牡丹卡、金穗卡、长城卡、龙卡、太平洋卡、东方卡、中信理财宝、联名卡和农信卡等19种，累计发行296094张，其中准贷记卡26921张、借记卡269173张（其中联名卡117649张）；持有长城卡有26人，并已实现跨行联网交易。辖内银行业金融机构拥有自动柜员机49台（其中31台与杭州银行卡网络实现联网）、自动取款机17台。设在娱乐场所、医院、大型超市等地的消费刷卡机有127台。

图18—2—646 1997年5月，中国工商银行萧山市支行设在城厢镇体育路储蓄所内的自动柜员机和信息查询机等，被市民称为“自助银行”。图为市民在信息查询机前查信息（中国工商银行股份有限公司杭州萧山支行提供）

第五节 外 汇

1984年1月1日，由中国人民银行萧山县支行代理的外汇存款、外汇贷款和解付侨汇业务改由中国工商银行萧山县支行代理。1988年8月1日，改由中国银行萧山支行行使外汇银行职能，对外营业，开办外汇存款、贷款业务和解付侨汇等外汇业务。1992年6月，中国农业银行萧山市支行代理上级行外汇业务，改变了以往独家银行经营外汇业务的状况。1996年9月，中国工商银行萧山市支行办理外汇自营业务。1998年3月，增加中国建设银行萧山市支行等银行业金融机构办理外汇自营业务。至2000年，开办外汇业务的银行有7家。

外汇存款

1988年8月1日，中国银行萧山支行开办辖内外汇存款业务。年末，外汇存款余额14万美元，均为城乡居民储蓄存款，主要是美元和港币。

1989年后，随着萧山对外经济交往的扩大、外向型经济的发展，外汇存款迅速增加。1995年末，辖内外汇存款余额1843万美元。1990～1995年，外汇存款余额年均增长75.54%。

1998年，受东南亚金融危机的影响，个人外汇储存款增加较多。年末，辖内个人外汇储蓄存款余额2560万元，比1997年增长99.53%。翌年1月5日，一位市民在中国银行萧山支行将30万日元套汇成欧元，成为辖内首个开立欧元账户人。2000年，主要存款有美元、港币、瑞士法郎、英镑、日元、加拿大元、澳大利亚元、欧元8种。年末，辖内外汇存款余额12276万美元。1997～2000年，外汇存款年末余额年均增长70.40%。

外汇贷款

1988年8月1日后，中国银行萧山支行开始发放外汇贷款。1988年末，辖内外汇贷款余额65万美元。1994年末，中国银行萧山支行外汇贷款余额1626万美元，中国工商银行萧山市支行12万美元，中国农业银行萧山市支行300万美元；此外，这3家银行的上级行直接发放给萧山企业的外汇贷款，外汇贷款余额1660.50万美元，合计发放外汇贷款余额3598.50万美元，折人民币3.04亿元，为全市年末贷款总余额的5.95%。

1998年，受东南亚金融危机的影响，外汇贷款减少。年末，辖内外汇贷款余额2158万美元，比1997年下降31.69%。

1999年6月，人民币贷款利率下调，与外币利差增加，加之银行信贷资金相对宽松，部分外商和港澳台商投资企业从贷款成本考虑，以外汇质押方式增加人民币贷款，同时，外汇指定银行剥离了部分外商和港澳台商投资企业的不良贷款，使外商和港澳台商投资企业外汇贷款余额下降。年末，外商及港澳台商投资企业外汇贷款余额615万美元，比1998年下降56.08%。

2000年，部分企业为进口设备或为解决国家暂停办理出口退税所造成的资金缺口而增加外汇贷款。年末，外汇贷款余额3184万美元，比1999年增长35.43%。

侨汇解付

50年代起，人民银行萧山县支行办理侨汇（指中国香港、中国澳门、中国台湾同胞和海外侨胞汇入萧山的汇款）解付业务。1960～1984年解付侨汇（折人民币，以下同）210.90万元。1985～1987年，解付侨汇94.99万元，其中中国香港和中国澳门67.12万元、美国23.55万元、其他国家4.32万元。

1988年8月1日，改由中国银行萧山支行办理侨汇解付业务。是年，解付侨汇44.37万元，其中中国香港和中国澳门31.80万元、美国5.29万元、联邦德国3.61万元、其他国家3.67万元。1989年，归国探亲人员直接带入外币到中国银行萧山支行办理人民币兑换的有86.5万元。是年，解付侨汇24.23万元，比1988年减少45.39%。其中中国香港和中国澳门13.21万元、美国6.95万元、日本1.99万元、其他国家2.08万元。

1993年后，允许携带少量人民币出境和携带少量外币、港币进入境内经济特区，辖内侨汇民间互换比价高于法定牌价，导致原本属于侨汇汇款变成人民币汇款。1994年，侨汇解付61.80万元，比1992年减少71.23%。

1995年，汇率基本稳定，民间交易不多，使外汇先在市场兑换后付汇的做法减少。是年，解付侨汇737.10万元，为1994年的11.93倍。

1997年9月，境外私人汇款开始增多。是年，解付侨汇1287万元，为1996年的6.02倍。其中美元911万元、日元202万元、港币66万元、英镑21万元、法国法郎4万元、意大利里拉等83万元。1998年后，不再统计侨汇解付。

国际结算

1988年8月1日起，中国银行萧山支行开始办理国际结算业务，结算方式有信用证、托收承付、汇兑。至1989年末，全市开设外汇结算账户的企业有153家，全年外汇收支结算余额361.28万美元。

1990年，为适应出口企业和外商投资及港澳台商投资企业发展的需求，开始在办理出口贸易结算的同时开办进口贸易结算业务。至年末，开立外汇结算账户的企业有247家。

1993年，中国农业银行萧山市支行开办外汇结算业务。是年，全市登记的外汇融资1914万美元，帮助企业归还外债本息266.14万美元。年末，外汇收支结算余额48万美元，比1992年下降76.0%。

1994年，为与国际货币基金组织和“关贸总协定”接轨，逐步使人民币成为可兑换货币，辖内外汇指定银行的外汇收支结算实行结汇、售汇制度，中资企业的外汇收入全部售给银行，经批准的用汇全部由银行售出。按照中国人民银行、国家外汇管理局制定的《结汇、售汇及付汇管理暂行规定》（〔1994〕中国人民银行第3号令），萧山外汇管理局要求辖内机构的外汇收入于是年4月1日起及时调回境内。是年，中国银行萧山支行结汇、售汇934万美元，中国农业银行萧山市支行结汇、售汇208万美元。

2000年，辖内有中国工商银行萧山市支行、中国农业银行萧山市支行、中国银行萧山支行、中国建设银行萧山市支行、交通银行杭州分行萧山支行、中信实业银行杭州分行萧山支行、上海浦东发展银行杭州分行萧山支行7家银行办理外汇结算业务。是年，开立外汇结算账户137家，国际结算业务总量99463万美元，居全省各县（市）首位。全年结汇69566万美元，比1999年增长59.09%；售汇14916万美元，增长65.77%；结售汇顺差54650万美元，增长53.76%。至此，结汇、售汇业务自1994年以来连续7年呈现顺差。

表18-2-413 1988～2000年辖内外汇业务情况

年份	年末存款余额（万美元）	企业	内资企业	外商投资企业	储蓄	其他	贷款余额（万美元）	侨汇解付（折人民币）（万元）	国际结算（万美元）	结汇售汇（万美元）
1988	14	0	0	0	14	0	65	44.37		—
1989	63	12	0	12	51	0	174	24.23		—
1990	143	44	21	23	99	0	137	66.44		—
1991	264	103	6	97	161	0	260	124.09		—
1992	684	428	255	173	256	0	822	214.80		—
1993	911	400	102	298	511	0	1559	176.50		—
1994	1419	738	324	414	677	4	1938	61.80	4946	1142
1995	1843	873	469	404	804	166	1837	737.10	10879	5074
1996	1456	203	0	203	906	347	2772	213.80	23369	18401
1997	2401	1063	1	1062	1283	55	3159	1287.00	34373	30310
1998	3758	1194	5	1189	2560	4	2158		34557	35857
1999	6148	1514			4560	74	2351		63705	52725
2000	12276	4411	1383	3028	7211	654	3184		99463	84482

注：①资料来源：中国人民银行萧山支行。

②“外商投资企业”栏包括港澳台商投资企业。

第六节　同业资金拆借

辖内银行开展横向拆借资金始于1984年。1985年，中国工商银行萧山县支行和中国农业银行萧山县支行向省内银行横向拆借资金分别为2022万元和18530万元。是年，中国农业银行萧山县支行还引进信托资金323万元，在辖内各营业所之间余缺调剂资金8589万元，组织农村信用社间调剂资金464万元。

1986年11月8日，根据中国人民银行《关于搞好资金融通支持横向经济联合的暂行办法》（〔86〕银发字第64号），建立县级银行资金拆借市场。11月17日，中国农业银行萧山县支行建立萧山县信用合作资金市场。是年，辖内银行业金融机构融资29300万元。年末，净拆入资金余额13146万元，其中中国工商银行萧山县支行净拆入资金4500万元、中国农业银行萧山县支行7121万元、农村信用社1059万元、中国人民建设银行萧山县支行466万元。

1988年4月，中国人民银行萧山市支行设立资金拆借账户，以“萧山市资金市场”名义开展资金拆借活动，作为辖内专业银行间的融资中介机构，是萧山有形资金拆借市场的雏形。从此，辖内资金拆借市场开始由单一的专业银行（信用社）之间的无形拆借市场向有形拆借市场和无形拆借市场并存发展，资金拆借趋于活跃。5月25日，中国农业银行萧山市支行组织农业银行系统成立“江浙沪二十一行融资协作集团”，与省内外31家资金市场建立拆借关系，共同开展横向资金融通，拆入资金15000万元。是年，辖内银行业金融机构拆入资金159316万元，其中中国工商银行萧山市支行与福建、北京、新疆等20余个省、市、自治区建立资金拆借关系，拆借资金42800万元。年末，辖内银行业金融机构净拆入资金余额12517万元，其中中国工商银行萧山市支行6310万元、中国农业银行萧山市支行3665万元、其他行（社）2542万元。

1992年3月，根据中国人民银行《同业拆借管理试行办法》（银发〔1990〕62号），建立萧山市金融市场，实行会员制。该金融市场与全国92家金融市场建立拆借关系，成为辖内银行业金融机构资金的拆借中心。至年末，萧山市金融市场拆入资金余额24800万元、拆出资金余额20400万元，净拆入4400万元。

1993年5月，萧山市金融市场更名萧山市融资中心。7月，贯彻中共中央、国务院《关于当前经济情况和加强宏观调控的意见》（中发〔1993〕6号）精神，中国人民银行萧山市支行要求辖内各银行业金融机构必须在短期内纠正违规拆借行为，限期收回，但因企业不能及时归还借款，使中国工商银行萧山市支行等4家银行在7月15日至8月19日期间，发生72次（1天为1次）支付危机，其中8月2日缺少支付资金8300万元。中国人民银行萧山市支行调度各银行业金融机构资金，才于8月20日平息支付危机。1～8月，萧山市融资中心（包括萧山市金融市场）拆入资金7300万元，拆出资金40147万元。9月1日，萧山市融资中心撤销，辖内各家银行资金均通过系统内调剂，信用联社资金继续参与拆借活动。

1994年8月17日，浙江省融资中心萧山办事处建立。该办事处立足辖内，面向全省，规范经营，重点在辖内各银行业金融机构间开展短期资金余缺调剂。年末，辖内银行业金融机构拆入、拆出资金余额分别为15850万元、59429万元，拆出资金多于拆入资金43579万元。后辖内信贷收支存差扩大，多数银行业金融机构资金有余，资金拆借活动由重拆入转为重拆出。至1995年末，辖内银行业金融机构拆入资金余额2000万元，比1994年减少13850万元；拆出资金余额72217万元，增加12788万元。

1996年1月3日，全国银行间同业拆借市场开始运行电子交易系统网络，辖内的商业银行只能与浙江省融资中心和上级行之间进行资金拆借。12月，省同业拆借电子网络系统扩大到萧山信用联社。年末，中国工商银行萧山市支行、中国农业银行萧山市支行、中国银行萧山支行、中国建设银行萧山市支行、中信实业银行杭州分行萧山办事处、上海浦东发展银行杭州分行萧山办事处和萧山市城厢城市信用合作社等拆出资金余额合计112857万元，比1995年增加40640万元；浙江省融资中心萧山办事处的拆入和拆出资金余额分别为16621万元、18138万元；萧山信用联社分别为8400万元、59300万元。

1997年9月，浙江省融资中心萧山办事处撤销。年末，辖内拆出资金余额29450万元，其中萧山信用联社24600万元、萧山市银发城市信用合作社4350万元、中国农业银行萧山市支行500万元；拆入的资金仅中国银行萧山支行1家，计1000万元。

2000年，辖内银行业金融机构报中国人民银行萧山市支行审核备案的拆借资金为1000万元。年末，辖内仅有萧山信用联社可以参加全国性同业拆借网络，各银行资金拆借活动仅限于上下级行之间进行。

第七节　管　理

萧山解放后，金银由国家统一管理。1949年6月15日，中国人民银行萧山办事处行使接管国库、发行人民币、收兑金圆券等金融管理职能。翌年起，中国人民银行萧山县支行开始有计划调节货币流通、维持金融市场稳定，对辖内各单位的现金收入、支出和结存实行控制及管理，并开始收缴假币。1953年，开始编制现金计划。1977年，开始对各单位库存现金实施限额管理。1983年起，中国人民银行萧山县支行先后统一管理金银计划配售、金银饰品零售网点、金银饰品加工和办理金银门市收兑业务。1986年，辖内金融机构开始使用计算机，利用计算机经营金融业务；现金投放行改变为现金回笼行，成为现金净回笼。1989年，中国人民银行萧山市支行将计算机应用于国库业务。

1997年，为应对东南亚金融危机，清理企事业单位在银行业金融机构开立的账户，以防止多头开户套现。1999年，建立杭州市金融系统监察室驻萧山金融系统监察室，领导、组织和协调辖内金融系统行政监察工作。是年，顺利解决计算机系统2000年的问题。

2000年，允许个人在银行业金融机构开立基本结算账户。辖内银行业金融机构均实现经营业务使用计算机管理。

国库管理

民国22年（1933），国库由邮局管理改为银行管理。[①]1949年6月15日，中国人民银行萧山办事处接管国库。1950年3月3日，建立国家金库萧山支库，中国人民银行萧山办事处与财政税务局分工合作。[②]1949～1984年，萧山国库收入共计145944万元。

1985年7月27日国务院颁布《中华人民共和国国家金

表18—2—414　1991～2000年萧山市国库业务情况

年 份	办理业务		办理退库		预算拨款	
	笔 数（万笔）	金 额（亿元）	笔 数（万笔）	金 额（亿元）	笔 数（万笔）	金 额（亿元）
1991	37.13	4.14	0.66	1.27	0.11	1.80
1992	39.80	4.96	0.83	2.10	0.13	6.15
1993	37.57	6.35	1.20	1.83	0.12	2.99
1994	34.80	7.37	0.07	1.13	0.12	4.09
1995	42.10	8.28	0.08	2.29	0.10	5.09
1996	49.20	7.70	0.05	2.45	0.04	4.34
1997	61.80	9.95	0.15	3.57	0.11	5.95
1998	25.20	11.59	0.25	5.03	0.10	7.38
1999	100.60	13.54	0.35	7.80	0.11	8.22
2000	127.90	18.54	0.41	9.78	0.14	12.72

资料来源：1992～2001年《萧山年鉴》。

①民国22年（1933），浙江地方银行萧山分理处从萧山邮局接办国库管理。民国27年6月，国民政府颁布的《公库法》正式确认国库出纳事务由银行代理。民国36年8月25日萧山县银行接办县级公库。

②1950年3月3日，政务院颁布《中央金库条例》后，建立国家金库萧山支库，中国人民银行萧山办事处与县财政税务局分工合作，稽征、拨付、退税由县财政税务局经办，收款、分解、拨付和退税的实施由中国人民银行萧山办事处办理，各按规章，相互制约。

库条例》[①]后，国家金库萧山支库下设经收处，具体经办开户单位的税款缴纳工作。1985年，萧山入库1.97亿元，比1984年增长30.76%。其中上解中央和省财政1.46亿元、县留存0.51亿元。翌年4月，中国人民银行萧山县支行检查各国库经收处税款划缴情况，发现部分经收处不及时报解税款，有的延压报解税款1周左右。检查后，中国人民银行萧山县支行规定，国库经收处当日税款金额超过300元的必须上划入库，使全县税款比原来提前3天入库。

1989年4月，辖内国库业务计算机处理与中国人民银行杭州分行通讯联网，使税款报解速度比原手工操作加快2天左右，每天减少在途资金200万元。翌年，萧山市入库4.55亿元，其中上解中央和省财政3.24亿元、市库留存1.31亿元。对手续不完备的207份退库和拨款凭证不予办理，金额89.26万元。

1996年初，建立国库经收处微机联网税款收缴、报解入库体系，将辖内经收处分为两级：一级经收处与当地税务部门开票大厅的微机联网；二级经收处根据税务部门提交的微机税票办理手续并将税款转划至一级经收处。

1997年9月后，为适应国税、地税进一步分设的要求，方便纳税人和国库经收处上下衔接，设立中央金库、地方金库国库经收处，并实行新的税款收纳入库办法。[②]2000年，对手续不完备的71份退库和1份拨款凭证不予办理，金额分别为2601.27万元、300万元。

货币管理

货币发行　明嘉靖八年（1529）确立银两制度，以银的重量作为货币单位的一种制度。明万历年间（1573～1620），开始使用银圆。[③]清宣统二年（1910），规定银圆为本位币。民国时期，先后确定银圆、法币、金圆券等为国币、本位制货币；并先后禁止银两、银圆流通。[④]

1949年6月，建立中国人民银行萧山办事处后，首次发行第一套人民币。同时，收兑金圆券，[⑤]禁止银圆流通。

1955年3月1日，中国人民银行萧山县支行开始发行第二套人民币。[⑥]5月10日，停止使用第一套人民币。

1962年4月15日，开始发行第三套人民币，与第二套人民币面额等值，并在市场上混合流通。1964年5月15日，停止收兑和流通由苏联代印的1953年版3元、5元和10元券人民币。1980年4月15日起，健全货币制度，方便使用和交易核算，发行1元镍币和1角、2角、5角3种铜质辅币。

1987年4月27日起，发行第四套人民币采用“一次公布，分次发行”的办法。是年，首次发行50元券和5角券；1988年5月10日，发行100元券、2元券、1元券和2角券；9月22日，发行10元券、5元券和1角券；1992年6月1日，发行硬币1角、5角和1元；8月20日，发行1990版的100元券和50元券。1995年3月1日，发行1990版的1元券。1996年4月10日，发行1990版的2元券；1997年4月1日，发行1996版的1元券。第四套人民币主币有6种11个版别，即1元3个版别（1980、1990、1996）、2元两个版别（1980、1990）、5元1个版别（1980）、10元1个版别（1980）、50元两个版别（1980、1990）、100元两个版别（1980、

①1985年7月27日，为适应财政税收体制改革和国库业务发展的需要，并确保预算收支的及时收缴和划拨，国务院颁布《中华人民共和国国家金库条例》，确定国库体制为委托国库制。

②凡私营以上企业必须分别在中央金库、地方金库国库经收处设立“税款预储账户”，月末终了后根据企业会计报表所反映的应缴税款，在次月10日前将应缴税款分别存入国税、地税的“税款预储账户”内。各国库经收处当天税款当天上划入库，最迟不得超过次日上午。（市政府办公室：《转发市人民银行、市国税局、地税局关于配合税收征管改革做好税款收纳入库工作请示的通知》〈萧政办发〔1997〕152号〉，1997年9月25日）

③明万历年间（1573～1620），使用银圆之初，银圆由境外流入。清末民初，中国自行铸造银圆。

④民国3年（1914）北洋政府规定银圆为国币。民国22年4月6日，国民政府不仅规定银圆为国币，而且不再使用银两。民国24年11月，实施“法币政策”，宣称法币是本位制货币，与银圆等价。民国30年，汪伪政府发行“储备券”，自称“新法币”，与法币等价同时流通。翌年2月，国民政府将原来专供缴纳关税用的“海关金单位兑换券”（称“关金券”）投入流通。1元关金券折合法币20元。民国34年9月1日起，以法币1元比100元收兑“储备券”，9月21日改为0.50元比100元收兑。民国37年8月，国民政府规定金圆券为本位制货币，取代已无法维持的法币，并不再使用银圆，以法币300万元折合金圆券1元。

⑤1949年6月，中国人民银行萧山办事处收兑金圆券，收兑金圆券的比价为人民币1元等于金圆券13500元。

⑥第二套人民币（新币）与第一套人民币（旧币）的折合比率为新币1元等于旧币1万元。

1990）；辅币有1角、2角和5角3种；硬币有1角、5角和1元3种。主币、辅币、硬币共12种，第四套人民币与第三套人民币等值，在市场上混合流通。

1999年1月1日，停止第二套人民币（除纸分币、硬分币外）在市场上流通。10月1日始，第五套人民币分次发行，首次发行100元券。

2000年7月1日，停止流通使用第三套人民币。10月16日，发行20元券和1元、1角硬币。是年，市场上混合流通使用的是第四套与第五套等值人民币。

现金管理　1950年4月17日起，管理辖内单位现金，①1977年11月28日，开始限额管理单位库存现金。②1984年，建立大额现金支付审批和重点户现金支出登记两项制度。③是年，辖内现金收支相抵（支大于收）净投放5000万元。

1985年，银行现金总收入6.76亿元，比1984年增长46.70%；现金总支出7.01亿元，增长37.30%；现金收支相抵净投放现金0.25亿元。1986年后，辖内现金回笼与现金投放都增加，均为现金净回笼。

1988年10月，为严格限额使用现金，中国人民银行萧山市支行组织各专业银行在全市范围内开展现金管理大检查，检查1582家单位的1906.24万元库存现金，当场缴存超限额现金186.90万元。翌年12月起，颁发《现金支取许可证》、核发《基本结算户开户许可证》。至1993年，核发基本结算账户开户许可证累计12391本。

随着经济组织形式多元化，现金使用范围越来越广，现金管理难度增加。1997年8月15日中国人民银行印发《关于大额现金支付管理办法》（银发〔1997〕339号）后，中国人民银行萧山市支行加强支付5万元以上现金的管理。1997年，东南亚爆发金融危机，中国人民银行萧山市支行审时度势，在严格执行国家制定的适度从紧的货币政策的同时，建立企事业单位现金结算中心，切实加强企业账户设立及现金支付管理，杜绝多头开户套现。

1998年，中国人民银行萧山市支行检查企事业单位基本结算账户11919家，其中基本结算账户合格的单位2004家、换发证5844家、办理转户46家、不具备开户条件而撤销账户有55家、歇业和停业而撤销账户3970家。同时，检查辖内121家银行业金融机构网点的非基本结算账户支付现金情况和大额现金支付的登记、审批、备案制度执行情况。经查，发现非基本结算账户支付现金的有56家、61笔、金额111.07万元；未经批准支取大额现金的有22家、27笔、金额86.92万元；未登记支取大额现金的有36家、39笔、金额209.55万元；未备案7家、8笔、金额147.59万元。翌年，中国人民银行萧山市支行检查辖内27家银行业金融机构网点的现金管理制度执行情况，发现违规违纪情况依然存在，且较为严重，其中非基本结算账户支付现金18笔、金额27.20万元；擅自扩大大额现金审批权限或越级审批54笔、金额299.10万元；工资性支付现金和农副产品采购等大额支付现金未向人民银行萧山支行备案43笔、金额857.80万元；实行提取现金计划管理的现金支取未登入《现金支付分户账》的有10笔、金额85.40万元；未批准和未登记提取大额现金16笔、金额49.80万元。对其中情节较为严重的5家银行业金融机构作出罚款、限期整改处理。

①1950年4月17日开始，中国人民银行萧山办事处对辖内各单位（企业、事业、机关、团体等）的现金收入、支出和结存实行控制和管理，一切军政机关和公营企业现金除少量备用外，一律存入银行。

②1977年11月28日，国务院下达实行现金管理的决定后，中国人民银行萧山县支行要求各单位用于日常零星开支的库存现金不得超过核定限额，单位之间经济往来，超过30元时，必须通过银行转账结算；现金使用范围只限于发放工资、出差人员差旅费和小额日常零星物品购置；外地采购应通过汇兑或其他结算方式，不得携带现金；现金收支多的单位，编制现金收支计划。

③1984年后，根据中国人民银行制定的加强现金管理暂行规定的精神，中国人民银行萧山支行、中国农业银行萧山支行、中国人民建设银行萧山县支行和萧山信用联社控制现金投放，组织现金回笼，建立大额现金支付审批制度、重点户现金支出登记制度，中国人民银行萧山支行是现金总出纳。

表18－2－415　1985～2000年萧山辖内现金收支情况

单位：亿元

年 份	现 金 收 入	现 金 支 出	现 金 净回笼
1985	6.76	7.01	−0.25
1986	8.74	8.27	0.47
1987	12.73	10.99	1.74
1988	18.41	17.01	1.40
1989	21.95	19.15	2.80
1990	23.90	20.21	3.69
1991	28.91	25.85	3.06
1992	43.81	39.46	4.35
1993	73.78	67.83	5.95
1994	122.16	114.45	7.71
1995	173.37	164.30	9.07
1996	234.45	213.41	21.04
1997	404.50	391.02	13.48
1998	522.73	484.86	37.87
1999	613.29	582.92	30.37
2000	779.28	746.35	32.93

资料来源：1986～2001年《萧山年鉴》。

2000年2月1日开始，为解决个人办理支付结算难的问题，允许自然人以个人名义在住所所在地1家银行业金融机构中开设1个基本结算账户。2000年4月，为贯彻执行中国人民银行上海分行《大额现金支付管理实施办法》（上海银发〔2000〕254号），中国人民银行萧山市支行建立专用账户和临时账户的支付现金分级审批制度，并要求辖内银行业金融机构，必须建立大额现金支付管理制度、下属机构现金支付分级审批制度，严格专用账户和临时账户的设立，控制专用账户和临时账户的使用范围。是年，办理个人基本结算账户6271户，批准企业事业单位的基本结算户9509户。

1985～2000年，辖内累计现金收入（回笼）3088.77亿元、现金支出（投放）2913.09亿元，现金净回笼175.68亿元。其中1997～2000年现金净回笼114.65亿元，占1985年以来16年现金回笼总量的65.26%。

假币收缴　1949年6月后，每次新版人民币在辖内开始流通时，中国人民银行萧山办事处（后升格为支行）都要组织辖内银行业金融机构的现金收付临柜人员进行业务培训，使临柜人员及时掌握新版人民币的技术特征和反假防伪能力，并能做好假人民币收缴工作。1950年，开始对发现的假币不予兑换，并没收。

1984年起，中国人民银行萧山支行开始在辖内组织人民币反假宣传活动，并规范金融机构假币收缴和鉴定管理。1987年3月22日上午，萧山烟糖批发部营业员在收款时，发现1张可疑的1965版10元券，经鉴定为伪造假币。3月31日，中国人民银行萧山县支行下发《我县发现假币情况的通报》（〔87〕萧人银字第14号），并要求辖内各金融机构临柜人员加强业务学习，提高对真假货币的鉴别能力。1989年5月16日，中国人民银行萧山支行下发《关于做好反假人民币工作的通知》（〔89〕萧人银字第33号），要求辖内金融机构临柜人员对100元券和50元券一定要采用单指单张方法清点。

1996年9月，在没收假币时，开始开具“假人民币没收收据”，并当着持假币人面在假币正反两面加盖带“假人民币”字样的印章，并注明没收单位全称及假币编号。2000年5月1日起，辖内启用由中国人民银行总行制定的《假币收缴凭证》和“假币”印章样式，由中国人民银行萧山支行统一管理和发放，使假币收缴的管理更为规范。《假币收缴凭证》一式三联，第一联收缴单位留存，第二联随假币上报，第三联交持假币人。其中第三联背面印“说明”内容，作为向持假币人的告知项目。“假币”印章，上方为“假币”字样，下方为各省简称和银行行号标识代码。5月11日，中国人民银行萧山支行授权辖内中国工商银行萧山市支行、中国农业银行萧山市支行、中国银行萧山支行、中国建设银行萧山支行4家支行为人民币真伪鉴定服务机构。

1993～2000年，辖内累计收缴假人民币265.12万元。（2001年，收缴假币9306.50张，金额695235.50元。其中公安部门收缴1191张，金额95245元；银行业金融机构8115.50张，金额599990.50元。）

金银管理

1983年6月15日，根据国务院发布的《中华人民共和国金银管理条例》精神，中国人民银行萧山县支行作为辖内管理金银的行政主管部门，开始负责管理国家金银的储备、收购与配售，管理和检查金银市场等，并会同物价委员会制定、管理金银收购价与配售价格，会同相关行政管理部门审批经营（包括加工、零售）金银制品单位、使用金银生产企业和回收金银“三废”（废渣、废液、废料）单位。

1985年，金银门市收兑业务由中国人民银行杭州市分行转给中国人民银行萧山县支行办理。9月，新设金银饰品零售店必须经中国人民银行萧山县支行初审，报经中国人民银行杭州市分行批准后开业。金银饰品零售店进货渠道、购销价格等也必须分别经中国人民银行萧山县支行和萧山县物价局审定。

1994年4月后，辖内再无黄金配售业务。1998年4月，辖内金银收兑业务又转由中国人民银行杭州分行办理。1999年10月，放开白银市场。

金银计划配售　1983年6月15日后，中国人民银行萧山县支行对辖内工业需用的金银实行统购统配、有计划配售。1985年，辖内使用黄金和白银作原料的企业有萧山树脂厂等工业企业13家。

1987年，随着化工、制药工业的发展，辖内使用黄金、白银的工业企业增至20余家。是年，中国人民银行萧山县支行配售黄金2800克，比1986年增加2000克；白银550千克，增加147千克。1989年起，企业产品结构调整，使用黄金的企业减少。1993年，配售黄金20克、白银423千克，分别比1989年减少1100克、87.60千克。

1986年1月1日至1994年3月26日，中国人民银行萧山市支行配售黄金共计7835克。1994年3月27日后辖内再无发生黄金配售业务。

1996年，中国人民银行萧山市支行对生产需要白银的3家企业配售白银207千克。1986～1996年，辖内生产企业配售白银4128千克。1998年，中国人民银行萧山市支行停止配售白银业务，所需金银，按需要供应。1999年10月后，取消白银统购统配的管理体制，放开白银市场。

金银饰品零售　1984年，辖内出现金银饰品零售企业，并开始实行黄金零售业务许可证管理体制。是年9月，萧山县贸易大楼商场金银饰品服务部营业，以每克46.20元的价格零售金戒指、耳环、项链等。至年末，零售黄金饰品6100克。1988年，新增萧山百货大楼、萧山江南大厦两个金银首饰零售专柜。1993年，辖内金银饰品零售店（柜）增至5家（个），平均零售价每克119.21元，销售金银饰品25.65万克，销售额3057.69万元。至1996年，辖内金银饰品零售店（柜）增至11家（个）。

1997年，设有金银饰品零售专柜的萧山贸易大楼等企业先后转换经营机制。是年7月1日，市物价局、中国人民银行萧山市支行规定：金饰品零售价格（含金量99.90%以上）每克最高不超过140元，最低130元。年末，金银饰品销售店（柜）减至8家（个）。是年，金银饰品销售额（不含增值税）为1466.60万元，比1996年减少23.58%。

1998年，市物价局规定黄金饰品零售价每克最高为115元，最低为110元。1999年7月26日，市物价局规定黄金饰品售价统一为每克105元。是年，辖内金银首饰零售店（柜）7家（个），销售额1878万元，其中足金饰品销售额921万元、嵌金饰品销售额957万元。

2001年3月，辖内金银饰品零售经营单位9家。（2001年10月，取消黄金制品零售业务许可证管理制度，实行核准制。）

金银饰品加工　1984年12月，中国人民银行萧山县支行开始通过核发个体金银饰品来料加工许可证和年度检查等方法对金银饰品加工实施管理，以规范经营者行为。至1988年末，辖内发放个体金银饰品来料加工许可证的加工点78家。

1989年后，针对个体金银饰品来料加工点存在金银饰品加工费高等问题，中国人民银行萧山市支行会同萧山市工商行政管理部门整顿个体金银饰品加工点。至1995年，全市个体黄金饰品来料加工点减至26家，其中城区7家，瓜沥镇4家，临浦、义桥、闻堰、头蓬镇各2家，南阳、河上、党山、新街、党湾、河庄、衙前镇各1家。

1996年，中国人民银行萧山市支行受上级行委托，对杭州东岱珠宝饰品有限公司来料加工的金银进口和使用开始进行监督管理，对每年批准进口含金量为68.30%的金粉、纯银进行核销。1998年4月，开始统一使用来料加工单，统一收费标准。2000年末，辖内个体金银饰品来料加工点33家、生产经营企业1家。

金银门市收兑　1985年，中国人民银行萧山县支行开始办理黄金和白银的门市收兑业务。是年，收兑黄金367.64克、白银12.12千克、银圆585枚，总价值1.15万元。1988年1～5月，黄金收购价每克32元，6月1日调至每克48元，促使黄金收兑业务增加。是年，收兑黄金1560克，比1987年增加1476克；白银220克，增加105克，总价值6万元。1993年，收兑黄金1808.40克、白银78克、银圆63枚，总价值15.48万元。

1995年，受世界黄金价格上涨影响，辖内黄金收购价上升，黄金收购价每克93.83元、白银每克1.32元、银圆每枚31.60元。是年，收兑黄金4569.90克、白银831062克、银圆10枚，总价值152.40万元。

1997年，金银收兑量为历史之最，全年收兑黄金72307.93克，其中门市收兑22158.36克、“三废”回收50149.57克；收兑白银3536249.88克，其中门市收兑20.22克、“三废”回收3536229.66克。

1998年4月，中国人民银行萧山市支行停止金银收兑业务，转由中国人民银行杭州市分行办理。

第八节　电子化建设

1986年3月21日，中国工商银行萧山县支行体育路储蓄所为辖内首台记账计算机运行；至5月，运行的计算机有5台，所辖营业部存款全部使用计算机记账。11月，中国农业银行萧山县支行开始使用计算机处理对公账务。

1989年，中国人民银行萧山市支行安装计算机9台，先后应用于国库管理、票据交换、联行往来、劳动工资、保值储蓄等业务。翌年，据中国人民银行萧山市支行测算，票据交换使用计算机，日处理账务4700笔，金额6700万元，提高资金使用率11个百分点；国库核算使用计算机加快上划速度1～2天，减少在途资金近百万元。1991年末，辖内金融机构拥有计算机主机56台、联结终端机88台。计算机已应用于会计、统计、劳动工资、网络信息、票据交换、汇划、信用卡、储蓄、保险等业务，并已发展到下设的基层单位30家。

1992年，中国人民银行萧山市支行建立地面卫星小站，1994年6月27日，升级改造，并开通全国电子联行系统。该系统专门用于商业银行跨行之间和系统内的异地10万元以上的大额汇款服务。年末，辖内银行业金融机构有134个营业网点安装终端机203台，均采用计算机临柜操作，按银行业金融机构服务网点计算，普及率银行为70%，信用社为17%。中国工商银行萧山市支行、中国农业银行萧山市支行、中国银行萧山支行、中国人民建设银行萧山市支行和萧山信用联社所辖54家储蓄所开通联网服务。

1996年末，中国人民银行萧山市支行、中国工商银行萧山市支行、中国农业银行萧山市支行、中国银行萧山支行、中国建设银行萧山市支行、交通银行杭州分行萧山支行、中信实业银行杭州分行萧山办事处和上海浦东发展银行杭州分行萧山办事处8家银行（萧山信用联社）、萧山银发城市信用合作社和萧山城厢城市信用合作社拥有计算机1593台，其中7家银行和2家城市信用社对外营业网点全部使用计算机；萧山信用联社所属的24家中心信用社和54家储蓄所均采用计算机记账。中国工商银行萧山市支行、中国农业银行萧山市支行已实现全省联网通存通兑，中国工商银行萧山市支行还与省外大城市联网。翌年，除偏远山区和围垦地区的3家农村信用社外，其余银行业金融机构的对外营业记账全部使用计算机。

1999年末，中国工商银行萧山市支行、中国农业银行萧山市支行、中国银行萧山支行、中国建设银行萧山市支行、交通银行杭州分行萧山支行、中信实业银行杭州分行萧山支行、上海浦东发展银行杭州分行萧山支行7家商业银行拥有计算机498台、联结终端机839台。是年，这7家商业银行个人储蓄业务全部实行实时联网，对公结算实行全省联网。中国工商银行萧山市支行、中国银行萧山支行还办有自助银行、电话银行，中国建设银行萧山市支行已开发网上银行。辖内金融机构解决了计算机系统“2000年问题”。2000年，辖内所有银行业金融机构对外业务全部使用计算机，各项业务运转正常。

第三章　保险业

1950年3月后，辖内保险业先后由中国人民保险公司萧山县支公司（简称萧山保险公司，下同）、萧山县财政局经营。1959年5月，保险业务停办。1981年11月，复建保险机构，中国人民银行萧山县支行内设萧山保险公司，独立核算。1984年4月，萧山保险公司从中国人民银行萧山县支行析出，成为独立机构。1986年4月30日，建立瓜沥区、临浦区办事处。1987年3月20日，建立辖内首家义蓬保险服务所。至1995年，萧山保险公司设立办事处（服务所）7家、服务代理处43家，在辖内基本形成保险服务网络。是年，萧山保险公司承保金额1471538万元，保险费收入13696万元。保险费收入自1984年以来连续12年列全省县（市）同行第一。1985～1995年，保险费收入48490万元，赔款金额16277万元，平均赔付率33.57%。

1996年后，随着经济体制改革的深化，财产险、人寿险分业经营、分设机构，外地保险机构陆续在辖内建立分支机构，经营险种增多，业务领域、业务规模扩大，保险业务由保险机构保险人销售开始向代理人销售转变。1996年4月14日，萧山保险公司分设中保财产保险有限公司萧山市支公司（1999年6月28日，工商行政管理部门核准更名中国人民保险公司萧山市支公司，简称萧山财产保险公司，下同）、中保人寿保险有限公司萧山市支公司（1999年4月更名中国人寿保险公司萧山市支公司，简称萧山人寿保险公司，下同）。12月10日建立中国太平洋保险公司杭州分公司萧山办事处（1998年8月20日升格为支公司）。1998年9月2日，建立中国平安保险股份有限公司萧山支公司（简称萧山平安保险公司，下同）。2000年11月16日，中国太平洋保险公司萧山支公司分设中国太平洋财产保险股份有限公司萧山支公司（简称萧山太平洋财产保险公司，下同）、中国太平洋人寿保险股份有限公司萧山支公司（简称萧山太平洋人寿保险公司，下同）。至年末，辖内有市级保险经营机构5家，下设办事处11家、保险服务代理处16家，经营险种256个。是年，辖内保险承保金额5142228万元、保险费收入28605万元，保险承保金额和保险费收入自1996年以来连续5年居全省县（市）同行第一。1996～2000年，保险费收入110554万元，理赔给付51331万元，为投保者受损后恢复生产经营和正常生活提供了有效保障。

第一节　经营险种

1950年，新建的萧山保险公司经营险种有企业财产强制保险、货物运输险、职工财产险、运输工具险、农村耕牛险、农村财产险、农作物险7个。1981年11月保险机构恢复后，经营险种逐年增加。至1984年，经营险种有企业财产险、家庭财产险、汽车和摩托车险、拖拉机险、船舶险、运输险、养老金险7个。1985年，增加经营乡镇企业职工养老保险等12个，至此，经营险种19个。

1986年后，先后增设机动车车辆承运货物责任险、蛋鸭险、司乘人员意外伤害险、河蟹养殖险等险种。1990年3月5日，增设义务兵养老险。4月17日，增设独生子女养老金险。10月3日，增设村干部养老金险。至1994年，该公司经营险种81个，其中财产类48个、人寿类33个。翌年，整合、调整险种为58个，其中财产类险种31个、人寿类险种27个。

表18-3-416 1986～1995年萧山保险公司经营险种

年 份	新 设 险 种	经营险种（个）
1986	蛋鸭险、师生平安险等险种6个	25
1987	捕捞鳗鱼人身险、司乘人员意外伤害险、自行车盗窃险等险种11个	36
1988	生猪险、河蟹养殖险等险种2个	38
1989	农村建房综合险、商品售后险、村干部养老金险、独生子女养老金险等险种6个	44
1990	义务兵养老险、计划生育系列养老险、产品责任险等险种4个	48
1991	福寿安康、家庭财产还本险2个	50
1992	子女教育和婚嫁金险、现金损失险、汽车附加发动机挡风玻璃险等险种21个	71
1993	新婚夫妇幸福险、通信工具险、抵押贷款购房险等险种6个	77
1994	金融综合险、非机动营运三轮车险、会计人员人身综合还本险、企业人寿险险种4个	81
1995	储蓄性人身险等险种3个	58

资料来源：中国人民银行萧山支行。

1996年9月1日，萧山人寿保险公司开设有国寿生命绿荫险、国寿康宁终身险、国寿康宁定期险、国寿千禧理财两全险、国寿鸿福相伴两全险、国寿鸿寿年险等。12月10日，开始营业的中国太平洋保险公司杭州分公司萧山办事处主营财产综合险、责任险、信用险、农业险、人身险之再保险。

1998年9月2日，新建的萧山平安保险公司主营财产损失险、责任险、信用险、农业财产险、人寿险、健康险。

1999年7月，中国太平洋保险公司萧山支公司（2000年，分设萧山太平洋财产保险公司、萧山太平洋人寿保险公司）增设团体人身意外伤害险、个人人身意外伤害险。8月，增加少儿乐·两全保险A、B、C项。9月，增设太平盛世·长泰安康（B）、太平盛世·长寿养老（A）和建筑工程施工人员团体人身意外伤害医疗险（附加）。

2000年，萧山财产保险公司增设物业管理责任险，萧山人寿保险公司增设金色夕阳险等。年末，辖内经营财产险的保险机构2家、经营人寿险的2家、同时经营财产险和人寿险的1家。

表18-3-417 2000年萧山市辖内各保险机构经营险种

保险机构	险 种
萧山财产保险公司	财产险、责任险、农业险、信用保险等7大类险种47个
萧山人寿保险公司	健康险、分红投资类保险、传统寿险、团体险和意外险5个系列险种80个
萧山平安保险公司	财产综合险、责任险、信用险、车辆险等6类财产险19个，人寿险、意外伤害险、健康险等3大类人寿险86个险种，共计险种105个
萧山太平洋财产保险公司	企业财产险、机动车辆险、家庭财产险、建筑（安装）工程险、货物运输险、公众责任险、雇主责任险、产品责任险等险种10个
萧山太平洋人寿保险公司	少儿乐两全险（A、B、C项）、太平盛世·长泰安康（B）、太平盛世·长寿养老（A）附加（'98）住院医疗险、个人人身意外伤害附加意外伤害医疗险等险种14个

资料来源：中国人民银行萧山支行。

第二节 保额保费

1981年11月恢复保险业务。年末，承保金额16078万元，保险费收入28万元。1982年后，业务发展较快，1985年，承保金额、保险费收入分别为136508万元、307万元，比1984年增长39.06%、91.88%。

1986年后，随着萧山保险公司建立办事处和保险服务代理点，经营险种增多，承保金额和保险费收入相应增加。1985～1995年，该公司承保金额、保险费收入年均增长分别为27.23%、50.56%。

1996年起，随着保险经营机构陆续增多，营销员增多，保险业务范围进一步扩大。1997年，萧山财产保险公司、萧山人寿保险公司和中国太平洋保险公司杭州分公司萧山办事处聘请营销员共计291人。2000年，萧山财产保险公司先后开通全国统一的24小时客户服务专线电话95518，提供免费洗车卡、保户服务指南等多项增值服务。是年，5家保险公司聘请营销人员共计559人。1997～2000年，辖内保险机构承保金额年均增长33.80%，其中企业财产险增长8.34%、人身险增长86.22%；保险费收入年均增长17.37%，其中企业财产险增长6.89%、人身险增长29.93%。

第三节 理赔给付

1981年11月萧山保险公司复建后，除1981年无赔款外，其余年份均有赔款。1982～1984年，共计赔款72.31万元，其中赔付企业财产险57.90万元、家庭财产险5.80万元、汽车和摩托车险5.51万元、拖拉机险0.50万元、船舶险2.60万元。

1985年，萧山保险公司处理赔案6605件，比1984年增加6114件，增长12.45倍；支付赔款102万元，增加42.50万元，增长71.30%；赔付率（赔款金额÷保费收入×100/100）为33.22%。7月13日，县内遭受飓风灾害，处理赔案5777件、支付赔款35万元，分别占全年赔案总数、赔款总额的87.46%、34.31%。其中赔付受灾企业114件，赔款9.30万元；赔付受灾农户5663件，赔款25.70万元。1988年，萧山保险公司处理赔案3.35万件、支付赔款1648万元，为自1981年11月保险公司复建以来赔案、赔款最多的一年，公司亏损403万元。其中8月8日7号台风和9月2日暴雨赔案30200件，占全年赔案总数的90.15%；支付受灾企业和个人赔款1292.94万元，占全年赔款总额的78.46%。1993年8月5日，深圳市清水河仓库发生爆炸起火的事故中，萧山轻纺工贸实业公司设在爆炸点附近的布匹仓库化为灰烬，支付赔款241.70万元，为萧山保险公司复建后最大的一起赔案，占全市赔款总额的9.75%。1985～1995年，共计处理赔案97236件（人），支付赔款总额16277万元，平均赔付率35.83%。其中1994～1995年，人身保险给付4183万元。

1997年7月9日，暴雨洪水和11号台风造成企业财产损失赔案716家，支付赔款金额1655万元，占全年赔付企业财产损失金额的58.69%。1998年1月22日，大雪造成赔案398件，支付赔款956万元。其中20万元以上的赔案有3件，支付赔款175万元。8月27日公路旅客意外伤害赔案，死亡4人，伤14人，该案至年底支付赔款62万元。2000年7月15日晚6时许，萧山某羽绒公司分毛车间发生火灾，动用杭州市、萧山市消防车20余辆，翌日凌晨将大火扑灭，造成该公司厂房、设备、羽毛等受损，赔付499.66万元，创萧山保险史上赔案之最，占全市赔款总额的7.03%。1996～2000年，共计赔案给付56821件（人），支付赔款总额35940万元，平均赔付率32.51%。其间，人身保险给付15391万元。

表18-3-418 1985～1991年萧山国内保险业务承保数

年 份	企业财产险（家）	家庭财产险（户）	运输工具责任险（辆、艘）	货物运输险（笔）	人身险（人）	农业险（家禽）（只）	其他险（笔）
1985	1583	86562	1555	5544	10700	—	—
1986	2083	89052	2280	4118	55200	0	—
1987	2364	95454	9736	61491	80407	830	264
1988	2525	70315	14869	75562	208472	2753	2078
1989	2609	66918	14354	62390	189962	120	2010
1990	2801	57878	15018	67145	178931	317	1066
1991	2904	45049	19252	94833	173153	17109	11767

资料来源：中国人民银行萧山支行。

表18-3-419 1992～2000年萧山国内保险业务承保数

年 份	财 产 险					人身险（万人）			
	企业财产险（家）	运输工具责任险(辆)	货 物运输险（笔）	家 庭财产险(户)	其他险（笔）	总 计	养 老保 险	短 期人身险	储蓄性保 险
1992	2986	18512	101673	52090		9.81	1.65	6.90	1.26
1993	2279	20365	79648	58646	6871	14.08	1.72	6.79	5.57
1994	2229	18728	86725	7316	1324	21.35	2.03	4.62	14.70
1995	1940	21632	84134	4274	3897	13.99	2.38	6.81	4.80
1996	2144	23635	80293	7064	2387	24.58	1.45	18.59	4.54
1997	1619	28743	81586	6841	2608	37.78	5.69	19.42	12.67
1998	2291	47960	53490	3980	680	50.99	0.31	46.76	3.92
1999	2085	48900	52908	3541	736	54.19	1.55	48.59	4.05
2000	1587	54470	139179	11127	4626	63.69	2.92	39.48	21.29

注：①资料来源：中国人民银行萧山支行。
②1996年保险业务承保数量不含中国太平洋保险公司杭州分公司萧山办事处。

表18-3-420 1985～2000年萧山国内保险业务情况

单位：万元

年 份	承 保总 额	企 业财产险	人身险	保 费收 入	企 业财产险	人身险	赔 款金 额	企 业财产险	人身险
1985	136508	101213	2323	307	162	27	102	29	2
1986	174487	131045	8466	458	212	73	113	26	5
1987	247800	178582	13325	704	306	78	215	66	15
1988	381040	254042	36037	1216	439	166	1648	1234	10
1989	514812	362119	44031	1715	650	247	595	128	25
1990	567533	389515	47942	2232	791	458	1059	667	26
1991	628100	436763	58470	3362	916	975	790	257	24
1992	793639	567963	34341	6001	1144	2607	1512	570	47
1993	1077543	538436	36300	8924	1312	4097	2483	847	358
1994	1390829	702724	158803	9875	1501	5072	3223	878	220
1995	1471538	869049	369266	13696	1711	5880	4537	672	306
1996	1604633	1073666	219188	15071	2235	5192	6252	1296	343
1997	3018327	969358	762676	18340	2185	9222	7958	2820	418
1998	4417031	1583734	1845084	23175	3037	12012	7492	2194	558
1999	4767866	1553589	2146290	25363	3031	12405	7126	2010	594
2000	5142228	1479195	2635743	28605	2918	14796	7112	1586	838

资料来源：中国人民银行萧山支行。

第四章　证券业

民国时期，萧山发行的债券有中央债券和省债券。[①]1950年后，中国人民银行萧山办事处开始组织辖内银行业金融机构代理发行国债。1950～1958年，先后发行人民胜利折实公债、国家经济建设公债。1961年，萧山发行期票。[②]1981年开始，萧山县财政局采取行政方式，以分摊发行为主发行国库券。1950～1984年期间，分配给萧山的国债发行任务，除1956年受特大台风灾害没有完成外，其余年份均完成或超额完成。1986年后，先后规范企业集资行为、兑付到期国库券、交易国库券和债券，发行无记名式（实物）国债[③]、凭证式国债[④]、记账式国债[⑤]等。

1988年6月27日，中国工商银行萧山市支行成立证券交易柜，经营国债和金融债券转让交易业务。1990年，市财政局建立国债常年兑付点，主要负责国债的到期兑付、转让工作。翌年，银行和信用联社也建立国库券常年兑付点，企业开始发行社会债券。

1992年，萧山发行国债采取由财政局与银行签订承销合同，以银行承销发行为主。企业开始从事期货业务。翌年后，建立股票[⑥]交易机构、期货经纪机构。

1994年，开始清理整顿期货经纪机构，发行国债由市财政局与银行分块组织推销。翌年，除特种国债组织推销外，其他国债由财政局与银行分别向社会公开发行。

1996年后，银行与证券逐步分业经营、分别监管，国债发行实行集中托管，银行间债券市场与非银行间债券市场开始分离，中国人民银行萧山市支行不再组织银行业金融机构代理发行国债。1998年，停止企业发行社会债券。2000年，市财政局国债服务部（前身是市财政局国债常年兑付点）代理的国债兑付和转让业务改由银行和证券交易机构办理。年末，辖内有证券交易机构2家。

第一节　债　券

国债（国库券）

1950年后，萧山陆续发行公债。[⑦]1959年，停止发行公债。1981年，开始发行国库券，[⑧]并建立萧山县国库券推销经营小组及办公室。

1985年，辖内银行、信用社代理发行省分配5年期无记名式（实物）国债587万元，年利率9%。其中单位派购170.60万元，职工、居民、农民等个人购买416.40万元。1986年后，每年发行的国债种类及

①民国时期，中央债券由财政部、经济部、交通部三个部门发行的公债，有统一公债、复兴公债、救国公债、编遣公债、整理公债、金币公债、美金公债、英金公债、同盟胜利公债及有奖储蓄、节约建国储蓄等50余种。省债券有爱国公债、浙江省定期借款、浙江善后公债、整理旧欠公债、浙江建设公债、浙江省赈灾公债等17种。其中萧山有派额可查的中央和省发行债券13种，计法币3902.5万元。其中中央债券6种，法币3865万元；省债券7种，计法币37.50万元。

②1961年4月1日起，对“共产风”中平调的款项给予退赔，同时考虑市场情况，须延缓货币投放，人民银行浙江省分行发行期票。期票是一种地方债券，不计息。萧山发出期票47.66万元。1965年开始兑付，支付现金共计11.87万元；根据规定，凡享受豁免1961年以前农业贷款的社队（个人）持有的期票（以不超过豁免额为限），以及供销社和全民所有制企业持有的期票，均无偿收回，计34.50万元。至1984年底，尚有1.29万元无人认领或未收回。

③无记名式（实物）国债又称实物券或国库券，萧山50～80年代发行的国债，多以此种为主。

④凭证式国债，指国家采用填制收款凭证方式发行的国债，通常被称为“储蓄式国债”。1992年起，国家开始少量发行。

⑤记账式国债，又称无纸化国债，投资者通过证券账户，以取得收据或对账单证明所有权的一种国债。1994年开始，国家尝试发行。

⑥股票发行，详见《工业》编《经济成分》章《股份制工业》节《股份有限公司》目。

⑦1950年，根据社会主义建设需要，萧山认购人民胜利折实公债32374分，折合人民币66974元（职工6736元、工商界59784元、部队454元），年息5厘，分5年5次偿还。1954年始，发行国家经济建设公债，年息4厘，分8年偿还本息。1955年后，发行的公债分10年偿还本息。至1958年，萧山发行经济建设公债总数191.40万元。

⑧1981年，发行国库券277.38万元，主要采取行政方式向国营企业、集体所有制企业、企业主管部门分摊发行；机关、团体、部队、事业单位和富裕乡村也可以适当认购，不分配个人认购，年息4厘。1982年后，为满足人民群众购买国库券的愿望，适当扩大到个人，个人自愿认购。单位购买的年息4厘，个人购买的年息8厘。至1984年，发行国库券1429.31万元，其中单位认购895.28万元、个人认购534.03万元。1981～1984年，发行的国库券期限均为10年，自发行后第六年起，一次抽签，按发行额分5年5次偿还本金，每次偿还认购总额的20%，利息在偿还本金时付给，不计复利。

年利率均不同。[①]

1987年，开始兑付陆续到期的国债。是年，兑付国债本金100.47万元、利息25.27万元。翌年，中国工商银行萧山市支行证券交易柜成交国债3600笔，成交金额41.73万元。

1989年，发行3年期保值公债1309.30万元。是年，除特种国债由财政局和单位购买外，其余均为个人。

1990年，银行和信用联社设立国库券常年兑付点5个。翌年，财政局国债常年兑付点开始代理未到期实物国库券流通转让，对流通的实物国库券通过国债常年兑付点进行场外收购，然后卖给杭州市国债服务部或到期兑付。

1992年起，国债发行由银行承销为主。1994年5月，中国农业银行浙江省分行信托投资公司萧山证券交易营业部增设债券柜台，使用债券交易的清算系统，开通企业债券和国债的柜台交易业务。翌年，除特种国债外，其他国债（国库券）不再有发行任务。

1996年，国债发行由以往的集中发行改为按月滚动发行，采取承购、包销、招标等多种方式发行。首次发行可流通的3个月、6个月、12个月的短期国债，分别为9.92%、10.53%、12.11%，由浙江省财政证券公司组织竞价方式。发行10年期记账式国债1400万元，按年付息，年利率11.83%；7年期记账式国债1000万元，年利率8.56%；代理发行5年期凭证式国库券600万元，年利率13.06%。是年，客户可以委托萧山市财政局国债常年兑付点通过证券市场代理买入、卖出已上市流通的国债，全年代理客户卖出国库券本息2968.23万元。

1999年，市财政局承销5年期特种定向国债326万元后，不再办理国债发行业务。中国工商银行萧山市支行、中国农业银行萧山市支行、中国建设银行萧山市支行、中国银行萧山支行、交通银行杭州分行萧山支行、上海浦东发展银行杭州分行萧山支行向社会公开发行凭证式（二期）国债7860万元，其中3年期4850万元、5年期3010万元。是年，中国人民银行萧山市支行通过电话、书面、新闻媒体公告、上门逐户催兑等方法，清兑历年应兑未兑的国债，全年清兑了45家企业的国债10.03万元。2000年，银行和证券交易机构办理买入有

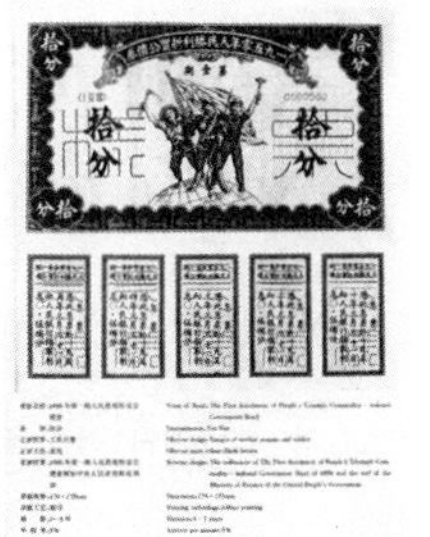

图18－4－647
1950年萧山发行的财政部第一期人民胜利折实公债（萧山区财政局提供）

图18－4－648
1956年萧山发行的财政部10年期国家经济建设公债（萧山区财政局提供）

图18－4－649
1983年萧山发行的财政部5～9年期国库券（萧山区财政局提供）

图18－4－650
1989年萧山发行的财政部3年期保值公债（萧山区财政局提供）

①1986年，5年期国库券年利率10%。翌年，3年期国库券年利率9%，5年期国库券年利率10%。1988年，3年期国库券年利率10%，2年期国家建设债券年利率9.50%，2年期财政债券年利率8%，5年期基本建设债券年利率7.50%。

1989年，5年期保值公债年利率14.14%，3年期国库券年利率14%，5年期特种公债年利率15%。翌年，5年期财政债券年利率10%，国库券和特种国债年利率与1989年相同。1991年，3年期国库券年利率10%，5年期特种国债年利率9%。

1992年，发行的国库券计息期5年，利息分段计算：1992年4月1日至1993年6月30日，计息期1.25年，年利率10.50%，不实行保值贴补；1993年7月1日至1997年3月31日，实行保值贴补，保值期3.75年，保值期内，在年利息13.86%的基础上，加人民银行公布的1997年4月份保值贴补率计算利息。3年期保值国库券1500万元，计息期3年，计息本金不变，利息分段计付：1992年7月1日至1993年6月30日，年利率9.50%；1993年7月1日至1995年6月30日，年利率按12.24%加人民银行公布的1995年7月份保值贴补率计算。

1993年，3年期国库券年利率13.96%+保值补贴率，5年期国库券年利率15.86%+保值补贴率。翌年，2年期国库券年利率13%，5年期定向特种债券年利率15.86%。

1995年，5年期特种国债年利率15.86%，3年期国库券年利率14.50%。

1996年，3年期一期国库券年利率14.50%，3年期二期国库券年利率10.96%，5年期特种定向债券年利率8.80%。翌年，3年期国库券年利率9.18%，5年期特种定向债券年利率8.80%。

1998年，5年期特种国债年利率5.85%、3年期凭证式国债年利率7.11%，5年期凭证式国债年利率7.86%。翌年，5年期（二期）特种定向国债年利率3.50%，3年期二期凭证式国债年利率3.02%。

2000年，3年期凭证式国债年利率2.89%，5年期凭证式国债年利率3.14%，5年期特种定向国债年利率3.50%。

价证券（不包括股票）本息50493万元，卖出本息88740万元。

1985～2000年，中央和省分配萧山发行各种国债任务15836.40万元，实际发行国债总额128197.05万元。发行的国债按发行对象分：单位购买13698.53万元、个人114498.52万元，按国债种类分：特种国债3025.70万元、国库券120453.01万元、国家重点建设债券1489.49万元、基本建设债券849.95万元、保值公债1309.30万元、财政债券1062.10万元、水利电力债券7.50万元。兑付国债本息40274.07万元，其中特种国债2242万元、其他国债（国库券）38032.07万元。1991～1999年期间，市财政局国债常年兑付点（含国债服务部）代理买入国债本息3124.50万元，卖出本息10494.67万元。

表18—4—421 1985～2000年萧山国债发行与兑付情况

单位：万元

年份	发行任务	实际发行			按发行对象分		兑付本息		
		总数	国债（国库券）	特种国债	单位	个人	总数	国债（国库券）	特种国债
1985	521.0	587.00	587.00	—	170.60	416.40	—	—	—
1986	531.0	602.20	602.20	—	186.90	415.30	—	—	—
1987	531.0	1780.44	1780.44	—	649.54	1130.90	125.74	125.74	—
1988	818.0	1774.85	1774.85	—	317.79	1457.06	—	—	—
1989	2155.0	2218.76	1928.76	290.0	290.00	1928.76	135.18	135.18	—
1990	1040.0	1225.30	1095.00	130.3	265.30	960.00	1960.88	1960.88	—
1991	971.0	1114.50	978.50	136.0	136.00	978.50	1854.70	1854.70	—
1992	1800.0	1800.00	1800.00	—	—	1800.00	4069.00	4069.00	—
1993	2800.0	3865.00	3865.00	—	—	3865.00	3381.86	3381.86	—
1994	2581.4	8474.00	8092.60	381.4	2581.40	5892.60	2094.00	1639.00	455
1995	328.0	8112.00	7784.00	328.0	1078.00	7034.00	4353.00	4208.00	145
1996	271.0	7263.00	6992.00	271.0	1134.00	6129.00	6858.79	6653.79	205
1997	300.0	27725.00	27425.00	300.0	5700.00	22025.00	2007.15	1983.15	24
1998	863.0	31400.00	30537.00	863.0	863.00	30537.00	2981.00	2955.00	26
1999	326.0	14091.00	13765.00	326.0	326.00	13765.00	5517.77	4829.77	688
2000	—	16164.00	16164.00	—	—	16164.00	4935.00	4236.00	699

资料来源：萧山区财政局。

金融债券

1985年，辖内首次发行金融债券。是年，中国工商银行萧山县支行、中国农业银行萧山县支行发行金融债券共计120.70万元，期限1年。用于发放特种贷款项目7个，金额108万元。其中用于发放流动资金贷款项目6个、债券金额88万元；技术改造贷款项目1个、金额20万元。

1987年12月1日，中国工商银行萧山县支行发行贴水金额债券（交款75元，3年零3个月归还本息100元）400万元。翌年，中国工商银行萧山市支行和中国农业银行萧山市支行发行金融债券共计1188万元。

1989年后，发行金融债券减少。1990年，中国工商银行萧山市支行、中国农业银行萧山市支行和中国人民建设银行萧山市支行3家银行共计发行金融债券1093万元。翌年，中国工商银行萧山市支行、中国农业银行萧山市支行、中国人民建设银行萧山市支行和中国银行萧山支行4家银行共计发放金融债券

1180万元。1992年末，金融债券余额2319万元。

1985～1994年，发行金融债券累计6519.20万元。1995年后，辖内停止发行金融债券。1995年末，金融债券余额32万元。

企业债券（集资）

萧山的企业集资始于1984年。1985年5月，中国人民银行萧山县支行、中国工商银行萧山县支行、中国农业银行萧山县支行联合调查显示：4月末，全县有集资的企业2063家，集资形式有股份集资、带资进厂和厂内按劳集资等，筹集资金共计5162万元。1986年2月，贯彻县政府《批转萧山人行〈关于加强企业集资管理的暂行规定〉的通知》（萧政发〔1986〕9号）精神，对已集资的企业进行登记备案，当年新批集资企业的利率控制在15%以内；用于增加流动资金的集资金额以不超过企业自有资产净值的30%为限，用于固定资产的集资金额以不超过企业自有资产净值的10%为限。为防止企业超额集资，统一监印100元和500元两种集资凭证，按批准金额配发。是年，新批集资企业116家，集资金额1475万元。年末，全县有集资企业606家、集资余额5266万元，分别比1985年增长23.67%、38.91%。

1988年，100万元以下（不含100万元）集资债券由中国人民银行萧山市支行审批，100万元以上由中国人民银行浙江省分行审批。是年，批准内部集资的企业49家，集资金额1251万元；批准发行社会债券的企业11家，发行金额785万元。

1992年，萧山经济发展加快，资金需求增加，第四季度后又逢国家银根紧缩，信贷资金紧缺。是年，批准发行社会债券的企业32家，发行金额13067万元；发行内部债券的企业90家，发行金额7061万元。年末，企业的社会债券、内部债券余额分别为14700万元、7281万元，两项合计余额21981万元。

1993年4月11日，国务院下发《关于坚决制止乱集资和加强债券发行管理的通知》（国发〔1993〕24号）后，辖内凡期限9个月以上的企业短期融资券并入企业债券统一管理。同时，允许企业向社会发行期限3个月、6个月、9个月的短期融资券，不纳入债券发行计划。是年，中国人民银行萧山市支行批准向社会发行短期融资券的企业有44家次，发行金额15350万元；发行企业内部债券80家，发行金额12181万元。

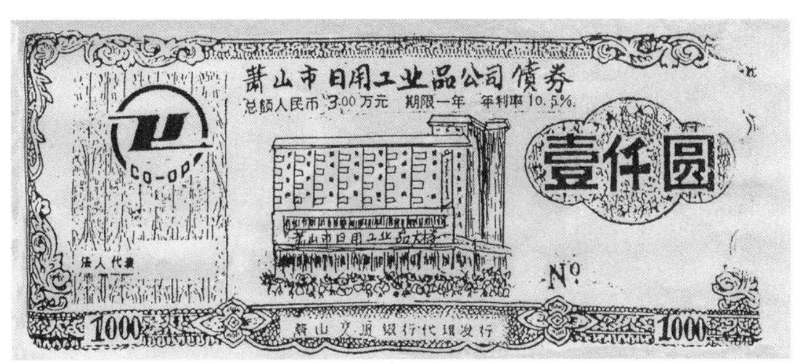

图18－4－651　1993年，交通银行杭州分行萧山办事处代理发行萧山市日用工业品公司债券。图为该公司1000元面额的企业债券（萧山区供销合作社联合社提供）

1994年，受国家宏观调控的影响，严格控制信贷规模总量，萧山出现乱集资、乱提高利率、乱拆借的情况。是年5月，根据市政府《批转萧山人行〈关于重申加强金融管理的几点意见的请示〉的通知》（萧政发〔1994〕57号）精神，全面检查企业内部集资，查出未经批准的集资款5840.10万元，集资款利率普遍高于允许按银行一年期基准储蓄利率上浮40%的规定。翌年，企业发行短期融资券改由中国人民银行萧山市支行初审，中国人民银行杭州市分行审批。1996年，市委办公室、市府办公室印发《批转萧山人行〈关于制止非法集资活动的意见〉的通知》（市委办〔1996〕76号）后，全市各系统、企事业单位有组织、有计划、有步骤地开展集资清退工作。是年6月末，全市企业内部集资款共有39453.75万元。至年末，清退集资款6197.88万元，转为个人入股的资金4236.78万元，尚有88家企业欠19903户居民集资款29019.09万元。是年，严格发行债券条件，压缩融资券金额，发行债券的企业12家次，发行金额2150万元。

1997年，坚持堵新疏旧的原则，停止企业债券发行上报，继续组织清理和制止企业乱集资行为。是年，仅有1996年初审上报的2家企业获准发行短期融资债券400万元，清退集资款17020.63万元。年末，尚有未清退集资款11998.46万元。

1986～1997年，累计审批企业集资与债券904家次，金额124924.85万元。其中审批企业内部集资579家次，金额36252.85万元；企业债券325家次，金额88672万元。1998年起，停止发行企业债券，由企业自行清欠集资款。

第二节　期　货

萧山从事期货业务始于1992年。1992年，萧山市物资总公司从事套期保值业务。1993年4月20日，浙江金马期货经纪有限公司（简称金马期货公司，下同）经浙江省工商行政管理局登记注册，成为全国首批主营期货代理的经纪机构之一。9月18日，金马期货公司经国家工商行政管理局重新审核注册，注册资金3000万元，主营商品期货代理，兼营期货咨询、培训。10月8日，金马期货公司开业，设在萧山商业城的营业场所同时运行。1994年3月、4月，萧山市物资总公司期货部、浙江中盛期货经纪有限公司萧山经营部先后建立。5月23日，金马期货公司设在萧山商业城内的营业场所注册为浙江金马期货经纪有限公司萧山代理部。9月12日，市政府办公室下发《关于加强我市期货市场管理工作的通知》（萧政发〔1994〕125号）后，开始由市体改办、市工商局、中国人民银行萧山市支行等部门联合清理整顿期货市场。至12月，境外期货和外汇期货业务全部停止，未经批准建立的广东银通国际期货经纪有限公司萧山办事处停业。

1995年，全市开展期货代理业务的期货经纪机构18家，交易额总计2300多亿元，有客户1742家，收取客户保证金2.56亿元，总佣金2.06亿元，缴纳各种税金500余万元。取得交易所“红马甲”资格证的有83人。经批准的金马期货公司、萧山粮油总公司期货部（前身是浙江中盛期货经纪有限公司萧山经营部）、萧山物资总公司期货部和萧山金属材料公司期货部4家期货公司获北京等地多家交易所会员资格，其中金马期货公司是13家期货交易所会员。全市从事期货交易业务的国有、集体企业有200余家，其中60%以上的企业严重亏损。二轻系统企业参与期货交易业务的企业有10家，其中有4家资不抵债、6家严重亏损。是年8月29日，萧山市政府办公室下发《关于从严控制国有、集体企事业单位从事期货交易的若干意见》（萧政发〔1995〕4号），要求各企业主管部门严格控制所属企业从事期货交易。

1996年6月26日，萧山市政府办公室下发《关于进一步做好期货市场清理检查的通知》（萧政办〔1996〕3号），要求各有关单位自查自纠，市体改委组织重点抽查。6月末，金马期货公司、萧山市粮油总公司期货部、萧山市工业金属材料总公司期货部3家期货经纪机构共计收取客户保证金3562万元，比1995年同期减少61.67%；1～8月期货成交金额176.50万元，比1995年同期减少64.89%。至年末，未经批准的永峰咨询服务公司和浙江天亿工贸发展有限公司期货业务部等期货经纪机构先后停业；全市有150余家企业相继停止期货交易业务，继续进行期货交易的企业，也只是从事套期保值业务。

1997年3月3日，中国证券监督管理委员会发出对金马期货公司停业整顿的决定，1998年9月，金马期货公司被中国证券监督管理委员会注销从事期货交易业务的资格。11月19日，市政府要求金马期货公司、萧山物资总公司期货部、萧山粮油总公司期货部和萧山工业金属材料总公司期货部于年底前结束期货业务，并清退客户保证金。2000年末，全市已无期货经纪机构。

第三节 股票交易

1993年1月11日，中国农业银行萧山市支行设立中国农业银行浙江省分行信托投资公司萧山证券交易营业部（简称农业银行萧山证券营业部，下同）试营业（4月27日正式营业），开设上海、深圳两地代理股票买卖业务。一位姓张的男性市民在中国农业银行萧山市支行内开设资金账户，存入资金2300元，成为辖内第一位股民。至2月2日，该营业部已开设深圳股东账户292户、上海股东账户587户，存入资金180万元，委托成交率73.80%。2月8日，交通银行杭州分行萧山办事处设立交通银行杭州分行证券业务部萧山证券业务代理处（简称交通银行萧山证券代理处，下同）试营业（12月25日正式营业），开设上海证券交易所股票委托买卖业务，经营有价证券的代理发行、代理买卖、代保管、鉴证和证券过户、代理还本付息、分红派息、权益分派等业务。3月28日，农业银行萧山证券营业部开通深圳证券交易所交易席位，4月23日开发证券交易柜台委托系统和清算系统，并启用首个交易席位——上海证券交易所501号。8月17日，交通银行萧山证券代理处取得上海证券交易所交易席位（1996年6月14日取得深圳证券交易所交易席位）。年末，两家证券交易营业机构合计开户股民4835户、A股交易量6.20亿元、股民资金账户存款余额1229万元。1994年1月10日，农业银行萧山证券营业部安装了萧山首块股票电子显示屏，12月26日开通股票经营业务电话委托系统。

图18－4－652 1994年1月10日，位于城厢镇人民路156号的农业银行萧山证券营业部交易大厅人山人海。图为股民们通过萧山第一块股票电子显示屏，了解上海证券交易所股票行情（傅展学摄）

1996年5月16日，交通银行萧山证券营业部（前身是交通银行萧山证券代理处）更名海通证券有限公司萧山证券交易营业部（简称海通证券萧山营业部，下同），6月14日开通深圳证券交易所交易席位。年底，交通银行杭州分行投入的营运资金全部退出。1997年，农业银行萧山证券营业部有偿转让给浙江省国际信托投资公司后，更名浙江省国际信托投资公司萧山证券交易营业部（简称国信证券萧山营业部，下同）。是年，海通证券萧山营业部拥有上海证券交易所996号、N71号、4903号3个席位，深圳证券交易所242202号和242200号2个席位。

图18－4－653 1999年5月，位于城厢镇的国信证券萧山营业部二楼开设股民大户室。图为股民们在利用电脑炒股（中信金通证券有限责任公司杭州市心南路证券营业部提供）

1999年4月，国信证券萧山营业部开通上海、深圳的B股交易。翌年，海通证券萧山营业部与中国工商银行萧山市支行等5家银行实现银证联网，开拓网上股票交易业务，设立“智能选股”、“专家在线”、“新股定位”等栏目。国信证券萧山营业部开通大阳网站（www.bigsun.com.cn）和手机炒股，增设客户服务中心（电话96598、免费电话8008571258）、24小时在线咨询服务。

2000年末，两家证券交易营业机构开户股民有48765户，比1999年增加16451户；股民资金账户存款余额13.48亿元，股民资金账户存款余额占辖内存款总余额的6.42%。1993～2000年，两家证券交易营业机构累计交易量569.17亿元。2001年2月，海通证券萧山营业部增设B股交易业务。

第五章 其他金融业

清嘉庆年间（1796～1820），萧山开始建立典当。至民国期间，萧山先后有典当31家。民国28年（1939），萧山营业的典当有城厢镇安仁、同裕、咸庆、洽裕、复泰、绪昌，临浦镇同福、汤阿三押铺，瓜沥镇慎裕、同安、同义，西兴镇近仁，闻堰镇恩复、裕泰，义桥镇济泰、安吉新，坎山镇同泰、协泰、中孚、怀庆、解福，党山镇泰生，头蓬镇万通，涝湖村延庆、会丰，以及地址待考的和仁、济生、义恩源28家，日本侵略军侵萧期间全部停业。抗日战争胜利后，营业的典当有城厢镇安慎、同泰、复兴和头蓬镇万通4家，至1949年5月5日萧山解放前夕均停业。1950年5月开办邮政储蓄业务，1953年9月停办。

1980年，中国农业银行萧山县支行、中国人民银行萧山县支行分别建立信托机构。1986年6月，恢复邮政储蓄业务。1988年10月，恢复典当，承办质押贷款业务。

1994年后，清理整顿信托业，至1998年信托机构先后撤销。1999年起，开始建立镇乡担保机构。至2000年末，辖内有邮政储蓄所48家、典当1家、镇乡担保机构3家（不包括石岩乡资产经营公司下设的担保服务中心）。

第一节 邮政储蓄

1986年6月28日，萧山县邮电局恢复邮政储蓄业务，建立城厢镇西河路邮政储蓄所，在城厢镇西河路邮电营业所的邮政营业窗口办理邮政储蓄业务。后各邮电支局（所）相继开办邮政储蓄业务。至年末，辖内有邮政储蓄所18家。开办邮政储蓄所初期，受中国人民银行萧山县支行委托，经办城乡居民储蓄存款，储蓄利率与国家专业银行相同；办理国债发行兑付和代理保险等业务；邮政储蓄存款全部缴存中国人民银行萧山县支行，作为信贷资金来源，由中国人民银行萧山县支行向萧山邮电局支付手续费。12月8日，城厢镇西河路邮政储蓄所与全国异地邮政存取局联网，首次与全国46个城市邮电局实行通存通兑，开办异地存取业务。是年，邮政储蓄余额62.42万元。

1990年1月1日，邮政储蓄存款由缴存中国人民银行萧山市支行改为转存中国人民银行萧山市支行，由中国人民银行萧山市支行支付存款利息，利息的差额为邮政储蓄部门经营储蓄的业务收入。

1995年5月，辖内邮政储蓄开始逐步与全国邮政储蓄计算机联网，实现储蓄通存通兑，并增加有奖存款储蓄、定活两便存款储蓄和通知存款储蓄等种类。7月18日中国人民银行浙江省分行印发《关于加强邮政储蓄网点管理的通知》（浙银发〔1995〕308号）后，中国人民银行萧山市支行将辖内邮政储蓄所纳入银行业金融机构管理序列。年末，全市邮政储蓄余额14780万元。

1996年，整顿邮政储蓄所。是年，邮政储蓄所（代办点）56家，其中由中国人民银行浙江省分行核定的辖内邮政储蓄所48家、改设邮政储蓄代办点8家。翌年，辖内邮政储蓄实现与全国大中城市的邮政储蓄通存通兑。

1999年，撤销8家邮政储蓄代办点。是年，在城厢镇西河路、崇化路和临浦镇、瓜沥镇4家邮政储蓄所内设置ATM（自动柜员机）各1台，并与全国各大中城市的邮政储蓄机构实行了计算机联网。

至2000年末，辖内邮政储蓄所仍为1999年的48家，邮政储蓄存款余额43303万元。

第二节 信 托

1980年8、10月，中国农业银行萧山县支行、中国人民银行萧山县支行先后附设信托公司、信托部。1984年，中国人民银行萧山县支行信托部业务划归中国工商银行萧山县支行办理。1985年末，中国农业银行萧山县支行信托公司、中国工商银行萧山县支行信托部合计委托存款余额1665.60万元，比1984年减少1393.20万元；贷款余额6479.30万元，增加803.80万元。

1992年9月26日，中国农业银行萧山市支行信托公司改建，变更设立中国农业银行浙江省分行信托投资公司萧山办事处（简称省农行信托公司萧山办事处，下同），经营信托、委托存贷款、投资、有价证券、金融租赁、代理财产保险及处理、代理收付和经济咨询业务等。11月，设立杭州市信托投资公司萧山办事处，经营委托存款贷款、金融租赁、有价证券、代理收付等业务。是年，省农行信托公司萧山办事处代办企业财产保险590家、农户家庭财产保险2万余家，承保金额17.39亿元，代收保险费收入355万元。年末，2家信托办事处存款余额177.50万元、贷款余额1061.60万元。

1994年，清理整顿银行业金融机构的信托委托业务，停止所有银行向各非银行金融机构拆借资金，从资金来源上限制信托投资机构扩大贷款。至是年6月末，省农行信托公司萧山办事处累计引进委托贷款1.57亿元、发放委托贷款3.65亿元；运用自有资本金770万元，分别投资杭州钱江闸堰货运码头的建设和海口桂林农场土地的开发；发行国债315万元，为20家企业代理发行债券5300万元；代理保险承保金额37.80亿元。11月29日，省农行信托公司萧山办事处撤销，债权债务转入中国农业银行萧山市支行。

1997年9月，杭州市信托投资公司萧山办事处由萧山市银发城市信用合作社托管，委托存款10109万元、委托贷款10072万元；拆入资金3300万元，发放短期贷款3189万元。年末，委托存款余额7476万元、委托贷款余额7427万元、拆入资金余额6400万元、发放短期贷款余额6348万元。

1998年1月，中国工商银行萧山市支行终止信托业务。4月8日，杭州市信托投资公司萧山办事处撤销，经营业务并入萧山市银发城市信用合作社。

第三节 典 当

民国时期的典当，大都是地主豪绅或达官富商开设，他们以抵押贷款生息盘剥。一般规则为：金银饰物典质为价值的8折，丝绸6折，被帐5折，钟表4折，衣服3折。稻谷米麦有的收受，有的不收。期限一般为18个月，逾期“没当”，不得回赎。利息一般为月息2分，利息之外还收取存箱费，每元1分，典时现收。

1988年10月20日，辖内恢复典当，萧山市典当拍卖商行开业。该商行由浙江钱江啤酒厂（后改名浙江钱啤集团股份有限公司）和萧山信用联社、萧山市五金交电化工公司、城厢镇湘湖村和高桥村5家单位入股组建，股金（自有资金）74万元，以为居民、个体工商户和私营企业服务为宗旨，经营家用电器、高档家具、机动车辆、房产和企业闲置动产、不动产等质押贷款业务，典当物品100元起当，典当期3个月，到期可转期，到期不赎即为绝当，绝当后不得赎回。是年，质押贷款成交40余笔，金额150万元，收取质押贷款利息3.70万元。翌年10月20日，萧山市典当拍卖商行开业1周年，累计接待典当783次，发生金额1436万元，收取质押贷款利息37.83万元。

1990年5月23日，市体改办批复，同意该商行改名萧山市典当商行，另开设萧山市拍卖调剂商场。

萧山市拍卖调剂商场以代购、代销、代客拍卖、调剂、寄售、代客估价等形式为买卖双方提供服务。1991年，经清理整顿，萧山市拍卖调剂商场撤销。是年，典当12500次，发生金额187.64万元。年末，典当余额155.77万元，资产总额387.30万元。

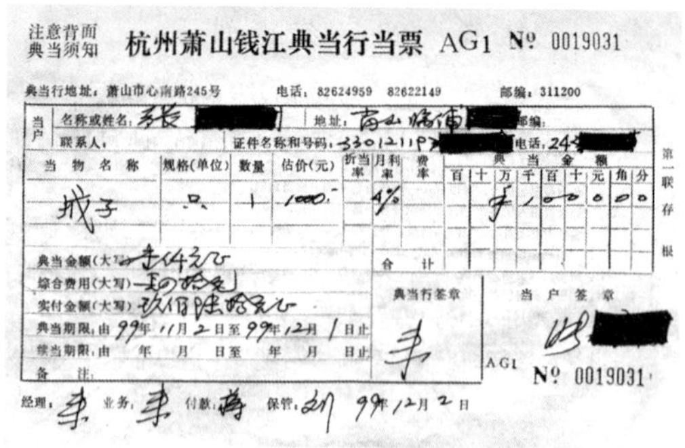
注意背面典当须知　杭州萧山钱江典当行当票 AG1 №0019031

典当行地址：萧山市心南路245号　电话：82624959　82622149　邮编：311200

当户　名称或姓名：　地址：　邮编：

联系人：　证件名称和号码：　电话：

当物名称	规格(单位)	数量	估价(元)	折当率	月利率	费率	典当金额
戒子	只	1	1000.		4%		￥1000.00
合计							

典当金额(大写)：

综合费用(大写)：

实付金额(大写)：

典当期限：由99年11月2日至99年12月1日止

续当期限：由　年　月　日至　年　月　日止

备注：

典当行签章　当户签章

第一联存根

AG1 №0019031

经理：　业务：　付款：　保管：　99年12月2日

图18-5-654　1999年12月2日，杭州萧山钱江典当行为张某开出的当票（杭州萧山钱江典当有限公司提供）

1997年8月27日，萧山市典当商行改名萧山市钱江典当行，核准实收资本500万元（浙江钱啤集团股份有限公司等9家单位入股375万元、8名自然人入股125万元），经营使用自有资金从事质押贷款、绝当物品（除金银饰品、文物外）拍卖业务。1999年4月22日，更名杭州萧山钱江典当行。

2000年，典当近5000次，发生金额1118万元。年末，典当余额445万元。

第四节　担　保

1999年，为培育中小企业加快发展，解决中小企业发展过程中贷款难的问题，开始建立镇乡担保公司试点。担保机构由会员企业出资组建，与当地信用社合作。担保贷款以补充企业小额、短期、急需流动资金为主。企业要求贷款担保，与本地镇乡担保公司签订反担保合同，并提供资产抵押。镇乡担保公司建立后，经股东（代表）大会同意，允许担保公司会员企业变动，可吸收符合条件的企业入股成为会员；会员企业发展壮大以后，可以退出。6月，宁围镇担保有限公司建立，注册资本200万元，其中宁围镇资产经营公司出资190万元、宁围镇企业服务站出资10万元。11月，义桥镇担保有限公司建立，注册资本60万元，其中义桥镇资产经营公司出资10万元、企业出资50万元。2000年12月，义桥镇担保有限公司又吸收4家企业投资入股40万元。至此，义桥镇担保有限公司注册资本增加到100万元。

2001年3月，中国人民银行萧山支行对义桥镇担保有限公司的调查，初步肯定了镇乡担保公司的作用，并对其作出初步评价：义桥镇担保有限公司具有“封闭型、社区化、会员制的优点，是开放式、股权纽带式等其他担保机构所不具备或不完全具备的无法比拟的。随着其发展，其生命力却是长久、持续的。这是封闭型、社区化、会员制机构的价值所在。如果按义桥镇担保有限公司2000年末担保的贷款余额185万元计算，萧山36个镇乡、办事处都建立类似的担保机构，则萧山担保机构所担保的贷款余额可达6660万元，占萧山同期个体、私营企业贷款余额的16%，那么全市个体私营企业贷款便可增长40%左右，这对于促进中小型个体私营企业发展的意义不可谓不大”（中国人民银行萧山支行：《对封闭型、社区化、会员制担保机构的初步认识——对萧山义桥镇担保公司的调查》，《萧山金融》第12期〈总581期〉，2001年4月12日）。

2001年末，辖内建立的镇担保有限公司11家，注册资本1309.08万元，会员企业有72家，会员企业入股资金762万元，占辖内镇担保有限公司注册资本的58.21%。据对运行1年以上的4家担保机构统计，累计为45家企业提供贷款担保140笔，担保贷款金额4393万元。义桥镇担保有限公司等3家担保机构，被国家经济贸易委员会列入全国第二批担保机构试点单位（杭州市萧山区人民政府：《积极探索，大胆实践，努力促进区域经济健康快速发展——杭州市萧山区组建中小企业担保有限公司的情况汇报》，2002年5月）。

第十九编
财政　税务

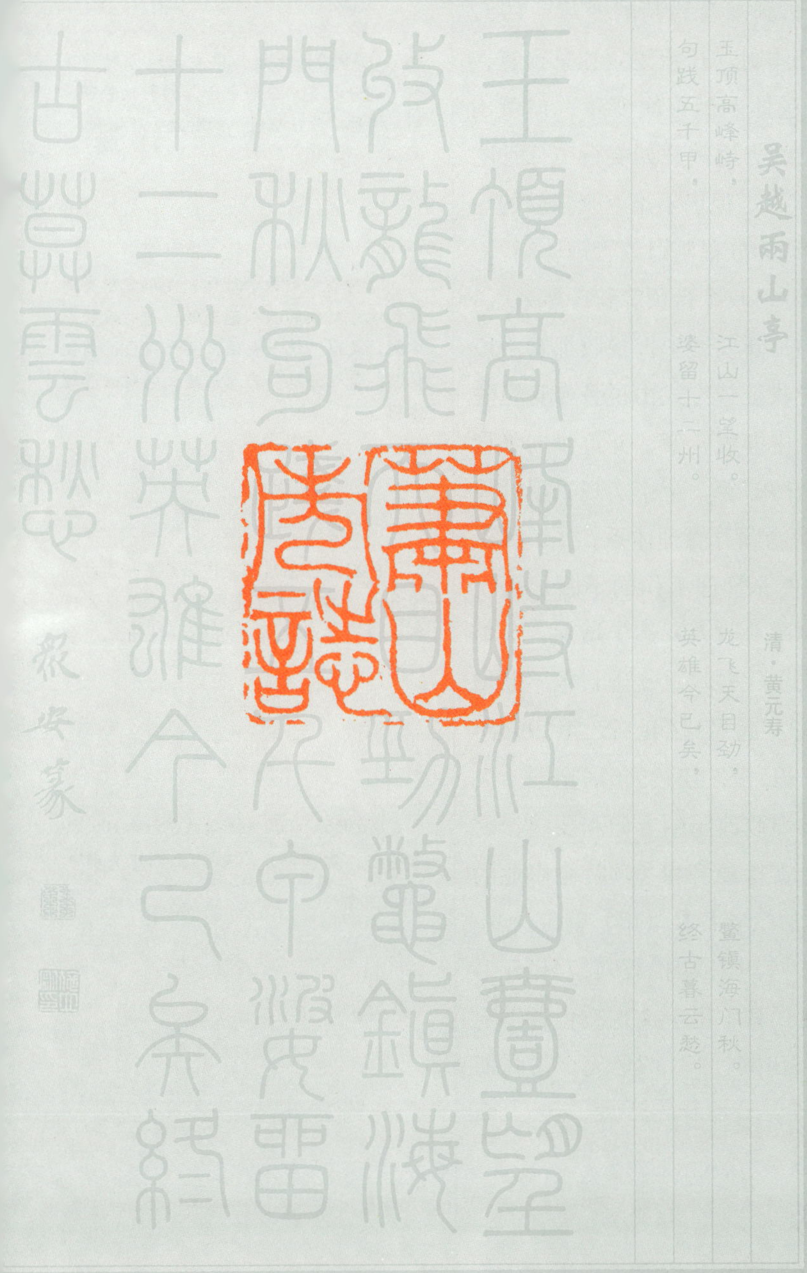

民国前期，萧山未建立县级财政，县财政只是省财政的报账单位。民国17年（1928），萧山开始编制年度预算。民国24年7月，在法律上确认县一级财政管理体制，县级财政收入，仍依赖苛捐杂税和省补助。中华人民共和国成立后，萧山实行“高度集中、统收统支”的财政管理体制，一切收支项目、办法、范围和标准，均由中央统一规定；财政收入统一纳入国家预算，收入全部上缴中央、支出全部由中央拨款，年终结余上缴中央。工商税制经历了从复合税制到单一税制再到复合税制的变革。1952年，编制年度决算。翌年，建立县级财政管理体制，开始建立县总预算，镇乡财政并入县预算内。1954年后，财政管理体制经多次变革，但萧山实际支配的财权仍有限。直至1980年，中央与地方财政开始实行“分灶吃饭”的财政管理体制，①县级财政的财权有所扩大，但仍不是完全独立的一级预算。1994年，将“划分收支、分级包干”改为分税制财政管理体制②，使财权更独立，职责更明确。翌年起，逐步建立财政综合预算管理体系③。在财政税收管理体制的不断改革和信息技术的不断发展中，税收征管手段由传统的手工管理逐步向计算机管理转变；税收征管方式由税务专管员驻户管理、直接征收逐步向纳税人自行申报、集中办税转变，并逐步向纳税人网上申报、税收预储账户自动扣款转变。至1997年，全市实现采用计算机办理税收事务。至2000年1月基本建成财政综合预算管理体系。

随着财政管理体制的建立与完善、财政税务管理工作的不断加强、萧山经济的持续发展，财政预算内总收入（财政总收入）逐年增加，为萧山经济社会发展提供了资金保障；预算内总支出（财政总支出）也不断增加，提高了人民生活水平。财政总收入自1982年超过1亿元后，至1995年连年位居全省各县（市）首位，其中1987～1995年，连续9年居全国十大“财神县（市）”之列。1999年后，按照公共财政改革的方向和要求，财政资金更多地用于公共领域和重点建设项目，支持经济和各项社会事业的发展。2000年，财政总收入173728万元，再次居全省各县（市）首位。

1985～2000年，财政总收入106.20亿元，④其中工商税收94.74亿元，占财政总收入89.21%；财政总支出55.51亿元，其中用于文化教育科学卫生事业、城市建设、工业交通事业和农业的支出共计37.17亿元，占同期财政总支出的66.96%。

①1980年开始，中央与地方财政采取“划分收支、分级包干”的财政管理体制，惯称“分灶吃饭”的财政管理体制。

②分税制财政管理体制是确定中央财政和地方财政的收入范围的一种财政管理体制，是以“统一税法、公平税负、简化税制、合理分权”为原则建立的财政管理体制。

③财政综合预算管理体系是指在编制预算时，将预算内收入和预算外收入统筹考虑，安排预算支出的一种预算管理模式。

④1985～2000年，财政总收入106.20亿元中，含1994～2000年上划中央收入39.68亿元。

第一章　财政税收管理体制改革

萧山解放前夕，国民党县政府设财政、税收管理机构，负责财政、税收的管理。[①]萧山解放后，改革与完善财政管理体制、工商税收制度和税收征管制度，先后建立县政府财粮科、县税捐稽征所、国税稽征局萧山稽征所等。翌年4月，建立县人民政府税务局。1958年4月，合并县政府财政科、县人民政府税务局等机构，建立县财政局。1961年后，财政、税务行政管理机构经分合。[②]直至1970年11月复设县财政税务局，后财政税收管理机构相对稳定。

1980年实行“分灶吃饭”后，仍是以中央集权为主，适当下放财权的财政管理体制。陆续开征税种，完成国营企业两步利改税，形成以产品税、增值税和营业税为主的流转税体系。1989年，全市67个镇乡均建立一级财政。翌年3月，财政、税务行政管理机构分设，合署办公。至1993年，开征的工商税种有30个，比1985年增加15个。

1994年1月1日，开始改行分税制财政管理体制，改革税收征管制度，建立纳税申报、集中征收、重点稽查的税收征管方式。9月25日，分设萧山市国家税务局（简称国税局，下同）、萧山市地方税务局（简称地税局，下同），国税局、地税局和财政局合署办公。[③]1997年9月，国税局、地税局进一步分设，各自独立运行。财政局、地税局仍合署办公。[④]2001年3月25日，萧山开征的税种为1994年以来的17个。地税局、国税局分别征收和管理地方税、国家税。

第一节　财政管理体制

市级财政管理体制

中华人民共和国成立后，县级财政管理体制多次变革。[⑤]1985年，开始实行“划分收支、核定基数、定额上缴、增长分成、定期包干”的财政管理体制。在重新划分收支范围、调整收支基数基础上，以产品税、增值税、营业税的“工商三税”为调剂收入，“工商三税”以外的地方收入（不含专项收入）为固定收入，根据收支差额核定上缴定额、调剂比例和补助定额。同时，对“工商三税”实行滚动增长分成，对城乡集贸市场的“工商三税”采取超基数增长分成。省财政核定萧山财政收入分成：“工商三税”全部上缴，比上年增收部分，萧山分成15%；城市维护建设税100%归萧山；国营企业奖金税52%归萧山；其余各种税收（不包括直接上缴中央的建筑税和征集的能源交通重点建设基金等）以1983年实绩4257万元为收入基数，减除同年支出实绩2853万元，核定萧山上缴基数为1404万元，收入超过上缴基数部分，省得30%，萧

①萧山解放前夕，国民党县政府二科掌理财政预算的编制、执行；杭州国税稽征局萧山稽征所经征县境内各类直接税、货物税，稽征所所长由浙江区国税管理局委派，与县政府无隶属关系；县税捐稽征处统一稽征省、县各项税捐，隶属于县政府并直接受省财政厅的监督；县田赋粮食管理处负责田赋的经征、粮食的收缴、储运工作，该处处长由县长兼任，另设副处长，由省田赋粮食管理处报请省政府委派。

②1961年10月，财政局分设县财政局、县税务局。1966年1月县财政局、县税务局合并设立县财政税务局。1969年1月撤销县财政税务局，业务由中国人民银行萧山支行办理。

③《萧山年鉴·1995》，第149、150页。

④萧山市人民政府：《关于同意萧山市国家税务局、地方税务局机构进一步分设的批复》（萧政发〔1997〕111号），1997年8月27日。

⑤中华人民共和国成立后，萧山先后实行“高度集中、统收统支”，“划税分成、固定比例、支出包干”，“固定分成、调剂分成、以收定支”，“总额分成、比例包干、一年一定”，“核定比例、超收分成”，“调度比例、固定留成、超收分成”，“比例分成、增收分成、差额补助”，“划分收支、分级包干”的财政管理体制。

山得70%。保持了中央与地方“分灶吃饭”的优点，使地方政府有较大的自主权，可以统筹安排地方支出；在地方经济发展的同时，使上下级财政的财政收入保持同步增长。1987年，萧山财政总收入26198万元，其中上缴省财政18829万元，占全县财政总收入的71.87%；萧山留成7369万元，占28.13%。1985～1987年，财政总收入年均增长18.87%,上缴省财政年均增长19.84%。

1988年，改实行“递增上缴、超收分成”的过渡性财政管理体制，以1987年实际上缴省财政的18829万元为基数，每年递增6.50%；超收6.60%～12%部分，留萧山90%、缴省财政10%；超收13%以上部分，留萧山80%、缴省20%。该次财政管理体制的改革，使萧山可在增收或多收中多留收入。1993年，萧山财政总收入61297万元，其中上缴省财政30740万元，占全市财政总收入的50.15%；萧山留成30557万元，占49.85%。1988～1993年，财政总收入年均增长15.22%，上缴省财政年均增长8.14%。

1994年1月1日，根据省政府关于实行分税制财政管理体制的通知精神，按照“统一税法、公平税负、简化税制、合理分权”的原则，开始实行分税制财政管理体制，依据中央与地方的事权分工，将所有收入划分为中央财政固定收入、地方财政固定收入、中央和地方共享收入3类。其中消费税为中央固定收入；增值税为共享收入，超1993年基数部分，中央得75%、萧山得25%；其他税种均为萧山财政固定收入。是年，萧山财政总收入72376万元，其中上缴中央财政38821万元，占全市财政总收入的53.64%；地方财政收入33555万元，占46.36%。

1995年起，开始筹划财政综合预算管理，拓宽财政预算管理范围，将行政事业单位凭借政府职能收取的建设性收入上缴财政，列入第二预算资金（政府专项统筹资金）管理，所有权、管理权、使用权统一收缴归政府，财政管理部门将预算内、预算外和第二预算资金编制财政综合预算，以集中财力办大事。按照分步实施的原则，将返还单位的预算外收入连同单位自有资金和财政预算内补助实行并账核算，编列单位综合预算。至2000年1月，萧山市已基本建立全市财政资金和行政事业单位资金有机结合、权责利明确的综合预算管理体系。是年，财政总收入173728万元，其中上缴中央财政91962万元，占全市财政总收入的52.93%；地方财政收入81766万元，占47.07%。1997～2000年，财政总收入年均增长21.47%,上缴中央财政年均增长24.02%，地方财政收入年均增长20.89%。

镇乡级财政管理体制

1958年7月，萧山曾筹建乡一级财政，并在长河区的乡进行乡级财政试点。10月，因人民公社化运动而中止乡级财政试点工作。是年，开始对公社实行“总额控制、包干使用”的财政管理体制。1984年，又筹建镇乡一级财政。年末，除许贤、岩山两个乡外，其余65个镇乡财政总会计已配备齐全，接管了国拨资金和镇乡自有资金，开始建账建制，并编报了接管资金的汇总决算。翌年10月，在义盛、浦沿、云石、衰江进行镇乡级财政试点。是年，全县镇乡财政收入12000万元。至1986年1月，除城厢镇外的66个镇乡均建立一级财政（1989年1月1日，城厢镇建立镇级财政）。

1986、1987年，实行“划分收支、核定基数、定额上缴（或补助）、增长分成、定期包干”的财政管理体制。收支划分：商业、服务业、城镇街道企业、镇乡企业和镇乡所属的其他集体单位缴纳的集体企业所得税和城乡个体工商户所得税、其他工商税、盐税、工商税收税款滞纳金、补税罚款收入、农业税（含附加）、契税以及其他收入均为镇乡财政固定收入；镇乡级的文化、广播、教育、卫生、计划生育、抚恤社救事业费、公费医疗费、行政管理费等经费作为镇乡财政的固定支出。核定收支基数：以1985年实绩为依据，核定镇乡财政的固定收入包干基数和固定支出包干基数。定额上缴（或补助）：收入大于支出，定额上缴县财政；支出大于收入，由县财政定额补助。镇乡财政的建立，改变了基层政权经费使用“吃大锅饭”、预算内外资金条条归口的分散管理的状况，使镇乡政府有较大的自主权，可以统筹安排地方支出，同时也确保镇乡财政与县级财政的同步增长。1987年，全县镇乡财政收入13985万元，比1985年增长16.54%。其中可用资金2483万元，占全县镇乡财政收入的17.25%。

1988年，根据省对萧山市财政管理体制的调整情况，对镇乡实行“定额上缴、增长分成”的财政管理体制，将镇乡财政收入范围调整为：镇乡村办企业、镇街道办企业、个体工商户缴纳入库的产品税、增值税、营业税、所得税和农业税（含附加）、农业特产税（含附加）、屠宰税、个人收入调节税以及滞纳金罚款收入。确定镇乡财政收入以1987年财政决算数为基数，支出以1987年实际留用数扣除经市核定的中央借款数为基数。定额上解基数以1987年财政收入基数减支出基数确定。增收分成比例按各镇乡财政状况确定，一般镇乡超收留成20%，困难镇乡超收留成50%。该次财政体制调整，镇乡政府可通过增收或多收多留收入，增加财力，增强财政调控能力，同时也使镇乡财政承担一定的风险与压力。1993年，全市镇乡财政收入32400万元，其中可用资金10601万元，占全市镇乡财政收入的32.72%。1988～1993年，镇乡财政收入年均增长15.03%，可用资金年均增长33.68%。

1994年1月1日起，镇乡也实行分税制财政管理体制。根据市政府印发的《关于实行分税制财政管理体制的通知》（萧政发〔1994〕61号）精神，按照“公正、规范、简便”的原则，既充分考虑镇乡的利益，又保证市财政有一定的调控能力；确保各镇乡的既得利益，适当调整增量部分，并力求各镇乡之间的总体平衡；在体制统一的前提下，适当照顾少数财力困难的镇乡。收入范围：镇乡所属企业和个体、私营企业的增值税的25%部分，地方税收和市财政下划给镇乡的资金为镇乡财政收入；以1993年镇乡财政收入为基数，增长部分市财政分成40%、镇乡分成60%；上解以1993年镇乡实绩为基数，每年递增2%；以1993年中央净上划收入为基数，按省对萧山的返还递增率对镇乡实行返还；对少数预算内、预算外收入较少的镇乡，在实行分税制财政管理体制后而增加的上解，实行困难补助。1996年，为缓解少数镇乡财政困难，根据1995年镇乡可用资金和财政负担等因素，确定进化镇等11个镇乡实行核定基数和增长比例分成，即年初定额补助数额，年终超收分成，短收自负。支出范围：基本维持原定范围，下划镇乡干部和教师的岗位责任考核奖，仍由原有市财政补助部分定额下划。

1997年，随着集体企业转换经营机制，镇乡税收征管区域内企业的经济类型发生变化，使部分属市级财政收入的条条管理与税收征管区域的块块管理相脱节，影响镇乡财政管理体制的完整性、统一性和征收数据的正确性、及时性。是年，市政府印发《关于适当调整镇乡财政管理体制的通知》（萧政〔1997〕4号），对镇乡财政管理体制作适当调整，确定企业税收属地分成，将市属集体企业收入和原属市级小税种（即原归入市级财政收入数额较小的税种，尚未列入镇乡财政体制分成）下划，列入镇乡分税制财政管理体制分成，并为确保财政困难镇乡的机关正常运转和公教人员工资发放，每年核定支出，给予体制性补助。1998年，镇乡财政预算内和预算外资金统一纳入镇乡财政预算管理。鉴于国税局、地税局独立运行，市政府印发《关于适当调整乡财政管理体制的补充通知》（萧政〔1998〕2号），明确市财政与镇乡财政的收入分配，将原属镇乡财政收入范围的增值税25%和外商投资企业所得税（简称两项收入，下同）单列，实行专项分成，以1997年为基数，超基数增长部分，市分60%、镇乡分40%；农业税、农业特产税比1997年实绩增长部分，扣除上缴省财政20%，市财政应分成的20%也全额返还给镇乡财政；同时取消中央税收增长返还和递增上解。是年，全市镇乡财政收入30676万元，其中可用资金21433万元，占全市镇乡财政收入的69.87%。1997～1998年，镇乡财政收入年均增长16.77%，可用资金年均增长16.24%。

1999年1月1日，根据镇乡财源结构的变化情况，调整镇乡财政管理体制，开始实行财政综合预算体制，即以1998年实绩为基数，调整镇乡财政预算内收入超收分成比率，个体工商户地方税、农业税和农业特产税超收部分，市分20%、镇乡分80%；其他地方收入超收部分，市分60%、镇乡分40%；镇乡两项收入，市分80%、镇乡分20%。对经常性经费难以自行平衡的镇乡，按“体制宽口径、收入低增长、支出大定额”的方式，即体制补助不再单就预算为收支结算，而是综合考虑预算内外分解收入；以上年可用收入实绩为基数，每年按较低的增长幅度作为下一年核定体制补助的依据；人员经费支出按综合定额核定，其他支出按统一口径定额核定，并确定总体支出增长率作为下一年支出控制数。2000年，全市镇乡财政收入49547万元，比1999年增长23.50%。其中可用资金34803万元，比1999年增长33.68%，占全市镇乡财政收入的70.24%。

2001年1月1日起，为确保街道办事处正常运转，促进经济和各项社会事业的协调发展，推进城市化进程，制定街道办事处财政体制（结算）试行办法，实行“零基预算”结算办法（即以当年资金为分配基础，当年社会经济和各项事业发展的实际需要为分配依据，以零为基数核定和分配各项财政收支的结算办法），建立财政综合预算管理体系。

第二节　税收管理体制

清末民初，税收管理体制（是中央与地方之间划分税收管理权限的一种制度）混乱，萧山县自定地方苛捐杂税章程。民国后期，盐税、国税由中央垂直管理，自设机构征收；田赋由省管理，由县征收；各种地方税一般根据中央通则，省实施细则，由萧山负责征收。中华人民共和国成立之初，为迅速恢复国民经济，保证国家重点建设，实行国家高度集中、统一管理的税收管理体制。1958年后，在改进财政管理体制的同时，改进税收管理体制，逐步扩大萧山税收管理权限。①

1985年，对围垦及边远山区经济欠发达的钱江乡、石岩乡等13个乡开始进行扶持性减免税，免征或减征所得税3年。是年，减免各种经济类型企业税收3620万元，其中减税还贷362万元、税前还贷566万元、新办企业减免911万元、新产品税收减免391万元、困难减免882万元、福利企业等减免508万元；允许企业税前列支978万元，乡镇企业税前列支社会性支出（按实现利润的10%）1146万元。

1988年，清理越权减免税，停止1985年开始实施的对围垦及边远山区经济欠发达的13个乡免征或减征所得税3年的政策。1991年，根据杭州市政府印发的《关于进一步增强大中型企业活力实施意见的通知》（杭政〔1991〕6号）精神，萧山市对大中型工业企业免征调节税，对特殊困难的工业企业，给予适当减免产品税、增值税。1993年，开始停止审批企业的扶持性减免税。是年，对钱江通讯电缆厂等130家新办企业取消产品税、增值税减免。

1994年1月1日，萧山市及各镇乡开始实行分税制税收管理体制，重新划分市、镇乡的税收征收范围。9月，设立国税局、地税局，合署办公，征收和管理国家税和地方税。1997年9月，国税局独立建制，国税局、地税局分别征收和管理国家税、地方税，国税局征收和管理的税种有14个②，地税局征收和管理的税种17个③。至2001年3月25日，国税局、地税局仍分别征收和管理国家税和地方税。

①1958年8月，经杭州市财政地税局授权，萧山有权确定工商统一税、所得税、车船使用牌照税的征收日期和纳税期限，审查批准协作生产企业免税产品的免税，核退纳税人多缴、错缴各项税款，决定个体手工业、小商贩和房地产税纳税户的减免税，处理境内企业及流动税源的违章行为。

1960年，增加新建企业、企业试制新产品和综合开发利用中所发生亏损的减免税权限。

1978年2月，除生产烟、酒、棉纱3种产品以外的新办社队企业和在开办初期有困难的企业给予减征或免征工商税和所得税1年或2年，对未经批准或违法从事工业、商业、运输、建筑等经营活动的单位和个人征收“临时经营”工商税。1981年，开始专案审批队办企业税款减免。

②1997年9月，国税局独立后，征收和管理的14个税种：增值税，消费税，进口产品消费税、增值税、直接对台贸易调节税（委托海关代征），中央企业所得税，中央与地方所属企事业单位组成的联营企业和股份制企业所得税，地方银行及非银行金融企业所得税，海洋石油企业所得税和资源税，证券交易税（未开征），境内外商投资企业和外国企业增值税、消费税、所得税，出口产品退税管理，集贸市场和个体工商户的增值税、消费税，中央税的滞补罚收入，国家能源交通重点建设基金、国家预算调节基金，金融保险业营业税税率从5%提高到8%后，按提高3%增征部分的税收。

1999年11月1日起，征收居民储蓄存款利息所得的个人所得税。

③1997年9月，国税局独立建制后，地税局征收和管理的17个税种：营业税，个人所得税，土地增值税，城市建设维护税，车船使用税，房产税，屠宰税，资源税，城镇土地使用税，固定资产投资方向调节税，地方企业（包括国有、集体、私营企业）所得税，印花税，筵席税，地方税的滞纳补罚收入，教育费附加，集贸市场和个体工商户的营业税、个人所得税及其他地方税收，境内外商投资企业和外国企业的营业税、个人所得税。

第三节　工商税收制度

萧山解放前夕，开征的赋税、杂捐繁多。[①]萧山解放后，逐步建立新的工商税收制度。[②]1983年1月1日，开始实行第一步利改税（征税从1983年6月1日开始），对有盈利的大中型国营企业，实现利润按55%的税率征收所得税，税后利润按照不同情况，采取利润递增包干、固定比例或征收调节税等方法上缴一部分，另一部分留归企业支配；小型国营企业，则按八级超额累进税率计征所得税，税后利润自负盈亏；营业性的宾馆饭店招待所和饮食服务公司，都按15%的税率征收所得税；粮食、外贸等经营企业仍按原规定征收。1984年10月1日，在第一步利改税基础上，开始实行第二步利改税，国营企业从“税利并存”向“以税代利”过渡，工商税按性质分为产品税、增值税、营业税和盐税（以上四种税集体企业和个体户同时施行），萧山形成了以产品税、增值税和营业税为主的流转税体系，其他税种互相结合的复合税制。翌年，萧山开征的税种有城市维护建设税、产品税、增值税、营业税、盐税、国营企业所得税、国营企业调节税、国营企业奖金税、工商所得税、外国企业所得税、燃油特别税、建筑税、车船使用牌照税、屠宰税、牲畜交易税等15种。

1986年1月1日，对个体工商户所得税实行十级超额累进税率，最低税率为7%，最高税率为60%。对原征收产品税的纺织产品试行增值税。7月1日，对日用机械、日用电器、电子产品、搪瓷产品和保温瓶等改征增值税。同时分别按产品税、增值税、营业税的1%征收教育费附加。10月1日，在城厢、瓜沥、临浦3镇开征房产税。1987年，开征个人收入调节税、耕地占用税。12月1日，对依法缴纳产品税、增值税和营业税的镇乡工业、建筑业、交通运输企业（包括家庭和家庭联办）分别按销售收入或营业收入的0.60%征收粮食附加税，并随同产品税、增值税、营业税一起征收。1988年，新开征私营企业所得税、印花税、筵席税和城镇土地使用税。翌年2月1日，对彩色电视机、小轿车征收特别消费税。1991年，萧山开征的税种有31种。[③]

1992年10月7日，根据省财政厅《关于核定部分国营大中型工业企业降低所得税税率方案的通知》(省财政厅〔1992〕财工282号）精神，市财政局印发《关于国营工业企业进行“税利分流、税后承包”试点的通知》（萧财企〔1992〕426号），从1月1日起，对国营工业总公司所属的萧山纺织实验厂、萧山特种水泥厂、浙江双飞汽车齿轮箱集团公司、萧山油嘴油泵厂、萧山化工厂、萧山锅厂、萧山瓷厂、萧山第一酒厂、萧山印刷厂9家国营预算内工业企业实行税利分流试点，试点企业所得税税率改为33%。1991年12月31日前，借入的基本建设和技术改造“老贷款”，按核定税前、税后的还贷比例，分别用税前、税后利润还贷；1992年1月1日后，借入的基本建设和技术改造“新贷款”全部用税后利润归还。

萧山市经济体制改革办公室对1992年度9家税利分流试点企业分配情况进

①萧山解放前夕，开征的赋税主要有田赋、契税、盐税（含盐务）、厘金和统捐、货物税、营业税、直接税、地方捐税等。地方捐税又分为地方自治税和县杂捐杂税两类。地方自治税有屠宰税、营业牌照税、房捐、筵席及娱乐税、警捐等。还有县杂捐杂税，除田赋项下带征的14种杂捐、契税项下带征的7种杂捐外，尚有广告捐等53种。

②萧山解放初，根据中央对解放区提出的“暂时沿用旧税法，部分废除，在征收中逐步调整”的原则，除开征农业税、契税外，还有货物税等13种。1950年，废除田赋制度，实行农业税；简化税种，开征的工商税收有工商业税等7种，采用多种税多次征收的复合税制。

1953年，修正工商税制，调整工商税收税种，取消特种消费税，增加商品流通税等3种。1958年，改革税制，工商税收为工商统一税、工商所得税等5种。1973年，全面改革工商税收制度，试行工商税，对国营企业只征收工商税，对集体企业只征收工商税和工商所得税，基本成为单一税制。

1983年1月，原缴纳工商税的农业机具及其零配件等5种产品改征增值税。是年，国营企业进行第一步利改税，把国营企业原来向国家上缴的利润改为缴纳国营企业所得税；企业缴纳所得税后的利润，一部分以国营企业调节税的形式上缴国家，另一部分留给企业。1984年，萧山国营企业实行第二步利改税，改进第一步利改税设置的所得税和调节税，将工商税按照纳税对象划分为产品税、增值税、营业税和盐税。是年6月18日，开征国营企业奖金税。10月1日起，扩大增值税税目，调整税率。

③萧山开征的31个税种：产品税、增值税、营业税、资源税、盐税、城镇土地使用税、国营企业所得税、国营企业调节税、集体企业所得税、私营企业所得税、城乡个体工商业户所得税、个人收入调节税、国营企业奖金税、集体企业奖金税、事业单位奖金税、国营企业工资调节税、固定资产投资方向调节税、城市维护建设税、烧油特别税、筵席税、特别消费税、房产税、车船使用税、印花税、屠宰税、牲畜交易税、外商投资企业和外国企业所得税、个人所得税、工商统一税、城市房地产税和车船使用牌照税。比全国开征的32种工商税少了1种集市交易税。

行对比分析：按承包经营责任制分配测算结果，9家企业应缴财政利润504.38万元（承包上缴财政利润459.28万元、超承包指标分成上缴利润45.10万元），税前还贷款240万元，企业留利484.41万元；按税利分流试点办法执行结果，9家企业缴纳所得税269.66万元，还贷款598.66万元（税前还贷476.41万元、税后还贷122.25万元），企业留利351.81万元。两者比较，从总体看，税利分流办法比承包经营责任制更有利于增强企业后劲，加速企业还贷，税利分流试点企业比承包经营责任制少上缴财政234.72万元；若企业承包留利超过税利分流企业留利的132.60万元也用于还贷，企业承包还贷372.60万元，税利分流比承包要多还贷款226.06万元。税利分流试行办法对1991年底前贷款多的8家企业比较有利，萧山第一酒厂1991年底前没有专项贷款，该企业实行税利分流不如实行承包经营责任制有利，税利分流多上缴财政2.46万元。而且实行税利分流上缴财政是随计税利润决定的，计税利润多时缴得多，少时缴得也少。而承包经营责任制是“超收分成，歉收自补”，上缴财政资金一经合同签订，若企业按计税利润计算的上缴额一旦少于合同规定的上缴额时，需用企业留利补缴，压力比较大。[①]

①萧山市经济体制改革办公室：《利税分流符合方向，有益于企业增强实力——对1992年度9家税利分流试点企业的情况分析》，《萧山体改简报》（第四期），1993年4月5日。

1993年，对国有、集体、私营企业的所得税税率，按应纳所得税额大小，分别调整为15%、24%、33%，减轻了企业税负。同时，规定税后利润不再缴纳调节税、国家能源交通重点建设基金和国家预算调节基金。5月1日，将商品零售营业税税率由3%提高到5%，饮食业营业税税率也由3%提高到5%。是年萧山开征的税种仍为1991年的31个。

1994年1月1日，根据分税制财政管理体制，对工商税收制度进行结构性改革，即把个人所得税、个人收入调节税和城乡个体工商户所得税合并，实行统一的个人所得税；把原实行的国营企业所得税、国营企业调节税、集体企业所得税和私营企业所得税统一为企业所得税；将增值税、消费税和营业税组成流转税，取消外商投资企业征收的工商统一税，全面推行增值税；开征土地增值税、证券交易税、遗产和赠与税；改革城市维护建设税，取消集市交易税税种。是年，改革后开征的税种由31个减少到17个[②]，初步建立起以增值税、消费税、营业税为主的流转税和所得税并重的新税收体系。

②1994年改革后的17个税种：增值税、消费税、营业税、资源税、企业所得税、外商投资企业和外国企业所得税、个人所得税、土地增值税、证券交易税（未开征）、遗产和赠与税、城市维护建设税、土地使用税、房产税、车船税、印花税、固定资产投资方向调节税。

1999年11月1日起，征收居民储蓄存款利息所得个人所得税。2000年1月1日，停止征收个人独资企业和合伙企业所得税，开征车辆购置税。9月19日，开始征收个人独资企业投资者个人所得税。是年，全市开征的税种17个，已初步建立起符合社会主义市场经济要求的工商税收制度。

第四节 税收征管制度

中华人民共和国成立后，萧山的税收征管制度逐步建立，渐趋完善。[③]至1985年，税收征管沿用1951年实行的税务专管员制度，征管查合一，由税务专管员负责。1986年10月，县财政税务局设检查股后，税收征管与税务检查分离。

③中华人民共和国成立后，萧山先后建立纳税登记、纳税申报制度；税企联系、纳税鉴定、“三自”纳税制度（企业自行计算、自行申报、自行缴纳的制度）；农村税收征管制度；企业发票管理制度；税务专管员制度（是指集镇税收，按行业归口，各税统管；农村税收，划乡专管、分片包干，税务专管员到户上门收税，各税征收、管理和检查结合的税收征管制度）。

1989年，为了适应国家实施“两步利改税”和建立多税种、多层次、多环节复合税制的需要，萧山改革税收征管制度，全面实行税收征管与税务检查相分离的“双轨制”。1991年，改革“一员到户，各税统管，征管查一人负责，上门收税”的税务专管员制度，向相互制约、相互协调的征收、检查“两分离”的税收征管方式转变。1994年9月，地税局税务稽查大队和国税局税务稽查大队开始共同稽查萧山税务。

1995年10月1日起，萧山作为“以纳税申报和优化服务为基础，以计算机网络为依托，集中征收，重点稽查”的新税收征收方式的全国试点单位之一，全面实行税收征管改革。1995年，国税局、地税局共计投资220万元，先后购置康派克服务器586台、IBM服务器1台、有盘工作站10台、无盘工作站62台，逐步建立国税局、地税局下属各税务所（分局）的税务管理计算机网络系统，推行计算机信息管理，以建立“纳税申报和优化服务为基础，以计算机网络为依托，集中征收，重点稽查”的新征管方式。同时，开发应用“萧山市税收征管信息系统”税收征管软件[①]。翌年，新的征管方式在各税务所（分局）投入运行，除衙前税务所、萧山经济技术开发区税务分局外，其余6家税务所（分局）均建成办税服务厅[②]，使征收方式由税务专管员到企业征税向纳税人到办税服务厅申报纳税转变，税务专管员职能也由管户向管事转变。

1997年，全市国税局、地税局8个税务所（分局）分别集中办理税收事务。是年，国税局、地税局与信用联社联合开发银行税务实时扣款系统，对全市企业、个体户纳税实行银税实时扣款。是年9月，国税局、地税局各自独立运行后，地税局稽查大队、国税局稽查局分别稽查各自管理的税务。为提高税收信息化水平，地税局投资近百万元，增添计算机等设备80余台（套），开始建立计算机局域网络，开发财政、地税、国库和国库经收处银行的实时联网系统，并实施浙江省地方税务局的浙江地税信息系统（简称TF98）征收管理软件的试点。1998年9月，在市国家税务局城厢征管分局内试行国家税务总局信息中心开发的税收征管信息系统软件（简称TAIS）。11月，国税局系统建成广域网，办税服务厅实行一条龙服务，实行统一税款缴库方式，对不同类型的纳税人采取不同的申报管理办法，对全市企业纳税人和查账征收的个体户全部通过“税款预储账户”纳税；对定期定额征收的小型工商企业和个体工商户由信用社代征税款，改变了原来纳税人持支票缴税的方式。12月，地税局各征收单位全面通过“以申报纳税和优化服务为基础，以计算机网络为依托，集中征收，重点稽查”的新征管方式的验收。年末，全市推广应用税收征管信息系统软件。

1999年，地税局所属各地税所（分局）全面实施综合办公室、征管办公室、稽查中队的“两办一队”运行机制，推广运用浙江地税信息系统软件，使原分散的业务数

①“萧山市税收征管信息系统”税收征管软件主要有税务登记、发票管理、管理服务、申报征收、通用查询、发票代开、票证管理、统一核算、系统维护等模块。

②税务所（分局）办税服务厅内设有税务登记、发票审批发售、申报征收、受理待批文书、出具税务票据证明、资料发售、税务咨询、受理举报、收银等服务功能，集中为纳税人办理涉税事宜。

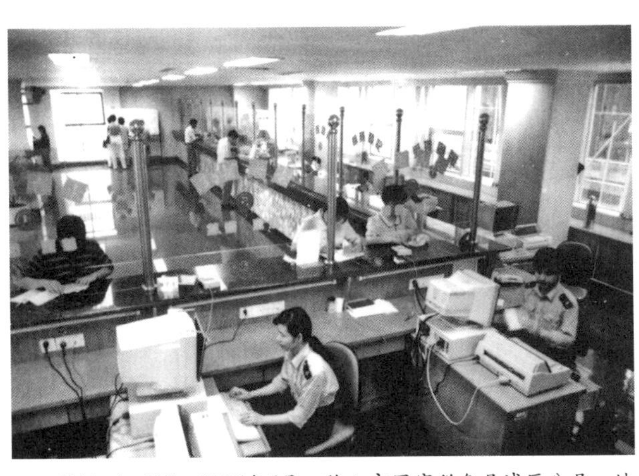

图19—1—655 1997年7月，萧山市国家税务局城厢分局、地方税务局城厢分局实行了集中办税的一条龙服务。图为位于城区全家桥路7号的城厢办税大厅（董光中摄）

据得到集中和整合，提高查询利用率；同时，根据业务数据量增加的实际，地税局购置康柏GS60E小型机等信息技术设备运用于业务工作，完成局域网建设，提高计算机运行速度，实现信息共享，使财政、地税、国库、国库经收处银行实现双向实时联网。是年10月6日，由国家税务总局组织实施神州数码软件有限公司开发的世界银行税收征管改革援助贷款项目中国税收征管信息系统（China Taxation Administration Information System，简称CTAIS）率先在萧山国税局测试成功。至此，自1997年9月国税局独立运行后，全市国税系统已累计投入资金近500万元，用于硬件、网络和机房建设，拥有小型机1台、各类PC服务器13台、586以上PC工作站320台、各类打印机193台，由1条光纤、7条DDN专线、4条拨号线路组成的广域网，6个标准的中心机房，ORACLE、SYBASE、SQL SERVER三大数据库产品，税务工作人员人均拥有计算机比率已超过100%。12月，为方便纳税人申报纳税，除在办税服务厅内自行申报纳税外，国税局又尝试委托税务代理申报和电子申报方式，开发网上电子申报软件，使纳税人足不出户即可完成纳税申报。网上电子申报软件在萧山经济技术开发区内企业中率先应用，为全省首例。至年末，全市税务代理申报企业有1760家，占征管企业家数的26.98%；采用网上电子申报纳税方式的企业有21家。

2000年1月22日，国家信息中心、国家税务总局在萧山通过CTAIS验收，并在国税系统全面运行。9月，国税局开始在市内分步推广实施“金税工程”[①]；同时，成功开发适用于增值税小规模企业纳税人和个体工商户的电话申报软件，并通过萧山市科学技术委员会验收。年末，全市增值税一般纳税人采用网上电子申报的企业有850家，占全市国税登记企业数的10%，其中纳入税源监控的年纳税额100万元以上的企业全部实行网上电子申报；实行电话申报的增值税小规模企业纳税人有634家，占全市企业数的8%。是年，地税局依托现代科学技术，加强税收征管软硬件设施的投入和开发，拓宽“浙江地税信息系统”软件的应用范围，完成该系统从1998版向2000版的升级，建立上联浙江省地方税务局、杭州市地方税务局，下联地税局各科室、税务所（分局）和萧山辖内银行的广域网系统，成功运行征管信息系统小型机双热备份系统，开发工商行政管理与税务管理基础数据自动对比软件，在全省率先实现工商行政管理、税务管理的实时联网，并顺利通过杭州市地方税务局“征管改革三到位”[②]考核验收。

2001年1月，税务管理部门开展新一轮以信息化、专业化为主要内容的税收征管改革，国税局推广增值税防伪税控系统，即运用数字密码和电子信息存贮技术，强化增值税专用发票的防伪功能，实现对增值税一般纳税人监控的计算机管理系统，同时成功研制电子申报系统软件。地税局建立重点企业纳税情况分析系统，将税收收入20万元以上的企业纳入监控范围，并制定个人所得税重点税源监控办法，开发并运行车辆计算机管理软件的税收征管，在全省率先实现了信息化与社会化的有机结合，最大限度地减少税收的流失。[③]

①“金税工程”是指国家为加强增值税的征收管理，确保增值税的征收，在全国范围内运用高科技手段建立的增值税计算机稽核管理系统，通过计算机网络和相关系统，实行税务管理机关对纳税人增值税专用发票和纳税状况的有效监控。

②“征管改革三到位”是指地税征管新方式落实到位、“浙江地税信息系统”应用到位、地税征管现代化与征管社会化有机结合到位。

③2001年，国税系统，全市5640家增值税一般纳税人中，实行网上申报的有5578家，占增值税一般纳税人的98.90%；小规模企业纳税人电话申报户数1505家，占小规模企业纳税人的80%。个体货运车辆税款比2000年增长30%以上。

第二章　财政收支

民国17年（1928），萧山开始编制的年度预算只列收入，翌年预算分收支两栏，县财政赤字0.71万元。民国24年始，萧山财政收支预算粗具规模，财政收入以杂捐为主[①]，财政支出以政务为主。[②]民国29年，萧山被日本侵略军占领，县财政赤字12.59万元。民国34年6月抗日战争胜利后，国民党发动内战，财政继续赤字。翌年，县财政赤字698.16万元。[③]1949年5月萧山解放后，随着萧山经济、社会的不断发展，财政收支规模逐年扩大，财政收入以农业税为主逐步向工商税收入为主转变，财政支出由行政管理费支出为主向基本建设投资和农业、文教科学卫生支出为主转变。1951年，形成预算内收支、预算外收支两条渠道。1953年建立县总预算后，除少数几个年份外，其余年份收支平衡。1979年，改革开放后，财政收入稳定增长，用于公共财政支出也相应增加。1979～1985年，预算内总收入、总支出年均增长分别为15.36%、15.70%。

1987年起，预算外资金纳入财政专户管理。1986～1995年，预算内总收入、预算内总支出年均增长分别为16.23%、23.53%。1998年，市级行政事业单位开始编制财政综合预算。翌年，镇乡财政实行综合预算。萧山财政开始向公共财政职能转变。2000年1月，市级各部门基本实行财政综合预算。1997～2000年，预算内总收入、预算内总支出年均增长分别为21.47%、20.90%，纳入财政专户管理的预算外收入、预算外支出分别为83.58%、73.83%。至2001年1月1日始，行政事业单位全部实行财政综合预算。

第一节　预算内收支

预算内收入

萧山解放后，随着工农业生产的发展，税收制度的改革，工商各税逐渐成为主要预算内收入。[④]1985年，预算内总收入有国营企业上缴利润、工商各税收入、农业税、契税和其他收入。是年，预算内总收入18325万元，比1984年增长29.28%。其中企业所得税占财政总收入的28.68%，农业税和契税占5.14%、企业收入占0.23%、其他工商税收占66.91%、专项收入占0.12%、其他收入占0.14%、国营企业亏损补贴占−1.21%。萧山地方固定收入5790万元，比1984年增长83.23%，占预算内总收入的31.60%。1986年，扭转了自1983年以来地方固定收入与预算内收入增长不同步的状况。是年，地方固定收入7547万元，占预算内总收入的41.18%，比1985年

①民国24年（1935），县财政经常收入25.78万元，其中各项地方杂捐收入18.66元，占县地方经常收入的72.38%；民国25年，财政经常收入24.73万元，其中各项地方杂捐收入16.05万元，占64.90%；民国26年，财政经常收入28.58万元，其中各项地方杂捐收入16.29万元，占57.00%；民国28年，财政经常收入24.77万元，其中各项地方杂捐收入14.44万元，占58.30%。

②民国24年（1935），县经常支出25.89元，其中支出党务费、自治费、公安费、保卫费13.79万元，占经常支出的53.26%；民国25年，县经常支出24.12万元，其中支出党务费、自治费、公安费、保卫费12.83万元，占经常支出的53.19%；民国26年，县经常支出27.08万元，其中支出党务费、行政费、自治费、公安费、保卫费15.21万元，占经常支出的56.17%；民国28年，预算经常支出20.63万元，其中支出党务费、行政费、自治费、公安费、保卫费11.07万元，占经常支出的53.66%。

③民国35年（1946），决算总收入26531.69万元，其中税课收入173.87.15万元，占决算总收入的65.53%。预算总支出27229.85万元，其中支出行政和保安费用3735.83万元，占预算总支出的13.72%；公教人员等生活补助费20373.00万元，占74.82%；其他3121.02万元，占11.46%。

④1949年，全县预算总收入324.30万元，其中农业税收入310.36万元、工商各税收入13.67万元、杂项收入0.27万元，分别占全县预算内收入的95.70%、4.22%、0.08%。三年国民经济恢复时期（1950～1952年），农业税占全县预算总收入的比重下降到52.85%、企业收入占0.24%、工商各税占46.20%、其他0.71%。后工业生产发展、商品流通渠道逐渐扩大，工商各税收入绝对额逐年增加；农业增产不增税，使农业税负担减轻，农业税的比重逐年下降；税收管理制度和工商税收制度多变，企业收入退库和1980年后企业实行利润留成制度，使企业收入及比重有升有降。至1984年，全县预算内总收入14175.09万元，其中工商各税收入12253.60万元、企业收入1195.30万元、农业税收入691.90万元、其他收入34.29万元，分别占全县预算内收入的86.44%、8.43%、4.88%、0.24%。

增长20.78%，增长幅度仅比预算内收入低2.48个百分点。

1994年1月1日，实行分税制后，地方固定收入为地方财政收入。预算内收入有地方财政收入，包括财政四税、企业所得税、个人所得税、其他工商税收（含25%增值税）、专项收入和其他收入；上划中央的消费税和75%增值税。1996年，预算内总收入79807万元，与1995年同口径比增长14.55%。1998年，预算内总收入首次超过10亿元，为106584万元。2000年，预算内总收入173728万元，其中上划中央两税（增值税、消费税）收入占预算内总收入的52.93%、其他工商税收占34.57%、企业所得税占8.26%、财政四税占4.04%、个人所得税占3.39%、专项收入占2.04%、其他收入占2.82%、补贴国有企业亏损占−8.06%。是年，地方财政收入占预算内总收入的47.07%，比1994年增加0.71个百分点。

表19—2—422 1985～1993年萧山预算内收入

单位：万元

年份	总计	财政四税	企业收入	企业所得税		国营企业亏损补贴	个人所得税	其他工商税收	专项收入	其他收入
				国营企业	其他企业					
1985	18325	941	43	1077	4178	−222	—	12261	22	25
1986	22587	970	30	1446	4756	−65	137	15207	33	73
1987	26198	1006	46	1742	5519	−67	233	17531	88	100
1988	30087	1102	47	2037	6498	−971	362	20692	168	152
1989	36422	1571	119	2007	7065	−1327	488	25542	218	739
1990	38876	1346	111	1471	5421	−1405	652	29896	368	1016
1991	41427	1558	−4	1582	5474	−2339	698	32776	600	1082
1992	44512	1525	228	1994	4615	−2758	863	36280	712	1053
1993	61297	1491	−96	1640	3732	−1775	1147	53448	1124	586

注：①“企业收入”栏为国营企业上缴利润。
②“个人所得税”栏为个体工商户所得税、个人所得税、个人收入调节税3项合计。
③“其他工商税收”栏是增值税和营业税。
④“其他收入”栏含各项规费收入、罚没收入、公共财产收入、追回赃款赃物收入、公用事业收入、国家资源管理收入等。

表19—2—423 1994～2000年萧山预算内收入

单位：万元

年份	总计	地方财政收入								上划中央两税收入	
		财政四税	企业所得税	国有企业亏损补贴	个人所得税	其他工商税收	专项收入	其他收入	合计	消费税	增值税(75%)
1994	72376	2589	6166	−2028	760	24225	1166	690	33555	2416	36405
1995	82489	3380	7076	−4599	1720	28719	1503	984	38783	2660	41046
1996	79807	3347	6764	−4626	2835	27555	1573	840	38288	2944	38575
1997	92577	3835	7728	−7343	3455	32594		1749	42018	2814	47745
1998	106584	4209	10713	−10664	4048	36349	2334	2513	49502	4054	53028
1999	134716	4714	12790	−12440	4704	44511	2708	4581	61568	4439	68709
2000	173728	7015	14347	−14000	5898	60050	3551	4905	81766	2920	89042

注：①1994～2000年，国有企业所得税、国有企业调节税、集体企业所得税和私营企业所得税统一为企业所得税。
②1994年，尚有企业收入−13万元。
③“其他收入”栏，含各项规费收入、罚没收入、公共财产收入、追回赃款赃物收入、公用事业收入、国家资源管理收入等。
④“其他工商税收”栏是为留归地方25%部分增值税和营业税。
⑤1995年，不含浦沿、长河、西兴3镇的预算内总收入69673万元。

预算内支出

萧山解放后，随着萧山财政收入的增加、社会经济发展的需要，调整预算内支出。[①]1985年，预算内支出主要用于发展文教科学卫生等事业、支持工农业生产和城市建设。是年，预算内总支出5164万元，比1984年增长20.62%。其中用于文化教育科学卫生占预算内总支出的35.19%、农业占17.95%、挖潜革新改造15.57%、行政和公检法10.22%、城市维护费7.84%、工业交通事业2.79%、抚恤社会救济2.63%、其他部门事业1.96%、科技三项费用[②]0.14%、专项支出0.60%、价格补贴和城镇青年就业补贴等支出5.11%。

1988年，预算内资金重点用于确保文化教育科学卫生体育等事业发展、增加工农业生产投入、兼顾市政建设和改善人民物质文化生活的需要。是年，预算内总支出12028万元，其中文化教育科学卫生占29.13%、支援农业22.69%、挖潜革新改造13.09%、城市维护费9.94%、行政和公检法8.77%、其他16.38%。

1990年后，随着国家经济结构调整，萧山调整预算内支出结构，压缩非生产性支出，增加支援农业生产和发展文化教育科学卫生事业支出，保证重点基础设施建设的资金供应，并将教育费附加支出纳入预算。1992年，开始对有经常性收入来源的行政事业单位的新增支出项目，不再安排财政资金，由单位自求平衡。

1993年，按照“量入为出、量力而行和保证重点、压缩一般”的原则，预算内资金主要用于企业技术改造、支援农业生产、发展教育事业，严格控制会议费用等一般性支出。是年，预算内总支出33011万元，比1992年增长62.18%。其中用于文化教育科学卫生事业、支援农业发展、企业挖潜革新改造资金分别为10049万元、7014万元，2782万元，比1992年增加45.85%、165.58%和362.90%，占全市预算内总支出的30.44%、21.25%和8.43%。

1995年，预算内资金开始用于农业综合开发项目，用于农业的支出5615万元，比1994年增长32.65%，高于同期预算内收入增幅的18.68个百分点，高于同期预算内总支出增幅的17.44个百分点。1985～1995年，预算内支出年均增长23.26%。

1999年，根据全国财政工作会议提出的逐步建立公共财政基本框架的目标，开始进一步优化财政支出结构，预算内支出重点向公共财政职能转变。是年，增加农业、教育科技文化卫生和环境保护等支出，用于文化教育科学卫生事业、工业交通事业、支援农业发展的支出分别为27209万元、3756万元、7879万元，比1997年增长35.36%、34.58%、21.08%。

2000年，为确保钱塘江、浦阳江、永兴河“两江一河”标准塘建设和造田造地指标的完成，增加农业投入，投入农业的资金9927万元，比1999年增长

①1949年6～12月，预算内支出5.53万元，其中行政管理费支出3.33万元、文教科学卫生支出2.19万元、其他支出0.01万元，分别占全县预算内支出的60.22%、39.60%、0.18%。第一个国民经济五年计划时期（1953～1957年），文教科学卫生、行政管理费、基本建设投资、支援农业的支出分别占总支出的39.17%、27.75%、20.20%、3.99%，其他支出占8.89%。

1958～1960年期间，每年的基本建设投资占全县预算内支出的一半以上，支援农业的比重亦占相当大的比重。

1966～1975年期间，文教科学卫生支出逐年上升，除1971、1972、1974年外，其余各年所占比重均居第一位；基本建设投资与支援农业支出基本相当，分居第二或第三位。

1976年始，挖潜革新改造的基本建设不列入基本建设支出项目，1980年后基本建设投资改拨款为贷款，也不列入预算。1976～1984年，文教科学卫生支出继续逐年上升，每年保持第一，农业支出位居第二。1984年，预算内支出4280.92万元，其中文教科学卫生支出1709.66万元、农业1162.68万元、行政管理费565.94万元、抚恤和社会救济费等支出532.64万元、企业挖潜改造资金310.00万元，分别占全县预算内支出的39.94%、27.16%、13.22%、12.44%、7.24%。

②“科技三项费用”是政府为支持科技事业发展而设立的新产品试制费、中间试验费和重大科技项目补助费。“科技三项费用”是财政科技经费的重要组成部分、实施重点科技计划项目的重要资金来源。

图19－2－656　1993年7月，杭州万向节总厂厂长鲁冠球（左二）向市财政税务局局长蔡妙友（右二）介绍企业挖潜革新改造后的生产情况（萧山区财政局提供）

25.99%。是年，预算内总支出101566万元，其中文化教育科学卫生支出占预算内总支出的30.43%、行政和公检法16.42%、城市维护费14.42%、农业9.77%、挖潜革新改造5.52%、社会保障补助和抚恤社会救济4.50%、工业交通事业3.84%、专项支出3.40%、其他部门事业3.17%、科技三项费用1.19%、基本建设等其他7.34%。1996～2000年，预算内总支出年均递增20.03%。

表19－2－424　1985～2000年萧山预算内支出情况

单位：万元

年份	总计	农业	工业交通事业	文化教育科学卫生	其他部门事业	抚恤社会救济	行政和公检法	挖潜革新改造	科技三项费用	城市维护费	专项支出	其他
1985	5164	927	144	1817	101	136	528	804	7	405	31	264
1986	7234	1185	124	2517	240	151	580	1390	10	704	23	310
1987	8637	1811	134	2841	227	174	677	1027	12	661	20	1053
1988	12028	2729	283	3504	191	368	1055	1574	17	1196	244	867
1989	15344	3559	418	4066	384	287	1342	1838	29	1586	222	1613
1990	16337	4834	530	5064	478	304	1540	715	41	1505	251	1075
1991	18740	3117	619	5761	633	368	1965	854	42	3043	773	1565
1992	20354	2641	658	6890	680	429	2591	601	48	3525	725	1566
1993	33011	7014	622	10049	909	503	4708	2782	66	3558	1083	1717
1994	37085	4233	820	14178	2261	744	5926	1780	142	5260	1183	558
1995	42727	5615	1080	16283	2399	830	6675	1808	147	5274	1388	1228
1996	47532	5283	2074	17292	2558	995	7690	1152	390	6310	1624	2164
1997	50504	6507	2791	20101	2233	1316	8863	1100	389	5249		1955
1998	61787	6636	2891	23423	2258	1425	10399	1332	971	7740	2254	2178
1999	77085	7879	3756	27209	3700	1496	13132	1453	725	9478	2581	3719
2000	101566	9927	3902	30906	3218	1986	16682	5606	1213	14641	3451	7459

注：①1995年不含浦沿、长河、西兴3镇的预算内支出40774万元。

②“总计”栏中还含：1998年社会保障补助280万元、1999年1957万元、2000年2575万元。

第二节　预算外收支

预算外收入起源于1950年的地方经费，预算外支出主要用于弥补预算之不足。①1960年后，形成较为固定的预算外收入渠道，预算外收支项目陆续增加。②

1985年，预算外资金③仍由负责行政事业性收费单位（简称执收单位，下同）自行管理，自收自支，可以多收多用。

1987年开始，执行省政府《关于加强预算外资金管理的通知》（浙政〔1987〕8号）精神，逐步将各项预算外资金纳入财政专户储存，经财政管理部门批准后，拨付给执行单位使用；④同时建立预算外资金使用审批制度、预

①1950～1952年，预算外收入仅有工商税附加和少量的农业税附加。其间，预算外总收入22.53万元，其中用于文教科学卫生21.15万元、基本建设投资0.90万元、行政管理费0.03万元、其他0.45万元。

②预算外收入项目：1960年，增加县办工业利润留成和以前年度支出收回；1962年，增加城市公用事业附加；1968年，增加县集体企业固定资产折旧基金；1978年，增加盐税留成和县自来水厂利润留成。1984年，预算外收入有农业税附加、工商税附加、城市公用事业附加、盐税留成、县集体企业固定资产折旧基金、县办工业利润留成等。是年，预算外收入817.60万元。

预算外支出项目：1956年，增加支援农业支出、交通事业支出；1964年，增加企业挖潜改造资金；1972年，增加人民防空经费。1984年，预算外支出主要用于城市维护及公用事业、企业挖潜革新改造、行政管理费；还用于交通、农业和文教科学卫生的支出。是年，预算外支出729.20万元。

③预算外资金是相对预算内资金而言的财政性资金，是指部门和单位为履行或者代行政府职能，依据国家法律、法规和财政、价格主管部门的规定，收取、提取、募集和安排使用的未纳入国家预算管理的财政性资金。

④预算外资金财政专户储存，即行政事业性收费单位在银行内开设“收入过渡户”和“支出户”两个账户，收取的预算外资金定期缴存“收入过渡户”。使用预算外资金，须经财政行政管理部门批准，但所需支出不需年初预算，财政行政管理部门在不超过预算外资金余额的范围内，将资金拨付给执收单位的“支出户”，由执收单位按规定使用。

算外资金管理制度，从而改变了预算外资金由执收单位自行管理的做法。但这种管理方式，只是财政行政管理部门对预算外资金实施的一种监控手段，事实上承认预算外资金的所有权和使用权均属于执收单位。至1987年末，存入财政专户的预算外资金共计1114万元，储存的预算外资金主要有造地费（包括征用菜地的造地费）和土地管理费、交通局的运输管理费、经济作物技术改进费（包括棉、麻蚕桑等改进费）、县房管处及城厢镇房管站的公房房产管理收入、城厢镇教育费附加和校办企业管理费及上缴利润、水产资源增值费和赔偿费、航船过闸费（指上缴县农水局部分费用）和农机监理收入、县农电管理总站收取的农电管理费、合同制工人养老保险金、待业青年保险金、退休统筹金、市场建设资金、市场管理费及个体工商业户管理费收入、军队转业干部建房费、城建办的小区配套设施建设费和旧城改造补贴费、散装水泥专项资金、企业化管理的事业单位税后利润、个体和集贸市场税收分成收入及税款代征手续费、自行车牌证工本收入、城厢镇市建绿化所的预算外收入、诉讼费和公证费收入、城建局所属质量监督站收入、党校住宿及场租收入等。是年，经批准拨付给执收单位使用的资金499万元，通过财政统筹调度给企业用作短期流动资金周转500万元。

1989年，扩大行政事业单位的专户储存范围。年末，财政专户储存的行政事业单位的预算外资金有3502万元，比1989年增长41.04%。同时，开展对预算外资金的专项检查。是年，清理非经营性收款收据，自查的执收单位有147家，重点检查7个系统的49家单位，查出违纪金额246万元。1990年，继续扩大行政事业单位的专户储存范围。年末专户存储余额4079.70万元，比1989年增长16.50%。其中市财政统筹调度预算外专户存储资金，用于企业流动资金和技术改造的有3670万元。

1994年4月11日，随着经济体制改革的逐步深入，预算外资金的性质和范围发生变化，市政府印发《关于加强预算外资金财政专户储存工作的通知》（萧政发〔1994〕62号），实行收支两条线管理，明确列入财政专户储存预算外资金的范围，列入财政专户储存的预算外资金主要有：行政事业单位按规定收取的事业性收费；各项基金、附加和集资款；上下级业务部门之间返还、补助或留用的收费资金；行政主管部门下属单位上缴的利润、管理费、专项资金等；垄断行业的经营服务性收费；凭借政府职能收取的不纳入预算管理的资金（基金），包括各类保证金、押金和社会集资等；行政事业单位工作用房出租收入等。是年，执收单位81家，比1992年增加14家。1995年，全市纳入财政专户储存的执收单位有90家。是年，市纪律检查委员会、地税局联合专项清理全市预算外资金，查出违纪的预算外资金389万元，占全市预算外资金收入的2.14%。翌年，市政府组织清理1995年度全市预算外资金收入，自查单位124家，自查面100%，自纠违纪金额1400万元，占1995年全市预算外资金收入的7.70%。

1997年，为缓解财政预算内建设资金的不足，市政府开始从执收单位收取的行政事业性收费收入中筹措政府统筹资金。同时，建立预算外资金管理员制度，凡有预算外资金收支行为的部门和单位都确定预算外资金管理员1名，并对预算外资金管理人员实行计分考核。是年，筹措政府统筹资金3226万元，占全市预算外支出的11.92%。

1998年1月1日起，贯彻国务院印发的《关于加强预算外资金管理的决定》（国发〔1996〕29号）精神，全市预算外资金收入实行“单位开票、银行收款、按期结报”，预算外支出实行“核定基数、比例分成、以收定支、超收计奖、超支不补、节余留用、适当统筹、综合平衡”的方法。同时，明确预算外资金所有权归国家，调控权归政府，管理权归财政行政管理部门，使用权归执收单位，这在一定程度上改变了预算外资金的所有权、管理权“两权不变”的做法，初步建立了行政事业单位收支统管、并账核算、统筹安排、自求平衡的综合预算管理体系。是年，清理执收单位银行账户，核减银行账户227个，并完善了预算外资金开户审批制度。

2001年1月1日，各行政事业单位建立财政综合预决算制度后，对预算外资金的征收、管理、使用，实行所有权、管理权和使用权“三权分离”，取消执收单位预算外收入的“收入过渡户”和统一集中管理、收支两条线的管理方法，全面实行“单位开票，银行收款，财政统管”的票款分离制度，将预算内、预算外资金“合二为一”，统一管理、统一使用，由市财政行政管理部门综合平衡，从而确保了收支两条线管理的贯彻落实，加强了财政行政管理部门对预算外资金的调控能力，使预算外资金成为财政资金的重要组成部分。

表19—2—425　1994～2000年萧山市纳入财政专户的预算外资金收支情况

单位：万元

年份	预算外资金收入				预算外资金支出					年末余额
	总计	一般预算外资金	专项预算外资金	上级补助	总计	一般预算外资金	专项预算外资金	政府统筹资金	上级补助	
1994	8245	8245	—	0	4315	4315	—	—	0	9509
1995	18174	18174	—	0	14039	14039	—	—	0	13644
1996	12037	12037	—	0	12485	12485	—	—	0	13196
1997	16774	16764	—	10	27058	23822	—	3226	10	2912
1998	35627	14769	20848	10	36371	13575	21669	1117	10	2168
1999	83056	19582	63471	3	75491	16194	57118	2176	3	9733
2000	136727	24701	112026	0	113991	21649	90086	2256	0	32469

注：1999年后，对镇乡财政实行综合预算体制结算，使全市的预算外收入、支出增加。

第三节　财政收支平衡

市级财政收支平衡

1980年实行“分灶吃饭”财政管理体制后，财政收支的规模更为扩大，结余增加。至1985年，县级财政收入（可用资金）、财政支出、财政结余分别为6895万元、5719万元、1176万元，比1984年增长25.22%、16.55%、16.27%。后，财政收支年年平衡，结余增加，县级财政可用资金占财政总收入的比重增加，改变了过去财政总收入增加而县级财政可用资金不相应增加的状况。1986年，县级财政可用资金9073万元，比1985年增长31.59%，高于财政总收入增长幅度8.33个百分点。

1990年，国家实施宏观调控，经济增长速度放慢，市级财政可用资金增长幅度下降。是年，通过压缩财政支出，使财政收支继续保持平衡，市级财政可用资金22213万元，比1989年增长2.91%；财政支出17566万元，比1989年减少2.08%。市级财政可用资金占财政总收入的比重为57.14%，比1989年下降2.12个百分点；年末财政结余比1989年增长27.49%。

1991年后，萧山经济逐渐好转，市级财政可用资金稳步增长。1991～1995年，市级财政收入年均递增19.96%,财政支出年均递增23.11%，市级财政可用资金占财政总收入之比重每年均在60%以上。1997～2000年，市级财政可用资金年均增长21.68%，财政支出年均增长21.89%，市级财政可用资金占财政总收入的比重每年均在70%以上。

表19-2-426　1985～2000年萧山市（县）级财政收支情况

单位：万元

年份	财政收入					财政支出			财政结余		
	总计	预算内收入	减：收入上缴省	加：上级补助上年结余	加：预算外收入	总计	预算内	预算外	总计	预算内	预算外
1985	6895	18325	13683	1520	733	5719	5164	555	1176	998	178
1986	9072	22587	16842	2544	783	7777	7234	543	1295	1055	240
1987	11080	26198	19224	3344	762	9020	8637	383	2060	1681	379
1988	15456	30087	19628	3502	1495	13039	12028	1011	2417	1933	484
1989	21584	36422	21782	3618	3326	17939	15344	2595	3645	2913	732
1990	22213	38876	23556	4658	2235	17566	16337	1229	4647	3641	1006
1991	24861	41427	24883	5576	2741	20074	18740	1334	4787	3380	1407
1992	27317	44512	31357	10352	3810	22306	20354	1952	5011	3153	1858
1993	39759	61297	30740	5309	3893	35134	33011	2123	4625	2855	1770
1994	46070	72376	38282	5786	6190	40545	37085	3460	5525	2795	2730
1995	55189	82489	43135	6562	9273	49672	42727	6945	5517	3189	2328
1996	58693	79807	36690	7169	8407	54257	47532	6725	4436	2754	1682
1997	68062	92577	45086	6853	13718	63317	50504	12813	4745	3840	905
1998	78224	106584	51727	11807	11560	72308	61787	10521	5916	4877	1039
1999	96114	134716	68010	15400	14008	89892	77085	12807	6222	5021	1201
2000	128677	173728	88691	23677	19963	119754	101566	18188	8923	7148	1775

注：①1994～2000年按分税制财政体制填列。

②“上级补助”中不含实行分税制的“税收返还补助”。

③“预算外”栏，1997年包括“预算外”和“基金预算”，原列预算内专项收支的“教育费附加”、“排污费”改列“基金预算”，1998年后恢复。1998～2000年“预算外”为“基金预算”。

④财政结余栏，含当年增设的预算周转金。

镇乡级财政收支平衡

1986年1月，建立一级财政的66个镇乡实行固定收入和固定支出包干，完成财政固定收入比包干基数增加的部分，实行增长分成，根据镇乡不同情况分别确定10%、15%、20%、30%、45%的比例分成。是年，镇乡财政可用资金2038万元，其中按财政体制分成1472万元、县给予各项专款补助562万元、1985年结余4万元；财政支出1793万元，年终结余245万元。有64个镇乡均有数额不等的结余，昭东乡（今属瓜沥镇）、径游乡（今属浦阳镇）的骨干企业经营不佳，导致财政赤字，分别赤字6373元、8448元。

1989年，银行业金融机构开始控制信贷规模，乡镇企业发展资金严重短缺，开展以企业增收节支、增产节约为中心的“双增双节”运动，节约非生产性支出。是年，67个镇乡有55个实现了财政收支平衡，略有节余。靖江、新湾、南阳、来苏、昭东、宏伟、梅西、新围、进化、通济、城山和夹灶12个镇乡，因骨干企业生产不景气等原因收不抵支，由市财政局调入预算外资金等弥补。

1991年，调查全市镇乡财政账外负债情况，有52个镇乡财政存在账外负债1400万元。同时，审查其中28个镇乡的50个项目决算，核减项目资金共计65万元。是年，全市财政收支赤字镇乡由1990年的8个减少到6个。

1992年4～6月，撤区扩镇并乡期间，为防止发生以各种名义突击花钱、私分公物和非法挪用国家、集体财产，市政府规定镇乡政府及部门的经费开支标准，并成立市财政局财产清理工作小组，清理各区、镇乡及部门财务。是年6月末，全市67个镇乡扩并为31个，在31个镇乡中有4个镇乡预算外资金收支平衡，略有结余；27个镇乡赤字1119万元，预算外赤字最多的乡有143万元；全市镇乡财政负债2639万元，其中账外负债1305万元；应收款7912万元，应付款12789万元。对于镇乡存在的财政赤字问题，采取市财政解决一点、镇乡财政节约一点、各方面筹集一点和制度上严格一点（严格按预算办事，不准办理无预算支出）的“四个一点”弥补措施。7月撤区扩镇并乡后，对镇乡实行财政收入目标管理。年末，全部镇乡财政收支平衡。

1995年，镇乡财政支出开始实行定额管理。1997年1月1日，根据镇乡财政管理体制，除国有企业和非银行业金融机构（信用社）缴纳的消费税、增值税、营业税、企业所得税外，其他企业和个体户、私营企业缴纳的税收均作为镇乡地方财政收入；除原有市级财政承担的个别项目外，镇乡区域范围内的各项行政事业支出和建设项目支出，均列入镇乡财政支出。同时，对镇乡财政收支平衡实行考核，即把确保镇乡财政预算内外收支综合平衡和控制财政滚存赤字增加作为镇乡工作考核的重要内容。同时，为有效防范和化解财政债务风险，实施镇乡财政统一建账核算。

1998年后，鼓励镇乡自求平衡，对财政收支平衡的镇乡，市财政局每年给予一定额度的奖励；对上年度列入体制补助（实行分税制财政管理体制后，影响财政收入的补助）的镇乡，下年度能自行平衡的，除给予奖励外，还按当年镇乡地方财政收入超收部分的20%一次性补助给镇乡财政；对年初确定为综合预算体制结算补助的镇乡，进行补助与负债相联系的考核制度，即年初先给予补助额的80%，其余补助额的20%到年终视综合负债情况给予，并根据压缩负债情况，按支出控制数的一定比率给予相应的补助。1999年，根据市政府《批转市财政局〈关于对镇乡财政实行综合预算体制结算工作意见〉的通知》（萧政发〔1999〕74号）精神，对镇乡财政实行综合预算体制结算后的经常性经费难以自行平衡的镇乡，其预算外经常性规费收入也纳入结算范围，按“体制宽口径、收入低增长、支出大定额”的方式，实行综合预算体制结算补助。并从强化预算约束着手，对镇乡财政收支平衡的考核，从预算内扩展到预算外，建立账外负债的备查制度，把预算执行情况和负债情况列入镇乡财政检查的主要内容。1995～2000年，全市每一个镇乡财政收支均实现收支平衡、有余。

表19-2-427　1986～2000年萧山镇乡级财政收支情况

单位：万元

年　份	财政收入	可用资金	财政支出	结　余
1986	12003	2038	1793	245
1987	13985	2483	2333	150
1989	17363	4439	3806	633
1990	20201	5802	4858	944
1991	22536	6955	6170	785
1992	24649	7508	6732	776
1993	32400	10601	10040	561
1995	23083	15762	15032	730
1996	22496	15862	15399	463
1997	27222	18610	18022	588
1998	30676	21433	20653	780
1999	40120	26034	24835	1199
2000	49547	34803	32653	2150

注：1988、1994年缺项。

2001年1月1日，开始全市推行以会计核算、收支科目、银行开户、收入管理、支出管理、收费管理“六统一”为主要内容的镇乡财政“单一账户”，即只允许镇乡开设一个基本结算户，以财政集中支付的方式，加强镇乡财政财务管理，使镇乡财政管理逐步规范化、系统化。

第三章 财政管理

民国前期，国民党县财政行政管理部门的职责是经管收支账目与钱谷出纳，未有明确的监督权限。民国24年（1935）后，曾制定有若干制度法令，强调会计独立与会计监督，并推行审计监督，但均未认真执行。萧山解放后，县财政行政管理部门担负财政管理职能，先后开展税源大检查、税务检查、监缴企业利润、清产核资和管理行政事业经费等财政管理工作。1958年，开始每年一次的工商企业财务、税收会查制度。翌年8月，开始核定预算内工业企业定额流动资金。60年代起，县级行政事业单位建立财务辅导互审制度，控制集团购买力。1969年，县财政税务局撤销，工商企业财务、税收互查制度一度中断。1971年，开始将财政挖潜、革新、改造等资金借给企业无偿使用。1977年后，工商企业财务、税收会查改为财经纪律大检查。1979、1981年，先后对行政单位的固定资产由无偿调拨改为有偿调拨、国拨流动资金改为有偿使用。1984年，财政挖潜、革新、改造等资金开始有偿使用，实行财政信用贷款。

1985年后，先后通过培训在职财务会计人员、组织会计专业职务评审、实行会计持证上岗制度、推广会计电算化等工作加强会计管理，使会计工作逐渐规范。同时，每年开展税收财务大检查。1991年，开始为企业技术改造发放设备租赁贷款。翌年起，先后设立萧山市财政局国有资产管理科、萧山市国有资产经营总公司、萧山市国有资产管理局[①]，开展国有资产产权登记、建立统计年报制度、清产核资、资产评估确认、国有资产授权经营等工作。

1994年，国有企业主管部门开始建立国有资产经营机构。1996年，城镇集体企业主管部门开始建立城镇集体资产经营机构。翌年开始，先后对城镇集体企业清产核资、汇编1999年和2000年城镇集体企业和集体金融企业年报。1998年，停止并开始清理财政信用贷款和税收财务大检查。翌年，行政事业单位实行政府物资采购制度。2000年后，财政管理更为规范。2000年1月，建立萧山市政府投资审价中心，负责管理政府投资建设工程审价及建设资金。至年末，建立起较为完善的财政管理体系及国有资产管理体系。

第一节 会计管理

会计知识培训

萧山对财务会计人员（简称财会人员，下同）进行会计知识培训始于1972年。[②]1979年，结合“两清”进行会计辅导。[③]1980、1981年，组织企业财会人员参加会计函授。[④]1985年5月1日起，《中华人民共和国会计法》（简称《会计法》，下同）施行，县财政税务局会同业务主管部门举办会计知识培

①2001年12月，政府机构改革后，不再保留杭州市萧山区国有资产管理局，杭州市萧山区财政局增挂“杭州市萧山区国有资产管理委员会办公室”牌子。

②1972年初，戴村财政税务所举办会计训练班，参加的财会人员有16人。翌年，城北区举办社队企业会计训练班。后，其他各区亦陆续举办社队企业会计训练班，培训对象除社队企业财会人员外，还选送各公社具有初中、高中文化程度的城镇支农青年和回乡知识青年进行会计培训。1972～1981年，累计培训财务会计人员3153人次。

③1979年，县财政税务局会同县社队企业管理局开展以清积压物资、清应收付款的“两清”为内容的会计辅导活动。此活动，清查448家社队企业，清出不合理占用资金1276.60万元，占清查企业全部定额流动资金的49.10%。

④1980、1981年，县社队企业管理局组织在职社队企业财会人员参加杭州长征业余学校工业会计函授学习班，两个学期结业学员916人。

训班，轮训在职财会人员。至1990年，举办各种会计知识培训班240期，培训人员15375人次。其间，市科学技术协会还举办了企业高层管理人员参加的培训班，培训价值工程、本量利分析、ABC分析、决策技术、经济责任制等管理方法。市财政税务局对市国营工业总公司、二轻工业总公司、农场管理局和乡镇工业管理局（后称乡镇企业局）所属企业的98名财会人员培训《现代化管理十八法》。该项培训被列为杭州市科学技术协会“星火计划”。

1991年，萧山市会计学会分别与中华会计函授学校、浙江财经学院联办会计专修班，中专毕业111人、大专毕业191人。

1993年，为贯彻7月1日起施行的《企业财务通则》《企业会计准则》，对全市财会人员进行了一次普遍性轮训，举办培训班35期，培训人员3526人。

1995年7月1日，修订后的《中华人民共和国会计法》开始施行，市财政局举办新《会计法》培训班，全市有5839家企业单位的9771名财会人员参加培训，培训人数占全市财会人员的72%。是年，为推广应用会计电算化管理，开始对全市财会人员进行电算化知识和电子计算机应用的知识培训，举办财会人员培训班5期，培训人员115名，经考试合格并发给合格证书的人员有112名，合格率为97.39%。翌年，全市会计工作由手工记账改为电算化的企业有15家。后参加会计电算化知识培训的财会人员逐年增多。至2000年末，培训电算化知识和电子计算机应用知识培训的财会人员累计8254人。

会计资格管理

任职资格　1986年起，根据中央职称改革工作领导小组制定的《会计专业职务试行条例》（〔86〕职改字第56号）精神，萧山实行会计专业职务聘任制度，会计专业技术职务名称分为高级会计师、会计师、助理会计师、会计员。至1987年，萧山评定有会计师4名、助理会计师70名、会计员71名。

1988年，对全市3112名财会人员进行专业考核，评定会计技术职务人员2106名，占专业考核人员的67.67%。其中高级会计师1名、会计师52名、助理会计师527名、会计员1526名。

1992年，会计师、助理会计师、会计员职务评审改为全国会计专业技术职务任职资格考试，并进行每年考前辅导。是年，参加全国会计专业技术职务任职资格考试的有3733人，其中参加会计师资格考试352人、助理会计师资格考试924人、会计员资格考试2457人，获得会计师、助理会计师、会计员任职资格的781人。

1994年起，每年组织会计人员报考注册会计师。1999年，会计师、助理会计师、会计员职务任职资格考试改为初级会计职称和中级会计职务两类资格考试。是年，全市报考专业技术职务任职资格的会计人员1109名，其中报考中级会计职称419人、初级会计职称690人。经考试，获初级会计职称和中级会计职务任职资格的人员298名。

2000年，高级会计师须经浙江省高级会计师评审委员会评审通过。是年，取得会计专业技术职务任职资格人员327名，注册会计师4名。

表19-3-428　1992～2000年
萧山市取得会计专业技术任职资格人数

单位：人

年份	经考试取得专业技术职务任职资格				注册会计师
	会计员（初级）	助理会计师	会计师（中级）	高级会计师	
1992	135	542	104	5	—
1993	567	226	92	0	—
1994	792	331	202	0	5
1995	184	123	94	0	4
1996	303	174	92	0	3
1997	316	211	110	0	2
1998	282	227	128	0	3
1999	238	—	60	1	6
2000	252	—	72	3	4

注：1999、2000年，会计师、助理会计师、会计员专业技术资格分为初级资格、中级资格两类。

图19－3－657　1990年12月20日，萧山市财政局召开萧山市会计证发证会议，发放首批会计证。图为市农业局、农场局、卫生局、国营工业总公司等部门代表领取会计证后的合影（陈兴法摄）

从业资格　1990年，开始要求企事业单位在开业登记注册和年检、税务登记、银行开户预留和更换印鉴时，都须交验会计主管人员和有关人员的会计证后，才能办理。是年，全市需申领会计证的人员有10243名，其中符合领证条件的人员有4744名、需经考试合格才可领证的5499名，年末，发给会计证的人员6857名、临时会计证的人员1713名，合计8570名，占全市需申领会计证人员的83.67%。

1991年后，财会人员均需经会计资格考试合格，才能核发会计证和临时会计证。1992年，开始培训新财会人员，并发放财会人员上岗证。

1995年，对在职财会人员实行会计证注册登记制度，兼职财会人员实行审批注册制度，并换发会计证。是年，培训新财会人员2107名，换发新证5183本。

1999年，将临时会计证改为预备会计证，并开始采用IC卡会计证。是年，换发预备会计证92本。2000年末，全市具有从业资格的财会人员9550人，占全市财会人员13570人的70.38%。

表19－3－429　1990～2000年萧山市财会人员从业资格情况

年份	核发临时会计证（本）	核发会计证（本）	在职财会人员注册（人）
1990	1713	6857	—
1991	118	1136	—
1992	92	870	—
1993	60	467	—
1994	86	628	—
1995	104	908	6250
1996	196	2107	3578
1997	105	853	1328
1998	112	977	3563
1999	92	513	9230
2000	117	146	9287

注："核发临时会计证"栏，1999、2000年为预备会计证数。

第二节　财务管理

企业财务管理

萧山解放后，对企业实施财务管理。[①]1979年后，改为以提高经济效益为中心，推行企业经济（营）责任制，实行企业利润留成制度[②]，开展日常财政业务活动和会计检查。1983、1984年，实行国有企业两步利改税。[③]

1987～1993年，在实行承包经营责任制的全民和城镇集体企业中，对承包期前、承包年末、承包期终分别进行审计，从而实现对企业的财务管理。[④]其间，在实行承包责任制的全民所有制工业企业中，推行"工效挂钩"，即企业工资总额与经济效益挂钩。[⑤]

1988年1月1日，原由省直接管理的粮食企业财务下放给萧山市管理，省核定萧山市1988年度粮油价差补贴包干指标为452.03万元，由省作专款补助，粮食企业收入包干亏损指标为574.90万元，在企业收入中退库，预算中作抵解支出处理。翌年，粮油收购价格调整，粮食企业亏损退库1123.99万元。

1991年，对萧山市一级、二级企业固定资产折旧在原规定年限的基础上加速20%～30%；大中型国营工业企业在不超过年销售额1%范围内，允许分批提取折旧资金，用于补充企业流动资金；对国营企业按5%征收流动资金占用

①50年代，企业财务管理只限于实行企业利润监缴、投资拨款等工作。60年代，重点为整顿财务基础工作，建立和健全各项规章制度。70年代，进行经济核算、清仓查库和扭亏为盈等工作。

②1980～1984年，工业、商业、供销、物资、粮食5个系统，实现利润11530万元，其中利润留成2904万元。

③两步利改税情况，详见本编《财政税收管理体制改革》章《工商税收制度》节。

④承包经营责任制情况，详见《工业》编《工业经济体制改革》章《企业经营机制转换》节。

⑤企业工资总额与经济效益挂钩，即工资总额与实现利税挂钩。1988～1990年，实现利税37758.72万元，比省核定基数增长34.61%；决算应提工资总额14396.66万元，比省核定工资总额增长27.74%。1991～1993年，实现利税32917.84万元，比省核定基数增长60.94%；决算应提工资总额26635.94万元，比省核定工资总额增长54.14%。

费，集中投入市重点企业[①]发展生产。翌年1月1日起，将乡镇企业固定资产标准价值限额，由80年代核定的200元、500元、800元分别调整为1000元、1500元、2000元，并对批准提前报废的固定资产允许一次性补提折旧，其中补提折旧金额20万元以下的（含20万元）由市财政局审批、20万元以上的报杭州市财政局审批。

1993年7月1日起，执行财政部制定的《企业财务通则》和分行业的企业财务制度，并做好新老财务制度、新财务制度与承包经营责任制的衔接工作。对已实行承包经营责任制的企业，其承包办法可执行到1995年止，其中企业超承包指标而多留的利润，纳入税后利润按规定顺序分配；完不成承包指标的企业，用税后利润赔补；亦可中止承包，改执行税利分流办法。1996年1月1日起，所有企业利润分配必须执行《企业财务通则》和企业财务制度的规定。

1996年，通过对108家国有企业的年报决算查验，调整增加会计利润171.90万元，调减会计利润668.40万元。至1998年，经查验年报的国有企业267家，调增会计利润966.90万元，调减会计利润4702.40万元，调整税款494万元。

1998年，根据审计署、财政部等八部门印发的《关于清查审计农业发展银行和粮食系统有关问题的通知》（审发〔1998〕119号）精神，全面清查审计了对列入审计范围的粮食企业6年零2个月的粮食系统新增财务挂账和其他不合理占用贷款。经市财政局、审计局、粮食局和中国农业发展银行萧山市支行审查核实，萧山市粮食系统新增财务挂账和其他不合理占用贷款15566万元，其中纳入中央财政和地方政府贴息范围的新增粮食财务挂账和其他不合理占用贷款10533万元、中央财政不予贴息的新增粮食财务挂账和其他不合理占用贷款5033万元。翌年，清理萧山市供销社联合社历史形成的财务挂账。经核查，截至1998年12月31日，市供销社联合社所属企业财务挂账总额22147.20万元，其中政策性亏损挂账3082.40万元、经营性亏损挂账19064.80万元。

1999年，对全市255家外商和港澳台商投资企业实施年度检验工作，对1998年度外商和港澳台商投资企业达到A类、AA类的“两类”企业条件的[②]，确认为先进技术企业。经审核，确认先进技术企业10家，出口创汇企业43家。2000年，年度检验1999年度外商和港澳台商投资企业267家，确认先进技术企业10家、出口创汇企业62家。

行政事业单位财务管理

萧山解放初期，执行政务院统一规定的供给标准，对行政事业单位经费采取定员定额管理办法，由县政府统一决算，按月上报核销。1952年，开始对行政事业单位干部职工实行财政统包统付的医疗制度。1953年起，建立县级行政事业单位预算，按不同单位性质，将行政事业单位分为全额预算、差额补助、自收自支3种管理类型，并改进管理办法。[③]

1985年，开始对行政事业单位进行专项资金审计、专项资金调查和常规财务审计。[④]

①萧山市重点企业是指被萧山市政府命名的市一级工业企业、市二级工业企业、市特级工业企业和强工业企业。

②A类、AA类“两类”企业条件见《对外和对港澳台经济贸易》编《通关监管》章《企业管理》节中“评定为A类、AA类、B类”注释。

③1953年起，对行政事业单位财务管理先后采取“统一开支标准、经费实报实销”、“在规定标准范围内按年度计划严格控制、实报实销”、“收支预算包干”、“行政收支预算包干”等办法。

1960年，行政事业单位财务管理实行包干报销办法，即核定各项定额费用后包干使用。

1979年，行政事业单位财务管理实行部分预算包干，即对办公费、水电费、自行车修理费三项实行定额包干，节约留给单位使用。

1980年，行政事业单位财务管理改为按人定额、项目包干的管理办法，即公务费按人定额，业务费参照前3年平均额度结合事业发展情况核定，结余部分40%转为单位福利费、60%结转下年度使用。

④对行政事业单位进行的专项资金审计、专项调查和常规财务审计情况，详见《经济管理》编《审计》章。

1989年，将过去分散购买行政事业单位职工宿舍改为财政行政管理部门集中购买、统一分配，节约资金22万元。翌年，改革行政事业单位职工住房购建方法，提倡行政事业单位合作、集资建住宅，实行统一购买、统一产权、统一分房，由财政管理部门与房产管理部门统一管理住宅房。

1991年起，完善财政投资基本建设项目的资金管理制度，对市级重点项目实施全程参与的管理方法，对市机关事务管理局实行经费大包干，取消土地管理、物价检查、农机监理3个部门工作人员的统一着装。1992年，开始对工作用住宅电话和机关工作人员出差伙食补助实行定额包干。翌年4月1日起，公费医疗实行新的管理办法，[①]对享受人员实行统一发证，定点治疗，并使用公费医疗专用处方、专用病历、专用自负发票。定点医院凭清单、专用处方及发票，按月向享受包干单位结算。

1995年，开始筹划“财政预算内外收支实行统筹安排，综合平衡”的财政综合预算管理方式，分步实施编制财政直接安排的预算内和预算外资金综合预算。同时，试行市级事业单位预算包干，凡年内增人增支由单位自求平衡，促使有条件的事业单位开展有偿服务，提高单位经费自给率。1997年，为控制公用经费支出的增长，对人员、车辆、会议等经费实行定额管理，对建设项目资金实行预算定额审查和决算审计的双向控制，同时调整公费医疗管理办法[②]。

1998年，扩大财政综合预算管理范围，全面推进行政事业单位的财务制度、会计制度和预算外资金管理的配套改革，初步建立起行政事业单位收支统管、并账管理、统筹安排、自求平衡的综合预算管理体系。2000年1月，萧山基本建立了全市行政事业单位财政综合预算体系。9、11月，市级机关、由财政拨款为主的学校等事业单位和各镇乡党政部门先后实行财政统一发放工资。

图19-3-658　2000年1月，设在市财政局内的行政事业单位会计结算中心（王和吉摄）

第三节　财政监督

社会集团购买力控制

1961年起，萧山对社会集团购买商品进行控制管理。[③]至1978年，改为采取“计划管理、限额控制、凭证购买、定点供应、专用发票、专项审批”的管理方法。1981年11月后，取消凭证购买、定点供应和专用发票，将控制买卖双方限额的办法改为控制购置单位为主的方法，由省财政厅、县财政税务局分别专项审批和定额供应。

1985年，针对一些机关、团体、企业、事业单位争购高档消费品，使社会集团购买力急剧上升，采取限额指标控制和专项控制审批的方法控制社会集团购买力，分别由浙江省财政厅、萧山县财政税务局负责审批。是年，专项

①1993年4月1日起，试行市政府转发的市公费医疗办公室《关于改进市本级公费医疗管理办法的意见》(萧政发〔1993〕7号)，实行医药费用支出“二挂钩”：单位挂钩，公费医疗享受单位中的享受人员每人每月定额包干基数280元。享受者个人挂钩，所有享受公费医疗人员每人每年医药费备用金基数为20元，加每人每年工龄2元，作为全年医药自负部分备用金；个人负担费用比例，每次门诊自负10%、住院自负5%，高精尖仪器检查及特殊治疗费用自负5%；个人当年医疗费自负部分，在职干部职工当年超过本人备用金100元以上部分（不含5%高精尖仪器检查及特殊治疗费)，由单位报销或补助。

②1997年调整公费医疗管理办法，主要调整3个方面：一是公费医疗享受者个人自负比例从原来的门诊10%、住院5%分别提高到20%和10%，在职人员每年个人自负限额从100元提高到200元，退休人员从30元提高到60元，离休干部不变；二是每月随工资发放职工医药费补贴，工龄29年以下的10元，30年以上和退休人员15元，离休干部因实行医药费实报实销，不发补贴；三是在职、退休、离休人员的特殊治疗及高、精、尖仪器检查费均自负20%。

③1961年，贯彻中央提出的进一步压缩社会集团购买力的指示精神，萧山下达给各行政事业单位压缩经费指标52.85万元。

1972年12月，企事业单位开始编制年度集团购买商品支出计划，由主管部门核定支出总额。翌年，规定严禁购置沙发、地毯、钢丝床、录音机、照相机等高档消费品；严格控制购买大型或高级乐器、大型或高级体育用品、呢绒、收音机、多用机、电唱机、高低音喇叭、手提喊话器等商品，确实需要购置的，分别由杭州市革委会或省主管局审查，报省财政金融局批准；属计划分配的电影放映机、电视机、摩托车、电冰箱、小汽车不办理审批手续；一般不应购置绸缎、打字机、电风扇、铁制与木制桌椅和床柜、自行车、保险箱、油印速印机、钟表、计算机、藤器和体育用品中的乒乓球台、木制双杠、单杠等商品，如必须购买的，报经杭州市革命委员会批准。对集体所有制单位购买控制商品由县财政局审批。后，对社会集团购买力的专项控制商品审批权限多次调整。

控制商品范围在1984年的14种商品基础上，又增加3种。专项控制商品有：小汽车（包括小轿车、吉普车、旅行车、工具车，不包括双座小卡车）、大轿车、摩托车、沙发、地毯、沙发床、空气调节器、录音机和多用机（单价在500元以上）、录像机、照相机和放大机（包括各种镜头）、大型高级乐器（单价在300元以上）、家具（单价在100元以上的钢、铁、木、藤等制作的各种家具）、呢绒及其制品、纯毛毯、彩色电视机、电冰箱和洗衣机。

1989年，控制社会集团购买力的重点转向小汽车，禁止购买进口小轿车作为萧山抓好行政事业单位廉政建设的十件大事之一。是年，省下达控制小轿车指标为37辆，金额280万元；实际购买37辆，金额227.50万元。

1990年8月13日，萧山市控制社会集团购买力办公室（简称控购办，下同）建立，由萧山审批的专控商品改由控购办负责审批，除分级、按系统核定社会集团购买力指标并定期上报指标使用情况外，重点对小汽车进行审查、登记、发放“控审”标签。是年，通过审批社会集团购买，压缩资金257.33万元，没收小汽车8辆，对违反专项控制规定购买的20辆小汽车的单位处以罚款17.73万元。1991年7月30日，市政府印发《关于贯彻〈浙江省控制社会集团购买力暂行办法〉的通知》（萧政发〔1991〕50号），要求市级社会集团、职工在200人以上的镇乡和街道企业设立“控制社会集团购买力辅助账”，反映社会集团购买力支出金额，并报送控购报表。是年，省下达给萧山市级以上社会集团购买力限额指标为5900万元，实际支出7169万元，实际支出比1990年增长9.07%，超省下达限额指标的21.51%。省下达职工在200人以上的镇乡和街道企业社会集团购买力限额指标10500万元，实际购买金额12073.80万元，超出省下达限额指标的14.99%。

1992年，对1990年以来对购买小汽车进行专项检查，查出社会集团违反控制社会集团购买力规定购买的小汽车27辆，处罚款44.06万元。1994年6月建立以市财政局、公安局、监察局和控购办组成的清理党政机关违反规定购置使用小汽车办公室，联合清查党政机关违反控制购置使用的小汽车。查出党政机关违反控制购置使用的小轿车37辆，其中有省规定停止使用的轿车6辆、排气量2.5升～3.0升的28辆、排气量2.4升以下的3辆。处理退还所有权6辆、停止租赁1辆、还款给车主单位1辆（价值40万元）、过户给使用单位3辆、允许单位保留使用26辆。1996年，市控购办、市纪律检查委员会联合清理全市党政机关车辆，查出党政机关超指标的车辆29辆，其中处理转让16辆、调换7辆、归还所有权人1辆、保留5辆。同时，对国有企业的40辆超标小汽车进行登记，并发放《超标准小汽车使用证》。至此，自1989年控制社会集团购买小汽车后，全市违反控制社会集团购买力规定购置的小汽车共计131辆。

1998年后，对全市党政机关使用小汽车实行定编控制使用。2000年，党政机关仍按照小汽车定编数量控制使用，并对行政事业单位小汽车购买实行审批。

政府采购

1999年，建立萧山市政府采购中心，开始对行政事业单位购置物资实行政府采购制度。是年，对行政事业单位购置公务用车实行政府采购，通过政府采购中心采购车辆11辆。2000年，采购物资金额1320万元，节约资金50余万元。

政府投资审价

2000年1月，为加强政府投资建设工程审价及建设资金管理，促进建设项目的招标投标、承包发包、施工合同、工程质量各个方面的规范运行，加强财政预算约束，建立萧山市政府投资审价中心。该中心受市政府委托，协同市财政局管理投资审价，履行政府投资建设项目概算、预算、决（结）算的评审及管理等职能。是年，受托审价政府投资建设项目14个，评审投资额25191万元，缩减建设资金2580万元。

税收财务大检查

税收财务检查始于50年代。1951年，进行税源大检查。[①]1952年，开始税务检查。[②]1972年，开始在纳税单位中开展自查互查、会查。[③]1985年9月20日开始，根据省政府统一部署，萧山开展税收财务物价大检查，县财政局组织人员，遵循“自查从宽，被查从严，实事求是，宽严适度”的原则，采取自查与重点检查结合、内查与外查结合、检查与整改结合的“三结合”方式，对行政事业单位、企业和个体户等进行税收财务大检查。至1986年1月20日，经过自查、互查、重点检查3个阶段，参加自查、重点检查的人员有18361人，检查行政事业单位、企业、个体户等8579家，查出违纪金额1799.50万元，其中国营企业373.10万元、集体企业1318.80万元、行政事业单位2.10万元、个体工商户3.40万元、其他102.10万元，应补缴税款（包括能源交通重点建设基金）841.80万元。是年，入库521.90万元，占应补缴税款的61.99%。翌年后，每年度进行税收财务大检查。1985～1995年，共组织税收财务大检查10次，检查企业116826家次。通过自查和重点检查，查出违纪金额共计23174.60万元，应补缴税款13222.98万元。在各年末入库应补税款共计9631.16万元，占应补缴税款的72.84%。

1996、1997年开展的税收财务大检查只是重点检查，不进行企业自查，重点检查企业共计15153家次，应补缴税款1709万元。在年末补缴入库应补税款1388万元，占应补缴的81.22%。

1998年后，省政府不再组织统一的税收财务物价大检查。

①1951年9～11月城乡税源大检查，共查出全县私营工商企业抽逃的账外资金有黄金430两、银元1680枚、土烧酒132坛、其他物资估值3万元，均动员归账；查补的税额有货物税、营业税、印花税、所得税、临时商业税和屠宰税等共计23030元。瓜沥镇查增的营业额为评定额的4.08倍，账外资金占账面资金的21.90%。

②1952、1957、1963年3次税务检查，共检查工商企业3614家次、查补税款388536元。

③1972～1984年，每年结合工商所得税汇算清缴复查等工作，在纳税单位中开展自查互查、会查。其中1972～1982年，检查纳税户10566家次，查补税额和罚金共计627.90万元；1983～1984年，检查纳税户5650家次，查补税额共计592.97万元。

第四节　财政信用

图19—3—659　1996年10月，市地税局城厢分局税务人员在萧山花边总厂进行税收财务大检查（杭州市萧山地方税务局提供）

财政信用贷款

1984年起，萧山开始财政信用贷款[④]。1985年，利用财政的企业挖潜革新改造资金向48家企业发放贷款0.18亿元，贷款比1984年增长90.54%。发放贷款按企业类型分：国营企业占58.08%、物资企业22.71%、二轻企业13.25%、其他企业5.96%。按贷款用途分：固定资产投资性贷款占56.84%、流动资金贷款占43.16%。贷款利息3个月内为6.30%，3个月以上6个月以内为6.90%，6个月以上为7.80%。至年末，挖潜、革新、改造资金贷款余额2047.80万元，占财政的企业挖潜革新改造资金的95.10%。其中国营工业贷款余额774.80万元，占挖潜革新改造贷款余额的37.84%；乡镇企业518.40万元，占25.31%；二轻工业233.40万元，占11.40%；物资企业400万元，占19.53%；房地产经营企业80万元，占3.91%；其他41.20万元，占2.01%。

1987年，财政信用贷款开始支持贫困村发展经济。翌年，支持贫困村经济开发项目贷款104个，占全县扶持技术改造项目数量的14.21%。

1989年，停止向技术落后、能耗高、污染重、效益差的企业发放财政信用贷款。是年，向139家市一级、二级企业及出口创汇企业发放贷款7.16亿

④财政信用贷款的资金也称财政周转金，是以财政挖潜改造资金为基础，再多渠道筹集资金，利用资金的时间差，挖掘财政自身资金潜力，将资金以贷款的形式发放，支持萧山各项事业的发展。

元，其中短期流动资金贷款占90%，技术改造贷款10%。翌年，发放的财政信用贷款13.61亿元中，技术改造贷款占2.35%、短期流动资金贷款占97.65%。

1991年，为减轻企业负担，调低财政信用贷款利率。经调整后的财政信用贷款利率为6个月内6.30%，6个月以上6.60%。是年，选择在大桥乡（今属河上镇）进行财政信用贷款由乡政府统贷统还的试点，由乡政府将财政信用贷款调度给企业。年末，全市6个区各有1个镇乡试行政府统贷统还的财政信用贷款办法。全市镇乡财政信用贷款余额为4063万元，占全市财政信用贷款余额的5.73%。

至1997年末，财政信用贷款余额11.07亿元（含历年利息收入3.14亿元）。贷款余额按资金来源分：萧山财政自有资金8.87亿元，占财政信用贷款余额的80.13%；借浙江省财政厅资金1.18亿元，占10.66%；各种渠道融资0.60亿元，占5.42%；其他资金0.42亿元，占3.79%。按贷款单位类型分：企业贷款10.55亿元，占财政信用贷款余额的95.30%；基础设施和行政事业单位贷款0.52亿元，占4.70%。财政信用贷款是以行政方式参与企业经营的一种特定形式，没有按照商业银行的运行方式运作，因此财政信用贷款资金逾期率高，财政信用账面贷款逾期余额为4.64亿元，逾期率（财政信用贷款逾期账面余额与同期财政信用贷款余额之比）41.92%。有的财政信用贷款账面虽不逾期，但实际上已成沉淀资金。如实施分税制前1年的1993年，有部分企业减免税未被批准，为解决企业资金紧缺，将减免税的50%计为3848万元，借给申请贷款企业无偿使用5年，到1997年这部分资金虽未反映逾期，但已有企业歇业，难以收回。又如镇乡企业转制而转入镇乡资产经营机构的财政信用贷款有2953万元，虽已明确债权人，但也难以收回。是年，为盘活沉淀资金，重视财政信用贷款的回收，控制贷款的发放，全年压缩财政信用贷款6064.62万元，比1996年增长18.46%；发放贷款3.04亿元，为1996年的20.25%。

表19-3-430　1985～1997年萧山财政信用贷款情况

年份	贷款企业（家）	发放贷款（亿元）	收回贷款（亿元）
1985	48	0.18	0.06
1986	134	0.57	0.24
1987	782	1.73	0.93
1988	833	3.67	2.98
1989	139	7.16	5.32
1990	171	13.61	11.00
1991	186	18.17	17.36
1992	186	16.61	14.83
1993	82	14.48	14.60
1994	81	15.45	14.96
1995	178	19.11	16.91
1996	92	15.01	16.09
1997	64	3.04	0.61

1998年，根据全国财政工作会议提出的清理整顿财政周转金的要求，停止财政信用贷款（包括停止政府已明确的当年技术改造贷款），开始全面清理原财政信用贷款，并向各财政分局下达清收任务。是年，市政府下达清收财政信用贷款任务6666万元，实际收回11844万元，完成清收任务的177.68%，减少财政信用贷款企业98家。至年末，全市财政信用贷款余额9.89亿元，比1997年减少10.66%。

1999年1月，国务院办公厅下发《转发国家财政部〈整顿财政周转金方案〉的通知》（国办发〔1999〕1号）后，市政府成立由常务副市长任组长，市经济委员会等政府职能部门负责人为成员的市清理整顿财政周转金工作领导小组，各镇乡及主管部门也相继成立组织，并制定财政周转金清理整顿实施意见，召开由各镇乡分管工业的副镇乡长和各企业主管部门负责人参加的清理整顿财政周转金工作会议，部署财政信用贷款清理整顿工作，下达给各镇乡及部门清收任务1.20亿元。同时，按照“谁主管、谁整顿，谁用钱、谁还钱，谁担保、谁负责”的原则，采用财政贴息、转期归还、法律诉讼等措施清收财政信用贷款。是年，实际收回2.10亿元，完成清收任务的1.75倍。年末，财政信用贷款余额7.79亿元，比1998年减少21.23%。

1998～2000年，收回财政信用贷款4.54亿元（用现金归还财政信用贷款3.12亿元、实物资产作价抵贷款1.42亿元）、转入各系统国有资产经营公司0.18亿元、依法核销0.29亿元。2000年末，尚有706家企业欠财政信用贷款32721.21万元，其中逾期29880.94万元，逾期率91.32%。[①]

设备租赁贷款

1990年8月，建立浙江省租赁公司萧山代理处（以下简称萧山租赁代理处）。萧山租赁代理处建立之时，租赁资金553.20万元，其中财政局交付合作租赁资金400万元、企业缴付合作租赁资金100万元、企业缴付保证金53.20万元。翌年，经浙江省租赁公司批准，萧山租赁代理处开始向技术改造的企业提供设备租赁贷款，以缓解企业资金不足。

1998年，银行贷款利率下调，企业设备租赁贷款业务减少。萧山租赁代理处仍坚持安全稳妥的原则，向萧山顺兴布业有限公司等8家重点企业发放设备租赁贷款2300万元，比1997年减少59.64%。是年，有较多设备租赁贷款企业效益下降，贷款难以收回，萧山租赁代理处通过采用以机械设备、商品房、库存成品等资产折价抵债等方式收回贷款，全年收回贷款2205万元，比1997年减少57.24%。

2000年，向萧山荣盛纺织有限公司等29家骨干企业发放设备租赁贷款17141万元，比1999年增加98.39%；收回贷款16563万元，比1999年增加1.11倍。年末，尚有设备租赁贷款余额8044万元。[②]

表19－3－431　1991～2000年萧山市设备租赁贷款情况

年份	贷款企业（家）	发放贷款（万元）	收回贷款（万元）
1991	60	3029	1184
1992	65	5718	2467
1993	33	6360	5558
1994	45	10464	4608
1995	40	12780	24539
1996	25	6051	9208
1997	18	5699	5157
1998	8	2300	2205
1999	16	8640	7865
2000	29	17141	16563

第五节　国有资产管理

萧山解放后，国有资产实行国家统一所有、政府分级监管、分级经营的管理体制，萧山先后由县财粮科、财政科负责国有资产管理。1958年4月起，由财政局管理国有资产。[③]1992年，财政局增设国有资产管理科，专门负责国有资产管理工作。翌年6月，为适应国有企业改革的需要，解决国有资产出资人缺位问题，建立萧山市国有资产经营总公司，作为国有资产投资责任主体，负责经营管理所属企业中的国有资产，确保国有资产保值增值。1994年后，市农场管理局等企业主管部门组建国有资产经营机构，施行国有资产授权经营。1997年6月，建立萧山市国有资产管理局，专司国有资产管理。至年末，全市有3个系统和1家企业的国有资产进行授权经营。

1998年起，转让国有资产须报经市国有资产管理局批准。2000年4月，为逐步建立以资本金预算为手段的国有资产管理体系，市政府办公室印发的《转

①2003年，萧山清理回收财政信用贷款2053.65万元（用现金归还59.01万元、实物资产作价抵贷款1994.64万元）。年末，清理财政信用贷款工作基本完毕。

②2003年，萧山租赁代理处停止设备租赁贷款业务，并开始清收。至2005年，设备租赁贷款全部清收完毕，萧山租赁代理处注销。

③1959年起，财政局开始对企业进行清仓查库、清产核资。1979年，行政单位固定资产由无偿调拨改为有偿调拨，并清理登记、入账、造册，建立管理制度。1981年1月1日，开始实行国拨流动资金有偿占用。8月，全面清理县级行政事业单位固定资产，清理后对固定资产进行登记编号、建立卡片。1984年7月，继1963、1979年，先后两次清理行政事业单位干部、职工拖欠公款的问题后，再次清理行政事业单位干部、职工拖欠公款问题。经清理，有10家单位的35人拖欠公款2085元。

发〈关于进一步加强我市国有产权管理和规范国有产权转让行为若干意见〉的通知》（萧政办发〔2000〕53号）规定，各部门国有资产经营机构委派的国有股权董事（监事）均须报经国有资产管理部门批准（备案），对企业改革中剥离的非经营性资产、无形及递延资产和不需用资产、核销资产、历史性负债和提留的离退休人员费用等资产均建立资产台账，并鼓励一般竞争领域国有产权全额转让。转让收入由市国有资产经营总公司统一收缴，用于支付改革成本，并单独建账，封闭运行。至年末，全市建立国有资产经营机构的企业主管部门有10家[①]，萧山基本建立起国有资产管理体系。

清产核资

1959年开始，对企业进行清产核资。[②]1985年后，每年对国营企业进行清物资、清资金的“两清”工作。1986年，国营工业系统清理出积压物资256.70万元、不合理资金占用104.80万元。至年末，共清理积压物资和不合理资金301.80万元，占应清理总额的83.49%。

1993年，为核实行政事业单位占用财产的实物数量和占用财产的价值量，将应归国家所有的财产均纳入国家财产管理范围，与财政经常性支出预算管理相衔接，建立和完善行政事业单位的财产管理制度。是年，根据全国清产核资办公室的统一部署，对全市295家行政事业单位（全额预算单位222家、差额预算单位20家、自收自支单位53家）进行核实国有资产的清产核资工作。经清查核实总资产7.71亿元，比清查前增加0.71亿元。其中核实国有资产总额6.01亿元，比清产核资前增加0.70亿元。

1994年，为加强国有资产产权管理，对国营工业总公司所属的20家企业（工业18家、流通2家）进行清产核资试点。通过清产核资，截至是年3月31日，20家企业全部资产清查值59524万元，比账面值减少0.66%；总负债45477万元，与账面额持平；所有者权益14047万元，比账面值减少2.74%，平均资产负债率76.40%。查出各类资产（金）待处理损失2342万元（固定资产损失265万元、流动资产损失1479万元、长期投资损失358万元、无形及其他净损失240万元）、潜亏及其他挂账损失571万元、经营亏损尚未弥补1537万元、被其他企业占用资产1490万元（固定资产15万元、流动资产1475万元）。[③]经批准核销资产损失1562.58万元。经资产重估后，核实总资产60723万元、总负债45477万元、所有者权益15246万元，平均资产负债率74.89%。[④]翌年3月，根据市财政局意见，萧山市产权交易所对市国营工业总公司所属的9家工业企业在清产核资中核销的固定资产情况进行调查。调查表明：国有企业核销固定资产183.09万元，其中机器设备144.88万元、房屋建筑38.21万元。已核销处理的机器设备中，尚在使用的64.48万元，占核销机器设备价值的44.51%；已变卖或作其他处理的51.20万元，占35.34%；尚未处理的29.20万元，占20.16%。已核销处理的房屋建筑物尚在使用的19.07万元，占核销房屋建筑物价值的49.91%；已处理的14.65万元，占38.34%；未处理的4.49万元，占11.75%。[⑤]

1995年，在全市范围内开展国有企业、单位（指企业化管理的事业单

①2000年末，全市建立国有资产经营机构的企业主管部门有商业局、贸易局、粮食局、农场管理局、农业局、农机水利局、建设局、交通局、经济技术开发区、经济技术协作办公室10家。

②清产核资是指核实国有资产，摸清国有资产实际占用金额的工作。

1959～1979年，对企业进行清产核资5次：1959年，核定全县40家预算内工业企业流动资金，核定定额流动资金279.95万元。1961、1972、1978、1979年先后对全民所有制、城镇集体所有制工业企业进行清产核资。其中1978年的清产核资，共清查全民所有制企业37家，查出闲置固定资产186.40万元、积压物资74.30万元，报废固定资产损失110.20万元、流动资产损失67.40万元。

③市国营工业总公司所属20家企业资产损失的原因主要有：1.缺乏市场调查，忙于投资。有1家企业投资的3个项目全部损失212万元，其中乳胶手套生产项目，未正常投入生产因市场变化而夭折，造成长期投资损失183万元。2.盲目引进技术改造项目。有1家企业引进未经中试成功的铝箔纸技术改造项目，达不到工艺技术要求而延长试产时间，试产期间的生产费用和投资利息等202.30万元，清产核资中须报损158万元。3.营销决策失误，造成资金损失。呆账损失共计407万元，其中有3年以上应收货款372万元。4.缺乏信用咨询。有3家企业缺乏信用咨询，造成受骗，无法收回货款损失和应收款244.95万元。5.不顾企业还债能力，举债投入。20家企业长期借款共计14566万元，占资产总额的25.98%。其中1家企业长期借款有6323万元，投入年产3600吨抽丝项目及100台喷水织机。其间，月利率由6‰上升到15‰，月息支出百万元，影响投资项目的产出效益，使企业积重难返。6.虚增利润，造成家底不实。20家企业潜亏金额共计571万元。

④萧山市清产核资办公室：《加强领导，切实做好清产核资试点工作》，1994年12月20日。

⑤萧山市产权交易所：《关于国有企业清产核资中核销的固定资产情况调查》（萧产〔1995〕12号），1995年3月28日。

位）清产核资工作。截至是年3月31日，全市287家国有企业、单位通过清产核资，全部资产清查值653274万元，总负债543533万元，平均资产负债率83.20%。实收资本83894万元，其中国家资本（股本）70199万元，占实收资本的83.68%。查出各类资产（金）待处理损失16248万元，其中固定资产和流动资产损失6195万元、资金挂账和固定资产投资挂账6884万元、被其他单位无偿占用2537万元、长期投资632万元。经批准，核销资产损失3641万元，其中固定资产和流动资产损失2115万元、资金挂账损失1422万元、有问题的长期投资104万元。在清产核资中发现的问题主要有：全市287家企业单位资产盘盈、盘亏之和1095万元；不同程度地存在资产损失和资金挂账的企业、单位有112家，占清产核资企业单位数量的39.02%；平均资产负债率（83.20%）比杭州市同期平均水平（73.80%）高出9.40个百分点，比杭州市七县（市）平均水平（80.40%）高出2.80个百分点；应收账款和存货占用合计221845万元，占流动资产的54.55%。经资产重估后，核实总资产681984万元、总负债544428万元、所有者权益137556万元，平均资产负债率79.83%。①

①萧山市清产核资办公室：《萧山市一九九五年国有企业单位清产核资工作总结》，1995年4月。

1996年后，国有企业改制，清产核资成为国有企业改制过程中必不可少的程序，政府不再布置国有企业清产核资工作。

资产评估

1993年，为防止国有企业转换经营机制（简称转制，下同）时流失国有资产，国有资产行政管理部门开始重视转制企业资产评估（含产权确认）。是年，国有资产行政管理部门对15家有国有资产的外商及港澳台商合资、合作企业和联营企业进行了资产评估。1995年，转制企业资产评估的有13家，占全年资产评估企业家数的41.94%，评估后确认资产总值28943.86万元，其中制止国有资产流失359.17万元。1996年起，每年资产评估的企业绝大多数是转制企业。

1993～2000年期间，全市资产评估的国有企业460家，账面资产856900万元，评估确认资产价值863684万元。其中1995～2000年，转制企业资产评估308家，占同期国有企业资产评估家数的81.05%，确认资产评估价值640026.39万元。②

②2001年，办理企业资产评估立项93家，其中整体资产评估62家、部分资产评估31家。资产确认的企业101家，确认资产评估总值10.50亿元，其中处置国有净资产19786万元：转让给个人10461万元、转让给社会法人9325万元。

表19－3－432　1993～2000年萧山市国有资产评估情况

年份	企业数量（家）	账面资产价值（万元）	资产评估价值（万元）	资产增值额（万元）	资产增值率（%）
1993	15	18393	36693	18300	99.49
1994	65	106163	116850	10687	10.07
1995	31	57387	68436	11049	19.25
1996	77	106762	112626	5864	5.49
1997	85	101474	102787	1313	1.29
1998	31	46235	48704	2469	5.34
1999	55	36401	40769	4368	12.00
2000	101	384085	336819	−47266	−12.31

授权经营

1994年起，先后由市商业局、市农场管理局、浙江双飞齿轮箱集团公司（简称双飞集团，下同）和市粮食局实行国有资产授权经营③。国有资产授权经营由市国有资产行政管理部门核定授权单位国有资产总量，并根据各系统

③国有资产授权经营是国有资产管理经营机构对具备条件的国有独资企业的国有资产授权经营。被授权企业对授权范围内的国有资产依法经营、监管，对其全资、控股或参股企业的国有资产行使所有者职能。

（企业）上年度末国有资产总额剔除非经营性资产后，确定国有资产授权经营考核基数。在确定的考核基数中，又根据各系统（企业）实际，将经营性国有资产划分为增值资本、保值资本和调控基金，即增值资本是指必须确保增值的国有资本；保值资本主要用于解决离退休养老保险、资不抵债企业的债务负担等历史遗留问题的国有资本；调控基金是指用于菜篮子工程、农业风险基金等。保值资本、调控基金在未支出前视同增值资本考核。以各系统（企业）前3年的经营状况、同行业的资产增值率，确定授权经营资产增值率。为调动资产经营者的积极性，还建立风险抵押制度和超增值奖励制度。3个部门上缴风险抵押金共计80.44万元，并存入专户，规定增值率每超1%，奖励职工核定收入基数的0.70%；完不成增值考核基数，先抵扣上缴的风险押金，不足部分按比例扣减职工收入。双飞集团经营者及职工按当年国有资产增值额的20%，一次性交足风险抵押金，超增值部分“二八”分成，即20%为国家所有，80%所有权让渡给企业集体所有（让渡给企业集体所有的80%中，将80%量化给职工、20%企业集体所有）；完不成增值考核指标基数，其不足部分，先由国家让渡给企业集体所有的80%资金中赔补；无企业集体资产，由风险抵押金赔补。

1995年10月9日，经财政局与国有资产经营总公司、国营工业总公司共同研究，由市财政局下发《关于兑现浙江双飞集团公司经营者1994年度国有资产受托经营增值奖励的批复》（萧财国资〔1995〕221号），决定将双飞集团超增值额的8.32%部分奖励给企业经营者。经财政局审查核实，1994年度双飞集团受权经营国有资产超增值336.82万元，给予企业经营者奖励28.02万元，在超增值国家所得的20%收益中支付。后，双飞集团未完成国有资产增值指标，也未赔补，授权经营随之中止。是年，增加粮食局授权经营国有资产。商业局、农场管理局考核基数中分别减去批准动用的保值资本221.90万元、360万元，用于股份合作制企业职工配股。翌年，商业局在考核基数中减去批准动用的保值资本2400万元，用于解决企业历史遗留问题，同时菜篮子企业的资本增值率调整为3%；农场管理局减去批准动用的保值资本2586.06万元，用于解决历史遗留问题和企业职工配股。

至1996年，商业局超增值额1430.30万元，提取奖金54.43万元；农场管理局超增值额2714.95万元，提取奖金82.17万元；粮食局（1995年）超增值额163.80万元，提取奖金13.53万元。

1997年后，开始推行国有资产从一般竞争性领域退出的工作，国有资产不再授权经营。

表19-3-433　1994～1996年萧山市国有资产授权经营情况

指　标	1994年			1995年			1996年	
	商业局	农　场管理局	双　飞集　团	商业局	农　场管理局	粮食局	商业局	农　场管理局
考核指标								
基数（万元）	8442.83	12715.90	2984.40	8727.50	13395.48	8089.08	6851.15	13984.84
增值率（%）	6.00	5.50	10.70	6.00	5.50	4.58	5.32	5.50
增值额（万元）	506.57	699.37	319.20	523.65	736.75	370.48	364.31	769.17
完成指标								
增值率（%）	11.61	9.81	21.98	11.60	12.91	6.60	12.04	13.89
增值额（万元）	980.56	1247.95	656.02	1019.10	1729.27	534.28	825.17	1943.02
超增值额（万元）	473.99	548.58	336.82	495.45	992.52	163.80	460.86	1173.85

产权登记年检

1992年8月，为解决企业事业单位普遍存在的产权归属不清、账实不符、国有资产流失等问题，开始进行国有资产产权登记[①]。是年，对浙江钱江啤酒厂、萧山化工厂和萧山市房地产管理处3家占用国有资产的国营企业和企业化管理事业单位开展国有资产产权登记试点。后在全市国有企业和行政事业单位中推进。年末，经国有产权登记的企业有128家，登记国有资产70431万元；登记行政事业单位295家，登记国有资产60147万元。

1995年，开始每年国有资产产权登记年检[②]。是年，完成1994年度国有资产产权登记年检，登记年检企业167家（国有独资149家、股份有限公司1家、有限责任公司2家、联营12家、中外合资企业1家、股份合作制2家），资产总额6004397万元，总负债4791199万元，平均资产负债率79.79%，所有者权益1213198万元。实收资本906258万元，其中国有资本778512万元，国有资本占实收资本85.90%；其他企业资本合计127746万元，占14.10%。亏损企业35家（国有独资企业32家、有限责任公司1家、联营企业2家），占登记年检企业数的20.96%。资不抵债企业15家（国有独资14家、联营1家），占登记年检企业的8.98%。实收资本大于注册资本的企业91家，占登记年检企业数的54.49%。[③]

1996年，国有资产产权登记年检的重点开始转向对行政事业单位进行国有资产登记，并核发《国有资产产权登记证》[④]。是年，登记行政事业单位410家，核发《国有资产产权登记证》391家，登记总资产215887万元，其中国有资产141869万元。

2000年，登记年检国有资产产权的单位500家，其中行政事业单位362家、国有企业（含国有控股、参股企业）138家。

统计年报

1993年度，开始建立国有资产统计年报制度。统计年报主要有行政事业单位和国有企业向主管部门报送的会计报表、向国有资产管理部门报送的统计年报表和主管部门向财政行政管理部门报送的会计报表。是年度，统计年报国有资产总额156588万元，其中行政事业单位国有资产63874万元、国有企业资产92714万元。

1999年，行政事业单位和国有企业统计年报统一改由主管部门汇总上报。翌年，根据财政部提出的将会计报表与国有资产统计年报表合并的要求，萧山市1999年度国有资产统计采用由国有资产管理部门自编的“统一报表”方式编制国有资产会计决算报表，完善国有资产会计决算报表制度，形成国有企业、行政事业单位和国有建设单位三个大类报表的会计决算报表体系。2001年，汇编2000年度行政事业单位、国有企业和国有建设单位共计253家，国有资产总额424939万元。其中行政事业单位166家，国有资产总额265355万元；国有企业72家，国有资产总额92726万元；国有建设单位15家，国有资产总额66858万元。

①企业国有资产产权登记，是按照“国家所有，分级管理，授权经营，分工监管”的原则，国有资产管理部门对所属管理并已取得法人资格的企业或国家授权投资机构的企业占有、使用的国有资产进行产权登记。包括国有企业，国有独资公司，国家授权的投资机构，设置国有股权的有限责任公司和股份有限公司；国有企业、国有独资公司或国家授权投资机构投资设立的企业和其他形式占有、使用国有资产的企业。根据登记活动的性质和目的不同，分为占有产权登记（适用于占有、使用国有资产的新开办企业）、变动产权登记（适用于企业名称、地址、法定代表人、经济性质、主管单位发生变化以及国有资产总额发生增减变化的企业）、注销产权登记（适用于撤销、被合并、被兼并、依法破产和企业改制后不设置国有股权、企业转让全部国有产权的企业）和产权登记年度检查（按年度对企业占有、使用国有资产情况而进行的产权登记检查）4种类型。

②国有资产产权登记年检由国有资产管理部门按企业单位的财务隶属关系组织实施，实行年度检查制度，即检查每年度国有企业、事业单位的资产、负债、国有资产总额和房产、地产、主要机器设备以及对外投资、资产产权的具体记录。

③萧山市财政局填报的《国有资产产权登记一九九四年度检查情况汇总表》，1995年3月10日。

④《国有资产产权登记证》是依法确认国家对国有资产的所有权和行政事业单位占有、使用国有资产的法律行为。

表19-3-434 1996～2000年萧山市国有资产情况

年份	行政事业单位		国有企业		国有建设单位	
	数量（家）	国有资产金额（万元）	数量（家）	国有资产金额（万元）	数量（家）	国有资产金额（万元）
1996	371	184369	249	142846		
1997	370	200727	183	120204		
1998	370	219948	173	112578		
1999	89	313249	138	124582	13	68364
2000	166	265355	72	92726	15	66858

第六节 城镇集体资产管理

在1959年开始的历次企业清仓查库、清产核资中，均主要对城镇集体企业进行清产核资。[①]1985年起，城镇集体企业每年度进行清物资、清资金的“两清”工作。1986年，清理出二轻工业积压物资1245.20万元、不合理应收款1408.80万元。至年末，共清理积压物资和收回不合理应收款1672.95万元，占应清理总额的63.04%。

1996年，城镇集体企业主管部门开始建立集体资产经营机构，为企业集体资产投资责任主体，负责经营管理所属企业中的集体资产。[②]是年，建立浙江中新电力发展资产管理中心、萧山市民政局社会福利企业集体资产管理中心。

1997年，选择市二轻工业总公司和市信用联社、城市信用社所属的86家企业作为城镇集体企业清产核资试点。翌年，全面开展城镇集体企业清产核资工作，全市清产核资的城镇集体企业有供销等系统16个、企业237家。资产清查后，对固定资产超过200万元的36家企业中的固定资产原值12285万元、固定资产净值7492万元，按照物价指数法进行重估。经资产重估，固定资产原值增加9239万元、固定资产净值增加5620万元，固定资产原值增值率、固定资产净值增值率分别为75.21%、75.01%。增幅较高的主要原因是集体企业建筑类房屋固定资产形成的时间比较早，按物价指数法确定的系数比较大，所以固定资产增值数额较多。重估核实237家城镇集体企业总资产为23.50亿元、负债总额15亿元，所有者权益为8.50亿元，平均资产负债率63.83%。其中有资不抵债的非金融企业29家，占清产核资的非金融企业数量的12.29%。

1999年，在供销系统试编集体企业资产年报，汇编市级供销系统企业36家，总资产110812万元，总负债58894万元，平均资产负债率53.15%。

2000年，为巩固清产核资成果，萧山市汇编1999、2000年城镇集体企业和集体金融企业年报。是年，汇编1999年城镇集体企业12家，集体资产总额11714万元；集体金融企业31家，集体资产总额33315万元。汇编2000年城镇集体企业年报20家、集体资产总额24354万元，集体金融企业34家、集体资产总额39000万元。年末，全市企业主管部门建立的城镇集体资产经营机构有5家。[③]

①1961年8月，通过对城镇集体企业清产核资，查出商业、供销2个系统企业有问题商品（残次变质、呆滞等）718.75万元。1978年商业、供销系统清仓查库，查出有问题商品616.30万元，有问题资产133.01万元。1979年8月，清查二轻系统集体企业39家，查出闲置资产72.70万元、积压物资148.10万元，报废固定资产损失62.30万元、流动资产损失20.10万元。

②1996年后，城镇集体企业改制，清物资、清资产的工作成为城镇集体企业改制过程中必不可少的程序，政府不再布置城镇集体企业的清物资、清资产的工作，由集体资产经营机构作为国有资产所有者代表在企业改制过程中，进行清物资、清资产的工作。

③2000年末，全市企业主管部门建立的5家城镇集体资产经营机构：浙江中新电力发展资产管理中心、萧山市民政局社会福利企业集体资产管理中心、萧山市计划委员会资产管理中心、萧山市邮电集体资产经营中心、萧山市供销合作社联合社社有资产管理委员会。

第四章　税　务

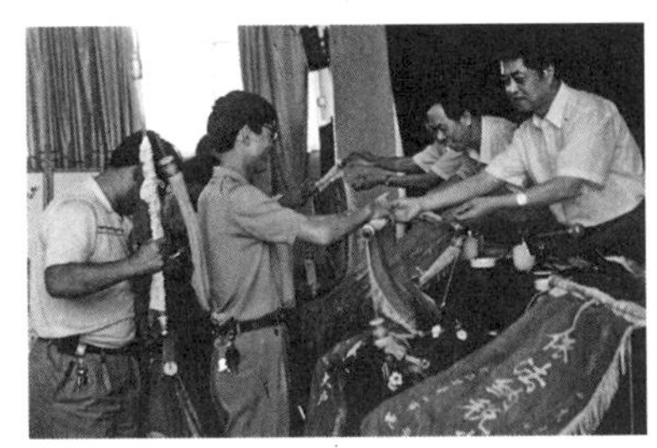

图19-4-660　1995年6月28日，萧山市国税局、地税局为浙江钱江啤酒厂等30家纳税大户授“依法纳税”、“为国聚财”锦旗。图为萧山市常务副市长赵申行（右二）、地税局局长蔡妙友（右一）在为纳税大户授锦旗（王炉生摄）

萧山解放后，建立纳税登记、纳税申报制度，实行“征管查合一”的税收征收管理方式，并进行税务检查和组织群众护税。1982年，对集镇税源开始实行按系统归口分管，每个公社配备税务专管员2名。

1986年10月，县财政税务局设立检查股后，税务检查①从征管职能中分离出来，并开始稽查，各纳税人依法纳税意识逐年增强。1992年，100家工商企业纳税大户实际入库工商税收14376万元，②占全市预算内总收入的32.30%，纳税大户成为萧山社会经济发展的支柱。1985～1993年，萧山各种工商税收、财政四税年均分别增长17.06%、5.88%。

1994年9月起，国税局、地税局征收和管理国家税和地方税。1995年10月开始利用计算机网络，采取自行申报、集中征收、重点稽查的税收征管方式，税务专管员从管户向管事转变。翌年，15家纳税大户③入库税额1.80亿元，占全市预算内总收入的22.56%。

1997年9月国税局、地税局各自独立运行后，分别管理各自税务，所属各税务所（分局）均建立办税服务厅，采取集中办理税收事务；继续深化税收征管方式改革，加快信息化建设，确保地方税、国家税收入的逐年增长。2000年，缴纳国家税收500万元以上企业有杭州汇丽绣花制衣有限公司等42家。1998～2000年，国家税收、地方税收和财政四税入库年均分别增长23.16%、24.57%和22.30%。

①税务检查，也称纳税稽查，是税务机关依照国家有关税收法律、行政法规、规章和财务会计制度的规定，对纳税人和扣缴义务人履行纳税义务、代扣代缴义务情况进行的审查监督的管理活动，是税收征收管理的主要环节。

②1992年，100家工商企业纳税大户中居第1位的是浙江钱江啤酒厂（今称浙江钱啤集团股份有限公司），纳税1616万元；第2位是浙江万向集团公司（万向集团公司的前身）635万元；第3位是萧山市五金工具厂（浙江万达集团公司的前身）389万元。

③1996年，纳税大户企业15家：浙江钱啤集团股份有限公司、萧山市供电局、万向集团公司、杭州前进齿轮箱集团有限公司、浙江省烟草公司萧山市公司、杭州第二棉纺织厂、浙江万达集团公司、浙江红金建筑材料有限公司、杭州永磁集团有限公司、萧山市围垦水泥厂、萧山发电厂、浙江爱迪尔烟草工业印刷厂、浙江传化化学集团有限公司、萧山经济建设发展公司、浙江萧山宾馆股份有限公司。

第一节　地方税务

地方税收入

1973年试行工商税后，工商税几经改革与调整，工商所得税和营业税逐渐成为工商税收的主要来源。至1985年，工商税收入7481万元，比1984年增长101.43%。其中工商所得税4178万元，占工商税收收入的55.85%；营业税2739万元，占36.61%；其他各税564万元，占7.54%。

1986年，随着税种的变动、集体企业发展，集体企业所得税和营业税成为工商税收入的主要来源。是年，集体企业所得税4756万元，占全市工商税收入的50.22%；营业税3746万元，占39.55%；其他各税969万元，占10.23%。

随着税制的改革、税种的继续调整，国营、集体企业转制，营业税、工商统一税和城市建设维护税增加，并成为税收的主要来源。至1993年，营业税、工商统一税、城市建设维护税分别为13339万元、3724万元、3520万元，占全市工商税收入的50.59%、14.12%、13.35%；其他各税5786万元，占21.94%。

表19-4-435 1985～1993年萧山工商税收入

单位：万元

税　　种	1985年	1986年	1987年	1988年	1989年	1990年	1991年	1992年	1993年
工商统一税	—	10	14	39	77	83	250	458	3724
营业税	2739	3746	5414	7201	7146	7121	7345	8504	13339
集体企业所得税	4178	4756	5489	6442	6912	5274	5297	4369	3310
私营企业所得税	—	—	—	—	94	152	177	222	258
城乡个体工商户所得税	—	137	230	338	401	510	548	721	982
个人收入调节税	—	—	3	24	87	142	151	142	165
城市维护建设税	413	621	706	976	1216	1388	1580	2212	3520
车船使用牌照税	6	6	—	—	—	—	—	—	—
车船使用税	—	2	75	68	81	86	94	122	141
房产税	—	6	161	224	265	363	378	478	539
城镇土地使用税	—	—	—	—	82	181	137	178	128
屠宰税	35	35	41	36	38	42	47	46	43
印花税	—	—	—	9	182	148	117	138	136
奖金税	38	59	8	2	4	3	17	2	…
国营企业工资调节税	—	—	2	11	8	14	9	…	…
固定资产投资方向调节税	—	—	—	—	—	—	21	8	65
建筑税	63	88	122	162	161	40	14	—	—
盐　税	4	…	1	…	1	1	1	1	…
税款滞纳金补税罚款收入	5	5	11	15	14	32	18	19	19
合　　计	7481	9471	12277	15547	16769	15580	16201	17620	26369

注：“集体企业所得税”项，1985年为工商所得税；“房产税”项，1986年为城市房地产税。

1994年1月1日实行分税制后，地方税收入逐年增加，税种收入结构发生变化。1997年，地方税总收入28030万元，其中营业税占49.26%、企业所得税19.01%、城市建设维护税14.69%、个人所得税12.02%、印花税0.52%、城镇土地使用税0.32%、其他各税4.17%。1998～2000年，地方税收入年均增长24.57%，其中印花税年均增长67.52%、企业所得税33.59%、营业税24.48%、个人所得税20.51%、城市建设维护税16.23%、城镇土地使用税3.22%、其他各税13.24%。2000年，地方税总收入54188万元，其中营业税占49.15%、企业所得税23.44%、城市建设维护税11.93%、个人所得税10.88%、印花税1.27%、城镇土地使用税0.18%、其他各税3.14%。

表19-4-436 1994～2000年萧山市地方税收入

单位：万元

年份	营业税	企　业 所得税	个　人 所得税	城市建设 维 护 税	印花税	城镇土地 使 用 税	其 他 各 税	合 计
1994	9009	9321	1008	3706	168	120	1082	24414
1995	12280	11825	2072	3785	193	82	1668	31905
1996	13143	4889	2835	3514	167	72	1157	25777
1997	13808	5328	3370	4118	146	90	1170	28030
1998	15791	10954	4045	4279	238	71	1247	36625
1999	18086	11287	4704	4752	294	84	1560	40767
2000	26632	12703	5898	6467	690	99	1699	54188

注：1994～1996年，市国税局、地税局合署办公，工商税收收入未分列国家税收和地方税收，故含国家税收入。

表19－4－437　1994～2000年萧山市各种经济成分地方税收入

单位：万元

经济类型	1994年	1995年	1996年	1997年	1998年	1999年	2000年
国有经济	6740	9636	7807	7982	8788	8747	11769
集体经济	14993	17002	12637	11861	11813	19631	10084
私营经济	337	856	975	1697	4135	5421	8052
个体经济	1541	2603	2781	2514	3625	2666	3246
联营经济	54	319	409	409	114	89	107
股份制经济	421	1123	828	3009	6887	2492	18283
外商投资经济	2	17	89	167	649	755	1113
港澳台投资经济	77	349	251	391	614	965	1534
其他经济	249	—	—	—	—	—	—

注：1994～1996年，市国税局、地税局合署办公，工商税收收入未分列入国家税收和地方税收，故含国家税收入。

随着经营主体多元化，各种类型经济税收收入结构发生明显变化。1997年，地方税收入中，居首位的是集体经济税收，占全市地方税收入的42.32%；第2位是国有经济，占28.48%；第3位是股份制经济，占10.73%；第4位是个体经济，占8.97%。1998年后，国有、集体资产逐步从企业中退出，部分国有企业、集体企业分别转为股份制经济、私营经济，使股份制经济、私营经济税收收入占全市税收收入的比重增加。至2000年，地方税收入中，居首位的是股份制经济，占全市地方税收入的33.74%；第2位是国有经济，占21.72%；第3位是集体经济，占18.61%；第4位是私营经济，占14.86%。

地方税收管理

企业税收管理　1952年起，对确实无力缴纳税收的部分私营工商企业给予适当减免。①1978年后，又对其他经济类型给予减免税。②1985年，分别提高18家工业企业、10家商业企业基数留利比例，降低国营企业调节税比例。是年，18家国营工业企业留利538万元，留利率（企业留利占实现利润的比例）30.33%，比1984年增加9.33个百分点。

1987～1993年，先后推行以实现利润、上缴税利为主要经济指标的承包经营责任制和以确保上缴税利（国营企业的所得税、调节税、承包费，集体企业所得税）为主要经济指标的两轮承包经营责任制。1987年，实行承包经营责任制的企业与第二步利改税相比，18家国营工业企业多留利78万元，留利率由1986年的32%，上升到34%；56家商业企业多留利100万元，留利率由1986年的37%上升到39%。是年，减免各种税款6533万元。

1988年，减免税收的联营企业、生产新产品等企业2603家次，减免1.25亿元；减免能源交通基金的企业104家，减免616万元；增列计税工资企业256家，增列计税工资1372万元。同时，复查减免税企业208家，对其中不符合规定条件的，追补税款36.98万元。翌年，复查已享受税收减免的校办企业和新办企业302家，查补税款25.20万元。1990年，清理不符合减免税政策的企业141家，追补税款179.98万元；清理假集体企业、假新办企业、假校办企业和假民政福利企业“四假企业”182家，追补税款28.05万元。其中取消不符合条件的80家校办企业的税收减免。1991年，对大中型工业企业免征调节税，特殊困难的工业企业适当减免产品税、增值税。是年，全面换发工商企业税务登记

①1952～1956年，根据县人民委员会的管理权限，内部专案豁免私营工商企业欠税共计72312.25元。1956年，对临浦振兴粮食加工厂等4家私营工商业企业欠缴的商品流通税等4878.64元转作公股。

②1978～1981年，内部豁免128家贫困生产队和困难社队企业所欠工商各税共计497515元。1978～1982年间，减免社队企业税收共计2608.60万元。

1980～1982年，为支持城镇集体企业设备更新、技术改造，对具备产品有销路、材料有来源、能源有保证的企业发展，批准其挖潜、革新、改造项目实行税前还贷，即实现的利润还贷，税前还贷共计367.20万元。

1983、1984年，按照税收管理体制权限批准，两年减免工商税收3979.48万元、国营企业所得税16.20万元。

证。年末，换发税务登记证的企业7148家，其中国营413家、集体（包括乡镇集体）企业5979家、私营企业690家、其他企业66家。

1992年1月1日起，对市政府命名的市特级、市一级、市二级乡镇企业（包括建筑、运输、石料开采、砖瓦和水泥制造行业企业）工资增长幅度在不超过利润增长幅度的前提下，允许企业按实发工资在成本中列支；对其他乡镇企业工资发放仍执行原核定的计税工资标准，超过核定的计税工资标准需按实发工资列支的企业，应按工资增长幅度不超过利润增长幅度、工资增加额不超过利润增加额的原则，报经当地税务所批准后，方可在成本中列支。7月1日，又对小型集体企业所得税（包括国家能源交通重点建设基金和国家预算调节基金）实行按销售收入定率按月征收，增值税按定期定率的办法征收。征收范围为：城乡建筑企业（包括道路、河道、土石方等修建队，不包括市政府命名的二级以上企业）、1991年度企业账面销售收入在100万元以下并执行集体企业财务制度的工商企业（除二轻、商业、供销系统外）、营业额在500万元以下的商贸流通企业、销售额或营业额在300万元以下的其他企业。

1994年，在小型的国有、私营、联营、股份制企业和其他有生产经营所得及其他所得的组织中，实行小型集体企业所得税定率征收的方法。调整征收范围为：增值税小规模纳税人、年销售额或营业额在100万元以下的营业税纳税人、城乡建筑企业（包括道路、河道、土石方等修建队、装潢队，不包括市政府命名的二级以上企业）。1995年6月，扩大征收小型企业所得税定率范围：在1994年的基础上增加试行定期定额征收增值税的纳税人、1994年度销售额100万元以下的工业企业（包括加工、修理修配）、营业额在180万元以下且未试行定期定额征收增值税的流通企业、预计年销售额（营业额）在100万元以下新办工业企业（包括加工、修理修配）、180万元以下的新办流通企业和100万元以下的其他新办企业。7月1日，进一步完善小型企业所得税定率征收办法，征收范围改为：城乡建筑、安装、施工企业（包括道路、河道、土石方等修建队、装潢队，不包括市政府命名的一级以上企业），1994年度营业额在500万元以下的商贸流通企业，销售额或营业额在300万元以下的其他各类企业，预计年营业额在500万元以下的新办流通企业，销售额或营业额在300万元以下的其他各类企业。翌年，工业、商业企业中的中小型企业，实行所得税定期定率征收的办法，对1996年营业额在600万元以下的流通企业，1996年销售额在400万元以下的工业企业和城乡建筑、安装、修缮、装饰等工程作业及施工企业（包括道路、河道、土石方砌石队、修建队、装潢队，不包括市政府命名的一级以上企业）实行企业所得税预征率征收、年终汇算清缴的办法。

1998年，开始全面推行纳税人自核自缴、自行申报或社会中介服务机构代理和税务机关稽查相结合的所得税汇算清缴新方式。是年，严格企业缓税、欠税审批，减少欠税1248万元。

1999年，开始监控税源。是年，对全市20余家外来施工企业进行税源监控，征收入库营业税850万元；监控杭金衢高速公路、104省道拓宽工程、机场路工程和杭州萧山机场建设工程等重点建筑工程及外来施工单位，杭州萧山机场建设工程入库营业税400余万元。2000年，建立包括省级14家、杭州市级126家企业的重点税源监控数据库，加强对重点税源企业的监控，为增加企业税收提供可靠的数据保证。是年，减免企业地方税费3880万元。

个体集贸税收管理　1962年1月21日，开始在城厢镇进行集市交易税试点，3月1日开始全县开征。至1965年9月15日，停征，共征集市交易税32万元。1983年9月，开始征收集市贸易临时经营工商税和屠宰税。是年，共计征收临时经营工商税和屠宰税60.41万元。1984年10月1日，个体工商户开始试行营业税，由批发单位在个体商业户批发商品时代扣。是年，全县征收个体工商户和集贸市场税收（以下简称个体集贸税收）341.45万元，其中个体工商户工商税264.30万元、集市贸易税收77.15万元。

1985年，各财政税务所建立个体集贸税收征管组，推行个体工商户建账建证工作，对不建账或账证不全的个体工商户按户评定营业额，按评定的营业额征税。是年，征收个体集贸税收收入624万元，比1984年增长82.75%。翌年，全县征收个体集贸税收收入1224万元。

1987年，改进征收管理办法，委托镇乡财政个体集贸税收征管组代征零星税收，并增加代扣税单位，实行分行业、按规模的评税办法。是年，城厢财政税务所建立市场办公室，对进入集贸市场的猪肉一律采取报验纳税的办法，并组织巡回检查，以加强督查，是年，检查重点个体户的纳税情况，检查个体工商户474家，查补税款57.60万元；处罚偷税、抗税个体户13起23家，补税和罚款25.18万元。全年入库个体集贸税收1829万元，比1986年增长49.43%，其中征收肉摊税款18.50万元，比1986年增长82.56%。

1991年，全面清理检查全市批发代扣税单位的财务情况，重新核定发证。是年，检查批发代扣单位510家，发现有漏扣、少扣税的单位210家，应补代扣营业税39.13万元，并均于12月30日前入库。翌年，查验全市1992年5月前开设的个体工商户14070家（工业2315家、商业8765家、服务业1714家、其他1276家）的税务登记证，发现漏管户43家，补征税款45746元；查处偷税12家，补税65300元；发票违章案件87家次，补税47500元；个体工商户税务违章罚款5.20万元。1993年，换发个体工商户税务登记证22700本。通过自报、评议和审定，普遍调整全市个体工商户的纳税评定额。全市征收个体集贸税收收入6211万元。

1994年，个体化纤织造户按织机数量确定缴税额的征税方式后，新增的化纤织造行业中的个体工业户、私营工业企业，统一按织机台数核定月销售额征收税收，即1台织机核定月销售收入5000元，1台牵经车按2台织机核定月销售收入。织机户按核定的销售收入征税后，仍按规定进行纳税申报，增加织机，须按规定补缴税款。翌年，全市征收个体集贸税收收入8219万元，比1994年增长41.72%。

1996年，各镇乡设立个体集贸税务组，健全镇乡民主评税组织和协税护税网络，采取典型调查、确定等级、公开评议、按级定位、定额审批、张榜公布、通知到户等程序的民主评议方式评定营业额。是年，为理顺税收征管关系，专项清理挂靠集体户、承包经营户、租赁经营户。经清理，有挂靠集体企业的个体户72家，补缴税款37.83万元；个人承包经营集体企业户73家，补缴税款13.16万元；个人租赁经营集体企业户22家，补缴税款8.16万元；挂靠集体的车船户81家，补缴税款17.88万元；货运车辆“一脚踢”承包（即完成上缴任务，留利全归承包人）6家，补缴税款2.04万元。是年，全市征收个体集贸税收收入8804万元。

图19－4－661　1997年4月28日，萧山市国税城厢分局、地税城厢分局在城区体育路向群众宣传《中华人民共和国个人所得税法》（董光中摄）

1997年9月，地税局开始独立征收集贸市场和个体工商户的营业税、个人所得税及其他地方税收。全面实行计算机管理个体工商户税收。国税局、地税局在临浦税务所内建立“管理在税务所，缴税到信用社（银行）”的农村个体工商户税收征管方式试点。翌年，地税局全面推行临浦税务所试点的税收征管方式，并把纳税申报点延伸到信用社，方便个体工商户缴税，从而改变了税务干部上门收税和个体工商户到税务局直接缴税的办法。

1999年，开展建立娱乐业、饮食业、建筑业等个体工商户会计账册、会计制度试点。是年，建立会计账册的个体工商户578家；调整定期定额征收税款定额的个体户9446家，其中调高征收税款定额的有9315家，调低的有131家。同时，为全市215名个体医生办理税务登记并纳入税收征管范围。

2000年，在各镇乡成立“协税护税组织”的基础上，全市成立由各界人士组成的“征纳问题化解组织”39个。“征纳问题化解组织”专门对地方税收征管和纳税过程中存在的问题进行调解，使个体集贸税收管理体系及征收管理办法更为完善。是年，地税局征收个私集贸税收（含私营企业税收）11298万元。

表19—4—438 1994～2000年萧山市各种经济成分地方税纳税人税务登记情况

单位：家

年份	国有经济	集体经济	私营经济	个体经济	联营经济	股份制经济	外商投资经济	港澳台投资经济	其他经济	合计
1994	1215	8649	1181	15832	57	26	64	85	151	27260
1995	1182	7971	1743	16593	185	202	65	199	138	28278
1996	1277	6837	1730	13987	198	1275	71	165	5	25545
1997	621	3159	2200	14581	88	1195	135	132	0	22111
1998	744	2569	3398	19157	63	1616	170	133	86	27936
1999	1244	3569	3398	24157					568	32936
2000	785	1662	4972	22102					2210	31731

注：①均为年末税务登记数。1994、1995年数据含国税税务登记户。
②“其他经济”栏，1999、2000年含联营经济、股份制经济、外资投资经济、港澳台投资经济户。

地方税务稽查

1986年10月，县财政税务局设检查股（1988年改称检查科），所属各财政税务所设置检查组，承担对外检查、对内监督的职能，从此税务检查从税收征管职能中分离出来。翌年，对全市1986年批准减免税的230家新办企业进行政策检查，发现其中有37家不符合减免税规定的新办企业条件，追补税款79.38万元。处理违章案件14起24家，其中移送检察机关2起，新湾镇陈某贩卖带鱼盗用发货票偷税3240元，因抗税被判处有期徒刑10个月，并追缴全部偷税款。

1990年，萧山境内税务案件由市财政税务局处理，税务所授权处理单位追缴款5000元以下，罚款1000元以下；个人追缴款100元，罚款500元以下的税务案件。是年，临浦税务所查处所前镇茶叶偷税案件，外调15个县（市）的销售发票189张，补罚税款15.20万元。在处理该镇茶叶偷税案件中，县公安局治安拘留3名围攻税务干部、哄抢查扣茶叶的违法人员。城北税务所对抗缴税款的个体户葛某提请萧山市人民法院强制执行，葛某抗缴的10187.09元税款、1500元滞纳金一次收齐。这是税务机关首次提请人民法院依法强制执行的案件。

1991年，开展税收政策专项检查，共检查企业5034家（包括个体工商户、私营企业562家），查补税款（包括基金）3034万元，核退税款（包括基金）1227万元，净补税款（包括基金）1807万元。开展发票专项检查，检查使用发票的纳税人3789人，查出违章发票44352份，经济处罚835人、罚款28.10万元。开展个体户和私营企业税收专项检查，自查10672家（自查面100%）、重点检查1084家，查补税款（包括基金）共计175万元，对其中613家有偷漏税行为的个体工商户、私营企业收缴罚没款24.60万元；对名为集体实为个体工商户的191家纳税人补征税款51.30万元；查出漏管户51家，追补税款4.50万元。

1993年，全面采用新版发票，在全市范围内开展禁止假发票和代开发票的“禁假止代”活动，自查企业6182家，查出违纪金额80.40万元；重点检查620家，有45家企业被补征税款和罚款共计8.76万元。

1994年9月25日，国税局、地税局分别组建税务稽查大队，专门从事税收稽查，合署办公。是年，国税局、地税局与人民法院、检察院、公安局联合打击伪造、倒卖、盗窃发票的“三打”专项斗争，查获倒卖发票604份、涉及发票违章行为的单位和个人134家（人），补缴税款23万元，处罚款11.65万元。1995年10月，按照税收“征收、管理、稽查”相分离的要求，市地税局、国税局所属各税务所（分局）组建税务稽查中队，专门从事税务稽查工作，并实行“二级稽查，二级管理”，即税务稽查大队、各税务稽查中心分别稽查税务，地税局、各税务所（分局）分别实施管理。是年，萧山市人民检察院建立驻市地税局、国税局税务检察室，属萧山市人民检察院派出机构，业务受市检察院贪污贿赂侦查局指导，直接受理侦查涉税违法案件。翌年，稽查纳税户6414家，补税和罚款8856.32万元。其中国税局、地税局税务检察室查处大案5起，补税和罚款共计161万元，有4名涉案人员受到刑事处理。

1997年9月，萧山市地方税务局税务稽查大队开始独立稽查地方税务。10月27日，建立市公安局驻地税局联络室（以下简称公安联络室），标志着萧山地方税收征管工作的法制建设迈出了新的一步。是年，市纪律检查委员会、监察局、审计局联合在全市范围内开展个人所得税法执法大检查，查补税款371.12万元。全年缴纳个人所得税2835.05万元，比1996年增长76.64%。1998年11月，萧山市地方税务局税务稽查大队更名萧山市地方税务局税务稽查局（以下简称稽查局），为地税局的直属机构。该局按照“选案、检查、审理、执行”四分离的要求，内设综合、稽查、案审、执行等职能科室，各分局保留稽查中队，税务稽查实行“二级稽查，一级管理”，即稽查局、各税务稽查中队分别实施稽查，由稽查局统一管理。是年，稽查零申报企业和未按规定申报的企业461家，处以罚款的企业96家、罚款4.97万元；稽查纳税户6470家次，查出有问题的纳税户1413家，结案1408家，查补税款2122万元。

1999年，地税局启用浙江省地方税务局“浙江地税信息系统”软件，税务稽查开始采用计算机信息管理。是年，专项整顿税收秩序，清查欠税企业1535家，占全市企业数量的17.48%，清缴税款194.22万元，加收滞纳金13.27万元，处以罚款9.84万元。其中对拒不缴纳税款的24家欠税户，分别采取冻结和查封银行账户、扣压经营工具或货物、移交公安机关留置等方式实施强制执行。同时，开展专案稽查，打击涉税违法犯罪行为，全年查处税务违章案件1363起，查补税款1599万元，移送公安机关处理3起。

2000年1月，撤销城厢分局稽查中队和开发区分局稽查中队，对纳税人的税务稽查工作由稽查局实行集中、直接管理的一级稽查，其余各分局仍然保留稽查中队，业务受稽查局领导，实行“二级稽查，二级管理”。是年，完成省地方税务局“浙江地税信息系统”税务稽查系统的测试并投入运行，税务稽查工作向现代化、法制化、规范化、专业化发展。利用国际情报交流信息，成功查处一起外籍人员偷逃个人所得税案件，补缴税款近60万元，加收滞纳金30余万元。

第二节　国家税务

国家税收入

1994年1月1日实行分税制后，国家税收入逐年增加。1995年，国家税收入52915万元，比1994年增长13.01%。1997～2000年，国家税收入年均增长23.70%。其中以增值税增长最快，年均增长22.81%。其间，增值税占国家税收入的91.08%。

表19-4-439　1994～2000年萧山市国家税收入

单位：万元

年份	流转税			所得税			税款滞纳金补税罚款	合计
	增值税	消费税	营业税	中央企业所得税	外商投资企业所得税	个人所得税		
1994	50203	2417	—	256	39	—		52915
1995	56549	2660	—	288	300	—		59797
1996	54367	2944	—	391	417	—	69	58188
1997	67174	2814	1473	566	707	—	193	72927
1998	75570	4054	2048	483	1003	—	0	83158
1999	95629	4439	2195	942	1961	16	15	105197
2000	123681	2920	2618	1699	2267	3047	9	136241

注：“外商投资企业所得税”栏含外国企业所得税。

随着萧山企业逐步形成多种经济类型和各种企业组织形式并存共同发展的局面，国有经济、集体经济、联营经济国家税收入趋向减少，涉外经济、股份制经济、私营经济、个体经济税收收入逐年增加。2000年，国有经济、集体经济、联营经济的税收收入分别占国家税收入的8.08%和8.07%、0.67%，比1996年下降12.25个百分点、38.04个百分点、1.55个百分点；涉外经济、股份制经济、私营经济、个体经济分别占国家税收入的32.88%、26.73%、18.70%、4.87%，比1996年增加18.69个百分点、18.26个百分点、14.06个百分点、0.83个百分点。

表19-4-440　1996～2000年萧山市各种经济成分国家税收入

单位：万元

经济类型	1996年	1997年	1998年	1999年	2000年
国有经济	11829	19005	13867	13434	11009
集体经济	26831	23882	18873	16311	10994
私营经济	2701	4005	5007	10965	25478
个体经济	2348	1660	1973	2942	6632
联营经济	1294	1789	680	543	918
股份制经济	4927	10326	23618	34826	36413
涉外经济	8258	12260	19140	26176	44797

注：“涉外经济”栏包括港澳台商投资企业、外方投资企业和外国投资企业。

国家税收管理

个体集贸税收管理　1994年9月25日，国税局、地税局合署办公，共同管理个体集贸税收。[①]1997年9月，国税局开始独立征收集贸市场和个体工商户的增值税、消费税。1998年，国税局对个体工商户统一使用《停业申请审批表》，需要停业的个体工商户按规定程序进行申请、审批。对个体工商户按行业、地段划分等级，从中选择有典型性和代表性的行业和重点户进行调查，每季调整营业额调整面均在25%以上，每年营业额调整面在90%以上；对难以监控和管理的行业采用定额加发票的征管办法；对无营业执照经营户比照其同行、同类、同级情况，再上浮20%核定营业额征收税款，促使其办理营业执照。同时，引导个体户建立会计制度和会计账册。是年，结合税务登记年检年审工作，清查漏征、漏管户。经清查，发现漏征、漏管的个体工商户4556家，补缴税款231.33万元，加收滞纳金1.51万元，处以罚款126.47万元；补办税务登记521家，清理欠税户39家，追缴欠税款76.31万元。翌年，全市建立

①国税局、地税局分设后的合署办公期间的“个体集贸税收管理”，详见本章《地方税收》节《地方税收管理》目《个体集贸税收管理》子目。

图19－4－662　1995年12月，萧山市国税局、地税局税务人员在西河路小商品市场向个体工商户发放《浙江省个体工商户和私营企业税收管理若干意见的通知》并宣传《通知》精神（杭州市萧山地方税务局提供）

会计账册的个体工商户有2030家，实行查账征收的个体工商户27家。1998～2000年，累计发现漏征、漏管户6412家、补办税务登记775家，清理欠税户164家，补缴税款、加收滞纳金和处罚款共计510.79万元。2000年，国税局征收集贸市场税收2104.60万元，比1999年增加2.66%。

增值税一般纳税人资格认定　1994年起，为配合增值税专用发票的管理，国税局按规定标准认定一般纳税人[①]，并每年对一般纳税人资格进行年审。通过年审，取消不符合规定的增值税一般纳税人资格，确认增值税一般纳税人。1995年，经对一般纳税人资格进行年审，取消增值税一般纳税人资格企业941家，确认具有增值税一般纳税人企业5217家。

1997年，为提高对增值税一般纳税人的管理水平，进一步规范增值税一般纳税人的纳税行为，根据省国家税务局《关于印发浙江省一般纳税人分类管理办法的通知》（浙国税〔1997〕104号）精神，开始按照企业的销售额、财务管理、增值税专用发票管理、申报纳税状况等标准，对增值税一般纳税人实行A、B、C三类管理方法[②]。是年，取消增值税一般纳税人资格的企业981家，确认具有增值税一般纳税人资格企业4236家，其中A类企业279家、B类企业1968家、C类企业1989家。

2000年，年审全市增值税一般纳税人企业4920家，其中合格4524家，限期整改25家，年审不合格取消一般纳税人资格的有371家。是年，取消一般纳税人资格企业1374家，其中工业企业756家、商业企业618家。新确认一般纳税人企业1878家，其中工业企业1248家、商业630家。至年末，全市增值税一般纳税人企业有5028家。

①一般纳税人是指年应征增值税销售额超过《中华人民共和国增值税暂行条例实施细则》规定的小规模纳税人标准的企业和企业性单位。

表19－4－441　1996～2000年萧山市各种经济成分国家税纳税人税务登记情况

单位：家

年份	国有经济	集体经济	私营经济	个体经济	联营经济	股份制经济	外商投资经济	港澳台投资经济	其他经济	合计
1996	969	6153	1660	10772	190	1158	68	148	3	21121
1997	764	3819	2400	13096	146	1499	134	189	71	22118
1998	462	1613	2514	13668	64	4064	142	134	2	22663
1999	527	1739	3470	16506	49	2386	212	149	2	25040
2000	349	1236	4545	16209	40	1739	214	152	0	24484

注：均为年末税务登记数。

②A、B、C三类管理方法：A类企业专用发票由企业提出申请，按实际需用量由国税行政管理部门在权限以内核定每次供应数量，由企业自管自开；B类企业所需专用发票领购数量最多不得超过两本，由企业自管自开；C类企业所需专用发票实行由征收单位代管监开，也可由税务行政管理部门或税务代理机构开具电脑票。市场内一般纳税人的专用发票必须由税务行政管理部门或税务代理机构集中开具电脑票。

增值税专用发票使用管理　1994年，为有效地制止利用伪造、倒卖、盗窃、虚开增值税专用发票进行偷、骗、逃国家税款的违法犯罪活动，采用纸质专用发票物理防伪。是年，查处发票违章案共74起，偷税案20起，补缴税款42

万元，处罚款32.81万元。4月1日，萧山对已确认为增值税一般纳税人的商业零售企业开始加强开具增值税专用发票、抵扣管理。5月，组织国税局、地税局与人民法院、公安局、检察院等部门联合开展打击伪造、倒卖、盗窃发票的“三打”专项斗争，查获倒卖增值税专用发票604份，其中倒卖假增值税专用发票185份，侦破利用增值税发票偷税大案1起，抓获盗窃和倒卖增值税专用发票犯罪分子6人（逮捕4人、收容审查2人），查实涉及发票违章行为的单位和个人134家（人），补缴税款23万元，处罚款11.65万元。

1995年，国税局开始配备专门运送增值税专用发票的车辆，专人领取、专人护送增值税专用发票；出售时，限量购买，限期使用。对部分企业采取集中保管使用，要求建立由专人填开和“验旧购新”的发票管理制度。翌年，国税局所属各国税所（分局）设立发票管理员，负责经常性检查发票的保管、使用。

1997年，全市增值税专用发票全面纳入计算机管理。是年，临浦国家税务所试行增值税专用发票结报系统，实行增值税专用发票使用两个月到期核销制。是年12月，国税局在万向集团公司所属4家企业和克瓦纳（杭州）发电设备有限公司中首次施行国家“金税工程”一期①的增值税专用发票防伪税控系统。

1999年6月，国税局开发的票税稽核系统投入运行。是年，通过票税稽核系统发现有问题的企业904家（占全市增值税一般纳税人数的18.90%）、发票8528份，涉及税款4650.38万元。其中利用销项发票跨期结报（压票不报）的申报单证6202份，占有问题发票的72.73%，涉及税款3147.60万元；采用进项发票提前抵扣和将不得抵扣的发票申报抵扣的2326份，占27.27%，涉及税款1502.78万元。至年末，在1200家企业中推行了“金税工程”一期10万元版增值税专用发票防伪税控系统。

2000年9月30日，全市推行国家“金税工程”的增值税防伪税控系统。12月，国税局开发使用增值税专用发票交叉稽核系统。通过该系统对增值税进销项凭证的审核，发现发票有问题的纳税人1520家、发票5434份，涉及税款3152.91万元。其中跨期发票结报（压票不报）的申报单证908份，涉及税款1507.07万元；采用进项发票提前抵扣和不得抵扣的发票申报抵扣4526份，涉及税款1645.84万元。至年末，推行增值税专用发票防伪税控系统的企业有2303家，占应使用企业数量的50.91%。其中全市实现防伪税控专用设备开票的企业有1050家。2001年1月1日，萧山开通国家“金税工程”。②

出口货物退（免）税管理 1989年，萧山开始逐步建立包括出口退税登记、鉴定、申报、审核、检查和清算在内的出口货物退税③管理制度。是年，为萧山五金工具厂、杭州弹簧垫圈厂、杭州齿轮箱厂办理出口产品退税61.88万元。至1995年，萧山累计办理出口货物退税金额10379.49万元。

1998年，出口退税实行电子化管理。1999年11月1日，26家外商及港澳台商投资企业的出口货物由出口免税改为出口退税。是年，国家提高出口货物退税率，萧山自营出口企业多，出口退税指标不足，先后7次向浙江省国家税务局要求，得到追加出口货物退税指标共计18000万元。

①国家“金税工程”一期，即增值税交叉稽核系统和增值税防伪税控系统。

②2001年，全区使用防伪税控系统的企业有1394家，占全部一般纳税人的25%。全年网上回复协查信息294条、协查发票3355份，协查回复率100%。是年，全区没有发现利用防伪税控系统虚开增值税专用发票的案件。

③出口货物退（免）税是指在国际贸易业务中，对报关出口的货物退还或免征其他在境内各生产和流转环节按税法规定缴纳的增值税和消费税，即对增值税出口货物实行零税率，对消费税出口货物实行免税。目前境内的出口货物税收政策分为出口免税并退税、出口免税不退税、出口不免税也不退税3种形式。

表19-4-442　1996～2000年萧山市国家税收出口货物退税情况

单位：万元

年份	办理出口货物退税	占全省比重(%)	占全国比重(%)
1996	9113	1.11	0.11
1997	9702	2.03	0.22
1998	14586	3.00	0.33
1999	29340	3.67	0.47
2000	42697	3.94	0.53

注：①资料来源：1997～2001年《萧山年鉴》。
②“占全省比重”栏，不含宁波市。

2000年，国家调整机电、服装、纺织品、家具、化工产品和羽（毛）绒及其制品的出口产品退税率，新增的4家外商及港澳台商独资企业出口货物实行先征税后退税。是年9月，为缓解出口退税周期长影响企业资金周转困难的问题，国税局、对外贸易经济合作局、财政局、中国人民银行萧山市支行联合印发《关于出口退税质押贷款的暂行规定》（萧外经贸〔2000〕187号），为出口货物退税企业提供质押贷款。10～12月经出口货物退税审批《出口退税证明》66家次，出口货物退税额2.10亿元，占全市出口货物退税金额的48.84%，其中办理出口货物退税质押贷款1.41亿元。

1989～2000年，萧山办理出口货物退税115817.49万元。

国家税务稽查

1994年9月25日分设国税局、地税局后，建立萧山市国家税务局税务稽查大队，与地方税务局税务稽查大队合署办公，统一稽查税务。[①]1997年9月，建立萧山市国家税务局稽查局（以下简称稽查局），开始独立稽查国家税务，稽查实行选案、检查、审理、处理“四分离”。10月27日，建立萧山市公安局驻国税局联络室。是年，稽查企业单位3942家，补缴税金和处罚款共计5185万元；查处各类偷税案件363起，其中协查金华市案件涉及萧山专用发票781份、企业381家，应补缴增值税947.43万元，处罚款231.32万元。至年末，萧山市公安局驻国税局联络室查处涉税大案4起，补缴税金和处罚款25.61万元，2名涉案人员被依法移送公安机关处理。

①1994年国税局、地税局分设后的合署办公期间的国家税务稽查，详见本章《地方税收》节《地方税务稽查》目。

1998年，国税局建立税务案件审理委员会，负责考核稽查局工作、复议税务行政案件，并在稽查局内设税务违法案件举报中心、检查科、审理科等职能科室，下设5个稽查中队(与征管分局合署办公)，负责稽查计划的实施。是年，在全市范围内开展增值税专用发票、税收负担偏低企业的专项检查和清缴欠税检查，检查企业单位3189家，查补税金和处以罚款共计6116.30万元。立案稽查偷税、逃税企业533家，追缴税款2359万元，处以偷税罚款1027万元。其中移送司法机关处理的有7家，补缴税款在100万元以上的涉税大案有4家。重点检查萧山经济技术开发区及周边地区的企业1056家，重点检查面23.01%，查实243家企业有涉票偷税行为，非法取得专用发票748份，偷税总额606万元。作案手段主要有：向票贩子购买增值税专用发票、填列“抽心”银行支票和用“消字灵”加工后重新填开发票等。

图19-4-663　1998年11月25日，萧山市国家税务局稽查局会同公安局驻国税联络室联合开展税务稽查。图为向欠税户发放《追缴欠税通知书》（田俊超摄）

1999年，国税局对重大税务违法案件和疑难案件实行由稽查局和案件审理委员会两级审理，明确税务案件审理委员会和稽查局的职责分工，税务案件审理委员会负责补税、罚款数额较大或疑难税务案件的审理；稽查局负责其他税务案件的审理。是年，税务稽查企事业单位和个体户共计1988家，查实应补税款、罚款和滞纳金共计5937万元。

2000年，稽查局启用中国税收征管信息系统（CTAIS系统）处理稽查事务。是年，查处纳税户836家，补缴税款1849万元，处以罚款500万元，收取滞纳金和没收非法所得24万元。7～9月，国税局、地税局和市公安局联合开展打击涉税犯罪专项整治活动，税务稽查全市企业和个体户160家。经查，存在不同程度违法行为的企业有109家，占实施税务稽查企业单位家数的68.13%。其中查处使用假增值税专用发票抵扣进项税额的企业和个体户有44家，增值税专用发票102份；取得第三方开具的增值税专用发票抵扣进项税额的24家，增值税专用发票89份；为他人虚开增值税专用发票有2家，虚开增值税专用发票10份；匿报货物销售收入偷逃国家税款39家，移送司法机关处理18起，抓获犯罪嫌疑人45人（经萧山市检察院批准逮捕13人、刑拘10人、取保候审22人），查补增值税共计400.50万元，处以罚款144.14万元。

图19－4－664　2001年4月9日，世界银行官员西蒙先生（Simon）在杭州市萧山区国家税务局征管分局向工作人员详细了解CTAIS系统的应用情况（田俊超摄）

【附】

萧山境内利用增值税专用发票偷骗逃国家税收案例

1983年1月1日，萧山开始对机器机械及其零配件、农业机具及其零配件、电风扇、自行车、缝纫机等产品试行增值税。是年，试行增值税的企业，均采取定率分期征收，年终结算的征收方法。1984年10月1日起，征收增值税范围扩大，增加汽车、机动船舶、轴承、钢坯、钢材、印染丝绸及其他印染丝织品、西药、原料药和成剂药等产品，并按照1983年度实际增值率、扣税率，依适用税率预征，年终结算的征收方法。1994年1月1日，开始实行分税制，建立以增值税为主体税种、以增值税专用发票为主要对象的税收管理体制，增值税征收范围进一步扩大，除将原征产品税的工业产品全部改征增值税外，还将原征营业税的商业批发和商业零售等改征增值税。征收增值税采用进项增值税在销项增值税中抵扣的办法，即销项增值税额与进项增值税额的差额是应缴的增值税额。是年，开始稽查增值税专用发票，全年查获倒卖发票604份。1999、2000年，在稽查增值税专用发票中，发现使用增值税专用发票有问题的纳税人2424家，涉及增值税专用发票13962份、税款7803.29万元。其中利用销项发票跨期结报（压票不报）的专用发票有7110份、税款4654.67万元；采用进项发票提前抵扣和将不得抵扣的发票申报抵扣6852份、税款3148.62万元。

自1994年以来，萧山境内利用增值税专用发票，偷、骗、逃国家税收案件，比较典型的有8起：

1994年4月8日～5月6日期间，俞某某（萧山市某实业公司总经理）伙同董某某（萧山市某服装厂厂长）、俞某某（萧山市某服装厂副厂长）、俞某某（某财政税务所协税员）、傅某某（萧山市某实业公司出纳）在中国银行萧山支行开立账户，先后为安徽、湖南、广东等地11家企业虚开增值税发票40份，虚开税款合计7032.28万元，已抵扣税额1021.77万元。该案于1994年7月被市公安局、税务局联合侦破，案犯均被抓获归案。该案退回赃款133.41万元。1995年11月17日，杭州市中级人民以投机倒把罪判处俞某某有期徒刑7年，其余案犯分别被判处有期徒刑2年～3年。（浙江省杭州市中级人民法院刑事判

决书〔1995〕杭刑初字第204号）

1995年5月～1996年10月间，华某某（萧山某工贸实业公司法定代表人兼总经理）、陈某某（广东省潮阳市人）、钟某某（广东省潮阳市人）骗取国家出口退税，利用虚假出资，建立萧山工艺饰品厂，将该厂的109份增值税专用发票虚开给绍兴进出口公司等8家企业，作为出项发票，税额共计2034.76万元。同时，将广东省潮阳市鸿田发展有限公司等单位的增值税专用发票176份虚开给萧山工艺饰品厂作为进项发票，税款共计2388.26万元，骗得出口退税613.98万元。1998年2月25日，杭州市中级人民法院判处华某某无期徒刑，陈某某有期徒刑15年，钟某某有期徒刑8年。（浙江省杭州市中级人民法院刑事判决书〔1998〕杭刑初字第10号）

1995年7月～1996年11月，李某某（曾系萧山市某包装厂、萧山市某包装有限公司法定代表人），为萧山市某包装有限公司虚开增值税专用发票6份，虚开税款21.95万元；将其中虚开的9.10万元的进项发票入账后，伪造入库验收手续，又指使财务人员将该款汇至另一家公司，从中套现占为已有；为萧山市某包装厂虚开增值税专用发票6份，虚开税款7.21万元。1998年6月12日，萧山市人民法院分别判处两家企业罚金2万元、5万元，判处李某某有期徒刑7年。（浙江省萧山市人民法院刑事判决书〔1998〕萧刑初字第189号）

1996年初～1997年5月，杭州某五金机械商行（原名杭州某综合经营部）承包者杜某某为杭州某工贸有限公司（前身萧山市某工贸有限公司）法定代表人施某某、萧山市某物资有限公司经营者来某某等人虚开增值税专用发票72份（价税合计423.16万元，税额61.50万元）；施某某让他人为自己虚开增值税专用发票45份（价税合计321.13万元，税额46.66万元）；来某某让他人为自己虚开增值税专用发票3份（价税合计25.17万元，税额3.65万元）。虚开的增值税专用发票均已被入账抵扣。1998年2月26日，杭州市中级人民法院判处杜某某有期徒刑15年；施某某有期徒刑13年，并处没收财产0.35万元；来某某有期徒刑2年，缓刑2年，并处罚金2万元。（浙江省杭州市中级人民法院刑事判决书〔1998〕杭刑初字第5号）

1997年2月～1998年7月，浙江某机床厂萧山经营部业务员兼出纳何某某经该营业部法定代表人葛某某指使和同意，以“经营部”名义直接经办伪造增值税专用发票26份（价税合计285.50万元，税额40.92万元）；还为30余家企业虚开增值税专用发票62份（价税合计276.45万元，税额39.75万元），虚开税额共计80.67万元已入账抵扣。2000年2月24日，萧山市人民法院判处葛某某有期徒刑8年，何某某有期徒刑5年。（浙江省萧山市人民法院刑事判决书〔2000〕萧刑初字第40号）

1997年6月～2000年4月，萧山市某纺织有限公司为增值税一般纳税人，采用匿报销售收入等手段进行偷税9.86万元，偷税比例为80.38%。萧山市人民法院判处萧山市某纺织有限公司罚金10万元；法定代表人张某某有期徒刑3年，缓刑3年。（浙江省萧山市人民法院刑事判决书〔2000〕萧刑初字第1110号）

1997年11月24日～2000年5月18日，谢某某（益农镇众力村）通过挂靠和以他企业名义从事生产、商业活动等手段，从绍兴等地企业代开增值税专用发票54份（税款73.95万元），匿报销售收入429.52万元，偷逃增值税24.12万元，偷税比例30%以上。2001年4月19日，萧山市人民法院判处谢某某有期徒刑13年，并处罚金35万元。（杭州市萧山区人民法院刑事判决书〔2001〕萧刑初字第211号）

1996～2000年，黄某某（杭州人，住萧山红山农场六分场，曾系萧山市物资供应公司供销员），经他人介绍，在丁某某（余杭人）处，以3%的开票费价格虚开增值税专用发票26份，虚开税额32.95万元，用以抵扣骗取国家税款30.24万元。2001年10月15日，杭州市萧山区人民法院判处黄某某有期徒刑4年，处罚金15万元。（杭州市萧山区人民法院刑事判决书〔2001〕杭刑初字第751号）

（施平城提供）

第三节 财政四税

农业税

萧山解放前，对田地征收的税称田赋。①萧山解放后，废除民国时期的田赋制度，逐步建立新的农业税制度。②1958年6月，农业税以主粮（稻谷）为统一计算标准，棉麻产区和山区缺乏现粮交纳的，征收代物（其他农产品）或代金（按粮食折算成货币金额）。1983年10月1日起，凡以代金缴纳农业税的结算价格，一律按照当地稻谷统购牌价计算。1985年1月1日取消农产品统购派购制度后，农业税由征收主粮（稻谷）为主改为折征代金为主，实现从实物税向货币税的转变。是年，农业税征收价格不分水稻地区和棉麻地区一律为每50千克稻谷11.70元，可征收实物或代金。现粮由粮食部门收购，棉麻由供销社在收购时代征。

1989年，调整农业税征收价格，早稻每千克为0.444元。1992年，规定在10月31日前按早稻定购价每50千克24.60元征收，11月1日后按当地调整后的晚稻定购价计算征收，实行实物征收、货币结算的办法不变。

1993年起，农业税实行实物征收，对没有粮食定购任务或定购任务小于农业税任务的纳税人，可折征代金。1995年，农业税征收价格调整为每50千克57元。

1996年，根据地税局对棉麻地区的靖江镇和产粮地区的义桥镇的农业税收负担进行的典型调查情况，经市长办公会议审议，决定对棉麻地区17个镇乡（含浦沿、长河、西兴镇）自是年开始适当调减农业税征收任务。是年，棉麻地区17个镇乡实际调减农业税577.90万千克（折金额658.79万元），使棉麻地区与产粮区的农业税负担基本趋于平衡。同时，对免税期满的围垦海涂所造土地计征农业税，开征农业税（稻谷）87.10万千克（折人民币113.23万元）。

2000年，财政局走访11个镇乡22个村后发现，种植结构的调整，使得早稻一季农业税完成的压力很大，决定对有合同定购任务并种植早稻的纳税人征收现粮，其他一律改征代金；无定购任务而投售粮食的农户，委托粮食部门代扣代缴。对受灾户实行先减后征，减免税款27.70万元；减免困难户税款146万元。是年，为农村税费改革作准备，在萧山经济技术开发区内的村进行农业税计算机开票到户的试点。

农业特产税

萧山解放后，农林特产收入征收农业税。③1985年，农业税税率为原木2%、原竹3%、茶叶8%、淡水鱼5%、花卉8%等。

1988年，农林特产所征税款从农业税中分离出来。是年，对烟叶、园艺、林木、水产、生畜、食用菌、原木、原竹、茶叶、药材等征收农林特产税，按售价和不同特产规定的税率由收购单位代扣。翌年，根据省政府《关于全面征收农林特产税的通知》（浙政〔89〕19号）精神，开始对河蟹、河鳗

①田赋为中国最古老的税种，其源可追溯至夏、殷、周三代，三代的征收方法虽不同，但税负大体为收获物的1/10。明洪武二十四年（1391），萧山田赋每亩官田起科5升3合、民田3升3合、重税田8升3合、芦田5合3勺。清代沿袭明制，清顺治十四年（1657），田赋分粮银、南米、人丁3项，粮银田每亩最高银钱3分2厘，乡民每人银1钱4分8厘、米9合7勺。清宣统三年（1911），萧山田赋正税有地丁、南米和租课3种，地丁即土地税与人丁税之合称，按银两计算，正税银1两；南米是供应南方驻防官兵的军粮，以米石计算，每石折银3元；租课系公田的租金和税课，公租上则每亩征钱300文、中则200文、下则100文，草地每亩征钱60文，牧租熟地每亩300文，未垦地每亩征草租60文。民国田赋承清制。民国元年（1912），漕银和南米改征银两，称为抵补金，地丁与租课仍照旧章。民国21年，废除地丁和抵补金名称，改称上、下期田赋，同时改银两计征为银圆计征。民国30年，田赋征实，每元赋额折收稻谷2市斗，仍折收货币，每石30元。民国33年每石折币450元。民国34年抗日战争胜利，豁免是年田赋。翌年征收实物，照33年赋额5成实征，每元赋额折征稻谷3市斗、征借1市斗、公粮9升，共计4斗9升，以迄萧山解放。

②1949年，根据省政府颁布的《一九四九年征收农业税暂行办法》，规定按每户占用土地多少，分16级；按田亩肥瘠分4等，分别确定每亩应征税额。翌年9月，根据政务院颁布的《新解放区农业税暂行条例》，废除民国时期的田赋制度，根据当时土地占有情况，采取全额累进税。1958年6月颁布《中华人民共和国农业税条例》后，废除累进税制，改行比例税制，根据土地自然条件和当地耕作水平，正常年景产量，评定计税产量，按规定税率计算征收。

③萧山解放初期，对种植农林特产的土地，均按农林特产的平均收入折合主粮并入各农户内，计征农业税。1953年，按出售林木实得收入征收10%的林木土地农业税，这是农林物产单独征税的开端。翌年，农林特产实行随售随征农业税。1955年后，对原木、原竹、茶叶和药材等农林特产实行随售随征，即在出售时按售价和规定税率由收购单位代扣农业税。1983年11月12日开始，烟叶、园艺、林木、水产、生畜、食用菌和省政府认为应当征收农业税的其他农林特产收入均属于农业税的征税范围。

（鳗苗）、苹果、桃、梨、杨梅、葡萄、板栗、杂竹、毛料、鲜笋、蘑菇、平菇、芦笋、莼菜等农林特产征收农林特产税。

1990年，根据省政府办公厅《关于今年茶叶农林特产税减免的通知》（明传电报40号）精神，市政府印发《关于加强茶叶产销管理的补充通知》（萧政〔1990〕7号），决定对春、夏、秋茶给予减半征收农林特产税（原税率为8%）。又根据省财政厅《关于减征今年柑橘农林特产税的通知》（〔1990〕财农税45号）精神，对柑橘农林特产税减征40%，税率不变；并重申茶叶、河鳗减征50%，税率不变；蘑菇、水产品养殖类减征40%，税率不变。

1994年，税收体制改革中，农林特产税改为农业特产税，征税对象仍为原征收农林特产税的对象，税率5%～31%不等。

1999年起，区别不同情况采取不同的方式征收农业特产税，即对生产应缴农业特产税产品的单位和个人实行"源头征收"，农民及个人承包者生产的产品实行"评产计征"。2000年，仍按此办法征收农业特产税。

契　税

契税源于东晋之估税[①]。宋开宝二年（969）名曰印契钱。后各朝代都征收契税。[②]民国时期，契税改为不动产转移税，税率常有变动。[③]萧山解放后，逐步建立完善契税制度。[④]1956年，契税列入"其他收入"项目，1983年列入"其他工商税"项目。1949年5月至1984年12月，共征收契税9.86万元。1992年，由财政行政管理部门征收。

1995年，萧山分区域制定契税计征标准，城厢镇按房产实际成交价计征；瓜沥、临浦、西兴3镇按每平方米建筑面积500元计算房产价值计征；其余27个镇乡按每平方米400元计征，税率为6%。同时，对行政机关、国营企业和市属大集体以上单位正式职工购买商品房缴纳契税有困难的，经市财政局批准，购买商品房建筑面积在60平方米以内的，可给予减征60%的照顾。

1996年1月1日后，一律按实际房产成交价计征契税，凡房屋买卖、典当、赠与或交换，均应向财政行政管理部门缴纳契税；机关、部队、学校、党派、受国家补贴的团体、国营企事业单位和集体经济组织等单位可免缴。翌年4月1日，对购买商品住宅以及进行存量房产交易中，购进用以自住的房产契税，按实际成交价6%计征，其中3%部分由地方贴补。10月1日，萧山征收的契税税率降至3%。

1998年4月13日，开始实行契税纳税人到萧山市农业税征收中心自行申报纳税的征收方式。翌年8月1日，对普通商品房契税税率降至1.50%，其他房屋契税税率3%。2000年，仍按1999年规定的税率征收契税。

耕地占用税

1987年4月1日起，开征耕地占用税。耕地占用税实行三级分成，中央财政50%、省财政10%、萧山财政40%。萧山按三类地区征税标准计算征收耕地占用税，城厢、临浦、瓜沥镇按每亩5000元征收；其余镇乡按每亩4000元征收，对占用耕地建房的农户减半征收。同时，根据《中华人民共和国耕地占用

①估税是对典买田地房宅捐税，按订立的契约价款征收，属中央税收，由县财政行政管理部门征收。

②元、明、清都征收契税。清末买契征收税率9%、典契征6%。北洋政府沿用清制。

③民国初年，契税分别按买契、典契、押契确定征收税率，买契税率2%、典契税率1.50%、押契税率0.60%。民国16年，契税划归地方，遂为地方的重要收入来源之一。民国26年抗日战争爆发后，契税重列中央税收。民国32年，根据国民政府公布的《契税条例》规定，买契和赠与契及占有契税率15%、典契税率10%、交换契和分割契6%。民国35年修正税率，买契和赠与契及占有契税率6%、典契税率4%、交换契和分割契2%。是年，契税又划为县收入。契税项下附加税费有：置产捐、注册费、中央教育费、省附加及契纸工本费等。

④1950年3月31日，政务院发布《中华人民共和国契税暂行条例》，规定在完成土地改革的乡村和全国城市开征契税。土地、房屋买卖、典当、赠与、交换由承受人完成契税，买卖和赠与契按实价征收6%；典契按典价征收5%；交换契双方价值相等免征契税，不等者其超过部分按6%纳税。1952年执行《修正浙江省契税暂行条例施行细则》，买契税率6%，典契3%，赠与契按现价征收6%。1962年10月起，宅基地归生产队集体所有，不准出租和买卖，城镇居民宅基地、果园、菜地收归国有。至此，契税仅限于房屋买卖或转移，由房产交易行政管理部门对房屋买卖或转移在办理房屋所有权证时代征，收入甚微。

税暂行条例》规定，部队军事设施用地，铁路线路、飞机场跑道和停机坪用地，炸药库用地，学校、幼儿园、敬老院、医院用地，农村革命烈士家属、革命残废军人、鳏寡孤独和革命老根据地、少数民族聚居地区、边远贫困山区生活困难的农户和在规定用地标准以内新建住宅纳税确实困难的，由纳税人提出申请，经所在地镇乡人民政府审核，报经县人民政府批准后，可以给予减税或者免税。

1989年，萧山耕地占用税分成从40%调高到60%。1992年，萧山改按二类地区征税标准计算征收，按每亩6000元征收耕地占用税。

1994年起，耕地占用税收入全部留归萧山。1998年4月13日，耕地占用税纳税人自行到萧山市农业税征收中心申报缴纳。

2000年，萧山仍按二类地区征税标准计算征收耕地占用税，其收入仍全部留归萧山。

表19—4—443　1985～2000年萧山财政四税征收入库情况

单位：万元

年份	农业税	萧山入库	农业特产税	萧山入库	契税	萧山入库	耕地占用税	萧山入库	合计 四税征收	合计 萧山入库
1985	1056	940	—	—	1	1	—	—	1057	941
1986	1075	968	—	—	2	2	—	—	1077	970
1987	1075	959	—	—	2	2	113	45	1190	1006
1988	1015	887	38	32	4	4	377	179	1434	1102
1989	1492	1298	144	116	14	12	306	145	1956	1571
1990	1259	1095	123	95	19	16	251	140	1652	1346
1991	1354	1177	128	64	54	46	480	271	2016	1558
1992	1213	1055	259	112	165	41	563	317	2200	1525
1993	1266	1101	232	70	479	50	479	270	2456	1491
1994	2165	1883	250	100	471	100	538	506	3424	2589
1995	2743	2385	271	112	629	235	1115	648	4758	3380
1996	2503	2152	147	147	835	156	1327	892	4812	3347
1997	2187	1902	140	126	976	528	1360	1279	4663	3835
1998	2210	1922	282	254	2102	1087	1006	946	5600	4209
1999	2405	1945	301	271	2104	1389	2685	1109	7495	4714
2000	2797	2304	302	272	2786	2368	2203	2071	8088	7015

注：①“农业特产税”栏，1985～1987年税款记入农业税。
②“耕地占用税”栏，1995、1996、1997、1999、2000年含补征历年欠税额，分别为：884.88万元、528.64万元、544.62万元、1576万元、132.40万元。

第二十编 经济管理

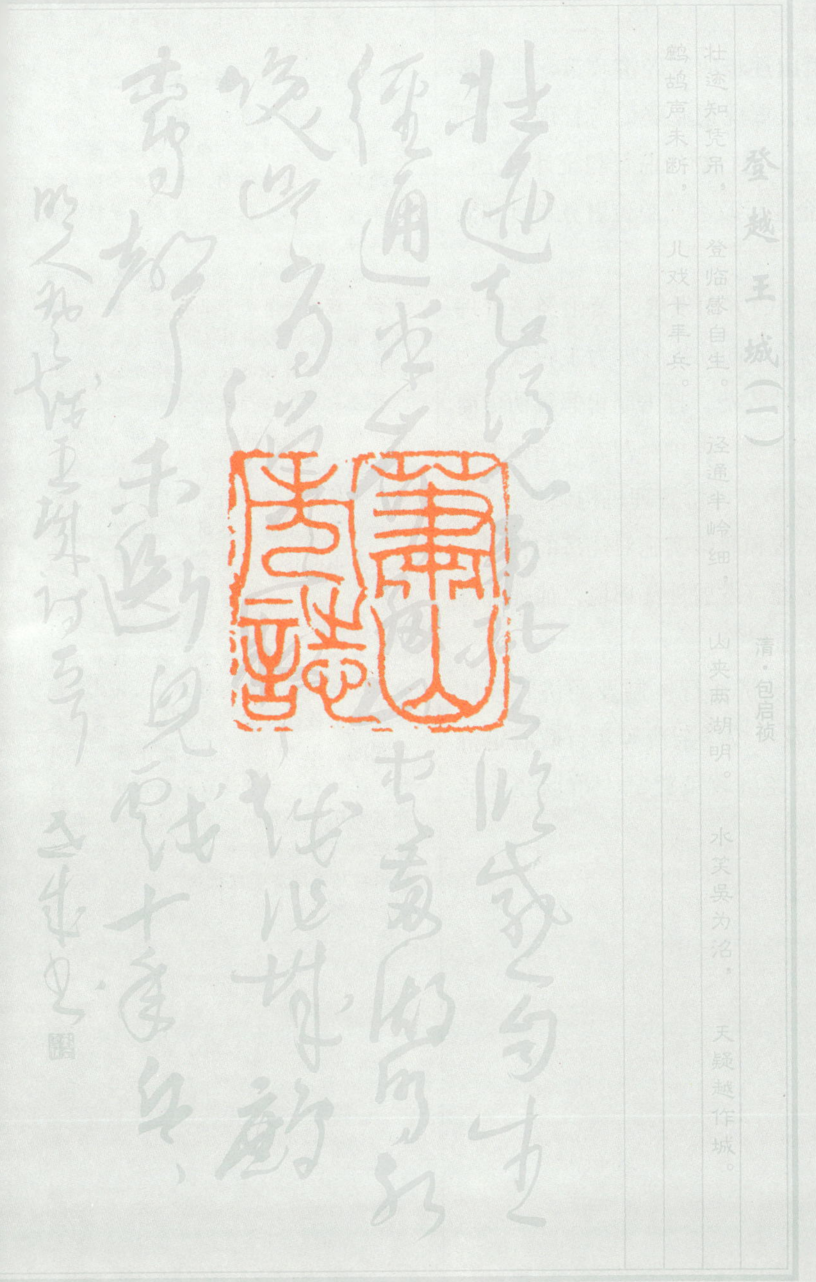

萧山解放初期，县政府内设经济管理机构，负责管理萧山经济。[①]1954年后，为确保第一个国民经济五年计划的实施，建立专门的经济管理机构。[②]1965年，“四清”运动开始后，精简经济管理机构。翌年，“文化大革命”开始，调整经济管理机构。1977年，开始复建、新建经济管理机构。1979年后，改革计划管理体制，调整经济管理职能，改进经济管理方式，放开部分商品（产品）价格。至1984年，萧山县基本建成较为完善的经济管理体系。[③]后经济管理机构保持相对稳定。

1985年后，全面进行经济体制改革，萧山逐步放宽经济政策，进一步改进经济管理方式、放开商品（产品）价格，重视企业登记与管理，管理市场、商标、广告和经济合同，查处非法经营，进行物价监督和统计执法检查，实施产品（商品）质量行政执法，开展企业行政事业单位财务审计和固定资产投资审计等。

1992年起，向建立社会主义市场经济体制的方向发展，萧山经济管理部门职能发生重大转变，经济管理由直接管理为主向间接管理为主转变，为经济发展创造良好的外部环境；整顿行政事业性收费，打击制售假冒伪劣商品；进行经济责任审计，管理及监督各项经济活动，保护经营者和消费者的合法权益等。1997年11月，经政府行政机构改革，经济管理机构调整，[④]进一步转变经济管理部门职能，注重依照法律法规和政策实施对经济的管理，管理工作的重点转向搞好基础设施建设，创造经济发展外部环境，加强统筹规划、信息引导、组织协调、提供服务和检查监督等。

至2000年，基本建成以市场调节为主的经济运行体制及经济管理体制，除少数垄断行业和关系国计民生的商品及学校学杂费等实行政府定价和指导价外，其余商品由市场调节，呈现出经济政策放宽、市场经济活跃、依法实施管理的良好经济发展环境。

①萧山解放初期，县政府内设秘书室、财政科、实业科、粮政科等经济管理机构，负责管理萧山经济，创办国营工业企业；建立国营商业专业公司和供销合作总社，收购、调运农副产品，确立国营经济在流通领域的领导地位；对私营工商业采取利用、限制政策，由国营商业专业公司以委托加工、计划订货、统购包销、经销代销等形式，间接纳入计划管理。同时，管理市场，打击投机，平抑物价。

②1954年后，相继成立萧山县计划委员会、物价委员会、财政局、工商行政管理局、统计局、粮食局、商业局、供销社、工业交通局、手工业管理局、农业局、农机水利局、物资局等经济管理机构。

③至1984年，萧山县成立有计划委员会、经济委员会、物价委员会、科学技术委员会、经济体制改革委员会、萧山县人民政府经济技术协作办公室、财政税务局、工商行政管理局、审计局、统计局、城乡建设环境保护局、乡镇工业管理局、农场管理局、粮食局、商业局、供销社、农业局、农机水利局、物资局和国营工业总公司、二轻工业总公司、萧山县标准计量管理所等经济管理机构。

④1997年11月，萧山市成立有计划委员会、经济委员会、科学技术委员会、经济体制改革委员会、人民政府经济技术协作办公室、财政局、工商行政管理局、物价局、技术监督局、审计局、统计局、城乡建设环境保护局、对外贸易经济合作局、乡镇企业局、农场管理局、贸易局、粮食局、农业局、农机水利局等经济管理机构。

第一章　计划管理

萧山解放初期，萧山的工业生产、商品流通等发展计划均由省政府直接下达控制指标，由县政府秘书科对省政府下达的指标实施管理。[①]1953年，萧山实施第一个国民经济五年计划。翌年7月12日，萧山县计划委员会建立，行使管理全县计划的行政管理职能，负责计划编制、实施、调整、综合平衡和经济指标统计等工作，计划管理范围扩大。[②]1956年开始，编制萧山县国民经济年度计划，计划管理范围进一步扩大。[③]1968年3月，计划委员会撤销，计划委员会职能由县革命委员会生产指挥组承接。1977年5月16日，撤销县革命委员会生产指挥组，复建计划委员会。1983年，单一的国民经济计划改为国民经济和社会发展计划。

1985年起，萧山计划行政管理部门转变职能，计划工作由原来偏向于年度计划为主转向制订五年计划、专项规划；计划管理的重点逐步由微观向宏观和综合平衡社会供给与需求转变；计划内容逐步由实物指标和建设项目平衡为核心向总量平衡、比例协调和结构优化、布局合理及战略研究转变；计划指标项目逐步由数量向效益和实行数量、效益相结合转变。

1992年后，计划管理的重点转向制定萧山国民经济和社会发展战略、产业政策，规划经济结构和重点建设。编制的五年计划和年度计划不再以政府文件的形式下达，而是通过政府工作报告和专项规划，提出的发展目标，由政府以文件的形式下达部分工作目标及分解意见。同时，陆续下放固定资产投资权限，减少固定资产投资行政审批、审核和核准事项，形成投资渠道向主体多元化、政府投资和民间投资并存的格局。

至2000年，计划更加突出宏观性、战略性、政策性和导向性，在政府管理系统中发挥“总体指导、综合协调”的重要作用。至年末，累计编制国民经济和社会发展五年计划9个、国民经济和社会发展年度计划45个、专项规划16个。

①萧山按照省政府下达的计划控制指标分解后，下达到基层或切块下达到主管部门，建立以“条条为主，条块结合”的计划管理体制。

②1955年，县计划行政管理部门开始对工农业产品、重点物资和基本建设实施指令性计划管理，协调解决经济建设中的重大问题，对全县国民经济进行综合平衡，通常是下指令、定项目、批条子，直接分钱、分物，计划管理实际上充当了生产调度、会计出纳和仓库保管员等多重角色；既抓宏观经济，又抓微观经济，大到萧山经济建设项目立项论证，小到人民群众基本生活的安排，都在计划工作范围之列。

③1956年，开始编制萧山县国民经济年度计划，包括工业、农业、商业等。1958年，在国家下达的计划控制范围内编制基本建设计划，并将乡镇经济、文化建设纳入县计划管理范围。时值“大跃进”，有计划按比例发展国民经济受到严重冲击。国民经济调整时期（1961～1965年），萧山贯彻实施中央提出的“调整、巩固、充实、提高”的方针，使国民经济得以恢复发展。“文化大革命”期间（1966～1976年），计划管理体制陷入混乱，经济发展受到影响。

第一节　计划管理体制

萧山解放后，为适应计划经济体制的需要，逐步建立高度集中统一的计划管理体制。直至1979年后，随着商品经济的发展，改革计划管理体制，逐步缩小指令性计划，扩大指导性计划和市场调节范围，扩大工业企业和农业生产经营自主权[④]，实行指令性计划、指导性计划和市场调节相结合的计划管理体制。1985年，开始贯彻国务院《批转国家计划委员会〈关于改进计划体制的若干暂行规定〉的通知》（国发〔1984〕138号）精神，改进计划管理方式，采取以“经济手段为主、行政手段为辅”的方式调节生产和市场，除转达国家和

④1979年后，萧山按照中央提出的“计划经济为主，市场调节为辅”的方针，逐步改变长期以指令性计划为主管理经济的状况，农业推行以联产承包责任制为主要内容的各种生产责任制，工业、商业等国营、集体企业先后实行放权让利、经济（营）责任制、承包经营责任制。

省下达的指令性计划外，萧山不再下达其他指令性计划，对关系国计民生的重要工农业产品实行指导性计划，形成计划内、计划外两个商品流通渠道，计划分配的计划价、市场供应的市场价两种价格并存的“双轨制”格局，部分工业产品实行优质优价和一定幅度的浮动价。同时，按照“大的方面管住管好，小的方面放开搞活”的原则，重点解决宏观性、战略性和政策性的重大问题，经济生活中出现的重大问题由计划行政管理部门召集其他有关经济管理部门集体协调解决。

1992年后，深化计划管理体制改革，进一步改进计划管理方式，直接计划管理的范围缩小，由偏重于使用行政手段进行直接管理转向运用经济手段间接管理，逐步建立以适应市场经济发展的计划管理体制。除省、杭州市下达少数指令性产品生产任务外，大多数产品生产经营放开、商品价格放开；从过去偏重于定指标、批项目、分投资、分物资逐步转到主要提出重点建设、重大问题和制定解决主要矛盾的政策上来；从过去偏重于制订实物性计划指标转到注重指导性计划、研究市场变化和对社会需求的引导、调节、平衡上来。至1995年，全市主要商品收购和调拨计划中，85%的农副产品收购价、95%的工业产品销售价、80%的生产资料出厂价实行市场调节。

1996年，原有的工业企业产销经营的“双轨”制转为由供需关系决定的单轨制。翌年政府机构改革后，萧山计划行政管理部门职能进一步转变，加强宏观经济调节和经济运行中重大问题的综合协调职能，研究和制定国民经济与社会发展的战略目标和重大方针、政策；预测、监测和分析全市经济运行情况，加工处理经济信息；综合运用税收、价格等经济杠杆和资金平衡、投资导向等经济手段对全市经济运行进行宏观管理，调节经济运行；协调管理全市固定资产投资和重点建设项目；指导管理市场培育和建设，计划指导全市社会各项事业的发展等。

至2000年，市政府只下达指导性的农业总产值计划，基本建设投资渠道向多元化转变，建成以市场价格为基础的价格形成机制，并在商品市场和要素市场中发挥主要作用。计划行政管理部门主要研究全市国民经济与社会发展的战略目标和重大方针、政策，组织编制国民经济与社会发展的各项规划，做好经济总量的综合平衡和重大比例关系的协调，负责固定资产投资的综合管理，进行国民经济运行的预测、预警、研究、分析，向全社会提供信息、咨询服务，组织研究制订全市产业改革和行业发展规划，实施社会事业发展改革，管理政务信息网建设、散装水泥和矿产资源、重点建设、湘湖开发、废旧金属回收等工作。是年，开展行政审批制度改革，全市38个行政管理部门自查清理，并经市政府批准，取消审批、审核、核准的项目计338个，减少34.28%；尚有审批、审核、核准项目648个。

第二节　国民经济和社会发展计划

五年计划

萧山国民经济第一个五年计划（1953～1957年）的计划任务由省人民委员会直接下达，主要经济指标由工业、手工业、农业、商业4部分组成。其他各个时期的国民经济五年计划、国民经济和社会发展五年计划，均由萧山计划行政管理部门负责编制，经萧山人民政府审核，人民代表大会审议批准，再由人民政府以通知的形式下发。五年计划的调整，由人民代表大会常务委员会审议批准。在制定新的五年计划时，均要对上一个五年计划执行情况进行回顾总结，并向人民代表大会报告五年计划执行情况，由人民代表大会审议。至1985年，已实施6个国民经济和社会发展五年计划。是年，实现工农业总产值（80不变价）23.01亿元，比1980年增长2.43倍；国民收入13.76亿元，增长1.51倍；人均国民收入1264元，增长1.43倍；农村居民人均纯收入673.31元，增长1.94倍。

“七五”计划（1986～1990年）　“七五”计划时期，面临通货膨胀、物价上涨、抢购风潮、信贷收紧、北京“政治风波”和自然灾害等影响，经过努力，除农业总产值外，其他经济指标均完成和超额完成了“七五”计划所确定的主要任务和指标。1990年，实现社会总产值101.91亿元，完成计划的145.59%；工农业总产值（80不变价）68.65亿元，完成137.30%；工业总产值（80不变价）64.44亿元，完成141.65%；农业总产值（80不变价）4.21亿元，完成93.56%；国民收入28.89亿元，完成107.00%；人均国民收入2517元，完成106.65%；预算内财政收入3.89亿元，完成111.14%；社会商品零售总额12.64亿元，完成114.91%；农村居民人均纯收入1371.42元，完成124.70%；人口出生率15.30‰，比计划少0.87个千分点；人口自然增长率9.20‰，比计划少0.4个千分点；全县总人口115.29万人，比计划多0.89万人。是年，工业企业经济效益明显下滑，全市实现利润总额2.12亿元，比1989年下降12.03%。

“八五”计划（1991～1995年）　1992年，贯彻邓小平南方谈话精神，萧山经济发展明显加快，提前3年基本完成1991年制定的“八五”计划中提出的主要经济指标。翌年，调整“八五”计划中的主要经济指标。“八五”计划时期，除农业总产值外，其他指标均完成和超额完成“八五”计划所确定的主要任务和指标。1995年，人民生活水平总体上达到小康水平，省委命名萧山市为小康县（市）。实现工农业总产值（90不变价）314.22亿元，完成计划的229.36%；工业总产值（90不变价）303.54亿元，完成240.90%；农业总产值（90不变价）10.68亿元，完成99.81%；预算内财政收入8.25亿元，完成158.65%；城镇居民人均生活费收入5730.03元，完成252.42%；农村居民人均纯收入3893.14元，完成222.47%；人口出生率13.74‰，比计划控制数少0.96个千分点；人口自然增长率7.37‰，比计划少1.15个千分点；全市总人口120.20万人，比计划少2.10万人。（1993年“八五”计划主要经济指标调整中，尚有国民生产总值83亿元、国民收入80亿元、社会商品零售总额30亿元、外贸商品收购总值40亿元，因1995年不再统计这四项指标，故没记入完成情况。）是年，工业发展速度明显减缓，实现工业总产值（90不变价）303.54亿元，比1994年增长18.92%；增幅比1994年下降21.23个百分点；经济效益不理想，实现利润5.10亿元，比1994年下降6.25%，农业生产经营水平尚低。

“九五”计划（1996～2000年）　1996年初，制定的《萧山市国民经济和社会发展第九个五年计划和2010年远景目标》提出，“九五”计划期间，将萧山建成在长江三角洲具有一定战略地位的中等城市，确保萧山经济和社会发展在全省的领先地位，在全省率先基本实现现代化。5月，萧山行政区划调整。2000年，调整“九五”计划的主要经济指标及数值，增加工业销售产值、工业利润、自营出口3项经济指标。“九五”计划期间，面对东南亚金融危机和境内需求不足的双重影响，萧山加快产业结构调整，全面推进企业转制，使全市经济持续稳定增长，目标任务顺利实现。2000年，实现国内生产总值(现行价)227.91亿元，完成计划的106.50%；第一产业增加值21.91亿元，完成109.55%；第二产业增加值126.52亿元，完成103.70%；第三产业增加值79.48亿元，完成110.39%；三次产业结构9.60：55.50：34.90（计划结构9.35：57.00：33.65）；人均国内生产总值（现行价）2万元，完成计划的106.95%；农业总产值（现行价）32.92亿元，完成106.19%；工业总产值（现行价）601.50亿元，完成115.67%；工业销售产值586.20亿元，完成117.24%；工业利润16.52亿元，完成122.37%；自营出口总额9.08亿美元，完成111.41%；地方财政收入8.18亿元，完成117.53%；全社会外贸出口交货值122.39亿元，完成110.26%；社会消费品零售总额54.07亿元，完成103.98%；城镇居民人均可支配收入10513元，完成105.13%；农村居民人均纯收入6152元，完成101.02%；总人口114.19万人，比计划少0.36万人。是年，经济社会发展中的主要问题是建设用地与基本农田保护的矛盾、高新技术产业在经济总量中的比重仍然偏低、农产品趋同化问题依然存在、农民增收难度较大、农村居民与城镇居民之间的收入差距增大等。

年度计划

萧山分别于1956、1983年公布的年度国民经济发展计划、国民经济和社会发展计划（简称年度计划，下同）均由计划行政管理部门负责编制，经人民政府审核，人民代表大会批准，再由人民政府将各项主要经济指标下达到各镇乡及系统实施；年终由各镇乡及系统将执行情况上报计划行政管理部门，由计划行政管理部门汇总，人民政府向翌年人民代表大会报告执行情况，并由人民代表大会审议。

1956～1984年期间，编制的国民经济年度计划、国民经济和社会发展年度计划，主要是计划经济指标及增长速度。1985年后，随着计划工作重点的转移，国民经济和社会发展年度计划成为分解落实五年计划的实施计划，其计划内容更加具体。年度计划中主要有国民经济综合指标、工业生产计划（工业总产值计划、主要产品产量计划）、水泥和砖瓦上调计划、统配物资分配计划、商品购销总值计划、自筹资金基本建设项目计划等。国民经济综合指标有工农业总产值、社会商品零售额、农副产品采购总值、外贸商品收购总值、预算内财政总收入、地方自筹基本建设全民单位占额度项目资金、农村居民人均纯收入、人口出生率、人口自然增长率，与1984年度计划相比，减少工业产品质量、工业产品消耗等技术指标计划，增加外贸商品收购总值、预算内财政收入、农村居民人均纯收入等指标。

1986年，年度计划指标中，增加国民收入、人均国民收入两项经济指标。翌年，增加工业利润指标。1988年，减少农副产品收购总值计划，年度计划指标有工业总产值、农业总产值、社会商品零售总额、国民收入、外贸商品收购总值、预算内财政收入、农村居民人均纯收入、工业利润和人口出生率等。1992年，减少统配物资的分配计划，增加第三产业指标。

1994年后，随着国民生产总值指标改为国内生产总值，第三产业改为第三产业增加值。1997年，增加城镇居民人均可支配收入指标。翌年增加工业销售产值指标。

至2000年，年度计划中国民经济综合指标有国内生产总值、第三产业增加值、农业总产值、工业总产值、工业销售产值、工业利润、地方财政收入、社会消费品零售总额、全社会出口商品交货值、自营出口总额、农村居民人均纯收入、城镇居民人均可支配收入、人口出生率控制比例等。

表20－1－444　1985～1990年萧山国民经济和社会发展年度计划主要指标完成情况

经济指标（现行价）	1985年		1986年		1987年		1988年		1989年		1990年	
	计划	完成	计划	完成	计划	完成	计划	完成	计划	完成	计划	完成
国民收入（亿元）	—	13.76	15.00	15.92	—	19.20	22.40	24.70	27.00	27.01	28.00	28.89
工农业总产值（亿元）	19.00	23.01	28.00	31.81	37.00	43.89	52.10	55.51	64.40	60.25	65.54	68.65
农业总产值（亿元）	4.50	3.63	4.00	3.77	4.00	3.95	4.10	4.01	4.20	4.05	4.14	4.21
工业总产值（亿元）	14.50	19.38	24.00	28.04	33.00	39.94	48.00	51.50	60.20	56.20	61.40	64.44
工业利润（亿元）	—	1.64	—	1.81	2.21	2.41	2.65	2.90	3.23	2.41	2.60	2.12
社会商品零售总额（亿元）	5.50	6.01	6.60	6.99	8.00	8.22	9.50	11.49	13.20	11.75	12.60	12.64
外贸商品采购总值（亿元）	0.50	0.53	0.60	1.13	1.20	1.44	—	1.93	4.20	5.19	5.70	6.95
预算内财政收入（亿元）	1.53	1.83	2.05	2.26	2.55	2.62	2.98	3.08	3.44	3.64	3.95	3.89
农村居民人均纯收入（元）	647.00	673.31	750.00	782.04	850.00	941.51	1050.00	1177.67	1350.00	1357.72	1470.00	1371.42
人口出生率（‰）	11.00	10.40	—	13.00	—	18.10	16.50	16.20	10.33	16.40	16.17	15.30

注：①“计划”栏资料由萧山区发展和改革局提供。“完成”栏数据来源于1985～1987年《萧山县国民经济统计资料》、1988～1990年《萧山市国民经济统计资料》。

②工农业总产值为80不变价。

③“外贸产品采购总值”项，1989～1990年为全社会出口商品交货值。

表20-1-445　1991～1995年萧山国民经济和社会发展年度计划主要指标完成情况

经济指标（现行价）	1991年		1992年		1993年		1994年		1995年	
	计划	完成	计划	完成	计划	完成	计划	完成	计划	完成
国内生产总值（亿元）	33.00	35.58	35.80	44.99	51.00	66.44	80.00	100.28	125.00	123.44
第三产业（亿元）	—	5.99	7.30	8.05	10.00	14.97	18.40	27.98	38.00	36.93
工农业总产值（亿元）	94.20	104.99	115.05	136.97	180.00	192.00	240.00	265.43	320.50	314.22
农业总产值（亿元）	9.50	9.36	9.55	9.64	10.00	9.87	10.00	10.18	10.50	10.68
工业总产值（亿元）	84.70	95.63	105.50	127.33	170.00	182.13	230.00	255.25	310.00	303.54
工业利润（亿元）	2.16	1.98	2.24	3.48	3.80	5.30	5.60	5.44	6.00	5.10
社会商品零售总额（亿元）	13.60	14.07	15.40	17.34	21.00	19.43	25.00	29.73	35.00	33.76
全社会出口商品交货值（亿元）	8.00	8.43	9.50	12.67	18.00	21.08	30.00	34.92	50.00	45.11
预算内财政收入（亿元）	4.10	4.14	4.35	4.45	4.66	6.13	3.15	3.36	3.75	3.88
农村居民人均纯收入（元）	1410.00	1457.25	1544.00	1739.10	2000.00	2196.87	2590.00	3018.30	3560.00	3893.14
人口出生率（‰）	16.50	14.20	15.97	12.40	14.70	13.18	14.80	12.91	14.23	13.74

注：①“计划”栏由萧山区改革和发展局提供。“完成”栏数据来源于1991～1994年《萧山市国民经济统计资料》、1995年《萧山市统计年鉴》。

②“国内生产总值”项，1991～1993年为国民生产总值；“社会商品零售总额”项，1993～1995年为社会消费品零售总额；“预算内财政收入”项，1994、1995年为地方财政收入；工农业总产值为90不变价。

表20-1-446　1996～2000年萧山国民经济和社会发展年度计划主要指标完成情况

经济指标（现行价）	1996年		1997年		1998年		1999年		2000年	
	计划	完 成	计 划	完 成	计 划	完 成	计 划	完 成	计 划	完 成
国内生产总值（亿元）	132.00	132.20	160.00	155.48	175.00	173.72	192.00	193.40	214.00	227.91
第三产业增加值（亿元）	42.00	42.08	52.00	50.34	57.00	56.60	63.00	63.93	72.00	79.48
工农业总产值（亿元）	264.00	267.05	330.50	330.94	—	390.88	448.00	469.81	551.00	634.42
农业总产值（亿元）	10.00	10.01	10.50	10.56	11.00	11.42	28.00	28.42	31.00	32.92
工业总产值（亿元）	254.00	257.04	320.00	320.38	375.00	365.43	420.00	441.39	520.00	601.50
工业利润（亿元）	5.20	5.50	6.60	6.24	9.00	9.10	9.90	11.34	13.50	16.52
社会消费品零售总额（亿元）	38.00	35.04	43.00	38.77	42.00	42.25	46.50	46.73	52.00	54.07
全社会出口商品交货值（亿元）	52.00	50.25	60.00	60.47	72.00	72.22	83.00	90.60	111.00	122.39
地方财政收入（亿元）	4.35	3.83	4.12	4.20	4.70	4.95	5.55	6.16	6.96	8.18
农村居民人均纯收入（元）	4477.00	4712.04	5183.00	5244.76	5770.00	5509.55	5786.00	5801.36	6090.00	6152.00
城镇居民人均可支配收入(元)	—	6899.14	6900.00	7402.63	8140.00	7989.49	8628.00	9255.67	10000.00	10513.00
人口出生率（‰）	14.50	13.56	14.30	12.78	13.70	11.12	12.72	10.91	12.50	10.27

注：①“计划”栏资料由萧山区计划和改革局提供。“完成”栏数据来源于1996～2000年《萧山市统计年鉴》。

②1996、1997年工业、农业总产值为90不变价，1998年农业总产值计划数和完成数为90不变价（完成农业总产值现行价为25.45亿元），其他工业、农业总产值均为现行价；“工业利润”栏，1998～2000年含私有工业。

专项规划

1986年，随着计划管理职能的调整，萧山开始针对国民经济和社会发展中的重大问题及薄弱环节，编制专项规划。是年6月，省政府将萧山列为全省开展县级综合发展规划工作的五个试点县之一后，萧山市农业区划委员会、计划委员会开始编制《浙江省萧山市综合发展规划（1986～2000年）》，至1988年7月完成编制工作。参加《规划》编制工作的有计划等政府职能部门35个，编制有农业、工业、商业、物资、外贸、财税、金融、邮电、城建、交通、科技、教育、文化、体育、卫生等发展规划55个。至2000年，主要指标除工业企业劳动生产率未达到《规划》制定的目标外，其他主要指标均完成和超额完成《规划》制定的目标。

表20－1－447 2000年《萧山市综合发展规划（1986～2000年）》主要指标完成情况

项目	工农业总产值（亿元）	农业总产值	工业总产值	预算内财政收入（亿元）	全社会固定资产投资（亿元）	年末总人口（万人）	工业企业全员劳动生产率（元/人）	农村居民人均纯收入（元）	人均居住面积（平方米）	
									城镇	农村
规划	160.50	6.50	154.00	6.80	24.00	123.00	40000	3000	12.0	35.0
完成	634.42	32.92	601.50	17.37	101.72	114.19	35624	6152	17.8	58.8

注："完成"项资料来源于2000年《萧山市统计年鉴》。

1988年，市政府《关于印发〈萧山市发展外向型经济规划〉的通知》（萧政〔1988〕33号），《萧山市发展外向型经济规划（1988～1990年）》要求：争取1990年，达到"三资"企业20家、出口创汇企业180家，实现全社会出口商品交货值8亿元。同时，提出重点发展闻堰、新街、城北、宁围等镇乡的外向型经济和机械五金、轻纺服装、工艺美术、粮油食品4大类出口产品，并制定鼓励企业出口创汇的优惠政策。至1990年，萧山的出口创汇企业达到《规划》制定的目标，"三资"企业数和全社会出口商品交货值未达到制定目标要求。是年，萧山市累计批准"三资"企业18家，出口创汇企业186家，实现全社会出口商品交货值6.95亿元。

1995年，制订《萧山市农业开发区总体规划（1996～2000年）》。规划在今后5年内先后建成粮棉油、特种水产、特种畜禽、名特优蔬菜瓜果花卉、农产品保鲜加工和高科技生物工程、旅游观光农业6个产业区。该规划制订后，萧山市农业开发区根据市场需求，调整农业生产结构。①

1999年，根据省委、省政府对萧山率先基本实现现代化的工作要求，市委制定《萧山市基本实现现代化规划纲要（1999～2005年）》(市委〔1999〕30号)。这是萧山市跨世纪发展的行动纲领。该规划纲要提出，"到2005年，经济和社会发展主要指标达到省定基本现代化目标，在全省率先基本实现现代化，形成现代化新兴中等城市的基本框架，为全面实现第三步战略目标奠定坚实基础。"翌年3月3日，市委办公室、市政府办公室印发《市级单位实施〈萧山市基本实现现代化规划纲要〉主要任务的通知》（市委办〔2000〕30号），并附《市级单位实施〈规划纲要〉主要任务分解表》。②

2000年，萧山经济技术开发区管理委员会制订《萧山经济技术开发区"十五"规划纲要》。《规划》要求至2005年，该区开发面积达到12平方千米，合同利用外资16亿美元，实际利用外资8.30亿美元，自营出口8.60亿美元。③

1989～2000年期间，萧山还先后制订有《萧山市城市总体规划》《萧山市湘湖风景旅游区总体规划》《萧山市城市节约用水规划》《萧山市科教兴市规划》《萧山市土地利用总体规划》《萧山市城市公共交通规划》《萧山市城市燃气专项规划》《萧山市农业产业化经营发展规划（1997～2010年）》《萧山市信息化发展1999～2010年规划概要》等专项规划。至2000年末，萧山制订有专项规划16个。

①2000年，萧山市农业开发区种植油菜100亩、产量16吨，棉花30亩、产量2吨；淡水鱼、河蟹、河虾、甲鱼等水产养殖总面积13249亩、总产量2510.50吨；蔬菜复种面积6000亩、产量4734吨；农产品加工企业加工各类蔬菜2500吨。

②2005年末，萧山建成城区面积42平方千米，实有道路总长度222.46千米，道路总面积545.02万平方米；城区开通公交线路32条，公交线路总长度710千米；公交营运车辆224辆，公交客运量3320万人次。是年，萧山连续4年列全国县（市、区）社会经济综合发展指数测评第七位，全省第一。据抽样调查，城镇居民人均可支配收入18884元、农民人均纯收入9498元，分别比1999年增长104.02%、63.73%。居民消费向现代型转变。是年，恩格尔系数为0.353，比1999年降低5.60个百分点；城乡居民储蓄存款余额316.10亿元，比1999年增加196.06亿元；城镇居民人均住房面积32.93平方米，比1999年增加15.63平方米；农村居民人均住房面积70.85平方米，比1999年增加19.65平方米。(萧山区统计局：《萧山2005概览》，2006年2月)

③2005年末，萧山经济技术开发区开发面积12平方千米，合同利用外资141818万美元，实际利用外资99736万美元，自营出口10.20亿美元。（《2005·萧山区统计年鉴》）

第三节　生产经营计划

农业生产计划

1953年开始，农业生产纳入国家计划管理。①“文化大革命”期间，农业生产计划逐级下达。②1979年后，随着农产品购销计划的改革，逐步缩小农业生产指令性计划、扩大指导性计划范围，但仍坚持以计划经济为主的指导思想，执行“决不放松粮食生产，积极开展多种经营”的方针，确保粮食种植面积，严格控制超计划种植经济作物。③至1985年，除对关系全县居民生活的粮食、棉花、络麻、油菜子、生猪5种农副产品下达指导性计划到镇乡外，其他产品均由生产者自行安排。是年，遭受自然灾害，粮食种植面积117.83万亩、产量39.55万吨，分别完成计划的109.27%、105.48%；棉花种植面积8.61万亩、产量5393吨，分别完成96.74%、83.00%；黄红麻种植面积28.70万亩、产量13.23万吨，分别完成24.78%、88.17%。实现农业总产值（80不变价）3.63亿元，完成计划的80.67%。

1996年，计划行政管理部门继续下达每年的农作物指导性种植计划，但各级政府不再以指令性手段要求农户完成指导性计划指标。1999年，对棉花、络麻、油菜子等生产不再下达指导性种植计划，农民可自行调整农业种植结构。

2000年，除计划粮食复种面积及产量外，其他农产品不再下达种植计划。是年，完成粮食复种面积119.22万亩，比1999年减少0.99万亩，完成计划的101.90%；总产量40.22万吨，完成计划的100.55%。棉花种植面积2.32万亩，络麻种植面积0.30万亩，分别比1999年减少1.41万亩、0.21万亩；油菜子种植面积6.58万亩，比1999年增加0.21万亩。蔬菜、花卉苗木、茶果及林业特产、淡水养殖、畜牧“五大主业”实现农业总产值（现行价）23.34亿元，占农业总产值的70.90%。

工业生产计划

萧山解放后，工业生产纳入国家计划管理。④1979年后，逐步改革工业计划管理体制，实行指令性计划、指导性计划和市场调节3种管理方式，逐步缩小国家控制的生产计划品种和数量、扩大指导性计划和市场调节范围，企业由单纯生产型逐步向生产经营型转变，产品亦由国家包销逐步改为自销。⑤至1985年，工业产品计划品种由1984年的125种减至37种，其中省、杭州市下达的由70种减至31种（指令性计划产品有烧碱、电石、矽铁3种，指导性计划产品28种）；县下达的指导性计划产品由55种减至水泥、砖、瓦、打

①1953年后，县计划行政管理部门按省计划指标下达农业生产计划，计划指标有粮食、棉花、络麻、油菜子、蚕桑、淡水鱼等的种植养殖面积、品种、产量。

②“文化大革命”期间，农业生产计划由县计划行政管理部门制定并下达指令性指标到各个公社，再由公社将指标分解下达到各生产大队、生产队。1966～1976年，全县农业总产值（90不变价）年均增长1.11%,比国民经济调整时期（1963～1965年）农业总产值（90不变价）年均增长9.71%下降8.60个百分点。

③1983年，县政府印发的《关于下达一九八四年农作物种植计划的通知》（萧政〔83〕89号）指出，“必须坚持以计划经济为主的指导思想”。翌年，完成春粮种植面积42.33万亩，为计划的125.16%；早稻35.62万亩，为105.45%；晚稻46.63万亩，为103.62%；棉花12.93万亩，为124.33%；络麻22.97万亩，为112.43%；油菜16.34万亩，为106.94%。除完成指令性计划种植面积外，全县发展多种经营的耕地面积约有10万亩。

④萧山解放初期，工业生产计划的重点是通过对私营工业实行委托加工、计划订货和统购统销的形式，对个体手工业采取组织联合企业实行联产联销等生产自救方法，使全县工业、手工业得到一定恢复。1952年，全县实现工业总产值（90不变价）5665万元，比1949年增加1.29倍。

“一五”计划期间（1953～1957年），工业生产计划实行定产量、定产值、定产品、定包销的办法，生产厂家按指定计划组织生产，原材料由县物资管理部门按计划以调拨价统一供给；产品交付国营商业部门包销，价格由国家制定。国营工业企业实行“统收统支”的财政管理办法，利润上缴县财政，需要资金，逐级申请预算批准，专款专用，亏损由县财政补贴。集体企业只缴纳所得税，盈亏自负。其间，全县工业总产值（90不变价）年均递增3.58%。

“二五”计划期间（1958～1962年），根据上级下达的工业生产计划，由计划行政管理部门平衡后下达到基层及有关单位。其间，由于搞“大跃进”，刮浮夸风和“共产风”，工业总产值（90不变价）年均递增速度下降到1.89%。

调整时期（1963～1965年），经国民经济调整，经济逐渐恢复，工业总产值（90不变价）年均递增速度上升到5.07%。

“三五”计划期间（1966～1970年），各项工业生产计划由县革命委员会制定并下达指令性指标，计划管理很大程度上被以阶级斗争为纲所取代，生产发展缓慢，工业总产值平均年递增率降为4.10%。

“四五”计划期间（1971～1975年），国有、集体经济恢复发展，工业总产值（90不变价）年均递增率上升到11.23%。

⑤1980年，工业产品计划品种有178种，其中浙江省、杭州市下达的有矽铁、电石等134种，县下达的有水泥、砖、瓦等44种。是年2月，县委召开工作会议，号召全县人民广开生产门路，解放思想，在“富”字上做文章，在“活”字上采取措施，实行计划调节和市场调节相结合的经济运行模式，扩大企业自主权。国民经济第五个五年计划（1976～1980年）期间，工业总产值（90不变价）年均递增20.94%。

稻机、日用瓷和啤酒6种，其余产品均由企业自主定产、自行销售。是年，实现工业总产值（80不变价）19.38亿元，完成计划的133.66%。“六五”计划期间（1981～1985年），工业总产值（90不变价）年均递增35.25%。

1986年后，随着改革开放的不断深入，工业企业自主权扩大，社会商品总量增加，在萧山年度国民经济和社会发展计划中，只向各工业主管部门下达工业总产值、工业利润等指导性计划。各工业主管部门再向企业下达生产产品、产品产量等指导性计划，1988年，国营工业总公司下达的35种指导性计划产品产量中，有24种明显增产。翌年，35种指导性计划产品中，有30种超额完成年度生产计划。“七五”计划期间（1986～1990年），工业总产值（90不变价）年均递增26.08%，工业利润年均递增5.22%。其中1989、1990年，工业总产值、工业利润没有完成市政府下达的指导性计划目标。

图20－1－665　1987年，为完成省计划经济委员会下达的烧碱生产计划任务，萧山树脂厂用金属阳极更换石墨阳极，使烧碱年产量由8000吨增加到12000吨。图为该厂烧碱车间的电解工段（杭州联发电化有限公司提供）

1992年，除省、杭州市继续下达的烧碱、电石、矽铁3种指令性产品生产外，其余产品均由企业自主定产、自我调节和自行销售。翌年，省、杭州市不再下指令性产品计划。1994年，计划行政管理部门开始依据年度国民经济和社会发展计划目标分解各项主要经济指标，落实到各职能部门和镇乡，并进行年度目标责任制考核。1995年，市辖主要工业产品71种，其中产量比1994年增长的有纺织印染、酒、建筑材料、农机具及配件、塑料制品、电子和自行车、缝纫机等54种，增幅在10%以上的有49种。“八五”计划期间（1991～1995年），工业总产值（90不变价）年均递增31.20%，工业利润年均递增19.23%。

1996年，随着经济体制改革的深化，产品和原材料价格随行就市，由供需双方决定。1996～1997年，实现工业总产值（90不变价）年均递增23.67%。

1998年，制订的年度工业生产计划注重发展符合国家产业政策、市场关联度大、带动力强的优势产品。同时，提出重点培育轻纺印染、机械汽配、羽绒制品、纸制品（包装）、建筑材料、化工等行业，发展区域特色经济，提高产业化程度。2000年，实现工业总产值（现行价）601.50亿元，完成年度计划的115.67%；工业利润16.52亿元，完成122.37%。

商品购销计划

萧山解放初期，商品购销由盐业、棉业、百货等国营机构内部编制商品流转计划。1953年后，商品购销纳入国家计划管理。①80年代，生产资料流通体制发生根本性变化，逐步打破重要生产资料单纯依靠计划分配的格局，市场调节的比重不断增加。②1985年，调整农副产品购销政策，由国家直接计划管理的商品减至188种，对粮食、棉花、络麻、油菜子、蚕茧、生猪6种主要农副产品实行合同定购，分别由经营单位与生产单位协商签订订购合同，超订购合同部分及其他农副产品全部放开，允许自由交易，随行就市。是年，社会农副产品采购总值为31323万元，比1984年增长16.81%，完成计划的135.51%；社会商品零售总额为60088万元，增长25.17%，完成计划的109.25%。其中消费

①1953年，国家对商品购销实行“统购统销”和“统购包销”后，商品严格按照一、二、三级批发流通体系实行单渠道的流通，以国营、供销合作社商业为代表的公有制商业成为商品流通领域的唯一渠道，商品的市场价格也受到计划的严格控制，生产资料通过计划调拨，不进入市场流通。

1956年，经个体、私营工商业社会主义改造，逐步形成以国有商业为主体、以县城为中心、遍及全县的商品流通网络，并根据统一领导、分级管理的原则，商品流通领域实行上下结合，以下为主，综合平衡的计划管理制度，对化肥、农药等农业生产资料的购销，全部由国家统一计划、统一价格、统一分配；对自行车、缝纫机等紧缺商品和物资在按计划定量供应。

“大跃进”和“文化大革命”时期，国民经济计划发展比例失调，市场购销渠道不畅，购销额低于其他时期的平均增长率，1958～1977年，全社会消费品零售总额年均递增4.40%。

②80年代，商品流通逐步形成“主体多元化、渠道多元化、形式多样化”的基本格局，商品购销和商品价格逐步放开。1982年12月6日，县政府《批转县物委〈关于贯彻执行国务院和省人民政府逐步放开小商品供给，实行市场调节〉的通知》（萧政〔1982〕125号），放开水桶等197种小商品价格，允许生产者在一定范围内自行销售产品，允许商业部门在一定范围内自由采购商品。翌年，实行粮食多渠道经营，在完成国家统购任务后，农村基层供销社和农民可以经营粮食，并放开粉笔等883种小商品价格。1984年，取消棉花统购，停止棉花、棉布统销。

图20－1－666　1986年，除计划配给萧山的煤炭外，萧山县燃料公司还采用计划外采购煤炭，供应全县生产、生活用煤。1993年12月，取消煤炭计划，萧山市的煤炭经营面向市场。图为1989年，萧山市燃料公司设在城厢镇西山北端的萧山煤场（1998年8月，因创建国家卫生城市，该煤场搬迁至城东办事处郎家浜村）。该煤场占地面积25974平方米，设有专用铁路线1条，全年吞吐量达5万吨（杨荣鑫摄）

资料51879万元，增长25.89%；农业生产资料8209万元，增长20.83%。

1987年，由国家直接计划管理的商品减至23种，比1985年减少87.77%。1988年，开始在年度国民经济和社会发展计划中，不再提出社会农副产品采购总值计划的指标。针对商品供应缺口情况，通过横向联合、经济协作等方式，组织国家计划外煤炭、石油、钢材、化肥、农药等生产资料和食盐、火柴、肥皂、生猪、蔬菜等生活资料。是年，社会农副产品采购总值57144万元，比1987年增长32.25%；社会商品零售总额114879万元，增长39.89%，完成计划的120.93%。其中消费品零售额101227万元，增长38.37%；农业生产资料13652万元，增长51.17%。

1992年，生产资料作为商品进入市场流通，除保留粮食、棉花、出口绿茶、蚕茧等主要农产品和农用薄膜、黄麻、红麻等生产资料继续实行指令性或指导性计划管理外，其余商品放开；对已放开经营的商品，不再实行计划管理、归口审批、许可证制度等限制措施。是年，社会农副产品收购总值75470万元，比1991年增长22.37%。实现社会商品零售额173440万元，比1991年增长23.29%，完成计划的112.34%。其中消费品零售额153254万元，增长23.84%；生产资料20186万元，增长19.28%。

1993年，基本取消各类商品购销计划控制，只在年度国民经济和社会发展计划中下达社会商品零售额的计划指标。1998年，商品购销全面放开，国营、供销合作商业一统天下的局面已经转变为多种经济类型并存、投资多元化的商品市场格局，消费品市场由卖方市场向买方市场转变，商品短缺时期已告结束。

2000年，商品购销市场稳中见旺，全市商品购进总额、商品销售总额和社会消费品零售总额分别为956836万元、1162749万元和540705万元，比1999年增长41.25%、17.50%和15.70%。

第四节　物资分配计划

中华人民共和国成立后，国家对重要物资实行计划分配。[①]1953年水泥纳入计划分配。1956年，萧山生产的砖瓦纳入县计划分配。60年代，生产资料实行“集中统一、全面管理”。[②]1979年起，为满足重点项目的建设需要，萧山列入县计划分配砖瓦的生产企业增加[③]，计划外商品自行采购、随行就市。1982年，县计划供应的砖瓦、水泥开始逐年减少。[④]1984年，国家计划分配物资有石油等259种。

1985年，凡属省、杭州市计划分配的煤炭、钢材和汽车等重要物资，按指定用途进行重点分配；萧山物资管理部门掌握的国家分配的煤炭、钢材等物资，主要供应农业基本建设、市政建设和文化、教育、科学、卫生事业建设及重点建设项目；萧山统一组织的重要物资（包括协作、加工、外汇进口和财政投资建立的物资协作基地），根据工农业生产和城乡建设需要，由计划行政管

①中华人民共和国成立初期，生产资料不进入商品流通领域，萧山所需物资主要靠计划分配，浙江省、杭州市直接调拨供应，分配给萧山的物资有煤炭、生铁等162种，由物资管理部门经营。1956年，萧山计划物资改由计划行政管理部门负责平衡。

②60年代，生产资料实行“集中统一、全面管理”，除计划下达项目供应物资外，其余生产资料均实行“切块”供应（供应计划由浙江省下达到杭州市，杭州市再分配下达）。根据省、杭州市下达的分配计划，以确保重点、兼顾一般为原则，萧山计划行政管理部门对全年计划分配物资一次性下达分配计划，由物资管理部门组织调拨供应，萧山所需不足部分通过求援、串换、调剂解决。

③1979年，萧山除湘湖、城厢砖瓦厂生产的砖瓦纳入县计划分配外，长河砖瓦厂等9家社办砖瓦厂生产的部分砖瓦也列入县计划分配。

④1984年，县计划分配萧山生产的红砖6100万块、平瓦295万张，分别占全县砖瓦生产量的25%和34%；供应萧山生产的水泥5.80万吨，占全县水泥生产量的12%。

理部门统一平衡。县上调的计划物资由专业经营公司与生产厂家签订合同，列入计划供应。是年，上调计划水泥的生产企业有萧山水泥厂、围垦水泥厂、红山水泥厂、瓜沥水泥厂4家，上调水泥3.80万吨；上调砖瓦的生产企业有湘湖砖瓦厂、城厢砖瓦厂2家，上调红砖4700万块、平瓦190万张。物资系统购进的物资主要有金属材料、机电设备、化工、建筑材料、煤炭和木材6类26个品种，其中由外地组织的300吨钢材列入县计划行政管理部门计划分配。

1986年，除钢材等26种物资实行计划分配外，其余物资全部放开，实行市场调节，并允许非物资管理部门及个人多渠道经营。但物资管理部门仍然是全县物资供应主渠道，利用已有优势，继续开展横向物资协作，拓宽进货渠道，增设购销网点，组织货源。1989年，萧山主要物资计划供应量占全市主要物资消耗量的10%，比1985年下降9.10个百分点。

1994年，国家计划分配物资有生铁等11种。翌年，取消计划物资的供应。

第五节　固定资产投资

中华人民共和国成立后，固定资产投资计划由国家集权管理。[①]1978年，固定资产投资开始实行统一计划与分级管理相结合两种管理体制。[②]1979年后，调整投资结构。[③]1984年，萧山开始行使副地（市）级的审批权限。[④]1985年，老企业用自留资金建设的生产配套设施和职工集体福利设施等非生产性建设项目均不纳入基本建设规模。同时，根据国务院印发的《关于控制固定资产规模的通知》（国发〔1985〕54号）精神，对资金不落实等建设条件不具备的10个项目实行停建和缓建，压缩投资2515万元；对6个建设性项目调整规模，压缩投资1036万元，两项合计压缩投资3551万元。是年，全民、集体单位固定资产投资完成额22587万元，比1984年增长148.13%。

1986年，凡投资50万元以上的生产性项目不论全民、集体（包括乡镇企业）都须向主管部门和县计委报送可行性研究报告，对于资金与原材料不落实、产品无销路和无发展前途的生产性项目，一律不准开工建设。是年，411个投资项目（不包括乡镇企业50万元以下项目）中，采取停、缓、压的措施有25个，压缩投资2512万元。1987年，全民、集体单位完成固定资产投资金额46759万元，比1986年增长77.19%。翌年，停建项目35个，缓建项目11个，压缩投资1.50亿元。1989年，全民、集体单位固定资产投资35160万元，比1987年减少24.81%。

1990年12月，市政府印发的《关于加强固定资产投资管理工作意见的通知》（萧政〔1990〕46号）规定，投资在20万元以下、占地2亩（约1333.34平方米）以下的项目均纳入固定资产计划管理。1992年，市政府修订萧政发〔1990〕46号文件的有关规定，下放部分投资审批权限，凡符合国家产业政策，投资在50万元以下、不涉及征地的生产性基建项目由企业自行确定；市特级、一级、二级企业（不贷款、不征地）自筹资金的建设项目，在萧山审批权

①中华人民共和国成立后，固定资产投资实行国家集权管理体制，且政府是主要投资主体，并以生产性建设投资为主。1950～1965年（不含1959年），全民所有制单位完成固定资产投资3626.20万元。“文化大革命”期间（1966～1976年），全民所有制单位完成固定资产投资5219.81万元。

②1978年，固定资产投资向统一计划与分级管理相结合的管理体制转变，投资额度1万元以内的建设项目由各自主管部门审核后送县财政局审查，再经县会计核算、收支科目、银行开户、收入管理、支出管理、收费管理统一的“六统一”办公室和城镇建设规划管理部门审查，报经县计划行政管理部门综合平衡后批准实施；超1万元的须报杭州市计划委员会审批。

③1979年，贯彻中央提出的调整经济结构的要求，开始调整投资结构，坚持“截长补短保生活”的原则，优先满足职工住宅、城镇建设的需要，凡属住宅、食堂、幼儿园等人民生活设施，只要资金、材料、土地三落实，均从宽审批。

④1984年，根据国务院提出的“基本建设控制要严，技术改造要活”的要求，萧山有权审批原由杭州市审批的投资项目。是年，完成固定资产投资额2266万元。1979～1984年，全民所有制完成固定资产投资9486万元。

限范围内的由企业自行决策；投资在100万元以下、征用土地在1亩以内的，由主管部门审批；投资100万元～500万元的，由主管部门在企业可行性研究报告中签具意见后上报市计委审批。

1994年，受国家宏观调控影响，坚持技术改造项目“量力而行、尽力而为”，由政府统筹安排的建设项目，统一由市计划行政管理部门提出年度投资项目计划，报市政府审查批准。翌年萧山实施“强队工程”后，全社会固定资产投资完成额逐年上升。

1997年8月，市政府印发《萧山市基本建设投资管理暂行办法》（萧政发〔1997〕99号），凡符合国家产业政策并能综合平衡资金、能源、原材料、外汇等生产经营条件，总投资1500万元以下的非生产性基本建设项目、3000万元以下的生产性基本建设项目、30万平方米以下的房地产开发建设项目、3000万美元以下（除国家规定的限制类、文化娱乐类和房地产类）的外商及港澳台商投资的基本建设项目，由市计委审批，超过额度的项目报省计划行政部门审批；对市政建设、公路建设、行政事业单位的基本建设项目从计划立项、投资审核、招标投标、工程质量到竣工验收实施全过程管理。是年，审核27个投资项目的10951万元预算资金，核减预算投资资金1574.30万元，核减率为14.38%。

1999年，对部分竞争性行业的基本建设项目实行备案制，即凡符合萧山产业导向、建设单位能自行平衡建设条件的，可分别向当地镇乡政府、市主管部门申请建设，当地镇乡政府、市主管部门在下达批准建设文件的同时报市计委备案，涉及规划定点、环境保护、消防安全等前置条件的项目，建设前必须取得审批前置条件的主管管理部门意见书。

2000年12月1日，萧山市投资项目审批中心试运转，固定资产投资项目开始实行集中审批办理。

表20—1—448　1985～1994年萧山国有、集体固定资产投资完成情况

单位：万元

年份	国有单位	集体单位	城镇集体	农村集体	合计	年份	国有单位	集体单位	城镇集体	农村集体	合计
1985	6062	16525	2895	13630	22587	1990	6969	23077	4428	18649	30046
1986	6584	19805	6775	13030	26389	1991	13496	36381	8853	27528	49877
1987	7553	39206	8178	31028	46759	1992	26504	83455	23784	59671	109959
1988	8671	36214	11096	25118	44885	1993	49360	171321	36843	134478	220681
1989	9322	25838	7629	18209	35160	1994	42051	120394	24113	96281	162445

资料来源：中共萧山市委宣传部、萧山市统计局：《萧山五十年巨变——新中国成立以来萧山经济与社会发展统计文献》。

表20—1—449　1995～2000年萧山市全社会固定资产投资完成情况

单位：万元

年份	总计	国有单位	集体单位	城镇集体	农村集体	其他经济	“三资”企业	房地产投资	个人	
									农村	城镇
1995	295342	39536	122891	17822	105069	12476		48516	71009	914
1996	389530	38874	137647	8212	129435	79154	72840	52865	79460	1530
1997	468136	52682	177780	6241	171539	75771	65571	60183	101096	624
1998	499888	63574	194999	8906	186093	65480	32781	60197	113038	2600
1999	703382	50887	256685	19585	237100	154770	31281	105240	135800	
2000	959684	93996	476113	220	475893	151184	20477	99491	138900	

注：①资料来源：1996～2000年《萧山统计年鉴》。

②1995年数据不含浦沿、长河、西兴3镇。

③“‘三资’企业”栏是指外商和港澳台商投资企业。

表20-1-450　1985～1994年萧山国有、城镇集体单位新增固定资产

单位：万元

年份	国有					城镇集体		合计
	基本建设	更新改造	零星项目	小计	当年交付使用率(%)	小计	当年交付使用率(%)	
1985	3570	1475	12	5057	83.4	2525	87.2	7582
1986	2600	4057	18	6675	101.4	3059	45.2	9734
1987	2055	5288	212	7555	100.0	10493	128.3	18048
1988	3696	5837	275	9808	113.1	9654	87.0	19462
1989	7150	2698	250	10098	108.3	7539	98.8	17637
1990	2426	2739	33	5198	74.6	4249	96.0	9447
1991	5305	5240	3	10548	78.2	7296	82.4	17844
1992	14554	10115		24669	93.1	18048	75.9	42717
1993	24537	9036		33573	68.0	36355	98.7	69928
1994	26152	5134		31286	74.4	25068	104.0	56354

资料来源：1985～1987年《萧山县国民经济统计资料》、1988～1994年《萧山市国民经济统计资料》。

表20-1-451　1995～2000年萧山市全社会新增固定资产

单位：万元

年份	总计	国有单位			城镇集体	其他经济			其中：农村
		基本建设	更新改造	其他投资		基本建设	更新改造	其他投资	
1995	69908	46073	7464	0	12036	1594	70	2671	113420
1996	142885	28710	7719	453	8362	17342	70	80229	123802
1997	113476	22663	15905	971	6421	2800	1372	63344	155290
1998	124377	44492	6836	449	6811	14226	10465	41098	164487
1999	187738	57005	3809	11	16027	22480	49693	38713	225779
2000	260300	83241	2013	344	220	108455	63344	2683	398287

注：①资料来源：1996～2000年《萧山市统计年鉴》。
②1995年数据不含浦沿、长河、西兴3镇。

第六节　废旧金属回收

萧山解放初期，废旧金属仍以私商经营为主，各基层供销社设立的农副产品采购门市部兼收废旧金属。1954年后，废旧金属回收、上缴、分配纳入计划管理[①]，萧山的废旧金属回收、调拨和管理工作统一由县供销社负责。1955年9月1日，县供销合作总社建立土产废品采购批发管理站，负责废旧金属回收，并开始增设废旧金属收购点。至1960年，全县13家基层供销社设立废旧金属收购站84家。1964年10月，对废钢铁的回收利用工作，由县物资局统一管理[②]，实行“统一管理，集中经营，分工负责，互相配合，纳入计划，归口分配”。1976年，建立萧山县金属回收公司，划归县物资局领导。废旧金属的回收、上缴、使用计划，由县革命委员会生产指挥组下达，县革命委员会生产指挥组撤销后，由县计划委员会负责。[③]

①1954年，废旧钢铁被列入国家和省指令性钢材生产计划的主要原料，实行国家统一调拨价。对产生废钢铁的生产企业，由县政府下达指令性回收任务，对不完成回收任务的，相应核减钢材供应计划。

②1964年10月，萧山对废钢铁的回收利用工作由县物资局统一管理，负责计划平衡分配，县供销社负责回收和上缴，工业和手工业部门负责利用，其他部门一律不准经营。

③1976年，县革命委员会生产指挥组根据各企事业单位编报的年度废钢铁回收、上缴和使用计划，综合平衡后下达执行。工矿企业、事业单位的废钢铁由县金属回收公司组织回收、按县下达的计划组织供应。社会上零星分散的废钢铁由供销社的物资回收部门组织收购，其他单位和个人不得经营。外运废钢铁需经主管局审查批准，由县金属回收公司办理外运凭证手续。

1985年，县政府印发《关于加强废金属回收管理工作的通知》（萧政〔85〕37号），规定废钢铁由县计划委员会实施统一回收上缴、供应管理，物资局和供销社两部门经营。为此，县计委建立废钢铁管理领导小组，下设办公室（以下称废钢办），加强对全县废旧钢铁统一管理工作。是年，县计划委员会等6部门联合检查16家废钢铁加工企业，其中抬价收购、影响废旧金属回收计划完成的11家企业被责令停产，其余5家分别处以罚款、责令限期整改。全年回收废旧钢铁13259吨，完成计划任务的80.30%。其中上缴废旧钢铁9500吨，完成上缴任务的100%；其余的3759吨由县内分配使用。

至1987年，县政府下发《批转县计委〈关于改革废钢铁计划管理体制的请示〉和调整废钢铁管理领导小组成员的通知》（萧政〔1987〕138号）后，取消废旧钢铁的指令性计划，有计划地开放废旧钢铁市场。同时，计划行政管理部门加强组织废钢铁串换、发展加工网点等工作。是年，废钢铁收购量2.14万吨，比1986年增长31.12%。

1989年，贯彻国家物价局等四个部门联合印发的《关于坚决贯彻执行计划外黑色有色金属全国统一最高限价的通知》（〔1989〕价重字678号）精神，萧山限制回炉废钢最高销售价格：第一次每吨为610元，第二次为710元；中型废钢最高限价：第一次为510元，第二次为610元；小型废钢最高限价：第一次每吨为455元，第二次为555元。统料废钢最高限价：第一次每吨为420元，第二次为520元。是年，废旧物资回收总值747万元，完成年度计划的124.50%，比1988年增长16.36%。

1991年2月，市计划委员会等7部门印发《关于加强废金属市场管理的通知》（萧计〔1991〕26号）后，整顿废旧金属流通秩序，逐步建立和健全废旧金属购销管理制度，加强产生废旧金属生产企业和废旧金属经营的管理。1994年，计划行政管理部门取缔非法收购点3家、非法收购及拆解旧汽车的点2家，查处收赃、销赃的收购点2家，查处流动收购的个人123人；要求整改的收购站（点）3家，批评教育140人。

1996年，进一步规范废旧金属市场秩序，实施专项治理，清理整顿废旧金属回收企业，凡经营回收和加工生产性废旧金属的企业，必须经政府指定的业务主管部门审批并发给统一印制的审核证明后，向公安部门申请核发特种行业许可证，再由工商行政管理部门核发营业执照，方可从事指定经营品种范围内的生产性废旧金属回收和加工业务；凡国家规定不允许经营回收报废汽车的单位和个人，均不得回收报废汽车；禁止个体经营者从事生产性废旧金属回收和加工业务。是年，公安局没收非法收购的生产性废旧金属20吨。翌年，市公安局、工商行政管理局和废钢办联合清理整顿全市63家废金属回收企业。发现收赃和销赃、个体无证合伙经营、买卖营业执照等问题。取缔非法收购点3家，侦破破坏通信线路案13件，查获无证收购废旧金属的船只18艘，查扣废钢铁35.20吨、黄杂铜0.65吨。

1999年，根据市计委、公安局、工商行政管理局联合印发的《关于废旧金属回收业统一使用上岗证的通知》（萧计〔1999〕100号）精神，废旧金属回收人员实行上岗证制度，严禁非持证人员收购废旧钢铁。上岗证制度实行后的废旧金属工作由市废钢办会同公安、工商等管理部门共同督促、检查、管理。同时，对废旧金属回收人员进行培训、考核，保留考核合格人员的上岗证，取消不合格人员的上岗证。是年，举办废旧金属回收人员上岗培训班1期，参加培训人数150余人，并对考核合格者发给上岗证，发放上岗证150本。

2000年末，萧山有废旧金属回收企业6家，持有上岗证的业务员150人。是年，废旧钢回收量12.50万吨。

第二章　工商行政管理

萧山的企业及产品商标的注册始于清光绪三十二年（1906）。①清光绪三十三年（1907），建立萧山县和临浦、义桥、闻堰商务分会，负责工商行政管理。民国时期，国民党县政府实业科、建设科负责工商行政管理，主办企业之承转注册事项。②1949年6月5日萧山县人民政府成立后，县政府实业科、工商科、商业科先后负责工商行政管理。1950、1951年，先后对工商企业、个体工商户进行发证登记。③同时，开展“三反”、“五反”运动，打击投机倒把，确保计划经济健康发展。1956年6月，改由商业局负责工商行政管理。1963年5月，萧山县工商行政管理局建立，与商业局合署办公。1965年9月28日萧山县工商行政管理局撤销，其职能并入商业局。1967年10月16日至1974年5月，工商行政管理职能由萧山县革命委员会打击投机倒把办公室承担。其间，打击投机倒把扩大化，集市贸易、个体经营受到限制、取缔，市场萧条、企业登记发证和商标注册工作处于瘫痪状态。1974年6月，建立萧山县革命委员会工商行政管理局（简称工商局，下同），与县革命委员会打击投机倒把办公室合署办公。1978年后，先后恢复工商企业、个体工商户登记和商标注册，负责经济合同管理和广告管理。1979年3月，撤销打击投机倒把办公室。

图20—2—667　戴村区复兴乡王家石桥十八号朱宝康于1947年4月创设染坊。图为1951年7月，申请注册朱家宝染坊，由县人民政府颁发营业许可证（义桥镇政府提供）

1985年开始，工商行政管理工作以经济建设为中心，组织市场、培育市场、建设市场和管理市场，促进集贸市场的繁荣与发展。同时，开始调解仲裁经济合同纠纷和打击假冒伪劣、走私贩私、不正当竞争等违法违章行为，保护经营者、消费者合法权益，维护市场秩序。

1988年，建立工商局经济检查队，恢复私营企业登记，开始企业法人登记。翌年，各工商所建立经济检查组。1991年开始，登记与管理市场。

1996年6月5日，建立萧山市市场建设开发服务中心后，市场管理与市场建设开始逐步分离。翌年11月28日，建立消费者举报投诉中心。1998年11月后，萧山市工商行政管理局将其所办市场逐步移交给萧山市市场建设开发服务中心，实行机构、职责、财务、人员“四分离”。④1999年5月，工商局隶属于杭州市工商行政管理局，更名为杭州市工商行政管理局萧山分局。

2000年末，全市登记在册的企业10953家、个体工商户26187家，市场117家，注册商标2606件。1985～2000年，调解经济合同纠纷7504份，解决合同争议金额5475.20万元；鉴证经济合同17244份，金额420965万元。查处各类经济违法违章案件31584件，万元以上大案590件，其中移送司法机关处理43件，处罚没款2087.60万元。

①清光绪三十二年（1906），通惠公纱厂及“双鱼吉庆”棉纱商标一同呈准农工商部注册。（萧山县志编纂委员会：《萧山县志》，浙江人民出版社，1987年，第491、494页）

②民国26年（1937)1月，开始办理商业总登记，全年登记商业户共计2981家。登记商业户转呈浙江建设厅颁发许可证。(萧山县志编纂委员会：《萧山县志》，浙江人民出版社，1987年，第491页)

③1950年7月1日，开始对工商企业的开、停、并、转实行日常审核登记。1951年2月，结合私营工商业户的重估财产、清产核资，对全县7267户私营工商业户进行登记发证。（萧山县志编纂委员会：《萧山县志》，浙江人民出版社，1987年，第492页）

1950年9月，对城厢镇较大的米摊、百货摊和棉花摊进行行业组合，并发给营业许可证。1951年2月，对全县的个体工商户进行登记发证。（萧山县工商行政管理局编纂组：《萧山县工商行政管理志》，1987年8月，第77、78页）

④2001年12月，杭州市工商行政管理局萧山分局与其所办市场实现了产权、债权、债务、人员“四移交”，管与办脱钩工作全面完成。

第一节　企业登记与管理

企业登记

国有、集体企业登记　1978年5月27日，萧山恢复全民、集体企业登记。6月19日开始，对全民、集体工商企业重新登记发证。至1979年12月，登记发证的全民企业29家、集体企业1609家（含社办企业1333家、校办企业68家、街道办企业41家）。

1985年，办理企业开业登记1963家，其中全民所有制企业86家、集体所有制企业1877家（含乡镇集体企业1197家），办理变更登记113家，办理注销登记741家。年末，全县登记在册的全民和集体所有制企业9121家（含合作经营企业1980家），比1984年增长13.31%；注册资金14.99亿元，增长29.15%。登记在册的全民、集体所有制企业中，从事农、林、牧、渔、水利业325家，工业4780家，建筑业125家，运输业134家，商业、公共饮食物资供销和仓储业3461家，房地产、公用事业、居民服务和咨询服务业275家，教育文化艺术和广播电视业16家，其他5家。

1987年，开始登记金融业企业，全年登记金融企业29家。1988年，开始登记保险业企业，全年登记保险企业3家。

1988年7月1日始，对具备法人条件的企业，确认企业法人资格，颁发《企业法人营业执照》；对企业法人分支机构和其他不具备法人条件而从事经营活动的组织予以营业登记，颁发《营业执照》。

1994年，市政府办公室下发《转发市工商局关于转制企业中涉及工商登记注册若干问题的处理意见的通知》（萧政办发〔1994〕118号），规范转制企业变更登记注册。是年，登记国有、集体转制企业106家，城乡个体劳动者出资入股的股份合作制企业123家。

图20－2－668　1996年8月，市工商行政管理局在二楼内设立的服务大厅，办理企业注册、变更、注销登记等事项（杭州市工商行政管理局萧山分局提供）

1995年，放宽转制企业注册资本、经营资质，减免登记费用。是年，国有、集体企业变更登记2145家，其中变更法定代表人992家、变更经营范围727家、变更经营地址和注册资金426家。

1998、1999年，登记国有、集体转制企业3652家。按转制前的经济类型分：国有企业405家、集体企业3247家；按企业转制形式分：公司制企业3212家、股份合作制企业258家、其他182家。

2000年，企业登记注册实行同步并联审批。是年，登记的国有、集体企业218家，涉及前置审批项目260个。年末，全市登记在册的国有和集体企业4015家，注册资本（金）97.94亿元。登记在册的国有、集体企业中，农林牧渔业68家、工业1109家、建筑业108家、地质勘探业16家、交通运输和仓储业65家、邮电通信业7家、贸易业1453家、餐饮业49家、金融保险业285家、房地产业84家、社会服务业352家、教育文化艺术及广播电影电视业17家、科学研究和综合技术服务业13家、其他行业389家。

外商和港澳台商投资企业登记　1984年3月10日，杭丰纺织有限公司经国家工商行政管理局登记注册，这是杭州市登记注册的首家外商和港澳台商投资企业。该公司由浙江省国际信托投资公司、杭州市纺织工业公司、萧山布厂与香港信丰发展有限公司共同出资设立，注册资本300万美元，主营气流纺纱。

1992年，工商局受杭州市工商行政管理局委托取得外商和港澳台商投资企业登记初审权。至2000年末，经批准的外商和港澳台商投资企业共计647家，其中中外合资经营企业491家、中外合作经营企业14家、外商独资企业142家；注册资本129288万美元，其中外商和港澳台商出资78195万美元、境内企业及经济组织出资51093万美元。

私营企业登记　1988年，在资产私有、雇工8人以上、注册资金2万元以上、建立财务制度的1938家合作经营户和17081家个体工商户中，分离出私营企业308家，其中于6月16日登记20家，并举行《营业执照》颁发仪式。后其余288家陆续登记。年末，全市登记在册的私营企业553家，投资者923人，雇工7466人，注册资金1908万元。翌年末，登记在册的私营企业925家，其中养殖业2家、工业808家、建筑业8家、交通运输业6家、商业61家、饮食业1家、服务业17家、修理业19家、科技咨询业2家、其他1家。

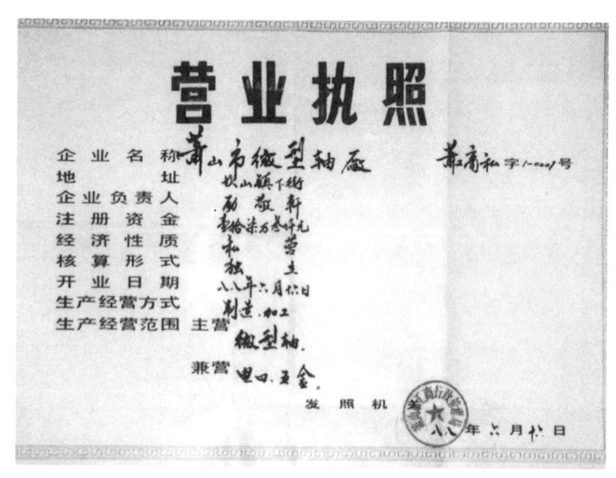

营业执照

企业名称　萧山市微型轴厂　萧商私字1-0001号

地址

企业负责人

注册资金

经济性质

核算形式

开业日期

生产经营方式　制造、加工

生产经营范围　主营　微型轴

兼营

发照机关

年六月　日

图20-2-669　1988年6月16日，萧山市微型轴厂登记的私营营业执照（萧工商私字1-0001号），为萧山首家登记的私营工业企业（杭州市工商行政管理局萧山分局提供）

1990年，按照国家提出的宏观调控和产业结构调整要求，私营企业登记采取限制政策，限制商业网点集中地段、综合性商业、能源耗费大、加工能力过剩的企业发展和企业离休与退休人员、停薪留职人员、乡镇企业“跳槽”人员登记企业。

1993年后，把发展个体私营经济作为经济发展新的增长点，开始放宽私营企业从业资格、经营范围、经营方式，在用地、用房、用电、用工等方面给予支持。1994年，简化私营企业登记手续，取消私营企业登记限制。1997年，除国家专项规定外，对生产经营的产品、范围、方式一律不作为前置条件。

图20-2-670　2000年3月14日，市工商行政管理局局长陶永新（右一）向投资人许兴铨颁发自《中华人民共和国个人独资企业法》公布后，萧山首家个人独资企业营业执照（杭州市工商行政管理局萧山分局提供）

2000年末，全市登记在册的私营企业6291家，投资者10631人，雇工66450人，注册资本（金）26.92亿元。登记在册的私营企业，按注册资本（金）分：不足100万元的5536家，超100万元、不足500万元的606家，超500万元、不足1000万元的101家，超1000万元的48家；按经营行业分：种植养殖业106家、制造业3398家、建筑业32家、交通运输业39家、商业饮食业2396家、服务修理业312家、其他8家；按组织形式分：独资企业1903家、合伙企业492家、有限责任公司3896家。

表20–2–452 1985～2000年萧山企业年末登记在册情况

单位：家

年份	总计	国有集体	外资	私营	独资	合伙	有限责任公司	股份有限公司	公司	国有集体	自然人
1985	9123	9121	2	—	—	—	—	—	668	668	—
1986	10293	10291	2	—	—	—	—	—	270	270	—
1987	10920	10918	2	—	—	—	—	—	308	308	
1988	11601	11042	6	553	332	221		—	503	503	
1989	9830	8899	6	925	612	313		—	324	324	
1990	12108	11293	16	799	528	268	3	—	286	283	3
1991	10828	10026	32	770	504	263	3	—			3
1992	12868	12090	118	660	422	219	19	1			19
1993	16999	15990	252	757	433	161	163	4	2349	2186	163
1994	17948	16038	306	1604	827	265	512	7	3103	2591	512
1995	17986	15352	345	2289	1056	315	918	7	4268	3350	918
1996	18202	14914	377	2911	1272	358	1281	8	5565	4284	1281
1997	16440	11349	467	4624	1912	385	2327	10	5093	2766	2327
1998	11672	5792	546	5334	2283	344	2707	13	4562	1855	2707
1999	11311	5146	580	5585	2029	347	3209	14	4086	877	3209
2000	10953	4015	647	6291	1903	492	3896	16	4748	852	3896

注：①资料来源：杭州市工商行政管理局萧山分局。

②“总计”栏=“国有集体”栏+“外资”栏+“私营”栏。“外资”栏，包括外商和港澳台商投资企业，1998～2000年为外资企业批准数。

③1996年6月，萧山行政区域调整，划出浦沿、长河、西兴3镇登记在册的企业537家。

企业管理

年度检验 企业（不含私营）年度检验 1989年，开始对上年度企业进行年度检验（以下简称年检）。是年，年检与验照换照同时进行，并与理顺企业经济户口相结合，年检企业9918家。通过年检换发营业执照的企业8873家、暂缓年检和注销登记1045家。年检企业中，转办个体工商户446家、转办私营企业78家。

1994年，年检1993年7月1日前登记的企业10137家。年检采取先试点、后推广，先易后难的方法进行。其中对符合年检条件的8421家企业现场办理年检，并在营业执照副本上加盖年检戳记；对不符合年检条件的762家企业办理注销登记；对有集体经济成分个人经营的351家企业和擅自变更登记事项的603家企业暂缓年检。

1996年，重点年检有限责任公司。年检有限公司1033家，发现不符合《中华人民共和国公司法》要求的有限公司有448家，占年检有限公司数的43.37%。其中虚设股东会、董事会、监事会的235家；借用亲戚朋友名字假设股东投资的117家；虚报或抽逃出资的96家。是年，年检企业14200家，不通过年检的企业1130家，不通过率为7.96%。其中对无资金、无场地、无机构的企业170家，吊销营业执照；对不具备法人条件的企业213家，取消法人资格；对无法补缴出资的公司29家和擅自变更登记事项的企业394家及其他违章违法行为的企业324家，暂缓年检。

1997年，开始根据国家工商行政管理局公布的《企业年度检验办法》(国家工商行政管理局令〔第61号〕)，将通过年检的企业分为A级（为遵守工商行政管理法规情况良好的企业）、B级（有违反工商行政管理法规的，但情节轻微）。是年，年检1996年度企业14197家，通过年检的企业有13135家，其中认定为A级的12039家、B级的1096家；未通过和暂缓通过年检的1062家。

1996～2000年度，参加年检的内资企业有45925家次，通过年检的有36135家次，通过率为78.68%。其中认定为A级企业34542家次、B级企业1593家次；未通过的企业9790家次，未通过率为21.32%。

私营企业年度检验　1990年，开始对上年度私营企业进行年检。是年，查验私营企业925家。经年检，通过年检578家，注销登记237家，变更登记110家。

1998年，年检与换照同步进行，并与清理经济户口相结合、与重新核定经济性质相结合、与重新核定投资主体相结合。是年，通过年检换发营业执照5021家、未通过年检381家。未通过年检的企业中，投资主体不清的企业重新登记注册的有25家，擅自变更登记事项的企业待办理变更登记后通过年检的42家；不按时提交年检材料的100家，处罚款9.44万元；吊销214家连续两年不参加年检企业的营业执照。

2001年3月，年检2000年度企业5585家，其中通过年检的企业4565家，未通过年检的1020家。未通过年检的企业中不符合前置审批要求和严重污染环境的企业有365家、严重违反工商行政法规的16家、予以罚款的83家、吊销营业执照的556家。以上未通过年检企业的不良行为，均在微机警示栏内予以记录。

1990～2001年，参加年检的私营企业有22021家次，通过年检的企业20786家次，通过率为94.39%；未通过的企业1235家次，未通过率为5.61%。

专项清理　清理整顿公司　1985年8月，根据国务院《关于进一步清理和整顿公司的通知》（国发〔1985〕102号）精神，萧山工商行政管理部门调查10家公司，其中商业性公司8家，生产性公司、咨询服务性公司各1家。存在的主要问题是：公司注册资金都没有达到公司登记规定的要求，被调查的公司登记注册资金为305万元，实际只有63.40万元。12月，清理整顿全县公司503家，其中继续保留公司名称的213家、变更公司名称的113家、不具备企业条件或公司登记后超过半年未开业的办理注销登记的177家。是年，还清理整顿全县劳动服务公司156家。经自查、互查，停办24家。翌年8月，清理整顿全县劳动服务公司165家，其中继续保留公司名称的有68家、注销或变更登记的97家。

1988年10月，建立萧山市清理整顿公司领导小组及办公室。11月3日，市委、市政府印发《关于清理整顿公司的通知》（市委〔1988〕31号），明确清理整顿的重点是1986年6月后设立的公司。清理公司422家，其中商业性公司297家、生产性公司34家、运输型公司19家、建筑公司28家、咨询服务公司35家、其他公司9家。经清理整顿，保留公司名称的371家，换发《企业法人营业执照》（包括重新核定经营范围、变更公司名称）的23家，注销登记的28家。

1989年9月，市政府印发《关于进一步清理整顿公司的通知》（萧政〔1989〕143号），重点解决公司政企不分、官商不分、转手倒卖、牟取暴利等问题，按照先市级公司，后镇乡、村级公司的顺序进行清理整顿。清理整顿公司389家，其中保留277家（商品流通的188家，其他类型的89家）、撤并109家（商品流通的91家，生产、运输型的18家）、待定3家（房屋开发公司1家，经营旅游品公司、宾馆联办的公司各1家）。此次清理期间，对就地转手倒卖重要生产资料和紧俏耐用消费品的34家公司，没收全部非法所得，并处罚款46.90万元。

清理党政机关及干部经商办企业　1985年，根据中共中央、国务院提出的“严禁党政机关和党政干部经商办企业”的精神，检查清理全县16家县级党政机关（人民团体）经办或参与经办的企业22家。经清理，办理注销登记的4家、与党政机关脱钩的18家。在企业任职的69名机关干部，全部辞去在企业中担任的职务。同时，清退银行贷款、机关公款和干部、职工集资款共500余万元。1988年，清理公司期间，对兼任公司董事长或经理职务的14名党政干部，分别辞去公司职务或按干部管理权限履行批准手续或辞去党政机关职务。

1994年，执行中央办公厅《关于党政机关与所办经济实体脱钩的规定》（中办发〔1993〕17号），清理全市52家党政机关及部门所属的企业198家。通过清理，停业45家、注销登记48家、取消挂靠23家、与党政机关脱钩82家。在企业中兼职的科级干部有13人，其中免去行政职务后继续在企业任职的1人、不再兼任企业职务的10人、经批准同意兼职的2人。在企业中兼职的一般干部54名，经批准后，继续兼职的46人，不再兼职的8人。

清理军队、武警部队和政法机关所办经济实体　2000年，按照国家工商局提出的做好军队、武警部队、政法机关与所办经济实体和管理的直属企业脱钩登记工作的意见精神，清理军队、武警部队和政法机关所办企业203家，其中注销登记36家、转换经营机制58家、办理变更主管部门29家、解除挂靠和脱钩80家。

其他专项清理　1989、1990年，先后两次清理全市批发企业1022家，其中注销有投机倒把行为和名不符实及重复开办的批发企业207家、取消批发经营资格的企业244家、调整经营范围的企业571家。

1990年，清理全市乡村集体企业1815家，查出假冒集体企业238家，其中注销登记83家、转为私营企业或个体工商户的155家。翌年，清理整顿产权不清的集体企业2969家，清出假冒集体企业348家，其中转为个体工商户的275家、转为私营企业的73家；注销不具备经营条件或长期停业的集体企业453家。

1995年6月20日市政府办公室《转发市工商局〈关于认真做好清理“三无企业”工作意见〉的通知》（萧政办发〔1995〕71号）后，重点清理商业企业、非银行业金融企业、房地产开发企业和社会团体创办企业。清理分自查、整顿、复查3个阶段。清理企业1176家，其中吊销无资金、无场地、无机构的“三无”企业营业执照的583家，企业变更登记的593家。

1997年，重点清理尚未转制的国有、集体商业企业注册资金231家，其中符合《企业法人登记管理条例》（国务院令〔第1号〕）规定要求的企业144家、注册资本低于规定要求的38家、无注册资本的41家、个人出资且以党政机关或人民团体名义登记的8家。对注册资本不符合要求的企业，发给整改通知书，限期补足资本金或变更登记。

1998年，专项检查100家有限责任公司的注册资本，发现抽逃出资、转移出资、虚假出资等资本不实的企业有26家，其中督促调整账户的4家、建立股权证书的11家、限期补交资本金的7家、立案查处的4家。2000年，再次对有限责任公司注册资本进行专项检查，专项检查73家有限责任公司的注册资本，发现有国有、集体企业转制为有限责任公司时，以实物抵资本、未经评估验资、实收资本大于注册资本的企业有22家；立案查处虚假出资、抽逃注册资本的5家。

第二节　个体工商户登记与管理

个体工商户登记

1980年9月3日，萧山恢复个体工商户登记发证。1983年后，贯彻国家、集体、个体一齐上的经济发展方针，城乡个体户迅速发展。1985年，全县开业登记的个体工商户5428家，其中商业2083家、饮食业226家、修理业383家、服务业222家、贩运业356家、交通运输业1270家、工业和手工业870家、其他18家。年末，登记在册的个体工商户11245家，比1984年增长15.64%；注册资金1788万元，增长1.16倍。

1987年，支持运输业、贩运业、修理业、服务业、日用小商品生产和零部件加工业发展，扶持居民生活需要、社会短缺的服务性项目，适当放宽岩山（今属楼塔镇）、大同坞（今属楼塔镇）、云石、朱村桥（今属许贤乡）、桃源（今属浦阳镇）、欢潭、新江岭（今属欢潭乡）、进化等半山区的家庭工业户登记条件。不许私人经营的商品有24种，不许私人收购、批发的商品19种。①

1989年，贯彻国家提出的治理整顿方针，萧山对个体工商户登记采取限制措施。②翌年，引导能源消耗大、产品质量差的化纤织造企业260家及经营状况不佳的459家个体工业户转行或歇业。

1993年，放宽个体工商户从业资格、经营范围、经营方式，允许个体工商户从事文化娱乐、美术装潢、广告设计、科技开发、信息咨询等行业。简化审批手续，取消登记限制，对个体工商户登记，除国家规定必须实行许可证或专项审批外，不再由各级基层组织和业务主管部门审批。同时，个体工商户登记实行计算机管理，并授权工商所登记发照。是年4月28日，全市受理核发营业执照的个体户有530家。

1995年，为查清个体工商户实有开业户数，逐个调查核对未验照户、旧城拆迁户、杭州萧山机场搬迁户、拖拉机货运户、船运户、化纤织造户、登记后半年不开业的个体工商户，对名存实无的个体工商户公告注销。是年，注销个体工商户7436家，其中交通运输业2220家、商业2144家、工业1637家、饮食业572家、修理业782家、服务业81家。年末，全市登记在册的个体工商户22556家，比1994年下降24.64%。

1997年，工商局所属工商所均设立注册室和咨询服务窗口。翌年，支持国有、集体企业下岗职工再就业，登记个体工商户中的下岗职工有1094名。

1999年，放宽种植业和养殖业登记条件，简化手续；减免登记费、管理费、注册代理费等费用。年末，登记在册的种植业户和养殖业户有107家，比1997年增加34家。2000年，引导新街、宁围两镇的花卉苗木种植户和围垦地区种植户、养殖户登记注册。是年，开业登记的种植业、养殖业个体户128家，比1999年增长2.76倍。

①1987年，不许私人经营的商品有生铁、钢材、汽车、有色金属、火工产品（批炸药、雷管、导火索）、石油、化学纤维及切片原料、蚕茧、绢纺原料、白厂丝、摩托车、彩色电视、电冰箱、“永久”“凤凰”“飞鸽”牌自行车、化肥、农药、农用薄膜、棉花、烟叶、松香、鳗鱼苗、珍珠、对虾、石斑鱼24种；不许私人收购和批发的商品有食盐、机制糖、卷烟、棉纱、纯棉布、毛毯、纯毛毛线、呢绒、印刷用纸、肥皂、火柴、元钉、铁丝、粮食、食用油脂油料、黄红麻、茶叶、木材19种。

②1989年，萧山限制个体工商户登记的措施有：个体工商户登记需经村级组织同意、镇乡政府签署意见，再经电力、卫生、环境保护、土地管理、建设、公安局等部门审查同意后，工商行政管理部门予以核准登记；限制镇乡村企业的技术、供销、管理人员及其家庭成员和离退休人员、停薪留职人员、乡镇企业“跳槽”人员办厂；限制发展基本建设规模投资在10万元以上（不含租赁、拍卖购入的）、能耗大、加工能力过剩项目、严重污染环境又没有配套处理设施、交通沿线两侧和商业网点较多地段及从事批发业务的个体工商户。

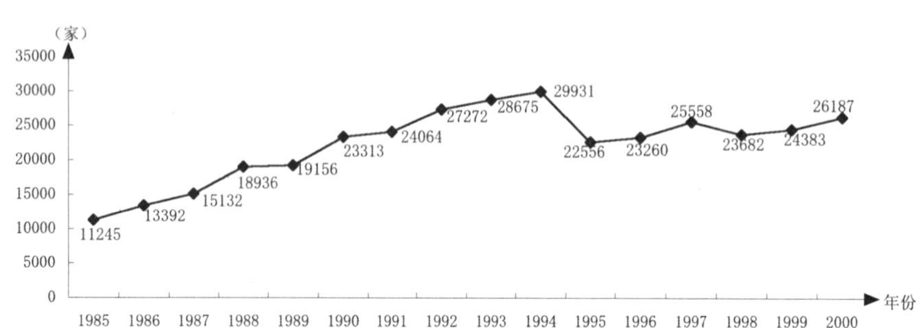

图20－2－671 1985～2000年萧山个体工商户年末登记在册数

注：①资料来源：杭州市工商行政管理局萧山分局。

②1996年6月萧山行政区域调整，划出浦沿、长河、西兴3镇登记在册的个体工商户1547家。

2000年末，全市登记在册的个体工商户26187家，注册资金4.33亿元。其中农林牧渔业236家、制造业4082家、建筑业16家、交通运输业1332家、商业及餐饮业16762家、社会服务业3635家、其他行业124家。

个体工商户管理

验照换照　1986年开始，萧山对上年度个体工商户实行每年度验照1次，4年换照1次。对查验合格的，在营业执照上粘贴年度检验标记（称贴花）；对逾期不办理验照手续且无正当理由的，工商行政管理机关收缴其营业执照。是年，应参加验照的个体工商户13600家，参加验照的个体工商户11645家，验照率85.63%。其中粘贴贴花的9864家、注销营业执照的926家、只验照不贴花的临时经营户855家。未参加验照的1955家，占14.37%。

1990年，对个体工商户验照换照采取户档核对、先验照后换照的方法，对验照不合格的，不予换照或暂缓换照。是年，全市验照的个体工商户16673家，验照率91.80%。其中办理换照13501家、办理歇业3172家。查处各种违法违章经营的个体工商户有642家，其中罚款的77家、吊销营业执照的1家、补缴管理费的374家、变更登记的190家。

1997年，验照换照同步进行，分宣传发动、验照换照和清理营业执照3个阶段，采取集中验照换照与上门验照相结合，共验照换照22806家，其中通过验照换照的20234家、补办手续后予以换照的36家、注销歇业和无经营能力的2536家。违法违章情节较重的个体工商户有15家，处罚款1.02万元。

2000年，验照与清理经济“户口”相结合，与规范经营行为相结合，重点规范美容美发、桑拿按摩、洗头洗脚等行业。是年，验照换照23252家，其中通过验照换照的18784家、验照期间办理歇业注销的4004家、取缔无照经营的456家、吊销容留卖淫的美容美发经营户营业执照的8家。对制售假冒商品、违反登记管理规定的128家个体经营户处罚款2.16万元。

2001年，对2000年度个体工商户验照，共验照27146家，其中通过验照的24481家、验照期间歇业的836家、注销的1829家。通过验照，吊销违法经营的美容美发经营户5家、电子游戏经营户5家，处罚款的185家。

专项监督　1985年，工商行政管理部门调查坎山镇个体工商户90家，其中符合定经营范围、定经营地址、定经营人员、挂营业执照“三定一挂”的个体工商户75家，占调查家数的83.33%。后在城厢、临浦、瓜沥、义盛、西兴（今属杭州市滨江区）等集镇内相继对个体工商户进行“三定一挂”专项检查，查出不按“三定一挂”要求的个体工商户231家。

1987年，清理擅自取字号、小店取大号和重复取号的个体工商户。是年，审查有字号的个体工商户1345家，其中保留字号的845家、取消字号的167家、终止使用未经批准字号的333家。临浦镇有固定营业用房的个体工商户有112家，取字号的有48家，其中经核准登记的21家、取消擅自取字号的27家。翌年，肉猪供不应求，为杜绝乱收购、乱宰杀肉猪的现象，整顿屠工屠商户，逐个审查全市屠工屠商户1442家，其中核发营业执照的973家、取缔的469家。1989年，清理全市有批发经营资格的个体商业户21家，其中保留批发经营资格的1家、取消批发经营资格的20家。

1993年起，工商、公安、物价等行政管理部门检查整顿萧山境内主要公路沿线的个体旅馆（饭店）的强行拉客、高价斩客、色情服务、敲诈勒索等违法违章行为。至1995年，累计检查萧山境内主要公路沿线的个体旅馆（饭店）713家，查处违法违章93家，其中吊销营业执照的20家、停业整顿的16家、罚款的25家、警告的32家。翌年，为巩固检查成果，规范个体户经营行为，工商行政管理部门专项检查萧山境内104国道、杭金公路两侧和城厢、瓜沥、临浦、戴村、义盛、头蓬6镇的餐饮食品经营户1848家，处理违法违章152家。该次专项检查后，制作萧山市工商行政管理局举报电话牌1009块，悬挂于各餐饮店。

1998年9月，专项检查美容美发经营户72家。经查，发现违法违章的14家，其中警告的11家、处罚款的2家、吊销营业执照的1家。2000年，继续清理整顿美容美发业，吊销容留卖淫的美容美发经营户营业执照的有8家。是年，工商、公安和文化等行政管理部门联合专项检查电子游戏经营户295家，其中允许继续经营的137家、变更经营范围和注销登记的158家；专项检查其他娱乐服务经营户680家，其中允许继续经营的有426家，变更经营范围和注销登记的254家。

第三节 商标注册与管理

商标注册

中华人民共和国成立后，萧山企业的商标申请注册必须经萧山工商行政管理部门核转。1957年7月，公私合营临浦万和冶铸锅犁厂的铁锅“雄鸡”商标，经中央工商行政管理局商标局核准注册。后萧山陆续有企业使用商标，至1960年，全县使用的商标有6只，只有铁锅“雄鸡”商标经批准注册。1963年后，对商标实行全面注册（即强制注册）。翌年5月1日，萧山印刷厂的扑克“猎狗”商标，经中央工商行政管理局商标局核准注册。“文化大革命”期间，商标被视作“封、资、修”产物而禁止和取缔。

1978年后，恢复商标注册。至1985年，经国家工商行政管理局核准注册的商标（含在萧的中央、省、杭州市属企业，下同）73件。年末，全县有注册商标154件，注册商标数比1984年增长90.12%。其中国营企业35件、城镇集体企业49件、乡镇集体企业70件。

1988年，对全市规模较大、产品稳定的重点企业进行调查摸底。通过逐家上门宣传，动员企业申请商标注册，并为企业提供代为设计、代画墨稿、代拍照片、代办手续的“四代”服务。是年，核转申请商标注册270件，比1987年增长87.50%。

1989年，继续开展“四代”服务。是年10月4日，中国加入《马德里协定》，成为商标国际注册成员国。到翌年末，杭州齿轮箱厂、杭州柴油机总厂、浙江钱江啤酒厂、萧山精密压力机厂4家企业在美国、法国、意大利、荷兰、泰国、越南6个国家和中国香港申请商标注册，开创萧山企业到境外申请商标注册之先河。1991年，5家创汇企业到境外17个国家和地区申请商标注册，其中萧山羽绒总厂等3家企业的商标在意大利、德国、朝鲜、西班牙、瑞士、苏联等国家注册成功。

1992年，首次实行注册商标续展，注册商标有效期为10年。是年，全市有效期满的注册商标有42件，其中申请续展注册商标37件。是年8月，萧山市商标事务代理所建立，代理境内商标申请注册，申请商标变更、转让、续展、补证、使用许可和商标设计、咨询等。标志着萧山商标代理制的正式确定，从此，不再以工商局名义受理商标注册核转事务。翌年，该商标事务代理所代理各类商标注册事宜243件，其中商标变更13件、商标转让3件、商标续展14件、商标使用许可备案10件、申请商标注册203件。1994年5月1日，萧山市商标事务所对外营业，萧山市商标事务代理所同时歇业。是年，代理申请商标注册443件（含服务业商标109件）、注册商标变更42件、续展32件、补证7件、转让8件、使用许可备案5件。

1999年，鼓励和支持优质农产品种植养殖大户申请商标注册。是年，为45家种植养殖大户生产的杨梅、苗木、水产、笋制品、蔬菜、大米和家禽等农产品申请商标注册48件。

2000年，个体工商户、私营企业申请商标注册明显增加。是年，全市申请商标注册329件，比1999年增长49.55%。其中个体工商户和私营企业申请商标注册186件，占全市申请商标注册数的56.53%；国有和集体等企业143件，占43.47%。年末，全市有注册商标2606件。

商标管理

商标侵权查处　1982年起，为保护商标专用权，查处商标侵权，促进生产者保证产品质量和商标信誉，保障消费者利益。1984年，查处许贤乡北坞村村办的萧山糖果厂假冒他人注册商标标识的违法案件。该厂从上海等地印刷厂购入各种糖果包装纸1950余千克，涉及全国26家厂名和8件商标。对这件商标侵权案处罚款1000元。1985～1988年，查处耐用消费品和酒类商标侵权案共10件，其中有组装销售注册商标“永久”、“海狮”、“飞花”、“凤凰”牌自行车和“西湖”牌黑白电视机及“宝石花”、“上海”牌手表等。对侵权的当事人，除责令其停止侵权和处以罚款外，吊销了情节严重的2家企业的营业执照。

1989～1992年，查处商标侵权案37件，其中侵犯酒类、卷烟注册商标案件21件。其间，查处假冒“西凤”、“五粮液”、“茅台”、“汾酒”酒47510千克，某大厦两次经销假冒“贵州茅台”酒共4788瓶，案值50万元；查处假冒“中华”、“杭州”、“石林”、“牡丹”、“云烟”、“红梅”、“茶花”、“大重九”、“阿诗玛”、“红双喜”等商标侵权卷烟7700条。

1993～1997年，查处商标侵权案282件，其中个体工商户与私营企业作案136件、国有和集体企业作案74件、其他作案72件，处罚没款127.90万元。其间，查处的制售假冒味精案有27件，其中查获制售假冒“西湖”、“佛手”注册商标味精58.60吨。苍南县灵溪镇吴某与萧山商业城个体户徐某合伙，采用味精中掺盐、加生粉的方法制售假冒“西湖”、“佛手”注册商标味精11.90吨。

图20—2—672　1997年7月2日，萧山商业城工商分局专项检查副食品商标（傅展学、沈银昌摄）

2000年，查处商标侵权案70件、假冒商标77件（生产资料商标57件、生活资料商标16件、人用药品商标4件），处罚款52.50万元，收缴商标印版24副，销毁各种商标标识包装（袋）25万只。侵权行为主要有3种情况：假冒外国知名商标，有7家企业在经销的国产摩托车上使用“本田”、“雅马哈”、“铃木”等外国知名注册商标；出售假冒标识，浦阳镇1家个体织袜户擅自印制“月桂”牌注册商标标识67.60万张，除21.50万张自用外，将其余46.10万张商标标识出售；擅自承印假冒商标，楼塔镇有两家非商标印制企业先后印制“冷酸灵”、“两面针”、“佳洁士”、“中华”、“蓝天六必治”牙膏注册商标标识的包装箱7100余只。

1985～2000年，查处商标侵权案505件，收缴商标标识1711.40万张，处罚款272万元，吊销4家企业的营业执照。

商标印制管理　商标印制单位指定　1984年，指定萧山首批商标印制单位21家。1991年，指定第二批商标印制单位67家。1995年3月，对193家商标印制企业负责人进行商标印制管理法规培训，考试合格187人，换发考试合格人所在企业的《指定商标印制单位证书》（1996年改为《商标印制单位证书》）。

1997年，规定商标印制企业应有3人以上取得《商标印制业务管理人员资格证书》。是年，市工商行政管理部门分5批培训印制商标单位业务管理人员，经考试合格并取得《商标印制业务管理人员资格证书》的人员有939名，取得《商标印制单位证书》的企业313家。2000年末，指定全市商标印制单位279家。

商标印制企业整治 1985年起，工商所每季度检查辖内商标印制企业，工商局每半年对工商所进行考核。1987年，对全县174家商标印制企业进行检查。检查发现：无《指定商标印制单位证明》和未注册商标印制委托书，擅自印制注册商标标识的企业有32家；没有建立专人登记验证等管理制度的43家。查封商标标识1177万张。1988～1990年，清理整顿商标印制企业3次，查处违反商标印制管理规定的案件48件，对守法经营的102家印制企业为指定商标印制单位，重新核发《指定印制商标单位证书》。

1993年，对非法印制企业进行重点监管，全年查处商标非法印制案11件，收缴并销毁侵权商标标识8.20万张，商标侵权的模具和印版3块。

1996年，为堵住假冒商标和商标侵权的源头，专项整治商标印制企业，对210家指定商标印制单位进行逐户登记，并检查商标印制登记制度、商标标识出入库制度、档案制度。经整治，查处违法违章行为的企业有51家，其中对违法违章行为较轻的46家企业，责令限期改正；情节较严重的5家企业，立案查处，取消指定商标印制单位资质。

1999年，验证全市商标印制企业290家。验证采取企业自查与工商行政管理部门组织实地检查相结合、集中验证与上门验证相结合的方法。通过验证，查处商标印制违法违章案41件，其中印制假冒侵权商标标识的5件、未取得《商标印制单位证书》非法承接商标印制业务的12件、其他违规印制商标标识的24件。除责令31家企业改正外，其余10家企业处罚款共计5.60万元，收缴销毁商标标识1.60万张。

2000年，专项整治全市商标印制企业，重点检查印制侵权商标标识、非法印制商标标识、承接商标印制制度混乱的企业。专项整治中，检查商标印制单位162家、非商标印制单位46家。查处违法违章案27件，捣毁地下窝点3个，收缴非法商标标识22万张、商标印版和模具16块。责令制度不全的54家企业限期整改。临浦工商所查出非法印制商标案4件，案值200万元，收缴商标标识11万张。

1985～2000年，查处违反商标印制管理案192件，收缴和销毁侵权商标标识1220.10万张、模具和印版78块。

商标日常管理 1985年，萧山工商行政管理部门在核转申请商标注册的同时，开始验证注册商标。是年，验证注册商标141件，发现商标使用中存在问题的有98件，其中商标注册人名义变更后未办理相应变更手续的20件，使用注册商标不标明注册商标字样或注册标记的78件。

1988年，从镇乡和企业中聘请商标协管员121人，并对商标协管员和镇乡司法助理员进行商标法规的宣传辅导。1990年，从企业聘请商标管理联络员81名，进行培训并颁发联络员证书。

1995年，商标验证采取看商标使用管理制度，对照实地商标使用情况；看商标出入库制度，对照车间、仓库商标管理情况；查看商标注册证核准事项，对照实际使用范围和现有注册人名义及地址等实际使用情况进行逐项检查。是年，验证注册商标1157件，发现存在有问题的商标有504件，其中商标注册证遗失的81件、擅自变更注册人名义和地址的191件、改变注册商标图形或者改变图形组合的115件、需要办理商标注销手续的117件。商标验证期间，向注册商标权人发出行政建议书208份。翌年，专项复查1995年发给行政建议书的企业注册商标使用情况，已纠正的145家，责令未纠正的63家企业限期改正。

1997年，为解决转制企业存在的注册商标不作资产评估、商标权不进行转让，导致转制后的企业存在企业名称与商标注册人名义不符、商标所有权归属不清等问题，督促转制企业依法进行商标评估、转让、变更和使用许可备案。是年，办理52家转制企业的73件注册商标转让手续。

2000年，全市应验证注册商标2309件，其中实际验证注册商标1324件、未参加验证的商标985件。实际验证注册商标中，使用规范的有1131件、不规范的193件。使用不规范的商标中，未标明注册标记的商标有11件、改变注册人名义和地址的69件、改变商标文字图形的17件、连续3年不使用的20件、商标注册证遗失的23件、擅自转让的47件、其他违规使用的6件。未参加验证的985件商标中，企业转制和查无下落的有493件、要求注销又不愿参加验证的237件、放弃续展79件、停止使用的46件、其他130件。商标验证期间，向商标权属不清、使用和管理紊乱的注册商标权人发出行政建议书119份，督促办理补证3件、转让22件、变更5件、续展8件，处理违法的4件，帮助65家企业建立和完善商标管理制度。

图20-2-673　1997年12月，为解决转制企业的商标权属，萧山市工商局开展督促转制企业依法进行商标评估、转让、变更和使用许可备案工作。图为该局工作人员正在审查企业商标权属的有关问题（杭州市工商行政管理局萧山分局提供）

第四节　市场登记与管理

市场登记

1991年11月起，萧山工商行政管理部门登记市场。至1992年3月，登记的市场有76家，并颁发《开办市场许可证》。翌年，开始对登记的市场核发《市场登记证》。

1994年开始，对已登记市场进行年度检验。至1995年，注销不具备开办条件的市场2家。

1996年，清理全市市场，督促符合开办市场条件而未办理登记的4家市场办理登记；取消不符合开办条件的市场5家；责令未经批准，擅自开办的萧山建材城停办，并罚款25800元。是年，萧山市行政区划变动，划出萧山的市场有6家。年末，登记在册的市场77家。

2000年末，全市登记在册的市场117家。登记在册的市场按行业分：农产品市场66家、日用工业品市场32家、生产资料市场13家、生产要素市场2家、其他市场4家；按创办单位分：政府（包括镇乡政府）及部门（工商局、贸易局、粮食局、物资局等）创办的66家、村民委员会办的9家、企业办的35家、其他办的7家。

市场管理

集贸市场管理　中华人民共和国成立后，受政治形势、经济变革等因素影响，集贸市场管理机构及管理办法几经变化。[①]1985年，放宽对农副产品上市品种的限制，允许农副产品贩运，同时放宽工业产品上市范围，制定集贸市场经营者守则、卫生管理制度、计量器具监督检查制度和违法违章处罚制度。年末，聘用市场协管员167人。

1986年后，从事肉猪、副食品销售的个人经营者凭营业执照进市场交易，国营、集体、合作商业凭营业执照申请市场内摊位。1985～1987年，组织工商干部、市场协管员等288名，突击性检查全县集贸市场3次，被检查的国营和集体企业656家、个体商业户5773家，查处违法违章案件387件，取缔无证商贩401家，收缴禁止使用和不合格衡器8072支，销毁腐烂变质食品6900余千克。

1988、1989年，重点查处集贸市场以次充好、短斤缺两、欺行霸市、哄抬物价等违法行为。两年查处违法案件2457件，收缴失准秤4554支，处理变质食品7600千克。

①中华人民共和国成立初期，萧山对集贸市场上市商品实行划行归市，参加集市活动的单位和个人在指定的地点交易，不得在场外成交。同时，查处迷信品等不准上市出售的物品、数量不足、以次充好、以假充真和使用不合格计量器具等违法违章行为。

1953年开始，为维护粮食、油料、棉花等农副产品统购统销和计划收购的实施，禁止粮食、棉花等农副产品自由买卖及私商收购贩运。

1957年，先后建立萧山县市场管理委员会和21个镇乡市场管理委员会，加强对集市贸易的领导和管理，集市贸易趋向活跃。

1959年，对集市价格控制过严，硬性规定除螺蛳、米糠和少量种子自由议价外，其余商品一律按国家牌价交易，致使集市贸易再度冷落。

1960年后，允许和鼓励社员发展家庭副业，集市管理贯彻“活而不乱、管而不死”的原则，有领导有计划地发展集市贸易。至1961年，全县32家集市贸易市场全部恢复。

“文化大革命”期间，集市贸易被视为资本主义土壤，严加限制，对允许上市的农副产品只准就地集市交易，不准贩运。1967年，市场管理委员会被打击投机倒把办公室所替代。1977年，各公社建立市场管理委员会。

1979年，撤销投机倒把办公室，逐步恢复集市贸易。1984年，没收失准秤412杆，处理集贸市场中的违法违章案184件。

1991年，对有较完整固定摊位或年成交额1000万元以上，或配备协管员3人以上的集贸市场设立市场管理办公室。对集贸市场内的固定摊位开始实行经营许可证制度，统一编号，亮证经营。对农民自产自销和临时性经营的，在指定的交易区交易，不准在市场内随意设摊或者流动经营。

1992年开始，加强对畜禽及其制品管理，未经检疫或检疫不合格的畜禽一律不准上市。同时对主要集贸市场内交易的单位和个人实行“六统一”①。是年，重点检查群众反映突出的销售假冒伪劣商品及短斤缺两等行为，查处违法违章案件471件，处理腐烂变质食品1470千克，收缴不合格计量器具215件。

①1992年开始，集贸市场内交易的单位和个人实行的“六统一”：统一划行归市、分类摆放、定点经营，统一悬挂经营许可证，统一价签、明码标价，统一使用法定计量器具，统一使用商品信誉卡（服装、百货等行业），统一着工作服（熟食、饮食行业）。

1993年，对全市市场协管员进行统一定编、定员，设立共同岗、监督管理岗、收费岗、卫生管理岗、服务岗，具体分解到人，实行定期考核，并与奖惩挂钩。1993～1995年，采取进驻市场检查和巡查等方式，查获市场违法违章案件共计1233件，处罚款5万余元。其中查获假桂圆437千克、母猪肉和病猪肉1382千克、塞肫鸭98只、假冒“西湖”味精600千克、腐烂变质食物1365千克；收缴禁止使用和不合格计量器具223件、取缔无照商贩49家。

1998年后，为适应市场管、办分离的新体制，工商行政管理部门开始对市场监管实行巡查制，重点检查食品、副食品、滋补品、名酒名烟等商品。1999年，工商局建立市场巡查队，各工商所设立市场巡查组。

1985～2000年，查处市场违法违章案累计8575件。

图20-2-674 1999年1月31日，为确保春节期间农副产品综合市场规范经营，瓜沥工商所管理人员巡查瓜沥农副产品综合市场（丁志伟摄）

汽车交易市场管理　1985年起，遵照国务院办公厅转发的国家工商行政管理局制定的汽车交易市场管理的暂行规定，对汽车交易市场进行管理，主要确认汽车交易经营资格，重点查处转手倒卖汽车、倒卖汽车计划指标、非法拼装汽车等违法行为。至1988年，查处倒卖汽车案25件，倒卖各类汽车42辆，处罚没款13.30万余元。

1988年11月，萧山汽车销售点建立，销售计划外汽车纳入汽车销售点交易。是年，萧山市机电设备公司、萧山市生产物资服务公司、萧山市生产资料服务公司和萧山市物资综合公司被列为第一批从事汽车经营企业。

1989年1月1日，统一使用汽车销售专用发票，对汽车销售实行验证制度，即查验汽车交易的进货发票，销货发票验证盖章，未经盖章的，交通行政管理部门不发汽车牌照、不办理初次登记和过户手续。是年，全市成交汽车391辆，验证盖章388辆。

1995年5月20日，萧山市汽车市场建成，为现货自选汽车市场。1997年，取得汽车交易经营资格的单位有26家，其中具有小轿车经营资格的单位5家。1998年，对全市15家汽车经营单位经验证后换证。

图20-2-675 1995年5月，位于萧山商业城的汽车市场（董光中摄）

1989～2000年，成交汽车42224辆，验证盖章30802辆。

房地产市场工商管理　1996年开始，萧山工商行政管理部门对房地产市场进行专项检查。至2000年，全市性的房地产市场专项检查有4次，检查房地产开发企业101家次、房地产中介机构102家次。经检查，有虚假出资的4家、无实收资本的4家、注册资本没有到位的4家、擅自变动企业住所的14家、变更法定代表人的2家、违反证照管理的23家、不按规定年检的2家。某房地产开发公司登记注册资本500万元，实际公司无资金。检查期间，发出限期整改通知书143份，取缔无照从事房地产中介机构8家，督促企业缴足实收资本的2家、变更登记企业法定代表人和经营地址的5家、办理合同鉴证的11家、规范合同文本的2家。立案查处的6家。

2000年5月，萧山工商分局、萧山市建设局联合举办启用新版建设工程施工合同示范文本培训班，全市建筑施工企业和房地产开发企业管理人员60余人参加培训。

拍卖市场管理　1997年7月1日，《中华人民共和国拍卖法》施行后，工商行政管理部门履行登记拍卖企业、依法查处违法拍卖行为的职责。1998年5月，建立萧山市拍卖市场管理委员会。7月，市政府印发《关于进一步规范和加强拍卖市场管理的通知》（萧政发〔1998〕97号），明确工商行政管理部门对拍卖企业登记、拍卖合同鉴证、拍卖规则审查、拍卖现场监督、拍卖违法行为查处等拍卖行为的监管职能。是年，工商行政管理部门审查拍卖规则14份，鉴证拍卖合同14份，监督拍卖现场12次，拍卖成交额2826万元。

1999年，重新确认全市拍卖经营资格的单位4家，其中保留1家、核减拍卖经营范围3家。是年，统一制定拍卖合同示范文本，鉴证拍卖合同28份，监督拍卖现场20次，拍卖成交额5331万元。

1998～2000年，审查拍卖规则、鉴证拍卖合同各124份，监督拍卖现场88次，拍卖成交额18925万元。

第五节　广告管理与监督

1982年2月6日，国务院发布《广告管理暂行条例》（国发〔1982〕23号）后，广告列入工商行政管理部门的管理职能。1984年起，登记广告经营单位[①]。1985年4月，县政府办公室下发《批转县工商行政管理局〈关于加强广告管理试行办法的报告〉的通知》（萧政办〔1985〕22号），规定企业、事业单位推销和收购商品或提供收取费用的劳务及服务的广告，均属广告管理范围。

1986年，萧山开始对印刷品广告进行管理。1988年开始，对上年度广告经营单位进行年度检验[②]。市工商、公安、城建、文化等行政管理部门和城厢镇政府对城区设置的广告群，采取统一规划、统一绘制、统一收费的办法。

1990年，城厢镇对户外广告[③]实行巡查管理，张贴广告实行审核登记制度。1992年，条幅广告实行审批制度。1995年2月1日后，对媒体广告实施监管。1999年，开始规范店堂广告行为，店堂内空间设置的灯箱、霓虹灯、立牌、橱窗等广告，实行备案制度；对除企业名称外，在店堂内建筑控制地带设立的店堂牌匾广告和利用店堂设施张贴、绘制、悬挂、摆放的印刷品广告[④]、显示屏广告实行登记制度。

1987～2000年期间，查处违法广告案455件，罚没款38.70万元。

①广告经营单位包括专业经营广告的广告公司和兼营或代理广告业务的企业、事业单位。（国务院：《广告管理暂行条例》（国发〔1982〕23号），1982年2月6日）

②广告经营单位年度检验需先经单位自查、主管部门复查后，再由市工商行政管理局审查，符合年度检验标准的报省工商行政管理局核准，并发给年度检验注册证。

③户外广告：用公共或自由场地的建筑物、空间设置的路牌、霓虹灯、电子显示牌（屏）、灯箱、橱窗等广告，利用交通工具（包括各种水上漂浮物和空中飞行物）设置、绘制张贴的广告，以其他形式在户外设置、悬挂、张贴的广告。（国家工商行政管理总局第86号令：《户外广告登记管理规定》，1998年12月3日）

④印刷品广告：凡通过张贴、摆放、发送、邮寄等形式发布商品或服务的散页、招贴、宣传册等广告。（国家工商行政管理总局第95号令：《印刷品广告管理办法》，2000年1月13日）

经营单位

1984年，萧山首次登记广告经营单位。是年，工商行政管理部门分别发给萧山县广告装潢公司和萧山人民广播站《法人营业执照》《广告营业许可证》。1986年，根据杭州市工商行政管理局的统一部署，对萧山县广告装潢公司、萧山县人民广播站两家单位的广告经营条件进行检查验证。经检查，这两家单位均符合广告经营条件，分别换发《法人营业执照》《广告营业许可证》。

1989年起，允许个体户从事广告经营业务。广告经营单位经工商行政管理部门核准，发给专营广告业务企业《企业法人营业执照》、兼营广告业务单位《广告经营许可证》、个体户《营业执照》。

1996年，检查全市广告经营单位资质和广告经营范围用语。经检查，保留制度健全、资料存档齐全、经营良好的43家单位的广告经营资质，取消不符合经营资质条件、经营状况差的11家单位的广告经营资质。

1998年，实地检查全市广告经营单位的广告经营资质，核定广告经营资质的经营单位32家，取消经营资质的7家。是年，培训广告经营单位的广告审查员，并经省工商行政管理局考核，取得广告审查员资质的有75人。翌年，检查58家广告经营单位的经营资质，其中符合广告经营资质的经营单位50家、不符合经营资质的1家、取消未参加资质检查的广告经营单位经营资质的7家。

2000年，新登记广告经营企业23家，注销广告经营资质的经营单位8家。年末，登记在册的广告经营单位65家，其中专营广告经营企业37家、兼营28家。

1988～2000年，年度检验广告经营单位457家次，取消经营资格的广告经营单位有76家。

户外广告

1985年，继1982年清理整顿城厢、临浦、瓜沥3镇24处户外广告后，又清理城厢、瓜沥、临浦3镇的户外广告。经清理，确定户外广告设置点13处，其中城厢镇7处，临浦镇、瓜沥镇各3处。

1987年，贯彻省工商行政管理局《关于城镇张贴广告管理暂行办法》（浙工商标发〔1987〕16号），萧山规定建置在城镇内主要街道、车站、码头、广场、影剧院等公共场所张贴广告，必须事先经萧山工商行政管理部门登记后，按指定地点张贴。是年，清理整顿户外广告，处理违法违规企业单位35家，处罚款1150元。

1990年，张贴广告实行审核登记制度后，清理违章张贴广告1700余张，查处广告违法案21件，处罚款1330元。

1992年，结合萧山创十佳卫生城市活动，清理城厢、西兴、衙前等镇的户外广告，清除违章广告8090余处，其中违章张贴广告7500余处、民墙广告392处、路牌广告161块、横幅广告37条。

1994年，户外广告管理通过查源头、清路口，捣毁非法张贴广告窝点18处，收缴违章张贴广告3.61万张，清除张贴广告2.16万张、路牌和民墙广告70余平方米。翌年，在城厢镇清除各类违法张贴广告1万余处，收缴非法张贴广告4.70万张，拆除有损市容广告牌11块170平方米，扩建和改建原有广告栏9处。

1998年4月，建立萧山户外广告管理联席会议制度。是年，两次专项检查户外广告，清理民墙广告300余处、横幅广告600余条，拆除非法发布的灯箱广告48只、路牌广告180块、交通围栏广告92块。

2000年8月，市政府印发《〈萧山市户外广告管理办法〉的通知》（萧政发〔2000〕116号）后，户外广告设置必须符合城市设计规划和街景规划。是年，审批条幅（横幅、门面幅）广告2270件，清除违法设置的户外广告60余处。

1994～2000年，收缴非法户外广告48.50万张，清理民墙广告315处、条幅广告900余条，拆除广告牌206块、交通围栏广告92块、灯箱广告48只。

印刷品广告

1986年，浙江省工商行政管理局颁发《浙江省广告印制管理暂行规定》（浙工商标〔1986〕10号）后，萧山对印刷品广告进行管理，凡单位和个人委托印制企业印制的印刷品广告，必须向工商行政管理部门办理审批手续，领取《广告印刷证明》，严禁无营业执照单位和个人承接广告印刷业务。

1988年，专项检查全市广告印制企业173家。检查中，发现存在问题的广告印制企业有75家，其中不凭《广告印刷证明》印制广告的企业32家；没有落实专人管理、未建立广告印制登记验证和档案管理混乱的企业43家。翌年，经清理整顿广告印制企业，确定广告印制定点企业68家，并首次颁发《印制广告定点证书》。1991年，查处党湾勤劳信息服务部无营业执照印制广告并发布虚假广告信息案，对其没收印制工具及印刷品的处理，直接责任人交由公安机关作行政拘留。

1992年，查获外来人员非法张贴广告9人，收缴张贴工具40余件，发出违章通知书34份，处以罚款4730元。翌年，以清理查处群众意见多、危害大的无证游医印刷品广告，并与捣毁游医窝点相结合，出动714人次，捣毁游医窝点11个，收缴各类行医印刷品广告1.31万张。

1995年，整治医疗印刷品广告，并以游医张贴非法行医印刷品广告为重点，追根寻源找窝点。是年，捣毁游医窝点40个，收缴非法张贴医疗印刷品广告10万余张，责令整改印刷品广告30多件。翌年，专项检查印刷品广告，出动150人次，清除各类张贴广告1万余处，收缴非法印刷品广告4万余张。

1997年，广告主、广告经营者和广告发布者发布印刷品广告均应向发布地工商行政管理部门提出申请，经审查，符合规定的，对广告主核发《印刷品广告发布登记证》；对广告经营者、广告发布者核发《临时性广告经营许可证》。是年，专项检查印刷品广告，收缴非法印刷品广告20余种、17余万张，教育和警告乱张贴印刷品广告业主200余家。印刷品广告内容存在的主要问题有：利用医药科研单位、医疗单位及专家、医生和患者的名义进行宣传，夸大治疗和保健功能，把“食”字号的产品故意宣传为“药”字号产品，滥用“最佳”、“首创”、“第一”、“完全无副作用”等绝对化用语，贬低同类产品或与其他药品进行功效和安全性的对比。

2000年4月，开展印刷品广告整治活动，检查商场、药店160余家，收缴非法印刷品广告1.50万张，立案查处21家。6～8月，开展打击虚假违法印刷品广告的执法检查活动，收缴违法印刷品广告8万余份。

媒体广告

1995年，检查报纸、电视台、广播电台等媒体发布的广告内容，检查各类媒介广告176件，其中报纸广告62件、电视广告58件、广播电台广告56件。检查时，责令限期改正含有“最低”、“最大”、“最佳”、“唯一”等绝对性语言的广告22件；未标明宣传文号的广告21件。

1996年，为加强对媒体广告的监督，开始配备电视机、录像机、收录机等专用设备，建立广告监测网络。是年，监测媒体广告2450条，其中轻微违法的有13条，均向广告经营单位发出限期改正的行政建议书；对严重违法的广告经营单位2家，处罚款2.58万元。翌年，通过对电视广告的监督，发现有问题的广告80余条，其中责令停播电视广告20条、限期纠正60余条。1998年，监测媒体广告449条，其中符合媒体广告规定而继续播（刊）的有374条、责令停播（刊）媒介广告50余条、限期纠正25条。

2000年，建立浙江省广告监测中心杭州萧山工作站。是年，监测媒体广告446条，其中符合媒体广告规定而继续播（刊）的312条、责令改正违法的广告129条、立案查处违法广告5件。

1995～2000年，监测媒体广告3914条，其中有责令限期改正的广告111条、责令停播32条、立案查处违法广告5件。

第六节　经济合同鉴证与管理

经济合同鉴证

1985年，萧山继续开展自1980年3月开始的经济合同鉴证。是年，受理工矿产品购销合同鉴证267份，对其中符合条件的197份合同予以鉴证，合同金额2101万元；对不符合条件的70份合同不予鉴证。鉴证中帮助修改合同105份，为外地工商管理部门作合同鉴证协查445份、合同金额3502万元。1988年，开始实行经济合同鉴证通知书制度，即对已鉴证的合同发给鉴证通知书。

1989年起，陆续对建筑工程承包合同、企业承包合同、广告承揽合同、建设工程勘察设计合同、加工承揽合同、农副产品购销合同和拍卖合同等进行鉴证。1995年，跟踪调查1994年鉴证的其中10家建筑企业22份建筑工程承包合同，经济合同履行率100%。

1996年，萧山商业城的市场摊位开展租赁合同、营业房租赁合同鉴证试点后，在全市推广。是年，鉴证萧山商业城营业房租赁合同、市场摊位租赁合同共计255份，占全市同期合同鉴证数的75.22%，合同金额396万元。

1999年，为做好建设工程承包合同的鉴证，工商行政管理部门每逢周二、周四派员到萧山建设工程交易中心进行现场鉴证，全年鉴证建设工程承包合同240份，金额73889万元。

图20-2-676　2001年3月，瓜沥工商所为瓜沥粮管所与种粮大户签订的粮食购销合同进行鉴证（陈肖海摄）

1985～2000年，鉴证经济合同17244份，合同金额420965万元。其中鉴证财产租赁合同15064份，合同金额46874万元；建筑工程承包合同1107份，合同金额337661万元；工矿产品购销合同374份，合同金额7755万元；广告承揽合同226份，合同金额1048万元；建筑工程勘察设计合同207份，合同金额1450万元；拍卖合同124份，合同金额19492万元；企业承包合同108份，合同金额6008万元；加工承揽合同12份，合同金额198万元；其他合同22份，合同金额479万元。

经济合同管理

经济合同检查　1987年，继续进行1984年开始的经济合同监督检查，清查全县经济合同纠纷。是年，清查企业1663家，查出各类经济合同纠纷353件，争议合同金额770万元。

1988年，检查《中华人民共和国经济合同法》《中华人民共和国涉外经济合同法》执行情况，在西兴镇试点后，组织清查全市企业1986、1987年签订的经济合同。参加自查企业2872家，清理合同155439份，合同金额810529万元。查出有纠纷合同2622件，金额4809万元。通过清查处理，解决合同纠纷1846件，收回应收款3242万元，支付应付款396万元。

1990年，检查建筑面积在500平方米以上或工程造价10万元以上的64家建筑企业的在建工程承包合同319份，合同金额12584万元。经检查，确认无效合同71份，处理合同金额780万元，追缴非法经营所得3.42万元。1998年，检查43家房地产开发企业的1325份经济合同，合同金额47694万元。其中商品房销售合同1122份，合同金额26878万元；建筑工程承包合同78份，合同金额20724万元；房屋租赁合同57

份，合同金额62万元；其他合同68份，合同金额30万元。检查发现：房地产开发企业主要存在房地产中介机构合同示范文本使用率低、房地产开发企业签订的建筑工程承包合同不按规定申请鉴证等问题。

1999年，专项调查城厢、瓜沥、临浦、衙前、坎山5镇的50家企业1998～1999年的经济合同管理情况，检查经济合同780份、合同金额14.30亿元。被调查企业主要存在签订书面合同少和合同履行率低的问题。据衙前镇和坎山镇20家企业统计：1998年购销总额3.67亿元，签订书面经济合同金额0.80亿元，占购销总额的21.80%。某轻工机械厂1998年签订经济合同11份，履行6份，占签订经济合同数量的54.55%。翌年，重点检查产品购销合同、加工承揽合同、建设工程承包合同，共检查合同1883份，其中有不合格合同37份、到期未履行合同20份。

1987～2000年，检查企业7419家次，检查合同17.94万份，其中有无效合同1851份、违法合同156份；经济合同纠纷3272件，争议合同金额7278万元。

违法合同查处　1995年，萧山开始查处利用合同进行的违法行为。是年，查处违法合同案1件，违法合同金额1万元，罚款1000元。

1996年，为开展打击利用合同进行违法活动的专项斗争，工商局成立执法领导小组，重点检查企业承包、租赁、联营和产品购销、建筑工程承包、商品房买卖等合同。是年，立案查处违法合同14件，违法合同金额94万元。其中有合同欺诈案3件、合同金额21.60万元，处罚没款1.80万元，为受害人追回损失27万元。

1999年，开展打击合同欺诈专项执法行动，查处违法合同25份，违法合同金额54万元，处罚款5.80万元，挽回合同当事人经济损失33.50万元。商业城工商所查获李某以签订纱手套加工承揽合同，骗取浙江省淳安县5位农民11万余元的案件。临浦工商所查获倪某以杭州春兰电器有限公司名义，虚构合同标的，与余姚、金华两家企业签订60万套电机芯体委托加工合同，并以试产不合格为由，吞没押金7万元的案件。追回上述两案受害者全部款项，对当事人分别处罚款2万元和1.50万元，其中纱手套加工承揽合同欺诈案，被省工商行政管理局列为百日执法20大案件之一，并在《中国工商报》《杭州日报》、浙江电视台等媒体曝光。

图20－2－677　1999年6月，萧山商业城工商所现场查获的李某利用签订纱手套加工承揽合同欺诈案件现场（沈银昌摄）

1995～2000年，查处违法合同115份，违法合同金额827.30万元，处罚款21.32万元。

经济合同仲裁　1985年，萧山县工商行政管理局经济合同仲裁委员会（1994年6月更名萧山市经济合同仲裁委员会。简称仲裁委员会，下同）继续受理自1984年开始的经济合同纠纷案。是年，受理经济合同纠纷案45件，结案43件（调解40件、确认无效合同1件、裁定撤诉2件），解决合同争议金额179万元。同时，指导企业依法起诉，申诉81份。

1987、1988年，仲裁委员会先后在临浦、城北、瓜沥、义蓬、城厢、戴村、城南7家工商所内设立仲裁庭（1993年，增设萧山商业城仲裁庭），为仲裁委员会派出机构。1988年2月，仲裁委员会制定仲裁庭处理经济合同纠纷的试行办法。是年，受理各类经济合同纠纷666件，追回拖欠款物100.4万元。

1991年4月9日，受理经济合同案件开始实行协议仲裁制度，经济合同仲裁案件数逐年减少。是年，审结经济合同纠纷案470件，审结率100%。

1992年后，仲裁办案程序进一步规范，对审结的案件实行回访，同时开展仲裁建议。1992～1993年，提出仲裁建议17份。

1985年1月1日至1995年8月31日，审结经济合同纠纷案7379件，其中调解解决6663件、裁决29件、确认经济合同无效124件、裁定撤诉经济合同563件；合同金额9303万元，其中解决合同争议金额5406万元。

1995年9月1日，根据《中华人民共和国仲裁法》的规定，仲裁委员会依法终止，8个仲裁庭同时撤销。

图20－2－678　1999年2月，位于城区的萧山市崇化副食品综合市场内，工商行政管理部门设置行政调解受理点咨询台和公平秤（丁志伟摄）

合同争议行政调解　1999年，开始开展经济合同争议行政调解，帮助合同双方当事人解决合同履行中出现的矛盾。是年2月1日，工商行政管理部门受理河南省淮滨县农民李某与萧山市某建筑工程有限公司的工程承包款结算争议案。经调解，达成建筑工程有限公司补偿李某1000元的协议。是年，受理争议合同12份，均得到调解结案，解决合同争议金额19.50万元。

2000年，工商局成立合同争议行政调解委员会，36名工商干部任调解员。同时，在各工商所注册室设立合同争议行政调解窗口，并在规模较大的市场设受理点。

1999～2000年，调解各类争议合同案125件，解决合同争议金额69.20万元。

第七节　经济检查

中华人民共和国成立后，工商行政管理部门运用国家行政权力，对进入市场当事人的违法违章行为实施强制性管理，先后依法打击投机倒把、取缔制售假冒伪劣商品和查处无营业执照经营、不正当竞争、损害消费者权益等违法违章行为。1988年后，工商局、工商所先后建立经济检查机构。[①]1985～2000年，查处各类违法违章行为案31584件，其中打击投机倒把案1317件、取缔制售假冒伪劣案1167件、查处不正当竞争案和侵害消费者权益行为案等29100件，万元以上大案590件，罚款和没收金额2087.60万元，移交司法机关43件。

打击投机倒把

中华人民共和国成立后，为确保政治、经济形势的稳定，开始开展“三反”、“五反”运动，打击投机倒把行为。[②]“文化大革命”期间，投机倒把活动增多，并以票证贩卖为多。[③]其间，扩大查处投机倒把范围。[④]1979年后，实行对外开放、对内搞活经济，有人趁机进行走私贩私和贩卖黄金、银圆活动。[⑤]

1985年，禁止生铁、钢材、汽车、水泥、有色金属、电视机、电冰箱等17种重要生产资料和紧俏耐用消费品就地倒卖。同时，实行定案、定人、定时间的办案责任制。是年，查处各类投机倒把案件30件[⑥]，比1984年减少17件；处罚

①1988年3月6日，工商局经济检查队建立，专司查处投机倒把活动和协调、指导办案的职能。翌年，各工商所建立经济检查组。1997年5月1日，工商局经济检查队更名工商局经济检查大队。

②1951、1952年开展“三反”（反对贪污、反对浪费、反对官僚主义）、“五反”(反对行贿、反对偷税漏税、反对盗窃国家资财、反对偷工减料、反对盗窃国家经济情报)。1950～1952年，全县共查获投机倒把案35件。1953～1954年，查处破坏粮食、棉花统购统销的投机倒把案90余件。60年代初，因严重的自然灾害，商品缺乏，物价上涨，投机倒把活动增加。1963年，查获投机倒把案132件。1964年，生产好转，投机倒把活动明显减少。1965年，查获投机倒把案件28件。

③1966～1976年，全县查获贩卖粮票为165万余千克、布票53万余尺；查处贩卖粮票数额在5万余千克、布票在1万尺以上的重大案19件。

④1966～1976年期间，受“左”倾思想的影响，把运销三类农副产品、个体经销商等也都作为投机倒把进行查处。为此，在中共十一届三中全会后进行复查，至1984年，全县纠正这类案共262件，退还罚没款6.40万元。

⑤1980、1981年，查获走私手表和贩卖黄金、银元等案件百余起。其中1980年查获的47起案件统计：走私手表195只、贩卖黄金48.45两、银圆2827枚。

⑥1985年，在查处的30件投机倒把案件中，有倒卖汽车案12件，倒卖各种汽车14辆。倒卖汽车被罚款或没收非法所得的企业20家，19人。一辆日本产CP－132双排工具车在一年时间内，经5次转手倒卖，牵涉到5家企业和5名人员，价格从2.40万元上涨到3.80万元。

款19.40万元；移送司法机关处理3件。

1986年，在查处就地转手倒卖重要生产资料和紧俏耐用消费品的同时，重点查处危害大、影响面广的投机倒把大案。[①]翌年，组织专案班子，集中力量查处倒卖粮票大案13件，倒卖粮票339.60万千克。其中移送司法机关处理10件。[②]1989年，据对202件投机倒把案分析：企业作案89件[③]、个人作案101件、机关团体作案2件、其他团伙作案10件。

1993年后，按照新制定的国家法律、法规，列入投机倒把的范围缩小，案件明显减少。1994、1995年，查处倒卖棉花投机倒把案件89件，占两年查处投机倒把案件数量的88.12%；涉及企业7家、125人，其中有农民100人，占涉案人员的80%。1998年，查处涤纶丝、摩托车等贩私案23件，占全年查处投机倒把案件数量的45.10%；查处万元以上投机倒把案15件[④]，占全年查处投机倒把案件数量的29.41%。2000年1月3日，市工商局经济检查大队在宁围镇内查获陕西籍黄金贩子1名，查扣正在交易的黄金3286克。

1985～2000年，查处投机倒把案共计1317件，其中倒卖生产资料174件、生活资料79件、票证和有价证券106件、走私物品265件、金银34件、假冒伪劣商品251件、农副产品145件、其他投机倒把行为263件，处罚没款共计934万元。其间，全市组织打击金银倒卖活动13次，查处涉及黄金共计54990克、白银4897.32千克，涉案价值1138万元。

取缔制售假冒伪劣商品

1983、1984年查处的假冒伪劣商品有假冒香烟、假银圆、假药，非法出版物，以及以假充真、掺杂使假等违法行为。1985年，查处的制售假冒伪劣商品案16件，处罚款5200元，吊销企业营业执照2家。查获的假冒商品主要有卷烟、自行车和非法出版物，以拼装冒牌自行车尤为突出。萧山有3家基层供销社以残次零配件拼装自行车220辆，冒充“海狮”自行车出售，处罚款4700元，吊销其中1家销售冒牌自行车企业的营业执照。

1987年5月，检查城厢、瓜沥、临浦3镇41家企业（国营14家、集体20家、个体7家）经营的电器、食品、服装商品质量。查出不符合质量要求的商品116种1.63万件，其中食品33种1.38万件、家用电器23种0.07万件、服装60种0.18万件。不符合质量要求的商品中，无厂名、无厂址、无合格证商品有0.82万件，占查出不符合质量要求的商品数量的50.31%。

1990年，工商局等部门联合开展打击制售假冒伪劣商品活动，分别组成烟酒、药品、食品饮料、家用电器、服装鞋袜化妆品5个小组，检查城厢、瓜沥、临浦3镇的企业和个体工商户371家，查获假冒伪劣低压电器2190件、劣质电线30.50千米、塑胶鞋2000余双、假冒卷烟1200余条、变质糕点971千克，还查获无厂名、无

①1986年4月，根据福建省福清县工商行政管理局提供的线索，在螺山乡（今衙前镇）祥里施村内查获一件倒卖黄金大案。1985年4月至1986年4月，当事人采取合伙倒卖和单独倒卖的方式，从福建省福清县和山东省招远县先后购入黄金（块金、颗金）23542克，并从银行套购金器201克和经无证金匠加工出卖，非法销售额118万元，牟利4.50万元。此案涉及福建、山东和浙江3省和军队共计36人，其中萧山籍17人。根据情节轻重，依法追究刑事责任5人、予以行政处罚12人。此案，国家工商行政管理局专门编发了简报。

②1987年1～6月，萧山县某食品厂（系乡镇办企业）供销员许某某向粮票贩子沈某某等13人收购粮票1267868千克、饲料票128225千克（折粮票92322千克），其中萧山县某食品厂倒卖粮票、粮食897630千克，金额547444元；许某某倒卖粮票、粮食462560千克，金额193963元。萧山县某食品厂从中非法获利13305元，许某某获非法收入21035元。1987年9月，工商局对萧山县某食品厂行政处罚，将当事人许某某移送司法机关追究刑事责任。

③1989年，查获某联营公司倒卖钢材等有色金属290.50吨，非法经营额100余万元，非法牟利15.70万元，某物资供应站等8家企业将1.97吨电解镍9次转手倒卖，价格由每吨7万元提高到11.50万元；非法获利5.70万元。

④1998年5月26日、6月6日，瓜沥工商所先后查获倒卖黄金大案2件，倒卖黄金4600余克，案值37万余元，其中现场查扣黄金1337克、现金19.27万元。

图20－2－679　1991年11月，市工商行政管理局经济检查队在头蓬查获的江西省樟树市走私劣质食盐（杭州市工商行政管理局萧山分局提供）

厂址、无出厂日期、超保质期限的饮料5.60万瓶和酒1.30万瓶。是年7月2日，义盛工商所捣毁制假卷烟窝点1个，当场查获假冒“牡丹”、“阿诗玛”的散支卷烟21千克、烟丝219千克、过滤嘴39千克。翌年11月，经济检查队查获从江西省樟树市购入劣质食盐1309吨，其中查扣248吨；已销售给15家萧山食品生产企业1061吨。案件查获后，参与此案的13名当事人分别予以行政处罚。

1992年3月，建立萧山市打假治劣专项斗争领导小组，市委、市政府召开打假治劣专项斗争动员大会，对重点市场进行检查。至4月末，查获假冒卷烟5147条、假冒劣质糕点糖果3.79吨、劣质饮料2.30万瓶（支）、假劣中药1135千克、淘汰农药2.50吨、劣质电线345千米、劣质低压电器5.70万只、无证混号螺纹钢99吨。

1994年，根据省工商行政管理局提出的打假保节日、打假保春耕、打假保健康、打假保名牌的“四打四保”要求，以查市场、堵源头、捣窝点、保名牌为重点，查处制售假冒味精案10件，查获冒牌味精21.80吨。[①]1998年，开展红盾打假保健康、红盾打假保名牌、红盾打假保节日、红盾打假保农业的“四大战役”，采取查市场与堵源头相结合、面上检查与重点检查相结合、职能部门检查与企业联手打假相结合、公开处理与新闻媒体曝光相结合等方法，查获各类假冒酒2.88万升[②]、假冒燃气灶949台和油烟机1115台、假冒油毛毡9821卷，共计案值28万余元，处罚款9.50万元。翌年，打假治劣斗争与开展“百日执法行动”相结合，查获制假售假案件192件、案值1628万元，捣毁假冒窝点65个。查获的假冒商品主要有：香烟4288条、酒1.37万升、味精5047千克、大米48吨、肉食5.70吨、西洋参5.50千克、低压电器1.80万只、燃气具2691台、电扇1110台、卫生巾1.93万箱、羽毛球3.54万只、汽车配件1.20万件、白水泥100吨、硅酮胶4.01万支、摩托车链条9.10万支[③]、棉花30吨、种子1780千克[④]。2000年，开展红盾打假系列活动，查处万元以上大案55件，捣毁制假窝点54个，处罚没款共计120万元。

1985～2000年，查处制售假冒伪劣案1167件，查处的假冒伪劣商品主要有：电器厨具16.75万件、非法出版物35.93万件、饮料食品202.40吨、调味品1405.50吨、烟卷27267条、黄白酒257800升、服装纺织品67.46万件、商标标识1711.40万只。

图20－2－680　1992年5月，市工商行政管理局经济检查队和瓜沥工商所在围垦六工段查获的非法印刷假冒卷烟包装盒加工场（杭州市工商行政管理局萧山分局提供）

图20－2－681　1998年11月，义蓬工商所在市垃圾场公开销毁假冒伪劣商品现场（杭州市工商行政管理局萧山分局提供）

①1993年9月至1994年1月，张某某、张某某两人从某味精厂购入味精，以55%的味精加45%的细盐制成混合物19吨。又从浙江省苍南县购入假冒“西湖”味精包装袋，包装后将假冒“西湖”味精销售给萧山、诸暨、富阳等地商店，销售额17万余元，非法牟利4万余元。两人被依法移送司法机关，售假味精的9家商店亦分别作了行政处罚。

②1998年，萧山商业城经营户徐某经销假冒“口子”酒1.17万升，案值超过10万元；城厢镇1位居民制售假冒“张弓”、“沙河王”、“会稽山”、“南磐江”等黄白酒5750升，案值12.30万元。

③1999年，查获新街镇钱某等3人共同出资开设链条加工厂，印有“日本大同工业株式会社技术制造”字样的包装盒包装摩托车链条4.92万支，已销售4.66万支，销售额40.10万元。查获城厢镇1位居民“假冒道康宁韩国有限公司”名称，生产硅酮胶2.60万支，销售额27.80万元。

④1999年7月，头蓬工商所查处个体户经销劣质毛豆种子案，当事人从杭州某企业购入毛豆种子1715千克，加价出售给头蓬镇10家农民1536千克，获款2.70万元，由于种子严重不纯，给农民造成重大损失。经查证核实，责令当事人退还全部种子款，赔偿损失3.68万元，并处罚款1万元。

其他违法违章行为查处

无营业执照经营查处　1985年起，每年检查无营业执照经营户（简称无照经营户，下同），对无照经营户采取引导登记与取缔相结合。

1992年，工商局、各工商所建立清理无照经营领导小组。是年，组织两次整治无照经营活动，重点检查城厢、临浦、瓜沥等集镇和104国道线、萧金公路两侧的饮食、住宿、化纤织造、陆上运输经营户的营业执照。经检查，查获无照经营户4798家（无照从事机动车和非机动车运输的843家、其他3955家），其中立案查处191件、取缔1414家、引导登记的3193家，共处罚没款8万余元。1997年，查处无照经营大案2件。[①]

1998年，专项整治夜间无照经营饮食业、娱乐服务业、三轮车载人，查获无照经营户974家，占全市查获无照经营户的88.22%。其中取缔281家、立案查处13家、引导登记的680家。

1999年6月1日，工商局建立整治无照经营行动领导小组，并结合“百日执法行动”，整治无照经营。是年，查获无照经营户1054家，其中取缔344家、引导登记的710家。

2000年，采取全面检查与突击检查相结合、夜间检查与公休日检查相结合、工商行政管理部门检查与发动群众举报相结合的方法，两次专项整治无照经营，查获无照经营户3171家，共处罚款75.40万元。萧山经济技术开发区工商所查获新街镇同兴村潘某无照经营电脑绣花加工案，查获电脑绣花机9台，案值近60万元。

1985～2000年，查获无照经营户27561家，其中罚款11273家、取缔5763家、引导办理营业执照的10525家。

不正当竞争行为查处　1994年，根据《中华人民共和国反不正当竞争法》，萧山工商行政管理部门查处首例不正当竞争案件[②]，萧山市人民法院审结首例不正当竞争赔偿纠纷案[③]。1995～1997年，查处不正当竞争案21件，共处罚款17.50万元。

2000年，查处不正当竞争案38件，共处罚款70余万元。其中查处伪造假冒企业地址和企业名称案21件[④]，占全年处理不正当案件数量的55.26%。是年，还查处采用商业贿赂销售或购买药品的不正当竞争行为案。萧山市某医药公司从江苏省某医药有限公司购入药品阿莫灵10万盒，销售货款121.40万元，获取所谓折让返利款2.68万元。某药品公司向两家卫生院行贿8000元，推销药品178.90万元，获利2.90万元。

1994～2000年，查处不正当竞争案88件，处罚款120余万元。

损害消费者权益行为查处　1995年7月28日，工商行政管理部门查处衙前镇某酒家强行拉客并损坏消费者汽车天线案，依据《中华人民共和国消费者权益保护法》吊销其营业执照。这是萧山市首例引用该法处

①1997年1～3月，当事人王某在坎山镇三岔路村内无照经营化肥、农药、农用薄膜，非法经营额20万元，被处罚款2万元。是年11月，查处喻某无照经营铝合金案，非法经营额14.30万元，处罚款1.40万元。

②1994年7月，杭州浪潮实业公司向市工商局投诉，称某企业生产的电热灭蚊器、灭蚊片侵犯“浪潮”注册商标专用权。经调查，某企业产品包装上并未使用“浪潮”商标，但其包装与“浪潮”产品包装极为近似，足以造成误认。该企业也承认仿制，且已生产灭蚊器3000只、灭蚊片1.80万盒，获利6000元。工商局责令其停止违法行为，没收其非法所得。

③萧山市某减速机厂自1994年2月开始，通过某影艺广告公司将杭州减速机厂生产的各种规格和型号的减速机半成品图片及机械示意图套印到该厂的产品样本宣传资料上，并向外散发，足以使客户误解这些产品系萧山市某减速机厂生产，导致杭州减速机厂产品销售量下降。为此，杭州减速机厂向萧山市人民法院诉讼，要求萧山市某减速机厂和某影艺广告公司赔偿经济损失7.50万元，销毁已制作的广告宣传资料并赔礼道歉。经市人民法院主持调解，双方当事人达成协议：两被告赔偿原告经济损失1.50万元，被告所制作的广告资料全部予以销毁；萧山市某减速机厂向杭州减速机厂赔礼道歉。

④2000年，党湾镇某服装厂，伪造杭州金霸制衣厂名称，生产T恤衫1.71万件，已售9541件，销售额30.50万元，处罚款3万元。

罚的案件。1997年9月，查处高某某出售越瓜种子掺杂案件。[①]

1997年11月28日，建立萧山市消费者举报投诉中心（简称举报投诉中心，下同），同时开通96315举报投诉电话，当日受理首例投诉。[②]12月，查处该市首例侵害消费者人格尊严的案件。[③]至年末，受理消费者举报投诉182件，其中举报投诉中心派员现场处理142件、工商所处理29件、转交技术监督和物价等行政职能部门处理11件，为消费者挽回经济损失9.80万元。1998年，受理举报投诉1195件，其中立案查处、调解处理和转有关部门处理等1171件，处理投诉涉及金额306万元，为消费者挽回经济损失170万元。[④]2000年，举报投诉中心共接举报电话621个、投诉电话646个，查处侵害消费者权益案81件，为消费者挽回经济损失80余万元。[⑤]

1995～2000年，查处侵害消费者权益案271件，处罚款181万元，为消费者挽回经济损失312万元。举报投诉中心受理举报投诉3969件，处理3962件，处理率99.82%。举报投诉中心处理的案件中：立案查处的219件、调解处理的3716件、转有关部门处理的27件，处罚没款77万元。

此外，还查处金银冶炼、锡箔生产销售、商品传销活动等其他违法违章行为。

表20-2-453 1985～2000年萧山查处的各种违法违章案件情况

年份	总数（件）	打击投机倒把案（件）	取缔制售假冒伪劣商品案（件）	查处其他违法违章案（件）	无照经营（件）	罚没款金额（万元）	万元以上大案（件）	移交司法机关（件）
1985	448	30	16	402	201	25.40	8	3
1986	935	34	20	881	253	27.30	11	5
1987	1539	152	19	1368	375	41.80	10	11
1988	1639	193	13	1433	354	125.60	20	1
1989	1858	224	15	1619	610	166.30	26	6
1990	1708	110	26	1572	830	103.80	12	0
1991	1255	186	31	1038	508	63.70	10	0
1992	621	124	55	442	191	61.20	14	1
1993	793	15	58	720	190	29.30	5	1
1994	1257	43	45	1169	582	84.10	23	1
1995	1084	58	97	929	138	92.90	22	1
1996	1661	26	140	1495	1079	108.70	38	1
1997	2699	28	150	2521	633	171.00	68	2
1998	3445	51	143	3251	1104	270.00	107	5
1999	4150	31	192	3927	1054	366.00	95	1
2000	6492	12	147	6333	3171	350.50	121	4

资料来源：杭州市工商行政管理局萧山分局。

①1997年4月，高某某（系新湾镇宏新村蔬菜加工个体户）与杨某某等29名农民达成订种越瓜274亩（约18.27万平方米）的协议，农民从高某某处购买种子，并付押金。至6月越瓜结实后，农民才发现越瓜种子有问题。经农业部门检测：越瓜种子中，青瓜种子占81.50%、其他杂瓜种子占11.90%、越瓜种子占6.60%。造成瓜农每亩（约666.67平方米）直接损失339.05元。事发后，部分农民与高某某协商解决，其余农民向工商局投诉，投诉者种植面积126亩（约8.40万平方米）。9月，经调查核实，高某某构成严重掺杂使假行为，工商局责令高某某退还农民押金28650元，赔偿农民种子款12700元，支付农民利益损失42720.30元，并处罚款25400元。

②1997年11月28日开通96315举报投诉电话当日，有消费者反映某木材公司出售的水曲柳三夹板有质量问题。举报投诉中心在查清事实后，商品得到调换。

③1997年12月，当事人余某在卖猪肉时，因价格问题与消费者发生争执，并将猪肉掷到消费者身上。工商行政管理部门查明事实后，责令余某向消费者赔礼道歉，并处罚款500元。

④1998年1月1日，消费者高某投诉，从萧山某企业购入进口金马牌红榉三夹板4185元，用于房屋装修，因质量问题造成损失要求赔偿。举报投诉中心主持双方多次协商后，由企业向消费者赔偿材料费和木工费1.45万元。

⑤2000年，某房地产开发公司重复收取246家购房者电子防盗门款12.30万元。消费者投诉后，经查实，工商管理行政部门责令当事人全部退还多收款，并对该房地产开发公司处罚款2万元。

第三章　物价管理

民国初期，萧山无物价管理机构。[①]民国19年（1930）建立物价管理机构。[②]萧山解放初期，未设立物价专门管理机构，有关物价业务工作由省国营公司直接管理或归属县政府工商科管理，物价管理采取“大管小活”的方式，只对影响国计民生的粮食、棉花、络麻等主要农副产品统一价格。1953年后，对茶叶、生猪等农副产品和金属材料等生产资料统一价格。1957年7月，建立萧山县物价委员会，[③]负责全县物价的统一管理和综合平衡。1965年12月30日，县物价委员会撤销，职能并入县计划委员会。1979年，开始改革价格管理体制，逐步放开价格。[④]是年7月20日，复设县物价委员会，归口县计划委员会。1984年，县物价委员会列入政府组成部门。

1988年，固定资产投资增长过快，物价猛涨，是萧山解放以来所没有的。翌年，开始实行物价目标管理责任制。全市6个区建立物价管理站。1994年，对部分居民基本生活必需品和经营性服务项目及重要农业生产资料实行价格监审制度。

1995年后，建立物价调控目标责任制，明确物价委员会等行政管理部门的责任，制定放开价格商品反暴利管理办法。至1999年，调控物价的目标，从控制物价过快上涨转到抑制物价持续下降上来。翌年，萧山最后一年实行物价调控目标责任制。

2000年，实行市场调节价的商品数量已占全部商品数量的95%以上，价格管理的重点从制定具体价格标准转到规范市场价格行为，维护市场价格秩序上来，行政事业性收费和经营服务性收费成为价格监督检查的主要内容之一。

第一节　价格改革

1979年，仍实行1957年以来的国家统一定价、分级管理的办法[⑤]，但放开1957年确定的由省属主管部门管理的三类农副土特产品价格，恢复议购议销；提高粮食、生猪等18种主要农副产品的收购价格。这是对冻结了10余年的农副产品价格[⑥]的首次重大调整。1982年后，逐步放开小商品价格，实行市场调节。[⑦]1985年，先后放开水产品价格、蔬菜价格、生猪价格。同时，调整农村粮食、食油的销价，合同定购外的粮食、棉花等主要农产品价格实行随行就市。此外，还放开计划外生产资料价格。是年，农村消费品零售物

①民国初期，萧山无物价管理机构，市场商品价格由各同业公会自行磋商议定，但被少数大商户操纵。

②民国19年（1930），国民党县党部、县政府成立萧山县维持民食委员会，负责评议粮价，民国28年改组为战时粮食管理委员会。民国35年建立县日用品评价委员会，对大米、黄豆等重要商品实行限价，但根本无法控制，实际交易多为黑市价格。民国37年，公布主要商品价格，由于通货膨胀，因此商品限价流于形式。

③1957年7月，县人民委员会成立县物价委员会，由李慧斐副县长兼任主任，盛华铨（县供销社主任）兼任副主任。1959年8月8日，县委、县人委调整县物价委员会领导班子成员，由李壁笃副县长任县物委主任，徐宝文（县计委副主任）、朱厚立（工业局局长）、盛华铨（供销社主任）3人任副主任。1962年12月20日，县物委成员工作调整。（萧山县物价委员会：《萧山县物价志》，1987年11月，第10页。）

④1979年后，逐步放开商品（产品）价格和经营服务性价格，陆续取消部分行政性收费项目，价格监督检查逐渐成为政府物价行政管理部门的重要工作。

⑤1957年2月14日，县人民委员会办公室下发《萧山县开放农村自由市场方案（草案）的通知》（萧办商字〔1957〕311号），把商品划分为国家统购、国家统一收购、国家掌握收购和自由购销4大类，并实行商品统一定价，物价分级管理，第一类商品（国家统购商品）、第二类商品（国家统一收购商品）价格分别由国务院、省人民委员会及其所属主管部门管理；第三类商品（国家掌握收购的商品）价格分别由省人民委员会所属主管部门管理，萧山也可根据实际供求情况，在5%的升降幅度内调整；第四类商品（自由购销的商品）价格由买卖双方自由定价，随行就市。

⑥1967年8月20日起，为了稳定经济局势，实行农副产品价格冻结，萧山整个社会的工农业产品价格处于绝对稳定状态，价格监督检查工作因此停顿。

⑦1982年12月6日，县政府印发《关于贯彻执行国务院和省、市人民政府逐步放开小商品价格实行市场调节的通知》（萧政〔82〕125号），由国务院和省管理的197种小商品实行工商企业协商定价，其他小商品价格仍实行物价分级管理办法。翌年12月20日，县政府发出《批转县物价委员会〈关于贯彻执行国务院、省人民政府进一步放开小商品价格的意见〉的通知》（萧政〔83〕121号），放开882种（类）小商品的价格，其中属国务院管理的350种（类）、属省管理的532种（类）。1984年，为适应经济体制改革的需要，继续下放价格管理权限，由县物价行政管理部门管理的品种从652种（类）减少为酱油、水泥和旅馆、理发收费等96种（类）；县业务主管部门管理的品种从123种（类）增加到混合酒、钟表修理收费等155种（类）；企业协商定价的品种从77种（类）增加到农具和干咸菜等601种（类）。

价总指数110.10%，比1984年增加9.30个百分点。

1986年5月，县物价委员会下发《萧山县工业品价格管理办法（试行）》（萧价〔86〕55号）后，对农业生产资料、工业生产资料和日用工业品价格实行计划内管理和计划外管理，计划内管理商品实行计划价，计划外商品实行市场价。商品由国家统一定价分别改为国家定价、国家指导价、市场调节价3种价格的管理方式并存，实行既有计划性又有灵活性的价格管理体制。除明确实行国家定价和国家指导价的工业消费品外，其余商品均放开。9月1日，又先后放开自行车（除县外的“永久”、“凤凰”和“飞鸽”名牌外）、电冰箱、黑白电视机、收录机、洗衣机、80支以上纯棉纱及其织物、中长纤维织物7种工业消费品的价格；对部分针织品、纺织品、搪瓷面盆、口杯、解放鞋、塑料化工产品实行国家指导价中的浮动价格。

1987年，针对部分高档耐用消费品价格放开后价格上涨过快等问题，对电冰箱、黑白电视机、收录机、洗衣机等商品实行企业定价前的申报制度。1988年，对猪肉、豆制品、计划外钢材、铝锭、茅台酒、五粮液酒等放开商品实行最高限价，对市外组织的商品价格实行差价管理，并规定彩色电视机、电冰箱、自行车等商品在市内只准一次批发，不得层层加价转批，水泥、砖瓦、预制构件、啤酒、饲料等不得补收提价差额。是年，市场价格上涨过快，达到自萧山解放以来的最高点，农村消费品零售价格总指数达到121.00%，职工生活费用价格总指数达到121.20%、分别比1987年增加13.50个百分点、10.70个百分点。

1989年，萧山价格改革的重点开始转到控制物价过快上涨上来，对物价实行目标管理责任制，依据比1988年实际农村零售价格总指数下降2.60个百分点的要求，提出物价指数控制目标为118.40%。为实现物价指数控制目标，市物价行政管理部门降低部分商品价格，适当压缩进销差率和批零差率，同时建立和完善物价信得过验收制度、行政事业性收费许可证制度、企业产品定价许可证制度（1990年，持有《企业定价许可证》的企业2537家）、企业提价申报制度、企业提价备案制度、商品差率管理制度和商品明码标价制度等。是年，农村消费品零售价格总指数116.30%，比控制目标低2.10个百分点，比1988年下降4.70个百分点。翌年，农村消费品零售价格总指数99.40%，降到了1969年以来的最低水平。

1992年，坚持“放而有度、活而有序”的原则，下放流通企业价格管理权限，放开萧山物价行政管理部门管理的啤酒、干洗等61种商品价格和经营服务性收费标准，取消饲料等39种放开商品的企业定价申报制度，取消放开肉禽蛋等13类45个品种的商品提价变动备案制度。1993年，放开粮油购销价格和民用煤饼、饲料、牛奶、酱油、饮食业价格及商品基地生猪的指导性价格，商品房价格和住宿业价格由国家定价改为国家指导价，议价碳铵价格由全市统一价改为差率管理等。同时，改进和完善价格管理办法，对晚粳米、上白粉和菜油等放开商品实行同行议价管理。是年12月，根据形势需要实行最高限价管理。是年，农村消费品零售价格总指数122.50%，比1988年增加1.50个百分点。

1994年，受1993年物价上涨过快的惯性和经济快速增长的影响，物价水平继续高位运行。市政府印发《关于加强对居民基本生活必需品和服务项目及重要农业生产资料价格监审的通知》（萧政〔1994〕7号），决定对27类39种居民基本生活必需品和服务项目及重要农资产品实行价格监审制度，分别采取政府定价、提价申报、调价备案、差率管理和临时性限价等措施，使与群众生活密切相关的商品价格和经营服务价格的变动纳入政府的监测和调控之中。将药品价格实行统一管理，各医药经营企业和医疗单位经营和使用的药品，凡属国家定价的，一律执行国家定价；价格已经放开的，按实际进价加规定的批零差率（中成药按实际进价加价16%，西药及医疗器械加价15%）制定售价，并报物价行政管理部门备案。成品油价格实行国家定价管理，所有成品油经营单位一律执行省定的统一价格。

1995年，市政府决定建立物价调控目标责任制，明确物价、财贸、财政等行政管理部门在生产、供应和管理方面各自应承担的责任，并纳入政府部门“两个文明”建设目标责任制年度考核内容。1996年，执行杭州市物价局下发的《关于实施制止牟取暴利的规定》（杭价〔1995〕190号），先后制定服装、鞋类、水果、机动车配件、照相、理发等行业的单项反暴利实施细则，并对无法提供确切进货价格的商品制定价格认定办法。市政府办公室下发《转发市物价委员会〈关于规范部分行业价格行为的意见〉》（萧政办发〔1996〕45号），将供（排）水、供（配）电两个行业价格纳入管理。是年，商品零售价格指数明显回落，商品零售价格总指数103.80%，比1994年低16.70个百分点。

1999年，由于1997、1998年商品零售价格指数连续两年下降，影响萧山国民经济的健康发展，因此，为促进内需，拉动经济增长，调控物价的目标转到抑制物价持续下降上来，确定商品零售价格指数控制目标为103.00%，比1998年商品零售价格指数增加5.40个百分点。为此，萧山修订完善液化气价格、成品油价格、药品价格、金饰品价格、中小学代管费等价格管理办法，放开大米、娱乐业等25种商品价格和经营服务性行业的收费标准。是年，商品零售价格总指数98.10%，比商品零售价格指数控制目标低4.90个百分点，比1998年上升0.50个百分点。

至2000年，除水、电、成品油和药品、商品房等垄断经营和关系国计民生的重要商品及中小学校学杂费等收费实行政府定价、政府指导价外，其余生产、生活用商品全部放开，实行市场调节价。是年，确定全年居民消费价格指数控制目标（2000年起，根据统计口径的调整，物价指数改由居民消费价格指数为代表）103.0%，实际为100.40%，比控制目标低2.60个百分点，比1999年上升2.10个百分点。

表20-3-454　1985～2000年萧山商品零售价格指数

（上年=100）

年份	总指数	食品类	衣着类	日用品	文化用品类	医药类	燃料类	农业生产资料价格指数
1985	110.1	114.4	100.9	107.7	100.4	102.1	100.0	109.2
1986	104.6	105.7	101.7	105.3	100.3	102.0	100.0	109.0
1987	107.5	108.9	105.5	107.0	102.4	105.3	100.0	106.3
1988	121.0	123.4	113.7	108.2	111.1	127.4	105.2	114.8
1989	116.3	117.0	119.5	116.9	118.8	121.9	109.5	119.2
1990	99.4	103.0	104.3	107.7	97.9	101.7	111.9	102.3
1991	101.9	103.2	103.5	101.3	92.8	109.8	118.8	101.7
1992	104.2	103.6	101.7	101.2	95.1	99.9	108.4	103.8
1993	122.5	118.6	103.4	108.8	99.2	106.9	128.6	113.2
1994	120.5	135.8	105.8	109.9	102.8	114.2	118.1	110.6
1995	113.3	124.4	105.6	106.0	102.0	112.6	103.8	121.8
1996	103.8	104.2	101.6	105.0	102.0	110.0	108.9	107.8
1997	99.2	97.6	99.7	102.1	100.5	102.7	103.7	97.8
1998	97.6	97.1	100.3	99.5	100.5	97.8	93.6	93.5
1999	98.1	96.4	99.4	99.0	101.1	102.0	102.1	96.1
2000	98.5	99.8	93.9	96.4	97.1	100.5	123.1	96.2

注：①资料来源：1985～1987年《萧山县国民经济统计资料》、1988～1994年《萧山市国民经济统计资料》、1995～2000年《萧山市统计年鉴》。

②“总指数”栏，1985～1993年为农村消费品零售价格总指数。

表20-3-455 1985～2000年萧山居民消费价格指数

（上年=100）

年份	总指数	食品类	衣着类	日用品类	文化娱乐用品类	药及医疗用品类	燃料类	服务项目类
1985	114.5	121.5	101.0	107.9	100.2	101.6	101.0	110.3
1986	106.3	108.0	102.0	105.5	100.3	102.0	100.0	107.2
1987	110.5	115.0	105.8	105.5	101.2	108.7	100.0	112.2
1988	121.2	128.6	115.5	107.6	108.4	137.0	143.5	119.0
1989	118.2	115.4	120.4	118.9	121.7	119.3	110.4	126.0
1990	103.6	102.9	104.8	104.8	96.6	102.1	111.7	109.7
1991	104.1	105.9	103.6	100.8	94.3	106.7	118.8	105.5
1992	108.1	111.6	100.5	100.5	96.1	109.0	137.4	108.4
1993	119.5	124.0	103.5	106.8	99.7	185.4	146.7	130.5
1994	123.2	131.0	107.1	108.6	106.3	114.6	124.7	125.5
1995	114.6	120.4	104.8	104.2	105.9	113.2	108.3	124.5
1996	105.8	104.4	101.0	101.7	114.2	110.1	113.9	117.4
1997	101.8	98.2	99.7	101.1	100.5	102.8	113.6	114.7
1998	99.1	96.9	100.4	98.7	92.7	97.9	97.4	112.2
1999	98.3	96.0	99.9	99.1	95.2	102.2	105.7	101.9
2000	100.4	99.4	93.9	96.1	95.4	100.1	112.4	116.7

注：①资料来源：1985～1987年《萧山县国民经济统计资料》、1988～1994年《萧山市国民经济统计资料》、1995～2000年《萧山市统计年鉴》。

②1985～1993年，为职工生活费用价格指数（对职工家庭调查）；1994～2000年，为居民消费价格指数（对城镇居民家庭调查）。

③1994～2000年，“日用品类”栏为家庭设备及用品类，“文化娱乐用品类”栏为娱乐教育文化用品类，“药及医疗用品类”栏为医疗保健类，“燃料类”栏为水电燃料类。

第二节 商品价格

集市商品价格

萧山解放后，随着政治、经济形势的变化，集市商品价格时起时落。[①]1985年，开始放开农副产品价格，统派购商品相应减少，上市商品增加，城乡居民对集市商品的购买力增加。是年，集市贸易价格指数128.20%，比1984年上升22.40个百分点。其中消费品价格指数上升22.80个百分点，农业生产资料上升20.60个百分点。在消费品中，粮食价格指数上升1.70个百分点，鲜菜上升35.90个百分点，肉禽蛋上升16.90个百分点，水产品上升32.30个百分点，鲜果上升55.30个百分点。

1987年，农产品生产成本上升，集市猪肉等大类商品价格全面上升，集市贸易商品价格总指数比1986年增加8.60个百分点。是年，生猪等农副产品生产量下降，猪肉价格连续上涨，年底，肉猪收购价由年初的每千克2.90元逐步上升到5元，猪肉集市零售平均价每千克4.86元，比1986年上升28.90%。12月20日开始，为稳定肉价，全县实行猪肉最高限价。由于上市肉猪数量少，出售猪

①1951～1958年，集市贸易价格相对稳定。1959年9月后，对集市价格控制过严，改协商议价为一律按牌价出售，市场萧条。

1961年，国民经济失调、自然灾害严重，供求严重失衡，价格暴涨。据临浦镇、瓜沥镇集市调查，临浦镇集市商品价格比1957年提高612%，其中肉食提高400%，禽蛋提高312%，淡水鱼提高344%，蔬菜提高700%；瓜沥镇集市贸易商品价格提高417.50%。

1962年，萧山集市价格指数开始明显下降。是年，全县集市价格指数117.38%。集市猪肉、禽蛋、干鲜菜等12种商品价格比1961年下降30%～50%。1963年集市价格指数53.71%，1964年为73.12%，1965年87.54%。

“文化大革命”期间，萧山集市贸易冷落，供求矛盾扩大，集市各种商品价格指数差距拉大，物价监督管理收效甚微。1975年，全县集市商品价格指数129.40%。

图20—3—682　1997年5月，市物价检查所在城区萧山市西门农副产品综合市场检查商品价格（萧山区物价局提供）

肉时搭配混档，变相涨价，因此实行猪肉最高限价收效甚微。1988年，受通货膨胀等影响，生产成本和集团购买力增加，集市贸易商品价格继续上涨。是年，集市贸易商品价格总指数137.70%，比1987年增加20.60个百分点。为萧山解放以来集市贸易商品价格指数的最高位。

1989年后，国家调控宏观经济，紧缩银根，市场销售疲软，又严肃物价纪律，集市消费品价格指数明显回落。1996、1997年，经济形势稳定，各类商品供应充裕，农副产品淡季不淡，旺季更旺，集市商品价格总水平相对稳定。1998年，集市贸易农副产品价格普遍下降，平均价格比1997年下降6.50个百分点。翌年，农副产品价格继续下降，甲鱼、河蟹、虾、鳗鱼等高档水产品产量增加，农副产品平均价格下降幅度超过30%。2000年，工商行政管理部门对萧山集市贸易57种主要农副产品价格测算，农副产品价格指数为93.40%，比1999年上升2个百分点。

表20—3—456　1975～1993年萧山集市贸易商品价格指数

（上年=100）

年份	总指数	消费品价格指数	粮食类	鲜菜类	肉禽蛋类	水产品类	鲜果类	农业生产资料价格指数
1975	129.4		142.0	203.1	128.2	133.3	111.1	100.0
1976	108.2		132.7	108.2	111.5	100.0	85.4	100.0
1977	85.2		101.0	61.5	109.6	97.5	115.8	96.2
1978	80.4		76.3	82.1	84.1	101.8	83.4	86.2
1979	91.1		78.0	89.2	83.1	87.5	87.0	97.1
1980	113.1		114.7	125.7	108.2	113.3	95.0	113.4
1981	110.4		107.8	90.0	106.4	114.0	163.4	115.6
1982	96.7		99.5	90.7	101.5	105.6	92.9	93.0
1993	110.4		92.2	157.0	107.4	121.7	115.7	90.1
1984	105.8	105.2	100.2	93.6	104.6	113.8	92.5	108.5
1985	128.2	128.0	101.9	129.5	121.5	146.1	147.8	129.1
1986	108.5	108.4	102.4	109.5	110.4	107.8	103.5	109.9
1987	117.1	117.4	133.7	123.4	126.4	131.5	94.3	100.9
1988	137.7	137.7	135.4	137.6	130.7	143.6	152.1	133.6
1989	115.3	115.3	147.9	118.5	116.0	110.8	113.2	115.2
1990	96.3	96.3	86.6	96.5	93.5	96.3	109.5	85.9
1991	104.7	104.7	85.3	115.4	98.3	100.8	113.8	102.5
1992	108.8	108.8	84.1	127.8	105.0	107.9	103.4	95.5
1993	124.7	124.7	130.7	137.5	119.2	130.4	114.3	127.0

注：①资料来源：《萧山统计资料·1949～1990》、1985～1987年《萧山县国民经济统计资料》、1988～1993年《萧山市国民经济统计资料》。

②1994年后，萧山集市贸易价格指数不再统计。

表20-3-457 1985～2000年萧山集市主要农副产品价格

单位：元／千克

年份	鲜菜					鲜果		大米	甘蔗	菜油
	青菜	茄子	冬瓜	萝卜	黄瓜	苹果	柑橘			
1985	0.18	0.52	0.24	0.20		1.78	2.24	0.47	0.31	3.06
1986	0.16	0.61	0.25	0.21	0.39	1.74	2.25	0.56	0.33	3.10
1987	0.28	0.62	0.63	0.30	0.49	2.37	2.12	0.74	0.34	3.20
1988	0.34	0.99	0.49	0.34	0.67	3.21	3.07	0.89	0.52	4.48
1989	0.41	1.17	0.52	0.36	0.56	3.60	3.38	1.46	0.67	4.42
1990	0.38	1.02	0.50	0.38	0.60	3.04	2.17	1.35	0.67	4.30
1991	0.42	2.00	0.76	0.62	1.39	3.55	2.02	1.08	0.93	4.88
1992	0.56	0.85	1.32	0.76	2.20	3.34	2.10	0.82	0.63	4.19
1993	1.08	5.54	1.14	1.07	2.57	4.60	2.44	1.17	0.78	4.73
1994	1.06	8.30	3.01	1.54	3.42	3.99	2.79	1.92	1.25	8.36
1995	1.35	7.09	2.83	2.24	4.06	5.55	3.33	2.82	1.52	9.18
1996	1.50	6.48	3.67	2.06	4.10	4.91	2.94	3.02	1.91	8.17
1997	1.37	5.02	2.26	1.75	3.83	4.20	3.32	2.37	1.85	7.90
1998	1.67	4.37	2.25	1.96	3.68	4.03	2.84	2.33	1.74	8.02
1999	1.37	3.80	1.76	1.83	3.05	4.02	2.91	2.28	1.76	8.05
2000	1.47	3.84	1.57	1.46	3.56	3.34	2.64	2.01	2.14	6.71

续表

年份	肉禽蛋类					水产类			
	猪肉	活鸡	活鸭	鸡蛋	鸭蛋	鲢鱼	鲫鱼	带鱼	甲鱼
1985	3.72	4.14	3.42	2.88	2.26	3.12	5.54	3.42	16.54
1986	3.77	4.33	3.77	3.35	2.71	2.86	5.66	3.83	26.60
1987	4.86	5.38	4.29	4.12	3.25	3.40	6.29	6.36	37.70
1988	6.95	6.36	5.67	5.25	3.93	4.37	7.93	8.77	45.40
1989	7.79	7.25	6.88	5.94	4.49	4.40	8.56	10.40	54.60
1990	5.69	6.32	5.77	5.93	5.14	3.92	9.43	8.47	54.10
1991	7.48	5.83	5.39	5.00	4.30	3.88	9.73	8.88	76.80
1992	7.74	5.77	5.32	5.14	4.20	3.87	10.80	8.48	110.00
1993	8.53	6.82	6.36	5.67	4.98	4.72	16.00	10.30	248.00
1994	11.75	9.21	8.98	6.64	5.73	5.54	16.96	18.57	303.38
1995	14.60	11.56	10.83	7.78	7.22	12.54	10.96	13.84	426.11
1996	13.73	12.08	12.44	8.65	8.62	6.25	19.45	14.18	361.94
1997	15.15	10.92	11.59	6.90	7.20	6.06	18.24	15.62	179.56
1998	13.10	10.59	10.65	6.90	6.95	5.78	15.94	13.17	137.69
1999	11.65	10.18	10.46	6.67	6.94	5.29	14.57	12.51	95.57
2000	12.13	9.44	9.10	5.06	6.13	5.66	12.25	14.50	82.78

资料来源：杭州市工商行政管理局萧山分局。

主要商品价格

自来水价格　1961年12月21日，萧山自来水厂开始向城厢镇简易供水，按国家定价收费，每吨水价居民生活和生产经营用水均为0.20元，公用水站为0.12元。翌年，公用水站增加到每吨0.25元。1965年，随着生产成本下降，居民生活和生产经营用水价格降到每吨0.13元，公用水站为0.06元。1971年7月后，居民生活和生产经营用水价格再次下降，为每吨0.10元。1979年1月1日起，对工业用自来水开征公用事业附加，按水费总额的8%计收。1984年10月，为增加萧山自来水厂的建设资金，对生产经营用水加收集资费每吨0.05元。1985年，萧山自来水厂（不包括瓜沥、临浦等镇自来水厂供应的水价，以下同）居民生活用水价格仍为1971年7月确定的每吨0.10元，生产经营用水为1984年10月确定的每吨0.15元（含加收的集资费每吨0.05元）。

1986年，为平衡供需，对25家用水量大的工业企业实行计划用水，超计划部分加价收费。其中：超10%以内的，加价1倍，为每吨0.30元；超20%以内的，加价2倍，为每吨0.45元；超30%以内的，加价3倍，为每吨0.60元；超30%以上的，加价5倍，为每吨0.90元。1990年，居民生活和生产经营用水价格均调整为每吨0.20元，其中生产经营用水仍加收集资费每吨0.05元。1992年，生产经营用水价格调整为每吨0.40元（含集资费0.05元）。

1994年，将生产经营用水划分为机关事业单位用水、酿酒和印染企业用水、饮食行业用水、一般工商企业用水4种。

1999年，企业超计划用水加价收费由累计加价改为累进加价，即超低于10%部分，加价1倍；超10%～20%（不含20%）部分，加价2倍；超20%～30%（不含30%）部分，加价3倍；超30%以上部分，加价5倍。

2000年，开征污水处理费，其中居民生活用水污水处理费每吨为0.10元，各类生产经营用水污水处理费每吨为0.30元，与自来水价格一并收取。除老城区外，萧山自来水公司管网延伸供应地区的水价每吨加收0.165元。3月起，取消企业超计划用水加价费。

表20—3—458　1994～2000年萧山自来水公司自来水价格

单位：元／吨

年份	居民生活用水	机关事业单位用水	酿酒印染企业用水	饮食行业用水	一般工商企业用水
1994	0.35	0.60	1.00	1.20	0.70
1995	0.48	0.60	1.00	1.20	0.70
1996	0.60	0.90	1.20	1.80	0.90
1997	0.80	1.00	1.40	2.00	1.10
2000	1.10	1.70	1.90	2.50	1.70

注：①资料来源：萧山区物价局。
②1998、1999年缺项。

电价　照明电价　1985年，萧山照明电价执行的是1963年调整后的电价，城乡居民用电不满1千伏供电照明的为0.15元/千瓦时，1千伏以上为0.145元/千瓦时。路灯与城乡居民照明同价。

1987年9月，照明电价分为居民照明电价和非居民照明电价两种标准，居民照明电价不变，非居民照明电价为0.145元/千瓦时。1993年，国家全面调整目录电价，并开始对城镇居民照明用电加收城市建设附加费、三峡建设基金附加费，农村居民用电加收农网维护费和三峡建设基金附加费。

1997年，居民照明电价分为农村居民电价和城镇居民电价，不满1千伏供电照明的城镇居民用电价格为0.447元/千瓦时，农村居民为0.449元/千瓦时；1～10千伏供电照明的城镇居民为0.442元/千瓦时，农村居民为0.444元/千瓦时。非居民照明电价，电压等级不满1千伏的为0.450元/千瓦时、1～10千伏的0.436元/千瓦时。

2000年1月，取消非居民照明用电价格，城镇居民照明用电和农村居民照明用电加收电力建设基金附加费、城市公用事业附加费和三峡建设基金附加费。是年，城镇不满1千伏供电照明的用电价格为0.53元/千瓦时，1～10千伏的为0.51元/千瓦时；农村1～10千伏的为0.46元/千瓦时。

动力电价　1985年，执行的是1965年水利电力部颁布的《电热价格》，不满1千伏的0.085元/千瓦时；1～10千伏的0.83元/千瓦时。装置容量在320千伏安以上的称大宗用户，电价优惠，其电价为不满1千伏的0.063元/千瓦时，1～10千伏的0.058元/千瓦时，35千伏以上的0.55元/千瓦时。大宗用户另加基本电费，其计算方法：按变压器容量计，每月4元/千伏安；按用电设备容量计，每月3.50元/千瓦时。

1993年10月，开始实施电费综合价，加收地方附加费、电力建设基金、三峡建设基金，加收加工电、集资电与国家电价目录的差价。至此，动力电价由国家目录电价、综合加价、农村低压电网维修费（或城市建设附加）3部分组成。1994、1996、1997年，先后对综合加价进行调整。1998年12月，取消省以下加收的各类加价，萧山工业平均电价由0.7356元/千瓦时降到0.6796/千瓦时，其中城镇工业用电由0.769元/千瓦时降到0.7246元/千瓦时，农村工业用电由0.779元/千瓦时降到0.7146元/千瓦时。

2000年1月1日，实行统一销售价格，将国家批准的三峡建设基金、电力建设基金和城市公用事业附加费纳入统一销售电价中，其中三峡建设基金0.005元/千瓦时、电力建设基金0.02元/千瓦时、城市公用事业附加费0.005元/千瓦时。

表20-3-459　2000年萧山市销售电价

单位：元/千瓦时

用电类别	电压等级	目录电价			附加基金	销售电价			基本电费	
		电度	峰电	谷电		电度	峰电	谷电	容量	需量
城镇居民	1千伏以下	0.490	—	—	0.040	0.530	—	—	—	—
	1～10千伏	0.470	—	—	0.040	0.510	—	—	—	—
农村居民	1千伏以下	0.420	—	—	0.040	0.460	—	—	—	—
大工业	1～10千伏	0.470	0.571	0.342	0.040	0.510	0.611	0.382	18.00	27.00
	35千伏以上	0.453	0.551	0.331	0.040	0.453	0.551	0.331	18.00	27.00
	110千伏以上	0.445	0.541	0.323	0.040	0.495	0.593	0.371	18.00	27.00
普通工业	1千伏以下	0.668	0.754	0.527	0.040	0.708	0.794	0.567	—	—
	1～10千伏	0.648	0.732	0.511	0.040	0.688	0.772	0.551	—	—
	35千伏以上	0.633	0.715	0.499	0.040	0.673	0.755	0.539	—	—
商业	1千伏以下	0.859	—	—	0.040	0.899	—	—	—	—
	1～10千伏	0.839	—	—	0.040	0.879	—	—	—	—
	35千伏以上	0.824	—	—	0.040	0.864	—	—	—	—
部队	1千伏以下	0.490	—	—	0.040	0.530	—	—	—	—
	1～10千伏	0.470	—	—	0.040	0.510	—	—	—	—
	35千伏以上	0.455	—	—	0.040	0.495	—	—	—	—
农业排灌	1千伏以下	0.365	—	—	0.015	0.380	—	—	—	—
	1～10千伏	0.345	—	—	0.015	0.360	—	—	—	—
	35千伏以上	0.330	—	—	0.015	0.345	—	—	—	—
中小化肥	1千伏以下	0.152	—	—	0.015	0.172	—	—	18.00	27.00
	1～10千伏	0.137	—	—	0.015	0.157	—	—	18.00	27.00
	35千伏以上	0.127	—	—	0.015	0.147	—	—	18.00	27.00

注：①资料来源：萧山供电局。

②“电度”栏为电能表抄见的用电量。“附加基金”栏为三峡建设基金、电力建设基金和公用事业附加费3项资金之和；“普通工业”项包括非工业，“部队”项包括狱政和敬老院。

成品油价格　1978年起，石油商品实行统购统配定量供应，实行计划价格。

1985年，允许单位和个人面向市场采购，成品油价格改统购统配定量供应为计划内、计划外两种价格。

1994年，萧山市物价局下发《关于成品油实行国家定价的通知》（萧价〔94〕92号）后，成品油实行国家定价，其出厂价格实行计划内、计划外并轨，萧山经营的成品油均按省物价局下达的价格销售，并实行明码标价。

1998年7月13日，汽油、柴油零售价格改为国家指导价。翌年11月15日，70号汽油退出市场。2000年2月25日，新增93号无铅汽油。6月起，随着国际市场油价的变动，每月调整成品油价格。

表20—3—460　1991～2000年萧山市成品油零售价格变动情况

单位：元/升

年 月 日	0号柴油	70号汽油	90号汽油	年 月 日	0号柴油	90号汽油	93号汽油
1991—03—13	0.74	0.96	1.06	2000—07—14	2.85	2.89	3.06
1994—06—08	2.33	2.78	3.06	2000—08—17	2.95	2.95	3.19
1997—01—06	2.75	2.78	3.06	2000—09—18	3.20	3.10	3.30
1998—07—13	2.03	1.94	2.03	2000—10—20	3.57	3.00	3.19
1998—12—01	2.09	1.94	2.13	2000—11—20	3.20	2.80	3.05
1999—11—15	2.32	—	2.29	2000—12—20	3.05	2.86	3.05
2000—02—25	2.46	2.33	2.49	2001—01—13	2.87	2.79	2.96
2000—05—05	2.65	2.51	2.69	2001—02—05	2.70	2.66	2.82
2000—06—05	2.70	2.71	2.90	2001—03—06	2.60	2.82	2.99

注：①资料来源：萧山区物价局。
②1997年1月6日前的计量单位为元/公斤。成品油零售价格中，“公斤”与“升”的换算：汽油为1∶1.366，柴油为1∶1.192。
③1991年3月13日至1998年7月13日，90号汽油为含铅汽油，其他年份均为无铅汽油；2000年2月25日至2000年6月5日“70号汽油”栏为“93号汽油”。

第三节　经营服务性收费

民国8年（1919），建立萧山县商会后，各集镇亦相继建立商会，由同行公议经营服务性收费标准，城乡略有差别。萧山解放初期，理发、浴室、旅馆、照相和饮食业等经营服务均为个体、私营，收费标准无明确规定。私营商业社会主义改造期间（1955～1956年）组建合作小组，理发业收费标准由业内议定，合作旅馆收费标准由当地饮食服务商店管理。1958年后，经营性服务收费标准由县物价行政管理部门负责管理。1979年，理发、旅馆房价和饮食业等收费有不同程度的提高。1984年，提高医疗收费和电影票价格。1987～1991年，先后提高内河货物运价、搬运装卸费、内河航运客票价、公路客运票价和医疗门诊挂号费等项目的收费标准29个。

1992年，整顿旅馆房价、客运出租汽车和人力三轮车等经营性收费项目及收费标准，放开干洗费等服务费20种，取消茶室等经营收费4种。翌年，餐饮业、理发业和出租车业采取明码标价管理，歌舞厅、录像厅收费实行分等定价管理及申报备案制度。

1994年5月5日，市政府印发《关于加强对居民基本生活必需品和服务项目及重要农业生产资料价格监审的通知》（萧政〔1994〕7号）后，经营服务性项目收费标准实行价格监审制度，使与群众生活密切相关的服务价格的变动纳入政府的监测和调控之中。

1995年，对价格放开的经营服务性收费项目进行反暴利管理；对餐饮业实施分等定级管理，评定特级、一级、二级和三级餐饮业企业826家，实行优质优价，并公布相应等级的毛利率标准；住宿业分等定级核定中准价，允许各住宿网点根据客源、季节、地段等因素，在上浮不超过20%的幅度内自行确定房价；调整部分医疗费用收费标准，取消各种医疗收费项目30个，实行使用新增医疗仪器收费报批办法，同时建立医疗收费内部管理网络和管理制度；针对金融机构因归属不同而存在同一服务内容收费标准高低不一的状况，将金融业收费纳入价格管理的范畴，并实行一点一证的收费许可证管理制度。

1999年，全面清理行业价格政策，取消娱乐业、住宿业、理发业、照相业4个行业的价格管理办法，放开娱乐业等10个经营服务性收费标准，修订物业管理收费和环卫有偿服务收费等价格管理办法。

2000年，提高农村有线电视初装费收费标准，降低移动电话入网初装费等项目收费标准4个。是年7月1日，对经营服务业收费不再实行收费许可证管理。12月，对住宅小区物业管理服务费实行分等定价管理[①]。是年，需经市物价行政管理部门审批、审核和核准的经营性收费项目53个。

①住宅小区物业管理费分等定价管理，是根据等级考评条件，将物业管理单位划分为甲、乙、丙、丁4个等级，并分别制定各等级的不同收费标准，对暂未建立业主委员会的住宅小区，物业管理费由物业管理单位报物价行政管理部门核定。

第四节　行政事业性收费

1988年起，对行政事业性收费实行《收费许可证》管理制度。1989年，在1988年清理整顿行政事业性收费项目基础上，核发行政事业单位《收费许可证》265本。翌年，发放《收费许可证》386本。

1991年，市政府制定《萧山市行政事业性收费管理办法》（萧政〔1991〕106号）后，制定和完善市场设施租赁费、环卫保洁费、屠工屠商管理服务费等单项收费管理办法；调整乡镇企业、城镇企业、民政企业管理费等收费标准；先后分3批取消施工许可证费、暂住人口管理费、房产交易工本费、乡村医生管理费、计划外招生费、驾驶员安全活动费和个体户外出经营证明费等项目60个。翌年，核定文化等21个系统的行政事业性收费项目及收费标准。1993～1994年，取消城建等系统不合理收费项目119个，每年可减轻企业和居民负担2820万元。1994年，发放行政事业性《收费许可证》1530本。

1997年6月4日，市政府印发《关于切实减轻企业负担的若干规定》（萧政〔1997〕9号），进一步加强行政事业性收费的监督管理。是年，取消涉及企业的行政事业性收费项目45个，全年可减轻企业负担近4000万元。

2000年，取消行政性收费项目11个，全年可减轻企业和居民负担2300万元。是年，行政审批制度改革后，取消价格审批、审核和核准项目41个。年末，需经市物价行政管理部门审批、审核和核准的行政性收费项目493个。

第五节　价格监督检查

萧山解放后，重视对商品价格的监督检查。[②]“文化大革命”期间，价格监督检查工作处于停滞状态。1979年，开始开展每年度物价大检查[③]。1985年后，在全省税收财务物价大检查中，进行物价大检查，并开始物价专项检查。1985年，查处万元大案2件。[④]至1990年，先后对摩托车、啤酒、彩电、冰箱、自行车、石油品、煤饼、蚕茧、丝绸价和电价等进行了专项检查。

②萧山解放初期，价格行政管理部门对国营公司和合作社还没有全部掌握货源而不能满足供应的商品实施价格的监督检查，并对不法私商给予必要的教育和惩处。1954年后，县政府逐步加强对价格的监督检查，制止零售商店转手抬价出售商品的投机行为。1958年，开始在春节前后检查主要集镇的市场价格、复制品规格质量、度量衡器，以保证市场稳定。1964年8月25日，针对商品供不应求，不少商品价格存在不同程度的混乱，开始全面开展审查农村消费品零售价、农业生产资料供应价、农副产品收购价、粮油食品购销价、药品价和医疗收费标准、产品出厂价、短途运价。

③1979年，物价大检查采取先城厢镇、后农村两个阶段开展。是年，检查各类商品43823种，存在短斤缺两、以次充好、变相涨价、压级压价收购、抬级抬价销售和擅自定价等问题的商品有596种，占检查商品品种总数的1.36%。

④1985年，新湾供销社等26家单位的钢材串换卷烟卖高价案，上缴财政和处罚没款9.31万元，并由萧山县政府通报。西兴砖瓦厂补收提价差额1.28万元，责令限期退还用户（无法退还用户的上缴财政），处罚款5000元。

1991年，人民群众对行政事业性收费的投诉、举报开始增多，行政事业性收费成为物价监督检查工作的重点。是年，农村物价管理站查出60家行政事业性收费单位的各种乱收费金额44.95万元。翌年，专项抽查68家医院住院的病历，收缴非法所得的医疗费共计55.32万元，并责令从检查之日起停止执行非法收费项目和擅自提高的收费标准。1994年，查出60家医院擅自提高收费标准、自立收费项目和分解项目收费等价格违法项目156个，金额206.61万元。翌年，检查城厢镇等19个主要集镇的4971家不同经济性质的经营户的明码标价，有406家经营户被处以罚款3.08万元。

1996年，商品价格涨幅开始明显回落，价格监督检查转到以检查专项收费为重点。是年，专项检查教育收费，向1.20万余名学生退还录取费、资助费等自立名目或超标准收费共计78.20万元。翌年，收缴驾驶员协会多收的培训费和订报费等60万元。

1998年，停止物价大检查，继续进行物价专项检查。1999年，查处建设项目收费、停车场收费、教育收费、电信收费和铁路收费等各种价格违法案件379件，其中收缴财政444.40万元，收缴金额为萧山历史上最多年份。是年，为方便受理群众投诉，规范市场价格秩序，建立萧山市价格举报中心（举报电话号码12358），并配备专人负责接待受理。翌年，开展药品价格、商品房价格等专项检查。

1985～2000年，通过价格监督检查，查处案件14383件，经济制裁金额1947.18万元，其中（不含1991年）退还消费者515.18万元、没收非法所得上缴财政1301.53万元、处罚款52.64万元。

表20—3—461　1985～2000年萧山价格监督检查情况

年份	查处价格违法案件（件）	经济制裁金额（万元）			
		退还消费者	上缴财政	罚款	合计
1985	70	2.18	12.95	0	15.13
1986	53	0.85	5.20	0.56	6.61
1987	82	8.28	7.66	1.03	16.97
1988	109	0.98	19.45	2.21	22.64
1989	2202	63.52	49.43	3.12	116.07
1990	1834	66.17	38.94	4.02	109.13
1991	1226				77.83
1992	1498	1.35	56.02	1.12	58.49
1993	1111	0.83	103.95	1.23	106.01
1994	580	113.88	69.27	5.42	188.57
1995	1508	3.00	119.05	8.37	130.42
1996	1208	96.41	58.66	10.78	165.85
1997	927	33.42	94.24	6.46	134.12
1998	887	36.57	201.23	3.92	241.72
1999	379	26.80	444.40	4.40	475.60
2000	709	60.99	21.03	0	82.02

注：①资料来源：萧山区物价局。

②“查处价格违法案件”栏，1989～2000年含明码标价罚款案件。

第四章 质量技术监督

清光绪三十四年（1908），以尺、升、两为度量衡的主单位。民国时期，国民党县政府建设科和各地商会经管商业度量衡。民国24年（1935）全县商业度量衡市制通用划一工作结束。1949年6月5日萧山县人民政府成立后，由县政府实业科、商业科、商业局先后兼管商业计量。1959年7月，开始统一法定计量单位。1975年6月14日，建立萧山县计量所，统一管理和组织协调全县计量工作。1980年后，随着经济社会的发展，质量技术监督工作的拓展，管理机构名称多次更改。①

1982年起，计量管理工作正常化，县标准计量管理所负责贯彻计量法令、量值传递、业务指导和日常检定测试，各企业主管部门分别管理所属企业的标准计量工作。1984年，开始开展行业质量整顿。翌年后，实施全面质量管理、产品质量监督抽查，开展工业企业标准化整顿验收等工作。1986年7月1日，实施《中华人民共和国计量法》后，开展行政执法检查、改制法定计量单位、监管制造修理计量器具企业、考核计量标准器的技术与标准、强制检定工作计量器具、建立社会公用计量检定站并授权计量检定和测试，并在计量、标准化工作基础上，以质量为重点，参与企业制定产品标准，评选优质产品，推行国际标准和国外先进标准。1992年后，突出行政执法、综合管理职能，开展信息标准化、监管社会热点计量、治理无标生产、实施农业地方标准化等。

2000年，质量技术监督实行省垂直管理体制，萧山市质量技术监督局主要承担辖内的质量技术监督和行政执法工作，以及名牌培育、质量提升、标准化战略和计量管理为中心的质量、计量、标准化综合管理职能，为经济发展创造良好的外部环境，确保萧山经济稳定发展。

①1980年3月5日，萧山县计量所更名萧山县标准计量管理所；1991年6月26日，更名萧山市标准计量局；1997年5月19日，更名萧山市技术监督局；2000年9月8日，更名萧山市质量技术监督局。

②1959年7月，执行国务院于是年6月25日发布的关于统一我国计量制度的命令，萧山确定米制（公制）为基本计量单位制度，是月，改革秤制（由16两1市斤改为10两1市斤，1市斤为500克）。1963年7月1日，商业酱油量统一公升制（公升制是公制中的一类，涵盖容积〈容量〉）。1978年12月1日，全县中医处方用药、中药销售量实行克、毫克计量单位，取消市两、市钱、市分。1979年1月，液体商品实行公升制。6月，全县统一公升制计量单位，严禁制造、修理、使用旧杂制和不合格的计量器具；工业计量采用米制。

③根据1984年2月27日国务院发布的《关于在我国统一实行法定计量单位的命令》（国发〔1984〕28号）精神，改制试点单位将长度单位的丈、尺、寸、分改为米、分米、厘米、毫米；重量单位的市斤、市两、市钱改为千克（公斤）、克、毫克；液体商品的量提改为以容积为单位的升、毫升。试点期间，改制台秤261台、更换量尺15支、量提36只，更换全部与改制有关的传递凭证、标价卡、明码牌等。

第一节 计量管理

法制计量

法定计量单位　1959年7月后，萧山陆续采用统一的米制（公制）基本计量单位制度。②1986年12月，贯彻国务院发布的《关于在我国统一实行法定计量单位的命令》（国发〔1984〕28号）精神，开始在萧山城厢镇副食品商场、萧山贸易大楼和城厢镇各粮站等6家单位内进行统一法定计量单位改制试点。③翌年1月，统一法定计量单位改制工作在城厢镇内的商业贸易中全面实施。7月1日，全县禁止销售采用非法定市制计量单位的计量器具。

图20—4—683　1987年7月，县工商行政管理局、县标准计量管理所工作人员在瓜沥家禽市场检查计量衡器具（董光中摄）

1988年1月，市政府颁发《关于实施市制计量单位改制的通告》（萧政〔1988〕15号）。是年，全市改非千克制为千克制的衡器400余台（件）、改“公斤力/平方厘米”为兆帕（Mpa）单位的压力表有700余只、更新量衣米尺50余支、竹制和铅制的液体量提改用不锈钢的有100余套（每套有50ml、100ml、250ml各1只），纠正企事业单位内部统计报表和台账中使用担、尺、度等非法定市制计量单位。市二级计量合格单位萧山水泥厂各岗位的各种报表100余份的非法定市制计量单位全部得到纠正，同时改制测力仪计量单位为“千牛”（kN）。杭州市标准计量局、萧山市政府法制办公室共同查阅市政府文件209份，发现未用改制后的市制计量单位有71处；《萧山农科报》和《萧山经济报》使用计量单位差错40处；萧山人民广播站广播稿6400余篇和萧山电视台播放稿93篇均无一差错。

1990年3月，市标准计量管理所、卫生局联合对全市范围内各医疗卫生机构使用mmHg（毫米汞柱）为单位的血压计（表）进行分期分批改制，实行血压计（表）双刻度过渡措施，刻度标尺使用法定计量单位kPa（千帕），非法定计量单位mmHg仅作示意用，刻度标尺分度值为0.50kPa。改制后，各医疗卫生单位使用的医疗诊断书、病历等医疗证件均采用法定计量单位kPa，有的括注mmHg；新印制的各种医疗证件亦均采用法定计量单位kPa。

至2000年，全市工业企业法定计量单位贯彻率为98.01%，商业企业及集贸市场法定计量单位使用率为97.23%。

计量检定　测试授权　1988年，开始依法计量授权检定、测试，即建立社会公用计量检定站，按照《中华人民共和国计量法》的规定，授权检定、测试社会公用计量任务。授权的社会公用计量检定站有效期一般为两年，对其出具的社会公用计量检定数据依法有效。是年12月31日，市标准计量管理部门授权萧山汽车活塞厂计量室、萧山汽车配件厂计量室为社会公用计量检定站，分别授权开展三大量具（包括游标卡尺、千分尺、百分表）和千分表的检定业务。1992年6月，授权萧山汽配厂、浙江钱江啤酒厂、萧山自来水公司、杭州第二棉纺织厂计量室为萧山市计量检定站，分别授权开展三大量具、温度计、水表、纺织仪器（纺织测温仪、纺织强力机）的检定业务。1993年6月4日，授权杭州大同实业公司计量室、杭州齿轮箱厂计量室为社会公用计量检定站，分别开展三大量具、交流电能表、动圈仪表、电子自动平衡仪表的检定业务项目。授权萧山浦南衡器修造厂为萧山市衡器安装、调试、修理定点网站，授权有效期为1年。授权有效期内，可在全市范围内对衡器、硬度块、自动平衡仪、三大量具等开展量值传递及安装、调试、修理等工作。11月6日，授权萧山市科学仪器厂为社会公用计量检定站，在全市范围内开展酸度计、电导率仪检定业务。

图20－4－684　1993年6月，杭州齿轮箱厂计量室的计量检测中心（杭州前进齿轮箱集团股份有限公司提供）

1996年6月5日，市标准计量局经对萧山市科学仪器厂考核，达不到社会公用计量检定站要求，撤销其社会公用计量授权检定站资格。

2000年末，经授权的社会公用计量检定站有8家，衡器安装、调试、修理定点网站1家。

计量器具

计量器具标准考核[①] 1987年，开始对企业、事业单位的各项最高计量标准[②]进行考核发证。是年，经考核，最高计量标准合格的企业事业单位12家、计量器具31项。1988年，开始同时对社会公用计量标准[③]进行考核发证。是年，考核合格的社会公用计量标准单位1家、计量器具5项。1990年起，复查考核合格的企业事业单位的最高计量标准器具。至2000年，经考核（复查），合格的最高计量标准的企业事业单位75家、计量器具245项，合格的社会公用标准单位1家、计量器具26项。

计量器具强制检定 1987年8月起，在全县范围内对浙江省确定的11项26种强制检定的工作计量器具进行普查登记。至翌年，全市卫生、邮政等12个系统467家单位登记造册的强制检定工作计量器具24545台（件），其中贸易结算20986台（件）、医疗卫生169台（件）、环境监测373台（件）、安全防护3017台（件）。

1989年3月11日，市标准计量行政管理部门召开全市强制检定工作会议，要求各企业主管部门落实人员，做好计量器具修理、改制工作，制定计量器具管理制度，编制计量器具台账登记和汇总报表，并向标准计量管理所报告强制检定计量器具的数量、规格、型号。

图20—4—685 1999年3月，市技术监督局执法人员在萧山商业城检查计量器具（杭州市质量技术监督局萧山分局提供）

1992年后，强制检定计量器具工作进入正常化、制度化、规范化。2000年，经强制检定的工作计量器具10项18种22557台（件），其中贸易结算4232台（件）、安全保护17585台（件）、医疗卫生740台（件）。

计量器具制造（修理）监管 萧山的计量器具生产较早。[④]1972年后，计量器具生产企业发展。[⑤]1986年12月24日，开始开展补发制造、修理计量器具许可证工作。是年，经杭州市标准计量局组织考核验收，全县补发计量器具生产许可证的企业有萧山煤气表厂等18家。这些企业主要生产精度计、电度表、煤气表、钢直尺等计量器具产品。

1987年7月1日，计量器具合格证书改由取得《制造计量器具许可证》的生产厂家出具，标准计量行政管理部门不再出具计量器具检定合格证，开始对具有制造、修理计量器具许可证的企业进行考核复查。是年，全县获得计量器具生产许可证的制造企业22家、修理企业5家。复查计量器具制造企业5家、抽检各种规格的钢直尺7700支，合格率100%。

①计量器具标准考核是指企业事业单位的最高计量标准和社会公用计量标准的考核，考核内容有：计量标准器（装置）及配套设备、技术文件、计量检定人员素质、规章制度等。

②最高计量标准是指企业事业单位根据生产、科研和经营管理的需要建立的，在本单位开展计量检定，作为统一本单位量值的依据的各项计量标准。

③社会公用计量标准是指县级以上人民政府计量行政部门制定的，作为统一本地区量值的依据，并对社会事实计量监督有公证作用的各项计量标准。

④清光绪八年（1882），城厢镇“元康秤店”开业，生产度量衡器，主营秤，兼营尺。民国时期，秤店分布城厢、临浦、瓜沥、义桥、长山、坎山等镇，并尚有一些游乡串村的秤担，修理木杆秤。在农业手工业合作化中，各地秤店改为铁、木、竹器生产合作社的门市部，仅城厢镇有度量衡专业社（城厢衡器五金厂的前身）1家。

⑤1972年后，萧山出现一批亦农亦工的木杆秤制造、修理个体户。1980年亦农亦工的木杆秤制造、修理个体户有46人。

至1984年，全县计量器具生产企业14家，其中衡器生产企业（均系集体）3家、其他计量器具生产企业11家（全民1家、集体10家）。主要制造木杆秤，修理台、案、地秤，并生产0.50千克～25千克五等砝码和1吨～3吨（企标）地（中）衡。计量器具厂生产的产品有：一至二级钢直尺、一至二级金属直角尺、木工角尺等长度计量器具；RN50—1型滚动落球黏度计、旋翼式15毫米水表、ML—2型煤气表、B级玻璃量器、LJ—3型四等拉力试验机等力学计量器具；DD28单相电度表等电学计量器具。

1990年，整顿制造和修理木杆秤、台秤、案秤的企业和个体户。经整顿，发放（换发）修理许可证47份（集体企业11份、个体户36份），其中有外地来萧山从事衡器制造修理的个体户3家，辖内集体企业和个体户44家；暂不予换证7份。

1996年，建成全市制造和修理计量器具企业和个体户档案。

至2000年，经考核（复查）合格的制造、修理计量器具企业和个体工业户共计193家，其中企业167家、个体户26家。

图20—4—686　1990年5月，新街镇木杆秤制造、修理个体经营户正在木杆秤上钉秤星（董光中摄）

计量监督

1992年后，随着萧山经济的发展、人民生活水平的提高，关系民生利益的量值纠纷增加，成为消费者投诉的社会热点。为此，标准计量行政管理部门先后对消费者投诉的液化石油气（煤气）计量、定量包装商品计量和蒸汽流量计量等社会热点计量问题，加强监管。直至2000年3月25日，此项工作从未间断。

液化石油气计量　1992年，因消费者反映液化石油气存在缺量等问题，萧山开始对液化石油气经营市场进行计量监管。是年，检查液化石油气销售单位的计量8家，“充气量”和“残液量”两项不合格率为62.50%。

1994年，萧山仍有经营单位供应（灌装）的液化石油气存在充气量不足、残液量多的问题，成为全市消费者投诉的热点，在萧山市九届二次政协会议上有政协委员提出《建议对液化气供应的计量办法》。是年，市领导和市标准计量局、物价委员会、工商行政管理局、消费者协会、职工物价监督站和新闻单位分两组检查14家液化石油气供应（灌装）单位的液化石油气“充气量”、“残液量”计量。抽查112只满瓶的“充气量”，不合格48只（其中有1只“充气量”离标准充气量下限量少1.85千克），不合格率为42.86%；抽查79只空瓶的“残液量”，不合格9只（“残液量”最多的一瓶有2.40千克），不合格率为11.39%。检查还发现，不少受检单位未配备计量器具（台秤），规章制度不全，未按规定进行周期检定。

1995年后，对液化石油气销售单位的监督管理，列入萧山市技术监督局每年度工作计划。1997、1998年，抽查全市液化石油气计量。抽查结果，两年不合格率为72.20%，平均缺充气量为1.53千克，最多的1瓶缺充气量有3.20千克。

1998年7月1日，开始实行液化石油气计量监证制度。7月3日，萧山市技术监督局与绍兴市技术监督局签订跨区域管理协议，重申各市管辖区域范围内的液化气销售单位，承担区域范围内的瓶装液化气的监督检查，并规定液化石油气须贴当地统一印制的“计量公正”镭射标志，方可跨区域销售。

1999年1月1日，采用计量监督卡代替“计量公正”防伪镭射标志，明示液化气灌装标准、承诺制度、投诉电话、灌装企业名称等。9月7日，建立萧山市燃气协会。是年，检查液化石油气经营单位71家、558批次，平均不合格率19.40%，平均缺充气量0.05千克，单瓶最多缺充气量0.35千克。1999年检查液化石油气经营单位的结果，与1997、1998年抽查平均缺量1.53千克比较，按全市液化石油气年用量200万瓶、每瓶液化石油气（重量14.50千克）的平均价35元计算，可为消费者减少损失713.36万元。2000年，萧山东南气体有限公司等3家液化气站被评为物价、计量、质量信得过单位。

定量包装商品计量 1995年，定量包装商品计量监管成为萧山质量技术监督工作的重点。是年9月1日，对萧山使用的散装水泥专用车满载出厂实施签（铅）封，并规定各水泥生产企业对满载散装水泥专用车经称重后，必须由专人实施签封后方可出厂；散装水泥专用车到达指定用户地点时，必须由用户亲自启封才可卸货；卸货完毕，用户在送货单上签字后方可离开。是年，该市定量包装商品计量监督抽查合格率为86.10%。

1996年后，每年抽查大米、水泥等定量包装商品。1998年，抽查大米、水泥等定量包装商品134批次，合格71批次，合格率52.99%。2000年，在杭州地区开展的定量包装商品计量合格评定工作中，杭州传化化学制品有限公司成为杭州地区县（市）首家通过定量包装商品合格评定企业。

1996～2000年，抽查定量包装商品2507批次，合格2133批次，平均合格率85.08%。

蒸汽流量计量 随着工业的发展，热能成为萧山工业企业生产的重要能源，在供热用热交易中，用蒸汽流量表计量不准而不断产生量值纠纷。1998年9月，确定供热用热计量监督管理和计量检定工作由杭州市蒸汽流量计量检定站萧山分站具体负责，并开始对结算用的蒸汽流量仪表进行监督，仲裁结算计量纠纷。1999、2000年，处理蒸汽供热、用热计量纠纷案共计20余件，为企业挽回经济损失800余万元。

此外，萧山标准计量行政管理部门还对医疗卫生计量、出租汽车计价、燃油加油站加油机计量、生啤酒零售经营计量、商品房面积计量等社会热点计量进行监督和管理。至2000年，萧山妇幼保健院通过三级计量合格评定；客运出租汽车（9座以上）均按规定安装计价器；燃油加油站加油机全部安装税控装置；生啤零售经营统一以升为计量单位，“扎啤杯”改用带有刻线的生啤酒杯；对全市商品房销售面积进行售前测绘。

第二节 标准化管理

工业标准化

产品标准制定 1958年起，萧山开始制定产品标准。1958年，萧山县工业系统开始采用“机械制图”、“公差配合”等工业基础标准。1979年，萧山五金工具厂参加轻工业部“花色钳SG173－79”标准的起草及试验。1980年开始，执行“形位公差”等新的国家标准。1982年，县标准计量管理所起草了《竹木宽座木工直角尺》《钢尺宽座木工直角尺》企业标准，经云石、新庄、浦沿制尺厂实施后，效果明显。翌年4月，萧山钟表机械厂制订JO4－1型台式压力机企业标准。至1984年，全县制定执行加工、管理、检验、内控等标准共计12个，一次装配合格率达97.50%，达到国家同类产品水平。此外，一般企业均已执行计量检测规程，部分企业还执行国际标准。1985年，标准计量行政管理部门帮助无产品标准企业制定生产标准。是年，制定《锦纶线》《磁性塑料包装盒》《数字式酸度计》等地方标准12个。

1989年，规定企业产品标准发布后30日内，向萧山标准化管理部门备案，并定期复审。复审周期不超过3年，超过复审周期未复审备案的企业产品标准视为无效标准。是年，工业产品标准备案的企业20家、产品20只。

1991年5月8日，浙江省标准计量管理局印发《关于开展浙江省地方（地方企业）标准清理整顿工作的通知》（浙标计标发〔1991〕第15号）后，全市各企业生产的产品，原执行省、市（地）地方（地方企业）标准，属下放为企业标准的，都陆续制定企业标准，并由市标准计量管理所和乡镇工业管理局联合组织复审，并备案；属废止标准的，执行国家标准、行业标准规定。是年，工业产品标准备案的企业91家、产品98只。

1995年6月19日后，对按企业产品标准组织生产的企业和在萧山市特级、一级、二级企业中，先行实施企业产品执行标准登记证制度，除代加工或委托加工的产品和纽扣、大头针等随行就市的产品均属不用制定生产标准产品、不需申领《企业产品执行标准登记证》外，凡批准生产并且在境内销售的其他产品均须具有合法的产品标准，并须申领《企业产品执行标准登记证》。至2000年末，全市工业产品标准备案登记的企业886家、产品1279只。

无标生产治理　1992年，开始治理工业企业无标生产。是年，标准计量行政管理部门调研国营工业总公司、坎山镇和闻堰镇所属工业企业产品的生产标准情况。国营工业总公司所属企业有生产标准的产品占92.44%，坎山镇、闻堰镇所属企业占70%。至1995年，检查全市工业企业182家、产品195只，其中有生产标准的产品180只，占检查产品数的92.31%；无生产标准的产品15只，占7.69%。

1996年5月，浙江省技术监督局在浦沿镇（今杭州市滨江区）、河庄镇所属企业中进行治理无标准生产试点。年末，河庄镇乡镇集体工业企业、私营工业企业、个体工业户的产品标准文本持有率，从试点前的21.05%提高到97.37%，增加76.32个百分点，通过了省技术监督局对治理无标准生产工作验收，河庄镇政府被评为萧山市消灭无标准生产先进单位。1997年4月20日，萧山市列杭州市各县（市）第三个“全国消灭无标生产试点县（市）”。年末，有15个镇乡通过验收，占全市镇乡数的53.57%。

1998年，萧山治理无标生产工作列入国家技术监督局年度考核内容。是年3月31日，开始在工业企业中，全面开展治理无标准生产活动。8月10日，萧山治理无标准生产工作通过“全国消灭无标准生产县（市）”验收合格。是年，全市1433家企业的2354只产品中，执行生产标准的企业1399家、产品2327只，分别占企业数、产品数的97.63%和98.85%，比开展治理无标准生产活动前增加74.11个百分点和74.89个百分点。其中国营、二轻等13个系统的国有、城镇集体工业的158家企业的466只产品中，已有生产标准的企业156家、产品463只，分别占13个工业系统企业数、产品数的98.73%和99.36%。翌年，标准动态管理（对工业企业制定的生产标准，实施标准进行的实时监督管理）顺利通过余杭市技术监督局的交叉验收。

2000年末，全市1708家企业的2862只产品中，有生产标准的产品2827只（国家标准1098只、行业标准1038只、地方标准35只、企业标准656只），占2862只产品数的98.78%。

采标　1985年，萧山召开采用国际标准和国外先进标准会议，要求对已有生产标准的产品达到国际标准或国外先进标准；对无标准的老产品、新试制产品，在制定的产品标准中要采用国际标准和国外先进标准；产品创优、企业升级，应制定采用国际标准和国外先进标准的规划及实施规划的措施。1987年，开始推进出口工业企业产品采用国际标准和国外先进标准，并开展出口企业采用国际标准的检查验收工作。是年，杭州曲轴厂和杭州油嘴油泵厂生产的2只产品通过浙江省企业标准化采标的检查验收。1989年12月，杭州弹簧垫圈厂等9家企业通过采标验收，其中萧山精密压力机厂“金龟”压力机产品质量达到日本国一级品水平。至1991年，通过浙江省企业标准化采标检查验收合格的出口生产企业19家、产品19只。翌年后，停止企业标准化采标检查验收。

图20－4－687　1997年，位于城厢镇的萧山精密压力机厂采用国际标准生产金龟牌台式压力机。图为生产金龟牌台式压力机车间一角（孙汉良摄）

1993年12月，已列入国家技术监督局公布的《实施采标标志的产品目录》中的产品，可以使用采标标志[①]。2000年末，全市采用国际标准和国外先进标准的企业有79家、产品93只。

标准化整顿验收、评估、确认　1985年，建立萧山县企业标准化整顿验收工作评审组，采用抽样检测等方法，开始对企业标准化工作进行整顿验收[②]。是年5月，杭州万向节厂等5家企业经标准化整顿验收合格。1988年起，对标准化验收合格满3年的企业进行复查。1991年，经标准化整顿验收，合格企业101家（国营4家、城镇集体10家、乡镇企业87家）、复查合格52家，合格率为100%。经验收，复查合格企业的产品标准覆盖率、出厂项目受检率、出厂产品合格率等指标均达到100%。

1992年，停止企业标准化整顿验收、复查工作。是年9月1日起，在标准化验收合格和复查合格的企业中，开展企业标准化水平评估。标准化水平评估实行评审员制。评估由企业自愿申请，评审合格的发给标准化水平评估合格证书，有效期3年。至1996年末，通过标准化水平评估的企业累计184家。

1997年，停止企业标准化水平评估工作。是年7月22日，技术监督行政管理部门参照国际惯例，开始开展标准化水平确认工作。标准化水平确认采取自愿原则，由技术监督行政管理部门组织评审人员确认发证。是年，全市通过标准化水平确认的企业有12家。至2000年末，累计通过标准化水平确认的企业33家。

产品标签检查　1989年8月14日，市标准计量管理所、卫生局要求各食品生产企业正在使用的所有食品标签和准备印刷的新标签，必须在8月31日前，经标准计量行政管理部门批准后方准使用，并一律禁止销售标签上缺少食品名称、厂名、厂址、净含量、日期标志的包装食品。是年，检查食品标签的生产、经销企业31家，标签合格率23.27%，销毁不符合要求的产品标签超过1万张。

1992年，重点检查婴幼儿食品、乳制品、茶叶、饮料、面包、酱油、啤酒7大类食品及国家优质产品、部优质产品、省优质产品的“三优”食品标志，检查403批次，合格342批次，合格率84.86%。1999年，检查经销化妆品标签52家550批次、饲料标签5家14批次，合格497批次，合格率88.12%。2000年，检查化妆品标签18家157批次，合格148批次，合格率94.27%。

至2000年末，累计检查产品标签12次，平均合格率为72.69%。

农业标准化

1995年，市标准计量局、农场管理局以萧山市第一农垦场为“水稻综合标准化”示范单位，“水稻综合标准化”示范区土地面积为46.30公顷。该试点也是国家技术监督局1996年度全国农业标准化试点项目。萧山市第一农垦场水稻综合标准化工作的开展，推动了该场农业服务体系的建立和发展，种子、农药、化肥、地膜的统一供应率95%以上，植保专业化防治的土地面积90%以上，机械收割面积100%。1998年，萧山市第一农垦场被评为全国高产优质高效农业标准示范区。

①采标标志是指采用国际标准的产品标志，也是我国产品采标的专用证明标志，是企业对产品质量达到国际标准的自我声明形式。采标标志由企业自愿采用。使用采标标志企业向当地标准化行政管理部门办理采标标志备案手续，并经上一级标准化行政管理部门批准，符合条件的发给《采用国际标准产品标志证书》，有效期5年。到期后如需继续使用采标标志的，须重新办理备案手续，更换《采用国际标准产品标志证书》。

②企业标准化工作整顿验收，要求被验收企业须配备标准化工作人员、建立企业标准化体系、批量生产的产品应有经批准发布的标准，并有出厂检验记录、产品质量抽样合格等。

图20-4-688　2000年3月，萧山市技术监督局执法人员在检查城区的“三江超市”卫生用品等商品标签（蒋剑飞摄）

1997年10月27日，建立萧山市农业标准化建设领导小组及办公室，开始每年制订农业地方标准计划，并审定农业地方标准。翌年，全市实施农业地方标准的农业企业7家、产品7只。至2000年末，全市26家农业企业的21只产品制定有农业地方标准39个，其中省级12个、杭州市级1个、萧山市级26个。是年，国家质量技术监督局授予萧山“农业标准化示范市”称号，市技术监督局被评为全国农业标准化工作先进单位。

信息标准化

商品条形码　1992年开始，为工业企业办理商品条形码[①]。申请企业获得注册厂商识别条码后，由浙江省编码中心发给《中国商品条码系统成员证书》，取得中国条码成员资格[②]。1999年3月，萧山市设立浙江省物品编码中心联络站，负责受理区域内需要使用条码企业的条码注册申请工作。至2000年末，全市应用商品条形码的工业企业278家。

组织机构代码　1993年10月，建立由市标准计量局、工商行政管理局、民政局、公安局等23个行政管理部门组成的萧山市企事业单位和社会团体统一代码标识领导小组，并在西兴镇、市国营工业总公司所属企业中进行应用组织机构代码[③]试点。《企业代码证》由市标准计量局颁发，有效期为4年。年末，完成31个镇乡、72个部门的现场培训及登记工作，培训人员4981名，登记单位6512家，其中办理应用组织机构代码的单位3031家。

1995年2月15日，中国人民银行萧山市支行规定企业申领《贷款证》需同时提交《企业代码证》。是年，办理应用组织机构代码的单位3234家。

1999年3月10日，为实现社会信息资料共享与交换，发挥国家监督管理体系整体效能，按照“经费自筹，以卡养卡”的原则，开始推行组织机构代码证智能型IC卡电子副本工作。是年，发放智能型组织机构代码证IC卡2877张。

2000年5月，开始对不及时办代码证、换代码证或转借组织机构代码证等行为进行处罚。是年，处罚226件，罚没款近9万元。办理代码证的单位4083家。至年末，全市累计办理应用组织机构代码的单位有25233家。

①商品条形码是将表示商品信息（包括生产国别、厂商、产地、品名等）的数字代码转换成一组黑白或彩色相间的平行张条构成的特殊符号，一般印刷在商品的表面上或将其制成标签挂在商品上。商品条码是商品进入境内外市场的“身份证”。

②取得中国条码成员资格的企业在收到中国编码中心或其指定的分支机构研制的条码胶片后，由条码印刷资格认可的单位印刷条码。

③组织机构代码是指国家赋予一个单位（机关、事业、社团、企业、个体工商户等）的一组在境内唯一的、始终不变的法定数字标识，是单位的“身份证”。

第三节　质量监督管理

全面质量管理

1985年，萧山开始把推行以全面质量管理（TQC）为重点，建立全员参与、全过程监控和全方位考核的质量保证体系，通过PDCA（即：计划、实施、检查、处理）循环的方式，达到产品质量的持续改进。企业开始设立全面质量管理办公室或产品质量检验机构和建立质量保证制度。是年，杭州万向节总厂、杭州柴油机总厂、萧山花边总厂和浙江钱江啤酒厂等工业企业率先推行全面质量管理，建立质量检验测试机构和质量保证制度。翌年，杭州万向节总厂获浙江省乡镇企业局颁发的质量管理奖，杭州柴油机总厂和杭州万向节总厂被杭州市经济委员会评为杭州市质量管理先进企业。

1988年，萧山两次组织“全面质量管理基础知识”全国电视讲座和全国统考，参加人员8800名，考试合格的人员8624名。市国营工业总公司被评为1988年度全国“全面质量管理基础知识”统考先进集体。是年，浙江钱江啤酒厂获农业部颁发的质量管理奖，萧山花边总厂获轻工业部颁发的质量管理奖。翌年，杭州万向节厂获农业部颁发的质量管理奖。至1990年末，萧山获得杭州市以上质量管理奖的工业企业有25家次。是年，浙江钱江啤酒厂获浙江省经济委员会颁发的浙江省大中型企业全面质量管理达标合格证书，杭州柴油机总厂等66家工业企业获杭州市经济委员会颁发的小型工业企业全面质量管理达标合格证书。至1993年，杭州万向节总厂的热处理车间、金工车间精磨外圆、装配车间和萧山五金工具厂锻压车间、城北水泥厂化验室、杭州曲轴总厂四金工车间钻床组、萧山制动器厂金工车间、浙江北天鹅羽绒制品公司质检部等QC小组（质量管理小组）先后获得省乡镇企业优秀奖，浙江农垦水泥厂生产部QC小组连续两年被农业部评为优秀QC小组，萧山花边总厂飞梭绣品分厂QC小组被评为1992年度国家优秀质量管理小组。

1994年，停止质量管理奖和优秀QC小组评选活动，工业企业开始开展ISO9000质量体系认证工作。ISO9000质量体系认证的有效期为3年。是年，万向钱潮股份有限公司通过浙江质量体系审核中心和美国UL公司、中国商检浙江评审中心认定，取得ISO9002质量体系认证。1995～1997年，全市通过ISO9000质量体系认证的企业14家。

1998年，市政府提出“质量兴市”，并把提高产品质量的工作纳入镇乡及部门的年度考核内容。2000年，萧山国际酒店和金马饭店2家通过ISO9000质量体系认证，为萧山住宿和餐饮业之首批。

1998～2000年（3年有效期内），全市通过ISO9000系列国际质量体系认证的工业企业有153家。

（产品评优和名牌产品认定，详见《工业》编《企业 产品 商标》章《产品》节）。

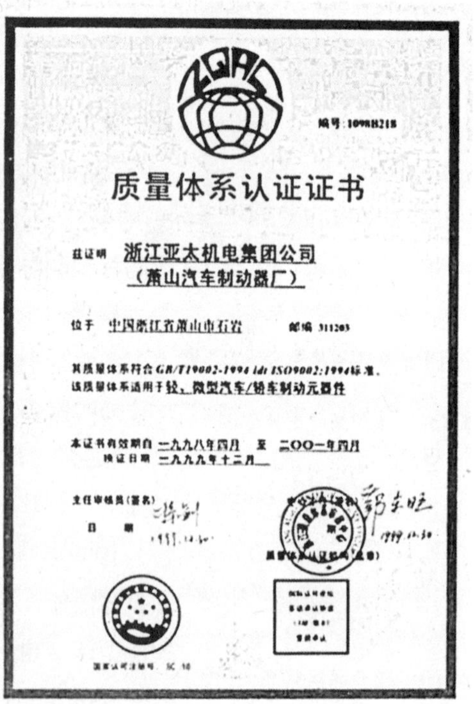

图20—4—689 1999年12月10日，浙江亚太机电集团公司轻型、微型汽车/轿车制动元器件获GB/T19002：1994和ISO9002：1994质量体系认证证书（亚太机电集团有限公司提供）

行业质量整顿

1985年后，继续自1984年7月以来对事关人民日常生活和生命财产安全的黄酒、白酒、饮料、眼镜、酱油、自行车、晴雨伞、保安门、电器、螺纹钢、瓦楞纸箱等制造行业进行整顿。1988～2000年，行业质量整顿共计133次，检查生产（经销）企业1207家次、产品（商品）1672批次，不合格产品（商品）875批次，不合格率52.33%，合格率47.67%。

黄酒 白酒 1986年，在酒类制造业质量整顿中，处理了萧山临浦酿酒总厂等14家企业的不合格品种酒，其中禁销萧山临浦酿酒总厂等5家企业生产的品种酒、在县内一次性降价销售萧山第四酿酒厂等9家企业生产的品种酒。1995年11月13日，实行黄酒、白酒生产企业“准产证”定点生产管理制度，无“准产证”企业一律不得擅自生产。翌年后，标准计量行政管理部门每年开展对酒类产品质量定期监督检查和市场酒类商品质量监督抽查。至2000年，酒类产品（商品）合格率基本稳定在85%以上的水平。

饮料 1999年，将饮料（含固体饮料、碳酸饮料和塑料软包装饮料）列入质量整顿行业。至是年10月末，全市固体饮料生产企业10家，其中停产和转产6家、正常生产4家，在正常生产的企业中，有被抽查的果汁奶粉的固体饮料细菌总数、感官、食品标签不合格的1家，属劣质产品；液体饮料生产企业16家，其中被抽查食品标签不合格且中途停产的有4家，其余12家企业的12批次的碳酸饮料及塑料包装饮料全部符合卫生标准。2000年，抽查的饮料卫生指标均合格，均能按标准组织生产，未发生以次充好的现象，食品标签也符合规定要求。

眼镜　1991年，市标准计量行政管理部门开始整顿全市眼镜经销市场。是年，抽查12家单位经销的16批次眼镜，不合格15批次，不合格率93.75%。1993年，市标准计量局、卫生防疫站、工商行政管理局联合整顿眼镜经销市场，考核各经销单位眼镜的屈光度仪、验光设备及场地配备、商品质量等。是年，检查18家眼镜经销单位的32批眼镜，不合格产品11批次，不合格率34.38%。1995年，检查17家眼镜经销单位的22批次眼镜，不合格4批次，不合格率18.18%。1996～1998年，眼镜不合格率连续3年上升，1998年，眼镜不合格率为64.70%。1999年，加强对眼镜经销企业监督的同时，向消费者推荐合格的商品。是年12月，眼镜的不合格率下降到30.20%。2000年，不合格率下降到20%。

荧光灯支架　镇流器　1994年8月18日，因杭州某酒家使用萧山某企业生产的劣质镇流器、荧光灯角灯引起火灾，市标准计量行政管理部门召开荧光灯支架、镇流器生产企业厂长会议。9月，调查全市16家荧光灯支架生产企业和100余家镇流器生产企业。调查后，停产整顿生产设备简陋和无厂房、无产品图纸、无标准、无检验仪器的“四无”　企业27家。10月6日，抽查镇流器生产企业17家、产品17批次，不合格13批次，不合格率76.47%。在不合格的13批次产品中，有12批（次）产品属安全性指标不合格的劣质品，占不合格产品批次的92.31%。11月，标准计量行政管理部门组织相关生产企业的质量负责人、技术人员和企业所在地镇乡工业办公室的质量考核人员，举办荧光灯支架、镇流器基本生产条件考核培训班。1997年8月14日，市技术监督局、公安局、工商行政管理局、建设局联合召开电器产品质量专项整治会议，会后联合对销售电器商品包装上无厂名、无厂址和无生产日期的“三无”电器商品和镇流器、荧光灯支架、开关、稳压电源、插头插座、电热器具等实施监督检查，抽查经销企业21家、商品21批次，不合格17批次，不合格率80.95%。翌年，市技术监督局抽查荧光灯支架10批次，不合格2批次，不合格率20%。1999、2000年没有对荧光灯支架和镇流器制造行业进行检查。

螺纹钢　1997年，整顿螺纹钢制造业，检查全市螺纹钢生产企业12家、产品12批次，不合格产品10批次，不合格率83.33%。1997、1998年，市技术监督行政管理部门立案查处违法生产、经销螺纹钢的企业28家，其中无生产许可证的企业6家、生产劣质螺纹钢企业3家、经销劣质螺纹钢企业19家，处罚没款共计20万元。翌年，原生产螺纹钢的9家企业，其中保留继续生产的企业1家、停产和歇业的7家、转产W月牙形热轧再生钢筋1家。后，市质量技术监督局帮助停产、歇业的螺纹钢企业恢复生产。2000年，抽查螺纹钢筋和螺纹钢生产企业28家37批次，合格率均为100%，比1999年提高20个百分点。

瓦楞纸箱　1986年后，省质量监督部门开始对萧山的纸箱制造行业进行质量检查，并颁发质量检查合格证书。1990年，市标准计量管理所检查瓦楞纸箱生产企业20家、瓦楞纸箱24批次，不合格18批次，不合格率75%。至年末，累计取得浙江省质量检查合格证书的企业20余家。

1991年起，实施瓦楞纸箱生产许可证。1993年，市标准计量局检查瓦楞纸箱生产企业79家、瓦楞纸箱79批次，不合格26批次，不合格率为32.91%，比1990年下降42.09个百分点。

1995年开始，纸箱制造业企业小、散、差现象突出。至1997年，全市瓦楞纸箱生产企业有115家。是年，抽查生产企业115家的瓦楞纸箱115批次，不合格瓦楞纸箱60批次，不合格率为52.17%。

1998年，市技术监督局、乡镇企业局、工商行政管理局、纸业包装行业协会联合普查全市纸箱制造行业。全市纸箱制造业企业115家，瓦楞纸箱不合格30批次，不合格率26.09%。后，举办瓦楞纸箱不合格企业培训班，督促企业查找产品不合格原因。2000年，在市技术监督局组织的第二次普查中，全市瓦楞纸箱全部合格。

产品质量监督

1985年，开始实施产品质量监督抽查。是年，萧山质量监督抽查88家、产品122批次，不合格率58.20%。其中抽查的酱油、奶粉、麦乳精产品，全部不合格；汽水生产企业11家，产品不合格的有10家；油厂3家，不合格的2家。翌年后，每年调整产品质量监督抽查类别，其中全国统一检查由县标准计量行政管理部门负责产品的抽样和考核生产条件，省、杭州市的抽查，均各自负责抽样。

1988年，开展萧山经常性监督检验，范围为城厢、瓜沥、临浦3镇。1991年，萧山经常性监督检验增加戴村、义桥、闻堰、长河、党山等镇，采取定期跟踪检查和随时突击抽查等方法。至2000年，萧山累计各类产品质量监督抽查企业（不含1987年）3757家次、抽查产品4442批次，其中产品合格3286批次，平均合格率73.98%。

此外，2000年，考虑到各类产品的市场占有率不同，萧山采用质量指数分析法计算产品综合合格率（产品综合合格率=合格批的产品销售收入÷受检批的产品销售收入）。是年，受检工业企业46家、产品9只，除月饼、建筑胶2只产品的综合合格率分别为92.60%、98.00%外，其余7只产品的抽查合格率和综合合格率均为100%。同时，检验20家企业生产的预应力混凝土圆孔板产品20批次，产品合格率100%。

表20-4-462　1985～2000年萧山工业企业产品质量监督抽查情况

年份	监督抽查类别	抽查企业（家）	抽查产品（批次）	合格	合格率（%）	年份	监督抽查类别	抽查企业（家）	抽查产品（批次）	合格	合格率（%）
1985	萧山质量监督抽查	88	122	51	41.80	1992	省监督抽查	121	165	143	86.67
1986	萧山质量监督抽查	101	159	111	69.81		杭州市监督抽查	67	97	79	81.44
	省优质产品复查	9	11	11	100.00		萧山经常性监督检验	164	183	115	62.84
	全国统一检查	20	53	38	71.70		全国统一检查	15	15	7	46.67
1988	萧山经常性监督检验	101	247	179	72.47	1993	国家监督抽查	6	14	10	71.43
	省优质产品复查	12	13	13	100.00		省监督抽查	147	172	141	81.98
	萧山创优产品质量测试	5	6	5	83.33		杭州监督抽查	15	28	22	78.57
1989	萧山经常性监督检验	133	156	109	69.87		萧山监督抽查	274	292	200	68.49
	省优质产品复查	6	22	21	95.45		全国统一检查	87	104	28	26.92
1990	省优质产品复查	17	20	20	100.00	1994	国家监督抽查	21	23	21	91.30
	全国统一检查	19	19	10	52.63		省监督检查	243	291	240	82.47
	省产品质量检验抽样	36	37	28	75.68		杭州市监督抽查	21	26	19	73.08
	萧山经常性监督检验	144	159	113	71.07		萧山市监督抽查	228	240	160	66.67
	国家计量器具专检	15	31	28	90.32		全国统一检查	41	40	35	87.50
1991	国家监督抽查	5	6	6	100.00	1995	萧山定期监督抽查	193	196	139	70.92
	省监督抽查	9	12	11	91.67		全国统一检查	9	9	5	55.56
	全省统一检查	24	30	21	70.00	1996	萧山定期监督抽查	238	238	184	77.31
	省优质产品质量复查	23	23	23	100.00	1997	萧山定期监督抽查	253	269	201	74.72
	省经常性监督检验	106	147	105	71.43	1998	萧山定期监督抽查	215	219	186	84.93
	萧山经常性监督检验	94	101	68	67.33	1999	萧山定期监督抽查	215	218	182	83.49
1992	国家监督抽查	3	9	7	77.78	2000	萧山定期监督抽查	214	220	191	86.82

注：1987年缺项。

第四节　执法检查

1986年7月1日，《中华人民共和国计量法》实施后，开展计量行政执法检查。是年，县标准计量行政管理部门检查各镇集贸市场的计量器具，对使用不合格计量器具或短斤缺两的摊主进行处罚。1989年，开展标准计量执法检查，检查50家单位使用的计量器具237台（件），合格的152台（件），合格率64.14%；对市卫生局所属的10家医疗卫生单位申报的21类1041台（件）强检计量器具进行登记造册、建档立卡，并制订周期检定计划（按时间间隔和规定程序，对计量器具定期进行的一种后续检定）。

1992年，市标准计量行政管理部门执法检查的重点开始转到打击制售假冒劣质商品违法行为上来。是年，组织检查15次，出动执法人员60人次，先后检查国营企业、集体企业、个体摊店共计710家，检查产品（商品）货值41万元。查处违法行为16件，其中立案16件，罚款2万元。查获有劣质塑料电线34.50千米、伪劣低压电器206只、无生产许可证和无生产日期的继电器132只、无证混号螺纹钢227吨、无证不可重接式插头54833支、劣质食品355千克、非法定市制计量尺16支。其中监督销毁劣质电线3千克，现场销毁劣质酱油、蛋糕、面包、葡萄酒、罐头等1266瓶（袋）。翌年，重点检查与人民生活、人身健康安全密切相关的商品，受检集贸市场13家、商店及个体摊点325家。查获劣质塑料电线100米、假桂圆（龙荔）2241千克、劣质糖果904千克、劣质榨菜1040千克，案值1.09万元，分别予以没收、销毁处理。1994年，检查集贸市场18家、商店及个体摊点500家。查获冒牌“松下”、“东芝”、“三五”煤气灶16只、“老四川”牛肉干1412袋、“孔府家酒”272瓶，劣质低压电器120只、化肥和农药770千克、化妆品418瓶（袋），无生产许可证螺纹钢63吨和摩托车头盔、电线和开关15件，无厂名、无厂址、无生产日期、无保质期的“四无”食品1684千克。

1997年，成立市技术监督局稽查队。是年，出动执法人员424人次，检查企业、市场和商店492家，检查产品（商品）货值175.24万元。查处违法行为120件，其中现场处罚79件、立案41件，有万元以上大案3件，罚款金额76.93万元。2000年，出动执法人员800人次，检查企业、市场、商店800家，检查产品（商品）货值677万元。查处违法行为698件，其中现场处罚534件、立案164件，有万元大案14件，罚款金额76.93万元。

图20－4－690　2000年3月30日，萧山市技术监督局工作人员在检查萧山第四化工厂仓库内的化肥（丁力摄）

1992～2000年，出动执法人员3145人次，检查单位共4758家次，检查产品（商品）货值1718.42万元。查处违法行为1452件，其中现场处罚903件、立案549件，万元以上大案51件，重大行政案7件；罚款254.12万元。1995～2000年，端掉制假窝点58个，查获假冒伪劣产品（商品）价值559.54万元，其中销毁165.70万元。1999、2000年，为消费者挽回经济损失105万元。

第五章　统　计

萧山解放后，县政府秘书室、统计科、计划统计科先后掌管统计工作。[①]萧山陆续开展人口、工业、农业和第三产业等各种内容的全国普查。1953年，开始建立统一的统计报表制度。1963年后，萧山建立统计专门管理部门。[②]1980年后，先后开展农民家计抽样调查（1984年改称农村住户调查）、农产品抽样调查[③]、城市住户抽样调查，并相应建立萧山县农村抽样调查队、萧山县城市抽样调查队；开始统计执法检查，开展横向统计信息交流。

1986年起，每年向全社会发布上年度国民经济和社会发展统计公报，并进行统计分析、统计资料汇编等工作，开始采用计算机处理汇总农村住户调查和城市住户调查数据。

90年代，各项专业统计报表已全部运用计算机进行数据汇总处理，建立新的统计报表制度、统计单位登记制度和专业统计人员持证上岗制度，增加统计预测、统计监督和统计咨询，发布全市基本统计资料，逐步建立全市统计信息自动化管理和统计数据库。2000年5月，建立萧山市企业调查队，10月建立萧山统计信息网站。

至2000年，萧山累计开展人口普查、工业普查、第三产业普查、农业普查和基本单位普查[④]等国情国力调查12次[⑤]，汇编年度统计资料、时期统计资料和普查资料63种，编发《统计简报》《统计分析》《统计快讯》1178期，向社会发布萧山年度国民经济和社会发展统计公报15次，查处统计违法案件26件。

①1949年6月5日，县政府秘书室兼管综合统计事项。1953年3月，设立县政府统计科，负责全县统计工作，执行国家统计局统一制定的统计报表制度。1954年8月，统计科与计划科合并为计划统计科。1956年12月，统计科、计划科分设。1958年5月，统计科与计划科又合并为计划统计科。

②1963年12月，建立县统计局，1965年12月撤销，统计工作由县计划委员会负责。1968年3月，随县计划委员会撤销，统计工作由县革命委员会生产指挥组承接。1977年4月，县计划委员会复设，负责全县统计工作。1980年8月，复设统计局，与计划委员会合署办公。1984年统计局独立建制。

③1982年，萧山被国家统计局抽选为农产品抽样调查点。

第一节　统计报表

1985年，统计行政管理部门按照国家统计局统一制定的统计报表制度，编制有社会总产值和国民收入、农业、工业、固定资产投资、交通运输、商业、饮食、外经贸、价格、城乡住户、物资、劳动工资等统计报表；业务主管部门编制有人口、财政、金融、科技、文化、教育、卫生、体育、广播、电视、建筑、环境保护、农业经济、城市建设、公用事业、民政福利、社会治安、档案等统计报表。统计报表有月报、季报、半年报、年报。1987年，增设城市基本情况报表，试算国内生产总值。

1993年，实施新的统计报表制度，初步改变了各专业统计报表彼此分割、互不衔接的状况，废止了社会总产值和国民收入统计报表，增加国内生产总值统计报表，其余统计报表由基层统计报表和专业综合统计报表两部分组成。

④1996年10月，萧山第一次基本单位普查，普查对象是萧山市行政区域内的法人单位及附属的产业活动单位。至年末，全市6748家法人单位、2405家产业活动单位完成普查登记。

⑤萧山进行的全国性普查12次：人口普查5次、工业普查3次、工业企业普查登记1次、第三产业普查1次、农业普查1次、基本单位普查1次。

基层统计报表主要有农林牧渔业企业报表、工业企业报表、建筑业企业报表、交通运输企业报表、批发零售贸易及餐饮业企业报表、服务业企业报表、行政事业单位报表7种，此外，单独设置固定资产投资统计基层表。基层统计报表的各项指标主要反映市场经济条件下各企业单位生产经营和业务活动的基本面貌，包括企业基本情况、主营业务活动、附营业务活动、财务状况、劳动情况、原材料能源消费与库存、技术开发基本情况等。

专业综合统计报表主要有农林牧渔业、工业、建筑业、运输邮电业、贸易餐饮业、劳动、原材料能源和固定资产投资8种。

工业企业报表主营业务活动和财务状况报表的统计范围为镇乡及镇乡以上各种经济类型独立核算的法人企业；其他行业报表统计范围为除乡镇工业管理局管理的企业以外，其他各种经济类型具有独立核算的法人企业和行政事业单位。

1998年，工业统计和能源统计改变自1953年以来一直按隶属关系收集统计资料的方法，工业统计改为实行规模以上工业企业[①]直接统计汇总，对规模以下工业企业及个体工业户作抽样调查；能源统计改为对年耗标准煤1000吨以上企业的直接统计汇总。翌年后，制定旅游业统计指标和表格形式，统计城市接待过夜旅游者人数、旅游景点门票出售情况、旅游业企业经营情况等。

2000年，贸易、住宿和餐饮业统计由按隶属关系分组统计改为对限额以上贸易、住宿和餐饮业[②]全面统计，个体贸易、餐饮业实施抽样调查[③]。

统计行政管理部门主要综合统计报表有国内生产总值核算报表和社会经济基本情况、农林牧渔业、工业、建筑业、运输邮电业、批发零售贸易餐饮业、服务业、旅游业、固定资产投资、劳动、科技等统计报表。

基层统计报表主要有法人单位基本情况表、产业活动单位基本情况表、法人单位清查核实一览表、产业活动单位清查核实一览表、农村基本情况、农村劳动力资源及主要行业分布情况、耕地面积、农作物播种面积和产量、畜牧业生产情况、农林牧副渔业总产值、农林牧副渔业商品产值、工业企业生产销售及财务状况、大中型工业企业按产品部门划分的工业总产值表、主要工业技术经济指标、主要工业产品生产能力、目录抽样企业基层表、目录抽样个体经营工业单位基层表、个体经营工业增加值系数调查基层表、企业集团统计表、重点工业企业能源购进和消费及库存、建筑业企业生产情况、建筑业企业财务指标、建筑企业材料消耗情况、公路运输企业运营情况、水上运输企业运营情况、内河（沿海）港口企业主要设备及吞吐量、独立核算运输（港口）企业财务状况、限额以上批发零售贸易业商品购进和销售及库存总额、限额以上餐饮业销售情况、限额以上批发零售贸易企业财务状况、限额以上餐饮企业财务状况、批发零售贸易、餐饮业样本单位基本情况、服务业企业单位财务状况、服务业事业单位财务状况、服务业行政单位财务状况、固定资产投资统计基层标准表、房地产开发统计基层标准表、物业管理企业统计基层表、房地产交易统计基层表、房地产评估统计基层表、劳动情况表43种。

①详见《工业》编《工业综情》章“规模以上工业企业”注释。

②限额以上贸易、住宿和餐饮业标准：商品批发业务收入2000万元以上、从业人员20人；商品零售500万元以上、从业人员60人；商品批发零售收入4000万元以上；餐饮营业收入200万元以上、从业人员40人；住宿业为星级以上宾馆。

③2000年，根据萧山市统计局、杭州市工商行政管理局萧山分局于1999年12月18日联合印发的《关于开展个体批发零售贸易业、餐饮业抽样调查工作的通知》（萧统〔1999〕79号）精神，以全市419家个体贸易经营户、餐饮业经营户作为样本实施抽样调查。

第二节　全国普查

人口普查

中华人民共和国成立后，根据国务院统一部署，于1953、1964、1982、1990、2000年进行5次全国人口普查。普查显示：1953年，按户填报的项目有本户地址、姓名、性别、年龄、民族、与户主关系6个，全县总户数141214户，总人口601350人，其中男性307757人、女性293593人；1964年，增加本人成分、文化程度和职业3个项目，全县总户数173722户，总人口823352人，其中男性420960人、女性402392人。

第三次全国人口普查　1982年，第三次全国人口普查。普查登记标准时间为1982年7月1日零时。普查项目共19个，其中按户填报的项目有户类别、本户住址、本户人数、本户1981年出生人数、本户1981年死亡人数、有常住户口已外出1年以上人数6个；按人填报的项目有姓名、与户主关系、性别、年龄、民族、常住人口的户口登记状况、文化程度、行业、职业、不在业人口状况、婚姻状况、妇女生育的子女数和现在存活的子女数、1981年育龄妇女生育状况13个。普查显示：1982年7月1日零时，全县总户数263259户，总人口1061145人，其中男性538709人、女性522436人。

第四次全国人口普查　1990年，第四次全国人口普查。普查登记标准时间为1990年7月1日零时。普查项目共21个，有按户填报的项目有本户编号、户别、本户人数、本户出生人数、本户死亡人数、本户户籍人口中离开本市一年以上的人数等项目6个；按人填报的项目有姓名、与户主关系、性别、年龄、民族、户口状况和性质、1985年7月1日常住地状况、迁来本地的原因、文化程度、在业人口的行业、在业人口职业、不在业人口状况、婚姻状况、妇女生育存活子女数、1989年1月1日以来妇女生育状况15个。普查显示：1990年7月1日零时，全市总户数334836户，总人口1130592人，其中男性567370人、女性563222人。

图20—5—691　1999年3月，萧山市公安局人口户籍管理等信息全面实行了计算机管理。图为该局办证中心（董光中摄）

第五次全国人口普查　2000年，第五次全国人口普查。普查标准时间为2000年11月1日零时，普查采用按常住地登记人口的原则。普查表按普查表的长短分：有普查表短表、普查表长表两种，其中普查表长表抽10%的户填报，普查表短表由其余90%的户填报。按普查表填报内容分：有按户填报、按人填报两种。

按户填报的普查表。普查表短表按户填报的项目有户编号、户别、本户普查登记人数、本户户籍人口中外出不满半年人数、本户户籍人口中外出半年以上人数、暂住本镇乡街道离开户口登记地不满半年人数、本户1999年11月1日至2000年10月31日出生人数、本户1999年11月1日至2000年10月31日死亡人数、本户住房间数、本户住房建筑面积等项目10个。普查表长表按户填报的，除普查表短表的项目外，还有住房用途、本住房中是否有其他合住户、住房建成时间、建筑层数、住宅外墙墙体材料、住房内有无厨房、主要炊事燃料、是否饮用自来水、住房内有无洗澡设施、住房内有无厕所、住房来源、购建住房费用、月租房费用23个。

按人填报的普查表。普查表短表按人填报的项目有姓名、与户主关系、性别、年龄、民族、户口登记状况、户口性质、是否识字、受教育程度9个。普查表长表按人填报的项目26个，除有普查表短表的9项外，还有学业完成情况、出生地、何时来本镇乡街道居住、从何地来本镇乡街道居住、迁出地类型、迁移原因、五年前常住地、是否有工作、工作时间、行业、职业、未工作者状况、未工作者主要生活来源、婚姻状况、初婚年月、生育子女数、1999年11月1日至2000年10月31日的生育状况17个。

此外，还有死亡人口调查表和暂住人口调查表。

普查显示：2000年11月1日零时，全市总户数391434户，其中家庭户369398户、集体户22036户；总人口1233348人，其中男性613229人、女性620119人。

（第三次全国人口普查、第四次全国人口普查、第五次全国人口普查的相关指标及数据，详见《人口》编）

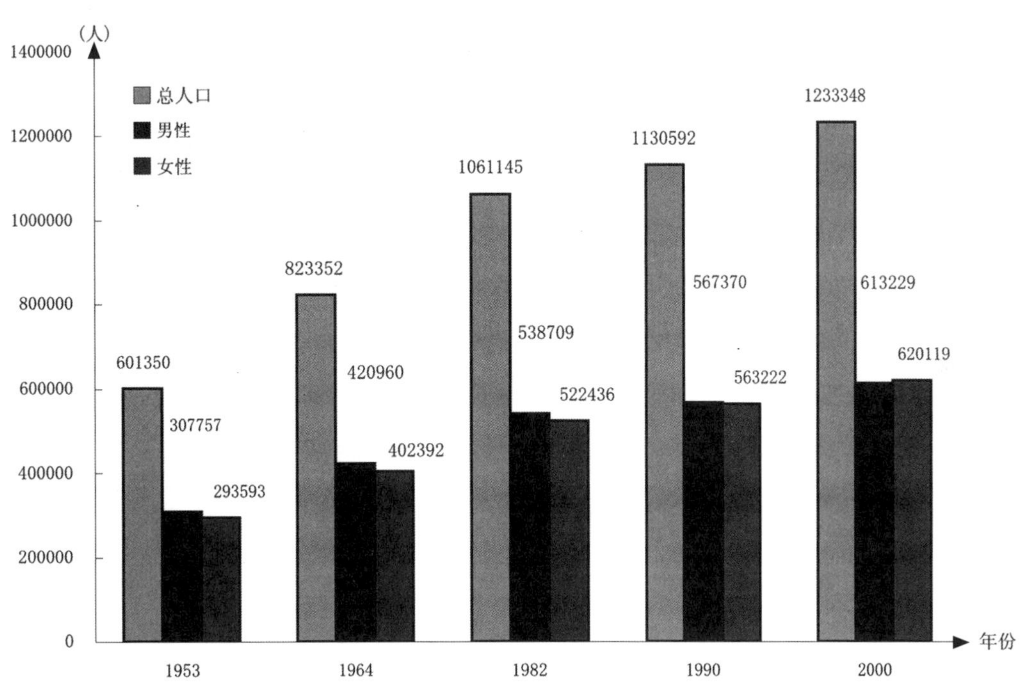

图20—5—692 萧山五次全国人口普查人口情况

注：①资料来源：萧山区统计局。

②1953、1964、1982、1990年，4次人口普查按户籍填报；2000年，按常住地登记人口。

工业普查

中华人民共和国成立后，国家先后于1950、1985、1995年进行3次全国工业普查；1980年，根据国家经济委员会、农业委员会、工商行政管理总局部署，开展工业企业普查登记。

全国工业企业普查登记　1980年，对1979年末全县工业企业进行普查登记。经普查，1979年末，有工业企业1638家，职工112816人。其中全民所有制企业29家，职工24530人；县以上集体所有制企业70家，职工12092人；城镇街道办41家，职工2713人；社队办1333家，职工66830人；学校办68家，职工1398人；其他企业97家，职工5253人。工业企业主要分布在机械工业等9个部门。

表20–5–463 1979年末全国工业企业普查登记萧山境内工业企业情况

单位：家

工业部门	全民所有制	县以上集体所有制	城镇街道办	社队办	学校办	其他	合计
机械工业	10	31	11	385	41	22	500
建筑材料工业	3	4	1	211	3	14	236
纺织工业	2	7	4	188	7	2	210
化学工业	6	5	3	127	6	5	152
食品工业	2	0	0	57	0	42	101
造纸工业	0	0	0	47	0	0	47
森林工业	0	16	1	20	0	2	39
冶金工业	1	1	0	6	2	0	10
电力工业	1	0	0	0	0	0	1
其他工业	4	6	21	292	9	10	342

注：①资料来源：萧山县工商行政管理局编纂组：《萧山县工商行政管理志》，1987年8月，第66页。
②含在萧的中央、省、杭州市工业。

第二次全国工业普查　1985年，开展第二次全国工业普查。普查时点是1985年12月31日。经普查，1985年12月31日，县境内乡及乡以上独立核算工业企业（含中央、省、杭州市在萧的工业）882家，工业总产值（80不变价）167289万元，比1984年增长37.75%，比1980年增长189.88%。萧山县属乡及乡以上独立核算工业企业863家，其中全民企业67家、县属集体101家、乡办或相当于乡办企业693家、大陆与港商合资企业1家、全民与集体合资企业1家；中央、省、杭州市在萧独立核算工业企业19家，其中全民企业10家、集体企业7家、相当于乡办企业2家。县境内乡及乡以上非独立核算生产单位260家，其中萧山县属企业259家、杭州市属企业1家。

表20–5–464 1985年第二次全国工业普查萧山境内工业企业基本情况

项目	企业数量（家）	全部职工人数（万人）	全年工资总额（万元）	固定资产原值（万元）	动力机械总能力（千瓦）	企业占地面积（平方米）	企业房屋建筑面积（平方米）	产品销售收入（万元）	产品销售税金（万元）	利润总额（万元）
总计	882	13.82	12621.51	72516	317373	9707085	3487665	144241	8641	19067
按经济类型分										
全民工业	77	3.64	4082.10	37430	134348	3287076	1526348	58065	4622	7701
中央企业	1	0.04	43.50	481	656	42188	18617	200	12	10
省属企业	2	0.14	183.00	780	5671	335903	83837	1140	83	268
市属企业	7	2.10	2458.90	23741	83509	1610321	853056	34814	2983	4673
县属企业	67	1.36	1396.70	12428	44512	1298664	570838	21911	1544	2750
集体工业	803	10.08	8423.11	34518	182005	6401081	1941441	84103	3951	11117
全民与集体合资工业	1	0.09	91.40	191	380	13071	13139	1295	69	140
大陆与港商合资工业	1	0.02	24.90	377	640	5857	6737	779	0	109
按轻重工业分										
轻工业	558	8.34	6903.74	33153	103493	3199487	1757122	85432	5449	9624
重工业	324	5.48	5717.77	39363	213880	6507598	1730543	58809	3193	9442

注：①资料来源：萧山区统计局。
②含在萧的中央、省、杭州市工业。

表20-5-465　1985年第二次全国工业普查萧山境内工业企业职工情况

单位：人

项　目	总人数	按年龄分						按文化程度分				已评定技术职称人数		
		20岁以下	21～35岁	36～50岁	51～55岁	56～60岁	61岁以上	大专程度	中专技工高中	初中程度	小学以下	高级技术职称	中级技术职称	一般技术职称
总　计	126165	16072	73853	31370	3333	1092	445	1537	18092	48240	58296	11	402	1143
按经济类型分														
全民工业	30592	2941	15500	10497	1336	303	15	1321	7595	13188	8488	4	375	892
中央企业	352	9	269	62	9	3		14	92	198	48	0	3	10
省属企业	1005	59	405	451	68	20	2	42	137	313	513	1	5	24
市属企业	19305	1637	9388	7109	978	185	8	1060	5020	8158	5067	3	340	701
县属企业	9930	1236	5438	2875	281	95	5	205	2346	4519	2860	0	27	157
集体工业	95056	13106	58041	20712	1984	783	430	213	10430	34792	49621	7	27	246
其他经济	517	25	312	161	13	6		3	67	260	187	0	0	5
按轻重工业分														
轻工业	77264	10756	47997	16076	1551	590	294	527	10294	30155	36288	7	75	341
重工业	48901	5316	25856	15294	1782	502	151	1010	7798	18085	22008	4	327	802
按企业类型分														
大型企业	13938	1182	7141	4862	645	103	5	757	3703	6085	3393	2	223	426
中型企业	5248	512	2178	2137	327	93	1	266	1246	2024	1712	0	111	256
小型企业	106979	14378	64534	24371	2361	896	439	514	13143	40131	53191	9	68	461

注：①资料来源：萧山区统计局。
②含在萧的中央、省、杭州市工业。
③工业企业职工包括固定职工和合同制职工。

第三次全国工业普查　1995年，开展第三次全国工业普查。普查时点是1995年12月31日。经普查，1995年12月31日，全市工业企业和附营工业生产单位7889家（不包括中央、省、杭州市在萧山的工业企业，下同），从业人员31.55万人，资产总额181.24亿元，实收资本52.83亿元。是年，全市工业企业和附营工业生产单位产品销售收入202.47亿元，比1985年增长12.50倍；工业增加值为65.14亿元，占国内生产总值的52.77%。乡及乡以上工业企业产品出口交货值25.90亿元，占全市乡及乡以上工业企业销售成品价值比重的20.78%。萧山工业呈现出多种经济成分共同发展的格局。

表20-5-466　1985、1995年萧山各经济成分工业主要指标占比重情况

经济成分	资产总额比重（%）		从业人员比重（%）		工业总产值比重（%）	
	1985年	1995年	1985年	1995年	1985年	1995年
国有工业	18.19	10.50	6.24	5.40	14.85	5.16
集体工业	79.81	64.76	87.53	72.52	84.02	68.61
私营工业	—	2.46	—	5.40	—	5.94
个体工业	0.95	1.25	6.07	8.49	0.46	7.16
股份制工业	—	5.79	—	1.67	—	2.71
其他工业	1.05	15.24	0.16	6.52	0.67	10.42

注：①资料来源：萧山市人民政府第三次工业普查领导小组、萧山市统计局：《萧山市第三次工业普查公报》，1997年3月10日。
②不包括在萧的中央、省、杭州市工业。

1985～1995年期间，行业结构的基本趋势是：新兴行业比重有所上升，传统行业比重相应下降，但行业结构总体格局变化尚不明显。

表20–5–467　1985、1995年萧山工业行业主要指标的比重、位次情况

行　　业	固定资产比重(%)		固定资产比重位次（位）		工业总产值比重（%）		工业总产值比重位次（位）	
	1985年	1995年	1985年	1995年	1985年	1995年	1985年	1995年
纺织	22.93	27.62	1	1	33.07	35.09	1	1
服装、皮革	2.51	4.56	10	8	5.12	7.93	5	2
交通运输设备	4.31	11.40	7	2	4.37	6.89	6	3
机械、仪器仪表	14.35	7.06	3	5	11.73	5.81	2	4
金属制品	3.98	5.61	8	6	3.79	4.51	7	5
化学	4.32	4.05	6	9	2.70	4.11	10	6
食品、饮料	9.02	7.17	4	4	7.55	3.34	3	7
建筑材料	15.10	10.40	2	3	6.66	3.23	4	8
橡胶及塑料制品	5.26	4.88	5	7	3.62	3.17	9	9
造纸、印刷	3.68	3.08	9	11	3.70	3.03	8	10
电气机械及器材	1.41	3.34	11	10	2.37	2.78	11	11
其他	13.13	10.83	34	34	15.32	20.11	34	34

注：①资料来源：萧山市人民政府第三次工业普查领导小组、萧山市统计局：《萧山市第三次工业普查公报》，1997年3月10日。
②不包括在萧的中央、省、杭州市工业。

1995年，全市工业企业和附营工业生产单位从业人员为31.55万人，比1985年增长39.36%；工业企业从业人员占萧山市全社会劳动者比重为42.43%，比1985年上升8.85个百分点。在全市乡及乡以上工业企业从业人员16.49万人中，工人和学徒占79.31%、工程技术人员占3.98%、管理人员占10.45%、服务及其他人员占6.26%，与1985年相比，工人和学徒所占比重下降6.01个百分点、工程技术人员比重上升3.28个百分点、管理人员比重下降0.98个百分点、服务及其他人员比重上升3.72个百分点；具有大专及以上文化程度的人员占1.59%、中专技工高中文化程度的占18.86%、初中及以下文化程度的占79.55%，与1985年相比，大专及以上文化程度的从业人员比重提高1.19个百分点、中专技工高中文化程度的比重提高6.69个百分点、初中及以下文化程度的比重下降7.89个百分点；具有技术职务的专业技术人员0.75万人，比1985年增长15.13倍；20岁及以下的从业人员占6.92%、21～35岁的占53.25%、36～50岁的占34.67%、51岁以上的占5.16%，与1985年相比，20岁及以下人员比重下降6.74个百分点、21～35岁的比重下降7.21个百分点、30～50岁的比重上升12.20个百分点、51岁以上的比重上升1.75个百分点。

1995年，从业人员报酬普遍提高。工业企业从业人员年平均劳动报酬为6017元，扣除物价影响，实际比1985年增长84.05%。1985～1995年期间，工业企业从业人员年平均劳动报酬年均递增6.29%。

农业普查

1996年，开展第一次全国农业普查。普查指标分：时点指标和时期指标。时点指标的时间是1996年12月31日，时期指标的时间是1996年1月1日至12月31日。普查表有四种调查表和两种卡片。四种调查表是：农村住户调查表和非农村住户农业生产经营单位调查表，主要用于调查人口、从业人员和生产经营基本情况；村调查表和镇乡调查表，主要用于调查户数、人口等。两种卡片是：非农乡镇企业基本情况卡片，主要用于调查单位类型、行业类别、从业人员、生产经营等；农业用地卡片，主要用于调查农业用地面积等。

普查结果：1996年12月31日，全市镇乡28个，其中镇24个、乡4个；村（含居委会）857个。农业用地50942.76公顷，其中水田42892.13公顷、旱地8050.63公顷。农村户数284832户，农村人口976135人。农村住户259889户，农村住户人数933492人（男461414人、女472078人）。农村住户中，农业户129687户，农业户人数479204人；非农业户130202户，非农业户人数454288人。农村住户从业人数644928人，其中农业人数193200人、非农业人数451728人。农业生产经营单位129909家，从业人员358432人。其中农业户129687家，从业人员350610人；农业企业222家，从业人员7822人。农业企业按经济类型分：国有21家、3039人；集体150家、4123人；私营35家、288人；个体11家、355人；联营5家、17人。农业企业按产业分：种植业101家，4063人；畜牧业25家，2281人；林业40家，693人；渔业56家，785人。非农乡镇企业3974家，从业人员231581人。非农乡镇企业中：乡镇办695家、村办1463家、联户办164家、户办1652家。非农乡镇企业从业人员，按文化程度分：小学及以下80109人、初中109242人、高中及高中以上42230人；按来源分：本乡169194人、本市26392人、市外35995人。

第三产业普查

1993年，首次开展第三产业普查。普查年度为1991年和1992年。普查的范围是从事第三产业的所有单位，包括从事第三产业的企业、事业、行政单位和社会团体（以下统称单位）和城乡个体户。普查的内容包括：第三产业机构及人员、经营指标、实物资产指标。普查的方法：对单位采用全面普查、个体户采用抽样调查。经普查，1991年、1992年的全市第三产业增加值（含在萧的中央、省、杭州市单位）分别为91264万元、132243万元，分别占全市国内生产总值的23.57%、26.35%。

表20—5—468　1991、1992年萧山市第三产业主要指标情况

指　　标	1991年	1992年	指　　标	1991年	1992年
年末单位数（家）	37025	45967	劳动报酬（万元）	27821	39264
单　位	4936	5413	单　位	27238	37726
城乡个体户	32089	40554	城乡个体户	583	1538
年末从业人员（人）	112076	130036	生产税净额（万元）	9928	11482
单　位	70900	76623	单　位	6175	6544
城乡个体户	41176	53413	城乡个体户	3753	4938
总产出（万元）	141868	211558	固定资产折旧（万元）	11846	14076
单　位	106208	152247	单　位	11846	14076
城乡个体户	35660	59311	城乡个体户	—	—
增加值（万元）	91264	132243	营业盈余（万元）	41669	67421
单　位	68685	93522	单　位	23426	35176
城乡个体户	22579	38721	城乡个体户	18243	32245

注：①资料来源：萧山区统计局。

②“年末单位数”项指标为从事第三产业的企业、事业、行政单位、社会团体和城乡个体户数。“单位” 项指标为从事第三产业的企业、事业、行政单位和社会团体。

③含在萧的中央、省、杭州市第三产业。

表20-5-469 1991年萧山市第三产业分行业主要指标情况

单位：万元

行业	总产出	增加值	劳动者报酬	生产税净额	固定资产折旧	营业盈余
农林牧渔服务业	1305	658	530	14	65	49
地质勘查业、水利管理业	1208	949	543	9	103	294
交通运输、仓储及邮电通信业	25946	15293	4200	1024	1609	8460
批发和零售贸易、餐饮业	56038	32335	7755	7202	2757	14621
金融、保险业	19591	18020	703	1243	414	15660
房地产业	4578	4468	62	26	4272	108
社会服务业	6376	3917	1174	356	448	1939
卫生、体育和社会福利业	4086	2145	1790	4	201	150
教育、文化艺术及广播电影电视业	4839	3768	3000	23	628	117
科学研究和综合技术服务业	814	463	279	28	36	120
国家机关、政党机关和社会团体	13201	7045	6007	16	923	99
其他行业	3886	2203	1778	−17	390	52

资料来源：萧山区统计局。

表20-5-470 1992年萧山市第三产业分行业主要指标情况

单位：万元

行业	总产出	增加值	劳动者报酬	生产税净额	固定资产折旧	营业盈余
农林牧渔服务业	1337	739	527	14	96	102
地质勘查业、水利管理业	1488	1091	647	19	130	295
交通运输、仓储及邮电通信业	36106	21001	5271	1360	2111	12259
批发和零售贸易、餐饮业	94941	54607	13130	7894	2731	30852
金融、保险业	26385	23627	1135	1598	770	20124
房地产业	5825	5511	115	2	4875	519
社会服务业	10082	5536	1787	540	627	2582
卫生、体育和社会福利业	5500	2863	2357	3	304	199
教育、文化艺术及广播电影电视业	6608	5049	4149	21	739	140
科学研究和综合技术服务业	1409	770	465	37	48	220
国家机关、政党机关和社会团体	16812	8713	7422	22	1138	131
其他行业	5065	2736	2259	−28	507	−2

资料来源：萧山区统计局。

第三节 抽样调查

农村住户抽样调查

1980年，萧山县被国家统计局抽选为农民家计调查抽样调查点。是年，抽选30户农村居民家庭作为调查样本户，由调查样本户进行经常性记账。主要调查农村居民家庭收支等情况。据对30户农村居民家庭调查样本户的调查，萧山农村居民年人均纯收入229.14元，年人均生活费支出322.03元。1983年，调查样本户增加到60户。翌年，农民家计调查改称为农村住户调查。1985年，农村住户调查的调查样本户增加到100户。1993年，调查样本户增至200户。

城市住户抽样调查

1985年，萧山县被省统计局抽选为省城市住户抽样调查点。是年，抽选40户城市居民家庭作为调查样本户，由调查样本户进行经常性记账。主要调查城市住户家庭的收支、消费及生活状况等。翌年，40户城市居民年人均实际收入1115.55元，其中人均生活费收入1006.57元；年人均实际支出1017.15元，其中人均生活消费支出932.72元。1993年，城市居民家庭调查样本户增加为80户。1999年，调查样本户增加到100户，其中城厢镇80户，瓜沥镇10户，临浦镇10户。2000年，据对100户调查样本户的调查，城市居民年人均实际收入10984.00元，其中人均可支配收入10513.00元；人均实际支出9819.77元，其中人均生活消费性支出7593.00元。

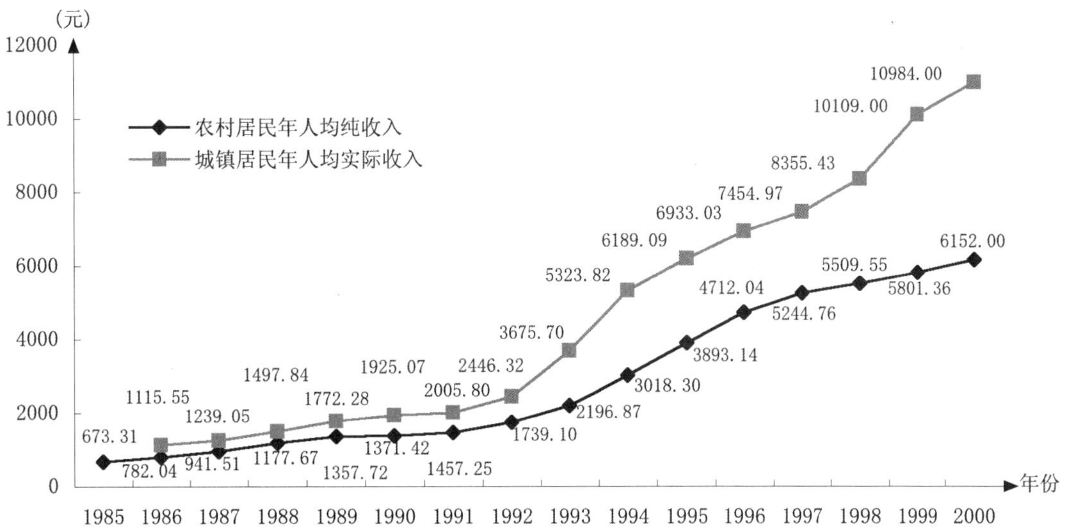

图20—5—693　1985～2000年萧山抽样调查居民年人均收入

资料来源：萧山区统计局。

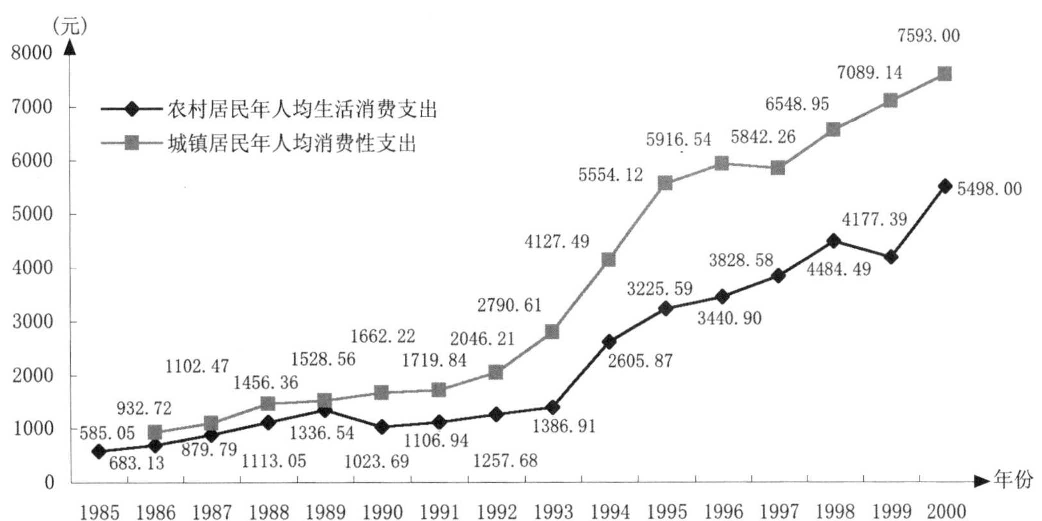

图20—5—694　1985～2000年萧山抽样调查居民年人均消费支出

资料来源：萧山区统计局。

价格抽样调查

1972年起，萧山开始调查并编制商品零售物价指数（时称零售牌价指数），主要调查由政府定价的消费品价格和农业生产资料价格。1975年，增加调查集市贸易价格，并补充统计了1968～1971年的商品零售牌价指数。

1985年，萧山县被省统计局抽选为价格抽样调查点。主要调查职工生活费用价格指数、农民生活费用价格指数、商品零售物价指数、农业生产资料价格指数和集市贸易价格指数。

1994年，改为主要调查并编制居民消费价格指数、商品零售价格指数和农业生产资料价格指数。2000年，居民消费价格调查内容包括消费品和服务项目基本分类320个，代表规格品种600余个，分食品类、衣着类、家庭设备及用品类、医疗保健类、交通和通讯工具类、娱乐教育文化用品类、居住类和服务项目8大类；商品零售价格调查包括商品基本分类353个，分食品类、饮料烟酒类、服装鞋帽类、纺织品类、中西药品类、化妆品类、书报杂志类、文化体育用品类、日用品类、家用电器类、首饰类、燃料类、建筑装潢材料类和机电产品类14大类；农业生产资料价格调查包括商品基本分类49个，分小农具、饲料、幼禽家畜、大牲畜、半机械化农具、机械化农具、化学肥料、农药及药械、农机用油和其他类10大类。

（历年相关价格指数，详见本编《物价管理》章《价格改革》节和《商品价格》节）

第四节　信息服务

统计分析

1982年起，为向党政领导和有关部门反映全县国民经济和社会发展情况，为制定经济社会发展计划和决策管理提供参考和依据，萧山统计行政管理部门逐步改变只提供统计数据的做法，以不定期编印《统计简报》的形式进行统计分析，并发布统计分析报告和各种统计信息。

1998年1月开始，增发不定期的《统计快讯》，简要快捷地发布萧山各种经济社会发展进度的统计信息，主要内容有农业、工业、贸易、固定资产投资、劳动工资、价格指数、城乡居民收入等主要统计指标的每月进展情况。1998年5月，《统计简报》改名《统计分析》，主要编发萧山国民经济及社会发展各方面的综合性统计分析和社会热点、难点问题的专题统计分析。

至2000年末，萧山统计行政管理部门累计编发《统计简报》871期、《统计快讯》232期、《统计分析》75期。

统计公报

1986年，开始发布上年度统计公报。是年4月11日，县统计局在《萧山农科报》上发布《萧山县统计局关于一九八五年全县国民经济和社会发展的统计公报》，公报内容有农业、工业、固定资产投资和建筑业、交通邮电、商业、财政、金融、科技、文教、卫生、体育、人民生活、人口等。翌年后，每年按规范格式，通过报纸公布萧山国民经济和社会发展统计公报。

2000年，统计公报内容分经济发展、社会事业、人口与人民生活、城市建设与环境保护4个部分。

至2000年，累计向社会发布年度国民经济和社会发展统计公报15次。

资料汇编

1953年3月县政府设立统计科后，除1966～1971年外，均编印每年度国民经济统计资料和时期统计资料汇编等。资料汇编主要内容有概况、农业、工业、基建、交通、邮电、商业、财政、金融、劳动工资、文教卫生等。1982年第三次全国人口普查开始，历次全国普查都编制有普查资料汇编。

表20-5-471 1958～2000年萧山统计资料汇编情况

顺序号	资料名称
一	年度资料汇编
1	《萧山县国民经济发展情况·一九五八年》
2	《萧山县工业生产基本情况·一九五八年》
3	《萧山县国民经济资料提要·1959》
4	《一九六一年度萧山县国民经济统计资料》
5	《一九六二年度萧山县国民经济统计资料》
6	《一九六二年度萧山县农业生产统计资料汇编》
7	《一九六三年度萧山县国民经济统计资料》
8	《一九六四年度萧山县国民经济统计资料》
9	《一九六五年度萧山县国民经济统计资料》
10	《萧山县国民经济统计资料·一九七二年》
11	《萧山县国民经济统计资料·一九七三年》
12	《萧山县国民经济统计资料·一九七四年》
13	《萧山县国民经济统计资料·一九七五年》
14	《萧山县国民经济统计资料·一九七六年》
15	《萧山县国民经济统计资料·一九七七年》
16	《萧山县国民经济统计资料·一九七八年》
17	《萧山县国民经济统计资料·一九七九年》
18	《萧山县国民经济统计资料·一九八〇年》
19	《萧山县国民经济统计资料·一九八一年》
20	《萧山县国民经济统计资料·一九八二年》
21	《萧山县农业统计资料·一九八二年》
22	《萧山县国民经济统计资料·一九八三年》
23	《萧山县农业统计资料·一九八三年》
24	《萧山县国民经济统计资料·一九八四年》
25	《萧山县农业统计资料·一九八四年》
26	《萧山县国民经济统计资料·一九八五年》
27	《萧山县农业统计资料·一九八五年》
28	《萧山县国民经济统计资料·一九八六年》
29	《萧山市（县）国民经济统计资料·一九八七年》
30	《萧山县农业统计资料·一九八七年》
31	《萧山市国民经济统计资料·一九八八年》
32	《萧山市农业统计资料·一九八八年》
33	《萧山市国民经济统计资料·一九八九年度》
34	《萧山市农业统计资料·一九八九年度》
35	《萧山市国民经济统计资料·一九九〇年度》
36	《萧山市农业统计资料·一九九〇年度》
37	《萧山市国民经济统计资料·一九九一年度》
38	《萧山市农业统计资料·一九九一年度》
39	《萧山市国民经济统计资料·一九九二年度》
40	《萧山市农业统计资料·一九九二年度》
41	《萧山市国民经济统计资料·1993》
42	《萧山市国民经济统计资料·1994》
43	《萧山市统计年鉴·一九九五年》
44	《萧山市统计年鉴·一九九六年》
45	《'97萧山市统计年鉴》
46	《'98萧山市统计年鉴》
47	《'99萧山市统计年鉴》
48	《2000·萧山市统计年鉴》
二	时期资料汇编
1	《1952～1956萧山县国民经济统计资料（农业、林业、水利）》
2	《萧山县国民经济建设十年资料提要·1949～1958》
3	《国民经济主要统计资料提要·1957～1960》
4	《萧山县农业生产十二年统计资料·一九四九～一九六一》
5	《萧山县三十年统计资料·1949～1978》
6	《萧山县各时期国民经济简要统计资料·1949～1983》
7	《萧山统计资料·1949～1990》
8	《萧山五十年巨变——新中国成立以来萧山经济与社会发展统计文献》
三	普查资料汇编
1	《浙江省萧山县1982年人口普查资料》
2	《第二次全国工业普查萧山县工业企业概况》
3	《浙江省萧山市第三产业普查资料》
4	《萧山市第三次工业普查资料汇编》
5	《浙江省萧山市1990年人口普查资料》
6	《萧山市第一次农业普查资料》
7	《杭州市萧山区2000年人口普查资料》

注：①资料来源：萧山区统计局。
②1986年，因故未汇编《萧山县农业统计资料》。

1995年后，国民经济统计资料汇编改为萧山统计年鉴。1999年，由中共萧山市委宣传部、萧山市统计局编印《萧山五十年巨变——新中国成立以来萧山经济与社会发展统计文献》。该《文献》由中央领导视察萧山的史料照片、统计图、专题报告、统计资料和萧山风貌等组成，全面展示了萧山人民50年来的奋斗足迹。

《2000 · 萧山市统计年鉴》主要内容有：概况、农业、工业、交通、邮电、市政公用事业、固定资产投资和建筑业、贸易、能源、外贸、物价、财政、金融、商业保险、城乡住户调查、劳动工资、社会保险、科技、文教、卫生、体育、民政和镇乡（农场）基本情况、现代化建设标兵村主要经济指标、百强企业主要经济指标、杭州市七县（市）主要经济指标、部分经济强县（市、区）主要经济指标等。

1958～2000年，累计编发统计资料汇编63种，其中年度统计资料汇编48种（1958～1994年的年度国民经济统计资料30种、农村和农业统计资料11种、工业1种，1995～2000年的统计年鉴6种）；时期统计资料汇编8种；普查资料汇编7种。

统计信息交流

1985年4月，萧山县统计局加入“苏浙沪十县（市）统计信息交流会”，开始与江苏常熟、沙州、无锡、江阴、宜兴、武进、南通和上海嘉定、浙江绍兴县（市）开展统计信息交流，除此之外，还经常与其他县（市）进行统计信息交流。

1990年7月，萧山统计局加入“浙江省十县（市）统计信息交流网络”，与省内绍兴、余杭、鄞县、慈溪、余姚、海宁、桐乡、黄岩、上虞等县（市）开展统计信息交流。2000年，苏浙沪十县（市）统计信息交流范围扩展到山东、江苏、上海、浙江、福建、广东等沿海地区28个经济比较发达的县（市、区）。是年，萧山市在沿海地区28个经济比较发达县（市、区）中，国内生产总值列第二位、工业总产值列第五位、农业总产值列第七位、社会消费品零售总额列第九位、财政总收入列第十位。

第五节　统计执法

执法检查

1984年，为贯彻《中华人民共和国统计法》，县统计行政管理部门全面检查核实全县各区、镇乡和主管部门及所属企事业单位上报的农业、工业、商业、物资、基本建设、劳动工资等统计数字。同时，市统计学会还经常性开展统计执法咨询活动。

1985年，改为采取自查、互查和组织重点抽查等方法，开展以数字质量为中心的统计执法检查。1991年，企业主管部门和镇乡开始设置统计检查员，分别负责本部门、镇乡管辖范围内的统计执法检查工作。是年，对某农场拒报劳动统计报表的行为，作出罚款1000元的行政处罚，这是萧山首例依法查处的统计违法行为。1997年12月，经市统计行政管理部门查实，某集团有限公司瞒报下属企业1996年产品销售收入9349.19万元、1997年1～6月瞒报7865.31万元，遂对该集团有限公司作出罚款2万元的行政处罚。这是统计行政处罚金额最高的案例。

至2000年，全市设置统计检查员52人，比1985年增加27人。查处统计违法案累计26件，其中通报批评3件、责令改正3件、罚款20件，处罚金共计12.25万元。

持证上岗

1995年7月开始，根据省人民代表大会常务委员会修改颁布的《浙江省统计工作监督管理条例》，实施专业统计人员持证上岗制度。至2000年末，持有《专业统计人员统计证》的人员5798名。

第六章　审　计

1984年2月，建立萧山县审计局后，开始选择工商企业进行财务收支试行审计。1985年后，有计划地开展审计，审计范围及内容相应增加。1986年6月，镇乡及主管部门开始建立内部审计机构，对本部门进行内部审计监督。1988年，建立萧山市审计事务所、萧山市会计事务所。至此，萧山形成国家审计、内部审计和社会审计的审计体系。1994年5月，永兴会计师事务所建立（1998年4月撤销）。1996年后，企业开始建立内部审计机构，行使企业内部监察审计职能。1999年，萧山市审计事务所、萧山市会计事务所改制，分别设立杭州萧审会计师事务所有限公司、杭州萧然会计师事务所有限公司。

至2001年3月，萧山审计局审计范围涵盖了行政事业、财政金融、工商企业和基本建设等领域，同时开展各种专项资金审计和审计调查，探索经济效益审计，累计完成国家审计项目1367个，查出违纪违规金额91147万元，其中截留挤占挪用资金18391万元、应缴未缴各项税费836万元、虚增虚减收入（资产）69018万元、其他2902万元，经审计处理上缴财政11853万元、减少或抵拨财政拨款767万元、归还原渠道资金5525万元、促进增收节支2802万元、调账处理70200万元。内部审计机构审计项目累计9375个，纠正违纪违规金额21480万元，促进增收节支6994万元。

第一节　国家审计

行政事业单位财务审计

行政事业单位财务审计包括行政事业单位所使用的各项财政资金、资产和所管理的各项社会基金、各种行政性收费与罚没款项，以及通过其所属经济实体的经营活动所带来的各项收益。自1985年起，萧山审计局开始对行政事业单位财务审计。至2000年，主要开展了常规财务审计、专项资金审计和专项资金调查。

常规财务审计　1987年，开始有重点地对预算外资金收入多、行政事业性收费与罚没收入多和财政拨款多的行政事业单位实施常规财务收支审计。审计内容主要有预算内资金和预算外资金的财务收支、专项资金和各项基金收支审计。是年，审计萧山县农电管理总站1986年度财务收支，发现该站账实不符58.08万元、移用农电维修基金12.60万元。1990年，审计萧山市卫生防疫站1989年度预算内、预算外资金235.40万元,发现挤占预算内防疫事业费、隐匿预算内结余资金、改水资金购买职工住宅、转移预算收入及超发奖金等违纪违规金额87.64万元。翌年，审计市公安局交通警察大队财务收支，查出漏缴罚没款和未通过账面核算反映事故暂存款等违纪违规金额150.27万元。审计处理上缴财政121.74万元、调整账户28.53万元。1995年，审计萧山市建筑设计院1994年度财务收支，发现转移截留收支、挤占成本费用、虚增利润52.62万元。1999年，审计发现萧山市环境保护局征收的排污费未及时入账和上缴财政570.30万元。

1995～2000年期间，市审计局还完成市政府办公室以《抄告单》形式安排常规财务收支审计项目和国家、省、杭州市审计机关统一部署的常规财务收支审计任务。1995年，市政府要求审计部门对其驻外办事处及所属单位1995年8月底止的资产、负债、损益进行审计，以核实资产和盈余情况。是年，先后审计市政府驻哈尔滨、北京、太原、上海、海南、珠海、瑞丽7家办事处，审计金额6929.88万元，查出管理不规范资金1669.65万元，其中资产不实、负债不实和损益不实资金900万元，虚增利润和虚减利润269.65万元，对外投资损失500万元。1997年，根据杭州市审计局部署，审计萧山市土地管理局1996年度财务收支，审计金额5168.68万元，查明违纪违规金额624.08万元，其中擅自决定免缴各种使用土地费用193.18万元、直接退还国有土地出让金380.90万元、出借出让金50万元。2000年，根据省统一部署，审计萧山市对外贸易经济合作局1999年1月至2000年6月财务收支，审计金额989.85万元，查明单位行政经费列支不符规定、外向型基金未设专户核算、预算外资金核算不规范等违纪违规资金160万元。是年，又按照审计署安排，审计杭州市工商行政管理局萧山分局1999年度财务收支，查出超标准和超范围收取企业名称核准登记费、部分规费未缴财政专户作其他收入、房屋出租收入未纳税等违纪违规金额64万元。

至2000年末，常规财务审计的行政事业单位60家次，查出违纪违规金额2522.73万元，其中应缴未缴财政各种规费739.33万元、收支不实资金1782.80万元。审计分别上缴财政、调整账户。

专项资金审计　1985年开始，为确保财政资金有效使用，加强对公共财政资金管理，对关系人民群众切身利益的专项资金实行专项资金审计监督。至2001年3月25日，累计实施专项资金审计项目64个次，审计单位174家次，审计金额782113.70万元，查明违纪违规金额15885.84万元，占全市同期违纪违规金额的17.42%。其中专项资金结余应缴未缴财政1449.89万元、未纳入财政专户管理资金14435.95万元。

交通专项资金　1985年，专项审计公路养路费，审计金额568.84万元，发现1984年度发放奖金（包括书报费、雨具费）超列成本、用于食堂招待支出、长期挂账和需要清理核销的内部往来款未清理核销等违纪违规金额1.88万元。1999年，审计交通行政管理部门及公路建设资金的征收单位1997年1月至1998年9月公路建设资金的征收和管理情况。截至1998年9月末，全市尚有2736辆汽车待征养路费81.53万元；未经批准，对交通行政管理部门所属4家运输企业的69辆汽车减征养路费共计30.70万元；少征公路建设资金13.34万元，未上缴财政公路建设资金190万元、联托运收入577.14万元、公路车辆通行费100万元；出借地方公路建设基金、联托运收入、公路建设资金等4670.48万元；尚欠工程款463万元。

教育经费　1986年，检查县教育局及直属学校共35家单位的教育经费，审计金额260.65万元，查出违纪违规金额5.84万元，其中上缴财政0.65万元、调整账户5.19万元。1991年，审计义桥镇、新塘乡等镇乡中学3所，审计金额76.37万元，查出违纪违规金额5.46万元，审计作调账处理。1997年，检查县教育局1996年度普教经费，审计总额21951万元，查出违纪违规金额140.60万元，其中出借100万元、乱集资34.60万元、违反购买国家专控商品6万元。审计作自行调整账户处理。1999年，审计1999年1～9月的教育经费，审计金额5737万元。审计处理增加收入98.59万元。

排污费收入　1993年，审计市环境保护局1992年度排污费收支情况，审计金额3299.93万元。查出违纪违规金额480.55万元，审计处理上缴财政31.41万元、调整账户449.14万元。1996、1997、2001年，先后3次审计上年度市环境保护局的排污费收支情况，查明应缴未缴排污费541.39万元，审计后限期上缴。

农业发展资金　1991年，审计市农业发展基金管理委员会1989、1990年度农业发展基金使用情况，审计金额542万元，发现1989年出借资金6万元。翌年，审计1991年度农业综合开发资金155.13万元，发现浙江省、杭州市补助萧山的45万元资金未及时下拨。1993年，审计市农业综合开发领导小组办公室1992年度资金，审计金额2397.08万元，发现核算不规范资金37.30万元。1995年，审计该市1993、1994年度农业投入资金、审计金额62151万元，发现有问题资金136.64万元。1998年，审计农业综合开发主管部门6月底的资产、负债、损益情况，查出核算不规范资金32.02万元，审计处理调增收入14.54万元、调减支出17.48万元。1999年，审计农业发展基金1384.76万元，主要问题是15.57万元资金未及时拨付。

社会保障资金　萧山审计的社会保障资金主要审计有职工待业保险基金和职工基本养老保险基金。

职工待业保险基金。1992年，审计1990、1991年度职工待业保险基金229.89万元，查出该基金核算不规范资金0.49万元，审计处理调整账户。1994年，审计1993年度该基金，发现出借资金200万元，并将其利息8.70万元列入工会经费；出借生产自救周转金30万元办企业。

职工基本养老保险基金。1992年，审计1990、1991年度职工基本养老保险基金，审计金额6438.77万元，查出违纪违规金额216.34万元，其中向企业多收退休统筹基金110.16万元、少收退休统筹基金20.29万元，侵占挪用该基金80万元、妇女生养基金5万元用于垫支建房款，开支奖金和补贴0.89万元。1994年，审计1993年度该基金5843万元，查出核算不规范资金7.05万元。1998年，审计1997年度该基金22083.65万元，发现核算不规范资金23.73万元。翌年，审计1998年度该基金22009万元，发现违纪违规资金681.92万元，其中出借该基金和管理费610万元、核算不规范资金71.92万元。2001年2月，专项审计1999、2000年度职工基本养老保险基金14050万元，发现尚有未收回的出借资金450万元。

城乡建设资金　1997年，审计市住房资金管理中心住房资金收支情况，审计金额44767.55万元，发现违纪金额8868.21万元，主要问题是出借该资金215.66万元。1998年，审计住房公积金等住房资金收支，审计金额45757.64万元，查出违纪违规资金8888.46万元,其中出借资金215.66万元、核算不规范资金8672.80万元。是年，还审计污水处理工程专项资金2546.29万元，查出违纪违规金额196.81万元，其中未入“预算外收入”专户的资金163.31万元、挪用资金33.50万元。

1987～2000年期间，还专项审计中国建设银行萧山市支行地方财政委托贷款利息分成收入、围垦海涂专项资金、民政事业经费、市场管理费、商业网点基金、交通事业资金、水利专项资金、新型墙体材料专用费、民政福利企业管理费、体育彩票募集基金等专项资金。普遍存在资金管理不严、核算不规范和个别单位将资金出借等问题。

专项资金调查　1985年,开始对专项资金进行调查。是年，根据农业部、财政部提出的开展支农资金检查的意见精神，调查义蓬区、瓜沥区围垦移民建房资金补助经费，发现侵占挪用资金93万元，其中借给区属企业作流动资金51万元、用于企业扩建和购置设备38万元、弥补建造干部宿舍超支4万元。

1988年，为合理确定企业上缴主管部门行政管理费收费标准，先后调查6区（城南、城北、义蓬、瓜沥、临浦、戴村）、3镇（城厢、临浦、瓜沥）和国营工业总公司等7家企业主管部门的1987年1月至1988年6月管理费收取及使用情况。调查金额783.25万元，查出管理费用于发放钱物、开支会议费、招待费、职工福利等违纪违规金额97.16万元。

1992年，根据省审计局统一部署，调查城市建设专项资金征收、使用和管理情况。审计调查27家单位，审计金额33970万元，查明违纪违规资金89.01万元，其中应缴未缴和收入长期挂账61.84万元、计划内工程节余资金转入计划外工程项目支出27.17万元。是年，又根据省审计局、交通厅《关于开展公路建设专用资金审计的联合通知》（浙审计〔92〕47号）精神，调查1990、1991年度公路建设专用资金，审计单位3家，审计金额2300万元。调查发现已征未缴财政的公路建设专用资金7.05万元。

2001年3月，调查财政支农资金、重点项目技术改造财政贴息资金、财政性投资建设项目资金和外贸出口发展基金4个专项资金项目，调查单位20余家，调查金额113679.66万元。查出的违纪违规金额168万元，审计均作归还原渠道处理。

1989年1月至2001年3月，还先后审计调查粮食生产发展专项资金、春粮收购资金、“七五”计划期间科技重大项目投入资金、城建局和卫生局的预算外资金、造地改造资金和外向型经济发展基金等，未发现明显的违纪违规问题。

至2001年3月25日，累计专项资金审计调查的项目有30个，调查单位157家，调查金额256033.78万元，查出违纪违规金额871.47万元，审计要求被审计调查单位自行纠正违纪违规金额。

企业单位财务审计

工商企业财务审计　1985年起，县审计局有计划开展企业审计。1994、1996年，对商贸企业、工业企业先后开展转换经营机制前的资产、负债、损益审计。1985～2000年，审计工商企业99家（次），查出违纪违规资金20658.08万元，其中审计处理上缴财政864.60万元、减少财政补贴105.27万元、调整企业账户19360.18万元、归还原渠道资金328.03万元。

工业企业财务审计　1985年起,开展工业企业财务收支的调查审计和经常性审计。1996年，又开始配合企业转换经营机制，重点开展企业转换经营机制前的资产、负债和损益审计。1985～2000年，审计工业企业33家次。按管理部门分：国营工业总公司所属工业企业16家次、二轻工业总公司所属7家次、交通局3家、商业局、粮食局和农场管理局等部门7家；按审计内容分：审计企业财务收支的21家次，企业资产、负债、损益12家次。查出违纪违规资金6743.59万元，其中企业挤占成本费用、截留利润、虚增利润、虚减利润总金额4668.56万元，各种挂账金额1016.33万元，超发奖金、企业潜亏、隐匿收入、挤占建设基金、少提和多提专用基金、超经营费、损失浪费、转让收入未纳税、转移国有资产设立小金库等违纪违规资金1058.70万元。审计处理上缴财政的各种税收66.03万元、归还原渠道资金328.03万元、调整企业账户6349.53万元。

商贸企业财务审计　1986年起，对商贸企业进行财务收支审计。1994年，增加企业转换经营机制前的资产、负债、损益审计。至2000年，累计审计商贸企业66家次。按管理部门分：商业局所属商贸企业13家次、物资局贸易企业11家次、供销社商贸企业7家次、粮食局粮食经营企业6家次、进出口公司和乡镇企业各3家次、农业局、农机水利局和建设局各2家次、其他部门17家次；按审计内容分：审计财务收支的企业43家次，审计资产、负债、损益的23家次。查出违纪违规金额13914.49万元，其中未缴财政903.84万元，国有资产流失5522.86万元，企业挤占成本费用、隐匿收入、虚增利润、虚减利润、各种费用挂账、多提资金占用费、应摊未摊、超经营费支出等共计7487.79万元。审计处理上缴财政798.57万元、减少财政补贴105.27万元、调整企业账户13010.65万元。其中审计资产、负债、损益的23家次企业发现，有10家企业资产不实14371.89万元、负债不实41663.97万元、损益不实12434.68万元。

金融企业财务审计　1985年起，根据《中华人民共和国审计法》规定，萧山对金融机构的财务收支实施审计监督。1995年，增加金融企业的资产、负债和损益的审计监督。至2000年1月，累计审计金融企业26家次，审计金额1380920.52万元，查出违纪违规金额3216.76万元，其中审计处理上缴财政733.27万元、自行纠正2468.28万元、上缴省农业银行15.21万元。

银行财务审计　1985年起，经审计署授权，县审计局对银行的财务收支实施审计监督。1985～1988年，审计银行4家次，审计金额28304.71万元,查出违纪违规金额251.16万元，其中未列收入172.32万元、挤占费用和成本33.50万元、虚列费用支出19万元、重列购置职工住宅金额14.50万元、其他11.84万元；1990～1994年，审计银行6家次，审计金额58850.31万元，查出违纪违规金额655.57万元，其中应缴未缴各种税金121.06万元、挤占成本及虚列成本44.94万元、应收未收拆出资金利息127.48万元、以拨代支122万元、核算不规范等资金240.09万元。至1994年，累计审计财务收支的银行10家次，审计金额87155.02万元，查出违纪违规金额906.73万元。

1995年起，审计银行的资产、负债、损益。至2000年，累计审计资产、负债、损益的银行共计5家次，审计金额913955.88万元，查出违纪违规金额1430.30万元，其中应缴未缴印花税等税金126.08万元、少计收入54.71万元、挤占成本和费用154.45万元、创办经济实体未能收回投资款1095.06万元。

至2000年1月末，累计审计银行财务15家次，审计金额1001110.90万元，查出违纪违规金额2337.03万元，其中应缴未缴税费604.76万元、收支不实资金1732.27万元。审计处理上缴财政资金589.55万元、上缴省农业银行15.21万元、自行纠正1732.27万元。

信用社财务审计　1996年，市审计局开始审计信用社的资产、负债 、损益及财务收支。是年，审计萧山市信用合作社联合社1995年度资产、负债、损益及财务收支，审计金额113208.98万元，查出违纪违规金额139.64万元，其中未计收入13.70万元、少缴印花税和个人所得税4.51万元、挤占成本7.68万元、出借资金不计利息等113.75万元。翌年，审计萧山市城厢城市信用合作社和萧山市银发城市信用合作社财务收支及资产、负债、损益，审计金额83945万元，违纪违规金额450.74万元，其中未经报批核销呆滞贷款188.87万元、多提呆账准备金261.87万元。审计还发现，两家城市信用合作社1996年末资产金额36147万元，其中有不良资产2031万元；贷款余额15569万元，其中有逾期贷款1472万元（含呆滞贷款476万元）；200万元以上单笔贷款都未按规定经报备，绝大部分股东贷款余额超出本身的出资额，最多的1家股东贷款超出自家出资金额的107.50倍。2000年，再次审计以上两家城市信用合作社的资产、负债、损益，审计金额144729万元，查出违纪违规金额97.57万元，其中少计贷款利息44.30万元、少缴税金（包括房产税）6.12万元、少计房屋出租收入和少提固定资产折旧33.88万元、少计支出等13.27万元。

至2000年，累计审计各类信用社5家次，审计金额341882.98万元，查出违纪违规金额687.95万元，其中应缴未缴税金48.91万元、收支不实资金639.04万元。审计处理上缴财政48.91万元、自行纠正639.04万元。

保险公司财务审计　1988、1992、1994年，市审计局先后3次审计中国人民保险公司萧山市支公司财务收支，共计审计金额5309.44万元，查出违纪违规金额107.25万元。其中审计1987年度资金706.80万元，查出违纪违规金额78.76万元，其中少计保险费收入60.98万元、虚列支出挤占成本3.88万元、应缴未缴财政收入5.20万元、少缴建筑税8.70万元；审计1991年度资金2416.02万元，查出违纪违规金额11.32万元，其中漏缴营业税和城市维护税及教育费附加4.37万元、挤占成本费用4.58万元、多提手续费1.84万元、留成基金列支个人费用0.53万元；审计1994年1～9月份财务收支，审计金额2186.62万元，查出违纪违规金额17.17万元，其中漏缴营业税及附加税7.85万元、漏缴贷款合同印花税0.13万元、误餐费列支成本8.56万元、其他应付款挂账能源交通预算调节基金0.63万元。

1996、1998、2001年，每年审计1家保险公司的资产、负债、损益，3年共计审计金额32617.20万元，查出违纪违规金额84.53万元，其中1996年查出未缴固定资产投资方向调节税20.98万元、挤占差旅费列支职工误工补贴7.01万元、多提坏账准备金0.80万元；1998年少计利息收入26.25万元、漏缴营业税0.96万元、漏缴房产税0.12万元；2001年1月少缴所得税28.41万元。

至2001年1月，累计审计保险公司6家次，审计金额37926.64万元，查出违纪违规金额191.78万元。审计处理上缴财政94.81万元、自行纠正96.97万元。

固定资产投资审计

1986年4月起，根据审计署、浙江省审计厅和杭州市审计局等单位对固定资产审计和基本建设投资进行审计的要求，结合萧山市实际，对固定资产投资实施过程进行审计。至2001年3月止，萧山审计局开展了固定资产投资项目开工前资金审计、在建工程财务审计和工程竣工决算审计。

开工前资金审计　1986年4月，根据国家审计署、国家计划委员会、中国人民建设银行联合下发的《关于开展对自筹基本建设资金审计的联合通知》（〔86〕审基字第79号）精神，市审计局开始开展固定资产投资项目开工前资金审计。是年，审计萧山钱江毛纺厂等11家单位的11个建设项目开工前资金，批准投资资金1598.80万元。审计发现，11个投资项目超概算投资552.90万元、漏缴建筑税43.47万元。1990年后，先后审计萧山市自来水公司综合楼、进化小学校舍、萧山市公安局交通警察大队指挥中心大楼、萧山火鸡良种场综合用房、萧山汽车制动器厂、杭州柴油机总厂职工住宅等投资项目开工前资金。至1995年，累计审计固定资产投资单位80家、投资项目100个，其中未经立项审批项目1个、投资项目未经开工前资金来源审计10个；审计投资总额50570.47万元，发现超概算投资11272.40万元、资金缺口5815万元、漏缴建筑税47.45万元。

1996年后，根据国家投资项目建设管理的规定，不再审计固定资产投资项目开工前资金。

在建工程财务审计　1998年，市审计局开始审计固定资产投资在建工程财务。是年，审计萧山市中医院新建病房大楼项目预算执行情况，审计投资资金1978万元，查处违纪违规金额70.23万元，其中将别的工程费用计入本期工程投资有69.91万元、未贴合同印花税金额0.32万元。翌年，就地审计萧山市第五高级中学在建工程，发现在建工程中列支外出考察费、个人进修费、广告费等有4.85万元；工程管理费中列支彩电、冰箱、小汽车等固定资产，并未作固定资产登记入账17.39万元。2000年，就地审计萧山市第四人民医院在建工程，发现在建工程中列支计算机网线、交换机、电话机等费用89.98万元，超土地面积1093.34平方米，超建筑面积350平方米。

至2000年，累计审计在建工程项目10个，审计投资资金65364.24万元，查出违纪违规金额2508.05万元，其中单位列支行政事业费112.22万元、多结工程款6.84万元、未贴合同印花税28.45万元、投资资金来源不落实2108.71万元、超概算投资67.12万元、其他不规范核算184.71万元。审计处理上缴财政35.29万元、调整账户金额2472.76万元。还有1家单位未批先建、1家单位未经招投标、1家单位超建筑面积350平方米、3家单位超土地面积12136.06平方米。

工程竣工决算审计　1991年始，为核实政府投资项目的实际价值和办理固定资产交付使用时提供依据，根据《中华人民共和国审计法》的规定，市审计局开始审计政府投资建设的基本建设项目工程和道路建设工程等竣工决算。至2001年2月，累计审计政府投资的基本建设和道路建设等工程竣工决算的项目10个，审计投资金额94495.21万元，查出违纪违规金额691.52万元，审计处理上缴财政2.47万元、调整账户689.05万元、减少工程投资金额199.90万元、核减工程款1259.95万元、增收节支94.48万元。

其本建设竣工决算审计　1994年，审计萧山宾馆基本建设工程竣工决算，审计投资金额955.09万元。审计发现该工程存在工程定额套高、工程量多算和部分工程定额收费不符规定的问题。审计后核减工程款88.61万元、增收节支94.98万元。1995年，审计杭州钱江外商投资区江南管委会办公大楼基本建设工程竣工决算，审计投资金额7395.90万元，审计核减虚增工程款106.07万元。1998年，审计萧山第三自来水厂竣工决算，审计投资金额17590.58万元。审计发现该项目存在超概算投资61.05万元、虚增工程款924.76万元、少缴营业税和印花税合计2.47万元等问题。审计核减工程款924.76万元、上缴财政2.47万元。翌年，审计萧山市广播电视中心基建工程，发现超概算投资1506.97万元、超概算面积1147平方米；萧山重点工程开发总公司综合楼基本建设工程，发现超概算投资147.25万元，行政事业费在该工程中列支93.27万元。

道路建设工程决算审计　1994年，审计萧山经济技术开发区一期道路建设工程、104国道改建工程竣工决算，审计两条道路建设工程投资总额4096.80万元。审计发现萧山经济技术开发区一期道路建设工程重复支付工程款14.66万元；104国道改建工程支付非本项目土地征用费199.90万元、重复支付工程款10万元、尚缺口工程款95万元。审计处理减少两条道路建设工程投资199.90万元、核减工程款24.66万元。2001年2月，审计萧山农村电网建设及改造工程项目竣工决算，审计投资金额51918.37万元，查出违纪违规金额563.52万元，其中挪用基建费用482.61万元、不合规定收费1.58万元、多计成本79.33万元；还发现未招标采购的设备和材料共计77.79万元等问题。

财政收支审计

镇乡财政决算审计　1988年，萧山建立镇乡级财政已近两年，为摸清镇乡财政运行情况，市审计局开始每年选择镇乡进行财政决算审计。至1990年，审计镇乡10个次，查出虚列财政支出、移用财政资金、违反控购制度购买商品等违纪违规金额60.63万元。

1991、1992年，审计镇乡9个，查出列支自理费用、自行发放补贴、超标准发奖金、财政收入挂账、以拨代支、应缴未缴财政收入、垫支职工和家庭财产保险等违纪违规金额292.52万元。

1993年，镇乡财政决算审计开始以3年轮换审计的计划安排每年度审计。是年，审计镇乡6个，未发现违纪违规金额。1994～1996年，审计镇乡25个，查出虚列预算外支出、职工福利费直接列支、事业性收入未入财政账户等违纪违规金额1008.80万元。1997～2000年，审计镇乡18个次，查出列支应由个人自负的统一着装制作费用、固定资产不入账、账外负债等违纪违规金额3026.96万元。

至2000年，累计审计财政决算的镇乡68个次，查出违纪违规金额4388.91万元，其中未按规定缴纳财政收入1405.85万元、隐瞒财政收入516.96万元、违规改变资金用途2024.59万元、收入核算不实414.29万元、其他27.22万元。审计处理上缴财政1405.85万元、减少财政拨款和财政补贴516.96万元、归还原渠道资金2051.81万元、增加镇乡财政收入289.68万元、促进增收节支124.61万元。

同级财政预算执行审计　1995年始，根据《浙江省预算执行情况审计监督实施办法》（浙政〔1995〕12号），市审计局每年对财政、税务等行政管理部门实施同级财政预算执行审计（以下简称同级财政审计）。[①]同级财政审计分为外围审计[②]和核心审计[③]两个阶段。

至2000年末，同级财政审计累计审计单位138家次，审计财政资金总额1206585.89万元，查出违纪违规金额17902万元，其中应缴未缴财政收入5426万元、财政收入核算不实资金12476万元。审计处理分别收缴入库和自行纠正。同时对教育经费、粮食专项资金、公路建设资金、民政专项资金、公检法专项资金、水利建设资金、科技经费、财政性投资项目资金等收支存在的管理问题，提出审计意见和建议共计115条，均被已审计单位采纳，并予以纠正。

①财政同级审计，即审计每年度本级财政预算执行及其他财政收支，包括审计年初预算分配和预算调整、同级预算收入和预算支出的执行、财政决算及平衡、政府性基金收支计划和财政税收政策执行、地方国库管理、内部控制制度的建立和执行、会计核算中心运转管理等内容，并提出审计意见和建议。

②外围审计是针对财政收入、财政支出等内容开展对有关行政管理部门预算执行情况及其财政专项资金的审计或审计调查。外围审计一般在当年10月至翌年3月间进行。

③核心审计是对市财政局、地税局等行政管理部门具体组织财政预算执行审计。核心审计在第二年3、4月进行。

经济责任审计

企业承包经营责任审计　1991、1994年，市审计局分别对第一轮（1987～1990年）和第二轮（1991～1993年）承包经营责任制企业进行期终审计，审计企业89家次，其中审计第一轮承包经营责任制企业23家（工业企业12家、商业企业9家、其他企业2家）、第二轮承包经营责任制企业66家（工业企业37家、商业企业21家、其他企业8家）。通过审计，核实第一轮承包经营责任制企业利润15674.04万元、上缴税收9065.14万元，查出违纪违规金额310.85万元，其中挤占生产经营成本32.80万元、虚增利润90万元、瞒报利润74.90万元、账实不符相差113.15万元，违纪违规金额全部作调账处理；审查第二轮承包经营企业利润9265.59万元，核实利润9257.62万元，查出违纪违规金额754.76万元，其中虚列管理费支出143万元、税务大检查中查出的违纪违规资金顶抵实现利润完成数39万元、少提各种应付费用97.82万元、挤占生产成本63.30万元、工程结算款未按时结转143.50万元、漏缴应缴税金23.45万元、账与账和账与表不符资金244.69万元。审计处理上缴财政62.45万元、调整企业账户692.31万元。

1995～1997年期间，每年对上年度实行承包经营责任制企业进行审计，审计企业61家次，审查利润7373.12万元，核实利润6760.43万元，查出违纪违规金额2145.67万元。1994年度27家企业（工业12家、商业9家、其他6家）违纪违规金额963.79万元，其中应摊未摊费用376.23万元、少提各项基金93.36万元、企业潜亏494.20万元。审计处理上缴财政3.81万元、调整企业账959.98万元。1995年度25家企业(工业11家、商业7家、其他7家)违纪违规金额841.67万元，其中应缴漏缴各项税金39.86万元、应摊未摊费用216.31万元、少提各项基金29.30万元、企业潜亏556.20万元。审计处理上缴财政39.86万元、调整企业账户801.81万元。1996年度9家企业(工业4家、商业3家、其他2家)违纪违规金额340.21万元，其中瞒报收入311.20万元、未缴房产税29.01万元。审计处理上缴财政29.01万元、调整企业账户311.20万元。

1991～1997年，累计审计承包经营责任制企业150家次，查出违纪违规金额3211.28万元，其中应缴未缴税金135.43万元、收支不实资金3075.85万元。审计处理分别上缴财政、调整企业账户。

1998年后，企业转换经营机制，由企业主管部门负责审计，国家审计部门不再对企业进行审计。

市管领导干部经济责任审计　市管领导干部经济责任审计是由市政府办公室以《抄告单》形式部署给市审计局的审计任务。1996年，开始对市管党政机关主要领导干部进行任期经济责任审计和离任审计。翌年，增加对镇乡（街道、农场）主要领导干部、市管事业单位主要行政领导和企业法定代表人（主要负责人）进行任期经济责任审计。

市管党政机关主要领导干部经济责任审计　1996年，审计市国营工业总公司经理的任期经济责任，无发现违纪违规问题。1998年，政府行政机关换届选举，对12名局长实施离任审计，发现违纪违规金额1117.13万元，其中资金出借387万元、在下属单位列支费用74.40万元、为企业代办会务和考务等项目收费不入账15.49万元、未清理暂存暂付资金640.24万元。至2000年，累计审计35位党政机关主要领导干部的经济责任，查出违纪违规金额9681.70万元，其中移用专项资金90.67万元、虚列支出资金164.45万元、收支挂账资金9426.58万元。审计后增收节支255.12万元、调整账户9426.58万元。

镇乡（街道、农场）主要领导干部经济责任审计　1997年，对进化镇、前进乡、城厢镇裘江办事处、红垦农场等8位镇长、乡长、主任和场长进行离任审计。审计发现违纪违规金额990.22万元，其中某农场投资办企业损失300万元、某镇收支挂账213万元、各单位未清理暂存暂付款477.22万元。至2000年末，累计审计55位镇长、乡长、主任和场长的经济责任，发现违纪违规金额5657.87万元，其中应缴未缴财政性资金487.68万元、虚列支出1171.57万元、收支挂账3998.62万元。审计处理分别上缴财政、增收节支、调整账户。

市管事业单位主要行政领导经济责任审计　1997～2000年，审计6位市管事业单位主要行政领导的任期经济责任，发现违纪违规资金2107.90万元，其中收缴运管费未作收入而直接记入事业发展基金8万元、运管费支出不符合规定资金1.84万元、罚没收入未上缴5.36万元、未清退集资款95.52万元、未清理暂存暂付资金1806.74万元、未上缴规费190.44万元。审计处理上缴财政资金50.90万元、增加收入1451.73万元、调整账户605.27万元。

市管企业法定代表人(主要负责人)经济责任审计　1997～2000年，审计5位企业法定代表人（主要负责人）任期经济责任，发现收支不实金额6834.92万元，其中某厂投资损失挂账58.33万元、少提预提费用增加负债295万元、呆账和无法收回应收账款152万元；某饲料畜禽总公司收入不实44.96万元、成本不实1144.57万元；某重点工程开发公司和某投资公司收入不实386万元、成本不实148.51万元、有账无物500万元、虚增利润200.13万元、为下属公司经济担保和长期投资等造成难以收回资金1341.49万元、盈亏收入不实金额2563.93万元。审计均作调整账户处理。

表20-6-472　1985～2000年国家审计部门查处违纪违规情况

年份	审计项目(个)	查出违纪违规金额（万元）					审计处理金额（万元）				
		截留挤占挪用资金	应缴未缴各项税费	虚增虚减收入(资产)	其他	合计	上缴财政资金	减少或抵拨财政拨款	归还原渠道资金	促进增收节支	调账处理资金
1985	7	32	0	54	0	86	32	0	0	0	54
1986	30	94	55	395	0	544	149	0	0	0	395
1987	31	150	6	308	83	547	134	5	17	83	308
1988	53	105	10	641	0	756	115	0	0	0	641
1989	143	163	75	151	1108	1497	217	21	0	1108	151
1990	103	876	76	461	5	1418	682	208	62	5	461
1991	100	833	64	430	95	1422	434	88	375	95	430
1992	115	495	27	350	539	1411	387	32	103	539	350
1993	82	136	101	549	115	901	118	45	74	115	549
1994	102	734	1	362	522	1619	522	138	75	522	362
1995	110	1251	17	97	194	1559	1002	192	74	194	97
1996	107	1157	15	525	0	1697	772	0	400	0	525
1997	103	658	71	135	141	1005	729	0	0	141	135
1998	104	915	30	17751	0	18696	356	0	589	0	17751
1999	88	5153	227	19452	0	24832	4669	38	673	0	19452
2000	78	4395	61	24485	100	29041	1473	0	3083	0	24485
2001	11	1244	0	2872	0	4116	62	0	0	0	4054

注：①资料来源：1985～1997年，萧山审计局编制的《年度审计报表汇编》；1998～2000年，萧山市审计局编制的《审计统计报表》。

②“2001年”项是截至2001年3月25日的数据。

第二节　内部审计

1986年6月，县政府提出主管部门和企业、事业单位建立内部审计制度的要求后，镇乡及主管部门开始建立内部审计机构，并开展对本部门及所属企业、事业单位的审计监督。至1988年，各区、镇乡均建立内部审计机构，配备的专职和兼职的内审人员共有382名。1996年后，企业实行内部审计制度。至2000年末，全市建立镇乡内部审计机构31家、市级主管部门内部审计机构20家、企业专职内部审计机构10家。

镇乡内部审计

1986年，戴村区公所和楼塔、长河、城东等镇乡政府先后建立内部审计机构，开始对所属企业进行厂长（经理）离任经济责任审计和企业经营承包责任制兑现审计，并定期或不定期审计村级财务收支。1988年，各区、各镇乡都建立内部审计机构，配备专职和兼职的内审人员共计382人。

1992年6月“撤区扩镇并乡”后，各镇乡内部审计机构普遍开展企业经济效益审计。通过审计，核实企业家底，了解企业经营状况。1994年，为配合企业转换经营机制，开始开展资产核实工作。同时，增加基本建设项目等内容的审计。2000年，镇乡内部审计机构审计的项目主要有乡镇企业承包经营责任制兑现审计和村级财务收支、事业单位财务收支审计等。

至2000年末，镇乡内部审计累计审计项目4660个，纠正违规行为金额6030万元，查出损失、浪费金额940万元，促进增收节支710万元。

部门内部审计

1986年，县人民政府经济技术协作办公室、农业局、农机水利局、二轻工业总公司等主管部门先后建立内部审计机构，对所属企业厂长（经理）进行离任经济责任审计和企业承包经营责任制兑现审计。1989年，市农场管理局、国营工业总公司、教育局、卫生局和文化广播电视局先后建立内部审计机构。1990年12月31日，国营、二轻、农垦、交通、物资、商业、供销、农业等系统的企业第一轮承包经营责任制到期。翌年，这些系统的内部审计机构对所属企业第一轮承包经营责任制企业进行期终内审，审计企业130家，并提交市审计局抽查认定。

1993年后，围绕企业转换经营机制，各部门内审机构审计以核实企业资产和厂长(经理)离任审计为主。同时，供销社、卫生局、商业局、农场管理局、教育局、二轻工业总公司等主管部门的内部审计机构对所属企业经营情况进行审计调查，为加强经营管理提供决策依据。

至2001年3月25日，全市主管部门、政府直属单位建立内部审计机构20个，配备专职和兼职内审人员45名。累计审计项目4080个，查出违纪违规金额8578万元，促进增收节支1434万元，发现经济案件线索6件。

企业内部审计

1996年2月，万向集团公司董事局建立监察室，行使企业集团内部的监察审计职能。1999年12月，浙江传化化学集团有限公司建立审计监察部，配备专职审计人员4名。万向集团公司、浙江

图20－6－695　1999～2001年，浙江传化化学集团有限公司审计监察部被国家审计署评为全国内部审计先进单位（传化集团有限公司提供）

传化化学集团有限公司等企业内部审计机构建立初期，以审计本企业财务收支和专项审计为主。随着企业规模逐渐扩大，先后增加基本建设项目、经济责任、经济合同、经济效益和各种专项审计调查等，并逐步发展到业务经营、管理审计。

至2001年3月25日，建立专职内部审计机构的企业有10家，万向集团公司监察室拥有内部审计人员20名、浙江传化化学集团有限公司审计监察部拥有专职审计人员8名。全市企业内部审计机构累计审计项目635个，纠正违纪违规金额6872万元，促进增收节支4850万元，发现经济案件线索3件。

第三节　社会审计

1988年1月，萧山市审计事务所（1993年更名萧山市审计师事务所）建立，为社会提供财务审计、资金验证、工程造价审核、资产评估、会计和审计咨询等专业服务。4月，萧山市会计事务所（1989年3月更名萧山市会计师事务所）建立，主要从事会计咨询、会计服务。是年，萧山市审计事务所、萧山市会计事务所完成审计项目41个，审计金额73600万元，同时参与59家公司注册资金的验证和16家企业承包经营责任制兑现的审计鉴证工作。

1991年，萧山市审计事务所拓宽服务领域，全年完成审计查证项目911个，其中企业财务收支鉴证14个、承包离任审计鉴证17个、资金验证820个、顾问咨询7个、清理债权债务1个、基本建设工程复核验证52个（验证工程资金1244.20万元，核减工程资金140.41万元）。

1992年，萧山市审计事务所乡镇企业审计分所建立，专为乡镇企业服务。1994年5月，永兴会计师事务所建立，从事会计服务及咨询。

1996年，萧山市会计师事务所、萧山市审计师事务所（1998年5月更名萧山市审计事务所）和永兴会计师事务所配合企业转换经营机制，完成各类委托审计项目共计3841个，其中资金验证的项目3014个、资产评估178个、财务收支审计198个、基本建设预决算审计174个、社会保险基金和外汇年检等277个。

1998年4月，永兴会计师事务所撤销。翌年11月、12月，萧山会计师事务所、萧山审计事务所先后改制，分别设立杭州萧然会计师事务所有限公司、杭州萧审会计师事务所有限公司。杭州萧然会计师事务所有限公司执业范围为：审查企业会计报表，出资报告验证、企业注册资本验资报告，审核工程标底或投标报价；办理企业合并、分立和清算业务，企业资产评估；担任企业会计咨询顾问，协助鉴别经济案件证据等。杭州萧审会计师事务所有限公司执业范围为：审查企业会计报表，出具审计报告；验证企业注册资本，出具验资报告，编制、审核工程标底或投标报价；办理企业合并、分立和清算业务，企业整体资产评估及单项资产评估；担任企业审计、会计咨询顾问，协助鉴别经济案件证据等。

2000年，杭州萧审会计师事务所有限公司从业人员26人，其中注册会计师资格11人、注册评估师资格8人、注册税务师资格8人（其中2人同时具有注册会计师资格）。杭州萧然会计师事务所有限公司从业人员43人，其中注册会计师资格17人、注册评估师资格11人、注册税务师资格13人、其他2人。

至2001年3月25日，杭州萧审会计师事务所有限公司（包括萧山审计事务所）累计承接审计、基本建设预算审价和评估业务的企业单位1000余家。杭州萧然会计师事务所有限公司（包括萧山会计师事务所）累计出具年度会计报表审计报告2258份、验证企业注册资本报告5930份、基本建设预算结算审价报告72份。

第七章 经济技术协作

1978年后，为解决萧山能源、物质缺乏问题，萧山县政府采取多种方式进行物资协作，[①]采购紧缺能源、物资，以满足工农业生产和居民生活等需要。1979年，县物资局内建立萧山县经济协作办公室，承担政府的横向物资协作的职能，开始在省内外建立物资协作基地，并与外地企业建立物资协作关系。

1984年，萧山县人民政府经济技术协作办公室（简称协作办，下同）[②]建立，开展和协调萧山与省内外经济、技术、物资的协作，开始建立驻外办事机构[③]，加强地区间的交往与联络。从此，萧山的经济技术协作由单一的物资协作向人才、技术、资金、设备、管理、信息等协作发展，由单一的双方物资串换转向各种经济成分企业间的补偿贸易、合资经营、合作经营等形式发展。

1986年，萧山县横向经济联合领导小组及办公室建立，办公室设在协作办内，负责横向经济联合的规划制定、指导和协调等工作。后举办商品交易会、产品展销会、经贸洽谈会等经贸活动，与境内外客商横向联合，地区间互访，大跨度、全方位进行经贸合作。为此，县政府印发《关于进一步发展横向经济联合的若干规定》（萧政〔86〕77号）。后县政府又印发《关于进一步推动横向经济联合的若干规定》（萧政〔1988〕91号）和《关于进一步促进横向经济联合的若干规定》（萧政〔1989〕118号），鼓励外地企业和单位以资金、设备、材料和技术来萧山投资。至1995年，建立有驻外办事机构9家，1998年撤并8家。1999年，开通中国萧山经济技术协作信息网，开始通过网络进行经济技术协作。

2000年，萧山尚建有驻外办事机构1家。至年末，累计建立内联企业172家，引进资金47.60亿元。[④]1985～2000年，通过经济技术协作，引进项目336个、资金和设备115亿元；[⑤]举办商品交易会、经贸洽谈会、商品展销会等经贸活动55次，商品成交总额85.48亿元。

①1978年后，县政府发动有关局（行政性公司）、区、镇乡及工厂到全国各地寻找货源，采用经济协作、物资调剂串换等合作方式，进行物资协作，解决所需能源和物资。同时，建立萧山县地方工业供销总公司等公司，为企业采购、供应煤炭和原辅材料等紧缺物资。

②2003年10月22日，杭州市萧山区机构编制委员会印发《关于调整萧山区人民政府经济技术协作办公室机构设置的通知》（萧编〔2003〕37号），决定注销协作办。该办原承担的行政职能分别划入中共萧山区委农业和农村工作办公室、萧山区经济发展局，萧山区经济发展局增挂“萧山区人民政府国内经济合作办公室”牌子。

③驻外办事机构是指萧山县政府设立的驻境内的省外办事机构，不包括驻境外办事机构。

④《萧山日报》记者郑海龙：《我市召开外商投资企业和内联企业迎春茶话会》，2001年1月12日《萧山日报》第1版。

⑤1985～2000年，通过经济技术协作引进的项目、资金和设备，不含1994～2000年萧山7次中国国际（萧山）钱江观潮节期间引进的项目及资金。

第一节 物资协作

1985年，萧山在省内外建有钢铁、有色金属、建筑材料、煤炭、轻纺原料等物资协作基地17个。翌年，协作办所属企业购进钢材和有色金属1.03万吨、水泥8516吨、煤炭2.80万吨、涤纶丝548吨、汽油和柴油2308吨，以煤换电625万度。县乡镇企业总公司组织重油3万吨，以油加工电1.10亿度。1987年，协作办所属企业组织的物资，支援250余家工业企业的生产，其中帮助缺少原料濒临停产的24家生产企业渡过难关。是年，城北棉纺厂将换下的5000枚纱锭出售给山东省阳信县，并协助阳信县创办棉纺厂，阳信县以每吨优惠100

元价格的棉花售给城北棉纱厂1000吨，解决了城北棉纱厂生产900吨棉纱的原料。1987～1989年，山东省阳信县以优惠价供应给城北棉纺厂棉花共有6000吨。

1989年，萧山开始建立煤炭、石油、金属材料等专业经营公司，在继续巩固原有物资协作基地的基础上，又与30家生产石油、煤炭、化工、轻纺和钢铁等大中型企业建立物资协作关系。同时，推销萧山的啤酒、麻袋、皮蛋、丝绸、被面、工艺鞋等产品，总值4000万元，比1988年增加1倍以上。

1992年，协作办与山西太原钢铁公司共同签订投资1亿元的经济合同，投资额还本付息，还可返给萧山钢材20万吨；同时，又筹措资金1000万元，投资镇海石油化工总厂、唐山钢铁厂，返回汽油、柴油和钢材。市工商业联合会企业公司和镇海石化总厂以联营方式建立萧山市东海石化联营公司，注册资金600万元，其中市工商业联合会企业公司出资180万元、镇海石化总厂出资420万元。该公司组织各类工业用油料，为会员企业服务。1993年，萧山市外经物资公司和萧山市经济技术协作公司分别居全国协作系统经营规模百强企业第59位和第60位。翌年，萧山市协作发展总公司居全国协作系统1994年度“经营规模百强企业和经济实力百强企业”第27位。

1995年，生产资料紧缺状况开始逐渐缓解，地区间物资差价随之缩小，组织的物资和推销的商品逐年减少。是年，协作办所属公司组织金属材料、轻纺原料、煤炭、汽油2.67万吨，比1994年减少25.50%；推销萧山生产的农副产品等总值6500万元，比1994年减少13.33%。

1986～1996年，协作办主要引进协作金属材料17.90万吨、煤炭41.41万吨、轻纺原料2.78万吨、汽油和柴油9.97万吨；1990～1996年，为串换物资，经销萧山产品总值99429万元。1987～1997年，市工商业联合会所属企业组织燃料油21.40万吨、化工原料1.85万吨、棉花和棉绒95吨，为会员企业让利200余万元。

1997年后，物资供应基本缓解，组织物资协作的工作基本停止。至1999年，萧山的国营物资经营公司先后歇业或转为非公有制企业，与各地建立的物资联营公司亦先后中止。

表20-7-473　1986～1996年萧山协作办购进协作物资情况

年份	金属材料（万吨）	煤炭（万吨）	轻纺原料（吨）	油料（万吨）	推销地方产品（万元）	煤（油）换电（万度）	经销产品总额（万元）
1986	1.03	2.80	548	0.23		625	
1987	1.25	2.36	1086			775	4164
1988	1.28	5.00				1452	4708
1989	0.85	9.00	458	4.05	4000	105	
1990	1.30	2.80	150	2.30	4100	923	9960
1991	1.66	4.57	3900	0.75	3500	1960	11600
1992	3.36	4.33	5100	1.70	4000	1409	22385
1993	1.65	0.19	2800		5000		17898
1994	2.38	0.55	3000	0.30	7500		19776
1995	1.44	0.56	3069	0.32	6500		10906
1996	1.70	9.25	7700	0.32	6300		6900

资料来源：萧山区发展和改革局。

第二节　经贸合作

商品交易会

1986年8月31日至9月3日，举行萧山县首届商品交易会。此次交易会由国营工业总公司、二轻工业总公司、乡镇工业管理局、农场管理局、供销合作联社、商业局、物资局7个部门联合承办。参加交易会的有来自黑龙江、上海、广西等24个省、市、自治区的代表1455名。分8个展销馆，展出全县纺织丝绸等12个行业3000余家工商企业的4500余种地方产品和近万种组织商品。4天商品成交总额1.57亿元，其中销售总额1.39亿元、购进总额0.19亿元；销售地方产品1.03亿元，占销售总额的74.10%。后每年举行一次商品交易会。

图20－7－696　1993年10月8日，萧山市第八届商品交易会开幕暨萧山商业城第二期开业典礼（董光中摄）

1986～1993年，萧山共举行商品交易会8次，接待客商近3万人次，商品成交总额43.68亿元，其中销售总额36.91亿元、购进总值6.77亿元。

1993年10月2日，举行观潮节暨南阳工业区1993年招商会，杭州阳城经济发展公司与中国科学院生物科技部就共同创建“国际生物科技城”签订协议书，萧山电器塑料厂与美国德宝公司等3个合作项目亦同时签字。

1994年后，每年举行中国国际（萧山）钱江观潮节，钱江观潮节期间举行商品交易会。至2000年，累计举行钱江观潮节共7次，吸引了美国通用电气公司等国际著名企业前来商贸洽谈和投资洽谈，累计签订项目50个，其中引进外资项目36个、引进资金1.41亿美元；内资项目14个、引进资金8.50亿元。

产品展销会

1988年起，萧山开始举办工业产品展销会。1990年4月，协作办、对外经济贸易委员会联合在广州市内组织产品展览会，萧山参加的企业有169家，参展产品505种，产品成交总额2708.81万元，达成意向的项目39个。

1996年9月28～30日，市政府在新落成的金马大厦内举行萧山市第九届工业产品展销会。该展销会由市政府主办，市经济委员会承办，参展企业有二轻等15个系统的500余家企业。另设有综合馆，展出120家企业提供的代表萧山工业的精品。邀请境内外客商等2000余人。

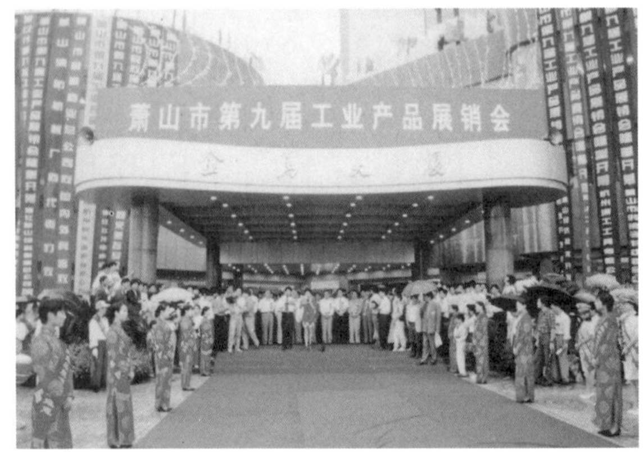

图20－7－697　1996年9月28日，在位于城厢镇的金马大厦举行萧山市第九届工业产品展销会。图为开幕盛况（傅展学摄）

1997年9月23～27日，组团参加’97成都国际熊猫节暨商品博览会。该次博览会是市委、市政府响应中央发出的开发西部号召，首次组团西进，宣传萧山的一次大型活动，进行产品展销会，有国营等

7个系统的105家企业的产品参加展销，租用展览中心场地700平方米，设标准摊位47个，商品成交总额2.40亿元。

1999年9月26～28日举行的'99中国国际（萧山）钱江观潮节暨经济贸易博览会期间，在萧山新世纪广场内举行产品展销会，展览面积2800平方米，设有纺织品等10大行业产品展，参展企业200余家。同时，由市政府邀请中央领导、外国使团、侨商等代表及重点客户150余人。此次展销会是历届展销会中最为隆重的一次。

至2000年，萧山举行和参加各地举办的产品展销会共19次，签约项目88个，签约金额6.80亿元。

经贸洽谈会

萧山除举办商品交易会、钱江观潮节和产品展销会期间进行商贸洽谈外，市政府还专门举行和参加境内外经贸恳谈会、招商引资座谈会等形式的经贸洽谈会，企业参加境外举行的招商贸易洽谈会。

1991年11月23日，萧山市政府与国防科工委办公室联合举行经济技术协作新闻发布会。此次经济技术协作新闻发布会上，达成航空航天部第六二四所与浙江双飞集团公司“汽车变速箱同步器试验台架”、兵器工业部与浙江包装材料厂“抗静电塑料薄膜”、国防科工委四二〇三厂与杭州曲轴总厂“五十铃汽车发动机曲轴技术改造”等协作意向项目6个。

图20—7—698 1998年5月23日，萧山市与荷兰阿尔默市在萧山城区的金马饭店举行经济合作意向书签字仪式。阿尔默市代市长梅尔贝（后排左一）、萧山市市长林振国（后排左二）参加了签字仪式（傅宇飞摄）

1992年8月28日，市委、市政府在北京人民大会堂举行“萧山市扩大开放暨商业城招商新闻发布会”后，萧山市党政领导在北京饭店举行“萧山扩大开放、发展经济恳谈会”，有120余名萧山籍在京工作人士等出席会议。

1995年，先后有8家企业赴日本参加了'95杭州大阪经贸展示洽谈会、4家企业分别赴美国和加拿大参加中美和中加经贸洽谈会。

1999年3月26日，市协作办、计划委员会、经济委员会组织'99萧山国内经济技术合作洽谈会，签约经济技术项目15个，总投资11.8亿元。

2000年，组织市内外大型招商洽谈会7次，签订项目103个，签约总金额16.33亿元，协议引进市外资金10.63亿元，当年实际到位资金7.30亿元。同时，举行2000年萧山市招商引资洽谈会，签约投资额在400万元以上的国内合作项目14个，签约资金总额8.50亿元，引进市外资金7.80亿元。

至2000年末，累计举行和参加境内外恳谈会和招商引资座谈会等形式的经贸洽谈会28次，贸易成交金额35亿元。

第三节　对外交流

经济信息网络

1986年，萧山牵头建立浙江省萧山县、绍兴县、慈溪县、鄞县、余杭县、余姚市、海宁市七县（市）经济信息网络，通过萧山县计划委员会电子计算机站的人工信息网络每月交流各县（市）经济动态，每年举行一次经济分析论证会议，交流经济发展经验。

1990年3月，协作办参加“苏锡常、杭嘉湖”经济技术协作区，并成为理事单位。

1997年4月，萧山市成为浙江省经济研究县（市）信息网络的首批10个经济强县（市）入网成员之一。

1999年10月，中国萧山经济技术协作信息网开通，有工业、农业、科教等行业的45个项目上网招商。

至2000年末，全市在网上设有主页的行政事业单位21家，辟有信息专栏26个；在网上拥有主页的企业500余家，上网展示企业形象的1000余家。

驻外办事机构

驻外办事机构设立 1984年，为加强地区间的交往和联络，引进萧山所需的物资，县政府开始设立驻外办事机构。是年7月17日，建立萧山县人民政府驻山西省办事处（1994年改称驻太原办事处），主要职能和任务是统一组织协作煤炭等物资。12月8日，建立萧山县人民政府驻沪办事处。1989年7月14日，建立市人民政府驻厦门联络处（1993年改称萧山市人民政府驻厦门办事处）。1992年后，先后建立萧山市人民政府驻深圳联络处、驻珠海办事处，杭州市人民政府驻北京联络处萧山工作部，萧山市人民政府驻海南办事处、驻瑞丽办事处、驻绥芬河办事处（11月改称驻哈尔滨办事处）。至1994年末，市政府建立驻外办事机构共有9家。

1995年，为加强对驻外办事机构的管理，市政府决定9家驻外办事机构分别归属市粮食局、城乡建设局、乡镇工业管理局、物资局、协作办、供销联社合作社、商业局、农场管理局和浙江金马集团公司管理。

1998年7月，随着生产要素市场化、信息化，市政府决定撤销驻北京、上海、海南、瑞丽、哈尔滨、太原、厦门办事机构7家，驻珠海办事处并入深圳办事处，驻深圳办事处归属市政府办公室管理。至此，萧山市政府建立的驻外办事机构，仅驻深圳办事处1家。

驻外办事机构作用 市政府驻外办事机构为发展萧山经济发挥了“经济大使”、“窗口”、“桥梁”作用。1989年，市政府驻厦门联络处接待萧山来客369人次。是年9月5～12日，由驻厦门联络处牵头，分管工业副市长率领10家出口创汇企业及其主管部门负责人49人，携带30余只产品（样品）和20个对外经济技术协作项目，参加福建省举办的外商投资贸易洽谈会，展览产品、推销产品与洽谈项目相结合。该次洽谈会，商品成交总额460万元。

1991年后，经各驻外办事机构牵线搭桥，协作办、乡镇工业管理局等部门和企业在广州、深圳、珠海、海口、厦门、哈尔滨等地兴办企业。至1993年，兴办企业43家，其中规模较大的企业有厦门华泰贸易公司、海南华兴工贸公司、深圳永兴工贸公司、中丝实业有限公司、珠海江南发展总公司和滨江石化公司。是年，厦门华泰贸易公司和海南华兴公司分别居“全国协作系统经济规模百强企业和经济实力百家企业”第67位和第75位。

1995年，驻珠海办事处在珠海市展出萧山的装饰布、工艺绣品、五金工具、速冻食品、电子产品等特色产品，还邀请日本天龙竹木制品公司到萧山洽谈投资项目，促成了日商在萧山的投资，建立日方独资天龙木制品有限公司，该公司生产的全部产品销往日本。

1998～2000年，驻深圳办事处在《深圳商报》《深圳特区报》《香港大众报》上，发表宣传萧山经济社会等方面的文章11篇；刊发《深港信息》36期，发表信息5187条；接待市政府及部门和企业的人员赴广东省的南海、顺德、佛山等地考察52批次、1390人次，参加深圳市高新技术交易会3批次、124人次，参观深圳高科技园区及企业5批次、279人次。

第二十一编
信息传媒

答微之泊西陵驿见寄

唐·白居易

烟波尽处一点白，应是西陵古驿台。知在台边望不见，暮潮空送渡船回。

清光绪年间（1875～1908），萧山开设有线电报业务。民国时期，设有农村电话、长途电话、县城电话和有线电报业务，建有无线电台，办有报纸和刊物。1951年10月，邮政、电信合并，分别建立萧山邮电局、临浦邮电局、义桥邮局和瓜沥邮局。翌年7月，邮电体制改革，萧山邮电局改为萧山县邮电局，临浦、瓜沥和义桥邮局改为邮电支局。后更新设备，开拓邮路，建立广播站，增加广播喇叭，发展有线电报、长途电话、市内电话和农村电话，创办县委机关报《萧山报》（1961年停办），开办报刊发行业务，增设快递小包、保价包裹、国际包件等。1979年，建立萧山首座电视转播台。1983年，县政府主办《萧山农科报》，萧山私人电话问世。翌年，开始发展广告事业。至1985年，萧山信息传媒主要有邮递、固定电话、电报、传真、报纸、杂志、广播和广告。

1986年后，随着改革开放不断发展、经济逐年增长、社会日渐进步，人民群众生活水平逐步提高，对信息传媒的需求不断增长，促使萧山信息传媒迅速发展，开始建立共用天线和区域性有线电视系统、开播萧山电视台、开放无线寻呼。90年代初期，先后建设网络基础设施、开通首期万门程控交换机，发展移动电话，开播调频广播、有线电视，陆续淘汰共用天线和区域性有线电视系统和电视转播台。1995年，企事业单位和党政机关建立计算机网络、网站，发布网络信息。1997、1998年，先后启用萧山广播电视中心，萧山市广播电视局、萧山人民广播电台、萧山电视台、萧山有线电视台“局台合一、广播电视合一”，建立萧山市广播电视局（台）；萧山市邮电局析出移动通信业务、无线寻呼业务；邮政、电信分离，分别成立萧山市邮政局、萧山市电信局，各镇乡、场与市广播电视局（台）广播电视信号光缆联网。1999年，停播萧山有线电视台有线电视频道节目，开设便携式电话（小灵通）业务。翌年，建成萧山广播电视中心计算机管理系统。

至2000年，信息传媒主要有邮递、固定电话、无线寻呼、移动电话、小灵通、电报、传真、报纸、杂志、计算机网络和广告。信息传媒的迅速发展，给人们提供了丰富的信息，使众多的人受益。今日萧山，正在向信息化社会迈进。

第一章 邮 政

唐宋时期，萧山已有驿站。[1]明嘉靖十八年（1539）建递铺6家。清光绪年间，邮政有所发展。[2]萧山解放前夕，有萧山、临浦、义桥3家邮局，邮政业务有函件、包件、汇兑和代办业务4大类。萧山解放后，调整邮局，并由步行邮运逐步向自行车、机动车邮运发展。1958年，实现乡乡通邮；1970年，村村通邮。1979年后，为适应商品流通的需要，扩大包件收寄范围。1984年7月，开始采用自办、委托办、半营半投（半营业、半投递）和建立接转点等多种形式投递信报，同时改进信报投递方式。1985年后，随着城区逐渐扩大，陆续调整邮路布局，增加邮路。至年末，设有邮电局、所79处，邮票代售处435处，信筒信箱209个；拥有包件收寄机13台、信函过戳机2台，邮运汽车3辆、摩托车16辆、自行车176辆。全县干线邮路26条，邮路单程总长312千米，农村投递邮路单程总长3536千米。1986年，邮件报刊投递覆盖各镇乡、村、组。

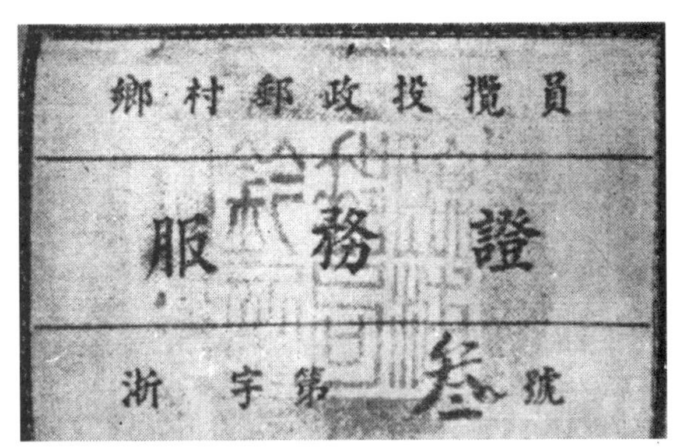

图21—1—699 1949年，萧山邮局乡村邮政投揽员服务证（萧山区邮政局提供）

1991年后，向汽车邮运为主发展。1992年8月18日，增加特快专递业务。翌年，邮政业务开始采用计算机操作。[3]1997年1月，建成特快专递邮件跟踪查询系统。

1998年9月2日，邮政、电信分离后，萧山市邮政局调整邮政发展方向，实行专业化经营、企业化管理。10月，邮政业务全部采用计算机操作。

至2000年末，萧山邮政拥有邮政局、所64处，各镇乡、场均设有邮政服务点，并固定班期投递邮件；设立综合经营单位4家[4]、专业经营单位5家[5]，邮票代售处305处，信筒信箱438个；拥有信函过

图21—1—700 1997年10月31日，位于城区站前路新火车站南侧的萧山邮政枢纽大楼启用。图为萧山邮政枢纽大楼外景（萧山区邮政局提供）

①萧山县志编纂委员会：《萧山县志》，浙江人民出版社，1987年，第401页。

②清光绪十六年（1890）建有萧山邮局（二等局）和临浦邮局（三等局），又设义桥、闻堰、西兴、所前、钱清(今属绍兴县)、瓜沥、坎山、赭山邮寄代办所8家（均为外国人经办之海关邮政）。

③1993年5月，城厢镇西河路邮政储蓄所设单点的邮政储蓄计算机操作系统，使邮政储蓄业务的操作由原来的营业员手工书写改为营业员计算机操作，由计算机自动制单、保存。1994年10月，引进并使用报刊发行计算机操作系统，报刊的收订、分发、要数（向省报刊发行局预要报刊份数）、分类汇总、统计、用户改订、改寄、查询等都由计算机处理。12月起，各邮政营业窗口陆续配备计算机。1995年1月，萧山邮电局建立邮政计算机控制中心，加强对全局邮政计算机的监控和维护。5月，全市各邮政储蓄营业计算机联网，实现通存通兑。

④2000年，邮政局4家综合经营单位：临浦、瓜沥、义盛邮政中心支局和城厢邮政营业处。

⑤2000年，邮政局5家专业经营单位：报刊公司、邮票公司、速递公司、储汇中心、邮政广告中心。

戳机8台、出口函件邮资机3台、邮件传送机和升降机各1台、自动柜员机5台、商业信函制作设备和专业影视制作设备各1套、营业用计算机94台；邮运汽车39辆、摩托车9辆。全市干线邮路12条，邮路单程总长度448千米，投递邮路单程3575千米。

第一节　邮　路

民国时期，邮路建设缓慢。[①]中华人民共和国成立后，邮路建设加快。[②]1985年，开始逐步取消三轮车、摩托车、自行车邮运邮路、增加汽车邮运邮路。年末，全县拥有干线邮路26条，邮路单程总长312千米，其中汽车邮路单程总长90千米、摩托车单程总长147千米、自行车单程总长75千米；农村投递邮路单程总长3536千米，其中自行车投递邮路单程总长3530千米、步班投递邮路单程总长6千米。

1990年，增设杭州钱江外商台商投资区、城北片汽车转趟邮路1条，城厢镇至欢潭乡汽车邮路1条。1995年，增设城厢镇至益农镇、城厢镇至河庄镇汽车邮路各1条，增设城厢镇北干一苑、北干二苑、银河小区等汽车转趟邮路1条。

2000年4月，为加快农村出口邮件（萧山寄往外地的邮件）时限，增设城厢镇至新湾镇、益农镇、河庄镇、楼塔镇和欢潭乡5条汽车邮路下午班。12月28日，增设萧山火车站邮政大楼至杭州萧山机场的自办汽车投递邮路1条。

至2000年末，自办市内汽车邮运邮路5条[③]，邮路单程总长310千米；转趟汽车邮路3条[④]，邮路单程总长25千米；农村自行车邮路4条，邮路单程总长113千米。城厢镇至杭州萧山机场汽车投递邮路单程长29千米；城厢镇投递道段19个[⑤]，单程总长570千米；农村投递邮路83条，单程总长2976千米。

第二节　投　递

投递频次

1970年全县队队通邮后，公社、大队邮件和报刊当天到达率为100%，自然村为99.10%。1984年7月起，在浦阳镇试点的基础上逐步推广妥投[⑥]到户，有80%的农村投递路线改“周六班”为“逐日班”，每天投递1个频次；城厢镇“逐日班”，每天投递2个频次。

1985年，全县100%镇乡、99%村组的邮件和报刊每天投递1个频次，个别机关单位每天投递2个频次。翌年，邮件和报刊投递频次每天在1次以上的镇乡、村组均达100%。

1987年，农村投递恢复“周六班”，临浦、瓜沥、义盛3个集镇街区每日上午、下午各送1次。直至2000年12月，城厢镇至杭州萧山机场投递改为早晨、下午2个频次；农村实行“周六班”，重点镇乡所在地实行“逐日班”。

①萧山解放前夕，全县干线邮路仅临浦邮局自办的临浦至诸暨大桥间日班步班邮路1条，长40千米；浙赣沿线邮件委托铁路办理；闻堰、赭山邮件委托外江轮带运；城厢镇至瓜沥、长巷邮件委托内河轮代运；城厢镇至长河等地邮件由民船带运；城厢镇至西兴、江边一线的邮件由代办所人员步行往来交换。县城内仅东、西两个步班投递路段。农村投递，全县仅临浦、义桥两邮局各有1条自办邮路，共计长60千米。

②中华人民共和国成立后，逐步废止步班邮路，改为汽车、摩托车和自行车邮路；绝大部分委办邮路改为自办；逐步收回汽车、轮船、民船带运邮件的邮路，由自办的汽车、三轮摩托车运送，沿途邮运、交接均由邮局工作人员负责办理。至1984年，拥有县内自办干线邮路22条，单程总长282.5千米。其中汽车邮路1条，单程总长51.5千米；三轮摩托车邮路9条，单程总长170.6千米；三轮车邮路1条和自行车邮路11条，单程总长60.4千米。委办自行车邮路2条，单程总长14千米。农村投递邮路126条，单程总长3624.4千米。其中自办自行车邮路92条，单程总长3003.2千米；支局（所）自行车邮路6条，单程总长85.9千米；委办自行车邮路17条，单程总长439千米；委办步班11条，单程总长96.3千米。

③2000年末，自办5条市内汽车邮运邮路：城厢镇至新湾镇、城厢镇至益农镇、城厢镇至河庄镇、城厢镇至欢潭乡、城厢镇至楼塔镇，构成覆盖全市的邮运主干线网络。

④2000年末，3条转趟汽车邮路：新塘乡至江桥代办所、长山至新街代办所、新湾镇至萧山第一农垦场代办所和萧山第二农垦场代办所。

⑤城厢镇19个投递道段分别为火车站1～5段、崇化1～6段、高桥1～5段、北干1～3段。19个投递道段投递区域：东起浙赣铁路、西至小岳桥、南抵潘水苑和南江公园、北达银河小区。

⑥妥投是邮政的专门术语，意思是妥善投到收寄人手里或由单位收发室接受。

图21－1－701　1993年4月，浦阳镇邮电所投递员出发到各村投递信报（傅展学摄）

图21－1－702　1997年9月13日，杭州市劳动模范萧山市义盛邮电中心支局邮递员王永锦将报纸直接投递到户（王和吉摄）

投递方式

信报投递　集镇信报投递　1984年7月起，根据集镇街区出现楼层住宅增多的情况，改进投递方式，由邮政管理部门统一承办安装于住宅底楼的住户信报箱。至年末，全县已设有用户信报箱64只。1985年，除城厢镇和临浦、瓜沥、义盛等集镇街区楼层住宅设有用户信报箱91只外，其余住宅用户的信报直接投递到户，单位用户信报投递到单位传达室。翌年后，随着楼层住宅逐渐增多，用户信报箱相应增加。至2000年末，全市集镇街区楼层住宅装有用户信报箱5483只，平常信报投入信报箱内，其中城厢镇的崇化、潘水、南江住宅小区实行上楼投递；有单独门牌号码的店（户），信报直接投送到店（户）。挂号邮件自开办邮寄业务以来一直直送到户，由收件人签收；如果经两次投送，收件人都不在家，投递员将《领取邮件通知单》贴在收件户门上，通知收件人到指定的邮政营业窗口或邮政代办所领取。

乡村信报投递　1985年，农村信报投递基本按址投递。翌年，信报投递到农户有23.23万家。

1987年1月始，改变了农村信报投递一直按址投递的投递方式，采用按址和按点相结合的方式投递，即挂号邮件直接投送到户，平常邮件和报刊采用自办、代办、接转点等形式，投送到镇乡或村的固定点，再由点的工作人员将信报投递到户。至2001年3月25日，农村信报投递仍采用按址和按点相结合的方式投递。

包裹投递　萧山解放后，包裹邮件一直是将《包裹详情单》直接投送到户，由收件人到指定的邮政营业窗口或邮政代办所领取。直至2000年10月8日起，城厢镇老城区[1]范围内的境外包裹上门投递，即每天由专人、专车将包裹直接投递到户。经两次投递，收件人仍不在家的，将《领取邮件通知单》贴于收件人门上或投入信报箱，通知其到指定点领取。是年，投送包裹756只。

第三节　业　务

函　件

萧山解放前，函件业务量少。[2]萧山解放后，函件业务项目陆续增多，业务量骤增。[3]1985年，收寄函件为信函（普通信函和商业信函）、明信片、印刷品、盲人读物等。按信函的重要程度分，有挂号、特种挂号、保价、机要4种。盲人读物免费交寄，其他函件纳费交寄。纳费方式有贴邮票和邮资总付两种。是年，收寄各类函件513.85万件（境内函件512.16万件、国际及港澳台1.69万件），比1984年增长24.44%。

①城厢镇老城区范围：东至通惠路，南至道源路，西至环城西路，北至北干山。

②萧山解放前夕，收寄函件有信函、明信片、印刷品、盲人读物等。民国37年（1948），收寄函件14.60万件。

③1949年，收寄函件65.5万件。1952年增办保价信，1957年开办机要通信，1959年开办特种挂号信和“邮资总付”，1972年又开办国际挂号函件业务等，函件数量迅速增加。1984年，收寄各类函件412.93万件。

1989年后，随着固定电话的发展，普通函件业务量呈下降趋势。1991年，收寄函件427.72万件，比1988年下降29.73%。是年12月1日，萧山邮政开设贺年有奖明信片业务。2000年，收寄函件495.50万件（境内函件493.98万件、国际和港澳台函件1.52万件），比1996年减少4.20%。

图21－1－703 2000年4月，萧山邮政枢纽大楼函件分拣中心。图为邮政投递员在分拣函件（萧山区邮政局提供）

包 件

萧山解放前夕，包件业务分：小包邮件、保价包件、快递包件。1949年，收寄包件0.10万件。

1952年后，包件业务项目增多，业务量增加。①1985年，随着交通运输业的发展，包件流通渠道增加，邮政包件业务量呈现下降趋势。是年，收寄包件10.09万件，为1984年的73.76%。收寄包件按性质分：有民用包件、商品包件；按速度分：有普通包件、快递包件。1992年，增加特快专递业务。2000年，邮政包件业务量又有回升，为10.94万件（境内包件10.90万件、国际及港澳台0.04万件），比1998年增长12.98%。

邮政汇兑

萧山解放前夕，邮政汇兑业务通汇面小，手续烦琐，汇费昂贵，最高汇率50%，即每汇1元，收汇费0.50元。中华人民共和国成立后，重新厘订汇兑制度。②1949年，邮政汇兑业务有普通汇票、定额汇票③、电报汇票等。是年，收汇汇票5400张，比1948年增加400张。1958年后，萧山不同时期的邮政汇票数量增减幅度较大。④

1985年，邮政汇兑汇率为1%（每汇款1元,收汇费1分），每笔汇款的汇费从1元起算，每笔汇款的最高限额仍为5000元，汇款方式改用汇款通知，即由汇款人填写汇款通知单，邮政营业窗口受理后，按挂号邮件送达收款人，收款人凭汇款通知单和有效证件，到指定的邮政营业窗口取款。是年，汇兑网点38家，比1984年增加2家；收汇汇票12.02万张，增长18.54%。

1996年6月，邮政汇兑汇率不变，但每笔汇款的最高限额增加到10000元，每笔汇款的汇费从2元起算，即汇款在200元以下的都收取汇费2元；每笔汇款汇费的最高限额为50元，即每笔汇款在5000元～10000元之间也都只收取汇费50元。

1999年10月，邮政汇兑每笔汇款的最高限额增加到50000元，每笔汇费的最高限额仍为50元。

2000年，全市有邮政汇兑网点46家，收汇汇票31.50万张，兑付汇票11.08万张。

特快专递

1992年8月18日，根据浙江省邮电管理局指定萧山市邮电局为国内特快专递业务开办局的规定，萧山市成立邮政速递站，统一经营邮政特快专递（EMS）业务，特快专递可通达世界160余个国家和地区的上万个城市。

1997年1月，发展特快专递业务的同时，开通邮政特快专递特种服务电话“185”，并试行特快专递邮件跟踪查询系统，为客户提供更快捷优良的服务。

①1952年，增辟快递小包和保价包裹业务。1970年，增加国际包件业务。1979年，收寄包件3.91万件。1980年，为适应商品流通，扩大收寄商业包件范围，业务量不断增加。1984年，收寄包件13.68万件。

②中华人民共和国成立后，全国统一汇率为1%，汇费按每汇款1元及其零头数，收取1分，每笔汇款最低收费1角，每张汇票最高限额为300元。普通汇票较多使用1元～5万元的面币。1981年，每笔汇款最高限额从300元提高到5000元。

③1949年11月，萧山开办定额汇票业务。定额汇票面值为1万元、2万元、3万元、5万元、10万元、30万元、40万元和50万元（旧币。旧币1万元折合新币1元）8种。1955年，废止定额汇票。

④1958年，收汇汇票4.82万张。1965年，上升到10.57万张。“文化大革命”期间，汇兑业务有所下降。1967年，收汇汇票降至7.56万张，后趋回升。1978年，收汇汇票9.18万张。1983年后，直线上升。1984年，收汇汇票10.14万张。

2000年，收寄邮政特快专递159831件，其中境内144049件、国际及港澳台15782件，联系和查询邮政特快专递事项的用户有17500个。

此外，邮政经营业务还有报刊发行（详见本编《报刊》章）、邮送广告（详见本编《广告》章）、邮政储蓄（详见《金融》编《其他金融业》章）和集邮等。

【附】

集　邮

1983年12月31日，萧山县邮电局设立集邮门市部，经销集邮票品和部分集邮专用品。翌年，常年集邮用户274家，集邮业务收入6.26万元。1985年8月18日，召开萧山县集邮协会筹备会议，会员357人。是年，集邮79.87万枚，比1984年增长2.08%；集邮业务收入10.68万元，比1984年增加70.61%。

1989年4月1日，成立邮票公司，经营与集邮相关的品种，有集邮邮票、邮票年册、集邮册、邮票折、封片、护印袋、镊子、放大镜等近10种。1992年1月1日，萧山市集邮协会创办《萧山集邮》报，每半年出版1期，发行量1000份。2000年，《萧山集邮》每期发行5000份，集邮协会会员1183人，常年集邮用户2500户。是年，集邮248.80万枚、集邮业务收入456.90万元。

（彭勇敢）

表21—1—474　1985～2000年萧山邮政事业发展情况

年份	局所总数（家）	代办所	年末固定资产原值（万元）	年末职工人数（人）	收寄函件（万件）	收寄包件（万件）	国内收汇汇票（万张）	集邮（万枚）	特快专递（件）	业务总量（万元）
1985	79	57	772	640	513.85	10.09	12.02	79.87	—	474.59
1986	82	51	1085	670	538.14	11.80	12.02		—	534.03
1987	84	52	1396	679	556.13	13.00	12.81		—	713.35
1988	84	53	2152	702	608.70	12.19	13.42	82.50	—	989.41
1989	85	54	3118	735	518.66	11.57	12.12	84.35	—	1149.14
1990	88	57	4600	752	466.07	10.56	12.52	44.20	—	1337.27
1991	85	57	6323	741	427.72	9.25	13.19	88.61	—	3076.37
1992	85	57	8070	748	527.95	10.03	15.19	130.67	2619	4858.81
1993	63	53	23189	856	544.19	9.76	18.93	127.30	18816	8074.20
1994	64	60	31383	856	612.66	9.85	24.88	145.96	41069	12827.70
1995	58	59	47599	851	601.74	11.12	27.89	140.18	67400	19018.01
1996	59	56	52965	805	517.24	11.46	25.73	164.31	82536	23727.60
1997	58	55	67383	788	529.86	10.36	23.84	181.90	91294	29719.48
1998	74	7	7527	322	542.52	9.70	25.20	265.80	113200	1636.07
1999	63	34	11703	316	465.84	10.04	29.07	233.72	134581	1814.77
2000	64	34	11063	318	495.50	10.94	31.50	248.80	159831	2370.30

注：①资料来源：萧山区邮政局。

②1985～1997年为邮政、电信合一时数据，1998～2000年仅为邮政数据。

③“业务总量”栏，含邮送广告、邮政报刊发行和邮政储蓄等业务。1985～1990年为80不变价，1991～2000年为90不变价。

第二章 电 信

萧山的有线电报始于清光绪九年（1883），由杭州引入电报线路。农村电话、长途电话、市内电话均始于民国时期。1954年后，市内电话另设交换机，长途电话线路与市内电话线路分设，逐步形成市内电话系统。70年代，电信事业发展加快。①1981年4月18日，开通千门准电子自动交换机。1985年6月29日，3000门纵横制自动电话交换机开通，电话号码由4位升至5位。

①1971年建设地下管道电缆。1975年后，陆续开放国际公众电报、真迹传真电报、用户电报等业务。

1989年后，随着通信技术的不断提高，电话、传真和电子邮件逐渐普及，无线寻呼对公众开放，电报业务量逐年减少。1990年，开始设置公用电话。翌年9月1日，开通首期万门程控交换机，全市电信通信网由模拟向数字通信过渡，电话号码由5位升至6位。1992年6月25日，移动手机开通使用，标志萧山通信能力又上了一个新台阶。1994年6月25日二期程控交换机并网后，与杭州电话网联网，全市交换机总容量102736门，电话号码由6位升至7位。1996年，新开108业务、记账电话卡（200）业务、直拨受付（800）业务和声讯服务，使萧山的通信服务趋向多元化。

图21—2—704 萧山市邮电局机务员在纵横制机房检测（1991年9月摄，中国电信股份有限公司杭州萧山分公司提供）

1997年10月22日、1998年8月12日，移动通信、无线寻呼业务先后从市邮电局析出，分设机构。1998年9月2日，电信业务从萧山市邮电局析出，并成立萧山市电信局（2000年7月更名浙江省电信公司萧山电信局，简称萧山电信局，下同）。是年，程控电话交换设备软件版本升级，F—150机从第9版升到第10版，S1240机从第5版升至第7版，建成传输设备2个2.5G版。1999年6月，中国联通有限公司杭州分公司萧山营业部（简称联通萧山营业部，下同）开始经营移动电话业务。12月23日，开通便携式电话。

2000年末，萧山开通有108业务、记账电话卡（200、300）业务、直拨受付（800）业务和声讯服务，设有160、23160电话信息服务台和168、23168电话声讯服务台各1个；拥有固定电话、移动电话、便携式电话（小灵通）和无线寻呼，另有普通公用电话、投币电话、磁卡电话和IC卡电话等公用电话。每百人拥有电话机（含移动电话、小灵通）41.30部。是年，电信业务总量66535万元，其中萧山电信局26161万元、浙江移动通信有限责任公司萧山分公司（简称移动萧山分公司，下同）24580万元、联通萧山营业部15794万元。

2001年2月11日，开通宽带上网业务。5月18日零时，电话号码由7位升至8位。

图21—2—705 1994年6月，萧山市邮电局设在城厢镇梅花楼通信大楼的万门程控交换机开通使用。图为该局机务员在机房检测（2004年5月摄，中国电信股份有限公司杭州萧山区分公司提供）

第一节 电 报

清光绪十年（1884），设萧山电报局，开通杭州、绍兴报线。民国23年（1934）9月，萧山电报局改称营业处，年底撤销，电报业务委托长途电话支局代办。[①]民国28年11月，建无线电报，但一直没有经营用户电报业务。[②]萧山解放初期，采用电话线路传电报。1956年，建立萧山解放后首条萧山至杭州直达的电报专用电路。翌年后，电报专用线路增加。[③]至1984年，初步形成全县电报通信网络，[④]来去电报纳入杭州64路自动转报系统。

1985年，增开长山电报房至营业处电传电路、县邮电局报房至西兴直达话传电报电路各1条。来去电报与杭州市邮电局联网，纳入全国系统，传输速度加快。县邮电局安装中文电报译码机，替代人工操作。年末，拥有有线电报电路11条（电缆实线5条、明线载波6条），另有出租用户电路2条。设备有1～4路、6～8路载波电报机各1部及电传打字机17部、传真电话机1部、5单元自动发报机6部、中文电报译码机1部。有线电报开放业务有国内公众电报、国际公众电报、用户传真电报、用户电报等。其中国内公众电报，按业务性质分为天气电报、水情电报、公益电报、政务电报、新闻电报、普通电报、汇款电报和公电8种。开放的特别业务有加急、特急、邮送3种。是年，电报计费业务量28.33万份，比1984年增长49.74%。

1987年，临浦、瓜沥、义盛3个邮电中心支局和坎山、长山2个邮电支局与县局开通电传电路。年末，全县有电报电路15条（电缆实线载波1条、架空明线载波10条、架空实线1条、架空幻线2条、无线短波1条），电报设备有载波电报机8部、电传打字机27部、传真机1部。翌年，电报业务52.04万份。

1989年后，电报的业务逐年减少。至2000年，有线电报电路有5条，电报业务量2.06万份；传真4924份，其中国内4493份、国际及港澳台431份。

第二节　固定电话

农村电话

萧山农村电话始于民国4年（1915）。[⑤]1958年，实现社社通电话。1978年后，推广载波电路，敷设电缆。

1983年6月14日，安装萧山解放以来首部私人电话。[⑥]是年，全县安装私人电话2部。[⑦]翌年，个体户、专业户和经济联合体的“两户一体”共装电话59户，农村电话业务298.33万次。

1985年，新增农村电话中继线26路、出租电路18路。新增农村电话设备，农村支局3路、载波机7套；长山支局安装共电式交换机500门；靖江、浦沿、闻堰等支局更换交换机310门；架设长山至新街100对塑料电缆。至年末，全县有农村电话电路289条，其中县至镇乡电路98条、乡与乡之间156条、县际5条、出租电路30条。拥有农村电话交换机112部，总容量8330门，其中实占容量5582门，电话单机4934部；农村交换点70处，已装有电话交换机的镇乡65个，占全县镇乡数的97.01%；通电话的村751个，占全县村数的93.52%。农村电话用户2170户，比1984年增加272户。是年，全县农村电话业务333.31万次，比1984年增长8.36%。

①浙江省萧山县邮电局：《萧山县邮电志（1911～1985）》，第6页。

②民国28年（1939）11月，县政府建15瓦无线电台。民国29年1月，日本侵略军侵占城厢镇，县政府撤至河上店，利用无线电报与邻县和后方取得联系；此外还在新湾设无线电分台（后迁至梅西），用3瓦无线电收发报机联系通报。抗日战争胜利后，无线电台撤销。1950年在临浦设15瓦无线电收发机疏通电报，1952年撤销。1960年，县邮电局设55A型无线电发报机和55B型超外差收讯机各1部，作应急备用，1964年停机封存，1979年恢复使用。1985年，无线电报电路1条，将55A型无线电发报机和55B型收发讯机更新为八一小型（C）短波收发讯机1部，除每天定时与杭州邮电局联络外，为有线电路中断时应急之用，从未经营用户电报业务。1993年5月，无线电报停用。

③1958年底，县内建有城厢镇至瓜沥、临浦、义桥、长河、坎山、靖江等分支机构报话混通电路20余条。1964年改莫尔斯机为电传机通报。1975年试办国际公众电报。1977年4月1日，开放真迹传真电报（因传递效果不佳，于1980年停办）。1982年6月，开通用户电报（杭州齿轮箱厂为首家用户电报单位）。是年，新辟城厢镇至瓜沥、临浦、义盛、党山、长山直达专用话传报线5条，并将萧山至杭州电报电路改明线为载波报路。

④1984年末，萧山设有专用电报电路10条，城厢镇至杭州、临浦、瓜沥、义盛、坎山、长山、河上、党山均有直达报线，并拥有载波电报机2部、电传打字机9部、发报机6部。

⑤民国4年（1915），绍兴电话公司敷线经华舍镇到瓜沥镇，瓜沥镇义昌丰南货店设电话业务零售处。民国24年，架设县内电话线路。日本侵略军侵萧，线路全部被毁。民国35年10月，设萧山县乡村电话管理所，装交换机20门，并重建县内电话线路。翌年10月，在临浦、戴村、靖江分装总机，建立交换所。

⑥1983年6月14日，义盛人民公社（今义盛镇）徐某家用电器修理户安装私人电话。

⑦1983年，萧山邮电局编制的邮电经营业务年度统计报表“私人电话”记载：2部。

1986年，瓜沥中心支局1000门市内、农村合一自动交换机开通，农村电话与市内电话联网，成为萧山首家市内农村联网支局。1988年，有4个支局安装并开通电话自动交换机，34个支局（所）、镇乡的电话交换机开通与市内电话的半自动拨号电路，占全市农村电话交换点的47.22%。一个以邮电局为中心的全市自动电话交换网已粗具规模。翌年，临浦、瓜沥等20个镇乡与市内电话有直达电话电路。南阳等5个镇乡的农村电话人工交换点并入自动交换网。1990年，已安装电话交换机的镇乡56个，占全市镇乡数的83.58%。其中实现电话自动或半自动连接的镇乡53个，占79.10%，初步形成农村综合通信网。

图21－2－706　1993年5月，邮电线路工人在楼塔镇境内架设农村电话自动网电缆（傅宇飞摄）

1993年，萧山开发建设农村电话自动网。年末，农村电话交换机总容量63880门，比1992年增长1.89倍。其中实占用量17847门，比1992年增长16.01%。用户交换机容量4298门，比1992年增长28.34%。电话机总数20693部，比1992年增长21.38%。其中接入局交换机13119部，增长69.76%。是年，全市31个镇乡都通电话，其中28个镇乡的全部用户可直拨市内电话。791个村通电话，占全市村数的99.50%。其中761个村的全部用户可直拨市内电话，占全市村数的95.72%。翌年1月31日，全部镇乡开通程控交换机，交换机容量突破10万门。1997年，全市28个镇乡、765个村都通电话，都可直拨国际、国内长途电话。

2000年末，农村程控电话机总容量28.78万门，接入用户交换机31部，总容量4474门；农村电话用户177993户，其中农村住宅用户160122户。是年，全市农村电话业务15599.50万次。

长途电话

长途电话始于民国18年（1929）。[①]萧山解放后，发展长途电话。[②]1985年，开通DD14、DD16自动长途电话。年末，全市长途电话电路93路，比1984年增加17路，其中电缆载波73路、明线载波19路、实线载波1路，另有出租用户电话13路；共电式交换机16席，12路载波电路终端机2部，60路载波电话终端机2部、载波终端机容量144路，实占容量108路。长途电话有权用户可与全国59个大中城市直接拨通。是年，长途电话业务量83.49万次，比1984年增加29.68%。1987年，全市国内长途电话直拨用户84家。1990年末，全市长途电话直拨用户增加到957家，其中有国际长途电话1部。

1991年，首期万门程控交换机开通后，长途自动去话接通率由万门程控电话开通前的27.76%提高到30.30%。开设光端机8端，PCM复用设备82个系统，其中实开53个；新增长途程控交换机容量570线路。年末，拥有60路以上载波电路终端机14部，其中容量在960路以上的微波收发信机6部。是年，长途电话业务390.95万次。

1994年10月26日零时，长途电话对端设备和人工交换机拆除，萧山境内人工长途电话业务分别由杭州市电信局人工长话台103、113受理。年末，在载话端机设备中，长途电话模拟终端复用设备容量312路（载波终端机容量），长途数字终端复用设备容量7680路，比1993年增加3360路。

①民国18年（1929）7月，始设萧山长途电话局，装磁石交换机10门，开通杭州、绍兴话路，并对外营业。民国20年敷成杭州至金华长途话线，设临浦电信代办所，开放长途电话业务。后萧山至各地长途电话逐渐沟通。日本侵略军侵萧前夕，长途电话局拆机撤退，杭州至萧山长话线毁于战火。民国34年，设萧山电信局，安装20门磁石交换机1部，恢复长途电话。民国36年恢复临浦电信代办所，翌年又设瓜沥电信代办所。

②萧山解放初，有萧山至杭州、绍兴、诸暨长途明线电路各1对，由省邮电局管辖维护。1958年，设萧山至杭州24路微波机1端（1966年拆除）；翌年，开辟萧山至杭州载波电路3路；嗣后逐年增设，至1984年末，萧山长途通讯电路已达76路。并拥有共电式长话交换机8席、60路载波电路终端机2部、12路载波电路终端机1部以及DD14长途半自动设备。（萧山县志编纂委员会：《萧山县志》，浙江人民出版社，1987年，第408页）

1995年，长途电话模拟终端复用设备拆除，长途数字终端复用设备容量3840路，长途自动交换机容量3000门，实占用量1860路，比1994年增加125路。是年，长途电话业务1629.08万次。

1997年4月25日，萧山长途交换局梅花楼S1240母局投入使用，新增萧山至杭州的长途出局电路800路、GSM出局电路540路。1999年11月7日，梅花楼S1240母局顺利割接到西门子（EWSD）程控交换机后，S—1240J交换机退网。

2000年末，全市长途电话电路210路，长途自动交换机容量4500门，实占容量3150路。长途通话业务2658.36万次，其中境内2615.57万次、国际17.99万次、港澳台24.80万次。

市内电话

市内电话始于民国24年（1935）。[①]萧山解放后，发展市内电话。[②]1985年末，纵横制自动电话交换机总容量3000门，其中实占容量1718门；用户交换机容量2350门，其中自动1780门；电话机单机2958部，其中自动818部。杆路长度68千米，电缆32皮长千米，电缆芯线3735对千米。是年，市内电话用户1653户，比1984年增加231户。

①民国24年（1935），萧山电灯公司经理汪琇甫集股建立市内电话公司，安装有100门磁石式交换机1部。民国27年，萧山电灯公司由省电话局接收，在日本侵略军迫近萧山时拆除，抗日战争胜利后一直未能恢复；少量市内用户线与长途中继线混装在同一机台上。

②萧山解放初期，有1台40门磁石交换机和40部摇把子电话机。1954年后，开始设架空电缆。1959年，首条直通杭州市的载波电路，开通3条载波话路，市内电话交换机总容量640门。

1971年开始，建设地下管道电缆，在体育路首次埋设市内电话地下4孔水泥管道580米，后逐渐向四方延伸。

1981年4月18日，1000门准电子自动交换机投入使用。

至1984年底，已建成63.44孔程千米，杆路长度62千米，明线长度80对千米，电缆30.6皮长千米，电缆芯线2501对千米，出局电缆2400对。市话交换机总容量2020门，其中实占容量1536门；用户占机容量1810门；电话机单机2612部（接入邮电局话机1422部），安装用户交换机的企业有18家。是年，市内电话用户1366户。

1987年，纵横制自动电话交换机容量增至5000门，用户电话转换机容量3680门，电话机单机4384部（自动电话机3729部），其中接入县邮电局交换机2314部（全部自动）、用户交换机2070部（自动1415部）。1990年，为方便公众使用电话，在城厢镇主要公共场所设立公用电话亭4个、设公用电话机10部。

1991年9月1日，代表数字电话的首期万门程控交换机开通。1993年，用户电话转换机容量35300门，比1992年增加25300门；杆路长度209千米，比1992年增加104千米；电缆400.70皮长千米，比1992年增加212.70皮长千米。

1994年1月，二期程控交换机开通使用。6月25日23时整，萧山市电话进入杭州地区本地网。是年，局用自动交换机容量（程控）50688门，其中实占容量（程控）24323门。用户交换机容量5563门，其中自动式5003门（程控2803门）。电话机单机31501部，其中接入局用交换机27324部、用户交换机4177部。

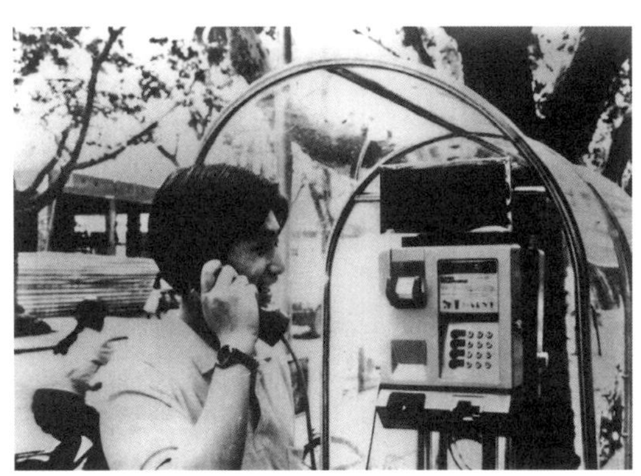

图21—2—707　1997年7月31日，市民在使用设在城区市心路上的公用电话（丁力摄）

2000年，局用交换机容量（含接入网）446452门，其中实占容量（程控）290217门。用户交换机容量16943门，均为自动（程控）交换机容量。萧山有市内电话交换机容量15.87万门，其中实占机用户11.22万门。用户交换机79部，总容量1.25万门。年末，市内电话用户112224户（其中市内住宅用户67345户），公用电话7418户。是年，市内电话业务16579.88万次。

第三节　无线寻呼

1989年，萧山市邮电局开始建设无线寻呼基站。是年9月，萧山无线寻呼开通，城厢镇体育路邮电中心支局兼营无线寻呼业务。翌年，拥有无线寻呼发射机2部、操作终端机2部。

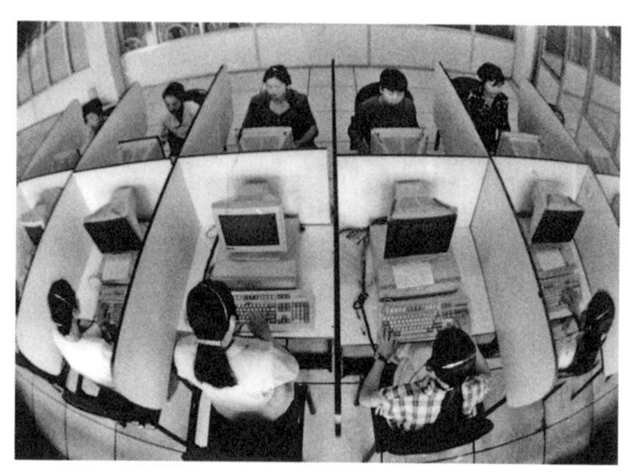

图21—2—708　1992年5月，位于城厢镇体育路的邮电无线寻呼台机房。图为机房值班人员在工作（董光中摄）

1992年始，随着无线寻呼发射机和操作终端机的不断扩容，无线寻呼用户迅速增加。至1994年，建成并开通城厢镇西山、临浦、义盛和西兴4个无线寻呼基站，无线寻呼系统容量25000户。翌年，无线寻呼系统容量10万户、基站11个。1996年，无线寻呼基站增加到19个。

1998年8月12日，无线寻呼业务从市邮电局析出，建立浙江电信寻呼有限公司萧山分公司（1998年9月23日更名浙江国信有限公司萧山分公司，翌年6月更名联通萧山营业部）。是年，无线寻呼基站8个，具有127/126本地网、129/128全省网和199/198全国网3大网络。业务总量1822.73万元。

1999年7月，联通萧山营业部增设信息服务业务，用户可拨打96126、96127、96128、96129、96198、96199，了解股票行情、天气预报、当日新闻、财经信息、股市分析等信息。是年，为了适应无线通讯技术发展的要求，提高无线寻呼信号的发射质量，建立义盛和瓜沥两个专用基站，调整光明和长沙两个基站发射机的发射功率，拆除南片地区个别利用率不高的基站，开通欢潭基站。针对省网129单频FLEX在东片地区信号微弱的状况，采取补点的办法，建立党山、新围等无线寻呼基站3个。年末，拥有无线寻呼发射机34部，其中129省网有4个频点、发射机15部；127本地网3个频点、发射机14部；199全国网发射机5部。

2000年，随着小灵通的产生与发展，使用无线寻呼用户开始逐年减少。年末，无线寻呼系统容量10万户、基站11个。（2001年，无线寻呼用户73000户，翌年61800户，2003年，区统计局不再统计无线寻呼用户数量。）

第四节　移动电话

1992年7月28日，市邮电局投入100余万元，建成并开通模拟（A网）首期基站2个，由城厢镇体育路邮电支局兼营移动电话业务，网络信道数量20个，进入上海市、浙江省通信区，首批63家单位的91部移动电话用户率先使用。首部开通的是8900X摩托罗拉模拟移动手机①，号码为906000，价格32098元，为时任邮电局局长使用。萧山移动电话发展初期，个人拥有移动电话是权力和财富的象征。②是年，经营有移动电话入网、改名过户、补卡及话费查询等业务。

1993年，市邮电局建设基站开始从城区向农村延伸，网络扩容。是年，

①模拟移动手机形似砖头，重0.50千克，俗称“大哥大”、“砖头机”。手机长19.50厘米、宽4厘米、中间厚4.50厘米、两头厚7.30厘米，天线长7.30厘米。

②1992年，1部模拟移动手机的价格为32098元，分别是萧山全民所有制职工、城镇集体所有制职工年平均工资2948元、2496元的10.89倍和12.86倍。

网络信道数量40个。1994年，投资300余万元，建成城厢镇梅花楼、体育路移动电话基站2个。是年8月，城厢镇梅花楼营业厅增设移动电话入网等业务。

1995年，用户开始使用第一代数字移动电话NEC（无中文译名）手机[1]，模拟移动手机逐步退出市场。是年7月，GSM（Global System For Mobile Communication）第一期工程“全球移动通信系统”（以下简称G网）投入使用，分别在萧山市社会劳动保险公司所在地、城厢镇崇化路、新街镇、西兴镇内新建基站4个。1996年3月29日，移动电话A网基站顺利从萧山EMX500割接至杭州EMX2500交换机。是年，市邮电局投资1500余万元，建成移动电话A网第6期工程，新建临浦、义盛、宁围3个B网[2]基站，新增模拟信道233个；完成GSM第二期工程，新建宁围、瓜沥、闻堰、光明和城厢镇高桥、五七路口6个基站，增加网络信道168个。翌年，萧山市邮电局调查：1996年，萧山持有移动手机者95%以上是企业厂长（经理）和党政机关领导。

1997年，用户使用第二代数字移动电话诺基亚（NOKIA）手机。[3]是年10月22日，移动通信业务从市邮电局析出，建立移动萧山分公司。是年，业务收入10651万元。翌年3月，移动萧山分公司经营“全球通”、“本地通”、“神州行”等品牌业务，受理手机入网、改名过户、停开机、补换SIM卡、查询移动电话详单等综合业务。

1999年6月，联通萧山营业部在经营无线寻呼业务的基础上，开始经营“130全国网”、“130全省网”、“如意通”等移动电话业务，受理移动电话入网、改名过户、停机开机、SIM卡补换、移动电话账单查询、移动电话详单查询、业务咨询等。

2000年，用户使用三基摩客S308和摩托罗拉（MOTOROLA）988手机。[4]是年1月，移动萧山分公司开始建设萧山移动的传输网络（敷设地下通信管道、光缆）。3月，移动萧山分公司启用“中国移动”新标志。年末，移动萧山分公司建有移动电话基站144个（A网13个、B网20个、G网111个），全市无线信号覆盖率按全市人口计为90%以上、村覆盖率92%以上，实现萧山境内宾馆、主要交通干线、隧道、偏远乡村的信号连续覆盖。联通萧山营业部有移动电话基站43个，全市无线信号覆盖率80%。后随着数字基站的扩容与增加，A网、B网设备不再新增，并陆续拆除。年末，全市移动电话用户158098部，其中移动萧山分公司移动电话用户138248部、联通萧山营业部19850部。萧山移动电话业务总收入26380万元，其中移动萧山分公司业务收入24580万元、联通萧山营业部1800万元。

2001年1月，联通萧山营业部扩建移动基站，开始从城区逐步向农村延伸，网络不断进行扩容。3月25日，移动萧山分公司实现杭州传输骨干网萧山段的全线贯通。（2001年末，用户模拟移动手机全部退出市场。）

图21－2－709　1992～2000年，萧山开通的部分移动电话手机。8900X摩托罗拉模拟手机（左一）为首批使用的手机（中国移动通信集团浙江有限公司萧山分公司提供）

①1995年数字移动电话NEC手机长15.50厘米、宽5厘米、厚2.50厘米，重0.20千克。

②B网与A网频率不同，是区别于A网的另一种通信方式。

③1997年数字移动电话诺基亚手机长14厘米、宽4.80厘米、厚2厘米，重0.15千克。

④2000年的三基S308和摩托罗拉手机长7厘米、宽3.50厘米、厚1.50厘米，重0.13千克。

第五节　小灵通

1999年10月8日，萧山市电信局投资7321万元，建设小灵通PAS网工程，即无线市内电话一期工程开工建设。是年，完成7个点的设备安装，在城厢镇、瓜沥镇内架设基站1708个，信号覆盖面积20平方千米。12月23日，小灵通电话业务向公众开放。年末，小灵通用户有1167户。

图21－2－710　1999年，萧山市电信局投放市场的各类小灵通（中国电信股份有限公司杭州萧山区分公司提供）

2000年，萧山市电信局投资1000万元，建设无线市内电话二期工程，8月31日完工，优化PAS网，新增宁围镇新华、金一、丰东、兴议村和新塘乡共5个基站控制区以及139个200毫瓦基站、15个10毫瓦室外基站，信号覆盖面积31平方千米。至年末，城厢镇、瓜沥镇架设基站有2156个，小灵通信号覆盖面积51平方千米，小灵通用户20138户。

表21－2－475　1985～2000年萧山电信事业发展情况

年份	局用交换机容量（门）	电话机总数（部）	市内电话用户（户）	农村电话用户（户）	无线寻呼用户（户）	移动电话用户（部）	每百人拥有电话机（部/百人）			电报（万份）
							萧山	市内	农村	
1985	11330	7491	1653	2170	—	—	0.35	4.35	0.57	28.33
1986	13210	10188	2107	2317	—	—	0.40			28.15
1987	16300	12083	2553	2693	—	—	0.47	4.97	0.65	39.08
1988	18410	15002	3342	3186	—	—	0.58	7.40	0.89	52.04
1989	22546	17240	4138	3782	130	—	0.69	8.30	1.00	46.05
1990	22924	20205	4898	4581	192	—	0.82	9.60	1.20	39.36
1991	25382	22740	5600	5794	515	—	0.98	10.20	1.30	39.09
1992	32106	28866	8223	8058	3295	208	1.41	5.79	1.75	34.28
1993	99208	39879	13403	13108	5657	1456	2.37	8.67		26.60
1994	102736	73175	23843	22984	19501	2920	5.65	15.02	3.25	16.75
1995	148972	110077	34879	39256	30547	7976	9.16	24.24	5.88	11.11
1996	153948	123362	41083	46579	44620	14145	11.01	29.67	6.75	5.94
1997	188788	166672	52969	64891	55140	25852	14.76	36.86	9.03	3.66
1998	241844	216443	60427	91301	68153	43081	19.09	28.47	11.77	2.42
1999	407242	230299	77615	124932	75200	89584	27.50	43.09	15.31	2.18
2000	446452	313587	112224	177993	73500	158098	41.30	58.50	20.64	2.06

注：①资料来源：中国电信股份有限公司杭州萧山区分公司。

②“每百人拥有电话机”栏，1999、2000年含移动电话、小灵通。

③业务总量，1985～1997年，邮政、电信合一，业务总量见表21－1－474；1998年后分设，电信业务总量（含移动萧山分公司、联通萧山营业部）：1998年为38493万元、1999年为45213万元、2000年为66535万元。

第三章　网　络

1991年起，市邮电局在辖内铺设通信光缆，开始建设计算机网络基础设施。1994年，通过数字数据网（Digital Data Network，简称DDN）专线与因特网（internet）连接后，企事业单位和党政机关开始陆续建立计算机网络。翌年10月25日，因特网浙江节点在杭州开通后，随着计算机的普及和Windows95计算机操作系统的发布，企事业单位和党政机关的计算机网络建设加快。1996年，因特网萧山节点开通，即建立“萧山信息之窗”。翌年，市邮电局开通窄带综合业务数字网（俗称一线通，Narrowband Integrated Serices Digital Network，简称N—ISDN）专线上网业务，“中国化纤信息网”、“中国汽车网”等网站相继建立。1998年，随着电信个人上网业务的开通，出现全部采用光纤专线方式接入的网吧。翌年，建成萧山市行政中心第一期市政府信息网络，开通政府门户网站“萧山信息港”。萧山广播电视局（台）、移动萧山分公司、联通萧山营业部先后参与计算机网络基础设施建设，电信局提供局域网（Local Area Network，简称LAN）和非对称数字用户环路（Asymmetrical Digital Subscriber Loop ，简称ADSL）两种宽带接入业务。

2000年，基本建成以光纤通信为主干，卫星和微波通信为补充的现代通信传输网络，成为浙江省首批信息化建设五个试点县(市、区)之一。是年，完成萧山市行政中心第二期市政府信息网络建设。年末，全市建有独立域名网站410余家，一线通用户400余家，数字数据网分组交换用户736家，数字数据网因特网用户2504家，个人接入因特网注册用户7637家。

2001年1月，南阳镇建成浙江省首个镇、村两级统计计算机网络。2月11日，市电信局开通宽带上网个人用户业务。

第一节　基础设施

光　缆

电信通信光缆　1991年4月起，市邮电局铺设城厢镇体育路至瓜沥镇、义盛镇、临浦镇的首批中继光缆。1993年12月，第二批中继光缆铺设到全市40个分（支）局（所）。至1994年末，累计铺设光缆243.12皮长千米、3022.30芯千米。1999年6月，为配合20万门程控交换设备使用，萧山电信局第三批中继光缆铺设到100余个接入点，同时开始建设用户光缆，全年建成用户光缆74.35皮长千米、1189.80芯千米，可供LAN和ADSL两种宽带接入服务方式。2000年，萧山市电信局铺设光缆1351.91皮长千米、30691.812芯千米，建成光纤环路17个、光节点210余处，全市5000平方米以上的大楼有30%接通光缆。至年末，萧山市电信局累计投资1.78亿元，引入接入层概念，

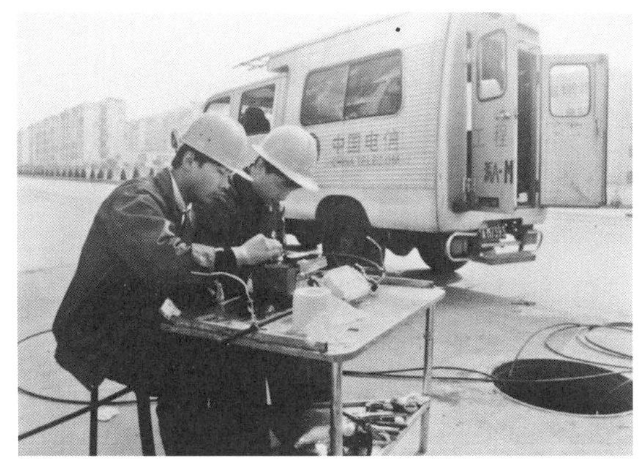

图21—3—711　1999年5月，浙江电信实业集团萧山有限公司技术人员正为萧山市行政中心政务网进行通信光缆工程施工（中国电信股份有限公司杭州萧山区分公司提供）

将传统的二级结构网络改造为三级结构千兆城域网络，覆盖所有镇乡，并开始向居民住宅区楼道、机关大楼、宾馆、企业等用户延伸；萧山市电信局梅花楼中心层采用两台CISCO6509交换机，临浦镇、瓜沥镇、义盛镇、楼塔镇和城厢镇体育路接入层采用CISCO4000交换机。

广播电视光缆　1995年，萧山有线电视台为实现与杭州市有线电视台光缆信号双向传输，开通与宁围镇的光缆信号。翌年5月，萧山人民广播电台开始架设城区至镇乡有线广播和有线电视的传输光缆。

1997年，萧山市广播电视局（台）通过全面改造城区有线电视主干线，开通22个光节点。1998年，萧山市广播电视局（台）用光缆取代有线广播电视信号线，建成与全市镇乡广播电视站的有线广播电视光缆联网，并与杭州有线电视台实现光缆联网。是年6月，以CATV（有线电视网）网络、HFC（混合光纤同轴接入）网络的高带宽优势和双向线缆调制解调器Cable Modem技术建成多功能传输系统。

1999年，萧山市广播电视局（台）开始改造农村广播电视网络，架设光缆，埋设地下管线，将光缆传输等新技术应用于农村网络建设。同时，完成全市镇乡的HFC网络双向改造。是年11月28日，开通的萧山广播电视信息网采用美国COM21公司生产的CC2100前端交换机和CP1100D线缆调制解调器，上行频率36MHz～42MHz、速率10Mbps，下行频率347MHz、速率33.60Mbps，可提供虚拟局域网（VLAN）、虚拟专网（VPN）和因特网接入等多种服务。

2000年，萧山市广播电视局（台）先后开通公安系统计算机联网和中国农业银行萧山市支行部分节点等58个数据传输业务用户端口，覆盖全市各镇乡；完成东片地区广播电视干线改造工程，全市50%以上的镇乡采用光缆作为有线电视干线。至年末，萧山市广播电视局（台）累计完成有线广播电视光缆主干线290皮长千米、光纤总长4021芯千米建设。(2001年，启动城区有线电视网络改造工程，完成城厢镇所有光缆主干线的增设工程和城厢镇约42000户的楼道有线电视网络改造，实现这些用户网最后1千米的宽带接入，至年末完成4个住宅区的试点改造。)

移动通信光缆　2000年1月，移动萧山分公司开始铺设地下通信管道和中继光缆。2001年1月，移动萧山分公司铺设地下通信管道和中继光缆工程进入重点建设阶段。3月，建成城厢镇崇化路、通惠路、金城路、人民路、西河路等路段的移动通信管道，管道由26孔构成，总长度13.96千米，并铺设光缆。城厢镇萧绍路、市心中路的3.50千米管道因道路施工的限制，采用向萧山市广播电视局（台）租赁、置换的方式贯通。随着城区光缆的全线贯通，光缆的铺设重点逐步向镇乡延伸。

数字数据网

1996年8月，为满足金融业用户租用数字专线的需求，萧山市邮电局引进加拿大新桥公司的数字数据设备。10月23日，数字数据本地网一期工程试运行，该工程由38个节点的DDN数据通信网组成。11月，中国农业银行萧山市支行39家分理处、储蓄网点租用萧山市邮电局点对点的数字数据专线，满足银行电子汇兑、通存通兑的需求，成为萧山第一家租用数字数据专线的用户。至1999年末，数字数据网经3次扩容，有金融业等分组交换用户67户、Internet用户2504户。数字数据网大多采用专线接入方式，建设和租赁费用昂贵，技术性能相对落后，2000年后没有继续发展。

一线通

1997年9月，市邮电局在城厢镇梅花楼电信大楼开通S1240　7X版程控交换机，提供128线N-ISDN，主要应用于因特网，实际速度100Kbps～128Kbps。年末，城厢、瓜沥、临浦、义盛等集镇范围内均可提供一线通。1999年，新增一线通2016线，在123个一线通模块点覆盖的区域范围内，均能提供一线通。2000年末，全市有一线通用户400余家。

2001年2月后，因一线通不能满足高质量的VOD点播等宽带应用需求，用户逐年减少。

第二节 信息网络

1983年后，党政机关和企事业单位逐步配备计算机。90年代，企事业单位和党政机关开始建立计算机网络。2000年，全市各党政机关、事业单位和规模以上企业基本完成计算机网络建设。

政府网络

政府政务　1997年，为加快政府办公自动化、网络化进程，萧山经济技术开发区管委会（简称开发区管委会，下同）投资50万元，通过因特网实现与国务院经济特区办公室联网，增强信息搜集及分析能力。

1999年，萧山信息港网站、开发区管委会网站先后开通运行。是年10月，完成市行政中心第一期市政府信息网建设，在新落成的市行政中心1、2、3、4号楼内，建成百兆主干、十兆到桌面的快速以太网，将30位市领导的计算机接入因特网，并开始为行政中心工作人员开通电子邮箱服务。至年末，开设电子邮箱700余个。翌年，投资3300万元，完成市行政中心第二期市政府信息网建设，网络采用美国Cisco公司的全套交换、路由设备。

2001年2月，市政府采用专用邮件服务器（mailserver）和索思中英文邮件服务软件（Socix mail）建成机关邮箱系统，可为1万名行政中心工作人员每人提供 1 个10兆容量的个人电子邮箱。3月，市政府开通市级党政机关内部网视频点播系统，同时开始建设办公自动化系统，采用东软公司UO（全球办公）软件，主要设立有公告板、部门信息、文件库、内部刊物、图书馆、工作流6大模块。至年底，基本完成了全区政务计算机网络的统一建设工作。

财政税务管理　1995年1月1日，城厢第一税务所开通萧山首个基层税务管理计算机网络系统，并与中国农业银行萧山市支行实现计算机联网。该计算机网络系统具有税收征收、开具税票、会计统计、发票管理、自动催报等功能。10月1日，市地方税务局、市国家税务局（合署办公）投入220万元购置计算机及配套设备，使各税务所均建立税务管理计算机网络。

图21－3－712　1996年6月，全市税务系统实现了计算机信息管理。图为位于城厢镇金家桥路7号的城厢地税分局办税大厅（杭州市萧山地方税务局提供）

1998年11月，市国家税务局租用市电信局的1条光纤和6条DDN数据专线，将各分局的局域网和市国税局网络连接，建成连通全市国家税务系统的城域网络。

1999年，市地方税务局建成计算机局域网络。2000年，财政局、地方税务局已建立上连省财政厅、省地方税务局、杭州市财政局、杭州市地方税务局，下连各科室（分局）和各相关单位的广域网系统。

公安管理　1997年10月，市公安局启用110报警服务专线。1999年，市公安局购进3台HP服务器，并建成10兆带宽、覆盖各派出所的计算机通信网络。是年3月，市公安局人口户籍等信息全面实行计算机管理。7月，开通综合信息、刑侦信息、办公自动化等网络子系统。9月，开通旅馆业登记报警系统，完成43个计算机登记点建设，入网旅馆347家。是年，通过该报警系统抓获网上逃犯7名。

图21-3-713　1999年4月，萧山市公安局110指挥中心投入运行。图为该中心警务人员正通过屏幕进行路面监控（董光中摄）

2000年，全面改造萧山—杭州公安数据三级、四级通信网络，由原来的中继网改建成依托萧山市广播电视局（台）的光缆网。是年5月，市公安局的治安行政、经济侦查等信息网络相继开通。年末，市公安局与31个基层单位的384台计算机全部实现光纤联网。是年，利用信息网络破案10余起，利用语音追逃系统抓获罪犯35人。

档案检索　1998年，市档案局(馆)投资15万元，建立计算机房和内部对等网络，方便数据传输和资源共享。翌年，在萧山信息港上建立网页。2000年，建成萧山市网上档案馆，部分进馆序列单位可通过拨号上网的方式进行远程访问。至2001年2月，萧山市网上档案馆建有电子档案检索、地方文献检索、萧山历史文化、萧山档案事业等板块5个。

图21-3-714　2000年11月，市统计局实现全市统计信息处理网络的连接。图为市统计局工作人员在计算机机房操作计算机，进行统计信息处理（萧山区统计局提供）

统计信息　2000年11月，市统计局统计信息局域网投入试运行，通过拨号上网方式实现与省统计局、杭州市统计局和萧山各镇乡、主管部门统计信息处理网络的连接。年末，基本建成统计系统的计算机网络。

2001年1月，南阳镇建成镇、村两级统计网络，成为全省首个完成统计计算机网络建设到村的镇。

教育网络

1998年，萧山市第五高级中学新教学楼建成时，每个教室均设有计算机网、防盗监控系统等设施。

图21-3-715　2000年，萧山中学教师在校内多媒体教室为高一年级学生讲课（萧山区教育局提供）

2000年7月，建立萧山市教育信息中心。9月，由教育局和电信局共同投资500万元建设的萧山市教育信息网首期“校校通”工程启动。到年底，全市入网的学校（单位）有市教育局直属单位、普通高中、职业高中和城厢镇、临浦镇、瓜沥镇的初中、中心小学共57所（家）。翌年3月，初步建成萧山教育信息网，分别以1000M、100M的速率连接到全市高中、初中和中心小学。拥有两台CISCO4006交换机进行双机热备，提高了网络的安全可靠性能；一台CISCO3524交换机（用于连接PC），一台CISCO7206路由器，提供高速的因特网访问；一台NETEYE防火墙，一台SUN420R服务器（作为数据库服务器），两台SUN220R服务器(分别作为WEB服务器和MAIL服务器)，一台梅兰日兰UPS不间断电源。

（2001年4月1日，萧山教育信息网（http://www.xsedu.zj.cn）综合性门户网站开通。至年末，教育信息网建设累计投入资金3900万元，全区144所学校（单位）的7600余台计算机连入该网，基本实现中小学“校校通”，实现教育资源的共享和管理的自动化、网络化。）

金融网络

银行业　1989年12月，中国人民银行萧山市支行会计核算系统通过电话线路和调制解调器，实现与国库资金网络的连接。

1991年开始，由多用户操作系统XENIX/UNIX作为支撑的银行业务应用系统在辖内各家银行应用，实现小区域同行通存通兑和资金结算。

图21－3－716　1994年6月，位于城厢镇人民路53号的中国人民银行萧山市支行卫星站微机控制室（中国人民银行萧山支行提供）

1994年6月27日，中国人民银行萧山市支行卫星小站投入使用。该站专门用于10万元以上的大额汇款业务，实现了“地面行3天，空中传3秒”的汇款速度。1995年，辖内各家银行开始与萧山市信用合作社联合社之间的计算机网络互联互通。是年11月，中国人民银行萧山市支行实现与中国人民银行数据网络互联。1996年末，中国工商银行萧山市支行、中国农业银行萧山市支行实现全省联网通存通兑，中国工商银行萧山市支行实现与上海等省外大中城市的联网。

1999年7月，杭州地区银行间同城票据清算系统运行，萧山加入杭州辖区内票据交换，萧山同城实时票据交换系统随即停止运行。是年，辖内中国工商银行萧山市支行等7家商业银行的个人储蓄业务全部实现实时联网，对公结算也均实现全省联网。2000年2月1日，中国工商银行萧山市支行开通网上银行。

1996～2000年，辖内银行用于网络建设的总投资1.17亿元，占辖内银行信息化建设总投资的22.47%。辖内银行（不包括邮政储蓄）建立下至各个营业网点，上连省会城市乃至全国的数据网络电缆324条、高速光纤电缆6条、拨号线路102条，拥有各类网络设备596台。

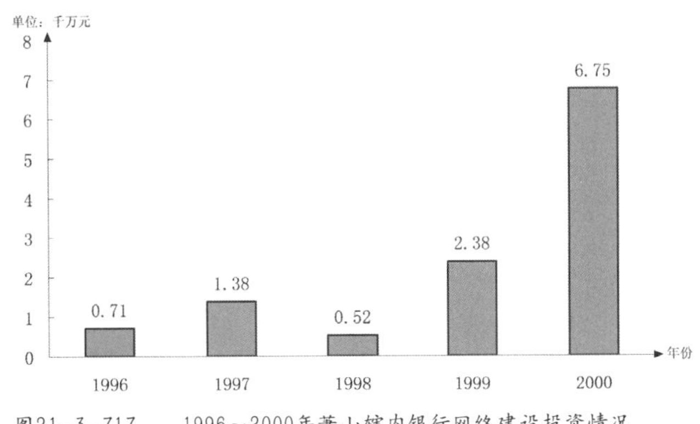

图21－3－717　1996～2000年萧山辖内银行网络建设投资情况

2001年3月，中信实业银行杭州分行萧山支行开通网上银行，同时实现了授信业务的电子审批。

证券业　2000年11月，浙江省国际信托投资公司萧山证券交易营业部开拓网上交易业务，设立“智能选股”、“专家在线”、“新股定位”等具有品牌效应的栏目。是年，完成网络交换设备(千兆网)的改造，开通大阳网站(http://www.bigsun.com.cn)、手机炒股，为客户提供高效安全的网络服务。海通证券股份有限公司萧山文化路证券营业部与中国工商银行萧山市支行、中国农业银行萧山市支行、中国建设银行萧山市支行、中国银行萧山支行、交通银行杭州分行萧山支行全面实现“银证联网”。至年末，全市进行网上交易的股民有250余人。

2001年3月，海通证券股份有限公司萧山文化路证券营业部全面推广网上交易业务。通过与萧山市电信局的合作，建立海通萧山证券网站（http://www.htzqxs.com.cn），利用宽带网络的增值服务功能，建设辖区内智能化小区家庭大户室，建立上海证券交易所远程通信平台和深圳证券交易所地面拨号备份系统，有效地保障了交易的高速和顺畅；设立“服务中心”和视频股评系统，为股民提供全方位的咨询服务。至年末，海通证券股份有限公司萧山文化路证券营业部发展网上交易投资者1600余户。

企业网络

1994年，杭州钱江变压器股份公司（1995年11月组建杭州钱江电气集团有限公司）建成萧山最早的企业计算机局域网。翌年，杭州减速机厂建立企业计算机局域网。1997年，杭州钱江电气集团有限公司（1998年10月组建杭州钱江电气集团股份有限公司，简称钱江电气集团公司，下同）计算机网络系统分为内部和外部两部分，其中外部网络系统采用10兆光纤连接，主要提供分公司、办事处和销售人员通过远程拨号与内部网络的连接；内部网络系统采用主干网和子网的二级结构，内部的主干网络选用100兆的交换式快速以太网，子网采用10/100兆，并通过DDM专线或宽带实现与因特网的连接；公司财务部和技术研发部有自己独立的服务器、独立的网络。万向集团公司建立了覆盖集团公司内部及下属工业企业的计算机网络系统。2000年，浙江亚太机电集团有限公司建成计算机局域网络，并投资20余万元，架设电信宽带专线，实现与因特网的互联。浙江传化化学集团有限公司实现宽带上因特网。至年末，萧山规模以上企业都建立了局域网络，其中部分企业实现宽带上网。

图21-3-718　1997年，杭州减速机厂被联合国开发计划署TIPS列为支持网成员单位。图为联合国开发计划署TIPS颁发的证书（杭州减速机厂提供）

第三节　网站建设

1995年10月25日，杭州市开通因特网之初，萧山市工业物资供销有限公司建立“萧然大地BBS”（Bulletin Board System,电子布告栏系统），并设立化纤信息栏目，翌年12月注册国际域名（http://www.chinachemfibre.com.cn），建立WEB站点，1997年4月创建中国化纤信息网。该网站是国内首家建立在因特网上专业从事化纤信息服务的网站，为全国各轻纺原料市场和生产厂家提供每天销售DTY[①]、POY[②]等各种规格的轻纺原料、成品的价格。后被媒体誉为“中国化纤第一网”[③]。1999年后，萧山网站建设加快，萧山市科学技术委员会在中国互联网络信息中心注册“中国萧山政务”（http://www.xiaoshan.gov.cn）和“中国萧山”（http://www.xs.zj.cn）域名。市对外贸易经济合作局和市电信局主办的“萧山对外经贸信息网”（http://www.coftec.com）开通。市对外贸易经济合作局建立的萧山市电子商务网站“浪潮商务网”（http://www.tidalbore.com）开通。至2000年末，全市建有企业独立域名网站400余家、专业网站近10家，较为知名的网站有萧然在线、中国化纤信息网、中国汽车网和萧山信息港。

萧然在线

1996年，为提升萧山知名度、收集和发布各类商品供求信息，杭州萧山信息有限公司建立“萧山信息之窗”。翌年，“萧山信息之窗”改名“萧然在线”（http://www.xs163.net）后，由简单的搜集、发布信息逐步发展为交

①DTY：Draw texturing yarn 拉伸变形丝。也称为涤纶低弹丝，是在一台机器上进行连续或同时拉伸、变形加工后的成品丝。

②POY：Preoriented yarn/partially oriented yarn 预取向丝。当高速纺丝的速度为3000－3600m/min，可制得预取向丝。在高卷绕速度下，纤维产生一定的取向度，结构比较稳定。

③记者张燕、通讯员楼耶捷、王立加：《〈中国化纤第一网〉名闻国内外》，1999年1月15日《浙江日报》头版。

互式、动态管理的综合性门户网站。该网站将实用性和娱乐性相结合，逐步实现“欲知萧山事，尽在萧然在线”的网站建设目标。2000年，“萧然在线”发展成为一个有近30个独立栏目的综合性门户网站，日均浏览量超过3万人次。2001年，“萧然在线”被浙江省计算机行业协会、浙江省计算机行业学会、浙江省家庭教育导报社联合评为2000年度“浙江省知名网站”。

中国化纤信息网

1997年4月，萧山市工业物资供销有限公司创建的中国化纤信息网（http://www.ccf.com.cn）开通。2000年，该网站有会员企业2500余家，年信息总容量达450兆字节。在综合境内18家化纤轻纺原料专业市场和中国石化仪征化纤股份有限公司等知名大型化纤原料生产基地及国际市场信息的基础上，建立了1990～2003年的化纤行业基础数据库，为会员企业调整生产规模提供参考依据；拥有中国石化仪征化纤股份有限公司、美国杜邦公司、美国埃克森美孚石油公司、BASF（德国巴斯夫公司）、BPAMOCO（英国石油阿莫科公司）、伊藤忠商事株式会社、台湾人化纤协会、日本化纤协会等遍及世界各地的各类网络客户6000余家和涵盖90%以上的境内贸易商与中国香港转口贸易商；世界500强企业中，有90%的石化企业成为该网站会员单位，网站会员企业的化纤生产能力占境内化纤生产能力的90%以上。是年，被中国化纤工业协会确定为国家化纤信息权威发布网，网站日均浏览量达8万余人次。

中国汽车网

1997年11月，万向集团公司注册国际域名（http://www.chinacars.com），建成中国汽车网，为整车生产制造商、汽车经销商、零部件供应商、汽车消费者提供专业化的网络资讯服务和电子商务服务。2000年，中国汽车网经过两年多时间的运行，成为业内最为出色的专业网站，总访问量超过130万人次，并在北京、上海分别建立了镜像点，成为两地开办汽车展的指定官方网站和通用、奥迪、丰田、菲亚特等30余家国际著名汽车企业首选的网络媒体。

萧山信息港

1999年9月26日，市政府在因特网上建立政府门户网站——萧山信息港。2000年，萧山信息港改版，网站栏目调整扩充，并建立一套完整的域名规范体系，即在萧山信息港http://www.xiaoshan.gov.cn、http://www.xs.zj.cn主域名前，加各镇乡或部门名称的拼音名，使各镇乡或部门在因特网上拥有独立域名，并由此建立各镇乡或部门的网站。是年，该网站有便民服务项目30余个、子栏目800余项、子网站30余家、网页3万页，每日首页访问量近千次。

第四节　电子商务

1995年，杭州市开通因特网后，企业开始通过登记注册因特网域名、建立企业网站、向网上发布信息等方式，了解国际信息，拓展国际业务，开展电子商务。是年，万向集团公司在中国黄页网站（http://www.chinapages.com）上设立子网站，成为全国较早应用电子商务的企业之一。萧山商业城管理委员会注册“中国萧山商业城”因特网国际域名(http://www.xssyc.com)，在网上免费为商业城内经营户发布供求信息。是年，杭州永磁集团有限公司通过在网上发布产品信息，开展电子商务，境外销售客户由原来的美国等少数国家拓展到日本、韩国、南非、巴西、加拿大、印度等30余个国家，商品出口交货值由开展电子商务前的500万元增加到3000万元。至1996年，全市开展电子商务的企业20家。

1998年7月，市科学技术委员会开通中国—萧山商务网站（http://www.china-xiaoshan.com)，以协助企业上网，并宣传企业形象为主要业务，直接建立在全球信息量最丰富、使用最便捷的美国全球信息“高速公路”主干道上，可以保证国内外客户以第一时间查找到世界范围内的信息。12月，市科学技术委员会开通中国萧山投资之窗（http://www.china-xiaoshan.com/xfi），首批上网招商项目有机械、五金、汽配、电子、轻工、食品、纺织、印染、化工、建材、商业、旅游、种植、养殖等30个。同时还介绍萧山的概况、社会经济发展情况、外商和港澳台商投资情况和服务机构等内容。

1999年5月，萧山市密封件厂建立企业网站（http://www.xxseal.com），与美国等40余个国家联系业务。该企业网站的建立，使产品出口摆脱了对美国中间代理商的依赖，企业产品的出口数量增加、产品价格提高，是年，共收发电子邮件4500余封，网上成交的产品数量占企业产品销售总量的40%。萧山市密封件厂的这一事例，引起了萧山制造业企业的关注，使更多的企业开始在因特网上建立企业网站。12月7日，市对外贸易经济合作局开通的萧山市电子商务网站——浪潮商务网（http://www.tidalbore.com），杭州江宁丝绸制衣有限公司、钱江电气集团公司等企业成为首批接受浪潮商务网营销服务的客户。

2000年，萧山市的电子商务已应用于网络营销、信息收集与发布、市场策划、原材料采购、异地办公等，但尚属初级阶段。受信用体系、网络安全环境、传统习惯等因素的制约，企业电子商务在在线支付等深入应用方面发展缓慢。是年，在网上发布信息的企业有1000余家（2001年为1682家），其中通过自己独立域名网站发布信息的企业400余家。通过电信局163注册登记拨号上网用户4000余家。

2001年1月，浙江华瑞化纤信息有限公司等个别企业的电子商务开始向在线支付发展。1月11日，浙江华瑞化纤信息有限公司与中国工商银行签订《在线支付合作协议》，但也仅限于小额支付，促成的最大单笔交易金额只有7000余万元，公司获佣金收益70余万元。

【附】

萧山市解决计算机2000年问题

1998年始，贯彻国务院办公厅《关于解决计算机2000年问题的通知》（国办发〔1998〕124号）、省政府办公厅《关于限期解决计算机2000年问题的通知》（浙政办〔1998〕148号）的精神，电信、银行等部门相继处理计算机2000年问题。是年，市电信局全面调查交换、传输、数据、电力、声讯、计费账务、动力环境监控、112障碍受理、公用电话、综合管理等41个系统的计算机2000年问题，并分别编制设备状况明细表41份，查出6个专业37个软件系统存在有问题，制定解决方案37份，并分别与32家设备生产厂家、经营商家签订解决方案协议书。

1999年3月8日，省政府召开“全力围歼‘千年虫’会议”后，市政府决定由市科学技术委员会全面负责解决计算机2000年问题的工作，确定电信、供电、金融等10个重点跟踪部门，制定萧山市解决计算机2000年问题的应急指挥方案。中国人民银行萧山市支行要求各金融机构都应制定应急预案，并落实过渡期工作安排。是年，辖内各金融机构均按要求成功地进行3次停业测试。至年末，市电信局为解决计算机2000年问题，有60余名工程技术人员直接参与，投入工作日近1800个；购置设备的资金超过500万元，对37个软件系统进行版本升级或设备更新，并成功地对所有在线系统的设备进行了两次预演检测，顺利解决计算机2000年问题。公安、供电、卫生、教育等系统也相继解决了计算机2000年问题，使全市计算机应用系统顺利跨越2000年。

（谢国华）

第四章　报　刊

蕭山報

中國共產黨蕭山縣委員會
關於創辦「蕭山報」的決定

見面的話

對互助合作生產和糧食統購統銷工作
大莊鄉結合得很好

黨委重視，作好準備
全縣冬修水利工作已行動起來
還沒有動工的地區趕快動工

图21－4－719　1954年12月11日，《萧山报》创刊号(萧山日报社提供)

民国时期，萧山创办的报纸有17种，其中官办有5种、民办12种。民国16年（1927）年创办的《民治日报》，是萧山县第一张民办报纸；民国18年8月创办的《萧山日报》，是国民党萧山县党部最早的机关报。创办的主要刊物有10种，其中民国14年10月创办的《萧山月刊》，是国民党萧山县党部机关刊物。50年代，创办的报纸主要有《萧山报》（1958年更名《萧山日报》）、《萧山少年报》等，其中《萧山报》为中共萧山县委机关报。创办的刊物主要有《萧山文艺》等。1961年2月2日《萧山日报》停刊。70年代，创办有《萧山科技》《语文学习》等刊物。80年代，创办有《萧山农科报》《萧山经济报》《萧山日报》等报纸14种、《萧山档案信息》等刊物6种，其中《萧山农科报》《萧山经济报》由县（市）政府主办。90年代，创办有《开元旅业报》等报纸14种、《萧山工商》等刊物9种，其中《萧山报》《萧山日报》由市委主办。至2000年，萧山尚在印发的报纸有27种，期印发量195395份。其中《萧山日报》是唯一具有国内统一刊号的报纸，期发行量29295份；有内部准印证的报纸8种，期印发量63500份；无准印证的18种，期印发量102600份。刊物15种（均无刊号），期印发量33290份。

第一节　报　纸

萧山日报

1954年12月11日，创办《萧山报》，8开2版，五日刊，为中共萧山县委机关报。1956年1月1日改为三日刊。1958年1月1日，《萧山报》扩为4开4版。4月11日改隔日刊。1958年6月1日，更名《萧山日报》，改为4开4版日报。后又缩版、扩版和改刊期4次。1960年9月1日，改为4开2版。1961年2月2日，国民经济暂时困难而停刊。1983年6月1日，创办《萧山农科报》，由县政府主办、县科学技术委员会主管，并获有国内统一刊号CN33—0043，为旬刊，每月1、11、21日出刊。1985年，最多一期发行量超过10万份。1988年7月1日，创办《萧山经济报》，为旬刊，由市政府主办，沿用《萧山农科报》国内统一刊号。1989年1月1日改为周刊。

1991年9月29日，复刊《萧山报》，由市委主办，为周刊，沿用《萧山经济报》国内统一刊号。翌年1月1日，改为周二刊，1993年1月1日改周三刊，翌年1月1日改为周四刊。1995年1月1日，复刊《萧山

表21－4－476　1954年12月11日至2001年3月25日《萧山日报》沿革情况

名　称	主办单位	出版期数（期）	版　面	出版起讫时间
萧山报	中共萧山县委	1～351	8开2版	1954－12－11～1957－12－31
		352～382	4开4版	1958－01－01～1958－05－31
萧山日报	中共萧山县委	383～1283	4开4版	1958－06－01～1961－02－01
萧山农科报	萧山县人民政府	1～183	4开4版	1983－06－01～1988－06－30
萧山经济报	萧山市人民政府	1～161	4开4版	1988－07－01～1991－09－28
萧山报	中共萧山市委	1284～1773	4开4版	1991－09－29～1994－12－31
萧山日报	中共萧山市委	1774～2446	4开4版	1995－01－01～1996－12－31
		2447～3176	4开8版	1997－01－01～1998－12－31
		3177～3541	对开4版	1999－01－01～1999－12－31
		3542～3723	对开6版	2000－01－01～2000－06－30
		3724～3991	对开8版	2000－07－01～2001－03－25

萧山日报
XIAOSHAN RIBAO
人人學习總路綫
个个宣傳總路綫

把总路綫的紅旗插遍全国

使总路綫学习成为推动生產和工作的动力
省委認眞討論貫徹總路綫
要求在全省掀起共產主义思想解放運动

图21－4－720　1958年6月1日，《萧山报》更名《萧山日报》(萧山日报社提供)

图21－4－721　2000年8月，萧山日报记者采编们在编写稿件（萧山日报社提供）

日报》，为周6报，1月7日起，增加周末版，1996年3月3日，改为周7报，成为名副其实的日报。10月4日周末版改4开8版。翌年1月1日，改为4开8版（周六、周日仍为4开4版）。1999年1月1日，改为对开4版。9月29日，《萧山日报》电子版网站开通试行，网址为：http//www.xsdaily.com。12月18日曾试刊对开大报。2000年1月1日，改对开6版试刊。7月1日，扩为对开8版彩印。是年，期发行量29295份。2001年1月21日，《萧山日报》电子版网站正式运行，并直接与“浙江在线”连接。

采编队伍　《萧山报》创办初期，编辑、记者仅3人。1958年，改《萧山日报》，编辑、记者增至12人。创办《萧山农科报》后，编辑、记者为8人。

1991年10月，首次向社会公开招收采编人员4名。1992年，公开招收采编人员8名。1994年，有采编人员27人，其中具有副高级职称1人、中级职称6人、初级职称8人、无职称人员12人。1995年1月1日《萧山日报》复刊时，有采编人员33人，其中具有副高级职称1人、中级职称7人、初级职称11人、无职称人员14人。

1998年，为了合理、科学地使用人才资源，实施人事制度改革，中层干部竞争上岗，一般人员双向选择。同时，萧山日报社与全体在编人员签订了《萧山市事业单位聘用合同书》。翌年12月3日，成立《萧山日报》编辑委员会，由总编辑、副总编辑、编委委员4人组成。

2000年末，萧山日报报社采编人员43人，占报社全部人员的87.76%。其中副高级职称3人、中级职称10人、初级职称20人、无职称人员10人。业余通讯员150人。

版面设置　1954年12月11日，创刊的《萧山报》，围绕办报宗旨和任务①，设置版面，1958年后，根据形势和任务，更换版面，增加宣传内容。②1983年6月1日创办的《萧山农科报》，是介绍农业科学知识为主的专业报。③1985年，《萧山农科报》就农村第二步改革问题开辟专栏，宣传党的农村改革政策，增加乡镇企业的报道，开辟《县优秀厂长、办厂能人表彰大会》专刊，宣传改革开放以来涌现出来的模范人物，报道专业户、重点户的先进事迹，为广大农民走致富之路提供经验。同时，也开始宣传物质文明和精神文明一起抓的先进事迹，对航民村进行了系列报道。1987年，随着农村改革开放的深化，增加报道农业和宣传深化农村改革方面的文章，设置“深化农村改革，强化村级经济”专栏。是年10月1日，配合县委召开的第二次重点企业建设研讨会，刊登县委、县政府深化重点企业配套改革的部署等报道，宣传报道改革开放中涌现出来的新人新事和先进事迹。

萧山农科报
XIAOSHAN NONGKEBAO
第1期

要继续抓好早稻早发

让农村开遍科技花——祝贺《萧山农科报》创刊

我县出现一万多户专业户、重点户

图21－4－722　1983年6月1日，《萧山农科报》创刊号（萧山日报社提供）

1988年7月1日创办的《萧山经济报》，是以报道经济为中心的综合性报纸。头版为要闻，报道中央最新方针政策及市委、市政府贯彻落实的会议及重要活动；第二版为工业；第三版为农业；第四版为文教卫生与广告。经济报道占《萧山经济报》总容量的60%以上，主要是报道萧山经济建设的成就，也报道经济体制改革的经验、问题和相关经济信息。并设有“经济新闻”、

萧山经济报
XIAOSHAN JINGJI BAO

方兴未艾的我市外经外贸事业

努力办好报纸　振兴萧山经济

市府举行首次新闻发布会

“三江”牌电视机跻身国内市场

市商业第三联营公司试行股份制

图21－4－723　1988年7月1日，《萧山经济报》创刊号（萧山日报社提供）

①《萧山报》创刊初期的宗旨与任务是：通俗地、经常地、系统地宣传党在过渡时期的总路线及各项政策，加强对党员、干部和广大人民群众的政治思想教育，反映党的组织，指导人民群众的生产、生活与学习，总结交流各项工作经验，普及农业科学技术和文教卫生知识，为动员全县人民积极投入国家社会主义建设而奋斗。设置第一版为重要新闻，第二版为农业、工业、财贸、文卫、政法方面的新闻报道。

②1958年1月1日，改4开4版，第一版为生产要闻、第二版为合作财经、第三版党的生活和副刊、第四版时事。后随着社会主义经济建设和“大跃进”热潮的兴起，宣传社会主义建设总路线、人民公社和工农业生产新高潮成为报纸报道的中心内容。同时，贯彻中共八届二中全会提出的阶级斗争的观念。6月1日更名《萧山日报》后，第一版为要闻、第二版工农、第三版政治、第四版时事。1959年后，开展“反右倾”斗争，各个版面增加了阶级斗争的内容。

③1983年6月1日创刊的《萧山农科报》，以介绍农业科学知识为主，并刊登政治、经济等各个领域的重要政策和通讯报道。为此，设置第一版为宣传重要的农业、镇乡工业科学技术知识；第二版普及种植方面的科技知识；第三版介绍养殖业和加工业的科技知识；第四版卫生、计划生育和生活指导的科学知识。同时，开辟“十天农事”、“十天病虫防治”、“‘两户’谈经验”、“良种介绍”、“气象实绩”、“卫生服务台”、“卫生知识”、“花木园地”、“乡镇工业”、“信息天地”等专栏20余个。

萧山報

XIAOSHAN BAO

航民实业公司

热烈祝贺《萧山报》复刊，向全市人民致以节日的问候！

社论

当好喉舌　振奋精神

——《萧山报》复刊词

中共萧山市委办公室发出

关于做好《萧山报》发行工作的通知

市第六届商交会降下帷幕

图21—4—724　1991年9月29日，《萧山报》复刊号（萧山日报社提供）

萧山日報

XIAOSHAN RIBAO

浙江万龙企业集团公司

热烈祝贺萧山日报复刊

祝愿全市人民新年快乐

办好《萧山日报》推进萧山经济和社会发展

我市工农业生产再攀高峰

萧山经济技术开发区阔步前进

图21—4—725　1995年1月1日，《萧山日报》复刊号（萧山日报社提供）

“新产品介绍”、“工作研究”等栏目。另辟“社会新闻”、“法制园地”、“理论与实践”、“计划生育”、“文化生活”、“精神文明”、“风流人物”等栏目，以通讯、专访等形式，宣传好人好事，报道改革中涌现出来的劳动模范、办企业能人和有突出贡献的人物等，促进全市精神文明建设的健康发展。还开辟《想十年　话改革》专栏，连续报道全市10年改革开放取得的巨大成就。其中“八大变化鼓人心”、“十年改革十件大事”系列报道萧山改革开放10年来两个文明建设的重大成就。1989年1月1日，更新版面内容。第一版为要闻版，刊登经济生活的重要新闻与报道；第二版为工业，刊登工业生产的信息和报道；第三版为农业，刊登农村状况、农业生产的报道以及文摘、简讯等；第四版为文教卫生与广告，刊登文教卫生知识与信息，兼及文化娱乐和企业单位广告。是年，为配合庆祝中华人民共和国成立40周年，开辟“蒸蒸日上新萧山”专栏，开展“1949～1989征文活动”，从各个方面介绍萧山的建设成就，以读者的亲身经历反映改革开放以来萧山的新面貌。9月30日头版，以“喜看萧山这40年”为通栏标题的文章较全面地介绍了萧山解放40年来的巨大变化。11月，市委在全市农村开展党的基本路线教育，报纸接连数期报道市委开展活动的具体要求、任务和各地开展该活动的消息。1991年4月29日后，系列报道市委、市政府命名的“最佳企业”、“标兵企业”、“优秀企业家”事迹。

1991年9月29日，复刊后的《萧山报》，第一版为要闻，反映市委、市政府中心工作和萧山重要新闻；第二版为综合新闻，报道萧山经济建设、社会新闻等；第三版和第四版分别为专版、副刊版，设有“农业科技”、“企业与主人”、“教育园地”、“市场与消费”、“理论与实践”、“视野”、“社会万象”、“法制与道德”、“文化娱乐”、“夕阳红”10个专版和《湘湖副刊》。1992年，贯彻邓小平南方谈话精神，组织“解放思想大讨论”活动，发表特约评论员文章13篇。中共十四大召开后，开辟《学习贯彻十四大精神笔谈》专栏。

1995年1月1日复刊的《萧山日报》，第一版和第二版分别为要闻和综合新闻；第三、四版为副刊，设有“卫生与健康”、“教育园地”、“理论与实践”、“家庭　夕阳红”、“法制与道德”、“企业与主人”、“农业科技”、“九州文萃”、“消费与生活”、“湘湖副刊“等专版，其中《湘湖副刊》设有“博览”、“旅游”、“读书”、“文学”、“大特写”、“周末文娱”等专栏。是年，头版设“强市战略企业行”专栏，对浙江远翅塑料有限公司等16家企业作系列报道，基本反映了当时全市工业发展水平。为配合全市全面开展工业企业转换经营机制工作，头版头条开设《加快经营机制转换，增强企业发展活力》专栏，陆续报道杭州瓷厂等10余家企业转换经营机制的成功经验。开展“纪念抗战胜利50周年”征文活动，发表文章50余篇；增加环保工作的报道，并开辟“城市管理大家谈”、“创建国家卫生城市”专栏，在“全民动员、人人参与、为创建国家卫生城市而努力”的通栏标题下，刊登萧山市卫生局长方顺泉等13位主管行政部门领导访谈录，并配发题为《创建卫生城市，造福全市人民》的评论员文章。市委开展“坚持新时期共产党员标准讨论活动”期间，头版开辟《党员风采》专栏，报道全市先进党员的事迹。

1997年1月1日，《萧山日报》改为4开8版，第一版为要闻；第二版为综合新闻；第三版设有“卫生与健康”、“教育园地”、“理论与实践”、“科技苑”、“家庭·夕阳红”、“法制与道德”等专版；第四版为电讯、广告；第五版电讯；第六版为副刊；第七版设有“企业与主人”、“农业科技”、“摄影美术”等专版；第八版设“九州文萃”、“消费与生活”、“广告”、“电视”等专版。7月8日至7月12日，萧山遭受历史上罕见的洪水袭击。7月8日晚，紧急编发《紧急动员起来、全力以赴投入抗洪抢险》《全力以赴打好抗洪抢险这一仗》《抗灾自救、重建家园、斗志不减、备战洪险》等8篇报道。在此后9天中，开设抗洪抢险、抗灾救灾专版23个（其中摄影专版5个），共发表文章193篇、照片87幅，及时传达了市委、市政府各项重要指示，全面反映了全市干部群众抗洪抢险的实时情况和真实场面。7月17日，发表长达1.3万字的《鏖战洪涛》，这是《萧山日报》历史上篇幅最长的长篇通讯之一。是年，开辟有“走开放型外向型经济之路”专栏，刊登杭州好克光电仪器有限公司等外向型企业的专题报道；《文明之光》专栏，连续报道云石乡尖山下村、杭州市双文明户女主人蒋和仁等18个单位（个人）的纪实通讯；“让城市风貌亮丽起来”专栏，专门刊登关于城市环境建设的《绿带瑕疵何日除》等16篇报道和评论员文章；《全力把我市工业搞上去》专栏，连续刊登杭州大明荧光材料有限公司等10余家重点企业的通讯报道；中共十五大召开前后，刊出题为《喜迎十五大，回眸看变化》的系列报道；设置精神文明等专版22个，刊登新华社稿件75篇、图片23幅；设置“认真学习准确领会全面贯彻十五大精神”专栏。12月，纪念改革开放20周年，宣传报道全市各条战线改革开放20年的辉煌成就，唱响“共产党好、社会主义好、改革开放好”的主旋律。

1999年1月1日改为对开4版，第一版为要闻；第二版为经济新闻和综合新闻；第三版为副版，设有“教育园地”、“卫生与健康”、“法制与道德”、“科技苑”、“企业与主人”等专版；第四版为国际新闻和体育新闻。后在专版中，又增设“股市”、“房地产”等专版，“股市”专版设有“行情分析”、“后市研究”、“个股推荐”等栏目。是年，为迎接新世纪、纪念萧山解放50周年，庆祝建立中华人民共和国50周年大庆活动，设置“迎接21世纪挑战”、“99百村行”、“五十年巨变”、“奋勇跨越五十年”等专栏。为纪念萧山解放50周年，头版开辟《难忘岁月》栏目，以记者专访形式，采访为解放萧山立下汗马功劳的张凤翔、马保山等老同志，并发表社论——《峥嵘历程，辉煌巨变》。报道全市开展庆祝中华人民共和国成立50周年活动，举办“国

图21-4-726　1999年9月29日，《萧山日报》电子版（萧山日报社提供）

庆50周年征文”活动，以记者专访形式，采编《现代化城市向我们走来》《坐地日行八万里》等反映萧山50年巨变的系列报道。

2000年1月1日，改对开6版。扩为6版后，第一至四版按原对开4版的版面排列；第五、六版为副刊，设有《市场纵横》《梦笔桥》《花季雨季》《农业科技》《理论与实践》《健康园》《文化娱乐》《教育天地》《休闲时尚》《湘湖周末》等专版。是年，市委、市政府提出“工学江阴、农学南海、城建学中山”的要求后，刊发12篇与绍兴的柯桥、马鞍、钱清、夏履和诸暨的店口、湄池等地的对比性报道，刊登赴江阴、南海、中山采访的3组18篇报道。

7月1日，改对开8版，第一版为要闻，第二版为综合新闻和股市，第三版为国内新闻，第四版为国际新闻和广告，第五至第八版为副刊。副刊主要有“湘湖周末”、“梦笔桥”、“天下游”、“文化娱乐”、“视野”、“体育”、“调查”等专版10余个，获得2000年度全国副刊作品年赛副刊版面的银奖。是年，江泽民总书记关于“致富思源，富而思进”的重要讲话发表后，以通信、评论、图片等多种形式宣传报道各行各业开展活动的情况，刊出各类报道、文章140余篇。结合“双思教育”活动，开辟“贯彻五中全会精神，加快十大工程建设”栏目，以消息、通信、现场见闻、言论、图片等形式，对全市高新技术产业发展、企业上市培育、招商引资、新区建设、环境治理、南部地区基础建设等十大工程进行跟踪报道。年底，《萧山日报》每周出版48版，其中新闻版面30个、专版和副刊版面18个。

1993～2000年，省级以上获奖作品13篇，其中《钱啤人说：不》《浙江省县报广告快速增长的启示》分别获浙江新闻奖、浙江省报业经营管理论文一等奖；《是“反倾销”还是保护垄断》等10篇作品分别获浙江新闻奖、浙江省新闻业务论文评选二等奖、三等奖；《识人》为中国新闻奖副刊作品年赛铜奖。

报纸印刷　1954年，《萧山报》创刊后，报纸由浙江日报印刷厂印刷。1959年12月，萧山印刷厂划归萧山日报社，更名萧山日报印刷厂。1991年9月29日《萧山报》复刊后，报纸印刷委托杭州日报印刷厂、萧山市文联印刷厂代印。1994年4月1日，萧山报社购入萧山市文联印刷厂（1995年更名萧山日报印刷厂）后，购置大型彩版印刷机等先进设备，印刷质量提高。2000年，《萧山日报》仍由萧山日报印刷厂印刷。

图21—4—727　2000年3月，萧山日报印刷厂职工在检查激光照排彩色制版印刷的报纸质量（萧山日报社提供）

其他报纸

1958年8月26日，《萧山少年报》创刊，共青团萧山县委主办，为萧山解放以来首家业务主管部门创办的报纸。该报16开2版（第二期后8开2版），铅印，不定期，出版5期后停刊。后除“文化大革命”时期，萧山县革命造反联合总部、萧山县革命造反联合指挥部政宣组分别编办的《东方红》《红色造反战报》2份县级报纸外，没有创办其他报纸。直至1982年7月创刊《萧山卫生》（1985年5月改名《萧山卫生报》），不定期，四开四版，铅印，由萧山县卫生防疫站主编，每期发行4500余份。1983年后，萧山县供销合作社联合社、萧山县工人文化宫等业务主管部门和杭州瓷厂、杭州柴油机总厂等企业相继创办报纸。至1985年，业务主管部门和企业创办的报纸有8种。

1986年起，萧山创办的报纸种类增多，企业报纸始有准印证。1986～1989年期间，新增报纸有33种。1990年，整顿报纸，经省新闻出版局批准，同意《萧山法制报》《杭万工人报》和《杭柴工人》等3种报纸继续出版，其余23种报纸停刊。后又几经报纸整顿。至2000年末，尚在印发的报纸有26种，其中萧山市司法局等业务主管部门创办的10种、金马饭店和萧山市工人文化宫等企业事业单位的11种、萧山市驾驶员协会等协会组织的4种和中共闻堰镇黄山村党委的《黄山报》1种（除企业、事业单位创办的8种报纸有准印证外，其余18种报纸均无准印证），期印发量166100份。

表21-4-477　2000年萧山有刊号（准印证）报纸情况

名　称	创刊时间	主 办 单 位	刊号（准印证号）	版　面	发行期数（期）	期印发量（份）
萧山日报	1954-12	中共萧山县委	国内统一刊号CN33-0043	8开2版	366	29295
杭万工人报	1986-05	杭州万向节厂	浙企准字第A037	对开4版	36	23000
钱啤工人报	1986-08	浙江钱江啤酒厂	浙企准字第A040	4开4版	24	2000
恒逸人	1995-01	浙江恒逸集团有限公司	浙企准字第A010	4开4版	12	3000
萧山一院报	1998-01	萧山第一人民医院	浙企准字第A064	4开4版	12	17000
开元旅业报	1998-04	浙江开元旅业集团	浙企准字第A056	对开4版	36	12000
亚太集团报	2000-01	浙江新亚太机电集团有限公司	浙企准字第A059	4开4版	12	3000
永磁报	2000-01	杭州永磁集团有限公司	浙企准字第A058	4开4版	12	2000
胜达集团报	2000-05	浙江萧山胜达集团有限公司	浙企准字第A016	8开4版	12	1500

资料来源：中共杭州市萧山区委宣传部。

第二节　刊　物

1952年，萧山县文化馆主办的《俱乐部》，为萧山解放后首家业务主管部门创办的刊物。后陆续创办《萧山科技》《语文学习》《萧山档案信息》等刊物。至1985年，创办的刊物有7种。至2000年末，尚在印发的刊物有《萧山工商》等15种，均无内部刊号，期印发量33290份。2001年1月，中共萧山市委党校创办《萧山党政论坛》，季刊，期印发量600份。

表21-4-478　2000年萧山刊物情况

名　称	创刊时间	主　办　单　位	印发期数（期）	期印发量（份）
萧山档案信息	1985-01	萧山县委办公室档案科　萧山县档案协会	12	900
秘书与新闻	1985-06	萧山县秘书新闻学会	3	1000
湘　湖	1987-05	萧山县文学艺术界联合会	6	3000
萧山统计	1991-01	萧山市统计局　萧山市统计协会	4	200
萧山工商	1993-05	萧山市工商行政管理局　萧山市工商行政管理学会	14	13000
今日传化	1993-09	浙江传化化学集团有限公司	12	3000
萧山商业经济	1993-11	萧山市商业经济学会	4	1000
萧山教育	1994-02	萧山市教育局	6	1500
萧山写作	1994-07	萧山市写作学会	2	800
萧山检察	1997-03	萧山市检察院	4	600
萧山党史	1998-06	中共萧山市委党史研究室	6	1000
话说萧山	1999-12	萧山市地方志编纂委员会办公室	4	600
萧山运政	2000-02	萧山市公路运输管理所	12	1000
杭萧钢构	2000-06	浙江杭萧钢构股份有限公司	2	3000
萧山通讯	2000-07	中共萧山市委办公室　市政府办公室　市政策研究室	12	2690

注：①资料来源：中共杭州市萧山区委宣传部。

②2001年12月、2002年，先后停刊的刊物有《秘书与新闻》《萧山党史》《话说萧山》《萧山通讯》《萧山统计》和《萧山财贸经济》（前身是《萧山商业经济》）6种。

第三节　发　行

民国时期，报纸由报贩向报社预购批销和雇佣人投递。1950年，萧山邮局试办报刊发行。翌年，萧山邮电局（前身是萧山邮局）承办报刊发行。1953年，开始实行报刊计划发行和预订制度。1983年，除少数报刊外，其余报刊敞开发行。

1988年7月1日，《杭州日报》发行部的报刊发行点——萧山市报刊发行站开始发行报刊，并征订1989年度报刊。1996年，《杭州日报》萧山发行站建立，并接管萧山市报刊发行站报刊发行业务。1998年11月，萧山市报刊发行站注销。2000年，全市报纸期发行量18.47万份，其中邮政发行14.87万份、《杭州日报》萧山发行站发行3.60万份；杂志期发行量14.64万份，其中邮政发行12.66万份、《杭州日报》萧山发行站发行1.98万份。

《萧山日报》发行

1954年12月11日至1961年2月1日，《萧山报》《萧山日报》由萧山县邮电局发行，期发行量为2万份～3万份之间，每份0.02元。报纸订阅收入不足支付印刷成本和代理发行费，由县财政予以差额补贴。1983年6月1日创刊《萧山农科报》后，仍由萧山邮电局发行，期发行量3万份～5万份之间，每份定价0.02元，1984～1988年改为0.03元。1988年7月1日，创刊《萧山经济报》，期发行量3万份，每份定价0.03元。

1989年始，《萧山经济报》《萧山报》由萧山市报刊发行站发行，《萧山农科报》每份定价0.08元。1991年9月29日，《萧山报》复刊，期发行量分别为1.20万份，每份报纸定价0.10元。1993年，每份定价改为0.15元。

1995年，《萧山日报》改由萧山市邮电局发行，期发行量增至1.72万份。虽报纸发行量增加，但报社人员增多，设备更新，费用增加，报纸订阅收入仍不能维持日常开支，财政不再拨款弥补报社经费不足，依靠广告经营收入弥补报纸的亏损。翌年，每份定价改为0.20元。

图21—4—728　1995年4月22日，头蓬邮电支局职工在分拣、分拆当日《萧山日报》（孙伊田、丁志伟摄）

1997年1月1日，《萧山日报》扩版，委托杭州日报萧山发行站发行，期发行量17339份，每份定价0.25元。2000年7月1日，对开8版彩印。是年，期发行量29295份，每份定价改为0.40元。

邮政报刊发行

1951年起，萧山邮电局开始正式承办发行报刊业务。1951年，萧山邮电局报纸期发行量800份、杂志500份。1958年，报刊发行高峰，报纸期发行量8万份，杂志期发行量5万份。三年调整时期（1960～1962年）和“文化大革命”期间（1966～1976年），报刊发行量大幅度下降。1975年，报纸期发行量3.90万份、杂志2.11万份。1978年后，报刊发行量迅速增加。至1985年，报纸期发行量21.40万份、杂志期发行量9.42万份，分别比1984年增长16.51%、24.77%。

1989年起，《杭州日报》等报纸相继由报社自办发行，邮政报刊发行量减少。1992年，萧山外来人口和报纸发行种类开始增加，邮政报纸发行量有增加。2000年，报纸期发行量14.87万份、杂志期发行量12.66万份，分别比1991年增长66.70%、51.44%。是年，邮政发行报刊流转额2399.77万元。

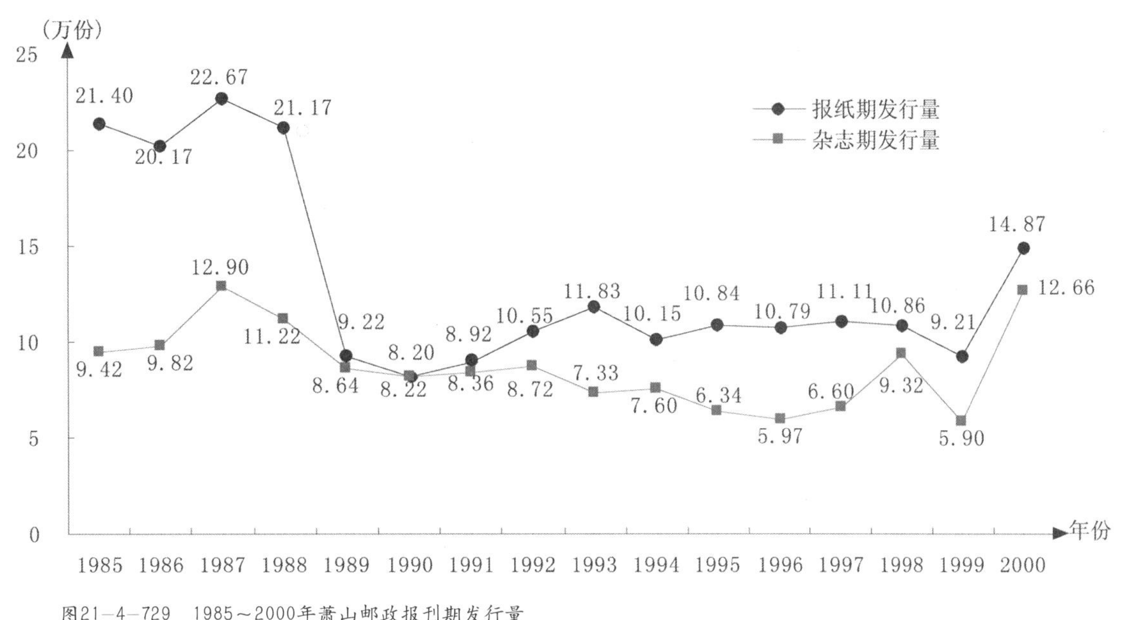

图21—4—729　1985～2000年萧山邮政报刊期发行量

发行站发行

1988年7月1日，萧山市报刊发行站建立，开始发行报刊。该站隶属于县人事局，由《杭州日报》发行部业务指导。翌年1月1日，发行的报纸有《萧山经济报》《杭州日报》《钱江晚报》《浙江广播电视报》《杭州影视报》《报刊文摘》等，发行的杂志有《共产党员》《半月谈（内部版）》《时事报告》《时事资料手册》等。是年，萧山市报刊发行站发行报纸期发行量11.60万份、杂志期发行量2.10万份。1991年9月29日，增加发行《萧山报》。

1993年1月18日，萧山市报刊发行站登记注册。1995、1996年，萧山市报刊发行站不发行《萧山日报》。1996年，《杭州日报》萧山发行站接管萧山市报刊发行站。翌年后，《杭州日报》萧山发行站发行《萧山日报》。2000年，《杭州日报》萧山发行站报纸期发行量3.60万份、杂志期发行量1.98万份，分别比1996年增加0.60万份、0.43万份。

表21—4—479　1996～2000年萧山报刊期发行量

单位：万份

年份	邮政报刊期发行量		发行站期发行量		合　计	
	报 纸	杂 志	报 纸	杂 志	报 纸	杂 志
1996	10.79	5.97	3.00	1.50	13.79	7.47
1997	11.11	6.60	3.35	1.55	14.46	8.15
1998	10.86	9.32	3.05	1.75	13.91	11.07
1999	9.21	5.90	3.35	1.78	12.56	7.68
2000	14.87	12.66	3.60	1.98	18.47	14.64

第五章　广　播

萧山广播事业始于50年代。1950年7月，建立萧山县收音站，后各地相继建立收音站和收音小组，组织群众收听浙江人民广播电台的节目。至1952年4月，城厢镇内设有收音站8个、收音小组48个。1954年11月，临浦镇建立广播站。1955年3月29日，萧山有线广播站开播，有机房、播音室，配置300瓦扩音机1台、电唱机1台等设备，每日播出时间90分钟。萧山有线广播站的开播，标志着萧山人民广播事业正式创立。后随着有线广播的发展和收音机的增多，收音站相继撤消。1957年改称萧山广播站。翌年后，发展镇、公社广播站。1966年全县队队通广播。1968年，更名萧山人民广播站。至1969年2月，27个公社均建立广播站，萧山基本建成有线广播网。

图21-5-730　1958年，靖江街道幼儿园老师带领小朋友在境内听“土广播”（董光中摄）

1979年后，广播事业进入快速发展时期。1982年6月始，萧山人民广播站和各镇、公社广播站（1987年2月，公社广播站改称广播电视站）先后开展有线广播网的达标、保标、升级活动。至1986年，萧山成为浙江省首个有线广播网达标县。1990年，萧山人民广播站机房设备达到国家广播电影电视部颁发的甲级技术标准。

图21-5-731　1997年6月，萧山人民广播电台技术员在操作从美国进口的BCS—50型多功能自动播出系统（周少伟摄）

1991年7月1日，改名萧山人民广播电台，试播调频广播，频率104.8兆赫，发射功率1000瓦，呼号为“萧山人民广播电台”。翌年1月1日，调频广播正式开播，每日播出时间为630分钟，实现有线广播和无线调频广播两套节目的传输覆盖，标志着萧山广播事业又登上新台阶。1993年7月1日，调频广播不再转播有线广播节目。

1994年11月1日，调频广播频率改为107.9兆赫。1996年10月，播控设备全面更新换代，采用GBW—120音频工作站自动联网播出系统，实现录音、制作、播出数字信号操作一体化。

1997年4月18日，萧山广播电视中心启用，萧山人民广播电台迁入萧山广播电视中心，采用美国BCS—50型多功能专业转播台。翌年，广播信号采用光纤传输到各镇乡、场，全市镇乡、场有线广播电视实现大联网。1999年10月，录音、制作数字音频工作站软件进行全面升级改造，实行全自动播出。

2000年末，全市有镇乡、场广播电视站32个，村广播室640个，广播喇叭23.80万只，全市广播人口覆盖率100%。是年，有线广播每日播音时间480分钟，调频广播每日播音时间960分钟。萧山广播电视中心广播机房实行音频工作站联网播出系统，全市32个镇乡、场广播电视站机房设备技术质量指标均达到广播电影电视部颁发的甲级技术标准。萧山广播电视局（台）广播共有调频机房和有线机房各1个、录音机房5个，主要设备有播出调音台2个、录制调音台6个、音频工作站1个（3个录制+2个播出+1个编排+2个服务站）、索尼MD机和MD采访机各7只、CD机5台等。1989～2000年，《农民家庭请律师》等43件次广播作品分别获中国广播奖、浙江广播奖和浙江新闻奖。

图21－5－732　60年代初，南片山区老年社员在收听萧山广播站播放的《广播剧场》节目（董光中摄）

第一节　市有线广播

播音时间

萧山有线广播站开播初期，受借用电话线路和电源的限制，每晚播音1次，时间90分钟。主要播送县新闻和文艺节目。1957年，播音时间增加到每日早、晚各1次，播音120分钟。后随着白天电源的解决和自架广播专线的延伸，播音时间逐渐增多。1958年，每天早、中、晚3次播音，时间为195分钟，1986年，播音时间增加到446分钟，除转播中央人民广播电台和浙江人民广播电台新闻等节目150分钟外，其余的296分钟播音时间均为自办的文字、文艺节目等。直至今日。

图21－5－733　1975年1月13日，城厢镇市民在大操场（今新世纪广场）收听萧山人民广播站转播的全国四届人大的新闻公报（董光中摄）

播音员

1955年，萧山有线广播站开播时，有女播音员1名，用地方话播音。1957年后，随着自办节目增多，播音员增加，逐渐采用普通话播音。1966年1月，增配男播音员1名，新闻节目实行男女对播。1985年，有播音员4名。80年代后期，播音员保持4～5名，全部用普通话播音。

90年代后，提倡采、编、播合一，由播音员自编自播“听众服务台”、“科技知识”，录播群众文艺，参与现场口述报道。1997年5月“局台合一、广播电视合一”后，培训播音员，建立播音员岗位责任制。至2000年，播音员全部通过了普通话专业等级考试，并取得播音上岗资格证书。年末，播音员13人，其中一级播音员6人、二级播音员7人。

图21－5－734　1998年12月，播音员在录制新闻节目（周少伟摄）

自办节目

萧山有线广播站开播初期，无固定自办节目，以转播浙江人民广播电台的节目为主，只是不定期播送萧山新闻和报纸摘要。1957年4月，开始有自办固定节目，设有“本县新闻”、“报纸选播”和文艺等自办节目。① 1958年后，先后开办“气象”、“人民公社”、“社会主义教育运动”、“时事政策讲座”。② 1966年，开办“学习毛主席著作专题”、“农业学大寨”、“新农村”。③ 1978年后，先后开办“实践是检验真理的唯一标准”、“农事科技窗”、“今日新闻”、“群众文艺”、“法制宣传”、“湘湖浪花”等。④ 1985年5月，开办“湘湖浪花”，每周1组，每组15分钟，主要播送萧山文学工作者和业余文学爱好者的诗歌、散文、小说、杂文等作品。至年末，萧山人民广播站自办节目有“本县新闻”、“广播剧场”、“气象”、“新农村”、“实践是检验真理的唯一标准”、“听众服务台”、“农事科技窗”、“今日新闻”、“法制园地”、“群众文艺”、“湘湖浪花”等。

图21-5-735　70年代初，萧山人民广播站录播室在录制文艺节目（董光中摄）

1987年，“湘湖浪花”节目调改停办。5月，“听众服务台”开始增加电影、电视节目预告。翌年10月后，“听众服务台”设“农科知识”、“卫生与健康”、“听众信箱”等栏目，改为固定时间播出，每周播出7组，每组10分钟。

90年代，“群众文艺”节目因节目来源不足等原因停办。根据各个时期工作重点和宣传要求，联系实际开展理论学习与宣传，“实践是检验真理的唯一标准”先后改名“改革之声”、“广播杂谈”、“学习节目”、“学习邓小平理论广播讲座”和“学习与思考”。“新农村”先后改名“农村新天地”、“农村大世界”。1993年5月，“今日新闻”改名“萧广快讯”，节目立足于新闻的短、新、快。1998年7月，“农事科技窗”改名“农家百事通”，设“农事指南”、“科技兴农”、“生活百科”和“教你一招”等栏目。“法制园地”设“政法新闻”、“案例与调查”、“热点透视”和“律师信箱”等栏目，其中“政法新闻”主要播送本周萧山司法、法律方面的动态消息；“案例与调查”主要通过对典型案例及其背景的报道，以案说法，以案论理，对听众进行普法教育；“热点透视”主要由法律界人士谈现实生活中老百姓比较关心的热点问题；“律师信箱”主要由律师解答听众来信，为听众提供咨询服务。至2000年，萧山人民广播电台自办节目有“萧山新闻”、“萧广快讯”、“广播剧院”、“萧山气象”、“农村大世界”、“学习与思考”、“听众服务台”、“农家百事通”、“萧山快讯”和“法制园地”等。

①1957年4月，开办“本县新闻”，每天播出1组，每组10分钟，晚上首播，翌日早上重播，节目紧密配合县委、县政府中心工作，宣传具有典型性、代表性的事例和萧山当天发生的重要新闻。同时，不定期开办“经济生活”、“谈生产”、“党团生活”等专题节目。10月，开办“广播剧场”，每天播出1期，每期60分钟，主要播送绍剧、越剧等地方戏，还播送少量沪剧、锡剧、京剧、黄梅戏等戏剧。

②1958年5月，开办《气象》，早、中、晚播出3次，遇到灾害性天气，随时播报最新的气象动态，同时播出县政府有关抗灾、防灾的通知等。1959年10月，开办《人民公社》，每周播出1组，每组10分钟。1963年10月，开办《社会主义教育运动》，每周播出1组，每组10分钟。翌年5月，开办“听众服务”，播出时间不固定，主要播送寻人、寻物、招领等启事和政府及部门的通知。1965年4月“社会主义教育运动”改为“时事政策讲座”。

③1966年8月，《时事政策讲座》改为《学习毛主席著作专题》。1968年9月，“对社员广播”改为“农业学大寨”，后改为“新农村”。

④1978年后，“学习毛主席著作专题”改为“实践是检验真理的唯一标准”节目。1980年1月，新开办“农事科技窗”，每周播出1组，每组10分钟，针对农时季节和农业生产中出现的技术问题，播送农业技术科普知识、农作物栽培技术和病虫害情报及防治知识。翌年，开办“简明新闻”，1982年改办“今日新闻”，每天播出1组，每组5分钟，播出萧山当天发生的重大新闻及重大事件。1984年，开办“群众文艺”，每周1期，每期30分钟，主要播放萧山当地业余剧团、俱乐部和业余文艺骨干自编自演的说唱，表演唱、歌曲、快板、地方小戏和莲花落等地方曲艺。是年8月，开办“法制宣传”，每周播出1组，每组10分钟。

1955～2000年，萧山有线广播站自办的“萧山新闻”、“新农村”、“农村新天地”、“农村大世界”和“学习与思考”等节目获得浙江省、全国的各种奖项14个。

新闻采编

萧山有线广播站建立初期，没有专职的编辑记者，自办节目稿件多数来自报刊、政府及部门简报，由广播站负责人和播音员负责编辑。1957年4月开办“新闻节目”后，萧山报社指派1名编辑到广播站编稿，这才有了专职的编稿人。至1959年，配备有专职采编人员1名，集采访、编辑于一身，对萧山的重大活动进行采访报道，采编的新闻用于该站广播外，还向中央人民广播电台、浙江人民广播电台和杭州人民广播电台等电台发送稿件。

1985年，公开招聘记者3名。同时，开始把建设通讯员工作队伍列入各镇乡广播站工作的重要考核内容，每年年初下达稿件指标，年终实行考核。同时，采用稿件数量作为评比积极通讯员的主要条件，并对积极通讯员予以表彰奖励。是年，全县通讯员1000余人，主要是镇乡广播电视站编辑和镇乡、县级机关工作人员及企事业单位办公室主任等。

1986年，萧山人民广播站在瓜沥镇内设立记者站。是年，先后采编报道萧山县第一个“亿元镇”——瓜沥镇、全国机电产品出口创汇扩权企业——萧山五金工具厂、全国10家文明商店之一的靖江供销社、年创利润171万元的萧山漂染厂、全国劳动模范鲁冠球等24个经济战线的先进单位和个人。翌年，在临浦镇设立记者站。

1988年4月后，萧山人民广播站鼓励记者个人署名向上发稿。翌年，开始实行责任编辑负责制，向上发稿数量列入年度的工作目标，并作为考核每位编辑、记者年度工作内容之一。1991年，新闻节目中开始增加编前话、编后话、短评等言论文章的编发，还开设言论栏目。言论栏目名称先后有“广播评论”、“广播杂谈”、“广播漫谈”、“大家谈”、“群言堂”等，全年编发小言论250余篇，成为萧山广播新闻的亮点。录音评论《鲁冠球谈乡镇企业的现状和未来》获浙江省广播奖一等奖。

90年代中期，记者有9人，萧山人民广播电台播出的文字节目中，主要采用记者自采稿件，并出现了一批优秀稿件，1994年，广播新闻“农民家庭请律师”获浙江省广播奖一等奖、中国广播奖二等奖，广播评论《发得快与找老外》获浙江省广播奖一等奖，并选入全国高等教育自学考试新闻本科教材“新闻评论学”。翌年，杭甬高速公路建成，系列新闻《大路歌》，获浙江省好新闻一等奖、浙江省广播奖一等奖，还入录《中国新闻年鉴》。

图21－5－736　1998年3月，萧山广播电视台记者在舒兰农场田间采访种养大户、全国劳动模范尚舒兰（周少伟摄）

1997年5月，广播新闻的采访与电视新闻的采访由萧山市广播电视局（台）新闻部统一管理，广播和电视互通有无、信息共享，通讯员来稿也不再分广播稿和电视稿，使广播新闻信息量比以前增加三分之一。翌年，为配合改革开放20周年宣传活动，先后编发16家农业龙头企业先进事迹的报道；开展社会主义道德建设年活动，编发各地举行“告别愚昧讲文明、助人为乐献爱心”活动等广播新闻报道。1999年8月，为庆祝萧山解放50周年、中华人民共和国成立50周年，在《萧山新闻》中开辟“50年巨变”专栏，集中宣传萧山50年巨大变化及成就。是年，采编的《萝卜“拍卖”“一槌”三万》获浙江省广播奖二等奖。2000年，主要采编开展“三个代表”重要思想学习宣传活动。同时，围绕市委、市政府的中心工作，先后增设“展望新千年”、“十佳班子、百佳干部”、“致富思源、富而思进”、“创一流业绩，建文明城镇”和“农业、农村现代化教育”等专栏或系列报道。是年，向上级发稿被采用的有545篇，其中在中央人民广播电台播出的稿件11篇、浙江省人民广播电台218篇、杭州市人民广播电台216篇、其他电台100篇。至年末，新闻部有编辑（记者）5人、助理编辑（助理记者）6人，通讯员800余人。

广播网络

1955年3月29日萧山有线广播站开播后，广播网络建设加快。[①]1965年后，萧山出现大办广播热潮。[②]1982年6月开始，萧山人民广播站和各镇、公社广播站开展有线广播网4个单项质量指标达标活动。[③]至1985年末，每个镇乡广播站都配备播控调音台，其中浦沿镇、宁围乡等18个镇乡广播站广播网质量达标。全县完成整网验收的村699个，占全县村总数的87.05%，全县广播喇叭213879只。1986年，尚未达标的28个镇乡拨出专款，组织力量开展整网工作。全县集资50余万元，先后组织技术人员、机线员300余人，完成整网95个村，整网“补课”199个村，整顿广播馈线307杆千米，延长干线40余千米，调换和新增变压器133只。是年，经杭州市广播电视局抽样验收，28个镇乡广播网质量达到合格标准。至此，全县67个镇乡广播网质量全部达到合格标准，有线广播4个单项质量指标达到广播电影电视部颁发的丙级标准，成为全省有线广播4个单项质量指标首个“达标”县。

图21－5－737　1971年10月，楼塔镇广播站线务员在巡查广播线路（董光中摄）

1987年，全县开始由点到面，开展保标、升级活动。4～5月，城南乡经试点，使乡广播电视站至溪头黄村的有线广播信号传输系统质量指标达到部颁乙级标准，部分技术指标达到部颁甲级标准。是年，城南区和城北区的16个镇乡广播电视站开始在围垦地区的垦种点架设广播线路、安装喇叭。全县新安装广播喇叭8650只。年末，入户广播喇叭22.87万只，全县喇叭入户率68.30%，其中袭江乡成为全县首个动圈喇叭乡。1988年，萧山财政专项拨款18.30万元，全面改造萧山人民广播站至各镇乡的信号线。年末，调换和新架信号线6

①1955年3月29日，有线广播站广播专线架通东蜀（今城东办事处）、西蜀（今城南办事处）两个乡，安装喇叭25只，开始播音。建站初期，大多采用竹竿架设广播线路，也有用木材的，传输材料为铁线，广播喇叭为舌簧喇叭和压电喇叭。后，在借用电话线路传输广播讯号的同时，有计划地架设广播专线。1959年春，有广播专线300多千米，喇叭2400多只，全县61个管理区（乡）和城厢镇均通广播。1964年，萧山基本实现广播干线专线化。是年，广播线路总长1929千米，广播喇叭10100只。

②1965年9月15日，时任中国共产党中央委员会主席毛泽东公开发表“努力办好广播，为全中国人民和全世界人民服务”的题词后，萧山出现大办广播热潮。1966年末，全县广播专线达到4492千米，737个大队均通广播，喇叭发展到30834只。1967年起，广播支线向各自然村、生产队延伸。70年代，用水泥方杆替换竹竿。至1971年，广播线路总长增到8793千米，喇叭发展到120658只，实现个个生产队通广播，形成了一个以县站为中心、公社站为基础、普及各生产队、连接千家万户、专线传输的全县有线广播网。1974年起，整顿全县广播网，并进一步普及广播喇叭。1976年，广播线路总长9900千米，广播喇叭175402只，全县喇叭入户率76.66%。

③有线广播4个单项质量指标：站内机房主要设备技术质量、县至镇乡信号线技术质量、网路传输质量和镇乡广播站设备应达到的质量指标。

1982年末，有645个大队进行整网验收，其中有311个大队获县广播事业局发给的整网合格证书。

1983年9月，大园、戴村、甘露、昭东、前进、梅西和临浦7个公社、镇广播站整网技术获省广播电视厅颁发的广播网质量合格证，县广播事业局获省广播电视厅颁发的网路传输、信号线质量两份合格证。

条计33对千米，新增加水泥圆杆1000余根、铝包钢线66条千米。其中光明乡、昭东乡把广播干线的方杆全部调成圆水泥杆，铁线全部调成铝线，在全市率先实现广播干线圆杆化、铝线化。至1990年末，萧山人民广播站机房主要设备的技术指标达到甲级标准，城厢镇广播电视站达到甲级标准。有一半以上镇乡广播电视站机房播控设备进行了更新和改造，42个镇乡广播电视站完成保标任务，其中36个 站的播出系统质量指标达到部颁乙级标准。全市入户广播喇叭24.45万余只。

1991年5～6月，组织镇乡、村线务员检查核实全市入户广播喇叭，注销破损的喇叭，对入户广播喇叭重新登记造册。6月末，核实入户喇叭数量19.92万只。1992年，镇乡、场广播电视站由原来的68家合并为32家，调整网络，分流人员，拨出专款21万元，帮助、指导各镇乡、场广播电视站的建设。是年，党山镇25个村全部安装动圈喇叭，成为全市撤区扩镇并乡后首个动圈喇叭镇。

1993年起，萧山人民广播电台至各镇乡的广播信号线管理实行委托承包制度，各镇乡广播电视站按区域划分为戴村、临浦、瓜沥、义蓬4个片，落实专人，分别与萧山人民广播电台订立协议，明确双方的责任。至1995年，萧山人民广播电台投资60多万元，更新信号线23.50千米，调换萧山人民广播电台至长河、浦沿、闻堰镇铝包钢线21千米、至义盛铝包钢线28.51千米，调换7米圆杆1276根；整顿临浦至浦阳、头蓬至前进、头蓬至河庄的信号线23千米。对萧山人民广播电台至长河、浦沿、闻堰的信号线进行测试、匹配，使21千米广播信号传输线系统质量指标达到部颁乙级标准。是年，全市32个镇乡、场广播电视站有12个机房设备技术质量指标达到部颁甲级标准、20个机房设备技术质量指标达到乙级标准。

1996年，萧山人民广播电台至各镇乡、场开始光缆联网，广播信号传输线逐步被光缆代替。1月，楼塔镇率先成为全市首个广播、电视“双入户”镇。3月14日，市委宣传部、市广播电视局在楼塔镇召开全市农村广播电视“双入户”现场会，号召全市各镇乡向楼塔镇学习，加快全市广播电视“双入户”步伐。翌年，投资160多万元，全面改造城区有线广播、有线电视网络，用光缆取代电缆。同时，完成浙江省有线广播电视专用网萧山段的架设安装任务。1998年8月末，全市32个镇乡、场的有线广播全部实现光缆联网。年末，有广播喇叭23.29万只。

1999年，配合省、杭州市重点工程104国道改建，杭州萧山机场路、杭金衢高速公路建设，改道广播电视线路，先后改建广播电视光缆6.50千米、新建35.30千米，埋设地下管道4.50千米。同时，完成与杭州市有线广播电视网络间的双向传输工程。

2000年末，全市镇乡、场广播电视站32个，机房设备技术质量指标均基本达到部颁甲级标准。广播喇叭23.80万只，农村入户率85.49%，市广播电视局（台）到镇乡、场光缆178千米。

第二节 市调频广播

广播节目

调频广播试播期间（1991年7月1日～12月31日），除每天播放4小时～5小时的流行歌曲外，不设其他节目。1992年1月1日调频广播正式开播后，转播有线广播节目7小时50分钟，下午播出自办的“激光音乐欣赏”2小时30分钟和《听众点播台》30分钟等。11月，开办主持人直播的板块节目“热线点歌”，时间1小时，为广播电台节目实行主持人直播迈出了第一步。

1993年1月1日，调频广播改从早晨6时到晚上10时连续播音，除逢单整点播出5分钟“萧广快讯”、双整点播出5分钟“信息总汇”和继续转播有线广播节目外，其余时间均为板块节目，主要有“田野卡拉OK”、“文化园林”、“大市场”、“七色花”、“数字金三角”、“心心絮语”、“小说联播”、“欢歌笑语好时光”、“金歌金曲排行榜”、“热线点歌”等，其中“热线点歌”等7个节目开通热线电话，主持人与听众之间双向交流，增强听众对广播的参与感。同时，相继举办政治、经济、文化、法律、科学、历史、地理等各类知识竞赛。7月1日起，调频广播不再转播有线广播节目，并对原有节目作了调整，新开设“钱江晨曲”、“阳光风景线”、“同心园”、“体坛风云录”、“五彩的旋律”、“天涯共舞台”、“休闲俱乐部”、“幸运岛”和“伴您同行”等以小时为单位的12个板块节目，其中“阳光风景线”等8个板块节目开通热线电话；“数字金三角”节目纳入“休闲俱乐部”，作为其中的一个栏目；停办“田野卡拉OK”、“文化园林”、“大市场”和“欢歌笑语好时光”。除转播中央人民广播电台主档新闻节目外，调频广播每天自办节目15小时，其中新闻节目占自办节目的15%、文艺节目占40%、社教节目占30%、服务节目占15%。

1994年6月，增设“经济万象”、“梨园青草地”、“生活广角”、“快乐100分”节目，停办“阳光风景线”、“天涯共舞台”、“伴您同行”节目。10月，新设“空中门诊”、“几度夕阳红”、“信天游”、“萧山歌坛”、“音乐天堂”、“都市传真”、“生活大观园”和“股市行情”节目，停办“同心园”、“金歌金曲排行榜”、“五彩的旋律”、“体坛风云录”、“快乐100分”、“生活广角”和“休闲俱乐部”节目。其中“梨园青草地”、“空中门诊”等节目深受广大听众欢迎，成为省内同行的名牌节目。1995年7月，增设“心灵之桥”、“阳光节拍”、“体坛纵横”、“’95钱江音乐潮”、“金奖奥斯卡”、“太阳花”、“如宝世界”、“寻常百姓家”和“休闲空间”等节目，停办“几度夕阳红”、“信天游”、“萧山歌坛”、“热线点歌”、“音乐天堂”、“都市传真”、“生活大观园”、“股市行情”和“心心絮语”节目。是年，“梨园青草地”等节目常办常新，深受听众喜爱。“股市行情”改为“股市点评”，并聘请股评专家传授股市知识，提供股市动态，为听众点评个股走势，成了萧山及周边地区股民的热听节目，收到听众来信8365封。翌年4月，新设“兽王点歌台”、“阳光工作室”、“希尔春竞歌台”、“音乐人生”、“新世纪广场”、“都市快车”、“萧广股评”、“青春台历”和“预约点歌”节目，停办“心灵之桥”、“体坛纵横”、“’95钱江音乐潮”、“金奖奥斯卡”、“如宝世界”和“休闲空间”等节目。

图21—5—738　1997年6月30日，萧山人民广播电台技术人员在调音台调试音量（周少伟摄）

1998年，为适合各种年龄段和不同层面听众的节目，突出服务、娱乐功能和扩大收听面，除逢整点继续播出各档新闻外，将播出的节目调整为“温情港湾”、“广播剧场”、“梨园青草地”、“太阳花”、“金曲回旋”、“文体沙龙”、“伴您同行”、“大千世界”、“音乐天地”、“阳光节拍”、“万家灯火”、“萧广股评”、“难忘的旋律”、“青春台历”，共14个。

1999年3月，学习北京人民广播电台音乐台经验，对节目作出较大调改，增加音乐节目，开设和改版的节目有：“港台风景线”，专门介绍港台流行音乐；“音乐天堂”，每天开办1个小栏目，周二至周日分别是“影视音乐”、“百年回放”、“世界歌曲大放送”、“民歌集粹”、“音乐名字”和“浪漫情歌”；每天下午的“唱片街”，介绍最新发行的唱片；晚上的“晚间音乐”，播放轻音乐。增加对象性服务节目，每日9时至10时开设“您好，驾驶员”；“法律与生活”调整为每天下午播出，每期有一名律师担任嘉宾主持，为听众提供法律服务；调整和充实“证券视窗”节目内容，增设“记者视点”栏目，其中“热线咨询”从原来的每周2次增加到4次，并有股市分析专家接受股民咨询。在全天播出的节目中，新闻节目占16%、文艺节目占55%、社教节目占20%、服务节目占9%。翌年10月，新设“幸运午间”、“华语歌坛”、“时尚杂志”、“岁月留声”、“体坛传真”、“轻松两刻”、“现代生活”、“星光灿烂”、“健康之友”和“音乐情怀”节目，停办“港台风景线”、“唱片街”、“时尚生活”、“消费之声”和“青春台历”节目，“您好，驾驶员”节目改名为“与您同行”。

2001年3月25日，调频广播开设的节目有：“温情港湾”、“健康之友”、“与您同行”、“梨园青草地”、“幸运午间”、“华语歌坛”、“时尚杂志”、“音乐天堂”、“报刊博览”、“岁月留声”、“音乐情怀”、“体坛传真”、“法制经纬”、“轻松二刻”、“太阳花”、“现代生活”、“萧广股评”、“金色乐园”、“星光灿烂”，共19个。

业余节目主持人

1991年7月1日调频广播试播后，播音员从有线广播录音室走进直播室，担任节目主持人。翌年，首次向社会公开招聘业余节目主持人，经普通话、知识面、播讲、即兴表达和直播能力5个方面的考核，首批录用7人，经实习后正式上岗。上岗后，每月上机播出时间不少于20天，以保证所主持节目的连续和相对稳定。1993年1月1日，业余节目主持人开始正式主持节目，其报酬按主持节目时间长短给付。6月，再次向社会公开招聘业余节目主持人4人，16个小时直播节目全部由11名业余主持人主持。是年，业务节目主持人主持节目报酬为每小时5元；1995年，改为每小时10元；1997年，改为每小时15元。1998年，向社会公开招聘录用业余节目主持人4人。

2000年3月，改革业余主持人的管理制度，凡考试合格者，由市广播电视局（台）聘用。是年，被聘用的节目主持人与其他职工一样，参与日常考核和节目考评，每季度由市广播电视局（台）组织节目测评，根据节目创意、可操作性、可听性、表达能力、信息量、音色6个方面的测评成绩评定A、B、C、D等级节目。聘用的业余节目主持人按照所做节目的质量和数量取酬，按每月考核分获得奖金。业余节目主持人主持节目报酬为每小时20元～25元。上机时间月少于20天的，报酬按标准的80%发给，第二月仍少于20天的，报酬按标准60%发给。年末，调频广播业余节目主持人9人。

第三节　镇乡广播

萧山的镇乡广播始于1951年。[①]1954年，建立全县首个广播站。[②]1959年后，随着人民公社的建立及行政区域的调整，调整基层广播站。[③]建站初期，镇乡广播站一般配置有扩音机、电唱机和话筒等设备，以转播浙江人民广播电台节目为主，也选播报纸文章、当地新闻等，机房和播音都在一间房子内。1969年7月起，镇乡广播站开始自办文艺节目和文字节目。[④]70年代，镇乡广播站机房和播音室开始分设。80年代起，随着农村有线广播4个单项指标的达标、升级活动的全面展开，各站开始规范机房、播音室，配置250～275瓦的专业扩音机。1984年5月，恢复乡建制后，公社广播站改称乡广播站。年末，建有镇乡广播站66个。是年7月，萧山县广播事业局开始开展镇乡广播站好节

①1951年，由临浦镇工商联出资，购置50瓦扩音机1台、25瓦高音喇叭3只和小喇叭30只，进行有线广播。

②1954年11月，建立临浦镇广播站。该广播站装有80瓦扩音机1台、小喇叭30只、高音喇叭3只，聘用专职值机播音员1人。8时～10时播音2小时，17时30分至20时30分播音3小时。

③1959年1月，建立临浦人民公社广播站。至年底，全县12个人民公社实现社社建站，每站均配机线员和值机员2～3人。1961年7月，萧山设6个区、3个镇、59个公社，原12个人民公社广播站相继停办。萧山广播站在临浦、瓜沥两镇设转播站。1964年后，分期分批重建人民公社广播站。至1969年2月，全县共建有人民公社广播站27个，每站配机线员和值机员各1名。1971年，公社广播站又随行政区划调整而新建。

④1969年7月11日后，镇、公社广播站先后增配编辑1名，在转播县广播站全部节目的基础上，早晚开办自办节目，时间2小时左右，播出自办文艺节目和文字节目，宣传本乡本土的新闻和介绍先进人物等。70年代，主要开办“农业学大寨”、“抓革命促生产”等节目。中共十一届三中全会后，镇、公社广播站的宣传重点是农村改革、商品生产、科学知识、经济信息和计划生育方面内容。主要开办“改革之声”、“落实农业生产责任制”和“计划生育”等节目。1984年，城南乡广播站举办“新闻”和“专题”节目189组，突出经济、注重信息，介绍该乡创办家庭沙发加工场，承包鱼塘、种桑养蚕等专业户发展商品生产和勤劳致富的经验。是年12月，云石乡广播站配合乡政府抓计划生育的活动，在半个月中，举办了“计划生育”专题节目11组，播发稿件43篇，把计划生育的政策、意义、好处及该乡计划生育典型，用消息、通讯、故事、问答、录音讲话等形式向农民宣传。

图21－5－739　1995年10月17日，临浦镇广播电视站播音员在播放自办节目（傅展学摄）

图21－5－740　1998年2月28日，瓜沥镇广播电视站主持人在播放自办节目（周少伟摄）

目评选活动。1986年6月，评出好节目83组。7月，改为评选单篇好稿。1982～1986年，全县镇乡广播站平均每年播出“新闻”、“专题”节目8981组、“文艺”节目11412组。1989年，镇乡广播电视站被评为萧山市（县）优秀广播作品一、二、三等奖的有75件。

90年代，镇乡广播电视站主要开办“商品经济”、“市场与信息”、“农业科技”和“生活与法律”等节目。1990年，镇乡广播电视站自办节目作品开始在浙江省、杭州市优秀广播作品评选中获奖。是年，浦沿镇广播电视站选送的《浦沿一百多青年农民骑车上夜校》被评为浙江省优秀广播作品三等奖。90年代后期，镇乡广播电视站的自办节目在内容上和形式上更加贴近生活、贴近群众，临浦镇广播电视站开办有“市场和信息”、“听众服务台”等节目。同时，运用男女对播、现场采访等形式。1999年，开始定期开展镇乡优秀广播作品评比。1999～2000年，评出优秀作品115件，其中一等奖25件、二等奖37件、三等奖53件。

2000年末，全市31个镇乡都建有广播电视站，其中镇广播电视站24个、乡7个。还有办事处转播站4个。各镇乡广播电视站的机房设备技术指标均基本达到部颁甲级标准，其中18个广播电视站购置有日本产MD磁光盘录音机。坎山镇广播电视站还采用境内一流的DHL2000型广播全自动播控系统和数字录音、制作音频工作站，实现自动开机、关机，自动转播萧山广播电台节目和播出自办节目，既提高了节目的总体质量，又增加了播出的安全可靠性。靖江镇广播电视站投资120万元，新建镇广播电视中心，面积1200平方米，设有机房、播控室、录音室、修理室等技术用房。是年，镇乡广播电视站自办节目主要有：“本地新闻”、“专题节目”。全天播音8小时20分钟，其中第一次播音5时30分～8时；第二次播音10时～12时30分；第三次播音17时10分～20时30分。

第四节　村广播

萧山建大队广播室始于60年代末。大队广播室一般配置有50～250瓦的扩音机、电唱机和话筒等设备。龛山公社（今坎山镇）的三盈大队、荣新大队和工农大队广播室还配置有播控桌。1982年10月，萧山县广播事业局要求大队广播室必须有资金保证，广播网路须验收合格，有专人负责，管理人员落实，并规定不准自办固定节目；需要召开广播大会，进行政治宣传、农业技术辅导、布置工作、指挥生产和播送通知，要有领导地进行，须遵守宣传纪律，播出时间只有安排在公社（镇）广播站播送节目之前或之后，不能影响转播县人民广播站、公社（镇）广播站的转播节目，更不得随意收转广播电台；县广播事业局和萧山人民广播站组织人员配合公社（镇）广播站定期检查验收大队广播室，对符合规定标准的广播室，由萧山县广播事业局颁发许可证。1984年末，全市村广播室453个，经验收，合格418个。2000年末，村广播室640个，占全市村数的86.14%。

第六章　电　视

60年代初，萧山已有电视机。1962年，县广播站有浙江人民广播电台分配的14英寸黑白电视机1台。后萧山拥有的电视机增多。1979年11月，为解决接收电视台难的问题，杭州齿轮箱厂建立萧山首座电视转播台。1983年4月，建成萧山电视转播台，5月1日正式转播中央电视台6频道节目。

1984年7月，筹建萧山电视台。1985年5月31日起，试转中央电视台9频道，至10月底停止播放电视剧节目。1986年，萧山城乡开始安装共用天线和区域性有线电视系统。

1987年6月，建立萧山电视台，7月1日试播，播出《萧山新闻》和专题、广告节目。1988年1月1日，西山发射中心投入运行，43频道播出萧山电视台自办节目、49频道转播中央电视台节目，发射功率各为1千瓦分米波。7月1日，萧山电视台正式开播。

图21－6－741　1988年1月1日，建在城厢镇西山顶上的电视发射塔，发射铁塔高64米（董光中摄）

1992年9月，筹建萧山有线电视台，12月16日萧山有线电视台试播，后共用天线和区域性有线电视系统逐渐淘汰、电视转播台逐年减少。1994年12月16日，萧山有线电视台正式开播。至1995年，电视转播台、共用天线和区域性有线电视系统全部停止使用。

1997年5月，实行“广播电视合一”，播出呼号仍为“萧山电视台”、“萧山有线电视台”。8月15日，启用电视自动播出系统，各项指标均达到广播电影电视部颁发的甲级技术标准。翌年7月，萧山电视台4讯道模拟分量电视转播车投入使用。1999年5月，萧山有线电视台有线电视频道节目停播。

2000年，萧山电视台完成布网和计算机硬件配套及各类软件开发，拥有摄像机24台、Betcam sp编辑线8条、非线性编辑线2条、PVW－2650P慢动作放像机2台、各类特技切换台4台、新澳特NC－8000B分量字幕机4台、S50字幕机1台。电视发射功率1千瓦，卫星收转站38座，光缆主干线290千米，光纤总长4021千米，光接收点74个，自办节目1套，转播中央电视台等24套节目，平均每周播出时间119小时。年末，全市有线电视用户16.54万户，全市电视人口覆盖率为99%。

图21－6－742　1997年8月，萧山电视台的播出机房（周少伟摄）

第一节 无线电视

电视节目

1987年7月1日，萧山电视台试播，每周自办两组《萧山新闻》，每组10分钟，周三、六晚间首播，周四、日晚间重播，并转播中央电视台文艺节目。翌年7月1日，萧山电视台正式开播，《萧山新闻》增加到每周3组，每组15分钟，周二、四、六首播，周三、五、日重播。同时不定期播出专题、广告节目和经济信息等。

1992年，固定播出的专题节目有："社会万象"、"科技光环"，每周交替播出1组，每组10分钟；《下周影视》，每周播出1组，每组10分钟；广告类节目"购物指南"、"广而告之"，每组10分钟，每天播出。1993年，停办"科技光环"。是年，"社会万象"改为每周播出1组，时间15分钟。同时不定期播出纪录片、专题片。是年12月1日起，"萧山新闻"增加到每周6组，周一至周六播出。

1995年，萧山电视台与市委组织部、市电教中心联办"党建园地"，每周1组，每组5分钟；与市公安局联办电视专题节目"萧然警界"，两周1组，每组15分钟；与萧山人民广播电台等单位联办"欢乐吉尼斯"，每周1期，每期45分钟。是年，开设"卫生与健康"，每周1组，每组10分钟。翌年12月，与市计划生育委员会联办"人口纵横"节目，每季度1组，每组10分钟。

1997年8月，"萧山新闻"增加到每周7组，新增"社会广角"、"萧然大地"、"七彩生活"、"大千世界"、"菁菁校园"等节目。9月，开设大型综艺节目"欢乐今宵"，每2周播出1期，每期50分钟左右。翌年5月，萧山电视台与市技术监督局联办"消费指南"，每周1组，每组10分钟。1999年，停办"社会广角"、"萧然大地"，新设"今日萧山"，每周播出1组，每组10分钟。

图21－6－743 1997年9月，开办首期《欢乐今宵》节目，庆祝萧山电视台建台10周年（周少伟摄）

2000年5月，贯彻"主攻新闻，精办专题"方针，调整新闻和专题节目，开办周末版节目，双休日白天播出电影、电视剧和世界各国生活动态、科技信息等，同时开办1组20分钟的生活类节目"生活周刊"；社教类节目"今日萧山"增加到每周2组，每组15分钟。5月8日，增设第二档新闻节目"新闻十分"，周一至周六每晚21时首播，翌日9时重播。至2001年3月，萧山电视台自办节目有："萧山新闻"、"新闻十分"、"今日萧山"、"萧然警界"、"党建园地"、"菁菁校园"、"卫生与健康"、"消费指南"、"大千世界"、"七彩生活"、"欢乐今宵"、"气象"和"广告"13个。

新闻采制

萧山电视台筹建期间，无自己的播出渠道，记者采访的主要任务是收集新闻素材，新闻价值较高的题材向浙江电视台、杭州电视台发送，有时与中央、省、杭州市电视台记者合作采编。1987年7月1日萧山电视台试播后，有采编人员5人，每周采制两组“萧山新闻”节目，对采、编、播人员下达自办新闻节目的发送稿件任务，并将发稿数量、播出数量与奖金、评优、评奖挂钩。通讯员向萧山电视台提供新闻文字稿、照片（80年代后期，通讯员开始发送图像稿）。是年，被浙江电视台和杭州电视台采用的电视新闻有130条，其中头条新闻8条。翌年，开始向中央电视台发送新闻。

1989年，纪念萧山解放40周年，制作专题片《萧山四十年之歌》，展示萧山解放40年取得的成就。是年，新闻《施生根主动向国家投售商品粮23万公斤》被评为浙江省优秀电视作品三等奖。

1990年，针对萧山农业及农村经济出现的许多新亮点，把农业作为重点报道内容，先后采编《石岩乡吨粮田建设》《航民农业新貌》等先进典型。为贯彻宣传市委《关于在全市农村村党组织中开展向航民等16个红旗村、标兵村学习的决定》（市委〔1990〕43号），开设“走在社会主义大道上”专栏，逐个报道红旗村、标兵村。翌年，重点采访报道农村经济，设置有“新农村”、“农村新天地”等栏目，采拍红旗村、标兵村等专题片45部；开设“九一漫谈”、“厂长、经理贺新年”等栏目，请50余名企业厂长（经理）介绍“八五”计划第一年深化改革开放的新打算、新措施。1993年，萧山电视台与浙江电视台联合拍摄的反映萧山经济发展的《中国百强县——萧山》专题片在中央电视台二套《神州风采》节目中播出，并被评为《中国百强县》系列专题片二等奖。采访、拍摄萧山首次机械化围垦——东江一万三千亩围垦的施工场景，制作的新闻《全省围垦大规模机械化施工在萧山获得成功》，获浙江省电视奖二等奖。1994年，萧山农业对外综合开发区对东江一万三千亩围垦区的种植区块、养殖区块公开招标，报道市内外14位投标者参加竞标的短消息《我市农业开发实行公开招标》，该消息被评为浙江省电视奖一等奖。是年8月，电视台记者参与救助一位昏倒在路边的老太太，将其送往医院救治，第二天的《萧山新闻》播出了该消息。在之后半个多月的时间里，记者记录社会各方关注老人、寻找老人亲人的全过程，制作专题片《人间自有真情在》。该片获浙江省优秀电视作品一等奖。

1995年，采访的重点转到强市战略上来，集中采访报道了9家国有、集体企业的转制经验，为转制工作的顺利开展创造良好的舆论氛围。为配合萧山创建国家卫生城市的宣传活动，开设“城市管理大家谈”、“奔向最后的冲刺”专栏。在创建卫生城市宣传活动中，采拍萧山新闻150余条、专题近50期。翌年，先后采编《回顾八五、展望九五》《全力推进企业转制》《做文明市民，树文明新风，创文明集镇》《北干山平坟迁坟》《反对封建迷信专项治理》等系列报道。“萧山新闻”还开设“实行‘两田制’势在必行”专栏，并固定1名记者，连续3个月采访报道农村实行口粮田与承包田分离的“两田制”改革，先后播发新闻140余条。

1997年，开始围绕萧山重大事件为重点，采访新闻报道。6月30日晚上，记者分5路采访干部群众喜迎香港回归的狂欢之夜，其中民族英雄葛云飞故里——进化镇山头埠村村民庆祝回归的场景分别在中央电视台、浙江电视台播出。8月，萧山遭受11号台风袭击，3名记者组成抗台报道组，连续3天冒着生命危险，及时采制消息及特写。台风过后，制作播出时长10分钟的专题新闻《难忘的48小

图21—6—744　1997年11月7日，萧山电视台记者在东片地区跟随公安人员拍摄追捕犯罪嫌疑人现场（周少伟摄）

时——东江围垦抗台抢险纪实》。9月12日，记者分8路采访萧山各地收看中共十五大开幕式的场景，在当日中央电视台《新闻联播》头条播出。之后，《萧山新闻》陆续推出“旗帜篇”、“国情篇”、“改革篇”、“党建篇”、“文化篇”、“民主法制篇”等11个栏目，报道萧山人民学习、贯彻“十五大”精神的情况。11月7日，记者采访拍摄侦破萧山东部发生震惊全省的持枪抢劫大案全过程，跟随公安机关第一抓捕小组抢拍抓捕犯罪嫌疑人场景。并以此为素材，编制成萧山第一部电视报告剧《四声枪响的背后》。翌年，纪念改革开放20周年，先后采编“改革二十年”、“回眸二十年”、“开放二十年”系列报道，集中宣传萧山改革开放20年成就。1999年，为庆祝中华人民共和国成立50周年，“萧山新闻”开设“变化在身边”等栏目，采访摄制反映萧山市边远的13个镇乡、场50年巨变的系列片《萧山边区行》；编制社教节目《党旗在这里高扬——传化集团抓党建的启示》，全面报道浙江传化化学集团有限公司以党建促发展的经验；采编围垦系列报道，作为国庆50周年献礼节目，在浙江电视台卫视新闻中头条播出，获华东地区国庆50周年节目展播比赛一等奖，并摄制成大型专题片《沧海桑田》；随同市委派出的慰问组，赴北京慰问回国疗伤的任宝凯（萧山籍人士、中国驻南斯拉夫大使馆武官，在以美国为首的北约轰炸中国驻南斯拉夫大使馆事件中负伤），采访制成新闻专题《任宝凯——故乡人民为你骄傲》。

2000年，总书记江泽民发表“致富思源，富而思进”的讲话后，《萧山新闻》开设专栏，全面报道各地学习总书记“讲话”、开展“双思”教育的情况及“双思”教育典型。其中《萧山农民富而思进学科技》《萧山深入开展“双思”教育》两条消息在中央电视台播出。另有《展望新千年》《十强班子，百佳干部》《开展“双思”教育，深化“三学”活动》《创一流业绩，建文明城市》《农业、农村现代化》等20余组重点报道及系列报道。是年，通讯员300余人，录用通讯员稿件467条，其中图像稿448条。

1988～2000年，向上发送稿件的播出数共计5344条，其中中央电视台238条、浙江电视台2696条、杭州电视台2410条。《直播节目2000年钱江潮》《直播节目一起飞翔》《冯耀忠的微雕艺术》等21件（次）作品获省以上新闻奖。1988～1993年期间，萧山电视台每年被省电视台评为新闻协作先进集体；1994～2000年期间，萧山电视台、萧山市广播电视局（台）2年被省电视台评为新闻协作一等奖，4年被评为二等奖，1年被评为三等奖。

播音员（主持人）

萧山电视台筹建时，采制的专题、宣传片均由萧山人民广播站播音员配音。1987年7月1日萧山电视台试播后，从萧山人民广播站调入1名男播音员，从杭州齿轮箱厂借用1名女播音员，为《萧山新闻》、专题片、广告片配音。《萧山新闻》试播初期，采用男女对播方式。

1993年9月，萧山电视台在全省范围内公开招聘播音员（主持人），通过口试、笔试、复试、上镜、演讲等，在84名应聘者中，录取1男2女3人播音员（主持人）。12月，萧山电视台有男播音员（主持人）2人、女播音员（主持人）3人，社教、服务、文艺类等节目陆续以主持人形式出现。

1996年始，播音员播报新闻使用提示器，新闻导语的播报由程式化的配音加图像逐步向播音员出图像转变。1997年5月，有电视播音员（主持人）7人，其中男播音员(主持人）2人、女播音员（主持人）5人。

2000年5月8日开办第二档新闻栏目《新闻十分》后，播音风格逐步从播新闻向说新闻转变。至年末，有电视播音员（主持人）8人，按性别分：男播音员（主持人）3人、女播音员（主持人）5人；按职称分：一级播音员1人、二级播音员3人、三级播音员4人。

【附】

萧山境内电视转播台

1979年11月，杭州齿轮箱厂投资1万余元，建立配备有10瓦差转机的小功率电视转播台，为萧山境内首座电视转播台。1983年1月，大桥公社（今属河上镇）众利大队农民共同投资建立1瓦小功率电视转播台，是萧山首座农民投资建成的电视转播台。4月，在萧山县广播电视大楼顶上建成萧山电视转播台，转播中央电视台6频道节目。该电视转播台有50瓦电视差转机1台，覆盖半径10余千米。萧山电视转播台建成后，杭州齿轮箱厂电视转播台停办。后，瓜沥、临浦、楼塔、云石、欢潭、进化、桃源、赭山等镇乡和云石乡骆村、船山等村相继建立电视转播台。至1986年末，全县有小功率电视转播台25座，配备有电视差转机25台，输出功率145瓦。其中农民集体投资建立的村电视转播台10座，企业及集体建立的15座。全县95%左右的地区能收看到电视节目，其中85%以上的地区能收看中央电视台和浙江电视台节目，45%以上的地区能收看到中央电视台、浙江电视台、杭州电视台和上海电视台（杭州电视台转播）电视节目。

图21－6－745　1983年4月，建在城厢镇人民路的县广播电视大楼顶上的电视转播台（董光中摄）

1988年7月1日，萧山电视台开播。1991年，撤销瓜沥航坞山、临浦峙山、云石乡尖山下村、岩山乡、河上镇等电视转播台8座。建立瓜沥、临浦电视转播台，分别配备2台50瓦和1台10瓦电视差转机。年末，全市电视转播台减少到35座，电视差转机减少到39台。

1992年12月16日后，随着萧山有线电视台试播，使用电视转播台逐年减少。至1995年，萧山最后1座电视转播台——临浦电视转播台停止使用。

（吴康）

第二节　有线电视

自制节目

1992年9月筹建萧山有线电视台开始，除转播中央、省、杭州市电视台节目外，自办节目1套，设置有“点歌台”、“请您欣赏”、“广告信息”等娱乐性和服务性节目。

1995年，向社会公开招考，聘用业余新闻采、编、播人员13名。1月3日，开办《萧山有线新闻》节目，每周1组，时间10分钟，周二、四、六18时50分、21时播出。9月12日起，《萧山有线新闻》由原来的每周1组增加到每周2组，周二、五首播，

图21－6－746　1994年12月25日，萧山有线电视台建台暨电视剧《命运不是梦》首映式。该剧由萧山市文化广播电视局、萧山电视台与杭州电视台联合摄制（萧山广播电视台提供）

周三、六重播。是年，开办音乐娱乐节目“奥斯卡演歌台”，每周1期，周日18时30分、20时、21时30分和周一8时30分、13时播出。音乐娱乐节目融娱乐性、欣赏性、群众参与性于一体，群众自愿报名参与电视卡拉OK演唱，由观众投票评选最佳歌手。该节目互动性强，提高了萧山有线电视台的收视率。设专题“集藏文化”，播出时间为周四18时30分、20时、21时30分和周五8时30分、13时。开设文化类专题“萧然揽胜”，介绍萧山的风光名胜、历史文化、风土人情，周四与“集藏文化”交叉播出。还在自办频道中，增加图文信息节目，内容有新华社电讯、省内新闻、期货行情、外汇信息、电视预告、股票行情、股市动态和国债行情等，每日播出时间为：7时30分至8时30分、10时至13时、14时30分至18时30分。

1996年，“萧山有线新闻”开设“精神文明见闻”栏目，节目从原来的每周2组增加到3组，周一、三、五首播，周二、四、六重播。“奥斯卡演歌台”改名“有线音乐网”，开设“有线演歌台”、“金曲再回首”、“有线新节拍”栏目。开办生活服务节目“五彩旋律”，设“休闲时光”、“祝您健康”、“美食家”、“教你一招”、“向阳花朵”、“小城故事”、“生活印象”等栏目，每周1组，周六播出。是年，在浙江省有线电视台播出新闻69条，名列全省县（市）有线电视台第三位，在杭州有线电视台播出新闻68条，居杭州市县（市）有线电视台首位。翌年2月，萧山有线电视台4件作品获浙江省有线电视新闻协作奖，其中新闻评论《钱啤人的品牌战略》获一等奖，消息《聋哑学生学电脑》《轮椅上的追求》获二等奖；消息《白云宾馆小早点做出大文章》获三等奖。

1997年5月，停办“萧山有线新闻”节目。至2001年3月25日，继续保留“萧然揽胜”、“集藏文化”、“有线音乐网”和“五彩旋律”等专题节目。

电视频道

1992年12月16日萧山有线电视台试播时，设频道12个，其中自办节目1套，转播节目11套。同时转播浙江经济广播电台、杭州西湖之声广播电台和萧山人民广播电台的调频广播节目。

1994年2月10日（正月初一），增加转播中央电视台第三套节目和山东、四川、新疆、西藏4个省、自治区的卫星电视节目，播出频道共17个。3月26日，增加转播浙江有线电视台娱乐频道节目，停转中央教育电视台第一套节目。9月8日，增加转播浙江有线电视台经济频道节目，至此，播出频道共18个。翌年11月30日，中央电视台第三套节目因中止卫星传送而停转，增加转播杭州有线电视台第一套节目。1997年1月，增加中央电视台第五、六、七、八套共4套加密频道节目，中央教育电视台第一套节目和浙江教育电视台、广东卫视、河南卫视节目，停止转播中央教育电视台第二套节目和云南、贵州卫视节目。同时，转播10套调频广播节目。2000年12月23日，增补17频道，开通杭州有线电视台影视频道。至2001年3月25日，萧山有线电视台播出频道有25个。

图21—6—747　2001年1月14日，义桥广播电视站职工在测试有线电视信号（傅展学、来公才摄）

有线电视网

1992年12月萧山有线电视台试播时，有线电视网系统设置频道总容量25个、调频广播12套，采用300MHz邻频传输。前端选用美国卡固的调制器等，主干线选用美国产500MC2电缆和加拿大林赛公司生产的放大器。12月16日，开通首批城厢镇体育路27号、29号和31号用户，试播12个频道电视节目和3套广播节目。1993年末，城区开通用户1.10万户。

1995年2月28日，城区至城厢镇城北办事处的4.20千米有线电视光缆信号开通。9月15日，开通萧山有线电视台和杭州有线电视台光缆信号，实行双向传输。11月28日，根据广播电影电视部“一地一网、一网几台、多功能应用、利益共享”的原则，实现市有线电视台与宁围镇的有线电视光缆联网，标志着萧山有线电视光缆联网由城区向农村辐射。翌年3月，市政府召开中片地区联网工作会议后，全市有线电视光缆联网工作迅速展开。1994～1996年，城厢镇及7个办事处先后实现与市有线电视台的有线电视光缆联网。至1998年8月，完成全市32个镇乡、场有线电视光缆联网工程。

2000年末，拥有光缆主干线290千米，光纤总长4021千米，光接收点74个。城厢镇有线电视用户3.83万余户、镇乡和场用户12.71万户。

【附】

萧山境内共用天线和区域性有线电视系统

1986年，萧山开始采取单位出资和居民集资的办法，安装共用天线电视系统。是年9月，临浦中学30户教职员工宿舍安装共用天线电视系统，收转中央电视台、浙江电视台和杭州电视台的电视节目。

1987年，杭州齿轮箱厂建立企业有线电视系统，开办自己的企业频道，播放本单位摄制的新闻、教育节目和文艺录像片。后杭州发电设备厂、杭州第二棉纺织厂、萧山宾馆等单位相继建立企业的有线电视系统。

1989年1月，萧山广播电视设备厂有线电视工程部投资3万元，在城厢镇西山顶上建立共用天线的电视接收系统，转播电视频道8个，在城厢镇崇化区内建立区域性共用天线系统。10月，云石乡尖山下村由集体投资建成萧山首个有线电视村，转播电视频道7个，用1个频道播放文艺录像，开通用户300余户。翌年7月，瓜沥镇建成全市首个镇乡级有线电视系统。

图21－6－748　1992年，林立在城厢镇的共用天线电视系统（萧山广播电视台提供）

1991年5月，建立萧山市有线电视管理服务站，对全市共用天线、区域性有线电视系统实行统一管理。同时，建立萧山市有线电视工程技术服务部，统一提供技术服务及施工。年末，全市安装共用天线和区域性有线电视系统34个，终端（接通）1.58万余户。

1992年12月16日有线电视台试播后，共用天线和区域性有线电视系统逐步被有线电视所取代，至1995年全部淘汰。

（吴康）

第七章 广 告

萧山的广告历史悠久。①民国时期，萧山常见有张贴的行医广告、药品广告、香烟广告、演剧广告和报纸广告等。民国16年（1927），创办的《民治日报》《萧山公报》均以广告为主。中华人民共和国成立后，有路牌、橱窗等广告，多见于车站、码头、街头、民墙、店门前。“文化大革命”期间，户外广告②和印刷品广告③被政治标语所替代。1984年9月，核准登记了萧山县广告装潢公司，从业人员5人。后广播、电视媒体相继从事广告经营业务。1985年，全县广告经营单位④2家，从业人员12人，广告经营收入5.60万元。至1989年末，主要有路牌、民墙、灯箱、条幅、印刷品和广播、电视广告，全市广告经营单位7家、职工84人。是年，全市广告经营收入110.40万元。

图21-7-749 1990年3月，杭州白云广告装潢公司发布在城厢镇西河路与体育路交叉口的电话亭广告（吕仲华摄）

90年代，萧山的广告业进入一个新的发展阶段，新增电子显示屏广告、电话亭广告、龙门架广告、立柱广告、气球广告、车船体广告、公交车车体广告、候车亭广告、征婚广告、邮送广告等广告形式。1993年起，随着计算机的广泛应用和境内外广告制作技术的传承，萧山广告业由手绘和手写制作，逐渐向高科技电子技术制作发展。新颖的广告制品作为一种特殊传媒，成为人们获取信息、了解市场、学习知识、改善生活的有效渠道，在萧山经济发展中起着重要的作用。

至2000年末，全市有广告经营单位65家，从业人员566人。是年，主要有户外广告、印刷品广告、媒体广告和邮送广告四大类，广告形式主要有印刷品广告、路牌广告、墙体广告、灯箱广告、霓虹灯广告、车体广告、立柱广告和报纸、电视、广播、网络广告。主要经营产品（商品）有食品等11类。广告经营收入5238万元，其中专营广告企业经营收入占全市广告经营收入的37.65%、兼营广告经营收入占全市广告经营收入的62.35%。

①萧山最早的广告是口头广告和实物广告。唐宋后，先后出现音响广告、旗帜广告、灯笼广告、悬浮广告、图画广告、招牌广告、门面广告等。

②户外广告见《经济管理》编《工商行政管理》章《广告管理与监督》节中的“户外广告”注释。

③印刷品广告见《经济管理》编《工商行政管理》章《广告管理与监督》节中的“印刷品广告”注释。

④广告经营单位见《经济管理》编《工商行政管理》章《广告管理与监督》节中的“广告经营单位”注释。

第一节 广告制作

户外广告制作

路牌广告 路牌广告制作初期，以手绘为主要制作手段，即以手工设计彩稿和放大样，采用油漆、油画颜料、丙烯颜料等材料绘制成画面，安装在广告显示架上，便完成广告牌的制作。1993年后，随着计算机应用于广告设计、制作，计算机平面设计、喷墨打印逐渐替代手工设计，计算机喷绘、写真应运而生，使设计彩稿既快捷又精致。1996年，大型计算机喷绘机诞生，结束了户外广告手工放大样的历史。至2001年3月25日，路牌广告制作仍采用大型计算机喷绘机。

图21—7—750 80年代初，城厢镇城河街包家弄一带巷子里的户外广告（吕耀明提供）

灯箱广告 1984年，灯箱广告面多采用有机玻璃作材料，图案、文字靠手工锯割。完成设计后，手工放制图案和字样，并用胶水粘贴到有机玻璃上，待干燥后，根据要求用定制锯锯割有机玻璃，并用锉刀锉光，再用三氯甲烷粘贴到有机玻璃上。

1993年，灯箱广告开始采用菲林片制作立体画面，画面多采用高清晰度、高密度，色彩还原正确的彩色广告摄影作品；灯箱广告的内部，多采用角钢焊接而成。其结构须视单面、双面、外部形状、面积大小而定，还需考虑灯箱是移动式，还是固定式。同时，根据散热等要求，排列日光灯，安排电线线路。是年，随着计算机和刻绘机的普及，灯箱布广告、灯箱片广告投入市场，有机玻璃作灯箱面的广告逐渐退出市场。灯箱布广告采用灯箱布作材料制作。灯箱布属于柔软性材料，颜色为纯白色，版面内容须敷灯箱膜展示。灯箱布版面文字广告用灯箱广告贴制作版面，图像广告则用喷绘制作。

图21—7—751 1996年7月1日，杭州蓝天广告公司制作发布在城厢镇市心桥西门药店对面的公益路牌广告（吕仲华提供）

1996年，灯箱布计算机写真面市，开始采用各种形状的玻璃钢、不锈钢为原料制作灯箱广告。至2001年3月25日，以上几种制作灯箱广告的方法并用。

图21—7—752 1996年9月，杭州蓝天广告公司制作并发布在萧山经济技术开发区建设一路与通惠路交叉口的菲林立杆灯箱广告（吕仲华摄）

条幅广告 80年代中期，条幅制作先由美工在书写纸上画好纸样，用刀刻出后，用浆糊粘到布上。一般采用上浆后的布，挺刮。常用红布，也有白布、黄布、绿布、牛筋布、美丽绸等。

1988年，开始采用即时贴（不干胶纸）制作条幅广告。刻绘机将白色或彩色的不干胶刻成字，然后直接粘在布上即成，不仅简单，而且牢固。条幅广告多用在室外，经风吹雨打，容易脱字。1991年，纺织颜料投放市场，美工可用底纹笔直接书写在浅色布料上，深色布料难写浅色字。因写字水平高低不一等原因，条幅广告质量参差不齐。

1993年，丝网印刷技术应用于条幅广告制作。计算机将字体刻出纸模后，便可上网印刷。条幅广告采用丝网印刷制作有调制印浆、排版、检查网框、施印、揭网和晾干等环节。丝网印刷的条幅广告即使日晒雨淋，也不会褪色。直至2001年3月25日，仍采用丝网印刷制作技术。

立柱广告　90年代，萧山出现立柱广告后，立柱广告画面均采用计算机喷绘制作。立柱广告制作的重要环节是广告发布架的设计、计算和制作。确定立柱广告的高度、样式和发布架重量后，对埋于地下的钢筋混凝土基础部分进行计算和确定。除了对立柱式广告的高度、重量等进行科学测算外，还必须考虑广告发布面架的抗风能力。然后，用大型起吊机将圆型立柱架深埋在预先确定的位置上，用焊接（或螺栓、螺帽）固定，再将广告发布架安装在圆型立柱的最上部。当发布架全部制作完成后，才将计算机喷绘制作的广告画面固定在发布架框面上。至2001年3月25日，立柱广告制作方法和技术没有改变。

图21－7－753　1992年元旦，位于城厢镇人民路99号的萧山市广播电视局，为庆祝“萧山人民广播电台”正式开播，开展宣传活动。图为设在该局屋顶上的“努力办好广播，促进两个文明建设”的气球条幅广告（董光中摄）

印刷品广告制作

1984年，印刷品广告制作工序为审定广告文案—手绘彩稿—手画黑白稿—制版—印刷。1993年后，制作工序为审定广告文案—计算机平面设计—电子分色菲林制版—印刷。即用计算机设计后，将设计内容拷入软盘，再交印刷厂。印刷厂根据广告设计单位提供的软盘出片。出片前后，广告承办方校对文字和画面，如无误，即印刷。印刷品以使用铜版纸为多。至2001年3月25日，印刷品广告仍沿用1993年以来的制作方法。而街头直递的纯文字印刷品广告，则更为简单，内容无误，即直接印刷。

图21－7－754　2000年，萧山经济技术开发区内设立的立柱广告（杨贤兴摄）

媒体广告制作

2000年，萧山的媒体广告有报纸广告、广播广告、电视广告和网络广告4种。报纸广告制作技术与印刷品广告类同。首先对文字和画面进行处理和安排后，将广告小样送客户审定，审定后便可付印。

广播广告　1954年，萧山有线广播站广告由播音员直接播送。1956年后，广播广告逐渐以广播为传播媒体，运用语言、音乐、音响相互配合表现广告内容，也有两人以上人物的对白（或曲艺形式）的情节广告和简单的唱段广告。唱段广告是根据客户需要，先拟定文稿或唱词（需要用唱段的，确定某一现成唱腔），客户认定录制后，便可播出。直至2001年3月25日，萧山人民广播电台仍是采用1956年以来的广告表现形式。

电视广告　1988年7月1日萧山电视台开播后，电视广告主要有音乐和文字及图像相结合的纯广告、电视专题片形式的情节广告、点歌台广告、纯文字广告等。纯文字广告有电视节目插播的文字广告和游动字幕广告两种。纯广告和情节广告制作，需先拍摄画面，然后剪辑拍摄的画面，再配音和加上字幕播出。1992年9月，萧山有线电视台、萧山信息责任有限公司共同建立“点歌台”。点歌台中出现的电视广告一般比较简单，以纯文字居多，即使出现画面广告，其画面一般也是对静止画面的复制。文字广告的制作比较简单，只要用字幕机完成字幕的制作，便可播出。2000年，萧山电视广告有纯广告、情节广告、点歌台广告和纯文字广告等。

网络广告　网络广告具有实时性、广泛性、交互性、经济性、非强迫性和易统计性等优点。萧山网络广告起步较晚，但发展迅速，是广告主利用一些受众密集或有特征的网站发布的商业信息，并设置链接到网页的过程。1995年，萧山企业开始发布网络广告。是年5月，万向集团公司在中国黄页网站设立子网站，介绍企业的产品等。10月，萧山商业城管理委员会注册“中国萧山商业城”，向网上发送商业城供求信息。1998年，中国萧山投资之窗开通，首批发布网上招商项目30个。1999年11月28日，萧山电视广播信息网开通。

至2000年末，萧山的网络广告主要类型有5种：①按钮型（Button）。制作一个链接客户网站主页的标志，注明“Clickme”字样，让上网浏览者自由点选。这种广告的缺点是非常被动，浏览者如不主动点选，广告便不能发挥效应。②旗帜型（Banner）。将网页分割出大小不等的画面发布广告。这种广告可让客户宣传极简练的文字、图片，分为非链接型和链接型两种。③主页型（Homepage）。网络服务商将客户所要发布的信息分门别类制作成主页，放在自己或企业自行建立的站点上。这种广告可让客户全面地了解企业所发布的信息。④播发型。利用电子邮件列表和新闻组列表，将客户的广告信息按信息类别发到相应的电子邮件地址和新闻组。⑤综合型。即同时采用上述两种以上方式的广告。发布网络广告的主要形式有：网幅广告（包含Banner、Button、通栏、竖边、巨幅等）、文本链接广告、电子邮件广告、赞助式广告、插播式广告、弹出式广告（访客在请求登录网页时，强制插入一个广告页面或弹出一个广告窗口）、Rich　Media等等。

第二节　广告经营

户外广告经营

1984年9月，建立萧山县广告装潢公司。11月，该公司在萧山体育场（今新世纪广场）市心路一侧开辟萧山首个路牌广告群，每块高4米、长8米，共24块，主要发布双鸟牌柴油机和湘湖牌汽车制动器等产品广告。1985年，县工商局会同县城乡环境保护局、文化广播电视局、公安局、交通局在城厢、临浦、瓜沥3镇设置户外广告点13处，其中城厢镇市心路、体育路、城河路等主要商业街区设置户外广告点7处，临浦镇、瓜沥镇各设3处。是年，全县户外广告经营收入4万元。1989年，在城厢镇萧绍路、市心路等地设立马路交通围栏广告，每块高1米、宽6米～8米。是年，全市户外广告经营收入86.40万元。

图21-7-755　1989年8月，杭州白云广告经营部设在城厢镇萧绍路老汽车站（龙发大厦）对面的交通围栏广告（吕仲华提供）

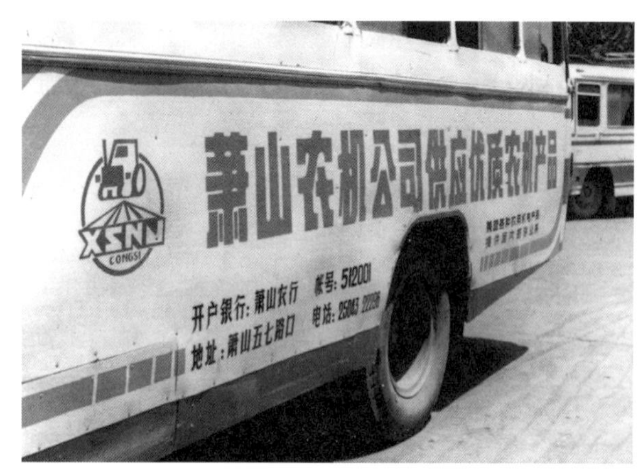

图21-7-756　1990年1月，杭州白云广告经营部发布在萧山公交车上的车体广告（吕仲华提供）

图21-7-757　1993年6月，杭州蓝天广告公司发布在萧山经济技术开发区（桥南区块鸿达路口）的首个反光膜龙门架广告（吕仲华提供）

1990年，户外广告经营业务开始新的拓展，广告形式趋向多样化。是年，全市新设广告群3处、橱窗广告72个、灯箱广告18只，新发展电话亭广告6个、电子显示屏广告1个、气球广告4只，还出现长运汽车车体广告等。广告内容由单纯的商品宣传，扩大到优质产品、著名商标、重合同守信用单位、物价计量信得过单位宣传和城市规划展示等。年末，全市主要有路牌广告141块、灯箱广告68个、霓虹灯广告19只、橱窗广告42个。翌年开始，挂历、伞具、打火机等赠品广告迅速发展。出现城厢镇市心路、西河路、人民路设置落地铝合金广告屏24个。

1992年，杭州蓝天广告公司建立省内第二支专业广告模特队。该广告模特队参加了第二届全国电视“金鹰奖”颁奖仪式的礼仪活动。翌年，城厢镇市心路、西河路、拱秀路、环城南路等主要路段定点设置过街横幅钢管挂柱，萧山电影院大门前首次出现大型翻牌电子显示屏广告，城厢镇主要马路设置有立杆不锈钢灯箱。1993年在萧山经济技术开发区内竖起萧山首个钢构、反光膜、跨道龙门架广告。1995年，大型气模用于广告发布，出现元宵节大型彩灯广告。1997年，萧山经济技术开发区内设置有大型立柱广告3个，其中一个高6米、宽60米。立柱广告的出现，使萧山的广告媒介由传统、小型向现化、大中型转变。

2000年9月，中国国际（萧山）钱江观潮节上出现动力滑翔伞广告、大型江船冲浪船体广告。年末，全市主要有路牌广告509个、灯箱广告467个、公交车车体广告99个、霓虹灯广告55个、电子显示屏广告1个、橱窗广告等151个。全市户外广告经营收入（不含邮送广告中的户外广告）2846万元。

媒体广告经营

中华人民共和国成立后，萧山媒体均没有配备专职广告人员，萧山有线广播站由编辑或播音员接洽，萧山报社由1名工作人员兼职。1984年后，萧山人民广播站等媒体相继从事广告经营业务，配备专职广告业务人员，实行承包经营责任制，广告经营发展很快，广告经营收入逐年增加。

1997年3月1日，建立萧山广播电视广告部，统一承揽萧山有线广播、萧山电视台和萧山有线电视台原经营的广告业务。2000年，媒体广告经营收入2230万元，占全市兼营广告单位广告经营收入的68.28%，占全市广告经营收入的42.57%。

萧山日报社广告经营　1954年12月11日，《萧山报》创刊后，只有1名工作人员兼职从事广告工作，偶尔有萧山剧院演出节目预告等社会公益性广告。翌年1月1日，《萧山报》刊登国营萧山百货商店庆祝元旦和经营绸布呢绒等商品批发零售的广告。1958年1月1日，《萧山报》初次刊登《广告刊例》，公布广告价目。1983年6月1日，《萧山农科报》创刊日刊登萧山县农机公司、萧山县种子公司和萧山县农业企业联合供销公司联合祝贺该报创刊的祝贺广告。

1986年，《萧山农科报》设广告栏节目，零星广告陆续见诸报纸，但经营性广告仍不多。1991年9月29日《萧山报》复刊。是年，广告经营收入13万元。

1992年，萧山报社将新闻与广告分离。是年8月，成立广告部，以内部招标竞标的方式招聘广告部主任，并实行风险承包经营责任制。广告部人员有4名，除主任外，在编人员1名、聘用人员2名。从此，广告经营发展加快。是年，广告经营收入40万元，比1991年增长2.08倍。

2000年，广告部人员有8名，其中主任1人、在编人员1人、萧山日报社印刷厂在编人员和招聘人员6人。是年，广告经营收入850万元。

图21－7－758 《萧山市心广场系列广告》获1999年浙江省报纸广告优秀作品三等奖。图为萧山市心广场系列广告之一（《萧山日报·湘湖周末》，1999年4月30日，第4版）

广播电视广告经营 1984年，萧山人民广播站配备专职广告员，经营广播广告发布业务，每天在固定时间内播出广告。1986年，萧山人民广播站开办“广告”节目，每天1组，每组5分钟，早、中、晚3次播出。是年，萧山人民广播站广告经营收入2.10万元。1987年，萧山人民广播站确定专职广告业务人员1名，广告节目增加到每天2组，播出时间增加到10分钟，经营商业、产品类广告业务。是年，萧山人民广播站与城北供销经营部签订全年广告合同，同时加入浙东广告联播总站（称台际协作网）。台际协作网成员有绍兴、上虞、嵊县、新昌、诸暨、萧山、江北、镇海、北仑、余姚、鄞县、海宁、奉化、象山、普陀、定海、嵊泗、岱山、天台等县（市）和宁波市区的广播站。台际协作网每年两次召开广告业务交流会，成员站互相之间不定期输送广告。萧山人民广播站全年广告经营收入3.30万元。

1988年，设立萧山人民广播站广告部和萧山电视台广告科。是年，萧山人民广播站广告部与广告员签订广告承包合同，承包金额为4.20万元，实际完成4.70万元。萧山电视台广告科开办电视广告节目，以文字形式为观众提供经济、商品、市场信息，实现广告经营收入12万元。

1992年，萧山人民广播电台增加调频广播节目播出，通过现场直播等多种形式，开辟广告渠道。萧山电视台开办每周1期的“购物指南”节目，播出城厢镇的五大商场广告，每天播出10分钟。1994年3月，萧山电视台设专职广告业务人员，并对广告实行招标承包制。

1995年，萧山有线电视台建立广告部，开办“信息服务”节目经营广告。是年，为拓展广告经营市场，萧山电视台和萧山市二轻广告公司联合举办“萧山市首届电视青年卡拉OK大奖赛”，与萧山人民广播电台联合举办电视“欢乐吉尼斯”节目，2周1期，每周播出；由浙江传化化学集团有限公司等企业赞助40万元，和萧山市公安局联合开办“萧然警界”节目；在“萧山气象”节目中，通过增加镇乡气象播报，拓展“挂角广告”。1996年，萧山有线电视台开办“房地产信息”节目经营房地产广告，同时采取招标承包广告经营。萧山电视台与辖内金融机构等单位联合相继开办“金融之窗”和“房产大观”等广告节目，每周各播出1期。是年，三台广告经营收入1068万元，其中萧山电视台680万元、萧山人民广播电台220万元、萧山有线电视台168万元。

1997年3月1日，萧山人民广播电台、萧山电视台、萧山有线电视台三台广告经营业务合并，成立萧山广播电视广告部。该广播电视广告部在编职工10人，聘用职工4人。是年，把广播广告纳入“信息快车”节目中播出。全年广告经营收入1218万元，比1996年增长14.04%。翌年，广播广告节目每组播出时间增加到15分钟，并先后联系上海几十家有影响的广告公司，从上海引入各类广告业务的经营收入80万元。1999年5月，根据广播电影电视总局的规定，自办电视节目从2套减为1套，影响了广告经营业务的发展。2000年，广告经营收入1380万元，比1998年减少4.83%。

邮送广告经营

1998年9月，邮政、电信分营后，萧山市邮政局利用邮政投递网络优势，发送广告业务（即为邮送广告）。12月18日，萧山市邮政局建立萧山市邮政广告中心，这是集设计、制作、发布、代理于一体的综合性专营广告经营企业，主营业务有中国邮政专送广告、商业信函、广告明信片，兼营影视广告制作、户外广告和其他印刷品广告业务，从业人员7名。是年，邮送广告每月4期，每期3万份，由投递员随报纸、刊物一起投送。翌年，制作、寄发各类广告、商业函件、明信片137.20万张（件），经营收入51.57万元。2000年，制作、寄发各类广告、商业函件、明信片353.60万张（件），经营收入（含户外广告）162万元。

表21-7-480　2000年萧山市各类广告经营单位广告经营情况

项　目	总计	按经济成分				按专营兼营分					
		国有企业	国有事业单位	集体企业	私营企业	专营广告企业	兼营广告单位	企业	广播电视	萧山日报	其他
经营单位(家)	65	5	2	13	45	37	28	3	1	1	23
从业人员(人)	566	48	28	114	376	351	215	23	17	11	164
管理人员	139	12	4	30	93	89	50	7	2	2	39
业务人员	188	13	18	32	125	101	87	5	10	8	64
其他人员	239	23	6	52	158	161	78	11	5	1	61
经营收入(万元)	5238	342	2230	550	2116	1972	3266	91	1380	850	945
食品	654	22	190	24	418	378	276	0	180	10	86
酒	444	60	168	4	212	187	257	0	160	8	89
服饰	337	0	231	20	86	81	256	0	190	41	25
房地产	330	12	163	55	100	79	251	0	60	103	88
家用电器	297	9	162	37	89	81	216	0	80	82	54
药品	291	0	195	25	71	81	210	0	180	15	15
旅游	196	0	50	6	140	126	70	0	10	40	20
医疗服务	148	0	130	0	18	16	132	0	70	60	2
汽车	71	0	45	25	1	0	71	0	10	35	26
化妆品	52	0	32	0	20	16	36	0	30	2	4
医疗器械	33	0	33	0	0	0	33	0	30	3	0
其他	2385	239	831	354	961	927	1458	91	380	451	536

资料来源：杭州市工商行政管理局萧山分局。

第二十二编 中国共产党

城山

明·朱玉贞

岚气横秋碧，湖光接岸平。兴亡千载后，人上越王城。

萧山是中国共产党早期活动地区之一。[①]1949年5月，建立中国共产党萧山县委员会（简称中共萧山县委，下同）。1988年改称中国共产党萧山市委员会（简称中共萧山市委，下同）。至2001年3月，先后召开11次党的代表大会。[②]

中共十一届三中全会以后，历届萧山市（县）委坚持改革开放，全面拨乱反正[③]，领导百万萧山人民，把中心工作转移到经济建设上来。实施农业稳市、工业强市、三产和科技兴市战略，全面增强经济发展实力；切实加强党的组织建设、思想建设、作风建设，不断提高市（县）委和基层党组织在新形势下的执政能力；适时提出城市化建设进程，加快城乡统筹，推进社会事业建设，提升城市品位，改善人民生活；从而使全市物质文明、精神文明、政治文明建设齐头并进，协调发展，城乡社会稳定，人民安居乐业。

①中国共产党在萧山的活动始于1921年。是年4月，中共上海早期组织成员沈定一回家乡萧山衙前村创办农村小学，作为开展农民运动的基础。1921年9月27日，沈定一和社会主义青年团员宣中华等发动和组织农民成立衙前农民协会，发表了《衙前农民协会宣言》和《衙前农民协会章程》。这是中国共产党领导的全国第一个农民协会。1927年3月，共产党员宋梦岐根据上级党组织指示，在萧山庆云丝厂、萧山通惠公纱厂和县立仓桥小学建立了中共支部，共有党员10余人；并成立中共萧山地方党部，宋为负责人，这是萧山历史上第一个党的县级组织。（资料来源：萧山县志编纂委员会：《萧山县志》，浙江人民出版社，1987年，第599～600页）

②1949年5月底，建立中国共产党萧山县委员会，接着建立城区、长河、临浦、戴村、河上、坎山、瓜沥和义蓬8个区委，12个县直属党支部，共有党员126人。1956年6月、1959年10月、1963年1月、1966年4月、1970年9月、1979年9月、1984年6月，先后召开中国共产党萧山县7次代表大会，选举产生中国共产党萧山县第一届、二届、三届、四届、五届、六届、七届委员会，带领全县人民进行社会主义革命和社会主义建设。（资料来源：萧山县志编纂委员会：《萧山县志》，浙江人民出版社，1987年，第607～610页）

③拨乱反正，意为治平乱世，回复正常。见于《汉书·礼乐志》。“文化大革命”结束后使用此语，有特定涵义。邓小平1980年10月25日说：“我们现在讲拨乱反正，回到毛泽东思想的正确轨道上来。”《邓小平文选》第二卷第300页。1981年6月，中共十一届六中全会通过的《关于建国以来党的若干历史问题的决议》，标志着中共完成了指导思想上的拨乱反正。（资料来源：辞海编辑委员会：《辞海》，上海辞书出版社，1999年9月，第122页）

第一章　党代会代表

萧山出席中国共产党代表大会（简称党代会，下同）的代表，分为全国党代会代表、浙江省党代会代表、杭州市党代会代表、萧山市党代会代表。1987～1997年，有3人次当选全国党代会代表；1988～1998年，有13人次当选浙江省党代会代表；有161人次当选杭州市党代会代表；1987～1998年，有1616人次当选萧山市党代会代表。

第一节　代表选举

出席上级党代会代表选举

出席全国党代会代表名额和选举办法由党的中央委员会决定，由省党代会选举产生。

出席浙江省和杭州市党代会代表名额和选举办法，分别由省委和杭州市委决定。萧山市委按照省委和杭州市委的要求，通过民主推荐、组织考察，召开市委全委会议确定代表候选人预备人选，预备人选报经中共杭州市委批复后，召开中国共产党萧山市代表大会或代表会议，以无记名投票差额选举方式选举产生。

出席市（县）党代会代表选举

市委将代表名额分配给各选举单位，并明确结构意向；各选举单位按照候选人名额多于应选人名额20%的要求，经过自下而上和自上而下相结合的充分酝酿，通过党员大会或党支部书记会议进行民主推荐，提出初步人选；对初步人选逐个考察，征求所在单位党组织和有关方面意见；选举单位召开党委会确定代表候选人预备名单；预备名单报市委组织部，经审查原则同意后，由选举单位召开党员大会或党员代表大会选举产生。

第二节　代表构成

出席杭州市党代会代表构成

1988～1998年，杭州市召开3次党代会，萧山市根据杭州市委要求选举代表出席，各级领导干部、各类专业技术人员、先进模范人物和妇女代表各占一定的比例。

杭州市第六次党代会代表　1988年萧山当选的54名代表中，各级领导干部39人，占72.22%；各类专业技术人员9人，占16.67%；先进模范人物6人，占11.11%。其中妇女10人，占18.52%。

杭州市第七次党代会代表　1993年萧山当选的54名代表中，各级领导干部40人，占74.07%；各条战线先进模范人物14人，占25.93%。其中妇女12人，占22.22%。

杭州市第八次党代会代表　1998年萧山当选的53名代表中，各级领导干部36人（包括杭州市参选领导3人），占67.92%；各类专业技术人员7人，占13.21%；各条战线先进模范人物10人，占18.87%。其中妇女12人，占22.64%；年龄在50岁以下（含50岁）的40人，占75.47%。

出席萧山市党代会代表构成

出席市党代会的代表，是各条战线上有贡献、有威信、能联系群众的党员，有土地革命战争时期、抗日战争时期、解放战争时期以及社会主义建设各个时期入党的党员，有工人、农民、专业技术人员和驻萧部队代表，有各类先进模范人物和一定数量的妇女代表，代表文化程度逐届提高。

第八次代表大会代表　1987年3月24～27日召开。当选代表400人，代表全县39553名党员。其中各级领导干部217人，占54.25%；各类专业技术人员72人，占18.00%；工人、农民108人，占27.00%。代表中，各条战线先进模范人物155人，占38.75%。年龄在45岁以下的248人，占62.00%。妇女代表63人，占15.75%。

图22—1—759　1998年1月10日，在萧山剧院召开中国共产党萧山市第十一次代表大会（傅宇飞摄）

第九次代表大会代表　1990年3月7～10日召开。当选代表416人，代表全市43882名党员。其中各级领导干部230人，占55.29%；工人35人，占8.41%；农民89人，占21.39%。各类专业技术人员140人，占33.65%，科技人员的比例增加。高中（中专）以上文化程度186人，占44.71%。年龄在45岁以下的263人，占63.22%。妇女代表78人，占18.75%。

第十次代表大会代表　1993年3月7～10日召开。当选代表400人，代表全市47850名党员。其中各级领导干部255人，占63.75%；各类专业技术人员129人，占32.25%。各类先进模范人物260人，占65.00%。妇女代表57人，占14.25%。年龄在45岁以下223人，占55.75%。初中以上文化程度372人，占93.00%；其中大专以上文化程度87人，占21.75%；高中（中专）文化程度126人，占31.50%。

第十一次代表大会代表　1998年1月9～12日召开。当选代表400人，代表全市51377名党员。其中各级领导干部236人，占59.00%；各类专业技术人员74人，占18.50%；各类先进模范人物90人，占22.50%。其中妇女代表68人，占17.00%。45岁以下的代表232人，占58.00%。大专以上文化程度223人，占55.75%；高中（中专）文化程度82人，占20.50%。

第三节　出席上级党代会代表

1956年萧山正式召开党的代表大会开始，每次代表大会均选举产生出席上级党代会的代表[①]。

1987～1997年，有3人次先后被选为中国共产党第十三、十四、十五次全国代表大会代表。1988～1998年，有13人次先后被选为浙江省第八、九、十次党代会代表，有161人次先后被选为杭州市第六、七、八次党代会代表。

表22—1—481　1987～1997年出席全国党代会代表

届别	年份	姓名	单位职务
中国共产党第十三次全国代表大会	1987	鲁冠球	杭州万向节厂厂长
中国共产党第十四次全国代表大会	1992	鲁冠球	浙江万向集团公司党委书记、董事长兼总经理
中国共产党第十五次全国代表大会	1997	吴　键	中共萧山市委书记

①1956年6月，召开中共萧山县第一次代表大会，选举出席省党代会代表15名、候补代表1名。1959年10月，召开中共萧山县第二次代表大会，选举出席省党代会代表9名，杭州市党代会代表71名。1963年1月，召开中共萧山县第三次代表大会，选举出席省党代会代表10名，候补代表1名。1979年9月，召开中共萧山县第六次代表大会，选举出席杭州市党代会代表55名，因杭州市党代会延期召开，于1983年10月召开党员代表会议重选正式代表60名、候补代表1名。（资料来源：中共浙江省萧山市委组织部、中共萧山市委党史资料征集研究委员会、浙江省萧山市档案馆：《中国共产党萧山市组织史资料（1921-07～1987-12）》）

表22—1—482　1988～1998年出席浙江省党代会代表

届　别	年　份	姓　名	单　位　职　务
中国共产党浙江省第八次代表大会	1988	王良仟	中共萧山市委书记
		陈福根	中共萧山市城北区区委书记
		葛小珍（女）	萧山伞面绸厂厂长
中国共产党浙江省第九次代表大会	1993	杨仲彦	中共萧山市委书记
		赵申行	中共萧山市委副书记
		鲁冠球	浙江万向集团公司党委书记、董事长兼总经理
中国共产党浙江省第十次代表大会	1998	史久武	中共杭州市委常委、萧山市委书记
		林振国	中共萧山市委副书记、市长
		王珠瑛（女）	中共萧山市委常委、城厢镇镇委书记
		鲁冠球	浙江万向集团公司党委书记、董事局主席
		朱重庆	中共瓜沥镇航民村党委书记、浙江航民实业集团有限公司董事长、总经理

注：1988年出席中国共产党浙江省第八次代表大会代表5名，其中2名代表姓名、单位、职务不详。

表22—1—483　1988～1998年出席杭州市党代会代表

届　别	年　份	姓　名
中国共产党杭州市第六次代表大会（54名）	1988	丁子尤　马　骏　马友梓　王　苹（女）　王元康　王仁德　王伟民　王良仟　王金花（女）　王湃松　方岳义　史济烜　孙志耿　朱厚立　陈长根　陈凤和（女）　陈廷铮　陈张海　陈望云　陈惠芳　张国俊　张学理　陆云宪（女）　陆炎明　杨许尧　周土林　周来新　周锦发　金老虎　金其法　金鸣珠　郑吾法　费　黑　赵永万　赵永前　赵申行　赵翠梅（女）　施松青　徐水定　夏张海　盛玉占（女）　黄银霞（女）　韩　谦　韩吾松　韩柏青　蒋凤桥　裘志钦　董明菊（女）　程绪川（女）　傅葆龙　虞荣仁　詹张林　詹漪君（女）　蔡妙友
中国共产党杭州市第七次代表大会（54名）	1993	于国荣　万进东　孔鑫祥　王中恩　王玉明　王金花（女）　王莲凤（女）　王鑫炎　方岳义　方　槐　朱九松　朱党其　田家洪　孙　岚（女）　李福海　汤金土　冯海荣　何　群（女）　吴关根　沈张俊　沈枝根　杨　刚　杨仲彦　杨震亚　张雪珍（女）　陈长根　陈凤英（女）　陈苏凤（女）　陈张达　陈张海　陈佳兵（女）　陈新耀　邱吾仁　赵申行　赵纪来　周玉玲（女）　周来明　周锦发　莫妙荣　俞保林　俞天林　倪荣富　施关松　施松青　袁校生　黄银霞（女）　章雪珍（女）　屠育心　鲁冠球　葛小珍（女）　董学毛　蒋凤桥　蔡妙友　鲍永甫
中国共产党杭州市第八次代表大会（53名）	1998	丁可珍（女）　孔鑫祥　王玉明　王珠瑛（女）　王爱凤（女）　王家安　朱纪祥　朱国铭　朱重庆　华之藩　安志云　来国良　萧天相　吴　键　汪仁初　沈文龙　沈凤飞　沈奔新　沈国灿　张　岐　陈　坚（女）　陈　瑾（女）　陈立荣　陈凤英（女）　陈更美（女）　林振国　周茂昌　周凯旋　单银木　项忠孝　赵纪来　俞志仁　钱丽琴（女）　倪荣富　徐天才　徐水连　徐水宝（女）　高生良　高尔昌　黄妙根　黄银霞（女）　曹炳祥　盛小龙　盛绍儿　章雪珍（女）　韩芬琴（女）　董建明　董惠铭　蒋建国　傅金法　童继伟　楼才定　翟炳芳

第二章　会　议

1984年6月至1998年1月，中共萧山市(县)委按期召开5次代表大会，讨论和决定重大问题，选举产生市(县)委领导成员。在两次代表大会之间，根据工作需要，召集代表会议，讨论和决定需要及时解决的重大问题，选举出席上级党代会代表。历届市(县)委领导班子在代表大会闭会期间，通过市(县)委全体会议和常委会议，贯彻执行上级党组织的指示和代表大会的决议，领导全市(县)工作，并负责向上级党委报告工作。1990～1999年，各镇乡先后召开4次党的代表大会，选举产生镇乡党委组成人员。

第一节　市（县）党代表大会和代表会议

萧山解放后，于1949年5月底建立中国共产党萧山县委员会。1953年11月，召开全县党的代表会议，参加会议的有县级机关和各区的党员负责干部144人。1956年，萧山正式召开党的代表大会并开始列届次。[①]

第八次代表大会

中共萧山县第八次代表大会于1987年3月24～27日在城厢镇召开。应到代表400人，实到395人，列席代表14人。大会听取并通过虞荣仁代表第七届县委委员会所作的题为《全面地贯彻三中全会路线，为实现全县经济和社会发展的新目标而艰苦奋斗》的工作报告、赵翠梅代表县纪律检查委员会所作的题为《端正党风，严肃党纪，保证全县经济和社会的健康发展》的工作报告，选举产生第八届县委员会和县纪律检查委员会。第八届县委员会由委员27人、候补委员3人组成；县纪律检查委员会由委员11人组成。大会提出在今后几年中，要更好地坚持四项基本原则，进一步坚持改革、开放、搞活的方针，全面实现“七五”时期全县经济建设和社会发展的奋斗目标，为经济振兴和社会更大进步创造条件。要求全县各级党组织必须全面地、正确地贯彻党的十一届三中全会以来的路线，认真落实社会主义现代化建设的总体布局，切实抓紧党的思想、作风、纪律和组织建设，巩固发展整党成果，以保证实现大会确定的奋斗目标。

第九次代表大会

中共萧山市第九次代表大会于1990年3月7～10日在城厢镇召开。应到代表416人，实到406人，列席代表18人。大会听取和审议王良仟代表第八届市委委员会所作的题为《全面正确地贯彻执行党的基本路线，争取全市建设和改革事业的新胜利》的工作报告、陈福根代表市纪律检查委员会所作的题为《以好的党风、严明的纪律，保证党的基本路线和各项方针政策在全市贯彻执行》的工

①1956年6月2～5日，召开中国共产党萧山县第一次代表大会，正式代表276人，列席代表55人，选举产生第一届县委员会，由委员27人、候补委员4人组成；选举产生监察委员会。1959年10月28～31日，召开中国共产党萧山县第二次代表大会，正式代表324人，列席代表124人，选举产生第二届县委员会，由委员23人、候补委员5人组成。1963年1月18～21日，召开中国共产党萧山县第三次代表大会，正式代表264人，列席代表35人，选举产生第三届县委员会，由委员23人、候补委员2人组成。1966年4月20～26日，召开中国共产党萧山县第四次代表大会，正式代表367人，列席代表43人，选举产生第四届县委员会，由委员25人、候补委员4人组成。1968年3月，成立“县革命委员会”，实行“党政一元化”领导，县委被取消，至1970年9月始恢复。1970年9月16～19日，召开中国共产党萧山县第五次代表大会，正式代表797人，列席代表23人，选举产生第五届县委员会，由委员33人、候补委员4人组成。1979年9月26～28日，召开中国共产党萧山县第六次代表大会，代表665人，选举产生第六届县委员会，由委员37人、候补委员4人组成。1984年6月10～15日，召开中国共产党萧山县第七次代表大会，正式代表499人，列席代表73人，选举产生第七届县委员会，由委员31人、候补委员3人组成。（资料来源：萧山县志编纂委员会：《萧山县志》，浙江人民出版社，1987年，第607～610页）

作报告，通过八届市（县）委工作报告的决议和市纪委工作报告的决议；选举产生中共萧山市第九届委员会和中共萧山市纪律检查委员会。第九届市委由委员27人、候补委员3人组成；市纪律检查委员会由委员13人组成。大会提出，在今后三年里，要更好地坚决贯彻执行党的基本路线，以经济建设为中心，坚持四项基本原则，坚持改革开放，进一步认真贯彻执行党的十三届五中全会通过的《中共中央关于进一步治理整顿和深化改革的决定》，认真抓好社会主义精神文明建设和民主法制建设，切实加强党的领导和党的建设，坚持从严治党，充分发挥政治优势，保持政治和社会的稳定，实现全市经济持续、稳定、协调发展，把大会确定的目标和任务落到实处。

第十次代表大会

中共萧山市第十次代表大会于1993年3月7～10日在城厢镇召开。应到代表400人，实到383人，列席代表34人。大会听取和审议杨仲彦代表第九届市委委员会所作的题为《加大改革开放力度，加速经济建设发展，进一步加快全市社会主义现代化建设步伐》的工作报告、周来明代表市纪律检查委员会所作的题为《维护党纪、端正党风，保证和促进我市改革和建设事业健康发展》的工作报告，通过九届市委工作报告的决议和市纪委工作报告的决议。选举产生中共萧山市第十届委员会和中共萧山市纪律检查委员会。第十届市委由委员26人、候补委员4人组成，市纪律检查委员会由委员15人组成。大会提出，在今后五年，全市各级党组织和共产党员，要以邓小平建设有中国特色社会主义理论和党的基本路线为指针，认真贯彻落实党的十四大精神，围绕经济建设这个中心，按照建立社会主义市场经济体制的要求，解放思想，深化改革，扩大开放，集中精力发展经济，切实加强党的建设，加强精神文明建设和民主法制建设，力争把萧山建设成为经济比较发达，科技教育水平较高，外向型经济具有相当规模，经济和社会协调发展的新兴城市。

第十一次代表大会

中共萧山市第十一次代表大会于1998年1月9～12日在城厢镇召开。应到代表400人，实到395人，列席代表27人。大会听取和审议吴键代表第十届市委委员会所作的题为《抓住机遇，开拓进取，为加快萧山现代化新兴中等城市建设而努力奋斗》的工作报告、沈奔新代表市纪律检查委员会所作的题为《认真学习贯彻党的十五大精神，进一步推进党风廉政建设和反腐败斗争》的工作报告，通过《关于中共萧山市第十届委员会报告的决议》和《关于中共萧山市纪律检查委员会工作报告的决议》。大会选举产生中共萧山市第十一届委员会委员27人、候补委员4人。选举产生中共萧山市纪律检查委员会委员15人。大会号召全市各级党组织和全体共产党员，高举邓小平理论伟大旗帜，更加紧密地团结在以江泽民为核心的党中央周围，沿着党的十五大指引的方向，加强和改善党的领导，加强党的思想建设，加强领导班子和干部队伍建设，努力造就高素质的干部队伍，加强基层组织建设，增强党的凝聚力、号召力和战斗力，加强党的廉政建设，深入开展反腐败斗争，加强作风建设，切实提高领导水平，团结和带领全市干部群众，抓住机遇，开拓进取，扎实工作，奋力拼搏，为加快萧山现代化新兴中等城市建设而努力奋斗。

党代表会议

1988年8月至1998年9月，市委召开3次代表会议，选举出席上级党代会代表。

1988年8月19日，召开中国共产党萧山市代表会议，出席会议代表205人。会议采用差额选举办法，无记名投票方式选举产生出席中共浙江省第八次代表大会代表5人，出席中共杭州市第六次代表大会代表54人。

1993年8月31日，召开中国共产党萧山市代表会议，到会代表190人。会议议题是选举出席中共杭州市第七次代表大会的代表。会议按照杭州市委要求，通过无记名投票方式，差额选出代表54人。

1998年9月3日，召开中国共产党萧山市代表会议，出席会议代表210人。会议以无记名投票方式，采用候选人数多于应选人数的差额选举办法，选举产生出席中共杭州市第八次代表大会代表53人。

第二节　乡镇党代表大会

1984年5月，政社分设，公社党委相应改为镇乡党委。1990年初，各镇乡分别召开党的代表大会，选举产生新一届党委。1992年5月，全市进行“撤区、扩镇、并乡”，市委重新任命27个镇、4个乡、13个镇辖办事处的党委会委员。1993年2月、1996年1月、1999年1月，各镇乡分别召开党的代表大会，选举产生新一届党委和纪律检查委员会。

第三节　市（县）委全体会议

党的代表大会闭会期间，由大会选举产生的中共萧山市(县)委员会，召开市(县)全体委员会议（简称“市（县）委全会”），选举产生市（县）委常务委员，书记、副书记，通过市（县）纪委常委、书记、副书记选举结果。第七届至第十一届市（县）委共召开全会35次。决策市（县）内重大事宜，领导全市（县）工作。

第七届县委全体会议

1984年6月至1987年3月，第七届县委召开4次全会。1985年10月27～30日，县委七届三次全体（扩大）会议听取和讨论县委常委整党的集体对照检查。1986年9月8～10日，县委七届四次全会讨论县“七五”计划草案，听取县委副书记马友梓《关于“七五”计划建议》的说明。

第八届市(县)委全体会议

1987年3月至1990年3月，第八届市(县)委召开7次全会。1987年3月28日，县委八届一次全会讨论并原则通过《关于进一步端正党风、维护党纪的决议》。是年11月30日至12月4日，县委八届二次全会讨论并原则通过《关于全县经济发展第二步目标、工作方针及1988年经济工作要点的意见》和《中共萧山县委关于在改革中加强党的建设的意见》。1988年8月10～13日，市委八届三次全体（扩大）会议讨论分析钱塘江南岸开发区规划设想，研究萧山经济发展的对策措施。

第九届市委全体会议

1990年3月至1993年3月，第九届市委召开6次全会。1990年3月7～10日，市委九届一次全会通过《中国共产党萧山市第九届委员会工作规则》和《中国共产党萧山市第九届委员会关于加强自身思想作风建设若干规定的决议》。是年8月12～14日，市委九届二次全体（扩大）会议研究、部署杭州钱江外商台商投资区江南区块的建设工作。1991年1月2～5日，市委九届三次全会通过《关于萧山市国民经济和社会发展第八个五年计划的建议》。1992年1月4～7日，召开市委九届四次全体（扩大）会议，总结“八五”第一年的工作，明确1992年工作的目标和重点。是年12月6～8日，九届五次全会遵照邓小平南方谈话精神，提出要进一步解放思想，抓住机遇，发扬艰苦奋斗、改革创新的精神，开创萧山经济和社会发展的新局面。

第十届市委全体会议

1993年3月至1998年1月，第十届市委召开10次全会。1993年3月10日，市委十届一次全会通过《中共萧山市委工作规则》，并对市委的职责权限、组织原则、党内生活和作风建设等作出明确规定。是年12月26日，市委十届二次全体（扩大）会议召开，会议部署全面贯彻党的十四大和十四届三中全会精神，研究确定1994年全市改革开放和经济发展目标及主要任务。全会原则通过《萧山市社会主义精神文明建设规划》。1994年12月26日，召开市委十届三次全体（扩大）会议，总结一年来党的建设和改革、发展、稳定等方面工作，研究确定1995年的发展目标、思路和措施。通过《关于加强党的组织建设的意见》《萧山市社会主义精神文明建设规划（1994～2000年）》《关于加强党的建设，加快经济和社会发展的决议》。1995年12月26～27日，召开市委十届五次全体（扩大）会议，通过《关于制定“九五”计划和2010年远景目标的建议》和《市委关于进一步加强领导干部党风廉政建设的决定》。1996年12月27～28日，市委十届六次全体（扩大）会议审议通过《萧山市（1997～2010年）社会主义精神文明建设纲要（草案）》。1997年7月20日，市委十届八次全体（扩大）会议讨论通过《中共萧山市委关于进一步发扬艰苦奋斗精神，密切联系群众，改进领导作风的若干意见》。

第十一届市委全体会议

1998年1月至2001年3月，第十一届市委召开8次全会。1998年1月12日，市委十一届一次全会通过《中共萧山市委工作规则》和《中共萧山市第十一届委员会关于加强领导班子思想作风建设的决定》。是年12月19～20日，市委十一届四次全体（扩大）会议总结1998年全市两个文明建设情况，明确1999年工作的目标、任务和措施。1999年7月22～23日，市委十一届五次全体（扩大）会议讨论并通过《萧山市基本实现现代化规划纲要》和《关于加快萧山城市化进程的若干意见》。2000年1月17～18日，召开市委十一届六次全体（扩大）会议，传达贯彻中央经济工作会议、省委十届三次全会和杭州市委八届四次全会精神，确定2000年工作目标和任务。2001年1月18日，召开市委十一届八次全体（扩大）会议，部署2001年全市工作目标和任务。

第四节　市（县）委常委会会议

1956年第一届县委常委会至1987年第七届县委常委会，实行常委会议制度，集体决策全县重大事宜。1988年5月12日，第八届市委常委会制定《中共萧山市委常务委员会工作规则》，明确常委会议的职权。规定常委会议贯彻执行党中央、省委和杭州市委的指示，讨论、决定全市经济、社会发展战略和指导方针，部署年度经济、社会发展计划，依法任免、推荐和管理干部，制定党的思想、组织和作风建设的规划、措施以及全市社会主义精神文明建设的方针政策和实施计划。发布涉及全局工作的方针、政策性文件和上报的请示、报告。保证党的路线、方针和国家政令的贯彻实施，对突发事件及时作出处理决策。

第八届市委常委会会议

1987年3月至1990年3月，第八届市委召开常委会议39次，就全市（县）经济建设和社会发展等重大事项作出决定。1988年8月24日，决定在宁围乡进行股份制、租赁、拍卖、风险承包等企业改革试点。10月24日，讨论“治理经济环境，整顿经济秩序，全面深化改革”的措施。12月9日，部署清理固定资产投资在建项目工作，提出控制基建规模。1989年4月7～8日，讨论“工业生产结构调整”问题，提出“集中两力（精力和财力），调整结构；保证重点，择优扶持；加强管理，提高效益；深化改革，共渡难关”的方针和措施。是月29日，会议通报“北京政治风波”情况，确定维护萧山稳定的六条措施。8月7日，讨论廉政建设问题，决定进一步清理整顿公司和党政干部违法违纪违章建私房等事项。10月30日，讨论在全市农村进行党的基本路线教育的初步方案和试点工作。通过《关于进一步完善乡（镇）、村集体企业承包经营责任制的若干规定》(市委〔1989〕33号)。1990年2月13日，研究杭州钱江外商台商投资区江南区块建设的性质、范围、规划和相关政策。

第九届市委常委会会议

1990年3月至1993年3月，第九届市委召开63次常委会议，围绕加快经济建设这个中心，部署各个阶段的奋斗目标和工作思路。1990年6月7～8日，通过《关于积极涵养税源，努力搞活金融，促进经济稳定增长的通知》(市委〔1990〕27号)。6月15日，通过《中共萧山市委贯彻〈中共中央关于加强党同人民群众联系的决定〉的意见》(市委〔1990〕29号)。7月6日，同意《萧山市城市总体规划》和关于市级机关开展党风、廉政建设检查的方案。8月28日，通过《中共萧山市委关于支持和加强工会、共青团、妇联工作的若干意见》(市委〔1990〕37号)和《关于促进边缘山区、围垦地区、革命老区部分集体经济薄弱乡改变面貌的意见》(市委〔1990〕39号)。12月29～30日，通过《萧山市国民经济和社会发展第八个五年计划的建议》，提出统一认识，振奋精神，狠抓当年，为全面完成"八五"任务，提前实现"小康"目标而奋斗。1991年11月27～28日，讨论杭州钱江投资区江南区块加快开发建设的措施。1992年1月29～30日，部署全市农业社会化服务体系、水利建设和农业产业结构调整等工作。3月3日、12日，4月11～12日，3次常委扩大会议学习中共中央《邓小平同志在武昌、深圳、珠海、上海等地的谈话要点》（中发〔1992〕2号），联系萧山实际，讨论进一步解放思想，找出差距，加快改革开放和发展经济的意见。4月25日，研究同意全市"撤区、扩镇、并乡"工作方案。5月28～29日，通过《关于进一步加快改革开放，加速经济发展的意见》(市委〔1992〕36号)、《关于加快发展外向型经济若干问题的暂行规定》(市委〔1992〕39号)和《关于加快杭州钱江投资区江南区块开发建设步伐的若干规定》(市委〔1992〕40号)。11月2日，部署转换企业经营机制，开展股份制试点，完善分配制度等工作。

第十届市委常委会会议

1993年3月至1998年1月，第十届市委召开102次常委会议，在建立社会主义市场经济体制的进程中，作出一系列保持经济和社会协调发展的决策。1993年8月10～11日，讨论全市发展"一优两高"农业、加强社会治安综合治理以及发展教育事业等问题。9月21日，讨论《萧山经济技术开发区条例》等事项。11月25日，讨论搞活全市微、小、亏企业和继续完善股份制企业政策，研究落实镇乡企业责任制以及与经济体制改革相配套的各项措施。1994年5月6日，讨论萧山经济技术开发区招商引资、拆迁、基础设施建设等问题。决定在全市干部职工中开展向"全国十大杰出职工"鲁冠球学习的活动。7月5日，通过《关于加快发展个体、私营经济的补充意见》(市委〔1994〕20号)。10月24日，部署加强干部队伍和基层党组织建设工作，通过《关于严肃干部调配纪律的若干规定》(市委〔1994〕42号)、《关于加强乡镇企业党建工作的意见》(市委〔1994〕40号）和《关于加强私营企业党的建设的工作意见（试行）》(市委〔1994〕41号)，决定建造萧山革命烈士陵园。11月14～15日，研究确定翌年全市经济工作思路和重点。1995年7月17日，通报萧山市原市长莫妙荣重大经济案件情况，传达省委、杭州市委对目前萧山工作的有关指示精神，统一思想认识，做好萧山的稳定工作。11月24日，讨论《关于制定萧山市国民经济和社会发展第九个五年计划和2010年远景目标的建议（初稿）》，并提出修改意见。1996年2月7日，讨论有关工业企业上规模、增效益、建强队和鼓励发展外向型经济等方面的政策，研究关于转变镇乡机关职能、镇乡工作目标责任制考核以及改革住房制度等方面问题，决定设立"经济进位保位奖"。5月2日，部署将西兴、浦沿、长河3镇划入杭州市西湖区管理的有关问题，要求统一思想认识，服从大局，严肃认真做好工作。6月4日，专题研究全市精神文明建设问题。6月28日，研究关于全市农村推行"两田制"（按人口划分口粮田，按劳力承包责任田）政策。8月6日，学习中纪委、监察部关于莫妙荣特大受贿案的通报，要求各级干部认真吸取教训、引以为戒，把反腐败斗争不断引向深入。8月19日，研究进一步加快个体私营工业健康发展的若干政策。12月23日，审议《萧山市（1997～2010）社会主义精神文明建设纲要（草案）》。1997年2月24日，会议要求全市各级党政组织围绕党的十五大召开和香港回归祖国两件大事，做好维护稳定工作。7月7日，讨论并通过有关扶持农业龙头企业和《关于进一步加快农业对外综合开发区建设的若干政策》（市委〔1997〕26号）。9月8日，研究社会保障体制改革问题。

第十一届市委常委会会议

1998年1月至2001年3月，第十一届市委召开66次常委会议，围绕率先实现现代化的目标，以发展为第一要务，制定富民、强市政策。1998年3月16日，讨论有关扶强扶优政策，研究全市干部队伍思想作风建设等问题。通过《关于进一步扶持粮田适度规模经营发展若干意见》（市委办〔1998〕60号）、《关于继续做好经济薄弱村扶持工作的通知》（市委办〔1998〕70号）。5月4日，讨论《关于加快发展萧山文化事业的若干意见》（市委办〔1998〕95号），研究有关商贸企业改革发展的政策。9月10日，讨论全市农业产业化经营发展规划的有关政策。12月24日，讨论全市高新技术产业发展的若干规定以及企业下岗职工基本生活保障和再就业工作意见。1999年4月15日，研究关于城市新区领导体制、开发区建设经营政策及年度建设项目，讨论关于城市管理的领导和体制改革方案，制定关于完善、鼓励、引导个私企业发展和融资等政策，审议《全市信息化发展2002年计划及2010年规划纲要》。6月11日，讨论关于推进产业化经营若干政策和事业单位人事制度改革意见，决定进一步深化办学体制改革，加快教育事业发展。9月9日，学习贯彻中共中央政治局常委、书记处书记胡锦涛，中共浙江省委书记张德江就浙江传化集团建立党委所作的重要指示。9月29日，研究关于在市级领导班子、党员干部中开展“三讲”（讲学习、讲政治、讲正气）教育的实施意见。12月4日，讨论“三讲”教育整改措施，决定进一步加强市委常委会自身建设、加强和改进思想政治工作、落实党风廉政建设责任制，加强和改善对经济工作的领导，研究关于加强非公有制企业党建工作。2000年2月16日，研究“工学江阴、农学南海、城建学中山”活动实施方案。5月12日，研究关于加快南部区域经济发展的意见，部署全市“双思”（致富思源，富而思进）教育工作。8月25日，确定萧山市“双思”、“三学”十大战略工程。11月1日，讨论《中共萧山市委关于制订萧山市国民经济和社会发展第十个五年计划的建议》。2001年2月28日，制定《进一步促进农业增效农民增收的若干政策》（市委〔2001〕11号）。

第五节　书记办公会议

1988年5月，中共萧山市委决定建立市委书记办公会议制度。市委九届一次全会、十届一次全会、十一届一次全会分别通过的《中共萧山市委工作规则》，规定市委书记、副书记以办公会议形式，集体研究和处理市委的日常工作；分析、研究事关全市的方针、政策和全市中心工作的实施情况及问题；检查督促市委常委会议作出决策的执行情况；酝酿市级和市委、市政府所属部门及区、镇乡主要干部人选及其他需要市委常委会讨论和决定的问题；决定召开市委常委会的时间和主要议题。

市委书记办公会议一般一周举行一次，根据工作需要，也可临时决定举行；办公会议由书记主持，也可由书记委托副书记主持。由主持人根据会议内容，确定有关市委常委参加和有关方面负责人列席。至2001年3月，市委继续建立市委书记办公会议制度。

第三章　机　构

萧山建立党组织初期，县委未分届次。[①]自1956年始，中共萧山市（县）级委员会由中共萧山市（县）代表大会选举产生。[②]1985年是中共萧山县第七届委员会任期的第二年。1987年3月、1990年3月、1993年3月、1998年1月，先后召开中共萧山市第八、九、十、十一次代表大会，分别选举产生第八届至第十一届市委委员会。市委委员会第一次全体会议选举产生市委常务委员、书记、副书记，市委设立专职工作机构，但时有变动。1984年政社分设后，镇乡党委组成人员由县委任命。1990～1999年，各镇乡先后召开4次党的代表大会，选举产生党委组成人员。

①1927年3月建立中共萧山地方党支部起至1941年1月，县委不列届次，历任领导人除分别由全县党的代表会议选举产生外，其余均由上级党组织委派。1941年后，未建立党的县级组织。1949年5月至1956年6月全县第一次党代会召开前，县委领导人均由上级任命。（资料来源：萧山县志编纂委员会：《萧山县志》，浙江人民出版社，1987年，第610页）

第一节　市（县）委组成人员

第七届县委组成人员

1984年6月13日，县第七次党代会选举产生第七届县委委员31人，候补委员3人。次日，县委七届一次全会选举产生县委常委会，由费根楠、虞荣仁、金其法、赵永前、马友梓、寿伟勤、孙恪懋、赵翠梅、周土林、章毓水10人组成。

第八届市（县）委组成人员

1987年3月27日，县第八次党代会选举产生第八届县委委员27人，候补委员3人。次日，县委八届一次全会选举产生县委常委会，由虞荣仁、马友梓、赵永前、王良仟、赵翠梅、金胜荣、赵纪来、赵申行8人组成。8月，增补马骏为常委。1988年3月，增补杨仲彦为常委。1989年12月，增补陈福根为常委。1990年2月，增补朱寅传、许迈永为常委。

第九届市委组成人员

1990年3月10日，市第九次党代会选举产生第九届市委委员27人，候补委员3人。是日，市委九届一次全会选举产生市委常委会，由王良仟、杨仲彦、赵永前、马骏、赵纪来、赵申行、陈福根、朱寅传、许迈永、韩柏青10人组成。1991年8月，增补沈奔新为常委。1992年7月，增补周来明为常委。12月，增补魏金海、朱九松为常委。1993年1月，增补施松青为常委。

②1956年6月后，县委委员均由各届党代会选举产生。中共萧山县第一、二届委员会第一书记为牛树桢，第三届书记为孟宪斋、张克明，第四届为张克明，第五届为张克明、王若山、金鸣珠，第六届为金鸣珠、费根楠，第七届为费根楠。（资料来源：萧山县志编纂委员会：《萧山县志》，浙江人民出版社，1987年，第612～613页）

第十届市委组成人员

1993年3月10日，市第十次党代会选举产生第十届市委委员26人，候补委员4人。是日，市委十届一次全会选举产生市委常委会，由杨仲彦、莫妙荣、赵申行、赵纪来、魏金海、许迈永、朱九松、沈奔新、周来明、施松青、董学毛11人组成。12月，十届三次全会同意王玉明、倪荣富、韩建中、吴关根递补为市委委员。1995年2月，增补方岳义为常委。5月，增补王玉明为常委。

7月，增补孙孝明为常委。10月，增补吴键为常委。1996年4月，增补徐国相、朱张松为常委。1997年1月，增补朱关泉为常委。7月，增补童继伟为常委。11月，增补张岐、王珠瑛为常委。

第十一届市委组成人员

1998年1月12日，市第十一次党代会选举产生第十一届市委委员27人，候补委员4人。是日，市委十一届一次全会选举产生市委常委会，由吴键、林振国、赵纪来、沈奔新、徐志宏、王伟民、方岳义、王玉明、朱张松、童继伟、张岐、王珠瑛12人组成（市委常委、副书记朱关泉援疆）。10月，增补史久武为常委。2000年1月，增补俞炳林、周先木、汪柏遂、郁龙旺为常委。2001年1月，增补洪晓明为常委。至2001年3月止，市委常委由史久武、林振国、沈奔新、王伟民、俞炳林、周先木、童继伟、张岐、王珠瑛、汪柏遂、洪晓明11人组成。

表22-3-484　1984～2000年萧山市（县）委书记、副书记

时　间	届别	职务	姓　名	籍　贯	文化程度	任　职　时　间
1984－06～1987－03	第七届县委	书记	费根楠	浙江富阳	高中	1984－06～1985－01
			虞荣仁	浙江萧山	大专	1985－09～1987－03 1984－06～1985－09（副书记）
		副书记	金其法	浙江诸暨	初中	1984－06～1986－04（其中：1985－01～09主持工作）
			赵永前	浙江萧山	大专	1984－06～1987－03
			马友梓	浙江绍兴	大学	1985－09～1987－03
1987－03～1990－03	第八届市（县）委	书记	虞荣仁	浙江萧山	大专	1987－03～1987－06
			王良仟	浙江临安	研究生	1987－06～1990－03 1987－03～1987－06（副书记）
		副书记	马友梓	浙江绍兴	大学	1987－03～1989－12
			赵永前	浙江萧山	大专	1987－03～1990－03
			杨仲彦	浙江诸暨	大学	1989－12～1990－03
			马　骏	浙江杭州	大专	1990－02～1990－03
1990－03～1993－03	第九届市委	书记	王良仟	浙江临安	研究生	1990－03～1992－08
			杨仲彦	浙江诸暨	大学	1992－08～1993－03
		副书记	杨仲彦	浙江诸暨	大学	1990－03～1992－08
			赵永前	浙江萧山	大专	1990－03～1993－03
			马　骏	浙江杭州	大专	1990－03～1991－08
			赵申行	浙江诸暨	大专	1991－08～1993－03
			莫妙荣	浙江萧山	初中	1992－11～1993－03
1993－03～1998－01	第十届市委	书记	杨仲彦	浙江诸暨	大学	1993－03～1995－10
			吴　键	浙江湖州	大学	1995－10～1998－01
		副书记	莫妙荣	浙江萧山	初中	1993－03～1995－06
			赵申行	浙江诸暨	大专	1993－03～1997－07
			赵纪来	浙江萧山	大专	1993－03～1998－01
			周来明	浙江萧山	大专	1994－09～1996－03
			林振国	福建福州	大学	1995－07～1998－01
			朱关泉	浙江萧山	大专	1997－01～1998－01（援疆）
			沈奔新	浙江上虞	大专	1997－07～1998－01
			徐志宏	浙江宁波	大学	1997－07～1998－01
			王伟民	浙江萧山	中专	1997－11～1998－01

续 表

时　间	届别	职务	姓　名	籍　贯	文化程度	任　职　时　间
1998－01 ～ 2003－01	第十一届市（区）委	书记	吴　键	浙江湖州	大学	1998－01～1998－10
			史久武	浙江杭州	大学	1998－10～2001－04
		副书记	林振国	福建福州	大学	1998－01～2002－03
			赵纪来	浙江萧山	大专	1998－01～1999－04
			沈奔新	浙江上虞	大专	1998－01～2001－03
			徐志宏	浙江宁波	大学	1998－01～1999－07
			王伟民	浙江萧山	中专	1998－01～2003－01
			朱关泉	浙江萧山	大专	1998－01～2000－01（援疆）
			俞炳林	浙江萧山	大学	2000－01～2001－09
			周先木	浙江临安	大学	2000－01～2003－01

注：①资料来源：中共浙江省萧山市委组织部、中共萧山市委党史资料征集研究委员会、浙江省萧山市档案馆：《中国共产党浙江省萧山市组织史资料（1921－07～1987－12）》；中共浙江省萧山市委组织部：《中国共产党浙江省萧山市组织史资料（1988－01～1993－12）》；中共杭州市萧山区委组织部、中共杭州市萧山区委党史研究室：《中国共产党浙江省萧山市组织史资料（1994－01－1998－12）》；中共杭州市萧山区委组织部、中共杭州市萧山区委党史研究室：《中国共产党浙江省杭州市萧山区组织史资料（1999－01～2007－06）》。

②第十一届市（区）委组成人员还有：王建满，2001－04～2003－01任书记；陈如昉，2002－03～2003－01任副书记；李钜华，2002－12～2003－01任副书记；谭勤奋、俞樟春，2001－11～2003－01任常委；陈晨，2002－12～2003－01任常委。

表22－3－485　1984～2000年萧山市(县)纪律检查委员会书记、副书记

届　别	职　务	姓　名	任职时间
中共萧山县纪律检查委员会 1984年6月至1987年3月	书记	赵翠梅(女)	1984－06～1987－03
	副书记	祝彬桂	1984－06～1987－03
		徐树根	1984－06～1987－03
中共萧山市(县)纪律检查委员会 1987年3月至1990年3月	书记	赵翠梅(女)	1987－03～1989－08
		陈福根	1989－12～1990－03
	副书记	徐树根	1987－03～1988－11
		周来明	1987－03～1990－03
		卢伟康	1990－02～1990－03
中共萧山市纪律检查委员会 1990年3月至1993年3月	书记	陈福根	1990－03～1992－07
		周来明	1992－07～1993－03
	副书记	周来明	1990－03～1992－07
		卢伟康	1990－03～1993－03
		杜天林	1991－11～1993－03
中共萧山市纪律检查委员会 1993年3月至1998年1月	书记	周来明	1993－03～1996－03
		沈奔新	1996－04～1998－01
	副书记	卢伟康	1993－03～1998－01
		杜天林	1993－03～1997－08
		陈秀卿(女)	1993－03～1995－09
		柴水兴	1996－03～1998－01
中共萧山市纪律检查委员会 1998年1月始	书记	沈奔新	1998－01～2001－03
		周先木	2001－03～2003－01

续 表

届 别	职 务	姓 名	任职时间
中共萧山市纪律检查委员会 1998年1月始	副书记	卢伟康	1998-01～2000-07
		柴水兴	1998-01～2001-11
		洪秀兰(女)	1998-04～2001-11
		周先木	2000-01～2001-03

注：①资料来源：中共浙江省萧山市委组织部、中共萧山市委党史资料征集研究委员会、浙江省萧山市档案馆：《中国共产党浙江省萧山市组织史资料（1921-07～1987-12）》；中共浙江省萧山市委组织部：《中国共产党浙江省萧山市组织史资料（1988-01～1993-12）》；中共杭州市萧山区委组织部、中共杭州市萧山区委党史研究室：《中国共产党浙江省萧山市组织史资料（1994-01～1998-12）》；中共杭州市萧山区委组织部、中共杭州市萧山区委党史研究室：《中国共产党浙江省杭州市萧山区组织史资料（1999-01～2007-06）》。

②第十一届市（区）纪律检查委员会组成人员还有：俞柏祥，2001年11月至2002年12月任副书记；沃岳兴，2001年11月至2003年1月任副书记。

第二节 镇乡党委组成人员

1984年，政社分设后乡镇党委由5～6人组成，其中，书记1人，副书记1～2人。1990年换届选举，各镇乡党委由5～7人组成，其中，书记1人，副书记1～2人。1992年“撤区、扩镇、并乡”后，历届各镇乡党委一般由11～12人组成，其中，书记1人，副书记2人。

第三节 机构设置

1949年后，县委始设专职工作机构，但时有变动。[①]1985年，县委下设办公室、组织部、宣传部、统战部、农村工作部、人民武装委员会、政法委员会、整党办公室、老干部局、党校、党史办公室、对台工作小组等工作机构。1986年1月，撤销农村工作部，由县人民政府建立农业工作委员会。是年，党史办公室更名为党史资料征集研究委员会，增设保密委员会。1987年8月，撤销县委整党办公室。1988年6月，政法委员会更名为政法协调小组。1989年2月，设立市委政策研究室。是年，政法协调小组复名为政法领导小组，增设老龄工作委员会。1990年6月，政法领导小组更名为政法委员会；11月，设立市档案局。是年，增设市委信访办公室。1991年10月，《萧山日报》由市委主办，报社列入市委工作机构。1993年2月，党史资料征集研究委员会更名为党史研究室。1994年5月，设立市保密局，与市保密委员会办公室合署办公。1996年11月，市委直属机关工作委员会列入市委工作机构。1997年1月，信访办与市政府信访办合并称市委、市政府信访局。是年，增设市委农村工作办公室、市社会治安综合治理委员会办公室。1998年7月，对台工作单设市委台湾工作办公室。至2000年底，市委下设办公室、组织部、宣传部、统战部、政策研究室、政法委员会、人民武装委员会、直属机关工作委员会、保密局、党校、党史研究室、老龄工作委员会办公室、老干部局、信访局、台湾工作办公室、农村工作办公室、社会治安综合治理委员会办公室、萧山日报社、档案局等19个工作机构。

①1949年后，几个主要年份的县委工作机构设置：1949年，秘书处、组织部、宣传部、民运部。1952年，秘书处、组织部、宣传部、统战部、纪检委、城市工作委员会、干部学校。1953年，秘书室、组织部、宣传部、统战部、纪检委、供销手工业部、农业生产互助合作部、财贸部、城市工作部、干部学校。1954年，秘书室、组织部、宣传部、统战部、纪检委、工业手工业部、农业生产互助合作部、财贸部、文教部、干部学校。1956～1958年，单独设置中国共产党萧山县监察委员会，不列入县委工作部门。1959年，办公室、组织部、宣传部、统战部、监委、工业交通部、农村工作部、财贸部、政治研究室、干部学校。1963年，办公室、组织部、宣传部、统战部、监委、城镇工作部、农村工作部、调查研究室、党校。1966年，办公室、组织部、宣传部、监委、城镇工作部、党校。1968年3月至1970年9月县委为革命委员会取代。1970年9月县委虽已恢复，但无工作机构。1972年，办公室。1977年，办公室、组织部、宣传部、党校。1979年，办公室、组织部、宣传部、统战部、纪检委、党校。1983年，办公室、组织部、宣传部、统战部、政法委员会、党校。是年8月起，单独设置中国共产党萧山县纪律检查委员会，不列入县委工作部门。1984年，办公室、组织部、宣传部、统战部、政法委员会、老干部局、农村工作部、党校。（资料来源：萧山县志编纂委员会：《萧山县志》，浙江人民出版社，1987年，第616页）

第四章　重大决策

市委坚持以经济建设为中心，在由计划经济向社会主义市场经济转轨中出现的新情况、新问题、新矛盾中寻找突破口，按照科学、民主的决策程序，在政治、经济、社会、文化、人民生活和精神文明建设等方面，作出一系列重大决策，并制定与之相适应、相配套的有关措施，确保重大决策的顺利实施，加快萧山经济建设和社会事业发展。

第一节　社会稳定

支持改革创业

1986年7月24～27日，县委召开“县重点骨干企业建设研讨会”，提出“坚持改革，坚决支持保护改革创业者”。8月22日，县委作出《关于支持保护改革创业者若干问题的决定》（县委〔1986〕42号）。支持大胆改革、专心创业，宣传改革者的业绩，在全社会倡导尊重支持改革创业者的风气，正确对待改革创业者的失误或错误，保护改革创业者的正当权益，关心他们的工作和生活，领导机关要为改革创业者提供优良服务，教育帮助改革创业者加强学习，不断完善自己。

制定精神文明建设纲要

1994年，市委印发《萧山市社会主义精神文明建设规划（1994～2000年）》（市委〔1994〕11号）。全市社会主义精神文明建设的奋斗目标是：适应发展社会主义市场经济和促进社会全面进步的需要，努力提高全市人民的思想道德素质和科学文化素质，培育有理想、有道德、有文化、有纪律的社会主义公民，提高城乡精神文明建设的整体水平，争取把萧山建设成为经济发达、社会安定、道德风尚良好、文教科技水平较高、基础设施完善、环境整洁优美的中等文明城市。1996年12月28日，市委十届六次全会扩大会议通过《萧山市（1997～2010年）社会主义精神文明建设纲要》。提出用建设有中国特色社会主义理论武装全党，教育干部和群众；深入开展爱国主义教育；进行新时期创业精神教育，激励全市人民为振兴萧山建功立业；运用各种有效载体和形式，促进思想理论建设更富有成效；加强社会主义道德建设和社会公德教育；加强社会主义法制建设，实行依法治市；加强社会治安综合治理，努力营造稳定的社会环境；加强城市规划、建设和管理，加快新型城镇建设步伐；繁荣文学艺术，大力发展社会文化事业，有计划、有步骤地建设一批新的文化艺术设施；深化教育改革，逐步建立起适应现代化中等城市的教育体系；实施“科教兴市”战略，加速发展科技事业；发展医疗卫生保健事业；搞好计划生育，控

图22－4－760　1999年4月1～9日是全国第四个交通安全宣传周。4月1日，市公安局交警大队在城东中心学校组织该校师生“向不文明交通行为告别”签名仪式，师生积极响应（高宾琪摄）

制人口增长；贯彻实施《中华人民共和国体育法》，振兴萧山体育；发展新闻事业，正确把握舆论导向；以创建文明城市为龙头，继续开展文明城镇竞赛达标活动；深入开展创建文明单位活动，营造社会新风尚；深入开展拥军优属、拥政爱民和军警民共建活动，争创全国“双拥模范市”。

加强非公有制企业党的组织建设

1999年9月，市委决定进一步加强私营企业党建工作。2000年，市委办公室、市政府办公室印发《关于加强非公有制企业党建工作的意见》（市委办〔2000〕30号），制订《萧山市非公有制企业党建工作三年规划（2000～2002年）》（市委办〔2000〕101号）。明确非公有制企业党组织的地位、作用和任务。凡符合条件的企业都要建立党组织，所有企业都要建立工会组织，符合条件的企业都要建立共青团组织，并能积极开展活动，充分发挥作用。经过两年的努力，做到50人以上职工的企业有党员，100人以上职工的企业80%建立党组织。做到非公有制企业发展到哪里，党的工作就开展到哪里。市委建立非公有制企业党建工作联席会议制度，建立和健全非公有制企业党建工作责任制。

第二节　经济发展

围垦滩涂5万亩

1986年7月17日，县委在钱塘江滩涂现场统一“今冬新围滩涂5万亩的规划设想”。是月24日，由县政府上报省政府要求批准该项工程并列入计划。经过水利部门的实地勘测和科学论证，决定在围垦地区外十工段至十七工段新围5万亩滩涂。一期工程于是年11月23日开工，义蓬、瓜沥、城北、城南4个区的43个乡镇出工15.4万人，至29日完成新围毛地4.4万亩。第二期为1987年1月6～11日，出工8.13万人，围得毛地0.8万亩。

确立经济发展第二步目标

1987年12月3日，中共萧山县八届二次全体会议通过《关于全县经济发展第二步目标和工作方针及1988年经济工作要点的意见》。萧山经济发展第二步战略目标分3期。近期目标：到1990年，全县工农业总产值达到65亿元,国民生产总值达到30亿元，人均2400元。中期目标：到“八五”计划的中后期（即1993年或1994年），全县工农业总产值达到75亿元，国民生产总值达到35亿元，人均3000元，人民生活达到“小康”水平。远期目标：到2000年，全县工农业总产值和国内生产总值在1986年31.81亿元和17.50亿元的基础上“翻两番”，人均国内生产总值5500元以上，人民生活向“富裕”目标迈进。

创建萧山经济技术开发区

1988年8月，市委八届三次全会提出钱塘江南岸建设开发区规划设想。1990年8月，市委九届二次全会部署钱江投资区江南区块的建设工作。1991年3月，市委作出《关于杭州钱江外商台商投资区江南区块开发建设工作若干问题的通知》（市委〔1991〕13号）。对投资区江南区块的领导管理体制、投资区江南管委会的职权、机构设置、干部及企业管理权限、财政经费安排等作出七项决定。1992年5月，市委又作出《关于加快杭州钱江投资区江南区块开发建设步伐的若干规定》（市委〔1992〕40号）。鼓励外国和台湾、香港、澳门地区以及国内的企事业单位，其他经济组织或个人在投资区兴办产品出口企业、先进技术企业、科研机构，兴建基础设施以及为投资区建设配套服务的非生产性项目。采用中外合资、中外合作、外商独资、国内企业和其他经济组织独立或联合经营以及国家法律、法规允许的其他经营方式。凡国家、省、杭州市和萧山制定的关于外商在沿海经济开放地区投资的优惠政策和引进外资的各项奖励政策，投资区内均适用等。1993年4月14日，省政府向国务院提出《关于要求批准建立萧山经济技术开发区的请示》（浙政发〔1993〕87号）。5月12日，国务院批复：同意设立萧山经济技术开发区，开发区面积为9.2平方千米。萧山经济技术开发区管理委员会按照国务院“统筹规划、分期实施、稳步发展”的方针，首期开发3平方千米。1994年4月28日，省八届人大常委会第十次会议通过《萧山经济技术开发区条例》。

加快改革开放与经济建设

1992年5月，市委、市政府作出《关于进一步加快改革开放、加速经济发展的意见》（市委〔1992〕36号）。提出增强工业发展后劲，力争当年及后几年全市工业每年投入10亿元以上；积极建设工业小区，尽快形成区域规模经济；加强重点企业建设，大力推进企业兼并联合，发展企业集团；加快改革试点步伐，更有效地把企业推向市场。稳定联产承包责任制，完善双层经营体制，强化服务功能；加强农业基础建设，提高农产品商品率和附加值；调整农业产业结构，大力发展高产优质低耗高效农业。加快投资区建设和兴办“三资”企业，在税收、场地、水电供给等方面给予优先照顾和安排；大力发展出口创汇，支持企业自营出口；扩大对外劳务合作，拓宽对外劳务市场；积极组织招商活动。加快电力、交通、通信、供水、排污等基础设施建设步伐。大力引进科技人才，发挥现有科技人员作用；加快科技成果转化；健全考核制度，强化竞争机制；完善科研激励机制，对有突出贡献的科技人员实行重奖。大力培育市场；积极发展第三产业；切实搞好国营商业小企业、饮食服务业的改、转、租、包、卖等项改革。围绕经济发展抓财政，拓宽理财思路，增加资金总量，努力盘活资金存量；积极发展金融市场，完善金融机构。改革劳动力计划管理体制，完善招工办法；加紧企业工资制度改革；积极引进保险机制。转换计划管理职能，改进计划管理办法；政府部门要下决心消除不必要的干预，由直接管理向间接管理转变。加强精神文明建设；造就加快改革开放的良好社会环境。

实施科技兴市战略

1992年6月，市委提出实施“科技兴市”战略。18日，制定《关于引进人才、开发人才，奖励有突出贡献的科技人员的暂行规定》（市委〔1992〕44号）。对急需引进来市工作的科技人员，市里及用人单位给予优惠待遇和奖励。1994年12月26日，市委十届三次全会作出关于“实施强市战略”的部署。1995年3月17日，市委、市政府制定《关于实施强队工程的若干意见（试行）》（市委〔1995〕15号），提出到1997年，全市将建成10个强镇（乡、场）、50个强村、100个强企业，形成坚固的强市基础。

发展第三产业

1992年9月25日，市委、市政府作出《关于加快发展第三产业的决定》（市委〔1992〕52号）。提出力争用十年左右的时间，逐步建立起符合萧山实际的社会主义市场体系、城乡社会化综合服务体系和社会保障体系。第一步到“八五”期末，第三产业增加值达到17.6亿元，占国民生产总值23.89%，实现产业比重位次由“二、一、三”向“二、三、一”格局的转变；第二步到“九五”期末，确保第三产业占国民生产总值40%，力争达到45%。

确定经济社会发展远景目标

1995年12月27日，市委十届五次全会通过《萧山国民经济和社会发展九五计划和2010年远景目标》（市委〔1996〕1号）。提出经过15年的努力，全市经济和社会发展的主要指标达到中等发达国家水平，在全省率先实现基本现代化。国内生产总值在1995年的基础上翻三番，年均递增16.7%；人均国内生产总值年均递增15.7%。三次产业增加值的比例达到7.3：50.4：42.3，非农产业劳动力比重达到75%以上。预算内地方财政收入年均递增8%。全社会外贸出口交货值年均递增22%。社会消费品零售总额年均递增16%。城市化水平达到50%以上，城区建成面积达到70平方千米，人口达到50万。科技进步对经济增长的贡献率达到55%以上，每万人拥有各类专业技术人员350人以上。普及高中教育，劳动者平均受教育年限达到10年以上。人均预期寿命达到76岁，自然增长率在6‰以下。城镇居民人均收入年均递增15%，农村居民人均纯收入年均递增18%以上，恩格尔系数降到0.35以下。

完善农业生产责任制

1996年7月，市委、市政府制定《关于完善农业大田生产责任制若干政策的规定》（市委〔1996〕75号）。对全市28个镇乡所辖的730个村的农业大田进行“以人包人口田，按劳按能招标承包责任田”（简称两田制，下同）为主的多种土地承包责任制调整完善工作。坚持“稳制活田”、“三权分离”（土地所有权、承包权、使用权）、“依法有偿”和适度规模的原则。依据法律法规，由村经济合作社统一发包和管理土地；按土地级差、国家任务、种植结构等因素，合理确定人口田、责任田的面积；按在册农业人口承包人口田，最高人均不得超过4分；按能按劳招标承包责任田，确定规模上限和下限；从紧留起村镇建设规划用地，一般不得超过全村耕地面积的3%～5%；承包期限全市统一，人口田一律为10年，责任田一律为5年。

鼓励个体私营工业发展

1996年8月，市委、市政府印发《关于进一步加快个体、私营工业健康发展的若干意见》（市委〔1996〕78号）。提出组建私营工业企业强队，鼓励个私工业企业争强争先。对进入市百强企业的，享受百强企业各项优惠政策。支持有条件的镇乡成片开发个体私营工业小区，所需用地，计委、城建、土管等部门要简化手续，及时审批。完善税费征管、信贷投向、技改投入等各项政策。规范统计、收费等行为，保护个私工业企业的合法权益，坚决制止乱收费、乱摊派、乱罚款。

完善二轮土地承包责任制

1999年5月，市委办公室作出《关于延长土地承包期，核发土地承包权证，进一步完善第二轮土地承包责任制的实施意见》（市委办〔1999〕73号）。规定第二轮土地承包期限全市统一为30年，以1996年下半年第二轮土地承包责任制确定的时间开始，至2026年止。坚持家庭承包为主的责任制长期不变的政策；坚持“三权分离”和“依法、有偿、自愿”的原则；坚持原有土地承包格局不变再延长30年；坚持适度规模经营不变。重点抓农户承包权的核定和发放土地承包权证的工作，完善承包合同手续和承包合同档案管理。

图22—4—761　1999年，萧山市政府将第二轮土地承包权证发放到承包户手中（萧山区农业和农村工作办公室提供）

第三节　社会事业

争取机场选址萧山

1992年5月，市委、市政府向省政府提出要求杭州民用机场定址萧山。1995年9月29日，国务院、中央军委（国函〔1995〕91号文）批准杭州萧山民用机场立项。1996年，市委部署“确保杭州萧山机场征迁工作按时完成，土地顺利移交”工作。是年10月，市委、市政府成立机场建设征迁指挥部，组成工作队分赴涉及机场场区的瓜沥、坎山、靖江3镇，确保在1997年7月底前完成征迁任务，土地按时移交。

建设湘湖旅游度假区

1993年2月26日，中共萧山市九届六次全体（扩大）会议决定“开发湘湖旅游资源，建设湘湖风景旅游区”。成立湘湖风景旅游开发办公室。撤销原湘湖村建制，设立湘湖居民委员会；将湘湖村在册农业人口1972人均转为非农户口；由市土地管理局依法将原属湘湖村的土地，包括杂地、山地、水面等全部收归国有；编制《萧山湘湖风景旅游区总体规划》，并纳入萧山城市建设总体规划。1995年9月12日，省政府（浙政发〔1995〕165号）批复同意建立湘湖旅游度假区。

加快城市化进程

1999年7月23日，中共萧山市十一届五次全体（扩大）会议通过《萧山市基本实现现代化规划纲要（1999～2005年）》（市委〔1999〕31号）和《关于加快萧山城市化进程的若干意见》（市委〔1999〕32号）。提出到2005年，全市人均国内生产总值达到29000元，第一产业增加值比重下降到7%以下，第三产业增加值比重提高到38%以上，农产品商品率80%，非农从业人员占全社会从业人员比重70%以上，城市化水平50%，高中段教育普及率85%以上，大学生入学率15%以上，公共教育经费占GDP的比重达4%，科研发展经费占GDP的比重达1%，城镇居民人均可支配收入12000元，农村居民人均纯收入7800元，环境质量综合达标率80%，城市绿地覆盖率35%以上，人口平均预期寿命75岁，每千人拥有医生数2人，电话普及率40%以上，恩格尔系数0.4以下，人口自然增长率5‰以内，社会保障覆盖率90%以上。全市实现高水平的城市化率，主城区人口规模达到35万人，建成区面积达到35平方千米，初步形成以临浦、瓜沥、义盛三个具有一定辐射效应的副城区；高素质的经济实力；高效率的城市功能；高质量的生活环境；高水准的精神文明。

推进养老保险全覆盖

2000年5月30日，市委、市政府发出《关于贯彻〈浙江省职工基本养老保险条例〉的实施意见》（市委〔2000〕29号），要求各镇乡范围内的各类企业及其职工，都必须依法参加社会养老保险，并按规定缴纳养老保险费。通过扩面，逐步建立一个适应社会主义市场经济要求、参保全方位、制度一体化、管理社会化的社会养老保险体系。成立由市委、市人大、市政府、市政协四套班子主要领导和21个部委办局负责人组成的社会养老保险扩面工作督查领导小组，切实加强对扩面工作的领导，把扩面工作列入党委、政府工作议事日程，把扩面任务完成情况列入年终综合考核内容；统一思想认识，做好舆论宣传，力求家喻户晓、深入人心；充分运用法律和行政综合措施，严格依法办事，对拒不参保和缴费的企业，按照国务院《社会保险费征缴暂行条例》和《浙江省职工基本养老保险条例》的规定，由有关单位申请人民法院强制执行。当年乡镇企业参加社会养老保险试点工作初见成效，有1785家企业的26771名职工纳入社会养老保险。至年底，全市参加社会养老保险企业增至2988家，比上年增加1899家，参保人员增至129448人，比上年增加39999人。

图22－4－762　1999年，萧山市社会保险管理局工作人员接待自由职业人员办理社会养老保险手续（柳田兴摄）

第五章　思想建设

市委围绕政治文明、物质文明、精神文明这一主题，组织党员干部和群众学习建设有中国特色的社会主义理论和“三个代表”重要思想，加强社会主义精神文明建设，增强全民的社会公德、职业道德和家庭美德意识。弘扬“奔竞不息、勇立潮头”的萧山精神，为经济、社会发展提供不竭的动力。注重对外宣传，提高萧山的知名度和影响力，营造良好的社会环境和投资环境。

第一节　理论学习

理论学习中心组

1987年，县委建立理论学习中心组。学习贯彻党的十三大、十四大会议精神；学习《邓小平论社会主义精神文明建设》《邓小平经济理论纲要》和“三个代表”（代表中国先进生产力的发展要求、代表中国先进文化的前进方向、代表中国最广大人民的根本利益）重要思想；学习中共中央《关于加强同人民群众联系的决定》《关于当前农业和农村工作若干重大问题的决定》等重要文件，统一思想认识，调动各方面的积极因素，加快萧山经济和社会发展步伐。1997年，市委理论学习中心组组织学习18次。至2000年，市委理论学习中心组继续执行经常性的理论学习制度。12月17日，市委理论学习中心组举行专题讲座，特邀省委党校统战理论教研室副教授董明讲授《新时期党的统战理论和实践》。

党员、干部理论学习

党员理论学习　1985年5月，结合整党，对全县党员进行理想、宗旨和纪律教育，把实现共产主义远大理想同搞好本职工作结合起来。1989年，在240个集体经济薄弱村中，开展“共产党员在改革开放中如何发挥先锋模范作用”的讨论，鼓励有从事商品经济能力的党员挑起担子，为发展村级经济出力。

1993年，全市44所基层党校举办各类培训班255期，受训党员30239人次。是年，各基层党组织采用“流动党课”的形式，对外出党员进行巡回教育，加强外出党员教育管理。1995年，在全市党员中开展“学习党章，坚持新时期共产党员标准”的讨论活动。上好党的理想信念、党的宗旨和党员权利义务三堂课，宣传优秀党员事迹。是年6月，市电化教育中心创办的《党建园地》专栏节目在萧山电视台开播，成为党员电教拓展外延的窗口。

1997年9～10月，在全市农村开展党的基本路线教育，着重对794个村的党组织成员进行思想教育。1999年，贯彻《中共中央关于共产党员不准修炼“法轮大法”的通知》精神，在全市党员中集中开展马克思主义唯物论和无神论的教育，坚定共产主义理想信念。2000年，针对村干部文化程度偏低的状况，市委组织部联合市教育委员会、农村经济委员会等单位，组织开办22个村干部高中学历培训班，1136名村干部参加了高中学历培训。

干部理论学习　自1986年6月县委宣传部举办由县级机关各部、委、办、局、社、行、公司党委（党组）成员和区、镇、乡宣传委员参加的读书班始，市纪委、组织部、宣传部、党校等先后联合举办各级干部培训班、讲习班，提高党员干部的政治理论水平。

第二节　社会宣传

理想道德教育

1985年，在全县开展理想、道德、纪律教育。举行英雄事迹报告会，开展学习傅永先烈士活动；举办理想、纪律电影周，组织收看《心底无私天地宽》电视演讲录像，全县收看人数达35万人次。

1987年，县级机关开展职业道德教育活动，70个机关单位制订干部职业道德规范。1994年，市委先后发出向鲁冠球、刘玲英学习的决定，号召全市党员干部和人民群众向英雄模范人物学习。1998年3月起，全市开展以"三讲三树"（讲社会公德，树爱护公共财物、维护公共秩序、热心公益事业之风；讲职业道德，树诚实敬业、诚信无欺、诚恳服务之风；讲家庭美德，树夫妻互敬、老少互爱、邻里互助之风）为主要内容，以"讲道德，献爱心，争做文明人"为载体的社会主义道德建设年活动，增强广大市民的道德责任和道德意识，提高遵守和维护社会主义道德的自觉性。全市开展"工学江阴、农学南海、城建学中山"活动，要求广大党员干部跳出萧山看萧山，跳出浙江看萧山，发扬勇于拼搏、再创新业的精神，掀起"比、学、赶、超"竞赛热潮，加快萧山率先实现现代化的步伐。

图22－5－763　中共党员、政协委员、个体劳动者俞文雅15年如一日，免费为过往行人和消费者供应茶水，深得广大群众的传颂（1997年9月18日，章勇诚摄）

1999年，全市开展洁美家园建设宣传活动，组织党员干部、共青团员、中小学生组成各种志愿服务队、青年突击队，分赴公共场所开展打扫卫生、美化环境等义务劳动。

2000年，开展"师德建设年"和"医德建设年"活动，加强社会公德、职业道德教育，开展以"人类灵魂工程师"和"生命的天使"为主题的教师、医务人员形象大讨论活动，树立良好的师德师风和医德医风，引导和带动社会风气的好转。

改革形势教育

1988年，市委宣传部发出《关于开展十年改革形势宣传教育意见》，编印《认清形势，同心同德，共渡改革难关》《经济改革的形势、难点和趋势》《当前经济形势和任务的宣传提纲》等宣传资料，运用电视、广播、报刊、黑板报、宣传窗等宣传工具，采取座谈、参观、竞赛、播放录像、征文等形式，开展10年改革形势宣传教育。1991年，全市在企业中开展基本国情、基本路线的"双基"教育，在农村开展以坚持走有中国特色的社会主义道路、建设社会主义新农村，建设社会主义精神文明等方面内容的社会主义思想教育活动。

1992年始，市委宣传部先后召开思想政治工作经验交流座谈会和宣传思想工作会议，宣传经济政策和经济建设中的先进典型经验，为经济建设鼓劲。1999年9月，市委宣传部、党校联合举办以党的十一届三中全会以来的路线、方针、政策和邓小平理论为基本内容的知识竞赛，1万余名党员干部参加活动，宣传萧山改革开放20周年所取得的巨大成就。10月，市委宣传部、市文联组织反映各镇乡、各系统20年巨变的图板比赛和巡回展览。12月11日，在市体育馆举行纪念改革开放20周年大型文艺晚会。

爱国爱乡教育

1994年8月，在全市学习、宣传、贯彻《爱国主义教育实施纲要》，组织“江南明珠——萧山”摄影比赛，“萧山新貌”书画比赛，“萧山巨变”展览，编写出版《可爱的杭州——萧山卷》。在中小学校开展“爱我中华，爱我家乡”读书活动，组织师生观看百部爱国主义教育影视片，全市14万名中、小学生受到爱国主义教育。10月，市委宣传部等7家单位联合发起为建造萧山革命烈士陵园募捐活动，共募集资金200余万元，成为全市一次声势较大的群众性自我教育活动。

1995年2月，市委宣传部组织《邓小平》大型图片展。4月，组织宣传“学英模、创新业”英模事迹巡回报告活动，在市级机关和镇乡（办事处）、农场作演讲报告38场，参加听讲2万余人。是月，市委办、市政府办联合发出关于建立首批爱国主义教育基地的通知，命名衙前农民运动协会旧址及李成虎墓、葛云飞故里表及墓、汤寿潜纪念碑、钟阿马烈士墓、傅永先烈士纪念碑等5处为萧山市爱国主义教育基地。8月，纪念抗战胜利50周年，市党史研究室编辑《抗日战争在萧山》一书。

1996年，开展评选“八五”时期萧山市经济建设十大成就、精神文明建设十大成就和10名新闻人物。7月1日，在建党75周年之际，组织新党员在萧山革命烈士陵园纪念碑前进行入党宣誓仪式。10月，全市开展纪念红军长征胜利60周年宣传教育活动，举行大型文艺晚会和“沿着红军足迹新长征”纪念长跑。

第三节　对外宣传

外宣组织

1993年9月，市委成立萧山市对外宣传工作领导小组，办公室设在市委宣传部，并增设对外宣传科，负责对外宣传的日常工作。翌年，市对外宣传工作领导小组办公室、人民政府新闻办公室与对外宣传科合署办公。1994年，先后制定《对外宣传工作意见》《重大突发性事件处理意见》《港、澳、台记者来访管理意见》，使对外宣传工作走上制度化、规范化轨道。

外宣活动

1993年10月，接待全省部分地市外宣办主任座谈会成员和法国电视二台、日本福井和NHK电视台记者，参观、采访红山农场、瓜沥镇航民村和浙江万向集团公司。1994年8～9月，在浙江人民广播电台《名城新镇》节目中，专门介绍萧山全市概貌、工业、农业、科教文卫、精神文明建设、萧山经济技术开发区以及宁围镇、浦沿镇、瓜沥镇、南阳镇的情况。10月中旬，在《北京周报》和上海《文汇报》开辟专版，用图片和文字介绍萧山经济技术开发区、乡镇企业和旅游资源情况。是年，编印《中国萧山》画册和《起飞中的萧山》《领头雁》等对外宣传品。接待美国《侨报》专版、香港《大公报》专版、日本NHK电视台和福井电视台来萧采访、拍摄专题片。中央电视台中国城市发展研究会《走遍中国》专题组3次到萧采访。做好’94萧山国际观潮节、国际摔跤邀请赛、杭州萧山机场建设的对外宣传工作。1995年5月，由中央电视台、中国小城市发展委员会联合摄制的《走遍中国》电视系列片之一——《蓝色的萧山》在中央电视台一套、二套节目中播出。6月，由省政府新闻办公室、香港《文汇报》联合举办的“中国百强县（市）系列宣传活动”的记者，赴万向集团作专题采访。

1996年6月，配合市招商团的活动，在香港《文汇报》、法国《欧洲时报》分别刊登专版，介绍萧山经济和文化发展情况。8月，在《中国日报》刊登萧山经济和文化旅游专版。9月，市第九届工业产品展销会前夕，在《经济日报》《浙江日报》和浙江电视台介绍萧山经济社会发展成就；在香港《大公报》刊登介绍萧山经济和潮文化的专版；制作宣传画册1万份、折页5000份、《萧山市商务交通图》5万份，分送给与会人员。是年，在中央、省、杭州市电视台先后播出《变化的中国——来自萧山的报道》专题片，介绍萧山现代农业开发区的建设情况。中央电视台在《社会写真》栏目中播出《毕业以后》专题片。全年在中央、省、杭州市级新闻媒体刊登（播出）新闻稿件2000余篇（条）。

1998年12月，在杭州电视台《空中新干线》栏目直播萧山纪念改革开放20周年大型文艺晚会；发行反映萧山市工业、农业、城市建设、商业、外贸、科教文卫事业等方面巨大变化的彩色图片2000套。翌年，市外宣办和萧山电视台联合拍摄《邵家故事》，先后在海外6家电视台播出。

第四节　精神文明创建

萧山精神文明建设创建活动始于1984年，主要形式为创建文明单位、文明村。是年，有24家单位（村、居委会）被评为首批精神文明建设先进单位。1996年6月，建立萧山市精神文明建设委员会，下设办公室。各镇乡和部门也相应调整和建立精神文明建设领导小组，设立文明办。1997年起，在全市市级机关中开展文明机关创建活动。至2000年底，全市累计共有国家级精神文明先进单位（镇）2家，省级文明镇1家，省级文明村2家，省级文明单位17家；杭州市级文明镇、社区、村26家；市级文明机关16家，市级文明镇10家，文明单位（村、社区）825家。

文明单位

1985年，全县精神文明建设在创建文明单位、文明村的基础上，扩大到“五好”家庭[①]的评选。年底，经过层层评选、验收，由县委、县政府命名县级文明单位82个，表彰先进集体95个；评出“五好”家庭44012户。

1988年，文明单位创建活动分层次实施，严格评选范围，控制名额数量，提高验收标准，实行点面结合。是年，对1984～1986年命名的263个文明单位（村）进行复查，其中合格保留称号230家、黄牌警告20家、限期整改13家。自此开始，将复查工作形成制度，确保文明单位的质量。是年，瓜沥镇航民村被省委、省政府评为省级文明村。

1989年，结合党的基本路线教育，在农村中开展评“三户”（爱国守法户、“五好”家庭户、“双文明户”）活动，评出爱国守法户110374户，“五好”家庭户119762户，“双文明”户5846户。翌年，加强创建文明单位（村）计划，落实创建目标和措施，开展文明镇竞赛活动，城厢镇、瓜沥镇被评为先进集体。是年，军民共建、军校共建活动有序开展，35367部队、城厢中学等8个单位（村）被杭州市命名为军民、军校共建先进集体。翌年，浙江万达工具集团公司、浦沿镇浦联村被命名为省级文明单位；萧山化工厂、钱江饭店、浦沿镇浦联村、浙江胜达包装材料有限公司、市人民检察院5个单位被命名为杭州市级文明单位。

1994年3月，城厢镇在创建文明城镇竞赛检查中，以976.3分（满分1000

① “五好”即热爱祖国、热爱社会主义、热爱集体、遵纪守法好；努力生产、工作、学习，完成任务好；计划生育、教育子女、勤俭持家好；移风易俗、文明礼貌、清洁卫生好；尊老爱幼、家庭和睦、邻里团结互助好。

图22—5—764　2000年4月6日，衙前镇凤凰村农民王水林在自家门楣上钉上“十星级文明家庭”牌子。该镇2000年有6000多户家庭参与了星级家庭评选活动。通过自评、互评和审评，全镇共有205户家庭被评为“十星级文明家庭”（傅宇飞摄）

分）的成绩获7县（市）第一名。4月，市委进一步明确全市文明创建活动的目标、任务和要求。是年，在全市27个建制镇全面展开创建文明城镇活动。翌年3月，杭州市文明城镇检查组对城厢镇进行考核验收，再次获得杭州市7县（市）总分第一，被杭州市委、市政府命名为“杭州市文明城镇”。

1996年，全市推出以“做文明市民，树文明新风，创文明城市”为主题的系列创建活动。浙江东南网架集团有限公司、城厢镇犁头金村被命名为浙江省级文明单位；萧山江南大厦、萧山中学等11家单位被命名为杭州市级文明单位。

1998年7月，市文明办在瓜沥镇航坞居委会召开现场会，推广该小区“八联八共”[①]开展文明社区创建活动的经验。翌年，万向集团被评为全国精神文明建设先进单位；宁围镇被评为全国创建文明村镇工作先进镇。市电力局等4家单位被省委、省政府命名为省级文明单位。浙江传化集团等13家单位被杭州市委、市政府命名为杭州市级文明单位。

2000年，市委提出省级文明城市的实施意见和主题口号，召开千人动员大会，向全体市民发出公开信，开展向不文明行为告别的万人签名活动和文明城市知识竞赛。组织机关干部开展整治脏乱差活动，发动各行各业开展以“依法经营、奉献社会”为主题的“百佳文明”窗口创评活动。成立由市城管、公安、工商等有关职能部门人员组成的综合整治队伍。开通市民热线，掀起创建文明城市的高潮。是年5月，从市级机关选派百名中青年干部进驻各创建村，帮助制订和完善创建规划，开展创建活动。11月，市委、市政府在义盛镇召开农业农村现代化教育暨文明百村创建工作现场会。是年，省委、省政府命名宁围镇为省级文明镇、党山镇梅林村为省级文明村。

文明机关

1997年，在市级机关中开展以提高机关工作人员思想道德素质为目标，以优质服务、优良作风、优美环境和群众满意、基层满意、领导满意的文明机关创建活动。翌年，经过考核验收，市审计局、卫生局、工商局、国土资源局、检察院、人民银行萧山支行6家单位被市委、市政府命名为首批文明机关。随后，创建文明机关活动形成制度，每年组织一次考核验收，符合条件的，由市委、市政府予以命名。至2000年底，共有16家市级机关单位获得市级文明机关称号。

① “八联八共”即思想工作联做，共育四有新人；社会治安联防，共创安全小区；卫生绿化联搞，共建优美环境；群众文化联办，共同提高素质；经济建设联抓，共图事业振兴；移风易俗联管，共抓基本国策；老少工作联做，共纳议事日程；公益事业联办，共建服务设施。

图22—5—765　2000年，萧山市信用联社组织员工参加无偿献血活动（萧山市信用联社提供）

第六章　组织建设

根据新时期党建工作的要求，萧山市（县）委加强党的建设，健全党的组织，注重推进非公有制企业党建工作。按照改善结构和提高素质的要求，做好党员的发展工作；遵循“党管干部、德才兼备、依法办事”的原则和“革命化、年轻化、知识化、专业化”的方针，做好干部的提拔、使用和管理工作；建立科学、有效、规范的教育培养机制；健全公开、平等、竞争、择优的选拔任用机制；加强各级领导班子和后备干部队伍建设，推行干部竞争上岗，提高干部队伍的综合素质和实际工作能力，推行能上能下、能进能出的长效管理机制；实施纪律严明、群众参与的预警监督机制，着力提高各级党组织、党员干部队伍的整体素质，成为带领广大人民群众建设小康社会，率先基本实现现代化的骨干力量，保证党的路线、方针、政策在全市的贯彻执行，为萧山的经济建设和社会事业发展提供强有力的组织保证。

第一节　党　员

党员发展

中华人民共和国成立后，随着各方面工作的开展，县委有计划地发展党员，壮大党的队伍。①1985年，针对党员基本素质结构上存在青年党员少、妇女党员少文化程度低的状况，要求各级党组织在发展党员中，注重结构的改善和素质的提高。是年，发展党员1515人，其中妇女280人，占18.48%；35周岁以下1093人，占72.15%；大中专以上文化程度321人，占21.19%。

1990年，全市各级党组织重视吸收生产一线工人、农民和知识分子入党。是年，发展党员1040人，其中妇女191人，占18.37%；35周岁以下611人，占58.75%；大中专以上文化程度166人，占15.96%；工人187人，占17.98%；专业技术人员71人，占6.83%；农民305人，占29.33%；乡镇企业职工327人，占31.44%。全市有7127人申请入党，其中生产、教学、科研、服务第一线4569人，占64.11%。

1994年，抓好共青团、妇联组织“推优”（推荐优秀团员、妇女入党）工作，扩大入党积极分子队伍。是年，发展党员1025人，其中在团员中发展党员249人，占全市发展党员数的24.29%；从优秀妇女中发展党员204人，占全市新党员的19.90%；35周岁以下626人，占61.07%；大中专以上文化程度255人，占24.88%。

2000年，在全市推行发展党员公示制，有30个镇乡和14个市级机关的1682个党支部实行发展党员公示制，确定入党积极分子公示1276人，发展预备

①1952年底，全县有党员446人。1954年，县委紧密结合贯彻过渡时期总路线、发展互助合作等工作，发展党员1118人，是年全县共有党员1856人。1956年发展党员2964人，是年全县共有党员5848人。1957年，根据中央和省委指示，暂停吸收党员，建党工作的重点转移到预备党员的考察教育上。1958年，在整党的基础上，在“大跃进”的形势下，发展了一批党员，这年共发展党员2305人。1959年，结合整社和各项工作，全县发展党员4164人。1961、1962两年，建党工作着重在党员的管理教育和预备党员的转正上，只在薄弱地区发展了少数党员，两年共接收新党员91人。1963年根据中央指示，开展重新登记党员的工作。1966年上半年发展党员1812人。“文化大革命”开始后，各级党组织被迫停止活动，各级“革命委员会”实行党政“一元化领导”，取代了党委。1970年9月，恢复县委。1972年，共有党员19754人。1974年，突击发展党员1303人。中央于1975年发出16号文件，同意浙江省委《关于正确处理突击发展的党员和突击提拔的干部的请示报告》，明确指出：突击发展党员在政治上、组织上都是错误的；对突击发展的党员，“给以一年左右的培养、教育、考察的时间，然后在各级党组织的领导下，分别情况，妥善处理”。此项工作至1979年处理完毕，结果是：承认为党员的705人，除名583人，清除15人。

粉碎江青反革命集团后，建党工作进一步贯彻“积极慎重”的方针。1978年，全县共有党员27388人，但知识分子中党员少，青年和妇女中党员少，而且党员中文化水平多数较低。1979年起开始注意在知识分子中发展党员，但进展缓慢，至1982年，全县3668名大专毕业生中，党员只有596人，占16.25%。1984年，注重了在知识分子、25周岁以下的先进青年和农村专业户、重点户中发展党员，并注意了党员的文化素质，全年发展党员728人。（资料来源：萧山县志编纂委员会：《萧山县志》，浙江人民出版社，1987年，第602～605页）

党员公示505人，预备党员转正公示481人。通过公示取消入党积极分子17人，暂缓发展预备党员8人。是年，发展党员1259人，其中妇女401人，占31.85%；35周岁以下800人，占63.54%；大中专以上文化程度445人，占35.35%。

1985～2000年，全市共发展中共党员18857人，其中女性4287人，占22.73%；35周岁以下12410人，占65.81%。

表22–6–486　1985～2000年萧山党员发展情况

单位：人

年份	发展党员数量	性别		年龄		文化程度			社会职业							
		男性	女性	35岁以下	36岁以上	大中专及以上	初高中	小学	职工	农牧渔业劳动者	乡镇企业职工	民办教师乡村医生	学生	城镇个体劳动者	私营企业从业人员	其他职业
1985	1515	1235	280	1093	422	321	1003	191								
1986	1321	1106	215	1272	49	209	923	189								
1987	1508	1250	258	1001	507	227	1023	258	636	463	361	28	13			7
1988	1171	938	233	786	385	170	808	193	472	362	315	15	4	3		
1989	939	756	183	585	354	116	654	169	354	255	309	12	8			1
1990	1040	849	191	611	429	166	701	173	369	305	327	17				22
1991	1270	1025	245	753	517	248	816	206	468	346	408	27				21
1992	1017	806	211	624	393	237	651	129	388	293	299	12				25
1993	1056	800	256	661	395	240	708	108	443	275	295	14				29
1994	1025	821	204	626	399	255	666	104	394	223	349	25				34
1995	1095	809	286	660	435	269	742	84	435	281	312	32				35
1996	1130	816	314	703	427	325	724	81	448	278	322	36				46
1997	1190	859	331	760	430	406	697	87	461	347	281	35				66
1998	1119	794	325	715	404	416	643	60	550	309	179	24	3	6	10	56
1999	1202	848	354	760	442	460	675	67	606	317	200	1	11	1	53	13
2000	1259	858	401	800	459	445	814		551	408	171		12	1	83	33
合计	18857	14570	4287	12410	6447	4510	12248	2099								

注：①资料来源：1985～2000年《萧山年鉴》。

②1990～1997年的学生党员数，1989～1997年的城镇个体劳动者党员数，1998年前的私营企业从业人员党员数统计在“其他职业”栏内。

党员构成

中共萧山县第七次代表大会始，注重在知识分子、妇女、青年和生产一线工人、农民中的先进分子中发展党员。

1985年，全县有中共党员37663人，其中具有高中文化程度以上3796人，占10.08%；女性党员3061人，占8.13%；35周岁以下的年轻党员11540人，占30.64%。2000年，全市有中共党员54846人，其中高中以上文化程度16842人，占30.71%%；女性党员7038人，占12.83%；35周岁以下的年轻党员9678人，占17.65%。

表22-6-487 1985～2000年萧山党员构成情况

单位：人

年份	数量			性别		民族		年龄				
	总计	正式党员	预备党员	男性	女性	汉族	少数民族	25岁以下	26岁至35岁	36岁至45岁	46岁至60岁	61岁以上
1985	37663	35485	2178	34602	3061			1793	9747	9622	13307	3194
1986	39553	37925	1628	36285	3268			2056	9637	10846	13244	3770
1987	41483	39651	1832	37964	3519			2540	9443	11996	13105	4399
1988	42630	41361	1269	38863	3767			2063	9833	12788	13013	4933
1989	43882	42741	1141	39958	3924	43873	9	1737	9696	13608	13224	5617
1990	45144	43873	1271	41040	4104	45135	9	1541	9633	14055	13487	6428
1991	46561	45183	1378	42225	4336	46554	7	1432	9669	14515	13984	6961
1992	47850	46639	1211	43244	4606	47842	8	1395	9389	15016	14279	7771
1993	49216	47970	1246	44610	4606	49205	11	1530	9351	14954	15085	8296
1994	50594	49367	1227	45507	5087	50585	9	1672	9473	15143	15475	8831
1995	52074	50742	1332	46666	5408	52057	17	1815	9673	14846	16218	9522
1996	50157	48766	1391	44702	5455	50140	17	1863	9169	14088	15569	9468
1997	51377	49904	1473	45642	5735	51346	31	2058	9208	13672	16247	10192
1998	51816	50507	1309	45725	6091	51798	18	1663	8588	13611	16992	10962
1999	53460	51924	1536	46897	6563	53437	23	1819	7990	13850	17749	12052
2000	54846	53507	1339	47808	7038	54818	28	1611	8067	13920	18899	12349

资料来源：中共浙江省萧山市委组织部、中共萧山市委党史资料征集研究委员会、浙江省萧山市档案馆：《中国共产党浙江省萧山市组织史资料（1921—07～1987—12）》；中共浙江省萧山市委组织部：《中国共产党浙江省萧山市组织史资料（1988—01～1993—12）》；中共杭州市萧山区委组织部、中共杭州市萧山区委党史研究室：《中国共产党浙江省萧山市组织史资料（1994—01～1998—12）》；中共杭州市萧山区委组织部、中共杭州市萧山区委党史研究室：《中国共产党浙江省杭州市萧山区组织史资料（1999—01～2007—06）》。

表22-6-488 1985～2000年萧山党员文化程度、入党时间情况

单位：人

年份	党员总数	文化程度						入党时间						
		大专以上	中专	高中	初中	小学	文盲	1927-08～1937-07-06	1937-07-07～1945-09-02	1945-09-03～1949-09	1949-10～1966-04	1966-05～1976-10	1976-11～1992-09	1992-10后
1985	37663	491	771	2534	9853	22259	1755	1	52	201	14994	11502	10913	—
1986	39553	638	997	3195	9996	22733	1994	1	54	193	14892	11612	12801	—
1987	41483	798	1196	3689	10705	23178	1917	1	56	192	14780	11723	14731	—
1988	42630	979	1357	4094	11203	23227	1770	1	54	193	14572	11855	15955	—
1989	43882	1200	1598	4378	11826	22991	1889	1	49	165	14319	11794	17554	—
1990	45144	1344	1742	4764	12547	22963	1784	1	60	174	14323	11859	18727	—
1991	46561	1555	1860	5126	13275	22946	1799	1	57	172	14057	11741	20533	—
1992	47850	1813	2108	5508	13959	22921	1541	1	53	187	13735	11762	22112	—
1993	49216	2291	2251	5934	15179	21941	1620	1	53	161	13445	11993	23563	—
1994	50594	2551	2438	6348	15897	21867	1493	1	52	166	13413	11622	22296	3044
1995	52074	3077	2648	6764	16332	21962	1291	1	48	168	13188	11634	22456	4579
1996	50157	3575	2694	6731	15919	20216	1022	1	44	160	12118	10994	21108	5732
1997	51377	4102	2869	7152	16714	20017	523	1	40	150	12081	10955	20957	7193
1998	51816	4786	2808	6789	16637	20014	782	1	44	135	11688	10621	20778	8549
1999	53460	5600	2929	7181	17238	19750	762	1	45	136	11433	10479	20982	10384
2000	54846	6182	3114	7546	17621	19631	752			176	11234	10472	21143	11821

注：①资料来源：中共浙江省萧山市委组织部、中共萧山市委党史资料征集研究委员会、浙江省萧山市档案馆：《中国共产党浙江省萧山市组织史资料（1921—07～1987—12）》；中共浙江省萧山市委组织部：《中国共产党浙江省萧山市组织史资料（1988—01～1993—12）》；中共杭州市萧山区委组织部、中共杭州市萧山区委党史研究室：《中国共产党浙江省萧山市组织史资料（1994—01～1998—12）》；中共杭州市萧山区委组织部、中共杭州市萧山区委党史研究室：《中国共产党浙江省杭州市萧山区组织史资料（1999—01～2007—06）》。

②2000年"入党时间"栏，"1945－09－03～1949－09"数据为1927－08～1949－09三个栏目的数据。

表22-6-489　1985～1987年萧山县党员行业分布情况

单位：人

年　份	党员总数	行业分布							
		工业	建筑	交通运输	农林	财贸	文卫	机关	其　他
1985	37663	8592	1159	533	20486	2295	1777	2378	443
1986	39553	9550	1333	574	20416	2379	2094	2656	551
1987	41483	10372	1382	578	20718	2657	2241	2943	592

资料来源：中共浙江省萧山市委组织部、中共萧山市委党史资料征集研究委员会、浙江省萧山市档案馆：《中国共产党浙江省萧山市组织史资料（1921—07～1987—12）》。

表22-6-490　1988～1999年萧山市党员社会职业分布情况

单位：人

年　份	党员总数	职工							乡镇企业劳动者	农民	民办教师乡村医生	学生	城乡个体劳动者	离休干部（工人）	退休干部（工人）	其他
		小计	工人	营业员服务员	国家干部	国有、集体企事业单位		其他								
						管理人员	专业技术人员									
1988	42630	12247	3643	1427	6118		801	258	8150	19264	214	31	15	223	2393	93
1989	43882	12716	4100	1342	5872	862	405	135	10704	17286	171	6	29	289	2555	126
1990	45144	13057	3947	1286	6212	1063	433	116	11006	17648	181	9	25	269	2831	118
1991	46561	13495	4126	1408	6375	1016	494	76	11336	18130	175	0	29	804	2490	102
1992	47850	14120	4491	1498	6488	991	582	70	12334	17646	161	0	91	307	3035	156
1993	49216	14413	4372	1457	6784	1037	616	147	12550	18344	143	0	31	296	2699	740
1994	50594	15378	4714	1402	7027	1217	683	335	12088	18704	166	0	93	288	3590	287
1995	52074	15608	4546	1581	7236	1228	748	269	11530	19576	153	0	828	279	3652	448
1996	50157	15581	4666	1583	7235	992	720	385	9958	19410	149	0	950	298	3239	572
1997	51377	15710	4075	1622	7647	1135	890	341	9375	20340	145	0	931	303	3805	768
1998	51816	16104	3925	1302	7764	1105	730	1278	7043	22407	167	0	577	329	3053	2136
1999	53460	15823	3962	1438	3038	2863	3705	817	4188	24703	93	0	545		4626	3482

注：①资料来源：中共浙江省萧山市委组织部：《中国共产党浙江省萧山市组织史资料（1988—01～1993—12）》；中共杭州市萧山区委组织部、中共杭州市萧山区委党史研究室：《中国共产党浙江省萧山市组织史资料（1994—01～1998—12）》；中共杭州市萧山区委组织部、中共杭州市萧山区委党史研究室：《中国共产党浙江省杭州市萧山区组织史资料（1999—01～2007—06）》。②1999年“退休干部（工人）”栏含离休干部（工人）数。③1998年，国有集体企事业单位的专业技术人员含管理人员。④1991～1999年的学生党员数量统计在“其他”栏。⑤因统计口径变化，2000年全市中共党员社会职业分布缺项。

第二节　基层党组织

党组织设置

1985年，结合全面整党，整顿领导班子，抓好各级党组织设置工作。全县设戴村、临浦、城南、城北、瓜沥、义蓬区委6个，局级党委23个、基层党委90个（乡党委43个，镇党委24个，其他基层党委22个，机关党委1个）、党组12个、党总支18个、党支部2297个。

1988年1月撤县设市后，按照“相对稳定、适当调整、优化结构、提高素质”的要求，对各级党组织作了调整和充实。是年，全市设局级党委32个、基层党委90个、党组15个、党总支49个、党支部2567个。

1992年，从撤区扩镇并乡的实际出发，合理设置党组织。全市设局级党委29个、基层党委71个、党组29个（新增共青团萧山市委、市妇女联合会、市工商联、市体制改革办公室、市物价委员会、市外经贸委员会、市人事局、市统计局、市土地管理局、中国银行萧山支行、市烟草专卖局党组）、党总支77个、党支部2763个。

1995年，在党的基本路线教育中，调整充实各级党组织。是年，全市设党工委1个、局级党委27个、基层党委78个（新增金马集团公司、萧山建工集团公司、萧山中学、航民实业公司党委，撤销瓜沥镇下属昭东、大园、瓜沥办事处党委）、党组34个（新增中信实业银行萧山办事处和浦东发展银行萧山办事处党组）、党总支110个、党支部2829个。

2000年，全市整体推进非公有制企业和社区党建工作，优化党组织设置。至年末，全市设党工委2个、党委107个、党组29个、党总支123个、党支部2648个。

村级党组织

村级党组织换届　1986年，对任期届满的1380个农村党支部，有1242个进行改选或调整，占90%。1993年，对793个村党支部进行换届选举，改选率99.60%。1998年，全市763个村党支部共选出支部班子成员2037人，比换届前减少189人。

后进村党组织整顿　1987年起，全市重点抓好240个集体经济薄弱村的经济发展和领导班子建设。经过两年的整顿，有13个村进入先进行列，3个村党支部被评为市级先进党支部。1989年5月，在全省整顿农村后进党支部工作会议上，省委介绍推广萧山的经验。1994年，全市有14个三类村党支部列入整顿范围。到1996年底，有3个上升为一类党支部、11个上升为二类党支部，基本解决“无人管事”、“无钱办事”、“无章理事”等问题。1999年，全市排查出31个后进村党支部，采取落实整顿责任制、抓好教育培训、制订扶持政策、健全市领导联系贫困村制度等举措，加大整顿转化力度。是年，被确定为重点整顿对象的10个后进村党支部基本得到转化。

企业党组织

1992年，全市首批8家“三项制度”（劳动人事、工资、社会保险）改革试点企业，设置党总支2家、党支部6家。总支、支部书记专兼职各半。党员占职工总数10%左右，其中最多的企业占21.50%。1993年，各镇乡党委建立乡镇企业党建工作联系点，运用典型指导面上工作。是年，全市在镇、乡、村办企业中，建立党委2家、党总支6家、党支部665家、党小组451家，占企业总数33.7%。1994年，市委下发《关于加强乡镇企业党建工作的意见（试行）》（市委〔1994〕40号）、《关于加强私营企业党的建设工作意见（试行）》（市委〔1994〕41号），对乡镇企业、私营企业党组织的主要任务、党组织设置、班子自身建设和开展党员责任区活动等作出部署。1997年，重点考察万向集团公司等3家企业的

图22－6－766　1998年9月18日，浙江省私营企业中第一家党委——中共传化集团委员会成立（1998年9月18日摄，传化集团公司提供）

党建工作。对113家企业党组织进行考核，其中有53家企业党支部成员作了调整充实。1998年9月18日，全省私营企业中首个党委——中共浙江传化集团委员会成立。是年，改进股份合作制企业党组织设置，建立浙江登峰交通实业集团有限公司、浙江永翔电缆集团有限公司党委。1999年9月10日，市委发出《关于学习贯彻胡锦涛、张德江同志有关在私营企业建立党组织批示的通知》（市委〔1999〕36号），提出“提高认识、摸清情况、研究问题、切实从事”的十六字工作要求。市委建立非公有制经济组织党建工作领导小组及办公室，各级党委“一把手”担负起“第一责任人”的职责。探索非公有制企业党组织设置的新途径，理顺企业党组织的隶属关系。至年底，全市应建党组织的702家非公有制企业，全部建立党组织。2000年，根据省委关于私营企业主一般不宜提倡担任企业党支部书记和防止家族化的要求，对浙江传化集团、杭州大地网架有限公司、杭州百合化工有限公司和杭州和合美容镜有限公司等企业党组织负责人“一肩挑”的状况进行调整。同时，确定上述4家企业为市级非公有制企业党建工作示范企业。宁围、党山两镇为市级非公有制企业党建工作示范镇乡。全市31个镇乡分别确定1～2家党建工作较好的非公有制企业，作为党建工作示范点。在此基础上，市委印发《关于加强非公有制企业党建工作的意见》（市委〔2000〕12号）、市委办公室印发《萧山市非公有制企业党建三年规划（2000～2002年）》（市委办〔2000〕101号），使非公有制企业的党建工作逐步规范化。

教育整顿

1998年6月，对全市党员档案工作中存在“有档无人”和“有人无档”的状况进行调查摸底，规范党员档案管理。采取集中时间、现场交接的办法，对各镇乡和系统的2000余份党员档案材料进行交换，理顺组织关系。1999年，对镇乡领导班子和领导干部开展思想、作风、纪律教育整顿。同时，把提高村干部素质、完善村务公开制度、发挥村党支部核心作用，作为开展教育整顿的重点。2000年，对村党支部、村委会干部开展述职和群众评议，强化党员干部的服务意识和公仆意识，改善干群关系。

“双争”、“双评”活动

1985年，全县有2166个党支部开展“争创先进党支部，争做优秀党员”活动，占支部总数的94.3%。是年起，“双争”活动形成制度。1988年，全市有2158个党支部首次开展民主评议党员。结果被评为合格党员32958人，占参加评议党员数90.79%；基本合格党员3025人，占参加评议党员数的8.33%；不合格党员320人，占参加评议党员数的0.88%。对不合格党员，经支部审评和上级党委批准，劝退14人，除名15人，作限期改正处置266人，给予党纪处分25人。1990年，增加“民主评议党支部，民主评议党员”内容，全市有2724个党支部开展“争创先进党支部，争做优秀党员”活动，占支部总数99.78%。有2681个党支部开展“双评”活动，占支部总数98.21%；有44653名党员参加民主评议，占党员总数98.91%。通过“双争”、“双评”，全市评出一类党支部1802个、二类党支部849个、三类党支部30个；评出合格党员41531人、基本合格党员2836人、不合格党员286人。此后，每年开展党内“双争”、“双评”活动。2000年，全市经过民主评议的党支部2516个，参评率95%，其中评出市级先进党组织156个；经过民主评议的党员53653人，参评率97.82%，其中评出市级优秀党员486人。

表22-6-491　1985～1987年萧山县分行业党组织情况

单位：个

年度	总计			工业			交通			农业			财贸			文教卫生			县、镇乡机关			基本建设			其他			区委	党组
	支部	总支	党委	支部	总支	党委	支部	总支	党委	支部	总支	党委	支部	总支	党委	支部	总支	党委	支部	总支	党委	支部	总支	党委	支部	总支	党委		
1985	2297	18	113	692	6	11	33	1	2	938	3	7	179	4	—	176	—	2	167	3	68	80	1	23	32	—	—	6	12
1986	2418	24	116	773	9	11	34	1	2	924	5	7	185	4	—	199	1	2	172	3	68	82	1	—	49	—	26	6	14
1987	2473	29	116	794	11	11	34	1	2	934	6	7	202	5	—	198	1	2	172	4	68	89	1	—	50	—	26	6	15

资料来源：中共浙江省萧山市委组织部、中共萧山市委党史资料征集研究委员会、浙江省萧山市档案馆：《中国共产党浙江省萧山市组织史资料（1921—07～1987—12）》。

表22-6-492　1988～1993年萧山市分行业党组织情况

单位：个

年份	总计				党政机关群众团体				农林水利业			工、交、邮电、电力、建筑业			商业、供销物资、房地产管理、服务业			文、教、卫、体、广播电视业			科学研究和综合服务业	金融保险业		其他	
	党委	党组	总支	支部	党委	党组	总支	支部	党委	总支	支部	党委	总支	支部	党委	总支	支部	党委	总支	支部	支部	总支	支部	总支	支部
1988	122	15	49	2567	100	15	1	180	7	7	922	13	31	980	—	5	177	2	1	211	6		38	4	53
1989	122	15	55	2664	100	15	1	174	7	8	966	13	35	997	—	5	188	2	1	228	6	1	47	4	58
1990	122	15	60	2730	100	15	3	194	7	10	964	13	35	1020	—	5	186	2	1	238	8	2	56	4	64
1991	127	15	62	2808	102	15	3	200	7	13	997	16	31	1027	—	7	203	2	1	260	6	2	60	5	55
1992	100	29	77	2763	74	29	6	190	7	14	984	17	29	1016	—	15	215	2	10	217	5	2	62	1	74
1993	100	32	89	2765	73	32	7	206	7	15	956	17	34	1012	1	17	224	2	13	220	4	2	66	1	77

资料来源：中共浙江省萧山市委组织部：《中国共产党浙江省萧山市组织史资料（1988—01～1993—12）》。

表22-6-493　1994～2000年萧山市党组织按行业分布情况

单位：个

年份	县级市市级	县市级机关党组	基层党委	基层党总支	基层党支部
1994	1	32	105	104	2762
1995	1	34	106	110	2829
1996	1	33	101	112	2615
1997	1	37	102	111	2641
1998	1	27	105	110	2506
1999	1	29	106	117	2609
2000	1	29	109	123	2648

注：①资料来源：中共杭州市萧山区委组织部、中共杭州市萧山区委党史研究室：《中国共产党浙江省萧山市组织史资料（1994—01～1998—12）》；中共杭州市萧山区委组织部、中共杭州市萧山区委党史研究室：《中国共产党浙江省杭州市萧山区组织史资料（1999—01～2007—06）》。

②基层党委包含人武部党委，镇乡党委，开发区、机关党工委，市级机关和群众团体党委，其他；基层党总支包含工业，农林牧渔业、水利业，商业、物资、供销、公用事业，国家机关、党政机关和社会团体，其他；基层党支部包含农林牧渔、水利业，工业，地质普查和勘探业，建筑业，交通运输、邮电通信业，商业、公共饮食、物资供销和仓储业，房地产管理公用事业、居民服务和咨询服务业，卫生、体育和社会福利事业，教育、文化、艺术和广电事业，科学研究和综合技术服务事业，金融保险业，国家机关、党政机关和社会团体，其他。

【附】

浙江传化集团在全省率先建立党组织

浙江传化化学集团有限公司（简称传化集团）位于萧山市宁围镇宁新村，是1986年10月创办的一家私营企业。企业在注重发展生产的同时，重视做好党建工作，成为全省乃至全国率先建立党组织的私营企业，引起党中央的高度重视和关注，并在全国非公有制企业中推广传化集团的经验，起到很好的示范作用。

传化集团创办之初，由于规模小、人数少，没有建立党组织。从1990年开始，因企业发展需要，陆续在社会上招聘一些复员、退伍军人，其中有的是中共党员。然而由于企业没有党组织，一些党员组织关系仍挂靠在厂外的支部，给他们参加组织活动带来不便。1995年4月，宁围镇党委批准建立传化集团党支部，使18名党员能够正常参加党组织生活。

随着企业的发展，党员人数不断增加。到1998年，传化集团的党员已超过100人。身为全国政协委员的徐冠巨，注重倾听党支部的建议，支持建立传化集团党委。中共萧山市委对传化集团建立党委作了专题研究，认为私营企业建立党委符合党的十五大精神。市委组织部与宁围镇党委一起组成工作班子，帮助传化集团做好成立党委的前期工作。经中共萧山市委批准，1998年9月18日成立中国共产党浙江传化集团委员会（下设4个党支部）。

传化集团党委发挥政治核心作用和监督作用，参与集团决策，使企业朝着正确的方向前进。党委书记参加最高决策机构集团管委会会议，参与对集团的长远规划、年度计划、技改项目、财务预决算、人事任免、制度制订、分配方案等重大问题的讨论、论证和决策。

随着党组织凝聚力的增强和党员先锋模范作用的发挥，呈现出党员骨干多、先进多、完成任务多、勇挑重担多的可喜局面，使党员在员工中具有较强的号召力。

传化集团的党员从1995年4月的18人增加到1999年的104人，其中新发展党员15人。在集团80多名中层干部中，党员占了24人。传化集团的党建工作打破了家族式的旧框框，拓展了党组织在非公有制企业的活动空间，保证企业的健康发展，成为私营企业党建工作的典范，上级党组织对此高度重视和广泛关注。

1999年8月8日，中共中央政治局常委、书记处书记胡锦涛在《私企浙江传化集团建立党组织的启示》（新华社《国内动态》清样第2756期）上作出批示。9月3日，中共浙江省委书记张德江作出批示。9月10日，中共萧山市委发出《关于学习贯彻胡锦涛、张德江同志有关在私营企业建立党组织批示的通知》（市委〔1999〕36号），要求各级党委把私营企业党建工作放在讲政治的高度来认识，真正摆入党委工作的重要日程。凡有3人以上正式党员的私营企业，都要建立党组织。要重视私营企业新党员的发展工作，壮大私营企业中的党员队伍，做到50人以上的企业有党员，100人以上的企业有支部。

2000年4月4日，省委书记张德江，省委副书记、杭州市委书记李金明，省委常委、组织部部长沈跃跃专程到传化集团考察，充分肯定企业在党建工作上所取得的成绩，要求各级党委加强非公有制企业的党建工作，帮助非公有制企业搞好、规范好党建工作。5月8日，省委书记张德江再次作出批示：萧山市委工作主动、扎实，值得表扬。

至2000年6月，在全市12361家非公有制企业中，共有党员13141人。已建立党组织702家，其中党委6家、党总支7家、支部689家。

（资料来源：萧山区委办公室）

第三节　干部队伍

领导班子

1985年1月，县委把坚持革命化、年轻化、知识化、专业化作为领导班子建设的原则，把思想好、作风正、有能力、有知识的年轻干部提拔到领导岗位上来。重点从40岁以下的干部中选拔，使领导班子的年龄形成梯形结构。1987年，全县67个镇乡建立党政领导班子任期目标制。任期目标主要是经济建设、社会发展和党群工作三项内容。分年实施、年终考核，实绩与奖励挂钩。1990年，对部、委、办、局和部分市直属企事业单位76个领导班子进行调整充实，任免市委管理干部788人，实现新老交替。1992年5月，根据“撤区扩镇并乡”的实际需要，经组织推荐和考核，651名镇乡干部全部到位，全市31个镇乡均召开党代会产生党委班子。1996年，各镇乡党委进行换届选举，按照“团结、务实、创新、高效”的要求，组成党委领导班子。1999年1月，全市31个镇乡选出新一届镇乡党委班子成员275人。其中年龄在45岁以下的253人，比上届增加4%，文化

图22－6－767　1993年12月1日，市委书记杨仲彦等市委领导在益农镇长丰村水利工地挖河挑泥（傅宇飞摄）

程度均在高中以上，比上届增加20.5%。

后备干部

市管后备干部　1985年1月，县委作出关于抓紧干部第三梯队建设的部署，对各部、委、办、局和县直属单位，提出确定并培养后备干部的具体要求。是年，全县共推荐后备干部149人。1987年8月，县级机关及各区对部、局、区级后备干部作了一次调整。1993年，在全市后备干部推荐工作中，确定正、副职后备干部326人。1995年，全市有市管后备干部343人。是年，选拔任用后备干部72人，占后备干部总数21%。在镇乡班子换届调整中，使用副职后备干部46人，占进入镇乡党政班子总数65%。2000年，经过选拔、培养，全市建立起一支由495人组成的市管后备干部队伍。其中正职后备干部126人，副职后备干部369人。女性后备干部103人，党外后备干部56人。

村级后备干部　1994年11月，实施村级后备干部队伍建设制度化、规范化管理，至1996年，全市选拔村级后备干部117人，有后备干部的村占总村数的94%。1998年，村级党组织换届，127名后备干部入选支部领导班子，其中25名担任村党支部书记。

下村任职

1989年4月，从6个区的61个乡镇机关和45个市级机关选派154名机关干部，分别到123个贫困村任职，为期两年。其主要任务是帮助贫困村发展经济；搞好村级领导班子建设；为村里办好几件事；锻炼和提高干部自身素质。1991年4月底，下村干部任职期满。是年6月，又选派56名机关干部到26个集体经济年纯收入不到2万元，人均可用集体资金不到20元和党组织亟需健全的经济薄弱村担任党支部副书记或村主任助理，任期两年。

公开选拔

公开选拔副局级领导　1996年起，全市实行干部制度重大改革，公开选拔部分市级机关副局级领导干部和镇乡长助理。按照政策规定、岗位职数、程序办法、要求标准、成绩和选拔结果“五公开”的要求，经过宣传发动、报名登记、笔试、面试、考察、录用等阶段，从报名的1341人中，择优录用6名为副局级领导干部、20名为镇乡长助理。1998～1999年，先后对萧山经济技术开发区管委会下设局室的8个副局级领导职位和市建设局、交通局、外经贸局、旅游局、市地方志编纂委员会办公室等5个单位的10个副局级领导职位实行全额竞争上岗。2000年3月，完善干部选拔任用和管理监督机制，建立署名推荐责任制，试行领导干部任前公示制，实行干部提拔任用党风廉政“一票否决制”等16项制度。7～8月，在市人事局、法制局、计生委、农经委、纪委监察二室、团市委、《萧山日报》社7个单位的8个副局级领导岗位，推行缺额竞争上岗。

图22—6—768　1999年5月11日，市委组织部在金马饭店举行市外经局、旅游局、市志办副局级岗位竞岗演讲（孙汉良摄）

公开选拔村主任助理　1997年下半年，全市24个镇乡公开选拔村级后备干部，共录用村主任助理411人。

第七章　纪律检查

中国共产党萧山县纪律检查委员会始建于1950年7月。[①]1988年1月1日，更名为中国共产党萧山市纪律检查委员会(简称市纪委，下同)。是年5月，设立萧山市监察局。1993年3月，市纪委、市监察局合署办公，下设办公室、信访室（市人民政府监察举报中心）、纪检监察一室、纪检监察二室、案件审理室、宣传教育室、执法监察室（市人民政府纠风办公室）。

萧山市纪律检查委员会，主管全市党的纪律检查工作，维护党的章程和其他党内法规，检查和处理党员违反党章、党的纪律、社会公德和国家法律、法规的案件，负责对违纪案件的审理、申诉、复核，受理党员的控诉和申诉，决定和取消对党员的处分，指导基层纪检、监察组织的工作。坚持“党要管党、从严治党”的方针，加强领导干部廉洁自律，健全党风廉政建设责任制，纠正各种不正之风，保持党员干部队伍的纯洁性和先进性。

①1950年7月经中共绍兴地委批准，建立中共萧山县委纪律检查委员会。1956年6月，改为监察委员会，经县第一次党代大会选举产生中国共产党萧山县监察委员会。1958年9月，改名为中国共产党萧山县委员会监察委员会。“文化大革命”期间，监察机构被取消。1979年9月，中共萧山县第六届委员会第一次全体会议，根据党的十一大通过的党章规定，选举成立中国共产党萧山县委员会纪律检查委员会。1983年8月，根据党的十二大通过的党章规定，改名为中国共产党萧山县纪律检查委员会。（资料来源：萧山县志编纂委员会：《萧山县志》，浙江人民出版社，1987年，第613～614页）

第一节　党风廉政建设

制度建设

1993年，市纪委重点抓党风廉政建设四项制度和市管干部廉洁自律落实工作，要求各级领导干部以身作则，廉洁自律，自觉同腐败现象作斗争。根据市委印发的《关于加强市管领导干部廉洁自律规定》（市委〔1993〕73号），市纪委制订下发具体的实施意见，要求各级领导干部自查自纠。对党政机关经商办企业和干部兼职情况进行调查摸底，清理党政机关办企业和党政干部与企业脱钩问题。是年，市纪委要求各部门、各行业完善“两公开一监督”（公开办事制度、公开办事结果、接受群众监督）制度，根据自己的特点，聘请社会监督员，健全内外监督制约机制。

1994年元旦、春节前夕，市纪委下发查禁党内赌博活动的规定，部署开展党内禁赌教育活动，有90%的单位建立“双保证”制度。是年4月，市委、市政府重申领导干部不准到企事业单位为本人或亲属推销农副产品和工业品；不准借用集体资金为个人或他人购房建房或进行营利活动；不准动用企业资金为个人配置交通、通信、办公设备等；干部调动时，不准带走原单位为其配置的财产。7月，市纪委、监察局联合下发企业转制中必须严明纪律的若干规定，实施企业转制监督检查，防止国有集体资产流失。是年10月，市委印发《关于严肃干部调配纪律的若干规定》（市委〔1994〕42号），对干部调配作出8条规定。[②]

②市委对干部调配作出8条规定：1.所有干部都必须遵守个人服从组织、少数服从多数、下级服从上级、全党服从中央的组织原则，自觉服从党组织对自己工作的分配、调动和安排。2.干部的调动、配备必须依法按章由组织作出决定，并按照干部管理权限批准后执行，任何个人不得干预下级组织的干部调配工作。3.在讨论干部调配问题时，涉及有夫妻、夫妻双方亲属的应自觉回避。4.各级组织和单位，必须从全局出发，保证上级党组织决议的贯彻和实施，不允许干部调不出、派不进的不正常现象发生。5.各级领导必须带头维护党的集中统一，积极配合组织做好被调动干部的思想工作。6.干部调动时，除上级明确规定可以不转行政关系和工资关系的干部外，其他所有干部，应一律无条件地把组织关系、行政关系、工资关系转到新的工作单位，由组织统一办理好迁移手续，被调动干部在接到组织的调令后，必须按规定时间移交好工作，按时报到。7.干部在工作调动时，不得突击批钱批物，不得带走原单位为其配置的财产，不得以任何名义动用公款搞宴请迎送，不得以任何借口索取或接受下级单位的馈赠物品，不得以任何借口将公用物品化为己有，在原单位或下属单位有欠款欠物的，必须结清。8.对违背上述规定的，一经发现，要严肃查处，以维护党纪、政纪的严肃性。

1995年，市纪委作出对信访反映的领导干部建立谈话制度的规定，对谈话内容、对象、方法和被谈话者的要求、应负责任均作了明确规定；抓好党政干部工作用餐的若干规定和党政机关车辆使用管理和学习驾驶技术的规定的贯彻执行，重申不准参加公费钓鱼的纪律规定。

1998年11月，市委把加强党风廉政建设责任制列入重要议事日程。确立“党委统一领导，党政齐抓共管，纪委组织协调，部门各负其责，依靠群众的支持和参与”的反腐败领导体制和工作机制。市纪委把重点放在抓好层层签订行风建设责任书上，全市共签订行风建设目标责任书3104份，其中与主管局签订责任书258份，组织5598名党员干部参加全国《中华人民共和国行政监察法》知识竞赛。重申各单位业务招待费在财务上必须实行单独立项、统一列报和建立招待费审批、核算、监督检查制度，公务接待费用开支情况每季度在本单位公布一次，并按规定上报。是年，全市取消和暂缓新建办公楼项目6个，压缩资金863万元；全市党政机关小汽车实行定编管理。

1999年3月，市委、市政府制定《关于贯彻中共中央、国务院〈关于实行党风廉政建设责任制的规定〉的意见》（市委〔1999〕12号）和《萧山市1999年党风廉政建设和反腐败工作的组织领导和责任分工的通知》（市委办公室〔1999〕32号），明确市委常委、正副市长分工负责制。之后，市纪委进行具体部署，要求各级党组织和领导干部认真抓好《规定》的学习，领会精神实质，加强宣传教育，提高各级领导干部的责任意识，建立考核测评和监督检查制度。是年12月，市委进一步明确党风廉政建设责任制的组织领导、责任范围、责任内容、责任考核和责任追究，要求全市市级机关和乡镇对领导班子重新修订和完善党风廉政建设责任制，明确分工责任，形成党政一把手负总责，班子其他成员各负其责，一级抓一级的党风廉政建设责任制的组织领导体系。是年，市纪委对河庄镇等两家单位违反党风廉政建设责任制规定的行为进行调查，并责令负有领导责任的有关镇乡主要领导作出检查。

2000年2月，市委、市政府印发《关于落实党风廉政建设责任制的实施意见》（市委〔2000〕11号）、市委办公室、市政府办公室先后印发《萧山市2000年党风廉政建设和反腐败工作的组织领导和责任分工》（市委办〔2000〕42号）和《党风廉政建设责任制执行情况考核办法（试行）》（市委办〔2000〕158号）等文件；市纪委、市委组织部制定《考核实施细则》，增强实施责任考核和责任追究的可操作性。市纪委编印《党风廉政建设责任制及相关文件汇编》，分发给各级党政干部；开展党风廉政建设责任制知识测验活动，增强领导干部责任意识。是年底，市纪委对镇乡、市级机关各部门以及市直属各单位的党风廉政建设责任制落实情况进行督促检查，第一责任人和领导班子分别作了对照检查，并向市委报告责任制执行情况。

廉政监督

1996年，根据市委办、市政府办印发《关于重申在国内外交往中不得赠送和收受礼品有关规定的通知》（市委办〔1996〕72号），市纪委重申在礼品问题上的有关规定和纪律责任，遏制赠送、收受礼品的不正之风。确定工商、交通、城建、教育、环保、土管6个部门为行风建设重点部门，开展行风建设“双评”活动，落实“两公开一监督”制度，推行社会服务承诺制，解决群众反映的热点问题，加强行风建设。是年10月，组织全市3.17万名党员干部参加由中纪委、监察部主办的全国党纪政纪条规知识竞赛。是年起，市纪委聘请党风廉政监督员，建立市管领导干部廉政档案。

1997年7月，贯彻落实中共中央《关于党政机关厉行节约制止奢侈浪费行为的若干规定》和市委《关于进一步发扬艰苦奋斗精神　密切联系群众　改进领导作风的若干意见》（市委〔1997〕29号），全市共停建、缓建、取消党政机关办公楼项目4项，总建筑面积1.48万平方米，节约资金1650万元；精减压缩会议5个，节约经费38万元；取消撤县设市10周年等3个庆典活动，节约费用115万元；全市公务接待费用比1996年减少201.66万元。9月，全市建立和完善行风建设规章制度267个，聘请行风监督员

895人，形成内外监督机制。

1999年，市委办、市政府办印发《关于严格控制外出学习考察的通知》（市委办〔1999〕70号），要求外出学习考察必须事前向市委办公室登记，报市委领导审批，禁止党政机关到风景名胜区开会。是年，成立市政府采购中心，加强对控购商品的管理，减少不合理的支出。聘请15名党风廉政监督员和20名行风评议代表；调整和充实170名领导干部廉政档案。

专项治理

1985年2月，县委下发《关于坚决制止动用公款乱请客滥送礼的规定》（县委〔1985〕6号），并召开县级机关领导班子成员会议，对公款请客送礼歪风进行整治。县纪委分别在县级机关全体领导班子成员会议、三级干部会议和纪检工作会议上进行遵纪守法教育。

1988年2月，在全市三级干部会议上，市纪委要求广大党员干部正确处理好初级阶段与从严治党、改革开放与反腐败、生产力标准与党员标准、现行政策与党章要求的关系；划清6个界限，即发展经济、探索新路子与利用职权、钻政策空子以权谋私的界限；推行行政首长负责制、正确行使行政首长权利与专横跋扈、滥用职权搞个人专断的界限；在经济责任承包、租赁经营、股份分红等形式下党员干部按合同规定应得的个人合法收入与利用职权、采取非法手段谋取非法收入的界限；在业务购销活动中正常的礼尚往来与行贿受贿的界限；在经济交往中必要的应酬招待与公款吃喝、挥霍浪费的界限；企业科技人员兼职咨询所得额外收入与擅离职守、不务正业、损公肥私搞非法收入等方面的界限。

1991年，市纪委根据省委提出“党委领导、政府负责、行业主管、纪委协助、各方配合、条块结合、综合治理”的“纠风治乱”（纠正不正之风，治理乱收费、乱罚款、乱摊派）工作要求，发挥各级纪检组织的作用，督促有关部门全面清理小金库，加强对预算外资金的管理。

2000年元旦、春节前夕，市纪委重点对违规收受礼金、礼券、礼卡问题进行查处。下半年，在全市党员干部中开展以胡长清、成克杰等为反面典型的警示教育，组织部分镇乡领导干部到法院旁听庭审；加强对领导班子民主生活会的监督。

廉政账户

2001年2月，市纪委、监察局会同中国人民银行萧山支行，在工商银行萧山支行设立“581”廉政专用账户，为有关人员上交礼金、礼券、礼卡开辟通道。至年底，直接缴入“581”廉政专户的金额112万余元。

第二节　违法违纪案件查处

1985年9月，建立打击经济领域严重犯罪活动联席会议制度及其办公室（简称经打办，下同），由县纪委牵头，县委政法委、公安局、检察院、法院、审计局、财税局、人民银行萧山支行等为成员单位，加大打击经济领域里严重犯罪活动的力度。是年，县纪委重点抓了对历史案件的复查，对13名受过党纪处分的党员违纪材料进行甄别，其中4人被恢复党籍。

1987年，根据县委“经济一定要搞活，党风一定要端正”的指导思想，县纪委重点查处将个人经济负担转嫁于乡镇企业和在建造私房的过程中侵占集体经济利益的以权谋私案件，对违纪党员干部予以查处。

1989年，市纪委主要查处违反控购政策、购置控购物品、建造私房中侵占集体经济利益、公款旅游等案件。是年8月，市纪委对党政干部低价购买高档耐用消费品的“补差”工作进行专题部署。至年底，全市73名党政干部和公用事业单位公职人员补差30155.50元，全部上缴国库。是年8月至翌年7月，全市开展清理党政干部违法、违章、违纪建私房工作，对党员干部属于“三违”所建的209处私房，分别作出补办手续、补缴“三材”（钢材、木材、水泥）差价、超面积折价或拆除等处理，其中有4名干部受到党纪、政纪处分。

1991年起，全市党员干部违纪违法案件主要表现为以权谋私、贪污受贿、失职渎职、聚众赌博、腐化堕落等行为。市纪委除查处上述案件外，对抵制改革开放、破坏农村家庭联产承包责任制、拒不执行落实党和政府关于搞活企业的政策规定、阻碍对外开放政策实施、违反组织人事纪律、违反计划生育和土地管理政策等违法违纪案件，逐一予以查处。是年共查处案件152起，其中经济类60起、赌博55起、生活腐化16起、其他21起。1995年，市纪委重点查办党员干部贪污受贿、挪用公款、以权谋私、失职渎职等案件。同时，党员干部涉及金融、建筑、流通领域的经济案件呈增多趋势。

1997年4月，市委办公室、市政府办公室下发《关于在全市开展禁毒禁赌工作的意见》（市委办〔1997〕75号），市纪委加大对党员干部“双禁”（禁毒、禁赌）案件的查处力度。是年，先后查处两例党员涉毒案，同时查处干部收受礼金、兼职取酬、私开公车、利用职权经商办企业等案件。6月，市纪委印发进一步加强纪检监察查办案件工作的通知，严厉查处党员干部“双禁”案件。翌年，市纪委重点查办“三机关一部门”（党政领导机关、行政执法机关、司法机关和经济管理部门）中违反政治、组织纪律和贪污、贿赂等方面的大案、要案及违反中央《关于厉行节约、制止奢侈浪费八条规定》的案件。

1999年，市纪委在查处党员干部违法、违纪案件中，呈现出“三高一低”的现象，即经济案件案值呈上升趋势；涉黄涉赌案件居高不下；村级干部和企业干部案件持续上升；市管干部违法、违纪案件呈下降趋势。是年，市纪委对18个镇乡（办事处）和17个市级机关党政干部执行通信工具使用和管理规定情况进行重点检查，对2名顶风违纪的领导干部进行查处；严格审批党政机关新建办公楼；党政机关配备小汽车实行定编管理；严禁公费旅游，控制外出学习考察，对1起公费旅游的当事人予以查处；加大对医药购销中不正之风的查处力度，有7名违法违纪人员受到查处。

2000年，市纪委仍以查处党政领导机关、行政执法机关、司法机关和经济管理部门为主要领域，重点查处党员干部违反政治纪律、贪污贿赂、徇私枉法、买官卖官、失职渎职、弄虚作假等案件，同时查处破坏社会经济秩序的案件和涉黄、涉赌、涉毒、诬告陷害和打击报复等案件。对全市党政干部121辆自用或借用的小汽车进行登记审核，严肃查处4起公车私开顶风违纪的案件，其中3名市管干部受到处分。

表22-7-494　1985～2000年萧山市（县）违纪违法案件查处

年份	违纪案件（件）				违纪党员（人）		党纪处分（件）					政纪处分（人）	受理来信来访（件）
	经济	赌博	生活腐化	其他	党员干部	一般党员	开除党籍	留党察看	撤职	严重警告	警告		
1985	21	2	18	15	15	41	10	15	1	11	19	13	779
1986	40	12	26	21	17	82	11	17	1	26	44	5	624
1987	49	15	—	41	13	92	20	27	1	26	31	7	550
1988	29	12	9	9	5	54	20	10	—	16	13	5	455
1989	41	36	13	25	23	92	42	11	6	31	26	16	512
1990	62	43	18	19	27	115	40	29	4	31	38	19	854
1991	60	55	16	21	49	103	46	37	4	34	30	25	369
1992	43	50	20	12	46	79	33	26	1	27	38	6	407
1993	31	70	21	10	16	125	28	26	7	32	39	4	513

续 表

年 份	违纪案件（件）				违纪党员（人）		党 纪 处 分（件）					政纪处分（人）	受理来信来访（件）
	经 济	赌 博	生活腐化	其 他	党员干部	一般党员	开除党籍	留党察看	撤 职	严重警告	警 告		
1994	42	63	15	10	17	113	42	19	—	27	47	6	412
1995	31	61	20	17	24	108	38	22	2	33	34	22	819
1996	47	41	18	23	43	86	45	18	2	23	41	37	1130
1997	45	95	16	21	36	141	48	19	6	30	74	34	1195
1998	35	14	15	121	10	175	41	14	6	38	86	28	1384
1999	61	3	9	104	24	165	52	10	—	37	90	16	1088
2000	52	100	10	44	19	18	40	12	2	29	114	12	1077

第三节　不正之风的纠正

1985年初，针对党政机关经商办企业和滥发奖金等不正之风，县纪委会同有关部门，对22家党政机关和党政干部所办的企业，分别采取歇业、归口乡镇企业、与机关脱钩等措施，要求69名参与办企业的干部返回机关，有关企业退还机关扶持资金51万元。翌年3～6月，全县开展党风大检查，纠正个别单位企业、行政两头发放奖金的问题，撤销县文化广播电视局下属7家公司，注销县农业局下属的9家经营性公司（站）。是年起，对党政干部队伍中购、建私房中存在的问题进行清理，责令44名区、镇乡干部补交私房建造中“三材”差额款15790元，拆除超建面积250余平方米；制止和查处部分领导干部利用职权倒卖建筑材料、冲抵购房资金、接受企业财物等违纪行为；对多占住房予以收回，退还房屋开发公司。

1987年，针对少数党政干部利用职权向企事业单位高价推销滞销苗木的不正之风，县纪委利用查处违纪案件，向各级党组织发出通报，有效制止了这股歪风。是年末，在萧山即将撤县设市之际，一些党员干部带头将家属、子女的户口突击迁入城厢镇郊，伺机办理“农转非”手续。县纪委及时予以查处，对有关党员干部进行批评教育，并将113户不符合户籍管理规定的迁入户退回原迁出地。

1988年，市纪委重点加强全市“基层所”（财税所、工商所、派出所等）的作风建设。举办培训班81期，有2039人次参加培训，建立和公开工作制度。是年，在全市108个“基层所”中，拒收礼物、现金338人次，总金额38978元，查处违纪案件23件。翌年8月，市委、市政府作出《关于廉政建设近期先抓好十件事的决定》（市委〔1989〕26号），市纪委督促有关部门，拆除公费安装私人电话154部，折价拍卖公费摩托车243辆。

1990年，在杭州铁路枢纽工程征地招工指标推荐阶段，发生有的镇乡、村干部不按政策规定办事，擅自侵占、截留指标或高价转卖指标等问题。市纪委、监察局、劳动局联合发文，对招工推荐工作进行监督检查，对36名不符合招工条件的予以纠正。是年，根据国务院《关于严禁发放、使用代币购物券的通知》精神，市纪委会同中国人民银行萧山支行等单位，对一些企业单位发放、使用有价购物券问题进行调查，使这一不良苗头得到控制。翌年，市纪委重点查处党政干部公款请客送礼、挥霍浪费问题，禁止在国内公务活动中赠送和接受礼品；清理公款安装私人住宅电话、公费配置摩托车。

1992年4月，市纪委、监察局下发在撤区、扩镇、并乡工作中必须严肃纪律的若干规定，要求党员干部必须服从组织安排，在人事任免、资产动用等方面不得乱开口子，违者将严肃处理。其间，市纪委查处1名副镇长的经济问题，责令1名镇干部退还1辆公家摩托车，处理3名违纪镇乡干部，保证全市“撤扩并”工作顺利开展。

1994年，市纪委对1992年7月至1993年10月间出国（境）的人员进行“三费”（伙食、制服、零用钱）清理。对党政机关的小轿车进行全面调查和清理，并按规定停止使用“奔驰”等6种进口豪华小轿车，对公费摩托车进行全面清理，禁止镇乡配备公费摩托车。翌年，对党政机关使用军警、外籍车牌照和装置报警器、标志灯具情况进行清理，要求7辆违规车辆办理换照手续，拆除5辆车上违规使用的警报器、标志灯具。市纪委会同财税部门对个人收入调节税执法检查和预算外资金进行清理，共查补个人所得税635万元，确立个人所得税代扣代交单位4804户，查出预算外违纪资金389.05万元。对中小学乱收费问题进行清理，全市共清理出不合理收费117.60万元。

1996年8月，市委下发《关于党政干部违反住房规定有关问题处理实施意见》（市委办〔1996〕112号），两次召开全市清房工作会议，部署清理工作，通过个人自查登记、调查核实、纠正处理三个阶段的工作，共清退住房31套，面积1930.95平方米，收（补）缴房款654.90万元。对党政机关在1992年7月以后购买排气量在2.5升以上的小汽车进行清理，全市共清理超标汽车29辆，其中省批准保留5辆，调换7辆，归还企业1辆，变卖16辆、变卖款630万元；国有企业40辆超标车按规定核发《超标准小汽车使用证》。对镇乡领导干部配备移动电话进行清理，清理不符合规定的移动电话77只，除机场建设需要暂作保留4只外，退还企业44只，镇乡拍卖27只，上交市纪委拍卖2只。

1997年，清理公费出国境旅游52人，退缴费用31.30万元；领导干部工作用车严格按标准配备；“两机”（电话机、移动电话）清理中，共归还企业移动电话68部，收交移动电话折价款62.60万元，收缴党政干部公费安装住宅电话折价款49.68万元。翌年，继续对市管干部执行话费补贴和报销制度情况进行监督检查；对全市行政村公费通信工具集中清理，共处理移动电话236部，收回折价款24.60万元，处理住宅电话353部，收回折价款40.75万元。

2000年，市纪委对执行通信工具管理使用规定情况进行检查，责成7个单位清退违规报销电话费4712.96元、住宅电话补贴25654元；检查党政机关执行车辆使用管理规定情况，对43辆公车夜间停放住宅小区的现象进行通报。为规范政府的采购行为，加强财政支出管理，提高资金使用效果，促进廉政建设，市政府印发《关于萧山市政府采购管理暂行办法的通知》（萧政发〔2000〕53号）。暂行办法规定国家机关、实行预算管理的事业单位、社会团体使用财政性资金，均实施政府采购办法，坚持公开、公平、公正、效益及维护社会公共利益的原则；市政府建立采购领导小组，制定政府采购政策，确定政府采购目录，协调政府采购管理工作，领导小组下设政府采购办公室，具体负责采购的日常工作，采购办公室下设采购中心，为采购人提供无偿服务；政府采购主要包括房屋、设施的购建、改造和维修；各项设备、办公用品、通信器材、交通工具的购置、安装、维修和保险；政府目录规定的其他大宗货物和劳务；政府采购采用公开招标、邀请招标、竞争性谈判、定点、询价和单一来源等采购方式，引进市场竞争机制；政府采购应依法签订采购合同；集中采购的货物、工程和服务，由采购中心会同采购人共同组织验收。

第八章　政法建设

市（县）委政法委员会（简称政法委，下同）成立以来，按照市（县）委、上级政法委的部署，统一政法各部门的思想和行动，对政法工作作出部署，并督促落实；组织、协调、指导全市（县）维护社会稳定工作；支持和监督政法各部门依法行使职权，协调政法各部门配合工作；指导、督促、检查基层政法综治组织的工作。

第一节　队伍建设

中共萧山市委政法委员会前身为中共萧山县委政法委员会，始建于1982年3月15日，下设办公室。1988年1月，改称中共萧山市委政法委员会。1988年6月22日撤销，建立中共萧山市委政法领导小组。1990年6月9日，恢复中共萧山市委政法委员会。是年，全市各区、镇、乡均建立政法办公室，共有政法干部385人。

1991年5月15日，成立萧山市社会治安综合治理委员会（简称市综治委，下同），下设办公室（简称市综治办）。1992年6月，全市31个镇乡均建立社会治安综合治理委员会及其办公室，共有成员310人。

1999年2月，建立萧山市维护社会稳定领导小组，下设办公室（简称市维稳办）。2000年4月28日，建立萧山市委处理“法轮功”以及对社会有危害的气功组织问题领导小组，下设办公室（简称市委610办公室）。至2000年，市、镇乡两级均建立社会治安综合治理委员会及其办公室，共有成员315人。

第二节　综合治理

维护社会稳定

1982年至1991年5月，市（县）委政法委主要是做好政法各部门之间的协调工作，组织研究有争议的重大、疑难案件，组织调查、协助处理抗法的重大事件等。

1991年10月，市委、市政府批转市综治委《关于萧山市社会治安综合治理五年规划的报告》（市委〔1991〕53号）。1992年，建立萧山市见义勇为基金会，以弘扬社会正气。

1993年7月、12月，分别召开市综治委全体会议，通报“三打一禁”（打击团伙犯罪、打击“车匪路霸”、打击拐卖妇女儿童和查禁卖淫嫖娼）情况，建立综治委联络员制度。

1994年5月16日，市委、市人大、市政府、市政协领导听取全市7大系统对社会不安定因素的分析，研究对策，提出措施。7月22日，召开全市夏季治安及路边饭（旅）店综合治理工作会议，要求有条件的村建立联防分队，发动群众开展护村、护厂、护路活动。8月19日，市委常委会研究开展整治农村治安工作有关问题。8月27日，召开全市开展整治农村社会治安动员大会，要求各镇乡在一个村进行试点，推动农村社会治安整治工作的开展。翌年，市委政法委组织协调政法各部门平息群体性事件6起。

1997年4月30日，市委、市政府召开全市禁毒禁赌工作会议，对全市禁毒工作进行动员部署，并于当晚组织集中行动。之后，建立市禁赌禁毒工作领导小组，下设“双禁”办公室，指导全市“双禁”工作。各镇乡和市级机关各部门均相继成立“双禁”领导小组。是年，参与调处突发性群体事件5起。

1998年3月，为确保全国和地方各级“两会”（人大、政协）的顺利召开，对8批对象和3名重点上访者进行调查摸底，要求涉及的5个镇乡、办事处和7个部门做好工作。5月，由市委政法委牵头，对瓜沥和义盛等地业主出走、群众哄抢事件进行调查，研究对策。是年，市领导及有关职能部门接待处理集体上访事件182批，共5365人次。翌年5月8日，召开全市维护稳定工作紧急会议，对做好全市稳定工作作出部署。

2000年3～5月，在全市范围内开展不稳定因素集中排查调处工作。影响不稳定的主要原因是企业转制遗留问题、土地管理、环境保护、机场控制区落实建房安置点、城镇建设、市容管理、社会治安、交通管理、劳资纠纷九大类。是年，市委政法委牵头协调处理纠纷157件。

打击刑事犯罪

1985年，全县继续贯彻中央“严打”的方针，根据上级部署，开展各种专项整治斗争，严厉打击各种刑事犯罪和经济犯罪活动，排查整治治安混乱的地区和突出的治安问题。县委政法委重点做好公、检、法之间的协调工作，相互配合，有序开展“严打”斗争，召开宣判处理大会，依法惩治犯罪分子，维护社会稳定。

1988年5月26日起，在全市范围内开展“反盗窃”斗争，并把反盗窃斗争与整顿公共场所治安相结合。翌年春夏之交，针对市境内出现围堵交通、拦砸汽车、抢劫财物的动乱现象，市委政法领导小组协调公、检、法三方力量，彻底清查制造动乱的策划者、组织者和骨干分子，对涉案的16人依法予以处理。

1990年6月14日，全市召开加强安全防范动员大会。会后，市委政法委抽调人员，深入基层调查研究。要求公、检、法把打击的重点放在惩治杀人、放火、投毒、抢劫、强奸、重大盗窃等严重刑事犯罪分子上。是年，全市依法判处的刑事犯罪分子中，上述人员占24.52%。

1994年3～4月，市委政法委要求公、检、法加强协调，重点开展打击带有黑社会性质的流氓恶势力。7月下旬至9月上旬，以城厢镇为重点，开展反窃车专项斗争。召开公开处理宣判大会6次。翌年，市委政法委提出要把严厉打击严重涉枪、杀人、抢劫等恶性大案作为主攻目标。开展按季节专项整治的行动，春季突出打击“车匪路霸”，夏季突出打击抢劫犯罪等。

1996年4月29日，市委召开书记办公会议，研究部署开展为期6个月的“严打”斗争。5月2日，市委办公室《转发市委政法委关于在全市开展“严打”斗争的实施方案的通知》（市委办〔1996〕65号）。5月3日，召开全市“严打”斗争工作会议。5月21日晚，市委又召开书记办公会议，听取市委政法委及公、检、法、司机关对前阶段“严打”工作的情况汇报，并对下阶段工作提出要求。8月2日，召开全市深入持久开展“严打”工作会议。翌年4月，根据杭州市公安局的部署，在全市范围展开反抢劫专项斗争。召开公开处理宣判大会4次。

1999年，开展夏季“严打”整治斗争和“冬季破案攻坚战”。召开宣判大会2次；对21名涉毒犯罪人员进行公开宣判和处理。2000年，开展了为期4个月的“破大案、攻积案、追逃犯”为主要内容的破案战役。召开公开宣判大会3次。

综治防控

1990年11月，市政府对贯彻实施《浙江省机关、团体、企业、事业单位治安保卫工作条例》情况进行检查。12月下旬，召开全市社会治安综合治理工作会议，分析治安形势，总结交流经验。翌年5月20日至6月20日，在全市范围内开展“社会治安综合治理宣传月活动”，受教育32万余人次。在全市范围内开展反盗窃斗争，通过召开内线广播会，市领导发表电视讲话，印发宣传提纲等形式，营造舆论氛围。

1992年，在全市范围内再次开展社会治安综合治理宣传活动。按照市委“远学诸暨枫桥，近学瓜沥镇”的要求，市委政法委组织全市有关单位人员到奉化、绍兴、诸暨等地考察学习。是年起，全市部分镇乡组织人员，开展夜间巡逻和安全防范检查活动。

1995年夏季，市综治委先后9次组织市综治委成员，夜间赴镇乡检查治安巡逻工作。10月10～12日，市委政法委举办全市首期联防队长培训班。翌年4月4日，全市开展社会治安综合治理基层基础建设年活动。11月20～28日，组织27个镇乡的政法干部参加杭州市举办的社会治安综合治理培训班。是年，全市共有群防群治队伍584支，成员2300人。

1998年，开展政法队伍教育整顿工作。全市镇乡综治办规范化建设开展单位达95%以上。6月，开展禁毒宣传月活动，围绕“一次治安清查，一部禁毒专题录像，一次禁毒图片展，一次宣判处理大会，一次原植物种检查”展开工作。

2000年4月27日，市委、市政府在义桥镇召开全市“创安”工作暨外来人口集中居住现场会。之后，市综治委对企业外来人口管理问题进行专项整治。8月31日，市综治委会同教委等单位举办“预防青少年违法犯罪展览”，在萧山第五高级中学举行首展仪式。随后，在全市200多所中小学校巡回展出。是年，全市共有31个镇乡组建48支专职夜巡队，共有专职队员348人，兼职队员238人；有619个村(小区）建有护村(区)队，队员2806人。全市共投入夜巡资金381.5万元，装备汽车13辆、摩托车129辆。

综合治理责任制

1991年，市综治委提出综合治理目标考核意见，并在部分镇乡中开展社会治安综合治理试点。翌年，将社会治安综合治理责任制扩大到各镇乡、市级机关部门，逐级签订《社会治安综合治理目标管理责任书》，并在全市797个村中全面开展社会治安综合治理“创安达标”活动。1993年，市政府与镇乡签订《社会治安综合治理责任书》，把治安责任制列入干部目标管理之中。各镇乡与所属村、居委会以及所辖企事业单位签订责任书。年底进行考核，评出综合治理先进单位13个和先进个人5人。是年，对安全村进行考核验收，符合“创安达标”要求有238个村、27个居委会。1996年，责任书签订范围扩大至25个市级机关。是年，全市评出综合治理先进单位17个，其中杭州市级先进集体14个。命名安全村380个、居委会31个。

2000年，全市社会治安综合治理工作基本实现横向到边、纵向到底的管理目标。是年，全市推荐省级综合治理工作先进集体1个、先进个人1人；获杭州市级综合治理工作先进单位11个、先进个人5人；评出萧山市级综合治理先进单位18个；全市新创安全文明村236个、居委会52个，其中有4个村、2个居委会被杭州市命名为安全文明村和安全文明小区。

第三节　执法监督

1998年4月，市委政法委根据中央政法委《关于加强党委政法委员会执法监督工作的意见》精神，通过协调重大疑难案件、处理群众来信来访、专项执法检查等形式，加强对公、检、法、司等部门的执法监督，做到有法必依，执法必严，违法必究。对涉案当事人反映政法部门在案件处理过程存在的有案不立、打击不力、裁决不公等问题，市委政法委逐一进行调查核实，对处理不当的，督促纠正，维护当事人的合法权益。

2000年8～11月，市委政法委对1999年1月1日至2000年6月30日办理的1053起取保候审、22起保外就医案件进行检查，其中直接抽查案件20起28人，对违规操作的4起案件发出督办通知单。

第九章　统一战线

中华人民共和国成立后，萧山市（县）委坚持并完善中国共产党领导的多党合作和政治协商制度，贯彻落实“长期共存、互相监督”、“肝胆相照、荣辱与共”的方针，充分发挥各民主党派、工商联和无党派人士参政议政、民主监督、建言献策的作用，在改革开放和社会主义现代化建设中，了解情况，掌握政策，调整关系，安排人事，使统一战线在萧山的事业不断得到发展和壮大。

中共十一届三中全会后，市委台湾工作部门，贯彻“和平统一、一国两制”的大政方针，宣传党和国家对台工作的方针、政策，组织、指导、管理、协调涉台工作，加强“两岸”之间交流与沟通，为台胞到萧创业提供服务，发挥台属联谊会作用，帮助台胞、台属解决实际困难，维护其合法权益。

第一节　工作机构

中华人民共和国成立后，历届县委重视统战工作和统战机构队伍建设[①]。

1985年，全县统战工作由县委统战部负责。1988年1月，县委统战部改名为萧山市委统战部；3月，设立萧山市台湾同胞接待站。1992年3月6日，建立萧山市人民政府台湾事务办公室，与市委台湾工作办公室合署办公，两块牌子，一套班子。1997年5月，市委统战部、市民族宗教事务局合署办公，内设办公室、工商党派科、民族科、宗教科、台湾同胞接待站5个职能科室。1998年，萧山市人民政府台湾事务办公室实行机构单设。

①萧山解放初期，统战工作由县委直接负责。1953年1月，县委正式建立统一战线工作部。1959年，县委设立对台工作组。1963年5月，统一战线工作部由县委宣传部兼管。1965年11月起，县委统战部被撤销，统战工作处于瘫痪状态。1968年3月，萧山县革命委员会成立，原先由宣传部兼管的统战工作归属于县革委会下设的政治工作组。1977年5月，县委恢复建立宣传部，统战工作仍由县委宣传部兼管。1978年12月，县委恢复建立统一战线工作部。1979年9月，建立萧山县委对台工作小组，办公室设在县委统战部。1983年4月，成立萧山县人民政府台湾同胞接待办公室，与县委对台工作小组办公室合署办公。

第二节　多党合作

1978年恢复县委统一战线工作部后，纠正在统一战线工作中“左”的错误，支持民主党派、工商联恢复组织活动。1979年10月，中国民主促进会萧山县委员会（简称民进，下同）恢复组织并开展活动[②]，全县共有民主党派成员23人，县级民主党派组织1个。1987年1月，萧山县工商业联合会（简称工商联，下同）恢复活动。同时，萧山县委统战部支持和帮助中国民主同盟（简称民盟，下同）、中国农工民主党（简称农工党，下同）和九三学社建立民主党派基层组织。1984年10月，成立民盟萧山小组；1986年9月，成立民盟萧山支部。1988年9月，中国农工民主党萧山市支部委员会成立。1989年6月，成立民盟萧山市委员会。1990年2月，九三学社萧山支社成立。到2000年底止，全市共有中国国民党革命委员会（简称民革，下同）、民盟、中国民主建国会（简

②详见《民主党派　工商联》编《中国民主促进会萧山市委员会》章。

称民建，下同）、民进、农工党、中国致公党、九三学社7个民主党派组织或成员，共309人。其中有民盟萧山市委员会、民进萧山市委员会、农工党萧山市总支部委员会、九三学社萧山市基层委员会4个民主党派为市级组织。民盟、民进、农工党、九三学社都有办公场所和活动经费，民盟、民进和农工党均配备专职干部。

市委统战部帮助民主党派、工商联加强自身建设，组织民主党派、工商联、无党派代表人士参加辅导报告会、培训班，每年输送4至6名党外中青年骨干参加上级民主党派组织举办的各类培训班。1989年起，建立由各民主党派、工商联负责人参加的“双月学习座谈会”制度，市（县）委领导联系民主党派组织制度、市（县）委领导与民主党派负责人谈心交友制度、民主党派与政府有关部门对口联系制度、多党合作和政治协商制度逐步完善。1997年，支持和协助各民主党派、工商联做好换届改选工作，帮助民主党派、工商联顺利实现组织上的新老交替，完成政治交接。自1999年起，每两年举办1期民主党派、工商联和无党派代表人士中青年骨干培训班，提高党外人士政治鉴别力和合作共事能力。

1985～2000年，民主党派成员和无党派人士担任市（县）人大、政府、政协及有关部门的领导有19人次。1987～2000年，在市（县）两会期间，民主党派和工商联递交提案、议案1489件，其中被评为优秀提案43件；大会发言57次。

至2000年底，萧山市各民主党派担任各类监督员、行风评议员、人民陪审员共有36人次。其中民盟8人次、民进10人次、农工党9人次、九三学社9人次。

①解放初，县人民政府办公室兼管宗教事务工作。1956年，县政协成立后，下设宗教工作组，配合宗教界各学习分会，团结全县宗教界人士，参与全县政治协商、民主监督，保障正常的宗教生活。“文化大革命”中，教堂、寺院被占用或拆毁，公开的宗教活动被迫停止。粉碎江青反革命集团后，党的宗教信仰自由政策又得以继续贯彻执行。1980年，县政协恢复活动后，第五届政协始设宗教工作组。1982年10月，县人民政府设立宗教事务科，进一步落实宗教政策，保护正当的宗教活动，被占用的教堂、寺院，该清退的开始逐步清退，其中具有文物价值的寺院保护待修。1984年，县政协改设民族宗教工作组。至1984年末全县有少数民族10个，166人，占全县总人口的0.02%。（资料来源：萧山县志编纂委员会：《萧山县志》，浙江人民出版社，1987年，第981页；萧山政协志编纂委员会：《萧山政协志》，方志出版社，2006年，第286页）

表22－9－495　1987～2000年萧山民主党派、工商联议案、提案

项　目	民盟	民进	农工党	九三学社	工商联
提案 议案（件）	416	500	260	100	213
大会发言（次）	15	20	8	6	8
优秀提案（件）	11	13	10	9	—

第三节　民族宗教工作

1949年5月萧山解放后，党和政府重视民族宗教工作[①]。1987年，县政府设立民族宗教事务科。1996年5月，为加强对民族宗教工作的管理，建立市民族宗教事务局，与市委统战部合署办公。

民族工作

萧山为汉族聚居区，其他民族均因工作、婚嫁等原因迁入。[②]1985年后，萧山的少数民族人口逐渐增多，少数民族工作被列入政府工作议事日程。

②1984年末，全县有少数民族10个，共166人。其中回族59人，满族26人，蒙古族26人，壮族20人，畲族18人，彝族5人，侗族4人，朝鲜族4人，高山族2人，瑶族2人。（资料来源：萧山县志编纂委员会：《萧山县志》，浙江人民出版社，1987年，第198页）

1988年，建立萧山市少数民族联络组。1998年，开展《中华人民共和国民族区域自治法》《中华人民共和国城市民族工作条例》《中华人民共和国民族乡行政工作条例》（简称“一法两条例”）颁布实施5周年宣传工作。2000年，市政府印发《关于加强我市少数民族工作的通知》（萧政发〔2000〕111

号），确定支持少数民族的一系列特殊政策，对本市户籍的少数民族小学生免交杂费，对本市户籍初中升高中的少数民族考生给予降10分录取等优惠政策，使少数民族能更加充分地享受到民族平等的权利。帮助少数民族解决生产、生活、子女就学等实际困难，以体现民族大家庭的温暖。至2000年底，全市共有少数民族24个，2491户、人口2735人。新增人员以婚嫁到萧山的少数民族女青年为主，主要来自广西、湖南、贵州等省、自治区。

宗教工作

1985年起，依据党的宗教政策，经政府批准开放一批寺院教堂。1992年，开展宗教活动场所登记工作，至1995年底，登记场所共42处。1996年，市政府出台《萧山市寺庙管理办法》（萧政〔1996〕2号），对开放、保留、清除作了明确规定。1996年，基督教登记场所150处（其中登记场所82处，附带68处）。

1998年，市民族宗教事务局对基督教信徒进行数量调查，共有基督教信教户22505户，占被调查总户数的7.1%；信徒总数为53877人，占被调查总人口的5.3%；信教家庭总人口为70541人，占被调查总人口的7%。

2000年9月，组织5个天主教堂点负责人学习省、杭州市宗教工作协调小组《关于抵制梵蒂冈“封圣”活动》指示精神，坚决抵制梵蒂冈“封圣”反华行径。10月1日，各堂点都自行张贴爱国标语，插上国旗。至2000年底，全市佛教、道教、基督教、天主教场所229处。

第四节　联谊活动

对台联谊

根据党的对台方针政策，重点工作是落实台胞台属政策、安排境外会亲、安置定居台胞和接待来萧探亲、旅游、考察的台胞。1988年9月，成立萧山台属联谊会，加强海峡两岸民间组织的联系，拓宽对台工作领域，为引进台资和外贸牵线搭桥。1998年，开展去台人员在萧台属的调查工作，萧山去台人员近2000人，在萧台属近20000人。

1985～2000年，先后接待台胞3021人次，组织赴台探亲、探病和经贸考察254人次。

侨务联络

1980年8月，建立萧山县人民政府侨务办公室，在统战部办公，负责全县侨务工作。1988年1月，改为萧山市人民政府侨务办公室。至2000年，全市共有华侨、外籍华人及港澳同胞735户、8598人，侨眷2104户、10321人（其中归侨18人），分布在美国、加拿大、日本等国家和中国香港地区。

1986～2000年，先后接待回乡探亲、旅游、商务考察的华侨、华人及港澳同胞4013人次，为萧山社会事业发展捐钱捐物34项，总价值460万元，其中香港同胞魏天钦捐赠150万元用于传关医院建设。1986～1994年，全市侨汇收入6861657元。1986～2000年，共引进项目21个，总投资额5189.70万美元。

第十章　其他党务工作

1985～2000年，萧山市（县）委围绕经济和社会发展重点、难点、热点问题，开展各种专题调查研究，为决策提供参考。拟定各项重要政策，促进经济建设和社会事业协调发展，加快率先实现小康社会的步伐。加强市级机关党组织建设，做好党员队伍的思想、组织和作风教育工作，强化目标管理，开展“争创先进党支部、争当优秀党员”活动，增强党组织的凝聚力，保持党员的先进性，树立勤政为民的良好形象。落实老干部的政治待遇和生活待遇，创办活动中心，开展文化娱乐活动，丰富老干部的精神文化生活。经常向老干部通报全市重大决策和发展情况，听取和吸纳他们的意见和建议，发挥老干部的余热，使他们做到老有所学、老有所乐、老有所为。

第一节　党校教学

1949年6月成立萧山干部学校，1960年4月更名为中共萧山县委党校。“文化大革命”期间党校解体。1970年10月，恢复中共萧山县委党校。至1960年4月，共举办短期干部培训班38期，主体教学对象为各级领导干部。1988年1月1日，更名为萧山市委党校。1989年，全市67个镇乡均建立党校。1991年，全市基层党校增至75所，其中镇乡67所、系统2所、农场1所、企业5所。

主体教学

萧山市委党校和基层党校通过举办各类培训班，进行系统的政治理论以及科学文化知识学习，提高全市各级干部的马克思主义、毛泽东思想、邓小平理论、“三个代表”重要思想的政治素养和文化水平，培养和造就一批中青年后备干部。

1988年，举办乡镇领导干部岗位培训班、市级机关领导干部培训班各1期。1991年，举办领导干部培训班3期，分别对市级机关和区、镇乡党政正职中青年干部进行培训。翌年，举办领导干部学习社会主义理论培训班3期。

1993年，萧山市委批转市委组织部、宣传部、市委党校干部轮训的6项制度：市委每5年制订一次全市干部培训规划，每年制订年度计划；每个市管在职领导干部在每届任期内至少到党校进修一次；市委组织部和党校把干部培训情况列入干部考核、考察内容；每期学习班结束后，向市委组织部、党校、干部所在单位汇报情况；建立和填写《领导干部培训情况登记表》《干部学习考核表》；组织部门在考察干部时，把干部参加学习培训情况作为提拔使用的重要依据。至此，全市市管干部、青年后备干部和村级支部书记三级干部的培训实现制度化、正规化、经常化。

1993～2001年3月，市委党校举办市管干部培训班27期，学员1743人；镇乡干部培训班4期，学员324人；村级干部培训班24期，学员2280人；中青年干部12期，学员526人。

学历教学

学历教学旨在提高萧山市党政干部及企业管理人员政治、理论和文化素养。萧山市委党校学历教学经历由脱产到业余、由低到高（中专、大专、本科）的过程，设置行政管理、经济管理和法律等专业。1984年，开设干部中专班，学员39人，均为脱产学习。

1987年，与省委党校、浙江《共产党员》杂志编辑部联合创办中专刊授政治专业学校，毕业学生666人。翌年，与省职工政治大学联合举办经济专业专科班，成立萧山教学站。1990年3月，依据省教委《关于成人教育联合办学若干问题的意见》的通知精神，不再联合办学。

1993年，经省职工大学批准，市委党校成立萧山教学站，试办高等教育行政管理“专业证书”教学班。根据省委党校〔1992〕76号文件精神，市委党校与中央党校合作，举办中央党校函授大专班。

1996年始，与中央党校合作开设本科班，设有中央党校函授学院经济管理专业，中央党校成人教育学院政工专业。至2001年3月，累计中专毕业705人、大专专业证书1564人、大专毕业153人、本科毕业456人；在读党校学历教学学员870人。

短期培训

市委党校与有关部门合作举办系统培训班。开设军队转业干部培训班、干部短期轮训班、政权建设轮训班、马克思主义哲学读书班、科学共产主义理论读书班、中专应届生复习班、宣传干部轮训班、妇女干部轮训班、镇乡党校师资轮训班、区乡镇民政干部轮训班、组织纪检干部岗位培训班、司法干部轮训班、国防教育师资培训班、百强企业领导干部培训班、外向型企业领导干部培训班、民主党派支部委员培训班等。

社会讲学

党校教师除做好本职工作外，还参与社会教育活动。走出校门，为市级机关各部门、镇乡及企事业单位讲授马克思主义理论、政治经济学、党史、党建理论和党的基本路线，进行国情教育和各个时期的方针政策、时事政治宣传。据统计，1984～1990年，累计讲课1147场次，参加听课7.7万人次；1991～2000年，每年均在100场次、1万人次以上。2000年10月9日，为增强教学的实践性，提高党校教育质量，市委党校举行兼职高级讲师聘任仪式，15位市级机关有关部门负责人被聘为高级讲师。

第二节　机关党建

中共萧山市委直属机关工作委员会（简称市直机关党工委，下同）前身是中共萧山县委直属机关工作委员会，始建于1982年1月。1988年1月起，改称中共萧山市市级机关委员会。1996年11月改为现名。

市直机关党工委是市委的派出机构，主要负责市级机关党组织的思想、组织、作风和精神文明建设，做好党员的教育、管理、监督和入党积极分子的培养、考察、发展工作；审议和批准党员违反党纪案件的处分决定；开展机关党组织年度工作目标管理考核和总结评比工作。

思想教育

1985年，县直机关党工委部署开展以“统一思想、整顿作风、加强纪律、纯洁组织”为主要内容的整党活动。县直机关31个党组织、490名党员参加整党，其中不予登记2人，缓期登记1人，处理违纪党员5人。翌年，以从严治党、巩固和发展整党成果为重点，采用集中辅导、分散学习、统一考试的方法，共举办学习辅导课9次。

1995年，在党员中开展“坚持新时期共产党员标准”大讨论，在市级机关中评选出15名“我最佩服的共产党员”和5件“我最感动的事”。是年，机关党员干部为贫困失学儿童捐款21.7万元。翌年，开展新党章学习活动，对1262名党员分期分批进行培训，组织1286名党员参加理论知识测验。

1997年，组织党员干部学习中共中央、全国人大常委会、国务院、中央军委《告全党全军全国人民书》《邓小平伟大光辉的一生》等重要文献，观看大型文献纪录片《邓小平》；开展《社会主义精神文明建设》和《讲学习、讲政治、讲正气》知识测验，共有956名党员参加；开展“迎回归、庆七一”为主题的系列活动，庆祝香港回归祖国和建党76周年。是年，市直机关党校被评为省级先进基层党校，市直机关党工委被评为市“十佳机关”。

2000年，组织党员干部学习《中共中央关于加强和改进思想政治工作的若干意见》，探索思想政治工作新路子。要求机关党务工作者增强政治意识、大局意识和责任意识，坚持“一岗双责”（同一岗位担负两种职责，即行政干部既要做好经济工作，又要做好职工思想政治工作），带头做好党员干部思想政治工作。

党建活动

1985年末，县直机关共有党支部31个，党员490人。1989年，市级机关党工委举办培训班，组织67名建党对象系统学习《中国共产党章程》《党内政治生活若干准则》和党史等理论知识，并进行考试，平均得分88.13分。翌年，市级机关开展党组织换届工作，22个党支部进行换届改选，占应换届的95.65%。是年末，市级机关共有党总支4个，党支部57个，党员802人。

1992年6月，成立市级机关党校，当年举办党务工作者、建党积极分子、理论骨干培训班4期，参训252人。组织20名党总支、党支部书记和党务工作者参加中央党校举办的党务干部业务知识培训班。翌年起，在市级机关开展“民主评议党支部、民主评议党员”活动，并形成制度。是年，评出一类党支部20个，二类党支部36个，三类党支部1个；不合格党员4人。

1999年，市直机关新建党委1个，党支部6个，换届改选党支部19个，发展党员40人，预备党员转正55人；查处受贿、赌博等违法、违纪党员11人，其中开除党籍8人、留党察看1人、党内警告2人。是年，全市金融系统10个党支部（总支）从市直机关党工委管理序列中划出。

2000年，加强对挂靠党员、流动党员和外出党员的管理，指定专人负责，提供学习资料、督促定期汇报思想，并在市人才中心建立流动党支部。8月起，在市直机关实行发展党员公示制。是年，市直机关到期换届党支部15个，发展党员49人，预备党员转正22人。至年末，市直机关共设党委1个、党总支9个、党支部92个，党员1566人。

目标管理

1985年3月，县直机关党工委转发县人事局机关党支部的“双争规划”，在县直机关中开展“争创先进党支部、争当优秀党员”活动。1987年起，试行党支部工作目标管理，把党员教育、组织建设、加强思想政治工作、端正党风作为主要内容，实行百分考核。翌年，建立和完善“群众评议党员”、“支部讲评党员”等10项制度，促进党内生活规范化。1999年起，在市直机关党组织中推行支部委员责任区、党员联系户制度。2000年，继续完善党内“双争”、“双评”目标管理制度，采取量化管理的办法，使目标管理更具可操作性。经年终考核，市纪委机关党支部等6个党支部被评为市级先进基层党组织，丁云莲等15名党员被评为市级优秀党员。

第三节　老干部工作

萧山实行干部离职休养制度始于1980年10月。1984年2月，建立萧山县委老干部局。1988年4月，更名为萧山市委老干部局，主要负责离休干部管理服务工作。下设老干部活动中心和老年大学。1985年底，全县有离休干部244人（红军时期1人，抗日战争时期77人，解放战争时期166人），其中十四级以上享受地专级待遇的9人、十八至十五级享受县处级待遇的101人。至2000年底，全市有离休干部332人

（含省、市垂直管理人员。红军时期1人，抗日战争时期76人，解放战争时期255人），其中享受地专级待遇的8人、享受县处级待遇的143人。易地安置28人，去外地定居23人。①

工作机制

1985年1月，萧山首次召开老干部工作会议。自此形成制度，每年召开一次工作会议。按照“统一指导，分级管理，原单位负责”的原则，逐步建立起老干部工作机制。1986年开始，按各系统自查、市（县）检查组重点检查和抽查的方式，每两年进行一次老干部工作检查。重点检查领导是否把老干部工作列入议事日程和各项待遇落实情况。是年6月，首次开展评选全市离休干部先进个人、先进学习小组和老干部工作先进个人、先进集体活动。2000年，市委办公室下发《萧山市离休干部管理服务工作实施意见》（市委办〔2000〕59号），使老干部管理服务工作做到有章可循。是年8月，市委组织部、老干部局联合印发《老干部工作目标管理责任制》考核意见，年终各单位开展自查自评，市委组织部和老干部局组织抽查，通报考核情况，并将考核结果作为每两年一次评选表彰老干部工作先进集体和个人的重要依据。

政治待遇

组织学习　凡有离休干部3人以上的局（公司），建立学习小组；有党员3人以上的，建立党小组（支部）。各大系统和主管局建立活动室。分散居住在城厢镇以外地区的，以临浦、瓜沥为中心建立学习小组和活动室。1985年，全县有离休干部学习小组15个、党小组（支部）4个、活动室5个。各主管局坚持每月一次学习有关文件或政治理论，发挥老干部自己教育自己、自己管理自己、自己服务自己的作用。各党支部开展各项政治活动，定期过组织生活，协助单位做一些力所能及的工作。1986年1月起，在老干部活动中心建立文件阅读室，老干部可按规定范围阅读文件。1991年7月9日，由市委组织部、宣传部和老干部局联合举办第一期离休干部理论读书会。从此形成制度，每年举办一次。读书会内容根据国内外形势选定课题。学习方法有阅读文件和资料、教师讲课、小组讨论、组织参观重点工程等。是年，全市有学习小组29个、党支部（含离退休混编支部）14个、活动室29个。

参加会议　市（县）党代会、人代会和政协等重要会议，每次选派老干部参加。1987年3月，县第八次党代会，唐功成、李璧笃当选为代表，并为主席团成员。是年4月，丁守安、周焕君为县第九届人代会第一次会议列席代表。1988年“七一”节，市委举行离休干部代表座谈会，听取老干部们对物价、工资、党风、治安等方面的意见，并通报经济建设、财政收支、党风建设等情况。1989年5月，纪念萧山解放40周年，市委专门邀请当年参加解放萧山的部分老干部座谈、参观。庆祝中华人民共和国成立40周年时，市委邀请享受县处级以上待遇的离休干部参加国庆座谈会。1995年8月15日，市委、市政府举行隆重仪式，向95位参加过抗日战争的离休干部颁发抗日战争胜利50周年纪念章。1998年10月，纪念改革开放20周年，市委召开部分离休干部座谈会，20

①至1984年底止，全县已办理干部离休207人（不含易地安置和在萧省、市属单位离休干部）。其中：第二次国内革命战争时期1人，抗日战争时期82人，解放战争时期124人。离休干部享受地、师级政治、生活待遇的7人，享受县、团级政治、生活待遇的97人。

离休干部按照基本政治待遇不变、生活待遇略优的原则，1984年2月前，由县委组织部、县人事局安排管理。2月，县委老干部局建立，此后离休干部实行分级管理，在县委老干部局的指导帮助下，由所在单位管理。1984年底，萧山县委老干部活动中心竣工，设有阅览室、图书室、棋类室、球类室、休息室和会议室，为老干部提供固定活动场所。（资料来源：萧山县志编纂委员会：《萧山县志》，浙江人民出版社，1987年，第739页）

图22－10－769　1999年9月23日下午，市委、市政府举行向离休干部颁发庆祝中华人民共和国成立50周年纪念章仪式。全市332名离休干部获此殊荣。市委、市政府向离休干部代表颁发和佩戴纪念章（傅宇飞摄）

位离休干部畅谈萧山改革开放20年所发生的巨大变化。1999年9月23日，市委、市政府在城厢镇举行隆重仪式，向332位离休干部颁发中华人民共和国成立50周年纪念章。

节日慰问　每年春节，市委召开离退休干部代表迎春茶话会，慰问老红军、享受地专级待遇和享受地专级两项待遇的离休干部和曾任副市（县）实职以上的离退休干部，以及已故离休干部遗属。1999年春节，杭州市委、市政府和萧山市委、市政府联合召开迎春茶话会，慰问曾任副市（县）实职以上的离退休干部。2000年春节，杭州市委组织部和萧山市委组织部，代表两级市委、市政府慰问曾任副市（县）级以上职务的离退休干部。

参观考察　1995～2000年，组织享受地专级待遇和曾任副市（县）实职以上的离退休干部，参观考察杭甬高速公路萧山段、萧山广播电视大楼、钱江观潮度假村、萧山污水处理厂、杭州萧山机场、萧山经济技术开发区等重要建设工程。1998年3月，组织部分离休干部参观周恩来诞辰百年图片展。2000年4月，组织全市300多名离休干部参观毛泽东遗物展。是年，还组织全市离休干部开展“看萧山新貌，谈历史巨变”活动。

生活待遇

工资福利　老干部离休后，除原工资照发、生活福利待遇不变外，还按规定每年分别加发一个月、一个半月、两个月的标准工资。在住房、医疗、用车等方面给予优先照顾。因病而生活完全不能自理的，发给一定数额的护理费；因公致残，需购置病残工具而本人有经济困难的，酌情给予补助；离休后本人如未探视过父母、子女或回籍的，可报销一次往返车船费；“85工改”前行政十四级、十八级以上的离休干部，经批准可分别享受地专级和县处级政治生活待遇；每年由各单位专门列出公用经费、特需经费，用于组织离休干部的各项活动和困难补助。1999年10月1日，为全市320名离休干部颁发《杭州市离休干部优待证》。

住房安排　通过“建、买、修”三种办法，分期分批解决老干部的住房问题。1986年止，应解决住房问题的离休干部有250户，其中243户达到标准，占97.2%。1989年，财政拨款解决4户离休干部的住房，补助2位离休干部住房修缮费，调整和改善一些老干部的住房地段和条件，使全市离休干部的住房基本达到规定标准。

医疗保健　1985年，拨款15万元，在县人民医院建立“老干部病房”，设床位15张，是年6月1日开始收治病人。对卧床不起的老干部，则开设家庭病房，定时看病送药。离休干部转上级医院治疗的医药费，由公费医疗办公室实报实销。在单位发生的医药费，不足部分予以补足。对药品规定报销范围，根据不同情况予以放宽。1991年10月始，为照顾抗日战争时期参加革命工作、离休前担任过正副科长职务和解放战争时期参加革命工作、离休前担任过县处级职务的离休干部的医疗保健，可享受公费医疗卡待遇。全市有55名离休干部提高享受这一待遇。1994年，为30名抗日战争时期参加革命工作的离休干部补办一号医疗卡待遇。离休干部每两年进行一次体检，建立健康档案。

四费补贴　1988年1月始，离休干部人均每年350元公用经费，除50元用于活动室开展活动外，其余300元由本人包干使用。1997年，离休干部公用经费提高到600元，特需经费提高到300元。

1987年，享受地专级待遇的离休干部交通费，每人每月15元，享受县处级待遇以下每人每月6元。1990年、1992年、1993年分别作了调整和提高。1997年5月起，县处级及以下离休干部交通补贴费每人每月调整为25元。

1989年4月起，80周岁以上的离休干部，每月发给护理费51元。1990年，享受地专级待遇年满70周岁的离休干部和抗日战争时期参加革命工作年满75周岁以上的离休干部，每月发给护理费51元。1997年5月起，享受护理补贴费范围扩大到全体抗日战争时期参加革命工作的离休干部以及解放战争时期参加革命工作年满70周岁的离休干部。未满70周岁的离休干部可从满70周岁当月起发给护理补贴。2000年起，调整护理费标准。红军时期、抗日战争前期和抗日战争后期参加革命工作的离休干部，护理费由每人每月100元，分别提高到200元、160元和130元。生活完全不能自理的离休干部，护理补贴费由每人每月80元提高到300元。

1997年11月起，全市党政机关离休干部分别按不同标准给予电话费补贴。2000年5月，全市220余名企事业单位离休干部住宅电话费亦参照党政机关离休干部标准补贴。

遗属补助　部分离休干部配偶无固定收入，当离休干部故世后，给配偶生活带来一定困难，各级领导和有关部门给予照顾。1989年中秋节前，老干部局组成慰问小组，对已故离休干部遗属进行走访慰问。1992年，全市有无工作、无劳保的离休干部家属和遗孀72人，其中符合“农转非”条件的有30人，分批予以解决“农转非”。春节前夕，由财政拨款1.57万元，作为“双无”人员的生活困难补助。1994年，对遗属的房改，每户补助1000元。对红军时期和抗日战争时期参加革命工作的离休干部配偶，凡无固定收入的，其医疗费可按照公费医疗、劳保医疗规定的开支范围，在已故离休干部生前所在单位报销。2000年，向51名“双无”家属共发放1.2万余元生活困难补贴。

疗（休）养　每年夏季，组织享受地专级待遇和享受地专级两项待遇及80岁以上的离休干部，赴富阳、桐庐、五云山、天目山等地避暑疗休养。对平时患病住院或在家养病的老干部，老干部局组织探望慰问。1989年起，每年老人节为70周岁以上离休干部举行祝寿活动，赠送蛋糕，合影留念。

供应服务　每逢春节、国庆等节日，商业、粮食等部门或设专柜，或在活动中心设临时供应点，为离休干部优惠供应肉类、禽类、水产、粳米、烟酒等食品。夏季则供应啤酒、西瓜、绿豆等。

老有所为

1985年，建立老干部活动中心，建筑面积1171平方米，设有图书、阅览、书画、棋类、娱乐、录像、电视、健身、会议、接待和理发等多种功能室，配有空调、电热式开水炉。图书室藏书3000多册，阅览室订有报刊50多种。临浦、瓜沥也分别设立80平方米老干部活动室。配备管理人员，按月制订活动计划，确定活动内容。活动中心经常举办形势、保健、花卉等讲座和照片、书画展览，组织登山、扫烈士墓和各种文化体育活动，使老干部“老有所学、老有所乐、老有所为、老有所教”。

1986年3月，36位离休干部建立“关心下一代小组”，开展对青少年的宣传教育工作。小组成员经常应邀去学校向学生宣讲革命故事，进行革命传统教育和理想教育，深受师生们的欢迎。1994年，由12名老干部组成演讲团，到各镇乡的24所学校，向学生进行革命传统、爱国主义、思想道德和法制等内容的教育，全年听讲学生共2.5万余人次。1999年，老红军唐功成受驻萧部队邀请，到部队宣讲光荣历程，传播革命传统，鼓舞官兵斗志。2000年，有10多位老干部为《学生文艺报》撰写20余篇回忆录，受教育的学生6万余人。曾经担任市（县）领导职务的老干部，被聘为萧山市经济社会发展咨询委员会成员，为政府工作的科学决策建言献计。城市总体规划和文化广场建设等重大规划和项目，有关部门均邀请老干部参与分析论证。1998年12月，市委邀请曾任副市（县）实职以上的17位离休干部，征求对市委十一届四次全体（扩大）会议工作报告（征求意见稿）的意见，并参加本次全会。2000年，参加行风监督员、“双思”教育巡视员、廉政建设监督员的老干部有20余人次。

1989年，6位离休干部组成义务物价监督小组，向市总工会职工物价监督总站报告市场调查情况，受到群众的称赞。1990年，出勤172人次，检查商品808件（次），查出违纪商品266件（次）。1989～1996年，离休干部中有42人（次）被评为老有所为“精英奖”。2000年，离休干部俞长源热心青少年结对助学，评为杭州市“十佳”离休干部。

第二十三编 人民代表大会

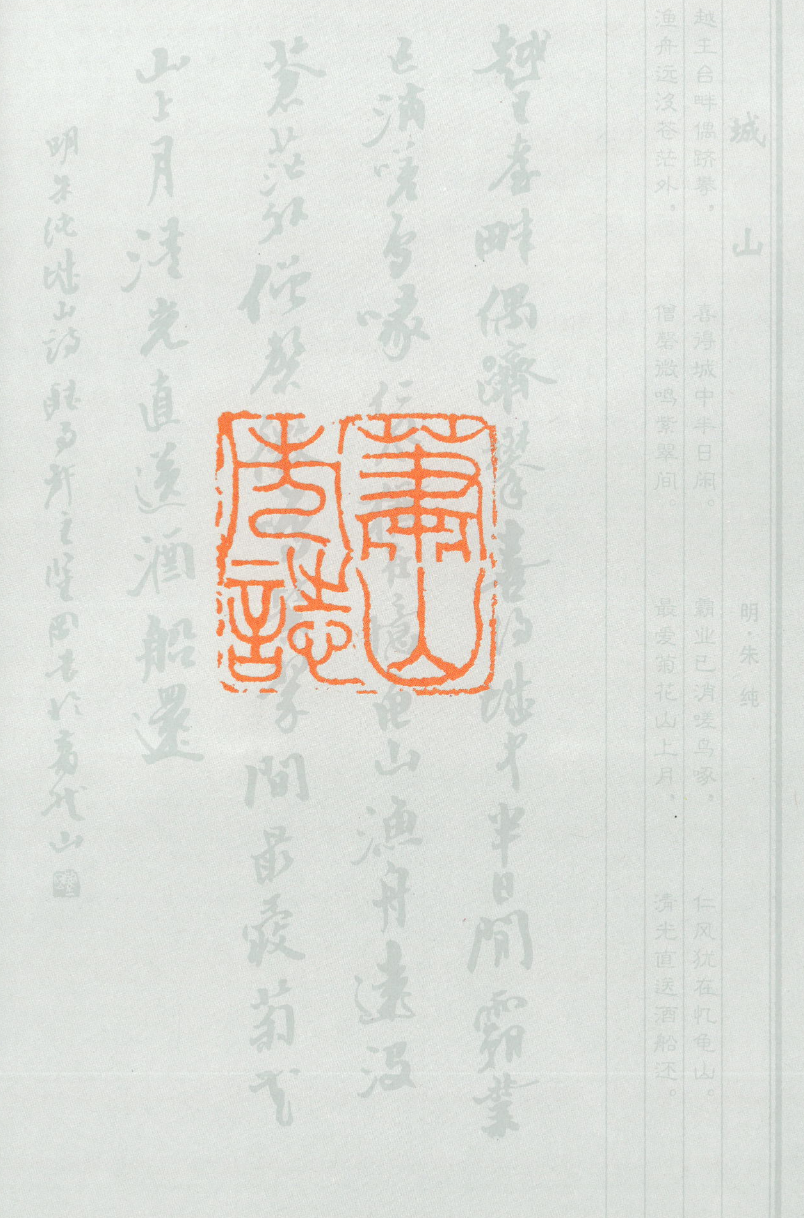

1950年，萧山开始实行人民代表会议制度，县为各界人民代表会议，乡（镇）为人民代表会议。1952年8月经省人民政府批准，县第二届各界人民代表会议代行人民代表大会职权，选举县人民政府领导成员。1954年，始实行人民代表大会制度，县、乡（镇）两级，均称人民代表大会。[①]1987年5月，召开县第九届人民代表大会。1988年1月1日，萧山县人民代表大会常务委员会更名为萧山市人民代表大会常务委员会（简称市人大常委会，下同）。1985年至2001年3月，萧山市（县）经历了5届人民代表大会及其常委会。

根据《中华人民共和国地方各级人民代表大会和地方各级人民政府组织法》规定，萧山市（县）人民代表大会每年举行一次会议，听取和审议市（县）人民政府、人民法院、人民检察院、人大常委会的工作报告，审查、批准市（县）国民经济和社会发展计划、财政预决算等报告。每届人民代表大会第一次会议均进行人大常委会组成人员和人民政府、人民法院、人民检察院（简称一府两院，下同）国家机关负责人的换届选举工作。

1984年11月萧山县第八届人大常委会第一次会议至2001年3月萧山市第十二届人大常委会第二十九次会议期间，人大常委会履行对政府、人民法院、人民检察院的法律监督和工作监督；决定经济、社会、人大工作等方面的重大事项；决定人事任免，对任命干部进行述职评议；对行政司法机关开展行政执法评议等。发挥地方国家权力机关的作用，推进全市（县）物质文明、政治文明、精神文明和社会主义民主法制建设。

①1966年5月县第六届人民代表大会第一次会议后，因“文化大革命”，县、乡（镇）两级人民代表大会的活动停止14年之久。1980年6月，恢复人民代表大会制度，召开第七届人民代表大会，并设立萧山县人大常务委员会。是年11月，公社人民代表大会制度恢复。1984年11月，召开第八届县人民代表大会。（资料来源：萧山县志编纂委员会：《萧山县志》，浙江人民出版社，1987年，第643页、651页）

第一章　人民代表大会代表

萧山市（县）人民代表大会代表（简称人大代表，下同），是市（县）级国家权力机关组成人员。市（县）人大代表，代表人民的利益和意志，依照宪法和法律赋予的职权行使地方国家权力。

市人大代表实行任期制，任期与人民代表大会相同。人大代表依法参加人民代表大会，行使法律赋予的权力。代表在闭会期间，以代表中心组或代表小组为单位进行集中视察、代表个人持证视察；参加市人大常委会组织的对司法机关、行政执法机关的执法评议，调查了解被评议机关的执法情况，并提出评议意见；联系选举单位，听取和反映人民群众的意见和要求；应邀列席市人大常委会会议，参与审议和讨论等。

第一节　代表选举与构成

萧山市（县）人民代表大会代表的选举，经历间接选举到直接选举的过程[①]。

代表选举

1984年11月至1997年12月，先后进行第八届至第十二届人民代表大会代表的选举工作，参加投票选举的选民占登记选民人数的90%以上，1984年第八届人民代表大会代表选举，参选率高达98.28%。

表23—1—507　1984～1997年萧山历届人民代表大会代表选举情况

单位：人

届　次	选举时间	全市（县）登记选民人数	参加投票选举人数	参选率（%）	选出市（县）人大代表人数
第八届	1984—11	757869	744816	98.28	491
第九届	1987—01～03	815547	756960	92.82	379
第十届	1990—01～02	889738	831115	93.41	399
第十一届	1993—01～02	933090	869129	93.15	400
第十二届	1997—12	885987	864731	97.60	358

代表构成

在市（县）、镇乡人民代表大会代表换届选举中，萧山市（县）人大常委会和市（县）选举委员会严格按照法律规定运作，对人大代表的结构提出具体要求，兼顾到代表的各界组成，文化、年龄、性别、党员比例等，使每届的代表比例结构更趋合理和优化，代表的政治理论素质、参政议政能力和文化素质、专业素质均有提高。

①萧山县各界人民代表会议和乡（镇）人民代表会议的代表，开始均是在中国共产党组织的领导下，通过工会、农会、青年团、妇联、工商联等群众组织和民主党派、社会人士民主协商产生。1951年，各乡（镇）人民代表会议的代表则以民主选举的办法产生。各人民团体和每一个选举人均有提出代表候选人和介绍候选人的权利，经协商确定代表候选人，最后由选举人自主选举。县各界人民代表会议代表的产生：党派代表由各党派自行推选；县人民政府代表由县长、副县长、秘书、各委主任、各科（局）长、县人民法院院长、县人民检察署检察长及各区区长充任；军队代表由本县武装部队自行选派；群众团体代表由各团体自行选举；农民代表由各乡人民代表会议选举。

1953年起，实行普选。每次普选均成立县选举委员会。按选举法规定，选出县、乡（镇）两级人民代表大会的代表。乡（公社）、镇人大代表的选举，历届均采用直接选举方式，代表由本乡（公社）、镇选民直接选出。县人大代表的选举，自第一届至第六届均采用间接选举方式产生，即由乡（公社）、镇人民代表大会选出县人大代表。自1980年第七届起，县人大代表采用直接选举方式产生，即由选区选民直接选举县人大代表。（资料来源：萧山县志编纂委员会：《萧山县志》，浙江人民出版社，1987年，第643～644页）

图23－1－775　1997年12月5日，萧山市第十二届人民代表大会蔡家弄选区（第28选区）的选民们在观看选民名单（傅宇飞摄）

表23-1-508　1984～1998年萧山历届人民代表大会代表构成情况

单位：人

届　次	年　份	代表总数	代　表　组　成						其　　中			
			工人	农民	干部	知识分子	军人	其他	非中共党员	占%	妇女	占%
第八届第一次	1984	491	75	136	146	93	9	32	239	48.68	106	21.59
第九届第一次	1987	379	58	107	114	78	2	20	133	35.09	81	21.37
第十届第一次	1990	399	70	141	159	0	5	24	129	32.33	96	24.06
第十一届第一次	1993	400	92	146	142	0	5	15	117	29.25	91	22.75
第十二届第一次	1998	358	63	102	101	77	6	9	117	32.68	86	24.02

第二节　出席上级人代会代表

全国人大代表

1975年1月，经浙江生产建设兵团推荐，杨采妹出席第四届全国人民代表大会。此后，萧山出席各届全国人民代表大会代表均由浙江省各届人民代表大会选举产生。至1998年1月，萧山有5人（次）当选全国人大代表。

表23-1-509　1975～1998年萧山出席历届全国人民代表大会代表名单

全国人民代表大会届次	当选时间	代表产生办法	代表姓名	代表任期
第四届		浙江省生产建设兵团推荐	杨采妹	1975-01～1978-03
第五届	1977-12-12	浙江省第五届人民代表大会第一次会议选举	杨采妹	1978-03～1983-06
第七届	1988-01-31	浙江省第七届人民代表大会第一次会议选举	丁有根	1988-04～1993-03
第八届	1993-01-14	浙江省第八届人民代表大会第一次会议选举	朱重庆	1993-03～1998-03
第九届	1998-01-20	浙江省第九届人民代表大会第一次会议选举	鲁冠球	1998-03～2003-03

注：2003年1月22日，鲁冠球在浙江省第十届人民代表大会第一次会议上当选为出席第十届全国人民代表大会代表。2008年1月，鲁冠球在浙江省第十一届人民代表大会第一次会议上当选为出席第十一届全国人民代表大会代表。

浙江省人大代表

1950年8月，萧山县窦长富等8名代表出席浙江省第一届各界人民代表大会第一次会议。[①]1983年4月至1998年1月，萧山有28人（次）当选为浙江省第六届至第九届人民代表大会代表。

表23-1-510　1983～1998年萧山当选浙江省人民代表大会代表

代表任期	届别	代　表　名　单
1983-04～1988-01	第六届	叶燕跳、沈正贤、周颂华、郑吾珍（女）、金其法、蒋建国、杨爱萍（女）
1988-01～1993-01	第七届	马友梓、陈张海、金其法、郑吾珍（女）、姚子康、黄菊仙（女）、鲍仁菊（女）
1993-01～1998-01	第八届	张成林、陈张海、尚舒兰（女）、赵永前、莫妙荣、葛小珍（女）、郁维美（女）、俞定焕、谢少苍
1998-01～2003-01	第九届	林振国、张成林、郭明明、郁维美（女）、尚舒兰（女）

①1950年8月至1951年10月，出席浙江省第一届各界人民代表会议第一次会议代表有窦长富、裘家钜、汪海、陈浩春、寿月英（女）、王炳奎、王五兴、金海观（特邀代表）8人。1951年10月至1952年12月，出席浙江省第一届各界人民代表会议第二次会议代表为窦长富、陈浩春、王五兴、孟庆林、汪海、王炳奎、金海观（特邀代表）7人。1952年12月至1954年8月，出席浙江省第二届各界人民代表大会代表有孟庆林、王炳奎、孔子贤、沈彩凤（女）、徐燮尧、陈德雄、邱关兴、王娇吟（女）、金海观（特邀代表）9人。1954年8月至1958年10月，出席浙江省第一届人民代表大会代表有方琦德、萧辅、傅淑芳（女）、孔昭文、沈彩凤（女）、谢官兴、金海观7人。1958年10月至1964年9月，出席浙江省第二届人民代表大会代表有尹日昌、王桂英（女）、方琦德、刘志民、朱恒璧、吴德法、许望增、傅淑芳（女）、萧辅9人。1964年9月至1968年3月，出席浙江省第三届人民代表大会代表有方琦德、张希本、李来根、萧心、周马法、尹日昌、黄季冕、朱恒璧、曹杏花（女）9人。1977年12月至1983年4月，出席浙江省第五届人民代表大会（第四届因故未召开）代表有叶燕跳、姜元仁、费根楠、郑吾珍（女）、沈有金、曾水甫、施爱珍（女）、汪邦清、潘爱文（女）9人。（资料来源：萧山人大志编纂委员会：《萧山人大志》，方志出版社，2008年，第137～139页）

杭州市人大代表

1981年12月至1997年3月，萧山有224人（次）当选为杭州市第六届至第九届杭州市人民代表大会代表。

表23-1-511　1981～1997年萧山当选杭州市人民代表大会代表

代表任期	届别	代　表　名　单	代表变动情况
1981-12～1987-05	第六届	丁松青、马支才、孔庆澄、方克、毛大纬、王仙泉、王建仁、王武焕、王莲凤（女）、王绳武、冯沛荣、孙阿耀、吕金富、刘德才、朱长木、朱列民、朱时典、朱瑞焕、夏芬花（女）、杨采妹（女）、邵吾珍（女）、吴茂法、汪金根、来兴源、李洲、李水珍（女）、李婉娟（女）、李璧笃、沈仙云（女）、沈巨桥、沈钊水、沈钊根、陈张焕、陈建祥、陈善家、陈雪锴、单大周、孟阿增、周焕君、张继庆、金永泉、金秀泉、金胜荣、陈妙林、郑维萍（女）、洪长锦、封明志、宣美利、费根楠、俞友田、赵柏松、赵锡祥、徐成根、顾又多、顾丽英（女）、高子成、高汉民、钱木庆、钱满香（女）、盛友根、章宗范、章景楠（女）、黄银霞（女）、黄瑞卿、蒋永海、董珠明、傅焕先、诸柏锦、滕玉良、黎桂芳、戴美华（女）（71名）	调离1人：费根楠 病故1人：马支才 撤销（罢免）2人： 朱列民　邵吾珍 补选2人： 金其法　鲁冠球
1987-05～1992-05	第七届	马友梓、马光武、王志杰、王莲凤（女）、方兴富、孔芬娟（女）、厉德馨、史济烜、冯福堂、朱长木、任关荣、来黎明（女）、杜成成、李叶金、李冠华、吴水潮、吴茂法、沈菊庆、张树泓(女)、陈永泰、陈建强、陈新耀、金仁甫、金其法、金鸣珠、郁玉恩、孟梓贤、赵伯松、项荣泉、俞小兴、俞永江、施美琴（女）、钱伯增、倪小凤（女）、徐友良、徐国兴、黄银霞（女）、曹丁桥、龚松其、章景楠（女）、蒋金娥（女）、程绪川（女）、鲁冠球、褚木根、翟雅仙（女）、缪五祥、滕云、滕玉良、黎桂芳、瞿萍（女）（50名）	调离1人：马友梓 病故1人：吴水潮 增、补选7人： 虞荣仁　金胜山 封观珍(女)　章沛 周颂华　杨仲彦 左汉奎
1992-05～1997-03	第八届	钱志均、徐吾成、邱吾仁、王志杰、吴茂法、金观林、楼秀梅(女)、方吾校、俞小兴、傅裕仁、汤尧英（女）、俞丽华（女）、缪永青、虞荣仁、金胜山、杨仲彦、任关荣、袁校生、钱伯增、金连根、蒋金娥（女）、王文英（女）、鲁冠球、叶梓明、金玉英(女)、朱美英（女）、金鸣珠、张迪、金其法、王仁庆、徐传根、陈少兴、颜常根、朱重庆、骆伯英（女）、封观珍（女）、王金法、高志友、李乐英（女）、滕玉良、徐通、孟梓贤、陈根华、高恩泽、董月琴（女）、赵伯松、王海珠（女）、陈玲珠（女）、郁维美(女)、姚连义、陆军（女）、郑仲良、倪冠常、来黎明（女）、张家业、黎桂芳、张树泓（女）（57名）	增选1人：赵永前
1997-03～2002-04	第九届	袁校生、倪冠常、吴键、钱炳富、高德仁、董月琴（女）、王海珠（女）、陈玲珠（女）、瞿红飞（女）、杜金法、郑天生、王建平、张玉琴（女）、张文浩（回族）、高立民、陆军、张树泓（女）、倪吾兴、傅裕仁、赵永前、郁维美（女）、高伟丽（女）、张家业、方吾校、章海灿、沈凤飞、王关忠、董祝芹（女）、金连根、汤志明、缪永青、周红英（女）、高松泉、滕玉良、林振国、楼才定、金胜山、钟老虎、鲁冠球、丁有根、聂莉萍（女）、朱重庆、许爱珍（女）、李成新、高尔焕、高振坤（46名）	罢免1人：高松泉 增、补选3人： 吴树铭　施松青 佟佳莉（女）

第二章　人民代表大会会议

萧山市（县）人民代表大会会议，是地方国家权力机关依法行使职权的主要形式，是人大代表管理国家事务的主要途径。市（县）人民代表大会的各项会议，均依法听取和审查政府工作报告，审查和批准国民经济和社会发展计划、财政预算及其执行情况的报告，听取和审查人大常委会、人民法院、人民检察院工作报告，并作出相应决议和决定，选举本级国家机关负责人等。会议期间，代表可依法提出议案（提案）及建议、批评和意见，还可提出质询案和询问事项。

1980年6月，县第七届人民代表大会第一次会议选举产生萧山县人民代表大会常务委员会。市（县）人大常委会每届任期，七届至十届为3年，从第十一届起为5年。法律赋予人大常委会的职权主要通过常委会会议行使。常委会会议每两个月至少举行1次。市（县）人大常委会坚持民主集中制原则，集体讨论、决定问题，行使职权。

在人民代表大会闭会期间，市（县）人大常委会的重要日常工作由常委会主任会议负责处理。主任会议处理重要日常工作，实行民主集中制，依法集体行使职权。

第一节　第八届至第十二届人民代表大会

中华人民共和国成立后，萧山县各界人民代表会议共召开2届，举行过12次会议[①]。1954年7月至1980年6月，共召开7届萧山县人民代表大会[②]。

第八届人民代表大会

萧山县第八届人民代表大会于1984年11月4～8日召开第一次会议。至1986年4月，第八届人民代表大会共召开3次会议。

第一次会议提出，今后3年是实行以城市为重点的整个经济体制改革的3年，要按照中共十二届三中全会通过的《中共中央关于经济体制改革的决定》，加快改革步伐，解放思想，勇于创新，振兴萧山经济，努力争取提前实现县七届一次党代会提出的到1995年“翻两番”的目标，把全县精神文明建设和物质文明建设提高到一个新的水平。

会议选举产生了县第八届人大常委会组成人员。

1985年4月19～23日召开第二次会议，提出1985年要继续坚持“重点抓工业”的工作方针，深入调整农村产业结构；进一步发展商品生产，搞活流通，扩大商品交换；加强财政管理，改善人民生活；加强电力、邮电、交通事业建设；切实抓好计划生育工作。

①第一届萧山县各界人民代表会议一次会议于1950年3月28～30日举行，出席代表252名。第二届萧山县各界人民代表会议一次会议于1952年8月25～29日举行，出席代表359名。

②第一届萧山县人民代表大会一次会议于1954年7月11～15日举行，出席代表335名。第二届萧山县人民代表大会一次会议于1956年12月15～19日举行，出席代表402名。第三届萧山县人民代表大会一次会议于1958年5月28～6月1日举行，出席代表382名。第四届萧山县人民代表大会一次会议于1962年9月27～10月3日举行，出席代表391名。第五届萧山县人民代表大会一次会议于1963年12月24～29日举行，出席代表426名。第六届萧山县人民代表大会一次会议于1966年5月6～9日举行，出席代表427名。第七届萧山县人民代表大会一次会议于1980年6月26～30日举行，出席代表693名。（资料来源：萧山县志编纂委员会：《萧山县志》，浙江人民出版社，1987年，第647～651页；萧山人大志编纂委员会：《萧山人大志》，方志出版社，2008年，第195～205页）

1986年4月7～11日召开第三次会议，提出要把改革放在首位，按照“巩固、消化、补充、改善”的方针，把改革深入下去；以发展经济为中心，在提高经济效益和社会效益的前提下，继续保持合理的增长速度；重视发展工业，强化农业基础，使萧山的国民经济持续、稳定、协调地发展。

第九届人民代表大会

萧山市（县）第九届人民代表大会于1987年4月17～23日召开第一次会议。至1989年4月，市第九届人民代表大会共召开3次会议。

第一次会议指出，当前全县人民的基本任务是要集中力量办好两件大事：在经济领域，坚持正确的建设方针，广泛开展增产节约、增收节支运动，深入进行经济体制改革，努力保证整个国民经济的持续稳定发展；在政治思想领域，深入进行坚持四项基本原则（坚持社会主义道路，坚持人民民主专政〔即无产阶级专政〕，坚持中国共产党的领导，坚持马克思列宁主义、毛泽东思想）的宣传教育，坚决反对资产阶级自由化，加强社会主义精神文明建设，进一步巩固发展安定团结的政治局面。

会议选举产生了县第九届人大常委会组成人员。会议还选举产生了出席杭州市第七届人民代表大会的代表50名。

1988年4月5～9日召开第二次会议，指出要认真领会和全面贯彻党的十三大精神，坚持党在社会主义初级阶段的基本路线，进一步解放思想，稳定经济，深化改革，以改革总揽全局，以发展生产为中心，坚定地实施中央提出的沿海地区经济发展战略，保持国民经济持续、稳定、协调地发展；同时，加强社会主义精神文明建设和民主法制建设，保证经济建设和社会主义各项事业的全面发展。

1989年4月1～4日召开第三次会议，要求全市各级政府和各个部门要统一认识、统一政令、统一行动，坚定不移地把治理整顿、深化改革的工作推向前进，使党中央的方针、决策真正落到实处；进行治理整顿，必须调整经济结构，切实加强农业在国民经济中的基础地位，稳定发展农业生产；经济工作要以提高经济效益为中心，在当前银根紧缩的情况下，要紧缩开支，压缩固定资产投人，集中力量，保证重点，择优扶持，渡过难关；对骨干企业、创汇企业和社会必需品的生产应当扶持，以保障有效供给。

会议指出，在注重经济建设的同时，要围绕治理整顿、深化改革的要求，重视搞好社会主义精神文明建设、民主法制建设和廉政建设，使各项工作和社会主义事业的发展逐步与社会主义现代化建设的要求相适应；要特别重视发展科技、教育事业，努力提高全市人民素质；加强思想政治工作和社会治安工作，维护安定团结的政治局面和良好的社会环境，以保障治理整顿和两个文明建设的顺利进行。

第十届人民代表大会

萧山市第十届人民代表大会于1990年4月1～6日召开第一次会议，出席代表390名。至1992年3月，市第十届人民代表大会共召开3次会议。

第一次会议要求，各级政府必须把发展农业放在经济工作的首位，齐心协力办好农业。稳定和完善家庭联产承包责任制，逐步增加对农业的投入，切实加强农业科技成果的推广应用，争取以粮、棉、麻为主的农产品有一个好的收成；下决心调整工业结构和产品结构，加强经营管理，推动科技进步，提高经济效益，努力保持工业生产的适度增长；进一步清理整顿公司，认真查处大案要案，切实整顿流通秩序，加强市场管理，合理引导消费；继续控制基本建设的投资规模，控制消费基金的过快增长，进一步降低物价上涨幅度。

会议选举产生了市第十届人大常委会组成人员。

1991年3月28日至4月1日召开第二次会议，强调要坚持不懈地坚持四项基本原则，反对资产阶级自由化，深入进行爱国主义、集体主义和社会主义教育；进行自力更生、艰苦奋斗、勤俭建国的教育；扎扎实实地开展学雷锋、学焦裕禄、学赖宁的活动，增强社会主义信念，提高思想道德素质；优先发展教育与科技事业，加快科技成果向现实生产力的转化，继续抓好普及九年制义务教育，大力发展职业技术教育和业余教育；切实搞好计划生育、土地管理、环境保护工作；深入开展“扫黄”除“六害”（“六害”指：卖淫嫖娼；制作贩卖传播淫秽物品；拐卖妇女、儿童；私种吸食贩卖毒品；聚众赌博；利用封建迷信骗财害人）斗争；进一步繁荣社会主义文化，发展广播、电视、卫生、体育等各项事业；继续深入开展普及法律常识教育，加强社会治安综合治理，严厉打击各种严重犯罪活动，积极推进依法治市、依法行政、依法管理，进一步维护全市政治和社会的稳定。

1992年3月27～30日召开第三次会议，要求政府工作要根据中共中央〔1992〕2号文件（即：《邓小平同志在武昌、深圳、珠海、上海等地的谈话要点》）精神，按照中共萧山市委九届四次全体扩大会议的部署，坚定不移地贯彻执行“一个中心，两个基本点”（一个中心，指以经济建设为中心；两个基本点，指坚持四项基本原则，坚持改革开放）的基本路线，抓住当前有利时机，进一步解放思想，加快改革开放步伐，集中精力把经济建设搞上去；努力维护安定团结的政治局面，发展各项社会事业，继续改善人民生活，保持经济和社会的协调发展。会议选举产生出席杭州市第八届人民代表大会代表57名。

第十一届人民代表大会

萧山市第十一届人民代表大会于1993年3月30日至4月4日召开第一次会议，出席代表384名。至1997年3月，市第十一届人民代表大会共召开5次会议。

第一次会议指出，1993年，萧山面临十分难得的历史性机遇：一是全国范围建立社会主义市场经济体制和运行机制大趋势的机遇；二是以上海浦东为龙头的长江三角洲及沿江地区开放开发的机遇；三是世界新科技革命引发的产业重组和调整的机遇。我们要抓住机遇，奋勇前进。要以中共十四大精神为指针，按照发展社会主义市场经济的要求，加快观念更新，加大改革力度，加快开放步伐，走一条高速度、高效益的国民经济发展路子，促进萧山经济跳跃式发展。

会议选举产生了市第十一届人大常委会组成人员。

1994年3月27～30日召开第二次会议，指出要坚定不移地坚持以经济建设为中心，把经济建设转移到以提高经济效益为中心的轨道上来。农业关系国民经济全局和社会稳定的大问题，必须采取切实有力的措施，加强农业的基础地位；加快转换企业经营机制的步伐，积极进行现代企业制度的试点，改善企业内部管理，增强企业的活力和发展后劲。必须坚持一手抓物质文明建设，一手抓社会主义精神文明建设的方针，切实加强社会主义精神文明建设和民主法制建设。

会议要求，各级政府要依法行政，建立和健全政府法制工作网络及法律服务机构，努力把各项工作纳入法制化轨道；认真贯彻实施法律、法规，切实改进工作作风，反腐倡廉，勤政务实，真抓实干，开拓进取，密切联系群众，全心全意为人民服务，努力提高领导改革开放和现代化建设的能力和水平。

1995年3月21～24日召开第三次会议，指出1995年是加快改革开放的重要一年，是萧山市全面完成和超额完成“八五”计划，为顺利实施“九五”计划奠定基础的一年，也是动员和组织全市人民进行二次创业的重要一年。继续把握“抓住机遇、深化改革、扩大开放、促进发展、保持稳定”的方针，进一步处理好改革、发展、稳定的关系，加强和改善宏观调控，抑制通货膨胀，强化农业基础，加快推进企业经营机制转换，协调配套地推进建立社会主义市场经济体制的各项改革，促进经济的持续、稳定、协调发展；加强社会主义精神文明建设和民主法制建设，积极推进各项社会事业的发展，保持社会稳定，保障人民安居乐业，加快新兴的现代化中等城市的建设步伐。

1996年3月19～22日召开第四次会议，指出市人民政府要做好1996年工作，必须紧紧围绕两个根本性转变做文章。必须进一步坚持把农业放在本市经济发展的首位，努力稳定和发展粮食生产，增加农业投入，强化农业基础，深化以实施“两田制”为主要内容的农村改革，增加农民收入，调动广大农民生产积极性，改善农业生产条件，健全农业社会化服务体系，促进本市农业和农村经济全面发展。工业是萧山经济的支柱，要正确处理好一、二、三产业关系，继续突出工业重点，切实从提高工业经济的效益和质量着手，深化企业改革，加强企业管理，加大技改和新产品开发力度，加大扶持强队工业企业的政策力度，加快结构调整，努力提高经济整体素质。进一步实行对外开放，加快开发区建设，组建以骨干企业为龙头的外向型企业集团。积极发展第三产业，加快各类要素市场建设，提高城市综合服务功能。加强和改善宏观调控，进一步降低物价上涨幅度，建立正常的经济秩序，创造良好的经济运行环境。要加强城乡一体化建设和城市管理，提高市民的城市意识，加快新兴的现代化中等城市建设步伐。

1997年3月2～5日召开第五次会议，要求坚持稳中求进原则，加快推进经济体制改革和经济增长方式的根本转变，在深化改革和调整结构上下功夫。继续坚持把农业放在经济工作的首位，强化农业基础地位；以市场为导向，依靠科技进步，加大企业技术改造和新产品开发力度；进一步发挥开发区的龙头作用，优化投资环境，加大招商力度；积极鼓励和引导个私企业的发展；积极发展第三产业；加快新区开发和小城镇建设；完善社会保障机制，保障市场有效供给，保持物价和社会稳定。

会议选举产生出席杭州市第九届人民代表大会代表46名。

第十二届人民代表大会

萧山市第十二届人民代表大会于1998年2月24日至3月2日召开第一次会议，出席代表355名。至2001年2月，市第十二届人民代表大会已召开4次会议。

第一次会议指出，要进一步深化改革，调整结构，加快实施科教兴市和可持续发展战略，提高经济整体质量，保持经济持续、健康、稳定增长。要继续强化农业基础，稳定完善农村政策，优化农业结构，稳定粮食生产，加快农业综合开发，推进农业产业化、现代化进程；继续深化企业改革，完善内部经营机制，探索所有制多种实现形式，逐步建立现代企业制度；加大股份制改造力度，引导支持公有制经济健康发展；加快综合配套改革，建立和完善社会保障体系；坚持以市场为导向，科技为动力，推动经济结构和产业结构的调整、升级，优化存量资产，努力培育大企业、大集团，提高产品的市场竞争力；提高对外开放水平，加大招商引资力度，拓宽外经合作路子，加快萧山经济技术开发区建设；提高第三产业发展水平，加强城市建设的规划管理，加强环境保护，加快基础设施建设和城市新区及中心城镇建设，增强城市综合功能和城镇的辐射作用，逐步形成城乡一体化格局。要加强精神文明建设，促进经济、社会协调发展。

会议选举产生了市第十二届人大常委会组成人员。

1999年1月29日至2月1日召开第二次会议，要求加大实施“科教兴市”和“可持续发展”战略，大力培育新的经济增长点，确保全市经济持续、快速、健康发展；继续强化农业基础，完善农村政策，大力发展效益农业，提高农业的产业化程度；加快水利设施的建设步伐，提高防洪抗旱能力。重视和加强财政金融工作，提高理财水平，注重金融监管。加快工业结构的调整，不断提高经济运行质量；提高企业的组织化程度，引导有一定规模的企业向“科技型”、“外向型”、“集团型”发展。

2000年1月26～30日召开第三次会议，要求以市场为导向，继续大力调整和优化经济结构，促进产业升级，切实提高经济增长的质量；进一步稳定农业的基础地位，推进农业产业化；要进一步深化企业改革，提高工业企业的技改质量，加快产业、产品的升级步伐；大力引进开发高新技术，加快工业园区建设；积极扩大对外经济技术交流与合作，充分发挥萧山经济技术开发区的窗口作用；重点培育和发展有产业依托和一定规模的专业特色市场；加快基础设施建设，加强城乡建设的规划和管理，逐步改善城市景观，提高农村环境卫生水平；加大环境污染治理力度，实现全市工业企业达标排放，提高整体环境质量。

2001年2月28日至3月3日召开第四次会议，要求以改革开放和科技进步为动力，以结构调整为主线，不断提高萧山国民经济的整体素质和综合竞争力；进一步加大农村改革和科教兴农的力度，引导农民走市场化路子；深化企业改革，建立现代企业制度，大力发展高新技术产业，推动投资主体多元化，限制、淘汰重污染、高能耗及资源破坏型企业，促进产业升级；合理开发利用旅游资源，提高旅游产业化水平和市场竞争力；打击金融违法行为，做好农村税费改革的各项准备；加强养老、失业、医疗等社会保险制度的建设，完善社会保障体系。

第二节　人大常委会会议

1980年6月，萧山召开第七届人民代表大会第一次会议，设立萧山县人大常务委员会，适时召开人大常委会会议（简称会议，下同），至1984年9月，第七届人大常委会共召开27次会议。听取、审议、审查全县经济、社会、人大工作等方面的重大事项，决定重大人事任免和任命干部述职评议等。根据宪法和地方组织法赋予的职权，发挥地方国家权力机关常设机构的作用。萧山市（县）人大常委会自1984年11月至2001年3月，共举行122次会议。

第八届人大常委会

1984年11月至1987年3月，萧山县第八届人大常委会共召开16次会议。

1985年1月9～12日，会议审议《萧山县城镇规划建设管理实施办法》和《萧山县城镇建设拆建房屋实施办法》，通过原则同意这两个实施办法的决议。会议还讨论通过人事任免事项：在县长虞荣仁离萧学习期间，由副县长马友梓代理县长；免去丁福南的副县长职务；罢免邵吾珍的杭州市第六届人大代表的资格。是年12月18～20日，会议决定任命金胜荣、盛昌黎为萧山县副县长。1986年12月8～11日，会议听取和审议县各相关部门领导所作的《重视发展文化事业，活跃群众文化生活》《关于教育工作情况汇报》《关于科技工作情况汇报》《关于医疗卫生工作情况和卫生事业建设意见的汇报》《关于萧山县体育工作情况的汇报》《关于中等教育的情况调查汇报》和《关于县级医疗卫生单位的情况调查汇报》；会议通过《关于萧山县县、乡(镇)两级人民代表大会换届选举的决议》，决定建立萧山县选举委员会，主持县第九届人民代表大会的选举工作；会议还通过有关人事任免事项。1987年2月16～18日，会议听取县各相关部门领导所作的《深入劳动制度改革，为经济建设服务》《做好人事工作，为振兴萧山经济服务》《关于全县计划生育工作情况的报告》《关于萧山县第七个五年计划编制的说明》和《关于县、乡(镇)两级人大代表换届选举工作情况的汇报》；会议通过《萧山县人大常委会关于召开县第九届人大第一次会议的决定》和《萧山县人大常委会关于认真学习坚决贯彻〈全国人大常委会关于加强法制教育维护安定团结的决定〉的决议》。

第九届人大常委会

1987年3月至1990年3月，萧山市（县）第九届人大常委会共召开20次会议。

1987年5月10～12日，会议通过《萧山县人大常委会1987年工作要点》和《萧山县人大常委会关于加强与县人大代表联系的办法》；通过《萧山县人大常委会关于人事任免表决办法的决定》，对本届政府的局长、主任和个别副县长的任免，县人民法院副院长、县人民检察院副检察长的任免，代理县长、县人民法院代理院长、县人民检察院代理检察长的决定，改变举手表决的形式，采取无记名投票方式进行表决；会议审议《萧山县土地管理实施规定》(草案)，原则同意这一规定；会议决定县人大常委会设立3个内设机构。1987年7月13～16日，会议审议县相关部门领导所作的《关于农业生产情况的报告》《关于蔬菜和市场物价情况的报告》《关于工业生产情况的报告》《关于城厢镇中期建设规划区进行局部调整的报告》等报告，决定同意这些报告，由县政府上报杭州市人民政府审批。1987年12月22～25日，会议听取《关于环境保护工作情况的汇报》《关于当前赌博情况的调查报告》《关于社会治安管理工作的报告》《关于道路建设和管理情况的调查报告》《关于交通工作情况的报告》《关于元旦春节市场安排情况的报告》；会议作出关于撤县建市后有关问题的决定。1988年2月26日，会议同意金胜荣辞去副市长职务。1988年12月12～14日，会议听取和审议《关于清理固定资产投资工作的报告》《关于清理整顿公司工作的报告》《关于当前社会治安情况的报告》《关于当前盗窃犯罪活动情况的调查报告》《关于元旦春节市场安排情况的报告》；会议审议市人民政府《关于修改〈萧山市土地管理实施规定〉部分条款的报告》。1989年8月7～10日，会议听取《关于湘湖水域保护情况的报告》《萧山市城镇建设房屋拆迁管理办法》的说明；会议原则通过市政府提出的《关于保护湘湖水域的若干规定》和《萧山市城镇建设房屋拆迁管理办法》，并作出办理市九届人大三次会议第114号、123号代表议案的两个决定；会议听取《关于杭州江南纺织厂有关人员贪污大案的情况汇报》。1989年12月8～11日，会议听取《关于当前社会治安情况的报告》《关于检察机关开展反贪污受贿斗争情况的报告》《关于进一步清理整顿公司情况的报告》《关于〈村民委员会组织法〉实施意见的报告》《关于物价管理工作情况和1990年元旦、春节市场安排准备情况的报告》；会议根据《中华人民共和国地方各级人民代表大会和地方各级人民政府组织法》的规定，决定接受马友梓辞去市长职务的请求，并决定副市长杨仲彦为萧山市代市长。

第十届人大常委会

1990年3月至1993年3月，萧山市第十届人大常委会共召开20次会议。

1990年5月7～11日，会议听取和审议《关于今年农业工作和当前农业生产情况的报告》《关于普及法律常识教育情况和贯彻实施〈行政诉讼法〉意见的报告》；会议讨论市十届人大一次会议代表议案和意见的处理问题，决定把临浦、戴村两区的大机埠修建和湘湖越王城遗址的修复作为重要事项，由市人大常委会有关工作委员会会同政府有关部门调查研究，提出具体实施规划和意见；会议通过市人大常委会各工作部门、市人民检察院的有关人事任免。1990年11月12～15日，会议听取和审议《关于经济审判和执行工作的情况报告》《关于开展反贪污、贿赂斗争情况的报告》《关于纠正行业不正之风情况的报告》《关于贯彻实施〈会计法〉情况的报告》《关于〈土地管理法〉实施情况的报告》《关于萧山市十届人大一次会议代表议案、意见处理情况的报告》《关于萧山化肥厂筹建情况的报告》；会议还通过《萧山市人大常委会关于纠正行业不正之风的决议》。1991年1月21～24日，会议听取市长杨仲彦《关于"七五"计划执行情况和"八五"计划(草案)的说明》《关于政府工作报告(草稿)起草的情况》《关于科技兴农情况的报告》；讨论市人大常委会的工作报告(草稿)和市人大常委会1991年工作要点草案。1992年1月15～18日，会议听取和审议《关于农业生产情况的报告》《关于农业和农田水利基本建设情况的调查报告》；会议还讨论将提交十届人大三次会议的《政府工作报告》稿和《萧山市人民代表大会常务委员会工作报告》稿；审议并通过《萧山市人民代表大会常务委员会关于人事任免的暂行办法》《萧山市人大常委会1992年工作要点》和《萧山市人大常委会关于召开市十届人大三次会议的决定》；会议审议市政府《关于杭州钱江外商台商投资区江南区块、之江区块和桥南区块纳入萧山市城市规划区范围的请示报告》。1992年5月11日，会议听取《关于本市"撤扩并"方案的汇报》，并进行讨论。

1992年7月27～29日，会议听取和审议《关于环境保护工作情况的报告》《关于办理〈临浦酒厂废水污染的治理〉和〈修复古建筑江寺〉两件议案意见的报告》；会议决定任命任本晋为萧山市副市长，还通过其他人事任免事项。1992年11月14～16日，会议听取和审议《关于市、镇(乡)两级人民代表大会换届选举工作的意见》《关于社会治安工作情况的报告》《关于〈萧山市城镇住房制度改革实施方案〉修改意见的报告》；会议通过关于杨仲彦、朱寅传分别辞去萧山市市长、副市长职务的请求；会议决定任命莫妙荣为萧山市代市长；会议还通过其他人事任免事项。1993年1月15～16日，会议讨论《市人大常委会工作报告(讨论稿)》和《1993年工作要点(建议稿)》《市人民政府工作报告(讨论稿)》，提出修改意见；会议通过《萧山市人大常委会关于召开市十一届人大第一次会议的决定》；会议决定任命许迈永、赵福庆为萧山市副市长。

第十一届人大常委会

1993年3月至1998年2月，萧山市第十一届人大常委会共召开38次会议。

1993年5月12～14日，会议通过市人大常委会议事规则、工作制度和1993年工作要点，听取《关于建设“一优两高”农业的情况报告》；会议决定建立市人大常委会代表工作委员会；决定任命市政府组成人员和市人大常委会办事机构负责人，通过市人民法院有关人事任免事项；会议决定把加快“西水东调”工程建设和加速萧金公路扩建工程进度的方案，作为1993年办理代表议案工作的重点，由市人大常委会直接督办。1994年9月15～16日，会议听取《关于检察机关深入开展反贪污贿赂斗争情况的报告》和《关于萧山市十一届人大二次会议代表议案、建议处理情况的报告》；会议讨论《关于对市人大常委会任命干部开展述职评议工作有关情况》的说明；会议决定任命赵申行、王仁庆为萧山市副市长，免去魏金海、来坚巨的萧山市副市长职务；会议还通过其他人事任免事项。1994年11月16～19日，会议听取《关于我市社会治安综合治理工作情况的报告》《关于我市文化市场建设和管理情况的报告》《关于本年“菜篮子”工程建设基本情况、元旦春节市场安排和1995年工作思路的报告》；会议讨论和通过《萧山市人大常委会代表工作办法》。1995年5月23～26日，会议听取《萧山市乡镇企业发展后劲和结构调整的情况报告》《关于萧山市个体私营工业企业发展情况的报告》《关于科技工作情况的报告》；会议通过任本晋因工作调动，免去萧山市副市长职务。1995年7月19～21日，会议决定任命林振国、孙孝明为萧山市副市长。1995年7月27日，会议听取市检察院检察长金福泉受省检察院检察长葛圣平委托所作的《关于提请萧山市人大常委会许可对萧山市人大代表莫妙荣执行逮捕的函》；会议作出许可对萧山市十一届人大代表莫妙荣执行逮捕的决定。1995年11月15～17日，会议听取《关于物价工作情况的报告》和《关于社会治安综合治理工作情况的调查报告》；会议通过《镇乡人民代表大会换届选举工作的实施意见》，决定建立市选举工作办公室和各镇乡选举委员会，明确各镇乡人大代表的名额，并确定在1996年3月底前完成全市镇乡人大换届工作；会议决定任命林振国为萧山市代市长。1996年11月19～21日，会议听取和审议《关于精神文明建设情况的报告》《关于〈公司法〉贯彻执行情况的报告》。1997年5月15～16日，会议作出《萧山市人大常委会关于依法治市的决议》。

第十二届人大常委会

1998年2月至2001年3月，萧山市第十二届人大常委会已召开29次会议（至2003年2月，共召开50次会议）。

1998年4月1～3日，会议听取《关于粮食生产情况的报告》；通过市人大常委会1998年工作要点、议事规则、人事任免办法和工作制度；通过市十二届人大常委会代表资格审查委员会名单、市人大常委会部分工作机构、市政府组成人员和市人民法院有关人事任免事项。1998年10月14日，会议决定接受吴键辞去市人大常委会主任的请求；通过提名施松青为市人大常委会代理主任。1999年6月10日，会议决定任命田更为萧山市副市长。1999年7月14日，会议决定免去方岳义的萧山市副市长职务。1999年11月29日至12月1日，会议听取和审议《关于我市工业经济发展情况的报告》《关于调整1999年度财政预算的报告》；会议决定免去田更的副市长职务。2000年1月13～14日，会议听取和审议将向市十二届人大三次会议提交的各项报告（送审稿）；会议审议通过《萧山市人民代表大会常务委员会工作报告》，同意提交市十二届人大三次会议审议；通过市人大常委会2000年工作要点；通过市十二届人大常委会代表资格审查委员会提交的《关于代表资格审查及代表变动情况的报告》；会议决定任命黄健全为萧山市副市长。2000年2月16日，会议决定任命俞炳林为萧山市副市长。2000年3月29～31日，会议讨论通过《萧山市人大常委会关于督办要求解决南片地区饮用水问题代表议案的决定》；听取和审议《关于我市社会保险工作情况的报告》；听取《关于萧山市城镇体系规划编制情况的报告》；审议决定批准《关于萧山市城镇体系规划(1998～2020年)》，并通过相应的决议；会议听取和审议《关于公安执法问题整改落实情况的报告》和《关于统计行政执法评议意见整改落实情况的汇报》。2001年3月24日，会议传达中共杭州市委《关于萧山市人大常委会、市人民政府、市政协、市人民法院、市人民检察院领导人称谓改变的通知》，杭州市人大常委会《关于萧山市和余杭市撤市设区有关政权机构名称等问题的决定》，中共萧山市委《关于市人大常委会、市人民政府、市人民法院、市人民检察院领导人称谓改变的通知》；会议通过萧山市人大常委会关于撤市设区有关政权机构名称等问题的决定。

第三节　人大常委会主任会议

自1980年6月设立人大常委会至2001年3月，市（县）人大常委会履行主任会议职责，处理常委会重要日常工作。主任会议由主任、副主任组成，由主任召集并主持。根据需要，各工作委员会和办公室正副主任可列席主任会议。主任会议主要研究决定召开人大常委会会议的日期，提出会议议程、日程草案；决定提请人大常委会会议审议的质询案和其他议案草案；决定提请人大常委会会议审议的人事任免事项；决定组织重大的视察和调查研究活动；讨论研究人大代表工作等。

第八届人大常委会主任会议

1984年11月至1987年3月，县第八届人大常委会举行26次主任会议。主要议题：讨论、研究在全县公民中普及法律常识有关问题，起草《关于在全县公民中普及法律常识的决议（草案）》；回顾、总结县人大常委会工作，研究、部署下阶段工作任务；讨论全国人大常委会法制委员会关于《中华人民共和国选举法》修改意见的征求意见稿；听取关于议案处理情况汇报。研究组织人大代表进行食品卫生工作视察等事项。

第九届人大常委会主任会议

1987年4月至1990年3月，市（县）第九届人大常委会主任会议（第九、十届人大常委会主任会议因记录资料不全，会议次数无法正确统计）主要议题：研究常委会正、副主任和专职委员联系各区人大代表活动事项；讨论常委会会议有关议题组织会前调查研究事项；研究、部署庆祝县人大常委会建立10周年活动；讨论浙江省县级市人大常委会联席会议第二次会议的筹备工作；学习全国人大常委会《关于加强法制教育维护安定团结的决定》，讨论贯彻实施办法；讨论人大代表提出的关于建设化肥厂议案。

第十届人大常委会主任会议

1990年4月至1993年3月，市第十届人大常委会主任会议主要议题：研究并决定建立常委会主任、副主任和专职委员分片联系人大代表的制度；讨论、部署杭州地区七县（市）人大工作研讨会在萧山举行的筹备工作；听取关于打击刑事犯罪活动的情况汇报、关于制订萧山“八五”计划的工作思路和萧山化肥厂筹建工作情况汇报等；研究各镇乡选举委员会组成人员名单，以及全市镇乡选举工作会议的内容；听取和讨论有关住房制度改革和改进市级公费医疗管理办法的情况报告；讨论和研究市纪律检查委员会和市监察局合署办公事项。

第十一届人大常委会主任会议

1993年3月至1998年2月，市第十一届人大常委会举行118次主任会议。主要议题：听取关于反贪污贿赂情况汇报和关于九年制义务教育情况汇报，关于行政事业收费的情况汇报，关于机关事业单位工资改革的情况汇报，关于物价和市场供应情况的汇报，关于科技工作情况和发展思路的汇报，关于金融工作情况的汇报，关于南片13座电力排灌站更新改造的情况汇报，关于实现农村电气化工作进展情况的汇报等；研究并制定在全市进行述职评议和行政执法评议的具体办法；研究并部署纪念全国人民代表大会建立40周年庆典活动；听取并研究市政府提交的《关于我市城镇人口管理工作中若干问题的意见》《关于征收城市建设增容费的通知》《关于城镇企业大病医疗社会统筹的试行办法》等文件；研究决定人大代表对城北地区司法机关进行司法评议的实施方案；研究制订市人大常委会“对重大事项审议的规定”；听取解决非法抱养弃婴问题情况汇报。

第十二届人大常委会主任会议

1998年2月至2001年3月，市第十二届人大常委会举行104次主任会议。主要议题：讨论修订《人大常委会议事规则》《国家机关工作人员任免办法》《人大常委会机关工作制度》等规章制度；听取并研究《关于限定营业性客运车辆经营年限的通告》《萧山市进一步深化城镇住房制度改革实施意见》《萧山市国家公务员住房分配货币化实施细则》《关于加快南部区域基础设施建设及扶持南部欠发达镇乡经济发展的若干意见》等文件；听取关于南阳经济开发区建设情况、关于社会保障事业发展情况、关于1998～2010年全市文化事业发展规划、关于村民委员会换届选举情况、关于全市农业生产情况、关于外经贸工作情况、关于创建省级高新技术产业园区的情况汇报；视察钱塘江围垦一线标准塘工程，并听取关于江塘标准化建设的情况汇报；视察幼儿园，并听取有关全市幼儿教育工作的情况汇报；视察闻戴路、藏山岭隧道、瓜党线、南新线和104国道萧山段改建工程，听取关于全市公路建设工作的汇报；视察建设中的东方文化园，听取关于全市旅游业发展情况的汇报；视察义桥、临浦、许贤、戴村4个镇乡拆除旧房现场，听取关于拆迁“空心村”工作的情况汇报；视察东片污水处理厂和党湾污水处理厂工地，听取关于东片污水治理和污水处理工程的建设情况汇报；视察南片供水工程施工现场，听取关于南片供水工程建设的进展情况汇报；视察建设中的市心北路北伸、风情大道南伸、杭金衢高速公路萧山段和03省道东复线等市政交通道路工程，听取关于交通道路建设进展情况的汇报；视察消防大队营地，观看消防演习，听取关于消防工作的情况汇报。

第三章　人大常委会机构

萧山设立人大常务委员会始于1980年6月召开的萧山县第七届人民代表大会第一次会议。常务委员会由本级人民代表大会在代表中选举产生，由主任、副主任、委员若干人组成。人大常委会工作机构的设立由常委会会议决定，工作机构的组成人员由常委会会议任免。

第一节　人大常委会组成人员

1984年11月萧山县第八届人民代表大会第一次会议至1998年3月萧山市第十二届人民代表大会第一次会议，共选出5届人大常委会。

表23-3-512　1984年萧山县第八届人大常委会组成人员名录

职　务	姓　名	籍　贯	文化程度	任　职　时　间
主　任	马支才	江苏东海	初中	1984-11～1985-12
	金其法	浙江诸暨	初中	1986-06～1987-04
副主任	周仁水	浙江绍兴	初中	1984-11～1987-04
	徐晋禄	浙江萧山	初中	1984-11～1987-04
	梁传经	山东苍山	高中	1984-11～1987-04
	黄祖诚	浙江杭州	大专	1984-11～1987-04
	潘民光	广东宝安	大学	1984-11～1987-04
委　员	马骕　刘梅青（女）　朱衍文　张义　张长贵　陈永根　陈秀卿（女） 李水英（女）李茂才　李国珍（女）　周兴法　茅福根　倪小凤（女） 郭俊　顾正光　黄来兴　楼永祥			

注：第七届人大常委会主任先后为金鸣珠、马支才；副主任先后为马支才、丁守安、刘德才、胡彩娟、梁传经、周焕君、周仁水、徐晋禄。委员为马骕、许云香（女）、吕玉卿、刘路平、刘梅青（女）、朱时典、朱衍文、孙继生、陈永根、陈阿丰、杨仲彦、杨采妹（女）、张长贵、周锡林、郑吾珍（女）、顾正光、徐步青、黎桂芳。

表23-3-513　1987年萧山市（县）第九届人大常委会组成人员名录

职　务	姓　名	籍　贯	文化程度	任　职　时　间
主　任	金其法	浙江诸暨	初中	1987-04～1990-04
副主任	沈吾泉	浙江萧山	高中	1987-04～1988-06
	楼渭士	浙江萧山	高中	1987-04～1990-04
	曹幼樵	浙江萧山	初中	1987-04～1990-04
	潘民光	广东宝安	大学	1987-04～1990-04
	黄祖诚	浙江杭州	大专	1987-04～1990-04
委　员	马骕　冯春富　任铭先（女）　朱锦海　何群（女）　李茂才　张泉根　周兴法 项仙珍（女）　赵锡祥　顾正光　黄来兴　商浪权　楼永祥　李伯恩			

表23—3—514　1990年萧山市第十届人大常委会组成人员名录

职　务	姓　名	籍　贯	文化程度	任　职　时　间
主　任	金其法	浙江诸暨	初中	1990－04～1993－04
副主任	韩　谦	浙江萧山	初中	1990－04～1993－04
	马　骕	浙江诸暨	高中	1990－04～1993－04
	潘民光	广东宝安	大学	1990－04～1993－04
	褚木根	浙江萧山	初中	1991－04～1993－04
委　员	丁莉丽（女）　孔千里　王美芬（女）　冯春富　沈云龙　沈庆南　陈苏凤（女）　李茂才　闻家盈　顾正光　徐基盛　龚士廉　章关贤　黄来兴　商浪权　韩建中			

表23—3—515　1993年萧山市第十一届人大常委会组成人员名录

职　务	姓　名	籍　贯	文化程度	任　职　时　间
主　任	赵永前	浙江萧山	大专	1993－04～1998－03
副主任	褚木根	浙江萧山	初中	1993－04～1998－03
	左汉奎	山东苍山	高中	1993－04～1998－03
	顾正光	浙江萧山	大学	1993－04～1998－03
	诸成水	浙江萧山	初中	1993－04～1998－03
委　员	丁莉丽（女）　方伟　孔千里　沈云龙　李茂才　陈大贵　陈更美（女）　陈佳兵（女）　张泉根　周凯旋　胡大隆　胡林森　徐基盛　龚士廉　黄来兴　韩达洲 1995年3月，市人大十一届三次会议补选陈瑾为人大常委会委员；1996年3月，市十一届人大四次会议补选俞保林、顾子法为人大常委会委员。			

表23—3—516　1998年萧山市第十二届人大常委会组成人员名录

职　务	姓　名	籍　贯	文化程度	任　职　时　间
主　任	吴　键	浙江湖州	大学	1998－03～1998－10
	施松青	浙江萧山	大专	1999－02～2003－03 （1998－03～1999－02为副主任） （1998－10～1999－02代主任）
副主任	褚木根	浙江萧山	初中	1998－03～2001－02
	左汉奎	山东苍山	大专	1998－03～2003－03
	许申敏	上　海	大学	1998－03～2003－03
	蔡吾贤	浙江萧山	大专	1998－03～2003－03
	朱张松	浙江萧山	大专	2000－01～2003－03
	王仁庆	浙江萧山	大专	2001－02～2003－03
委　员	田益民　沈云龙　沈彩仙（女）　杜天林　吴关根　汪寿高　金乃华（女）　周水荣　周凯旋　郑林兔（女）　顾子法　俞宝林　胡林森　徐栩羚（女）　盛增虎　童一峰　楼曼庆			

第二节　人大常委会内设机构

1980年6月，县人大常委会下设办公室；1987年5月，增设法制工作委员会、财政经济工作委员会、科教文卫工作委员会；1993年5月，增设代表工作委员会。1999年9月，财政经济工作委员会更名为财政经济城乡建设工作委员会。

至2001年3月，市人大常委会共有办公室、法制工作委员会、财政经济城乡建设工作委员会、科教文卫工作委员会、代表工作委员会5个内设机构。

第三节　镇乡人民代表大会机构

1950年，乡、镇为人民代表会议[①]。1984年，改变人民公社“政社合一”[②]体制，恢复乡人民政府，由第八届乡人民代表大会选举产生乡长、副乡长。1987～2001年，历经第九届至第十二届镇乡人民代表大会。按照《中华人民共和国选举法》规定，选举产生镇乡人民政府镇乡长、副镇乡长。

1989年12月，省人大颁布《浙江省乡镇人民代表大会主席团组织条例》，规定镇乡人民代表大会主席团设常务主席1人，由本级人民代表大会通过。1990年3月，全市各镇乡人民代表大会换届，67个镇乡设立人大主席团常务主席。其中设专职人大主席团常务主席19人，兼职48人。

镇乡人大常务主席负责召集主席团会议；指导镇乡人大代表小组活动；走访和联系代表，接待、处理代表来信来访，督促、检查镇乡人民政府办理代表提出的议案和建议；承办上级人大常委会交办的有关事项。镇乡人大常务主席可以列席镇乡人民政府办公会议。1991年春，根据市委的部署，各镇乡对镇乡主席团成员进行调整，改变原来主席团成员中党政领导多、一般成员少，中共党员多、非党成员少，男的多、女的少状况。调整后，全市镇乡人大主席团成员与上年相比，人数减少32名，其中党政领导减少80人，非党成员增加43人，妇女增加23人。

1995年，市委《批转市人大常委会党组〈关于1996年镇乡人民代表大会换届选举工作的意见〉的通知》（市委〔1995〕53号），除前进乡维持原设置外，其余各镇乡仍继续配备专职人大主席。人口在3万人以上的镇乡，配备1名专职干部。城厢、瓜沥、临浦3镇人大办公室继续保留。

镇乡人大主席团坚持三个月举行一次例会制度，听取政府工作汇报，检查督促政府组织实施本级人民代表大会决定的事项。镇乡人大每年组织人大代表评议政府工作。镇乡人大主席团督办代表议案，建立健全代表联系网络，组织代表学习法律、法规，进行调查视察。各镇乡配备专职或兼职的人大工作干部。

①1950年，乡、镇人民代表会议的代表，是在中国共产党组织的领导下，通过农会、青年团、妇联等群众组织和社会人士民主协商产生。1951年，各乡、镇人民代表会议的代表，改由民主选举产生。1953年起，实行普选，乡、镇人民代表大会代表由选民直接选举产生。1954年起，实行人民代表大会制度，乡、镇称人民代表大会。1966年5月后，因“文化大革命”，乡、镇人民代表大会停止活动，直至1980年11月恢复活动。

1980年恢复人民代表大会制度后，各公社、镇经过人民代表大会选举产生公社管理委员会和镇人民政府组成人员。（资料来源：萧山县志编纂委员会：《萧山县志》，浙江人民出版社，1987年，第643～644页；萧山人大志编纂委员会：《萧山人大志》，方志出版社，2008年，第497页）

②所谓“政社合一”指的是人民公社既是行政组织，同时又是经济组织，一块牌子履行两种职能。

第四章　人大常委会职责

萧山市（县）人大常委会依据《中华人民共和国地方各级人民代表大会和地方各级人民政府组织法》规定，对本行政区域内重大事项有决定权，对本级政府、法院、检察院工作有监督权和人事任免权等14项职权。历届市（县）人大常委会紧紧围绕经济建设中心，把实施宪法和法律、法规，社会主义民主和法制建设，依法治市（县），改革开放，国民经济与社会发展等方面的重大事项和人民群众普遍关心的热点问题列为议题进行审议，并作出相应的决议、决定。依法对“一府两院”实施法律、法规情况的监督和工作监督，开展执法检查，进行执法评议。依法任免国家机关工作人员，加强对他们的监督，听取其述职报告，并进行评议。

第一节　重大事项决定

第八届人大期间

1984年11月至1987年3月县第八届人大常委会期间，讨论73项重要议题，作出23项决议、决定。

1985年1月12日，县第八届人大常委会第二次会议针对部分企业将污水、废气、废渣排放江河、地面和空中，导致生态环境遭到破坏、危害人民健康的情况，作出《萧山县人大常委会关于进一步搞好环境保护工作的决议》。要求县政府把环境保护工作列入议事日程，切实加强领导。在部署、检查、总结工作时，要体现环境保护和经济建设同步计划、同步实施、同步发展的方针。各级干部充分认识落实环境保护这一基本国策的重要性，正确理解环境保护和经济建设相互促进、相互制约的辩证关系，确立经济效益、社会效益和环境效益一起抓的思想。县环保部门要严守职责，加强环保队伍建设，建立环境保护网络，贯彻执行《环境保护法》。对污染严重的单位，要采取有效措施予以整治，严防新的污染源的产生。1986年8月16日，县第八届人大常委会第十二次会议针对全县在经济体制改革中出现违反财经纪律的不正之风，作出《萧山县第八届人大常委会关于加强审计监督工作的决议》。要求县政府切实加强对审计工作的领导，把审计工作列入重要议事日程，支持审计机关依法行使审计监督权。审计机关要按照国务院《关于审计工作的暂行规定》，认真履行职责。要以维护财经纪律为重点，做好财政预算的执行、财政金融机构和企事业单位财务收支的审计监督，坚决查处严重违反财经纪律，损害国家、集体和消费者利益的大案要案，保证改革和经济建设顺利进行。

第九届人大期间

1987年3月至1990年3月，市（县）第九届人大常委会就全市政治、经济、教育、文化等101项重要议题，作出18项决定、决议。

1987年10月21日，县第九届人民代表大会常务委员会第四次会议作出《萧山县人大常委会关于进一步开展全民义务植树活动的决议》，要求进一步开展全民义务植树活动。凡年满11周岁的公民，除老弱病残者外，每人每年义务植树3～5棵，号召全县人民人人动手，年年植树，精心爱护，绿化萧山大地。1987年12月25日，县第九届人大常委会第五次会议作出《关于撤销萧山县设立萧山市有关问题的决定》，1988年1月1日起，萧山县人民代表大会、萧山县人民代表大会代表和萧山县人大、政府、人民法院、人民检察院统一改称萧山市，原任职务名称作相应的更改。原颁发的当选证、代表证和职务任命书继续有效。

第十届人大期间

1990年3月至1993年3月市第十届人大常委会期间，讨论审议87项重要议题，作出13个决定、决议。

1990年7月31日，市第十届人大常委会第二次会议作出《萧山市人大常委会关于保护和修复越王城遗址的决定》，要求在“八五”期间，做好保护和修复越王城遗址的工作。市政府及有关部门要研究制订切实可行的保护和修复越王城遗址的规划及分期实施的意见，明确每年的工作目标，落实资金筹集措施，确定牵头单位和工作班子，切实把这件事情办好。1991年5月21日，市第十届人大常委会第七次会议作出《萧山市人大常委会关于深入开展第二个五年普法教育的决议》，要求各级政府制定实施普及法律常识的第二个五年规划。要把普法和守法、用法、执法紧密结合起来，切实做到有法必依，执法必严，违法必究，保护公民的合法权益。各部门、各单位要有计划、有步骤、分层次地学习与工作密切相关的专业法律、法规。“二五”普法教育的重点对象是各级领导干部、执法人员、宣传教育工作者和青少年。

第十一届人大期间

1993年3月至1998年2月，市第十一届人大常委会共审议107项重大事项，通过42项审议意见，作出35项决议、决定。

1994年9月16日，市第十一届人大常委会第十二次会议作出《萧山市人大常委会关于开展市人大常委会任命干部述职评议工作的决定》。从1994年起，分期对市人大常委会任命的干部开展述职评议工作，以增强干部的法律意识、公仆意识和创业意识，恪尽职守，廉洁奉公，勤政为民。1996年9月19日，市第十一届人大常委会第二十七次会议作出批准《萧山市科教兴市规划》的决定。1997年5月16日，市第十一届人大常委会第三十二次会议作出《关于依法治市的决议》。要求各级政府和有关部门在依法治市中，坚持以宪法为核心，坚持以领导干部和执法人员以及青少年为重点。1998年1月6日，市第十一届人大常委会第三十七次会议作出批准《萧山市城市总体规划（1996～2010年）》的决议。要求市政府严格按规划办事，强化市区和中心城镇建设，加快重点城镇发展，加强市域基础设施建设，形成以市区为中心，瓜沥、临浦为两翼，中心城镇为纽带，一般镇乡为基础的城镇群体格局，提高城镇集约化水平。

第十二届人大期间

1998年2月至2001年3月，市第十二届人大常委会就一些重大问题作出51项决议、决定。

1998年5月15日，市第十二届人大常委会第二次会议作出督办《要求解决东片地区交通道路建设等代表议案》的决定。要求市政府力争在近年内解决本市东片的交通道路问题。对解决南片群众饮用水问题，要求市政府争取在本届任期内，使南片群众饮用水的质量得到提高。2000年3月31日，市第十二届人大常委会第二十一次会议作出关于批准《萧山市城镇体系规划（1998～2020年）》的决议。要求按照省政府批准的《萧山市城镇体系规划》组织实施，增强全市城镇建设和管理的科学性、规范性，尽快把萧山建设成为现代化新兴中等城市，实现经济、社会的协调发展和人民生活质量的全面提高。2000年9月11日，市第十二届人大常委会第二十四次会议根据市政府的提议，经审议，决定授予浙江华越家具工业有限公司总经理陈俊镛（中国台湾籍）、萧山雅马哈乐器有限公司总经理小林荣司（日本籍）、浙江华欣家具工业有限公司总经理李绍明（中国台湾籍）、浙江友成塑料模具有限公司总经理村越启介（日本籍）、杭州特发弹簧垫圈有限公司副董事长和光厚一郎（日本籍）、金元陶瓷（中国）有限公司董事长林当来（中国台湾籍）6位人士“萧山市荣誉市民”称号。

第二节　法律监督

1984年11月至1987年3月县第八届人大期间，县人大常委会作出《关于在全县公民中普及法律常识的决议》，两次听取县司法局关于开展普法教育进展情况的报告，组织检查5个乡、2个局级机关的普法工作，促进全县普法工作的开展。督查有法不依、执法不严的现象。1986年上半年，县人大常委会针对违法乱占耕地的情况，在调查的基础上，对永兴乡、新湾镇的土地管理工作进行视察，督促政府严格按法办事。听取和审议县政府《关于贯彻土地管理法规情况的汇报》，督促县政府按照土地管理法规和省、市政府的要求，做好清理工作，强化土地管理。

1987年3月至1990年3月市（县）第九届人大期间，市人大常委会通过综合执法大检查的形式，加强对“一府两院”的法律监督，要求工作人员提高依法办事的自觉性，解决执法中存在的问题。1989年，针对集体建设用地和农民建房用地大量增加、干部建造高标准住宅、土地浪费严重、群众反响强烈等问题，市人大常委会把《中华人民共和国土地管理法》的执行情况作为检查的重点，督促政府查处一些违法占地建房问题突出的乡、村和单位，支持司法机关依法强行拆除违章建筑。

1990年3月至1993年3月市第十届人大期间，市人大常委会先后组织开展《中华人民共和国食品卫生法》《中华人民共和国土地管理法》《中华人民共和国环境保护法》《中华人民共和国矿产资源法》《中华人民共和国文物保护法》《浙江省计划生育条例》《浙江省女职工劳动保护条例》等法律、法规实施情况督查。对镇乡农贸市场、百余家个体摊店和食品生产、经营单位进行视察，督促有关部门查处和销毁伪劣过期变质食品。

1993年3月至1998年2月市第十一届人大期间，市人大常委会先后对《中华人民共和国农业法》《中华人民共和国教师法》《中华人民共和国产品质量法》《中华人民共和国反不正当竞争法》《中华人民共和国消费者权益保护法》《中华人民共和国妇女权益保障法》《中华人民共和国老年人权益保障法》等21部法律、法规进行执法大检查。对发现的问题，提出改进意见，并实行跟踪督查，确保各项法律、法规落到实处。

1998年2月至2001年3月市第十二届人大期间，市人大常委会先后对《中华人民共和国水土保持法》《中华人民共和国产品质量法》《中华人民共和国建筑法》和《浙江省职工基本养老保险条例》等法律法规执行情况进行重点督查。加强对司法机关的监督，听取“两院”的审判改革、执行、贪污贿赂侦查和监所检察工作情况的专题汇报，加强对执行案件的跟踪督查，组织人大代表视察执行工作，支持法院攻克执行难关，维护判决的权威性；督促司法机关依法审理和复查有争议的案件，坚持错案责任追究制，保障司法机关依法独立行使职权，公正司法。

第三节　工作监督

1984年11月至1987年3月县第八届人大期间，常委会通过听取和审议政府工作报告，加强对“一府两院”的工作监督。常委会先后听取县政府关于土地管理、城厢镇总体规划、工业生产、财政预算、审计工作、公民普及法律、社会治安综合治理、经济合同管理、文化事业、教育工作、医疗卫生、科技、体育、人事、劳动制度改革、计划生育等方面的情况报告，要求政府逐一抓好落实，确保萧山经济和社会事业的稳步发展。同时，县人大常委会组成人员视察政府的主要工作情况，组织人大代表对政府实施人代会的决议和决定的情况进行评议，督促政府各项工作的落实。

1987年3月至1990年3月市（县）第九届人大期间，常委会每年听取市政府关于农业种植计划安排和生产情况的报告，专题听取关于粮食生产、农垦经济发展情况的报告，多次组织到围垦地区和部分镇乡进行调查，要求政府牢固树立以农业为基础的思想，切实加强对农业生产的领导，并对解决薄弱环节的问题提出意见。常委会在审议财政预算时，强调对农业的投入，支持引进粮食、棉花、水产养殖等方面的优良品种。常委会先后听取市政府关于全市工业生产、外向型经济、乡镇企业、调整工业结构、科技工作和清理固定资产投资等方面的报告，要求市政府尽快完善企业承包责任制，坚决压缩固定资产投资规模，要集中两力(财力、物力)保重点，下决心撤并一批原材料消耗大、产品滞销、经济效益差的小企业，保证重点骨干企业的发展。常委会先后听取市政府关于实施九年制义务教育、社会文化管理、修缮文物古迹、卫生改革、环境保护、社会福利、企业职工离退休劳动保险基金统筹工作情况的报告等。对食品卫生工作，每年夏季组织视察活动，促使改变卫生面貌。督促政府认真贯彻《浙江省计划生育条例》，严格控制人口的增长。视察城镇建设、管理工作，审议市政府提出的城厢镇中期建设规划区的调整方案，要求做到规划好、建设好、管理好。常委会听取市政府对“扫黄”工作的报告，组织委员和人大代表赴镇乡进行视察检查，推动“扫黄”斗争的深入，促使群众文化活动的健康发展。

1990年3月至1993年3月市第十届人大期间，常委会通过审议、视察、调查研究等方式，推动政府做好普法宣传工作。督促“二五”普法规划的实施。市人大常委会法制工作委员会对“二五”普法工作开展专项调查，推进以宪法为核心、以专业法为重点的普法工作。常委会听取市人民法院《关于经济审判和执行情况的报告》、市人民检察院《关于开展反贪污贿赂斗争情况的报告》，要求市人民法院贯彻“审、执”并重的方针，加快经济案件的审理和执行工作。要求市人民检察院深入开展反贪污、反贿赂斗争，严厉打击严重经济犯罪。市人大常委会主任会议多次听取检察院、法院对重大经济案件的审理情况和《中华人民共和国行政诉讼法》执行情况的报告，要求严肃执法，加强队伍建设，推动惩治腐败斗争的深入开展。

1993年3月至1998年2月市第十一届人大期间，常委会每年依法听取和审议关于国民经济和社会发展计划执行情况、财政预算执行情况及有关全市经济发展和改革工作情况的汇报。要求市政府围绕建立社会主义市场经济体制，推进两个根本性转变，实施可持续发展战略和科教兴市战略；加强农业基础，强化土地管理，正确处理速度与效益的关系；加快企业改革，扩大对外开放，推进财政、税收、金融、外贸、投资、价格和流通等各项重大改革措施的实施，实现全市经济的健康、快速发展。常委会先后就人民群众关心的住房制度改革、调整城市总体规划、“菜篮子”工程建设、市场建设与管理、行政事业收费与制止乱收费、控制物价涨幅、防止环境污染、缓解交通拥堵、反贪污贿赂和社会治安综合治理等事项，听取和审议“一府两院”的报告，组织代表视察，提出解决问题的意见。

1998年2月至2001年3月市第十二届人大期间，常委会先后听取和审议工业经济运行质量、农业产业化、外经外贸、中小企业发展、旅游业、镇级资产经营公司运作状况等工作报告，要求市政府加快企业转制、调整农业产业结构、增加农民收入、加大招商引资力度、整顿和规范市场经济秩序、扶持南片经济发展、落实标准塘长效管理措施、实行土地使用权有偿使用，确保全市经济的稳健发展。开展对教育、科技、文化、卫生、环境保护、交通市政道路建设、城市化发展和民族宗教事务等方面工作的审议、监督，要求政府增加科技投入、发展高中段教育、繁荣文化市场、加强城市管理、加快卫生事业发展。把治理环境污染作为监督的重点，多次开展执法检查和专题调研，听取政府治污方案汇报，要求采取果断措施和有效手段，切实保护环境，彻底改变全市东片地区河道水污染严重的状况。督促政府尽力解决人民群众关心的再就业、社会治安、社会保障、土地管理、东片自来水进村入户、教育收费、改善南片地区供水条件、失地农民利益、房地产市场管理等社会热点问题，维护群众的切身利益。

第四节　人事任免

萧山市（县）人大常委会依据《中华人民共和国地方各级人民代表大会和地方各级人民政府组织法》任免地方国家机关工作人员，并对国家机关工作人员实行监督。在市人民代表大会闭会期间，决定副市长的个别任免；在市长、市人民法院院长、市人民检察院检察长因故不能担任职务的时候，决定代理人选；决定市人民政府组成人员的任免；任免市人民法院副院长、庭长、副庭长、审判委员会委员、审判员；任免市人民检察院副检察长、检察委员会委员、检察员；决定撤销个别副市长和由市人大常委会任命的市人民政府其他组成人员，市人民法院副院长、庭长、副庭长、审判委员会委员、审判员，以及市人民检察院副检察长、检察委员会委员、检察员的职务；决定接受市人大常委会组成人员和市长、副市长、市人民法院院长、市人民检察院检察长的辞职；任免市人大常委会工作机构负责人员。

1984年11月至1987年3月县第八届人大期间，县人大常委会坚持德才兼备的干部标准，坚持领导班子“四化”(革命化、年轻化、知识化、专业化)的需要。在干部任免工作中，充分发扬民主，严格依法办事，认真履行职责。对政府、法院、检察院提请任命的人员，不合法定条件的，一律不作讨论；情况不明或不够理想的，实事求是地提出意见，或者不予通过，或者建议提请机关查明情况后再作讨论、表决。本届常委会先后任免行政机关、审判机关、检察机关工作人员145人次，其中，任命119人次、免职23人次、辞职1人次、代职2人次；决定代理县长和任免副县长6人次，任免县政府组成人员正职43人次，任免县人民法院和人民检察院负责人及审判员、检察员76人次，任免县人大常委会机构工作人员20人次。

1987年3月至1990年3月市（县）第九届人大期间，市人大常委会依据《萧山市人大常委会关于人事任免表决办法的决定》，改进人事任免工作，增强干部为人民服务的观念，使人事任免的表决有章可循。在审议市政府和人民法院、人民检察院提请任免人员时，坚持德才兼备的原则，确保干部有较高的政治素质和实际工作能力。对情况不明、争论较大的，建议提请机关查明情况后再作讨论、表决；对决定任命的颁发任命书。本届常委会先后任免行政机关、审判机关、检察机关工作人员92人次，其中，任命68人次、免职20人次、辞职3人次、代职1人次；决定任免正副市（县）长3人次，市（县）政府组成人员34人次，人大常委会工作人员7人次，法院、检察院工作人员48人次。

1990年3月至1993年3月市第十届人大期间，市人大常委会任免国家机关工作人员138人次，其中，任命96人次、免职38人次、辞职2人次、代职1人次、撤职1人次；决定任免正、副市长10人次，市政府组成人员40人次，人大常委会工作人员18人次，市法院、检察院工作人员70人次。

1993年3月至1998年2月市第十一届人大期间，市人大常委会作出《关于开展市人大常委会任命干部述职评议工作的决定》，以述职评议的形式，加强对人大常委会任命干部的监督。本届人大常委会任免国家机关工作人员265人次，其中，任命171人次、免职87人次、辞职3人次、代职3人次、撤职1人次；决定任免正副市长11人次，市政府组成人员79人次，人大常委会工作人员25人次，市法院、检察院工作人员150人次。对29个政府部门任职干部开展述职评议活动，增强干部的法制意识、公仆意识、创业意识、廉政意识；对15个委、办、局进行行政执法评议，促进行政执法部门依法行政和司法机关依法司法工作。

1998年2月至2001年3月市第十二届人大期间，市人大常委会修订完善《萧山市人大常委会人事任免办法》，按照新时期用人标准和任免条件，注重对“一府两院”拟任干部的任前调查、考察，先后任免国家机关工作人员321人次，其中，任命197人次、免职115人次、辞职5人次、代职3人次、撤职1人次；决定任免正、副市长12人次，市政府组成人员73人次，人大常委会工作人员64人次，市法院、检察院工作人员172人次。坚持把行政执法评议和述职评议作为推进依法行政的重要手段，加强对部门行政执法责任制的落实情况和任命干部任职情况的监督检查。先后对27名政府组成人员和“两院”副职的任职情况分别进行评议和书面述职评议。

第五节　代表议案　建议

人大代表围绕中国共产党和国家的大政方针及萧山的实际，以提议案和建议、批评、意见的形式，行使当家做主的权利。议案和建议、批评、意见内容涉及经济发展和社会事业各个方面。每年的代表议案、建议办理工作均在规定的期限内办理完毕。

第八届人大代表议案建议

1984年11月至1987年3月的第八届人大期间，代表提出议案和建议1497件，其中8件由县人大常委会直接处理，其余交“一府两院”承办。在办理过程中，县人大常委会多次听取议案、建议办理情况的汇报。对议案、建议的办理结果，分别向各位代表作书面报告，做到对每件议案、建议都有答复，解决或基本解决问题的议案、建议占总数的40%。

第九届人大代表议案建议

1987年3月至1990年3月的第九届人大期间，代表提出议案107件、建议424件。市（县）人大常委会对一些涉及面广、事关全局的重大议案，由各工作委员会会同政府有关部门，共同调查研究，提出处理意见，并作出办理议案的决定。在第九届人大二次、三次会议上，代表们提出的要求保护湘湖水系，确保自来水厂水质和重建萧山化肥厂、扩建青蓬公路、修订城镇建设房屋拆迁管理办法、修缮文物古迹等9件重要议案，均得到妥善处理和落实。

第十届人大代表议案建议

1990年3月至1993年3月的第十届人大期间，代表提出议案339件，意见、建议431件。议案和建议、批评、意见内容涉及全市的司法监督、农业、财税、金融、教育、文化、卫生等各个方面。市人大常委会督促市政府及有关部门共同办理，解决人民群众迫切需要解决的实际问题。

第十一届人大代表议案建议

1993年3月至1998年2月的第十一届人大期间，代表提出议案654件、建议和意见318件。市人大常委会注重抓好议案交办、督办工作，保证办理进度；实行反馈、跟踪、复查，提高重点议案的办理质量。解决和基本解决的议案、建议633件，占总数65.12%；满意和基本满意为92.61%，不够满意占7.39%。1994年起，市人大常委会与市政府每年举行议案、建议办理工作表彰会，对议案、建议办理工作先进单位予以表彰。

第十二届人大代表议案建议

1998年2月至2001年3月的第十二届人大一至四次会议期间（第十二届人大期间共召开5次代表会议），代表提出议案749件、建议236件。市人大常委会规范办理工作，督促承办单位提高议案办理的面商率、解决率，重点抓办理结果的反馈。对办理结果不满意的议案，要求重新办理，特别是对干部房改政策这一议案，市人大常委会多次听取市政府及有关部门办理情况的汇报，提出审议意见，督促有关政策的尽快出台。议案、建议办结率均为100%。

【附】

重点议案办理

市（县）第九届人大第一次会议始，市（县）人大常委会把事关经济发展全局、事关人民群众切身利益方面的代表议案列为重点议案，由市（县）人大常委会直接督办，其中较具代表性和影响较大的有：

一、“关于改建青蓬公路”议案的办理

青蓬公路，即瓜沥方迁溇至头蓬公路，全长15.76千米，是通往义蓬、围垦地区的主要通道。随着经济的发展，该路行车密度大幅提高，日交通量1985年为620辆次，1986年为810辆次，1987年增加到近1000辆次；同时，道路技术标准达不到四级公路要求，有9千米左右路基宽度只有5米～6米，路面宽度只有3米～4米，与日益增加的交通量极不适应，一定程度上制约了沿线乡镇经济的发展和围垦地区的开发，并存在较大的交通安全隐患。

1988年4月，在市第九届人大第二次会议上，徐友良等43位代表提出“关于改建青蓬公路”的议案。市人大常委会把该议案列为重点议案。市人大、市政府领导专程到义蓬区听取了有关代表的意见，对方案作了分析论证。市政府有关部门与省、杭州市交通部门就改造青蓬公路技术等级多次作了磋商，经浙江省交通厅同意，确定全线按平原微丘三级公路标准改建柏油路，用地宽度12米，改建线路共14.46千米，重建、拼宽桥梁8座，总投资572万元。1989年12月竣工。改建后的青蓬公路路基、路面宽度比原来扩大近一倍。

二、“关于要求修建人民大会堂”议案的办理

萧山人民大会堂，前身是江寺。江寺原名觉苑寺，始建于南朝齐建元二年（480），距今已有1500多年。唐、宋、元、明、清各代几次废毁，几次兴建。中华人民共和国成立初期保存下来的是清光绪二十一年(1895)形成的规模，有头山门、天王殿、大雄宝殿、观音殿、藏经阁及僧房、厢房等附属建筑共10余处，建筑面积共2000余平方米。寺院布局得当，错落有致，主体部分气势宏伟，细部雕刻极为精致，有较高的文物价值。1954年，为解决开会场所问题，在天王殿和大雄宝殿之间改建成大会堂，改建时拆除了头山门和天王殿北部、大雄宝殿南部的许多结构部件，使两殿的面貌遭到很大破坏。江寺北部的观音殿、藏经阁、僧房、东厢房等建筑，面积1500余平方米，先后被萧山土产公司、特产公司、花边厂等单位占用，部分建筑被拆除或改建。80年代初，萧山供销社和特产公司在离大会堂北墙仅3米处又建造了一幢5层楼宿舍，使江寺南北两区域完全隔绝，严重破坏了江寺建筑群的整体性。

1984年，江寺被公布为县级文物保护单位。

1992年3月，在市第十届人大第三次会议上，马骕等10名代表提出“要求修建萧山人民大会堂”的议案。市第十届人大常委会第十四次会议经过审议，决定把这个议案列为重大事项。市人大常委会办公室和市政府办公室组织城建、文管等部门一起实地勘察，研究修建方案，并向市政府常务会议作了汇报，市政府办公室于1993年1月7日发出通知，要求进入大会堂的各机构用房逐渐搬迁，大会堂按历史文物的性质修复，部分恢复江寺原貌，增加萧山的人文景点，对外开放（至2002年，共搬、拆迁住房821户，按原貌修复江寺部分古建筑，并建成占地3万余平方米的江寺公园）。

三、“要求解决萧山第二酒厂废水污染治理”议案的办理

萧山第二酒厂(临浦酒厂)始建于1946年，1991年有职工110人，主要生产酒精、配制酒和瓶装酒。是年生产酒精1518吨，配制酒647吨，瓶装酒239吨。生产酒精的工业废水年排放量在10万吨以上，严重

污染了河道。随着临浦镇中心的北移和农民在永进河口筑坝，河道被堵，污染对居民生活的影响日趋严重，当地群众要求治理的反映也日趋强烈，在县第八届、第九届人代会上，人大代表曾提出议案要求治理，但都因种种原因而未能很好解决。

1992年3月，在市第十届人大第三次会议上，王贞夫、陶幼林等10名代表提出“萧山第二酒厂废水污染严重，亟待根治”的议案，市人大常委会将此议案列为重大事项。市政府和市国营工业总公司、市环保局等部门对议案高度重视，把第二酒厂的废水治理列为环保治理重点项目之一，与人大常委会有关工作委员会一起，进行了多次调查、论证，研究制定方案。经过几次权衡比较，最后确定：由市环保局帮助解决低息贷款80万元，萧山第二酒厂和临浦印刷厂合并后转产，酒精生产线在1992年6月8日全线停产。当年9月初，临浦镇成立永进河清淤工作领导小组，集中劳力开始清淤，共清除水面浮物杂草20吨、淤泥3000吨、河岸生活垃圾20吨，翻水、排水4次。此后，临浦镇政府又制订了关于加强永进河环境卫生管理的若干规定，建立了沿河单位的门前“三包”责任制，由镇环卫部门落实专人负责管理。经过各方努力，至1993年底，永进河的主要污染源已经解决，水质明显改观。

四、“要求加速萧金公路扩建工程进度”议案的办理

萧金公路是萧山南片地区的交通干线，也是杭州通往金华、温州的主要交通公路干线。但由于路窄、桥多，随着车流量的大幅度增加，堵车现象经常出现，已经影响南片乡镇的经济发展和社会环境的改善。为了改变这一状况，在省政府和省、市交通部门的关心下，1993年1月，这一改建工程被列为自行贷款、自行建设、自行收费、自行还贷的公路建设项目“四自工程”，由省公路局和萧山市人民政府联合投资建设。但由于资金难到位等原因，进展缓慢。

1993年4月，在市第十一届人大第一次会议上，方妙仁等32名代表提出“要求加速萧金公路扩建工程进度”的议案。1993年5月14日，市第十一届人大常委会第一次会议对议案审议后，认为代表提出的问题，不仅关系到萧山经济的发展，而且对全省经济的发展也有着重要的意义，决定作为重点议案，由市人大常委会直接督办。市政府及交通局十分重视，多次召开公路沿线乡镇、办事处和有关部门负责人会议，研究落实加快施工进度的措施，解决施工中的一些难题。沿线镇乡党委、政府积极做好工作，使难度较大的拆迁工作进展比较顺利。市交通局分设河上、来苏两个指挥所，加强现场指挥，施工单位尽力合作，使原定工程期缩短9个月，在1994年10月全线竣工通车。

五、“要求加快‘西水东调’工程建设”议案的办理

1993年4月，在市第十一届人大第一次会议期间，孙茂潮等116名代表提出“要求加快‘西水东调’工程建设”方面的8件议案。市人大常委会根据代表要求，考虑到东片地区几十万人民饮水和生产用水比较困难的实际状况，决定把加快“西水东调”工程建设作为重点议案，由市人大常委会直接督办。“西水东调”工程建设，涉及东片地区11个镇乡和2个农场，关系到近30万人的生活用水和经济建设，战线长，投资大，任务艰巨。市政府对办理这项议案很重视，组建了由常务副市长挂帅的“西水东调”工程建设领导小组，在调查、勘察的基础上，确定了水厂建设和管网铺设的远、中、近期实施方案，召开协调会议，制定有关政策，确定以市城乡建设局为主，负责工程的组织实施，并决定扩建第二水厂，先上二期工程，投资850万元，日供水增加6万吨，然后再搞应接工程，日供水将再增加3万吨，以保证“西水东调”的水源。

在市政府和有关部门的努力下，1993年10月第二水厂二期工程竣工供水；1994年日供水3万吨的应接工程建成并投入运行。1998年，“西水东调”工程延伸至河庄、新湾、党湾及前进乡，为提高水压，南阳加压泵房也建成投入运行。2000年，“西水东调”南线工程全部建成。

六、“要求解决东片地区交通道路建设”议案的办理

1998年3月，市第十二届人大第一次会议期间，针对萧山东片地区经济比较发达，交通道路紧张的问题，董利水、高锦耀等140名代表提出“要求解决东片地区交通道路建设”的14件议案。市第十二届人大常委会第二次会议认为代表提出的问题，关系到东片地区经济发展和群众生活水平的提高，决定将该议案作为重点议案，由市人大常委会直接督办，要求市人民政府抓紧规划，提出方案，组织实施，尽快解决东片地区的交通道路问题。

1998年4月1日，市政府召开了由市财政局、计划委员会、重点建设办公室、交通局等部门参加的协调会，确定了“适度超前、贷款造路，政府还贷”的建设思路，并由市交通局组成工程指挥部和工作班子，迅速开展全线实地踏勘、可行性研究、施工图设计等前期准备工作。6月1日，市政府召开了沿线各镇乡及有关部门参加的动员会；6月下旬，东片地区南阳至新湾(即浦十四线)、瓜沥至党山至绍兴柯桥高速公路出口、方迁溇至解放桥三条公路相继开工。12月，瓜沥镇的方迁溇至解放桥的公路建设工程全线完工并投入使用，全长2.5千米，按二级加宽公路建造，路基宽19米，路面宽15米，公路桥2座，总投资概算933万元。1999年10月，南阳至新湾的公路路面及附属设施交付使用，全长14.17千米，按二级加宽公路建造，路基宽19米，路面宽15米，公路桥6座，总投资概算7230万元。瓜沥至党山至绍兴柯桥的高速公路出口的路面及附属设施交付使用，全长9.5千米，按二级加宽公路建造，路基宽19米，路面宽15米（其中党山至柯桥立交口路宽13米，路面宽9米），公路桥4座，总投资概算3366万元。

七、“要求解决南片地区饮用水”议案的办理

萧山南片地区有10多个镇乡，30多万人口，解决饮用水问题，关系到这个地区人民身体健康和经济发展。2000年1月，在市第十二届人大第三次会议上，葛孝甫等65名代表提出“要求解决南片饮用水问题”议案。因市第十二届人大第一次会议期间，张伟成等27名代表提出过相关议案，市建设局已有方案。市第十二届人大常委会第二十一次会议决定，把此议案作为重点议案，由市人大常委会直接督办，要求市政府抓紧确定规划，分步实施，力争在本届任期内，使南片地区饮用水问题基本得到解决。

市政府对议案高度重视，把南片供水工程建设作为提高南片人民生活质量，改善南片投资环境，促进当地经济发展的一件大事来抓。市建设局在实地踏勘基础上，根据南片地区多山、地形复杂及地势标高差异较大的实际，反复论证后，编制了可行性方案。方案确定：由市自来水公司解决所前、临浦以北区域用水；利用富春江水源，在许贤建取水口泵站，在戴村新建一座水厂，水厂一期按20万吨/日设计，先行建设规模为10万吨/日，远期总规模达30万吨/日，一次规划，分期实施，解决许贤、戴村、义桥、河上、楼塔管村工业区、临浦（浦南）、浦阳、进化、欢潭等乡镇用水；对地势较高的楼塔、云石两个镇乡，通过改造水库，满足用水需求。7月21日，市建设局成立南片供水建设工程筹建领导小组，积极开展各项前期准备工作。8月22日，与香港华冠（集团）公司签订了共同投资建设南部水厂的合作意向书。2002年6月，总投资2亿元的南部水厂一期日供水20万吨工程竣工投运。

（资料来源：萧山人大志编纂委员会：《萧山人大志》，方志出版社，2008年12月，第259～263页）

第二十四编 人民政府

1980年6月26日，县第七届人民代表大会第一次会议决定恢复萧山县人民政府。[①]1988年1月1日，更名为萧山市人民政府，至2001年3月25日萧山撤市设区止。

1985～2000年，市（县）第八、第九、第十、第十一、第十二届人民政府贯彻中共十一届三中全会以来的路线、方针、政策，坚持以经济建设为中心，坚持改革开放，为把萧山建成现代化新兴中等城市而实施一系列有效举措。完善联产承包责任制，建立土地流转机制，推进农业适度规模经营，增加农业投入，调整农业结构，推进农业产业化经营。工商业推行承包经营责任制，转换企业经营机制，明晰企业产权，重组投资主体，实施“科教兴市”和可持续发展战略，提高工业经济运行质量。引导发展第三产业，鼓励发展个体、私营经济。创建杭州钱江外商台商投资区、国家级萧山经济技术开发区，拓展外向型经济，扩大招商引资规模。实施为民办实事工程，着力解决人民群众普遍关注的热点、难点问题，社会秩序稳定，城乡居民人均收入提高，1995年实现由温饱到小康的历史性跨越。实施机构改革，转变机关职能，简化行政审批手续，完善政务公开制度，强化服务功能，着力推进经济、社会、城市三大战略转型，全市经济和社会事业得到健康、协调、持续发展。2000年，萧山被列为全国综合经济实力十强县（市）第九位。

①1949年6月5日，萧山县人民政府成立。1955年12月1日，县人民政府改名县人民委员会。1968年3月28日，成立县革命委员会。1980年6月26日，复名为县人民政府。

第一章　机　构

萧山市（县）人民政府是萧山市（县）人民代表大会的执行机关，其行政机构根据机构编制规定设置。正、副市（县）长由市（县）人民代表大会选举产生，市（县）人民政府序列部门负责人由市（县）人大常委会任命产生。每届任期三年（市第十一届人民代表大会以后任期改为五年）。萧山市（县）镇乡人民政府是镇乡人民代表大会的执行机关，正、副镇乡长由镇乡人民代表大会选举产生。市（县）、镇乡人民政府都是国务院统一领导下的国家行政机关。萧山市（县）人民政府对萧山市人民代表大会和杭州市人民政府负责并报告工作，在萧山市人民代表大会闭会期间，对萧山市人大常委会负责并报告工作。镇乡人民政府对镇乡人民代表大会和萧山市人民政府负责并报告工作。萧山市（县）、镇乡人民政府分别实行市（县）长、镇乡长负责制。

第一节　人民政府组成人员

市（县）人民政府组成人员

正副市（县）长　1984年11月萧山县第八届人民代表大会第一次会议至1998年4月3日的市第十二届人民代表大会第一次会议，先后选举产生五届市（县）政府市（县）长、副市（县）长。[①]

①1949年6月，萧山县人民政府建立后，窦长富任第一任县长，孟庆林任第一任副县长。1952年8月，萧山县第二届各界人民代表大会首次选举产生县长1名、副县长2名和政府委员20名，组成县人民政府委员会。1954年7月11～15日，召开萧山县第一届人民代表大会，由于宪法尚未公布，大会不选举人民政府县长、副县长、委员，县长由上级任命。1955年11月25～29日，召开萧山县第一届人民代表大会第二次会议，县人民政府改称县人民委员会，选举产生县长、副县长、委员，成立县人民委员会。1966年5月6～9日，县第六届人民代表大会后，县人民代表大会制度因“文化大革命”而中断，1968年3月28日，成立县革命委员会，实行党政军“一元化”领导，至1980年6月26日，恢复召开县第七届人民代表大会第一次会议，设立县人民代表大会常务委员会，县革命委员会改名为县人民政府，选举产生县七届人民代表大会常务委员会组成人员，选举县长、副县长。至1984年11月，先后选举产生8名县长、26名副县长。（资料来源：萧山县志编纂委员会：《萧山县志》，浙江人民出版社，1987年，第660～663页）

表24-1-496　1984～2000年萧山市（县）人民政府正、副市（县）长一览

时　间	届　次	职　务	姓　名	籍　贯	文化程度	任职时间
1984-11～1987-04	县第八届人民代表大会	县长	虞荣仁	浙江萧山	大专	1984-11～1986-04
			马友梓	浙江绍兴	大学	1986-04～1987-04任县长，（1984-11～1985-01任副县长，1985-01～1986-03任代县长）
		副县长	丁福南	浙江上虞	大学	1984-11～1985-01
			孙祖培	浙江萧山	大学	1984-11～1987-04
			杨仲彦	浙江诸暨	大学	1984-11～1987-04
			金胜荣	浙江嵊县	大学	1985-12～1987-04
			盛昌黎(女)	上　海	大学	1985-12～1987-04
1987-04～1990-04	县第九届人民代表大会	县(市)长	马友梓	浙江绍兴	大学	1987-04～1989-12
			杨仲彦	浙江诸暨	大学	1989-12～1990-04任代市（县）长 1987-04～1989-12任副市（县）长
		副市(县)长	金胜荣	浙江嵊县	大学	1987-04～1988-02
			朱寅传	浙江萧山	大学	1988-04～1990-04
			孙祖培	浙江萧山	大学	1987-04～1990-04
			盛昌黎(女)	上　海	大学	1987-04～1990-04
			魏金海	浙江萧山	中专	1987-04～1990-04
			莫妙荣	浙江萧山	初中	1988-04～1990-04

续 表

时 间	届 次	职 务	姓 名	籍 贯	文化程度	任职时间
1990-04～1993-04	市第十届人民代表大会	市长	杨仲彦	浙江诸暨	大学	1990-04～1992-11
			莫妙荣	浙江萧山	初中	1992-11～1993-04任代市长(1990-04～1992-11任副市长)
		副市长	朱寅传	浙江萧山	大学	1990-04～1992-11
			孙祖培	浙江萧山	大学	1990-04～1992-06
			盛昌黎(女)	上 海	大学	1990-04～1992-01
			魏金海	浙江萧山	中专	1990-04～1993-04
			陈福根	浙江萧山	初中	1992-06～1993-04
			许申敏(女)	上 海	大学	1992-01～1993-04
			任本晋	浙江绍兴	大专	1992-07～1993-04
			许迈永	浙江萧山	大专	1993-01～1993-04
			赵福庆	浙江萧山	中专	1993-01～1993-04
1993-04～1998-03	市第十一届人民代表大会	市长	莫妙荣	浙江萧山	初中	1993-04～1995-06
			林振国	福建福州	大学	1996-03～1998-03（1995-07～1995-11任副市长，1995-11～1996-03任代市长）
		副市长	魏金海	浙江萧山	中专	1993-04～1994-09
			许迈永	浙江萧山	大专	1993-04～1997-07
			许申敏(女)	上 海	大学	1993-04～1998-03
			任本晋	浙江绍兴	大专	1993-04～1995-05
			赵福庆	浙江萧山	中专	1993-04～1995-06
			来坚巨	浙江萧山	大专	1993-04～1994-09
			赵申行	浙江诸暨	大专	1994-09～1997-07
			王仁庆	浙江萧山	大专	1994-09～1998-03
			孙孝明	浙江吴兴	大学	1995-07～1998-03
			方岳义	浙江萧山	大专	1997-02～1998-03
1998-03始	市第十二届人民代表大会	市(区)长	林振国	福建福州	大学	1998-03～2002-03
		副市(区)长	方岳义	浙江萧山	大专	1998-03～1999-07
			王仁庆	浙江萧山	大专	1998-03～2001-02
			谭勤奋	浙江萧山	大专	1998-03～2003-03
			张龙生	浙江萧山	大专	1998-03～2003-03
			许岳荣	浙江萧山	大专	1998-03～2003-03
			周红英(女)	山东安丘	大专	1998-03～2003-03
			田 更	青海格尔木	大学	1999-06～1999-11（挂职）
			俞炳林	浙江绍兴	大学	2000-02～2001-09
			黄健全	浙江浦江	大学	2000-01～2002-05（挂职）

注：①资料来源：中共浙江省萧山市委组织部、中共萧山市委党史资料征集研究委员会、浙江省萧山市档案馆：《中国共产党浙江省萧山市组织史资料（1921-07～1987-12）》；中共浙江省萧山市委组织部：《中国共产党浙江省萧山市组织史资料（1988-01～1993-12）》；中共杭州市萧山区委组织部、中共杭州市萧山区委党史研究室：《中国共产党浙江省萧山市组织史资料（1994-01～1998-12）》；中共杭州市萧山区委组织部、中共杭州市萧山区委党史研究室：《中国共产党浙江省杭州市萧山区组织史资料（1999-1～2007-06）》。

②第十二届人民政府组成人员还有：陈如昉，2002年3月任代区长，2002年3月至2003年3月任区长；蒋金梁，2001年7月至2003年3月任副区长；王珠瑛，2001年11月至2003年3月任副区长。

政府序列机构负责人 1955年11月25～29日，举行县第一届人民代表大会第二次会议，选举产生县长和3名副县长、17名委员，组成县人民委员会。1966年，“文化大革命”开始后不久，县人民委员会停止工作。1980年6月26日，县第七届人民代表大会第一次会议选举产生县人民代表大会常务委员会后，政府组成部门负责人由县人大常务委员会任命。

镇乡人民政府组成人员

1984年后，各镇乡人民政府组成人员为正、副镇乡长[①]，其中镇乡长1人，副镇乡长2人。1993年3月，各镇乡召开人民代表大会换届选举时，镇乡人民政府组成人员一般由5人组成，其中镇乡长1人，副镇乡长4人，分管农业、工业、城建、文教各线。城厢、临浦、瓜沥3镇下辖办事处，设主任1人，副主任2人。1999年初，各镇乡召开人民代表大会换届选举，新一届镇乡人民政府组成人员一般5人，其中镇乡长1人，副镇乡长4人。

第二节　人民政府组成部门

萧山地方人民政府根据工作需要和精干的原则设置政府组成部门。自1949年以来，变动频繁。[②]

1985年2月，城乡建设环境保护局改名城乡建设局。是年，县人民政府下设经济委员会等23个政府序列机构及计划委员会、体制改革委员会、科学技术委员会、粮食局、经济技术协作办公室、县志编纂委员会办公室、地名普查领导小组办公室、物价委员会、统计局9个工作机构。

1986年1月，文化广播电视局改为文化局、广播电视局（两块牌子、一套班子）；县委农工部撤销后建立农业委员会；县志编纂委员会改名为地方志编纂委员会。是年6月，县人民武装部改归地方建制，隶属县人民政府。

1987年12月，增设县经济体制改革办公室。

1988年5月，设立市对外经济贸易委员会、监察局（1993年3月，与市纪律检查委员会合署办公）。是年6月，设立市土地管理局。

1989年11月，设立市人民政府外事办公室，与市政府办公室合署办公。

1990年8月，增设烟草专卖局。是年11月，设立机关事务管理局、档案局。

1991年7月，设立市财贸办公室、市环境保护局、市标准计量局。

1992年，设立台湾事务办公室，与市委对台办公室合署办公。是年起，先后设立市人民政府驻深圳、珠海、北京[③]、上海、厦门、海南、瑞丽、绥芬河办事处（后改称驻哈尔滨办事处）、太原办事处[④]；1994年1月，市人事局与市机构编制委员会办公室合署办公。是年9月，建立萧山市国家税务局和萧山市地方税务局，市财政税务局更名为财政局（1997年6月与地方税务局合署）。

1995年1月，市经济体制改革办公室更名为经济体制改革委员会。

1996年3月，根据中央军委命令，市人民武装部收归中国人民解放军建制。11月，市政府实施机构改革，市教育局改称市教育委员会、市财贸办公室改称市贸易局（增挂市财贸办牌子）、市对外经济贸易委员会改称对外贸易经济合作局（保留市对外经济贸易委员会牌子）、市物价委员会改称市物价局、市农业委员会改称市农村经济委员会（增挂市委农村工作办公室牌子）、市乡镇工业管理局改称市乡镇企业局、市城乡建设局改称市建设局（市人民防空办公室

①1949年12月，根据省人民政府关于建立乡村政权的指示，先按原乡区域建立乡人民政府，各乡设乡长1人，副乡长1～3人，乡行政委员会委员9～11人（多数不脱产）。1950年，各乡召开乡（镇）人民代表会议，选举乡（镇）长、副乡（镇）长和乡（镇）人民政府委员会委员。1956年，乡（镇）人民政府改为乡（镇）人民委员会。1958年，全县建立17个政社合一的人民公社（城厢镇一度建立公社，不久仍为镇人民委员会），各公社建立公社管理委员会，由主任、副主任和委员若干名组成，至1962年初，结合县第四届基层选举工作，选举产生公社管理委员会和监察委员会。1968年6月，成立公社和镇革命委员会，取代公社管理委员会和人民委员会。1980年，恢复人民代表大会制度，各公社、镇经过人民代表大会选举，分别成立公社管理委员会和镇人民政府。1984年，改变人民公社“政社合一”的体制，设立乡（镇）人民政府，由乡人民代表大会选举产生乡（镇）长、副乡（镇）长。（资料来源：萧山县志编纂委员会：《萧山县志》，浙江人民出版社，1987年，第666页）

②1949年县人民政府设秘书室、民政科、财政科、实业科、文教科、粮政科、公安局、税务局8个室、科、局。1950年建立10个区公所，作为县人民政府派出机构。1955年设7个工作部门和13个直属机构。1956年设委、局、科、室24个，设区公所11个。1963年末，设委、局、社、科、室25个，区公所6个。1981年设政府机构37个。（资料来源：萧山县志编纂委员会：《萧山县志》，浙江人民出版社，1997年，第656页）

③1992年，市政府驻北京办事机构全称为杭州市人民政府驻北京联络处萧山工作部。

④1995年2月，市政府决定将驻外地办事机构分别划归各有关部门（公司）管理：北京工作部归属市粮食局，上海办事处归属市城乡建设局，深圳联络处归属市乡镇工业局，太原办事处归属市物资局，珠海办事处归属市经济技术协作办公室，瑞丽办事处归属市供销合作社联合社，海南办事处归属市商业局，哈尔滨办事处归属市农场管理局，厦门办事处归属浙江金马集团公司。

并入市建设局、市建设局增挂市人民防空办公室牌子）、市标准计量局更名为市技术监督局、市商业局和物资局转为经济实体、市人民政府外事办公室并入市人民政府法制办公室（增挂牌子)。建立市国有资产管理局（市财政局与市地方税务局、市国有资产管理局合署）、市文化局（体育运动委员会）。12月，建立广播电视局。

1997年2月，撤销市信访办公室。11月，增设市社会保险管理局、市民族宗教事务局、市农业开发区管委会办公室，撤销市人民政府机关事务管理局，建立市级机关事务管理局。

1998年1月，建立萧山进出口商品检验局。是年3月，市人民政府办公室增挂市人民政府法制局牌子。

1999年4月，设立市城市管理委员会办公室、市旅游局。12月，撤销市物资局，市工商行政管理局纳入垂直管理，改称杭州市工商行政管理局萧山分局。

至2000年底，市人民政府下设办公室、计划委员会等31个政府序列机构及体育运动委员会、地方税务局、国有资产管理局、民族宗教事务局、机构编制委员会办公室、人民防空办公室、台湾事务办公室、侨务办公室、法制局、地方志编纂委员会办公室10个其他政府工作机构。

表24—1—497　1984～1998年萧山市（县）人民政府组成部门

时　间	届　次	政府序列工作机构
1984—11—10	县第八届人民政府	政府办公室、经济委员会、计划生育委员会、体育运动委员会、人事局、劳动局、民政局、公安局、司法局、农业局、农机水利局、农场管理局、交通局、乡镇工业管理局、财政税务局、商业局、工商行政管理局、物资局、城乡建设环境保护局、教育局、审计局、文化广播电视局、卫生局（共23个）
1987—05—12	县第九届人民政府	政府办公室、计划委员会、经济体制改革办公室、经济委员会、农业委员会、科学技术委员会、公安局、民政局、司法局、财政税务局、人事局、劳动局、城乡建设局、交通管理局、乡镇工业管理局、农业局、农机水利局、农场管理局、商业局、粮食局、物资局、经济技术协作办公室、工商行政管理局、教育局、文化局（广播电视局）、卫生局、体育运动委员会、计划生育委员会、物价委员会、统计局、审计局、中国人民银行萧山县支行（共32个）
1990—05—11	市第十届人民政府	政府办公室、计划委员会、经济委员会、农业委员会、对外经济贸易委员会、科学技术委员会、计划生育委员会、体育运动委员会、物价委员会、经济体制改革办公室、人事局、劳动局、监察局、民政局、公安局、司法局、农业局、农机水利局、农场管理局、土地管理局、财政局（税务局）、工商行政管理局、粮食局、交通局、乡镇工业管理局、城乡建设局、物资局、审计局、统计局、文化局（广播电视局）、教育局、卫生局、商业局（共33个）
1993—05—14	市第十一届人民政府	政府办公室、计划委员会、经济委员会、农业委员会、科学技术委员会、计划生育委员会、物价委员会、对外经济贸易委员会、体育运动委员会、财贸办公室、经济体制改革办公室、公安局、司法局、人事局、劳动局、监察局、民政局、农业局、农机水利局、农场管理局、土地管理局、财政局（税务局）、工商行政管理局、粮食局、商业局、交通局、乡镇工业管理局、城乡建设局、物资局、审计局、统计局、文化局（广播电视局）、教育局、卫生局、环境保护局（共35个）
1998—04—03	市第十二届人民政府	政府办公室、计划委员会、经济委员会、科学技术委员会、教育委员会、经济体制改革委员会、财政局、监察局、人事局、劳动局、民政局、公安局、司法局、交通局、贸易局、粮食局、对外贸易经济合作局、建设局、土地管理局、环境保护局、审计局、统计局、工商行政管理局、物价局、农村经济委员会、农业局、农机水利局、乡镇企业局、农场管理局、文化局、卫生局、计划生育委员会（共32个）

注：历届政府组成部门由历届人大常委会第一次会议通过。

第二章　会　议

萧山地方人民政府按照市（县）委和上级政府的部署，定期或不定期召开政府全体会议、政府常务会议和市（县）长办公会议，讨论、决定、实施市（县）内重大事宜。会议形成统一意见后，或以口头传达贯彻，或以“决定”、“规定”、“会议纪要”、“通告”、“布告”等书面形式下达，确保政令畅通。

第一节　政府全体会议

政府全体会议由政府全体组成成员，即市（县）长、副市（县）长，政府组成部门的各委、办、局主任（局长）组成，由市（县）长或市（县）长委托主持日常工作的副市（县）长召集，市（县）政府直属各有关单位负责人和有关镇乡长、街道办事处主任列席会议。并邀请有关部门负责人参加。会议主要是传达贯彻中共中央、国务院和省委、省政府，杭州市委、市政府及萧山市（县）委的方针、政策和重大决策；决定和部署市（县）政府的重要工作；通报有关全市（县）工作的重要情况；讨论其他需要由政府全体会议决定的重要事项。会议的议题由市（县）长确定。

自1984年11月县第八届人民政府至2000年第十二届人民政府，先后召开33次全体会议，决定和部署政府工作。

表24—2—498　1984～2000年萧山市（县）人民政府全体会议情况

单位：次

政府届次	次数	时　间	主　　题
第八届政府 (1984—11～1987—04)	2	1986—01—16	端正业务指导思想,为发展农村经济做好服务工作
		1987—02—25	学习中共中央关于《把农村改革引向深入》重要文件和国务院《关于进一步推进物价管理，保持市场物价基本稳定的通知》，部署当年政府工作
第九届政府 (1987—04～1990—04)	4	1987—11—09	传达全省计划、体制改革工作会议精神，提出翌年经济工作安排与设想
		1988—03—30	部署下阶段政府工作
		1988—10—29	传达中共十三届三中全会和省委七届九次全会精神，研究加强土地管理，坚决刹住乱占滥用耕地建房之风和深化企业改革等事项
		1989—03—20	讨论《政府工作报告》草稿
第十届政府 (1990—04～1993—03)	5	1990—05—17	研究部署本届政府工作，要求政府组成成员努力做到“团结、廉洁”，切实加强领导班子自身建设，以良好的精神状态和艰苦扎实的工作，完成本届政府的光荣使命。会议同时部署市十届人大一次会议代表议案、意见的办理工作
		1991—03—19	讨论《政府工作报告》稿,部署当前工作
		1991—08—16	讨论全市农业生产和重点工程建设情况，部署下半年经济工作任务
		1992—03—18	讨论《政府工作报告》稿
		1993—03—18	讨论《政府工作报告》稿

续 表

政府届次	次数	时 间	主 题
第十一届政府（1993-03～1998-02）	16	1993-05-17	讨论通过《萧山市人民政府工作制度》，部署本届政府工作，向政府各有关部门交办人大代表议案、建议和政协委员提案
		1993-10-27	部署加强廉政建设、纠正行业不正之风等工作
		1994-03-18	讨论《政府工作报告》稿
		1994-04-25	落实当前工作任务,部署议案、建议、提案办理工作
		1994-07-06	部署落实创建国家卫生城市工作
		1994-09-06	部署抑制全市通货膨胀工作
		1995-03-11	讨论《政府工作报告》稿
		1995-04-22	分解落实当年目标任务，交办议案、建议、提案
		1995-08-25	部署下阶段工作
		1996-03-05	讨论《政府工作报告》稿，《“九五”计划及2010年远景目标》（草案）
		1996-04-15	分解落实当前工作目标任务，部署议案、建议、提案办理工作
		1997-01-08	总结上年工作，部署当前工作目标任务
		1997-02-21	讨论《政府工作报告》稿
		1997-03-27	分解落实《政府工作报告》提出的各项目标任务，部署议案、建议、提案办理工作
		1997-07-28	总结上半年工作，部署下半年工作
		1998-02-16	讨论《政府工作报告》稿
第十二届政府（1998-02～ ）	6	1998-04-08	对本届政府组成人员提出切实担负历史重任的要求，分解落实《政府工作报告》提出的各项目标任务，部署当前经济工作和议案、建议、提案办理事项
		1998-07-30	总结上半年工作，部署下半年工作
		1999-01-02	讨论《政府工作报告》稿
		1999-03-19	部署十二届人大代表议案、建议和政协委员提案办理工作
		1999-07-29	总结上半年工作，部署下半年工作
		2000-01-19	讨论《政府工作报告》稿，部署当年计划指标安排和工作

第二节 政府常务会议

政府常务会议由市（县）长、副市（县）长、市（县）长助理组成。由市（县）长或市（县）长委托主持日常工作的副市（县）长召集，邀请市（县）人大常委会、市（县）政协、市（县）人武部、市（县）总工会的负责人参加，有关部门负责人根据议题需要列席会议。会议的议题由市（县）长确定。会议决定的问题，由政府办公室通知有关委、办、局组织实施。会议主要传达贯彻中共中央、国务院和省、杭州市的重要指示和决定，讨论决定全市（县）性的重要事项；传达和贯彻市（县）人大及其常委会的决议；讨论提请市（县）人大常委会审议的政府工作报告和有关全市（县）性重大问题的决策等。

1984年11月，县第八届政府不实行政府常务会议制度；1987年，县第九届政府始恢复政府常务会议。至2001年3月，市政府按照会议制度，召开政府常务会议。

市（县）第九届政府常务会议

1987年4月至1990年4月，市（县）第九届政府召开常务会议31次。1987年5月26日，县政府常务会议审议《萧山县土地管理实施规定》（草案），决定提交市人大常委会审议。12月15日，县政府常务会议讨论节日市场安排、交通建设、社会治安管理、环境保护工作等事项。1988年2月21日，市政府常务会议审定《关于促进农业发展的若干扶持办法》，决定建立农业发展基金、农村劳动积累制度，建设良种繁育体系。3月7日，市政府常务会议讨论发展外向型经济规划和《关于鼓励出口创汇企业的若干规定》。12月16日，市政府常务会议传达全省农村工作会议精神，讨论翌年国民经济和社会发展计划，研究化肥、农药、薄膜等农用物资专营问题。1989年6月7日，市政府常务会议审议《关于调整工业产品结构，增加有效供给》和《关于进一步推动横向经济联合的若干规定》。12月30日，市政府常务会议审议《国家建设征地中有关问题的决定》。

市第十届政府常务会议

1990年4月至1993年3月，市第十届政府召开常务会议20次。1990年7月7日，市政府常务会议审议并原则同意《萧山市城市总体规划》《萧山市新一轮工业企业承包意见》。1991年1月14日，市政府常务会议讨论《关于科技兴农》事项。1992年5月28日，市政府常务会议审定《关于抓住有利时机，加快改革开放步伐，把萧山经济发展推向新阶段》和《关于依靠科技发展经济》的报告。

市第十一届政府常务会议

1993年3月至1998年2月，市第十一届政府召开常务会议31次。1993年7月14日，市政府常务会议讨论《关于减轻农民负担》事项。9月6日，市政府常务会议讨论《关于企业转换经营机制》事项。1995年5月5日，市政府常务会议讨论《乡镇企业发展后劲和结构调整》《关于个体私营工业企业发展》《关于科技工作》等事项。9月8日，市政府常务会议讨论《关于农业投入和适度规模经营》和《关于重点基础设施项目建设》。1996年5月7日，市政府常务会议讨论《关于转变工业经济增长方式的对策》和《村级经济的发展思路》。9月5日，市政府常务会议讨论《关于完善农业大田生产责任制》。1997年2月19日，市政府常务会议讨论《关于进一步规范国有、集团控股以上企业若干经济行为的意见》。7月8日，市政府常务会议审议《关于全市工业结构调整》和《关于全市文化、体育事业发展》的报告。

市第十二届政府常务会议

1998年2月至2001年3月，市第十二届政府共召开常务会议20次。1998年5月8日，市政府常务会议讨论实施再就业工程，审议《关于鼓励到萧山经济技术开发区投资的若干政策》及《关于鼓励外商直接投资的若干政策和鼓励扩大外贸出口的若干意见》。7月10日，市政府常务会议讨论有关环境保护工作和贯彻执行《食品卫生法》两个情况的报告。10月27日，市政府常务会议讨论分析全市工业经济运行质量，并研究对策。1999年3月25日，市政府常务会议讨论关于萧山市城市规划实施情况。5月18日，市政府常务会议讨论《关于推进农业产业化经营的若干政策》。2000年2月20日，市政府常务会议讨论《关于萧山市城镇体系规划编制情况》和《萧山市社会保险改革和发展》。2001年2月8日，市政府常务会议审议并原则同意《关于萧山市2000年国民经济和社会发展计划执行情况和2001年国民经济和社会发展计划（草案）的报告》。

第三节　市（县）长办公会议

市（县）长办公会议由市（县）长、副市（县）长、市（县）长助理组成，市（县）政府办公室主任、副主任和有关委、办、局及镇乡、街道办事处的负责人列席，由市（县）长或主持日常工作的副市（县）长召集，市（县）长办公会议一般不定期每月召开一至两次。会议主要是交流一个时期市（县）

政府各方面的工作，研究、部署市（县）政府日常事务工作。市（县）长办公会议的议题由市（县）长确定。

1984年11月，县第八届政府实行县长办公会议。1987年，县第九届人民政府县长办公会议不再设立，其职责由政府常务会议行使。1990年4月，市第十届人民政府恢复市长办公会议。

县第八届政府县长办公会议

1984年11月至1987年4月，县第八届政府共召开县长办公会议30次，审议并通过《萧山县实行九年制义务教育的实施情况及规划意见和设想》《关于清理党政机关和党政干部经商办企业的情况》《关于完善乡（镇）村集体企业承包责任制》《关于进一步推动横向经济联合政策措施》等一系列事项。

市第十届政府市长办公会议

1990年4月至1993年3月，市第十届政府共召开52次市长办公会议，审议并通过《关于涵养财源、搞活金融，促进经济稳定增长的政策措施》《关于促进特困企业转化的若干意见》《越王城遗址保护规划》《萧山市土地管理实施规定》《萧山市城市管理暂行规定》《萧山市九年制义务教育达标细则》《关于对湘湖风景旅游区实施保护和建设控制的若干规定》《关于发展第三产业的若干意见》等重要事项。

市第十一届政府市长办公会议

1993年3月至1998年2月，市第十一届政府共召开市长办公会议77次，审议并通过《关于加快商业城隆市兴城的若干规定》《关于积极推进股份制的若干规定》《关于加快湘湖风景旅游开发区建设的政策问题（试行）》《关于微、小、亏企业兼并、拍卖、租赁的有关政策》《关于推进乡镇企业股份制中需要完善的有关政策》《关于机场场址拆迁安置初步工作方案》《关于国有工业企业转换经营机制的意见》《关于城镇企业转制中职工安置及社会保险若干问题的处理意见》《关于加强农业基础地位加快农村经济发展若干政策的意见》《关于土地使用制度改革情况的意见》《关于进一步加强水污染防治的若干规定》《关于在本市全面实施再就业工程的办法》《关于进一步加强环境保护工作的决定》《关于创建全国科技工作先进县（市）的计划》《关于加快个体私营工业健康发展的意见》《关于扶持农业大田适度规模经营的意见》《关于加强集体资产管理，发展村级经济的意见》《关于进一步完善农业投入机制，增加农业投入的决定》《关于鼓励发展外向型经济的若干规定》《关于进一步加快萧山经济技术开发区发展的若干意见》《关于扶持农业龙头企业、“一优两高”农业样板发展和加快萧山农业对外综合开发区建设的政策》《关于萧山市城市总体规划修编工作》等重要事项。

市第十二届政府市长办公会议

1998年2月至2001年3月，市第十二届政府共召开市长办公会议53次，审议并通过《关于进一步扶持粮田适度规模经营发展的若干政策意见》《关于加快强队工程建设，推进工业结构调整的若干政策意见》《关于加快商贸企业改革与发展的若干意见》《关于萧山市文化事业的若干意见》《关于萧山市农业产业化经营发展规划（1997—2010年）》《关于切实做好企业下岗职工基本生活保障和再就业工作的意见》《关于进一步搞好土地承包工作，稳定完善农村土地承包关系的实施意见》《关于萧山市城镇体系规划》《关于当前土地管理问题》《关于要求申报创建国家环保模范城市的请示》《关于进一步鼓励、引导、促进个体和私营经济发展的若干意见》《关于加快我市南部区域经济发展的若干意见》《关于加快我市工业结构调整的实施意见》《关于加快萧山高新技术产业园区发展的若干规定》《关于进一步促进农业增收的若干政策意见》《关于萧山市工业园区建设的若干意见（试行）》《关于萧山市扶持经济薄弱村发展若干意见》《关于深化乡镇企业职工集体股终极产权改革的若干意见》等重要事项。

第三章 政 务

从县第八届政府成立以来，继续坚持以经济建设为中心，正确处理改革、发展、稳定三者之间的关系，在调查研究的基础上，召开政府各级会议研究重大政务，并邀请市（县）人大、市（县）政协共同协商，民主决策，通过会议、发文、督查、现场办公等方式施政，确保政令畅通。加强对人大代表和政协委员的议案、提案的办理工作，提高办理实效。实施民生工程，着力解决一些事关群众切身利益的实际问题。转变政府职能，提高工作效能，由管理型转向服务型，实现执政为民的理念。

第一节 重要施政

乡镇企业改革

1981年，乡镇企业实行承包责任制初露萌芽。1983年，全面推行“联利计酬”、“包定基数、超奖亏赔”、“大包干”等多种形式的经济承包责任制。其中：集体承包的占70.4%，厂长承包的占12.0%，合伙承包的占1.8%，个人承包的占5.8%，其他形式的占10%。

1985年，县政府制定《关于乡（镇）村集体企业经营承包责任制若干规定（试行）》（萧政〔1985〕122号）。采取联利计酬浮动工资制、先提成后分配、利润包干等多种承包形式，实行并完善乡镇、村集体企业经营承包责任制，放手搞活集体经济，使集体企业得到快速发展。至年末，2636家乡镇、村企业普遍实行以厂长为代表的集体承包制，承包期限为3年，同时实行联利计酬浮动工资制。1986年，在乡镇、村企业中逐步推行厂长（经理）任期目标管理责任制，实行任期目标考核，成绩显著者，可以连任。1987年，2886家乡镇、村企业全面推行“三制”配套改革（厂长负责制、任期目标制和任期终结审计制）。是年末，175家重点骨干企业实行“三制”配套，7家企业进行承包者公开招标。1988年，市政府对不同类型、不同情况的乡镇企业采取承包经营、股份制、租赁经营、拍卖、兼并、转让等方式，加快乡镇企业改革步伐，使企业成为自主经营、自负盈亏的独立经营者和生产者。年末，全市实行承包责任制的2476家乡镇企业中，实行联利计酬的975家，先提存后分配的210家，定利润基数超利分成的483家，大包干458家，其他形式350家。全市630家微利、亏损企业实行兼并、租赁、拍卖。1992年，乡镇企业通过组建股份有限公司和有限责任公司，全面推进股份制、股份合作制改革。是年5月，杭州万向钱潮股份有限公司建立。11月，市委办公室、市政府办公室制定《萧山市乡镇企业股份合作制试行办法》（市委办〔1992〕97号）。全市乡镇企业实行以“明晰产权关系，实现投资主体重组”为核心的转制工作，推进企业产权制度改革。至1998年，全市2956家乡镇企业，通过股份制、股份合作制、拍卖、租赁等多种形式，完成转制2939家，占企业总数的99.42%。

九年制义务教育

1986年5月，县政府公布经八届人大三次会议审议批准的《萧山县九年制义务教育实施办法》，并在全县各镇乡分批推进。是年，城厢、临浦、瓜沥3镇先期实施，小学入学率99.60%，巩固率99.90%；初中入学率99.90%，巩固率99.80%。1992年9月，市政府颁布《萧山市九年制义务教育达标验收细则（试行）》（萧政〔1992〕95号），全市小学和初中的起始年级开始施行浙江省九年制义务教育新课程。至年底，全市55个乡镇（撤区扩镇并乡前）实施，人口覆盖率81.30%。至1992年撤区扩镇并乡后，全市31个镇乡全部实施九年制义务教育。1995年5月，经浙江省人民政府评估验收合格，确认萧山市基本普及九年制义务教育。是年，小学学龄人口入学率为99.80%，巩固率99.99%，小学升初中比例为99.53%。义务教育学龄人口入学率为99.51%。1996年，经国家教委复查，认定萧山市为全国“两基”（基本普及九年义务教育、基本扫除青壮年文盲）工作先进县（市）。

经济薄弱村扶持

1987年8月，县政府决定对集体经济薄弱村（村集体经济收入人均10元以下）进行扶持，通过有偿低息专项扶持资金、减免税收、放宽信贷政策、优先保障各类生产要素、加强服务等多种措施，大力支持集体经济薄弱村的发展，逐步改善经济薄弱村的面貌。是年底，240个薄弱村完成工业产值4658万元，比上年增长106.50%；有82个村集体年收入在1万元以上（其中8个村年收入在5万元以上），占薄弱村总数的34.17%。之后，市政府决定继续进行分期分批扶持集体经济薄弱村。1989～1992年，组织210名市级机关中青年干部到177个集体经济薄弱村任职扶贫。1994年起，实行市级机关、强镇、强村、强工业企业与集体经济薄弱村结对扶贫。至2000年，共对598个村（次）进行扶持。2001年又一轮扶持集体经济薄弱村实施，确定上年村级集体经济收入在5万元以下的50个村作为扶持对象。

推行承包经营责任制

1987年，县政府把企业改革的重点放在由简单的扩权让利，转到建立责、权、利紧密结合的经营机制上来，在国营工商、流通等企业内部实行承包责任制。是年9月，县政府下发《关于国营工业企业全面推行承包经营责任制的通知》（萧政〔1987〕98号）。至10月底，国营工业总公司所属的17家企业全部实行承包经营，实现所有权与经营权分离，承包期限为4年。在二轻总公司所辖的56家企业中，进一步完善承包办法：扩大企业自主权；增加企业税后利润留成；延长承包期等。在企业内部推行厂长负责制、任期目标制和任期终结审计制的“三制”配套改革。至年末，有24家企业实行厂长（经理）负责制，22家企业实行厂长（经理）任期目标制。之后，市政府在集体工业、交通、建筑、物资、供销、商业、农业企业等系统，普遍推行承包经营责任制，调动企业和职工的积极性，确保国家财政收入，增强企业活力，提高企业的经济效益和社会效益。

图24－3－770 1998年4月6日，城厢街道回澜南园居民委员会向萧山南片贫困山区献爱心，送去棉被、衣服等物品（丁志伟摄）

“西水东调”工程

1989年5月，市政府决定实施“西水东调”工程，解决东片地区用水困难问题。由于工程规模大、涉及面广，采取“一次规划、分期实施”的方式。工程分北线工程和南线工程。1990年5月13日，北线一期工程破土动工。1992年12月，南阳、红山农场等10个镇乡和农场通水。1993年9月，二期工程在南阳镇破土动工。1996年9月，接通靖江、义盛等9个镇乡、农场。1997年1月，三期工程开工。1998年12月，前进乡、第一农垦场通水。1999年12月，东部围垦地区12个镇乡、农场全部通水。至此，北线“西水东调”工程全面完成。2000年，南线工程开工，年底竣工。扩大供水面积80余平方千米，受益人口55万。

兴建萧山商业城

80年代末，市委、市政府作出“建一批市场，带动一批产业，活跃一片经济，致富一方群众”的决策。1991年，市政府决定在衷江乡井头王村兴建一个综合性批发市场。是年3月12日，召开萧山商业城筹建领导小组会议，决定萧山商业城建于萧山市东新规划区，东起新河，西至井头王村，南至104国道线，北至站前路，占地面积300余亩（约20万平方米）。11月20日，萧山商业城奠基。1992年10月12日，首期轻纺、综合两个市场竣工开业。1993年10月，副食品市场建成开业。同月，浙江东南粮油市场竣工营业。1995年5月，汽车市场建成开业。1996年5月，家电市场投入使用。1997年10月，旧货市场开业。1999年7月，省政府确定萧山商业城为全省20家重点市场之一。至2000年，商业城累计完成建筑面积35万平方米，总投资4.5亿元，设有8个专业市场，其中7个商品批发（零售）市场、1个技术市场。

企业产权制度改革

1992年3月，市政府成立深化企业改革领导小组，通过组建股份有限公司和有限责任公司，推进企业股份制改革，转换企业经营机制，促进政企职责分开，加快企业产权制度改革，逐步形成产权明晰、经营机制灵活的企业体制。是年6月，萧山化工总厂以法人持股和内部职工持股相结合的形式，筹建浙江天马工贸实业股份有限公司。至1995年6月，406家独立核算的国有、集体工商企业完成转制76家，占18.72%。1996年，企业转制整体推进。是年10月11日，市政府召开全市国有、城镇集体企业转制工作会议。从10个市级机关中抽调力量，组成17个工作组，重点帮助指导国营、二轻系统企业的转制工作。至年底，247家国有、城镇集体企业通过多种形式实现转制。1998年，市政府要求深化完善企业转制工作，成立市“转制工作”检查组和验收组，对转制企业进行检查验收。年末，全市384家国有、城镇集体企业已转制358家，占93.23%。

萧山经济技术开发区建设

1993年5月12日，国务院批准设立萧山经济技术开发区。开发区下辖市北、桥南两个区块（之江区块，面积10.50平方千米，1996年7月划归杭州高新技术产业开发区），规划面积18.80平方千米。市北区面积9.20平方千米，规划安排以轻工业、纺织、服装、机电零部件加工为主的技术、劳动密集型项目。桥南区面积9.60平方千米，规划安排运输量大的机电、汽车、原材料工业以及仓储业为高速公路配套的项目。依据《萧山经济技术开发区条例》（1994年4月28日浙江省第八届人民代表大会第十次会议通过），市政府确定“市北领先，全区联动”的指导思想，按照“总体规划、统筹安排、分期实施、滚动开发”的建设要求，加快建设步伐，优化投资环境，实现投入产出的良性循环，以其优越的地理位置、完善的基础设施、优惠的投资政策、优质的全程服务，吸引国内外投资者到开发区创业。至2000年，萧山经济技术开发区引进项目293个。其中外资项目170个，总投资10.42亿美元，合同利用外资7.75亿美元，实际到位外资3.49亿美元；内资项目123个，总投资19.67亿元。投产企业142家，其中工业企业133家、商贸服务业9家；实现工业总产值63.58亿元，利润3.22亿元，上缴税金2.51亿元，完成外贸出口交货值38.2亿元，成为全市经济发展的主要增长点。

图24－3－771　1996年7月，市长林振国率团赴韩国考察招商，其间拜会高合物产株式会社社长朴永根。图为林振国（中）考察该社唐津工场（萧山经济技术开发区提供）

工业结构调整

1998年3月，市政府提出“加快强队工程建设，推进工业结构调整”的举措，突出扶强扶优，加快规模经济发展；鼓励企业兼并联合，加快推进结构调整；加快重点技改项目建设，推动企业科技进步；

调整产品结构，促进新产品开发。是年底，全市工业完成技改投资11.13亿元，项目92个。其中41个市级重点项目完成技改投资8.76亿元。开发省级新产品60只、国家级新产品5只。1999年，二轻工业系统加快企业结构优化，减少企业27家，16家优化后的企业年产值在1000万元以上，其中2亿元的2家。全市立项的技改工程813项，其中54个市级重点技改工程竣工。2000年，市政府将“布局结构、行业结构、规模结构和产品结构”的调整列为当年工业结构调整的重点，实施“一引进二提高三淘汰”措施；引进资金、人才、符合可持续发展的项目，引进各种关联度大、产品链长、科技含量高的产品；运用高新技术，提升传统产业；淘汰与可持续发展不相符的行业、企业和产品。是年，全市推出市级重点技改项目111项，完成技改投资21.95亿元，竣工72项；创办市级以上企业技术中心28家；开发“四新”（新技术、新工艺、新设备、新材料）产品3000只，其中列入省级以上的160只、国家级8只。

南部区域发展

1999年，市政府部署加快南部区域发展规划。2000年5月，市委、市政府制定《关于加快南部区域基础设施建设及扶持南部欠发达镇乡经济发展的若干意见》（市委〔2000〕28号）。南部区域欠发达镇乡包括戴村、所前、进化、浦阳、楼塔、云石、许贤、欢潭8个镇乡。南部区域总面积444.26平方千米，耕地18.51万亩，人口31.42万人，分别占全市的31.29%、23.36%、27.59%。因交通、区位及观念等因素制约，从80年代中期开始，经济发展滞后于中东部区域。1999年，8镇乡人均GDP为9981元，是全市人均GDP的58.65%。扶持南部区域的目的：加快南部发展，提升南部区域的整体实力，缩小南部与中东部的差距，促进全市经济的协调发展。市政府实施的主要措施：加大道路、供水、治污等基础设施建设力度；编制总体发展规划；降低投资额标准，实施激励机制；鼓励人才、技术引进；减免和返还有关规费，增加财政预算资金；增加农业产业结构调整补贴；优先安排小城镇建设用地指标；对投资南部项目实行一事一议等。同时，市政府还加强对南部区域的政府保障服务体系。至2000年底，南部8镇人均GDP提高到12671元，比1999年增长26.95%。

第二节　议案、提案办理

1985年县第八届人大第二次会议、政协第六届第二次会议至2001年3月市第十二届人大第四次会议、政协第十届第四次会议，市政府和各承办部门共收到人大代表议案、建议5353件，政协委员提案3273件。议案提案办复率100%。

根据《中华人民共和国全国人民代表大会和地方各级人民代表大会代表法》和国务院办公厅《关于认真办理人大代表建议和政协委员提案的通知》精神，市政府制定《萧山市人民政府办理市人大代表议案、建议和政协提案工作规则》，对议案提案的承办、走访、答复、办复等各个环节作出具体规定。制定《萧山市人大代表议案、建议和政协提案办理工作考核办法》，对考核内容、评比标准等作出明确规定。在“两会”后，市政府办公室专门印发《关于认真办理人大代表议案、建议和政协提案的通知》，对办理工作提出依法办理的具体要求。2000年3月28日，市政府召开议案、提案交办会，市政府办公室发出《关于认真办理市十二届人大三次会议代表议案建议和市政协十届三次会议提案的通知》（萧政办发〔2000〕25号），对173件人大代表议案、57件代表建议和348件委员提案的办理工作进行专题部署，明确办理工作的责任、制度、时间等具体要求，分别交给政府系统36个职能部门和有关镇乡办理。市交通局在承办由92名代表联合提出的关于实施03省道至闻堰东汪公路的议案时，采纳代表们的意见，将该公路的建设列入计划，编制工程可行性研究报告，待上级审批后开工。市环保局在办理“反映东片河道

表24-3-499　1985年至2001年3月

萧山市（县）政府办理议案(建议)、提案情况

单位：件

年份	会议届别	议案（建议）	提案
1985	第八届人大第二次、政协第六届第二次	394	104
1986	第八届人大第三次、政协第六届第三次	547	148
1987	第九届人大第一次、政协第七届第一次	402	135
1988	第九届人大第二次、政协第七届第二次	297	101
1989	第九届人大第三次、政协第七届第三次	249	114
1990	第十届人大第一次、政协第八届第一次	474	180
1991	第十届人大第二次、政协第八届第二次	382	160
1992	第十届人大第三次、政协第八届第三次	342	181
1993	第十一届人大第一次、政协第九届第一次	311	154
1994	第十一届人大第二次、政协第九届第二次	237	205
1995	第十一届人大第三次、政政第九届第三次	266	188
1996	第十一届人大第四次、政协第九届第四次	265	183
1997	第十一届人大第五次、政协第九届第五次	206	195
1998	第十二届人大第一次、政协第十届第一次	321	220
1999	第十二届人大第二次、政协第十届第二次	206	368
2000	第十二届人大第三次、政协第十届第三次	230	348
2001-03	第十二届人大第四次、政协第十届第四次	224	289
合计		5353	3273

水质污染”的有关议案提案时，进一步加大监督执法力度，在1个月时间内，查处9家企业的违法排污行为，全部给予新闻曝光，并分别处以1万元～3万元的罚款。市体改委、市农水局、市人事局、市教委等部门的承办人员与代表的面商率达到100%。城厢镇政府在办理有关卫生管理方面的议案时，结合创建省级文明城市活动，专门成立创建工作领导小组，制订《城厢镇创建省级文明城市实施意见》，落实有关环境卫生的工作措施。市建设局在承办市人大常委会督办议案《要求解决南片地区饮用水问题》时，按照市人大常委会和市政府的要求，迅速组织人员实地踏勘、反复论证，编制《南部地区供水工程预可行性方案》。市政府同意该方案，决定在戴村新建30万吨/日规模水厂1座，解决戴村、河上、义桥、许贤、临浦（浦南）、浦阳、进化、欢潭等镇乡和楼塔管村工业区的用水问题。至8月中旬，578件议案提案办理完毕，办结率100%。

第三节　信访工作

1954年，建立萧山县人民政府人民群众来信来访接待室。[①]1980年，称县委、县人大常委会、县人民政府人民来信来访办公室。1988年1月，称为中共萧山市委、萧山市人大常委会、萧山市人民政府信访办公室。1997年2月，更名为萧山市委、萧山市人民政府信访局。

1981年1月起，建立党政领导接待群众来访日制度，定期排查信访热点难点、重大信访领导包案等制度；建立镇乡信访工作领导小组，配备专职信访干部；建立市、区、镇乡、村四级信访网络，“分级负责、归口管理”，解决历史遗留问题和社会热点问题，化解社会矛盾，确保社会稳定。

1995年11月，市信访局被中共中央办公厅、国务院办公厅、国家人事部评为全国信访工作系统先进集体。

信访制度

工作责任制度　1985年5月，《县委批转〈县第二次信访办公会议纪要〉和〈萧山县党政机关信访工作责任制〉的通知》（县委〔1985〕18号），明确各职能部门的任务、职责，各级领导要亲自阅批重要来信，接待群众来访，处理重大信访问题。1990年9月，市委办公室印发《萧山市信访工作责任制》（市委办〔1990〕51号），强调党政领导和市级机关各职能部门，区、镇、乡和企事业单位负责人做好来信来访工作。1992年10月，市委办印发《萧山市信访工作暂行规定》（市委办〔1992〕79号），进一步明确信访工作的指导思想、任务职责和职权范围。

①1957年6月，制订《萧山县关于处理人民来信和接待群众来访工作的暂行办法（草案）》。1963年，县委、县人委办公室拟订了《关于县级机关处理来信和接待来访的几项规定（初稿）》，逐步建立了“分工负责、归口处理”的信访工作责任制。“文化大革命”期间，信访工作处于混乱状态。“文化大革命”结束后，信访工作日趋健全。1980年，建立“县委、县政府、县人大常委会人民来信来访办公室”，3个领导机关各由1名办公室负责人分管。县级机关各部门，各区、乡、镇也都有1名领导分管信访工作，并有专人办理。1983年1月，建立了县党政领导定期接待群众来访日制度。每月25日，在城厢、临浦、瓜沥镇，由县委、县人大常委会、县人民政府的领导轮流参加接待。县委、县人大、县政府3个办公室各有1位主任和秘书，当地政府有1名干部协助接待。1984年7月，县委决定，建立县信访办公会议制度。县信访办公会议由县委1名副书记、县人大常委会1名副主任、县政府1名副县长、县政协1名副主席及县委办公室、县人大常委会办公室、县政府办公室、县政协办公室和县信访办公室的主任或副主任共9人组成，每季度开会1次，研究处理大宗性信访和疑难问题。（资料来源：萧山县志编纂委员会：《萧山县志》，浙江人民出版社，1987年，第667～668页）

1995年4月，制订《萧山市信访工作考核办法》（萧党信〔1995〕1号），每年考核一次，考核结果由市信访局公布，列入单位工作目标考核范围。因处理不当造成不良后果的，相应扣减单位年终考核总分，并视情追究领导责任。1997年1月，市委办制订《萧山市党政机关领导信访工作责任制（试行）》（市委办〔1997〕21号），规定信访工作由“一把手”亲自抓、分管领导为主抓、其他领导配合抓，做到亲自阅批来信、亲自接待来访、亲自处理信访问题。1999年8月，修订考核办法，对重点考核单位，在自评打分基础上，由市信访局组织考评；非重点考核单位，由市信访局根据平时掌握的情况给予评分。9月，市委办制订《萧山市信访工作追究责任制度实施办法（试行）》（市委办〔1999〕126号），对信访工作不力的，分别追究单位和领导责任，实行“一票三否决”（年度考核、干部提拔、先进评比否决）制度，作为组织部门对领导干部政绩、奖惩的考核依据，情节严重的，由纪检、监察部门给予党纪政纪处分。2000年，再次修订考核办法，提高考核分数。

会议制度　1987年4月，建立党政领导信访工作成员会议制度，由县四套班子领导和县委办、县人大办、县政府办、县政协办及县委组织部、县信访局参加，每年召开1～2次会议，听取信访工作情况汇报，分析研究重要信访案件，部署全市（县）信访工作。1999年5月，市党政领导信访工作成员会议改名为市信访工作领导小组会议，建立每月一次的信访工作例会制度，分片召开，各镇乡、市级机关重点部门信访干部参加，传达、贯彻上级有关精神，总结交流信访工作情况，排查分析信访热点、难点问题，部署近期信访工作。

领导接待日制度　1983年1月始，建立党政领导定期接待群众来访日制度。1988年6月起，建立市长接待日制度，每月15日，由正、副市长和有关部门负责人接待群众来访。翌年9月，市长接待日制度改名为萧山市党政领导接待日制度，由市四套班子领导参加，接待来访群众。1990年6月，市党政领导接待日由群众上访，改为各级领导轮流到六区一镇接待来访群众。1992年1月，市委规定市党政领导每月15日在城厢镇接待，城厢镇委、镇政府负责人同时参加；各区党政负责人每月14日在所在地接待来访群众，市信访办派员协助各区做好接待工作。1997年1月，市党政领导接待日改名为市领导接待日，接待方法从原来的全部开放逐步转为预约登记制，并把领导接待日制度与群众逐级上访制结合起来，接待地点从原来的6个扩大到28个镇乡，以方便群众。

1998年1月，萧山在全省率先推出专业律师参加市领导接待日活动，由4名律师轮流为有关领导和来访群众提供法律咨询服务。是年10月，市委规定市领导接待日主要接待处理事关全市经济建设和社会发展，以及重大举报、控告、危及群众生命财产安全、社会稳定等重要信访问题。1999年1月，全市31个镇乡和16个信访量较多的市级机关部门，均建立领导接待日制度。

定期排查信访热点难点制度　1993年，各镇乡和市级机关各部门每月分析排查一次信访热点、难点问题。1996年，把减少群众越级上访、集体上访、重复上访作为信访工作的重点，建立定期排查信访热点难点制度，对重点部门、重点问题、重点时期进行重点管理、重点治理和重点防范。2000年，全市有145件重大不稳定因素化解在群众信访之前；集体上访、越级上访、重复上访分别比1999年下降47.9%、33.5%和4.6%，

重大信访领导包案制度　2000年2月，市委办公室印发《关于建立市领导包案处理重要信访事项制度的意见（试行）》（市委办〔2000〕16号），决定建立市领导包案处理重要信访事项制度。即对群众上访反映的问题，由接待领导直接负责协调、督办，一包到底。对一些单位推拖不办的问题，由领导直接督办；有关单位反馈的处理结果由领导亲自审理，不符合要求的，退回重新处理报结；一些重大疑难问题，则由领导亲自牵头协调，直至问题解决为止。至年底，市、镇乡两级领导包案处理重要信访问题

260件，一批疑难案件得到妥善处理。

信息报送制度　1987年，全市建立信访动向分析制度，每半月一次。通过动向分析，筛选重要信访信息，编发《信访动态》，加大信访信息工作力度。1998年，建立重大信访问题一小时内上报制度和重大越级上访苗头事先报告制度。凡是重大突发性事件、重要社会动态、重要紧急情况，必须按照紧急信息报送要求进行报送；在接待办理群众信访中，对一些苗头性、倾向性、敏感性问题，及时报送有关领导和单位。到2000年底，通过信息报送的形式，使全市信访工作“一把手工程”延伸到村、企事业单位，落实在信访问题处理之中。

培训制度　1990年起，建立信访干部培训制度。全市镇乡、部门信访干部每三年轮换一次参加国家信访局和省、杭州市信访局举办的培训班。2000年止，全市参加各类信访干部培训3000余人。

信访办理

1985～1990年，对人民来信来访，按照“登记、阅批、办理、报结、回访、归档”等程序，全市共受理人民群众来信来访131824件。其中求决类70917件，占53.80%；揭发控诉类27446件，占20.82%。内容集中在三个方面：一是要求解决1958～1960年期间城迁人员（60年代初从城镇下放到农村的人员）安置、农村成份纠错后房产处理以及私房改造、城乡袋袋户口、自理口粮户和农婚知青（下乡知识青年与农民结婚的人员）回城等历史遗留问题。二是要求解决农业生产资料供应，城镇居民住房、户粮，待业人员、“两劳（劳动改造、劳动教养）”人员和农婚知青就业，废水、废气、噪音污染、城建规划、城市交通、物价控制、市场管理、文化娱乐、卫生费用等方面的问题。三是反映干部不正之风，揭发控告各类经济犯罪、滥占耕地等问题。

1991年，人民群众参政意识增强，信访总量下降，批评建议增多。至1996年，共受理群众信访83941件，比前6年减少47883件，降幅为36.32%。反映政府工作、交通市容、城建环保、土地管理等方面的信访7896件，比前6年增加279件，增幅为3.70%；群体性信访增多，5人以上联名信访达853批24835人次，比前6年增加744批23989人次，分别增加7.80倍和29.40倍。信访的热点集中在企业转制中的停工停产、转制拍卖、集资款归还、职工劳保福利待遇；农民土地被征用“农转非”后的安置；违法用地、未批先建、少批多建、毁田建窑；村级财务混乱、账目不清；村办企业转制不公开，以及教育学区划分、社会治安、住房拆迁、环境污染等问题。

1997～2000年，随着企业改革的深化，城市化的推进，全市群众信访出现“二增一降”。即信访总量增多，达120020件，比前6年增加36079件，增幅为42.98%。要求解决问题类信访剧增，4年总量达109685件，比前6年增加80667件，增幅为2.80倍。群体上访下降，4年的上访总量为611批14021人次，与前6年相比，平均每年下降13.40%。这一时期信访主要涉及企业转制后下岗、失业人员就业和社会保障、股金、集资款到期归还，部分村级财务管理混乱、不合理开支过大、征地安置不到位、违法违章用地，杭州萧山机场征迁、萧山经济技术开发区“农转非”的劳力安置，旧城改造拆迁补偿标准、城建交通、社会治安，企业军转干部要求解决政治待遇和生活待遇等问题。

1985～2000年，市（县）信访局（办）和镇乡、部门共受理人民来信来访335785件（批）。其中市（县）信访局（办）受理61103件（批），占总数的18.20%；镇乡、部门受理274682件（批），占总数的81.80%。在市（县）信访局（办）受理的61103件信访中，来信28880件，占总数的47.26%；来访32223批，占总数的52.74%。在镇乡、部门受理的274682件信访中，镇乡受理46196件，占总数的16.82%；机关、部门受理228486件，占总数的83.18%。在全部信访件中，批评建议类19564件，占信访总量的5.83%；求决类180363件，占总量的53.71%；申诉类26746件，占总量的7.97%；揭发控告类

63958件，占总量的19.05%；其他45154件，占总量的13.45%。

1986～2000年，市信访局（办）立案查处重要信访6015件，报结5565件，平均报结率为92.52%；中央、省市以及新闻媒体转办的重要信件344件，报结334件，平均报结率为97.09%。

表24－3－500　1985～2000年萧山信访受理情况

年　份	合　计（件、批）	信访局（办）（件、批）			镇乡、部门（件、批）		
			来信（件）	来访（批）		镇　乡（件、批）	部　门（件、批）
1985	22658	3870	2446	1424	18788	5411	13377
1986	15238	4869	3078	1791	10369	2986	7383
1987	24274	2860	1894	966	21414	6168	15246
1988	27355	2773	1262	1511	24582	4563	20019
1989	24060	3263	1348	1915	20797	3748	17049
1990	18239	3826	1949	1877	14413	2638	11775
1991	14708	2973	1326	1647	11735	2150	9585
1992	14005	3298	1553	1745	10707	1293	9414
1993	11976	2354	1538	816	9622	1633	7989
1994	15206	2148	1362	786	13058	1037	12021
1995	13796	2625	1756	869	11171	1288	9883
1996	14250	2929	1925	1004	11321	1090	10231
1997	15087	2865	1998	867	12222	1546	10676
1998	35132	8957	1781	7176	26175	3298	22877
1999	35829	6273	1664	4609	29556	3724	25832
2000	33972	5220	2000	3220	28752	3623	25129

表24－3－501　1985～2000年萧山信访内容分类情况

单位：件

年　份	合　计	批评建议类	求决类	申诉类	揭发控诉类	其　他
1985	22658	1314	12621	2878	4033	1812
1986	15238	884	8488	1935	2712	1219
1987	24274	1408	13521	3081	4321	1943
1988	27355	1627	13749	4627	4583	2769
1989	24060	1107	12270	1059	7675	1949
1990	18239	1277	10268	803	4122	1769
1991	14708	1385	4006	1066	3133	5118
1992	14005	1008	3396	524	2392	6685
1993	11976	1836	3688	1050	2198	3204
1994	15206	1261	6900	1367	2612	3066
1995	13796	1508	4972	799	3380	3137
1996	14250	898	6056	741	4702	1853
1997	15087	921	6913	852	4262	2139
1998	35132	1003	22344	2598	4778	4409
1999	35829	1111	27445	1175	4221	1877
2000	33972	1016	23726	2191	4834	2205
合计	335785	19564	180363	26746	63958	45154

表24–3–502　1986～2000年萧山要信要访查办情况

单位：件

年份	局（办）立案查处数			中央省市转办数			市长接待日处理数			
	立案	报结	报结率（%）	转办数	报结	报结率（%）	接访	当面答复	批转部门	部门反馈
1986	42	31	73.81	14	14	100.00	11	11	0	0
1987	292	250	85.62	20	19	95.00	12	11	1	1
1988	351	310	88.32	21	20	95.24	397	81	198	194
1989	153	135	88.24	17	15	88.24	637	203	459	401
1990	242	224	92.56	15	14	93.33	525	173	385	350
1991	59	57	96.61	5	5	100.00	350	130	220	219
1992	113	110	97.35	26	26	100.00	294	90	216	204
1993	105	102	97.14	28	26	92.86	278	102	198	184
1994	87	85	97.70	12	12	100.00	266	122	153	142
1995	358	341	95.25	7	7	100.00	268	102	180	171
1996	419	403	96.18	17	16	94.12	353	131	232	230
1997	435	397	91.26	8	6	75.00	213	94	118	118
1998	829	812	97.95	18	18	100.00	298	84	214	214
1999	1303	1281	98.31	51	51	100.00	95	17	78	78
2000	1227	1027	83.70	85	85	100.00	112	26	86	83

第四节　为民办实事

1991年5月，市政府提出为民办实事承诺。是年，为全市人民办了解决部分居民住房困难等14件实事。1994年3月27日，市十一届人大二次会议通过的《政府工作报告》中，将事关社会发展和人民生活的10件大事列入当年为民办实事之列。1996年、1998年、1999年，市政府均在《政府工作报告》中作出为民办10件实事的决定，着力解决一些与社会事业和人民群众密切相关的实际问题。

表24–3–503　1991～1999年萧山市政府为民办实事情况

年份	实事名称	完成情况
1991	1.解决部分居民住房困难； 2.继续实施“西水东调”工程； 3.争取1万门程控电话投入使用； 4.完成104国道线城厢镇段的拓宽改造； 5.萧山长途汽车新站争取次年投入春运； 6.萧山新火车站建设要与铁路同时投入使用； 7.完成瓜沥新东公路前期工程； 8.萧绍运河与北塘河沟通工程； 9.市老年活动中心争取年内基本竣工； 10.努力完成全年城镇待业青年安置2100人的计划； 11.努力完成初级卫生保健各项任务； 12.积极开展创建体育先进县（市）活动； 13.稳定社会治安，为改革和建设创造良好的社会环境； 14.切实加强廉政建设，及时查处违纪案件。	1.为50户住房特殊困难的城厢镇居民安排新居； 2.第二水厂“西水东调”工程完成供水覆盖面的80%； 3.万门程控电话于9月1日开通使用； 4.104国道萧山城厢段拓宽改造工程投入春运； 5.汽车客运新站、通惠路投入运行； 6.火车新站配套建设的候车大楼、站前路、站前广场竣工； 7.瓜沥新东公路前期工程将实施； 8.萧绍运河与北塘河沟通工程完成； 9.市老年宫竣工； 10.安置城镇待业青年2310人； 11.农村合作医疗保健制度逐步恢复和发展； 12.通过省级“体育先进市”验收； 13.社会治安综合治理工作加强，开展反窃车、反盗窃专项斗争，为经济建设创造良好的社会环境； 14.全市共立案检查党风违纪案件155件，结案152件。

续　表

年　份	实　事　名　称	完　成　情　况
1994	1.完成杭金公路萧山段（萧山至次坞段）改建工程，确保10月份通车； 2.做好杭州萧山机场一期工程的前期准备工作； 3.争创国家卫生城市； 4.迁建萧山中学； 5.加快实施“西水东调”工程，完成第二水厂三期工程，兴建第三水厂； 6.开发新围1.30万亩，继续新围滩涂4000亩； 7.抓好“菜篮子”工程建设，新增市级蔬菜基地1000亩，开发水产养殖基地2000亩； 8.基本完成市心路北伸工程； 9.抓好地方电网、电力建设，基本缓解电力供需矛盾； 10.兴建义桥大桥。	1.杭金公路萧山段（萧山至次坞段）改建工程1994年10月竣工，按期交付使用； 2.杭州萧山机场的筹建工作进入前期准备阶段； 3.1995年8月，萧山中学新校舍落成并正式投入使用； 4.1995年11月18日，经国家卫生城市考核鉴定组考核验收，达到国家卫生城市标准基本要求； 5.第二水厂三期工程于1994年动工，1995年建成投入使用。做好兴建第三水厂的筹备工作； 6.1994年8月，新围1.30万亩经公开招标，2家单位和10个承包大户获得承包经营权。经省围垦局批准，1994年11月至1995年12月，围涂1.96万亩； 7.1994年4月，市政府在宁围镇新建蔬菜基地1100亩，与临浦、戴村、河上、闻堰4个镇和围垦指挥部签订扶持2000亩水产养殖的协议； 8.1993年8月，市心路北伸工程动工建设，1995年5月竣工通车； 9.1994年2月，义桥大桥正式开工。1995年12月建成通车； 10.1994年，市政府加强电力、电网设施建设，变电总容量由36.80万千伏安提高到52.37万千伏安。
1996	1.继续以“菜篮子”工程建设为重点，保障市场有效供给； 2.加快第三水厂建设，着力改善东片地区群众饮用水； 3.加大水污染整治力度，力求取得明显效果； 4.加快道路建设，改善交通条件； 5.继续加快电力设施建设，提高和改善供电能力； 6.抓好北干山的绿化、美化。编制好北干山绿化、美化规划，做好迁坟工作，落实绿化包干责任制，尽快把北干山建设成为一个综合性公园，改善城市面貌，改善群众生活环境； 7.积极实施安居工程，进一步缓解住房难矛盾； 8.加快城市新区生活设施配套建设； 9.拓宽就业门路，多渠道安置劳力； 10.巩固教育“两基”达标成果，提高初中毕业生升学率。	1.1996年6月，在城北兴议村建造1000亩连片蔬菜基地。同时，在明星村推广钢管大棚300多套，在城厢镇西门、东门农贸市场设立基地菜农直销专柜； 2.1995年12月1日，第三水厂破土动工，1996年5月16日第一期工程竣工； 3.1996年，市政府完成水污染点源治理28项、粉尘治理4项，关停小化工、小电镀、小造纸厂14家。合格饮用水源保护区通过杭州市政府验收； 4.钱塘江大桥南岸至闻堰5.80千米道路拓宽改造工程于1996年11月动工，1998年6月竣工。育才路南伸工程于1996年9月开工，12月竣工。潘水路贯通市心路工程于1996年7月开工，12月竣工； 5.1996年，增加变电设备容量3.12万千伏安，安装“一户一表”10088户，农村用电标准合格村整改105个； 6.北山公园一期工程建设(育才路隧道以西山体景区及道路)于1998年1月结束； 7.1996年，市政府开发建设经济适用房8.10万平方米，建造教师住宅312套； 8.1996年市北农贸市场动工，1997年1月投入使用。北干小学于1996年筹建，1997年8月竣工并投入使用； 9.1996年，市政府实施“再就业工程”，共安置城镇失业人员5421人，失业率控制在2.34%，发放失业救济金123.51万元； 10.1996年，市政府制定《萧山市高中段教育发展规划》，动员社会力量办学，全市7953名初中毕业生升入高中，升学率64.40%，比1995年增长12.20%。
1998	1.完成与绍兴、富阳等周边市（县）相连的6条公路建设； 2.实施“两江一河”标准塘建设工程； 3.实施一、二水厂源水管改造，由明渠取水改为管道取水，改善源水水质，提高供水质量；	1.瓜沥至新甸公路、新塘至绍兴江桥公路、党山至绍兴柯桥公路均于1998年底竣工通车。新东公路益农延伸工程于1999年竣工通车。楼塔至富阳常绿公路桥梁改建工程于1998年完工。进化至绍兴夏履公路延伸线1998年5月开工，1999年12月竣工通车； 2.钱塘江5千米抗50年一遇洪灾标准塘建设工程于1998年5月开工，年底完工；浦阳江、永兴河标准塘培土50千米，内坡抛碴固脚30千米工程，1998年初动工，1999年2月完成； 3.第一、第二自来水厂源水管改造工程于1998年10月开工，1999年7月竣工；

续 表

年 份	实 事 名 称	完 成 情 况
1998	4.新建3万平方米经济适用房； 5.完成市污水处理厂一期日处理3万吨工程，确保投入运行，整治城区仙家河、山北河、毛家河、燕子河，改善河道水质； 6.搬迁西门煤场，综合整治并美化萧山西大门环境； 7.实施人民路东伸与通惠路连接工程，贯通城河绿带； 8.新建市水产交易市场，完善市蔬菜交易市场； 9.基本实现全市有线电视联网； 10.完成第五高级中学建设，确保新学年投入使用。	4.建成山北新苑13幢378套、3.5万平方米经济适用房； 5.萧山污水处理厂一期工程1997年7月破土动工，1998年7月完成，城区山北河、毛家河、九华河、堰河、环南河、工人河等河道沿河砌石、清淤、绿化和截污并网，城区河道的面貌和水质得到改善； 6.西门煤场搬迁于1998年12月开工，1999年竣工； 7.人民路东伸工程于1998年7月开工，1999年1月竣工； 8.1998年，市政府在围垦十七工段建造3000平方米水产交易市场；对位于城北荣庄村的市蔬菜交易市场进行二期扩建； 9.1998年，全市31个镇乡及5个农场直接或间接进入有线电视网； 10.萧山第五高级中学一期工程1998年7月完成。
1999	1.继续“两江一河”标准塘建设工程； 2.建设南新线、闻戴线、瓜党线、湘湖路拓宽和三桥接线二期工程，基本实现全市40分钟交通经济圈； 3.绿化美化城市环境，建设南江公园、人民广场，新增绿地面积40万平方米； 4.开建萧山市第一职业高中暨高等职业专修学院； 5.开建老年公寓（“夕阳红”工程），新建经济适用房3万平方米； 6.整治城区河道，重点整治山北河和工人河，使城区河道行洪畅通，水质和景观明显改善； 7.对市心路中段“商业霓虹灯一条街”街景改造； 8.开建萧山歌剧院、文化广场，改善体育场、馆外围环境； 9.实施“放心肉、放心菜”工程； 10.完善再就业服务中心建设，确保国有、城镇集体企业下岗职工100%进入再就业服务中心，确保本市国有、城镇集体企业下岗职工100%享受基本生活保障。	1.1999年建成标准塘36.70千米； 2.1998年9月，拓宽和接线工程全部开工，1999年底，除瓜党线外，其余工程均竣工通车。2000年9月，瓜党线竣工。至此，基本实现全市40分钟交通经济圈； 3.1999年，新增城市绿地44.69万平方米，人均8.64平方米； 4.1999年12月市第一职业高中暨高等职业专修学院破土动工，2000年8月竣工； 5.萧山老年颐乐园于1999年10月开工，2001年2月竣工； 6.山北河整治工程于1999年4月开工，12月竣工；工人河整治工程于1999年11月开工，2000年8月竣工；东片污水治理工程于1998年9月开工，1999年4月一期工程竣工并交付使用； 7.对市心路中段“商业霓虹灯一条街”街景改造（未实施）； 8.萧山歌剧院、文化广场分别于1999年12月和2001年2月开工建设； 9.1998年，市政府制定《萧山市“放心菜”工程实施意见》，在西门农贸市场等地设立“放心菜”专柜。制定《萧山市生猪屠宰管理实施意见》，规范、清理屠宰场点，依法取缔无证小屠宰点40余个，至1999年10月，全市32家定点屠宰场投入运行； 10.1999年，分流安置下岗职工4740人，组织4080名失业、下岗职工参加转业、转岗培训，97535人参加失业保险，实现国有、城镇集体企业下岗职工100%进入再就业服务中心，100%享受基本生活保障。

第五节　社会热点问题处理

企业集资

1988～1997年，市内部分乡镇企业为解决资金紧缺矛盾，未经批准，擅自向社会高息集资。有的企业集资后，因经营不善等原因，债台高筑，到期集资款无法偿还，造成信访增多。

1988年下半年，城北乡供销经理部门市部承包人，向杭州第二棉纺织厂40余名职工高息集资30余万元。后因经营亏损，集资款到期无法归还，致使职工群体上访。市信访局会同有关部门经过调查、协商，通过城北供销经理部替代偿还等办法予以解决。是年，大同坞涡轮减速器厂，以15%和25%的年利率，先后向杭州第二棉纺织厂200多名职工集资50余万元，后因销路不畅，产品积压，资金周转困难，集资款无法兑现，集资户反响强烈。市委、市政府指定有关部门及时调查处理，问题得到解决。

1996年8月，萧山站前大厦集资52.3万元；萧山地方工业材料公司内部集资248万元；坎山凤凰印染厂集资和借款1000余万元，后因资不抵债，濒临破产，到期无法归还，引发6批163人次集体上访。

1999年7月，坎山商业公司100余集资户，因不服集资款以60%的本金兑付，赴京上访；返杭后，又进入省政府大院上访。市委、市政府成立专门工作组，并由一名副市长带领市政府办、贸易办、公安局、供销联社、供销商业总公司等部门的负责人进驻坎山，设立兑付现场指挥中心。当天兑付现金1219.34万元，占应兑付总额的99.78%，余下部分通过民政途径补助，使问题得到妥善解决。

就业与保障

1990年，全市共有城镇待业人员6000余人。当时，城镇招工比例为7：1，农村居民为36：1，就业问题较为突出。停工停产企业的职工和优化组合后的富余职工，工作不落实，生活有困难，要求政府安排工作的有200余人；还有自理口粮的3644户、7200余名农民，原在经商、务工时，由国家供应议价粮油，后来农村收回了他们的承包地，粮食部门又停止供应议价粮油，导致留城难，回乡也难。1993年，杭州钱江外商台商投资区之江区块有5000余人未安排工作；1997年，萧山机场征迁后，要安置的"农转非"人员更多；加上特困企业中的5000余名职工和"两劳人员"、"袋袋户口"人员等，他们为了工作和生活，频频上访。据此，市委、市政府先后出台一系列政策，市信访局会同劳动、粮食、公安等部门，分别不同情况，逐一做好安置工作。2000年，全市国有、城镇集体企业下岗职工100%进入再就业服务中心；100%享受基本生活保障。至是年，对因杭州萧山机场建设、萧山经济技术开发区建设被征用土地的人员，分别落实了农村户口转城镇户口，按不同年龄对象支付一次性安置费，办理养老保险等保障政策。

环境污染

随着乡镇企业的发展，工业污染源不断增加。有些企业废水废气偷排、直排较为严重，污染周边环境，引发群众上访。1991年3月，位于乐园乡的萧山颜料化工二厂污染严重，群众与厂方多次发生冲突，致使52人联名写信，14人集体上访。1992年4月，新塘乡绒毛厂废水横流，杂质乱飞，使200余农户受害；临浦印染厂外排水污染水源，群众集体上访；同年10月，大寨河水污染，腥臭难闻，群众生活用水困难。1993年10月，大庄水泥厂、萧山树脂厂电石糊污染河道，群众无处取水，河中鱼鸭死亡，发生纠纷。1995年7月，城厢镇电镀厂和羽毛厂废水污染农田、水井，群众集体上访；同年5月，昭东办事处污水污染千余亩水面，造成大批鱼苗、珍珠蚌死亡，导致群众信访。对此，市委、市政府从抓污水治理和群众饮水问题入手，要求市工商局、环保局、卫生局、信访办等部门加大管理力度，组织有关部门实地勘察，于1995年12月1日动工兴建日产10万吨的第三自来水厂，实行"西水东调"，使东片20余万居民吃上洁净的自来水。至2000年，全市352家水污染企业，324家经治理达到排放标准。城区污水治理工程和东片污水治理工程先后动工兴建并投入运行。

重复信访

1991年，通过逐个分析排队，全市共排出信访老户（重复、越级信访持续半年以上者）45人、61件（次）。其中反映农田水利建设意见1件；要求解决劳动人事、户粮、住房、复退安置、各种困难和纠纷34件；有关私房政策和历史遗留问题申诉10件；劳动争议、打架斗殴、建房、婚姻、经济等纠纷16件。据此，市委、市政府召开专门会议，采取"分级负责，落实责任；一家为主，联合办案；监督协调，一抓到底；坚持原则，适当变通"等措施，坚持事实见面、政策见面、结论见面和当事人到场、所在单位到场、有关部门到场、信访局到场的做法，遵循"四个一定"（一定把事实搞清、一定掌握政策原则、一定有明确结论、一定坚持教育疏导）的原则。经过努力，当年结案40起，占总数的88.89%。翌年全部处理结束。

无证车辆营运

1994年，城厢镇600余辆无牌无证三轮车营运者，为办理营运证而上访。同时，无证营运三轮车还经常与469辆持证营运三轮车争客斗殴，影响交通秩序，危及社会治安。据此，市政府组织公安、交警、交通、工商、信访等部门，通过筛选清理，批准1000辆三轮车上牌，并实行单、双日营运，基本解决城厢镇和周边农村中部分无业人员的实际困难。

1995年4月，萧山至杭州的个体客运面包车，因杭州停车点的变更，83辆面包车的百余名司乘人员集体上访。市政府召开专门会议，赴杭州市作专题请示汇报。随后经公安、交警、交通、信访等部门的共同努力，停车点问题得到解决。

企业军转干部待遇

1998年止，全市有军转干部492人（含退休111人），分布在125个企业单位中。由于有些企业破产解体，使企业中的军转干部面临生活困难。从1996年起，军转干部要求落实待遇成为信访的一个热点。市委、市政府要求各企业单位落实中央明确的“三条保障线”，做到“两个确保”（下岗人员基本生活费、退休人员养老金）。市信访局会同各有关部门，先后走访、协调国营工业、二轻工业、供销、商业、农场、物资、粮食、乡镇企业八大系统，促使有关部门筹措资金，为提前退休的军转干部办理退休手续。有的企业采取留守、重新安排、统一安置等办法，解决特困企业中的军转干部待遇问题。

第六节　历史遗留问题处理

落实清退政策

在“文化大革命”期间，萧山被查抄财物10170户，总变价款558336元，涉及59个乡镇、745个村。1984年开始落实清退政策。到1985年，共清退查抄财物款554311元，占应清退数的99.28%。其中清退现金549291元，文物、图书变价款5020元，清退图书4778册。此外，对228户金银补差17080元；18户失窃补偿1830元；33户存单补息2900元。对“上山下乡”知识青年，通过招工、特招回城、乡镇企业安排和安家落户等渠道予以安置。

复查纠错

1985年，对571户土改时被划为地主、富农成份的家庭进行复查，纠正547户，并处理好房产归还。为99户台属、107位知识分子、6189名国家困难时期“精简”人员以及部分华侨、宗教房产落实政策。复查“双打”（贪污盗窃、投机倒把）经济案件5056件、641479元，纠正3101件，退款284582元，占复查总额的44.36%。

落实城迁人员政策

1986年，萧山县公安局、粮食局、农委、劳动局、农场局等部门，对原杭州市区的241户、1131名城迁人员落实政策。其中381人办理就地“农转非”手续，133人办理“农转非”名额转让手续；帮助34户、192人回杭州原籍落户；安置375名城迁人员子女进农场工作；还为29名鳏寡孤独者落实五保措施；对一些住房、疾病等困难户一次性补助2万元。至此，杭州市城迁人员历史遗留问题基本解决。1987年，对萧山120户、444名城迁人员调查取证，按照政策给210人就地“农转非”，其中转让第二、第三代的82人；对7名丧失劳动能力、又无亲人赡养的城迁人员，落实生活补助；还为197户、372名城迁职工的配偶及其子女办理户粮迁入农场的手续。其中147人被安排进企业工作；142人从事土地承包，部分家属子女到农场做临时工。政府专门下拨20万元资金，给城迁人员修缮住房。至1993年7月，这一工作基本结束。

解决农婚知识青年生活保障

自1964年起，国家开始动员城镇知识青年上山下乡。1969年起，大量动员城镇知识青年上山下乡和支边。至1978年，全县共动员城镇知识青年支农、支边19748人，接收杭州、上海等外地下乡知识青年9463人。1979年10月，县革命委员会决定停止动员城镇知识青年上山下乡（至1979年，尚在农村的下乡知识青年仍有12328人，其中有一部分与当地青年结婚，后称为“农婚知识青年”）。

1994年2月，为解决农婚知识青年晚年生活保障问题，市政府出台文件，按照自愿原则，允许农婚知识青年本人与农村子女对迁户粮关系，使子女得以安排工作。是年10月，已有927名农婚知识青年办理“农转非”手续，占农婚知识青年总数的65.93%；1995年1月，进一步放宽户粮对迁范围，对余下479户确无对迁对象的农婚知识青年，经本人同意，给对迁人员承担赡养义务，凡为转让的老知识青年办好养老保险手续的，均可户粮对迁。是年底，全市有1394名农婚知识青年办理对迁手续，占总数的99.15%。并对余下无工作而又生活困难的农婚知识青年，由当地政府帮助或民政部门给予社会救济。

第七节　外事活动

萧山的外事活动始于50年代初，主要接待少量到萧考察和参观的外宾。公民因公出国（境）甚少。1988年3月萧山被国务院列为沿海开放地区后，萧山的外事活动日益频繁，到萧外宾日益增多，领导出访和公民因公出国（境）人员逐年增加。

外事机构

萧山市人民政府外事办公室　1989年11月成立，与市政府办公室合署办公。市外事办公室主管全市因公出国（境）审核审批，外国人来华邀请函审核，外事接待，《外国专家证》审核；负责对全市涉外单位进行管理和指导。

萧山市对外经济文化交流协会　1993年12月成立，其主要职责是加强对外文化交流和民间交往的管理与协调，促进萧山与世界各国之间的了解和友谊；促进社会、经济、文化、科技、教育等方面的相互交流和共同提高。协会的日常工作由市政府外事办公室承担。1997年3月，协会撤销。

萧山市人民对外友好协会　1997年3月成立，协会的性质和职责与萧山市对外经济文化交流协会相同，其日常工作由市政府外事办公室承担。

外事出访

市级领导出访　1986～2000年，根据萧山对外开放工作的需要，市（县）级领导出国（境）访问日益增加，出访任务由一般的友好访问，逐渐转为带领企业人员组团进行商贸洽谈、招商引资和业务考察，出访遍及世界诸多国家以及中国港澳地区，增进萧山与出访国（地区）的友好关系，加强相互间的商贸活动。

公民因公出国（境）　七八十年代，萧山多次派遣农业、卫生、工业（制砖）系统人员援助乍得、马里、中非、乌干达等非洲国家的建设。1987年11月，杭州万向节厂厂长鲁冠球，由中国厂长（经理）工作研究会派遣，赴挪威参加国际劳工组织举办的厂长、经理学习班，学习经营管理。是年，浙江钱江啤酒厂、萧山麻纺织厂、杭州弹簧垫圈厂、杭州柴油机总厂、杭州瓷厂、萧山伞面绸厂等8家企业组团赴联邦德国、意大利、日本等国洽谈商贸、引进设备、技术培训和考察。此后，萧山公民因公出访人数逐年增多，出访任务呈多样化。政府职能部门带领企业人员赴境外商务参展、贸易洽谈和招商引资增多，出访地包括欧洲、东南亚国家和中国香港、澳门等地区。

1993年，国务院批准设立萧山经济技术开发区。全市对外开放步伐加快，外向型经济迅速发展，公民因公出国（境）批次、人数快速增加，出访地遍及世界诸多国家。

表24–3–504　1986～2000年萧山市（县）领导主要外事活动

出访日期	出访领导人	出访国家或地区	出访目的
1986–05–07～05–22	代县长马友梓	日本	率县蔬菜考察组进行业务考察
1990–06–06～06–23	副市长孙祖培	新西兰	率中国农业代表团萧山分团参加1990年世界农业博览会
1990–10–20～10–30	副市长莫妙荣	日本	随“浙江杭州零部件项目协调委员会考察团”考察
1993–11–15～11–21	副市长许迈永	中国香港	率团参加省政府举办的’93浙江经贸洽谈会
1994–06–09～06–20	市人大主任赵永前	日本	率经贸考察团参加’94东京投资恳谈会
1995–06	市长莫妙荣	荷兰	率团考察交流
1996–03–02～03–16	市委副书记赵纪来	意大利	随中国农业代表团参加国际农业博览会
1996–08	副市长王仁庆	荷兰	率团考察围垦筑堤工程
1996–11	副市长许迈永	德国、意大利	率有关人员考察引进设备和商务洽谈
1996–11	副市长许申敏	日本	率有关人员举行投资贸易洽谈会
1997–08	市人大主任赵永前	美国	率有关人员进行贸易推销
1997–08–30～09–13	市政协副主席金老虎	俄罗斯	率团商务考察
1998–11–08～11–22	市长林振国	荷兰、比利时、德国	率团进行招商活动
1999–01	市委副书记王伟民	日本、韩国	率团进行建筑业考察
1999–03	副市长王仁庆	新西兰	率有关人员进行设备引进考察
1999–04	副市长谭勤奋	南非、巴西	率市经贸考察团进行经贸考察
1999–06	副市长许岳荣	美国、加拿大	随国家环保总局参加“废物处置技术国际研讨会”
2000–03	市委书记史久武	美国、加拿大	率市经贸考察团进行贸易考察
2000–05	市委副书记沈奔新	日本	率团考察旅游度假区建设
2000–11	市委副书记王伟民	美国	率团考察城市建设规划

表24–3–505　1993～2000年萧山市公民因公出访情况

年　份	经贸类		非经贸类		研修生		合计	
	批次（次）	数量（人）	批次（次）	数量（人）	批 次（次）	数 量（人）	批次（次）	数量（人）
1993	81	275	12	49	6	6	99	330
1994	80	273	37	79	3	3	120	355
1995	120	247	33	76	1	5	154	328
1996	128	326	23	22	2	13	153	361
1997	125	336	24	27	2	14	151	377
1998	119	337	47	74	1	4	167	415
1999	161	389	88	114	2	9	251	512
2000	178	417	75	132	2	9	255	558

外事接待

50年代初期，萧山就有外事接待工作。[1]

1985～1988年，市（县）政府接待冈比亚共和国总统、民主柬埔寨主席等国家元首及政府部级以上友好访问团6个，其他代表团31个。其中经贸考察团3

①50年代初期，主要是接待来萧山参观棉花、络麻、萧山花边生产的外宾。当时浦沿、长河等棉麻生产地区，萧山棉麻试验场和萧山花边厂等先后开放。以后，前来参观农村集体经济的外宾较多。“文化大革命”开始后，外事活动一度停顿，直到70年代中期才逐步恢复。1978年后，萧山以经济技术协作交流为主的外事活动日益活跃。1984年7月萧山被列为甲类开放地区，对外开放在地区上不再受到限止，外事活动增多。1977年，外宾来萧山为97人，1979年上升到335人，1984年482人，来自40多个国家。活动内容大致有参观访问，经济技术协作和考察，文化体育、卫生交流，专业学术考察。（资料来源：萧山县志编纂委员会：《萧山县志》，浙江人民出版社，1987年，第668～669页）

个，文化、体育及专业学术交流团12个。来自联邦德国、苏联、印度等国家及国际组织的友好人士、各国驻华使节，参观访问红山农场、杭州万向节厂等单位。

1989年，萧山与国际间的交往迅速增加。是年，全市接待54个国家和地区的外宾和外商486批、1672人次。其中政府部级以上访问团5个，商贸和经济协作团队448批，接待来萧投资和商贸洽谈的中国港澳台地区同胞、华侨580人次，明显多于往年。1990年以后，随着外向型经济的发展和萧山经济技术开发区的建设，日本、美国和中国港澳台同胞、华侨来萧投资考察日益增多。至1994年，共接待499批、1933人。其中经济、技术协作和商贸团队435批、1478人次，占同期接待量的87.17%和76.46%。

1995～2000年，市政府外事接待工作频繁。先后接待外宾2564个团队、19079人次，其中政府部长以上友好访问团24个、经贸洽谈和技术协作团队2306个，占全部接待量的0.94%和89.94%。

表24－3－506　1995～2000年萧山市外事接待情况

年份	正副部长级		其他访问团		经贸洽谈和业务协作交流		合计	
	批次（人）	人数（人）	批次（人）	人数（人）	批次（人）	人数（人）	批次（人）	人数（人）
1995	10	45	24	332	271	914	305	1291
1996	6	31	72	495	204	639	282	1165
1997	0	0	26	590	271	1673	297	2263
1998	5	5	31	693	270	2983	306	3681
1999	1	3	16	196	648	3691	665	3890
2000	2	18	65	281	642	6490	709	6789

友好城市

80年代初，萧山市（县）与日本山梨市[①]开始交往。1991年2月，经山梨市日中友好协会会长石川武牵线，市长杨仲彦和山梨市高田清一市长开始信函往来，表明两市建立友好城市的意向。11月，山梨市议会议长雨宫唯信、山梨市国际交流促进会副理事长佐久间恒幸率团来萧访问考察，受到市长杨仲彦、市人大常委会主任金其法的热情款待。1992年4月，市长杨仲彦率团对山梨市进行回访，受到山梨市政府、市议会和各界人士的热情欢迎。10月，山梨市市长高田清一率政府代表团来萧，经省政府外事办公室同意，萧山市与山梨市建立友好交流关系，同月20日签订《缔结友好交流关系协议书》。1993年7月，经外交部批准，中国人民对外友好协会同意萧山市与山梨市缔结友好城市关系。10月，以市长为团长的友好代表团专程赴日本参加萧山市与山梨市缔结友好城市关系签约仪式，并参加山梨市建市39周年纪念会；10月14日，市长和高田清一市长在日本山梨市签订《友好城市关系协议书》，萧山市与日本山梨市缔结为友好城市。1999年2月，山梨市市长高田清一获萧山荣誉市民称号。至2000年，萧山市7次组团共46人访问山梨市，山梨市10次组团170余人来萧访问。

①山梨市位于日本山梨县县府甲府市的东北，距县府11.9千米（1991年数据，下同），地势西北高、东南低，平均海拔830米，东西长10.8千米、南北宽8.5千米，总面积53.11平方千米（其中水田28公顷、旱地1813公顷、山地林地2110公顷、住宅地488公顷、其他872公顷），年平均气温14.5℃，年降水量1419毫米，总人口31122人，人口密度586人/平方千米，总户数9274户，平均每户3.36人。山梨市的工业、农业均较发达，主要农副产品有葡萄、桃子、李子、蚕桑、大豆、蔬菜、水稻、猪、牛、鸡等，以水果为主，素有“果树王国”之美称，特别是葡萄、葡萄酒可与法国葡萄酒相媲美。该市旅游资源丰富，境内有“山梨八景”，国家级文物11处，县级文物22处，其中建于室町时代（1338～1573年）的清白寺被列为日本国宝。市树——松树；市花——杜鹃花；市鸟——白颈行鸟。

图24－3－772　1992年10月20日，萧山市市长杨仲彦与日本山梨市市长高田清一在萧签署缔结友好交流关系协议书（傅宇飞摄）

第四章　职能转变

改革开放以来，市（县）政府职能逐渐由直接管理转向间接管理，由微观管理变为宏观管理，从部门管理转向行业管理，经营性职能转移给企事业单位，行业职能转给社会中介组织，适当集中政府宏观管理职能，实施综合管理。优化服务，提高效率，发展政府整体功能，建立精简、统一、效能的政府工作运行机制。

第一节　政府机构改革

市政府机构改革

1996年，根据中共中央《关于党政机构改革的方案》，市委、市政府在调查研究的基础上，拟定《萧山市市级党政机构改革方案》（市委〔1996〕81号）。11月，中共杭州市委、市政府批准同意实施。改革方案根据萧山的实际情况，按照精简、统一、效能的原则，调整政府组织结构，实行精兵简政。加强宏观经济调控部门，减少和调整专业经济部门，加强执法监管部门，发展社会中介组织，适当调整社会服务部门。方案规定市政府机构32个。其中合并机构对外保留牌子13个（一个机构，两块牌子）；更改名称10个（其中由委改局、办机构5个，由局改委机构1个）；改为行政职能事业单位4个；转为经济实体机构4个；归口管理不占限额机构7个（即在市政府工作部门挂牌子）。在具体实施中，市政府按照权责一致的原则，调整政府部门的职责权限，明确划分部门之间的职能分工，克服多头管理、政出多门的弊端，注重抓好新老机构接轨和机关“三定”（定职能、定机构、定编制）工作的落实，确定政府机关行政人员编制总额。

1997年，市政府实施机关“三定”工作。市级32个政府机构，拟定“三定”方案，报请市委、市政府批准后，由市政府办公室公布32个单位的“三定”方案。按照“三定”方案，核定市级机关行政编制1975名，其中政法机关775名，萧山经济技术开发区机关60名。市级机关各部门根据“三定”方案的要求明确职能职责，调整内设机构和有关人员，规范事业单位设置，强化机关制度化管理，完善运行机制，理顺党政之间、政府部门之间、镇乡之间的关系，使党政、政事、政企不分和职责交叉、相互争权扯皮等问题得到初步解决，从而减少管理层次与办事环节，提高行政工作效率。是年11月底，市级政府机构改革工作结束。此后，根据工作需要，对市直机构作了调整。至2000年，市级政府机构49个，其中政府序列工作机构31个，核定编制956人。

镇乡政府机构改革

1992年5月，根据省委、省政府统一部署，全市开展撤区扩镇并乡工作，撤销临浦、戴村、城南、城北、瓜沥、义蓬6个区建制，将25个镇、42个乡扩并为27个镇、4个乡。市政府制定改革实施方案，按照“理顺关系、定岗定员、人员分流”的原则，对原67个镇乡部门人员2801人（超编1319人），择优选配留任1505人，占总数的53.73%。对1296名富余人员实行分流。其中：退休退职309人，下村下厂275人，创办经济实体304人，政企政事（业）分开、与镇乡行政机构脱钩274人，自谋职业134人。对镇乡党政群机构编制进行定位，明确管理体制及其职能职责，转变部分机构的职能。畜牧兽医站、农业服务公司、工业公司、法律服务所等，由管理型逐渐变成独立核算、自收自支的经济实体。理顺条块关系，增强镇乡调控能力。工业、农技、农机、农经、林业特产、水利、畜牧、村镇建设、联防、土地管理、文化、广播、计划生育13个部门的人、财、物均由镇乡统一管理，市级有关部门仅负责业务指导。至6月底，31个镇乡政府机构设置全部落实到位，内设党政、工业、农业、财经、政法民政、文教卫生、计划生育、城乡建设8个办公室。

1993年以后，随着城乡一体化进程的加快和小城镇综合改革试点的拓展，镇乡机构设置有所调整。

1997年11月，根据省政府关于镇乡机构改革的要求，市委、市政府制定《萧山市镇乡机构改革实施意见》（市委〔1997〕54号）。12月，在南阳镇开展机构改革试点。至年底，31个镇乡机构改革“三定”方案拟定上报。是年，省政府批准瓜沥、临浦两镇列入浙江省小城镇改革试点镇。1998年上半年，市政府批准各镇乡的“三定”方案，要求规范8个内设机构，重新核定人员编制，理顺政事、政企关系，健全镇乡机关职能。瓜沥、临浦两镇内设党政（人大）办公室、党群工作部、人民武装部（政法办）、经济发展局、农业发展局、财政局、建设规划局、社会事业发展局等8个机构。

1999年，瓜沥、临浦两镇综合改革顺利实施，成效显著。经国务院体改办小城镇中心批准，临浦镇由省级综合改革试点镇提升为国家级综合改革试点镇。是年，省政府将靖江镇列入省级综合改革试点镇。2000年，靖江镇小城镇综合改革工作扎实推进，行政体制改革到位。是年瓜沥、临浦、义盛3镇列入省中心镇试点。

第二节 依法行政

1989年10月，市政府设立法制科，指导、协调全市行政机关的法制工作，加强对行政机关执行法律、法规和规章的检查，负责政府规范性文件的起草和解释。翌年10月，市政府增设“市人民政府行政复议办公室”，提高行政机关依法行政水平，推动“依法治市”决策的实施。1995年2月，浙江省法制事务所萧山分所成立，为全市行政机关依法行政提供法制咨询，受聘担任法律顾问。促进行政机关依法行政，加强政府法制工作。

1990年9月25日，市政府召开全市政府法制工作会议，部署实施《中华人民共和国行政诉讼法》的准备工作。10月30日，根据国务院和省、杭州市政府有关文件精神，市政府对1980～1989年间由市（县）人民政府颁发的142件规范性文件和转发的21件规范性文件进行清理，其中废止38件。1991年11月12日，市政府首次在全市范围内开展行政执法检查，对所属的行政执法机关负责实施的法律、法规、规章执行情况进行检查。同时，对全市行政执法主体进行调查登记、审核确认，保证行政主体执法的合法性，明确相应的行政复议机关，便于及时、准确受理行政复议案件。

1992年，市政府组织有关部门，对1982～1991年间市（县）政府和政府办公室颁发的文件进行清理，决定废止《关于各行各业创办劳动服务公司，发展城乡集体经济和个体经济的几项规定》（萧政〔1984〕74号）等30个文件。1993年9月11日，市政府制定《萧山市规章性文件制定暂行规定》（萧政〔1993〕49号），使规章性文件制定程序科学化、规范化。同时，市政府根据国务院办公厅《关于改进行政法规发布工作的通知》，决定从1993年10月起市政府规章性文件不用文件形式发布，改由市长签署发布令，以市人民政府令发布全市。10月7日，发布萧山市人民政府令第一号：《萧山市暂住人口户口管理规定》。1994年，全市27个镇、4个乡建立政府法制办公室，市公安局等4个行政机构设立法制科，其余行政机构配备专职或兼职法制员。是年，举办法制干部培训班，提高法制员的业务水平。年底，市政府组织有关部门对《中华人民共和国产品质量法》等46部法律、法规、规章的执法情况进行监督检查，推动法律、法规、规章的贯彻实施。

1995年6月9日，市政府决定规范行政执法委托行为，行政执法主体必须正确使用统一规范的行政处罚文书，保证行政处罚合法有效。市政府配合市人大开展《中华人民共和国消费者权益保护法》等7部法律的执法监督检查，对13个部门的行政执法案件质量进行检查，提高行政执法部门依法行政的业务水平。是年，政府受理行政应诉案件5件、经济应诉案件3件。

1996年8月，市政府印发《萧山市部门行政执法责任制实施方案》（萧政发〔1996〕99号）；9月，市政府查核本级政府实施的所有法律、法规、规章，并决定凡市政府规范性文件无法律、法规、规章依据设定的行政处罚自10月1日起一律无效。同年11月8日、12月5日和翌年1月17日，市政府分3次对萧山市经济委员会等121个单位予以行政处罚实施主体资格公告，对全市行政处罚实施机构进行全面清理，规范行政处罚实施主体资格。同时，对全市的行政执法员进行调查摸底，做好持证上岗准备工作。年底，市政府对14个主要行政执法部门的执法案件进行检查。是年，政府受理应诉案件2件，经相关部门依法应诉，查清事实，维护政府的权威和合法权益。

1997年5月，市政府决定全面实行部门行政执法责任制，要求所有部门在执行法律、法规、规章时落实执法责任，并制定考核标准。至年底，各部门对71件法律法规规章制定执法责任制度142个。是年，举办3期行政执法人员培训班，900名行政执法人员参加培训，对考试合格符合条件的500余人，颁发《杭州市行政执法证》。

1999年9月，全市31个镇乡、市政府所属行政机关全面开展学习宣传《中华人民共和国行政复议法》，作为“三五”普法的重要内容。是月29日，市政府对行政复议申请期限和管辖范围作出决定，确保《中华人民共和国行政复议法》的顺利实施。是年，市政府制定《萧山市内部审计工作规定》（萧政发〔1999〕84号）等规范性文件32个。2000年10月中旬，市政府组织200余名行政执法员进行综合法律知识培训。11月，根据省政府的统一部署，对各行政执法单位中尚未取得有效执法证件的177名在编人员组织考试。是年，市政府制定《萧山市户外广告管理办法》(萧政发〔2000〕116号)等规范性文件8个。立案审查行政复议申请8件，受理4件，不予受理3件，转送其他有权管辖机关1件。

图24—4—773　2000年，萧山市水政监察大队对河道进行巡查（萧山水政监察大队提供）

第三节　政务公开

政务公开的范围是全市各行政机关和经授权行使行政管理职能的组织及基层村委会、居委会。镇乡政务、村务公开的内容：凡不涉及保密且与群众利益密切相关的事项向群众公开，凡群众关心的热点问题、重点问题，如计划生育、征兵、宅基地安排、镇乡村发展规划、兴办公益事业以及扶贫款、民政福利资金的分配等处理结果，通过一定的形式向群众公布。政务、村务公开实施一套制度（即政务村务公开制度和承诺服务自律制度），三个上墙（即政务村务公开内容上墙、工作人员职位上墙、承诺服务自律制度上墙），公开的内容和程序规范化、制度化、法制化。

1998年4月，市委办公室出台《关于开展镇乡政务、村务公开工作的意见》（市委办〔1998〕87号），建立市镇乡政务、村务公开工作领导小组。同月，市政府在宁围镇及该镇的宁东村开展镇乡政务、村务公开工作试点。5月，全市24个镇、7个乡政务实行公开，684个村村务公开工作全面展开。8月，市政府对市级机关政务公开工作进行部署。要求市级机关及重要事项的决策程序、决策结果和运行情况向社会公开。至年底，全市38个政府部门、司法机关、公用事业单位和31个镇乡、684个村全面推行政务、村务公开制度。

1999年，市政府根据中纪委、国家经贸委、全国总工会联合发出的《关于推行厂务公开制度的通知》精神，在94家国有、集体和公有产权控股企业中推行厂务公开制度。以职工关心的热点、企事业发展的重点、经营管理的难点作为公开的主要内容，以职代会为基本载体，采用职工代表大会、职代会联席会议、厂情发布会、公开栏、厂报、简报、黑板报、监督箱、举报电话等多种有效形式实行厂务公开。经过考核验收，94家企业全部合格，其中28家企业为优秀单位。是年9月，市政府门户网站“萧山信息港”正式开通，网站栏目包括萧山政务、办事指南、投资萧山、公众监督、生活服务等。至此，政府政务公开的信息化、公开化、快捷化程度更高，内容更全面。

图24－4－774　1998年6月，衙前镇政府设立政务公开栏，将政府的财政收支、干部任免、固定资产、建设投资等情况一一公布于众，提高了政府工作的透明度（傅宇飞摄）

2000年，市级机关和乡镇政务公开率达到100%，全市764个村(含21个“农转居”村)的村务公开率达到100%，村务公开栏全部移到墙外，方便村民查看和监督。年底，市政府在非行政管理职能的事业单位中推行内部事务公开制度，并率先在教育、交通等系统中开展试点工作。

第四节　行政审批

简化审批手续

1999年，市政府组织调研组，就市级部门项目审批问题进行专题调研，政府所属各部门根据各自的职能开展以“简化行政审批环节，转变机关作风，提高办事效率”为目标的自查清理。

2000年，根据全省政府审批制度改革工作会议精神，市政府成立以市长为组长的市行政审批制度改革领导小组，并设立办公室。制定《萧山市行政审批制度改革实施意见》（萧政发〔2000〕5号）。政府各部门机关建立领导责任制，明确职责分工。是年3月21日，市政府发出《关于试行企业注册同步审批的通知》（萧政发〔2000〕45号），决定开展企业注册前置项目实施同步审批的试点。市卫生局（食品卫生许可、公共场所卫生许可）、市公安局（特种行业许可）、市文化局（文化娱乐、音像制品的经营许可）、市环境保护局（环境及排污许可）、市建设局（建筑设计施工、预制构件、燃气和供热行业许可）、市交通局（交通、货运、汽车维修行业许可）6家单位试行参与同步审批。至6月15日，通过并联审批专窗受理申请13件，涉及项目13个。其中3件传真当天回复，5件2天内回复，5件在5天期限内回复，无延期事项。万向集团萧山铸造有限公司、浙江珍琪交通电气科技发展有限公司等7家进入并联审批的企业从申请到注册，仅用3天时间。6月25日，市政府所属38个部门结束行政审批制度改革自查清理工作，上报审批、审核、核准事项986项，建议减少审批、审核、核准事项338项，占上报审批事项的34.28%。其中建议减少审批事项172项，占上报审批事项的17.44%。7月1日，市政府同意对其中不属于政府职能，不应当由政府直接管理，以及通过事后监管可以达到管理目的的338项行政审批事项予以取消。同日，市政府向全市统一公布338项取消行政审批的项目，并于即日起执行。

便民服务

2000年10月，实施对有关部门实行集中审批制度，在行政中心综合楼内实行“一条龙”[①]审批，提高办事效率。同时，建设集中办事大厅，对投资项目审批事项实行办事大厅审批制度。11月29日，市长办公会议讨论并通过《萧山市固定资产投资项目审批制度改革方案》（萧政发〔2000〕198号）。12月1日，萧山市投资项目审批中心[②]成立，其主要职能：办理全市审批权限范围内和需审核转报杭州市、省的固定资产投资项目（包括基本建设、技术改造和外资项目）的审批事项，审批环节中办理时间、相关前置、并联审批的协调，受理建设单位咨询、查询，督促办理进度等。中心内设办事、咨询、综合服务3个窗口。由市计划委员会牵头，市经济委员会、对外贸易经济合作局、建设局、土地管理局、环境保护局、公安局消防大队等7个部门参加，其余有关部门凡涉及项目审批的事项，按需要及时派员到中心或以其他方式进行并联审批。中心实行“一门受理、统筹协调、规范审批、限时办结”的运作方式，每个部门设有一个办事窗口，集中受理固定资产投资中的审批、审核事项。每个部门明确办理程序，公开办事指南，规定办结时间为10～15个工作日。

①即在一幢办事服务大楼内，实行“一门受理，窗口运作，统一收费，限时办结”的服务。

②即萧山区办事服务中心，位于全城路市北电信大楼1～2楼，实用面积6500平方米。2002年8月18日投入运行。按功能需要，设置投资项目审批大厅、群众办事服务大厅、建设工程交易中心、招投标中心等。第一批进驻中心的有27个部门和单位、158名窗口工作人员，设窗口41个，办理各类审批服务事项307件。至年底，共受理各类审批服务事项32718件，办结31566件，其中办理即办件11210件；受理承诺件17905件、办结16988件；受理上报3603件，办结3379件；按期办结率为100%，收取各类规费5.7亿元。（资料来源：杭州市萧山区地方志编纂委员会：《萧山年鉴》，浙江人民出版社，2003年，第189页）

【附】

市长的一天

——市长林振国指挥“7·9”抗洪抢险战斗

因连续数天暴雨，至1997年7月9日凌晨，萧山境内部分地区洪涝成灾。市委常委紧急会议在综合分析全市各地汛情后决定：全市已面临防汛临战状态，形势十分严峻，要求全市人民紧急行动起来，全力以赴地投入到抗洪抢险战斗中去。

市长林振国（简称林市长，下同）坐镇指挥，坚守在市防汛防旱指挥部的电话机旁。凌晨，告急的电话接连响起：浦阳镇尖山村告急，汹涌的洪水已冲进村民家中，有155户受淹；义桥镇山后村告急；浦阳江全线告急……面对紧急灾情，林市长立即召集有关人员，于清晨赶赴抗洪抢险第一线。

早上7时，林市长一行先到达浦阳镇，来到已被洪水淹没的尖山街上察看灾情，慰问灾民。在凰桐江边，林市长握着正在组织抗洪抢险的蓬山前村党支部书记的手说："一定要千方百计地保住家园。"随后又对已奋战一整夜的镇村干部和村民们说："你们辛苦了，我代表市委、市政府向你们表示慰问和感谢！"

对浦阳镇的抗洪抢险作出部署后，林市长又赶赴临浦、义桥两镇察看灾情。在临浦灾区，林市长要求镇领导把群众的安危放在心上，及时做好群众疏散的准备工作，确保万无一失。

10时，鉴于浦阳江大堤险情危急，林市长决定在临浦镇召开浦阳江沿线8个镇乡负责人会议，紧急部署抗洪抢险工作。市四套班子领导明确分工，林市长全面指挥，由此打响了全市抗洪抢险的保卫战。

中午时分，林市长又接到告急电话：钱塘江西线大堤水位已高达9.95米，面临决堤的严重险情。据此，林市长于13时急速赶到闻堰镇的西线大堤险要地段——大庙前。当时，江堤上两座闸门旁已多处渗水，小砾山等地段也有十多处漏水，整个西线大堤全面告急。

林市长临江而立，脚下是危在旦夕的西线大堤，身后是广袤而富庶的萧绍平原，大堤一旦决口，钱塘江将从这里改道，洪水将冲毁整个萧绍平原，萧山、绍兴两地人民群众的生命财产必将遭受巨大的损失。

13时30分，林市长在西线大堤上接到省委副书记、代省长柴松岳的急电：要求他不惜一切代价，确保大堤安全。林市长坚定作答："只要萧山人民在，大堤一定在！请省领导放心。"

此时此刻，洪峰已至西线大堤，上游富春江的流量已从上午每秒8000立方米增至13000立方米。同时，钱塘江开始涨潮，两相夹击，西线大堤水位暴涨，由数百名干部群众在西闸门处筑起的第一道护堤很快被淹没，形势万分危急。

在这紧要关头，林市长再次召集有关人员商议，决定实施新的抢险方案：第一，加高现有护堤防线；第二，在护堤后加铺一条石碴线；第三，在石碴后再铺设第二条护堤线。在实施抢险中，林市长亲临现场，督阵指挥。经过全体抢险人员两个小时的奋力抢险，两条长达数十米的护堤防线挡住了汹涌的洪水，但决口的危险仍未排除。

17时，省委常委、省委秘书长吕祖善，省水利厅厅长章猛进，率十多名水利专家赶赴闻堰镇，现场召开紧急会议。决定由省政府、省水利厅、萧山市三方联合组建抢险指挥部，由林市长任总指挥。指挥部立即下达第一道命令：不惜一切代价死守西线大堤；指挥部人员在危险没有排除之前一个也不准撤离！水利专家经过缜密研究，迅速制定一套科学的抢险方案，并立即付诸实施……

深夜，作为总指挥的林市长，继续镇定地指挥着西线大堤的抗洪抢险大决战，熬过了又一个不眠之夜。经过林市长的精心指挥和全体抢险人员的共同努力，终于保住了钱塘江的西线大堤，保住了肥沃、富庶的萧绍平原，保住了数百万人民群众的生命和财产安全。

（资料来源：萧山区人民政府办公室）

第二十五编
人民政协

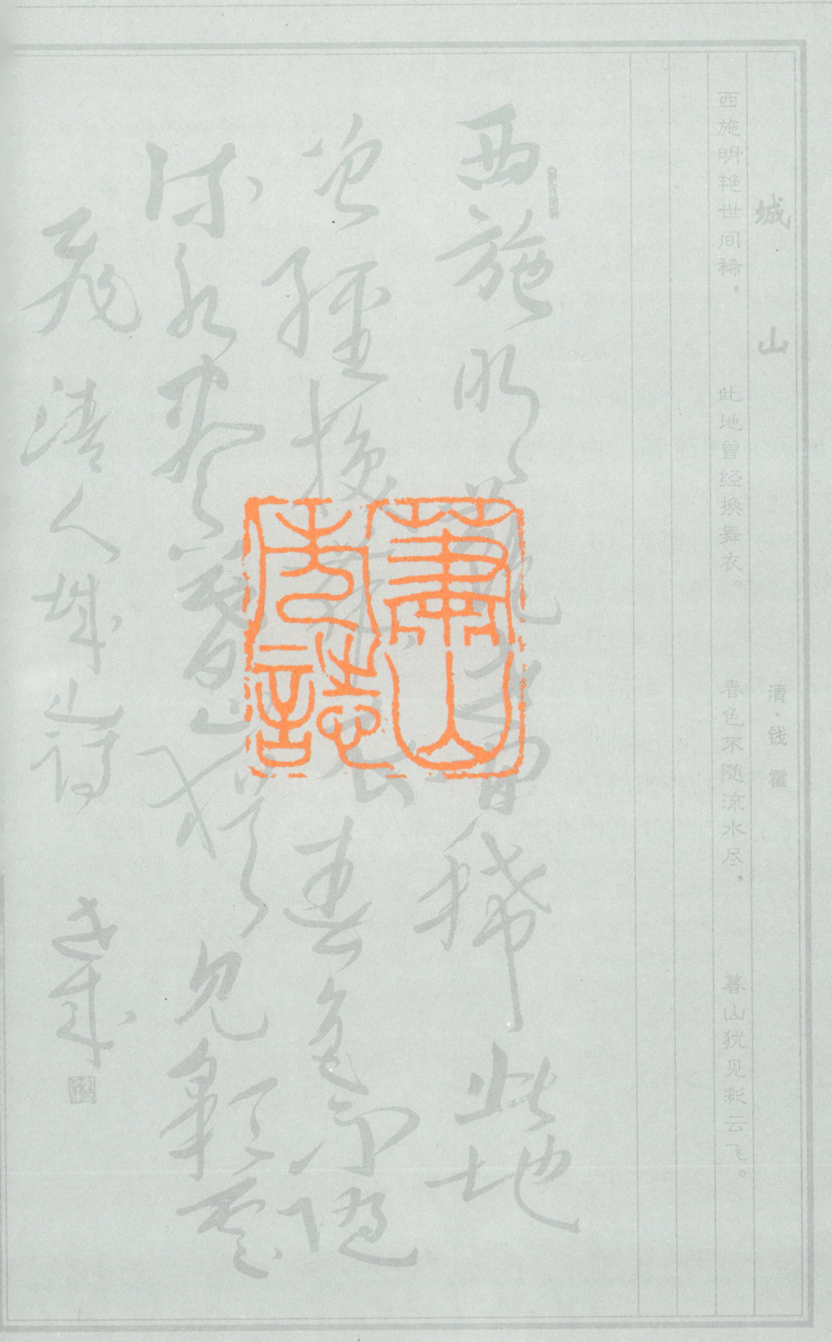

中国人民政治协商会议萧山市委员会（简称市政协，下同）前身是中国人民政治协商会议萧山县委员会，始建于1956年4月。[①]“文化大革命”期间，中断活动14年。1980年6月恢复。第一届至第八届，每届任期3年；第九届起，每届任期5年。至2001年3月，共历经10届。[②]设有10个专门委员会、7个工作组；政协办公室编制16人。

政协萧山市（县）委员会，根据《中国人民政治协商会议章程》[③]，遵循“长期共存、互相监督、肝胆相照、荣辱与共”[④]的方针，在中共萧山市（县）委领导下，以政协全体委员会议、常务委员会会议、主席会议和专门委员会、工作组活动为载体，通过组织视察、专题调研、委员担任特约监督员、要事建议、提案办理、对口联系等形式，围绕萧山经济建设和社会事业发展，履行政治协商、民主监督、参政议政的职能。

1985年1月至2001年3月，萧山市（县）政协工作逐步制度化、规范化和程序化。其间颁布实施的加强政协工作的重要文件有：1986年5月中共萧山县委转发《中共萧山县政协党组〈关于进一步发挥政协组织职能作用的几点意见〉的通知》（县委〔1986〕16号）、1989年6月中共萧山市委转发《中共萧山市政协党组〈关于进一步加强政治协商、民主监督制度的意见〉的通知》（市委〔1989〕21号）、1990年9月中共萧山市委《关于贯彻执行中共中央〈关于坚持和完善中国共产党领导的多党合作和政治协商制度的意见〉的通知》（市委〔1990〕41号）、1995年3月中共萧山市委转发《中共萧山市政协党组〈政协萧山市委员会关于政治协商、民主监督、参政议政的规定〉的通知》（市委〔1995〕14 号）、1999年9月中共萧山市委《关于进一步加强政协工作，充分发挥政协作用的若干意见》（市委〔1999〕38号）等。人民政协在萧山人民政治生活中的作用逐渐增强。

①中国人民政治协商会议萧山县委员会始建于1956年4月，是浙江省成立较早的县级政协之一。1988年1月1日，萧山撤县设市，中国人民政治协商会议萧山县委员会更名为中国人民政治协商会议萧山市委员会。2001年3月25日，萧山撤市设区，中国人民政治协商会议萧山市委员会更名为中国人民政治协商会议杭州市萧山区委员会。

②1956年4月至1984年3月，政协萧山县委员会历经第一届至第五届，1984年11月至2001年3月，政协萧山市（县）委员会历经第六届至第十届四次全体会议。2002年3月，举行第十届第五次全体会议。

③《中国人民政治协商会议章程》，1982年12月中国人民政治协商会议第五届全国委员会第五次会议通过。1994年3月中国人民政治协商会议第八届全国委员会第二次会议、2000年3月中国人民政治协商会议第九届全国委员会第三次会议、2004年3月中国人民政治协商会议第十届全国委员会第二次会议，先后修订、通过了《中国人民政治协商会议章程修正案》。

④1956年9月，中共八大将“长期共存、互相监督”方针写入决议。1982年9月，中共十二大明确提出中国共产党同民主党派“长期共存、互相监督、肝胆相照、荣辱与共”的方针。

第一章　委员　机构

中国人民政治协商会议萧山市（县）委员会由萧山市（县）内中国共产党、各民主党派、工商联、各人民团体、无党派人士、少数民族和各界人士代表、港澳台同胞及特别邀请人士组成。常设机构为政协常务委员会。政协委员会全体会议闭会期间，由政协常务委员会主持会务。政协常务委员会休会期间，由主席办公会议处理重要事务。经常性活动工作机构，1954～1986年有工作组，1986年4月起为专门委员会和工作组并存。1997年1月至2001年3月，政协机关内设机构有办公室、专门委员会综合局、学习和文史研究室等单位。[①]

①1997年，萧山市委办公室〔1997〕164号文件下发批复市政协机关机构改革方案。市政协机关设三个局级办事机构：政协办公室、专门委员会综合局、学习和文史研究室，机构编制16人。2004年，根据中共杭州市委关于全市县（市、区）政协机关内设机构统一调整为“一办四委”的要求，萧山区机构编制委员会下发〔2004〕5号文件批复区政协机关办事机构调整方案。萧山区政协机关设“一办四委”5个正处级办事机构：政协办公室、提案委员会、经济科技和城建交通资源环境委员会、社会法律和三胞联谊委员会、文史和教文卫体委员会，机构编制17人；原专门委员会综合局、学习和文史研究室同时撤销。

第一节　政协委员

中国人民政治协商会议萧山市（县）委员会委员以协商推荐的方式产生。每届政协委员名额和人选经上届委员会主席会议审议同意后，由常务委员会协商决定。政协委员主要在萧山各个领域、各个界别中具有代表性和有社会影响的人士中产生。民主党派及人民团体，经政协委员会协商同意后参加人民政协，个人经政协委员会协商邀请参加人民政协的全体会议，即当选为政协委员。

界别和人数

萧山市（县）政协委员的构成，第一届至第五届，从15个界别、75名委员调整到17个界别、120名委员。[②]

②1956年4月1日，萧山县各界人民代表会议常务委员会（扩大）会议协商确定政协萧山县第一届委员会共15个界别、75名委员，其中中共萧山县委9人、民进萧山县委3人、县总工会4人、共青团萧山县委4人、县妇联4人、农民界3人、县工商联7人、科技界3人、教育界8人、医卫界6人、文化界3人、新闻界1人、县供销合作系统3人、宗教界3人、特别邀请人士14人。1957年6月第一届委员会增补委员14人。1980年6月17日，萧山县政协恢复工作。经协商，政协萧山县第五届委员会共17个界别、120名委员。至1982年3月，委员中因病去世或工作调离5人，增补14人。1984年3月，增补4人。实有委员133人，其中中共萧山县委11人、民进萧山县委3人、县总工会8人、共青团萧山县委5人、县妇联5人、农民界10人、县工商联9人、科技界14人、教育界13人、医卫界11人、文化界7人、新闻界1人、少数民族界1人、台胞亲属界2人、归侨侨眷界8人、宗教界3人、特别邀请人士22人。（资料来源：《萧山政协志》编纂委员会：《萧山政协志》，方志出版社，2006年3月，第77页、第82～83页）

第六届，设21个界别、178名委员，其中大专以上文化程度71人，占委员总数的39.89%；妇女41人，占委员总数的23.03%。第十届，设24个界别、227名委员，其中大专以上文化程度116人，占委员总数的51.10%；妇女61人，占委员总数的26.87%。委员素质和性别结构逐届优化。

第六届委员会委员（1984.11～1987.4）　共设21个界别、178名委员名额，其中中共萧山县委11人、民进萧山县委5人、县总工会7人、共青团萧山县委6人、县妇联7人、农民界9人、县工商联11人、科技界32人、教育界14人、医卫界15人、文化界8人、新闻界2人、体育界2人、社会科学界2人、县个体劳动者协会2人、少数民族界3人、台胞亲属界5人、归侨侨眷界10人、港澳同胞1人、宗教界3人、特别邀请人士23人。

第七届委员会委员（1987.4～1990.4）　共设22个界别、203名委员名额，其中中共萧山县委12人、民盟萧山县委2人、民进萧山县委6人、县总工会7人、共青团萧山县委6人、县妇联7人、农林界9人、县工商联16人、科技界34人、教育界19人、医卫界17人、文化界9人、新闻界3人、体育界2人、社会科学界6人、县个体劳动者协会3人、少数民族界3人、台胞亲属界7人、归侨侨眷界12人、港澳同胞1人、宗教界5人、特别邀请人士17人。

第八届委员会委员（1990.4～1993.4）　共设20个界别、207名委员名额，其中中共萧山市委13人、民盟萧山市委4人、民进萧山市委6人、市总工会9人、共青团萧山市委6人、市妇联7人、农林界9人、市工商联20人、科技界35人、教育界19人、医卫界19人、文化界9人、新闻界3人、体育界3人、社会科学界7人、少数民族界3人、台胞亲属界8人、归侨侨眷界12人、宗教界6人、特别邀请人士9人。

第九届委员会委员（1993.4～1998.3）　共设22个界别、228名委员名额，其中中共萧山市委14人、民盟萧山市委4人、民进萧山市委6人、市总工会9人、共青团萧山市委6人、市妇联7人、农林界9人、市工商联15人、科技界21人、教育界17人、经济界19人、科学技术协会15人、医卫界16人、文化界9人、新闻界3人、体育界2人、社会科学界7人、少数民族界3人、台胞亲属界8人、归侨侨眷界12人、宗教界7人、特别邀请人士19人。

第十届委员会委员（1998.3～2001.3）　共设24个界别、227名委员名额，其中中共萧山市委12人、民盟萧山市委6人、民进萧山市委8人、九三学社萧山市基层委员会3人、农工党萧山市总支部4人、市总工会9人、共青团萧山市委7人、市妇联7人、农林界7人、市工商联13人、科技界15人、教育界15人、经济界16人、科学技术协会12人、医卫界13人、文化界8人、新闻界3人、体育界2人、社会科学界6人、少数民族界3人、台胞亲属界7人、归侨侨眷界9人、宗教界7人、特别邀请人士35人。

全国、浙江省、杭州市政协委员

1952年，浙江省政协始有在萧山的委员。1982年，杭州市政协始有在萧山的委员。1998年，全国政协始有在萧山的委员。1982～2001年，萧山共有47人次先后担任全国、浙江省、杭州市政协委员，其中全国政协委员1人、浙江省政协委员8人、杭州市政协委员38人次。

全国政协委员　1998年3月，浙江传化化学集团有限公司总裁徐冠巨被推荐为中国人民政治协商会议第九届委员会委员（2003年，徐冠巨再次被推荐为中国人民政治协商会议第十届委员会委员。其他萧山籍全国政协委员见本志《人物》编）。

浙江省政协委员　1983～2001年，萧山共有8人先后担任中国人民政治协商会议浙江省第五届、第六届、第七届、第八届委员会委员。

杭州市政协委员　1982～2001年，萧山共有38人次先后担任中国人民政治协商会议杭州市第四届、第五届、第六届、第七届委员会委员。

表25-1-517　1952～2001年浙江省政协在萧山的委员名录

届　次	年　份	委　员
第一届	1952～1958	金海观、邱关兴、吴淑贞（女）
第二届	1958～1964	金海观、邱关兴、吴淑贞（女）、桑送青
第三届	1964～1977	金海观、邱关兴、吴淑贞（女）、桑送青
第四届	1977～1983	曹杏花（女）、桑送青、沈蔚琴（女）
第五届	1983～1988	曹杏花（女）、鲁冠球
第六届	1988～1993	朱重庆
第七届	1993～1998	寿霞芳（女）、黄伟成、徐冠巨
第八届	1998～	陈鸿懋、谢丽娟（女）

表25－1－518　1982～2001年杭州市政协在萧山的委员名录

届次	年份	委员
第四届	1982～1987	孙统墀、李璧笃、胡荣生、翁国刚、程绪川（女）、罗廷雄、金常书、蔡福源
第五届	1987～1992	金老虎、孙统墀、黄伟成、陈中民、胡荣生、翁国刚、程绪川（女）、罗廷雄、蔡福源
第六届	1992～1997	赵永前、金老虎、陈福根、陈成惠、施刚毅、杨永和、张泉根、胡荣生、郑国洲、黄伟成
第七届	1997～2001	陈福根、王中恩、徐冠巨、黄伟成、施兴娟（女）、施刚毅、阙沛霖、陈意如（女）、顾溢芳、陈成惠、董华恩

第二节　政协常务委员会

1956年4月至1966年5月，县政协常务委员会第一届至第三届均未设专职正副主席、秘书长。1966年5月，第四届始设专职副主席、秘书长各1人。1980年6月，第五届始设专职主席。1998年3月，第十届设专职主席1人、副主席3人、秘书长1人。

组成人数

政协常务委员会由主席、副主席、秘书长和常务委员组成。

第一届至第五届常务委员会，组成人数从23人调整到29人。

第六届至第七届常务委员会，组成人数从35人调整到41人。

第八届至第十届常务委员会，组成人数为41人。

政协主席、副主席、秘书长

第一届常务委员会，设主席1人、副主席3人、秘书长1人。

第五届常务委员会，设主席1人、副主席5人、秘书长1人。

第六届常务委员会，设主席1人、副主席6人、秘书长1人。1985年4月，增补副主席1人。

第七届至第十届常务委员会，分别设主席1人、副主席7人、秘书长1人。1992年3月，增补副主席1人；1995年3月，改选秘书长1人；2001年3月，改选主席1人。

表25－1－519　1984～2001年萧山市（县）政协主席、副主席、秘书长名录

届次	职务	姓名	籍贯	党派	文化程度	任职时间
第六届（1984－11～1987－04）	主席	朱厚立	江苏金湖	中共党员	初中	1984.11～1987.4
	副主席	孙统墀	浙江宁波	民盟	中专	1984.11～1987.4
		孙鉴信	山东乳山	中共党员	高中	1984.11～1987.4
		费黑	浙江桐乡	中共党员	大专	1984.11～1987.4
		周颂华	浙江萧山	无党派	高中	1984.11～1987.4
		黄伟成	上海金山	中共党员	大专	1984.11～1987.4
		孔庆澄	浙江萧山	民进	大学	1984.11～1987.4
		孙恪懋	浙江绍兴	中共党员	中专	1985.4～1987.4
	秘书长	邵清南	山东招远	中共党员	高中	1984.11～1987.4

续 表

届 次	职 务	姓 名	籍 贯	党 派	文化程度	任职时间
第七届（1987－04～1990－04）	主 席	费 黑	浙江桐乡	中共党员	大专	1987.4～1990.4
	副主席	孙恪懋	浙江绍兴	中共党员	中专	1987.4～1990.4
		黄伟成	上海金山	中共党员	大专	1987.4～1990.4
		孙统墀	浙江宁波	民 盟	中专	1987.4～1990.4
		周颂华	浙江萧山	无 党 派	高中	1987.4～1990.4
		孔庆澄	浙江萧山	民 进	大学	1987.4～1990.4
		毛大纬	浙江余姚	中共党员	大学	1987.4～1990.4
		董明菊（女）	浙江镇海	中共党员	初中	1987.4～1990.4
	秘书长	邵清南	山东招远	中共党员	高中	1987.4～1990.4
第八届（1990－04～1993－04）	主 席	赵永前	浙江萧山	中共党员	大专	1990.4～1993.4
	副主席	孙恪懋	浙江绍兴	中共党员	中专	1990.4～1993.4
		黄伟成	上海金山	中共党员	大专	1990.4～1993.4
		孙统墀	浙江宁波	民 盟	中专	1990.4～1993.4
		周颂华	浙江萧山	无 党 派	高中	1990.4～1993.4
		金老虎	浙江萧山	中共党员	大学	1990.4～1993.4
		巫凌霄	浙江平阳	民 进	大学	1990.4～1993.4
		许申敏（女）	浙江萧山	无 党 派	大学	1990.4～1992.3
		顾正光	浙江萧山	中共党员	大学	1992.3～1993.3
	秘书长	陈张达	浙江萧山	中共党员	大专	1990.4～1993.4
第九届（1993－04～1998－03）	主 席	陈福根	浙江萧山	中共党员	初中	1993.4～1998.3
	副主席	周土林	浙江萧山	中共党员	大学	1993.4～1998.3
		周颂华	浙江萧山	无 党 派	高中	1993.4～1998.3
		潘民光	广东宝安		大学	1993.4～1998.3
		黄伟成	上海金山	中共党员	大专	1993.4～1998.3
		孙统墀	浙江宁波	民 盟	中专	1993.4～1998.3
		金老虎	浙江萧山	中共党员	大学	1993.4～1998.3
		巫凌霄	浙江平阳	民 进	大学	1993.4～1998.3
	秘书长	陈张达	浙江萧山	中共党员	大专	1993.4～1995.3
		周土林	浙江萧山	中共党员	大学	1995.3～1998.3
第十届（1998－03～2001－03）	主 席	陈福根	浙江萧山	中共党员	初中	1998.3～
	副主席	周土林	浙江萧山	中共党员	大学	1998.3～
		董学毛	浙江萧山	中共党员	大专	1998.3～
		黄伟成	上海金山	中共党员	大专	1998.3～
		金老虎	浙江萧山	中共党员	大学	1998.3～
		王中恩	浙江萧山	中共党员	大专	1998.3～
		徐冠巨	浙江萧山		高中	1998.3～
		汤金友	浙江萧山	民 进	大学	1998.3～
	秘书长	袁校生	浙江萧山	中共党员	大专	1998.3～

第三节　工作机构

政协办公室

1984年以前，萧山县政协无内设机构。[①]1984年2月，始成立萧山县政协办公室，配备干部3人，在秘书长领导下，负责政协机关日常工作。[②]1990年，萧山市编制委员会核定萧山市政协办公室编制14人（不含主席、副主席、秘书长、驾驶员），政协办公室实有工作人员12人，其中干部9人。1993年3月，政协办公室下设秘书科、联络科、行政接待科，工作人员16人。1999年8月，增设文史科。至2001年3月，设有秘书科、联络科、行政科、文史科，机构编制16人。

专门委员会　工作组

政协萧山县第一届至第五届委员会都设有工作组。[③]1984年11月，政协萧山县第六届委员会设祖国统一联络工作组、工业科技工作组、农业技术工作组、工商工作组、民族宗教工作组、教育体育工作组、文化新闻工作组、医药卫生工作组、华侨工作组、群团工作组10个工作组。1986年4月，政协萧山县第六届委员会第三次会议期间，增设学习委员会。

1987年4月至1990年4月，政协萧山市（县）第七届委员会实行专门委员会、工作组并存，设学习委员会、文史工作委员会2个专门委员会，以及工业科技工作组、农业科技工作组、教育体育工作组、文化新闻工作组、民族宗教工作组、“三胞”联络工作组、工商工作组、医药卫生工作组、工青妇工作组9个工作组。

1990年4月至1993年4月，政协萧山市第八届委员会继续实行专门委员会、工作组并存，设学习委员会、提案工作委员会、文史工作委员会、“三胞”联谊委员会4个专门委员会，以及工业科技工作组、农业科技工作组、财贸工作组、城乡建设工作组、教育体育工作组、文化新闻工作组、医药卫生工作组、民族宗教工作组、工青妇工作组9个工作组。

1993年4月至1998年3月，政协萧山市第九届委员会设提案工作委员会、经济科技委员会、教卫文体委员会、社会法制委员会、学习委员会、文史工作委员会、“三胞”联谊委员会7个专门委员会和10个工作组。其中经济科技委员会下设工业科技工作组、农业科技工作组、财贸工作组、城建工作组；教卫文体委员会下设教育体育工作组、医药卫生工作组、文化新闻工作组；社会法制委员会下设工青妇工作组、民族宗教工作组、法制工作组。

1998年3月至2000年1月，政协萧山市第十届委员会设的专门委员会、工作组与第九届的相同。2000年1月第十届委员会第三次会议后，调整为10个专门委员会和7个工作组，即提案工作委员会、学习和文史工作委员会、农业工作委员会、工业财贸科技工作委员会、城建工作委员会、教育文体新闻工作委员会、人口环境医卫工作委员会、社会法制工作委员会、民族宗教工作委员会、“三胞”联谊工作委员会。其中工业财贸科技工作委员会下设工业工作组、财贸工作组、科技工作组；教育文体新闻工作委员会下设教育体育工作组、文化新闻工作组；社会法制工作委员会下设法制工作组、工青妇工作组。

①1956～1966年没有内设机构，只有1～2名工作人员。“文化大革命”期间，县政协被迫停止活动。1980年6月，县政协召开五届一次会议，恢复活动。当时只配备一名干部，日常工作由统战部的干部兼任。（资料来源：《萧山政协志》编纂委员会：《萧山政协志》，方志出版社，2006年3月，第345～346页）

②为加强中共党委对政协工作的领导，1984年2月起，每届均建立中共萧山县政协党组，1984年8月建立中共萧山县政协机关党支部。

③萧山县政协第一届委员会设有工商、宗教2个工作组。第二届至第四届委员会设有科教、文教、医卫、工商、社会5个工作组。第五届委员会设有文教体、医卫、侨务、工商、工业、农业、宗教7个工作组。（资料来源：《萧山政协志》编纂委员会：《萧山政协志》，方志出版社，2006年3月，第261页）

第二章　政协会议

萧山市（县）政协全体委员会议、常务委员会会议、主席会议是履行政协协商、民主监督和参政议政的主要形式。每次全体会议，委员列席人民代表大会，并就政府工作报告、国民经济计划、财政预决算、人民法院和人民检察院工作报告及主要人事安排等方面进行协商，提出意见建议。每次常务委员会会议和主席会议，分别就贯彻落实有关决议和中央、省、市文件（会议）精神，协商讨论大政方针和重大问题，审议决定政协委员会调研、考察、视察等重要活动。政协全体会议、常务委员会会议、主席会议视具体议题邀请党政领导和政府部门负责人到会，就政治生活、经济建设、社会发展和群众普遍关心的热点、难点、焦点问题，通报情况，解疑释惑，开展面对面的交流和协商。

萧山市（县）政协自1956年4月第一届委员会至1984年11月第五届委员会，共举行全体会议9次①、常务委员会会议51次②。1984年11月第六届委员会第一次全体会议后，对全体会议、常务委员会会议、主席会议等作出具体规定，逐渐形成制度。政协委员会全体会议一般每年召开一次，常务委员会一般每季召开一次，主席会议一般每月召开一次。1984年11月至2001年3月，共举行全体会议18次，常务委员会会议104次，主席会议113次。

①第一届、第二届、第三届委员会分别举行1次全体会议，第四届委员会举行了2次全体会议，第五届委员会举行了4次全体会议。合计9次全体会议。

第一节　政协委员会全体会议

政协委员会全体会议是政协委员最集中的参政议政形式。会议主要议题有：选举政协委员会主席、副主席、秘书长和常务委员；听取和审议政协常务委员会工作报告和提案工作报告；讨论并通过有关决议；参与对国家和萧山重大事务的协商讨论，提出建议和批评。每届政协委员会第一次全体会议由会议选举的主席团主持，自第二次全体会议起，由政协常务委员会主持。1956年4月至2001年3月，政协萧山市（县）委员会共举行全体会议27次。

②第一届常务委员会举行了7次会议，第二届常务委员会举行了3次会议，第三届常务委员会举行了17次会议，第四届常务委员会举行了3次会议，第五届常务委员会举行了21次会议。合计51次常务委员会会议。

第六届委员会全体会议

1984年11月至1987年4月，政协萧山县第六届委员会共举行全体会议3次。

第一次全体会议　1984年11月1～9日在城厢镇举行。会议学习中共十二届三中全会文件和全国政协主席邓颖超在全国政协六届二次会议上的讲话。听取中共萧山县委书记费根楠《关于我县经济建设形势和政协工作》的讲话，听取并审议县政协副主席周颂华所作的提案审查情况报告。列席县第八届人民代表大会第一次会议，听取县人民政府工作报告和其他报告。采用等额无记名投票的选举方法，选出政协萧山县第六届委员会主席、副主席、秘书长和常务委员。通过政治决议和其他决议，要求在中共萧山县委的领导下，更好地团结全县各界爱国人士，进一步调动一切积极因素，充分发挥人民政协人才集聚的优势，协助党和政府积极促进萧山的经济体制改革，为推动两个文明建设献计出力。

第二次全体会议　1985年4月18～23日在城厢镇举行。会议学习国务院总理赵紫阳在全国人大六届三次会议上所作的《当前的经济体制改革》的报告和全国政协主席邓颖超在全国政协六届三次会议上的重要讲话。听取中共萧山县委副书记赵永前的讲话，听取并审议县政协副主席费黑所作的常务委员会工作报告和县政协副主席周颂华所作的提案审查情况报告。列席县第八届人民代表大会第二次会议，听取县人民政府工作报告和其他报告。增选政协萧山县第六届委员会副主席1人。通过政治决议和其他决议，认为完成祖国统一大业，是时代赋予的使命，人民政协要高举爱国主义旗帜，通过多种渠道，运用多种形式，大力做好工作，为争取早日实现祖国统一大业而共同努力。

第三次全体会议　1986年4月6～11日在城厢镇举行。会议学习中共中央《关于1986年农村工作的部署》（中发〔1986〕1号）。听取中共萧山县委书记虞荣仁的讲话，听取并审议县政协副主席孙恪懋所作的常务委员会工作报告和县政协副主席周颂华所作的关于提案审查情况的报告。列席县第八届人民代表大会第三次会议，听取县人民政府工作报告和其他报告，并就补选的县人大常务委员会主任和县长候选人进行协商。通过政治决议和其他决议，要求在"四化"建设中努力发挥政协的基本职能作用和"综合人才库"的整体功能作用，为振兴萧山献计出力。

第七届委员会全体会议

1987年4月至1990年4月，政协萧山市（县）第七届委员会共举行全体会议3次。

第一次全体会议　1987年4月17～24日在城厢镇举行。会议学习全国人大六届五次会议和全国政协六届五次会议文件。听取中共萧山县委书记虞荣仁的讲话，审议并通过黄美潮所作的提案审查情况报告。列席萧山县第九届人民代表大会第一次会议，听取县人民政府工作报告和其他报告，并就县第九届人大常务委员会的组成人员，县长、副县长，法院院长和检察长等候选人进行协商。选举产生政协萧山县第七届委员会主席、副主席、秘书长和常务委员。通过政治决议和其他决议，认为要旗帜鲜明地坚持四项基本原则，反对资产阶级自由化；要执行改革、开放、搞活的方针，积极投入"双增双节"运动；要围绕统一祖国、振兴中华的总目标，发展最广泛的爱国统一战线，为改革、开放和两个文明建设作出新的贡献。

第二次全体会议　1988年4月4～10日在城厢镇举行。会议学习中共中央《关于经济形势和今年的经济工作》（中发〔1988〕1号）。听取中共萧山市委书记王良仟的讲话，听取并审议市政协副主席孙恪懋所作的常务委员会工作报告和市政协副主席周颂华所作的提案处理情况报告。列席萧山市第九届人民代表大会第二次会议，听取市人民政府工作报告和其他报告，并就补选副市长和增选杭州市人大代表的人选进行协商。通过政治决议和其他决议。

第三次全体会议　1989年3月30日至4月5日在城厢镇举行。会议学习《政协全国委员会关于政治协商、民主监督的暂行规定》。听取中共萧山市委书记王良仟的讲话，听取并审议市政协副主席孙恪懋所作的常务委员会工作报告和市政协副主席周颂华所作的提案处理情况报告。列席萧山市第九届人民代表大会第三次会议，听取市人民政府工作报告和其他报告。通过政治决议和其他决议，认为十年改革所取得的成就是有目共睹的事实，必须充分肯定；面临的困难和问题，是发展和前进中出现的，在治理整顿和深化改革过程中是可以逐步维护和解决的；治理整顿、建设和改革需要有一个良好而稳定的环境，人民政协要为维护和发展安定、团结、民主、和谐的政治局面作出进一步努力。

第八届委员会全体会议

1990年4月至1993年4月，政协萧山市第八届委员会共举行全体会议3次。

第一次全体会议　1990年3月31日至4月7日在城厢镇举行。会议学习中共十三届六中全会公报和《中共中央关于坚持和完善中国共产党领导的多党合作和政治协商制度的意见》。听取中共萧山市委书记王良仟的讲话，审议并通过黄美潮所作的提案审查情况报告。列席萧山市第十届人民代表大会第一次会议，听取市人民政府工作报告和其他报告，并就市第十届人大常务委员会的组成人员，市长、副市长，法院院长和检察院检察长等候选人进行协商。选举产生政协萧山市第八届委员会主席、副主席、秘书长、常务委员。通过政治决议和其他决议，认为稳定政治、稳定经济、稳定社会是当前压倒一切的任务，必须把有利于稳定作为一切工作的出发点和归宿；在中共萧山市委领导下，继续高举社会主义和爱国主义旗帜，履行政治协商、民主监督的基本职能，巩固和发展爱国统一战线，为促进祖国和平统一，为把萧山建设成为富强、民主、文明的社会主义现代化城市作出积极贡献。

第二次全体会议　1991年3月27日至4月1日在城厢镇举行。会议学习中共十三届七中全会精神。听取中共萧山市委书记王良仟的讲话，听取并审议市政协副主席孙恪懋所作的常务委员会工作报告和市政协副主席周颂华所作的提案处理情况报告。列席萧山市第十届人民代表大会第二次会议，听取市人民政府工作报告和其他报告。通过政治决议和其他决议，认为市政协在履行政治协商、民主监督职能、维护社会稳定、推动萧山改革和两个文明建设、促进祖国统一方面发挥了应有的作用，取得了新的成绩；在实施“八五”计划的第一年和继续治理整顿、深化改革的关键一年中，做好政协工作至关重要；人民政协要把深入学习贯彻落实中共十三届七中全会精神作为首要任务来抓，把各界人士的思想认识统一到中共十三届七中全会精神上来，把政协委员的积极性引导到实现第二步战略目标的伟大实践中去，努力促进萧山社会稳定和国民经济发展。

第三次全体会议　1992年3月26～31日在城厢镇举行。会议学习《邓小平同志在武昌、深圳、珠海、上海等地的谈话要点》和《中共中央关于进一步加强农业和农村工作的决定》。听取中共萧山市委书记王良仟的讲话，听取并审议市政协副主席巫凌霄所作的常务委员会工作报告和市政协副主席周颂华所作的提案处理情况报告。列席萧山市第十届人民代表大会第三次会议，听取市人民政府工作报告和其他报告。补选政协萧山市第八届委员会副主席1人。通过政治决议和其他决议，强调要贯彻执行党的基本路线，集中精力把经济建设搞上去，不失时机地促进萧山国民经济继续稳定协调发展，要坚持中国共产党领导的多党合作和政治协商制度，推进民主政治建设的进程；要继续高举爱国主义、社会主义两面旗帜，充分发挥人民政协协商监督职能，积极参政议政，支持、协助党和政府做好工作，为进一步促进改革开放和两个文明建设服务。

第九届委员会全体会议

1993年4月至1998年3月，政协萧山市第九届委员会共举行全体会议5次。

第一次全体会议　1993年3月29日至4月4日在城厢镇举行。会议听取并审议市政协副主席巫凌霄所作的常务委员会工作报告和市政协副主席周颂华所作的提案处理情况报告。列席萧山市第十一届人民代表大会第一次会议，听取市人民政府工作报告和其他报告，并就市第十一届人大常务委员会的组成人员，县长、副县长，法院院长和检察长等候选人进行协商。选举产生政协萧山市第九届委员会主席、副主席、常务委员。通过政治决议和其他决议，强调要围绕经济建设、改革开放、社会主义精神文明建设、民主法制建设，创造性地开展各项活动，深入实际，调查研究，积极向党委和政府建言献计；要继续高举爱国主义、社会主义两面旗帜，进一步加强与台湾同胞、港澳同胞和海外侨胞的联系，促进海峡两岸的交流和交往，按照“一国两制”的方针，争取早日实现祖国和平统一；要加强政协自身建设，发扬优良传统，改进工作作风，增强服务意识，以适应新时期政协工作发展的需要。

第二次全体会议　1994年3月26～29日在城厢镇举行。会议学习贯彻中共十四届三中全会精神和全国政协八届二次会议精神。听取并审议市政协副主席周土林所作的常务委员会工作报告和市政协副主席巫凌霄所作的提案处理情况报告。列席萧山市第十一届人民代表大会第二次会议，听取市人民政府工作报告和其他报告。通过政治决议和其他决议，指出要按照《中华人民共和国宪法》和《中国人民政治协商会议章程》的规定，坚持和完善中国共产党领导的多党合作和政治协商制度，推进社会主义民主政治建设；高举爱国主义和社会主义的旗帜，坚持“长期共存、互助监督、肝胆相照、荣辱与共”的方针，进一步巩固和扩大爱国统一战线；按照“和平统一、一国两制”的方针，进一步加强与台湾同胞、港澳同胞和海外侨胞的联系，推进祖国和平统一大业，为发展萧山的外向型经济牵线搭桥；加强政协的自身建设，发扬优良传统，改进工作作风，不断提高参政议政水平和服务质量，以适应新时期政协工作发展的需要。

第三次全体会议　1995年3月20～24日在城厢镇举行。会议听取并审议市政协副主席周土林所作的常务委员会工作报告和市政协副主席巫凌霄所作的提案工作情况报告，改选秘书长1人，增选常务委员1人。列席萧山市第十一届人民代表大会第三次会议，听取市人民政府工作报告和其他报告。通过政治决议和其他决议，指出要充分发挥人民政协的独特优势，建言献计，进一步为两个文明建设服务；要加强联谊，调动一切积极因素，进一步维护政治和社会稳定；要加强机关自身建设，进一步提高服务质量和工作效率。

第四次全体会议　1996年3月18～21日在城厢镇举行。会议听取并审议市政协副主席金老虎所作的常务委员会工作报告和市政协副主席巫凌霄所作的提案工作情况报告。列席萧山市第十一届人民代表大会第四次会议，听取市人民政府工作报告和其他报告。通过政治决议和其他决议，指出1996年是实施萧山“九五”计划、向2010年远景目标迈进的第一年，全体政协委员要坚持以邓小平建设有中国特色社会主义理论和党的基本路线为指导，全面贯彻中共十四届五中全会精神，围绕萧山“九五”计划及中共萧山市委十届五次全会（扩大）会议目标任务，认真履行政治协商、民主监督、参政议政职能，加大政协工作的力度，为加快萧山经济发展和社会进步、继续保持省内经济领先地位、率先实现基本现代化作出应有的贡献。

第五次全体会议　1997年3月1～4日在城厢镇举行。会议听取并审议市政协副主席周土林所作的常务委员会工作报告和市政协副主席巫凌霄所作的提案工作情况报告。列席萧山市第十一届人民代表大会第五次会议，听取市人民政府工作报告和其他报告。通过政治决议和其他决议。

第十届委员会全体会议

1998年3月至2001年3月，政协萧山市第十届委员会共举行全体会议4次。

第一次全体会议　1998年2月24日至3月1日在城厢镇举行。会议听取并审议市政协副主席陈福根所作的常务委员会工作报告和市政协副主席金老虎所作的提案工作情况报告。列席萧山市第十二届人民代表大会第一次会议，听取市人民政府工作报告和其他报告，并就市第十二届人大常务委员会的组成人员，市长、副市长，法院院长和检察长等候选人进行协商。选举产生政协萧山市第十届委员会主席、副主席、秘书长、常务委员。通过政治决议和其他决议，认为政协萧山市第九届常务委员会在中共萧山市委的领导下，围绕市委、市政府工作中心，较好地完成了第九届政协确定的工作任务；市政协十届一次会议是一次承前启后、继往开来的大会，全体政协委员要以邓小平理论为指针，认真学习贯彻中共十五大精神，围绕中共萧山市委第十一次代表大会提出的跨世纪目标任务，把握团结民主这一主题，切实履行职能，扎实工作，为开创政协工作新局面作出新的努力。

第二次全体会议　1999年1月28～31日在城厢镇举行。会议听取并审议市政协副主席周土林所作的常务委员会工作报告和市政协副主席汤金友所作的提案工作情况报告。列席萧山市第十二届人民代表大会第二次会议，听取市人民政府工作报告和其他报告。通过政治决议和其他决议，认为1999年是党和国家历史上具有特殊意义的一年，将迎来建国50周年、人民政协诞生50周年和澳门回归祖国。全体政协委员要紧紧围绕全市的中心工作，进一步推进政治协商、民主监督、参政议政的规范化、制度化，充分发挥人民政协的独特优势，调动各方面的积极因素，为实现萧山跨世纪目标作出更大的贡献。

第三次全体会议　2000年1月26～29日在城厢镇举行。会议听取并审议市政协副主席金老虎所作的常务委员会工作报告和市政协副主席汤金友所作的提案工作情况报告。列席萧山市第十二届人民代表大会第三次会议，听取市人民政府工作报告和其他报告。通过政治决议和其他决议，认为2000年是完成“九五”计划的最后一年，也是萧山率先基本实现现代化的开局之年；市政协要紧紧围绕中心工作，突出团结民主两大主题，切实履行政治协商、民主监督、参政议政的职能，发挥政协优势，创造一流业绩，为促进改革开放和现代化建设、维护社会稳定作出新的贡献。

第四次全体会议　2001年2月27日至3月2日在城厢镇举行。会议听取并审议市政协副主席陈福根所作的常务委员会工作报告和市政协副主席汤金友所作的提案工作情况报告。列席萧山市第十二届人民代表大会第四次会议，听取市人民政府工作报告和其他报告。改选政协主席1人，增选常务委员1人。通过政治决议和其他决议。

第二节　政协常务委员会会议

政协常务委员会会议主要职权是：召集并主持除每届第一次全体会议之外的委员会全体会议；组织实现中国人民政治协商会议章程规定的任务和上级地方委员会所作的决议；执行政协萧山市（县）委员会全体会议的决议；在委员会全体会议闭会期间，审议通过提交中共萧山市（县）委、市（县）人大常务委员会或市（县）人民政府的建议案；根据秘书长的提议，任免副秘书长；决定萧山市（县）政协机构的设置和变动，并任免其成员；协商决定该届政协委员会的参加单位、委员名额和人选的增加和变更，协商决定下届委员会的参加单位、委员名额和人选。1956年4月至2001年3月，政协萧山市（县）委员会共举行常务委员会会议155次。

第六届常务委员会会议

1984年11月至1987年4月，政协萧山县第六届常务委员会共举行16次会议。主要组织常务委员学习中央、浙江省、杭州市有关文件和会议精神；听取县委和县政府关于全县政治、经济形势和改革进展情况的通报；协商讨论《萧山县国民经济和社会发展第七个五年计划的建议（草案）》；总结政协为经济建设服务开展的活动情况，以及落实政协委员政策和其他各项统战政策情况；决定设立政协各工作组，协商讨论有关人事安排；协商讨论第六届政协第二次、第三次全体会议及第六届政协换届和政府换届有关事宜。

第七届常务委员会会议

1987年4月至1990年4月，政协萧山市（县）第七届常务委员会共举行18次会议。主要组织常务委员学习中央、浙江省、杭州市有关文件和会议精神；听取市（县）委关于当前改革形势和面临任务的报告，市（县）委贯彻执行中共十三届三中全会精神的报告，市（县）委关于加强廉政建设的决定，对外经济委员会关于发展外向型经济情况通报，以及有关部门关于压缩基本建设、清理整顿公司和金融工作情况的通报等；协商讨论钱塘江南岸经济规划区设想方案；研究第七届政协工作组和专门委员会的组建问题，协商讨论有关人事安排；协商讨论第七届政协第二次、第三次全体会议及第七届政协换届和政府换届有关事宜；协商讨论市政府即将提交市人大常委会审议的工作报告及其他报告；召集在萧山的省政协委员、杭州市政协委员、市政协工作委员会（组）负责人座谈，坚决拥护中共中央关于对1989年春夏之交北京政治风波的有关决定，为维护安定团结、稳定社会秩序做工作。

第八届常务委员会会议

1990年4月至1993年4月，政协萧山市第八届常务委员会共举行17次会议。主要组织常务委员学习中央、浙江省、杭州市有关文件和会议精神；听取市委、市政府和有关部门关于全市开展严厉打击严重刑事犯罪活动情况，国民经济和社会发展计划执行情况及财政预算执行情况，十大工程筹建情况，开展“质量、品种、效益年”活动情况，撤区扩镇并乡工作，外向型经济发展，农业农村改革，城镇住房制度改革实施方案等情况通报；通过《为扩大对外开放，发展外向型经济作贡献——致全体政协委员的信》，号召政协委员为外向型经济发展作贡献；讨论市政协当年工作安排意见和市政协常务委员会议事规则，审议通过《萧山市政协提案工作条例》；协商讨论中共萧山市委《关于贯彻执行中共中央〈关于坚持和完善中国共产党领导的多党合作和政治协商制度的意见〉的通知(讨论稿)》以及市政府《萧山市城市总体规划》；研究第八届政协工作组、专门委员会的组建问题，协商讨论有关人事安排；协商讨论第八届政协第二次、第三次全体会议及第八届政协换届和政府换届有关事宜；协商讨论市政府即将提交市人大常委会审议的工作报告及其他报告。

第九届常务委员会会议

1993年4月至1998年3月，政协萧山市第九届常务委员会共举行28次会议。主要组织常务委员学习中央、浙江省、杭州市有关文件和会议精神；听取市委、市政府和有关部门关于“三打一禁”（打击团伙犯罪，打击车匪路霸，打击拐卖妇女儿童，查禁卖淫嫖娼）情况，国民经济和社会发展计划执行情况及财政预算执行情况，农民负担过重清理检查工作，反贪污贿赂和党风廉政建设，第三自来水厂筹建情况，农业生产工作情况，乡镇工业发展情况，开发区建设情况，工业企业转制及个体私营经济发展情况，“九五”科技发展规划，以及“专项治理”、精神文明建设、殡葬改革、机场征迁、下岗职工再就业、外来人口管理等情况通报；讨论通过市政协当年工作要点和第九届常务委员会工作规则，审议通过《市政协第九届委员会镇（乡）委员小组简则》；审议通过《关于加快萧山经济技术开发区开发建设的建议案》《关于恢复“汤寿潜纪念碑”及举行汤氏学术研讨会的建议案》。研究第九届政协工作组、专门委员会组建问题，协商讨论有关人事安排；协商讨论第九届政协第二次、第三次、第四次、第五次全体会议及第九届政协换届和政府换届有关事宜；协商讨论市政府即将提交市人大常委会审议的工作报告及其他报告。

第十届常务委员会会议

1998年3月至2001年3月，政协萧山市第十届常务委员会共举行25次会议。主要组织常务委员学习中央、浙江省、杭州市有关文件和会议精神；听取市委、市政府和各有关部门关于国民经济和社会发展计划执行情况及财政预算执行情况，工业经济运行情况，农业对外综合开发区建设情况，巩固创国家卫生城市成果，加强文化市场管理，加强社会治安综合治理，加强党风廉政建设，创建省级文明城市，创建教育强镇（乡）和卫生镇（乡），以及城市建设、土地管理、新区开发和老城区美化绿化亮化工作、司法队伍建设等情况通报；讨论通过市政协当年工作要点和第十届常务委员会工作规则；讨论通过《关于发展全市旅游业的建议案》《关于加快农业对外综合开发区发展的建议案》；决定在全体政协委员中开展评比“双好”委员（本职工作好、政协工作好），调整市政协第十届专门委员会组织机构和组成人员，适当调整镇乡（片）委员小组；协商讨论第十届政协第二次、第三次、第四次全体会议有关事宜，协商讨论市政府即将提交市人大常委会审议的工作报告及其他报告。

第三节　政协主席会议

政协主席会议由主席、副主席、秘书长组成。主要职责和任务是：常务委员会闭会期间，处理常务委员会的重要日常工作；协商讨论关于贯彻党和国家的大政方针和重大决策、措施以及群众普遍关心的重大问题，提出意见和建议；审议以政协名义向党委、人大、政府提出的建议案；审议提交常务委员会的文件；审议各专门委员会的重要视察、考察调研报告、年度工作计划；讨论决定召开常务委员会和其他会议的议题、日程；就党委、人大、政府的重大决策和重要人事进行协商；邀请党委、政府和各部门领导通报情况等。主席根据工作需要安排主席会议时间，并视会议议题情况邀请有关人员列席。1987年4月至2001年3月，萧山市（县）政协共举行主席会议113次（第一届至第六届主席会议资料缺失）。

第七届主席会议

1987年4月至1990年4月，政协萧山市（县）第七届委员会共举行21次主席会议。1988年5月24日第七届第八次主席会议，传达贯彻全国政协第七届第一次全体会议精神，听取市政协机关工作情况汇报，审议各工作委员会（组）活动计划，研究市政协常务委员会第七次会议有关事宜。1990年2月22日第七届第十九次主席会议，讨论市政协换届人事安排原则，研究政协萧山市第七届常务委员会第十七次会议有关事宜。

第八届主席会议

1990年4月至1993年4月，政协萧山市第八届委员会共举行22次主席会议。1990年6月14日第八届第二次主席会议，听取关于1990年市政协各工作委员会（组）活动计划的汇报，决定每双月25日为政协领导接待委员日。8月1日第八届第三次主席会议，讨论通过丛涤夷委员建议政协委员在一届期内每人植好一棵树的提案。1991年2月8日第八届第六次主席会议，决定举办纪念辛亥革命80周年纪念活动。

第九届主席会议

1993年4月至1998年3月，政协萧山市第九届委员会共举行39次主席会议。1993年8月9日第九届第四次主席会议，研究建立政协领导联系委员制度的工作意见。1994年1月8日第九届第六次主席会议，研究通过萧山市政协之友联谊会章程，协商决定联谊会第一届理事会组成人员。1996年9月11日、10月24日分别举行的第二十六次、第二十七次主席会议，专题视察义桥镇完善农业大田生产责任制工作，听取完善大田生产责任制工作情况汇报。

第十届主席会议

1998年3月至2001年3月，政协萧山市第十届委员会共举行31次主席会议。1999年5月20日第十届第十三次主席会议，传达学习防止法轮功非法活动，维护社会稳定的紧急通知；听取并协商讨论《关于进一步深化城镇住房制度改革实施意见以及住房分配货币化实施方案（送审稿）》。6月21日第十届第十四次主席会议，专题视察闻堰镇第二轮土地承包责任制试点工作。2001年3月13日第十届第三十一次主席会议，审议各专门委员会活动计划，讨论政协2001年调研安排，讨论主席会议成员分工调整，布置近期工作。

第三章　政治协商

萧山政协履行政治协商职能的主要形式是政协全体会议、常务委员会会议、主席会议，或根据需要召开的协商座谈会、研讨会、情况通报会、意见听取会、对口联系会和提案交办、联办、督办会议等。着重围绕中心工作，对事关经济建设和社会发展的重点、热点、难点问题，在调查研究、视察知情的基础上，开展协商讨论，提出意见建议，促进决策的科学化、民主化。

第一节　政府工作报告协商

1985年1月至2001年3月，一年一次的萧山市（县）政协委员会全体会议期间，与会委员均列席萧山市（县）人民代表大会，就政府工作报告进行协商，提出修改意见建议。坚持重大事项事前通报制度，在知情的基础上参政议政。

1988年起，在每次召开人民代表大会之前，市人民政府将政府工作报告、国民经济和社会发展计划执行情况及财政预算执行情况报告、人民法院工作报告、人民检察院工作报告的征求意见稿发到政协委员手中，广泛听取意见。政协召开常务委员会会议对政府工作报告征求意见稿及其他报告进行协商和讨论，提出意见建议。同时，政协常务委员会会议和主席会议，通过听取市委、市人民政府负责人和各职能部门的情况通报，就重大方针、政策的执行，政府工作报告的具体实施进行协商。

1990年2月，市政协召开第七届常务委员会第十七次会议，代市长杨仲彦、副市长朱寅传通报即将提交市第十届人民代表大会第一次会议审议的政府工作报告和其他报告，有28名常务委员对此提出修改意见近60条。在市政协第八届委员会第一次全体会议期间，委员们列席市第十届人民代表大会第一次会议，听取政府工作报告，通过小组讨论和大会发言，围绕治理整顿和深化改革，对加强农业基础设施，调整工业产业结构，发展科技、教育、医卫事业，加强文化新闻工作以及廉政建设方面提出意见建议。

1995年3月，市政协召开第九届常务委员会第十一次会议，协商讨论政府工作报告和其他报告，有12名常务委员分别就加强农业、重视全市经济发展的质量、发展教育事业、建设现代化新兴中等城市、加强社会治安综合治理、精神文明建设、反腐倡廉、抑制物价等问题提出修改意见；市长到会听取发言，并对常务委员提出的意见建议，责成市政府办公室修改时考虑或采纳。在市政协第九届第三次全体会议期间，委员们列席市第十一届人民代表大会第三次会议，听取并讨论政府工作报告，有24名委员就巩固农业基础地位、提高工业经济增长质量、深化卫生事业改革、加强社会治安综合治理、发展文化新闻事业、加强祖国统一联谊工作等社会热点问题提出意见建议。

2001年2月，市政协召开第十届常务委员会第二十二次会议，在听取市政府办公室关于政府工作报告的起草过程后，认为政府工作报告围绕萧山率先基本实现现代化的奋斗目标，内容涵盖面广，工作重点突出，措施有针对性，符合萧山实情。同时提出一些意见建议。在随后召开的市政协第十届第四次全体会议期间，全体委员列席市第十二届人民代表大会第四次会议，听取和讨论政府工作报告，对镇乡卫生院体制改革、环境污染、土地拍卖和经济适用房等热点问题进行分组讨论，并就加快农业产业结构优化升级、发展效益农业，进一步深化改革、推进科教兴市、依法治市、以德治市和加快城市化进程，深入实施可持续发展战略，加强精神文明建设和民主法制建设，维护社会稳定和反腐倡廉等问题献言献计。

第二节　经济建设重大问题协商

外向型经济发展协商

1988年3月，萧山列为沿海经济开放区后，市委、市政府开始制定发展外向型经济的政策措施。6月，市政协第七届常务委员会召开第七次会议，邀请市政府及市计划委员会、市对外经济委员会负责人到会通报发展外向型经济情况，并进行协商讨论，然后向市委、市政府提交《萧山发展外向型经济的研讨情况报告》，建议在发展外向型经济时，要正确处理好六种关系，即内向循环和外向循环的关系，创汇工业和创汇农业的关系，外贸经营部门和生产单位的利益关系，外贸渠道与企业自营出口的关系，劳动密集型产品和知识（技术）密集型产品的关系，新铺加工工业摊子和改善投资环境的关系等。

经济规划区发展协商

1988年8月，萧山市委第八届第三次全体会议（扩大）提出在钱塘江南岸建立"钱江南岸经济规划区"的设想。9月，政协第七届常务委员会召开第八次会议，专题协商市委、市政府关于钱塘江南岸经济规划区的设想方案，分别就北塘河、之江、赭山、5.2万亩围垦4个区块作可行性分析，提出意见建议40多条，形成书面材料报送市委、市政府决策参考。1990年8月，政协第八届常务委员会召开第三次会议，协商钱江南岸外商台商投资区的规划和实施意见，分别就投资区建设的指导思想、意义、优惠政策、完善规划和实施意见等方面，提出积极、稳妥地贯彻"种树筑巢引鸟"方针等意见建议近60条。

1993年9月，市政协召开专题协商会，协商讨论《萧山经济技术开发区条例（草案）》。听取萧山经济技术开发区管理委员会、杭州钱江投资区管理委员会关于投资区基本发展情况的介绍和对条例（草案）的说明，提出要在总体上体现萧山经济技术开发区的权威性、独立性、有效性，克服灵活性、随意性等意见建议。1995年6月，市政协第九届常务委员会召开第十三次会议，协商讨论萧山经济技术开发区的开发建设情况，形成《关于加快萧山经济技术开发区开发建设的建议案》。

工业经济发展协商

市政协常务委员会每年听取和讨论市经济委员会关于工业经济运行情况的通报，就工业经济发展重大议题进行协商讨论。

1993年后，萧山私有工业发展较快。1994年8月，市政协就企业转制和发展个体私营经济开展专题调查。随后，召开政协第九届常务委员会第八次会议，听取市政府关于转换工业企业经营机制及发展个体私营经济情况的通报，并进行协商讨论，提出要在企业转制中，把搞活企业、发展生产作为衡量转制工作的根本标准，坚持多种经济成分共同发展的方针，积极鼓励个体私营、外资经济的发展，并从萧山实际出发，找到适合各种企业转制的方法。同时建议市委、市政府制定有利于个体私营经济发展的政策措施，以促进非公有制经济的发展。1996年8月，市政协第九届第二十五次主席会议就市委、市政府关于进一步加快个体私营经济健康发展的若干意见（征求意见稿）进行协商讨论，认为萧山个体私营经济的发展走过的道路比较曲折，以致发展速度缓慢，在整个经济中比例不高，不仅落后于周边县（市），而且制约了经济的进一步发展，这种状况必须尽快改变；并认为市委、市政府制定加快个体私营经济健康发展的若干意见是适时的，必将进一步推动萧山个体私营经济上新台阶。

1998年5月，市政协第十届常务委员会第二次会议听取市乡镇企业局关于个体私营企业发展情况的汇报，结合赴温州、台州学习考察以及市内的调查情况进行讨论协商，针对萧山个体私营经济发展的现状和存在的问题，提出了五个方面的意见和建议。1999年7月，市政协第十届第十五次主席会议协商关于推行中小企业金融担保工作，提出要采取多种形式，建立和完善社会化服务体系，有选择地开展全市镇乡的金融担保工作等意见建议。

农业农村工作协商

1985年，县政协召开农业产业结构改革研讨会，协商讨论农村第二步改革大事，为萧山提前实现工农业总产值翻两番目标献计献策。副县长孙祖培就贯彻中央1985年1号文件，调整农业产业结构的意义、指导思想和基本要求作专题报告。委员们就萧山农业结构的进一步调整以及粮食生产、乡镇企业发展、外贸经营、小集镇建设等方面发表意见，并对发展蚕桑、花卉苗木、食品工业、外江船运等问题作初步探讨，提出要调整好产业结构，必须进一步搞好体制改革，搞活流通；搞好银行信贷改革，发挥融通效益；按照“贸工农”要求，开拓外贸，发展内贸，搞好第三产业，以适应农村发展第三产业的需要；要正确处理好宏观效益与微观效益、变与不变、大规模经营与小规模经营方式、生产开发与智力开发、管与放、先富与后富关系等意见建议。

90年代前期，市政协常务委员会主要就贯彻落实《中共中央关于进一步加强农业和农村工作的决定》（1991年11月中共第十三届中央委员会第八次全体会议通过），开展农民负担清理检查，加快农业集约化后机械化建设，引导农民走规模经营道路等方面协商讨论。

1996年10月，市政协第九届委员会第二十七次主席会议对完善农业大田生产责任制工作进行协商，围绕“两田制”工作，提出补农贴农政策只能加强不能削弱；农技、农机、粮食订购等服务工作要与农业生产相适应；加强对“两田制”（口粮田和责任田）工作中收缴资金的管理，保证保值增值；积极探索和推行农业保险；加大农业适用技术推广等建设性意见建议。1999年6月，市政协第十届委员会第十四次主席会议就稳定和完善第二轮土地承包责任制工作进行协商，专题视察闻堰镇稳定和完善第二轮土地承包责任制试点工作，提出市农村经济委员会、农业局等部门要提前做好准备工作，加强业务指导，进行政策法规宣传教育，针对不同地区、不同情况，做好调查摸底和引导工作，全面推行第二轮土地承包责任制工作。并就注重高效农业、正确引导农民走集约化道路；灵活运用好土地流转机制；注重镇乡集体规划用地等方面提出意见建议。

城市建设协商

1995年7月，市政协第九届第十七次主席会议专题协商讨论筹建第三自来水厂有关问题，并就第三自来水厂建设过程中的资金问题，建议市政府在财政预算上重点考虑，职能部门采用向上争取一点、向外引进一点、向内集资一点等多种渠道来解决，争取工程尽快兴建。1998年10月，市政协第十届常务委员会第四次会议听取市城乡建设局关于城乡建设工作进展情况及下阶段工作思路和对策的情况通报，建议逐步建立和完善与社会主义市场经济相适应的城市建设和城市管理新体制，实现投资主体多元化，促进基础设施产业化，达到城市管理效能化。

2000年6月，市政协第十届常务委员会第十六次会议协商讨论加快新区开发建设和美化、绿化、亮化老城区工作，围绕市委提出的“城建学中山”的目标，结合专题调研，提出建设性意见建议。在加快新区开发建设方面，建议以争取土地指标为突破口，大力筹措建设资金，建立专门的征地拆迁班子，采取成片集中征地的办法，鼓励村民异地建房等。在美化、绿化、亮化老城区方面，建议加强老城区交通、卫生、市场、秩序的管理，对80年代初建设的住宅区进行改造，抓紧市心路改造方案的实施，建设标志性城市道路等。

第三节　社会发展重大问题协商

科技兴市发展战略协商

1990年，萧山市委、市政府提出“科技兴市”的战略决策。1991年2月，市政协邀请科技界的政协委员举行“科技兴市”专题座谈会，并就萧山“七五”期间科技发展情况、“科技兴市”战略纲要、“八五”科技发展计划和1991年“科技兴市”实施规划进行协商，提出各级政府要确立依靠科技发展经济的思想，尽快形成科技网络；科技投入要逐年有所增加等意见建议60余条。是年8月，市政协第八届常务委员会第八次会议听取市政协常务委员、中国科学技术协会第四次全国代表大会代表黄美潮关于中国科学技术协会第四次全国代表大会精神的传达，并联系萧山实际进行协商讨论，就“科技兴市”提出：各级领导要从思想上牢固树立起科技是第一生产力的观点；形成尊重知识、尊重科技工作者的良好风气；制止专业人才改行流失现象；逐步走上“低投入、低消耗、高效益”的良性循环路子；重视做好教育工作，提高劳动者的整体素质等意见建议。

1996年5月，市政协第九届常务委员会第二十次会议听取市科学技术委员会关于萧山“九五”科技发展规划的通报，对萧山“九五”科技发展规划予以肯定，建议市政府要严格按照这一发展规划，努力实施，抓好落实。1999年6月，市政协第十届常务委员会第九次会议根据专题调研情况，就萧山引进、留住、用好科技人才进行协商，提出修订引进、留住、用好科技人才的政策措施，建立跨世纪优秀中青年科技人才培养专用基金和科技专项基金，加强市人才市场建设，建立正常的人才流动机制等意见建议。

廉政建设协商

1991年5月，市政协召开廉政建设座谈会，对萧山的党风和廉政建设提出50条意见和建议，认为要从思想教育入手，完善制度，明确重点，加强监督约束机制，关键在抓落实上下功夫。1993年9月，市政协召开反腐倡廉座谈会，就党风廉政建设和反腐败斗争问题进行协商讨论，提出要从各级领导干部做起，重点是掌权、执法部门，必须从纠正行业不正之风着手；制订一些比较规范的、可操作性强的规章制度，便于群众监督；坚决刹住群众反映强烈的浪费风、赌博风，对腐败分子的查处不能姑息迁就等意见建议。

1997年12月、1998年12月，市政协第九届常务委员第二十七次会议和第十届常务委员会第五次会议，分别就党风廉政建设及反腐败斗争、抓好政务公开及村务公开等进行协商讨论。

精神文明建设协商

1995年1月，市政协第九届常务委员会第十次会议就精神文明建设情况进行协商，委员们结合会前的专题调查和平时掌握的材料，就外来人员管理、市容卫生、市场管理、交通车辆管理、文化市场管理和农村赌博等社会热点、难点问题提出意见建议。1996年12月，市委第十届第六次全体扩大会议通过《萧山市社会主义精神文明建设纲要（1997～2010年）》。同月，市政协第九届常务委员会第二十二次会议专题协商全市精神文明建设情况，在听取关于全市精神文明建设工作情况通报，实地视察市广播电视大楼和宁围镇文化中心后，就加强对党员干部及青少年的教育、加强法制建设、净化文化市场、发挥工会共青团妇联在精神文明建设中的作用、重视宗教工作、加强新闻舆论宣传、重视民主党派作用、深入开展反腐败斗争、加强行风建设等方面提出意见建议。

1997年12月，市政协第九届第三十八次主席会议就《萧山市文化发展规划》进行协商，提出文化发展规划要体现人民群众愿望，突出萧山本地特色等意见建议。1997～2000年，市政协第九届常务委员会第二十七次会议、第十届常务委员会议第五次会议、第十届常务委员会第十三次会议，相继对巩固国家卫生城市创建成果，加强文化市场管理，加强社会治安综合治理，加强党风廉政建设，创建教育强镇乡、卫生镇乡和“东海文化明珠工程”等进行协商讨论。对文化市场管理工作，提出要把握好管理和繁荣之间的平衡点，通过明确工作思路、健全规章制度、加强执法队伍、保证资金投入等意见建议；对创建教育强镇乡、卫生镇乡和“东海文化明珠工程”，提出要加大资金投入和创建宣传力度，通过检查考核和推进创建工作的结合，促进镇乡教育、卫生、文化事业发展。

社会治安问题协商

1991年6月，市政协第八届常务委员会第七次会议学习中共中央、国务院《关于加强社会治安综合治理的决定》（中发〔1991〕7号），对搞好萧山社会治安综合治理及专项斗争进行协商讨论，提出要进一步发挥公安机关在社会治安中的作用，适时更新设备，提高破案率，建立夜间值勤组织，加强对外来务工人员管理等意见建议。1993年6月，市政协第九届常务委员会第二次会议听取市公安局关于“三打一禁”斗争情况的通报，就突击性打击与经常性打击、打击“浮头小鱼”与深挖“暗藏大鱼”、加强思想政治教育、提高公安机关执法队伍的素质等问题提出意见建议。

1998年12月，市政协第十届常务委员会第五次会议听取市委政法委关于萧山社会治安综合治理工作的情况通报，提出“打、防、教、管、建、改”并举，发挥综治工作网络职能，加强政法队伍建设与基层基础建设，加强外来人口管理，加大治理力度等意见建议。2000年11月，市政协第十届常务委员会第二十次会议听取市人民法院、市人民检察院、市公安局、市司法局负责人关于2000年工作和队伍建设情况通报，并就政法队伍建设进行协商讨论，提出要将软件建设与硬件建设一起抓，加大政法队伍培训选拔力度，加强基层基础建设，编好综治网络等意见建议。

第四节　其他重大问题协商

“一府两院”与政协人事安排协商

萧山市（县）政协主要通过全体会议，参与协商讨论市（县）政府正副市（县）长、人民法院院长、人民检察院检察长的人事安排；协商讨论政协常务委员会组成人员的提名、增补等。政协工作机构的设置与人事安排，以及政协委员的名额、条件、组成界别、党内外比例及年龄结构等人事安排，也经政协常务委员会和主席会议酝酿协商，确定人选建议名单。

国民经济和社会发展计划及财政预算执行情况协商

萧山市（县）政协常务委员会每年都听取市（县）政府、计划委员会、财政局关于萧山上半年国民经济和社会发展计划执行情况及财政预算执行情况通报。

1993年8月，市政协第九届常务委员会召开第三次会议，听取市政府关于贯彻中共中央、国务院《关于当前经济情况和加强宏观调控的意见》（中发〔1993〕6号）的情况通报，以及市计划委员会、市财政局关于萧山上半年国民经济和社会发展计划执行情况及财政预算执行情况通报，在充分肯定成绩的同时，提出许多建设性的意见建议：千方百计解决资金难题，开源节流，有保有压；继续做好金融系统“三乱”（乱收费、乱罚款、乱摊派）清理工作；严格控制重复建设，清理审核在建项目，压缩机关财政开支等。

1995年8月，市政协第九届常务委员会召开第十五次会议，听取市计划委员会、市财政局、市经济委员会、市财贸办公室、市物价局、市人民银行关于萧山市上半年国民经济运行和社会发展各方面情况通报，并就经济发展速度、提高企业效益、资金的投向、名牌产品的创建、农业水利建设、企业人才培养、物价和菜篮子工程建设等问题提出意见建议；对不同程度存在的部分领导好大喜功、部分企业报喜不报忧、高档娱乐场所过多过滥、行业不正之风趋烈、用人任人唯亲、物价和菜篮子工程建设缺乏有力措施等问题提出尖锐批评。

“七五”、“八五”、“九五”计划及2010年远景规划协商

“七五”计划　1986年6～9月，《萧山县国民经济和社会发展第七个五年计划的建议》酝酿期间和形成后，市政协分别举行第六届常务委员会第十一次、第十二次会议，就“七五”期间萧山工农业生产、科学技术、城镇建设、文化教育卫生、精神文明建设等方面进行协商，并提出意见建议，其中不少被采纳写入计划。

“八五”计划　1990年12月，市政协召开关于萧山发展国民经济“八五”计划草案专题座谈会，就科教兴市、廉政建设、振兴建筑业、搞活国营工业、发展外向型经济等提出意见建议114条，有的被采纳写入计划。1991年1月，市政协第八届常务委员会召开第五次会议，协商讨论中共萧山市第九届第三次全体扩大会议通过的《萧山市国民经济和社会发展第八个五年计划“建议”》，对如何更好地实现“八五”计划“建议”和1991年工作任务提出意见建议。

“九五”计划及2010年远景规划　1995年12月，《萧山市“九五”计划及2010年远景规划建议》初稿形成后，市政协组织各界别委员，根据各自特点和专业优势，在调查研究、反复论证的基础上提出修改意见。1996年10月，市政协第九届常务委员会召开第十七次会议，专题就此建议进行协商，并就全市的工业、农业、基础设施建设和各项社会事业建设等再次提出意见建议。

治理整顿和深化改革措施协商

1989年12月，市政协第七届常务委员会召开第十六次会议，学习《中共中央关于进一步治理整顿和深化改革的决定》（1989年11月中共十三届五中全会通过），听取代市长杨仲彦关于1989年治理整顿和深化改革工作情况和1990年工作初步设想的通报，在充分肯定成绩的同时，提出意见建议20多条：进一步增加农业投入，提高抗灾能力；坚持实事求是作风，不弄虚作假；领导干部以身作则，发扬艰苦奋斗作风；对萧山有关案件的查处增加透明度；对化肥厂和火力发电厂的建设，要妥选厂址，量力而行等。

深化公有住房改革方案协商

1997年4月，市政协第九届第三十一次主席会议，对《关于停止公有经济适用房暂行办法》《萧山市国家公务员购买经济适用房实施细则》《萧山市购买经济适用住房暂行办法》进行协商，提出在实施过程中稳步推进、严肃执行等意见建议。1999年5月，市政协第十届第十三次主席会议听取市政府办公室、市城乡建设局关于《萧山市进一步深化城镇住房制度改革实施意见》《萧山市国家公务员住房分配货币化实施细则（送审稿）》的情况通报，并对具体条款提出修改意见。

第四章　民主监督

萧山政协履行民主监督职能的主要形式是组织视察、反映社情民意、委员担任特约监督员等。着重对党和国家方针政策的贯彻执行情况，对法律法规的执行情况，国民经济和社会发展计划及财政预算的执行情况，国家机关及其工作人员履行职责、遵守法纪、为政清廉情况，参加政协的各单位和个人遵守政协章程和执行政协决议情况等实行民主监督。

第一节　组织视察

会议视察

会议视察一般安排在政协常务委员会会议和主席会议会前、会中进行，目的在于增强对会议涉及问题的感性认识。

1982年12月，县政协第五届常务委员会第十三次会议期间，组织视察部分社队办的工厂企业，对如何提高社队企业的经济效益和在全县普及、发展问题提出意见建议。1990年11月，市政协第八届常务委员会第四次会议期间，在听取市政府领导关于当年建设的十大工程建设情况通报后，视察其中的九项工程，并对工程总体规划和资金筹集、土地使用等提出意见建议：不要以硬挤软、以工挤农、以基础建设挤人民生活；各项工程要合理配套，分步实施；用亚运会精神激发全市人民献身十大工程建设的热情，群策群力，确保工程如期实现等。

1991～2000年，市政协在常务委员会会议、主席会议期间，主要视察市政府为民办实事工程建设、集团企业、萧山经济技术开发区、萧山农业对外综合开发区，农业大田生产责任制、第二轮土地承包责任制和殡葬改革工作情况等。

委组视察

随着政协工作的发展，各专门委员会和工作组的设置逐步科学和细化，开展的对口视察活动也逐年增加。各专门委员会和工作组根据自身特点和优势，结合党委、政府中心工作和政协活动安排，开展对萧山经济建设和社会发展各个领域工作的视察活动日趋活跃，这类视察活动更具有专业性和针对性，民主监督有效性进一步增强。

工业企业视察　1984～1992年，工业科技工作组主要对企业经营机制改革及相关工作情况进行视察。包括对分属全民企业和乡镇企业的萧山汽车齿轮箱厂、萧山汽车制动器厂进行视察，就企业改革中所取得的经验和出现的新问题进行探讨；对杭州柴油机总厂、萧山棉纺印染厂和湘湖啤酒厂发展横向经济联合进行视察；对杭州柴油机总厂等单位在实行厂(场)长负责制和经济承包责任制后的企业民主管理工作进行视察。

1993～2000年，经济科技委员会、工业科技工作组主要对企业产权制度改革及相关工作情况等进行视察。包括赴浙江远翅塑料有限公司视察企业技改情况；赴临浦镇视察转制企业管理和自营出口生产情况；赴宁围镇视察贯彻执行《中华人民共和国乡镇企业法》情况；赴萧山经济技术开发区视察贯彻落实《萧山经济技术开发区条例》情况；赴南阳镇、楼塔镇视察工业小区建设情况；赴浙江恒逸集团等化纤、印染企业视察行业发展及中国化纤网运作情况等。

农业农村工作视察 1986年4月，农业科技工作组对城厢镇湘湖村的杨梅、柑橘等水果生产进行现场考察和咨询服务，考察研究云石乡狮山村发展高山蔬菜。1993年初，赴临浦、靖江、楼塔、长河、昭东、大庄等镇、办事处，视察农民群众社会负担过重情况。同年12月，视察围垦机械化施工情况。

1994～2000年，经济科技委员会、农业科技工作组分别赴浦阳镇、临浦镇、钱塘江一线堤塘视察水利工程建设情况；赴云石乡、石岩办事处以及垦区的萧山现代农业开发区、农业产业化示范基地视察农业生产情况，并提出意见建议。

城市建设视察 1990年城乡建设工作组成立后，组织开展对瓜沥镇新建区与老街区城建规划实施情况进行视察，并就规划落实、调整完善细节进行座谈讨论，提出意见建议。1995年5月，赴欢潭乡、所前镇等地视察村镇基础设施建设情况。2000年7月，赴瓜沥镇、党山镇梅林村视察村镇建设情况。

1996～2000年，分别对创建国家卫生城市、环境整治工作、城市规划建设工程以及城市管理、新区建设等方面进行视察。其间，实地视察了汽车东站、金城路、南新线等重点建设工程，对市政府“借贷造路、收费还贷”建设思路、交通基础设施管理、城市公共交通管理、司乘人员的服务质量等方面提出意见建议；实地视察了体育馆拆墙还绿、人民路和金城路绿化等项目的进展情况；视察了桃源路、山南路、北干通览、西山隧道、育才隧道、人民广场等项目的建设情况；视察了主要街道的户外广告情况，以及拱秀路拆违、西门农贸市场周围道路设摊整治等现场，并就加强城市管理和加快新区建设提出意见建议。

科教文卫视察 1985～2000年，教育体育工作组、文化新闻工作组、医药卫生工作组，对全市（县）义务教育规划实施准备工作、镇乡中学“流生”（中途辍学）情况、社会模式办学发展状况、全国体育先进市验收准备工作、职工职业教育、文化市场建设和管理、镇乡广播电视及文化设施建设、农村卫生保健、镇乡企业职工医疗保健、农村合作医疗、转制企业农民职工医疗保障、镇乡村卫生室建设、农村三级卫生网络建设、全市科技进步工作及信息网络建设等方面进行视察，并提出意见建议。1995～2000年每年第三季度，对食品生产企业、医疗卫生机构、餐馆饭店贯彻执行《中华人民共和国食品卫生法》《中华人民共和国药品管理法》情况进行专项视察。

政法工作视察 1993年社会法制委员会、法制工作组成立后，先后对禁赌工作、镇乡夜巡活动、“安全文明村”创建、政法队伍建设等进行视察。2000年8月，对全市政法队伍建设进行专题视察，听取市委政法委、公安局、人民检察院反贪局、公安局交巡（特）警大队、公安局经侦大队、义蓬派出所、临浦法庭、瓜沥司法所关于队伍建设情况通报，并视察市公安局看守所、交巡警大队衙前中队和104国道“平安大道”创建工作。

市场贸易工作视察 1987年，工商工作组对义蓬区甘露乡、村两级经济发展状况和农副产品市场建设情况进行视察。1990年财贸工作组成立后，于翌年对“菜篮子”工程、农副产品买卖难、个体私营经济管理等问题，先后组织3次视察，提出意见建议。1993～1994年，连续两年视察萧山商贸市场龙头——萧山商业城发展情况。1998年，先后视察党山镇基层信用社服务农业和个体私营经济工作情况以及开元旅业总公司发展情况。

专项视察

1980～1985年，主要对物价、企业安全生产、教育等方面开展专项视察。

1986年后，主要对农业生产、国有企业改革、城镇建设、精神文明建设、扶持集体经济薄弱村等方面开展专项视察监督，其中有结合政协全体会议、常务委员会会议、主席会议进行，也有与相关工作委组联合进行。

1987年7月，县政协会同县人大常委会视察24个建制镇的434个食品生产和经营单位，当场指出存在的问题，督促企业和镇政府改正，基层无力解决的，建议提交县政府研究处理。

1991年8月，市政协组织委员对国营工业总公司所属8家企业进行视察，就国营工业重振雄风，提出创造良好外部环境、深化企业内部改革等五点意见和建议。翌年6月，对萧山印刷厂、萧山市供销社棉纺织厂等深化企业改革试点企业进行视察，与企业职工座谈对改革试点的看法，听取市体制改革委员会关于工业、流通企业改革试点工作的情况通报，并就改进试点工作提出意见建议。

1994年，针对全市农业生产暴露出来的基础脆弱、投入不足、弃耕抛荒较多、为农服务思想淡化等问题，市政协两次组织视察活动。上半年视察早稻插种，调查研究早稻弃耕原因，向农民群众宣传政策；下半年就冬种、冬修水利、规模经营、为农服务等工作，分别对许贤、欢潭、新湾、西兴4个镇乡进行视察。通过与农户座谈，到现场踏看，了解和掌握实情，提出重视和支持农业，改善农业基础设施建设，提高农业机械和农业科技的含量，引导农民发展集约规模经营，加强农村村级基层组织建设等意见建议，引起市委、市政府的重视。

1996年1月，市政协4名正副主席分别率两个视察小组赴浦阳镇和许贤乡，对“捆绑式”扶持集体经济薄弱村工作进行视察，听取镇乡情况汇报，召开集体经济薄弱村支部书记、村委会主任座谈会，并到有关村实地考察，对存在的问题及今后完善提高工作提出意见建议。

第二节　反映社情民意

1985～2000年，萧山政协了解和反映社情民意的主要形式有政协例会、视察调研、提案办理、专题座谈等。2001年后，增加正副主席联系走访委员制度①、委员约谈日制度②、政情咨询会③等。市政协通过建设信息网络、编发委员反映的社情民意信息等方式，发挥民主监督作用，同时为党委、政府提供决策参考。

信息网络建设

1996年11月，市政协第九届第二十八次主席会议决定，根据政协委员界别和岗位特点，从政协委员和政协联谊会会员中选聘20名信息员，建立政协信息网络，并由政协办公室组建编辑部，创办内部刊物《委员反映》，编发至市级领导及有关部门。1998年，政协信息员增加至25人。2000年，在内部刊物《萧山政协》上新辟“社情民意”栏目，对委员反映的社情民意择要刊登。是年起，每年评选积极信息员3人（2003年改评优秀信息员4人）。

重要信息反映

1997～2000年，累计收到委员反映社情民意的信息431条，整理编辑《委

①萧山政协正副主席联系走访委员制度，始于2001年。为畅通与委员之间的信息渠道，由驻会主席、副主席带领机关干部每组每月至少走访5名委员，听取委员的社情民意反映和做好政协工作的意见建议。（资料来源：《萧山政协志》编纂委员会：《萧山政协志》，方志出版社，2006年3月，第193页）

②2000年，萧山市政协举行各民主党派、工商联负责人约谈会。约谈会上，市政协负责人通报近期工作，提出下阶段工作思路，各民主党派、工商联负责人发表各自的意见建议。2001年后发展成定期的“委员约谈日”制度，规定在每季最后一个月的20日为委员约谈日，有政协负责人和机关干部在机关接待委员或接听委员来电，听取委员社情民意和意见建议的反映。2001年6月20日，首次举行“委员约谈日”活动，参加约谈的委员，既有平时关注域内两个文明建设、注重收集反映社情民意的民主党派成员和各界别的热心人士，也有结合自身工作建言献计的企业家委员；约谈内容涉及经济建设、城市管理、教育文化、卫生改革、女干部培养使用、统战、宗教等诸方面；由政协主席沈奔新与有关委员进行约谈，倾听委员意见建议。2001年6月至2005年2月，共举行约谈活动16次，参加委员达400余人次。（资料来源：《萧山政协志》编纂委员会：《萧山政协志》，方志出版社，2006年3月，第241～242页）

③2002年3月，第十届委员会第五次全体会议期间，首次召开政情咨询会，邀请萧山区建设局、国土资源局、环境保护局、劳动与社会保障局、教育局、物价局等6个职能部门主要负责人到会；会上有8名委员分别向6个职能部门领导提出20余个问题；萧山区领导王建满、陈如昉、谭勤奋应邀到会。（资料来源：《萧山政协志》编纂委员会：《萧山政协志》，方志出版社，2006年3月，第199页）

员反映》61期，编发委员反映的社情民意信息359条，其中受到市委、市政府领导批示的期数占总期数的三分之一。[①]

《与种田大户结对联系的做法好》，于1997年编发后，受到市委书记、副书记、市委宣传部长等领导10人次批示。

《立新村处理空棺木的做法值得推广》，于1998年编发后，受到市委书记、副书记批示并转发至全市镇乡推广。

《农村垃圾公害应引起重视》，于1999年编发后，经市委书记批示，市长办公会议专题研究，在全市开展“洁美家园”活动。

《盛典务必节俭，庆祝切忌排场》，于1999年8月编发后，经市委书记批示，萧山庆祝中华人民共和国成立50周年盛典改以各种自娱自演形式庆祝。

《新区征迁农户突击装修现象必须重视》《应重视新区征迁户新村的规划建设》，于2000年编发后，为市委、市政府领导提供决策参考，并在实际工作中予以采纳。

《“送温暖”不要忘了少数民族特困户》，于2001年1月编发后，得到市领导及有关部门的重视和采纳，市委、市政府在春节前的慰问活动中，给一些少数民族特困户送去一份温暖，以体现党和政府对少数民族的关爱。

受到上级批示、录用的重要信息有：《重视在实施农业产业化经营中存在的问题》，受到杭州市委副书记的批示；《市委书记与政协领导集体座谈的形式好》《农村消防隐患应引起重视》《农村垃圾公害应引起重视》等，被浙江省、杭州市政协录用。

2001年，收到委员反映社情民意的信息157条，整理编发33条，其中被全国政协采用1条，被浙江省政协采用3条，被杭州市政协采用10条，被萧山党委、政府领导批示11条。

图25－4－776　1999年内部刊物《委员反映》（2010年11月，莫艳梅摄）

①1999年，萧山市政协办公室编辑《委员反映》24期，分别为：第1期：《妥善解决残疾车办照费用问题》；第2期：《农村消防隐患不容忽视》；第3期：《建议市府大楼建一定容量的档案室》；第4期：《学校礼堂应还给学生》；第5期：《请清一下农村公路上广告横幅》；第6期：《让合格农资进村入户》；第7期：《钻“政策”空子超面积建房应予重视》；第8期：《农村垃圾公害应引起重视》；第9期：《市委书记与政协领导集体座谈的形式好》；第10期：《关于春耕备耕中的几个问题》；第11期：《弘扬围垦精神，建立“围垦纪念馆”》；第12期：《交警在交通管理中应尽心尽职》；第13期：《应加强对性用品商店的管理》；第14期：《监督员的“官化”现象应引起重视》；第15期：《对客运出租车要加强管理》；第16期：《应加强对农村耕地的管理》；第17期：《加强内部刊物的保密工作》；第18期：《盛典务必节俭，庆祝切忌排场》；第19期：《从“法轮功”事件中举一反三》；第20期：《交通中断应安民告示》；第21期：《应规范献血者用血制度》；第22期：《无公害蔬菜缘何销路不畅》；第23期：《对入贸要有提前对策》；第24期：《奶牛生产陷入困境　有关方面应予重视》。2000年，共收到委员各类信息112条，整理编辑《委员反映》23期，在《萧山政协》社情民意栏目刊登13条，上报信息8条，被浙江省、杭州市政协录用3条。

【附】

中学生心理健康问题应引起社会各界重视

民盟萧山市委采用国内通用的SCL—90《心理健康自评量表》和自行设计的《调查问卷》，对萧山市初中、职高、重点普高学校的600名中学生进行调查。样本调查结果显示，萧山市的某初中、某职高和某重点高中被测人群的心理问题状况为：有轻度及轻度以上强迫症的学生分别占22%、34.21%、52.38%；有轻度及轻度以上人际关系障碍症的学生分别占17%、40.88%、35.71%；有轻度及轻度以上忧郁症的学生分别占17.50%、31.39%、27.14%；有轻度及轻度以上焦虑症状的学生分别占16.50%、31.39%、27.14%；有轻度及轻度以上偏执症状的学生分别占14%、29.20%、35.24%。

这些数据警示着一个事实，那就是：萧山市中学生的心理健康问题已不容忽视。

轻度的心理卫生问题大都可以通过环境的变化，心理疏导和自我心理适调得到解决。但是心理障碍如果不能及时清除，而是不断累积，其后果是严重的。特别是中学生的心理素质决定他未来的生活质量，决定下一代中国建设者综合素质。因此，中学生的心理健康应引起社会各界的高度重视。为此，我们建议：一、利用学校和社会舆论宣传媒介，为学生心理健康成长营造良好的氛围；二、心理健康教育应列入家庭教育的重要内容；三、改革中考制度，提高教师的教育水平，进一步推进素质教育；四、强化教育“心理医学”的知识水平，提高教师健康的心理素质；五、在学校中开设心理健康课程；六、要加强社会各界的合作和协调；七、加大对心理健康工作的投入，加强相关人才的引进和培训。

（资料来源：萧山市政协办公室：《委员反映》，2001年3月14日，第4期）

第三节　担任特约监督员

1996年8月，始有5名市政协委员接受有关部门聘请，担任萧山市首批党风廉政监督员，后逐渐形成制度。市政协第十届委员会期间，担任各类特约监督员的政协委员共30人，市内行风评议代表中有政协委员5人。他们行使知情权、监督权，采用明查暗访和座谈等方式，对全市13个部门和系统的行风建设进行检查评议。2000年，政协委员中有各类特约监督员40人，其中行风评议代表5人，成为市内开展政务公开、行风评议、反腐败斗争的一支特殊队伍。

第五章　参政议政

萧山政协主要通过全体会议和列席各届次人民代表大会，共商经济建设和社会发展大计；通过政协常务委员会会议和各委组活动，专题听取党委、政府或有关部门的情况通报，提出各自的意见和建议；通过专题座谈会、研讨会、对口联系和咨询服务，献计献策；通过专题调查考察和信息反映，沟通党和政府与各界的联系；最后通过大会发言、建议案、提案、调查报告、会议纪要等形式参政议政。

1984年11月至1987年4月第六届期间，共开展座谈研讨、考察调查、咨询服务等活动31次。1987年4月至1990年4月第七届期间，共开展考察调查、座谈研讨、咨询服务等活动49次。1990年4月至1993年4月第八届期间，共开展考察调查、座谈研讨、咨询服务等活动68次。1993年4月至1998年3月第九届期间，共开展考察调查、座谈研讨、咨询服务等活动150余次。1998年3月至2001年3月第十届第一次至第四次全体会议期间，共开展考察调查、座谈研讨、咨询服务等活动130余次。16年累计在全体会议上作大会发言300余人次，提供常务委员会、主席会议建议案近10份，委员提案3882件，调查报告近200份。

第一节　建议案

常务委员会建议案

萧山政协常务委员会建议案始于1983年。是年12月，向中共萧山县委提出《关于落实知识分子政策的几点建议》，对当时拨乱反正、落实知识分子政策起到较大推动作用。

1993年6月，市政协第九届常务委员会向萧山市委、市政府提出《关于恢复“汤蛰先（寿潜）纪念碑”及举办汤氏学术研讨会的建议案》，被及时采纳。1994年10月下旬，萧山政协举办汤寿潜纪念碑复碑仪式及汤氏学术研讨会。随后出版《汤寿潜研究》论文集，受到全国史学界的赞誉。

1995年6月，为解决萧山经济技术开发区发展过程中出现的问题，市政协第九届常务委员会向市委、市政府提出《关于加快萧山经济技术开发区建设的建议案》，就加强开发区的领导、机构设置及职权、理顺开发区与区内镇乡（场）、村关系、征地“农转非”人员安置、已征土地的开发和利用等方面提出意见建议，被市委、市政府采纳。

1998年5月，市政协第十届常务委员会向市政府提出《关于发展萧山旅游业的建议案》，建议增强对发展萧山旅游业重要性和紧迫性的认识；营造发展旅游业的良好氛围；把潜在的资源优势和基础优势转化为产业优势；改善招商引资的软硬环境等。建议案被市政府采纳，促成市旅游局的成立和相关扶持政策的出台，对旅游业的投入逐年加大，杭州乐园、东方文化园、钱江观潮度假村、衙前农民运动纪念馆等一批旅游投资项目陆续建成。

2000年3月，市政协第十届常务委员会向市政府提出《关于加快农业对外综合开发区发展的建议案》，建议提高对建设农业综合开发区重要性的认识；理顺体制，充分发挥农业对外综合开发区的作用；制订规划，分步实施建设高起点农业园区；搞好各项配套设施建设；加大招商引资力度等。

主席会议建议案

1986年5月，县政协以党组的名义，向中共萧山县委提出《进一步发挥政协组织职能作用的意见》，提出加强党在新时期的统一战线理论、方针、政策的教育；发挥政协政治协商和民主监督作用，使之经常化、制度化；做好政协“知情、出力”工作，发挥政协的智力优势，为两个文明建设服务；认真办理政协委员提案等意见建议，经中共萧山县委批转予以实施。

1995年12月，市政协第九届主席会议向市政府提出《关于加快新区开发建设的建议案》，提出要认识新区建设的重要性和必要性，使各级干部和群众达成共识；市政府要支持新区建设；市政府行政中心也要抓紧动工，发挥导向作用等意见建议。

2001年初，市政协第九届主席会议向市政府提出《关于欢潭工业园区规划建设的建议案》，建议重点扶持、加快欢潭工业园区建设；理顺利益分配关系，为南片地区工业布局创造条件；提高园区规划的科学性等。市政府为此专门组织力量进行调研认证，建议案的部分意见被纳入具体的开发建设中。

第二节　提　案

萧山政协自1956年4月第一届委员会至1984年11月第五届委员会期间，共收到委员提案753件；[①]1984年11月第六届委员会至2001年3月第十届委员会第四次全体会议期间，共收到委员提案3882件。自第八届始，以民主党派、人民团体名义提出的集体提案、委员联名提案数逐年增多：第八届期间，以民主党派、人民团体名义提出提案3件，委员联名提案39件；第九届期间，以民主党派、人民团体名义提出提案33件，委员联名提案191件；第十届第一次至第四次全体会议期间，以民主党派、人民团体名义提出提案64件，委员联名提案184件。按照分级负责、归口办理的原则，由相关承办单位分别落实办理委员提案。

委员提案

第六届政协委员提案　1984年11月至1987年4月，第六届委员会第一次、第二次、第三次全体会议，共收到委员提案和意见建议418件，提出提案的委员297人次，确定立案220件，改作委员建议意见处理的198件。提出的提案和意见建议被采纳或部分采纳的246件，占提案数的58.85%。

1987年，沈一飞委员提出《加强土地管理工作》的提案，受到县政府和土地管理部门的重视。是年，市土地管理部门加大土地管理法的宣传，与城建部门一起，加强村镇规划的实施，做到可用土坡、杂地的，不用耕地；加强土地管理队伍建设，提高人员素质。对违反土地管理法规的，采用“三管”（行政、经济、法律）齐下的办法，强行拆除坎山镇工农村在非规划区建房的屋基。

第七届政协委员提案　1987年4月至1990年4月，第七届委员会第一次、第二次、第三次全体会议，共收到委员提案和意见建议399件，提出提案的委员614人次，确定立案204件，改作委员建议意见处理的191件。提出的提案和

①1956年4月萧山政协第一届委员会第一次全体会议收到委员提案53件。1959年12月第二届第一次全体会议收到委员提案50件。1962年9月第三届第一次全体会议收到委员提案76件。1963年12月第三届第二次全体会议收到委员提案60件。1966年5月第四届第一次全体会议收到委员提案50件。第一届至第四届提案具体资料缺失。

1980年6月第五届第一次全体会议收到委员提案140件，确定立案130件，改作委员建议意见处理的5件，提出的提案和意见建议被采纳或部分采纳的42件，占提案数的30.00%。1982年3月第五届第二次全体会议收到委员提案157件，确定立案157件，改作委员建议意见处理的0件，提出的提案和意见建议被采纳或部分采纳的65件，占提案数的41.40%。1983年3月第五届第三次全体会议收到委员提案104件。确定立案86件，改作委员建议意见处理的18件。1984年3月第五届第四次会议收到委员提案63件，确定立案11件，改作委员建议意见处理的52件，提出的提案和意见建议被采纳或部分采纳的31件，占提案数的49.20%。（资料来源：《萧山政协志》编纂委员会：《萧山政协志》，方志出版社，2006年3月，第210～211页）

意见建议被采纳或部分采纳的296件，占提案数的74.19%。

1988年，汤彦文委员提出《要求在萧山或临浦建造公墓》的提案，被市民政局采纳，萧山城厢公墓定点城东乡的茬山，临浦公墓定点碛堰山，并陆续建成投入使用。1989年，沈云龙、郑吾珍、陈宝清3名委员，针对1988年全市51名市级劳动模范中没有一名第一线工人的情况，联名提出《关于评选劳动模范第一线的工人应占一定比例》的提案，引起承办单位的重视，并被采纳。从1989年起，一线工人在劳动模范中的比例有所增多。1989年，在60名市级劳动模范中，有23名是第一线的职工和农民，占劳动模范总数的38.33%。

第八届政协委员提案　1990年4月至1993年4月，第八届委员会第一次、第二次、第三次全体会议，共收到委员提案和意见建议536件，提出提案的委员635人次，确定立案499件，改作委员建议意见处理37件。提出的提案和意见建议被采纳或部分采纳的431件，占提案数的80.41%。

1990年，周吾芸委员提出《加强计划指导，发展规模经济》的提案，引起市政府重视，并制订一系列发展规模经济的具体政策，促进企业兼并和组建企业集团，逐步实现企业结构的优化。市经委采取措施，加强对技改项目的投资方向管理，重点支持发展外向型经济项目和经济效益好的骨干企业技改配套项目；确定全市工业结构的调整方案和100种重点工业产品序列，作为金融、物资、供电、交通、运输等部门实施倾斜政策的依据。1991年，董惠铭、徐全学、林道聪委员针对萧山汽配行业厂家多、配件品种多、档次高的特点，提出《建立汽车配件管理办公室》的提案，建议组建企业集团，成立汽车配件办事机构，协调全市汽车配件的生产、技术和销售，开发新产品，增强竞争能力，更好地发挥萧山汽车配件行业的优势。被市政府采纳后，当年就建立市汽车配件办公室。1992年，金鉴三委员提出《关于发展萧山第三产业的建议》的提案，被市委、市政府采纳，作出《关于加快发展第三产业的决定》，促进第三产业的发展。

第九届政协委员提案　1993年4月至1998年3月，第九届委员会第一次、第二次、第三次、第四次、第五次全体会议，共收到委员提案和意见建议1072件，提出提案的委员1596人次，确定立案1051件，改作委员建议意见处理的21件。提出的提案和意见建议被采纳或部分采纳的947件，占提案数的88.34%。

1994年，胡兆金委员提出《广播电台应增加农业科技知识宣传内容》的提案。要求有线广播、电台增加农业经济信息和农业技术的广播宣传。被萧山市广播电视局采纳，除在《萧山新闻》《听众服务台》节目增加对农业报道外，从1994年4月1日起，又开办《农村新天地》《科技万花筒》两组专题节目，专门介绍农村新貌和农业科技。1995年，丁子尤委员提出《建议成立市级决策咨询机构》的提案，建议成立一个市级决策咨询机构，对重大决策进行可行性研究和论证，提出合理的建议和措施。市委、市政府研究决定，于是年着手筹建萧山市经济社会发展咨询委员会，对萧山经济建设和社会各项事业建设中的重大问题进行咨询、论证,提高决策的民主化和科学性。1996年，民盟萧山市委提出《切实加强领导、采取切实措施，努力把萧山经济技术开发区建设好》的提案，提出要确立重点建设好国家级开发区的思想和进一步理顺领导体制、投资体制、财政体制等建议，受到市委、市政府的重视，加强萧山经济技术开发区管委会的领导力量，使开发区继续保持较快的发展势头。1997年，民盟萧山市委提出《加大反腐倡廉力度，开创我市党风廉政建设新局面》的提案，引起中共萧山市纪委的高度重视，并采取措施，邀请部分民主党派和无党派人士担任党风廉政建设特约监督员。

第十届政协委员提案　1998年3月至2001年3月，第十届委员会第一次、第二次、第三次、第四次全体会议，共收到委员提案和意见建议1457件，提出提案的委员1331人次，确定立案1422件，改作委员建议意见处理的35件。提出的提案和意见建议被采纳或部分采纳的1216件，占提案数的83.46%。

1999年，市总工会、团市委、市妇联联合提出《关于加强私营经济组织群团建设的建议》的提案，提出建立健全私营企业行业协会的中国共产党、工会、共青团、妇联组织，配备专职人员，加强监督管理；在私营企业前20强中率先建立和完善党工团妇组织；制订较为完善的新经济组织党建和群团工作管理条例等三项建议，引起市委的重视，专门下发《关于进一步加快新经济组织党建工作的若干意见》《关于加快私营企业组建工会步伐的意见》《关于加快新经济组织团的建设的意见》3个文件，进一步明确新经济组织党建和群团建设工作的具体要求，推进全市新经济组织的党建和群团建设工作的全面展开。是年，高利伟委员针对农村中村庄周围及公共场所脏乱差现象，提出《建议1999年在全市农村大力开展洁美家园活动》的提案，得到宣传部的赞同，洁美家园建设活动被市委列入1999年对各镇乡目标责任制考核内容之中。

表25—5—520　1984年11月至2001年3月萧山市（县）政协委员提案分类和办理情况

时　间	届　次	提案委员（人次）	提案（件）	提　案　分　类	立案（件）	改意见建议处理（件）	被采纳或部分采纳（件）
1984－11	六届一次会议	97	165	农林水利4件；工业交通21件；城乡建设15件；文化艺术9件；教育体育19件；医药卫生25件；财经贸易13件；体制改革9件；科技6件；统战11件；民政治安3件；劳动人事15件；群众生活13件；其他2件	90	75	64
1985－04	六届二次会议	87	105	城乡建设12件；农林水利5件；工业交通15件；文化艺术5件；教育体育22件；医药卫生12件；财经贸易5件；体制改革5件；科学技术3件；统战政策4件；民政治安3件；劳动人事2件；群众生活9件；其他3件	50	55	75
1986－04	六届三次会议	113	148	城乡建设23件；农林水利13件；工业交通13件；文化艺术6件；教育体育28件；医药卫生13件；财经贸易6件；体制改革4件；科学技术4件；统战政策5件；民政治安1件；劳动人事6件；群众生活17件；其他9件	80	68	107
1987－04	七届一次会议	221	163	工业交通18件；农林水利15件；财经贸易14件；体制改革3件；教育体育31件；医药卫生15件；科　技6件；文化艺术6件；法制建设1件；城乡建设、环境保护23件；民政、劳动人事7件；统战6件；其他18件	66	97	101
1988－04	七届二次会议	169	110	工业交通13件；农林水利2件；体制改革8件；城乡建设16件；教育体育15件；医药卫生8件；科技4件；文化艺术13件；民政、劳动人事5件；统战2件；人民生活11件；党风党纪4件；其他9件	64	46	92
1989－03	七届三次会议	224	126	治理整顿、深化改革10件；农林水利5件；城乡建设16件；教育体育18件；科学技术2件；文化新闻12件，医药卫生13件；劳动人事10件；廉政建设4件，社会治安3件；统战3件；群众生活3件；其他27件	74	48	103
1990－03	八届一次会议	264	180	治理整顿、深化改革17件；农林水利10件；城乡建设21件；工业交通10件；教育体育23件；科学技术3件；医药卫生16件；组织人事3件；党风廉政建设8件，社会治安16件；精神文明建设20件；统战12件；人民生活6件；其他15件	164	16	149
1991－03	八届二次会议	114	161	治理整顿、深化改革18件；经济建设43；科教文卫体48件；劳动民政、人民生活29件；社会治安、党风廉政建设和精神文明建设、统战21件；其他2件	161	0	126

续 表

时 间	届 次	提案委员（人次）	提案（件）	提 案 分 类	立案（件）	改意见建议处理（件）	被采纳或部分采纳（件）
1992－03	八届三次会议	257	195	政治法律4件；体制改革6件；工业、交通、邮电28件；农林13件；市政建设、人事福利40件；科教文卫体60件；商业流通5件；社会治安、环境保护、人民生活、精神文明建设24件；统战、廉政、落实政策11件；其他4件	174	21	156
1993－03	九届一次会议	137	198	经济建设和经济体制改革64件；教育、科技、文化、医卫53件；落实知识分子政策和统战政策26件；政法、组织、人事、劳动、人民生活及其他55件	186	12	146
1994－03	九届二次会议	264	205	深化企业改革4件；建立和完善市场经济体制3件；工业、交通、邮电、能源25件；农业和农村工作8件；商业、物价监督9件；人事、劳动、福利16件；教育、科技、文化、医卫、精神文明建设39件；计划、财政、税收、金融16件；党风、廉政建设2件；土地管理、环境保护、计量、人民生活11件；城建、市政建设26件；政法、社会治安20件；统战、政协、民族、宗教工作13件；其他13件	201	4	173
1995－03	九届三次会议	307	213	工业、交通、农业、邮电和深化改革36件；城镇建设、环境保护、人事劳动、民政福利37件；计划、流通、金融34件；科技、教育、卫生、体育46件；政治法律、社会治安47件；党风廉政建设6件；统战、政协工作7件	213	0	209
1996－03	九届四次会议	439	212	农业和农村工作10件；工业、交通、邮电、能源 34件；城镇、市政建设21件；计划、财政10件；工商、税务、土地管理、环境保护、物价监督25件；教育、科技、文化、卫生、体育38件；商业流通5件；政法、社会治安24件；组织、人事、劳动、民政、福利17件；精神文明建设12件；党风廉政建设9件；统战、政协工作7件	212	0	190
1997－03	九届五次会议	449	244	农业农村工作19件；工业、交通、邮电、能源 26件；城镇、市政建设21件；计划、财政、金融13件；工商、土地管理、环境保护、物价监督13件；教育、科技、文化、卫生46件；政法、社会治安19件；组织、人事、劳动、民政、福利 41件；宣传和思想道德建设19件；党风廉政建设9件；统战、政协工作5件；其他13件	239	5	229
1998－02	十届一次会议	482	352	农业和农村工作的26件；工业、交通、邮电、能源39件；市政设施和城市建设50件；计划、财政、税收、金融保险、商业流通、外经外贸34件；工商、物价、土地管理、环境保护等执法管理46件；教育、科技、文化、卫生、体育74件；组织、人事、劳动、民政、福利29件；政法、社会治安24件；宣传工作、思想道德建设11件；党风廉政建设9件；统战、政协3件；其他7件	351	1	301
1999－01	十届二次会议	556	405	农业和农村工作27件；工业、交通、邮电、能源81件；市政和城市建设40件；计划、财政、税务、金融、保险、商业流通34件；工商、环保、物价46件；科技、教育、文化、卫生、体育75件；组织、人事、劳动、民政、福利28件；政法、社会治安14件；宣传工作、思想道德20件；党风廉政建设18件；统战、政协6件；其他16件	401	4	356
2000－01	十届三次会议	155	394	农业农村16件；经济科技95件；城建和城市管理60件；交通电力、通信邮政41件；教育卫生、文化体育74件；组织人事、劳动民政25件；政法和社会治安23件；党风廉政和思想道德建设28件；政协、统战宗教9件；其他23件	378	16	312
2001－02	十届四次会议	138	306	农业农村16件；经济科技66件；交通电力、通信邮政32件；城镇建设和管理53件；教育卫生、文化体育58件；组织人事、劳动民政16件；政法和社会治安23件；党风廉政和思想道德建设14件；政协、统战宗教6件；其他22件	292	14	247

表25-5-521　1993年3月至2001年3月萧山市政协优秀提案情况

单位：件

届　次	优秀提案	优　秀　提　案　标　题
九届一次全体会议	5	《打破所有制界限，组建企业集团——增强规模效益》《关于尽速创造条件，开展企业评价分析的建议》《综合开发围垦土地亟待重视》《应加强农业服务系统建设》《机关办企业，应与行政脱钩》
九届二次全体会议	8	《建商品混凝土搅拌站》《萧山有线广播、广播电台要加强农技知识广播》《建议落实抢修江寺古建筑》《建议举行一次萧山建设中等城市论证研讨会》《要求建立重大意外交通事故应急处理领导组织和设立基金》《关于保护自来水源的建议》《建立观潮景点和加强观潮安全保卫》《建议在萧山市禁止销售、燃放烟花爆竹》
九届三次全体会议	10	《建立城厢镇公安、联防、街道昼夜巡逻网络，以保一方平安》《建议成立市级决策咨询机构》《加强民间办学，提高公民素质》《要建立萧山市“送温暖工程”基金会的建议》《建议建立萧山市优生实验室》《应切实解决好促进个私经济发展的有关政策》《建议设立物业管理组织》《建议成立工程监理机构，纳入城乡管理轨道》《重视城市两个乘数效应，把我市建成一个现代化新兴中等城市》《控制滥用高级仪器现象，减轻病人负担》
九届四次全体会议	8	《切实加强领导，采取扎实措施，努力把萧山经济技术开发区建设好》《抓住机遇，机不可失，加速商业城市场的开发》《进一步加强行业管理，组建集团企业》《切实加强外来人口管理》《填河造地、占路造屋的歪风必须整顿》《关于多渠道筹措教育经费，增加投人发展教育的建议》《关于进一步依法保护耕地的一条建议》《建立“两田制”土地经营责任制，推广粮田适度经营》
九届五次全体会议	8	《对我市实施环境污染集中控制的几点建议》《开创党风廉政建设新局面》《预防青少年违法犯罪的对策建议》《全社会都来关心下岗职工的工作和生活》《建议加快建立乡镇劳动力管理站的建议》《继续做好农业“三保”》《加强集体资产管理力度，确保保值、增值》《建议在全市范围内逐步实施读书工程》
十届一次全体会议	14	《关于推进农业产业化，提高农民收入的几点建议》《为青少年健康成长创造良好的文化环境》《乡村医生业务素质急需提高》《提高城市品位迫在眉睫》《抓住机遇，开拓进取，加快发展萧山旅游业》《更新观念，加大投入，进一步做好再就业工作》《对个私企业主既要支持和帮助，又要加强教育和管理》《完善城市管理体制，提高城市管理水平》《关于尽快实现东片地区自来水到村到户的建议》《城市建设不该忽视残疾人无障碍设施》《建立和完善建筑企业项目经理管理档案》《防患于未然——提高减灾意识，减轻地震灾害》《清理、清退行政事业单位离退休返聘人员》《建议开辟步行一条街》
十届二次全体会议	9	《加快我市乡镇企业社会养老保险建设步伐时不我待》《关于增加就业岗位、缓解就业压力的若干对策》《领导干部要提倡微服私访》《进一步加快我市高新技术产业发展的几点建议》《关于加强私营经济组织群团建设的建议》《南北联合、优势互补，促进农业结构优化》《建议九九年在全市农村大力开展洁美家园活动》《改造市心路街景时机已经成熟》《萧山怎样来适应杭州萧山国际机场》
十届三次全体会议	10	《进一步治理环境 还萧山碧水蓝天》《关于规范高中段教育收费的几点建议》《必须加强医院污水处理的管理》《对我市中小企业发展的几点建议》《建议从企业财务稽查入手，解决少数经营业主拖欠职工工资的问题》《电表保证金属什么费用》《扩建南片地区的镇乡级公路，促进萧山经济的平衡发展》《房地产价格监管力度亟须加强》《要加大对电子游戏房的管理力度》《医药收费方式该改一下了》
十届四次全体会议	10	《关于加快高中教育发展的几点建议》《为青少年心理健康创造良好的社会环境》《加强社区建设的四点建议》《加强服务和引导，促进中小企业技术创新》《拓展发展空间，保证开发区可持续发展》《浦十四线应延伸到农业开发区》《对城市绿化工程的建议》《政府应大力培植社会信用》《加强劳动监察，严格执行八小时工作制》《关于提高城区公交服务质量的建议》

注：萧山市政协委员优秀提案评选始于1994年。至2001年3月，共评选第九届第一次全体会议至第十届第三次全体会议的优秀提案72件。第十届第四次全体会议的优秀提案于2002年3月第五次全体会议期间评出。

办理制度

萧山政协成立后，开始在全体会议期间接受提案，由大会提案审查委员会负责对提案初审，并就提案处理和审查向大会作工作报告。1989年3月第七届第三次全体会议后，由政协转交提案，改为由分管副市长签发意见、落实承办单位，规定承办单位负责人在书面答复时签名，提交《提案反馈表》。1990年4月第八届一次全体会议设立提案工作委员会后，由只限全体会议期间接收提案，改为全体会议期间

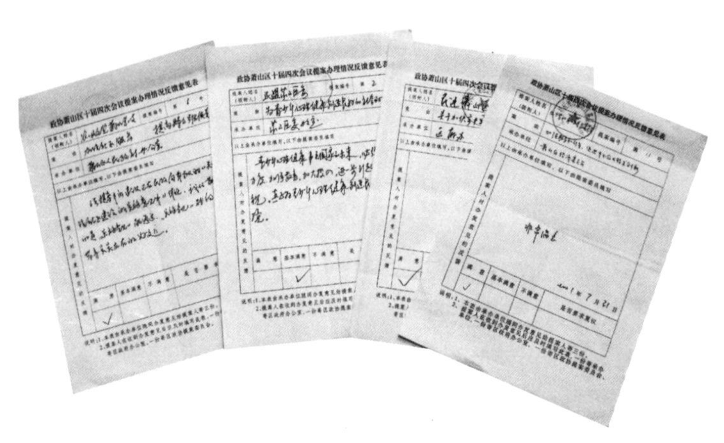

图25－5－777 2001年3月萧山市政协十届四次会议提案反馈表（2010年7月，莫艳梅摄）

和闭会期间常年接受、交办、处理提案。是年5月，市政府制定《关于人民代表议案、意见，政协委员提案办理工作规则（试行）》，明确提案办理程序和责任制，建立健全提案分类、编号、登记、落实承办单位、交办、催办、督促、信息反馈等制度。

1992年3月，市政协第八届常务委员会第十一次会议通过《政协萧山市委员会提案工作条例》，坚持每年两次召开提案委员会全体成员会议的例会制度，提案审查立案制度，与人大常委会、政府联合集中交办代表议案（建议）、委员提案的制度等。1995年，市政协对提案工作条例进行修订，在原有基础上，形成提案限时办复制度，协调办理制度，总结、考核制度。2000年，再次对提案工作条例进行修订，实行党群口提案集中交办制度，市政府向市政协常务委员会会议通报提案办理工作制度，重点提案的联系督办制度等。

1990～2000年，市政协提案工作委员会加强与市委办公室、市政府办公室和其他有关部门的联系协作，协助市委、市政府开好提案交办会、督办会、督查会，通过座谈会、协商会、对口联系会、跟踪调查等形式，督促提案落实。2000年起，每年从委员和党派提案中筛选出部分有代表性、影响较大、操作性强的提案，经主席会议审定作为重点提案，由正副主席分别联系，有关专门委员会共同参与、分工联系，以适当方法推动提案办理，参与提案督办。

第三节 调查报告

1993年以前，萧山政协以专门委员会、工作组调查研究为主体。1993年始，第九届政协常务委员会围绕党委、政府重大决策和重要工作部署以及社会热点、难点问题，开展专题调查研究。1996年以后，每年确定调查研究课题，组织具有专业性、代表性的常务委员及委员课题小组，在政协正副主席的带领下，通过召开座谈会、研讨会、参观考察、下基层走访等形式开展调查研究，最后形成调查报告，为党委、政府提供决策依据。

1987年4月至1990年4月第七届期间，共收到专题调查报告及材料29份。1990年4月至1993年4月第八届期间，共收到专题调查报告及材料43份。1993年4月至1998年3月第九届期间，共收到专题调查报告60份。1998年3月至2001年3月第十届第一次至第四次全体会议期间，共收到专题调查报告39份。

表25－5－522 1996～2000年萧山市政协专题调查报告情况

时间	调查报告标题
1996－05	《关于对我市上半年乡镇企业情况的调查报告》
1996－06	《关于当前农业生产及完善大田生产责任制的调查报告》
1996－07	《关于农村精神文明建设有关问题的调查报告》

续 表

时　间	调　查　报　告　标　题
1996－07	《关于我市小城镇建设和土地管理工作的调查报告》
1997－04	《关于加强外来人口管理工作的调查报告》
1997－04	《关于我市殡葬改革工作的调查报告》
1997－04	《关于下岗职工就业工作的调查报告》
1997－04	《关于机场征迁安置工作情况的调查报告》
1997－04	《关于春耕备耕情况的调查报告》
1997－06	《关于我市上半年工业情况的调查报告》
1998－11	《关于我市党风廉政建设情况的调查报告》
1998－11	《关于我市社会治安综合治理工作情况的调查报告》
1998－11	《关于我市文化市场管理工作情况的调查报告》
1998－11	《关于巩固我市创卫成果情况的调查报告》
1999－04	《一个大厅办公　一个窗口收费　减少审批环节　减轻企业负担势在必行》
1999－04	《关于农业产业化经营的调查和建议》
1999－04	《关于萧山机场外围配套产业发展规划的考察报告及建议》
1999－05	《关于进一步完善萧山商业城管理体制的几点建议》
1999－06	《关于我市引进、留住、用好科技人才的调查报告》
1999－09	《采取综合措施　缓解土地供需矛盾——关于我市当前贯彻土地管理法解决土地需求突出问题的调查报告》
1999－10	《关于组建中小企业融资信用担保公司的调查报告》
1999－10	《关于全市经济薄弱村扶持工作情况的调查报告 》
2000－03	《关于推进社会保险扩面工作的调查报告》
2000－03	《关于加强医德医风、师德师风建设的调查报告》
2000－05	《关于进一步加快城市新区开发建设的调查报告》
2000－09	《关于我市环境保护工作情况的调查报告》
2000－09	《关于我市外向型经济发展情况的调查报告》

注：均为萧山市政协正副主席带队开展调查研究而形成的调查报告，各专门委员会、工作组的调查报告未收录在此表内。

第四节　对口联系　大会发言

对口联系

1986年，建立政协各工作组与县级有关部门的对口联系制度[①]。政协各工作组在开展调查研究、考察视察、咨询服务活动时，主动与对口联系部门联系，各有关部门配合介绍情况、提供资料、参与活动。1990年9月，专题召开由政协各工作组、专门委员会负责人和市级有关部门主要负责人参加的对口联系会议，明确对口联系的作用和要求。翌年7月，市政协办公室、城乡建设工作组和市科协共同召集有关建筑企业负责人、建筑业行家、工程师及部分政协委员参加振兴萧山建筑业专题研讨座谈会。在会上共有15名专家发言，收到专题调查报告及提纲11份，提出意见建议9条，得到对口联系单位的认可，并以会议纪要的形式上报市政府决策参考。2000年1月，市卫生局举行对口联系会，邀请政协委员和民主党派成员，就医疗资源合理配置、医院物业管理、

①根据《中共萧山市政协党组关于进一步加强政治协商、民主监督制度的意见》（萧政协〔1989〕4号），对口联系协商可作如下划分：工业科技工作组（含交通、城建、环保）——计委、经委及计委、经委口各局；农业科技工作组——农委及农口各局；工商工作组——市政府办公室财贸科及有关局、社；教体工作组——教育局、体委；文化新闻工作组——文化局、广播电视局；医卫工作组——卫生局；工青妇工作组——总工会、共青团萧山市委、市妇联；“三胞”联谊工作组——统战部、台办、侨办；民族宗教工作组——统战部、民族宗教科；学习委员会——宣传部；文史委员会——地方志办公室。（资料来源：《萧山政协志》编纂委员会：《萧山政协志》，方志出版社，2006年3月，第9页、第416～417页）

卫生系统人事制度改革等方面进行协商，听取建设性意见建议。是年，中共萧山市委批转市政协党组《关于建立市政协各专门委员会与市委、市政府有关部门对口联系制度》的通知（市委〔2000〕15号），对口联系制度进一步完善。

大会发言

1988年4月，政协第七届第二次全体会议开始组织委员大会发言，共有16名委员就农业、物价、教育、科技、党风和社会风气、社会主义民主政治建设、外向型经济、计划生育、水利、乡镇企业、工人主人翁地位、侨务、医卫等方面作大会发言。1989年3月，政协第七届第三次全体会议上，有20名委员作大会发言，从不同角度对治理整顿、深化改革和推进两个文明建设积极建言献策。至2001年3月第十届第四次全体会议，每次都有14～24名委员代表各自界别、党派、团体或个人就萧山经济社会发展中的重大问题作大会发言。[①]

①1998年2月24日至3月1日，在政协萧山市第十届第一次全体会议上，有23名委员代表各自界别、党派、团体或个人作大会发言，分别是：1.民进萧山市委：《加快我市农业产业化发展步伐　大力提高农民收入》；2.九三学社萧山市支社：《唱好重头戏　研究新思路——对萧山纺织行业发展的几点看法》；3.市科协：《强化农村科普　促进科教兴农》；4.市工商联：《春风带雨润万物　迎来万树百花开》；5.市总工会：《关于我市失业、下岗职工再就业的现状与对策》；6.市科协：《树立忧患意识　加强水利建设》；7.归侨侨眷界：《关于加强村级财务管理的几点建议》；8.特邀王湃松：《企业转制成效显著　规范完善仍需努力》；9.宗教界周再庆：《实施战略性改组是确保我市工业经济持续、健康、快速发展的关键》；10.民盟萧山市委：《为青少年健康成长创造优良的文化环境》；11.农工党萧山总支部：《农村卫生保健现状及对策》；12.教育界：《对当前农村教育中存在的几个问题的思考》；13.团市委：《我市基层团干队伍中值得关注的几个问题》；14.市妇联：《儿童少年家庭道德教育的现状与对策》；15.医卫界：《完善城市管理体制　提高城市管理水平》；16.新闻界：《坚定不移地推进我市殡葬改革的几点建议》；17.民盟成员、台属：《以党的“十五大”精神为指导　深入开展反腐败斗争》；18.文艺界：《关于进一步活跃农村群众文化生活的一些想法》；19.台属：《切实做好对台工作　推进祖国统一的伟大事业》；20.民盟萧山市委：《要加快农业产业化进程，必须加强农技队伍建设——萧山市镇乡农技队伍建设调研》；21.社科界：《关于进一步健全我市社会保障制度的几点建议》；22.新闻界：《城市建设呼唤残疾人无障碍设施》；23.归侨侨眷界：《回顾“引资”谈“引智”》。

2001年2月27日至3月2日，在萧山市政协第十届第四次全体会议上，有14名委员代表各自界别、党派、团体或个人作大会发言，分别是：1.民盟萧山市委、民进萧山市委、农工党萧山总支部、九三学社萧山市基层委员会：《增强公安警力　促进综合治理》；2.市科协：《关于经济技术开发区持续发展的几点建议》；3.九三学社萧山市基层委员会：《加强引导　促进中小企业技术创新》；4.市工商联：《提高个私企业产品质量势在必行》；5.农林界：《我市农业结构战略性调整的思考与对策》；6.民盟萧山市委：《尽快全面启动新农村规划建设》；7.医卫界：《关于镇乡卫生院整体改革的几点建议》；8.民进萧山市委：《关于加快高中教育发展的几点建议》；9.民盟萧山市委：《为中学生心理健康营造良好的社会环境》；10.农工党萧山市总支部：《加强社区建设　提高城市文明程度》；11.教育界：《占领制高点　掌握主动权　尽快普及中小学信息技术教育》；12.归侨侨眷、台属：《进一步加强对台、侨务工作　推进祖国统一进程》；13.新闻界：《关于改善流动人口居住环境的几点建议》；14.共青团：《扩建青少年宫活动中心是实现现代化的需要》。

第六章　其他活动

第一节　学　习

组织政协委员和各界人士学习，是政协工作的特色之一。60年代初期，一般采用“神仙会”[①]的方式，贯彻“三自”、“三不”[②]方针。1986年4月县政协学习委员会成立后，不再使用“神仙会”称谓。采用“三结合”（学习与参观考察、社会调查相结合，学习与知情出力、参政议政相结合，学习与委组工作相结合），学习方式不断创新，学习内容分阶段各有不同[③]。1985～2001年3月，主要学习社会主义初级阶段党的基本路线、邓小平建设有中国特色社会主义理论、“三个代表”重要思想和中共十三大、十四大、十五大文件精神，以及改革开放的方针、政策等。

例会学习

全体会议学习　是政协组织委员学习的主要形式。1956年第一届至1987年第六届期间，每次全体会议召开时，一般听取党政主要领导作政治报告或形势报告，组织学习中共中央、国务院、全国人大、全国政协有关文件。从1987年第七届开始，逐渐转为组织集中学习、下发资料自学、会前视察等多种形式，全体会议学习与完成大会各项任务相结合。

常务委员会学习　1980年第五届开始，坚持逢会必学，每次结合当时的形势任务，学习中央和上级有关文件，并邀请党委、政府领导通报工作，使委员在知情基础上，开展协商监督。

主席会议学习　1984年第六届开始，以主席办公会议时间为学习日，一般每月学习一次。

专题辅导报告会

1987年第七届开始，一般每季度一次。由政协学习委员会、市（县）委统战部联合举行，参加人员主要有政协常务委员、部分镇乡政协委员、各片政协委员小组组长，政协之友联谊会成员，各民主党派、工商联、社会团体、宗教团体，以及政协机关、统战部机关工作人员等。

常务委员读书班

1999年开始，市政协创新学习形式，举办常务委员读书班，不定期学习社会主义基本理论、统战理论和人民政协基本知识。

其他学习形式

萧山政协传统的学习形式还有座谈会、报告会、参观访问等。1987年第八届开始，每次换届后举行新委员学习培训班。1993年第九届开始，每届政协

①1959年底至1960年初，民建第二次全国代表大会和全国工商联第三届会员代表大会（简称民建、工商联“两会”）在北京联合举行，采取“神仙会”的方式，取得良好效果。全国政协总结推广“两会神仙会”的经验。“神仙会”主要是采用和风细雨、自我教育的方法分析问题，解决问题，从而达到明辨是非、提高认识、改造思想、加强团结的目的。1960年，萧山县政协在学习中普遍采用“神仙会”的方法进行，至1986年县政协学习委员会成立后，不再使用“神仙会”称谓。（资料来源：《萧山政协志》编纂委员会：《萧山政协志》，方志出版社，2006年3月，第248页）

②“三自”：自己提出问题，自己分析问题，自己解决问题。“三不”：不打棍子，不戴帽子，不抓辫子。

③政协学习历程大体可分为几个阶段：县政协第一届委员会1956～1958年期间，委员的学习体现时事政策和政治理论并重的特点，主要是配合社会主义改造高潮，推进各界人士进行自我教育和自我改造。1958～1966年5月期间，组织学习“三面红旗”（建设社会主义总路线、“大跃进”、人民公社化）、毛泽东著作和中共中央有关文件。1980～1984年期间，随着人民政协的恢复活动和全党工作重点的转移，县政协的学习工作，从讨论实践是检验真理的唯一标准问题开始，组织委员和各界人士学习中共十一届三中全会至十二大的有关决议、全国统战会议精神，及修订后的《中华人民共和国宪法》《中国人民政治协商会议章程》的学习和讨论，学习工作转到社会主义现代化建设服务的轨道上来。1985～2009年期间，学习邓小平理论、“三个代表”重要思想、科学发展观和中共十三大、十四大、十五大、十六大、十七大文件精神等。（资料来源：《萧山政协志》编纂委员会：《萧山政协志》，方志出版社，2006年3月，第247页）

选派政协领导、机关干部及有关委员参加由全国政协培训中心或中央社会主义学院举办的统战理论读书班、政协主席培训班。专门委员会、工作组、政协之友联谊会、镇乡（片）委员小组学习形式灵活多样。[①]

第二节　联　谊

团结联谊

1978～1983年，县政协协助县委、政府及有关部门做好各项统战政策的落实。[②]

1984年11月，县政协祖国统一联络工作组、华侨工作组成立后，组织“三胞”（台胞、侨胞、港澳同胞）眷属学习《中华人民共和国全国人民代表大会常务委员会告台湾同胞书》，[③]鼓励在萧山的台属与在台人员书写家信。至年底，在萧山的“三胞”眷属与海外通信、通汇的达90多户。翌年，在中秋节、国庆节双节来临之际，召开归侨、侨眷、台属、台胞代表会，鼓励他们爱国爱乡，投身萧山经济建设。

1987年4月，县政协祖国统一联络工作组、华侨工作组改设“三胞”联络工作组。1990年4月，改设“三胞”联谊委员会。继续热情接待回乡探亲及参观考察的“三胞”，组织“三胞”及其眷属参观考察萧山，介绍萧山的改革开放和经济建设。同时牵线搭桥，促进“三胞”及其眷属为萧山外向型经济发展作贡献。1995年，市政协与市委统战部联合召开各民主党派、有关人士座谈会，发动全市“三胞”眷属加强与台港澳及海外亲友宣传和联络，要求每户至少给海外亲友写一封信，征询对江泽民《为促进祖国统一大业的完成而继续奋斗》重要讲话的反映。至2001年3月，萧山政协累计接待回乡的“三胞”近万人次。

横向联谊

萧山政协自成立以来，每年有政协同行到萧山交流，萧山政协也组织人员出去学习考察。至1984年，有47个县市政协组织与萧山政协建立经常联系，互赠资料。1986年，横向联谊单位发展到107个县市政协组织。至2001年3月，有300多个县（市、区）政协组织与萧山政协友好往来，其中100多个县（市、区）政协与萧山政协建立会刊交流。

参加杭州市七县（市）政协工作横向联系会议　1986年11月开始，由杭州市政协牵头，杭州地区各县（市）轮流主持，举办杭州市七县（市）政协工作横向联系会议，[④]一般每年举行2次。萧山先后于1987年12月、1991年6月、1995年5月、2000年5月合计4次承办研讨会。至2001年3月，萧山政协分别作了《关于提高政协常务委员会的议事质量》《人民政协应当真正成为参政议政的重要场所》《重视委员小组学习，提高基层委员素质》《履行文史职能为经济建设服务》《反映社情民意是参政议政的有效形式》《如何提高政协提案质量的几点体会》《发挥自身优势，做好“协”字文章》等发言。

①早在1956年第一届政协时，就在工商界和宗教界中建立学习分会和工作组，组织委员们学习。其中工商界的学习由工商联负责，先后组织80多名工商界人士参加杭州市政治学校学习、2人参加省政治学校学习。宗教界学习分会和工作组于1957年组织86名基督教教牧人员按地区分为8个小组进行定期学习。其后，每届政协各委组都将学习作为活动的重点之一，定期组织学习。（资料来源：《萧山政协志》编纂委员会：《萧山政协志》，方志出版社，2006年3月，第250页）

②1978～1983年，将448名小商小贩、小手工业者及其他劳动者从原有637名工商业者中区别出来；将全县原错划的299名右派分子中的296名进行复查改正。其中207名分配安置工作；将原错定为中右分子的101人，也复查改正并安置工作；为87名原国民党起义、投诚人员恢复名誉，恢复工作，有的在经济上给予补助和救济；萧山有去台人员580多户，计1500多人，有台属550多户，计3100多人，需落实政策的99件，到1983年末，基本落实完毕。1984～1987年，对新老政协委员中要求解决历史遗留政策问题的17人，基本协商解决。（资料来源：《萧山政协志》编纂委员会：《萧山政协志》，方志出版社，2006年3月，第11页、第317～318页）

③1978年12月26日，第五届全国人民代表大会常务委员会第五次会议讨论通过《中华人民共和国全国人民代表大会常务委员会告台湾同胞书》，1979年1月1日正式发表。首次提出“三通”：通航通邮、互通讯息，以及探亲访友、旅游参观等。

④1998年改称“政协工作研讨会”，后又改称“杭州市各县（市、区）政协主席联谊会”。主要围绕人民政协的基本职能和自身建设的各个方面，就政协如何发挥优势，为经济建设和社会发展服务等议题进行研讨。（资料来源：《萧山政协志》编纂委员会：《萧山政协志》，方志出版社，2006年3月，第318～319页）

参加全国十二县（市、区）政协工作研讨会　1987年，萧山加入由江苏省吴县政协和张家港市政协发起成立的南方、北方、沿海、内地的十二县（市、区）政协工作研讨会。萧山先后于1989年7月、1996年2次承办研讨会。至2001年3月，萧山政协分别作了《浅谈政协工作怎样为经济建设服务》《解放思想，更新观念，紧紧围绕经济建设开展人民政协工作》《充分发挥专门委员会的作用，使人民政协工作更加生动活泼、富有成效》《适应社会主义市场经济的要求，县（市）政协工作必须拓展和延伸》《学习贯彻〈规定〉，促进政协工作规范化制度化》《运用多种形式，加强民主监督》《发挥自身优势，做好“协”字文章》《充分发挥政协主观能动作用，进一步做好新时期人民政协的工作》等发言。

政协之友联谊会

始建于1994年1月。主要由历届政协常务委员会组成人员及长期从事统战政协工作的老同志以及少数民主党派成员组成。每年召开一次全体会员大会。平时组织成员开展多种形式的学习和活动；经常性地走访、联络新会员中的老政协委员、民主党派和各界知名人士；在每年重阳节、中秋节举行茶话会，邀请各界老同志、老政协委员欢聚一堂，听取市委、市政府领导有关情况通报。

首届政协之友联谊会会员47人，理事会下设书法绘画组、教育卫生组、经济科技组3个会员小组。建立活动基地和报刊阅览室，创办内部刊物《政协之友》，组织参观考察、咨询服务等8次，先后参观国家级萧山经济技术开发区、萧山现代农业开发区、城市新区、省级钱江投资区和由萧山市政协委员创办的私营企业等。

1998年7月，第二届萧山市政协之友联谊会第一次会员大会会员71人，设农林组、文艺组、教卫组、工商组4个会员小组。[①]至2001年3月，共组织参观考察、咨询服务等10余次，先后参观党山镇个体私营经济、浦阳江江塘工程、浙江（中国）花木城、传化集团高科技农业示范区、浙江恒逸集团等。

镇乡（片）委员小组[②]

1986年6月，瓜沥、临浦、长山3个镇的19名委员自发成立以镇为单位的政协委员学习小组，推荐学习组长，建立学习制度，并将学习与专题座谈、专题讨论、调查研究、参观访问相结合，与向党委和政府献计献策相结合。1987年6月，第七届政协常务委员会第二次会议决定在有3名以上政协委员的镇乡建立政协委员小组。是年，共有1区9镇成立政协委员小组。[③]

1993年3月，政协第九届第一次全体会议后，有15个镇乡（片）建立委员小组，每年开展学习、考察、参观、咨询等活动50～60次。1994年3月，第九届常务委员会第七次会议通过《市政协九届委员会镇（乡）委员小组简则》，委员会小组活动逐渐规范化、制度化。至2001年3月，共有6个镇（片）委员小组96人。[④]

①2003年6月，第三届政协之友联谊会第一次会员大会会员58人，设3个会员小组。

②萧山镇乡（片）政协委员小组，是分布在基层单位的政协委员组织学习、加强联系、开展活动的一种组织形式，是政协工作的拓展和延伸。

③1987年6月，先后成立义蓬区、长河镇（七届三次会议后停止活动）、长山镇、西兴镇、河上镇（七届三次会议后停止活动）、临浦镇、瓜沥镇、坎山镇、党山镇、城厢镇1区9镇委员小组。1990年，设立义蓬区、城厢镇、临浦镇、瓜沥镇、党山镇、西兴镇、长山镇、云石乡8个地区性小组。1991年，市政协调整政协委员小组设置，设义蓬区、临浦区、城厢镇、瓜沥镇、党山镇、长山镇、西兴镇、浦沿镇、云石乡9个委员小组。1992年撤区、扩镇、并乡后，原长山镇委员小组改为新街镇委员小组，义蓬区小组改为义盛、党湾两个委员小组，新增坎山镇、宁围镇委员小组，全市共12个镇乡委员小组，参加人员118人。（资料来源：《萧山政协志》编纂委员会：《萧山政协志》，方志出版社，2006年3月，第335页）

④1998年第十届政协委员会设立6个镇片委员小组，分别为：城厢镇、临浦片、戴村片、中片（城北片）、瓜沥片、义蓬片委员小组，参加委员96人。2003年第十一届政协委员会设立6个政协委员小组，分别为：城区片、临浦片、戴村片、城北片、瓜沥片、义蓬片委员小组，参加委员107人。（资料来源：《萧山政协志》编纂委员会：《萧山政协志》，方志出版社，2006年3月，第335页）

【附】

新时期政协工作必须拓展和延伸

随着社会主义市场经济体制的逐步建立，改革开放的不断深化，人民政协工作呈现出空前丰富多样的内容，统战的范围更广，领域更宽，团结面更大。目前萧山市比较明显的有如下几个方面：

一是统战对象增多。党的十一届三中全会以来，萧山的经济飞跃发展。全市1993年工农业总产值192亿元，财政收入6.13亿元，被誉为全国十大财神县之一。由于经济的发展，全社会经济结构出现了新的变化，多种经济成分、多种经营形式和多种分配方式相互并存，新的社会阶层和利益群体逐渐形成，新的代表人士不断涌现，统战对象不断增多。（1）私营、个体经济增长迅猛。至1994年年底，全市私营企业共1139家，从业人员达1.3万人；个体经营户29335家，从业人员5.2万人。如目前萧山市最大的私营企业——传化集团有限公司，1995年产值将达1亿元，利税达1000万元。（2）“三资”企业发展很快。港澳台胞来萧山市投资日趋增多，全市已有“三资”企业349家，其中独资33家。同时萧山市公民在近两年到国外、境外定居成为新华侨或外籍华人的已有20余人，海外统战工作的对象也在扩大。（3）非党知识分子队伍不断扩大。目前全市共有大中专毕业生2万余人，获初、中、高级技术职称的1.8万余人。（4）民族宗教出现新的情况。由于萧山经济的较快发展，外省、市、自治区少数民族地区的人员到萧山定居落户不断增加，目前共有13个少数民族近6000人。随着宗教信仰自由政策落实，据不完全统计，全市共有基督教、天主教等教徒7.8万人，占全市总人口的6.6%。

二是统战工作的地域范围日益扩展。统战工作不仅从政治领域扩展到经济、文化等诸多社会领域，而且已从城区延伸到镇乡。（1）个体私营企业主原来集中在城区或几个大镇，现在已大量聚集到各镇乡，散布于广大农村。在镇乡的个体私营企业主占85%以上。（2）海外“三胞”到萧山来投资，不仅仅局限于城区，大部分落户到镇乡。据统计，全市“三资”企业78%在镇乡，在城区（含开发区）的仅占22%。（3）随着乡镇企业的发展，一批大中专毕业生和具有高、中级技术职称的知识分子纷纷在镇乡落户，改变了以往知识分子集中在城区的状况，仅乡镇企业中有职称的工程技术人员就有3760人。另外，从目前状况和发展的趋势看，大量的民族宗教事务也出现在镇乡及农村。

三是统战工作的团结协调职能更为重要。随着市场经济的逐步建立，各项改革措施正在向纵深进行，各种不同利益之间的调整力度加大。在不同经济成分之间，不同社会阶层、团体和个人之间，必定会产生纵横交错的复杂关系和矛盾，这些矛盾是社会全体成员在根本利益一致前提下各社会群体利益差别拉大引起的利益矛盾，是改革走向深入的“阵痛”，如处理不好可能带来不良后果，甚至导致激化，影响稳定。因此，在新形势下，协调关系、化解矛盾、保持稳定，将越来越成为统战工作的一项突出、经常和繁重的职能和任务。

四是统战工作与经济建设结合更加紧密。随着经济领域统战工作分量的逐步加大，统一战线本身转变了观念，加大了直接为经济建设服务的力度和范围。把参政议政列入政协的主要职能，使政协为经济建设服务“对象更加广泛，内容更加丰富，形式更加多样，方法更加灵活”。但统战工作与经济结合有着客观必然性，必须认真研究在社会主义市场经济条件下人民政协为经济建设服务的方法和途径，发挥统战工作的优势，把为经济建设服务融于人民政协的工作之中。

新时期人民政协工作的新任务对政协组织自身提出了新的要求。如何保证政协工作适应社会主义市场经济的发展，为政协工作进一步拓展和延伸创造条件，这是县（市）政协首要解决的问题。从目前看，主要有如下几个方面：

1.关于委员人数和界别构成。萧山是一个有118万人口的县级市，经济比较发达。1995年工农业总产值将达到250亿元，国内生产总值争取达到80亿元。全社会出口交货值将达30亿元。第三产业、科技、教育、卫生、体育、文化、新闻、社会保障和社会治安综合治理等各项社会事业将得到较快发展。但是，全市政协委员人数仅228名，其中66%集中在城区，31个镇乡，其中有8个镇乡政协委员还是空白，与日益发展的经济形势和统战对象、统战地域范围的扩大很不适应，也与镇乡的整个工作不相协调。由于委员人数的限定，很大一批代表人士不能吸收进政协组织，不利于政协工作的展开。为妥善解决这个问题，我们建议：（1）委员人数依照总人口确定相应的比例。从萧山的现状，委员人数应与市人大代表数基本相同。（2）每个镇乡应有3名以上政协委员，为镇乡政协工作的拓展延伸打下基础。（3）界别设置上要根据实际需要，充分体现政协大团结、大统战的精神。如萧山市乡镇企业，号称四分天下有其三，1994年创产值153亿元，但代表人士寥寥无几，这不能不说是个缺陷；再如海外华侨日益增多，海外统战工作不断加大，相应界别设置也要跟上。

2.关于政协工作向镇乡延伸的问题。现在的镇乡已不是农民的代名词，而是两个文明建设全面发展的新型城镇，统战对象增多、统战任务加重。在镇乡中有出类拔萃的农民企业家，有非公有制经济的代表人士，有科技知识分子，有民族宗教界人士，有“三资”企业外方代表等等。如萧山市靖江镇个体家庭织机就有3000多台；新湾镇宗教信徒4200多人，占全镇人口20%；全国有名的企业——万向集团有限公司有科技人员300多人。在社会主义市场经济条件下，发挥政协优势，做好这部分代表人士的工作，共同为社会主义现代化建设服务，就必须重视镇乡的政协工作。

（1）镇乡的政协工作目前已有一定的基础。1987年以后，萧山根据镇乡统战工作的实际需要，在有3名以上政协委员的镇乡建立政协学习小组。在小组活动中还邀请当地党委分管委员作为党政联系人，并适当吸收一些当地知名人士及代表人物参加，收到了很好的效果。另外，目前相当一部分地区（特别是山东、河北等省）的县级政协都有类似镇乡组织。这说明镇乡统战工作的重要性已逐步被人们所认识。

（2）加强对镇乡政协工作的领导，重视镇乡的政协“阵地”建设。根据镇乡政协工作的需要，按照《中国人民政治协商会议章程》关于政协组织建在县级这一原则下，可以把委员小组改成镇乡政协工作委员会这样一级组织。这样就能弥补原委员学习小组活动不规范、工作难深入的不足。委员会主任可由党委书记或资历较深、威望较高的原镇乡级领导担任。

（3）镇乡建立政协工作委员会这样一级组织，能进一步发挥委员参政议政的作用，加大协商监督的力度。委员们大量的有内容、有分析、有建议的可行性意见，能及时反馈给当地党委政府，为党委政府在重大问题决策上提供可靠依据。同时，扩大政协委员献计献策的渠道，能充分调动委员参政议政的积极性。

3.加强政协机关的自身建设。要重视抓机关干部的思想建设，将那些具有较高的政治业务素质和良好精神风貌的年轻干部选调到政协机关中来，改变“党委政府机关干部调进调出，政协机关干部只进不出”的状况。要重视专门委员会的组织建设，各级部门要为专门委员会工作创造条件，特别是党委政府有关部门要尽快解决编制和人员问题，专门委员会应配备专职主任或副主任，并适当配备工作人员。

（节选自萧山市政协办公室在1994年11月全国十三县〔市、区〕政协工作研讨会第十次会议的交流材料《适应社会主义市场经济的要求　县（市）级政协工作必须拓展和延伸》一文）

第三节　文史资料征编

萧山政协文史资料征集始于1987年7月。至2000年，累计征集史料800多万字，照片500多帧，编印出版文史资料9辑、其他书籍8辑。

史料征集

1987年7月，萧山县政协文史工作委员会成立之初，即刊出征稿启事，征集萧山近现代重要历史事件和历史人物活动史料。是年，共征集文史资料83篇，22万字，照片23帧。至2000年底，重点征集了萧山籍名人——史学家演义作家蔡东藩、抗英民族英雄葛云飞、近代收藏家朱翼厂、浙江路权运动领袖汤寿潜、“南包公”福建巡抚王绍兰、晚清杰出画家任伯年、近代名医施今墨、印度诗圣泰戈尔唯一的中国学生魏风江等史料，以及萧山早期工商业发展、“三胞”爱国爱乡、萧山人民抗击日本侵略和萧山人民战天斗地围垦钱塘江江涂等史料，累计800多万字，照片500多帧。

编印出版

《萧山文史资料选辑》　1987～2000年，先后编印9辑，其中第二辑为蔡东藩史料专辑；第四辑为汤寿潜史料专辑，于1994年获中国近现代史史料学学会首届学术成果二等奖；第五辑为朱翼厂史料专辑；第六辑为葛云飞史料专辑；第八辑为围垦“三亲”（亲闻、亲见、亲身）录，于1998年获浙江政协优秀文史资料图书三等奖；第九辑为金海观史料专辑；其余为综合性史料选辑。合计185.7万字，收入各类史料518篇，照片242帧。每辑印数1000册，内部发行。

图25－6－778　1985～2000年萧山政协文史征编书籍（2010年7月，莫艳梅摄）

《汤寿潜研究》　1994年10月，萧山市政协举办汤寿潜学术研讨会，收到来自全国各地史学界专家学者、汤氏海内外裔亲50余人提交的书面学术论文58篇，其中在会上交流28篇。1995年5月，汤寿潜学术研讨会论文集《汤寿潜研究》由团结出版社出版发行，合计36万字，印数1000册。

《任伯年史料专辑》　2000年11月，举办任伯年诞辰160周年暨“四任画派”学术研讨会。12月，将任伯年评传、散见典籍报刊有关任伯年资料摘汇、任伯年画读评、任伯年印鉴、款识及其他、任伯年故里考、年表、画存藏目录等编印成书，由西泠印社出版社出版发行，合计33.2万字，印数1000册。

其他书籍　1994年，与浙江省文史研究馆合编《古今谈——萧山专辑》，12万字。1996年6月，编印《委员风采》，10万字。1995年，与萧山市委党史研究室合编《抗日战争在萧山》，19.5万字。1996年9月，编印《萧山政协四十年》，17万字。1997年3月，编印《恒河黄河交响曲》（魏风江史料），4.5万字。1998年7月，与萧山市委党史研究室等合编《衙前农民运动论文集》，10万字。2000年1月，与萧山市博物馆等合编《萧山文物》，3.5万字，由西泠印社出版社出版。

第二十六编
民主党派　工商联

城山

元·朱时中

本无声利及蒿莱，吊古何须问霸才。百越乾坤遗简策，三吴风日满楼台。

落红流水潜蛟舞，积翠空山古鸟回。此地从知香并后，一犁春雨待人开。

元朱時中詩城山　庚辰年秋魏東海書

萧山民主党派、工商联组织建设较早。清光绪三十三年（1907），成立萧山县商务分会，非全县性组织。[①]民国20年（1931）2月，正式成立萧山县商会[②]。1953年7月，成立萧山县工商业联合会，是各类工商业者联合组成的人民团体。1957年6月，成立中国民主促进会萧山县委员会，是民进中央在全国建立的第一个县（市）级地方组织。80年代后，在萧山又先后成立中国民主同盟、中国农工民主党、九三学社3个民主党派组织。至2001年3月，全市有中国民主同盟萧山市委员会（简称民盟萧山市委，下同）、中国民主促进会萧山市委员会（简称民进萧山市委，下同）、中国农工民主党萧山市总支部委员会（简称农工党萧山市总支部，下同）、九三学社萧山市基层委员会（简称九三学社萧山市基层委，下同）4个民主党派组织，下辖支部（支社）18个，有党派成员283人；另有中国国民党革命委员会[③]、中国民主建国会[④]、中国致公党[⑤]成员26人。市工商业联合会（总商会）有各类经济成分会员1226家（人），镇乡商会31个。在中共萧山市委领导下，各民主党派、工商联坚持“长期共存、互相监督、肝胆相照、荣辱与共”的方针，围绕全市政治、经济和社会生活等重大事项，履行政治协商、民主监督、参政议政职能，为改革开放和现代化建设作出贡献。

①据民国《萧山县志稿》记载：光绪三十三年（1907），萧山县商务分会成立，地址在火神庙东偏余屋。虽名为县商会，属非全县性组织，不隶属各集镇商会。县内临浦、河上、义桥、闻堰、西兴、坎山、瓜沥诸镇均建有商务分会，各自独立开展工作。（资料来源：杭州市萧山区工商业联合会（总商会）志编纂委员会：《萧山工商业联合会（总商会）志》，方志出版社，2007年12月，第1页、第64页）

②民国19年（1930）11月，中国国民党浙江省执行委员会令，委任朱嘉琳、虞克勤、章望云、陈湘帆、叶锦奎、汪莹、沈饮甫、陈念祖、徐水盈等9人为萧山县商人组织统一委员会委员，并发令知书9件，木质钤记一方。11月17日在国民党萧山县党部礼堂宣誓就职。同日下午召开第一次委员会，推选虞克勤、汪莹、陈念祖为常务委员，陈湘帆兼任秘书，章望云、沈饮甫兼登记科主任，徐水盈、叶锦奎兼调查科主任。民国20年（1931）2月24日，县商人组织统一委员会召集各业会员代表大会，选举县商会执行、监察各委员，推选陈念祖为主席委员，正式成立萧山县商会。1940年1月萧山沦陷期间，县商会停止工作。民国32年（1943）3月，受日伪政权指使又另建县商会，办理军队往来供应，征收各种捐税，维护商界营业等事项。民国34年（1945）9月，抗战胜利后，萧山县政府训令日伪商会解散，派员成立县商会整理办事处，开展筹备恢复商会工作。民国35年（1946）1月，萧山县商会重新成立。商会设总务、财务、组织等4股，长山、俞家潭两事务所。聘用书记1人、办事员5人，雇用勤工3人。会址设在城厢镇大弄口。1950年3月25日，由城区工商业联合会筹备会接收。（资料来源：杭州市萧山区工商业联合会（总商会）志编纂委员会：《萧山工商业联合会（总商会）志》，方志出版社，2007年12月，第65～70页）

③1989年2月，在萧山始有中国国民党革命委员会党员1人。2000年，有党员1人，属该党浙江省委领导。2004年3月，成立民革杭州市委萧山区小组。

④1986年12月，在萧山始有中国民主建国会会员1人。1996年在萧山成立民建杭州杭齿支部。2000年有会员21人。2004年6月，成立民建萧山小组。2005年1月，成立民建杭州市萧山区支部。2006年8月，成立民建杭州市萧山区总支部。

⑤1983年，在萧山始有中国致公党党员1人。2000年有党员4人，属该党杭州市委领导。2009年8月，成立中国致公党杭州市萧山支部。

第一章　中国民主同盟萧山市委员会

①1984年11月10日，民盟杭州市委直属萧山小组成立，是杭州市第二个县属民盟基层组织，由赵伯鹿任组长。时有盟员4人。

②1986年9月25日，民盟萧山支部成立，孙统墀任支部主任，赵伯鹿任支部副主任。时有盟员15人。

③1989年1月至2001年3月，萧山盟员累计有142人次获得浙江省、杭州市及各基层单位先进荣誉，其中杭州市局级以上荣誉31项；在专业领域荣获国家、浙江省、杭州市和萧山市的奖项147项，其中杭州市局级以上奖项98项；发表论文80篇，其中有55篇发表在省、部级刊物上；出版学术专著2部，获得国家专利7项。

④1998年3月16日，举行民盟萧山市第三届第二次盟员大会，传达民盟中央八大精神和萧山市“两会”精神，总结布置民盟萧山市委年度工作。1999年1月20日，举行民盟萧山市第三届第三次盟员大会，传达民盟中央八届二次全会精神，表彰1998年度优秀盟员和文体艺术竞赛优胜盟员，总结布置民盟萧山市委工作。2000年2月29日，举行民盟萧山市委第三届第四次盟员大会，总结布置民盟萧山市委年度工作，并就开展加强自身建设教育学习活动进行动员，表彰先进支部和文体竞赛优胜盟员。2001年3月16日，举行民盟萧山市第三届第五次盟员大会，总结布置民盟萧山市委工作，表彰先进支部。并增选沈敏丽为民盟萧山市委委员。

1953年3月加入民盟的赵伯鹿是萧山民盟组织的创始人。1984年11月10日，成立民盟杭州市委直属萧山小组[①]。1986年9月25日，成立民盟萧山支部[②]。1989年6月24日，成立中国民主同盟萧山市委员会。1992年3月，始配置专职干部1人。至2001年3月，民盟萧山市委下辖5个支部，盟员69人。[③]1999～2000年，民盟萧山市委被评为浙江省先进民盟组织。

第一节　组织建设

盟员大会

1989年5月27日，民盟萧山支部召开全体盟员大会，出席盟员47人。大会选举产生民盟萧山市第一届委员会委员，并决定孙统墀任主任委员，于祖铨任副主任委员，吕爱竹任秘书长。6月24日，举行民盟萧山市委第一次全体盟员大会暨民盟萧山市委成立大会。会上，孙统墀作题为《加强自身建设，搞好多党合作，为萧山的建设事业作出新贡献》的工作报告。

1992年6月19～20日，举行民盟萧山市委第二次全体盟员大会，出席盟员45人。孙统墀代表第一届民盟萧山市委作题为《振奋精神，为完成参政党历史使命而团结奋斗》的工作报告。大会选举产生民盟萧山市委第二届委员会，孙统墀任主任委员，张成林任副主任委员兼秘书长。

1997年6月6～7日，举行民盟萧山市委第三次全体盟员大会，出席盟员45人。张成林代表第二届民盟萧山市委作题为《团结奋进，求真务实，开创萧山盟务工作新局面》的工作报告。大会选举产生民盟萧山市委第三届委员会，周红英（女）任主任委员，张成林、何宣任副主任委员，范宙虹任秘书长。[④]

1999年6月24日，举行民盟萧山市委成立10周年庆祝大会。民盟浙江省委秘书长陈绍宝、民盟杭州市委主任委员李明法等领导到会祝贺。民盟萧山市委主任委员周红英作题为《回顾十年，成果丰硕。展望未来，任重道远》的工作报告。庆典仪式之后，各界盟员举行文艺演出。此前，民盟萧山市委首次编写“萧山盟史”，并印制《中国民主同盟萧山市委员会十年庆典纪念册》。

下辖支部

1989年7月，民盟萧山市委下辖教育支部、工业科技支部、农业科技支部、文化支部[①]、杭州发电设备厂支部[②]5个支部。

1991年4月，民盟杭州发电设备厂支部从民盟萧山市委划出，归入民盟杭州市委直属基层支部。1998年4月，教育支部划分为萧山教育联合支部和萧山中学支部。

2000年3月，民盟萧山市委试行《基层支部年度工作考核条例及考核量化评分表》。[③]2001年3月，工业科技支部、农业科技支部调整为科技一支部和科技二支部。至此，民盟萧山市委下辖教育联合支部、科技一支部、科技二支部、文化支部、萧山中学支部5个支部。

发展盟员

1984年11月，成立民盟杭州市委直属萧山小组时，仅有盟员4人。1986年9月，成立民盟萧山支部时，有盟员15人。1989～2000年，民盟萧山市委发展新盟员35人。至2001年3月，有盟员69人，其中科技界占40.58%，教育界占36.23%，文化界和其他界别占23.19%。盟员中有高级职称23人，占33.33%；中级职称44人，占63.77%。盟员平均年龄53.23岁。

①教育小组、科技小组、文化小组3个小组成立于1987年5月。

②民盟杭州市委直属杭州发电设备厂支部成立于1984年。1989年4月22日，民盟杭州市委下发《关于筹建民盟萧山市委员会工作的意见》（盟杭组〔1989〕4号），决定民盟萧山市委第一届委员会委员职数5人为宜，采用无记名差额选举方式产生；民盟杭州发电设备厂支部今后列为民盟萧山市委的一个基层组织；筹建工作由民盟萧山支部牵头，会同民盟杭发支部进行。民盟杭州发电厂支部时有盟员10人。

1991年4月10日，民盟杭州市委下发盟杭组〔1991〕13号文件，将民盟杭州发电厂支部从民盟萧山市委划出，为民盟杭州市委直属基层支部。

【附】

我的截然不同的前后20年

20年前，十一届三中全会的拨乱反正，才使我今天有可能在宽松的政治环境中写下这篇文章。

50年代初，我在杭州电力专科学校（1962年并入浙江大学）任教，兼机械科主任、图书馆主任、部聘通讯员，工作负责，受人赞誉。1956年工改时，由电力部评为“中技四级教师”，享受相当于副教授待遇。

1957年大鸣大放运动中，在校刊上写了一篇《鸣。鸣?鸣！》的文章，5月份，即被加以企图篡党夺权的罪名，划我为右派分子。接着又把拟划为右派的一些同志，罗列到我的门下，诬我组织反党集团。1958年6月，给我戴上一顶反革命分子帽子，管制3年，暂在校监督劳动。1958年11月28日开除出校，株连全家从杭州迁到萧山坎山公社劳改，妻子被迫退职。子女5人，最大的14岁，最小的3岁。原说是3年满期可以回杭。岂知岁月蹉跎，一晃20年，一生盛年，就此在沦落中默然虚度。

特别是“文化大革命”时期，灾难频仍，在当时横扫“四旧”的幌子下，多次遭劫，时被批斗、关押、游示。看到无辜的妻子儿女同此遭遇，更是心如刀割、愁肠百结。

1978年秋，我刚摘去右派帽子，坎山镇委为了教学需要，排除多方阻力，让我到坎山中学代课，教3个高中毕业班物理课，每周19节课。重登教坛，乐何如之！10月，摘去反革命帽子。1979年1月13日，萧山县教育局、人

③在新的历史条件下，如何规范有效地开展民盟支部活动，这在全国都是一个难题。民盟萧山市委把基层支部年度工作考核分为5个方面，共15条，提出了基层支部年度工作的基本目标和要求，量化评估基层支部工作完成情况。此后，各支部开展盟务工作的主动性有很大提高，集体荣誉感和组织凝聚力明显增强，并形成支部间良性竞争的局面。此后，民盟萧山区委分别两次对基层支部年度工作考核标准进行了修订和完善。由于该项考核制度成效明显，民盟萧山区委多次应邀在民盟全国部分城市基层组织建设研讨会、民盟省委组织工作会议等会议上作先进典型交流。

事局把我们这批来萧山改造的老师，作为新干部重新录用，月薪43元。比起改造时期，忙碌一天，两个工分，真是云泥之别。但我已年逾花甲了。

时来运转。1979年3月7日，浙江大学党委统战部根据中发〔1978〕55号文件，给我的错案改正了。实事求是的措辞，更令我激情满怀："1957年鸣放时期，在校刊上写了题为《鸣。鸣？鸣！》的文章，对当时学校提了一些意见，从写文章的动机和内容，都不是右派言论；至于组织反党集团没有事实根据，更不是在根本立场上反党反社会主义，属于错划，应予改正。恢复政治名誉，恢复原工资级别。"1979年9月15日，西湖区人民法院也把我的反革命冤案平反了。1980年5月28日，民盟杭州市委为我恢复盟籍。

1980年1月10日，浙江大学党委组织部根据中发〔1978〕65号文件，将我妻方和龄从"退职"改为退休待遇。

这样，我家的冤假错案基本上得到改正平反了。还有些具体问题，是市政协、市委统战部领导根据文件精神帮助解决的。感何如之！

政治上，我于1980年起，连续成为市第七届人大代表，市第六届、第七届、第八届政协委员，市政协之友联谊会会员，统战理论学会会员等荣誉职务。今后我仍将努力为之，以谢党恩。

经济上，1990年，根据我自1956年工资改革后一直未增工资的情况，给予连晋两级优待。从此我是中技2级教师了，工资待遇相当于行政13级。

文化上，前20年，我的子女作为黑五类的子女，是被拒于校门之外的，精神上的痛苦，尽在不言中。改革开放后，科学的春风吹遍神州大地，孙辈不再受歧视了。孙辈9人，已有5人大学毕业，其余的在大学、中学读书。其中竟有1人在解放军政治学院攻读硕士研究生，享受军官待遇，真是180度大转折了。

生活上，从票证年代进入市场供应丰富的市场经济时代。衣裳换新。食谱营养。住从忧虑被秋风所破的茅屋，进入人均20多平方米昔称的"洋房"了。经常安步到公园、广场参与早晚锻炼。自费旅游，成为晚年乐事。去年随团畅游山水甲天下的桂林。去时卧铺，回时飞机，赶上民盟萧山市委的换届选举大会。路上，我们耄耋老人受到尊敬和照顾。12月中旬，我们两老由儿子陪伴赴沪和阔别半个多世纪的好友聚晤，去时软座，归程特快，为时一周，其乐融融。

如果没有党中央的英明领导，没有改革开放的丰硕成果，我家是不可能有今天这样幸福生活的。

（作者赵伯鹿，原载机关刊物《萧山盟讯》，1998年，第4期）

第二节　参政议政

担任政府、政协领导职务

部分萧山盟员担任政府、政协领导职务，直接参与政务和参政议政：周红英（女），1998年3月至2001年3月担任萧山市人民政府副市长和民盟杭州市委副主任委员；孙统墀，1984年11月至1998年3月历任政协萧山市（县）委员会第六届、第七届、第八届、第九届副主席。

担任人大代表、政协委员

1980年1月至2001年3月，萧山盟员中有59人次被选举或推荐为浙江省、杭州市、萧山市人大代表和政协委员，其中3人次被选举或推荐为浙江省人大代表和政协委员，9人次被选举或推荐为杭州市人大代表和政协委员，47人次被选举或推荐为萧山市人大代表和政协委员。有18人次被选举为萧山市人大常委和政协常委。另外，还有8人次被聘为萧山市人民政府行风评议代表、市纪委党风廉政监督员、检察院执纪执法监督员和市委组织部等部门特约监督员。

2001年3月，萧山盟员中，有浙江省人大代表1人、杭州市人大代表和政协委员各1人、萧山市人大代表1人、萧山市政协委员10人（其中政协常务委员3人），共计14人，占盟员总数的20.29%。

建言献策

1989年1月至2001年3月，萧山盟员中的人大代表、政协委员在人大、政协大会上共提出议案、提案464件，其中被评为市政协优秀提案12件。内部刊物有《萧山盟讯》。[①]

从1995年开始，民盟萧山市委成立参政议政工作小组[②]，以每年政协全体会议大会发言的调研课题为工作重点开展工作。民盟萧山市委每年都有集体提案或民盟政协委员的个人提案被萧山市政协列为重点督办提案，如1996年2月的《切实加强领导，采取扎实措施，努力把萧山经济技术开发区建设好》；1997年2月的《全党努力，全民动员，开创萧山党风廉政建设新局面》；1998年2月的《为青少年的健康成长创造优良的文化环境》和《要加快农业产业化进程，必须加强农技队伍建设》；1999年1月的《进一步加大督查力度，确保清岗腾位出实效》；2000年1月的《进一步治理环境，还萧山碧水蓝天》等提案，受到市政府和有关职能部门的重视并被采纳。1998年，张成林盟员在浙江省人民代表大会上提出的《我省自然资源综合管理亟待加强》议案，被列入省人大常务委员会1998～1999年度立法计划，为制定《浙江省自然资源保护条例》等法规起到积极作用。1999年，民盟萧山市委在萧山政协工作会议上作题为“认真履行参政党职能　扎实做好参政议政工作”的经验介绍。1995年1月至2001年3月，民盟萧山市委在市政协全体会议上作大会发言11次。[③]

1998年6月起，民盟萧山市委根据中共萧山市委“对口联系”、“交友谈心”两项制度要求，分别与市农业局、市文化局成为对口联系单位，民盟萧山市委委员分别与中共萧山市委领导和党员副市长以上领导结成交友谈心对子。至2001年3月，共开展对口联系活动4次。

【附】

进一步治理环境，还萧山碧水蓝天

随着萧山经济的快速发展，环境污染问题日益突出。近几年萧山市委、市政府加大环境治理的力度，并以环境目标责任制为龙头，层层落实环境管理八项制度，关停一些污染严重、治理无望的企业。投资8600万元，建成东片污水治理一期工程，有效缓解了萧山环境的恶化。但收效与预期按照“基础设施现代化，城市环境生态化，产业结构合理化，生活质量文明化”的现代化城市

①1989年11月23日，《萧山盟讯》创刊，初为季刊。2000年1月起，改为双月刊。从创刊至2001年3月，共出刊49期，刊出各类稿件641篇。

②民盟萧山市委参政议政工作小组，范宙虹任组长，由19名各界盟员组成，设教育组、工业科技组、农业科技组、文化组4个分组。

③1995年大会发言：民盟萧山市委：《进一步维护社会安定，为我市的改革开放和经济建设创造良好的社会环境》。1996年大会发言：民盟萧山市委：《切实加强领导，采取扎实措施，努力把萧山经济技术开发区建设好》。1997年大会发言：民盟萧山市委：《全党努力，全民动员，开创萧山党风廉政建设新局面》。1998年大会发言：民盟萧山市委：《为青少年的健康成长创造优良的文化环境》，《要加快农业产业化进程，必须加强农技队伍建设》（书面发言）。1999年大会发言：民盟萧山市委：《进一步加大督查力度，确保清岗腾位出实效》，《合理利用农业自然资源，促进垦区农业持续发展》（书面发言）。2000年大会发言：民盟萧山市委：《进一步治理环境，还萧山碧水蓝天》，民盟、民进、农工党、九三学社：《深化殡葬改革，消灭青山白化》。2001年大会发言：民盟萧山市委：《为中学生心理健康创造良好的社会环境》，各民主党派：《增加公安警力　促进综合治理》。

及经济、社会可持续发展的要求仍有相当距离。经我们调研，发现萧山的环境质量不容乐观，还存在不少亟待解决的问题。

一、萧山环境存在的若干问题

第一，由于萧山的产业结构特点，萧山环境污染形势仍比较严峻。以污染物中COD（化学耗氧量）排放为例，其指标存在着“两高一低”现象，即万元工业产值COD排放量高、COD平均排放浓度高、达标排放率低，远劣于全省的平均水平。1998年达标排放率虽有较大提高，达到51.5%，但离2000年100%达标排放尚远。萧山的工业发展基本上处于第三阶段，即处于高污染、高消耗的粗放型生产阶段，与可持续发展的要求尚有较大距离。

第二，环境污染重点仍然是水污染。目前萧山各大水系及城区内河水质均受到不同程度的污染。据萧山地面水监测显示，按地面水有关国家标准评价，在15个重要监测点中，无清洁和尚清洁点位，轻度污染点占33.3%，中度污染点占40%，重污染点占20%，严重污染点占6.7%。水体污染呈有机污染类型，除少数为Ⅲ类水质外，大都为Ⅳ类～Ⅴ类水质，甚至为劣Ⅴ类水质，尤其以居住着全市近50%人口的东片沙地区内河水质超标最为严重。东片地区农业灌溉用水大部分取自河网，对农作物产生直接污染，从而危害人体的健康。东片污水治理工程运行后，部分河道监测水质曾有一定好转，但由于种种原因，现在又有水质恶化的趋势。

浦阳江支流永兴河，对萧山生活用水水质有重要影响。为此，萧山市对沿河排污企业进行整治，水质有所提高，但是迄今为止，该流域水质仍为Ⅳ类水质，离国家标准规定的生活饮用水最低要求Ⅲ类水质仍差一个等级。

第三，空气污染成为不可忽视的一个方面。据对两家接触粉尘作业的工人健康检查表明，有14.44%的工人肺部受到职业性损害。同时，萧山的酸雨及大气中的氮氧化物危害有所加重，城区空气质量已属于轻度污染。据医疗界人士证实，萧山的儿童上呼吸道感染及居民某些内脏疾病发病率的增加，与大气及水质的污染有密切的关系。特别是东片地区居民的肝、胃及肠道疾病发病率远高于其他地区。

由此可见，萧山的环境污染正成为制约萧山经济和社会发展的一个重要因素。

二、原因与分析

我们认为，造成萧山环境污染积重难返的原因主要有以下几种：

1．行业结构对环保不利。重污染的纺织印染业、化工行业、造纸行业为萧山主导产业，其工业产值占全市相当大的比重，但这些行业对水的污染也很严重。萧山纺织印染业废水排放量最大，1997年占总量的60%以上，而且达标排放率却很低，其COD排放量占全市的46.79%，SS（固体悬浮物）占排放量的39%。此外，化工行业与造纸及纸制品业也是水污染的两大源头，它们的COD排放分别占全市的29.20%和6.12%，SS排放分别占全市的7.20%和18.42%，三个行业合计COD排放占全市的82.11%，SS排放占全市的64.63%。更令人忧虑的是，这三个行业的污水，受治理技术及治理运行成本的限制，达标排放的难度较大。

2．区域的自然条件与行业分布不合理。如萧山沙地区的水网大都为人工河渠，缺乏天然径流的水量补充，径污比小于30，水资源相对缺乏，且地下水含盐量较高。因此，内河水网排污及自净能力均较差，是典型的环境敏感区和脆弱区。但就是在这样一个区域却集中了大量纺织印染及化工企业，这是造成沙地区成为萧山水污染最严重区域的主要原因。

3．产业发展与环保方针不协调。据有关部门对萧山地面水环境质量的调查和评价，地面水已没有环境裕量，水环境对污染已不堪重负。但就是在这种情况下，萧山某些部门为一时的经济利益，还在不断上马医药、化工、印染、颜料等环境污染严重的企业，造成水环境难以根本性好转。

4．乡镇企业规模过小，乡镇领导忽视环保。萧山乡镇企业以小型企业为主，1998年数量占企业总数的85.62%。小企业由于资金和技术的缺乏，建设污染治理设施困难，也不易统一管理，造成乡镇小企业废水达标排放率较低。此外，小企业燃煤锅炉废气二氧化硫治理基本上还是空白，是造成酸雨危害加重的重要原因之一。此外，为局部的经济增长率、地税等一时利益，同一乡镇或相邻乡镇重复建设污染严重的小企业，造成污染加剧，企业周围及上下游之间的环保纠纷增加。

5．企业经营者环保意识不强。新上的企业，对环保设施“三同时”重视不够。原有企业有些受本企业利益驱使，违反环保法规的事件时有发生。有些企业在东排工程运行后，对要求达标排放的规定置若罔闻，厂内污水不加处理一排了事。

6．环保执法力量相对薄弱。萧山工业较为发达，排污企业量大面广，萧山环保局担负几千家企业的环境监督检查的重任，近几年环境管理任务日趋繁重，人手却未增加，人员常处于超负荷工作的状态，日常管理比较被动。目前萧山环保监测人数仅22人，而富阳有40余人，余杭有33人，相比之下，萧山的环境管理任务更加繁重。因此，人手的缺乏也直接影响萧山环境保护工作的质量和力度。

三、对策和建议

萧山环境对污染已不堪重负。近六年的可持续发展指数的平均值仅为0.94，这表明萧山总体环境质量与社会经济发展水平属于不可持续发展状态。为此我们建议：

1．严格控制新的污染源。新建项目必须执行环境影响评价制度，必须执行“三同时”制度，“三废”处理不能达标的坚决不能投入生产。必须符合污染物排放总量控制的要求，尤其对引进项目，不能以眼前利益牺牲长远利益。按萧山环境污染的严峻现状，不应再引进染料化工、制药、印染、造纸等污染较重且污染物处理较困难的项目，为萧山环境的休养生息创造先决条件。

2．对现有污染源不能达标排放的单位，不得再进行新、扩、改建项目建设。要充分发挥排污收费的作用，逐步提高排污费收取标准，以求经过一段过渡期，实现排污费高于污染治理和运行的费用，用经济杠杆推动企业治理污染的积极性。

3．调整产业结构及布局，控制小企业的发展。根据国家产业政策，应淘汰污染治理难度大和难以达标排放的小化工、小印染、小水泥、小电镀、小造纸。对永兴河流域的电镀、航运、造纸企业，应以全局为重，以居民健康为重，进一步采取切实措施，该关停的必须关停，该达标的必须达标，以确保水质的改善。并根据各乡镇具体情况划定工业小区，引导乡镇工业分类向工业小区聚集，以便于集中财力和精力使污染物集中规模化处理。

4．加强污染治理技术的开发和引进。在萧山经济中占较大比重的印染、染料化工等企业的治污，在处理技术和降低运行成本上尚有相当的难度，急需引进、开发经济有效的治污技术。因此，应加强横向联系，加大与高校、科研所的引进技术和委托技术开发力度，争取为企业治理污染创造有利的技术条件。

5．加大环保执法监督和舆论监督的力度。对东排工程关联的接管企业，必须监督做好达标入管工作，并配套相应的惩罚措施，尽快实施排入钱塘江的污水治理工程。配置在线监督的设施和智能化监控装置，以缓解环保监测执法人员短缺的矛盾。

6．遏制空气污染的加剧。城区大气中，因机动车尾气造成的氮氧化物的污染有加重的趋势，有必要进一步控制城区机动车流量，完善和发展公共交通，禁止柴油车在城区通行，控制助动车的数量。建议采用杭州市的做法，逐步推广机动车以液化石油气为燃料，具体做法上可充分发挥有关部门、企业的积极性。同时，建议对无铅汽油的使用进行一次执法检查。

7. 在企业密集区采取集中供热。发挥现有热电厂的作用，采取扶持措施，扩大集中供热覆盖面，这是减少小锅炉的SO_2排放的有效措施，以减轻酸雨对环境的污染。

8. 采取有力措施，保证居民喝上自来水。目前东片有的镇乡，自来水已经入镇，却未能入村，有些已经入村至今仍未入户。因此要给予政策扶持，层层落实目标责任，扩大自来水进村入户的覆盖面，充分发挥西水东调工程的作用，切实保护村民的健康。

（原文为民盟萧山市委在2000年萧山市政协第十届第三次全体会议上的大会发言和萧山市政协首次重点督办1号提案）

第三节　社会服务

技术服务

1989年9月，萧山市民盟科教文咨询服务部成立。至1992年，先后承担技术扶持宁夏回族自治区永宁县砂轮厂、贵州省铜仁县电站1250千瓦水轮发电机修复，以及浙江省景宁畲族自治县棕刚玉块厂、上虞市行星减速齿轮箱批量生产质量攻关、上虞市和萧山市等3家水泥厂节能降耗、萧山第二酒厂污染治理工作等。1996～1998年，开展被誉为“21世纪农业增产钥匙”的天然芸苔素合剂的引进和大田试验工作，取得水稻增产11.8%、矮脚青菜增产13.3%的显著成效。1998年始，每年组织盟员参加萧山市科普宣传周活动，接受市民咨询，共发送科普宣传资料30种7500余份，受益群众950余人。民盟有关支部还组织农业技术界的盟员开展农技下乡活动，面向农业大户，为他们义务提供种植、良种选择、保鲜等方面的技术服务。

社会办学

1989年9月，民盟萧山市委创办萧山市育才业余学校。1991年1月更名为萧山市民盟业余学校，开办萧山市第一个电子计算机应用成人业余职业高中班（电脑职高班），开设政治、语文、数学、英语、电工、计算机基础和BASIC等课程。翌年，有电脑职高班56人，高考复习班34人，高考升学率达60%。1996年1月，经萧山市教育局批准，萧山市民盟业余学校更名为萧山市民盟职业高级中学。1997年8月，民盟职业高级中学招生2个班，其中职高班33人、中专班28人。至2000年底，累计开设各类班级24个，招收学生1118人。除向大中专院校输送合格生源外，还开办短训班，培养英语、电脑、水泥生产节能保质等方面的专业技术人员。

1998～2001年，民盟萧山市委为社会救助和希望工程捐款10000余元。

联谊引商

盟员孙统墀、楼训培先后担任萧山台胞台属联谊会会长，做好“三胞”亲属或有海外关系盟员的联谊工作，为家乡的经济建设出力。孙统墀于1993年3月为萧山南阳经济开发区引进投资88万美元的杭州天伦化工有限公司；1998年3月又帮助引进投资500万美元的杭州国光酵母有限公司。

第二章 中国民主促进会萧山市委员会

1952年8月加入民进的金海观是萧山民进组织的创始人。1953年3月，成立民进杭州市分会萧山临时小组[①]。是年6月，金海观出席民进中央三届四中全会。1956年6月，成立民进萧山支部[②]。是年8月，周汉出席民进第二次全国代表大会。1957年6月，成立民进萧山县委员会。1966年8月起，因“文化大革命”，民进萧山县委停止活动。1979年10月恢复组织活动。作为民进在全国的第一个县（市）级地方组织，民进萧山县委第二届、第三届、第四届主任委员吕凌娟，先后于1958年12月、1960年7月、1979年10月，赴北京参加民进第三次全国代表大会、民进中央五届二中全会扩大会议、民进第四次全国代表大会。1980年9月，民进萧山县第四届委员会成立，重新开始在萧山唯一的民主党派县级组织正常工作。1985年初，民进萧山县委下辖5个支部，会员33人。至2001年3月，民进萧山市委下辖7个支部，会员113人。[③]1956年10月至2001年3月，民进萧山市（县）委机关干部编制1人。民进萧山会员担任民进中央委员1人、浙江省委委员2人。[④]

①会员3人，金海观任小组组长。

②会员5人，金海观任支部主任。

③1985年1月至2001年3月，民进萧山市（县）委集体和会员个人参加由浙江省、杭州市民进和统战系统组织召开的为“四化”建设服务、为社会主义“两个文明”建设服务等专题经验交流、先进表彰会20余次，交流先进材料20余份。

④1980年、1984年，孔庆澄先后当选民进第二届、第三届浙江省委员会委员。1988年6月，盛昌黎、孔庆澄、巫凌霄、张士良4人出席民进浙江省第四次代表大会，盛昌黎当选为民进第四届浙江省委员会委员。1988年11月，在民进第六次全国代表大会上，盛昌黎以浙江省代表出席，并当选为民进第八届中央委员会委员。

第一节 组织建设

会员大会

1957～1984年，民进萧山县委先后召开了第一次至第五次全体会员大会。[⑤]

⑤1957年6月9日，民进萧山县委第一次会员大会，唐廷仁任主任委员，孔庆澄任副主任委员兼秘书。1958年10月，民进萧山县委第二次会员大会，吕凌娟任主任委员，韩祖贻任副主任委员。1962年1月，民进萧山县委第三次会员大会，吕凌娟任主任委员，韩祖贻任副主任委员。1980年9月，民进萧山县委第四次会员大会，孔庆澄任主任委员，邵士珂任副主委兼秘书。1984年11月，民进萧山县委第五次会员大会，孔庆澄任主任委员，邵士珂任副主委兼秘书长，后又增补盛昌黎、滕云为副主任委员。1985年11月，邵士珂辞去秘书长职务，增补盛昌黎为秘书长。

1988年1月30～31日，举行民进萧山市委第六次全体会员大会，出席会员60人。大会选举产生民进萧山市委第六届委员会，盛昌黎（女）任主任委员，巫凌霄、邵士珂、滕云任副主任委员，巫凌霄兼秘书长。

1991年6月8～9日，举行民进萧山市委第七次全体会员大会，出席会员55人。盛昌黎（女）代表第六届民进萧山市委作工作报告。大会选举产生民进萧山市委第七届委员会，盛昌黎（女）任主任委员，巫凌霄任副主任委员兼秘书长。[⑥]

⑥1993年3月13日，届中微调，改选巫凌霄任主任委员（1992年1月，盛昌黎调任省计生委副主任，1992年8月辞去主任委员职务），增补汤金友任副主任委员，蔡惠泉任秘书长。

1997年6月14～15日，举行民进萧山市委第八次全体会员大会，出席会员80人。巫凌霄代表第七届民进萧山市委作题为“承前启后 再接再厉 为再创萧山民进工作新局面而团结奋斗”的工作报告。大会选举产生民进萧山市委第八届委员会，汤金友任主任委员员，胡志荣任副主任委员，蔡惠泉任秘书长。[①]

1997年12月13日，举行民进萧山市委成立40周年会庆暨民进杭州书画院萧山美术工作委员会成立大会。中共萧山市委常委、宣传部部长王玉明等到会讲话，各有关方面负责人前来祝贺，著名书法家钱法成当场题词祝贺。

下辖支部

1957～1984年，民进萧山县委下设5个支部。[②]

1985年初，民进萧山县委设有湘湖师范学校支部、萧山中学支部、中学教育支部、小学教育支部和医药卫生支部5个支部。1988年，改设市人民医院支部、萧山中学支部、湘湖师范学校支部、退休教师支部、市委机关支部、朝晖初中支部6个支部。1989年，增设城北支部。

1991年，民进萧山市委设有市人民医院支部、萧山中学支部、湘湖师范学校支部、退休教师支部、市委机关支部、城北支部、城厢教育联合支部7个支部。至2001年3月，民进萧山市委下辖萧山市第一人民医院支部、萧山中学支部、湘湖师范学校支部、退休教师支部、市委机关支部、城北支部、城厢镇初中小学联合支部7个支部。

发展会员

1957～1984年，萧山民进会员从35人减少到33人。1985～2000年，民进萧山市（县）委发展新会员80人。至2001年3月，有会员113人，其中教育界占68%，医药卫生界占23%，其他界别占9%。会员中有中级、高级职称84人，占74.34%。年龄从31岁到92岁，平均年龄53.8岁。

①2000年3月，举行民进萧山市委第八届第四次全体会员大会，表彰先进支部、优秀会员，增补张爱莲为民进萧山市委委员。

②1957年6月，民进萧山县委下设浙江省湘湖师范学校支部、萧山中学支部、湘湖师范附属小学支部、城厢镇第一中心小学支部、医药卫生支部。至1984年，为湘湖师范学校支部、萧山中学支部、中学教育支部、小学教育支部、医药卫生支部。

【附】

我在民进45年

一、1953年3月参加民进

我于1940年8月进湘湖师范执教。校长金海观解放前同情、支持、掩护校内中共地下党和革命师生的活动，这在我心中留下深刻的印象。解放后我积极投入政治学习和各项政治运动，对党有进一步的认识。1952年8月我被任命为副教导主任，这是党对我的信任，我对党的感情进一步加深。同年同月金校长在杭州参加了与党风雨同舟的中国民主促进会，翌年3月他介绍我也加入民进。作为一个民主党派成员，光荣感与责任感促使我更加勤奋学习、工作。在搞好本职工作的基础上，还面向社会，对地方教育的改革做些力所能及的工作。我曾在萧山举办过小学算术教学法讲座。1956年8月在民进第二次全国代表大会上作《对师范教育的几点意见》的发言，发言稿刊登在8月19日的《光明日报》上，《文汇报》及《教师报》都予以转载。同年编写青年自学丛书中的《小学算术讲话》，由浙江人民出版社出版。1957年春，对杭州小学教师及全省各县的区中心小学校长作小学算术教学的专题讲座。

二、参与筹建民进第一个县级组织

1955年11月，我担任教导主任。1956年8月，我作为杭州代表出席民进第二次全国代表大会，全体代表在怀仁堂与朱德委员长和周恩来总理合影留念，这使我终身难忘。会议期间中共中央统战部部长李维汉召集杭州代表开座谈会时，指示说萧山有著名的湘湖师范，金校长在教育界有声望，条件很好，可以建立民进的县级组织，作为全国的试点。同年11月，民进中央指定金海观、唐廷仁、周汉、邵士珂筹建民进萧山县委会，金海观调杭州任民进浙江省筹委会秘书长后，增补孔庆澄为委员。1957年6月9日民进萧山县委会成立，主委唐廷仁，副主委兼秘书长孔庆澄，组织处主任邵士珂，我任宣教处主任，当时有湘湖师范、湘师附小、萧山中学、城厢镇一小（含铁路小学）、医卫5个支部，会员35名。这是民进第一个县级组织。

三、永远坚信党，走社会主义道路

1958年2月我被错划右派，1962年2月调离湘师，去萧山农村任教，直至1975年10月退休，历时13年余。在逆境中，我对党的信念始终不变，我在农村认真教学工作。我认为忠诚党的教育事业是教育工作者的天职，我是民主党派的成员，尤应身体力行。群众对我理解、同情，给予我不少关怀与帮助。

1978年秋，湘师召我回校在教导处工作，任教大专班的初中数学教材教法。我尽心竭力，健全了教导处的规章制度，指导接班人熟悉业务。1979年10月我的错案改正，恢复了名誉和原工资。

四、在树人业余学校

我曾任政协萧山县委第一届、第五届、第六届、第七届委员和民进萧山县委会第一届、第四届、第五届委员。1982年3月，民进萧山县委会开办树人业余学校，我任副校长兼教导主任。1986年冬改任校长，1988年春在我78周岁时离任。该校先后开设幼师音乐舞蹈、绘画，中小学手风琴、音乐、美术，幼师专业和高中文化补习等班。为培养萧山中小学教师，特别是农村幼儿教师，做出了一定贡献，获得社会好评。我被评为杭州市1982年职工教育优秀办学干部和萧山县“六五”期间职工教育先进工作者。

五、总结湘湖师范的办学经历

我因年老退出工作岗位后，仍想发挥余热，为中国师范教育尽一份绵薄之力。因此不顾年事已高，且患有严重白内障，决心把湘湖师范的办学经验总结出来。湘湖师范是陶行知生活教育思想试验和创新的八大典型之一。原中央教科所所长华子扬同志说：“中国师范教育史中，我着重介绍湘湖师范的办学经验。”我的一生事业在湘湖师范，总结湘湖师范的办学经验是我的历史使命。

1992年，我与张天乐合著《陶行知乡村教育思想在湘湖师范的实践》一书，全面系统地简述湘师自1928年春筹建至1957年冬30年间，试验陶行知乡村教育思想和不断创新的历史经验，重点介绍乡村教育家金海观的25年的办学经验、崇高师德，以及湘师的卓异校风——“湘湖精神”和革命传统。该书作为《杭州文史资料》出版后，获得杭州市社会科学优秀成果三等奖和浙江省政协优秀文史资料图书二等奖。1998年充实内容出增订版，纪念湘湖建校70周年和金校长百岁华诞。

我在民进45年，始终不忘自己是一个民主党派成员，永远坚信党，在党和民进的教导下，为社会主义教育事业服务。

1998年6月，时年88周岁。

（作者周汉，原载中国民主促进会浙江省委员会：《浙江民进》，1998年7月25日）

第二节 参政议政

担任政府、政协领导职务

部分萧山民进会员担任政府、政协领导职务，直接参与政务和参政议政：唐廷仁，1956年12月至1958年5月担任萧山县人民政府副县长；金海观，1956年4月至1959年12月担任政协萧山县委员会第一届副主席；吕凌娟（女），1966年5月至1980年6月担任政协萧山县委员会第四届副主席；盛昌黎（女），1985年12月至1992年1月担任萧山市（县）人民政府副市（县）长；孔庆澄、巫凌霄、汤金友，1984年11月至2001年3月先后担任政协萧山市（县）委员会第六届、第七届、第八届、第九届、第十届副主席。

担任人大代表、政协委员

1985年1月至2001年3月，萧山民进会员被选举为杭州市人大代表2人次，萧山市（县）人大代表和推举为政协委员70余人次。另外，还有10余人次被聘为萧山市人民政府行风评议代表、市纪委党风廉政监督员、检察院执纪执法监督员和组织部等部门特约监督员。

建言献策

1985年1月至2001年3月，萧山民进会员中的人大代表、政协委员在人大、政协大会上共提交议案、提案近500件，内容涉及经济社会发展、提高工业经济科技含量、维护社会稳定、加大环保力度、土地资源保护、社会保险扩面增量、教育文化、医疗卫生、城市建设、税收、水利、社区建设、干部队伍建设、行风建设、“三农”问题、文物保护、民主政治建设等方面，其中被评为市政协优秀提案10件。[①]内部刊物有《萧山民进》。[②]

1988年1月至2001年3月，民进萧山市委在市政协全体会议上作大会发言20人次。内容涉及重视村镇道路建设、提高职工的业务水平和综合素质、全面提高公民素质、保持社会稳定、治理环境污染、加快农业产业化发展步伐、规范行风建设、转制村环境综合治理等。尤其是在教育方面，提出规范中考招生程序、抓好学校德育教育、提高师范教育质量、重视幼儿教育、发展社会办学科教兴市、贯彻落实《中华人民共和国教师法》、搞好高中段教育收费、高中教育合理布局和加强中小学信息技术教育等意见建议。

1998年6月起，民进萧山市委根据中共萧山市委安排，分别与市教育委员会、市财政局成为对口联系单位，每年举行1～2次的组织活动。民进萧山市委委员和中共萧山市委及党员副市长以上领导开展交友谈心活动。2001年3月，蔡惠泉委员提出编修萧山历史上首部也是最后一部《萧山市志》的建议，受到市委、市政府领导的重视。

①其中1998年3月至2001年3月，提交萧山市政协第十届第一次至第四次全体会议的提案，被评为优秀提案的有：《关于推进农业产业化，提高农民收入的几点建议》《关于尽快实现东片地区自来水到村到户的建议》《建立和完善建筑企业项目经理管理档案》《加快我市乡镇企业社会养老保险建设步伐时不我待》《改造市心路街景时机已经成熟》《关于规范高中段教育收费的几点建议》《加强劳动监察，严格执行八小时工作制》《关于加快高中教育发展的几点建议》等。

②1988年，《萧山民进》创刊，时为工作简报。1997年起，改为双月刊。从创刊至2001年3月，共出刊50期，载文500余篇。

【附】

加快萧山市乡镇企业社会养老保险建设步伐时不我待

十多年来，萧山的社会保险事业取得长足发展。在全市城镇企业中建立了养老保险、生育、工伤、大病医疗保险制度，至今已有855家企业的67324名在职职工和27958名离休退休人员参加社会保险；在全市机关事业单位中实行了社会养老保险制度，目前已有413家机关事业单位的21048名干部职工和3950名离休退休人员参加养老保险；在全市农村中施行了积累式养老保险制度，现在有3.8万余名非城镇居民参加了农村养老保险。尤其是1997年，市委、市政府将原分属劳动局、人事局、民政局的社保机构合并，建立了市社会保险管理局，从而实现了全市社会保险管理体制的统一，这不仅标志着萧山市社会保险事业已进入一个新的发展里程，同时也为建立与社会主义市场经济体制相适应的社会保险体系奠定了基础。

但是，从发展的眼光看，萧山的社会保险在深化改革与发展的过程中仍面临着覆盖面狭窄的问题，比较突出的就是五分天下有其四的乡镇企业至今大部分未被纳入社会保险的范围，使劳动者在养老等方面的合法权益得不到有效的保障。

一、萧山市乡镇企业与社会保险的发展现状

据统计资料反映，萧山市1997年完成工业总产值320.38亿元，其中属乡镇企业完成的工业产值达262.9亿元，占全市工业产值的82.06%，可谓是五分天下有其四。由此可见，乡镇企业在发展萧山经济中所处的地位和作用是十分重要的。

然而，社会保险的发展与乡镇企业的经济增长形成相当大的反差。据调查分析，目前，萧山除国有城镇集体企业的9.5万名在职职工和离退休人员已参加社会保险外，乡镇企业推行社会养老保险制度步履艰难。全市除城厢、临浦、瓜沥、义桥4镇的镇办企业职工和少量福利企业职工分别参加城镇企业社会保险和农村养老保险之外，尚有1400多家乡镇企业的20余万名职工未被列入社会养老保险范围，占全市从业人员近三分之一。

乡镇企业社会养老保险覆盖面窄小，存在着以下几方面的弊端：一是企业负担畸轻畸重。国有和城镇集体企业（少量三资企业和股份制企业）实行社会保险制度后，除支付员工工资外，还要为企业缴纳养老、失业、女工生育、工伤、大病医疗等项目保险费用，未实施社会养老保险的乡镇企业等，除支付日常职工工资外，没有为职工再积累或缴付用于养老、医疗等方面的社会保险费用，使企业与企业之间存在着不同轻重的社会负担，这也是国有企业与乡镇企业无法在同一起跑线开展公平竞争的主要原因之一。二是阻碍了职工的正常流动。在推进企业转制中，萧山的国有、城镇集体企业采取减人增效、资产重组等改革措施，使部分企业冗员被分流安置或进入再就业市场，而这些事业或下岗的职工却不敢大胆地走向乡镇企业等非国有企业实现再就业，究其原因，主要是绝大多数乡镇企业没有建立社会保险制度，一旦去那里工作，企业既不给你缴纳各项保险费，连自己原有的社会保险关系也无法办理转移手续，解决不了养老等方面的后顾之忧。这已成为当前影响职工有序流动和解决再就业问题的主要障碍。三是职工的合法权益难以保障。《中华人民共和国劳动法》规定劳动者享有的八项权利中，除取得劳动报酬的权利之外，还有享受社会保险和福利的权利。而目前绝大部分的乡镇企业，除了给职工享受按月工资待遇外，基本上没有为职工办理社会保险，企业的剩余价值职工难以享受，在一定程度上侵害了职工的合法权益。长此下去，作为在乡镇企业从业的职工，当年老体衰或工伤患病脱离企业时，他们今后的养老、医疗等方面就根本得不到保障。另外随着计划生育国策的实施，一对年轻夫妇承担4～6位老人的赡养义务的现象越来越普遍，家庭养老不堪重负。在这种情势下，作为广大乡镇非国有企业的职工安度晚年的愿望就难以实现，最终将发展成一个非常突出的社会问题。

二、影响乡镇企业实行社会保险制度的主要原因

从最近几年的情况看，萧山市乡镇企业职工的社会保险问题已逐渐从隐性向显性转变，一些乡镇企业的职工因未落实养老保险待遇而上访，集体辞职，申请劳动仲裁等观念呈上升趋势。到底是什么原因造成乡镇企业推行社会保险制度如此缓慢呢？根据我们调查剖析，主要有以下几方面的因素：

第一，社会保险法治不够完善。目前，除了从1995年1月1日起施行的《中华人民共和国劳动法》中明确“用人单位和劳动者必须依法参加社会保险，缴纳社会保险费”的法律条款外，至今还没有健全和完备的社会保险专项法律法规，因而对一些企业不为职工参加社会保险等违法行为缺乏强有力的制约措施。今年市政府颁布的《关于进一步完善企业职工基本养老保险制度的实施办法》中，对养老保险的实施范围作了进一步扩大和明确，但在实施过程中，由于缺乏有力的依法行政手段，社保机构局限于宣传动员、上门劝说等软办法，社会保险的法律性和强制性难以体现，直接影响了扩面工作的顺利推进。

第二，社会保险意识比较淡薄。萧山部分乡镇企业的经营者存在着注重眼前利益的现象，他们错误地认为给职工办理社会保险要增加企业的负担，影响经济效益。所以，他们采取拒保或少保的消极方式，避免应承担的社会责任。万向集团等一些较大规模的乡镇企业，无论从财力和知名度来讲，在萧山乡镇企业都是首屈一指的，但就是这些有名望的企业，至今还没有推行社会保险制度，这对那些为该企业奋斗奉献了几十年的无生产资料的大中专毕业生和城镇人员来说，他们的养老问题将成为日趋严重的社会问题。前不久亚太集团发生的20多名大中专毕业生因企业不给办理社会保险而集体辞职事件，就是一个最有说服力的例证。除此之外，我们一些职工也缺乏必要的自我保护意识，认为企业只要按月发给工资就心安理得了，忽视了养老保险是属于自己应有的合法权益，自己应该拿起法律的武器捍卫自己的合法权益。

第三，行政推进力度不足。从我们调查中发现，萧山在抓扩大乡镇企业社会保险覆盖面工作中，主要还是依靠宣传政策、改善服务等方式来争取企业参加保险，缺少比较强硬的措施和手段。而宁波、深圳等地的做法就有一定的刚性，政府规定对不参保的，工商部门不给验证发照，财税部门不给发票，劳动部门不给办理有关业务等，这些比较强硬的做法，现阶段是十分必要的。所以，尽管萧山社保局花了九牛二虎之力，但扩面效果不尽如人意。甚至有些参加社会保险的企业，还任意拖欠应缴的社会保险费，把这笔钱当作无息贷款来使用，而社保机构对此又缺乏十分有效的制约手段。特别是对少数企业将离休退休人员的养老金移作他用，欠发或减发养老金的现象也得不到严厉的惩处。

三、对扩大乡镇企业社会保险覆盖面的对策与建议

一是要加大舆论宣传力度。各级党委、政府要像抓计划生育、义务教育、殡葬改革那样重视抓好乡镇企业的社会保险工作。各级新闻媒体要加大宣传力度，加快宣传频率，形成良好的舆论氛围。社保机构要花大力气搞好舆论宣传工作，把宣传工作做到千家万户。

二是要加大行政干预力度。建议市委、市政府在实际工作中，要积极吸收先进地区的做法和经验，发挥工商、财税、公安、劳动等部门的协调和监控作用，建立社会保险年检制度，对拒绝参加社会保险和无故拖欠社会保险费的企业，政府各职能部门采取缓办验证换照，缓发收据发票等制约措施，司法部门要依法加入，采取强制措施，新闻舆论要公开曝光。通过强有力的行政干预，以督促企业依法参加社会保险和缴纳社会保险费。另外，在企业升级，评先进、劳动模范，参选人大代表、党代表，法人代表

出国等方面也应当把社会保险作为考核内容之一，实行一票否决制。

三是加大优质服务力度。市社保局在努力拓展乡镇企业社会保险覆盖面的实际工作中，既要用足、用活社会保险的法律、法规和政策，加强业务指导，确保广覆盖目标的实现。同时也要不断改进和提高为投保者服务的质量，经常性地开展上门宣传、业务咨询和办理投保活动。

（原文是民进萧山市委在1999年市政协第十届第二次全体会议上的大会发言材料和萧山市政协优秀提案）

第三节 社会服务

医疗义诊

1985～2000年，民进萧山市（县）委共组织医疗咨询、义诊20余次，遍及城乡各地，受益群众3800人次。1988年教师节之际，民进萧山市委邀请浙江省政协副主席、民进浙江省委副主任委员、浙江医科大学副校长丁德云教授率领23名医学专家、教授，与萧山民进会员医师一起，为400余名中小学教师诊治疑难杂症。1992年教师节前夕，民进萧山市委组织11名会员医师为许贤乡中小学教师及干部群众义诊160多人次。2000年，先后到萧山电厂和河上镇义诊，受惠群众150多人次。

社会办学

1982年，创办萧山县树人业余学校；至1987年，6年累计开办教师音乐、美术等进修班和高中文化补习班17个班，就读学生760余人。1992年暑假，首次开办国家承认学历的成人职业高中，开设财务会计和电子计算机专业，招收初中毕业生，同时举办高中文化补习班。翌年高考，文科班上线人数居全市第二名。1996年暑期，萧山市树人业余学校改名为萧山市树人职业高级中学。是年底，被浙江省教委命名为浙江省社会力量办学先进学校。1997年，先后投资150余万元，学校购置占地3000平方米、建筑面积2750平方米的校舍，其中新建教学大楼1000平方米，开设金融财会、综合高中、工艺美术、暑假电脑培训共13个班，招收学生445人。至2000年，8年累计开设各类班级60余个，招收学生2360余人。

1989～1998年，民进萧山市委和萧山市树人职业高级中学发起组织社会救助和希望工程捐款17000余元。2000年开始，民进萧山市委组织送教下乡到云石、所前等学校。每年组织城区学校和边远镇乡学校间教师、学生的教学互动，借班上课，信息交流。

第四节 金海观诞辰100周年纪念会

1997年8月4日，民进萧山市委和浙江省、杭州市民进组织在杭州举办金海观诞辰100周年纪念会。纪念会由民进杭州市委副主任委员主持，浙江省人大常务委员会副主任、民进浙江省委名誉主任委员毛昭晰在大会上讲话。毛昭晰在讲话中要求广大会员发扬金海观苦干、实干的精神，“少说空话，多干实事”，为振兴教育、振兴中华作出积极贡献。民进萧山市委主任委员汤金友在纪念会上发言。民进中央为纪念会发来专电。金海观的学生、亲属及湘湖师范学校的师生等近200人参加了纪念会。2000年10月，原全国人大常委会副委员长、民进中央名誉主席雷洁琼题写的“爱国民主的乡村教育家金海观先生”铜像在湘湖师范学校揭幕。2003年10月，121万字的《金海观全集》由方志出版社出版。

第三章　中国农工民主党 萧山市总支部委员会

1949年加入农工民主党的楼清河是萧山农工党组织的创始人。至1985年，萧山有农工党员3人[①]，与农工党杭州市委直接联系。1987年12月23日，成立农工党萧山县支部筹备小组[②]。1988年9月15日，成立农工党萧山市支部委员会[③]。1995年7月28日，成立农工党萧山市总支部委员会。1997年4月，始设置专职干部1人。至2001年3月，农工党萧山市总支部下辖3个支部，党员61人。[④]农工党萧山市（总）支部先后5次被评为农工党浙江省、杭州市先进基层组织。[⑤]

第一节　组织建设

党员大会

1995年7月3日，举行农工党萧山市支部委员会全体党员大会，时有党员36人。大会选举产生农工党萧山市总支部第一届委员会，郑巧形任主任委员，倪冠常任副主任委员。7月28日，举行中国农工民主党萧山市总支部委员会成立大会。

1997年6月18日，举行农工党萧山市第二次全体党员大会，时有党员46人。倪冠常代表总支部委员会作题为“同心同德　无私奉献　开拓前进”的工作报告。大会选举产生农工党萧山市总支部第二届委员会，郑巧形任主任委员，倪冠常、谭吾源任副主任委员。

1998年9月12日，举行纪念萧山市农工民主党组织成立10周年茶话会。中共萧山市委副书记沈奔新，萧山市政协副主席、萧山市委统战部部长王中恩，农工党杭州市委会副主任委员吴伟根，萧山市其他民主党派、对口联系单位、农工党员所在单位的有关领导应邀到会祝贺。农工党萧山市总支部主任委员郑巧形作题为“征程十载　风雨同舟　共创辉煌”的工作报告。

下辖支部

1995年7月，农工党萧山市总支部成立时，下设医药卫生支部、联合支部[⑥]、临浦支部3个支部。至2001年3月，设有支部3个。

①楼清河、潘国佐（1957年加入农工党）、周明道（1983年加入农工党）。

②陈光中任组长，楼清河、吴聿洪任副组长。

③陈光中任主任委员，吴聿洪、楼清河任副主任委员。1991年3月23日，农工党萧山市支部委员会召开改选大会，选举产生第二届支部委员会。郑巧形当选为主任委员，楼清河为副主任委员。1995年1月23日，召开党员大会，选举产生第三届支部委员会。郑巧形当选为主任委员，倪冠常为副主任委员。

④1988年1月至2001年3月，萧山农工党员累计有147人次获得先进荣誉，其中获杭州市级以上先进荣誉18人次；各类专业奖项40项，其中杭州市级以上奖项26项；发表论文275篇，其中国家级刊物发表62篇；发表诗词151首；发表书画作品84幅，出版书集10本。2000年4月，以单才华、郭一龙为主研究的科研成果产品——“蛋黄油”被国家知识产权局确定为“国家发明专利”。

⑤农工党萧山市支部被评为农工党杭州市1990～1991年度先进支部。农工党萧山市医卫支部被评为农工党杭州市1997年度先进支部、农工党浙江省1998年优秀基层支部、农工党杭州市1998年度先进基层组织。农工党萧山市联合支部被评为农工党杭州市1999年度基层先进支部。

⑥联合支部有萧山市中医院、市文化馆、体育路小学、朝晖中学共13名农工党员。1995年8月、10月、11月，临浦支部、医卫支部、联合支部分别举行支部成立大会。至2000年12月，3个支部均进行了换届改选。

发展党员

1985年，萧山有农工党员3人。1988年9月15日，成立农工党萧山市支部委员会，有农工党员14人[①]。1995年7月28日，成立农工党萧山市总支部，有农工党员36人[②]。至2001年3月，有农工党员61人，其中医药卫生界占80.33%，教育界占9.84%，文体界8.2%，其他界别占1.63%。党员中有高级职称23人，占37.7%；中级职称36人，占59.0%。年龄从32岁到75岁，平均年龄50.78岁。

第二节　参政议政

担任人大代表、政协委员

1987年1月至2001年3月，萧山农工党员有19人次被推举为萧山政协委员，其中5人次当选为政协常务委员；寿霞芳担任政协浙江省第七届委员会委员[③]；倪冠常当选为杭州市第七届、第八届人大代表；另有2人当选为城厢镇人大代表。此外，还有4人被聘为萧山市人民政府行风评议代表、市纪委党风廉政监督员、检察院执纪执法监督员、教育局教育督导员。

建言献策

1987年1月至2001年3月，萧山农工党员中的人大代表、政协委员在人大、政协大会上共提出议案、提案309件，其中被评为市政协优秀提案11件，重点提案2件，大会发言9次。[④]1996年2月，关于《还我方寸土　留给子孙耕》的大会发言和《依法保护耕地的十条建议》的集体提案，引起市委、市政府及有关部门的重视，促使有关人员拆除违章建筑，平整还田。1999年1月关于《清除露天粪缸，加大农村环境污染整治力度》的集体提案被采纳后，政府有关部门加大工作力度，农村环境卫生明显改观，露天粪缸逐渐被公厕替代。关于《采取切实措施大力发展农村合作医疗》的大会发言，有前瞻性，萧山大力发展农村合作医疗后，成果显著。2001年2月《关于社区建设的四点建议》的集体提案被列为重点督办提案，促进城市管理规范化工作。

农工党萧山市总支部内部刊物有《萧山农工》。[⑤]农工党员中有4人担任市政协信息员，向市政协及上级农工党组织反映社情民意。1997～2000年，被录用信息49件。1999年，关于《农村垃圾公害应引起重视》一文，市委领导专门作出批示，推动全市洁美家园活动的开展。

农工党员在各基层单位中献计献策，促成教育系统从1993年开始实行“检校联姻”、“警校联姻”，聘请人民法院、人民检察院的有关人员为校外德育辅导员，与省少年犯管教所挂钩，安排少年犯到校现身说法，对学生进行德育教育。促使卫生系统各大医院从1998年起逐步实行电脑联网和挂牌行医。

1998年6月至2001年3月，农工党萧山市总支部负责人与市领导交友谈心21次，与对口联系的市卫生局、市工商局开展联系活动6次。在统战部的“双月座谈会”上，农工党萧山市总支部负责人主动反映社会热点问题并提出建议。

①14名农工党员中，1人是20世纪40年代参加党组织的，已离休；1人是50年代参加党组织的，已退休；12人是80年代新党员。新党员中，1人是知名画家，11人是医师，其中5人是副主任医师、4人是主治医师、1人是门诊科室副主任。医务工作者占78.57%。14名党员主要分布在城厢镇与临浦镇，其中城厢9人、临浦5人。14名党员分别从属于6个基层单位：萧山市人民医院8人，临浦人民医院2人，市邮政局1人，通济乡卫生院1人，临浦镇小学1人，义桥包装厂1人。（资料来源：农工党萧山市支部委员会筹备组：《中国农工民主党萧山市支部委会筹备组关于筹备工作的报告》，1988年9月15日）

②第一人民医院10人，临浦地区11人，中医院7人，文教系统8人。

③寿霞芳，1996年由外地转入。

④1994年大会发言：《全社会都来关心青少年的健康成长》；1995年大会发言：《百年树人德为先》；1996年大会发言：《还我方寸土，留给子孙耕》；1997年大会发言：《关于未升学初中毕业生犯罪应引起全社会关注》；1998年大会发言：《农村卫生保健的现状及对策》；1999年大会发言：《采取切实措施　大力发展农村合作医疗》；2000年大会发言：《优化资源配置　促进萧山医疗卫生事业健康持续发展》《加强监督，维护司法权威和社会稳定》；2001年大会发言：《加强社区建设　提高城市文明程度》。

⑤1996年2月，《萧山农工》创刊，为双月刊。至2001年3月，共出刊22期，刊出各类稿件227篇。

【附】

采取切实措施，大力发展农村合作医疗

目前，萧山除了衙前镇、靖江镇、宁围镇在90年代恢复合作医疗制度外，其余大部分乡村合作医疗解体或名存实亡。据调查，1997年全市农村合作医疗覆盖率为30%，1998年仅为28%。

据萧山南片未实行合作医疗的某镇调查显示：127户贫困户中，因病致贫75户，占59.1%。而合作医疗的试点衙前镇、宁围镇、靖江镇的情况就大不一样。靖江镇130户贫困户中，因病致贫20户，占15.4%；宁围镇75户贫困户中，因病致贫12户，占16%。由于这3镇90%以上的农民参加了合作医疗，他们看病可以减免部分费用，有的可以通过大病统筹资金得到补偿。靖江镇1998年1月至11月25日止，门诊报销122041.74元、13107人次。1月至12月15日止，住院报销89756.80元、478人次。两项合计211798.54元、13585人次。衙前镇1997年交通村一名胃大出血患者，报销手术费、医疗费11400元。该镇螺山村一名肝硬化患者也报销上万元医疗费，避免因病举债现象。问卷调查表明，86%的农民认为参加合作医疗可以体现互助共济和社会主义制度的优越性，84.8%的农民表示愿意参加合作医疗。

为什么萧山市的合作医疗工作会滑坡？农工党萧山市总支部通过到合作医疗的成功单位平湖市及萧山市的靖江镇实地考察，以及问卷、走访、电话询问等多种形式调查、分析后，认为主要原因有三：

一是宣传力度不足，致使基层干部对合作医疗工作重视不够，农民认识不统一。据调查，有47.6%的农民对合作医疗这项关系到自己切身利益的医疗保障制度不了解，有33.7%的农民只听过乡村干部的口头宣传，有22%的农民从广播中听到过此方面的宣传，在宣传画、黑板报上见过的农民仅占10.4%，在电视中见过的农民也只有10.4%。在调查中，我们发现有22%的农民认为合作医疗不可以减轻农民治病的经济负担，原因大多是对合作医疗的报销制度不了解，怕吃亏。有些农民不愿参加合作医疗是缺乏风险意识，这也要求我们的宣传工作更加深入细致。调查中，我们了解到有些基层干部忙于抓经济工作，忽略了合作医疗工作；有些觉得收费麻烦，又容易被看作“乱收费”，所以就产生畏难情绪，工作简化，敷衍了事。有的甚至以农民自愿为由，放任自流。据调查，有75%的农民告知没有人动员他们参加合作医疗。有些农民反映干部收缴合作医疗集资款时，方法简单，致使许多农民心里没底，而不想交款。

二是经费投入不足，筹资额度小，导致萧山市合作医疗举步艰难。近几年萧山市财政每年拨给5万元作为对合作医疗的投入，平均每位农民不足6分，显然不能发挥多大作用。乡村集体经济多数还较薄弱，有的还没有集体经济收入，也难给合作医疗一定的经费补贴。农民个人集资，基金数量少，多数在5元～10元。这样抗风险能力就差，年终超支部分就无法解决，久而久之，基层干部就丧失办下去的信心和决心。

三是镇乡医疗卫生工作上下配套不够，缺乏专门机构的调控，管理制度不全，使一些农民对合作医疗缺乏兴趣。1997年农工党萧山市总支部对农村保健状况调查表明，萧山市乡村卫生工作问题不少。一是名为村卫生室，实为个体行医的为数不少，集体办医成分薄弱；二是乡村医生政治、业务素质较低，年龄结构老化，难以胜任；三是没有把合作医疗、村卫生室建设纳入政府行为，以致管理不力，督促不严，报销制度不全。据调查，有20.9%的农民认为合作医疗对保障农民健康没什么作用，主要原因是对乡村医生不信任，怕逐级转院延误病情。有许多农民是嫌麻烦不愿意参加合作医疗。

鉴于上述原因，我们建议：

一是各级领导要高度重视，把发展合作医疗作为一件大事、实事来抓。各级党委、政府要充分认识

合作医疗的重要性、迫切性，把它作为农村卫生工作的重点列入重要议事日程，实行目标责任制，严格考核，加强监督，一级抓一级，把工作落实在实处。各级卫生部门要义不容辞地当好各级党委、政府的参谋和助手，把办好合作医疗工作作为自己重要的职责。计划、财政、农业、民政、社保、宣传等各有关部门，要通力合作，密切配合，支持和维护萧山合作医疗制度的恢复和发展工作。

二是加强舆论引导，做好宣传发动工作，提高基层干部和农民对合作医疗的认识。首先，要加强对基层干部的教育、培训，组织他们到衙前镇、靖江镇、宁围镇等地学习参观，推广先进经验，增强搞好合作医疗的责任感和信心。其次，有关部门要选择典型事例，编发深入浅出、通俗易懂、群众喜闻乐见的宣传资料。利用广播、电视、画册、黑板报、墙报、文艺节目等多种形式，宣传合作医疗的重要性、优越性，增强农民对自身健康的投入意识，促进农民主动自愿参加合作医疗。

三是建立切合实际的合作医疗体制，抓好筹资、管理、报销三个重要环节。

首先，建立一套与萧山市农民群众、集体经济组织和政府承受能力相适应的筹资办法。筹资是农村合作医疗的重点和难点，必须建立个人投资为主，集体扶持，政府引导支持的筹资机制。农民个人投入是合作医疗资金的主要来源，比例要适当，一般按农民上年人均收入的1%左右为宜。市镇乡财政及村级集体经济的投入是合作医疗资金的重要组成部分，它起到了引导投入和扶持的作用。萧山作为浙江省首批小康县市，1997年农民人均收入为5245元，据问卷调查显示，有79%的农民认为人均交20元钱的合作医疗资金能承受。.

资金筹措的方式，可视情形而定。可单独收取，也可以“三上交”一起收。村提留和镇乡、村集体经济收入中，应提取一定的经费，扶持合作医疗。民政部门、镇乡、村应从最低生活保障金、五保统筹金、统筹优待金中提取一定数额，支持最低生活保障对象、五保户、农村优抚对象的合作医疗经费。

其次，建立科学、民主的管理监督机制。坚持管理和监督分开的原则，建立健全各级合作医疗管理和监督组织，制定合理的医疗实施方案。做到以收定支、量入为出、收支平衡，合作医疗资金专户储存、单独建账、专款专用、收支两线。要完善监督机制，定期公开账目，接受审计检查和群众民主监督，真正做到取之于民、用之于民。

要建立和健全合作医疗工作制度。就诊、转诊制度既要着眼群众、就近看病，又要保证大病、重病不延误。报销程序和手续既要规范，又要简便易行。

四是加强农村三级医疗预防保健网建设，发展农村社区服务，增加合作医疗的吸引力。要全面推行乡村一体化管理模式，对乡村卫生院和村卫生室实行组织领导、人员调配、技术培训、财务管理、进药渠道五统一。不断提高管理水平和规范医疗行为，加强对医务人员的培训，提高综合素质，增加合作医疗的吸引力。转变服务模式，发展农村社区服务。社区服务是以社会为基础，以家庭为对象，集医疗、预防、保健、健康教育、康复为一体的综合性、连续性的医疗服务，能为居民提供最基本、适宜、方便、有效的医疗卫生服务，把它作为合作医疗的一项配套设施广泛实施，必将给农村卫生工作带来新的活力和生机。

（原文是农工党萧山市总支部在1999年市政协第十届第二次全体会议上的大会发言材料）

第三节　社会服务

医疗义诊

1988年1月至2001年3月，医药卫生界的农工党员共举行医疗义诊53次，送医下乡、下厂，到福利院为残疾人义务体检，分发卫生保健资料1000余份，受益群众8800余人。1988年9月，8名农工党员与省、市民进会员一起为全市教师义务医疗咨询。在临浦人民医院的农工党员医生也为萧山树脂厂的职工进行体检和医疗咨询。1990年，农工党支部先后两次组织并邀请杭州、萧山的部分名医为欢潭乡和城南区的部分群众和中小学教师义诊，受益群众380多人次。1992年3月，与农工党杭州市上城区支部联合为通济乡卫生院提供医疗技术援助，设立为期一年多的“老医生门诊部”，就诊2000余人次。1996年，农工党萧山市总支部和各支部组织党员为敬老院的老人、残疾人和边远山区教师、贫困村送医送药上门服务11次，义诊1053人次。1999年5月，组织22名医卫界党员在城厢镇新世纪广场举行庆“五一”大型义诊，受益群体760余人。2000年9月，组织17名医师党员在萧山电影院广场参加萧山第十四个科普宣传周活动，为520余名群众提供医疗服务，分发4个种类500余份卫生保健资料。在1992年、1997年2次向市卫生局提交开办医疗咨询便民门诊部的报告的基础上，2000年又与萧山市医学会、抗癌协会2家单位联合申办，促成萧山市医学专家咨询门诊部于2001年1月成立（8月正式开张营业）。

图26—3—779　萧山农工党党员（医师）上街为民免费医疗咨询服务（2000年4月30日，柳田兴摄）

培训助学

1990～1995年，教育界、文艺界的农工党员分别举办少儿书画和英语培训班，受训学员154人；下乡、下厂讲授文艺创作知识和辅导业余作者1060余人，修改作品153万字；为企业辅导交谊舞400人，为群众文艺普及和中、小学素质教育工作献计出力。1997年4月，创办萧山市前进职业高级中学，翌年开设高中文化补习班（高复班）。至2000年底，已完成培训2期，向高校输送合格新生217人。

1988～2000年，农工党员还发起组织社会救助和希望工程捐款11030元，粮票250斤，衣物2000余件，书画作品40余幅。

第四章 九三学社萧山市基层委员会

1989年5月，成立九三学社萧山小组。[①]1990年2月10日，成立九三学社萧山市支社。1999年11月30日，成立九三学社萧山市基层委员会。至2001年3月，九三学社萧山市基层委员会下辖3个支社，社员40人。[②]先后5次被九三学社杭州市委评为社务工作先进集体。[③]

第一节 组织建设

社员大会

1990年2月10日，举行九三学社萧山市支社第一次全体社员大会，出席社员9人。大会选举产生九三学社萧山市支社第一届委员会，黄祖诚任主任委员。[④]

1997年6月10日，举行九三学社萧山市支社第二次全体社员大会，出席社员26人。大会学习江泽民关于讲政治的重要讲话精神，听取和审议九三学社萧山市支社第一届委员会工作报告。选举产生九三学社萧山市支社第二届委员会，黄祖诚任主任委员，金鉴三、董华恩任副主任委员。

下辖支社

1998年，九三学社萧山市支社开始分为建筑设计院、城建、综合3个片开展组织活动。1999年11月23日，正式分设城建支社、建筑设计院支社、综合支社3个支社。2001年3月，九三学社基层委员会下辖城建支社、建筑设计院支社、综合支社3个支社。

发展社员

1989年5月，成立九三学社萧山小组时，仅有社员3人。至2001年3月，九三学社萧山市基层委员会有社员40人，其中高级职称14人，占35%；中级职称26人，占65%。女社员9人，占22.5%。退休11人，占27.5%。平均年龄46.32岁。

第二节 参政议政

担任人大代表、政协委员

1989年5月至2001年3月，九三学社社员中有1人次被推举为杭州市政协委员；10人次被推举为萧山市政协委员，其中3人次任常务委员；2人次被选为萧山市人大代表，其中2人次任人大常务委员会副主任；1人次被选为城厢镇人大代表。[⑤]另外，还有7人次分别担任萧山市人民政府行风评议代表、市纪委党风廉政监督员、检察院执纪执法监督员和组织部等部门特约监督员。

①1989年5月4日，吴锡培、许望秋加入九三学社；5月5日，黄祖诚加入九三学社。5月11日，成立九三学社萧山小组，时有社员3人，组长黄祖诚。

②1989年5月至2001年3月，萧山九三学社社员累计获得省市科技成果奖30项、优秀设计奖44项，发表论文及科普作品92篇；被国家和各级地方政府、学术机构、人民团体授予先进工作者等各种荣誉称号的社员46人次。

③1996年、1997年、1998年、2000年、2001年，九三学社萧山市基层委员会被九三学社杭州市委评为社务工作先进集体。

④1992年，增补金鉴三为九三学社萧山市支社副主任委员。

⑤1997年3月，董华恩被推举为杭州市政协第七届委员。1990年4月至1998年2月，金鉴三先后任萧山市政协第八届、第九届常务委员会委员。1997年3月至2001年3月，董华恩任萧山市政协第十届常务委员会委员。1984年3月至1990年4月，黄祖诚先后任萧山市人大第八届、第九届常务委员会副主任。

建言献策

1989年5月至2001年3月，九三学社围绕改革开放、经济建设和教育、文化事业、科技发展、法制建设献计献策，开展40余次调研活动，撰写《对萧山市城市建设的几点建议》《萧山纺织行业的现状分析和今后发展思路》《加快城市化进程中需重视的几个问题》《重视企业技术创新，促进两个根本转变》《加快小城镇建设、推进城市化进程》《加强服务和引导，促进萧山市中小企业技术创新》《改善老区环境，加快新区建设》等30余篇调研报告。社员中的各级人大代表、政协委员在人大、政协大会上提交议案、提案114件，团体提案7件。1992年，金鉴三社员提出的《增强紧迫感，加快发展第三产业》的提案，得到中共萧山市委的充分肯定，并在《萧山日报》上发表。《加强服务和引导，促进中小企业技术创新》《对我市中小企业发展的几点建议》《进一步加快我市高新技术产业发展的几点建议》《提高城市品位迫在眉睫》等4件集体提案和《房地产价格监管力度亟须加强》《萧山怎样来适应杭州萧山国际机场》《防患于未然——提高减灾意识，减轻地震灾害》《关于尽速创造条件，开展企业评价分析的建议》等4件个人提案获市政协优秀提案。

1989年5月至2001年3月，九三学社在政协全体会议上作大会发言7人次，内容涉及政治、经济、社会生活等方面。主要负责人参加中共萧山市委、市政府召开的各种民主协商会、座谈会、谈心会、通报会50余次，就全市经济发展战略、人事安排、反腐倡廉、城市规划与管理、重大改革措施的出台等问题，听取情况通报，并提出意见、建议。1998年6月，中共萧山市委建立“交友谈心”和“对口联系”两项制度后，市委领导与九三学社基层委员会的负责人通过定期或不定期交谈、书信往来、临时约见等形式，就全市有关重大问题进行交流，提出意见。九三学社基层委员会与市建设局、市物价局建立对口联系制度，每年开展对口联系活动，就本部门贯彻执行党的方针、政策和部门行风建设以及廉政建设等情况听取意见和建议。

【附】

关于城市建设的几点意见和建议

按照现代化新型中等城市的目标，当前萧山市的城市建设面临着如何加快建设步伐、如何改善城市环境、如何提高城市品位等重大问题。我们谈几点意见和建议。

一、关于科学规划、合理布局问题

建设现代化城市，必须按照国家规定标准，坚持“科学规划，适当超前，重点突破”的原则。否则拆了建、建了拆，必然造成低水平、低层次的浪费。因此，萧山城市建设的首要任务，是要有一个科学全面的规划，明确制定规划的主体。目前萧山的区块规划、小区规划，往往是领导意旨，业主要求，一切依照他们的意见办，没有从城市的总体功能要求来考虑规划设计，这是造成当前各种问题重复出现的主要原因。其次是加快搞好各种相应的配套规划。分区规划、控制性详规、修建性详规、一条街详规等没有同步跟上。再次是尽快引进调集一批高水平、高素质的城规专业人才，提高城规设计水平。同时抓好规划管理，依法行政，确保规划的正确实施。

二、关于多元化投资体制问题

必须建立全社会投入，多渠道投入，多体制投入的新机制。一是加大城建资金征收力度，确保足额到位，不开减免口子；二是最大限度盘活土地存量资金，抓好城市土地使用权的出让、转让和拍卖，获取更好的回报；三是走综合平衡开发之路，鼓励优秀企业在开发大片黄金地块的同时，要在新区建设中多承担一块，微利开发；四是对于有条件引资的设施和项目，大胆引进外资；五是抓住目前信贷资金充裕、成本低的有利时机，适度举债建设；六是理顺城市公用事业收费价格，本着对企事业单位微利，对市民保本的原则，改变长期由政府补贴的现状；七是最大限度盘活建设资金，如对道路广告权有偿使用、处理好二水厂与滨江区关系等。

三、关于新区建设环境问题

政府加大新区基础设施建设的投入，为今后大发展打下良好的基础。但群众对于新区建设存在的体制不顺、政出多门、多头管理、审批环节多、管理水平低、土地出让中的“一女二嫁”等现象颇有意见；其次是改善交通条件、完善配套设施、营造优美的居住环境力度不够；其三是鼓励开发商和企事业单位进新区开发，缺乏优惠政策；其四是建筑施工环境亟待整顿，当地一些行政村，强行销售一些质次价高量不足的建筑材料，强行收取一些不合理的费用，致使建筑成本增加，质量难以保证，在一定程度上影响了新区开发的速度和质量。因此，要切实加强领导和管理，改善新区建设环境。

四、关于美化、绿化和市政园林问题

在实施过程中，要结合萧山地理环境，体现萧山特色，综合考虑，协调推进。绿化、美化应以绿为主，以本地品种为主，树、花、草并重的园林绿地原则。采用多层次、多品种、多形式的布局，大力发展垂直绿化，注重新建房屋的五个面的设计。争取建一房绿一点、建一区绿一片、修一路绿一线。在退商还绿过程中，要选择适当地段建起几个街心公园，喷水池，配以艺术品位较高的城市雕塑、建筑小品，真正做到道路景观化、公园敞开化、庭院花园化。走出一条投资少、见效快、质量优的园林绿化之路。

文化园林是体现城市风味的重要组成部分，却是萧山市的薄弱环节。祇园寺、江寺的改造开发已经喊了好几年，但终因困难重重而迟迟未见动静。因此，要结合旧城改造，建成像上海城隍庙、南京夫子庙那样的庙会、娱乐、旅游和商贸为一体的新景观。

五、关于城区空间和城市公共交通问题

萧山城区规划起步较早，现有道路并不宽敞。一部分高楼大厦建成以后，就更显得狭窄，加上汽车、三轮车、自行车及行人交叉混杂，交通堵塞的现象时有发生。建议以104国道城区段改线为契机，集中力量整治各种车辆的通行和停放。要禁止货运车通过市区，严禁各种车辆占道停车，严禁出租车沿途揽客。人行道变成停车场这一现象，更应彻底解决。单位职工的各种车辆停放都应由单位内部解决。进入市区主要街道的自行车，应在偏僻地段开辟固定停车场所，专人看管。要加快改善城市交通设施的建设力度，提高城市公共交通水平。公共交通不解决，城区空间拥挤，车辆乱停乱放现象是难以根本解决的。

六、关于重要建筑门前的营业用房问题

改革开放以来，城区中也确实建造了一批设计新颖大方的建筑。但受过度商业化行为的影响，这些好的建筑，被一些低矮简陋的营业摊店所包围。这种以牺牲城市景观为代价的租房谋利的做法应立即纠正，如体育馆、青少年宫、老年宫、人民路小学等等。西河公园是城区一个重要的沿河公园，却为近300米的围墙所封闭，致使西环路更为狭窄和闭气。因此建议拆除砖围墙改以镂空花饰铁栏杆代替，既扩大城区的有限空间，又为城市增添绿色。

七、关于美化城市出入口问题

美化城市出入口环境十分重要，要精心设计，精心构筑。建成环路绿岛，设置高品位的城市雕塑和明显标志性建筑小品。并彻底清除四周破旧建筑物，开辟一定绿化开阔地段，花团锦簇，笑迎天下客。使从杭州、绍兴、诸暨进入城区的车辆和客人，有一个良好的第一印象。西门道口，目前虽非主要入口，但人车密集，经常出现瓶口堵塞现象。要限期搬迁城南停车场，加快撤场还绿进程，目前还存在只有战争年代才能看到的刺铁丝围护实在是大煞风景。其次美化城市入口环境应该有一个大的概念，即从绍兴、诸暨、杭州一进入萧山境内，都要纳入城市的控制性规划，切实加强公路两旁的环境改善和管理，三条公路通过的乡镇政府有责任做好通过地段的环境管理，使一进入萧山境内就使人有一个“萧山确实不一样”的良好感受。

八、关于城市亮起来中的几个具体问题

实施市心路中段“商业霓虹灯一条街”街景改造，已经写进政府工作报告，并作为政府为民办的十件实事之一。其初装费，经常性电费和维修养护如何负担和优惠，都应作出明确的具体规定。同时要结合这一工程对该地段破旧的装修和过时的广告，进行一次全面清理和整顿，使其相得益彰。

（原文是九三学社基层委员会在1999年市政协第十届第二次全体会议上的大会发言材料）

第三节　社会服务

人才培养

1989～1990年，九三学社组织社内专家配合城建部门开办城乡建设电视中专，并承担学校的教学、管理工作，先后培养两届共163名（工民建）专业的中专生，为全市78家建筑企业增添技术骨干。1990～1997年，为中外合资杭州江南地基公司等4家建筑企业引进24名具有高、中级职称的专业人才。1991～1992年，金鉴三社员先后承担标准化管理和质量监督管理函授教学任务，培养一批标准化管理和质量监督管理的专业人才，被中国标准化协会、浙江省标准化协会评为全国和省的优秀教师、全国质量监督管理函授教办优秀人员。

科技咨询

1990年，九三学社组织社员赴红山农场进行科技咨询。1990年、1991年，帮助城南开发公司的液化石油气完成钢瓶检测，参与驻上海的萧二建公司体制改革方案的制定。1995～1997年，针对全市经济的发展、项目的选定开展科技咨询，先后为乡镇企业“YSP—15型，5万只/年，液化石油气钢瓶检验维修中心建设”、“年产值1000万元的萧山锅炉厂建设”等项目编写可行性研究报告，组织技术论证，选择最佳方案，获得最佳效益。1997年、2000年，对万向集团开发的万向花园、万向公寓，就规划、立面造型、平面布置等方面进行咨询。

医疗义诊

1989年，九三学社杭州市委和萧山小组的部分医学界成员的名老医师、专家20人，先后为200多名离退休干部和红山农场的328名场员进行义诊。1990年儿童节，九三学社萧山支社组织并邀请杭州部分名医为城厢镇幼儿园的356名幼儿义诊。是年教师节，为赭山镇的139名教师和企业厂长(经理)及镇机关干部义诊，并为受诊人员建立健康档案。1991年，组织并邀请杭州部分名医为来苏乡和云石乡的干部教师义诊381人次。1997年6月21日，参加各民主党派共同参与的迎香港回归的医疗义诊活动。至2001年3月，九三学社基层委组织义诊20余次，近1700人次接受义诊。

第五章　萧山市工商业联合会（总商会）

萧山市工商业联合会（总商会）的前身是萧山县商会，源于清光绪三十三年（1907）成立的萧山县商务分会。民国20年（1931）2月，正式成立萧山县商会。1953年7月23日，成立萧山县工商业联合会，是萧山各类工商业者联合组成的人民团体。“文化大革命”期间停止活动。1987年1月，恢复机构并开展工作。1988年1月1日，更名为萧山市工商业联合会。1989年12月，成立萧山市副食品同业公会（1997年撤销）。1994年4月21日，成立萧山市总商会，与市工商业联合会“一套班子，两块牌子”，合署办公。12月，市工商业联合会（总商会）在义桥镇组建镇乡基层商会试点，然后在全市推开。至2001年3月，萧山市工商业联合会（总商会）有各类经济成分会员1226家（人），镇乡商会31个。[①]1994年6月，被授予1993年度“全国工商联文明企业”称号。

①1987年1月至2001年3月，萧山工商联会员累计被评为浙江省以上劳动模范和三八红旗手15人次，其中全国劳动模范5人次，浙江劳动模范5人次，全国五一劳动奖章获得者1人次，全国三八红旗手1人次，浙江省三八红旗手4人次。

第一节　组织建设

代表大会

萧山市（县）工商业联合会（总商会），其最高权力机构为会员代表大会，闭会期间由常务委员会行使代表大会职权，由驻会副会长、秘书长主持日常工作。

1953年7月至1962年4月，萧山县工商业联合会先后召开3次会员代表大会。[②]

②1953年7月23～26日，萧山县工商联筹委会在城厢镇召开全县工商界第一次代表大会，选举朱衍文任第一届工商联执行委员会主任委员，李方乾（国营）、王哲夫、孙庄甫、龚炳熙任副主任委员，李冠瀛任秘书长，136名代表出席大会。

1959年3月17～21日，萧山县工商联在城厢镇召开全县工商界第二次会员代表大会，朱衍文任第二届工商联执行委员会主任委员，盛华铨、王哲夫、孙庄甫、龚炳熙任副主任委员，李方乾任秘书长。

1962年4月3～8日，萧山县工商联在城厢镇召开全县工商界第三次会员代表大会，朱衍文任第三届工商联执行委员会主任委员，盛华铨、王哲夫、孙庄甫、龚炳熙、孙祖绵、周颂华任副主任委员，郭洪祥任秘书长。

1987年1月12日，举行萧山县工商业联合会第四次会员代表大会，出席代表152人。周颂华作筹备工作报告。大会选举产生萧山县工商业联合会第四届执行委员会，周颂华任主任委员，汪锡舫、沈庆南、张泉根任副主任委员，汪锡舫兼秘书长。

1990年10月8日，举行萧山市工商业联合会第五次会员代表大会，出席代表267人。周颂华代表第四届执行委员会作题为“发挥民间商会的积极作用，为治理整顿和深化改革服务”的工作报告。大会选举产生萧山市工商业联合会第五届执行委员会，周颂华任主任委员，姚月樵、沈庆南、张泉根、高自楠任副主任委员，姚月樵兼秘书长。

1993年6月30日，举行萧山市工商业联合会第六次会员代表大会，出席代表175人。周颂华代表第五届执行委员会作工作报告。大会选举产生萧山市工商业联合会第六届执行委员会，周颂华任主任委员，高自楠、富裕兴、张泉根、张德涯、沈庆南、徐冠巨任副主任委员，高自楠兼秘书长。

1997年9月18日，举行萧山市工商业联合会第七次会员代表大会，出席代表166人。周颂华代表第六届执行委员会作工作报告。大会选举产生萧山市工商业联合会第七届执行委员会，徐冠巨任会长，杜天林、李启财、富裕兴、张德涯、沈庆南、沈张先任副会长，杜天林兼秘书长。[①]

基层组织

1953～1967年，萧山县设有商会分会、办事处和工商小组等基层组织。[②]“文化大革命”期间停止活动。

1987年，萧山县工商业联合会重新恢复活动时，未建立镇乡分会等基层组织。1989年12月，成立萧山县副食品同业公会，为工商业联合会恢复活动后的第一个基层组织。1994年10月，萧山市工商业联合会（总商会）在义桥镇组建镇乡商会试点，12月6日召开会员大会，正式成立义桥镇商会。至2000年，全市31个镇乡全部设有商会。[③]2001年3月25日，萧山撤市设区，扩镇撤乡设街道，云石等7个乡商会并入其他镇和街道商会。[④]

发展会员

1953～1985年，萧山县工商业联合会新会员发展为零。[⑤]1986年，萧山县工商业联合会筹备小组恢复281名老会员资格，[⑥]在国营、集体企业中发展新会员81家，个体工商户12人，其他性质会员1家，合计有会员375家（人）。

1989年，市副食品同业公会成立，发展新会员64家（人）。至1991年，市工商业联合会（总商会）共发展新会员306家（人），其中个体工商户和私营企业21家（人），占新发展会员数的6.8%。

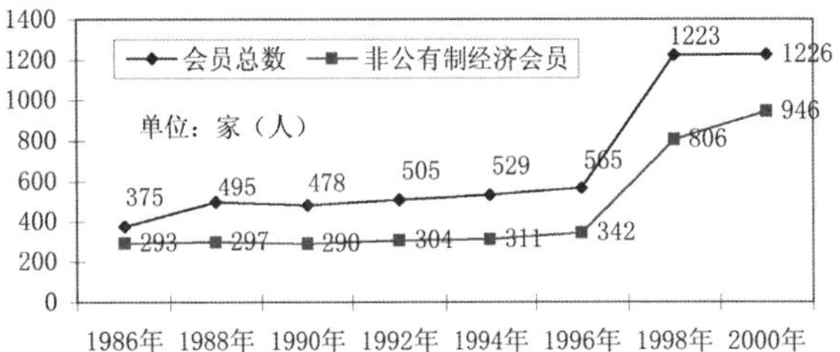

图26—5—780　1986～2000年部分年份萧山工商联会员发展情况

①1998年11月，增补孙海哨任副会长。

②1953年前，萧山县商会、城区及各镇工商联筹委会均单独开展工作，无机关、基层的区别。1953年7月县工商联成立后，8月开始对全县各镇的工商联筹备会和同业分会等组织进行改组，按会员多少和工作需要，改组为分会、办事处和工商小组等基层组织，下设同业公会（同业小组），城厢镇为同业公会联合办公处。共有分会2个：临浦镇、瓜沥镇分会；办事处11个：河上、戴村、王家闸、义桥、闻堰、西兴、荏山、坎山、长河、头蓬、南阳办事处；工商小组16个：楼塔、尖山、径游、所前、欢潭、浦沿、夏履桥、史村曹、街前、靖江、横岔路、新湾、党湾、赭山、老埠头、义盛工商小组；同业分会12个：城厢、临浦、瓜沥镇各4个，同业委员会12个，同业小组69个。基层各级工商联机构及同业分会，都配有脱产工作人员。1957年3月，除城厢、瓜沥、临浦3镇分会外，其余按行政区设工商联办事处，各工商小组撤并于所在区办事处。1963年增设闻堰、西兴、义桥3镇办事处。1967年8月，“造反派”砸烂县工商联机关，县工商联被迫撤销，基层组织荡然无存。（资料来源：杭州市萧山区工商业联合会（总商会）志编纂委员会：《萧山工商业联合会（总商会）志》，方志出版社，2007年12月，第107～108页）

③1994年，成立义桥镇商会。1995年，成立南阳镇商会。1996年，成立党山镇商会、党湾镇商会。1997年，成立许贤乡商会、街前镇商会、瓜沥镇商会。1998年，成立楼塔镇商会、河上镇商会、戴村镇商会、云石乡商会、临浦镇商会、浦阳镇商会、进化镇商会、欢潭乡商会、所前镇商会、闻堰镇商会、宁围镇商会、新街镇商会、坎山镇商会、益农镇商会、义盛镇商会、头蓬镇商会、靖江镇商会、新湾镇商会、前进乡商会、城厢镇商会、河庄镇商会；1999年，成立来苏乡商会、石岩乡商会、新塘乡商会。2001年11月，成立北干街道商会。2001年12月，成立蜀山街道商会。（资料来源：杭州市萧山区工商业联合会（总商会）志编纂委员会：《萧山工商业联合会（总商会）志》，方志出版社，2007年12月，第111～126页）

④2002年，始成立异地商会：萧山区总商会温州商会。2003年，成立萧山第一个、第二个行业商会：开元旅游业商会、义乌商会。2005年，成立萧山房地产商会、萧山装饰布行业商会。2004年，成立农业企业联合商会。至2005年底，萧山有26个镇、街道商会，2个异地商会、4个行业商会。（资料来源：杭州市萧山区工商业联合会（总商会）志编纂委员会：《萧山工商业联合会（总商会）志》，方志出版社，2007年12月，第127～130页）

⑤1953年县工商业联合会成立时，有会员8287家（人）。1955年，经过两年资本主义工商业的社会主义改造，私营坐商锐减至1654户。1956年，全县私营坐商只剩494户、行商98户、摊贩2555户。但工商联会员在名义上仍有6500余人（因进入公私合营和合作社的私商仍保留其工商联会员资格，参加工商联组织的活动，仍缴纳会费，工商联对他们仍然有教育、帮助、服务之义务）。1961年，在全县公私合营企业中工作的私商4722人，其中拿定息的953人。“文化大革命”期间，公私合营中的资方人员遭到批斗，定息取消，人员遣散。（资料来源：杭州市萧山区工商业联合会（总商会）志编纂委员会：《萧山工商业联合会（总商会）志》，方志出版社，2007年12月，第143～144页）

⑥1986年，萧山县工商联筹备小组对原有662名老会员（原工商业者）进行调查摸底，查实其中已故190人，退休回原籍或调离萧山99人，丧失活动能力、本人不愿恢复及被处理等92人；对其余的281人进行重新登记，恢复其萧山县工商联会员资格。

1992年，根据中共中央批转中央统战部《关于工商联若干问题的请示的通知》（中发〔1991〕15号）精神，调整会员结构，重点在私营企业、个体工商户中发展会员，国营企业、集体企业逐步退出。是年，发展新会员65家（人），其中个体工商业户26人、私营企业39家。1998年，会员数量首次超过1000家（人）。至2001年3月，全市工商业联合会（总商会）会员1226家（人），其中非公有制经济会员946家（人），占会员总数的77.16%。

第二节 参政议政

担任政协领导职务

部分萧山工商业联合会会员担任政协领导职务，直接参与政务和参政议政：王哲夫，1956年4月至1966年5月担任萧山县政协副主席；周颂华，1980年6月至1998年3月担任萧山市（县）政协副主席；徐冠巨、黄伟成，1998年3月至2001年3月分别担任萧山市政协副主席。

担任人大代表、政协委员

1950年1月至1986年12月，萧山县工商业联合会（总商会）有149人次推荐为浙江省、萧山县人大代表和政协委员，其中浙江省人大代表和政协委员2人次、萧山县人大代表和政协委员147人次。有26人次被选举为萧山县人大常务委员会常务委员和政协常务委员会常务委员。

1987年1月至2001年3月，萧山市（县）工商业联合会（总商会）有193人次被推荐为全国、浙江省、杭州市、萧山市（县）人大代表和政协委员，其中全国人大代表和政协委员2人次，浙江省人大代表和政协委员7人次，杭州市人大代表和政协委员5人次，萧山市（县）人大代表和政协委员178人次。有16人次被选举为萧山市（县）人大常务委员会常务委员和政协常务委员会常务委员。

建言献策

1987年起，萧山工商业联合会界别围绕发展非公有制经济这一主题，开展一系列专题调查。90年代初，针对商业批发中存在的环节多、税费多、假劣商品多，酒类专营后各地实行地方保护对全市啤酒业的影响、私营企业主自身素质提高等问题，通过调研写出专题调查报告，供市政府决策参考。1991年6月，针对社会上对私营企业存在偏见、歧视的问题，专门组织力量，对临浦、戴村、城北、瓜沥4个区的私营企业进行调查，写出题为《当前私营企业的现状及建议》的调查报告，引起市政府和有关部门的重视，浙江省工商业联合会向全省作了转发。1999年，针对中小企业贷款难、担保难的问题，开展专题调查，组织外出考察，写出《关于非公经济中小企业贷款担保基金的考察情况汇报的建议》，为市政府决策成立担保公司提供了参考，促成义桥等一批镇、办事处担保公司的建立。至2000年，先后开展专题调查17次，撰写调查报告8篇。

1993～1995年，萧山市工商业联合会中的政协委员先后提出大力发展私营经济、领导干部清正廉洁、社会治安、萧山商业城应重点发展汽配业、市政府应设立一个专门管理非公有制经济的职能部门、杭州萧山国际机场建设、全市资金投向、萧山经济技术开发区建设等提案35件。1997年，在市政协九届五次会议上，提出关于萧山城区建设、土地管理、发展个体私营经济、社会治安、环境保护、维护原工商业者合法权益等提案16件。1998～2000年，在市政协第十届委员会期间，共提出各类提案52件。至2001年3月，累计提出各类提案、意见建议213件，大会发言8次。

【附】

萧山私营企业情况调查

萧山的私营经济是在党的改革开放政策中涌现出来的新生事物，并在萧山的经济建设中逐渐发挥着“有益的补充作用”。为了协助政府加强对私营企业的引导和管理，萧山市工商业联合会在市工商局和各工商所的大力支持下，从1991年5月28日开始，用一个半月的时间对全市六区一镇私营企业的现状作了初步的调查了解。

一、全市的私营企业在改革开放中已初露头角

由于市委、市政府的重视，有关部门的支持，全市私营企业的发展基本是健康的，并取得了较明显的经济效益和社会效益。

1.随着党的改革开放政策的深入，全市的个体、私营经济已在稳步兴起，在经济建设中起到“第十一个轮子”的作用。据统计，1990年底，全市共有私营企业799家，投资者1503人，注册资金1930万元，从业人员（雇工）105156人，工业产值3000万元。商业加工业及服务业营业额1500万元，上缴国家税金532万元，占财政收入的1.35%。1991年6月底，全市私营企业共773家，注册资金2023万元，工业产值2456万元。商业及服务业营业额494万元，上缴国家税金285万元。事实充分说明这是一支不小的经济力量。从私营企业的行业分析，主要从事加工工业和流通领域。工业以五金、钣金、机械、服装、纺织、运输、工艺品等为主。从地区看，瓜沥、义蓬、城南区以化纤轻纺为主，城北、临浦区、城厢镇以机械、运输、工艺品为主。不少私营企业几经发展，经营正常，业务渠道畅通，经济效益较好，已具有一定的生产规模和经济实力。如宁围乡的萧山化学助剂厂，固定资产已达100万元，有职工100人以上，目前有45只产品。他们依靠科技，与大专院校、科研单位挂钩，研制成功的印染助剂“901特效去油灵”，受到市和省科委的认可，并取得国家专利，已投入批量生产。1991年又成功研制了新产品“902常温用金属清洗剂”，以质优、价廉，深受广大用户的欢迎，产品远销四川、湖南、福建、广东、江苏、天津、南京及本省各地。1990年实现产值507万元，上缴税金46.9万元。又如临浦区大庄乡的萧山大庄机械厂，拥有固定资产原值45万元，1990年产值达100余万元，1991年上半年已完成70多万元产值。目前经政府批准，上述两家正在征用土地准备扩建厂房，扩大生产规模。还有如城北区的长河模具厂、袜机厂、钢窗制品厂、北塘河综合商店；瓜沥区的萧山微型轴厂、萧山党山时装厂、萧山党山第三服装厂；义蓬区的南阳镇伞厂、南阳伞厂；城南区的衙前祥凤织造厂、衙江朝阳钣金厂；戴村区的伞骨子厂；临浦区的萧山浦阳炊具厂；城厢镇的萧山打字机商店、湘湖灯具厂等等。像这类在社会上有知名度并有一定信誉的私营企业约占全市私营企业的四分之一。

2.全市私营企业的产品结构起到了拾遗补缺的作用。据调查，私营企业因兴起时间不长，由于技术、设备、资金、能源等方面的原因，经济实力还比较薄弱，除少数企业外，绝大多数企业还缺乏在商品经济市场的竞争能力。为了求得生存和发展，他们避开与当地公营企业争行业、争原材料和争市场的产品，去寻找国营、集体企业不愿做，而社会和某些地区、行业恰恰又必需的，从微观来说社会上近期又是不可缺少的短线产品。正是这些被大企业视为“淘汰的产品”，且成为私营企业步入兴旺发达的“拳头”产品。比如萧山大庄机械厂生产的船用齿轮，是与社会上五六十年代建造的渔轮相配套的备品备件，大厂已经停止生产，而市场又小批量地需要这种产品。大庄机械厂就瞄准这一市场，组织生产船用齿轮，适应这种渔轮和市场的需求。因此产品畅销不衰，效益显著。还有如各式服装，各式晴雨伞，

各类袜机、滤清器、木铁模具等，销路渠道畅通。类似这样的私营企业产品在全市为数还不少。这种“拾遗补缺”的经营之道，是使私营企业能够生存和发展的一条有效途径，是符合国家“八五”计划和十年规划精神的。

3.个体和私营企业的发展，在农村和小集镇中还起到了解决剩余劳动力就业共同致富的作用。1990年底统计，全市参加个体工商户和安排到私营企业当职工的城乡富余劳动力为53940余人，有90%是农村剩余劳动力。如按全年人均收入2500元计算，即增加社会收入13485万元，其中私营企业解决的劳动力10516人，增加的收入在2629多万元。调查中，戴村区工商所的一位负责同志深有感触地说：戴村区由于集体企业和私营企业都不很发达，劳动力过剩，所以农民生活不富裕，由此影响社会治安。这话不无道理。如地处宁围乡宁新村的萧山化学助剂厂就是这样。这家厂现有职工105人，该村大部分劳动力安排在厂里工作。村上很少有闲散人员。由于本村劳力有限，还到别村招用职工。该厂职工的月收入人均在400元左右。还有长河模具厂、南阳镇伞厂、南阳第一伞厂、萧山勤乐皮鞋厂、萧山微型轴厂、萧山党山第三服装厂、党山时装厂、大庄机械厂还安排了部分待业青年，职工的月收入按劳取酬，一般也在200元～300元之间。私营企业的兴起，在一定程度上承担了国家的一些困难，减轻了社会的一部分压力，有利于社会治安，对建设有中国特色的社会主义，作出了积极的贡献。

4.全市个体、私营企业在创造社会效益、扩大国家税源、增加国家税收、支援农业、兴学助教和兴办地方社会公益事业等方面，也发挥了积极的作用。1990年，全市个体、私营企业向国家缴纳的税金为3433万元（个体工商户2901万元，私营企业532万元），占萧山工商三税收入的12.5%。绝大部分私营工商户通过社会主义教育和政策法规教育，认识到只有国家富强，才有个人富裕；自觉照章纳税，遵章守法是每个公民应尽的义务。如萧山化学助剂厂厂长徐传化说：“我是种地、拉车出身，没有国家也就没有我，现在党的政策好，一定要把厂办下去。缴税是义务，对国家的支持最要紧。”他办厂4年已依法纳税81.7万元，今年1～5月按时缴纳税款32.3万元。楼塔镇竹垫板厂今年4月份需缴税2200多元，当时资金周转不了，厂长楼绍宗就向亲戚朋友暂借，按时缴足税款。他们坚持共同富裕道路，为社会、为集体作出了贡献。一部分私营企业者认为私营经济有今天，全靠党和政府的政策正确，社会主义制度优越，富了不能忘记党和政府，不能忘了社会主义，不能忘了周围的群众的支持。私营企业者倪士荣说：“我就靠共产党的改革开放政策，才办好了我的商店，致了富，我理应为大家共同富裕、为社会公益事业做点贡献。”他主动为残疾人捐款400元；萧山微型轴厂厂长、市私协副会长、市工商业联合会常委励敬轩前几年已为坎山镇教育事业捐款4450元。坎山电器五金厂厂长王文英等协助有关部门为残疾人捐款800余元。义桥镇萧山工艺锦盒厂厂长谭仁贤出资3000元和一部分人力，为上埠村修道路80米；萧山化学助剂厂厂长徐传化1990年为宁新村修路、办学等资助3万元。1991年又赞助市计划生育协会1000元，为残疾人捐款1000元、中医协会捐款1000元，为灌溉农田兴修水渠资助5万元。个体工商户对社会的公益事业同样是慷慨解囊资助。如浦沿镇要造教育楼，个体工商户、城北个协分会会长华静媛捐款100元，在她的带动下，各工商户半小时捐款1761元；义桥镇何阿坑年已古稀，是个修理工，将积蓄多年的500元钱捐赠给村里修路，还动员3辆拖拉机拉塘碴等40余车铺路面。据义蓬区个体劳动者协会统计，到1991年6月，已向当地上交贴农金80.4万余元，生产设施费用21.3万余元；捐助教育事业费3.4万元，向残疾人捐款0.7万元。

二、当前私营企业面临的几个倾向性问题

由于私营企业是作为“社会主义经济的有益补充”出现的，其经济性质是私有的，经营是自发的和带有盲目性的，所以它不可避免地带来某些消极因素；私营企业以一家一户或几户联合为单位，经营分散，政府不便于像全民、集体企业一样纳入计划和管理，所以还存在不少有待于研究和解决的问题。归结起来主要有以下几方面。

一是对私营企业的管理形式还不相适应，体制不够理顺。目前对私营企业的管理部门是市工商局和在各区（镇）的工商所。他们按照党的政策在管理上做了大量工作，保证了个体和私营企业沿着社会主义道路方向发展。但工商局毕竟是国家行政执法单位，由于各种客观原因，要对私营企业实施生产、经营、产品质量、供需渠道、原材料组织、“三废”治理、职工劳保福利等的管理显得力不从心，甚至无能为力。有的私营企业者说：工商部门好是好，就是不懂生产经营难帮忙。有的针对工商部门的弱点，在原材料、产品价格、物耗、能耗上做文章，打国家的算盘。

二是私营企业普遍反映税率高，收费多，难以承受。私营企业出现下滑趋势，户数减少，原因是近来政府许多紧缩性调整的政策措施的出台，特别是1990年下半年以来，私营企业的税负增加，政策对私营企业按销售额实行预征税制度，税率高达16%左右，再加上各种费、款，最高的要超过18%（据测算占利润的60%～70%），大大高于集体企业。产品利率较低的单位，确有一定的困难，步履维艰。同时乡与乡之间由于实行地方财政包干，执行税率也不完全一样。如市里统一规定私营织机每台每月应缴税572.8元，而大园乡只收297元／台，相差48%左右。在这种情况下，有的私营企业就被迫到纳税低的乡或外地去办厂，少缴税款；有的搞现金交易，不开票、不进账，逃避监督，偷税漏税。

三是私营企业挂靠集体和转为集体的现象也比较突出。他们有的戴公有制经济的“红帽子”，也有戴着个体户的“小帽子”经营。如义蓬区的党湾、梅西、宏伟乡等的纺织行业较为普遍，党湾乡的迎新村有18台织机，名义上是村办企业的第二车间，而实际是3户私营企业。义桥镇已有4家私营企业转为集体，如萧山义桥侨眷五金厂，已转为山后中学校办厂，义桥机械五金厂已转为山后小学校办厂。也还有以个人名义“承包”的假集体企业，另有一些以个体工商户登记，实际在经营的是私营企业规模。类似以上的情况，全市各地都有。

关于私营企业挂靠集体或转为集体企业的现象，市工商业联合会在调查中也发现有两种情况。一种是生产已成规模，经济效益较好的私营企业，认为只要党的政策允许私营企业存在，即使自己得利少一些，也要千方百计办下去。但另一种生产基本正常的私营企业，为了享受集体企业的优惠待遇，自己从中得利，就想方设法戴“集体”的帽子，而有些村为了能得到一点利益，做了假集体企业经营者的保护伞。

四是不少企业顾虑较多。有的私营企业者反映说：“我们也是多种经济成分之一，是社会主义经济的有益补充，但有关部门在银行贷款、税率、原材料供应等方面与集体企业相比，私营企业是可望而不可及。”另一种顾虑是怕政策多变，变来变去只会加重私营企业的经济负担。有的私营企业者认为私营企业政治地位低下，只承担向国家纳税交费，而政治上要担风险，社会上没有地位，宣传舆论上不能公正对待，报道消极面多，鼓励引导正确的一面少。

五是社会上对私营企业持有不同程度的偏见，关卡较多。有的地方片面认为私营企业的发展会影响集体企业，因而采取不恰当的限制措施。如宁围乡有一家私营企业申请开办标牌厂，区工商所同意开办，而乡工办抵制卡住。理由是宁围乡已有一家集体标牌厂，私人若再办一个标牌厂就会冲击集体利益。有的地方妒嫉私营企业。如义桥镇萧山工艺锦盒厂所在上埠村，也有一个村办锦盒厂，由于管理不善，经济效益不如私营，村里少数干部就经常让萧山工艺锦盒厂为难，故意中断供电，损害他人生产。萧山工艺锦盒厂厂长谭仁贤12次要求离开上埠村去别地办厂。有的私营企业申请产品定价证比较困难，往往要多次跑市物价委员会申请领定价证，但物价委员会都不同意；他们只好把每个产品一个一个到市物价委员会来核价。而物价委员会在核价时又不考虑新增税负这一因素，按原税率核价，由于税率的增加，收费名目又多达十几种，加上进货单位的压价，企业困难增多，难以承受。

三、对私营企业工作的几点建议

1.进一步提高对个体、私营经济的认识。应明确指出，投资经营私营企业的人，既是部分剩余劳动的占有者，又是从事经营、管理的劳动者。他们是社会主义国家中享有平等权利的公民，他们的诚实劳动应当受到社会的尊重，他们的合法收入应该受到法律的保护。要继续坚持对个体私营经济“鼓励、引导、发展，保障合法权益，加强监督管理”的方针。

2.管理上要有一个机构，集中统一领导处理好对私营企业发展与管理的关系。根据中共十三届七中全会通过的《中共中央关于制定国民经济和社会发展十年规划和“八五”计划的建议》精神，私营企业发展的重点，应是鼓励私营企业向拾遗补缺和方便人民生活有关的行业发展。采取适当的组织形式，把有关部门（工商、公安、交通、物价、卫生、计量、土管及团体）的力量组合起来，理顺调控思路，统一政策步调，加强协调配合，划清职责界限，力戒互相扯皮，用好经济的、法律的、行政的手段，加强管理工作，兴利除弊，促进私营企业健康发展。根据萧山市当前个体、私营经济的状况，建议市委、市府成立一个个体、私营企业领导机构（有的地方已经成立个体私营经济领导办公室），便于实施对个体和私营经济统一领导和管理。

3.要积极发挥团体组织的作用。现在的个体劳协和私营企业协会，已经做了大量的工作，但还需要真正发挥民间经济社团的积极作用。个体工商户和私营企业迫切需要维护其合法权益，反映他们的意见和要求，帮助他们克服困难，发展生产经营。而政府部门也需要一个能够团结、教育、引导、帮助私营企业和个体户健康发展，加强管理的团体组织。工商业联合会是具有统战性、经济性、民间性的人民团体，应发挥其积极作用，配合对个体和私营工商业者进行爱国守法和职业道德教育，开展咨询服务，组织业务培训，引导他们爱国、敬业、守法，从而发挥工商业联合会在协助政府加强对私营企业管理的纽带作用。

4.加强对私营企业的政策、法纪和职业道德教育。个体和私营企业者中许多是奉公守法的，有的还被有关部门授予各种荣誉称号，但从总体上说在政治和思想素质不高，缺乏政纪、法纪和社会道德观念。为了使私营企业在经营中依法经营，合法经营、照章纳税，杜绝偷税漏税和制造劣质产品坑害消费者。首先必须加强对个体私营企业的基本路线教育，政纪、法纪和职业道德教育。其次要有相应的规章制度作保证。特别在税收管理上，要有必要的征税管理办法，做到“寓征于养”。同时，征税和纳税双方都要明确树立依法纳税观念，纳税人要依法及时纳税；征税人不收“人情税”、“过头税”。要继续制止“三乱”（乱收费、乱罚款、乱摊派），减轻个体和私营经济的负担；严格照章办事，不损害私营企业的利益，保护私营企业的合法权利。

5.按照萧山市人民政府〔1991〕36号文件的政策规定，做好对私营企业假冒集体的整顿工作，以保护合法经营的私营企业。

6.鉴于有的私营企业已具有一定的经济实力和生产规模，在资金周转暂时遇到困难时，建议有关金融部门在政策允许的前提下，适当给予优惠支持，扶持其发展。

（节选自萧山市工商业联合会1991年8月《关于对我市私营企业情况的调查报告》一文）

第三节 社会服务

服务与维权

80年代中期，萧山个体私营经济发展迅速，县工商业联合会开始在融资、招商引资、推介产品、维权等方面开展服务。同时，恢复互助金组织，[①]成立互助金管理小组，帮助部分工商业者解决生活和生产困难。

1987年，萧山县工商业联合会组织7家会员企业参加全国工商业联合会在石家庄举办的全国第一次商品展销会，成交8万元，开创萧山企业“走出去”先河。1989年，国家银根紧缩，企业流动资金困难，工商业联合会通过会办企业为会员融资21次、金额245万元，派员与会员企业杭州江南丝绸印染厂去浙江省工商业联合会借资金40万元。组织会员企业参加全市第四次商品交易会，成交1亿多元。1991～1994年，为6个会员企业维护合法权益，促使会员企业恢复正常生产。[②]

1987～2000年，累计组织会员企业参加各类商会交易会、展销会和洽谈会10次，业务成交额2.8亿元，达成3000万元以上投资项目1个；使用互助金补助、慰问工商业者870人次、14.6万元。2001年后，成立萧山总商会维权中心，及时为会员企业提供法律服务，协助企业解决生产经营和管理中的法律维权事务。[③]

会办企业

1983年5月，经萧山县人民政府办公室批准，成立萧山县经济贸易服务部，注册资金5万元，主要经营废旧物资再加工。1987年，更名为萧山县工商联经济咨询服务公司，同年改名为萧山市工商企业公司。1988年1月正式定名为萧山市工商业联合会企业公司，注册资金50万元，独立核算。1992年，与镇海石化总厂联营，组建萧山东海石化联营公司，注册资金600万元，企业公司占30%。1993年，增设子公司、分部各2个（萧山经济发展公司、萧山腾飞经贸公司、萧山商业城分部、瓜沥镇分部），经营部10个，拥有资金1500万元（含固定资产）。1987～1997年，累计完成销售额5.36亿元，创税利2821.6万元。1993年、1994年荣获“萧山市流通领域特级企业”称号。1994年6月，出席全国工商业联合会会办企业工作暨表彰大会，被授予“1993年度全国工商

①1956年8月，萧山县工商联第30次常委会议决定成立萧山县工商联生活互助金管理委员会，并通过《萧山县生活互助金实施办法》。9月1日，互助金开始运作。1962年9月停止。1959年3月至1962年9月，累计收入生活互助金4.46万元，实助2569人次，金额23.54万元，临时借贷7401人次，合计借贷72.52万元。至互助金停止时，尚余5.3万元，上缴县财政。1982年12月重新恢复活动（未建立组织形式）。1987年2月，恢复互助金组织，成立互助金管理小组。互助金来源：市财政返还的原工商联互助金5.3万元、银行利息、企业公司资助、工商联补贴。互助金主要用于对原工商界骨干、原工商业者和遗孀的生活困难、因病、病故、高温季节、春节、集体活动及其他特殊情况的补助和慰问。（资料来源：杭州市萧山区工商业联合会（总商会）志编纂委员会：《萧山工商业联合会（总商会）志》，方志出版社，2007年12月，第265～266页）

②1991年，会员企业萧山微型轴厂因“三废”处理问题被不实举报，坎山镇政府勒令其停止生产，企业将面临经济损失。市政协和工商联派专人与市环保局、坎山镇人民政府进行协调，并作现场检测，认为微型轴厂在三废处理上基本符合要求，但在设施上需要改进。坎山镇政府当即表示同意取消禁令，企业恢复正常生产。是年9月，会员企业原梅西八字桥酱菜厂（私营企业）因农民疏通河道，厂门被污泥堵塞，影响生产和生活。接到业主电话后，市工商联立即赶到原梅西乡政府，请乡政府及公安派出所出面调解，使事情得以平息，矛盾得到解决。

1992年5月，会员企业衙前翔凤织造厂因经常停电影响生产，要求安装一小型变压器，被有关部门卡住。市工商联出面与电力部门反复联系协商，才得到解决，使该企业产量大幅度提高。是年8月，会员企业坎山微型轴厂因生产需要，欲将自己住房改建成厂房，但跑了5个部门，得不到批准。经市工商联与有关部门反复协调，历时两个月终得解决。

1993年，会员企业党山镇锦标工艺厂厂长向市工商联反映，该厂围墙被后面一户农民以影响他家风水为由而破坏。秘书长立即率4名工作人员赶赴党山，取得镇领导、司法助理及联防队的协助，双方达成调解，锦标工艺厂恢复正常生产。

1994年，会员企业云石萧山制冷设备厂，因群众怀疑该厂污染河水，要其停止生产。市工商联得悉这一情况后，请求环保部门支持，实地察看化验，证实井水发黄是其他原因引起，不是该厂污染所致，澄清了误会，生产恢复正常。在此后的几年中，随着社会主义市场经济的逐步确立，国家对个私经济地位的确认和赋予法律保障，前述侵害个体私营经济权益的现象逐渐减少。（资料来源：杭州市萧山区工商业联合会（总商会）志编纂委员会：《萧山工商业联合会（总商会）志》，方志出版社，2007年12月，第263～264页）

③2002年3月，萧山工商联（总商会）成立萧山区总商会维权中心，至年底，为企业调解各种纠纷25起，维权金额1500万元。

联文明企业”称号。11月，又荣获“浙江省民主党派工商联特级企业”称号。

1996年，萧山腾飞经贸公司解体，并入萧山市工商业联合会企业公司。1997年10月，萧山东海石化联营公司解体。萧山市工商业联合会企业公司更名为萧山市工商业联合会企业有限责任公司，萧山经济发展公司更名为萧山市工商业联合会经济发展有限责任公司。1998年上半年，企业转换经营机制，萧山市工商业联合会企业有限责任公司、萧山市工商业联合会经济发展有限责任公司改组为股份制企业，由工商业联合会控股。2000年5月，企业实行“两个置换”（资产、职工身份），与工商业联合会脱离关系，是时共有资产1251万元。转制后，两家公司分别更名为杭州萧山工联五交化有限公司、杭州萧山商联金属材料有限公司。会内保留萧山市工商业联合会资产经营中心。

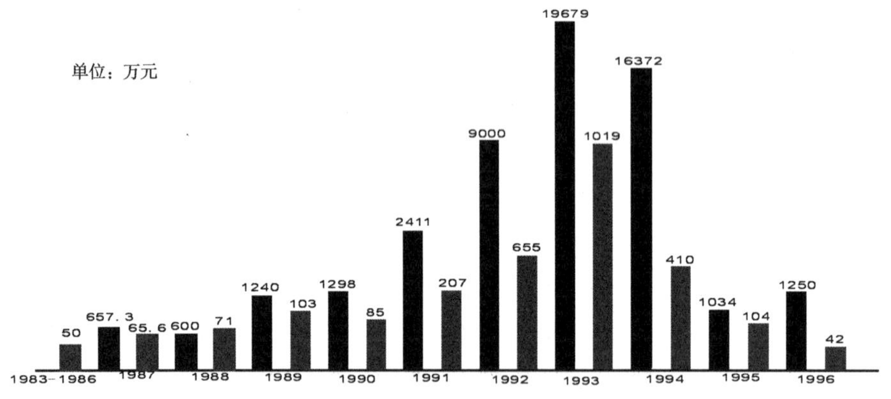

图26－5－781　1983～1996年萧山市工商联企业公司营业额、税利情况

注：①资料来源：萧山区工商联档案室。②黑色图柱表示营业额，灰色图柱表示税利。

经济联络

80年代后，萧山市工商业联合会加强与外省、市、县（市）工商业联合会的联谊。90年代后，开始组织会员企业出国（境）考察，并与国外（境外）商会建立友好商会。

1988～2000年，萧山市工商业联合会先后4次参加浙江省余杭、萧山、富阳、余姚、黄岩、嵊泗六县（市）工商业联合会联谊会。①1991～2000年，13次参加浙江、广东、江苏、安徽等省（市）工商业联合会联谊会。②

1993～2000年，先后4次组织会员企业负责人到新加坡、马来西亚、泰国、美国等国和中国香港地区考察访问；参加由荷兰中国商会举办的经贸洽谈会和德国汉诺威2000年世界博览会、法国投资介绍会。1988年6月，接待美国佛罗里达州商会副会长莫沙连来访。2000年12月，接待荷兰中国商会会长胡志光考察相关会员企业。

①1988年11月，余杭、萧山、富阳三地工商联发起成立六县（市）（余杭、萧山、富阳、余姚、黄岩、嵊泗）工商联联谊会，并在余杭召开首次会议，签署横向友好协议。这一联谊活动每年举行一次。2001年后，每年举行两次。（资料来源：杭州市萧山区工商业联合会（总商会）志编纂委员会：《萧山工商业联合会（总商会）志》，方志出版社，2007年12月，第277页）

②1991年11月，浙江、广东九县（市）（在原六县（市）基础上扩大）工商联联谊活动形成，并在岱山县召开首次会议。1992年4月，浙江、广东两省联谊活动扩大到13个县（市），并在绍兴举行第二次联谊活动。1993年因广东省揭阳市升格为地级市退出，更改为十二县（市）工商联联谊会。后扩大到17个县（市）。1998年后，这一联谊活动停止。1999年5月，浙江、江苏、安徽十六县（市）工商联联谊会形成，当年在浙江省岱山、江苏省宜兴举行两次。2000年5月，萧山工商联分别出席了在慈溪市、鄞县（同一次会议）和安徽省广德县召开的浙江、江苏、安徽十七县（市）工商联三届六次、七次联谊会。（资料来源：杭州市萧山区工商业联合会（总商会）志编纂委员会：《萧山工商业联合会（总商会）志》，方志出版社，2007年12月，第278页）

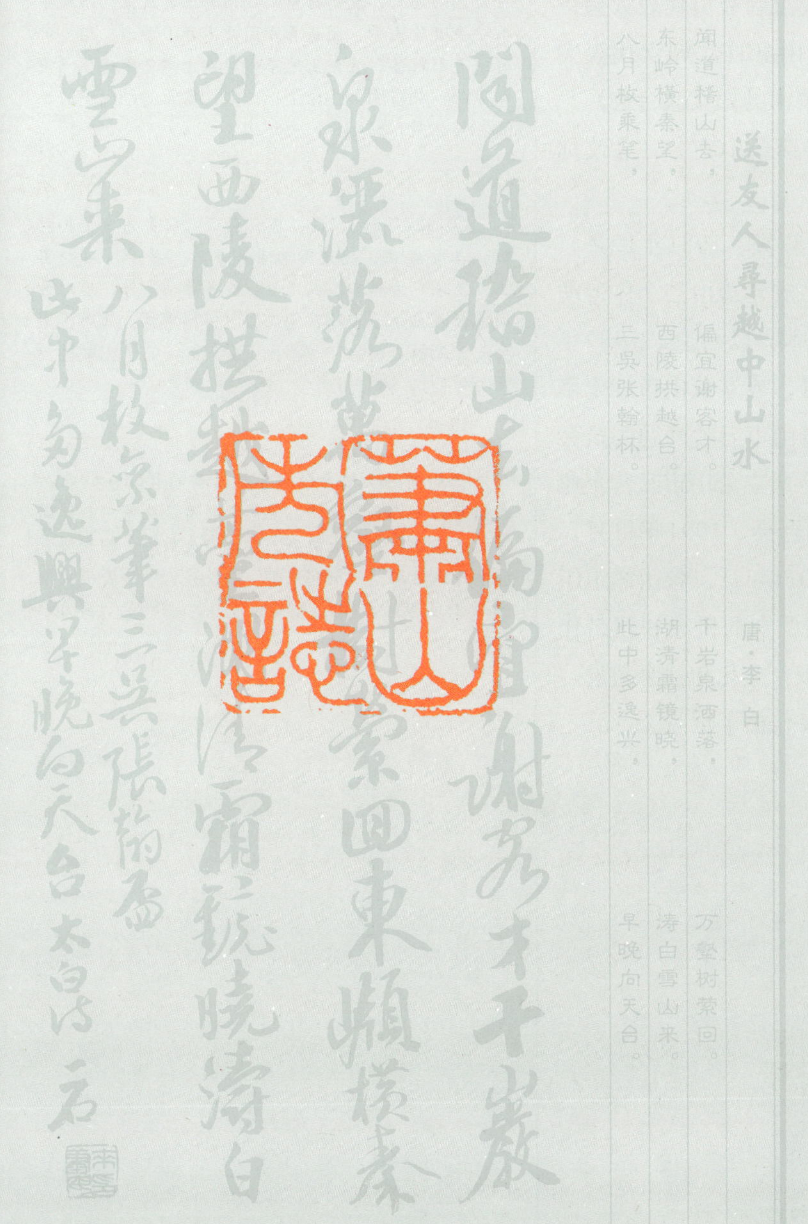
送友人寻越中山水
唐·李白
闻道稽山去，偏宜谢客才。千岩泉洒落，万壑树萦回。
东岭横秦望，西陵拱越台。湖清霜镜晓，涛白雪山来。
八月枚乘笔，三吴张翰杯。此中多逸兴，早晚向天台。

第二十七编
社会团体

萧山群众团体建立较早。1923年3月，衙前成立社会主义青年团萧山支部[①]，是萧山最早的青年团组织。1927年3月，萧山庆云丝厂[②]、通惠公纱厂成立工会，是萧山最早的工会组织。衙前成立妇女协会[③]，是萧山最早的妇女组织。中华人民共和国成立后，于1952年11月，召开萧山县首次团员代表大会，成立中国新民主主义青年团萧山县委员会（后改称共产主义青年团萧山县委员会）。1953年1月，召开萧山县首次工会会员代表大会，成立萧山县总工会。1954年3月，召开萧山县首次妇女代表大会，成立萧山县民主妇女联合会（后改称萧山县妇女联合会）。1956年11月，成立浙江省科学技术普及协会萧山支会（后改称萧山县科学技术协会）。

80年代后，萧山社会团体健全、活动频繁。1981年12月，成立萧山县归国华侨联合会。1983年9月，成立萧山县个体劳动者协会。1986年6月，成立萧山县文学艺术界联合会。1987年12月，成立萧山县消费者协会。1988年3月，成立萧山市红十字会。是年9月，成立萧山市台属联谊会、萧山市老龄问题委员会（后改称萧山市老龄工作委员会）。10月，成立萧山市私营企业协会。1990年12月，成立萧山市残疾人联合会。1991年11月，成立萧山市关心下一代工作委员会。至2001年3月，各团体组织充分发挥中共萧山市委、市政府联系人民群众的桥梁和纽带作用，发挥各自的特点和职能，积极参加经济、文化和社会建设，为萧山改革开放和经济社会发展、文化繁荣作出了贡献。

①正式有萧山衙前团支部的名称是在1923年9月29日，团杭州地委依据团第二次全国代表大会修正章程，开会改组后，才将在衙前小学任教的团员王贯三、赵并欢、钱义璋和在绍兴任教的团员王华芬、钱耕莘等6人划为第三团支部。这是萧山有团组织的最早记载。不久，为便于开展工作，将在萧山衙前农村小学任教的王贯三、张春浩、钱义璋3人划为第五支部。至1925年1月，在衙前的团员共5人，又被划为第四支部。但在这年夏季，沈玄庐背叛革命，破坏第一次国共合作，反对孙中山提倡的三大政策，而被中共中央开除出党，团员青年因此离开了萧山，团支部也就无形解体，直到土地革命时期才恢复重建。（资料来源：共青团萧山市委：《萧山青年运动简史》，2000年10月，第10～11页）

②1927年3月13日，庆云丝厂（前身为合义和丝厂）工会成立，赵侠卿为常务委员，并于16日起罢工，要求厂方增加工人工资，改善劳动条件，后厂方同意工人要求，于18日复工。（资料来源：《萧山工会志》编纂委员会：《萧山工会志》，方志出版社，2005年4月，第3页）

③衙前妇女协会经常参加活动的有50～60人。在衙前妇女协会带动下，长巷、钱清、头蓬、新林周等地也相继成立妇女协会。大革命失败后，妇女协会逐渐停止活动。（资料来源：萧山县志编纂委员会：《萧山县志》，浙江人民出版社，1987年，第633页）

第一章　工　会

1927年3月，萧山庆云丝厂、通惠公纱厂成立工会，是萧山最早的工会组织。之后，在相继成立丝织、棉纺、杂货、南货、茶食、造纸、药业、米业、钱庄等行业工会的基础上，成立萧山县总工会[①]。抗日战争、解放战争时期，工会活动时断时续。1950年6月，成立萧山县总工会筹备委员会。1953年1月，举行首次工会会员代表大会,成立萧山县总工会。是年3月，召开萧山县总工会第一次代表大会。至1966年2月第六次代表大会，历次大会均能按时召开。“文化大革命”期间，工会被迫停止活动。1977年恢复。1988年6月，成立萧山市职工技术交流协会[②]。1989年3月，成立萧山市总工会女职工委员会[③]。至2000年底,先后召开萧山市（县）总工会代表大会12次，有基层工会组织1454个，会员138573人，其中女会员54566人。

萧山市（县）总工会，围绕经济建设这一中心，加强工会组织建设，健全职工代表大会制度，推进民主管理，开展创建“职工之家”和劳动竞赛活动，建立集体劳动合同制度，维护职工合法权益，调动职工积极性和创造性，为萧山两个文明建设发挥职工主人翁作用。1995年，萧山市被全国总工会评为工会基层工作先进县（市）。1996年，萧山市总工会获“全国新经济组织工会工作先进单位”称号。

第一节　代表大会

1953～1982年，先后召开萧山县总工会第一次至第八次代表大会。[④]

1985年6月6～8日，召开萧山县总工会第九次代表大会，出席代表250人，列席代表34人。会议主题：加强工会工作，投身改革洪流，把工会工作转移到经济建设上来；健全职代会制度，推进企业民主管理；深入开展建设“职工之家”活动，努力提高职工队伍思想政治素质和科学文化素质。大会选举产生萧山县总工会第九届委员会，韩柏青当选为主席。

1988年9月26～28日，召开萧山市总工会第十次代表大会，应到代表250人，实到代表239人，列席、特邀代表40人。会议主题：广泛开展劳动竞赛，促进萧山经济发展，积极主动参政

①1927年4月，萧山县总工会成立，祝庆祥（中共党员）为常务委员，谢让德等6人为执行委员。

②萧山市职工技术交流协会，自成立至2003年，共收到合理化建议11396条，其中被采纳实施的有2689条。开展技术服务2522项，技术攻关613项，技术革新275项，推广新技术119项，开发新产品147项。其中29项获省、市科技成果奖。组织技术培训929次、技术表演47次、技术比武291次，参加上述活动达50600人次。直接创造经济效益7841万元。同时，协会还帮扶困难亏损企业67家，使他们扭亏增盈610.7万元。7家基层技协与7名特困职工结对帮扶连续3年。资助困难职工子女37人就学。有下属基层职工技协组织30家。完成技术贸易成交额达1亿多元。（资料来源：《萧山工会志》编纂委员会：《萧山工会志》，方志出版社，2005年4月，第79页）

③萧山的女职工工作是通过市总工会女职工委员会来完成的。市总工会领导和一名工作人员兼管此项工作，分别担任女职委的主任和办公室主任。1989年3月7日，萧山市总工会女职工委员会成立，选举产生首届女职委委员20人。1995年3月7日，市总工会女职工委员会召开第二次代表大会，正式代表76人，选举产生二届女职委委员22人。2000年3月22日，市总工会公布第三届工会女职工委员会组成人员4人。（资料来源：《萧山工会志》编纂委员会：《萧山工会志》，方志出版社，2005年4月，第32页、第67页；萧总工〔1989〕15号）

④1953年3月，萧山县总工会第一次代表大会，出席代表102人，孙成一当选为主席；时有基层工会数84个，会员9337人。1955年3月，萧山县总工会第二次代表大会，出席代表122人，孙成一当选为主席；时有基层工会数135个，会员7148人。1956年12月，萧山县总工会第三次代表大会，出席代表165人，耿旭东兼任主席；时有基层工会数112个，会员8591人。1958年9月，萧山县总工会第四次代表大会，出席代表186人，商荣基当选为主席；时有基层工会数111个，会员8738人。1962年12月，萧山县总工会第五次代表大会，出席代表128人，董长江当选为主席；时有基层工会数153个，会员7908人。1966年2月，萧山县总工会第六次代表大会，出席代表351人，何乃敏当选为主席；时有基层工会数153个，会员9521人。1977年9月，萧山县总工会第七次代表大会，出席代表1056人，朱厚立当选为主席，时有基层工会128个。1982年4月，萧山县总工会第八次代表大会，出席代表356人，朱厚立当选为主席；时有基层工会组织287个，会员42017人。（资料来源：①《萧山工会志》编纂委员会：《萧山工会志》，方志出版社，2005年4月，第54～60页；②萧山县志编纂委员会：《萧山县志》，浙江人民出版社，1987年，第626～627页）

议政，提高企业民主管理水平；为职工说话办事，维护职工合法权益。大会选举产生萧山市总工会第十届委员会，韩柏青再次当选为主席。

1993年12月16～18日，召开萧山市总工会第十一次代表大会，出席代表251人。会议主题：发扬艰苦创业精神，依靠职工深化改革；强化工会法制建设，加大依法维护力度；拓宽工会工作领域，做好镇乡、外商投资企业和私营企业的工会建设；实施“送温暖工程”、“再就业工程”；加强工会自身建设，探索和创新工会工作。大会选举产生萧山市总工会第十一届委员会，王爱凤当选为主席。

1998年12月16～18日，召开萧山市总工会第十二次代表大会，出席代表280人，列席代表37人，特邀代表39人。会议主题：坚持以邓小平理论指导工会工作，全心全意依靠工人阶级；团结和动员职工群众以主人翁姿态，为萧山经济和社会事业发展作贡献；发挥党联系职工群众的桥梁和纽带作用；正确处理改革、发展、稳定的关系；探索社会主义市场经济条件下的工会工作路子；建立和完善以集体协商和签订集体劳动合同为基本形式的协调劳动关系机制；加强工会自身建设，推动工会工作。大会选举产生萧山市总工会第十二届委员会，吴关林当选为主席。

第二节　基层工会

1982年，全县有基层工会287个，会员42017人。1985年，全县有基层工会组织418个，会员50828人。

1987年，县委办公室批转县总工会《关于继续搞好乡镇企业组建工会试点工作的报告》（县委办〔1987〕51号），加快乡镇企业工会组建工作。[①]是年底，全县有基层工会443个，会员66016人，其中乡镇企业工会51个，会员10000人。

1989年3月，萧山市总工会女职工委员会成立。是年底，全市基层工会成立女职工委员会112个。9月20日，全市第一个镇工会联合会在坎山镇成立，该会由10个基层工会联合组成。“三资”企业成立工会2个。翌年，全市基层工会增至509个，其中全民所有制企业292个，集体所有制企业137个，乡镇企业78个，“三资”企业2个；会员增至81292人，其中女会员33353人，35周岁以下会员41361人，劳动合同制会员16576人，少数民族会员28人；工会专职干部201人。

1992年，全市乡镇企业和“三资”企业工会有所发展。乡镇企业工会93个，“三资”企业工会16个。全市“撤区扩镇并乡”后，各镇乡教育工会随之撤并，基层工会有所减少。乡镇企业工会增加。

1994年，全市镇乡工会工作首次列入年度工作目标考核，市总工会与31个镇乡、16个局和产业工会签订《工会重点工作责任

①1984年8月2日，萧山县总工会发出乡镇工业企业建立工会的通知。当时有乡镇工业企业841家、职工86000人。10月8日，杭州万向节厂工会成立。这是萧山县第一家乡镇企业工会。至1986年，全县有基层工会407个、会员63900人，其中乡镇企业工会47个、会员8398人。

表27-1-523　1985～2000年萧山基层工会情况

年份	基层工会（个）				工会会员（人）
		乡镇企业	“三资”企业	私营企业	
1985	418	—	0	0	50828
1986	407	47	0	0	63900
1987	443	51	0	0	66016
1988	459	63	0	0	71313
1989	504	76	2	0	76135
1990	509	78	2	0	81292
1991	525	84	—	0	83000
1992	545	93	16	0	85419
1993	495	113	14	0	87257
1994	580	217	102	1	93380
1995	607	268	157	12	105270
1996	627	242	145	36	82733
1997	723	241	147	66	100462
1998	732	38	157	116	102631
1999	1088	38	157	578	135644
2000	1454	—	—	973	138573

注：①资料来源：萧山区总工会。
②基层工会包括乡镇企业工会、“三资”企业工会、私营企业工会、国有企业工会等。

书》，健全工会组织，加快非公有制企业工会建设。6月8日，浙江传化化学集团公司工会成立，成为萧山首家非公有制企业工会。是年底，全市31个镇乡均成立工会工作委员会；乡镇企业工会增至217个；“三资”企业工会增至102个；全市工会会员93380人，其中女会员43352人。

1995年，加强乡镇企业、外商投资企业和私营企业工会组建工作。至年底，全市新建乡镇企业工会69个，“三资”企业工会32个，私营企业工会增至12个。至此，全市共有基层工会607个，会员105270人，其中女会员42284人。是年，市总工会被省总工会评为新经济组织工会工作先进集体。

1996年，市委办公室、市政府办公室转发市总工会《关于在私营企业组建工会和开展工会工作的意见》（市委办〔1996〕48号），成立市私营企业工会工作委员会，全力推进私营企业工会组建工作。至年底，私营企业工会增至36个。是年，因区划调整，全市工会组织减至627个，会员82733人。翌年，全市因企业破产、解体撤销企业工会41家。

1998年，随着全市企业转制的推进，国有、城镇集体企业工会减少，私营企业工会增至116个。至年底，全市共有基层工会732个，工会小组6924个，会员102631人。翌年，市委提出以党建带工（会）建，以工（会）建促党建的要求，争取在两年内基本完成非公有制企业工会组建工作。共新建企业工会1987个，其中村级联合工会213个（下属企业1713个），行业工会1个（下属企业32个），单独新建私营企业工会248个，“三资”企业工会18个。

2000年，全市继续推进非公有制企业工会组建工作，新建独立基层工会634个，村联合工会415个，镇乡（片）联合工会20个，行业工会4个，覆盖非公有制企业4002家。至年底，全市共有基层工会1454个，其中国有企业工会21个，私营企业工会973个，港澳台商投资企业工会52个；共有会员138573人，其中女会员54566人。

【附】

萧山工会史的“第一”

中华人民共和国成立后萧山第一个镇店员工会——临浦镇店员工会，1949年12月成立筹委会，主任孔仰恩；1951年3月正式成立，主席袁兰生。

中华人民共和国成立后萧山的第一批工厂工会：1950年7月，萧山县市政工会筹委会成立，1951年2月正式成立。其所属基层组织有电厂工会、土产加工厂工会、粮食加工厂工会、汽车公司工会、电话所工会。

中华人民共和国成立后第一个区教育工会——长河区教育工会，1950年7月成立，主席金亚民。

中华人民共和国成立后成立的第一个县产业工会——中国教育工会，1950年8月成立筹委会，主任金海观；1952年正式成立，主席金德。

中华人民共和国成立后成立的第一个镇工会——临浦镇工会，1951年3月成立，主席金德。

中华人民共和国成立后的第一所职工业余学校——临浦镇职工业余学校，开设小学，分高、中、初、普4个班级，首批学员280余人。

1984年10月8日，杭州万向节厂工会成立，这是萧山县第一家乡镇企业工会。

1985年，杭丰纺织有限公司工会成立，这是萧山县第一家中外合资企业工会。

1987年，长沙乡工会成立，这是萧山县第一家乡工会。

1988年10月，长沙乡萧山毛巾被单厂工会成立，这是萧山市第一家村办企业工会。

1994年5月30日，萧山微型轴厂工会成立，这是萧山市第一家私营企业工会。

1994年6月8日，浙江传化化学制品有限公司工会成立，这是萧山规模最大的私营企业工会。

1994年7月31日，杭州雅利电器五金有限公司工会成立，这是萧山市首家台商独资企业工会。

1997年5月，浙江航民实业集团有限公司工会成立，这是萧山市第一家村级企业工会。

1999年6月17日，靖江镇义南村工会联合会成立，这是萧山市第一家村工会联合会。

2002年12月2日，城厢街道藕湖浜社区基层联合工会成立，这是境内第一家社区工会。

（资料来源：《萧山工会志》编纂委员会：《萧山工会志》，方志出版社，2005年4月，第247页）

第三节　劳动竞赛

萧山主要是围绕党在各个时期的中心任务开展劳动竞赛[①]。

1985年，全县开展“四个一”活动[②]，在工人文化宫举办成果展览会。翌年，县总工会组织开展社会主义劳动竞赛，当年完成技术革新成果70项，创建文明班组450个。

1987年起，全县开展“双增双节”[③]社会主义劳动竞赛活动，实现增产节支859万元。举办成果展览，有39个基层工会展出成果54项，其中杭州柴油机厂工会、萧山绸厂工会等14个单位的20项成果送杭州市展出，获杭州地区7县竞赛第一名。翌年，成立萧山市职工技术交流协会，下设8个基层技协和6个技术交流队，攻破技术关键项目3个，培训职工740人次。

1989年8月，组织开展“爱国立功劳动竞赛”活动，50名职工被评为优秀职工。翌年，全市共有239个基层工会的60000余名职工参加竞赛活动。提出合理化建议10098条，为企业增收节支855.9万元。攻破技术项目1086个，创造效益131万元。杭州瓷厂工会获杭州市合理化建议组织奖；萧山精密压力机厂工会等8条建议被评为杭州市最佳合理化建议。

1991年3月，号召全市职工开展“当主人、献一计、创一流、比贡献”的社会主义劳动竞赛。229个企业的42130名职工参赛，实现效益898万元；提出合理化建议10910条，实现效益561万元，其中被评为省级最佳合理化建议1条、杭州市级8条、萧山市级15条。是年，全市基层技术协作委员会增至32个，会员3725人。全年攻破技术关键项目9个，创造经济效益63000元；推

①萧山县的劳动竞赛，早在1951年就开始了，但为数不多。1953～1955年的3年中，虽有多种竞赛形式，但最基本的是竞赛计划指标，通过政工集体合同，落实小组保证条件，开展组际竞赛。

1956～1957年2年中，全县有26个工厂、4个农场参加厂、场际竞赛；有2493个职工参加同业务竞赛，有394个职工参加同工种竞赛。

1958～1959年的劳动竞赛，范围之广、形式之多、声势之大，史无前例，但不深不细，要求过高、过急，出现浮夸。

1961～1966年，特别是1964～1965年，劳动竞赛的主要特点是目标明确，以支援农业生产为中心，企业、班组、个人都有“五好”、“六好”的具体目标；另一个特点是着眼基层，紧抓班组竞赛。

1977～1982年，群众生产活动总的特点，是围绕国家现代化建设，开展多贡献活动和立功活动，在竞赛活动中，注重开发智力，组织技术培训，开展技术交流活动，激励提供合理化建议；仅在1982年516名职工提供的557项建议中，已实现的有117项，经济价值达21万元。

1989年，扩大企业职工生活后勤“一条龙”竞赛组织，调整后的生活后勤组织有430个，此项活动一直在延续。2003年，开展“名师带高徒”活动，万向集团率先走入规范化。（资料来源：《萧山工会志》编纂委员会：《萧山工会志》，方志出版社，2005年4月，第107～110页）

②提一条合理化建议，搞一项新技术，学一门基本功，每人多贡献100元。

③增产节约、增收节支。

广新技术6项，创造经济效益135万元；组织技术培训98次，参训5000人次；组织技术比武81项，参加11000人。

1992年，开展“三抓一增”（抓质量、抓销售、抓安全，增效益）劳动竞赛，创造经济效益759万元；评选技术业务能手50名、最佳销售员10名。是年，市总工会与市经委、团市委联合举办万名职工比武活动，分设维修电工、泥工、医护、面食点心制作、珠算等项目，41名职工被市政府授予“萧山市操作能手”称号。

1994年，以“围绕市场搞竞赛，搞好竞赛促市场”为主题，继续开展“双增双节”劳动竞赛活动，组织劳动竞赛425次，参加职工28351人，实现效益812万元。翌年，全市各基层工会开展“爱国敬业、岗位奉献”劳动竞赛。全市有12833名职工提出合理化建议5424条，创造效益648万元。

1997年，围绕企业生产、经营、管理、销售等环节开展劳动竞赛，创造效益942万元；提出合理化建议5425条，创造效益649万元。是年，评出生产一线优秀职工30名。

1999年，开展“学先进、比贡献、创一流、增效益”劳动竞赛，创造效益1724万元；8249名职工提出合理化建议15382条，实现效益3194万元；11074名职工参加117项技术比武；技术革新131项，实现效益495万元。2000年，全市开展各种劳动竞赛1015次，3211名职工提出合理化建议18961条，实现效益3198.6万元。

第四节　劳动模范评选

萧山市（县）级劳动模范

1984年，萧山开始劳动模范评选，全县共评出劳动模范24人。1985～1996年期间，除1989年因故停选外，每年评选一次劳动模范。1996年起，每两年评选一次。至2000年底，全市共评选劳动模范968人。

杭州市级劳动模范

杭州市级劳动模范名额由杭州市总工会下达，萧山市（县）总工会负责评比推荐。1979～2000年，萧山推荐杭州市级劳动模范213人。

浙江省级劳动模范

浙江省劳动模范名额由省总工会下达，萧山市（县）总工会负责评比推荐。1951～2000年，萧山推荐浙江省级劳动模范36人。

全国劳动模范（五一劳动奖章）

全国劳动模范由全国总工会下达名额，萧山市总工会负责层层推荐。1989～2000年，鲁冠球、朱重庆、尚舒兰、王鑫炎4人先后被评为全国劳动模范。1987～1998年，楼永祥、鲁冠球、华水夫、王跃明、来坚中5人先后获全国五一劳动奖章。

图27－1－782　萧山劳动模范表彰大会（1998年4月30日，傅宇飞摄）

劳动模范管理

1993年5月，全市开展历届各级劳动模范情况调查，建立档案，有序管理。1996年5月，发起“寻访老劳模活动”，共访老劳模32人。1997年4月，成立市劳动模范协会。8月，组织186名劳动模范进行健康体检。

1998年，落实获浙江省级以上劳动模范职工退休后一次性补贴待遇，及劳动模范在企业关、停、并、转中的待遇，共办理杭州市级以上劳动模范待遇32人；浙江省人民政府1956～1964年度先进生产（工作）者、杭州市1956～1965年度先进生产（工作）者待遇28人。是年，举办劳动模范联欢会、座谈会和赴京观光团；举办由劳动模范参加的"欢乐今宵"电视现场直播；组织劳动模范疗休养。

1999年，落实机关事业单位劳动模范医疗费按实报销待遇，共办理杭州市级以上劳动模范待遇17人；浙江省人民政府1956～1964年度先进生产（工作）者、杭州市1956～1965年度先进生产（工作）者待遇35人。是年5月1日，市委、市政府召开劳动模范座谈会议，邀请23名劳动模范参加，共商萧山经济发展大计。9月，组织劳动模范451名进行健康体检；组织劳动模范、先进生产工作者35人赴京观光。

第五节　职工维权

民主监督

1982年，萧山全面推行职工代表大会制度，[①]共有140个企事业单位建立职工代表大会制度，占应建（有工会组织）290个单位的48.3%。建有职工代表大会制的单位一般每年举行2次代表大会，成立常任主席团和专门小组，促进企业民主管理，维护职工合法权益。

1987年8月，召开职工代表与县长对话会，就交通、市容、市场、物价、住房、环保、教育、文化等问题与县长们展开对话。县长马友梓到会，并择要解答职工代表提出的问题。是年，全县各级工会贯彻《全民所有制工业企业厂长条例》《中国共产党全民所有制工业企业基层组织工作条例》《全民所有制工业企业职工代表大会条例》，理顺党政工关系，加强民主管理。至年底，共有373家企业建立职工代表大会制度，占应建企业的95.15%。有79家企业开展民主评议干部活动。成立职工物价监督站，组织发动职工群众监督市场物价。城厢、临浦、瓜沥3个镇有义务物价监督员180余人。

1991年5～10月，市总工会先后在杭州瓷厂、萧山伞面绸厂、萧山运输公司、杭州万向节总厂开展职工思想政治工作、安全生产、女职工保护、社会保险、职工医疗、物价调整等专题调查，保障职工合法权益。是年，全市建立职工代表大会制度的企业增至407家，占应建企业的96%；有职工代表14000人。在25家承包企业中，由工会主席代表职工与厂长签订"共保合同"[②]，保证职工的合法权益，保证企业各项任务的完成。建立与市政府联席会议制度。市职工物价监督检查总站开展检查361次，查出物价违纪事件2620起，罚没款8900元，退还消费者550元。1992年3月26日，市政府、总工会召开首次联席会议，重点协商在加快改革中发挥工人阶级主力军作用，全心全意依靠工人阶级，加

①萧山县历届工会都注重在企事业单位推行建立党领导下的职工代表大会制，但受历史条件所限，难全面推进，也难发挥应有的作用。直到1978年下半年，县总工会组织镇工会和部分工厂工会主席赴杭取经，并部署推行。1979年4月，总结推广萧山瓷厂召开首届职工代表大会经验。1980年3月，推行党山供销社建立职工代表大会制的经验。1981年3月29日，县总工会七届八次委员扩大会议，把建立职工代表大会制列入重要议程。1982年，县总工会与有关部门联合下发"关于推行职工代表大会制"文件后，在各镇工会、局工委以点带面推行下，是年底有140个企事业单位建立了职工代表大会制，占应建（有工会组织）290个单位的48.3%。（资料来源：《萧山工会志》编纂委员会：《萧山工会志》，方志出版社，2005年4月，第119页）

②保证职工合法权益，保证实现各项生产经营指标。

强民主管理，保障职工主人翁地位。

1994年，市委办公室批转市总工会《关于对不履行职工代表大会职权行为处理的暂行规定》（市委办〔1994〕87号），强化企业民主监督机制。是年，市总工会在全市开展民主管理“一先四优”（民主管理先进单位，民主管理优秀党支部书记、优秀厂长（经理）、优秀工会干部、优秀职工代表）评选活动，推进职工代表大会制度建设。开展对贯彻落实《中华人民共和国工会法》、“三资”企业劳动保护、职工生活等方面的专项调查，形成调查报告，经市委领导批示，落实维护职工合法权益保障措施。

1997年，全市转制企业的职工董事、监事制度和持股协会等机构逐步完善，有75家工会主席进入董事会，57家企业工会主席进入监事会，80家企业的职工代表进入监事会，50%的企业工会主席担任持股协会的法人代表。翌年，全市企事业单位职工代表大会建会率为98%；民主评议干部制度实施率为96%。全市有244名职工董事进入董事会，287名职工监事进入监事会，代表职工参政议政。成立职工持股会147家，50%的企业工会主席担任持股会的法人代表。

1999年，根据中央纪律检查委员会和全国总工会的要求，在全市范围内开始推行厂务公开制度，加强民主监督，提高企业生产、经营的透明度。至年底，有63家企业落实厂务公开制度，占应推行企业的71%。

2001年3月，全国总工会在浙江省召开部分省市非公有企业职代会研究会议，浙江传化集团工会在会上作专题发言。

集体合同

1989年5月22日，头蓬供销社工会与厂长（经理）签订“共保合同”，成为萧山首份由企业工会代表职工与企业法人代表签订的责权利相统一的合同。至年底，全市有7家企业签订“共保合同”。

1995年，市委办、市政府办转发市总工会等5个部门《关于积极推进平等协商、签订集体合同工作的意见》（市委办〔1995〕75号）。市总工会率先在萧山经济技术开发区进行试点，19家企业签订集体劳动合同。至年底，全市52家企业签订集体劳动合同。是年，市总工会被省、杭州市总工会评为推行集体劳动合同先进集体。

1996年，市总工会邀请市部分政协委员视察企业签订集体合同工作。与市劳动局联合转发全国总工会、劳动部《关于进一步规范企业集体协商、集体合同制度的意见》（萧劳计〔1996〕129号、萧总工〔1996〕72号）。至年底，全市签订集体合同企业增至180家，其中“三资”企业43家、私营企业9家。翌年，成立市推行集体合同领导小组，召开集体合同经验交流会，在临浦、河上、河庄3镇进行集体合同试点工作。要求各级工会在合同签订中把好协商关、合同内容关、职代会审议关。

1998年，各级工会坚持以建立集体协商和集体合同制度为重点，形成劳动关系主体双方自我调节机制，维护职工合法权益。是年，签订集体合同企业53家，全市签订集体合同的企业增至383家。至2000年底，全市企业集体合同签订率为90%，涉及职工92325人。

权利保障

1987年10月，成立萧山县总工会劳动保护监督检查委员会，定期组织安全生产大检查。全县各主管部门和企业均成立劳动保护委员会。

1988年2月23～24日，位于新湾镇的萧山第三麻纺厂因奖金分配不公，1500名职工停工两天。市总工会对停工事件进行调查，并向上级工会和市委报告情况。事后，全国总工会、浙江省和杭州市总工会及市委领导多次到企业了解情况，并作妥善处理。

1992年1月31日，中外合资华凌有限公司发生煤气罐爆炸事件，一名中方职工被炸死。市总工会会同有关部门对事故进行调查处理，使受害职工家属得到抚恤和赡养。1994年，做好破产企业——萧山树脂厂职工劳动关系的协调工作，稳定职工队伍。

1995年，全市成立企业劳动争议调解委员会82个。1997年，市总工会成立劳动法律监督委员会，全市275家企业成立劳动法律监督小组，全年受理职工信访205件，其中集体上访6批96人次。至1998年末，全市共建企业劳动争议调解组织506个，劳动法律监督小组增至363个，妥善解决基层劳动争议纠纷，维护企业和职工双方的合法权益。

1999年，全市各级工会开展以"安全、生命、稳定、发展"为主题的职工劳动保护活动。市总工会参与安全生产检查12次，查出事故隐患213处。各基层工会开展劳动保护检查720次，提出整改措施2132条。至此，全市成立工会劳动保护组织373个。

2000年，全市基层劳动争议调解组织增至560个，调处劳动纠纷76起，查出各类事故隐患2000余处，提出整改措施700余条。

帮困救急

1992年春节前夕，根据全国总工会统一部署，组织开展"送温暖"活动。对全市30余名特困职工进行慰问，每人救济150元。之后，"送温暖"活动形成制度，每年元旦、春节，发动各级工会开展"送温暖"活动，做好困难职工的救助工作。市总工会为450名特困职工建立档案，各级工会为8700户困难职工家庭建立档案，实施特困职工家庭管理网络。

1995年9月，市委办公室、市政府办公室批转市总工会《关于建立萧山市职工解困救急基金的报告》（市委办〔1995〕91号），成立"送温暖"领导小组，向全市发出"为困难职工送温暖，为兄弟姐妹献爱心"的倡议书。是年，在基层工会中开展职工互助保险试点工作。

1996年春节前夕，对2864名离退休人员和困难职工进行慰问。43个市级机关、企事业单位与48位特困职工结成帮困对子。翌年，市总工会慰问特困职工398户，送去慰问金24.7万元，各基层工会走访、慰问困难职工2100户。

1998年，始发《职工家庭特困证》，有52户特困职工家庭享受购粮、供水、供电、上学、就医、住房等13项优惠。职工解困救急基金累计达到228万元，市总工会动用基金利息补助困难职工90多户；各级工会相继成立职工互助保险组织184家，筹集资金236万元，累计补助困难职工家庭799户、52万元。翌年，帮助183名下岗职工实现再就业。

2000年，组织56个市级机关、企事业单位与56户特困职工结成帮困对子，每月为他们提供150元的生活补助费。向43名受灾职工发放补助金25000元。

第六节　其他活动

80年代以前，萧山主要是围绕党在各个时期的中心工作，并结合工会的特点，运用各种阵地进行宣传教育。[①]80年代后，除结合党的中心任务开展活动之外，还办好一报（《萧山工人》[②]）、一刊（《萧山工运文萃》[③]）和抓好3个

①1950～1952年，围绕抗美援朝、镇压反革命、（工厂企业的民主改革）"三反"、"五反"运动，通过组织读报、收听广播、辅导讲座、定期测验等办法，对职工进行时事政策宣传和爱国主义教育。同时结合宣传《中华人民共和国工会法》《中华人民共和国婚姻法》，提高职工政治觉悟。1953年，围绕国家经济建设，执行第一个五年计划这个中心，进行共产主义和巩固劳动纪律教育。1954～1956年，进行过渡时期的总路线教育。1957年，在反右斗争中，各级工会通过报告会、讨论会、回忆对比，启发阶级觉悟。同时对广大职工进行民主与集中、自由与纪律的教育，以明确国家、集体、个人三者利益关系。1958～1959年，先后开展共产主义教育运动、社会主义教育运动。1961～1963年，针对当时国家暂时困难情况，加强对职工的革命传统教育。1964～1966年，随着"四清"运动深入发展，加强对职工的阶级斗争教育。1977～1980年，主要是组织发动职工投入揭批"江青反革命集团"，澄清是非。1981～1982年，加强对职工的精神文明教育。（资料来源：《萧山工会志》编纂委员会：《萧山工会志》，方志出版社，2005年4月，第126～130页）

②1987年7月1日，《萧山工人》（1988年1月1日改名《萧山工人报》）创刊。4开4版，每月2期，内部交流，每期印数多时达2500份，发至各基层工会。1988年2月1日第13期始，浙江省新闻出版局批给02—3102号准印证。1989年11月15日后，因故停刊。1991年6月25日，改名《萧山工运》（8开4版）继续印发。1994年5月1日，恢复《萧山工人》。同年7月20日第6期始，萧社文办发给（临）准字0234号准印证。1996年11月5日始，因浙江省新闻出版局未批给准印证，故在《萧山工人》后添加"通讯"二字。2001年12月30日，在国家"调整优化报刊结构"中，和萧山市其他内部刊物（企业办的报刊例外）一道停办。（资料来源：《萧山工会志》编纂委员会：《萧山工会志》，方志出版社，2005年4月，第130页）

③1995年8月，由萧山市总工会、萧山市工运学会编印的《萧山工运文萃》第1辑出版。该刊出至第7辑（2001年8月）后停刊。（资料来源：《萧山工会志》编纂委员会：《萧山工会志》，方志出版社，2005年4月，第36页）

学会（萧山工运学会①、萧山企业报刊联谊会②和萧山基层俱乐部联谊会③）、3个工人文化宫（萧山工人文化宫④、临浦工人文化宫⑤、瓜沥工人文化宫⑥），并管好职工幼儿园⑦、职工业余学校⑧，创建“职工之家”。

宣传教育

1985年，投资26.5万元，建造县职工业余学校教学大楼，改善教育条件。是年9月，举办第二期工会干部学习班，140名基层工会干部接受全国第十届工会代表文件和工会基本知识培训。翌年，对3000名职工思想状况进行调查，撰写调查报告，有针对性地对职工开展形势政策教育。

1987年6月，成立县总工会干部学校。当年举办学习班8期，450名基层工会干部参加培训。成立职工读书小组412个，有8300余名职工参加读书活动。1989年7月，市总工会举办“我爱萧山，我为萧山添光彩”演讲比赛。是年，萧山市工人文化宫、萧山市职工业余学校分别被全国总工会宣教部评为先进集体。

1992年4月，以座谈会、培训班、知识竞赛等形式宣传《中华人民共和国工会法》（1992年4月3日第七届全国人民代表大会第五次会议通过），2万余名职工参加知识竞赛，180名工会干部参加培训。

1993年，开展“立足本职、从我做起，塑造萧山新形象”活动，14个镇、局、产业工会举行“塑造萧山新形象”演讲比赛。召开劳动模范、先进工作者座谈会，与会人员向全市各级工会发出“争做文明萧山人”的倡议书。翌年，全市各级工会组织职工学习《邓小平文选》《中共十四届三

①1980年12月，萧山工运学会成立。至1999年10月，有会员120人。至2003年，共召开14次学术研讨会，撰写学术论文和调查研究报告249篇，评选出优秀论文85篇，其中获市科协二等奖的1篇、三等奖的6篇，获杭州市总工会优秀论文奖的5篇。同时遴选每届学会的优秀论文，编印《萧山工运文萃》7辑（16开本，铅印）（1995～2001年），内部交流。（资料来源：《萧山工会志》编纂委员会：《萧山工会志》，方志出版社，2005年4月，第80页）

②1987年1月，萧山县报刊联谊会（后改称萧山县企业报刊联谊会）在杭州柴油机总厂成立。联谊会定期组织学习、交流和论文评选等活动，每次参加活动的有20多人。1989年7月，因故停止活动。1994年6月6日恢复活动。1995年2月，因故再次停止活动。（资料来源：《萧山工会志》编纂委员会：《萧山工会志》，方志出版社，2005年4月，第80～81页）

③1988年9月18日，萧山市基层俱乐部联谊会成立。有会员单位24个（1997年增至32个）。联谊会举办交谊舞，中老年迪斯科培训班，“乐园杯”游泳比赛，拔河比赛，保龄球比赛，登山比赛，交谊舞，射击比赛等等；并在重大节庆日组织相应活动。（资料来源：《萧山工会志》编纂委员会：《萧山工会志》，方志出版社，2005年4月，第81页）

④萧山市工人文化宫的前身是萧山县工人俱乐部，创建于1953年3月。1983年4月，新建工人文化宫大楼竣工，有专职人员16人、临时工23人。至2003年，萧山工人文化宫总面积4300平方米，有13个活动场所，累计7次获“杭州市先进工人文化宫”称号，5次获“浙江省先进工人文化宫”称号，1989年获“全国总工会职工文化工作先进集体”称号。（资料来源：《萧山工会志》编纂委员会：《萧山工会志》，方志出版社，2005年4月，第71～73页）

⑤临浦镇工人文化宫的前身为临浦镇工人图书馆，初建于1951年。1957年，扩建为工人俱乐部。1989年10月1日，新楼落成，对外开放，易名临浦工人文化宫，属事业单位，在编3人。文化宫占地面积2508平方米，其中建筑面积1708平方米，是萧山南片职工群众文化娱乐中心。1995年7月10日，成立萧山市基层俱乐部联谊会临浦分会，有会员单位27家。2001年，萧山区总工会对工人文化宫进行人事制度改革，临浦工人文化宫、瓜沥工人文化宫和萧山工人文化宫“三宫合一”，统一由萧山工人文化宫管辖，“三块牌子、一套班子”。（资料来源：《萧山工会志》编纂委员会：《萧山工会志》，方志出版社，2005年4月，第74页）

⑥瓜沥工人文化宫的前身为瓜沥镇工人俱乐部，初建于1955年。1987年5月1日，新建瓜沥镇工人俱乐部竣工（1992年5月1日更名为瓜沥工人文化宫），占地面积2650.7平方米，建筑面积1800余平方米，其中活动楼面积为1438平方米，是萧山东片职工群众文化娱乐中心。瓜沥工人文化宫组建了游泳、中国象棋、卡拉OK等兴趣小组和职工业余艺术团。该团下设女子腰鼓队、舞蹈队、戏曲队，经常参加全镇性的和镇工会举办的文艺活动。1988年，瓜沥工人文化宫被评为杭州市级先进工人文化宫；1999年，浙江省总工会又授予“优秀工人文化宫”称号。（资料来源：《萧山工会志》编纂委员会：《萧山工会志》，方志出版社，2005年4月，第75页）

⑦萧山职工幼儿园是总工会直属单位之一，1987年9月筹建，1991年9月开园，总投资129万元，其中24家单位集资33万元。初建时期，占地0.41公顷，建筑面积1849平方米。现占地4092平方米，建筑面积2543平方米。为全民事业单位。2000年，被评为萧山优秀“姐妹园”、“三星级”幼儿园。（资料来源：《萧山工会志》编纂委员会：《萧山工会志》，方志出版社，2005年4月，第75～76页）

⑧1980年10月，县总工会开办萧山县职工业余学校，聘请兼课老师，开设制图、电工两个专业，4个班级，首批招收学员225人。1982年设有机械制图、工程力学、工业会计等16个班级，共计学员873人。1983年，县人事局编制委员会核定学校编制7人。当时，学校主要任务是对全县企事业单位职工进行文化补课，帮助他们获取初中、高中文凭。1984年，全县基本完成文化“双补”教学，学校转型，与浙江省广播电视大学萧山工作站合作，开办英语等大专单科教学班；与国营和二轻工业总公司、县劳动局合办工业会计、电工、机械制图、汽车驾驶、金属冷加工等实用技术培训班。同时利用本校教学设施，向社会开展多层次学历、技能教学培训。（资料来源：《萧山工会志》编纂委员会：《萧山工会志》，方志出版社，2005年4月，第76～77页）

中全会决定》和《社会主义市场经济基础知识》；组织1万余名职工参加全国社会主义市场经济知识竞赛。首次开展十佳职工评选活动。

1995年，在各级工会中开展以争做“四有”（有理想、有道德、有文化、有纪律）职工为主题的“爱国敬业”教育活动。市总工会发出《关于向孔繁森同志学习活动的决定》，引导和教育职工立足本职，奉献岗位。翌年，开展“爱国必须爱岗，爱岗就要敬业”的职业道德教育活动。同时开展以遵守秩序、礼貌待人、见义勇为、扶贫济困、邻里和睦、敬老爱幼为主要内容的社会公德、家庭美德教育。

1997年，全市基层工会举办各类培训班135期，受训5000余人。1998年，举行萧山市总工会成立45周年系列活动，召开工会干部座谈会，组织黑板报比赛、图片展览、知识竞赛和问卷调查，邀请浙江传化集团工会主席、全国工会十三大代表苗裕华传达会议精神。

文体活动

1983年县工人文化宫新楼竣工后，经常举办各类展览、比赛，组织文艺调演（汇演）等。

1987年，全县成立企业职工兴趣爱好小组123个，企业俱乐部80个，图书室387个，电影放映队10个，各类球队512个。举办全县职工文艺调演，有18个系统和基层工会组队参加。1989年9月，举办全市庆祝国庆40周年职工文艺调演活动。

1992年五一国际劳动节之际，市总工会举办文艺晚会；基层工会俱乐部开展各种文体活动。6月、10月，市总工会分别举行“党在我心中”和“雄鸡杯”职工演讲比赛。12月，组织职工参加萧山市文艺调演，分别获演出奖和创作奖。

1997年，在香港回归祖国之际，各级工会组织丰富多彩的庆祝活动，激发职工的爱国热情。2000年，市总工会组织开展有1000余个基层工会参与的“大红鹰杯”唱歌比赛、“大地杯”征文比赛、“双思”（致富思源，富而思进）知识竞赛、“走进新时代”联欢会等系列活动，使思想政治工作融入健康有益的文娱活动之中。

职工之家

“职工之家”始建于1984年。至1986年底，全县创建“职工之家”308个，占应建工会的93.3%，基本完成1984年全国总工会提出在3年内把基层工会建成“职工之家”的任务。

1990年，按照全国总工会的要求，继续开展建设“职工之家”活动，全市88个基层工会“职工之家”复验合格。翌年，市总工会对各基层工会“职工之家”进行验收，全市合格“职工之家”增至282个，占基层工会总数的53.7%。

1993年，市总工会对全市基层工会创建“职工之家”活动进行达标验收，评出市级先进“职工之家”121个、杭州市级先进“职工之家”45个、省级模范“职工之家”3个。瓜沥邮电支局工会被评为全国模范“职工之家”。随后，创建“职工之家”活动形成制度，适时进行评比验收，对获得萧山市级、杭州市级、省级和全国先进的“职工之家”进行表彰。

1997年，全市“职工之家”增至588家。1998年，浙江钱江啤酒集团工会被评为“全国模范职工之家”。2001年6月，浙江传化集团工会被评为“全国模范职工之家”。

第二章　共青团　少先队

1923年3月，衙前成立社会主义青年团萧山支部，为萧山最早的青年团组织。1928年2月，共产主义青年团[1]浙江省委派裘古怀到萧山组建团县委；4月1日召开萧山县首次团员代表会议。[2]1929年6月，团县委负责人被捕，团的活动停顿。1930年8月，成立共青团湘师支部；11月因形势所迫，团员离校。1949年10月，城厢镇成立新民主主义青年团支部。12月，成立中国新民主主义青年团萧山县工作委员会。[3]1952年11月，召开萧山县首次团员代表大会，成立中国新民主主义青年团萧山县委员会。1957年5月，改称共产主义青年团。开始成立基层团委。“文化大革命”开始，团组织停止活动。1971年恢复。1996年12月，成立萧山市青年联合会[4]。1999年10月，成立萧山市青年星火带头人协会[5]。至2000年底，先后召开共青团萧山市（县）代表大会17次，有基层团委131个、团总支107个、团支部1799个，团员42500人。

共青团萧山市（县）委，从建立适应社会主义市场经济发展的共青团工作机制入手，加强共青团自身建设，以培养有理想、有道德、有文化、有纪律的一代新人为目标，开展“建设新萧山、争当新青年”活动，在萧山改革开放和现代化建设中发挥团员青年突击手作用。1986年，团县委被中国少年先锋队全国工作委员会评为全国少先队工作先进单位。1994年、1996年、1998年、1999年，团市委分别被团省委评为省级先进团委。

第一节　共青团代表大会

1952～1982年，先后召开共青团（青年团）萧山县第一次至第十一次代表大会。[6]

①中国共产党领导下的青年团组织曾数易其名，始称中国社会主义青年团，后改称中国共产主义青年团（CY）、中国新民主主义青年团，现称中国共产主义青年团。

②会议通过《萧山CY目前任务决议案》（CY为共青团英文缩写），并改选团县委。时有7个支部，团员80余人，年底团员发展至300余人。

③沈芸（中共萧山县委第一副书记）兼任书记。时有团员56人。1950年，萧山各区成立团工作委员会，全县有团员1270人。

④萧山市青年联合会，是经全市各系统、各会员团体和上一届委员推荐、协商产生，任期5年。市青年联合会委员为党政机关、工交企业、农业、科教文卫和宣传、政法、统战、商贸、金融等界别青年中有一定影响的优秀人才或代表人物。2001年9月，萧山青联召开第二届全体会员大会。

⑤萧山市青年星火带头人协会，是由全市工作成绩突出的优秀青年星火带头人自愿组成的行业性群众团体，是非营利性社会组织，每两年一届。

⑥1952年11月，新民主主义青年团萧山县第一次代表大会，出席代表196人，钟儒当选为书记；时有团员5281人。1954年2月，新民主主义青年团萧山县第二次代表大会，出席代表385人，张建民当选为书记；时有团员7236人。1955年7月，新民主主义青年团萧山县第三次代表大会，出席代表306人，张建民当选为书记；时有团员9270人。1956年6月，新民主主义青年团萧山县第四次代表大会，出席代表545人，朱越兴当选为书记；时有团员13904人。1957年12月，共产主义青年团萧山县第五次代表大会，出席代表345人，贾盛源当选为书记；时有团员17929人。1958年12月，共青团萧山县第六次代表大会，出席代表681人，贾盛源当选为书记；时有团员18113人。1959年12月，共青团萧山县第七次代表大会，出席代表544人，贾盛源、张柱承当选为书记；时有团员18789人。1962年3月，共青团萧山县第八次代表大会，出席代表398人，孙恪懋当选为书记；时有团员23615人。1971年10月，共青团萧山县第九次代表大会，出席代表915人，诸成水当选为书记；时有团员34643人。1979年4月，共青团萧山县第十次代表大会，出席代表993人，杨采妹当选为书记；时有团员49155人。1982年8月，共青团萧山县第十一次代表大会，出席代表698人，赵纪来当选为书记；时有团员51298人。（资料来源：共青团萧山市委：《萧山青年运动简史》，内部发行，2000年10月，第79～80页；萧山县志编纂委员会：《萧山县志》，浙江人民出版社，1987年，第630页）

1985年6月25日，召开共青团萧山县第十二次代表大会，出席代表700人。大会提出共青团在四化建设和自身建设的目标任务。选举产生共青团萧山县第十二届委员会，李国珍当选为团县委书记。

1988年9月6日，召开共青团萧山市第十三次代表大会，出席代表389人。大会提出以党的十三大和团的十二大精神为指针，不断改革和活跃团的工作，代表和维护青年的利益，引导广大团员青年认清形势，明确使命，投身改革，艰苦创业，在推动社会主义生产力发展的实践中，培养成为有理想、有道德、有文化、有纪律的一代新人。选举产生共青团萧山市第十三届委员会，韩建中当选为团市委书记。

1991年9月14日，召开共青团萧山市第十四次代表大会，出席代表390人，列席代表89人。大会提出以党的十三届七中全会精神为指针，加强团的自身建设，充分发挥共青团组织的社会作用，带领全市团员青年在实施“八五”计划，繁荣萧山社会主义建设事业中奋斗成长。选举产生共青团萧山市第十四届委员会，韩建中当选为团市委书记。

1994年10月6日，召开共青团萧山市第十五次代表大会，出席代表360人，列席代表78人。大会提出继续深入学习邓小平建设有中国特色社会主义理论，以“建设新萧山，争当新青年”为主题，全面贯彻实施“跨世纪青年工程”，动员和带领全市团员青年为建设现代化萧山贡献青春。选举产生共青团萧山市第十五届委员会，朱党其当选为团市委书记。

1997年10月7日，召开共青团萧山市第十六次代表大会，出席代表360人，列席代表70人。大会提出以邓小平理论和党的基本路线为方针，深入学习贯彻党的十五大精神，围绕萧山跨世纪青年人才工程，加强团的自身建设，建立起适应社会主义市场经济发展的共青团工作机制，带领广大团员青年为萧山的两个文明建设贡献青春。选举产生共青团萧山市第十六届委员会，陈瑾当选为团市委书记。

2000年11月23日，召开共青团萧山市第十七次代表大会，出席代表322人。大会提出以邓小平理论和党的十五大精神为指针，紧紧围绕萧山率先基本实现现代化的战略目标，努力构建适应新形势的共青团工作框架体系与运作机制，为培养面向新世纪的智慧型、高素质的青年而努力工作。选举产生共青团萧山市第十七届委员会，董悦当选为团市委书记。

第二节　基层团组织

1984年，全县有团区委6个、基层团委103个、团支部1980个、团员59507人。1986年，开展整党带建团活动，结合村级整党进行，全县共推荐先进团员566名入党，新建团支部105个。

1987年，全县开展共青团支部工作升级达标赛活动，全县2670个团支部，有373个团支部符合达标要求，占13.97%。萧山被团中央列为颁证工作试点县，颁发团员证65005本，占团员总数的97.92%。翌年，全市团员证注册率达95.4%。

1990年，首次开展团员教育和民主评议活动，参加团员达80%以上。1991年4月，团市委在径游乡进行为期一个月的基层组织整顿试点工作，并召开村级团组织建设现场会。各镇乡团委普遍进行团支部整顿工作并制订整改措施。是年，249个团支部获市“优秀团支部”称号，130个团支部被评为市级示范团支部，4个团支部获杭州市“优秀团支部”称号。

1992年，团市委在长河中学召开业余团校建设工作现场会，以“五有”（有组织、有阵地、有计划、有制度、有教材）为标准，建设团校制度化、规范化。同时选送78名团干部到中央、省、杭州市团校学习。全市有中学生业余团校17所，初中少年业余团校59所，建团校率高中为100%、初中为86.8%。是年，进行共青团“双合格”（合格团委、合格团支部）建设。团市委以团省委提出的“五好四有”

（执行党的政策好、领导班子建设好、主导作用发挥好、各项活动开展好、活动阵地建设好；有班子、有制度、有活动、有作用）为“双合格”标准，制定《团委管理考核细则》和《团支部升级达标考核细则》，并在城北区各镇乡进行“双合格”建设试点。全省各市（地）、部分县（市、区）团委的60余名负责人前来参观和考察。团市委与市委组织部联合转发《关于进一步做好推荐优秀团员作党的发展对象工作意见》（市委组〔1992〕14号、萧团联〔1992〕5号），各级团组织协助党组织做好入党积极分子的培养教育和推荐工作。至年底，有376名优秀团员加入中国共产党。

1995年7月，市委下发《关于加强党团共建工作的意见》（市委〔1995〕42号），团市委和市委组织部联合下发《关于开展党团共建工作的实施意见》（市委组〔1995〕33号、团市委〔1995〕10号），浦沿镇、河庄镇进行党团共建和专职团干部招聘试点。全市270多名团支部书记在村级换届中进入班子。推荐1564名优秀青年作为建党对象，推荐后备干部935名，在镇乡党委班子换届选举中，11名团干部进入党政班子。1996年，团市委与市委组织部联合下发《关于推荐优秀青年人才作各级后备干部的意见》（市委组〔1996〕17号、团市委〔1996〕18号），向党组织推荐519名优秀青年作为后备干部，1343名优秀青年被确定为建党对象。加强对流动团员青年的管理，试建“第二故乡”团支部，并在衙前镇试点，召开外地籍团员青年管理现场会。至年底，建有“第二故乡”团支部30个。

1997年，加强对新经济组织团建工作的指导，有451家新经济组织成立团组织。1999年3～6月，在瓜沥镇进行党团共建暨强镇带村团工作试点。8月，在瓜沥镇召开全市党团共建暨强镇带村团工作会议，调整共青团组织设置、工作思路、工作方法，重点抓好非公有制企业团建工作。非公有制企业已建团组织167家，在建25家，团建覆盖率80%。

表27-2-524　1985～2000年萧山共青团及少先队员情况

年份	基层团委（个）	团总支（个）	团支部（个）	团员（人）	少先队员（人）
1985	100	22	2143	62713	93382
1986	112	135	2513	66000	93200
1987	120	169	2670	66298	89811
1988	123	169	2561	65434	93260
1989	129	158	2509	64150	98333
1990	125	169	2321	60986	—
1991	123	153	2600	57448	100645
1992	106	152	2606	52717	103746
1993	106	163	2680	50381	—
1994	110	153	2253	52893	105786
1995	107	132	1810	54158	100000
1996	113	105	2029	50184	96000
1997	119	95	1919	48933	98000
1998	125	103	2131	42341	110000
1999	123	95	2008	45000	110000
2000	131	107	1799	42500	110000

2000年，全市共有基层团委131个、团总支107个、团支部1799个，团员42500人。符合建团条件的非公有制企业709家，已建团646家，建团率91.11%。完成市、镇乡、村三级团组织换届选举工作，对团干部实行述职评议制度。举办非公有制企业团干部培训班，组织6期基层团支部基础岗位培训，完成全市各村团干部的培训。

第三节　公益活动

青年文明号

1985年，萧山开始青年文明号创建活动。1992年，开展“共青团候车亭”工程。

1994年，团市委与市乡镇企业局、公安局、邮电局、商业局联合开展青年文明号活动，实行年底考核制度。1995年，开展“十佳青年文明号”活动，全市104家单位申报参加。1996年，实行《杭州市青年文明号管理办法(试行)》（团市委〔1996〕25号），树立市级优秀青年文明号单位50家。在公安、卫生、商贸系统推行以承诺制为主要内容的青年文明号服务卡。1998年，建立青年文明号监察机制，聘请4名特邀监督员。

1999年，市级青年文明号重新申报命名，开展青年文明号与困难学生“一助一”结对和企业青年文明号创新创效活动。同时开展以“塑青年形象，迎世纪辉煌”为主题的青年文明路（街）创建活动，制订《萧山市“青年文明路”考核细则》，全市共创青年文明路（街）31条。

2000年，在创建青年文明路基础上，探索青年文明社区建设，在城厢镇、瓜沥镇、临浦镇等开展试点，江寺等4个街道办事处把青年志愿服务与青少年教育、社区文化活动相结合，并把中学生、少先队员的社会实践与社区工作相结合。全市有省级青年文明号6个、杭州市级23个、萧山市级77个。

青年林（路）

1987年，团县委对绿化活动中20个先进绿化点命名为“青年林”、“青年路”。

1989年，全市1500名青年响应团中央、团省委关于开展青年绿化工程创优的号召，共植树65万棵。至1991年，全市团员青年营造青年林（路）353条（块），团员青年植树25万棵，基本达到每名青年每年植树一棵的目标。

1992年，团市委会同市农委、农业局齐抓共管青年路（林）建设，全市营建“青年路”33.05千米，“青年林”42.07万平方米，植树20多万棵，总投资24.1万元。8个镇的23.33万平方米青年林被列为市绿化工作扶助点。1993年，全省青年植树造林工作现场会在河庄镇召开，推动全市绿化工作，团员青年植树15.3万棵，绿化荒山36.27万平方米，营造林带6.5千米。1994年，团市委在浦阳召开青年绿化现场会，全年营造“青年林”40万平方米，“青年路”182条，青年绿化带68千米。

1995年，组织150余名团干部参加北干山义务植树。全市3000余名团员青年参加绿化造林和建绿色城镇活动，植树15万棵，面积14.33万平方米，营建绿化工程15个。1996年，团市委在北山公园召开青少年绿化现场会，全年营建青年林（路）27块（条），面积19.27万平方米。1998年，营建青年路（林）35条（块），植树93000多株。

青年志愿者

60～80年代，萧山持续开展学雷锋活动。

1990年，全市各级团组织围绕“学雷锋，做‘四有’新人”主题，开展“四有创百佳”（有组织、有制度、有活动、有成效，创100家先进单位和个人）、“雷锋进百户”、“雷锋与我们同行”、“雷锋精神代代传”活动，全市1236个学雷锋小组，开展“为您服务”、“送温暖”、“扶贫帮困”和“扶残助残”等活动8035次。翌年，全市2006个学雷锋小组、21220名团员青年为社会做好事84990件。杭州华东无线电厂团委等5家单位被团省委评为学雷锋先进集体；残疾青年李一强被评为省级学雷锋先进个人。

1995年3月，成立萧山市青年自愿者总队，下设6个分队，建立5个常年联系点。300余名队员，分别与市福利院、火车站、汽车站、特困残疾人、萧山籍少年犯结成常年联系点。推出“双休日青年志愿者服务广场”，共举办28期，有520余人参加，开设医疗、修理、咨询等30余个服务项目，受服务者达32000余人次，送发各种资料28000余份。6月，成立杭州市青年志愿者协会萧山服务站，为100余名外籍青年作无偿劳务介绍，为200余名青年作婚姻介绍。此外，还承担市人民代表大会、政治协商会议期间的礼仪服务，参加各类创卫义务劳动10余次。全市有70%的团组织成立了青年志愿者队伍。全市学雷锋活动与青年志愿者活动有机地结合起来。

1996年，全市已成立青年志愿者服务总队1个、服务分队150余个、服务站2个。150余个志愿者分队与各地敬老院、特困户、残疾人结对，举办16期、30多个项目的定点服务。翌年，志愿者坚持每月开展“双休日服务广场”，提供服务25次，服务7300人次。

1998年，成立萧山市青年志愿者讲师团，20000名青年志愿者、11万名少先队员参与“扶贫助残”、“讲文明，树新风”等志愿活动。1998年 3月，成立东南粮油天天青年志愿者服务站，成为全市第一家专门为贫困家庭、孤寡老人、老干部等社会上需要帮助的人提供免费递送粮油上门服务的青年志愿者服务站。

2000年，成立一批与群众生活密切相关的专业性青年志愿者服务站。全市共有青年志愿者4000人、服务站5个、服务分队112支、常年联系点200个。11月14日，市卫生局团委3名志愿者赴四川省南充市嘉陵区安平中心卫生队参加为期一年的西部扶贫接力活动。曹建华被授予中国青年志愿者行动服务银质奖章。2001年，开展“做一名注册志愿者”活动，推进志愿者进社区行动。

青年突击队

1978年，萧山开展争当“红旗青年突击队、红旗青年突击手”活动，全县涌现出红旗青年突击队68个、红旗青年突击手783人。1980年，全县开展争当“新长征红旗手”活动，全县涌现出新长征突击手690人，其中2人被命名为全国新长征突出手，65人被命名为杭州新长征突击手。1987年，全县新长征突击手100人，其中1人被命名为全国新长征突击手。

1991年，开展“青年社会服务”工程建设，重点抓青年突击队建设。全市青年突击队127支，有20000余名突击队员参加农田水利工程建设，完成土方10万立方米。

1994年，全市青年突击队增至1182支，青年治安巡逻队47支。翌年，全市青年突击队开展突击活动527次，兴修水利义务投工1550工，搬运石方3100立方米，修渠900米，抢修水利工程11处，义务种粮34.76万平方米，帮助军属种植175户。

1997年，全市青年突击队在“青年绿化”中发出倡议，组建“新风演讲队”，参加完成急、难、险、重任务180次，帮助烈军属等家庭收割水稻80000平方米。至2000年，青年突击队在殡葬改革、土地“两清”、秋收冬种中勇挑重担。

第四节 思想政治教育

主题教育

1980年清明节，开展“继承传统，大干四化”为主题的革命传统教育。召开全县青年社会主义革命和建设积极分子代表大会，表彰先进，号召团员青年为发展萧山经济贡献青春。

1985年，结合“五讲四美三热爱”，开展“争做文明青年，建设文明岗位，创造文明生活，美化家乡山水”活动，教育团员青年争做“有理想、有道德、有文化、有纪律”的一代新人。

1986～1987年，要求广大团员青年坚持四项基本原则，旗帜鲜明地反对资产阶级自由化思潮，开展团支部工作升级达标和评选“新长征突击手”等活动，为萧山的改革开放和各项事业贡献青春和力量。

1988～1991年，以“我为团旗添光彩”为主题，开展“学雷锋、树新风”、“祖国在我心中”、“在党旗下成长”等系列活动，对团员青年进行“热爱祖国，热爱党，热爱社会主义”教育，以实际行动投身到“爱萧山、爱本职”的工作中去。在全市中学开展“理想之光”实践教育活动，使学生受教育、长才干、作贡献。

1991～1994年，开展“坚定信念跟党走”主题教育和“塑造萧山青年新形象”大讨论等活动。

1994～1996年，开展以培养跨世纪“四有”新人为目标，突出爱国主义教育，把建设有中国特色社会主义理论和社会主义市场经济知识作为学习教育的重点。1995年，开展“弘扬五四爱国主义精神，奏响时代主旋律”为主题的爱国主义教育系列活动。1996年，推出“跨世纪青年工程”，开展“学理论、学章程”竞赛活动。

1997年，围绕香港回归祖国这一主题，先后举办“爱祖国、迎回归”青少年书法比赛、千人铜管鼓乐队大检阅、香港回归100天倒计时万人签名、“迎回归、知萧山”知识竞赛、征文比赛、美术展览、文艺晚会等系列活动。1998年，组织开展社会公德辩论竞赛、知识竞赛、萧然青年大联欢、改革开放二十年征文比赛等活动。

2000年，提出“塑青年形象，迎世纪辉煌”口号，建立思想教育、人才培养、社会服务、工作保障四大体系。5月3日，萧山共青团网站正式开通。

成年仪式教育

1997年，举行首届“争当萧山新青年，成才保国跨世纪”18岁成人节宣誓仪式。以“成人预备期志愿者服务活动”、“文明礼仪教育活动”、“18岁成人仪式活动”、“法律教育”为重点的成人预备期教育等4项主题活动，列入《关于实施“萧山市中学生跨世纪素质培养曙光计划”的通知》（萧团联〔1997〕7号）。之后，团市委、教育局等有关部门每年举行成人节宣誓仪式活动。萧山中学利用横幅、宣传窗、黑板报、广播、学生电视台等宣传成人节及其意义，开展以“我谈十八岁”为主题的演讲、征文比赛；学生在国旗下宣誓自己已成年，并走出校园开展公益活动，迈好成人第一步。

至2000年，继续开展成人节宣誓仪式、“迎接新世纪的曙光”世纪宣言仪式等主题活动，深化成人预备期教育。

十佳青年评选

1987年8月，团县委与萧山电视台、萧山广播站等单位联合举办萧山“十佳青年”评选活动。随后形成制度，每隔3～5年评选一次，分别于1987年、1992年、1996年、1999年开展四届，共评出40名萧山“十佳青年”（1999年第四届改为“十杰青年”）。

1993年3～5月，团市委联合市科委、市经委、市农委等单位开展“萧山市十佳青年科技英才”评选活动。1997年，联合市委宣传部、公安局等6家单位开展首届“萧山市十佳外籍青年”评选活动，并在全市开展“争创青年文明号”、“争当青年岗位能手”活动。2000年，团市委在《萧山日报》设立“世纪青年责任”专栏，宣传报道共青团工作和先进青年典型，对萧山市历届“十佳青年”和“青年文明号”进行回访。

第五节　团员青年学技术

青年职工学技术

1982～1984年，萧山在企业团员青年中开展“五小”[①]竞赛活动，有22000名青年职工参加，获成果245项，并运用于企业生产经营。

1985年，继续开展“五小”竞赛活动；同时开展“青年经营管理能手、青年生产能手”竞赛活动[②]，评出先进集体8个、先进个人168人。

1988年，团市委会同市总工会、市妇女联合会、市劳动局等16家单位举办全市首届青年工人技术大比武，对麻纺细纱挡车工、棉纺挡车工、钳工等13个工种的前三名授予“萧山市青工技术（操作）能手”称号。1988年，团市委联合乡镇企业管理局、劳动局等6家单位举办首届乡镇企业青年工人技术操作运动会，对操作能手授予“萧山市乡镇企业青工技术能手”称号。并选拔47名青年职工参加杭州市乡镇企业青工技术操作运动会。

1990年，举办全市第二届青年工人技术比武活动，来自各系统的168名选手参加8个项目的角逐，产生“萧山市青工技术能手”24名和“青工技术比武优胜者”22名。从中推荐18名优秀选手参加杭州市级4个项目的青年工人比武，有4位青年工人获“杭州市青工技术能手”称号。是年，全市企业团员青年取得“五小”成果134项，为企业创利426万元。[③]

1992年，举办全市第三届青年工人技术比武活动，243名青年工人参加9个项目的比武，产生72名操作能手。是年，团市委与市经委、市劳动局、市总工会联合开展争创“荣誉岗、示范岗”活动，全市2840名青年职工参加争创活动，1174个岗位被评为“荣誉岗、示范岗”。

1995年，全市各级团组织开展劳动竞赛、技术比武278次，参加人数达18500人次。举办各类技术培训班266次；取得“五小”成果63项，创经济效益1082万元。1996年，团市委与市劳动局、总工会等单位举办医疗卫生系统、金融系统、商贸系统的青年工人技术比武，召开萧山市青年岗位能手动员暨商贸系统青工技术比武大会；继续开展“五小”竞赛活动，亚太机电公司团委和杭州万向集团公司团委的两项成果在浙江省、杭州市“五小”评比中获奖。

1998年，制订《萧山市青年岗位能手实施细则》，各企业团组织开展岗位能手评选活动。各级团组织开展劳动竞赛、技术比武785次，取得杭州市“五小”成果10项，团市委被评为杭州市“五小成果先进集体”。

青年农民学技术

1983年，萧山开展“争做学科学、用科学青年示范户”活动，有1800多名青年参加，人均收入500元以上的有918户，青年示范户带动上万农户增产增收。1984年2月，共青团中央、农牧渔业部和全国科协授予共青团萧山县委“学科学、用科学青年标兵队”称号。

1985年，开展“青年百业致富杯”竞赛活动，参加对象为30周岁以下的

①小发明、小革新、小建议、小设计、小改造。

②这一活动由团县委、县总工会、县科技协会和县经委4家单位联合举办。“青年经营管理能手”竞赛的参加对象为工交、财贸、乡镇(村)企业的正副厂长、经理，科室、车间负责人和供销员等经营管理人员，年龄在35周岁以下。“青年生产能手”竞赛的参加对象为在职职工，年龄28周岁以下。（资料来源：萧山市地方志编纂委员会办公室：《萧山年鉴·1986》，1988年10月，第46～47页）

③1991年，全市成立919个青年工人“五小”科技活动小组，上报市级“五小”活动成果53项，创效益471万元。评出一等奖1个，二等奖2个，三等奖3个，鼓励奖6个。大园乡的萧山市锦纶厂青年攻关小组试制成功的“高强度涤纶线”获一等奖。（资料来源：萧山市地方志编纂委员会办公室：《萧山年鉴·1992》，成都科技大学出版社，1993年10月，第106页）

农村专业户、科技示范户和35周岁以下青年组成的各种经济联合体和专业大户，评出先进集体48个、先进个人187人。翌年，举办“开发杯”竞赛活动，以实用技术培训和扶贫帮急活动为主要内容，接受实用技术培训10.1万人，参加扶贫帮急活动9599人，2467户贫困户受益。

1987年，实施《1987年实用技术培训工作意见》（团浙〔1987〕6号）。4～6月，对600余名村团支部书记、团员骨干和青年专业户进行培训。共培训农村青年10万人。是年，萧山被团中央授予“全国农村青年实用技术培训先进县”称号。

1989年，开展“十大种养殖业标兵”评比活动，岩山乡岩门村龚秀中等10位青年农民被评为“十大种养殖业标兵”。翌年，团市委会同市农委、科委、农业局开展“青年种粮标兵竞赛”活动。围绕“科技兴农”主题，在农村团组织和青年中开展“青年星火带头人”活动。

1992年，市内各级团组织举办农村实用技术培训班，受训800人次；种植科技试验田13.33万平方米，2000人参加试验田科技实践；培养“青年星火带头人”和“种养标兵”200人。翌年11月，团市委召开青年种养标兵座谈会，12名青年种养标兵联合发出倡议，号召全市农村青年要热爱农村，做社会主义新农村的建设者，为发展萧山市“一优二高”（优质、高产、高效）农业作贡献。

1995年，团市委联合市科委、农业委员会等6家单位下发《关于开展“萧山市农村青年奔小康竞赛”活动的通知》（萧团联〔1995〕2号），树立科技示范户60户、青年星火带头人47人，其中2人被评为全国青年星火带头人。1998年，青年星火带头人韩松坤、高建夫等9人分别加入省、杭州市青年星火带头人协会，萧山江南养鳖场场长陈伟良被团中央、科学技术部授予“全国青年星火带头人”。

2000年，团市委举办绿色证书、学历教育、实用技术等培训班61期，受训青年2400人次，组织会员参加杭州市青年星火论坛，到省农业科学院开展交流活动。

第六节　少年先锋队

代表大会

1989年10月28日，召开少先队萧山市第一次代表大会，出席代表220人，特邀和列席代表80人。会议选举产生少先队萧山市第一届委员会，朱菁当选为主任。

1992年10月29日，召开少先队萧山市第二次代表大会，出席代表300人，列席代表20人。会议选举产生少先队萧山市第二届委员会，朱菁当选为主任。

1995年9月，召开少先队萧山市第三次代表大会，出席代表215人，少先队代表108人，特邀代表60人。会议选举产生少先队萧山市第三届委员会，陈瑾当选为主任。

1998年10月24日，召开少先队萧山市第四次代表大会，出席代表242人，少先队代表127人。会议选举产生少先队萧山市第四届委员会，董悦当选为主任。

主要活动

1983年，萧山县开始开展“红领巾读书读报奖章”活动。1985年，评出先进集体29个、先进个人73人。1986年，开展“我为‘七五’描星星”活动，评出先进集体200个、优秀活动100个、小能人50个。团县委被中国少年先锋队全国工作委员会授予“全国少先队工作先进单位”称号。

1988年，开展“红领巾小建设”活动和“好儿童、好少年”评比活动，评出“十佳少先队员”。1989年，团市委、市教育局联合下发《关于加强少先队辅导员队伍建设的若干意见》（萧团联〔1989〕3号），全市新建44个初中少先队大队部，开展“三热爱”读书读报比赛。7月，团市委、市教育局举办萧山市首届少先队辅导员培训班，30名青年辅导员、优秀大队辅导员参加业务培训。翌年，萧山市少年工作委员会被评为浙江省少年工作委员会先进集体。

1991年，举行少先队“六一”鼓号队大检阅活动，全市共有20支鼓号队参加；召开少年军（警）校现场会，加强少年军（警）校制度建设[①]。1992年11月，全省少先队劳动实践工作现场会在萧山召开，来自各地市、县（市、区）的100多名辅导员参加会议。全市建有少年农科学校、气象学校、红领巾农场等各类红领巾实践基地14个。

1994年11月，团市委、市教育局、市少先队工作委员会联合在人民路小学召开“面向新世纪，争做萧山新主人”雏鹰奖章活动现场会，制定萧山市少先队雏鹰奖章争章手册，开展“一帮一”手拉手助学行动[②]，加强“红领巾社团”建设。1996年，实施“中国少年雏鹰行动”，用“十有十率”[③]规范少先队基础建设，开展“雏鹰奖章”、“手拉手”助学和“心连心”建书库等主题活动，举办中学生科技节、艺术节、体育周活动，强化校园文化建设。

1997年，实施“萧山市中学生跨世纪素质培养曙光计划”和“中国少年雏鹰行动”，重点开展“启明星科技”、“百花园文化艺术”活动。翌年，团市委与市教委联合制定《萧山市中学生跨世纪素质培养曙光计划》，先后举办全市少先队员参加的智力七巧板竞赛、第三届普职高辩论赛、红领巾手拉手助残活动，有15000名少先队员参加活动。

1999年，“雏鹰争章”活动正式纳入市教育行政部门的学生素质综合评价体系。全市有雏鹰假日小队5596支，校外社会实践基地282个，少年科技学校41个，少先队鼓号队132支，少先队铜管乐队16支。有3所学校被命名为全国少先队工作先进集体。

2000年，全市开展中学生曙光计划、中国少年雏鹰行动。通过萧山共青团网站、《萧然青年》[④]推荐好书100余部，联合市新华书店在《萧山日报》开设“新书架”专栏，全面启动实施“青少年新世纪读书计划”，倡导“天天读书一小时”活动。开展科技、文化、卫生三下乡、社区援助、“推优入团”活动。会同市教育委员会、文化局举办萧山市首届中小学生文化艺术节系列活动。建立以宣传少先队工作为主的“湘湖雏鹰网”。是年，少先队员从1984年的93757人发展到11万人。萧山青少年宫被团中央、教育部评为全国先进青少年宫。[⑤]

①1991年11月，团市委与市国防教育委员会、市教育局联合在岩山乡中心小学、浦南乡塘郎姚村小学召开少年军(警)校现场会，总结全市少年军(警)校建设情况，并对今后工作进行部署。全市已相继创办少年军(警)校7所：西兴中学少年军校、宁围乡少年军校、夹灶乡“五六二”村少年军校、浦沿乡联庄村少年警校、光明乡中心小学少年警校、浦南塘郎姚村少年消防警校、岩山乡少年警校。团市委加强少年军(警)校制度建设，统一印发教材，规范教育内容。是年，西兴中学少年军校被评为杭州市十佳少年军校之一。（资料来源：萧山市地方志编纂委员会办公室：《萧山年鉴·1992》，成都科技大学出版社，1993年10月，第106页）

②希望工程和“一帮一”手拉手助学行动，详见《社会保障》编。

③有组织、有辅导员、有活动、有阵地、有制度、有经费、有理论、有特色、有规划、有成果；建队率、入队率、辅导员配备率和培训率、活动的覆盖率和活动率、阵地的普及率和巩固率，各项制度的健全率和执行率。

④1991年，团市委始编发《团内通讯》，编发23期。1992年，团市委创办《青年科技》刊物，全年出刊5期。1998年，《萧然青年》报纸创刊发行，全年出刊12期，发行2.2万份。1999年，《萧然青年》报纸由2版扩为4版，全年发行量增至3.6万份。

⑤萧山青少年宫建于1984年，1985年10月5日落成并对外开放。占地面积2400余平方米，建筑总面积3700余平方米，总投资200余万元。宫内有溜冰场、录像放映室、排练厅、图书阅览室、音乐厅、舞厅、美术室、天象馆和电子游戏、电马、台球、乒乓球、航模等设施，是萧山市青少年校外活动的主阵地和艺术科技教育活动的中心。1986年夏，承办全国少先队辅导员技能技巧竞赛南方赛区比赛；1999年12月，承办萧山市世纪婚典，100余对新人在新落成的人民广场举行盛大婚典；先后承办两届浙江省青少年航海模型锦标赛。1988年10月被评为浙江省一类青少年宫，1990年1月被团省委、省文化厅评为省先进青少年宫，1994年9月被评为省文化教育工作先进集体，2000年9月被团中央、教育部评为全国先进青少年宫。

第三章　妇女联合会

1927年3月，衙前成立妇女协会，是萧山最早的妇女组织。1928年11月，成立萧山县妇女协会。1931年改名萧山县妇女会。1939年9月，召开萧山县妇女会成立大会，选举产生理事会。[①]1951年1月，召开萧山县妇女代表会议，成立萧山县民主妇女联合会筹委会。1954年3月，召开萧山县第一次妇女代表大会，成立萧山县民主妇女联合会。1957年11月，改称萧山县妇女联合会。“文化大革命”开始，全县妇女联合会组织停止活动。1973年恢复。至2000年底，先后召开萧山市（县）妇女代表大会13次，有镇乡妇女联合会34个，办事处妇女工作委员会8个，市级机关、直属单位妇女委员会33个，村妇女代表会743个，居委会妇女代表会140个，企业妇女代表会258个，个体工商户（市场）妇女代表会13个。

萧山市（县）妇女联合会，以提高妇女政治、社会地位为己任，健全妇女组织，开展“双学双比”[②]、“巾帼建功”、“五好文明家庭”创建等一系列活动，对妇女进行生产技术、家庭教育、伦理道德、法律知识教育和培训，提高妇女的整体素质和社会实践能力，维护妇女的合法权益，在经济建设和社会事业中发挥半边天的作用。2000年，萧山市被国务院妇女儿童工作委员会评为全国儿童工作先进县（市）。

第一节　代表大会

1954～1982年，先后召开萧山县第一次至第十次妇女代表大会。[③]

1988年1月28～31日，召开萧山市第十一次妇女代表大会，出席代表390人，其中农民（包括乡镇企业职工）184人，占47.18%；工交财贸39人，占10.00%；各级妇女联合会专职干部80人，占20.51%；农林垦场9人，占2.31%；科教文卫33人，占8.46%；城镇居民9人，占2.31%；党政干部25人，占6.41%；还有烈属、个体劳动者、归侨、侨眷、台属、少数民族、民主党派、宗教人士等代表和特邀、列席代表50人。大会主题：进一步动员和组织广大妇女投身改革，以紧迫的责任感提高妇女素质和竞争能力；维护妇女的具体权益；树立正确的恋爱、婚姻、家庭观，促进社会主义精神文明建设。大会选举产生萧山市妇女联合会第十一届执行委员会，何群当选为主任。

1992年12月27～30日，召开萧山市第十二次妇女代表大会，出席代表387人，其中农民代表170人，占43.93%；职工代表84人，占21.71%；妇女干部121人，占31.27%；其他劳动者及爱国知名人士12人，占3.10%。大会主题：进一步增强时代紧迫感，抓住机遇，解放思想，转变观念，奋发进取，更好地

①民国29年（1940）7月，萧山县妇女会改选，选举施培云（中共党员、政工队队员）为常务理事。同年10月，国民党省党部发出训令：“某党在浙对妇运颇烈……妥为计划防止。”施培云只得于12月辞职，退出县妇女会。民国33年（1944），妇女会解体。民国35年（1946）6月，再次召开妇女会成立大会，会员101人，选举理事、监事，事后从事办妇女识字班，宣传国民党的政令、政策，替国大代表拉票等活动。萧山解放时，该会废除。（资料来源：萧山县志编纂委员会：《萧山县志》，浙江人民出版社，1987年，第633～634页）

②学文化、学技术、比成绩、比贡献。

③1954年3月，萧山县第一次妇女代表大会，出席代表228人，李慧雯当选为主任。1955年12月，萧山县第二次妇女代表大会，出席代表320人，李慧雯当选为主任。1956年12月，萧山县第三次妇女代表大会，出席代表336人，李慧雯当选为主任。1957年11月，萧山县第四次妇女代表大会，出席代表534人，李慧雯当选为主任。1959年12月，萧山县第五次妇女代表大会，出席代表312人，李慧雯当选为主任。1962年1月，萧山县第六次妇女代表大会，出席代表408人，李慧雯当选为主任。1964年3月，萧山县第七次妇女代表大会，出席代表425人，李慧雯当选为主任。1973年6月，萧山县第八次妇女代表大会，出席代表1054人，刘梅青当选为主任。1979年4月，萧山县第九次妇女代表大会，出席代表1051人，刘梅青当选为主任。1982年12月，萧山县第十次妇女代表大会，出席代表849人，刘梅青当选为主任。（资料来源：杭州市萧山区妇女联合会：《萧山妇女运动史》，北方妇女儿童出版社，2002年12月，第343～355页；萧山县志编纂委员会：《萧山县志》，浙江人民出版社，1987年，第633～634页）

发挥生力军作用，以丰硕成果迎接1995年第四次世界妇女大会在北京召开。大会选举产生萧山市妇女联合会第十二届执行委员会，何群当选为主任。

1997年11月20～22日，召开萧山市第十三次妇女代表大会，出席代表388人，其中农村和农场单位代表207人，占53.35%；工交、财贸单位代表45人，占11.60%；教科文卫单位代表21人，占5.41%；少数民族、民主党派代表13人，占3.35%；党政机关、驻萧部队代表等24人，占6.19%；专职妇女干部和直属妇女委员会主任78人，占20.10%。大会主题：以中共十五大精神为指针，高举邓小平理论伟大旗帜，紧密团结在以江泽民为核心的党中央周围，以强烈的历史责任感和紧迫感，提高思想政治素质和科学文化素质，艰苦奋斗，奋发进取，为开创妇女工作新局面，为实现萧山跨世纪宏伟目标再创新业、再立新功。大会选举产生萧山市妇女联合会第十三届执行委员会，陈更美当选为主席。

第二节　基层妇女组织

1982年，全县有65个公社（镇）召开妇女代表大会，780个村妇女代表进行整建和换届，选举产生新的领导班子；有89个社、队企业新建妇女代表会，5479个生产队成立妇女代表小组。1984年，全县有镇乡妇女联合会67个，村妇女代表会787个，乡镇企业（街道）妇女代表会300个。

1990年，全市基层妇女组织换届选举，成立和改选妇女代表会1376个，妇女代表小组6332个。在妇女代表会主任中，有一技之长的1291人，占93.80%；任村党支部委员172人，占21.60%；任村委691人，占86.70%。

1995年5月，对基层妇女代表会主任要求具有初中以上文化程度，年龄45岁以下，能带领妇女走共同致富之路。是年，选出1274名妇女代表会主任，平均年龄为38.8岁，初中、高中以上文化程度占68.50%。

1998年，在镇乡妇女联合会及村级妇女代表会换届中，强调年轻化并参与“公选”。全市767个村妇女代表会，调整妇女代表会主任259人，调整面达34%，新充实的妇女代表会主任年龄一般在35岁以下，文化程度明显提高。在全市村“三委”班子换届中，妇女代表会主任任村党支部委员158人，任村委472人，进村经济合作社班子131人。

区妇女联合会

80年代初，县妇女联合会在戴村、临浦、城北、城南、瓜沥、义蓬6个区分别设立妇女联合会。1992年全市撤区扩镇并乡后，各区妇女联合会组织撤销。

镇乡妇女联合会

1984年，萧山县有镇乡妇女联合会67个。1992年萧山撤区扩镇并乡，全市有镇乡妇女联合会31个，办事处妇女工作委员会13个。至2000年底，全市有镇乡妇女联合会34个，办事处妇女工作委员会8个（包括城厢镇下属3个街道办事处）。

市级机关妇女委员会

1989年3月，市级机关、市文化广播电视局等单位率先成立妇女委员会。是年底，全市29个市直属机关、单位成立妇女委员会，至2000年底，全市市级机关、市直属单位妇女委员会增至33个。

村（居委会）妇女代表会

80年代初，城厢、临浦、瓜沥3镇居民区开始成立居民区妇代会。至1984年底，全县有村级妇女代表会787个。随后因行政区域调整。1989年，全市有村妇女代表会797个，居民区妇女代表会80个。1992

年，有村妇女代表会804个，居民区妇女代表会74个。随着城区范围扩大和小城镇建设推进，居民区妇女代表会逐渐增加。至2000年底，有居委会妇女代表会140个，村妇女代表会743个。

企业妇女代表会

1986年，全县有乡镇企业妇女代表会365家。1992年，全市有乡镇企业妇女代表会458家。随着国有、集体企业转制，私营企业、个体企业、“三资”企业妇女代表会增加。1995年5月，全市首个企业集团妇女联合会——万向集团妇女联合会成立。1998年10月，全市首个私营企业妇女联合会——浙江传化集团妇女联合会成立。至2000年底，全市乡镇企业及其他经济组织妇女代表会258个。

个体工商户（市场）妇女委员会

1992年3月，成立市个体劳动者协会妇女委员会。1995年10月，萧山商业城妇女委员会成立，是全市首个专业市场妇女委员会。至2000年底，全市专业市场妇女委员会增至13个。

第三节　创建活动

文明家庭创建

萧山“五好家庭”[①]创建活动始于1981年。至1985年底，有镇乡级“五好家庭”104422户。1987年，县妇女联合会推广宁围乡“立家规、重家教、操家务、正家风、强经济”的做法，促进创建活动开展。

1989年起，“五好家庭”纳入全市“评三户”[②]活动。1990～1993年，开展“让文明新风进家庭”活动，要求城乡家庭树立爱国爱乡、诚实守信之风；树立学文习技、健康科学之风；树立尊老爱幼、民主和睦之风；树立优生优育、为国教子之风；树立勤劳节俭、移风易俗之风；树立讲卫生讲整洁、庭院优美之风。1991年，评选和表彰“五个一百”[③]。

1994年，开展“国际家庭年”系列活动，以提高家庭成员的思想道德和科学文化素质、提高家庭文明程度和生活质量为目标，于5月举办萧山市首届“江南大厦杯”家庭运动会，评选市“十佳美好家庭”10户；于8月举行萧山市“十对金鸳鸯”评选活动，同时评出杭州市级“好婆婆”、“好夫妻”、“好媳妇”、“好邻里”等一批先进典型。

1997年起，“五好家庭”更名为“五好文明家庭”[④]。市妇女联合会组织开展“尊老爱幼、男女平等、夫妻和睦、勤俭持家、邻里团结”的家庭美德建设活动。是年，共评出市级“五好文明家庭”100户。至2000年底，累计评出“五好文明家庭”124701户，占全市总户数的34.38%。

双学双比

1986年，有60个镇乡妇女联合会与有关部门组织女职工开展劳动竞赛、技术比武，其中义蓬区各镇乡妇女联合会在企业中开展操作比武21次，参加人

①政治思想、生产工作好；家庭和睦、尊敬老人好；教育子女、计划生育好；移风易俗、勤俭持家好；邻里团结、文明礼貌好。

②爱国守法户、五好家庭户、双文明户。

③百名好母亲、百名好家长、百名好婆媳、百对好伴侣、百户美好家庭。

④爱国守法，热心公益好；学习进取，爱岗敬业好；男女平等，尊老爱幼好；移风易俗，少生优育好；勤俭持家，保护环境好。

数2685人，评出优胜者120人，组织女工技术培训25期，参加1867人次。

1988年，益农乡妇女联合会开展“当能手、做巧手、显身手”活动，发动妇女利用房前屋后发展种植养殖业，评出女能手11人。1989年3月，市妇女联合会在益农乡召开种植、养殖现场会，部署在全市农村妇女中开展“学文化、学技术、比成绩、比贡献”竞赛活动（简称“双学双比”活动）。6月，建立萧山市农村妇女“双学双比”联席会议制度。是年，全市参加竞赛妇女47950余人。

1990年7月，成立萧山市农村妇女“双学双比”竞赛活动协调小组，成员单位11个。是年，“双学双比”竞赛活动协调小组拨出30吨平价化肥，供应参赛妇女，组织摘棉、制茶、插秧、珠算等单项技术比武。全市参赛妇女达92235人。

1991年7月，市农村妇女“双学双比”竞赛活动协调小组制订《萧山市1991～1993年“双学双比”竞赛活动规划》①，明确“双学双比”竞赛活动项目以种养业、乡镇工业、加工服务业等为主要内容，重点配合抓好“吨粮田”、“千斤麻”、“双百棉”工程建设，有山林资源的镇乡还要营建“三八绿色工程”和“绿色企业”。至年底，建立市、区、镇乡、村四级协调组织网络。

1993年10月，市妇女联合会与市乡镇工业管理局联合在衙前镇杭州宝怡服装有限公司举行缝纫女工技术比武，34名来自各服装厂的选手参加比赛。1994年6月，来苏工艺棉纺织厂、红山农场水泥厂、浦沿镇水泥厂等单位在全市“双学双比”经验交流会上交流经验。是年，全市600余家企业开展劳动竞赛活动，参赛女工94179人次；开展操作技术比武活动459次，参赛女工21320人次。

1996年1月，制订《萧山市农村妇女“双学双比”竞赛活动规划（1996～2000年）》，要求在乡镇企业女工中开展“学文化、学技术、学管理、学经营，比产量、比质量、比数量、比贡献”的竞赛活动，并把活动延伸到个体、私营企业中去。全市各级妇女组织根据不同行业、企业特点，开展岗位练兵、技术比武、操作表演等活动。是年，全市参赛妇女达16.96万人。2000年，参赛妇女14.50万人。

1989～2000年，全市先后表彰市级农家女能手828人，镇乡级农家女能手2603人。1998年，宁围镇盈一村妇女倪杏美被评为全国“双学双比”先进女能手。1999年，萧山市农村妇女“双学双比”活动成果参加全国妇女联合会在北京举办的成果展。

妇字号工程

三八绿色工程　1990年，云石乡妇女联合会率先在增丰村营造三八林66667平方米。翌年春，该乡94名妇女又在海拔500多米的荒山上开垦33334平方米杉树基地。在妇女干部的带领下，全乡共营造三八杉木基地40万平方米。是年3月，市“双学双比”协调小组在云石乡召开三八绿色工程现场会，提出把三八绿色工程列入林业建设的总体规划。全市有30000余名妇女参与三八绿

①《萧山市1991～1993年“双学双比”竞赛活动规划》，提出的目标和任务是：组织建设上，1991年内，应全部调整、充实、完善区、镇乡级协调组织，全面成立村级协调组织。各协调组织根据上级要求和各自实际制订各项工作制度，从组织和制度上保证“双学双比”竞赛活动的正常开展。拓宽参赛面，宣传发动面达妇女劳动力总数的96%以上，参加各项学、赛的人数要达到妇女劳力总数的60%以上。

文化学习上，采取举办扫盲班，包教、包学等形式，组织文盲半文盲妇女学文化，计划每年脱盲600人；对已经脱盲妇女，采取办文化提高班的形式，巩固扫盲成果。

技术培训上，采用分级对口的办法，对参赛妇女每年培训一次以上实用新技术；对科技示范户，种养专业大户，进行重点培训，以发挥她们在当地的辐射作用。1991年底开办农函大，要求有条件的镇乡开办女子班，无条件单独办理的也要争取在所在地农函大中有20%～30%女学员，争取到1993年每镇乡有3名女农民技术员，每村有1名女乡土技术员。

工作联系上，镇乡以上各级协调组织都要建立自己的工作联系点，建立3户以上的联系户（科技示范户、基地户和扶贫联系户），及时了解、总结竞赛活动中出现的情况和问题，以指导竞赛活动顺利开展。《规划》要求各地要建立生产基地，由点到面，逐步引导妇女走适度规模经营的道路，兴办小农场、小牧场、小林场，创办妇联经费基地，以提高经济效益，扩大社会影响，要求到1993年底全县建立各种生产基地150个以上。（资料来源：杭州市萧山区妇女联合会：《萧山妇女运动史》，北方妇女儿童出版社，2002年12月，第179～180页）

色工程竞赛活动，造林121.13万平方米，植树46万株。至2001年，全市建起三八绿色工程基地36个，面积241.53万平方米。

三八银花赛　1990年，新街镇妇女联合会组织妇女开展植棉“银花杯”竞赛活动。1991年，浦沿镇、长山镇相继组织植棉妇女开展“金花杯”、“求实杯”竞赛活动。1993年，响应全国植棉女能手联合倡议，在全市植棉妇女中开展三八银花赛活动，号召多种棉、种好棉，为国家多作贡献。8月，市“双学双比”竞赛活动协调小组在宁围镇盈二村召开萧山市棉区三八银花赛经验交流会。是年，全市9个植棉镇乡的2281名妇女参加三八银花赛活动，有60名妇女被评为植棉女能手。

生产示范基地　1993年，党山镇妇女联合会建立“吨粮田”、“千斤麻”工程基地，美国“七彩鸡”养殖基地，围垦千头猪养殖基地，矮紫皮甘蔗基地和蔬菜基地。所前镇妇女联合会引导妇女推进“一村一品”建设，发展名、优、特产品，增加家庭经济收入。至2000年，全市市级“双学双比”示范基地12个，镇乡级“双学双比”生产示范基地146个，经费基地47个。[①]

“手拉手、共致富”姐妹扶贫结对　1996年，市妇女联合会组织率先致富的农家女能手、女科技示范户、女专业户、女农民技术员与当地贫困妇女结成帮扶对子，订立扶持协议，开展“扶贫结对”活动。至2000年，累计结对2540户，其中脱贫473户。

四个十佳工程　1999年开始，市妇女联合会开展创建四个“十佳妇字号”工程活动，组织专业大户参加实用技术、农函大、绿色证书培训。实行“联大户”制度，市农村妇女“双学双比”协调小组成员单位与市“双学双比”女性龙头大户结成对子，从资金、物资、技术、项目、政策、信息等方面给予扶持、帮助。对创建活动进行总结、评比，评出“十佳妇字号”龙头企业、“十佳妇字号”示范基地、“十佳妇字号”营销大户、“十佳妇字号”农业大户，并进行表彰。2000年，表彰四个“十佳工程”40个。

巾帼建功

1991年，萧山市“巾帼建功”竞赛活动协调小组成立，竞赛活动在全市各行各业展开。[②]个体工商户妇女开展文明经营在萧山的“五好巾帼杯”竞赛活动。1994年，商业、金融等服务行业开展“比服务、看态度，比贡献、看效益，比成果、看奉献，比创新、看一流服务”活动。教育系统开展“爱学生、塑灵魂、育人才”活动。卫生系统开展“重医德、钻业务、送温暖”活动。科技战线开展“展才智、攻难关、创成果”活动。市级行政机关女干部开展“勤工作、作奉献、为人民”活动。企业女职工开展“做主人、赛质量、献良策”活动。在城镇妇女中开展“巾帼展英姿，建功在萧山”的示范岗（柜）竞赛活动。

1997年5月，在市心路开展争创“巾帼建功”示范岗竞赛一条街活动，首批38个商场柜组、营业部和科室参加竞赛。1999年，“示范岗”活动延伸到党政机关、科教文卫、工业交通、财贸金融、邮电通信、旅游行业、专业市

①1994年，各级妇联创办以女能手为主体的种、养、加适度规模经营基地。1996年，云石乡增丰村办起三八雷竹基地。1999年，进化镇办起大汤坞寺山杨梅基地。2000年，新建了前进三八农副产品综合基地、闻堰三八绿色科技示范基地、萧山市水产养殖示范基地等。（资料来源：杭州市萧山区妇女联合会：《萧山妇女运动史》，北方妇女儿童出版社，2002年12月，第189页）

②“巾帼建功”竞赛活动首先在市直属单位和新街镇及有关系统展开。8月中旬，市女厂长（经理）联谊会举行以“上质量、上品种、上效益”为主题的“巾帼建功”经验交流会，有10多名会员发言，表示要开拓新品种，提高产品质量，努力为促进萧山经济发展作一份贡献。年底开展总结评比活动。新街镇妇女联谊会开展“建一功、献一计、节一百”为主要内容的“巾帼建功”活动，收到较好效果。随后，全市建制镇妇女组织也开展了各种形式的活动。（资料来源：杭州市萧山区妇女联合会：《萧山妇女运动史》，北方妇女儿童出版社，2002年12月，第203页）

场、个私企业等各阶层妇女群体中。全市共有89个单位、153个岗位、1642人参加“巾帼文明示范”争创活动。是年，响应全国妇女联合会提出把城市妇女工作重点放在社区，实施“巾帼社区服务工程”的号召，市妇女联合会制订“215”计划（与200名特困女职工结对子，帮助她们寻找新岗位；创建10个“妇字号”社区服务实体；培养宣传5个社区服务明星）。通惠街道办事处成立“十姐妹”为民服务队，江寺街道办事处成立“十大嫂”为民服务组。

2000年，“妇字号”社区服务实体增至25个。新建社区巾帼志愿者服务队42支，开展活动134次，参加人数6463人次。1991～2000年，市妇女联合会表彰“巾帼建功”先进集体24个，先进工作者137人，“巾帼文明示范岗”168个，“巾帼建功”标兵171人。

三八红旗竞赛

1979年4月，萧山在全县范围内开展三八红旗竞赛活动。[①]是年，党山公社妇女联合会被评为全国三八红旗集体，徐爱岳、郑吾珍被评为全国三八红旗手。80年代，三八红旗竞赛与其他活动有机结合。[②]至1989年10年间，共表彰萧山市（县）三八红旗手（集体）1077个，推荐杭州市级以上三八红旗手（集体）15个。

1990～2000年，先后表彰萧山市三八红旗手163个，推荐杭州市级以上三八红旗手（集体）42个。其中，1995年表彰萧山市三八红旗手（集体）52个，1998年表彰萧山市三八红旗手（集体）49个，2000年表彰萧山市三八红旗手（集体）62个。

第四节　妇女维权

维权措施

1985年，县妇女联合会建立信访制度，县、区、镇乡妇女联合会均有专人负责接待来访妇女，加强对妇女日常法律服务。

1993年9月，成立萧山市妇女权益保障委员会，为维护妇女合法权益提供组织保证。1994年9月，宣传《浙江省实施〈中华人民共和国妇女权益保障法〉办法》，[③]对全市专职妇女干部进行辅导培训，开展法律咨询服务活动。在宣传月活动中，全市各级妇女组织共受理妇女投诉案件145件，调处率达92.40%。

1996年10月，制订《萧山市妇女发展规划（1996～2000年）》。对全市妇女发展的目标、妇女政治权利、妇女职业培训、妇女卫生保健、计划生育、扶持困难地区妇女事业的发展、妇女法律保护等方面作出明确规定。1998年9月，成立萧山市妇女发展规划监测评估小组，对妇女发展规划进行中期监测。

1999年8月，制订《萧山市妇女联合会信访管理实施意见》，规范全市各级妇女联合会信访工作。2000年9月，规划监测评估小组对妇女发展规划进行终期监测。监测表明：主要存在妇女参政议政比例不高，分布不合理；妇女下

①1979年4月，萧山县第九次妇女代表大会提出评选三八红旗集体和三八红旗手的五大条件：在生产、科技、文化、艺术、教育、卫生等各项工作中有突出贡献的；对技术革新、技术革命做出重大贡献的；在举办托儿所、幼儿园（班）、食堂和其他后勤服务事业中有出色成绩的；在用社会主义思想处理好婚姻家庭关系，教育好革命后代方面起模范带头作用的；妇女干部和妇女组织的工作成绩显著的。（资料来源：杭州市萧山区妇女联合会：《萧山妇女运动史》，北方妇女儿童出版社，2002年12月，第143页）

②1982年，萧山号召各级妇女联合会在开展争当三八红旗手（集体）的活动中，要与开展“五好家庭”创建活动结合。1987年，提出在企业（包括乡村企业）中开展以“双增双节”为内容的三八红旗竞赛和职业道德教育活动。1988年，在乡镇企业中开展以“比质量、比产量、比降低消耗”为内容的三八红旗竞赛活动。1989年，提出“帮助乡镇企业女职工提高技术素质和管理水平，深入开展‘双增双节’”为主要内容的三八红旗竞赛活动，在农村开展系列化“增、节、储”为内容的三八红旗竞赛活动。（资料来源：杭州市萧山区妇女联合会：《萧山妇女运动史》，北方妇女儿童出版社，2002年12月，第145～146页）

③1994年8月31日浙江省第八届人民代表大会常务委员会第十二次会议通过，2007年7月26日浙江省第十届人民代表大会常务委员会第三十三次会议修订。修订后的《浙江省实施〈中华人民共和国妇女权益保障法〉办法》，自2007年9月1日起施行。

岗比例高，再就业比较困难；“三资”企业、乡镇企业、私营企业对女职工“四期”（妇女的经期、怀孕期、产期、哺乳期）保护落实较差；妇女主任素质有待提高，女性受教育程度低于男性；侵犯妇女合法权益案件呈上升趋势等问题。引起市委、市政府的重视，要求按照发展规划，加大工作力度，提高妇女的政治地位和社会地位，切实维护妇女的合法权益。

1988～2000年，市、镇乡妇女联合会共接受妇女信访2283件，处理结案2234件，结案率在97.85%。

女工保护

1985年，全县有乡镇企业女工11.40万人，占农村女劳动力的36.00%。1986年，县妇女联合会先后到石岩乡、义盛镇等地调查企业女工劳动保护情况，发现存在“四期”保护没有明确规定；托幼园所较少，影响女工出勤率；女工上夜班，厂里无宿舍，上下班路上不安全；企业卫生设施差，导致妇科病交叉传染；女工超负荷出勤等方面问题。县妇女联合会要求加强乡镇企业妇女组织建设，维护妇女合法权益。是年，全市女工人数在40人以上的乡镇企业建起妇女代表会365个，占应建数的92.5%。由此开始，乡镇企业女职工劳动保护工作逐步引起重视。

1987年，县妇女联合会印发《女职工保健工作暂行规定》。全县22个镇乡制订《女工劳动保护实施细则》，32个镇乡对原规定进行修订完善，确保女工劳动保护实现有法可依、有章可循。

1991年10月24～26日，由市人大常务委员会、市人民政府、市纪律检查委员会、市劳动局、市妇女联合会、市总工会等8个单位组成检查组，对企业女职工劳动保护情况进行专项检查，责令存在问题的企业落实整改措施。11月，市妇女联合会开办家庭事务服务所。

1996年5月，市妇女联合会会同有关部门重点对“三资”企业、乡镇企业、私营企业进行检查，督促落实女职工劳动保护措施。是年，家庭事务服务所帮助510余名下岗女工实现再就业。1997年3月8日，市妇女联合会与市劳动局、总工会、团市委联合举办迎“三八”劳动力交流大会，安排240名下岗女工的工作岗位，达成用工意向200余人。

1998年8月，举办首期下岗女工家政服务免费培训班，有29名下岗女工参加培训。10月，市妇女联合会组织部分下岗女工免费参加太平洋保险公司萧山分公司的营销员培训，为下岗女工实现再就业创造条件。

2000年9月，对萧山市非公有制企业女职工劳动保护工作实地检查，浙江富可达皮业集团股份有限公司与职工100%签订劳动合同，妇女“四期”休假中工资、工龄、保险、晋级、评定职称不受影响。浙江传化化学集团有限公司制订《劳动合同制度》，专门对女工劳动保护作出具体规定。

外来妇女管理

1985年，外省籍妇女主要以婚嫁方式进入萧山。据调查，1985年1月至1987年6月，全县共有外省籍妇女1057人，其中瓜沥区260人、城北区297人、义蓬区331人、城南区169人。这些妇女主要来自贵州、云南、广西、四川、陕西、河南、河北、湖南、湖北、江西、安徽、山西、山东、辽宁、黑龙江等地。1990年后，外省籍妇女来萧山务工人数剧增。是年起，各镇乡妇女联合会加强对外来妇女的管理，成立管理小组，设立外来妇女档案，从政治、工作、生活等方面关心和帮助外来妇女，使她们受到应有的尊重和关怀。1998年9月，瓜沥镇东方村江西籍妇女徐平仙、大园村四川籍妇女曹继红、城厢镇联华村河南籍妇女刘继红，分别被推选为村妇女代表会主任。2001年，徐平仙列为党支部书记后备人选重点培养和使用。

第五节　妇女培训

妇女干部培训

1979～1984年，萧山加强对各级妇女干部的培训。[①]

1985～1989年，各区、镇乡举办基层妇女骨干培训班646期，参训人员35581人。1990年，市妇女联合会恢复停办12年的基层妇女代表会主任培训班，先后办班6期，参训基层妇女代表会主任645人。1989～1993年，先后选送15名妇女联合会干部参加全国妇女联合会组织的培训。

1988年，全市23名专职妇女干部取得中专和高等教育自学考试毕业证书。1994年，全市53名专职妇女联合会干部中，有26名参加高等教育自学考试或党校大专班学习。至1999年，有45人取得大专毕业文凭，4人取得本科毕业文凭。

1996年，市妇女联合会与杭州大学联合举办以在职幼儿教师为对象的学前教育大专自考助学班，采用滚动教学的方式，安排120名幼儿教师参加学习。

2000年，结合推进“女性素质工程”活动，开展多层次、多门类、多形式的培训。[②]与浙江大学研究生院联合举办《科技信息与管理》研究生进修班，结业28人。输送11名女干部参加2000CIDA项目“妇女与发展”的国际培训班。

1985～2000年，累计举办基层妇女干部培训班2392期，参训12万人次。2000年3月，建成萧山市妇女儿童培训活动中心，建筑面积933.83平方米，成为妇女联合会系统开展教学、培训、联谊活动的重要场所。

农村妇女培训

1985年始，各级妇女联合会采用举办培训班、广播讲座等方式，帮助妇女学习种、养、编等实用技术。

1994年5月，城北办事处成立“妇女蔬菜专业协会”，聘请市农办的蔬菜农技师担任技术顾问，种菜妇女之间开展自我传技组396个。8月，全市第一所女子农函大中级班在瓜沥镇开办。是年，全市共有23个镇乡妇女联合会办班，招收学员906人，结业691人。

1995～2000年，全市妇女联合会开办女子农函大班86个，招收学员5127余人，其中759名妇女评上农民技术员职称。举办绿色证书女子班17个，参训妇女1645人，均获得绿色证书。各级妇女联合会共办妇女实用技术培训班7060期，培训内容包括养鸡、养鸭、养猪、养兔、养羊、种桑养蚕、水稻春粮栽培、绷花编绣等，培训妇女30.7万人次。13万名妇女掌握一门以上种、养、编等实用技术。

①1979年，萧山县第九次妇女代表大会提出要培养一支又红又专、热爱妇女工作的干部队伍。1980年4月，举办区、社、镇专职妇女干部培训班，时间17天，学习内容分三个单元：第一单元，学习党的十一届五中全会公报和邓小平《目前的形势和任务》；第二单元，学习《党内政治生活的若干准则》和《中国共产党章程》修改草案；第三单元，学习妇联工作业务知识。1981年10月，举办为期19天的全县区、社、镇专职妇女干部培训班，学习党的十一届六中全会《决议》、中央1981年19号文件和《陈云同志文稿选编》。1982年10月，用以会代训的方法培训妇女干部。1983年10月，选送25名区、社、镇妇联干部参加杭州市委党校学习。1984年，召开全县区、镇乡和农垦场妇女干部业务会议，县妇联和司法局负责人作辅导讲课。（资料来源：杭州市萧山区妇女联合会：《萧山妇女运动史》，北方妇女儿童出版社，2002年12月，第151～153页）

②文化知识类培训：各镇乡举办了各类文化班、学历班，学习人数1980人。业务知识和综合素质类培训：全市镇乡共办班163期，受训7768人次。实用技术类培训：全市举办实用技术培训班182期，受训13634人次；办农函大女子班9班，参加培训妇女骨干539人；参加绿色证书培训427人。（资料来源：杭州市萧山区妇女联合会：《萧山妇女运动史》，北方妇女儿童出版社，2002年12月，第323页）

第六节　儿童少年事业

关爱儿童少年

1988年，市妇女联合会举办儿童保健、家庭教育知识“六一”咨询服务，有20名专家、名医参加服务活动，享受服务的有1063人次。翌年，首次在城厢镇举办“六一”儿童妇女用品让利销售活动，让利销售额达70000余元。

1991年4月，成立萧山市儿童少年工作协调委员会，成员单位25个，办公室设在市妇女联合会。10月，制订《萧山市儿童少年事业发展规划（1991～1995年）》，明确儿童少年教育、文化艺术、体育、卫生保健、生活用品和食品等六个方面的发展目标。1993年六一国际儿童节期间，全市25个镇乡卫生院免费为儿童少年体检，受检儿童少年17183人。

1994年6月6日，萧山市儿童基金会成立，共收到国家机关、社会团体、企事业单位、私营企业、个体工商户及市民个人捐款60.7万元。是年，全市办起托儿所20个，21个镇乡、办事处兴办农忙托儿班。

1995年5月，确定10名学生为第一批扶助对象，承担受助者每学期部分学费，直至完成九年制义务教育。翌年9月，投资200万元、建筑面积2000余平方米的萧山实验幼儿园竣工开园，扩大幼儿招收数量，改善教学条件。

1997年，制订《萧山市“九五”儿童少年事业发展规划》。1998年5月，市儿童少年事业发展规划监测评估组和统计组成立。至2000年6月，先后两次对1997年度儿童发展规划进行监测评估，对未达标的指标进行分析，提出整改措施。是年底，全市妇女联合会系统共兴办托儿所22个。市儿童基金会共结对扶助困难学生54人。

1990～2000年，每年“六一”期间向全市儿童少年献爱心，共赠送慰问金（物品）600.93万元；组织市人民医院等4家医院儿科、妇科医师到边远山区、围垦海涂的楼塔镇、头蓬镇免费为129名儿童和广大幼儿教师提供医疗咨询；邀请杭州市第一医院等7家医院的儿科专家来城厢镇为138名儿童咨询服务。是年，市妇女联合会发动各级妇女联合会兴办托儿所（班）11个。

创办家长学校

1986年8月，萧山第一所家长学校在浦沿镇浦联村成立。至年底，全县兴办家长学校85所。1991年，全市有新婚孕妇、0～3岁父母、隔代家长、幼儿园、小学、中学家长学校1044所，有115590名家长参加学习。其中妇联系统兴办新婚孕妇、0～3岁父母、隔代家长学校357所，学员18596人。

1997年9月，与市教育局、关心下一代工作委员会联合开展争创“示范家长学校”的活动。1998年1月，推广益农镇中心小学创建示范家长学校经验。11月，市妇女联合会、市教育局、关心下一代工作委员会在全市范围内开展验收工作。2000年，命名益农镇中心小学等7所学校的家长学校为示范家长学校。萧山市被评为全国儿童工作先进县（市）。

至2001年3月，全市有幼儿园家长学校494所、小学家长学校390所、中学家长学校146所。妇联系统利用各类家长学校累计办班7955个，参加面授的家长114万多人次。

第四章　科学技术协会

1955年7月，成立浙江省科学技术普及协会萧山县科普小组筹备组。1956年11月，定名为浙江省科学技术普及协会萧山支会。1958年11月，改名萧山县科学技术协会。“文化大革命”期间被迫撤销。1979年，县科学技术协会恢复正常活动，并与县科学技术委员会分设。至1984年底，各镇乡科学技术协会先后成立，翌年各区科学技术协会成立。至2000年底，先后召开科学技术协会代表大会9次，有市级学会、协会、研究会69个，镇乡科学技术协会31个，企事业单位科学技术协会21个，农村专业技术协会28个。有会员20169人。

萧山市（县）科学技术协会，是自然科学和社会科学工作者的群众组织，主要负责对所属社会团体的资格审查，配合民政部门做好社会团体登记工作，开展科普宣传、科技协作、科技咨询、科技服务、技术培训和学术交流（详见《科技》编），发挥科学技术是第一生产力的作用。1995年，农函大萧山分校被中国科学技术协会评为中国农函大重点分校（重新确定）、中国农函大先进分校、全国农村科普工作先进集体。1998年，农函大萧山分校被中共中央组织部、中国科学技术协会评为全国农村党员基层干部实用技术培训工作先进单位。1998年，萧山被中国科学技术协会列为全国首批100个科普示范县（市）创建单位，城厢、临浦、瓜沥、宁围、义桥5个镇被列入全国首批500个科普示范镇（乡）创建单位。2001年，萧山市被中国科学技术协会命名为全国首批科普示范县（市）。

第一节　代表大会

1956～1983年，先后召开萧山县科学技术协会第一次至第四次代表大会。①

1985年12月21～23日，召开萧山县科学技术协会第五次代表大会，出席代表345人。大会总结县科学技术协会第四次代表大会以来的工作，动员科技工作者更好地为经济建设服务；选举产生萧山县科学技术协会第五届委员会，毛大纬当选为主席。

1988年12月12～15日，召开萧山市科学技术协会第六次代表大会，出席代表346人。大会听取并审议市科学技术协会第五届委员会的工作报告，修改通过《萧山市科学技术协会章程》，同时通过《萧山市自然科学专门学会组织通则》《萧山市社会科学学会组织通则》《萧山市乡（镇）科学技术协会组织通则》；选举产生萧山市科学技术协会第六届委员会，黄美潮当选为主席。

1991年12月1～3日，召开萧山市科学技术协会第七次代表大会，出席代表398人，其中镇乡科协基层组织代表130人，占代表总数的32.66%；市级学

①1956年11月，浙江省萧山县科学技术普及协会萧山支会第一次会员大会，出席会员60人，其中农业40人，医务3人，工业9人，自然科学8人，设有农、医、机械、自然科学4个学组，13个会员工作组；李壁笃为主席。1962年1月，萧山县科学技术协会第二次代表大会，出席代表82人，李壁笃为主席。1979年4月，萧山县科学技术协会第三届委员会成立大会，孙恪懋为主席。1983年1月，萧山县科学技术协会第四次代表大会，出席代表270人，孙祖培为主席；时有农业、机械、建筑、电子、化工、医学、理学、会计、统计、科普美协等10个学会的1027人，9个新建的公社（镇）科普协会。（资料来源：《萧山市科协志编纂委员会：《萧山市科协志（1955～1990）》，萧山印刷厂，萧社文（临）准字0000072，第17～20页）

会、协会、研究会代表268人，占代表总数的67.34%。代表中科技人员281人，占代表总数的70.60%，其中具有高级技术职称的36人，中级技术职称的115人，市级机关党政领导51人，分别占代表总数的9.04%、28.89%、12.81%。大会通过《关于市科协第六届委员会工作报告的决议》《萧山市科学技术协会章程》《萧山市科学技术协会市级学会组织通则》《萧山市工厂科学技术协会组织通则》《萧山市乡镇科学技术协会组织通则》；选举产生萧山市科学技术协会第七届委员会，黄美潮当选为主席。

1994年12月12～14日，召开萧山市科学技术协会第八次代表大会，出席代表438人，其中镇乡科学技术协会代表86人，占代表总数的19.63%；企事业单位科学技术协会代表57人，占代表总数的13.01%；特邀代表43人，占代表总数的9.81%；市级学会、协会、研究会代表252人，占代表总数的57.53%。代表中科技人员306人，占代表总数的69.86%，其中具有高级技术职称的63人、中级技术职称的118人，分别占代表总数的14.38%、26.94%。大会通过《关于市科协第七届委员会工作报告的决议》《萧山市科学技术协会章程》；选举产生萧山市科学技术协会第八届委员会，傅葆龙当选为主席。

1999年12月22～23日，召开萧山市科学技术协会第九次代表大会，出席代表415人，其中镇乡科学技术协会代表89人，占代表总数的21.45%；企事业单位科学技术协会代表48人，占代表总数的11.57%；特邀代表25人，占代表总数的6.02%；市级学会、协会、研究会代表253人，占代表总数的60.96%。代表中科技人员281人，占代表总数的67.71%，其中具有高级技术职称的68人、中级技术职称的141人，分别占代表总数的16.39%、33.98%；代表中中共党员336人，妇女66人，分别占代表总数的80.96%、15.90%。大会通过《关于市科协第九次代表大会的决议》《萧山市科学技术协会章程》及4个组织通则；选举产生萧山市科学技术协会第九届委员会，寿萍萍当选为主席。

第二节　基层科协

镇乡科协

1985年，全县个6个区、67个镇乡均设有科学技术协会。至2000年，全市31个镇乡均设有科学技术协会，共有会员6057人。

企事业单位科协

萧山企事业科协始建于1985年4月。至2000年，全市有企事业单位科学技术协会21个，其中公司、工厂科学技术协会15个[①]，农场科学技术协会6个[②]，共有会员1248人。

学术团体

1985年，县科学技术协会下属学会、协会、研究会35个。至2000年，市科学技术协会下属学会、协会、研究会69个[③]，会员10968人。另有农

①杭州老大昌酿造总公司科协、萧山市第二广播电视器材厂科协、萧山市自来水公司科协、浙江钱啤集团股份有限公司科协、萧山市围垦指挥部科协、浙江中包制膜包装有限公司科协、杭州双鸟柴油机股份有限公司科协、杭州钱江毛纺织厂科协、萧山现代农业开发区科协、浙江富可达皮业集团股份有限公司科协、杭州百合化工有限公司科协、浙江亚太机电集团公司科协、杭州钱江电器集团股份有限公司科协、萧山经济技术开发区科协、浙江传化化学集团有限公司科协。

②萧山市湘湖农场科协、萧山市红山农场科协、萧山市第一农垦场科协、萧山市第二农垦场科协、萧山市钱江农场科协、萧山市红垦农场科协。

③其中市级学会36个：萧山市农学会、萧山市医学会、萧山市教育学会、萧山市建筑学会、萧山市化工学会、萧山市机械工程学会、萧山市电子学会、萧山市统计学会、萧山市会计学会、萧山市农村经济学会、萧山市哲学学会、萧山市林业特产学会、萧山市硅酸盐学会、萧山市畜牧兽医学会、萧山市秘书新闻学会、萧山市工运学会、萧山市档案学会、萧山市农机水利学会、萧山市农村金融学会、萧山市税务学会、萧山市水产学会、萧山市劳动学会、萧山市中医学会、萧山市环境科学学会、萧山市统战理论学会、萧山市价格学会、萧山市民政学会、萧山市合作金融学会、萧山市土地学会、萧山市商业经济学会、萧山市计算机学会、萧山市写作学会、萧山市法学会、萧山市历史学会、萧山市中共党史学会、萧山市特产检验学会。

市级协会25个：萧山市科普美术协会、萧山市珠算协会、萧山市纺织印染协公、萧山市科普摄影协会、萧山市养兔协会、萧山市园林花木盆景协会、萧山市农垦养殖协会、萧山市粮油储藏协会、萧山市能源协会、萧山市旅游协会、萧山市标准计量协会、萧山市食品工业协会、萧山市质量管理协会、萧山市农村卫生协会、萧山市农垦科学技术协会、萧山市翻译工作者协会、萧山市粮食协会、萧山市青少年科技辅导员协会、萧山市空调制冷协会、萧山市抗癌协会、萧山市养禽协会、萧山市物资供销协会、萧山市园艺协会、萧山市经济信息协会。萧山市干腌蔬菜协会。

市级研究会8个：萧山市蜂疗研究会、萧山市农业资源区划研究会、萧山市政治思想工作研究会、萧山市村合作经济组织经营管理研究会、萧山市陶行知研究会、萧山市群众文化研究会、萧山市经济研究会、萧山市经营管理研究会。

业、畜牧、水产、蔬菜、果树、花木、茶叶等农村专业技术协会28个，共有会员1896人。[①]

第三节 科技服务

科学知识普及

1985年12月，萧山举办首届中小学第二课堂活动成果展览，共评出团体奖中学、小学各3名，作品奖一等奖4件、二等奖10件、三等奖30件。随后参加杭州市评选，朝晖初中的“日光灯调光节电开关”、湘湖农场学校的“重锤式水平器”获杭州市第三届小发明、小制作竞赛三等奖，萧山县获团体二等奖。1986年起，每年举行一次萧山青少年航空模型比赛活动。1986～1989年，先后在市（县）青少年宫开设航模班19期，受训400余人次，巡回表演及科普宣传7次。1991～2000年，全市青少年在参加各类科技竞赛中，分获全国奖719项、省级奖94项、杭州市级奖352项、萧山市级奖3996项。

1986年起，县科学技术协会每年组织科技人员到全县镇乡进行科技为农服务。1987年6月22～28日，萧山县科学技术协会在城厢镇举办首届科普宣传周，有66家单位的220余位科技人员参加活动。利用图片展览、黑板报联展、美术展览、航模表演、讲座、咨询、科教电影等形式进行科普知识宣传。提供科技资料53种，供应科技图书5600余册，接待群众咨询服务16000人次。推广“防虫磷”砻糠药、河蚌育珠、活拔鹅毛等新技术45项。医务人员为群众免费诊治疾病10000余人次。义务修理各类家用电器196台。全县76个放映单位提供科教电影拷贝285个，放映科教片专场23场，观众10000余人次；加映科教片550场，观众41.2万人次；参观图片展览42000人次，观看航模表演2500余人次。随后，科普宣传周活动形成制度，每年组织一次，确定一个主题。至2000年，全市共举办科普宣传周14届。

1989年3月，市科学技术协会所属市科技咨询服务公司成立[②]，主要为社会提供技术开发、技术转让、技术咨询、技术服务。至2000年底，科技咨询服务公司网络机构已发展到42个，其中乡镇科学技术协会咨询服务机构11个。1989～2000年，市科技咨询服务公司连续11年被杭州市科学技术协会评为科技咨询先进集体。

1993年6月开始，在全市科协系统实施“金桥工程”[③]。发挥科学技术协会系统人才荟萃、知识密集、信息灵通和组织网络健全的优势，促进科技与经济的结合，推动科技成果加速转化为现实生产力，在科技与经济之间架起相互连通、相互促进的“金桥”，推动科技成果的应用推广。至2000年底，全市已列为“金桥工程”重点项目计7批109项，其中被列为杭州市重点项目9项、省重点项目3项。

农函大萧山分校

1991年7月，中国农村致富技术函授大学萧山分校成立。1992年，农函大

①至1999年，萧山在农业、畜牧、水产、蔬菜、果树、花木等专业成立各类农村专业技术协会25个。2000年，在石岩、城东、所前等地成立花木、农业、茶叶3个农村专业技术协会。至此，全市共有各类农村专业技术协会28个，会员1896人。

②市科技咨询服务中心，1984年8月由科协、科委联合创办，工商登记性质为集体所有制。1989年3月，根据深化科技体制改革，理顺各方面关系的需要，为更好发挥科协特点，搞好科技咨询工作，市科协经主管部门批准，单独成立市科技咨询服务公司。经市编委批准，市科协所属科技咨询服务公司为事业性质，设编制3人。1990年又增加事业编制2人。是年，市科技咨询服务公司完成咨询项目108项，成交业务金额1114.54万元。（资料来源：《萧山市科协志》编纂委员会：《萧山市科协志（1955～1990）》，萧山印刷厂，第46页）

③“金桥工程”是指科协所属团体在建立社会主义市场经济体制形势下开拓的一项新工作。

萧山分校首届开办27班，招收学员886人。

1993年，农函大萧山分校实施的《农村实用技术系统培训》项目，被浙江省人民政府授予“星火奖”。萧山分校被中国农函大授予中国重点分校，被评为中国农函大先进集体、中国农民技术培训先进集体。1995年，萧山分校被中国科学技术协会授予中国农函大重点分校，被评为中国农函大先进分校、中国农民科普工作先进集体。1997年，萧山分校被中国农函大授予中国农函大先进分校。1998年，萧山分校被中央组织部、中国科学技术协会授予“全国农村党员基层干部实用技术培训工作先进单位”称号。

2000年，农函大萧山分校举办各类教育班41个，注册学员2123人（中级部23个班，学员1278人；初级部18个班，学员845人）。累计举办农函大教育班学员14150人，农村党员干部短期培训班学员7727人次。

表27－4－525　1992～2000年农函大萧山分校培训情况

年份	届次	专业（个）	开班（个）	学员（人）			结业（人）	短期训练班学员（人）
					中共党员	妇女		
1992	八	7	27	886	511	204	813	—
1993	九	9	25	1047	703	185	965	—
1994	十	12	31	1326	676	235	1213	1959
1995	十一	7	33	1445	872	801	1441	3051
1996	十二	13	41	1555	771	879	1471	2706
1997	十三	8	45	1835	1171	466	1734	920
1998	十四	14	41	1858	1240	449	1743	3170
1999	十五	10	37	2075	1031	963	1955	3087
2000	十六	9	41	2123	752	782	2048	2988

注：①资料来源：萧山市科学技术协会：《萧山市科协志（1991～1999）》，内部发行，2000年8月，第113页；2000年数据由萧山区科协提供。

②短期培训由市委组织部和市科学技术协会联合承办，农函大萧山分校或镇乡学校负责实施，培训对象为镇乡、村两级党员干部，培训日期3～5天，主要内容为实用技术、市场经济知识及上岗知识。

科技工作者之家

科学技术工作者之家始建于1984年。县科学技术协会对部分年迈患病的老科学技术协会工作者以及优秀科技工作者进行春节慰问；推荐优秀科技人员参加全市科技人员迎春座谈会，加强党和政府与科技人员之间的联系和交往，形成尊重知识尊重人才的社会新风。认真做好科技人员来访来信的接待与处理工作，努力为他们排忧解难。帮助外地来萧山工作的科技人员解决子女入学、住房等方面的困难，使人才引得进、留得住、有作为。

1984～1990年，市（县）科学技术协会组织科技人员到外地疗休养12批、448人次。1991～2000年，市科学技术协会组织科技人员到外地疗休养21批、818人次。各市级学会和基层科学技术协会，也相应安排科技人员参加疗休养、健康检查等活动。先后表彰科学技术协会工作先进集体301个，先进工作者2178人。2000年9月，市科学技术协会组织69个学会、协会、研究会和企事业单位科学技术协会秘书长，分二期进行“因特网”上网技术培训。

第五章　文学艺术界联合会

1986年6月，召开萧山县文学艺术界联合会第一次代表大会，成立萧山县文学艺术界联合会。至2000年底，萧山市（县）文学艺术界联合会先后召开代表大会4次，下辖文艺家协会8个，会员747人。其间，文学艺术界联合会开展各类社会性文艺活动，加强对所属协会的管理，办好文艺刊物，对优秀文学艺术成果进行奖励和表彰，为文艺创作营造良好环境和氛围，促进了萧山文艺事业的繁荣。

第一节　代表大会

1986年6月24～26日，召开萧山县文学艺术界联合会第一次代表大会，出席代表243人。选举产生文学艺术界联合会第一届委员会，沈枝根当选为主席。

1990年10月4～6日，召开萧山市文学艺术界联合会第二次代表大会，出席代表148人。大会听取并审议市文学艺术界联合会第一届委员会的工作报告，修改并通过《萧山市文学艺术界联合会章程》，选举产生文学艺术界联合会第二届委员会，郑吾法当选为主席。

1994年12月15～16日，召开萧山市文学艺术界联合会第三次代表大会，出席代表102人。大会听取并审议市文学艺术界联合会第二届委员会的工作报告，修改并通过《萧山市文学艺术界联合会章程》，选举产生文学艺术界联合会第三届委员会，洪献耕当选为主席。

1998年12月4～5日，召开萧山市文学艺术界联合会第四次代表大会，出席代表147人。大会听取并审议市文学艺术界联合会第三届委员会的工作报告，选举产生文学艺术界联合会第四届委员会，陈涛当选为主席。

第二节　文艺协会

1986年6月，成立萧山县文学工作者协会、萧山县美术书法工作者协会、萧山县音乐舞蹈工作者协会、萧山县摄影工作者协会、萧山县戏剧工作者协会、萧山县民间文学艺术工作者协会、萧山县电影电视工作者协会等7个协会。1989年，民间曲艺工作者协会从民间文学艺术工作者协会中析出。合计8个协会，会员369人。

1993年，萧山市文学艺术界联合会所属8个协会，会员432人，其中国家级协会会员4人、省级协会会员38人、杭州市级协会会员90人。

2000年，萧山市文学艺术界联合会所属8个协会，经民政局重新登记，分别更名为萧山市作家协会、萧山市美术书法家协会、萧山市音乐舞蹈家协会、萧山市摄影家协会、萧山市戏剧家协会、萧山市曲艺家协会、萧山市民间文艺家协会、萧山市电影电视家协会，会员747人。

第三节　创作与评奖

创作活动

《湘湖》杂志　1987年，由萧山县文学艺术界联合会主办的综合性文艺季刊《湘湖》创刊，开辟的栏目有“凡人大事”、“小说天地”、“萧然作家”、“之江行吟”、“自己的嫁衣”、“异域风情”、“故土系情”、“新人之页”、“湘湖漫笔”、“尺牍情深”、“企业文化”、“文艺漫评”等。1995年开辟“校园撷英”栏目。《湘湖》是萧山文学作者创作的摇篮，一大批萧山本土的文学作者走进《湘湖》，又从《湘湖》走向更为广阔的世界。至2001年3月，已出版55期。

图27－5－783　2000年《湘湖》杂志（2010年10月，丁春平摄）

《学生文艺》报　1987年，萧山县文学艺术界联合会与市教育局联办《中学生文艺》报刊。1992年9月，改办《学生文艺》报，经杭州市新闻出版局批准为内部报刊，刊头题字为92岁的冰心老人所书，4开4版，至年底刊出10期。1993年后，每年刊出20期。分综合版、中学版、小学版发行。开辟的栏目有“希望之星”、“社团园地”、“教师之窗”、“他山之石”、“人人名言”、“自撰格言”、“以文会友”等。2000年，设置的栏目有“希望之星”、“教师之窗”、“阅读与欣赏”、“作家谈创作”、“童话读写”等。

《苎萝山》诗社　1986年1月，《苎萝山》诗社成立，是萧山县唯一的旧体诗社。1993年1月起，该社挂靠萧山市文学艺术界联合会，有社员46人。是年，有28名社员42首旧体诗入选由华语教学出版社出版的《全国诗社诗友作品选萃》第六集。累计编印《苎萝山诗荟》10辑。1994年有82人参加浙江省诗社学会。1999年8月，诗社因未登记，自动取消。

创作与展览　1988年，各协会开展形式多样的创作活动。文学工作者协会先后在绍兴柯桥、淳安举办笔会。美术书法工作者协会先后在萧山市文化馆和海宁市工人文化宫举行萧然美术书法展览。音乐舞蹈工作者协会先后举办萧山市第三届“希望杯”青年歌手大奖赛、残疾人义演的独唱音乐会。戏剧工作者协会举办越剧清唱大奖赛。市文学艺术界联合会与萧山汽车齿轮箱厂联合举办“双飞杯”诗歌大奖赛，评出一、二、三等奖16名。

1991年8月，萧山市美术书法工作者协会组织会员举行赈灾书画义卖活动，30名会员近百幅书画作品义卖得款全部捐赠萧山市灾区。1992年5月，萧山市委宣传部、市文学艺术界联合会和市文化局联合主办纪念毛泽东《在延安文艺座谈会上的讲话》发表50周年大会及美术书法展览，参会文艺工作者60多人，参展作品60余件。

1995年9月，萧山市委宣传部、市文学艺术界联合会联合主办’95中国（萧山）国际钱江观潮节美术、书法、摄影作品展览，展出美术、书法、摄影作品160余幅，部分摄影作品入选全国、省、市各级影展或为获奖作品。1996年6月，杭州市曲艺家协会、萧山市曲艺工作者协会联合主办曲艺作品研讨会，对翁仁康的单口独角戏《呵哼的故事》、赵新高创作的新故事《钟点工》等4件作品展开研讨。1997年5～7月，萧山市委宣传部、市文学艺术界联合会联合主办“华联杯”迎回归、爱家乡摄影比赛，有35名作者200幅作品参赛，其中16幅作品分别获一、二、三等奖。

1998年6～7月，萧山市委宣传部、市文学艺术界联合会、萧山日报社、浦发银行萧山支行联合主办“历史巨变——萧山改革开放20年”浦发杯摄影比赛，共收到摄影作品300余幅，其中70余幅作品入选。1999年，萧山市委宣传部和文学艺术界联合会编辑完成“萧山文学五十年”丛书，丛书四卷近70万字，分“小说卷”、“诗歌卷”、“散文卷”、“报告文学卷”，分别收入新中国成立以来各个时期的优秀作品。与市经济委员会合编的报告文学卷，反映萧山新时期工业战线的辉煌成就。

2000年，各协会及艺术沙龙活动频繁，市摄影家协会分期分批组织会员百余人次赴皖南、新疆、北京、浙南及萧山市进化、石岩、云石等镇乡进行摄影创作；8次40余人到上海、杭州、丽水观摩国际、国内摄影作品展并进行摄影作品交流。市曲艺家协会组织为期3天的创作笔会，请浙江省、杭州市曲艺专家到会指导，对10个曲艺作品进行加工修改。市戏剧家协会组织会员到上海京剧院观摩《狸猫换太子》等剧目。市民间文艺家协会组织会员到红山农场、东方文化园等地采风，到杭州、宁波等地参加《山海经》《民间文学》《故事林》等杂志社举办的笔会。市作家协会组织会员到萧山市旅游景点“山里人家”、河上道林山及桐庐、千岛湖等地深入生活。市美术书法家协会组织15名会员与萧山看守所开展警民共建活动，现场作书画作品百余件赠给看守所；组织10余名作者2次参加杭州市书法家协会举办的“全国第八届书展作品初稿”观摩交流活动。青年文学沙龙坚持每月活动一次，参与人数百余人次。老年枫林文学沙龙深入围垦，参观萧山现代农业开发区。美术书法艺术沙龙每月定期活动，参加人数达300余人次。桑梓故事沙龙通过深入民间采风，增添了创作内容。

是年，经全国书画（业余）等级考核办公室批准，成立全国书画（业余）等级考核萧山工作站，首次举办全国书画（业余）等级考核，全市有141人次分别参加书法、硬笔书法、篆刻、素描、色彩、中国画、儿童画等7个门类的考核，经全国书画等级评审委员会评定，分别发给等级证书。

文艺奖评选

文艺成果奖　1990年，开始优秀文艺成果奖评选活动，此后每两年举行一次，至2001年共举办6次，累计评选优秀文艺成果奖310件。

创作鼓励奖　1990年，始设创作鼓励奖，规定萧山市文学艺术界联合会所属各协会会员，在地(市)级以上公开发表、出版、展出作品，文学艺术界联合会均按级别(国家、省、地市)、篇幅发给一定数量的奖金。1991年，有44名会员领取创作鼓励奖，其中文学作者28人、书法美术作者7人、摄影作者6人、民间艺术作者2人、音乐舞蹈作者1人、共发放奖金1910元。1995年，获奖37人、204篇(件)作品。至2000年，均为每年颁发一次创作鼓励奖。

表27-5-526　1990～2001年萧山市优秀文艺成果奖情况

单位：件

年份	届　次	特等奖	一等奖	二等奖	三等奖	其　他	合　计
1990	第一届	1	7	12	21	3	44
1992	第二届	0	7	14	18	2	41
1995	第三届	0	10	16	26	0	52
1997	第四届	0	9	16	25	0	50
1999	第五届	1	12	21	22	7	63
2001	第六届	1	11	19	29	0	60

注：“其他”栏：1990年、1992年为园丁奖，1999年为蓓蕾奖。

第六章 残疾人联合会

1958年7月，召开萧山县第一次盲聋哑人代表会，成立萧山县盲聋哑人协会，是萧山县首个残疾人组织。1960年5月，全国召开盲聋哑人代表会，萧山县盲人邵观法前往参加。1966年8月，召开萧山县第二次盲聋哑人代表会。“文化大革命”期间，县盲聋哑人协会自然消失。1990年12月，召开萧山市残疾人联合会第一次代表大会，成立萧山市残疾人联合会。1994年8月，成立萧山市残疾人工作协调委员会。1995年1月，成立萧山市残疾人福利基金会。[①]5月，成立萧山市助残志愿者协会。[②]1996年1月，成立萧山市残疾人劳动就业服务所。1999年，建立残联干部联系镇乡责任制，全年受理76批次残疾人来信来访，结案率100%。至2000年，先后召开残疾人联合会代表大会2次，有镇乡残疾人联合会31个。其间，市残疾人联合会通过制订残疾人事业发展规划，出台优惠政策，建设无障碍设施，实施残疾人教育，安置残疾人就业，开展残疾人康复和扶助残疾人等措施，确保残疾人基本生活，形成全社会尊重和关心残疾人良好风尚。

①1995年1月24日，召开市残疾人福利基金会首届理事会第一次会议，通过基金会章程和基金筹集、使用、管理办法，协商产生基金会常务理事、理事长人选，费黑（市政协原主席）为理事长。2000年6月，市残疾人福利基金会召开第二次会员大会，选举产生基金会第二届理事会，董学毛（市政协副主席）当选为基金会理事长。

第一节 代表大会

1990年12月29～30日，召开萧山市残疾人联合会第一次代表大会，出席代表160人，特邀代表14人，列席代表73人。大会选举产生萧山市残疾人联合会第一届主席团，盛昌黎（副市长）当选为主席。

1995年12月28～29日，召开萧山市残疾人联合会第二次代表大会，出席代表120人。大会选举产生萧山市残疾人联合会第二届主席团，黄立武（民政局局长、党委书记）当选为主席。2000年1月，召开市残疾人联合会二届三次主席团会议，推举方岳义（市委常委、常务副市长）为主席团主席，并相应调整市残疾人工作协调委员会主任。2001年3月，召开市残疾人联合会主席团二届四次（扩大）会议，推举俞炳林（市委副书记、常务副市长）为主席团主席。

②1995年5月，萧山市助残志愿者协会有团体会员55个、个人会员27人。

第二节 基层残联

1989年11月，光明乡第二电缆厂（福利企业）召开代表会，成立萧山首家基层残疾人协会（杭州市第一个基层残疾人协会）。12月，萧山建筑设备厂成立残疾人协会。

1991年，全市67个镇乡有41个镇乡成立残疾人协会；10家福利企业成立残疾人协会。1992年撤区扩镇并乡后，全市31个镇乡有29个镇乡成立残疾人联合会；12家福利企业成立残疾人协会；部分村、居委会成立残疾人工作小组。

2000年，有镇乡残疾人联合会31个，村（居委会）、福利企业分别成立残疾人协会或残疾人小组，基本形成残疾人工作网络。

第三节　残疾人调查

各类残疾人调查

1987年5月，萧山为全国424个残疾人抽样调查县市之一。城厢镇桥下达居民区、岩山乡田村、螺山乡新发王村、赭山镇永利村、南阳镇龙虎村、靖江镇山前村为全国抽中调查的6个样本单位。萧山组织27人调查队，以4月1日零时为标准时间，至6月17日调查结束。共调查967户、30404人。筛查出可疑残疾人226人，经诊断确定残疾人154人（139户），其中男性占47.40%，女性占52.60%，各类残疾人比例：视力残疾22人、听力语言残疾72人、智力残疾16人、肢体残疾19人、精神病人8人、综合残疾17人。按抽样调查结果推算，全县有残疾人49710人。

1997年，对全市残疾人进行调查，全市共有各类残疾人37705人，其中视力残疾3302人、听力残疾4205人、语言残疾382人、智力残疾4360人、肢体残疾22428人、精神病人3028人。

残疾人儿童少年入学调查

1992年，对全市残疾儿童少年进行全面调查，共有7周岁～15周岁残疾儿童少年1300人，残疾儿童入学990人，入学率76.15%。1993年，全市1300名残疾人儿童少年接受义务教育，入学率76.60%。是年，萧山市被浙江省教育委员会、民政厅、残疾人联合会授予“浙江省特殊教育先进县（市）”称号。

1996年，全市残疾儿童少年教育纳入普通义务教育总体规划，全市11个镇乡成立特殊教育教研组，在11所普通小学开办特殊辅读班，在校盲人学生8人、聋哑学生107人、弱智学生1867人。1997年，巩固“随班就读与单独编班相结合”和“三段九年一贯制”九年义务教育的办学模式，全市盲、聋、弱智三类适龄儿童少年入学率分别为100%、93.80%和97.08%。

1999年，全市视力残疾儿童少年入学15人，入学率为100%；听力语言残疾儿童入学102人，入学率100%；智残儿童入学1494人，入学率为98.10%。《靖江镇农村智残学生“三段九年一贯制”教育研究》一文，获浙江省人民政府颁发的首次基础教育成果一等奖。

2000年，依托特教中心，巩固盲、聋、弱智三类残疾儿童少年入学率。全市1969名7周岁～15周岁残疾儿童少年中，三类残疾儿童少年入学1638人，综合入学率83.19%。是年，经中国残疾人联合会特殊教育专家考察、检验，对靖江镇小学“三段九年一贯制”教学组织形式予以肯定，教研成果在全国推广。

第四节　助残措施

助残政策

1985～1990年，日常残疾人工作由民政部门兼管，采取一些优惠政策，对残疾人的教育、就业、康复和生活等方面予以关心和帮助，保障他们的基本生活和权益，分享改革开放和社会发展的成果。

1992年4月，市政府办公室批转市残疾人联合会《关于进一步加强残疾人工作的意见》（萧政办发〔1992〕12号），要求各镇乡政府和有关部门加强对残疾人工作的领导，将残疾人事业列入国民经济和社会发展计划，经费列入财政预算。

1993年，制定《萧山市残疾人事业“八五”计划》（萧残联〔1993〕8号）和《萧山市残疾人康复工作“八五”实施方案》（萧残联〔1993〕11号）。市政府办公室批转市民政局、市残疾人联合会《关于对全市残疾人实行优惠扶助的若干意见》（萧政办发〔1993〕27号），规定在招工时，残疾人与健全人一视同仁，不得歧视；从事个体工商的，工商局、城乡建设局、卫生局等部门应给予优先核发有关证照，经营有困难的，可向有关部门申请减免管理费和营业税；各中小学在残疾生入学时给予照顾，对生活困难的残疾人子女实行免收学杂费；残疾人建房免收农业税；盲人可以免费乘坐市内公交车等优惠政策。

1996年，市政府印发《萧山市残疾人事业“九五”计划》，市残疾人联合会制订《萧山市残疾人康复工作“九五”实施方案》（萧残联〔1996〕23号），确定全市“九五”期间残疾人事业工作目标和具体措施。

1998年，市政府办公室转发市残疾人工作协调委员会等单位《关于对残疾人实行照顾扶助若干意见的通知》（萧政办发〔1998〕35号），对“三无”（无法定扶养人、无劳动能力、无生活来源）残疾人实行“五保”（保吃、保住、保穿、保医、保葬）；对列入最低生活保障制度的特困残疾人家庭免除一切社会负担；凭《残疾人证》实行有线电视半价收费；医院就诊免收挂号费、门诊诊疗费、住院治疗费等。1999年，市残疾人联合会制定《残疾人联合会工作目标考核细则》（萧残联〔1999〕17号），对各镇乡残疾人联合会工作试行目标考核。2000年，市残疾人联合会与公安局、卫生局、工商行政管理局等9家单位联合制定《萧山市盲人保健按摩行业管理暂行实施办法》（萧残联〔2000〕17号），明确规定开办盲人推拿店，法人必须是本市户籍，盲人从业人员必须在80%以上。

无障碍设施

1997年之前，萧山市尚未设置无障碍设施。1998年，城厢镇率先进行无障碍设施改造，投资150余万元，在城区主要公共场所建设无障碍设施。5月，市政府组织城乡建设局、残疾人联合会等部门，对城区无障碍设施进行检查，对部分商场、银行、电影院、体育场馆提出整改意见。至年底，在城区二轻商场、华联商厦等商业繁华地段设立无障碍坡道，完成4处公共厕所无障碍改造。翌年，以“无障碍和视觉第一”为主题，加快城区无障碍设施建设步伐。市政府转发省政府《关于加强我省城市无障碍建设实施意见》（浙政发〔1999〕12号），规定在城区主要道路和大型公共场所，要逐步建设和完善无障碍设施，并确定城区人民路为无障碍设施示范一条街，由市城建局组织实施无障碍设施改建和完善工作。至年底，人民路全路段均铺设盲道和坡道，竖立醒目标记，改善残疾人行路难状况。是年12月，“萧山残疾人康复中心”项目经市计委批准立项，计划征地33334平方米。而后此项工程因故未实施。

图27－6－784　李一峰、李一强（中）兄弟家庭文化室（2000年，傅展学摄）

至2000年底，城厢镇范围内的人民路、市心路、拱秀路、西河路等主要道路，共铺设盲道8.2千米，改建坡道367处，改造无障碍厕所6个。除城区城厢镇外，其他镇乡尚未进行无障碍设施改造。

先进表彰

1992年4月，市残疾人联合会与市总工会、团市委、市妇联等单位组织开展评选残疾人自强模范活动。李一强[①]等10人被评为市残疾人自强模范，甘永法等8人被评为优秀残疾人，于5月16日全国助残日举行表彰大会。

1997年5月16日全国助残日之际，市残疾人工作协调委员会对评出的10名残疾人自强模范、10个扶残先进单位和10名扶残助残先进个人进行表彰。

1999年3月，市委组织部、市委宣传部、市残疾人工作协调委员会等14个部门联合组织开展全市残疾人种养业、个体工商户“双十佳”和扶残助残好领导、好公民“双十佳”评选活动，倡导扶残助残社会风尚。经过1个月的宣传推荐、组织评审，残疾人徐传友、钱江瑶[②]、汪焕章、田国刚等40人被评为两个“双十佳”先进个人，受到市政府表彰。残疾人傅吾录[③]、张九斤、俞桂花等分别被评为杭州市“双十佳”先进个人。

第五节　残疾人维权

1985～2000年，萧山维护残疾人的合法权益，保障残疾人平等地劳动就业，享有康复服务的权利，享有各项社会保障的权利，享有平等接受教育的权利，享有平等参与文化生活的权利，残疾人事业与经济、社会协调发展。

残疾人就业

1985年，全县有镇乡福利企业28家，安置盲、聋、肢体残疾人810人，占全县三类残疾人4398人的18.4%。1987年，城东乡福利厂始办工疗站，接纳低智力和轻度精神病患者4人，实行边治疗、边劳动，生活经费由企业提供，使残疾人生活和医疗得到有效保障。1990年，全市福利企业增至75家，安置残疾人职工2639人。

1992年，全市有355名残疾人从事修理、商业及其他服务性个体劳动。税务部门对196户残疾人个体工商户减免税金98000元。翌年，新办残疾人联合会福利企业13家，安置残疾人150人；开办残疾人个体工商户150户。税务部门为残疾人个体工商户减免税金18万元。

1994年，经省民政厅重新评估批准，确认全市残疾人联合会福利企业16家。是年，安置残疾人就业1164人。至此，全市就业残疾人5887人，从事个体工商户570人。

1996年，市政府制定《萧山市推行按比例分散安置残疾人就业实施办法》（萧政发〔1996〕53号），从7月1日起，在市境内的机关企事业单位、城乡集体经济、外资企业、民营企业、独立法人单位，均按1.5%的比例安置残疾人就业，如安置数未达到比例，按未达到残疾人数收取残疾人就业保障金。收缴的保障金主要用于残疾人职业技术培训教育、扶持残疾人个体就业和困难残疾人生活补助等。是年，分散安置残疾人128人，对203家单位收缴残疾人就业保障金26万余元。翌年，28个镇乡成立按比例分散安置残疾人就业工作领导

①李一峰，生于1955年12月；李一强，生于1959年2月。兄弟俩自幼患病，全身肌肉逐渐萎缩，基本失去生活自理能力。他们凭着顽强的毅力，于1983年自筹资金购买书籍和棋类，创办“李一峰家庭文化室”。为农村青少年提供免费服务，深受群众赞誉。1989年，李一峰不幸去世，李一强毅然接过哥哥的班，继续办好文化室。同时，他还用软弱无力的双手夹笔练习书画，两次举办个人画展。1994年，在杭州市残疾人书画比赛中获优秀奖。至2000年，该家庭文化室先后免费接待读者40万人次。

②钱江瑶，女，生于1962年9月，下肢小儿麻痹重度患者，靠双拐和轮椅行走。1978年、1980年曾两次参加高考，并获高分，均因身残被拒高校门外。1984年4月，进杭州工程塑料厂担任出纳工作。1990年7月，辞去工作，自筹资金创办娃哈哈幼儿园。1992年，出资4.6万元，购买房屋作幼儿园用房。1994年，出资20万元，征用土地1333.34平方米，建造200平方米房屋。1998年，投资80万元，再次征地1333.34平方米，建造1560平方米教学大楼。至2000年，幼儿园入园儿童从初创时的12人增加到432人，成为一所粗具规模、管理规范的幼儿园。1994年2月，萧山电视台、杭州电视台以钱江瑶事迹为蓝本拍摄萧山第一部电视连续剧《命运不是梦》。1996年，娃哈哈幼儿园被评为杭州市“巾帼文明示范岗”。

③傅吾录，生于1964年1月，临浦镇横一村村民，单腿重度小儿麻痹症患者，靠拄拐杖行走。1988年，他创办萧山临浦文体用品厂，主要生产运动装和健身器材。经过艰苦创业，取得一定的经济效益。傅吾录走上致富之路后，真诚支持残疾人公益事业，乐为其他残疾人献爱心。1997年，为全国中学生田径运动会捐款1万元。1998年，为建造萧山娃哈哈幼儿园教学楼捐款1000元。1999年底，出资5000元为聋校师生订报30份。1992～1999年，先后出资5000元资助家乡举办群众文体活动和建校、修路。受其资助的残疾人有600人次，捐助金额2万余元。

小组，实施政府政策指导，企业积极配合，残疾人自由择业相结合的安置方针，当年分散安置残疾人就业250人，培训残疾人职工2300人。对未达到安置比例的303家单位收缴残疾人就业保障金75万余元。残疾人个体工商户增至649人。

1998年，继续按比例分散安置残疾人就业251人，职业技能培训残疾人276人，收缴保障金97万元。帮助2名盲人开办按摩推拿所。萧山市被评为杭州市按比例安置残疾人工作先进单位。翌年，分散安置残疾人就业132人，集中安置266人，收缴保障金90万元。20个镇乡开展残疾人职业培训，292名残疾人参加种养业技能培训；167名残疾人参加电脑知识、家电修理等技能培训。输送7名盲人赴外地学习保健按摩，批准开办盲人按摩室5家，安置14名盲人就业。

2000年5月25日，市残疾人联合会、公安局、卫生局、工商局等14家单位联合印发《萧山市盲人保健按摩行业管理暂行实施办法》（萧残联〔2000〕17号），使盲人按摩业规范、有序地发展。12月，市政府印发《关于进一步做好残疾人劳动就业工作的通知》（萧政发〔2000〕206号），市政府办公室发出《关于改进和完善萧山市残疾人就业保障金征收管理办法的通知》（萧政办发〔2000〕157号），要求坚持集中与分散安置相结合的方针，继续扶持和稳定集中就业，扶持残疾人个体就业和组织起来就业，扶持农村残疾人参加生产劳动，加大按比例安置残疾人就业工作力度，由地税局代为收缴保障金。是年，安置残疾人就业381人，收缴保障金1200万元。开展镇乡二级残疾人职业培训，使630名残疾人学到种养业实用知识和技能。全市有福利企业150家，累计安排残疾人7132人。

残疾人康复

1989年，对全市残疾人三项康复（白内障复明手术、小儿麻痹后遗症矫治手术、聋哑儿听力语言训练）对象进行全面调查登记。1991年，开始残疾人康复工作，为87名白内障患者进行复明手术，有效率100%；小儿麻痹症矫治手术28人；培训聋儿20人，其中2人达到三级康复。随后，每年开展白内障复明、小儿麻痹症矫治、肢体残疾矫治、聋儿语言训练、低视力配置助视器等一系列康复工作。

1997年，新建学龄前智残儿童系统康复训练机构5个，受训儿童19人。翌年，成立萧山市残疾人用品用具供应站。1999年，成立萧山市残疾人康复服务指导站，为残疾人提供37个品种、981件残疾人用品用具。

2000年3月3日，为首个全国“爱耳日”。据调查表明，全市有8岁以下聋儿13人。制定预防耳毒性药物致聋实施方案，开展义诊咨询活动。是年，完成白内障复明手术406例；低视力康复10例；肢体矫治手术11例；肢体矫治系统康复训练9例；聋儿语言康复训练7例；聋儿家长培训3例；智残儿童系统康复训练14人。

1991～2000年，共完成白内障复明手术2526例；小儿麻痹症矫治手术107例；聋儿语言康复训练111例；肢残矫治手术68例；肢残康复训练66例；低视力配置助视器57例；为38928人补服碘油丸。在纳入精神病管理的5177名患者中，814名恢复劳动能力，3121名恢复到半劳动能力或简单劳动力，超额完成“九五”计划目标，使17070名残疾人得到不同程度的康复。

残疾人扶助

1987年，对41名麻风病疗养人员补助10000元。1989年，对44名麻风病疗养人员补助15000元。对部分特困残疾人家庭进行定期定量补助。

1991年，开展“为残疾人捐款一元钱”活动，共筹集资金68000元，其中20000元用于资助钱江瑶开办娃哈哈幼儿园，其余用于残疾人康复医疗和生活困难补助等。翌年，向社会募集残疾人福利基金57000元，筹集轮椅捐款21500元，购置轮椅20辆，赠送给农村重度肢残人。

1993年，开展核发残疾人证工作，发放残疾人证12000本；向社会筹集残疾人福利基金90000元；发放残疾人生活补助款30000元；向农村重度肢残人赠送价值10000元的轮椅20辆。是年，宁围镇率先对36位特困残疾人实行定期定量补助，每人每月30元。

1995年5月，成立市助残志愿者协会，开展对残疾人特困户调查和解困工作。通过对31个镇乡的调查，全市有570余名残疾人处于特困状态。市残疾人联合会出资20000元，对62户特困残疾人家庭进行救助。市残疾人福利基金会拨出70000元，用于特困残疾人生活补助、康复、教育、文体活动等。市残疾人志愿者协会出资90000元，为残疾人办理养老保险、孤残儿童保险等。是年，全市残疾人工作通过中国残疾人联合会的检查验收。1996年，市残疾人福利基金会和市残疾人志愿者协会对120户特困残疾人家庭进行慰问，发放慰问金36000元；对20户特困残疾人家庭给予生活补助6000元；为24名孤残儿童续办平安保险；为54名盲人换发盲人乘车证。

1997年，将746户、933名残疾人列入居民最低生活保障范围（农村居民人均月收入低于120元，城镇居民人均月收入低于180元）。市、镇乡两级领导与39户特困残疾人家庭结成帮扶对子。市残疾人联合会、市残疾人福利基金会出资50000元，在春节和“7·9”洪水台风受灾期间，对全市150户特困残疾人家庭进行慰问。市残疾人联合会出资38000元，扶持云石乡勤工村林月华等6户特困残疾人家庭从事养猪、养兔业。市助残志愿者协会出资征订300份《钱江晚报》送给残疾人家庭。瓜沥镇、衙前镇出资15000元，分别为106名残疾人儿童少年办理养老保险。翌年，社会各界与残疾人签约结对子助残328对。元旦、春节前夕，市残疾人联合会、市残疾人福利基金会出资45000元，对153户残疾人家庭进行慰问和救助。

1999年4月，市残疾人联合会对上年度328户扶残结对情况进行回访，所有结对子的残疾人家庭均得到扶助人或单位的资助，帮助他们解决子女上学、种养技术等实际困难。助残日期间，全市各级领导走访残疾人特困户812户，送发慰问金（物品）90000元。是年，市、镇乡两级领导走访残疾人家庭730户，分发慰问金（物品）33.6万元。市残疾人福利基金会拨款36000元，对120户特困残疾人家庭进行慰问。社会各界与残疾人家庭结成对子203户，每户得到捐助300元～600元。

2000年，市残疾人联合会发出《敬请您为我市残疾人福利事业献上一份爱心》的倡议书，并开展募捐活动，共收到单位和个人捐款772760元。春节期间，市、镇乡两级组织走访残疾人1800人，赠送慰问金（物品）41万元。是年，全市有2183户特困残疾人家庭、4280位残疾人享受最低生活保障（农村居民人均月收入低于150元，城镇居民月收入低于263元）。结成扶残对子351户。全市155家福利企业为7210名残疾职工办理积累性养老保险，缴纳养老保险费200余万元，解除残疾职工后顾之忧。

第七章　老龄工作委员会

80年代后期，随着经济的发展，人民生活水平提高，医疗保障条件改善，人口平均寿命延长，社会逐渐进入老龄化。1987年抽样调查：萧山60周岁以上的老年人占总人口的10.37%，已进入人口老龄化县（市）之列。[①]1988年9月，成立萧山市老龄问题委员会。1989年11月，更名萧山市老龄工作委员会。至2000年底，全市有60周岁以上老年人148200人，占总人口12.98%。有萧山市级机关老龄组织26个，镇乡老龄工作委员会31个，村级老年人协会881个，共有会员84509人。市政府把解决人口老龄化问题列入国民经济和社会发展规划，通过健全社会保障体系，维护老年人权益，完善老年服务设施，开展敬老助老、老年文体等活动，让广大老年人基本实现老有所养、老有所医、老有所教、老有所学、老有所为、老有所乐、颐养天年的愿望。

第一节　老龄组织

1988年9月，成立萧山市老龄问题委员会，由市人大、市政协、市委老干部局、市总工会等19个部门组成，名誉主任金其法，主任费黑。1989年11月，更名为萧山市老龄工作委员会，市老龄工作委员会办公室为常设机构。[②]全市各区成立老龄工作领导小组，67个镇乡有56个镇乡成立老龄工作委员会，光明乡各村、城厢镇和瓜沥镇所属居委会和村均成立老年人协会。[③]

1991年，全市6个区均成立老龄工作领导小组；67个镇乡和粮食局、教育局、卫生局、文化广播电视局、商业局、国营工业总公司、二轻工业总公司、农业局等8个局(公司)成立老龄工作委员会。856个村(含城镇居委会)成立老年人协会，协会会员9728人(不包括退休教师协会会员)。

1992年撤区扩镇并乡后，全市31个镇乡均设老龄工作委员会。市教育局、财政局、卫生局、农业局、粮食局、文化局、商业局和国营工业总公司、二轻工业总公司、供销联社、信用联社、农业银行等24个部门，分别成立老龄工作委员会或老龄工作小组。

1996年起，开展创建、表彰合格老年人协会活动，以“四个一”[④]为标准，组织发动村、居委会老年人协会开展创建活动，经市老龄工作委员会验收合格后，予以授匾和通报表彰。

1997年，市委、市政府把老龄工作列入镇乡目标责任制考核内容，市老龄工作委员会制定老龄工作考核细则，从组织建设、宣传教育、依

①1987年，对全县2%人口进行抽样调查，共调查27108人，其中60周岁以上的有2811人，占10.37%。在被调查的60周岁以上的2811人中：60～69周岁1705人，70～79周岁796人，80～89周岁287人，90～94周岁19人，95～99周岁4人。按照联合国规定，60周岁以上人口占总人口10%以上为老年型人口，萧山在1987年已进入老年型行列。（资料来源：萧山市地方志编纂办公室：《萧山年鉴·1988》，上海社会科学院出版社，1989年11月，第272页）

1989年，对全市老年人的基本情况进行调查。据统计，1988年末，全市总人口112.76万人中，60周岁以上老年人有11.92万人，占10.57%。在这些老人中：年龄结构：60～69岁7.10万人，70～79岁3.45万人，80～89岁1.21万人，90～99岁1652人，100岁以上12人。身体状况：良好4.42万人，一般5.21万人，较差1.40万人，生活不能自理8859人。文化程度：读过书塾2775人，小学2.88万人，初中5714人，高中985人，大专以上166人，文盲8.08万人。职业情况：离休干部375人，退休干部3561人，退休工人8110人，退休专业技术人员218人，农民9.94万人，其他7577人。经济情况：领取离退休金1.23万人，靠本人劳动收入生活2.66万人，靠子女赡养7.90万人，由社会赡养0.14万人。（资料来源：萧山市地方志编纂办公室：《萧山年鉴·1989》，上海社会科学院出版社，1991年2月，第275～276页）

②1993年7月，萧山市政府调整老龄工作委员会组成人员，主任马驌。

③1989年3月7～31日，萧山市老龄工作委员会在光明乡进行老龄工作试点，在查清全乡老人状况和宣传《浙江省保护老年人合法权益若干规定》的基础上，成立乡、村两级老龄工作机构，形成老龄工作组织网络。市委、市政府以市委办〔1989〕40号文件批转光明乡的经验，要求全市各区成立老龄工作领导小组，各镇乡成立老龄工作委员会，各村(居委会)成立老年人协会。到11月底统计，全市各区均已成立老龄工作领导小组；67个镇乡中，已成立老龄工作委员会的有56个，占83.6%；光明乡各村、城厢镇和瓜沥镇所属居委会和村全部成立老年人协会。（资料来源：萧山市地方志编纂办公室：《萧山年鉴·1990》，上海社会科学院出版社，1992年9月，第275页）

④有一个好的领导班子、有一套切实可行的规章制度、有一个固定的老年活动室、有一定的经费来源。

法维权、敬老活动4个方面进行考核。各镇乡也对村老龄工作进行考核。全市共有847个行政村和居委会成立老年人协会，协会会员74315人，占老年人总数的56.26%。经市老龄工作委员会抽查验收，在上年66家合格老年人协会基础上，新创建合格老年人协会155家，累计221家，占全市老年人协会总数的26.09%。至2000年，共创建合格老年人协会452家，占老年人协会总数的51.3%。

2000年，有萧山市级机关老龄组织26个、镇乡老龄工作委员会31个、村级老年人协会881个，共有会员84509人，占当年老年人口的57.02%。

表27-7-527　1987～2000年萧山老年人口情况

单位：人

年份	60周岁以上	占总人口(%)	百岁老人	男	女	年份	60周岁以上	占总人口(%)	百岁老人	男	女
1987	115532	10.37	—	—	—	1994	138100	11.58	10	1	9
1988	119187	10.57	—	—	—	1995	151116	12.57	21	4	17
1989	121469	10.63	5	2	3	1996	144200	12.87	25	4	21
1990	121906	10.57	12	2	10	1997	132088	11.70	30	4	26
1991	121910	10.48	9	3	6	1998	139435	12.29	24	4	20
1992	132240	11.28	11	2	9	1999	146702	12.89	34	4	30
1993	132600	11.22	11	2	9	2000	148200	12.98	30	6	24

注：总人口数为萧山公安局年度统计数。

第二节　敬老措施

敬老助老政策

1988年7月，浙江省七届人大常委会第四次会议决定每年农历九月初九（重阳节）为浙江省老人节。萧山以此为起点，敬老助老活动形成制度。

走访慰问　1990年1月，由浙江省、杭州市、萧山市三级老龄工作委员会领导组成慰问组，首次慰问全市12名百岁老人。此后，每年春节，由市四套班子领导慰问百岁老人。至2000年，受到慰问的百岁老人254人次，人均慰问金由200元逐步增加到400元。并坚持由镇乡慰问九旬老人，村慰问八旬老人，形成三级慰问制度，每年慰问老年人28000余人。

生活补贴　1992年开始，给曾获浙江省以上农业劳动模范的12名老年人发放补贴，年人均500元。1995年，调查农村“五老”（老支部书记、老村长、老农会主任、老妇女主任、老民兵连长）758人和特困老人358人，给予一次性补助12.60万元。是年，有587个村给3610名老共产党员、老干部发给每人每月30元的生活补贴；有160个村给12785名老年人发生活补贴，年补贴总额153.42万元。至2000年，共有340个村给31200名老年人发生活补贴，年补贴总额598.60万元，人均191.80元。

2000年，全市共有特困老人2107人，其中符合低保条件的1772人，纳入低保1705人，占96.22%；对不符合低保条件，或者纳入低保而生活仍困难的，采取社会救助等方法，帮困解急。2001年春节，市老龄工作委员会共救助特困老人155人次，补助总额71700元，人均500元～530元。各镇乡亦分别救助一批特困老人。

老年基金　1994年12月，成立萧山市老年基金会。由140家企事业单位和个人出资赞助，初集基金

122万元。成立有63人组成的理事会，制定基金会章程。基金主要用于宣传老龄工作、慰问百岁老人、救助特困老人、支持开展老年文体活动等。2001年3月止，市老年基金会积余基金201.69万元。

老年优待 1996年，由市老龄工作委员会、市总工会、萧山日报社3家单位联合寻访老劳模，10家单位主动为老劳模办10件实事。全市共有385名老劳动模范持卡享受优惠待遇。

1997年2月起，市政府决定对城区70周岁以上老年人发放老年人优待卡，享受免费挂号就诊，优惠乘公交车、进娱乐场所等。至1998年底，共有2750人持卡享受优待。1999年，把优待对象扩大到全市70周岁以上的老年人和未满70周岁的离休干部，优待内容包括免缴普通门诊挂号费、诊疗费、乘城区公交车购伍角车票（减半）、到市内各公园免购门票等8项。至2000年，共为48753名老年人发放老年人优待卡。

敬老服务 1999年7月，市委宣传部、市总工会、团市委、市妇女联合会、市老龄工作委员会、市精神文明建设委员会办公室联合发起在全市范围内开展“三个一”（各镇乡、场、市级部门为老年人办一件实事，子女为老年人尽一份孝心，老龄组织与特困老人结一个对子）敬老活动，共赠送敬老礼物17140人。各村和居委会还为老年人高温送清凉、冬天送温暖、节日贺金婚，组织老年人健康检查、外出游览、集体看戏，为高龄老人集体祝寿，吃长寿面等；组织志愿者为困难老人排忧解难等。形成良好的敬老氛围。

2000年春节前后，市老龄工作委员会同市委宣传部、市委老干部局、人事局、司法局、社会保险管理局、广播电视局、人民法院、总工会、团市委、市妇女联合会、萧山日报社等12个单位，联合发出《敬老助老、奉献爱心》的倡议，于1月19～25日在全市范围内开展敬老助老特别行动周活动。萧山经济技术开发区、浙江钱江啤酒集团公司、浙江爱迪尔包装集团公司、浙江胜达集团公司、浙江富可达皮业集团、萧山宏发布业有限公司、萧山印染三厂、萧山商业房地产公司和城厢镇犁头金村等10个单位共捐款23万元。

老年服务设施

1987年，县政府投资420.3万元、建筑面积3329平方米的萧山县老年宫（退休干部活动中心）建成投入使用。1991年3月，市老龄工作委员会在径游乡下定村试办村老年活动室，随后在全市逐步推广。形成以市老年宫为龙头，镇乡老年活动中心为示范，村老年活动室为基点的老年活动场所。是年，全市老年人活动室139个。至2000年，全市有镇乡老年活动中心17个，面积5566平方米；镇乡敬老院33所，集中供养五保老人421人；老年门球场7个（其中风雨门球场4个），面积4400平方米；村级老年活动室585个，面积42160平方米。是年，衙前镇凤凰村投资158万元，新建1500平方米的老年活动中心，成为集老年教育、文化娱乐、体育健身、饮茶聊天、托老养老于一体的老人乐园。

依据《萧山市老年事业“九五”发展规划》，市委、市政府把建造萧山老年颐乐园列为1999年为民办的十件实事之一。是年10月开工，2001年3月竣工。占地面积334000平方米，建筑面积29000平方米，总投入4700余万元。融养、医、教、学、为、乐于一体，示范型、福利型相结合。内分老年公寓、托老中心、医疗中心、活动中心、三产用房和后勤服务中心6大功能区块。其中老年公寓8800平方米，160套，实行使用权转让；托老中心7600平方米，224张床位；医疗中心4000余平方米（开设综合医院），每年一次免费为入住老人体检，建立健康档案；活动中心2100平方米，内设教学室、阅览室、健身房、乒乓球室、棋牌室和多功能厅；服务中心设食堂、洗衣房、浴室等设施；三产用房4000平方米。另有面积700平方米的标准风雨门球场。老年颐乐园于2001年4月28日开园，接纳入托老人105人，入住老人261人，走居家养老与社会养老相结合的路子。

敬老先进表彰

1989年10月，市委、市政府首次召开“两奖”[①]表彰大会，共表彰老有所为精英奖54人，敬老好儿女金榜奖75人。1990年，在评选“两奖”的基础上，增设“双先”[②]，共表彰老有所为精英奖57人，敬老好儿女金榜奖74人，开拓老年事业先进单位24个、开拓老年事业先进个人25人。

1997年，改评两个“双十佳”[③]，并对两个“双十佳”进行表彰奖励。1998年，共表彰老有所为奉献奖52人，敬老好儿女金榜奖38人，十佳敬老服务先进单位10个，十佳敬老服务先进个人10人。1999年起，对“双十佳”的评选，采取由基层推荐，确定15个单位、15名个人为候选名单，在《萧山日报》上刊登主要事迹，由社会投票评选，依据得票多少，评定十佳敬老服务先进单位和十佳敬老服务先进个人。

2000年，开展评选“敬老村”，闻堰镇黄山村、临浦镇谭家埭村被评定为萧山市首批“敬老村”。继续表彰老有所为奉献奖52人，敬老好儿女金榜奖37人，十佳敬老服务先进单位10个，十佳敬老服务先进个人10个，敬老服务先进单位5个、先进个人5人。

①老有所为精英奖，敬老好儿女金榜奖。

②开拓老年事业先进单位和先进个人。

③“双十佳”敬老好儿女、好媳婿，“双十佳”敬老服务先进单位、先进个人。

第三节　老年人维权

1989年11月，市老龄工作委员会和市民政局在光明乡三盈村试点，对家庭养老签订《家庭赡养协议书》，该村80户家庭的126名老年人，负有赡养义务的子女198人，其中对76户、119名老年人分别签订赡养协议书。之后，对赡养老人有争议的，均要求签订《家庭赡养协议书》。至2000年，累计签订协议84036人次，有效地落实了家庭赡养老人的责任和义务。

1990年起，每年由市人大、市政府发文组织对老年法规的执法检查，做到村级自查，镇乡抽查，市重点抽查。至2000年，累计发现和解决老年人赡养、住房不落实等问题812起。

1996年，《中华人民共和国老年人权益保障法》颁布后，列入全市普法教育。在每年老人节期间，采取层层宣讲、培训骨干、专题座谈、广播讲座、分发宣传资料和举办知识竞赛等多种形式，使老年法制教育逐步深入人心。至2000年，共举办各类培训班1760期，累计参训77715人次；广播宣传5217次；印发老年法规宣传资料15.4万份、小册子52000册、可张贴的《中华人民共和国老年人权益保障法》和大幅塑制片7000张；先后3次组织7483人次参加老年法规知识竞赛和“商城花园杯”有奖征文活动；在143所中小学校中开展孝亲敬老教育。

1997年，成立萧山市老年人权益保障工作协调小组，由市老龄工作委员会、民政局、司法局、公安局等15个成员单位负责人组成，分别履行工作职责，做好维权服务工作。是年起，市老龄工作委员会会同市司法局，在每月10日、20日为老年人免费提供有关赡养、扶养、财产、婚姻、医疗等权益的法律咨询。2000年，法律咨询服务改由司法部门96148法律援助热线受理，使老年人住房、赡养等纠纷问题及时得到解决。是年2月，市人民法院在审判工作中，对保障老年人合法权益作出12项规定，对受理涉老案件坚持优先立案、优先审理、优先执行，其中对追索赡养费的案件，一律不收诉讼费，并且审理执行并重。

第四节　其他活动

学校教育

1986年11月，杭州老年大学萧山分校成立。1991年，增设城厢、闻堰分校。

1992年4月，成立城厢镇老年广播学校，有33个居委会的981名老年人报名入学。同时，成立浙江省第二所村办老年学校——湘湖村老年学校。

1995年4月，杭州老年大学萧山分校更名为萧山老年大学，[①]并在临浦设立分校。1996年，宁围镇和临浦镇东藩村新办老年学校。逐步形成市、镇乡、村三级办学的格局。[②]

1998年，成立浙江老年电视大学萧山分校，各级老年学校与老年电大结合施教，设有老年电大教学点27个、教学班264个。老年人既学电大必修课，又学保健、政治、时事、法规、科技、书法、绘画、歌舞等选修课。

2000年，全市有老年大学（分校）4所、学员1756人，镇乡老年学校19所、学员1599人，村老年学校（教学点）180所、学员6329人。累计参加老年电视大学学习28554人次，其中获得单课结业证书25708人次，使老年人基本实现老有所学的愿望。

文体活动

1988年起，每年召开老年人体育运动会，组织老年人重阳登山，举办庆祝老人节文艺晚会和《欢乐今宵》电视晚会。参加杭州七县（市）“长寿杯”老年门球赛。老年人体育运动会的竞赛项目逐步扩大到杨式太极拳、42式太极剑、乒乓球、门球、桥牌、象棋、围棋、钓鱼、投篮、送“公粮”、收“西瓜”等11个，参赛代表队也逐年增加到52支，参加人员604人。

1993年12月25日，举行纪念毛泽东诞辰100周年大型老年文艺活动，567名老年人表演腰鼓、扇子舞、太极拳、剑、木兰拳、迪斯科、舞蹈等节目。

1999年，市老龄工作委员会成立中老年艺术团，在庆祝国际老年人年和省第十二个老人节文艺晚会上作专场演出后，深入镇村巡回演出，参加省、市调演和兄弟县、市慰问演出21场次。艺术团自编自演的越剧小戏《梦醒时分》，获省中老年戏曲大赛演出二等奖和创作奖。镇乡、村（居民区）的老年艺术团、“夕阳红”歌咏队、民乐队、文艺演唱队、戏曲队、拳剑表演队、健身舞蹈队、腰鼓队、门球队、乒乓球队等老年文体队伍90余支，参加人员2670余人，广泛开展多种形式的老年文体活动，丰富老年人精神文化生活。

①1995年，萧山老年大学开设保健、文史、音乐、书画、书画装裱、交谊舞6个专业13个班，入学人数616人，其中男194人、女422人；年龄在60岁以下的201人，60～69岁的335人，70～79岁的78人，80岁以上的2人。（资料来源：萧山市地方志编纂委员会办公室：《萧山年鉴·1996》，方志出版社，1997年8月，第218页）

②1996年有镇、村及企事业单位老年学校（教学点）49个。1997年，新办和扩办镇乡老年学校8所，到年末，全市共有老年大学4所，镇乡老年学校11所，学员883人；村老年学校(教学点)108个，学员5088人。（资料来源：《萧山年鉴·1997》《萧山年鉴·1998》）

第八章　关心下一代工作委员会

1991年11月，成立萧山市关心下一代工作委员会。至2000年底，全市共建有镇乡和市级关心下一代工作委员会34个、村（居委员）关心下一代工作委员会739个，工作人员2371人。市关心下一代工作委员会以培养新一代青少年为己任，发挥老同志的专长，组织讲师团和辅导员，采用丰富多彩的形式，对青少年进行革命传统、爱国主义、理想信念、思想品德、法律法规、科学技术等方面的教育，使青少年成为“有理想、有道德、有文化、有纪律”的社会主义事业建设者和接班人。2000年，萧山市关心下一代工作委员会被评为浙江省关心下一代工作先进集体。①

①萧山市关心下一代工作委员会，1995年3月被评为1993～1994年度杭州市关心下一代工作先进集体，1997年3月被评为1995～1996年度杭州市关心下一代工作先进集体，1999年3月被评为1997～1998年度杭州市关心下一代工作先进集体，2000年12月被评为1999～2000年度浙江省关心下一代工作先进集体。

第一节　组织网络

1991年11月，萧山市关心下一代工作委员会由市政府办公室、教育局、人事局、劳动局、文化广电局、财政局、总工会、团市委、妇女联合会、老干部局、老龄工作委员会、人民武装部、党史办公室13个成员单位组成，主任韩谦。②市关心下一代工作委员会办公室挂靠老干部局。1992年起，聘请部分老干部、老共产党员、老教师、老科技工作者和老文艺工作者担任校外辅导员。

1993年4月，全市31个镇乡和教育局、农场管理局相继组建关心下一代工作委员会和关心下一代协会，各村、居委会相应成立关心下一代协会，至此，全市三级关心下一代工作委员会组织网络基本形成。1994年初，市关心下一代工作委员会组建教育青少年讲师团，由老红军唐功成等12名离休干部组成。1995年，全市关心下一代工作协会有会员3506人。由市妇女联合会、教育委员会、关心下一代工作委员会组成家庭教育指导委员会。

②1995年1月，萧山市调整关心下一代工作委员会组成人员，主任左汉奎。1998年8月，市政府调整关心下一代工作委员会组成人员，名誉主任朱厚立，主任赵永前。

1999年4月，临浦、瓜沥成立讲师分团。2000年3月，市关心下一代工作委员会成员单位再次调整，共有22个成员单位的24位负责人组成市关心下一代工作委员会。是年，全市有镇乡和市级关心下一代工作委员会34个，村（居委员）关心下一代工作委员会739个，工作人员2371人，其中校外辅导员1053人。（帮困助学详见《社会保障》编第五章第三节）

第二节　思想品德教育

1992年起，重点向家长学校的家长宣讲“做合格家长，培养合格人才”、“要学法、知法、守法，确保孩子健康成长”以及“中小学的心理特征及教育对策”等，形成社会、学校、家庭联合教育网络，共同做好青少年培养教育工作。

1994年，制订贯彻实施中共中央《爱国主义教育实施纲要》，对青少年进行爱国主义、理想信念和思想品德教育。响应杭州市关心下一代工作委员会提出的不让中小学生进游戏机房的倡议活动，引导青少年健康成长。1995年，纪念抗日战争胜利50周年，向学校赠发《纪念世界反法西斯战争和中国抗日战争50周年》图片、《抗日战争在萧山》历史资料。各地开展把“忠心献给祖国、爱心献给社会、孝心献给父母、关心献给他人、信心留给自己”的教育活动。市关心下一代工作委员会召开校外德育工作经验交流会，推广城厢、临浦、瓜沥等镇组织青少年，成立理论学习组、学雷锋小组、电脑培训班、创办青少年活动室等经验。在纪念红军长征胜利60周年之际，开展革命传统教育982场（次），受教育青少年11.8万人。1996年，转发所前镇、宁围镇关心下一代工作委员会“欢乐祥和过春节，勤俭文明度寒假”的倡议书。

1997年，为迎接香港回归祖国，讲师团分赴各中小学校作报告241场（次），举办广播讲座123场（次），知识竞赛83场（次），诗歌朗诵、文艺演出141场（次），电影书画、图片展345场（次），受教育中小学生14万人，促使青少年了解香港百年沧桑历史，懂得落后挨打的道理，树立不忘国耻的思想。根据中共十五大报告“要十分重视青少年思想道德建设”的要求，在青少年中开展以为人民服务为核心、集体主义为原则的教育活动，帮助他们从小树立正确的人生观和价值观。1998年，开展宣传党的十五大精神、邓小平理论知识竞赛等活动520场（次），受教育青少年12.5万人；纪念周恩来诞辰100周年，结合全市开展的道德建设年活动，举行报告会、图片展、文艺活动587场（次），暑期各地组织夏令营121个，受教育青少年16万人。

1999年，以纪念五四运动80周年、萧山解放50周年、国庆50周年、澳门回归祖国为契机，进行爱党、爱国教育，作专题报告227场（次）、知识竞赛187场（次）、文艺活动259场及征文活动等，青少年受到教育达69万人次。是年，组织中小学生参观李成虎烈士墓、葛云飞纪念馆等爱国主义教育基地，弘扬革命传统，争做合格接班人。暑期，市关心下一代工作委员会要求各地以社区为阵地，组织寓教于乐活动，推出征文比赛，敬老助老、传统教育等10项活动。全市共组织各种寒暑假教育活动800次，参加活动的青少年82800人。

2000年，对青少年进行《新世纪新任务及青少年的责任》《发挥艰苦奋斗，争做四有新人》《弘扬尊师敬长的传统美德》《学英烈、做新人》等一系列教育活动。组织青少年参观《毛主席遗物展》，开展读好《跨越世纪》一本书活动。全市组织各类宣讲活动323场，受教育青少年25.6万人。[①]是年10月，瓜沥镇

①每逢六一国际儿童节，市关心下一代工作委员会会同有关部门对学校、幼儿园进行慰问活动，表达对少年儿童的关怀之情。1995～2000年，市关心下一代工作委员会累计慰问学校、幼儿园698所(次)，赠送慰问金170.35万元、图书20000册以及其他实物，进行各种庆祝和表彰活动563场(次)。

图27－8－785　2000年，萧山组织离休干部向学生巡回宣讲革命传统（萧山区关工委提供）

第二小学被评为杭州市级“示范性”家长学校。

至2001年3月，全市幼儿园家长学校494所、小学家长学校390所、中学家长学校146所。青少年教育讲师团、校外辅导员为家长学校上课，累计受教育的家长15.78万人，受教率90%。

第三节　法制科技宣传

1995年，市关心下一代工作委员会把对青少年进行法制教育、科技教育作为基本教育。以《中华人民共和国预防未成年人犯罪法》《中华人民共和国未成年人保护法》的法律法规为教材，开展法制教育104场(次)，受教育青少年70000人。组织青少年科技教育活动249次，19000人参加。

1997年，全市聘请公安局、检察院、法院、司法局等部门负责人129人为法制学校副校长，采用宣讲法制课或安排少年犯现身说法等形式，开展法制宣传活动536场(次)，受教育青少年16万人。

1999年4月，由市关心下一代工作委员会、政法委、教育局、团市委、妇女联合会、总工会等部门组成萧山市警钟行动协调委员会，进一步加强青少年的法制教育，预防和减少青少年犯罪。购买《迈好青春第一步》等法律知识书籍分发给52000名青少年，组织参观禁毒图片展295场，26000名青少年受到教育。建立法制学校9所，法制副校长增至219人；安排少年犯现身说法和省“育新艺术团”演出58场(次)，受教育青少年66000人。是年，开展“学科技奔小康”活动，以初、高中未能升学和未就业的青少年为对象，进行科技咨询、培训275场(次)，受教育86000人。

2000年，全市80%的中学建立法制学校。全年复制法制教育图片52套，在121所学校巡回展出，11万名青少年受到教育。对青少年进行“珍惜生命，远离毒品”咨询服务70次，签订责任书1000份，组织中小学生“远离毒品”签名横幅10件，张贴宣传画1000件。市关心下一代工作委员会与有关部门一起举办《崇尚科学文明，反对迷信愚昧》和《动手动脑开发智力》两个科普展，讲师团对青少年进行科普知识教育。

1995～2000年，全市青少年在各类科技竞赛中获奖1037次，其中获全国一等奖137项、二等奖162项、三等奖244项；获省一等奖7项、二等奖17项、三等奖34项。

第四节　帮教失足青少年

1995～1996年，全市有“两劳”（劳改、劳教）归正青少年187人，有447人参与帮教，安置就业18人。1999年始，市关心下一代工作委员会每年到省少管所看望教育萧山籍少年犯，促使他们改邪归正，走向新生。瓜沥镇与42名涉毒青少年签订责任书，实施“捆绑式”教育，防止毒品对青少年的危害。2000年，对153名失足青少年全部落实帮教措施，其中有42名在帮教中实现就业。是年，全市共有帮教小组182个，帮教人员717人，累计帮教447人。

第九章　归国华侨联合会

1981年12月，召开萧山县第一次归侨侨眷代表大会，成立萧山县归国华侨联合会。1992年6月前，萧山市归国华侨联合会无专职工作人员，工作采取定期会议制，日常事务委托市政府侨务办公室代理。是年7月起，市归国华侨联合会设专职人员1人，负责日常工作。时有华侨、外籍华人和港澳同胞2611人，归侨、侨眷和港澳同胞眷属504户1870人。[①]至2000年底，先后召开萧山市归侨侨眷代表大会4次，有华侨、外籍华人、港澳同胞9000余人，出国留学人员450人，分布在30多个国家和地区，其中美国、日本、加拿大和中国香港地区居多；归侨、侨眷和港澳同胞眷属11000余人。归国华侨联合会发挥党和政府联系归侨归眷和海外侨胞桥梁和纽带作用，维护归侨侨眷和海外侨胞的合法权益，团结和联络广大海外侨胞和国内归侨侨眷，为萧山经济社会发展作出了贡献。

①1985年，全县在国外华侨共126户638人，分布在17个国家，最多的是在美国，有60户318人；在国外的外籍华人有20户89人，分布在美国、印度尼西亚、加拿大、巴西和新加坡，最多的是在美国，有12户46人；在中国香港、澳门地区的同胞有331户1884人；有归侨16人，来自印度尼西亚、新加坡、马来西亚、泰国、越南、朝鲜和巴西等国家；有华侨眷属124户427人、外籍华人眷属331户1306人。1993年，全市有归侨、侨眷、港澳同胞眷属567户、2231人。

1996年，全市有归侨、侨眷、港澳同胞眷属669户2405人。市侨办、侨联在全市开展新移民调查，全市共有新移民（改革开放以后出国或出境并已取得长期居留权的人员）102户，分布在美国、日本、加拿大、新加坡、意大利、澳大利亚、德国、以色列、瑞典、比利时、英国、保加利亚、塞拉利昂、法国等国家和中国香港地区。这些新移民中，已出现了部分在政治上有影响、社会上有地位、学术上有造诣、经济上有实力的人才。（资料来源：萧山县志编纂委员会：《萧山县志》，浙江人民出版社，1987年，第641页；《萧山年鉴·1994》《萧山年鉴·1997》）

第一节　代表大会

1981年12月12日，召开萧山县归侨侨眷第一次代表大会，出席代表73人。会议宣告成立萧山县归国华侨联合会，选举产生萧山县归国华侨联合会第一届委员会，黎桂芳当选为主席。

1988年9月23～24日，召开萧山市归侨侨眷第二次代表大会，出席代表62人。会议选举产生萧山市归国华侨联合会第二届委员会，黎桂芳当选为主席。

1993年11月11～12日，召开萧山市归侨侨眷第三次代表大会，出席代表85人。会议选举产生萧山市归国华侨联合会第三届委员会，黎桂芳当选为主席。

1997年9月11～12日，召开萧山市归侨侨眷第四次代表大会，出席代表100人，列席代表50人。会议选举产生萧山市归国华侨联合会第四届委员会，陈文辉当选为主席。

第二节　参政议政

1993年，全市归侨、侨眷、港澳同胞眷属中，有市政协委员12人，其中市政协常委3人，市政协副主席1人（潘民光）。1998年，有浙江省政协委员1人（陈鸿懋），市政协委员9人，其中市政协常委2人。市归国华侨联合会和侨界政协委员深入基层，调查研究，倾听民声，通过提案的方式，履行参政议政的职能。1997年1月至2001年3月，市侨界政协委员先后提出提案76件，主要涉及侨务、招商引资、改善投资环境、农业、社会治安、环境保护、城市建设、规范收费、宗教事务等方面的内容。其中陈文辉委员的提案《电表保证金属于什么费用？》被萧山市政协评为优秀提案。

第三节　侨务活动

1985年起，归国华侨联合会通过举办培训班、辅导报告会、咨询活动、座谈会、知识竞赛等形式，宣传党的侨务政策，对违反侨务政策、侵犯归侨侨眷合法权益的现象，督促有关部门予以纠正，共为18名归侨落实退休金增补政策。为归侨侨眷和海外侨胞提供侨房产权登记、侨房保留、投资纠纷、涉外婚姻纠纷、归侨侨眷意外伤亡事故、出入境手续、海外侨胞寻找亲友等方面服务。

1990年起，宣传《中华人民共和国归侨侨眷权益保护法》（1990年9月7日第七届全国人民代表大会常务委员会第十五次会议通过）。1997年“七一”前夕，市归国华侨联合会举办“迎香港回归祖国书法美术展”、“迎回归大型图片展”，召开迎回归座谈会，制作“情系故土、造福桑梓”专题电视节目，在萧山电视台播出港胞资助家乡教育、医疗、老年福利等社会公益事业的义举。将市长林振国的贺信、人民路小学六（3）班全体同学的贺信和由萧山画家创作的一幅《归来图》作品寄送给董建华，祝贺香港回归并由他担任香港特别行政区行政长官。

1998年起，市归国华侨联合会每年召开一次归侨人员座谈会，了解他们的生活、健康情况，并组织归侨人员外出参观。是年，市归国华侨联合会会同市文学艺术界联合会等单位，举办杭州市首次侨属家庭画展——孙慰耆家庭画展。是年，在侨界开展“树文明新风、创文明侨户”活动，王建、孙慰耆两户家庭被评为“浙江省文明侨户”。

1999年12月，在澳门回归前夕，市归国华侨联合会举办“知澳门、迎回归图片展”，召开“庆回归茶话会”，组织归侨侨眷参加统战系统“庆国庆、迎回归书画摄影展”，组队参加由杭州市归国华侨联合会举办的“华日杯”《中华人民共和国澳门特别行政区基本法》和侨务知识竞赛，庆祝澳门回归祖国。

2000年1月，举行萧山市侨界春节电影招待会，邀请部分归侨、侨眷、港澳同胞眷属及出国留学人员家属共庆新春佳节。9月，召开《中华人民共和国归侨侨眷权益保护法》颁布10周年座谈会，城厢镇、临浦镇、瓜沥镇等侨务工作重点镇乡的分管领导参加会议，杭州市归国华侨联合会负责人专程到会指导并讲话。1999～2000年，刊出《萧山侨讯》10期。

改革开放后，萧山赴国外留学深造的学子逐渐增多，其中有的学业有成后留在国外工作，成为新一代华侨。市归国华侨联合会加强与出国留学人员和家属的联系，筹建出国留学人员家属联谊会，增进与出国留学人员的了解和沟通。对回家探亲、讲学的出国留学人员进行探望，向出国人员提供回国创业的法规和政策，为有意在萧山投资的出国留学人员牵线搭桥。每逢春节，向出国留学人员寄贺卡，邀请出国留学人员回乡参观、访问，在报纸、电视等媒体宣传出国留学人员所取得的成就和爱国爱乡的事迹。

1985～2000年，归国华侨联合会加强与海外侨胞、华侨团体和港澳同胞的联系，宣传党和政府的侨务政策，介绍萧山的基本情况和投资环境，增进与海外侨胞的友谊，加强相互间的了解。先后接待来自美国、加拿大、日本、澳大利亚、西班牙等国家和港澳地区来萧参观、考察、访问的客人1801人次。每年圣诞节、春节之际，市归国华侨联合会以寄贺卡的形式，向华侨、外籍华人、出国留学人员、港澳同胞致以节日的问候。每年中秋节、春节前夕，市归国华侨联合会召开茶话会、联欢会，邀请侨界人士欢聚一堂，畅谈家乡的变化，讴歌现代化建设的成果。

第十章　台属联谊会

1985年，萧山县有去台湾人员658户1597人，在萧山的亲属556户3191人，其中直系亲属312户1543人；有台属联络员10人。[①]1988年9月，召开萧山市台属第一次代表大会，成立台属联谊会，[②]有会员250人，台属联络员19人。至2000年，先后召开萧山市台属代表大会3次。去台湾人员近2000人，在萧山的亲属20000人。台属联谊会以宣传“和平统一、一国两制”基本方针为宗旨，加强萧山和台湾两地的交流和沟通，为台胞来萧山创业提供便捷服务，帮助台胞台属解决实际困难，维护他们的合法权益。

第一节　代表大会

1988年9月25日，召开萧山市台属第一次代表大会，出席代表80人。会议选举产生台属联谊会第一届理事会，孙统墀当选为会长。

1991年11月27日，召开萧山市台属第二次代表大会，出席代表118名。会议选举产生台属联谊会第二届理事会，孙统墀当选为会长。

1997年9月16日，召开萧山市台属第三次代表大会，出席代表108人。会议选举产生台属联谊会第三届理事会，楼训培当选为会长。

第二节　联谊活动

1987年以前，台湾未开放台湾居民到大陆探亲，[③]从台湾转道其他国家和地区到萧山探亲、旅游、观光的台胞仅有50多人。1988年以后，台属联谊会利用各种渠道，宣传中国共产党和国家的对台政策，开展联谊活动，团结台胞亲属，鼓励台属积极与在台湾的亲人联系；并参与接待回乡探亲、考察、旅游的台胞，处理好他们的来信来访，为引进资金、人才、技术、设备，加强萧山和台湾两地的经贸交流、合作、发展牵线搭桥。

1991年9月，萧山市第六届商品交易会期间，应萧山市市长的邀请，台北市萧山同乡会[④]副会长徐忆中和总干事孙定方率探亲观光团一行13人回萧山访问。萧山市台属联谊会负责人全程陪同他们活动，并于26日举行萧山市台属联谊会和台北市萧山同乡会联谊活动，就萧山和台湾两岸民间组织在萧山联合兴办经济实体进行探讨。1992年、1996年，市台属联谊会又先后两次配合市人民政府台湾事务办公室，邀请由徐忆中率领的台北市萧山同乡会来萧山考察、访问，并举行联谊活动。此后，每逢传统节日，互相致电致函，两岸民间交往日趋频繁。

①1984年，始设立台属联络员。1985年，有6个区和1个镇设立台属联络员10人。1987年，有台属联络员21人。1991年，有台属联络员26人。

②从1997年第三届开始，台属联谊会由会员制转变为具有法人资格的社会民间团体组织。

③1987年10月14日，台湾当局通过台湾居民到大陆探亲的方案。同日，国务院有关部门负责人就此发表谈话，热烈欢迎来大陆探亲旅游的每一个台湾同胞。16日，国务院办公厅公布了台胞来祖国大陆探亲旅游接待办法。至此，38年来海峡两岸隔绝、亲人分离的局面被打破。

④台北市萧山同乡会于1953年成立。参加该会的萧山籍去台人员有670人，加上他们的后代共有2000余人，其中大部分在台湾居住，也有一些移居到其他国家和地区。每年春节和清明等传统节日，都定期举行活动，联络感情，沟通信息。

1997～2000年，萧山市台属联谊会加强与台北浙江同乡会、台北市萧山同乡会联系，并开展联谊活动3次，委派人员赴台湾交流2次。台属联谊会理事会与台湾事务办公室慰问重点工作对象的台属91户次、定居台胞42人次、在萧山台商36人次，探望患病台商台胞台属27人次，赞助特困台属学生7人次。台属牵线搭桥，引进台资企业2家，总投资250万美元。

1988～2000年，先后有129家台商独资企业在萧山落户。[①]市台属联谊会累计参与接待台胞2994人次，组织赴台探亲、探病、考察239人次。

①1988年9月，由浙江省电子进出口公司、萧山市二轻集团公司、台商李绍明三方合作兴办杭州华凌电器工业有限公司，成为首家落户萧山的台资企业。1989年，第二家台资企业——浙江台艺天然石料有限公司成立。1990年，又增加浙江华欣家具工业有限公司、浙江祥贺包装材料有限公司2家台资企业。1992年起，台商在萧投资办企业掀起高潮。是年，杭州乐荣电线电器有限公司、杭州雅利电气五金有限公司、浙江华邦家具工业有限公司等21家企业落户萧山经济技术开发区。1993年，又有杭州东岱珠宝饰品有限公司、杭州华信合纤织造有限公司、杭州友佳精密机械有限公司、金元陶瓷（中国）有限公司、杭州佳德机电有限公司、杭州唐先机械有限公司、杭州力武机电有限公司等33家企业落户萧山，成为台商在萧创办企业数量最多的一年。1994～2000年，先后有69家台资企业在萧山经济技术开发区建成投产。至2000年底，全市共有台商独资企业129家，投资总额30338.16万美元，主要涉及精工机械、电线电器、五金工具、服装纺织、家具装饰、建材化工、食品医药、农业种植、服务业等行业。

表27-10-528　1985～2000年萧山接待台胞和赴台人数

单位：人

年份	接待台胞人数	赴台探亲考察	年份	接待台胞人数	赴台探亲考察
1985	5	4	1993	97	3
1986	2	1	1994	86	4
1987	20	10	1995	166	23
1988	144	12	1996	212	29
1989	115	3	1997	288	29
1990	176	4	1998	358	41
1991	134	5	1999	560	59
1992	78	2	2000	580	25

表27-10-529　1988～2000年台商在萧山投资情况

年 份	企业数（家）	投资总额（万美元）	协议投资（万美元）	注册资金（万美元）
1988	1	288.00	144.00	190.00
1989	1	58.00	17.10	40.00
1990	2	580.00	458.00	323.88
1991	2	217.39	129.62	173.27
1992	21	2677.00	1433.75	1665.00
1993	33	9308.50	5439.64	4520.25
1994	8	721.73	618.38	455.60
1995	8	1619.07	1308.95	758.20
1996	9	2983.79	2722.79	1440.41
1997	10	831.72	632.62	545.86
1998	13	4064.96	2881.73	2031.73
1999	6	1446.00	1392.37	742.67
2000	15	5542.00	4774.20	2645.06

第十一章　个体劳动者协会　私营企业协会

1983年，成立萧山县个体劳动者协会。1988年，成立萧山市私营企业协会。至2000年，全市共有个体劳动者协会会员48628人，[①]私营企业协会会员企业6291家，[②]办有《萧山个私报》。[③]个体劳动者协会、私营企业协会实行自我教育、自我服务、自我管理，坚持开展“诚实守信、买卖公平”为核心的职业道德教育活动，引导个体工商业户争创文明经营户；鼓励发展多种经济成分，引导私营企业实现科学化、现代化、规范化管理，促进私营企业稳步发展。1993年，萧山市个体劳动者协会被国家工商行政管理局、中国个体劳动者协会联合评为“全国个体劳动者职业道德教育先进单位”。

①凡经萧山市工商行政管理局核准登记的个体工商户及其从业人员均可成为市个体劳动者协会会员。

②凡经市工商行政管理局核准的私营企业均可成为市私营企业协会会员企业。

③2000年3月，萧山市个体劳动者协会、市私营企业协会联合创办《萧山个私报》，当年月发行量5000份。

第一节　组织机构

个体劳动者协会

1983年5～8月，萧山县戴村、临浦、城南、城北、义蓬、瓜沥6个区和城厢镇先后成立个体劳动者协会，区个体劳动者协会在镇乡设立大小组。9月，成立萧山县个体劳动者协会，有会员5903人。1991年发展到44601人。至2000年，萧山市个体劳动者协会下设戴村、临浦、城厢、市场、市郊、衙前、瓜沥、义盛、头蓬、萧山商业城、萧山经济技术开发区等11个基层协会和摄影行业、临浦美容美发行业2个分会，共有会员48628人。先后召开代表大会6次，周兴法、许申裕、张德涯先后任市个体劳动者协会会长。[④]

④1983年9月17～20日，萧山县个体劳动者协会第一次代表大会，出席代表200人，选举产生萧山县个体劳动者协会第一届理事会，周兴法当选为会长。1986年9月23～25日，萧山县个体劳动者协会第二次代表大会，出席代表210人，选举产生萧山县个体劳动者协会第二届理事会，许申裕当选为会长。1989年10月26～28日，萧山市个体劳动者协会第三次代表大会，出席代表207人，选举产生萧山市个体劳动者协会第三届理事会，许申裕当选为会长。1992年9月25～27日，萧山市个体劳动者协会第四次代表大会，出席代表205人，选举产生萧山市个体劳动者协会第四届理事会，张德涯当选为会长。1995年12月20～21日，萧山市个体劳动者协会第五次代表大会，出席代表131人，选举产生萧山市个体劳动者协会第五届理事会，张德涯当选为会长。2000年12月26日，萧山市个体劳动者协会第六次代表大会，出席代表155人，选举产生萧山市个体劳动者协会第六届理事会，张德涯当选为会长。

私营企业协会

1988年10月，成立萧山市私营企业协会，共有会员企业250家。至1989年3月，先后成立瓜沥、临浦、城南、义蓬、戴村、城北等6个分会和城厢镇直属大组。1991年8月，城厢镇直属大组改为城厢分会。1994年4月，城北、义蓬、城南3个分会分别更名为西兴、义盛、市南分会。是年12月，成立头蓬分会和商业城分会。1996年12月，撤销西兴分会，成立萧山经济技术开发区分会。1997年，撤销市南分会，成立衙前分会。2000年，成立市郊分会和通讯器材、衙前明华轻纺原料2个行业协会。至年底，市私营企业协会下设戴村、临浦、城厢、市郊、衙前、瓜沥、义盛、头蓬、商业城、萧山经济技术开发区等10个分会和2个行业分会，共有会员企业6291家。先后召开代表大会4次，陈志忠、张德涯先后任市私营企业协会会长。[⑤]

⑤1988年10月13～15日，萧山市私营企业协会第一次代表大会，出席代表252人，选举产生萧山市私营企业协会第一届理事会，陈志忠当选为会长。1991年10月14～15日，萧山市私营企业协会第二次代表大会，出席代表175人，选举产生萧山市私营企业协会第二届理事会，陈志忠当选为会长。1994年11月28～29日，萧山市私营企业协会第三次代表大会，出席代表143人，选举产生萧山市私营企业协会第三届理事会，张德涯当选为会长。2000年1月11日，萧山市私营企业协会第四次代表大会，出席代表117人，选举产生萧山市私营企业协会第四届理事会，张德涯当选为会长。

第二节　会员服务

自我服务

技能培训服务　1986～1988年，对从事钟表、家电维修、风味小吃、美容美发、服装缝纫等行业的会员进行技能培训，有608人获得职业技能资格证书。1989年，市私营企业协会会同财税部门举办6期会计培训班，182名私营企业财会人员通过考试取得结业证书。

1995～2000年，市个体劳动者协会会同市劳动局组织举办烹调、美容美发、服装裁剪与制作等职业技能培训班24期，有1280名会员经理论和实践考核，获得由劳动部门统一颁发的职业技能等级证书。1999年，市私营企业协会组织举办私营企业厂长、经理现代企业管理知识培训班14期，受训人员891名。组织举办摄影师、缝纫工等岗位技能培训班5期，培训企业职工251人。

商品购销服务　1985年，全县各区个体劳动者协会成立6个购销服务站，采取联购分销、上门送货等办法，帮助个体工商户采购物资、提供便利服务。全年免费为会员运送货物19355吨，节约劳力58068个，节省运费10万余元。1986年，组织5户个体户参加浙江省个体劳动者协会举办的全省名特优新产品展销会。帮助会员解决燃料100余吨，为1100余名会员租赁营业用房53871平方米，为92户特困、残疾会员代办免税、免费手续，提供救济补助646户。

1988～1993年，市个体劳动者协会、市私营企业协会组织个体工商户、私营企业参加萧山市第三届至第八届商品交易会。[①]1994～2000年，组织个体工商户、私营企业参加中国国际（萧山）钱江观潮节，[②]开展招商引资和商品交易活动。

生产生活服务　1990年，市个体劳动者协会城北分会成立“互助储金会”，有985户会员参加，互助金额达8960元。1993年，为250名会员解决因拆迁等原因造成的经营场地困难，制止不合理收费及摊派17000元。在8个基层协会建立“会员之家”和图书室，出资10000余元看望慰问贫困会员。

1995年，市私营企业协会与60余家会员企业建立联系点，为会员提供政策法律法规咨询和信息服务。1996年，在全市私营企业中推行劳动合同制和养老保险制度。1997年，慰问特困个体户126家，接待处理会员来信来访38件次，并为会员提供代办养老保险等服务。向私营企业传递各类市场经济信息126条，举办科普知识宣传活动9次，指导私营企业签订劳动合同23000余份。为会员企业办理贷款、出国等有关证明手续328件，接待处理来信来访18件次。1998年，配合市总工会开展私营企业工会组建工作，指导和帮助私营企业单独或联合组建起工会组织。至1999年，有45家私营企业加入联合工会，1665家私营企业成立工会组织。

1999年，市个体劳动者协会走访联系户410户（次），帮助会员向政府和有关部门反映意见和建议25件，协调解决用地、用电等实际困难15起。与市私

①1986年后，主要采取每年举行商品交易会的形式邀请外商来萧参加洽谈引资业务。1988年，萧山市第三届商品交易会接待来自美国、日本等国和台湾、香港地区的客商20余人。1994年始，每年的商品交易会由中国国际（萧山）钱江观潮节所替代。

②1994年，举办首届中国国际（萧山）钱江观潮节。至2000年底，共举办观潮节7届。2000年农历八月十八举办的中国国际（萧山）钱江观潮节，投资招商项目签约50个，其中外资36个，资金1.41亿美元；内资14个，资金8.5亿元人民币。

营企业协会在萧山剧院和萧山电视台“欢乐今宵”演播厅分别举办“迎国庆50周年大型文艺会演”和“爱我中华”文艺晚会，全市150余名会员登台演出。组织2名会员参加杭州市美容美发大奖赛，获得晚宴化妆一等奖和晚宴发型二等奖。

2000年，市私营企业协会组织召开4次安全生产工作会议，发放宣传资料4000余份，并对安全生产管理工作不善，存在严重隐患的57家私营企业提出整改意见。指导帮助185家私营企业制定和完善安全生产管理制度，落实安全防范措施。

自我管理

1985年，县个体劳动者协会组织开展经营作风、交费纳税、卫生物价为主要内容自查互查活动，检查会员9531户。配合税务部门对镇乡的个体工商户进行评税。1986年，配合浙江省工商局调查组，对24个镇乡的1312户个体户的基本情况进行调查。

1988年，市个体劳动者协会制订工作目标责任制和岗位职责，对各分会实行工作目标考核。1990年，以镇乡个体劳动者协会大组为单位，聘请3名热心个体劳动者协会工作的会员，分别担任“三员”[①]。全市共聘请“三员”211人，形成有效的守法监督、政治宣传、计生协管网络。萧山建立“三员”队伍的做法在省内尚属首创。

1994年，市个体劳动者协会率先在全省个体劳动者协会系统开展创建规范化协会工作，按照“四落实”[②]和“四个清”[③]要求，建立健全12项工作制度，调整充实骨干队伍。是年，市私营企业协会组织40多家私营企业召开生产经营交流会，引导私营企业尽快改变家族化经营模式，实现科学化、现代化、规范化管理，《中华工商时报》、《中国工商报》均派员采访报道此次会议。

1996年，市个体劳动者协会在会员中试行承诺不制售假货、信誉保障基金预赔。制订信誉承诺户管理规范、组织社会评议、设置投诉电话等。1997年，在会员中签订抵制假冒伪劣自律责任书，建立消费者民主评议制度，开展打假治劣、取缔无照经营、物价税收检查和清理代币购物券等活动。在全市个体劳动者协会系统推行“违章提示”和“行政处罚建议书”等自律管理手段，组织自查互查200余次，自查个体工商户10000余户，发出违章提示书和行政处罚建议书227份。临浦、城厢、衙前、义盛、头蓬、萧山经济技术开发区等6个基层协会被省工商局、省个体劳动者协会命名为规范化协会。

1999年，市个体劳动者协会成立摄影行业分会和临浦美容美发行业分会，并建立行业管理网络，制订行业自律管理守则。2000年，市私营企业协会成立通讯器材行业分会和衙前明华轻纺原料行业分会，制定《行业分会章程》和《行业自律管理守则》，全市105家通讯器材行业私营企业和衙前98家轻纺原料行业私营企业加入行业分会。

自我教育

法律法规教育　1983～1988年，萧山县个体劳动者协会组织会员教育引

①政治宣传员、守法监督员、计划生育协管员。

②场地落实、人员落实、经费落实、制度落实。

③会员基本情况清、协会组织网络清、工作完成程度清、骨干工作职责清。

导会员争做有理想、有道德、有文化、守纪律的个体劳动者。

1989～1991年，萧山市个体劳动者协会、私营企业协会组织会员开展形势政策、法制、职业道德教育活动。

1992年，成立萧山个体工商户、私营企业社会主义思想道德法制教育领导小组。组织全市100多名骨干进行集中培训，印发各种教材、宣传资料10万余份，张贴宣传标语400余幅，上门教育会员1559人次，组织“万名会员大考试”，举办法律知识竞赛，浙江电视台转播竞赛实况。

1994年，开展“爱国、敬业、守法”社会主义法制道德教育活动，组织学习《中华人民共和国公司法》《中华人民共和国劳动法》《中华人民共和国合同法》《中华人民共和国反不正当竞争法》等法律法规。市私营企业协会编印《政策汇编》3000余本，购买《中华人民共和国劳动法》1000余本，分发到私营企业和会员手中。

1995年，在全市个体工商户、私营企业中开展“三爱三讲”[①]教育，并把“三爱三讲”教育与深入开展争当“五好经营户”[②]竞赛活动结合起来，与自我管理、自我服务工作结合起来，引导私营企业厂长、经理树立“爱国、敬业、守法”的思想观念，调动他们勤劳致富、守法致富和为萧山经济建设作贡献的积极性。在教育中，发放各类宣传学习资料13万余份，举办学法教育培训会百余次，开展寓教于乐活动70余次，组织为民服务、敬老爱幼等活动60余次，选拔60余名骨干会员组成教育辅导队，举办“三爱三讲”教育先进事迹演讲竞赛，选拔优胜者组团下基层协会巡回演讲20余次。

①爱国家，讲奉献；爱人民，讲道德；爱岗位，讲守法。

1999年，开展《中华人民共和国宪法修正案》《中华人民共和国个人独资企业法》等法律法规宣传活动。市个体劳动者协会举办学法讲座和普法培训班14期，市私营企业举办法律法规学习培训班8期，受训私营企业主560人次。

职业道德教育　1985年，在全县个体工商户中开展以“三定一挂”[③]为主要内容的宣传教育活动。1987年，开展以“诚实守信，买卖公平”为核心的职业道德教育。

②守法经营好、按时纳税好、经营作风好、服务态度好、整洁卫生好。

1993年，在全市个体工商户、私营企业中开展一系列职业道德教育活动。1997年，在全市个体工商户、私营企业中开展“我对社会负责任、我在社会有作为、我为社会作贡献”主题大讨论，其中市私营企业协会组织专题学习讨论会21次，考察先进私营企业20家，举办私营企业招聘下岗职工劳动就业恳谈会2次。全市私营企业吸纳安置下岗职工1800余人。

2000年，在全市个体工商户、私营企业中开展“致富思源，富而思进”主题教育活动。

③定经营范围、定地址、定人员，挂营业执照。

第三节　法律维权

1999年2月，市私营企业协会成立法律事务部，聘请2名律师担任常年法律顾问，配备兼职法律工作者，采取免费提供法律咨询和减半收取案件受理费的办法，帮助会员处理日常法律事务。全年共接待会员来信来访100余人次，提供法律咨询81人次，受理案件14起，为会员挽回损失30万元。2000年，协会法律事务部采取上门走访、定期接待等办法，加大维权工作力度，接待处理企业来信来访200余件，提供法律咨询108人次，受理非诉讼代理案件21起，为私营企业挽回经济损失58万元。

第四节 争先创优

1985年，在全县个体工商户中开展以“五好会员”[①]为主要内容的争创活动，共评出县级“五好会员”136人，区级“五好会员”506人。

1988年，在全市个体工商户中开展创评“文明个体户”活动。共评出萧山市“文明个体户”184户，杭州市“文明个体户”12户。

1990年，在全市私营企业中首次开展争创先进企业活动，同时配合市工商局在全市私营企业中开展争创“重合同、守信用”单位活动。至1991年，有48家私营企业被评为先进企业，[②]有4家企业被命名为萧山市重合同、守信用单位。[③]

1991年，在全市个体工商户中首次开展争当“五好经营户”活动，成立由市个体劳动者协会、市工商局、市税务局、市公安局、市物价局、市防疫站6个部门组成的萧山市个体工商户“五好”经营竞赛领导小组，利用广播、电视、报刊、黑板报和印发宣传资料、张贴宣传标语等进行广泛宣传，并对照守法经营、照章纳税、经营作风、服务态度、整洁卫生“五好”标准，进行逐户检查评比，共评出萧山市级五好经营户130户。[④]

1993年，在全市私营企业中开展以质量、品种、效益为主要内容的争创先进企业活动。杭州传化化学制品有限公司、杭州发达船用齿轮箱厂、萧山南阳车篮厂被评为萧山市一级工业企业。1994年，在私营企业中开展评比明星企业活动，共评出明星企业10家。

1995年，市私营企业协会首次开展以“当企业主人、做生产强者、作事业贡献”为内容的争当优秀私营企业职工竞赛活动，共评出优秀私营企业职工8人。[⑤]杭州传化化学制品有限公司等2家私营企业进入全国500家最大私营企业行列。1996年，市私营企业协会首次开展评比先进会员企业活动，按照“遵纪守法好、纳税缴费好、经济效益好”的总体评比要求，共评出先进会员企业30家。[⑥]

1996年，在个体工商户、私营企业中首次开展“不制售假货信誉承诺企业”、“不制售假货信誉承诺户”活动，全市共有85家私营企业亮挂“不制售假货信誉承诺企业”的牌匾，公开接受社会监督，有142户个体工商户亮挂“不制售假货信誉承诺户”牌匾。“户户讲道德、店店无假货”活动深入开展。1998年，市个体劳动者协会“户户讲道德，店店无假货”活动成果在全国个体劳动者协会宣传工作会议上以“抓好职业文明，规范经营活动”为题作经

①遵纪守法好、文明经营好、纳税缴费好、清洁卫生好、团结互助好。

②1992年，评出先进企业32家。1993年，评出先进企业32家。1994年，评出先进企业35家。1995年，评出先进企业38家。1996年，评出先进企业30家。1997年，评出先进企业80家。1998年，评出先进企业90家。1999年，评出先进企业100家。2000年后，未再评选先进企业。

③1992年，评出重合同、守信用单位5家。1994年，评出重合同、守信用单位9家。1996年，评出重合同、守信用单位9家。

④1992年，评出五好经营户148户。1993年，评出五好经营户155户。1994年，评出五好经营户180户。1995年，评出五好经营户128户。1996年，评出五好经营户121户。1997年，评出五好经营户100户。1998年，评出五好经营户110户。1999年，评出五好经营户110户人。2000年，评出五好经营户70人。

1994年，有3名个体工商户获“浙江省五好经营户”称号。1998年，有3名个体工商户被评为浙江省五好经营户。

⑤1996年，评出优秀私营企业职工21人。1997年，评出优秀私营企业职工30人。1998年，评出优秀私营企业职工50人。1999年，评出优秀私营企业职工60人。2000年后，未再评选优秀私营企业职工。

⑥1997年，评出先进会员企业80家。1998年，评出先进会员企业90家。1999年，评出先进会员企业100家。2000年后，未再评选先进会员企业。

验介绍。2000年，对原命名的“不制售假货信誉承诺户”进行全面清理检查，推出“讲道德，无假货信誉承诺户”活动，有299户个体工商户亮挂“讲道德，无假货信誉承诺户”牌匾，自觉接受社会监督。

1998年，会员企业浙江传化化学集团有限公司工会主席苗裕华当选为全国总工会十三大代表，并被评为全国先进工会工作者。1999年，浙江传化化学集团有限公司被国家工商总局、中国个体劳动者协会命名为全国“光彩之星”，集团总裁徐冠巨被授予“浙江省劳动模范”称号。浙江传化化学集团有限公司、萧山荣盛纺织有限公司、杭州翔盛纺织有限公司进入浙江省“百强工业私营企业”行列。2000年，会员企业萧山柳桥羽绒制品有限公司、萧山万翔羽绒制品有限公司、萧山金弘羽绒制品有限公司、杭州帝凯化工有限公司、杭州雪峰链条有限公司、萧山三星羽毛有限公司、萧山大同电声有限公司、杭州减速机厂等8家私营企业被浙江省外经贸厅、省工商局评为百强出口创汇私营企业，其中柳桥羽绒制品有限公司以年出口创汇额2337万美元，雄居榜首。浙江传化集团的“传化”商标被国家商标局认定为中国驰名商标，成为萧山市首个全国驰名商标。

第五节　公益事业

1988年，市个体劳动者协会发动会员为社会公益事业捐款15000元，为儿童和孤寡老人捐款4000元。1989年，全市个体工商户为人民教育基金捐款45000元，为亚运会捐款14000余元，为救助灾区捐款13000元。

1992年，全市私营企业为残疾人康复中心捐款5000元，为“希望工程”捐款10000元，为其他各类社会福利捐款93000元。1994年，全市私营企业向社会提供各项捐助资金30万余元。

1997年，全市个体劳动者协会会员为各类社会公益事业捐款80余万元。1998年，全市有10000余名会员为营造三峡“浙江林”，建设萧山西江塘工程和抗洪赈灾等捐赠财物120万余元。城厢个体户俞文雅被评为浙江省热心社会公益事业先进个人。全市私营企业参加各类爱民奉献活动参加率80%，为各类社会公益事业捐款150万元。

1988～2000年，全市个体劳动者协会会员、私营企业累计为各类社会公益事业捐款1000万余元。2001年，有700余人次会员参与“3·5”学雷锋纪念日和纪念“3·15”消费者权益日为民服务活动。有近千名会员参与扶贫帮困、敬老爱幼、助学助残等送温暖、献爱心活动，共为社会各类公益事业和慈善事业捐献财物达110万元。

第十二章　消费者协会

1987年12月，萧山县消费者协会由县工商局、卫生局、物价委员会、标准计量所、计划委员会、广播电视局、总工会、团县委、工商业联合会和城厢镇政府等单位及消费者代表组成。至2000年，先后召开萧山市（县）消费者协会理事大会5次，[①]设有监督工作站10个、监督联络站45个，监督联络员381人。其间，消费者协会根据国家法律法规和政策规定，对市场商品和服务进行社会监督，保护消费者利益，指导群众消费，促进社会主义市场经济的发展。

①1987年12月15日，消费者协会第一届理大会，会长陈志忠。1990年12月15日，消费者协会第二届理事大会，会长陈志忠。1994年3月12日，消费者协会第三届理事大会，会长陈志忠。1997年3月10日，消费者协会第四届理事大会，会长陶永新。2000年5月12日，消费者协会第五届理事大会，会长陶永新。

第一节　监督网络

监督站

1989～1992年，萧山市消费者协会先后在临浦、瓜沥、义蓬、戴村分会和西兴、城厢、市南设立临时投诉站。1993年，分会、投诉站更名为监督工作站。是年3月，增设商业城监督工作站和市场监督工作站。1996年9月，撤销西兴、义蓬监督工作站，建立头蓬、义盛监督工作站。1997年，撤销市南监督工作站，建立衙前监督工作站和萧山经济技术开发区监督工作站，全市共设有监督工作站10个。至2000年，萧山市消费者协会下设10个监督工作站[②]。

联络站

1989年7月，萧山市消费者协会在杭州齿轮箱厂等4家工业企业和萧山百货大楼等6家商业企业设立消费者监督联络站，共设监督联络员60人，便于群众投诉。1990～1997年，先后在市妇女联合会和23个镇乡及部分商业企业设立监督联络站，全市共设有监督联络站35个，监督联络员285人。1998年起，在萧山商业城等7个专业市场，萧山国际酒店、浙江金马饭店等旅游饭店和杭州乐园设立监督联络站。至2000年，全市共有监督联络站45个，监督联络员381人。

②即临浦、瓜沥、头蓬、义盛、戴村、衙前、城厢、市场、萧山经济技术开发区、萧山商业城10个监督工作站。

第二节　咨询服务

1988年3月15日，市消费者协会首次举办“国际消费者权益日”纪念活动。市消费者协会负责人在萧山广播电台作专题宣传；市消费者协会同市工商局、物价委员会、标准计量局等单位，在城区设立咨询服务台，向市民发放宣传资料，接受维护消费者权益方面的咨询，受理商品和服务质量方面的投诉。随后，这一活动形成制度，每年围绕一个主题，开展宣传咨询活动。

1998年3月15日，全市以“为了农村消费者”为主题，开展消费者权益日纪念活动。市消费者协会会同工商局、物价局、卫生局、农业局、技术监督局、法院等30多家单位，在城区联合开展咨询服务活动，宣传有关维护消费者合法权益的法律、法规，接受消费者的咨询和投诉。全市各基层监督工作站和监督联络站在当地开展宣传咨询活动。是日，共接受消费者投诉304起，当场调解72起，为消费者挽回经济损失80000余元。

2001年3月15日，市消费者协会会同工商萧山分局、贸易局、环保局、物价局、技术监督局、烟草专卖局、卫生防疫站等21家单位，围绕“绿色消费”这一主题，在城区和部分镇乡开展“国际消费者权益日”活动。发放宣传资料25000份，悬挂横幅44条，展出宣传图板43块，接待咨询3246人次，免费为群众服务3079人次。

第三节　消费维权

投诉处理

1987年之前，消费者维权意识较为淡薄，又没有专门的投诉机构，一些侵权行为没有得到有效的查处。1988年起，萧山市消费者协会履行处理投诉的职能，消费者遇到商品质量问题和侵权行为时，就可以向消费者协会投诉，维护自己的合法权益。是年，全市受理各类消费者投诉254起，处理248起。其中商品质量投诉190起，商品投诉23起，服务质量投诉22起，其他投诉19起。在这些投诉中，涉及家用电器类122起，日用百货类62起，食品类20起，其他50起。

1989年，全市各类投诉明显增加，受理消费者投诉492起，处理485起，为消费者挽回经济损失10.5万元。其中家用电器投诉占43.58%，百货商品类投诉占25.86%，机械类商品投诉占15.88%，其他商品投诉占14.68%。

90年代起，随着商品经济的迅速发展，市场流通范围的扩大，消费者的维权意识不断增强，各类消费者投诉呈上升趋势。1990～1993年，全市受理消费者投诉5737起，处理结案5722起，为消费者挽回经济损失42万元。

1994年起，市消费者协会加强对基层监督工作站和监督联络站的指导，发挥他们在处理投诉中的积极作用。1994～1996年，全市共受理消费者投诉5341起，为消费者挽回经济损失60万余元。其中90%以上由基层监督工作站和监督联络站处理。

1997年，全市受理消费者投诉1050起，为消费者挽回经济损失37万余元。其中加倍赔偿5起，金额27000元。投诉涉及的主要商品是家用电器、日用百货、食品和家用机械。商品质量问题仍是消费者投诉的重点。翌年，随着消费观念、消费结构、消费需求的变化，消费者的投诉内容呈有降有升的态势，房屋建材类的投诉明显增加。全市受理消费者345起投诉中，房屋建材类投诉有25起，占7.24%。

1999年，全市共受理消费者投诉1577起，为消费者挽回经济损失54.6万元。从投诉内容分析，涉及健康安全消费的投诉增加。是年3月，市消费者协会接到一起使用燃气热水器而导致靖江初中一名16岁的女学生一氧化碳中毒死亡的投诉。市消协会同工商局，通过调查取证，检测鉴定后，与产品经销商、安装工、调压器销售商调解，分清主次责任，最后达成向死者家属赔偿人民币75000元的协议。

2000年，全市共受理消费者投诉378起，为消费者挽回经济损失49万余元。其中食品类投诉140起，占37.04%，仍居各类投诉之首；家用电子电器类42起，占11.11%；家用机械类47起（摩托车26起），占12.43%；房屋建材类41起，占10.85%；日用百货类34起，占8.98%；药品和医疗用品类6起，占1.59%；服务类32起，占8.47%；农用生产资料类13起，占3.44%；其他类23起，占6.08%。

监督检查

1988年，市消费者协会针对群众反映强烈的煤饼供应、猪肉调价、名烟名酒放开价格、部分水泥厂、水泥预制构件厂补收“差额费”等问题，开展专题调查，向政府有关部门提出解决问题的意见和建议。配合工商局、物价局、卫生局、标准计量局等部门，组织8次监督检查。会同物价、标准计量部门，对城厢、瓜沥、临浦3镇的11家商业企业开展物价计量信得过活动进行检查验收。

1990～1992年，市消费者协会配合工商局、物价局、标准计量局、卫生防疫站、烟草局等部门，开展市场检查73次。1993～1997年，市消费者协会先后开展讲诚信、反欺诈、创浙江名牌产品质量和十大行业经营承诺以及餐饮、美容、洗染、彩扩行业抽样等社会调查活动。参与工商局、物价局、标准计量局、烟草局等部门组织的市场商品质量和服务情况检查活动。

1998年，市消费者协会召开农村消费者代表座谈会，开展“为了农村消费者”年主题问卷调查、浙江移动电话消费专项调查、浙江品牌产品质量意见调查和推荐浙江省著名商标公认调查活动。翌年，配合工商局、物价局、技术监督局等部门，开展对农资、农药、奶粉等产品的专项检查。组织开展安全健康消费专项调查。

2000年，市消费者协会和各基层监督工作站，配合有关部门对市场商品和服务质量进行监督检查。对节日市场、房地产市场、煤气经营点、燃气具等社会反映强烈的问题，加大监督力度，维护消费者的合法权益。

第四节　评选先进

1992年，市消费者协会与市工商局等部门联合开展评选无假冒伪劣商品合格单位活动。萧山副食品商场、萧山百货大楼、萧山百货公司购物中心、萧山江南大厦、萧山朝阳商场、醇味商店等6家商业企业，被市政府授予“无假冒伪劣商品合格单位”称号。

1993年，市消费者协会配合有关部门开展推荐浙江省消费者满意商品评选活动。报省工商局、省标准计量局、省消费者协会审核批准，杭州天福医药保健品有限公司生产的“晶磊”蜂王浆冻干粉、浙江钱江啤酒集团公司生产的“钱江”、“钱江中华”啤酒、杭州燃气具厂生产的“之江”JZYZ-C煤气灶被评为浙江省消费者满意商品。

1994年，市消费者协会配合工商局、物价局、标准计量局等部门，开展信得过加油站评选活动。通过推荐、考核，潮都加油站、奔驰加油站、临浦联营加油站被市政府命名为信得过加油站。是年，还开展杭州市消费者信得过单位评选活动。翌年4月，萧山江南大厦、萧山百货大楼、萧山华联商厦、萧山百货公司购物中心、萧山供销贸易中心、钱江饭店6家商业企业获得“杭州市消费者信得过单位”称号。

1996年，市消费者协会推荐萧山国际酒店为浙江省十佳休闲度假宾馆饭店。1998年，推荐杭州解百萧山商厦为浙江省消费者信得过单位。推荐杭州解百萧山商厦、萧山百货大楼、萧山华联商厦、萧山国际酒店、钱江饭店5家商业企业为杭州市消费者信得过单位候选单位。1999年，推荐海尔空调为萧山地区零投诉产品。

第十三章　红十字会

民国16年（1927），萧山建有红十字会，主要开展战地伤兵员救护工作。[①]

1988年3月，成立萧山市红十字会，由市卫生局、民政局、教育局等23个部门负责人组成理事会。是年，市人民医院、市妇幼保健所、瓜沥人民医院、头蓬人民医院和市聋哑学校等8个单位相继成立红十字会，共有会员1150人。1993年4月，成立萧山市红十字会教育工作委员会。是年，新增基层红十字会13个，新增会员7252人。1994年3月，境内镇乡卫生院均成立红十字会。1996年6月，成立萧山市红十字会卫生工作委员会。至2000年，先后召开市红十字会会员代表大会4次，[②]有基层红十字会组织165个，会员50000余人。自成立以来，红十字会依法开展赈灾募捐、社会救助、卫生救护培训，参与推动无偿献血和红十字青少年等工作。

①民国16年（1927），萧山成立红十字会，首任会长瞿缦云，会址设在萧山医院内，经费由募捐解决，开展群众卫生工作宣传和战地救护。北伐战争时，曾经组织人员去西兴等地救护伤病员。后因瞿缦云离开萧山，红十字会停止活动。

第一节　赈灾募捐

1988年9月，市红十字会首次在城厢镇、瓜沥镇、临浦镇开展“为灾区儿童健康义诊募捐”，接诊150人次、募捐802元。1989年3月，第一次开展“为残疾人义演独唱音乐会”，将所得门票2000元全部捐赠给市聋哑学校。1990年，15号台风袭击萧山后，市红十字会募捐现金9250元和5445千克粮票，支援灾区。1991年9月，许贤乡、朱村桥乡等地遭受特大暴雨，并引发泥石流，灾情发生后，市红十字会即派出65人组成的医疗队，前往灾区救护，并发动所属红十字会组织紧急动员募捐，收到救灾款79466.58元，实物价值71503.13元，及时将省红十字会、杭州市红十字会下发的救灾物资以及本市征募所得的救灾款和物资下发到受灾严重的许贤乡、朱村桥乡等灾民手中。1992年7月初，桐庐、建德、富阳、淳安普遭水灾，市红十字会将募得的粮食、化肥、水泥等救济物资（价值近万元）送往重灾区桐庐县。同年，市红十字会向社会捐助（包括希望工程）6220.78元，衣物折价459元。1994年8月，17号台风侵袭浙南沿海地区，造成严重损失，市红十字会筹集32万元救灾物资和钱款，由市委、市政府和市红十字会的领导专程送往重灾区温州瑞安市，支援兄弟县市抗灾自救，重建家园。1997年，境内“7·9”洪水后，市红十字会组织会员深入灾区，了解灾情，及时向上级红十字会反映，争取到一批救灾物资和灾后消毒杀菌药品，迅速送到灾区。1998年7～8月，长江、松花江、嫩江发生特大水灾，市红十字会及时开展赈灾募捐工作；市红十字会教育工作委员会在一个星期内募集救灾款100多万元；市红十字会卫生工作委员会组织100多位有名望的医生在城厢、临浦、瓜沥3镇开展赈灾义诊活动，义诊募捐款物10余万元，及时支

②1988年3月，萧山市红十字会第一次会员代表大会，出席代表250人，副市长盛昌黎兼任会长，秘书长倪春山。1991年9月，萧山市红十字会第二次会员代表大会，出席代表78人，副市长盛昌黎兼任会长，秘书长倪春山。1996年1月，萧山市红十字会第三次会员代表大会，出席代表96人，副市长许申敏兼任会长，秘书长魏唤兰。2000年10月，萧山市红十字会第四次会员代表大会，出席代表235人，副市长周红英兼任会长，秘书长孙先传。

援灾区建设。2001年1月，市红十字会在萧山宾馆举行“跨世纪献爱心募捐活动”启动仪式，会长带头捐款，教育、卫生等红十字会各会员单位、会员捐款20.21万元。

第二节　救护培训

1988年12月，市红十字会举办第一期心肺复苏现场抢救培训班，有团体会员单位、区中心卫生院、萧山宾馆及部分企业的18名医务人员参加学习。1991年3月，市红十字会、市公安局、市卫生局联合发出《关于对机动车辆驾驶员进行卫生救护训练的通知》（萧红发字〔1991〕3号），要求对每位驾驶员不少于24学时的卫生救护轮训，首批有4030名汽车驾驶员及87名拖拉机驾驶员获得杭州市统一颁发的《机动车驾驶员卫生救护训练合格证》。1996年5月，市红十字会会同市城建局成立城建工人救护培训领导小组，举办第一期建筑工人卫生救护知识培训班，68名学员参加学习。1988～2000年，累计卫生救护培训50000余人次。

第三节　无偿献血

1989年5月21日，市红十字会组织境内首次义务献血，参加献血20人。1992年4月后，市红十字会每年组织无偿献血，从医务人员、教师、机关工作人员逐步扩大到部队官兵、企业员工、社会各界人士。1998年，《中华人民共和国献血法》颁布实施，市红十字会组织无偿献血总人数1150人次，是1997年的3.5倍，市人民政府和市红十字会召开首次全市公民无偿献血表彰动员大会，表彰奖励市卫生局、市教育委员会等先进集体28个、无偿献血先进个人17人、无偿献血先进工作者28人。2000年4月，成立市献血领导小组办公室。市红十字会从原来的组织无偿献血工作转变为参与推动无偿献血的工作。是年5月8日，市人民政府拨60万元专款购置的大型献血车投入使用。全年无偿献血9495人次，总采血量为189.9万毫升，为市人民政府年初提出的完成7500人次献血目标的1.27倍。无偿献血量占临床用血量比例为70.3%，较上年增加29.45%。经杭州市考核，得分均列各县市之首，被推荐为浙江省无偿献血工作先进县（市）。

第四节　红十字青少年

1989年7月，市红十字会在萧山中学首次举行红十字青少年夏令营活动。1990年，市红十字会在戴村镇小开展小学生“预防近视眼”试点工作，全年矫治420人次。1991年12月，市红十字会组织6所学校红十字会的骨干，在戴村镇小召开学生防近视工作经验交流会，并在人民路小学设立学生防近视试点。1995年，市红十字会组织红十字青少年参加全国“我心中的红十字”绘画、征文比赛，人民路小学陈聪的作品《小护士》获杭州赛区绘画组一等奖。1996年，戴村镇小红十字会选送的《学校红十字会工作的实践研究》课题，被市教委科研室批准立项。11月，市教育委员会、市红十字会教育工作委员会联合在城厢职高举办全市范围的青少年卫生救护竞赛，有14所中小学校的代表队参加。1999年，市红十字会评选表彰萧山市首届“十佳红十字青少年”。

1989～2000年，市红十字会累计举办红十字青少年夏令营5次；有25000余名红十字青少年接受卫生救护知识的培训。

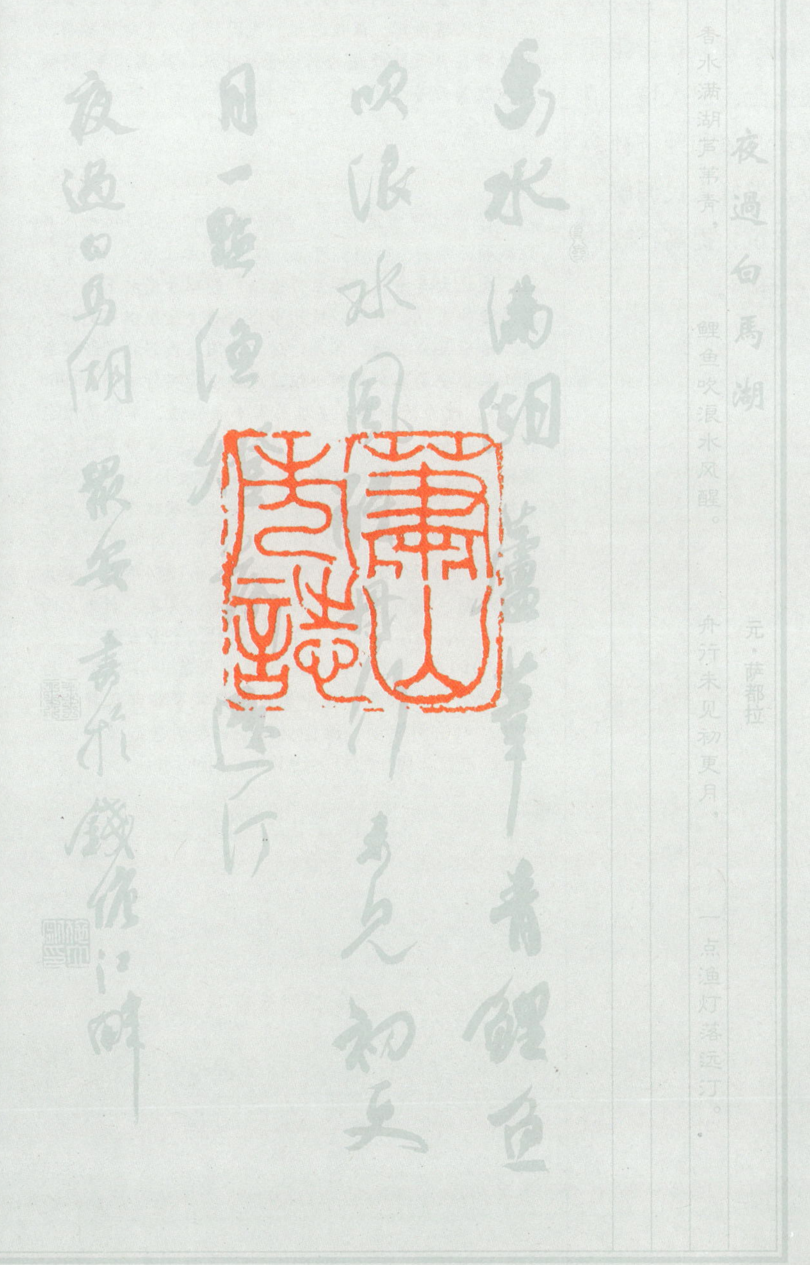

第二十八编
公安　司法行政

清光绪末年，萧山始建警察机构。民国19年（1930），改称公安局。[①]1949年5月13日，建立萧山县公安局。[②]中华人民共和国成立后，司法行政工作由人民法院兼管。1981年7月23日，建立萧山县司法局。1988年1月1日，分别称萧山市公安局（简称市公安局，下同）、萧山市司法局（简称市司法局，下同）。

中华人民共和国成立后，特别是中共十一届三中全会以后，萧山公安机关恪守“人民公安为人民”的宗旨，打击犯罪活动，惩处犯罪分子，加强社会治安、交通安全、出入境、消防等行政管理，搞好安全保卫工作，保卫改革开放和经济社会事业建设成果。司法行政部门开展普法宣传，做好人民调解、法律服务、律师事务工作，增强公民的法律意识，提高行政执法水平，化解民间的纠纷矛盾，共建和谐社会环境。

①萧山警察机构，始建于清光绪三十一年（1905），初称巡警总局。宣统三年（1911），改称警务公所。辛亥革命后，改称警察署。民国15年（1926），改称警察所。民国16年，改称警察局，设司法、行政两科和督察室，局长由省民政厅委任。民国17年，增设户籍委员会，次年成立警察大队。民国19年，改称公安局，设司法、行政、总务、卫生四科，同时筹建巡察、消防、侦探等队。民国21年，增建警察训练所。民国27年，建立交通管理处、侦缉组。民国29年，改称警佐室，次年改为警察大队，同时建立特务警察队。该队辖侦缉、谍报两组。民国33年，复称警察局，同时将县自卫队改建为保安警察中队，民国35年，将侦缉组改为刑事警察队。（资料来源：萧山县公安局：《萧山县公安志》，1986年，第44页）

②1950年首建临浦、西兴派出所。至1966年，共设城厢、西兴、临浦、河上、瓜沥5个派出所。1967年，在“文化大革命”“砸烂公检法”的口号煽动下，公安局屡遭冲击。9月1日，杭州市公安局造反组织“先锋总队”进驻县公安局；10月，建立中国人民解放军浙江省萧山县公安局军事管制小组，对公安局实行军管。1968年3月，改为萧山县公安机关军事管制组，军管范围包括公安局和法院。1969年10月底，建立县革命委员会人民保卫组，与军管组合署办公。在此期间，公安局实际被取消，无法履行正常职责，公安业务被破坏，广大公安干警被迫参加“学习班”，有的被隔离审查，有的被调离。1973年3月恢复县公安局。至1984年底，全县共设城厢、城西、城南、临浦、瓜沥、义蓬、新街、西兴、新湾、南阳、浦阳、河上、戴村13个派出所。

1951年，设中国人民公安部队萧山县队部。后多次改名。1983年，称中国人民武装警察部队萧山县中队。（资料来源：萧山县志编纂委员会：《萧山县志》，浙江人民出版社，1987年，第689页）

第一章　公　安

中华人民共和国成立后，县公安局履行人民公安职能，镇压反革命[①]，取缔反动会道门[②]，打击刑事犯罪[③]，保护新生的人民政权。1985年后，萧山公安机关围绕保卫改革开放和经济建设，从重从快打击刑事犯罪分子，依法进行多方面的治安行政管理，全力维护社会治安秩序，确保一方平安。1985～2000年，侦破刑事案件15993起，拘捕犯罪嫌疑人15468人；侦破经济案件985起，追回赃款38658.75万元，拘捕犯罪嫌疑人1008人。至2000年，萧山市公安局内设办公室、政工科、后勤科、法制科、政内保大队、治安大队、户政科、禁毒科、经济犯罪侦察大队、纪检监察室、警务督察队、科技科、看守所、刑侦大队、交巡（特）警大队等17个职能部门。下设城厢、城西、城南、城东、市北、新街、宁围、闻堰、临浦、所前、义桥、戴村、浦阳、河上、衙前、南阳、新湾、义蓬、瓜沥、坎山、益农和水上22个派出所。在职干警由1990年的369人增至679人（编制524人）。驻萧的武警中队、消防大队不在市公安局编制序列，分别由杭州市武警支队和消防支队直接管理。

第一节　案件侦查

1985年，萧山县公安局设刑事侦察队，又称刑事警察队。1988年1月1日改称萧山市公安局刑事侦察队。1993年2月，更名为萧山市公安局刑事侦察大队，专事刑事案件侦查破案工作。

刑事案件侦查

1985～1987年，萧山县公安局开展严厉打击刑事犯罪活动（简称“严打”活动，下同），集中警力深挖犯罪团伙，快侦、快破、快审结，依法从重从快惩处犯罪分子，促进社会安定。

1988～1990年，主要开展打击流窜犯罪、反盗窃和查处经济犯罪案件，挖团伙，攻克大案要案。1988年，大案要案破案率88.95%。1989年，开展反窃车专项斗争，1990年挖出团伙84个，查获涉案人员486人，保障社会治安和经济的有序发展。

1991年，开展以侦破大案要案和反窃车、反内盗、打击流窜犯罪活动为主要目标的破案战役。翌年，开展反入室盗窃为主要内容的专项斗争。1993年，开展以打击团伙犯罪、打击“车匪路霸”、打击拐卖妇女儿童和查禁卖淫嫖娼为重点的“三打一禁”斗争。1994年，严厉打击带有黑社会性质的流氓恶势力和反窃车、反盗窃，强化侦察破案。全部案件和重特大案件破案绝对数分别比上年增加44.32%和38.56%。1995年，以“春季严打”、“百日破案

①解放初期，萧山匪患猖獗，一些反动党团骨干、特务、土匪、恶霸、反动会道门头子互相勾结，制造谣言，张贴反动标语，破坏交通，抢劫民财，扰乱社会治安。1950年11月，县委发出坚决镇压反革命的指示，对罪大恶极而又抗拒交代的反革命分子坚决镇压，对一般的反革命分子给予应得的处理，保护了人民利益，巩固了人民政权。（资料来源：萧山县志编纂委员会：《萧山县志》，浙江人民出版社，1987年，第690页）

②解放初，萧山有一贯道、九宫道、同善社、长生道、后天道等14种反动会道门，他们利用扶乩、念咒等封建迷信活动，造谣惑众，扰乱治安，奸污妇女，破坏生产。1952年8月成立萧山县取缔反动会道门指挥部，明令取缔一切反动会道门，11月基本结束，共取缔坛堂359处，33877名道徒退道，63名反动道首被依法判刑。（资料来源：萧山县志编纂委员会：《萧山县志》，浙江人民出版社，1987年，第691页）

③1955年根据中央关于集中搜捕刑事罪犯的指示，于7月13日组成政法联合办公室，从公安、检察、法院等部门抽调人员统一办公，7月下旬、8月下旬，进行两次集中搜捕。1958年，根据第九次全国公安会议决定，组织破案战役，打击刑事犯罪，共破获刑事案件383起，政治案件11起，积案基本攻破。同时举办公安展览会，到全县各地巡回展出。此后至1965年，刑事案件的发案数较少。“文化大革命”期间，法制被破坏，刑事犯罪案件上升。1983年8月，根据全国人大常委会《关于严惩严重危害社会治安的犯罪分子的决定》，开展严厉打击严重刑事犯罪活动的斗争，公安、检察、法院密切配合，依法从重从快严惩严重危害社会治安和人民生命财产安全的犯罪分子，9月15日处决了一批罪大恶极的犯罪分子。经过几次打击和深挖犯罪分子，摧毁了一批犯罪团伙，使犯罪分子受到震慑，1984年比1983年刑事案件发案数下降了14.85%。（资料来源：萧山县志编纂委员会：《萧山县志》，浙江人民出版社，1987年，第692页）

攻坚战”为主线，发挥大刑侦格局的优势，增强打击犯罪的力度。攻坚排难，侦破现行大案和积案663起。翌年，突出对重特大案件和系列性案件的侦破，破大案722起，破案绝对数分别比上年增加10.24%和15.52%。涉枪、杀人、伤害、强奸、爆炸、纵火六类恶性大案48起，破40起，破案率为83.33%；抢劫案件130起，破92起，破案率为70.77%；破获涉毒案件14起，其中大案9起。

1997年，在保持经常性破案、打击犯罪、整顿治安的同时，针对各个时期不同的犯罪特点，相继开展“双禁”（禁毒、禁赌）、反抢劫、扫黄除丑、破案战役等专项斗争，保持严打高压态势。破案绝对数比上年增加17.39%，其中涉枪、杀人、强奸、爆炸、纵火、制贩毒品六类恶性大案59起，破49起，破案率83.05%；抢劫大案155起，侦破90起，破案率58.06%；破获制贩毒品案件30起。翌年，把侦破重特大案件作为头等大事来抓，投入精兵强将，破大案680起，破案绝对数比上年上升22.3%，大案破案数上升7.1%。其中涉枪、杀人、强奸、纵火、爆炸、制造贩卖毒品六类大案55起，破46起，破案率83.64%。

1999年，坚持“露头就打、除恶务尽”的工作原则，开展夏季严打追逃、冬季破案攻坚和打击恶势力的破案战役。全年共立大案2052起、六类恶性案件51起，立案数分别比上年下降9.7%和10.5%。是年，挖出重特大盗窃团伙88个、抢劫团伙20个；侦破群众反映强烈、危害性严重的系列性案件33串375起。

2000年，提高刑侦攻坚排难能力，快侦快破难度大、影响恶劣的大案要案。全年发生凶杀案20起，破18起；抢劫案158起，侦破64起，挖出抢劫犯罪团伙10个。

表28-1-530　1985～2000年萧山刑事案件侦破情况

年份	刑事案件立案（起）	侦破刑事案件（起）	破案率（%）	其中				拘捕犯罪嫌疑人（人）	追缴赃款（物）（万元）
				大案、要案（起）		犯罪团伙			
				发案	破案	个	人		
1985	532	404	75.94	14	11	7	25	352	2.81
1986	526	373	70.91	12	9	8	30	377	1.77
1987	604	414	68.54	90	76	25	73	349	13.00
1988	798	619	77.57	172	153	41	140	624	42.20
1989	989	725	73.31	335	221	53	212	373	102.00
1990	1221	798	65.36	420	256	84	486	853	157.80
1991	1636	883	53.97	600	290	50	184	769	216.67
1992	1238	689	55.65	501	261	58	213	637	131.67
1993	1421	792	55.74	751	376	86	340	872	1662.00
1994	1679	1143	68.08	918	521	96	410	911	1417.84
1995	1628	1236	75.92	977	663	116	451	1125	1251.27
1996	1682	1286	76.46	1034	722	98	407	1307	1549.48
1997	3025	1478	48.86	1706	715	124	488	1278	3020.00
1998	4578	1700	37.13	2306	680	123	457	1780	1173.80
1999	3831	1684	43.96	2052	669	150	566	1712	455.10
2000	3916	1769	45.17	2198	805	108	435	2149	1067.00

专项斗争

1986年4月，全县开展反盗窃斗争，打击刑事犯罪分子嚣张气焰，共破获刑事案件166起，缴获赃款赃物折价15.2万元。有230名犯罪嫌疑人向公安、保卫部门投案自首、登记悔过。1989年10～11月，针对自行车失窃日趋增多的情况，开展“反窃车”专项斗争，采取宣传发动、集中清查、设点检查等措施，查获盗窃自行车犯罪嫌疑人288人，其中，逮捕19人，劳动教养12人，收容审查25人，治安拘留110人。查破窃车案件334起，收缴赃车和无主自行车2659辆。

1996年4～6月，采取以案查案、以人联案、以人找人等侦查手段和设卡守候、重点巡逻、治安清查等措施，破获一批抢劫大案，摧毁流氓恶势力犯罪团伙20个。6月15日至9月底，抓获在册逃犯86人。11月15日始，开展侦破重特大恶性案件破案攻坚战，破获各类刑事案件180起，其中大案127起，挖出各类犯罪团伙12个，涉案人员40人，查获犯罪嫌疑人142人，追缴赃款赃物86万余元。其中1994年3月26日发生在浦沿的台州籍驾驶员章某某被杀、桑塔纳轿车被抢案，1996年4月15日城厢镇时惠花园某住户被蒙面歹徒抢劫5万余元财物案等重特大积案均告破获。

1999年7～9月，开展夏季严打追逃犯专项斗争，采用“网上作战”与“悬赏缉捕”、科技手段与传统方式、集中抓捕与敦促规劝相结合的举措，共抓获各类逃犯336人，其中公安部网上逃犯281人（部督逃犯1人，省督逃犯2人），追逃成绩分列全省第五、杭州市第一。是年11月初，开展为期50天的冬季破案攻坚会战，共破获各类刑事案件337起，其中重特大案件132起、杭州市公安局督办案件3串40余起；挖出抢劫、盗窃等犯罪团伙27个；查获犯罪嫌疑人306人，其中刑事拘留184人；追回赃款赃物65万元。

经济案件侦查

1990年，市公安局设立打击经济犯罪办公室。1994年，改设为经济侦察科。1997年12月，改称萧山市公安局经济案件侦察大队。

1987年开展严厉打击经济诈骗、走私犯罪活动。1989年，共破获诈骗、走私案件84起，缴获黄金7200克、鳗苗25千克和国家三级文物10件。1992年，破获走私案件11起，缴获黄金2600克、鳗苗15千克、香烟2.92万条。至1993年，共挽回国家、集体和个人的经济损失3499.36万元。

1994年，打击伪造、倒卖、盗窃增值税专用发票犯罪活动，侦破以萧山富达实业公司经理俞某某、萧山市东升服装厂厂长董某某和河上财税所协税员俞某某等为首的代开、虚开增值税专用发票案件，查获发票40份，票面金额7032.28万元，从中

表28—1—531　1987～2000年萧山经济案件侦破情况

年份	受理案件（起）	立案（起）	侦破案件（起）	案值（万元）	追回赃款赃物折价（万元）	拘捕犯罪嫌疑人（人）
1987	25	23	20	32.00	14.20	12
1988	42	31	28	415.20	372.00	14
1989	108	92	84	958.80	776.78	46
1990	58	36	36	344.08	221.69	20
1991	50	41	38	381.60	343.39	39
1992	35	22	22	567.36	371.30	22
1993	44	25	24	2300.00	1400.00	30
1994	87	65	55	3100.00	2200.00	49
1995	102	63	55	2361.14	1605.00	92
1996	193	73	33	2950.00	1400.00	25
1997	111	101	87	3121.52	2098.00	77
1998	156	151	146	9398.08	7079.00	100
1999	216	187	171	14694.18	9565.00	274
2000	253	194	186	12779.61	11212.39	208

非法牟利245万元。

1996年，重点打击特大商业诈骗、金融诈骗、走私贩私、制假销假、代开虚开增值税专用发票、伪造公文印章等经济犯罪活动。翌年，开展反走私、打击信用卡诈骗、打击危害税收征管活动等专项斗争和打击利用劣质机械诈骗犯罪的专项治理。成功破获以华某某父子俩为首的境内外勾结虚开增值税发票2.9亿元、骗取出口退税款2000余万元的特大骗税案，该案件被列为1997年度“全省十大经济案件”之一。

图28－1－786　1998年始，萧山市公安局在城区设立经济案件举报箱（董光中摄）

1998年，受理新管辖的经济犯罪案件，加强经侦基础建设，加大经济犯罪案件侦查力度。侦办义盛供销社非法集资案，制止供销社社员股金和集资款问题引发的群体性事件。翌年，加大对涉税、走私、假冒伪劣产品等经济犯罪案件的打击力度。

2000年，严厉打击以欺诈方式购买使用移动电话、故意拖欠移动话费的违法犯罪，追回话费50万元；打击制贩假币犯罪专项活动，受理假币类案件40起，抓获犯罪嫌疑人43人，缴获假币25万元。

刑侦技术

中华人民共和国成立后，萧山的刑事侦察科学技术（简称刑技，下同）从无到有，逐步发展。[①]

1991年,市公安局建立毒物化验室等技术部门。1993年，勘查现场1000余起，法医尸检53具，物检10起，人身检验83起，毒物化验17起。刑技破获刑事大案24起、一般案件24起；通过刑技串并案件6串100余起。翌年，勘查现场1536起，其中大案964起；刑技破获案件101起，其中大案52起；法医尸检59具，物检14起，损伤检128起，毒物化验25起，串并案件13串92起。尤其在“气割系列盗窃案”侦破中，通过技术串并，指纹比对，直接认定犯罪嫌疑人，破获案件8起，案值10万余元。

1995年，勘查现场1523起，平均勘查率98%，痕迹物证采证率79%，利用率72.5%。通过计算机联网串并侦查，加速破案153起，其中大案87起。翌年，勘查现场1240起，勘查率94.95%，痕迹提取率82.7%，利用率82.7%；法医人身检验546起，尸体解剖41具，毒物检验56起；通过技术手段直接认定犯罪嫌疑人41人，直接破案70起，附带破案171起；利用技术手段认定杀人案件4起，刑技破案数为历年之最。

1997年，调整案件现场勘查机制，刑侦大队设立技术中队，主要负责全市重特大案件的现场勘查。全年勘查现场401起；法医人身检验561起，尸体解剖47具，毒物化验67起，检验毒品16起；通过技术鉴定，直接认定犯罪嫌疑人26人，破案43起，带破145起，串并案件24串124起；出具痕迹鉴定书44份，为外地侦破凶杀案1起。翌年，勘查现场924起；法医人身检验603起（含评残288起），尸体检验87具（含体表检验17具），毒物化验88起；通过技术手段直破案件87起，带破案件271起，并案20串151起。

1999年，勘查现场1207起，接受派出所送检案件121起，勘查率为100%，

①1973年开始，县公安局建立法医室，从此对一般案件的鉴定、验尸可以自行办理。1976年，又相继培养出步法跟踪、指纹等刑侦科技人才。1980年后，陆续添置囚车、刑事现场勘察车、警犬运载车和无线电台等科技设施，并投资55万元建造刑侦技术楼。浙江省公安厅确定萧山为三级技术点。（资料来源：萧山县公安局：《萧山县公安志》，1986年，第86页）

提取率为97.1%，利用率为96.3%；技术直破案件248起（大案141起，凶杀案件5起），带破案件183起，串并案件38串361起。法医尸体解剖85具，验伤和交通事故伤残评定1115起；化验员受理案件200余起，出具鉴定书109份。公安部五局在《刑侦工作》刊物上介绍萧山市公安刑事侦察技术工作的经验。

2000年，市公安局增加设备投入，健全机制，刑侦大队被列为全省公安刑侦技术建设“样板”技术点。全年共勘查现场1556起，受理派出所送检案件106起，勘查率100%，采证率90.9%；技术认定破案382起，技术突破406起，通过技术检验共串并案35串244起；全年共检验尸体111具，其中解剖106具；人体检验1317起；毒化检验191起。是年，建立临时警犬点，进行幼犬训练，为建立警犬基地打基础。

【附】

刑侦案例

破获“7·25”持枪杀人案 1988年7月25日凌晨1时左右，3个蒙面持枪歹徒从阳台闯入长河镇长河村三组来某某家，被来某某的岳母发现，歹徒即开枪将她击倒。响声惊动来某某夫妻。他们起床查看时，歹徒开枪射击，行凶后潜逃。来妻金某某中弹后在送医院途中死亡，来某某重伤送杭州浙医二院抢救，脱离危险。

市公安局接报后，组织民警立即赶赴现场侦察。从铁路长河工区巡道工发现路边遗弃的一辆自行车入手，经过周密查证，认定凶犯系长河镇江边村戚某某、长河村周某某和云和县新华机械厂吴某某3人。迅速在本市设卡堵截、搜捕。省公安厅通报全省公安机关，并立即组成侦破组，于当日赶赴云和县抓捕犯罪嫌疑人。

7月26日晚7时50分，云和县公安局接到该县沙溪乡村头电站电话报告：发现有3名可疑者在公路上拦车。经云和县公安局侦查，确系持枪歹徒，已向崇头村方向逃窜。8时10分，犯罪嫌疑人戚某某在崇头村小店买鞋时被当场擒获。8时13分，躲在崇头供销社后面的吴某某负隅顽抗，向围捕民警开枪射击。公安民警当即开枪将他击倒，缴获77式手枪1支。吴某某送云和县人民医院抢救无效死亡。周某某走投无路，伏在崇头村稻田里，9时55分被生擒。据捕获的两名凶犯交代，他们共有两支手枪，是吴某某（军工厂工人）从厂里偷来的，其中一支已丢在钱塘江边（后被当地小孩洗澡时拾到上交）。这是萧山首起蒙面持枪杀人案，从侦查到捕获案犯，仅48小时，受到公安部的通报表彰。

该案案犯吴某某死亡。周某某于1988年7月28日被刑事拘留，8月2日逮捕。9月14日，杭州市中级人民法院以抢劫罪，依法判处周某某死刑，剥夺政治权利终身。戚某某以抢劫罪依法判处有期徒刑15年。

侦破女司机被害案 1996年6月30日清晨，新街镇的陈某某发现一辆红色夏利出租轿车车门未关合，车内有一滩凝固的血迹。(此案后称“6·29”案)

市公安局接报后，民警赶赴现场查实，该车为之江客运出租公司所属，司机周某。7月2日下午，周的尸体在坎山镇振华村附近的大寨河里被发现，经法医鉴定，周被电线勒喉机械性窒息死亡。当晚，侦查人员对此案进行分析讨论，认为该案与6月5日、6月22日发生的两起出租车抢劫案有着许多共同点，案犯侵害对象均系女性出租车司机；犯罪嫌疑人有驾车技能；作案手段相似；案犯活动范围相同。侦查人员决定将案件串并侦查，尤其是利用“6·22”案未遂的有利条件，扩大线索的搜索范围。7月3日，侦查人员对6月22日案犯所经路线重新走访，对其接触人员逐个访问，终于在西兴一农场内获取有一名形似犯罪嫌疑人的重要线索。在西兴派出所协助下很快查明此人叫姚某某，30岁，1992年11月因抢劫未遂被劳教，1996年2月22日解教，尚无正当职业，劳教前当过汽训教练，且体貌特征与受害人描述相似。7月5日下午，侦查人员在城厢镇新桥一出租房内将姚某某抓获。经审讯和大量物证验证，“6·5”、“6·22”、“6·29”三起案件均系姚某某一人所为。

姚某某于1996年7月5日被刑事拘留，7月11日逮捕。10月11日，杭州市中级人民法院以故意杀人罪、强奸罪、抢劫罪，数罪并罚，依法判处姚某某死刑，剥夺政治权利终身。

（资料来源：杭州市公安局萧山区分局）

第二节　治安管理

中华人民共和国成立后，萧山的治安管理工作，采取预防为主，管理从严，及时打击，保障安全的方针，有效地维护社会治安秩序，促进安定团结，保卫国家经济建设的顺利进行。

特种行业管理

中华人民共和国成立后，萧山即对特种行业进行管理。①

1985年5月，改革调整特种行业管理范围，旅馆业、刻字业、收购生产性废旧金属和信托寄卖行业列入特种行业管理，修理业、印铸业、茶店、溜冰场等不再作为特种行业管理；是年10月9日起，对收购一般生活用废旧物品行业也不再列为特种行业管理范围。

1987年，对全县旅馆、印刷等特种行业进行检查整顿，重新核发营业许可证。先后对79家个体旅馆、123家印刷厂的职工举办培训班。翌年，又举办7期旅馆业从业人员治安业务培训班，有430人参加受训；修订安全岗位责任制，减少旅馆业的不安全因素。对175家印刷厂进行整顿发证，对企业负责人进行业务培训，增强法制观念。

1989年，对全市84家影剧院、舞厅、茶室，289家旅馆、招待所，245家印刷厂和63家刻字店进行全面整治，核发许可证。1990年，在整顿中，责令37家有违法经营行为的旅馆停业整顿，取缔1家无证经营个体旅馆。

1994年，全市共有特种行业企业920家。是年，对废旧金属收购行业整顿，11家暂缓发证，1家因多次收购赃物被吊销《特种行业许可证》，24家收购非生产性废旧金属单位作备案登记。取缔非法收购点42处，其中收购赃物窝点5处；收缴非法收购的生产性废旧金属327.56吨，查获违法犯罪嫌疑人6人。

1995年，对是年5月25日前核发特种行业许可证的850家特种行业单位换发许可证。先后举办34期旅馆从业人员业务培训班，214名从业人员经考试合格，领取公安机关核发的《上岗证》。翌年，全市新批特种行业企业134家，歇业104家，吊销3家。通过监督检查，查处违反行业管理的企业14家，其中3家旅馆因容留妇女卖淫被吊销《特种行业许可证》，11家旅馆和废旧金属收购

①公安机关对旅馆、刻字、印刷、旧货、钟表修理、茶店、誊写、公共娱乐场所、自行车修理等14种行业的管理，目的是防止犯罪分子利用这些行业落脚藏身、窝赃销赃、伪造证件、窃取机密等违法犯罪活动。1952年，对全县特种行业进行普查登记，计有旅馆53家、茶店39家、旧货45家、刻字业12家、印刷9家、修理业15家。1962年，县公安局重新制订特种行业管理制度，旅馆、旧货、书场、寄售、刻字、铸字、印刷、誊写、晒图、废品、茶店、印染、自行车修理、钟表14种列入管理行业范围。1982年，全县再次进行清理登记，计有旅馆（招待所）41家、茶店32家、旧货155家、印刷43家、誊写4家、刻字7家、修理业134家。从1984年起，改革特种行业管理，缩小管理范围，放宽审批手续。仅对旅馆、刻字业继续实行审批管理，其余均开放不再审批，以方便群众。（资料来源：萧山县公安局：《萧山县公安志》，1986年，第67页）

图28－1－787　1999年9月21日，江寺街道市北居委会为抓好国庆期间辖区的安全防范工作，对住宅小区安全防范措施进行检查（金肖明摄）

企业分别因容留妇女卖淫、收赃等予以罚款处理；另有25家被限期整治，取缔无证经营31家，没收非法收购的生产性废旧金属20余吨。在年度安全审验中，特种行业安全合格率为99.8%。至年底，全市共有特种行业企业885家。

2000年，共审验各类特种行业企业826家，建立旅馆业治安管理信息系统微机站点48个，307家旅馆的住客信息全部输入系统。通过16个月的运行，共抓获各类逃犯40人，其中公安部上网逃犯27人，布控对象13人。

危险物品管理

民用爆炸物品管理　1984年，萧山贯彻国务院《民用爆炸物品管理条例》，加强民用爆炸物品管理。1986年，县公安局先后举办两期爆破员训练班和两次以会代训形式，培训爆破员、安全监炮员、保管员780人，其中377人经考试合格发给证书。

1989年，全市有使用爆炸物品单位175家，山场爆破、监管和保管人员946人。为加强对民用爆炸物品的管理，全市建立6个中心贮存仓库，做到统一贮存、领发、清退、护仓。采取突击整顿和不定期安全检查，先后有21家山场被责令停业整顿，38家限期整改，3家停止开采。对烟花爆竹实行专营和凭证定点销售。1992年，对3起违反民用爆炸物品管理的案件进行处理，治安拘留4人、罚款4人、警告1人。1993年，对11家申请单位核发《爆炸物品使用许可证》。是年，全市共有爆炸物品使用单位163家，建有贮存仓库89个。开具爆炸物品《购买证》《运输证》1361份，举办2期爆破员、安全监炮员、仓库保管员培训班，受训208人，其中经考核发给合格证书206人。1995年，市政府发文禁止在市区销售、燃放烟花爆竹；春节期间，对8名违反禁令者按规定处罚。

1998年，在临浦、瓜沥镇举办3期培训班，培训爆破员、安全监炮员、仓库保管员598人。对160家民用爆炸物品使用单位进行年度安全审验。2000年，对全市民用爆炸物品使用单位进行清理整顿。是年，全市共有民用爆炸物品使用单位135家，民用爆炸服务组织17家，对64个民用爆炸物品仓库全部落实人防、犬防管理措施。

枪支弹药管理　1981年，县公安局印发清理枪支弹药的通知，规范全县枪支弹药的管理。1983～1986年，在整顿社会治安中，全县共收缴枪支6支、子弹330发。

1989年，对非军事系统单位和个人持有的枪支进行清理查验。查处4起非法仿造枪支案件，收缴枪支168支、子弹85发；并对检查合格的1886支气枪、猎枪换发新证，建立枪支管理档案。翌年，对散失在社会上的无证枪支进行收缴，全市共收缴气步枪36支、土枪7支、子弹96发。捣毁非法制造、修理土枪的个体户1家。

1991年，市公安部门制订民用枪支管理规定，严格审批手续，全年审批购买民用气枪194支；收缴非法持有的枪支3支；有11人违反民用枪支管理规定受到处罚。1993年，办理《枪支购买证》96份，新增猎枪41支、气枪56支。全年查处违反枪支管理案件4起，治安拘留7人、警告1人，收缴土枪6支、气枪27支、催泪瓦斯枪1支。

1994年，收缴非法持有枪支19支，报废枪支64支；查处违反枪支管理案件5起，处罚3人；取缔非法枪支销售点1处，收缴非法销售的气枪25支。1995年，查处涉枪案件13起，处理违法犯罪人员12人，收缴各类枪支13支、子弹20发。

1998年，市公安部门组织66名猎户学习有关枪支使用的法律法规，增强枪支安全使用管理的认识。是年，全市收缴非法持有的各类枪支35支。2000年，对全市8个狩猎队共66支猎枪进行验审换证，加强枪支管理。是年，全市收缴猎枪5支、土枪28支、气枪37支、各种改装枪12支。

赌博查禁

赌博劣俗在萧山古已有之。[①]

萧山赌博虽经多次查禁，但时起时伏，屡禁不止，主要形式有麻将、扑克等，以春节前后较为盛行，参赌地域从农村蔓延至城镇，人员多为农村和城镇的闲散人员以及个体经营者。1985年春节前后，全县开展群众性的查禁赌博活动，对一批惯赌分子，依法逮捕或拘留。

1988年春节前夕，市政府发布《禁赌布告》，印发禁赌宣传画1000张，制作幻灯片60套；全年冲击赌场197次，抓获参赌者889人次，缴获赌具98副、赌资9.48万元。是年，推广新街镇妇女禁赌协会经验，其中云石乡建立妇女禁赌协会，取得较好的社会效果。

90年代后，曾被视为赌具的“麻将牌”，不以赌具对待，允许制造并公开出售。因此，“麻将”风遍及城乡，娱乐与赌博混杂，使一些赌徒有机可乘，赌博之风愈演愈烈，赌资数额越来越大。1990～1996年，全市共查处赌博人员10203人，缴获赌资187万余元。

1997年4～9月，全市开展禁赌、禁毒为主要内容的严打整治行动，开展禁赌宣传、排查赌博活动，敦促参加赌博的人员登记悔过。在整治活动中，共查处赌博案件551起，打掉赌博团伙226个，涉及人员1164人。1999年6月，市公安局成功破获一起涉案达80余人的重大涉赌案，其中12人被追究刑事责任，70余人被治安处罚，收缴罚没款60余万元。

2000年，市公安局治安大队发挥专业队伍的优势，在娱乐服务场所的专项整治中，抓获赌博人员135人，并依法予以处罚。经过查禁，赌博活动有所收敛，但全市城乡赌博之风仍是禁而不绝。

毒品查禁

清道光年间，毒品始进入萧山。[②]民国时期，萧山县政府也查禁毒品，但禁而不止。[③]解放后不久，人民政府严令禁绝毒品。

1994年，萧山发现首例吸毒案件。是年，全市先后破获涉毒案件2起。翌年，加大对制贩毒品案件的查处力度，从中发现早期吸贩毒人员以云南、四川籍为多，后渐渐蔓延至本市人员。

1997年，开展禁毒专项斗争，抓获涉毒人员288人，其中刑事拘留62人，治安拘留104人，强制戒毒99人；缴获海洛因60.95克、罂粟籽500克。是年6月17日，破获一个以“老刘”为首的贩毒团伙，抓获四川人刘某某（即“老刘”）等3名涉毒违法犯罪人员，缴获毒品4克，继而循线追踪抓获涉毒人员16人。翌年5月18日，抓获四川籍毒贩5人，缴获海洛因24小包，仿制六四式手枪1支、子弹5发。全年侦破毒品案件29起，种植罂粟等毒品原植物案5起。查获涉毒人员231人，其中刑事拘留26人，劳动教养8人，治安处罚118人，强制戒毒78人，缴获毒品186克。

1999年，市公安局设立禁毒科，开展毒品犯罪专项治理活动，共查处涉毒案件332起，其中贩毒案件66起、吸毒案件257起、非法种植毒品原植物案

①民国时期，萧山赌博祸及城乡。有的倾家荡产，有的沦为盗贼。官府一面提议禁赌，一面吃请受贿，互为勾结，有禁难止。每逢春节，竟公开允赌五天。日军侵占萧山时，城厢镇火神庙及长河乡等地竟开设官赌场。萧山解放后，赌博列为刑事犯罪，虽仍有少数人暗中偷赌，但一经发现，轻则批评教育，重则绳之以法。1980～1984年，全县查处赌博刑事案件54起。（资料来源：萧山县志编纂委员会：《萧山县志》，浙江人民出版社，1987年，第979页；萧山县人民法院：《萧山县法院志》，1986年，第69页）

②鸦片战争以后，鸦片等毒品相继输入萧山。吸毒者初为地富豪绅、胥吏流氓，继之波及劳动阶层。解放前，明禁暗纵。（资料来源：萧山县志编纂委员会：《萧山县志》，浙江人民出版社，1987年，第979页）

③民国25年（1936），县政府曾召开清毒大会，当众焚毁收缴的烟土烟具，但全县吸烟者，仍为数不少，仅临浦山阴街就有私烟馆18家，瓜沥镇有乌烟盘20多处。日军侵占萧山期间，城厢镇设过所谓“东亚戒烟所”，名为戒烟，实为烟馆。（资料来源：萧山县志编纂委员会：《萧山县志》，浙江人民出版社，1987年，第979页）

件8起、非法容留他人吸毒案件1起。查获涉毒人员340人，其中贩毒37人、吸毒294人、非法种植毒品原植物8人、非法容留他人吸毒1人。共依法逮捕涉毒犯罪嫌疑人41人，劳教51人，强制戒毒230人。缴获毒品海洛因199克，铲除非法种植的毒品原植物691株。召开打击毒品犯罪宣判处理暨销毁毒品大会，宣判、处理37名吸贩毒违法犯罪人员，销毁一批毒品。在南阳镇和闻堰镇开展创建“无毒社区”活动，降低吸毒人员复吸率，减少新的吸毒人员，逐步达到无吸毒人员。

图28－1－788 1999年，萧山公安干警在围垦地区铲除非法种植的罂粟（萧山市公安局提供）

2000年，围绕“毒品整治”和“创建无毒害社区”两个中心，开展涉毒人员大排查和禁毒专项斗争，通过对吸毒人员逐人上门核对、见面、尿检和开展排查、收集、梳理毒品案件线索，摸清全市毒品违法犯罪基本情况。市禁毒工作领导小组以“5·20”江泽民总书记为禁毒事业题词纪念日、“6·3”虎门销烟纪念日、“6·26”国际禁毒日为契机，结合创建无毒害社区活动，以召开新闻发布会、吸毒人员及其家属座谈会、禁毒图片巡回展览、播放禁毒录像、发放《致市民公开信》、制作禁毒电视专题片和报纸禁毒专版等形式，广泛开展禁毒宣传工作。在中小学生中开展禁毒教育读书活动，向学生发放《禁毒教育读本》等书籍3.25万册。在瓜沥镇召开打击毒品违法犯罪宣判处理大会，36名涉毒人员被依法公开宣判处理。全市各镇乡、场均制订《创建“无毒害社区”三年规划》《创建“无毒害社区”实施方案》，与吸毒人员签订戒毒协议书，与行政（居民）村签订责任书，全面开展创建“无毒害社区”工作。是年底，有8个镇乡、场达标，15个镇乡、场基本达标。全年查处涉毒案件155起，比上年减少51.86%。其中贩毒案件30起、吸毒案件113起、非法种植毒品原植物案件10起（其中构成刑事案件的4起），非法提供精麻药品案件2起。查获涉毒人员210人，其中贩毒37人、吸毒161人、非法种植毒品原植物10人、非法提供精麻药品2人。依法逮捕涉毒犯罪嫌疑人37人，劳教54人，强制戒毒140人。缴获毒品海洛因183.8克，铲除非法种植的毒品原植物6862株。

2001年2月，禁毒工作重心转入正常的禁毒工作和创建“无毒害社区”活动。是月，在城厢镇人民路一皮具店内抓获2名吸毒嫌疑人，并从该店内查获摇头丸2粒，为萧山破获的首例吸食摇头丸案件。

卖淫嫖娼查禁

中华人民共和国成立前，萧山存在卖淫嫖娼。①中华人民共和国成立后，彻底取缔妓院，受害妇女跳出火坑，就业成家。

80年代后期至90年代初，萧山卖淫嫖娼活动沉渣泛起，解放初期绝迹的性病开始流行。卖淫女主要来自萧山境外的一些无业人员，一般文化程度较低，多为好逸恶劳、贪图享受而误入歧途。

1987年9月，县公安局与有关部门密切配合，采取集中打击和经常性查处相结合的办法，开展查禁卖淫嫖娼工作。1989年11月至1990年4月，全市开展扫除卖淫嫖娼、制作贩卖传播淫秽物品、拐卖妇女儿童、私种吸食贩运毒品、聚众赌博、利用封建迷信骗财害人等“除六害”违法犯罪统一行动。其间，查

①民国时期，城厢、临浦、义桥、闻堰等商业兴旺的集镇，地痞流氓设有“燕子窝”（妓院）和暗娼。抗战期间，日本侵略军曾在县城设“军妓院”，名“富士屋”。（资料来源：萧山县志编纂委员会：《萧山县志》，浙江人民出版社，1987年，第979页）

处卖淫嫖娼和传播淫秽物品案件9起，涉案人员43人，其中治安拘留19人、罚款24人。

1991年5月，市公安局根据公安部开展取缔卖淫嫖娼专项斗争的部署，针对西兴、新街、义盛等地路边饭店存在留宿妇女卖淫问题，组织警力予以打击，先后处罚长山镇秉均、兴达、强记和义盛镇迎春楼等4家有容留妇女卖淫的路边饭店，吊销其营业执照。并对23名卖淫女、81名嫖客分别予以逮捕、劳动教养、治安拘留和罚款处理。翌年，全市依法查处卖淫嫖娼案件21起，涉案人员74人，其中，卖淫女25人、嫖客39人、皮条客10人；被收容教养和强制治疗4人、治安拘留26人、罚款44人。

1995年，市公安局会同工商、物价等部门，对省道、国道公路两侧路边饭店旅馆进行专项整治；在新街镇召开“整治路边店公开处理大会”，对存在违法行为的192家路边店分别给予查封、罚款和限期整改的处理。翌年，对违反治安管理规定的行业场所进行处罚，13家被吊销执照，96家被停业整顿。1999年，市公安局开展集中清查检查行动，对色情活动严重的美容美发店、公园、车站等复杂场所地段开展多次集中清查，抓获各类违法犯罪嫌疑人853人，其中对66名卖淫女予以妇女劳动教养。

2000年2月15日，市公安局对陪侍活动严重的娱乐场所进行突击检查，查获陪侍小姐130余人。当晚，对业主和有关责任人进行传唤审查和调查取证，并按照《娱乐场所管理条例》进行处理。公安机关对卖淫嫖娼活动坚持依法查处，但这一顽症仍未得到彻底根治。

【附】

魏某某等人强迫妇女卖淫嫖娼犯罪团伙案

1997年6月20日，据群众举报，市公安局治安大队在萧山美福国际宾馆查获魏某某（四川省渠县人）为首的强迫妇女卖淫特大犯罪团伙。至8月底，经过全面调查取证，全案水落石出。

从1996年10月至1997年1月，魏某某在美福国际宾馆伙同犯罪嫌疑人周某某（女，四川省大竹县人），控制女青年李某某、罗某某等，采用包客房打电话联系嫖客的方法从事卖淫活动，非法获利8000余元。1997年3～6月，魏某某承包美福国际宾馆美容院，并规定在宾馆内从事组织卖淫活动的各犯罪嫌疑人平均分摊承包费和“保护费”。其间，魏与王某（四川省西充县人）等10人，分别从四川、重庆、广东等地招募和诱骗女青年11人到萧山，以美福国际宾馆美容院为据点，采用殴打、胁迫、诱骗等手段控制这些女青年，分别在萧山美福国际宾馆、萧山阳光休闲山庄、萧山二建宾馆等处采用打电话联系嫖客的方法从事卖淫活动，非法获利19.20万元。周某某协助魏某某管理美容院，安排卖淫女及收取部分卖淫所得赃款。犯罪嫌疑人王某等人多次对意欲逃跑的女青年，用持棍殴打、拍摄裸体照、实施暴力强奸等手段，强迫女青年卖淫。

公安机关经过两个月的全面清查，共查获涉案人员60人，其中批准逮捕15人、劳教（妇教）9人、刑事拘留1人、治安拘留8人、治安罚款27人。首犯魏某某被杭州市中级人民法院依法判处死刑。

（资料来源：杭州市公安局萧山区分局）

基层治保

中华人民共和国成立初，萧山即建立基层治保组织，协助公安部门做好社会治安工作。①

①1951年开始，全县城乡村以上开始建立治安保卫委员会，协助人民政府肃清反革命、防奸、防谍、保卫公众治安。1978年起，治保工作的任务主要是防特、防盗、防火、防治安灾害事故。基层治保组织在治安巡逻、维护公共秩序和协助公安机关开展对敌斗争等方面，发挥很大作用。岩门、诸坞、沙里吴、新庄、山末址、龙虎、春园7个村治保委员会，在抓好预防犯罪、搞好社会治安、帮教失足青年、查破一般刑事案件等方面成绩显著，他们的经验曾得到公安部的肯定。1984年，全县有治保委员会1076个，治保人员4189人。还设有71个治安联防队（其中乡镇联防队66个，城西、江边、盈丰五堡渡口、围垦指挥部和大和山采石场各1个）。（资料来源：萧山县志编纂委员会：《萧山县志》，浙江人民出版社，1987年，第694页）

1985年，推行治安防范承包责任制，健全基层治保组织，开展群防群治，堵塞漏洞，控制刑事犯罪活动。全县有基层治保委员会1446个，治保小组1348个，治保人员5863人。全年创建安全村（居民区）552个。1988年，治安承包责任制向村级延伸，461个村签订治安承包合同。1989年，1514家商店、旅店和企业实行治安承包责任制。1990年，治安工作与企业经济责任制挂钩，纳入企业管理和社会管理轨道。全年有147个治保组织被评为先进集体，创安全村（单位）703个。

1993年，注重社会防范体系，坚持以联防人员为主的夜间巡逻。1995年，全市有343支联防队、760支护村护厂队、5100余名治安联防队员。1997年，开展创建安全小区、安全文明村和安全旅馆等安全单位活动，有80个村、4个居民小区和10家旅馆达到“创安标准”。

2000年，全市共有基层治保委员会1443个、治保小组1305个、治保人员7533人，形成市、镇乡、村（社区）三级治安保卫组织网络。

110接处警

图28－1－789　1999年8月2日，河上镇党委、政府为进一步创造文明、安全的治安环境，确保一方平安，建立了河上镇专职夜间巡逻队（顾利江摄）

1997年2月，萧山推出110接处警服务，指挥中心实行24小时值班，调度城区5个派出所和巡（特）警大队6辆110巡逻车及农村派出所的值班备勤警力，昼夜值班，快速处置各类刑事案件、治安纠纷和群众求助。全年110指挥中心共接警6856次，处警5886次，其中处置各类事故、调解纠纷、帮助群众等4282次；破获刑事案件101起，抓获犯罪嫌疑人381人。

1998年，110指挥中心坚持维护治安与服务群众并重的方针，认真履行“有警必接、有难必帮、有险必救”的职责，全年受理群众报警求助9918起，通过指令各警种处警，共抓获违法犯罪嫌疑人453人，破获刑事案件125起，解决群众求助1014起，抢救危重病人105人次。翌年，110指挥中心快速反应的作用得到不断加强，全年共受理群众报警电话14074次，侦破刑事案件86起，查处违法犯罪嫌疑人437人，为群众排忧解难9206起。2000年，继续实行110常年24小时巡逻处警，并安装110区域防盗报警装置302套。

第三节　户政管理

50年代初，全县实施城镇户政管理，建立户口登记制度。②

②1951年，中央人民政府公安部公布《城市户口管理暂行条例》，7月，县人民政府发布公告，公布《城镇户口管理暂行办法》和《户口违警暂行罚则》。同年秋季，全县进行户口登记，挨户普查，核对人口、职业、成份等，发放户口簿。1955年6月，根据国务院指示，全县建立经常户口登记制度。1958年1月，《中华人民共和国户口登记条例》颁布后，本县建立统一的户口管理制度。“文化大革命”期间，户口登记管理的正常工作和业务建设被削弱和破坏。1977年以后逐步恢复和健全。（资料来源：萧山县志编纂委员会：《萧山县志》，浙江人民出版社，1987年，第693页）

居民身份证管理

1985年底开始，萧山实行居民身份证制度，组建领导班子和发证员队伍。翌年4月24日，县政府批转县发证办公室《关于全县发放居民身份证方案》，6月开始，在城厢镇进行试点，至年底，县城居民率先领到居民身份证。试点经验得到公安部和省、杭州市发证办通报表扬。至1989年底，全市

863455人领取居民身份证，占应发证人数的93.86%，受到省政府发证办和省公安厅的嘉奖。1996年始，换发10年期到期身份证，全市换证对象为18.04万人，当年换证16.56万人，换证率为91.80%。1998年，开展居民身份证编号的清理纠错工作。是年5月中旬在宁围镇试点后在全市各镇乡展开，共纠正身份证18000张。1999年，实施公安部“百城联网工程”，完成1.45万份身份证重号、错号纠错和身份证升位工作。是年，萧山市公安局被省公安厅评为“百城联网工程”先进单位。

常住户口管理

1990年，实行“五公开一监督”[①]制度。镇乡更新户口簿册，实行以表代册，至年底，67个镇乡均更新完毕。1992年，全市撤区扩镇并乡，户籍变动较大，制定镇乡日常户口管理制度，编印户口管理业务资料，使镇乡户口管理趋于规范。是年增加蓝印户口（即买卖户口），全年受理132人，收取城市建设配套设施费291万元。

外来人口及出租私房管理

1994年，成立萧山市暂住人口管理领导小组，设立办公室，强化暂住人口和出租私房管理。翌年，对城厢镇等8个暂住人口较多、治安情况较为复杂的镇和萧山经济技术开发区进行专项调查，拟定全市暂住人口专项整治工作方案，开展为期5个月的专项整治。1997年，全面推行出租私房“客栈化”管理模式，全年共有3936户房东申办《出租私房治安许可证》，出租私房上牌7628块。2000年，对外来人口实行常住化管理，全年共登记外来人口148956人，发给暂住证145382人。

农村户口城市化管理

1997年，在衙前镇实行农村户口城市化管理试点工作，制订《萧山市衙前镇农村户口城市化管理试点工作方案》。1998年，在瓜沥、临浦镇开展小城镇户口改革，全年办理小城镇户口2875户、5023人。是年底，市公安局设立办证中心，统一办理户口和居民身份证。1999年起，全市推行农村户口城市化管理，共发放30余万本农村常住人口户口簿；是年，临浦镇被批准为全国小城镇综合改革试点单位。10月，按省公安厅要求拟定户籍制度改革方案，开展靖江镇小城镇户口改革。2000年，为搞好第五次全国人口普查，进行户口整顿工作，全面扣清底数，全市人户分离动迁率61%，待定户口解决率73.70%，纠正重漏差错100%，纠正户口项目差错100%，纠正应销未销差错100%。

第四节　道路交通安全管理

萧山解放初期，县公安局治安股配治安民警1人，负责交通管理。60年代初起，始设交通管理机构。[②]1984年1月，成立萧山县公安局交通民警中队，负责城厢镇交通秩序管理。县域内交通事故和交通秩序管理仍由县交通监理站主管，对驾驶员追究刑事责任的交通案件则由县公安局治安股办理。1987年，

①“五公开一监督”，即户口迁移政策、农转非指标数、审批手续与程序、审批时间与结果、户籍室办事纪律公开，接受群众监督。

图28－1－790　1999年1月28日晚至29日凌晨，城厢镇城东办事处全体机关干部与城东派出所民警一起对辖区内的出租房、饭店、美容院等进行巡查（丁志伟摄）

②1961年，杭州市公安局交通大队有4人常驻萧山，负责公路车辆检查。1963年，县公安局治安股内设交通组，编制4人。1984年初，成立县公安局交通民警中队，配10名交通警察，负责城厢镇范围内的交通管理及事故处理。1984年4月27日，在城厢镇市心路与萧绍公路相交的十字路口设立萧山第一个交通岗亭。

1968年6月建立萧山县自行车管理所，负责发放牌照、查询等工作，加强自行车的管理。1972年划给县财税局管理。1979年复归公安局管理。1984年底全县自行车达36.96万辆。（资料来源：萧山县志编纂委员会：《萧山县志》，浙江人民出版社，1987年，第694页）

交通监理部门改为公安机关建制。8月29日，县公安局与县交通局签订移交协议书，组建萧山县公安局交通警察队，主管全县交通安全事宜。2000年7月，撤销萧山市公安局交通警察大队（含公路巡逻队）和萧山市公安局巡特警大队，组建成立萧山市公安局交通巡逻（特）警察大队。

交通秩序管理

1987年，全县开展整顿占用道路堆晒谷物、超载、超速和无证驾驶等违规行为。翌年，对金鸡路口（俗称“五七”路口）、临浦大桥、衙前和方迁溇等经常受阻路段，集中警力检查机动车2635辆，拆除违章建筑34处，清除沿路堆积物230处、违章设摊46处，缓解交通堵塞状况。

1992年，对衙前、河上镇等易堵塞路段与邻县交通管理部门共同管理，对拖拉机实行限制通行。1993年，对市境内84.70千米交通主干线路段实行分段管理，重点路段定人定岗。全年开展交通专项整顿33次，纠正机动车违章2.50万辆、非机动车违章8700辆，取缔违章占道和无证摊位1100处。是年8月，车辆检测线建立并投入使用，使机动车检验逐步趋向科学化。

图28－1－791　1999年7月，萧绍路与市心路交叉口，交通警察在指挥车辆行驶（董光中摄）

1995年，对城区道路实行“高峰保点、平峰保线、分段包干、责任到人”的管理机制，加强路面管理。在城区开辟13处临时停车场（点），调整市区行车路线，缓解市区停车难和交通压力。

1996年，以“学济南交警”为契机，强化城市交通管理和事故多发路段管理。翌年，在新街（长山）、河上（大桥）等事故多发和重点路段设置警示标牌。给30余所中小学校2.5万名学生上交通安全法制教育课。1998年，实行“高峰站点、平峰巡线、遇堵疏导、分区包干、责任到人”的新机制，加强道路动态管理。全年进行23次交通秩序整治活动，纠正违章39.5万余次。是年9月，在城区全面实行禁鸣喇叭。与萧山人民广播电台联办每天1小时的“与你同行”交通管理宣传专栏。

2000年，组织实施城区“畅通工程”和104国道创“平安大道”活动，实施“一段一警”道路交通管理新模式，提高路面管控和查纠违章力度，依法强行拆除违章建筑39处、违章搭建屋棚132处，清理乱堆物163处、违章设立广告牌146块，取缔违章摊（点）230处，清除垃圾2100多吨。人民路“严管街”处罚各类违章2.70万次，扣驾驶证487本，非机动车罚款654次；市公安局与104国道沿线29个村和“严管街”349个单位（店铺）签订《交通安全责任书》。在“严管街”安装2套红外线监控系统。“畅通工程”和“平安大道”均通过公安部验收。

驾驶员及车辆管理

1986年，对8名肇事驾驶员分别给予行政拘留和监理处罚。1989年，开展机动车辆验审工作，验审车辆3639辆，验审率为88.90%；核发客车准运证194辆；非机动车换照、登记、制卡76万辆。召开4次车管干部、安全片组长和驾驶员代表会议，开展“创文明行车，保运输安全”的百日安全竞赛活动和“交通安全与保险知识”竞赛活动。翌年，采取经常性管理与突击整顿相结合，对5769名低驾龄和有违章肇事的驾驶员进行分期分批集训。

1991年，加强摩托车、拖拉机管理，纠正无证驾驶、无牌行驶、加大速比和带病行驶车辆等违章行为，纠正机动车违章8.18万次、非机动车违章1.34万次。1992年，对5310名低驾龄和有违章行为的驾驶员进行技术培训，对1581辆技术状况差、使用年限到期的机动车辆作报废处理。

1995年，对违章运行的面包车、残疾车、无牌无证摩托车进行整顿治理，纠正各类机动车违章10.50万辆，换发“九二式”机动车号牌18529副。是年4月，组建机动车驾驶员协会，创办内部刊物《司机园地》。

1996年，完善市驾驶员协会、工作站、安全片组三级管理网络。翌年，全市驾驶员按区域分成87个驾协工作站，每个驾协又分成若干个安全小组，每月定期召开安全例会，并把安全学习与驾驶员审验挂钩。对670名严重违章、肇事驾驶员举办5期学习班，以案说法进行教育。

1998年，举办30期驾驶员学习班，对3500名低资历、超期验审或有违章肇事行为的驾驶员进行以案说法教育。翌年，开展报废车专项整治，强制报废机动车295辆，查获一大批假牌、假证，查扣无牌摩托车4989辆。

【附】

事故案例

1985年1月6日，东阳县城建公司张某某驾驶东风牌大货车，拖一辆待修的卡车去杭州，途经城厢铁路北道口时，因牵拖钢绳断裂，车辆被挡在道口中间，正逢广州至杭州110次直快列车通过，造成火车与汽车相撞，汽车被撞出21米之外，汽车报废。

1987年8月15日，黄岩皮鞋厂林某某驾驶大货车，从黄岩装货去上海途中，在西兴镇杜湖村附近超越停在公路右侧的一辆河南省过境车辆时，与相对方向驶来的杭州市运输公司姚某某驾驶的半挂货车相撞，引起姚驾驶的车辆失控，并倒向右侧河南车，撞击后燃烧，紧跟黄岩车后面的由朱某某驾驶的山东货车，也因车速过快，措手不及，再与三车相撞。这起交通事故四车相撞，三车燃烧，3人烧死，4人烧伤，经济损失32万元。有2000多辆汽车受阻，西兴至衙前路段交通堵塞4小时。林某某负主要责任被追究刑事责任。

1993年12月4日，河上镇娄家园自然村杨某某在萧金公路被一辆大客车碰撞当场死亡，大客车逃逸。死者亲属在公路上搭灵棚闹丧，下午3时至晚11时造成车辆堵塞长达14千米。经过工作，死者家属撤掉灵棚，抬走尸体，交通恢复正常。次日，肇事车辆被查获。

1998年4月30日，杭州农药厂一辆大客车由张某某驾驶从南阳镇驶往杭州，途经钱江农场附近鸿达路时，因占道超越同方向由江西张某某驾驶的货车时，与萧山市义桥镇上埠村倪某某驾驶的中巴旅行车相撞，造成中巴车上7人死亡、5人重伤的特大交通事故。张某某被追究刑事责任。

2001年2月2日17时56分，绍兴县马鞍五金汽配厂徐某某驾驶北仑港牌旅行车，在104国道1472K+520M处，因加速抢行，与温岭汽车运输总公司俞某某驾驶的东风牌卧铺大客车相撞，造成大客车上乘客4人死亡、7人重伤、9人轻伤和车损价值4万元的特大交通事故。徐某某负主要责任被追究刑事责任。

（资料来源：杭州市公安局萧山区分局）

第五节　出入境管理

出入境人员管理

1986年起，萧山申请出国出入境人员逐年增多，由探亲访友为主，逐渐转变为旅游、商务活动为主，尤以“三资”企业人员出入较为频繁。市（县）公安局依据《中华人民共和国外国人出入境管理办法》和国务院颁发的《中国公民出入境管理实施细则》，依法对外国人的入境出境、居留、旅行实施管理，依法对居住在萧山的中国公民出国出境实施管理。

1987年，受理申请出境人员83人，批准46人，其中赴中国香港34人、美国8人、瑞士2人、日本1人、奥地利1人。至2000年，累计受理申请出境12712人，批准12021人；到萧国外境外人员68945人次，其中外国人34718人次。

表28—1—532　1987～2000年萧山出入境情况

年　份	出　境（人）			入　境（人次）	
	申请	批准	国家和地区	总数	其中外国人
1987	83	46	美国、瑞士、奥地利、日本、中国香港等	1431	1037
1988	85	62	日本、美国、新加坡、泰国、中国香港等	1680	1127
1989	112	69	美国、玻利维亚、澳大利亚、阿根廷、中国香港等	1717	1477
1990	132	86	荷兰、德国、加拿大、挪威、巴西、中国香港等	2735	912
1991	137	80	美国、日本、中国香港等	1380	850
1992	369	283	美国、日本、马来西亚、中国香港等	4867	1558
1993	610	601	东南亚国家等	5832	4112
1994	297	278	澳大利亚、中国香港等	2910	1163
1995	459	451	美国、日本、中国香港等	3761	1718
1996	678	647	美国、日本、中国香港等	5293	3987
1997	767	578	美国、日本、中国香港等	7247	3074
1998	1205	1178	美国、日本、俄罗斯等	8149	3526
1999	2912	2853	美国、日本、韩国、俄罗斯等	10186	4666
2000	4866	4809	美国、日本、韩国、俄罗斯等	11757	5511

涉外企业（人员）管理

1988年，全市有209个涉外单位。是年，对萧山宾馆、商业大厦等涉外接待单位的465名服务人员进行外事业务培训；召开涉外单位负责人会议，明确职责，保证境外人员在萧山的正常活动。1992年，涉外企业增加到143家。是年，建立公安外管联络员片组活动制度，定期召开例会，交流情况。

1996年，加强对国外境外人员临时住宿登记管理，先后举办4次涉外宾馆、饭店中层以上负责人、总台接待员、电脑录入员、保安员共193人次培训班，做到操作规范、符合要求，申报率为100%。翌年，制定实施《涉外宾馆饭店接待国外境外人员住宿登记管理工作考核暂行办法》，对未按规定申报外国人临时住宿登记的，责令限期整改，并予以罚款。

1999年，编写《萧山公安外管协会手册》，培训涉外管理民警210人次、宾馆饭店涉外接待人员164人次。翌年，制订《萧山市外管工作规范》，对全市“三资”企业、常驻境外人员实行微型计算机管理。

涉外案（事）件管理

1992年，全市查处涉外案件15起。1994～1996年，查处涉外案件73起。其中逾期非法居留11起、违反户口管理19起、盗窃案6起、抢劫案1起、敲诈案1起、破坏生产案1起，对18名国外人员进行治安处罚。

1998年，查处涉外案件14起，依法处罚国外境外人员11人，其中罚款8人，批评教育3人。

第六节　消防管理

民国时期，萧山城厢、临浦、瓜沥等主要集镇均建有民间消防组织。[①]中华人民共和国成立初，县公安部门对各地民间消防组织进行改组整合。[②]后逐步发展成为由公安消防队、企业专职消防队和群众性义务消防队3支力量组成的消防队伍。一旦发生火灾，全力实施灭火救灾工作，减少国家和人民群众生命财产的损失。

消防宣传

1985年，开展消防宣传活动，组织消防安全大检查，堵塞隐患漏洞，防止火灾事故发生。1989年，共举办3期消防培训班、1期危险品培训班、46次消防业务讲座、3次专题会议，共有3403人次参加学习和培训。是年7月，举行市首届消防运动会，有33支代表队366名运动员参赛。

1991年，开展消防安全知识宣传一条街活动，有52个单位刊出黑板报；举行首届“华源杯”消防文艺会演；放映消防安全知识录像片14次，观众1327人；举行7次厂级消防运动会，参加人员923人。是年9月，首家少年消防警校在浦南乡塘郎姚村成立，参加学生200人。

1996年6月29日，举行“金马杯”消防系统工程知识竞赛，有13家单位参赛。举办液化气使用、危险物品管理等专业培训班、讲座13次，有300余人次参加。翌年，为提高学生的消防意识，在160所学校开展消防安全教育活动，有4所学校的学生参观消防战士一日生活，有2所学校师生参观商业城服装市场灭火演练和瓜沥消防现场会表演。

1998年，市公安局与萧山日报社合办消防安全知识竞赛，在27所中小学校开展“青春宝杯”消防安全征文活动，有5500名学生参加征文活动。发放家庭防火宣传单5000份，制作消防宣传窗8期，设置大型消防宣传广告牌4块，悬挂宣传横幅220条。

1999年，围绕消防法颁布实施一周年、“11·9”消防宣传日等，组织少年消防警校学生分发宣传资料、黑板报展评、消防车演示和萧山电视台播放“11·9”消防文艺晚会等大型活动，广泛宣传消防法规和消防安全知识。

①民国28年（1939），城厢、西兴、闻家堰、戴村、临浦、衙前等集镇，设有6个义务消防队。配备木龙14支，泵浦5台，有队员332人。（资料来源：萧山县公安局：《萧山县公安志》，1986年，第74页）

②1949年11月，萧山县人民政府公安局将各地水龙会改组为救火会，县设救火总会，下设救火大队。1950年，县救火总会改为县消防大队，辖6个分队。1951年，成立县消防委员会，辖8个分队。1958年，由城厢环卫所募款5000元，加上财政拨款，共投入19000元，从上海购入消防吉普车1辆，从此结束萧山用木龙救火的时代。1959年2月，成立杭州市公安局消防大队萧山中队，队址在城厢镇西门，系萧山历史上第一支专业消防队伍。1965年5月1日起，实行义务消防兵役制，原有人员转业，以每年征集兵员补充。1984年，在梅花楼新建营房、车库、训练场地等。同年底，有专业消防中队1个，队员27人，配备消防车6辆（其中干粉车、泡沫车各1辆）；企业消防队1个，队员18人，配备2辆消防车，企业专职消防监督员11人。（资料来源：萧山县志编纂委员会：《萧山县志》，浙江人民出版社，1987年，第696页）

图28－1－792　1998年11月12日，消防大队官兵到北干二苑居民家中传授消防安全知识（丁志伟摄）

自防自救

1985年，确定县国营工业总公司、二轻工业总公司下属的33个工厂企业为二级消防重点保卫单位，做到火险隐患清，建立防火档案，有防火安全负责人，有义务消防组织和灭火器材，有管理制度和防火措施。1987年，推广杭州第二棉纺织厂消防队目标化管理经验，发展义务消防队，提高自防自救能力，逐步实现消防工作科学化、规范化、制度化。至年底，建立义务消防队191个、队员2525人，基本形成城乡消防网络。1988年，全市有一级消防重点单位25家、二级消防重点单位37家；企业配有专职消防员130人、易燃危险物品专管员724人；义务消防队增至251个，共有队员2800人。按区组建7个消防联片，实现消防网络化。1990年，全市有一级重点防火单位29个，全部签订防火目标责任书；二级重点防火单位42个，签订防火目标责任书为90%。有企业消防队1个，企业专职消防员252人，义务消防队301个，义务消防队员3043人，配备消防车6辆、泵浦（灭火专用设备）151台。1994年，全市拥有民间非专职消防队4支，义务消防队320支，形成全民消防新格局，火灾扑救能力有所提高。至1997年，全市企业消防联防中队增至38支，瓜沥镇、党山镇、南阳镇、瓜沥镇航民村、商业城、萧山电厂、杭州第二棉纺织厂等民办消防队配有消防车。1998年，组织消防一级重点单位、宾馆、饭店、商场、高层建筑等55个单位，进行联合灭火演练，提高自防自救和扑救火灾的实战能力。

2000年，全市基本形成以企业自办型、企办公助型、乡镇联办型、市场集资型、村办型和志愿型6种建队模式的消防队伍网络，建立12个民办消防队，配备消防员120人、消防车13辆。是年8月31日，公安部消防局在萧召开“多种形式消防队伍建设座谈会”。11月9日，在萧山联发电化厂举行萧山规模最大、出动消防车辆最多的化学危险品灭火演习，提高对化学危险品灭火的实战水平。

消防监督

建筑防火审核　1985年，萧山商业大厦按照高层建筑防火规范设计、安装全套自动报警装置，设立自动喷水灭火装置、防烟楼梯、消防电梯。各建筑单位补办建筑设计防火审批手续，对未补办审批者，责成停止施工，经整改验收合格后，方可申请施工。此后，每年对建筑项目进行防火安全会审，对竣工项目进行消防验收，发现不符合消防要求的责令限期改正。1999年，审批新建工程消防项目248个，装修项目35个，消防验收项目67个，建筑面积176.28万平方米。

日常监督　1989年，对246家石油液化气自管单位和182名危险品专管员，发放常年准运证和合格证书；对一、二级消防重点单位进行安全检查，发现不安全因素658条，督促整改538条；对147家乡镇企业开展自查、互查，组织7大联片对口检查，消除火险隐患。

1990年，全市组织4次防火安全检查，突击抽查66家乡镇企业，发现火险隐患264处，整改247处。翌年，市政府与各区、城厢镇及市级有关局、公司等26个单位签订消防目标管理责任书，使消防监督管理逐步实现目标化、制度化、规范化。

1993年，开展“百日消防安全整治活动”和“化学危险物品消防整治活动”，共检查131家单位，发现火灾隐患338处，整改292处，拆除3处违章建筑。市政府专门成立化学危险物品整治领导小组，对49家生产、销售、贮存、运输化学危险物品的重点单位进行宣传动员。

1995年，开展“十大火险隐患专项整治活动”，对660家企事业单位进行消防监督检查，发现火险隐患508条，整改427条；对违反消防安全管理规定的34家单位和6名责任人处以罚款7.6万元，行政拘留2人。审核发放676家使用易燃易爆化学危险物品单位的消防安全许可证，对500名化学危险物品的押运员、专管员和驾驶员进行消防培训考试。翌年，开展消防自动化系统及基建工地专项整治活动，共监督检查企事业单位728家，发现火险隐患1397条，发出火险整改意见书46份。对违反消防规定的24家单位、11名个人进行处罚。

2000年，先后开展化工企业、羽绒行业、集贸市场、公共聚集场所通道、自动消防设施等专项整治和东方文化园、杭州乐园、钱江观潮城等旅游景点的消防检查，共发《责令限期整改通知书》233份、《复查验收意见书》167份、《重大火灾隐患通知书》16份，整改大批火灾隐患。查处各类消防违章57起，罚款25万元。

【附】

火灾案例

1987年9月16日，萧山第一塑料厂因电焊排风扇罩冒出火星引起火灾，烧毁喷涂、整装两个车间。经济损失14万元。

1996年11月21日凌晨1时，位于衙前镇明华村的萧山江南织造厂发生重大火灾，过火面积1000多平方米，价值40万元的设备及一批绦纶丝被毁。经勘查为电线短路所致。

2000年7月5日晚9时许，位于临浦镇的浙江三弘国际羽毛有限公司羽毛车间原料因电起火，火势延及仓库内成品与半成品。经杭州、萧山两地的消防队和企业义务消防队奋力扑救，至7月6日凌晨2时10分基本扑灭。直接经济损失94万元。

（资料来源：杭州市公安局萧山区分局）

第七节　监所管理

萧山看守所是在民国时期遗留下来的基础上改造利用的。原址在署墙弄1号，一直沿用至1960年。是年因建造市心南路需要，迁址于直石板弄新建平房36间。1980年，又在原址翻建套式二层楼监房2000平方米。

基础设施

1996年 1 月3日，对在城厢镇南门村新建的萧山看守所、收容审查所、治安拘留所（简称“三所”）进行竣工验收。“三所”占地28.9亩（约1.93万平方米）、总建筑面积11731平方米、工程总投资1599万元。是年1月19～20日，将位于直石板弄的看守所、武警营房和位于城厢镇菊花山的收容审查所、治安拘留所一并迁入新址，正式投入使用。“三所”工程以较大的规模、合理的布局、先进的设施进入全省一流监所行列。2000年，在监室安装21英寸彩电监控器72台。

安全监管

1980年后，监所进一步实行规范化管理，完善和落实切实可行的职责、制度，设置监管安全警示钟，设立政务公开及民警（职工）形象栏，加强考核力度。坚持每月一次的监所安全联席会议制度，由公安、检察、法院、武警中队组成，通报监所情况，共商改进监管工作意见。在坚持日常值班、巡视和监控的同时，严格按规定进行安全大检查，遇重大节日或重大政治活动期间进行突击抽查，查获违禁品，消除隐患，确保监所安全。

1996年新所运转之后，围绕监舍安全，制订完善值班、巡视、提审、搜查、放风、监控、食堂管理、文明监室评比、大课教育9项制度。至2000年，监管工作达到连续10年安全无事故，并通过公安部“一级看守所”考评。

监所教育

1985年，监所坚持“教育、感化、挽救、改造”的方针，采用集体上课和个别谈话等方式，对在押人员进行法制、政策、形势、前途和认罪服法教育，强化教育改造。翌年，公安、检察、法院、司法“四（局、院）长”对148名在押人员进行法制教育，事后收到87封检举揭发信，其中有3人交代余罪。1987年，对在押人员上法制课15次、个别谈话教育1260人次。1988年，组织观看《今日萧山》电视录像，使在押人员了解社会变化，加快改造。在日常的管理中，在押人员可阅读中央、省、市各级党报，听有线广播，开放图书阅览室。

1990～1995年，集中教育159次，组织学习《中华人民共和国宪法》《中华人民共和国刑法》《中华人民共和国刑事诉讼法》等法律法规，以案说法；个别谈话教育10150人次，耐心帮教，以理服人。从中获得检举线索、制止避免企图脱逃和自杀事件。

1996年，根据新所特点，推行文明监室评比。1997年，谈心教育6358人次，口头教育8000余人次。1998年，对新入监人员发给入监须知，规范在押人员行为，杜绝牢头狱霸的发生。1999年，采取监管民警“三定三包”管理方式，即定人定位定监室，包监包管包教育。翌年，成立育新学校，开设《归岸》小报，营造监区文化，进行感化教育。

第八节　安全保卫

中华人民共和国成立后，县公安局内设政治保卫、内部保卫等机构，负责安全保卫工作。1984年，全县90家企业、学校、机关，有专职保卫干部88人、兼职保卫干部80人。

经济文化保卫

1985年3月，实施企业内部保卫工作综合治理，县二轻工业总公司对所属63家企业开展以综合治理为主要内容的安全检查，并抽调22名企业保卫干部，对10个重点企业进行安全防范工作的检查验收。县供销社对各基层供销社、棉花加工厂、棉麻收购站等要害部位，定期进行安全检查，消除不安全因素。1986年，按属地管理原则，全县列为内部保卫单位178个。

1988年，“内部保卫”改称为“经济文化保卫”，在182个列管单位中，建有企业派出所、保卫科（股）、专兼职保卫干部、经济民警小队和治保委员会（小组）等不同层次的保卫机构。全年组织5次安全大检查，并对金融系统等重点单位进行3次夜间突击检查。翌年，全市有124家企业推行安全保卫责任制，把安全保卫工作纳入企业管理范围，实行同计划、同布置、同检查、同考核、同评比、同奖惩，全年未发生立案的刑事、治安案件。至年底，有212家企事业单位加强技术防范，装置安全报警器433只。

1990年，组建市经济民警中队，辖25个小队，实行统一培训、统一管理，加强企业要害部位保卫工作，维护内部单位治安秩序。1991年，部署反内盗工作，市公安局、检察院、法院、司法局联合发布反内盗通告，敦促违法犯罪人员坦白自首，并号召社会各界和干部职工检举揭发，两个月破获内盗案件262起，抓获犯罪嫌疑人133人，缴获赃款赃物价值11.4万元。1992年，开展以攻大案、追逃犯为重点的破案大会战，破获内保系统刑事案件53起，查获犯罪嫌疑人47人，缴获赃款赃物价值5万余元。翌年，贯彻“预防为主，确保重点，打击敌人，保障安全”的方针，加强技术防范，安装微波和红外线探头等报警装置157套，控制重点要害部位314处，通过报警装置抓获犯罪嫌疑人12人。

1996年，开展“创安全财会室”活动，对全市80家单位160余只保险箱作了加固，50家单位加固财会室门窗，30家单位重点部位安装区域防盗报警装置。2000年，开展金融防范机制规范化建设年活动，对全市金融网点的安全防范基本情况进行排摸和重点抽查，全年共组织检查60次，检查网点154家、金库18个、运钞车21辆（次），发整改通知书61份；投资750万元，对99个金融网点的隐患进行整改。对9家单位的41枚密封型放射源进行安全检查。全市列管内保单位1179家（其中二级内保单位57家），通过创安评估，达标率98.10%。破获刑事案件13起，依法处理各类违法犯罪嫌疑人18人。

大型活动保卫

1985年以来，市（县）公安部门每逢元宵灯会游乐活动、大型文艺演出和体育比赛、钱江观潮节、商品交易会等，均作详细部署，组织警力，明确责任，定岗定人，确保各项活动安全有序。

1994年，市公安部门在'94中国国际（萧山）钱江观潮节期间，划定沿江90余千米堤岸中的观潮点和非观潮点，禁止观夜潮，禁止到非观潮点观潮，禁止在非观潮日组织观潮；在沿江152个观潮危险地段设置禁止观潮的标志牌，以示警戒。1996～1999年，萧山先后举行亚洲摔跤锦标赛、全国中学生运动会、'99中国国际（萧山）钱江观潮节、萧山经贸博览会、“与祖国同庆”文艺晚会等一系列大型活动，市公安部门对每次活动均作事先实地查看，拟定安全保卫预案，做到责任到岗，任务到人。

2000年，全市先后举行中国体育彩票发行、元宵灯会、'2000中国国际（萧山）钱江观潮节、中华啤酒节、3000万元福利彩票发行、“世纪之光”焰火晚会等一系列大型活动，市公安部门从组织指挥、警力部署、突发事件应急预案处置等方面，做好充分准备，周密部署，落实责任，加强督查。

内外宾警卫

1988年3月30日，萧山被国务院列为沿海经济开放区后，到萧内外宾人员增多。市公安局对每次重要的内外宾来访，均事先制订警卫方案，实地勘察地形，调集警力，定点定人，保证安全。1985～2000年，先后做好665批、6654名重要内外宾的保卫工作。

第九节 队伍建设

1985年10月，县公安局把“整顿警容风纪”作为精神文明建设的一项内容。翌年4月，开展思想纪律教育，克服特权思想，树立理想，严守纪律。

1988年6月，市公安局召开全市民警会议，部署开展“秉公执法、文明办事”活动。采取走访镇乡、召开座谈会和举办青年民警培训班，加强公安机关廉政建设。至1991年，先后进行职业道德、“整纪倡廉”、精诚服务等整顿教育。1992年8月，以组织建设、廉政建设和纪律作风建设为宗旨，开展“正警风、迎授衔、争当合格警官”的教育整训活动。是年12月28日，公安部、省公安厅颁布命令，市局全体民警被首次授予警衔。1995年，相继开展集中教育、自查自考、刹风整纪、学习济南交警等活动，加大从严治警力度。翌年，以“严格执法、热情服务”为主线，内练素质，外塑形象，对民警分期分批进行集中封闭式训练。1998年，开展“争创人民满意派出所”活动，推进“警务公开”，在《萧山日报》上向社会公布民警办事纪律、110接处警、治安行政管理、交通管理、消防管理、出入境管理等六方面的警务内容，派出所设置警务公开栏，接受社会各界监督，促进公安行风建设。次年，开展“创人民满意”活动，内容为形象工程、一区一警、创建安全小区、增加服务举措。

2000年9月，开展全心全意为人民服务的宗旨教育、实事求是的思想路线教育、严格公开文明执法的法制教育，队伍整体素质明显提高。

第二章　司法行政

1952年9月，县人民法院实施司法改革。[①]1981年县司法局建立后，行使司法行政职能。1988年，城厢、西兴、瓜沥、义盛、临浦、戴村镇设立司法办事处。1997年7月，全市31个镇乡均建立司法所。1999年，建立萧山市法律援助中心，并开通“148”法律咨询热线。至2000年，市司法局内设办公室、政工科、法制宣传教育科、基层工作管理科（增挂两劳人员〈劳动改造、劳动教养〉回归籍帮教科牌子）、律师管理科、公证处。下设城厢、瓜沥、义盛、宁围、临浦、戴村6个司法所。在职人员由1990年的56人增至60人（编制65人）。

1986～2000年，全市（县）以宪法为核心，以各项专业法律为重点，按照启蒙、普及、提高三个阶段，先后开展“一五”普法、“二五”普法、“三五”普法[②]和依法治市宣传教育活动，形成有法必依、违法必究、执法必严的共识，为创建法制社会奠定基础。实施法律援助、法律服务，做好民间调解工作，维护公民合法权益。

①1952年9月5日，省人民法院工作组在萧山开展司法改革运动试点，县人民法院开始司法改革。10月初，全县全面展开，利用各种宣传工具，对群众进行广泛的司法改革宣传教育，清理积案，纠正错案，处理新案，建立乡村调解组织。司法改革运动，批判了旧法观点和旧法作风，整顿和纯洁了司法队伍。（资料来源：萧山县志编纂委员会：《萧山县志》，浙江人民出版社，1987年，第704页）

②“一五”普法，1986年起用5年左右时间有计划地、比较系统地向全体公民进行普及法律常识教育。“二五”普法，1991～1995年，全市实施法制教育的第二个五年规划。“三五”普法，1996～2000年，全市实施法制教育的第三个五年规划。

第一节　法制宣传

80年代起，萧山采用印发法制宣传资料、举办法制展览和上法制课等形式，普及公民的法律常识。[③]1986年始实施“一五”普法教育，至2000年，共进行了3个五年的普法宣传工作。

“一五”普法

1985年7月6日，建立县普法领导小组，下设普法工作办公室。确定“一五”普法的重点对象是干部特别是领导干部和35周岁以下的青少年。普法内容以《中华人民共和国宪法》为核心，以《中华人民共和国刑法》《中华人民共和国婚姻法》《中华人民共和国经济合同法》为重点。是年，全县共培训普法师资8期467人，法制广播讲座150次，订购普及法律读本18.83万册，在企业、农村、学校上法制教育课601场次。

1986年2月，举办打击严重经济犯罪和刑事犯罪图片展览；3月，举办“法制教育电影宣传周”活动，放映法制影片183场次，观众19万人次；6月，举办反盗窃图片展览，并在全县巡回展出。是年，67个镇乡和57个县级机关部门均建立普法领导小组；152名部、委、办、局正副职领导干部参加普法培训，占应培训对象的66.5%；有3.12万名干部、教师、学生、工人、农民经普法考试合格。1987年，普法范围和对象由县级机关和区、镇乡干部，逐步扩大到企业职工和农民群众。是年，完成3145名县级机关和区、镇乡干部的普法教育任务；37500名企业职工接受普法教育，占应普法对象的81%；41万名农民

③1982～1984年，共印发各种法制宣传资料229600余份；举办法制展览约2000期（次），参观人数达297000人次，为群众上法制课431次，听课人数共达68789人；举办法制培训班801期，培训法制宣传骨干和辅导员51970人。1984年6月，举办严厉打击刑事犯罪活动展览，有宣传图板、漫画148块，照片561幅，实物百余件。从同年8月开始，去各区（镇）展出9场次，参观人数12万余人。（资料来源：萧山县志编纂委员会：《萧山县志》，浙江人民出版社，1987年，第704～705页）

接受普法教育，占应普法对象的66.5%。

1988年6月，创办《萧山法制报》，每期发行1万份，主要内容为普及法律知识和案例剖析，分送市级机关、镇乡、企事业单位、学校。1989年，开展“两法一例”(宪法、刑法、治安管理处罚条例)为重点内容的普法教育，组织261名市级部、委、办、局负责人参加法制讲座，增强干部队伍的法制意识。以《中华人民共和国行政诉讼法》颁布为契机，举办各类法制学习班191次，接受教育9550人次；组织法制讲座800余场，接受教育6万余人次。

“二五”普法

1991年5月21日，市人大常委会第七次会议作出《关于深入开展第二个五年普法教育的决议》；6月15日，市普法领导小组编制《萧山市在公民中开展法制教育的第二个五年规划》；9月13日，市委召开“二五”普法教育工作会议，明确“二五”普法要以《中华人民共和国宪法》为核心、以专业法为重点，全面普及法律知识。是年，对84名市级机关负责人进行“二五”普法轮训；举办各类培训班205期，接受教育11360人次；上法制课936场次，接受教育7万余人次；举办广播法制讲座270期，展出宣传图板44块。全市普法工作由启蒙教育转向普及教育。至1993年底，完成对市级机关、镇乡机关干部和教师10360人的“二五”普法教育任务，35个专业执法部门的4000余人完成专业法律知识学习。

1994年，全市普法工作重点转向农村，举办农村普法师资培训班2期，培训师资131人。年末，市普法领导小组对30个镇乡进行“二五”普法工作考核验收，均达到合格标准。1995年4月，萧山市“二五”普法教育工作经杭州市普法领导小组考核验收，被评定为合格。

“三五”普法与“依法治市”

“三五”普法期间，同步开展“依法治市”活动。1996年8月30日，成立萧山市依法治市、普法教育领导小组。9月18日，市委批转市人大常委会党组依法治市的工作请示。10月25日，召开全市依法治市暨“三五”普法动员大会。10月28日至11月2日，全市开展“依法治市”、“三五”普法宣传周活动，对75名市级机关部、委、办、局负责人和65名普法师资进行集中轮训。1997年3月，确定市工商局、钱江啤酒集团公司、高桥初中、宁围镇为“三五”普法、依法治理试点单位。9月，对市级机关、镇乡、农场的905名干部进行集中轮训。10月，在高桥初中创办首家法制学校。

图28－2－793 1998年12月23日，杭发集团公司团委组织“三五”普法知识竞赛（金肖明 陈杰摄）

1998年，萧山电视台、《萧山日报》等媒体开设“法制园地”、“萧然警界”、“法制经纬”等法制宣传栏目；司法部门联合组织由服刑人员组成的艺术团到宁围、益农、前进、进化等镇乡巡回演出，观看群众6万余人次；编印《萧山市外来人员法律常识须知》，免费分发给外来人员；增设宁围初中、盈丰初中两所法制学校；举办部、委、办、局、镇乡负责人法制培训班，全市1050名市管干部均接受“三五”普法轮训。1999年，制订《萧山市依法治镇乡规定》和《村民自治章程》，完善依法治镇乡、依法治村、依法治企业、依法治校、依法治店、依法治居委会等6个依法治理考核标准。

2000年，采用依法治理与普法教育相结合的方式，加快依法治市进程。全市初中以上法制学校增至91所，分发《中华人民共和国预防未成年人犯罪法》5.5万册；市司法局与杭州南郊监狱签订法制宣传、联合帮教协议书，安排在押犯到学校现身说法，2万余名学生接受教育。是年，分别通过杭州市、浙江省对全市依法治理、普法工作的考核验收，并被评为省级普法工作先进单位。

第二节 人民调解

调解组织

中华人民共和国成立后，萧山县政府重视人民调解工作，逐步建立人民调解组织。[①]1985年，全县设有调解组织1142个，调解人员4012名。1988年，建立由城厢镇、市商业局、市国营工业总公司、市二轻工业总公司、市公安局、市司法局等单位参加的城厢地区联合（片）调解委员会，下设4个联片调委会，协调解决城厢地区民间纠纷。1990年，结合村级组织换届，健全村级调解组织，建立村级调解组织901个，基本形成市、镇乡、村、组四级调解网络。

1992年，31个镇乡均配备专职司法助理员。1993年，创建标准化调解委员会。[②]1995年，市司法局制订标准化调委会建设达标、考核验收标准，全市403个村（居委会）人民调解委员会达到标准，占全市村（居委会）人民调解委员会总数的45.5%。

1997年5月，衙前镇成立外来人口管理调解协调小组，成为全市首个外来人口调解组织。1998年，全市建立镇乡联合调解中心31个，首次与绍兴等邻县市建立跨区域联合调解组织4个，解决周边地区民间纠纷。

2000年4月17日，瓜沥镇农贸市场人民调解工作委员会成立，成为全市首家农贸市场调解委员会。至年底，全市共有调解组织1242个，调解人员2603人。其中，镇乡联合调解中心31个、村民调解委员会745个、居民调解委员会141个、企业调解委员会283个、联合调解委员会32个、集贸市场调解委员会8个、流动人员调解委员会2个，基本形成纵向到底、横向到边的人民调解组织网络体系。

民间纠纷调解

1985年，义盛镇以户为单位建立信息卡，落实调解责任，扩大信息来源，提高民间邻里纠纷、家庭纠纷、经济合同纠纷等调解效率。是年，全县各级调解组织调解民间纠纷8226起，调解成功7790起，成功率94.70%。义盛镇调解委员会被评为全国人民调解先进集体。1986年，推广义盛镇信息网络建设和调解信息卡制度的经验，做好民间纠纷的排查和信息联络工作，掌握纠纷的重点人、重点户、重点事，对容易激化的纠纷和重点人及时采取防范措施，提高对纠纷的预测、控制能力，当年纠纷发生总数和因纠纷引起的非正常死亡人数分别下降16.5%和4%。

1988年，市司法局分别在城厢、临浦、戴村、西兴、义盛、瓜沥设立司法办事处，加强对人民调解工作的指导、监督，把“防民间纠纷转化为刑事案件，防纠纷酿成非正常死亡”作为调解工作的重点，超前预防可能出现的矛盾，减少不安定因素，使更多的民间纠纷在基层得到调解。

1990年，全市贯彻“以防为主，调防结合”的方针，民间纠纷调解成功率95.5%，比上年提高1.78%；由民间纠纷引起非正常死亡6起，比上年下降71.43%。

①1952年9月，在6个乡镇开始建立民间调解组织。以后，各乡镇、村逐步建立调解委员会。1963年，全县有调解委员会441个，调解人员1769人，调处各类民事纠纷1540起。“文化大革命”中，调解工作被诬为“搞阶级调和”，组织瘫痪，调解干部被揪斗。1978年，全县调解组织迅速恢复，有调解人员2868人，调处民事纠纷7000余起。1982年1月起，调解工作由县人民法院移交县司法局主管。至1984年底，全县共建立调解组织1314个，调解人员4244人，并培训调解人员18660人次，调解各种民事纠纷36990起，为广大群众排忧解难。（资料来源：萧山县志编纂委员会：《萧山县志》，浙江人民出版社，1987年，第705页）

②标准化调解委员会（简称调委会，下同）的条件是“实行七个规范、达到五个无”：

1.组织规范：调委会在3人以上，设主任1人，必要时设副主任若干。调委会中心须有女同志，应建立纠纷信息员队伍。调委会必须有牌子、有印子。

2.场地规范：镇（街道）、村调委会必须建立调解室。

3.保障规范：调委会必须保障经费落实、调解员工资落实。

4.制度落实：各项制度健全，并上墙公示，镇（街道）调委会部分案子实行家庭化调解。

5.程序规范：调委会必须建立立案、调查、调解、回访等程序，有规范的协议书，调解员须持证上岗，调解时须佩带徽章。

6.机制规范：调解组织内部分工合作、排调结合，对排调出的纠纷有分类、有梳理。

7.档案规范：建立档案，完善台账，纠纷调处有登记、有案卷。

8.辖区内无因民间纠纷引起群体性上访、群体性械斗、民转刑案件、非正常死亡和无归正人员重新犯罪。

1994年，围绕无纠纷积压、无纠纷激化、无民转刑案件、无非正常死亡（简称“四无”）的目标，开展“防激化、解积案”，“送温馨、保平安”活动，排查民间纠纷，调处疑难纠纷，把民间纠纷消灭在萌芽状态，消除不安定因素。1998年，全市150余个村达到“四无”标准。

2000年，全市贯彻“调防结合，以防为主，多种手段，协同作战”的方针，推行组织建设走在工作前、预测工作走在预防前、预防工作走在调解前、调解工作走在激化前，基本做到小事不出村、大事不出镇，防止矛盾激化，防止民转刑案件发生，维护社会稳定。

表28－2－533　1985～2000年萧山民间调解组织和民间纠纷调解情况

年份	调解组织（个）	调解人员（人）	调解民间纠纷（起）	调解成功（起）	成功率(%)	防止民转刑案件(起)	防止非正常死亡（人）
1985	1142	4012	8226	7790	94.70	9	24
1986	1132	4231	6861	6312	92.00	11	23
1987	1249	4655	6753	6168	91.34	24	79
1988	1460	4814	6559	6067	92.50	42	63
1989	1460	4152	7330	6870	93.72	36	52
1990	1504	4204	7514	7176	95.50	54	71
1991	1159	4526	8090	7648	94.54	62	36
1992	1027	4649	9433	9005	95.46	67	57
1993	1027	4463	9621	9216	95.79	167	68
1994	1027	4272	9177	8789	95.77	72	82
1995	1102	2338	7848	7508	95.67	8	16
1996	1063	3185	6637	6345	95.60	34	37
1997	1071	2920	5630	5418	96.23	43	34
1998	1038	3185	4383	4227	96.44	78	30
1999	1222	2603	4202	4006	95.34	56	21
2000	1242	2603	3256	3061	94.01	45	26

第三节　法律服务

法律服务所

1985年4月26日，义盛镇法律服务站成立，为全县首个法律服务站。至年底，全县设立法律服务站6个。翌年，全县法律服务站增至17个，工作人员57人，并在部分企业设立法律服务室或顾问室。基层法律服务站（室）围绕“服务经济发展，整顿经济秩序”这一中心，做好法律服务工作。主要从事民事诉讼、非诉讼案件代理、担任法律顾问、协办公证、解答法律咨询等服务内容。1987年，根据司法部颁布的《乡镇法律服务所暂行规定》，乡镇法律服务站更名为法律服务所。是年，全县乡镇法律服务所增至25个，工作人员75人。

1996年，建立6个集体事业性质的法律事务所，并纳入法律服务所统一管理。翌年，开展基层法律服务机构年检和法律工作者执照注册工作，法律服务所更名为法律事务所。

2000年，对全市26家法律事务所进行清理整顿，撤销10家，保留16家，并将法律事务所统一更名为基层法律服务所。是年，还组织102名法律工作者和28名法律服务志愿者参加全国统一考试。

1985～2000年，全市基层法律服务所共办理民事诉讼代理6366件，非诉讼代理3885件，协办公证1691件，解答法律咨询29463人次，代写法律文书10167份，协助当事人追回各类欠款10287.81万元，为企业和群众避免经济损失11538.97万元。

表28-2-534　1985～2000年萧山法律服务所业务情况

年　份	民事诉讼代理（件）	非诉讼案件代理（件）	担任法律顾问（家）	协办公证（份）	法律咨询（人次）	代写法律文书（份）	追回各类欠款（万元）	避免经济损失（万元）
1985	8	25	9	8	221	56	18.34	35.68
1986	15	44	22	15	302	122	49.69	347.59
1987	102	77	24	19	578	222	105.98	364.80
1988	106	75	31	35	572	201	458.00	322.50
1989	313	229	107	104	1679	820	502.50	377.50
1990	407	433	106	163	2900	880	1101.00	976.00
1991	574	329	157	88	5847	1095	464.50	690.40
1992	341	339	136	36	1500	523	350.30	297.00
1993	412	451	141	61	2320	450	436.00	398.00
1994	412	127	221	320	2495	758	349.00	274.00
1995	524	196	158	230	1322	827	790.00	430.00
1996	364	217	216	77	1983	524	855.00	684.00
1997	395	325	206	105	2836	850	956.00	1100.00
1998	698	362	181	121	1822	766	875.50	1410.50
1999	712	281	192	136	1554	817	1321.00	1817.00
2000	983	375	192	173	1532	1256	1655.00	2014.00

法律服务热线

1998年，启明律师事务所开通法律服务热线电话2636551，免费为群众提供法律咨询服务，当年接受法律咨询790人次。

图28-2-794　1999年6月18日，设在司法局内的萧山市“96148”法律服务专线电话正式开通（张国雄摄）

1999年6月18日，萧山市“96148”法律服务专线电话正式开通。法律服务热线旨在为群众解答有关法律疑难问题，对案件进行分流、协调处理，移送相关职能部门或法律服务部门承办，做到件件有着落，事事有回音。针对社会热点问题，开展下乡法律咨询活动，现场解答有关政策问题。至年底，共受理电话咨询、接待群众来访988人次。

2000年5月，“96148”法律服务热线与公安、信访等22个单位建立联动组织，提高案件办理的时效性和满意度，全年接待群众来电、来访951件（次），处理率100%。

第四节　律师事务

律师事务所

萧山律师职业组织，始于民国时期①，终止于萧山解放前夕。至70年代，律师职业组织一直没有发展。1981年，建立萧山法律顾问处，1986年更名为萧山县律师事务所，隶属于司法局。1989年7月7日，萧山市律师事务所增挂经济律师事务所牌子，有专职律师从事国内经济法律以及涉外经济法律事务工作。1993年2月，又增挂萧山市涉外经济律师事务所牌子。1994年11月18日，湘湖律师事务所成立，为全市首家合伙制律师事务所。1996年，恒通律师事务所成

①民国18年（1929），杭县律师公会在城厢镇郁家弄设事务所，为萧山第一个律师职业组织。民国22年，成立律师公会，抗战期间停止活动。民国37年10月，重新成立律师公会，至萧山解放时止。（资料来源：萧山县志编纂委员会：《萧山县志》，浙江人民出版社，1987年，第705页、708页）

立。萧山市律师事务所更名为启明律师事务所。1998年5月，天鸣律师事务所成立。1999年8月，启明律师事务所更名为钱江潮律师事务所。2000年8月起，钱江潮律师事务所改制为合伙制律师事务所。至年末，萧山有律师事务所4家，均为合伙制。

律师业务

1981年11月至1984年底，萧山县法律顾问处配律师3人，律师工作者2人。共办理刑事案件辩护294件，民事纠纷代理68件（其中经济纠纷代理58件），解答法律咨询3117人次，接待来访群众3096人次，还受聘担任25家企业的常年法律顾问。1985年，萧山有律师2人，律师工作者3人，兼职律师工作者2人，全年担任刑事辩护81件，被法院采纳律师意见59件，其中改变性质1件、减轻处罚58件；担任民事代理75件，为国家、集体、个人挽回经济损失141.20万元；应聘担任单位常年法律顾问29家，为聘请单位追回货款45.75万元。

1998年1月起，市司法局选派律师参加每月举行的市领导接待日活动。4月，5位律师被推荐担任市政府法律顾问。是年，启明律师事务所会同邮电部门开通法律服务热线电话，为群众提供法律咨询服务。1999年起，安排律师参加“市长接待日”活动，向市民免费提供法律咨询服务。钱江潮律师事务所等在萧山人民广播电台联合举办免费法律咨询服务。

1985～2000年，全市律师事务所累计承担刑事诉讼代理4303起，经济诉讼代理3722起，民事诉讼代理3220起，行政诉讼代理94起，代写法律文书5785份，解答法律咨询27373人次，为当事人追回各类欠款52693.60万元，避免经济损失46330.30万元。

表28－2－535　1985～2000年萧山律师事务所承办业务

年份	刑事诉讼代理(起)	经济诉讼代理(起)	民事诉讼代理(起)	行政诉讼代理(起)	担任法律顾问(家)	代写法律文书(份)	解答法律咨询(人次)	追回各类欠款(万元)	避免经济损失(万元)
1985	81	36	75	0	29	93	1111	141.20	108.50
1986	109	64	38	0	37	136	1005	480.00	200.00
1987	145	118	97	0	54	168	3145	983.40	81.40
1988	148	150	128	0	86	212	2675	458.00	187.50
1989	215	146	131	0	103	200	2419	927.00	213.40
1990	359	183	165	0	110	240	3180	691.00	373.50
1991	216	112	114	6	78	190	2100	657.00	287.00
1992	180	129	99	9	85	195	2450	843.00	300.00
1993	280	126	105	9	153	381	720	2451.00	3850.00
1994	218	139	115	6	130	150	1600	3210.00	5000.00
1995	180	141	170	6	155	151	1300	3790.00	2900.00
1996	437	496	311	12	196	380	1700	4520.00	3536.00
1997	366	358	314	11	176	996	700	7234.00	5645.00
1998	407	440	304	10	169	875	1200	8654.00	7658.00
1999	502	590	455	11	221	763	968	7864.00	8560.00
2000	460	494	599	14	227	655	1100	9790.00	7430.00

律师管理

萧山律师业务始于1981年，由县司法局归口管理。1986年，县司法局采取回访原办理案件、听取受聘顾问单位意见等形式，检查律师工作情况，发现不足，督促改进。1987年，试行“全额管理、基数承包、超标奖励”责权利相结合的承包责任制，调动律师工作者积极性，提高律师工作的社会效益。1989年，全市法律服务市场进行两次整顿，禁止5个非萧山所属的律师分支机构和2个无证经营的非法律师机构的律师执业行为。

1993年，改革律师管理体制，扩大律师事务所办案自主权，允许律师开展平等竞争，律师法律服务推向市场。翌年1月15日，市司法局设立律师管理科，完善全市律师工作管理体制，加强对法律服务市场的清理整顿。在律师中开展"讲政治树新风，塑造律师良好形象"活动，加强对执业律师职业道德和执业纪律的检查监督。是年，撤销违规设立的法律服务机构3家，整顿完善3家，并入律师事务所1家。1995年2月，成立杭州市律师协会萧山联络小组，把律师协会行业自律引入律师管理工作，使律师管理逐步形成行政管理与行业自律相结合的运行机制。10月，设立律师执业违纪投诉电话，加强对律师工作的社会监督。1997年，市司法局制订《律师管理办法》《外地律师事务所在本市设立分所的财务制度若干规定》，进一步规范律师事务所的执业行为。

1999年，加强律师事务所规范化建设，促进律师事务所走自我管理、自我发展之路。2000年，钱江潮律师事务所改制，全市各家律师事务所均成为提供法律服务的社会中介服务机构。

第五节　公　证

1981年11月，建立萧山县公证处。[1]1985年，萧山县公证处共有公证员5人，根据经济发展的需要，把经济合同公证作为重点，开展公证回访活动，保证公证事项能够依法履行。办理各类公证1506件。其中经济合同公证1423件，占公证总数的94.49%；民事公证75件，占4.98%；涉外公证8件，占0.53%。

1989年，根据治理整顿的要求，严把合同审查关，对涉及法人资格、经营能力、货源、资金等内容进行严格审查，对不符合国家法律、法规和政策的30份合同不予公证。翌年，开展服务质量建设年活动，推行公证员挂牌服务、上门服务，提高公证的社会信任度。全年办理各类公证756件，经杭州市公证处检查，均符合公证要求。

1994年，根据市场经济发展的需要，公证业务扩大到金融、房地产、开发投资、旧城改造、重点建设工程等领域。是年办理各类公证3908件。1995年6月30日，省八届人民代表大会常务委员会第十九次会议通过《浙江省公证条例》后，市公证处依据条例精神，探索公证体制改革，提高公证人员素质，规范公证业务，全年办理各类公证5187件。

1997年，市公证处在受理常规业务公证的基础上，集中精力做好杭州萧山机场建设1704户征迁安置(宅基地定位)户和2000余件机场征迁人员"农转非"以及劳力安置的公证工作。翌年，市公证处实行"三公开一监督"(办证事务公开、办证程序公开、办证收费公开、自觉接受社会各界监督)制度，提高公证工作的透明度。是年，公证处办理首例婚前财产公证。

2000年，全市公证业务稳步发展，民事公证居多，涉外公证呈上升趋势。是年，共办理各类公证7655件。

[1]至1984年底，公证处配主任公证员1人，公证员1人，公证工作人员2人。共办理公证2301件，其中权利与义务公证172件，农业专业承包公证、农业承包合同公证1583件，其他公证546件。接待群众来访138人次。公证活动推动了经济体制的改革和生产的发展，保护了国家、集体和公民的利益，对防止纠纷和减少诉讼起了积极作用。（资料来源：萧山县志编纂委员会：《萧山县志》，浙江人民出版社，1987年，第705页）

表28–2–536　1985～2000年萧山公证业务受理情况

单位：件

年份	受理数量	民事公证	经济公证	涉外公证
1985	1506	75	1423	8
1986	746	75	668	3
1987	221	62	141	18
1988	406	105	256	45
1989	1150	274	780	96
1990	756	290	361	105
1991	1071	739	189	143
1992	1542	1115	255	172
1993	2710	1842	726	142
1994	3908	2966	860	82
1995	5187	3298	1690	199
1996	3467	2748	463	256
1997	5131	4443	416	272
1998	6436	5457	679	300
1999	5960	4866	572	522
2000	7655	6255	816	584

第六节 法律援助

萧山市法律援助工作始于1996年，最初是律师的一种义务行为。1999年8月5日，成立萧山市法律援助中心，隶属于市司法局，成为杭州地区首家县（市）级法律援助中心。由此开始，法律援助成为一种政府行为，市法律援助中心围绕“为群众办实事，替政府树形象”这一宗旨，重点做好困难群体的法律援助工作。1996～1999年，法律援助中心共办理法律援助案件135件，其中民事案件7件。援助对象主要是未成年人和盲、聋、哑等特殊案件的当事人。

图28—2—795 1988年，市司法局在城区设立法制宣传图板。图为过往群众正在观看（萧山市司法局提供）

2000年起，随着法律援助影响面的扩大，要求提供法律援助的人数明显增加。是年，市法律援助中心受理法律援助案件74件，其中刑事案件51件，民事案件23件。受法律援助的对象由特殊案件当事人，扩大到经济困难群体；受援助范围从刑事案件、抚养、赡养纠纷案件，扩大到工伤、交通事故损害赔偿、人身损害赔偿、劳动报酬追讨等方面。是年12月，因车祸致死的冯某家庭，经法律援助得到补偿。①

第七节 安置帮教

1997年11月27日，萧山市刑释解教人员安置帮教工作协调小组成立，在市司法局设立办公室。1998年1月，市刑释解教人员安置帮教工作协调小组印发《关于开展刑释解教人员安置帮教工作的实施意见》和《关于刑释解教人员安置帮教协调小组成员单位职责的意见》，使刑满释放、解除劳教人员安置、帮教工作有序展开。是年，全市建立镇乡、场刑释解教人员帮教小组29个，形成市、镇乡、村（居委会）三级帮教组织网络，建立“一对一”重点帮教制度。公安、检察、法院、司法、劳改劳教单位建立信息联系制度，掌握全市刑释、解教人员的动态情况。经调查，全市共有“两劳”回归人员1179人（按照刑满释放5年之内，解除劳教3年之内统计）。

1999年，重点抓好“一对一”重点帮教制度落实工作，确定“一对一”帮教对象1095人，其中刑满释放人员958人，解除劳教人员137人。2000年10月止，全市共建立镇乡、场刑释解教人员安置帮教工作领导小组34个，村（居委会）刑释解教人员安置帮教小组573个。全市共有“两劳”回归人员1011人，其中落实责任田354人、在企业安置125人、自谋职业532人，重新犯罪率控制在2%以下。11月8日，市司法局与杭州南郊监狱建立服刑人员联合帮教组织，监狱管教工作由封闭式向开放式转变，为“两劳”人员回到社会，走向新生创造条件。

①2000年8月6日，管某之子冯某驾驶两轮摩托车前往萧山建材厂上班。在途经南新线时，与对面骑自行车过来的王某相撞，导致冯某严重受伤，后经医院抢救无效死亡。留下年迈的母亲和妻儿5人，家庭经济较为困难。事故发生后，萧山市公安局交通巡逻（特）警察大队作出责任认定：双方承担同等责任。之后，该事故的赔偿问题经交警部门调解未果。12月，管某来到萧山市法律援助中心申请法律援助。援助中心经过对案件的审查，认为符合法律援助条件，同意提供法律援助，指派援助律师承办此案。12月29日，萧山市人民法院开庭审理该案。最后，被告同意赔偿原告医疗费、死亡补偿金、丧葬费、交通费、被抚养人生活费等共计人民币35150元。（资料来源：萧山区司法局）

第二十九编 检察 审判

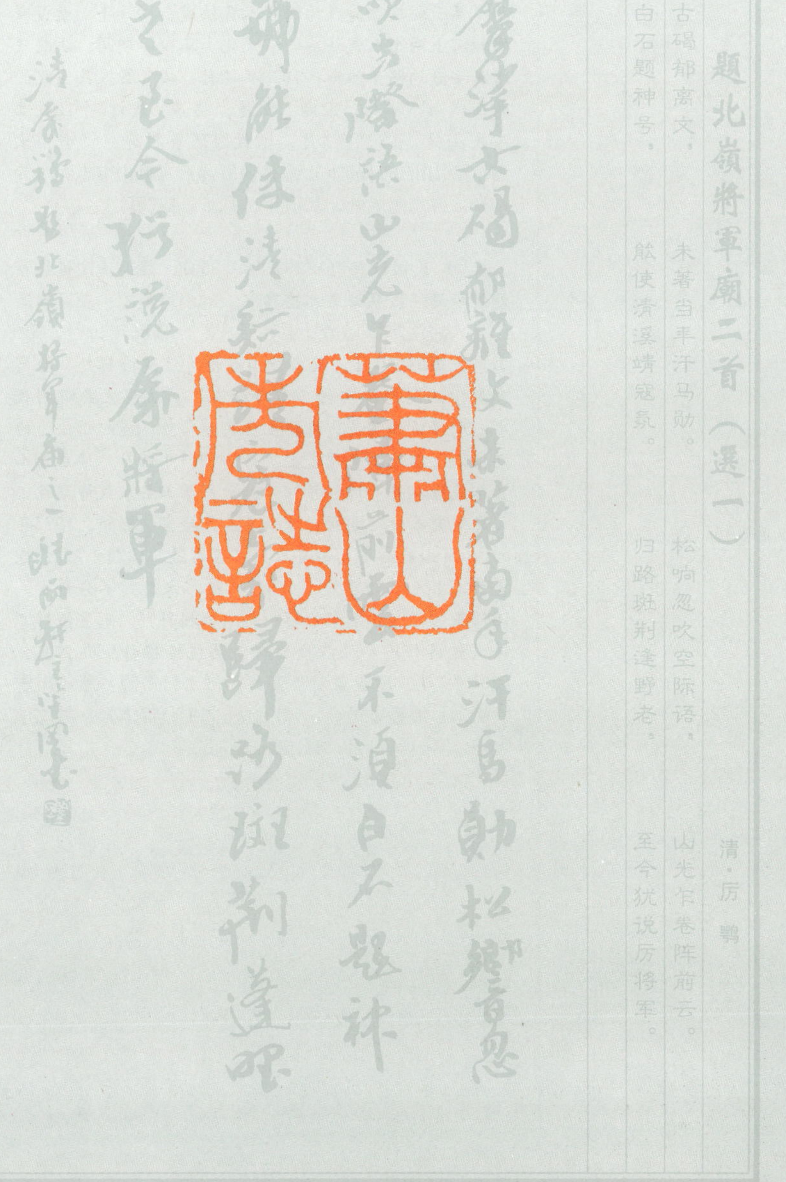

題北嶺將軍廟二首（選一）
清·房鹗
摩挲古碣郁离文，未著当年汗马勋。
松响忽吹空际语，山光乍卷阵前云。
不须白石题神号，能使清溪靖寇氛。
归路斑荆逢野老，至今犹说房将军。

民国18年（1929）10月，萧山县法院成立，独立实施司法审判。[①]同时，县法院设检察处[②]，实施检察制度。1951年10月，检察和审判机构单独设置。1988年1月1日，分别称萧山市人民法院、萧山市人民检察院。

检察、审判制度的实施，对打击严重刑事犯罪，维护社会稳定，确保经济建设和各项社会事业发展，营造和谐社会环境发挥了重要作用。

① 民国前期，萧山无法院之设，司法案件均由知事、县长兼理。民国18年（1929）10月25日，萧山法院成立，司法审判开始独立。民国24年，萧山法院改名为萧山地方法院。民国32年，萧山地方法院裁撤，改组建立萧山县司法处。民国34年，萧山司法处裁撤，恢复萧山地方法院，机构设置分法院和检察处两部分，下设看守所、监狱，各司审判、侦查、公诉、拘押等职能。1950年1月，建立萧山县人民法庭，同年5月，成立萧山县人民法院，人民法庭改为法院审判庭。1953年，在南片、东片和城郊分设第一、第二、第三巡回法庭。1955年，第一、第二巡回法庭改为临浦、瓜沥人民法庭。同年还将审判庭分设为刑事审判庭和民事审判庭。1956年，第三巡回法庭改为西兴人民法庭。1966年，增设城厢和河上两个人民法庭。“文化大革命”期间，法院及所属法庭均陷于瘫痪。1972年12月，恢复县人民法院，并在城南、城北、瓜沥、义蓬、临浦、戴村6个区设立人民法庭。1982年4月，增设经济审判庭。（资料来源：萧山市志（简本）编纂委员会：《萧山市志》（简本），方志出版社，2001年11月，第127页）

② 民国18年（1929）10月25日，萧山法院设检察处，杨湜任检察处首席检察官。（资料来源：浙江省萧山县人民法院：《萧山县法院志》，1986年10月，第6页）民国24年7月，改为萧山县地方法院检察处，检察官置于法院内，实行“审检合署”。法院主要审判民事、刑事诉讼案件，检察主要实施侦查、提起诉讼、协助自诉及其他法令规定之执行。1951年10月，建立萧山县人民检察署。1954年12月，改称萧山县人民检察院。“文化大革命”期间，萧山县人民检察院撤销。1973年3月，萧山县公安局恢复后内设检察股。1978年7月，恢复萧山县人民检察院，只有7名检察人员，不分科室。1979年12月，设刑事检察一科（批捕科）、刑事检察二科（起诉科）、经济检察科、法纪检察科、办公室。1983年6月，增设监所检察科。（资料来源：萧山市志（简本）编纂委员会：《萧山市志》（简本），方志出版社，2001年11月，第126～127页）

第一章 检 察

市（县）人民检察院根据《中华人民共和国宪法》和《中华人民共和国人民检察院组织法》的规定，通过行使检察权，履行检察职能，依法从重从快打击严重刑事犯罪，维护社会稳定；参与社会治安综合治理，扩大办案效果；查办和预防职务犯罪，促进反腐败斗争持续深入进行；开展诉讼监督，维护司法公正和法制统一。

1985～2000年，市（县）人民检察院决定批准逮捕犯罪嫌疑人8598人，不批准逮捕792人；决定向人民法院提起公诉案件6578件、9882人，免予起诉135件、348人，不起诉78人；立案侦查各类经济犯罪案件515件，其中贪污贿赂犯罪案件371件，挽回直接经济损失4679万余元；立案侦查各类侵权渎职犯罪案件85件。[①]

1998年1月，市人民检察院被最高人民检察院授予全国"模范检察院"称号；2000年2月，被最高人民检察院授予全国"人民满意检察院"称号。

2000年，市人民检察院内设机构有办公室、政治处、反贪污贿赂局、审查批捕科、审查起诉科、法纪检察科、监所检察科、控告申诉检察科、民事行政检察科、检察技术科、行政装备科、举报中心、司法会计中心。派出机构有驻萧山市公安局看守所检察室、驻杭州市南郊监狱检察室。在职人员由1990年的80人增至2000年的90人（编制93人）。

第一节 检察委员会

民国时期，萧山检察机关内设首席检察官。[②]中华人民共和国成立后，县人民检察机关内设检察长、副检察长。[③]

1980年3月，县人民检察院设立检察委员会。检察委员会根据《人民检察院检察委员会组织条例》，贯彻执行党的方针、政策和人民代表大会及其常务委员会的决议、命令；重大案件和疑难案件的处理；检察业务工作的规定、条例和措施；检查、总结检察工作和其他有关的重要事项。

检察委员会由检察长、副检察长和部分检察员组成。检察委员会实行民主集中制，在检察长的主持下，讨论决定重大案件和其他重大问题，如果检察长在重大问题上不同意多数人的意见，可报请本级人民代表大会常务委员会决定。

表29－1－537　萧山人民检察院历任检察长

姓　名	性　别	籍　贯	职　务	文化程度	任职时间
马保山	男	山东苍山	检察长	初　中	1978－07～1987－05
郑继中	男	浙江萧山	检察长	高　中	1987－05～1993－04
金福泉	男	浙江萧山	检察长	大　专	1993－04～1997－12
郑初勤	男	浙江临安	检察长	中　专	1997－12～2002－12

①1953～1984年共受理公安机关提请批准逮捕4112人（不包括1965年11月至1978年机构撤销期间的数字），经审查，决定批准逮捕3225人，不批准逮捕568人，作其他处理（退回公安机关补充侦查、撤回提请逮捕等）319人；受理公安机关移送起诉被告人3706人，经审查，决定起诉3456人（包括检察机关增诉被告17人），免予起诉141人，不起诉126人。出庭支持公诉1147次。同时对触犯刑律、罪该逮捕、起诉，而公安机关没有提请批捕、移送起诉的，予以增捕、增诉。（资料来源：萧山县志编纂委员会：《萧山县志》，浙江人民出版社，1987年，第697页）

②民国时期萧山首席检察官：杨湜、郑哲新、王炘、何日暄、张云襄（司法处检察官，兼）、张逸民、左辛民、冯吉荪、方正（检察官）。（资料来源：浙江省萧山县人民法院：《萧山县法院志》，1986年10月，第29页、第38页）

③中华人民共和国成立后萧山县历任检察长：邹训瑞，兼，1951年11月至1952年5月；谢绪贤（代检察长），1954年8月至1954年12月；许法升，1955年11月至1956年6月；刘俊民，1956年6月至1958年6月；马支才，1958年6月至1959年7月；许法升(代理检察长)，1958年11月至1959年7月；王昭菊，1959年7月至1965年10月。（资料来源：中共浙江省萧山市委组织部、中共萧山市委党史资料征集研究委员会、浙江省萧山市档案馆：《中国共产党浙江省萧山市组织史资料（1921－07～1987－12）》，浙江大学出版社，1997年12月，第363～364页）

第二节　刑事检察

市人民检察院刑事检察的主要任务是对刑事案件的审查批捕、审查起诉和出庭支持公诉等，对公安机关的侦查活动和人民法院的审判活动是否合法实行法律监督，以保证侦查工作的质量和准确地查明案件事实，使犯罪者受到刑事处罚，无辜者免受刑事追究。

审查批捕

1985年，县人民检察院根据全国人大常委会《关于严惩严重危害社会治安的犯罪分子的决定》，继续审查批捕工作，打击严重刑事犯罪活动。是年，决定批准逮捕犯罪嫌疑人228人。

表29–1–538　1985～2000年
萧山人民检察院审查批捕案件情况

单位：人

年　份	批准逮捕	不批准逮　捕	无罪不捕	定罪不捕	疑罪不捕
1985	228	27	—	—	—
1986	220	33	—	—	—
1987	216	18	—	—	—
1988	213	33	—	—	—
1989	369	28	—	—	—
1990	469	37	—	—	—
1991	310	30	—	—	—
1992	321	21	3	11	7
1993	421	36	3	12	22
1994	418	42	0	6	36
1995	495	57	9	18	30
1996	853	87	22	40	25
1997	774	90	27	41	22
1998	992	154	76	38	40
1999	1065	55	7	27	21
2000	1234	44	7	28	9
合计	8598	792	154	221	212

注：1985～1991年，“不批准逮捕”含“无罪不捕”、“定罪不捕”、“疑罪不捕”人员。

1986年起，县人民检察院的审查批捕工作，继续贯彻“严打”工作方针，与公安机关、人民法院协同作战，开展打击“车匪路霸”、“流氓黑社会势力”、“卖淫嫖娼”和“反窃车”、“打团伙”、“追逃犯”、“禁赌禁毒”、“扫黄打非”等专项整治活动，依法“从重从快”打击严重刑事犯罪。1986～2000年，共批准逮捕犯罪嫌疑人8370人。在批准逮捕犯罪嫌疑人中，杀人、放火、强奸、抢劫等重特大刑事案犯4392人，“两劳”（劳改、劳教）人员重新犯罪案犯699人，青少年犯罪案犯4396人，无业人员、外来人员犯罪案犯2129人。

审查起诉

萧山市（县）人民检察院在审查起诉案件中，认为犯罪嫌疑人的犯罪事实已经查清，证据确实、充分，依法应当追究刑事责任的，应当作出起诉决定的，按照审判管辖规定，向人民法院提起公诉。对于刑法规定不追究刑事责任，或者犯罪情节轻微，不需要判处刑罚或者免除处罚的，作出不起诉决定。1985～2000年，市（县）人民检察院向市（县）人民法院提起公诉案件6578件、9882人。

图29－1－796　1995年5月，市人民检察院检察干部韩明灿为通济初级中学初三年级学生讲授法制教育课（傅良才摄）

在审查起诉工作中，人民检察院坚持依法办案，注重打防结合、预防为主的“标本兼治”原则，开展在检察环节上的社会治安综合治理工作。通过审查起诉，对发案单位在管理制度上的漏洞，及时发出检察建议，帮助发案单位落实整改措施，完善规章制度；建立对检察机关决定免予起诉的人员必须进行回访检察的制度，落实帮助措施；通过出庭支持公诉，发表公诉词，揭露犯罪，宣传法制，教育罪犯认罪服法、人民群众遵纪守法。为贯彻落实《中华人民共和国未成年人保护法》，从1992年开始，市人民检察院建立专门小组，负责审查未成年人犯罪案件的起诉工作。1994年起，先后在通济中学、朝晖中学建立综合治理联系点。1996年，选派2名检察干部在全市13所中学担任校外辅导员，赴18所学校上法制课21次。1999年，又在头蓬镇建立检察希望学校，把法制教育列入学校授课计划，努力做好未成年人的教育、挽救、感化工作，减少和预防未成年人的犯罪。

表29－1－539　1985～2000年萧山人民检察院审查起诉案件情况

年　份	总　计		起　诉		免予起诉		不起诉
	件数（件）	人数（人）	件数（件）	人数（人）	件数（件）	人数（人）	人数（人）
1985	230	292	210	252	20	34	6
1986	224	294	211	271	13	21	2
1987	245	295	228	272	17	21	2
1988	197	265	186	235	11	27	3
1989	295	471	286	421	9	44	6
1990	369	628	359	575	10	46	7
1991	272	425	266	389	6	36	0
1992	300	422	273	382	27	40	0
1993	262	397	256	373	6	24	0
1994	314	496	306	465	8	31	0
1995	306	436	301	421	5	13	2
1996	521	810	518	797	3	11	2
1997	447	744	447	733	—	—	11
1998	672	1056	672	1045	—	—	11
1999	916	1396	916	1383	—	—	13
2000	1143	1881	1143	1868	—	—	13
合计	6713	10308	6578	9882	135	348	78

注：人民检察院对于依照刑法不需要判处刑罚的，可以决定免予起诉。1996年3月《中华人民共和国刑事诉讼法》修改以后，这一诉讼制度取消。

出庭支持公诉

1985年1月至1996年3月，萧山市（县）人民检察院对于提起公诉的案件，派员出庭支持公诉2683人次，发表公诉词2683篇。在庭审活动中，公诉人通过宣读起诉书指控犯罪，参与庭审调查证实犯罪，协助法庭审判人员及时、全面、正确地查清案情；通过发表公诉词指出被告人犯罪本质和对社会的危害性，指明被告人应负的法律责任；开展法庭辩论用确实、充分的证据来批驳犯罪嫌疑人对犯罪事实的否定。履行检察人员以国家公诉人身份出庭支持公诉的职责，达到打击犯罪、宣传法制、教育群众的目的。

1996年3月，《中华人民共和国刑事诉讼法》对审判程序作了“简易程序”规定后，市人民检察院对于适用简易程序审判的公诉案件，一般不派员出庭公诉。除适用简易程序审判公诉案件外的其他公诉案件，市人民检察院仍派员出庭支持公诉，履行人民检察院的公诉职能。

侦查监督与审判监督

萧山市（县）人民检察院主要通过4种途径履行侦查监督和审查监督职能。

通过审查批捕、审查起诉，认为犯罪嫌疑人犯罪情节轻微不需要逮捕，或者事实不清，证据不足，决定不批准逮捕或者不起诉，或者退回公安机关补充侦查。1985～2000年，在审查批捕案件中，共作出不批准逮捕792人，退回公安机关补充侦查案件158起。在审查起诉案件中，作出不起诉决定的78人，退回公安机关补充侦查的案件49起。

通过审查批捕、审查起诉，发现已经构成犯罪应当追究刑事责任的犯罪嫌疑人，公安机关未提请批准逮捕或者未移送起诉的，予以增捕或者增诉。1985～2000年，增捕犯罪嫌疑人38人，增诉被告人（包括免予起诉）39人。1997～2000年，根据修改后的《中华人民共和国刑事诉讼法》规定，认为公安机关对应当立案侦查而不立案的案件，要求公安机关说明不立案理由的案件有6件、10人。

通过出庭支持公诉，发现人民法院的判决、裁定确有错误和量刑畸重畸轻的案件，按照上诉程序或审判监督程序提出抗诉。1985～2000年，按照上诉程序向人民法院提出抗诉案件9件，获准改判6件。

通过审查批捕、审查起诉与出庭支持公诉，对公安人员在侦查活动中和审判人员在审判活动中的违法行为，口头或书面提出纠正意见。对于情节严重，刑讯逼供、徇私舞弊、贪赃枉法等应当追究刑事责任的，依法予以查处。1985～2000年，人民检察院依法查处公安、法院等司法机关工作人员刑讯逼供、徇私舞弊、贪赃枉法等侵权、渎职犯罪案件9件、9人，均被依法追究刑事责任。

第三节 经济检察

市（县）人民检察院为履行国家法律监督职能，依法行使检察权，受理、侦查经济犯罪案件，[①]对国家工作人员的贪污贿赂等犯罪活动进行监督。在查办贪污贿赂等职务犯罪案件中，坚持“打防结合，标本兼治”的工作方针，运用多种形式，开展职务犯罪预防工作。

反贪污贿赂

1985年7月，根据最高人民法院、最高人民检察院发布《关于当前办理经济犯罪案件具体应用法律的若干问题的解答（试行）》，县人民检察院把打击经济犯罪的重点放在那些乘改革之机，贪污受贿、偷税抗税、侵吞国家和集体财物的犯罪分子上。是年，立案侦查经济犯罪案件20件、23人，其中万元以上大案4件，追回赃款13.35万元。

1986年1月起，县人民检察院根据中共中央关于检察机关要加强对经济犯罪行为的检察工作要求，把打击严重经济犯罪活动作为检察机关为经济建设、经济体制改革服务的一项重要工作来抓，查处大案要案，打击严重经济犯罪。1989年，市人民检察院受理经济犯罪案件线索122件，立案侦查49件、57人，其中贪污受贿案件39件，大要案17件，分别占立案总数的79.59%和34.69%。

图29－1－797 1998年7月21日，市人民检察院举报中心在成立10周年之际，开展为期1个月的法律讲座、咨询、下乡受理举报等活动。图为市人民检察院检察干部在萧山电影院门口开展咨询活动（丁志伟摄）

①1955～1984年，全县共受理经济案件1135件，经立案侦查，向法院起诉460人，免予起诉19人，不起诉65人。1982年3月，全国人大常委会颁布《关于严惩严重破坏经济犯罪的决定》后至1984年，受理各类经济案件142件，办结137件。其中立案侦查51件，决定逮捕经济案犯17人，提起公诉被告人33名，追回赃款、赃物计人民币125372元。（资料来源：萧山县志编纂委员会：《萧山县志》，浙江人民出版社，1987年，第698页）

1993年8月起，市人民检察院把反贪污贿赂斗争的重点放到查办大案要案和党政机关工作人员特别是领导干部的犯罪案件上来。是年，受理群众举报贪污贿赂等犯罪线索145件，立案侦查30件、38人，其中贪污贿赂犯罪大案25件，占立案总数的83.33%，查处党政机关工作人员贪污贿赂犯罪嫌疑人4人，其中科局级干部2人，为国家和集体挽回经济损失437万元。被检察机关立案侦查的贪污贿赂犯罪嫌疑人均被依法追究刑事责任。

1997年1月起，按照修改后的《中华人民共和国刑事诉讼法》关于案件管辖范围的规定，市人民检察院把查办发生在党政机关、行政执法机关、司法机关和经济管理部门（简称“三机关一部门”，下同）中的犯罪案件，作为反贪污贿赂工作的重点，全年共立案侦查“三机关一部门”的贪污贿赂犯罪案件6件、6人，占立案总数22件的27.27%。其中科局级以上干部3人，10万元以上特大案件2件。查处杭州市南郊监狱干警贪污贿赂犯罪案件4件、4人，向人民法院提起公诉后均作出有罪判决。

表29-1-540　1985～2000年萧山人民检察院立案侦查经济犯罪案件

年份	立案侦查（件）	贪污受贿（件）	1万元以上大案（件）	三机关一部门（件）	挽回经济损失（万元）
1985	20	—	4	—	13
1986	31	27	1	—	18
1987	35	26	5	—	16
1988	29	22	2	—	21
1989	49	39	17	—	106
1990	54	42	17	—	119
1991	39	30	17	—	155
1992	34	18	7	—	320
1993	30	25	16	4	437
1994	39	32	28	6	702
1995	40	26	25	3	720
1996	42	31	31	8	875
1997	22	9	7	6	660
1998	20	16	15	7	270
1999	16	14	14	4	150
2000	15	14	14	4	97
合计	515	371	220	42	4679

预防职务犯罪

1985～1996年，萧山市（县）人民检察院立案侦查的经济犯罪案件中，乡镇企业人员的犯罪案件365件，占立案总数的82.58%，其中贪污犯罪案件152件，占41.64%。针对乡镇企业内部管理制度上漏洞多、贪污犯罪多的特点，人民检察院运用法律手段，提出检察建议，帮助有关部门堵漏建制，建立安全防范机制；注意典型案例的剖析和同类案件的分析，研究预防对策，在发案单位和系统，采用讲法制课、召开座谈会等形式，以案说法，开展行业预防；利用报刊、广播等宣传舆论工具进行法制宣传。

1989年8月，最高人民法院、最高人民检察院发布《关于贪污、受贿、投机倒把等犯罪分子必须在限期内自首坦白的通告》后，市人民检察院通过《萧山日报》、萧山人民广播电台、萧山电视台广泛宣传，在规定期限内，全市有12名犯罪嫌疑人向检察机关投案自首，3名有经济问题的人向检察机关讲清经济问题，交代违法所得金额11.90万元，退出赃款10万元。

1996年3月，《中华人民共和国刑事诉讼法》修改后，人民检察院在查办贪污贿赂案件中，注重分析“三机关一部门”工作人员特别是领导干部利用职权，搞权钱交易，贪污受贿的根源，通过与市纪委等部门的协调，组织市级机关、乡镇领导干部参加对领导干部贪污受贿犯罪案件的庭审旁听，举办职务犯罪展览，着力做好职务犯罪的预防工作。1999年6月，市人民检察院选择29个贪污贿赂典型案例，制作成图片，先后在城区、镇乡、街道和企业，以及市“领导干部廉内助”会议上展出，参观人数逾万人，受到应有的警示教育。

第四节　法纪检察

1980～1984年，县人民检察院直接受理违犯法纪案件。[①]

1985年，县人民检察院根据最高人民法院、最高人民检察院、公安部发布的《关于执行刑诉法规定的案件管辖范围的通知》规定，受理和侦查、起诉侵犯公民人身权利和侵犯公民民主权利的案件有：刑讯逼供案，诬告陷害案，报复陷害案，伪证案，非法拘禁案，非法搜查案，非法侵入他人住宅案，破坏选举案，侵犯公民通信自由案，非法剥夺公民的宗教信仰自由和侵犯少数民族风俗习惯案。渎职犯罪案件有：玩忽职守案，泄露国家重要机密案，徇私舞弊案，私放罪犯案，私自开拆、隐匿、毁弃邮件、电报案，以及危害公共安全犯罪案中的重大责任事故案和妨碍婚姻家庭犯罪案中的重婚案。至2001年3月，市（县）人民检察院受理各类侵权、渎职案件线索585条，立案侦查85件。其中查处侵犯公民人身权利和侵犯公民民主权利的侵权犯罪案件54件，占63.53%，尤以经济纠纷、债务引起的人质型非法拘禁案居多，有27件，占侵权犯罪案件总数的50%；查处渎职犯罪案件31件，占立案侦查案件总数的36.47%，其中玩忽职守案7件，占22.58%；重大责任事故案18件，占58.06%。

1996年3月起，市人民检察院法纪检察部门直接受理和侦查、起诉的国家机关工作人员利用职务实施的、侵犯公民人身权利和侵犯公民民主权利的犯罪案件有：非法拘禁案，非法搜查案，刑讯逼供案，暴力取证案，虐待被监管人案，报复陷害案，破坏选举案；国家工作人员渎职犯罪案件有：滥用职权案，玩忽职守案，枉法追诉、裁判案，徇私舞弊案等33类。检察机关查办的侵权、渎职犯罪案件范围仅限于国家机关工作人员和国家工作人员，受理案件线索明显减少，至2001年3月，立案侦查10件，其中查处司法机关工作人员徇私舞弊犯罪案件4件，均被依法追究刑事责任。

①1980～1984年，共直接受理违犯法纪案件99件，其中非法拘禁、非法搜查案16件，玩忽职守案2件，侵犯通信自由案2件，其他侵犯公民民主权利案79件。经审查后立案侦查10件，决定起诉被告人14人，对虽有违法乱纪行为但不构成犯罪的案件，则移送有关部门作行政处理。（资料来源：萧山县志编纂委员会：《萧山县志》，浙江人民出版社，1987年，第697页）

第五节　监所检察

1955年，萧山开始行使监所检察权。[②]

1985年1月至2001年3月，市（县）受理杭州市南郊监狱、萧山公安局看守所移送审查在押罪犯重新犯罪或漏罪的起诉案件34件、34人，均被依法追究刑事责任。办理管教干部虐待被监管人、私放罪犯案件2件、3人。开展以纠正超期羁押为主要内容的刑罚执行监督，纠正超期羁押184起。依法对监管场所进行安全检察2323次，提出书面或口头建议430件次，防止被监管人自杀、脱逃等事故苗头179人次。对在社会上执行刑事判决、裁定的被判管制、剥夺政治权利、宣告缓刑、监外执行（含保外就医）、假释5种罪犯的判决执行情况的监督，发现执行机关对“五种人”监督考察措施不落实或无人帮教或脱

②1955年开始行使监所检察权。1978年县人民检察院重建后，依法对看守所羁押和释放人犯、执行刑事判决和裁定、管理教育和改造实行监督；受理监狱、劳改单位或看守所侦查终结后移送的案件，以及人犯及其家属向人民检察院提出的申诉。自1984年9月起，还依法对杭州市第二劳动管教支队行使劳改检察权。（资料来源：萧山县志编纂委员会：《萧山县志》，浙江人民出版社，1987年，第698页）

管的，协助执行机关落实监督考察和帮教措施；对已丧失监外执行条件而未及时收监的6名(1989年2名，1997年4名)监外执行（含保外就医）、假释的罪犯，向执行机关提出建议，及时予以重新收监。

第六节　控告申诉检察

市（县）人民检察院通过受理来信，接待来访，处理公民和机关团体、企事业单位对贪污罪案、受贿罪案、侵犯公民人身权利和民主权利罪案、渎职罪案以及人民检察院认为需要直接受理的其他案件的举报；接受对其他刑事案件的检举、控告和申诉；接受犯罪嫌疑人的投案自首。

1985～1987年，县人民检察院受理公民和单位来信来访1565件次，其中自行查办处理509件次，为公安、法院等司法机关提供案件线索120件，为检察机关自侦部门提供案件线索77件。

1988年8月，市人民检察院根据打击经济犯罪斗争的需要，成立经济罪案举报站，按照最高人民检察院《关于举报工作的若干规定》，举报站对外设举报信箱，公布举报电话号码，确定每月15日为检察长接待日等制度，做好举报线索的查处、反馈、宣传、奖励工作。1991年，全年受理举报线索321件，其中初查90件；转有关单位处理203件；结存28件。受理来信来访238件（次），其中自行查办和直接答复69件；转有关单位处理158件；结存21件。受理申诉案件7件，其中直接答复3件；转单位处理3件；立案复查1件。至1992年12月，市人民检察院举报站受理的举报线索中，有127件被反贪污贿赂部门立案侦查。

1996年，全年共受理举报、控告457件，其中受理举报291件，含经济问题线索242件，法纪问题线索49件；受理一般控告166件（其中来信104件、来访62件）。举报案件中，初查30件，立案侦查2件。

1998年8月，举报中心成立10周年，市人民检察院通过新闻媒体和发放宣传资料，组织干警上街、检察长挂牌上岗等多种形式，开展法律咨询，接受案件线索，查处贪污贿赂犯罪案件。是年，市人民检察院立案侦查的贪污贿赂等犯罪案件20件中，16件来自举报线索。1988～2000年，举报中心共受理各类群众来信来访5009件。

第七节　民事行政检察

1993年7月始，市人民检察院对市人民法院、当事人及其他诉讼参与人在处理民事、行政诉讼案件中所进行的全部活动是否合法实行法律监督，即实施民事行政检察。1996年，全年受理民事行政申诉案17件，立案调查6件，均被依法提请或建议提请上级人民检察院抗诉，其中2件被上级人民检察院采纳并提请抗诉。1998年受理民事行政审诉案件25件，审查处理11件，立案调查5件，移送其他人民检察院处理1件。立案调查案件中，建议杭州市人民检察院提请抗诉2件，提出检察建议1件，提出书面纠正违法意见1件。至2000年12月，共受理当事人不服人民法院已经发生法律效力的民事（经济）判决、行政判决、裁定申诉案件107件，全部属于民事案和经济纠纷案。经审查后立案41件，其中经济合同纠纷案21件，占51.22%；民事经济赔偿案7件，占17.07%；婚姻家庭、继承、人身权等其他案13件，占31.71%。提起或建议有抗诉权的上级人民检察院抗诉的14件，被上级检察机关采纳并提起抗诉已获准改判的案件5件。

第二章　审　判

萧山人民法院在上级人民法院指导下依法行使审判权，对萧山市人民代表大会及其常委会负责并报告工作。主要履行由基层法院管辖的刑事、民事、行政等第一审案件；受理不服该院已经发生法律效力的判决、裁定等各类申诉和再审案件；依法行使司法执行权和司法决定权；指导人民调解委员会的工作等职责。

1985～2000年，市（县）人民法院共审结各类案件68553件。其中刑事案件7327件、民事案件21081件、经济案件21290件、行政案件217件、执行案件17971件、申诉和审判监督案件667件。

2000年末，市人民法院内设机构有刑事审判庭、民事审判庭、经济审判庭、行政审判庭、道路交通事故审判庭、执行庭、立案庭、审判监督庭、司法警察科、纪检组、政治处、司法行政处、办公室等，下设城厢、城南、义蓬、瓜沥、戴村、临浦6个人民法庭。在职人员由1990年的118人增至142人（编制146人）。

第一节　审判委员会

1956年，县人民法院设立审判委员会，“文化大革命”期间，审判委员会制度被撤销。1980年11月，重新建立县人民法院审判委员会。审判委员会是法院审判工作实行集体领导的组织，主要履行总结审判工作经验、讨论重大或疑难案件和其他有关审判工作的职责。审判委员会会议由院长主持，成员由院长、副院长、庭长、副庭长和审判员若干人组成，由院长提请本级人民代表大会常务委员会任免。萧山市人民法院审判委员会实行定期例会制度，遇到特殊情况，则临时决定召开。1985年1月至2001年3月，先后讨论决定重大疑难案件375件。

表29—2—541　萧山人民法院历任院长

姓　名	性　别	籍　贯	职　务	文化程度	任职时间
曹幼樵	男	浙江萧山	院长	初中	1980—06～1987—04
李纪祥	男	浙江嵊县	院长	中专	1987—04～1990—04
蔡吾贤	男	浙江萧山	院长	大专	1990—04～1997—11
潘季林	男	浙江临安	院长	大学	1997—11～1998—03（代院长）　1998—03～2003—03

注：①民国时期萧山法院院长：宋化春（代院长）、杨悌、姜和椿、傅廷瑞、王寿谞、朱锡瑜（代理院长）（资料来源：萧山县人民法院：《萧山县法院志》，1986年10月，第29页、第38页）

②中华人民共和国成立后历任萧山法院院长：沈芸（庭长、兼，1950年1月至1950年5月）、窦长富（兼，1950年5月至1951年9月）、阚琰玑（1951年9月至1958年3月）、解长春（1958年6月至1959年1月）、胡祖浩（1959年3月至1968年3月、1973年3月至1977年5月）、牛得春（1977年5月至1979年12月）（资料来源：中共浙江省萧山市委组织部、中共萧山市委党史资料征集研究委员会、浙江省萧山市档案馆：《中国共产党浙江省萧山市组织史资料（1921—07～1987—12）》，浙江大学出版社，1997年，第360页、514页、568页）

第二节　审判改革

2000年初，市人民法院根据最高人民法院《人民法院五年改革纲要》的要求，制定《关于审判改革工作的若干意见（试行）》《案件审理流程管理规程》《立案庭流程管理职责规定》。整个审判改革以建立案件审理流程管理制度为中心，对人事制度、审判方式、内设机构、管理体制等方面进行改革。审判流程管理改革的重点，是开庭排期权由立案庭的专职排期法官按案件受理的时间先后顺序统一排期，使简单案件能及时审结，复杂案件不至于久拖不决；理顺审判员和书记员的关系，明确各自职责，促使审判人员的工作重心由庭外向庭内转移，庭审功能由形式向实质转变；立案庭在立案时向当事人发出举证通知，促使当事人有话在庭上讲，有证在庭上举，有理在庭上辩，规范当事人的诉讼行为，增强当事人的举证意识，为公开、公平、公正审判创造条件；法官权、责、利的统一，排期开庭、当庭宣判、错案免职等规定的施行，增强法官的责任感、危机感；流程管理中的排期开庭、庭审记录、开庭结果反馈、共享资料的查询、审限跟踪等，均应用计算机网络，实现办公现代化，提高办案效率，缓解案多人少的矛盾。

2001年2月，由立案庭将双方都同意在答辩期间开庭的简单民事案件直接移送业务庭，业务庭确定承办人及时予以处理。“繁简分流”试行后，简单民事案件的平均结案时间约为14天，比以前缩短16天左右。

市法院在推进审判流程管理改革中，落实机构，明确职责，理顺关系，解决审判部门职能交叉问题，实行立审分立、审执分立、审监分立；建立审判权与审判责任相统一的运行机制，选任33名审判长和独任审判员；建立书记员单独职务序列，设立统一管理、使用的书记员办公室，保证书记员队伍的专业性、稳定性；实行流程管理后，对一些业务素质尚不能适应审判工作要求的人员，从审判岗位上分离出来，从事程序性的辅助工作；把原来院长、庭长听汇报拍板裁判案件的领导方式，改为通过亲自办案、旁听开庭、抽查案件等直接参与审判活动，使院长、庭长总结审判经验、指导审判实践更具有针对性和有效性。每年院长、庭长办结案件在2500件左右，约占全院办案数的26%。

第三节　刑事审判

1980年1月1日始，萧山县人民法院按《中华人民共和国刑法》《中华人民共和国刑事诉讼法》规定审判刑事案件。[①]1985年，县人民法院贯彻执行依法“从重从快，一网打尽”的方针，严厉打击严重刑事犯罪分子和经济犯罪分子（简称“严打”），全年审结各类刑事案件249件，判处被告人295人。其中审结危害严重的杀人、放火、强奸、抢劫、投毒、爆炸、流氓7类刑事案件34件，判处严重犯罪分子54人。1987年，随着经济发展，经济领域犯罪被起诉的案件呈上升趋势。针对这一情况，县法院刑事审判工作实施“五看”做法[②]。1988年，全年宣告无罪4人；不

①1950年5月至1984年底，共审理各类刑事案件11601件。其中：1950年5月至1966年5月为8118件；“文化大革命”期间，法院机构被取消，许多刑事案件得不到依法处理，至1976年10月，审理案件仅为1634件；1976年11月至1979年12月为533件；1980年1月1日起，实施《中华人民共和国刑法》《中华人民共和国刑事诉讼法》，坚持以事实为根据，以法律为准绳，依法办案，至1984年底，依法审理各类刑事案件1316件。（资料来源：萧山县志编纂委员会：《萧山县志》，浙江人民出版社，1987年，第700页）

②即看犯罪的主观恶性程度和情节的轻重程度，看“能人”的一贯表现，看当地领导和群众的意见，看“能人”所在企业的景况，看处罚的刑期能否扣在处缓刑的法定刑内。

服判决而上诉至上级法院的案件37件，经二审，驳回32件，发回重审2件，改判3件。

1989年，市人民法院加强对“打砸抢”案件的审判力度，对在城郊国道线上围堵、拦截、掀翻、敲砸过往车辆，抢劫钱财的13件案件20名被告人，分别以流氓、抢劫罪判处10年以下有期徒刑。

1990年，市人民法院根据最高人民法院关于坚决依法从重从快惩处严重危害社会治安的犯罪分子和依法从严惩处严重破坏经济秩序的犯罪分子的精神，重点打击严重危害社会治安的杀人、放火、抢劫、强奸、流氓、重大盗窃等犯罪和犯罪集团的首犯，以及惯犯、累犯、流窜犯、重新犯罪的劳改犯和劳教人员。全年审结刑事案件445件，判处被告人628人，其中处10年以上有期徒刑38人，平均结案时间为14.9天。1991年，贯彻“竭尽全力维护社会稳定”的方针，全年审结刑事案件比上年下降29.9%。1992年，法院直接决定逮捕30人，在城厢、河上、进化等镇召开宣判大会5次，宣判案件24件，判处被告人48人。1993年，开展打击团伙犯罪、打击“车匪路霸”、打击拐卖妇女儿童和查禁卖淫嫖娼（简称“三打一禁”）专项斗争，判处严重犯罪分子166人。同时加大对职务犯罪的打击力度，判处贪污、贿赂等犯罪分子13人。

图29－2－798　1993年4月27日，市人民法院和市公安局在戴村镇召开宣判处理大会。对15名罪犯和违法分子，进行了公开宣判和处理，近4000名群众参加了大会（傅宇飞摄）

1995年，随着外来人口涌入，非萧山籍被告人增多，占判处被告人总数的46.2%，涉及江西、四川等9个省。针对在萧境内的车匪路霸案件较为猖獗的情况，市人民法院组织力量提前介入案件，依法公开审理在杭金公路萧山地段多次持械抢劫的犯罪案件，对为首分子处以10年以上有期徒刑。1996年4月，全市“严打”斗争深入开展，诉至法院的刑事案件增多。是年，审结刑事案件602件、926人，比上年分别增加65.5%和70.1%，其中审结流氓团伙案件61件，比上年增加3倍以上。1997年，经过“严打”专项斗争，刑事犯罪活动有所遏制，全年审结刑事案件476件，判处被告人747人，分别比上年减少20.9%和21.3%。

1999年以后，对严重刑事犯罪保持高压态势；严惩贪污贿赂等经济犯罪，推动反腐败斗争的深入开展；严惩破坏经济秩序的犯罪分子，维护社会主义市场经济秩序。是年，市法院协同公安、检察机关，开展对“黄、赌、毒”等犯罪的专项斗争，加快审判进度，平均结案时间仅14天，比法定期限缩短31天。

1985～2000年，共审理刑事案件7327件，依法宣判10613人，其中5年以上有期徒刑2923人，不满5年有期徒刑5743人，拘役216人，判处3年以下有期徒刑和拘役缓刑1655人，管制43人，免刑或宣告无罪33人。

表29－2－542　1985～2000年萧山人民法院刑事审判情况

单位：件

年份	杀人伤害	强奸 奸淫幼女	抢劫	放火 爆炸投毒	流氓	盗窃	诈骗	赌博	交通肇事	贪污贿赂	其他	合计
1985	19	24	6	2	8	79	20	31	0	10	50	249
1986	20	32	5	3	9	82	23	30	0	25	21	250
1987	30	38	5	1	23	113	16	9	1	23	26	285
1988	10	18	5	4	5	97	17	3	1	13	46	219

续 表

年 份	杀人伤害	强 奸奸淫幼女	抢劫	放 火爆炸投毒	流氓	盗窃	诈骗	赌博	交通肇事	贪污贿赂	其他	合计
1989	13	19	9	4	11	192	21	0	1	17	50	337
1990	21	38	6	2	10	247	21	10	2	26	62	445
1991	37	16	7	1	8	187	12	2	1	23	18	312
1992	13	35	8	5	5	169	19	0	6	17	46	323
1993	15	36	5	5	6	156	11	2	8	19	44	307
1994	36	9	34	3	12	195	6	2	13	34	10	354
1995	40	11	42	0	14	161	11	0	18	25	32	354
1996	55	21	70	5	65	244	11	2	16	11	102	602
1997	40	18	56	2	19	225	13	1	14	9	79	476
1998	49	23	54	3	0	266	20	5	91	10	172	693
1999	79	21	68	10	0	360	12	3	38	14	357	962
2000	103	32	59	7	0	549	33	7	107	7	255	1159
合计	580	391	439	57	195	3322	266	107	317	283	1370	7327

【附】

刑事审判案例

吴某某受贿、贪污、挪用公款、巨额财产来源不明案 吴某某，男，34岁，汉族，萧山市人，萧山市闻堰镇原镇长。

吴某某利用担任镇长职务之便，于1992年11月以闻堰镇所属公司需资金为由，从农业银行杭州市分行第三营业部拆借资金100万元，供他人从事营利活动，从中收受他人贿赂5万元。1992年12月，吴某某以其出国考察费用大为由，采用欺骗手段，先后3次侵吞集体资金15800元。1993年2～3月间，吴某某未经镇领导集体研究，私自挪用20万元公款，借给他人进行营利活动，从中谋取利息6000元。此外，吴某某于1991年8月以来，其财产明显超过合法收入，尚有8.46万元不能说明来源是合法的。萧山市人民法院以受贿罪判处吴某某有期徒刑10年，剥夺政治权利2年；以贪污罪判处有期徒刑6年，并处没收财产2万元；以挪用公款罪判处有期徒刑7年；以巨额财产来源不明罪判处有期徒刑2年，并处没收不能说明来源款8.46万元。四罪并罚，决定执行有期徒刑20年，剥夺政治权利2年，并处没收财产10.46万元。

吴某某合同诈骗案 吴某某，男，1965年出生，诸暨市人，农民。

1994年9月，被告人吴某某与刘某某、赵某合谋实施诈骗。9月29日，被告人吴某某以需要开办纺织联络站为由，从诸暨市街亭化纤丝绸针织厂骗取该厂的营业执照、公章、合同章等，并伪造法人委托书。9月30日，被告人吴某某指派他人，以诸暨市街亭化纤丝绸针织厂的名义与杭州东升丝厂达成购销协议，将价值302430元的1468.11千克白厂丝提走，谎称在10月10日付清货款。几天后，被告人吴某某等人，以268000元的价格将该批白厂丝低价出售。在受害单位多次催讨下，仅支付55000元，至审判时仍有247430元未追回。据此，萧山市人民法院以合同诈骗罪判处吴某某有期徒刑11年。

王某某拒不执行人民法院判决案 王某某，男，1963年2月出生，绍兴县人，原任绍兴县杭钱包装纸箱厂厂长。

根据已发生法律效力的〔1993〕萧南经初字第111号民事判决书，第一被告绍兴县钱清包装纸箱厂应支付萧山市城南纸品厂货款19090.55元及利息2290.86元和诉讼费1054元。鉴于第一被告的固定资产已借联营名义全部投入第二被告绍兴县杭钱包装纸箱厂，因此，应由第二被告来偿付债务。但作为第二被告法定代表人的王某某置多次教育和通知于不顾，以“此债务与本厂无关”为由，拒绝履行判决内容。1994年10月10日下午，萧山市人民法院执行人员前往该厂执行，被告人王某某竟无视法律，谩骂执行人员，撕拉肩章，煽动群众围攻、殴打执行人员，还扬言“不让他们回去了”等，公然抗拒执行，致使法院执行人员被打，其中5名受伤，审判服装、警服被撕破，肩章、录像带、电警棍等被抢，造成极坏影响。1995年8月1日，被告人王某某被依法逮捕。在审理过程中，王某某认罪态度差，萧山市人民法院以拒不执行人民法院判决罪，判处王某某有期徒刑2年6个月。

（资料来源：萧山区人民法院）

第四节　民事审判

1950年5月，萧山县人民法院开始审理民事案件。[①]

1985年，县人民法院根据《中华人民共和国民事诉讼法（试行）》的规定，严格审判程序，加强民事立案工作，防止群众“告状无门”的现象；对民事纠纷中矛盾容易激化的案件，优先审理，着重调解，做好疏导工作，避免民事纠纷演变为刑事案件。全年审结各类民事案件418件，其中80%以上的案件是以调解或撤诉结案。翌年，根据各种民事案件增多的实际情况，立足多办案、办好案，切实解决群众告状难，对符合立案条件的，不论难度大小，不推不转，杜绝抽屉案、袋袋案和往下转，加快办案进度，保证办案质量。全年审结各类民事案件517件，其中以调解、撤诉等形式结案的占85%。

1987年，实施《中华人民共和国民法通则》第一年，民事审判案件类型增多，收案数量增加，全年共办结各类民事案件699件。翌年，案件类型扩大到婚姻、家庭、财产、继承、债务等18类。在各类案件中，离婚案件最多，占38.84%。

1989年后，民间借贷活跃，由此而引起的借贷纠纷案件增长较快。是年审结此类案件254件，仅次于离婚案件。翌年，债务案件跃居首位，审结445件，占案件总数的36.06%；离婚案件退居第二，受理数为433件，占案件总数的35.09%。

1991年，《中华人民共和国民事诉讼法》颁

表29-2-543　1985～2000年萧山人民法院民事审判情况

单位：件

年份	离婚	债务纠纷	人身损害赔偿	赡养扶养抚养	劳动争议	其他	合　计
1985	220	50	45	11	1	91	418
1986	250	57	72	16	0	122	517
1987	312	102	124	18	6	137	699
1988	343	168	165	46	10	151	883
1989	393	254	119	27	11	167	971
1990	433	445	185	37	2	132	1234
1991	504	506	223	35	7	143	1418
1992	465	366	207	42	11	87	1178
1993	517	348	173	35	12	65	1150
1994	523	316	150	24	10	63	1086
1995	634	381	180	36	12	76	1319
1996	680	419	248	31	12	86	1476
1997	741	590	247	43	37	113	1771
1998	779	543	317	43	25	237	1944
1999	829	616	386	36	43	349	2259
2000	968	641	607	58	52	432	2758
合计	8591	5802	3448	538	251	2451	21081

①1950年5月16日至1984年底，共审理各类民事案件11794件。1968～1972年，由于审判机关被取消，造成民事案件无人管，致使一些人民内部纠纷激化成杀人、放火等重大刑事案件，造成不良后果。1972年12月，县人民法院和各法庭恢复后，民事审判工作渐趋正常。到1984年12月止，审结各类民事案件3294件。（资料来源：萧山县志编纂委员会：《萧山县志》，浙江人民出版社，1987年，第701页）

布施行。市法院民事审判庭、经济审判庭及人民法庭组织学习新法，并选择典型案件组织开庭观摩，在实践中加深对民事诉讼法条款的理解。1992年，坚持调解原则，就地办案，防止矛盾激化，预防纠纷，减少诉讼，特别是对容易激化的案件和“三养”（赡养、抚养、扶养）案件，做到急事急办，优先审理，及时解决。1994年，从维护社会稳定出发，妥善调处土地、山林、水利、宅基地等容易矛盾激化的案件，预防事态的扩大。

1996年，针对道路交通事故赔偿案件和房地产纠纷案件增加的情况，市法院民事审判庭专门设立两个合议庭，审理上述两类民事案件。其中道路交通事故损害赔偿合议庭设在萧山市交警大队，就地办案，方便当事人诉讼。

1998年，发扬人民司法的优良传统，深入基层，深入群众，注重做耐心细致的调解疏导工作，努力化解矛盾，消除社会不安定因素。重点审理农村承包合同，赡养、抚养、扶养案件，商品房买卖、土地使用权转让、劳动争议、市场摊位租赁等有关案件。

2000年，针对私营业主负债外逃，导致职工群体闹事和集体诉讼的新情况，市法院妥善处理好与群众利益密切相关的案件和群体性纠纷案件，把容易引发突发性事件的隐患消灭在萌芽状态。

【附】

民事审判案例

来某某等18人劳动争议案　原告：来某某等18人。被告：萧山中冠声学工程有限公司。

来某某等18名原告，原均系萧山市声学工程研究所职工。1997年9月10日，研究所转制为萧山中冠声学工程有限公司。原告的劳动关系随之转入被告处，但双方未重新签订劳动合同。2000年9月10日，被告以生产经营状况发生严重困难，致使劳动合同无法履行为由，向18名原告提出解除劳动关系。双方约定由被告支付原告至当年年底的工资及身份置换补偿金等其他费用，共360016.01元（其中包括原告沈某某、梁某某退养和陈某某退休移交社会保险应缴纳的费用95000元）。后被告因资金困难一直未支付该款。故来某某等18名原告起诉至法院，要求被告支付工资、生活费、冷饮费、医药费、住房公积金、身份置换补偿金、社保费用等共360016.01元。法院审理后认为，被告中冠公司与18名原告之间的劳动关系成立。原、被告之间就有关解除劳动关系后的补偿金及费用达成共识，并由被告出具给原告补偿明细表。双方的行为应视为双方同意解除劳动关系。被告不及时支付原告工资和相关费用，应当承担民事责任。对其中的3名退养、退休职工要求被告支付社保费用，因被告尚未办理移交手续，且法人还存在，故不予支持。依照《中华人民共和国劳动法》第二十七条第一款、第五十条、第七十三条和劳动部关于《违反和解除劳动合同的经济补偿办法》第二条、第五条、第八条、第九条、第十条及《中华人民共和国民事诉讼法》第一百三十条之规定，判决：一、来某某等18名原告与被告萧山市中冠声学工程有限公司之间的劳动关系解除。二、被告萧山市中冠声学工程有限公司支付18名原告工资、生活费、冷饮费、住房公积金、医药费、身份置换补偿金合计265016.01元。三、驳回原告陈某某、沈某某、梁某某要求被告萧山市中冠声学工程有限公司支付社会保险费的诉讼请求。

何某某邮件损失赔偿纠纷案　1998年12月，何某某在萧山市邮政局交寄一封由萧山发往北京市房山区北京华兴机械厂的挂号信。后此信在投递过程中被丢失，北京华兴机械厂未能收到该信。何某某以信内装有一张金额为30721元的增值税发票，信件遗失给其造成损失为由，诉至法院，要求萧山市邮政局赔偿经济损失13092.70元。

法院审理后认为，何某某从邮政局处投寄挂号信，在投递过程中，因北京市房山区邮政局工作的失误，将此信丢失，对此，应由萧山市邮政局根据法定标准承担赔偿责任。何某某提出信内附有增值税发票的事实，因未经市邮政局验收认可，何某某也未保价，故其要求邮政局赔偿法定标准以外损失费的诉讼请求，法院不予支持。据此，一审判决萧山市邮政局赔偿何某某人民币5元，驳回何某某的其余诉讼请求。

袁某某等人人身损害赔偿案　1998年7月2日晚8时左右，萧山市靖江镇协谊村村民袁某某爬上自己经营的加油站屋顶平台洒水降温时，不幸颈部碰及通过屋顶平台的低压输电线而被电击伤，后经医院抢救无效死亡。同年7月28日，4名原告即袁某某的第一顺序继承人，以该输电线产权属被告靖江镇协谊村村民委员会，袁某某的死亡是被告对输电线安装、维护不当为由，向法院起诉，要求被告赔偿损失85600元。

经审理查明，通过袁某某加油站屋顶平台的低压输电线属被告所有。该输电线建于1990年，当时该输电线整网后达到有关部门的安装技术要求，并经有关部门验收合格。以后被告未对该线路进行整改。现该线路下端（220伏）对地垂直距离为4.50米，对加油站屋顶平台垂直距离为1.09米；中间线（380伏，未通电）对地面垂直距离为4.60米，对加油站屋顶平台垂直距离为1.19米；上端线（80伏）对地面垂直距离为5.27米，对加油站屋顶平台垂直距离为1.86米。同时查明，袁某某所建加油站系1995年底建造，未经有关部门批准。

法院认为：袁某某被电击伤死亡的直接原因，是袁某某在被告所有的低压输电线下违章建房，使得被告的输电线存在危险隐患。且袁某某应当预见其爬上屋顶平台有触及低压线导致死亡的危险，但他轻信能够避免，最终酿成事故。袁某某应对此事故负主要责任。被告作为该低压输电线的所有人，在1990年电网整改后，该低压输电线符合当时的安装技术标准系事实，但该线路随时间和周围环境的变化，目前对地垂直距离低亦系事实，被告又未进行必要的维护，且被告明知袁某某在其输电线下建房会增加触电事故隐患，未采取有效的措施，对此事故的发生亦应当承担适当的责任。据此，判决：袁某某死亡后的总损失合计人民币85600元，此款由被告萧山市靖江镇协谊村村民委员会负担12840元，其余损失由4名原告自行负担。

（资料来源：萧山区人民法院）

第五节　经济审判

县人民法院于1982年4月建立经济审判庭，至1984年底，共审结各类经济纠纷案件147件，诉讼标的470万元。

1985年，县人民法院在经济审判中，开展“送法上门”，为企业提供法律服务。经济审判庭编印了经济纠纷诉讼宣传提纲，分发给各镇乡。1986年，派出两个调查组分赴14个镇乡调查经济纠纷，实行就地办案。为便利企业诉讼，提倡人民法庭承办经济案件制度，7个人民法庭共审结经济案件97件。通过经济审判，使有争议的资金和积压的原材料、产品重新转入生产、流通领域，维护了企业利益和经济秩序。经济案件中，买卖合同案件占绝大多数，1985年和1986年分别占全部经济案件的53.62%、60.19%。1987年，经济合同纠纷扩大到财产保险合同纠纷、财产租赁合同纠纷、科技协作合同纠纷、技术转让合同纠纷、企业内部承包合同纠纷等。

1988年，国家控制信贷，紧缩银根，诸多企业因大量应收款被拖欠，生产资金周转发生困难，有的甚至面临倒闭，导致各类经济纠纷案件大量增加。1989年，涉及外地的经济纠纷案件大量出现，在审理时有的当事人故意躲避债务，有的受地方保护主义影响，增加了办案难度。市人民法院严肃执法，排除阻力，为企业追回资金512万元。1990年，对异地办案，坚持“走一路、带一片”的方针，提高办案效率。当年办结跨省异地案件26件。在受理的经济案件中，80%以上属乡镇企业。市法院在搞好经济审判工作的同时，帮助效益差、纠纷多的企业查找各种原因；对案件审理中暴露出来的问题进行分析研究，帮助企业提高经营管理水平，降低经济纠纷发生率；运用法律手段，配合企业搞好“两清”（清资金、清物资）工作。

1992年，市法院率先在杭州市法院系统建立“调解中心”，运用调解手段，采用即告即收、即收即调、调解后立即执行的方法，解决经济纠纷案件30件，标的521万元。1993年，为拓宽案源，经济庭加强与社会各界的联系，上门提供服务。同时，及时审理萧山钱江印铁制罐厂破产还债案件，成为萧山法院审理的第一起企业破产案件。1994年，经济审判贯彻执行新民事诉讼法，重点抓好规范化审理，加强当事人举证责任，发挥开庭审理、当事人质证、法庭辩论和合议庭的作用。是年，依法调解萧山市金利工贸实业公司与萧山市永峰期货咨询服务公司发生的萧山首起期货纠纷案件。1996年，随着《中华人民共和国担保法》的实施，借款合同案件大幅增加，当年审结此类案件843件，占经济案件的36.21%。1997年，在经济案件中，农村承包合同、租赁、联营、破产、信用卡透支等新类型案件增多。在审理过程中，组织厂长、经理、供销员旁听开庭审理，结合案例向企业提出司法建议，堵塞经济管理漏洞。

1998年，针对部分纺织企业主出走逃债，债主上门逼债、哄抢财物等情况，市法院及时介入审理这类纠纷案件。加强审理涉及外省的经济纠纷案件，慎重审理信用卡纠纷案件和不正当竞争等新类型案件。为改变案件执行难的情况，采取财产保全措施1048次，占案件总数的46.03%。翌年以后，市人民法院为确保经济体制改革的顺利进行，慎重审理企业在破产、联营、承包、租赁、转让和股份制改组过程中发生的经济纠纷案件，坚持法律与政策相结合，支持企业改制，依法制裁借改制之机损害国家和债权人利益的行为。同时，及时审理银行、信用社、财政局、农村合作基金组织等单位的借款纠纷案件，规范金融行为，维护金融秩序；审理购销合同、加工承揽合同等发生在商品流通领域的纠纷案件，规范市场主体的经营活动；依法审理财政借贷案件和清理农村合作基金组织借款案件，确保国有资产的安全和整顿农村合作基金会工作的顺利进行。

表29—2—544　1985～2000年萧山人民法院经济审判情况

单位：件

年　份	购销合同	借款合同	加工工程合同	其他	合　计
1985	126	0	15	94	235
1986	195	5	25	99	324
1987	169	2	25	200	396
1988	234	9	55	275	573
1989	338	20	121	480	959
1990	309	14	141	533	997
1991	261	13	143	633	1050
1992	394	24	80	674	1172
1993	455	65	102	688	1310
1994	683	121	188	297	1289
1995	663	310	196	438	1607
1996	716	843	212	557	2328
1997	754	673	150	609	2186
1998	1019	564	165	529	2277
1999	1012	511	199	625	2347
2000	1189	456	196	399	2240
合计	8517	3630	2013	7130	21290

【附】

经济审判案例

上海东亚食品工业有限公司诉萧山亚太食品厂不正当竞争纠纷案　原告：上海东亚食品工业有限公司，住所地：上海市闵行区文井路188号，法定代表人：周某某。被告：萧山亚太食品厂，住所地：萧山市工人路9号，法定代表人：赵某某。

原告上海东亚食品工业有限公司生产的康元牌各类饼干，自1993年起，每年均被国家内贸部评为名优产品。1995年10月始，被告萧山亚太食品厂未经原告许可，擅自将自己的产品用近似康元牌“点心特选”、“儿童礼品饼”的包装进行包装，并在浙江等地销售，使消费者误认为是原告所生产的康元牌产品，对原告利益造成侵害。原告于1996年3月诉至法院，要求被告立即停止侵害。

本案在审理过程中，经法院主持调解，双方当事人自愿达成协议：被告萧山亚太食品厂停止生产并收回销售于市场的近似康元牌“点心特选”、“儿童礼品饼”包装的侵权产品；被告于1996年4月底在《浙江日报》上公开向原告赔礼道歉；被告赔偿原告差旅费损失1000元。

新街镇人民政府诉陈某某资产转让、租赁合同纠纷案　原告：萧山市新街镇人民政府。被告：陈某某。

原告于1994年8月14日对其所属集体企业——萧山市新街铜带压延厂进行动产拍卖、不动产租赁。经公开投标后，由该镇村民徐某某以标额208万元中标。后双方签订动产拍卖、不动产租赁协议，协议规定动产拍卖付款期限、欠交部分支付利息、不动产租赁租费的数额和应付期限等内容。此后，徐某某将上述协议书所载权利义务全部转让给被告陈某某，双方并签订转让协议。陈某某于1996年4月22日付给原告拍卖款25万元，尚欠原告拍卖款665513元，租赁费186000元，利息75698元。陈某某自行经营的萧山市新街铜带压延厂因经营亏损于1996年底停产。原告经催讨无果，起诉至法院。

经法院审理后认为：原告与徐某某间的动产拍卖、不动产租赁协议合法有效。后被告接受了原中标者的全部权利义务，原告也予认可。故原、被告之间由此形成的债权债务关系成立，被告应予支付余欠原告拍卖款、租赁费和利息。判决被告支付原告余欠原告拍卖款、欠交拍卖款利息及租金共计927211元。

（资料来源：萧山区人民法院）

第六节　行政审判

1989年2月，市法院设立行政审判庭，专门审理行政案件，当年审结行政案件6件，内容主要涉及不服治安管理处罚的行政案件。

1990年10月1日，《中华人民共和国行政诉讼法》施行，市法院配齐行政审判庭的合议庭成员，全年审结治安、土地行政案件13件，其中维持行政机关决定的有6件，占46.15%；撤销或变更具体行政行为2件，占15.38%。

1993年，全年受理行政案件11件，审结12件（含历年结存），受理和审结案件数均比1992年有所下降。主要原因是公民对行政机关“不知告、不敢告”。为了保护公民的合法权益，市法院通过行政审判依法撤销和变更行政机关不合法的具体行政行为。1995～1998年，撤销或变更的判决占全部行政案件的22.2%～29.6%。

《中华人民共和国行政诉讼法》实施之初，行政案件以公安、土管行政案件数量居多，随后逐渐涉及海关、文化、卫生、城建、工商、交通、技监等行政领域，告政府机关案件明显增加。1995年首次出现了不服收容审查、征兵处罚、侵犯企业自主权的行政诉讼案等新类型行政审判案件。

表29—2—545　1989～2000年萧山人民法院行政审判情况

单位：件

年　份	治安行政	土地行政	海关行政	卫生行政	文化行政	工商行政	计划生育行　政	城建行政	交通运输行　政	技术监督行　政	其他行政	合　计
1989	5	1	0	0	0	0	0	0	0	0	0	6
1990	5	0	8	0	0	0	0	0	0	0	0	13
1991	16	0	0	0	0	0	0	0	0	0	4	20
1992	14	2	0	1	1	0	0	0	0	0	7	25
1993	8	1	0	1	0	0	0	1	0	0	1	12
1994	5	0	0	0	0	1	1	1	0	0	10	18
1995	11	1	0	1	0	0	0	0	0	0	10	23
1996	9	1	0	0	0	0	1	1	0	0	5	17
1997	10	0	0	0	1	0	0	1	1	0	6	19
1998	13	1	0	0	0	0	1	2	0	3	7	27
1999	6	2	0	0	0	0	0	2	0	0	6	16
2000	8	1	0	0	0	0	0	3	1	0	8	21
合计	110	10	8	3	2	1	3	11	2	3	64	217

【附】

行政审判案例

倪某某诉萧山市烟草专卖局扣押香烟案　原告：倪某某，男，浙江省绍兴县人。被告：萧山市烟草专卖局。

原告诉称，本人承包经营安昌镇后盛陵门市部，门市部持有绍兴市烟草专卖局发的烟草专卖许可证。原告在1996年8月14日委托董某某去绍兴卷烟市场买烟，并交给需买香烟的清单及购烟款10万元。董为本人买了各种香烟40箱零45条，有绍兴卷烟市场的准运章，在回店途中被被告扣押。被告超越管辖范围，滥用职权扣押原告的香烟，要求撤销被告的扣押行为，并赔偿经济损失5000元。

被告萧山市烟草专卖局认为，董某某系萧山市瓜沥镇渭水桥村人，董没有合法有效的烟草准运证，本局对董运输的香烟扣押是有法律依据的。本局没有扣押倪某某的香烟，倪向法院起诉没有依据。要求维持本局对董运输香烟的扣押行为。

市法院审理查明，绍兴县安昌镇后盛陵门市部，持有绍兴市烟草专卖局颁发的烟草专卖许可证，原告倪某某承包经营该门市部。1996年5月，倪将门市部的烟草专卖许可证交给了董某某。自5月份至8月14日之前，董凭此证共购进价值250万元的香烟，而倪并不知道。1996年8月14日，董运输的香烟被被告扣押，当时并没有向被告提供系原告委托其买烟的有关证据。原告倪某某的“买烟清单”是香烟被扣后才向被告提供的，倪所说的10万元交给了董某某，倪、董二人的陈述不一致。法院认为，原告所说的事先委托董某某去买香烟，将10万元交给董某某没有依据，被告扣押香烟的行为没有侵犯原告的合法权益，原告的起诉不符合起诉条件。依照《中华人民共和国行政诉讼法》的有关规定，裁定驳回原告倪某某的起诉。

中国茶叶进出口公司不服萧山市公安局没收决定案　原告：中国茶叶进出口公司；被告：萧山市公安局。

1996年11月，萧山市公安局立案侦查萧山工艺首饰品厂职工华某某、华某某等人涉嫌虚开增值税发票、骗取国家退税案。之后，对中国茶叶进出口公司等单位给萧山工艺首饰品厂代理出口首饰后的退税款，均作出了没收上缴国库处理的决定。其中，对中国茶叶进出口公司的退税款1619449.92元，萧山市公安局于同年12月4日予以划扣，12月27日，作出没收上缴国库的处理决定。对此，原告认为，其既不是犯罪分子，萧山市公安局也不是税务机关，原告的退税款不能没收上缴国库。故请求法院判决被告退还非法没收原告的退税款1619449.92元。

2000年9月7日，被告以原决定违法为由，撤销对原告的没收决定，同时以部分案犯在逃、案件仍在侦查之中为由，决定对原告的退税款1619449.92元予以刑事扣押。

因被告在审理过程中变更具体行政行为，法院经征询原告意见，原告不同意撤诉，故对被告作出的没收具体行政行为继续审理。

市法院审理后认为，根据全国人大常委会《关于惩治虚开、伪造和非法出售增值税专用发票犯罪的决定》第十二条第一款规定，对非法抵扣和骗取的税款，由税务机关上缴国库；同时刑事案件中的没收或追缴，应由人民法院作出裁判确定，被告作出的没收决定，显属违法。依照《中华人民共和国行政诉讼法》第六十八条第一款和最高人民法院《关于执行〈中华人民共和国行政诉讼法〉若干问题的解释》第五十条第三款、第五十七条第二款第（二）项之规定，作出如下判决：一、确认被告萧山市公安局对原告中国茶叶进出口公司的没收决定违法。二、被告萧山市公安局返还原告中国茶叶进出口公司的原没收款计1619449.92元。

任某某不服萧山市土地管理局行政决定案　原告：任某某，男，住本市瓜沥镇红友桥北。被告：萧山市土地管理局，法定代表人：孙某某。

1999年9月13日，因道路建设需要，市土地管理局依照《中华人民共和国土地管理法》第五十八条之规定，以《关于收回原萧山鸿雁邮电通讯器材厂（已被吊销营业执照）土地使用权的决定》（萧土〔1999〕第26号），收回瓜沥镇政府所属原鸿雁厂880平方米的国有土地使用权，并按该地块土地、房屋和附着物所估价60余万元，补偿给鸿雁厂的开办单位瓜沥镇政府。原鸿雁厂厂长任某某认为，市土地管理局将瓜沥镇政府定为被拆迁人和土地使用权人与事实不符；以评估价为基础，作出补偿，违反《杭州市征用集体所有土地房屋及拆迁管理条例》的规定，因而诉至法院。

经审查，鸿雁厂总占地面积为4900平方米，其中3749平方米为国有土地，享有国有土地使用权证。被告决定收回土地使用权的880平方米，按规划图及土地使用权证，属国有土地，并非原告所称的属不确定的任意留地。市法院认为，根据工商登记档案，鸿雁厂应属集体企业，该厂被吊销执照后，其资产应由其主管单位瓜沥镇政府负责清理，土地管理局将镇政府作为拆迁人并无不当。任某某在企业中实际投入等与瓜沥镇政府之间的经济纠葛，应另行处理。土地管理局按《中华人民共和国土地管理法》第五十八条规定，收回国有土地使用权后，按评估价补偿给瓜沥镇政府符合《杭州市征用集体所有土地房屋及拆迁管理条例》的有关规定，市土地管理局的具体行政行为证据确凿，适用法律正确，符合法定程序。据此一审判决维持市土地管理局1999年9月13日土地管理行政决定。

（资料来源：萧山区人民法院）

第七节　执行案件

1986年以前，由于绝大多数民事案件调解结案进入执行程序很少，故县人民法院“审执合一”，案件的执行工作由民事审判庭的执行组承担。1985年和1986年，分别执行结案（简称执结，下同）民事案件20件和57件。

1987年，县法院单独设立执行庭，为执行工作提供了组织上的保证。在案件审理中，运用诉讼保全措施，适时封存财产、冻结银行账号，使大多数案件审结执毕；对负有法律义务的当事人进行法制宣传教育，督促其自动履行义务；对多次教育疏导后，仍蛮不讲理、拒不履行的，依法予以强制执行。1989年，新收执行案件657件，旧存166件。其中执结473件，比1988年的224件增长1.11倍。

1990年5月，市法院开展“突击执行月”活动，对那些无视和拒不履行生效法律文书的被执行人，实行财务扣押、查封财产、从银行强行划拨存款等强制执行措施；参加省高级人民法院组织的“执行大会战”，组成35名干警的执行队伍，分赴全国13个省、市开展执行工作。全年共执结案件755件，比上年增长59.62%，执行标的678万元。1991年8～9月，在全市范围内开展“集中执行月”活动，以思想教育、法制宣传为先导，以强制措施为后盾，通过电视、广播、公开信及对被执行人集中谈话等形式，营造执行声势，迫使其自动履行。

1992年，市法院突出审执并重，在下达办案指标时，将执行案件指标单列，规定审结执毕案件的比例，使进入执行程序的案件明显减少，全年共收执行案件741件。对进入执行程序的案件，继续采用平时执行和集中突击相结合的方法，提高执行效率。1994年，共执结1051件，其中民事案件执结355件，经济案件执结648件。执行标的2602万元。到外省市执行90件。

1995年，市法院对经多次教育置之不理，抗拒执行和暴力抗法者，依法追究刑事责任。如被执行人绍兴县杭钱包装纸箱厂厂长王某某、原马鞍山市太白轧钢厂厂长谷某某等，在法院强制执行时，煽动群众围攻殴打执行人员，毁坏执行械具，造成极坏影响。法院以拒不执行生效判决罪，对他们依法逮捕，定罪处罚。1996年，首次采用公告督促执行措施，对未自动履行生效法律文书的部分被执行人，通过报纸、电视台刊播《萧山市人民法院督促执行公告》，敦促其自动履行，并发动群众提供被执行人下落或财产线索，再辅以必要的强制措施，取得较好效果。1998年，继续做好集中执行活动。仅10月份开展的突击执行活动中，一举执结629件，占全年执结案件的23.43%。

1999年，市法院实施“执行周”制度，在庭内建立案件排期执行和排期与当事人谈话制度。在工作方法上，实行“财产申报制”和“申请人举证责任制”；打破作息时间，在深夜、凌晨和节假日出击执行；加强与外地法院的横向联系，取得外地法院的配合和支持；借助舆论力量督促执行；召开债权债务人会议集中执行；依法对一

表29-2-546　1991～2000年萧山人民法院执行案件情况

单位：件

年份	民事案件执行	经济案件执行	行政案件执行	刑事附带民事执行	非诉行政案件执行	仲裁裁决执行	公证债权文书执行	合计
1991	269	480	2	0	20	0	0	771
1992	254	469	1	1	16	0	0	741
1993	210	309	1	1	15	0	0	536
1994	355	648	3	0	45	0	0	1051
1995	244	608	2	0	54	0	0	908
1996	377	1022	3	1	41	0	0	1444
1997	472	1328	0	1	93	0	0	1894
1998	835	1779	6	10	48	0	7	2685
1999	1186	1902	10	6	62	3	2	3171
2000	1326	1659	0	5	48	11	14	3063

些具有履行能力而拒不履行的被执行人采取强制措施。

2000年，市法院建立执行网络；强化申请人举证和责令被执行人财产申报；采取以房抵债、产权转移、回购租赁以及股权、土地转让抵债等灵活方式，加快执结进度，使“执行难”取得阶段性成效。全年共执结3063件，执结率89.9%，执结标的4.44亿元。

第八节　申诉和审判监督

1952年，县人民法院通过受理申诉案件，复查纠正错案。①

中共十一届三中全会后，县法院刑事审判庭设有申诉复查组，主要受理、复查历史上特别是“文化大革命”期间的冤假错案。1984～1986年，共审结刑事申诉案件219件，涉及227人，其中改判纠正141件，涉及151人。1987年，把申诉复查工作的重点放在1966年以前的政治性案件和统战方面及“文化大革命”期间的案件，复查案件30件、38人，其中宣告无罪、不追究刑事责任或免予刑事处分16件、24人。1988年，加强刑事申诉工作，全年受理政治性案件和普通刑事案件26件，改判19件。

1989年，告诉申诉庭成立，审理申诉案件29件，以“严打”以来判处的案件为主，对事实和性质确实有错的案件，依法予以纠正，改判8件。1990年，对当事人和人民群众反映强烈的案件，逐一进行复查，发现确有错误的，依照审判监督程序及时进行纠正。全年共审查历年来审结的各类刑事、民事、经济案件52件，改判4件。

1992年，民事、经济纠纷和行政案件由告诉申诉庭统一立案，克服了过去立案与审判混于一庭的弊病。是年，通过审判监督程序办结各类申请再审案件38件，改判8件；根据民事诉讼法规定，办结支付令案件22件；还办结减刑假释案15件。1994年，对符合条件的告诉依法及时立案，对不符合受理条件的告诉，及时予以答复，全年审结刑事申诉、民事经济申请再审案件28件，改判3件。1995年4月起，坚持每月一次“院长挂牌值班”活动，接受群众咨询、投诉，密切与人民群众的联系。是年，共接待112人次。

1999年1月，告诉申诉庭更名为审判监督庭，完善案件监督检查制度，对案件的受理、审理、裁判、执行等各个环节进行跟踪监督，行使审判管理职能，加大审判监督力度。对各庭所办案件按《案件质量评查标准》进行评查打分。2000年，对原判确有错误的，依照审判监督程序提起再审，对申诉和再审申请无理的，耐心说法，使其服判息诉。全年共审结再审案件28件，改判10件。

①1952年司法改革中清理出错案53件，进行了纠正或改判。1956年，对镇压反革命运动中判处的反革命案件和刑事案件325件进行了复查，纠正了错案23件。1961年4月开始，对1958～1960年办结案件中的1011件刑事案件进行复查，查出错案20件，均作了纠正。1978年8月至1984年底，县人民法院组织专门力量，对“文化大革命”期间的案件和建院以来提出申诉的各类刑事案件进行全面复查，共复查处理1777件。其中1966～1976年期间判处的1065件，复查结果为：维持原判785件，改判280件、293人，其中宣告无罪205人。对9件因反对林彪、反对“四人帮”而被判刑的所谓“反革命”案件，全部彻底平反，落实政策。同时，配合有关部门，对其他改判纠正的当事人，在经济、工作等方面的善后问题作了妥善处理。（资料来源：萧山县志编纂委员会：《萧山县志》，浙江人民出版社，1987年，第702～703页）

表29－2－547　1984～2000年萧山人民法院申诉和审判监督工作情况

单位：件

年　份	办结申诉或审判监督案件	改判案件
1986	219	141
1987	30	16
1988	26	19
1989	29	8
1990	52	4
1991	53	7
1992	38	8
1993	28	6
1994	28	3
1995	18	3
1996	33	5
1997	27	4
1998	53	2
1999	5	2
2000	28	10
合计	667	238

注：1986年办结申诉或审判监督案件和改判案件的数据为1984～1986年合计数。

第三十编
军　事

越王台

宋·文天祥

登临我向乱离来，落落千年一越台。
春事暗随流水去，潮声空逐暮天回。
烟横古道人行少，月堕荒村鬼哭哀。
莫作楚囚愁绝看，旧家歌舞此衔杯。

萧山地扼浙江南北要冲，素为战略要地。

1950年8月1日，中国人民解放军萧山县人民武装部成立，开始建立和发展民兵组织。1977年起，开展整顿民兵组织工作，注重提高民兵质量，重点抓好基干民兵建设。1989年12月，成立萧山市民兵应急小分队，为维护社会治安，加快经济建设发挥积极作用。1998年6月7日，举行全市民兵应急分队摩托集结演练和军事表演，受到省军区首长的检阅。

健全国防动员机构，开展国防动员教育和演练，增强全民国防意识。按照军事现代化和军供正规化的要求，改善军供设施，提高保障能力，保证过往部队饮食、饮水需要。1987年，萧山军供站被民政部、解放军总后勤部评为军供工作正规化建设先进单位。

1955年实行义务兵役制起，萧山遵循国务院、中央军委的征兵命令，一般每年征集一次，选送适龄青年应征入伍，履行保卫祖国神圣职责。1984年新《中华人民共和国兵役法》颁布后，改为以义务兵役制为主体，义务兵与志愿兵相结合，民兵与预备役相结合的兵役制度。1988年5月，在萧山组建浙江陆军预备役步兵第一师第一团第一营；1999年8月，萧山预备役57高炮营成立，成为一支训练有素的预备役部队。

驻萧部队和民兵预备役部队，按照“政治合格，军事过硬，作风优良，纪律严明，保障有力”的要求，围绕“打得赢，不变质”的课题，加强部队革命化、现代化、正规化建设和国防后备力量建设，把教育训练提高到战略地位，国防建设指导思想实行战略性转变，开创部队建设和后备力量建设新局面。

驻萧部队继承和发扬拥政爱民的优良传统，积极参加兴修水利、抢险救灾、植树造林、维护社会治安等活动，为萧山经济建设和社会发展作出贡献。驻军与驻地有关单位建立共建点，开展精神文明建设活动。特别是在抢险救灾中，驻萧部队和民兵预备役人员发挥突击队作用，为保卫国家和人民生命财产立下功勋。

萧山是国家重点人民防空城市之一。坚持“长期准备，重点建设，平战结合”的方针，加大人民防空建设的投入，完善各种人民防空设施，做到人民防空工作与经济建设协调发展、与城市建设相结合。加强人民防空知识宣传教育，提高全民人民防空意识，普及人民防空基本技能和常识，增强现代战争条件下的自救、互救能力。

第一章　国防动员

萧山市国防动员委员会成立于1995年12月25日。委员会由33人组成，第一主任吴键，主任林振国，副主任赵申行、朱张松、沈奔新、方岳义、孙孝明。下设市人民武装动员办公室、市经济动员办公室、市人民防空办公室、市交通战备办公室。国防动员委员会与市委人民武装委员会实行一个机构、两块牌子，原设立的市人民防空委员会、市交通战备领导小组自行撤销。1997年9月，市国防动员委员会进行调整。第一主任吴键，主任林振国，副主任方岳义、朱张松、孙孝明、郁龙旺。

1989年3月，成立萧山市全民国防教育领导小组，赵永前任组长，赵纪来、赵申行任副组长。1990年，领导小组撤销，成立萧山市国防教育委员会，赵永前任主任，赵纪来、赵申行、盛昌黎任副主任，下设国防教育办公室。1993年6月，市国防教育委员会进行调整，委员会由15人组成，主任赵纪来，副主任沈奔新、朱张松、许申敏。1997年5月，市国防教育委员会再次进行调整，主任赵纪来，副主任方岳义、王玉明、许申敏、郁龙旺。

市国防动员委员会负责全市国防动员工作。主要任务和职责是贯彻积极防御的军事战略方针，落实国家、南京军区和省、杭州市国防动员委员会有关国防动员工作的方针、政策和命令指示；依据上级的总体规划，组织制定全市国防动员规划、计划和具体动员方案；检查监督国防动员法规的实施和国防动员计划、方案的贯彻执行；组织协调全市政治、军事、经济、社会等方面的国防动员工作；组织领导全市的人民武装动员、经济动员、人民防空、交通战备、军运供应等工作，增强全民的国防意识，适应现代战争条件下的实际需要。

第一节　国防教育

市国防动员委员会履行全民国防动员、组织民兵演练、国防后备力量建设等职能。市全民国防教育委员会依据《国防教育大纲》，对全民进行国防理论、国防历史、国防形势、国防精神、国防法制、国防经济和科技知识的教育。

1998年6月7日，市国防动员委员会组织1000余名民兵举行应急分队摩托化集结演练和军事表演，省军区司令员袁兴华少将及省、杭州市的党、政、军领导观摩演练。

2000年5月，262名民兵、预备役官兵参加杭州军分区组织的城市防空防卫作战演习。是年，市国防动员委员会对市级机关15个部、委、局、办和31个镇乡、萧山经济技术开发区以及在萧的省、杭州市属企业进行国防人力、物力及潜力调查，对重点目标和部分高技术企事业单位进行实地勘察，并将调查结果输入电脑数据库，充实和完善各类相关资料，形成良好的国防动员机制。

宣传教育

根据《国防教育大纲》要求，分别对国家机关、社会团体工作人员和企事业单位职工、初中以上学生、民兵和预备役人员实施重点教育，其他公民实施普及教育。对重点教育对象进行国防理论、国防历史、国防形势、国防精神、国防法制、国防经济和科技知识教育。对普及教育对象进行国防权利和义务、爱国主义和革命英雄主义、国防体育和国防常识教育。在开展国防教育活动中，注重把国防教育同国情教育、社会主义教育结合起来，使公民懂得“民无兵不安、国无防不立”的道理；把国防教育与民兵工作、征兵工作结合起来，促使民兵积极参加国防后备力量建设，激发适龄青年自觉报名参军的热情；把国防教育与重大节庆活动结合起来，营造“稳军心、固长城”和全社会关心支持国防建设的良好氛围。

1987年，举办万名民兵国防知识竞赛，因地制宜，运用英模报告会、演讲、歌咏等群众喜闻乐见的活动，广泛开展国防知识教育。在组团参加杭州市政府、军分区、电视台举办的杭州市民兵国防知识智力竞赛活动中获团体第三名。1988年，市委把国防教育内容作为党校干部培训的必修课，人武部编写4.5万字的国防教育材料，印发到基层。举办各类培训班47期、上国防教育课181次、各系统组织37次国防知识竞赛，27万人次受到教育。1989年，市委要求各级党校国防教育课由主要领导干部主讲。是年，67所乡镇党校开设国防教育课，上课173次，举办各种广播讲座、国防知识竞赛、演讲报告会141次，受教育28万人次。14所中学学生接受军训和国防知识教育。省军区转发萧山市开展国防教育的经验和讲课材料。

1990年，讲授国防教育课311次，听课29.7万人次；征集国防教育论文25篇，其中4篇获杭州市优秀论文二、三等奖；1500名中学生接受军训，对民兵预备役人员进行国防教育形成制度。1991年7月16日，138名区、镇、乡主要负责人参加首次“军事活动日”，听取国防教育专题报告，进行手枪、步枪实弹射击。是年，创办少年军（警）校12所，11所中学的7714名学生参加军训。市人武部、市委党校、浦沿镇、长山中学、杭齿厂等5个单位被中共杭州市委、市政府评为国防教育先进单位。1992年9月，16所少年军（警）校举行首届阅兵式。在杭州军分区举办的国防知识竞赛中，市代表队获团体第三名、个人第二、三名。1993年，市国防教育办公室被评为省国防教育先进单位。

1995年，市委将国防教育纳入精神文明建设规划，教育工作为考核市级部、委、办、局和镇乡年度目标责任制内容之一。1997年，开展以爱国主义为主要内容的国防教育活动。全市11.2万人参加全国国防知识竞赛。市国防教育委员会被省委、省政府、省军区评为全民国防教育先进单位。1998年3月，在《中华人民共和国国防法》颁布一周年之际，全市开展国防法规宣传月活动，40余家单位参加为期15天的国防法规宣传黑板报展览，3.3万人接受教育。1999年初，全市143所中学的14.6万名学生参加“保卫二十一世纪中国”万校国防教育活动。2000年，省国防教育委员会提出“系统抓、抓系统”的要求，萧山坚持贯彻长期、有效、稳定的方针。全市订阅《东海民兵》2123份、《浙江国防》1006份。

学生军训

1986年3月，在萧的杭州齿轮箱厂技工学校、杭州发电设备厂技工学校进行学生军训试点，141名学生接受为期20天的四O火箭筒、枪械修理、14.5高射机枪操作等科目训练，经县人武部考核，训练成绩总评优秀。

1988年9月1～8日，市人武部抽调预备役军官，对市乡镇工业学校学生进行军事训练。组织学生参加射击、投弹、战术、爆破队列等科目训练，并举行阅兵式。1989年开展军训的学校增至14所。1991年，全市创办12所少年军（警）校，接受军训学生7714名。1992年少年军（警）校增至16所。是年9月，各校举行首届阅兵式。

1996年，市乡镇工业学校毕业班学生在规范化训练结束后，经杭州军分区考核，各科目成绩均达到优良。

1998年4月，市教育委员会人民武装部成立，其主要任务是组织协调全市中学生军训，抓好应届高中毕业生的基干民兵军事训练。6月，成立萧山高中（中专）学生基干民兵军事训练领导小组。对全市6

所普通中学6683名高中生和7所职业高中3557名学生进行摸底调查，制定《军事训练实施意见》，各校成立军训大队。8月10日，市人武部及各乡镇专职人武干部52人组成教官队伍，担任教学、保障工作，在衮江、长山两所职业高中进行规范化军训试点。两校381名99届毕业班学生按照《训练大纲》接受为期17天的基干民兵规范化军事训练。经杭州军分区组织考核，合格率100%，优秀率50%。训练结束后，按生源编入本人户口所在乡镇基干民兵名册，实现训编结合。

2000年，全市104所中、小学的2.51万名学生参加军训和军事夏令营。

预备军人学校（班）

1990年9月，市人武部在长山中学创办市预备军人学校（班），面向全市招生。首届38名适龄男青年入学，学制2年。学生统一着装，在开设文化课和专业课的同时，组织学生进行国防知识教育和军事训练。毕业后，在同等条件下优先入伍。1994年9月，第三届预备军人班改由萧山市职业中学承办。1996年，预备军人学校36名学生经过18天的强化训练，参加省军区组织的比武表演。1999年9月，预备军人班招收电脑专业学生，并实行男、女生并招。

人民防空知识普及

萧山对学生的人民防空知识教育始于1987年，是浙江省和杭州市进行中学生人民防空知识教育的试点。当时，仅局限于城区范围内的初级中学。1995年起，举办人民防空知识教育师资培训班，提高人民防空知识教育的师资素质和教育水平。1998年，市人民防空办公室与市教委、市国防动员委员会联合发文，明确人民防空知识教育列入初级中学基础教育。是年，全市68所初级中学二年级学生全面普及人民防空知识教育。截至2000年，全市共有6.55万名学生接受人民防空知识教育，普及率和学生考试合格率均为100%。

1996年11月，市人民防空办公室开展《中华人民共和国人民防空法》颁布宣传周活动，市有关领导作专题电视讲话，在城区主要街道悬挂宣传横幅49条，组织学生铜管乐队上街宣传。在萧山电影院前举行大型宣传咨询活动，向市民分发人民防空宣传小册子，委托城区各居委会向市民分发《人民防空法》宣传资料4.5万份。《萧山日报》刊登《人民防空法》和《依法加强人民防空建设》《构筑心中“人民防空”线》等法律法规和文章。萧山电视台播放《空袭与人民防空》《三防》《平战结合利国利民》3部录像片。在城区各电影院插播人民防空宣传标语幻灯片。组织开展黑板报比赛，使《人民防空法》家喻户晓。1999年11月，组织开展《人民防空法》颁布3周年暨《浙江省实施〈中华人民共和国人民防空法〉办法》颁布宣传活动。2000年11月，组织开展庆祝人民防空工作50周年和第四次全国人民防空会议召开系列活动；萧山电视台制作一期《欢乐今宵》人民防空专题晚会，寓教于乐，丰富市民人民防空知识。

第二节　国防动员演练

预备役军事演练

1987年，依据《陆军预备役训练大纲》，萧山对390名预备役侦察兵进行训练，经考核各科目总评成绩优良，领证率100%。1988年3月，师直侦察连强化训练20天，坚持逐个动作考核，接受省军区、预备役师的检查。

1990年，步兵营170名士兵参训，合格率99.2%。1992年，19个镇乡、7家企事业单位的预备役步兵营671名官兵接受战备点验，在接到上级集合命令后，提前1小时到达集结地，到位率99.6%。是年9月，212名官兵赴杭州中村参加为期1个月的御敌进攻战斗实兵实弹战术训练和演习。

2000年5月，57高炮营125人参加军分区组织的城市防空防卫作战演习，动用车辆60台次，火炮6

门，进行实弹射击考核、分队科技训练成果汇报、实弹战术综合演练。经省军区考核，参演的建制连总评成绩优秀。

人民防空演练

人民防空用在战时，练在平时。萧山市人民防空办公室每年组织不同人民防空专业队伍进行防空袭模拟演练，以锻炼人民防空专业队伍的快速反应能力和应急处置能力。

1985年，市人民防空启动应急预案制度，制定首个《萧山市城区防空袭预案》。预案对人民防空专业队伍保障、人民防空工程保障、通信指挥保障、人口疏散保障、交通运输保障、医疗救护保障、物资保障、抢险抢修保障、消防保障、治安和交通管制保障、政治工作保障等，进行科学合理的计划安排。1996年，预案进行修订，1997年第二次进行修订完善，1999年第三次进行修订完善。

图30－1－799　57高炮营正在进行防空防卫作战演习（2000年5月，林鲁伊摄）

萧山人民防空工程的利用，已走过从单位内部到推向社会；从低水平、低效益利用到高档次、高效益、商业化、娱乐型的综合式开发利用的发展历程。20世纪90年代后，基本实现以洞养洞，良性循环，稳定发展的目标。

第三节　军运供应

萧山军运供应站[①]主要任务是：保障过往入伍新兵、退伍老兵和支前民兵、民工等在浙赣、萧甬铁路运输途中的军用饮食、饮水供应及军用马匹的草料和饮水供应。1987年，萧山军运供应站被民政部、解放军总后勤部评为军供工作正规化建设先进单位。

根据军事现代化和军供站正规化建设要求，1987年新建军供餐厅及厨房923平方米，以适应军供工作需要。[②]

依据民政部、解放军总后勤部《关于加强交通沿线军供站军用饮食供应工作的通知》（〔1997〕后交字第633号）精神，结合萧山军供站现有军供保障能力，编制融铁路、航空于一体，对部队快速供应、具有综合保障功能的军供站应急方案。主要包括组织机构、人员保障、物资保障、车辆保障、军供食谱、供应方式、食品化验等内容，适应现代战争条件下的实际需要。

2000年，投资20万元，对燃具设施进行更新改造，提高军运供应保障能力。

①萧山军运供应站前身是杭州市军运供应站，始建于1950年，原设在杭州市城站，1959年迁至萧山火车站，1976年更名为萧山军运供应站。

②1983年，新建军供站综合楼720平方米。

第二章　地方人民武装

人民武装部和武警部队，是萧山境内主要武装力量。坚持贯彻“政治合格、军事过硬、作风优良、纪律严明、保障有力”的总方针，加强政治教育、军事训练和作风建设，做好民兵组建和兵役征集动员工作，切实履行国家武装力量的神圣使命，为国防建设和萧山经济社会发展作出应有的贡献。

第一节　人民武装部

市（县）人民武装部

1986年6月，萧山县人民武装部①改归地方建制，受中共萧山县委、县人民政府和杭州军分区双重领导。1988年1月，萧山县人民武装部改称萧山市人民武装部。1996年3月12日，市人民武装部收归中国人民解放军建制，属杭州军分区领导。2001年3月25日，萧山市人民武装部改称杭州市萧山区人民武装部，隶属关系不变。

①萧山市（县）人民武装部在同级地方党委、人民政府和军分区的双重领导下，负责境内的民兵、兵役和动员工作。

萧山县人民武装部于1950年8月1日建立，属地方建制，受中共萧山县委领导。1951年1月，归属中国人民解放军建制，由第十军分区（后改称绍兴军分区）领导。1952年5月21日，县人民武装部由浙江省军区直接领导。1954年10月，建立县兵役局，与县人民武装部合署办公，仍由浙江省军区直属领导。1957年1月1日，县兵役局划归宁波军分区管辖。1960年10月，县兵役局撤销，县人民武装部单独建制，属杭州市人民武装部领导。1966年9月，县人民武装部归属中国人民解放军建制，由杭州军分区（1969年12月杭州军分区改称杭州警备区）领导。

基层人民武装部

1985年，全县共设基层人民武装部87个，配有专职人民武装干部104人。1992年撤区扩镇并乡后，基层人民武装部调整为54个，配备专职人民武装干部96人。随着城市民兵工作改革的深化，全市基层人民武装部设置由传统的以镇乡（街道）、国有企业为主，向符合条件的私营企业、行业系统转变。1999年7月9日，浙江传化集团率先建立人民武装部，成为全省首家建立人民武装部的私营企业，形成市、镇（街道）、社区、企业四级组织网络。2000年末，全市有64个基层人民武装部，其中镇乡（办事处）35个，企事业单位29个，配有专职人民武装干部119人。

第二节　武装警察部队

图30－2－800　驻萧武警部队官兵正在义务献血（1999年6月，董光中摄）

杭州边防站

1979年5月20日成立，2000年12月杭州萧山机场建成通航，边防站移驻萧山。

武警杭州支队萧山市中队

前身为武警杭州市支队萧山县中队。1988年1月，改称萧山市中队。1992年5月，归杭州市支队第一大队建制。1996年1月驻萧山城厢镇。

武警萧山市消防大队

驻地城厢镇梅花楼村，建有消防车库、指挥塔等设施2000平方米。

武警杭州支队第四中队

组建于1982年，1984年10月8日迁驻萧山。

第三章　兵　役

中华人民共和国成立后，萧山先后实行志愿兵役制、义务兵役制、义务兵和志愿兵相结合的兵役制度。依法服兵役是每个公民应尽的义务。1955～2000年，萧山先后48次征集义务兵，共有39329名适龄青年应征入伍，履行保卫祖国的神圣职责。1985～2000年，萧山共征集义务兵9996人，占入伍总数25.42%。

预备役部队是国防后备力量的重要组成部分。萧山于1987年10月组建预备役步兵师直属侦察连；1988年组建浙江陆军预备役步兵第一师第一团第一营；1999年1月起，由预备役步兵营改编为57高炮营，成为一支训练有素的国防后备力量。

第一节　兵役制度

义务兵役制

1984年，颁布新《中华人民共和国兵役法》，实行义务兵役制为主体的义务兵与志愿兵相结合、民兵与预备役相结合的兵役制度。[①]1985～2000年，萧山先后有9996名适龄青年应征入伍，履行保卫祖国的神圣职责。

志愿兵役制

1978年后，国家实行义务兵和志愿兵相结合的兵役制度。[②]义务兵改为志愿兵是从服现役期满的义务兵中挑选的。志愿兵实行工资制与供给制相结合。志愿兵服现役的期限从改为志愿兵之日算起，至少3年，不超过30年。至2000年，萧山籍志愿兵主要分布在技术保障、后勤管理和其他技术勤务等岗位。

退　役

志愿兵复员　1978年以后，国家实行义务兵和志愿兵相结合的兵役制度。[③]志愿兵实行工资制与供给制相结合。至2000年，萧山籍志愿兵退伍后，政府予以安排工作；凡是自谋职业的，由政府给予一次性安置补助费。

义务兵退伍　1985年，萧山在退伍军人安置办公室设立军地两用人才介绍机构。是年，经介绍、推荐被录用的退伍军人156名。[④]

1996年，依据《退伍义务兵安置条例》规定，萧山实施依法安置。采取“系统分配、包干安置”与“双向选择、市场调节”相结合的方法，军地两用人才开发使用率为95%。是年，萧山被省政府、省军区评为退伍安置工作先进单位。

1998年12月29日，《关于修改中华人民共和国兵役法的决定》中规定：将陆、海、空三军义务兵服现役期限一律改为2年，并取消义务兵超期服役。

①1955年《中华人民共和国兵役法》颁布后，以义务兵役制取代志愿兵役制。义务兵役制，是公民在一定年龄内依照国家法律法令规定，必须承担一定期限军事任务的制度。是年1月，萧山在连山乡进行义务兵征集工作试点，后推广全县，当年征集义务兵883名，完成征兵任务。

②中华人民共和国成立之初，实行志愿兵役制，凡决心为中国人民革命事业献身的公民自愿报名参军，长期服役，没有期限规定。

1951年5月，全县有6000多名适龄青年报名参加中国人民志愿军，符合条件的1157名青年应征入伍，其中农民1079人，工人40人，其他从业人员38人。

③1950年6月，国务院和中央军委决定：中国人民解放军进行复员工作，动员志愿兵复员，参加地方经济建设。同月，设萧山县复员委员会。7月，开始办理志愿兵复员安置事项。1951年更名为县转业建设委员会。到1957年底，全县共接受复员退伍军人3315人。根据“从哪里来，回到哪里去”的原则，大部分回乡从事农业生产，其中1063人安排到工业、交通、建筑等岗位。

④1958年，义务兵开始陆续退伍。

至2000年，共有33900名萧山籍义务兵先后退出现役。其中1985～2000年11392人，军地两用人才开发使用率均在95%以上。

表30－3－548　1985～2000年萧山转业、退伍军人

单位：人

年份	转业	退伍	年份	转业	退伍
1985	－	1194	1993	31	814
1986	20	717	1994	53	590
1987	－	728	1995	64	643
1988	－	734	1996	43	645
1989	－	665	1997	37	629
1990	－	994	1998	23	571
1991	－	623	1999	38	443
1992	64	623	2000	90	779

预备役登记

根据《中华人民共和国兵役法》规定，对在部队服现役期满和服役一年以上、年龄在28周岁以下的退伍军人，进行预备役登记。1956年萧山第一次进行预备役登记工作，至1987年，全县登记预备役8517名，其中技术兵4278名。

1989年，对7214名退伍军人预备役人员，按照部队300个专业号码、10个技术兵种类别进行统计核对，达到数据准确，分类清楚，使登记工作实现制度化、规范化。1991年，萧山市人武部被杭州军分区评为登记工作先进单位。

1992年，对全市历年2234名退伍军人的卡片进行更换。是年5月，175名军队转业干部进行转服预备役登记，为其中符合条件的165人办理发证工作。1993年，对7889名退伍军人进行核实。1996年，根据《中华人民共和国预备役军官法》和中央军委文件精神，对全市292名退出现役转服预备役的军官评授预备役军官军衔。2000年，6185名符合服一类士兵预备役的退伍军人进行全面登记、统计、核对，确保战时兵员动员的数量和质量。

第二节　征　兵

图30－3－801　1999年11月23日，萧山市举行赴藏新兵欢送大会（傅展学摄）

1980年恢复县人民武装委员会负责兵役工作。[①]1984年，新《中华人民共和国兵役法》规定，县人民武装部兼县人民政府的兵役机关，设征兵办公室，负责办理本区域兵役工作。征兵期间，县（市）政府根据省政府、省军区的部署成立征兵工作领导小组，成员由县委、县政府、人武部及公安、教育、卫生、民政等部门负责人组成。下设办公室，处理日常工作。2000年，成立市征兵工作领导小组，林振国任组长，俞炳林任第一副组长，洪晓明任副组长兼征兵办公室主任，俞永民、商怀远任副组长，征兵办公室下设组织计划、政审、体检、宣传、后勤5个组，具体完成征兵工作。1985～2000年应征入伍9996人。

①中华人民共和国成立后，萧山的兵员动员、征集工作，实行地方党委、政府统一领导，党、政、军相结合的领导体制。市（县）人民武装部是市（县）政府的兵役机关。在上级军事机关和同级人民政府的领导下，负责办理辖区内的兵役工作。

第四章　民　兵

中华人民共和国成立之初，萧山民兵在配合解放军剿匪反霸、保卫新生政权中作出重大贡献。1953年实行普遍民兵制。1960年2月至1983年2月，萧山共召开6次民兵代表大会。经过发展、调整、改革，逐步健全民兵工作领导机构，加强民兵组织建设、武器装备、军事训练和政治教育。

1993年6月18～19日，萧山市第七次民兵代表大会提出：要建立起与社会主义市场经济体制相适应的民兵工作运行机制，健全民兵组织，加强思想政治教育，强化军事训练，提高整体素质，适应“市场”与“战场”的需要，发挥民兵在维护社会治安、抢险救灾、精神文明建设中的骨干作用。至2000年，全市共有民兵115807人，其中普通民兵105021人，基干民兵10786人。

第一节　组织建设

1986年，按照“减少数量、合理布局、突出重点、分类建设”的原则，民兵组织进一步调整，压缩规模，调整布局，优化结构，加强应急分队和专业技术分队建设。[①]是年3～6月，根据中共中央〔1985〕22号文件精神，浙江省军区、杭州军分区在萧山浦沿镇进行民兵组织、训练、装备调整改革试点。试点经验在南京军区召开的民兵工作会议上介绍，得到总参谋部的好评。通过调整，全县基干民兵从2.21万人（含女性3186人）减至1.69万人(含女性951人)，专业技术兵从1639人增至2135人。

①1981年，对全县民兵组织进行调整，全县民兵总数为146358人，其中普通民兵125133人，基干民兵21225人。

民兵应急分队

1988年，组建民兵快速小分队。1989年12月26日，萧山市民兵应急侦察小分队成立，主要履行应对境内紧急情况和突发性事件的职责。

1990年，围绕“数量要搞够，质量要达标，队伍要纯洁，组织要落实”的要求，重点抓好基干民兵和民兵应急分队组织建设。全市共有民兵15.98万人，比上年减少2713人。其中基干民兵1.43万人，比上年增加150人；基干民兵中专业技术兵7632人，占53.37%。通过整组，提高民兵质量，增强民兵战斗力。同时，对民兵应急分队进行调整充实。

图30－4－802　民兵机动分队整装待发（1998年，董光中摄）

在上年组建的城厢、临浦、西兴3个民兵应急分队的基础上，又在其余64个乡镇、6个农场、14家国营和二轻企业中，组建一个杭州市属应急步兵连和64个排级规模的应急分队，共编制人员1913人。是年5月10日，由市人武部、公安局、交通局等部门组成民兵应急分队领导小组，明确指挥关系和各自职责，形成反应迅速的民兵应急体系。

1998年，为贯彻中央军委新时期军事战略方针，从打赢高技术条件下局部战争的需要出发，按照“平战结合，平战适用”的原则，加强民兵应急分队规范化建设。全市共有民兵应急分队队员1218人。通过规范化建设，民兵应急分队基本达到“人员编组合理化，使用教育管理经常化，运输集结摩托化，通讯装备现代化，物资存放规范化”的要求。

专业技术分队

1988年，组建民兵防化分队。1995年10月25日，在杭州齿轮箱厂成立萧山市民兵无线电子干扰分队。1999年，是民兵、预备役工作调整改革年，萧山被杭州军分区列为民兵预备役工作改革试点单位。依据总参、总政〔1999〕2号文件精神，按照“减少数量，提高质量，突出重点，打好基础”的要求，通过两镇（城厢镇、靖江镇）一厂（杭州前进齿轮箱集团）的成功试点，在全市乃至整个杭州军分区范围内推广。经过调整改革，全市基干民兵总数由原来的1.24万人减至1.01万人，基干民兵建制为30个营、20个连。普通民兵总数为11.66万人。调整新建防化、消防、汽车抢修、道路抢修、战场救护等26个专业技术分队。专业技术兵由原来的4156人，增至6906人。全市768个村和95家符合条件的企业组建民兵组织，其中新组建民兵组织的企事业单位16家。至2000年，全市共有基干民兵10786人，其中专业技术分队10个，3517人；高技术分队9个，1136人；应急分队40个，1183人。

图30—4—803　专业技术分队民兵正在学习专业技术知识（1999年11月17日，傅展学摄）

第二节　政治教育

根据国内外形势发展变化，紧紧围绕党和国家、军队各个时期的中心任务，以及民兵思想实际开展政治和军事教育。改革开放后，农村形势发生深刻的变化。广大民兵需要及时了解党在农村的各项方针政策，迫切要求学习文化知识和科学技术，提高自身素质，加快致富步伐。在劳动之余，以民兵青年俱乐部（民兵青年之家）为阵地，开展丰富多彩的文化体育活动。

1990年开始，“民兵青年之家”逐渐向综合型发展，成为农村民兵学习和活动的综合阵地。随着农村经济体制改革和商品经济的发展，针对人员流动大、教育难落实等实际情况，对民兵政治教育作了相应调整，将基干民兵每月一堂政治课压缩为“一年四课”的政治教育。

1992年，贯彻中共中央、国务院、中央军委批转总参谋部《关于在新时期加强我军后备力量建设的几个问题的报告》，加强民兵政治建设，落实民兵政治教育，抓好基干民兵季课教育，提高民兵政治觉悟。

1993年，贯彻落实中共中央办公厅、国务院办公厅、中央军委办公厅转发总参谋部、总政治部《关于加强民兵基层建设的意见》《关于加强预备役部队基层建设的意见》和《民兵工作条例》，加强民兵预备役部队的政治建设。

1997年，根据总参谋部、总政治部《关于深化民兵工作调整改革的意见》，加强和改进民兵政治工作的要求，加大民兵政治教育力度，规范民兵政治教育内容。对民兵进行党的路线、方针、政策和民兵性质与任务、形势战备、国防知识、爱国主义、革命英雄主义、革命传统、人生观、价值观、法制、纪律教育。民兵政治教育的重点对象是民兵干部和基干民兵。基干民兵每年集中教育的时间不少于16课时，普通民兵每年教育不少于2次。

图30—4—804 中共杭州市委副书记、萧山市委书记吴键（二排右二），中共萧山市委副书记、市长林振国（二排右一）正在对参加军事训练的民兵进行政治思想教育（1998年6月，董光中摄）

第三节 军事训练与装备

军事训练

萧山民兵军事训练，随着经济发展和民兵组织与装备的变化，由简单军事常识教育发展到比较正规的技术、战斗训练，由单一的步枪训练发展到多种技术兵训练，由小型分散的练武活动发展到训练基地为主要形式的集中训练，逐步走向正规化、制度化、规范化。

1984年，建立湘湖靶场。1987年，杭州发电设备厂航模组在省军区组织的航模机训练比赛中获得第一名。1989年，投资60万元，兴建训练基地综合楼，翌年5月竣工。做到训练有场地，学习有教室，文娱有场所，生活设施、教学设施、训练设施配套。改变了民兵军事训练多点、分散、不规范现象。在训练方法上，采取主基地和分基地相结合，坚持集中施训。在参训对象上，重点抓好民兵干部和专业技术兵的训练。做到统一训练时间，统一组织领导，统一教学内容，统一考核验收，使民兵训练逐步实现正规化。

1990年，高射炮（含高射机枪）营在参加省军区组织的实弹射击考核中，命中航模拖靶2个，全营总评成绩优秀。1991年6月18～19日，举行全市民兵军事比武，命名投弹、射击能手22名。1998年6月7日，举行千人民兵应急分队摩托化集结演练和军事表演，省军区司令员袁兴华少将称赞萧山民兵应急分队为全省一流。

图30－4－805 1998年8月23日，民兵正在进行射击科目训练（傅展学摄）

1999年开始，根据新的《民兵训练大纲》组织民兵训练，按照训用一致的要求，结合民兵担负的任务，加强针对性训练，提高民兵的军事素质和执行任务的能力。着重对侦察、防化、通信、指挥分队、应急分队、14.5高射机枪、57高射炮、107火箭炮等专业进行集中训练。结合民兵编组和武器装备配备情况，提出不同训练要求，确保训练人员、时间、内容、质量“四落实”。1999年，经上级军事机关考核验收，萧山民兵预备役军事训练成绩合格率为100%。是年，萧山被杭州市政府、杭州军分区评为科技练兵先进单位。2000年，萧山民兵高机营和预备役57高炮营参加杭州军分区组织的城市防空防卫作战演习，高机营命中航模拖靶13个，射击成绩获5个单项中的4个第一和综合第一；57高炮营命中航模拖靶3个，综合评定优胜，受到杭州市预备役高炮团的表彰。

装备管理

1985年，在全县进行合格武器库检查，加强库房建设。[①]经上级检查验收，全县86个武器库（室）均符合标准，均领到合格武器库（室）证书。

1987年，县武器装备仓库经过扩建后，做到库区与技术区、生活区分隔，达到安全、坚固、实用的要求。库内安全设施配套齐全，并严格落实看管、检查、保养和干部参加驻库值班等制度，严格执行武器弹药存放规定和人员、车辆出入手续，做到安全无事故。是年，萧山被省军区评为民兵武器管理先进县，武器仓库评为省合格武器库。民兵通讯装备仓库的管理和训练场地的设施，经杭州军分区检查验收，被评为杭州市第一。

1988年，调整压缩基层武器存放点。1990年，开展标准武器库（室）活动，完善武器库安全设施和各项制度，加强训练点武器管理。1991年，开展武器装备库达标活动，加强市武器装备库房和高射武器库房建设，完善库房设施配套和规范化工作。1994年，开展武器库房管理正规化建设，重点是市武器装备库房和3个高射武器库房管理，使库房设施配套、规章制度规范。

1998年，市民兵武器装备库房建立110联网报警系统，加强库房安全设施建设，建造高射机枪综合仓库。是年，民兵武器装备库被南京军区评为民兵装备库正规化建设先进单位。2000年，市民兵武器装备仓库通过省军区达标验收，实行规范化管理，实现连续18年安全无事故。

①1982年7～9月，对全县民兵装备的各种军械、弹药及装具、附品等进行全面技术和安全管理普查。通过普查，查清武器装备的品种、数量、质量、配套和存在故障等情况，依据技术检查标准，划分质量等级和修理范围，统计装具附品缺少数；查清现有弹药数，核实装备弹；查清武器弹药库（室）安全状况，了解民兵对武器弹药的使用管理和各种管理制度的落实情况。

第五章　拥政爱民

驻萧陆、海、空三军，武装警察部队，预备役部队和民兵牢记全心全意为人民服务的宗旨，在加强部队自身建设的同时，支持驻地经济和社会事业建设，承担各项急难险重工作任务，参加抢险抗灾战斗，维护社会稳定。开展拥政爱民和军警民共建活动，学雷锋、树新风，扶贫济困，帮助军训，与驻地人民群众结下鱼水之情，为萧山1993年、1996年两次被中共浙江省委、省人民政府、省军区命名为“拥军优属、拥政爱民”模范市作出了重要贡献。

第一节　维护社会治安

1989年春夏之交北京政治风波期间，全市先后组织600余名基干民兵和预备役部队官兵守护钱塘江大桥和境内铁路线；组织发动6000余名民兵参加护厂、护村、护仓库和维护社会治安，配合公安部门打击各种刑事犯罪活动。执勤期间，检查各种车辆182辆，协助民警疏通钱塘江大桥交通13次，抓获流窜犯2名，排除路障3处，为确保铁路桥梁安全，制止动乱，稳定萧山局势作出贡献。是年，市人民武装部被省人民政府、省军区荣记集体三等功。

1990年8月25日，瓜沥镇成立全市首个民兵禁赌小分队。翌年，全市成立民兵禁赌小分队363个，队员6950人。

1993年，驻萧部队派出500人次，协助公安机关打击刑事犯罪活动，维护社会秩序。建立军民联防巡逻小分队，维护社会治安。

据统计，1991～1996年，先后查赌4242次，抓获赌徒3557人，缴获赌资235.7万元，赌具2895付。民兵积极参与社会治安综合治理，配合公安部门打击各种刑事犯罪活动。1991～2000年，先后出动民兵75332人次，配合公安部门破获各类刑事案件1067起，独立或配合公安部门抓获各类犯罪嫌疑人2061人。1994年起，每年出动民兵1000余人，在观潮城和沿江观潮地段维护秩序，确保观潮节活动安全。

第二节　抢险救灾

1990年8月31日，15号台风肆虐萧山，全市共组织民兵、预备役人员4349人次投入抗洪抢险。共运土石方5661立方米，抢修江塘10054米，抢修公路2845米，抢修危房53间，救护遇险群众118人，抢救个人、集体财产60.99万元。312名民兵、预备役人员捐赠5620元和衣服等物品，支援灾区群众。是年，大桥乡人民武装部部长楼炳夫被评为省抢险救灾先进个人。是年，驻萧某部支援围垦水利工程，义务承担长250米、宽50米的筑坝任务，投入1800个劳动日，动用各种机械、车辆287台次，共完成推土18万立方米，有力支援围垦水利建设。

1991年9月17日，驻萧某部获悉许贤、朱村桥等乡遭受大暴雨袭击成灾后，把3000元现金和500千克粮票送到灾民手中。是年，驻萧海军某部被东海舰队政治部评为“双拥共建”先进单位。

1995年8月18日，楼塔镇岩山发生山林火灾，驻萧两支部队获悉后，组织官兵奔赴火灾现场奋力扑救，终于扑灭山林之火。

1997年7月9日，萧山遭遇历史罕见特大洪灾，钱塘江、浦阳江大堤频频告急，危及整个萧绍平原的安全。驻萧两支部队官兵，奉命在险要地段加固江堤，确保大堤安全。市人民武装部迅速组织调动民兵1657名，到最危险、最紧急、最艰苦的闻堰、浦阳两镇地段抗洪抢险，连续奋战3天3夜，73名民兵、预备役人员受到表彰。同年8月，11号台风袭击围垦大堤，驻萧两支部队组织160余名官兵，与当地群众一起坚守3天3夜，确保大堤安全。

图30－5－806 民兵们战斗在钱塘江大堤抗洪抢险第一线（1997年7月，傅展学摄）

第三节 两个文明建设

1987年，县人民武装部与县乡镇工业管理局联合下发《关于积极组织乡镇企业民兵参加两个文明建设的意见》。在1438个乡镇企业中健全民兵组织，并在42个乡镇企业中建立民兵“参建”联系点，组织开展为企业献良策、技术革新、劳动竞赛等活动。全县13万民兵为乡镇企业发展献计献策，提出各种合理化建议1206条，革新项目258个，参加义务劳动1.76万人次，直接为企业增收节支282万元，涌现了一批“勤劳致富能手”、“科技革新先进个人”和“文明经商户”。《人民前线》等新闻媒体报道萧山乡镇企业民兵参加两个文明建设情况，并得到省军区的肯定。是年，全县民兵广泛开展“帮急”、“服务”活动，每个乡镇基干民兵排均建立扶贫帮急小组，全县共建立694个，参加“帮急”活动5184人次，受帮群众1154户。城厢镇500余名民兵和驻军一起参加“三优四禁”（优质服务、优良秩序、优美环境，禁止随地吐痰、禁止乱倒垃圾、禁止乱丢果皮纸屑、禁止家庭养狗和散放家禽）活动，促进城镇文明建设。

1991年起，全市民兵开展“学雷锋、学好八连”活动，成立为民服务、农忙帮急小组，开展为民服务和为烈军属、困难户帮困活动。至1993年，参加活动的民兵、预备役人员16481人次，共修理农机具5380台（件）、家用电器1403件、自行车7413辆。部分乡镇还组织种“民兵试验田”、建“民兵防护林”、栽“入伍纪念树”等活动。

1992年春节，驻萧某部首长专程慰问傅永先烈士家属。同时，向共建单位——城厢镇桥下达居民区捐钱、捐物、出人、出车，共同建起占地面积180平方米的军民共建活动中心和幼儿园。驻萧某部先后帮助驻地运送物资2650吨，赠送杭州东升丝厂35毫米放映机1台。驻萧某部与新湾镇共建村结成共建对子，赠送共建村103－A放映机1套，并帮助培训放映员。驻萧某部支援钱江投资区江南区块重点工程建设，先后投入劳动力1850人次，出动车辆165台次。

图30－5－807 驻萧57367部队官兵在城区开展学雷锋为民服务修理家电活动（1989年3月，董光中摄）

1993年，驻萧部队先后派出教官450人次，为

图30—5—808　新街镇人武部组织民兵上街开展为民服务修家电活动（1998年9月，傅展学摄）

全市万名中小学生授课；派出骨干480人次，帮助驻地学校3800余名学生进行军训；在支援围垦大堤防护林工程中，驻萧某部承担200亩绿化任务。与当地结成军民共建对子，组织学雷锋小组，开展为民服务活动；组织能工巧匠参加“便民一条街”服务；主动派出卫生监督岗参与城区管理工作。据统计，驻萧部队与当地结成共建对子17个，建立学雷锋小组56个。

1996年春节前夕，驻萧两支部队分别向驻地孤寡老人捐款4070元和5000元。是年，驻萧某部与萧山火车站结成军民共建对子，帮助火车站开展文明窗口建设，并共同投资10万余元，在火车站设立高4.75米的“飞翔未来——同呼吸、共命运、心连心”的不锈钢塑像。

1999年共出动民兵、预备役人员15500人次，平移坟墓38360座，捣毁非法小庙小庵70余座，破除封建迷信，倡导文明新风。

第四节　以劳养武

1988年，全市开展以劳养武活动，创办劳武企业。是年5月19日，制订《萧山市以劳养武企业暂行规定》，当年创办劳武企业50家，完成产值2763.8万元，提供养武经费14.6万元，49个乡镇和农场做到民兵训练费、教育费、活动费自给。

表30—5—549　1988～1995年萧山市以劳养武企业综合情况

年份	企业数量（家）	工业总产值（万元）	上缴税金（万元）	利润总额（万元）	养武经费（万元）
1988	50	2763.80	137.40	124.00	14.60
1989	57	5108.20	266.30	211.90	32.57
1990	57	7975.26	342.18	367.01	43.40
1991	50	6006.47	298.35	212.03	31.10
1992	50	6756.24	315.92	265.25	23.50
1993	38	23818.60	937.00	—	12.80
1994	34	—	983.00	—	13.10
1995	34	—	839.00	—	12.00

注：1993～1995税利合并统计。1994年、1995年未统计产值。

1990年，全市劳武工业企业57家，职工4000余名。其中萧山市一级企业1家，二级企业2家，当年提供养武经费43.4万元。

1993年，成立萧山市以劳养武领导小组。是年，杭州园发砂洗有限公司、铁龙机械有限公司、大桥纸箱厂、衙前水泥厂、党山文具盒厂5家劳武企业被杭州市政府和军分区命名为“明星劳武企业”。

1994年，党山镇、衙前镇被评为杭州市“以劳养武”先进单位，萧山水泥制品厂被评为杭州市优秀劳武企业。1998年，根据中央精神，劳武企业予以清理，不再称劳武企业。

第六章　人民防空

萧山乃军事斗争准备的重要通道和兵员集结基地，战略位置十分突出。60年代起，萧山人民防空工程建设规模逐渐扩大，成为一项重要城市公共基础设施。70年代，萧山被列为国家人民防空重点城市之后，贯彻“长期准备，重点建设，平战结合”的方针，坚持与经济建设协调发展、与城市建设相结合的原则，加大人民防空工作力度，加快人民防空工程建设，加强人民防空知识教育，完善防空警报和通信指挥系统，以适应平时城市应急救援中心指挥和现代高技术信息战争条件下人民防空工作实际需要。至2000年底，萧山建成各类人民防空工程总面积14.6万余平方米。

第一节　人民防空组织

1988年1月，萧山县人民防空委员会改名为萧山市人民防空委员会，萧山县人民防空办公室改名为萧山市人民防空办公室。[①]1991年1月，萧山市人民防空办公室与萧山市城乡建设局分离，萧山市人民防空办公室挂靠市人民武装部。1995年12月，萧山市国防动员委员会成立，下设国防动员办公室、人民防空办公室、交通战备办公室。原萧山市人民防空委员会自行撤销。1996年4月，萧山市人民防空办公室归口市计划委员会。1997年5月，萧山市人民防空办公室归口市建设局，直至2000年3月。

1985年，组建萧山人民防空专业队，分设抢险抢修、医疗救护、消防、防化防疫、通信、运输、治安等7支人民防空专业队。[②]总共编制人员1200人。1996年防空袭预案修订时，7支专业队人员编制调整为1380人。1999年调整编制为1580人。抢险抢修专业队由市建设局、电力局、公路段和铁路萧山车务段组建，编制为一个营；医疗救护专业队由市卫生局组建，编制为一个营；消防专业队由萧山市公安局消防大队组建，编制为一个连；防化防疫专业队由市环保局、防疫站、园林管理处、环卫处和市国营工业总公司组建，编制为一个连；通信专业队由市电信局、邮政局和移动公司组建，编制为一个连；运输专业队由市交通局组建，编制为一个连；治安专业队由市公安局组建，编制为一个连。

①1962年6月，成立萧山县防空和治安统一指挥部，下设防空、反空投、治安保卫、铁路保卫、电讯交通5个组。1969年10月，成立萧山县人民防空领导小组。1970年12月，调整为萧山县战备领导小组。1973年9月，改名为萧山县人民防空领导小组，下设人民防空办公室。1979年11月，萧山县人民防空办公室与萧山县基本建设局合署办公。1982年5月，萧山县人民防空领导小组改称为萧山县人民防空委员会。

②人民防空专业队是战时消除空袭后果的专业组织，也是平时应急救援城市各类突发事件的可靠保障。

第二节　防空工程

结建工程

90年代前，萧山结建工程甚少，面积仅为103平方米。1992年，萧山市人民政府转发市人民防空办公室、市财政局、市物价局等单位《关于进一步落实人民防空工作有关政策实施意见的通知》，并于1993年开始实施，规定新建10层及以上，或基础开挖深度3米及以上的9层以下民用建筑，建设单位应利用地下空间修建与楼房基底面积相等的“满堂红”防空地下室；9层以下或基础开挖深度小于3米的民用建筑，实行集中资金建设防空地下室的办法，由建设单位按建设项目建筑总面积每平方米15元的标准，向人民防空部门缴纳“结建费”；在市区范围内的集体所有制企业(包括中央、省、市、区、街道、乡镇企业和私营企业)，每年从税后积累中按3%的比例缴纳人民防空建设费；在市区范围内的全民所有制企业按企业职工总数每人每年10元标准缴纳人民防空建设费。是年，修建结建工程9413平方米，收取人民防空结建费47.50万元。至2000年底，全市建成结建工程50974平方米，累计收取人民防空结建费3794.50万元，为发展人民防空事业提供资金保障。

坑（地）道工程

坑（地）道工程是全市人民防空工程的主体，大部分修建于20世纪70年代。[①]撤县设市期间，新增坑道工程面积12997平方米。至2000年，全市已建坑（地）道工程面积95204平方米，主要分布在城区范围内。

防空警报

进入90年代，为适应现代战争需要，对原有防空警报器进行技术改造，将手控改为电动控制。[②]1996年起，防空警报器安装数量逐年增加。截止2000年，全市共有电控式电动防空警报器8台，基本满足城区防空警报音响需要。

每年国庆节前进行防空袭警报试鸣制度。通过试鸣，检验并确保防空警报设施处于良好状态，让市民熟悉警报信号的发放规定、传递程序和方法，提高辨别防空警报信号的能力。

指挥通信

萧山人民防空指挥所土建工程在70年代建成，内部通信设备未进行安装，无法适应现代高技术条件下局部战争的指挥需要。[③]

①其中1992年增加1275平方米，1995年增加1980平方米，1999年增至3280平方米。

②萧山第一台防空警报器安装于1969年12月。翌年，又相继安装2台手控式电动防空警报器。之后，防空警报器建设暂停。

③萧山人民防空工程平战结合利用始于1979年，当时仅作仓库、职工活动室或旅馆使用。

2001年2月，萧山人民防空指挥所工程进入立项阶段，拟修建一座现代化人民防空指挥所工程，建立科技含量较高的数字式人民防空自动化指挥网络平台。该平台集军队、公安、交通等信息、监控、指挥于一体，提高萧山城市综合防护能力和作战指挥能力，满足现代条件下作战指挥需要。

第三节　设施利用

至1985年，开发利用人民防空工程面积2万余平方米，年营业收入50余万元，为社会提供就业岗位100余个。利用人民防空工程冬暖夏凉特性，人民防空工程开发利用面积逐年增加。1999～2000年，浙江省人民防空干部培训中心（龙海酒店）、人民防空9388工程（龙海洞天）、北干山隧道3个大型人民防空平战结合工程先后建成并投入使用。至2000年，人民防空工程平战结合利用面积3.6万平方米，年营业收入1000万余元，为社会提供就业岗位500余个。规模较大的平战结合人民防空工程：浙江省人民防空干部培训中心（龙海酒店）、北干山隧道、北干山粮库、商业局冷库、西山坑道（香蕉批发市场）等。

图30－6－809　利用防空洞存放水果，实现以洞养洞（1998年7月，董光中摄）

第三十一编 人事　劳动

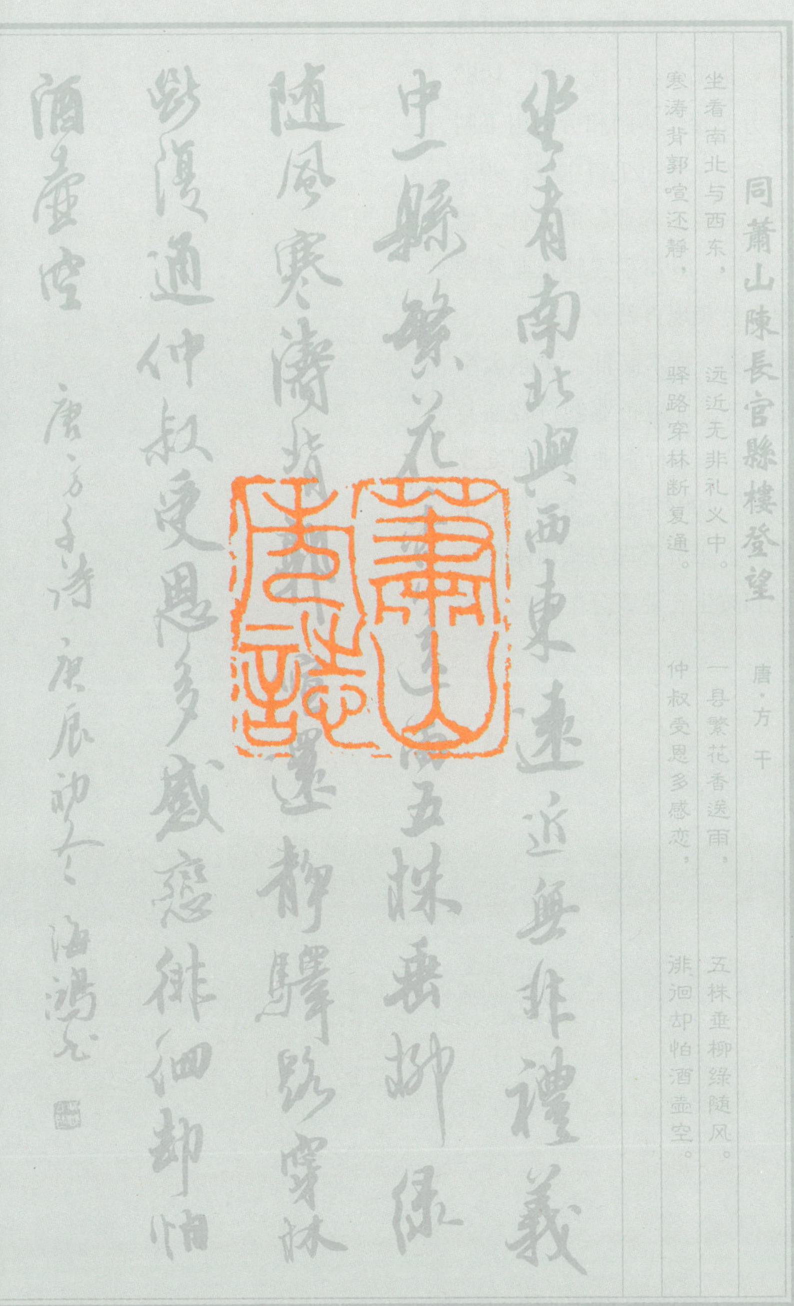
同萧山陳長官縣樓登望
唐·方干
坐看南北与西东，远近无非礼义中。
一县繁花香透雨，五株垂柳绿随风。
寒涛背郭喧还静，驿路穿林断复通。
仲叔受恩多感恋，裴徊却怕酒壶空。

1997年后，实行公务员制度，按照革命化、年轻化、知识化、专业化的要求，健全国家机关事业单位工作人员吸收录用、调配交流、教育培训、考核奖罚制度。公开招考录用国家公务员，推行局级干部和镇乡干部竞争上岗，形成干部能上能下，人员能进能出的用人机制。建立人才市场，出台优惠政策，引进各类专业人才。2000年，事业单位实行职称制度改革，职称与职务实行评聘分离，形成高职低聘、低职高聘、只评不聘的职称管理机制。随着人事制度改革不断完善，管理职能不断加强。同时，劳动用工制度也进行了改革。1979年起，逐步实行公开招考，按计划招工名额择优录用。1983年起，实行劳动合同制度。80年代中期起，改革劳动管理体制和劳动用工制度，劳动管理由微观调控转为宏观指导和预测，扩大企业用工自主权。90年代起，贯彻“政府促进就业、市场调节就业、劳动者自主择业”的方针，建立劳动力市场，为用人单位和劳动者择业提供服务。1998年实施企业转制后，政府出台再就业优惠政策，帮助下岗、失业人员实现再就业。

劳动工资制度从1983年起，改变按照劳动态度、技术高低、贡献大小进行考核升级，对全民、集体职工工资调整的办法，采用企业经济效益与职工劳动成果挂钩办法，进行工资调整。1985年起，实行企业工资制度改革，由劳动计划管理为主转为以工资计划管理为主。1992年起，全市扩大企业工资自主权，建立适应市场经济发展的工资制度，工资管理方式由刚性控制工资增长向弹性计划调控发展，实行按劳分配和按生产要素分配相结合的工资制度。

第一章　人事劳动制度改革

1984年起，面向社会公开招聘部分干部。1997年开始，实行国家公务员制度，干部队伍结构渐趋合理，政治素质和文化素质明显提高。

1983年起，实行劳动合同制。80年代中期起，深化就业制度改革，扩大企业用工自主权。90年代起，政府通过建立就业市场机制，发展职业中介机构，实现用人单位和劳动者双向选择。1998年企业转制基本完成后，政府出台再就业优惠政策，帮助下岗、失业人员实现再就业。但由于外来劳动力大量涌入，就业市场竞争日趋激烈，就业难度增大，成为政府迫切需要解决的社会问题。

第一节　用人制度改革

推行国家公务员制度

1997年，萧山在市审计局、市总工会试点的基础上，市级机关国家公务员制度全面推开，至年末基本结束。全市推行（参照）国家公务员制度单位55家，其中推行39家，参照16家。852名市级党政群机关工作人员，过渡为国家公务员826人，暂缓过渡26人；按照非领导职务设置条件，重新确定并任命正、副主任科员350人。

1998年，镇乡机关公务员制度稳步推进。全市镇乡行政干部1068人，其中1062人过渡为国家公务员，6人暂缓过渡。乡镇机关招聘干部过渡为招聘制国家公务员，除少量由事业单位选调到乡镇机关任领导职务的人员为选聘制国家公务员外，不再招聘干部。

同年，公检法系统和基层工商所共1025名机关工作人员过渡为国家公务员。首次招考录用国家公务员21人，其中应届高校毕业生4人。

1999年，根据《国家公务员暂行条例》有关规定和上级有关参照、依照国家公务员制度管理的政策，市委党史研究室、市关心下一代工作委员会、市委党校、市残疾人联合会、市电化教育中心等10家单位参照国家公务员制度管理，萧山地税局所属分局和萧山经济技术开发区管委会机关共272人，过渡为国家公务员。至此，萧山的公务员过渡工作全部完成，公务员制度得到全面推行。

竞争上岗与交流

1998年，推进干部人事制度改革，逐步建立起干部能上能下、能进能出、职位轮换的用人机制。在总结市土管局坚持机关工作人员职位轮换（轮岗）经验和市教委、卫生局、南阳镇机关推行中层干部竞争上岗、一般干部双向选择试点工作的基础上，在市级机关中实行中层干部竞争上岗、一般干部双向选择的用人制度，镇乡机关参照执行。镇乡结合机构改革，通过公布职位、推荐报名、竞争演讲、民主测评、组织考核、审核聘任等，全面开展竞争上岗、双向选择工作。全市28个镇乡（不含办事处）机关221个中层职位，452人参加竞争。是年底，全市54家机关单位中有47家完成此项工作，共有802名公务员参加竞争上岗，聘任中层干部409人。

2000年，全市开展镇乡机关工作人员跨镇乡交流，30名镇乡国家公务员实行跨镇乡交流。是年，开展第二轮竞争上岗聘任工作，至年末，市检察院、卫生局等8个市级机关和26个镇乡机关实施完毕，643

名机关工作人员参与426个中层职位的竞争，聘任中层干部66名，中层干部轮岗71人，一般干部轮岗192人。

公开招考（聘）

实行公开招考（聘）干部制度始于1984年，并在乡镇干部招聘中试行。[①] 在此基础上，招聘县级机关秘书、新闻工作人员31人。[②]1985年10月，县委组织部、县人事局要求扩大干部招聘范围，新吸收的干部实行招聘合同制；行政机关、企事业单位的干部，除按法律规定选举、任命的以外，只要编制允许，各级各类干部的任免机关都可以自行确定招聘。聘用人员在聘期内作为干部管理，享受干部待遇。解聘以后，从哪里来，回哪里去。后，按照省委组织部、省劳动人事厅关于乡镇干部实行聘用合同制若干问题的要求，明确区、乡镇干部要尽可能实行异地聘用，把就近安排与相互交流结合起来；严格履行合同规定，做到能进能出，能官能民。从而使萧山的干部招考（聘）制度更趋完善。

1987年12月，县委组织部、县人事局、县财政局联合发出通知，对补充乡镇干部实行选任制和聘用制的计划、程序、审批、聘用合同的履行等事项作出更为详细的规定，同时明确，事业单位招聘干部，参照对乡镇干部的相关规定执行。从此，萧山对招聘干部的管理进入制度化轨道。次年，市人事局在面向社会招聘中，又在以往笔试基础上，开展面试工作，以弥补笔试的不足。此做法进一步保证了招干的质量，得到了省劳动人事厅的肯定，并在全省劳动人事局长会议上作了推荐。1990年，市人事局在杭州地区各县中率先试行通过考试考核补充党政群机关工作人员，并于10月初向社会公开发布招考补充62名市级机关工作人员的简章。报名应考269人，经过笔试、面试、体检、考核，实际录用58人。1999年，按照中央关于三年内每个乡镇从应届高校毕业生中招录1名公务员的要求，启动从应届高校毕业生中招考乡镇机关国家公务员工作。是年及2000年两年共录用乡镇机关公务员21人。

从1984年实行公开招聘干部制度的次年至2000年，共吸收录用、招聘干部2321人。

事业单位人事制度改革

1999年，根据省、杭州市关于事业单位机构和人事制度综合配套改革的要求，在借鉴各地经验、调查研究和总结试点工作的基础上，决定开展事业单位人事制度改革。改革包括事业单位实行全员聘用制，单位领导、中层干部和专业技术人员实行竞争上岗，一般人员实行双向选择，专业技术职称与职务实行评聘分离，分配制度实行改革等内容。7月，全市事业单位人事制度改革全面展开。至年末，全市开展改革的部门和直属事业单位43个，占应开展改革单位的86%，其中，全部完成改革任务的31个，占62%；签订聘用合同9266份。2000年，在上年的基础上，加大指导力度，推广成功经验，全市462家事业单位基本完成用人制度和分配制度改革，11230人与所在单位签订聘用合同。

合同用工

1983年起，萧山在国有和集体企业中推行“新人新制度，老人老制

①是年，县人事局本着人事工作为经济建设服务的目的，从探索人事制度改革途径入手，改革招干制度，在乡镇干部补充中试行招聘合同制。当年全县从农村青年、城镇待业青年和企业职工中招聘乡镇干部298人。干部招聘制不但开拓了干部的来源，废除了干部终身制，而且克服了过去实行的“推荐制”的弊端。县人事局在取得经验的基础上，根据工作需要，在编制允许的情况下，将干部招聘办法推行至县级机关。

②这次招聘采取“公开招聘、公开考试、公开考核”的办法，从791名报名者中，择优录取31人，其中秘书27人，新闻人员4人。他们来自各乡镇、企业。经过党校培训后，分配、充实到县级机关工作。（资料来源：萧山市人事局：《萧山人事志》，1999年5月，第308页）

度”，实施招用新职工签订劳动合同[①]的办法。1986年，按照国务院《国营企业实行劳动合同制暂行规定》，在国营企业中实施劳动合同制度。1992年3月25日，市政府召开深化企业改革，转换企业经营机制工作会议，宣布全市第一批16家改革试点企业，市劳动局对16家试点企业进行指导。至年底，试点工作取得进展，在16家试点企业中，有14家企业进行全员劳动合同制签约，有10家试点企业实行中层干部聘任制。通过试点，在企业中形成职工能进能出，干部能上能下，工资能升能降，岗位靠竞争，收入凭贡献的用人机制。

1993年，进一步完善劳动合同制，加强劳动力市场建设，形成市场为导向的就业机制，为用人单位和求职人员双向选择创造条件。至年底，全市职工中劳动合同制工人的比例为20%。1994年起，全市推行全员劳动合同制，在城镇集体以上企业全面实行劳动合同制的基础上，逐步将工作重点转移到乡镇企业，要求乡镇企业同时实行全员劳动合同制。至年底，全市40%的职工签订劳动合同。1995年，以贯彻《中华人民共和国劳动法》为契机，确立劳动合同制为法定用工制度，加大劳动合同制推行力度。至年底，全市城镇企业均实行劳动合同制，签订劳动合同的职工达到60%以上。1996年末，全市又有14个镇乡实行企业全员劳动合同制，6个镇乡的企业劳动合同办理鉴证。同时，逐步在各类企业中推行集体协商签订集体合同，当年有137家企业签订集体合同。至2000年底止，全市企业职工签订劳动合同率达到95%以上，基本建立起适应社会主义市场经济体制的企业用工制度。

第二节　工资分配制度改革

机关事业单位工资制度改革

八五工改　1985年，萧山对国家机关和事业单位工作人员实施第三次工资制度改革。[②]此次工改，普通中小学和幼儿园从1985年1月1日起执行新的工资制度，国家机关和其他事业单位从1985年7月1日起执行新的工资制度。全县国家机关、事业单位6301人参加此次工改，月增资总额102222.17元，人均月增资16.22元。

九三工改　根据《国务院关于机关和事业单位工作人员工资制度改革问题的通知》（国发〔1993〕79号），萧山于1994年9月正式部署实施机关事业单位工资制度改革。至年末，除卫生系统外，全市17148名机关事业单位在职和离退休人员的工资套改和提高生活补贴，均增资兑现，月总增资149.2万元，人均月增资87元。至此，适合机关事业单位各自特点的新的工资制度开始运行。

企业职工工资改革

1985年4月，成立萧山县改革工资制度领导小组。县劳动局等有关部门人员组成企业工改办公室。 12月8日，召开全县企业工资改革会议，企业工资制度改革全面展开。至1986年5月30日，企业实行新的工资等级标准，并将老五类工资地区调整为新五类工资地区。[③]

①1983年，萧山实行劳动合同制，由劳动部门核定招工指标，企业和应招者签订劳动合同。第一个试行单位是萧山麻纺织厂，首批招收合同制工人300人。1984年8月起，除复员退伍军人、技校毕业生和征地招工外，一律实行劳动合同制。1984年招收合同制工人2347人，占当年招工总数的95.17%。（资料来源：萧山县志编纂委员会：《萧山县志》，浙江人民出版社，1987年8月，第742页）

②本次工改主要内容：国家机关行政人员、专业技术人员均改行以职务工资为主要内容的结构工资制；事业单位行政人员和专业技术人员的工资制度，因行业制宜，实行以职务工资为主要内容的结构工资制，也可以实行以职务工资为主要内容的其他工资制度；国家机关、事业单位的工人，实行以岗位（技术）工资为主要内容的结构工资或其他工资制度。

③此次工改主要有两种形式：一是实行企业工资总额与上缴税利挂钩浮动的办法（以下简称工效挂钩），主要解决国家对企业分配统得过死的问题。首先在杭州柴油机总厂、萧山汽车齿轮箱厂（以下简称杭柴、萧齿）实行“工效挂钩”办法试点，从1985年1月起，实行以上年实际上缴税利作为工资总额的挂钩指标。上缴税利与工资增长的比例为：上缴税利增长1%，杭柴、萧齿的工资总额分别增长0.5%和0.6%。核定以后，除新扩建项目和国家统配人员以外，原则上实行“增人不增资，减人不减资”，并与经济责任制的实施紧密结合。二是实行自费工资改革。实行这种工资改革的是不实行“工效挂钩”办法的企业，自费工资改革按新的全国统一工资标准，将企业部分奖金转为工资，不允许列入成本。

是年，全县企业全部完成老五类调新五类地区工资标准和套改新拟工资标准的工作。全县全民、集体企业按政策调整地区差的有31165人，月调差额为103.63元（人均3.32元）；套改新拟工资标准的有29284人，月套改额为329.17元，人均11.24元。按新拟工资等级标准升级的全民、集体企业211家，职工43818名，月增资78122元，月人均增资18.83元。

工资与经济效益挂钩

1988年，浙江省始实行“递增包干、超额分成”的财政管理体制，对萧山全民所有制企业和市以上集体所有制企业实行工资总额与经济效益挂钩浮动（以下简称“工效总挂”）。由省直接核定基数给本市，并由本市直接与省结算。是年，省核给本市全民企业年工资总额3569万元，实现税利基数9427万元，挂钩浮动比例1：0.795，一定3年，并与企业进行结算。是年底，全市实行“工效总挂”的全民企业69家，实现税利13690万元，比上年增长47.17%；应提工资总额4907.64万元，比上年增长37.5%，年人均工资比上年增长25.87%。其中55家企业的6942名职工晋升一级或半级工资，占总人数70%，升级指标占新增工资可增级数的26.86%。二轻、供销社系统的集体所有制企业同时实行“工效总挂”。二轻系统当年有50家企业可进行效益升级，计可升15792.5级，当年可使用5106级(按规定当年只可升占职工的35%，其余结转下年度)；至年末，实际升5083.5级，升级人数占企业总人数61.12%。至1990年第一轮“工效总挂”结束，全市挂钩企业已扩大到13个系统、185家企业。其中全民企业93户，集体企业92户，分别占全市全民、集体企业总数91.18%和59.74%。

1991年，市政府发出通知，对第二轮“工效总挂”提出完善意见。建立健全辅助考核指标，改挂到主管局为直接挂到企业，对当年应提工资比上年增长超过20%以上部分采取递减办法提取工资等。第二轮实施“工效总挂”时间为1991～1993年，省下达给萧山市第二轮挂钩税利基数为9573.24万元，工资基数为4686.24万元，挂钩比例仍为1：0.795。

1993年起，全市取消对企业效益工资升级指标、25%升级指标、3%晋级指标、岗位技能工资标准和起级工资标准的审批，同时决定在部分企业试行“两个低于”（企业职工工资的增长要低于企业劳动生产率的增长，低于企业利税的增长）办法。

1994年11月，对第三轮“工效总挂”提出实施意见，实行工效挂钩“两个低于”工资总额包干办法的企业，不再实行计税工资标准；除原实行提成工资制及部分以社会效益为主的企业外，其余企业原则上以实现税利作为挂钩指标，并从1994年起，非“工资总挂”的工效挂钩和工资总额包干企业，一律实行“工资总挂”办法。

1997年，全市实施新一轮工效挂钩制度，为体现限高保低原则，凡人均应提工资超过11400元控制线以上的工资总额包干企业不再核增工资基数。1996年度人均应提工资不足7000元的，人均实现税利小于1万元的，以调整后利税工资率不超过0.7的办法核定。对工资收入偏高的包干企业，根据不同情况实行分档递减的利税工资率。工效挂钩、工资总额包干和“两个低于”企业，凡资本未保值，不能提取效益工资；企业对外投资取得的投资收益不计提工资，属于不涉及本企业人员变动的纯资金投资所得收益的50%部分可计算提取工资。

最低工资保障制度

1994年8月，市劳动局转发省劳动厅《关于印发企业最低工资规定的通知》（浙劳薪〔1994〕97号），全市最低工资标准为每人每月210元，这是萧山历史上首次以政府文件形式发布企业最低工资标准。1995年12月，全市企业最低工资标准调整为每人每月245元。个体经济组织和与之形成劳动关系的劳动者，以及国家机关、事业单位、社会团体和与之建立劳动合同关系的劳动者参照执行。1997年5

月，省劳动厅在批准萧山市享有地市一级劳动工作管理权限的文件中明确，萧山市企业最低工资标准、城镇企业职工基本生活费标准，在执行省政府统一颁布标准的前提下，可根据本地实际自主选择确定标准。是年1月起，全市企业最低工资标准调整为每人每月270元。1999年7月，全市企业最低工资标准调整为每人每月380元。

工资集体协商制度

2000年12月，召开全市工资集体协商试点企业动员培训会议，确定萧山特发弹簧垫圈有限公司等7家试点企业。此后，全市工资集体协商工作由点到面逐步展开。至2000年底，全市共有17家企业签订工资集体协商协议。

第三节　就业制度改革

就业制度改革始于1985年。是年，在部分企业中试行“先招生、后招工，先培训、后就业”的制度，培训对象为部分技术性工种，培训时间2～6个月，全年共招生337人，年末均分配到企业工作。

1986年，对企业招工、劳动合同制、违纪辞退、失业保险四项劳动制度进行改革。劳动就业工作由劳动力计划管理为主，转为以工资计划管理为主，加强对劳动力的计划管理。企事业单位新招工人必须与劳动者签订劳动合同，建立全县统一的《劳动手册》制度和失业保险制度，规范劳动合同制工人失业期间的组织管理、思想教育、技能培训、就业指导和失业救济等操作程序。

1987年12月，在萧山缝纫机零件厂率先实行劳动优化组合。1988年5月，杭州柴油机总厂、萧山木材公司、萧山日用杂品公司、浙江工艺鞋厂、杭州瓷厂、浙江钱江啤酒厂等企业被定为优化组合试点企业。至年底，全市13家企业、6000余名职工实行劳动优化组合，基本打破固定工、合同制工、干部和职工的界限，按需定员，择优上岗，被聘者订立一定期限的劳动合同。

1990年起，全市劳动管理体制改革有了重大突破，劳动管理从微观管理转变为宏观指导和预测。企业招工数量、招工条件、招工时间和范围等均由企业自主决定，不再报劳动行政部门审批。劳动力调配也逐步放权搞活，固定职工调动和合同制职工转移，采用双方协商方式解决，允许企业职工辞职和企业依法辞退职工。劳动部门创办劳动力市场和职业中介机构，组织劳动力合理流动，为企事业单位招工服务，企业内部的劳动管理、工资分配等由企业自主决定，劳动部门不再直接干预。翌年，对劳动计划全面放开，除从农村招工仍需报劳动部门审批外，凡在市境内城镇待业人员中招工不再需要劳动计划指标，并允许不同所有制企业职工相互流动。按照“控制总量、调整结构，确保重点、稳定就业”的方针，市劳动局对全民所有制企业的“混岗集体工”进行清理并纳入管理，全市2960名全民单位的集体性质的混岗工人转为全民劳动合同制工人。

1992年，全市改革计划用工制度，实行面向社会、公开招收、全面考核、择优录用的原则。劳动部门放开用工计划，简化招工手续，企业从城镇招工，招工计划、数量、条件、时间、区域及考试办法，均由企业自主决定。除招用农民工仍需要上报审批外，各企业主管部门在年末职工总量范围内，自主调控管理系统内的劳动力计划，自主决定下属企业的招工数量和招工时间，劳动部门只审批招工简章和负责企业录用人员的劳动合同鉴证和备案盖章。

第二章 机构 编制

萧山县编制委员会[①]始建于1952年6月。屡次撤并，于1987年5月重建，下设办公室。1988年1月1日，改称萧山市编制委员会。1993年1月，更名为萧山市机构编制委员会，办公室与市人事局合署办公，主要负责全市各级机构的设置与人员的编制管理。

经过机构改革，至2000年，全市共有市级机关49家，编制956名，实有工作人员920人；政法机关4家，编制834名，实有工作人员971人。全市镇乡共有行政编制1065名，实有工作人员1049人。全市市属事业单位在编人数15098人。

①1952年6月，萧山成立干部编制委员会，1953年改建为萧山县整编委员会，由组织人事、财粮、卫生、民政、公安等部门抽调人员组成。1957年3月调整为县精简节约委员会。1964年5月重新成立县编制委员会，下设办公室。“文化大革命”期间，编制委员会及其办公室处于瘫痪状态。1983年，成立县机构改革领导小组，下设办公室，办公室设在县人事局。1987年5月，县人民政府为了统一管理全县党政机关和所属企事业单位的机构设置与人员编制工作，重建县编制委员会，下设办公室。（资料来源：萧山市人事局：《萧山人事志》，1999年5月，第186～187页）

第一节 市（县）党政机构与编制

1985年10月22日，杭州市编制委员会批复，同意确定中共萧山县委办公室、组织部、宣传部、统战部、农工部、政法委员会、老干部局、县级机关党委、县纪律检查委员会；县人大常委会办公室、县政协办公室、县人民法院、县人民检察院；县人民政府办公室、人事局、民政局、劳动局、公安局、司法局、农业局、农垦局、计划委员会、经济委员会、科学技术委员会、计划生育委员会、体育运动委员会、农机水利局、工商行政管理局、物价委员会、农业委员会、财政税务局、粮食局、商业局、物资局、卫生局、交通局、统计局、城乡建设局、审计局、教育局、文化广播电视局；县总工会、共青团萧山县委、县妇女联合会、县科技协会等45个机关为科级单位。是年共有市级机关编制854名，实有工作人员835人。政法机关编制430名，实有工作人员430人。

1986年1月，县委撤销农村工作部，建立县农业委员会。县文化广播电视局分设为文化局、广播电视局，实行一套班子、两块牌子，合署办公。6月10日，中国人民解放军萧山县人民武装部改为地方建制，称浙江省萧山县人民武装部。6月下旬，成立萧山县文学艺术界联合会。

1987年5月，县人大常委会内设法制工作委员会、财政经济工作委员会、科教文卫工作委员会。12月，县人民政府成立经济体制改革办公室。

1988年1月1日，萧山撤县设市，原萧山县县级机构均改为萧山市市级机构。5月，设立萧山市监察局，与市纪律检查委员会合署办公；设立萧山市对外经济贸易委员会、中共萧山市委政策研究室。6月，撤销政法委员会，建立政法领导小组；市农业局划出土地管理职能，建立萧山市土地管理局。9月，建立萧山市老龄问题委员会，办公室设在市人事局。

1989年11月，市老龄问题委员会更名为市老龄工作委员会。是年，市级党政群机关开始实行编制包干，市级机关26个单位节编66名（其中下派干部14人）。

1990年4月，市财政税务局分设为财政局、税务局，实行一套班子、两块牌子。6月，撤销中共萧山市委政法领导小组，恢复政法委员会。7月，设立萧山市档案局，与市档案馆合署办公，两块牌子、一套班子，归口市委办公室管理。同月，市政府行政科更名为萧山市人民政府机关事务管理局，归口市政府办公室管理。

90年代前期，先后建立萧山市财贸办公室、萧山市环境保护局、萧山市标准计量局、市人民政府台湾事务办公室（与市委对台办公室合署办公）、市工商行政管理局商业城分局、萧山市公安局巡警大队。市人大常委会设立法制、财经、教科文卫、代表工作4个委员会。设立市保密局（与市保密委员会办公室合署办公，一个机构、两块牌子）、市人民政府新闻办公室（与市委对外宣传领导小组办公室合署办公）和市土地管理局萧山经济技术开发区分局。市经济体制改革办公室更名为萧山市经济体制改革委员会。

1996年11月，中共杭州市委、杭州市人民政府印发《关于萧山市党政机构改革方案的通知》（杭市委〔1996〕84号）。全市共设置党政机构39个。其中：市委机构7个、市政府机构32个，另设市委老干部局。

在机构改革中，市商业局、市物资局2个行政单位和市国营工业总公司、市二轻工业总公司2个企业主管部门转为经济实体。市广播电视局、市人民政府经济技术协作办公室、市技术监督局（原标准计量局）、市档案局4个行政单位转为事业单位。市级机关党委更名为市委直属机关工作委员会，市教育局更名为市教育委员会，市财贸办公室更名为市贸易局，市对外经济委员会更名为市对外贸易经济合作局，市物价委员会更名为市物价局，市乡镇工业管理局更名为市乡镇企业局，市城乡建设局更名为市建设局，市农业委员会更名为市农村经济委员会，市标准计量局更名为市技术监督局，市委、市政府信访办公室更名为市委、市政府信访局。市纪律检查委员会与市监察局合署办公，市委办公室与市委、市政府信访局合署，市委统战部与市民族宗教事务局合署，市财政局与地方税务局、市国有资产管理局合署，市文化局与市体育运动委员会合署，市人事局与市机构编制委员会办公室6个单位合署办公。市委办公室挂市保密局牌子，市委统战部挂市政府台湾事务办公室、市政府侨务办公室牌子，市委政法委员会挂市社会治安综合治理委员会办公室牌子，市建设局挂市人民防空办公室牌子，市农村经济委员会挂市委农村工作办公室牌子，市政府挂市外事办公室牌子。

1997年，市委、市政府部署实施党政机构改革。全市39个党政机构、1个部管机构以及市人大、政协、法院、检察院和人民团体机关共55个单位拟定“三定”（定职能、定内设机构、定编制和领导职数）方案，报经市机构编制委员会审核，分别由市委、市政府批准，市委办公室和市政府办公室印发，核定市级机关行政编制1975名（其中政法机关775名，萧山经济技术开发区机关60名）。市级机关各部门根据“三定”方案的要求，转变职能，调整内设机构和有关人员。至11月底，市级党政机构改革工作结束。

1998年6月，萧山经济技术开发区管理委员会实施机构改革，确定党工委、管委会的职能配置、内设机构和人员编制。设党工委办公室（与管委会办公室合署办公）、经济发展局、国土规划建设局、人事劳动局、社会事业发展局5个工作机构。是年，市人民政府法制科改称萧山市人民政府法制局。

1999年，市政府台湾事务办公室改为单设，挂市委台湾工作办公室和市政府台湾事务办公室两块牌子；市人大常委会财政经济工作委员会更名为市人大常委会财政经济城乡建设工作委员会。

经过机构改革，至2000年全市共有市级机关49家，编制956名，实有工作人员920人；政法机关4家，编制834名，实有工作人员971人。

表31-2-550　1985～2000年萧山市（县）级行政机构编制与人员

年份	分类											
	市级机关编制			政法机关编制			地方三所编制			省直管工商行政机关编制		
	机构（个）	编制（名）	实有人数（人）	机构（个）	编制（名）	实有人数（人）	机构（个）	编制（名）	实有人数（人）	机构（个）	编制（名）	实有人数（人）
1985	61	854	835	5	430	430	–	–	–	–	–	–
1986	61	872	857	5	430	429	–	–	–	–	–	–
1987	62	891	860	6	432	431	–	–	–	–	–	–
1988	68	935	903	5	–	–	–	–	–	–	–	–
1989	69	975	904	5	–	–	–	–	–	–	–	–
1990	70	963	909	5	561	573	–	–	–	–	–	–
1991	57	1003	972	5	615	619	–	–	–	–	–	–
1992	58	995	966	4	568	598	–	–	–	–	–	–
1993	58	1018	971	4	668	607	–	–	–	–	–	–
1994	55	1027	969	5	728	644	–	–	–	–	–	–
1995	56	1010	954	5	762	838	–	–	–	–	–	–
1996	48	1140	875	4	763	834	–	–	–	–	–	–
1997	50	1140	846	4	775	859	–	–	–	–	–	–
1998	52	1140	910	5	821	885	–	–	–	–	–	–
1999	49	1153	922	4	828	939	20	421	440	1	28	64
2000	49	956	920	4	834	971	20	478	448	1	28	69

注：1998年以前，地方三所与省直管工商行政机关未单列。

表31-2-551　2000年萧山市市级机关行政机构编制与人员

单位名称		编制数（名）	实有人数（人）	单位领导		内设机构			工勤人员（人）
				职数（名）	实有人数（人）	机构（个）	中层职数（名）	实有人数（人）	
总计		1147	920	182	232	225	268	240	77
党委部门	小计	158	155	35	40	36	46	46	16
	市委领导	6	5	–	–	–	–	–	–
	市委办	27	25	4	6	5	9	6	6
	信访局	10	13	3	4	3	2	2	1
	组织部	26	21	3	3	3	6	7	–
	宣传部	18	15	3	3	5	5	5	2
	统战部	16	18	5	6	5	4	4	2
	政研室	9	6	3	1	2	2	2	1
	党工委	6	6	2	4	1	1	1	1
	政法委	–	8	3	4	3	1	1	
	老干部局	7	8	3	3	2	2	2	1
	纪委、监察	33	30	6	6	7	14	16	2

续表一

单位名称		编制数（名）	实有人数（人）	单位领导		内设机构			工勤人员（人）
				职数（名）	实有人数（人）	机构（个）	中层职数（名）	实有人数（人）	
政府部门	小计	633	618	93	138	155	185	161	46
	市政府领导	7	8	—	—	—	—	—	—
	市政府办	33	34	6	6	5	7	8	9
	事务局	17	17	3	3	4	7	5	2
	台办	4	3	1	1	—	—	—	—
	计委	20	18	3	5	5	6	6	2
	经委	20	19	3	5	5	5	5	2
	体改委	10	6	3	3	3	3	2	—
	民政局	21	23	4	6	6	6	5	1
	财政局	53	46	4	5	17	20	13	4
	人事局	18	16	3	3	5	5	5	1
	劳动局	22	24	3	6	6	7	6	1
	教委	35	34	3	5	7	10	10	2
	科委	16	16	3	5	4	5	4	1
	文体局	18	18	3	4	5	5	5	1
	卫生局	22	19	3	3	5	5	5	1
	计生委	17	16	3	4	5	6	3	1
	建设局	33	36	3	8	9	9	9	2
	土管局	11	13	3	4	4	4	3	—
	环保局	10	14	3	6	3	3	2	—
	交通局	17	24	3	7	4	5	5	—
	农水局	20	21	3	5	6	6	6	2
	农业局	27	18	3	5	5	6	5	3
	农经委	17	15	3	4	4	4	4	2
	粮食局	31	31	3	5	5	10	5	—
	农场局	26	24	3	6	6	7	6	1
	乡企局	26	23	3	5	5	9	9	1
	贸易局	10	13	3	3	3	3	3	1
	外经委	10	11	3	4	4	4	4	1
	审计局	36	30	3	3	7	10	10	2
	统计局	18	16	3	5	5	5	5	2
	物价局	8	12	3	4	3	3	3	—
人大	小计	26	16	10	10	3	5	4	4
	人大领导	7	6	—	—	—	—	—	—
	人大办	19	10	10	10	3	5	4	4
政协	小计	20	19	8	8	4	5	3	4
	政协领导	4	4	—	—	—	—	—	—
	政协办	16	15	8	8	4	5	3	4

续表二

单位名称		编制数（名）	实有人数（人）	单位领导		内设机构			工勤人员（人）
				职数（名）	实有人数（人）	机构（个）	中层职数（名）	实有人数（人）	
民主党派	小计	3	3	–	–	–	–	–	–
	民进	1	1	–	–	–	–	–	–
	民盟	1	1	–	–	–	–	–	–
	农工民主党	1	1	–	–	–	–	–	–
团体	小计	56	56	19	22	13	13	12	5
	总工会	16	15	3	5	5	5	4	–
	团市委	10	8	3	3	2	2	2	–
	妇联	9	9	3	3	3	3	3	1
	科协	6	7	3	3	1	1	1	2
	文联	5	5	2	2	1	1	1	–
	工商联	6	7	3	4	1	1	1	1
	老龄委办	4	5	2	2	–	–	–	1
开发区管委会		60	53	17	14	14	14	14	2
待分配		191	–	–	–	–	–	–	–
政法机关	小计	834	971	20	25	68	209	182	10
	检察院	93	90	4	5	11	20	19	4
	法院	146	142	4	6	13	26	22	1
	公安局	524	679	6	7	37	152	130	2
	司法局	65	60	3	6	6	11	11	3
	政法委	6	–	3	1	1	–	–	–
地方三所	小计	478	448	26	24	–	–	–	
	地税所	209	220	26	24	–	–	–	1
	工商所	230	191	–	–	–	–		1
	物价所	31	29	–	–	–	–	–	–
	成本调查队	8	8	–	–	–	–	–	–
	省管工商行政编制	28	69	4	8	9	9	9	3

注：1999年4月，根据杭州市机构编制委员会《关于县（市）、开发区（度假区）工商行政管理局更改名称的通知》（杭编〔1999〕30号文件）精神，从1999年5月1日起，萧山市工商行政管理局更名为杭州市工商行政管理局萧山分局，作为杭州市工商行政管理局的直属机构，实行省以下垂直管理。原萧山市工商行政管理局机关28名行政编制和工商所的191名专项编制及相关事业编制，全部上划到省，归省统一管理；本表总计数不含政法机关和地方三所两栏小计数。

第二节　区、镇乡机构与编制

1985年1月，全县分设6个区、3个镇（其中1个为县直属镇）、64个乡。4～8月，先后有21个乡改为镇建制。1985年12月，各镇乡共有行政编制1136名，实有工作人员1026人，其中单位领导职数337名，实有342人；内设机构250个，中层职数485名，实有人数131人。1992年4～6月，按照省委、省政府关于撤区扩镇并乡（以下简称撤扩并）指示精神，撤销戴村、临浦、城南、城北、瓜沥、义蓬6个区的建制，收回全部编制。通过“撤扩并”，由原来的67个镇乡调整为27个镇、4个乡。

撤扩并后，镇乡机关行政编制一般为35～55名（含办事处）。其中领导职数：镇乡党委委员9名。党委设书记1名、副书记2名（1名兼职）；人大主席团设主席1名；政府设镇乡长1名，副镇乡长5名。镇乡机关设中层领导职数16名，其中8名正职由镇乡领导兼任。

镇乡下设农业技术推广服务站、企业服务站、经营管理站、计划生育服务站、文化广播电视站、村镇建设管理站和土地管理所等7个事业机构，核定全民事业编制40～80名（含办事处）。

至2000年10月31日止，全市镇乡共有行政编制1065名，实有1049人，其中单位领导职数326名，实有342人；内设机构264个、中层职数485名、实有人数131人。

表31－2－552　1985～2000年萧山市镇乡机构编制与人员

年份	镇乡（个）			编制（名）	实有人数（人）	年份	镇乡（个）			编制（名）	实有人数（人）
	镇	乡	小计				镇	乡	小计		
1985	24	43	67	1136	1026	1993	27	4	31	1308	1247
1986	24	43	67	1082	1082	1994	27	4	31	1308	1181
1987	24	43	67	1352	1080	1995	27	4	31	1308	1153
1988	24	43	67	1152	1071	1996	24	4	28	1379	1078
1989	25	42	67	1146	1146	1997	24	4	28	1379	1077
1990	25	42	67	1150	1157	1998	24	7	31	1379	1054
1991	25	42	67	1308	1346	1999	24	7	31	1379	1048
1992	27	4	31	1308	1333	2000	24	7	31	1065	1049

注：1992年撤区扩镇并乡。1996年，西兴、长河、浦沿3镇划入杭州市，后设滨江区。1998年，撤销城厢镇的石岩、来苏、新塘3个办事处，分别设立石岩、来苏、新塘3个乡。

表31－2－553　2000年10月31日止萧山市镇乡机构编制及人员

单位名称	行政编制（名）	实有人数（人）	单位领导		内设机构			事业编制（名）
			职数（名）	实有人数（人）	机构（个）	中层职数（名）	实有人数（人）	
镇乡行政总计	1065	1049	337	342	250	485	131	1256
城厢镇	135	133	11	11	9	18	11	134
楼塔镇	33	28	11	11	8	16	5	39
河上镇	33	29	11	11	8	16	7	40
戴村镇	31	31	11	11	8	16	—	40
许贤乡	26	25	11	11	8	15	7	41
云石乡	21	19	11	11	8	14	3	22
临浦镇	55	53	11	11	8	16	6	57
所前镇	26	25	11	11	8	15	4	28
义桥镇	24	25	11	11	8	15	8	25
浦阳镇	33	34	11	11	8	16	4	62
进化镇	35	33	11	11	8	16	—	48
欢潭乡	23	18	11	11	8	14	1	33
新街镇	37	34	11	11	8	16	—	45
闻堰镇	25	25	11	11	8	16	3	26
宁围镇	34	35	11	11	8	16	16	39
衙前镇	28	31	11	10	8	15	5	33

续　表

单位名称	行政编制（名）	实有人数（人）	单位领导		内设机构			事业编制（名）
			职数（名）	实有人数（人）	机构（个）	中层职数（名）	实有人数（人）	
来苏乡	18	16	9	9	7	14	2	18
石岩乡	18	15	9	10	7	14	1	18
新塘乡	20	19	9	10	7	14	2	19
瓜沥镇	55	59	11	11	8	16	6	79
坎山镇	34	35	11	13	8	16	—	41
益农镇	33	30	11	11	8	16	6	41
党山镇	34	39	11	11	8	16	8	42
义盛镇	29	31	11	11	8	15	2	36
河庄镇	37	36	11	11	8	16	6	50
头蓬镇	27	28	11	11	8	15	6	32
靖江镇	29	28	11	11	8	15	—	37
南阳镇	31	33	11	11	8	16	—	38
党湾镇	32	37	11	11	8	16	8	38
新湾镇	28	29	11	11	8	15	—	35
前进乡	20	16	9	9	7	11	4	20
围垦指挥部	21	20	4	6	5	10	—	—

注：围垦指挥部使用的是乡镇行政编制，故列入其中。

第三节　事业机构与编制

事业单位日常经费和工作人员工资，一般在国家各项事业费内开支。有些事业单位有经费或有收入的，由自己的经费或收入开支，不足部分，由国家事业经费补助；有些事业单位完全靠自收自支，实行企业化管理。事业单位的设置及其人员编制的核定，实行分级管理与业务归口管理。

事业单位调整

1985年1月29日，县委组织部、县人事局转发省委组织部、省劳动人事厅《关于严格控制国家机关和事业单位增人增机构的通知》，规定党政机关和事业单位一律不准从企业抽调干部，严格禁止将企业编制转为行政、事业编制。是年，全县共有事业单位142个（不含教育、卫生系统，下同），核定编制4786名，实有人员4786人。

1988年1月21日，市编委规定，凡已核定编制的单位，必须以编制为依据，不得随意增加人员，满编或超编单位如要增人，应坚持先出后进，出多进少的原则。凡擅自增设机构、增加人员，或未经组织人事部门同意，随意将人员从事业单位调入机关，从企业调入事业单位的，应一律予以纠正。

1991年，建立市重点建设办公室、市汽车工业办公室、市民政福利企业办公室、市社会福利院、市涉外税务所、市城乡建设档案馆、市村镇建设管理处、市城建管理监察大队等事业单位；市人民防空办公室从城乡建设局划出单设，挂靠市人民武装部；市农业区划办公室从市土地管理局划出，为事业单位；市农村能源办公室从市农业局划出，为事业单位；撤销市标准计量所，建立市产品质量检验所、市计量检测所，隶属于市标准计量局；市农业综合开发部更名为市农业综合开发公司；市公安局交通警察队更名为市公安局交通警察大队；市人才服务公司更名为市人才开发中心。

1992年，建立市党员电化教育中心、市老年宫（与市退休干部活动中心两块牌子、一套班子）、市有线电视台（筹）、市矿山安全卫生监察站、市价格事务所、市农村合作经济审计站（与市农业局经营管理科合署办公）、市化肥农药质量检测管理所、市农机水利技术推广中心、市规划设计所、市交通局公路路政管理队、市工业产品展销馆、市妇联家庭事务服务所、钱江投资区江南开发总公司、市房地产建设开发公司、商业房地产开发公司、村镇建设综合开发总公司，在城厢、瓜沥、义盛、西兴、临浦、戴村分别设立就业管理所和物价管理站；撤销衙前、临浦、西兴3个交通管理站。同时，市人武部民兵训练基地、市商业网点办公室、东郊公墓定为全民事业单位；城建管理监察中队定为集体事业单位。萧山市遣送站更名为杭州市遣送站萧山分站。建立萧山市公安局交通警察大队衙前、临浦、机动、西兴4个交通警察中队，为事业单位，行政待遇。

1993年，建立市机动车辆安全技术检测站、市工商行政管理局头蓬工商所、市鸿达高科技发展中心、市劳动局劳务监察队、市计划生育培训中心、市征地劳力安置办公室、市博物馆（与市文物管理委员会办公室合署办公）、市电化教育中心（含市委组织部电化教育中心，一并归口市委党校）、市民政发展总公司、杭金线临浦大桥征费站、市商标事务所、市地产估价所、市机关事业单位社会养老保险办公室、市环境监理站（与市环境保护监测站合署办公）、市涉外经济律师事务所（与市律师事务所合署办公）、市图书发行总公司、市政府会议中心、市联运指挥部办公室、市对外经济贸易总公司、市税务干部学校、市农村养老保险工作协调委员会办公室、市重点工程开发总公司、市地方建设发展公司（单独定编）、市节约用水办公室等全民事业单位。建立市老年经济技术开发中心、市人防综合开发公司等集体事业单位。市个体劳动者协会、市私营企业协会重新核定编制，为集体事业单位。

1994年初，对冻结全市党政群机关和全额拨款事业单位的机构编制、从严控制非常设机构、严肃机构编制纪律、从严控制领导和非领导职务的职数等问题作出明确规定，控制机关、事业单位机构编制和人员的盲目增长。是年，建立萧山市农业对外综合开发区管委会，下设办公室。戴村骨伤科医院升格为萧山市中医骨伤科医院；成立中国国际商会萧山市分会。建立市农村合作基金会管理服务站、开发区外商投资咨询中心、市演出公司、永兴会计师事务所、市资产评估公司（与市会计师事务所合署办公）、市文化市场稽查队、市税务师事务所、浙江省法制事务所萧山分所、萧山国际交流服务中心、市总工会职业介绍所等全民事业单位。确定镇乡农业技术推广服务站（包括农技、畜牧、农经、农机水利、水产）、文化站、计划生育服务站为全民事业单位，萧山市儿童公园为集体事业单位。经杭州市机构编制委员会批准，中共萧山市委党史研究室、萧山市地方志编纂委员会办公室、萧山市农业对外综合开发区管理委员会办公室、杭州钱江投资区江南开发总公司为相当正科级事业单位。经市机构编制委员会批准，萧山市农业技术推广中心、萧山报社、中共萧山市委报道组、萧山电视台、萧山人民广播电台、杭州市人民政府驻北京联络处萧山工作部、市人民政府驻上海办事处、市人民政府驻深圳联络处、市人民政府驻珠海办事处、市人民政府驻厦门办事处、市人民政府驻太原办事处、市人民政府驻绥芬河办事处（是年11月起改设为驻哈尔滨办事处）、市人民政府驻瑞丽办事处、市人民政府驻海南办事处、萧山市电化教育中心、市经济建设发展公司、市房地产开发公司、市地方建设发展公司、市政府重点建设项目开发办公室、市农业科学技术研究所等为相当副科级事业单位。

1995年，经杭州市机构编制委员会批准，萧山市残疾人联合会、萧山日报社为相当正科级全民事业单位。建立萧山市房地产管理处通惠管理所、萧山市乡镇企业资产评估事务所、萧山经济技术开发区管委会大楼服务中心、萧山市特殊教育中心（与市聋哑学校合署办公）、萧山市市容环境卫生管理处、萧山市建筑业管理处、萧山市环境监理执法大队（与市环境监理站合署办公）、萧山市粮食局结算中心、萧山市农村集体资产评估事务所、萧山市计算机应用能力培训中心、萧山市健康教育所等全民事业单位。同意市围垦指挥部所属的围垦水利工程管理所为全民事业单位。市污水综合治理工程筹建处更名为市排水管理处、萧山资产评估公司更名为萧山资产评估事务所、市机关事业单位社会养老保险办公室更名为市机关事业单位社会保险办公室。市境内的由省水利厅管理的临浦、闻家堰、仓前3个水文站，划归萧山市管理。

1996年8月，市广播电视局、市人民政府经济技术协作办公室、技术监督局（原标准计量局）、档案局由行政转为事业单位。是年，建立萧山经济技术开发区劳动管理服务处、萧山市残疾人就业服务所、萧山商业城物业管理处、萧山市卫生局公共卫生监督所（与市卫生防疫站合署办公）、萧山市城市房地产监察中队、萧山市实验幼儿园、萧山市市场建设开发中心、萧山市义桥大桥征费所、萧山市联（托）运管理所、萧山市公安局交通警察大队驾驶员适应性检测站、萧山市就业管理服务处城北所、萧山市水政监察大队、萧山市会计服务中心、萧山市排水监测站等全民事业单位。

1997年，建立萧山市文物监察中队（与文管委办公室合署办公）、萧山市农村经营管理总站、萧山市建筑工程安全监督站（与市建筑业管理处合署办公）、萧山市测绘管理办公室（与市规划管理处合署办公）、萧山市技术监督局稽查队、萧山市经纪人事务所、萧山市教委教育技术装备中心、萧山市发展新型墙体材料办公室（与市墙体材料办公室、市墙体材料改革领导小组办公室合署办公）等事业单位。建立萧山市土地监察大队、萧山市职业技能鉴定中心（与市工人技术考核领导小组办公室合署办公）、萧山市财政局计算机信息中心、萧山市农业行政执法大队。是年，市财政局瓜沥财政所、临浦财政所、戴村财政所、义盛财政所和地税局瓜沥税务所、临浦税务所、戴村税务所、义盛税务所均由所改称为分局，市演出公司更名为演出组织中心，市工业职工学校更名为萧山市经济管理干部学校。批准现代农业培训基地为全民事业单位。

1998年，各镇乡下设农业技术推广服务站、企业服务站、经营管理站、计划生育技术服务站、文化广播电视站、土地管理站6个全民事业单位。建立萧山市艺术幼儿园、萧山市流动人口计划生育稽查队、萧山市生产力促进中心、萧山市建筑工程交易中心、萧山市建设工程造价管理站、萧山市房地产产权监理所6家事业单位。其中市建设工程交易中心、市建设工程造价管理站与萧山市建设工程招投标办公室合署办公，三块牌子、一套班子。批准市财政局国债服务部为全民事业单位；萧山市商业房地产综合开发公司由事业单位转为企业。

1999年，建立萧山市土地储备中心、萧山经济技术开发区劳动监察中队、萧山市旅游局、萧山市财政周转金清算投资中心、萧山市房地产交易中心、萧山市东片污水治理工程管理中心、萧山市能源利用监测中心、萧山经济技术开发区市政公用事业管理处等事业单位。杭州市公路管理处萧山公路段更名为萧山公路段。批准撤销萧山市演出管理站、市粮食局结算中心。

2000年，建立统计局企业调查大队、市公安警校、商业城技术质量监督站、市花卉苗木管理办公室等事业单位。批准市教委校办企业公司更名为市教委勤工俭学管理办公室、市政府印刷厂更名为市机关文印中心、市妇女培训活动中心更名为市妇女儿童培训活动中心。撤销市人武部民兵训练基地；批准市文化市场管理办公室和音像管理办公室合署办公，市文化市场稽查队和社会音像市场稽查队合署办公。批准市建筑设计院、市城建综合开发总公司、市房地产开发公司、市会计师事务所、市资产评估事务所、市税务师事务所、市图书发行总公司、市审计师事务所、市音像管理发行站、市广播电视设备公司、钱江潮律师事务所等事业单位转为企业。

至2000年10月31日止，全市市属事业单位在编人数15098人，其中行政管理人员1504人，专业技术人员12027人，生产工人568人，后勤人员999人。

登记管理制度

对全市法人事业单位和非法人事业单位进行登记始于1995年。到2000年底止，全市进行事业单位法人登记532家，非法人事业单位登记239家，民办社会事业办理事业单位法人登记8家。其间，52家法人事业单位和7家非法人事业单位办理注销手续。333家（次）法人事业单位和非法人事业单位办理变更登记手续。2001年1～3月，对全市事业单位统一换发法人证书，对具备独立法人条件的事业单位进行重新登记；对不具备独立法人条件，不能独立承担民事责任的事业单位不予登记。至3月25日止，全市412家法人事业单位和44家非法人事业单位换发全国统一的事业单位法人证书，102家事业单位新办法人证书，社会团体组织和民办非企业单位分别根据《社会团体登记管理条例》和《民办非企业单位登记管理暂行条例》的规定，到民政部门进行登记。同时，事业单位法人必须在每年1～3月份分别向登记管理机关和审批机关报送上年度执行《事业单位登记管理暂行条例》的情况，登记管理机关依法对其年度报告进行审查，并根据审查情况作出相应处置，如确认其《事业单位法人证书》继续有效，在其年度报告中签署合格意见，在《事业单位法人证书》上贴上年检合格标记。

表31－2－554　2000年10月31日萧山市市属全民事业单位机构编制与人员

项　目	所属单位（个）	编制数（名）	在编人数（人）	行政管理人员（人）	专业技术人员（人）	生产工人（人）	后勤人员（人）	下属单位
总计			15098	1504	12027	568	999	
市委直属	3	38	33	14	11	—	8	市委报道组、市委党校、党史研究室
市政府直属	7	273	274	100	149	—	25	广播电视局、技术协作办、市志办、 农业对外开发区、社保局、旅游局、城管办
市政府办直属	4	28	30	6	8	15	1	机关文印中心、国际交流服务中心、驻深圳办事处、农业开发办
省直属	1	10	11	10	—	—	1	技术监督局
市委办直属	1	16	14	4	10	—	—	档案局
技监局直属	2	22	40	6	20	—	14	计量检测所、质量监督检验所
老干部局直属	2	4	4	4	—	—	—	老干部活动中心、关工委办公室
党校主管	1	4	4	—	4	—	—	电教中心
城管办主管	1	54	56	56	—	—	—	城管监察大队
人事局主管	3	25	19	6	6	—	7	退休干部活动中心、人才开发中心、人才市场
计生委主管	4	38	39	16	20	—	3	计划生育协会、计划生育指导站、计划生育培训中心、流动人口稽查队
科委主管	2	8	4	—	4	—	—	常设技术市场、生产力促进中心
计委主管	4	18	12	10	—	—	2	计委信息中心、散装水泥办、市重点办、市废钢办
民政局主管	11	119	95	53	14	—	28	殡仪馆、遣送站、地名办、企管办、军供站、干休所、殡管所、福利院（光荣院）、灾互会、市残联、烈士陵园
环保局主管	2	39	39	5	28	—	6	环境监测站、环境监理站
劳动局主管	7	86	53	30	23	—	—	就业管理处、技工学校、劳动监察大队、矿山监察站、劳动局信息站、征地安置办、技考站
物价局主管	2	13	9	9	—	—	—	价格事务所、产权交易所
建设局主管	21	248	300	133	156	—	11	规划处、市容管理处、建筑行业管理处、城建档案馆、节水办、招投标办公室、市政园管处、房管处、住房基金管理中心、房地产开发实业公司、房地产交易所、质监站、排水处、白蚁防治所、墙改办、测绘队及五个房管所

续表

项　目	所属单位（个）	编制数（名）	在编人数（人）	行政管理人员（人）	专业技术人员（人）	生产工人（人）	后勤人员（人）	下属单位
经委主管	4	35	29	27	2	—	—	汽车办、矿管办、展销馆、联运办
交通局主管	8	367	318	101	68	129	20	运管所、公路段、设计处、县乡公路、公路路政队、03省道征费所、义桥大桥征费所、联（托）运管理所
妇联所属	2	12	14	4	9	—	1	实验幼儿园、妇女儿童培训中心
工商局所属	3	21	19	16	3	—	—	商标事务所、市场建设服务中心、商业城物业管理处
贸易局所属	1	3	3	1	1	—	1	商业网点办
财政局所属	5	158	104	13	9	—	—	财税干校、地发公司、采购中心、审价中心、会计服务中心
粮食局所属	1	7	7	—	6	1	—	粮食职校
商业总公司所属	2	15	10	1	9	—	—	商业职校、商业保健站
农委所属	3	17	30	13	0	2	19	农经总站、农业区划办、农业开发办
农业局所属	11	208	248	35	146	49	18	农技推广中心、林场、良种场、种畜场、棉麻研究所、棉花原种场、农科所、农校、种子公司、渔政站、木材检查站
农水局所属	12	216	224	17	198	—	9	农水技术推广中心、农水站、水文站、钱塘江排灌站、农机监理站、水政监察大队、钱塘江涵闸所、浦阳江水管所、4个农水站
土管局所属	1	20	8	2	4	2	—	地产建设开发公司
文化局所属	8	114	145	23	95	—	27	文化馆、图书馆、博物馆、少体校、体育馆、绍剧团、剧院、文化市场稽查队
团市委所属	2	19	18	6	12	—	—	青少年宫、艺术幼儿园
总工会所属	8	63	55	13	42	—	—	财贸工会、城厢镇工会、职工业余学校、职工幼儿园、职工技协站、工人文化宫、临浦及瓜沥工人文化宫
科协所属	1	1	1	1	—	—	—	农函大分校
开发区所属	7	169	57	17	24	16	—	商务咨询服务中心、开发区市政公用事业处、经济建设发展公司、城管监察中队、大楼服务中心、钱江综合开发公司、鸿达高科技中心
公安局所属	4	48	45	15	5	—	25	非机动车辆管理所、安全技术监测站、公安三所、公安警校
事务局所属	3	58	63	3	23	—	37	机关后勤服务中心、机关车队、机关幼儿园
围垦指挥部所属	1	4	6	1	5	—	—	萧围水管所
市法院所属	1	2	2	—	2	—	—	法官培训中心
人武部所属	1	7	7	2	3	—	2	民兵培训基地
土管局所属	10	142	114	93	15	2	4	统一征地所，地产估价所，戴村、临浦、城厢、宁围、瓜沥、义盛、直属土管所
外经贸委所属	2	8	9	2	5	—	2	外商投资贸易服务中心、国际商会分会
教委所属	186	10404	8932	539	8151	26	216	全市中学、初中、职校、技校、小学、幼儿园共186家单位
卫生局所属	17	—	3232	106	2684	—	442	市一、二、三、四医院，红十字医院、中医院、妇保院、骨伤科医院、防疫站、皮防站、药检所、红十字会、爱卫会、健教所、城厢镇卫办、改水办、卫校

第三章　干部人事管理

干部管理制度，主要包括录用调配、教育培训、工资福利、考核奖惩、离休退休五种制度。90年代以后，严格控制机关和事业单位人员增长，实施干部调配与人才引进，军转干部安置和大中专毕业生分配有机结合。对机关工作人员实施严格考核与奖惩制度，干部的素质提高较快。

第一节　干部队伍概况

改革开放以前，萧山的干部类型，不论行政工作人员、事业单位工作人员，还是企业管理人员或专业技术人员，可以统一调配、统一使用。随着行政管理体制的不断完善，机构渐趋定型，分工日趋合理，专业要求越来越高，经过几次机构调整与人员分流，干部队伍逐渐形成三种类型：行政工作人员、事业单位工作人员和企业管理人员。

随着经济、社会和教育事业的发展，全市干部来源充足，特别是干部招聘制度的实施和干部退休制度的完善，干部政治素质和文化程度提高，平均年龄降低，女性比例增加。

表31－3－555　1985～2000年萧山干部结构类型

单位：人

年份	行政	事业					企业
	党政群团	财政补助	财政适当补助	经费自理	管理费开支	企业化管理	经营管理者
1985	2301	—	—	—	—	—	—
1986	2960	—	—	—	—	2220	4958
1987	3082	—	—	—	—	2344	5356
1988	3222	—	—	—	—	3012	6921
1989	3341	—	—	—	—	4110	7306
1990	3386	—	—	—	—	3987	7719
1991	3555	7381	2136	2979	—	4265	8028
1992	3522	7516	2182	2844	—	4517	8500
1993	3611	1609	2211	1869	—	4394	8920
1994	3516	1580	2412	1674	420	4614	9912
1995	3647	8929	2782	1433	553	3709	10613
1996	3586	8720	3095	1893	—	3861	10676
1997	3176	10242	3176	1597	427	3825	11538
1998	3247	10239	3430	1811	126	3687	11924
1999	3287	9575	3468	633	518	3258	12406
2000	3376	9808	3656	575	514	1922	12787

注：本表据历年《萧山年鉴》所列有关数字并参照历年《萧山机构编制及实有人数汇总表》编制。

表31－3－556 1985～2000年萧山干部队伍结构

单位：人

年份	总数			政治状况			文化程度						年龄结构							
	合计	女	少数民族	中共党员	共青团员	民主党派	研究生	本科生	大专	中专	高中	初中	30岁以下	31岁至35岁	36岁至40岁	41岁至45岁	46岁至50岁	51岁至54岁	55岁至59岁	60岁以上
1985	9835	2467	2	4259	1556	18	0	0	1526	3015	1640	3654	1420	2632	2868		2407		469	39
1986	10138	2450	2	4489	1368	22	0	0	1697	3299	1663	3479	1467	2718	3006		2398		518	31
1987	10144	2844	2	4930	1648	34	0	0	1752	3281	1650	3461	1541	2704	2992		2379		502	26
1988	13155	3440	—	5544	1787	68	0	0	2514	3788	2108	4745	1795	3520	4227		2871		721	21
1989	14757	3834	—	5985	2587	78	0	0	2979	4492	2407	4879	2029	4319	4643		2919		825	22
1990	15092	4053	—	6023	2569	80	0	0	3406	4820	2253	4613	2197	4426	4424		3136		894	15
1991	3555	464	1	2589	570	8	0	167	533	838	818	1199	1036	560	482	574	337	181	350	35
1992	3023	353	1	2162	525	6	0	142	482	746	699	954	886	413	369	474	384	156	311	30
1993	3544	492	1	2618	534	8	0	188	631	900	838	987	951	598	490	558	490	167	258	32
1994	3546	519	1	2680	494	7	0	205	775	875	795	896	864	626	558	512	531	195	225	35
1995	2084	269	—	1318	453	2	1	174	619	577	413	300	643	388	296	248	281	125	103	—
1996	2162	302	—	1479	359	4	1	179	633	569	479	301	579	394	311	265	309	197	107	—
1997	2425	322	—	1856	268	68	2	160	825	512	529	397	441	505	374	320	385	279	112	9
1998	2493	360	—	1957	262	2	1	154	847	543	628	320	438	483	408	337	383	310	134	—
1999	.2543	355	—	2015	—	4	2	193	699	563	773	313	406	428	468	371	358	367	140	5
2000	2628	373	—	2140	—	7	7	260	742	569	749	301	412	375	486	376	335	322	317	5

注：1985～1990年数包括教育、医务人员，1991～2000年数不包括教育、医务人员。

第二节 大中专毕业生就业

大中专毕业生就业先后经历主要依靠计划分配阶段，双向选择为主、计划调配为辅阶段和实现市场化就业三个阶段。

主要依靠计划分配阶段 1985年底以前，萧山对大中专毕业生就业采取的是计划分配[①]的方式。1986年，毕业生分配面临数量大、需求萎缩、专业结构错位等困难，为妥善完成分配任务，县人事局改变过去单纯采取编制计划和指令性分配的方法，在强化计划管理，确保重点企业需要的同时，拓宽分配渠道。[②]

1988年，在执行计划分配的同时，开始推行“双向选择”办法，让供需直接见面，用人单位考核录用。市人事局会同有关用人单位参加中国计量学院、浙江工学院举办的“双向选择”洽谈会，与杭州机械工业学校联合举办“双向选择”洽谈会，邀请18家企业负责人到学校与学生当面洽谈，24名毕业生与用人单位签订协议，体现“公开、平等、竞争、择优”的原则，使用人单位挑选到所需要的人才，毕业生找到能发挥自己专业特长的单位。

1985～1992年，在大中专毕业生就业主要依靠计划分配阶段，萧山共接收、安置大中专毕业生2595人。

双向选择为主，计划调配为辅阶段 1993年，全市改变大中专毕业生计划分配就业的办法，开始实行以双向选择为主、计划调配为辅的就业制度。允许企业自主择人，毕业生自主择业，不作专业对口硬性要求。8月3日，首次召开大中专毕业生就业招聘会，130家企事业单位设点招聘，250名毕业生前来择业登记，其中130名毕业生与用人单位签订聘用协议。对经双向选择后未落实单位的大中专毕业生，仍实行计划调配。

1994年，将引进大中专毕业生作为引进人才的主渠道。1月19日和3月9日，市委、市政府分别在上海、北京召开人才需求信息发布会，介绍引进人才的政策、措施，发布人才需求信息。京沪两地81所高校和国家教委、冶金部、中国纺织总会的领导出席会议，为争取大中专毕业生奠定基础。此后，市人事局又组织13个系统的50余家企事业单位，分别到北京、上海、武汉、南昌、杭州等地高校争取毕业生。动员全市镇乡企业加快人才引进步伐，为企业发展提供人才保障。

是年，继续扩大供需见面，双向选择安排毕业生就业范围。除师范类毕业生、委培毕业生和实习生不列入招聘范围外，农、林、水专业毕业生则在涉农部门专业对口岗位中择业，卫生、供销、商业、粮食等院校毕业生，原则上仍在本系统择业，其余学校和专业的大中专毕业生均可通过双向选择就业。

1995年后，中专毕业生就业形势逐年严峻。市人事局深入企事业单位调查摸底，要求各单位尽量多吸纳毕业生就业，并通过人才交流会（招聘会）、市场交流等途径，以双向选择为主落实本市毕业生就业，辅以指令性计划分配

①大中专毕业生分配去向，不同时期各有侧重。60年代初，强调知识分子到生产第一线锻炼，毕业生大部分到工厂、学校、医院等基层单位。“社会主义教育运动”后期，选调部分大学毕业生到公社担任领导职务，带职定向培养。“文化大革命”中，毕业生改行甚多。70年代后期，毕业生分配强调专业对口、学用一致、面向基层，除选留一部分充实行政机关外，大部分分配去基层。1984年开始，毕业生分配破除体制界限，有12名毕业生分配到乡镇企业工作，保留全民干部身份，工资待遇上给予优惠。（资料来源：萧山县志编纂委员会：《萧山县志》，浙江人民出版社，1987年8月，第738页）

②对一些人员满编，专业和年龄结构不合理的事业单位，采取“先进后出，适当超编”的办法，安排部分毕业生。对一些长线专业的毕业生，按大行业对口的原则，向用人单位推荐。改变非师范类毕业生不进教育系统的传统观念，对一些数学、物理等纯理科专业的毕业生，动员去教育系统任教。允许毕业生与用人单位在专业对口或相近的前提下，进行双向选择。

萧山籍公费毕业生就业。与此同时，为保证全市经济社会发展对人才的需求，每年组织部分用人单位到北京、广州等地招聘高学历、紧缺专业毕业生。1988年首次从应届大中专毕业生中招考事业单位工作人员，录用68人。

1993～1998年，在大中专毕业生就业中实行以双向选择为主、计划调配为辅阶段，萧山共接收、落实9108名大中专毕业生就业。

市场化阶段　1999年起，萧山取消对公费毕业生计划分配的政策，通过机关事业单位公开招考和人才市场双向选择等渠道，落实大中专毕业生就业。至2000年，全市接收大中专毕业生4092人，落实就业3347人。

第三节　军队转业干部安置

80年代，萧山接收、安置军队转业干部①，主要分配在机关、企事业单位，如有增人指标的政法、金融、财税、工商系统以及其他新建扩建单位。转业干部参照在部队担任的职务，分配适当的工作；团职干部低职安排的，仍享受县级干部的政治、生活待遇；专业技术干部一般按其所学专业对口安排；对受过二等功以上奖励的，安置时优先予以照顾；长期在海岛、边防和长期从事飞行、潜艇工作的转业干部，在同等条件下适当照顾。

80年代末，为了做到部队、用人单位、军转干部“三满意”，市人事局积极改进安置办法。1989年，采取指令性计划指导下的“双向选择，二步到位”办法，即先下达指令性预分计划数，并附上全部转业干部名单和情况，由用人单位和转业干部互相选择，然后由人事部门协商平衡，最后下达正式安置计划。安置工作做到“五公开”，即安置任务、安置政策、安置去向、定位要求、定位结果公开，接受社会监督。

90年代，为适应社会主义市场经济体制基本建立和政治体制、人事制度改革日益深化的需要，市人事局在继续坚持指令性计划保证下的双向选择安置办法的基础上，对转业干部安置工作进行了多方面的探索。1996年，针对向少数双重管理单位安置军转干部较难的情况，市委下达《关于按科级单位比例分配军转干部的意见》，排定《双重管理单位接收军转干部顺序表》，当年的军转干部得到妥善安置。6月，在全省军队转业干部安置工作会议上，市人事局被授予“浙江省军队转业干部安置工作先进单位”称号。

1985～2000年，萧山接收、安置军队转业干部1076人，其中团职干部119人、营职325人、连排职426人、技术干部206人；接收、安置随迁随调家属418人。

①解放初期，有少量军队干部转业至本县，基本上到各区工作。50年代，军队转业干部主要充实加强各级领导班子。1963～1964年两年的转业干部绝大多数安排到财贸系统担任领导职务。1976～1984年，军队转业人数增多，营、团职干部比例上升，接收安置的基本原则是面向基层、面向生产一线，团职干部大多分配在县级机关任职。到1984年止，全县共接收安置军队转业干部13批、964人。（资料来源：萧山县志编纂委员会：《萧山县志》，浙江人民出版社，1987年8月，第739页）

表31—3—557　1985～2000年萧山接收安置军队转业干部

单位：人

年份	安置总人数	团职	营职	连排职	技术干部	随迁随调家属
1985	141	10	64	51	16	73
1986	193	4	60	102	27	65
1987	108	3	17	71	17	24
1988	85	5	21	50	9	26
1989	37	3	8	19	7	13
1990	25	5	9	7	4	10
1991	34	9	9	8	8	17
1992	34	7	5	13	9	13
1993	43	4	23	7	9	26
1994	49	8	15	11	15	15
1995	50	14	16	10	10	26
1996	48	14	12	12	10	18
1997	38	5	7	14	12	16
1998	46	9	12	10	15	23
1999	74	8	25	21	20	24
2000	71	11	22	20	18	29
合计	1076	119	325	426	206	418

注：1995年有一名营职转业干部自谋职业。

第四节　人员调配

全市市管领导干部和党群口、镇乡干部，由市委组织部管理，其他干部及有关干部人事的具体工作，由市人事局①管理。1999年，按照市委的要求，组织部重点抓好市管领导干部，党群口和镇乡一般干部由人事局管理，按编制配备干部，并负责干部人事的具体管理工作。干部管理制度，主要包括录用调配、教育培训、工资福利、考核奖惩、离休退休5种制度。

1985年，全县共调配干部159人。其中引进中级以上科技人员23人，助师级科技人员19人，员级科技人员45人。

1989年，干部调配中存在控制机关和事业单位进人与单位用人需要、城市人口机械增长控制指标与单位用人需要调入人员众多的矛盾。在控制党政机关进人方面采取四条措施：行政机关缺编在20%以内的，原则上不予增人；缺编超过20%或确因工作需要必须增补专业技术人员的，由人事局在市级机关干部和军转干部中调剂；超编单位一律不予进人，满编单位需调整干部结构的，必须先出后进；个别部门或单位确需从企业选调专业技术人员的，应经人事局考核，符合政治素质、文化程度、年龄和基层工作经验等条件的，才能办理调动手续。对事业单位逐步推行计划管理，核定部分事业单位的编制或编制控制数，对单位上报岗位设置方案和人员配备计划，由主管部门审核，经人事局会同编制委员会审定后逐步实施。对市外调入的人员，以照顾解决夫妻分居两地问题为主，对非本市急需的专业人员，原则上不引进。是年，共调配干部142人，其中市内调动54人，市外引进56人，调出本市32人。

1990年以后，严格控制机关和事业单位人员增长，做到干部调配与引进紧缺人才、照顾解决夫妻分居两地问题、军转干部安置和大中专毕业生分配相结合进行。

①1958年5月2日，县委、县人委决定将县编委会、人事科、劳动科合并为人事劳动科。1958年以后，人事劳动科与县委组织部一度合署办公。1965年12月30日，萧山县人民委员会撤销人事科、民政科，改建为人事民政科，以后安置办公室与人事民政科合署办公。1968年3月，成立萧山县革命委员会，人事工作一度由县革命委员会政治工作组组织办公室办理。1979年11月，建立萧山县人事局，为县人民政府综合管理人事工作的专门机构。1984年机构改革后，县人事局列为政府工作部门序列。1988年1月起更名为萧山市人事局。（资料来源：萧山市人事局：《萧山人事志》，1999年5月，第87页）

表31-3-558　1985～2000年
萧山干部调配和专业技术人员引进情况

单位：人

年份	调动总数	市外引进		
		高级	中级	初级
1985	159	–	23	64
1986	152	–	11	41
1987	126	1	9	49
1988	367	–	13	39
1989	142	3	7	31
1990	125	1	8	13
1991	290	3	5	44
1992	250	5	27	56
1993	380	9	79	96
1994	269	5	20	90
1995	203	7	22	50
1996	116	7	7	25
1997	49	2	15	11
1998	41	3	10	12
1999	38	2	15	11
2000	63	2	10	15

第五节　考核与奖惩

考　核

1984年2月28日，县委常委会公布了《县委常委关于端正党风的八项守则（初稿）》。②1985年开始，萧山各机关全面实行工作人员守则，要求全体干部自觉遵守。1987年上半年，县委要求各部、委、办、局在总结实施干部工作守则的基础上，根据部门实际，制订“职业道德规范”。7月19日，县委组织部率先公

②该《守则》提出了“约法八章”：一是在思想上、政治上自觉地和党中央保持一致；二是全心全意为人民服务，正确行使党和人民赋予的权力，做人民的公仆；三是坚持实事求是，一切从实际出发的原则；四是坚持原则，敢于同各种不正之风和歪风邪气作斗争；五是坚持党的民主集中制，坚持团结，充分发挥民主；六是以极大的热情学习经济管理知识，重视智力开发，关注新的技术革命动向；七是党内一律称同志；八是坚持过好组织生活。县委常委会制订与公布《关于端正党风的八项守则》后，在全县干部中引起极大反响。全县各行政机关自1985年开始全面实行干部工作守则以后，各部门、各地区、各单位干部的思想与工作作风有了改变，各项工作也有了较大改进。（资料来源：萧山市人事局：《萧山人事志》，1999年5月，第448页）

布《县委组织部机关干部职业道德规范》。随后在各部门中全面推行。

1988年5月15日，市委作出决定：在推行岗位责任制的基础上，市级机关推行目标管理责任制，调整考核办法。集体主要考核目标任务完成实绩和为经济建设、基层服务情况；同时考核领导班子建设、制度建设、机关作风和执法情况等。个人考核主要以履行目标岗位责任制为依据，以工作实绩为重点，全面考核干部德、能、勤、绩四个方面。至7月中旬，全市57个市级机关单位均制订目标管理责任制。翌年3月，进一步健全、完善市级机关目标管理责任制。集体主要考核中心工作、业务工作和自身建设三个方面。考核实行百分制。个人主要考核目标岗位责任制履行情况，以考绩为重点，全面考核绩、德、勤三个方面。

1990年7月25日，市委、市政府发出相关文件，规定干部考核工作由市委、市政府统一部署，市考评委员会负责具体实施。通过考核，克服职责不清、赏罚不明和苦乐不均的现象，加强机关干部思想和作风建设，促进机关工作职能转变，完成各项任务。

1993年起，对全市机关工作人员实施年度考核。3626名市级和镇乡机关工作人员参加考核，736名确定为优秀等级，占20.3%；2875名确定为称职等级，占79.29%；15名确定为不称职等级，占0.41%。翌年，考核对象扩大到事业单位工作人员。全市18899名工作人员参加考核，其中797名新录用人员和受行政警告以下处分未解除以及受党内严重警告以下处分的，参加考核，只写评语，不确定等级。

1993～2000年，全市机关事业单位143167人（次）参加各年度的考核，其中被确立为优秀等次的21255人（次）、称职（合格）等次的117281人（次）、予以告诫的104人（次）、不称职（不合格）等次的157人（次）、不定等级的4370人（次）。

表31-3-559　1993～2000年萧山市机关事业单位工作人员考核情况

单位：人

年份	总计	优秀	称职（合格）	基本称职（予以告诫）	不称职（不合格）	不定等次	其中事业单位					
							小计	优秀	合格	予以告诫	不合格	不定等次
1993	3626	736	2875	0	15	0						
1994	18523	2816	15240	26	20	421	14829	2271	12119	22	19	398
1995	19547	3028	16084	14	21	400	16091	2453	13266	8	18	346
1996	18943	2793	15431	9	33	677	15235	2220	12370	9	29	607
1997	19412	2911	15675	18	10	798	15920	2371	12784	18	9	738
1998	20625	2964	16933	10	20	698	16945	2470	13853	9	13	600
1999	21218	3007	17430	13	20	748	17638	2493	14410	13	15	707
2000	21273	3000	17613	14	18	628	17676	2485	14570	13	16	592

注："不定等级"栏，为新录用和处分未解除人员，只写评语，不评等级。

奖　励

1985年12月30日，在县、区、镇乡党政机关开展年终总结评比活动。运用年度总结评比，对各条战线涌现出来的先进分子给予表扬和鼓励。此后，年终总结评比活动形成制度，适时召开全县年度先进集体和先进生产（工作）者表彰大会，对先进生产（工作）者，给予表扬和奖励。

1988年起，市委、市政府决定评选市级劳动模范，并形成制度。是年，评定市级劳动模范51名。对行政机关、全民企事业单位的市级劳动模范[1]给予奖品、奖金、晋升一级工资的奖励。

1990年3月22日，市委组织部、市人事局发出《关于1990年区、镇乡干部升级奖励的意见》，对1990年区、镇乡干部在区和镇乡工作岗位满3年以上，完成岗位目标管理任务取得显著成绩，给予一次性升级奖励。凡经年度考核符合条件，表现优秀的人员，享受浮动升级奖励。浮动升级奖励累计满三年予以固定。

惩 戒

杭州市政府任命的萧山市国家工作人员，其警告、记过、记大过、降级四种处分[2]，由市政府决定执行，报杭州市政府备案。其降职、撤职、开除留用察看、开除四种处分，由市政府提出意见，报杭州市政府批准。萧山市政府任命的（即市委管理的或市委委托各部委代管的干部）机关、企事业单位的国家工作人员，其警告、记过、记大过、降级四种处分，由各主管行政领导机关决定，报市政府备案（并送县委组织部等主管部委一份）。其降职、撤职、开除留用察看、开除四种处分，由主管行政领导机关提出意见，报市政府批准执行。其余国家工作人员（一般干部）的行政纪律处分，属开除的，一律由单位领导集体研究，提出处理意见，报市政府批准；其他行政纪律处分，均由各单位的主管行政领导机关决定执行，报市政府备案，抄送市委组织部等主管部委一份。

第六节 离休 退休 退职

干部离休

萧山实行干部离休制度[3]始于1980年10月，凡1949年9月30日前参加中国共产党所领导的革命工作和在地方从事革命工作并享受供给制待遇，达到离职休养年龄（男60周岁，女55周岁）的干部，办理离职休养手续。当年办理干部离休58人，至1990年底止，累计办理干部离休377人。其中抗日战争时期（1937年7月7日至1945年9月2日）参加革命工作96人，解放战争时期（1945年9月3日至1949年9月30日）参加革命工作281人。其中享受地师级待遇13人，县团级待遇94人，一般待遇270人。

老干部办理离休手续后，均发给国务院统一制定的《中华人民共和国老干部离休荣誉证》。离休干部的管理服务工作，1984年2月以前由县人事局负责，此后由县委老干部局接替管理。

从1985年1月起，凡享受离休待遇的干部，在批准离休时，进行一次全面体检，并建立健康档案。

1988年3月15日，按照“基本政治待遇不变，生活待遇略为从

①萧山评选劳动模范，始于1950年评选农业劳动模范，以后逐渐扩大到工业、交通、基建、财贸、政法、科技、文教、卫生、体育战线。起初是按照上级的布置评选的，时断时续，并不经常。从1988年起，市委、市政府从萧山实际出发，决定每年评选市级劳动模范一次，并形成制度。上级再评选杭州市级、浙江省级或全国性的劳动模范，则在当年萧山市级劳动模范中推选报送。（资料来源：萧山市人事局：《萧山人事志》，1999年5月，第467页）

②1982年6月23日，县人民政府批转县人事局《关于行政纪律处分批准权限的规定》，对国家行政机关和企事业单位的国家工作人员，受行政纪律处分的批准权限作以下规定：(1) 凡属省、杭州市管理的干部，受行政纪律处分，按省、杭州市规定办理。(2) 由县决定任命和批准任命的干部，受行政纪律处分，经主管部门作出决定，报县人民政府批准。(3) 国家行政机关中的一般工作人员，受行政警告、记过、记大过处分的，由所在单位作出决定，报直属部门批准，抄送县人事局备案；受降级、开除留用察看、开除公职处分的，由主管部门作出决定，报县人民政府批准。(4) 企事业单位中的国家工作人员，受行政警告、记过、记大过处分的，由所在单位作出决定，报主管部门批准，抄送县人事局备案；受降级、开除留用察看、开除公职处分的，由主管部门作出决定，报县人民政府批准。(5) 凡立案处理和报请上级机关批准的案件，要有处分决定、调查报告、旁证材料和本人检查。错误事实的综合材料和处分决定应与本人见面，并由本人签署意见。不论受何种处分，都要做到事实清楚，证据确凿，处分得当，手续完备，处分决定上报一式三份。此规定颁发后，干部惩戒工作重新走上正轨。为了合理地处理国家行政机关工作人员的降级、降职、撤职、开除留用察看处分等有关问题，萧山市人事局根据国务院《关于国家行政机关工作人员的奖惩暂行规定》和中共中央、国务院《关于国家机关和事业单位工作人员工资制度改革问题的通知》的原则精神，于1988年1月9日发出通知，就有关惩戒事项重新作出规定。（资料来源：萧山市人事局：《萧山人事志》，1999年5月，第474页）

③国务院于1978年作出规定，对建国前参加革命工作的部分老干部实行离职休养的制度。1980年和1982年又两次对该制度实施办法进行修订，扩大了干部离休的范围。根据国务院1982年修订的《关于干部离职休养制度的几项规定》，凡建国前参加革命工作脱产享受供给制待遇和从事地下革命工作的，年满60周岁的男性和55周岁的女性，均可享受离职休养待遇。凡符合上述条件的干部在离休以后，其政治待遇不变，并根据参加革命工作的不同时期，给予相同或略高于在职时的生活待遇和适当数量的特需经费。（资料来源：萧山市人事局：《萧山人事志》，1999年5月，第385页）

优”的规定，从政治上、生活上做好管理服务工作；组织他们按时参加组织生活。照顾好老干部遗属，对生活困难等问题，尽力予以解决。

1985～2000年，办理离休手续的干部共有235人，从时间上划分：抗日战争期间参加工作的37人，解放战争期间参加工作的198人；按享受待遇划分：享受地师级待遇的7人，享受县团级待遇的78人，一般干部待遇的150人。

干部退休

国家对行政机关和企事业单位中参加革命工作满10年，男性满60周岁，女性满55周岁的干部；或因工致残丧失工作能力的干部，实行退休制度[①]，享受退休待遇。干部退休后，原则上保持在职时所享受的政治待遇，按规定听报告、阅读有关文件等。

中华人民共和国成立前参加革命工作，享受薪金制待遇的干部，属于抗日战争时期参加革命工作的，按本人标准工资的90%发给；解放战争时期参加革命工作的，按本人标准工资的80%发给。建国后参加革命工作的干部，按工作年限确定其退休待遇：工作年限满20年的，按本人标准工资的75%发给；工作年限满15年不满20年的，按本人标准工资的70%发给；工作年限满10年不满15年的，按本人标准工资的60%发给。

因工致残的退休干部，饮食起居需要人扶助的，按本人标准工资的90%发给，再加发每人每月38.5元护理费，1986年5月起，调整为每人每月50元（均含副食品价格补贴）。饮食起居不需扶助的，按本人标准工资的80%发给。

1986年，根据省政府办公厅文件规定，国家机关、全民事业单位和企业中的退休干部，自7月1日起，按下列条件发给退休补贴：1952年底前参加革命工作，工作年限满30年以上的，每人每月加发原本人标准工资的15%；满20年不满30年的，加发原本人标准工资的10%。1958年1月1日前参加革命工作的干部，工作年限满30年以上的，每人每月加发本人原有标准工资的10%；满20年不满30年的，加发本人原标准工资的5%。不参加1985年工资制度改革的退休干部，除享受副食品、物价补贴外，从是年5月份起，每人每月发给生活补助费12～17元。

从1989年起，退休干部活动经费从原来的每人每年50元提高到100元。

1991年，对全市国家机关、事业单位退休干部、职工的管理机构，政治、生活待遇、活动经费等作出具体规定。从7月起，在1952年底以前参加工作、工作年限满30年以上的退休职工，在国家和省规定的基础上，再增发5%的退休补贴费；副县级以上退休干部发给每人每月10元，其他退休干部职工发给每人每月5元交通补贴费；退休干部的活动经费在原来每人每年100元的基础上，副县级以上退休干部增加到300元，正副局（区）长级退休干部增加到200元，其他退休干部职工增加到150元。

1995年初，市委组织部、市人事局联合下发《关于办理干部退休手续有关问题的通知》（萧人〔1995〕8号），全市共有352名干部办理退休手续，其中行政机关89人，事业单位167人，企业96人。至年末，全市实有退休干部

①1955年按照国务院规定，开始办理干部退休手续。1961～1978年，全县共办理干部退休157人。1978年6月国务院颁发《关于安置老弱病残干部的暂行规定》后，干部退休作为一项正常的工作进行。到1984年，全县共办理干部退休1185人。（资料来源：萧山县志编纂委员会：《萧山县志》，浙江人民出版社，1987年8月，第739～740页）

3422人，其中行政机关675人，事业单位1609人，企业1138人。

1996年，市委组织部、市人事局联合下发《关于执行干部退休制度有关问题的通知》，进一步规范干部退休制度。8名曾作出特殊贡献的高级专家及省部级以上先进工作者提高退休费的计发比例，对12名高级专家办理延期退休审批手续。

1998年，对5名省级以上劳动模范、高级专家和长期在西藏高海拔地区的工作者办理提高退休费手续，并给16名高级专家办理延长退休年龄手续。从1月起，全市机关事业单位退休人员各档次的活动经费均提高100元，提高后的年标准为：一般干部350元，局级干部400元，市级干部500元。

2000年，全市机关、事业单位共有363名工作人员退休，其中机关46人，全民事业单位259人，集体事业单位58人。是年，全市机关、事业单位退休人员累计有4409人。

表31－3－560　1985～2000年萧山干部退休情况

单位：人

年份	办理退休人数	性别		参加革命工作时间				性质		
		男	女	1949年10月前	1952年底前	1957年底前	其他	国家机关	企事业单位	中小学教师
1985	160	128	32	11	108	40	1	18	122	20
1986	154	98	56	30	100	21	3	17	66	71
1987	149	115	34	20	114	11	4	22	72	55
1988	190	118	72	20	123	42	5	16	118	56
1989	174	109	65	10	119	36	9	33	81	60
1990	207	115	92	15	119	52	21	46	89	72
1991	207	–	–	–	–	–	–	26	110	71
1992	233	–	–	–	–	–	–	31	134	68
1993	309	–	–	–	–	–	–	103	142	64
1994	267	–	–	–	–		–	60	137	70
1995	352	–	–	–	–	–	–	89	191	72
1996	280	–	–	–	–	–	–	45	159	76
1997	235	–	–	–	–	–		47	115	73
1998	314	–	–	–	–	–	–	51	184	79
1999	231	–	–	–	–	–	–	42	104	85
2000	363	–	–	–	–	–	–	46	230	87

干部退职

凡因受政治运动影响，或参加工作后因健康原因难以继续工作，且实际工龄较短或年龄未到退休年限，不符合退休条件的，允许办理退职①手续。退职人员不列入干部编制，只发生活补助费，并不再享受其他福利待遇。至2000年底，全市共有退职人员320名，人均月生活费210元。

①萧山干部的退职，主要是在50年代和60年代初，当时，结合精简机构，紧缩编制，先后有部分人员办理了退职手续。此后退职的干部很少。

1978年以后，经过对某些历史案件的复查，在纠正一些冤假错案中，部分干部由于历史原因，虽已年老体衰而不符合退休条件，因而办理了退职手续。（资料来源：萧山市人事局：《萧山人事志》，1999年5月，第394页）

第四章　专业技术人员管理

1987年，萧山恢复职称评定[①]工作。凡在企事业单位工作的大中专毕业生和具有相当学历者，通过评审，先后晋升或套改为具有适当任职资格的专业技术人员。至2000年，全市累计评定专业技术职称46794人，其中高级职称671人，中级职称8038人，初级职称38085人。

通过出台优惠政策、外出招聘和建立人才市场等方式，引进各种具有较高学历的专业技术人才。1991～2000年，全市引进各类专业技术人才783人，其中高级职称41人，中级职称227人，初级职称515人。

①1980年成立县科学技术干部技术职称评定委员会，开展技术职称的评定工作。1983年9月，根据中央办公厅、国务院办公厅通知，全县职称评定工作暂停。（资料来源：萧山县志编纂委员会：《萧山县志》，浙江人民出版社，1987年8月，第736页）

第一节　人才引进

人才引进政策

1984年7月5日，成立萧山县人才服务公司。是年，县人事局出台《萧山县科技干部管理实施意见（试行）》，规定，凡推荐一名师级、助师级和员级科技人员，经考察录用后，给推荐者分别奖励50元、40元和30元。

1985年5月13日，县委组织部、县人事局转发浙江省委组织部、省劳动人事厅《关于科技人员的使用、流动和引进问题的补充规定》，重点解决科技人员用非所学、用非所长或积压浪费的问题。

1987年3月10日，县人事局转发省劳动人事厅《关于专业技术人员流动中有关遗留问题的处理意见》。7月19日，县人事局、县人才服务公司发布招聘科技人员启事。应聘人员来萧工作，对解决夫妻两地分居、家属农转非、子女就业入学、住房安排等问题，按有关规定优先办理。到县城以下的二轻及镇乡企业工作，工资向上浮动一级；工作满5年，转为固定工资；继续留原单位工作的，再浮动一级。

1988年1月，市委、市政府领导与京、津、沪大学生代表团进行对话，公开向大学生宣布来萧山乡镇企业工作的优惠措施，受到普遍欢迎。5月15日，市政府发出《关于印发外地大学生、科技人员来我市工作的十条暂行规定的通知》，明确引进的外地大学生，科技人员有工资、户籍关系、家属落户等方面可享受的政策。[②]

凡从外地引进的工程师级以上的科技人员，本人及吃国家商品粮的家属户粮关系可放在城厢镇，去乡镇企业的科技人员的工资一律向上浮动一级，连续5年后转为固定工资，并再向上浮动一级。其他福利待遇和全民单位科技人员同等对待；保留干部身份，今后调动不受影响；对符合“农转非”条件的随迁家属子女，可优先办理“农转非”。

②十条“暂行规定”是：一、工资待遇从优。凡分配到乡镇企业工作的大学生，在见习期间，可以拿定级工资，定级后仍可上浮一级工资；工作满5年或成绩显著工作满3年，可将浮动工资转为固定工资，并继续上浮一级工资。二、凡到乡镇企业工作的大专毕业生和助理工程师级以上的科技人员（城镇居民户口）的行政、户粮关系，可以留在市乡镇工业管理局。三、引进的助理工程师级以上科技人员的家属、子女，原是城镇居民户口，可随科技人员同样挂靠在市乡镇局；原是农村户口的，可随迁至科技人员的工作地点就近落户。四、凡是全民所有制的干部、职工，可以保留全民所有制的身份。五、引进的科技人员在政治上给予关心，在生活待遇上与在城镇工作的知识分子一视同仁。六、允许在市内乡镇企业之间自由流动，与企业签订的聘用合同，受法律保护。七、凡引进或分配到乡镇企业工作的科技人员，可以参加、享受乡镇企业的退休统筹待遇。八、乡镇企业的科技人员与全民企业工作的大学生一样实行专业技术职务聘任制。九、在切实完成本职工作的前提下，业余时间可以在企业间兼职，或开展科技咨询服务，收入归己。十、住房由企业优先安排。（资料来源：萧山市人事局：《萧山人事志》，1999年5月，第479页）

1989年3月10日，市政府发布《萧山市人才、智力流动争议仲裁暂定规定》，保障人才流动各方面的权益。

1992年6月，市委、市政府发出《关于引进人才开发人才奖励有突出贡献的科技人员的暂行规定》。该规定的内容有广泛引进人才、鼓励科技人员下基层、鼓励合理流动、促进人尽其才、对有突出贡献的科技人员进行奖励等19条。

1993年，市政府出资建造科技楼共20套住房，优惠供应给中高级科技人员所在单位。然后由单位分配给这批科技人员居住。

1997年起，通过引进外国专家，帮助企业解决技术、管理等方面的问题。每年根据需要填写引进智力申请表和需求表，由市人事局汇总，上报杭州市人事局和外国专家局审批，由外国专家局帮助物色国外专家。至2000年，全市共上报项目27个，执行21个。

表31－4－561　1991～2000年萧山市引进外地在职专业技术人才

单位：人

年　份	人数	职称		
		高级	中级	初级
合　计	783	41	227	515
1991	52	3	5	44
1992	88	5	27	56
1993	184	9	79	96
1994	134	5	20	109
1995	94	7	24	63
1996	40	2	19	19
1997	49	3	13	33
1998	41	3	10	28
1999	38	2	15	21
2000	63	2	15	46

人才引进成效

1984年至1988年6月止，共引进科技人才341人，按专业技术职称分，其中高级职称1人、中级职称67人、初级职称273人；按分配去向分，其中国有企业28人、二轻系统25人、农场系统47人、乡镇企业37人、卫生系统77人。自1987年7月至1990年底，共引进科技人才115人，其中高级职称4人、中级职称28人、初级职称83人。

1991年后，人才引进力度进一步加大，至2000年止，共引进外地在职专业人才783名，其中高级职称41人、中级职称人才227人、初级职称人才515人。在90年代中，引进外地专业在职人才最多的为1993年，共184名；其次为1994年，为134人；再次为1995年，为94人。这些人才的引进，增加了萧山人才实力，为萧山经济的发展提供了支撑。

企业博士后科研工作站①

1999年12月，经国家人事部批准，万向集团公司建立“博士后科研工作站”，成为全市首家企业创办的博士后科研工作站。2000年正式进站工作。

①万向集团博士后科研工作站成立于1999年12月，是我国第二批企业设站单位。其依托国家级技术中心和浙江大学流动站联合招收、联合培训。至2008年底止，先后引进12名博士后从事研究工作；已有8名博士后研究人员顺利出站，其中有3名博士后留公司工作，在站博士4人。先后荣获浙江省、杭州市优秀博士后科研工作站及优秀博士后管理人员、杭州市优秀博士后等荣誉。（资料来源：萧山人事编制网）

第二节　人才交流服务

在市场经济条件下，行政与事业的职能与分工日趋细化，原先由人事行政部门管理的部分事业单位工作人员与企业管理人员的人事工作，改由主管局或单位直接管理，少数新建事业单位与尚未形成一定规模的企业，其人事管理可委托人才开发中心代理。

人才市场

1988年7月30日，市政府转发《杭州市专业技术人员兼职、辞职和停薪留职的暂行规定》。允许专业技术人员兼职、辞职和停薪留职，对有争议等问题的处理作了具体规定，后，每逢双月8日举行人才交流会。

1989年8月27日，成立萧山市人才智力市场，隶属市人事局。明确人才智力市场是运用社会调节机制，进行人才、智力交流的中介场所，实行供需见面、双向选择、公平竞争、互惠互利的原则。人才智力市场主要提供人才、智力供需信息；组织人才、智力交流、招聘、培训；开展有关政策、法规、法律咨询业务；接受不具备档案保管条件的镇乡企业、民办企事业单位或专业技术人员的委托，代管专业技术人员的人事档案。4月29日，成立萧山市人才智力流动争议仲裁委员会，下设办公室。11月26日，萧山市人才智力流动争议仲裁委员会对工作职责、工作程序（申诉、受理、调查、取证、调解、仲裁、归档）和仲裁回避等均作出具体规定。

1995年10月，建立萧山市人才市场会员制，发展首期会员单位25家。

1997年5月起，租用萧山老年宫110平方米场地，作为萧山市人才市场用房，同时推出“人才交流会”服务项目。1999年后，人才市场增设“张贴招聘信息”项目。2000年，为450家用人单位在市场张贴、发布人才招聘广告，为就业者提供择业方便。是年9月13日，萧山人才信息网站正式投入运行，为大中专毕业生就业和用人单位招聘人才提供方便。

1994年1月至2001年2月，萧山市人才市场先后举办人才交流会26次，应聘大中专毕业生3.8万人次，1850家次企事业单位进场设摊招聘。

人事代理

人事代理是人才管理工作的重要内容。1996年，市人才中心代管档案110份。1997年，开展人事代理工作。1998年初，制订《人事代理办理程序》《流动人员办理养老保险程序》《辞职人员保留干部身份办理程序》。对档案管理实行保管证制度。

1999年，人事代理的范围由“三资”企业和私营企业，扩大到金融、民办事业单位等，全年共有委托代理单位39家，代理人数195人，个人委托代理62人。接收毕业生档案1840份，签订人事合同和档案托管合同480份，办理转入档案286份，转出档案502份，办理签订大中专毕业生档案合同617份。是年，为流动人员接转关系50余人，出具证明150余份，办理出国政审53人，办理保留干部身份23人，办理流动人员职称评审25人，代办养老保险3人。至2000年末，代管人事档案增至6628份，人事代理单位104家，代理人数560人。并建立人才中心集体户口，91人落实集体户口。

第三节　职称评聘

企事业单位专业技术人员职称评聘

1986年，建立县职称改革领导小组及办公室，设立专业技术人员职称评定委员会，各局（单位）相应建立评定小组，行使评定专业技术职称的权力。从1987年6月起，全县事业单位的职称改革工作全面启动。当年评定专业技术职称161名，其中高级职称4名，中级职称52名，初级职称105名。

1992年，2246人经评审取得专业技术职务，确认981名见习期满、符合条件的大中专毕业生专业技术职务任职资格。3116名专业技术人员参加全国统一组织的技术职务任职资格考试，其中经济专业347名、统计专业194名、审计专业57名，会计专业为全国首次考试，共2518名。

1997年，调整小学高级、医药、农技系列等13个中、初级职称评审委员会，组织经济系列和晋升中高级专业职务人员外语考试。对1316名专业技术人员进行计算机应用能力培训。后在市农业局所属事业单位开展聘约管理试点工作，经过竞聘演讲、考核等方式，聘任专业技术职务。

1999年，对全市部分事业单位实行结构比例控制和指标控制相结合的宏观控制，全面推行专业技术职务聘约管理，使专业技术职务的管理规范化、制度化。对企事业单位的会计、统计、经济专业不具备规定学历的人员进行评审定职、考试，全市4844名专业技术人员取得或晋升专业技术职务任职资格，其中正高级职称6名，副高级职称69名，中级职称1321名，助理级职称2104名，员级职称1344名。

2000年，全面推行专业技术职务聘约管理制度，对专业技术职称与职务实行评聘分离，可以高职低聘、低职高聘或只评不聘。对广电局、文化局、农水局、建设局和萧山日报社等单位核定专业技术职务结构比例。

表31－4－562　1987～2000年萧山专业技术职务任职资格情况

单位：人

年份	总计	高级	中级	初级
1987	161	4	52	105
1988	11945	153	1744	10048
1989	795	17	21	757
1990	1024	24	254	746
1991	2207	15	203	1989
1992	3227	17	413	2797
1993	2738	50	212	2476
1994	1972	34	214	1724
1995	5107	80	891	4136
1996	3851	58	790	3003
1997	2549	2	308	2239
1998	3485	69	941	2475
1999	4844	75	1321	3448
2000	2889	73	674	2142

政工人员职称评聘[①]

1991年起，全市建立政工专业人员职称评定制度。对在企事业单位中担任思想政治工作的人员，根据其担任专业职务时间的长短和工作业绩，评定相应的政工职称。是年，经过考核、评定，全市有356人获得政工专业职称，其中高级政工师3人、政工师58人、助理政工师177人、政工员118人。

1993年9月，设立省委党校函授学院企业政工干部大专萧山辅导站，首期招收政工大专班学员46人。1996年5月，萧山市政工师协会成立，以全市企事业单位中具有政工专业技术职务为主要成员。至2000年底止，全市共有政工职称人员961人，其中高级政工师9人、政工师192人、助理政工师517人、政工员243人。

农民技术人员职称评聘[②]

1989年1月，始对农业（含粮油、棉麻、种子、植保）、林业特产（含林业、蚕桑、园艺）、畜牧兽医、水产、农经、财会、农机、水利、土地管理、电力和农村能源等10个专业系列的2492名农民技术人员进行技术职称评定。至8月底，共评出农民技术人员2424人，其中农民技师305人，农民助理技师949人，农民技术员980人，农民助理技术员190人。1990年5月，党山镇吴贤、昭东乡汪宝水晋升为农民农业高级技师，浦沿镇傅水林为农民水利高级技师，通济乡钟吾熙为农民农机高级技师，成为全市首批农民高级技师。

随后，农民技术职称评定每年一次，形成制度。至2000年底，全市累计评定和晋升各级各业职称的农民技术人员11012人，其中农民高级技师78人，农民技师1506人，农民助理技师3579人，农民技术员4643人，农民助理技术员1206人。农村党员评上农民技术职称5480人，占评定总数的49.48%；农村妇女评上农民技术职称975人，占评定总数的8.88%。

①②政工人员职称评聘与农民技术人员职称评聘分别由市委宣传部和市科协管理。

第五章　培训与职业技能鉴定

1988年3月，成立萧山市工人技术考核委员会，1989年7月，改称萧山市工人技术考核领导小组，下设办公室，负责全市工人技术培训的组织实施和办学审批、考核、发证工作。1998年6月2日，成立萧山市职业技能鉴定中心，将原有9个考核工作站调整为7个职业技能鉴定站。主要职能是对全市职业技能鉴定站进行业务指导，建立职业技能鉴定考评队伍，实施命题、考务、证书管理。

1985年起，依据劳动部《工人技术考核条例》和《关于实行培训后就业若干问题的暂行规定》，全市建立先培训[①]后就业制度，开展就业前培训工作。发挥社会力量创办职业技能培训机构的作用，对企业在职职工进行初级、中级、高级技术培训。开展技师评聘工作，建立技师激励机制，调动职工钻研技术的积极性，提高职工队伍整体素质，适应企业发展需要。

①在企业中对技术工人实行技术培训始于50年代末，1958年，第一所工业技工学校创立，1962年停办，“文化大革命”期间，职工职业培训基本停顿。

1979年，重新建立萧山县技工学校后，又相继创立萧山县工业、商业、农机等职业技术培训学校。1981年成立县职工教育管理委员会，萧山职工教育、培训，进入一个新阶段。（资料来源：萧山县志编纂委员会：《萧山县志》，浙江人民出版社，1987年8月，第745～746页）

1993年起，全市推行职业资格证书制度，促进职业培训和技能鉴定工作。至2000年底，全市共有75271人（含省、杭州市发证）分别获得《职业资格证书》和《结业证书》，持有初级、中级、高级《职业资格证书》的技工，分别占技术工人队伍的40%、50%和10%。

依据国家《职业技能鉴定规定》和《职业资格证书》规定，对劳动者进行初级、中级、高级、技师、高级技师职业技能鉴定。1985～2000年，全市参加职业技能鉴定62931人，合格发证56823人，合格率为90.2%。

第一节　人事教育培训

公务员与专业技术人员培训

对具有一定学历或获得相应职称的专业科技人员，提供继续学习、提高科技水平的机会，采取多种措施，鼓励与支持他们接受各类专业技术的培训。

1987年6月1日起，浙江电视台电视英语讲授班正式播放，各系统各部门组织有关科技人员参加学习。是年5月12日，县经委、计委、人事局、电大（筹）联合发出通知，在全县工程技术人员中，开展“现代工程师继续教育”学习班。1988年8月，市人事局举办首期电子计算机培训班，45人参加学习。

1996年，完成党群机关工作人员岗位培训（124人）和机关干部高中文化补习（103人）培训和考试任务；组织晋升中高级专业技术职务人员外语考前培训班，共429人；组织经济系列专业技术职务资格考试考前培训班共177人；计算机应用能力培训对象从国家公务员扩大到专业技术人员，全年组织10期725人参加培训，组织全省考试4次，参加考试644人，合格507人，合格率78.7%；会同城建局举办建筑专业培训班2期，参加培训307人。

1997年，举办专业知识培训班20期，参加培训2099人次，其中外语培训300人，经济系列任职资格考前培训119人，计算机应用能力培训1316人。组织出国培训3人。是年，跨世纪优秀中青年科技人才工程启动。全市范围内经推荐、选拔，确定首批跨世纪优秀中青年科技人员55名，其中杭州市跨世纪人才5名。

1998年，市人才开发中心组织专业技术职务外语考前培训班、经济系列专业职务任职资格考前培训班、计算机应用能力考核培训班等，参加培训人数达2252人次。计算机应用能力考核，参加考核2351人，合格2020人，合格率为86%。本年推荐上报2批杭州市跨世纪优秀中青年科技人才培养人选共40人，至此，全市共有杭州市级跨世纪优秀中青年科技人才45人，其中第一层次1人，第二层次2人，第三层次42人。同时，55人被列为萧山市级跨世纪优秀中青年科技人才培养人选。

1999年，报送32名杭州市级跨世纪优秀中青年科技人才培养人选；确定萧山市跨世纪人才培养人选59人。至年底，全市共有杭州市级45人，萧山市级114人。是年，主要是做好镇乡以下企事业单位晋升中初级职务的考前培训、考核、评审工作。根据《萧山市国民经济和社会发展“九五”计划和2010年远景目标纲要》，市人事局制订《萧山市专业技术人员继续教育“九五”规划》。

2000年，设立计算机培训中心，依托电大萧山分校和萧山职工工业学校，继续开办经济系列职称考试考前培训、全省外语考试考前培训、计算机应用能力培训等各类培训36期，培训1830余人，其中计算机培训1500余人，合格1165人。

职业资格培训

根据省劳动厅文件精神，县劳动局对五级以上的技术工人进行调查。10月4日印发《关于1985年实行就业前培训工作的几点意见》，凡参加培训的学员，非正式职工，培训期间不计算工龄和劳动生产率，可由培训单位适当发给生活补贴费，即高中生每月20元，初中生每月18元。考核合格者，由劳动部门发给《就业前职业技术培训结业证书》。各招工单位凭培训结业证书，向劳动部门办理录用手续，不合格的不予录用。

1990年9月20日，市劳动局转发《关于工人技术培训考核的补充规定》，就招生办班、理论培训与考试、技能训练与考核等方面予以补充和完善。根据企业实际需要，开展车工、钳工、磨工、热处理工、电镀、电焊气焊、维修电工、汽车修理钳工、啤酒生产及检验工、制糖、冷饮、味精生产工和粮食保管及购销、副食品、棉百、纺织、五交化营业员等16个门类的技能培训，参加培训2710人，合格颁发初级证书825人，中级证书1290人。是年，对杭州南郊监狱321名服刑人员进行技能考核鉴定，使他们重新走向社会而掌握一技之长。

1996年4月，市劳动局、工商局联合印发《关于个体工商户、私营企业从业人员实行职业资格证书上岗制度有关问题的通知》，确定个私从业人员实行职业资格证书制度，主要职业（工种）：中式烹调、餐厅服务、照相摄影、计算机文字录入处理、美发（美容）、服装缝纫（裁剪）等8个工种。

1997年5月，省劳动厅印发《关于萧山、余杭两市享受地市一级劳动工作管理权限有关问题的批复》，明确萧山职业技术培训工作涉及原属杭州市劳动局职责的，均可由萧山市劳动部门承担；两市行政区划范围内省部属单位的培训工作，由省直接管理。自此开始，全市职业培训自主权扩大。

1998年12月25日，市政府要求各镇乡、市级有关企业主管局（公司、社）制订中长期规划和年度培训计划，建立健全技术考核委员会，有专（兼）职人员负责。培训工作要列入市“百强企业”的议事日程。企业职工年培训率不能低于20%。

1999年2月，市劳动局首次推出25个工种岗位实行技术职业资格证书持证上岗，并纳入就业准入制度。工种有：餐厅服务、客房服务、中式烹调、中式面点、美发美容、按摩、服装裁剪（服装缝纫）、家用电子产品维修、摩托车修理、摄影、制冷维修、汽车修理、汽车驾驶、商品营业、计算机文字录入、车、钳、铣、镗、磨、机修钳工、维修电工、电焊工。同月，市劳动局、人事局联合下发《关于进一步开展全市技术工人技术等级培训考核工作的通知》，对全市机关、企事业单位技术工人实行技术等级培训考核鉴定，工种由25个扩大到35个（职业）。

2000年3月，市乡镇企业局、劳动局联合开展对乡镇企业职工进行技术等级培训和鉴定。推出服装缝纫工、维修电工、电气焊工、锅炉操作工、推销员以及机械类等15个工种。7月，市劳动局根据国家劳动和社会保障部部令第6号令发布《招用技术工种从业人员规定》，确定90个工种（职业），要求从事技术工种而不具备相应职业资格证书的在岗人员，用人单位必须在2000年12月31日前按照国家职业技术标准进行培训考核，使其获得相应的职业资格证书。同时，对个体工商户、私营企业从业人员实行职业资格证书上岗制度的11个工种，必须在2001年6月30日前落实培训考核鉴定。是年12月1日起，对全市各类职业（技术）学校毕（结）业生全面实行职业资格证书制度，毕（结）业生必须取得相应的职业资格证书后方可到技术工种岗位就业。至年底，全市75271人获得《职业资格证书》或《结业证书》（包括省、杭州市发证）。持有初、中、高级《职业资格证书》的技工分别占（原国有、集体企业）技术工人队伍的40%、50%和10%。技术工人队伍结构发生较大变化，工人技术素质明显提高，成为实现萧山经济持续发展的骨干力量。是年，萧山市就业准入工种扩大到48个。

第二节　等级技术培训

就业前培训

1986年6月10日，县政府办公室印发《关于先培训后就业的实施意见》，要求全民和县以上集体企事业单位中（包括县境内各省、市属单位）的机械、化工、电子仪表等技术性、专业性较强的工种，如丝绸纺织行业挡车工，服装行业缝纫工，商店营业员，饭店旅馆服务员，幼托单位保教员，以及各企事业单位司炉工、焊工、电工、起重行车工、压力容器操作工等特殊工种和财会人员，首先实行“先招生后招工、先培训后就业”制度。并明确从1987年起，全县城镇待业人员全面实行这一制度。1989年，全市就业前培训1551人，结业1160人，实现就业993人。

1990年，市劳动局作出规定，举办单位可享受40%的招生指标，对应届初、高中毕业生则实行“当年培训、次年就业”、“不参加培训不得领取待业证”的政策；在招工中，按大中专毕业生、职业高中毕业生、经过培训的结业生、高中毕业生、初中毕业生依次录用。是年，培训1761人，结业1675人，就业1352人，占结业人数的80.7%。

1991年，对未能升学的应届初、高中毕业生继续实行“当年培训、次年安置”的政策。是年，培训结业1945人，实现就业1052人，占54.09%。学徒培训不再是培训新技术工人的主要形式，逐步为职业培训、职业教育所代替。1992年，参加就业前培训结业2368人，实现就业1253人，占52.91%。1993年，举办就业前培训班31期，参加培训1566人，合格发证1516人，合格率为96.81%。至1998年止，全市共有17053人获得就业前培训合格证书。

初级技术培训

1982年后，对1968～1980年进入企事业单位工作，三级工以下的技工以及在关键岗位上的操作工，进行初级技术理论学习和实际操作技术训练，达到技术等级标准规定的三级工应知应会水平。县劳动局要求各部门及各企事业单位对属于技术补课范围的对象进行摸底调查和考核。至1985年底，全县参加初中文化补课合格的企业职工16486人，占应补对象的93.9%；参加初级技术补课合格9150人，合格率为80%。

1990年，全市举办初级技术培训班22期，825人考核合格获初级证书。1992年，职业技能培训鉴定工作有序发展，初级技术培训形成制度。至年末，颁发结业证3434本，初级技术证书3528本。至2000年底，共参加职业技能鉴定考核44847人，合格发证41203人。其中结业21108人，初级技术等级20095人。

中级技术培训

1985年9月19日，县职工教育委员会、县劳动局联合转发《大力开展工人中级技术（业务）培训的意见（试行）》，要求至1990年中级技术工人达到技术工人总数50%以上，改变工人队伍技术等级结构不合理状况。中级技术（业务）培训对象：获得“双补”合格证书，具有初中文化和三级技术等级以及尚未受过系统技术培训的技术工人。培训重点：班组长、生产（业务）技术骨干和关键岗位上的操作工人。培训内容：基础技术知识、专业理论和实际操作技能。1986年初，全县有职业班60个，学生2829人，设置专业23个，各类职业高中（包括一年制职业班）在校生占高中阶段学生总数的26%。5月30日，县政府办公室批转县经委、教育局、劳动局、人事局、财税局等部门《关于发展中等职业技术教育的若干意见》，对办学形式、招生办法、经费渠道、专业师资、学生实习、毕业生使用等六个方面提出要求，促进中等职业技术教育工作的开展。

1989年3月，市工人技术考核委员会下发《萧山市工人技术考核委员会工作实施意见》（试行稿）。同月底，市政府批转市经委、市职教委、劳动局、总工会《关于加强以中级技术培训为重点的工人技术（业务）培训工作的实施意见》，明确对中级技工培训择优考核增资、升级。8月，杭州市劳动局、杭州市职教委同意将中级技工的培训审批考核发证工作职能下放萧山市管理。9月起，凡办班、入学条件审批，中级技术培训考核，理论考试和技能考核审批备案，命题人的资格和试卷审核以及技术等级证书核发，均由本市自行安排进行。同时，国营工业总公司、二轻工业总公司、交通局、商业局、供销合作社、粮食局、农场局等7个市级主管部门相应建立工人技术考核委员会。是年，举办中级技术培训班6个，参加培训463人，其中考核合格404人。国营工业、二轻工业、商业、粮食4系统的167名成绩优秀者被晋升半级工资。

1990年10月，市劳动局印发《关于1990年办理中级技工培训择优晋级的通知》。12月，又印发《关于1990年中级技工培训择优考核晋级问题的补充通知》，鼓励和支持职工自学。是年，增设城建局、物资局、农业局、农水局等4个工人技术考核委员会。杭州柴油机厂、萧山树脂厂等4家企业设立钳工、维修电工、磨工、车工4个技术考核站。

1991年，市劳动局印发《关于加强以中级技术培训为重点的实施意见》，要求各部门各单位加强对中级技工的培训。是年，2044人参加中级技工培训，其中1655人考核合格取得证书。1992年，参加中级技工培训2004人，合格发证1593人。

1994年1月，对全市机关企事业单位技术工人进行培训考核。考核合格者，凭劳动部门核发的技术等级证书，经人事部门审批，分别给予每月8–18元的工资补贴。企业可参照机关事业单位的补贴办法，对中级技术工人实行择优晋级和高级技术工人技能补贴，可执行技能工资或晋升一级工资，也可发给一次性奖励工资。

1998年，举办中级技术培训班24期，937人考核合格取得证书。至2000年底，全市共参加中级技术培训15767人，其中13737人考核合格获得中级技术等级证书，占87.1%。

高级技术培训

随着企业的发展和先进设备的增加，迫切需要高素质技术工人。1987年起，全县开展对高级技术工人进行培训考核。是年10月，县劳动局、县职教委转发《杭州市高级技术工人培训的意见》，提出培训目标与对象，办学形式与条件，教育计划（大纲）与课程设置，考试、考核、发证、奖励等要求。明确重点培训对象，对有部、省、市颁布工人技术等级标准的，以高级技工应知应会要求作为培训目标，要求高级技工应具有丰富的生产实践经验，是企业的“能工巧匠”。对取得高级技工证书的，企业要按其技术等级实行浮动升级，也可发给津贴或一次性奖金。

1988年6月，市劳动局转发《杭州市中高级技术培训应会考核暂行办法》。学员结业考核由行业主管部门工人技术考核委员会负责，市劳动局审核发证。1989年6月22日，举办首期车、钳工高级技术培训班，参加培训43人，其中24人取得高级技工证书。

1991年3月，市劳动局、职教委联合举办中青年高级电工、车工、钳工培训班。11月，市劳动局、经委、财政局、职教委对培训考核合格的高级技工试行技能补贴。高级技工技能工资补贴额度为：企业单位补贴半级（即一个档次）；国家机关事业单位补贴一级。每年进行考核，考核不合格将取消补贴。是年，224人参加高级技工培训班，其中147人取得高级技工证书。

1993年2月，市劳动局、职教委联合发文，对从事五金机械、建筑安装、汽车驾驶修理、轻纺化工、电子电工、电焊钣金、丝绸印染、农机水利、农牧渔业以及商业供销、饮食服务行业的工种（岗位）及生产一线的技术工人，进行中高级培训考核。举办高级技术培训班8期，312人参加考核，其中163人获得高级技工证书。

1987～2000年，全市参加高级技术等级培训2024人，其中1590人考核合格取得高级技工证书，合格率78.5%。

第三节　社会培训与技能竞赛

社会培训

90年代中期，劳动力市场发展和职业技能鉴定制度建立，技术培训呈现社会化趋势。企业、机关事业单位和社会团体等以取得职业资格证书为目标，培训活动逐步展开。根据《浙江省职业技能培训管理办法》规定，举办职业技能培训必须实行审批制度。培训结束后，必须经劳动行政部门指定的职业技能鉴定机构考核，再由劳动行政部门核发证书。

1996年，各类社会组织和公民个人举办职业技能培训教育机构（学校、中心）从无到有，发展较快。1997年，国务院颁发《社会力量办学条例》，鼓励和支持有条件的社会组织和个人办学，培训技术工人。同时，规范社会力量办学，建立办学资格审批制度，并实施年检和办学许可证制度。办学单位发布招生广告，由劳动行政部门审批。依据办学标准要求，开展年检复核认定工作，对不合格的单位，限期整改或取消办学资格。1998年6月，劳动局印发《关于加强社会力量办学管理工作的通知》，进一步规范社会力量办学工作。2000年，全市举办各种技术培训班(职高生、成人中专、技校生技能鉴定)197期，参加培训9007人，取得证书8306人。2000年底，全市共有社会力量办学机构21家，举办职业技能培训使16198人取得证书。其中：结业证书5270人、初级技术等级证书6961人、中级技术等级证书3111人、高级技术等级证书565人、技师证书291人。

技能竞赛

80年代后期，部分行业和企业开展技能比赛活动。随后，技能竞赛范围逐渐扩大。劳动局会同行业主管部门对多项技能竞赛活动和技能（岗位）能手进行评选表彰，推动技能竞赛活动深入开展。

1988年3月，团市委、市职工教育委员会、市劳动局等16个单位，联合组织开展全市青年工人技术大比武活动。棉纺、麻纺、化纤、车工、钳工、电焊工、厨工、厨师、泥工和营业员等13个工种的306名选手参加专业技术比武，75名选手获得“萧山市青工技术操作能手”称号，并对58名青工技术选手给予晋升一级工资奖励。

1990年7月，开展第二届青工技术比武活动，历时半年，设8个比武工种，145名职工参加，13名优胜者给予晋升半级工资奖励。

1992年，杭州之江造船厂钳工技师邵寿春通过技术革新为企业创造50余万元的经济效益，被杭州市劳动局授予“杭州市十佳技师”称号。1994年9月，萧山市长途汽车运输公司杜金法被杭州市劳动局授予“十佳汽车指导驾驶员技师”。1995年11月，在杭州市总工会、市经委、市劳动局组织的“杭州市’95钳工技术比武”竞赛中，杭州柴油机总厂许军、许海涛，杭州发电设备厂裘永炜、李国祥，杭州前进齿轮箱集团公司章平分获得高级钳工技术等级证书。1997年10月，萧山市裘江职高教师李志良被授予’97杭州市职工技术比武汽车修理工技术能手称号（一等奖），汤红获珠算一等奖。1999年1月在全省旅游行业青工技术比武中，萧山宾馆王剑云、祝杏芳、傅志芳获“浙江省技术能手”称号，并晋升为高级工。至2000年底，全市先后评定技师293人。

第四节　技师考评与职业技能鉴定

技师考评

萧山技师考评工作始于1989年。是年，市劳动局向国营工业总公司、二轻工业总公司下达首批试点单位技师聘任名额及职务津贴指标，并在杭州柴油机总厂、杭州油泵油嘴厂、萧山水泵厂、萧山汽车配件厂实行技师聘任试点。至年底，首次聘任技师27人，聘期为3～5年。被聘技师从是年12月1日起，每月享受职务津贴20元，同时享受所在单位中级技术人员福利待遇。

1991年4月，市劳动局转发杭州市劳动局《关于切实加强技师管理工作的通知》。7月，召开技师试点工作座谈会，交流推广试点经验。是年，60人参加技师考评，其中38人合格取得证书。

1995年11月，根据省劳动厅《关于改进和加强技师评聘工作的通知》精神，对技师实行评、聘分离。技师聘任由用人单位自主确定，省劳动厅不再下达技师评审指标进行控制。技师任职条件可破格申报、评审。技师逐步实行按专业系列或按系统归口评审，统一报省劳动行政部门评审。

1997年，根据省劳动厅《浙江省企业技术工种技术等级津贴指导标准》，技师津贴标准提高到每月50元。有条件的企业可高于此标准，额度由企业自定。受聘技师同时享受本单位中级技术人员福利待遇。万向集团公司、萧山国际酒店、杭州钱江电气集团股份有限公司等企业，对技师聘任建立约束和激励机制，实行“择优晋级”、“技师实行岗位技术津贴”等，发挥职业资格证书在企业劳动工资管理中的作用，调动职工学习、钻研技术的积极性。

职业技能鉴定

鉴定范围、对象　1999年起，对劳动者进行初级、中级、高级、技师、高级技师职业技能鉴定。鉴定对象：国家机关从事技术复杂以及涉及国家财产、人民生命安全和消费者利益的职业（工种）人员；各级各类职业技术院校，就业训练中心和职业培训机构毕（结）业生；学徒期满的学徒工；晋升职业资格等级人员；赴境外就业需办理技术等级证书的出国人员。申报鉴定考核条件，按国家职业资格标准规定执行，尚无国家职业资格标准的，按有关规定要求确定。

职业技能鉴定职业（工种）范围，以就业准入实施国家鉴定职业（工种）为重点。1996～1999年，按照国家劳动部发布的就业上岗前必须培训的50个技术工种，选择其中覆盖面较大的工种，按照统筹安排、合理布局、坚持条件、择优定点的原则，分批组建鉴定机构和培训考评人员，开展考核鉴定工作。至1999年，全市对35个工种进行技能鉴定。2000年3月，按照规定就业准入的90个技术工种实行国家职业资格鉴定的要求，鉴定工种由原主要以机械、交通类，逐年扩大到商业、服务类等其他工种。

鉴定颁证　职业技能鉴定分为理论知识考试和操作技能考核两部分。理论知识考试采用笔试或答辩的形式进行；操作技能考核采用现场操作加工典型工件，生产作业项目、模拟操作等方式进行。对技师和高级技师任职资格鉴定还要求考核工作业绩、技艺传授和技术革新、发明创造以及解决本工种疑难问题的能力等。考核内容主要包括：职业技能、相关技术知识和职业道德三个方面。鉴定考核原则上采用国家题库试卷；国家题库没有的，采用省题库试卷，省题库没有的，由市职业技能鉴定中心按现行教学大纲、教材、职业技能标准，组织编制统一试题，经市劳动保障行政部门审核后实施考核。各鉴定站不得自行命题。

1999年之前，萧山使用职业技能资格证书（以下简称“证书”）有三种：高级技师合格证书、技师合格证书和技术等级证书。《证书》是持证人职业技能水平的有效凭证，用人单位应按其技术业务等级和所任工种难易程度，作为上岗、任职和确定工资的依据。个体经营者，《证书》是向工商行政管理部门领取营业执照的有效凭证。2000年3月，国家劳动和社会保障部部长6号令颁布《招用技术工种从业人员规定》，萧山启用《职业资格证书》，分初级、中级、高级、技师、高级技师5个等级。此前按规定核发的《技术等级证书》依然有效。《证书》核发权限，由原来核发初、中级证书，扩大到高级证书。

1987～2000年，全市57461人参加职业技能鉴定考核， 53143人取得证书。其中结业证17100人，初级证书20095人，中级证书13933人，高级证书1724人，发技师证书291人。工种分布为：机械、电子电工、交通、商业服务、服装纺织、美容美发、园林绿化等大类。

表31—5—563　1987～2000年萧山职业技能鉴定考核发证情况

单位：人

年份	结业		初级工		中级工		高级工		技师
	考核	发证	考核	发证	考核	发证	考核	发证	发证
1987	122	72	223	193	170	106	—	—	—
1988	322	272	681	591	463	404	33	30	—
1989	1551	1160	741	691	600	554	33	32	27
1990	1761	1675	900	825	1357	1290	40	39	25
1991	1995	1945	642	558	2044	1655	224	147	38
1992	2418	2368	770	670	2004	1593	207	113	16
1993	1566	1516	680	680	1349	920	312	163	50
1994	1996	1946	917	798	1201	1168	330	259	32
1995	2525	2520	1393	1212	1327	1207	150	143	24
1996	1112	1062	1496	1472	829	817	104	101	9
1997	1217	1167	2133	1855	909	827	92	88	11
1998	1400	1350	2357	2050	1030	937	121	115	24
1999	1860	1810	4200	3653	1193	1085	189	180	22
2000	2295	2245	5574	4847	1291	1174	189	180	15

注：此表发证人数不包括有关行业部门直接参加省、杭州市培训考核发证人数。

第六章　工资　福利

结合推行机构改革和公务员制度，相应改革国家机关和事业单位工资制度，建立符合自身建设和职务级别的工资制度。

对企业工资制度实行改革，劳动就业工作逐渐由以劳动力计划管理为主转向以工资计划管理为主。逐步形成了市场化的工资制度，体现按劳分配和按生产要素分配相结合的原则。

第一节　机关事业单位工资福利

工　资

1986年7月起，萧山由五类工资地区调整为六类工资地区。国家机关、全民事业单位共9389人，月增资总额为17025.4元。根据国家劳动人事部和省劳动人事厅规定，从10月起，国家机关和全民事业单位以人均每月1.8元的升级增资指标，给国家机关、事业单位的3527人升一级工资，月增资额为23008元。

1988年1月8日，根据省工改领导小组、省劳动人事厅《关于适当提高1982年10月1日以后参加工作的国家机关、事业单位工作人员工资问题的通知》精神。全市按此规定正常升级增资215人，月增资1326元。2月，根据省工改领导小组《关于1986年度升级指标主要用于适当解决国家机关和全民事业单位部分骨干工资中的突出问题的规定》精神，制定《萧山市使用1986年度升级机动指标的若干规定》，确定升级对象，使全市国家机关、事业单位工作人员的工资均有不同程度的增长。6月15日，根据省改革工资制度领导小组《关于给国家机关、事业单位中部分工资偏低的工作人员增加工资的通知》精神，全市行政机关升级1241人，月增资额8034元；事业单位升级4421人，月增资额27026元；企业参照机关工改升级62人，月增资额为391元；供销社系统升级23人，月增资额为145元。11月3日，省工改领导小组、省劳动人事厅发出《关于1987年解决部分中年专业技术人员工资问题的通知》，1987年9月底担任讲师、助理研究员、主治医师、工程师以及相当于中级职务的中年专业技术人员，现行工资为89元、97元、105元、113元的，1985年工改以来增加的工资额（不含工龄津贴）不满三个级差的，可提高一级工资。合计升级1502人，月增资额12171元。

1989年，贯彻国务院《关于1989年调整国家机关、事业单位工作人员工资实施方案的通知》和省劳动人事厅《关于适当解决国家机关、事业单位部分工作人员工资突出问题的实施意见》，全市机关、事业单位工作人员进行工资调整。当年12335人次调整工资。

是年，根据国务院、劳动人事部和省人事厅关于1989年调整国家机关、事业单位工作人员工资的规定，给行政、事业单位的2637名工作人员调整工资，471名护士提高10%的工资标准，具有大中专毕业学历的2902名在农村任教的教师和115名科技人员各向上浮动一级工资。

1990年，按上级有关文件规定，从1989年10月起，13000余名行政、事业单位工作人员晋升一级工资；行政、事业单位1940名离退休人员分别提高待遇。7月起，1800名退休人员提高5%的退休补贴费。10月起，900余名工作人员提高工资待遇。11月起，1982年10月以后参加工作、工改时没有高套的220名工作人员提高一级工资。同时，根据省劳动人事厅《关于国家机关、事业单位新参加工作职工工资待遇的通知》精神，新参加工作的职工全面调整工资待遇。

1991年，全市机关（含区、镇乡）、事业单位1982人晋升一级工资，241人因受到奖励晋升一级工资；1038名农林第一线的科技人员、区镇乡计划生育专职干部和镇乡卫生院兼做护理工作的卫生技术人员向上浮动一级工资；406名教育、卫生等专业技术人员聘任专业技术职务后进入本职务最低工资标准；712名机关、事业单位合同制工人按本人工资的17%增发工资性补贴。

1992年，为13762名工作人员增加工龄津贴（从每年0.5元改为每年1元）；2242名工作人员晋升一级工资；调整193名专业技术人员的职务起点工资标准。重新审核确定215名工作调动人员和34名军队转业干部的工资级别。对187名区镇乡干部和28名市级机关干部实施工资奖励升级。2171名离退休人员增加生活补贴费。

1993年，全市党政群团、事业单位13887名工作人员上浮二级工资；8287名工作人员晋升一级工资；2174名离退休人员提高生活费补贴；为14267名工作人员调整职务岗位津贴；46名镇乡计划生育专职干部的浮动工资转为固定工资；220名专（兼）职计划生育工作人员每月发给20元岗位津贴；594名专业技术人员办理进入本职务起点工资的手续；324名精简退职人员每月增加30元生活补助费；458名遗属提高生活费待遇。

1998年，机关、事业单位正常晋档和调整工资标准，1995、1996两年考核称职（合格）以上的16484人晋升一档工资；18906名在职人员调整工资标准；离退休人员相应增加生活补贴。国家公务员首次正常晋升级别工资，1156人晋升级别工资。

1999年，机关、事业单位第三轮正常晋升职务工资，17350名在职人员，人均增资26元；3895名离退休人员，人均增资20元。20552名在职人员从是年7月起人均调资130元，4136名离退休人员人均增加生活费105元。

2000年，全市2883名连续两年考核称职（合格）以上人员晋升一档职务工资；355名执行职级工资制人员晋升级别工资，其中连续3年考核优秀人员20名，增加级别工资倒级差工资人员57名；223名连续两年考核优秀的农村中小学教师晋升一档职务工资。2363名交流换岗、职务变动人员和军转干部等人员作了工资确定。根据上级要求，市级机关及所属财政拨款事业单位、市直属学校、镇乡学校在职人员13513人，实行财政统一发放工资。

福　利

1985年工资改革后，平均工资定额有较大提高，按原定额提取的福利费标准明显偏低。1986年1月22日，县人事局、财政局发出《关于国家行政机关、党派、团体工作人员福利费提取标准的通知》，从1月起，增加为每月2.8元。事业单位福利费，仍按工资总额的2.5%提取。

1988年4月1日起，机关、事业单位工作人员的洗理费，在原标准的基础上，每人每月增加3元。离退休人员洗理费与在职人员同等发给。1990年7月起，福利费标准均改为按每人每月4元提取。

1993年4月开始，机关、事业单位职工增发每月50元误餐费、10元自行车补贴费、8元书报费和7元卫生费。离休人员每月增发30元公用经费，退休人员每月增发20元活动经费。

1995年，全市368家机关、事业单位的12820名干部职工进行健康体格检查。后，每两年组织一次健康检查。

2000年10月，副局级以上退休干部到望江山疗养院进行为期一周的健康疗养。

第二节　企业职工工资调整

1985年，开始对企业工资制度实行改革。按照劳动计划新体制，劳动就业工作将逐步由以劳动力计划管理为主转为以工资计划管理为主，通过工资计划管理来加强对劳动力的计划管理，劳动部门逐步履行宏观调控的职能。

1992年起，将企业工资分配权下放给企业，进而形成市场化的工资制度。先后建立工资弹性、最低工资保障、工资基金管理、工资控制线、工资指导线、劳动力价位、工资集体协商等一系列制度，工资管理的方式从刚性的控制工资总额增长、弹性的计划调控发展，到软性的工资指导线的劳动力价位，实现由直接管理向间接管理，从行政管理向市场指导的过渡，使过去的“死工资”变成“活工资”，体现按劳分配和按生产要素分配相结合的原则。

偏低工资调整

从1985年起，为解决部分职工工资偏低问题，对一些符合条件的职工进行定级和调级。定级对象是1979年1月以后参加工作，定级工资低于现岗位三级工工资标准的职工；升级对象是1972年底以前参加工作，1984年9月底在册的三级工和三级以下的职工。全县列入增资范围的共有17441人，占全县固定职工总数的37.77%；实际增资17423人，占增资对象99.9%，月增资总额104346.02元。其中全民职工增资6497人，月增资38462.24元，人均增资5.92元；集体职工实际增资10926人，月增资总额65883.78元，人均增资6.03元。

工资类区调整

1986年7月1日，萧山由五类工资地区调整为六类工资地区，调整工资区类别后，按规定从调整工资区类别增加的工资中冲销粮价补贴。凡企业单位所在地是五类工资区并且执行1985年新拟企业工资标准的，可在原执行新拟企业工资标准的基础上，按最低一级提高1元的工资标准执行。粮价补贴高于1.5元的，其超过部分予以冲销，冲销不完的继续发给。县属全民、集体企业调整地区差的职工44061人，月调差增资额63334.81元，冲销粮价补贴10021元，实际增资53313.81元，月人均增资1.21元。

“八六”工资调整

1987年11月1日，县工资改革领导小组、县劳动局就国营企业使用人均1.8元增资额问题发出通知。自1986年10月1日起，各企业按1986年9月末在册职工（不含计划外用工）人数计算人均每月增加工资1.8元。1986年暂定各企业与奖金捆在一起使用。对企业人均每月增资1.8元的工资额，全县不统一规定升级条件，由企业自主安排，合理使用。县属全民企业列入调整范围的干部职工18248人，升级增资职工9262人，占职工总数的50.76%，月增资额52791元，人均月增资5.70元；县以上集体企业职工总数29331人，升级增资14857人，占职工总数的50.65%，月增资84176元，人均月增资5.67元；镇办大集体企业在册职工2176人，升级增资1702人，占职工总数78.22%，月增资额8352元，人均月增4.91元。

“八九”工资调整

1989年12月19日，根据国务院《批转劳动部、国家计委、财政部关于1989年国营企业工资工作和离退休人员待遇问题安排意见》精神，全市对行政事业单位和企业职工的工资进行调整（行政事业单位可在本人现行职务工资标准的基础上增加一级工资）。1990年4月，全市开始实施企业增资工作，增资时间从1989年10月起；增资水平可不受工种、职务等级别的限制，一般为一个级差；增资对象是1989年9月30日在册的正式职工和计划内临时工（不含未转正定级的见习期、熟练期、试用期人员）以及1989年转业、复员到企业的军队干部和战士；对于1987年以来已经多次升级的企业职工，可以不再安排升级，同时提高大中专毕业生见习期的工资待遇。不论是否实行“工效挂钩”，凡实行浮动升级的，均可转为标准工资，没有安排浮动升级的企业，也可以参照办理。实行计件工资、提成工资制职工和“三资”企业中的中方职工，以及实行农业承包责任制的农场职工可以增加一级档案工资，确因经营管理不善造成亏损的企业，暂缓增加工资。

“九〇”工资普调

根据国务院（国发〔1989〕83号）文件精神，1990年4月开展企业职工增资和提高企业离退休人员待遇工作。增资时间从1989年10月1日起，对象1989年9月30日前已定级的在册职工（包括固定工、合同制工、混岗集体工、计划内临时工），未定级转正的、9月30日前办理离退休、退职手续的人员也相应提高待遇。增资总人数53407人，月增资总额613468.50元，月人均增资11.49元；未定级人员增资11871人，增资总额625339.50元。其中全民企业增资21116人，月增资额246023.00元，月人均增资11.65元，未定级人员增资7169人，增资总额253192.00元；集体企业增资29883人，月增资额342326.00元，月人均增资11.46元，未定级人员增资4152人，增资总额346478.00元；“三资”企业增资317人，月增资3043.00元，月人均增资9.60元，未定级人员增资512人，增资总额3555.00元；小集体企业增资2091人，月增资22076.50元，月人均增资11.56元，未定级人员增资38人，增资总额22114.50元。

“九四”工资调整

1994年10月，根据上级有关调资文件精神，从1月起调整职工工资。增资对象为1993年末在册职工（含离岗退养人员）。人均月增加工资在50元以内的，其增加工资总额列入企业成本。人均月50元全额增资的企业，职工最少增资每月35元，具体实施时间和使用办法由企业自主决定。是年，共审批增资企业381家，增资职工68543人。其中，国有企业28939人，集体企业36519人，合资及股份制企业3085人。

“九九”工资调整

1999年1月1日起，全市再次调整企业职工工资。企业可按职工月人均50元以内安排增资，增加的工资总额列入企业成本。企业增资对象为1998年末在册职工（含离岗退养人员、长病假人员），实行工效挂钩和工资总额包干的企业在核定的工资总额内按实列支，少数实行工资总额计划管理的企业核增工资总额计划使用数。全市共有361家企业的56558名职工增加工资，月增资274.33万元,月人均增资48.5元。

第三节 企业职工工资形式

计件工资

1985年，大部分国营、县级以上集体企业实行奖金同经济效益挂钩。在内部结算考核中，采取各种形式计件制。1989年，市劳动局在指导企业内部分配中，要求企业尽量予以量化，采用计件制考核。此后，计件工资成为全市的一种主要工资结算制度。

浮动工资

1986年3月，结合经营承包责任制的实施，普遍实行浮动工资制，将职工标准工资的大部分作为固定部分，以保证职工基本生活需要，另一小部分标准工资与奖金捆在一起作为浮动部分。随着经济效益的提高，按照一定比例提高浮动工资总额，在职工内部按劳动业绩进行合理分配。具体实施中，多数企业以标准工资的20%及上年度奖金作为浮动部分来使用。7月1日，规定凡直接从事环卫工作的职工，可向上浮动一级工资，调离岗位者从次月起取消浮动工资。浮动工资制度至1989年底停止执行。

加班工资

1985～1994年，对在法定节日加班的职工（不包括科长以上干部），可按本人日标准工资的200%发给加班工资。对在公休假日加班的职工，不能安排轮休时，可按本人日标准工资的100%发给加班工资。

1995年1月1日起，全市所有企业和其他经济组织，凡安排劳动者延长工作时间加班的，支付不低于本人日工资150%的报酬；属于休息日加班又不能安排补休的，支付不低于本人日工资200%的报酬；属于法定节假日的，支付不低于本人日工资300%的报酬。

津　贴

津贴与补贴制度始于1963年10月。主要分三大类：一类是工资性津贴，补偿职工额外或特殊劳动消耗以及为保证职工工资水平不受特殊条件影响支付给职工的劳动报酬。如地区津贴、夜班津贴等；第二类是保健津贴，对专职从事或直接接触有毒有害工作而影响身体健康的人员建立的津贴。如化工企业有毒有害岗位津贴等；第三类是福利性补贴。如副食品补贴、物价补贴等。

随着企业生产经营权的逐步下放，企业工资的增量来源主要取决于经济效益的提高，企业津贴补贴形式逐渐失去其作用。1992年后，除清凉饮料费外，不再修改或出台新的津贴和补贴标准。

书报费

1986年1月起，每个干部、职工每月发给书报费4元，翌年起，将书报费按月列入标准工资一并发给。

生活补贴

1985年，企业职工实行临时生活补贴每月8元，猪肉价格补贴每月4元。1988年执行生活补贴每月10元。主要副食品价格浮动补贴每月10元左右不等，是年定为系数1.7；1994年改为固定补贴每月16元，另加每月公布的浮动物价补贴。1991年执行粮油价格补贴每月6元，煤电豆制品价格补贴每月4元。1992年执行粮食价格补贴每月5元，民用燃料价格补贴每月3元。1993年执行粮食价格补贴每月3元，燃料、水、电价格补贴每月15元。

1985～1993年，全市各类补贴职工人均总和80.50元（含1985年以前的6.5元）。1994年以后，因物价变动过于频繁，全市实行每月浮动物价补贴制度，每月公布当月的物价补贴，最高时每月30元以上。

工龄津贴

1985年7月，对国家机关、事业单位的干部、职工实行工龄津贴，根据工作年限提高工资待遇；工龄津贴发放标准按每年0.5元计算，最高不得超过20元。1991年，发放标准提高为每年1元。

是年，对中小学、中等专业学校、技工学校教师、幼儿教师和护士除按规定发给工龄津贴外，分别加发教龄津贴和护龄津贴。凡从事本职工作满5年不满10年的，每月发3元；满10年不满15年的，每月发5元；满15年不满20年的，每月发7元；满20年以上的，每月发10元。如不从事该职业时，从次月起停止发教龄津贴和护龄津贴。

夜餐费补贴

1986年之前，职工工作到夜间11时以后（简称小夜班）发给夜餐费补贴每人每次0.30元，通宵和深夜班每人每次0.40元，商业企业早晨4时以前开始营业（简称早班）每人每次0.15元。是年1月起，对夜餐费分别作了提高，小夜班每人每次0.50元，深夜班每人每次0.70元，早班每人每次0.30元。1988年3月，调整小夜班每人每次0.70元，深夜班每人每次1元，早班每人每次0.40元。1992年6月，调整为小夜班每人每次1.50元，深夜班每人每次2元，对单位食堂烧早饭和采购的早班人员每人每次0.80元。夜间值班人员到11时以后，夜餐费每人每次1.50元。

清凉饮料费

1997年开始，发放清凉饮料费，标准为高温作业人员每人每月55元，非高温作业人员每人每月45元，一般工作人员（含行政事业单位）每人每月40元，发放时间为6～9月，共4个月。1999年起，提高清凉饮料费标准：高温作业工人每人每月65元，非高温作业工人每人每月55元，一般工作人员（含行政事业单位）每人每月50元。发放时间不变。费用列支渠道，由企业单位列入成本费用。

其他津贴

1985年1月，提高建筑安装企业职工流动施工津贴标准。根据离开基地路程的远近，由原来的0.20元、0.30元提高到0.50元、0.60元。1992年以后，国家不再制定全国统一的施工津贴标准，由企业根据流动施工状况自行决定。

1986年8月，调整供销社职工直接从事废旧物资回收和畜产品加工职工的岗位津贴，从原甲类、乙类、丙类每人每天的0.30元、0.20元、0.15元调整为0.50元、0.40元和0.30元。1987年7月，又调整为每人每天0.80元、0.70元、0.60元。1992年10月，再次调整为每人每天2元、1.50元、1元。

第四节　企业职工工资水平

1985～2000年，全市的工资水平可以分为两个阶段：第一阶段为1985～1992年，主要落实“八五”工改有关政策，企业在提高经济效益和改革工资制度前提下，职工工资明显增长。第二阶段为1993～2000年，主要以实施企业经营机制转换放权搞活为契机，企业经济效益和职工工资水平提高较快。2000年，全市企业职工平均工资为11688元，是1985年的10.69倍。

表31-6-564　1985～2000年萧山职工平均工资与省、杭州市比较

单位：元

年　份	萧山市职工平均工资	萧山市企业职工平均工资	杭州市职工平均工资	杭州市企业职工平均工资	杭州市区职工平均工资	杭州市区企业职工平均工资	全省职工平均工资
1985	1118	1093	1302	1266	1316	1348	1226
1986	1284	1289	1531	1469	1536	1589	1346
1987	1430	1441	1682	1516	1690	1744	1493
1988	1895	1906	2063	1986	2073	2135	1841
1989	2090	2094	2259	2173	2261	2340	2031
1990	2308	2308	2501	2382	2486	2589	2220
1991	2473	2473	2708	2611	2812	2706	2422
1992	2897	2874	3326	3059	3385	3233	2884
1993	3970	3844	4220	4135	4561	4501	3932
1994	5872	4917	6105	5891	6597	6472	5597
1995	6878	6373	7149	7027	7786	7724	6619
1996	7393	7225	7996	7795	8751	8677	7413
1997	8549	7752	9108	8757	10048	9799	8386
1998	9613	8239	10194	9626	11174	10722	9259
1999	11215	10138	11673	10983	12701	12118	10632
2000	13054	11688	13715	12845	14821	14011	12414

调动人员工资

1986年2月起，全民企业之间职工调动工作，按企业工改后的本人等级工资标准（不包括企业内部工改后的浮动升级补贴），执行调入企业工改后的同等级工资标准。从国家机关事业单位调入全民企业的职工，以本人工改前的等级工资标准，由调入单位按照企业工改办法重新确定工资。从全民企业调入国家机关事业单位的职工，以本人工改前的等级工资标准（不包括1983年调资中调改结合的企业以及其他企业自费升级增加的工资和浮动升级，各种津贴补贴），由调入单位按国家机关事业单位的工改办法重新确定工资。

1988年4月起，实行等级工资制的企业职工调入机关事业单位，其工资由调入单位按其新任职务、新工作岗位的工资标准，参考本人调动前的等级工资标准重新确定。机关事业单位调入实行等级工资制的企业，其工资原则上由调入单位重新确定。

学徒期工资

1985年11月之前，学徒生活补贴（含伙食费、零用钱），第一年每人每月22元，第二年每人每月25元，第三年每人每月27元。学徒的衣着费，仍按每人每年22元发给。是年11月起，学徒期待遇（包括服装费）调整为：第一年每月30元，第二年、第三年执行本企业一级工待遇。学徒期满，经考核合格，一般可定为三级副，学习成绩优秀的可定为三级工。

合同制工人工资

1986年，在新招工人中全面推行劳动合同制和就业前培训制度。企业新招劳动合同制职工，第一年发一级工工资，满2年发二级工工资，培训期满后，经考核技术水平达到三级及其以上的，定为三级工（每月工资为44元），达不到的定为三级副。未经就业前培训而招收为技术工种的，其上岗前培训期为2至3年。在制定熟练期和定级工资时，向从事重体力劳动和纺织岗位的职工倾斜。劳动合同制职工的工资水平要比工资等级相同的其他固定工高出3%。

新参加工作人员工资指导标准

1994年10月，在安排企业人均50元增资的同时，提高企业新进人员熟练期、见习期工资待遇。是年1月起，普通工种按不低于170元（包括原标准工资和各种补贴）的标准掌握，其他各类新进人员初期工资的档次按高于该标准自行确定。

1996年12月，根据《浙江省企业新参加工作人员初期工资指导标准》，从是年9月1日起，调整企业新参加工作人员初期工资指导标准：博士每月为450元，硕士每月为400元，双学士、研究生每月360元，本科生每月330元，专科生每月300元，中专、技校、高中生每月270元。各类人员见习期、熟练期满后的定级工资标准，各企业可在不低于新参加工作人员初期工资指导标准的前提下，自行确定新参加工作人员的初期工资。博士生、硕士生不实行见习期，在明确职务前参考执行。

第五节　企业职工工资管理

工资总额控制

1985年5月，县政府决定，从是年起县劳动局不再核定全民企业奖金总额，在全面完成国家计划税利的情况下，企业发放奖金取消封顶。实行企业奖金与企业效益挂钩。除国家规定的几种奖金以外，其他各种奖金均计算在奖金总额内。奖金开始成为职工收入的重要来源。对奖金总额的调控，则以开征奖金税的形式，以超额累进的办法加以计征。奖金税的起征点是奖金总额超过人均两个半月标准工资。10

月起，对全民和县以上集体企业职工所有工资性支出，实行工资提取与发放凭卡支付监督的办法。12月起，实行工资制度改革，使企业工资制度与国家机关事业单位的工资制度实现脱钩，工改与企业的经济效益挂钩。是年，国务院对国营企业、集体企业奖金税、工资调节税分别作出规定，全县国有、集体企业奖金税的起征点提高到4个月标准工资。4个月以上5个月以内部分的奖金按30%计征奖金税；5个月以上6个月以内的，税率为100%；发放奖金总额超过6个月工资部分的，税率为300%。是年，省劳动人事厅下达本县全民单位（包括行政事业单位）计划内职工工资总额计划2752万元，计划外职工工资总额计划控制在上年年末水平。至年底，全民计划内职工工资总额为2823.81万元，比上年增加267.87万元；计划外职工工资总额为542.33万元，比上年增长161.32万元。

1986年，国务院出台降低奖金税、工资调节税税率，提高计征奖金税的工资标准，由原定企业职工人均月工资标准不足67.5元按67.5元计算，改为不足70元按70元计算，扩大企业使用资金的调控余地。有的企业结合经济责任制的推行，开展各种形式的计件工资制。

1988年，全市实行工效总挂，市政府具有代行审批奖金税和工资调节税的减免权，工资管理体制逐步向分级管理、分层调控的工资分配管理体制推进。工效挂钩和工资基金手册由此成为劳动部门进行工资管理的主要方式。

1990年起，企业使用3%晋级指标需主管局审核、送劳动局审批后方可实施。4月1日，全市全民和县以上集体所有制企业统一实行《工资基金管理手册》制度，银行凭卡支付。

1992年11月，省劳动厅决定在全民企业试行弹性劳动工资计划管理办法。全市从1993年起实行动态调控的弹性工资总额计划和工资总额同经济效益挂钩办法进行宏观调控。取消对103家工挂、包干及“两个低于”企业效益工资升级指标、25%升级指标、3%晋级指标、岗位技能工资标准和起级工资标准的审批。对各种类型的企业实行《工资总额使用手册》管理制度。企业在编制本年度生产计划时要同时编制本年度预计发放的工资总额计划，并报劳动局备案。银行部门实行工资提取登记制度，不予支付未办工资手册企业的工资或超过工资手册核准的工资。

1993年，全市完成全民所有制企业1992年度工效挂钩结算工作，101家全民所有制“工效挂钩”企业实现税利19543.21万元，比基数增长102.31%；应提工资总额10583.87万元，比基数增长72.43%；人均应提工资3745元，比基数增长63.8%。企业实际发放工资7574.83万元，人均2738元。累计结余工资基金、奖励基金3093万元。全市实行“工效挂钩”的全民企业增至103家，二轻、商业、供销社等系统的集体企业均实行“工效挂钩”等工资调控办法。翌年，全市完成上年度纳入工资总额宏观调控范围107家企业的结算工作。结算结果：1993年实现利税2119.98万元，比基数增长73.77%；应提工资10635.48万元，比基数增长67.62%；年人均应提工资4141元，比基数增加62.4元。

1995年，对19个系统的38家企业的工资总额使用情况进行检查，加强对国有企业工资内外收入的检查。完成市属企业1994年度“工效挂钩”结算工作。全民挂钩及包干企业108户，职工28021人，实现利税22270.50万元，比基数增长34.3%，应提工资16950.51万元，人均6049元，比基数增长12.96%。实发人均工资5060元。做好实行全员劳动合同制企业审批启动工资。至年末，159家企业审批启动工资92.99万元，人均月增资27元。是年，全市职工工资总额为71299.3万元，比上年增长16.6%。其中国有企业职工工资45812.1万元，平均工资为7114元，比上年增长13.5%；城镇集体企业职工工资25487.2万元，平均工资6287元，比上年增长20%。翌年，针对工资总额增长过快，消费基金增长过猛以及监督检查中存在的问题，市劳动局、人事局、中国人民银行萧山支行加大工资基金管理与检查力度，使工资增长过快的问题基本解决。国有、集体企业扣除物价上涨因素后，职工实际平均工资的年增长率开始回落，并保持相对稳定。是年，工资管理主要采取工效挂钩、工资总额包干和工资使用计划控制，并实行凭《工资手册》领取工资制度。全年对108家企业进行年度结算。全市91家挂钩企业上年实现利税21197万元，比基数增长68.91%，应提工资19758万元，比基数增长33.35%；17家企业工资总额包干企业包干工资1495.32万元。全市108家挂钩、包干企业职工26210人，人均发放工资7088元，其中挂钩企业职工23050人，人均实发工资7467元；包干企业职工3160人，实发工资4328元。至年末，结余工资7433.94万元，人均2836元。

1997年1月，着手解决国有、集体企业分配不公问题，对职工平均工资高于地区平均工资180%的行业、企业实行工资控制线，凡上年职工平均工资超过职工人均工资11400元以上的企业，均列人工资控制线实施对象。列入对象的企业其职工平均工资不得超过职工生活费价格指数的上升幅度。工资管理重点逐渐转向限高保低和保持平均收入适度增长上。是年，对1996年度企业“工效挂钩”结算，对85家国有企业、9家集体企业进行上年度“工效挂钩”、工资总额包干结算。71家全民挂钩企业上年实现税利17100万元，比基数增长8.5%，比1995年下降19.26%；应提工资16321万元，与基数持平，比1995年下降17.39%；实发工资17400万元，人均7419元，比1995年增长4.67%。14家包干企业实发工资1229.15万元，人均5643元。至年末，累计结余工资5020.29万元，比1995年下降30.36%。动用结余工资2188.27万元。

1998年，审核国有、城镇集体企业工资总额使用计划企业435家。全年对90家企业（工效挂钩77家、包干企业13家）进行审核结算，其中：77家“工效挂钩”企业工资基数13877万元，实现税利18963万元，比基数增长16.92%，应提工资14625万元，增长5.39%，已提工资15398万元，增长10.96%，实发工资14150万元，增长1.96%。工挂企业人均年工资7531元，比上年增长17.7%；13家包干企业工资基数2114.51万元，应提工资2087.54万元，人均应提工资6248元，已提1626.43万元，人均4868元，实发工资23万元，人均工资4634元，比上年下降17.88%。

工资手册

1985年10月，县劳动局、人事局、中国人民银行萧山支行联合作出决定，控制全民企业和县以上集体企事业单位消费基金（工资性支出方面），中央、省、市驻萧企业所属劳动服务公司所有人员（包括计划内外临时工工资，离退休工资及招聘离退休人员的工资等）的所有工资性支出均实行消费基金管理（包括基本工资、加班工资、各种奖金、工资性津贴），企业单位由县劳动局全年一次性核定计划给企业主管局，企业主管局分解下达给所属企业，并抄送企业工资基金专户的开户银行，由银行会计临柜办理结算登记手续。

1990年4月，全市全民、县以上集体所有制企业实行统一《工资基金管理手册》和银行凭卡支付制度。1994年起，采取企业直接申报，劳动部门直接审核工资的形式。1995年，加强对工资水平偏高企业的工资总额控制，对19个系统36家企业的工资总额使用情况进行检查。1996年，着力解决社会分配不公问题，对全市420家企业进行宏观调控。1997年，按企业职工工资分配“两低于”原则，加强对企业工资的预测分析，对66956名职工下达51964万元的工资总额计划，人均工资为7761元。

弹性工资制

1993年，全市实行弹性工资总额计划和工资总额同经济效益挂钩办法进行宏观调控。年末，全市弹性工资计划可使用工资总额50959万元，实际使用37989万元。1994年，全市将“弹性计划”工资总量调控范围扩大到城镇各种所有制、各种经济类型、各种经营方式的企业。这一调控办法延续至1997年。

工资指导线

1998年12月，全市首次发布1998年度企业工资指导线：企业货币平均工资增长线的基准线为8%，适用于生产正常发展、经济效益增长的企业；企业货币平均工资增长线的上线（预警线）为12%，是企业工资增长的最高限额，不得突破；企业货币实际工资增长下线为实际工资零增长或负增长，但企业支付给提供正常劳动的职工不得低于当地最低工资标准。工资指导线适用于全市境内的城镇各类企业，乡镇企业也可参照执行。1999年工资指导线为：工资增长基准线、上线分别为7%、10%，下线为实际平均工资零增长或负增长。2000年2月，市劳动局在对7个行业、40家企业的16314名职工进行调查的基础上，向社会发布萧山市部分（职业）劳动力市场工资指导价位，3月起实施。首次发布的劳动力价位工种21个，如：裁剪工最低每月工资540元，最高1350元。是年，共发布2批40个工种。2000年的工资指导线为：工资增长基准线、上线分别为10%、15%，下线为实际平均工资零增长或负增长。

表31－6－565　2000年萧山市部分职业（工种）劳动力市场工资指导价位

单位：元

职业（工种）	低价位	中价位	高价位	职业（工种）	低价位	中价位	高价位
花卉园艺工	540	760	960	装饰装修工	700	790	900
裁剪工	540	1000	1350	油漆工	700	800	1020
缝制工	580	830	1180	冲压工	590	800	1080
机电装配工	860	1150	1280	焊接工	780	880	1070
电子装配工	730	850	960	钳工	780	980	1200
工程安装工	560	750	900	泥工	700	800	1020
木工	700	800	980	驾驶员	800	1300	1500
混凝土工	680	780	1000	厨师	800	920	1400
钢筋工	730	780	1000	家庭服务员	450	600	700
架子工	750	900	1200	家庭钟点工	10元/小时	15元/小时	20元/小时

第七章　就业　再就业

改革开放前，萧山对社会劳动力长期采取“统保统配”的办法进行管理和安置，实行“多就业、低工资”的政策。凡城镇失业人员及闲散劳动力，复员退伍军人、转业军人家属等均作妥善安置，对招用农村劳动力有所限制。

随着经济体制改革的深入，全市加快劳动计划管理体制改革，逐步放宽招工计划，扩大企业用工自主权，改变以往不论全民或集体增员（包括临时工）均由省、市劳动部门审批的做法，打破固定工的模式，对新招职工一律实行劳动合同制。

1990年起，全市劳动管理体制改革步伐加快，劳动部门实行宏观指导和预测。招工由企业自主决定，不再报劳动部门审批。依据《劳动法》，全面推行劳动合同制，改革固定工制度。劳动调配权也逐步下放，允许企业职工辞职和企业依法辞退职工。劳动部门通过创办劳动力市场和职业中介机构，组织劳动力合理流动，为企事业单位招工服务。

1995年起，实施企业转制，下岗、失业人员随之增加。政府通过出台优惠政策、设立再就业基金、组织转岗培训、开辟再就业基地等举措，全面实施再就业工程，使下岗失业人员走上再就业之路，基本生活得到保障。

萧山作为经济发达地区，吸引众多外来劳动力来萧求职或创业。劳动部门通过发挥劳动力市场的主渠道作用，举办劳动力交流大会，发展劳动力中介机构，为企业招工和外来劳动力择业提供方便。加强劳务市场监察工作，规范企业招工行为，确保外来劳动力的有序流动和社会稳定，使外来劳动力成为推动萧山经济和社会发展的一支重要力量。1998年，萧山市被省劳动厅评为外来劳动力流动就业管理工作先进单位。

第一节　就业安置

贯彻“实行劳动部门介绍就业、自愿组织起来就业和自谋职业相结合”的方针，由原来的单一渠道就业，变为多渠道就业。1985～2000年，全市共有55226名登记的城镇待（失）业人员和下岗职工，通过全民和县级集体企业、劳动服务企业、其他企业和自谋职业等多种渠道实现就业和再就业，促进劳动力的合理流动，缓解就业矛盾，保持社会稳定。

全民和县级集体企业就业

在计划经济向市场经济过渡时期，全民和县级集体企业是城镇劳动力就业的主渠道。1985年，全县新增城镇待业人员3683人，上年接转2142人，全县共有待业人员5825人。计划招工安置2500人。是年，实际招收城镇待业人员3299人。其中全民企业招工1836人，占安置数的55.65%；集体企业招工645人，占安置数的19.55%；其他安排818人，占安置数的24.80%。至年底，全县尚有待业青年1970人，闲散劳动力656人。

1986年，全县实行新的劳动计划体制，劳动就业以劳动力计划管理为主，转为以工资计划管理为主。是年10月，县计划委员会、劳动局、人事局联合下达各主管部门及全民独立核算单位的工资总额计划和劳动力计划，县属全民企业职工控制数为1.79万人；县内计划外控制5790人。在政策范围内招收农民工3177人，其中省市属企业314人，县全民企业1552人，县属集体企业1311人。

1987年，全县招收农民工2241人，其中全民企业招工1253人，集体企业988人（部、省、市属企业1189人，县属企业1052人）。翌年，全市招收不迁户粮农民劳动合同制工人3118人，其中向市外输送484人，占15.52%。

1989年，全市开展清理计划外用工，主要对象是来自农村的计划外劳动力，共清退计划外用工1549人。至年末，全市尚有计划外用工7306人，其中属生产岗位1112人。翌年，全市共有城镇待业人员6709人，为“七五”期间待业人数最多之年。为解决就业问题，清退全民和县以上集体企业计划外农民工1156人，压缩农村劳动力进城务工规模，控制吃商品粮人口的机械增长，控制“农转非”人员。

1993年，企业新招工人不再注明所有制身份。固定工调动后一律改为合同制职工。在城镇待业人员中招工不受计划指标和招工区域限制。至1995年末，全市共有企业职工105397人，其中国有企业职工64956人，占61.63%；城镇集体企业职工40441人，占38.37%。是年，国有、城镇集体企业均无招工，使全市城镇人员就业矛盾较为突出。

1996年，市政府印发《关于加强城镇劳动力供求总量宏观调控的若干意见》，并把拓宽就业门路，实施“再就业工程”列入市政府为民办实事之一，加强城镇劳动力供求总量宏观调控，解决城镇劳动力就业问题。至年底，全市共安置城镇各类人员3474人。

随着国有企业、城镇集体企业转制工作的推进和“减员增效”举措的实施，下岗职工逐年增多，招收城镇待（失）业人员明显减少。1999年仅招工安置709人，2000年减至123人。

1985～2000年，全市国有、城镇集体企业安置城镇人员就业22636人，其中国有企业12871人，占56.86%；城镇集体企业9765人，占43.14%。至此，全民、城镇集体企业就业安置主渠道作用已被非公有制企业所替代。

表31-7-566 1985～2000年萧山全民、市（县）级集体企业招用城镇待业人员情况

单位：人

年份	合计	新增待业人员	上年结转待业人员	实际招工	全民企业招工	集体企业招工	其他招工
1985	5825	3683	2142	3199	1836	645	718
1986	4616	1990	2626	1942	842	298	802
1987	5217	2543	2674	1665	656	803	206
1988	6183	2631	3552	1924	958	607	359
1989	6710	2476	4234	1826	627	652	547
1990	6709	1539	5170	2192	971	667	554
1991	6425	1654	4771	2310	903	1342	65
1992	6379	1933	4446	1889	973	834	82
1993	5811	1665	4146	1265	719	505	41
1994	6449	2414	4045	1167	514	496	157
1995	6865	412	6453	2597	—	—	2597
1996	9127	4810	4317	6723	2742	1302	2679
1997	10033	7001	3032	4823	646	307	3870
1998	7141	3291	3850	2498	256	703	1539
1999	9494	5207	4287	3917	201	508	3208
2000	26702	21787	4915	21494	27	96	21371

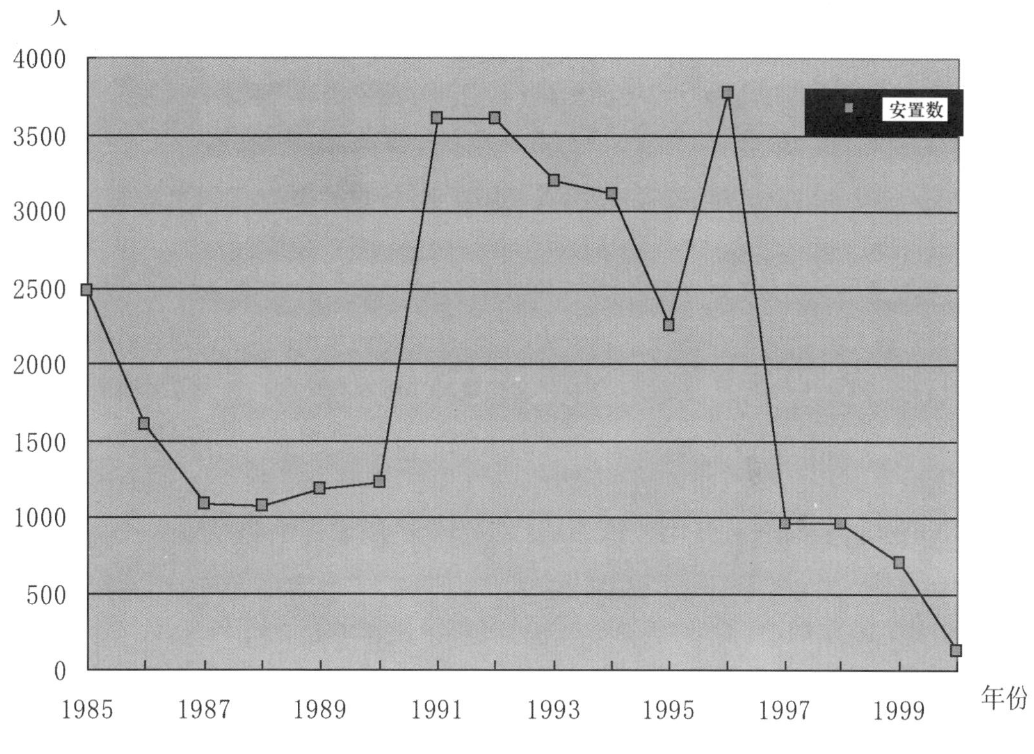

图31－7－810　1985～1999年萧山全民、城镇集体企业就业安置情况

劳动服务公司就业

萧山市劳动服务公司的前身是萧山县劳动服务公司，始建于1979年8月。萧山电力承装公司是全县首家企业劳动服务公司。1984年6月，县政府出台政策，在招工、税收、资金、用工等方面给予优惠和扶持，把创办劳动服务公司作为安排城镇待业人员就业的有效途径。自此，全县各系统、部门、工矿企业开始举办劳动服务公司。至年末，全县有各类劳动服务公司102家，安置城镇待业人员 1269人，起到安置待业人员“蓄水池”的作用。

1985年起，对全县165家劳动服务公司进行全面整顿。经过自查和复查，清理停办24家。至年底，全县共有劳动服务公司132家，安置城镇待业人员964人，安置企业富余职工513人。1986年4月，县劳动局、工商局、财税局、审计局联合组成验收组，对129家劳动服务公司进行整顿验收。至7月底，停办劳动服务公司73家，继续经营83家，开设生产、服务、劳务、商业网点380个，安置待业人员和富余职工1307人。1990年，萧山市劳动服务公司更名为萧山市就业管理服务处，负责管理社会劳动力，扩大劳动就业，开展职业介绍和就业培训，管理职工的待业保险和各类劳动服务公司。是年，经过清理整顿，全市劳动服务公

表31－7－567　1985～2000年萧山劳动服务企业基本情况

年份	家数（家）	安置（从业）人数（人）	生产经营总额（万元）	利润（万元）	税金（万元）	固定资产（万元）
1985	132	1477	7752	611	205	307
1986	83	1307	8059	405	327	513
1987	79	1347	8469	779	493	725
1988	81	1659	12551	945	544	1015
1989	74	1139	8843	696	568	1302
1990	59	2678	8581	689	531	1069
1991	65	1360	14600	733	520	1287
1992	75	2506	21823	805	690	1618
1993	97	1923	29065	980	550	1615
1994	83	1497	18677	1058	649	3246
1995	58	1205	21428	1125	558	3681
1996	57	1218	21500	1315	1071	3541
1997	45	1523	15230	1691	1178	5980
1998	43	1082	14523	1224	753	2506
1999	20	665	15944	1298	1065	2536
2000	14	663	19977	1302	696	2957

司减至59家，从业人员545人。

至2000年，全市劳动服务公司仅存14家，从业人员663人。1980～2000年，全市各类劳动服务公司累计安置城镇待业人员、企业富余职工、农村富余劳动力23249人。

其他企业就业

改革开放后，萧山乡镇企业快速发展，成为农村劳动力转移的主要途径，安置城镇待业人员和富余职工的重要就业渠道。

1986年，26名城镇失业人员被安置到瓜沥镇航民村创办的航民印染厂就业，成为首批城镇待业人员到村办企业就业的人员。1993～1997年，由于人们受传统择业观念和有关工资福利政策的影响，城镇待业人员到乡镇企业就业人数不多。之后，政府出台鼓励城镇待业人员到乡镇企业就业的优惠政策，形成就业渠道多元化，从而使城镇待业人员到乡镇企业就业的人数逐渐增加，缓解城镇待业人员的就业压力。至2000年底，全市有9103名城镇待业、失业人员和下岗职工在乡镇企业工作，占乡镇企业职工总数3.37%。80年代中期，随着萧山外向型经济的发展和投资环境的改善，外商和港澳台商陆续在萧山创办"三资"企业，为吸纳城镇待业人员就业创造了条件。 创办于1984年的杭丰纺织有限公司，当年招收城镇待业人员21名，成为萧山首家安置城镇待业人员的"三资"企业。随后，"三资"企业招收城镇待业人员的数量逐渐增多，成为缓解城镇人员就业矛盾的渠道之一。仅1996～2000年，全市"三资"企业安置城镇待业人员8991人。

自谋职业

80年代起，贯彻自愿组织起来就业和自谋职业相结合的就业方针，广开门路，解决城镇就业问题。1982年，在全县劳动工作会议上，表彰瓜沥镇待业青年言建文自谋职业开办钟表店服务社会的典型事迹，带动和推动城镇待业人员就业观念的转变，勇于走自谋职业之路。1995年，随着国有、城镇集体企业转制工作的展开，下岗失业人员和城镇待业人员自谋职业的人数趋增。市政府出台一次性1000元的生产补助费以及减免税费等扶持政策，调动城镇待业人员和下岗失业人员自谋职业的积极性。是年，全市共有297人自谋职业。2000年，全市城镇待业人员自谋职业增至2670人，占当年就业安置总数的12.42%。全市共有个体工商户26189户，从业人员48628人。至此，自谋职业已成为城镇待业人员和下岗职工实现就业和再就业的有效途径。

表31－7－568　1985～1995年萧山城镇失（待）业人员就业安置情况

单位：人

年份	招工安置总数	全民企业	集体企业	劳服企业	乡镇企业	灵活就业	自谋职业
1985	3299	1836	645	412	204	—	202
1986	3014	842	749	292	121	845	165
1987	4006	750	337	231	263	2218	207
1988	2619	611	465	172	258	733	380
1989	1835	652	536	236	315	—	96
1990	2392	587	632	263	234	595	81
1991	3967	2991	613	213	58	57	35
1992	3814	2941	667	107	25	—	74
1993	3573	2674	529	129	41	50	150
1994	3761	2650	457	157	235	97	165
1995	4623	1893	357	57	276	1743	297

注：城镇失业人员安置人数1996～2000年因统计口径不一，故分设两表记述。

表31-7-569 1996～2000年萧山城镇待（失）业人员就业安置情况

单位：人

年份	总计	国有	集体	私营	港澳台	外商	个体	事业单位	其他
1996	5151	2472	1302	—	106	280	—	40	951
1997	2773	646	307	38	33	97	476	47	1129
1998	2251	256	703	59	173	315	5	268	472
1999	3917	201	508	741	607	708	639	3	510
2000	21494	27	96	1500	3780	2892	1589	3	11607

征地劳动力安置

改革开放后，随着萧山经济的迅速发展和杭州萧山国际机场、萧山经济技术开发区、浙赣铁路复线等国家重点建设项目征地增多，征地劳动力安置任务十分艰巨。劳动部门根据国家和省、市有关征地安置政策规定，对各类征地劳动力采取招工、农转非、发放养老金、自谋职业（政府补贴）等方式予以安置。

1985年，主要采用以计划分配方式安置征地劳动力，全年安置征地用工106人。1988年，随着重点建设工程的推进，征地劳动力安置人数增加，全年办理征地招工425人。1990年，钱江二桥枢纽工程浙赣绕行干线和复线重点建设项目需要，在萧山境内征地1244亩，涉及3个区、13个乡镇、38个村、2个国营农场。是年，全市安置征地劳动力1166人，其中铁路征地安置872人，占74.79%。

1992年7月起，建立国家征地劳动力生活补助统筹基金，统筹基金由市土地管理局负责管理。是年，采用招工、就地“农转非”、实行养老金等多种方式安置重点建设征地劳动力851人，其中招工安置619人，就地“农转非”94人，实行养老金138人。

1993年7月26日，市政府设立征地劳动力安置办公室，负责做好征地劳动力的安置工作。10月起，凡市区27平方千米规划区和临浦、瓜沥镇规划范围内国家需要征用集体土地进行有偿出让的区块，均列入统筹范围；凡符合有关政策又暂时难以安置的16周岁至45周岁的征地人员均为统筹对象（不满16周岁的办理“农转非”，以后参加社会招工；超过45周岁的实行养老金制度）；征地单位按每人12000元标准，将统筹基金缴纳到市征地劳动力安置办公室；统筹对象在招工以前，按每人每月85元标准发给，满45周岁后，以每人每月90元标准发给。至年底，共收缴征地补助基金572.46万元，发放24.10万元；安置征地劳动力1724人，占需要安置数的12.87%，尚有11700人未安置（不包括萧山国际机场征地需要安置的劳动力）。

1994年，对萧山经济技术开发区征地需要安置的14891人全部办理“农转非”手续，其中当年安置136人。1996年，全市重点工程建设征地涉及城厢、瓜沥、临浦、新街4个镇、36个村，新增征地劳动力681人。1997年，萧山机场建设征地涉及坎山、瓜沥、靖江3个镇、16个村、2106户，办理“农转非”7577人。收缴征地统筹基金1009.50万元，支付生活补助安置费3437.08万元。1998年，市政府印发《关于杭州萧山机场征迁人员安置实施意见的通知》，对机场征迁人员采取终止安置待遇调户口的办法及优惠政策。至年底，全市尚未安置征地劳动力11253人。其中重点工程4065人，萧山经济技术开发区3950人，杭州萧山机场3238人。

1999年起，实行一次性货币安置为主的方式。全市完成征地劳动力安置1878人，办理“农转非”2219人，办理机场待遇调户口430人。2000年，完善征地安置办法，建立以货币安置为导向的征地劳动力安置机制。

表31－7－570 1985～2000年萧山征地劳动力安置

年份	安置征地人员	安置方式				
		招工	农转非	货币	养老保险	自谋职业
1985	106	–	106	–	–	–
1986	12	–	12	–	–	–
1987	–	–	–	–	–	–
1988	–	–	–	–	–	–
1989	324	–	324	–	–	–
1990	1035	–	278	–	–	–
1991	872	872	872	–	–	–
1992	1724	–	1724	–	1724	–
1993	2271	0	2271	–	2271	–
1994	18660	521	18660	–	1076	516
1995	1464	521	1464	–	–	462
1996	1784	530	1784	–	–	854
1997	7340	125	7340	–	–	859
1998	2571	131	2571	2528	5869	1921
1999	1133	46	1133	32	422	132
2000	652	0	652	1829	471	82

注：浦沿镇9084名土征人员于1998年划归滨江区管理。

政策性安置就业

复员退伍军人安置　城镇参军的复员退伍军人（包括志愿兵、残疾军人、军队转业干部家属）的安置工作由劳动部门为主，民政局协助。对复员退伍军人安置采取按系统归属分配为主，对有技术特长的对口安置。1985年，全县安置复员退伍军人153人。1998年，全市安置退伍兵、志愿兵112人，军队转业干部家属20人。2000年，市劳动局协助民政部门采用指令性安置和货币安置相结合的办法，安置城镇退伍军人、志愿兵196人，并对28名军队转业干部家属实行政策安置。

其他安置　1985年，安置国营农林场户粮在场职工子女和知识青年家属217人。1988年，招收退休职工农村子女170人。1997年，全市办理知识青年返城招工39人，退休职工农村子女顶职招工72人。随后，停止执行退休、退职人员农村子女顶职招工政策。

第二节　再就业工程

90年代后，随着全市劳动用工制度和企业改革的深化，做好城镇失业人员、企业富余职工的分流安置，已成为劳动就业一个十分突出的问题。市委、市政府通过出台一系列优惠政策措施，拓展就业渠道，帮助下岗失业人员尽快实现再就业，保障他们的基本生活。

再就业政策

1997年5月，市政府下发《关于进一步开展“再就业工程”的若干意见》，加强“再就业工程”的组织领导，明确职责；建立下岗职工登记制度和企业再就业服务中心；设立再就业专项基金；加强城镇劳动力宏观调控管理，规范企业用工行为；积极拓宽就业渠道；出台有关配套措施；加强宣传教育，引导失业人员转变求职观念。

1998年，根据中共中央、国务院《关于认真做好下岗职工基本生活保障和再就业工作的通知》精神，市委、市政府联合下发《关于实施1998年再就业工程目标责任制意见》，召开全市下岗职工基本生活保障和再就业工作会议，调整再就业工程领导小组，并把再就业目标管理列入考核范围。1999年1月，市委、市政府又下发《关于切实做好企业下岗职工基本生活保障和再就业工作的意见》，要求进一步加强对“再就业工程”的组织领导，切实保障下岗职工基本生活；进一步完善政策措施，促进各类企业接收安置下岗、失业职工；鼓励下岗、失业职工自谋职业，拓展再就业渠道；建立市场就业机制，加强转岗、转业培训，为推进再就业创造条件。为鼓励下岗、失业职工自谋职业，市政府采取一系列扶持政策：失业职工自愿组织起来进行生产自救而兴办企业的，可将尚未领取的失业救济金一次性拨付，作为生产、经营扶持资金，经市就业管理服务处资格认定后，可享受劳动服务企业优惠政策；按规定缴纳养老保险的年限前后可合并计算；参加失业保险的，歇业后可按规定享受失业保险待遇。失业职工自谋职业的，将尚未领取的失业救济金一次性付给个人；还可给予一次性1000元的生产补助费。鼓励失业职工到乡镇、私营企业就业，由劳动部门办理招工录用手续，并按规定由企业给予办理城镇职工失业保险和养老保险统筹，签订劳动合同，享受所在企业工资福利待遇，可以在全市各类企业之间流动。企业每接收一名失业职工签订劳动合同3年以上的，给企业1000元的安置补助费，在劳动合同期内，企业不得随意解除劳动合同。企业在招工补员时，应优先录用失业职工和富余职工，只要专业对口，不受年龄、文化程度限制，对于经济性裁员的企业，在6个月内需新招人员的，应按规定优先从本单位裁减的人员中招收。对失业职工创办公司制企业，注册资金在50万元以下，一次性投入有困难的，允许其在一定期限内分期到位。政府各有关部门简化开业的审批程序和相关手续。建立小额贷款贴息制度。失业职工自谋职业小额贷款，按照个人申请，经审查及办理相关担保手续，给予3万元以内，期限最长不超过2年的贴息贷款。对失业职工从事个体经营的，3年内免收营业税、个人所得税、城市维护建设税、教育费附加，并免收属于管理类、登记类、证照类的所有各项行政事业性收费等。

下岗职工基本生活保障

1998年，全市累计筹措下岗职工基本生活费2784.40万元，其中，企业自筹1871.60万元，社会筹集474.40万元，财政安排438.40万元。是年，对14家特困企业的4561名职工进行补助，下拨补助资金19.78万元，共为56300人次发放下岗职工基本生活费。

1999年，把完善再就业服务中心建设，做好企业下岗职工基本生活保障工作列为为民办实事之一。全市累计筹措下岗职工基本生活费1869.1万元，对17家特困企业的2531名职工进行困难补助。

2000年5月28日起，按照“三三制”（财政安排一点、社会筹集一点、企业负担一点）的原则筹集资金，保证资金到位，以确保国有企业下岗职工基本生活费的发放。是年，全市筹措下岗职工基本生活费957.42万元，其中自筹317.74万元，社会筹集188.22万元，财政安排451.46万元。

再就业专项资金

1997年5月，市政府设立再就业专项基金，基金来源主要通过市财政专项划拨一块，劳动部门在失业保险基金中划出一定比例的再就业专项经费，征收企事业单位招收使用农民合同制职工再就业调节费，从破产、终止、解体、拍卖的企业，资产清算资金中（或企业转让土地使用权、房产等免交办理规费所得）一次性提取部分资金（按每人1.5万元提取）和社会资助解决一些的方式进行筹集。再就业专项资金由市再就业工程办公室负责管理，在财政、审计等部门的监督下，专项用于失业人员和下岗职工的转岗、转业训练、生产自救、自谋职业、失业职工再就业的有偿安置补助等。1998年，通过社会筹集再就业专项基金107万元，财政安排50万元，其他收入1.63万元，共筹集再就业专项基金158.63万元。

是年，再就业专项基金用于失业职工安置补助35.90万元，用于转业培训等其他支出6.69万元。1999年，通过社会筹集再就业专项基金223.44万元，财政安排262.99万元，其他收入2.12万元，合计筹集再就业专项基金488.55万元。是年，再就业专项基金用于下岗职工基本生活费293.01万元，用于特困企业补助40.68万元，用于失业职工安置补助198.50万元，其他支出12.59万元。2000年，全市社会筹集再就业专项基金243.10万元，财政安排250万元，其他收入0.56万元，当年共筹措再就业专项基金493.66万元。是年，再就业专项基金用于下岗职工基本生活费338.31万元，用于特困企业补助22万元，失业职工安置补助103.40万元，其他支出10.80万元。至2000年底止，全市共筹集再就业专项资金1140.84万元，用于再就业支出1061.88万元。

再就业服务中心

1998年4月，市政府下发《关于建立和完善再就业服务中心的通知》和《关于加强萧山市用人单位劳动力招用管理的通知》，规定凡有下岗职工的企业，必须在1998年8月底前建立再就业服务中心或工作站，规范企业下岗程序，确保企业下岗职工基本生活费按时足额发放。是年，全市共建立企业再就业服务中心44个，其中国有企业16个，城镇集体企业24个，其他经济单位4个，接收下岗职工7827人，全部足额发放基本生活费。签订协议4131人，到期末实现再就业320人。建立工作站21个，确定有关科室代管16个，负责做好下岗职工管理和服务工作。劳动部门加强对再就业服务中心的指导和管理，督促各中心做好进中心下岗职工的就业服务工作，按时发放基本生活费，缴纳社会保险费用，开展职业介绍。市财政设立再就业专项资金，保证再就业服务中心的有序运作，各中心设立专项资金账户，符合一定条件的，可申请划拨补助，用于支付下岗职工基本生活费、单位按规定应缴纳的基本养老、大病统筹、失业保险费。资金使用情况需每半年向市再就业领导小组办公室书面报告一次，并接受财政、审计、劳动部门的监督检查。1999年再就业服务中心划拨资金198万元。2000年引导下岗职工出中心成为再就业工作的重点和难点，通过职介机构与服务中心结对挂钩，向每个职介所下达推荐介绍任务，及时向中心提供各类用工信息。2001年是下岗职工出中心的最后一年，下岗职工档案全部移交市就业管理服务处，做好失业登记、失业证办理，使下岗职工离开中心后，仍能够及时领取基本生活费。

下岗失业人员安置

1995年5月，市政府全面实施“再就业工程”，采取政策扶持和失业保险等方式，对企业失业职工和困难企业富余职工，通过转岗、转业训练、就业指导、自谋职业等多种渠道，提供就业服务，让他们尽快实现再就业。翌年6月，市政府发文，把拓宽就业门路，实施“再就业工程”列入为民办10件实事之一。全年接受失业职工登记1202人，比上年增加828人；安置失业职工再就业230人，比上年增加153人。累计安置失业职工799人、富余职工710人。至年末，全市尚有城镇失业人员5378人，失业率2.36%，实现市政府提出城镇登记失业率控制在3%以内的目标。

1997年5月，全市“再就业工程”全面展开。根据市政府颁发《关于进一步实施“再就业工程”的若干意见》（萧政〔1997〕5号）和《关于实施1997年度再就业工程目标责任制的通知》（萧政〔1997〕58号）精神，开展清岗腾位工作，开辟就业门路。至年末，全市共安置下岗职工4551人（其中系统内安置220人，企业兼并随资产安置389人，企业内部安置955人，劳务输出202人，自谋职业662人，下岗退休、退养、退职1381人，其他形式安置742人）；安置失业职工794人（其中自谋职业481人，招工170人，乡镇企业安置143人）。全市清退外来劳动力3000余人。在24个镇乡建立劳动管理站，再就业工程网络初步形成。

翌年，为开辟再就业渠道，对440个机关、社会团体、企事业单位进行清岗腾位，腾出岗位692个。

12月29日起，又推出失业人员再就业即时服务。即每周二、五两日，失业人员只要不挑不拣，保证在7日内即可就业。劳动部门与工商部门联合在商业城开辟下岗、失业人员商品交易区营业房176间，安置下岗、失业人员146人；在城区道源路开辟“下岗、失业人员夜市一条街”，安置下岗、失业人员271人；鼓励下岗、失业人员从事社区服务工作，有53名下岗、失业人员经过培训，走上居委会工作岗位。1999年，市政府将再就业目标任务分解落实到30个镇乡、11个企业主管部门、7家省和杭州市属企业，还将开发1480个岗位列入7个局、镇社区开发岗位目标任务，签订责任书，列入年度考核。市劳动局会同人事局、总工会，开展机关事业单位清岗腾位工作检查，对25个禁用工种岗位上的外来劳动力实行清退。至年底，全市机关、社会团体、事业单位清退外来劳动力和聘用的离退休人员1403人。全年分流安置下岗职工5211人，完成目标任务的138%；安置失业职工2686人，完成目标任务的138%。

2000年，市委办公室、市政府办公室联合发文，将再就业目标任务下达到各镇乡和市级机关，明确职责，并将13个部门（镇）开发就业岗位列入考核目标，共开发就业岗位2450个。是年下半年，学习推广上海开发社区就业岗位经验，开展非正规组织就业工作。市政府在江寺街道开展非正规组织就业试点工作。10月，江寺街道成立社区服务部，开展失业人员劳动服务工作，先后安置36名下岗、失业人员从事街道居委会等社区服务工作，为探索社区非正规组织就业迈出了第一步。是年，下岗职工实现再就业750人，再就业服务中心介绍再就业534人。全市下岗职工从1999年底的2198人减至829人。至年末，全市安置各类失业人员6612人，完成目标任务4600人的143.7%。

第三节　就业服务

1987年组织劳动力交流大会，实现供需双方见面，方便企业招工和劳动者择业。1990年5月，成立萧山市就业管理服务处，负责劳动力资源、劳动力市场、劳动服务企业、社会失业人员就业训练、失业职工和企业富余人员转业转岗培训、再就业和职工失业保险基金收缴与发放等方面的管理服务工作。

劳动力市场

1987年11月20～21日，县劳动局、城厢镇政府联合在青少年宫举办首次城厢地区劳动力交流大会。采用供需双方见面洽谈、集中报名、分散体检录用的方式，招收城镇待业青年。会上，26家企业推出729名招工指标，494名待业人员报名，实际录用283名。由此开始，全县企业招工和劳动者择业实行市场化运作机制。

1988年5月18日，萧山市劳动力市场建成并投入使用，营业面积270平方米，内设综合信息、招工就业、临时用工介绍、失业保险、合同鉴证等5个服务窗口，实行集中办公“一条龙”服务。通过召开劳动力交流大会，采取“供需见面，平等洽谈，相互选择，自愿结合”的交流方式，由市就业管理服务处为洽谈会提供供需信息、求职登记、招工录用等服务。市劳动局组织召开劳动力交流大会，为有关企业招收合同制工人592名。专设科技人才交流和家庭服务项目，为市内企业和求职者提供职业介绍、就业培训、劳动服务和失业保险服务。

图31－7－811　劳动力市场外景（2003年2月8日，柳田兴摄）

1993年4月5日，建立萧山市劳务市场管理处，与市就业管理服务处实行两块牌子、一套班子。其主要职责是为全市提供劳动资源信息和用工需求信息，为企业招工和劳动者求职牵线搭桥，办理手续，提供服务。翌年，萧山市劳动力市场更名为萧山市职业介绍中心，内设信息咨询、临时工输送、待业保险、合同鉴证、档案管理等6个服务窗口。每年分四季定期召开劳动力交流大会，为用工单位和求职人员双向选择提供方便。10月11日，安徽省职业介绍中心驻萧山劳务办事处成立，成为外省在萧山设立的首家职业介绍机构。

1997年，随着全市企业转制的推进，下岗、失业人员增多，就业难度增大。将每季一次全市性劳动力交流大会，改为每月28日举行一次，增加求职人员的择业机会。是年，共举办劳动力交流大会11次，参加招工单位138家，报名进场择业2789人，成交1011人。翌年，企业进场招工1893家（次），接待各类失业人员登记16131人，成交8680人。

2000年，随着劳动力市场社会化程度的提高，招工单位和求职者市场意识的增强，劳动力市场日趋繁忙，原有的市场面积和设施已无法适应劳动力交流的实际需要。据此，按照科学化、规范化、现代化的要求，投资180万元，对劳动力市场进行扩建改造。市场营业面积扩大到1095平方米，内设就业登记、事务代理、就业培训、流动就业、失业登记、用工登记6个服务窗口和22家民办职业介绍机构，配备面积5.4平方米的电子大屏幕一块、小条屏22块、触摸屏电脑6台、计算机35台，场内服务窗口实行计算机联网。是年，共举行劳动力集市58场次，收集用工信息13838条，提供用工岗位13838个，推荐输送各类劳务人员18412人，其中介绍成功5260人。同时，为适应多种经济组织的用工需要，市职业介绍中心推出劳动事务代理制度，落实34家单位1000余人的事务代理和企业职工档案的托管工作，减轻企业劳动人事管理负担。至年底，全市通过职业介绍中心先后举办劳动力交流大会81期，职业介绍14.58万人次。

图31－7－812　劳动力市场招聘现场（2002年5月28日，柳田兴摄）

职业介绍

1993年，市劳务市场管理处建立后，为使企业和劳动者能够就近实现双向选择，是年在西兴、临浦、戴村、瓜沥、义盛5镇设立职业介绍所。当年底，劳务市场各职业介绍所共接待用工单位292家，要求招工2276人，实际招用1954人（其中城镇劳动力1009人，农村劳动力945人）；其他求职登记775人，介绍成功402人。翌年8月起，在市劳动力市场内建立11家民办职业介绍所，成为全市首批民办职业介绍机构，拓展了招工和择业的渠道。

1998年，市劳动局对民办职业介绍所下达再就业安置介绍任务。翌年，全市民办职业介绍机构共收集用工信息5541条，介绍成功4268人，其中推荐介绍下岗、失业人员845人，成功664人。2000年，全市9个民办职介所共推荐介绍失业下岗职工实现再就业750人，为再就业服务中心的下岗职工介绍再就业534人。至年底，全市民办职业介绍机构增至58家，累计推荐下岗、失业人员再就业4444人。

1996～2000年，全市职业介绍机构登记各类求职人员76053人，介绍成功33764人；分流安置下岗、失业人员5539人；介绍外来劳动力就业20495人。

再就业培训

1988年3月，建立萧山市就业培训中心，把开展再就业培训作为实施再就业工程的重要内容。调动社会力量，发挥技工学校、职业学校的作用，通过举办有针对性、实用性的各类职业技能培训班、创业指导班，帮助失业职工掌握就业技能，转变择业观念，提高就业能力。经培训合格的，劳动部门给予一次性报销200元的培训费；持有《萧山市再就业援助证》的困难失业人员给予一次性报销300元培训费。

1995年，市就业管理服务处为下岗职工和失业人员免费举办各类转岗转业培训班。同时，以企业为主开展富余职工转岗培训，为分流安置创造条件。经过转岗培训的富余职工，经企业同意，在保留其劳动关系的前提下，由市职业介绍中心推荐给有关招工单位。举办电脑、烹饪、营业员、服务员培训班4期，培训失业职工115名。翌年起，委托裘江职业高中和市劳动局计算机培训站，举办汽修、电脑等专业培训班，组织失业职工参加技能培训，让他们学有一技之长。至1998年，全市设有就业培训机构11个。是年，组织培训4678人，其中国有企业下岗职工3053人，其他下岗失业人员1625人；技能培训3859人，职业指导819人。

1999年，利用各种教育培训设施，建立社会培训网络，采用联合办班或委托办班的方式，培训下岗、失业人员4080人。2000年，培训下岗、失业人员4536人。其中国有企业下岗职工821人，其他企业下岗失业职工3715人，完成目标任务4200人的108%。

1987～2000年，全市共培训下岗、失业人员34738名，再就业率为75%。

第四节　外来劳动力管理

随着萧山工业化、城市化进程的加快，前来萧山求职或创业的外来劳动力增多，被称之为“民工潮”。外来劳动力的大量涌入，使就业矛盾较为突出，就业市场竞争加剧。政府通过加强外来劳动力管理，确保外来劳动力有序流动，使他们进得来，留得住，能择业，作贡献。

外来劳动力来源

萧山外来劳动力的来源较为分散。除了本省衢州、台州、湖州等地外，遍及安徽、江西、湖南、河南、福建、甘肃、广西、贵州、湖北、江苏、宁夏、山东、陕西、四川、重庆等16个省、市、自治区。其中以安徽、江西、四川的居多，分别占总数的23%、14%和12.3%。来源于本省的外来劳动力也较多，占总数的20.6%。

外来劳动力一般来自经济欠发达地区，通过老乡或亲朋好友介绍来萧就业，劳动者大多文化程度偏低，缺乏专业技能，以从事技术含量较低的工作为主。从行业分布分析，主要集中在建筑、纺织、制造和餐饮服务等行业。

就业证制度

1993年8月，市政府批转市劳动局、人事局、公安局、财税局、工商局等部门《关于加强外来劳动力管理实施意见》，规定用人单位招用外来劳动力，必须确保外来劳动力的合法权益，与务工者签订劳动合同，为务工者办理《务工许可证》和《暂住证》，规范企业用工，维护社会稳定。

1994年2月，市劳动局、公安局联合下发《关于加强外来民工进萧务工管理的通告》，在外来劳动力集中的镇、开发区现场办理《务工许可证》，开展全市劳动用工执法大检查，建立外省市劳动部门驻萧办事处，规范外来劳动力管理。

1995年，市劳动就业管理服务处办理《务工许可证》《就业登记卡》的人数增加，全年共发放外来劳动力《务工许可证》18059本。翌年起，全市实行“证卡合一”，外来劳动力必须凭卡办证，持证上岗。是年，市就业管理服务处办理外来劳动力《务工许可证》10734本，办理外出就业登记卡3585本，其中跨省就业2449人，省内外就业1036人，办理境外人员来萧就业《务工许可证》30本。

1997年，《务工许可证》更改为《就业证》。劳动部门深入企业上门服务，开展外来劳动力换证工作。坚持“证卡合一”查验办证制度，控制外来劳动力流量。全年办理外来劳动力《就业证》12725人。其中：省内外来劳动力就业3508人，省外外来劳动力就业7612人。办理外出就业登记卡726张，境外《就业证》49本。翌年，全年办理外来劳动力《就业证》10429人。其中省内、跨省《就业证》2606人，外出务工《就业登记卡》7823人。“证卡合一”率为80%。办理外籍和境外人员《就业证》67本，其中外国人36人，港、澳、台同胞31人。查验外来人员计划生育率100%。

2000年，市劳动力市场与各职业介绍机构签订计划生育证查验责任书，做到没有计划生育证的不予介绍工作；各就业服务所协同各镇乡劳动管理站，开展经常性计划生育证查验工作，确保基本国策落到实处。是年，办理外来劳动力《就业证》19577本；发放外出人员《就业登记卡》506张；办理外国（境外）人来萧就业手续76人。

外来劳动力流动

1993年起，前来萧山求职创业的外来劳动力增多，主要集中在宁围、西兴、衙前、新街、瓜沥等乡镇工业较为发达地区，从事建筑工程、纺织化纤、五金机械、餐饮服务等行业的普通工种，月工资一般在250元左右。是年10月起，市就业管理服务处在西兴、瓜沥等5个镇设立职业介绍所，为外来劳动力提供择业方便。

一年一度的“民工潮”，主要集中在每年春节之后。市劳动局在做好劳动力市场接待外来劳动力工作的前提下，组织力量到车站、码头、企业等地，宣传劳动用工政策，引导外来劳动力正确择业，做到疏而不乱，流之有序。同时，组织人员到外来劳动力比较集中的集镇和萧山经济技术开发区等地进行现场办公，为用人单位和外来劳动力现场登记，办理务工手续。基层各职业介绍所，做好辖区内企业和外来劳动力的管理工作，确保外来劳动力有序流动和就业市场的稳定。市劳动监察大队每年组织全市性外来劳动力用工执法监察活动，规范企业招工行为，取缔非法中介，保障用人单位和外来劳动力的合法权益，

1995年，建立四川、江西、安徽3省外来劳动力萧山办事处，负责来萧外来劳动力的输送、管理和服务工作。通过外来劳动力有计划、有组织的输入，形成较为稳定的劳务基地。1997年4月，全市各镇乡均建立劳动管理站，进一步加强外来劳动力的有序管理，为外来劳动力择业提供方便。

1999年11月起，在劳动力市场辟出场地，落实专门人员，每周6天，对拟定去企业工作的外来劳动力进行安全基础教育。对外来劳动力较为集中的镇乡和企业进行重点督导，全年培训外来劳动力2.99万人次，增强外来劳动力的自我保护意识。同时，下达外来劳动力控制计划，实际使用31974人，比控制目标35749人减少3775人。2000年，制定下达全市企业使用外来劳动力控制目标。

1995～2000年，全市办理外来劳动力登记56637人，介绍成功35178人。

第八章　劳动安全管理

进入20世纪80年代后，贯彻国家制定的一系列有关安全生产和劳动保护的法律、法规，使安全生产和劳动保护工作逐步走向法律化、制度化、规范化。

1983年，县劳动局设劳动保护股，负责全县企业职工劳动保护及安全生产监管工作。1987年8月，成立萧山县安全生产领导小组，负责安全生产工作的组织、宣传、协调和重大问题的处理。1989年，建立劳动保护监察员和兼职监察员的选聘制度。至1990年，全市有169家企业建立工会劳动保护监督检查委员会。1997年，萧山市安全生产领导小组更名为安全生产委员会，在市劳动局设办公室，履行安全生产综合管理及国家安全监察职能。

2000年7月，市委、市政府发文，健全各级安全监察组织，完善安全管理网络，落实安全生产责任制，加大安全生产宣传教育力度，树立“安全责任重于泰山”的思想，开展安全生产监督、检查工作，查处各类事故与隐患，依法追究有关责任人的责任，遏制重特大伤亡事故的发生，确保国家财产和人民生命的安全，达到安全促发展，安全保稳定，安全增效益的目的。

第一节　安全生产责任制

1983年，在全县逐步推行和实施劳动安全监察制度，坚持“管生产必须管安全”的原则。1985年，调整充实各级安全管理机构，全县共有专（兼）职安全管理人员1500人。

1987年5月，县劳动局在全县工业企业中实施劳动保护监察制度，通过劳动保护监察对企业一线现场检查，对不安全因素或事故隐患及时通报企业，并限期改正，督促企业加强安全生产管理，避免事故发生。

1990年起，全市推行签订安全生产目标管理责任书。由分管副市长与企业主管部门签订安全生产责任状，落实安全生产责任制，列入年度工作目标考核。1994年，市政府与21个企业主管部门签订安全生产目标责任书。

1995年起，把安全生产目标管理范围扩大到镇乡。1997年3月，市政府与28个镇乡和22个企业主管部门签订安全生产目标责任书。为确保各级部门安全生产目标管理责任制落实到位，市安全生产委员会组织力量对部分镇乡和企业主管部门进行抽查，落实整改措施。1999年12月，市安全生产委员会对15个镇乡和企业主管部门进行抽查考核，并对26家企业现场核实，使安全生产落到实处。2000年，市安委会分别在5月、7月、9月对镇乡和企业主管部门安全生产责任制落实情况进行抽查。年终，对照安全生产目标责任书进行考核。做到安全生产工作责任明确，考核有据，奖罚分明。

第二节　安全生产宣传

安全生产周

安全月活动始于1980年5月。根据国务院通知精神，全县“安全月”活动不再延续，将安全生产教育活动纳入经常性安全工作之中。

1991年5月起，全国开展“安全周”活动。每年确定一个主题进行宣传活动。1996年为“遵章守纪，保障安全”；1997年为“加强管理，保障安全”；1998年为“落实责任，保障安全”；1999年为“安全、生命、稳定、发展”。是年，市安全生产委员会组织市级11个部门举行大型安全生产法律法规宣传咨询活动，发送各种宣传资料9000份；市分管领导发表电视讲话，《萧山日报》刊登安全生产宣传专版，形成安全生产人人有责的良好氛围，参加宣传周活动3500人次。2000年后，国家安全监督管理局恢复每年6月为“安全生产宣传月”。

“百日安全无事故”活动

1986年8月，县经济委员会、劳动局、总工会联合发文，开展“百日安全无事故”活动。贯彻“安全第一，预防为主”方针，落实县安全生产工作会议精神，减少死亡事故，杜绝恶性事故，力争把事故总数控制在上年发生数之内。9月上半月，在全县工交、矿山、建筑企业范围内宣传劳动安全法规，提高企业职工安全生产意识，调整充实各级安全管理机构，对企业专业人员进行培训考核，做好锅炉压力容器检测和水质化验工作；加强尘毒治理和职业病防治，对尘毒危害严重的企业和工人进行监测和体检，督促企业采取预防措施等一系列自查互查活动，对53家企业进行安全生产大检查，对个别问题严重的企业采取限期整顿、罚款通报，直至停办等措施。1988年起，全市不再开展“百日安全无事故”活动。

特种作业人员培训

1985年8月，劳动部门对电工、锅炉司炉工、压力容器操作工、水质化验员、焊工、架子工、起重工、厂内机动车辆驾驶员进行培训，经考核合格取得《特种作业人员操作证》，方可独立操作。

1987年，经市劳动局培训复合考试，506名电工取得《电工合格证》，729名司炉工取得《司炉工合格证》。随后，对特殊工种人员培训考核形成制度，适时对持证人员进行年检换证。

1999年，全市共举办电工、电梯工、厂内机动车和起重机械操作工等培训班16期，参加培训883人，合格发证率100%；对1390名特殊工种人员进行复审换证。

2000年，经培训合格，270名特殊工种人员取得合格证，1058名特殊工种人员通过复审换证。

表31—8—571　1985～2000年萧山特种作业人员培训

年份	培训期数（期）	培训人数（人）	年份	培训期数（期）	培训人数（人）	年份	培训期数（期）	培训人数（人）	年份	培训期数（期）	培训人数（人）
1985	5	395	1989	19	1190	1993	11	2000	1997	12	660
1986	7	627	1990	25	1330	1994	10	869	1998	11	742
1987	20	1324	1991	22	2080	1995	10	882	1999	16	883
1988	19	1424	1992	19	1018	1996	11	720	2000	21	1338

第三节　安全生产监察

综合性安全检查

1985年起，由县安全生产领导小组牵头，劳动和企业主管部门参加，每年组织开展若干次安全生产大检查。

1995起，对全市178家矿山企业进行登记建档，对其中46家矿山边坡的稳定性进行检测检验。举办安全生产培训班，163位矿长参加。翌年，市公安局、市矿山管理办公室和乡镇企业局等部门联合对68家矿山企业进行专项检查，查处矿山事故6起。1997年，市安全生产委员会对116家矿山企业进行安全整顿。其中预防性安全监察86家次；作业环境整治30家；核发《矿山安全条件合格证》120本，培训考核矿长145人。

1998年3月，市安全生产委员会组织劳动、城建、消防3家职能部门，对重点行业、重点部位和“三合一”（生产车间、仓库、宿舍）企业的检查整治。对11家燃气公司和液化气站进行现场检查，发出整改指令书5份，提出整改意见32条。9月，开展液化气钢瓶专项整治工作，对9家液化气充装站、2家液化气钢瓶生产企业和1家检验站进行检查，发现超期使用和严重缺陷液化气钢瓶17086只，发出整改指令书2份，提出整改意见5条。检查整顿矿山企业45家，38家责令整改、3家停止供应炸药、1家经济处罚。核发《矿山安全条件合格证》151本，发证率为95%。是年，实施安全监管体制改革，职业安全卫生监察职能分别划转至安全监察局和质量技术监督局。

2000年，全市开展安全生产大检查10次。检查分为综合性安全大检查、矿山安全专项检查和特种设备专项检查等。检查时间为重大节日前夕、安全生产宣传周、《中华人民共和国矿山法》宣传月期间。通过自查、互查、抽查等方式，察看生产现场，查阅安全生产制度和资料台账，检查设备运行情况和不安全因素，发现问题，责令有关企业立即整改，把事故隐患消灭在萌芽状态。1985～2000年，事故隐患整改率为85.51%。

表31－8－572　1985～2000年萧山安全生产综合检查情况

年份	检查次数（次）	检查企业（家）	发现隐患（起）	整改隐患（起）	年份	检查次数（次）	检查企业（家）	发现隐患（起）	整改隐患（起）
1985	4	38	1319	809	1993	5	80	670	567
1986	4	53	1223	905	1994	5	120	954	817
1987	4	87	1124	876	1995	5	269	1000	898
1988	6	141	800	700	1996	5	287	1236	1154
1989	4	116	800	710	1997	6	350	1148	1021
1990	5	118	902	785	1998	6	286	956	921
1991	6	152	1013	918	1999	7	580	1100	986
1992	6	98	817	715	2000	10	180	946	912

“三同时”审查

1984年7月13日国务院《关于加强防尘防毒工作的决定》发布后，对新建、改建、扩建的工程项目初步设计要送劳动、卫生部门和工会组织审查同意后，方可进行施工设计。施工单位应严格按照设计图纸施工，工程竣工验收必须有劳动、卫生部门和工会组织参加。劳动、卫生和工会组织要进行监督检查，凡不合要求的不予验收，不得投产，做到“三同时”（同时设计、同时施工、同时投产）。

1986年，全县通过审批制度，对新建、扩建和改建工程建设项目实行“三同时”审查，防止和控制新污染源的产生。翌年，全县审批新建、扩建和改建建设项目134项，应执行“三同时”项目26个，执行18个，执行率为69.23%。

1988年5月27日，劳动部颁发《关于生产性建设工程项目职业安全卫生监察的暂行规定》，明确劳动部门对建设项目的职业安全卫生技术措施、设施、“三同时”实施情况进行监察。翌年，市劳动局会同建筑和设计等相关单位，对新建、扩建和改建工程项目逐项进行审查。主要审查可能产生尘毒危害的水泥、制鞋、矿山、纺织等行业。

1990年，全市共审批新建、扩建和改建项目154个，其中应执行“三同时”项目33个，当年竣工的10个项目均实行“三同时”监察。对15家企业的锅炉房设计提出整改意见40余条。

1997年，在实施“三同时”监察中，全市共阻止污染超标、选址不当的印染、化工、电镀等项目56个。1998年，通过审查、监察，劝阻和拒批属于国务院《决定》明令禁止和杭州市批准《目录》中禁止和控制的项目7个。1999年，拒批容易产生污染的化工、造纸、电镀、印染项目14个。

1991～2000年，全市共完成147个工程项目的“三同时”审查。

建筑安全监察

1986年，开展整顿建筑市场活动，对混凝土预制构件企业实行许可证制度，全年共发放混凝土预制构件生产许可证157本，施工许可证210本。处理施工工程质量事故50起。其中萧山瓜沥联建商场和坎山农房倒塌被列为两起重大质量事故。

1992年，市政府印发《萧山建筑安全生产监督管理办法》《萧山市建筑市场施工现场管理若干规定》和《萧山市建筑安全生产监督管理办法》，规范建筑市场，使施工安全有章可循。

1994年，推行安全生产标准化工地，全年共创安全生产标准化工地21个，面积9.13万平方米。翌年，创建安全生产管理标准化工地34个，死亡事故下降50%。11月，建设部组织检查组对萧山市施工安全生产进行检查，共抽查工地4处，面积11.84万平方米。有2处工地（萧山建筑公司施工的萧山国际酒店、萧山第二建筑公司施工的金马饭店）被评为优良工地，2处工地（萧山建筑实业公司施工的龙发大厦、前进建筑公司施工的城厢镇工业大楼）被评为合格工地。

1996年，在建筑施工企业全面推行安全生产标准化管理，全市施工死亡事故比上年下降50%。8月29日至9月3日，省安全生产检查组对萧山8个建筑施工工程进行安全生产检查，其中1个评为优良，6个评为合格，1个不合格。翌年，全面强化安全生产管理，完成四级以上建筑企业安全资格认证，全年办理96项工程的开工安全条件审批。

1998年9月，市劳动局对建筑施工企业进行安全生产专项治理。翌年，全市实行开工安全条件审查制度，严格安全生产标准化工地申报程序，统一工地安全文明施工标准化管理模式，实施建筑工程安全生产等级评定，采取基础和主体两个阶段评定与巡查相结合的等级核验制。全年创建安全标准化工地77个，比上年增加37.5%；创建安全生产文明施工双标准化工地10个。在杭州地区县（市、区）竞赛中，一家施工企业被评为优胜。

2000年，全市推广型钢井架、龙门架和钢管脚手架，淘汰钢管扣件井字架和毛竹脚手架。在杭州市7县（市）安全文明施工竞赛中，萧山市被评为优胜单位，5处工地获优胜奖。

矿山安全监察

1982年3月，成立萧山县矿山安全监察站，归属县劳动局。1991年3月，市劳动局根据《中华人民共和国矿山资源法》，对坎山镇工农村7家无证开采石料的个体户作出停产补办手续的处理。是年，全市共有乡镇露天矿197家，从业人员9127人。

1992年3月，建立萧山市矿山安全卫生监察站，隶属市劳动局。对矿山企业进行登记建档，实行《安全条件合格证》制度。凡是取得《安全条件合格证》的矿山企业，需要与邻矿合并或改变企业名称、开采矿种时，必须重新审查和更换《安全条件合格证》。乡镇矿山企业因违反《矿山安全条例》，由劳动部门责令限期整改或提请有关部门令其停产整顿。在限期内难以整改的，将吊销其《安全条件合格证》。

1993年1至8月，全市矿山事故频发。市劳动局发出《关于切实贯彻〈矿山安全法〉，进一步加强矿山安全工作的通知》，要求各主管部门深入矿山企业，帮助建立健全责任制和监督检查制度。同时，对取得矿长资格人员进行培训，培训合格的换取矿长资格合格证；各矿山企业配备警报器。翌年，全市178家矿山企业登记建档。杭州市劳动安全检测站对戴村、许贤、河上、楼塔、浦阳、临浦、进化7个乡镇的矿山企业作业现场进行边坡稳定性检测。

1997年，矿山企业组织86次预防性安全监察活动，对重点矿山作业环境现场、规章制度、台账记录进行检查，对116家存在安全隐患的矿山企业进行整治，限期整改。翌年，针对全市矿山企业点多、面广、规模小、事故易发的特点，市政府对市矿山资源管理办公室、市乡镇企业管理局、镇（乡）政府进行安全目标考核。在《中华人民共和国矿山安全法》宣传月期间，市劳动局、经委、总工会、乡镇企业管理局、公安局联合对矿山企业进行安全生产大检查，共检查矿山企业45家，发出整改指令书38份，停供炸药整顿3家，对1家企业处以罚款2500元。

第四节　职业卫生监察

粉尘监察

1985年，对13家水泥企业切实做好粉尘治理工作。翌年，对城厢、临浦、瓜沥3镇的31只锅炉、工业窑炉进行消烟除尘处理，在6个区建立尘毒检测组，形成乡镇企业尘毒检测网络，配备粉尘、气体采样测定仪器，对有尘毒危害的155家乡镇企业进行监测，采样451件。

1987年8月，由县劳动局牵头，组织杭州市劳动卫生检测站和萧山防疫站定期到各水泥厂粉尘作业点进行粉尘浓度检测，实行定量考核，并对从事粉尘作业的职工进行定期体检。萧山水泥厂连年获得防尘收尘先进企业一等奖。

1989年，水泥行业投入资金132万元，设置除尘器47台套，设备运转率93%。对17家水泥生产企业的粉尘排放设备进行检测调查。1991年，对16家水泥企业314个有毒有害场所进行粉尘测定，合格率为66.9%。

1993年4月6日，市卫生局、劳动局联合印发《萧山市工业企业劳动卫生有关规定》，明确全市劳动保护工作由劳动、卫生行政部门依法实行监察、指导、检测与监督；未经劳动、卫生监督部门指定或批准的单位一律不得从事有害因素的测定和职业人群的健康检查，所作的结果一律不予承认。对产生粉尘、毒物、噪声、振动、高温、放射性等有毒有害的生产场所，每年定点检测不少于一次。对严重超过国家标准的有毒有害作业场所，必须采取有效的治理措施，对严重危害职工健康又难以治理的，由劳动和卫生部门按照管理权限提请市政府批准后处以罚款、停产或关闭。对水泥、化工行业及其他尘毒危害严重的企业定期进行职工预防性体检。企业在增加新职工从事有毒有害作业时，必须进行就业前健康检查，患有禁忌证的，不得安排从事禁忌工作。是年，重点抓好水泥行业除尘器配套工作，制定和鼓励配置除尘器设备的优惠政策。至年底，共完成除尘配套设施56套。对非标准窑炉进行技术改造，当年更新改造炉窑25台。

1994年，投资888.9万元，增加除尘设备111台，15家水泥厂安装除尘器，配备率100%。至1996年，全市共有1298个职业危害因素作业点进行监测、采样；对97名尘肺观察对象进行摄片检查；查处2起急性职业中毒事故。至2000年，全市13家企业的27座机立窑中，治理达标26座，停产1座。

毒害监察

1985年，在县属企业和乡镇企业中开展尘毒监测工作。其中县属企业设铅、苯、锰、粉尘和高温148个测定点。

1987年4月，根据省劳动人事厅、卫生厅、省二轻工业总公司、省乡镇企业局颁发的《浙江省制鞋及鞋用胶粘剂生产防毒工作的暂行规定》和《关于对鞋用胶粘剂生产企业实行安全防毒条件审查的通知》，县劳动局加强对制鞋企业防毒安全审查，对制鞋企业用苯进行审批，建议推广无苯鞋用胶粘剂。杭州市防疫站和萧山县防疫站对75家制鞋企业苯毒作业点进行检测。

1989年8月17日，市经委、卫生局、劳动局联合发出《关于制鞋企业防治有毒有害，做好劳动保护工作的通知》，要求有关企业制定防止有毒有害物质技术措施，改善职工劳动条件。对有毒有害物质发生源的作业点采用密闭措施；对作业场所安装机械通风设备。是年，市属以上企业化学类毒物监测点合格率为52.6%。

1990年，对73家企业的苯毒作业场所进行测试，建立化学毒物监测点240个，监测合格仅为87个，合格率36.25%；市属27家企业有毒有害因素监测，应测点447个，实测点302个，合格249个，对不合格点，要求企业采取措施予以整改。

1999年，开展有毒有害企业发证前现场监测审查，办理《职业卫生审核登记证》167家，占原核定201家企业的83.08%；对136家企业开展监督监测，测定有害因素作业点2087个，合格1545个，合格率74.03%。

2000年，全市有害作业测定点增至2572个，合格率67.03%。依法查处有毒有害案件5起，处以罚款2.05万元。

女工及未成年工保护

1985年，县人事局、财政局、总工会、劳动局转发省劳动人事厅《关于延长女职工生育假期的通知》，女职工产假由56天延长至90天，要求全县各企业单位执行。

1991年10月，市劳动局会同有关部门开展执行《女职工劳动保护条例》情况大检查，对未落实女职工保护和未成年人保护措施的企业，要求予以整改。

1993年，市劳动局、总工会发出《关于检查和总结〈女职工劳动保护规定〉贯彻执行情况的通知》，要求各系统对所属企业单位的女职工劳动保护情况进行对照检查，对查出问题的及时予以整改。

1995年1月1日《中华人民共和国劳动法》实施，全市加大对女职工劳动保护和非法使用童工的查处力度，确保女工和未成年人的身心健康。

2000年，对56家“三资”企业和私营企业用工情况进行重点检查，查处12家企业使用童工，其中2家一次使用3人以上。劳动监察部门对有关企业依法处罚，遏制非法使用童工的现象。

劳动防护用品

1985年起，按照劳动人事部、国家经委、商业部、全国总工会《关于改革职工个人劳动保护用品发放标准和管理制度的通知》精神，由企事业单位根据劳动防护用品发放范围和原则，负责劳动防护用品的采购、保管、发放工作。县劳动局对防护用品的配备和发放进行检查，保证企业职工劳动受到保护。

1993年9月，全市企事业单位执行新的劳动防护用品发放标准，并做好配备和发放工作。

1994年，市劳动局按照《浙江省劳动防护用品管理办法》要求，对特种劳动防护用品生产实行许可证制度，要求从事劳动防护用品经营单位，实行定点和资格认可制度；对经营特种劳动防护用品实行抽检、送检制度；要求企业必须按规定标准为劳动者配备劳动防护用品，建立劳动防护用品的购买、验收、保管、发放、使用、报废等管理制度。

第五节　特种设备安全监察

起重机械安全监察

1988年，始对电梯、起重机械、行车等特种设备的安全检验和检测。是年，全市检测客、货两用电梯47台。

1992年，市劳动局对电梯、起重机械和厂内机动车辆进行普查登记，并要求所有电梯、起重机械和厂内机动车辆，必须由具有设计、制造许可证的单位设计、制造；必须具有安装许可证的单位进行安装，并经审查备案，安装完毕须经有检验资质的检测单位检测合格，方可投入使用。设备使用前，应办理使用登记手续，取得使用登记证；使用单位要建立规章制度和设备档案，操作人员要经培训考核合格后才能上岗操作；对上述设备实行定检制度；对设备修理实行单位资质许可制度，确保修理质量。是年，检验电梯、起重设备216台。

1995年，市劳动局转发国家劳动部《关于颁发〈厂内机动车辆安全管理规定〉的通知》，要求各主管部门对所属企业内部机动车辆的数量、种类、型号等有关情况进行调查、统计；对全市企业内部机动车辆进行检验，检验合格的发放内部车辆牌照；验收不合格的限期整改；经整改不合格的，予以报废；未经检验合格的无牌照内部车辆一律不准使用。

1997年，市劳动局加强对电梯和起重设备的检验、监察工作。全年共检验电梯215台、行车289台，年检率95%以上。翌年，市劳动局对萧山电梯厂电梯制造、安装（维修）进行初审，基本达到《起重机械安全监察规定》《浙江省超重机械安全监察实施细则》规定，经省劳动厅复审考核发放安全认可证。

1999年，杭州大地网架制造有限公司经审核领取起重机械制造、安装（维修）安全认可证。萧山电梯厂因转换经营机制，由杭州北峰电梯制造有限公司接收萧山电梯厂，并换领起重机械制造、安装（维修）安全认可证；经市劳动局审批同意，萧山安达电梯有限公司试生产简易载货电梯。是年，检验电梯195台、行车45台、内部机动车辆131辆。2000年，检验行车350台。

锅炉压力容器安全监察

萧山实施锅炉安全监察始于1982年。是年，县劳动局配备2名锅炉专业技术人员，开展锅炉普查登记和新建锅炉房审批以及锅炉安装验收、使用登记、定期检验、修理、改造、安全检查等工作。

1985年，成立萧山县锅炉水质处理技术服务站，负责对锅炉进行水质化验和定期检查。凡新装、移装锅炉均由安装许可证的专业单位进行安装，并进行验收，验收合格，方可投入使用。是年，锅炉水质化验200台次，锅炉检验171台次，定期检验合格率86.7%。

1988年，市劳动局转发国家劳动部颁布的《锅炉压力容器压力管道设备事故处理规定》，要求各有关单位做好锅炉压力管道设备检查工作。翌年8月，成立萧山市压力容器检测站，加强全市锅炉压力容器检测工作。

1990年，市劳动局、环保局联合发文规定，凡有锅炉的单位应向劳动部门申请办理《锅炉使用证》。是年，开展“安全合格班组”和“安全合格锅炉房”活动，举办安全生产培训班25期，培训特殊工种人员1330人；检验蒸汽锅炉368台，占应检数的95%；检验压力容器1326台，评选“安全锅炉房”76个。翌年，市劳动局发出《关于切实做好在用压力容器具定期检验工作的通知》，要求专管（职）人员负责压力容器安全管理工作；未取得《压力容器使用证》或《注册证》的压力容器一律不准投入使用。11月12日，市劳动局又发出《关于切实做好安全等级为4级或5级的在用压力容器处理工作的通知》，要求使用压力容器单位执行压力容器定期检验制度，对临近或到检验有效期限的在用压力容器，必须及时组织检验，发现问题按有关规定进行整改；对安全状况等级为5级的压力容器，作出相应的技术处理或报废处理。

1992年4月12日，市劳动局发出《关于更换液化石油气钢瓶使用证的通知》对全市1992年底前发证的液化石油气供应单位、自管单位和1993年1月1日后办理登记发证的单位进行审核换证。11月13日，报经省劳动厅批准，萧山市锅炉压力容器安装队安装修理参数由2T/n－1.27mpa提高到4T/n－1.57mpa。

1995年7月，市劳动局转发省劳动厅《关于严禁制造、销售、安装及使用土锅炉的通知》，重申任何单位和个人不得制造、销售、安装土制锅炉或使用压力大于或等于0.1mpa的土制承压容器（特别是土制蒸箱），违者依法予以查处。企业购买设备时，应查验生产厂家有无制造许可证；投入使用前，应到劳动部门办理《使用证》。9月26日，市劳动局转发国家劳动部颁发的《有机热载体炉安全技术监察规程》，重申使用单位必须取得《有机热载体炉使用登记证》方可使用。翌年，全市对非法制造锅炉、无证伪劣锅炉进行集中整治。全年查处无证锅炉93台，解体土锅炉13台，对5家非法制造土锅炉的企业予以查处。

1997年12月30日，市安全生产委员会发文，规定未经劳动部门批准，任何企业和个人不得生产、销售、安装、使用无证伪劣锅炉。是年，劳动部门对萧山石岩水轮机械设备厂、萧山坎山华尔厨房用具厂等企业违法制造、销售和安装锅炉的行为，发出安全监察指令书，责令停止生产、销售和安装，收回已销售的无证伪劣锅炉，并进行解体。

1998年7月，市劳动局对全市司炉工进行复考换证。11月，市劳动局发出《关于加强超期和不合格钢瓶查验工作的通知》，严格把好充装环节安全关，杜绝超期和不合格钢瓶流出充装站。翌年，市劳动局又对全市在用压力容器进行一次清查，对有美国AISI304材料制造的高温染色机进行登记，并停止使用。

2000年1月，市劳动局对宾馆（饭店）进行锅炉压力容器、电梯使用安全监察活动，确保公共场所的安全。1985～2000年，全市先后审查锅炉房1018个，验收安装锅炉651台，办理锅炉使用登记手续957台。培训司炉工2403人次，压力容器操作人员3106人次，锅炉压力容器管理员801人次，气瓶操作人员340人次。

表31－8－573 1985～2000年萧山特种设备检验情况

年份	电梯（部）	起重机械（台）	锅炉（台）	压力容器（台）	行车（辆）
1985	－	－	162	－	－
1986	－	－	180	－	－
1987	－	－	240	－	－
1988	－	－	246	560	－
1989	－	－	234	760	－
1990	－	－	368	1326	－
1991	－	－	295	750	－
1992	－	100	250	701	－
1993	－	120	265	695	－
1994	－	135	285	767	－
1995	204	150	300	795	－
1996	210	150	315	810	－
1997	215	176	345	850	289
1998	224	189	457	870	310
1999	310	210	510	890	330
2000	320	220	540	912	350

【附】

事故案例

1985年7月18日，梅西建筑队在桐庐县境内施工时因碰到旧炮弹发生爆炸，造成伤亡14人，其中萧山籍民工死亡4人，重伤3人。是年，全县因事故死亡49人，重伤53人。

1989年5月16日，萧山水利建筑公司长山水利队将承建昭东乡12间窑房转包给梅西乡老埠头村无施工执照的张某某施工，造成12间窑房全部倒塌，死1人，重伤2人。市人民法院以重大责任事故罪，依法判处张某某有期徒刑2年，缓刑2年。

1991年3月25日零时45分，红山农场丝化印染厂自制贮油罐在进行气压试验时，不慎发生爆炸，造成1人死亡，1人轻伤。翌年，中外合资华凌电器有限公司发生煤气罐爆炸，导致1人死亡。

1994年2月，义桥茅山石料场发生一起塌方事故，造成死亡1人；3月21日，位于所前的萧山铁路建材厂爆破员在处理哑炮时突然爆炸，炸死1人；3月22日，坎山镇建材石料实业公司石料场因浮石坠落砸死1人；5月19日，坎山山北石料厂塘口浮石塌方砸死1人；8月26日，昭东石料厂爆破员在处理一个未起爆炮眼时发生爆炸，炸死1人。

1998年4月6日，坎山镇群谊石料厂因违章开采导致宕面上方浮石坍塌，造成1人死亡。8月12日，临浦镇华家石料厂1名爆破员在清宕作业时，因不系安全绳，从40米高处坠落死亡。是年，全市发生工伤事故10起，死亡4人，重伤8人。

2000年5月13日，萧峰建筑有限公司职工康某某在星都花园工地18楼作业时坠落身亡。是年，全市发生工伤事故13起，造成死亡13人，受伤4人。事故分析，矿山、建筑行业居多，大多为高空坠落、物体打击、坍塌、触电等。

表31-8-574　1985～2000年萧山工矿企业、建筑施工伤亡事故情况

年　份	发生事故（起）	死亡（人）	重伤（人）	年　份	发生事故（起）	死亡（人）	重伤（人）
1985	102	49	53	1993	34	16	18
1986	62	21	41	1994	16	16	—
1987	50	27	23	1995	40	11	29
1988	46	26	20	1996	157	15	142
1989	31	25	6	1997	160	16	144
1990	25	15	10	1998	10	4	8
1991	25	15	10	1999	4	4	—
1992	23	14	9	2000	13	13	—

第九章　劳动执法

随着萧山工业化进程的加快，企业和职工数量不断增加，企业所有制性质、就业方式趋向多样化，外地劳动力来萧创业、求职人数逐渐增多。特别是随着企业用工自主权的扩大和工资分配形式多元化以及职工维权意识的增强，使劳动争议案件呈上升趋势。

1987年，建立萧山县劳动争议仲裁委员会，恢复劳动争议处理制度，健全镇乡调解组织网络，依法开展劳动争议调解、仲裁工作。1987～2000年，全市（县）共受理劳动争议案件1361起，保障了企业和职工双方的合法权益。

1993年7月，建立萧山市劳务监察大队。1994年7月，更名为萧山市劳动监察队。1995年6月，改称萧山市劳动监察大队。采用日常巡查、专项检查和接受举报相结合的方式，依法履行对用人单位招用职工、劳务中介、雇用境外人员就业、劳动合同、工时制度、职工工资、社会保险、厂规厂纪等方面的监察职能，查处各种违反劳动保障法律、法规的行为，维护企业生产秩序和职工合法权益。1994～2000年，市劳动监察大队先后巡查企业2138家，涉及职工37.2万人，为1.3万名职工追回工资285.20万元；对109家违反劳动保障法律法规的企业作出罚款处理，收缴罚款64.50万元。

第一节　劳动争议仲裁

劳动争议仲裁组织

市（县）仲裁委员会　1987年1月5日，建立萧山县劳动争议仲裁委员会，县劳动局、总工会、计经委、公安局、司法局为成员单位，下设办公室，并在劳动局设立劳动争议仲裁科，负责日常劳动争议仲裁工作。1988年，萧山撤县设市，县劳动争议仲裁委员会相应改名为市劳动争议仲裁委员会。1994年10月，市仲裁委员会调整为由劳动局、总工会，经济综合3个部门7人组成。配备专职仲裁员3人，聘任兼职仲裁员39人，并经过省级培训，取得劳动争议仲裁员资格证书。

2000年，经省劳动保障厅培训取得资格证的20人被聘用为劳动争议仲裁员。至此，全市基本达到每个镇乡有1～2名兼职仲裁员。

劳动争议调解委员会　1987年，城厢镇商业管理站率先成立企业劳动争议调解委员会。翌年，劳动争议调解组织在全市推开，先后建立企业劳动争议调解委员会105个，使部分劳动争议案件在基层得到调解处理。至2000年末，全市企业中，建有劳动争议调解委员会510个。

劳动关系协调委员会　1998年，全市各乡镇、萧山经济技术开发区均建立劳动关系协调委员会，共有成员181名，其中兼职仲裁员16人。11月17日，市劳动争议仲裁委员会制订《萧山市乡镇劳动关系协调委员会组织及工作规则（试行）》，对劳动关系协调委员会的性质、管辖范围、原则、人员组成、职责任务、协调程序、调解时效、工作纪律等方面作出规定，使基层劳动争议调解走向制度化、规范化。

1999年11月，根据劳动争议案件增加的实际情况，加强基层劳动争议仲裁机构建设，在萧山经济技术开发区、新街镇、瓜沥镇、衙前镇、义盛镇、义桥镇设立6个仲裁派出庭，为企业和职工就近就便解决劳动争议案件创造条件。

劳动合同鉴证

1987年，县劳动争议调解委员会按照“教育为主，惩罚为辅”的原则，纠正部分企业以惩罚代替教育和随意辞退职工的倾向，开展劳动合同鉴证工作，当年鉴证企业职工劳动合同3300份，消除合同内容与法律法规相抵触而引发的劳动争议隐患，保证劳动合同合法有效。随后，企业职工劳动合同鉴证工作形成制度，重点做好国有、城镇集体企业职工劳动合同的鉴证工作。1990年，预防工作重点转向企业职工劳动合同鉴证，对14583份企业职工劳动合同依法进行鉴证，维护企业和职工双方的合法权益。

1996年，根据全市非公有制经济发展和劳动争议案件多发的实际情况，将劳动合同鉴证范围扩大到私营企业。1987～2000年，全市共办理企业职工劳动合同鉴证224253份。

表31－9－575　1987～2000年萧山企业职工劳动合同鉴证情况

单位：份

年　份	鉴证数
1987	3300
1988	3500
1989	4100
1990	14583
1991	4007
1992	5816
1993	6815
1994	7418
1995	23450
1996	35012
1997	26341
1998	20770
1999	27340
2000	41801

劳动争议处理

1987年，全县恢复劳动争议处理制度，当年仲裁劳动争议案件3起。之后，劳动争议案件逐渐增多。1993年，全市受理劳动争议案件14件，结案率100%。劳动争议主要集中在国有、集体企业职工的合同解除、开除、除名、辞退等方面，随后非公有制企业职工的劳动争议案件大幅度上升。主要由非公有制企业为追求利润最大化，千方百计降低用工成本，忽视安全生产，侵害职工权益而引发劳动争议。

1992年起，每年通过开展劳动政策法规宣传周活动，定期组织仲裁公开庭审等形式，多层次开展宣传劳动保障法律、法规和政策，增强用人单位和劳动者的法律意识，预防和减少劳动争议案件的发生。

表31－9－576　1987～2000年萧山劳动争议案件处理情况

单位：件

年　份	合　计	受　理立案数	案　外调解数	基　层调解数	受　理案件数	国有企业	集体企业	乡镇企业	外商投资	联营股份	私营企业	个　体	其　他
1987	3	–	3	–	3	1	2	–	–	–	–	–	–
1988	7	2	5	–	9	3	6	–	–	–	–	–	–
1989	9	3	6	–	10	5	5	–	–	–	–	–	–
1990	10	10	0	–	10	4	6	–	–	–	–	–	–
1991	13	4	9	–	4	1	3	–	–	–	–	–	–
1992	14	4	10	–	4	2	2	–	–	–	–	–	–
1993	14	10	4	–	14	4	10	–	–	–	–	–	–
1994	15	15	0	–	15	6	9	–	–	–	–	–	–
1995	20	15	5	–	20	5	15	–	–	–	–	–	–
1996	28	9	19	–	9	4	5	–	–	–	–	–	–
1997	46	14	32	–	14	5	8	–	–	1	–	–	–
1998	71	33	38	–	70	6	12	14	4	3	21	7	3
1999	439	29	60	350	29	4	3	3	3	–	16	–	–
2000	807	180	135	492	51	3	3	18	4	–	16	7	–

1995年，《中华人民共和国劳动法》颁布实施后，企业和职工双方法律意识增强，申请仲裁的劳动争议案件明显增多，主要涉及劳动报酬、保险福利及劳动保护方面。是年，处理企业因工伤处理不当、擅自延长工作时间、拖欠克扣工资和收取押金等各类劳动争议案件20件。

1998年，全市共处理劳动争议案件71件，其中立案受理33件，案外调解38件，当年结案28件。其中涉及开除除名、辞退11件，涉及劳动合同11件，涉及经济补偿、赔偿、生活补助18件，涉及保险、福利、工资12件，其他19件。为企业和职工双方挽回经济损失87.72万元。

2000年9月，市劳动局建立劳动争议预警预报工作制度，要求各镇乡对辖区内可能发生的重大劳动争议进行排查、预报。对企业转制过程中出现的集体劳动争议案件，企业经营者可能发生躲债逃逸行为，调解无法解决的疑难案件以及对社会影响较大的突发案件进行预警、预报。是年，预报30人以上重大集体劳动争议案件6起，均立案裁决或调解处理结案。共受理劳动争议案件672件，比1999年增长53.08%。其中立案受理180件，基层协调组织受理492件。在受理的9起30人以上集体劳动争议案件中，主要案由是拖欠工资，涉及职工1606名，拖欠工资金额563.1万元。

第二节　劳动保障监察

用人单位招工监察

1993年建立市劳务监察大队之前，劳动监察职能由市劳动局各业务科室分散承担。9月，市劳动局会同市经委、公安局、财税局、人事局、总工会、计生委、监察局、工商局，对15个系统28家企业进行劳动执法检查。重点检查外来临时工使用情况，存在问题要求落实整改，规范企业用工行为。1994年5～6月，根据省劳动厅统一部署，市劳动局会同公安局、工商局、计生委、总工会、乡镇局等11个部门，对全市国有、集体、乡镇、个体私营企业开展劳动用工执法检查。重点抽查253家企业，对5家违反劳动法律法规的企业作出行政处罚，收缴罚款1.20万元；对112家存在问题的企业发出限期整改通知书。

1995年1月《中华人民共和国劳动法》施行，全市依法加大劳动监察力度，先后对210家企业进行用工检查，涉及职工83876人，其中外来劳动力10375人，督促133家企业为8313名职工补办用工手续，对1家违法招用职工的企业予以罚款300元。

1997年5月，全市开展劳动监察执法月活动，主要对用人单位招用职工、收取押金等情况进行检查。其间，巡查单位106家，责令企业清退押金8000元。翌年，对308家用人单位进行用工监察，责令企业补办外来劳动力就业证2500本，退还押金9000元；对5家违反劳动法律法规的用人单位处以罚款15000元；取缔非法职业介绍机构2家。

2000年，监察重点放在合理控制全市企业使用农村劳动力和外来劳动力的规模上，促进农村劳动力有序流动，为企业富余人员分流安置创造条件。1994～2000年，在对用人单位用工监察中，先后清退用人单位违法收取的押金、保证金23.13万元。

劳动合同监察

1992年3月，用人单位是否与职工签订劳动合同列入劳动执法监察内容，至1995年底，通过劳动监察，先后督促274家企业签订劳动合同，涉及职工20518人。

1997年，私营企业劳动合同签订工作列入监察范围，全市317家镇乡企业签订劳动合同，签订率94.3%；62791名职工签订劳动合同，签订率93.9%。821家私营企业签订劳动合同，签订率69.1%；签订合同职工23588人，签订率86.8%。

1999～2000年，采取日常巡查和专项检查的方式，加强对企业劳动合同签订的监察，督促企业与职工补签和新签劳动合同2.3万份。1994～2000年，全市开展用人单位劳动合同签订及执行情况专项检查7次，累计督促用人单位签订劳动合同10.2万份。

禁止使用童工监察

90年代之前，企业基本没有使用童工的违法行为。由于非公有制企业的发展和外来劳动力的增加，企业使用童工现象时有发生。1994年，通过日常巡查、受理举报和开展全市劳动用工情况大检查，查处18家企业违法使用童工18人，收缴罚款5.7万元，并对童工一律予以清退。

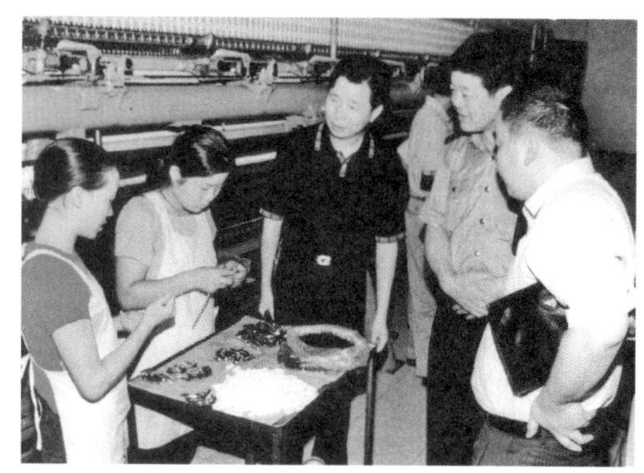

图31－9－813　市劳动监察大队对非法使用童工进行监察（2003年8月，柳田兴摄）

1995年，市劳动监察大队查处5家用人单位违法使用童工6人，处以罚款1.5万元。1997年，市劳动局会同工商局、公安局、计生委等部门对企业用工情况进行检查，查处9家企业违法使用童工，处以罚款3.3万元，责成企业对9名童工予以清退。

2000年7月，根据省政府和省劳动保障厅的统一部署，对全市56家“三资”企业和私营企业使用童工情况进行重点抽查，查处12家企业违法使用童工18人。共处以罚款7.96万元，用人单位使用童工的违法行为得到有效遏制。

1994～2000年，共组织禁止使用童工专项检查7次，查处违法使用童工用人单位126家，涉及童工131人，收缴罚款83.6万元。

职工工资监察

1993年起，劳动部门将查处企业拖欠职工工资列入监察重点。1994年，市劳动监察大队巡查企业338家，为973名劳动者追回被拖欠和克扣的工资25万余元。翌年，查处企业拖欠职工工资43.84万元，退还押金10万余元，对违规企业处以罚款1.36万元，并对42家企业发出限期整改指令书。

1997年5月、10月，市劳动局、工商局、公安局、计生委、总工会等部门，两次联合开展全市工资支付专项监察活动，检查企业125家，涉及职工4375人，处理拖欠工资19.52万元，退还押金17.86万元，对21家违法违规企业予以处罚。翌年，针对元旦、春节劳资纠纷高发的特点，开展为期一个月的企业支付工资情况大检查。共检查企业78家，涉及职工413人，补发职工工资165.32万元，退还押金9000余元。是年，共为职工追回被拖欠工资347.26万元。

2000年春节前夕，少数私营企业拖欠工资数额较大，经营者采取逃匿的方式拒绝支付，导致部分职工集体上访。据此，市劳动局发出紧急通知，要求各镇乡、企业主管部门督促企业筹措资金，在1月20日前兑现工资。对外来务工人员必须在回家过年前一次性结清工资。是年，共处理各类劳资纠纷89起，发出整改指令书77份，查处违法用人单位31家，收缴罚款34.68万元，为职工追回被拖欠工资87.90万元。

1994～2000年，全市检查用人单位2936家，受理劳资纠纷案件798起，为1.3万名职工追回被拖欠或克扣工资602.02万元，维护了劳动者的合法权益。

社会保险监察

1993～1996年，市劳动监察大队对用人单位的社会保险参保情况进行监督检查，督促企业依法为职工办理社会保险，按时足额缴纳社会保险费。

1997年，全市社会保险覆盖面扩大，参保企业和职工增加，社会保险费征缴工作纳入劳动监察专项检查范围。7月，市劳动局组织开展缴纳社会保险费专项大检查。对少数欠缴社会保险费的企业进行督查，要求企业及时为职工办理参保手续，足额缴纳社会保险费。是年检查企业76家，涉及职工4800余人，对13家未及时缴纳保费的单位限期改正，督促缴费4.1万元。

1998年，企业转制后下岗职工增多，养老保险费出现停缴现象，把规范下岗职工社会保险作为劳动监察的重点，督促有关企业为职工办理养老保险续保手续，保证下岗职工养老保险不中断，保障其合法权益。是年，追缴养老保险费145.58万元。

2000年，推进全市社会保险扩面工作，开展社会保险基金征缴专项监察活动。先后检查企业102家，涉及职工4996人，督促缴纳社会保险费333万元。

劳动时间监察

1995年起对用人单位的工作时间和休息、休假情况进行监察，通过日常巡查和群众举报，对15家存在超时加班现象的企业予以查处，补发职工加班工资7.2万元。1997年5月，开展“劳动执法月”活动，对用人单位的工作时间和休息休假规定情况进行检查，共为135名企业职工补发加班工资6.85万元。超时加班主要集中在纺织、服装、五金工具等劳动密集型企业。

2000年，对服装生产企业随意延长工作时间或通宵达旦赶产量，影响职工健康的情况开展专项整治，检查企业21家，对其中9家超时加班严重的企业，共处以罚款21.34万元。对个别问题严重的企业在《萧山日报》上予以曝光，使企业随意超时加班现象得到控制。

劳动用工年检

1988年，全市实施劳动用工年检，采用集中审验与设立窗口审验相结合的方式，对企业劳动用工情况进行检查。涉及用人单位劳动保障规章制度、劳动合同、工作时间、休息休假、支付工资、社会保险、女职工和未成年工特殊劳动保护等情况。是年，对50人以上企业实施劳动用工年检。28家国有、城镇集体、“三资”和乡镇企业试点，后向全市推广，完成年检351家，其中合格320家，31家劳动合同签订率不达标、职工社会保险参保率低等原因被责令整改。

1999年，继续对50人以上企业实施劳动用工年检，813家企业接受年检。其中362家合格，440家基本合格，11家不合格。不合格原因主要是劳动合同签订率低、职工参保率低等。对不合格企业责令整改。

2000年，劳动用工年检范围扩大到20人以上企业。全市1272家企业接受年检，完成目标任务的133.7%。其中合格412家，基本合格851家，9家因劳动合同签订率低、超时加班等问题被评定不合格。浙江钱啤集团股份有限公司等20家企业连续3年被评为劳动用工年检合格企业，被市劳动局授予“劳动管理信得过单位”荣誉称号。

表31—9—577　1994～2000年萧山市劳动保障监察情况

年份	日常巡查		接待上访		追薪金额（万元）	受理案件（起）	案件处理		
	单位（家）	涉及劳动者（人）	受理上访（起）	涉及人次（人）			被罚企业（家）	处罚金额（万元）	发出整改指令书（份）
1994	338	72000	81	935	25.00	15	26	8.50	132
1995	210	84000	186	250	59.00	186	5	1.50	47
1996	212	37000	121	278	43.80	172	13	1.40	42
1997	283	51000	92	375	19.50	143	21	6.40	83
1998	308	24000	127	261	16.50	64	5	1.50	59
1999	386	68000	185	276	34.70	132	12	15.70	82
2000	401	36000	96	1777	86.70	86	27	29.50	71

第三十二编

民　政

一覽亭

明·林策

亭倚诸天石径回。捨舟轻策蹑蓬莱。平林禽鸟青春静。绕屋松篁白日雷。
蜃气仍仍浮沿渚。渔烟数数傍江隈。披苔细酌还招隐。指点佳人洞户开。

右録明林策詩一覽亭　庚辰季秋魏東海書

萧山民政机构的设置，始于民国时期。民国元年（1912），萧山县公署设置民政科，主管民政。中华人民共和国成立后，县人民政府设民政科。民政机构和职能，历经数次调整和改革，逐渐趋于完善。改革开放后，为适应社会主义市场经济发展需要，加快民政管理机制创新，提高服务质量。市民政局多次被省民政厅评为民政工作目标考核先进单位。

贯彻《中华人民共和国村民委员会组织法》和《中华人民共和国城市居民委员会组织法》，多次调整村委会和居委会，依法进行换届选举；广泛开展创建村民、居民自治示范活动，至2000年底止，市级自治示范村达到546个，占总村数的73.49%。

每逢春节或“八一”建军节，市委、市政府邀请驻萧部队首长参加团拜会或座谈会，深入部队慰问官兵，听取部队对地方工作的意见，帮助部队办实事。开展双拥和军警民共建活动，促进精神文明建设。1993年、1996年，萧山被省委、省政府、省军区命名为“拥军优属、拥政爱民”模范市。

依法管理地名，做好地名命名、更名，使各类地名达到标准化、规范化。贯彻《社会团体登记条例》，使民间组织登记管理走向法制化、规范化。至2000年，全市经民政部门核准登记各类社会团体、民办非企业单位共199家。

依法开展婚姻登记管理工作，查处非法婚姻行为。1985～2000年，共办理登记结婚176615对，准予离婚2705对。1998年9月20日起，全市遗体火化率达到100%，“三沿五区”①和7座山全面实施迁坟平坟，共平毁坟墓40.61万座，基本消除“青山白化”现象，殡葬改革取得重大突破。

2000年8月至2001年8月，落实、做好来自三峡工程重庆库区192户、807人的安置工作，完成省政府下达的任务。对经济发展相对滞后革命老区，出台优惠政策，采取结对帮扶和科技开发等措施，使这一地区富裕起来。

①三沿：铁路、公路、水库（河道、江河堤坝）；五区：风景名胜区、文物保护区、封山育林区、城市规划区、经济技术开发区。

第一章 城乡居民自治

按照《中华人民共和国村民委员会组织法》和《中华人民共和国城市居民委员会组织法》要求，对村民委员会和居民委员会进行多次调整，4次进行村委会换届选举，并广泛开展创建村民自治示范活动和城镇居民自治示范活动。至2000年，全市共有村民委员会743个、居民委员会151个，其中村民自治模范村546个。

第一节 农村居民自治

改队建村与村委会调整

改队建村 1984年5月，全县撤销政社合一的人民公社体制，以原公社区域建立乡（镇），设立乡（镇）人民政府。乡（镇）下改队建村，以原生产大队或自然村为单位建村，共建787个村民委员会（以下简称村委会）。村委会成员一般为3～7人，设主任、副主任和委员，由村民直接选举产生，每届任期3年，可以连选连任。村委会内设人民调解、治安保卫、社会福利、文教卫生等委员会，由村委会成员分工负责。村下设村民小组，时共建8442个村民小组。

村委会调整 1985年，对村作进一步调整：瓜沥镇增设南闸村委会；长沙乡增设沙北村委会；朱村桥乡撤销七里店村，设姜家坞、蚕花、猫头山村委会；岩山乡撤销儒值坞村，设儒坞、直坞村委会；桃源乡撤销化山村，设小山脚、化山头、彭家桥、洪水湾、沈家村委会；新江岭乡泗化村委会分设汇头钟村委会。至年底，新增10个村，全县实有797个村委会。

1986～1987年，村规模稳定。在797个村中，因村委会成员变动，有675个村委会进行调整。对村规民约、规章制度进行修订和完善，村务管理水平得到提高，村民自治意识得到增强。

1996年5月9日，经省政府批准，浦沿、长河、西兴3镇划给杭州市区，由西湖区管辖，其中西兴镇的东湘、杜湖、湖头陈3个村，后仍划回萧山，属城厢镇管辖。区划调整前，全市796个村（1992年11月，湘湖村委会转为居委会），3镇划出29个村；调整后，全市实有767个村，村委会委员2830人。1997年1月5日，市政府批准将益农镇的长锋、北江、利兴、二围4个村合并为长北、利围2个村委会。10月10日，市政府批准，城厢镇的井头王、半爿街、梅花楼、徐家河、车家埭、新桥头、高桥、高田、永久、荣联、柳桥、南门、仙家里、西门14个村委会转为居委会。1998年，市政府批准，临浦镇的石塔、自由孔、前孔、临东、戴家桥5个村委会转为居委会。将党山镇在益农镇境内的四围、长兴2个村合并为兴围村委会。2000年4月，市民政局批准围垦指挥部盐场区块设盐场村，归头蓬镇管辖。6月，靖江镇的黎明、花神庙、伟南3个村委会转为居委会。

经过以上的多次调整，至2001年3月止，全市共有743个村委会，下设7813个村民小组。

村委会换届选举

1984年队改村后，全市（县）先后进行4次换届选举。按照中共中央组织部、国家民政部《关于认真做好乡镇干部培训工作的通知》要求，由镇乡党校培训村级干部1670人，占应培训人员的95.80%，培训重点学习《中华人民共和国村民委员会组织法》，部署村委会换届选举有关事宜。这为换届选举奠定了基础。

1990年1月，依法进行第一届村委会换届选举。此前于上年12月，在城东乡下畈朱村进行村委会换届选举试点。本届选举至6月24日结束，在全市797个村委会中，有761个完成换届选举，换届率为95.48%，其中119个村是政社分设时所选举，选出村委会成员3374名，平均年龄由选举前的40.30岁下降至38.50岁；初中以上文化占51.48%，比换届前提高17.80%。

第二届村委会的选举始于1992年11月19日。市政府为搞好选举，下发《萧山市村民委员会换届选举工作实施办法》(萧政发〔1992〕114号)。12月，村委会换届选举试点工作在衙前镇进行。后村委会换届选举工作全面展开，至1993年4月10日，全市村委会换届选举工作基本结束，全市797个村委会，完成换届选举778个，换届率为97.62%；选出村委会成员3241人，初中以上文化占56.30%，其中高中557名，占17.19%；平均年龄40.40岁，比上届高出1.90岁。同时，有764个村民主选举产生村民代表26620人，有361个村选举调整2582名村民小组长。

1995年，全市进行第三届村委会换届选举工作。9月4日，市委批转市委组织部、市民政局、市农业委员会《关于村级组织换届选举工作的意见》（市委发〔1995〕47号）的文件，市委组织部抽调74名机关工作人员，组成30个指导小组，分赴30个镇乡帮助村级组织换届选举工作，并将义桥镇列为村委会换届选举试点。9月26日，全市村委会换届选举工作全面展开，历时一个月，基本完成换届选举工作。全市应换届村委会793个，依法换届选举787个，换届率99.24%；村民参选率94.29%，其中269个村为100%；选出村委会成员2836人，其中连选连任2031人，占71.61%；平均年龄40.30岁，其中35岁以下768人，占27.08%；初中以上文化占56.30%，比上届提高8%；村主任连选连任470人，其中党支部书记兼任78人，女性4人。结合村委会换届选举，选出村民代表28101人，选举调整村民小组长1610人。

1998年10月，全市进行第四届村委会换届选举。市政府批转市民政局《关于村民委员会换届选举工作实施意见》（萧政发〔1998〕150号）和《萧山市村民委员会换届选举实施办法》（萧政发〔1998〕151号），在南阳镇村级组织换届选举试点的基础上，于11月初全面铺开，至12月中旬基本结束。应换届选举村委会745个，实际换届731个，换届率为98.12%。村民参选率97.86%，选出村委会成员2212人，其中新进村委会919人，占41.55%；村委会成员平均年龄39.50岁，与换届前相比，下降1.90岁，35岁以下738人，占33.36%；文化程度大专以上11人，高中533人，比换届前提高34.99%，小学408人，比换届前减少54.16%。同时，选出村民代表22158人，选举调整村民小组长1524人。

表32-1-578 1990～2000萧山市村委会换届情况

届次	选举年月	换届情况			参选情况			投票形式		村委会成员数（人）	主任（人）	副主任（人）	村委会成员中			
		应换届村数（个）	完成换届村数（个）	换届率（%）	有选举权村民数（个）	参加投票选举人数（人）	参选率（%）	开选民大会选举村数（个）	投票箱投票选举村数（个）				党员（人）	党员比例（%）	女性人数（人）	女性比例（%）
一	1990－01～06	797	761	95.48	712686	682589	95.78	129	632	3374	751	732	2093	62.03	650	19.26
二	1993－01～04	797	778	97.62	746538	724690	97.07	45	733	3241	759	702	2130	65.72	623	19.22
三	1995－09～10	793	787	99.24	796419	750948	94.29	6	781	2836	763	549	2017	71.12	590	20.80
四	1998－10～12	745	731	98.12	694295	679421	97.86	25	706	2212	713	320	1565	70.75	485	21.93

村民自治示范活动

1992年起，按照《中华人民共和国村民委员会组织法（试行）》和浙江省民政厅印发《关于〈浙江省开展村民自治示范活动方案〉的通知》（浙民基字〔1992〕776号）要求，全市广泛开展创建村民自治示范活动。[①]把村委会实行办事公开，建立村务公开制度，自觉接受村民监督作为一项主要内容，并在浦沿镇浦联村、河庄镇建设村和义桥镇山后村进行村民自治示范活动试点。

1994年，杭州市人民政府授予浦沿镇浦联村、义桥镇山后村、城厢镇荣星村、瓜沥镇运东村、河庄镇建设村为村民自治示范村。4月20日，市政府办公室《转发市民政局〈关于在全市开展村民自治示范活动请示〉的通知》（萧政办发〔1994〕47号），并印发《萧山市村民自治模范村标准》，进一步推动了创建村民自治示范村工作。1995年，市民政局印发浦沿镇浦联村《村民自治章程》和云石乡石牛山村《村民自治工作制度》。随后，全市统一制订《村委会工作职责》《村民代表会议制度》《村规民约》《村务公开制度》《土地管理制度》等6项规章制度。是年11月21日，浦沿镇浦联村委会被国家民政部评为“全国模范村委会”。1996年4月，市政府表彰浦联村等40个“萧山市村民自治示范村”。7月，城厢镇荣星村委会被省民政厅命名为浙江省村民自治示范村委会。

在村民自治示范活动中有706个村委会建立村民代表大会制度，有711个村委会实行村务公开。根据省政府培训跨世纪基层领导干部的要求，提高村委会主任的政治业务素质，市委组织部、党校、市民政局多次联合举办村主任岗位培训班，有28个镇乡的500余名村书记、主任参加培训。

1998年3月27日，市委、市政府召开“两公开”（政务公开、村务公开）调查汇报会议，成立“两公开”领导小组，下设办公室。同时，在宁围镇分别开展政务公开和村务公开工作试点。4月底，召开全市“两公开”现场会议。8月10日，市政府召开全市推行政务（村务）公开工作会议，促进“两公开”工作有序开展。

1999年，市民政局对全市镇乡上报的52个村民自治示范活动情况进行考核验收。是年3月，市政府对宁围镇宁新村等47个“村民自治模范村”进行表彰。11月5日，市委办公室、市政府办公室《关于印发〈萧山市村务公开规范化操作规程〉（试行）的通知》（市委办〔1999〕142号），要求做到公开内容、公开形式、公开时间、公开程序、制度建设、检查督促规范化。

同年，市民政局对全市31个镇乡中的62个村自治示范活动分别进行考核、抽查验收和上报，城厢、临浦、义桥、闻堰、宁围、新街、衙前、瓜沥、坎山、党山、益农、靖江、义盛、党湾、南阳、河庄、头蓬、新湾18个镇和新塘、来苏、石岩、云石、许贤、前进6个乡，被杭州市人民政府命名为自治模范镇乡。12月1日，湖头陈等451个村验收合格，被市政府授予“村民自治模范村”称号。是年，萧山市被省民政厅命名为“浙江省村民自治模范市”。

2000年，市民政局先后3次对村委会村务公开活动情况开展检查，全市基本达到村村公开。将村务公开内容均移到墙外，村委会的招待费逐笔公布，便于

①根据民政部基层政权建设司颁布的《全国农村村民自治示范活动指导纲要（试行）》（民基发〔1994〕5号），村民自治示范单位的任务是：全面贯彻《村委会组织法》，村民委员会干部依法由村民直接选举，实行直接民主；建立村民会议或村民代表会议，村中重大事情由村民民主决策；制订村规民约或村民自治章程，村务工作由村民民主管理；建立村务公开制度和村民监督机制，实行民主监督。通过民主选举、民主决策、民主管理、民主监督的系统程度和制度，全面增强和提高村民的参政议政意识和能力，发动和依靠群众，把村委会建设成为自觉执行党的政策和国家法律、法规，履行自治职能，管好本村事务和具有较强凝聚力的群众性自治组织。

村民监督。2001年3月5日，市政府命名行头村等48个“村民自治模范村”。全市共有村民自治模范村546个，占村总数的73.49%。是年一季度，对全市村务公开进行一次检查，共抽查62个村，其中有61个村都能按时公开，数据较全面、真实。通过抽查，使全市的村务公开程序进一步规范，村务公开率为100%。

第二节　城镇居民自治

居民委员会调整

1984年，全县有3镇、64乡（其中自然镇35个为区乡驻地），下设76个居民区。1985年，复设与新增建置镇21个，至年底共有24个镇、43个乡。

居委会调整　1986年，城厢镇增设竹园、夏家浜、丁家庄3个居委会。1989年，撤销宁围乡永泰丰、城北乡俞家潭、甘露乡甘露庵、乐园乡乐园和钱江乡钱江等6个居民区；长河镇居民区分设为4个居民区。至此，全市有居委会77个，其中城厢镇25个、瓜沥镇7个、临浦镇7个、坎山镇5个、义桥镇4个、闻堰镇3个、浦沿镇2个、西兴镇4个、长河镇4个、新街、长山、党山、义盛、党湾、新湾、头蓬、靖江、南阳、赭山、所前、衙前、戴村、河上、楼塔镇和河庄乡各1个。

随着城镇居民人口增加，城区范围扩展和住宅小区的增多，城镇居委会不断有所增设。1991年1月2日，市民政局批准，瓜沥镇建立东灵居委会。7月13日，城厢镇建立高阳、高春、高乐、高园4个居委会。1992年7月28日，城厢镇新建崇一、崇二、崇三、俊良4个居委会。1993年，城厢镇又新建回澜第一、花园井、崇四和宁围镇宁围居委会。1994年，城厢镇又增设崇五、崇六、象牙浜、南门江居委会，临浦镇新设万安路居委会。1995年，新设义桥镇罗峰居委会和瓜沥镇航坞居委会。1996年，新建城厢镇北干一苑、通达和坎山镇振兴居委会。是年5月9日，浦沿、长河、西兴3镇划给杭州市区，减少居委会10个。至年末，全市居委会为90个，居委会干部320人，其中主任88人，副主任157人。干部来源：离退休232人、下岗和待业人员15人、居民28人、其他45人；年龄结构：35岁以下9人、36～55岁129人、56～70岁169人、71岁以上13人；文化结构：大专以上15人、高初中242人、小学63人；干部平均月收入268.80元，全年财政拨款103万元。

1998年，市民政局批准，城厢镇设回澜南园第一、回澜南园第二、回澜南园第三、回澜南园第四、育才东苑第二、育才西苑第一、育才西苑第二、商城西村、学士桥、永达、山阴、永华、潘水第一、潘水第二、潘水第三、潘水第四、南市、南江、金城花园、银河等20个居委会。1999年，城厢镇新设东门公寓、新安寓、回澜北园第二、山南桥居委会，撤销象牙浜、花园井居委会，合并设花园井居委会。全镇有83个居委会（其中老城区有66个，不含村转制的13个居委会）。2000年，城厢镇新设姚家潭、育才东苑第三、众苑、燕子河、永泰、新安园、绿茵园、红枫、银新居委会；闻堰镇新设街道居委会，撤销宝盈桥、新桥、九分池等3个居委会。

村委会改居委会　随着城市化进程的发展，还及时将城中村的村委会改为居委会。1992年11月，经市政府批准，城厢镇的湘湖村委会转为湘湖居委会。这是萧山历史上首个村改居的居委会。1997年1月，城厢镇的井头王、半爿街、梅花楼、徐家河、车家埭、新桥头、高桥、高田、永久、荣联、柳桥、南门、仙家里、西门14个村委会转为居委会；瓜沥、坎山、靖江3个镇因杭州萧山国际机场建设征用土地需要易地迁居的农户“农转非”后，经市政府批准，新设坎山镇新凉亭，瓜沥镇红友桥、塘头、童家殿和靖江镇小石桥5个居委会。翌年，临浦镇根据小城镇建设的需要，经市政府批准，所辖的石塔、自由孔、前孔、临东、戴家桥5个村委会转为居委会。2000年，靖江镇的黎明、花神庙、伟南等3个村委会转为居委会。至2001年3月，全市共有151个居委会，下设1537个居民小组。

居民委员会换届选举

1985年，全县77个居民区均建立居民委员会（以下简称居委会）。居委会成员一般为3至5人，设主任、副主任和委员，由居民代表选举产生，每届任期3年，可以连选连任。内设民事调解、治安保卫、社会福利、公共卫生等工作组，由居委会成员分工负责。居委会下设居民小组。

1986年12月26日颁布的《中华人民共和国城市居民委员会组织法》，确定居委会是“居民自我管理、自我教育、自我服务的基层群众性自治组织”。并对居委会任务、组织设置、工作经费来源、业务指导关系等作了明确规定，使居委会工作纳入法制化轨道。

1990年10月23日，市民政局印发《关于贯彻〈中华人民共和国城市居民委员会组织法〉的实施意见》（萧民〔1990〕151号），提出居委会换届选举分摸清底子、广泛宣传、群众推荐、民主协商和民主选举5个阶段。40～50人选1名代表，居委会700户以下选5～7人、700户以上选9人，设主任1人、副主任1～3人，下设治安保卫、人民调解、公共卫生、民政福利等委员会和妇代会，各委员会负责人由居委会委员兼任，50户左右设1个居民小组。并在城厢镇大成兴居委会进行试点，成功实施换届选举。在此基础上，对任期届满的21个居委会，依法进行换届选举。

1991年，对应换届的56个居委会进行换届选举。12月，市政府首次表彰村（居）委会和优秀村（居）委会主任，城厢镇评出市级先进居委会1个、优秀居委会主任1名。1993年5月21日，城厢镇太平弄居委会、西河路居委会被杭州市人民政府授予自治示范居委会；太平弄居委会主任孙培珍等8位居委会主任被授予优秀居委会主任称号。

1994年，对任期届满的41个居委会，实施换届选举的有39个，换届率为95.12%。城厢镇的百尺溇、拱秀、藕湖浜居委会和浦沿镇的浦沿居委会被评为杭州市自治示范居委会。1995年对任期届满的18个居委会依法进行换届选举工作。

20世纪末，由于新建居委会逐年增加，选举工作参差不齐，如城厢镇1999年有25个居委会处于临时负责状态。据此，改变过去由各办事处自行组织为镇统一部署选举时间，出台居委会换届选举实施办法。6月21日，召开全镇居委会换届选举动员大会；7月25日为居委会选举日，全镇58个居委会进行换届，选举居委会成员309人，其中主任58人、副主任124人。选举结束后，对新一届居委会干部进行为期3天的上岗培训，制订《三年任期目标》《居民公约》和各委员职责等12项制度。于是，在此以后城镇居委会的换届选举工作进入统一、有序的轨道。

居民自治示范活动

城镇居民的自治示范活动始于1993年，根据《中华人民共和国城市居民委员会组织法》和《浙江省开展村民自治示范活动方案》的精神，开展居民自治示范活动。1994年，城厢镇的百尺溇、拱秀、藕湖浜居委会和浦沿镇的浦沿居委会被评为杭州市自治示范居委会。1996年，继续开展居民自治示范活动，经市政府批准，城厢镇的太平弄、百尺溇、拱秀、高园、西河路、桥下达、竹林寺、藕湖浜、东旸桥和浦沿街道10个居委会，被命名为自治示范居委会。

1997年，全市居民区推进基层民主政治建设。经杭州市民政局检查验收，城厢镇的桥下达、竹林寺、高园、回澜第一和东旸桥5个居委会，被命名为杭州市自治示范居委会。城厢、临浦镇对任期届满的46个居委会进行换届选举，对新一届居委会成员进行上岗培训。2000年6月26日，市委组织部、党校、市民政局举办为期3天的居委会主任培训班，参加培训145人，提高居委会主任的政治素质和管理水平，使居民工作走上制度化、规范化轨道。

第二章　拥军爱民

1991年7月10日，萧山市拥军优属、拥政爱民领导小组成立，各驻萧部队和市级有关部、委、办、局负责人共25人为成员。领导小组下设办公室，办公室设在市民政局。1996年6月27日和1999年6月7日两次调整市拥军优属、拥政爱民领导小组成员。由于党政人事方面变化较快，2000年4月12日，市委办公室、市人民政府办公室颁发《关于调整萧山市拥军优属、拥政爱民领导小组组成人员的通知》（市委办〔1996〕90号）。新的拥军优属、拥政爱民领导小组由驻萧部队、部委办局等单位28位负责人组成，办公室仍设在市民政局，它在组织上保证了对双拥工作的领导。

萧山境内驻扎陆、海、空三军和武装警察部队，每逢春节和“八一”建军节，市（县）委、市（县）政府邀请驻萧部队首长参加新春团拜会，组织慰问团到部队慰问官兵，征求部队对地方工作的意见，帮助部队解决一些实际困难，开展拥军爱民和军警民共建活动，密切军民关系，增进团结和友谊，促进精神文明建设。

军队离退休干部管理工作，萧山始于1981年。是年建立军队离退休干部休养所，落实军队离退休干部的政治、生活待遇，确保他们安度晚年。

1995年建造萧山革命烈士陵园，修建革命烈士墓（碑），褒扬革命烈士，成为爱国主义教育基地。每逢清明节，社会各界凭吊革命烈士，缅怀先烈事迹，弘扬革命传统，激励革命斗志。

第一节　双拥活动

活动实施

1985年，义桥、西兴等镇乡实施“征兵、招工、优待、安置”四结合的办法，乡镇企业按征兵条件招工，落实到单位，服役期间工资照发，作为优待，待退伍安置回原单位。城镇义务兵家属开始实行统筹优待。1987年“八一”建军节前夕，县领导率有关部门负责人，分别走访慰问驻萧军警部队，征求部队对地方工作的意见和要求。7月31日，县委、县政府邀请驻萧部队首长和军队离休干部、老红军参加党、政、军座谈会。晚上，在萧山电影院召开庆祝建军60周年大会，驻萧部队指战员和地方干部群众共庆节日。1993年“八一”建军节，在走访慰问驻萧部队时，了解到37947部队有一位志愿兵结婚住房困难，城厢镇的领导当场表态予以解决。城厢、浦沿、长河等镇举办庆“八一”军民联欢和各种文体活动。浦沿镇还集资1万元帮助驻军高炮连安装程控电话，赠给钱江一桥守备武警中队放像机1台，解决部队通信和电化教育问题。城厢、新街、长河、宁围、新湾、浦沿、闻堰等镇分别向驻地部队赠送书籍、食品、农资、石油等物品。萧山市石油公司、萧山化肥厂等单位优惠供应83351部队25吨柴油和150吨化肥。当83021部队因生产资金困难无法购买农药、化肥时，市领导帮助落实贷款30万元。

1993年11月11日，驻浙某部队演习途经楼塔镇。市委、市政府把组织迎送演习部队作为拥军支前和争创“双拥”模范城（镇）的实际行动　。市政府拨出3万元专款购买慰问品。为确保演习部队顺畅通行，对所经道路进行实地勘察，及时清除各类堆场13处，修补路面450米；设4个欢迎点，组织5支鼓乐队，搭建3个彩牌，沿途安装5只高音喇叭，悬挂横幅30余幅，标语250余条，还设有3个茶水供应点、2

个医疗组、1个汽车抢修组。市交警部门按照确保重点、兼顾全面的原则，制定定点封锁、分段分流、机动巡逻相结合的实施方案，调集50名民警，实行分段负责，任务到组，定点到人；市公安局组织30余名民警负责各欢迎点的安全警卫工作；楼塔镇组织50余名机关干部和民兵应急分队，担任执勤任务。当演习部队凌晨进入萧山境内时，欢迎人群逾6000人，其中1000名学生手持鲜花和彩旗欢迎演习部队的到来。

在1993年开展“双拥”活动中，全市制作“双拥”标牌45块，出黑板报394期，宣传标语1850条。驻萧部队先后派出教官450人次，为全市万名中小学生授课；派出骨干480人次，帮助驻地学校为3800余名学生进行军训；派出500余人次，协助公安机关打击刑事犯罪活动，维护社会秩序；在支援围垦大堤防护林工程中，当地驻军主动承担2000亩的绿化任务。与驻地结成军民共建对子，组织学雷锋小组，开展为民服务活动，建立军民联防巡逻小分队，维护社会治安；组织能工巧匠参加便民一条街服务；主动派出卫生监督岗参与城区管理工作。驻萧57367部队在与城厢职业高级中学结成军民共建对子中，坚持每年为学校进行军事训练，为学生上思想道德课。驻萧37947部队坚持为傅永先烈士家属买米送煤、送医送药。据统计，驻萧部队与当地结成军民共建对子17个，建立学雷锋小组56个。

1994年7月3日，市委、市政府召开全市团职军转干部座谈会，畅谈交流在地方工作的体会和经验。7月31日，市四套班子领导率有关部门负责人走访慰问驻萧部队，并送去价值4万元的慰问品。浦沿镇政府出资9000元，购置一架钢琴赠送给蔡永祥烈士生前部队。9月29日，市委、市政府领导向被中央军委授予“英勇献身的好连长”称号的傅永先烈士家属高志芬赠送建筑面积75平方米、价值10万元的住宅一套。

1995年“八一”建军节，市领导在走访慰问驻萧83351部队和83021部队时了解到，一条通往新湾镇和部队的公路破损严重，立即协调有关部门，投资63万元，于年底修成柏油公路（包括2座公路桥）。

1996年5月，市领导了解到驻萧83013部队因经费问题无法安装自来水时，即与有关部门协调，自来水公司组织力量突击施工，于7月25日建成全长3千米的供水管道，为部队免去40余万元的费用，使部队结束长达21年饮用咸水的历史。

驻萧57367部队与萧山火车站结成军民共建对子，帮助火车站搞好窗口文明建设。是年7月1日，共同投资10万余元，在火车站设立高达4.75米的“飞翔未来——同呼吸、共命运、心连心”的不锈钢塑像。

通往省军区农场是一条简易机耕路，影响车辆的通行。市双拥办、市交通局、湘湖农场等单位经过努力，由军地双方共同出资90万元，于7月31日建成一条长1.70千米、宽6米的公路，并命名为“双拥路”。是年，全市安置随军家属25名，安排随军子女读书19人。

1997年7月，萧山遭受特大洪涝灾害，驻萧57367部队、37947部队和省军区一师二团，武警总队机动支队官兵奉命在险要地段加固江堤。市人武部派出干部奔赴闻堰、浦阳等险情多发地段组织和指挥民兵抗涝抢险，同时抽调8000余名民兵预备役人员，并通过省防汛指挥部紧急调动827名部队官兵，奔赴闻堰抢险，实行公路交通管制。

1998年，市政府出台《萧山市驻军随军家属就业安置暂行办法》（萧政发〔1998〕148号），实行就近、就便安置，下达指令性分配指标，解决驻军随军家属的就业问题。是年，安置随军家属就业23人，解决军官子女入学、入托25人。

2000年10月25日，市民政局发出《关于纪念中国人民志愿军抗美援朝出国作战50周年，广泛开展慰问活动的通知》（萧民〔2000〕74号），对参加过抗美援朝的老复员军人、抗美援朝中牺牲的烈士家属、因公牺牲和病故军人家属进行慰问。结合“爱心献功臣行动”，通过宣传和上门走访慰问，对志愿军老战士、志愿军烈属等重点优抚对象，在生活、医疗、住房等方面存在的困难予以帮助解决。

先进表彰

1986年，宁围乡宁安村苗木场场长陈天兴被国家民政部、解放军总政治部评为全国“拥军优属、拥政爱民”先进工作者。1987年，楼塔镇省模范军属楼正康（1984年，省政府授予“模范军属”荣誉称号）被省政府授予“拥军优属、拥政爱民”荣誉证书。1989年2月23日，市政府首次通报表彰义盛、靖江、乐园、瓜沥、光明、宁围、新街、螺山、城东、城山、径游、大同坞、岩山、城厢等乡镇人民政府和红山农场为优抚工作先进单位。1991年，驻萧37947部队被东海舰队政治部评为“双拥共建”先进单位。1994年7月20日，市委、市政府授予宁围镇、新湾镇、新街镇、长河镇、楼塔镇、市商业局、市国营工业总公司为拥军优属先进单位；授予驻萧57367部队、37947部队、83013部队、83021部队、83351部队、市消防中队、86331部队73分队为“拥政爱民”先进单位。1996年1月，宁围镇、新湾镇、市交通局、城厢镇桥下达居委会，被杭州市委、市政府、杭州军分区命名为拥军优属拥政爱民模范镇（单位）。1999年5月10日，市委、市政府发出《关于在全市实施“爱心献功臣行动”的通知》（市委办〔1999〕72号）后，全市掀起“爱功臣、学功臣”的热潮，形成尊重、关心、爱护、帮助革命功臣的浓厚氛围。市政府拨出专款30万元，社会集资57.50万元，为57户重点优抚对象解决住房问题；市级机关和镇乡有关单位与267户重点优抚对象结成帮扶对子，提供帮扶经费56万元，受到国家民政部的通报表彰。是年，萧山市被评为全国“爱心献功臣行动”先进单位。

第二节 军队离退休干部安置

萧山军队离退休干部管理工作始于1981年，由萧山县退伍军人安置办公室兼管，办公室设在县民政局。是年6月，开始在城厢镇环城南路建造军队离退休干部住房，1984年底竣工，建筑面积1388平方米。1985年10月，设立萧山县军队离退休干部服务站，站址设在城厢镇环城南路15号（今萧然南路51号）。是年末，共接收安置军队离退休干部10人。

1987年7月6日，萧山县军队离退休干部服务站更名为萧山县军队离退休干部休养所，内设会议室、谈心室、棋牌活动室、书法绘画室、理疗健身室、音像视听室、电子阅览室，还有室外健身器具、怡和亭、花园等设施，成为军队离退休干部学习、娱乐、健身和休养的综合性场所。依据有关政策接收安置军队离退休干部，落实他们的政治待遇、生活待遇，开展各项文化体育活动，不定期组织老干部外出旅游，做好日常生活的管理和服务工作，并发挥他们的积极作用。

1985～2000年，共接收安置军队离退休干部34人，其中师职4人、团职19人、营职以下11人；属离休21人、退休13人。

1989年，萧山市军队离退休干部休养所被杭州市民政局评为先进集体，1995年被杭州市复退军人和军人离退休干部安置领导小组办公室评为先进单位；1997年，被浙江省民政厅评为生产经营十强干休所；2000年，被市委、市政府评为“敬老服务”先进单位。

第三节 烈士褒扬

萧山籍革命烈士多数牺牲在异国他乡，在本乡本土的陵墓只有14处。烈士墓均设有墓碑，周边植有苍松翠柏，墓地宽畅，供人们祭扫和凭吊之用。每年清明节，社会各界和群众均前往烈士墓祭扫和凭吊。

烈士墓

1983年，县委、县政府作出重建李成虎烈士墓的决定。翌年10月24日新墓园建成，中共中央党史研究室烈士传编辑委员会，省民政厅、中共杭州市委的有关负责人，萧山县党政领导和各界代表在墓地隆重举行李成虎烈士墓落成暨遗骨安葬仪式。是年，县政府拨款对蔡琳、徐祖田、田传浩、瞿志兴等革命烈士墓进行整修。

图32－2－814　位于所前镇的抗日阵亡将士之墓（1999年，傅宇飞摄）

1988年1月，省人民政府批准李成虎烈士墓列为第一批省重点烈士纪念建筑物保护单位、杭州市爱国主义教育基地。

1993年9月，市政府在傅永先烈士家乡义盛镇新庙前村设立傅永先烈士纪念碑。

1995年4月11日，市委办公室、市政府办公室联合发出《关于建立首批爱国主义教育基地的通知》，将衙前农民运动协会旧址及李成虎烈士墓、钟阿马烈士墓、傅永先烈士纪念碑等列为萧山市爱国主义教育基地。5月，市政府拨款2000元，修理蒋英武烈士墓。

2000年，云石乡政府决定迁建钟阿马烈士墓，从佛山脚移址临公路的廊岭下，总投资15万元，占地面积1650平方米，便于群众凭吊。

图32－2－815　学生在瞻仰钟阿马烈士墓（1964年3月，董光中摄）

烈士陵园

1994年8月8日，建立萧山市革命烈士陵园筹备委员会。9月29日，市委组织部、宣传部、民政局等7个单位联合发起“我为建造烈士陵园作贡献”的倡议，得到全市各界的广泛响应，有129个单位捐款，捐款人数10.60万人，收到捐款202万元。11月21日，萧山革命烈士陵园由市计委立项，定点城厢镇北干山南坡，项目一次规划、分期实施。

1995年4月5日，市委、市政府在北干山顶举行烈士陵园奠基仪式。省、杭州市有关负责人和市四套班子领导出席奠基仪式。12月18日，中共中央政治局委员、中央军委副主席、国务委员、国防部长迟浩田上将为萧山革命烈士陵园纪念碑题词“革命烈士永垂不朽”。

1996年4月4日，萧山革命烈士纪念碑落成。1997年4月5日，市委、市政府命名萧山革命烈士陵园为全市第二批爱国主义教育基地。

1998年3月30日，陵园建设工程全部竣工。工程总投资918.20万元，爆破土石方5195立方米，搬运建筑材料8518吨。占地面积50亩，在海拔104米高的山顶上建有1400平方米的祭场和32米高的汉白玉纪念碑，山南坡设有666级台阶组成的甬道，建有694平方米的革命历史纪念馆、198平方米的烈士骨灰存放室、2个纪念亭、40米长的休息长廊、6米长的烈士英名录碑坊，镌刻着第一次国内革命战争、第二次国内革命战争、抗日战争、解放战争、社会主义革命和建设时期（含抗美援朝战争、中越边境自卫反击战）牺牲的242位烈士英录。萧山宾馆为烈士陵园捐款30万元，专用于承建高达12.50米的“山门”项目。4月5日，萧山革命历史纪念馆落成。纪念馆为二层砖混结构，底层陈列萧山革命历史斗争史及社会主义经济发展史；二楼陈列萧山革命烈士生平事迹。每周一、三、五对外开放，接待各界人士参观学习。7月1日，萧山革命烈士陵园正式对外开放。

1999年4月5日，市党、政领导和驻萧部队首长、社会各界人士、烈士家属聚集在烈士陵园纪念碑前祭扫烈士英灵。10月，萧山革命烈士陵园被杭州市精神文明建设委员会命名为爱国主义教育基地。尔后，每年清明节，各界人士前来革命烈士陵园参加祭奠和凭吊活动。“七一”建党节，组织新党员在革命烈士陵园举行庄严的入党宣誓仪式。

萧山革命烈士陵园自1998年建成开放至2000年，已先后接待祭奠凭吊者7万余人次。

表32-2-579 1985～2000年萧山籍烈士名录

姓　名	性　别	家庭地址	出生年月	参加革命年　月	生前职务	牺牲年月	牺牲地点
傅永先	男	义盛镇新庙前村	1950－02	1968－03	连长	1985－02－08	云南前线
楼性成	男	楼塔镇雪湾村	1938	1956	杭州钢铁厂工人	1990－04－06	杭州
楼巨波	男	楼塔镇大同坞村	1972	1990－03	安吉县消防中队战士	1991－12－17	安吉凤山乡双一村
孔照富	男	许贤乡	1945	1979－05	钱江航运公司551船队驳船驾长	1993－01－07	杭州
黄建文	男	许贤乡潘山村	1973	1991	萧山市公安局交警大队交通协管员	1995－11－04	萧山
孟志军	男	义盛镇蜜蜂村	1973－03	1992－02	萧山运管所协管员	1998－09	坎山镇塘上

第三章 地名管理

1980年12月，萧山成立县地名普查领导小组。1986年5月，萧山县地名普查领导小组改名萧山县地名委员会，下设办公室。1988年，萧山市地名委员会办公室归口市城建局。1989年，萧山市地名委员会办公室划归市民政局主管，负责全市地名普查、地名命名、更名、地名标志设置、成果资料汇编和地名档案管理工作。

第一节 地名命名更名

地名标准化

依据地名有关法规，做好地名命名、更名工作，使各类地名达到标准化、规范化。1981年，全县开展地名普查，重点是对“文化大革命”中造成的地名混乱状况进行拨乱反正。全县更名公社名称2条：大同公社更名为大同坞公社，东方红公社更名为西兴公社。大队更名196条，如胜利、灯塔、光明、红卫、红星、东方红等等。是年，对城厢、临浦、瓜沥3镇的居委会名称和一些路（街）、巷（弄）名称进行命名或更名，把原来序数命名的居委会名称更名为驻地名称命名，对一些含义不妥的路（街）名称亦予以更名。如城厢镇的市心路，“文化大革命”时期曾改称红旗北路、红旗南路；临浦镇的西市街曾改称东风街等等。全县共命名、更名43条路（街）、巷（弄）名称。

1987年，全县24个镇设置地名标志时，命名路（街）名称285条，巷（弄）名称297条，住宅区名称12条。在地名命名中注重文化内涵和历史痕迹，如临浦镇东藩路、浴美施路；衙前镇的成虎路、农协路、白华路等。并对含义不妥的地名予以更名，如赭山镇的洋油弄更名为大井弄；义桥镇的道士弄更名为丁字弄等。

1989年，城厢镇东扩按规划共命名路（街）名称16条，巷（弄）名称7条。如育才路、回澜路、通惠路等。是年，重点对出版物中的地名进行审核，纠正《萧山电话号簿》和《萧山日报》中不标准、不规范的地名。1991年，对新增的自然村（镇）及一个乡镇内重名的自然村名称予以命名和更名。全市共命名22个自然村（镇）[①]名称，并对12个重名的自然村[②]予以更名；同时将未经审批的“杭温立交桥”改定名为“城东立交桥”。1992年，命名、更名行政区划名称8条，其中乡改镇的4条（尖山镇为浦阳镇，河庄、益农、进化乡为镇），居委会名称4条。

1993年4月23日，市政府印发《关于发布〈萧山市地名标志管理暂行规定〉的通知》（萧政发〔1993〕18号），对地名依法予以管理，适应现代化建

①22个自然村镇：先锋村、坝东村、河西村、盐禾村、友谊村、同舟村、长虹村、党湾、桥南、一号坝、友谊、红旗、五号桥、四号桥、三号桥、一号桥、闸南、闸北、渡口、闸西、海山桥、孔家里。

②12个重名的自然村：党湾底、后方家、西王家、白果树下、西沈家、赭盐村、楼玉家、上马家、先曹家、东小华家、西曹家里、利民坝。

设的需要。是年，对萧山经济技术开发区的11条道路名称予以命名，并提出系列化命名的方案。商业城的路、街命名，以东西向命名为街，南北向命名为路。是年，还命名住宅区名称8条，桥梁名称6条，路（街）名称14条。

1996年，随着市北新区的开发，主干道路的形成，按规划对新区的道路予以命名。把原通惠路、市心路按南、中、北分段命名。还命名育才北路、金惠路及环线的名称。对新区的住宅区块，以北干山的人文景观为背景，分别命名为北干、松涛、玉峰、知稼、瑞丰、怡苑6个区块。是年，共命名道路名称41条、住宅区名称9条、居委会名称4条、桥名11条、广场名称1条、自然村名1条、大厦名称3条。

1997年，对未经报批擅自使用的“新世纪广场”、“银河小区”等地名，重新办理报批手续，对“大厦”、“广场”、“城”这些通名，按地名有关规定，严格把关，不予随意命名；对使用的“专名”中的不良文化现象予以抵制。为配合杭州市农村户口城市化的试点工作，衙前镇命名镇级道路名称28条，村级道路204条。

1998年3月，对萧山电话号簿12217门电话地名审核，不符合的地名门牌作了纠正。并对交通时刻表、邮政编码簿、工商企业名录等出版前的审核工作。对通名中的“花园”等名称予以规范。如绿化面积必须占总面积的35%以上可以称“花园”；住宅区名称必须在6幢以上可审批地名，有重名的必须更名。如“银河公寓”只有2幢房子，又与“银河小区”重名，采用按门牌编号予以解决。把“银河花园”更名为“心怡花园”；对通惠花园、明华花园进行补报手续。

1999年，重点规范建筑群（住宅区）名称。共命名、更名地名121条，如雪湾村、城中花园、山南桥居委会。审核各类内部刊物中的地名2989条，收集整理地名资料20018条。

2000年，对地名的冠名权未经市地名委员会办公室同意，由单位出资命名桥名予以纠正，理顺地名管理权限，确保地名命名的规范化。如金城路上的“一号桥”、“二号桥”的冠名权。是年，共命名、更名地名308条，审核各类地名11万条。

地名标志设置

1987年1月20日，召开全县设置地名标志工作会议。自此，全县24个镇的地名标志设置工作全面开展。8月1～4日，全省地名标志检查会议在萧召开。其间，与会人员到临浦、闻堰两镇进行实地检查，对萧山设置地名标志工作予以肯定。10月26日，全县第一块镇碑在临浦镇落成。至年底，全县24个镇共设路（街）牌423块，巷（弄）牌642块，门牌16972块。

1988年1月3日，市政府颁发《关于加强地名标志管理的布告》（萧政〔1998〕3号）。1月15日，市地名委员会办公室印发《关于贯彻执行市政府〈关于加强地名标志管理的布告〉的意见》，同时又增补19块路牌。是年，闻堰、浦沿两镇相继设置镇碑各1块。1989年4月起，城厢镇开始设置地名标志。至年底，共设置铝合金反光路（街）牌111块，搪瓷弄牌159块，铜质路（街）名牌配金属号码门牌198块，搪瓷门牌3866块。1991年，城厢镇修整路牌57块，弄牌79块。临浦镇设幢牌38块，更换路牌25块，设门牌103块。1993年，对城厢、瓜沥、临浦3镇的地名标志进行全面检查，增补路牌40块，幢牌700余块，单元牌1000余块，门牌3000余块。

1994年3月，市地名委员会发出《关于开展整顿地名标志的通知》（萧地委〔1994〕01号），建立《门牌号码证》制度。10月，在瓜沥镇召开全市地名标志设置现场会。全年共设路牌26块，门牌883块，幢牌320块，单元牌459块。1995年，随着市区住宅区的增加和道路名称的变更，共设置幢牌340块，单元牌510块，路牌35块，门牌641块。

1996年，对22.70千米104国道两侧的镇村进行调查摸底，涉及宁围、新街、城厢、衙前等4个镇和钱江农场，需设置镇、村牌35块。是年，全市共设置路牌38块，幢牌105块，单元牌450块，室号牌720块，铜质门牌45块，搪瓷门牌40块，并在城厢镇开始发放门牌证。1997年4月4日，市政府召开104国道两侧设牌工作协调会议，由市地名委员会办公室组织实施，于6月底完成设置镇、村牌31块。是年，全面调整市区育才路、拱秀路门牌。至年底，全市共设置不锈钢幢牌48块，铜质单元牌72块，搪瓷幢牌94块，单元牌147块，室号牌500块，铜质门牌343块，铝质和搪瓷门牌217块。衙前镇在农村户口城市化试点中，共设置路牌227块，门牌7131块。

1998年，在省道、市级道路两侧设置地名标志共42块，其中河上镇13块，瓜沥镇29块。全市农村户口城市化试点工作在瓜沥镇进行，共设置农村门牌13500块。是年，城厢镇更换路牌50块，在门牌编排中做到四个统一，即空地每4米编1个号，每一开间1个号，大商店按开间编多号，每一楼梯必须编号，使门牌号达到完整、让人易找的要求。在国道、省道公路两侧共设村牌16块。市区设铜质门牌530块，不锈钢幢牌188块，路牌223块，单元牌161块，室号牌500余块。5月，市地名办、民政局发出《关于做好农村门（楼）牌编制管理工作的通知》（萧地委〔1998〕01号）、（萧民〔1998〕82号），在瓜沥镇试点基础上，城厢、头蓬、党湾、义桥、靖江、新街、新塘、石岩等镇乡展开，共设置农村门（楼）牌8万余块。

2000年，对市区各类地名标志进行全面检查，对擅自设置的门牌予以取消，移位的路牌要求恢复原貌，使门牌编号不再出现重号、号码倒置的状况。是年，全市共设置幢牌286块，单元牌378块，室号牌1053块，路牌35块，铜质门牌83块，村牌46块，农村门牌12.10万余块。是年，萧山市地名委员会办公室被评为全省国道设标先进单位。

地名档案管理

1987年10月，县地名档案室筹建完毕，着手整理地名档案，并按地名档案有关规定建档。共立卷宗1902卷，地图226张，照片7册417张，资料200余册。地名资料按行政区划和居民点、自然地理实体、各专业部门、人工建筑及名胜古迹和纪念地四大类整理归档。1989年12月，经省、杭州市和萧山市三级档案验收，评为合格档案室。

第二节　地名普查与补查

1980年10月28日，省政府《关于开展地名普查工作的通知》（浙政〔1980〕113号）颁发。12月12日，各区、公社、镇相应建立普查领导小组，各生产大队均有工作班子。全县参加各级地名普查工作人员2500人。

1981年1月4～12日，在西兴（东方红）公社进行地名普查试点。3月17日，召开全县地名普查工作会议，介绍西兴公社试点经验，部署全面开展地名普查工作。县地名办公室分区、分片进行业务辅导和质量检查。4月19日，县地名办公室对戴村公社进行普查验收试点，对全县各公社、镇和农场进行检查、验收。5月，地名办公室开展资料整理，查阅史料、补充要素和实地考证。

1982年1月12日，省、市、县联合验收组对萧山县地名普查成果进行验收。7月16日，杭州市地名委员会办公室验收萧山县地名普查成果，称萧山县地名普查成果符合中国地名委员会和省有关文件规定的要求，评为优良成果。7月27日，全县地名普查工作结束，共普查地名3378条，其中行政区划879条、自然村（镇）1403条、街巷135条、企业单位122条、事业单位58条、人工建筑416条、自然地理实体311

条、其他地名54条。填写地名成果表271张、地名卡1544张。[①]9月，萧山地名普查工作经省地名委员会验收合格，发给《地名普查成果合格证》。

1990年1月5日，市政府印发《转发市地名委员会关于在全市开展地名补查和资料更新工作意见的通知》（萧政发〔1990〕3号）。3月6日，在义蓬区率先进行。接着，瓜沥、戴村、临浦、城南、城北5个区和城厢镇、市农垦系统等分8批开展。至11月9日，全市地名补查工作基本结束。共补查和资料更新地名3536条，其中补查2040条，资料更新1496条。按内容分：行政区划和居民点名称3178条，各专业部门名称71条，名胜古迹和人工建筑名称90条，自然地理实体名称164条，废止地名33条，拍摄各类照片1380张。标注1：5万地图3套，1：1万地图1套。12月8日，通过省级验收。

①这次地名普查工作自1980年12月中旬组成普查班子起，至1982年7月完成。这次地名普查除上述成果外，还核对标注了五万分之一的《萧山县地形图》原有地名1536条，增补701条，删去73条，修改移位25条，改正错字268条；绘制标注五千分之一的三个建制镇地名图；绘制标注并补绘了萧山县五万分之一图上的2个围垦区域地名图；全县地名命名、更名275条。

第三节　地图编绘

自20世纪80年代至20世纪末共编绘地图5次。第一次于1982年7月，全县完成地名普查后，着手进行9万分之一的《萧山县地图》（挂图）和《萧山县地图手册》测绘工作。《萧山县地图》（挂图）和《萧山县地图手册》于1984年相继出版。

第二次至第四次是适应萧山行政区划变化的需要。1988年，萧山撤县设市。是年1月，新编《萧山地图》编制出版。1992年，全市撤区扩镇并乡，行政区划调整。市地名办公室1993年编制测绘《萧山市地图册》和8万分之一的《萧山市地图》。分别于是年8月、12月出版发行。1996年，浦沿、长河、西兴3镇划入杭州市区后，全市行政区划作了调整，市地名办公室编制测绘8万分之一的《萧山市地图》，于1997年9月出版。

第五次系于1998年，市地名办公室编制出版《萧山交通旅游图》。

第四章　社会团体管理

1990年9月，根据民政部、人事部《关于贯彻执行〈社会团体登记管理条例〉的通知》（民政发〔1989〕57号）精神，社会团体登记工作由原市科学技术协会主管归口到市民政局，内设社会团体管理科。9月20日，市政府办公室发出《关于开展社会团体清理整顿复查登记工作的通知》（萧政发〔1990〕28号），建立萧山市社会团体清理整顿复查登记领导小组。1997年9月建立萧山市社会团体管理工作领导小组。2000年11月16日，萧山市社会团体管理领导小组更名为萧山市民间组织管理工作领导小组。

市社会团体管理领导小组贯彻国务院和各级地方政府关于社会团体管理的一系列文件精神，使萧山的社会团体登记工作走向法制化、规范化。到2000年底止，全市共有社会团体107家，其中职工持股协会167家。

第一节　社团登记

复查清理

1991年，根据国务院《社会团体登记管理条例》，对列入清理整顿和复查登记范围的95家市级社会团体办理注册登记手续，对符合要求的92家发给《浙江省社会团体登记证》（合并的1家，转上级民政部门审批的1家，缓登记的1家）。是年，批准社会团体4家，至年末，全市共有社会团体96家，其中法人社会团体4家。

1995年1月3日，萧山市纺织丝绸有限公司职工股东协会、萧山市百货公司职工股东协会（后更名为持股协会）成立，成为首批股东协会。5月，市体改委、民政局等7部门联合发出《公司组建职工持股协会试行办法》（体改〔1995〕18号）。随着经济体制改革的深入，股份制企业逐渐增多，新批企业职工持股协会18家，其他社会团体3家。年末，全市共有社会团体149家。

1997年9月，根据国务院办公厅《关于清理整顿社会团体的意见》（国办发〔1997〕11号）精神，市委办公室、市政府办公室于9月27日发出《关于切实加强社会团体管理工作的通知》（市委办〔1997〕153号），对全市283家社会团体进行专项清理整顿。予以保留的法人社会团体46家，非法人社会团体70家；萧山市足球协会、气功科学研究会等16家体育类社会团体合并建立萧山市体育总会；注销社会团体14家，保留职工持股协会137家。

1998年5月，对全市非法人社会团体换发新证。年末，批准社会团体注册登记35家，全市社会团体增至278家，其中法人社会团体49家，非法人社会团体70家，企业职工持股协会159家（国有企业转制组建13家、城镇集体企业转制组建104家、镇乡企业转制组建42家）。2000年12月7日，市委办公室、市政府办公室印发《关于在全市开展民办非企业单位复查登记工作的通知》（市委办〔2000〕169号），查清全市共有民办非企业单位1039家，从业人员3226人，其中经业务主管部门批准的578家，从业人员2066人。通过复查登记，经核准登记注册的民办非企业单位共92家。

2000年，全市共有社会团体107家（属行业性23家、联合性40家、专业性6家、学术性38家）、职工持股协会167家。

查处非法团体

2000年，贯彻省、杭州市关于清理整顿气功类社会团体及其分支机构的有关文件精神，对市香功协会、市体育总会下属的气功科学研究会予以注销，配合有关部门对“法轮功”邪教组织的有关人员进行教育转化工作，查处非法组织。

表32–4–580　2000年萧山市社会团体情况

社　团　名　称	登记证号	批准日期	主　管　单　位
萧山市砖瓦行业协会	012	1991–04–20	萧山市经济委员会
萧山市红十字会	013	1991–04–20	萧山市人民政府
萧山市私营企业协会	009	1991–04–30	杭州市工商行政管理局萧山分局
萧山市个体劳动者协会	010	1991–04–30	杭州市工商行政管理局萧山分局
萧山市劳动和社会保障学会	030	1991–04–30	萧山市科学技术协会
萧山市能源协会	036	1991–04–30	萧山市科学技术协会
萧山市基督教协会	040	1991–04–30	萧山市民族宗教事务局
萧山市电子学会	055	1991–05–20	萧山市科学技术协会
萧山市计划生育协会	058	1991–05–20	萧山市计划生育委员会
萧山市食品工业协会	062	1991–05–20	萧山市经济委员会
萧山市文学艺术界联合会	063	1991–05–20	萧山市人民政府
萧山市会计学会	056	1991–05–30	萧山市科学技术协会
萧山市医学会	073	1991–06–05	萧山市科学技术协会
萧山市农村卫生协会	093	1991–08–02	萧山市科学技术协会
萧山市旅游协会	096	1991–012–04	萧山市科学技术协会
萧山市铁路职工技术协会	107	1993–02–22	浙江省铁路系统职工协会
萧山市地名学会	108	1993–02–22	萧山市民政局
萧山市婚姻登记管理研究会	113	1993–03–22	萧山市民政局
萧山市计算机学会	116	1993–03–22	萧山市科学技术协会
萧山市机动车驾驶员协会	131	1995–02–25	萧山市公安局
萧山市法学会	132	1995–03–13	萧山市科学技术协会
萧山市人大之友联谊会	133	1995–04–27	萧山市人大常委会办公室
萧山市助残志愿者协会	150	1995–04–30	萧山市残疾人联合会
萧山市建筑业协会	158	1996–01–18	萧山市建设局
萧山市价格学会	159	1996–01–18	萧山市物价局
萧山市自来水公司科学技术协会	160	1996–04–11	萧山市科学技术协会
萧山市机械工程学会	161	1996–04–16	萧山市科学技术协会
萧山市公安外管工作协会	174	1996–07–09	萧山市公安局
萧山市检察学会	179	1996–08–26	萧山市人民检察院
萧山市秘书新闻学会	213	1997–01–03	萧山市委办公室

续表一

社 团 名 称	登记证号	批准日期	主 管 单 位
萧山市佛教协会	216	1997-01-23	萧山市民族宗教事务局
萧山市工商行政管理学会	227	1997-03-20	杭州市工商行政管理局萧山分局
萧山市纺织化纤(印染)行业协会	231	1997-04-17	萧山市经济委员会
萧山市电线电缆行业协会	235	1997-04-30	萧山市乡镇企业管理局
萧山市纸业包装行业协会	243	1997-05-14	萧山市经济委员会
萧山市服装羽绒行业协会	248	1997-06-04	萧山市经济委员会
萧山市电气信息行业协会	256	1997-06-17	萧山市经济委员会
萧山市化工行业协会	269	1997-08-05	萧山市经济委员会
萧山市企业合同管理协会	288	1997-11-10	杭州市工商行政管理局萧山分局
萧山市历史学会	302	1998-02-23	萧山市地方志编纂委员会办公室
萧山市标准计量协会	309	1998-03-30	萧山市科学技术协会
萧山市新型建筑材料行业协会	308	1998-04-01	萧山市建设局
萧山市体育总会	314	1998-05-18	萧山市文化体育局
萧山市社会福利企业协会	318	1998-06-22	萧山市民政局
萧山市中共党史学会	319	1998-06-22	萧山市委党史研究室
萧山市水泥行业协会	323	1998-06-30	萧山市经济委员会
萧山市南阳制伞行业协会	326	1998-08-17	南阳镇人民政府
萧山市抗癌协会	329	1998-12-05	萧山市科学技术协会
萧山市商标印制业协会	330	1998-12-15	杭州市工商行政管理局萧山分局
萧山市养蜂行业协会	332	1999-03-15	萧山市农村经济委员会
萧山市党山镇纺织印染行业协会	333	1999-03-23	党山镇人民政府
萧山市汽车维修行业联合会	338	1999-07-22	萧山市交通局
萧山市燃气协会	340	1999-09-07	萧山市建设局
萧山市青年星火带头人协会	343	1999-11-03	共青团萧山市委
萧山市陶行知研究会	345	1999-12-01	萧山市科学技术协会
萧山市集邮协会	346	1999-12-01	萧山市邮政局
萧山市质量管理协会	347	1999-12-01	萧山市经济委员会
萧山市基层俱乐部联谊会	348	1999-12-01	萧山市总工会
萧山市环境科学学会	349	1999-12-01	萧山市科学技术协会
萧山市翻译工作者协会	350	1999-12-01	萧山市科学技术协会
萧山市科普美术协会	351	1999-12-01	萧山市科学技术协会
萧山市农垦科学技术协会	352	1999-12-01	萧山市科学技术协会
萧山市市级机关体育协会	353	1999-12-09	萧山市市直机关党工委

续表二

社 团 名 称	登记证号	批准日期	主 管 单 位
萧山市退休教师协会	354	1999-12-09	萧山市教育委员会
萧山市建筑学会	355	1999-12-09	萧山市科学技术协会
萧山市农业资源区划研究会	356	1999-12-09	萧山市科学技术协会
萧山市粮油储藏协会	357	1999-12-09	萧山市科学技术协会
萧山市劳动模范协会	358	1999-12-09	萧山市总工会
萧山市工运学会	359	1999-12-09	萧山市总工会
萧山市钱币学会	360	1999-12-09	人民银行萧山支行
萧山市教育学会	362	2000-02-15	萧山市科学技术协会
萧山市农村经济学会	363	2000-02-15	萧山市科学技术协会
萧山市农村合作经济组织经营管理研究会	364	2000-02-15	萧山市科学技术协会
萧山市税务学会	365	2000-02-15	萧山市国家税务局 萧山市地方税务局
萧山市珠算协会	366	2000-02-15	萧山市科学技术协会
萧山市女厂长经理联谊会	367	2000-02-15	萧山市妇女联合会
萧山市青年书法家协会	368	2000-02-15	共青团萧山市委
萧山市科普摄影协会	369	2000-02-15	萧山市科学技术协会
萧山市档案学会	370	2000-02-15	萧山市科学技术协会
萧山市商品交易市场协会	371	2000-03-20	杭州市工商行政管理局萧山分局
萧山市作家协会	372	2000-03-27	萧山市文学艺术界联合会
萧山市美术书法家协会	373	2000-03-27	萧山市文学艺术界联合会
萧山市摄影家协会	374	2000-03-27	萧山市文学艺术界联合会
萧山市戏剧家协会	375	2000-03-27	萧山市文学艺术界联合会
萧山市音乐舞蹈家协会	376	2000-03-27	萧山市文学艺术界联合会
萧山市曲艺家协会	377	2000-03-27	萧山市文学艺术界联合会
萧山市民间文艺家协会	378	2000-03-27	萧山市文学艺术界联合会
萧山市电影电视家协会	379	2000-03-27	萧山市文学艺术界联合会
萧山市商业经济学会	380	2000-03-28	萧山市科学技术协会
萧山市农学会	381	2000-04-24	萧山市科学技术协会
萧山市中医药学会	382	2000-04-24	萧山市科学技术协会
萧山市农机水利学会	383	2000-04-24	萧山市科学技术协会
萧山市台属联谊会	384	2000-04-24	萧山市政府台湾事务办公室
萧山市养猪行业协会	385	2000-05-16	萧山市农业局
萧山经济技术开发区外商投资企业协会	386	2000-06-14	萧山经济技术开发区管委会

续表三

社 团 名 称	登记证号	批准日期	主 管 单 位
萧山市统计学会	387	2000-06-26	萧山市科学技术协会
萧山市合作金融学会	388	2000-06-29	萧山市农村信用合作社联合社
萧山市蜂疗研究会	390	2000-07-27	萧山市科学技术协会
萧山市广告协会	391	2000-08-04	杭州市工商行政管理局萧山分局
萧山市写作学会	392	2000-08-07	萧山市科学技术协会
萧山市政协之友联谊会	393	2000-08-30	政协萧山市委员会
萧山市新街花木产业协会	394	2000-09-19	新街镇人民政府
萧山市天主教爱国会	396	2000-10-08	萧山市民族宗教事务局
萧山市硅酸盐学会	397	2000-10-13	萧山市科学技术协会
萧山市土地学会	398	2000-12-06	萧山市科学技术协会
萧山市外商投资企业协会	399	2000-12-14	萧山市对外经济贸易委员会
萧山市楼塔镇水果(蜜梨)协会	400	2000-12-20	楼塔镇人民政府

第二节　社团年检

1993年12月，县民政部门对所辖社会团体上一年度的活动情况进行一次年度检查。检查重点是社会团体是否遵守法律、法规，维护国家统一和民族团结，是否按照其登记的章程开展活动。年检不合格的社会团体，要求予以限期整改、责令检查或通报批评；连续两年不合格的注销登记。翌年1月起，全市社会团体进行首次年检。1993年6月30日以前成立的社会团体，参加年检的占应检数的91.90%。

1996年1月，省民政厅在萧山召开全省社团管理工作座谈会，印发《浙江省社会团体年度检查试行办法》，对社会团体年检的内容、合格或不合格的标准作了规定。2月，对1995年6月30日以前登记的进行年检，参检率为96%，其中有9家社会团体不合格被取消。

2000年4月，根据民政部的要求，对1998年、1999年的社会团体进行年检年审工作，对社会团体的章程进行核准，对市管干部兼任社会团体领导职务的，按规定办理报批手续，对非法人社会团体继续办理注销登记手续。是年，全市注销社会团体20家，其中撤销社会团体2家。并对18名市管干部兼任社会团体领导职务办理报批手续。

第五章 婚姻管理

1981年1月1日，重新颁布《中华人民共和国婚姻法》后，萧山民政部门加强婚姻登记管理的力度，培训考核乡镇婚姻登记工作人员，实行持证上岗。在婚姻登记过程中，增强工作透明度，自觉接受群众监督，建立乡镇标准婚姻登记处，方便群众办理婚姻登记手续。1985～2000年，全市共办理结婚登记176615对、涉外婚姻51对、离婚2712对。

第一节 结婚登记

婚姻登记处

1951年2月开始，萧山结婚登记由各区公所和城厢镇人民政府办理。1958年10月起，改结婚登记由人民公社管理委员会办理。1984年5月社改乡后，结婚登记由镇乡人民政府办理。[①]1991年，城厢镇等32个镇乡建立标准婚姻登记处。1991年6月15日市民政局发出《关于悬挂婚姻登记有关制度的通知》（萧民〔1991〕73号）后，开始在婚姻登记处悬挂有关须知等，[②]坚持依法办事，公开婚姻登记收费项目的标准，增强工作透明度，接受群众监督。1992年，因撤扩并镇乡标准婚姻登记处调整为19个。1994年末，全市有镇乡标准婚姻登记处增加至27个。1996年4月5日，市民政局批准，戴村、益农、衙前、头蓬4个婚姻登记处为萧山市级标准婚姻登记处。至此，全市有27个镇乡设立独立婚姻登记处，并被评为市级标准婚姻登记处，其中15个经杭州市民政局验收，被评为杭州市级标准婚姻登记处。

至2000年底，全市有婚姻登记员35名，其中专职婚姻登记员10名，26个镇乡设有标准婚姻登记处，浦阳、益农、党湾、义盛、南阳等镇乡建立标准婚姻登记室。

结婚登记状况

1985年，结婚登记为18660人。次年，结婚登记增加较快，为26016人。90年代前半期，结婚登记人数仍较多，1992年为25033人，1994年为24637人。90年代后期，由于计划生育工作抓得紧，晚婚晚育宣传动员深入，晚婚率大幅度上升，结婚登记明显减少。1999年，结婚登记人数最少，为14392人。1992～2000年，结婚登记共179910人。

第二节 离婚再婚登记

当事人申请离婚[③]，必须双方亲自到一方户口所在地的婚姻登记机关办理

①申请结婚的当事人，必须双方亲自到一方户口所在地的婚姻登记机关申请结婚登记。申请时应当持户口证明、居民身份证、人事档案所在单位或户籍所在地村（居）民委员会出具的婚姻状况证明。同时，申请结婚的当事人必须到指定的医疗保健机构进行婚前健康检查，向婚姻登记管理机关提交婚前健康检查证明。婚姻登记管理机关对当事人的结婚申请进行审查，符合结婚条件的，当即予以登记，发给结婚证。

②这些须知包括《申请结婚登记须知》《申请离婚登记须知》《办理结（离）婚登记收费标准》《婚姻登记员守则》。

③申请时应持户口证明、居民身份证、人事档案所在单位或户籍所在地村（居）民委员会出具有介绍信、离婚协议书、结婚证和离婚证。离婚协议书应当写明双方当事人的离婚意思表示、子女抚养、夫妻一方生活的经济帮助、财产及债务处理等，协议的内容应当有利于妇女和子女的合法权益。

离婚登记。80年代，全市（县）准予离婚的不多，1985年，只有44对，最高的1989年也只有83对。90年代，离婚呈上升趋势，从1991年开始，均在3位数以上，最高的为1998年，有327对；1999年居第二位，为293对；第三位的为1994年，有288对。1985～2000年，共离婚2705对，其中1990～1999年为2079对，平均每年207对。

表32－5－581　1985～2000年萧山婚姻登记情况

年份	准予登记结婚			涉外婚姻（对）	复婚（对）	离婚		年份	准予登记结婚			涉外婚姻（对）	复婚（对）	离婚	
	合计（对）	初婚（人）	再婚（人）			准予离婚（对）	调解不离（对）		合计（对）	初婚（人）	再婚（人）			准予离婚（对）	调解不离（对）
1985	9440	18660	220	3	7	44		1993	11192	21882	502	8	11	140	
1986	13127	26016	238	2	1	31		1994	12579	24637	521	9	6	288	
1987	11317			2	6	54		1995	10319	20049	589	1	11	221	38
1988	14213			5		69		1996	10981	21127	835	0	17	263	26
1989	13040			3		83	40	1997	7734	14863	605	0		216	71
1990	11413			5	10	97		1998	10069	19246	892	0		327	82
1991	11069			5	0	118		1999	7539	14392	686	0	13	293	150
1992	12783	25033	533	8	0	116		2000	9800	18681	919	0	9	345	110

第三节　涉外婚姻登记

涉外婚姻登记，1975年前没有明文规定，是年1月起，外（国）籍人、华侨、港、澳同胞与萧山公民申请结婚登记的，由杭州市民政局直接办理。1983年起，外国籍人与萧山公民申请结婚登记的仍由杭州市民政局办理，华侨及港澳同胞与萧山公民申请结婚登记的由萧山民政局办理。1996年起，涉外婚姻登记均由杭州市民政局办理。

涉外婚姻登记，全市（县）不多，1985～2000年共51对，其中1996～2000年为零。

第四节　婚姻执法

80年代起，随着市场经济的发展，外地流入的人员日益增多，违法婚姻呈上升趋势。1985～1989年，审查并制止重婚案5起，私刻公章伪造婚姻状况证明4起。

1990年6月，在第一部《中华人民共和国婚姻法》颁布40周年、第二部《中华人民共和国婚姻法》颁布10周年之际，市委宣传部、民政局等10个单位联合发出《关于开展宣传〈中华人民共和国婚姻法〉活动的通知》（萧民〔1990〕67号），对违法婚姻开展调查。至1990年2月，在萧山共有外省籍婚龄妇女5327人，其中依法办理结婚登记4326人，未办结婚登记称之为择偶暂住（有的已非法同居）的1001人。早婚、重婚、私婚等违法婚姻严重。在宣传教育中，发现和处理违法婚姻248对，其中早婚48对、重婚6对、私婚194对。1992年，全市开展婚姻登记管理执法大检查，发现早婚、非法同居、重婚等违法婚姻581例，并视不同情况作出处理。在办理申请结婚登记中，经审查不予登记的有613对。翌年3月，萧山市婚姻登记管理研究会成立，开展婚姻登记管理工作研究。1994年2月1日，国务院发布《婚姻登记管理条例》后，市民政局翻印2600本，分发各镇乡、村和有关单位，市婚姻登记管理研究会先后召开10次研讨会；各镇乡运用广播广泛开展宣传。1995年2月，为落实计划生育基本国策，对前来办理结婚登记未达晚婚年龄的当事人进行晚婚动员，有429对实行晚婚。1998年2月，由市纪委、计生委、民政局、公安局联合查处一起违反《婚姻法》和计划生育政策的事件，对当事人依法、依纪作出相应的处罚。

第六章 收养与遣送

萧山对遗婴收养是由委托当地群众抚养而发展到由社会福利院集中供养，并逐步走上法制化的道路。90年代后期，私自收养、违法收养的问题较为严重， 1999年开展专项治理活动后，得到有效遏制。

1992年8月，萧山建立杭州市遣送站萧山分站，1994年8月，经省民政厅批准，正式建立萧山市收容遣送站。①1995年，收容遣送盲流乞讨人员632人次。1996年、1998年和2000年配合有关活动，特别是2000年开展争创文明收容站活动取得巨大的成效，促进了社会治安的改变和市容市貌的改善。

①1962年，萧山曾成立收容遣送站。是年，全县共收容处理自由流动人员1774人次，其中属本县的927人次。1965年，萧山收容遣送站奉命撤销，改设临时收容遣送站。（资料来源：萧山区民政局：《萧山民政志》，2006年，第456页）

第一节 收 养

1985年5月30日，城厢镇发生1起残疾弃婴，镇政府予以查处。当其生父获悉后，表示认错，并要求领回抚养，不予追究责任。是年，城厢、临浦共有12名残疾弃婴委托当地群众抚养。1986年后，对遗弃的婴儿，改由当地政府委托群众抚养，并给予扶养费和婴儿生活费，具备收养条件的夫妇要求领养弃婴的，经当地政府同意，由民政部门办理收养登记手续。1989年8月20日，市民政局、卫生局、公安局、司法局、财政局等部门联合印发《关于弃婴收养工作的若干规定》（萧民〔1989〕77号），对发现遗弃婴儿的，应由村（居）民委员会和当地政府负责查找弃婴户，并负责抚养，经过查找，确实查不到弃婴户的，暂由当地政府委托合适的人代养，待市社会福利院建成后，送交社会福利院。是年，全市办理弃婴收养登记21人。

1991年12月9日，《中华人民共和国收养法》颁布，使收养弃婴纳入法制化轨道。翌年，城镇弃婴、孤儿改过去由委托当地群众抚养为萧山市社会福利院集中供养。是年，全市办理弃婴收养登记20人。

1998年11月4日，全国人大常委会颁布《关于修改〈中华人民共和国收养法〉的决定》。是年，全市办理弃婴收养登记31人，其中单身收养9人。

1999年，全市城乡特别在农村私自收养、违法收养的问题仍较为突出，据调查，1985年以来至是年5月止，全市非法收养有502人。6月15日，市政府《批转市民政局、计生委、公安局〈关于坚决制止非法收养及有关问题处理意见的通知〉》（萧政发〔1999〕81号）。并在党湾镇进行清理非法收养试点。6月21日，市政府召开清理非法收养动员大会，全市开展为期一个月的专项治理活动，对非法收养依法进行清理。经查核，1985年至是年6月，全市31个镇乡共发生非法收养1148人，办理收养登记799人，其中夫妻共同收养675人，单身收养78人，特殊情况收养②46人；送回亲生父母的4人；作计划外生育处理

②主要是夫妻俩已生育一孩，但因血缘或遗传等原因造成所生子女残疾，经严格审查后，同意收养。

的345人，已作出处理337人，其中作计划外一孩处理的144人，计划外二孩处理的181人，计划外三孩处理的12人。征收计划外生育费及超生子女社会抚养费210.38万元。遏制了私自收养和违法收养之风的蔓延，增强公民依法收养的法律意识。

第二节　遣　送

1985年前，县民政局设立临时收容遣送机构，会同公安部门做好收容遣送工作。1985～1990年，全市共收容盲流乞讨人员1120人次，其中直接收容1023人次，其他站转入97人次；遣送回原籍657人次，转其他部门处理463人次。1989年起，对收容人员不转其他部门而统一遣送回原籍。收容人员多数来自安徽、江西、江苏（苏北）等地，以及本省遭受灾害生活无着的盲流人员，经过劝说遣送回原籍。

1992年8月，经杭州市民政局批准，建立杭州市遣送站萧山分站。9月，市财政拨款30万元，选址城厢镇联华村（今蜀山街道联华社区）建设遣送站。是年，配合全国十佳卫生城市大检查和社会治安综合治理工作，全年收容遣送盲流人员105人次。

1994年8月，遣送站竣工并经省民政厅批准，正式建立萧山市收容遣送站。收容遣送站总投资33.50万元，占地面积2100平方米，建筑面积734.90平方米，配有遣送警车1辆，以及警具等装备。是年，市民政、公安、城管、工商等部门配合收容遣送115人次，其中外省盲流乞讨人员86人次，本省外地人员21人次，萧山籍人员8人次。同时收容遣送精神病患者9人，并给予必要的治疗。

1995年，随着民工潮涌入萧山，盲流乞讨人员和“三无”人员（无身份证、无外出务工证、无暂住证）明显增多，给社会治安和市容市貌带来一定的影响。是年，市民政、公安、城管等部门联合行动4次，收容遣送盲流乞讨人员632人次，其中外省528人次、省内104人次、精神病患者29人。这些人员主要来自安徽、贵州、江西、湖南、河南等地。

1996年4月，为确保第十一届亚洲摔跤锦标赛在萧山顺利举行，市民政局会同公安、城管部门开展清理收容盲流乞讨人员活动。是年，收容遣送盲流乞讨人员723人次。翌年，为迎接香港回归和全国中学生田径运动会在萧山举行，市民政局会同公安、城管等部门组成暗访组，分别于6月和8月开展收容遣送盲流乞讨人员活动，共收容遣送盲流乞讨人员1005人。

1998年，为迎接全国卫生城市大检查，贯彻《杭州市收容遣送工作条例》，实行依法收容遣送，文明管理。市民政局会同公安、城管等部门，加强城区环境整治，全年共收容遣送盲流乞讨人员1017人次。翌年，严格执行国务院《城市流浪乞讨人员收容遣送办法》和民政部、公安部《城市流浪乞讨人员收容遣送办法实施细则》，规范收容遣送行为，全年收容遣送盲流乞讨人员2056人次，比上年增加一倍以上。

2000年，萧山市收容遣送站开展争创市文明收容遣送站活动，注重软硬件建设。市财政拨款48万元，在原址征用土地333平方米，新建收容房400平方米，增添电子监探电脑、彩电等设备，修订完善各项规章制度，改观站容站貌，全市收容遣送盲流乞讨人员3000人次，是1985年的13.31倍。其中外省人员2518人次，占盲流乞讨人员的83.93%。是年，市收容遣送站被市委、市政府命名为市级文明单位。

第七章　殡葬改革

1971年3月，萧山实行殡葬改革[1]，开始推行火化。90年代，丧事大操大办，占地建坟，造豪华坟，相互攀比现象十分突出，既浪费人力、物力、财力，还浪费大量土地，造成“青山白化”，有悖社会主义精神文明，改革传统的殡葬陋习势在必行。1998年9月20日起，加大殡葬改革力度，扩建殡仪馆，全面实行遗体火化，禁止建坟土葬，拆除“三沿五区”的坟墓，统一建造公墓，形成文明的殡葬之风。1999年起，遗体火化率为100%。1985～2000年，全市实行遗体火化33000具。

①萧山历史上进行过两次殡葬改革。一次是在民国时期。民国政府曾有提倡公墓之议，颁布“推行公墓，限制私墓”的条例。民国17年（1928）成立的东乡自治会，在衙前凤凰山上建有公墓区。民国24年，县政府制定了本县本年度“筹建公墓场地及实施整洁计划”，省政府表示同意，并令萧山“公墓场地、务须督促各乡镇，于年底前一律筹建完成，不得借故延缓”。这一改革使传统的停棺不葬和因义冢管理不善变成乱葬的现象减少。另一次是中华人民共和国成立以后的七八十年代。1968年开始在城厢镇北干山南麓的原萧甬铁路北建县火葬场，1971年3月15日进行了首例火化。1983年，政府为加强对殡葬改革的领导，成立了县殡葬改革委员会，同时还成立县殡葬管理所，具体负责殡改事宜。同年8月，城厢、临浦、瓜沥3镇实行火葬，并相应设立镇殡改领导小组。翌年，此3镇又立了镇规民约。但由于传统葬礼的传承性和当时仅注意新式丧礼仪节的颁行，人们思想上对恶风陋俗的危害性认识不足，厚葬之风不久还潮。（资料来源：陈志根：《萧山古今谈》，西泠印社，2001年1月，第15～16页）

第一节　遗体火化

殡葬改革的重点是全面推行遗体火化，抵制占地建墓的不正之风，破除封建迷信的丧葬陋习，倡导文明办丧事的时代新风。1985年，城厢、瓜沥、临浦3镇坚持实行火葬，火化率在95%以上。是年，全县遗体火化413具。

1986年6月，县政府公布《萧山县殡葬管理实施细则》（萧政发〔1986〕70号），将火化区由城厢、瓜沥、临浦3镇扩大到34个镇乡（含城北、城南区，临浦区的义桥、大庄、通济，戴村区的戴村、永兴，瓜沥区的昭东、瓜沥、大园、坎山、光明，义蓬区的义盛、靖江、南阳、赭山）。城厢镇在22个居委会中设立288名殡改员，促进遗体火化工作的开展。

1987年，浦沿镇浦联村自1986年10月实施火葬以来，遗体火化44具，火化率100%，成为萧山第一个无土葬村。是年，浦沿、闻堰、长山、新街、盈丰等5个乡镇自置殡葬车。

1989年，城厢、瓜沥、临浦、闻堰、浦沿等镇坚持推行火葬，不搞土葬。全年遗体火化908具。1994年5月，市民政局根据火化率偏低的现状，拟定火化区分期实施方案。1996年，对发生的7起违规土葬事件予以查处。全年遗体火化729具，火化率为9.65%。

1997年3月19日，调整萧山市殡葬改革领导小组成员，各部委办局负责人共33人为成员。各镇乡也建立相应的班子，为开展殡葬改革提供了有力的组织保证。4月11日，市委、市政府组织有关部门负责人赴临安、德清考察殡葬管理工作。5月，召开全市殡葬改革工作会议。5月27日，市政府发出《关于印发萧山市殡葬管理实施办法的通知》（萧政〔1997〕7号）和《关于加强殡葬管理的通告》，根据“一次规划，分步实施”的方针，从1997年9月20日零时起，对城厢、临浦、瓜沥、坎山、衙前、新街、宁围、义桥、闻堰9个镇乡列为第一批实行遗体火化区，共遗体火化1050具。全市遗体火化1673具，火化率达21.71%，比上年提高12.06%。其中10～12月，全市平均火化率提高到50.74%。

1998年4月1日零时起，对党山、所前、益农、党湾、新湾、义盛、头蓬、河庄、南阳、靖江、前进11个镇乡作为第二批实行遗体火化区。9月20日零时起，全市28个镇乡全面实行遗体火化。是年，共遗体火化6563具（其中外地遗体和无名遗体748具），火化率为80.30%，比上年提高58.59%。其中9月20日至12月31日，全市遗体火化率100%。

1999年5月7日，市民政局印发《萧山市丧葬用品管理实施细则》（萧民〔1999〕33号），会同工商部门联合对全市丧葬用品行业进行全面清理整顿，检查摊点202处，打击非法销售活动，遏制封建迷信用品的泛滥，树立丧葬文明新风。

表32—7—582　1985～2000年萧山殡仪馆遗体火化情况

年　份	死亡人数（人）	遗体火化数（具）	外籍遗体火化数（具）	火化率（%）
1985	6771	413		6.10
1986	6470	735		11.36
1987	6579	986		14.99
1988	7130	1117		15.68
1989	6573	908		13.81
1990	6905	788		11.41
1991	6603	649		9.83
1992	7088	603		8.51
1993	6784	605		8.92
1994	7372	643		8.72
1995	6924	719	70	9.37
1996	6966	729	57	9.65
1997	6660	1673	227	21.71
1998	7241	6563	748	80.30
1999	6695	7911	1216	100.00
2000	6546	7958	1412	100.00

【附】

萧山市人民政府关于加强殡葬管理的通告

为切实加强殡葬管理工作，推进殡葬改革，促进我市两个文明建设，根据省政府《关于“九五”期间进一步加强殡葬改革工作的通知》和《杭州市殡葬管理条例》的规定，现就加强我市殡葬管理工作有关事项通告如下：

一、按照“一次规划，分步实施”的方针，全市殡葬改革分三批实行：第一批，从1997年9月20日零时开始，将城厢、临浦、瓜沥、坎山、衙前、新街、宁围、义桥、闻堰9个镇的行政区域全部划为火葬区。第二批，从1998年4月1日零时起，新增所前、党山、益农、党湾、新湾、义盛、头蓬、河庄、南阳、靖江、前进11个镇乡的行政区域划为火葬区。第三批，从1998年9月20日零时起，全市28个镇乡全部划为火葬区。

二、从1997年9月20日零时起，全市国家机关、事业单位、国有企业、城镇集体企业的干部、职工及享受国家定期、长期救济对象和第一批火葬区内全体人员，死亡后遗体一律实行火葬。

三、自通告发布之日起，全市范围内一律禁止建造建筑性坟墓。各镇乡要建造好骨灰存放室或公益性公墓，存放或安葬骨灰，提倡骨灰处理多样化。

四、自通告发布之日起，尚未实行火葬地区的人员死亡后，提倡实行火葬，遗体不火化者，一律在当地镇乡政府批准的地点埋葬，提倡深埋，不留坟头。尚未实行火葬地区的遗体一律不准进入火葬地区内安葬。严禁在耕地、山林地内乱埋乱葬。全市各村、山林队和山林承包者一律不得出让山地作为墓地，实行封山育林。

五、禁止制作、销售棺木和其他土葬用品。

六、对全市范围内的坟墓，要分批、分期进行平毁（受国家保护的烈士墓、知名人士墓和具有历史、艺术、科学价值的古墓及知名华侨、港澳台同胞的祖墓列外）。各镇乡要有平坟的规划，首先在铁路、公路、水库、河道、江河堤坝两侧和风景名胜区、文物保护区、封山育林区、城市规划区、经济技术开发区实现无坟）。

七、凡违反上述规定的，按照有关规定严肃处理，情节严重、构成犯罪的，由司法机关依法追究其刑事责任。如发现违反上述规定的，请广大干部群众积极举报。

八、本通告自1997年5月28日起执行。

（1997年5月27日）

第二节　迁坟平坟

1996年5月，市政府发出《关于北干山迁坟的通告》（萧政发〔1996〕10号），全面实施北干山迁坟还绿工程，搬迁、深埋和平毁坟墓5.05万座，使北干山实现绿化和美化。对西山上的坟墓进行实地踏勘，掌握土葬墓穴实际情况。对发生的7起违规土葬事件予以查处。

1999年3月10日，市委、市政府办公室发出《关于印发〈萧山市“三沿五区”内迁坟平坟工作实施方案〉的通知》（市委办〔1999〕38号），召开全市迁坟平坟动员会议，发布迁坟通告。重点抓了“三沿五区”范围内的坟墓进行迁移平毁。全市共迁坟平坟15.46万座，还耕杂地587.70亩，城厢、宁围、前进、新湾、党湾、靖江、义盛、头蓬8个镇乡基本实现无坟化。下半年，又对长山、航坞山、青龙山、白虎山、赭山、蜀山等范围内实施平坟规划。

2000年3月22日，市委、市政府办公室联合发出《关于开展迁坟平坟督查工作的通知》，由市四套班子领导和市级有关部门以及电视台、报社等新闻媒体组成6个督查组，分赴南阳、河庄、瓜沥、坎山、新街、衙前、义桥、闻堰、河上、戴村、进化等镇和城东、城南办事处，开展迁坟平坟督查绿化覆盖、公益性公墓建设等工作。对长山、航坞山、青龙山、白虎山、赭山、蜀山的20.10万座坟墓全面进行平毁、迁移，基本消除“青山白化”现象。

第三节　殡仪馆

萧山市殡仪馆的前身是萧山县火葬场，位于城厢镇北干山南麓，建于1970年11月。占地面积5700平方米，建筑面积1570平方米，设有一条龙双层燃烧火化炉2座、接尸车3辆，可容6具尸体的冷藏柜1个，职工

10人。1971年3月15日开始遗体火化。至1985年，共遗体火化413具。1986年3月28日，火葬场更名为萧山县殡仪馆。1987年，新建和翻修火化炉各1座，新建停车库4间。是年，遗体火化986具，火化率15.30%。

1993年，根据萧山城市建设总体规划，市政府批准，市殡仪馆迁址城厢镇城南办事处立新村（今蜀山街道章潘桥村立新自然村）。1994年11月20日破土动工，1995年11月1日工程竣工，12月20日殡仪馆开馆营业。殡仪馆占地面积31亩，其中业务区14000平方米，服务中心3333平方米，生活区3333平方米；建筑面积4084平方米，投资944.37万元。殡仪馆设计采用现代建筑和古建筑相结合，其主楼追悼大厅、告别厅、休息厅、业务洽谈区、营业大厅等用长廊连成一片，取名“铭旌廊”，配有亭、阁、塔、桥等，形成园林格局，馆区绿化率40%，为全市全面实行遗体火化奠定基础。

1999年，为解决城镇丧户办理丧事的困难，市政府投资200万元新建焚烧塔1座、休息亭3个，扩建殡仪服务中心，增设灵堂、休息室14间，计1680平方米，使接尸、卸尸、守灵、停尸、冷藏、整容、火化、骨灰领取、寄存、休息实现一条龙服务，成为一处庄严、肃穆、文明、便利的殡仪场所。是年，遗体火化7911具，其中萧山人口死亡 6695人，火化率100%。

2000年，萧山市殡仪馆总建筑面积8086平方米，配有杭州产HY−99型电脑控制火化机7台，年最大火化能力1.50万具，接尸车12辆，冷冻柜5个，可存放遗体30具。全年遗体火化7958具，火化率100%。是年，市殡仪馆被萧山市爱委会评为绿化先进单位。

第四节　公　墓

1986年，为配合推行火葬，城厢、临浦、瓜沥镇筹建公墓3处。1987年，闻堰、浦沿镇建起骨灰公墓，瓜沥镇在国家拨款6万元的基础上，自筹资金10万元，建成航坞公墓。1988年10月，东郊公墓建成。1990～1991年，全市投入使用的5处公墓，安葬骨灰穴383座，其中单穴95座、双穴288座。1992～1995年，东郊公墓安葬骨灰穴440座。1996年，为配合北干山迁坟还绿工程，东郊公墓进行扩建，新建墓穴780座，安葬骨灰451座。

1997年起，根据市政府《关于加强殡葬管理的通告》，推进殡葬改革，不搞土葬，各镇乡分批实行遗体火化。至2000年，经民政部门批准，建设镇乡、村公益性公墓36处、骨灰存放室10处。

东郊公墓　位于城东涝湖村茌山南麓（今新塘街道涝湖村），占地总面积112.90亩。1986年，经县计划委员会批准兴建，前期征地18.90亩（其中荒山13.95亩，山杂地4.95亩），1987年10月竣工。1988年，经省民政厅批准营业。

1996年，为确保北干山迁坟还绿工程的顺利实施，投资120万元，征用城东办事处涝湖村荒山80亩，扩建公墓，形成2个墓区，即老墓葬区（东墓区、西墓区、西高墓区）和新墓葬区。

2000年9月，因104国道改道及东郊公墓发展需要，按东郊公墓总体规划，继续征地14亩，其中山地10亩、耕地4亩，规划建设18个墓块，3个区块，即佛教区、基督教区、生态区。至年末，全墓区共有墓穴2865座，当年销售304座，已安葬骨灰2578座，其中当年安葬250座。

山南陵园　位于衙前镇航坞山南麓，系1997年经省民政厅批准建立的经营性陵园。陵园建设系一次规划、分期实施，首期征地90亩，投资3000万元。至2000年末，墓区共安葬骨灰350座。

山南陵园建设突出园林化、公园式的主题，集中国古典皇陵建筑与现代园林布局为一体。墓区根据地形环境，划分出不同墓葬区域，分别设立家庭墓穴区块、华侨外籍区块、艺术墓区块、基督区块和草坪区块等。

表32-7-583　1986～2000年萧山公墓基本情况

单位：亩

年　份	名　　称	占地面积	地　　址
1986	瓜沥航坞公墓	20	瓜沥镇东恩村
1986	临浦公墓	20	临浦镇谭家埭村
1996	航坞山公墓	15.2	瓜沥镇航民村
1997	益农镇公墓	4	益农镇利民坝北
1997	党山大和公墓	11.5	党山山北村大和山脚下
1997	瓜沥长巷公墓	29.3	瓜沥镇长巷村
1997	坎山湖塘公墓	16	坎山镇荣星村
1997	河上中心公墓	10	河上镇伟民村
1997	欢潭公墓	8	欢潭乡欢潭村
1997	欢潭第二公墓	7	欢潭乡泗化村
1997	蜀山公墓	30	河庄镇蜀南村
1997	南阳赭山公墓	15	南阳镇坞里村
1997	南阳青山公墓	5	南阳镇岩峰村
1997	螺山公墓	30	衙前镇螺山村
1997	新街同兴公墓	13	新街镇同兴村
1997	新塘公墓	11.2	新塘乡桥南沈村
1997	西郊公墓	15	城厢镇东湘村
1997	石岩金西公墓	2	石岩乡金西村
1997	城厢中心公墓	20.5	城厢镇城南立新村
1997	临浦黄金山公墓	10	临浦镇华家村
1997	大庄公墓	10	临浦镇后山坞村
1997	浦南横一公墓	40	临浦镇浦南横一村
1997	来苏孔湖公墓	8	来苏乡孔湖村
1997	义桥公墓	12	义桥镇桥亭村
1997	闻堰中心公墓	30	闻堰镇东山陈村
1997	所前米加岭公墓	10	所前镇夏山埭村
1998	许贤篷岭公墓	17.6	许贤乡篷岭村
1998	楼塔中心公墓	17	楼塔镇管村
1998	进化宝山公墓	20	进化镇马家垫村
1998	进化后金山公墓	20	进化镇傅家墩村
1998	浦阳中心公墓	10	浦阳镇径游村
1998	浦阳第二公墓	20	浦阳镇横塘倪村
1998	云石中心公墓	15	云石乡增丰村
1998	戴村公墓	15	戴村镇郁家山下村
1998	党湾镇公墓	4	党湾镇新前村
2000	坎山山北公墓	10	坎山镇工农村

第八章　移民安置

萧山安置三峡工程重庆库区农村移民[①]，是省政府交办的任务。中央和地方政府拨出专项资金，落实迁入村、房基地、耕地和自留地，在指导农业生产、择业、子女求学和日常生活等方面提供帮助，使他们留得住、有奔头、早致富。

①三峡工程全称为长江三峡水利枢纽工程。工程分三期，总工期18年，于2009年完工。工程全部竣工后，库水淹没区涉及湖北和重庆20个区县市，最终动迁移民113万，其中在重庆移民数量占整个库区移民的85%左右。

第一节　三峡移民

2000年8月4日，省政府召开三峡移民安置工作会议，下达萧山市三峡工程重庆库区农村移民安置任务800名。10月，全市落实三峡库区农村移民来自重庆市奉节县永安镇的桂井、白马、窑湾、校场、茶店、十里6个村，183户767人；新城乡的袁梁、金盆两个村，9户、40人。2000年8月至2001年8月，分前期准备、移民对接、移民建房和移民搬迁等阶段，共接收移民安置192户、807人，全面完成接收安置移民任务。

第二节　扶持政策

市委、市政府按照国务院办公厅和省政府文件精神，移民宅基地面积按当地农户建房标准：1～3人为75平方米、4～5人为110平方米、6人以上125平方米。委托建房189户、共795人，安排宅基地19190平方米，其中大户31户、3875平方米；中户99户、10890平方米；小户59户、4425平方米，移民建房面积26272.60平方米，人均33.05平方米。购旧房3户、12人，建筑面积600平方米，人均50平方米。并规定人均建筑面积达到25～35平方米，按人均一次性补助2800元，购旧房再增加人均一次性补助200元，市政府同时下拨人均2000元，共161.40万元，作移民建房补助款。按移民人均承包土地467平方米、自留地2.67平方米的标准，安排生产、生活用地，以相对集中，便于耕作和管理，并有相应水利配套设施，共落实移民承包地564.93亩、自留地31.25亩。

移民在政策上给予优惠，移民承包耕地的经营收入，在3年内免缴农业税，3年内免缴镇统筹村提留款，3年内不承担集体分摊的义务工和劳动积累工。移民就医、子女入学，与安置地村民一视同仁，其中处在义务教育阶段的，从安置后的第一学期开始，两年内免缴学杂费，并免费赠送第一学期的学习课本；对非义务教育阶段就读的移民子女，从安置后的第一学期开始，两年内学杂费减半。全市移民子女入学全部到位，其中高中14人、初中43人、小学101人。移民免缴有线电视初装费和2001年有线电视收视费，免缴土地承包证、门牌及门牌号码证、户口簿、身份证及各类执照的工本费，免缴移民自来水初装费和供配电贴费等。市政府还为每户移民补助1000元，购置灶具、餐桌和日常用品。卫生、防疫部门逐户上门走访，帮助水井消毒，儿童注射疫苗。帮助移民从事二、三产业，增加经济收入，移民中共有劳动力435人，至2001年8月，安置在镇办企业工作270人，占60%。

根据国务院《三峡工程重庆库区农村移民外迁安置资金财务管理办法》和《三峡库区移民资金会计制度》的规定，13个镇和市移民办公室均单独设立账户，专户储存，独立核算。全市落实移民安置资金3156.50万元。中央资金1676.70万元，其中：生产安置费843.23万元、基础设施费405.11万元、管理补助费36.15万元、困难户补助费56.49万元、生产资料购置费237.66万元、移民培训费8.07万元、过渡期生活费75.05万元、长途运输费12.11万元、安置规划补助费2.82万元；地方资金768.96万元，其中：省财政资金161.40万元、市财政资金210.00万元、镇财政资金397.56万元；奉节县移民建房资金710.84万元。

第三节 安 置

2000年8月9日，市民政局等有关部门负责人赴嘉善、长兴等地学习三峡工程重庆库区农村移民安置工作试点经验，实地参观3个移民建房点。

8月12日，市委、市政府召开移民安置工作任务分配会议，依据安置村农民人均耕地面积不少于467平方米，交通便利，村级人均收入高于5000元，相对集中，分散安置在15个镇乡（2001年7月调整为13个镇，即义盛、头蓬合并称义蓬镇，前进乡并入新湾镇）的64个村。8月14日，建立萧山市三峡库区农村移民安置工作领导小组，由市委副书记王伟民任组长。有移民安置任务的宁围、新街、衙前、坎山、瓜沥、党山、靖江、义盛、头蓬、党湾、新湾、河庄、南阳、益农镇和前进乡15个镇乡相应建立三峡库区农村移民安置工作领导小组，由镇乡党委书记任组长。8月15日，召开萧山市三峡库区农村移民安置工作领导小组会议，重点学习《国务院办公厅转发国务院三峡工程建设委员会办公室、移民开发局关于做好三峡工程库区农村移民外迁安置工作若干意见的通知》（国办发〔1999〕99号）和省政府办公厅《关于做好三峡工程库区农村移民安置试点工作的通知》（浙政发〔2000〕108号）精神。制定《萧山市三峡库区农村移民安置工作方案》。

9月20～21日，由市领导率有安置任务的镇乡长和市政府办公室、农经委、计生委、民政局、土管局、建设局、公安局、财政局、教育局等部门负责人赴上海崇明县、本省嘉善县学习考察，参观4处移民安置点，借鉴试点地区经验，做好前期准备工作。

10月15～21日，市政府组织市公安局、计生委、教育局等有关部门工作人员赴重庆市奉节县永安镇，对外迁移民逐户进行移民资格审核。16日，召开市三峡库区农村移民安置工作领导小组会议，制订《萧山市三峡库区农村移民安置工作计划》《萧山市三峡库区农村移民安置工作领导小组成员单位职责》和移民安置工作有关政策规定。

10月19～21日，由重庆市奉节县委书记刘本荣率移民外迁考察组来萧山，实地考察安置镇、村移民宅基地、自留地、承包地落实情况。

2001年2月10日、13日和22日，奉节县永安镇外迁移民户主分批来萧山实地对接，签订安置协议，委托当地政府建房189户，购旧房3户。

3月27日，萧山区政府和重庆市奉节县政府正式签订《三峡工程重庆库区农村移民出市外迁安置协议书》。

4月16～17日，全省三峡库区农村移民安置工作会议在萧召开。4月23日，区委、区政府召开三峡库区农村移民建房工作会议。确定移民户宅基地面积、建房户型、建筑面积和建房时间、质量，由三级以上资质的施工队承建，镇乡有专人分管，区建设局质监部门进行分片巡回检查工程质量，主体工程竣工，奉节县代表参加验收，建房期间，区四套班子领导对15个镇乡的建房质量、进度进行2次专门督查。7月底，移民安置房建设工程全面竣工。

8月7日，区委、区政府召开三峡移民搬迁工作会议，对移民搬迁的原则、人数、时间、方法和交接地点作了统一规定。安置镇、村对移民房屋及配套设施进行大检查，移民安置工作领导小组成员单位对照职责，各司其职。区政府还专门成立移民搬迁宣传工作组、安全保卫组、后勤保障组，以确保搬迁工作顺利进行。

8月12日，奉节县永安镇第一批移民155户654人顺利抵达萧山，区委、区政府在萧山经济技术开发区举行欢迎仪式，并妥善安置在13个镇。8月28日，第二批移民37户116人到达萧山，有关安置镇派车接送搬迁户。移民入住后，区委、区政府领导看望、了解移民入住情况。在国庆、中秋节之际，区领导对落户萧山的三峡移民进行上门慰问。

图32－8－816　萧山区举办三峡移民“绿色证书”培训班（2001年10月摄，萧山区民政局提供）

10月16日至11月3日，为使移民逐步融入本地生产生活，区政府对全区移民分3期举办农业技术暨“绿色证书”培训班，传播生产技能。各镇村普遍由党员干部同移民户建立帮扶联系制度，承包土地当年种上晚稻和蔬菜等作物，使移民在萧山安得下，稳得住，逐步能致富。

表32–8–584　萧山市三峡库区移民安置情况

安置地		迁出地		户数（户）	人数（人）	承包地自留地（亩）
镇乡	村名	镇乡	村名			
宁围	利二 顺坝 利一 丰北	永安镇	桂井 白马 窑湾 校场	11	49	36.26
新街	盛东 盛中 华丰 新塘头 九号坝	永安镇	白马 校场 茶店 桂井	13	58	42.92
衙前	山南 四村	永安镇	校场 窑湾 白马	7	28	20.72
坎山	工农 三盈 梅仙 甘露亭	永安镇	白马 窑湾 茶店 校场 十里	14	60	45.14
瓜沥	横埂头 运东 进化 沙田头	永安镇	白马 校场 窑湾 桂井	14	57	41.44
党山	梅林 车路湾 世安桥 大池溇 八里桥 沙北	永安镇	白马 桂井	18	74	53.28
靖江	光明 东桥 义南	永安镇	桂井 白马	12	52	37.74
义蓬	杏花 新益 火星 新庙前 仓北 全民 小泗埠	永安镇	茶店 白马 十里 桂井 校场	24	99	72.52
党湾	合兴 新梅 裕民 曙光 永安 民新	永安镇	白马 茶店 桂井 校场 窑湾	16	73	53.28
新湾	共裕 共建 建华 共和 冯溇	永安镇	白马 茶店 十里 桂井 校场	13	58	56.24
	东升 长征	新城乡	袁梁	4	19	
河庄	民主 闸北 围中 建设 群建 建一	永安镇	校场 桂井 窑湾	17	71	51.80
南阳	雷山 东风 南丰 赭东 万丰	永安镇	窑湾 白马 桂井 茶店 校场	16	68	49.58
益农	兴裕 三围 众力	永安镇	白马 桂井	7	30	36.26
	东沙 群英	新城乡	金盆 袁梁	6	21	
13	64	2	8	192	817	597.18

注：移民人员中包括随迁人员10人。

第九章　革命老区报批与扶持

萧山南片的戴村、云石、许贤以及西兴、长河和浦沿的部分村有着光荣的革命传统，早在第二次国内革命战争时期，就在党的领导下，踊跃参加革命斗争。80年代中期，县民政局、党史办组织力量开展调查、征集、核实史料，依照省制定的革命老区标准和报批程序，报批上级民政部门。1987～1992年，先后批准2个乡、48个村（含老区乡辖）、1个居民区为革命老区。政府还出台一些优惠政策，采取结对帮扶和科技开发等措施，使这一地区富裕起来。

第一节　革命老区报批

萧山南片的戴村、云石、许贤和西片西兴、长河和浦沿的部分村（居委会）有着光荣的革命传统，早在第二次国内革命战争时期，就在党的领导下，踊跃参加革命斗争。1985年起，县民政局、党史办组织力量开展调查，征集、核实史料，依照省制定的革命老区标准和报批程序，上报省市民政部门审批。1987年6月，杭州市民政局批准云石乡的佛山村（原上堡村）、沈村为革命老区村；1989年4月，杭州市民政局批准云石乡的南坞、明堂、石牛山、响石桥、枫树、勤工、平山、增丰等8个村为革命老区村；8月24日，省民政厅批准云石乡为革命老根据地乡；12月，杭州市民政局批准许贤乡的西山下、西河埭、华家里、富春、单家、前黄、后黄、南坞、北坞、邵家、俞家、里陈、勤丰、寺坞岭、下洋桥15个村为革命根据地村；是月，杭州市民政局又批准戴村镇的丁村、下方2个村为革命根据地村。

1990年1月15日，省民政厅批准许贤乡为革命老区乡；5月，杭州市民政局批准长河镇的长河、长一、长二、江一、江二、江三、汤家桥、汤家井、山一、张家村、塘子堰、傅家峙、街道居民区13个村（居）和西兴镇的襄七房、庙后王、湖头陈3个村及浦沿镇的浦联、山二2个村为革命老区村；1992年8月，杭州市革命老区工作领导小组批准，许贤乡何家桥、塘坞、箍岭、郭村4个村为革命老区村；12月，萧山撤区扩镇并乡后，省民政厅发文（浙民老字〔1992〕1097号），重新认定云石乡、许贤乡为革命老区乡。

【附】

革命老区

云石乡

民国16年（1927）8月，共产党员瞿缦云到上堡（今佛山村）一带发动群众组建农民协会。钟阿马等受到革命思想的教育，团结广大贫苦农民建立上堡农民协会。是年秋，钟阿马加入中国共产党，并被推选为上堡村党支部书记。后，沈村、顾家溪、丁村等建立党支部，又在全乡范围内成立农民协会，开展“二五”减租斗争。民国17年初，上堡村以钟礼仁为首的地主、槽户，组织“保产联合会”，与农民协会对抗。钟阿马带领农协会员教训了钟礼仁，“保产联合会”随之垮台。然大地主钟麟俦与义桥震泰钱庄主相勾结，强迫负债农户将山产作抵押，如一月内不能偿还债务，就拍卖抵押的山产抵债，激起山民的愤慨。党组织以钟阿马为首成立了武装组织——铁血团，并亲自任团长，以土枪、梭镖、铁棍为武器，对地主、槽户和地方上的国民党反动势力开展不屈不挠的斗争，掀起著名的萧山南乡“砍竹暴动”，成为萧山历史上第一支工农革命武装力量。为解决贫苦农民生计无着的困境，钟阿马提出了“减租减息，除强扶弱，互相帮助”等口号，并带领“铁血团”的团员们上山砍伐地主竹木，出售自救，一连七次上山，从地主山上砍得树林、毛竹五六百株。卖竹所得之钱款一部分用于救济贫苦农民和生活困难的“铁血团”团员，一部分用来添置武器，或作为修建本村学校之用。一时间，萧山南部的农民运动风起云涌。是年秋，钟阿马当选为中共萧山县委委员。10月，县委决定以上堡为中心发动农民暴动。后钟阿马等党员领导“铁血团”和当地群众进行“砍竹暴动”，地主钟麟俦等向县、省政府告状。民国18年4月19日，国民政府派出由浙江省保安队、萧山县警察局70余人组成的剿捕队前往镇压，“铁血团”英勇抵抗，终因力量过于悬殊，“铁血团”遭到破坏，萧山南乡的革命斗争被镇压下去，以“意图颠覆政府武装暴动”的罪名，钟阿马等10人被捕，囚于浙江陆军监狱。民国19年8月30日，钟阿马就义于临浦峙山。

许贤乡

民国17年（1928）2月，成立中共西山下支部，组织党员分别到金家甸、南坞、石门、罗墓畈等村开展活动，党员遍及7个自然村。10月，在西山下村建立第一个农民协会。至12月，石门、下洋桥、罗墓坂、金家甸、南坞等村，相继建立农民协会分会，会员1500余人，占全乡农民63%。农民协会先后办起西山、浦西、云峰小学。

民国17年（1928）秋，支部从农民协会会员中挑选500余名青壮年，成立农民自卫团，配备土枪、马刀、铜铳、梭镖等武器，为开展革命武装斗争作准备。1929年春，农民协会向地主提出“二五减租，欠租不计息”的正当要求，遭到地主的反对。清明节之日，农民协会发动1000余名会员，在全乡范围内开展声势浩大的示威游行，高呼“打倒土豪劣绅”、“实行减租减息”等口号，地主们慑于农民协会的强大力量，接受“二五减租”条件，斗争取得胜利。大地主孔阿坑阴谋组织100余名地主武装，冲进西山村报复。农民自卫团闻讯后，从各村赶来，与地主武装展开搏斗，自卫团20多人受伤，其中5名党员受重伤。6月，全乡有不少农户缺粮断炊，国民党的乡长、南坞村大地主邵庭梅却阴谋将义仓积谷用来假公肥私、优亲厚友，中共党组织及时发动农民协会会员和农民自卫团成员冲砸乡公所，搬出稻谷100多担，赈济给南坞、金家甸等村的断粮农户。邵庭梅派乡丁前来镇压，农卫团员奋力还击，打退乡丁，夺粮济贫。民国18～19年，党支部和农民协会还多次组织山区农民到义桥镇捣米行，农卫团成员利用土枪、铜铳粉碎了义桥警察所的武装干涉，把奸商囤积的粮食分给缺粮农户。经过多次斗争，使投机奸商不敢任意哄抬米价，保护了农民的利益。民国18年夏，中共萧山县委遭受破坏，西山下党支部负责人被捕，民国19年11月，第二任支部书记也被捕入狱，从此许贤乡与上级党组织失去了联系，农民协会也自行解散。

戴村镇丁村、下方村

民国17年（1928）年，丁村、下方村发展中共党员20余人，分别建立党支部和农民协会。部分人员参加上堡村钟阿马组织的“铁血团”武装队伍，开展“二五减租”和减息斗争，清算戴村镇地主奸商的不义之财，砍伐地主山上的大树、毛竹，打击地主、槽户的反动气焰。

民国18年（1929）4月，省保安队、萧山警察局剿捕“铁血团”时，丁村党支部书记遭逮捕，下方村党支部书记改名隐蔽他乡，其他党员也遭劫难，革命斗争被迫停止。

长河镇、浦沿镇和西兴镇的部分村（居委会）

民国16年（1927）秋，来耀先（又名来宝坤）等加入中共党的组织，在长河建立第一个党支部，并在周围村庄开展工作，先后发展党员100余人，建立长河、沿山、汤家桥、傅家峙、北塘头（外沙）、襄七房、湖头陈、孔家峧、汤家里9个党支部，并成立中共萧山西乡区委。长河村党支部成立西乡农民协会，入会农户2000余户，会员2000余人，下设长河、沿山、汤家桥等3个分会，开展轰轰烈烈的“二五减租”、“小斗量租”的斗争。是年10月，14户地主土豪联名向国民党萧山县党部控告来宝坤和西乡农民协会。萧山县政府立即下令搜捕来宝坤和西乡农协会会员。在西乡各党支部的发动下，2000余名农协会员扛着锄头、铁钯，高举西乡农民协会的大旗，赶赴县城示威游行，反对地主豪绅欺压农民的罪行。游行队伍返回长河后，又冲砸了长河警察所，将所长叶照德揪到街头戴上高帽示众，迫使地主豪绅们推举代表同农民协会进行谈判，地主豪绅被迫答应“二五减租”、“小斗量租”，收租时由农协会派人监督，斗争取得胜利。

民国17年（1928）2月，西乡各党支部接到中共萧山县委关于“组织农民暴动”的指示，决定趁农历二月初七长河演社戏之际，再次攻打长河、西兴两个警察所，夺取枪支武装农协会员，并拟定除掉当地罪大恶极的劣绅傅黎庄的计划。后因机密泄露，遭到敌人的突然袭击，农协常委来柱臣被捕。来宝坤立即组织300多名农协会员包围长河警察所，救出来柱臣，并缴获长枪11支，武装农协会员。3月21日，来宝坤在六房道地召开会议，再次讨论暴动计划，又遭到警察的袭击，农民协会主任来如庆为掩护来宝坤等人转移，挺身阻拦警察闯入，暴动未成。4月，沿山、湖头陈农民协会因反抗军事捐受到西兴警察所的搜捕，农民协会即组织会员两次捣毁西兴警察所。而后，反动当局加紧镇压革命，长河地区一片白色恐怖，著名的西乡农民暴动终被镇压下去。

第二节 革命老区扶持

1989年7月，市民政局配合市科普协会对云石乡实施科技扶贫，并在增丰村建立科技扶贫点，以技术为先行，充分挖掘当地自然资源的潜力，发展种植业、养殖业和传统手工业。为增丰村解决无息贷款2万元、科技贷款8万元；其他各专业口解决发展基金2.60万元。农口各学会4次组织技术骨干到村进行调研、规划，帮助解决发展林业特产的技术难题。到年底，增丰村在遭受台风暴雨灾害情况下，全村实现工副业总产值100万元，获利5万元，人均收入达到705元，比扶贫前1989年的651元提高8.30%。1990年8月29日，市委、市政府发出《关于促进边缘山区、围垦地区、革命老区部分集体经济薄弱乡改变面貌的通知》（市委〔1990〕39号），明确云石、许贤等11个乡为扶持对象，市财政每年切块一笔专项资金，按照择优扶持的原则，确定项目，戴帽下达，实行有偿使用，滚动投入；继续实行财政包干优惠政策，包干收入增收分成比例比一般乡镇提高30%；扩大横向联营优惠等措施。要求各级各部门大力支持经济薄弱乡发展经济，改变面貌。10月，市民政局拨款1.50万元支持乡间公路建设，杭州市民政局拨给云石乡钢材12吨，支持云石乡建造集体用房发展经济。

1994年10月26日，云石乡狮山村第一批18户农家下山迁入新区，成为对海拔500米以上的狮山村实行易地脱贫的第一步。

2000年5月19日，市委、市政府印发《关于加快南部区域基础设施建设及扶持南部欠发达镇乡经济发展的若干意见》（市委〔2000〕28号），采取加快道路建设，新建自来水厂，新办企业或企业技改增资予以政策优惠等措施，鼓励和促进一些革命老区镇乡经济社会的发展和居民生活水平的提高。

第三十三编 社会保障

渡浙江，宿西興民家

明·高启

挂帆无天风，到岸日已夕。舍舟理轻装，欲问古镇驿。沨沨滩声迥，莽莽山气积。仆夫夜畏虎，苦共弗远适。望林投人家，炊黍旋敲石。寒眠多虚惊，我体若畏席。谁云别家远，数日已在客。今宵始惊叹，东西大江隔。

社会保障主要包括社会保险、社会救济、社会福利、社会优抚和社会互助等内容。

中华人民共和国成立后至80年代中期，萧山行政机关和企事业单位基本实行“老劳保”（“进了单位门，养老保终身”）制度，存在着诸多弊端，与市场经济不相适应。1986年起，在企业职工中率先实施社会养老保险制度改革，随后逐步扩大到机关事业单位职工和农村人员，建立起以社会养老为主体，失业、医疗、工伤、生育相配套，权利与义务相对应，管理服务社会化的社会保险体系。至2000年底，全市参加社会保险总人数逾20万人。

萧山历史上以暴风、洪涝灾害居多，给灾民生活带来困难。政府通过安排财政支出和社会捐赠的方式，落实赈灾和贫困救助资金，农村救济实行救济与扶持贫困户脱贫致富相结合的方针，建立正常、有序、有效的灾害救助体系。全面实施城乡最低生活保障制度，解决低收入群体的生活困难，形成城乡配套的社会救济体系。1985～2000年，全市发放社会救助金2974.88万元，使受灾群众和城乡贫困居民享有最低生活保障。

民国初，萧山有育婴堂、贫民习艺所、贫儿院、义庄、水龙会、施棺会、茶场会等公益慈善机构。民国18年（1929）后，养老、育婴堂改组为萧山救济院。解放后，采取群众互助互济和政府给予必要的救济相结合的办法，举办各种社会福利善事。改革开放后，政府加大对社会福利事业的投入，倡导社会投资创办敬老院，改善社会福利设施。发展社会福利企业，增加社会福利资金来源。发行社会福利彩票，募集社会福利基金，资助福利公益事业。健全管理服务体系，对鳏寡老人、孤残儿童和农村“五保”人员实施集中供养，保证他们衣食无忧。1993年，萧山市被评为杭州市“五保”敬老工作先进集体。

民国时期，政府对士兵的牺牲、伤残及其家属优待虽作过一些规定，但实际优待、抚恤甚微。解放后，国家颁布一系列优待、抚恤条件和规定，优待对象的待遇逐渐提高。特别是改革开放后，政府通过出台有关优惠政策等措施，基本形成国家、社会、群众共同负担，与当地社会经济发展同步的优抚工作格局，使烈属、军属、复员退伍军人、残废军人的抚恤金、优待金、补助金标准逐渐提高，起到安定军心，促进社会稳定的作用。

在政府的鼓励和支持下，社会团体和社会成员自愿组织和参与扶弱济困活动。1988年起，在农村推行救灾互助合作保险改革，由传统的贫困救济转向互助互济保障。采取确定灾害等级，按等级划分救灾责任和救灾经费标准等办法，初步形成救灾工作分级管理、救灾款分级负担的运行体制。

至此，在全市基本建立起独立于企业事业单位之外、资金来源多元化、保障制度规范化、管理服务社会化，适应社会主义市场经济体制的社会保障体系，使人民群众基本实现老有所养、病有所医、灾有所济、弱有所助的愿望。

第一章　社会保险

萧山社会保险制度改革始于1986年。1987年率先在企业中建立积累式劳动保险制度。同时，在机关事业单位和企业中实行失业保险制度。1991年，在企业中推行女工生育保险制度。翌年，又在企业中建立职工工伤保险制度。1993年，在全市机关事业单位中实行社会养老保险制度。1995年，将社会养老保险拓展到农村从业人员。1997年11月，对全市社会保险管理体制进行改革，将原由劳动、人事、民政三局分别管理的萧山市社会劳动保险公司、萧山市机关事业单位社会养老保险办公室、萧山市农村社会养老保险办公室合并，建立萧山市社会保险管理局。1999年9月，又将原由市卫生局管辖的萧山市公费医疗办公室成建制划归萧山市社会保险管理局，从而统一全市社会保险管理机构。至此，在全市基本形成集养老、失业、医疗、工伤、生育、最低生活保障为一体，城乡配套，管理服务社会化的社会保险体系。

到2000年底止，全市参加社会保险总人数204508人，基本实现参保人员老有所养、病有所医、伤有所治、失业有保障、生育有补贴、困难有救助的保障目标。

第一节　社会养老保险

企业养老保险

1986年10月3日，县政府发布《关于认真贯彻执行国务院改革劳动制度〈四项暂行规定〉的补充意见》（萧政〔1986〕112号），规定在萧的中央、省、市、军队所属的全民、集体企事业单位，本县全民及县以上集体企事业单位，以及中外合资（合作）经营企业中的劳动合同制工人，建立积累式社会劳动保险制度。劳动合同制工人退休养老保险工作，由县劳动局所属的社会保险经办机构负责管理。由此开始，标志着萧山社会保险制度改革正式启动。12月30日，县政府发出《关于建立社会劳动保险公司的通知》（萧政〔1986〕152号），负责筹集退休养老基金，支付养老费用和组织管理退休工人。

1987年1月1日起，对县境内的中央、省、市、县属全民和县以上集体企业事业单位（供销系统的合作商店暂不实行）、中外合资企业中中方劳动合同制工人实行退休养老基金社会统筹。以前未缴的企业，自1984年7月1日起补缴，缴纳办法为统筹单位按劳动合同制工人月工资总额的17%提取，合同制工人按月标准工资的2%缴纳。至年底，全县有276家单位的7796名合同制工人参加统筹，收缴养老基金171.8万元，占应缴数的98%以上。 7月22日，县政府印发《关于颁发〈萧山县全民所有制企业离退休基金统筹试行办法〉的通知》（萧政〔1987〕90号）。规定7月1日起，凡在本县境内的中央、省市、县属全民企业固定职工和所属劳动服务公司的固定职工（包括未实行独立核算的混岗全民办集体人员以及中外合资企业中的中方职工）、离退休职工和按国务院国发（〔1978〕104号）文件规定办理的退职职工以及保养人员，均实行离退休基金统筹。根据“以支定筹，略有节余”的原则，确定13%和20%两个档次进行征集。至年底，全县有131个结算单位的32700名固定职工、6939名离退休（保养）人员参加社会统筹，共收缴统筹基金280万元，下拨194万元，当年结余86万元。这项政策的出台，使社会养老保险参保对象由单一的合同制工人扩大到规定范围内的全体固定职工。

1988年6月22日，市政府颁发《〈萧山市集体所有制企业职工离休、退休、退职劳动保险基金统筹试行办法〉的通知》（萧政发〔1988〕99号），凡在本市境内的县（市）以上集体所有制企业的固定职工以及中外合资经营企业中属集体所有制性质的中方职工，实行离休、退休、退职劳动保险基金统筹制度。按照“以支定筹，略有节余，合理负担，逐步均衡”的原则，统筹基金按离退休职工统筹费用总额占固定职工工资总额加离退休统筹费用总额的一定比例提缴，低于测算比例18%的，按18%缴纳统筹基金，高于18%的，按25%缴纳统筹基金（简称两个基数，两个比例）。到1990年底止，全市参加“两项基金”统筹的单位320家，参加养老保险的固定职工、合同制工人、离退休人员分别为56821人、15299人和16709人。

1991年8月1日，市政府印发《〈萧山市县以下城镇集体企业职工退休基金统筹办法（试行）〉的通知》（萧政发〔1991〕63号），规定在城厢、瓜沥、临浦等3镇的镇办县以下集体企业（包括镇办“三资”企业中的中方固定职工），实行固定职工退休基金统筹制度，根据“以支定筹，略有节余，合理负担，适当照顾”的原则，统筹基金的缴费比例为职工工资总额、退休与退职人员“三费六贴”之和的18%。至年底，全市集体企业参加社会统筹的固定职工和离退休人员分别为26170名和9046名。是年起，建立企业职工个人缴费和《职工养老保险手册》制度。

1992年4月，将农垦系统的2824名劳动合同制职工纳入社会养老保险。9月，101名城镇待业人员、待业职工纳入社会养老保险。11月3日，市劳动局发出《关于施行企业职工个人缴纳养老保险金的通知》（萧劳险〔1992〕145号），从是年11月1日起，企业职工按月标准工资的3%（绝对额为每人每月2元）缴纳养老保险费，并为每个参保职工建立《职工养老保险手册》，建立起国家、单位和个人共同负担基本养老保险费用的筹集模式。至年底，全市有548家企业的23092名合同制职工参加社会养老保险。

1993年1月起，实行固定工基本养老基金和合同制工人养老基金合并统筹；8月起，临时工养老基金亦列入此项基金的统一调剂使用，从而在全市范围内基本形成一个按照不同用工形式，实行不同养老保险方式的双轨制基本养老保险新格局。是年7月25日，市政府印发《关于萧山市城镇企业临时工基本养老保险列入社会统筹的通知》（萧政发〔1993〕42号），对市境内本级和省、杭州市、部队所属的全民所有制企业、集体所有制企业、“三资”企业招用的临时工均列入社会养老保险。是年，还在义桥镇的镇办企业进行养老保险制度改革试点，首次将社会养老保险改革延伸到乡镇企业职工。

图33－1－817 萧山城市信用社代发企业离退休人员养老金（2000年9月27日，柳田兴摄）

1994年2月22日，市政府发出《关于印发萧山市企业职工基本养老金计发办法试行意见的通知》（萧政发〔1994〕78号），从1993年10月1日起，对企业职工基本养老金计发办法进行改革，结束沿袭40多年的养老金计发办法。规定职工的基本养老金与社会平均工资挂钩，与职工缴纳基本养老保险费的工资、缴费年限挂钩，与职工生活费价格指数挂钩（简称三挂钩），由基础养老金、缴费养老金和物价生活补贴组成，体现公平与效益对等的原则。

1996年6月14日，市政府印发《关于完善城镇企业职工基本养老保险征集办法的通知》（萧政发〔1996〕80号），从是年1月1日起，基本养老保险费由企业缴纳部分原实行两个基数两个比例缴纳的办法，统一调整为企业按在职职工缴费工资总额的19%，列入统筹离退休养老金按15%的比例缴纳。职工个人缴纳部分，统一调整为按本人缴费工资总额3%的标准缴纳。企业和职工缴费工资，高于上年全省社会平均工资200%以上的部分不计入缴费工资基数和计发养老金的基数，调整为超过上年全省社会平均工资的300%的部分，不计入缴费工资基数和计发养老金基数。6月17日，市政府又印发《关于强化社会保险基金收费，保护职工合法权益的通知》，建立《社会保险证》制度，加大社会保险费收缴力度，健全和规范社会保险运行机制。是年7月1日，根据杭州市政府关于区域调整的要求，将原在西兴、长河、浦沿3镇境内的18家参保企业中的8225名在职职工和2998名离退休人员的社会保险业务关系统一移交杭州市社会保险管理委员会办公室管理。至年底，全市参加社会养老保险的企业为730家，参保的在职职工和离退休人员分别为73540名和23830名。

1997年1月6日，市劳动局印发《关于城镇职工自谋职业等人员缴纳社会保险费的暂行办法》（萧劳险〔1997〕1号），规定因企业转制或其它原因从事自谋职业的城镇职工，不论其在个体、私营及乡镇企业工作的，均可自愿参加城镇企业职工社会保险（养老、大病医疗），并按规定缴纳社会保险费。缴费基数以上年全省社会平均工资60%～300%内由参保者自由选择，缴费比例为22%。这项政策的试行，为实现多渠道就业创造了条件，深受自谋职业人员的欢迎。3月，市政府办公室发出《关于调整基本养老保险费征集比例的通知》（萧政办〔1997〕14号），从是年1月1日起，城镇企业离退休人员养老金列入统筹部分的缴费比例，由15%降至10%；职工个人缴费比例由3%提高到4%。5月8日，市劳动局发出《关于重申“三资”企业中方职工社会保险有关问题的通知》（萧劳险〔1997〕53号），规定在市境内归口国有、城镇集体系统管理的中外合资合作经营企业、港澳台合资合作经营企业、外商及港澳台独资企业、中外股份有限公司（简称“三资”企业）的中方职工，必须统一参加社会保险。

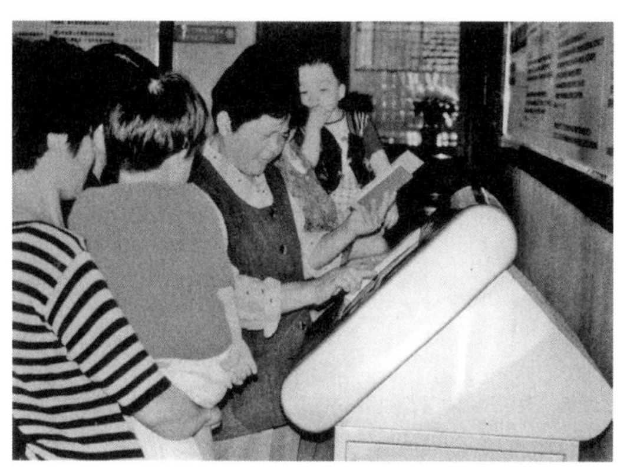

图33－1－818　1999年5月28日，参保人员在萧山市社会保险管理局大厅内通过触摸屏查询养老保险信息（柳田兴摄）

依据国务院1997年7月16日颁发《关于统一企业职工基本养老保险制度的决定》（国发〔1997〕33号），市政府于1998年5月20日印发《关于进一步完善职工基本养老保险制度的实施办法》（萧政〔1998〕7号），规定在市境内的国有企业、城镇集体企业、股份制企业、股份合作制企业、联营企业、合伙企业、私营企业和其他企业中的全体职工（含3个月以上具有事实劳动关系的其他从业人员），中外合资、合作、外商投资企业的全部中方职工，乡镇企业中的大中专毕业生和城镇户口的从业人员，上述企业中的离休、退休、退职和保养、精简人员以及在城镇工商部门登记注册的个体工商户及其帮工，城镇自由职业者，列入基本养老保险实施范围与对象。并从是年1月起，为所有参加城镇企业基本养老保险的职工建立一个终身不变的个人账户。个人账户按职工本人缴费工资的11%记入。是年1月1日以后参加工作的职工（新人），达到法定退休年龄，缴纳养老保险费满15年，退休后按月发给养老金。基本养老金月标准为职工退休时上一年全省社会平均工资的20%，加上个人账户储存额的1/120。1997年12月31日以前参加工作（中人），1998年以后退休的职工，达到法定退休年龄，缴费满10年，退休后按月发给养老金。基本养老金由基础养老金、个人账户养老金和过渡性养老金组成。1997年12月31日以前已经退休的人员（老人），仍按原办法计发养老金。建立退休人员最低基本养老金生活保障制度。职工的最低基本养老金标准按上年全省社会平均工资的40%确定。是年9月底，为城镇企业68000余名在职职工建立养老保险个人账户。同时，对有关社会保险政策作了相应的调整和完善。市政府印发《关于转制企业涉及社会保险有关问题的处理意见》（萧政〔1998〕8号），市社会保险管理局分别印发《萧山市企业职工基本养老保险个人账户管理办法》（萧社险〔1998〕18号）《关于在萧的省、杭州

图33－1－819 1999年6月22日，萧山市社会保险管理局为企业办理社会保险登记手续（柳田兴摄）

图33－1－820 2000年10月9日，中共萧山市委副书记、常务副市长俞炳林向浙江爱迪尔包装集团职工发放社会养老保险手册（柳田兴摄）

市属事业单位基本养老保险列入全市社会统筹的通知》（萧社险〔1998〕28号）《关于“三资”企业中方职工参加社会保险的补充通知》（萧社险〔1998〕26号）《关于印发全市离退休人员社会化管理实施办法的通知》（萧社险〔1998〕21号）等一系列的政策性文件，增强全市社会保险扩面、基金运行、企业转制、退管服务等方面的可操作性。12月17日，市政府印发《关于调整城镇企业基本养老保险征缴费率的通知》（萧政发〔1998〕168号），城镇企业按职工缴费工资总额的19%缴纳基本养老保险费的标准调整为20%缴纳；个私企业及自谋职业人员按缴费工资缴纳基本养老保险费。

2000年初，省政府决定在萧山的万向集团公司、浙江传化集团公司、杭州钱江电气集团公司3家企业进行乡镇企业参加社会养老保险试点。是年5月22日，省劳动和社会保障厅、省经济体制改革委员会办公室、省乡镇企业局联合发出《关于印发〈关于试点企业职工参加基本养老保险若干问题的意见〉的通知》（浙劳社险〔2000〕8号）。5月31日，市政府发出《关于印发〈萧山市乡镇企业社会养老保险实施办法〉的通知》（萧政发〔2000〕79号），规定乡镇企业及其职工缴纳基本养老保险费的基数，按职工上年度实得工资收入申报缴纳，但最低不得低于上年全省职工平均工资的60%，最高不得超过上年度全省职工平均工资的300%。同时，企业也可根据本单位的实际情况，在上年全省职工平均工资的60%～300%范围内核定缴费基数。企业和职工缴纳基本养老保险费的比例按核定缴费基数的17%确定，其中个人应缴部分按本人缴费工资的5%缴纳。同时，允许企业适当提高职工个人的缴费比例，但最高不得超过本人缴费工资的8%。乡镇企业及职工在执行低标准缴费期间，职工基本养老保险个人账户按本人缴费工资的9%记入。

为推进乡镇企业的社会养老保险工作，专门建立由市委、市人大、市政府、市政协四套班子领导和有关部委办局主要负责人组成的萧山市社会养老保险扩面工作督查领导小组，召开社保扩面动员会议，将全市养老保险扩面指标分解落实到31个镇乡，并实行年终考核。市社会保险管理局抽调人员，组成工作组，深入镇乡和企业做好政策宣传、业务辅导和参保服务工作。是年，全市新增参保企业和职工分别为2080家、59266人，其中乡镇企业新增参保1785家、26771人。乡镇企业参加社会养老保险试点工作取得明显成效，为实现社会养老保险全覆盖奠定了基础。至2000年底，全市参加社会养老保险的企业增至2988家，参

表33－1－585 1987～2000年萧山企业职工社会养老保险情况

年份	参保企业数（家）	在职职工（人）	离退休人员（人）	人均月养老金（元）
1987	131	40496	6939	52.00
1988	315	71737	14955	66.00
1989	320	71956	15717	97.00
1990	320	72120	16709	117.00
1991	337	78020	18466	130.00
1992	349	81509	19499	147.00
1993	619	75021	18967	235.00
1994	575	77960	21847	224.00
1995	695	86809	24877	255.00
1996	759	86555	23830	296.00
1997	784	68335	26507	346.00
1998	787	67324	27958	381.00
1999	1089	61784	30004	389.00
2000	2988	102118	33501	437.00

保职工135619人（其中在职职工102118人，离退休33501人），离退休人员人均月养老金437元，实现老有所养。

机关事业单位社会养老保险

1993年11月22日，建立萧山市机关事业单位社会养老保险办公室。1994年3月2日，市政府印发《萧山市国家机关事业单位干部职工基本养老保险基金统筹办法（试行）的通知》（萧政发〔1994〕2号），规定从5月1日起，凡本市国家机关、人民团体、事业单位的正式干部、招聘干部、固定制工人、劳动合同制工人、离退休、退职干部职工和遗属供养人员，统一参加机关事业单位社会养老保险，按照“以支定收、合理负担、相互调剂、留有部分积累”的原则，实行国家、集体、个人三方共同负担，统一筹集。单位缴费以在职干部职工工资总额，离休、退休、退职费总额和遗属生活困难补助费总额三项之和为基数，视不同情况，按18%、22%、25%三档比例缴纳。干部职工个人按本人月标准工资的3%缴纳。同时，将原由市社会劳动保险公司管理的机关事业单位中劳动合同制工人的养老保险业务，统一移交市机关事业单位社会养老保险办公室管理。是年，全市91家行政机关、98家全额拨款事业单位、77家差额拨款事业单位、104家自收自支事业单位的20798名干部职工（其中干部和固定职工15495人，劳动合同制职工1969人，离退休和退职人员2862人，享受困难补助的遗属472人）参加养老保险社会统筹。

图33－1－821　1999年9月25日，萧山市社会保险管理局在萧山电影院前举行社会保险业务知识咨询活动（柳田兴摄）

2000年11月2日，市政府办公室印发《关于事业单位基本养老保险若干问题的补充通知》（萧政办发〔2000〕135号），对乡镇部门工作人员提前退休、已退休人员养老保险问题、临时工养老保险、临时工工龄和缴费年限确定、开除公职和辞职（退）等人员缴费年限计算、部分人员个人账户处理、丧葬费和一次抚恤费统筹支付、遗属生活困难补助费统筹支付等问题，作出明确的规定。至年底，全市机关事业单位参加养老保险的单位和人数分别为420家和26743人，其中离退休人员4460人。

表33－1－586　1994～2000年
萧山市机关事业单位社会养老保险情况

年　份	参保单位（个）	在职人员（人）	离退休人员（人）	人均月养老金（元）
1994	374	18154	2925	374.00
1995	376	19369	3257	491.00
1996	384	19222	3334	546.00
1997	398	20038	3630	637.00
1998	416	21056	3898	691.00
1999	421	22035	4281	836.00
2000	420	22283	4460	964.00

农村社会养老保险

1995年12月25日，市政府发出《关于明确农村社会养老保险工作主管部门的通知》（萧政发〔1995〕157号），由市民政局负责全市农村社会养老保险工作。1996年4月5日，市政府办公室印发《关于建立市农村社会养老保险领导小组的通知》（萧政办发〔1996〕37号），并在市民政局设立农村社会养老保险办公室。4月16日，市政府发出《关于发布萧山市农村社会养老保险暂行办法的通知》（萧政发〔1996〕48号），要求在全市非城镇户口各类人员中，推行自我保障为主，自助与互济相结合，权利与义务相统一，储蓄积累式和个人账户的社会养老保险制度。保费统筹方式：以个人缴纳为主，集体补助为辅，国家政策予以扶持。个人缴纳的保费和集体补助全部计入个人账户。缴纳养老保险费则采取一次性趸缴和年缴两种形式。参保人员年满60周岁后，根据缴费积累总额的多少，按月或按季领取养老金。此项工作先在云石乡、萧山通讯电缆厂、工艺金属浸塑厂进行试点，然后向各镇乡展开。到2000年底止，全市参加农村社会养老保险总人数为33874人，其中有276人已开始享受养老金待遇。

征地人员养老保险

随着全市国家建设和重点项目的增多，征地劳动力安置任务日益加重，对符合条件的人员办理就地“农转非”等手续，并通过招工、自谋职业、养老保险、一次性货币安置、发放生活补助费等方式进行安置，其中对“农转非”人员实行养老保险，成为安置征地人员的主要方式和途径。

1991年6月15日，市政府在《关于发布〈萧山市土地管理实施规定〉的通知》中明确：对因病残或丧失劳动能力，无人赡养或无能力赡养的农民，年龄在45周岁以上，经劳动局批准，可以实行养老保险制度，其养老经费由征地单位负担，社会保险机构按月发给个人养老金。1992年7月7日，市政府下发《关于发布〈萧山市城镇国有土地使用权出让和转让实施办法〉的通知》（萧政〔1992〕59号），规定对年满45周岁以上人员实行趸缴养老保险费，并按月发放定额为100元的养老金。

1994～1995年，因萧山经济技术开发区建设征地所需，一次性为宁围镇6个村办理征地“农转非”8144人，其中为3182人办理养老保险手续。1997年，因建设杭州萧山机场征地，涉及坎山、靖江、瓜沥3镇的16个村，一次性安置征迁人员“农转非”7534人。根据市政府《关于杭州萧山国际机场征迁人员安置实施意见的通知》（萧政发〔1997〕44号）规定，为其中1882名“农转非”人员办理养老保险。2000年，北干街道的9个村，一次性办理征地“农转非”6411人。依据市政府《关于改进国家建设征地劳力安置工作的通知》（萧政发〔2000〕48号），为其中1392名“农转非”人员办理养老保险。1985～2000年，全市共安置征地人员“农转非”34554人，其中采取办理养老保险安置10051人，占安置人数的29.09%。

第二节 失业保险

失业保险制度

1986年10月，萧山建立失业职工保险制度，率先在国有、集体企业和国家机关事业单位合同制工人中实施。

1987年1月1日起，企业以人均73元基数金额缴纳。接受待业职工登记94人（解除劳动合同86人，违纪辞退8人），按规定对其中73人发放待业救济金6128.59元，发放医疗补助费528元。至年底，有421家企业参加待业保险基金统筹，参保职工6.88万人，收缴保险费60.31万元，收缴率为99%。

1988年1月1日起，企业以人均月标准工资75元的1%缴纳待业保险金。供销系统从11月起，纳入全市待业保险。至年末，全市参加待业保险的单位472家（全民210家，集体262家），参保职工86178人（全民46955人，集体39223人），收缴待业保险费77.56万元，收缴率99%。

1992年7月1日起，全市待业保险范围扩大到集体企业、“三资”企业、劳动服务企业和经劳动部门介绍在乡镇企业就业的城镇待业人员。8月1日起，在全市范围内实行职工待业保险基金缴纳证和年审制。是年，共收缴待业保险费92.08万元，支付待业职工救济金2.75万元。年末，全市有待业职工174名。

1993年起，待业保险改称失业保险。是年5月起，筹集标准改为在萧的中央、省、杭州市属单位月人均2.5元，本市属单位月人均2元。是年，收缴失业保险费180.79万元，比上年增加88.71万元；发放失业保险金6.9万元，比上年增加4.15万元。至年底，尚有失业职工573人。

1994年5月1日起，失业救济金、生活补助费、医疗补助费分别由原来的50元、11元和5元，提高到

80元、30元和10元。对萧山树脂厂破产后的350名失业职工进行登记，发放失业救济金58.54万元。对9家经济效益差的企业补助12.15万元。至年末，发放失业救济金54.79万元，比上年增加7.94倍；发放医疗补助费和转业训练费100.65万元；尚有失业职工595名，比上年增加3.84%。

1995年春节期间，开展向特困企业、特困失业职工送温暖活动，向全市13家特困企业的2130名职工及长期失业的26名特困职工发放救济金21.05万元。

1996年1月1日起，企业按照上年度全部职工工资总额1%缴纳失业保险费，职工个人按照本单位上年度职工平均工资的0.5%缴纳。是年，贯彻《浙江省职工失业保险条例》，加大失业保险费征缴力度，参保单位增至618家，职工83529人，收缴失业保险费852.06万元，发放失业救济金123.51万元。全年接受失业职工登记1202人，安置失业职工再就业230人，支付失业职工再就业经费41万元。同时，对萧山电镀铝包装厂等3家单位进行生产扶持，给予扶持资金60万元。年末，全市共有失业职工1570名。

1998年，市政府印发《关于调整全市失业保险基金收缴比例的通知》（萧政发〔1998〕131号），从是年7月1日起，调整失业保险费征缴比例，单位从1%调至2%，城镇职工个人从0.5%调至1%，提高征缴的基金，主要用于下岗职工基本生活保障和再就业。至年底，全市参加失业保险单位692家，参保职工80293名，覆盖面100%。至年末，全市登记失业职工增至7610名，其中当年新增4767名。同时，为简化失业职工领取救济金手续，是年4月起，委托工商银行发放，失业职工每月可以就近在工商银行储蓄所领取救济金。

1999年，依据国务院颁发的《失业保险条例》和《社会保险费征缴条例》，市政府先后印发《关于加强失业保险参保及基金征缴工作的通知》（萧政发〔1999〕61号）和《关于事业单位实施失业保险有关问题的通知》（萧政发〔1999〕111号），在全市事业单位实行失业保险制度，使失业保险范围进一步扩大。是年起，失业保险基金实行收支两条线管理，失业保险经办机构不得从失业保险基金中提取管理费等任何费用，开展失业保险工作所需经费，由市财政在预算中安排。市就业管理服务处除按月足额发放失业保险金外，举办转业训练、生产自救等促进再就业活动，对企业招用失业职工和失业职工自愿组织起来就业、自谋职业的，按规定给予适当补助和扶持等费用。

2000年，重点抓好失业保险扩面与基金征缴工作。对参保单位抓足缴；对转制企业抓续保；对新办企业抓扩保。至年末，全市参加失业保险单位944家，其中事业单位344家；参保职工89978人，其中事业单位职工49900人；收缴失业保险费2167.57万元；发放失业保险金2963.45万元；领取失业保险金124364人次，保障失业职工的基本生活。

表33-1-587　1986～2000年萧山失业保险情况

年份	参保单位（家）	参保人数（人）	征缴保费（万元）	享受失业保险（人次）	发放保险金（万元）
1986	—	—	12.67	—	—
1987	421	68800	60.31	73	0.64
1988	472	86178	77.56	200	0.70
1989	425	79211	71.53	87	0.27
1990	477	79665	71.70	360	1.31
1991	435	79498	84.82	386	1.53
1992	425	84620	92.08	415	2.57
1993	361	81228	173.70	1207	7.83
1994	475	88418	236.81	4145	54.79
1995	554	93643	521.69	5036	55.49
1996	618	83529	852.06	11477	191.89
1997	657	76339	833.65	22419	703.91
1998	692	80293	1204.97	36154	804.71
1999	914	94792	2445.05	84189	2590.14
2000	944	89978	2167.57	124364	2963.45

失业保险待遇

失业职工的享受待遇，随着经济发展而不断

提高，保障他们的基本生活需要。根据1986年7月2日国务院发布的《国营企业职工待业保险暂行规定》，职工待业保险基金的使用对象，为宣告破产的企业和濒临破产的企业法定整顿期间被精简的职工，主要项目包括待业期间的待业救济金、医疗补助费、转业训练费、生产自救费等，待业救济金的征缴标准，以职工离开企业前两年内本人平均标准工资额为基数，工龄5年和5年以上的，最多发给24个月，其中第一年每月为本人标准工资的60%～75%，第二年每月为本人标准工资的50%；工龄不足5年的，最多发给12个月的待业救济金，每月为本人标准工资的60%～90%。随着物价上涨和工资水平提高，以及待业保险基金缴纳比例发生变化，待业救济金标准逐渐提高。1994年起，待业救济金调整为第一年每人每月120元，第二年每人每月96元，另有医疗补助费每人每月10元。1996年失业救济金发放标准按全市企业最低工资标准的70%发给，即每人每月180元；医疗补助金按本人失业救济金5%的标准确定，即每人每月8.5元。1999年起，失业救济金调整为每人每月234元；医疗补助费调整为每人每月11元。

第三节　大病医疗保险

1995年6月30日，市政府发布《萧山市城镇企业职工大病医疗社会统筹试行办法》（萧政〔1995〕6号），按照“以支定收，略有节余，合理使用，保障医疗”的原则，建立城镇企业职工大病医疗保险制度。[①]凡属本市境内的国有、城镇集体企业（股份制企业），在萧的部、省、杭州市属企业，城厢、瓜沥、临浦、义桥镇办小集体企业中的固定职工、劳动合同制工人，离休、退休、退职（保养）人员及“三资”企业中的全部中方职工，从8月1日起，统一参加大病医疗保险。大病医疗统筹基金按在职职工人数与上年全省社会平均工资乘积的2.5%标准提取，离退休人员按4.5%的标准提取，保险费均由企业缴纳。参保职工一旦住院治疗，其医疗费用在3000元以上部分，可按不同比例分四档列入大病医疗统筹基金支付（即：3000元以上6000元以下按65%拨付；3000元以上8000元以下按70%拨付；3000元以上10000元以下按75%拨付；3000元以上并超过10000元以后按80%拨付）。首批确定萧山市第一、二、三、四人民医院，中医院、红十字医院、妇幼保健院、中医骨伤科医院等8家医院为大病医疗定点医疗机构。并将浙医一院、二院和省人民医院、省肿瘤医院、解放军一一七医院列为特约医院。是年，参加大病医疗保险单位和职工分别为695家和111686人。

1996年5月23日，市劳动局、卫生局联合印发《关于城镇企业职工大病医疗社会统筹管理办法的补充意见》（萧劳险〔1995〕83号）（萧卫字〔1995〕106号），对特殊病种的适用范围、用药范围、费用结算方式、转院治疗等方面予以改进，进一步完善大病医疗保险制度。

1999年12月29日，市社会保险管理局印发《关于城镇职工大病医疗保险的补

①实施医疗保险改革之前，国有、城镇集体企业大多实行老劳保制度，存在着小病大医、一人看病全家吃药等弊端，导致医疗费用增长过快，企业医药费用负担不堪重负，医患双方缺乏制约机制；其他企业实行职工医疗费用包干，一旦患重病，导致因病致贫。

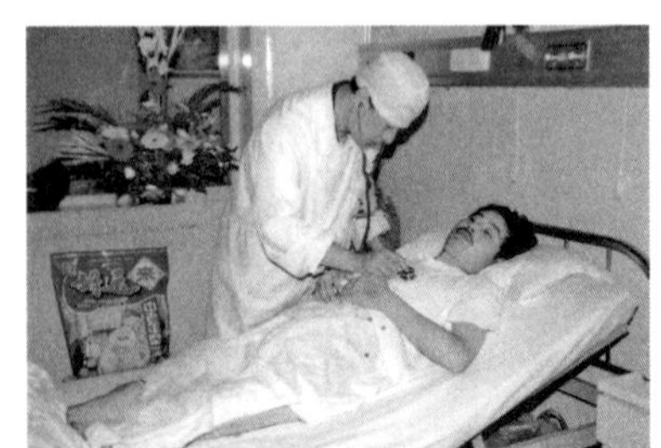

图33－1－822　2000年9月26日，萧山市第一人民医院的医生正在为参加医疗保险住院病人进行临床检查（柳田兴摄）

充意见》（萧社险〔1999〕42号），对大病医疗的间歇时间、自谋职业人员退休后门诊用药量、特种仪器检查等方面，作出进一步的规范和完善。到2000年底止，全市参加大病医疗保险的企业1164家，参保在职职工和离退休人员分别为70984名和33501名。通过实施大病医疗保险制度，有效地均衡企业的医疗负担，形成患者、医疗机构、社会保险机构三者之间的制约机制，控制医疗费用的过快增长，减少医疗资源的浪费。同时，为全面实行医疗保险制度积累经验。

表33-1-588 1995～2000年萧山市企业职工大病医疗保险情况

年份	参保单位（家）	在职职工（人）	离退休人员（人）	收缴保费（万元）	拨付基金（万元）
1995	695	86809	24877	746.73	410.80
1996	759	86555	23830	1896.57	1807.14
1997	784	68335	26057	2085.42	1627.63
1998	787	67324	27958	2317.88	1870.99
1999	1079	71013	30004	2474.54	1749.48
2000	1164	70984	33501	2786.66	2098.32

1999年3月，市政府建立医疗保险制度改革领导小组，市社会保险管理局着手医改方面内容的调查测算和分析论证工作。[①]2000年，在外出考察、征求多方意见的基础上，草拟《萧山市城镇职工基本医疗保险暂行办法》等一系列政策性文件，并提交市医改领导小组初审，对医保计算机系统设计方案进行可行性论证，为实施城镇职工基本医疗保险制度奠定基础。[②]

①根据国务院《关于建立城镇职工基本医疗保险制度改革的决定》（国发〔1998〕44号）和省政府《关于印发〈浙江省推进城镇职工基本医疗保险制度改革的意见〉的通知》（浙政〔2000〕5号），从1999年起，启动全面医改的各项准备工作。

②2002年7月1日起实行城镇职工基本医疗保险制度。

第四节 工伤保险

劳动能力鉴定

1992年10月，成立萧山市劳动鉴定委员会，成员由劳动、工会、卫生等部门负责人和医生专家组成，按季开展职工病退和工伤职工劳动能力鉴定工作。[③]

③萧山的工伤事故多发于建筑、机械制造及纺织等行业。由于小矿产企业较多，故矿产事故较多。职业病多发于从事有毒有害、粉尘、噪声、放射性物质的工种，主要集中在水泥、矿山、制鞋行业。

1996年3月，国家技术监督局发布《职工工伤与职业病致残程度鉴定标准》，全市劳动鉴定工作统一按国家标准进行鉴定。1997～2000年，全市国有、集体企业转制，职工进行分流。据此，改每季一次鉴定为两个月鉴定一次。

依据工伤残鉴定规定程序，凡申请劳动鉴定的单位或职工，先填写《企业工伤残职工体检表》，送鉴定办公室登记备案，然后统一参加体检。体检完毕，工伤职工和职业病职工填写《杭州市职工工伤与职业病致残程度鉴定表》，连同病史资料、检查单据报市劳动鉴定委员会办公室接受鉴定。鉴定结论做出一年后，因工伤残情况发生变化，可以申请复查鉴定。

非因工伤残或因病完全丧失劳动能力鉴定也按规定程序进行。因企业破产、解体等原因失业的职工，在失业期间继续缴纳基本养老保险费，且缴费年限超过10年或15年的，因患病或非因工伤残要求提前退休或退职的，需由本人申请并随带《失业证》《养老保险手册》，在市劳动局领取《病伤残失业职工体检表》，再按劳动鉴定程序进行。

表33－1－589　1996～2000年萧山市病伤残鉴定情况

年份	合计	因工鉴定人次					因病非因工鉴定人次				复鉴人数		
		小计	其中				小计	其中			小计	其中	
			1～4级	5～6级	7～10级	无级		完全	大部分	不符合（部分）		因工	非因工
1996	494	117	10	36	67	4	366	315	39	12	11	8	3
1997	544	187	18	46	116	7	349	304	22	23	8	6	2
1998	408	230	17	70	135	8	172	145	17	10	6	5	1
1999	621	261	18	76	158	9	356	262	20	74	4	3	1
2000	1328	915	28	94	715	78	399	256	48	95	14	7	7

工伤保险待遇

1992年初，省劳动厅决定，将萧山市列为全省企业职工工伤保险制度改革试点单位。是年9月1日，市政府印发《关于发布〈萧山市职工工伤保险暂行办法〉的通知》（萧政发〔1992〕94号），规定从9月1日起，凡在本市区域内（包括省、杭州市属）的全民所有制、城镇集体所有制企业、私营企业的职工和外商投资企业的中方职工中，实行工伤保险制度。对在本单位生产工作区域内，从事生产、工作或由领导临时指派工作，或遭受非本人所能抗拒的意外伤害等9种情况，造成职工致残或残废的，被列为工伤保险范围。工伤保险费的征集按企业在职职工工资总额为基数，分别按0.5%、0.8%、1%三个比例缴纳。工伤保险基金按“社会统筹、以支定收、列项开支、略有储备”的原则，由市社会劳动保险公司统一筹集，统一管理。职工因工伤残鉴定为一至四级，退出生产工作岗位，按月发给伤残退休金和一次性补助金；五至十级的，发给一次性伤残补偿金；职工因工死亡的，按规定支付丧葬费和一次性抚恤金，供养直系亲属享受生活困难补助费。至年底，全市287家企业的82000名职工参加工伤保险。是年，接受处理工伤事故16起，拨付工伤保险基金13万元。

1994年6月9日，市劳动局发出《关于调整工伤待遇的通知》（萧劳险〔1994〕64号），规定从6月1日起，职工因工致残鉴定为一至十级的，由工伤保险管理机构发给上年全省社会平均工资24～6个月的伤残补助金；伤残职工易地安家的，发给4个月上年全省社会平均工资的安家补助费；职工因工死亡的，工伤保险基金支付丧葬补助费800元和36个月上年全省社会平均工资的一次性抚恤费。至年底，受理企业上报工伤事故148起，结案处理110起，支付工伤保险金138万元。

1995年1月6日，市劳动局作出规定，从1月1日起，工伤保险费的征缴基数，由原按企业在职职工的实际工资总额为基数，改为以上年全省社会平均工资为基数提取缴纳。翌年，为均衡企业工伤保险负担，市政府办公室于5月4日发文调整工伤保险费的征缴比例，由原来按不同行业企业的0.5%、0.8%、1%三个费率征缴，从是年1月1日起，调整为统一按0.6%一个费率缴纳。并提高工伤职工医疗费统筹内支付的标准，对因工负伤在规定范围内支付的医疗费用，不论是否达到伤残等级标准，均按75%列入工伤保险基金支付。同时，按照“保防结合、以防为主”的原则，建立工伤保险奖励基金制度，调动企业抓安全生产工作的积极性，减少职工工伤事故的发生。是年，受理企业工伤事故170起，结案处理197起（上年结转20起），拨付工伤保险基金186.19万元。

2000年4月19日，市政府办公室印发《关于转发〈浙江省企业职工工伤保险实施办法〉的通知》（萧政办发〔2000〕45号），规定凡参加基本养老保险的各类企业和职工，必须依法参加工伤保险。对工伤职工护理费、易地安家补助费、定期伤残抚恤金，一次性伤残补助金、一次性工亡补助金、丧葬补助金、供养直系亲属抚恤金等待遇，统一按照上年全省社会平均工资为基数给付。职工因工负伤治疗，享受工伤医疗待遇。工伤职工治疗工伤或职业病所需的医疗费用（含挂号费、住院费、医疗费、药费、就医路费）全额报销。同时规定企业负担2/3的工伤职工住院期间伙食费。被鉴定为全部丧失劳动能力（一至四级）的应退出生产岗位，按月发给本人工资90%～75%的抚恤金，并发给相当于本人月平均工资24～18个月的一次性伤残补助金。被鉴定为五至十级的发给本人工资的16～6个月的一次性伤残补助金，因伤残造成本人工资降低时，由所在单位发给在职伤残补助金，标准为工资降低部分的90%。五至六级工伤职工企业难以安排工作的，按月发放给本人工资70%的伤残抚恤金。七至十级伤残职工，如劳动合同期满或本人自愿自谋职业并经企业同意，再发给一次性就业补助金，其标准分别为本人工资的6～3个月。职工因工死亡丧葬补助金为当地上年度职工平均工资6个月的标准发给，一次性工亡补助金按上年度全省职工月平均工资60个月发给。对其供养直系亲属按月发给当地上年度职工平均工资40%或30%的抚恤金，直至失去供养条件时为止。从此开始，全市工伤保险覆盖面逐步扩大，工伤职工保险待遇进一步提高，有助于均衡企业工伤负担，保障工伤职工的合法权益。

表33－1－590　1992～2000年
萧山市企业工伤保险情况

年　份	参保企业（家）	参保职工（人）	收缴保费（万元）	拨付基金（万元）
1992	349	81509	57.00	13.00
1993	619	75021	214.00	21.00
1994	575	77960	291.00	137.00
1995	695	86809	436.00	161.00
1996	759	86555	422.00	206.00
1997	784	68335	329.00	208.00
1998	787	64093	389.00	173.00
1999	1058	60996	422.00	194.00
2000	1129	53781	433.00	230.00

到2000年底，全市参加工伤保险企业1129家，参保职工53781人。

第五节　女工生育保险

1991年4月24日，市政府印发《关于发布〈萧山市企业女职工生养基金统筹暂行办法〉的通知》（萧政发〔1991〕31号），规定从1月1日起，凡在市区域内的全民所有制企业、县以上集体所有制企业和实行企业化管理的事业单位及中外合资合作企业中的固定职工、合同制工人，均为生育保险统筹范围和对象。统筹单位以上年末人数为基数，以每人每年22元为缴费标准；企业缴纳的统筹基金，10%在企业福利基金中列支，90%进入成本。生育保险统筹对象中的女职工在计划内生育，由社会保险机构按每胎1000元标准一次性补偿给其所在企业。企业按国务院和省政府有关规定保障女职工怀孕、生育、哺乳期间应享受的休假、医疗、工资等劳保待遇。至年底，全市有340个单位参加女职工生育基金统筹，收缴生育保险基金178万元，给663名生育对象的所在单位拨付补偿金66.3万元。

1994年1月1日起，将生育补偿标准由每胎1000元调整为1200元。翌年，调整女工生育保险计缴办法，由原来每人每年22元计缴，改为按上年全省平均工资为基数的5%比例计缴。同时，将生育补偿标准由每胎1200元调整为1500元。全年为168家企业的874名生育女工支付生育保险基金119.4万元。

1996年5月4日，市政府办公室发文规定，从5月1日起，对参加女工生育保险企业中的男职工，其配偶在农村，属计划内生育的，由社会统筹基金按每胎750

表33－1－591　1991～2000年
萧山市女职工生育保险情况

年　份	参保企业（家）	参保职工（人）	收缴保费（万元）	拨付基金（万元）
1991	340	—	178.00	66.30
1992	340	—	164.00	138.00
1993	420	87155	188.00	122.00
1994	551	77096	188.00	119.00
1995	695	86809	268.00	371.00
1996	759	86555	326.00	167.00
1997	784	68335	266.00	146.00
1998	787	64093	316.00	151.00
1999	1058	60996	343.00	118.00
2000	1127	53418	356.00	166.00

元的标准补偿给男职工所在企业，全年给625名职工拨付生育补偿金92.93万元。

1999年12月31日，市社会保险管理局发文再次进行调整，从2000年1月1日起，将生育补偿标准由一胎1500元调整为2500元，男职工其配偶在农村的补偿标准由一胎750元调整为1000元。至2000年底止，全市参加女工生育保险的企业和职工分别为1127家、53418人，累计收缴生育保险费2593.48万元，对5199名符合计划生育的女职工所在企业拨付生育保险基金1564.30万元。

第六节 退休服务社会化

1989年起，建立退休人员疗养制度。市社会劳动保险公司每年安排部分离退休人员赴杭州、千岛湖等地进行为期一周的疗养，组织他们游览观光，检查身体，让他们分享社会发展的成果。至2000年底，共有73批3261名离退休人员参加疗养活动。

1991年5月16日，市政府办公室转发市总工会、劳动局《关于加强企业退休职工管理工作意见的通知》（萧政办〔1991〕17号），建立市企业退休职工管理委员会，在市社会劳动保险公司设立办公室，负责退休人员日常管理服务工作，旨在让离退休人员实现老有所养、老有所医、老有所为、老有所学、老有所乐。是年春，在萧山老年大学开设企业离退休人员学习班，首批163名离退休人员入校学习。到2000年，先后有4728名离退休人员参加老年大学学习。

图33－1－823 2000年9月22日，萧山市社会保险管理局组织企业离退休人员赴淳安县千岛湖疗养（柳田兴摄）

1992年，市社会劳动保险公司建立由离退休人员组成的“晚霞艺术团”，深入城乡为群众献演各种展示老年风采的文艺节目。1994年10月，赴京参加“全国首届中老年健身舞蹈大会演”，分获二、三等奖。

1993年3月起，在临浦、义桥、浦阳、所前、戴村、河上、楼塔等7个镇范围内，对54家企业的2276名离退休人员实行养老金社会化发放试点。1994年8月，又将养老金社会化发放扩大到瓜沥、靖江、义盛、南阳、赭山、新湾、河庄、头蓬、党山等9个镇范围内45家企业的2141名离退休人员。随后又逐年扩大，养老金发放点增至34个。至2000年底，全市有389家企业的34287名离退休（退职、精简、遗属供养）人员养老金实行社会化发放，占离退休人员的98.53%，使他们每月能够按时足额就近就便领取养老金。

1994年6月6日，萧山树脂厂依法破产，将343名离退休人员移交市社会劳动保险公司实行社会化管理，使他们解除养老、医疗等方面的后顾之忧。1996年起，全市加大企业转制力度，将原二轻、国营、商业、物资、粮食、供销、乡镇企业局所属的企业离退休人员陆续移交市社会劳动保险公司实行社会化管理。1995年7月26日，萧山市退休人员管理委员会被劳动部、全国总工会授予“全国退管工作先进单位”称号。

2000年1月13日，市政府《印发〈关于转制企业离退休（养）人员实行社会化管理意见〉的通知》（萧政发〔2000〕5号），规定市属国有、城镇集体企业和控股、参股企业，在实施转制过程中，具有经济承受能力，可将已办理离退休、退职、精简、保养手续及享受遗属生活救济金人员，符合条件的退养人员，经市政府批准，由企业向市社会保险管理局缴付一次性养老及医疗保险费后，将有关人员移交市社会保险管理局实行社会化管理。到2000年底止，实行社会化管理的企业和离退休（退职、精简、遗属供养）人员分别为243家和18930人。

第二章　社会救济

萧山自然灾害频繁，以大风、洪涝、江潮为最。民政诸多事项中以赈灾济贫为主。每遇大灾，政府致力于抗灾救灾，并依靠社会力量组织抗灾自救，确保灾民的基本生活。政府以关心群众疾苦为己任，每年拨专款或物资以解决贫困。

解放后，对社会上生活发生困难的群众，均由民政部门提供帮助。随后，逐步分工负责：机关干部、教师、工人等家庭成员发生困难，分别由主管部门救济补助；民政部门负责城镇贫民和农村贫困农民的救济，使其生活得到基本的保障。特别是1997年起，全市建立城乡居民最低生活保障制度，保障人民群众基本生活权益。

第一节　赈 灾

1985年7月13日，河庄乡、南阳乡岩丰村遭受暴风、冰雹袭击，造成人员、农作物和财产损失。县委、县政府连夜召开紧急会议。翌日，县领导率县农委、民政局等部门负责人分赴灾区，组织开展抗灾救灾工作。省政府拨救济款10万元、无息贷款5万元。受政府救济1114户、4673人，使灾区在较短时间内恢复生产，重建家园。是年，全县发生火灾318户，其中188户参加家庭财产保险由保险公司赔偿金额13.35万元，未参加保险而受政府救济130户，救济2.25万元。

1986年4月7～13日，城北、城南地区遭受暴风雨、冰雹袭击，使农业生产和农户财产受到损失。县委、县政府和区、乡镇干部深入灾区，组织力量抗灾救灾。民政局下拨救灾款0.6万元，解决受灾户的生产、生活困难。是年，对发生火灾的，凡参加家财保险，由保险公司负责赔偿；未参加家财保险者，则由乡镇救济；一些受灾严重、家境贫困者，由县民政部门再予救济。全年火灾救济233户，救济金额3.77万元。

1987年9月10日起，全县普降大到暴雨，造成洪涝灾害。县政府于11日深夜召开紧急会议，落实抗灾物资，12日组织县、区、乡干部1500余人到灾区与群众一起抗洪排涝，加固堤塘。9月19日，河上镇塘口村后山出现山体滑坡，造成部分民房和校舍倒塌、受损。县政府领导当天赴现场察看，并组织有关部门和工程技术人员分析原因、采取防止滑坡的措施。10月30日，萧山南片进化、城山、径游、新江岭、桃源一带暴风暴雨夹冰雹成灾，造成农作物和村民房屋较大的损失。灾后，政府拨出救济款3.50万元，帮助灾民解决生产和生活上的困难。是年，全县受火灾救济243户，拨出救济款2.20万元。

1988年8月8日凌晨，萧山境内受7号台风袭击，暴风雨成灾，为30多年来所罕见。造成部分村民伤亡、房屋被毁、农作物受损和通信电力设施破坏等重大损失，直接经济损失1.70亿元。市委、市政府领导率有关部门负责人深入灾区，组织群众抗灾救灾，恢复灾民的生产、生活。8月12日，市政府将第一批救灾款5万元下拨受灾乡镇；对实行农村救灾保险的23个乡镇，着手进行勘查定损，受理赔7641户，支付理赔款37.15万元。10月10日，市政府再次下拨救灾款39.40万元，省民政厅下拨救灾款45万元，帮助灾民重建家园，渡过难关。是年，火灾救济216户，救济金额4.50万元。

1989年6月6日，新塘、来苏、城南乡遭受大风、冰雹。6月27日，赭山、南阳、头蓬、新湾、靖江等8个乡镇受大风、冰雹袭击。9月16日遭受台风暴雨，钱塘江、浦阳江堤塘受损。前后三次灾害，使部分村民的生命财产和农作物受到损失。灾后，政府发放救济款11.40万元，救济粮30吨。灾害互助总会理赔1120户，赔偿13.44万元。是年，火灾救济206户，救济金额3.86万元。

1990年8月31日，萧山境内受15号台风正面袭击，加上山洪暴发，全市有66个乡镇的785个村遭灾，造成死亡3人，伤40人，大批民房倒塌和农作物受损，直接经济损失1.35亿元。灾后，市政府先后7次拨出救灾款55.70万元，粮票6.40万千克。杭州市民政局下拨救灾款15万元、水泥50吨、钢材15吨；市级机关、企事业单位募捐款31.65万元、粮票6.38万千克；全市各地捐助现金4万余元、大米10吨、粮票0.9万千克、水泥352吨、钢材38.5吨、木材10立方米，以及柴油、玻璃、油毛毡等建筑材料和生活资料。灾害互助总会理赔17.99万元。兰溪市向本市灾区捐赠化肥100吨、农药2吨、人民币5万元；庆元县捐赠木材50立方米等。是年冬季，市民政局、财政局下拨原粮175万千克（戴村区50万千克、临浦区125万千克），救济在春粮收获前口粮有困难的重灾户。翌年，下拨春荒救灾大米20吨（戴村区11.50吨、临浦区8.50吨），确保困难户渡过春荒。夏季，又拨夏荒救济款4.71万元，帮助29个乡镇的373户灾民解决基本口粮钱。是年，火灾救济99户，补助救济款1.98万元。

1991年，全市先后遭受大雪、暴风、暴雨等5次自然灾害，共有34个乡镇不同程度受灾，成灾人口10万人，死亡6人，重伤55人，倒塌民房765户1949间，损坏民房466户1150间，农作物受灾33.50万亩，粮食减产11300吨，直接经济损失1.60亿元。为帮助灾民重建家园，市委、市政府下拨救济款21.30万元；全市拨捐赠款104.57万元、粮票1.80万千克，其中拨给重灾区许贤乡捐赠款55.37万元。杭州市民政局拨捐赠款15万元、粮票2万千克，省民政厅拨捐赠款50万元。灾害互助总会保险理赔548户，理赔金额17.36万元。翌年2月，市民政局下拨冬荒救济款16万元，帮助戴村、临浦区部分乡镇因受上年9月洪涝灾害的贫困户生活困难。4月16日，又拨夏荒救济大米62吨，解决戴村、临浦、义蓬区的28个镇乡贫困户渡过生活困难。是年，火灾救济99户，救济金额2.51万元。

1992年8月27日至9月1日，受16号强热带风暴侵袭。9月22～23日，受19号热带风暴侵袭，造成欢潭等乡镇农作物受损，民房倒塌死亡1人，直接经济损失1322万元。市政府拨出救济款11万元、捐赠款6.53万元。灾害互助总会理赔36.70万元。是年，火灾救济118户，救济金额3.32万元。

1993年6月25日，党山、坎山、义盛、新街等镇遭受龙卷风袭击。7月4日和7月8日，欢潭、进化、浦阳、靖江、义盛、瓜沥等25个乡镇的305个村连续遭受特大暴雨袭击，损失严重。灾后，市领导率有关部门负责人分赴现场，慰问灾民，部署抗灾救灾工作。市政府拨出救济款23.80万元（其中省拨款20万元、杭州市拨款2万元、市预算外拨款1.80万元），募捐救灾款40.26万元，救济灾民3972人次。灾害互助总会理赔4251户，理赔金额54.97万元。是年，火灾救济93户，救济金额3.08万元。

1994年6月8～13日，市境内连降暴雨成灾，23个乡镇的304个村15.31万人受灾，直接经济损失5353万元，其中农业损失4850万元。6月24日以后，连续50多天高温无雨，造成严重干旱缺水，南部镇乡尤为严重。市委、市政府领导深入重灾乡镇，部署抗旱救灾。有关乡镇加强对山塘、水库的管理，避免用水纠纷，加强用水调度。组织群众寻找水源，挖掘水井，抗旱保苗，减轻灾情。8月21日，遭受17号台风袭击，24个镇乡受灾，成灾人口4000人，直接经济损失1436万元。灾后，政府拨出救济款43.40万元（省、杭州市下拨27万元），救济2100人次。灾害互助总会理赔6204户，理赔金62.50万元。是年，火灾救济74户，救济金额2.41万元。

1995年，全市先后遭受台风、暴雨、干旱等自然灾害，成灾人口7.8万人，直接经济损失1.10亿元。灾后，政府拨出救济款32万元，救济1100人次。灾害互助总会理赔3069户，理赔金额47.12万元。

是年，火灾救济58户，救济金额2.74万元。

1996年6月29日至7月2日，全市遭受大到暴雨袭击，造成大片农田受淹，24个乡镇的348个村受不同程度的洪涝水灾，受灾人口15.55万人，因灾死亡3人，造成直接经济损失1.46亿元。灾后，政府拨出救济款80万元，救济灾民1600人次。灾害互助总会理赔9656户，理赔款65.47万元。是年，火灾救济54户，救济金额2.04万元。

1997年7月6～11日，市境内连降大雨，又正值大潮汛期，造成重大洪涝灾害，直接经济损失5.15亿元（附设专记）。8月18日，市境内受到11号台风和强潮袭击，全市28个镇乡受灾，直接经济损失3.34亿元。

1998年1月22～23日，市境内普降暴雪成灾。8月23日夜，浦阳镇局部遭龙卷风袭击，22个村部分民房被损坏，受伤12人。全市受灾人口15.4万人，直接经济损失2.35亿元。灾后，政府拨出救济款64.20万元。拨给浦阳镇捐赠款20万元。灾害互助总会理赔6379户，理赔款61.9万元。是年，火灾救济65户，救济金额4.75万元。

1999年6月7日至7月19日，梅雨期持续42天，雨量693.6毫米，为常年的2.8倍，导致20个镇乡受灾，造成经济损失5500万元。灾后，政府拨出救济款54万元，帮助灾民渡过难关，恢复生产。是年8月19日，市政府发出《关于印发〈萧山市自然灾害灾民救济暂行办法〉的通知》（萧政发〔1999〕13号），建立萧山市救灾救济管理体制改革领导小组，由市长林振国任组长。加强对救灾救济工作的领导，促进救灾救济工作法制化、规范化、科学化。翌年4月，市民政局从福利彩票基金中拨出15万元，购买救灾粮86.20吨，帮助872户灾民渡过春荒。是年，火灾救济28户，救济金额1.80万元。

图33－2－824　1998年8月31日，萧山市举行抗洪赈灾捐款活动（傅宇飞摄）

2000年6月21日，靖江、瓜沥等地遭受雷雨大风袭击成灾。7月2日，楼塔镇遭大暴雨引起山洪暴发，山体滑坡，房屋倒塌。灾后，政府先后下拨救济款33.60万元。灾害互助总会理赔4269户，理赔款68.46万元。是年，火灾救济17户，救济金额0.99万元。

【附一】

“10·3”观潮事故专记

1993年10月3日（农历八月十八），在新围垦二十工段2号丁坝非观潮点，发生部分自发观潮群众因受潮水突然袭击，被卷入钱塘江中或冲向坝旁乱石堆，造成死亡49人，失踪2人，受伤28人的重特大伤亡事故。

事故发生后，市委、市政府领导立即赶赴现场指挥抢救工作，组织专门工作班子，开展打捞和处理善后工作，慰问伤员和死者家属。市卫生局紧急通知市第一人民医院、市第二人民医院、头蓬人民医院组织抢救队，赶赴现场实施抢救，要求新湾、党湾、传关、前进、义盛、益农、党山等7家卫生院做好抢救准备。市第二人民医院（瓜沥）仅用8分钟组成抢救小组，奔赴事故现场。在家休息的30名医务人员赶到医院组成抢救班子，接收落水伤员。从下午14时40分开始，经过医务人员连续40小时的全力抢救，在15名伤员中（其中1名出院，1名转院杭州，1名死亡）有12名转危为安。

市卫生防疫站连续4天，派出21人次到围垦20工段和市殡仪馆，做好死难者遗体的消毒处理工作。

在这次观潮事故中，给死亡和失踪者的家庭带来极大的痛苦和损失。如益农镇三围村的王某某失去了36岁的儿子、32岁的媳妇和8岁的孙子。靖江镇甘露村的汪某某失去了28岁的儿子、30岁的媳妇和5岁的孙女。益农镇久新村的赵某某失去了30岁的妻子和7岁的儿子，本人也重伤住院。还有9户家庭在观潮事故中失去独生子女，造成终身遗憾。

1994年9月，市人民政府在二十工段2号丁坝设立警世碑，以警世人。

【附二】

“7·9”洪涝灾害专记

1997年7月6～11日，全市累计降雨288.2毫米，加之正值农历六月初汛大潮，外江、内河水位猛涨，内涝积水无法排除，造成“7·9”洪涝灾害。至11日，浦阳、临浦、闻堰3镇沿江段出现最高水位，分别12.30米、10.77米和10.19米，超过危险水位1.8米、1.27米和0.69米；超过历史最高水位0.37米、0.24米和0.45米。造成全市24个镇乡受灾，受灾人口6208人，84个村庄积水，倒塌房屋617间，农作物受灾25.41万亩，其中粮食作物19.35万亩、经济作物6.06万亩，牲畜死亡3.85万头，淡水鱼损失1868吨。江河堤塘出现滑坡174处，损坏水库2座、大小机埠143座、水闸23座，直接经济损失5.15亿元，其中农业、民房损失2.26亿元、工业损失2.58亿元，水利损失0.31亿元。

7月8日深夜，市四套班子领导率有关部门负责人分赴抗洪防汛第一线检查险情。9日上午，在临浦镇召开沿江8个镇乡党政主要负责人会议，紧急部署防洪抢险。省委书记李泽民，省委副书记、代省长柴松岳，省委副书记王金山，副省长吕祖善、鲁松庭。杭州市委书记李金明、市长王永明等亲临抗洪前线察看灾情，并成立抗洪抢险指挥部。市委在闻堰镇召开常委扩大会议，部署落实死保钱塘江、西江塘安全的抢险措施。省水利厅领导带领有关专家和工程技术人员，昼夜坐镇闻堰指挥，调度富春江、浦阳江泄洪工作，掌握险要地段的汛情，指导抢险工作。

全市防洪地段的干部群众对沿钱塘江、浦阳江的8个重点镇乡实施重点抢险，组建59支由1551人组成的应急小分队。市人武部抽调8000名民兵预备役人员，并通过省防汛指挥部紧急增调827名部队官兵，奔赴闻堰等地抢险或实行公路交通管制，及时组织居民转移，调集草包、编织袋、塘渣、木桩、车辆等物资和设备，用于抗洪抢险。各沿江镇乡组织发动干部群众日夜奋战在抗洪第一线。闻堰镇在超过历史最高水位0.43米之后，在解放军官兵和民兵的支援下，对多处渗漏的堤塘进行加高加固，全力保住事关萧绍平原安危的大堤。地处浦阳江最上游的欢潭乡和浦阳镇，在1600余名民兵和解放军官兵支援下，组织上万人的抢险队伍，对各个险段全力进行抢护，战胜了高于堤顶0.4～0.7米（水位最高达12.3米）的特大洪水，确保大堤无一决堤。义桥、许贤、进化、戴村等镇乡，针对堤塘滑坡、渗漏和工程损坏等多处险情，调集力量，昼夜作战，全力抢险，确保西江塘和永兴河堤塘的安全。当浦阳江水位上涨至10.68米时，在临浦段18千米江塘中，有9处发生险情。据此，临浦镇迅速组织3000余名村民投入抢险护堤，使险情得到控制。

在这次抗洪抢险过程中，全市各有关部门和镇乡全力支援重灾区。城厢镇组织100余名民兵和部分抢险物资及设备，奔赴闻堰镇等抗洪第一线参与抢险；衙前镇捐助资金2万元，出动民兵赶赴欢潭抢险；坎山、瓜沥、河上、宁围等镇乡组织民兵帮助抢险；省军区一师二团、武警总队机动支队、驻萧57367部队、37947部队官兵奉命在最险要地段加固江堤；市人武部派出机关干部赴闻堰、浦阳等险情多发地段组织指挥民兵抗洪抢险；市供销社、农场局和粮食系统及时调动供应草包、编织袋、油布等抢险物资和食品饮料，全力做好后勤保障工作；市公安局组织力量到抢险现场参与抢险和维护安全，各派出所对出现险情和重要物资仓库开展安全检查，交警部门加强路面交通秩序管理和对危险路段、桥梁实施路面控制；交通局紧急调集车辆，抢运抢险石料等物资，出动交通检查人员维护道路秩序；市邮电部门及时为市防汛防旱指挥部安装两部电话，保证指挥畅通；市供电部门及时抢修戴村、欢潭等地的电力线路，确保全市各大机埠正常运行。全市14座大中型电力排灌站，开足173台机泵，昼夜排涝。到7月13日8时止，排出水量5798万立方米，耗电113万千瓦时，9座钱塘江排涝闸开闸258孔，排出水量13191万立方米。

洪灾后，市政府先后拨出救灾款144万元，救济灾民2880人次，灾害互助总会理赔17536户，赔偿金额118.5万元。7月15日，市政府号召全市人民开展赈灾捐款活动，共募集捐款72.3万元，及时调拨给重灾镇乡，帮助灾民恢复生产、生活，重建家园。

第二节　贫困救助

城镇救济

1985年，城镇救济对象126人，发放救济款3.30万元，其中贫困户救济款1.70万元，孤、老、残、幼救济款1.60万元。[①]1991年，发放城镇救济款18.70万元，其中贫困户救济款13.90万元，孤、老、残、幼救济款4.80万元。1997年，实行城乡居民最低生活保障制度后，救济款大幅度增加。2000年，城镇社会救济款增至69.35万元，救助对象425人，其中低保对象374人，发放救济款36.05万元，人均964元；孤、老、残、幼定期定量救济款11.80万元；贫困户临时救济款18.20万元。1985～2000年，国家发放救助金480.27万元。

①城镇的生活困难居民，属因病、因残者居多。城镇社会救济款由国家拨给，救助对象相对稳定。救济金额随着人民生活水平的提高而逐渐增加。

农村救济

1985年，发放农村社会救济款26.30万元，其中贫困户救济24.60万元。[②]农村临时救济费的增减视当年灾害而定。1996年因洪涝灾害，政府发放农村救济款59.60万元，其中贫困户临时救济52.30万元，占87.75%；有8669人次得到救济，人均次60.32元。随着社会保障制度的不断完善和人民生活水平的提高，社会救济标准相应提高。2000年，政府发放农村救济款483.16万元，其中贫困户临时救济167.80万元，是1985年的6.82倍；有7196人次得到救济，人均次233元。1985～2000年，国家发放救助金1961.35万元。

②农村救济有五保户、特困户救济、贫病救济、贫困户临时救济、麻风病人等特殊救济，称农村传统救济。

精减职工救济

1985年，精减老职工中享受原工资40%救济的有122人，发放救济费5.55万元。定期定量救济37人，发放救济费0.36万元。[①]

1994年2月24日，市政府办公室转发市民政局、财政局《关于优抚和社会救济对象补助标准请示的通知》（萧政办发〔1994〕18号）中规定，享受原工资40%救济的精减老职工每人每月城镇不低于100元、农村不低于85元；享受定期定量补助的精减老职工每人每月城镇不低于90元、农村不低于85元。是年，享受原工资40%的精减老职工89人，救济费16.30万元，定期定量补助72人，救济费10.20万元。

1997年10月10日，省民政厅、财政厅印发《关于调整精减退职职工生活困难补助费标准的通知》（浙民救〔1997〕121号），是年9月1日起，调整民政部门管理的精减退职职工的生活困难补助标准：享受原工资40%救济，由每月150元调整为200元，原补助三分之二医药费的规定继续执行；享受定期定量生活困难补助，由每月120元调整为160元。是年，享受原工资40%救济的74人，发放救济费19.30万元；享受定期定量补助的55人，补助费9.70万元。

2000年，享受原工资40%补助人数减至62人，人均月补助标准为295元，补助金额38.90万元；定期定量补助54人，人均月补助标准为250元，补助金额13.70万元。1985～2000年，国家发放救助金328.25万元。

①1966年开始，对部分精减退职（1957年底以前参加工作、1961～1965年期间精减）的老职工，因年老体弱或长期患病失去劳动能力，家庭生活无依靠的，由民政部门按月发放原工资40%的救济费，并补助其本人三分之二的医药费。不符合上述条件而生活确实困难者，给予定期定量救济。

麻风病人救济

麻风病人疗养生活补助费，自1984年6月起，由县民政局支付。1985年发放麻风病人疗养生活补助费1.31万元。[②]1988年1月1日起，市民政局提高麻风病人在收治隔离期间生活补助费标准，每人每月为30元。是年，有麻风病人42人，发放病人疗养生活补助费1.50万元。1994年1月起，麻风病人疗养生活补助费由每人每月70元调整为85元。是年，麻风病人减至27人，发放生活补助费2.90万元。1997年9月5日，省民政厅、财政厅印发《关于调整麻风病人生活困难补助标准的通知》（浙民救〔1997〕98号），是年1月起，调整麻风病人生活补助标准，每人每月为140元。是年，发放病人疗养生活补助费3.90万元。2000年末，全市有麻风病人22人（凤山疗养院11人、武康疗养院8人、在家3人）。生活补助费标准每人每月190元。

②1977年以前，麻风病人疗养住院在省办武康麻风病疗养院。1977年县卫生局在朱村桥凤凰山办起凤山麻风病疗养院，收容30人。

原国民党特赦等人员救济

1985年补助24人，发放救济费0.58万元。1994年1月1日起，市民政局调整救济人员补助标准，原国民党特赦人员由每人每月城镇70元、农村53元，统一调整为85元，黄埔军校同学由每人每月城镇62元、农村51元，统一调整为80元。[③]1999年1月1日起，上述对象的补助标准统一调整为215元。

③救济对象是年老无依靠的原国民党党政军特的特赦人员、宽释人员、起义投诚人员、黄埔军校同学等，每年给予定期定量救济，保障他们的基本生活。

黄埔军校同学救济

1990年8月11日，市委统战部、市民政局、财政局根据省委统战部、民政厅关于妥善安置部分黄埔军校同学生活困难的通知精神，经调查核实，全市在乡丧失劳动能力、又无固定经济来源、生活困难的黄埔军校同学8人（进化乡

3人，浦南乡、河庄乡、大同坞乡、长河镇、城厢镇各1人），从7月1日起，每人每月定期定量救济城镇35元、农村30元。至年底，全市救济人员增至32人。

城迁人员救济

1988年1月29日，市委、市政府印发《关于进一步处理本市城迁人员历史遗留问题的通知》（市委〔1988〕8号），对城迁人员（城迁人员是指在1958～1960年从杭州城区和1959～1960年从城厢、临浦、义桥、闻堰、长河、西兴、坎山、瓜沥8镇迁至农村劳动人员）采取经济补助、招工、农转非等方式予以安置。经调查，杭州迁至萧山农村劳动260户、1010人；本县城镇迁至农村劳动120户、444人。财政拨出专款130万元，对城迁人员给予一次性经济补助。并对杭州城迁人员中153户、374人办理农业户口转为非农业户口；对在戴村、新街镇和光明、石岩乡的4名孤老、病残人员给予定期定量救济，每人每月发放生活费32元。

表33-2-592　1985～2000年萧山社会救济情况

单位：万元

年份	困难户数	困难人数	国家救济款	集体补助款	总　计
1985	3796	13285	38.64	13.50	52.14
1986	3677	10728	33.40	15.30	48.70
1987	3046	9632	45.60	26.70	72.30
1988	3449	10047	48.00	50.00	98.00
1989	3325	11379	52.80	47.20	100.00
1990	3876	12428	52.10	57.95	110.05
1991	3652	12782	65.90	82.41	148.31
1992	4101	12069	72.30	80.62	152.92
1993	4588	16058	94.70	87.70	182.40
1994	4273	14955	91.50	123.00	214.50
1995	5044	15086	109.90	154.22	264.12
1996	4566	12358	129.70	158.73	288.43
1997	4268	11440	347.30	196.19	543.49
1998	4325	10195	515.70	118.00	633.70
1999	4141	9750	578.73	116.52	695.25
2000	4475	11483	698.61	117.00	815.61

注：国家救济金含农村救济、城镇救济、老职工救济和收容遣送经费。

1994年1月1日起，调整城迁孤老人员生活补助标准，每人每月由57元增至85元。1999年1月1日起，再次调整补助标准为195元。

第三节　最低生活保障制度

实行城乡居民最低生活保障制度始于1996年。是年9月，建立萧山市城乡居民最低生活保障制度工作领导小组，下设办公室。10月，召开全市城乡居民生活状况调查工作会议。12月31日，市政府印发《关于发布萧山市城乡居民最低生活保障暂行办法的通知》（萧政发〔1996〕184号）。确定城镇居民人均每月140元、农村居民人均每月80元的城乡居民最低生活线标准。核定150万元救助金列入财政预算。

1997年1月24日，由市民政局批准，首批46户83人为最低生活保障救助对象。1月29日，市政府召开城乡居民最低生活保障救助金首次发放仪式。是年，全市有2523户4463人，享受最低生活保障金，救助金总额为208万元。其中城镇居民108户188人，发放救助金18万元；农村居民2415户4275人，发放救助金190万元。

1998年4月27日，市民政局、财政局、劳动局等10个部门联合印发《关于对城乡居民最低生活保障救助对象实行优惠扶持的意见》（萧民〔1998〕44号），对具有一定劳动能力的城镇、农村救助对象优先推荐介绍就业，并对申请从事个体工商业的城乡救助对象，由工商、税务等有关部门适当予以减免规费；对义务教育阶段就学的救助对象子女秋季入学开始给予杂费减免；5月开始，对救助对象的所有人员就医免缴挂号费、门诊诊疗费、住院诊疗费。是年起，对低保户每户每年补助电费30元，全年有3556户享受电费补助的补助电费10.67万元。是年，市财政核定150万元救助金。全市有2923户5359人享受最低生活保障。救助总额320万元。其中城镇居民131户209人，发放救助金16万元；农村居民2792户5150

人，发放救助金304万元。

1999年，市政府根据镇乡财政实际状况，农村实行市级财政与镇乡、村分别合理分担，按镇乡财政收入的情况分成3个等级。是年，市财政分别负担45%、60%、75%，镇乡及村负担55%、40%、25%。城镇居民统一由市财政全额负担。全市经核准的低保对象有3102户5614人，其中城镇149户266人，农村2953户5348人。是年7月起，人均每月救助标准城镇居民从140元增至182元，农村居民从80元增至92元，全年发放救助金291万元。其中，市财政支出158.11万元，镇乡、村负担86.92万元。

2000年3月8日，市政府批转市民政局等部门《关于进一步完善城乡居民最低生活保障制度意见的通知》（萧政发〔2000〕37号），提出调查核实保障对象补助金额的办法，城镇居民最低生活保障救助金由市级财政与镇财政分级负担，其中镇级财政负担20%。实行按季审批，按季发放，并从1月起调整救助标准，城镇居民每人每月增至210元；农村居民每人每月增至106元。对尚有一定收入的城乡居民按照家庭人均收入低于最低生活保障标准的，实行差额补助。全年共发放救助金332万元，其中市财政下拨207.81万元，占61.97%；镇乡支出127.50万元，占38.03%。城镇居民救助金36.05万元，农村居民救助金299.26万元。

第四节　援外捐赠

1989年，浙西地区遭受洪涝灾害，全市社会各界行动起来，支援重灾区人民。8月4～17日，市民政局共收到捐款63.55万元、粮票4万千克、衣物66718件、布匹10.33千米、复合肥30吨、磷肥10吨、萝卜干8吨、榨菜5吨、啤酒300箱、蔬菜罐头260箱、面条5吨和瓷碗一批。8月16日，市政府组织慰问团，赴诸暨、金华、兰溪、龙游等地慰问，分别送去救灾物资和人民币10万元。捐赠给庆元县人民币20万元。

1991年8月，全市响应国家号召，开展救灾捐赠活动，参加单位334个。市民政局共收到社会各界捐赠款109.54万元（其中永兴工贸公司捐赠30万元）和粮票4.38万千克、化肥100吨、漂白粉50吨、麻袋1000条、酱菜2.3吨、羊毛衫457件等物资。8月4日，市委、市政府组成3个慰问团，分赴嘉兴、湖州、临安等地，向灾区捐赠人民币45万元、粮票2万千克、稻谷5000千克、大米500千克、化肥100吨、麻袋1000条、酱菜2.3吨、毛巾2300条等。

1994年8月，市委、市政府决定，开展向温州、台州、丽水台风灾区捐赠活动，共接受42个单位（个人）捐赠人民币38.98万元和钢材8吨、水泥40吨、啤酒1000箱、什锦菜100坛、萝卜干100坛、瓷碗730支、衬衫500件。8月27日，由市领导带队，将捐赠物资和捐赠款20.1万元送往瑞安市灾区。9月13日，向洞头县灾区捐赠5万元，捐赠泰顺县灾区10万元。9月，根据省委、省政府的通知，开展向贫困地区捐赠衣被活动，有93个单位参加捐赠，共捐赠衣被101053件（条），分装8辆大卡车，由市领导带队于9月24日送往泰顺县。同时，捐赠人民币30万元，援建一所小学，定名"萧山希望小学"。

1996年9月，市政府决定在城厢镇开展扶贫济困送温暖活动，共收到市民捐赠衣服、棉被8.8万件（条），胶鞋1800双，大米35.1吨，全部支援淳安县灾区。同年10月，市级机关、城厢镇以及企事业单位发动干部群众，开展扶贫济困活动。市民政局共收到捐赠衣被78600件（条），10月29日，将捐赠衣被运往四川省南充地区。

1998年8月，长江流域和松花江、嫩江发生特大洪涝灾害。市委、市政府号召广大干部职工开展救灾捐赠活动，共有370家单位、8.50万人参加捐赠活动，捐款513.5万元。其中上缴省救灾捐赠办公室380.5万元、杭州市救灾捐赠办公室100万元、定向支援江西省九江开发区救灾办公室10万元。

第三章　社会福利

中华人民共和国成立初期，萧山农村鳏寡老人、残疾人和未满16周岁孤儿的基本生活，主要依靠亲友、邻舍帮助。农村合作化时期，依靠农业互助组织无偿包工、代耕。人民公社化后，依据《农村人民公社工作条例》之规定，由集体给予“五保”，即保吃、保住、保穿、保医、保葬（孤儿保教），城镇的五保对象由政府给予定期定量救济。

解放之初，社会上的弃婴由县生产教养院收养。1952年，改由当地政府委托群众抚养，办理弃婴申报户口，并给予抚养户抚养费和弃婴儿生活费。1958年以后，弃婴减少，特别是实行计划生育后，患不育症的夫妇发现弃婴，按规定办理收养登记后自己收养，故送交政府的弃婴有所减少。

农村创办敬老院始于1958年。是年，建立萧山市社会福利院，社会福利条件得以改善，使残疾、鳏寡、孤儿弃婴的基本生活有了可靠的保障。1991年起，由社会福利院集中供养。随着经济的发展，社会福利机构日臻健全，社会福利条件不断改善，为鳏寡老人等困难群体提供了可靠的生活保障。至2000年末，全市共有镇乡敬老院36所，入院老人473人。

福利企业旨在安置有劳动能力的残疾人就业，使其享有平等的劳动权利，成为自食其力的劳动者，国家给福利企业以减免税的优惠扶持政策。创建于1958年的萧山县盲人工厂，是全县首家福利企业。尔后，各乡镇相继创办福利企业。至2000年，全市共有福利企业150家，职工15796人，其中残疾职工7132人，占企业生产人员总数的56.43%；完成工业产值58.3亿元，实现利润1.98亿元。

1987年4月，经国务院批准，开展社会福利有奖募捐活动，筹集社会福利资金，发展社会福利事业。是年10月，萧山首次发行即开型社会福利奖券。1992年8月，建立萧山市社会福利有奖募捐委员会（简称市募捐委员会），下设办公室，负责对社会福利有奖募捐活动的组织、协调和资金管理等工作。1995年，福利奖券更名为福利彩票。尔后，形成中国福利彩票发行体系。至2000年，全市共发行销售社会福利彩票（奖券）金额7125.20万元，募集萧山福利基金1005.24万元，用于社会福利院、残疾人事业和其他公益事业，改善老年人、孤儿、残疾人以及其他特殊困难群体的生活。

第一节　鳏寡老人供养

五保供养

1985年，全县有敬老院14所，供养五保老人173名，分散供养1206名，年人均供养标准为220元。1987年1月，根据省民政厅、团省委、省妇联关于1987年春节期间开展走访慰问五保户活动的要求，对全县五保户开展走访慰问，落实五保政策。是年，长山镇、新塘乡对分散供养五保老人采取“乡镇统筹，保障供给”的政策，年人均供养标准为360元。尔后，每年春节走访慰问五保户作为一项制度。随着经济发展，供养标准逐年提高。1989年10月，市民政局转发《浙江省农村五保户供养工作暂行规定》（萧民〔1989〕93号），五保老人生活得到保障。至年末，全市多数乡镇实行统筹供养，年供养标准普遍提高到360元。1991年，入院供养五保老人增至360人，年人均供养标准提高到844元，分散供养五保老人740人，供养标准为561元。是年，全市有28个镇乡签订分散供养协议书，保障五保老人基本生活。

1994年1月，国务院颁布《农村五保供养工作条例》，农村五保供养工作进入依法管理轨道。是年11月，全省开展第二次农村五保对象普查工作。1995年，五保对象普查、换证工作结束，全市共有五保老人1083人。1996年10月，省政府颁发《浙江省农村五保供养工作实施细则》，将五保供养工作纳入国民经济和社会发展计划，规定五保供养标准不低于所在乡镇上年度农民人均纯收入的60%。是年，敬老院集中供养标准年人均2262元；分散供养年人均供养标准1200元。1997年6月，根据省民政厅关于进一步加强农村敬老院管理工作的通知精神，逐步完善供养工作制度，继续坚持集中供养和分散供养相结合原则，以镇乡、村分级承担为主，实行五保供养经费乡镇统筹。是年，全市共有五保对象1118人，乡镇统筹供养金额221.07万元。

1998年3月6日，市民政局印发《关于加强农村五保供养和敬老院建设工作的通知》（萧民〔1998〕21号），要求五保供养所需经费和实物的筹措，五保对象实行集中和分散供养相结合的原则，推行集中供养。实行镇乡、村统筹办法，并实行统一管理、统一发放，保障五保对象的基本生活。是年12月，依据省民政厅、农村工作办公室关于进一步做好农村五保供养工作的通知精神，加强领导，落实五保供养政策；加强管理，巩固完善乡镇五保统筹体制。是年，全市五保对象1040人，供养金额233.86万元，集中供养标准年人均3067元，分散供养标准年人均1658元。1999年6月13日，市政府发出《关于印发〈萧山市农村五保供养工作实施办法〉的通知》（萧政发〔1999〕108号），保障五保供养对象的正常生活，保护五保对象的合法权益，达到供养法制化、管理规范化、服务标准化。

2000年，全市在敬老院集中供养老人446人，占41.72%，人均供养标准3500元；分散供养老人623人，人均供养标准2047元。①

①萧山五保老人供养分集中供养和分散供养两种。农村敬老院供养标准略高于分散供养标准，供养经费由乡镇、村统筹，分散供养经费一般由五保老人所在村解决。

图33-3-825　萧山市人民医院传关协作医院正在开展向五保老人送温暖活动（1995年4月4日，许国员摄）

表33-3-593　1985～2000年萧山农村五保老人供养情况

年份	总人数（人）	供养金额（万元）	敬老院供养				分散供养标准		
			所数（所）	人数（人）	年供标准（元）	金额（万元）	人数（人）	年供标准（元）	金额（万元）
1985	1379	30.34	14	173	220	3.81	1206	220	26.53
1986	1487	40.89	18	203	275	5.58	1284	275	35.31
1987	994	29.82	21	241	300	7.23	753	300	22.59
1988	1282	44.01	25	284	390	11.08	998	330	32.93
1989	1257	48.96	30	309	480	14.83	948	360	34.13
1990	1277	64.01	30	329	655	21.35	948	450	42.66
1991	1100	71.89	39	360	844	30.38	740	561	41.51
1992	1255	89.58	39	408	950	38.76	847	600	50.82
1993	892	80.85	42	482	1065	51.33	410	720	29.52
1994	1152	125.14	41	473	1404	66.41	679	865	58.73
1995	1083	166.72	41	472	2028	95.72	611	1162	71.00
1996	1125	183.43	36	456	2262	103.15	669	1200	80.28
1997	1118	221.07	36	487	2684	124.54	654	1476	96.53
1998	1040	233.86	36	467	3067	133.72	604	1658	100.14
1999	1050	261.09	36	472	3402	152.07	604	1805	109.02
2000	1069	283.63	36	473	3500	156.10	623	2047	127.53

农村敬老院

1985年，浦沿、所前、戴村、瓜沥、衙江、宁围、闻堰、城东、靖江、南阳、赭山等14个乡镇办起敬老院，入院“五保”老人173名。[①]新办的敬老院多为2～3层楼房，分设卧室、活动室、餐室、浴室。活动室内有图书、报刊、收音机等，配有专职服务员。是年10月，浦沿镇投资30.5万元，建起建筑面积1105.7平方米的敬老院，内设居室、活动室、休息室、办公室、会议室、医务室、食堂等，可接纳60位老人养老居住。随后又添置彩电、洗衣机、冰箱、电扇等用品。[②]

①萧山创办农村敬老院始于1958年，在50所敬老院中供养“五保”老人779名。1959年后实行分散供养。1963年，宁围、赭山两个人民公社重新由社、队联合办起公社敬老院，入院“五保”老人22名。

1988年末，全市敬老院增至25所，工作人员75人，入院五保老人284人，由乡镇统筹供养。1989年，党山镇社会集资20.5万元，新建党山镇敬老院。1991年，瓜沥镇、靖江镇、浦沿镇被评为杭州市先进敬老院。

1992年，市民政局拨出经费7万元，支持乡镇创办敬老院。翌年，市民政局又拨出经费25万元，完成西兴、云石、欢潭、进化、新湾、前进、楼塔、浦阳等8个乡镇敬老院的新（扩）建工作。至年末，全市共有敬老院42所（其中村办1所），建筑面积19555平方米，床位695张。

②1990年，浦沿镇敬老院被杭州市民政局评为文明敬老院。1991年，浦沿镇敬老院被浙江省民政厅评为先进敬老院，浦沿镇敬老院接待30多批国内外来宾参观考察。

随着尊老、爱老、敬老之风的弘扬，社会各界普遍关注“五保”老人的生活。逢年过节，机关、企事业单位上门为老人捐钱赠物。1993年春节，社会各界送给浦沿敬老院“五保”老人的礼品及压岁钱人均为200元。是年12月8日，进化镇和欢潭乡敬老院建成。至此，全市各镇乡均建有敬老院。靖江镇敬老院走以副补院之路，每年养猪4～10头，用来改善入院老人的生活，利用闲置房办起招待所，开办饮食服务业。1985～1994年，敬老院创利15.50万元，用于改善五保老人的生活。

1994年，闻堰镇投资54万元，建造新敬老院和老年活动中心，购置新的设备。一位名叫朱国强的香港同胞捐资34万元，用于新建靖江敬老院。宁围镇投资95万元，建造新敬老院。

图33－3－826　杭州雅妮娜卫生用品有限公司负责人在许贤乡敬老院慰问孤寡老人（1999年夏，傅宇飞摄）

敬老院所需经费实行二级负责，即：老人的日常生活费，由老人所在村负责，敬老院的公用经费，列入镇乡财政预算。

1995年4月，全市开展争创等级敬老院、先进院长、先进服务员活动，把敬老院办成农村精神文明建设窗口。是年，浦沿、宁围、靖江镇敬老院被列为杭州市窗口敬老院，浦沿、宁围、靖江、西兴、河庄等5所敬老院被评为杭州市先进敬老院。年末，全市投入资金100余万元，改扩建敬老院6所，占地面积增至46075平方米，建筑面积23663平方米，设有床位753张，拥有固定资产861.06万元。

1996年，因浦沿、长河、西兴3镇划归杭州市西湖区，农村敬老院减至36所，床位634张。

1997年12月，杭州市民政局命名瓜沥镇敬老院为农村窗口敬老院，宁围镇敬老院为二级敬老院，新湾、瓜沥、党山镇敬老院为三级敬老院。翌年，在开展敬老院上等级评比工作中，靖江镇敬老院被评为杭州市二级敬老院，河上镇敬老院被评为杭州市三级敬老院。

1999年，市民政局和有关镇乡投资70余万元，对宁围、靖江、闻堰、浦阳、新街、许贤、城北7所敬老院进行改扩建。是年，靖江镇敬老院被评为萧山市一级敬老院，新街镇敬老院被评为萧山市二级敬老院，城北、许贤敬老院被评为萧山市三级敬老院。

2000年，市民政局拨出资金7.20万元，配合镇乡改扩建敬老院4所。是年，宁围、闻堰、靖江敬老院被评为省级先进敬老院，坎山、浦阳、云石、前进4所敬老院被评为杭州市三级敬老院。是年末，全市共有敬老院36所，入院五保老人473人。

第二节　孤儿弃婴抚养

1985年，全县仅有12名残疾弃婴，委托城厢镇和临浦镇的居民抚养，政府每月发给抚养户抚养费和弃婴生活费35元。1986～1988年，民政局拨给临浦、戴村等地的弃婴抚养费和生活费7106元。

1989年8月，市民政局、卫生局、公安局、司法局、财税局联合印发《关于弃婴收养工作的若干规定》，发现遗弃婴，应由村（居）民委员会和当地政府负责查找弃婴户，并负责抚养，经过一段时间查找，确实查不到弃婴户的，暂由当地政府委托合适的人代养，并报市民政局。代养期间，要继续查找弃婴户，3个月后仍查不到弃婴户的，允许送给具备收养条件的夫妇收养1名弃婴。

1990年，市民政局先后2次拨给戴村、临浦、城南、城北等地弃婴抚养费12345元。城厢镇的弃婴抚养费在市民政局拨给城厢镇的社会救济款中支出。是年，委托群众抚养的7名残疾弃婴落实户口。

1991年12月10日，萧山市社会福利院首次接收抚养孤儿、弃婴23名。至此，社会上发现孤儿、弃婴送交市社会福利院抚养。

为解决城镇孤寡老人、孤儿、弃婴的集中供养问题，经市政府批准，于1990年2月新建萧山市社会福利院。第一期工程于1991年4月竣工，总投资126万元，占地面积4733平方米，建筑面积1819平方米。12月10日正式开院，内设老人部、儿童部，共有床位117张。其中：老年床位67张，儿童床位50张。配有食堂、医务室、小卖部、图书室、理发室、洗衣房等，还有供老人活动的电视室、棋类和康复器械等，成为全市一家设施完善、功能齐全、管理规范、服务配套的综合性社会福利机构。主要收养城镇孤寡老人、孤儿、弃婴等“三无”（无法定抚养义务人、无劳动能力、无生活来源）对象，为他们提供生活保障。是年末，收养城镇孤寡老人9名，孤儿、弃婴23名。萧山市社会福利院的建立，使城镇的孤寡老人、孤儿、弃婴等“三无”对象，从原来由国家定期定量救济，改为社会福利院集中供养。

1992年，社会福利院开始二期工程建设，总投资136.50万元，建筑面积2504平方米，床位增至150张，其中光荣院33张，提高社会福利院的收养能力。

1993年末，收养城镇孤寡老人10名，孤儿、弃婴30名，同时收养自费寄养老人14名，使萧山市社会福利院从单一的救济型、供养型，逐步向福利经营型、开放型和供养康复型转变。是年，萧山市社会福利院被省民政厅评为省三级福利院。1995年，萧山市社会福利院被浙江省民政厅评为省二级福利院。

表33-3-594　1991～2000年萧山市社会福利院收养情况

单位：人

年份	收养总人数	其中		
		城镇孤老	自费寄养老人	弃婴孤儿
1991	32	9	—	23
1992	40	12	9	19
1993	54	10	14	30
1994	100	40	15	45
1995	115	17	45	53
1996	103	19	36	48
1997	103	12	36	55
1998	101	15	31	55
1999	103	13	33	57
2000	134	11	69	54

1996年1月1日起，孤寡老人生活费由每人每月120元提高到150元，孤儿、弃婴由每人每月120元提高到145元。1999年再次作了调整，孤老及弃婴、孤儿生活费提高到每人每月240元。

2000年，市社会福利院共收养城镇孤寡老人11名，孤儿、弃婴54名，收养自费寄养老人69名。在保证供养弃婴、孤儿吃、住、穿的同时，开展保教工作，对进入学龄期的孤儿及时安排入学读书。至年末，在校学生13名，其中小学8名，初中4名，高中1名。

萧山市社会福利院备受社会各界的关注，逢年过节，一些机关企事业单位或个人上门捐款送物，以示关怀。不少学校还组织学生去福利院帮助打扫卫生。医院不定期组织医务人员为老人免费体检等，使孤寡老人、孤儿和弃婴这一特殊群体感受到社会大家庭的温暖。

第三节　福利企业

福利企业管理

1984年之前，福利企业由民政局民政股分管。1984年建立萧山县民政事业公司，协助民政股对全县福利企业实施监督、管理、服务工作。1987年，民政局制订《关于乡镇福利工厂管理工作中有关事项的规定》和《关于管理费使用范围和使用办法》，明确民政股和民政事业公司的职责范围，规范管理费的收取和使用。

1991年1月26日，建立萧山市民政局福利企业管理办公室，履行对全市福利企业实施监督、管理、协调、服务等职能。

1993年，依据省民政厅制定的年检年审10条标准，对全市91家福利企业进行年检，符合标准的换发《社会福利企业证书》，不够完善的要求限期整改。是年，合格企业享受减免税5131.49万元。

1994年5月，市政府颁发《关于进一步发展社会福利企业的意见》（萧政发〔1994〕8号），要求各镇乡把发展壮大福利企业列入重要议事日程。市政府成立福利企业领导小组，下设办公室，具体抓好组织领导、政策指导、综合协调等各项工作。是年末，全市有福利企业136家，比上年增加44家。福利企业职工月平均工资404.70元，其中残疾职工月平均工资301.54元，占74.51%。参加积累性养老保险的残疾职工5537人，占残疾职工总数的95.50%；投保金额257.32万元，平均每人每年为464.73元。

1995年，根据省民政厅、国税局、地税局《关于开展1995年度全省福利企业年检年审工作的通知》（浙民工字〔1995〕9号），对福利企业增值税发票的管理使用、对残疾职工的养老保险、残疾人的安置上岗等明确了新的标准和考核指标。要求残疾职工应具有上岗证；残疾职工全部参加养老保险；不虚开代开增值税发票，否则，一票否决福利企业资格。在年检中，全市136家企业经过企业自查、市年检领导小组验收复查、上级民政和税务部门抽查，普查验收率为100%；残疾职工安置率50%以上的131家；安置率在35%以上不足50%的1家；低于35%被取消福利企业资格的4家。残疾职工上岗率100%的23家；80%以上的109家；低于80%的4家。全市累计减免税收（国家扶持资金）为17892.38万元，其中1994年为5014.66万元。按规定纳入资本公积金额15100万元，纳入盈余公积金为2792.38万元，减免税资金均做到合理使用，严格管理。

图33-3-827　万向集团所属的福利生产车间残疾职工正在工作中（1995年5月，傅展学摄）

1996年，在划出西兴、长河、浦沿3镇后，全市福利企业工业总产值仍完成20.78亿元，比上年增长19.49%；完成销售18.34亿元，比上年增长11.99%，产值、销售居全省各县（市）第一位。共创税收9686万元，比上年增长16.91%；实现利润5975万元，比上年增长43.60%。安置残疾职工6157人，占生产人员的52.10%；发放残疾职工工资2535.61万元，人均月收入343.18元，比上年增长2.58%。

1998年，根据全省福利生产工作会议精神，要求全市福利企业确保残疾职工安置比例在50%以上，残疾职工养老保险投保率为100%，残疾职工的工资收入达到健康职工70%。翌年，在福利企业年检年审中，要求规范完善转制手续和国家扶持资金的使用；对有增项、扩项的企业严格把关，做到增、扩项与资质同步到位。是年，对7家资质不达标的企业取消福利企业资格。安置残疾职工7270人，养老保险投保率100%，投保金额291.84万元，累计1106.16万元。

2000年，在开展年检中，市民政局福利企业管理办公室与所属福利企业签订《资质管理责任书》。是年，公布假冒福利企业的举报电话，查处10家福利企业，其中取消福利企业资格2家。此外，先后接受国家审计署、国家税务总局、中国海关等部门对部分福利企业的抽查和审查。

直属福利企业

直属福利企业系由市民政局创办管理，以安置有劳动能力的残疾人就业为主的福利企业，先后创办5家。①

1985年4月，县民政事业公司与深圳江南贸易公司和香港永固公司合资创办深圳江南绣品制衣公司，注册资金150万元人民币，三方分别出资50万元人民币，主要生产丝绸服装出口。同时，县民政事业公司出资9万元，创办萧山科学仪器厂，生产电子琴、玩具汽车等产品。

1988年，萧山建筑设备厂利用民政部技改项目资金60万元，改建东风140同步器车间1360平方米。翌年8月，成为浙江双飞汽车齿轮箱集团公司的成员企业。是年，新增齿轮加工设备10台（套），增加140中间轴、农用三卡变速齿轮产品的生产。1992年，东风140变速箱同步器和NT130变速箱齿轮的年产量分别达到5万只（套），产值715万元，税利62.50万元，被评为省先进福利企业。是年，萧山科学仪器厂生产的PHS-10A数字酸度计，在全国适用技术交流会上获项目技术和产品金奖，省民政厅授予中国乡镇街道之星产品博览会金奖。

1993年3月，深圳江南绣品制衣公司歇业，所得股份以70万元人民币价格转让给建设银行萧山支行。翌年2月，萧山迅达特种玻璃实业公司投产，主要生产B类汽车玻璃，是年，完成产值665万元，利润30万元，税收35.53万元。1995年3月，萧山科学仪器厂因上年出现亏损11.20万元而停产。

1997年1月，萧山迅达特种玻璃实业公司转换经营机制，实行资产重组，注册资本168万元②，企业名称变更为萧山迅达特种玻璃有限公司。是年8月，萧山建筑设备厂组建股份制，注册资本125万元③，企业改名为萧山市双弧齿

①1958年8月，创建萧山盲人福利厂，主要生产草绳和弹棉花。1984年，福利厂实行生产转型，试制生产新产品——LYZ—1预应力涨拉机和冷镦机，并投入批量生产。是年10月，在全国科技成果交流会上，涨拉机获优秀成果奖，质量达到国内先进水平。是年，企业改名萧山建筑设备厂。翌年，企业开发混凝土搅拌机、钢盘调直机和套丝机等建筑机械，淘汰棉布生产。是年，冷镦机在全国科技成果交流会上获优秀成果奖。当年创产值92.70万元，销售额78.80万元，实现利润10万元。企业固定资产达67.80万元，占地面积13543平方米，建筑面积6129平方米，职工135人，年人均工资987元。

②其中9名企业经营者出资77.50万元、市民政局出资60万元、职工出资30.50万元。

③其中市民政局福利企业集体资产管理中心出资20万元、职工出资105万元。

轮有限公司。改制时，占地面积5133平方米，建筑面积5579.5平方米。退休职工63人、退养人员22人，实行社会化管理，一次性缴纳养老保险金255万元。翌年，完成产值1221.50万元，销售1053.60万元，实现利润47万元，税收83.80万元。是年，萧山迅达特种玻璃有限公司与天津灯塔涂料股份有限公司合作，开发生产涂料、油漆新项目，企业更名为杭州灯塔涂料玻璃有限公司。2000年，完成产值4619万元，销售4245.60万元，亏损315.30万元，税收275.60万元。

2001年2月，杭州灯塔涂料玻璃有限公司再次改制，企业与市民政局脱钩，福利企业性质不变。是年8月，萧山市双弧齿轮有限公司整体出让，由浙江新亚太机电集团有限公司受让，企业改名为杭州双弧车辆部件有限公司。萧山唯一一家民政国有企业至此结束。

乡镇福利企业

萧山乡镇福利企业始于1958年初，城厢、瓜沥、临浦镇办起3家盲人福利工厂，安置盲人91名。至1985年，萧山有福利企业28家，职工2743人，其中残疾职工810人，占职工总数的29.53%。是年，完成产值2500万元，实现利润210万元。

1987年，长河镇的萧山第二橡胶厂生产的P－NXS涤纶绸单面防水胶布，经省级技术鉴定，质量达到国际先进水平，填补省内空白；尖山镇金属钣厂生产的微型开水炉，获省级发明奖；城山乡精细化学品厂生产的西美粉饼，获部优奖。瓜沥镇的萧山蓓蕾玩具厂产品出口欧美，创汇人民币49万元。是年，福利企业增至72家，福利企业支持社会福利事业资金120万元，其中43万元用于新建乡镇敬老院。

1990年，萧山工艺化纤纺织厂生产的1×2华达呢被评为省优产品。企业被评为杭州市先进企业、省优秀企业。1992年，全市乡镇企业投入技术改造资金4265万元，新上技改项目30个，开发新产品38只。是年，全市被省民政厅命名为社会福利工业骨干企业11家、重点企业15家；获杭州市先进福利企业称号7家。

1994年1月，市政府发出《关于进一步发展福利企业的意见》（萧政发〔1994〕8号），促进福利企业的巩固、发展。是年，新增福利企业44家，技术改造项目32个，投入技改资金7444万元。1995年，全市乡镇福利企业注重调整产品结构，加强技术改造，新增300万元以上技改项目17个，投入技改资金6097万元。全年实现利润4160万元，缴纳税金8285万元，收缴企业管理费234万元，资助社会福利事业

表33－3－595　1985～2000年萧山福利企业

年　份	企业（家）	职工（人）		产值（万元）	销售（万元）	利润（万元）	税　收（万元）
			残疾职工				
1985	28	2743	810	2500		210.00	
1986	64	5380	2012	6199		369.60	280.00
1987	72	7305	3084	12000		1100.00	
1988	75	8007	3387	21795	19837	2047.00	
1989	72	8564	3639	30066	24578	696.50	1778.30
1990	78	9076	3838	31200	29140	732.40	1196.00
1991	78	8991	3690	44100	41627	1206.50	1697.00
1992	92	11277	4423	68900	63183	2074.50	2742.67
1993	91	11482	4535	105039	98970	2954.30	4480.90
1994	135	14155	5887	157500	109700	3317.70	7724.60
1995	145	14254	6121	240000	163800	4160.30	8285.30
1996	149	13993	6157	207800	183400	5975.00	9686.00
1997	148	16772	7160	284491	263000	8101.00	17500.00
1998	142	17929	7615	335578	305800	6054.00	28500.00
1999	148	17936	7601	399127	361700	13423.00	24322.00
2000	150	17043	7132	549660	503000	19840.00	29800.00

300万元。1996年，福利企业投入技改资金1.89亿元，完成技改项目34个，开发新产品17只。是年，在福利企业中，有12家进入市百强企业。萧山市福利企业获得杭州市福利生产考核特等奖，福利企业产值、销售收入列居全省县（市）第一位。

1997年，全市有福利企业148家，全面开展企业整体转制，完成改制、改组、改造137家，其中组建有限责任公司110家、股份制企业27家。明晰产权关系，盘活存量资产，改善管理机制，增加企业活力。是年，新上技改项目31个，投入技改资金3.70亿元，出口创汇3298万美元。

1999年4月16日，市政府对浙江永翔电缆集团有限公司等24家福利企业先进集体和杭州东南网架厂等30家税利超双百万的福利企业予以通报表彰。2000年，开展对污染企业和微亏企业进行整顿。是年，全市福利企业完成工业产值58.30亿元，创利1.98亿元，分别占全市工业产值、利润的9.69%和11.99%。福利企业资助社会福利公益事业7296.67万元。

第四节　福利彩票

社会福利奖券

1988年9月18日，浙江省社会福利有奖募捐委员会印发《浙江省社会福利即开型奖券暂行规定》（浙捐字〔1988〕第1号）。萧山于10月15日首次发行即开型社会福利奖券，[①]发行销售奖券19.30万元，发行奖券面值为人民币1元，10万张为一个计奖单位，共设7个奖级。[②]计奖单位和奖金等级的设置经广州市公证处公证，中奖者凭券领奖，当场兑现，现金支付，无须其他证明。发行奖券收入分配比例：社会福利基金41.21%，奖金返还率39.79%，发行成本15%，承包风险费4%。此次发行即开型社会福利奖券以民政部门自行销售为主，同时委托其他经济实体和个人销售。销售方式，除在城厢镇、瓜沥镇公路边个人设摊销售之外，也有一家一户上门推销的。至1989年12月止，通过发行社会福利奖券，获得福利基金7.95万元，其中上缴中央、省、杭州市2.78万元，萧山提存福利基金5.17万元。1990～1994年，又先后发行销售即开型社会福利奖券5次，金额为1290.10万元，获得福利基金419.48万元，其中上缴150.89万元，萧山提存福利基金268.59万元。

社会福利彩票

1995年起，社会福利奖券更名为社会福利彩票。是年3月13日，市民政局印发《关于下达1995年度社会福利彩票销售指标的通知》（萧民〔1995〕14号），全年计划发行销售社会福利彩票344万元，争取完成536万元，并将全年计划指标和争取完成指标分解到各镇乡，在政策上给予优惠。销售彩票获得的福利基金留成比例按四六分配：即市募捐委员会得四成，发行镇乡得六成；由市募捐委员会办公室承担或派人协助的，福利基金则由市募捐委员会得六成，发行镇乡得四成。至年末，实际发行销售社会福利彩票190万元，获得社会福

①萧山发行的社会福利彩票有3种：即开型社会福利奖券、即开型社会福利彩票和电脑福利彩票。

②一等奖1个，奖金1000元；二等奖9个，每个200元；三等奖90个，每个25元；四等奖599个，每个10元；五等奖801个，每个5元；六等奖6250个，每个2元；七等奖12250个，每个1元。

利基金51.39万元，其中上缴16.39万元，萧山提存福利基金35万元。

1999年3月，为赈济长江、松花江流域因遭受洪水灾害的灾民，省彩票发行中心批准萧山市发行销售即开型赈灾专项福利彩票960万元，市政府决定于3月5～8日，在城厢镇集中发行销售赈灾专项福利彩票5000万元。为做好发行销售工作，市募捐委员会制定《萧山市中国福利彩票大奖组销售章程》，市政府领导和市民政局、公安局的负责人担任组织指挥工作，下设销售组、宣传组、保卫组、兑奖组、后勤组和机动组。此次奖类定为8级①，合计设奖25万个，金额2676万元，返奖率为53.52%。组织销售员1360人，设660个销售摊位。由于宣传到位，组织周密，设奖科学，于3月8日完成赈灾专项福利彩票5000万元，募集赈灾福利基金1500万元，其中上缴942万元，萧山提存558万元。

是年10月19～21日，为纪念抗美援朝50周年，解决部分老优抚对象（参加抗美援朝的复员军人）的医疗、住房、生活困难问题，发行销售浙江风采“爱心献功臣”福利彩票120万元。获得福利基金36万元，其中上缴12万元，萧山提存24万元，用于解决老复员军人“三难”问题。

2000年10月1～5日，市募捐委员会、民政局组织发行销售即开型社会福利彩票，计划发行销售3000万元。成立萧山市发行中国福利彩票指挥部，以城厢镇销售为主，义盛镇、临浦镇为副的三点联动方式，面向农村市场，方便群众购票。以每组100万元为一个计奖单位，共设6个奖级②，合计奖金50万元。结果此次福利彩票实际发行销售505.80万元，完成计划数的16.83%；获得社会福利基金151.75万元，其中上缴58.17万元，萧山提存93.58万元。

电脑福利彩票

1997年3月21日，中国人民银行浙江省分行批准浙江运用计算机试发行传统型中国福利彩票，省募捐委员会批准萧山设立福利彩票电脑投注机30台（城厢镇14台，萧山经济技术开发区、临浦镇、头蓬镇、宁围镇各设2台，钱江农场、红山农场、戴村、党山、长沙、瓜沥、义盛、坎山等各设1台）发行销售电脑福利彩票。至2000年，电脑福利彩票从发行销售、资金回笼、社会福利基金分配结算，均由省募捐委员会直接管理，省募捐委员会拨给萧山社会福利基金20.90万元。

①特等奖2000型桑塔纳轿车50辆，一等奖普通型桑塔纳轿车50辆，二等奖34英寸彩电500台，三等奖29英寸彩电500台，四等奖容声190WB冰箱1000台，五等奖爱妻号831型洗衣机2500台，六等奖维纳斯自行车5000辆，七等奖广明亚领带25000条，八等奖各奖现金2元。

②特等奖1个，现金18万元；一等奖16个，每个1万元；二等奖30个，每个1000元；三等奖200个，每个100元；四等奖1000个，每个10元；五等奖50000个，每个2元。

表33-3-596　1988～2000年萧山市福利奖券（彩票）销售及福利基金募集

单位：万元

年　份	销售福利彩票	上缴福利基金	提存福利基金
1988～1989	19.30	2.78	5.17
1990～1994	1290.10	150.89	268.59
1995	190.00	16.39	35.00
1997～2000			20.90
1999	5120.00	954.00	582.00
2000	505.80	58.17	93.58

第四章　社会优抚

改革开放后，党和政府十分重视对革命烈士、牺牲、病故军人家属、现役军人家属、退役军官和士兵的安置工作，执行政策规定，制订优惠措施，让他们享有抚恤和优待安置的权益。随着经济的发展，各类抚恤、优待标准不断提高，使他们的基本生活随之得到改善，分享经济社会发展的成果。

第一节　军烈属抚恤

牺牲病故抚恤

1985年1月1日起，根据民政部、财政部《关于对革命烈士家属、因公牺牲军人家属、病故军人家属发给定期抚恤金的通知》（民〔1985〕优字3号），由定期定量补助改为定期抚恤。[①]是年，萧山发放一次性抚恤金11人，金额0.49万元，享受定期抚恤183人，发放金额5.05万元。[②]

1993年7月26日，市政府印发《关于发布〈萧山市军人抚恤优待若干规定〉的通知》（萧政发〔1993〕58号），规定现役军人死亡，根据死亡性质和本人死亡时的薪金收入，由民政部门发给一次性抚恤金：革命烈士，为40个月的本人牺牲时的月薪金；因公牺牲军人，为20个月的本人牺牲时的月薪金；病故军人，为10个月的本人死亡时的月薪金。义务兵和月薪低于正排职军官薪金标准的其他军人死亡时，按基准军衔为少尉的正排职军官的职务薪金（第二档次）和军衔薪金二项之和计发一次性抚恤金。

革命烈士、因公牺牲军人、病故军人家属（以下称三属）经民政部门批准核发定期抚恤金：无固定收入的父母、配偶及抚养军人长大并依靠其生活的其他亲属；未满十八周岁或虽满十八周岁因读书或伤残而无生活来源的子女；必须依靠军人生前供养的未满十八周岁的弟妹。“三属”的孤儿、孤老可增发不低于基本标准20%的定期抚恤金。享受定期抚恤金的人员死亡后，除发给当月定期抚恤金外，另加发半年定期抚恤金作为丧葬补助费。

1996年6月30日，市政府印发《关于发布萧山市兵役义务费和重点优抚对象优待费社会统筹实施办法的通知》（萧政发〔1996〕89号），依法保障优抚对象的优待抚恤经费来源。是年，“三属”享受定期抚恤142人，抚恤金20.90万元。

随着经济的发展和人民生活水平的提高，“三属”的抚恤标准作过多次调整。是年，发放一次性抚恤金25人，金额17万元；三属享受定期抚恤116人，发放金额36.60万元。

表33–4–597　1988～2000年部分年份萧山市抚恤对象定期补助标准

单位：元/人月

年份	革命烈士家属		因公牺牲军人家属		病故军人家属	
	城镇	农村	城镇	农村	城镇	农村
1988	45	35	45	35	40	30
1991	74	69	64	59	59	54
1994	140	125	125	110	110	100
1995	170	155	155	135	135	125
1998	222	200	200	175	175	165
1999	290	260	260	230	230	215
2000	310	280	280	250	250	235

①在革命战争和社会主义建设事业中，为国捐躯、为革命负伤致残者，由民政部门按照规定发给抚恤金，使革命烈士家属、因公牺牲、病故军人家属和因公负伤导致伤残者，享受应有的抚恤待遇。

②1984年前，对革命烈士家属、因公牺牲、病故军人家属，除发放一次性抚恤金外，国家还给予定期定量补助。

表33-4-598　1985～2000年萧山牺牲、病故抚恤金发放

年份	一次性抚恤		定期抚恤		年份	一次性抚恤		定期抚恤	
	牺牲、病故人数（人）	发放金额（万元）	享受人数（人）	发放金额（万元）		牺牲、病故人数（人）	发放金额（万元）	享受人数（人）	发放金额（万元）
1985	11	0.49	183	5.05	1993	11	2.20	162	11.00
1986	9	0.60	179	4.80	1994	14	4.00	155	19.90
1987	12	1.00	184	4.90	1995	20	7.60	154	19.20
1988	10	0.90	176	5.60	1996	19	6.60	142	20.90
1989	10	1.50	181	6.20	1997	23	15.30	132	25.60
1990	10	1.20	173	7.60	1998	23	11.10	123	28.40
1991	20	2.40	171	7.20	1999	21	13.90	123	35.10
1992	10	2.50	168	7.90	2000	25	17.00	116	36.60

伤残抚恤

1985年，萧山共有伤残抚恤人员563人，发放金额7.10万元。1988年，伤残人员抚恤金每人每月平均增发52元。①

1990年，对革命残废人员进行换证。经核实，全市换证619人，其中：革命残废军人615人，革命残废工作人员1人，参战伤残民兵民工3人。有一等伤残9人，二等甲级30人，二等乙级129人，三等甲级195人，三等乙级256人。

1994年11月15日，市民政局、市财政局发出《关于调整部分优抚安置和社会救济对象抚恤救济标准的通知》（萧民〔1994〕110号、萧财预〔1994〕354号），从是年1月1日起，调整提高革命伤残军人（革命伤残军人、伤残人民警察、伤残工作人员、伤残民兵民工）的伤残抚恤金和伤残保健金，对享受伤残抚恤金的伤残人员，增发每人每月50元。尔后，抚恤标准多次进行调整。

2000年7月，市政府办公室印发《关于切实做好企业转制中革命伤残军人基本生活和医疗保障工作的通知》（萧政办发〔2000〕83号），要求各级各部门各单位重视革命伤残军人的工作、生活问题。企业在转换经营机制中，用人单位必须优先安排给革命伤残军人与其劳动力相适应的工种岗位，确保革命伤残军人的生活和医疗待遇。对破产、解体企业中的革命伤残军人，切实维护国家特殊保障对象的合法权益，如本人自愿要求终止解除劳动合同的，应按规定发给其经济补偿。对确实无法安置的二等乙级以上革命伤残军人和距法定退休年龄不足5年的三等甲级、三等乙级革命伤残军人，由本人申请，企业申报，主管部门核准，报市政府批准，给予办理退养手续，并按转制企业退养人员的规定，带资移交市社会保险管理局实行社会化管理。二等乙级以上革命伤残军人退养移交时，其距法定年龄不足的年限，按每年5000元的标准，按实交付市社会保险管理局。同时，对革命伤残军人按照移交时的军龄至75周岁计算每年增加缴付伤口复发医疗费500元。革命伤残军人伤口复发期间的医疗费不得实行包干，应按工（公）伤人员规定实报实销。二等乙级以上（含二等乙级）革

①革命伤残人员实行终身抚恤（复员回乡三等残废军人自1965年起实行终身抚恤），残废等级是根据残废者之残废轻重和丧失劳动能力之程度划分为：特等、一等、二等甲级、二等乙级、三等甲级、三等乙级。抚恤标准分为在职、在乡两种。残废抚恤因战致残略高于因公致残者，民政部门负责发放和评残之抚恤人员有：革命残废军人；参战致残之民兵民工；残废人民警察；国家机关、民主党派、社会团体之在编行政人员和部队在编之正式职工。分别发给《革命残废军人抚恤证》《民兵民工残废抚恤证》《人民警察残废抚恤证》和《工作人员残废抚恤证》。

革命残废军人复员、退伍回原籍后，能工作者，给予优先分配工作。伤口复发之治疗，在职的由所在单位按照工伤待遇，治疗期间工资照发；在乡的由民政部门负责；二等以上革命残废军人，均由市卫生部门给予公费医疗待遇，伤口复发致死者，经医院证明，县（市）以上人民政府核准，追称烈士，家属可享受《革命军人牺牲褒恤暂行条例》之抚恤。革命残废军人需配制手摇车、假肢、辅助器械、病理鞋以及镶牙补眼等，均由民政部门免费供给。在乡一等以上革命残废军人饮食起居需人扶助的发给护理费，参战或因公残废民兵民工、残废人民警察、残废工作人员，享有同等待遇，同时乘船、乘车还可享受半价优待。

命伤残军人享受公费医疗待遇的，其医疗费不实行包干。

是年11月17日，市政府办公室《转发市民政局等部门〈关于解决革命伤残军人伤口复发医疗问题实施意见〉的通知》（萧政办发〔2000〕144号），落实伤残军人伤口复发医疗费报销及各项政策待遇。11月29日，市民政局、财政局发出《关于提高部分优抚对象抚恤补助标准的通知》（萧民〔2000〕92号、萧财预〔2000〕227号），从1月1日起执行，提高部分优抚对象抚恤金补助标准。在乡革命伤残人员增发标准由每人每月65元，提高到85元，全市伤残人员619人，发放抚恤金46.50万元。

表33-4-599　部分年份萧山革命伤残人员抚恤（保健）金标准

单位：元／人

年份	在乡抚恤金														
	特等		一等			二等甲级			二等乙级			三等甲级		三等乙级	
	因战	因公	因战	因公	因病	因战	因公	因病	因战	因公	因病	因战	因公	因战	因公
1985	570	518	498	464	—	390	350	—	296	268	—	180	180	140	140
1988	1200	1100	1020	950	860	740	660	600	538	480	450	336	322	272	272
1991	1560	1440	1260	1170	1060	920	830	760	656	590	554	416	400	342	342
1994	2240	2100	1860	1740	1620	1250	1150	1070	856	780	740	536	516	452	452
1996	3240	3080	2460	2330	2200	1430	1320	1230	960	880	840	628	608	526	—
1999	6120	5960	4780	4650	4520	2900	2790	2700	2100	2020	1980	1680	1660	1560	1560
2000	7020	6860	5620	5490	5360	5300	3390	3300	2700	2620	2580	2070	2050	1950	1950

续　表

年份	在职保健金														
	特等		一等			二等甲级			二等乙级			三等甲级		三等乙级	
	因战	因公	因战	因公	因病	因战	因公	因病	因战	因公	因病	因战	因公	因战	因公
1985	132	120	118	108	—	96	86	—	84	76	—	70	64	60	56
1988	—	—	—	—	—	—	—	—	—	—	—	—	—	—	—
1991	240	216	204	184	—	156	140	—	135	122	—	109	98	90	82
1994	450	420	374	342	332	288	268	250	231	214	210	174	160	132	122
1996	—	—	—	—	—	—	—	—	—	—	—	—	—	—	—
1999	1000	970	800	760	750	455	435	415	360	340	330	260	240	205	195
2000	1180	1150	980	940	930	515	495	475	420	400	390	320	300	265	255

表33-4-600　1985～2000年萧山革命伤残人员抚恤（保健）金发放

年份	总人数（人）	在职人员	在乡人员	伤残抚恤金（万元）	在职保健金	在乡抚恤金	伤残补助费
1985	563	456	107	7.10	3.02	3.48	0.60
1986	587	481	106	8.00	3.20	3.50	1.30
1987	611	509	102	6.70	3.40	3.30	1.10
1988	618	520	98	11.00	5.20	4.40	1.40
1989	625	527	98	12.20	5.50	4.90	1.80
1990	619	523	96	13.40	5.50	5.00	2.90
1991	630	538	92	17.00	5.70	5.40	5.90
1992	638	547	89	18.00	6.00	8.60	3.40
1993	648	561	87	19.50	6.80	8.60	4.10

续 表

年份	总人数（人）	在职人员	在乡人员	伤残抚恤金（万元）	在职保健金	在乡抚恤金	伤残补助费
1994	657	567	90	26.00	9.60	9.40	7.00
1995	664	575	89	36.90	13.20	15.10	8.60
1996	612	533	79	33.10	13.00	11.90	8.20
1997	608	533	75	35.80	10.80	11.00	14.00
1998	610	541	69	36.50	12.00	13.10	11.40
1999	613	544	69	52.90	13.60	13.30	26.00
2000	619	545	74	46.50	17.30	17.10	12.10

定期补助

1985年起，“三属”的定期定量补助（定期定量补助，是政府对老、弱、病、残之烈军属和复员、退伍义务兵，经群众优待后生活尚有困难者，再予补助）一律改为定期抚恤。定期定量补助的主要对象是：完全丧失劳动能力生活困难的复员军人；带病回乡不能经常参加生产劳动，生活特别困难的复员、退伍义务兵。对在乡复员军人应优先照顾的对象：抗日战争时期入伍生活困难的；因病不能从事生产劳动而生活困难的；因年老丧失劳动能力而生活困难的；在部队立功受奖，贡献较大而生活困难的。是年，享受定期定量补助855人，补助金额11.81万元。

1988年9月，市民政局、财政局《关于给部分优抚安置和社会救济对象发放物价补贴和调整抚恤标准的通知》（萧民〔1988〕110号、萧财预〔1988〕305号），对在乡复员、退伍义务兵的定期补助标准调整为：抗日战争入伍的每人每月38元，解放战争入伍的每人每月33元，建国后入伍的每人每月28元，对其中孤老人员为45元。是年，享受定期定量补助的在乡复员军人和带病回乡的退伍义务兵有1079人，补助金额40.40万元。

1995年，市民政局、财政局发出《关于调整优抚对象和社会救济对象抚恤、救济补助标准的通知》（萧民〔1995〕82号、萧财预〔1995〕257号），对在乡复员军人和带病回乡退伍义务兵定期补助标准调整为：抗日战争时期入伍的居民，从每人每月116元提高到135元，其中孤老人员为160元，农村户口的每人每月从100元提高到125元，其中孤老人员为150元；解放战争时期和建国后入伍的居民从每人每月111元提高到125元，其中孤老人员为140元，农村户口的从每人每月90元提高到115元，其中孤老人员为130元。是年，全市复员、退伍义务兵享受定期定量补助为1283人（包括带病回乡的退伍义务兵209人），补助金额134.30万元。

2000年11月，市民政局、财政局印发《关于提高部分优抚对象抚恤补助标准的通知》（萧民

表33-4-601 1985～2000年萧山在乡复员退伍义务兵定期定量补助

年份	总人数（人）	复员军人	退伍义务兵	补助金额（万元）	人均年补助（元）
1985	855	692	163	11.81	138
1986	1094	917	177	16.90	154
1987	1093	916	179	25.30	230
1988	1079	898	181	40.40	374
1989	1239	1040	199	46.30	374
1990	1227	1023	204	45.90	374
1991	1222	1001	221	48.50	397
1992	1210	992	218	57.80	478
1993	1233	963	270	75.70	614
1994	1227	937	290	128.50	1047
1995	1283	948	71	134.30	1047
1996	1197	864	333	156.50	1307
1997	1209	842	367	169.90	1405
1998	1174	792	382	227.90	1941
1999	1157	749	408	277.50	2398
2000	1165	730	435	302.90	2600

〔2000〕92号）、（萧财预〔2000〕227号），对在乡复员、退伍义务兵的定期定量补助标准作了调整。[①]是年，全市在乡复员退伍义务兵享受定期定量补助为1165人，享受补助金额302.90万元，人均补助2600元。至2000年底，共补助金额1948.31万元。

①抗日战争时期入伍的城镇居民从每人每月230元提高到250元，其中孤老人员为300元，农村户口从每人每月215元提高到235元，其中孤老人员为285元。解放战争及建国后入伍的城镇居民从每人每月215元提高到235元，其中孤老人员285元，农村户口的从每人每月195元提高到215元，其中孤老人员为265元。

第二节　军属优待

1985年，萧山农村的烈属、现役军人家属由群众优待的有3426户，发放优待金108.50万元，户均317元。是年，瓜沥镇试行城镇义务兵家属统筹优待。[②]

1986年，县政府对城镇义务兵家属优待作出规定。[③]是年，享受城镇优待家属259户，优待金额9.50万元，户均为367元。1989年，对农村缺乏劳动力的烈属和义务兵家属进行帮急服务活动，各乡镇发动共青团员、青年民兵组织帮急服务组1331个，参与帮急活动6606人次，为980户烈军属耕作1617亩，发放帮急代耕费16.62万元。之后，每年均开展帮急服务活动。

1990年，全市农村烈属、义务兵家属享受优待3326户，由乡镇统筹发放优待金217.15万元，户均为653元；村级经济优待补助62.06万元，户均为187元。1992年，全市农村享受优待的烈属、义务兵家属2964户，发放优待金316.21万元，户均为1067元，比上年增加184元，达到省规定的优待标准，即：占当地人均收入的70%。是年，全部免去烈属、义务兵家属按人口或劳力负担的集体提留和义务工。是年起，城乡义务兵家属优待待遇相一致。1993年，市政府发布《萧山市军人抚恤优待若干规定》（萧政发〔1993〕58号），规定“三属”

②群众优待，是农民群众对家居农村的烈军属、革命伤残军人在物质生活上的优待照顾。在优抚对象中下列人员可以享受群众优待：义务兵家属（含单身入伍的义务兵本人）；享受定期抚恤以后，生活仍然低于当地一般群众生活水平的革命烈士家属、因公牺牲军人家属、病故军人家属；生活有特殊困难的革命伤残军人；带病回乡丧失劳动能力、生活有困难的退伍义务兵；年老体弱丧失劳动能力，生活有困难的复员军人。

③在职职工应征入伍的，由原工作单位负责对其家属实行优待，优待标准为每月35～40元；在校学生和社会待业青年应征入伍的，由本人入伍前户口所在乡镇负责对其家属落实优待，优待标准每月30元。

表33—4—602　1985～2000年萧山烈军属、病故军人家属优待情况

年份	优待户数（户）	优待金额（万元）	户均金额（元）	义务兵家属				烈属、牺牲、病故军人家属			
				户数（户）	优待金额（万元）	户均金额（元）	占当地上年人均收入（%）	户数（户）	优待金额（万元）	户均金额（元）	占当地上年人均收入（%）
1985	3426	108.50	317	3345	106.50	318	47.00	81	2.00	247	37.00
1986	3166	111.30	352	3061	108.20	353	45.53	105	3.10	295	38.48
1987	2749	104.30	397	2616	100.20	383	49.00	133	4.10	308	39.00
1988	2646	132.40	500	2513	125.00	497	52.81	133	7.40	556	59.09
1989	2763	174.80	633	2684	169.80	633	53.78	79	5.00	633	53.78
1990	3326	285.29	858	3248	279.21	860	63.33	78	6.08	779	57.36
1991	3070	271.12	883	2996	265.09	885	65.00	74	6.03	815	62.00
1992	2964	316.21	1067	2896	312.13	1078	73.98	68	4.13	607	41.86
1993	2720	309.60	1138	2619	302.50	1155	66.42	101	7.10	703	40.43
1994	2526	376.00	1488	2419	366.00	1513	68.90	101	10.00	990	45.00
1995	2435	511.89	2102	2328	495.63	2129	70.56	107	16.26	1520	50.36
1996	2138	579.95	2713	2040	560.80	2749	70.60	98	19.15	1954	50.19
1997	2056	698.59	3396	1958	670.59	3425	72.69	98	28.00	2857	60.00
1998	1934	740.60	3826	1836	709.60	3865	70.00	98	31.00	3163	60.80
1999	1915	817.94	4271	1817	781.30	4300	78.00	98	36.64	3739	67.80
2000	1898	913.30	4812	1803	872.56	4839	79.00	95	40.74	4288	70.00

优待达到所在镇乡上年度人均收入的50%以上，义务兵家属优待达到所在镇乡上年度人均收入的70%以上，在乡革命伤残军人优待达到所在镇乡的平均生活水平。是年，全市烈属和义务兵家属享受优待2720户，发放优待金309.60万元，户均为1138元，比上年提高71元。

1996年，市政府出台《萧山市兵役义务费和重点优抚对象优待费社会统筹实施办法》（萧政发〔1996〕89号）。是年，享受义务兵家属优待2040户，发放优待金560.80万元，户均2749元。享受镇乡优待的"三属"有98户，发放优待金19.15万元，户均1954元。是年11月，市政府发出《关于对应征进西藏服役的义务兵实行特殊优待的通知》（萧政发〔1996〕155号）。[①]义务兵如超期服役每年增加2500元，若转为志愿兵或提干后，按有关规定执行。农业户口应征青年就地农转非，服役期满退伍后，按城镇非农义务兵退伍安置政策执行。由市政府为进西藏服役的义务兵父母一次性投保养老保险金2万元。镇乡政府为应征青年本人办理义务兵养老保险（投保金额每人每年350元）。

2000年，全市共筹集发放优待金913.30万元，义务兵家属户均享受优待金4839元，占当地上年人均收入的79%；烈属和牺牲、病故军人家属户均为4288元，占当地上年人均收入的70%，优抚对象的生活水平得到改善和提高。

第三节　复员退伍军人安置

1985年，萧山接收退伍义务兵1194人，其中农村1091人，城镇103人，照顾安置农村入伍的革命伤残军人21人、戳社户6人、参战三等功2人。1985年始复员、退伍义务兵安置办公室兼负军地两用人才介绍之职责。[②]

1987年，接收退伍义务兵728人，其中农村593人中有军地两用人才247人，推荐并被工矿企事业单位录用的127人、当地乡镇企业录用120人。退伍义务兵经扶持勤劳致富的各类专业户有627人，其中从事种植业129人、养殖业93人、运输业203人、家庭办厂65人、经商服务137人。民政部门提供扶持贷款2万元，贷款贴息补助1.44万元。金融部门扶持贷款13.50万元。至年底，人均收入超1000元。[③]

1991年，为解决退伍义务兵的住房困难，政府安排建材指标。[④]1991年，萧山市被省政府、省军区评为退伍义务兵接收安置工作先进单位。翌年11月，瓜沥镇党委书记、退伍军人周来兴被民政部、解放军总政治部评为全国军地两用人才先进个人。1993年，对城镇退伍义务兵采用"双向选择"的办法，于5月底全部安置在企事业单位。农村退伍义务兵采取就地安置与个人自谋职业相结合的办法，退伍义务兵自谋职业的，当地政府给予一次性安置补助，安置率为95%。8月，市政府发出《关于调整市复退军人和军队离退休干部安置领导小组的通知》（萧政办发〔1993〕56号），市人事局、民政局、公安局、商业局、劳动局、财政局等13个部门为成员。1996年，依据《退伍义务兵安置条例》的规定，采取"系统分配，包干安置"与"双向选择，市场调节"相结合的安

①规定义务兵优抚费每人每年为1万元，采取市、镇乡两级共同负担的办法，其中镇乡按当地标准兑现优抚费，缺额部分由市补足。

②1950年始设萧山县复员委员会。1951年更名为萧山县转业建设委员会，1954年制订《萧山县复员建设军人安置暂行办法》，1980年设萧山县复员退伍军人安置领导小组，下设办公室。

在接收安置工作中，政府通过各种渠道为复员、退伍义务兵（1954年11月1日起由志愿兵改称义务兵）解决就业问题，如优先给予贷款、供应物资、承包专业、安排乡镇企业工作等。在生活、住房、治病等方面的困难重点予以帮助。随着乡镇工业的发展，对农村退伍义务兵主要安置去乡镇企业工作，城镇退伍义务兵原则上由政府统一安置工作。

③1987年12月12日，国务院发布《退伍义务兵安置条例》，规定原是城镇退伍义务兵，由国家统一分配工作；农村退伍义务兵在服役期间荣立三等功以上、超期服役的义务兵和女性退役义务兵，给予照顾安置，因战、因公致残的二等、三等农村革命伤残军人，可在企事业单位安排适当工作。农村退伍义务兵确无住房或严重缺房而自建和靠集体帮助又确有困难的安排一定数量的建筑材料及经费。

④红砖100万块、水泥100吨、平瓦20万张，拨出专款1.50万元，帮助248名退伍义务兵新建住房91间、修理旧房157间。至1994年，全市为858户退伍义务兵安排红砖460万块、平瓦58万张、水泥1010吨，补助资金16.10万元。

置办法，市财政拨出退伍义务兵安置费12.30万元，其中一次性补助退伍义务兵建房2.10万元，51人受益。1998年，对城镇退伍义务兵和转业志愿兵均被安置到31个企事业单位，农村退伍义务兵的两用人才开发使用率保持为95%。是年，市政府分别被省政府、省军区和杭州市政府、杭州市军分区评为安置工作先进集体。

2000年4月18日，市政府调整萧山市复退军人和军队离退休干部安置领导小组成员。7月6日，市政府《关于印发〈萧山市城镇退役士兵安置工作实施办法〉的通知》（萧政发〔2000〕95号），鼓励城镇退役士兵、转业士官和革命伤残军人自谋职业，实行一次性安置补助。义务兵服役满2年为2万元，3年以上为3万元，志愿兵满10年为5万元，在此基础上，每超过一年增加5000元；革命伤残军人一次性安置补偿金为4万元；并享受在乡伤残军人待遇。全年接收安置城镇退役士兵102人、转业士官（志愿兵）90人、西藏兵49人，革命伤残军人5人。市民政局、劳动局联合举行城镇退役士兵招工洽谈会，供需双方见面，双向选择，有26家企业与43人签订就业意向，其中18人被录用。选择自谋职业167人，占应安置246人的67.89%，给予一次性安置补助费715.35万元，其余61人由政府安置落实。

表33—4—603 1985～2000年萧山退伍义务兵接收安置情况

年份	总人数（人）	城镇义务兵（人）	转业志愿兵（人）	革命伤残军人（人）	农村义务兵（人）	安置费（万元）
1985	1194	103	—	21	1070	1.24
1986	737	99	20	15	603	2.50
1987	728	135	—	—	593	1.30
1988	734	123	—	—	611	1.00
1989	665	123	—	—	542	1.10
1990	994	129	107	—	758	1.00
1991	623	80	—	10	533	7.70
1992	687	80	64	10	533	6.90
1993	815	113	32	11	659	2.50
1994	643	100	53	10	480	5.80
1995	707	100	64	10	533	4.00
1996	688	110	43	8	527	12.30
1997	661	76	37	7	541	17.00
1998	593	82	23	10	478	31.30
1999	480	42	38	4	396	41.00
2000	779	151	90	5	533	836.50
合计	11728	1646	444	85	9390	973.14

第四节 孤老烈属复员军人供养

萧山市光荣院的前身为萧山县烈属养老院，始建于1959年。建院初期有15位烈属老人入院，其衣、食、住、行均由国家供给，治病由国家统筹，配有专职服务员。1982年，萧山县烈属养老院更名为萧山县光荣院，入院对象从孤老烈属扩大到孤老复员军人。1984年，在城厢镇环城南路新建建筑面积为1335平方米的3层楼房1幢，入院烈属老人14人。

1991年12月10日，萧山市光荣院迁入位于城厢镇高桥小区的萧山市社会福利院内，设床位30张，配有食堂、医务室、小卖部、图书室、理发室、洗衣房、电视室、棋类和康复器械等设施。是年，收养孤老复员军人19人。1993年，收养孤老复员军人20人。是年，萧山市光荣院被民政部授予“全国文明光荣院”称号。1995年1月1日起，将孤老复员军人每人每月的生活费由135元提高到160元。同时强化内部管理，提高服务质量，添置必要的设备。是年，萧山市社会福利院被省民政厅评为省三级福利事业单位。1996年1月1日起，将每人每月160元的生活费提高到200元。1999年，为纪念抗美援朝50周年，切实帮助解决部分老复员军人的医疗、住房、生活困难问题，在发行销售浙江风采“爱心献功臣”福利彩票活动中，省民政厅、省募捐委员会专项拨给萧山市光荣院经费30万元，用于基础设施改造，改善孤老复员军人的养老条件。是年末，收养孤老复员军人24人。

2000年春节，市委、市政府领导率有关部门负责人赴光荣院看望慰问孤老复员军人。是年末，萧山市光荣院收养孤老复员军人23人。

第五章　社会互助

政府通过实施规划扶贫等措施，帮助农村贫困居民安排到企业工作或从事种植、养殖业，增加家庭经济收入，改善生活条件。1988年，建立萧山市灾害互助总会，在农村中实行救灾合作保险制度，实现由传统的救灾救济转变为互助互济保障，会员家庭一旦遭受灾害，可以从互助基金中得到相应的救助。

第一节　贫困帮扶

1985年，萧山规划扶贫1457户，至年底脱贫453户，占扶贫户的31.09%。①

1986年，全县规划扶贫1445户，当年扶持脱贫459户，脱贫率为31.76%。扶持方式是：安置扶贫户进镇（乡）、村企业，实行免投资、考试、体检等优惠；包干扶持发展商品经济，如义盛镇18户扶贫户，供销社包3户，镇扶贫服务中心包15户，种植甘蔗、辣椒、养猪、养鸭等，产品包购包销，一年全部脱贫；实施科技扶持，举办“双扶”经济实体。

1987年，全市规划扶贫1212户，至年底脱贫425户，脱贫率为35.10%，其中家庭人均年收入在千元以上的有51户。是年由乡镇实行包干扶持的新办法，乡镇企业吸收扶贫对象285人。国家拨出扶贫款9万元，化肥105吨。同时，还帮助扶贫户参加家庭财产保险，国家贴保险金0.5万元。

1992年2月，省民政厅批准，许贤乡南坞村、临浦镇白鹿塘村、义盛镇杏花村被评为脱贫致富先进集体；长河镇傅家峙孙福年、衙前镇萧山第四工程处郑福泉被评为扶贫工作先进个人。是年，全市规划扶贫818户，至年底脱贫318户，脱贫率为38.88%。政府下拨扶贫化肥45吨。

1995年，全市有扶贫周转金112.90万元，扶持贫困户脱贫。周转金借贷给扶贫户，不计息，到期还贷，支持贫困户发展种植业、养殖业。

1999年，全市扶持贫困纳入城乡居民最低生活保障制度。

第二节　农村灾害保险

1988年1月，参与杭州市救灾合作保险联片试点。2月，建立萧山市灾害互助总会，承办农村灾害合作保险。②是年3月，在长河镇试点，入会农户7827户，入会率100%。入会家庭财产总值224.75万元，入会保费4.49万元，户均缴纳5.74元。5月16日，市政府印发《萧山市灾害互助总会关于会员受灾家财赔偿的规定》。至年底，全市参加家财保险44896户，收取保费26.94万元，当年理赔7641户，支付赔偿金额37.15万元。

①1980年起，全县实行规划扶贫。至1984年，全县共有扶持贫困户2535户，其中逐年摆脱贫困的有1158户，占45.7%。

②灾互总会是在政府领导下，由群众参加，集体支持，互助互济的社会救灾组织。资金来源：会员按家庭财产的2‰～3‰交纳互助金；开展灾害互助其他项目的经费收入；市财政和上级拨给的救灾款；存入银行的基金利息。互助金主要用于会员遭受火灾、风灾、水灾等灾害，造成住房、财产等损失的赔偿。

1990年7月，市民政局在大庄乡试办水稻和劳动力意外伤害保险，全乡7681.50亩晚稻投保，收取保费2.15万元，受灾理赔421.95亩，理赔金额0.55万元；参加劳动力意外伤害保险762人，收取保费0.48万元。11月22日，市政府出台《萧山市灾害互助总会农村劳动力意外伤害保险条款》。至年底，全市有36个乡镇建立灾害互助会，入会农户48411户，收取保费35.92万元。当年受灾理赔2502户，赔偿金额19.09万元。

1993年，全市31个镇乡全部参加救灾合作保险，参加家财保险农户92212户，承保金额4亿元，当年收取保费93.01万元，理赔4251户，理赔金额54.97万元。23个镇乡开展劳动力意外伤害保险，参加保险的劳动力21103人，收取保费27.72万元，对492名发生劳动力意外伤害人进行理赔，支付理赔款19.97万元。投保晚稻1200亩，收取保费1.10万元，理赔支出2.51万元，超支1.41万元。

1994年，全市试办企业财产保险，参保企业50家，收取保费31.60万元。是年，理赔6家，支付理赔款2.75万元。有29个镇乡投保劳动力80348人，承保金额8900万元，收取保费52.23万元。受理劳动力意外伤害保险理赔案4688人（其中死亡赔案22人），支出理赔款47.55万元。

1997年，市灾害互助总会共收取保费201.83万元，支出理赔款191.15万元。①

2000年，全市共收取农户家财保费、劳动力意外伤害保费、在建房意外事故保费和企业财产保费204.67万元，理赔支出157.74万元。其中家财理赔4269户、68.46万元；劳力理赔1208人、54.05万元；在建房理赔160户、32.03万元；企业财产理赔1户、3.20万元。至2001年，此项工作结束。

1993年、1994年、1997年，萧山市分别被评为全省农村救灾合作保险先进集体。

①其中因自然灾害和火灾共受理赔案17536起，赔偿金额118.53万元；劳动力意外伤害受理赔案2307起，赔偿金额54.40万元；在建房受理赔案58起，赔偿金额7.75万元；企业财产受理赔4起，赔偿金额10.47万元。

表33–5–604　1988～2000年萧山市农村灾害参保情况

年份	参加保险种类					收取保险费					
	家财险（户）	劳力险（人）	水稻险（亩）	在建房险（户）	企财险（家）	家财险（万元）	劳力险（万元）	水稻险（万元）	在建房险（万元）	企财险（万元）	合计（万元）
1988	44896	—	—	—	—	26.94	—	—	—	—	26.94
1989	66971	—	—			39.58					39.58
1990	48411	762	7605			33.29	0.48	2.15			35.92
1991	141990	19736	8325			63.87	5.46	3.44			72.77
1992	126641	23850	180			46.51	37.96	0.16			84.63
1993	92212	21103	1200			93.01	27.72	1.10			121.83
1994	165167	80348	720		50	99.10	52.23	0.95		31.60	183.88
1995	171716	67133	255		36	111.62	73.85	0.24		17.70	203.41

续 表

年份	参加保险种类					收取保险费					
	家财险（户）	劳力险（人）	水稻险（亩）	在建房险（户）	企财险（家）	家财险（万元）	劳力险（万元）	水稻险（万元）	在建房险（万元）	企财险（万元）	合计（万元）
1996	154576	64005		416	20	105.11	76.81		9.36	6.95	198.23
1997	42410	22508		390	14	106.03	75.26		11.74	8.80	201.83
1998	67523	18786		884	14	130.76	73.17		39.24	6.32	249.49
1999	62007	18241		1635	6	101.12	83.11		77.12	5.42	266.77
2000	72678	20811		1205	9	117.20	25.45		57.18	4.84	204.67

表33-5-605　1988～2000年萧山市农村灾害保险理赔情况

年份	理赔种类					理赔支出					
	家财险（户）	劳力险（人）	水稻险（亩）	在建房险（户）	企财险（家）	家财险（万元）	劳力险（万元）	水稻险（万元）	在建房险（万元）	企财险（万元）	合计（万元）
1988	7641	—	—	—	—	37.15	—	—	—	—	37.15
1989	1120	—	—	—	—	13.44	—	—	—	—	13.44
1990	2502	—	225	—	—	18.54	—	0.55	—	—	19.09
1991	548	17				17.36	0.67				18.03
1992	1556	118				36.71	3.86				40.57
1993	4251	492	1020			54.97	19.97	2.51			77.45
1994	6204	4688			6	62.52	47.55			2.75	112.82
1995	3069	582	75		11	47.13	49.53	0.93		13.35	110.94
1996	9656	2995		25	3	65.49	47.32		3.59	2.25	118.65
1997	17536	2307		58	4	118.53	54.40		7.75	10.47	191.15
1998	6379	1077		71	4	61.93	70.62		8.66	10.47	151.68
1999	5009	2648		132		44.81	58.84		23.38		127.03
2000	4269	1208		160	1	68.46	54.05		32.03	3.20	157.74

第三节　助学行动与希望工程

1989年11月，团市委开展为“希望工程”捐款活动，发出“不忘贫困失学童、献我一片爱之心”倡议，团员青年为“希望工程”捐款3万元。[①]

①1989年11月，团员青年捐赠3万元用于本省泰顺县三魁镇建造两间“希望”教室。

1994年，全市实施希望工程助学行动，筹集助学资金5万余元，解决100余名困难学生的费用问题。

1995年，团市委联合市委宣传部、教育局等10家单位开展“一帮一”手拉手助学行动，向全市人民发出“献一份真情、送一份爱心”的倡议，得到全

图33－5－828　1995年11月25日，萧山市城乡建设综合开发总公司为兴建宁夏南部希望小学捐赠20万元（傅嘉宾摄）

市380余家单位及市民的响应，与300余名扶助对象结成助学对子。是年，团市委会同萧山日报社等单位，发起为宁夏海原、隆德两县援建希望小学募捐活动，共收到捐款40余万元。

1995年，市关工委等10家单位联合开展“一帮一”手拉手对家庭困难的学生进行助学行动，实施希望工程。

1996年，团市委成立“希望工程办公室”、“一帮一助学行动办公室”。是年，全市各界共捐款82.80万元，资助874名贫困学生。

1998年，“一帮一”手拉手助学工程收到捐款42万元，共扶助贫困学生1184人，结对助学479人。是年，向全市少先队发出“我们手拉手，下岗不失学”倡议，对下岗特困子女实行优先扶助结对；利用青少年宫培训基地对下岗职工进行电脑等实用技术培训。

1999年，由市关工委牵头，开展九年制义务教育特困生资助工作。当年筹集资金60万元，使1300名特困学生得到资助。

2000年，市关工委印发《关于深入开展帮困助学工作意见》，全市有270家单位捐款70万元，使1213名特困生按时入学。此外，南阳、闻堰、云石、党山、义桥、衙前、瓜沥等镇乡先后共捐资37.92万元。[①]

①2000年由各镇捐赠的37.92万元用于资助本省淳安、文成等县扶贫结对镇（乡）的500名贫困学生，帮助改善办学条件。

图33－5－829　为希望工程捐款（1997年，傅展学摄）

图书在版编目(CIP)数据

萧山市志：全5册/杭州市萧山区人民政府地方志办公室编著.—杭州：浙江人民出版社，2013.12

ISBN 978-7-213-05873-8

Ⅰ.①萧… Ⅱ.①杭… Ⅲ.①区（城市）—地方志—杭州市—1985～2001 Ⅳ.①K295.51

中国版本图书馆 CIP 数据核字(2013)第 277299 号